二

教義總部

教義術語部

道

綜述

《道德真經·體道章第一》（道藏無註本） 道可道，非常道；名可名，非常名。無名，天地之始；有名，萬物之母。常無，欲以觀其妙。常有，欲以觀其徼。此兩者同出而異名。同謂之玄。玄之又玄，衆妙之門。

又《無源章第四》 道沖，而用之或似不盈，淵兮似萬物之宗。挫其鋭，解其紛，和其光，同其塵。湛兮似或存。吾不知其誰之子，象帝之先。

又《贊玄章第一四》 視之不見名曰夷，聽之不聞名曰希，搏之不得名曰微。此三者不可致詰，故復混而爲一。其上不皦，其下不昧，繩繩兮不可名，復歸於無物。是謂無狀之狀，無象之象，無物之象，是謂惚恍。迎之不見其首，隨之不見其後。執古之道，以御今之有，能知古始，是謂道紀。

又《虚心章第二一》 孔德之容，惟道是從。道之爲物，惟恍惟惚。惚兮恍，其中有象。恍兮惚，其中有物。窈兮冥，其中有精。其精甚眞，其中有信。自古及今，其名不去，以閲衆甫。吾何以知衆甫之然哉？以此。

又《名象章第二五》 有物混成，先天地生。寂兮寥兮，獨立而不改，周行而不殆，可以爲天下母。吾不知其名，字之曰道，彊爲之名曰大。大曰逝，逝曰遠，遠曰反。故道大，天大，地大，王亦大。域中有四大，而王居其一焉。人法地，地法天，天法道，道法自然。

又《聖德章第三二》 道常無名。樸雖小，天下不敢臣。王侯若能守之，萬物將自賓。天地相合，以降甘露，民莫之令，而自均。始制有名。名亦既有，天亦將知之，知之，所以不殆。譬道之在天下，猶川谷之與江海。

又《任成章第三四》 大道汎兮，其可左右。萬物恃之而生，而不辭，功成而不名有。愛養萬物而不爲主，常無欲，可名於小。萬物歸焉而不爲主，可名爲大。是以聖人終不爲大，故能成其大。

又《仁德章第三五》 執大象，天下往。往而不害，安平泰。樂與餌，過客止。道之出口，淡乎其無味。視之不足見，聽之不足聞，用之不可既。

又《爲政章第三七》 道常無爲，而無不爲。侯王若能守之，萬物將自化。化而欲作，吾將鎮之以無名之樸。無名之樸，亦將不欲，不欲以靜，天下將自正。

又《去用章第四〇》 反者道之動，弱者道之用。天下之物生於有，有生於無。

又《同異章第四一》 上士聞道，勤而行之。中士聞道，若存若亡。下士聞道，大笑之。不笑，不足以爲道。建言有之，明道若昧，進道若退，夷道若類。上德若谷，太白若辱，廣德若不足，建德若偷，質眞若渝。大方無隅，大器晚成，大音希聲，大象無形。道隱無名，夫惟道，善貸且成。

又《道化章第四二》 道生一，一生二，二生三，三生萬物。萬物負陰而抱陽，冲氣以爲和。

《南華眞經·内篇·大宗師第六》 夫道有情有信，無爲無形；可傳而不可受，可得而不可見；自本自根，未有天地，自古以固存；神鬼神帝，生天生地；在太極之先而不爲高，在六極之下而不爲深，先天地生而不爲久，長於上古而不爲老。

又《外篇·在宥第一一》 至道之精，窈窈冥冥；至道之極，昏昏默默。無視無聽，抱神以靜，形將自正。必靜必清，無勞汝形，無摇汝精，乃可以長生。目無所見，耳無所聞，心無所知，汝神將守形，形乃長生。

又《外篇·知北遊第二二》 道不可聞，聞而非也；道不可見，見而非也；道不可言，言而非也。知形形之不形乎。道不當名。

又《雜篇·則陽第二五》 斯而析之，精至於無倫，大至於不可圍，或之使，莫之爲，未免於物而終以爲過。或使則實，莫爲則虛。有名有實，是物之居；無名無實，在物之虛。可言可意，言而愈疏。未生不可忌，已死不可阻。死生非遠也，理不可睹。或之使，莫之爲，疑之所假。吾觀之本，其往無窮；吾求之末，其來無止。無窮無止，言之無也，與物同理；或使莫爲，言之本也，與物終始。道不可有，有不可無。道之爲名，所假而行。

《太上老君説常清静妙經》 老君曰：大道無形，生育天地；大道無情，運行日月；大道無名，長養萬物。吾不知其名，強名曰道。夫道者，有清有濁，有動有靜。天清地濁，天動地靜，男清女濁，男動女靜。降本流末，而生萬物。

《無上金玄上妙道德玄經》 寂妙之道，爲德淵源。寂微之道，爲德之根。泯泯不息，運之无極。未天未地，廿四神其中矣。三合成象，其功至妙。五合明德，曰儌上妙。空无中應，清澄妙无。明眞廿有四，妙有清凝。神功用妙，則廿四靈明運妙應。清涼凝眞，則飛玄飛凝其中，廿四靈爲運上洞。**【略】**

大道初應无先，開明於冥漢，功用在於眇漭。致此四象成焉，光象定焉，玉景應焉，上妙中元一焉。亦大亦妙，亦久亦微，亦寂亦空，亦无清凝。眞妙洞妙，其曰衆妙。光相玄應，十方清澄。瑞應俱應，四象清凝。明運功用，成就天地。大象猶不稱有道，玄象亦不敢明道，四象亦不稱道。**【略】**

寂无寂空，其妙自功。開妙則萬道一，應妙則天地一，運妙則萬物一。萬道依於妙，天地歸於妙，萬物憑於妙。萬道无妙不明，妙爲萬法中王。妙則洞虛洞空，洞淵洞源，洞清洞通，洞眞洞玄，洞神洞无，其爲衆洞上妙，衆妙之妙眞曰洞明。十洞迴周十方，無所不洞，無所不通，其曰空妙，〔妙〕道玄容，以此功用長存也。道應无名，天地將自化；道運无形，萬物將自成。長不可極曰道，久不可窮曰德，玄不可測曰妙。知道將爲正，知德將爲聖，知妙則眞矣，則至空矣，則至道矣。天圓爲萬物蓋，地方能載，而爲不長久。萬歲之靈，其神將朽；千齡之神，其死不去。是以道隱則萬道僞，道應而萬法正。得吾道者寂定，失吾道者億劫將之泯泯，終於死生之内，其爲罪鬼穢之神。衆僞不除則非道，衆累不盡則非眞。天如輪難轉，地如車難乘，風如炁難御，炁如烟難壅。唯道乘之爲相輪之車，運於十方之功用也，可不大哉。**【略】** 此則至空至寂，至妙至道，妙道在其中也，道應亦其中也，道運亦其中也。玉高雖妙依於道，玉靈終由道，元高明於道，虛皇應於道，元始運於道。道應萬道正，萬道正則寂妙定**【略】** 太混既判，清凝豁然，自然憑道凝住。若非憑道，其將還混。是以道應天地成，道運萬物形，萬象不依道則滅，萬化不依道則絕，萬道不歸道則泄，萬法不依則不正，萬善不依則不定。**【略】**

道應上上明空，空无空有，眞妙上妙。妙曰玄寂，寂應常容，容容寂空，空有上空，十方玄同。上十空，中十空，下十空，迴周百億，眞曰十方玄極。通極妙空，无中曰道。道妙衆妙曰眞妙，妙運有功功曰靈，玄運運成功由妙，運成由玄運清凝。上妙玄應明運，運中玄通，通應无窮。通由光應，容由光相，上由威明，中由光景，下由靈相，成此光象，合爲大象，其中一也。妙在於玉高，應在於玉靈，運在於玉景。其虛无无形曰精妙。妙甚窈甚冥，其〔中〕有靈；非恍非忽，其中有物。分濁分清，明運有成；非不恍忽，物混爲一。應則數矣，運則判矣，分一萬象備矣，歸一則萬象合同一矣。反一則非正道，正道則一矣，其爲道紀自然也。

大道應則冲冲，天地之運，寂妙融融。自然之化，天地憑之爲一大也，致得清凝妙也。天地若非憑之，則混爲一。天地有劫運矣，萬物有三災矣。故知天地不久，萬物不久，其體空无，所以寄寓於道。

陳觀吾《太上洞玄靈寶无量度人上品妙經註》卷上 《老子》曰：有物混成，先天地生，字之曰道。夫道本無言，假言以顯道之用。故曰道可道，非常道。以世法釋，則道君演説經義，直曰道言。以道用釋，則道自溟涬之前而成太極，太極在竅冥之中而分陰陽，陰陽既成形之後，而爲性命，性命當發越之際，乃曰神炁。神炁因渾沌之破，則名鉛戊。鉛汞行戊己之門，是爲玄牝。故玄牝爲天地之根，此之謂道。

《太清金闕玉華仙書八極神章三皇内祕文》卷下《超仙章第七》 道元一也，而用之有三，上有天地陰陽昇降，二氣綿綿，周而復始，往來不失其序之道也。達之則逸於霄漢雲中，有日月往來，二八九六，精華相呑，魂魄交媾，而不失其度之道也。昇之則遷於南宮，下有五行傳送，受

氣配合，生爻產象，而不失其理之道也。達之則升三島，不始不終矣。

《無上妙道文始真經》一宇。宇者，道也。非有道不可言，不可言即道。非有道不可思，不可思即道。天物怒流，人事錯錯然，若若乎回也，戛戛乎門也，勿勿乎似而非也。而爭之，而介之，而哯之，而嘖之，而去之，而要之。言之如吹影，思之如鏤塵，聖智造迷，鬼神不識。惟不可爲，不可致，不可測，不可分，故曰天、曰命、曰神、曰玄，合曰道。

【略】道無人，聖人不見，甲是道，乙非道。道無我，聖人不見，己進道，己退道。以不有道，故不無道，以不得道，故不失道。

【略】一道能作萬物，終無有一物能作道者，能害道者。道茫茫而無知乎，心儻儻而無羈乎，物迭迭而無非乎。電之逸乎，沙之飛乎，聖人以知心一、物一、道一，三者又合爲一。不以一格不一，不以不一害一。

【略】道終不可得，彼可得者，名德不名道，道終不可行，彼可行者，名行不名道。**【略】**

一息之道，能冥萬物，物亡而道何在？**【略】**惟道無形無方，故可得之一息。**【略】**

天地寓，萬物寓，我寓，道寓，苟離于寓，道亦不立。

又三極。極者，尊聖人也。道無作，以道應世者，是事非道，道無方，以道寓物者，是和非道，聖人竟不能出道以示人。

又七釜。釜者，化也。道本至無，以事歸道者，得之一息，事本至有，以道運事者，周之百爲。得道之尊者，可以輔世，得道之獨者，可以立我。知道非時之所能拘者，能以一日爲百年，能以百年爲一日。知道非方之所能礙者，能以一里爲百里，能以百里爲一里。知道無氣，能運有氣者，可以召風雨。知道無形，能變有形者，可以易禽獸。得道之清者，物莫能累，身輕矣，可以騎鳳鶴。得道之渾者，物莫能溺，身冥矣，可以席蛟鯨。有即無，無即有，知此道者，可以制鬼神。實即虛，虛即實，知此道者，可以入金石。上即下，下即上，知此道者，可以侍星辰。古即今，今即古，知此道者，可以卜龜筮。人即我，我即人，知此道者，可以窺他人之肺肝。物即我，我即物，知此道者，可以成腹中之龍虎。知象由心變，以此觀心，可以成女嬰。知氣由心生，以此吸神，可以成鑪冶。以此勝物，虎豹可伏，以此同物，水火可入。惟有道之士能爲之，亦能能之而不爲之。

又九藥。藥者，雜治也。勿以拙陋曰道之質，當樂敏捷，勿以愚暗曰道之晦，當樂輕明，勿以傲易曰道之高，當樂和同，勿以汗漫曰道之廣，當樂要息，勿以幽憂曰道之寂，當樂悅豫，古人之言學之多弊，不可不救。

論　說

《老子道德經河上公章句·無源第四》道沖而用之，

沖，中也。道匿名藏譽，其用在中。

或不盈。

或，常也。道常謙虛不盈滿。

淵兮似萬物之宗。

道淵深不可知也，似爲萬物之宗祖。

挫其鋭，

鋭，進也。人欲鋭情進取功名，當挫止之，法道不自見也。

解其紛，

紛，結恨也。當念道無爲以解釋。

和其光，

言雖有獨見之明，當如闇昧，不當以曜亂人也。

同其塵，

當與衆庶同，不當自殊別。

湛兮似若存。

言當湛然安靜，故能長存不亡。

吾不知其誰之子，

老子言：我不知道所從生之矣。

象帝之先。

道自在天帝之前，此言道乃先天地生也。至今者，以能安靜湛然，不

勞煩。欲使人修身法道。

又《虛心第二一》 道之爲物，唯恍唯忽。

道之於萬物，獨恍忽往來而無所定。

恍兮忽兮，其中有物；

道唯恍忽，其中有一。經營生化，因氣立質。

忽兮恍兮，其中有象；

道唯窈冥無形，其中獨有萬物法象。

窈兮冥兮，其中有精；

道唯窈冥，其中有精實，神明相薄，陰陽交會之。

其精甚真，

言道精氣神妙甚眞，非有飾也。

其中有信。

道匿功藏名，信在其中。

自古及今，其名不去，

自，從也。從古至今，道常在不去。

以閱衆甫。

閱，稟也。甫，始也。言道稟萬物始生，從道受氣。

吾何以知衆甫之然哉？以此。

又《象元第二五》 有物混成，先天地生。

謂道也。道無形混沌，而生萬物，乃在天地之前。

寂兮寥兮，獨立而不改，

寂者，無音聲。寥者，空無形。獨立者，無匹雙。不改者，化有常。

周行而不殆，

道通行天地，無所不入，在陽不焦，託陰不腐，無不貫穿，而不危殆也。

可以爲天下母。

道育養萬物精氣，如母之養子。

吾不知其名，字之曰道。

我不見道之形容，不知當何以名之。見萬物皆從道而生，故字之曰道。

强名之曰大。

不知其名，强名曰大。高而無上，羅而無外，無不包容，故曰大。

大曰逝，

其爲大，非若天，常在上；非若地，常在下。乃復逝去，無常處所。

逝曰遠，

言遠者窮於無窮，布氣天地，無所不通也。

遠曰反。

言其遠不越絶，乃復反在人身。

故道大，天大，地大，王亦大。

道大者，包羅天地，無所不容。天大者，無所不蓋。地大者，無所不載。王大者，無所不制。

域中有四大，王居其一焉。

八極之内有四大，王居其一。

人法地，

人當法地，安靜和柔也。種之得五穀，掘之得甘泉，勞而不怨，有功而不置。

地法天，

天湛泊不動，施之不求報，生長萬物，無所收取也。

天法道，

道法清淨不言，陰行精氣，萬物自然生長。

道法自然。

道性自然，無所法也。

嚴遵《道德真經指歸・得一章》（谷神子注） 經反者道之動變化方也，弱者道之用和爲常也。天地之物謂有形也生於有因和萌也，有生於無始空冥也。**【略】**

指歸：所謂反者道之動，弱者道之用。夫何故哉？因道而動，循一而行，道之至數，一之大方，變化由反，和纖爲常，起然於否，爲存於亡。天地生於太和，太和生於虛冥。虛冥至無也，太和始之而生。太和有之萌也，天地資之而始，所謂天地萬物生於有，有生於無。

又《道生一章》 道生一混育冥也，一生二謂神明也，二生三和濁清也，

三生萬物天人形也。萬物負陰而抱陽嚮柔生也，沖氣以爲和合翕成也。【略】

指歸：有虛之虛者，開導稟受，虛之虛者，道也。無然然者，而然不能然也。道能然成於萬物，而萬物不能然成於道。則道是物之所然之元，故云然然者而然不能然也。有虛者，陶冶變化，始生生者，而生不能生也。虛者謂一也。一能爲生生之始，而非有形之生不能生於一，故云始生生者而生不能生也。有無之無者，而神明不能改，造存存者，而存不能存也。無之無者謂二也。二從一生，雖有夫形，故能造存而非存所能造也。有無者，纖微玄妙，動成成者，而成不能成也。無者謂三也。三從二生，亦有夫形，俱根於一，受命於神，兆成萬物，而萬物不能成之，故云動成者而成不能成也。【略】是故無無無始，不可存在，無形無聲，不可聽視，稟無授有，不可言道。無無無之無，始未始之始，萬物所由，性命所以，無有所名者，謂之道。道爲一之元。道虛之虛，故能生一。

《道德真經註・一章》（王弼注） 道可道，非常道；名可名，非常名。

可道之道，可名之名，指事造形，非其常也，故不可道，不可名也。

無名，天地之始；有名，萬物之母。

凡有皆始於無，故未形無名之時，則爲萬物之始。及其有形有名之時，則長之育之，亭之毒之，爲其母也。言道以無形無名，始成萬物，以始以成，而不知其所以玄之又玄也。

故常無欲，以觀其妙；

妙者，微之極也。萬物始於微而後成，始於無而後生，故常無欲空虛，可以觀其始物之妙。

常有欲，以觀其徼。

徼，歸終也。凡有之爲利，必以無爲用；欲之所本，適道而後濟。故常有欲，可以觀其終物之徼也。

此兩者，同出而異名。同謂之玄，玄之又玄，衆妙之門。

兩者，始與母也。同出者，同出於玄也。異名所施，不可同也，在首則謂之始，在終則謂之母。玄者，冥也，默然無有也，始、母之所出也，不可得而名，故不可言。同名曰玄，而言同謂之玄者，取於不可得而謂之然也。謂之然則不可以定乎一玄而已，則是名則失之遠矣，故曰玄之又玄也。衆妙皆從同而出，故曰衆妙之門也。

又《二一章》 孔德之容，唯道是從。

孔，空也。唯以空爲德，然後乃能動作從道。

道之爲物，唯怳唯惚。

怳惚無形，不繫之歎。

忽兮怳兮，其中有象；怳兮忽兮，其中有物。

以無形始物，不繫成物，萬物以始以成，而不知其所以然。故曰怳兮惚兮，惚兮怳兮，其中有象也。

窈兮冥兮，其中有精；

窈冥，深遠之歎。深遠不可得而見，然而萬物由之，其可得見，以定其眞。故曰窈兮冥兮，其中有精也。

其精甚真，其中有信。

信，信驗也。物反窈冥，則眞精之極得，萬物之性定。故曰其精甚眞，其中有信也。

自古及今，其名不去，

至眞之極，不可得名，無名則是其名也，自古及今，無不由此而成。故曰自古及今，其名不去也。

以閱衆甫。

衆甫，物之始也。以無名說萬物始也。

吾何以知衆甫之狀哉？以此。

【略】

又《二五章》 有物混成，先天地生。

混然不可得而知，而萬物由之以成，故曰混成也。不知其誰之子，故先天地生。

寂兮寥兮，獨立不改，

寂寞無形體也。無物之匹，故曰獨立也。返化終始不失其常，故曰不改也。

周行而不殆，可以爲天下母。

周行無所不至而免殆，能生全大形也，故可以爲天下母也。

吾不知其名，

名以定形，混成無形，不可得而定，故曰不知其名也。

字之曰道，

夫名以定形，字以稱可言。道取於無物而不由也，是混成之中，可言之稱最大也。

强爲之名曰大，

吾所以字之曰道者，取其可言之稱最大也。責其字定之所由，則繫於大，大有繫則必有分，有分則失其極矣。故曰強之爲名曰大。

王弼《老子微旨例略》 夫奔電之疾，猶不足以一時周，御風之行，猶不足以一息期。善速在不疾，善至在不行。故可道之盛未足以官天地，有形之極未足以府萬物。是故歎之者不能盡乎斯羡，詠之者不能暢乎斯弘，名之不能當，稱之不能既。名必有所分，稱必有所由，有分則有不兼，有由則有不盡。不兼則大殊其眞，不盡則不可以名，此可演而明也。夫道也者，取乎萬物之所由也。玄也者，取乎幽冥之所出也。深也者，取乎探賾而不可究也。大也者，取乎彌綸而不可極也。遠也者，取乎綿邈而不可及也。微也者，取乎幽微而不可睹也。然則道玄深大微遠之言，各有其義，未盡其極者也。然彌綸無極，不可名細；微妙無形，不可名大。是以篇云字之曰道，謂之曰玄，而不名也。然則言之者失其常，名之者離其眞，爲之者敗其性，執之者失其原矣。是以聖人不以言爲主，則不違其常；不以名爲常，則不離其眞；不以爲爲事，則不敗其性；不以執爲制，則不失其原矣。然則老子之文，欲辯而詰者，則失其旨也；欲名而責者，則違其義也。故其大歸也，論太始之原，以明自然之性；演幽冥之極，以定惑罔之迷。因而不爲損而不施，崇本以息末，守母以存子，賤夫巧術，爲在未有，無責於人，必求諸己。此其大要也。

成玄英《老子道德經義疏・道可道章第一》 道可道章即是第一大段，標道宗致，就此章中又開四別：第一略標理教，第二泛明本迹，第三顯二觀不同，第四會重玄之致。

第一略標理教。

道可道，非常道；

道以虛通爲義，常以湛寂得名。所謂無極大道，是衆生之正性也。而言可道者，即是名言，謂可稱之法也。雖復稱可道，宜隨機愜當而有聲有說，非眞常凝寂之道也。常道者，不可以名言辯，不可以心慮知。妙絕希夷，理窮恍惚。故知言象之表，方契凝常眞寂之道。可道可說者，非常道也。

名可名，非常名。

名者，教也。前言可道，盛明於理。今言可名，次顯於教。眞理既絕於言象，至教亦超於聲說。理既常道不可道，教亦可名非常名。欲明理教教理，不一不異也。然至道深玄，不可涯量，非無非有，不斷不常。而義有抑揚，教存漸頓，所以立常以破可，故言可道非常道。至論造極處，無可無不可，亦非常非不常。故《玉京經》云：無可無不可，思與希微通。

第二泛明本迹。

無名，天地始；

始，本也。虛無至道，陶甄萬物，二儀三景，何莫由斯。故指此無名，爲物之本。道本無名，是知不可言說明矣。

有名，萬物母。

有名，迹也。重玄之道，本自無名，從本降迹，稱謂斯起。所以聖人因無名立有名，寄有名詮無名者，方欲子育衆生，令其歸本，慈悲鞠養，有同母儀。

又《視之章第一四》 視之不見名曰夷，

夷，平也。言至道微妙，體非五色，不可以眼識求，故視之不見。若其有色，色則參差。只爲無色，故夷然平等也。

聽之不聞名曰希，

希，簡少也。體非宮商，不可以耳根聽，故曰希也。

搏之不得名曰微。

搏，觸也。微，妙也。言體非形質，不可搏觸而得，故曰微也。**【略】**

此三者不可致詰，故混而爲一。

三者即夷希微也。**【略】**

其上不皦，其下不昧。

皦，明也。昧，闇也。言至道幽微，非愚非智，昇三清之上，不益其明。墜九幽之下，不加其闇。所謂不增不減，其在茲乎。

繩繩不可名，

繩繩，正直也，猶繩墨之義也。言聖人既能自正，復能正他。故云繩繩。不可執名求理。故不可名也。又解：繩繩，運動之貌也。言至道運轉天地，陶鑄生靈，而視聽莫尋，故不可名也。

復歸於無物。

又《孔德章第二一》 就此章內，文有四重：第一明能證之人，契道容貌。第二顯所證之道，非有非無。第三明此聖人，以三一爲體。第四明道無來無去，而知始知終。

第一明能證之人，契道容貌。

孔德之容，唯道是從。

孔，甚也，大也。容，貌相也。甚大之德，容貌若何？唯從於道，即是其相。又解：容，包容也。大德妙契，故能虛容。動止施爲，獨從於道。出處語默，皆是道場。

第二顯所證之道，非有非無。

道之爲物，惟恍惟惚。

言至道之爲物也，不有而有，雖有不有，不無而無，雖無不無。有無不定，故言恍惚。所以言物者，欲明道不離物，物不離道，道外無物，物外無道。用即道物，體即物道。亦明悟即物道，迷即道物。道物不一不異，而異而一，不一而一，而物而道，一而不一，非道非物。非物故一不一，而物故不一一也。

第三明此聖人，以三一爲體。

恍惚中有物，惚恍中有象。

中有物，即是神。神，妙物爲名也。雖復非無非有，而有而無，故是妙也。中有象，即是氣。雖復非象非色，而爲色爲象，故是氣也。言道種種變現，故不物而物，不象而象也。

窈冥中有精，

窈冥，深遠也。有精，即精智也。言道雖窈冥恍惚，而甚有精靈，智照無方，神功不測也。

其精甚真。

言眞精無雜，實非虛假。於三一之中偏重舉精者，欲明精是氣色神用之本也。

其中有信。

言道無心，有感斯應，信若四時，必無差爽。

第四明道無來無去，而知始知終。

自古及今，其名不去，

時乃有古有今，而道竟無來無去。既名不去，足顯不來，文略故也。

以閱終甫。

閱，覽也。甫，始也。至道雖復無來無去，亦而去而來，故能覽察古今，應乎終始也。

又《有物章第二五》 今就此章，義開爲五：第一顯道之體狀，妙絕形聲。第二明本無稱謂，降迹立名。第三明引物向方，歸根反本。第四舉域中四大，令物依修。第五示自淺之深，漸階圓極。

第一顯道之體狀，妙絕形聲。

有物混成，先天地生，

有物者，道也。道非有而有，非物而物，混沌不分，而能生成庶品。亦明不混而混，雖混而成。不成而成，雖成而混。即此混成之道，在天地先生。還是不先先，不生生義也。故《莊子》云：神鬼神帝，生天生地。又云：在天地之先而不爲老。

寂寥獨立不改，

寂，無聲也。寥，無形也。獨立，無待對也。不改，無遷變也。言道體窈冥，形聲斯絕。既無因待，亦不改變。此乃獨獨，非待獨也。

周行不殆，可爲天下母。

道無不在，名曰周行。所在皆通，故無危殆。開化陰陽，安立天地，亭毒群品，子育含靈，生之畜之，故可爲母。

第二明本無稱謂，降迹立名。

吾不知其名，字之曰道，

道本無名，不可以智知道名，即初章云無名天地始也。取其有通生之德，故字之曰道，即初章云有名萬物母也。

强爲之名曰大。

體無涯際，故名爲大。不大爲大，故稱爲強。夫名以召體，字以表德。道即是用，大即是體，故名大而字道也。人皆先名後字，今乃先字後

名者，欲表道與俗反也。故不同而同，有名有字。同而不同，先字後名也。

又《大道章第三四》　此章明能成光大之業，皆爲法道忘功。就此門中，分爲三别：第一標大道汎兮，示左右略無封畛。第二功成不有，明小大難與爲名。第三舉聖人不貴其身，以全光大之業。

第一標大道汎兮，示左右略無封畛。

大道汎，其可左右。

汎，汎無係也，亦普遍之名。言大道虛玄，汎然無著，慈悲普遍，感而遂通。雖復非陰非陽，而應乎左右。欲明方圓任物，罄無不宜。故《莊子》云：有左有右，有義有倫。

萬物恃以生而不辭。

一切萬物恃賴至道而得生成，慈救善誘，終不辭憚也。又云物亦不謝生於自然。

第二功成不有，明小大難與爲名。

功成不名有。

生化群品，至功潛被，而歸功於物，故不有功名。

衣被萬物不爲主，可名於小。

衣被萬物，陶鑄生靈，而神功潛被，不爲主宰，既俯就於物，宜其稱小。此不小而小也。

萬物歸之不爲主，可名於大。

大海虛谷，百川競湊。至道寥廓，萬物歸之。不主之義，已如前釋。物既仰歸於道，宜受大名。此即不大而大也。

第三舉聖人不貴其身，以全光大之業。

聖人終不爲大，故能成其大。

明體道聖人，忘我存物，靜退謙柔，終不爲大。只爲先物後己，忘功忘大，故爲衆生之長，獨居三界之尊，而成其大也。

又《大象章第三五》　道出言，澹無味。

至道虛寂，其體希夷。所以出言澹然無味，非如樂餌可翫可悅。故音樂有聲，行者爲之止住。道言無味，學者罕見留心。嗟乎，世人迷妄之甚，但知淫聽有聲之聲，詎能咀嚼無味之味耶。深歎愚徒，故有斯譬。

第三示非色非聲，而妙用無盡。

視不足見，

至道窈冥，妙絶形色，非如餚饌等法，故不可以眼識求。

聽不足聞，

大音希聲，體非商角，豈如鐘鼓，可以耳聞。聖道出言，其例亦爾。

用不可既。

既，盡也。至道之言，澹然虛遠，非聲非色，絶視絶聽，若鏡之心，物來斯照，如谷之響，感而遂通。是知無用之用，其用難盡。

强思齊《道德真經玄德纂疏·道可道章第一》　道可道，非常道。

榮曰：道者虛極之理體，不可以有無分其象，不可以上下極其眞，所謂妙矣難思，深不可識。聖人坦兹玄路，開以教門，借圓通之名，目虛極之理，以理可名，稱之可道，吾不知其名，成道以虛通爲義，常以湛寂得名，所謂無極大道，是衆生之正性也。夫道者何也，虛無之系，造化之根，神明之本，天地之源，其大無外，其微無內，浩曠無端，杳冥無對，至幽靡察而大明垂光，至靜無心而品物有方，混漠無形，寂寥無聲，萬象以之生，五音以之成，生者有極，成者必虧，生生成成，今古不移，此之謂道者也。【略】道重説包億萬之天而不爲大，貫秋毫之末而不爲小，先虛無而不爲始，後天地而不爲終，昇積陽而不爲明，淪重陰而不爲晦。本無神也，虛極而神生，本無炁也，神運而炁化。炁本無質，凝委而成形，形本無情，動用而虧性。形成性動，去道彌遠，故溺於生死，遷於陰陽，不能自止，非道存而忘也。故道能自無而生有，豈不能使有同於無乎。有同於無，則有不滅矣。故生我者道，滅我者情，苟忘其情，則全乎性，性全則形全，形全則炁全，炁全則神全，神全則道全，故道全則神王，神王則炁靈，炁靈則形超，形超則性徹，性徹者，反覆流通，與道爲一。可使有爲無，可使虛爲實，吾將與造物者爲儔，奚死生之能累乎己也。可道爲體，可名爲用，可道者即是言名，雖復稱可，物宜隨機，而有聲有説，非眞常凝寂之道。

李榮《道德真經註·二一章》　孔德之容，唯道是從。

孔，甚也，大也。道，理也。德物無不包，故言容也。動皆順理，故言從也。亦言大德，不由他至，唯從道來也。

道之爲物，唯怳唯惚。

未知道是何物，而令德從明矣。大道幽玄，深不可識，語其無也，則有物混成；言其有焉，則復歸無物。歸無物而不有，言有物而不無，有無非常，存亡不定，故言恍惚。

恍惚中有象，惚恍中有物。

非有非無之眞，極玄極奥之道，剖一元而開三象，和二氣而生萬物也。

杳冥中有精。

至理唯一，故言精。妙體無變，故言眞。

其精甚真，其中有信。

寂乎無象，感而遂通。福善福淫，影響斯在。

又《二五章》有物混成，先天地生。

有物者，道也。名之曰道，故言有物。然道之爲物，唯恍唯惚，不可以有無議，不可以陰陽辯，混沌無形，自然而得，故曰混成。自然之理，運之以變化，無形之內，開之以氣象。原其本，則先天地生也。

寂兮寥兮，獨立不改，周行不殆，可以爲天下母。

混成之道，先天地生。聽之不聞，則寂寥無響，搏之不得，則澹漠無形，喪偶而無對，故言獨立。湛然而常存，故言不改。無處不在，周行也。用之不勤、不殆也。覆載生畜，母之義也。

吾不知其名，字之曰道。吾强爲之名，曰大。

夫有形者立稱，無象者絶名，約通生而爲用，字之曰道。無一法而不包，名之曰大。理本無名，無名而名，謂之強也。

又《三四章》大道汎兮，其可左右。

夫虛舟汎而不繫，大道汎而玄通。不繫者，無滯於西東。玄通者，寧封於左右。是以入毫芒而遺小，彌宇宙而忘大，影見非一，靈化難常，物無不應，何爲不可也。

萬物恃之以生而不辭。

物之得生，皆賴大道。道則信之以獨化，物則稱之於自然。能生者不以爲功，所生者不以爲德。眞之至理，不相辭謝也。

成功不名有。

道之生物得以生，成功也。能所皆忘，故不名有也。

衣被萬象不爲主，可名於小。

生育普均，覆載無二，衣被也。長而不宰，不爲主也。可言於小，言不小也。

萬物歸之而不爲主，可名於大。

萬象輪迴，不出無形之表。品彙終始，會依虛寂之中。故曰歸之。可名於大，言不大也。

是以聖人終不爲大，故能成其大。

聖人同大道之停育，齊至理以忘功，不滯空有之端，寧拘小大之域，必定忘於小大，故言終不爲大。執則成小，忘則爲大。不大而大，故言成其大也。

杜光庭《道德真經廣聖義》卷六《道可道章第一》道可道，非常道。

疏：道者，虛極妙本之强名也，訓通訓徑。

義曰：道者，至虛至極，非形非聲，後劫運則不爲終，先天地而不爲始。圓通澄寂，不始不終，聖人以通生之用可彰，尋迹而本可悟。故以通生之德，強名爲道也。

疏：道一字，標宗也。

義曰：經首道之一字，標舉爲宗也。

疏：可道者，言此妙本通生萬物，是萬物由徑，可稱爲道，故云可道。

義曰：標宗一字，是無爲無形，道之體也。可道二字，是有生有化，道之用也。三字之中自立體用，體則妙不可極，用則廣不可量。故爲虛極之妙本也。

疏：非常道者，妙本生化，用無定方，強爲之名，不可遍舉，故或大或逝，或遠或返，是不常於一道也。故云非常道。

義曰：散爲萬物，不拘一方，故用無定方也。但宗一道，故明萬物皆資道化，故不在遍舉。高而無上，無不包容，大也。高而無上，不滯於上，大而無外，不滯於外，逝也。逝，往也。窮於無窮，無所不通，遠也。虛心守一，道復歸之，返也。返，還也。此引《道經》第二十五有物混成章，以證此義。以此推之，不常厥所，是謂非常道也。

名可名，非常名。

【略】

疏：名者，稱也，謂即物得道用之名也。首一字，亦標宗也。

義曰：名者，正言也。標宗一字，爲名之本。可名二字，爲名之迹。迹散在物，稱謂萬殊，由迹歸本，乃合於道。是知道爲名之本，名爲道之末。本末相生，以成化也。

又卷八《道沖而用之章第四》 義曰：大道之用，其用不窮，廣包天地，細入毫髮，澹然自得，無虧無盈，行之於身則光塵混一，運之於內則紛銳和平。綿乎億劫之前，乃居象帝之首。萬法之內，惟道可宗。故爲萬有所歸趣矣。趣，向也。

道沖而用之，或似不盈。

注：言道動出沖和之氣，而用生成之功，曾不盈滿。云或似者，於道不敢定言。

淵兮似萬物之宗。

注：淵，深靜也。道常生萬物而不盈滿，妙本淵兮深靜，故似爲萬物之宗主也。

疏：沖，虛也，謂道以沖虛爲用也。夫和氣沖虛，故爲道用，用生萬物，物被其功。論功則物疑其光大，語沖則道曾不盈滿，而妙本深靜，常爲萬物之宗。注云或似者，道非有法，故不正言爾。他皆倣此。

義曰：道常謙虛而不盈滿，沖和澄澹，處乎其中。深玄寂靜，爲物之主，故物失沖和必致害亡，人失沖和之道則至死滅，君失沖和之道則政擾民離，臣失沖和之道則名亡身辱。是以知沖和之道，萬物恃之以安，爲萬物之宗矣。語其及物之功，則光明遠大；求其妙本，則深靜常虛。道非有法者，不可正言其有，而物皆有道也。倣，准倣於此，不敢定言也。

挫其銳，解其紛。

【略】

義曰：理國用沖和之道，則無銛銳之情以傷於物，無勞擾之事以傷於人。不傷於物，則萬國來庭，四夷嚮化，兵革不起，怨爭不興，不尙於拓土開疆，凌弱暴寡矣。不傷於人，則使之以時，賦役輕省，家給人足矣。理身者解紛挫銳，外無侵競，內抱淸虛，神泰身安，恬然自適矣。約人以明道者，明人必資於道也。《莊子・繕性篇》云俗學以求復其初者，言人既理性於俗矣，而欲以俗學復性命之本，所以求者愈非其道也。俗學則彌結者，銛銳之心，紛擾之事，不以道挫而解之，則拘於俗學，彌加結固，不可解也。俗學者，徇俗之學，非日損之道也。

和其光，同其塵。

注：道無不在，所在常無，在光在塵，皆與爲一，一光塵爾，而非光塵。

湛兮似或存。

疏：道之沖用，於物不匱，在光則與光爲一，在塵則與塵爲一，無乎不在，所在常無。

義曰：沖和之道散被羣生，汎然坦然。物無不在，可謂和光同塵矣。光者，明淨也。塵者混亂也，有道之士不介然標異，與衆同也，匱，乏也。道雖散被羣生，至妙之本，凝寂沖虛，常不乏絕。

又卷一四《視之不見章第一四》 義曰：前示忘身忘患，爲修證之基。此表非色非聲，宣至道之妙，既視聽之不得，乃混一以指，名雖皦昧難窺，隨迎不睹，執之以理身理國，爲成化之根源矣。

視之不見，名曰夷。

注：此明道也。夷，平易也。道非色，故視不可見。以其於無色之中能色，故名之曰夷。

聽之不聞，名曰希。

注：希者聲之微也，道非聲故聽之不聞，以其於無聲之中獨能和焉，故名之曰希。

搏之不得，名曰微。

注：搏，執持也。微，妙也。道無形，故執持不得，以其於無形之中而能形焉，故名之曰微。

疏：此明道也。夫視之者以色求道，聽之者以聲求道，搏之者以形求道。道非聲色形法，故竟求不得。以不得，故欲謂之無，乃於無色之中能應衆色，無聲之中能和衆聲，無形之中能狀衆形，是有無色之色、無聲之聲、無形之形，故謂之夷、希、微矣。夷者，所謂明道而非道也。夷者，平易也。希者，聲之微妙也。搏者，執持也。

義曰：目之所視者，但見平易而不能見道，道無色也。耳之聽也，但惟希寂而不能聞道，道無聲也。手之搏也，但惟微妙不能得其形，道無形也。以神視之，見無色之色；以氣聽之，聞無聲之聲；以慧照之，識無形之形。而衆色之具，衆聲之和，衆形之立，非道不能生，非道不能成。道也者，獨能應衆色，和衆聲，狀衆形，故強名之曰希夷微爾。道不可言，言之非矣，所以明道皆強爲之容，而非道也。莊子曰：無視之以目，而視之以神，無聽之以心，而聽之以氣。能以微妙而合於道矣。

此三者不可致詰，故混而爲一。

注：三者將以詰道，道非聲色形法，故詰不可得，但得夷希微爾。道非夷希微，故復混而爲一也。

疏：【略】

義曰：夷希微三者，假標以名道，亦皆無也。三者凝化爲三境，次爲三界，下爲三才，明爲三光，於身爲三元，於內爲三一，皆大道分精運化之所成也。混而爲一，復歸於妙本之道也。三境者，三寶君之祖氣所凝，其色青黃白亦名也。玄元始三氣，乃諸天之祖宗，萬化之元本也。三界者，欲界六天以統九仙，色界十八天以統九眞，無色界四天以統九聖。三才者，天一地二人三。《沖虛眞經》云：清浮之氣爲天，濁滓之氣爲地，沖和之氣爲人。謂之三才也。三光者，太陽之光爲日，太陰之光爲月，日月之餘光爲星辰，謂之三光也。三元者，人身之中腦爲泥丸宮，以主上元；心爲絳宮，以主中元；臍下爲丹田，以主下元。三元尊神各統陰陽，萬二千神氣以養於人。三一者，上元所主謂之元一，中元所主謂之眞一，下元所主謂之正一。三一元神主運氣固精，寶神留形。【略】三一乃有中之無，三元乃無中之有，以有無相感，而爲精神氣。

其上不皦，其下不昧。

義曰：其爲明也，必皦然在上，謂積陽也。其爲暗也，必昧然在下，謂積陰也。陰陽有定分，明昧有定相，是則有形有質，皆有定方也。惟夫大道處於上，不皦然而明，道非陽也；處於下不昧然而暗，道非陰也。故曰非陰非陽，而能陰能陽，不可以定相睹，不可以定分求。天得道而能清，是能上也。地得道而能寧，是能下也。陽得道而能動，是能明也。陰得道而能靜，是能昧也。故爲天下之至賾。《易·繫》曰：非天下之至賾，其孰能與於此乎？言至道功深如此，若非天下萬事之至極精妙，誰能叅與於此也？

繩繩不可名，復歸於無物。

義曰：道惟妙本，生化萬殊，運用生成，繩繩不絕。物物而不物，物自物也。生生而不生，生自生也。道之無迹，不恃其功。深妙湛然，不可爲有，是無物也。物者象也。

是謂無狀之狀，無物之象，是謂惚恍。

義曰：道以生育，動植成形，故能於無狀之中成其形狀，無物之中作其物象。謂其無也，則狀象資生；謂其有也，則杳冥難睹。非無非有，爲恍惚焉。恍惚者，非有非無之謂也。【略】

迎之不見其首，隨之不見其後。

義曰：至道獨立，無始無終，既非前後可窮，莫得隨迎之所，故曰長於上古而不爲老，生於末代而不爲少。先萬物而不爲始，後億劫而不爲終。由此而言，豈隨迎得也。況充塞天地，周遍虛無，無處無道，無往無來，不今不古，何者爲始，何者爲終，固非先非後矣。凡物有往則隨之，有來則迎之。道無來往，非隨迎可求矣。

又卷一九《孔德之容章第二一》 道之爲物，惟恍惟惚。

義曰：道者，虛無之稱也。以虛無而能開通於物，故稱曰道，無不通也，無不由也。若處於有，則爲物滯礙，不可常通。道既虛無爲體，無則不爲滯礙，言萬物皆由之而通，亦況道路以爲稱也。寂然無體也，而天覆地載，日照月臨，冬寒夏暑，春生秋殺，萬象運動，皆由道而然，不可謂之無也。及乎窮其動用，考彼生成，豈見其所營爲，豈知其所運化？不可謂之有也。乃是無中之有，有中之無，不得指而定名，故謂之爲恍惚爾。

又卷二一《有物混成章第二五》 義曰：定以名實，顯其功用，或大或逝，或遠或返，包三才而運氣，首四大而居尊，遞爲憲章，以施法度，方復混融不宰，默體自然，宣大道沖用之功，功成復歸於道本也。有物混成者，道之宗也。先天地生者，道之元也。寂兮寥兮者，道之質也。獨立而不改者，道之常也。周行而不殆者，道之用也。可以爲天下母者，道之功也。吾不知其名者，道之無也。字之曰道者，道之有也。強爲之名曰大

者，道之體也。大曰逝者，道之微妙也。逝曰遠者，道之深玄也。遠曰返者，道之常存也。道大天大地大王大者，道之統三才也。域中有四大而王居其一者，此明王爲最靈之首，當用道也。三才相法，明王當法天行道，契乎自然也。或疏云申戒人君用道法天，而當宗清静也。

有物混成，先天地生。

義曰：道之起也，無宗無祖，無名無形，冲而用之，漸彰於有。其初也示若無狀之狀，無象之象，無物之物，無名之名。天地未立，陰陽未分，清濁未判，混沌圓通，含衆象於内而未明，藏萬化於中而未布，不可以名詰，不可以象言。

寂兮寥兮，獨立而不改，周行而不殆，

義曰：寂寥者，無之謂也。無聲可聞，無色可見，無形可執，無象可求，無名可稱，無法可擬，故云寂兮寥兮也。獨立者，道一無侶也。周行者，道氣旁通也。不殆者，在高非高，在大非大，無窮無竭，玄妙常存，不危殆也。殆，危也。

可以爲天下母。

【略】

吾不知其名，字之曰道，强爲之名曰大。

義曰：夫名物者以其體，字物者以其德。物生而名立，事之常也。未有無名之物矣。唯大道之用居乎物先，物象未彰，乾坤未闢，而道在其先也。運道之用，施道之功，而後有天地萬物也。以此功深用廣，無形無狀，不可以氏族求，不可以名字得。老君取其道生萬物之美，字之曰道。道者，通也，通生之謂也。道之爲通也，無所不通。《西昇經》云：夫道也者，包裹天地，秋毫之細，道亦居之。莊子云：道在稊稗，道在衆物，無不在也。故有形有生者，道皆居之。失道則死矣。

疏：見其包含無外，將欲定其至無之體，故强名曰大。凡物先名而後字者，以其字小而成大；以道先字而後名，是以從本而降迹焉。

義曰：夫物有體，則能包容於物。故大能容小，外能藏内者，物之常也。今道無體而能包含萬物者，以其無體之體，體大無邊也。以其體大，因體立名，故名曰大。大者，無不包也，無不容也。有形無形，皆在道體之内矣。

又卷二七《道常無名章第三二》 道常無名。

注：道以應用爲常，常能應物，其應非一，故於常無名。

疏：應用不窮，惟感所適，道之常也。常在應用，其應非一，故於常無名，故云常無名。

義曰：道之爲用，無爲焉而無所不爲。統御陰陽，包羅覆載，乾以之動，坤以之寧。其通生也，爲天下之至通焉。其幽奧也，爲天下之至賾焉。應用無窮，周流不極，纖芥得之而生植，天地得之以圓方。而眞常之道，澹然冥寂，不可得而名也。名言理絶，故常無名。

又卷二八《大道汎兮章第三四》 大道汎兮，其可左右。

注：大道汎兮，無繫而能應物，左右無所偏名。

疏：汎兮者，無繫之貌也。言道之爲物，非陰非陽，非柔非剛，汎然無繫，能應衆象，可左可右，無所偏名。故莊子曰：夫道未始有封。

義曰：大道之體也，凝而爲眞，一融而爲萬化，汎然不繫。諭彼虚舟，無塊然之質，不昧然而昏者，非陰也；無赫然之象，不皎然而明者，非陽也。懸天載地，乾健而龍行，非柔也；委和順物，細入毫芒，非剛也。能顯能晦，能微能章，汎汎然無所繫著也。刻彫類狀，無所不爲，能應衆象也。旁通萬境，不局一方，可左可右也。一以貫之，爲天下式，無所偏名也。未始有封，無涯無略，渙而散也。無所不無，寂而歸也。無所復有，生化萬殊也。《莊子·齊物篇》曰：古之眞人，其知有所至矣。惡乎至？有以爲未始有物者，至矣，盡矣，不可以加矣。未始有物。其次，以爲有物矣，而未始有封。此言天地初分，人生其内，品物咸遂，性識眞淳，心跡無爲，故無封執。其次，以爲未始有是非，是非既彰，道所以虧也。道即虧也，則有偏名矣。修身之士，當體道虚心，無所執著，以臻其妙。理國當坦然無爲，以合於道，通乎大方，歸於至理也。

萬物恃之以生而不辭，

義曰：【略】由道之所化，各得其生，生生成成，全備之理矣。道之生物也，無爲而物自生。道之化物也，無爲而物自化。雖因道而生化，而大道不以生化辭勞，物亦不以生化之恩歸功於大道。

又卷三二《反者道之動章第四〇》 反者道之動。

義曰：夫物順道則生，失道則死。其故何哉？道本無事無爲，人尚

有爲有事。道本無情無欲，人尚有欲有情。故俗與道反，而去生從死也。經云動之死地，以其生生之厚。又云人之輕死，以其求生之厚。是以輕死所謂求生之厚者，躭欲羨利，徇俗趨名，役性勞神，圖功慕賞，本爲養身之具，不知求非其分，反喪其生。吴子云：天地之生禽鳥也，猶衣之以毛羽，供之以蟲粒，況於人乎？衣食者，雖養身之所切，亦可委心任運，豈在躁求乎？不能體道全生，委心順命者，是謂執其生而失於道矣。若能祛躁求之妄，安順命之懷，體彼恬愉，生可全矣。理國者任物之性，順天之時，息苛暴以惠人，輕賦傜而育物，無拓土開疆之欲，自戢五兵，無崇臺峻宇之奢，自清庶務，躋生靈於壽域。斯可謂反俗順道乎。

趙志堅《道德真經疏義》卷四《道生章第五》 道生一，一生二，二生三，三生萬物。

道至無也，一妙有也。至無不無，能生於一。道是一體，一是道氣。氣因體生，故云道生一。道雖生一，還在一中，神用資通，麤妙異耳。一外本道，元無虧減。一者，元氣也，亦曰太和。以數言之謂之一，以德言之謂之和。爲氣之始復云元。氣妙有不有，無色無聲，不有而有，能生於二。二者麤氣謂陰陽也。且一之爲物也，從無涉有，至微至妙，理殊空寂，不得言無，器象未形，不可言有，包含萬象，混在其中，有神用能清能濁，清氣爲陽，濁氣爲陰，陰陽同出，故云生二。陰陽分判，一布二事，二外本一，全然若舊。二又生三，三者形質已具，謂天地人也。純陽清而爲天，純陰濁而爲地，和氣爲人。和者一氣兼陰陽之妙，三合爲和。若以和清濁而爲天地人者，此便以三生三。今言二生三，生爲和，是一氣布在二中，故唯言二。亦猶道遍三才，直以天地人爲三，不可兼道爲四。其天地人各懷陰陽和三氣備足，然天地人外，陰陽和本氣亦無耗損，其天地陰陽萬物，若無和氣不能自立，況能生物乎。已上從無適有，自妙向麤，謂之生非如今日以形相生也。其人始生而得和清濁三氣，虛凝聚結，化生成形，其神識即和道之精秀，與天地同受氣而生。故《西昇經》云：吾與天地分一氣而治，自守根本是也。三生萬物者，天地生萬物，人又生人，兼長養之，萬物咸得遂性。自此之後，皆是陰陽交感，以形相生，故云三生萬物也。

陳景元《道德真經藏室纂微篇》卷二 視之不見名曰夷。

夷，古本作幾，幾者，幽無象也。《易》曰：幾者，動之微。雖有此義，今存而不論。

聽之不聞名曰希。搏之不得名曰微。此三者不可致詰，故混而爲一。

道之難狀難説也，如是，聖人不得已而強爲之名耳。且道非色不可以目視而見，故於無色之中，能色衆色，因而諾之曰夷。夷者，平也，謂漠然平夷無涯涘貌，在色而無色也。道非聲不可以耳聽而聞，故於無聲之中，能聲衆聲，因而諾之曰希。希者，疏也，如物之希疏，無擊觸之聲，在聲而無聲也。道非形不可以手搏而得，故於無形之中，能形衆形，因而諾之曰微。微者，妙也，微妙無質硋，在形而無形也。唯至人以神視可見無色之色，而出於衆色。以氣聽可聞無聲之聲，而出於衆聲。以心察可得無形之形，而出於衆形。言此希夷微三者皆道之應用強名，豈可以爲實有，而得致詰責問哉。故當混合而冥爲至一耳。【略】不以視視者能見之，不以聽聽者能聞之，不以循循者能得之，不以言言者能辯之，是故無形之形，天地以生，謂之夷。無聲之聲，五音以始，謂之希。無緒之緒，萬端以起，謂之微。此皆先賢舉其進道之方也。若夫能忘其視聽，寘其循搏，混一都無，則至矣盡矣，不可以加矣。

其上不皦，其下不昧，繩繩不可名，復歸於無物。

夫形色之物，皆有涯分，不能出其定方。唯道超然出於九天之表，而不爲明，存乎太極之先，而不爲高，使其學者居上，與日月齊照，而其光不皦。沈然沒於九地之外，而不爲暗，流乎六極之下，而不爲深，使其學者在下，與瓦甓同寂，而其明不昧。而繩繩運動，無窮無絶。生育萬物，而道不屬生，物自生爾。變化萬物，而道不屬化，物自化爾。萬物自生，自化，自形，自色，而不可指名於道也。既而尋本究原，歸於杳冥，復於沈默，斯乃道之運用生化之妙數也。故曰：繩繩不可名，復歸於無物。繩繩，接連不絶之貌，又無際也。

是謂無狀之狀，無物之象，是謂惚怳。

夫歸於無物者，非空寂之謂也，謂於無形狀之中，而能造一切形狀。於無物象之中，而能化一切物象。欲言有邪，而不見其形，是即有而無也。欲言無邪，而物由之以成，是即無而有也。有無不定，是謂惚怳。惚無也，言無而非無。怳有也，言有而非有。故曰惚怳爾。

迎之不見其首，隨之不見其後。

夫道先乎天地，長於上古，湛然何來，莫知其始，故迎之不見其首。而又終古不息，後乎億劫，寂爾常存，莫知其終，故隨之不見其後。此使人廓其靈臺，而法其道體也。

執古之道，以御今之有，能知古始，是謂道紀。

古道者，無形無名，天地之原，萬物之宗也。即視不見，聽不聞之道也。老氏使其治身治世者，執持上古無爲自然之道，制御即今有爲煩撓之俗，歸乎淳風，復乎太始，使各正性命，不遷其德，是謂知道之綱紀也。

又卷四　有物混成，先天地生。

有物混成者，道之宗也。故眡之不見，聽之不聞，搏之不得。夫至理湛然而常存，故謂之有物。眞道萬泒而莫分，故謂之混成。然混成不可得而知，萬物由之以生，故曰有物混成也。先天地生者，道之元也。《經》曰：吾不知誰子象帝之先。莊子曰：夫道在太極之先，而不爲高，在六極之下，而不爲深，先天地生，而不爲久，長於上古，而不爲老，此皆標道之大體也。

寂兮寥兮，獨立而不改，周行而不殆，可以爲天下母。

寂者，無聲。寥者，無形。既云有物混成，尋其形聲，窅寘空洞，無象無質，故曰寂寥。夫大塊卓然，無物可比，且形影因待，猶言獨化，況妙道廓然，何物能偶，故曰獨立。物雖千變萬化，出生入死，而妙道未嘗遷革，故曰不改。且道之用也，散則沖和之氣偏于太無，歛則純精之物藏于黍粟，周流六虛，應用不窮，故曰不殆。物無大小，皆仰於道，得之則全，離之則殞，生之成之，咸有所賴，故曰爲天下母。

吾不知其名，字之曰道，强爲之名曰大。

夫大道無形，故眡聽莫聞，搏取不得，既無形聲端緒，故不知其名。然而前稱有物，則有體用，體用既彰，通生萬物，就用表德，字之曰道，包含天地，其體極大，故强爲之名曰大。

大曰逝，逝曰遠，遠曰反。

逝，往也。凡物之大，皆有邊際，唯道無窮。無極往，無涯畔，故大曰逝。愈逝愈遠，莫究其源，故逝曰遠。雖遠出八荒之外，而收眡反聽湛然於方寸之間，若鑑之明應而不藏，故遠曰反。反，復也。往而還復，沒而復生，陰而復陽，皆道之化也。

又卷六　道生一，一生二，二生三，三生萬物。

道者，虛之虛，無之無，自然之然也。混洞太無，冥寂淵通，不可名言者也。然而動出變化，則謂之渾淪。渾淪者一也。渾淪一，氣未相離散，必有神明，潛兆于中。神明者二也。有神有明，則有分焉，是故清濁和三氣，噫然而出，各有所歸，是以清氣爲天，濁氣爲地，和氣爲人。三才既具，萬物資生也。

《南華真經注疏·內篇·大宗師第六》（郭象注　成玄英疏）　夫道，有情有信，無爲無形；

〔注〕有無情之情，故無爲也；有常無之信，故無形也。

〔疏〕明鑒同照，有情也。赴機若響，有信也。恬淡寂寞，無爲也。視之不見，無形也。

可傳而不可受，

〔注〕古人傳而宅之，莫能受而有之。

可得而不可見；

〔注〕咸得自容，而莫見其狀。

〔疏〕寄言詮理，可傳也。體非量數，不可受也。方寸獨悟，可得也。離於形色，不可見也。

自本自根，未有天地，自古以固存；

〔注〕明無不得有而無也。

〔疏〕自，從也。存，有也。虛通至道，無始無終。從本以來，未有天地，五氣未兆，天道存焉。故《老經》云有物混成，先天地生，又云迎之不見其首，隨之不見其後者也。

神鬼神帝，生天生地；

〔注〕無也，豈能生神哉？不神鬼帝而鬼帝自神，斯乃不神之神也；不生天地而天地自生，斯乃不生之生也。故夫神之果不足以神，而不神則神矣，功何足有，事何足恃哉。

〔疏〕言大道能神於鬼靈，神於天帝，開明三景，生立二儀，至無之力，有玆功用。斯乃不神而神，不生而生，非神之而神，生之而生者也。故《老經》云天得一以清，神得一以靈也。

在太極之先而不爲高，在六極之下而不爲深，先天地生而不爲久，長於上古而不爲老。

〔注〕言道之無所不在也，故在高爲無高，在深爲無深，在久爲無久，在老爲無老，無所不在，而所在皆無也。且上下無不格者，不得以高卑稱也；外內無不至者，不得以表裏名也；與化俱移者，不得言久也；終始常無者，不可謂老也。

〔疏〕太極，五氣也。六極，六合也。且道在五氣之上，不爲高遠；在六合之下，不爲深邃；先天地生，不爲長久；長於敻古，不爲耆艾。言道非高非深，非久非老，故道無不在而所在皆無者也。

王元澤《南華真經新傳》卷六《大宗師篇》 夫道，有情有信，無爲無形；可傳而不可受，可得而不可見；自本自根，未有天地，自古以固存；神鬼神帝，生天生地；在太極之先而不爲高，在六極之下而不爲深，先天地生而不爲久，長於上古而不爲老。

夫道，天下之至妙，而無體無迹，無乎不在也。萬物莫不由之而似有情，萬物由之而生而似有信；寂然默運，故無爲；窈然眞空，故無形；可以神會，而難以情求。故曰可傳而不可受。可以心得，而難以理察。故曰可得而不可見。混成先天地而生。故曰自本自根。未有天地，亘絡萬世，而綿綿常存。故曰自古以固存。然則道之如此，而其妙所以無方也。故鬼得之而靈，帝得之而神；天地由之而生，而非因天地而有；其高不可度而其深不可測。

又卷一一《知北遊篇》 夫窈冥寂寞，希夷微妙者，至道之眞體。體固不可以情求，不可以智窺，惟以無知而爲得矣。此莊子因而作知北遊之篇。

【略】

視之無形，聽之無聲，於人之論者，謂之冥冥，所以論道，而非道也。

道者，萬物之所道也。在體爲體，在用爲用，無名無迹，而無乎不在。故自有而觀，則足以知其微；自無而觀，則足以知其妙。虛靜寥遠，而無有終始，此道之至妙之理也。

無始曰：道不可聞，聞而非也；道不可見，見而非也；道不可言，言而非也。知形形之不形乎。道不當名。

道聽之而不聞也，故曰道不可聞。視之不見也，故曰不可見。搏之而不得也，故曰不可言。可聞則非爲其道也，故曰聞而非也。可見則亦非爲道也，故曰見而非也。可言則又非爲道也，故曰言而非也。夫不可聞，不可見者，無形之形也，故曰知形形之不形乎。不可言者，無名之名也，故曰道不當名。

又卷一四《則陽篇》 吾觀之本，其往無窮；吾求之末，其來無止。無窮無止，言之無也，與物同理；或使莫爲，言之本也，與物終始。道不可有，有不可無。

道體深妙，動而愈出，故曰吾觀之本，其往無窮。妙用贍足，綿綿若存，故曰吾求之末，其來無止。無窮則未嘗有極，無止則未嘗有息，同萬物生成之理也，故曰無窮無止，言之無也，與物同理。此莊子言道之序也。

道之爲名，所假而行。或使莫爲，在物一曲，夫胡爲於大方？言而足，則終日言而盡道；言而不足，則終日言而盡物。道物之極，言默不足以載；非言非默，議其有極。

視之不見，故曰道不可有；生成不測，故曰有不可無。道者，萬物之所道，以其可道而名道也，故曰道之爲名，所假而行。道體至妙，言默不足以盡之也，故曰道物之極，言默不足以載之。不言不默而心得之，然後達其妙本也，故曰非言非默，議有所極。

又《南華真經拾遺》 萬物之所道者，道也。道者物之所道而無有不在，故在大則未嘗有所過，而在細則未嘗有所遺。是以萬物之才，性分中亦各有所取，而此莊周之爲書而言及鯤鵬、蜩鷽、斥鴳、鷦鷯、螘羊、魚蝶、馬牛、山木之類也。

道之本在太極之先而不爲高，根在六極之下而不爲深。未有天地也，先天地生而不爲久。自古以固存也，長於上古而不爲壽。萬有不同謂之富，不同同之謂大，富有之謂大業，此聖人也。

【略】

莊子曰：自本自根。本者一，在於木下。根者木止於艮旁，本出於根而根附於本，相須而生也。故本者命也，根者性也。老子曰歸根曰靜，以言性也。靜曰復命，以言本也。

王玠《太上老君説常清静妙經纂圖解註》 老君曰：大道無形，生育天地；大道無情，運行日月；大道無名，長養萬物。道生，自然。

大道者，至虛無體，本無形、無情、無名也。當浩劫之始，已有梵清景三氣，太清、太微、太素，隱而無象，溟溟滓滓，遼廓無光，一混沌而已。渾是陰氣，裏外虛中，有箇乾健不息之理，蟠旋而極，是有一陽初動于中，便生奇耦，分陰分陽，生育天地。清氣上而爲天，濁氣下而爲地。天地既判，萬物居其中。陰氣出地，而復上昇於天，陽炁從天，而復下降於地，陰陽往來，循環不已。是以日月運行，五炁順布，四時行焉，故能長養萬物。大則天地，小則微塵，無一物不是道之化育。善參究者，反身求之，我身即天地。道雖生我無名，我故名之道也。《道德經》云：有物混成，先天而生。寂兮寥兮，獨立而不改，周行而不殆，可已爲天下母。吾不知其名，字之曰道，強爲之名曰大。大曰逝，逝曰遠，遠曰反。故道大是也。

大道
- 無形
- 無情〇虛空
  - 太清之始
  - 太微之始〇氣化有形
    - 生育天地
    - 運行日月
    - 長養萬物
  - 太素之始
- 無名

吾不知其名，強名曰道。言道者是誰？

太上言道大沖虛，本無名喚，因不虛立，假形而用。且夫人身之生也渾淪，是箇太極，則天地萬物之道總在我身。心之虛靈，道自歸之。靜爲性，動爲情。性主乎內，爲體；情運乎外，爲用。體用一源，顯微無間，乃曰道。道之爲言，精氣化形，神虛今妙，豈可以知其名也？若不言道，何以呼之？是不以已，強名稱之曰道也。《道德經》云：道爲物，惟恍惟惚。惚兮恍兮，其中有象；恍兮惚兮，其中有物；窈兮冥兮，其中有信。故顏子歎聖人之道曰，仰之彌高，鑽之彌堅，瞻之在前，忽然在後。是以易存無體，神化無方，此之謂也。

〇渾淪無象
- 迎之不見在首
- 隨之不見在後

吾不知其名強名曰道〇故曰
- 金丹之體
- 象帝之先

夫道者，有清有濁，有動有靜。天清地濁，天動地靜；男清女濁，男動女靜。降本流末，而生萬物。氣化，生形。

夫道之爲物，虛而無象，因氣化而有道之名。道生于一，一生于二，二氣感合而生萬物，理自然也。道居天地之先，包含覆載，寂靜無名，乃曰無極之眞也。無極之中道因虛極而已，陽發而遂通，無極而太極，是二五之精妙合而凝也。太極動而生陽，靜而生陰。陽清而爲天，主於動；陰炁濁而爲地，主於靜。天覆於地，地載於天，天動地靜，二氣互交。陽氣先者爲陽道，陰炁先者爲陰道。《易繫》所謂乾道成男，坤道成女。男體天故清、故動，女體地故濁、故靜。男女相感，陰陽翕暢，泄其眞精，降本流末，而生萬物。萬物之生，同此之理，炁質化行，各從其類，生生化化，則道無不一焉。

牛道淳《文始真經註》卷一 得之契同，實忘異名。

道本無名，因名悟道，道者實也，名者實之賓也，因名契悟名異而實不異，悟實而忘名，得魚忘筌，得兔忘蹄，得意忘言，名者言也，故云得之契同，實忘異名。此章明道無不在，悟實忘名。

一道能作萬物，終無有一物能作道者，能害道者。

道運陰陽，生成天地萬物，故云一道能作萬物也，作者，生也，道如虛空，窈冥莫測，本自見成，不假修爲造作，故云無有一物能作道者，道既似虛空，萬物焉能害虛空哉？故云無有一物能害也。此合喻也。此章明道生萬物，無物能害道者也。

關尹子曰：道茫茫而無知乎，心儻儻而無羈乎，物迭迭而無非乎。

道者心之體，心之體者，眞空也，眞空窈冥，茫茫然，知識未萌之前也，心既以眞空爲體，則儻儻然萬緣無由羈絆，物者心之用，即體即用，應變常寂，則迭迭然無非道也。迭迭者，周行而不殆之義也。

關尹子曰：道終不可得，彼可得者，名德不名道。

道本眞空，不屬得失，有得則有失，道在人，聖凡同體，無欠無餘，如初生赤子，與大人同體，不與大人同用。凡人與聖人同體，不與聖人同用，體本無名，隨功用立名，用之於惡，則名凡人，用之於善，則名賢

人，用之無所得，則名聖人。無所得而得之，則名德不名道也，故曰道終不可得，彼可得者，名德不名道也。道終不可行，彼可行者，名行不名道。

道要心悟，不離本情而登大道，故不可行也，彼可行者，名善不名道也，【略】

關尹子曰：若以言行學識求道，互相展轉，無有得時。

道本無名，不可以言求，道本無跡，不可以行求，道本無法，不可以學求，道本無情，不可以識求。若以名跡法情求之，如石輾之互相宛轉，不離名跡法情，何時得悟道哉，故云若以言行學識求道，互相輾轉，無有得時。

【略】

殊不知捨源求流，無時得源，捨本求末，無時得本。

道由心悟，靈源妙湛，體用如如，迷人不悟，源名跡而向外求道，此迷靈源而逐名跡流浪也。

又卷二 是知天地成理，一物包焉，物物皆包之，各不相借。

【略】成理者，道也。言道本自見成，不假修爲也，道無不在，天地萬物在道則存生，失之則亡滅，故云知見成之道，物物皆包藏妙道，非物能包之也，爲天地萬物不離妙道也，故云是知天地成理，一物包焉，物物皆包之，各不相借也，不相借者，物物具足，不須相借也。

又卷三 關尹子曰：所謂聖人之道者，胡然孑孑爾，胡然徹徹爾，胡然堂堂爾，胡然臧臧爾，

孑孑者，無對待也，徹徹者，盡善盡美也，堂堂者，深奧難測也，臧臧者，妙之又妙也，胡者，何也。言聖人之道，何其孑孑然超諸對待也，故云所謂聖人之道者，胡然孑孑爾也。聖人之道何其徹徹然盡善盡美，何其堂堂然深奧難測，何其臧臧然妙之又妙、讚美不盡也，故云胡然徹徹爾，胡然堂堂爾，胡然臧臧爾者也。

惟其徧偶萬物，而無一物能偶之，故能貴萬物。

偶者，待也，惟道無我，能生萬物，而與萬物不異，而萬物待道而生，而道無所待，故能超貴乎萬物，故云惟其能遍偶萬物，而無一物能偶之，故能貴萬物也。無一物能偶者，無一物比配道也。此章明道超諸有，迥絕對待。

又卷八 是道也，其來無今，其往無古，其高無蓋，其低無載，其大無外，其小無內，其本無一，其末無多，其外無物，其內無人，其近無我，其遠無彼。

是者，此也。此眞空不可思議之道，非同揲蓍灼龜分析今古高下、大小一多、人物彼我之六對待也。道不屬時，獨往獨來，無古今之異也，故云是道也，其來無今，其往無古也。道不屬形位，充塞虛空上下，無所不在，非似天地定於蓋載也，故云其高無蓋，其低無載也。道不屬內外中邊，言其大者，廣無邊際，言其小者，視之不見，故云其大無外，其小無內也。道不屬數，不可定於一多也，道爲五太、二儀、萬物之本源，運行一氣，化生天地萬物，天地萬物無須臾離於道，若離於道，則天地萬物壞滅也，以此知天地萬物爲道之末也，故云其本無一，其末無多也。此其本無一，其末無多，郭子謙本有此八字，於經甚有次序，故亦從而解之也。道不屬人物，內外不二也，故云其外無物，其內無人也。道不屬彼我，遠近不二也，故云其近無我，其遠無彼也。

不可析，不可合，不可喻，不可思，惟其渾淪，所以爲道。

道如虛空，無散無聚也，故云不可析，不可合也。道無相似，無比倫，無情識，故不可以言議而譬喻，不可以心思而知解也，故云不可喻，不可思也。若人了悟，本自具足，本自見成，本自全眞，不假修爲造作扭捏也，如此強名曰道也，故云惟其渾淪，所以爲道也。此章明道不屬形數，不可分析而知也。

陳顯微《文始真經言外旨》卷一 關尹子曰：非有道不可言，不可言即道。非有道不可思，不可思即道。天物怒流，人事錯錯然，若若乎回也，戛戛乎鬥也，勿勿乎似而非也。而爭之，而介之，而睨之，而嘖之，而去之，而要之。言之如吹影，思之如鏤塵，聖智造迷，鬼神不識。惟不可爲，不可致，不可測，不可分，故曰天，曰命，曰神，曰玄，合曰道。

抱一子曰：《老子》曰：道可道，非常道，名可名，非常名。世之學者，罕見關尹子書，而多以百家之言及臆說解之，愈不能明老子之旨。關尹謂：使有道不可言，則道與言爲二，惟不可言即道，則言與道爲一，學者驟觀，非有道不可言，若有道可言，則當云有道非

不可言，不曰非有道不可言也。今曰非有道不可言，不可言即道，是則翻老子之言，以明老子言外之旨也。此言翻之，則曰非有道不可道，不可道即道，既翻出不可道即道，則翻出道可道非道矣，道可道非道，即是《老子》道可道，非常道也。或者猶疑可道爲口道之道，愚又翻經言以曉之，曰：如曰空可空，非眞空，使其可空，即是有物，窒而不空之處，豈謂之眞空乎，知空可空非眞空，則知道可道非常道矣。或者喻曰：如心心如性性，皆可用功以人爲，而道獨不可以人爲，故不可以道道也，向非翻言外之言，吾終世不能明《老子》之經旨矣。世人又多被常字轉了，將謂《老子》有非常之道，然《老子》立此常字者，政恐世人疑吾所謂道有異乎人也，殊不知此乃通天下之常道爾，猶強名曰道者，通天下之常名爾。是道也，通天徹地，亘古亘今，無往而不在，纔開口言，則去道遠矣。故曰二也，纔指此強名之名爲可名，則非名矣。惟不可名，故假常名強名之，猶曰非有名不可名，不可名即名也，是則不可言即道，不可名即名，即《老子》可道則非常道，可名則非常名之意也。然則老子大聖人也，其言如天之不言之言，非有大聖人如關尹子者，疇能復以不言之言，發明其言外之旨哉。然關尹子既發明不可名言之旨矣，又恐世人謂道不可名言，則可以思而得之，故又曰非有道不可思，不可思即道，與上意同。噫！可言可思皆人也，不可言不可思皆天也，然則人與天果可以異觀乎？曰人皆可曰天，然則人與天果可以同觀乎？曰天物怒流，人事錯錯然，有相若而回者，有相戛而鬥者，有相勿而似而非者，或爭而目以心鬥，或介而不交於物，或哯而呵叱之，或嘖而呼喚之，或去而離之，或要而合之，天物人事，不齊如此，豈可以同觀哉！今欲以人之言思及之，譬如吹影鏤塵，徒勞心耳。是道也，聖智造之猶迷，鬼神測之不識，惟其不可爲，故曰天不可致，故曰命不可測，故曰神不可分，故曰玄，合是四者，強名曰道。

關尹子曰：無一物非天，無一物非命，無一物非神，無一物非玄。物既如此，人豈不然。人皆可曰天，人皆可曰神，人皆可致命通玄。不可彼天此非天，彼神此非神，彼命此非命，彼玄此非玄。是以善吾道者，即一物中知天盡神，致命造玄。學之徇異，名析同實，得之契同，實忘異名。

抱一子曰：《老子》言道，繼之以常無欲以觀其妙，常有欲以觀其微，同謂之玄，玄之又玄，衆妙之門。關尹子恐學者徇異，名析同實，而並以天命神玄四者異觀之，故於此章重言，即一物中，可以知天盡神，致命造玄，物物皆然，人人本具，不可彼天此非天，彼神此非神，彼命此非命，彼玄此非玄也。是則或曰妙，或曰徼，或曰玄，亦物物皆然，人人本具，惟得之者，契其同有之實，忘其異謂之名，至於玄之又玄，可以入道矣。

宋徽宗《沖虚至德真經義解》卷一　其言曰：有生不生，有化不化。不生者能生生，不化者能化化，生者不能不生，化者不能不化，故常生常化。常生常化者，无時不生，无時不化。陰陽爾，四時爾。不生者疑獨，不化者往復。往復，其際不可終；疑獨，其道不可窮。

生自无而適有，化自有以之无。有化有生者，物也；不生不化者，道也。物麗於數，故生者不能不生，化者不能不化。道行乎物，故常生常化，而无時不生，无時不化。獨立萬物之上，故不生者疑獨，汎應而不窮。故不化者往復。往復，其際不可終。蓋莫知其端倪也。疑獨其道不可窮。蓋不可測究也。

故有生者，有生生者；有形者，有形形者；有聲者，有聲聲者；有色者，有色色者；有味者，有味味者。生之所生者死矣，而生生者未嘗終；形之所形者實矣，而形形者未嘗有；聲之所聲者聞矣，而聲聲者未嘗發；色之所色者彰矣，而色色者未嘗顯；味之所味者嘗矣，而味味者未嘗呈。皆无爲之職也。

生形、聲、色、味，皆物之化，故隱斯顯往。斯返生生者，形形者，聲聲者，色色者，味味者，皆道之妙。孰原其所始，孰要其所終？道常无爲而无不爲，謂是故也。

能陰能陽，能柔能剛，能短能長，能圓能方，能生能死，能暑能涼，能浮能沉，能宮能商，能出能沒，能玄能黃，能甘能苦，能羶能香。无知也，无能也，而无不知也，而无不能也。

有所知，有所能，在道一偏，非全之盡之者也。而无知而无不知，无能而无不能，則无不該也，無不遍也，何所不能哉？陰陽，氣也；柔剛，材也；短長，形也；圓方，器也；生死，數也；暑涼，時也；浮沉，勢也；宮商，聲也；出沒，迹也；玄黃，色也；甘苦，味也；羶香，臭也。變化所爲，皆在是矣。古之人其備乎？六通、四闢、小大、精粗，共運

无乎不在，烏往而不暇。

又卷六 無所由而常生者，道也；由生而生，故雖終而不亡，常也；由生而亡，不幸也。有所由而常死者，亦道也；由死而死，故雖未終而自亡者，亦常；由死而生，幸也。故无用而生謂之道，用道得終謂之常；有所用而死者亦謂之道，用道而得死者亦謂之常。

所貴乎道者，謂其可以死生也。道獨存而常今，亦无往而不存。獨存而常今，故曰：无所由而常生。无往而不存，故曰：有所由而常死。由其道而生，則雖死而不亡，是理之常也。故曰：由生而生，故雖終而不亡，常也。乃若由生而亡，非正命也，故曰：不幸也。由其道而死，則未終而亡，不以爲變，故曰：雖未終而自亡者，亦常。乃若由死而生，則罔之生也，幸而免爾，故曰：由死而生，幸也。造化之所始，陰陽之所變，既化而生，又化而死，由於道，聽於命，方生方死，乃常然耳。

江遹《沖虛至德真經解》卷一 其言曰：有生不生，有化不化。不生者能生生，不化者能化化。生者不能不生，化者不能不化。

解曰：天之神，地之富，聖之所以爲聖，物之所以爲物，一言而盡其道者，生化而已。故《天瑞》之訓，首明此焉。夫形體區別，遷謝不停，此爲有生有化。太易未兆，眞常不變，此爲不生不化。囿於有生，日趨於化，安能生生？役於有化，終歸於盡，安能化化？生者受化，彼無生者奚有於化？化者終滅，彼不化者初無起滅。紜紜之生，皆其眞心之所顯示，是爲能生生。擾擾之變，皆其妙心之所發起，是爲能化化。既已有生，則不能不生。既已有化，則不能不化。雖天地之大，日月之明，一囿於生化之域，則若有機緘而不能自已，或運轉而不能自止。時變歲遷，終古不息，而況於萬物乎？生者不能不生，則生生者亦不能不生生。化者不能不化，則化化者亦不能不化化。生生化化，莫窮其端，且生且化，不知其紀，是天地之所以含萬物而無窮，道之所以含天地而無極也。雖然，所謂不生不化，初不可名，因有形無彊爲之名，是以生化者之外非更有不生不化者也，即生化而不生不化之妙寓乎其中矣。故其言曰：有生不生，有化不化。以言有生者實未嘗生，有化者實未嘗化。而其所以爲生化，亦不在外，亦不在我，自生自化而已。觀其首言有生不生，有化不化，既已盡其道矣。不得已明夫生生化化之理，終必歸之自生自化也。若夫寓生化之境而順其生化，即生化之中而不制於生化，則萬物之生皆吾心之眞體，萬物之化皆吾心之妙用，此聖人之所以爲聖，而子列子垂訓之旨也。

故常生常化。常生常化者，無時不生，無時不化，

解曰：所謂常生常化者，通古今萬物而爲言造化之至理也。即一物以觀，既化而生，又化而死。以氣之暫聚者爲生，則不得爲常生；以形之遷滅者爲化，則不得爲常化。蓋造化之於萬物，方生則其化固不停，已死而其化猶自若。化固有常，生亦無間，如俾一物在造化之中，其生其化容秋毫之間，則生化之理或幾乎熄矣。嘗謂物之生死猶日之晝夜，日出爲晝，日沒爲夜，晝安可以言生，夜安可以言滅，此所謂無時不生，無時不化也。老君《道經》首章言常道常名，常無、常有，語道而不至於常，不足以爲衆妙之門也。

陰陽爾，四時爾。

解曰：陰陽播而爲四時，凡屬乎有生之域者，隨其陶運而不能自已，然而道散而爲陰陽，其生化特寓於有形者爾。常生常化之妙，不即是而見之也。其曰陰陽四時爾云者，蓋小之也。

不生者疑獨，不化者往復。其際不可終，疑獨，其道不可窮。

解曰：唯獨也故能偶而應，而爲羣動之所屬，是萬物之所係而一化之所待也。然道不偶物，物自偶道，老君所謂似萬物之宗，此之所謂疑獨也。往復，即所謂無端之紀也。其際不可終，其道不可窮，是所以常生常化。

林希逸《沖虛至德真經鬳齋口義》卷四 無所由而常生者，道也；由生而生，故雖終而不亡，常也；由生而亡，不幸也。有所由而常死者，亦道也；由死而死，故雖未然而自亡者，亦常也；由死而生，幸也。故無用而生謂之道，用道得終謂之常；有所用而死者亦謂之道，用道而得死者亦謂之常。

無所由而常生者，謂無所從來而不知生之所以生。泯其知識者，道也。由生而生，則知其所以生而生者，雖此身有終而終者未常亡，此常人之見也。知有生則有亡，此因生而達無生之理者，故曰不幸。言此知此

覺，反爲累也。由無生之理而知其所以生，則雖生而常若無生者，此亦道也。亦者，近道之意也。由無生而知常死，其身雖未終而自若無生者，此亦常人之見也。然因無生之理而知其所以生，則幸矣，無用而生，無容心於生也，此謂之道。因此道而知所以終之理，此謂之常。有所用而死，此有字誤也，合是無字。無所用而死，言無容心於死，而循其自然者，亦謂之道。因見道而得所以死之理者，此謂之常。此意蓋謂知道者乃是常人，未足爲高知，以不知者乃謂之道也。莊列之論，大抵皆如此翻騰其說。釋氏斷常之論，亦必源流於此。

《淮南鴻烈解·原道訓上》（高誘注） 原，本也。本道根眞，包裹天地，以歷萬物，故曰原道。因以題篇。

夫道者，覆天載地，道無形而大也。廓四方，柝八極。廓，張也。柝，開也。八極，八方之極也。言其遠。柝，讀重門擊柝之柝也。高不可際，深不可測。際，至也。度深曰測，一曰盡也。包裹天地，稟授無形。稟，給也。授，予也。無形，萬物之未形也。皆生於道，故曰稟授無形也。源流泉浡，沖而徐盈；混混汩汩，濁而徐清。源，泉之始所出也。浡，涌也。沖，虛也。始出虛，徐流不止，能所盈滿，以喻於道亦然也。汩，讀曰骨也。故植之而塞于天地，橫之而彌于四海，施之無窮，而無所朝夕。植，立也。塞，滿也。彌，猶絡也。施，用也。用之無窮竭也，無所朝夕盛衰。舒之幎於六合，卷之不盈於一握。舒，散也。幎，覆也。孟春與孟秋爲合，仲春與仲秋爲合，季春與季秋爲合，孟夏與孟冬爲合，仲夏與仲冬爲合，季夏與季冬爲合，故曰六合。言滿天地間也。一曰四方上下爲六合。不盈一握，言微妙也。約而能張，幽而能明，言道能小能大能昧能明。弱而能強，柔而能剛。道之性也。橫四維而含陰陽，橫，讀桄車之桄。紘宇宙而章三光。紘，綱也。若小車蓋，四維謂之紘，繩之類也。四方上下曰宇，古往今來曰宙，以論天地。章，明也。三光，日月星。甚淖而滒，甚纖而微。謂，亦淖也。夫饘粥多瀋者謂滒。滒，讀歌謳之歌。山以之高，淵以之深，獸以之走，鳥以之飛，日月以之明，星曆以之行，麟以之游，鳳之以翔。以，用也。游，出也。大飛不動，曰翔也。泰古二皇，得道之柄，立於中央。二皇，伏犧神農也。指說陰陽，故不言三也。神與化游，以撫四方。撫，安也。四方謂之天下也。是故能天運地滯，輪轉而無廢，運，行也。滯，止也。廢，休也。水流而不止，與萬物終始。風興雲蒸，事無不應；應，當也。雷聲雨降，並應無窮。窮，已也。鬼出電入，龍興鸞集，鬼出，言無蹤迹也。電入，言其疾也。鈞旋轂轉，周而復匝。鈞，陶人作瓦器法，下轉旋者。一曰天也。已彫已琢，還反於樸。無爲爲之而合于道，無爲言之而通乎德。言二三之化無爲爲之也，而言合於道也。無所爲言之，而適自通於德也。恬愉無矜而得于和，恬愉，無所好憎也。無矜，不自大也。有萬不同而便于性。萬事不同，能於便性者，性不欲也。神託于秋毫之末，言微妙也。而大宇宙之總。宇宙，諭天地總合也。其德優天地而和陰陽，優，柔也。和，調也。節四時而調五行。五行，金木水火土也。呴諭覆育，萬物群生。呴諭，溫恤也。育，長也。潤于草木，浸于金石。禽獸碩大，毫毛潤澤，羽翼奮也，奮，壯。角觡生也。角，鹿角也。觡，麋角也。觡讀曰格。獸胎不贕，鳥卵不毈。胎不成獸曰贕，卵不成鳥曰毈，言不者，明其成。父無喪子之憂，兄無哭弟之哀。言無夭死。童子不孤，婦人不孀。無父曰孤，寡婦曰孀也。虹蜺不出，賊星不行，賊星，妖星也。含德之所致〔也〕。含，懷也。

夫太上之道，生萬物而不有，不以爲己有者也。成化像而弗宰。宰，主也。跂行喙息，蠉飛蝡動，待而後生，莫之知德，不因德之。待之後死，莫之能怨。不怨虐之。得以利者不能譽，用而敗者不能非。收聚畜積而不加富，收斂畜積，國有常賦也。不加富者，爲百姓不以爲己有也。布施稟授而不益貧。布施稟授，匡困乏，予不足也。以公家之資，故不益貧也。旋縣而不可究，纖微而不可勤。縣，猶小也。勤，猶盡也。累之而不高，墮之而不下，益之而不衆，損之而不寡，斲之而不薄，殺之而不殘，鑿之而不深，填之而不淺。忽兮怳兮，不可爲象兮；怳兮忽兮，用不屈兮。忽怳，無形貌也。故曰不可爲像也。屈，竭也。怳讀人空頭扣之怳。屈讀秋雞無尾屈之屈也。幽兮冥兮，應無形兮；遂兮洞兮，不虛動兮。洞，達也。道動有所應，故曰不虛動也。與剛柔卷舒兮，與陰陽俛仰兮。卷舒，猶屈申也。俛仰，猶升降也。

又《天文訓下》 道曰規，始於一，一而不生，故分而爲陰陽，陰陽合和而萬物生。故曰一生二，二生三，三生萬物。

又《繆稱訓》 道至高無上，至深無下，平乎準，直乎繩，員乎規，方乎矩，包裹宇宙而無表裏，洞同覆載而無所礙。礙，挂。

又《道應訓》 道之所行，物動而應，考之禍福，以知驗符也。

太清問於無窮太清，元氣之清者也。無窮，無形也。曰，子知道乎？無窮曰，吾弗知也。又問於無爲無爲，有形而不爲也。曰，子知道乎？無爲曰，

吾知道。無爲有形，故知道也。子之知道，亦有數乎？無爲曰，吾知道有數。曰，其數柰何？無爲曰，吾知道之可以弱，可以強，可以柔，可以剛，可以陰，可以陽，可以窈，可以明，可以包裹天地，可以應待無方。此吾所以知道之數也。太清又問於無始，無始，未始有之氣也。曰，鄉者，吾問道於無窮，無窮曰，吾弗知之。又問於無爲，無爲曰，吾知道。曰，子之知道亦有數乎？無爲曰，吾知道有數。曰，其數柰何？無爲曰，吾知道之可以弱，可以強，可以柔，可以剛，可以陰，可以陽，可以窈，可以明，可以包裹天地，可以應待無方，吾所以知道之數也。若是，則無爲知與無窮之弗知，孰是孰非？無始曰，弗知之深，而知之淺。弗知內，而知之外。弗知精，而知之粗。太清仰而嘆曰，然則不知乃知邪？知乃不知邪？孰知知之爲弗知，弗知之爲知邪？無始曰，道不可聞，聞而非也。道不可見，見而非也。道不可言，言而非也。孰知形之不形者乎。故老子曰，天下皆知善之爲善，斯不善也。故知者不言，言者不知也。

又《兵略訓》所謂道者，體圓而法方，背陰而抱陽，左柔而右剛，履幽而戴明，變化無常，得一之原，以應無方，是謂神明。夫圓者，天也；方者，地也。天圓而無端，故不可得而觀；地方而無垠，故莫能窺其門。天化育而无形象，地出長而無計量，渾渾沉沉，孰知其藏，凡物有朕，唯道無朕。言萬物可朕也，而道不可朕也。所以無朕者，以其無常形勢也。

又《說山訓》魄問於魂曰，道何以爲體？魄，人陰神也。魂，人陽神也。陰道祖於陽，故魄問魂，道以何等形體也。曰，以無有爲體。道無形，以無有爲體也。魄曰，無有有形乎？魂曰，無有。何得而聞也？言無有形狀，何以可得而知也。魂曰，吾直有所遇之耳。言遇，遭遇知之耳。視之無形，聽之無聲，謂之幽冥。幽冥者，所以喻道，而非道也。似道而非道也。魄曰，吾聞得之矣，得，猶知也。乃內視而自反也。魂曰，凡得道者，形不可得而見，名不可得而揚。揚，猶稱也。揚或作象也。今汝已有形名矣，何道之所能乎。魄曰，言者，獨何爲者？魄謂魂曰，子尙無形，何故有言。吾將反吾宗矣。宗，本也。魄言將反於無有。魄反顧，魂忽然不見，不見魂也。反而自存，亦以淪於無形矣。魄反而自存，亦以入於無形之中矣。形或作有也。

葛洪《抱朴子內篇》卷九《道意》抱朴子曰，道者涵乾括坤，其本無名，論其無，則影響猶爲有焉；論其有，則萬物尙爲無焉。隸首不能計其多少，離朱不能察其髣髴，吳扎、晉野竭聰，不能尋其音聲乎窈冥之內，猘狶涉褚疾走，不能迹其兆朕乎宇宙之外。以言乎邇，則周流秋毫而有餘焉；以言乎遠，則彌綸太虛而不足焉。爲聲之聲，爲響之響，爲形之形，爲影之影，方者得之而靜，圓者得之而動，降者得之而俯，昇者得之以仰，強名爲道，已失其眞，況復乃千割百判，億分萬析，使其姓號至於無垠，去道遼遼，不亦遠哉？

通玄先生《道體論・論老子道經上》問曰：若是有名、是無名者，何故經云無名萬物〔母〕，不言有名？答曰：道者通生之稱，通生則有迹，有迹則可名，是以可道可名，非常者也。然道體廣周，義不局一，今所以寄筌於絕冥者，蓋欲鄙麤迹，顯妙宗，以可悟耳。

問曰：廣周之道，與物爲同爲異？答曰：常存常異。物以道爲體，道還以物爲體。一體之上，即有善惡是非，死生逆順。譬如魚因水而生，還因水而死，如人因地而行，因地而倒，還因地而起。

【略】

問曰：混成以何爲體？答曰：以空無萬有爲體。

問曰：若以空無萬有爲混者，混體與道，爲一爲二？答曰：亦一亦二。

問曰：請辨所由。答曰：亦二者，混據體收，彰名曰道；就體通，爲稱〔通〕，通收義分，故曰亦二。亦一者，道無別通，就收辨通，混無別收，收通爲目，故曰亦一。

問曰：既言混能通收，萬物通者即爲混，混即是物，物即是道，道物無別，何所可修？答曰：明修是體上差分，混上本無修義。將教詰體，殊非其類。

問曰：混成之與大象，爲同爲異？答曰：亦同亦異。何以得知？大象是名，混成是體，名體義別，故知是異。然則名無別體之稱，即名此體；體無異名之混，即名爲體，故言是同。

問曰：若然者，混成大象，二義可得相收不？答曰：皆得相收。差之則異，混之則同。若論其實，名無實外之名，故能以實收名。若就名辯義，實非名外之實，故名得收實。名實一體，相收何嫌。

問曰：章云大象無體，混成爲體。若混象無別，所以一有一無？答曰：大象是名，混成是實，名始召實，豈得同哉。

問曰：名之與實，何先何後？答曰：更爲先後。若就體而言，實先名後，就義而辯，名先實後。

問曰：既言實先名後，何故不先言於實，乃先論大象，後言混成？答曰：將欲辯義，非名不顯，名義雖彰，體稱未立，故先標大象無體。然則象不虚設，必有妙實，妙實周圓，故曰混成。

又問：所言混成者，爲混成自説混成，爲物説混成？答曰：皆得。混成自説混成者，混無別混，即物爲混，所説之物，不離於混，非混而何？故曰混成自説混成。物説混成者，既物有差，差即非混，所説是物，豈得混乎？故曰物説混成。前言混説者，人身自説身。後言物説，就身差分，以口説身，非爲身説，故言物説。

問曰：所言道體虚寂者，以何爲虚，以何爲寂？答曰：體無質狀，名之曰虚。理無音響，目之曰寂。故曰虚寂。

問曰：虚寂者，爲是體家體，爲是敎家體？答曰：俱得。

問曰：請辯所由。答曰：虚寂名同，所表有別。何以得知？今言敎道者，玄超形表，表居物外，顯道在淸昇之鄉，言物在穢累之境。將欲鄙穢入眞，故寄標遠稱。所言體道者，道體本寂，始終常無，常無之理，無所不至，故曰體道。

又問曰：所言體道虚寂者，與混成之體爲同爲異？答曰：亦同亦異。

問曰：請説所由。答曰：虚玄之體，混寂無別，故名曰同。混據收物，寂則無體，故名爲異。

問曰：寂則無體者，爲離混明無物，爲即混是無物？答曰：理處本一。今明混寂之體者，就眞妄之義別，若就妄辯體，即寂常混。經云有物混成，先天地生。故知始終而無不混。若就眞辯體者，即混常寂。經云容與大化，寥寥本無，大空任寄，即色隨消，得知今日之有，即體常寂。

又《問道論》 道者非有非無，無終無始，圓體周於萬物，微妙絶於形名，但聞見之流未能玄解，故於絶稱之中强名曰道。强名之道，即是萬物之始，從始資生，氣形已著，取其持載，號之曰母。然母以修德爲歸，始以無取爲指，始母兼泯，玄通物我，就通辯義，故名爲道。

問曰：無名萬物始，有名萬物母。始之與母俱有生義，以何爲異？答曰：無形無名，故爲不生生，是爲物始。天地有形名，唯能生生，是爲物母。

問曰：强名者，爲是體寂可强，爲物所强，爲是體寂無强，而强自强？答曰：强自强，强不關體。問曰：若强不關體，説强何所利益？答曰：體不可强，故能强。强體不利益，故能利益。

問曰：若道在無名，則不周形器，何足稱至哉？答曰：正以無形無名，故能生其形名，則知形名之類，莫不本於是道也。

又《道體義》 道體廣周，義無不在，無不在故，則妙絶形名，體周萬物。萬物之理，極於同異，同異之理，極於無同異。據其同異，則以妙絶廣周。就其無同異，則體周之中，即是妙絶，妙絶之中，即是體周。極妙圓通，故名爲道。

問曰：既言體周，何名妙絶？妙絶離物，安得體周？答曰：據差統極，渾極歸宗，同非冥然同，異非條然別。何以得知？即異辯一，故非冥然同，就一辯異，故非條然別。

問曰：同異二端，爲相即名生若，爲本末恆異？答曰：據同而辯異，無同而不異。就異而辯同，則無異而不同。

問曰：爲體有同異，是故説同異；爲體無同異，而同異自説同異？答曰：將明至道之體，妙絶同異，故寄同以收異，因異以明同。因同明異，非取同也。寄異彰同，非在異也。忘同去異，不離同異，玄會之宗，於是得顯。

問曰：既言妙絶廣周，未嘗不對萬物。與物與對，斯爲麤法，詎足論妙哉。反質曰：所言至者，必以不對物爲妙，請問斯旨。答曰：與物爲對，終爲累物。

問曰：然則所説妙者，與何爲對而言妙也？答曰：對者自對，説者自説，則知説無所説。

問曰：既言不對物而説寂者，爲知寂説寂，爲不知寂而説寂？答曰：知寂説寂。

問曰：若知在寂內，不得稱寂。若知在寂外，知不關寂。云何知寂説寂？答曰：寂者寂無所寂，知者知無所知，義可知矣。

又問曰：道之與物，爲同爲異？答曰：常同常異。問曰：凡言同不可爲異，在異不可說同，如何常同常異？答曰：就物差而辯，道物常異。就體實而言，物即是道，道即是物。

問曰：物即是道者，道有生死以不？答曰：有生死、無生死皆得。所以然者，就其體收，即物是道，物有生死，道亦生死。論云：與物同理，消息盈虛，終則復始。又云：今彼神明，與彼百化，與物死生，方圓莫知其根。夫善惡生死者，譬如魚因水生，還因水死，生死在魚，而水無變異。一解云：就差則有生死，道則總收，無有生死。別名生死在物，道有何虧。故道無生死。論云：道無終始，物有生死。

問曰：道無終始，物有死生，萬物流轉遷迴者，爲是物轉，爲是道轉？答曰：皆得。萬物芸芸爲流轉，待對待質變遷，是謂物轉。物動之變，起於情隔，就隔辯通，物無外轉，故曰體。而轉不外體，即體爲轉，故曰體轉。

問曰：若體從物轉，焉得稱體？答曰：就事而辯，體逐物動，若通極忘隔，即轉寂俱融，轉寂既融，體稱亦滅，動何所寄。

問曰：萬物元從道來，一本由乎道，而道始雖一，終有萬數。今芸芸之流，即是道非道？答曰：道物之際，孰可是非，孰可非是，即是即非，即非即是。

問曰：即是時無非，即非時無是，何得云即是即非，即非即是？答曰：若無即非，何爲問是，問是即非，論非即是。

問曰：萬物本從道來，孰使爲此是非？答曰：孰使其是非，孰使其不是非，言是非自化。

問曰：若是非自化，皆由我矣，道有何功於我哉？答曰：汝得其由，即名爲道。汝之得功，即是道功。

問曰：我得其由即爲道者，由我爲善歸善於道，由我爲惡復歸惡於道不乎？答曰：歸善於道，自得其善。歸惡於道，自得其惡。若能自取於惡，道豈逆哉。經云同於道者，道亦得之；同於失者，失亦得之。

【略】

問曰：道體可以無色論不？答曰：不可以有色論，不可以無色論。若就寂而言，質狀俱盡，故不可以有色論。若就混體而言，體混萬物，物既有色，即物是色，何以可無色論。一解云，玄元妙氣，顯質度闕，豈非色乎。

【略】

問曰：道盡通無礙者，就〔何〕而辯？答曰：解二種。一者就隔辯通，二者就體辯通。就隔說者，說通以除隔。就體說者，其體常通，是故說通。

問曰：說通以除隔，略可不疑。其體者既隔義，通何所通？答曰：此說體通者，同爲言辯，正以體常通，故常通說通。

問曰：所通者對隔而言，其隔既無通，何所通，方云就體通說通？答曰：體理常通，未辯而〔通〕。譬如水鏡雖不照，體性自明。若火體常熱，未辯時豈不可熱也。

問曰：體理常通，未辯而通者，爲是對隔，爲不對隔也？答曰：皆是對隔，而對表不同。對隔者因事隔而彰，通體者未隔而常，非今始有，體雖常通，言隔未有，莫識此通。若不因隔，誰辯此通。

問曰：凡在有不可爲無，無則不可爲有。天至神，故列名四大，竟不能變形爲地。道亦同是。四大之限，安得獨爾乎？答曰：雖復同名四大，天地以有形位，故不能變易。道以體通，故所在皆可。

問曰：既言體通，還收理事盡不？答曰：盡不盡。

問曰：云何盡不盡？答曰：萬物云云，皆是道軀，是盡；物恆滯隔，道常通虛，是不盡也。

問曰：取盡爲體，可則矣，取義不盡，寧得爲體哉？答曰：正以盡不盡爲體，故能取，取不取，所以爲圓取。

問曰：若圓取者，亦應以塞爲道體，何故常云道通也？常云體通，故不知圓取。答曰：稱通爲體者，蓋舉圓體之一目，以論極則通塞莫記。偏明則唯通非塞，情隔則唯塞非通。若兩取則亦通亦塞，無存則無塞無通。道物玄同，亦通亦塞義，通解成唯塞無通義。起愚蒙唯通無塞，偏明德體通，莫寄寂絕之義，如此名理圓通終始，湏湧洸瀁，聽之無響，洸瀁湏湧，戴之不重。其根難尋，近在子心。其枝易望，咫尺之上。虛鑒則盡，知機神王。貪嗜在壞，讀之彌彰。

問曰：道家辯常以道爲通。所言通者，就何處而辯？答曰：就體教

明通。

問曰：所言體者，取物盡不？答曰：既言是體，取物皆盡。

問曰：體既取物皆盡，應言塞而是體，何故但言以通爲體？答曰：體據物取教，唯筌通。

【略】

問曰：如前所辯，論體則唯體無通，說通則唯通無體。通塞者，爲在體外，爲在體內？若在體外，則體取物不盡。若在體內，云何言通時非體？答曰：通塞不離體，辯而通塞非體，說體不離通塞，而體非通塞。

問曰：前言辯體不離通塞，而體非通塞？又曰：前言辯體無通，說通無體，今言通塞不離體，辯而通塞非體者，亦應通塞從於體辯。何故方言說通無體，論體無通？答曰：惟通體辯在義，名通不離體，就實彰稱，名實兩分義，體雙辯異同分，故爲物不盡。

問曰：道爲生物，爲不生物？答曰：生不生。

問曰：生不生之中，其義幾等？答曰：生不生之中，略有三種。一者即用是義，義而用之，即生不生。二者道無生稟受，而稟受得之以通，辯從迹起，故曰道生，無心稟受，故不生。三者物物自生，無道可生，故道不生。

【略】

問曰：道化物之體，與自然因緣爲一爲二？答曰：造化者即是自然因緣，自然因緣即是不住爲本，取其生物之功謂之造化。化不外造，日日自然。自化迹變，稱曰因緣。差之則異，混之則同。何以言之？理不頓階，事因假待，假待之主，以因緣爲宗，緣行既備，歸之自然，則心不取外，豈自取哉。外自取哉，外自兼忘，內融爲一。

吴筠《宗玄先生文集》卷中《守道》 夫道者，無爲之理體，玄妙之本宗，自然之母，虛無之祖，高乎蓋天，深乎包地，與天地爲元，與萬物爲本。將欲比並，無物能等；意欲測量，無處而思。於混成之中爲先，不見其前；毫釐之內爲末，不見其後。一人存之，不聞有餘；天地存之，不聞不足。曠曠蕩蕩，渺渺莽莽，人能守之，天地如掌。故岐伯曰：上古之人知道者，法則陰陽，和於術數，飲食有節，起居有度，爲而不爲，事而無事，即可柔制剛，陰制陽，濁制清，弱制強，如不退骨髓，方守大道。大道者，多損而少益，多失而少得，益之得之，至眞之士也。益者益形，得者窈冥。得此窈冥，感通神明。《說苑》曰：山之高，雲雨起，水之深，魚鼈歸，人守道，福自至。

又《宗玄先生玄綱論・道德章第一》 道者何也？虛無之系，造化之根，神明之本，天地之源，其大無外，其微無內，浩曠無端，杳冥無對，至幽靡察而大明垂光，至靜無心而品物有方，混漠無形，寂寥無聲，萬象以之生，五音以之成，生者有極，成者必虧，生生成成，今古不移，此之謂道也。

佚名《三論元旨・道宗章第一》 夫道之宗也，幽微奧妙，理之極也，靈運潛通，體而一焉，應乎萬矣。夫稱無爲、無上、無極、無窮、道性、眞性、理性、玄性、虛無、自然、虛通、解脫、至精、至妙、至聖、至眞、清靜、清虛、非生非滅者，此之多應，於理無差，悉是大道至人靈宗之號。悟則通聖，迷則滯凡，迷悟有乖，至眞何殊。玄寂非遠，達妄則眞，蒼生滯有色之迷，聖人說無爲以破衆滯，指空無之境，演微妙之源，了此空色無執滯之妨，則眞常之性見矣。故《本際經》云：謂執性故，因緣方便，說諸法假；說執假故，因緣方便，說諸法空。洞達眞性，眞性通流，亦何空假之能礙矣。然而未悟須息紛塵，至精非色想所觀，至奧豈浮情能測，若不澄虛滌想，無以全眞。縱廣學多端，無虛寂之照，終不悟也。然見形而不返神者，迷之甚也。不達神源而稱至性者，理未然也。夫說無遺有，說有遺無，說是遺非，說非遺是，此皆是遺滯之言，非至道之妙。或迷神而滯網，或役智以疲神，或滯有而增塵，或隨空而斷見，或尋迹而喪本，或滯寂而乖眞，或躭文好辯而溺澆華，或小慧微通自爲眞實。究極修行未悟，而疑悔生焉。或不修不信，乃沉於永劫。此之難也，有隔眞源，若不通行，或非至妙。通行之要，寄在虛妄，虛而通之，眞宗道也。神心也，性理也，即道理也。

又《眞源章第三》 《太上經》曰：太象無形。又《西昇經》云：天下柔弱，莫過於道。道之所以柔弱者，包裹天地，貫穿萬物。《眞藏經》云：天下柔弱，包羅無外，妙少細微。《南華經》云：至精無形，至大不可圍。此明至道無爲，包羅萬象。《老子經》云：道生之，德畜之。《太上三清天正經》云：道大渺莽幽幽，太無變化而生旡焉。《太平經》云：道

包無表裏，其能生精神。《南華經》云：夫道有情有信，無爲無形，神鬼神帝，生天地。此明神之與炁，天地萬物，皆爲道用者焉。

周固樸《大道論・至道章》 道者至虛至寂，眞性眞常，冠五氣而播三才，布一眞而生萬象，離合無際，天地有宗，超出神明，靡該意象，無名無氏，有動有常，離四句六因，絕名言譬喻。《南華眞經》云：在太虛之表而不爲高，在六極之下而不爲深。世有生滅，道無生滅，物有變異，道無變異。《易》曰：道者虛無之稱。以虛無而通於物，故稱曰道，無不通，無不由也。

陳致虛《上陽子金丹大要》卷二《道可道章解》 道可道，非常道。

上陽子曰：夫道也者，位天地育萬物曰道，揭日月生五行曰道，多於恆河沙數曰道，恆河者，西之界，此河四十里，沙細如麵，比數多者之也。孤則獨一無侶曰道，直入鴻濛而還歸溟涬曰道，善奪造化而頓超聖凡曰道，目下機境未兆，而突爾靈通曰道，眼前生殺分明，而無能逃避曰道。處卑污而大尊貴曰道，居幽暗而極高明曰道。是道也，有大識見之眼而無睛，有大智慧之耳而無聞，有吸西江之口而無齒，有諸妙香之鼻而不嗅，有殺活舌頭而味不味，有金剛法身而在自在，有生死劍而武士不敢施用，有一字義而文人不能形容。雖黑漫漫，不許一眨，闇而日彰，任峭巍巍，辟立萬仞，放身無怖。細入刹塵曰道，大包天地曰道，將無入有是道，作佛成仙是道。佛經五千四十八卷，也說不到了處；《中庸》三十三章，也說不到窮處；《道德》五千餘言，也說不到極處。道也，果何謂也？一言以定之曰：氣也。故鄭眞人曰：道乃氣之用。當知體其道者，是氣也。可道者，道有號，道有名，道有諱。比如道之號曰萬物宗，是道號也；名曰涅槃妙心，是表德也。道之號與表，皆可呼可言，故曰可道。至如道之諱，却是生萬物之道，雖有其名，而不可以常道，故曰非常道。何謂非常道？蓋可自見而不可以人見、衆生見；可自道而不可以人道、衆生道，是云可道非常道也。何謂非常道？以其至廣大而盡精微，故不可以常道也。以其淨倮倮、赤洒洒、巍巍尊高，故不可以常道也。以其杳冥恍惚，有物混成，先天地生，故不可常道也。是謂非常道者也。

雜録

鍾離權述呂洞賓集《修眞十書鍾呂傳道集》卷一四《論大道》 呂曰：所謂大道者何也？鍾曰：大道無形無名，無問無應，其大無外，其小無內，莫可得而知也，莫可得而行也。呂曰：古今達士，始也學道，次以有道，次以得道，次以道成。而於塵世入蓬島，升於洞天，升於陽天，而升三清，是皆道成之士。今日尊師獨言道不可得而知，不可得而行，然於道也獨得隱乎？鍾曰：僕於道也固無隱爾，蓋舉世奉道之士，止有好道之名，使聞大道而無信心，雖有信心而無苦志。朝爲而夕改，坐作而立忘，始乎憂勤，終則懈怠。僕以是言大道難知難行也。【略】呂曰：小法傍門既已知矣，其於大道可得聞乎？鍾曰：道本無問，問本無應，及乎眞原一判，大樸已散。道生一，一生二，二生三。一爲體，二爲用，三爲造化。體用不出於陰陽，造化皆因於交媾。上中下列爲三才，天地人共得於一道。道生二氣，二氣生三才，三才生五行，五行生萬物。萬物之中，最靈最貴者人也。惟人也，窮萬物之理，盡一己之性，窮理盡性以至於命。全命保生以合於道，當與天地齊其堅固而同得長久。呂曰：天長地久，亘千古以無窮，人壽百歲，至七十而尙稀，何道之獨在於天地而遠於人乎？鍾曰：道不遠於人而人自遠於道矣。所以遠於道者，養命不知法。所以不知法者，下功不識時。所以不識時者，不達天地之機也。

又《論天地》 呂曰：所謂天地之機可得聞乎？鍾曰：天地之機，乃天地運用大道，而上下往來，行持不倦以得長久堅固，未嘗輕泄於人也。呂曰：天地之於道也，如何謂之運用之機？如何謂之行持之機？運用如何起首？行持如何見功？鍾曰：大道既判而有形，因形而有數。天得乾道，以一爲體，輕清而在上，所用者陽也。地得坤道，以二爲體，重濁而在下，所用者陰也。陽升陰降，互相交合，乾坤作用，不失於道。而起首有時，見功有日。呂曰：天得乾道，所用者陽也，陽主升，何以交於地？地得坤道，所用者陰也，陰主降，何以交於天？天地不交，陰陽如何得合？陰陽不合，乾坤如何作用？乾坤既無作用，雖有起首之時，見

功之日，大道如何可得也。鍾曰：天道以乾爲體，陽爲用，積氣在上。地道以坤爲體，陰爲用，積水在下。天以行道，以乾索於坤，一索之而爲長男，長男曰震；再索之而爲中男，中男曰坎；三索之而爲少男，少男曰艮。是此天交於地。以地道索坤道，而生三陽。及乎地以行道，以坤索於乾，一索之而爲長女，長女曰巽；再索之而爲中女，中女曰離；三索之而爲少女，少女曰兑。是此地交於天。以坤道索乾道，而生三陰。三陽交合於三陰，而萬物生，三陰交合於三陽，而萬物成。天地交合，本以乾坤相索而運行於道。乾坤相索而生六氣，六氣交合而分五行，五行交合而生成萬物。方其乾道下行，三索既終，其陽復升，陽中藏陰，上還於天。坤道上行，三索既終，其陰復降，陰中藏陽，下還於地。陽中藏陰，其陰不消，乃曰眞陰。眞陰到天，因陽而生，所以陰自天降，陰中能無陽乎？陰中藏陽，其陽不滅，乃曰眞陽。眞陽到地，因陰而發，所以陽自地升，陽中能無陰乎？陽中藏陰，其陰不消，復到于地，陰中藏陽，其陽不滅，復到于天。周而復始，運行不已，交合不失於道，所以長久堅固者如此。呂曰：天地之機，運行於道而得長久，乃天地作用之功也。惟人也雖有聰明之性，留心於清静，欲以奉行大道，小則安樂延年，中則長生不死，大則脱質升仙，如何作用，運行大道，法動天機而亦得長久堅固，浩劫常存？鍾曰：大道無形，因彼之所得而爲形。大道無名，因彼之所有而爲名。天地得之而曰乾道坤道，日月得之而曰陰道陽道，人若得之朝廷，則曰君臣之道，閨門則曰夫婦之道，鄉黨則曰長幼之道，庠序則曰朋友之道，室家則曰父子之道。是此見於外者，莫不有道也。

曾慥《道樞》卷四《玄綱篇道家者流，其源汪洋，搜厥玄微，以提其綱**》**

崇玄子唐，吴筠，開元時人曰：道至無而生，天地者也。天動也，而北辰不移，含虚不虧焉；地静也，而東流不輟，興雲不竭焉。故静者，天地之心也；動者，天地之氣也。心静氣動，所以覆載而不極歟。通乎道者，心寧以同於道，氣運以存其形，不爲物之所誘，是之謂至静者也。本無神也，虚極而神自生；本無氣也，神運而氣自化。氣本無質，凝委以成形；形本無情，動用以虧性。故生我者，道也；滅我者，情也。情忘則性全，性全則形全，形全則氣全，氣全則神全，神全則道全，道全則神王，神王則氣靈，氣靈則神超，神超則性徹，性徹則反覆，通流與道爲一，可使有爲無，實爲虚，與造物者爲儔矣。道不欲有心，有心則眞氣不集；不欲苦志，苦志則客邪來舍。在於平和恬淡，澄静精微，虚明含元，有感必應，應而勿取，眞僞斯分矣。故我心不傾，則物無不正；動念有屬，則物無不邪。邪正之來，在我而已。惟煉凡至於仙，煉仙至於眞，煉眞合於妙，合妙同乎神，神與道合，即道爲我身，所以升玉京，游金闕，能有能無，不終不歿矣。

王玄覽《玄珠録》卷上　萬物稟道生，萬物有變異，其道無變異。此則動不乖寂，如本印字，以物稟道故。物異道亦異，此則是道之應物。如泥印字。將印以印泥，泥中無數字，而本印字不滅。此論道動不乖寂。本字雖不滅，復能印多泥。多泥中字與本印字同，此論物動道亦動，故曰既以與人己愈有。

道無所不在，皆屬道應。若以應處爲是者，不應不來，其應即死。若以不應處爲是者，其應若來，不應處又死。何處是道。若能以至爲是者，可與不可俱是道。若以爲非者，可與不可俱非道。道在境智中間，是道在有知無知中間，覼縷推之，自得甚正，正之實性，與空合德，空故能生能滅，不生不滅。

道能遍物，即物是道，物既生滅，道亦生滅。爲物是可道皆是物，爲道是常物皆非常？

經云：自僞不別眞。請問眞道之行。答：境盡行周，名爲正道。舒心遍境，出智依他。他處若周，則爲大體，大體既就，即隳小身。兼以小身並同境分，常以心道爲能境，身爲所能。能所互用，法界圓成，能所各息，而眞體常寂。

問：經云道與衆生相結連，若爲同異？答：道與衆生亦同亦異，亦常亦不常。何者？道與衆生相因生，所以同。衆生有生滅，其道無生滅，所以異。異法不同處，名亦不相待。

【略】

難：若衆生非是道，而脩得道者，乃得身外道。衆生元不云，何言脩得道？答：衆生無常性，所以因脩而得道。其道無常性，所以感應衆生脩。衆生不自名，因道始得名。其道不自名，乃因衆生而得名。若因之始得名，明知道中有衆生，衆生中有道，所以衆生非是道，能脩而得道，所

以道非是衆生，能應衆生脩。是故即道是衆生，即衆生是道。起即一時起，忘即一時忘。其法眞實性，非起亦非忘，亦非非起忘。入等存之行者，自了得理則存，存中帶忘則觀，觀中得通則存。

道與衆生互相因，若有衆生即有道，衆生既無道亦無。衆生與道而同彼，衆生與道而俱順。云何立法教，獨勸衆生脩？答：衆生若得道，得道離所脩，道若應衆生，道即離所習。經既不許著，何得有修習。所言修習者，法因妄立名。妄法既非眞，教言並糟粕，何故苦執教，而言有所脩。是故道與衆生教，三皆不可得。三既不可得，亦乃非是空，不合亦不離，眞實之如是。衆生與道不相離，當在衆生時。道隱衆生顯，當在得道時。道顯衆生隱，只是隱顯異，非是有無別。所以其道未顯時，脩之欲遣顯，衆生未隱時，捨三欲遣隱，若得衆生隱，大道即圓通，圓通則受樂。當其道隱時，衆生具煩惱，煩惱則爲苦，避苦欲求樂，所以教遣脩，脩之既也證。離脩復離教，所在皆解脫，假號爲冥眞。道常隨生死，與生死而俱，彼衆生雖生道不生，衆生雖死道不死。衆生若死，其道與死合，衆生若生，其道與生合。經生歷死，常與道合，方可方不可。若可於死者，生方則無道，若可於生者，死方則無道。其道無可無不可。所以知道常生死而非常，生死之外無別道，其道之外無別生死。生死與道不相捨離，亦未曾即合。常有生死故，所以不可即。不捨生死故，所以不可離。入等從等入觀，觀通入存，存若忘復觀。觀不妨存，存不妨觀。觀即存於存，存即存於觀。存觀不一不二，亦一亦二，入等復觀而存之。

諸法若起者，無一物而不起，起自衆生起，道體何曾起。諸法若忘者，無一物而不忘，忘自衆生忘，道體何曾忘。道之眞實性，非起亦非忘。若言眞是非起忘，起忘因何有？道即不遍於起忘，由何得名道，由何名起忘？還因起忘知實性，復因實性識起忘？成即一時成，滅即一時滅。入等諭明闇雖生滅，未曾捨虛空，虛空雖常住，未曾捨明闇。明闇有生滅，虛空不生滅。虛空有明闇，明闇非虛空。只是明闇空，復是空明闇。明闇與空不曾一，不曾二，亦是一，亦是二。四語之中道，不一亦不二，亦非一非二。入等乃存，常以所知爲己身，以能知爲己心，即知見等法爲可道，知見性空爲眞道。知見無邊爲大身，似見爲大眼，似聲爲大耳，識所知爲大心，大心性空爲解脫，解脫即心漏盡，心漏盡即身漏盡，身漏雖盡，而非無此等，而即體常空。能觀所觀，總同屬心，亦同屬境。心之與境，各處其方，實不往來，從何而起。若悟起同不起，即得於心定矣。

司馬承禎《坐忘論・得道七》 夫道者，神異之物，靈而有性，虛而無象，隨迎不測，影響莫求，不知所以然而然，通生無匱謂之道。至聖得之於古，妙法傳之於今，循名究理，全然有實。上士純信，克己勤行，虛心谷神，唯道來集。道有深力，徐易形神，形隨道通，與神合一，謂之神人。神性虛融，體無變滅，形與道同，故無生死。

長筌子《洞淵集》卷一《致道篇第三》 致道天成，而無極無際。汪洋汗漫，充滿六虛，遨遊乎四海之外。或觀或倚兮，無影豫章之樹。以盤以遊兮，三秀長生之苑。箕踞於希及至一之門，篤實偃然。冥伯洞庭之巨室，浮定出入。逍遙乎大方壙埌之野，其處無端。斯人也，斯倫也，物莫之傷。何往而不至，又不知其所終。故曰：雖螻蟻稊稗，瓦礫屎溺，禽獸草木，無不在也。物物者無物。然而天下黎庶，日用猖狂而莫知。

又《道者篇第一〇》 道者，天地之父母，萬物之靈樞，陰陽之綱紀，五行八卦之璇璣，賢聖之彌綸，神明之正宅，山海之淵源，社稷之大柄，動植性命之根蒂。至尊至貴，今古無窮，而常自然，巍巍乎大矣哉。以此莅天下，其鬼不神，聖人亦不傷民。是故物得者生，人得者久。居有所成，事有所承，行有所之，樂有所適。敬順而不喜，侮狎而不怒。其音不沾滯，同乎天和爲然。照不照之照，辯无辯之辯。若海之東流，明受不辭，大之至也。故靜嘿而體之，湛兮而司存。

德

綜述

《道德真經・返樸章第二八》（道藏無註本） 知其雄，守其雌，爲天下谿。爲天下谿，常德不離，復歸於嬰兒。知其白，守其黑，爲天下式。

爲天下式，常德不忒，復歸於無極。知其榮，守其辱，爲天下谷。爲天下谷，常德乃足，復歸於樸。樸散則爲器，聖人用之，則爲官長，故大制不割。

又《論德章第三八》 上德不德，是以有德。下德不失德，是以無德。上德無爲，而無以爲。下德爲之，而有以爲。上仁爲之，而無以爲。上義爲之，而有以爲。上禮爲之，而莫之應，則攘臂而仍之。故失道而後德，失德而後仁，失仁而後義，失義而後禮。夫禮者，忠信之薄，而亂之首也。前識者，道之華，而愚之始。是以大丈夫處其厚，不處其薄。居其實，不居其華。故去彼取此。

又《任德章第四九》 聖人無常心，以百姓心爲心。善者吾善之，不善者吾亦善之，德善。信者吾信之，不信者吾亦信之，德信。聖人之在天下慄慄，爲天下渾其心。百姓皆注其耳目，聖人皆孩之。

又《養德章第五一》 道生之，德畜之。物形之，勢成之。是以萬物莫不尊道而貴德。道之尊，德之貴，夫莫之爵，而常自然。

又《修觀章第五四》 善建者不拔，善抱者不脫，子孫祭祀不輟。修之身，其德乃眞。修之家，其德乃餘。修之鄉，其德乃長。修之國，其德乃豐。修之天下，其德乃普。

又《玄符章第五五》 含德之厚，比於赤子。毒蟲不螫，猛獸不據，攫鳥不搏。骨弱筋柔而握固。未知牝牡之合而峻作，精之至也。終日號而嗌不嗄，和之至也。知和曰常，知常曰明，益生曰祥，心使氣曰彊。物壯則老，是謂不道，不道早已。

又《居位章第六〇》 治大國，若烹小鮮。以道莅天下，其鬼不神。非其鬼不神，其神不傷民。非其神不傷民，聖人亦不傷民。夫兩不相傷，故德交歸焉。

又《淳德章第六五》 古之善爲道者，非以明民，將以愚之。民之難治，以其智多。是故以智治國，國之賊。不以智治國，國之福。知此兩者，亦楷式。嘗知楷式，是謂玄德。玄德深矣遠矣，與和反矣，然後乃至大順。

又《配天章第六八》 善爲士者不武，善戰者不怒，善勝敵者不一，善用人者爲之下。是謂不爭之德，是謂用人之力，是謂配天，古之極也。

又《任契章第七九》 和大怨，必有餘怨，安可以爲善。是以聖人執左契，而不責於人。故有德司契，無德司徹。

嚴遵《道德眞經指歸·上德不德章》（谷神子註） 上德不德其德玄也，是以有德德不還也。下德不失德德可聞也，是以無德德反身也。上德無爲物自然也而無不爲功歸天也，下德爲之枉精神也，而有以爲功歸人也。上仁爲之加恩愛也，而無以爲禪聖賢也。上義爲之制有民也，而有以爲傳子孫也。上禮爲之節事原也，而莫之應失人心也，則攘臂而仍之强和親也。故失道而後德名始萌也，失德而後仁愛和形也，失仁而後義分職明也，失義而後禮玉帛行也。【略】

指歸：天地所由，物類所以，道爲之元，德爲之始，神明爲宗，太和爲祖。道有深微，德有厚薄，神有清濁，和有高下。清者爲天，濁者爲地，陽者爲男，陰者爲女。人物稟假，受有多少，性有精粗，命有長短，情有美惡，意有大小。或爲小人，或爲君子，變化分離，剖判爲數等。故有道人，有德人，有仁人，有義人，有禮人。敢問彼人何行而名號殊謬，以至於斯？莊子曰：虛無無爲，開導萬物，謂之道人；清靜因應，無所不爲，謂之德人；兼愛萬物，博施無窮，謂之仁人；理名正實，處事之義，謂之義人；謙退辭讓，敬以守和，謂之禮人。凡此五人，皆樂長生，尊厚德，貴高名，各愼其情性，任其聰明，道其所長，歸其所安。趨務舛馳，或否或然，變化殊方，建號萬差。德有優劣，世有盛衰，風離俗異，民命不同，故或有溟涬玄寥而無名，或濛澒芒芒而稱皇，或汪然漭汎而稱帝，或廓然昭昭而稱王，或遠通叅差而稱伯，此其可言者也。【略】

故上德之君，體道而存，神與化倫，德動玄冥，天下王之，莫有見聞，德歸萬物，皆曰自然。上德不德，與道同也。下德之君，體德而行，神與化遊，德配皇天，天下王之，或見或聞，德流萬物，復反其君。下德不失德，德德之也。夫何故哉？上德之君，性受道之纖妙，命得一之精微，性命同於自然，情意體於神明，動作倫於太和，取舍合乎天心。神無所思，志無所慮，聰明玄遠，寂泊空虛。動若無形，靜若未生，功若天地，事如嬰兒，遺形藏志，與道相得，溟涬濛澒，天下莫知，潼溶方外，翺翔至遠。陰陽爲使，鬼神爲謀，身與道變，上下無窮，進退推移，常與化俱。故恬淡無爲，而德盈于玄域；玄默寂寥，而化流於無極。恩不可量，

厚不可測，兼包大營，澤及萬國，知不足以倫其化，言不足以導其俗。天下咮咮喁喁，皆蒙其化而被其和。若此者元無，絕而不知爲之者何誰也。所謂上德無爲而無以爲。下德之君，性受道之正氣，命得一之下中，性命比於自然，情意幾於神明，動作近於太和，取舍體於至德。託神於太虛，隱根於玄冥，動反柔弱，靜歸和平，載規履矩，鏡視太清，變化惚恍，因應無形，希夷茫昧，幾無號謚，方地隨天，與化爲常，德盛澤流，洋溢萬方。【略】夫天地之間，萬物並興，不可以有事平也，是以大丈夫之爲化也，體道抱德，太虛通洞，成而若缺，有而若亡，其靜無體，動而無聲，忠信敦慤，不知爲首，玄默暗昧，朴素爲先。損心棄意，不見威儀，無務無爲，若龍若蛇。違禮廢義，歸於無事；因時應變，不預設然。秉微統要，與時推移；取舍屈伸，與變俱存。禍亂患咎，求之於己；百祥萬福，無情於人。

又《上士聞道章》 德如溪谷，不施不與，不愛不利，不處不去，無爲而恩流，不仁而澤厚，長育群生，爲天下母。【略】盛德之人，敦敦悾悾，若似不足，無形無容，簡情易性，化爲童蒙，無爲無事，若癡若聾，身體居一，神明千之。變化不可見，喜欲不可聞，若閉若塞，獨與道存。盛德若不足。建德若偷，無所不成。塗民耳目，飾民神明。絕民之欲，以益民性；滅民之樂，以延民命；損民服色，使民無營；塞民心意，使得安寧。建德若偷。質眞若渝，爲民玄則。生之以道，養之以德，導之以精神，和之以法式，居以天地，照以日月，變以陰陽，食以水穀，制以無形，繫以無極。

又《含德之厚章》 含德之厚體道元，比於赤子柔弱虛。毒蟲不螫毒不施，攫鳥不搏害不摩，猛獸不據威不加。骨弱筋柔脆以危，而握固據難開，未知牝牡之合不相化，而峻作無爲爲，精之至神明多。終日嗥而嗌不嗄音聲和，和之至體道行。知和曰常與道同，知常曰明日以聰，益生曰祥日廣長，心使氣曰强日堅强，物壯則老衰堅强，謂之非道體禍殃，不道早已大命喪。

指歸：道德虛無，神明寂泊，清靜深微，太和滑淖，聽之寂寥，視之虛易，上下不窮，東西無極。天不能裹，地不能囊，規不能圓，矩不能方，度不能度，而量不能量，金玉不能障蔽，水火不能壅落，萬物莫之能領，患禍莫之能作。沉浮翱翔，渾沌磅礴，心無所棲，形無區宅，陶冶稟授，萬天以作，群物得之，滋滋啞啞，知慮不能得，有爲不能獲，思之逾遠，爲之益薄，執之不我擒，縱之不我釋。唯無欲者，身爲之宅，藏之於心，故曰含德。同於德，德亦得之。體德容深，含德之厚。夫德之在人，猶父母之於身也；其於萬物，猶珠玉之與瓦鈆也。父母生我不可易，珠玉潤我不可擲。是以含德之士，重身而輕天下，猶慈父孝子不以其有易其鄰；大身而細物者，猶良賈察商不以珠玉易瓦鈆也。其無欲也，非惡貨而好廉也，天下之物莫能悅其心也。其爲虛也，非好靜而惡擾也，天下之事莫足爲也。夫何故哉？所有重而天下輕也。明於輕重之稱，通於利害之變，故萬物不能役，而天下不能傜也。故不爲虛而虛自起，不爲靜而靜自生，不休神而神自定，不和氣而氣自平。是以不聽而聞無聲之聲，不視而見無形之形，不思而領是非之意，不慮而達同異之鄉。神淪天地，德遵陰陽，不請福而天地祐之，不辭禍而患害去之，不殺戮而天下畏之，不施與而天下愛之。鼓腹而樂，俯仰而娛，食草而美，飲水而甘。喬木之下，精神得全，巖穴之中，心意常歡，貧樂其業，賤忘其卑，窮而恬死，困而忘危，功與地配，德與天齊，反愚歸朴，比於嬰兒。含德之厚，比於赤子。是故建身爲國，誠以赤子爲容，則是天下尊道貴德，各重其身，名勢爲垢，萬物爲塵，貪夫逃爵，殘賊反仁，積柔集弱，唯德是修。而作福生亂者，有何由然。自然同德，無由生也。悲夫天地之道，深以遠，妙以微，能識之者寡，行之者希，智惠不能得，唯赤子爲體之。赤子體似於德。夫赤子之爲物也，知而未發，通而未達，能而未動，巧而居掘，生而若死，新而若弊，爲於不爲，與道周密。生不生之生，身無身之身，用無用之用，聞無聞之聞，無爲無事，無意無心，不求道德，不積精神，既不思慮，又無障截，神氣不作，聰明無識，柔弱虛靜，魂魄無事。樂無樂之樂，安無欲之欲，生不枉神，死不幽志。故能被道含德，與天地同，則蜂蠆蟲蛇無心施其毒螫，攫鳥猛獸無意加其攫搏。毒蟲不螫，攫鳥不搏者，以無死地也。骨弱筋柔，握持堅固，不睹牝牡，陰陽以化。精神充實，人物並歸，啼號不嗄，可謂志和，爲之行之，與道爲常。知和曰常。執之守之，時曰聰明。知常曰明。自然生息，動合百祥。益生曰祥。心意玄作，氣順堅強。心使氣曰強也。無所爲，故無所不克；無所欲，故動無所喪。自然通達，衆美萌生，天地愛祐，禍亂素亡。夫何故哉？以含德和神，而體童蒙也。

又《柔弱於水章》 是以聖人執道之符，操德之信，合之於我，不以責人。故有德之主，將欲有爲，必稽之天，將欲有行，必驗符信。求過於我，不尤於民，歸禍於己，不怨於人。是以聖人執左契而不責於人者也。故是非自定，白黑自分，未動而天下應，未令而萬物然。有德司契。無德之人，務適情意，不顧萬民，政失亂生，不求於身，專司民失，督以嚴刑，人有過咎，家有罪名，百姓怨恨，天心不平，其國亂擾，後世有殃。無德司轍。是故天地之道，與人俱行，無適無莫，無疏無親，感動相應，若響與聲，靜作相隨，若影與形，不邪不佞，正直若常，造惡與之否，行善與之通，柔弱與之相得，無爲與之合同。

河上公《道德真經註·養德第五一》 道生之，

道生萬物。

德畜之，

德，一也。一主布氣而畜養。

物形之，

一爲萬物設形象也。

勢成之。

一爲萬物作寒暑之勢以成之。

是以萬物莫不尊道而貴德。

道德所爲，莫不盡驚動而尊敬。

道之尊，德之貴，夫莫之命，而常自然。

道一不命召萬物，而常自然應之如影響。

【略】

又《修觀第五四》 修之於身，其德乃真；

修道於身，愛氣養神，益壽延年。其德如是，乃爲眞人也。

修之於家，其德乃餘；

修道於家，父慈子孝，兄友弟順，夫信妻正。其德如是，乃有餘慶及於來世子孫也。

修之於鄉，其德乃長；

修道於鄉，尊敬長老，愛養幼少，教誨愚鄙。其德如是，乃無不覆及也。

修之於國，其德乃豐；

修道於國，則君聖臣忠，仁義自生，禮樂自興，政平無修。其德如是，乃爲豐厚也。

修之於天下，其德乃普。

人主修道於天下，不言而化，不教而治，下之應上如影響。其德如是，乃可以爲普博也。

王弼《道德真經註·二八章》 知其雄，守其雌，爲天下谿，常德不離，復歸於嬰兒。

雄，先之屬。雌，後之屬也。知爲天下之先也，必後也，是以聖人後其身而身先也。谿不求物而物自歸之，嬰兒不用智而合自然之智。

知其白，守其黑，爲天下式。

式，模則也。

爲天下式，常德不忒，

忒，差也。

復歸於無極。

不可窮也。

知其榮，守其辱，爲天下谷。爲天下谷，常德乃足，復歸於樸。

此三者，言常反終後乃德全其所處也。下章云反者道之動也，功不可取，常處其母也。

又《三八章》 德者，得也。常得而無喪，利而無害，故以德爲名焉。何以得德？由乎道也。何以盡德？以無爲用，以無爲用則莫不載也。故物無焉則無物不經，有爲則不足以免其生。是以天地雖廣，以無爲心；聖王雖大，以虛爲主。故曰以復而視，則天地之心見；至日而思之，則先王之至睹也。故滅其私而無其身，則四海莫不瞻，遠近莫不至；殊其己而有其心，則一體不能自全，肌骨不能相容。是以上德之人，唯道是用，不德其德，無執無用，故能有德而無不爲。不求而得，不爲而成，故雖有德而無德名也。下德求而得之，爲而成之，則立善以治物，故德名有焉。求而得之，必有失焉。爲而成之，必有敗焉。善名生，則有不善應焉。故下德爲之而有以爲也。無以爲者，無所偏爲也。凡不能無爲而爲之者，皆下德也，仁義禮節是也。將明德之上下，輒舉下德以對上德。至于

無以爲極下德下之量，上仁是也。足及於無以爲而猶爲之焉，爲之而無以爲，故有爲爲之患參。【略】夫大之極也，其唯道乎。自此已往，豈足尊哉。故雖德盛業大，富而有萬物，猶各得其德，而未能自周也。故天不能爲載，地不能爲覆，人不能爲贍萬物。雖貴以無爲用，不能捨無以爲體也。不能捨無以爲體，則失其爲大矣，所謂失道而後德也。以無爲用，德其母，故能己不勞焉，而物無不理。下此已往，則失用之母。不能無爲而貴博施，不能博施而貴正直，不能正直而貴飾敬，所謂失德而後仁、失仁而後義、失義而後禮也。

又《四一章》 上德若谷，

不德其德，無所懷也。

太白若辱，

知其白，守其黑，大白然後乃得。

廣德若不足，

廣德不盈，廓然無形，不可滿也。

建德若偷，

偷，匹也。建德者，因物自然，不立不施，故若偷匹。

又《五一章》 道生之，德畜之，物形之，勢成之。

物生而後畜，畜而後形，形而後成。何由而生？道也。何得而畜？德也。何由而形？物也。何使而成？勢也。唯因也，故能無物而不形。唯勢也，故能無物而不成。凡物之所以生，功之所以成，皆有所由。有所由焉，則莫不由乎道也。故推而極之，亦至道也。隨其所因，故各有稱焉。

是以萬物莫不尊道而貴德。

道者，物之所由也。德者，物之所得也。由之乃得，故曰不得不失。尊之則害，不得不貴也。

成玄英《老子道德經義疏·知雄章第二八》 第一明去剛取柔，是行人要徑。

知其雄，守其雌，爲天下谿。

谿，逕也。雄，陽，是剛躁之名。雌，陰，是柔靜之義。知雄躁剛猛，適歸死滅。雌柔靜退，必致長生。故棄雄而守雌，可爲天下之要逕。

常德不離，復歸於嬰兒。

離，散也。嬰兒譬無分別智也。言人常能守靜，則其德不散，故能復於本性，歸無分別智也。

第二勸遺明歸闇，爲學道楷模。

知其白，守其黑，爲天下式。

白，昭明也。黑，暗昧也。式，法也。自顯明白，眩曜於人，人必挫之，良非智者。韜光晦迹，退守暗昧，不忤於物，故是德人。能知白黑利害者，可爲修學之洪範也。

常德不忒，復歸於無極。

忒，差也。無極，道也。常能棄明守暗，其德不差忒，復我清虛，歸於至道。

第三示守辱忘榮，歸根反本。

知其榮，守其辱，爲天下谷。

榮，寵貴也。辱，卑賤也。處於榮貴，遂超驕奢，而福善禍淫，忽然凋落，此之榮寵，翻爲禍基。若知倚伏不常，貴爲禍始，應須自戒，勿爲放逸，處於榮華，恆如卑賤。故貴以賤爲本，高以下爲基。是以知榮守辱，天下歸湊，譬彼川谷，包納虛容也。

常德乃足，復歸於樸。

樸，眞本也。始自知雄，終乎守辱，三種修學，爲道之要。又如虛谷，罄無不容。所以常道上德，於是乃足。故能復於眞空，歸於妙本也。

又《含德章第五五》 含德之厚，比於赤子。

含懷道德，甚自淳厚，欲表其狀，故取譬嬰兒。嬰兒之行，具列於下。

毒蟲不螫，玃鳥猛獸不搏。

毒蟲，蛇虺類也。玃鳥，鷹鸇類也。猛獸，兕虎類也。螫，行毒也。搏，擊觸也。言赤子不犯前境，故不遭三物所加。喻含德妙達違從，故不爲三毒所害也。

骨弱筋柔而握固。

言赤子筋骨柔弱，手握堅固。喻含德心性柔弱，順物謙和，雖復混迹同塵，而靈府潔白，在染不染，故言握固。此一句明意業淨也。

未知牝牡之合而峻作，精之至。

《字林》云：峻，小兒陰也。言赤子初生，未解雄雌交合之道，而陰恆怒作，乃精氣滿實之至也。況含德體道淳和，無爲虚泊，雖復揚波處俗，聞見色聲，而妙悟眞空，不見和合之相，蓋精粹之至也。此一句明身業淨也。

終日號而不嗄，和之至。

言赤子終日啼號而聲不嘶嗄者，爲無心作聲，和氣不散也。況含德妙達眞宗，故能說無所說。雖復辯周萬物，而不乖於無言也。此一句明口業淨也。

李榮《道德眞經註·二八章》 知其雄，守其雌，爲天下谿。

不諂不驕，在於中平，君子之行也。不靜不躁，處於中和，入道之基也。故知懷雄猛之心者，未可全眞。抱雌柔之性者，不能志道。今知性雄而守雌，則不躁不速，亦知性雌而守雄，則不靜不遲，不滯兩邊，自合中道。然行雄猛者衆，守雌柔者少。故喻明溪壑處下，衆流歸之。人士謙退，道德歸之。

常德不離，復歸於嬰兒。

內無分別絶是非，赤子之行也。若常能守靜，恆與德合，是不離也。小則無情，大則有欲，去大時之有識，反小日之無知，故曰復歸也。

知其白，守其黑，爲天下式。

大白若辱，大智若愚，晦以安身，斯爲法式。

常德不忒，復歸於無極。

忒，差也。不以智耀人，不爲名害己，內雖潔白，外實同塵。立身者受祿無窮，修道者成眞無極。

知其榮，守其辱，爲天下谷。

有官有爵，榮也。無位無名，辱也。能知居顯不驕而守卑辱，可謂包含一切，爲天下谷。

爲天下谷，常德乃足，復歸於樸。

在貴如賤，處榮若辱，眞常之德，自然滿。常德反歸，故言復樸也。

又《三八章》 上德不德，是以有德。

明古之皇道，宅太虚以爲心，凝至一而爲體。不言均天地之化，無事成萬物之功，未規揖讓之名，豈有干戈之爭。雖復處宗處極，而乃非爭非名，無爲自然，故云上德。爲而不恃，成功不居，故云不德。畜養萬物，物得以成，故云有德。內明德與道合，厥義可尊，故云上德。道既無象，德亦虚玄，韜光藏用，故云不得。雖藏於用，無用之用用矣。乃韜於光，不耀之光光矣。有用有光，濟人濟物，故云是以有德。

下德不失德，是以無德。

道德之風幾乎將失，仁義之化殆欲斯興，文字既彰，澆漓漸矣，故云下德。以德爲德，以功爲功，恃德伐功，故云不失德。執言有德，不及無爲，故云是以無德。內明體同虚寂者德之上，事有紛累者德之下，封執在心故云不失德。執者失之，是以無德也。

上德無爲而無以爲，

以，用也。上用無爲以化下，下用無爲以事上也。

下德爲之而有以爲。

上用有爲以導下，下亦以有爲以事上，何者？草則逐風以西東，影則隨形而曲直，故知君海內者不可以多事，理歸虚靜，訓弟子者不可以非禮，義存忠孝也。

又《五五章》 含德之厚，比於赤子。

懷道抱德，積行深厚，氣專精固，絶欲無貪，不散眞童，類於赤子也。

毒虫不螫，猛獸不據，攫鳥不搏。

以毒曰螫，以足曰據，以爪曰博。孾兒所以無害者，一爲內無毒意，二爲慈母加護，故不傷也。含德之人，既其無復惡心，又以天靈垂祐，是以毒蟲不得流其毒，猛獸無以施其猛也。

骨弱筋柔而握固。

孾兒筋骨弱而握拇指牢固者，非由力也，本爲心專，人雖欲開，不可得也。含德之人，屈身以順物，柔心以從道，可欲不能開，全眞自然固也。

未知牝牡之合而峻祖雷反之作，精之至。

牝牡之合，即陰陽之會也。峻，小兒陰也。作，動也。赤子未知男女之禮而動作者，至精不散也。精散則身枯，身枯則命竭。含德之人外情欲

而愛其精，去勞弊而寶其氣。無心於動，動不妨寂，虛己於寂，寂不妨動。寂不妨動，雖動而非動；動不妨寂，雖寂而非寂。非動非寂，精之至也。

終日號而不嗄於葛反之，和之至。

啼極無聲曰嗄。赤子旦夕恆啼而聲不嗄者，和氣未散也。含德之人演玄言而不疲，流法音而無絶，此抱冲和之所致也。

知和曰常，知常曰明。

亡精損氣歸無常，知和不死保眞常。含德既知和理，人體常義，物無不可，故曰明也。

《唐玄宗御製道德眞經疏·知其雄章第二八》 知其雄，守其雌，爲天下谿。

疏：知，辨識也。雄，剛躁也。雌，柔靜也。夫物貴全和，法求中道，雄則過亢，雌則卑弱，俱未適中於善行，必當緣篤以爲經，故知其雄躁，則當守其雌靜。守其雌靜，亦當知其雄躁。知雄守雌，則可知雄。守雄則敗，敗則妨行，故特戒守雌柔。能守雌柔，是謂謙德，物所歸往，如水歸谿矣。《爾雅》曰：水注川曰谿。

爲天下谿，常德不離，復歸於嬰兒。

疏：知雄守雌，是爲善行，物所歸往，爲天下谿。能如此者，則眞常之德曾不離散。常德不散，即是全和。全和之人少私寡欲，泊然未兆，乃如嬰兒，故云復歸於嬰兒也。

知其白，守其黑，爲天下式。

疏：白，昭明也。黑，暗昧也。式，法也。夫能守雌靜，則德行昭明，德雖昭明，不以矜物，當如暗昧，自守淳和，能如此，則可爲天下之法式矣。

爲天下式，常德不忒，復歸於無極。

疏：忒，差忒也。極，窮極也。知白守黑，是謂德全。德全之人，可爲天下法式，則眞常之道隨應而用，應無差忒，用亦不窮，故云復歸於無極。

知其榮，守其辱，爲天下谷。

疏：榮，尊榮也。辱，卑辱也。夫爲天下法式，則其德尊榮，德雖尊榮，常守卑辱，以和爲量，無不含容，如彼空谷，物來斯應，故云爲天下谷。

爲天下谷，常德乃足，復歸於樸。

疏：樸，道也。虛受應物，如彼谷神，眞常之德，是乃圓足，足則復歸於樸爾。夫道爲德體，德爲道用，語其用則云常德乃足，論其體則云復歸於樸。歸樸則妙本清淨，常德則應用無窮，非天下之至通，其孰能與於此者？

樸散則爲器，聖人用之，則爲官長。

疏：器，形器也。自知雄已下論修性反德，則復歸於道。此云樸散爲器者，明德全合道，即能應用。

又《上士聞道章第四一》 上德若谷。

疏：言勤行之士謂之上德，德用光備，光備則無不含容，故云若谷爾。

大白若辱。

疏：白，純淨也。辱，塵垢也。得純淨之道者，晦迹同塵，故稱若辱，而實純白，獨全備爾。

廣德若不足。

疏：言至人德無不被，廣也。守柔用謙，故常若不足也。《史記》曰：良賈深藏若虛，君子盛德，容貌若愚。若愚不足。

建德若偷。

疏：建，立也。偷，盜也。建立陰德之人，潛修密行，如被盜竊，常畏人知，故曰若偷。

質眞若渝。

疏：眞，淳一也。渝，變改也。言道德行人，其德淳一而無假飾，若可渝變，與物同波而和光也。

又《聖人無常心章第四九》 聖人無常心，以百姓心爲心。

疏：聖人虛忘，物感斯應，應必緣感，感既不一，故應無常心。心雖無常，義存慈救，百姓有不信不善之心，故混同用心，而以化導，故云無常心矣。

善者吾善之，

疏：此應感之義也。吾者，聖人也。善者迴向正道之心，聖人奬之以進修，以果其行，使至夫忘，善之大善爾。

不善者吾亦善之，德善矣。

疏：不善者，謂習染增迷，信邪背道，聖人亦以善道而引汲之。德善者，令化聖德而爲善爾。

信者吾信之，

疏：信謂聞道勤行，心無疑執，聖人應之以至誠，贊成其善，以至於深信爾。

不信者吾亦信之，德信矣。

疏：不信謂強梁背教之人，聖人亦以平等正信而化導之，令化聖人之德，捨僞而歸信也。故云德信爾。

聖人在天下惵惵，爲天下渾其心。

疏：此明聖人混迹用心也。惵惵，憂勤也。聖人在宥天下，統御寰區，懼衆生不歸善信，故惵惵者皆爲天下，百姓未能信善，故聖人混同於物，而用其心也，故云天下渾其心爾。

《唐玄宗御注道德真經・德經上・上德不德章第三八》 上德不德，是以有德。下德不失德，是以無德。

德者道之用也，莊子曰：物得以生謂之德，時有淳醨，故德有上下。上古淳樸，德用不彰，無德可稱，故云不德，而淳德不散，無爲化淸，故云是以有德。建德下衰，功用稍著，心雖體道，迹涉有爲，執德可稱，故云不失。迹涉矜有，比上爲粗，故云是以無德也。

上德無爲，而無以爲。

知無爲而無爲者，非至也。無以無爲而無爲者，至矣。故上德之無爲，非徇無爲之美，但含孕淳樸，適自無爲，故云而無以爲，此心迹俱無爲也。

下德爲之，而有以爲。

下德爲之者，謂心雖無爲以功用彰著，而迹涉有爲，故云爲之。言下德無爲而有所以爲，此心無爲而迹有爲也。

陳景元《道德真經藏室纂微篇》卷六《德經下篇明德，以不德爲元，不德者，忘德以應用者也**》** 上德不德，是以有德；

德者，得也。內得於心，外得於物，常得而無喪，利而不害，物得以生，謂之德也。本由蘊道故有德，有德而無名，道之深也。有德而有名，道之淺也。道有深淺，故德有上下。所謂上德者，至德也。至德者，深矣，遠矣，與物互矣，人不見其迹，則謂之不德，以其含光匿燿，支離所爲，使百姓日用而不知，則其德全矣，故曰有德也。

下德不失德，是以無德。

下德者，迹用漸彰，至一□散，因循任物，物保其安，天下稱之，歸美于己，雖其德不喪，已遠於至德也，故曰無德也。

上德無爲，而無以爲；

夫有上德者，性受自然之至妙，命得元氣之精微，神貫天地，明並日月，無思無慮，心自無爲，忘功忘名迹，無以爲用也，謂無用己爲而自得也。古本作上德無爲而無不爲，言上德之人，心既寂默，性亦恬惔，縱心所好，不違自然，任性所爲，不逆萬物，故無爲而無不爲。

下德爲之，而有以爲。

下德降於上德者也，性受自然之平淡，命得元氣之純和，神配陰陽，明效日月，民皆仰戴，咸共樂推，故曰有以爲。古本作下德爲之而無以爲，言下德之人心存仿像，執守沖虛，應物臨機，不敢造次，故曰無以爲。

【略】

故失道而後德，失德而後仁，失仁而後義，失義而後禮。

夫道德仁義禮，五者之體，不可致詰，故混而爲一，一既分矣，五事彰而迹狀著，故隨世而施設也。道者德之體，德者道之用。離體爲用，故失道而後德。德者，得也。物得以生謂之德，有生必愛，故失德而後仁。

上德若谷，

上德之人，無爲無事，心同虛空，高下莫測，有若深谷，無所不容。

大白若辱，

大白者，若雪霜之潔白，而無所不到，雖瓦甓汙溷之處，施而無擇。有道之士，豈異于是，故處於濁世，純白獨全，而不雜染也。

廣德若不足，

孫登曰：其德深廣則通疏見遠，遺略小節，智若不足。故良賈深藏若

虛，君子盛德容貌若愚。陸希聲曰：衣被天下而不有其仁，斯廣德若不足也。

建德若偷，

此言陰德密行也。夫建立陰德之人，不顯其功，畏人之知，故若偷竊耳。吴筠《元綱論》曰：功欲陰，過欲陽，功陰則能全，過陽則易改，此之謂也。

聖人無常心，以百姓心爲心。

聖人體道虛心，物感斯應，感既不一，故應無常心。然百姓之心，常欲安其生而遂其性，聖人使人人得其所欲者，豈非以百姓心爲心乎。莊子曰：至人用心若鑑，不將不迎，應而不藏，故能勝物，而不傷此，聖人無常心也。

善者吾善之，不善者吾亦善之，德善。

夫百姓有好善之心者，聖人不違其性，應之以善。其性本善者，聖人固以上善輔之，使必成其善。苟有不善之心，聖人亦以善待之，感上善之德，而自遷其心爲善矣。則天下無有不善者，此乃聖人順物性爲化終，不役物使從己也。

信者吾信之，不信者吾亦信之，德信。

夫百姓有好信之誠者，聖人不奪其志，應之以信。其信確然者，聖人固以大信輔之，使必成其信。苟有不誠其信者，聖人亦以信待之，而不信者感大信之德，而自發其誠爲信矣。則天下無有不信者，此乃聖人能任物情，非愛利之使爲也。

趙志堅《道德真經疏義·德經·上德章第一》 道是微妙之本，本尊故稱上。德是慈濟之迹，迹卑故言下。**上德不德，是以有德。**

德者得也。與道相得，故云德也。德有二義：一者本德，道之妙用，隨類生長，咸令有益。二者修證，契道之人，初得眞性，終復本道，既能自得，又令他得，所得者道，故云上德。不德者，上德也。德與道契，利物弘深，功成迹隱，德不彰露，百姓日用而不知，萬代資之而不識，此詮有德，高勝無比，故稱爲上。

下德不失德，是以無德。

夫心境兩忘，物我齊貫，與道玄同者，方謂之德。今則矜執未祛，封著猶在，雖則德亦備矣。自見猶存，爲未全忘，故名爲下。下十一句二。

上德無爲，而無以爲。

以，用也。無爲言內心虛澹，無欲爲爲。無以爲謂境物虛淨，俗所有法，皆無用爲。此述上德之妙也。

下德爲之，而有以爲。

未能虛遣貴愛，有爲成功立事，故云爲之。欲榮利以潤家，國名謚以揚己，故云有用爲也。

故失道而後德，失德而後仁，失仁而後義，失義而後禮。

道即上德也。後德謂下德也。上德合道，故名爲道。初爲對道，所以稱德。今對後德，復以爲道。人既不能行於上德虛忘之道，而行下德有爲之執。下德者，諸行備足，但不忘耳。

是以大丈夫處其厚，不處其薄。

丈，長也。夫，扶也。有大德而能長養羣品，扶護蒼生者，謂之大丈夫。其行心也，處其厚，不處其澆薄，唯道是務，豈知禮之所用乎。厚薄同是一物，但有好惡華實，則論眞假，故華假不及實眞。

論說

杜光庭《道德真經廣聖義》卷五《釋疏題明道德義》 義曰：老子者，太上老君之內號也。釋解已具前篇。《道經》者，此經兩卷，上經以道爲目。夫化導羣生，貫穿萬法，居衆法之首，故三皇尊其道焉。爲萬教之先，故大演虛其一焉。故一者道之數，道者一之本。下經云道生一是也。夫其道也，極虛通之妙致，窮化濟之神功，理貫生成，義該因果。縱之於己則物我兼忘，蕩之於懷則有無雙絕。道與德有相資相稟之義，故云《道德經》也。今於道德義中分三門解釋。一者釋名無名，方了玄教。故經云虛無常自然，強名字大道。所以道義主無，理物有病，德義主有，理世無惑。故臧玄靜云：道者，通物以無爲義。令就明之，道有三義。一理也，二導也，三通也。理者，理實虛無，以明善惡。導者，導執令忘，引凡入聖。通者，通生萬法，變通無壅。上經法陽象天數奇，故三十七章

也。老君說經，本亦不執上經爲道，下經爲德。昔賢相承分判，故有道先德後。其間經文互相明證，具如序中矣。次道衰而後有德，德衰而後有五常，是明道德爲衆行之先，五常之本。故《道經》居先，而《德經》次之也。今依名釋道，即前序所謂導也，通也，理也。夫道德雙釋分三門者，一釋名，二明體，三明用。釋名第一，道德玄絕，自應無名。開教引凡，強立稱謂，故寄彼無名之名者，宣彼正理，令識名之無名，方可了達玄教強名道德。其義者何？臧玄靜曰：道以通物，以無爲義。德者不失，以有爲功。道無則能遣物有累，德有則能祛世空惑。今明道三義者，理也，通也，導也。德三義者，得也，成也，不喪也。所謂理者，理實虛無，言一切皆無，故云道在一切有。解云理者，兼通善惡。善道亦名道，惡道亦名道，善惡性空，不乖此義。但惡道稱道，其意不然，正以徒類稱道，非關就理爲釋。若言隨事近理，此說不妨。所謂通者，謂能通生萬物，變通無壅。河上公云：道，四通也。所謂導者，導執令忘，引凡入聖。《自然經》云：導末歸本，本即眞性，末即妄情也。德有三義，所謂德者得於道果。《太平經》云：德者，正相得也。所謂成者，成濟衆生，令成極道。此就果爲名，亦資成空行就因者，經云熟成之。所謂不喪者，謂德不失也，故云不喪。《太平經》云常德不喪是也。此六義者，互可相通。《西昇經》云道德混沌，玄妙同也。道中有德義者，《昇玄經》云德等無等，等無等是道也，故云道有得義。道有成義者，河上公云：非但生之，乃復長之成之。道有不喪義者，既言常道，常即不喪也。德中又有理義者，《生神經》云感應理常通，應既是德，故得有理義也。德有通義者，河上公云：德，一也。一至布氣而畜養之。德有導義者，謂有開導之德，《論語》云道之以德是也。此就通門，則如前解矣。但道德名有無量義，如因迹有成，並其義也。道無不在，名何言屬，故謂無方以釋其義。五無釋爲釋者。既以不爲名，亦以無義爲義。故自然之義，名無所有。原其所由，即是無義。義曰：道者，因生以立稱；德者，從教以言名。道者德之通，德者道之功。有德故稱道，有道故稱德。德義取有體無爲言，道義取無通有爲說。陸先生經云：虛寂爲道體，謂虛無不通，寂無不應也。臧玄靜云：智慧爲道體，神通爲道用也。又云：道德一體而具之言通，通無所通而無所不通，德之言得，得無所得而無所不得。故能忘己忘功，生物成物。今就此科更分五別。一依名釋者。前義也。二因待釋者。明非德無以言道，非道無以言德。道德相待，強立假名，故離道無德，離德無道，道是德義，德是道義。經云長短相形是也。三所表釋者。道德爲教，正表不道不德之理，所以說道則言可道非常道，明德則言上德不德，故不道不德爲道德之義。四無方釋者。正一二義，一而不一，二而不二，二而不二，由一故二。一而不一，由二故一。不可說言有體無體，有用無用。蓋是無體爲體，體而無體，無用爲用，用而無用。然則無一德非其體，無一用非其功。尋其體也，離空離有，非陰非陽，視聽不得，搏觸莫辯。尋其用也，能權能實，可左可右，以小容大，以大容小。體既無已，故不可思而議之。用又無功，故隨方不示見。今不異此，但知道德不同不異，而同而異，不異而異。用辯成差，不同而同，體論惟一。不異異者，經云道生之德畜之也。不同同者，《西升經》云：道德混沌，玄妙同也。知不異而異，無所可異；不同而同，無所可同。無所可同，無所不同；無所可異，無所不異也。今更舉七義以通釋。

一、本迹者。本則爲道，迹則爲德。本爲道者，以大智慧源常寂眞身爲體。迹爲德者，以上德之君太上應身爲體。

二、理教者。理則爲道，教則爲德。理爲道者，悟說正性爲體。教爲德者，悟說正經爲體。

三、境智者。境則爲道，智則爲德。智理爲道體，理智爲德體。

四、人法者。人則爲道，法則爲德。人爲道者，以本迹二身爲體。法爲德者，以理教二法爲體。

五、生成者。生則爲道，成則爲德。道以應氣化生萬物，以應氣爲體。成爲德者，德以成就衆生，法教爲體。

六、有無者。無則爲道，有則爲德。無則爲道，以因地空觀果地空智爲體。有爲德者，以因地有觀果地有智爲體。

七、因果者。果則爲道，因則爲德。果爲道者，以果地萬德爲體。因爲德者，以因地萬行爲體。

以上七義，互相交絡。二而不二，一而不一。是知道德爲正體，非果非因，非本非迹。不本不迹，而開本迹，欲明顯本由迹。不果不因而開因果，欲令修因趣果。其餘五雙，不言自顯，明義用第三，德是不有之有，

既能理無，亦能理有；道是不無之無，既能理有，亦能理無。惑者謂玉貌金容，道爲實有。今明道是虛無，此即理於有惑。河上公云：道者，空也。王輔嗣云：道者，無之謂也。惑者或謂常道乃至上德，實是虛無。今明是以有德，此則除其無病，故經云杳冥中有精，此是一往相翻，聞名遣病。及其進悟，義則更深。明道之爲無，亦無此無，德之爲有，亦無此有。斯則無有無無，執病都盡，乃契重玄，方爲雙絶。故經云仙道無不無、有不有也。此則道必資於德，德必稟於道。老君説經，亦不執言上卷爲道，下卷爲德。二經文義互相包含，後賢相傳，強分其義，是則《道經》含德，《德經》含道，聖旨序内已具舉明。

成玄英《老子道德經開題》 第一道德者，道是圓通之妙境，德是至忘之聖智。非境無以導智，非智無以照境，境智相會，故稱道德。然境智智境，不一不異，而異而一，故《西昇》云：道德混沌，玄妙同也。且古來解道，亟有不同，今汎舉大綱，義開五別。所言五者：第一依訓釋，第二依義釋，第三待對釋，第四所表釋，第五無方釋。

第一依訓釋者，道無也，德有也，故輔嗣云：道，無。又解云：道，道也；德，德也。今明道之爲名，窮理盡性，不復可加，故非訓釋之所能盡。直置道以道爲義，義自多含，不繁曲碎，更爲他解，故宣尼解《易》須晉二卦云：須，須也；晉，晉也。

第二依義釋者，道以虛通爲義，德以尅獲受名，爲道能通物，物能得道故也。篤論道物，亦不一不異，故《經》云：道之爲物，唯恍唯惚。又《莊》云：言而足則終日言而盡道，言而不足則終日言而盡物也。

第三待對釋者，道以德爲義，德以道爲義，非道無以通德，非德無以顯道故也。又解云：道以物爲義，德以喪爲義，皆相顯對故也。

第四所表釋者，道以不道爲義，德以不德爲義，所以説道以彰於不道，所以説德以表於不德。故《經》云：上德不德，是以有德。《莊》云：不言之辯，不道之道，若有能此之謂天府。嚴君平云：不道之道，不德之德，正之無也。是知説道説德，以表於不道不德也。

章安《宋徽宗道德真經解義》卷一《道經》 御注曰：道者，人之所共由。德者，心之所自得。道者，亘萬世而無弊。德者，充一性之常存。老君當周之末，道降而德衰，故著書九九篇，以明道德之常，而謂之經。其辭簡，其旨遠，學者當默識而深造之。

臣義曰：太初有無，無有無名，命之曰道。有一未形，物得以生，命之曰德。道本無名，謂之道者，即人之所共由者而爲言也。德本自得，謂之德者，即有心所同得者而爲言也。惟道無垠，虛湛常存，惟道無體，微元常眞，絶於有無之域，泯於彼是之居，在體爲體，在用爲用，天地雖大，未離乎内，秋毫雖末，待之成體。萬物終始出入，未始不由於此，故謂之道，即其自心同然皆得。審乎無假，而不與物化，淵乎其居，而不與物遷，未嘗蔽虧，未嘗乘馳，心全乎天，而無得喪之累，故謂之德。道無體也，無體則不涉於變故，亘萬世而無弊。德在我也，在我則無待於外，故充一性而常存。

通玄先生《道體論・論老子道經上》 道者圓通化始，德者遂成物終，生成既彰，二名斯顯，息用歸宗，即二常一。即二常一，故道無德外之通，德無異道之契。即一仍二，故道位化通，德標成遂，常一常二，二一圓通，圓通辨別，故名道德。

問曰：所言道者圓通化始，是何等始？答曰：是物性之始。何以得知？章云德者遂成物終，則知性起於道，形生於德。

問曰：若然者，何故經云道生德畜？答曰：從本推元，故以道爲生，形立亭毒，故號之爲畜。【略】

問曰：經稱道生德畜，復云生之畜之，是謂玄德。前言道生，後言德生，何也？答曰：前言道生者，推功於本。後言德生者，論其形分之實生。何以知其然也？陰陽體合，生化化立，而陽居尊。君臣位乎，共治功成，而歸元首。萬物之體實生於德，宗本窮根，故曰道生。道生混成之體，無名之始，理周萬物，妙極環中。恍兮惚兮，不可言有，其中有物，不可言無。居上不皦，處下不昧，迎之無首，隨之無後，莫知所由，不可致詰。而無狀之狀，無物之象，不言之言，言滿天下，形名既著，凡聖乃分。然凡不自悟，必積感以求通。聖不棄物，亦因機而設教。機敎參差，乃有萬殊，約其一應之迹，所謂道德。道以圓通爲宗，德以自得爲義。圓通則無理而不通，自得則無性而不得。圓通無名，無名而強名。自得無得，就功迹以顯稱，稱有功德之迹，德以勤行爲首。強名無名，道以日損爲先，勤而行之，無行而不備，損之又損，無累而不除。道德兼忘，玄同

物我，故能大盈若冲，其用不窮，其大無外，其小無內，周流變化，無所不爲。是以萬物芸芸，形名動植，罔不資道德以成形。

周固樸《大道論·至道章》 道爲母，德爲子。《無惑寶經》云：道者通物，以無爲義，德者不失，以有爲功。《西昇經》云：道深甚奥。又云：至道深妙，知者不言。當火水焚蕩無遺，我大道眞常不動；値天地綱紀隳裂，我大道湛寂凝然。莊生考筭數，而五載莫窮，推陰陽而十二年固得，故曰至道。

又《至德章》 道有通生之德，故云至德。聖人云：以通生故，字道；包含故，名大。又解：虛無者，妙本之體，非有物故；自然者，妙本之性，非造作故；道者，妙本之功用，故謂之通生之道。一虛無，二自然，三道，俱是妙本眞性。上義立其法唯一原。夫散大樸而統御九圍，播元精而輪排萬象，始氣權敭，三才具分，四序肇興，五行迭旺，大哉。天地掌其覆載，日月職其照臨，風雨散滋，雲雷布皷，人獸清濁，海嶽高深，類聚群分，智凡殊稟。向道者登眞證聖，背道者趨死沈生，咸歸我大道通生之至德。莊生云：德者，得也。物得之以生，謂之德。德者道之用也，道者德之體也。通生萬象，造化有爲有不爲也，至德無爲無不爲也。《老君道記》云：通於一而萬事畢，無心得而鬼神服。通於天地者德也，行於萬物者道也。天下至通也。萬物是所生，德是能生，無萬物之爲所生，不能顯德之爲能生。《太平經》云：德者正相德也，成者成濟也，不喪者不失也，具三上義。又德者，天地稟之，陰陽賴之，五行得以相生，四時得以綸緒，王侯理化，師友訓從，乃至聖人、眞人、仙人、鬼神，異類動植，皆資至德之妙用也。謂以道有情有信也，可謂至德。

孟安排《道教義樞》卷一《道德義第一》 義曰：道德者，虛極之玄宗，妙化之深致。神功潛運，則理在生成；至德幽通，則義該亭毒。有無斯絕，物我都忘，此其致也。故《道德經》云：道生之，德畜之。又云：大道汎兮，玄德深遠。《西昇經》云：道德混沌玄同也。

釋曰：道者，理也。通者，導也。德者，得也，成也，不喪也。言理者，謂理實虛無。《消魔經》云：夫道者，無也。言通者，謂能通生萬法，變通無壅。河上公云：道，四通也。言道者，謂導執令忘，引凡令聖。《自然經》云：導末歸本，本即眞性，末即妄情也。德言得者，謂得於道果。《太平經》云：德者，正相得也。言成者，謂成濟衆生，令成極道，此就果爲名；亦資成空行，此就因爲目。《德經》云：成之熟之也。言不喪者，謂上德不失德，故云不喪也。《太平經》云：常得不喪也。然道德玄絕，自應無名，開教引凡，強立稱謂。故寄彼無名之名，表宣正理，令識名之無名，方了玄敎。故《靈寶經》云：虛無常自然，強名字大道。

又道德體用義者，道義主無，治物有病，德義主有，治世無惑。陸先生云：虛寂爲道體，虛無不通，寂無不應。玄靖法師以智慧爲道體，神通爲道用。又云：道德一體而其二義，一而不一，二而不二。不可說其有體有用，無體無用，蓋是無體爲體，體而無體，無用爲用，用而無用。然則無一法非其體，無一義非其功也。尋其體也，離空離有，非陰非陽，視聽不得，摶觸莫辯。尋其用也，能權能實，可左可右，以小容大，大能居小。體即無已，故不可以議；用又無窮，故隨方示見。

李霖《道德眞經取善集·道德一合論》 未形之先，道與德俱冥。既形之後，道與德俱顯。孰爲道乎，物莫不由者是已。孰爲德乎，道之在我者是已。自其異者視之，道之與德，雖有兩名。自其同者視之，道之與德，不離一致。道降爲德，而德未始外乎道。德出於道，而道未始外乎德。《南華經》云：一之所起，有一而未形。物得以生之謂德。自其有一未形而言，謂之道。自其物得以生而言，謂之德。又曰：德總乎道之所一，道德合則渾而爲一，離則散而爲二。今言《道德經》者是也。言《道經》、《德經》者，非也。下經之首取其上德不德，因名爲《德經》也。後人見上經之首取其道可道，因名爲《道經》也。茲道德之所以分裂歟。若下經止言其道，何以言孔德之容，唯道是從，是道不離於德也。若下經止言其德，何以言道生之，德畜之，是德不離於道也。以經考之，道德相須，不可偏舉。嘗試論之，夫道非德無以顯，德非道無以明。道無爲無形，故居化物之先。德有用有爲，故在生化之後。道居先，故處於上。德居後，故處於下。道德合而爲一，不可分而爲二也。《西昇經》云：道德一合，與道通也。《南華經》云：形非道不生，生非德不明，存形窮生，立德明道。以是推之，道德相須而不相離也明矣。

李道純《道德會元·德》 德之一字，亦是強名，不可得而形容，不可得而執持。凡有施設積功累行，便是不德也。只恁麼不修習，不用功，

死灰槁木，待德之自來，終身無德也。這箇德字愈求愈遠，愈執愈失。經云：上德不德，是以有德。又云：上德無爲而無以爲。只這兩句多少分明，只是欠人承當。若是箇信得及的，便把從前學解見知、聲聞緣覺一切掀倒，向平常履踐處，把箇損字來受用，損之又損，損來損去，損到損不得處，自然玄德昭著，方信無爲之有益。經云：不言之教，無爲之益，天下希及之。又云：玄德深矣，遠矣。會麼咦，不離當處常湛然，覓則知君不可見。頌曰：河沙妙德，總在心則。不可施爲，何勞脩積。愈探愈深，愈執愈失。放下頭頭，掀翻物物。後己先人，守雌抱一。純一不雜，其德乃實。修齊治平，皆從此出。妙用難量，是謂玄德。

張君房《雲笈七籤》卷一《道德部・總叙道德》 唐吳筠《玄綱論・道篇》曰：道者何也？虛無之系，造化之根，神明之本，天地之元。其大無外，其微無内，浩曠無端，杳冥無際。至幽靡察而大明垂光，至靜無心而品物有方。混漠無形，寂寥無聲；萬象以之生，五行以之成。生者無極，成者有虧。生生成成，今古不移。此之謂道也。德者何也？天地所稟，陰陽所資；經以五行，緯以四時；牧之以君，訓之以師；幽明動植，咸暢其宜；澤流無窮，群生不知謝其功；惠加無極，百姓不知賴其力。此之謂德也。然則通而生之謂之道，道固無名焉；畜而成之謂之德，德固無稱焉。嘗試論之：天地人物，仙靈鬼神，非道無以生，非德無以成。生者不知其始，成者不見其終。探奥索隱，孰窺其宗？入有之末，出無之先。莫究其朕，謂之自然。自然者，道德之常，天地之綱也。又曰：道德者，天地之祖；天地者，萬物之父；帝王者，三才之主。然則道德、天地、帝王一也，而有今古澆淳之異，堯桀理亂之殊者何哉？夫道德無興衰，人倫有否泰，古今無變易，情性有推遷。故運將泰乎則至陽眞精降而爲主，賢良輔而姦邪伏矣；時將否乎則太陰純精昇而爲主，姦邪弼而賢良隱矣。天地之道，陰陽有數，故理亂之殊也。所以古淳而今澆者，亦猶人幼愚而長慧也。嬰兒未孩，則上古之含純粹也；漸有所辯，則中古之尚仁義也；成童可學，則下古之崇禮智也；壯齒多欲，則季世之競浮僞也。變化之理，世俗之宜，故有澆淳之異也。覈其所以，原其所由，子以習教而性移，人以隨時而朴散。雖然，父不可不教於子，君不可不理於人。教子在於義方，理人在於道德。義方失則師友不可訓也；道德喪，則禮樂不能理也。雖加以刑罰，益以鞭楚，難制於姦人賊子矣。是以示童兒以無誑，則保於忠信；化時俗以純素，則安於天和。故非執道德以化人者，未聞其至理也。

常道　可道

論說

孟安排《道教義樞》卷一《道德義第一》 又經明常可二道、上下兩德者，舊解云：常寂之道，義說無爲，凡有四義。一者非攀緣識慮，故無心。二者無質礙分別，故無形。三者不爲名言所得，故無名。四者無常不能遷改，故無時。具此四義，故名常道。賈法師云：自應身已還，三清等法，皆是可道，盡是無常也。上德是忘德，下德是執德，以是執德，今明物情常執。謂有常道可求，不能悟理，便成滯教，老君演明道德，正治此迷。經云：可道非常道。非謂別有常道，正言所是說道，並非恆定，不宜執以爲常，故係非常，以爲消遣。此言說道爲藥，本治物迷，迷病若消，何道不得？若知不得爲得，亦可不常爲常也。

王玄覽《玄珠録》卷上 道能遍物，即物是道，物既生滅，道亦生滅。爲物是可道皆是物，爲道是常物皆非常？

【略】

諸法若起者，無一物而不起，起自衆生起，道體何曾起。諸法若忘者，無一物而不忘，忘自衆生忘，道體何曾忘。道之眞實性，非起亦非忘。若言眞是非起忘，起忘因何有？道即不遍於起忘，由何得名道，由何名起忘？還因起忘知實性，復因實性識起忘？成即一時成，滅即一時滅。入等諭明闇雖生滅，未曾捨虛空，虛空雖常住，未曾捨明闇。明闇有生滅，虛空不生滅。虛空有明闇，明闇非虛空。只是明闇空，復是空明闇。明闇與空不曾一，不曾二，亦是一，亦是二。四語之中道，不一亦不二，亦非一非二。入等乃存，常以所知爲己身，以能知爲己心，即知見等

法爲可道，知見性空爲眞道。【略】可道爲假道，常道爲眞道。若住於常者，此常會是可。何者？常獨住常，而不遍可故，此常對可故。其常會成可赴，言已出世，言常亦言可。若也不起言，無常亦無可。常可既元無，亦無無常可。若在衆言等，則是有欲觀其徼。若悟衆言空，則是無欲觀其妙。

【略】

不但可道可，亦是常道可，不但常道常，亦是可道常。皆是相因生，其生無所生，亦是相因滅，其滅無所滅。

【略】

常道本不可，可道則無常，不可生天地，可道生萬物，有生則有死，是故可道稱無常。無常生其形，常法生其實，常有無常形，常有有常實。此道有可是濫道，此神有可是濫神，自是濫神濫道是無常，非是道實神實是無常。若也生物，形因形生，濫神所以約形，生神名則是濫，欲濫無欲，若能自了於眞常，濫則同不濫，生亦同不生，不生則不可。所以得清淨之法則不可，可法則無清淨。【略】

物無本住，法合則生，生無本常，法散則滅。實性本眞，無生無滅，即生滅爲可道，本實爲眞常，二物共循環，始終之間無餘道。道在始終，與始終爲變通，故道不得常，始終不得斷名爲入等，道常順生死，而非是生死。空常順明闇，而非是明闇，明闇之外無別虛空，虛空之外無別明闇。此二不曾是不曾非，不一不異，而常是非一異入等。

【略】

問曰：道者體苞空有。答曰：體無不在，知何物而不苞。

問曰：爲是空有，故言苞空有？無非空非有之外，別有一道，故能苞於空有？答曰：皆得。是據體無不通，非就教迹而辯。所謂教不徒起，起必對物，既對物，既與物對，言道在清昇之鄉，論物在穢累之境。故空有之外以顯苞義，即是空有者，既曰體道，知何物而非道，物皆是道。皆是道，故空有而明苞義。

問曰：空有之外以明苞義，未審是空有而顯苞義者，既曰空有，即是更無別物，即是之，安得苞？答曰：道非空有，非非空有，非者遣名，非非體實。體能惣取，稱之曰苞。譬如四大成形，身苞於四大，豈可虛虧。然則身非四大之有，故得稱苞。

問曰：非非空、非非有者，盡體不？答曰：六非之由不盡體，非非空有何足。復云所以得之，六非之外似如眞，不言之地由未至，是以強名偏陳，其實彌外。故曰道可道，非常道。

問曰：常道以何爲體？答曰：以有無、非有無爲體。

問曰：道以不能爲無，在無不能爲有，有無既隔，誰爲其主？既非有爲，何可名體？答曰：既云常道，焉可言哉，可不言哉。焉可言故，體非有無；可不言故，亦可有無。

雜録

成玄英《老子道德經義疏·道可道章第一》 道可道，非常道；

道以虛通爲義，常以湛寂得名。所謂無極大道，是衆生之正性也。而言可道者，即是名言，謂可稱之法也。雖復稱可道，宜隨機愜當而有聲有說，非眞常凝寂之道也。常道者，不可以名言辯，不可以心慮知。妙絶希夷，理窮恍惚。故知言象之表，方契凝常眞寂之道。可道可說者，非常道也。

陸希聲《道德眞經傳》卷一 傳：夫道者，體也。名者，用也。夫用因體生，而體本無用；名因道立，而道本無名。體本無用，則用無不可，故曰可道。所可道者，以體當用耳。以體當用，是物之理，非道之常，故曰非常道也。道本無名，則名無不可，故曰可名。所可名者，以名求體也。夫以名求體，是物之變，非名之常，故曰非常名也。始所謂道者常道，名者常名，非可道之道，可名之名。何則？常道常名，不可道不可名，唯知體用之說，乃可玄通其極耳。

河上公《道德眞經註·體道第一》 道可道，

謂經術政教之道也。

非常道。

非自然長生之道也。常道當以無爲養神，無事安民，含光藏暉，滅跡匿端，不可稱道也。

李榮《道德真經註・一章》 道可道，非常道。

道者，虛極之理也。夫論虛極之理，不可以有無分其象，不可以上下格其眞。是則玄玄非前識之所識，至至豈俗知而得知，所謂妙矣難思，深不可識也。聖人欲坦茲玄路，開以教門，借圓通之名，目虛極之理，以理可名，稱之可道。故曰吾不知其名，字之曰道。非常道者，非是人間常俗之道也。人間常俗之道，貴之以禮義，尚之以浮華，喪身以成名，忘己而徇利。失道後德，此教方行。今既去仁義之華，取道德之實，息澆薄之行，歸淳厚之源，反彼恆情。故曰非常道也。

佚名《道德真經次解・一章》 道可道，非常道，

道之一字分爲三等，上道字屬無爲無名之大道，中道字是有形可名之道，下道字謂常行應用之道。

王眞《道德經論兵要義述・道常無爲章第三七》 臣眞述曰：夫常道者謂無名之始，道常者謂有名之初，故本初無字乃爲一氣之宗，亦既有名爲萬物之始。又道法自然，天地陰陽皆自然和合，無所云爲，故曰無爲也。至於四時運行，百物成熟，故曰無不爲也。又天之道利而不害，是以王者當行天之道，凡天下之害，知之盡無爲也，天下之利，知之即無不爲也。夫天下之害，莫大於用兵，天下之利，莫大於戢兵，言王侯但能守此自然之道，則物無不自化者。既而化成，又有嗜欲將作者，即當鎮以無名之樸。無名之樸，亦以不欲爲根，靜而歸根，常而復命，可謂復守眞常之道也。眞常之道既復，即萬物安得不從而正也。故曰天下將自正。經曰：我靜而民自正，又《論語》云：子率以正，孰敢不正，其是之謂乎。

自然

綜述

成玄英《老子道德經義疏》 道是迹，自然是本。以本收迹，故義言法也。又解：道性自然，更無所法。體絕修學，故言法自然也。

又 夫本能生迹，迹能生物也。既知道大慈，能引接凡庶者，即是我母。即知我身即是道子，從道而生故也。經云虛無自然，是眞父母。

李榮《道德真經注》 物之性也，本乎自然，欲者以染愛累眞，學者以分別妨道，遂使眞一之源不顯，至道之性難明，不入於無爲，但歸於敗失。聖人顯自然之本性，輔萬物以保眞，不敢行於有爲，導之以歸虛靜也。

《唐玄宗御製道德真經疏》 爲王者當法地安靜，因其安靜，又當法天生化，功被物矣。又當法道清靜無爲，忘功於物，令物自化。人君能爾，即合道法自然，言道之爲法自然，非復倣法自然也。若如惑者之難，以道法效於自然，是則域中有五大，非四大也。又引《西昇經》云：虛無生自然，自然生道，則以道爲虛無之孫，自然之子。妄生先後之義，以定尊卑之目，塞源拔本，倒置何深？且嘗試論曰：虛無者，妙本之體，體非有物，故曰虛無。自然者，妙本之性，性非造作，故曰自然。道者，妙本之功用，所謂強名，無非通生，故謂之道。幻體用名，即謂之虛無。自然道爾，尋其所以，即一妙本，復何所相倣法乎？則知惑者之難，不詣夫玄鍵矣。

又 自然，物之本性也，衆生起妄，失於本性，聖人慈誘，勸學無爲，將以輔佐物之自然，眞性不敗，故不敢爲於俗學與多欲也。

杜光庭《道德真經廣聖義》卷二《釋老君事跡氏族降生年代》 第二，體自然者。大道元氣，造化自然，強爲之容，即老君也。虛無爲體，自然爲性，莫能使之然，莫能使之不然。不知其所以然，不知其所以不然。故曰自然而然。

又卷二一 大道以虛無爲體，自然爲性，道爲妙用，散而言之即一爲三。合而言之，混三爲一。通謂之虛無、自然、大道，歸一體耳，非是相生相法之理，互有先後優劣之殊也。非自然無以明道之性，非虛無無以明道之體，非通生無以明道之用。

又卷三二 道以妙無生成萬物，謂之自然。物之生物，形之生形，謂之因緣。

又卷四七 義曰：天道任於自然，因無勝負，四時代謝，不令而行，六氣推遷，不言而信，物不違天，則爲善勝也。【略】義曰：天無言而四

時行地，無言而萬物生，得時而興，感物而應，此自然之理也。

江澂《**道德眞經疏義**》是以黜其聰明，而去智與故，與天合德而循天之理，巍然處其所，不從事於外，固非或使之所能爲也，故言自然。

又 天施地生，百昌並植，然撓萬物者莫疾乎風，潤萬物者莫潤乎水。故風以鼓舞衆形，委其自化而物得條達；雨以潤澤萬物，任其自滋而物得茂大。常因自然，非益生也。不爲助長，非勸成也。故生化形色，遂于兩間，此所以爲長久之道。若乃風疾轉而爲飄，而雨暴聚而爲驟，此非陰陽之和，乃繆戾之患，其於物也益生勸成，非因自然，物反蒙其害矣，其能久乎？

又 獨立于萬物之上，不從事於外者，希也。能不用聰明，默而識之於無聲之中，獨能聞和，則與道冥會，而物莫能偶矣。道至於此，無損無益，何得可名，何失可累。昧者不能朝徹而見獨，故不知獨化之自然。

李霖《**道德眞經取善集**》人謂王也。人法地之安靜，故無爲而天下功。地法天之無爲，故不長而萬物育。天法道之自然，故不產而萬物化。道則自本自根，未有天地，自古以固存，無所法也。無法者，自然而已。故曰道法自然。此章言混成之道，先天地生，其體則卓然獨立，其用則周流六虛，不可稱道，強以大名。雖二儀之高厚，王者之至尊，咸法於道。夫道者，自本自根，無所因而自然也。

金時雍《**道德眞經全解**》自渾淪之始，虛無生自然，自然生道，道生一，一生天地，天地生萬物，若能反此法之，欲歸初始，復契自然矣。故曰人法地，地法天，天法道，道法自然。

又 自然者，道之根本也。若能存守玄都，法其自然，則由動之靜，攝用歸體，將復於道矣。

李嘉謀《**元始説先天道德經註解・第六章**》自然非妙，妙非自然，吾元始於妙。其上不皦，恍兮惚，其下不昧，惚兮恍，恍惚混蒙，上下同妙，妙恍妙惚，非象非物。

自然者可以名道，而道非自然，何以故。自然有定體，而道無定體，若以道爲自然，則道不當降而生物。以物爲自然，則物不當變而成道。故曰：自然非妙，妙非自然。元始之妙，居於有無之間。恍者明也有也，惚者滅也無也。至妙之極其大不見其皦，既出而有，又寂而無，故曰恍兮惚。極其小不見其昧，既居其無，又出而有，故曰惚兮恍。恍惚混蒙，出入於有無之間，與上下皆同於妙，故曰妙恍妙惚，非象非物。

吾始元元，妙惚妙恍，非物非象。吾始神神，杳杳冥冥，非妙非形。吾始眞眞，冥冥杳杳，非形非妙。吾始道道，精中有眞，自然之道。

元、神、眞三者，是妙之分，未盡妙體，然皆非物非象，在恍惚杳冥之間。至於道則始有精，始有眞，非杳非冥，非恍非惚，然猶未離自然也。自道而降，精散而爲形，眞降而爲物，物生而道之自然又喪矣。

道法自然，自然眞道，眞者自然之號，吾不知其自然。

自然爲眞，眞者自然之道。故曰道法自然。所謂道之自然，與物之自然，名同義異。世所謂自然者，乃不變之稱，方其迷亂無智，執物之有，以爲自然，未能甄明自然本體，則其自然深可障道，聖人闢之。此首章所以言自然非妙，妙非自然，蓋此意也。所謂道之自然，道降而爲物，其自不變此道之自然者也。世所謂自然，皆物之自，如鵠白烏玄世，既無知以玄白爲烏鵠之自，不知鵠之所以白，烏之所以玄。又有使之然者，亦非自也。由世以非自爲自，非然爲然，故聖人諱之。雖然聖人達道之權，知自然性，至於論道，尚謂吾不知其自然，蓋謂有知之之心，則是使之自然，非自然矣。而況欲以世之情解妄想卜度者哉。

眞法神，神法元，元法妙。妙無法，故妙爲萬法之宗。無法法，無元元，無神神，無眞眞，無道道，無無無，無有有。吾之至妙，入元始之妙。

苟有所法，則有所未至，故眞不免法神，神不免法元，元不免法妙。至妙而後無法。惟其無法，故爲萬物之宗。如是則無法，無元，無神，無眞，無道，無無，無有。惟體妙者能之，故《釋氏傳》法句曰：法本法無法，無法法亦法，今付無法時，法法何曾法。

《**太上虛皇天尊四十九章經・識本來章第三**》天尊曰：虛無自然，道所從出，眞一不二，體性湛然，圓明自足，不墮諸見。遠離塵垢，學無所學，修無所修，於中了然。不去不住，不取不捨，無樂無惱，無死無生，無古無今，是眞解悟。觀諸形相，等皆虛空，滅除世幻，體合自然。

又《**眞成章第一五**》妙行眞人問天尊曰：何者名爲眞人？復修何道，獲證此果？天尊曰：精心苦行，絕世所欲，不興妄想，無有染著，鍊形化炁，鍊炁化神，鍊神合道，體入自然。斂萬法歸於一身，以一身而

化萬境。不滯有無，永絕生滅，是名眞人。

史宗等《妙門由起序》 慈濟之道，無遠不通。蓋方圓動靜，黑白燥濕，自然理性，不可易也。吹管操絃，修文學武，因緣習用，不可廢也。夫自然者，性之質也；因緣者，性之用也。因緣以修之，自然以成之。由此而言，高仙上聖，合道歸眞，固增廣善緣，精進無退，度人濟己，通幽洞冥，變麤爲精，練凡成聖。

論說

孟安排《道教義樞》卷八《自然義第二八》 義曰：自然者，本無自性，既無自性，有何作者？作者既無，復有何法？此則無自無他，無物無我，豈得定執以爲常計？絕待自然，宜治此也。

釋曰：示因緣者，強名自然，假設爲教。故自是不自之自，然是不然之然；不然之然，無所不然；不自之自，無所不自。無所不自，故他亦成自；無所不然，故他亦成然。他既成然，亦是他然。然則他之稱然，亦是不然之然；然之稱他，亦是不他之他。不他之他，無所不他，故自亦成他；不然之然，亦無所不然，故自亦成然。是則自之與他，俱有然義。今但明自然者，以他語涉物義，成有待，自名當己，宜以語絕也。故《本際經》云：是世間法及出世法，皆假施設，悉是因緣，開方便道，爲化衆生，強立名字耳。

《太上老君虛無自然本起經》 是以賢者學道，當曉知虛無自然。守虛無者，得自然之道，不復上天也，常在世間，變化見死生，爲世人師。守神者，能練骨肉形爲眞人，屬天官，當飛上天，此謂自然也。守氣者，能含陰陽之氣，以生毛羽，得飛仙道，名曰小自然。【略】夫自然有三，法守太虛，無謂高學功德之人，解道根元，深洞微妙。曉知三元九一之變化，玄中之玄，始祖無中之無極道，知其所始，見其所終，天地人物，皆各有形，物既有形，故有成散死生，精神無形，展轉變化，故無止，故曰常在，不惑世所聞，不迷世所知，能知之明覽虛無之自然，故澹泊無憂喜，情欲不能傾。所以者何？此人但曉解其本，故不惑其末，但爲與人並有內形耳，智慧無窮極，此乃爲虛無也。亦從學而知之，非有素自然也，其靜守道時，當少食，正閉耳目，還神光明著絳宮，絕去諸念，不得強有所視思想也。久久喘息，稍微，從是以往，不復自覺喘息，泊然不自知有身無身，從是以往，爲得定道之門。道者虛也，當爾之時，神在天上虛無中，左顧右視，但皓然正白，中無所見。有狀如雨雪時，四向樹亦白，山亦白，地亦白，一切都白，皆無所見，所以者何？神出天上，前向視不復見日月星宿，山川河海，如此爲復命返道，還入虛無也，若得是，當下視，乃見天下諸事，便當迴心念師言，爲道當濟度天下，但見是念故，便止前所見白，更冥神，便來還形中，不如此者，神便入道中，散形與道合，便爲天下骨肉形，便蹌辟，故老君曰：知白守黑爲天下式。謂神還形中，長在天下爲人道師，是謂大虛無之自然也。

夫守中自然之法，不能曉知天地人物所從出，不能知道之根源變化所由緣，不能及不能知空虛之事，其所見聞，心便疑惑怪之，且迴然不知道獨坐無能生於自然，直受師言，告身中道云，言當守神者，亦當除情欲閉塞耳目，還神絳宮，下視崑崙山，或有敎令，將神昇崑崙山，視其上，想其見中黃道君，始時想見，久而見之，久久悉見諸神與神語言，講說天上事，無復有世俗之念，身中骨腦血日變成萬神盛強，共舉身而上天受籙署，不得下在人間，此謂眞人道也，名曰中虛無之自然也。

夫守小虛無自然之法，亦當除去情欲，閉塞耳目，還神絳宮，下視崑崙山，和合天地日月陰陽，雌雄魂魄之精炁，以養眞人，以吾身陰陽炁凝，精骨潤光，便生毛羽，飛上五山，時有奉使，按行民間，亦不得久止也，此謂小虛無自然也。

佚名《道門經法相承次序》卷下 三自然：利根之人，學大自然，守虛無，變化生死，爲世世宗師。宗師者，聖人也。平根之人，學中自然，守神鍊形，飛爲天官眞人。鈍根之人，學小自然，守陰陽氣，生毛羽，飛仙也。

又 三自然：前已有不同。一體自然，虛凝眞常是。二應自然，和氣昇降是。三受自然，青黃赤白黑是。

《太上元寶金庭無爲妙經・自然章第三》 道言：名無名者，神化也；生自然者，妙用也。天下之妙有象，有陰陽之妙，有寒有暑。聖人得

自然之道，體天地，筭陰陽，法寒暑，行炁運，男女以精神交，四時遲疾移。以天地之外自然之道觀之，故凡脱而入聖之化，而入神之移，而化天地。眞人之機，乃形外之法。孰無形之妙而化無形，無形復有形。若欲以無形入有形，以有形爲之，皆自然之道也。西王母曰：自然之道，煉炁全眞，出生死門，至虚無之中，復以至神就形，移化往來，合運觀聖，應機之道，仍不可迹迹之。且既出死生，入無有形，何謂復形軀也？蓋全無，神何以知；全有，神何以離？自然神化，全有全無，神圓不散。然證於物形，出入何復物焉。故曰：聖人不迹，眞人無迹。

王玄覽《玄珠録》卷下 瞋喜無自性，迴緣即乃生，生法無自性，捨遇即復滅。是故瞋喜如幻化，能了幻化空，瞋喜自然息。又問：瞋喜在身内？瞋喜在身外？瞋喜若在内，此身常瞋喜。瞋喜若在外，元來不關身。云何得瞋喜，非外非内，發生於冥，非冥非内外，發生於遇緣，非緣不離緣，瞋喜如幻化，雖化未嘗不瞋喜，如此瞋喜與天地共，共即爲大身。此並是意生身。意想如幻化，即是性生身。其性如虚空，即是無生身。無則無生身，無身則是無瞋喜。此則無物亦無道，而有幻化，等是名爲自然。自然而然，不知所以然。

一法無自性，復因内外有，有復無自性，因一因内外；因又無自性，非一非内外。化生幻滅，自然而爾。

吴筠《形神可固論並序**》（《宗玄先生文集》）** 余常思大道之要，玄妙之機，莫不歸於虚無者矣。虚無者，莫不歸於自然矣。自然者，則不知然而然矣。是以自然生虚無，虚無生大道，大道生氤氲，氤氲生天地，天地生萬物，萬物剖氤氲一炁而生矣。

雜録

陸希聲《道德真經傳》 夫純粹謂之精，自然謂之眞，至誠謂之信。故至誠爲之用，粹精謂之體，體用玄合則謂之自然，所謂道法自然也。

佚名《洞玄靈寶左玄論》 是時獨行復言至云何欲還往其處者。此是雜仙問論主無所在處，往還問答也。

高上復言曰至故名自然者。二自然者，三界内是一自然，三界外是一自然，故曰二自然也。五自然者，五虚空也。異於處空者，此自然異於五虚空及五道也。不逐繫絆者，不爲四見惑累之所繫縛，故名曰自然也。

佚名《三論元旨・虚妄章第二》 夫自然者，無爲之性不假他因，故曰自然。修行之人，因有爲而達無爲，因有生而達無生。了乎自緣，契於自然，則無生之性達矣。

《太平經》卷一〇三《虚无無爲自然圖道畢成誡》 自然之法，乃與道連，守之則吉，失之有患。比若萬物生自完，一根萬枝無有神，詳思其意道自陳，俱祖混沌出妙門，無增無減守自然。凡萬物生自有神，千八百息人爲尊，故可不死而長仙，所以蚤終失自然，禽獸尚度况人焉。愚者賤道志，下與地連，仁賢貴道，忽上天門，神道不死，鬼道終焉。子欲爲之，如環無端。愼毋有奇，自益身患，亦毋妄去，令人死焉。天地之性，獨貴自然，各順其事，毋敢逆焉。道興無爲，虚無自然，高士樂之，下士恚焉。詳學於師，亦毋妄言，有師道明，無師難傳。學不師訣，君子不言。妄作則亂，文身自凶焉。道已畢備，便成自然。

無爲

綜述

《道德真經・養身章第二》（道藏無註本） 聖人處無爲之事，行不言之教。萬物作而不辭，生而不有，爲而不恃，功成不居。夫惟不居，是以不去。

又《安民章第三》 不尚賢，使民不爭。不貴難得之貨，使民不爲盜。不見可欲，使心不亂。是以聖人之治，虚其心，實其腹，弱其志，彊其骨，常使民無知無欲。使夫知者不敢爲也，爲無爲，則無不治矣。

又《無爲章第二九》 將欲取天下而爲之，吾見其不得已。天下神器，不可爲也。爲者敗之，執者失之。故物或行或隨，或呴或吹，或強或

羸，或載或隳。是以聖人去甚，去奢，去泰。

又《爲政章第三七》 道常無爲，而無不爲，侯王若能守之，萬物將自化。化而欲作，吾將鎮之以無名之樸。無名之樸，亦將不欲，不欲以靜，天下將自正。

又《徧用章第四三》 天下之至柔，馳騁天下之至堅。無有，入於無間。吾是以知無爲之有益。不言之教，無爲之益，天下希及之。

又《忘知章第四八》 爲學日益，爲道日損。損之又損之，以至於無爲，無爲而無不爲。取天下，常以無事。及其有事，不足以取天下。

又《淳風章第五七》 以正治國，以奇用兵，以無事取天下。吾何以知天下其然哉，以此。天下多忌諱，而民彌貧。人多利器，國家滋昏。人多伎巧，奇物滋起。法令滋彰，盜賊多有。故聖人云：我無爲，而民自化。我無事，而民自富。我好靜，而民自正。我無欲，而民自樸。

又《守微章第六四》 爲者敗之，執者失之。是以聖人無爲故無敗，無執故無失。民之從事，常於幾成而敗之。愼終如始，則無敗事。是以聖人欲不欲，不貴難得之貨。學不學，復衆人之所過。以輔萬物之自然，而不敢爲。

嚴遵《道德真經指歸·大成若缺章》（谷神子註） 道德無爲而神明然矣，神明無爲而太和自起，無爲而萬物自理。或無根而生，或無足而走，或無耳而聽，或無口而鳴，殊類異倫，皆與之市。母憂其子，子憂其母，男女相兼，物尊其主，巢生而喙，胎生而乳，鳥驚而散，獸驚而聚，陰物穴居，陽物巢處，火動炎上，水動潤下，萬物青青，春生夏長，秋成冬熟，皆歸於土，非有政教，物自然也。是陰陽物理勢數之自然，不得不爾。由此觀之，爲不生爲，否不生否，明不生明，晦不生晦。不爲不否，不明不晦，乃得其紀也。不爲不否，不明不晦者，從容合道也。故大道坦坦，不出門戶，其出彌遠，其知彌寡。道在於身，不在於野，化自於我，不由於彼。萬物常治，智慧不起。是以聖人柄和履正，治之無形，遊於虛廓，以鏡太輕，遺魂忘魄，休精息神，無爲而然，玄默而信，窅然蕩蕩，昭曠獨存，髣髴輓逮，其事素眞，其用不弊，莫之見聞。【略】天道自卑，無律曆而陰陽和，無正朔而四時節，無法度而天下賓，無賞罰而名實得。隱武藏威，無所不勝；棄捐戰伐，無所不克。無號令而民自正，無文章而海内自明，無符璽而天下自信，無度數而萬物自均。大辯若訥者也。是以贏而若絀，得之若喪，無鐘鼓而民娛樂，無五味而民食甘，無服色而民美好，無畜積而民多盈。夫何故哉？因道任天不事知，故使民自然也。

又《出生入死章》 夫生之於形也，神爲之蒂，精爲之根，營爽爲宫室，九竅爲戶門。聰明爲候使，情意爲乘輿，魂魄爲左右，血氣爲卒徒。進與道推移，退與德卷舒。不離道德而非道德。翱翔柔弱，棲息虛無，屈伸俯仰，與時和俱。輕死與之反，欲生與之仇，無以爲利則不可去，有以爲用則不可留。無爲則生自生，故不去有爲。欲生之則死矣，故不留。故無爲，生之宅；有爲，死之家也。夫立則遺其身，坐則忘其心，澹如赤子，泊如無形，不視不聽，不爲不言，變化消息，動靜無常，與道俯仰，與德浮沉，與神合體，與和屈伸。不賤爲物，不貴爲人，與王侯異利，與萬姓殊患，死生爲一，故不別存亡，此治身之無爲也。春生夏長，秋收冬藏，奉主之法，順天之命，内慈父母，外絕名利，不思不慮，不與不求，獨往獨來，體和襲順，辭讓與人，不與時爭，此治家之無爲也。尊天敬地，不敢亡先，修身正法，去己任人，審實定名，順物和神。參伍左右，前後相連，隨時循理，曲因其當，萬物並作，歸之自然。此治國之無爲也。冠無有，被無形，抱空虛，履太清，載道德，浮神明，秉太和，驅天地，馳陰陽，騁五行，從羣物，涉玄冥，游乎無功，歸乎無名，此治天下之無爲也。

又《天下有始章》 夫道之爲物，無形無狀，無心無意，不忘不念，無知無識，無首無向，無爲無事，虛無澹泊，恍惚清靜。其爲化也，變於不變，動於不動，反以生覆，覆以生反，有以生無，無以生有，反覆相因，自然是守，無爲爲之，萬物興矣，無事事之，萬物遂矣。是故無爲者，道之身體，而天地之始也。所謂天下有始。無爲微妙，周以密矣；滑淖安靜，無不制矣；生息聰明，巧利察矣；通達萬方，無不溉矣。故曰有爲之元，萬事之母也。

又《行於大道章》 道德不爲智巧，故能陶冶天地，造化陰陽，而天地不能欺也。天地不爲知巧，故能含吐變化，殺生群類，而萬物不能逃也。道釋自然而爲知巧，則身不能自存，而何天地之所能造，陰陽之所能

然也。天地釋自然而爲知巧，則身不能自生，而何變化之所包，何萬物之所能全。此所謂自然者，如水自然潤下，火自然炎上，性分之內，亦非有爲。故虛無無爲、無知無欲者，道德之心而天地之意也。清靜效象、無爲因應者，道德之動而天地之化也。道德因應，天地動化，若像中之象，空中之響，不足爲難也。

又《知不知章》 道德之教，自然是也。自然之驗，影響是也。凡事有形聲，取舍有影響，非獨萬物而已也。夫形動不生形而生影，聲動不生聲而生響，無不生無而生有，覆不生覆而生反。故道者以無爲爲治，而知者以多事爲擾，嬰兒以不知益，高年以多事損。由此觀之，愚爲智巧之形也，智巧爲愚之影也。無爲，遂事之聲也；遂事，無爲之響也。智巧，擾亂之羅也；有爲，敗事之網也。愚以無爲，若形與聲，本也，故能生智巧。有爲若影與響，末也，故亂敗。故萬物不可和也，天地不可適也，和之則失和，適之則失適。弗和也而後能和之，弗適也而後能適之。言有爲智用，逐跡波生，和適之理，與時湮滅。故爲則不可，不爲則可也。故安不知危，亂不知治。若影隨形，無所逃之也；不動求影，無所得之也。故知而絕知，不困於知。自能亡也，故不困也。不知用知，亦不困於知。雖亡其用，亦不知用之爲用，所以俱不困也。其所以不困則異矣，而於爲不困則一也。二俱不用則一也。然絕知則爲己，用知則爲人，故異也。是故聖人操通達之性，遊於玄默之野，處無能之鄉，託不知之體，寂若虛空，奄忽如死，心無所圖，志無所治，聰明運動，光耀四海，塗民耳目，示以無有，庖廚不形，聲色不起，知故不生，禍亂息矣。不言而宇內治，無爲而天下已，民俯而無放，仰而無效，敦愨忠正，各守醇性，惘惘洋洋，皆終天命。死者無謚，生者無號，若此相繼，億萬無量。以能知不知，有此之益，故稱上者也。其次情無所樂，性無所喜，心無所安，志無所利，疾不知孝，病不知弟，既不睹仁，又不識義，無有典禮，守其貞幹，一如麋鹿，一如鴻鴈，不在憂喜，亦不離亂，若盲若聾，無所見聞，主無宮室，民無城郭，國無制令，世無恥辱。以體不足之知，所以能爲似病之行。故云不知知病，識無識也。病故不病，與道相託，不言不爲，威德自作。天地和順，渾沌磅礴。溷若濁流，煥若儼客，人物皆愚，歸於寂寞，動無形斆，靜無圻堮，主民俱昌，天下啞啞，亡於小利，而享大福。

王弼《道德真經註·五章》 天地不仁，以萬物爲芻狗；

天地任自然，無爲無造，萬物自相治理，故不仁也。仁者必造立施化，有恩有爲。造立施化，則物失其眞；有恩有爲，則物不具存；物不具存，則不足以備載矣。地不爲獸生芻而獸食芻，不爲人生狗而人食狗，無爲於萬物，而萬物各適其所用，則莫不贍矣。若慧由己樹，未足任也。

又《二二章》 道以無形無爲，成濟萬物，故從事於道者，以無爲爲君，不言爲教，緜緜若存。而物得其眞，與道同體。

又《二九章》 不可爲也。爲者敗之，執者失之。

萬物以自然爲性，故可因而不可爲也，可通而不可執也。物有常性而造爲之，故必敗也；物有往來而執之，故必失矣。

故物或行或隨，或歔或吹，或强或羸，或挫或隳。是以聖人去甚，去奢，去泰。

凡此諸或，言物事逆順反覆，不施爲執割也。聖人達自然之至，暢萬物之情，故因而不爲，順而不施，除其所以迷，去其所以惑，故心不亂而物性自得之也。

又《三二章》 道常無名，天下莫能臣也。侯王若能守之，萬物將自賓。

道無形不繫，常不可名，以無名爲常，故曰道常無名也。樸之爲物，以無爲心也，亦無名，故將得道，莫若守樸。夫智者可以能臣也，勇者可以武使也，巧者可以事役也，力者可以重任也，樸之爲物，憒然不偏，近於無有，故曰莫能臣也。抱樸爲無，不以物累其眞，不以欲害其神，則物自賓而道自得也。

成玄英《老子道德經義疏·天下皆知章第二》 是以聖人治，

是以，連上之辭也。聖人者，體道契眞之人也。亦言聖者正也，能自正己，兼能正他，故名爲聖。治，理也。即此聖人慈悲救物，轉無爲之妙法，治有欲之蒼生。所治，近指上文。能治，屬在於下。仍前以發後，故云是以聖人治也。

處無爲之事，

言聖人寂而動，動而寂。寂而動，無爲而能涉事。動而寂，處世不廢

無爲。斯乃無爲即爲，爲即無爲。豈有市朝山谷之殊，拱默當塗之隔耶？故言處無爲之事也。

行不言之教。

妙體眞源，絕於言象。雖復虛寂，而施化無方。豈唯眞不乖應，抑亦語不妨默。既而出處語默，其致一焉。端拱寂然，而言滿天下。豈曰杜口而稱不言哉。故《莊子》云：言而足者，則終日言而盡道；言而不足者，則終日言而盡物。

萬物作而不爲始，

萬物者，一切群生也。作，感動也。始，先也。聖人無心，有感斯應。譬彼明鏡，方茲虛谷。感而後應，不爲物先。故《莊子》云：常和而不唱也。

爲而不恃，

爲，施化也。恃，怙賴也。夫聖人虛懷，逗機利物，自他平等，物我兼忘。雖有大功，終不恃賴，忘其功也。

成功不處。

覆載萬物，功格天地，照燭蒼生，光逾日月，而推功於物，不處其德也。

又《爲無爲章第六三》 爲無爲，

妙契心源，不失眞照。照達有爲，即無爲也。故無爲即爲，爲即無爲也。

事無事，

事者，色聲物境，一切諸事也。妙體眞宗，照不乖寂，雖涉事有，而即有體空，內則雖照而無心，外則雖涉而無事也。

味無味。

味者，染著之謂也。根塵兩空，境智雙寂，雖復取染而無滯也。

李榮《道德眞經註・四十三章》 是以知無爲有益。

道無形，物得成；聖無爲，人得化。此乃無爲之益也。

不言之教，無爲之益，

前稱無爲之益，未知何曰無爲。行不言之教，教即忘言。任因循之事，事即無事。吾安於上，臣悅於下，此無爲之益也。

又《四八章》 損之又損之，以至於無爲。

捨有歸無，損之者也。有去無忘，又損之者也。有去，無也。理冥眞寂，至無爲也。

無爲無不爲。

夫欲去有累，所以歸無爲，而惑者聞無爲，兀然常拱手，以死灰爲大道，土塊爲至心，理恐其封執無爲不能懸解，故云無爲而無不爲也。不爲非無爲也，有爲而歸無爲，非有爲也。此則爲學爲道，道學皆忘，唯動與寂，寂動俱息者也。

趙志堅《道德眞經疏義・天下章第六》 無有，入於無間。吾是以知無爲之有益。

無有者心也，無間者道也。心除緣念，諸有皆盡，故云無有。至道虛妙，無瑕無隙，故曰無間。入者契合也。道雖微妙，間乃爲心，無所有者，契道內空，心外彌寬，以此校量，故知虛心之德，無爲之行，於人大益。下三句後。

不言之教，無爲之益，天下稀及之。

知道者以身率衆，口不言也。學道者目擊心行，身無勞也。身無所爲，心無所欲，先破煩惱，後入無間，無爲之益也。夫不言者，則聽者耳無所聞，無爲者，則視者目無所見，聞見之外，則非常人之所知。故天下衆人少能及此，有能察迹知心者，得不言之教也。

又《爲無章第二六》 爲無爲，事無事，味無味。

事味者恆人之務也。無爲、無事、無味者，爲道者之業也。進德之人，以三事爲正業，故能得道。凡人失道得罪者，皆由有爲事味等。今欲免罪，得道者要籍捨有爲，行無爲，此明心也。身廢營構，以無事爲業，此明身也。厭薄甘肥，絕除有味，餐服玄道，此明口也。身、口者事味之所由，論其本則心也。若心得虛忘，則萬累都盡，何獨事味乎。

杜光庭《道德眞經廣聖義》卷八《不尚賢章第三》 義曰：無爲之理，其大矣哉。無爲者，非謂引而不來，推而不去，迫而不應，感而不動，堅滯而不流，捲握而不散也。謂其私志不入公道，嗜欲不枉正術，循理而舉事，因資而立功，事成而身不伐，功立而名不有。若夫水用船，砂用跡，泥用橇，山用樏，夏瀆冬陂，因高而田，因下而池，故非吾所謂爲

也，乃無爲矣。聖人之無爲也，因循任下，責成不勞，謀無失策，舉無遺事，言爲文章，行爲表則，進退應時，動靜循理，美醜不好憎，賞罰不喜怒，名各自命，類各自用，事由自然，莫出於己，順天之時，隨地之性，因人之心，是則羣臣輻輳，賢與不肖各盡其用。君得所以制臣，臣得所以事君。此理國無爲之道也。無聲無臭者，《詩・大雅・文王篇》也。言大道難知。耳不聞聲音，鼻不聞臭芳，儀法文王之事，則天下自信而順也。不識不知者，《詩・大雅・皇矣篇》言人不識古，不知今，順天之法而行之者，此言天道尚誠實，貴性於自然，不尚賢貴貨，即合於此矣。

又《道常無爲章第三七》　義曰：道性無雜，眞一寂寥，故清靜也。玄深不測，如彼澄泉，故湛然也。寂然不動，無爲也。感而遂通，無不爲也。無爲者，妙本之體也。無不爲者，妙本之用也。體用相資，而萬化生矣。若扣之不通，感之不應，寂然無象，不能生成。此雖無爲，何益於玄化乎？若復循迴不息，動用不休，役役爲勞，區區無已，此之有爲也，何所寧息乎？當在爲而無爲以制其動，在無爲而爲以檢其靜，不離於正道，無滯於回邪，可與言清靜之源矣。

又《天下之至柔章第四三》　義曰：老君垂教以清靜爲用，無爲爲宗。清靜則國泰身安，無爲則道成人化。夫道德無爲也，天地成焉，萬化行焉，萬物生焉。天地無爲也，四時運焉，六氣和焉，八風鼓焉。聖人虛心以原道德，靜氣以存神明，寡其聰聽於無聲，杜其明視於無形，覽天地之變動，睹萬物之自然。以是而知有爲者亂，無爲者理。所以至柔之性本無爲也，至堅之患由馳騁也。息馳騁之有欲，復柔弱之無爲，以教天下，弘益之道廣矣。照了心境者，神奇莫測，內察於一心，妙用無窮，外忘於萬象。理國則忘其所理，修身則忘其所修，洞入虛無，泯然合道，是謂內照。內明之旨也。

又　義曰：人君以無爲爲理，率土以自然而化。復何言哉？夫無爲之至妙，包於道德，統於仁義，合於禮樂，制於信智，囊括萬行，牢籠二儀，至廣無涯，至細無間，凝寂玄寥，與道混合，是無爲之至也。

又《其安易持章第六四》　義曰：聖人知有爲乖道，無爲故無敗，知有執違眞，無執故無失，是知冥寂其心，混通於道。道尚虛寂，修道之士當宜體聖人之心，恬神安漠，不思不慮，無營無爲，然後虛室生白矣。

陳景元《道德眞經藏室纂微篇》　無爲者，非拱默閑堂也，謂美善都忘，滅情復性，自然民任其能，物安其分，上下無擾，故也行不言之教者，以身帥導，正容悟物，隨時舉事，因資立功，理契言忘之謂也。**【略】**為無爲，猶言行無爲之道也。無爲者，謂不越其性分也。性分不越則天理自全，全則所爲皆無爲也。物物無爲，則貴尚貪求之心，泯然都忘，故淳風大行，誰云不治。

【略】

道常無爲，而無不爲，侯王若能守，萬物將自化。

夫道之常也，湛寂不動，故曰無爲。應物而動物，皆自用，故曰無不爲。侯王若能常以虛爲心，以無爲身，持守而不撓者，萬物將自從其化也。《經》曰：我無爲而民自化。

化而欲作，吾將鎮之以無名之樸。

夫天下之善人少而不善人多，是以聖人之德化常善救人，假有不從其化而欲動作背道者，聖人亦自寬宥，將以無名道樸鎮撫之，使其清靜無爲也。

無名之樸，亦將不欲，不欲以静，天下將自正。

道本無迹，假淳樸以爲言，而滯迹之流，執淳樸之有，而爲後世之弊，聖人憂其弊之不救，亦將不欲存此無名之樸，則天下俛然自定，入於道常無爲而無不爲也。陸希聲曰：首篇以常道爲體，常名爲用，而極之以重淵。此篇以無爲爲體，無不爲爲用，而統之以兼忘，始末相貫，而盡其體用也。

【略】

聖人無爲而化成天下，蓋明物性自然，因任而已矣。孔子曰：無爲而治者，其舜也歟。

【略】

夫損之者，無麤而不遺，遺之至乎忘惡，然後無細而不去，去之至乎忘善。惡者非也，善者是也。既損其非，又損其是，故曰損之又損。若乃是非都忘，欲利自泯，性與道合，以至無爲，已既無爲，不與物競，而任萬物之自爲也。自爲則無不爲矣。

【略】

爲者敗之，執者失之。

夫有爲於分外則廢敗自然，有爲於欲利則廢敗精神，然而執有好名患至身失，執勇好敵禍來國失，良由不能爲之，於未有治之於未亂也。

是以聖人無爲故無敗，無執故無失。

夫事之所敗，敗於有爲，不爲何敗之有。意之所失，失於有執，不執何失之有。是以聖人措意不在乎小成，而常以虛靜恬淡寂寞無爲爲心，自然無爲，無執，無敗，無失。莊子曰：南海之帝爲儵，北海之帝爲忽，中央之帝爲渾沌。儵與忽時相與遇於渾沌之地。渾沌待之甚善。儵與忽謀報渾沌之德，曰人皆有七竅以視聽食息，此獨無有，嘗試鑿之，日鑿一竅，七日而渾沌死，此爲者敗之之證也。

《南華真經外篇·天道第一三》（道藏無注本） 天道運而無所積，故萬物成；帝道運而無所積，故天下歸；聖道運而無所積，故海內服。明於天，通於聖。六通四辟於帝王之德者，其自爲也，昧然無不靜者矣。聖人之靜也，非曰靜也善，故靜也；萬物無足以鐃心者，故靜也。水靜則明燭鬚眉，平中准，大匠取法焉。水靜猶明，而況精神。聖人之心靜乎，天地之鑒也；萬物之鏡也。夫虛靜恬淡寂漠無爲者，天地之平而道德之至，故帝王聖人休焉。休則虛，虛則實，實者倫矣。虛則靜，靜則動，動則得矣。靜則無爲，無爲也則任事者責矣。無爲則俞俞，俞俞者憂患不能處，年壽長矣。夫虛靜恬淡寂漠無爲者，萬物之本也。明此以南鄉，堯之爲君也；明此以北面，舜之爲臣也。以此處上，帝王天子之德也；以此處下，玄聖素王之道也。以此退居而閒游江海，山林之士服；以此進爲而撫世，則功大名顯而天下一也。靜而聖，動而王，無爲也而尊，樸素而天下莫能與之爭美。夫明白於天地之德者，此之謂大本大宗，與天和者也；所以均調天下，與人和者也。與人和者，謂之人樂；與天和者，謂之天樂。莊子曰：吾師乎，吾師乎，整萬物而不爲戾，澤及萬世而不爲仁，長於上古而不爲壽，覆載天地刻彫衆形而不爲巧，此之謂天樂。故曰，知天樂者，其生也天行，其死也物化。靜而與陰同德，動而與陽同波。故知天樂者，無天怨，無人非，無物累，無鬼責。故曰，其動也天，其靜也地，一心定而王天下；其鬼不祟，其魂不疲，一心定而萬物服。言以虛靜推於天地，通於萬物，此之謂天樂。天樂者，聖人之心，以畜天下也。夫帝王之德，以天地爲宗，以道德爲主，以無爲爲常。無爲也，則用天下而有餘；有爲也，則爲天下用而不足。故古之人貴夫無爲也。上無爲也，下亦無爲也，是下與上同德，下與上同德則不臣；下有爲也，上亦有爲也，是上與下同道，上與下同道則不主。上必無爲而用天下，下必有爲爲天下用，此不易之道也。故古之王天下者，知雖落天地，不自慮也；辯雖彫萬物，不自說也；能雖窮海內，不自爲也。天不產而萬物化，地不長而萬物育，帝王無爲而天下功。

又《外篇·刻意第一五》 若夫不刻意而高，無仁義而修，無功名而治，無江海而閒，不導引而壽，無不忘也，無不有也，澹然無極，而衆美從之。此天地之道，聖人之德也。故曰，夫恬惔寂寞，虛無無爲，此天地之平，而道德之質也。故曰，聖人休休焉則平易矣，平易則恬惔矣。平易恬惔，則憂患不能入，邪氣不能襲，故其德全而神不虧。故曰，聖人之生也天行，其死也物化；靜而與陰同德，動而與陽同波。不爲福先，不爲禍始，感而後應，迫而後動，不得已而後起。去知與故，循天之理。故無天災，無物累，無人非，無鬼責。其生若浮，其死若休。不思慮，不豫謀。光矣而不耀，信矣而不期。其寢不夢，其覺無憂。其神純粹，其魂不罷。虛無恬惔，乃合天德。故曰，悲樂者德之邪，喜怒者道之過，好惡者德之失。故心不憂樂，德之至也；一而不變，靜之至也；無所於忤，虛之至也；不與物交，淡之至也；無所於逆，粹之至也。故曰，形勞而不休則弊，精用而不已則勞，勞則竭。水之性，不雜則清，莫動則平，鬱閉而不流，亦不能清，天德之象也。故曰，純粹而不雜，靜一而不變，惔而無爲，動而以天行，此養神之道也。

又《雜篇·庚桑楚第二三》 徹志之勃，解心之繆，去德之累，達道之塞。貴富顯嚴名利六者，勃志也。容動色理氣意六者，繆心也。惡欲喜怒哀樂六者，累德也。去就取與知能六者，塞道也。此四六者，不盪胸中則正，正則靜，靜則明，明則虛，虛則無爲而無不爲也。道者，德之欽也；生者，德之光也；性者，生之質也。性之動，謂爲之；爲之僞，謂之失。知者，接也；知者，謨也；知者之所不知，猶睨也。動以不得已之謂德，動無非我之謂治，名相反而實相順也。羿工乎中微而拙乎使人無己譽。聖人工乎天而拙乎人。夫工乎天而俍乎人者，唯全人能之。唯蟲能

蟲，唯蟲能天。全人惡天，惡人之天，而況吾天乎人乎？一雀適羿，羿必得之，威也；以天下爲之籠，則雀無所逃。是故湯以庖人籠伊尹，秦穆公以五羊之皮籠百里奚。是故非以其所好籠之而可得者，無有也。介者拸畫，外非譽也；胥靡登高而不懼，遺死生也。夫復謂不餽而忘人；忘人，因以爲天人矣。故敬之而不喜，侮之而不怒者，唯同乎天和者爲然。出怒不怒，則怒出於不怒矣；出爲無爲，則爲出於無爲矣。欲靜則平氣，欲神則順心。有爲也欲當，則緣於不得已。不得已之類，聖人之道。

《西昇經·聖人之辭章第一一》（宋徽宗注） 以是生死有，不如無爲安。無爲無所行，何緣有咎愆。子不貪身形，不與有爲怨。

命亘古今而常存，性更萬形而不易，初無死生也，物之所以有死生者，以失性命之情故也。唯無爲然後能安性命之情，爲則有成虧，成虧分而是非立矣，無爲故無敗，曾何咎愆之有？世之人未免有爲者，以有我故也，苟能墮肢體而皆忘，外形骸而不有，雖無爲而無不爲矣。

又《無思章第二五》 老君曰：智士無思慮之變，常空虛無爲恬靜，修其形體，而萬物育焉。

天下何思何慮，大智觀於遠近，以天下觀天下，虛靜恬淡，寂寞無爲，以全其形生，故精神四達，並流上際下，蟠化育萬物，不可爲象。變者貪天下之珍，以快其情。然後兵革四起，禍生於内。國動亂者，而民勞疲也。

《道經》曰：不貴難得之貨，使民不爲盜。《莊子》曰：擿玉毀珠，小盜不起。

夫國以民爲本，民勞去者，國立廢矣。所謂出其無極之寶，入賊利斧戟也。是以聖人無爲無事，欲安其國民也。

民爲邦本，本固邦寧，不知以其所愛及其所不愛。爭地以戰，殺人盈野，爭城以戰，殺人盈城，是猶出無極之寶，而入賊之利斧戟也。聖人無爲而民自化，無事而民自富，豈務殺人之士民兼人之土地哉。

故曰：子能知一，萬事畢。無心德留，而鬼神伏矣。

能知一則無一之不知，不能知一則無一之知。德者得也，通於一而得之者，以無心故也。萬事皆出於一，鬼神之所以靈，亦出乎吾心而已，無心之心，可與祐神，故兩不相傷，而德交歸焉。

又《道德章第三六》 人能虛空無爲，非欲於道，道自歸之。由此觀之，物性豈非自然哉。

《通玄真經》（默希子注） 老子曰：所謂無爲者，非謂其引之不來，推之不去，迫而不應，感而不動，堅滯而不流，捲握而不散。唯能變通循時，應物无滯，謂之无爲。謂其私志不入公道，嗜欲不挂正術，循理而舉事，因資而立功，推自然之勢，曲故不得容。事成而身不伐，功立而名不有。若夫水用舟，沙用䢵，乃鳥切。泥用輴，敕倫切。山用樏，音羸。夏瀆冬陂，因高爲山，因下爲池，非吾所爲也。用其所利，各得其便。故云非吾所爲也。聖人不恥身之賤，惡道之不行也；不憂命之短，憂百姓之窮也。故常虛而無爲，抱素見樸，不與物雜。常與道同，不爲物雜。

《太上元寶金庭無爲妙經·無爲章第八》 道言：無爲無不爲，有爲有以爲。神能移化，奪其眞炁，能呼吸陰陽，外忘饑寒，内忘升降，以自得爲心，以虛無爲行。故曰：無爲。夫無爲者，當無有爲之用，以有爲爲本。爲有本，以五行爲先，爲天地者，有爲於衆手，無爲於拱手。配五行者，有爲於四象，無爲於無象。拱手者，聖人垂衣裳而天下治。無象者，眞人全神而形自安。西王母曰：學至於損，道至於無爲，極致矣。觀無所觀，住無所住，行無所行，用無所用，雖天地之大，不爲大，陰陽之妙，不爲妙。眞人入至靜之境，虛無之方，可謂無爲也。故無爲有機爲不絶，無爲失機而自滅。

論 說

馬鈺《真仙直指語録》卷上 無爲者不可思慮愛念嗔恚，蓋積利害，其間雖有爲而常無爲，雖涉事而常無事。何況專一清心靜意，養氣全神，飄飄然遊於逍遙之場，適於無何有之鄉也。

又曰：人若行有心有爲之功，盡是術法，若行無心無爲之功，乃無盡清虛也。

《淮南鴻烈解·原道訓》（高誘注） 是故達於道者，反於清淨；反本也。天本授人清靜之性，故曰反也。究於物者，終於無爲。無爲者，不爲物爲也。

以恬養性，以漠處神，則入于天門。所謂天者，純粹樸素，質直皓白，未始有與雜糅者也。所謂人者，偶䁲智故，曲巧僞詐，所以俛仰於世人，而與俗交者。故牛歧蹏而戴角，馬被髦而全足者，天也。絡馬之口，穿牛之鼻者，人也。循天者，與道游者也。循，隨也。游，行也。隨人者，與俗交者也。夫井魚不可與語天，拘於隘也。夏蟲不可與語寒，言蜩蟬不知寒雪也。篤於時也。曲士不可與語至道，拘於俗，束於敎也。故聖人不以人滑天，不以欲亂情。天，身也。不以人事滑亂其身也，不以欲亂其情，濁之性者也。不謀而當，不言而信，不慮而得，不爲而成。詩云：不識不知，順帝之則。故曰不謀而當，不慮而得也。精通于靈府，與造化者爲人。爲，治也。【略】是故聖人内修其本，而不外飾其末，保其精神，偃其智故，漠然無爲而無不爲也，能無爲，故物無不爲之化。澹然無治也而無不治也。所謂無爲者，不先物爲也。所謂不爲者，因物之所爲。順物之性也。所謂無治者，不易自然也，所謂無不治者，因物之相然也。然，猶宜也。

又 法籍禮義者，所以禁君，使無擅斷也。人莫得自恣，則道勝，道勝而理達矣，故反於無爲。無爲者，非謂其凝滯而不動也，以其言莫從己出也。

又 人無爲則治，有爲則傷。道貴無爲，故治也。有爲則傷道，不貴有爲也。故治有爲者，傷猶病也。無爲而治者，載無也。言無爲而能致治者，常載行其無爲。爲者，不能有也；爲者，有爲也。有謂好憎情欲，不能恬澹靜漠，故曰不能無爲。不能無爲者，不能有爲也。不能行清靜無爲者，不能大有所致，〔致〕其治，立其功也。故曰不能有爲也。

司馬承禎《坐忘論·斷緣二》 斷緣者，斷有爲俗事之緣也。棄事則形不勞，無爲則心自安，恬簡日就，塵累日薄，迹彌遠俗，心彌近道，至聖至神，孰不由此乎。經云：塞其兑，閉其門，終身不勤。或顯德露能，求人保己，或遺問慶弔，以事往還，或假隱逸，情希升進，或酒食邀致，以望後恩。斯乃巧蘊機心，以干時利，既非順道，深妨正業。凡此類例，皆應絶之。經云：開其兑，濟其事，終身不救。我但不唱，彼自不和，彼雖有唱，我不和之，舊緣漸斷，新緣莫結，體交勢合，自致日疏，無事安閑，方可修道。《莊》云：不將不迎，爲爲交俗之情。又云：無爲謀府，無爲事任，無爲知主。若事有不可廢者，不得已而行之，勿遂生愛，繫心爲業。

吴筠《玄綱論·性情章第五》 夫生我者道，稟我者神，而壽夭去留，匪由於己，何也？以性動爲情，情反於道，故爲化機所運，不能自持也。將超跡於存亡之域，棲心於自得之鄉，道可以爲師，神可以爲友，何爲其然乎？夫道與神，無爲而氣自化，無慮而物自成，入於品彙之中，出乎生死之表。故君子黜嗜慾，隳聰明，視無色，聽無聲，恬澹純粹，體和神清，虚夷忘身，乃合至精。

又《形動心静章第一五》 夫形動而心静、神凝而跡移者，無爲也。閑居而神擾、恭默而心馳者，有爲也。無爲則理，有爲則亂。雖無爲至易，非至明者，不可致也。夫天地晝亦無爲，夜亦無爲，無爲則一，而理亂有殊者，何哉。晝無爲以明，故衆陽見而羣陰伏。夜無爲以晦，故羣陰行而衆陽息。是以主明而無爲者，則忠良進，姦佞匿，而天下治也。主闇而無爲者，則忠良隱，姦佞職，而天下亂也。故達者之無爲以慧，蔽者之無爲以昏。慧則通乎道，昏則同乎物。道與物俱無爲也，奚可以一致焉。故至人雖貴乎無爲，而不可不察也。察而無爲者，眞可謂無爲也。

宋文同《道德義淵》（敦煌殘抄本） 第一開无爲之義。有四開：

第一序本文；

第二者无爲爲；

第三者爲无爲；

第四无爲无爲。

第一序本文者，《請問經》上及《靈書》云：善古之時，人民淳樸，无爲爲事。《老子》云：損之又損之，以至於无爲。又云：上德无爲而无以爲。即此也。一重。

第二无爲爲者，經又云：道常无爲而无不爲。此心无爲而迹有爲也。迹有爲者，因循自然，乘機適會之義。義復有三：一者化淳；二者化澆；三者救亂也。化淳者，當太古之時，人心質樸，乃无邪僞，而无出生之法，可以惻隱之仁，冥交之義，无體之化，觀身之智，守一之信，以輔其心，令此淳民轉百千之年，爲无窮之壽，同天合道，遊乎玉京，迹雖有爲，心實无務。故《五符序》云：太古人壽九万，乃學仙。〔化〕澆者，自中古以來，人心轉退，巧僞漸生，故有博施之仁，交結之義，俯仰之

禮，神通之智，刻契之信，鎮之以樸，安之以靜，以輔導物心，使反自然，復其所過，歸趣道果，以之无爲也。救亂者，下古之世，物情轉麤，瀰忞紛起，故有忘己救物之仁，賞善罰惡之義，弊帛筐篚之禮，權變數術之智，金丹鞠誓之信，下明地獄之苦，上明天堂之樂，爲善則長生，爲惡必速死，速死則輪迴五道，長生則超陵三界，使惡者畏罪而不爲，善者求福以自免。此救亂无爲也。二重。

第三爲无爲者，即經所云：爲无爲，事无事。此是心有爲而迹无爲也。心有爲者，防微慮漸，絶禍未萌，有心有慮，而形迹不顯。不顯之義，義亦有三：一者防形，二者防心，三者防迹也。防形者，目不妄視，耳不妄聽，鼻不妄香，口不妄言，身不妄動，塞兑閉門，外塵不入，災害无從而生，禍亂无因而起。此心有爲而迹无爲也。防心者，心與心戰也。不視盲道，不見可欲，塞貪癡之路，杜嗔恚之源，挫鋭解紛，无疑无惑，有挫解之心，而无紛説之事。此又心有爲而迹无爲也。防迹者，和光同塵，防他心意，雖有獨見之明，不以耀亂於物，雖復貴賤懸隔，而亦同其塵勞，如此則和益之施潛行，嫉害之尤不作。此亦心有爲而迹无爲也。三重。

第四无爲无爲者，冥理无爲，心與形迹俱无爲也。无爲之義，義亦有三：一者无心无形，二者不心不迹，三者非形非心也。无心无形者，《洞玄請問》下言：道爲无心宗。又云：大象无形也。无心无形，不可得見，雖復坐忘貪聖，寤寐交神，應處似來，本源常湛。譬如呼山有應，山實无心；照水生形，水實无物。无物而物，无心而心，此是无心无形也。不心不迹者，猶如性自玆仁，心本清直，有德於物，物亦不知其功，爲不爲物，在物自得。其賴本不存而已，人不在而人益，爲之雖關心迹，心迹在此。二又如以財爲施，不稱其有，救人之命，不告其名。非形非心者，一時中論也，義復有六事。一者如師資相結，弟子存師，師爲弟子冥中相潤，彼此不知，无心而招潤，非形而致益，此非形〔非心也〕。身已滅，始造之心久謝，而交益之用未盡，福田之報猶生。何以言之？假令邊道立井，一人汲水即得一水之功，種植菓林，一人食菓即成一菓之施，造構橋梁，一人過岸即有一度之德。如此未盡，其身已謝，功歸於己而已不知，縱復身墮三塗，福來相拔，唯井塞橋壞，菓木枯死，福田乃竭。凡如此例，既非即身所作，又非今心所感，身心並无此爲，而有物我之潤，此亦非形非心也。三者如有正己立身，爲物所敬，不問愚智，見皆畏之，不敢爲過，終得成善，此亦非形非心也。四者又有聲名遐著，風德宣流，一切慕義，皆化之爲善，此亦非形非心也。五者如有精能妙術，道行於世，更相傳學，述效无窮，此亦非形非心也。六者善建大功，自家及國，如后稷、湯契之流，雖復身謝一時，而慶延千載，宗廟祭祀，累代不絶。故《老經》云：善建不拔，子孫祭祀不輟。此福之來，並在發願之後，不復關其身心，亦是非形非心之義也。四重。

虛無

綜述

《西昇經・虛無章第一五》（宋徽宗注） 老君曰：虛無生自然，自然生道。

《道深章》曰：道深甚奧，虛無之淵。言道爲虛無之本也。《道經》曰：道法自然。言道降而下，法自然也。於此言虛無生自然，自然生道，何也？蓋言虛无，則自然在其中矣，言自然，則道在其中矣。別而言之，裂一爲三，合而言之，貫三爲一，自其無所有，則曰虛無，無所因則曰自然，偶而應之，則曰道，烏有先後之殊哉。

道生一，一生天地，天地生萬物。

易變而爲一，一者形變之始也，清輕者上爲天，濁重者下爲地，天地含精，萬物化生。

萬物抱一而成。

萬物以精化形，一者精之數也，原其始，則得一以生，要其終，則抱一而成。

得微妙氣化。

通天下一氣爾，自有形以至無形，自有情以至無情，神奇臭腐，與時

更化，皆氣使之然也。聚則生，散則死，盛則榮，衰則悴，摶之不得，幽而難測，可謂微妙矣。

人有長久之寶，不能守也，而益欲尊榮者，是謂去本，生天地之道也。

金玉滿堂，莫之能守，物有時而盡，何可長也。性命之眞，與生俱生，至富國財並焉，豈特隋珠之重哉，昧者喪其不貲之樸，而矜覽外慕，其去本遠矣。生天生地，道之本也。《莊子》曰：道自本自根，自古以固存，生天生地。

又《恍惚章第一六》 老君曰：虛無恍惚，道之根。

虛則無實，無則非有，恍者有光而無象，惚者有一而未形，虛無恍惚而在其中矣。《莊子》曰：惛然若亡而存，油然不形而神。此之謂本根。

萬物共本，道之元。

大哉乾元，萬物資始，至哉坤元，萬物資生。元者氣之始，道之用也，天之生物，使之一本，豈二致哉，萬物一府，同出於道爾。《莊子》曰：萬物與我爲一。

在己不亡，我默焉。

聖人著書立言，用意深而勸戒切，蓋欲倒置之民，返其性情，復其初也，使天下之人，皆能內觀取足，不失其在我之眞，聖人將密爾忘言，不可以容聲矣。《孟子》曰：予豈好辯哉，予不得已也。

又《生置章第一七》 老君曰：生我於虛，置我於無。

虛化神，神化氣，氣化形，物所以生也。魂烝歸於天，形魄歸於地，骨骸返其根，我尚何存，則亦復歸於無爾。生我於虛，原始而言之也，置我於無，要終而言之也。

生我者神，殺我者心。

神守其形故生，神去於形則死。人心惟危，僨驕而不可係，宵人之離形者，心則使之，此致道者所以忘心。

夫心意者，我之所患也。我即無心，我何知乎！

賊莫大於德有心，有心斯有意，意者謬心也，人以有身爲大患者，以有意存焉爾。誠能心無所知，內靜其意，吾又何患，是以至人於羊棄意，《莊子》曰：兵莫憯於志，鏌鋣爲下。

念我未生時，無有身也，直以積氣聚血成我身爾。我身乃神之車也，神之舍也，神之主也，主人安靜，神即居之，躁動，神即去之。

察其始而本無生，非徒無生也，而本無形，氣變而有形，形變而有生。一受人之形，若運轉而不能自止者，孰居無事推而行是哉，神實妙之，子輿曰：以神爲馬，予因而乘之，豈更駕哉，故曰我身乃神之車。不特爲神之車，又爲其舍焉，蓋身者神之宇，所以形生而不敝者，以其保神也，全其形而不虧，神將來舍矣。傳曰：七竅者，精神之戶牖，神以身爲舍可知矣。身不特爲神舍，又爲其主人焉，蓋感之者爲主，應之者爲客，神未嘗先物也，應物而有所麗，猶客爲主所覆，而受命於主也，身爲神之主人可知矣。主人安靜則居之，形完則神全也，躁動則去之，質朽則神喪也。

是以聖人無常心者，欲歸初始，返未生也。

內觀其心，心無其心，故能返其性情而復其初。《莊子》曰：既已爲物矣，欲復歸根，不亦難乎，其易也，其惟大人乎。

人未生時，豈有身乎？無身當何憂乎？當何欲哉！故外其身，存其神者，精耀留也。道德一合，與道通也。

吾有大患爲吾有身，及吾無身吾有何患？蓋身非我有，是天地之委形，生非我有，是天地之委和，認而有之，皆惑也。睹道之人，不以利累形，不以形累心，四肢百骸，將爲塵垢，故外其身而身存，神未嘗有所困也。夫然，故形全精復，與天爲一通乎，道合乎德矣，蓋失道而後德，失德而後仁，道德一合，則德總乎道之所一，而無成與毀也，唯達者可以語此。

又《身心章第二四》 老君曰：身之虛也，而萬物至，心之無也，而和氣歸。

養志者忘形，致道者忘心，離形去智，同於大通，則身無形累之患，而物自賓。內觀其心，心無其心，則心無使氣之強，而氣自復。

【略】

是以聖人非託於天下，亦非託於鬼神，亦非託於萬物。常以虛爲身，亦以無爲心。此兩者，同謂之無身之身，無心之心，可謂守神。守神玄通，是謂道同。

有大物者，不可以物，物而不物，故能物物，明乎物物者之非物，豈獨治天下而已哉！以虛爲身，以無爲心，而一無所託，所謂不物也。身心兩忘，唯神是守，守而勿失，與神爲一，則道將與汝居，而合乎大同矣。

嚴遵《道德真經指歸・得一章》（谷神子註） 一者，道之子，神明之母，太和之宗，天地之祖。於神爲無，於道爲有，於神爲大，於道爲小。故其爲物也，虛而實，無而有，圓而不規，方而不矩，繩繩忽忽，無端無緒，不浮不沈，不行不止，爲於不爲，施於不與，合囊變化，負包分理。無無之無，始始之始，無外無内，混混沌沌，芒芒汎汎，可左可右。虛無爲常，清靜爲主，通達萬天，流行億野，萬物以然，無有形兆。窅然獨存，玄妙獨處，周密無間，平易不改，混冥晧天，無所不有。陶冶神明，不與之同；造化天地，不與之處。稟而不損，收而不聚，不曲不直，不先不後，高大無極，深微不測。上下不可隱議，旁流不可揆度，潢爾舒與，皓然銲生。銲生而不與之變化，變化而不與之俱生。不生也而物自生，不爲也而物自成。天地之外，毫釐之内，稟氣不同，殊形異類，皆得一之一以生，盡得一之化以成。故一者，萬物之所導，而變化之至要也；萬方之準繩，而百變之權量也。一，其名也；德，其號也；無有，其舍也；無爲，其事也；無形，其度也；反，其大數也；和，其歸也；弱，其用也。故能知一，千變不窮，萬輪不失；不能知一，時凶時吉，持國者亡，守身者沒。是故昔之得一者，天之性得一之清，而天之所爲非清也。無心無意，無爲無事，以順其性；玄玄默默，無容無式，以保其命。是以陰陽自起，變化自正。故能剛健運動，以致其高，清明大通，皓白和正，純粹眞茂，不與物糅。確然大易，乾乾光耀，萬物資始，雲蒸雨施，品部流形，元首性命，玄玄蒼蒼，無不盡覆。天得一以清。地之性得一之寧，而地所爲非寧也。無知無識，無爲無事，以順其性；無度無數，無憂無利，以保其命。是以山川自起，剛柔自正，故能信順柔弱，直方和正，廣大無疆，深厚清靜，萬物資生，無不成載。地得一以寧。神之性得一之靈，而神之所爲非靈也。不思不慮，無爲無事，以順其性；無計無謀，無響無首，以保其命。是以消息自起，存亡自正，故老能復壯，死能復生，困能復達，廢能復榮，變化不極，反覆不窮，物類託之，不失其中。神得一以靈。谷之性得一以盈，而谷之所爲非盈也。不欲不求，無爲無事，以順其性；不仁不義，不與不施，以保其命。是以實虛自起，盛衰自正，故能蒸山流澤，以爲通德，涓涓不息，綿綿不絕，皓皓洋洋，脩遠無極，以盈江海，深大不測。谷得一以盈。侯王之性得一之正，而侯王之所爲非正也。去心去志，無爲無事，以順其性；去聰去明，虛無自應，以保其命。是以和平自起，萬物自正，故能體道合德，與天同則。抱神履和，包裹萬物，聲飛化物，盈溢六合，德導天地，明照日月，制世御俗，宇内爲一。王侯得一以爲天下正。凡此五者，得一行之，興而不廢，成而不缺，流而不絕，光而不滅。夫何故哉？性命自然，動而由一也。

又《上士聞道章》 靜爲虛戶，虛爲道門，泊爲神本，寂爲和根，嗇爲氣容，微爲事工。**【略】** 大方不矩，無所不包，方於不方，直於不直，無圻無堮，無法無式。不方不直，萬物自得；不直不方，天地自行。在爲之陰，居否之陽，和爲中主，分理自明，與天爲一，與地爲常。大方無隅。是故大器晚成，無所不有。變於無形，化於無眹，動而無聲，爲而無體。威德不可見，功業不可視，禍息於冥冥，福生於窅窅，寂泊而然，是謂至巧。萬物生之，莫知所以，勉勉而成，故能長久。大器晚成。是以大音希聲，告以不言。言於不言，神明相傳，默然不動，天下大通。無聲而萬物駭，無音而萬物唱，天地人物，無期俱和，若響應聲。大音希聲。大象無形，大狀無容。進而萬物存，退而萬物喪。天地與之俯仰，陰陽與之屈伸，效之象之，若影隨形。大象無形。是知道盛無號，德豐無謚。功高無量，而天下不以爲大；德彌四海，而天下不以爲貴。光耀六合，還反芒昧。道隱無名。夫何故哉？道之爲化也，始於無，終於末，存於不存，貸於不貸，動而萬物成，靜而天下遂也。善貸且成。

又《道生一章》 有虛之虛者，開導稟受，虛之虛者，道也。無然然者，而然不能然也。道能然成於萬物，而萬物不能然成於道。則道是物之所然之元，故云然然者而然不能然也。有虛者，陶冶變化，始生生者，而生不能生也。虛者謂一也。一能爲生生之始，而非有形之生不能生於一，故云始生生者而生不能生也。有無之無者，而神明不能改，造存存者，而存不能存也。無之無者謂二也。二從一生，雖有夫形，故能造存存而非存所能造也。有無者，纖微玄妙，動成成者，而成不能成也。無者謂三也。三從二生，亦有夫形，俱根於一，受命於神，兆成萬物，而萬物不能成之，故云動成者而成不能成也。故虛之虛者生虛虛者，無之無者生無無者，無者生有形者。**【略】** 有生於無，實生於虛，亦以明矣。是故無無無始，不可存在，無形無聲，不可聽視，稟無授有，不可言道。無無無之無，始未始之始，萬物所由，性命所以，無有所名者，

謂之道。道爲一之元。道虛之虛，故能生一。元本寂寥，是虛中之虛始生一者也。有物混沌，恍惚居起，輕而不發，重而不止，陽而無表，陰而無裏，既無上下，又無左右，通達無境，爲道綱紀，懷壤空虛，包裹未有，無形無名，芒芒澒澒，混混沌沌，冥冥不可稽之。亡於聲色，莫之與比，指之無嚮，摶之無有，浩洋無窮，不可諭諭，潢然大同，無終無始，萬物之廬，爲太初首者，故謂之一。太初有無無，有無名，一之所起，有一而未形，即窅冥中能生之德名也。是以無終無始，無左無右，似陰非陰，似陽非陽，故云陽無表陰無裏。一以虛，故能生二。一是有中之虛變成二。二物並興，妙妙纖微，生生存存，因物變化，滑淖無形，生息不衰，光耀玄冥，無嚮無存，包裹天地，莫睹其元，不可逐以聲，不可逃以形，謂之神明。存物物存，去物物亡，智力不能接而威德不能運者，謂之二。二即神明也。二以元之無，故能生三。神明是無中之無，故能生三。三物俱生，渾渾茫茫，視之不見其形，聽之不聞其聲，摶之不得其緒，望之不睹其門。不可揆度，不可測量，冥冥窅窅，潢洋堂堂，一清一濁，與和俱行，天人所始，未有形朕圻堮，根繫於一，受命於神者，謂之三。三即太和也。三以無，故能生萬物。太和是有中之無，一變而成有，故云三生萬物。清濁以分，高卑以陳，陰陽始別，和氣流行，三光運，群類生，有形鸞可因循者，有聲色可見聞者，謂之萬物。萬物之生也，皆元於虛，始於無。虛是無之本，元是始之本。背陰向陽，萬物背陰而向陽。歸柔去剛，清靜不動，心意不作，而形容脩廣性命通達者，以含和柔弱而道無形也。冲氣以爲和。是故虛無無形微寡柔弱者，天地之所由興而萬物之所因生也，衆人之所惡而侯王之所以自名也，萬物之原泉，成功之本根也。

又《聖人無常心章》 道德無形而王萬天者，無心之心存也；天地無爲而萬物順之者，無慮之慮運也。由此觀之，無心之心，心之主也；不用之用，用之母也。【略】託道之術，留神之方，清靜爲本，虛無爲常，非心意之所能致，非思慮之所能然也。

又《道生章》 聖知之術，不自天下，不由地出，內在於身，外在於物。督以自然，無所不通，因循效象，無所不竭。故道虛德無，不失其心，天尊地卑，不違其節。何則？以有知無，由人識物。物類之無者生有，虛者生實。見微知著，觀始睹卒，非有巧能，自然之物，聖人因之，與天周密。是故知道以太虛之虛，無所不稟；稟物性也。知德以至無之無，無所不授。授物命也。道以無爲之爲，品於萬方而無首；爲而不有。德以無設之設，遂萬物之形而無事。成功不居。故能陶性命，冶情意，造志欲，化萬事。

又《方而不割章》 道無不有而不施與，故萬物以存；無所不能而無所不爲，故萬物以然。何以明之？夫道體虛無而萬物有形，無有狀貌而萬物方圓，寂然無音而萬物有聲。由此觀之，道不施不與而萬物以存，不爲不宰而萬物以然。然生於不然，存生於不存，則明矣。

又《天下謂我章》 得道之士，外亡中存，學以變情，爲以治己，實而若虛，渾渾冥冥，若無所以，容疏言訥，貌樸而鄙，情達虛無，性通無有，寂泊無爲，若無所止，遁名逃勢，與神卧起，執道履和，物無不理，不合時俗，與天地友。

又《言甚易知章》 夫無形無聲而使物自然者，道與神也。有形有聲而使物自然者，地與天也。神道蕩蕩而化，天地默默而告。蕩而無所不化，默而無所不告。神氣相傳，感動相報，反淪虛無，甚微以妙，歸於自然，無所不導。故言言之言者，自然之具也。爲爲之爲者，喪眞之數也。無爲無言者，成功之至而長存之要也。是以聖人言不言之言，爲不爲之爲，言以絕言，爲以止爲。絕言之道，去心與意，止爲之術，去人與智，爲愚爲慤，無知無欲。無欲則靜，靜則虛，虛則實，實則神。動歸於太素，靜歸自然，保身存國，富貴無患，群生得志，以至長存。【略】夫聖人之言，宗於自然。祖於神明，常處其反，在默言之間。甚微以妙，歸於自然。明若無見，聽若無聞，通而似塞，達而似窮。其事始於自然，流於神明，常處其和，在爲否之間。清靜柔弱，動作纖微，簡易退損，歸於無爲。此言有宗事有君也。虛無以合道，恬泊以處生，時和以固國，玄教以畜民。

《道德真經指歸輯佚》 道以至虛，故動能至冲，德以至無，故動而至和，萬物得之莫有不通冲和者。

又 冲以虛爲宅，和者，無爲家。能虛能無，至冲有餘；能無能虛，常與和俱。

又 天地釋虛無而事愛利，則變化不通，物不盡生。聖人釋虛無而事

愛利，則德澤不普，海內不並，恩不下究，事不盡成。

又 天地不言，以其虛無，得物之中，生物不窮。聖人不言，法令虛而合物則。

又 道德虛無，故能稟授；天地淸靜，故能變化；陰陽反覆，故能生殺；日月進退，故能光曜；四時始終，故能育成。釋虛無，則道德不能以然；去淸靜，則天地不能以存；往而不反，則陰陽不能以通；進而不退，則日月不能以明；終而不始，則萬物不能以生。是故，有而反無，實而歸虛，心無所載，志無所障，無爲如塞，不憂如狂，抱眞履素，捐棄聰明，不知爲首，空虛爲常，則神明極而自然窮矣！動作反身，思慮復神；藏我於無心，載形於無身；不便生者不以役志，不利天者不以滑神；事易而神不變，內流而外不化；覆視反聽，與神推移，上與天遊，下與世交；神守不擾，生氣不勞，趣舍屈伸，正得中道。

杜光庭《道德眞經廣聖義》 忘身者身與道合，昇爲雲天，與道無爲，當有何患乎？非至道之士，孰能造於此哉？忘天下者遊心澹漠，冥神虛無，任物自然而然，不以汨其慮，無私而天下理。然後目無所見，耳無所聞，心無所知，氣無所滯，神將守形，形乃長生。功蓋萬國而不自已，化貸品物而不爲有，無名無稱，使物自遂，立乎不測而遊乎無有，與萬物爲體而歸乎虛無。

又 一得爲無者，是虛無太空，不可分別，惟一而已。故一爲無也。若其有境，彼此相形，有二有三，不得爲一。故在陰之時而不見爲陰之功，在陽之時而不見爲陽之力，陰陽自然，無所營爲，此則道之謂也。以一言之爲數，以數言之謂一。以體言之謂無，而物得間通之道。微妙不測謂之神，變化應機謂之易。總而言之，皆無謂之道。

章安《宋徽宗道德眞經解義》 太初有無，無有無名，命之曰道。有一未形，物得以生，命之曰德。道本無名，謂之道者，即人之所共由者而爲言也。德本自得，謂之德者，即有心所同得者而爲言也。惟道無垠，虛湛常存，惟道無體，微元常眞，絶於有無之域，泯於彼是之居，在體爲體，在用爲用，天地雖大，未離乎內，秋毫雖末，待之成體。萬物終始出入，未始不由於此，故謂之道，即其自心同然皆得。審乎無假，而不與物化，淵乎其居，而不與物遷，未嘗蔽虧，未嘗乘馳，心全乎天，而無得喪之累，故謂之德。道無體也，無體則不涉於變故，亘萬世而無弊。德在我也，在我則無待於外，故充一性而常存。

《太上老君虛無自然本起經》 夫道爲三一者，謂虛無空，空者白也，白包無，無者黃也，黃包赤，赤爲虛。何爲虛？虛者精，光明明而無形質，譬若日月及火，其精明然，而無有形質，故爲虛。何謂無？無者炁也，炁有形可見，無質可得，故爲無。何謂空？空者，未有天地山川，左顧右視，蕩蕩漭漭，無所障礙，無有邊際，但洞白無所見，無以聞，道自然從其中生，譬若琴瑟鼓簫之説，以其中空，故出聲音，是以聖人作經誡後賢者，欲使守道，空虛其心，關閉其耳目，不復有所念，若有所念思想者，不能得自然之道也。所以者何？道未變爲神時，無端無緒，無心無意，都無欲澹泊，不動不搖，及變爲神明，神者，外其光明，多所照見，使有心意，諸欲因生，更亂本眞。

《太上昇玄三一融神變化妙經》 體性無實，含藏一切，不礙萬物，故名之爲虛無。虛者能通，無者皆空，性體無質，故名之爲空。【略】道者空也，空者玄也，玄者虛無也，虛無者自然也，自然者眞常也，眞常者無名也，無名者混沌也，所以號之爲混沌，無形無影，無極無窮也。炁者虛也，炁者無也。

王弼《老子微旨例略》 天物之所以生，功之所以成，必生乎無形，由乎無名。無形無名者，萬物之宗也。不溫不涼，不宮不商，聽之不可得而聞，視之不可得而彰，體之不可得而知，味之不可得而嘗。故其爲物也則混成，爲象也則無形，爲音也則希聲，爲味也則無呈。故能爲品物之宗主，苞通靡使不經也。若溫也則不能涼矣。宮也，則不能商矣。形必有所分，聲必有所屬，故象而形者，非大象也，音而聲者，非大音也。然則四象不形，則大象無以暢；五音不聲，則大音無以至。四象形而物無所主焉，則大象暢矣。五音聲而心無所適焉，則大音至矣。故執大象則天下往，用大音則風俗移也。無形暢，天下雖往，往而不能釋也。希聲至，風俗雖移，移而不能辯也。是故天生五物，無物爲用。聖行五教，不言爲化，是以道可道非常道，名可名非常名也。五物之母，不炎不寒，不柔不剛；五教之母，不皦不昧，不恩不傷。雖古今不同，時移俗易，此不變也。所謂自古及今，其名不去者也。天不以此則物不生，治不以此則功不成，故古今通，

終始同，執古可以御今，御今可以知古始。此所謂常者也。無皦昧之狀、溫涼之象，故知常曰明也。物生功成，莫不由乎此，故以閱衆甫也。

又《道德真經註》 萬物萬形，其歸一也。何由致一？由於無也。由無乃一，一可謂無。已謂之一，豈得無言乎？有言有一，非二如何？有一有二，遂生乎三。從無之有，數盡乎斯，過此以往，非道之流。故萬物之生，吾知其生，雖有萬形，沖氣一焉。

雜録

《玄都律文·虛無善惡律》 一者遺形忘體，泊然若死，謂之虛。二者損心棄意，廢僞去欲，謂之無。三者專精積神，不爲物集，謂之淸。四者反神服氣，安而不動，謂之靜。五者深居宴處，功名不顯，謂之微。六者去妻離子，獨與道遊，謂之寡。七者呼吸沖和，滑澤細微，謂之柔。八者緩形縱體，以奉百事，謂之弱。九者憎惡尊榮，安貧樂辱，謂之卑。十者遜贏逃滿，衣食麤疏，謂之損。十一者爭作陰陽，應變卻邪，謂之時。十二者不飢不渴，不寒不暑，不喜不怒，不哀不樂，不遲不疾，謂之和。十三者愛視愛聽，愛言愛慮，不費精神，和光順世，謂之嗇。

律曰：凡此十三者，混沌爲虛無，行道守眞者，敬奉師法，順天敎令，窮極無爲之道，虛、無、淸、靜、微、寡、柔、弱、卑、損、時、和、嗇。夫爲道者，氣鍊形易，民和國寧家吉，災不起，壽命延，家國昌。違律者爲天所刑。

陳致虛《上陽子金丹大要·虛無》 上陽子曰：有物先天地，眼下甚分明。道之體者，自然也。道之用者，虛无也。虛无者，先天地也。《契》曰：委志歸虛无。《悟眞篇》曰：道自虛无生一氣。我師云：先天一氣自虛无中來，此乃爲之而有以爲也。自然者，復天地也。人稟父母陰陽二氣而生而長，渾混未判，抱一無離，此乃無爲而無以爲也。

妙本

綜述

成玄英《老子道德經義疏》 復歸者，還源也。無物者，妙本也。夫應機降迹，即可見可聞。復本歸根，即無名無相。故言復歸於無物也。**【略】**妙本希夷，故稱無狀無物。迹能生化，故云之狀之象。**【略】**妙本非有，應迹非無。非有非無，而無而有。有無不定，故言惚恍。

又 有應道也，所謂元一之氣也。元一妙本，所謂冥寂之地也。言天地萬物皆從應道有法而生，即此應道，從妙本而起，元乎妙本，即至無也。

李榮《道德真經注》 有名之物，並悉無常。今謂無名，理歸常道。樸，本也。臣，賤也。常道妙本，非大非小。非大而能大，雖大不可貴；非小而能小，雖小不可賤也。

《唐玄宗御製道德真經疏·釋題》 經曰：有物混成，先天地生，吾不知其名，字之曰道，強爲之名曰大。故知大道者虛極妙本之強名，名其通生也。莊子曰：太初有無，有無者，言有此妙無也。又曰：無有無名，無名者，未立強名也，故經曰：無名天地之始。強名通生曰道，故經曰：有名萬物之母。莊子又曰：物得以生謂之德，德，得也，言天地萬變，旁通品物，皆資妙本而以生成。得生爲德，故經曰：道生之，德畜之，則知道者德之體，德者道之用也。

又《道可道章第一》 此章明妙本之由起，萬化之宗源。首標虛極之強名，將明衆妙之歸趣。故可道可名者，明體用也。無名有名者，明本迹也。**【略】**

道可道，非常道。

疏：道者，虛極妙本之強名也，訓通訓徑，首一字標宗也。可道者，言此妙本通生萬物，是萬物之由徑，可稱爲道，故云可道。非常道者，妙

本生化，用無定方，強爲之名，不可遍舉，故或大、或逝，或遠、或近，是不常於一道也，故云非常道。

名可名，非常名。

疏：名者，稱謂即物，得道用之名，首一字亦標宗也。可名者，言名生於用，可與立名也。【略】

無名，天地之始。

疏：無名者，萬化未作，無強名也。故《莊子》曰：太初有無，無有無名，但其妙本降氣，開闢天地，天地相資，以爲本始，故云無名天地之始。則《易》之太極生兩儀也。注云權輿者，按：《爾雅》云：權輿，始也。

有名，萬物之母。

疏：有名者，應用匠成，有強名也。萬化既作，品物生成，妙本旁通，以資人用，由其茂養，故謂之母也，母以茂養爲義。然則無名有名者，聖人約用以明本迹之同異，而道不繫於有名無名也。

故常無欲以觀其妙，常有欲以觀其徼。

疏：欲者性之動，謂逐境而生心也。言人常無欲，正性清靜，反照道源，則觀見妙本矣。若有欲，逐境生心，則性爲欲亂。以欲觀本，既失沖和，但見邊徼矣。徼，邊也。又解云：欲者思存之謂，言欲有所思存而立教也。常無欲者，謂法清靜，離於言說，無所思存，則見道之微妙也。常有欲者，謂從本起用，因言立教，應物遂通，化成天下，則見衆之所歸趣矣。徼，歸也。

此兩者同出而異名。

疏：此者，指上事也。兩者，謂可道、可名，無名、有名，無欲、有欲，各自其兩，故云兩者。俱稟妙本，故云自本而降，隨用立名，則名異矣。

又《道沖章第四》 道沖而用之，或不盈，淵兮似萬物之宗。

疏：沖，虛也，謂道以沖虛爲用也。夫和氣沖虛，故爲道用，用生萬物，物被其功。論功則物疑其光大，語沖則道曾不盈滿，而妙本深靜，常爲萬物之宗。云或似者，道非有法，故不正言爾，他皆倣此。

【略】

和其光，同其塵，湛兮似或存。

疏：道之沖用，於物不遺，在光則與光爲一，在塵則與塵爲一。無所不在，所在常無。沖用則可混光塵，妙本則湛然不雜，故云似或也。

又《視之不見章第一四》 此章明妙本無象，故在用而皆通。首三句言不可求之聲色，次六句明尋責必歸於無物，又五句示妙用之難測。

視之不見名曰夷，聽之不聞名曰希，摶之不得名曰微。

疏：此明道也。夫視之者，以色求道，聽之者，以聲求道，摶之者，以形求道。道非色聲形法，故求竟不得，以不得故，欲謂之無，乃於無色之中，能應衆色，無聲之中，能和衆聲，無形之中，能狀衆形，是無色之色，無聲之聲，無形之形，故謂之希微夷。希微夷者，謂明道而非道也。夷，平易也。希者，聲之微妙也。摶，執持也。

此三者不可致詰，故混而爲一。

疏：三者，夷也、希也、微也。致，得也。詰，責也。混，同也。妙本微妙精一，難名色聲形法，焉得詰責？欲以色聲形詰，但得希微爾。謂三也，三者假名，欲明道用，道非色聲形等，則混爲一矣。

其上不皦，其下不昧。

疏：皦，明也。昧，暗也。夫形質之物，皆有定方，在上者則明，在下者則暗，唯妙本惚恍不可定名，則在上亦不明，在下亦不昧，而能上能下，能明能暗，非天下之至賾，其孰能與於此乎？

繩繩不可名，復歸於無物。

疏：繩繩者，運動不絕之意也。妙本生化，運動無窮，生物之功，強名不得，物物而不物，生生而不生，尋責則妙本湛然，未曾有物，故云復歸於無物也。

是謂無狀之狀，無物之象，是謂惚恍。

疏：狀，形狀也。象，物象也。言妙本混成，本無形質，而萬化資稟，品物流形，斯可謂有無狀之形狀，有無物之物象，不可名之爲有，亦不可格之於無，無有難名，或謂之惚恍。

迎之不見其首，隨之不見其後。

疏：至精無形，至大不可圍，故迎之者不見其首，隨之者不見其後。無首則無始，無後即無終，無始無終，故非隨迎所得也。

又《致虛極章第一六》致虛極，守靜篤。

疏：虛極者，妙本也。言人受生皆稟虛極妙本，是謂眞性。及受形之後，六根愛染，五欲奔馳，則眞性離散，失妙本矣。今欲令虛極妙本必自致於身者，當須守此雌靜，篤厚性情而絕欲，無爲無狹而不厭，則虛極妙本自致於身。亦由水之流濕，火之就燥矣。致者，令必自來，如春秋致師之義爾。

萬物並作，吾以觀其復。

疏：此明守靜篤必致虛極之意。夫萬物萬形，動作不同，及觀其歸復，常在於本。《易》曰：雷在地中，復。復者，反本之謂也。故靜則歸復，動則失本也。

夫物芸芸，各復歸其根。

疏：此舉喻明觀復之意也。根者，本所受氣而生也。今觀萬物，花葉芸芸，及其生性，皆復歸於其根而更生，虛極妙本，人所稟而生也。今觀情欲熙熙，能守靜致虛，則正性歸復命元而長久矣。本作云云者，如注釋之。

歸根曰靜，靜曰復命。

疏：物歸根則安靜，人守靜則致虛。木之稟生者根，歸，根故復命。人之稟生者妙本，今能守靜致虛，可謂歸復所稟之性命也。

復命曰常，知常曰明。不知常，妄作凶。

疏：能守雌靜篤厚，以致虛極妙本，致虛則復命，可謂得常矣。能知守常，是曰明了。失常妄作，可謂無常。不常其德，窮凶必矣。注云不恆其德，或承之羞者，《易》恆卦文也。

又《孔德之容章第二一》孔德之容，唯道是從。

疏：孔，甚也。從，順也。容，容狀也。欲明行人所以順合至道，故云甚有德人之容狀若何？言甚有德人之容狀，唯虛極之道是順爾。

道之爲物，惟恍惟惚。

疏：此明虛極妙本爲物形狀，即孔德所從之道也。虛極妙本，強名曰道。道之爲物，其運動形狀若何？言此妙本不有不無，難爲名稱，欲謂之有，則寂然無象。欲爲之無，則湛似或存。無有難名，故謂之爲恍惚爾。

惚兮恍兮，其中有象。

疏：此明降生本迹也。惚，無也。恍，有也。兆見曰象。妙本無物，故謂之惚。生化有形，故謂之恍。斯則自無而降有，其中兆見一切物象，從本而降迹也。

恍兮惚兮，其中有物。

疏：物者，即上道之爲物，謂妙本也。妙本降生，兆見衆象，修性反德，則復歸無物。無物即道也。言人修性反德，不離妙本，自有歸無，還冥至道，故云其中有物，言有妙物也。此攝迹以歸本也。

窈兮冥兮，其中有精。

疏：窈冥，深昧也。虛極降生，修性反本，攝迹歸本，妙物或存，窈冥深昧，不可量測，含孕變化，中有至精，故云其中有精也。

其精甚真，其中有信。

疏：至道妙物，既本非假雜，變化至精，故其精甚眞。生成之功，遍被群有，物感必應，曾不差違，故云其中有信。

又《有物混成章第二五》此章明曰大三逝贊道，乃先天混成，終令法道自然。首標有物混成六句，將明妙本之絕趣，物被其功。次云吾不知下六句，欲表強名之由緒，名亦不可得。故道下六句，示知四大之生育，申戒人君之法。下至終篇，教以法道自然，無爲清淨耳。

有物混成，先天地生。

疏：有物者，妙物也，即虛極妙本也。將欲申明強名，所由不可，即此道，故云有物爾。言此妙物混然而成，含孕衆象，尋其生化，乃在天地之先，故云先天地生爾。

寂兮寥兮，獨立而不改，周行而不殆，

疏：寂寥者，嘆有物之體寂寥虛靜，妙本湛然，故獨立而不移改，物感必應，應用無心，遍於群有，故周行而不危殆。

可以爲天下母。

疏：妙本生化，遍於群有，群有之物，無非匠成萬物，彼其茂養之德，故可以爲天下母爾。母以茂養爲義也。

吾不知其名，字之曰道，強爲之名曰大。

疏：字者表其德，名者定其體。老君云妙本生化，沖用莫窮，寂寥虛靜，不可定其形狀。先天地生，難以言其氏族。故吾不知其名，但見其大

通於物，將欲表其本然之德，故字之曰道。見其包含無外，將欲定其至無之體，故強名曰大。凡物先名而後字者，以其自小而成大，以道先字而後名者，是以從本而降迹爾。

大曰逝，逝曰遠，遠曰返。

疏：夫滯於一方者，非天下之至通也。故天職生覆而不能形載，地職形載而不能生覆，唯妙本之用，用無定方，雖則強名曰大，而復不離於大。自大而求之，則逝而往矣。自往而求之，則遠不及矣。自遠而求之，則復返在人身心，故曰遠曰返。莊子曰：夫道於不大終，於細不遺。

故道大，天大，地大，王亦大。

疏：因強名曰大，而舉所以次大者，故天能顛玄在上，垂覆萬物，地能寧靜於下，厚載萬和，王能清靜無爲，而化萬物，此三大也，吾道一以貫之矣。

域中有四大，而王居其一焉。

疏：域中者，限域也。今玄域中之大道，不只在域中，若云約所見而言，則天地自爲限域，道亦不在域中矣。夫惟寄語以申玄理，亦不必曲生異義，存文以防疑難，衆說皆未盡通。今明域者，名也，以名爲體，以爲物無名外之體，故曰域中。若舉道則道在其中矣，舉天名則天無遺體矣，故云域中。即有名之中，有此四大。云而王居其一者，王爲人靈之首，有道則萬物被其德，無道則天地蒙其害，故特標而王居一，欲令法道自然。

人法地，地法天，天法道，道法自然。

疏：人謂王者也，所以云人者，謂人能法天地生成，法道清靜，則天下歸往，是以爲王。若不然則物無所歸往，故稱人以戒爾。爲王者當法地安靜，因其安靜，又當法天生化，功被物矣。又當法道清靜無爲，忘功於物，令物自化。人君能爾，即合道法自然，言道之爲法自然，非復倣法自然也。若如惑者之難，以道法效於自然，是則域中有五大，非四大也。又引《西昇經》云：虛無生自然，自然生道，則以道爲虛無之孫，自然之子。妄生先後之義，以定尊卑之目，塞源拔本，倒置何深？且嘗試論曰：虛無者，妙本之體，體非有物，故曰虛無。自然者，妙本之性，性非造作，故曰自然。道者，妙本之功用，所謂強名，無非通生，故謂之道。幻體用名，即謂之虛無。自然道爾，尋其所以，即一妙本，復何所相倣法乎？則知惑者之難，不詣夫玄鍵矣。

又《道生之章第五一》 道生之者，言自然沖和之炁，陶冶萬物，物得以生，故云道生之。注云妙本動用降和炁者，妙本，道也，至道降炁，爲物根本，故稱妙本。

杜光庭《道德真經廣聖義》卷六《道可道章第一》 義曰：標宗一字，是無爲無形，道之體也。可道二字，是有生有化，道之用也。三字之中自立體用，體則妙不可極，用則廣不可量。故爲虛極之妙本也。

又卷一四《視之不見章第一四》 義曰：道惟妙本，生化萬殊，運用生成，繩繩不絕。物物而不物，物自物也。生生而不生，生自生也。道之無迹，不恃其功。深妙湛然，不可爲有，是無物也。物者象也。

又卷二一《有物混成章第二五》 義曰：在昔三氣未分，一元未立，形質猶隱，恍惚莫窮，混然首出者，惟虛極之妙本爾。洎乎孕神布化，天地生焉，萬物育焉，生之成之，故爲化母。

又卷二九《道常無爲章第三七》 義曰：道性無雜，眞一寂寥，故清靜也。玄深不測，如彼澄泉，故湛然也。寂然不動，無爲也。感而遂通，無不爲也。無爲者，妙本之體也。無不爲者，妙本之用也。體用相資，而萬化生矣。

又卷三七《道生之章第五一》 義曰：生而不畜，德無以表其功。畜而不生，道無以明其妙。生以從無爲始，畜以養有爲終。終始循環，惟道爲本，故云妙本。道無動用，物無以生。既有稟生，賴乎畜養。是相循之理也。

佚名《三論元旨·真源章第三》 性不無生，而能無所不生。無所不生，而妙本未嘗爲生。是以無爲之爲、無相之相者，道之妙體也。有爲之爲、有相之相者，道之麤用也。妙本之於無本也。

周固樸《大道論》 虛無者，妙本之體，非有物故；自然者，妙本之性，非造作故；道者，妙本之功用，故謂之通生之道。一虛無，二自然，三道，俱是妙本眞性。

有無

綜述

《道德真經・無用章第一一》（道藏無注本） 三十輻共一轂，當其無有，車之用。埏埴以爲器，當其無有，器之用。鑿戶牖以爲室，當其無有，室之用。故有之以爲利，無之以爲用。

又《去用章第四〇》 反者道之動，弱者道之用。天下之物生於有，有生於無。

嚴遵《道德真經指歸・道生章》（谷神子注） 夫天地有類，而道德無形，有類之徒，莫不有數，無形之物，無有窮極。以有數之物託於無窮，若草木離土，衆星離天，不足以喻焉。而謂之不然，則是不通乎有無相包，虛實相含，猶瓜瓠之瓣，不睹區蔓之有鄰也，蟣虱藏於裘褐，不知都邑之多人也。是故宇宙之外，營域之內，拘以無禁，束以無制，安危消息，無有中外，同風共指，和順仰制，全活姣好，靡有傷敗，百祥萬福，道爲之蓋，功玄事冥，不開於世，天下莫見，爲而不廢。

又《天下有始章》 夫道之爲物，無形無狀，無心無意，不忘不念，無知無識，無首無向，無爲無事，虛無澹泊，恍惚清靜。其爲化也，變於不變，動於不動，反以生覆，覆以生反，有以生無，無以生有，反覆相因，自然是守，無爲爲之，萬物興矣，無事事之，萬物遂矣。是故無爲者，道之身體，而天地之始也。所謂天下有始。無爲微妙，周以密矣；滑淖安靜，無不制矣；生息聰明，巧利察矣；通達萬方，無不溉矣。故曰有爲之元，萬事之母也。以爲天下母也。聖人得之，與物反矣。既得其子。故能達道之心，通天之理，生爲之元，開事之戶，因萬方之知，窮衆口之辯，盡異端之巧，竭百家之伎。

又《爲無爲章》 神明之數，自然之道，無不生無，有不生有，不無不有，乃生無有。由此觀之，憂不生憂，喜不生喜，不憂不喜，乃生憂喜。故居禍者得福，居福者得禍，禍福之主，在於元首。爲之無形，聽之無聲，無形聲則深遠，故無功之功大而有功之功小，有德之德薄而無德之德厚。能體不無不有而生無有，非禍非福能轉禍福。鑒在機前，爲於未有，故深遠大厚也。是以聖人不爲有，不爲亡，不爲死，不爲生，游於無有之際，處於死生之間，變化因應，自然爲常。

王弼《道德真經注》 天下之物，皆以有爲生。有之所始，以無爲本。將欲全有，必反於無也。

成玄英《老子道德經義疏・天下皆知章第二》 有無二名，相因而立。推窮理性，即體而空。既知有無相生，足明萬法無實。

又《三十輻章第一一》 無賴有以爲利，有藉無以爲用。二法相假，故成車等也。言學人必須以有資空，以空導有，有無資導，心不偏溺，故成學人之利用也。

又《出生入死章第五〇》 若解生死義者，從無出有，以釋生爲生；自有還無，以釋滅爲死也。

李榮《道德真經注》 天下之物生於有，有生於無。從無出有，自有歸無。故曰相生。

又 單有而無無，有不得爲利。單無而無有，無不得爲用。明有因無以爲利，無因有以爲用。既識有無之相因，自知麤妙之相籍也。

又 有者，天地有形故稱有。天覆地載，物得以生，故言生於有。無，道也。道非形相，理本清虛，故曰無。天地從道生，有生於無也，故曰虛者天地之根，無者萬物之源。迷者失道，不識本元。聖人垂教，明於祖始，若能道超生死而出有無，必其昏俗，淪有無而繫生死。形神合而見相，故言生於有，形神散而無體，故言有生於無。

趙志堅《德道真經疏義・返者章第三》 返者道之動，弱者道之用。返，歸本也。動者，事業也。凡人以移故就新爲動。爲道者捨末返本，是有道人之事業，故云道之動。身安心寂，不動也。捨有歸無，云動也。亦猶遠曰返先，既不去非遠也，爲無體名遠也。今亦不來非近也，爲身有之名返也，道無來往而有遠返之名，心安然亦有返動之義。內心虛靜，外行柔弱者，是返本之行。故云：弱者道之用。下三句後。

天下之物生於有，

有，一氣也。雖未形，已是有氣。故言有天地萬法，皆從一氣而生，故云生於有。

有生於無。

無，道也。一氣從道生，故言生於無。推極生源指道爲者，欲令衆兆歸心有所前，言返者返歸此無也。

《唐玄宗御製道德真經疏・天下皆知章第二》　夫有不自有，因無而有，凡俗則以爲無生有。無不自無，因有而無，凡俗則以爲有生無，故云相生。而有無對法，本不相生，相生之名，猶妄執起。如美惡非自性生，是皆空故，聖人將欲救其迷滯，是以歷言六者之惑。

又《三十輻章第一一》　此章明利有用無相資而功立，故乾坤爲太易之藴，轂廂成用無之質，標車器以爲喻，存利用以結成。

三十輻共一轂，當其無，有車之用。

疏：輻三十貫於一轂，明少者多之所宗也。當其空無，方有車之運用。明無者有之所利也。夫道者何？至無至一者也。故能鼓動衆類，磅礴群材，適使萬殊區分，成之者一象；衆竅互作，鼓之者一響。則原天下之動用，本天下之生成，未始離於至一者也。且就車而輪，則轂廂有也，車中空無也，車中空無，乃可運用。若無轂廂之有，則空無之運用息矣。車中若不空無，則轂廂之類，皆爲棄物。故乾坤成列，而易功著焉，萬化流動，而道用彰。是以借粗有之用無，明至無之利有爾。

埏埴以爲器，當其無，有器之用。

疏：埏，和也。埴，粘土也。注云陶匠者，《尚書》云：範土曰陶。匠範和粘土，燒成瓦器，亦取其中空虚，以用成受物也。

鑿户牖以爲室，當其無，有室之用。

疏：鑿，穿也。門傍窗謂之牖。古者穴居，故《詩》云：陶復陶穴，謂穿鑿穴中之土以覆其上，故云鑿爾。後代聖人易之以宫室，取其室中空虚，所以人得居處。莊子曰：室無空虚，則婦姑勃蹊，謂争路也。《爾雅》云：宫謂之室。

故有之以爲利，無之以爲用。

疏：有之所利，利於用。用必資無，故有以無爲利也。無之所用，用於體，體必資有，故無以有爲利。注云形而上者曰道，形而下者曰器，《易》繫辭文也。自無則稱道，涉有則稱器，欲明道用，必約形器，故首唯借喻於三翻，終欲用無於一致爾。

又《反者道之動章第四〇》　天下之物生於有，有生於無。

疏：言天下有形之物，莫不以形相禪，故云生於有，窮其有體，必資於無，故列子曰形動不能生形而生影，無動不能生無而生有，故曰虚者天地之根，無者萬物之源，言此者欲令衆生窮源識本而悟道爾。有無既爾，權實亦然，故注云實之於權，猶無之生有也。又云至道沖寂，離於名稱，謂諸法性空，不相因待者，言道至極之體，沖虚凝寂，非權亦復非實，何可稱名？諸法實性理中，不有亦復不無，事絶因待，所言物生於有，有生於無者，皆是約代法而言爾。若知數輿無輿，即知數諸法無諸法，豈有權實而可言相生乎？

杜光庭《道德真經廣聖義》卷六《道可道章第一》　無爲有爲，可道常道，體用雙舉，其理甚明。今於體用門中，分爲五别。一曰以無爲體，以有爲用。可道爲體道，本無也；可名爲用名，涉有也。二曰以有爲體，以無爲用。室車器以有爲體，以無爲用。用其無也。三曰以無爲體，以無爲用，自然爲體，因緣爲用。此皆無也。四曰以有爲體，以有爲用，天地爲體，萬物爲用，此皆有也。五曰以非有非無爲體，非有非無爲用，道爲體，德爲用也。又於本迹門中，分爲二别。以無爲本，以有爲迹。無名，有名也。以有爲本，以無爲迹。互相明也。萬物自有而終，歸於無也。夫以玄源澄寂，妙本杳冥，非言象可求。非無有可質，固亦討論理絶，擬道窮，而設教引凡，示兹階級。

又卷一〇《上善若水章第八》　生數一，與道同也。道亦爲一，即無一之一，水亦爲一，即有一之一也。無一之一爲道之體，有一之一爲道之用。

又卷一一《三十輻章第一一》　義曰：愛氣養神則尚乎清静，用無利有則在彼相資。資，取也。車器室三者，皆假其有而取其無以爲用也。車以運載，器以成受，室以居止，必資外有而用中無，故能成有用之功爾。乾坤爲大易之韞者，《易》繫辭也。明《易》之所立，本乎乾坤。乾坤不存，則易道無由起。故云乾坤是易道韞積之根源，與易爲州府奧藏也。故下文云乾坤成列而易立乎其中矣。乾坤毁，則無以見易也。亦猶輪轂轅廂

爲車之質，轅廂毀則無以見車，將明利用之因，故舉三物之喻。理國者民存則有國，民散則國危。理身者神存則有生，神逝則身滅。利用之道，實相資也。

三十輻共一轂，當其無，有車之用。

義曰：道之眞一無色無聲，衆類群材資之以立。動者五靈毛羽鱗甲昆蟲之屬也，植者草木之屬也。類者，狀也。材者，質也。動植材類億萬不同，是萬殊也。物雖萬殊而長養生成者，道也。道唯一象爾。經曰：惚恍中有象，即此眞精淳一、生化萬殊之物，可謂少者多之所宗也。疏：衆竅互作，鼓之者一響。原天下之動用，本天下之生成，未始離於至無至一者也。

【略】

故有之以爲利，無之以爲用。

義曰：夫道之無也，資有以彰其功，無此有則道功不彰矣。物之有也，資道以稟其質，無此道則物不生矣。物非道則不能生成，道非物則不顯功用。亦猶車器室三者，皆取其因無以利有，因有以用無也。

義曰：形而上者道之本，清虚無爲，故處乎上也。形而下者道之用，稟質流形，故處乎下也。顯道之用，以形於物，物稟有質故謂之器。器者，有形之類也。聖人法道之用，制以爲器，畫卦觀象以制文字，剡木爲舟，刻木爲檝，斷木爲杵，掘地爲臼，弦木爲弧，剡木爲矢，制以宫室，結爲網罟，服牛乘馬，負重致遠，鑄金爲兵，揭竿爲旗，斲木爲耜，揉木爲耒。一事以上，以利天下。此皆分道之用以爲器物爾。皆《易・繫》所稱，此乃道是無體之名，形是有質之用。凡萬物從無而生，衆形由道而立，先道而後形，道在形之上，形在道之下。故自形而上謂之道，自形而下謂之器。形雖處道器兩畔之際，形在器上不在道也。既有形質可爲器用，故云形而下者謂之器。夫道者無也，形者有也，有故有極，無故長存。世人修道，當外固其形，以寶其有，内存其神，以宗其無，漸契妙無，然合於道，可以長生爾。

義曰：至一至無，道也。有象有形，器也。約器明道，復借喻於車器室等謂三翻也。其用於無，皆一揆耳。聖人之理天下也，懸賞罰，制法度，垂教令，明上下，此皆有也。若無端默爲政，沖静率人，不言兹化，萬物自理。雖有賞罰之科，制度之設，教令之行，上下之别，而不用之，亦可謂假其有而用其無也。斯至理也。修身之道，因經而悟理，因悟而忘言，了達妙門，不執言教，亦此義歟。

又卷一九《孔德之容章第二一》 道之爲物，惟恍惟惚。

義曰：恍惚者，不無不有，非有非無。謂之有焉，乃隨迎不得；謂之無也，乃應變多方。

惚兮恍，其中有象。

義曰：自上而下謂之降，妙本之道出乎虚無。虚無之體清浮在上，欲生化品物，運道神功，於妙無之中而生妙有。妙有融化，自上而下降於人間，兆見物象，妙無爲本，妙有爲迹，本則澹然常存，迹乃資生運用。由是言之，一切物象皆由道生，一切形類皆道之子矣。

恍兮惚，其中有物。

義曰：物是妙無之本象，爲妙有之迹。既從本而降迹，則是道生萬法。循迹歸本，則萬法復宗於道。言自妙有却歸妙無，無始無終。常生常化矣。

義曰：自道所稟謂之性，性之所遷謂之情。人能攝情斷念，返性歸元，即爲至德之士矣。至德之本，即妙道也。故言修性返德，自有歸無。情之所遷者有也，攝情歸本者無也。既能斷彼妄情，返於正性，正性全德，德爲道階。此乃還冥至道也。冥者，契合也。妙物爲道，故云攝迹歸本。此乃攝有用之迹，歸無爲之本也。

杳兮冥兮，其中有精。

義曰：初則妙本降生，自無而顯有。次復攝迹還本，自有而歸無。明此二句強爲終始，恐世人迷惑，言道不復存，執有則必無，執無則必有，兩邊爲滯，不悟中道之門。故示之曰其中有精，甚眞甚信。則明妙道常在不始不終。了悟玄言，即契中道矣。【略】

又卷三二《反者道之動章第四〇》 義曰：無者道之本，有者道之末。因本而生末，故天地萬物形焉。形而相生，是生於有矣。考其所以，察其所由，皆資道而生，是萬有生於妙無矣。能自有而復無者，幾於道矣。

陳景元《道德眞經藏室纂微篇》 有無相資俱不可廢，故有之以爲

利，利在乎器也。無之以爲用，用在乎空也。夫器之爲利也，必存其外，外資空用而成。空之爲用也，必虛其内，内藉器利而就。故無藉有以爲利，而有籍無以爲用也。無則同乎道，有則成乎器。形而上者曰道。道，無形也。道雖無形，必資有，以彰其功。形而下者曰器。器，有體也。器雖有體，必資無，以成其用。故器非道不能應用，道非器不能顯功。亦如轂中有輻，器中有物，室中有人，咸因無以利有，因有以用無也。若夫治身，則神爲存生之利，虛爲致神之用，故無能致用，有能利物，利物在乎有，而致用在乎無，無者虛静之謂，有者神明之謂也。神明則妙有，虛静則至無。妙有之利，在乎存生；至無之用，在乎致神。存生致神之利用，不出乎妙有至無也。

又 有，一也。一者，元氣也。言天下萬物皆生於元氣。元氣屬有光而無象，雖有光景出于虛無。虛無者，道之體也。《列子》曰：有形者生於無形，則天地安從生。又曰：形動不生形，而生影。聲動不生聲，而生響，無動不生無，而生有。是故物生於有，有生於無，而萬物莫不獨化也。

章安《宋徽宗道德真經解義・道可道章第一》 道可道，非常道。名可名，非常名。

臣義曰：道至虛也，寓天下之群實而不見其畛畦，故無體之可言。道至静也，對天下之群動而不涉於緒使，故無方之可名。道不可言也，托於言聲之間，皆道之糟粕爾。道不可名也，寓於形器之域，皆道之筌蹄爾。可道可名，屬於諸有，如事物焉，廢興新故之不停，如四時焉，旋復代謝之不一。應理適變，各可其可，豈眞常耶。眞常妙本，先天地而不弊，後天地而不窮，玄冥自契，豈容聲哉。【略】

無名，天地之始。有名，萬物之母。常無，欲以觀其妙。常有，欲以觀其徼。

御注曰：《莊子》曰：建之以常無有。不立一物，兹謂常無。不廢一物，兹謂常有。常無在理，其上不皦，天下之至精也，故觀其妙。常有在事，其下不昧，天下之至變也，故觀其徼。有無二境，徼妙寓焉。大智並觀，乃無不可。恍惚之中，有象與物。小智自私，蔽於一曲，棄有著空，徇末忘本，道術於是爲天下裂。

臣義曰：在有而無，謂之常無，非空絶之無，見無於有爾。而物物皆空，故曰不立一物，乃眞常之無也。即無而明，謂之常有，非物色之有也，見有於無爾。而物物具在，故曰不廢一物，乃眞常之有也。常無冥於一致之理，藏天下之至精，貫通是非，混一今古。常無而不墮於無，故可以觀妙。常有應於方來之事，對天下之至變，時物終始，形器變化，錯出無窮，紛然不一。常有而不滯於有，故可以觀徼。即有無之境，有徼妙之觀。然徼妙豈即夫有無所能盡觀也哉？亦曰即其常無常有欲以觀爾。大智達觀有無本末，泯於忘言之域，是謂要妙。

此兩者同出而異名，同謂之玄。

臣義曰：道以常無爲體，以妙有爲用，窅爾無相，孰觀徼妙。物我復乎造化之原，是非混於沖虛之氣，離形去智，有無都泯，故同謂之玄。在無而有，在有而無，所謂兩者同也。有無相生，而有無之辨著，此出而異名也。玄之爲色，赤且黑，於其方曰朔曰北之類，皆合兩者故也。通夫有無而同於一，乃可以語道。

又《道沖章第四》 臣義曰：自無而適有者，皆麗乎物，故萬物本乎道之所生。自有而適無者，皆復乎道，故道爲萬物之祖。道本乎無，何所自生，故曰不知誰之子。物屬諸有，由道以生，故曰象帝之先。物見於像曰象，則象者生物之始也。神之應物曰帝，則帝者應物之始也。象與帝，群物之所始，而皆本乎道之所自出，故曰象帝之先。

又《三十輻章第一一》 三十輻共一轂，當其無，有車之用。埏埴以爲器，當其無，有器之用。鑿户牖以爲室，當其無，有室之用。

御注曰：有無一致，利用出入，是謂至神。有無異相，在有爲體，在無爲用，陰陽之運，萬物之理也。車之用在運，器之用在盛，室之用在虛，妙用出於至無，變化藏於不累，如鑒無象，因物顯照，至人用心，每解乎此。

臣義曰：有之與無，冥於一致，道之全體，神之至也。自無適有，因有見無，則有無異相。無即有而爲體，有即無而爲用，物理皆然也。車之運轉，器之成貯，室之居處，皆以無爲之用。車也、器也、室也，皆以有爲之體。墮於形體，認爲已有，歸於俱敝，蔽蒙之人也。知無有爲用，則明變化之機。達妙用之功，應於無窮，得於神解。

故有之以爲利，無之以爲用。

御注曰：有則實，無則虛，實故具貌像聲色而有質，虛故能運量酬酢而不窮。天地之間，道以器顯，故無不廢有，器以道妙，故有必歸無。木撓而水潤，火熯而金堅，土均而布，稼穡出焉，此有也，而人賴以爲利。天之所以運，地之所以處，四時之所以行，百物之所以昌，孰尸之者？此無也。世莫睹其迹，故其用不匱。有無之相生，老氏於此三者，推而明之。

臣義曰：形而顯有，物之爲利，虛而爲無，物之爲用，有無相資而成功。如後車也、器也、室也，皆物之易見者也，故即此三者，以明有無之利用。

又《道常無名章第三二》 道常無名。

臣義曰：生天生地者，道也，道常於無，何名之有。

樸雖小，天下莫能臣。

侯王若能守，萬物將自賓。

臣義曰：復於無者，道也。嚮於有者，物也。故道爲物主，而物服於道而歸之，故爲賓。

【略】

始制有名，名亦既有。夫亦將知止，知止所以不殆。

臣義曰：道全於一爲樸，樸之始制有名，名起於一，自一之萬，而物莫不有名。正其名，順其理，斯可以知止矣。泥名著有，隨物遷徙，往而不反，涉世累之患，忘性命之眞，而失其所安，豈不殆哉。

又《反者道之動章第四〇》 反者道之動，弱者道之用。天下之物生於有，有生於無。

御注曰：天下之理，動靜相因，強弱相濟，夫物芸芸，各歸其根，則已往而返復乎至靜，然感而遂通天下之故，則動無非我，故曰反者道之動。柔之勝剛，弱之勝強，道之妙用，實在於此。《莊子》曰：積衆小不勝爲大勝者，惟聖人能之，故云弱者道之用。四時之行，斂藏於冬，而蕃鮮於春。水之性至柔也，而攻堅強者，莫之能先，其此之謂歟？然則有無之相生，若循環然，故無動而生有，有極而歸無，如東西之相反，而不可以相無也。彼蔽於莫爲，溺於或使，豈道也哉？

臣義曰：道以虛靜爲正，故以動爲反，動離乎靜而復反乎靜，歸根反本也，道之動如此。道以不爭爲勝，故以弱爲用。柔之勝剛，弱之勝強，道之妙用寓焉。天下之物，本乎至無，生而爲有，其見於有，而復歸於無，而無復生有，是有無旋環相生，而不可以相無也。

《太上虛皇天尊四十九章經·出有無章第三三》 天尊曰：衆生迷惑，妄見諸有。吾道本無，有諸衆生顛倒，妄見諸無。吾道亦無，非有非無，即有即無。作是解者，能超一切。

《太上妙法本相經》 空无形篡而无窮極，亦與道同倫，故空爲虛，道爲无，故眞人脩空以得无，故能成虛无。有則爲有，无則爲无，是以眞人尚於无，貴於有。无爲有之元，有爲眞之本，故有无相生，因緣所由起。身爲因，果爲緣，身爲有，果爲无，故從有以修无，得道以爲眞。所以者何？无道則无身，无身則无道，无長則无短，无樂則无苦，无苦則无樂。

論　說

孟安排《道教義樞》卷一〇《有無義第三六》 義曰：有無者，起乎言教，由彼色空，若體無物而非無，則生成乎正觀，知有身而非有，則超出於迷途，此其致也。有無二名，生於僞物。《金液經》云：有有則甚惑，樂無亦未達，達觀兼忘，同歸於玄。既曰兼忘，又忘其所忘，知泯於有無，神凝於重玄，窮理盡性者之所體也。

釋曰：有以體礙爲義，無以空豁爲義，此就麤爲釋。若妙無者，非體非礙，能體能礙，不豁不空，能空能豁。今爲四句通釋：一者有有名，無無名，名本召體，有體可召，所以有名，無體可召，所以無名。二者無有名，有無名，有是假僞，未足可名，無是眞實，始是可名。故《本際經》云：無無曰道。三者具如孟法師釋，亦是有無之名，相待故有。四者體了有無，畢竟清靜，俱不思議，故並無名，近順物情，如第三句也。又有無體用者，孟法師云：金剛火熱，水濕風輕，若此之徒，以爲有體，無爲豁然，體不可立，借理顯相，以寂然無形爲體。玄靖法師釋云：有法有用，

有體有名，無法無用，無體無名。又云：無無體用，宜應無名，爲説教法，假立稱謂。體用自有，不可假設，名乃外來，故可假立，所以既往之法，體用斯盡，猶在其名，流傳遠世。徐法師云：有法有名，有體有用，無法無名，無用無體。今難此解，用附體立，既其無體，何得有用？如諸有相礙，不得行用，憑無得用，用屬於有，豈關於無？又有無義例者，玄靖法師云：有劣無勝。何者？有礙無通，有是無常，無是常也。今明有無二法，互相有通礙，亦互有優劣。無是礙者，如斷橋木通，是無爲礙。有是通者，如橋合得通，是有爲通。有爲勝者，則有治斷之能，無爲勝者，則有治常之用。是則有無之義，通礙不恆，無有之説，勝劣非定。通不通既爾，常無常亦然。《西昇經》云：有常可使無，無常可使有，是知有之與無，常與無常，亦不可定。但通義逐隨，緣人去取，原其實致，究竟皆空。故以有無爲假，非有非無爲眞。《昇玄經》云：有無二名，生於僞物。又云：眞性常一，未始暫有，未始暫無。眞既非有，亦非非有；眞既非無，亦非非無也。《西昇經》云：道非獨在我，萬物皆有之。老子經教云：道無不在，有即妙有，無即妙無，以此爲論，豈離有無，別復有道。故深論有無，義可攝盡，但知諸法，非直無邊，亦自本無所有，何攝何盡？今言攝者，以無攝爲攝，無所不攝，以無盡爲盡，故無所不盡也。

王玄覽《玄珠録》卷下　若因有始名無，有即在無內，有若在無內，有即自妨無，其無無由名。有若在無外，有即無由名，若無由得名有，無由亦名無，有無一時俱，有既相違，同處則不可。

空中無有物，無物無有見，空中既無物，無物無無見，云何苦破見，欲言於不見。有即一時有，有見有無見，無則一時無，無有有見有無見，見能覺知，爲之有滅。然無既爲之空，無境則無知，爲非有，有境則起念，爲非無。欲脩之者，莫令心住有，莫令心住空，莫令心離有，莫令心離空，莫令心住四，莫令心住一，莫令心不住，莫令住無心，於中無抑制，任之取自在，是則爲正行。

【略】

無能消有，有能消無，有無雖相對，會以無爲本；明闇雖相對，會以闇爲本。

見無所見，既無所見，有何見？見有色即有住，無色有何住。

【略】

有法、無法，相因而生；有無法，和合而成；非有法、非無法，反之而名；非有無法，反合而名。

正性處之，實無所有，内外俱空，而法非無。無時無有，有無法從何名？有時無無，有有法從何生？二法不同處，云何和合成？若有有無法，可許非有非無成，有無既也破，非有非無破，二法既也破，云何和合名？出諸名相，而入眞空，眞空亦空，而非無也。

【略】

言空之時若有有，有不名空；言空之時若無有，有無空亦無，云何得名空？言有亦如此，有無是相因，有有則有無有分別空。有無是相違，無時無有有，有無無亦無無分別空。前後是相隨，前言有分別，後説無分別，在無分別時，有分別已謝，是則前謝後亦謝眞實空。有無相因生，有有無亦有，無有有亦有，此名橫相因。各於有無中，是有是非有，是無是非無，此是竪相因。已上三法爲三事，三事有分別，離此三事即是空，空即無分別。

【略】

即有始有無，此是前後之有無，即有是於無，此是同時之有無。

原題通玄先生《道體論・道體義》　問曰：有而不有有者，有何等有？而不有者，不有何不有？答曰：解有三種。一就寂靜體而辯，有者有其妙有，生成之主。故經云窈兮冥兮，其中有精。論云：夫道有情有信，無爲無形。非有者，非其穢累形質之有。一就混體而辯，有者其混體之有，而不有者，無物外之有。一解云：不有者，不有一物之有。

問曰：無而不無者何？答曰：解有二種。一就寂體，無者無質狀可取，而不無者無狀之狀，不同空無。一就混體，無者無其物外之物，而不無者，混物爲體，故曰不無。

吴筠《玄綱論・同有無章第七》　夫道包億萬之數，而不爲大，貫秋毫之末，而不爲小，先虛無而不爲始，後天地而不爲終，昇積陽而不爲明，淪重陰而不爲晦。本無神也，虛極而神自生。本無氣也，神運而氣自化。氣本無質，凝委而成形。形本無情，動用而虧性。形成性動，去道彌

遠。故溺於生死，遷於陰陽，不能自持，非道存而亡之也。故道能自無而生於有，豈不能使有同於無乎？有同於無，則有不滅矣。故生我者道，滅我者情。苟忘其情，則全乎性，性全則形全，形全則氣全，氣全則神全，神全則道全，道全則神王，神王則氣靈，氣靈則形超，形超則性徹，性徹則返覆流通，與道爲一。可使有爲無，可使虛爲實。吾將與造物者爲儔，奚死生之能累乎。

又《以有契無章第三三》 或問曰：道本無象，仙貴有形，以有契無，理難長久。曷若得性遺形者之妙乎？愚應之曰：夫道至虛極也，而含神運氣，自無而生有。故空洞杳冥者，大道無形之形也。天地日月者，大道有形之形也。以無係有，以有合無，故乾坤永存，而仙聖不滅。故生者，天地之大德也。所以見六合之廣，三光之明者，爲吾有形也。若一從淪化，而天地萬物盡非吾有，即死者人倫之荼毒也。是以鍊凡至於仙，鍊仙至於眞，鍊眞合乎妙，合妙同乎神，神與道合，即道爲我身。所以昇玉京，遊金闕，能有能無，不終不歿，何爲理難長久乎？若獨以得性爲妙，不知鍊形爲要者，所謂清靈善爽之鬼，何可與高仙爲比哉？

王道淵《道玄篇・虛無章第三五》 虛無生有相，有相而復載虛無。虛無者，心也，神也。有相者，形也，氣也。其心虛，其神舒，其形氣也有餘。其心昧，其神背，其形氣也自敗。是以聖人常心虛，而善養神氣者也。

動靜

綜述

王弼《道德真經註・一六章》 致虛極，守靜篤。

言致虛物之極，篤守靜物之眞正也。

萬物並作，

動作生長。

吾以觀復。

以虛靜觀其反復。凡有起於虛，動起於靜，故萬物雖並動作，卒復歸於虛靜，是物之極篤也。

夫物芸芸，各復歸其根。

各反其所始也。

歸根曰靜，是謂復命，復命曰常，

歸根則靜，故曰靜。靜則復命，故曰復命也。復命則得性命之常，故曰常也。

嚴遵《道德真經指歸・得一章》（谷神子注） 因道而動，循一而行，道之至數，一之大方，變化由反，和纖爲常，起然於否，爲存於亡。天地生於太和，太和生於虛冥。虛冥至無也，太和始之而生。太和有之萌也，天地資之而始。

又《上士聞道章》 道之爲化也，始於無，終於末，存於不存，貸於不貸，動而萬物成，靜而天下遂也。善貸且成。

李榮《道德真經注》 道之靜也，無形無相。及其動也，生地生天。氣象從此而出，名之曰門。天地因之得生，號之曰根也。

又 大象無形，難可搏觸。聖人玄悟，了達虛無。故言微。微者，機也，無也。動而應物，機也。妙絕有名，無也。

又 致虛極，守靜篤。

其性靜而貞，其行清而遠。守之厚者，可得虛極之道。

萬物並作，

凡物常人不能守無爲，以安靜爲情之動作，去眞以從僞，失本而逐末也。

吾以觀其復。

復，本也。凡人失本而逐末，離淳以入澆。聖人抑末而崇本，反澆以還朴也。

夫物芸芸，各歸其根。

物，亦人也。根，亦本也。言人以一心攀緣萬境，其事非一，故曰芸芸。聖人皆勸以反本，故言各歸其根也。

歸根曰靜，

在末所以輪迴反本，寂然不動也。

靜曰復命。

近而爲語，強梁不得其死，名之中夭。虛靜保其天年，是謂復命。遠而言之，動則有生有死，失於眞性。靜則不死不生，復於慧命也。

又 夫爲人主者，靜與陰同德，其義無私，法地也。動與陽同波，其覆公正，法天也。淸虛無爲，運行不滯，動皆合理，法道也。聖人無欲非存於有事，虛己理絶於經營任物，義歸於獨化，法自然也。

趙志堅《道德眞經疏義》 動者，事業也。凡人以移故就新爲動。爲道者捨末返本，是有道人之事業，故云道之動。身安心寂，不動也。捨有歸無，云動也。亦猶遠曰返先，既不去非遠也，爲無體名遠也。今亦不來非近也，爲身有之名返也，道無來往而有遠返之名，心安然亦有返動之義。內心虛靜，外行柔弱者，是返本之行。

章安《宋徽宗道德眞經解義·古之善爲士章第一五》 孰能濁以靜之，徐淸。孰能安以動之，徐生。

御注曰：有道之士，即動而靜，時騁而要其宿；定而能應，至無而供其求。故靜之徐淸，而物莫能濁；動之徐生，而物莫能安。《易》曰：來徐徐，徐者，安行而自適之意。至人之用心，非以靜止爲善，而有意於靜。非以生出爲功，而有爲於生也。因其固然，付之自爾，而無怵迫之情，遑遽之勞焉，故曰徐。靜之徐淸，萬物無足以撓其心，故孰能濁？動之徐生，萬物無足以系其慮，故孰能安。安有止之意，爲物所係，則止矣，豈能應物而不傷？

臣義曰：靜者，非能動而之靜，而動未嘗不靜也。動者，非離靜而之動，而靜未嘗不動也。動靜兩得者，道在於事也，故古之事道者，其動也濁，而不離乎靜，故徐自淸也，而物莫能濁。其靜也安，而未始不動，故徐自生也，而物莫能安。安有止意，止於物，則非所謂變動不居也。

又《致虛極章第一六》 致虛極，守靜篤。

御注曰：莫貴乎虛，莫善乎靜，虛靜者，萬物之本也。虛故足以受群實，靜故足以應群動。極者，衆會而有所至。篤者，力行而有所至。致虛而要其極，守靜而至於篤，則萬態雖雜，而吾心常徹，萬變雖殊，而吾心常寂。此之謂天樂，非體道者，不足以與此。

臣義曰：虛者，道之會。靜者，道之復。虛則不爲物累，故爲群實之所寓。靜則不與物雜，故爲群動之所宗。惟虛與靜，故足以爲天地之鑑，萬物之照，而萬態萬變，無足以撓之者。極者，道之至中，而衆之所會也。篤者，道之勤行，而力之所至也。以一致虛，而至於極致之至也，以一守靜，而至於篤守之至也。致之未至，則實或妨道。守之未至，則動或違性。

【略】

歸根曰靜，靜曰復命。

臣義曰：芸芸者，動之華，形之所分也。歸根者，靜之至，命之所復也。萬物受命於無，而成形於有，故有命然後有生，有生斯有性，有性斯有情。情嚮於動，則流於物，流於物則徇末而傷本，逐物而失性，而命以故滅矣。夫惟形忘而不知其所生，心忘而不知其所起，觀復於並作之時，而理以窮矣。芸芸而各歸其根，而性已盡矣，理窮性盡，而返乎靜一，復乎至無，故曰復命。

又《絶聖棄智章第一九》 臣義曰：性本純素，動爲物染，則雜而不一。性靜則純一無物，自見如此，故曰見素。

又《有物混成章第二五》 御注曰：歸根曰靜，靜而復命，故曰反。道之中體，方名其大，則遍覆包含而無所殊易，所謂以言乎遠則不禦也。動者靜，作者息，則反復其道，不離於性，《易》所謂以言乎邇則靜而正也。

又《知其雄章第二八》 知其雄，守其雌，爲天下谿，爲天下谿，常德不離，復歸於嬰兒。

御注曰：雄以剛勝物，雌柔靜而已。聖人之智，知所以勝物矣，而自處於柔靜，萬物皆往，資焉而不匱，故爲天下谿。谿下而流水所赴焉，蓋不用壯而持之以謙，則德與性常合而不離，是謂全德，故曰常德不離，復歸於嬰兒。氣和而不暴，性醇而未散，嬰兒也。孟子曰：大人者，不失其赤子之心。

臣義曰：雄以陽故動而剛，雌以陰故靜而柔，夫動則嚮於有爲，靜則本乎有守。動而不失其靜，故知其雄而動以時也。惟靜可以制動，故其守在雌，而不以剛勝。雌靜而下人，故爲群動之所歸，如彼谿者，納流資物，不見其乏，德至有常，一而不離，靜之至也，復歸於嬰兒者，德復同

於初矣。

又《反者道之動章第四〇》 反者道之動，弱者道之用。天下之物生於有，有生於無。

御注曰：天下之理，動靜相因，強弱相濟，夫物芸芸，各歸其根，則已往而返復乎至靜，然感而遂通天下之故，則動無非我，故曰反者道之動。【略】

臣義曰：道以虛靜爲正，故以動爲反，動離乎靜而復反乎靜，歸根反本也，道之動如此。

論　說

王雱《南華真經拾遺》 靜者本也，動者末也。靜與物爲常，動與物爲應者聖人也。靜與物爲離，動與物爲構者衆人也。聖人物物，衆人物於物，知斯而已矣。孔子曰：君子學以致其道。莊周曰：道不可致。孔子曰：中庸之爲德也，其至矣乎。莊周曰：德不可至。何也？曰：孔子言其在人，莊周言其在天。以其在天則自然之道奚由致，而自得之德奚由至。以其在人則深造之道不可致，何由得道？日新之德不至，何由得德？惟夫能致然後可以不致，惟夫能至然後可以不至。莊周之書，究性命之幽，合道德之散，將以去其昏昏而易之以昭昭，此歸根復命之說、剖斗折衡之言所以由是起矣。雖然，道於心而會於意，則道問而無應，又奚俟於言者歟。蓋無言者雖足以盡道之妙，而不言者無以明，故不得已而後起，感而後動，迫而後應。

佚名《洞真太上太霄琅書》卷四 師抱一，其迹有三，三迹隨世，世有不同，不同雖多，略歸三品，一曰動靜，二曰心靜，三曰眞靜。動靜者，建立館治，繕寫經圖，申明要敎，宣暢玄風，來則訓之，勸而不苦，去則誨之，導而弗牽，退者時引，進者時抑，抑引取中，迴動還靜，反者道動，入靜根，守此能篤，利物濟身，明之者鮮，用戶牖之無也。心靜者，道德內充，行方布術，履世歷山，神仙遊集，救度衆生，託形凡庶，出入市朝，薄官易黜，潛化有心，觸之則色斯舉矣，會之則應感來儀，密受奇方，功成身退，或出或處，測之者希，用埏埴之无也。眞靜者，愛身保神，不滯不滂，秉法執中，不屈不折，匡世救時，唯嚴唯功，可濟則濟，不可則捨，適彼樂土，毗輔諸方，計日剋時，无虧无替，周歷四遠，帝君以下，至于兆庶，敎之喻之，不憩不休，運昇乃已，人莫之知，用三十輻之无也。

司馬承禎《坐忘論·收心三》 夫心者一身之主，百神之帥，靜則生慧，動則成昏。欣迷幻境之中，唯言實是，甘宴有爲之內，誰悟虛非，心識顛癡，良由所託之地。且卜鄰而居，猶從改操，擇交而友，尚能致益，況身離生死之境，心居至道之中，能不捨彼乎，安不得此乎。所以學道之初，要須安坐，收心離境，住無所有。因住無所有，不著一物，自入虛無，心乃合道。經云：至道之中，寂無所有，神用無方，心體亦然。原其心體，以道爲本，但爲心神被染，蒙蔽漸深，流浪日久，遂與道隔。若淨除心垢，開識神本，名曰修道。無復流浪，與道冥合，安在道中，名曰歸根。守根不離，名曰靜定。靜定日久，病消命復，復而又續，自得知常。知則無所不明，常則無所變滅，出離生死，實由於此。是故法道安心，貴無所著。經云：夫物芸芸，各歸其根，歸根曰靜，靜曰復命，復命曰常，知常曰明。若執心住空，還是有所，非謂無所，凡住有所，則令心勞，既不合理，又反成病。但心不著物，又得不動，此是眞定。正基用此爲定，心氣調和，久益輕爽，以此爲驗，則邪正可知矣。若心起皆滅，不簡是非，則永斷覺知，入於盲定。若任心所起，一無收制，則與凡夫元來不別。若唯斷善惡，心無指歸，肆意浮游，待自定者，徒自誤爾。若偏行諸事，言心無所染者，於言甚善，於行極非，眞學之流，特宜誡此。今則息亂而不滅照，守靜而不著空，行之有常，自得眞見。如有時事或法要有疑者，且任思量，令事得濟，所疑復悟，此亦生慧正根。悟已則止，必莫有思，思則以智害恬，爲子傷本。雖騁一時之俊，終虧萬代之業。若煩邪亂想，隨覺則除，若聞毀譽之名，善惡等事，皆即撥去，莫將心受。受之則心滿，心滿則道無所居。所有聞見，如不聞見，則是非善惡不入於心。心不受外名曰虛心，心不逐外名曰安心，心安而虛，道自來居。經云：人能虛心無爲，非欲於道，道自歸之。內心既無所著，外行亦無所爲，非淨非穢，故毀譽無從生，非智非愚，故利害無由撓。實則順中爲常，權則與時消息，苟免諸累，是其智也。若非時非事，役思強爲者，自云不著，終非

眞學。何耶？心法如眼也，纖毫入眼，眼則不安，小事開心，心必動亂，既有動病，難入定門。是故修道之要，急在除病，病若不除，終難得定。有如良田，荊棘未誅，雖下種子，嘉苗不茂。愛見思慮，是心荊棘，若不除翦，定慧不生。或身居富貴，或學備經史，言則慈儉，行則貪殘，辯足以飾非，勢足以威物，得則名已，過則尤人，此病最深，雖學無益。所以然者，爲自是故。然此心猶來依境，未慣獨立，乍無所託，難以自安，縱得暫安，還復散亂。隨起隨制，務令不動，久久調熟，自得安閑。無問晝夜，行住坐臥，及應事之時，常須作意安之。若心得定，即須安養，莫有惱觸，少得定分，即堪自樂，漸漸馴狎，惟益清遠。平生所愛，已嫌弊陋，況因定生慧，深達眞假乎。且牛馬家畜也，放縱不收，猶自生梗，不受駕馭。鷹鸇野鳥也，爲人羈絆，終日在手，自然調熟。況心之放逸，縱任不收，唯益麤疏，何能觀妙。經云：雖有拱璧，以先駟馬，不如坐進此道。夫法之妙用也，其在能行，不在能言，行之則斯言爲當，不行則斯言如妄。又時人所學，貴難而賤易，若論法要，廣說虛無，思慮所莫能達，行用所莫能階者，則歎不可思議。而下風盡禮，如其信言不美，指事直說，聞則心解，言則可行者，此實不可思議，而人翻以爲淺近，而輕忽不信。經云：吾言甚易知，甚易行，天下莫能知，莫能行。夫惟無知，是以不我知。又有言火不熱，燈不照闇，稱爲妙義。夫火以熱爲用，燈以照闇爲功。今則盛談火不熱，未嘗一時廢火，燈不照闇，必須終夜然燈。言行相違，理實無取，此即破相之言，而人反以爲深玄之妙。雖惠子宏辯，莊生以爲不堪。膚受之流，誰能斷簡，至學之士，庶不留心。

或曰：夫爲大道者，在物而心不染，處動而神不亂，無事而不爲，無時而不寂。今獨避事而取安，離動而求定，勞於控制，乃有動靜二心，滯於住守，是成取捨兩病。都未覺其外執，而謂道之階要，何其謬邪。答曰：總物而稱大，通物之謂道，在物而不染，處事而不亂，眞爲大矣，實爲妙矣。然謂吾子之鑒有所未明，何耶？徒見貝錦之輝煥，未曉始抽之素絲，纔聞鳴鶴之冲天，詎識先資於鷇食。蔽日之榦，起於毫末。神凝至聖，積習而成今。徒學語其聖德，而不知聖之所以德，可謂見卯而求時夜，見彈而求鴞炙。何其造次哉。故經云：玄德深矣，遠矣，與物反矣。然後乃至大順。

吳筠《宗玄先生玄綱論・超動靜章第六》　夫道至無，而生天地。天動也，而北辰不移，含氣不虧。地靜也，而東流不輟，興雲不竭。故靜者天地之心也，動者天地之氣也。心靜氣動，所以覆載而不極。是故通乎道者，雖翺翔宇宙之外，而心常寧。雖休息毫釐之內，而氣自運。故心不寧則無以同乎道，氣不運則無以存乎形，形存道同，天地之德也。是以動而不知其動者，超乎動者也。靜而不知其靜者，出乎靜者也。故超乎動者，陽不可得而推。出乎靜者，陰不可得而移。陰陽莫能變，而況於萬物乎。故不爲物之所誘者，謂之至靜，至靜然後能契於至虛。虛極則明，明極則瑩，瑩極則徹。徹者，雖天地之廣，萬物之殷，而不能逃於方寸之鑒矣。

牧常晁《玄宗直指萬法同歸・陰陽以靜爲主說》　陽動陰靜，陽清陰濁，世所共知。至以靜爲主，則世不知之矣。夫太極之體本乎靜，其動者依乎靜，然後而動，非先以之靜，故不能繼之以動。三才之道，是以靜者爲動者之主矣。況靜而生性，動而生炁，靜而生仁，動而生智，天下之事莫不由動之所以生也。今謂陽動其所本必靜，陰濁其所本必清。靜爲動之體，動爲靜之用也。由此觀之，靜者逸而動者勞，靜者尊而動者卑。苟非靜，何以一天下之動也。非清，無以明天下之濁。故聖人取至靜以爲道，非賤陽而貴陰也，取乎太極之始也。夫天雖動，而有動中之靜。地雖靜，而有靜中之動。天非靜，故不能應萬物之情，地非動，故不能發萬物之生。故乾之中陰爲離，日象也。坤之中陽爲坎，月象也。是陽必以靜爲體，陰必以動爲基也。天體靜所以剛而愈健，地體動所以生而不息。故天地常應常靜之妙也。陽動陰靜，天地之正體也。陽清陰濁，天地之正形也。陽剛陰柔，天地之正理也。陽尊陰卑，天地之正位也。一起一伏，陰陽之升降也。一往一來，陰陽之代謝也。一晝一夜，陰陽之明晦也。一寒一暑，陰陽之推遷也。至於充塞兩間之不變，周游六虛之不移，窮之不見其終，推之不見其始，寂然不動，靜體本然者，此又非陰陽之形，寒暑之炁可以測也。

李道純《全眞集玄秘要》　所謂靜者，非不動，若以不動爲靜，土石皆可聖也。《通書》云：動無靜物也。是謂動中之靜，眞靜也。立冬後閉塞而成冬，謂靜也。日月星辰運行而不息，謂之不動可乎？冬至日閉關，示民以靜待動也。是動中有靜，靜中有動，變化之機也。靜極而動，天心

可見矣。子曰：復，其見天地之心乎。是知萬物之本，莫貴乎静，静而又静，神得其正，理所以窮，性所以盡，以至於命，超凡越聖。老子所謂清静爲天下正。《大學》云：定而後静，人生以静者，天性也。若復有人以静立基，向平常踐履處，攝動心，除妄情，息正炁，養元精，自然於寂然不動中，感通於萬物也。恁麽則静亦静，動亦静，動而應物，其體常静，是謂眞静。眞静久久則明妙，明妙而後瑩徹，瑩徹而後靈通。瑩徹靈通，十方无礙，是謂至清静也。心清静，則身清静定矣。一身清静，則多身清静；多身清静，則山河大地一切清静。

又《中和集·動静説》 太上云：致虚極，守静篤，萬物並作，吾以觀其復。此言静極而動也。夫物芸芸，各復歸其根，歸根曰静，是謂復命。此言動極而復静也。又云：復命曰常。此言静一動，動一静，道之常也。苟以動爲動，静爲静，物之常也。先賢云：静而動，動而静，神也；動無静，静無動，物也。其斯之謂歟。是知保身心之要，無出乎動静也。學道底人收拾身心，致虚之極，守静之篤，則能觀復。《易》曰：復，其見天地之心乎。夫復之爲卦，自坤而復，自静而動也。五陰至静，一陽動於下，是謂復也。非静極而動乎。觀復則知化，知化則不化，不化則復歸其根也。歸根曰静，是謂復命，非動而復静乎。《易·繫》云：闔戶之謂坤，闢戶之謂乾，一闔一闢之謂變，往來不窮之謂通。一闔一闢，一動一静也。往來不窮，動静不已也。互動互静，機緘不已，運化生成，是謂之變。推而行之，應變無窮，是謂之通。太上云：谷神不死，是謂玄牝。此言虚靈不昧，則動静之機不可揜也。又云：玄牝之門，是謂天地根。即乾陽坤陰，一闔一闢而成變化也。又云：綿綿若存，用之不勤。即往來不窮之謂通也。天根闔闢，猶人之呼吸也。呼則接天根，是謂闢也；吸則接地根，是謂闔也。呼則龍吟雲起，吸則虎嘯風生，是謂變也。風雲際會，龍虎相交，動静相因，顯微無間，是謂通也。予所謂呼吸者，非口鼻也，眞息綿綿，往來不息之謂也。苟泥於口鼻而爲玄牝，又焉能盡天地鼓舞之神哉。知天地變動，神之所爲者，是名上士。達是理者，則知乾道健而不息，即我之心動而無爲，工夫不息也。坤道厚德載物，即我之身静而應物，用之無盡也。心法天故清，身法地故静，常清常静，則天地闔闢之機，我之所維也。經云：清者濁之源，動者静之基，人能常清静，天地悉皆歸，正謂此也。經閒菴輩，叩予保身心之要，予以動静告之。蓋欲使其收拾身心，效天法地之功用也。夫保身在調燮，保心在撿攝。調燮貴乎動，撿攝貴乎静。一動象天，一静象地，身心俱静，天地合也。至静之極，則自然眞機妙應，非常之動也。只這動之機關，是天心也。天心既見，玄關透也。玄關既透，藥物在此矣，鼎爐在此矣，火候在此矣。三元八卦、四象五行，種種運用，悉具其中矣。工夫至此，身心混合，動静相須，天地闔闢之機，盡在我也。至於心歸虚寂，身入無爲，動静俱忘，精凝氣化也。到這裏精自然化氣，氣自然化神，神自然化虚，與太虚混而爲一，是謂返本還元也。咦，長生久視之道，至是盡矣。

雜録

《周易參同契》（長生陰眞人註） 坎離匡郭，運轂正軸。

坎爲水，離爲火。火性常動，水性常静，静以比軸，動以比轂。言坎離二氣，含受匡郭，運轉以轂軸。【略】

日辰爲期度，動静有早晚。

辰謂十二時，每辰至一月十五日，受一氣乃有小變易。每受一氣，則一變焉。一年二十四氣，萬物大成。金水受氣成形，形亦如之矣。日行遲，一日行一度；月行疾，一日行十三度。日則一歲一周天，月則一月一周天。金象日，水象月，轉之遲速，取此喻焉。測此度數，而知運轉之期候。候此動静，而知凝結之早晚。動静謂水火，早晚言文武也。

【略】

動則循卦節，静則象《彖辭》。

《震》卦，動也。《復》卦，静也。火炎而動，順其卦也。水流而静，象其辭也。《復·彖辭》曰：復，其見天地之心乎？天地以静，無爲之謂也。

【略】

動静有常，奉其繩墨。

火動水静，以順陰陽，不移如繩墨之准的。

四時順宜，與氣相得。

水火之氣，以順四時。

侯善淵《上清太玄九陽圖・太玄動静之圖》 道之無心，寂然不動。默而玄之，静也。神之有應，感而遂通，涣然妙之，動也。一動一静，可成眞道矣。頌曰：

劈碎荆山尋玉，擘開世網搜玄。

兩點清光瑩徹，一輪紅日當天。

杜光庭《太上老君説常清静經註》 夫道者，有清有濁，有動有静。

清者，天也，正陽之炁上騰爲天。濁者，地也，正陰之炁下結爲地。夫者，發語之詞也。夫道能清能濁，能動能静，以至大道無測，常名清濁動静，皆爲至道之用。凡曰學道之士，若能明動静之炁，安其位，則至道自來歸之。動静合宜，故爲正色也。此四句與前三句俱明清濁、動静之理。並後二句，共成一章，以契至道尊卑之位、本末之由。於三段之中，第二段明男女清濁之用、動静之機。

天清地濁，天動地静。男清女濁，男動女静。

《列子》曰：天積炁爾，地積塊爾。天地相連，終不相離。自地以上皆是天也。有諸天諸地，其名不一。四面八天，上有三十二天、三十二帝，皆清炁也。下有九地，九地之下謂之風水。風水之下，冥冥不測。自九地之上，上至諸天，皆出混元之圖也。《上清經》云：諸方各有五億五萬五千五百五十重天，天地之數亦然。此乃以彰至道之尊，大無不包，細無不納也。男者，陽也；女者，陰也。夫人在於母腹之中受胎之日，皆稟天地陰陽之炁，以成其形，稟天地純陽之炁者，以成其男。十月之中，常在母左脇下者，男也。稟天地純陰之炁者，以成其女。十月之中，常在母右脇下者，女也。女之水性，極陰之炁，故爲静也。男之火性，極陽之炁，故爲動也。動者飛昇，上應於天。静者濁滯，下應於地。故云天尊地卑，乾坤定矣；男尊女卑，陰陽分矣。故曰男動女静。

動寂

綜述

成玄英《老子道德經義疏・天下皆知章第二》 處無爲之事，

言聖人寂而動，動而寂。寂而動，無爲而能涉事。動而寂，處世不廢無爲。斯乃無爲即爲，爲即無爲。豈有市朝山谷之殊，拱默當塗之隔耶？故言處無爲之事也。

又《古之章第一五》 濁以静之徐清，

徐，緩也。雖復處有欲之中，同事利物，而在染不染。心恆安静閒放而清虚也。前則雖清而能混濁，此則處濁不廢清閒。明動而寂也。

安以動之徐生。

雖復安静，即静而動。雖復應物而動，心恆閒放而生化群品也。明寂而動也。

又《致虚極章第一六》 致虚極，守静篤。

致，得也。虚極，道果也。篤，中也。言人欲得虚玄極妙之果者，須静心守一中之道，則可得也。

第二勸令返本還原，歸根復命。

萬物並作，吾以觀其復。

作，動用也。言一切衆生，並皆云爲取捨，貪逐前境。以老君聖知觀之，悉復在妙本，雖動而寂也。

夫物芸芸，各歸其根。

芸芸，衆多貌也。言衆生所以不能同於聖人，雖動不動，用而無心者，只爲芸芸馳競不息也。若能返本歸根，即同於聖照。此勸之也。

歸根曰静，

但能返本還源，馳競之心自息。

靜曰復命。

命者，眞性惠命也。既屏息嚣塵，心神凝寂，故復於眞性，反於惠命。

復命曰常，

反於性命，凝然湛然，不復生死，因之曰常。

又《道常無爲章第三七》 第一結道宗，明寂而常動。

道常無爲而無不爲。

凝常之道，寂爾無爲，從體起用，應物施化，故曰而無不爲。前句是本，後句是迹。此明本迹迹本，寂動動寂之義也。

又《不出户章第四七》 第三重結虛照之人寂而能動。

是以聖人不行而知，

不行者，心不緣歷前境。而知者，能體知諸法實相，必竟空寂。譬懸鏡高堂，物來斯照，照而無心也。故《莊子》云：聖人不由心，而照之於天矣。此一句解不出户知天下。

不見而名，

不見者，了知諸法虛幻，無可見之物也。而名者，能正名百物，垂迹顯敎也。不見而名，不應而應，名而不見，應而不應也。此一句解不窺牖見天道也。

不爲而成。

不爲者，凝神寂泊，妙絶於有爲也。而成者，能施化群品，成就學人。此明寂而動也。

又《治大國章第六〇》 治身者攝動歸寂，以成己行，從寂起動，以應蒼生，動不乖寂，故無傷害，所以內外兩行交歸於己也。既即動即寂，何所攝耶？

李榮《道德眞經注》 超有物而歸無物，無物亦無色，視聽而契希夷，希夷還寂，恐迷塗之未悟，但執無形，示失路之有歸。更開有象無狀之狀，此乃從體起用，無物之象，斯爲息應還眞。息應還眞，攝迹歸本也。從體起用，自寂之動也。自寂之動，語其無也，俄然而有。攝迹歸本，言其有也，忽爾而無。忽爾而無，無非定無，怳然而有，有非定有。有無怳惚，無能名焉。

論說

王玄覽《玄珠録》卷上 大道師玄寂，其有息心者，此處名爲寂，其有不息者，此處名非寂。明知一處中，有寂有不寂，其有起心者，是寂是不寂，其有不起者，無寂無不寂。如此四句，大道在其中。又曰：有爲動，無爲寂，要搖始動，不搖自寂，只於動處寂，只於寂處動，只將動動於寂，只將寂寂於動。動寂雖異，正性止一，正性雖一，不關動寂。動寂雖二，正性不關，亦如泥印矣。若將寂心以至動，雖動心常寂。若將動心至寂，雖寂而常動。常有定故破其先，常有先故破其定。違則交相隱顯，合則定慧二俱。

【略】

共時亦不動，不共亦不寂，動寂無二相，亦復非是一。一本無我，合業爲我，我本無心，合生爲心。心本無知，合境爲知，合時既無外入，有者並悉是空。空則無我、無生、無心、無識，既無所有，誰當受生滅者哉？

孟安排《道教義樞》卷一〇《動寂義第三四》 義曰：動寂者，道應萬方，神凝一理，名生於本跡，事出乎假眞，爰開動寂之談，方申體用之義，此其致也。

釋曰：動以應動爲義，故無所不動；寂以本寂爲義，故無所不寂。無所不寂，寂復寂動；無所不動，動復動寂。由此而言，義通四句。一、動寂句者，即含兩義：一者由跡顯本，本之言寂，即是動寂。二者攝跡歸本，亦名動寂。經云：今當反神，還乎無爲湛寂，常恆不動之處。二、寂動句者，亦含二義：一者由本乘跡之言，動即是寂動。二者從本起跡，亦名寂動。三、動動句者，即是動而又動，從跡起跡，分身化身，即是其義。四、寂寂句者，即是寂而又寂，非跡本寂，寂至無宗。又動寂體用者，舊云四絶忘理，衆生迷之，故入生死，聖人體之，故與冥一。所冥之理既寂，能冥之智亦寂也。但初發道意，誓度衆生，不負宿心，所以化行。行之爲用，要在形聲，故應入生死，形極物聲。本無形聲，所以爲寂；跡有形聲，所以爲動。至論尙自無動無寂，豈得有形有聲？既以無

動無寂而分動寂，亦以無體無用而開體用。故以不寂之寂爲體，不動之動爲用。若言體用並爲用，非體非用，始爲體者，亦動寂並爲動，非動非寂，始爲寂耳。徐法師云：動之與寂，具有六義：一寂然不動，二動而不寂，三即寂即動，四即動即寂，五寂而能動，六動而能寂。理妙難求，請爲之諭。寂而不動，若嵩山盤峙，不改於地，北辰敻極，自處乎天。動而不寂，天行西轉，健而不息，水流東趨，逝而莫止。即寂即動者，若臨水看月，光逐波摇，驚迴觀嶽，山從眼轉。即動即寂者，若乾行不息，畢昴常如其度，後流未已，淮海無道其源。寂而能動者，如懸石比竹，直置寂然，吹擊成音，乃爲生動。動而能寂者，如吹息韻停，樂止音謝也。今謂若虛壞假設，其義可安，若執滯定言，未爲通理也。

陰陽

綜述

成玄英《老子道德經義疏・道生章第四二》 道生一，一生二，二生三，三生萬物。

一，元氣也。二，陰陽也。三，天地人也。萬物，一切有識無情也。言至道妙本，體絶形名，從本降迹，肇生元氣。又從元氣，變生陰陽。於是陽氣清浮，昇而爲天；陰氣沈濁，降而爲地。二氣昇降，和氣爲人。有三才，次生萬物。欲明道能善貸，次第列之。

萬物負陰而抱陽，

負，背也。抱，向也。陽，生也。陰，死也。言一切萬物，有識無情，莫不背陰向陽，好生惡死。然惡死不遂免死，好生未嘗得生。聖人愍之，故此下爲説長生之術也。

李榮《道德真經注》 陰陽二氣，遞相爲用。陽氣躁而熱，陰氣靜而寒。陽氣盛則靜勝而躁劣。此則氣序遷移，平爲勝劣。

趙志堅《道德真經義疏・昔之章第二》 昔之得一者，

一元氣道之始生者也。古昔天地萬物，同得一氣，而有生成，此句總説生由下別陳得一。

天得一以清，地得一以寧，

一氣分爲陰陽，陽氣清上澄爲天，天得一中之清氣而爲天，故清明也。陰氣濁下凝爲地，地得一中之濁氣而爲地，故安寧也。

神得一以靈，谷得一以盈。

一氣之中有非陰非陽者，名曰和。陰陽既判，和之陰多者爲鬼神，及山川之精，神鬼等爲得一，精靈應用而不窮，川谷流溢而不竭，川谷精靈亦如人之有神也。

又《道生章第五》 道生一，一生二，二生三，三生萬物。

道至無也，一妙有也。至無不無，能生於一。道是一體，一是道氣。氣因體生，故云道生一。道雖生一，還在一中，神用資通，麤妙異耳。一外本道，元無虧滅。一者，元氣也，亦曰太和。以數言之謂之一，以德言之謂之和。爲氣之始復云元。氣妙有不有，無色無聲，不有而有，能生於二。二者麤氣謂陰陽也。且一之爲物也，從無涉有，至微至妙，理殊空寂，不得言無，器象未形，不可言有，包含萬象，混在其中，有神用能清能濁，清氣爲陽，濁氣爲陰，陰陽同出，故云生二。陰陽分判，一布二事，二外本一，全然若舊。二又生三，三者形質已具，謂天地人也。純陽清而爲天，純陰濁而爲地，和氣爲人。和者一氣兼陰陽之妙，三合爲和。若以和清濁而爲天地人者，此便以三生三。今言二生三，生爲和，是一氣布在二中，故唯言二。亦猶道遍三才，直以天地人爲三，不可兼道爲四。其天地人各懷陰陽和三氣備足，然天地人外，陰陽和本氣亦無耗損，其天地陰陽萬物，若無和氣不能自立，況能生物乎。已上從無適有，自妙向麤，謂之生非如今日以形相生也。其人始生而得和清濁二氣，虛凝聚結，化生成形，其神識即和道之精秀，與天地同受氣而生。故《西昇經》云：吾與天地分一氣而治，自守根本是也。三生萬物者，天地生萬物，人又生人，兼長養之，萬物咸得遂性。自此之後，皆是陰陽交感，以形相生，故云三生萬物也。下五句二。

萬物負陰而抱陽，冲氣以爲和。

負，背也。抱，向也。冲，中也。人以背後爲陰，故言負。心前爲

陽，故言抱。和氣在中，通貫陰陽，調和腑臟然後形神全具，故云冲氣以爲和。草木從地而生，向天而長，同是負陰抱陽，等有和氣，但無識異耳。

杜光庭《道德真經廣聖義》卷一四《視之不見章第一四》 義曰：其爲明也，必皦然在上，謂積陽也。其爲暗也，必昧然在下，謂積陰也。陰陽有定分，明昧有定相，是則有形有質，皆有定方也。惟夫大道處於上，不皦然而明，道非陽也；處於下不昧然而暗，道非陰也。故曰非陰非陽，而能陰能陽，不可以定相睹，不可以定分求。天得道而能清，是能上也。地得道而能寧，是能下也。陽得道而能動，是能明也。陰得道而能靜，是能昧也。

又卷三七《道生之章第五一》 義曰：萬物之生也，道德稟之以氣，乾坤稟之以形。氣稟道德之功，形資天地之化，因寒暑之運，假陰陽之資，以生以成，以終以始。生成終始，斯謂勢乎？乾知太始者，始，初也。乾是天，爲陽氣，萬物初得天陽之氣而生。坤作成物者，坤是地，爲陰氣，萬物得地陰氣而形。既分動植形位，然賴寒暑之氣以成其功。然生化之本，皆本於道，豈天地寒暑能生化哉？

嚴遵《道德真經指歸·以正治國章》（谷神子注） 道德之情，正信爲常，變化動靜，一有一亡。覆載天地，經緯陰陽。紀綱日月，育養群生，逆之者死，順之者昌。故天地之道，一陰一陽，陽氣主德，陰氣主刑，刑德相反，和在中央。春生夏長，秋收冬藏，終而復始，廢而又興。陽終反陰，陰終反陽，陰陽相反，以至無窮。

又《治大國章》 是故鬼神治陰，聖人治陽，治陰者殺偶，治陽者殺奇。虛無清靜，鬼神養之；纖微寡鮮，鬼神輔之；盛壯有餘，鬼神害之；盈滿亢極，鬼神殺之。不屬其類，聖人奉之；忠信順善，聖人與之；雄俊豪特，聖人察之；作變生奇，聖人殺之。故動於陰者，鬼神周之；動於陽者，聖人制之。唯無所爲者，莫能敗之。聖人在上，奇不得起，詐不得生，故鬼以其神養物於陰，聖人以其道養物於陽。福因陰始，德因陽終，鬼神降春澤，聖人流其恩，交歸萬物，若性自然，流道沉德，洽和同眞。所謂兩不相傷，故德交歸焉也。

又《勇敢章》 夫天地之道，一陰一陽，分爲四時，離爲五行，流爲萬物，精爲三光。陽氣主德，陰氣主刑，覆載群類，含吐異方，玄默無私，正直以公。

又《天之道章》 天地未始，陰陽未萌，寒暑未兆，明晦未形，有物參立，一濁一清，淸上濁下，和在中央。三者俱起，天地以成，陰陽以交，而萬物以生。失之者敗，得之者榮。夫和之於物也，剛而不折，柔而不卷，在天爲繩，在地爲準，在陽爲規，在陰爲矩，不行不止，不與不取，物以柔弱，氣以堅強，動無不制，靜無不與。故和者，道德之用，神明之輔，天地之制，群生所處，萬方之要，自然之府，百祥之門，萬福之戶也。故智者見之謂之智，仁者見之謂之仁，天下以之，日夜不釋，莫之能睹。夫何故哉？以其生物微而成事妙也。是以天地之道，不利不害，無爲是守，大通和正，順物深厚，不虛一物，不主一所，各正性命，物自然矣。故盛者自毁，張者自弛，隱者自彰，微者自顯，不足者益，有餘者損，存者自亡，生者自死，是非自反，吉凶自取。損不可逃，益不可距，禍無常留，福無常處，各受一分，不得兼有。故鱗者無毛，毛者無羽，觡者無牙，角者無齒，見於晝者滅於夜，得於前者失於後，再便重利，未之嘗有。事不並興，利不兩來。不大不小，固一不變，已中其惘，不可得解。是以日中而昃，月滿而缺，四時變化，一消一息。高山之下，必有深谷；大泉之流，必有激波。爍金湯石，存于凝冰，裂地之端，陰陽所成。此天之道陰極而陽，陽極而陰。

《太平經》卷三六《事死不得過生法第四六》 人生，象天屬天也。人死，象地屬地也，天，父也。地，母也，事母不得過父。生人，陽也。死人，陰也。事陰不得過陽。陽，君也。陰，臣也。事臣不得過君。事陰反過陽，則致逆氣；事小過則致小逆，大過則致大逆，名爲逆氣，名爲逆政。其害使陰氣勝陽，下欺其上，鬼神邪物大興，共乘人道，多晝行不避人也。**【略】**又生人，乃陽也。鬼神，迺陰也。生人屬晝，死人屬夜，子欲知其大深放經三六·八上·一·一*此。若晝大興長則致夜短，夜興長則致晝短，陽興則勝其陰，陰伏不敢妄見，則鬼神藏矣。陰興則勝其陽，陽伏，故鬼神得晝見也。夫生人，與日俱也；奸鬼物，與星俱也。日者，陽也。星者，陰也。是故日見則星逃，星見則日入。故陰勝則鬼物共爲害甚深，不可名字也。迺名爲興陰，反衰陽也。

又卷五六至六四《闕題》 元氣，陽也，主生；自然而化，陰也，主養凡物。天陽主生也，地陰主養也。日與晝，陽也，主生；月星夜，陰也，主養。春夏，陽也，主生；秋冬，陰也，主養。甲丙戊庚壬，陽也，主生；乙丁己辛癸，陰也，主養。子寅辰午申戌，陽也，主生；丑卯巳未酉亥，陰也，主養。亦諸九，陽也，主生；諸六，陰也，主養。男子，陽也，主生；女子，陰也，主養萬物。雄，陽也，主生；雌，陰也，主養。君，陽也，主生；臣，陰也，主養。天下凡事，皆一陰一陽，乃能相生，乃能相養。一陽不施生，一陰並虛空，無可養也；一陰不受化，一陽無可施生統也。陽氣一統絶滅不通，爲天大怨也。一陰不受化，不能生出，爲大咎。天怨者，陽不好施，無所生，反好殺傷其生也。地所咎，在陰不好受化，而無所出養長，而咎人，反傷其養長也。天不以時雨，爲惡凶天也；地不以生養萬物，爲惡凶地也。男不以施生爲斷天統，女不以受化爲斷地統。陰陽之道，絶滅無後，爲大凶。

又卷六九《天讖支干相配法第一〇五》 天之格分也，陽者爲天、爲男、爲君、爲父、爲長、爲師，陰者爲地、爲女、爲臣、爲子、爲民、爲母。故東南者爲陽，西北者爲陰。眞人欲知天讖審實，從天地開闢以來，諸縱令兵武備，使王縱酒，使王從女政，大從其言，使其王，少陰太陰與地屬西北。從是令者，後皆亂而有凶害。仁柔道德賢明聖人悉屬東南，屬於陽，屬於天。從是言者後悉理。願聞夫賢聖何以屬東南方也？火之精爲心，心爲聖，木之精爲仁，故象在東也。東南者養長諸物，賢聖柔明亦養諸物，不傷之也。故夫聖賢柔明爲性，悉仁而明，仁者象木，明者象火，故悉在東南也。善哉善哉！見天師之言，已大解矣。又天讖格法，東南爲天斗綱斗所指向，推四時，皆王受命。西北屬地，爲斗魁，所繫者死絶氣，故少陰太陰土使得王，勝其陽者，名爲反天地，故多致亂也。眞人知之耶？唯唯。愚生數人，緣天師哀之，爲其説天讖訣。願問事，一言之。今南方爲陽，易反得巽離坤，北方爲陰，易反得乾坎艮。善乎！子之難也。睹天微意，然易者，迺本天地陰陽微氣，以元氣爲初。故南方極陽生陰，故記其陰；北方極陰生陽，故記其陽，微氣者，未能王持事也。故易初九子，爲潛龍勿用，未可以王持事也，故勿用也。此者，但以元氣之端首耳。善哉善哉！行，眞人已解矣。今吾所記天讖，乃記天大部，能王持天政氣，爲天下綱紀者也。眞人知之耶？唯唯。今吾所言，正天下人君所當按之以爲治法也。子之所問，正氣之端首也。今眞人見吾言，或疑也，爲諸眞人具説天地八界。唯唯。日之界者，以日出於卯，入於西，以南爲陽，北爲陰。天門地戶界者，以巽初生東南角，乾初生西北角，以東北爲陽，以西南爲陰。子初九、午初六以東爲陽，西爲陰。立春於東北角，立秋於西北角，以東南爲陽，西北爲陰。此名爲天地八界，分別陰陽位。

又卷一一七《天樂得善人文付火君訣第二〇七》 天雖上行無極，亦自有陰陽，兩兩爲合。今地下亦自有合乎？然，地亦自下行何極，亦自有陰陽，兩兩爲合。如是一陰一陽，上下無窮，傍行無竟。大道以是爲性，天法以是爲常，皆以一陰一陽爲喉衿，今此乃太靈自然之術也。

又《太平經佚文》 天失陰陽則亂其道，地失陰陽則亂其財，人失陰陽則絶其後，君臣失陰陽則其道不理，五行四時失陰陽則爲災。今天垂象爲人法，故當承順之也。《後漢書·襄楷傳》注

《淮南鴻烈解·天文訓》（高誘注） 天地未形，馮馮翼翼，洞洞灟灟，故曰太昭。馮翼洞灟，無形之貌。洞讀挺挏之挏，灟讀以鐵頭斫地之鐲也。 道始于虛霩，虛霩生宇宙，宇宙生氣，氣有漢垠。宇，四方上下也。宙，往古來今也。將成天地之貌也。漢垠，重安之貌也。 清陽者薄靡而爲天，薄靡者，若埃飛揚之貌。 重濁者凝滯而爲地。清妙之合專一作專。易，重濁之凝竭難，故天先成，而地後定。天地之襲精爲陰陽，襲，合也。精，氣也。 陰陽之專精爲四時，四時之散精爲萬物。積陽之熱氣生火，火氣之精者爲日。積陰之寒氣者爲水，水氣之精者爲月。日月之淫爲精者，爲星辰。天受日月星辰，地受水潦塵埃。

昔者共工與顓頊爭爲帝，怒而觸不周之山。共工，官名，伯於虙羲神農之間。其後子孫任智刑以強，故與顓頊、黄帝之孫爭位。不周山在西北也。 天柱折，地維絶，天傾西北，故日月星辰移焉；傾，高也。《原道》言：地東南傾。傾，下也。此先言傾西北，明其高也。 地不滿東南，故水潦塵埃歸焉。

天道曰圓，地道曰方。方者主幽，圓者主明。明者吐氣者也，是故火曰外景；幽者含氣者也，是故水曰內景。吐氣者施，含氣者化，是故陽施陰化。

天之偏氣，怒者爲風；天地之含氣，和者爲雨。陰陽相薄，感而爲雷，薄，迫也。感，動也。激而爲霆，亂而爲霧。陽氣勝則散而爲雨露，散，霧散也。陰氣勝則凝而爲霜雪。毛羽者，飛行之類也，故屬於陽。介鱗者，蟄伏之類也，故屬於陰。日者，陽之主也，是故春夏則群獸除，除，冬毛微墮也。日至而麋鹿解。日冬至麋角解。日夏至鹿角解。月者，陰之宗也，是以月虚而魚腦減，月死而蠃硥膲。宗，本也。減，少也。膲肉不滿，言應陰氣也。膲讀若物醮炒之醮也。

杜光庭《太上老君説常清静經註》 太上再分大道，以混元一炁而包裹天地，蹩躄陰陽，天主輕清則陽生，陽生則主動；地主重濁而陰生，陰生則主靜。如此陰陽，因動靜而交感，交感則元精降，元精降則萬物生。《易》曰：天地氤氳，萬物化淳。此之謂男清女濁，男動女靜。修眞之士，若能運腎中眞水爲嬰兒，心中眞火爲姹女，使其眞火下降，眞水上昇，此萬神長守而不散。萬神不散，長生久視，此之謂男清女濁、男動女靜。文中子曰：天陽地陰，謂之陰陽，交而生萬物。

王元澤《南華真經新傳·田子方篇》 至陰肅肅，至陽赫赫；肅肅出乎天，赫赫發乎地；兩者交通成和而物生焉，或爲之紀而莫見其形。消息滿虚，一晦一明，日改月化，日有所爲，而莫見其功。生有所乎萌，死有所乎歸，始終相反乎無端而莫知其所窮。非是也，且孰爲之宗。

一陰一陽之謂道。道生於陰陽，陰陽分而道著然。獨陰不可成，而獨陽不可生，必在交通而然後萬物生成矣。故曰，至陰肅肅，至陽赫赫；肅肅出乎天，赫赫發乎地；兩者交通成和而物生焉。夫天陽也，地陰也，肅肅出乎天，赫赫出乎地，見陰陽交通之道也。

《通玄真經》（默希子注） 陰難陽，萬物昌；陽復陰，萬物湛。物昌无不贍也，物湛無不樂也，物樂則无不治矣。陰害物，陽自屈，陰進陽退，小人得勢，君子避害，天道然也。陽制於陰，則天下和治，臣勝於君，則小人在位也。陽氣動，萬物緩而得其所，是以聖人順陽道。夫順物者物亦順之，逆物者物亦逆之，故不失物之情性。洿音烏。澤盈，萬物節成；洿澤枯，萬物莠。故雨澤不行，天下荒亡，陽上而復下，故爲萬物主。不長有，故能終而復始，終而復始故能長久；能長久，故爲天下母。聖人順天之道，无爲長久，逆物之情，有位莫守。陽氣畜而後能施，陰氣積而後能化，未有不畜積而後能化者也。故聖人愼所積。積德來慶，積惡致亡。陽滅陰，萬物肥；陰滅陽，萬物衰。故王公尙陽道則萬物昌，尙陰道則天下亡。陽者，正也，生也，故物肥。肥者則昌，陰者邪也，死也，故物衰。衰者即亡。陽不下陰，則萬物不成，君不下臣，德化不行，故君下臣則聰明，不下臣則闇聾。君非至聖，不能下臣，臣非至賢，不能弼君。虞舜屈伯成，文王師尙父，可謂聰明。日出於地，萬物蕃息，王公居民上，以明道德，日入於地，萬物休息，小人居民，上萬物逃匿。謂陽不下陰，則萬物不昌；君不下臣，則萬物藏也。陰陽之動雷之動也，萬物啓，雨之潤也，萬物解，大人施行，有似於此。陰陽之動有常節，大人之動不極物。大人之盛也，如春之雷。其發令也，如暄之風。皆聾和氣順，故不極物。雷動地，萬物緩，風搖樹，草木敗。大人去惡就善，民不遠徙，故民有去就也，去尤甚，就少愈。且大人有善，百姓交歸。若太王之去邠，何遠哉？風不動，火不出，大人不言，小人无述。火之出也，必待薪，大人之言，必有信。有信而眞，何往不成？火出而薪傳，言發而信行。故知大人之言，其行也往而不追，其信也有若四時。河水深，壤在山，丘陵高，下入淵，陽氣盛，變爲陰，陰氣盛，變爲陽，故欲不可盈，樂不可極。天之道神高舉下，唯節欲全和，以順天理，不使至極。忿无惡言，怒无作色，是謂計得。雖忿怒未忘，而惡言悖色。不形於外，是計得於中，鎭之以道也。火上炎，水下流，聖人之道，以類相求，聖人偯。音依。陽天下和同，偯陰天下溺沉。偯陽者，親忠良，故和同。偯陰者，親姦佞，故沉溺。

王道淵《道玄篇·妙用章第五》 天地爲陰陽之形具，陰陽爲天地之化機。陽奇陰偶，陰質陽資，一昇一降，二者不離。故萬物有配合，各從其類推。是故男動女靜，則天地之情可察矣。

李道純《全真集玄秘要》 太極動而生陽，動極復靜；靜而生陰，靜極復動。一動一靜，互爲其根。分陰分陽，兩儀立焉。

⊙者太極之變也。太極未判，動靜之理已存；二炁肇分，動靜之機始發。太極動而生陽，太極變動也。動而復靜，陽變陰也。靜而生陰，靜而復動，陰變陽也。互爲其根者，陰錯陽而陽錯陰也。一動一靜，分陰分陽，清升濁淪，二炁判矣。清而升者曰天，濁而降者曰地。天動地靜，二炁運行，變化之迹，不可揜也。老子云：玄牝之門，是謂天地根。此謂玄牝闔闢，而生天生地，玄牝即陰陽動靜之機也。反窮諸己，則知虚化神。

有神則有感，神感動而生炁，即動而生陽也。炁聚而生精，即動極而靜，靜而生陰也。精化而有形，即靜極而復動也。靜炁相生，性命立，身心判矣。炁運乎心，天道所以行也。精主乎身，地道所以立也。是知身心即兩儀也。

蕭道存撰施肩吾傳《修真太極混元圖》

天地陰陽昇降之圖

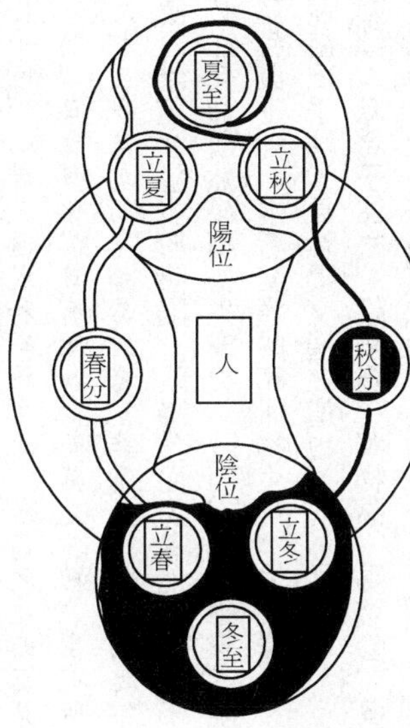

《靈寶眞一經》云：天如覆盆，陽到難昇，積陽生陰。所以生陰者，以陽自地中，暗負眞陰而上升故也。地如盤石，陰到難入，積陰生陽。所以生陽者，以陰自天，暗包眞陽而下降故也。陰極陽生，陽極陰生，陰陽逆生，而天地之道反立故也。

王損之《玄珠心鏡注·守一詩》 守一之元，凝思於絳官之內，必資陰陽二氣和平，妙而淑美。淑美之極，神凝於眞。方將欲凝之時，陽和之氣照燭一身之內，猶如燈燭朗明，了然无物，然後純陰之氣稍稍冥滅，陽和之光，當彼冥時天光暫時消盡，身中冥冥然，其黑之狀狀類若漆。老君告文始先生曰：知白見黑急坐守。又云：知白守黑，神明自凝。當黑之時，委身卧於牀枕之上，如同暫死耳。此是純陰共和合陽不獨顯分也。當此黑時，始可名爲内不知有身，外不分天地，是身心俱與天道冥合也。當冥合之時，仙司嚴敕，里域靈官潛衛守黑者身，百邪莫敢干犯。故曰：不見不死不生，不斷不成，投身死地而後長生，致身亡地而後長存。故曰：神仙凝形必資陰氣而結也，以其純陽，陽氣不能生物故也。亦如男不能生子，必資胎於女腹而生也。夫神仙之道法陰陽二氣，二氣和淑，淑美之極，元神冥於寂默之中，感而遂生，凝神之時，純陽元和煉盡前身即後來妙色，眞如法身而自凝耳，正是化冥冥於眞一之元也。

論說

吴筠《玄綱論·天稟章第四》 夫道本無動靜，而陰陽生焉。氣本無清濁，而天地形焉。純陽赫赫在乎上，九天之上無陰也。純陰冥冥處乎下，九地之下無陽也。陰陽混蒸而生萬有，生萬有者，正在天地之間矣。故氣象變通，晦明有類，陽以明而正，其粹爲眞靈，陰以晦而邪，其精爲魔魅。故稟陽靈生者爲睿哲，資陰魅育者爲頑兇。睿哲惠和，陽好生也。頑兇悖戾，陰好殺也。或善或否，二氣均合而生中人。三者各有所稟，而教安施乎。教之所施，爲中人爾。何者？睿哲不教而自知，頑兇雖教而不移，此皆受陰陽之純氣者也。亦猶火可滅，不能使之寒。冰可消，不能使之熱。理固然矣。夫中人爲善則和氣應，爲不善則害氣集。故積善有餘慶，積惡有餘殃，有慶有殃，教於是立。

又《陽勝則仙章第一二》 陽與陰並，而人乃生，魂爲陽神，魄爲陰靈，結胎運氣，育體搆形，然勢不俱全，全則各返其本。故陰勝則陽竭而死，陽勝則陰銷而仙。柔和慈善貞清者，陽也。剛狠嫉惡婬濁者，陰也。心澹而虛則陽和襲意，躁而欲則陰氣入明。此二者制之在我，陽勝陰伏，則長生之漸也。漸也者，陟道之始，不死之階也。

又《虛明合元章第一三》 道不欲有心，有心則眞氣不集。又不欲苦忘，心苦忘心則客邪來舍。在於平和恬澹，澄靜精微，虛明合元，有感必應。應而勿取，眞僞斯分。故我心不傾，則物無不正。動念有屬，則物無不邪。邪正之來，在我而已。雖所尙虛漠遺形能慮，非精感遐徹，則不能通玄致眞。故上學之士，息於存念者，陰尸之氣勝也。忻於勤銳者，陽和之神勝也。一怠一勤者，其戰未決也。決之者在於剋節勵操，務違懈慢之意，使精專無輟於斯，須久於其事者，則尸銷而神王。神王者，謂之陽勝。陽勝者，道其鄰乎。

又《以陽鍊陰章第一四》 陽火也，陰水也，冰炭不同器，勝負各有

所歸。道俗反其情，人各有所鍊，衆人則以陰鍊陽，道者則以陽鍊陰。陰鍊陽者，自壯而得老，自老而得衰，自衰而得耄，自耄而得疾，自疾而得死。陽鍊陰者，自老而反嬰，自濁而反淸，自衰而反盛，自麤而反精，自疾而反和，自夭而反壽，漸合眞道而得仙矣。是以有纖毫之陽不盡者，則未至於死。有錙銖之陰不滅者，則未及於仙。仙者超至陽而契眞，死者淪太陰而爲鬼，是謂各從其類。所以含元和、抱淳一、吐故納新、屈伸導引、精思靜默、瀟灑無欲者，務以陽靈鍊革陰滯之氣，使表裏虛白，洞合至眞，久於其事者，仙豈遠乎哉。

《鍾呂傳道集·論天地》（施肩吾傳） 呂曰：所謂天地之機可得聞乎？ 鍾曰：天地之機，乃天地運用大道，而上下往來，行持不倦以得長久堅固，未嘗輕泄於人也。呂曰：天地之於道也，如何謂之運用之機？如何謂之行持之機？運用如何起首？行持如何見功？鍾曰：大道既判而有形，因形而有數。天得乾道，以一爲體，輕淸而在上，所用者陽也。地得坤道，以二爲體，重濁而在下，所用者陰也。陽升陰降，互相交合，乾坤作用，不失於道。而起首有時，見功有日。呂曰：天得乾道，所用者陽也，陽主升，何以交於地？地得坤道，所用者陰也，陰主降，何以交於天？天地不交，陰陽如何得合？陰陽不合，乾坤如何作用？乾坤既無作用，雖有起首之時，見功之日，大道如何可得也。鍾曰：天道以乾爲體，陽爲用，積氣在上。地道以坤爲體，陰爲用，積水在下。天以行道，以乾索於坤，一索之而爲長男，長男曰震；再索之而爲中男，中男曰坎；三索之而爲少男，少男曰艮。是此天交於地，以地道索坤道，而生三陽。及乎地以行道，以坤索於乾，一索之而爲長女，長女曰巽；再索之而爲中女，中女曰離；三索之而爲少女，少女曰兌。是此地交於天。以坤道索乾道，而生三陰。三陽交合於三陰，而萬物生，三陰交合於三陽，而萬物成。天地交合，本以乾坤相索而運行於道。乾坤相索而生六氣，六氣交合而分五行，五行交合而生成萬物。方其乾道下行，三索既終，其陽復升，陽中藏陰，上還於天。坤道上行，三索既終，其陰復降，陰中藏陽，下還於地。陽中藏陰，其陰不消，乃曰眞陰。眞陰到天，因陽而生，所以陰自天降，陰中能無陽乎？陰中藏陽，其陽不滅，乃曰眞陽。眞陽到地，因陰而發，所以陽自地升，陽中能無陰乎？陽中藏陰，其陰不消，復到于地，陰中藏陽，其陽不滅，復到于天。周而復始，運行不已。交合不失於道，所以長久堅固者如此。

張君房《雲笈七籤》卷九三《仙籍語論要記部二·陰陽五行論》 陰潛陽內，陽伏陰中。陰得陽蒸，故能上昇，陽得陰制，故能下降。陽蒸陰以息氣，陰凝陽以澄精。日月昇降，乾坤交泰，而萬化成焉。陰陽自少至老，而分爲五行。少陽成木，老陽成火。少陰成金，老陰成水。參而和之，而成夫婦。火性炎蒸，木性勁直，金性堅剛，水性潤滋，土性和柔。故木以發之，火以化之，水以滋之，土以和之，金以勁之，故得品物成焉。五勝者，皆以生我爲利，尅彼爲用。利用相乘，故有成敗。經云：五行相尅，萬物悉可全。云動靜者，終始之道，聚散者，化生之門也。陽其動乎？陰其處乎？動以生之，靜以息之。淳陽不生，淳陰不成。陰陽更用，晝夜相資。晝日行陽，夜月行陰。陽養於陰，陰發於陽，而明生焉。陽和氣者，發於春，王於夏，收於秋，藏於冬。九地之下反有陽，九天之上反有陰。【略】陽在下也。陽伏地內，潛靜之時，故見天心。其在人也，腎藏於陽，腦潛於陰。及其老也，和氣不足，陰陽將散，則陽上昇，陰下降。故腦熱而腎冷。腎無陽氣，則腳無力；腦無陰氣，則眼目不明。故陰陽不交，萬物不成。純陽亢極，則日月無光，草木以之焦枯。純陰滯畜，則霖雨淫霪，水淹以之漂蕩。故陰陽相磨，天地相盪。震而爲雷，擊而爲電，鼓而爲風，結而爲雹，蒸而爲雲霧，液而爲雨露，凝而爲霜雪。和氣爲民人，偏氣爲禽獸，雜氣爲草木，煩氣爲蟲魚。

雜録

蕭應叟《元始无量度人上品妙經內義》 《內義》曰：太玄金華玉女曰：土之精生石，石之陰精爲玉，石之陽精爲金。故《金經》曰：一石之中分陰陽，爲金玉，一陰一陽之謂道矣。金闕，日也；玉房，月也。森羅，星宿也；淨霐，日月星宿，瑩淨霐澄也。夫日月者，陰陽之精，坎離之體，乾坤之用。日中有烏象，離中有陰月，中有兎象。坎中有陽，陽無陰不能自燿，其魂陰無陽不能自瑩。其魄列宿環布周天爲經，日月五星躔

度爲緯，推移寒暑，造化萬物。在丹道則爲化機至藥、符火妙用，故《參同契》引《易》而言天地設位，而易行其中矣。天地者，乾坤也。設位者，列陰陽配合之謂也。易謂坎離。坎離者，乾坤二用。二用無爻位，周流行六虛，往來既不定，上下亦無常。又曰：坎戊月精，離己日光，日月爲易，剛柔相當。易者，象也。懸象著明，莫大乎日月。窮神以知化，陽往則陰來。又曰：混沌既交，接權輿、樹根基，經營養鄞鄂，凝神以成軀。眞一子註曰：天地設位者，以其既濟鼎器象乾坤也。易行乎其中，陰陽離坎運於其中也。中安金母，外施水火，運轉動靜，周流六虛，更爲變化之宗，互作生成之本。坎戊月精。月，陰也；戊，陽也。乃陰中之陽，象水中有金虎。離己日光。日，陽也；己，陰也。乃陽中之陰，象火中有汞龍也。故易者，象藥也。日月相合而成也。金液大丹，合日月陰陽之精炁而成，故陰陽之炁，出入卷舒，晝夜循環，周而復始。符火進退，陰來陽往，陽伏陰施。混沌者，神室也。陰陽龍虎在混沌之中，承交感之化炁，樹立根基，長養鄞鄂，以至凝神成軀，終爲精物。故鼎室之中，別一天地日月之用妙矣。

又　象乎妙化之炁，歸乎神室，資育生化之理，太虛之先，寂寥何有！祖炁既判，而陰陽分焉。混沌之初，杳冥無眹，三才既立，而文籍生焉。顯諸仁，則爲錄籍；藏諸用，則爲陰陽。若幽明無錄籍，功罪何所記？天地無陰陽，造化何由成？夫陰陽者，丹道之用，離析異名，莫能盡錄。略而言之，象交馳曰龍虎，類藥物曰汞砂，爲化機曰坎離，在升降曰水火。諸家殊號，以類求焉。前者即中宮神室之所，陰陽乃金丹之妙用。神室則金丹之樞紐，帝之所御，四海朝貢，莫不輻湊。神之所舍，萬炁感附，莫不混凝。神爲君炁，爲臣神，居室內，萬炁俱聚，故曰執錄把籍，齊到帝前也。張眞人曰：夫錬丹者，須洞曉陰陽，深明造化，方能追二炁於黃道，會三性於元宮。攢簇五行，合和四象，龍吟虎嘯，夫唱婦隨，玉鼎湯煎，金爐火熾，玄珠有象，太一歸眞。由是觀之，還丹之要，無出乎陰陽，本生於道。道生一、一生二、二生三、三生萬物。《悟眞篇》云：道自虛無生一炁，便從一炁產陰陽。陰陽再合生三體，三體重生萬物昌。夫丹者，體循造化而修之也。其餘百千異名，无窮妙義，皆從陰陽而出，如丸走盤，縱橫曲直，莫得而測其實，不出其盤矣。若夫不體造化，不循陰陽，雖有要妙之言，玄微之論，只是旁門小法，豈得與金丹同日而語哉。

曾慥《道樞》卷四《玉芝篇》　夫孰非陰陽合而然耶？日有烏者，陰也；月有兔者，陽也。月自一日至八日，其名上弦，一百九十有二銖，金水平分。其名一八，春之分也。其時屬乎卯，是爲鉛，一百九十有二銖。至於旬有六日，陽數極而明也，於是一陰至而陽退焉。故旬有六日之後則復虧至二旬有三日，其名曰下弦，亦一百九十二銖，龍虎中分。亦名一八，秋之分也。其時屬乎酉，是爲汞，一百九十有二銖，至二旬有四日陰盛而陽衰，日月盡而陰極矣。陽也，陰也，其終而復始乎？故八之日爲一百九十有二銖，旬有六日則三百八十有四銖矣。斤生兩，一斤十六兩。兩主分，一兩四分。是以有三百八十有四銖，應乎大易之策數。一歲之日其氣其候二十有四，於是乎備矣。計其分六十有四，則又大易之卦之爻也。六十四卦凡三百八十四爻也。在易之策數斯合矣，在人之息數斯亦合矣。故起火於子至於午六時，陽也，其象春夏；自午至於子六時，陰也，其象秋冬。且一日之內，自有天地日月星辰次序之運具焉二十四氣、七十二候皆全。故吾之道廢一而爲之者，未之有成也。夫起火必於子者，何也？承陽氣起火，火力斯全矣，過乎子則陰盛而火不然也。故曰，水克火也。火也者，非其心之火者也。心者，神也。吾有中宮之鼎在乎心之下，故心爲火則爲焚，火在鼎之上也。經曰：火起於臍下，水出於鼎中，既濟之象也。上水下火。是鼎也，時至乎卯則增鉛，時至乎酉則增汞；鉛不得火則不騰矣，汞不得鉛則不凝矣。經曰：取水於山，起火於海，取汞於重樓，採鉛於九天，其運也，備乎四時。與神禦之，與氣和之，於是四象具矣，而中宮之鼎狀如鷄子，三年赤白判而換軀矣。金腸玉骨出於五行，其名曰蛻。故四象交而汞乾矣，一陽備而鉛去矣，其名曰還丹，於是神魂立矣，其體剛矣。三花合一，五彩歸陽，夫是之謂無修之地。

又卷四二《靈寶篇》正陽剖微，純陽互通，集厥大成，衆妙之宗　子鍾離子既已道授呂子，復曰：吾嘗游於終南之山而得金誥、玉籙與眞源之義，此至道之要也。今將語汝。呂子曰：唯。

子鍾離子於是言曰：天得乾道，而積氣以覆於下；地得坤道，託質以載於上，相去八萬四千里，氣質不能相交。故天以乾索於坤，三索既終，

而還於地中，其陽負陰而上升；地以坤索於乾，三索既終，而還於天中，其陰抱陽而下降。一升一降運行於道，天地所以長久者也。夫天地之間，親乎上者爲陽，自上而下，四萬有二千里，名曰陽位；親乎下者爲陰，自下而上，四萬有二千里，名曰陰位。故一歲之始，冬至地中陽升，凡旬有五日，上升七千里。三氣者，一節也。其數四旬有五日而陽升也，共二萬有一千里。二節者，一時也。其數九旬而陽升也，共四萬二千里，至於天地之中，陽合於陰位矣；於時陰之中，其陽半焉，其氣變寒爲溫，春之分也。過此則陽升而入於陽位，於是始得乎地之氣而升焉，亦四旬有五日，是爲立夏，立夏之後四旬有五日，是爲夏至，陽之升者通乎前，蓋八萬有四千里，至於天矣，於是陽中有陽焉。其氣變溫爲熱，積陽生陰，於是一陰生於二陽之中，其始於夏至者也，於是天中之陰降焉。一氣者，旬有五日，降乎七千里；二氣者，四旬有五日，陰之降，蓋二萬有一千里，九旬則陰之降，共四萬有二千里，至於天地之中，陰合於陽位矣；於時陽之中其陰半焉，其氣變熱爲涼，秋之分也。過此則陰降而入乎陰位，於是始得乎天氣而降焉，亦四旬有五日，是爲立冬。立冬之後四旬有五日，是爲冬至。冬至而陰降通乎前，蓋八萬有四千里，以至於地矣，斯陰之中有陰焉。其氣變涼爲寒，積陰生陽，一陽生於二陰之中。自冬至之後，一陽復升，周而復始，故冬至者，陽生上升而還於天，其陰降至於地，此一陽來者也。夏至者，陰生下降而還於地，其陽升至於天，此一陰來者也。自夏至陽升於上，過春之分而入乎陰，以離乎陽位，此二分者也。自冬至陽升，由上而下，非無陰降也，所降之陰，乃陽中之餘陰，止於陽位消散而已。雖降而得位，值陽之升則其氣絶矣。然則，夏至陰降，由下而上，亦非無陽升也，所升之陽，乃陰中之餘陽，止於陰位消散而已。雖升而得位，値陰之降，則其氣絶矣。以是觀之陰也、陽也，其升降、上下不出乎八萬四千里，而日則三百有六十也。夫能即溫涼寒熱之四氣，斯識陰陽矣。即陽升陰降之八節，斯知天地矣。

天地者，物中之大者也；人者，物中之靈者也，故人可以配天地焉。心，天也；腎，地也。肝，陽位也；肺，陰位也。心腎相去八寸有四分，猶天地覆載之間也。氣亦陽也，液亦陰也。子午者，二至也；卯酉者，二分也。一日者，一年也。吾以一日而用八卦，斯得八節之數矣。子之時，腎之氣生；卯之時，其氣至於肝。肝，陽也，故其氣盛，於是陽升而入於陽位，春分之比也。午之時，氣至於心，積氣生液，斯蓋夏至陽升於天，而陰生者也。心之液既生，至酉之時，其液至於肺。肺，陰也，故其液盛，於是陰降而入於陰位，秋分之比也。子之時，液至於腎，積液生氣，斯蓋冬至陰降於地，而陽生者也。日用如循環焉，其能無虧，可以延年矣。天地於道一也，得其一者，其惟人乎？【略】

子鍾離子曰：大道之中生天地者也，天地之中生陰陽者也。故天地有上下，陰陽有終始。吾因其俯仰，察其度數，大道亦可知焉。是以即天地之上下，而知道之高卑矣；即陰陽之終始，而知道之先後矣。天地不離於數，其終乎一歲者也；陰陽不失其宜，其分乎八節者也。冬至陰，太極而一陽生，至春之分，陰之中其陽半焉，過此純乎陽矣；夏至陽，太極而一陰生，至秋之分，陽之中其陰半焉，過此純乎陰矣。欲識大道之體，其必法天地，審陰陽乎！冬至陽生而升，至於立春則升於陰位，二萬一千里，陽難勝於陰也；夏至陰生而降，至於立冬，陰降於下，其去天六萬三千里，去地二萬一千里，是陰得位，而陽欲絶也。故一歲之中，立春者，其在日用則丑之末、寅之初，艮之卦也。其時腎之氣生，而未至於肝，處乎陰位之中。是氣也在於液中，弱而難升也。一歲之中，立冬者，其在日用則戌之末、亥之初，乾之卦也。其時心之液下入，將欲還元復歸於腎，陰盛陽絶之時者也。其氣少，其液多，人之所以多疾疢而夭閼者，陰陽繆而不升降，氣液枯而不相生。嗟夫！氣盡神散，斯死矣。立春陽升，自下而可以上，則不日而陰之中其陽半矣；立冬陰降，自上而可以下，則不日而陽之中其陰半矣。【略】

子鍾離子曰：寒熱溫涼，形中有氣者也；雲霧雨露，氣中有象者也。地之氣上騰，斯升而爲雲，散而爲雨矣；天之氣下降，斯散而爲霧，凝而爲露矣。積陰過，則其露爲霜，其雨爲雪；積陽過，則其霧爲煙，其雲爲霞。陰之中伏陽，陽不能升，斯擊搏而生雷霆矣；陽之中伏陰，陰不能散，斯堅固而生雹霰矣。故陽光散而爲雷，陰氣蕩而變風，陰陽不合，相對而生電，陰陽不正，亂交而成虹蜺。惟眞陽也，積而成神，麗於天者，其大日月也；眞陰也，積而成形，壯於地者，其貴金玉也。日月也者，眞陽而得乎眞陰，以相成矣；金玉也者，眞陰而得乎眞陽，以相生矣。故吾

心液中之眞氣，猶眞陽也；腎氣中之眞水者，猶眞陰也。眞水不得，眞氣不生；眞氣不得，眞水不成。二者既於離之時，和合於心之上、肺之下，如子母之相戀，夫婦之相愛也。自離至於兑，兑者陰盛陽弱之時，猶日月之下弦，金玉之在璞也。

又《百問篇》 純陽子曰：人有天地陰陽，何謂歟？

正陽子曰：首，天也，足，地也，其外者也；心圓而腎方，其內者也。日，陽也，月，陰也，其外者也；氣升而液降，其內者也。故天至於地八萬四千里，心至於腎亦八寸四分焉，此心腎比天地者也。純陽子曰：二至也，二分也，於吾何所法歟？

正陽子曰：時加乎子，加乎午，二至也；時加乎卯，加乎酉，二分也。此日之比於二至二分者焉。晦也，望也，二至也，二分也。此月之比於二至二分者焉。夫日北至而陽升，自下而上以還於天，於是一陰至焉；自日南至而陰降，從上而下以還於地，於是一陽至焉。春之分也，陽升於上也，遇春分而入於陽而離乎陰者也；秋之分也，陰升於上也，遇秋分而入於陰而離乎陽者也。

陳致虛《上陽子金丹大要》 且道也者，即一陰陽也。子不聞之乎，天地一陰陽也，人一陰陽也，萬物各一陰陽也。日月星辰、風雲雷雨、雪霜冰雹、山川草木、胎卵濕化，莫不各稟一陰陽也。而正也，而偏也，得其道之正者，天地也，人也，是曰稟陰陽之正氣也。而聖人仙佛也者，蓋善於用陰陽者也。故抱陰而負陽，則沖氣以爲和；入陰而出陽，則有生而無已。故太上以爲善攝生也。子抑不聞之乎？天地之道也，陽極而陰，陰極而陽，故萬物終焉，萬物生焉。人之道也，陰極而已，世故有生死焉；陽極而已，世故有金丹焉。

《太上九要心印妙經・日魂月魄真要》 夫日魂月魄者，陰陽也，陰陽者，日月也。日屬陽，魂月屬陰，魄日中有鷄，西方金肺之象屬陰，乃日魂藏月魄，魄滿於魂，故日以清。月中有兔，東方木肝之象，肝屬陽魂，乃月魄藏日魂，魂滿於魄，故月以明。魂魄者，乃人之鉛汞也。鉛汞有數，鉛八兩，汞八兩，乃一斤之數，十六兩也。凡二十四銖爲一兩，按周天三百八十四爻，日月運度之數，天地造化之機，聖人立數，後人依數而行之，其大小之法，因數有定，大者一年之法，小者一時之用，一時正則可奪一年之造化也。密語曰：凡每月初一日爲首正，子時坎卦，進汞一兩，離卦進鉛一十五兩；次日坎卦進汞二兩，離卦進鉛十四兩；至十五日，抽添數足。周而復始，其大小月，細審詳之。鉛汞者，人之魂魄也，魂魄者，人之神氣也。神者好靜，氣者好動，動靜常在坎離之間。動靜之訣，上十五日魂守魄，下十五日魄守魂，一時之用，可奪一年之造化也。

《太上元寶金庭無爲妙經・坎離章第一三》 道言：陰中有陽，陽爲至陽；陽中有陰，陰爲至陰。夫北方爲陰，其神水，能生萬物，乃炁之祖，諸陽之元。夫南方爲陽，其神火，能化萬物，乃形之宗，諸陰之交也。坎能全精保炁而不枯，離能定神鍊眞而不昧。知之至妙，謂之眞人。西王母曰：陰陽之精，坎離也。定神正性，由心不昧，保精養炁，固炁不竭。夫水決之則流，壅之則腐；火奮之則燥，亭之則明。故聖人導其水，使自地戸上升灌泥丸，復下華池入絳宮。其火使心不爲物所拘，常有若無，不爲動者，則久久長而精神不散耶。

《太上長文大洞靈寶幽玄上品妙經・天地初分章第一》 道言：天地未分，先有太極、太素，位立元始之名，纔定陰陽之位，陽即輕清而爲天，陰即重濁而爲地，陽昇上而圓，陰降下而方。起初在混沌之間，變化於鴻濛之內，三陽相會，六氣交通，成萬物於恍惚之中，化千靈在有無之外。或含胎抱卵，或幻化生濕，發萬象於高天，滋百川於厚地者，造化耳。既然天地判，沖和之氣應用，陽精成而紅日輝曜，陰精結而皓月明朗，四方八極施布，風雨潤澤，四序應時，雪霜移物，發新遷舊，暮更朝改。是以變化成人，或男或女，皆合天地而生。男子爲陽，應天之道，女子爲陰，應地之道。方可天陽而淸輕，下應男子；地陰重濁，亦應女人。天地以日月爲眞，男女以精血爲寶，皆得似天地之用，必能如天地之固也。長生久視之道，皆與天地陰陽同用也。

又《陰陽相負章第四》 道言：天降陽氣下於地，地昇陰氣上於天，天交陰精於日，男施陰氣在陽中之陰，此者號眞鉛；女施陽氣於陰中之陽，此者號眞汞。是故天地交而萬物生，日月交而千靈變，陰陽相負，表裏相成，南北會合，上下相應，東西相配，左右相合，內外相成，神氣相交。此者陰得陽而靈，陽得陰而聖，人得氣而生，神得形而全。若能修此，必得長生。

五行

綜述

《淮南鴻烈解·天文訓》（高誘注） 甲乙寅卯，木也。丙丁巳午，火也。戊己四季，土也。庚辛申酉，金也。壬癸亥子，水也。水生木，木生火，（毋）〔火〕生土，土生金，金生水。子生母曰義，母生子曰保，子母相得曰專。母勝子曰制，子勝母曰困。以勝擊殺，勝而無報。以專從事而有功。以義行理，名立而不墮。以保畜養，萬物蕃昌。以困舉事，破滅死亡。

又 木勝土，土勝水，水勝火，火勝金，金勝木，故禾春生秋死，禾者木，春木王而生，秋，金王而死。菽夏生冬死，豆，火也。夏火王而生，冬火王而死。麥秋生夏死，麥，金也。金王而生，火王而死也。薺冬生中夏死。薺，水也，水王而生，土王而死也。木壯水老火生金囚土死，火壯木老土生水囚金死，土壯火老金生木囚水死，金壯土老水生火囚木死，水壯金老木生土囚火死。音有五聲，宮其主也。五聲，宮商角徵羽也。宮在中央，故爲主也。色有五章，黃其主也。味有五變，甘其主也。位有五材，土其主也。是故鍊土生木，鍊木生火，鍊火生雲，雲，金氣所生也。鍊雲生水，鍊水反土。鍊甘生酸，鍊酸生辛，鍊辛生苦，鍊苦生鹹，鍊鹹反甘。鍊，猶治也。變宮生徵，變徵生商，變商生羽，變羽生角，變角生宮。變，猶化也。是故以水和土，以土和火，以火化金，以金治木，木復反土。五行相治，所以成器用。土，本也。故曰五行相生，所以成器用。

蕭應叟《元始無量度人上品妙經内義·經旨》 五文開廓，此所謂陽變陰合而生水、火、木、金、土，五炁順布，四時行焉。五行，一陰陽也；陰陽，一太極也。太極本无極也。五行之生，各一其性。

牛道淳《文始真經註·二柱篇》 愛者我之精，觀者我之神。愛爲水，觀爲火，愛執而觀，因之爲木，觀存而愛，攝之爲金。

我者，說一切人之己也，人萌一愛念，則屬己之精情，寓目觀色，則屬己之神也，精屬水，故愛爲水，神屬火，故觀爲火。愛爲水，觀爲火，相執相合，因化爲木，其木絞之得水以見母形也。鑽之得火以見子形也，觀爲神，愛爲精，相存相合，攝化爲金，其金擊之得火以見夫形，鎔之得水以見子形也，故云愛者我之精，觀者我之神，愛爲水，觀爲火，愛執而觀，因之爲木，觀存而愛，攝之爲金也。

【略】

昇者爲火，降者爲水，

火屬陽，自然上昇，火發向上，昇行之象也；水屬陰，自然下降，水流向下，降行之象也。故云昇者爲火，降者爲水也。

欲昇而不能昇者爲木，欲降而不能降者爲金。

水生木，木生火，火者木之子，水者木之母，子母之情具在木中，火欲昇，水欲降，木之氣欲昇而不能昇，故云欲昇而不能昇者爲木也。水者金之子，火者金之夫，夫子之情具在金中，水欲降，火欲昇，金氣欲降而不能，故云欲降而不能降者爲金也。

木之爲物，鑽之得火，絞之得水。金之爲物，擊之得火，鎔之得水。金木者，水火之交也。

鑽木得火，以見子之情也，絞木得水，以見母之情也，此釋欲昇而不能昇者爲木也，故云木之爲物，鑽之得火，絞之得水。擊金得火，以見夫之情也，鎔金得水，以見子之情也，此釋欲降而不能降者爲金也，故云金之爲物，擊之得水也。如上所說，以此知金木各具水火之情，相交孕化爲金木也，故云金木者水火之交也。

水爲精爲天，火爲神爲地，

水者，陰中陽也，如坎卦屬陰，中爻屬陽，屬陽自昇，天之象也。水在五行爲水，在氣爲天，在人爲精，在方爲北，在時爲冬，在數爲一六，在卦爲坎，在五常爲智，在星爲極，在嶽爲恆，在臟爲腎，在支爲亥子，在干爲壬癸也，故云水爲精爲天。火者陽中陰也，如離卦屬陽，中爻屬陰，屬陰自降，地之象也，火在五行爲火，在氣爲地，在人爲神，在方爲南，在時爲夏，在數爲二七，在卦爲離，在五常爲禮，在星爲熒惑，在嶽爲衡，在臟爲心，在支爲巳午，在干爲丙丁，故云火

爲神爲地也。

木爲魂爲人，金爲魄爲物，

木在五行爲木，在氣爲人，在神爲魂，在方爲東，在時爲春，在數爲三八，在卦爲震，在五常爲仁，在星爲歲，在嶽爲泰，在臟爲肝，在支爲寅卯，在干爲甲乙，故云木爲魂爲人也。金在五行爲金，在氣爲物，在神爲魄，在方爲西，在時爲秋，在數爲四九，在卦爲兑，在五常爲義，在星爲太白，在嶽爲華，在臟爲肺，在支爲申酉，在干爲庚辛，故云金爲魄爲物也。

運而不已者爲時，包而有在者爲方，

五行運轉無窮，以成春夏秋冬四時也，故云運而不已者爲時也。天地相包羅萬物，以成八極上下之十方也，故云包而有在者爲方也。

惟土終始之，有解之者，有示之者。

土無正行，旺於四季，一歲始終生成俱有土氣，春夏爲生，長物之始，秋冬爲成，實物之終，故云惟土終始之也。解者，解散而隱者也，正月二月木王而土隱也，三月木旺十二日，土旺十八日，旺者顯示也，四月五月火旺而土隱，六月火旺十二日，土旺十八日，七月八月金旺而土隱，九月金旺十二日，土旺十八日，十月十一月水旺而土隱，十二月水旺十二日，土旺十八日。土在五行爲土，在方爲中，在時爲四季，在數爲五十，在卦爲坤艮，在五常爲信，在星爲鎭，在嶽爲嵩，在支爲辰戌丑未，在干爲戊己，在臟爲脾，在神爲意。意識聞微言，則妙意解悟，得自利之妙，故云有解之者也，妙意解悟，既得自利，亦可利他，爲上根者動容密示，直下頓悟，妙意亦無妙意之量，故云有示之者也。此章明建立天地萬物之妙用者也。

【略】

關尹子曰：心應棗，肝應榆，我通天地。

天地生物各屬五行，棗赤屬火，火在臟爲心，故云心應棗也，榆青屬木，木在臟爲肝，故云肝應榆也。天地陰陽二氣交通而生棗榆，心應棗，肝應榆，是我與天地相通也，故云我通天地也。

又《四符篇》符者，精神魂魄也，凡一十七章》

關尹子曰：水可析可合，精無人也，

五行中，水析而分爲萬水，合而爲一水，不假他物而獨見，以此知水無人也。水在人屬腎藏之精，故精無人也，故云水可析可合，精無人也。

火因膏因薪，神無我也，

五行中，火因油膏燈草，或以柴薪爇之見火之形，若無膏薪，則火不能獨見，以此知火無我也。火在人屬心藏之神，故神無我也，故云火因膏因薪，神無我也。

故耳蔽前後皆可聞無人，智崇無人，一奇無人，冬凋秋物無人，黑不可變無人，北壽無人，皆精。

水既無人，所在皆無人也，水在藏爲腎，在形爲耳，耳乃腎之外表，耳蔽著聲聽之前後皆聞，耳既屬水亦無人也，故云耳蔽前後皆可聞，無人也；水在五當爲智，智見孤高名曰崇也，智既屬水無人，故曰智崇無人也；水在數爲一，一乃奇數，即水之生數也，一既屬水，亦無人也，故云一奇無人也；水在時爲冬，冬嚴寒，故能凋秋草木之物，冬既屬水，亦無人也，故云冬凋秋物無人；水在色爲黑，黑不可以變別色，黑既屬水，亦無人也，故云黑不可變無人；水在方爲北，水壽長久不枯涸，以此知全精者多壽也，北既屬水，亦無人也，故云北壽無人也。已上耳智一冬黑北六者皆屬水，水在五神屬精，故云皆精。

舌即齒牙成言無我，禮卑無我，二偶無我，夏因春物無我，赤可變無我，南夭無我，皆神。

火既無我，所在皆無我也，火在藏爲心，在形爲舌，舌乃心之外表，舌獨不能言，即齒成言也，舌既屬火，亦無我也，故云舌即齒牙成言無我也；火在五常爲禮，禮以謙卑爲本，禮既屬火，亦無我也，故云禮卑無我；火在數爲二，二乃偶數也，即火之生數也，二既屬火，亦無我也，故云二偶無我也；火在時爲夏，夏因春生草木之物而長之也，夏既屬火，亦無我也，故云夏因春物無我；火在色爲赤，赤可變爲別色也，赤既屬火，亦無我也，故云赤變無我也；火在方爲南，火易滅，故壽夭，是知縱眞火者多夭也，南既屬火，亦無我也，故云南夭無我也。已上舌禮二夏赤南六者皆屬火，火在五神爲神，故云皆神也。

以精無人，故米去穀，則精存，

水在五神爲精，水既無人，精亦無人，以精無人，譬如穀去皮殼，則

精米存之，此無人之象也，故云以精無人，故米去穀則精存也。

以神無我，故鬼憑物則神見。

火在五神爲神，火既無我，神亦無我，以神無我，譬如鬼憑附人物則見神通，此無我之象也，故云以神無我，故鬼憑物則神見也。

全精者，忘是非，忘得失，在此者非彼，

人能保全至精，孤然不與萬法爲侶，則善是惡非、寵得辱失俱忘之矣。既孤然不與萬法爲侶，是在此精而已，不假彼法而獨存也，故云全精者忘是非，忘得失，在此者非彼者也。

抱神者，時晦明，時强弱，在彼者非此。

人能保抱至神，冥然無我，隨時達變。時可晦隱，則晦隱而獨善，時可明顯，則明顯而濟天下。時可行仁德自強不息，則行仁德而自強不息也，時可謙卑柔弱，則謙卑柔弱而自牧也。晦明强弱在彼時而已，非在此神也，爲神無我也，故云抱神者，時晦明，時强弱，在此者非彼也。此章明全精神者無我人者也。

右第一章

關尹子曰：精神水火也，五行互生滅之，其來無首，其往無尾。

精屬水，神屬火，故精神水火也。水生木，木生火，火生土，土生金，金生水；水滅火，火滅金，金滅木，木滅土，土滅水也，故云五行互生滅也。正月二月木旺，三月木旺十二日，土旺十八日，四月五月火旺，六月火旺十二日，土旺十八日，七月八月金旺，九月金旺十二日，土旺十八日，十月十一月水旺，十二月水旺十二日，土旺十八日，春夏秋冬四時，循環往來，首尾可尋，故云其來無首，其往無尾也。

則吾之精，一滴不存亡爾，

精屬水，故曰一滴也，吾之至精之道，不屬有無存亡也，故云則吾地之精，一滴不存亡爾也。

吾之神，一欻無起滅爾。

神屬火，故曰一欻，吾之至神，一欻之間無生無滅也，起者生也，故云吾之神一欻無起滅爾。

惟無我無人，無首無尾，所以與天地冥。

如上所說，神無我，精無人，五行互生滅之，其來無首，其往無尾，以此知惟無我人。首尾者，所以與天地同本於窈冥之道也，故云惟無我無人，無首無尾，所以與天地冥也。此章明精神無人我，與天地同生於道。

右第二章

關尹子曰：精者水，魄者金，神者火，魂者木。

水在五神爲精，故云精者水也，金在五神爲魄，故云魄者金也，火在五神爲神，故云神者火也，木在五神爲魂，故云魂者木也。

精主水，魄主金，金生水，故精者魄藏之。

精屬水，魄屬金，金是水之母，金生水也，以此知魄隱藏精也，故云精主水，魄主金，金生水，故精者魄藏之也。

神主火，魂主木，木生火，故神者魂藏之。

神屬火，魂屬木，木乃火之母，木生火，以此知魂隱藏神也，故云神主火，魂主木，木生火，故神者魂藏之也。

惟水之爲物，能藏金而息之，能滋木而榮之，所以析魂魄。

希玄子賈本有此四句，似與經文勢相聯，不失次序，故亦從而解之也。金放於水中，則隱息而不見，木得水，則滋生榮旺，精既屬水，魄既屬金，魂既屬木，水既藏金，以此知精能析分魂魄也。故云惟水之爲物，能藏金而息之，能滋木而榮之，所以析魂魄。

惟火之爲物，能鎔金而銷之，能燔木而燒之，所以冥魂魄。

火能鎔銷其金，亦能燒燔其木，神既屬火，魄既屬金，魂既屬木，火既能銷金燔木，以此知神能合魂魄也。故云惟火之爲物，能鎔金而銷之，能燔木而燒之，所以冥魂魄也。

惟精在天爲寒，在地爲水，在人爲精。

精屬水，水在天時則爲冬寒，水在地形則爲五行之水，水在人五神則爲精也，故云惟精在天爲寒，在地爲水，在人爲精也。

神在天爲熱，在地爲火，在人爲神。

神屬火，在天時則爲夏熱，在地形則爲五行之火，在人五神則人五神則爲神也，故云神在天爲熱，在地爲火，在人爲神。

魄在天爲燥，在地爲金，在人爲魄。

魄屬金，在天氣則爲炎燥，在地形則爲五行之金，在人五神則爲魄也，故云魄在天爲燥，在地爲金，在人爲魄。

魂在天爲風，在地爲木，在人爲魂。
魂屬木，在天氣則爲風，在地形則爲五行之木，在人王神則爲魂也，故云魂在天爲風，在地爲木，在人爲魂也。
惟以我之精，合天地萬物之精，譬如萬水可合爲一水。
因萬水可合爲一水之喻，以此知吾之精，可合天地萬物之精爲一精也，故云惟以我之精，合天地萬物之精，譬如萬水可合爲一水也。
以我之神，合天地萬物之神，譬如萬火可合爲一火。
因萬火可合爲一火之喻，以此知吾之神，可合天地萬物之神爲一神也，故云以我之神，合天地萬物之神，譬如萬火可合爲一火。
以我之魄，合天地萬物之魄，譬如金之爲物，可合異金而鎔之爲一金。
因異金可合鎔之爲一金之喻，以此知吾之魄，可合天地萬物之魄爲一魄也，故云以我之魄，合天地萬物之魄，譬如金之爲物，可合異金而鎔之爲一金也。
以我之魂，合天地萬物之魂，譬如木之爲物，可接異木而生之爲一木。
因異木可接爲一木之喻，以此知吾之魂，可合天地萬物之魂爲一魂也，故云以我之魂，合天地萬物之魂，譬如木之爲物，可接異木而生之爲一木也。
則天地萬物皆吾精吾神，吾魄吾魂，何者死，何者生。
如上所說，則天地萬物精神魂魄同生於道也，既同生於道者，道豈有生死哉，故云天地萬物皆吾精吾神，吾魄吾魂，何者死何者生也。此章明天地與我並生，萬物與我爲一，一生於道，道無生死者也。

右第三章

關尹子曰：五行之運，因精有魂，因魂有神，因神有意，因意有魄，因魄有精，
金木水火土五行運轉，互相生也。精屬水，魂屬木，水生木，故云五行之運，因精有魂也；神屬火，水生火，故云因魂有神也；意屬土，火生土，故云因神有意也；魄屬金，土生金，故云因意有魄也；精屬水，金生水，故云因魄有精也。
五者回環不已，
精神魂魄意五者相生，循環不已也。已者，止也，故云五者循環不已也，相生者，精生魂，魂生神，神生意，意生魄，魄生精，精復生魂也。若人心神不生，則意不生，爲無火，則無土也；意不生，則魄不生，爲無土，則無金也；魄不生，則精不生，爲無金，則無水也；精不生，則魂不生，爲無水，則無木也；魂不生，則神不生，爲無木，則無火也。以此則知，一心不生，五者皆廢，乃出輪迴之捷徑也。

又《八籌篇》 關尹子曰：水潛，故蘊爲五精，火飛，故達爲五臭，木茂，故華爲五色，金堅，故實爲五聲，土和，故滋爲五味，
精者，精神之精也，水性好潛隱於內，故蘊積爲五蟲之精。五蟲者，鱗羽毛甲倮也，水在藏爲腎，在五神爲精也，故云水潛，故蘊爲五精也。火性好飛揚於外，故通達人鼻，爲腥羶香焦朽之五臭也，故云火飛，故達爲五臭也。木性好榮茂，故華發爲青黄赤白黑五色也，故云木茂，故華爲五色也。金性堅硬，故實而擊之，爲宫商角徵羽之五音，聽之爲五聲也。土性溫和，故滋酸鹹甘辛苦之五味也，故云土和，故滋爲五味也。
其常五，其變不可計，其物五，其雜不可計。
其常五者，五常也，仁義禮智信也，仁屬木，義屬金，禮屬火，智屬水，信屬土也。其物五者，金木水火土也。變者，雜也。此金木水火土之五行，仰之爲五星，俯之爲五嶽，位之爲五方，變之爲五色，擊之爲五音，族之爲五姓，物之爲五金，氣之爲五臭，潛之爲五精，滋之爲五味，動之爲五蟲，植之爲五行，善之爲五德，惡之爲五賊，身之爲五藏，神之爲五神，識之爲五情也。故云其常五，其變不可計，其物五，其雜不可計也。
然則萬物在天地間，不可執謂之萬，不可執謂之五，不可執謂之一，
向之五行，變化萬物，紛紛擾擾於天地之間，其雜不可勝數計筭，豈定執謂之萬哉，故云然則萬物在天地間，不可執謂之萬也。萬物歸屬五行，其常五，其變不可計，豈可執定謂之五行哉，故云不可執謂之五也。五行歸屬於一，一統億萬，生生化而不息，豈可執定謂之一哉，故云不可執謂之一也。
不可執謂之非萬，不可執謂之非五，不可執謂之非一。
天地之間，蓊然蔚然，紛紛擾擾之物，豈止於億萬哉，奈何總名謂之

萬物也，故云不可執謂之非萬也。萬物紛紛雖多，終歸屬於五行也，故云不可執謂之非五也。五行雖變不可計，終屬一氣之統攝也，故云不可執謂之非一也。

或合之，或離之，以此必形，以此必數，以此必氣，徒自勞爾，物不知我，我不知物。

或將萬物五行合之爲一，或將一氣離之爲五行萬物也，故云或合之或離之也。既有合有離，以此必屬萬物之形，故云以此必形也。以此萬物必屬五行之數也，故云以此必數也。以此五行必屬一氣也，故云以此必氣也。向來分別萬物五行一氣，俱屬妄情，已落形數氣化之變也，謾徒自勞爾，若妄情返於眞性，則物我如如，各不相知，迥出形數氣運變化之外也，故云徒自勞爾，物不知我，我不知物也。此章明纔萌妄情，即落形數氣運之化，妄情復本，則形數氣運不可得而拘也。

右第二章

關尹子曰：即吾心中可作萬物，蓋心有所之，則愛從之，愛從之，則精從之。

心本清淨，元無一物，等同太虛，於此清淨心上，忽萌一妄情於此，不覺是妄，則情情相續，積之爲萬情，萬情迷染萬物也，經云：一情認之，積爲萬情，萬情認之，積爲萬物是也，故云即吾心中可作萬物也。蓋心之妄情有所往，則隨所愛之境，從而往之也，愛屬水，水屬精，心情有所愛之境，則精神亦從之所往也，故云蓋心有所之，則愛從之，愛從之，則精從之也。之者，往也。

蓋心有所結，先凝爲水，心慕物涎出，心悲物淚出，心愧物汗出。

元氣周身，隨心感而出見，蓋心有住著，彼所住著之境結縛也，故云蓋心有所結也。心先與物凝滯，則元氣化而爲水也，心若有所慕愛可食之物，則元氣於口中化爲涎液而出見也，故云先凝爲水，心慕物涎出也。心感悽愴，親戚死喪，忽然悲哀，則元氣於眼中化爲淚而出見也，故云心悲物淚出也。自作不善之行，見人忽起慚愧之心，則元氣於面化爲汗而出見也，故云心愧物汗出也。

無暫而不久，無久而不變，

暫者，不久也，久者，常靜也，變者，動也。若無暫生暫滅之情念，而不能悟眞空常靜之心體也，故云無暫而不久也。若無悟眞空常靜之心體，而不能應群動之變而常寂也，故云無久而不變也。

水生木，木生火，火生土，土生金，金生水，相攻相剋，不可勝數。

人心藏屬火，內藏神，其神情好喜也。肝藏屬木，內藏魂，其魂情好怒也。脾藏屬土，內藏意，其意情好思也。肺藏屬金，內藏魄，其魄情好憂也。腎藏屬水，內藏精，其精情好恐也。精生魂，則恐生怒，故云水生火也。魂生神，怒生喜，故云木生火也。神生喜，喜生思，故云火生土也。意生魄，思生憂，故云土生金也。魄生精，憂生恐，故云金生水也。攻字應作生字，恐傳寫之誤也，應作相生相剋也。相剋者，水剋火，火剋金，金剋木，木剋土，土剋水也。五行相生相剋，化生天地萬物，萬物相生相剋，不可以數計筭也，故云相生相剋，不可勝數也。

嬰兒蘂女，金樓絳宮，青蛟白虎，寶鼎紅鑪，皆此物，有非此物存者。

腎藏屬坎，坎中陽爻謂之嬰兒，即精化元陽之氣也。心藏屬離，離中陰爻謂之蘂女，即心液之神也。肺藏屬兌，兌屬金管十二節，謂之金樓也，又謂之十二重樓也。心藏屬火，火色赤，謂之絳宮也。肝藏屬木，內藏魂，木色青，謂之青蛟，又謂之青龍也。肺藏屬金，內藏魄，金色白，謂之白虎。故云嬰兒蘂女，金樓絳宮，青蛟白虎也。身中元氣屬陽，陽屬乾也，乾屬金，乃謂之寶鼎也。心中之神屬陰，陰屬坤，心屬火，火色紅，乃謂之紅鑪也。身心謂之乾坤鼎鑪也。既身心爲鼎鑪，即神氣爲藥物也，故云寶鼎紅鑪，皆此物也。此物者，即神氣也。道無形名，乃爲神氣之祖，神氣之祖者，乃不可思議之道也，故云有非此物存者也。此章明道運神氣，變化無窮也。

《太平經》卷一八至三四《安樂王者法》 火能化四行自與五，故得稱君象也。本性和而專，得火而散成灰。金性堅剛，得火而柔。土性大柔，得火而堅成瓦。水性寒，得火而溫。火自與五行同，又能變化無常，其性動而上行。陰順於陽，臣順於君，又得照察明徹，分別是非，故得稱君，其餘不能也。土者不即化，久久即化，故稱后土。三者佐職，臣象也。

又卷六九《天讖支干相配法第一〇五》 願復請問一事。令此上天之四時，地之五行，悉道帝皇侯王后宮之家，天道盡往配之，中亦豈有百姓

萬物相配乎？經六九·一四上·一·一*善哉！子之問也。可謂睹大道要矣。然此相配者同耳。夫五行者，上頭皆帝王，其次相，其次微氣。五者，帝王之位也。相者，大臣之位。微氣者，小吏之位也。王者之後老氣者，王侯之位也。老氣之後衰氣者，宗室之位也。衰氣之後病氣者，宗室犯事失後之象也。病氣之後囚氣者，百姓萬民之象也。囚氣之後死氣者，奴婢之象也。死氣之後亡氣者，死者丘冢也。故夫天垂象，四時五行周泝，各一興一衰，人民萬物皆隨象天之法，亦一興一衰也。是故萬民百姓，皆百王之後也，興則爲人君，衰則爲民也。

又卷九七《妒道不傳處士助化訣第一五四》 夫四時五行，乃天地之眞要道也，天地之神寶也，天地之藏氣也。六畜禽獸皆懷之以爲性，草木得之然後生長；若天不施具要道焉，安能相生長哉？

又卷一五四至一七〇《以自防却不祥法》 順用四時五行，外內思正，身散邪，却不祥，懸象而思守，行順四時氣，和合陰陽，羅網政治鬼神，令使不得妄行害人。立冬之後到立春，盛行用太陰氣，微行少陽之氣也。常觀其意，何者病爲人使，其神吏黑衣服，思之閑處四十五日，上至九十日，令人耳目聰明。立春盛德在仁，氣治少陽，王氣轉在東方，興木行，其氣弱而仁，其神吏青衣，思之幽閑處四十五日，至九十日，令人病消。以留年行不止，令人日行仁愛。春分已前，盛行少陽之氣，微行太陽之氣，以助少陽，觀其意無疑，深思其意，百邪服矣。立夏日盛德火，王氣轉在南方，太陽之氣以中和治。其神吏用之得其意，口中生甘，神吏赤衣守之，百鬼去千里。夏至之日，盛德太陽之氣，中和之氣也，其神吏思之可愈百病。季夏六月，盛德合治，王氣轉在西南，迴入中宮，其神吏黃衣思之，令人口中甘，每至季思之十八日。立秋日盛德在金，王氣轉在西方，斷成萬物，其神吏白衣，思之四十五日至九十日，可除病，得其意，令骨強老壽。秋分日少陰之氣，微行太陰之氣也，逆疾順之。立冬之日，盛德在水，王氣轉在北方，其神吏黑衣。令人志達耳聰，守之四十五日至九十日，百病除。此五行四時之氣，內可治身，外可治邪，故天用之淸，地用之寧。天用之生，地用之藏，人用之興，能順時氣，忠臣孝子之謂也。此名大順天地陰陽四時五行之道。

李筌《黃帝陰符經疏》卷上《釋題》 陰，闇也。符，合也。天機闇合於行事之機，故曰《陰符》。

又《神仙抱一演道章》 觀天之道，執天之行，盡矣。

但觀天道而理，執天之道，則陰陽動靜之宜盡矣。

疏曰：天者，陰陽之總名也。陽之精炁輕清，上浮爲天；陰之精炁重濁，下沉爲地。相連而不相離，故列子禦寇謂杞國人曰：天積炁耳，地積塊耳，自地已上則皆天也。子終日行於天，奈何憂乎天崩？故知天地則陰陽之二炁，炁中有子，名曰五行。五行者，天地陰陽之用也，萬物從而生焉，萬物則五行之子也。故使人觀天地陰陽之道，執天五炁而行，則興廢可知，生死可察，除此外無可觀執，故言盡矣。

天有五賊，見之者昌。五賊在心，施行于天。宇宙在乎手，萬物生乎身。

天生五行，謂之五賊。使人用心觀執，奉天而行，則宇宙在乎掌中，萬物生乎身上矣。

疏曰：五賊者，五行之炁也，則金、木、水、火、土焉。太公注云：聖人爲之五賊，天下爲之五德。人食五味而死，無有死而棄之者，此五賊之義。所言賊者，害也。逆之不順，則與人生害，故曰賊也。此言陰陽之中包含五炁，故云：天有五賊。五者在天爲五星，在地爲五嶽，在位爲五方，在物爲五色，在聲爲五音，在食爲五味，在人爲五臟，在道爲五德，不善用之則爲賊。又，賊者，五行更相制伏，遞爲生殺，晝夜不停，亦能盜竊人之生死、萬物成敗，故言賊也。見之者昌，何也？人但能明此五行制伏之道，審陰陽興廢之源，則而行之，此爲見也；如人審五賊，善能明之則爲福，德之昌盛也。又人能知五賊，藏者何也？在其心故曰五賊在心，心既知之，故使人用心，觀執五炁而行，睹逆順而不差，合天機而不失，則宇宙在乎掌中，萬物生乎身上。如此則吉無不利，與道同遊，豈不爲昌乎？在仕宦之道，執仁義禮智信，則富貴榮華，豈不爲昌乎？在軍旅之道，明五行逆順，則戰取必勝，豈不爲昌乎？故曰：見之者昌也。但因此五行相生而用之，則爲道德合於陽也；相剋之道用之，則爲賊害合於陰也。故三教大師皆用理世，所立經教，只言修善而稱道德，不令修惡而稱賊害也。故知善修道德者，道也，是陽之主也；陰惡賊害者，魔也，是陰之精。除此之外，百萬經教虛廣故也。

郝大通《太古集·五行圖》

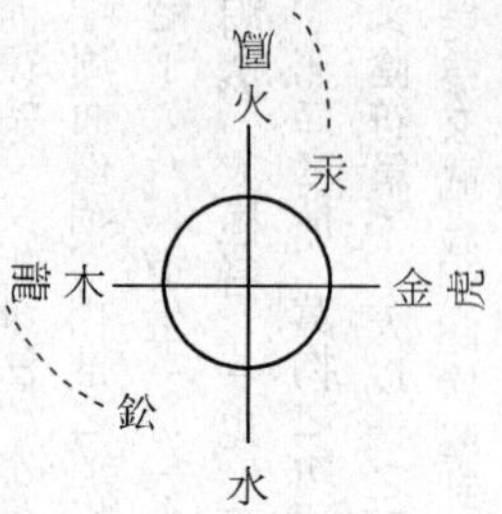

五行者，水、火、土、金、木是也。凡天地之數而各有合，生於五行者。所謂天一與地六，合而生水。地二與天七，合而生火。天三與地八，合而生木。地四與天九，合而生金。天五與地十，合而生土。天地之數五十有五，而生成五行，五行之數可見矣。七言得之水，九言得之火，十一數而得之木，十三數而得之金，十五數而得之土。此爲天地〔之數〕而生五行也。

又《天元十干圖》

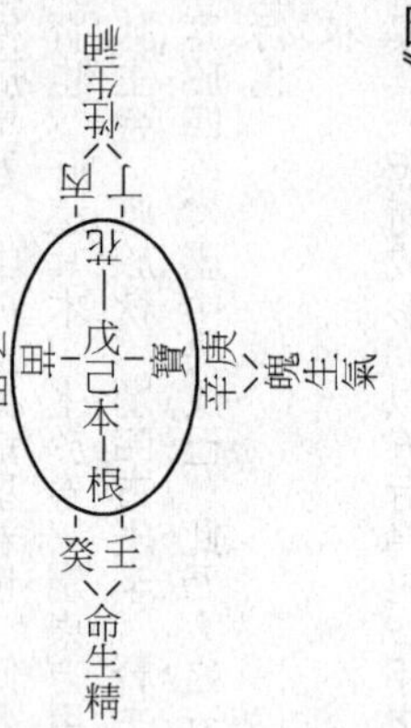

天元十干者，謂甲乙象木，丙丁象火，庚辛象金，壬癸象水，戊己象土。夫木之爲體象春，而生乎萬有，主魂而靈見於苗。火之爲體象夏，而長乎萬物，主性而神見於花。金之爲體象秋，而成乎品類，主魄而氣見於實。水之爲體象冬，而就乎萬有，主命而精見於根。土旺象，加四季之正，逐時而有也。

《太上長文大洞靈寶幽玄上品妙經·五行變易章第五》

道言：五行者，在天爲五行，在地爲五岳，在世爲五常，在人爲五臟。夫五行變易者，金木相生相剋，水火相配相合，惟土能變化。萬物得之可成，一身得之可靈。三田運氣，可以成五行之大藥。金丹皆是五行氣變化也，五液皆是五行之昇降也，天氣皆是五行之作用也。天地爲五行之祖，日月爲五行之宗，周天爲五行之道，八卦爲五行之戶，大藥爲五行，全在人身之用。故《陰符經》云：天有五賊，見之者昌，不識者亡。若修煉五行之運用，依法行持，必可長生。

《太上化道度世仙經·五行品第二》

五行造化，陰陽至精，

五行者，金木水火土也，乃造化萬物，配合陰陽，爲天地萬物之精華者也。

木火金水，四象爲名。

四象以道名也，嬰兒姹女，金公黃婆也。

青龍左遶，白虎右馴，朱雀前立，玄武後迎。

青龍屬木，爲肝在左；白虎屬金，爲肺在右；朱雀屬火，爲心在前；玄武屬水，爲腎在後。此乃五行之所主也。

丙丁甲乙，壬癸庚辛。

乃四方之正名也。

東方九炁，萬物發生；南方三炁，長養之神；西方七炁，素皓收成；北方五炁，玄天歸根。

東方九炁者，四時之首也，謂之曰和風，乃發生萬物者也。南方三炁者，謂之炎風，乃萬物之長養也。西方七炁者，謂之金風也，萬物之衰殺也。北方五炁者，謂之寒風，乃萬物之休息，各歸根本。此乃四炁之志也。

各旺八九，陰陽合形。

各旺八九者，爲五行逐四時，各旺七十二日也，乃曰七十二候也。凡五日爲一小侯，七十二日爲一大候焉。立春木旺七十二日，立夏火旺七十二日，立秋金旺七十二日，立冬水旺七十二日。金木水火四時，共旺二百八十八日之數者也。

中央戊己，四季獨尊。

中央戊己者，土也，乃中央一十二炁，爲五行萬物之統領也。土無正位，以四季而獨尊也，逐四時而各旺一十八日也。爲土能和養萬物，以中

央爲尊也。春旺臺花一十八日，夏旺槐花一十八日，秋旺菊花一十八日，冬旺奈凍花一十八日，四季共旺七十二日。乃五行配合，共成三百六十日，爲一年之歲也。

地爲五嶽，天應五星，人有五藏，一體各分。

金木水火土，五行爲五星，五嶽爲五藏，皆同一體也，各分其類也。地之五嶽者，東方青帝，乃發生萬物，以東嶽泰山爲五嶽之長也。南方赤帝，長養萬物，嶽曰衡山。西方白帝，主於收殺，嶽曰華山。北方黑帝，萬物之功成歸本，嶽曰恆山。中央黄帝，主和養萬物，嶽曰嵩山。此乃地之五行也。天應五星者，東方木德歲星君，南方火德熒惑星君，西方金德太白星君，北方水德辰星君，中央土德鎮星君也。此乃天之五行也。人之五藏者，心肝脾肺腎也，肝應其木，主於春，屬東方甲乙。心主火，應於夏，屬南方丙丁。肺主金，應於秋，屬四方庚辛。腎主水，應於冬，屬北方壬癸。脾主土，應於四季，屬中央戊己。此乃人之五行也。天道萬物之造化，皆不離於五行也。

天地與人，元同一根。

天地萬物，皆稟其一炁而成形，以五行爲主，用之本也。

《太上九要心印妙經》 萬物皆稟一氣，因氣造化五行，五行即五穀也，五穀之氣，入於臟腑，精住丹田，精者人之本也。【略】

又五行者，心主神，肝主魂，脾主意，腎主志，肺主魄，五行聚而化爲丹也。

梁丘子《黄庭内景經注·五行章第二五》 五行相推反歸一，

五行，謂水火金木土。相推者，水生木，木生火，火生土，土生金，金生水，水又生木，周而復始。又相刻法，水刻火，火刻金，金刻木，木刻土，土刻水，水刻火，周而復始，相推之道也。反歸一者，水數也，五行之首，萬物之宗。《老子》云：道生一，一生二，二生三，三生萬物。又《易》有太極，是生兩儀。太極者，一也。兩儀，天地。天地生萬物，萬物又終而歸一。一者，無二之稱，萬物之所成，終，故云歸一。

曾慥《道樞》卷三《陰符篇》 天以一之數生水而潤下，其居北方，於時爲冬，於藏爲腎，是爲玄武焉，此坎之卦也；地以二之數生火而炎上，其居南方，於時爲夏，於藏爲心，是爲朱雀焉，此離之卦也；天以三之數生木而曲直，其居東方，於時爲春，於藏爲肝，是爲青龍焉，此震之卦也；地以四之數生金而從革，其居西方，於時爲秋，於藏爲肺，是爲白虎焉，此兑之卦也；天以五之數生土而爲稼穡，其居中央，爲萬物母，於藏爲脾焉。故道生一，一爲天。五行者，從一而生，真一之氣化生五行，是以五穀、五味滋養於人。人因五行而生，因五行而死，故五行者，五賊也。聖人奪取五行之精氣，還元返本，復歸於真一，此老子所謂萬物芸芸，各歸其根，歸根曰靜，靜曰復命者也。

李道純《全真集玄秘要》 乾坤運兮五行分。

乾坤即身心也。五行即精、神、魂、魄、意也。乾坤運行而生五行，即身心運動五炁具也。

五行順兮，常道有生有滅。

祖師云：五行順行，法界火坑。所謂五行運動而生萬物，五常之道也。五常之道屬生滅法也。

五行逆兮，丹體長靈長存。

祖師云：五行顛倒，大地七寶。所謂逆行者，攢簇五行，真常之道也。真常之道常存而不壞也。

又 陽變陰合，而生水火木金土，五行順布，四時行也。

⁘者兩儀之變也。兩者二也。不言二而言兩者，何也？兩者，配合之謂也。合則有感，感則變通也。陽變陰合，陰陽感合，而生五行也。天一生水，地二生火，天三生木，地四生金，天五生土，此五行生數也。五行運化，機緘不已，四時行而百物生焉。以身言之，身心立而精炁流行，五臟生而五神具矣。天一生水，精藏於腎也。地二生火，神藏於心也。天三生木，魂藏於肝也。地四生金，魄藏於肺也。天五生土，意藏於脾也。五行運動，而四端發矣。達是理者，則能隨時變易以從道也。

【略】

五行之生也，各一其性。

五行各一其性者，謂五行各具一太極也。五行生數，各以五數加之，即成數也。天一生水加五，地六成水也。地二生火加五，天七成火也。天三生木加五，地八成木也。地四生金加五，天九成金也。天五生土加五，地十成土也。是謂五行各具五行也。前文謂五行一陰陽也，陰陽一太極

者，言其體也。此謂五行各一其性者，言其用。言其體，則五行同一太極。言其用，則五行各具一太極也。言其體，反本還元也。言其用，設施之廣也。體者，逆數也。用者，順數也。逆數知其所始，順數知其所終。知始而不知終，則不能致廣大；知終而不知始，則不能盡精微。原其始則渾渾淪淪，合乎無極；推其終，則生生化化，運乎无窮。逆順相須，則始終不二；顯微无間，則性理融通。是謂體用兼而合道也。

論　說

《鍾呂傳道集・論五行》（施肩吾傳） 呂曰：所謂五藏之氣而曰金木水火土，所謂五行之位而曰東南西北中，若此如何得相生相成，而交合有時乎？採取有時乎？願聞其說。鍾曰：大道既判而生天地，天地既分而列五帝。東曰青帝，而行春令，於陰中起陽，使萬物生；南曰赤帝，而行夏令，於陽中升陽，使萬物長；西曰白帝，而行秋令，於陽中起陰，使萬物成；北曰黑帝，而行冬令，於陰中進陰，使萬物死。四時各九十日，每時下十八日，黄帝主之。若於春時，助成青帝而發生；若於夏時，接序赤帝而長育；若於秋時，資益白帝而結立；若於冬時，制攝黑帝而嚴凜。五帝分治，各主七十二日，合而三百六十日而爲一歲，輔弼天地以行於道。青帝生子，而曰甲乙，甲乙東方木。赤帝生子，而曰丙丁，丙丁南方火，黄帝生子，而曰戊己，戊己中央土。白帝生子，而曰庚辛，庚辛西方金。黑帝生子，而曰壬癸，壬癸北方水。見於時而爲象者，木爲青龍，火爲朱雀，土爲勾陳，金爲白虎，水爲玄武。見於時而生物者，乙與庚合春，則有榆青而白不失金木之色，辛與丙合秋，則有棗白而赤不失金火之色，己與庚合夏末秋初，有瓜青而黄不失土木之色，丁與壬合夏，則有椹赤而黑不失水火之色，癸與戊合冬，則有橘黑而黄不失水土之色。以類推求，五帝相交而見於時者生，在物者，不可勝數。呂曰：五行在時若此，五行在人如何？鍾曰：惟人也，頭圓足方，有天地之象，陰降陽升，又有天地之機。而腎爲水，心爲火，肝爲木，肺爲金，脾爲土。若以五行相生，則水生木，木生火，火生土，土生金，金生水，生者爲母，受生者爲子。若以五行相剋，則水剋火，火剋金，金剋木，木剋土，土剋水，剋者爲夫，受剋者爲妻。以子母言之，腎氣生肝氣，肝氣生心氣，心氣生脾氣，脾氣生肺氣，肺氣生腎氣。以夫妻言之，腎氣剋心氣，心氣剋肺氣，肺氣剋肝氣，肝氣剋脾氣，脾氣剋腎氣。腎者，心之夫，肝之母，脾之妻，肺之子。肝者，脾之夫，心之母，肺之妻，腎之子。心者，肺之夫，脾之母，腎之妻，肝之子。肺者，肝之夫，腎之母，心之妻，脾之子。脾者，腎之夫，肺之母，肝之妻，心之子。心之見於内者爲脈，見於外者爲色，以寄舌爲門戶，受腎之制伏，而驅用於肺，蓋以夫婦之理如此。得肝則盛，見脾則減，蓋以子母之理如此。腎之見於内者爲骨，見於外者爲髮，以兩耳爲門戶，受脾之制伏，而驅用於心，蓋以夫婦之理如此。得肺則盛，見肝則減，蓋以子母之理如此。肝之見於内者爲筋，見於外者爲爪，以眼目爲門戶，受肺之制伏，而驅用於脾，蓋以夫婦之理如此，見腎則盛，見心則減，蓋以子母之理如此。肺之見於内者爲膚，見於外者爲毛，以鼻穴爲門戶，受心之制伏，而驅用於肝，蓋以夫婦之理如此，得脾則盛，見腎則減，蓋以子母之理如此。脾之見於内者爲藏，均養心腎肝肺，見於外者爲肉，以唇口爲門戶，呼吸定往來，受肝之制伏，而驅用於腎，蓋以夫婦之理如此；得心則盛，見肺則減，蓋以子母之理如此。此是人之五行，相生相剋而爲夫婦子母，傳氣衰旺見於此矣。呂曰：心，火也，如何得火下行？腎，水也，如何得水上升？脾，土也，土在中而承火則盛，莫不下剋於水乎？肺，金也。金在上，而下接火則損，安得有生於水乎？相生者，遞相間隔，相剋者親近難移，是此五行自相損剋，爲之奈何？鍾曰：五行歸原，一氣接引，元陽升舉而生眞水，眞水造化而生眞氣，眞氣造化而生陽神。始以五行定位，而有一夫一婦。腎，水也，水中有金，金本生水，下手時要識水中金，水本嫌土，採藥後須得土歸水。龍乃肝之象，虎本肺之神，陽龍出於離宮，陰虎生於坎位。五行逆行，氣傳子母，自子至午，乃曰陽時生陽。五行顛倒，液行夫婦，自午至子，乃曰陰中鍊陽。陽不得陰不成，到底無陰而不死。陰不得陽不生，到底陰絶而壽長。

佚名《内丹還元訣》 夫五行者，肝肺心腎脾。

肝屬東方甲乙木，肝者是木藏，肝中，有炁，名曰青龍。其炁從後夾脊膝道左邊脈路上來，流入眼中化淚，淚名眞水，肝之餘炁，流入上齶左

邊，流者名曰金液。

肺屬西方庚辛金，肺者是金藏，肺中有炁，名曰白虎。其炁從後夾脊膝道右邊脈路上來，流入鼻中化涕，涕名眞金。肺之餘炁流入上齶右邊，流者名曰還丹。《內丹經説》云：上有金液還丹是也。

心屬南方丙丁火，心者是火藏，心中有炁，名曰朱雀。其炁屬前三道寶階，從前中心脈路上來，入舌下化津，却咽入心，心中化穴，一名眞火。血餘炁流入上齶右邊，流者名曰神水。

腎屬北方壬癸水，腎名水藏，腎中有炁，名曰玄武。其炁從肚右邊脈路上來，入耳巡還天界，却下入於腎。腎中餘炁流入舌下右邊，流者名曰華池。《內丹經説》云：中有神水華池是也。

脾屬中央戊己土，脾者是土藏，脾中有炁，名曰螣蛇。其炁從後夾脊膝道上來，入於肺，肺中化涎名眞土。涎之餘炁流入脣內，名曰黃芽。

佚名《存神固氣論・水火相求》 水遇火乃受氣，受氣則生而不竭，故不走；火遇水乃成形，成形則活而不滅，故不飛。方眞水求眞火，則陰多陽少，而化鉛；方眞火求眞水，則陽多陰少而化汞。汞必求鉛，故降而干坎；鉛必求汞，故升而干離。升降之際，擒於戊己，相吞相戀而結化。至人於此，有住陰陽之和，還返添奪之妙理。

又《金木相刑》 金不剋木，木不受氣，受氣生火，乃火不剋金，金不受氣，受氣乃生水。以金召金，故動而剋木，以火召火，故動而剋金。水火既生，以和召和，自相求而造物。至人於此，使罏中水火自相尋者，蓋得修所生之至理。

又《五行還返》 萬物之理，歸於母則根深蔕固，有長久之道；散於子，則花榮葉茂，有衰謝之理。子謝母衰者，五行之順行也；長生久視者，五行之不順行也。至人於中宮神物造化之際，造物既功，則子隱母腹，母含子胎，致龍出於火，虎生於水，有還返顛倒之理。

草衣洞眞子《修眞歷驗鈔圖・還丹五行功論圖》 還者，還其本體。丹者，赤色之名。五者，五星五帝，五藏五性，五經五味，五金五氣，五方五色，五嶽五行。行者，亨布也。功者，通曉之用也。論之如後。

西方庚辛金，色白，五音商，卦兌，神白虎，令主秋，五金銀，五味辛，氣臭腥，象傷，星太白，嶽華，五藏肺，通口，性主義，五經《書》，始數四，成數九，白元精，服之補肺府。經曰：肺爲玉堂尙書府，制鍊七魄，益言氣增性義，可通外，五金邪氣並害器不能傷，德伏虎，金宿不能窺，謂金精神帝，靈元之益也。

東方甲乙木，色青，五音角，卦震，神青龍，令主春，五金鉛，五味酸，氣臭羶，象生，星歲，嶽泰，五藏肝膽，通目，性主仁，五經《詩》，始數三，成數八，青元精，服之補目及內二府。二府者，肝爲淸冷宮蘭臺府，膽爲紫微宮无極府。滋三魂，明貌目，令人遠視，益性仁，木氣不能淘並害，器不能擊隔，德伏龍，木曜無能窺。蓋因木精神帝，靈元益也。

北方壬癸水，色黑，五音羽，卦坎，神玄武，令主冬，五金鐵，五味鹹，氣臭腐，象閉，星辰，嶽恆，五藏腎，通耳，性主智，五經《易》，始數一，成數六，黑元精，服之補耳益腎神。經云：腎爲出故宮名太和府。固添髓血滋洞聽，令人性智聰潤，鍊肌毛髮綠。陰邪慉水不能漂溺，通太陰而合隱，出不遊門，月輝中無影，水曜不能見，蓋恃水玉鉛精，紫微帝君，靈元之益也。

南方丙丁火，色赤，五音徵，卦离，神朱雀，令主夏，五金銅，五味苦，氣臭焦，象盛，星熒惑，嶽衡，五藏心，通目，性主禮，經亦《禮》，始數二，成數七，赤元精，服之補心神，益陽光，鍊固肌骨，化陰滯。經云：心爲絳宮元陽府。內滋此府，外滋目威，令人性禮眞行，不踐迹輕騰凌陽。是火等不能燒，是陽毒不能熱，身與太陽通元而合，現化日光，類中無影，火曜不能察。蓋恃炎帝，靈元之益也。

中央戊己土，色黃，五音宮，卦坤，神后土，令主四季，五金黃，五味甘，氣臭香，象含，星鎭，嶽嵩，五藏脾，通鼻，性主信，經主《樂》，始數五，成數十，黃元精，服之補胃益脾神。經云：脾爲中黃宮太素府，益志氣，滋性信，練五形，和九氣，加聖惠，伏萬幽，親五老，地不能埋閉，土曜不能傍窺。蓋恃五星帝威，得靈元之益也。

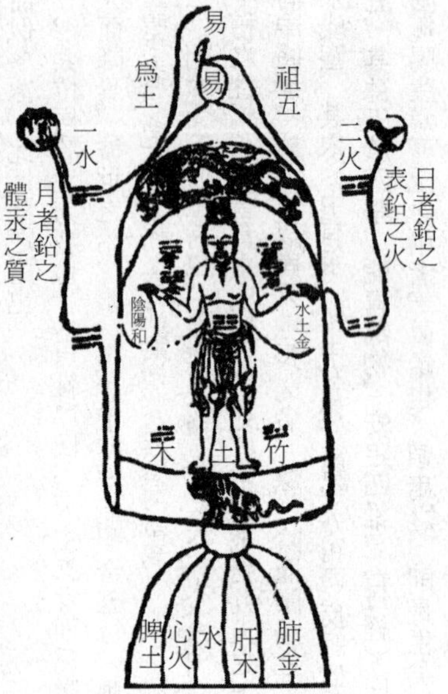

蕭道存《修真太極混元圖·五行配象之圖》（施肩吾傳）

《上清識語》曰：人身之中，萬象存焉。以九州言之，腎爲冀州，膀胱爲徐州，肝爲青州，膽爲兗州，心爲揚州，小腸爲荆州，肺爲梁州，大腸爲雍州。以八卦言之，腎爲坎卦，膀胱爲艮卦，肝爲震卦，膽爲巽卦，心爲离卦，小腸爲坤卦，肺爲兌卦，大腸爲乾卦。此是比象立號，不可勝紀。及夫玄中又玄，而腎氣爲嬰兒，心液爲姹女，脾之殘液而曰黄婆，肺之餘氣而曰金翁。是此亦爲玄矣！至如腎氣之中，暗藏眞一之水，而曰陰虎；心液之上，暗負正陽之氣，而曰陽龍。龍虎交媾，而曰內丹。頂水下降，而曰神水；丹中眞氣上升，而曰正火。

又《真五行顛倒圖》

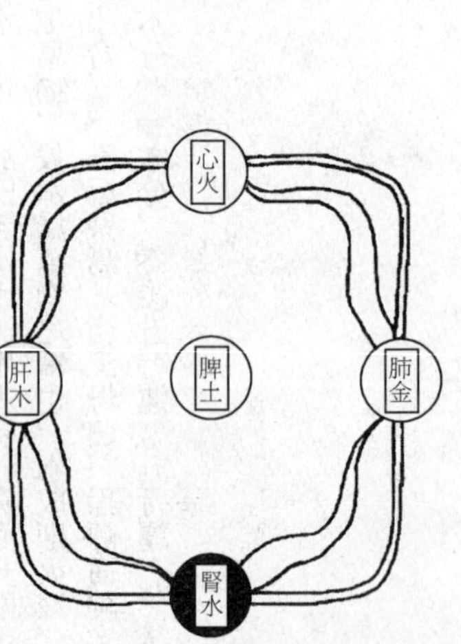

《龍虎中丹經》曰：腎，水也，水中生火；心，火也，火中生水；肝，木也，旺於西方；肺，金也，生於東方。此是五行顛倒之理。世人若悟此理，自可養之不亂，補之不耗，乃有延年之效。腎水也，水中生火，火內自有眞一之水，而曰杳杳冥冥，陰虎之象也。心火也，火中生水，水內自有正陽之氣，而曰恍恍惚惚，陽龍之象也。世人若悟此理，自可長生不死。以下田反上田，以上田反中田，非止五行顛倒，而此三田反復。三田反復，自可棄殼昇仙。故先師訣曰：五行不顛倒，龍虎不交媾，三田不反覆，胎仙不氣足。

又《真五行交合傳送圖》

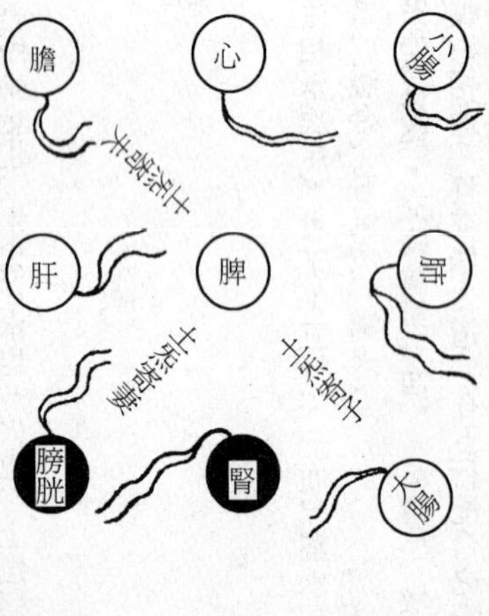

《天元正曆》曰：五帝傳一氣，而天地之道不差，五臟傳一氣，而人物之道不差。故知人之眞氣，大運隨天地。春在肝而夏在心，秋在肺而冬

在腎。人之元氣，子時而腎氣生，丑末寅初，腎氣以膀胱氣，傳送入肝氣；卯時肝氣生，辰末巳初，肝氣以膽氣傳送入心氣；午時心液生，未末申初，心液以小腸液傳送入肺液，酉時肺液生，戌末亥初，肺液以大腸液傳送入腎液。即液生氣，周而復始，運行不已。善修煉者，會合五行之氣，而曰還丹。

曾慥《道樞》卷三〇《鉛汞五行篇月取其華，日取其精；四象備立，河車運行》　探玄子黃鶴山曹聖圖曰：吾遇陽公於當陽，得眞要焉。於是知金丹大藥者，在乎精究五行，次窮日月，四象備立，而產五帝之河車矣。河車者，神水也。得火則活，見水而生，千煉萬化，不易其眞。此天地之大寶也。探玄子於是歌曰：得在得一氣，變化因金液；金液通神仙，須向五行覓。要識眞鉛汞，一水過一火；中宮見爲主，水火結爲物。二物成夫婦，夫婦相配匹；百刻在坎離，丹砂從此出。體如眞珠離。丹砂本非赤；見水歸水體，見火成金液。脫胎除黑暈，黑暈是鉛質；金丹切忌鉛，用鉛千萬失。竹破須竹補，木斷以木緝；人之氣補外，萬物盡爲客，是知鉛汞者，其根元在於五行而已。

金主四，因火受符而生者也。能從無中得有，有中歸無，於是四象備立，而孕白金焉。此日精月華之氣，能凝白、能爲水，其名曰流珠金液神丹。盡極陽九九之數，即爲出世之丹者也。

木主三，因火初混氣而受符者也。含元之至精，因土相得而相住，復爲父母，互生芽蘗，齊天地之變通，成乎立信，應乎甲位，是爲青龍，所以夏凝雪而似冬冰，此反覆之道也。

水數一，共位居於北方者也。《丹經》曰：天生玄女而爲陽，其極則陰生，自天而降焉。彼世之鉛、銀、砂、汞，安能配合五行、應之於乾象乎？吾所謂汞者，包含萬象，灌注無極，是爲河車焉。

火生二，因木受符而生者也。蓋土之父，金之夫，水之婦，木之子也。於是天地不朽之性，萬物皆負之成形，惡死好生，飛騰九天之上，能使無中乃有，有中將無。聖人所以與天地長久者，煉一陰而歸陽位，是還丹之體也。煉汞成塵，其象砂中有汞，鉛中有銀。離，女也，反歸於眞性矣。

土主五，其德王於四季，能育萬物，安定四維。《丹經》曰：地產黃男，是爲陰極陽生焉。土之精者，眞鉛也。順用之，則長生矣；逆使之，則害物矣。

夫汞不飛走者，是流珠之母也。以鉛爲根，根成則芽生，汞伏則丹成矣。然非外也，故吾所謂金也、木也、水也、火也、土也，皆非世之所謂者也。

雜録

佚名《道門經法相承次序》卷下　五行：一血，屬水。二骨，屬木。三肉，屬土。四齒爪，屬金。五氣煖，屬火。

《太上元寶金庭無爲妙經·交媾章第一四》　道言：坎男離女，黃婆嫁娶，金母木公，媒妁相通。且交媾之道，在五行配合之際也。五行者，交媾也。五行既聚，金木互用，然後坎男離女遇而媾也。四象往來，通好也。五行相聚，配合也。西王母曰：男女相遇，當五十之期。五十者，男年三十，女年二十，乃天地數之合也。男子象天道，坎行一，本宮有水。女子象地道，離應二，本宮有火。坎見三，木通火耗。離見四，金言水之情。坎見五，黃婆引之以升。離見六，水引之以降。坎見七，火見成人而交。離見八，木飾之以根。坎見九，金母而交會。離見十，土爲配形。此五行往來之數。存神至眞，水火自靈也。

又《五行章第一五》　道言：天之五緯，地之五經，人之五行，乃自然之物也。惟四象聚中，金丹光煒，陰陽交合，二儀配形，始有升降。夫金盈生水，水始化，故曰炁水也。炁水者，動而升則炁，靜而形則水。水有大利，能生萬物，故水爲萬物之精也。水成則火聚，然後龍行其先，虎行其後，四象合一，五行聚焉。西王母曰：炁靜而神定，乃坎離成。坎離成，然後金木分。金木分，然後五行運。五行運，然後中央聚。

玄道

綜述

葛洪《抱朴子内篇·暢玄》　抱朴子曰，玄者，自然之始祖，而萬殊之大宗也。眇昧乎其深也，故能微焉。綿邈乎其遠也，故稱妙焉。其高則冠蓋乎九霄，其曠則籠罩乎八隅，光乎日月，迅乎電馳。或倏爍而景逝，或飄滭而星流，或滉漾於淵澄，或雰霏而雲浮。因兆類而爲有，託潛寂而爲無。淪大幽而下沉，凌辰極而上游。金石不能比其剛，湛露不能等其柔。方而不矩，圓而不規。來焉莫見，往焉莫追。乾以之高，坤以之卑，雲以之行，雨以之施。胞胎元一，範鑄兩儀，吐納大始，鼓冶億類，佪旋四七，匠成草昧，轡策靈機，吹噓四氣，幽括冲默，舒闡粲尉，一作鬱。抑濁揚清，斟酌河渭，增之不溢，挹之不匱，與之不榮，奪之不瘁。故玄之所在，其樂不窮，玄之所去，器弊神逝。夫五聲八音，清商流徵，損聰者也。鮮華艷采，或麗炳爛，傷明者也。宴安逸豫，清醪芳醴，亂性者也。冶容媚姿，鉛華素質，伐命者也。其唯玄道，可與爲永。不知玄道者，雖顧眄爲殺生之神器，脣吻爲興亡之關鍵，綺榭俯臨乎雲雨，藻室華綠以參差，組帳霧合，羅幬雲離，西毛陳於閑房，金觴華以交馳，清絃嘈囋以齊唱，鄭舞紛繹以蜲蛇，哀簫鳴以凌霞，羽蓋浮於漣漪，掇芳華於蘭林之囿，弄紅葩於積珠之池，登峻則望遠以忘百憂，臨深則俯擥以遺朝饑，入宴千門之混焜，出驅朱輪之華儀，然樂極則哀集，至盈必有虧。故曲終則歎發，醮罷則心悲也。寔理勢之攸召，猶影響之相歸也。斯假借而非眞，故物往若有遺也。

夫玄道者，得之乎内，守之者外，用之者神，忘之者器，此思玄道之要言也。得之者貴，不待黄鉞之威。體之者富，不須難得之貨。高不可登，深不可測，乘流光，策飛景，凌六虚，貫涵溶。出乎無上，入乎無下。經乎汗漫之門，遊乎窈眇之野。逍遙恍惚之中，倘佯仿佛之表。咽九華於雲端，咀六氣於丹霞，俳佪茫昧，翺翔希微，履略蜿虹，踐蹦旋璣，此得之者也。

《無上妙道文始真經·一宇》宇者，道也　非有道不可言，不可言即道。非有道不可思，不可思即道。天物怒流，人事錯錯然，若若乎回也，戛戛乎門也，勿勿乎似而非也。而爭之，而介之，而哯之，而嘖之，而去之，而要之。言之如吹影，思之如鏤塵，聖智造迷，鬼神不識。惟不可爲，不可致，不可測，不可分，故曰天、曰命、曰神、曰玄，合曰道。

無一物非天，無一物非命，無一物非神，無一物非玄。物既如此，人豈不然。人皆可曰天，人皆可曰神，人皆可致命造玄，不可彼天此非天，彼神此非神，彼命此非命，彼玄此非玄。是以善吾道者，即一物中知天盡神，致命造玄。學之徇異，名析同實，得之契同，實忘異名。

章安《宋徽宗道德真經解義》　此兩者同出而異名，同謂之玄。

御注曰：道本無相，孰爲徼妙？物我同根，是非一氣，故同謂之玄。世之惑者，舍妄求眞，去眞益遠，殊不知有無者，特名之異爾。

臣義曰：道以常無爲體，以妙有爲用，窅爾無相，孰觀徼妙。物我復乎造化之原，是非混於冲虚之氣，離形去智，有無都泯，故同謂之玄。在無而有，在有而無，所謂兩者同也。有無相生，而有無之辨著，此出而異名也。玄之爲色，赤且黑，於其方曰朔曰北之類，皆合兩者故也。通夫有無而同於一，乃可以語道。

玄之又玄，衆妙之門。

御注曰：《素問》曰：玄生神。《易》曰：神也者，妙萬物而爲言者也。妙而小之謂玄，玄者天之色。色之所色者彰矣，而色色者未嘗顯。玄之又玄，所謂色色者也。玄妙之理，萬物具有，天之所以運，地之所以處，人之所以靈，百物之所以昌，皆妙也，而皆出於玄，故曰衆妙之門。孔子作《易》，至《說卦》然後言妙，而老氏以此首篇，聖人之言，相爲終始。

臣義曰：天肇一於北，玄之同也，地耦二於南，神之出也。神以玄生，玄以神妙，同夫有無，混然無間，所謂玄也，玄之又玄，玄亦至矣，神由是出，靈由是著，妙萬物而無方，此天地所以神明，聖人所以無爲而爲。而人之靈，物之昌，皆盡其妙，而妙皆出於玄，故曰衆妙之門。孔子作《易》，托象數以示神，故至《說卦》然後言妙。老子同有無以示玄，

故以首篇言之。神生於玄，而玄爲衆妙之所自出，故終始之序如此。

玄德

綜述

《道德真經・能爲章第一〇》 載營魄抱一，能無離乎。專氣致柔，能如嬰兒乎。滌除玄覽，能無疵乎。愛民治國，能無爲乎。天門開闔，能無雌乎。明白四達，能無知乎。生之畜之，生而不有，爲而不恃，長而不宰，是謂玄德。

又《養德章第五一》 道生之，德畜之。物形之，勢成之。是以萬物莫不尊道而貴德。道之尊，德之貴，夫莫之爵，而常自然。故道生之，畜之，長之，育之，成之，熟之，養之，覆之。生而不有，爲而不恃，長而不宰，是謂玄德。

又《淳德章第六五》 古之善爲道者，非以明民，將以愚之。民之難治，以其智多。是故以智治國，國之賊。不以智治國，國之福。知此兩者，亦楷式。嘗知楷式，是謂玄德。玄德深矣遠矣，與物反矣，然後乃至大順。

嚴遵《道德真經指歸・善爲道者章》（谷神子注） 廢棄智巧，玄德淳樸，獨知獨慮，不見所欲，因民之心，塞民耳目，不食五味，不服五色，主如天地，民如草木，巖居安處，安樂山谷，飲水食草，不求五穀。知母識父，不睹宗族，沌沌偆偆，不曉東西，男女不相好，父子不相戀，不賤木石，不貴金玉，叢生雜處，天下一心，八極共旨，九洲同風。蠹蟲不作，毒獸不生，神龍與人處，麟鳳遊於庭。翔風嘷嘷，醴泉涓涓，甘露漠漠，朱草榮榮，嘉禾豐茂，萬物長生。非天之之福，主知不知而名無名也。不知之知，不名之名，同乎道矣，豈不然也。是以睹智識愚，與道同符，知愚知智，與道同旨。政教由之，或病或利，明於病利，大平自至，明於利病，萬物自正。用智治國，爲禍爲則；不用智理國，爲福爲德。此兩者之行，可爲楷式。常知楷式，是謂玄德。是故愚智之識，無所不克，清淨寧地，爲類陰福，衆世莫見，故曰玄德。玄德深矣，不可量測；遠矣，不可窮極；與物反矣，莫有能克。所謂玄德深遠與物反矣。玄德之淪，罔蕩輓遁，恍惚無形，反物之務，和道德，導神明，含萬國，總無方。六合之外，毫釐之內，靡不被德蒙仁，以存性命，命終天年，保自然哉。所謂至於大順者也。

河上公《道德真經註・淳德第六五》 常知楷式，是謂玄德。

玄，天也。能知治身治國之法式，是謂與天同德也。

玄德深矣遠矣，

玄德之人深不可測，遠不可極也。

與物反矣，

玄德之人與萬物反異，萬物欲益己，玄德欲施與人也。

然後乃至大順。

玄德與萬物反異，故能至大順。大順者，天理也。

王弼《道德真經註》 生之，

不塞其原也。

畜之，

不禁其性也。

生而不有，爲而不恃，長而不宰，是謂玄德。

不塞其原，則物自生，何功之有？不禁其性，則物自濟，何爲之恃？物自長足，不吾宰成，有德無主，非玄如何？凡言玄德，皆有德而不知其主，出乎幽冥。

成玄英《老子道德經義疏・道生之章第五一》 故道生之畜之，

重疊前文，以生後句。而直舉道，不言德者，明德不異道，而文略也。故《西昇經》云道德混沌玄妙同也。

長之育之，

長之者，謂增其善芽。育之者，謂進其功行也。

成之熟之，

成熟者，謂以無上妙法瑩飾物心，令其道果成就，德業淳熟。此猶疊前語，來生後文也。

養之覆之。

養覆者，養謂酬其果報，覆謂蔭以大慈也。以上四雙，明利物之德，以下三句，明能遣其功也。

第四結成玄德，利物忘功。

生而不有，

雖復能生萬物，實無物之可生。芻狗群情，故即生而不有。有既有而不有，生亦生而不生。此遣道生之也。

爲而不恃，

既生成萬物，不有其生，施爲法教，於何可恃。此遣德畜之也。

長而不宰，

長養蒼生，功侔造化，而能所俱幻，誰其宰乎？此遣長之等四雙也。

是謂玄德。

是則指於上句，謂則言及下文。玄者深遠之名，德以證護爲義。指前體道之士利物忘功，以法聖人，可謂玄德。

又《古之章第六五》

知此兩者亦楷式。

兩者謂前文智與不智也。能知用智爲賊，不智爲德者，則爲脩身之楷模，治國之洪範也。

常知楷式，是謂玄德。

常知無分別爲治身之楷式者，可謂深玄之大德也。

玄德深遠，與物反。

冥眞契道謂之玄德，窮源極際謂之深遠。深遠之智乖於俗，故與物反也。

然後乃至大順。

順有兩種，一順於理，二順於俗。順理則契於妙本，順俗則同塵降迹。問曰：前言反俗，後言順俗，前反後順，文豈類乎？答曰：前言反者，此明不反而反。後言順者，亦不順而順。不順而順，順不乖反，不反而反，反不乖順，亦何所嫌耶？曰：《經》稱大順，順亦有大小乎？答曰：夫以順對違，雖順而小。今不順不違，而違而順，順不異違，違不乖順，所以出處嘿語，唯道是從。和光同塵，而恆順於理，不問順與不順，不順與順，一時皆順，是故無順無不順，亦不無順而能順，不順乃至非不順，故名爲大順。

李榮《道德真經注一〇章》 生之畜之。

道生之，德畜之，聖人同道德之生畜，長黔黎於淳化，養庶類於自然。

生而不有，爲而不恃，長而不宰，是謂玄德。

忘功德也，上德不德，是以有德。忘德之德，深而且遠，故言玄也。

又《五一章》

道生之，德畜之，物形之，孰成之。

至道運而無壅，何適而不能。玄德動而不滯，何事而不可。今約事分用，通生則理歸於道，長畜則義在於德。生畜於物，物各有形。既秀而不實曰孰，生畜具全曰成也。

是以萬物莫不尊道而貴德。

父母所生，天地覆載，誠可尊也。今道德恩隆於父母，功蓋於天地，理當尊貴人也。

道尊德貴，夫莫之爵而常自然。

道德虛忘，自然尊貴，非由爵命方見敬重也。

故道生之畜之，長育之，成之孰之，養覆之。

此廣明道德生畜之義也。進益曰長，撫恤曰育，構立曰成，圓足曰孰，資給曰養，衣被曰覆。

生而不有，爲而不恃，長而不宰，是謂玄德。

夫伐其功者，非至功也。恃其德者，非大德。今既生既長，不恃不宰，深妙之德也。

趙志堅《道德真經義疏·古之章第二八》 知此兩者，亦楷式。

兩者，謂用智不用也。言亦者，爲上文皆云以無爲理國，今復云不用智理國，故云亦。能知用智是害國之賊，不用智是養人之德者，是爲得安國修身之法式。

常知楷式，是謂玄德。

始終不改謂之常。能知不用智，可爲理國修身之法式。始終常行而不廢者，乃是合道玄之上德。

玄德深遠，與物反，然後乃至大順。

下徹曰深，傍周曰遠，其德如是，謂之爲玄。道被幽明，德充宇內，謂之遠矣。凡人貴智，玄德貴愚，凡人貴積，玄德貴散，凡人從俗，玄德從道，故云反。迹每安國利人，故云順。而言大順者，上順天道，下順萬民，在物無逆，故云大順。

《唐玄宗御製道德真經疏・載營魄章第一〇》 生之畜之。

疏：下經云道生之，德畜之，此云生之畜之者，謂人君法道清靜，令物得遂其生成，效德弘濟，令物各盡其畜養，故云生之畜之。

生而不有，爲而不恃，長而不宰，是謂玄德。

疏：物得遂生，聖忘功用。遂生則生理自足，忘功則功用常全。斯乃無私而成私，不宰而爲眞宰也。故生而不有者，令物各遂其生，君不以爲己有也。爲而不恃者，令物各得其動用，而不自負恃爲己功也。長而不宰者，居萬民之上，故云長，而不恃其功，故云不宰也。如是謂深玄妙之德矣。

又《道生之章第五一》 故道生之，德畜之。

疏：此覆結初章道生之義也。始之爲生，養之爲畜。

長之育之，

疏：增進曰長，撫字曰育。

成之熟之，

疏：輔相曰成，成遂曰熟。

養之覆之。

疏：資給曰養，蔭庇曰覆。八者皆道德功用之謂，所以萬物尊而貴之。

生而不有，

疏：道生萬物，不見其有生之可名，忘生之義，結上道生之義也。

爲而不恃，

疏：德之爲養，不見有物之可爲，不恃其功，結上德畜之之義也。

長而不宰。

疏：以道德忘生育之功，故雖居萬物之長，長育成熟，不爲主宰，責望於物，言此者欲令人君法道生育，而忘其功爾。

是謂玄德。

疏：此嘆忘功之德也。玄者深遠不測之名，大道雖能生能畜，而終不恃不宰，德施周普而名迹不彰，豈非深遠不測之德乎？

陳景元《道德眞經藏室纂微篇》卷七《德經》 故道生之，畜之，長之，育之，成之，熟之，養之，覆之。

上言道生德畜，此不言德者，以道無不貫而略其文也。夫受其精之謂生，函其氣之謂畜，遂其形之謂長，字其材之謂育，輔其功之謂成，終其時之謂熟，保其和之謂養，護其傷之謂覆。此八者皆大道之元功，蛸翹蝡動之物，得不尊之、貴之乎。

生而不有，爲而不恃，長而不宰，是謂玄德。

此結上生畜等八義也。言道生萬物，若顯其有，則收其仁矣。道養萬物，若恃其爲，則居其功矣。長育群材，成熟庶品，養覆動植，若矜其宰，則處其長矣。有是而退藏於密，可謂陰德深矣、遠矣。

章安《宋徽宗道德眞經解義》 生之畜之，生而不有，爲而不恃，長而不宰，是謂玄德。

御注曰：聖人存神知化，與道同體，則配神明，育萬物，無不可者。生之以遂其性，畜之以極其養。無愛利之心焉，故生而不有。無矜伐之行焉，故爲而不恃。無刻制之巧焉，故長而不宰。若是者其德深矣遠矣，與物反矣，故曰是謂玄德。天道升於北，則與物辨。而玄者天之色也，聖人之於天道，降而爲德，非玄不足以名之。

臣義曰：聖人自抱一專氣，至乎玄覽，則在我者至矣。自無爲爲雌，至乎無知，則應物者至矣。在我而忘我，在物而忘物，與道同體，於是乎見生其所自生，畜其所自畜，道生萬物，孰認而有爲。本無爲，孰矜而恃其長天下也。無刻削之巧，皆付之自然爾。故曰不宰，夫如是，故百姓不知。萬物不謝，是謂玄德。

王弼《老子微旨例略》 名也者，定彼者也。稱也者，從謂者也。名生乎彼，稱出乎我。故涉之乎無物而不由，則稱之曰道；求之乎無妙而不出，則謂之曰玄。妙出乎玄，衆由乎道，故生之畜之，不壅不塞，通物之性，道之謂也。生而不有，爲而不恃，長而不宰，有德而無主，玄之德也。玄謂之深者也，道稱之大者也。

周固樸《道體論》 問曰：此玄之又玄者，可爲修之所得不？答曰：此玄德解有二種。一者體玄德，二者行玄德。體玄德解有二種。一者

體玄德，二者行玄德。體玄德者，至體之理，妙實而虧，故曰體玄德。行玄德者，功行既備，妙契玄道，從修入爲玄，故曰行皆玄德。

問曰：玄德會體者至玄德，爲有行無行？答曰：未至玄德，故有其遣有遣無之行，體行非有亦無，取無有兩泯，名曰兼忘。

問曰：未審兼忘，何等行乃至玄德。答曰：教體通取，義有隱顯，故兼忘爲息事之談，玄德爲契實之目。教不虚設，必忘所獲。自兼忘以前，義從隔辯，解或不同，故言取捨兼忘。已後就通彰目，通而融觀，則解或同體，同而無別，故無取無捨。所謂行者，行無取無捨之行。《妙眞經》曰：無取正炁自居，無捨邪炁自除，目之曰玄。正炁自居稱之德，故曰玄德。

玄冥

綜述

郭象《南華真經序》 至至之道，融微旨雅；泰然遣放，放而不敖。故曰不知義之所適，猖狂妄行而蹈其大方；含哺而熙乎澹泊，鼓腹而游乎混芒。至仁極乎无親，孝慈終於兼忘，禮樂復乎已能，忠信發乎天光。用其光則其朴自成，是以神器獨化於玄冥之境而源深流長也。

《南華真經注疏·内篇·齊物論第二》（郭象注成玄英疏） 〔注〕世或謂罔兩待景，景待形，形待造物者。請問：夫造物者，有邪無邪？無也？則胡能造物哉？有也？則不足以物衆形。故明衆形之自物而後始可與言造物耳。是以涉有物之域，雖復罔兩，未有不獨化於玄冥者也。故造物者無主，而物各自造，物各自造而無所待焉，此天地之正也。故彼我相因，形景俱生，雖復玄合，而非待也。明斯理也，將使萬物各反所宗於體中而不待乎外，外無所謝而内無所矜，是以誘然皆生而不知所以生，同焉皆得而不知所以得也。今罔兩之因景，猶云俱生而非待也，則萬物雖衆而共成乎天，而皆歷然莫不獨見矣。故罔兩非景之所制，而景非形之所使，形非無之所化也，則化與不化，然與不然，從人之與由己，莫不自爾，吾安識其所以哉。故任而不助，則本末内外，暢然俱得，泯然無迹。若乃責此近因而忘其自爾，宗物於外，喪生於内，而愛尚生矣。雖欲推而齊之，然其所尚己存乎胸中，何夷之得有哉。

又《内篇·大宗師第六》 〔注〕卓者，獨化之謂也。夫相因之功，莫若獨化之至也。故人之所因者，天也；天之所生者，獨化也。人皆以天爲父，故晝夜之變，寒暑之節，猶不敢惡，隨天安之。況乎卓爾獨化，至於玄冥之境，又安得而不任之哉。既任之，則死生變化，唯命之從也。

〔疏〕卓者，獨化之謂也。彼之衆人，稟氣蒼旻，而獨以天爲父，身猶愛而重之，至於晝夜寒溫，不能返逆。況乎至道窈冥之鄉，獨化自然之境，生天生地，開闢陰陽，適可安而任之，何得拒而不順也。

【略】

其爲物，無不將也，

〔注〕任其自將，故無不將。

無不迎也；

〔注〕任其自迎，故無不迎。

〔疏〕將，送也。夫道之爲物，拯濟無方，雖復不滅不生，亦復而生而滅，是以迎無窮之生，送無量之死也。

無不毁也，

〔注〕任其自毁，故無不毁。

無不成也。

〔注〕任其自成，故無不成。

〔疏〕不送而送，無不毁滅；不迎而迎，無不生成之也。

其名爲攖寧。

〔注〕夫與物冥者，物縈亦縈，而未始不寧也。

〔疏〕攖，擾動也。寧，寂靜也。夫聖人慈救，道濟蒼生，妙本無名，隨物立稱，動而常寂，雖攖而寧者也。

攖寧也者，攖而後成者也。

〔注〕物縈而獨不縈，則敗矣。故縈而任之，則莫不曲成也。

〔疏〕既能和光同塵，動而常寂，然後隨物攖擾，善貸生成也。

南伯子葵曰：子獨惡乎聞之？

〔疏〕子葵怪女偊之談，其道高妙，故問子於何處獨得聞之？自斯已下，凡有九重，前六約教，後三據理，並是女偊告示子葵之辭也。

曰：聞諸副墨之子，

〔疏〕諸，之也。副，副貳也。墨，翰墨也；翰墨，文字也。理能生教，故謂文字爲副貳也。夫魚必因筌而得，理亦因教而明，故聞之翰墨，以明先因文字得解故也。

副墨之子聞諸洛誦之孫，

〔疏〕臨本謂之副墨，背文謂之洛誦。初既依文生解，所以執持披讀；次則漸悟其理，是故羅洛誦之。且教從理生，故稱爲子；而誦因教起，名之曰孫也。

洛誦之孫聞之瞻明，

〔疏〕瞻，視也，亦至也。讀誦精熟，功勞積久，漸見至理，靈府分明。

瞻明聞之聶許，

〔疏〕聶，登也，亦是附耳私語也。既誦之精深，因教悟理，心生懽悅，私自許當，附耳竊私語也。既聞於道，未敢公行，亦是漸登勝妙玄情者也。

聶許聞之需役，

〔疏〕需，須也。役，用也，行也，雖復私心自許，智照漸明，必須依教遵脩，勤行勿怠。解也不行，道無由致。

需役聞之於謳，

〔疏〕謳，謌謠也。既因教悟理，依解而行，遂使威德顯彰，謳謌滿路者也。

於謳聞之玄冥，

〔注〕玄冥者，所以名無而非無。

〔疏〕玄者，深遠之名也。冥者，幽寂之稱。既德行內融，芳聲外顯，故漸階虛極，以至於玄冥者矣。

玄冥聞之參寥，

〔注〕夫階名以至無者，必得無於名表。故雖玄冥猶未極，而又推寄於參寥，亦玄之又玄也。

〔疏〕參，三也。寥，絕也。一者絕有，二者絕無，三者非有非無，故謂之三絕也。夫玄冥之境，雖妙未極，故至乎三絕，方造重玄也。

參寥聞之疑始。

〔注〕夫自然之理，有積習而成者。蓋階近以至遠，研粗以至精，故乃七重而後及無之名，九重而後疑無是始也。

〔疏〕始，本也。夫道，超四句，離彼百非，名言路斷，心知處滅，雖復三絕，未窮其妙。而三絕之外，道之根本，而謂重玄之域，衆妙之門，意亦難得而差言之矣。是以不本而本，本無所本，疑名爲本，亦無的可本，故謂之疑始也耳。

又《外篇・秋水第一七》 且彼方跐黃泉而登大皇，無南無北，奭然四解，淪於不測；無東無西，始於玄冥，反於大通。

〔注〕言其無不至也。

〔疏〕跐，蹈也，亦極也。大皇，天也。玄冥，妙本也。大通，迹也。夫莊子之言，窮理性妙，能仰登旻蒼之上，俯極黃泉之下，四方八極，奭然無礙。此智隱沒，不可測量，始於玄極而其道杳冥，反於域中而大通於物也。

陳景元《南華真經章句音義・內篇・大宗師六》 攖寧音嬰，謂聖人隨物動靜，雖攖而寧也。高誘注呂覽，攖猶戾也。副墨謂副貳翰墨者，典教也。自此已下，皆寓言耳。洛誦灑洛讀誦也。瞻明見理曰瞻明。聶許愼《說文》，附耳小說也，謂密相許與也。需役音須，待也。役，使也，用也。待使謂行用也。於謳烏侯切。頌美盛德也。玄冥謂淵幽也。冥，漠也。悟道幽漠也。參七南切。寥力彫切。參，承也。寥，空也。謂參承道極也。疑始莫知其末始有始也。自副墨至淵冥七重，方可高參寥廓；至疑始九重，方入太无難測之鄉，大道无始之境矣。

林希逸《南華真經口義・內篇・大宗師上》 將，送也，無迎送無成毀即是自然而然也。攖者，拂也，雖攖擾汩亂之中而其定者常在。寧，定也。攖擾而後見其寧定，故曰攖寧。攖寧也者，擾而後成此名也。

九箇聞字眞是奇絕。副墨，文字也。因有言而後書之簡冊，故曰副墨。形之言正也，書之墨副也。洛誦者，苞絡而誦之也。依文而讀，背文而誦，猶子生孫，故下子孫兩字。瞻者，見也。見徹而曰瞻明。聶與囁

同，以言自許，故曰聶許。役者，行使也，需，待也，可以待時而行使也，故曰需役。於謳者，言之不足而永歌之也，於，嗟歎也，言其自得之樂也。凡此數句，謂道是讀書而後有得，做出許多名字也，是奇特到了，却歸之造物。玄冥有氣之始，參寥，無名之始，疑始，又是無始之始，即所謂有始也者，有未始有始也者，有未始有夫未始有始也者。此意蓋言道雖得之於文字，實吾性天之所自有者也。

又《外篇·秋水》 大皇，天也。下蹈黄泉，上登于天，言其見趣之高遠也。奭然即釋然也，四解，四達也。淪於不測，所入者深也。始於玄冥，言在於無極之先也。反於大通，歸於至道也。

玄牝

綜述

河上公《道德真經注·成象第六》 谷神不死，

谷，養也。人能養神則不死，神謂五藏之神也：肝藏魂，肺藏魄，心藏神，脾藏意，腎藏精與志，五藏盡傷，則五神去。

是謂玄牝。

言不死之道，在於玄牝。玄，天也，於人爲鼻。牝，地也，於人爲口。天食人以五氣，從鼻入藏於心。五氣清微，爲精神聰明音聲五性。其鬼曰魂，魂者，雄也，主出入人鼻，與天通，故鼻爲玄也。地食人以五味，從口入藏於胃。五味濁辱，爲形骸骨肉血脈六情。其鬼曰魄，魄，雌也，主出入人口，與地通，故口爲牝。

玄牝之門，是謂天地之根。

根，元也。言鼻口之門，乃是通天地之元氣所從往來。

綿綿若存，

鼻口呼吸喘息，當綿綿微妙，若可存，復若可無有。

用之不勤。

用氣當寬舒，不當爲急疾勤勞。

敦煌本《老子道德經想爾注》 谷神不死，是謂玄牝。

谷者，欲也。精結爲神，欲令神不死，當結精自守。牝者，地也，體性安，女像之，故不擊。男欲結精，心當像地似女，勿爲事先。

玄牝門，天地根。

牝，地也，女像之。陰孔爲門，死生之官也。最要，故名根。男茶亦名根。

綿綿若存，

陰陽之道，以若結精爲生。年以知命，當名自止。年少之時，雖有，當閑省之。綿綿者微也，從其微少，若少年則長存矣。今此乃爲大害，道造之何？道重繼祠，種類不絶，欲令合精產生，故教之。年少微省不絶，不教之懃力也。懃力之計出愚人之心耳，豈可怨道乎？上德之人，志操堅彊，能不戀結產生，少時便絶。又善神早成，言此者道精也，故令天地無祠，龍無子，仙人妻，玉女無夫，其大信也。

用之不勤。

能用此道，應得仙壽，男女之事，不可不勤也。

成玄英《老子道德經義疏·谷神章第六》 谷神不死，

谷，空虚也。神，靈智也。河上公言谷養也，言蒼生流浪生死，皆由著欲故也。若能導養精神，如彼空谷，虚容無滯，則不復生死也。

是謂玄牝。

是謂，仍上辭也。玄者，不滯之名。牝以雌柔爲義。欲明養神如谷，令其不死者，無過靜退雌柔，虚容不滯也。

玄牝門，天地根。

言此深玄不滯之道，雌虚柔靜之法，能開導萬物，生化兩儀，故云根也。

李榮《道德真經注·六章》 谷神不死，是謂玄牝。

河上以爲，養神乃是思存之法。輔嗣言：谷中之無，此則譬喻之義。雖眞賢之高見，皆指事之説也。今則約理，嘗試言。谷，空也。玄，道也。牝，靜也。夫有身有神則有主，有生有死不可言道，流動無常，豈得言靜？若能空其形神，喪於物我，出無根氣，聚不以爲生，入無竅氣，

散不以爲死，不死不生，此則谷神之道也。生死無常，浮動之物也。幽深雌靜，湛然不動，玄牝之義也。

《唐玄宗御製道德真經疏・谷神不死章第六》 谷神不死，是謂玄牝。

疏：谷神者，明谷之應聲，似道之應物，有感即應，其應如神。神者不測之名，死以休息爲義，不測之應，未嘗休息，故云谷神不死。玄，深也。牝，母也。谷神之應，深妙難名，萬物由其茂養，故云是謂玄牝。

玄牝之門，是謂天地根。

疏：玄牝之用，有感必應，應由物出，故謂之門。天地，有形之大者爾，不得玄牝之用，則將分裂發洩，故資稟得一以爲根本，故云是謂天地之根本也。

綿綿若存，用之不勤。

疏：綿綿者，微妙不絶之意。虚牝之用，應物無私，微妙則稱爲若存，無私故用不勤倦。

李約《道德真經新注》 谷神不死，谷中虚則能以響答聲，不知答聲者誰哉？既不知而不測，謂之神乎神答，長在不死，何也？人能虚心則物無不應，如神不離身而長存也。是謂玄牝。玄者，幽暗也。牝，女子也。女子處幽閨之中，是謂玄牝。此玄牝性柔而靜，不以外傷內，所以能制不測之神於身也。又玄鼻牝口也，空虚吐納元氣，爲陰陽之根。玄牝之門，是謂天地根。行如玄牝，可謂得道之門。既得道矣，則道爲天地之根。綿綿若存，道體微妙，綿綿似不能自持，要今古常在。用之不勤。雖微妙，若其應用也，未嘗辭倦。人能得之，則性全神王，致無期之壽。又言吐納之道也。

陸希聲《道德真經傳》 經：谷神不死，是謂玄牝。玄牝之門，是謂天地之根。綿綿若存，用之不勤。

傳：谷者象道之體，神者况道之用。體眞用妙，應物不窮，故曰谷神不死。夫唯谷神不死，則可以盡天地之體用。玄者，天之體也。牝者，地之用也。體玄而用牝，聖人之術也，故曰是謂玄牝焉。夫玄牝之術，乃陰陽開闔，變化不測者也。開闔即陰陽之道，陰陽乃乾坤之本，故曰玄牝之門，是謂天地之根，綿綿乎不知所終極。其體而不亡，其用不勞，此謂王法地，地法天，天法道，道法自然者也。

章安《宋徽宗道德真經解義・谷神章第六》 谷神不死，

御注曰：有形則有盛衰，有數則有成壞，形數具而生死分，物之理也。谷應群動而常虚，神妙萬物而常寂，眞常之中，與道爲一，不麗於形，不墮於數，生生而不窮，如日月焉，終古不息，如維斗焉，終古不忒，故云不死。

臣義曰：囿於陰陽者，其盛衰有形。役於變化者，其成壞有數。涉形與數，其生也孰固。谷以常虚，而應群動之感。神以常寂，而妙萬物之上。常虚則不累於形，常寂則不滯於數。谷之虚，神之妙，冥於一致，與道同體，生生不窮，其應無已，其化不測，其猶日月維斗，皆終古而未始，或息或忒，或曰不死。不死者，以其無所自生，故不死也。神亦至矣，必曰谷神者，氣冥於虚，神潛於氣。神之應也如響，能容能應，能虚能盈，無有終已，故以谷言。

是謂玄牝。

御注曰：萬物受命於無，而成形於有，谷之用無相，神之體無方，萬物所受命也。玄者天之色，牝者地之類，萬物所以成形也。谷神以况至道之常，玄牝以明造物之妙。

臣義曰：谷神以無受萬物之命，天地以有賦萬物之形。不曰天地，而曰玄牝者，以天地之色類言也。色類本乎氣，故玄牝者，氣之所以生物也。有母養萬物，生生之理，是造物之妙也。

玄牝之門，是謂天地根。

御注曰：《莊子》曰：萬物有乎生，而莫見其根，有乎出，而莫見其門，而見之者，必聖人已。故於此明言玄牝之門，是謂天地根。天地者，萬物之上下也，物與天地，本無先後，明大道之序，則有天地，然後有萬物。然天地之所從出者，玄牝是已。彼先天地生者，孰得而見之？

臣義曰：玄牝者，生物之本，體屬乎陰陽，萬物之母也。門有闔闢之義，根有生出之理，玄牝之氣，闢而爲陽，麗乎陽者之所生也，闔而爲陰，麗乎陰者之所出也。天地以陰陽形之大者言之也，天地萬物由此門出，莫得而見，故曰玄牝之門。

綿綿若存，用之不勤。

御注曰：自本自根，自古以固存，不知其盡也。夫是之謂綿綿若存。茫然天造，任一氣之自運，倏爾地化，委衆形之自殖，乾以易知，坤以簡

能，非力致也，何勤之有？

臣義曰：萬物資氣以生，資神以靈，故氣爲神母，神爲氣子。氣固則神全，氣汩則神亂，氣喪則神去。綿綿者，引而不絶，續而不已，先天地而有，後天地而無窮，恍惚窈冥，而或有在，故謂之若存。茫然天造，任其氣之自運，而莫知其所以然。倏爾地化，委其形之自殖，而莫知其所自。以無爲用，而非智力所能爲也，故曰用之不勤。

陳景元《道德真經藏室纂微篇》卷一 谷神不死，是謂玄牝。

夫大人以太虛爲空谷，以造化爲至神，空谷、至神乃道之體用，豈有死乎。不死之理既甚深冥，又能母養，故曰玄牝。或谷喻天地，神喻大道。今說者以山谷響應爲喻，不其小哉。且人能懷豁無方，法太虛之廣，存任神眞，資造化之靈，自然形與道合，何死之謂乎。如是，則冥然茂養，物受其賜，故曰玄牝。河上公《章句》：谷音育，訓養也。人能養神則不死。神謂五藏之神，肝藏魂，肺藏魄，心藏神，腎藏精，脾藏志。人能清靜虛空，以養其神，不爲諸欲所染，使形完神全，故不死也。若觸情耽滯，爲諸境所亂，使形殘神去，何道之可存哉。

玄牝之門，是謂天地根。

夫太虛造化，萬類由之以出入。既有出入之名，或謂之門。根者，本也。天地雖大，不能逃其有形，有形之類，咸以虛空太和爲其根本，故曰天地根。河上公曰：不死之道在於玄牝。玄，天也。於人爲鼻。牝，地也。於人爲口。天食人以五氣，從鼻入，藏於心，五氣淸微爲精神聰明音聲五性，其鬼曰魂。魂者雄也。主出入人鼻，與天通，故鼻爲玄也。地食人以五味，從口入，藏於胃，五味濁辱爲形骸骨肉血脈六情，其鬼曰魄。魄者雌也。主出入人口，與地通，故口爲牝也。根者元也，言鼻口之門，乃是通天地之元氣所從往來也。上言谷神不死者，勸人養神之理。此曰玄牝之門者，示人鍊形之術也。故形神俱妙者，方與道同也。夫人有身有神，則有生有死。有生有死不可言道也。流動無常，豈得言靜也。若乃空其形神，忘其物我，是以出無根，故氣聚不以爲生，入無竅，故氣散不以爲死。不死不生，其谷之神也。生死無常，其浮動之物也。幽深雌靜，湛然不動，其玄牝之謂也。

綿綿若存，用之不勤。

綿綿，不絶之貌，此結上養神鍊形之義也。夫養神則深妙冥極，淸靜虛空，綿綿若存，感物而起，無有絶時。鍊形則呼吸太和，導接血氣，飲難終之泉，咀延年之草，使其支節宣暢而不勤勞，此方可與天地同根，衆妙共門也。

論說

佚名《玄牝之門賦·此上玄下牝之門歟》 一竅玄牝，大丹本根。是乃虛无之谷，互爲出入之門。設鼎器之尊卑，截然對立；渾機關之闔闢，妙以難言。原夫神仙立修鍊之根基，元氣常周流於上下，鉛爐汞鼎，自此而建。玉闕金闕，識之者寡，大哉玄牝，不可得而名焉，通乎陰陽，是以謂之門也。是曰爐鼎中藏汞鉛，東接扶桑之谷，西通華嶽之巓。據二土之要，妙合二土；界兩弦之間，平分兩弦。大以無外，小以無內，下焉曰牝，上焉曰玄。朱砂鼎、偃月爐，一機密運復命關。歸根竅，衆妙兼，全是門也。陽開陰闔，開闔無窮，日往月來，往來不已。上曰天關，中納乾甲，下爲地戶，內藏坤癸。無邊無傍，非有形也；一闔一闢，是爲門矣。高卑配合，大矣哉，至矣哉，來去周游，出乎此，入乎此。請言夫此竅何竅，人所同有，非門謂門，世其鮮知。蓋天地常交合於往往來來之際，而神氣每渾融於綿綿續續之時，今此鑿破鴻濛之穴，築成眞一之基。以諸辰而論，下牝居子，合八卦而觀，上玄屬離門焉，如是分也。竅則渾而一之，所以紫陽備述罕知之語，不然老氏曷陳同出之辭。嘗謂冥冥牝戶，深居滄海之間；巍巍玄關，遠在崑崙之上。一陰一陽，黑白可辯，非色非空，丹青難狀。四正於此，布勾般乎子午卯酉，兩曜於此，運攢簇乎晦弦朔望。微哉妙哉。玄牝二字，採之鍊之，功夫片餉，是則下藏白虎爲發火之樞機，上有青龍起騰雲之風浪。噫，傍門小法，惑衆非一；專門名家，以賢自居，弗解講明於理學，安能契合於仙書。以心腎名玄牝，空費存想；以口鼻爲玄牝，徒勞呬嘘。儻棄邪歸正，獲知蹊徑之眞也，則造微入妙，豈在門牆之外歟？盍思夫一氣孔神，曷是收藏之根柢；元和內運，孰爲交接之權輿。抑評之虎白龍青，奚云黑虎赤龍；玄上牝下，何謂左玄

右牝。當知木火爲侶，木於火內以停蓄；金水同宮，金在水中而潛隱。此所謂玄之又玄，妙之又妙者乎。其造化講論而無盡。

張伯端《紫陽真人悟真篇注疏》（翁葆光注戴起元疏） 疏曰：在天曰離爲汞，火炎上爲離。本乎天者親上，木中生火爲鉛。天陽而含陰，肅肅之陰降自天。在地曰坎爲銀，水潤下爲坎。本乎地者親下，水中生金爲鉛。地陰而含陽，赫赫之陽升自地。夫天地奠位，日月成象，皆是水陰火陽二氣所變。火炎而輕清，外明內暗。水潤下而重濁，內明外暗。天地日月既有形矣，而後五行又各成形於天地之間。金擊之有火，溶之成水。木鑽之有火，絞之成水。土以火生，以水潤金。木者，非火之交也。金木土之中，水火二氣無所不在。水火不能自生人，自殺人。至於金木土不能自殺人，必待人用之，而後能此。五行之水火，又得其氣之全者也。天地萬物，皆不出乎五行，五行又不離於陰陽，陰陽同出於太極，此出同而名異也。其本則同者，玄牝之根，同出於眞一之太極。其出則異者，眞一之氣各分爲陰陽之玄牝，此本同而出異也。玄牝兩者同出於太極混一之氣，既成形矣，稟性得其純，分居得其所，顚倒修之，紫金丹藥可以成矣。

又 玄牝之門世罕知，只將口鼻妄施爲。

饒君吐納經千載，爭得金烏搦兔兒。

註曰：玄牝之門，是謂天地根，妙哉是言也。舉世莫能知此，非眞師指示，孰能曉了。亦有指兩腎之間混元一元，如葉文叔者，豈能窺測天機，而欲以此排斥他說也哉。玄牝二物，豈可以一穴言之。自開闢以來，若無此二物，安能有萬物乎。內外二丹，從此名立。聖人祕之，號曰偃月爐、懸胎鼎也。金烏者，金丹也。兔者，己之眞氣也。金丹制己汞，如貓捕鼠，似鷹搦兔，不令逃遁。若以口鼻爲玄牝，直饒千載吐納，轉見尫羸，爭得金烏搦兔，而成聖胎也哉。

疏曰：玄，陽也。牝，陰也。《易》曰：天玄而地黃，坤利牝馬之貞。借玄喻陽，借牝喻陰，而曰門者，萬物由此門而生死，玄牝由此門而出入。其曰爐鼎，亦假借爲名耳。鮑眞人《玄牝歌》曰：兩腎中間一點明。故後人指兩腎中間爲混元穴，蓋不知兩腎者，亦借人身兩腎相對而生，以譬其妙。兩者同出而異名，若能交合，則其中一點黍珠一時可得，此眞玄牝之門也。或者不知取譬矣，執《玄牝歌》爲眞，是兩腎中間。誤以口鼻玄牝，猶其膚淺。

又 要得谷神長不死，須憑玄牝立根基。

眞精既返黃金屋，一顆明珠永不離。

註曰：陰陽不測之謂神。神無形也，感而遂通，若谷之應聲，故曰谷神。夫因氣而立氣，因精而生精，精能生氣，氣能生神。故氣爲一身之主，一身爲神氣之府。形不得神氣則不生，神氣不得形則不眞。三物相須如有生也。若欲長生，根基立玄牝，然後長生可致也。萬神莫不由此二物而生，因此二物而死。實爲天地之根，五行之祖，陰陽之蒂，萬化之基。聖人憑此而成外藥，藉此小變內丹，故得眞精。運動不停，復還黃金玉釜之室，變爲一顆靈珠明光，永不飛走，漸漸化形爲氣，化氣爲神，形神俱妙，隱顯莫測。

張伯端《金丹四百字》（黃自如注） 要須知夫身中一竅，名曰玄牝，此竅者非心非腎，非口鼻也，非脾胃也，非穀道也，非膀胱也，非丹田也，非泥丸也。能知此之一竅，則冬至在此矣，藥物在此矣，火候亦在此矣，沐浴亦在此矣，結胎在此矣，脫體不在此矣。夫此一竅，亦無邊傍，更無內咎，乃神氣之根，虎無之谷，在身中而求之，不可求於他也。【略】

此竅非凡物，乾坤共合成。各爲神氣穴，內有坎離精。

解曰：玄牝之竅，非凡問物。未有此身，先有此竅。不在上，不在下，不在中間，所謂先天一竅是也。方其生身之物，乾父之精，坤母之血，相共合成。乃神氣之穴，而藏水火之精。

《鍾呂傳道集》（施肩吾傳） 道本無形，及乎大原示朴，上清下濁合而爲一。大朴既分，混沌初判而爲天地，天地之內，東西南北而列五方。每方各有一帝，每帝各有二子，一爲陽而一爲陰，乃曰二氣，相生相成而分五行。五行相生相成而定六氣，乃曰三陰三陽。以此推之，如人之受胎之初，精氣爲一，及精氣既分而先生二腎。一腎在左，左爲玄，玄以升氣而上傳於肝；一腎在右，右爲牝，牝以納液而下傳膀胱。玄牝本乎無中來，以無爲有，乃父母之眞氣納於純陰之地，故曰谷神不死，是謂玄牝，玄牝之門，可比天地之根。玄牝，二腎也，自腎而生五藏，六府全焉。

《雜著指玄篇》 三要者，玄牝、玉戶、金關。上通於天，下通於地，切勿眼觀心動，耳聽神移，口談氣散，故三要動之神散也。但人心中有二

竅，左曰玄，右曰牝，下入氣海，上通泥丸，此眞相通玉戶金闕夾脊相湊，過三關而朝北極，陽穴動而養眞。【略】

内三要（出《黄帝陰符經》）

第一要者，頭，太淵也。天，谷神所居之位是也。上應玄都，萬神會集之鄉，人能開此，谷神自居，眞息自定，飢渴自除矣。

第二要者，心，絳宫也。人能虛心凝神，得神氣俱定，息不往來，謂之大定矣。夫神者，天地之元，性命之本，日月之祖，龍虎之首，陰陽之根。每一息動四至，太上言：二十四動爲一刀，二百四十動爲一圭，故聖人謂之刀圭。

第三要者，在兩腎之間，水火之際，謂之地戶。此關有神，謂之桃康，上通九天，下通湧泉，眞氣聚散，皆從此關，故聖人言：天門常開，地戶永閉。人能會此三要，神氣自然交結。《陰符經》曰：九竅之邪在此。三要正此意也。

外三要

外三要者，玄牝之門也。口通五臟，出者重濁之氣，屬陰。一切百穀諸味，皆地之精，從口而入，與地相接，謂之地根。

鼻通六腑，出者輕清之氣，屬陽，接其天，此乃天根。太上言：玄牝之門，是爲天根。

鼻有兩竅，口有一竅，共三竅。此是神氣往來之門。陽神爲玄，陰息爲牝。此門中有天魂地魄，與我神氣混而爲一，故强名曰玄牝，二物也。

又《谷神不死論》 谷者，天谷也。神者，一身之元神也。天之谷舍造化，容虛空，地之谷容萬物，載山川。人與天地同所稟也，亦有谷焉。其谷藏眞一、宅元神，是以頭有九宫，上應九天。中間一宫，謂之泥丸。又曰黄庭，又名崑崙，又名天谷，其名頗多，乃元神所住之宫，其空如谷，而神居之，故謂之谷神。神存則生，神去則死，日則接於物，夜則接於夢。神不能安其居也，黄糧未熟，南柯未寤，一生之榮辱富貴，百歲之悲憂悅樂備嘗於一夢之間，使其去而不還，遊而不返，則生死路隔，幽明之途絶矣。由是觀之，人不能自生而神生之，人不能自死而神死之。若神居其谷而不死，人安得而死乎？然谷神所以不死者，由玄牝也。元者，陽也，天也。牝者，陰也，地也。然則玄牝二氣各有深旨，非遇至人授以口訣，不可得而知也。《靈樞内經》曰：天谷元神，守之自眞。言人身中，上有天谷泥丸，藏神之府也；中有應谷絳宫，藏氣之府也；下有靈谷關元，藏精之府也。天谷，元宫也，乃元神之室，靈性之所存，是神之要也。聖人則天地之要，知變化之源，神守於元宫，氣騰於牝府，神氣交感，自然成眞，與道爲一，而入於不死不生。故曰：谷神不死，是謂玄牝也。聖人運用於玄牝之内，造化於惚恍之中，當其玄牝之氣入乎其根，閉極則失於急，任之則失於蕩，欲其綿綿續續，勿令間斷耳。若存者，順其自然而存之，神久自寧，息久自定，性入自然，無爲妙用，未嘗至於勤勞迫切，故曰用之不勤。即此而觀，則玄牝爲上下二源炁毋升降之正道明矣。世人不窮其根，不究其源，便以鼻爲玄，以口爲牝。若以鼻口爲玄牝，則玄牝之門又將何以名之，此皆不能造其妙。非大聖人，安能窮究是理哉？

蕭廷芝《金丹大成集》 問曰：何謂玄牝？答曰：在上曰玄，在下曰牝。玄關一竅，左曰玄，右曰牝。

問曰：何謂玄牝之門？答曰：鼻通天氣，曰玄門。口通地氣，曰牝戶。口鼻乃玄牝門戶也。

曾慥《道樞》卷九《神景篇》 神山牡宫，氣留牝府；其氣交感，以神爲御》

天谷者，泥丸之宫也。上赤下玄，左青右白，其中有黄焉，斯元神之府也，谷神眞一之至靈者也。其爲吾之性歟，而心爲其用焉。神靜則萬化安，情動則萬化生。夫能守其一、守其神，神斯靜矣，然後眞一者在於天焉。

上牝者，脫也。泥丸之前紫微位焉，紫微之前玉清位焉，玉清之下明堂位焉。明堂下通乎鼻。鼻者，牝之戶也。

下牝者，心也。心之上玉泉位焉，玉泉之上太皇位焉，太皇之上金光之庭位焉，金光庭之上慧泉位焉，慧泉之上五靈之源位焉，五靈源之上靈泉位焉。過天曜，出胃口，入九端，通夫地之要而至於其口及胃之間者，牝之戶也。

又《金書玉鑒篇 物備於我，勿求諸外；中宫有鼎，覆以華蓋**》** 故地者鼎之腹，變化諸物者也。何謂也？地者，坤也。其內境則脾胃也，包羅水穀，上通於口。口者，咽門也，地之戶也，收納水穀，下伏於胃管。故脾

者受天門升降之氣，轉動消鑠，造化其水穀，而分其清濁焉。穀之清者升於上焦心肺之宫，而化爲神氣精液矣；穀之濁者則下泄於大腸、小腸焉。是以胃者造化之鼎也，口者地之爐也，鼻者天之門也。玄牝中央，其名曰人中。斯三才者也天、地、人。

幻真先生《胎息經注》　臍下三寸爲氣海，亦爲下丹田，亦爲玄牝。世人多以口鼻爲玄牝，非也。口鼻即玄牝出入之門。蓋玄者水也，牝者母也。世人以陰陽炁相感，結於水母，三月胎結，十月形體具而能生人。修道者，常伏其炁於臍下，守其神於身內，神炁相合而生玄胎，玄胎既結，乃自生身，即爲內丹，不死之道也。

陶弘景《養性延命録・教誡篇第一》　《混元道經》曰：谷神不死，河上公曰：谷，養也，能養神則不死。神爲五藏之神。肝藏魂，肺藏魄，心藏神，腎藏精，脾藏志。五藏盡傷，則五神去。是謂玄牝。言不死之道，在於玄牝。玄，天也，天於人爲鼻。牝，地也，地於人爲口。天食人以五氣，從鼻入藏於心。五氣清微，爲精神、聰明、音聲、五性。其鬼曰魂。魂者，雄也。出入人鼻，與天通，故鼻爲玄也。地食人以五味，從口入藏於胃。五味濁滯，爲形骸、骨肉、血脈、六情。其鬼曰魄。魄者，雌也。出入於口，與地通，故口爲牝也。玄牝之門，是謂天地根。根，原也。言鼻口之門，乃是天地之元氣，所從往來也。綿綿若存，鼻口呼噏喘息，當綿綿微妙，若可存，復若無有也。

李道純《中和集》卷三《趙定庵問答》　夫玄關者，至玄至妙之機關也。今之學者多泥於形體，或云眉間，或云臍輪，或云兩腎中間，或云臍後腎前，或云膀胱，或云丹田。或云首有九宫，中爲玄關；或指產門爲生身處，或指口鼻爲玄牝，皆非也。但着在形體上，都不是。亦不可離此一身，向外尋求。諸丹經皆不言正在何處者，何也？難形筆舌，亦説不得，故曰玄關。所以聖人只書一中字，示人此中字，玄關明矣。所謂中者，非中外之中，亦非四維上下之中，不是在中之中。釋云：不思善，不思惡，正恁麼時，那箇是自己本來面目。此禪家之中也。儒曰：喜怒哀樂未發謂之中，此儒家之中也。道曰：念頭不起處謂之中，此道家之中也。此乃三教所用之中也。《易》曰：寂然不動，中之體也，感而遂通，中之用也。老子云：致虚極，守靜篤，萬物並作，吾以觀其復。《易》云：復，其見天地之心。且復卦一陽，生於五陰之下。陰者，靜也。陽者，動也。靜極生動。只這動處，便是玄關也。汝但於二六時中，舉心動念處着工夫，玄關自然見也。【略】舉心動念處爲玄牝，今人指口鼻者，非也。身、心、意爲三要。

又卷三《金丹或問》　或問：何謂玄關？曰：至玄至妙之機關也。初無定位，今人多指臍輪，或指頂門，或指印堂，或指兩腎中間，或指腎前臍後，已上皆是傍門。丹書云：玄關一竅，不在四維上下，不在內外偏傍，亦不在當中，四大五行不着處是也。

或問：何謂三宫？曰：三元所居之宫也。神居乾宫，氣居中宫，精居坤宫。今人指三田者，非也。

或問：何謂三要？曰：歸根之竅，復命之關，虚無之谷，是謂三要。或指口鼻爲三要者，非也。

或問：何謂玄牝？曰：谷神不死，是謂玄牝。或指口鼻者，非也。紫陽眞人云：念頭起處爲玄牝。斯言是也。予謂念頭起處，乃生死之根，豈非玄牝乎。雖然，亦是工法。最上一乘，在乎口訣。

又　鍊氣在調燮。所謂調燮者，調和眞息，燮理眞元也。老子云：玄牝之門，是謂天地根。綿綿若存，用之不勤。其調燮之要乎。今人指口鼻爲玄牝之門，非也。玄牝者，天地闔闢之機也。《易繫》云：闔戶之謂坤，闢戶之謂乾，一闔一闢之謂變。一闔一闢，即一動一靜。老子所謂用之不勤之義也。丹書云：呼則接天根，吸則接地根，呼則龍吟雲起，吸則虎嘯風生。予謂呼則接天根，吸則接地根，即闔戶之謂坤，闢戶之謂乾也。呼則龍吟雲起，吸則虎嘯風生，即一闔一闢之謂變，亦用之不勤之義也。指口鼻爲玄牝，不亦謬乎。此所謂呼吸者，眞息往來無窮也。

牧常晁《玄宗直指萬法同歸》卷二　問：玄牝之門，是爲天地根。玄牝非形質之物乎？答云：玄牝即先天道之祖也。三才萬物由此生也，衆理萬法由此歸也。在物爲性命，在藥曰鉛汞，在人曰精神，在卦曰坎離，在易曰太極，在釋曰本來，在道曰玄關。一竅玄功妙理，非言可盡，人能得之，可與天地齊年也。非有形質之屬耳。

陳沖素《陳虚白規中指南》卷下《內丹三要》　內丹之要有三，曰玄牝、藥物、火候。丹經有云：摘爲隱語，黃絹幼婦。讀者感之。愚今滿口饒舌，直爲天下説破。言雖覼縷，意在發明，字字眞訣，肺肝相視。漏泄

造化之機緘，貫串陰陽之骨髓，古今不傳之秘，盡在是矣。鯨吞海水，盡露出珊瑚枝。

玄牝圖

詩曰：

混沌生前混沌圓，箇中消息不容傳。
擘開竅內竅中竅，踏破天中天外天。
斗柄逆旋方有象，台光返照始成仙。
一朝撈得潭心月，覷破胡僧面壁禪。

藥物圖

汞鉛玄牝共一家　從此變成乾健體

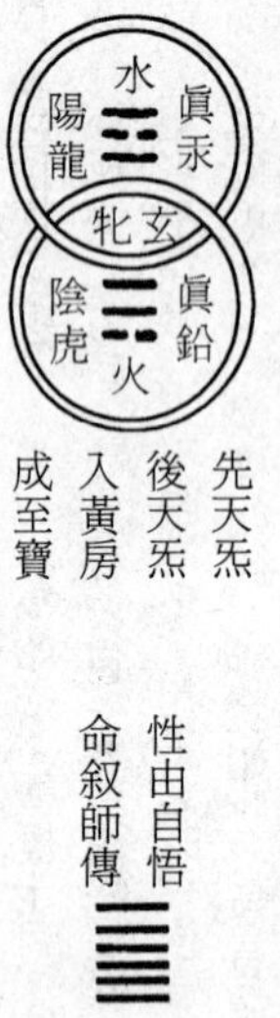

龍虎陰陽同一性　潛藏飛躍盡衷心

詩曰：

五蘊山頭多白雪，白雲深處藥苗芬。
威音王佛隨時種，元始天尊下手耘。
石女騎龍深雨實，木人駕虎摘霜芸。
不論貧富家家有，採得歸來共一斤。

火候圖

縱識朱砂與水銀　聖人傳藥不傳火

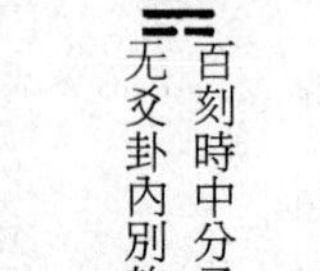

不知火候也如閑　我今拈出甚分明

詩曰：

無位眞人煉大丹，倚空長劍逼人寒。
玉爐火煆天尊髓，金鼎湯煎佛祖肝。
百刻寒溫忙裏準，六爻文武静中看。
有人要問眞爐鼎，豈離而今赤肉團。

又《玄牝》　《悟眞篇》云：要得谷神長不死，須憑玄牝立根基。眞精既返黄金室，一顆明珠永不離。夫身中一竅，名曰玄牝，受炁以生，實爲神府，三元所聚，更無分別，精神魂魄，會於此穴，乃金丹返還之根，神仙凝結聖胎之地也。古人謂之太極之蔕、先天之柄、虚無之宗、混沌之根、太虚之谷、造化之源、歸根竅、復命關、戊己門、庚辛室、甲乙戶、西南鄉、眞一處、中黄房、丹元府、守一壇、偃月爐、朱砂鼎、龍虎穴、黄婆舍、鉛爐土釜、神水華池、帝一神室、靈臺絳宮，皆一處也。然在身中而求之，非口非鼻，非心非腎，非肝非肺，非脾非胃，非臍輪，非尾閭，非膀胱，非谷道，非兩腎中間一穴，非臍下一寸三分，非明堂泥丸，非關元氣海。然則何處？

曰：我的妙訣，名曰規中，一意不散，結成胎仙。《契》云：眞人潛深淵，浮游守規中。此其所也。《老子》曰：多言數窮，不如守中。正在乾之下，坤之上，震之西，兑之東，坎離水火交媾之鄉。人一身天地之正中，八脈九竅，經絡聯轄，虚閑一穴，空懸黍珠，不依形而立，惟道體以生。似有似無，若亡若存，無內無外，中有乾坤，黄中通理，正位居體。《書》曰：惟精惟一，允執厥中。《度人經》曰：中理五炁，混合百神。崔公謂之貫尾閭、通泥丸。純陽謂之窮取生身受炁初。平叔曰：勸君窮取生身處。此元炁之所

由生，眞息之所由起。故玉蟾又謂之念頭動處。修丹之士不明此竅，則眞息不住，神仙無基。且此一竅，先天而生，後天而接，先後二炁，總爲混沌。杳杳冥冥，其中有精；恍恍惚惚，其中有物。和非常物，精非常精也。天得之以清，地得之以寧，人得之以靈。譚眞人曰：得灝炁之門，所以歸其根；知元神之囊，所以韜其光。若蚌內守，若石中藏，所以爲珠玉之房，皆眞旨也。然此一竅，亦無邊傍，更無內外。若以形體色象求之，則又成大錯謬矣。故曰：不可執於無爲，不可形於有作，不可泥於存想，不可著於持守。聖人法象，見於丹經。或謂之玄中高起，狀似蓬壺，關閉微密，神運其中。或謂之狀如鷄子，黑白相扶，縱廣一寸，以爲始初，彌歷十月，脫出其胞。或謂之其白如練，其連如環，方廣一寸二分，包一身之精粹，此明示玄關之要，顯露造化之機。學者不探其玄，不賾其奥，用工之時，便守之以爲蓬壺，存之以爲鷄子，想之以爲連環，模樣如此，形狀如此，執有爲有，存神入妄，豈不大謬邪。要知玄關一竅，玄牝之門，乃神仙聊指造化之基爾。玉蟾曰：似有而非，除却自身安頓何處去？然其中體用權衡，本自不殊，如以乾坤法天地，離坎體日月是也。《契》云：混沌處相接，權輿樹根基。經營養鄞鄂，凝神以成軀。則神炁有所取，魂魄不致散亂，回光返照便歸來，造次弗離常在此。其詩：經營鄞鄂體虛无，便把元神裏面居。息往息來無間斷，全胎成就合元初。玄牝之旨，備於斯矣。

大一　小一

綜　述

《南華真經・雜篇・徐無鬼第二四》（郭象注成玄英疏） 知大一，知大陰，知大目，知大均，知大方，知大信，知大定，至矣。大一通之，大陰解之，大目視之，大均緣之，大方體之，大信稽之，大定持之。盡有天，循有照，宜有樞，始有彼。則其解之也似不解之者，其知之也似不知之也，不知而後知之。其問之也，不可以有崖，而不可以無崖。頡滑有實，古今不代，而不可以虧，則可不謂有大揚搉乎。闔不亦問是已，奚惑然爲。以不惑解惑，復於不惑，是尚大不惑。

又 大一通之，

〔注〕道也。

〔疏〕一是陽數。大一，天也。能通生萬物，故曰通。

又《雜篇・天下第三三》 歷物之意，曰：至大無外，謂之大一；至小無內，謂之小一。

〔疏〕囊括無外，謂之大也；入於無間，謂之小也；雖復大小異名，理歸無二，故曰一也。

林希逸《南華真經口義・雜篇・徐無鬼》 大一，造化之運者也，天向一中分造化是也。

又《雜篇・天下》 但謂之大一小一，便生辯說之端。謂之一則無大小矣，於一之中又分大小，便是同中之異，異中之同也。

又 萬物與天地爲一，則天地雖大，即萬物中之一物，何以爲大小，即一體也。

褚伯秀《南華真經義海纂微》 疑獨註：外，猶有外，謂之大。至大則無外，故謂之大一。內，猶有內，謂之小，至小則無內，故謂之小一。

雜　録

翁葆光《悟真篇註釋》 一者，丹也。丹者，嬰兒也。一是眞一之炁也，天地之母也。我之眞一，乃天地之子也。以母炁呑歸五內，以伏子炁，猶貓之伏鼠，而不走也，故曰子母之炁相戀於胞胎之中而結嬰兒之一，故謂之大一含眞也。

林自然《長生指要篇》 夫降而爲一，一乃生水，吾身中之北斗也。斗自一生，一爲命本，我之稟受，是爲本命一三之義。天下之至精，故能神，神則至矣！而神之爲德，未嘗離一。莊子曰：不離於精，謂之神人。一者天地萬物之根，有根則能生，有生則可榮。苟不深其根，固其蒂，將何以爲抱一乎！予起處念一，卧寐念一，飲食念一，無不念一，無使間斷，誠以太玄

之一是北方玄天，坎宮正一之炁，大道之祖也。一者，元一大一，玄一糞一，此一炁統天地之元，冠陰陽之首，爲兩曜之根本，是萬物之祖宗。其積混沌陰陽，精炁從坎宮轉歸兑鄉，號曰陰中之陽。若水中無陽，安能載物？

陳致虛《上陽子金丹大要》 夫天地一大身也，天地之未始有始之始也。一氣蟠積，溟溟涬涬，窈冥莫測，氤氳活動，含靈至妙，是爲大一，是爲未始之始始也，是爲道也，故曰無始。**【略】**是道也，能以之大而且久也。故有生而無終窮，有結凝而不散，是以包乎天地之外，而且不自知其爲大。夫惟不自大，故能就其大。

敦煌本《太玄真一本際經》卷四《道性品》 煩惱盡處，名曰无爲，昇玄入无，故稱太一。細无不入，大无不苞，高勝莫先，强名爲大。太即大也。通達无礙，故名爲太；獨步无侣，无等等故，故稱爲一；是究竟處，故言太一。

《洞玄靈寶自然九天生神章經注》卷下（華陽復注） 天尊重告飛天神王，此九天之章，乃三洞飛玄之炁，三會成音，結成真文，混合百神，隱韻內名。故大一戒觀，攝生十方，領會洞虛，啓誓丹青。

混合隱韻，見前注。王隱賢謂戒字當作試。言嘗令太一之神試觀學道人，若心不退，方許啓誓丹青。《傳授立成訣》云：昔受神經，人有試吾者，無故以杖槌吾手血出，吾猶傾心信向之。經法有試投之約，未受之前，無故舉火燒其衣，衣盡而猶不言，方爲不退轉。《金玄羽書經》載：傳授之法，皆五老啓途，太一試觀十方。則試字誤作戒，審矣。六洞之中，以洞虛屬西，然元始天尊令太一攝生十方，主攝生炁，又兼死籍，故云領會洞虛也。丹青者，歃血爲丹，賫繒爲青，用以效信立盟。

真一

綜述

《洞真太上素靈洞元大有妙經·太上大洞守一內經法》 太上曰：眞人所以貴一爲眞一者，上一而已矣。一之所契，太无感化，一之變通，天地冥合。是以上一爲一身之天帝，中一爲絳宮之丹皇，下一爲黄庭之元王，而三一之眞，並監統身中二十四炁，炁以受生，生立一身，上應太微二十四眞，眞炁徊和，品物成形，玄神混分，紫房杳冥。夫炁者，結靈煙而成神也。神者，託三一以自王也。變化者，三一之所造，得化者皆由神以自隱，混黄相成，得玄之極。三一元君，各有眞炁，眞炁結成，自爲千乘萬騎，雲車羽蓋，常以內入紫宮，以登玉清，列籙元圖，伐胞保胎。三一養身，得爲眞人，飛行九霄，受事高上。所以一之所濟者，乃生乎天地也。**【略】**太上告曰：炁結爲精，精感爲神，神化爲嬰兒，嬰兒上爲眞人，眞人昇爲赤子，此眞一也。

《洞真太一帝君太丹隱書洞真玄經》 三元隱化，則成三宮，宮名太清、太素、太和是也。三三則九，故有三丹田，又有三洞房，合上三元，其則九宮。九天九宮中有九神，是謂天皇九魂，變成九炁，化爲九神，各治一宮，故曰九宮。太清中有太素、太和，洞房中有明堂、絳宮，是曰六府。上曰天府，下曰洞臺。三五之號，其位不同。一曰太清之中，則三五帝君，二曰三一丹田神。又五者，符籍之神，太一、公子、白元、司命、桃康君是也，合而名爲三五，三五各有宫室。若三眞各安在其宮，五神上見帝君。帝君左有元老丈人、右有玄一老君。此則無極之中所謂九君，上一則眞一也。

《太上昇玄三一融神變化妙經》卷下 道言：萬物之中，人爲最貴；萬法之中，唯一是貴；萬一之中，唯眞是貴；萬眞之中，唯聖是貴；萬聖之中，唯道是貴。所言玄一、眞一、太一、三一，玄者是空，空虛玄遠，統上無極，統下無基，中觀無邊，故名玄一。玄者，遠也。**【略】**玄者是一，一者是道，性者是淨，眞一者是實，理者是正，故名正一。太者是大，能生萬物，包統一切，故名太一。三一者是子，上承玄父之靈炁，下乘玄母之元精，養育成形。故上取玄父炁二，下取玄母炁一合成。和合中道，共成一象，故言兩半而成一。一者子也，故名嬰兒赤子。子者狀若始生之狀，稟炁第三，故名三一赤子也。第一是玄父稟玄空雄陽之炁所成，故名玄一；第二玄母稟雌陰之炁所成，故名雌一；能生萬物，養育含情，故名玄母，號之爲太一。一者，大也，故名之爲道母。是故稱玄一者，天

尊位；稱玄母雌一者，天皇位；稱眞一帝一者，道君位；稱三一者，赤子眞人位；稱正一者，大法師位；稱無名常存三一者，是混空虛無道炁未分，形相未立，渾淪無有形影，故名混沌，無名常存。三一道炁，分形變化，百億神通，故稱空洞變化。三一後分斷陰陽，生成萬物，布化十方，故稱陰陽三一。第一無名三一；第二虛無自然三一；第三空洞變化三一；第四玄一；第五眞一；第六元皇三一；第七太一；第八正一；第九赤子陰陽。故稱爲九一之道。空有九一，常乘九炁。道有九一，位有九尊；天有九一，上有九清；地有九一，下有九泉；人有九一，頭上有九宮。所言三一者，稱之爲三寶。上虛無三寶，玄元始三炁；天中有三寶，天有三界，地有三寶，嶽瀆水火；人有三寶，上中下丹田、泥丸、絳宮。所稱爲三五者，三是玄、元、始三炁；五是五行炁。性在空爲五炁，在天爲五星，在位爲五帝，在地爲五方，在人爲五藏是也。

敦煌本《太玄真一本際經》卷四《道性品》 雙觀道慧，及道種慧，滿一切種，斷烟熅鄣，圓一切智，故名眞一。

《太上靈寶昇玄内教經》卷四 《昇玄經》第四卷。道陵又問：向者天尊云道不二念，不審爲二是一也，爲非一也？答曰：不一之一。又問：不一之一，是眞一非？答曰：眞一之一，不能不一；不能不一，則有二；有二，非一之謂。不一之一，以不見二故，則无一。无一者，是无二義。道陵又曰：若眞一不能不一者，非一之謂，安得復謂爲眞一者也？答曰：夫物在一，不能不一，心既存一，已爲兼二；兼二之心存，則謂不一。雖心不一用，用不兼二；用不兼二，故守一而已，終不變二，故名眞一。未能忘一，故知有挾二之心，皎然可見。道陵又曰：若尒者，眞一之一，便是止一，不能忘一；忘一存一，覺然可了。未審念者與一，爲是一也，爲是二也？答曰：其實不殊，而名有内外。念者，念此一也；一者，一此念也。又曰：念一、一念，有何差別？答曰：念一者，想不散；一念者，心得定也。心定在一，万僞不能遷，群邪不能動，故謂眞一。

《元始天尊説得道了身經》 虛無自然是元始眞一，元始眞一是吾眞身也。先天而生，生而無形；先天而長，長而無體。誰無形體，大道常存，永劫不朽不壞，萬聖同居，得觀内境，見虛無之事，神自言語，與天地齊壽，日月同年，脱離生死，方得全眞道果。天得眞一，神光清明；地得眞一，萬物發生；邪得眞一，自然歸正；神得眞一，千靈萬聖；人得眞一，眞神仙胎也。

杜光庭《道德真經廣聖義》卷一一《三十輻章第一一》 義曰：道之眞一無色無聲，衆類群材資之以立。動者五靈毛羽鱗甲昆蟲之屬也，植者草木之屬也。類者，狀也。材者，質也。動植材類億萬不同，是萬殊也。物雖萬殊而長養生成者，道也。道唯一象爾。經曰：惚恍中有象，即此眞精淳一、生化萬殊之物，可謂少者多之所宗也。疏：衆竅互作，鼓之者一響。原天下之動用，本天下之生成，未始離於至無至一者也。

又卷二七《道常無名章第三二》 義曰：端寂無爲者，道之眞也。故謂之朴。生成應變者，朴之用也。故謂之道。道、朴，一耳，非二而一，是謂眞一。眞一者，杳冥之精，眞中之眞也。一非多法，故云小。以此眞一，生化萬殊，其大無大，其上無上，孰敢以道爲臣乎？

王玄覽《玄珠録》卷上 一切萬物各有四句，四句之中各有其心，心心不異，通之爲一，故名大一。亦可冥合爲一，將四句以求心得心，會是皮乃至無皮，無心處是名爲大一。諭如芭蕉剝皮，欲求心得心，會成皮剝皮，乃至無皮無心處，是名爲正一。故曰逾近彼，逾遠實，若得無近無彼實，是名爲眞一。見無所見，見無色，無色故，則無見。知念亦然，守一破一知，雖守會同睡。譬如精思，閉眼思見，開眼思存，乃得内外之所用。

其道未曾四，以其性一故，其道未嘗一，以周四物故，亦一亦四，非一非四，二取二捨成四，適其中實起，則名眞一。眞一者，寄言耳。只爲法不言，所以見言法，其法若有言，復見不言法。遙相因待，交相見之。其中隱度，前後符信，從古至今，無此是，無隱度；從古至今，有此是，有隱度。是知有無相違，今古異世，唯有符中正一四象同歸，實性自然而然，化方待孰而變。草木雖無知，落實會生死，眞道雖無知，落實是常住。

葛洪《抱朴子内篇》卷一八《地真》 抱朴子曰，余聞之師云，人能知一，萬事畢。知一者，無一之不知也。不知一者，無一之能知也。道起於一，其貴無偶，各居一處，以象天地人，故曰三一也。天得一以清，地得一以寧，人得一以生，神得一以靈。金沉羽浮，山峙川流，視之不見，聽之不聞，存之則在，忽之則亡，向之則吉，背之則凶，保之則遐祚罔

極，失之則命彫氣窮。老君曰，忽兮恍兮，其中有象；恍兮忽兮，其中有物。一之謂也。故仙經曰，子欲長生，守一當明；思一至飢，一與之糧；思一至渴，一與之漿。一有姓字服色，男長九分，女長六分，或在臍下二寸四分下丹田中，或在心下絳宮金闕中丹田也，或在人兩眉間，却行一寸爲明堂，二寸爲洞房，三寸爲上丹田也。此乃是道家所重，世世歃血口傳其姓名耳。一能成陰生陽，推步寒暑。春得一以發，夏得一以長，秋得一以收，冬得一以藏。其大不可以六合階，其小不可以毫芒比也。昔黃帝東到青丘，過風山，見紫府先生，受三皇內文，以刻召萬神，南到圓隴陰建水，觀百靈之所登，採若乾之華，飲丹轡之水；西見中黃子，受九加之方，過崆峒，從廣成子受自然之經；北到洪隄，上具茨，見大隗君、黃蓋童子，受神芝圖，還陟王室，得神丹金訣記。到峨眉山，見天眞皇人於玉堂，請問眞一之道。皇人曰：子既君四海，欲復求長生，不亦貪乎？其相覆不可具說，粗舉一隅耳。夫長生仙方，則唯有金丹；守形却惡，則獨有眞一，故古人尤重也。仙經曰，九轉丹，金液經，守一訣，皆在崑崙五城之內，藏以玉函，刻以金扎，封以紫泥，印以中章焉。吾聞之於先師曰，一在北極大淵之中，前有明堂，後有絳宮，巍巍華蓋，金樓穹隆；左罡右魁，激波揚空；玄芝被崖，朱草蒙瓏，白玉嵯峨，日月垂光，歷火過水，經玄涉黃；城闕交錯，帷帳琳琅；龍虎列衛，神人在傍；不施不與，一安其所，不遲不疾，一安其失；能暇能豫，一乃不去，守一存眞，乃能通神，少欲約食，一乃留息，白刃臨頸，思一得生，知一不難，難在於終，守之不失，可以無窮；陸辟惡獸，水却蛟龍，不畏魍魎，挾毒之蟲，鬼不敢近，刃不敢中，此眞一之大略也。

曾慥《道樞》卷三〇《眞一篇大道之生，吾得厥理；含眞抱元，觀物之始**》**

至游子曰：夫道者，能生天生地，神鬼神帝者也。老聃曰：吾不知其誰之子，象帝之先。強名曰道。然其提攜天地，運行日月，旋斡四時，生成萬物。天之五星，神之五帝，地之五嶽，人之五藏，隅之五方，至於五穀、五色、五音，道無不在也。故老聃明之曰：道生於一，一生二，二生三，三生萬物。夫物芸芸，各復本根。歸根曰靜，靜曰復命，蓋謂其變化之源，始生於一，終復於一，所以歷萬變而不窮。苟能一以貫之，斯道明矣。則眞一者何也？龍虎之根本也。龍虎之變化，則丹成矣。交合龍虎，返本還元，使性命兩全，逍遙宇宙者，是能明大道之眞一故也。

【略】

眞一者，乃吾之氣液而不能知之，何也？夫元氣生於二腎之間，出入於杳冥之際，無聲可聞，無色可視，其名曰元海焉、曰靈根焉。氣中生液，液中生氣，氣液相生，合而不離，所謂天一生水，太一含眞氣者也。學者不知龍虎交加，陰陽顚倒，常異其名而分之，謂龍自爲龍，虎自爲虎，雖知液傳至於離，則化血於心，謂之陽龍，殊不究血中有液，內含陰虎之氣也；雖知血傳於坎，則化精於腎，謂之陰虎，殊不究精中有血，內含陽龍之氣也。異其名而分之者，豈止此而已耶！**【略】**

黃帝曰：天地，萬物之盜；萬物，人之盜；人，萬物之盜。然三盜競起，而人獨受其弊者，蓋不能善攝生故也。夫善攝生者，神全精復也。苟明大道之眞一在乎氣液，煉氣液以生龍虎，合龍虎以成變化，使九還七返混一歸眞，則神全精復，又何艱哉！吾聞諸金玉還丹之訣曰：產刀圭大藥之源，實本乎氣液。此豈吾所謂眞一者歟！

又卷三五《衆妙篇》純陽子呂洞賓曰：眞一者，何謂也？天之陽、地之陰也，物之氣、人之性也，身之祖、命之宗也，龍之體、虎之形也，精血之名也，鉛汞之首也。見於魂，斯爲三矣；遇於魄，斯爲七矣。此眞一之源也。

《太上九要心印妙經·眞一祕要》夫眞一者，純而無雜謂之眞，浩劫長存謂之一。太上曰：天得一，以日月星辰長淸；地得一，以珠玉珍長寧；人得一，以神氣精長存。一者，本也，本乃道之體，道本無體，強名曰體。有體之體，乃非眞體，無體之體，日用不虧矣！眞體者，眞一是也，眞乃人之神，一者人之氣。長以神抱於氣，氣抱於神，神氣相抱，固於氣海，造化神龜，乃人之命也。神乃人之性也，性者南方赤蛇，命乃北方黑龜，其龜蛇相纏，二氣相呑，貫通一氣，流行上下，無所不通，眞抱元守一之道也。

鍾離權《秘傳正陽眞人靈寶畢法》卷下《大乘超凡入聖法三門·朝元第八》（呂洞賓傳）《金誥》曰：一氣初判，大道有形而列二儀。二儀定位，大道有名而分五帝。五帝異地而各守一方，五方異氣而各守一子。青帝之子甲乙受之天眞木德之九氣。赤帝之子丙丁，受之天眞火德之三

氣。白帝之子庚辛，受之天眞金德之七氣。黑帝之子壬癸，受之天眞水德之五氣。黃帝之子戊己，受之天眞土德之一氣。自一生眞一，眞一因土出，故萬物生成在土，五行生成在一，眞元之道，皆一氣生也。

左掌子《**證道歌序**》　夫求仙飛升，雲騰羽化者，先須明眞一。眞一者，道也，道者，元也，元者，人之元炁也。氣生萬象，人稟元氣而生。

張伯端《**紫陽眞人悟眞篇注疏**》（**翁葆光注戴起元疏**）　是天地未分之前，混元眞一之氣，謂之無中生有。聖人以法追攝於一箇時辰內，結成一粒，大如黍米，號曰金丹，又曰眞鉛，又曰陽丹，又曰眞一精，又曰眞一水，又曰眞水，又曰水虎，又曰太一含眞氣。人得一粒餌之，立躋聖地，此乃天上之甲科，天仙之大道也，舉世無知者。眞一之氣，生於天地之先，混於虛無之中，恍惚杳冥，視之不見，聽之不聞，搏之不得，如之何凝結而成黍米哉。聖人以實而形虛，以有而形無。實而有者，眞陰眞陽也，同類無情之物也。虛而無者，二八初弦之氣也，有氣而無質者也。兩者相形，一物生焉。所謂一物者，眞一之氣，凝而爲一黍之珠者也。經曰：元始懸一寶珠，大如黍米，在空玄之中。此其證也。聖人恐泄天地之機，以眞陰眞陽取喻青龍白虎也，以兩弦之氣取喻眞鉛眞汞也。

又　太上曰：子得一萬事畢，妙哉是言也。一者，眞一之精也。眞一之氣生陰陽，陰陽生四象，四象生五行，五行生萬物，俱不出眞一之氣變。故眞一之精，爲天地之母，陰陽之宗，四象之祖，五行之根，萬物之基也。得此一則萬事畢矣，東西南北皆可忘也。

陶植《**陶眞人内丹賦**》　眞名鉛也，鍊得銀，銀號曰眞一，亦曰白金，位屬兑宮西方。俗士不曉眞一之道，鍊鉛擬求其眞，物被坯了豈有眞。

又　玄者，玄元也。如太上分一氣爲二儀，二儀天地也。地也者，剖一氣而眞素，號曰眞一，故是眞玄也。

《**太清元極至妙神珠玉顆經**》　且夫人爲萬物之首，生如天地之用。天地先生二儀，以水爲眞一；人亦先生二儀，左右腎爲樞機，亦名眞一。

《**太上長文大洞靈寶幽玄上品妙經·論眞一之法章第一**》　道言：眞一之法者，是天地之陰，萬物之氣，人之性，道之基，德之本，身之祖，命之宗，龍之體，虎之形，精之名，血之宗，鉛之首，汞之頭。見魄即成三，遇魄即成七。此眞一之源，雖知修眞之名，如何是修眞之法？師答曰：但於身中鍊丹田之氣壯，生自然之神全，於十二時中，守天眞之氣入丹田宮中，心無亂想，外無別意，不出不入，無來無往，神定自安。此是眞一之法。

百玄子《**金丹眞一論**》　凡運金丹，須明眞一。眞一者，水也。育丹爲母，眞者氣也，氣爲道化。

鄭思遠《**眞元妙道要略**》　夫三一元精者，天地之根，還丹之宗，萬物之母，七寶之精，大道之體，日月父母，五行元首，始名眞一。故《德經》云：天得一而清，地得一而寧，萬物得一而生，三才合一，故爲之三一。

張志和《**玄眞子外篇**》**卷下**　默之來也，默曰一，寂能一之，默曰二，寂能二之。默之一也無，寂之一也有。默之二也無有，寂之二也有無。一之一也，不離乎二，二之二也，不離乎一。然則知寂之不一，明默之不二者，斯謂之眞一矣。夫眞一者，無一無二，無寂無默，無是四者，又無其無，斯謂之眞無矣。夫能游乎眞無之域者，然後謁乎眞一之容者焉。夫游乎眞無之域，謁乎眞一之容者，乃見乎諸無矣。

論說

佚名《**三論元旨·眞源章第三**》　《西昇經》云：念我未生時，未有身也，眞以積氣，成我身爾。又云：形不得神，不能自生，神不得形，不能自成，形神合同，更相生成。此明有性之類，皆謂神炁相感，生成於身。神在螻蟻之中，能等螻蟻之體。神在象馬鵾鵬之中，亦等鵾鵬象馬之形。神隨質而短長，質依神而起用。分別善惡謂之識，潛幽靈變謂之神。能運於身者，其惟神乎。身在神存，神去則身死。夫身稟一神，乃生三萬六千之神，身死之際，三萬六千之衆還歸一神，而乃去之。一神居之而等一身，於一之中而等衆神。禽獸稟一是同，未若人之數備於神。多少既爾，於氣清濁亦然。所感萬差，故有多異。草木之類，惟氣所生，不稟神成，故無識用，既無於識，是亦無業。《本際經》云：誦念是經，即得開

度，神昇南宮。《度人經》云：魂神暫滅，不經地獄，即得返形。又[云]：億曾萬祖幽魂苦爽，皆即受度。此明修善之人，神歸善道，非唯於己，亦及於親。《大戒經》云：心神振動，生於愛慾，使人迷荒。《本際經》云：多所傷害，身死神去，流轉三途。此明爲惡之人，神受苦對。《昇玄經》云：幽通虛閑，神朗希夷。《業報經》云：冥心靜慮，歸神通道。《南華經》云：離形去智，同於大通。《本際經》云：不可使然，不可不然，故曰自然，悟此眞性，名爲悟道。此明虛妄之人，通神悟性，蟬蛻小神之人，假神歸大道之眞。夫道之於稱性者，異名爾。夫火性而用能應燥，水性而用能應濕者，此明五行之性，非至道之性也。五行既爾，萬象可知，雖則大同，亦還小異。是以無情之類皆有種性，有情之物皆有緣性，至道虛通謂之妙性矣。《本相經》云：愛神護氣，能致長生。《業報經》云：錬炁易形，轉神歸道。《西昇經》云：與道同身而無體。此明形之與炁俱錬，變而成神，轉神歸道，與道同神，是能包羅萬象，神乃惟等一身。神稟道而能靈，物稟神而有識。道乃湛然一相，妙體眞常。神之與炁二差，俱爲道用。炁則無涯無際，神則有轉有遷。神靈而炁不靈，炁廣而神不廣。炁則有清有濁，神則有興有歇。湛爾常然，其惟道矣。是以博學多聞能益於識，存眞錬炁能益於神，神益通無待之源，識益增有爲之用，有爲則有窮有極，無爲則無窮無極。奈悠悠之徒，不知此之妙也。《昇玄經》三科法行云：此法輪三科，乃是經法之常科，無量世之常科，萬聖所不能異也。科有上士、中士、下士，而末章云敎導三乘，即三士是三乘也，更無別指。士者，事也。夫至士者，一之行懷，誓必得道，終卒其事，理無中廢。士以能卒爲義，乘以運載爲道。謂言其略曰：

上士廣開法關，先人後己，救度國君，損己濟物，仁及鳥獸，惠逮有生，恭師奉法，常如對神，長齋苦思，精研洞玄，吐故納新，心灰體槁，意勤氣柔，人神並勸，如此之行，一滅一生，志不退轉，剋成上仙。一者行，二者願，三者慈，四者悲。行者如百八十戒、二百四十威儀，但攝身口意，萬善之法，悉是行也。十二上願，願也。四十五念，慈也。並出《洞玄靈寶經》。方便開度者，則金籙開度天子王侯，黃籙開度祖禰，自然開度一切衆生，是悲也。行以絕惡爲義，願以玄期爲契，慈者以德蔭萬物，悲者以拔苦爲懷。四科之道既立，即有一報之斷矣。

中士志慕在玄，開度一切，救厄解患，施功報德，建玄福田，君親忠孝，柔智懷仁，虛心至道，口味靈篇，食不念飽，衣不嫌寒，衆行並備，三滅三生，補九宫眞人，修玉清上道。其行也謹，修三百大戒，誦大洞三十九章，思三一之法，持戒以絕惡，則五道無對，誦經以靜神，則心不外馳，存一以空心，則神心淡泊。淡泊定，則鏡睹至道，昇入無爲，世報絕矣。

下士斷情忍色，服御養神，頤棄榮麗，栖憩山林，愛山樂水，淡泊守固，絕穀休粮，長齋念道。端坐則與師相對，入出則與鳥獸爲群，孤旅岩穴，獨宿空山，切栢擬飡，面有飢容，心如懷丹，見試不恐，神靜心安。如此之行，上感虛皇，九滅九生，志願不退，剋得變化，乘雲飛行，游宴五嶽，逍遙太無，從此而進，位登高仙，此與中士同修玉清之道。經云：六通觀法者，五色、五音、五味、五香、五財，華麗榮飾，一切亂性。經云：天曰洞視，地曰洞聽，東曰洞空，西曰洞虛，南曰洞清，北曰洞微，六通智慧，觀道成就，則捨除無量塵累，塵累既盡，名曰六通。《仙人經》曰：慧眼、慧耳、慧鼻、慧口、慧身、慧心，入希夷之道，出三界法，一切皆空，名爲六通。《三界經》云：持戒者齋凈之根，靜者精思之本，精思者降眞之由，降眞者昇道之寶。經云：三寶之炁在心，三寶之士在迹。迹者籍也，易也。在心存思，行心履迹，變邪從正，積善立功之德備充，至乎宗極，極乎無極，引接衆流，導其有志。經云：精神內室，元炁長存，即長生久視之道。夫炁以空虛爲體，形色爲用；精以杳冥爲體，光音爲用；神以微妙爲體，變化爲用。經曰：視之不見，夷也；聽之不聞，希也；摶之不得，微也。此則神炁精三一之道，而混三爲一，散一爲二，一者無也，不一之一，謂之眞一也。

元氣

綜述

《太上昇玄三一融神變化妙經》　道爲玄空之至精，人是天地之靈精，

天地應玄空之大象，道玄空而通變。天稟淨性而得清，地稟結炁而有形，人稟精識而得生。道無元炁而無變化，天無元炁而不玄清，地無元炁而不能生成萬物，人無元炁命根則不存。所以人能修道養生，先須解存元炁而養神，神炁若得住人，命則得長生。

《太上老君說常清靜經註》 本者元炁。道生一，一者，元氣爲本也。末者，萬物也。道生一，一生二，二生三，三生萬物。大道之本。此句太上再序清濁、動靜之理，言道生元炁，元炁降而本流，本流則萬物生，故爲末。此爲降本流末，而生萬物也。文中子曰：統元炁者天也，總元炁者地也。無形生養元炁，元炁無形，生養萬物。故曰降本流末而生萬物。元炁既降，流行爲末。《易》曰，元炁降者，在天成象，在地成形，變化顯見矣。在天成象，爲懸象，日月星辰也。在地成形，謂山川草木也。故曰降本流末而生萬物。

李榮《道德真經注·三十九章》 昔之得一者：天得一以清，地得一以靈，谷得一以盈，萬物得一以生，侯王得一以爲天下正。一，元氣也，未分無二，故言一也。天地雖大，所稟者元一。萬物雖富，所資者冲和。王侯雖貴，所賴者眞道。是以清澄以廣覆，寧靜以厚載，變化以精靈，虛豁以盈滿，安樂以全生，無爲而正定，何以致其然？皆得一於道。

强思齊《道德真經玄德纂疏》 元氣太虛之先，寂寥何有，至精感激，而眞一生焉。眞一運神而元氣自化，元氣者無中之有，有中之無，廣不可量，微不可察，氤氳漸著，混茫無倪，萬象之端，兆眹於此，於是清通澄朗之炁浮而爲天，濁滯煩昧之炁積而爲地，平和柔順之炁結爲人倫，錯謬剛戾之炁散爲雜類。自一炁之所育，播萬殊而種分，既涉化機，遷變罔極，然則生天地人物之形者，元炁也。授天地人物之靈者，神明也。故乾坤統天地，精魂御人物。炁有陰陽之革，神無寒暑之變，雖群動糾紛，不可勝紀，滅而復生，終而復始，而道德之體，神明之心，應感不窮，未嘗疲於動用之境矣。

《太平經》卷一八至三四《守一明法》 元氣行道，以生萬物，天地大小，無不由道而生者也。故元氣無形，以制有形，以舒元氣，不緣道而生。

又卷四〇《分解本末法第五三》 元氣迺包裹天地八方，莫不受其氣而生。

又卷一一二《不忘誡長得福訣第一九〇》 惟天地亦因始初，乃成精神，奉承自然，生成所化，莫不得榮。因有部署，日月星辰，機衡司候，並使五星，各執其方，各行其事。雲雨布施，民憂司農事，元氣歸留，諸穀草木蚑行喘息蠕動，皆含元氣，飛鳥步獸，水中生亦然，使民得用奉祠及自食。

牛道淳《文始真經注》卷二 關尹子曰：寒暑温涼之變，如瓦石之類。置之火即熱，置之水即寒，呵之即温，吹之即涼。

道運元氣，變化陰陽五行，而成冬寒夏暑春溫秋涼，四時之遷變元氣，如瓦石之類，置之火即熱，如夏火旺時，元氣隨火氣而爲炎暑也。置瓦石於水內浸之即寒，如冬水旺時，元氣隨水氣而爲嚴寒也。人以口呵瓦石，久之即溫暖，如春木旺時，元氣隨木氣而和溫也。人以口吹瓦石，久之即涼，如秋金旺時，元氣隨金氣而清涼也。故云寒暑溫涼之變，如瓦石之類，置之火即熱，置之水即寒，呵之即溫，吹之即涼也。特因外物有去有來，而彼瓦石無去無來。

瓦石本無寒暑溫涼，而特因物有水浸火燒呵之吹之人物，而寒熱溫涼有去有來，而瓦石本無寒熱溫涼之去來也，故云特因外物有去有來，而彼瓦石無去無來也。此喻元氣本無寒暑溫涼之去來。特因水火金木之氣盛衰去來，而有寒暑溫涼之去來也。譬如水中之影，有去有來，所謂水者，實無去來。

先以瓦石水火呵吹，喻元氣寒暑溫涼之去來，恐人未曉，又說譬喻，令人曉悟，元氣如水火金木之氣，如水中之影，影有去來，水實無去來，以此明知水火金木之氣有盛衰去來，而元氣實無去來，元氣尚無寒暑溫涼之去來，而況於道乎，故云譬如水中之影有去有來，所謂水者實無去來也。此章明道不屬元氣，元氣不屬時。

【略】

關尹子曰：天地寓，萬物寓，道寓，苟離於寓，道亦不立。

寓者，寄託也，氣莫大於陰陽，形莫大於天地，天地者，有形中最巨者也，太虛中細物耳，是知天地寄託於太虛元氣之內也，故云天地寓也，

萬物寄託於天地之間元氣之內也，故云萬物寓也。我本無我，無我之我，寄託於道之元氣而有其生，故云我寓也。道本無名，聖人寄託於強名，以宣此道，故云道寓也。苟，且也，且離了強名之道，則無名可名，而道之強名亦不立也，苟離於寓，道亦不立也。此章明從本降跡，不離於寓，名從跡復本，道之寓名不立也。

陳景元《道德真經藏室纂微篇》卷六　昔之得一者：天得一，以清；地得一，以寧；神得一，以靈；谷得一，以盈；萬物得一，以生；侯王得一，以爲天下正：其致之一也。

昔者，往古也。一者，元氣也。元氣爲大道之子，神明之母，太和之宗，天地之祖，結爲靈物，散爲光燿，在陰則與陰同德，在陽則與陽同波，居玉京而不清，處瓦甓而不溷，上下無常，古今不二，故曰一也。藏乎心內則曰靈府，升之心上則曰靈臺，寂然不動則謂之眞君，制御形軀則謂之眞宰，卷之則隱入毫竅，舒之則充塞太空。

又　天下之物生於有，有生於無。

有，一也。一者，元氣也。言天下萬物皆生於元氣。元氣屬有光而無象，雖有光景出于虛無。虛無者，道之體也。

陶植《陶真人內丹賦》　自然者，元氣也。元氣者，是天地虛无之氣。天地虛無之氣，即化生萬物，玄元之始也。學丹之流鍊此，得虛無之氣，名眞一自然之道，爲萬物化元也。

《老子說五厨經》（尹愔註）　夫存一炁和泰和，則五藏充滿，五神靜正。五藏充則滋味足，五神靜則嗜欲除。此經是五藏之所取給，如求食於厨，故云五厨爾。

一氣和泰和，

一氣者，妙本冲用，所謂元氣，冲用在天爲陽和，在地爲陰和，交合爲泰和也。則人之受生，皆資一氣之和，以爲泰和，然後形質具而五常用矣。故老子曰：萬物負陰而抱陽，冲氣以爲和也。則守本者當外絕二受，以全生分，內存一炁，以和泰和，和一而性命全矣。故老子曰：專炁致柔，能嬰兒乎。

得一道皆泰。

得一者，言內存一炁以養精神，外全形生以爲居泰，則一炁冲用，與身中泰和和也，故云得一。如此則修生養神之道，皆合於泰和矣。故老子曰：萬物得一以生。

和乃無一和，

言人初稟一炁，以和泰和，若存和得一，則和理皆泰，至和既暢，非但無一，亦復無和，不可致詰，如土委地。故老子曰：吾不知其名。

玄理同玄際。

玄，妙也。理，性也。此言一炁存乎玄際和，理出其性，性修反德，而妙暢於和，妙性既和，則與玄同際。故老子曰：同謂之玄也。

吳筠《玄綱論·元氣章第二》　太虛之先，寂寥何有。至精感激，而眞一生焉。眞一運神，而元氣自化。元氣者，無中之有，有中之無，曠不可量，微不可察，氤氳漸著，混茫無倪，萬象之端，兆眹于此。於是清通澄朗之氣浮而爲天，濁滯煩昧之氣積而爲地，平和柔順之氣結而爲人倫，錯謬剛戾之氣散而爲雜類。自一氣之所育，播萬殊而種分，既涉化機，遷變罔窮。然則生天地人物之形者，元氣也。授天地人物之靈者，神明也。故乾坤統天地，精魂御人物。氣有陰陽之革，神無寒暑之變。雖羣動糾紛，不可勝紀，滅而復生，終而復始。道德之體，神明之心，應感不窮，未嘗疲於動用之境矣。

《太清金闕玉華仙書八極神章三皇內祕文》卷上《微正章第一》　天皇君曰：太虛之先，寂寥無象，何以至精感激，而眞一存焉，眞一運行而元氣自化。元氣有中之無，無中之有，廣不可量，微不可察，氤氳漸著，混元無移，萬象之端，兆眹於此。以清徹明朗者浮之爲天，濁滯煩昧者積之爲地，平和柔順者結之爲人，至靈剛秀者化之爲神，錯謬陰戾者散而爲異類。皆稟一氣之所生，分萬殊而各位，雖群動糾紛而皆可聖矣。滅而復生，周而復始，道德之體，人神之心，感應不窮，未嘗倍於動用之境矣。故道者乃虛無之象，造化之根，神明之本，天地之源。其大無外，其微無內，浩曠無端，杳冥無際，而至幽靡測，而大明垂光，至靜無心而品物有方。混元無物，寂悄無聲，萬象以之而生，五行以之而成。

遐齡老人臞仙《天皇至道太清玉册·元氣》　有物混成，先天地生，獨立而不改，周行而不殆，可以爲天地母。未有天地之時，其氣混沌如鷄子，溟涬始芽，鴻濛滋明，太極元氣，函三爲一。極，中也。元，始也。

清輕者上爲天，濁重者下爲地，冲和之氣爲人，芒雜之氣爲物。昔在天地未分之前，元氣混而爲一，是太初、太乙也。《道德經》曰：道生一，一生二。即此太極之元氣也。

論說

玄巢子《谷神篇・元氣生成之圖》

又《元氣說》 元氣始生，猶一黍也，露珠也，水顆也。蓋自無始曠劫，霾翳搏聚之內，含凝一點之水質也。孕於其間，如筐載卵，自底而生，斯有矣！強名曰道，曰靈寶，承陰而生，內白而外黑，玄精建武，北斗之經是也。故內之白能化魄，反屬陰，外之黑能變魂，反屬陽，是陰含而陽抱也。其內之陰，因陽之動而隨出，出則爲杳靄；外之陽，俟陰之靜而踐入，入則肇氤孽。陰氣始出，視之不見，是謂恍惚，如同煙霧生寒氣之也。陽氣始入，聽之不聞，是謂杳冥，乍若罔象，生溫氣也。既合矣，混質而成朴，積小而爲大，內非純陰，外非純陽。且陰氣之爲情，好舒暢，好緩散，欲盡出。既漸出矣，復不捨其子，則爲之胚暉，狀若雲霧生濕氣也。其陽氣之爲性，好涵養，好圓融，欲盡入。既漸入矣，莫能離其母，則爲之眹兆，煦昕離合，生熱氣也。外陰愈搏，內陽愈凝，結成混沌，其形如初，乃立天象，是玄包其黃者也。且玄屬水也，是元氣之至精，積而盈也；黃屬火也，乃餘氣之生神，烜而灼也。猶是推之其混沌之內，惟水中沉一日光者矣！陰氣在天之外，故不能靜，則庛庛然常扇如母拍子眠。陽氣在液之內，故不能動，則蠢蠢然常聽，如雛候雉乳，囮育茲久，黃之內生燥氣焉。燥氣既生，玄精蝕涸，水涸氣虛，因虛而風生焉。燥極而雷作焉！故天朏之內有四象焉，其內也，風欲揚而不能鼓，水欲泆而不能決，火欲炎而不能升，雷欲蕩而不能發，則漸相刑剋，甚至戰爭。風助水之力，而作澎湃；雷助火之力，而加奮迅。至於激搏而破矣！破乃分之，是開天也。故雷震而闢，風揚其曠，火氣得以升沉，水液得以流注。古之運化者，密指風雷爲盤古之號者，欲使後世莫可輕測造化也。天既分也，元氣化，氣之輕者，自下而升，結成梵宇也。元氣積液之資，重者隨底所載，乃眞水也。原其天自有象以來，至於混沌未破之時，大只百里也。大率今時人，一日可行百里路，所以雷在其中。惟能固養百里之聲，震動十里之怒，蓋火是其母也。火之燃燎，一日亦不過百里，乃息，是以知雷之與火之令，有所執矣。水可日流萬里，風亦如之，是以知水之與風之政，無所拘矣！故雷之擊物則有焦，風之吹衣亦有濕，各隨其母氣稟受之所有也。百里之天既分，則千里矣，漸至萬里矣。風隨方以展之，雷逐位以蕩之，外之餘氣，施張以措之，內之元氣，兆運以局之。歷元應化，致令莫諦其幾千萬里矣！或問：風雷同穴也，風可吹萬里，雷只震百里，何也？曰：風感寒氣而吹水，是元氣則有餘也，曰陰氣，曰惡氣，曰邪氣，易積而難散，陰神治世而多妄行也。雷假燥氣而震火，是餘氣則無私也，曰陽氣，曰怒氣，曰義氣，難動而易靜，陽神治世而常守信也。故雷展則聲微矣！蕩則怒弱矣！水火風雷四象也，風惟魂，雷惟響，火惟光，水獨質，日乃火光也。天宇之中，有資而兆質者，獨一水也。水之上應，北辰出焉，而後水之氣，日之影，感化而生月矣！然而水爲先天後天之母也。水既生風，風復吹水，起浪爲沫；雷復震水，騰沸化萍；日復曝水，結滓成鹵；月復照水，澄坌作泥。積泥而生，融蝡俱化，而爲土也。風揚而塵，日烈而砂，湛露既降，水滋之土，始生苔蘚。次有蕒蕪，至於荏苒，漸洳生滅，土斯厚矣！則草化爲竹，絛茂爲木，久之而草結穗，木成樹，卉梃實，春榮秋剝，俱腐化土。土愈埤而地域場矣！至于木根土壘，盤礴交固，久之而化爲石，則覆載之內，有形而有象者，惟木與石二物而矣！老木受天地雲煙聚氣，則有精有液，久之而化禽化龍，化犴化男子，神靈具足，因夙以摧之，則人物之四肢毛髮，受之於木也，乃能導躍鼓舞，控拉屈伸，是其情也。赭石感水土，日月孕秀，則有血有乳，久之而化蟾化虎，化羊化女人，機源透徹，因雷以驅之，則人身之顱腹骨骼，受之於石也，乃能坐臥踞處，懷躭守靜，是其

性也。木男石女，既有伉合，孕生男女，得以全身。人物既有，化育玆分，人蟲匪媾，亦繫胎胞，長幼相須，仍存子息，種類差別，形態庶焉。蕁食郊野，時性遂飛走，火食墟聚，慧辯醜姸，原其木石生男女者，無情化有情也。石性有潤，令人之更齒，木性有枯，令人之有死，物類有形，皆偏倚也。惟人身爲最靈，稟受陰陽元氣之全矣！天神地祇，皆人類主之。復云：天自開闢以來，其象如一盎矣，內之元氣化生，諸氣升騰鬱結於盎，唇聚爲穹廓，猶釜底停煤之狀，隨其下方升氣厚薄所集，久則垂懸限磊，得日月寒暑之氣，陶鎔而成礦，礦內懷金玉之體。或因穢濁氣干之，而墮爲丘陵洞治，女媧氏之鍊石，取其元氣以補天，遺其質璞在世，謂之五金珍寶。其未經鍊鍛者，乃丹砂鉛礬，硝石衆類是也。其穹窿聚氣既久，質璞累重，亦稍下墜，其上幻生崆峒，則有虛空。故萬物旦夕，騰氣爲之，仰托於諸氣焰熾之芒端。炎赫無影之氣，灼入空廓，凝而曰神。萬物之液氣，混合於其下，而爲星曰靈，化生之氣應現而爲小星，故小星曰宿，以其能留光一夜也。察天之道，其初者無靈也，含萬象之景，內之流光以爲靈，無神也。拘萬物之氣表之炎赫，以爲神，其外無形，其內無影，至聖者不得睹其面，惟賢者必可合其心。或言：天地之有壞者，此無他也，蓋因二氣生化太過，水力弱而土壤虛矣！元氣是水也，餘氣是土也，水之晝夜常流，洮汰川澤，故河源常遷脈，江岸無定垣。是以禹基之相，系南北之榮枯；錢塘之沙，應東西之聚散。日往月來，世隨陵谷變遷，水流極而勢弱矣！況兼地土生物太盛，土壤虛而不能自載，小則隨方窪陷，大則俱墜矣！力因運窮，數隨氣盡，雖墜者，墜必有底也。但日月之光，因震墜而激散無也。地始墜也，生氣絕而寒氣行也，天無所載，仍將危也。其內冥冥然，人物喪滅，俱化土而無穢也。已經人世三百六十年矣！陰靜極而陽復動，寒氣化而溫氣生，寒溫相湊，化而爲濕也。濕氣既生，薰蒸四達，其穹窿寥廓，因玆濡溽，汗漫解斥，亦皆崩塌也。又經三百六十年矣，猶廢窖受濕而摧也。常觀山岡之勢，一層石上又一層土，重疊間積，則可見天地之廢壞，有自來矣。夫天地之休息者，是造化之歇力養氣也，乃亦陰陽交接之道也，歸根復命之義也。雖曰有壞，只是餘氣生，積成後天上穹下壤，伏實歸土也。其先天之天，則無壞矣！以其元氣常存，還返而復生也，至于濕氣盛而熱氣兆，熱極乃燥，陽氣至焉！清濁分焉！光明出焉！物猶資始也，又經九九八十一年矣，故天地之一休息，總得八百年。嘗聞老人語：開天一萬八百年，然後有地，猶此推之，是天之積氣萬年，而休息於八百年矣！故總而言之也，則又可見乾墮而成坤也。故天一日有十二時，人一身有十二經，人之困醒，惟在一時，以合休息之數也。天地既壞也，其神不滅也，所以經云：浮黎元始天尊，與元始天尊相去幾劫仞，信不誣矣！崩墜之後，天高而愈遠，地卑而愈厚，山有積而愈巍，猶水落石出之義也。天地不休息，無從而開展也；嬰孩不寢寐，無從而變蒸也。或問：先天之天，何能長存長生？曰：觀天之象，如一盎矣。外無夾曠，傍無漏竅，雖幽關淨土，亦居其內之明晦偏靜處所，其元氣之搬運，與乎休息，惟在其中，是以長存也。天包萬物，以盜其氣而養之，以是長生也。夫天之盜物氣者，天無二天，惟盜於自己之內所生，故萬物無損無違，是其合得自然之盜也。人亦能之，況人有同體，既可盜於自己之有也，復能盜他物者哉！奈何人之一身，除五臟六腑之外，別無物寄，雖一飲一啄，皆自外運而入，欲求長生，則難自生。是以軒轅行御女之術，故得一千二百歲；籛鏗得育嬰之法，亦享壽八百年。歷觀移桃接杏，插棃比桑，至于採麋鹿之茸，啖孽牲之肉，身衣裘裳，口需血食，以其氣可補氣，情可感情，物殊而元氣同也。先聖曰近取諸身，遠取諸物，世誦其言，莫咬味也。修道欲求得，因求得而名盜。食穀亦是盜，食肉亦是盜，欲爲食神之盜者，雖盜而盜莫及。苟能自盜元氣，得以還返，則長生之域易致知矣！又尙可他圖，而爲不仁之盜乎？且曰：人之元氣，何物也？其始也，是無始氣中一點露珠也，生天也，生地也，資於木石而生人也。至及祖宗，生身之父母也。今之在人之身而有者，乃兩腎中間一點神氣也，自父母遺而有也。夫天地陰陽，萬物之交媾者，媾精也，訛云而有血也。父母既降靈於關元育陽之穴，即無始玄含，露珠之本也，是名元氣也。其形恍惚，其象杳冥，隱於精液之內，水體是也。其主腎也，含育陽魂，而化生心氣。心氣化生兩眼瞳，人而分清濁。右眼之清氣化神水，還心爲液，心之液化血，還左腎爲精，精化氣，守神爲性。左眼之濁氣，上應生腦髓，生頭顱，既完而下生脊骨，生右腎，配左腎爲命門，或繫女子胞，合魂魄。魂生肝，生心，生舌生膽，生包絡，生小腸，生膀胱，生垂莖；魄生肺，生喉嚨，生胃生脾，生攔

腸，生大腸，生穀道營衛，合而生三焦。魂爲血行營，生筋膂經絡。魄化氣行衛，生肌骨毛膚，成身軀，而後四肢也。女人反，皆是面北受胎也。母悞言脈診也。然則男女雖異，皆以尺脈死生，同斷命也。夫元氣之經營者，存乎腎，過乎心，應乎眼，三宫升降，一氣循環者也。故腎與膀胱爲配，心與小腸爲配，眼與腦爲配。其所配者，是其都會之所也。人知其配者，是合也，是歸也，則知氣之出入，有間隔也，有衰旺也，有清濁也，此爲明心見性之候也。其元氣之變態，化爲氣液之二體也。氣也者，曰命也；神也，眞汞也。隨動外接，人之寤則神游於眼，瞑則歸於心，寐則逸於腎，默則集於眉，本此爲氣之升降者也。液也者，曰性也，精也，眞鉛也，修靜内復，在腎而爲精，至肝而爲魂，至心而爲血，至脾而爲膏腴，至心包絡而爲榮脈，至肺而爲魄，至三焦而爲衛氣，至腠理而爲動氣，至腦而爲神泉，下至鼻中而爲玉漿，至喉舌而爲靈液，入于胃，慕於心候。營衛二氣，周身既備，亦還心會，合水穀諸液於大腸，至攔腸，分泌清濁，則清氣輸入小腸，搛腎滲膀胱，膀胱還元海，元海再生氣，晝夜之無端。當此之際，是謂神歸氣，復氣與液合。君子愼其獨，得之爲小還，男女混居室，一物分二名，陰中伏陽，號曰黃芽，陽内負陰象，名白雪神符，合而言之，乃曰刀圭也。修鍊之法，於人身子陽之時，沃以非凡之水，進以自然之火，自然即隨時之義也。片餉功夫，無中生有，結成聖胎，是謂奪造化也。若又不求口訣，而復失於同類，玉液且無，金液安有？但以存想無爲，望其交媾結丹，誠爲虛妄也。人無根本，身在偏枯，氣難停留，液無歸着，至于年老，氣亦老，形枯液亦枯，身不了道，則疾病是其憂，飢渴是其累，老死是其哀，況爲陰陽殺機之奪算乎？或問：何謂奪也？當其寒暑之時，則傷人血脈，脾胃濡弱；當其雷雹之時，則攝人魂魄，神驚去體；當其陰雨之時，則滅人精神，夢吞陰氣；當其霜雪之時，則削人肌膚，夢危泄精；當其饑饉之時，則萎人氣質，頑臆臭惡；當其瘟疫之時，則腐人生命，衄血夭壽；當其兵戈之時，則毁人形志，大痛離散。世人不知不覺，而紅顔暗失憔悴，此皆殺機之奪也。有言天好生而惡殺者，天莫不慈忍乎？夫天之好生，以地氣爲本，物之生氣則養之，物之死氣則敗之。如人腹中不容臭腐也。人能調服元氣，必藉胃氣爲本，捨粗糲而奉精粹，違非時而食新鮮，去陳餒而進甘旨，使胃氣充實，則元氣有餘。子曰：祭於公，不宿肉。羌旅刲羊，必先呪刃而刺。或曰啖活肉，棄死血，昔時之所謠聞，今日而果實見，亦爲惜身重命，知之損益，故可近求道也。苟或吊凶喪病患之家，入產厭伏尸之次，聞刑囚悲泣之聲，坐屠殺流血之地，自爲非法縲紲其身，皆使人神駭散也。殊不知元氣寄人之身，如草棲煙，善守者尚無百年主，故養之則存，觸之則散，散則令人瞑眩，甚則人仆矣！人能養元氣之勇者，身心洞燭，胸臆篤實，有念慮，有惻隱，有剛毅，至於嘗大酖，斷其臂，刖其足，元氣伏匿，神色不移，尚可活矣！苟死者，其靈亦不散也。其不能養者，庸陋淺識，執迷退見，多忌易惑，氣無定守，神無默處。或因憂憤，卒中暴亡；或一喜一怒，而輒喪身；或傾生自殺，此何愚之甚矣！〇今謂元氣之所要也，若曰元氣谷守之於内者，曰正氣，曰谷神，曰性命。餘氣施應之於外者，曰浩氣，曰應神，曰聲色。故《王叔和診脈訣》云：若動應神，魂魄在止，便千休命不停，所謂應神穴動。是命脈存，則人不死矣！所以老子曰：性命常存。釋氏曰聲色皆空。蓋一言其谷也，一言其應者也。世有迷徒，不究奥理，妄指釋氏，欲得寂滅爲樂，又豈知《魯論》云：鳥之將死，其鳴也哀；人之將死，其言也善。之語爲悼哉！噫！前賢往哲，有談道之無極者，演易之太極者，論天文地理者，學藝射書數者，推萬物盛衰者，多是不從元氣立説，至於窮理盡性，正好下句處，泛言常道，既不爲己任，髒腑依何，厚薄筋骸，相因束轃，則皆與修身無益也。於是孟軻但言善養浩然之氣，莊周亦且怡悦應現之神，全似不知元氣之眞，一名曰道哉！直論元氣者，是一也，一也者，是三才共同此一，立命之基也。有物也，有象也，是人我之本來面目也，萬法歸根而名之也。歸源而復命，亦一一之一也。始於一也，反復進退皆一也，孰可二其名也。故得指一歸元氣之説。

張君房《雲笈七籤》卷五六《諸家氣法部一·元氣論並序**》** 混沌之先，太無空焉；混沌之始，太和寄焉。寂兮寥兮，無適無莫。三一合元，六一合氣，都無形象，窈窈冥冥，是爲太易，元氣未形；漸謂太初，元氣始萌；次謂太始，形氣始端；又謂太素，形氣有質；復謂太極，質變有氣；氣未分形，結胚象卵，氣圓形備，謂之太一。元氣先淸，昇上爲天，元氣後濁，降下爲地，太無虛空之道已生焉。道既無生，自然之本，不可

名宣，乃知自然者，道之父母，氣之根本也。夫自然本一，大道本一，元氣本一。一者，眞正至元，純陽一氣，與太無合體，與大道同心，與自然同性，則可以無始無終，無形無象，清濁一體，混沌之未質，故莫可紀其窮極。洎乎元氣濛鴻，萌芽茲始，遂分天地，肇立乾坤，啓陰感陽，分布元氣，乃孕中和，是爲人矣。首生盤古，垂死化身，氣成風雲，聲爲雷霆，左眼爲日，右眼爲月，四肢五體爲四極五嶽，血液爲江河，筋脈爲地里，肌肉爲田土，髮髭爲星辰，皮毛爲草木，齒骨爲金石，精髓爲珠玉，汗流爲雨澤。身之諸蟲，因風所感，化爲黎甿。以天之生，稱曰蒼生；以其首黑，謂之黔首，亦曰黔黎。其下品者，名爲蒼頭。今人自名稱黑頭蟲也，或爲躶蟲，蓋盤古之後，三皇之前，皆躶形焉。三王之代，然乃裁革結莎，巢櫓營窟，多食草木之實，啖鳥獸之肉，飲血茹毛，蠢然無悶。既興燔黍擗豚，抔飮窊樽，蕢桴土鼓，火化之利，絲麻之益，範金合土，大壯宮室，重門擊柝，戶牖庖廚，以炮以烹，以煮以炙，養生送死，以事鬼神。自太無太古，至於是世，不可備紀。爰從伏羲，迄於今日，凡四千餘載，其中生死變化，才成人倫，爲君爲臣，爲父爲子，興亡損益，進退成敗，前儒志之，後儒承之，結結紛紛，不可一時殫論也。且天地溟涬之後，人起出盤古遺體，散爲天經地緯，天文地理，五羅二曜，黃赤交道，五嶽百川，白黑晝夜，產生萬物，亭育萬彙，其爲羽毛鱗介，各三百六十之數，凡一千八百類。人爲躶蟲之長，預其一焉。人與物類，皆稟一元之氣，而得生成。生成長養，最尊最貴者，莫過人之氣也。澡叨預一躶，忝竊三才，漁獵百家，披尋萬古，備論元氣，盡述本根，委質自然，歸心大道，求諸精義，纂集玄譚，記諸眞經，永傳來哲。達士遇者，愼勿輕生，以日以時，勤煉勤行，鶴栖華髮，無至噬臍。同好受之，常爲寶耳。

論曰：元氣無號，化生有名；元氣同包，化生異類。同包無象，乃一氣而稱元；異居有形，立萬名而認表。故無名天地之始，有名萬物之母，常無欲以觀其妙，常有欲以觀其徼。徼爲表，妙爲裏。裏乃基也，表乃始也。始可名父，妙可名母，此則道也，名可名也，兩者同出而異名。同謂之道，異謂之玄，玄之又玄，衆妙之門。又曰：有物混成，先天地生，寂兮寥兮。獨立不改，周行不殆，可以爲天下母，吾不知其名，字之曰道。乃自然所生。既有大道，道生陰陽，陰陽生天地，天地生父母，父母生我身。

夫情性形命，稟自元氣。性則同包，命則異類。性不可離於元氣，命隨類而化生。是知道、德、仁、義、禮，此五者不可斯須暫離，可離者非道、德、仁、義、禮也。道則信也，故尊於中宮，曰黃帝之道；德則智也，故尊於北方，曰黑帝之德；仁則人也，故尊於東方，曰青帝之仁；義則時也，故尊於西方，曰白帝之義；禮則法也，故尊於南方，曰赤帝之禮。然三皇稱曰大道，五帝稱曰常道，此兩者同出異名。

元氣本一，化生有萬。萬須得一，乃遂生成。萬若失一，立歸死地，故一不可失也。一謂太一，太一分而爲天地，天地謂二儀，二儀分而立三才，三才謂人也，故曰才成人備。人分四時，四時分五行，五行分六律，六律分七政，七政分八風，八風分九氣。從一至九，陽之數也；從二至八，陰之數也。九九八十一，陽九太終之極數；八八六十四，陰六太終之極數也。

一含五氣，是爲同包；一化萬物，是謂異類也。既分而爲三爲萬，然不可暫離一氣。五氣者，隨命成性，逐物意移，染風習俗，所以變化無窮，不唯萬數，故曰遊魂爲變。只如武都者男化爲女，江氏祖母化爲黿，黑胎氏豬而變人，蒯武安人而變虎，斯遊魂之驗也。

夫一含五氣，軟氣爲水，水數一也；溫氣爲火，火數二也；柔氣爲木，木數三也；剛氣爲金，金數四也；風氣爲土，土數五也。五氣未形，三才未分，二儀未立，謂之混沌，亦謂混元，亦謂元塊如卵。五氣混一，一既分元，列爲五氣，氣出有象，故曰氣象。

張衡《靈憲渾天儀》云：夫覆載之根，莫先於元氣；靈曜之本，分氣成元象。昔者先王步天路，用定靈軌，尋諸本元，先准之於渾體，是爲正儀，是爲立度，而後皇極有所建也，旋運有所稽也。是爲經天緯地之根本也。

聖人本無心，因茲以生心。心生於物，死於物。機在心目，天地萬機，成敗興亡，得失去留，莫不由於心目也。死者陰也，生者陽也，陰陽之中，生道之術，而不知修行之路，常遊生死之逕，故墨翟悲絲，楊朱泣岐，蓋以此也。夫太素之前，幽清玄靜，寂寞冥默，不可爲象，厥中惟虛，厥外惟無，如是者永久焉，斯謂溟涬，蓋乃道之根。既建方有，太素

始萌，萌而未兆，一氣同色，混沌不分，故曰有物混成。然雖成其氣，未可得而形也。其遲速之數，未可得而化也，如是者又永久焉，斯謂厖鴻，蓋乃道之幹也。於是元氣剖判，剛柔始分，陰陽構精，清濁異位，天成於外，地定於內。天體於陽也，象乎道幹，以有物成體，以圓規覆育，以動而始生；地體於陰也，象乎道根，以無名成質，以方矩載誕，以靜而終死，所謂天成地平矣。既動以行施，靜以含化，鬱氣構精，時育庶類，斯謂天元，蓋乃道之實也。

夫在天成象，在地成形，天有九位，地有九域，天有三辰，地有山川，有象可效，有形可度，情性萬殊，旁通感著，自然相生，莫之能紀。紀綱經緯，今略言之。四方八極，地之維也，徑二億三萬三千五百一十七里，南北則知減千里，東西則廣增千里。自地至天半於人極，地中深亦如之半之極，徑圍之數一半是也。計天地相去一億一萬二百五十八里半也。通四度之，乃是混元之大數也。天道左行，有反於物，則天人氣左盈右縮，天以陽而迴轉，地以陰而停輪，是以天致其動，稟氣舒光，地致其靜，永施候明。天以順動，不失其光，則四序順節，寒暑不忒；地以順靜，不失其體，則萬物榮華，生死有禮。故品物成形，天地用順。夫至大莫若天，至厚莫若地，至多莫若水，至空莫若土，至華莫若木，至實莫若金，至無莫若火，至明莫若於日月，至昏莫若於暗虛。日月至明，遇暗虛猶薄蝕昏黑，豈況於人乎哉。夫地有山嶽川谷、井泉江河、洞湖池沼、陂澤溝壑，以宣吐其氣也；天有列宿星辰三百四十八座，亦天之精氣所結成，凝瑩以爲星也。星者，體生於地，精成於天，列居錯峙，各有所屬，斯謂懸象矣或云玄象，亦可兩存。夫日月徑周七百里三十六分之一，其中地廣二百里三十二分之一。日者，陽精之宗，積精成象，象成爲禽，金鷄、火烏也，皆曰三足，表陽之類，其數奇；月者，陰精之宗，積精而成象，象成爲獸，玉兔、蟾蜍也，皆四足，表陰之類，其數偶。是故奇偶之數，陰陽之氣，不失光明，實由元氣之所生也。

夫人之受天地元氣，始因父精母血，陰陽會合，上下和順，分神減氣，忘身遺體，然後我性隨降，我命記生，綿綿十月之中，人皆十月處於胞胎，解在卷末也。蠢蠢三時之內，人雖十月胞胎，其實受孕三十八臘。一臘謂一七日一變，凡三十八變。然後解胎求生。求生之時，四日之中，善慧聰明者，如在王室，受諸快樂，釋然而生，如從天降下，子母平善，無諸痛苦，親屬歡喜，鄰里相慶，凶惡悖戾者，如在狴牢，受諸苦毒，二命各爭，痛苦難忍，親族憂惶，鄰里驚懼。凡在世人受孕日數，數則一定，善惡兩分，爲人子者，安可悖亂五逆哉！今生子滿三十日，即相慶賀，謂之滿月，皆以此而習爲俗矣。氣足形圓，百神俱備，如二儀分三才，體地法天，負陰抱陽，喻瓜熟蒂落，啐啄同時，既而産生，爲赤子焉。夫至人含懷道德，沖泊情性，抱一守虛，澹寂無事，體合虛空，意栖胎息，故曰合德之厚，比於赤子。赤子之心，與至人同心，內爲道德之所保，外爲神明之所護，比若慈母之於赤子也。夫赤子以全和爲心，聖人以全德爲心，外無分别之意，內無害物之心。赤子以全和，故能拳手執握，自能牢固，所謂骨弱筋柔而握固，未知牝牡之合而峻作，精之至；終日號而不嗄，和之至。執牢實者，其由元氣充壯，致骨弱筋柔。未知陰陽配合，而含氣之源動作者，由精氣純粹之所然也。陰爲雌牝，陽爲雄牡，峻謂氣命之源。氣命之源，則元氣之根本也。言赤子心無情欲，意無辨認，雖有峻作，且不被外欲牽挽，終無吠澮尾閭之虞，其氣真精，往還泝流，自然自在，任運任真而已，故曰精之至也。終日號啼，而聲不嘶嗄者，亦純和之至也，故曰和之至也。嗄者，聲物之破也。赤子以元氣內充，真精存固，全和之至，乃不破散也。

《上清洞真品》云：人之生也，稟天地之元氣，爲神爲形；受元一之氣，爲液爲精。天氣減耗，神將散也；地氣減耗，形將病也；元氣減耗，命將竭也。故帝一回風之道，泝流百脈，上補泥丸，下壯元氣。腦實則神全，神全則氣全，氣全則形全，形全則百關調於內，八邪消於外。元氣實則髓凝爲骨，腸化爲筋，其由純粹真精，元神元氣，不離身形，故能長生矣。

秦少齊《議黄帝難經》云：男子生於寅，寅爲木，陽也；女子生於申，申爲金，陰也。元氣起於子，乃人命之所生於此也。男從子左行三十，女從子右行二十，俱至於巳，爲夫妻懷妊，受胎氣於此也。男從巳左行十至寅，女從巳右行十至申，俱爲十月受氣，氣足形圓，寅申乃男女所生於此也。從寅左行三十至未，未謂小吉，男行年所至也；從申右行二十至丑，丑謂大吉，女行年所至也。然乃許男婚而女嫁矣。如是永久焉，則元氣無所復，精氣無所散，故致長生也。夫天地元氣既起於子之位，屬水，水之卦爲坎，圭北方恆嶽，冀州之分野，人之元氣亦同於天地，在人

之身生於腎也。人之元氣，得自然寂靜之妙，抱清虛玄妙之體，玄之又玄，妙之又妙，是謂衆妙之門，乃元氣玄妙之路也。故玄妙曰神，神之靈者曰道，道生自然之體，故能長生。生命之根，元氣是矣。

夫腎者神之室，神若無室，神乃不安，室若無神，人豈能健！室既固矣，乃神安居。則變凡成聖，神自通靈。神乃愛生而室不能固，致使神不得安居，室屋於是空廢，遂投於死地矣。若人自以其妙於運動，勤於修進，令內清外靜，絕諸染污，則大壯營室，神魂安居。神之與祇，恆爲營衛，身之與神，兩相愛護，所謂身得道，神亦得道；身得仙，神亦得仙。身神相須，窮於無窮也。

夫元氣者，乃生氣之源，則腎間動氣是也。此五臟六腑之本，十二經脈之根，呼吸之門，三焦之源，一名守邪之神，聖人喻引樹爲證也。此氣是人之根本，根本若絕，則臟腑筋脈如枝葉，根朽枝枯，亦以明矣。問：何謂腎間動氣？答曰：右腎謂之命門，命門之氣，動出其間，間由中也，動由生也，乃元氣之係也，精神之舍也。以命門有眞精之神，善能固守，守御之至，邪氣不得妄入，故名守邪之神矣。若不守邪，邪遂得入，入即人當死也。人所以得全生命者，以元氣屬陽，陽爲榮，以血脈屬陰，陰爲衛，榮衛常流，所以常生也。亦曰榮衛，榮衛即榮華氣脈，如樹木芳榮也。榮衛臟腑，愛護神氣，得以經營，保於生路。【略】

夫元氣有一，用則有二，用陽氣則能飛行自在，朝太清而遊五嶽；用陰氣即能住世長壽，適太陽而遊洞穴。是謂元氣一性，陰陽二體，一能生二，二能生三，三生萬物。萬物若不得元氣，分陰陽之用，即萬物無由得生化成長。故神無元氣即不靈，道無元氣即不生，元氣無陰陽即不形。

道氣

綜述

《西昇經·道象章第五》（宋徽宗注）

老君曰：道象無形端，恍惚亡若存。

《易》曰：見乃謂之象。道不可見，豈形象端倪之能窮哉！經所謂大象無形是已。恍者有光而無象，意其有而非有，惚者有一而未形，意其無而非無，惛然若亡而存，不可以有無求也，經所謂無物之象是已。

譬如種木未生，不見枝葉根。合會地水火風，四時氣往緣。

草木有生而無知，其無知與人異，其有生與人同。方其未生，猶人之胚胎未兆，在太易時也，不見枝葉根，猶人之氣形質具未相離也，及其萌蘖之生，散爲枝葉，旁達爲根，猶人會四者之氣，以時而往，循緣以成其身也。雖然生者生矣，而生生者果何物哉，故曰道象無形端，恍惚亡若存。

氣爲生者地，聚合凝稍堅。

氣來入身謂之生，人之生，氣之聚也，其始則氣化而凝，既久則形立而堅，陰陽之運，其理則然。

味異行不等，甘苦辛鹹酸。

道判而爲陰陽，散而爲五行，別而爲五味。五味之所以異，以五行之不等故也。潤下作鹹，炎上作苦，曲直作酸，從革作辛，稼穡作甘，此味之所以異也。火熯水潤，木撓金堅，土均而布，稼穡出焉，此五行之不等也。味則五行也，而味味者道也。

氣行有多少，強弱果不均。同出異名色，各自生意因。

通天下一氣尒，萬物化作萌區，有狀盛衰之殺，變化之流也，氣之多寡，隨量而受，故物之強弱，因受而稟，猶之大塊。噫，氣而萬竅怒號，吹萬不同，而使之自己。聲雖異，同出於風，形雖異，同出於道。

從是異性行，而有受形身。含養陰陽道，隨所倚爲親。生道非一類，一切人非人。

性有剛柔緩急不同，故形有羽毛鱗介之異，稟偏于陽者，本乎天而親上，毗于陰者，本乎地而親下。雖類聚羣分之殊情，飛走動植之異狀，自有情以至於無情，自有形以至於無形，塗雖殊而歸則同，慮雖百而致則一也。

本出於虛無，感激生精神。譬如起音者，擫絃手動傳。宫商角徵羽，口氣呼噏元。

天下之實，自虛而有，天下之有，自無而出。道則虛無也，道生一，一者天下之至精，一生二，二者神之所應也，天地氤氳，萬物資精神以生。而精神生於道，猶之金石有聲，不考不鳴，及其發手動絃，則鼓宮宮動，鼓角角應，而五音彰矣。

身口意爲本，道出上首元。本浄在虛静，故曰道自然。五音所動摇，遂與樂色連。

域於有生，百骸九竅，五臟六腑，體而存焉，是三者，有生之本也。然身之總括百骸，口之呼吸語默，意之善惡是非，孰使之者？道爲之本而已。形而上者謂之道，萬物莫不首之者也。道體至虛，而實不能礙，至静而動不能搖，以即染而淨，物莫得而先之爾，豈矯拂使之然哉！去道既遠，湛於人僞，五色令人目盲，五聲令人耳聾，與物相轉徙而不能自解，以非自然之眞也，於動搖言音不言色，於連不言音而言色，蓋互見也。

散陽以爲明，布氣成六根。從是有生死，道遂散布分。去本而就末，散樸以澆淳。道變示非常，欲使歸其真。

道判而爲陰陽，陰陽氣之大者也，萬物負陰抱陽，皆道之所布也。形質既具，六鑿相攘，莫之能止，是以生於土而反於土，出乎隱而入乎隱，流轉死生之域，萬化而未始有極也。此無他，逐末忘本，離道愈遠，散樸以爲器，澆淳而不原故爾，夫眞常之道，無古無今，入於不死不生，然而物有生滅，未可以爲常者，道之變也。《列子》，曰：精神離形，各歸其眞。

碧虛子《西昇經集註》卷二《道生章第六》（華陽韋處玄、句曲徐道邈、沖玄子、任眞子李榮、劉仁會註）

老子曰：告子生道本，示子之自然。

李曰：一炁之動，萬類羅生，咸以自然爲宗，至道爲本。而逐末者衆，歸根者希，告而示之，令其敦本，去兹有累，入彼自然也。

至於萬物生，情行相結連。

冲曰：生化妙本自然之道，爲萬物之父母，天地之宗元，欲令關尹敬而尊之，重發此告也。劉曰：情發於內，行之於外，羈鎖相纏絆，何止相連。

如壞復成，如滅復生。

李曰：因緣輪轉，往還不絶，如壞復成，死此生彼，如滅復生，出幽入明。劉曰：此壞彼成，彼滅此生。

以成五行，陰與陽並。

徐曰：四炁分王，以成五行，五行相生相殺，相壞相成，陰並則滅壞，陽並則生成。冲曰：五行有殊，道炁惟一，陰陽有異，道炁无偏。五行有滅有生，即春秋代謝，陰陽有成有壞，則歷劫推移。道在五行二炁之間，一而不變，故能爲五行二炁之主，綿綿常存也。

輾轉變化，遂爲物精。

韋曰：五行一廢一起，陰陽一往一來，亦猶人道一死一生，變化輾轉，物精不絶也。

吾思是道，本出窈冥。

李曰：是道者，是生死變化之道也，物既有礙，用實有窮，資道得通，始能无滯既本於道，故曰本出窈冥，道既不可思議，有无難測，不可分別，寄曰窈冥，非窈冥也。劉曰：皆自无形中來。

愚不別知，自謂適生。

冲曰：道之元生，始於元始，窈冥綿邈，爲萬物之根。萬物之生，皆受道炁，炁本精一，物得而生，愚者不知，謂不由於道耳。李曰：愚者無知，言適爾自生，不由於道，迷本也。

子无道眼，安知生靈。

韋曰：此明生死變化之道，本出窈冥之中，深不可識。而愚人竊然自戀一生，以爲適樂，既非體道之人，亦安知人得一以生，鬼神得一以靈者哉！李曰：道眼者，洞視无外，照幽微也。人者，有生之靈也。言迷者遠不能知道，近不能知身，故言子无道眼，安知生靈，至如知人者智，自知者明，始是智慧明了之人，無所不知也。

天地人物，虛无囊盈。

徐曰：二儀人物，皆生虛无大囊之中，盈滿宇宙之內也。冲曰：天地萬物，道炁乃冲滿其中。

趙志堅《道德真經義疏・昔之得一章第二》昔之得一者，

一元氣道之始生者也。古昔天地萬物，同得一氣，而有生成，此句總

說生由下別陳得一。

天得一以清，地得一以寧，

一氣分爲陰陽，陽氣清上澄爲天，天得一中之清氣而爲天，故清明也。陰氣濁下凝爲地，地得一中之濁氣而爲地，故安寧也。

神得一以靈，谷得一以盈。

一氣之中有非陰非陽者，名曰和。陰陽既判，和之陰多者爲鬼神，及山川之精，神鬼等爲得一，精靈應用而不窮，川谷流益而不竭，川谷精靈亦如人之有神也。

又《返者章第三》

天下之物生於有，

有，一氣也。雖未形，已是有氣。故言有天地萬法，皆從一氣而生，故云生於有。

有生於無。

無，道也。一氣從道生，故言生於無。推極生源指道爲者，欲令衆兆歸心有所前，言返者返歸此無也。

《道生章第五》 道生一，一生二，二生三，三生萬物。

道至無也，一妙有也。至無不無，能生於一。道是一體，一是道氣。一氣因體生，故云道生一。道雖生一，還在一中，神用資通，麤妙異耳。一外本道，元無虧減。一者，元氣也，亦曰太和。以數言之謂之一，以德言之謂之和。爲氣之始復云元。氣妙有不有，無色無聲，不有而有，能生於二。二者麤氣謂陰陽也。且一之爲物也，從無涉有，至微至妙，理殊空寂，不得言無，器象未形，不可言有，包含萬象，混在其中，有神用能清能濁，清氣爲陽，濁氣爲陰，陰陽同出，故云生二。陰陽分判，一布二事，二外本一，全然若舊。二又生三，三者形質已具，謂天地人也。純陽清而爲天，純陰濁而爲地，和氣爲人。和者一氣兼陰陽之妙，三合爲和。若以和清濁而爲天地人者，此便以三生三。今言二生三，生爲和，是一氣布在二中，故唯言二。亦猶道遍三才，直以天地人爲三，不可兼道爲四。其天地人各懷陰陽和三氣備足，然天地人外，陰陽和本氣亦無耗損，其天地陰陽萬物，若無和氣不能自立，況能生物乎。已上從無適有，自妙向麤，謂之生非如今日以形相生也。其人始生而得和清濁二氣，虛凝聚結，化生成形，其神識即和道之精秀，與天地同受氣而生。故《西昇經》云：吾與天地分一氣而治，自守根本是也。三生萬物者，天地生萬物，人又生人，兼長養之，萬物咸得遂性。自此之後，皆是陰陽交感，以形相生，故云三生萬物也。下五句二。

萬物負陰而抱陽，沖氣以爲和。

負，背也。抱，向也。沖，中也。人以背後爲陰，故言負。心前爲陽，故言抱。和氣在中，通貫陰陽，調和腑臟然後形神全具，故云沖氣以爲和。草木從地而生，向天而長，同是負陰抱陽，等有和氣，但無識異耳。

杜光庭《道德真經廣聖義》卷六《道可道章第一》 義曰：大道吐氣，布於虛無，爲天地之本。始無有無名者，《莊子·天地篇》曰：泰初有無，無有無名。言泰初者，無之始也。無既無名，不可詰之以名，混漠寂寥，邈爲化主，元氣資之以爲始，玄化稟之而得生，故曰無名。天地始無名無氏，然後降迹，漸令兆形，由此而天地生，氣象立矣。**【略】**

義曰：夫一氣分而萬化生，形兆立而萬有作。三者之變，各而兩之，有出於無，斯之謂矣。

又卷八《不尚賢章第三》 義曰：人之生也，稟天地之靈，得清明沖朗之氣爲聖爲賢，得濁滯煩昧之氣爲愚爲賤。聖賢則神智廣博，愚昧則性識昏蒙。由是有性分之不同也。老君謂孔子曰：易之生人，及萬物鳥獸昆蟲，各有奇偶，謂氣不同。而凡人莫知其情，唯達道德者能原其本焉。文子云：清氣爲天，濁氣爲地，和氣爲人。於和氣之間有明有暗，故有賢有愚。

又卷二八《大道汎兮章第三四》 義曰：天之高也，道氣蓋之。地之厚也，道氣載之。萬物之繁也，道氣徧之。非大道運氣，孰能致其高廣、厚大、繁多之功哉？由道之所化，各得其生，生生成成，全備之理矣。**【略】**義曰：言於有也，則萬物之形各稟道氣，物得成就，皆道之功。非夫道氣稟之，則生成之功廢矣。**【略】**道之生化萬億之類，和氣周徧，巨細無遺，畜之養之，成之長之，愛護之功至矣，茂養之恩普矣。不爲主宰，各遂生成，無心於物，含育之恩大矣。此聖旨所解也。今釋云：有情有形，飛沉動植，纖芥之小，丘山之大，道氣覆育，力無不周，仁愛畜養

而不爲主，物賴於道不以爲功。雖鵬鯤大軀，固乘道而變化，焦螟細品，亦資道以裁成。故秋毫之小也，道氣存則滋柔潤澤，道氣去則枯瘁凋零。秋毫不棄，可謂之小；充塞天下，可謂之大；不爲主宰，可謂忘功。斯則道之用也。能小能大，而非小非大，無所不小，無所不大也。

又卷三二《上士聞道章第四一》 夫惟道，善貸且成。

注：雖隱無名氏，而實善以沖和妙用，資貸萬物，且成熟之。

疏：此結道之功用。夫，歎也。唯，獨也。貸，施與也。歎美此道雖復無名無氏，無形無聲，獨能布氣施化，貸施萬物，且成熟之，故曰善貸且成。

義曰：道之功也，生成不息，運用無窮。秋毫之微，庶類之衆，皆資道氣假借而後能生能成。貸，假借於物也。無名無氏，爲萬有之根，無聲無形，爲萬物之源，布氣十方，成就一切。非妙本之道，孰能與於此乎。

又卷三三《道生一章第四二》 義曰：道以無形無名、不無不有，自然妙化而生乎一。一者，道之子也。天得以清，地得以寧，人得以長存，萬物得以生。故此妙一修道者守之，抱之存之，得之以爲證道之根矣。所言一者，即前始氣爲天也。一生二者，即玄氣爲地也。二生三者，即元氣爲人也。所以沖和妙氣生化二儀，凝陰陽之華，成清濁之體。然後人倫畢備，品物無遺，四序調平，五行運象。若交感而順，則物保其常。或否塞而逆，則物罹其患。故《周易》乾下坤上爲泰。天地交而萬物通也，上下交而其志同也。內陽而外陰，內健而外順，內君子而外小人，君子道長，小人道消也。故陽氣在上而下感於陰，坤爲陰也，陰氣在下而上感於陽，二氣交感而生萬物，是則孤陰孤陽不能生化。其或反此，則坤自居下乾自居上，二氣不交，天地隔塞，在《易》爲否。天地不交而萬物不通，上下不交而天下無邦，亦不能生化，故疏云陰陽交泰，沖氣化醇。《易》曰天地絪緼，萬物化醇也。

義曰：萬物之生也，道氣生之，陰陽氣長養之。一晝一夜，一陰一陽，更相遞代，養育萬物。其大也，陰爲寒，陽爲暑。其細也，陽爲明，陰爲晦。以寒暑明晦，晝夜長育，萬物各成其形，非妙道沖和之氣無以生也。雖有寒暑而無道氣者，亦殂落矣。二氣更爲內外，故萬物負之抱之，不可離矣。人之生也，道以元一之氣降之，爲精爲神；天以太陽之氣付之，爲動爲息；地以純陰之氣稟之，爲形爲質。

陳景元《道德真經藏室纂微篇》卷六 無有，入於無間。

夫道混然之氣，無有形質，故能包裹乾坤而無外，密襲秋毫而無內，與其有形，安得入其無間也。莊子曰：金石不得無以鳴，謂藏道氣也。

【略】

道生之，德畜之。

道者，虛無之體。德者，自然之用。道體虛無，運動而生物、物從道受氣，故曰生之。德用自然，包含而畜物，物自德養形，故曰畜之。

物形之，勢成之。

凡動植之類，皆本道而生，因德而養，物質方具，故曰形之。物既形矣，則隨四時之勢而成之。

是以萬物莫不尊道而貴德。

夫道降純精而生物之性，德含和氣而養物之形，故萬物無不尊仰於道，而貴重於德也。

道之尊，德之貴，夫莫之爵，而常自然。

爵者，錫命也。公侯伯子男之例是也。世之所以尊貴者，皆因王者爵命故也。而道以純精生物，物共尊之若父。德以和氣養物，物共貴之若母。

章安《宋徽宗道德真經解義・天下皆知章第二》 臣義曰：氣者，道之所運。物者，氣之所化。氣冥於無，虛而常通，其有是也，得而像之，故謂之象。闡道乎太易，而象帝之所出，以無授萬物之氣，以有成萬物之形，氣散乎泰始，而爲陰陽。形離乎泰初，而爲天地。氣變之極，形之所化，山嶽之止，海川之流，五材之著用，群物之名言，其理其形，其聲其數，行流散徙，出入生死，凡涉麗於形器之間。

又《道生一章第四二》 道生一，

御注曰：泰初有無無，有無名，一之所起。

臣義曰：道常無名，一之所生，氣之混也。

一生二，

御注曰：天一而地二，次之水生而火次之，精具而神從之。

臣義曰：一氣分而陰陽之氣辨，天地之所生。

二生三，

御注曰：一與言爲二，二與一爲三。

臣義曰：天地位而沖氣之所生，故三才具矣。

三生萬物。

御注曰：天肇一於北，地耦二於南，人成位於三，三才具而萬象分矣。號物之數，謂之萬，自此以往，巧曆不能計。

臣義曰：有陰有陽，而沖氣以爲和，物得以生，號數爲萬，其可計耶。

萬物負陰而抱陽，沖氣以爲和。

御注曰：陰止而静，萬物負焉。君子所以日入而息。陽融而亨，萬物抱焉，聖人所以響明而治。必有陰陽之中，沖氣是已。《莊子》曰：至陽赫赫，至陰肅肅，肅肅出乎天，赫赫發乎地，兩者交通成和，而物生焉。

臣義曰：萬物賦形天地間，稟氣於陰陽以生，故無不負抱之者。沖氣之和，所以生生也。

《太上妙法本相經》卷下　虞問天尊曰：一切萬法，悉從何生，因何氣而有？唯願天尊告其因緣，令諸衆等，各知所從而來。

答曰：一切萬法，各稟道氣而生，因空而成。何以故？道者無形，應氣萬質；空者無段，通運有形。無空無氣，蕩絶言想；無言無想，萬有隱沒。是故道者萬物之父，空者萬物之母。何以故？譬如父陽母陰，因果胎息，以十月之得有形，施名立字，乃有父子之道，尊卑之位。若其無父，子從何生；若其無母，胎息何成？是故空者，運通居之，將知是其母。子無所因，則無其子，若無其子，可不空無也。若有其子，空者萬有之母。是故道生德畜，假有若存形。

又　諍老告曰：諦聽諦聽，爲汝說也。夫一切万法，莫不受道氣而生，稟陰陽而成，由天而覆，由地而載，由父而養，由母〔而〕育，衆緣相會，得生名也。何以故？非道莫能生，非天莫能覆，非地莫能載，非父莫能養，非母莫能育。是以衆生悉由道氣而生也。所以者何？人法於地，地法於天，天法於道，道者无所法也，誕應自然，而无緣導。若諸衆生所作功業，隨衆對應，亦如川谷之與影響，明鏡之對色像，因來則緣往，緣至則果感。是以隨業鐘報，莫不應也。一切万法者，譬如百立，指事造形，隨其顏貌，覩物成養。是以百立之巧，隨睨而成，何况无爲至眞之聖也。何以故？道起於一，一能生二，二能生三，三能生万物，致得形名，得形是以聖人。聖可思議，不可度之。所以者何？百工之匠，譬如師訓，成器用者，譬之道氣。故一切万法，悉有道性。

杜光庭《太上老君説常清静經注》　大道無情，運行日月。

自無而生有，造化以成形。故天無精氣，無以制日月之明；地無精氣，無以制山嶽鎮焉；人無精氣，無以制身形之存焉。故曰日月稟陰陽之所運行。故知道之無情，隨機而所化。又云：天何言哉？四時行焉；地何言哉？萬物生焉。經云：用之不可既，無情而運行日月也。日月者，大道之用也。此一段明無名，而萬物自生，長養萬物。

大道無名，長養萬物。

故元氣無形，不可名也。經云：道隱無名。乃生於天地。故曰：道生一，一生二，二生三，三生萬物。萬物者，五行之子孫也。三才者，萬物之父母也。道者，三才之祖宗也。故元氣清静，不可常名也。【略】

降本流末，而生萬物。

本者，元也；元者，道也。道本包於元炁，元炁分爲二儀，二儀分爲三才，三才分爲五行，五行化爲萬物。萬物者，末也。

侯善淵《太上老君説常清静經註》　大道無名，長養萬物。

無名者大道，通玄微妙，至理無窮，混元一炁，先天地而生，本無名也。頌曰：道化虚空體，權爲假立名。有名非有相，無物亦無形。上徹三天瑩，横擔四海明。闢開清静眼，飛躍似流星。

道大無形，湛然不動，皓皓純一，覆藏天地，運行日月，流轉江河，掌握山川，包含谿谷，滋溢園林，成熟五穀，結秀花果。一切萬物皆稟道炁而所生，本自無爲，感時而自化。道本無形，育於有象。故曰長養萬物矣。

王玠《太上老君説常清静妙經纂圖解註》　老君曰：大道無形，生育天地；大道無情，運行日月；大道無名，長養萬物。道生，自然。

大道者，至虚無體，本無形、無情、無名也。當浩劫之始，已有梵清景三氣，太清、太微、太素，隱而無象，溟溟涬涬，遼廓無光，一混沌而

已。渾是陰氣，裏外虛中，有箇乾健不息之理，蟠旋而極，是有一陽初動于中，便生奇耦，分陰分陽，生育天地。清氣上而爲天，濁氣下而爲地。天地既判，萬物居其中。陰氣出地，而復上昇於天，陽炁從天，而復下降於地，陰陽往來，循環不已。是以日月運行，五炁順布，四時行焉，故能長養萬物。大則天地，小則微塵，無一物不是道之化育。善參究者，反身求之，我身即天地。道雖生我無名，我故名之道也。《道德經》云：有物混成，先天而生。寂兮寥兮，獨立而不改，周行而不殆，可已爲天下母。吾不知其名，字之曰道，強爲之名曰大。大曰逝，逝曰遠，遠曰反。故道大是也。

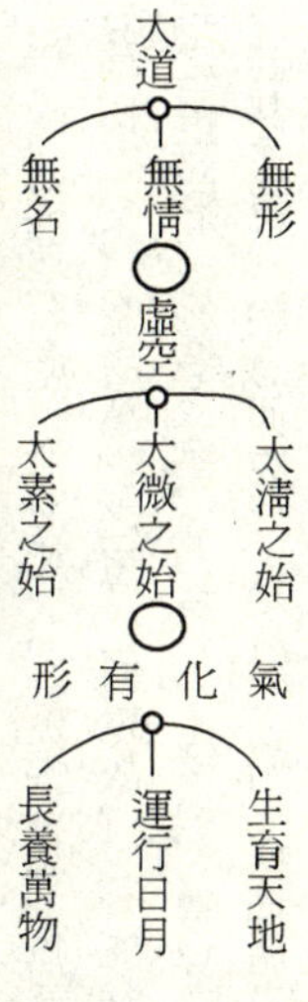

孟安排《道教義樞》卷七《混元義第二五》　義曰：三炁不分，凝積爲天地之始，萬物初混，陰陽成品彙之先，然則理運將開，所以妙物垂應，元和既貸，清濁遂分五常，於是得宜三界，由之合度，此其致也。

釋曰：天地混元義者，混元之時，三炁混沌，九炁未分，天地未立，乍存乍亡，三炁既顯，天地運開。《洞神經》云：大道妙有，能有能無。道體本玄，號曰太易。元氣始萌，號曰太初，一曰太虛，其精青，其形未有。炁形之端，號曰太始，一曰太無，其炁黃，其形未有。形變有質，號曰太素，一曰太空，其炁白，其形亦未有。形質已具，號曰太極，一曰太有，一曰太神，一曰太炁，又曰太玄，又曰太上，又曰太一，其形赤黃，質定白素，白黃未離，名之爲混也。雜糅未分爲沌，萬法初首爲元。故兩半、三才、五常、萬物等法體未別，是曰混元。形象若分，明之開闢，劫盡運終，還歸破壞，復於混沌。風澤洞虛，似風非風，如水非水，識苦性昏，不可分別也。舊云：混元之中，有麤有妙。妙者，道氣惟一。麤者，品物衆多。今明道無不在，義亦玄妙。然道混自別，不可相濫，故非內非外，非非內外，能內能外，即內即外。一多麤妙，其義例然。大而分之，十有二種，二者是氣，十者是物。二氣即陰陽，十物即五有識，五無識。五有識者，謂人神鳥獸蟲，五無識者，謂金木水火土也。

又卷一〇《假實義第三七》　義曰：假實者，明庶物之眞僞，辯群品之合離，若知待有，名無則達，人我皆淨，能明因實成假，則了色性本空，此其致也。經云：四大暫相寓，五物權時假。又假實義例者，萬法之本，由乎陰陽二氣，構於二氣，共成五塵，五塵成四大五常，四大五常共成五根九竅也。且法本資於二炁爲實，乃以五塵爲實者，但二氣渺漫，未有定形，不爲成假之實。然陽是生氣，陰是殺氣，生殺之義，可爲續假之實。但能生萬物，即是陽氣，能殺萬物，即是陰氣。萬物莫不生滅，故皆稟陰陽之氣，陰陽是氣法，還能生滅。萬炁既非心法，不能生滅於心，此言二氣能生滅者，非是任運而經前後，乃是別能生殺於彼陰陽，是能生滅萬物，是所生滅。

《太上昇玄三一融神變化妙經》　所稱爲三五者，三是玄、元、始三炁；五是五行炁。性在空爲五炁，在天爲五星，在位爲五帝，在地爲五方，在人爲五藏是也。

《上清太上開天龍蹻經》　天降一氣，則五氣生焉，寄備陰陽，合氣成體。故陽有少陽、太陽，陰有少陰、太陰。故陽中之陰爲木，陽中之陽爲火，陰中之陽爲金，陰中之陰爲水，和中之和爲土。

《太上洞玄寶元上經》　道炁玄妙，無祖無先，無始無初，無極無窮，無心無欲，無事無爲，沖淳澄淡，泊然湛然，不清不濁，不減不增，含容無量，一切有無，炁妙不可得汙，形玄不可得言，強字曰道，號爲無形，無形之中，含一切形，一切形混，稱曰混成，成生一切，無數無鞅，大而分之，常用以五，一曰無，二曰有，三曰無中之有，四曰有中之無，五曰非有非無，非有非無，妙炁也，有中之無，精炁也，無中之有，始炁也，有者，元炁也，無者，玄炁也，玄元始炁，分精共妙，五中之三，三中之五，三五混合，無累無傷，善成無棄，總號道源，源本有五，以應五方，北水東木南火中土西金，天地未張，五方未分，水木火土金，其炁相和，極感而應，應隨次章，一切同感，在闇思明，從混願別，厭死樂生，樂生不能自生，願別不能自別，感極道應，應之以一，一爲道子，元炁先臻，故曰道生一，一生二，陽炁前唱，陰氣後和，二炁相須，由乎元炁，故曰一生二，二生三，陰陽合會，和炁交通，三生萬物，玄元始分，於是天覆其上，地載其下，人列其中，萬物參羅，三才相輔，同歸崇道，道有三

官，上有天官，下有地官，中有水官，道委三官，不立別職，物附三才，無復別司，人僚唯三，互相統攝，導末歸本，大略是同，引善抑惡，細法舛異，異終還同。同在聖誥，誥有權實，精者得眞，眞經要旨，智慧爲先，藏明潛用，聖德乃成，成由學解，解由研尋，尋理盡性，委之上人，上人之基，識三守五，能知三五，横行天下，所適必通，無復挂礙，三即陰陽和，玄元始也，五即水木火土金也。三炁未分，謂之爲混，五行未彰，謂之爲沌。

《混元八景眞經》卷一 混元眞人曰：夫天地以前，混沌之初，萬彙未萌，空而無洞，只是虛無。虛無之中有景氣，景氣極而生杳冥，杳冥極方有潤濕，潤顯之極，始結成霧露，霧露之極，方變水，水流霧下，其水滿。流水者，陰氣，陰極始生陽氣。陽氣漸上，炎熱方結爲火。火從水生，水火相交，即漸相覆。二物交泰，各生積氣，積氣所生，陰陽相鍊，其數滿足，始結爲混沌。混沌既就，方爲一氣，一氣所萌，方爲天地之母。混沌者，從虛氣而生也，方立陰陽，產五行，立四象。混元氣極，混沌始分，便生元始。元始既生，便分積清之氣爲天，積濁之氣爲地。天地既立，乃輕清上爲天，重濁下爲地。其輕清雖然屬陽，却內生陰氣，陰氣下降爲地；其重濁雖然屬陰，却內生陽氣，陽氣上騰爲天。始天降地騰，水火相交，陰陽相戰。交氣極足，方結就太丹，太陽是也。其陽被天地運轉，至有金氣，金氣屬陰，運轉氣足，始生太陰，月是也。自後日月交泰，陰陽相鍊，其數滿足，漸生星辰。自上古至今，不離天降地騰，陰陽相交，日月相合，眞氣生產萬物。

佚名《三論元旨·眞源章第三》 夫道以虛通育物，偏備群方，眞源則神應靈微，氣運乃隨方成器。然有形之類，皆資炁以生焉。有識之知，悉稟神而謂矣。夫神者性之用，識者神之用。夫元氣者，性之用；陰陽炁者，元炁之用；色相陰陽，炁之用矣。故《太上經》云：道冲而用之。《南華經》云：精神生於道。此之謂也。坦然備一切之際，謂之性；獨然偏一身之際，謂之神。【略】炁能爲物之形，不能爲物之識。則性神有靈，炁相無識者也。然稟陰陽五行之炁者，乃更盛衰，至於正性眞源，常無盈竭。夫質生之物，炁散而爲死，炁聚而爲生，然炁有聚散之差，神無生滅之別。是知用神而能運炁，因炁亦能資神，聚則同成，散而各運。夫葷羶穢味，能資陰陽之濁炁；妙藥清和，能資元和之正炁。正炁全而資神者，則無爲無欲。陰陽之炁濁而資神者，則多欲多爲。

王道淵《道玄篇·道化章第五三》 道化氣，氣化血，血化形，形化物，物化物。其化不可一也，其神一也。氣化濁，其神惡。氣化清，其神明。無情變之有情，有情變之無情，同一氣之分化，萬物異形而同神。觀乎大化之始，無形無名。

敦煌本《大道通玄要》卷一《神仙鈞注經》 夫虛寂之積，積而有炁；有炁之積，積而元一生焉。元一之炁積，積而有精神；精神之炁積，積而有靈遊之炁運焉。靈遊之炁積，積而有淳粹之氣賦焉。靈遊陽而無所不生，淳粹陰而無所不形，無所不生，皆生生自運而自生，非運生而爲生，故生無不生也。故曰靈出自運，非運而自運，故能運無不運，無所不形，皆形形自爲而自形，非爲形而爲形，故形無不形也，故曰運至自爲，爲非爲而自爲，故能爲無不爲，是以靈運自運，運而不窮，大象自象，象而不勞，物形自形，形而不煩，天地自象，象而剖判。陰陽自運，運而陶蒸，陽精所淘，上爲聖人，下爲巨崑山嶽之結；陰精所蒸，上爲月望，下爲冥海川瀆之疏。

三炁

綜述

《洞玄靈寶自然九天生神章經·三寶大有金書》 天寶君者，則大洞之尊神，天寶丈人則天寶君之祖炁也。丈人是混洞太無元高上玉虛之炁，九萬九千九百九十億萬炁。後至龍漢元年化生天寶君，出書時號高上大有玉清宮。

靈寶君者，則洞玄之尊神，靈寶丈人則靈寶君之祖炁也。丈人是赤混太無元玄上紫虛之炁，九萬九千九百九十九萬炁。後至龍漢開圖，化生靈寶君，經一劫至赤明元年。出書度人時，號上清玄都玉京七寶紫微宮。

神寶君者，則洞神之尊神，神寶丈人則神寶君之祖炁也。丈人是冥寂玄通元無上清虛之炁，九萬九千九百九十萬炁。後至赤明元年，化生神寶君，經二劫至上皇元年，出書時號三皇洞神太清太極宮。

此三號雖年殊號異，本同一也，分爲玄元始三炁而治。三寶皆三炁之尊神，號生三炁，三號合生九炁。九炁出乎太空之先，隱乎空洞之中，無光無象、無形無名、無色無緒、無音無聲，導運御世，開闢玄通，三色混沌，乍存乍亡。運推數極，三炁開光，炁清高澄，積陽成天，炁結凝滓，積滯成地。九炁列正，日月星宿，陰陽五行，人民品物，並受生成。天地萬化，自非三元所育，九炁所導，莫能生也。三炁爲天地之尊，九炁爲萬物之根，故三合成德，天地之極也。

王希巢《洞玄靈寶自然九天生神玉章經解》卷上 天寶君者，則大洞之尊神，天寶丈人則天寶君之祖氣也。丈人是混洞太無元高上玉虛之氣，九萬九千九百九十億萬氣。後至龍漢元年化生天寶君，出書時號高上大有玉清宮。

天地者，形之大。劫運者，時之大。有形，斯有數。有時，斯有變。數窮時變，會歸於壞，獨惟三清至聖、九天眞王，非形之所拘，非數之所攝。故劫劫長存，後天不老。天寶君者，乃萬道之祖，號大洞尊神。故教中三洞之上，有大洞一法，論迴風混合之道，非下格小仙之所叅。見在人身，爲太一帝君。謹按《上清大洞經》云：上結三元，下結萬物，靜用爲身，動用爲神。又稱丈人者，爲衆父父者也。三元者，一混洞太無元，二赤混太無元，三冥寂玄通元。《正一經》云：太無變化，三氣明焉。太無爲未始之始，三元爲造始之根，根於無而始於元，三氣於是生焉。元始之名，蓋取於此。是以三元乃生三氣，三氣乃太空自然之氣也。空生於玄，玄生於元，元生於始，故《開天經》曰：元氣運而天地立焉。三氣雖生，未始有封也，乃名混洞。《度人經》云：混洞赤文，無無上眞，開明祖劫，化生諸天是也。三元宮中三氣正神，乃水火之元精，下應人身心宮兩腎，在天主治北斗，及符璽靈文盟券等。【略】玄元始者，無生玄氣，積清成青；洞生元氣，積虛成白；空生始氣，積光成黃。三氣既足，然後合生九氣。九氣即一黃演之氣，九氣是也。三氣皆本於三空，太無屬玉清，太空屬上清，空洞屬太清。一氣生於太無，是名太初，出於太空之先，是名太始，隱於空洞之中，是名太素。

董思靖《洞玄靈寶自然九天生神章經解義》卷一 此三號雖年殊號異，本同一也。分爲玄元始三炁，而治三寶，皆三炁之尊神，號生三炁，三號合生九炁。

自無而有，有亦強名。從一而三，三不離一。雖三元之號異，本一致以同歸。謂之年殊，則龍漢、赤明、上皇之分；謂之號異，則玉清、上清、太清之別。然實本於元始之祖炁，而總於洞眞之上道。故云本同一也。當其迎之不見其首，隨之不見其後，獨非體之至妙者乎。及乎號之以年，名之以炁，豈非跡之可名者乎。然跡未嘗離體，而體亦未嘗異迹也。分爲玄元始三炁而治。或依《七籤混沌篇》云：一炁分爲玄元始三炁，而理三寶，遂以治三寶爲句未穩。上云此三號，而下云本同一也，是攝三而一。又云分爲三炁者，乃即一而三也。《三天正法經》云：始炁青，青炁精澄曰清微天。元炁白，白炁精澄曰禹餘天。玄炁黃，黃炁精澄曰大赤天。三炁俱生空洞之中，自一分三，以統三天之治，然後導運御世也。三炁即玄元寶者，即天寶、靈寶、神寶也。是爲炁中之主宰，故曰尊神。三炁即玄元始也。號生三炁，乃每號又各生三炁，故三號合生九炁。《正法經》云：三天既立，始炁生混，混炁蒼，蒼炁精澄，生鬱單無量天。混炁生洞，洞炁赤，生無量壽天。洞炁生皓，皓炁蒼，生梵監須延天。元炁生昊，或作旻。昊炁綠，生兜術天。昊炁生景，景炁黃，生不驕樂天。景炁生遁，遁炁白，生化應聲天。玄炁生融，融炁紫，生梵輔天。融炁生炎，炎炁碧，生清明天。炎炁生演，演炁黑，生無想天。九炁並生於上三炁之中，與上炁相去各九億萬劫也。其在人身，則三炁三寶，乃元神、元炁、元精也。居人三丹田，而分鎭九宮也。

陳景元《元始无量度人上品妙經四注》 上品妙首，十迴度人。

東曰：上品者，元炁始凝結青、黃、白三炁，置上元三宮。其第一宮名玄都元陽七寶紫微宮，始陽之炁，總主上眞自然，玉虛高皇上帝、諸天帝王、上聖大神，其宮皆五億五萬五千五百五十五萬重。青陽之炁，其中官寮亦有五億五萬五千五百五十五萬衆，皆結自然青陽之炁而爲人也，衣則青羽飛衣。宮中有延生符，八方之炁，欻然而到，便成人也。毀符焚身，即隨煙而化還爲炁也。太玄上府紫微宮有左、右、中三府，左府主生宮，太

陽火官考，右府主死宮，太陰水官考，中府主生死罪錄，風刀之考。三府各領官寮九千萬衆，總統生死罪福一十二曹。其左宮，名太玄都元黄太極左宮。則元黄之炁總主上眞，已得道及未得道修眞男女，生命錄籍。其官有招靈之符。右宮名太玄都洞白太極右宮，則天元洞白之炁，總主上眞已得道，及未得道修眞男女滅度仙錄，及罪簿死籍。宮中有明眞之府，其中官寮品格，具如紫微宮之儀也。上元品天官凡有三宮，宮有三府，宮統十二曹，三宮合三十六曹，並治元陽之上，太空之中，自然之號，普統上眞已得道。三元曰，集校陰陽、水火、風刀三府，考官三十六曹，青黑二簿，列奏紫微、太微左、右、中三宮。其事自具出《三元品戒》中。今略舉一隅。昔龍漢之年，玉字始出，日月始明，天地亦分，衆眞列位，元始出法度人。説經十遍，周回十方，度人无量之數。元始因撰作十部妙經，以紫筆書著空青之林，衆聖所崇，爲經之祖宗，故曰上品妙首也。

又 按《三天正法經》始炁生三炁，一曰赤洞，二曰白章，三曰清浩。元炁生三炁，一曰綠昺，二曰黄景，三曰蒼混。又曰：白遁玄炁生三炁，一曰紫融，二曰碧炎，三曰黑演，謂之九炁也。

佚名《道門經法相承次序》卷上 原夫道家由肇，起自無先，垂跡應感，生乎妙一，從乎妙一，分爲三元，又從三元，變成三氣，又從三氣，變生三才，三才既立，萬物斯備。其三元者，第一混洞太無元，第二赤混太無元，第三冥寂玄通元。從混洞太無元化生天寶君，從赤混大無元化生靈寶君，從冥寂玄通元化生神寶君。大洞迹別出爲化主，治在三清境。其三清境者，玉清、上清、太清是也，亦名三天。其三天者，清微天、禹餘天、大赤天是也。天寶君治在玉清境，即清微天也，其氣青始。靈寶君治在上清境，即禹餘天也，其氣白元。神寶君治在太清境，即大赤天也，其氣黄玄。**【略】**

其三氣者，玄、元、始三炁是也。始氣青，在清微天；元氣白，在禹餘天；玄氣黄，在大赤天。故云玄元始三氣也。又從玄元始變生陰陽和，又從陰陽和變生天地人。故《老經》云：道生一，一生二，二生三，三生萬物。

《太平經》卷一八至三四《名爲神訣書》 元氣自然，共爲天地之性也。六合八方悦喜，則善應矣；不悦喜，則惡應矣。狀類景象其形，響和其聲也。太陰、太陽、中和三氣共爲理，更相感動，人爲樞機，故當深知之。皆知重其命，養其軀，即知尊其上，愛其下，樂生惡死，三氣以悦喜，共爲太和，乃應並出也。

又《和三氣興帝王法》 三氣合並爲太和也。太和即出太平之氣。斷絶此三氣，一氣絶不達，太和不至，太平不出。陰陽者，要在中和。中和氣得，萬物滋生，人民和調，王治太平。

又卷一一九《三者爲一家陽火數五訣第二一二》 天道常有格三氣。其初一者好生，名爲陽；二者好成，名爲和；三者好殺，名爲陰。故天主名生之也，人者主養成之，成者名爲殺，殺而藏之。天地人三共同功，其事更相因緣也。無陽不生，無和不成，無陰不殺。此三者相須爲一家，共成萬二千物。

《太上老君虚無自然本起經》 道者，謂太初也，太初者，道之初也，初時爲精，其炁赤盛，即爲光明，名之太陽，又曰元陽子丹，丹復變化，即爲道君，故曰道之初。藏在太素之中，即爲一也。太素者，人之素也，謂赤氣初變爲黄氣，名曰中和，中和變爲老君，又爲神君，故曰黄神，來入骨肉形中，成爲人也，故曰人之素藏在太始之中，此即爲二也。太始者，氣之始也，謂黄氣復變爲白氣，白氣者，水之精也，名太陰，變爲太和君，水出白氣，故曰氣之始也，此即爲三氣也。夫三始之相包也，氣包神，神包精，故曰白包黄，黄包赤，赤包三，三包一，三一混合，名曰混沌，故老君曰：一生二，二生三，三生萬物，又曰混沌若雞子，此之謂也。

閭丘方遠《太平經聖君秘旨》 聖君曰：三氣共一，一爲精，一爲神，一爲氣。此三者共一位，本天地人之氣根。神者受之於天，精者受之於地，氣者受之中和，相與共爲一。故神者乘氣而行，精者居其中，三者相助爲理。欲壽者當愛氣、尊神、重精。夫人本生混沌之氣，氣生精，精生神，神生明。本於陰陽之氣，氣轉爲精，精轉爲神，神轉爲明。欲壽者當守氣而合神，精不去其形，念此三合以爲一，久即彬彬自見，身中形漸輕，精益明，光益精，心中大安，欣然若喜，太平氣應矣。脩其內，反應於外，內以致壽，外以致理，非用筋力，自然而致太平矣。

《太上洞玄寶元上經》 經所以有三者，自然三炁所生也，大道妙炁，

一中有三，陰陽和、玄元始、上中下，自然而然，莫能使之然，莫能使之不然，故謂自然三炁也。上下二經，亦別有文，文所以五千者，道生三炁，三炁生萬物，物終爲一道，始又一合此三炁，五數立焉，道之一炁，非是陰陽和，而位居三炁之上，物之一炁，亦非陰陽和，而位在三炁之下，三炁之下有三而麤，三炁之上有三而妙，妙炁無色，衆色稟之而成，麤炁有色，色雜亂而昧，昧者待妙降而得明，明昧輪三炁以運用，運用隱顯，五位遂成，天地二儀運用三炁，一變至極曰十，十變至極曰百，百變至極曰千，數極則變，變不過三，三精在道，過則在物，萬物變麤，求精還三，三變濟物，五性以成。

沖氣

綜述

李榮《道德真經注四二章》 道生一，

虛中動氣故曰道生。元氣未分，故言一也。

一生二，

清濁分，陰陽著。

二生三，

運二氣，稱三材。

三生萬物。

圓天覆於上，方地載於下，人主統於中，何物不生也。

萬物負陰而抱陽，沖氣以爲和。

陽氣熱孤，亦不能生物，陰氣冷單，亦不足成形，故因大道以通之，借沖氣以和之，所以得生也。

人之所惡，唯孤寡不穀，而王公以自名。

抱沖和之氣，無好無惡。失一元之道，有愛有憎。但敦富貴之名，不悅孤寡之稱。唯有道王公，卑以自牧，義存謙退，以爲名也。

《唐玄宗御注道德真經・道沖章第四》 道沖而用之，或似不盈。

言道動出沖和之氣，而用生成。有生成之道，曾不盈滿。云或似者，於道不敢正言。

淵兮似萬物之宗。

淵，深靜也。道常生物，而不盈滿，妙本淵兮深靜，故似爲萬物宗主。

挫其銳，解其紛，

道以沖和，故能抑止銛利，釋散紛擾。

《唐玄宗御製道德真經疏・載營魄章第一〇》 專氣致柔，能如嬰兒乎？

疏：專，專一也。氣，沖和妙氣也。人之受生，沖氣爲本，若染雜塵境，則沖氣離散，神不固身，故戒令專一沖和，使致柔弱，能如嬰兒，無所耽著乎。

杜光庭《道德真經廣聖義》卷一六《太上下知章第一七》 氣形質具而未相離，故曰混沌，言萬物相渾沌而未分判也。既而渾沌分判，輕清爲天，重濁爲地，而上下分焉，陰陽定焉。人稟天地陰陽沖和之氣，居于天地之中，日月照之，氣象成之，陰陽輔之，寒暑循之，與天地並號爲三才。

又卷一九《孔德之容章第二一》 又就生成門解之，則恍惚之象者，清虛之氣也。在上爲天。恍惚之物者，厚濁之氣也。居下爲地。杳冥之精者，沖和之氣也。此三氣交感，而爲人焉。人者，三才之中最靈之智，用天法地，無所不能，亦自妙本分氣而生。若失性任情，則離本而湮滅；若修性返德，則得道而超騰。其沖和之氣稟於身中，修之則存，甚眞甚信也。

又卷三一《昔之得一章第三九》 昔之得一者，

注：一者，道之和，謂沖氣也。以其妙用在物爲一，故謂之一爾。

疏：昔，往古也。一者，沖和之氣也。稱爲一者，以其與物合同，古今不二，是謂之一。故《易・繫》曰：一陰一陽之謂道。蓋明道氣在陰與陰合一、在陽與陽合一爾。【略】

義曰：老君將欲明沖和道氣，通生萬物，歷叙得一之妙，以明生化之

由。道之生化，無終無始，借古昔久遠之義，以爲布化之源。所以謂道爲一者，萬物之生也，道氣皆降之，氣存則物生，氣亡則物死。物之稟道所稟不殊，在物皆一，古今雖移，一乃無變。故云不二，是謂之一。道非陰陽也，在陽則陽，在陰則陰，亦由在天則清，在地則寧，所在皆合，道無不在，非陰陽也而能陰能陽，非天地也而能天能地，非一也而能一。周旋反覆，無不能焉。昔既得之，今猶昔也。是知虚心則道合，冥寂則一歸。能冥寂虚心者，是謂抑末歸本矣。一陰一陽之謂道，《易·繫》之辭也。一謂之無，無陰無陽，乃爲之道。【略】

天得一以清，

疏：氣象之大者，莫大乎乾元。故先標之爲得一之首。純陽之氣，由得一故能穹隆廣覆，資始萬物。

義曰：陽氣浩大，乾體廣遠，又以元大始生萬物。萬象之物，皆資取乾元而得其生，故《易》曰大哉乾元，萬物資始也。夫天積氣也，故爲氣象之大，形如倚蓋，故曰穹隆。是有穹天之説。言天穹隆高大而圓，包覆萬物，天乃純陽虚無之象，非有礙之質。然夫天也，非沖和道氣所運，則不能清浮而不息矣。《易·繫》曰：乾，天下之至健也。夫乾，確然示人易矣。《正義》云：此明天之得一，剛質確然，示人以和易。由其得一無爲，物由以生，示人易也。若乾不確然，或有隤裂，是不能示其得一簡易之道也。

地得一以寧，

疏：形質之大者，莫大乎坤儀。純陰之質，由得一故，故能盤礴厚載，資生萬物。

義曰：陰氣浩大，坤體廣厚，生長載物，合會無疆。地積形也，故爲形質之大，柔順安靜，萬物資生焉。然夫地也，非沖和道氣所運，則不能厚載而安寧矣。《易·繫》曰：坤，天下之至順也。夫坤，隤然示人簡矣。《正義》曰：此明地之得一。以其得一，故坤隤然而柔，自然無爲，以成萬物，是以示人簡矣。坤不隤然，或有確然，則不能示人以簡，是乖其得一也。

神得一以靈，

疏：神者，妙萬物以爲言，由得一故能通變無方，不可形詰。

義曰：在天曰神，在地曰祇，在人曰鬼。通而言之，謂之神也。神者，陰陽不測，隱顯無方。然夫神也，非沖和道氣所運，則不能變化通靈矣。不能變化無方，通靈不測，是乖其得一也。

谷得一以盈，

疏：水注川爲溪，注溪爲谷。言谷得一，故能泉源流潤，盈滿不竭。

義曰：溪谷得沖和道氣所運，而水注盈滿。道氣去之，則深谷將爲陵矣。若深谷爲陵，水涸川竭，是乖其得一之用也。

萬物得一以生，

疏：物者，通該動植、有識無情，總謂之物。得沖和故能生成運動，而不歇滅。

義曰：萬者，舉其大數也。《春秋》曰：萬，數之大也。物者，有質可見，總謂之物。該，約也。動者，謂鱗甲羽毛、裸蟲飛走之屬也。植者，謂山川草木之屬。有情者，謂有形而有情識者也。無情者，謂有其形而無情識者也。此物之衆，拘於億兆之類，然不得沖和道氣所運，則不能生，不能成矣。

又卷三三《道生一章第四二》 必資三氣者，即《靈寶生神章》經云玄氣元氣始氣也。始氣白，凝爲清微天，號玉清境，天寶君所掌，元始天尊統九聖居之。元氣黄，凝爲禹餘天，號上清境，靈寶君所掌，大道君統九眞居之。玄氣青，凝爲大清境，號大赤天，太上老君統九仙居之。以此三氣，每氣復各生三氣，下爲九天，通三境爲十二天。又以十二天各分二天，凡三十六天也。又以其精凝爲三才，即始氣爲天，玄氣爲地，元氣爲人。始氣積陽，玄氣積陰，元氣積陰陽之華，而總爲人倫，散爲萬物。沖氣者，是元和沖寂之氣也，萬物得之以生，失之以死。人能寶之則返老還嬰，革凡成道。

道生一，一生二，二生三，

注：一者，沖氣也。言道動出沖和妙氣，於生物之理未足，又生陽氣。陽氣不能獨生，又生陰氣。積沖氣之一，故云一生二。積陽氣之二，故云二生三。

三生萬物，

注：陰陽合孕，沖氣調和，然後萬物阜成。故云三生萬物。

疏：道者，虚極之神宗。一者，沖和之精氣。生，動出也。言道動出

和氣，以生於物，然於應化之理，猶自未足。更生陽氣，積陽氣以就一，故謂之二。純陽又不能生，更生陰氣，積陰氣以就三，故謂之三。三生萬物者，陰陽交泰，沖氣化醇，則偏生庶彙也。【略】

萬物負陰而抱陽，沖氣以爲和。

注：萬物得陰陽沖氣生成之故，故負抱陰陽，合養沖氣以爲柔和。

疏：言物之生也，既因陰陽和氣而得成全，當須負荷陰氣，懷抱陽氣，愛養沖氣，以爲柔和。故廣成子告黄帝曰：我守其一，以抱其和，故我修身千二百歲，而形未嘗衰。是知元氣沖和，群生所賴。老君舉此者，明人既稟和氣以生，則氣爲生本，人當固柔和，守雌弱以存本也。

又卷三七《天下有始章第五二》 天下有始，以爲天下母。

注：始者，沖氣也。言此沖氣生成萬物，有茂養之德，可以爲天下母。

疏：資氣曰始，資生曰母。言道能以沖和妙氣，生成萬物。物得以生如母之生子，故云以爲天下母。始母雖殊於道氣，布化常一，故上經云無名天地始，有名萬物母。言此者，欲令人知源識本，守母而存子也。

義曰：資，稟也。物稟道生，道爲物本，仰含育之德，同母養之慈，當須睹流識源，鑒柔知本。用道守道。理國理人，可以泰寧矣。沖，中也。無名天地始者，上經第一章之詞。

既得其母，以知其子。

注：萬物既得沖氣茂養，以知其身是沖氣之子。

疏：言人既得沖和之氣茂養爲母，當知其身是沖氣之子。

義曰：道爲身母，有生成茂養之恩。身爲道子，識茂養生成之本，能知此道當體用於中和，以全其身也。

既知其子，復守其母，殁身不殆。

注：既知身是沖氣之子，當守此沖和妙氣，不令離散，則終殁其身長無危殆。

疏：言人既知身是道氣之子，從道氣而生，常守道清淨，不染妄塵，愛氣養神，使不離散。人從道生，望道爲本。今却歸道守母，故云復守爾。殁身不殆者，言人常能無欲以歸道，則可以終竟天年，而無危殆也。

義曰：既知身之所稟，道生我身，即洗心返神，復守其道，無是非之惑，絶聲利之塵，終身行之，道可得矣。

陸希聲《道德真經傳》 經：道生一，一生二，二生三，三生萬物。萬物負陰而抱陽，沖炁以爲和。人之所惡，唯孤、寡、不穀，而王公以自稱。故物或損之而益，或益之而損。人之所教，亦我義教之，强梁者不得其死，吾將以爲教父。天下之至柔，馳騁天下之至堅。無有入於無間。吾是以知無爲之有益。不言之教，無爲之益，天下希及之。

傳：夫眞精之體，生妙物之用，炁形既具，萬物生焉。夫陰陽相交而爲沖炁，沖炁運化而成萬物。然萬物之生也，莫不背陰而向陽，沖炁行其中，所以和順其生理也。聖人立教之指，必原夫天地之道，窮萬物之理，然後知人之生也，亦以沖炁爲主焉。何以明之？夫人受天地之中以生，所謂命也，其始有精爽，謂之魂魄。魄者，陰也。魂者，陽也。陰陽化淳，而沖和之炁行乎其間，所以成形神也。故沖和之炁全，則神與形相得，神與形相得則爲生。

陳景元《道德真經藏室纂微篇》卷六 天唯道，善貸且成。

貸，施與也。夫歎美獨有此妙道，能神鬼神帝，生天生地，善以沖和妙氣施與萬物，且成實而復於自然也。

【略】

道生一，一生二，二生三，三生萬物。

道者，虚之虚，無之無，自然之然也。混洞太無，冥寂淵通，不可名言者也。然而動出變化，則謂之渾淪。渾淪者一也。渾淪一，氣未相離散，必有神明，潛兆于中。神明者二也。有神有明，則有分焉，是故清濁和三氣，噫然而出，各有所歸，是以清氣爲天，濁氣爲地，和氣爲人。

【略】

萬物負陰而抱陽，沖氣以爲和。

負，背也。抱，向也。動物則畏死而趣生，植物則背寒而向暖，物之皮質，周包于外，皮質陰氣之所結，故曰負陰。骨髓充實于內，骨髓陽氣之所聚也，故曰抱陽。充和之氣運行于其間，所以成乎形精也。沖和之氣盛全，則形精不虧，而生理王也。沖和之氣衰散，則形精相離，而入于死地矣。故大人虚其靈府，則純白來並，君子不動乎心，則浩然之氣可養。純白浩然者，沖氣之異名。沖氣柔弱，可以調和陰陽，故曰沖氣以爲和。

章安《宋徽宗道德真經解義·道沖章第四》道沖而用之，或不盈。

御注曰：道有情有信，故有用；無爲無形，故不盈。經曰：萬物負陰而抱陽，沖氣以爲和。萬物之理，偏乎陽則強，或失之過。偏乎陰則弱，或失之不及。無過不及，是謂沖氣。沖者，中也，是謂太和。高者抑之，下者舉之，有餘者取之，不足者與之，道之用，無適而不得其中也。注焉而不滿，酌焉而不竭，既以爲人己愈有，既以與人己愈多，道之體，猶如太虛，包裹六極，何盈之有？

臣義曰：道藏於太易之先，以氣則未見，以形則未判，以質則未分，孰爲體哉。體且無矣，孰爲用哉。道樞一運，天機已張，陰陽以氣而妙於無，萬物以形而顯於有，其終始出入，莫不有用，而莫知其所以然而然。是道之用也，充塞無外，而其應無方，贍足萬物，而不弊於有。是道之不盈也，有情有信，未離乎心也。謂之用，蓋有使之者矣。道以無心爲心，即彼情信，在用爲用，故曰道用，無爲無形，不墮諸有也。謂之不盈，蓋不麗於器矣。道以妙有爲有，即彼形爲。在體爲體，故爲不盈。氣散乎泰始，而分陰分陽，故氣者道之所運，物者氣之所化。墮於數者，不能逃乎陰陽之機。囿於形者，不能出乎陰陽之造。故陰陽爲萬物之負抱，而未始或離也。毗於陽，則失於太過而爲強。毗於陰，則失於不及而爲弱。強而用之，其剛必折。弱而用之，其柔必殆。沖者，道之見於氣也。其氣均，以和爲沖，交通而成和，絪緼而爲一。剛柔之用，無過不及。往來之變，無相乖謬。兩者渾一，適乎太和，無所往而不適乎中。沖之用也，沖而用之，猶彼太虛，充滿六極，包裹天地，運量不匱，酬酢無已，高而無上，廣不可極，淵而無下，深不可測，其盈也何有。

柔弱

綜述

《道德真經指歸·生也柔弱章》（谷神子註）人之生柔弱神在身也，其死堅强神去身也。草木之生柔脆陽氣在也，其死枯槁陽氣遯也。故堅强者死之徒亡之形也，柔弱者生之徒存之容也。故兵强不勝敵四應也，木强則共生者衆也。强大處下其道窮也，小弱處上和得中也。

指歸：有物俱生，無有形聲，既無色味，又不臭香，出入無戶，往來無門，上無所蔕，下無所根，清靜不改，以存其常，和淖纖微，變化無方，與物糅合，而生乎三，爲天地始，陰陽祖宗，在物物存，去物物亡，無以名之，號曰神明。生於太虛，長於無物，稟而不衰，授而不屈，動極無窮，靜極恍惚，大無不包，小無不入，周流無物之外，經歷有有之內。天犇地馳而不能及，陰騁陽騖而不能逮，響窮竭而不能應，影靡散而不能類，取而不能以息，予而不能以費。去取有分，無所憎愛，留柔居弱，歸於空虛，進退屈伸，常與德俱，爲道先倡，物以疏瞿，受多者聖智，得少者癡愚。故神明聖智者，常生之主也；柔弱虛靜者，神明之府也。所謂人之生柔弱，即神明在身也。夫神明之在人也，得其所則不可去，失其所則不可存，威力所不能制，而智惠所不能然。苟能攝之，富貴無患，常在上位，久而益安。是以人始生也，骨弱筋柔，血氣流行，心意專一，神氣和平，面有榮華，身體潤光，動作和悅，百節堅精，時日生息，旬月聰明。何則？神居之也。及其老也，骨枯筋急，髮白肌羸，食飲無味，聽視不聰，氣力日消，動作月衰，思慮迷惑，取舍相違。及其死也，形槁容枯，舌縮體伸。何則？神去之也。其死堅強也。草木之始生也，枝條潤澤，華葉青青，豐茂暢美，柔弱以和。何則？陽氣存也。其衰也，華葉黃悴，物色焦殃。及其死也，根莖枯槁，枝條堅剛。何則？陽氣去之也。草木之生柔脆，其死枯槁也。故神明所居，危者可安，死者可活也；神明所去，寧者可危，而壯者可煞也。陽氣之所居，木可卷而草可結也；陽氣之所去，氣可凝而冰可折也。故神明陽氣，生物之根也，而柔弱，物之藥也。柔弱和順，長生之具而神明陽氣之所託也。萬物隨陽以和弱也，故堅強實滿，死之形象也；柔弱滑潤，生之區宅也。堅強者，死之徒。柔弱者，生之徒。

成玄英《老子道德經義疏·反者章第四〇》第二明雖復教迹多端，無過柔弱。弱者道之用。

逗機設教，抑乃多端。欲論切當，無過柔弱。故即以此柔弱爲化用之

先也。

又《道生章第四二》 冲氣以爲和。

冲，中也。和，順也。言人欲得不死者，必須處心中正，謙和柔弱，此則長生也。故下文云剛強者死之徒，柔弱者生之徒是也。

第三廣辨柔弱，爲學行之先。

人之所惡，唯孤寡不穀，而王公以爲名。

孤獨鰥寡，乃不善之事，以此爲惡，人之常情。而王公貴人用斯自牧，足明貴以賤爲本，高以下爲基，以勸修行之人，必須處心謙順。

故物或損之而益，益之而損。

謙卑柔弱，損己濟物，物必歸之，故生道獲全。矜誇傲誕，益己凌物，物必挫之，故致危敗。危敗是損，全生是益。損益之驗，其義盡然。故言損之而益，益之而損也。

人之所教，亦我義教之。

言俗人儒教，亦尚謙柔，我之法門，本崇靜退。然儒俗謙柔，猶懷封執，我之靜退，貴在虚忘，所以爲異也。

强梁者不得其死，吾將以爲教父。

強梁，猶剛躁也。父，始也。言強梁之人，必當夭折，不得依於天命，壽終而死也。老君雖復闡法多端，教門匪一，而每説柔弱爲善，剛強爲惡，以此切當，將爲學道之先。父亦本也。

又《天下章第四三》 天下章所以次前者，前章明柔弱之教爲學道之先，故次此章重顯柔弱之能，無爲之益。就此章內，文有三重：第一舉譬明柔勝剛劣，第二明柔弱之行能入無間，第三結歎無爲是希有之教。

第一舉譬明柔勝剛劣。

天下之至柔，馳騁天下之至堅，

至柔，水也。至堅，金也。馳騁是攻擊貫穿之義也。言水至柔，能攻金石之堅，喻無爲至弱，能破有爲之累。故下文云天下柔弱莫過於水，攻堅強者莫之能先。

第二明柔弱之行能入無間。

無有入無間，

間，隙也。言顛倒之流，見空爲有，達觀之士，即有而空，故言無有也。入，契會也。有爲麤疏，故有隙。無爲微密，故無間。既而即有即無，故能入無間之妙理也。

是以知無爲之有益。

柔能破剛，無能遣有，是以知無爲之教，大益修行之人。

又《人之章第七六》 第一雙舉二喻，以况剛柔。

人之生柔弱，其死剛强。萬物草木生之柔脆，其死枯槁。

言人生存有命，則枝節柔弱，及其死也，骨肉堅強。草木之類也，生時軟脆，及其死也，條柯枯槁。所以生而柔者軟者，和炁歸也。死而堅強者，和氣離也。舉此有識爲無識喻者，意存勗勵行人，命去剛用柔也。

第二合喻，辯其勝劣。

故堅强者死之徒，柔弱者生之徒。

徒，類也。是行剛強者乖於和理，故與死爲勝生。行柔弱者，順於和氣，故與生爲勝死。此合喻。

第三法喻兩陳，重結其義。

是以兵强則不勝，木强則共。

兵謂三毒六兵也。言人縱恣六情，強暴前境，而貪取無厭者，必遭重殃大禍，故不勝也。譬樹木麤強，故枝條共押（壓）其上，亦猶梁棟宏壯，故椽瓦共押（壓）其上也。

故堅强居下，柔弱處上。

堅強之木居下，柔弱之條處上，故知堅強之人居九幽之下，柔弱之士處三清之上也。

又《天下柔弱章第七八》 第一起譬，明剛劣柔勝。

天下柔弱莫過於水，而功（攻）堅强莫之能先，

物性柔弱，無過於水，天下堅強，莫先金石，然水雖柔弱，利用無窮，攻擊堅強，莫在先者。無爲破有，其義亦然也。

其無以易之。

言水能攻堅，百王不易之事。無爲破有，萬代不刊之術也。

第二合喻，歎凡不能行。

故柔勝剛，弱勝强，天下莫能知，莫能行。

水能攻於金，故知柔弱勝於剛強。此乃愚智同知，而舉世無能依

行者。

李榮《道德真經注・四三章》天下之至柔，馳騁天下之至堅。

有象之至柔者，水也。無形之至柔者，道也。水至柔而能消金穿石，破彼堅強。道至柔而能貴彼忘我，破茲固執。言人若能鑒之於水，體之於道，足然洞之於人我，經之於丘山，微妙玄通，都無滯礙，此謂馳騁之至堅。

又《七六章》人之生柔弱，其死堅强。

天下柔弱莫過於氣，氣莫柔弱於道。是以人之受生，必資道氣，氣存則屈申由己，道在則動靜任神。順心無逆，從事靡違，故言柔弱。不能保氣，氣竭則身亡，未解怡神，神逝命殞。命殞身亡，不能轉動，故曰堅強也。

萬物草木生之柔脆，其死枯槁。

無情之物，有氣故生，無氣故死，是知有識之類，得道於焉柔弱，失道所以堅強也。

故堅强者死之徒，柔弱者生之徒。

結上有識無情，生死二理，各有徒類。

是以兵强則不勝，木强則共。

不以德而固，乃恃兵爲強。暴於天下好煞，物之所惡。聚寡爲衆，扶弱爲強，反共攻之，則有不勝。是以木之強也，枝葉共生其上，杜之強也，梁棟鎮之於下。以下以斯曉喻，欲令務脩德以柔弱，不飾兵以堅強。

故堅强居下，柔弱處上。

生者人之所欣，柔弱者生之徒，豈非上耶？死者物之所感，堅強者死之徒，寧非下耶？

趙志堅《道德真經疏義・天下章第六》天下之至柔，馳騁天下之至堅。

至柔至堅，各有二義：一外二內。一外者萬法之中，至柔者道也，至堅者金石也。馳騁猶走驟也。金石雖堅，爲道貫穿，來往馳騁，其中若走驟。故《西昇經》云：道之所以柔弱者，包裹天地，貫穿萬物。二內者至柔謂道心也，至堅謂煩惱也。千生煩惱，堅如金石，唯有柔弱道心，善能攻擊，咸得銷也。

杜光庭《道德真經廣聖義卷》卷三二《反者道之動章第四〇》弱者道之用。

注：此明實也。弱者，取其柔弱雌靜。柔弱雌靜者，是聖人之所實處，實道之常用，故云弱者道之用。

疏：此明實道也。人皆賤弱而貴強，是知強梁雄躁者，是俗之用也。道以和柔而勝剛，是知柔弱雌靜者，是道之常用。故云弱者道之用。

又卷三四《天下之至柔章第四三》天下之至柔，馳騁天下之至堅。

注：天下之至柔者，正性也。若馳騁代務，染雜塵境，情欲充塞，則爲天下之至堅矣。

疏：夫人之正性，本自澄清，和氣在躬，爲至柔也。若馳騁情欲，染著代塵，爲聲色所誘，則正性離散，爲至堅也。

義曰：道以至柔，無乎不在，貫通萬物，流注群形。得之則生，失之則死。故保養道存則生全而柔弱，馳騁氣散則枯槁而堅強。理國有道，則襁負而歸仁。無道則蕭牆搆敵矣。染著代塵者，謂六根起於六識，六識恣於六情，六情生於六欲。六欲謂之六塵，六塵謂之六染，六染謂之六入。從根而生，染有輕重，皆在修鍊，漸而制之。所以理身所務，眼絕五色，耳絕五聲，鼻絕五香，口絕五味，身絕五觸，心絕五緣，即六塵淨矣。六塵淨則世利不能動，聲色不能誘，自歸柔弱之道，豈有堅強之患哉。

章安《宋徽宗道德真經解義・載營魄章第一〇》專氣致柔，能如嬰兒乎？

御注曰：《易》曰：乾，其靜也專。揚雄曰：和柔足以安物。靜而不雜之謂專，和而不暴之謂柔。嬰兒居不知所爲，行不知所之，不藏是非美惡，故氣專而致柔。孟子曰：蹶者趨者，是氣也，而反動其心，心不足以專氣，則氣有蹶趨之不正，而心至於僨驕而不可係。聖人虛己以游世，心無使氣之強，則其靜而不雜，和而不暴，與嬰兒也奚擇？故曰能如嬰兒乎？孟子曰：其爲氣也至大至剛，以直養而無害，則充塞乎天地之間。老氏之專氣，則曰致柔何也？至剛以行義，致柔以復性，古之道術，無乎不在。

臣義曰：氣者道之所運，物者氣之所化，氣寓乾坤以出入，而萬物因氣以生死，故氣爲萬物之元，而人尤貴於善養也。《孟子》曰：蹶者趨者，是氣也，而反動其心。揚雄曰：氣者所適善惡之馬歟。則氣之所養，要乎專也。

靜而不變，一而不雜，則氣得其專，豈復有蹶趨動心之累，善惡失其所適也哉。氣專則靜一而有常，沖和而不暴，致柔以全眞，而體與道俱，其與嬰兒等爾。彼心火炎於中，氣馬蹶於外，強暴之心勝，而醇和之德消，喜怒並毗於陰陽，嗜欲接搆於聲色，此人所以陷於妄作之凶不自返也。

《淮南鴻烈解・原道訓下》（高誘注）萬物有所生，而獨知守其根。根，本也。百事有所出，而獨知守其門。門，禁要也。故窮無窮，極無極，照物而不眩，響應而不乏，此之謂天解。眩，惑也。天解，天之解故也。言能明天意也。故得道者，志弱而事強，弱，柔也。強，無不勝也。心虛而應當。當，合也。所謂志弱者，柔毳安靜，藏於不敢，行於不能，恬然無慮，動不失時，與萬物回周旋轉，不爲先唱，感而應之。感，動。應，和。是故貴者必以賤爲號，貴者，謂公王侯伯，稱孤寡不穀，故曰以賤爲號。而高者必以下爲基。基，始也。夫築京臺先從下起也。託小以包大，在中以制外，行柔而剛，用弱而強。轉化推移，得一之道，而以少正多。而，能也。能以寡統衆。所謂其事強者，遭變應卒，排患扞難，力無不勝，敵無不淩。應化揆時，莫能害之。是故欲剛者，必以柔守之。欲強者，必以弱保之。積於柔則剛，積於弱則強。觀其所積，以知禍福之鄉。鄉，方也。強勝不若己者，至於若己者而同。夫強者能勝不如己者，同，等也。至於如己者則等，不能勝也。言強之爲小也，道家所不貴也。柔勝出於己者，其力不可量。夫能弱柔勝己者，其力不可訾也。言柔之爲大也，道家所貴。

故兵強則滅，木強則折，革固則裂，齒堅於舌而先之弊。兵猶火也，強則盛，盛則衰，故曰則滅。以火論也。木強則折，不能徐屈也。革堅則裂，鼓是也。弊，盡。齒堅於舌而先舌盡。是故柔弱者，生之榦也，榦，質也。而堅強者，死之徒也。徒，衆也。先唱者，窮之路也；後動者，達之原也。先者隤陷，故曰窮也。後者以謀，故曰達也。何以知其然也？凡人中壽七十歲，然而趨舍指湊，日以月悔也，以至於死。故蘧伯玉年五十，而有四十九年非。伯玉，衛大夫蘧瑗也。今年所行是也，則還顧知去年之所行非也。歲歲悔之，以至於死。故有四十九非，所謂月悔朔，日悔昨也。何者？先者難爲知，而後者易爲攻也。先者上高，則後者攀之；先者踰下，則後者蹷之；先者隤陷，則後者以謀；先者敗績，則後者（逢）〔違〕之。蹷，履也。音展，非展也。楚人讀蹪爲隤。隤者，車承。或言跋躓之躓也。由此觀之，先者則後者之弓矢質的也。質的，射者之準埶也。猶錞之與刃，刃犯難而錞無患者，何也？以其託於後位也。錞，矛戈之錞也。讀曰頓刃矛戈之刃也。刃在前，故犯難。頓在後，故以無患，故曰其託於後位也。此俗世庸民之所公見也，而賢知者弗能避也。庸，衆也。公，詳也，衆民詳所見知。賢者不能避爲鋒刃也，以喻利欲也，故曰有所屛蔽也。所謂後者，非謂其底滯而不發，凝竭而不流，底讀曰紙。發，動也。凝，如脂凝也。流，行。貴其周於數而合於時也。周，調也。數，術也。合於時，時行則行，時止則止也。夫執道理以耦變，先亦制後，後亦制先。道當勝事，爲變不必待於先，人事當在後，趨時當居先也。是何則？不失其所以制人，人不能制也。

時之反側，間不容息。言時反側之間，不容氣息，促之甚也。先之則太過，後之則不逮。夫日回而月周，時不與人游。故聖人不貴尺之璧，而重寸之陰，時難得而易失也。禹之趨時也，履遺而弗取，冠挂而弗顧，非爭其先也，而爭其得時也。是故聖人守清道而抱雌節，清，和淨也。雌，柔弱也。因循應變，常後而不先。

柔弱以靜，舒安以定，舒，詳也。攻大礱堅，莫能與之爭。攻大礱堅，喻難也，無與聖人之爭也。天下之物，莫柔弱於水，然而大不可極，深不可測，測，盡也。脩極於無窮，遠淪於無崖，息耗減益，通於不訾。訾，量也。上天則爲雨露，下地則爲潤澤，萬物弗得不生，百事不得不成。大包群生，而無好憎；澤及蚑蟯，蚑，蚑行也。蟯，微小之蟲也。而不求報。施而不有也。富贍天下而不既，贍，足也。既，盡也。德施百姓而不費。德澤加於百姓，不以爲己財費也。行而不可得窮極也，流膏不止也。微而不可得把握也。擊之無創，刺之不傷，斬之不斷，焚之不然。水之性也。淖溺流遁，錯繆相紛，遁，逸也。錯繆相紛，彼此相糺也。而不可靡散。利貫金石，強濟天下，水流缺石，是其利也。舟船所載，無有重，是其強也，濟，通也。動溶無形之域，而翺翔忽區之上。忽恍之區上也。言其飛爲雲，無所不上也。邅回川谷之間，邅回，猶委曲也。而滔騰大荒之野。有餘不足與天地取與，授萬物而無所前後。前後皆與之。是故無所私而無所公，公私一也。靡濫振蕩，與天地鴻洞；鴻，大也。洞，通也。讀同異之同也。無所左而無所右，蟠委錯紾，與萬物始終。紾，轉也。是謂至德。言水之爲德至大，故曰至德也。夫水所以能成其至德於天下者，以其淖溺潤滑也。故老聃之言曰：天下至柔，馳騁於天下之至

堅，出於無有，入於無間，水是也。吾是以知無爲之有益。有益於生。夫無形者，物之大祖也。無音者，聲之大宗也。無形生有形，故爲物大祖也。無音生有音，故爲聲大宗。祖、宗皆本也。其子爲光，其孫爲水，皆生於形乎。光無形，道所貴也。觀之，故子爲光也，水形而不可毁，差之，故孫爲水也。夫光可見，而不可握。水可循，而不可毁。故有像之類，莫尊於水。出生入死，自無蹠有，自有蹠無，而以衰賤矣。出生，出生道，謂去清淨也。入死，入死道，謂匿情欲也。蹠，適也。自無形適有形，離其本也。自有形適無形，不能復得，道家所棄。故曰而以衰賤也。是故清靜者，德之至也；而柔弱者，道之要也；要，約也。虚無恬愉者，萬物之用者。萬物由之得爲人用。肅然應感，殷然反本，則淪於無形矣。

佚名《無上秘要》卷六五《柔弱品》 夫水之爲物，柔弱通也。平靜清和，心無所操，德同天地，澤及萬物，大無不包，小無不入，金石不能障蔽，山陵不能壅塞。其避實歸虚，背高趣下，浩浩蕩蕩，流而不盡，折衝漂石，疾於風矣。廣大无疆，倏遠大道，始於无形，終於江海，昇而爲雲，降而爲雨，上下周流，無不施與，消而復息，生而復死。是故聖人去耳去目，歸志於水，體柔守雌，去高就下，去好就醜，受辱如地，含垢如海，恬澹无心，蕩若无已，變動无常，故能與天地終始。

右出《妙眞經》

知其雄，守其雌，爲天下溪；爲天下溪，常德不離，復歸於嬰兒。知其白，守其黑，爲天下式；爲天下式，常德不忒，復歸於无極。知其榮，守其辱，爲天下谷；爲天下谷，常德乃足，復歸於撲。撲散則爲器，聖人用之則爲官長，故大制不割。

右出《老子道經》

天下之至柔，馳騁天下之至堅，无有入於无間，吾是以知无爲之有益。不言之教，无爲之益，天下希及之。

反者道之動，弱者道之用。天地之物生於有，有生於无。

天下柔弱，莫過於水，而攻堅強者莫之能勝，其无以易之。故柔勝剛，弱勝強，天下莫不知，莫能行，是以聖人言受國之垢，是謂社稷主，受國不祥，是謂天下王。正言若反。

民之生也柔弱，其死也堅強。萬物草木生也柔脆，其死也枯槁。故堅強者死之徒，柔弱者生之徒，是以兵強則不勝，木強則共。強大處下，柔弱處上。

右出《老子德經》

又《虚靖品》 七曰呼吸中和，滑淖細微謂之柔。八曰緩形縱體，以奉百事謂之弱。

宇宙

綜述

《南華真經注疏・外篇・知北遊第二二》（郭象注成玄英疏） 以無内待問窮，若是者，外不觀乎宇宙，内不知乎太初，

〔疏〕天地四方曰宇，往古來今曰宙。太初，道本也。若以理外之心待空之智者，可謂外不識乎六合宇宙，内不知乎己身之妙本者也。

又《雜篇・庚桑楚第二三》 有實而無乎處，有長而無乎本剽，

〔疏〕剽，末也，亦原也。本亦作摽字，今隨字讀云。言從無出有，實有此身，推索因由，意無處所，自古至今，甚爲長遠，尋求今古，竟無本末。

有所出而無竅者有實。

〔注〕言出者自有實耳，其所出無根竅以出之。

〔疏〕有所出而無竅穴者，以凡觀之，謂其有實，其實不有也。

有實而無乎處者，宇也。

〔注〕宇者，有四方上下，而四方上下未有窮處。

〔疏〕宇者，四方上下也。方物之生，謂其有實，尋實宇中，竟無來處。宇既非矣，處豈有邪。

有長而無本剽者，宙也。

〔注〕宙者，有古今之長，而古今之長無極。

〔疏〕宙者，往古來今也。時節賒長，謂之今古，推求代叙，竟無本

末。宙既無矣，本豈有邪。

林希逸《**南華真經口義·雜篇·庚桑楚**》　理在今古，千萬年如是，故曰有長。然而不見其始終，故曰無乎本剽。本，始也，剽，末也，終也。老子曰虛而不屈，動而愈出，雖出者不窮而不可屈。其竅虛也，虛乃所以爲實，故曰有所出而無竅者有實。出入，一也。此解入字卻曰所出，可見其意。宇，四方上下也。道無定所，四方上下皆是也，故曰宇。即鳶飛于天，魚躍于淵，言其上下察也。古往今來曰宙，道之往來千萬年而常如是者，即宙也。

《**淮南鴻烈解·齊俗訓**》　樸至大者無形狀，道至眇者無度量，故天之員也不得規，地之方也不得矩。往古來今謂之宙，四方上下謂之宇，道在其間，而莫知其所。故其見不遠者，不可與語大；其智不閎者，不可與論至。

《**通玄真經**》**卷八**《**自然**》（**默希子注**）　老子曰：樸至大者无形狀，道至大者无度量，故天圓不中規，地方不中矩。往古來今謂之宙，四方上下謂之宇。道在其中而莫知其所。

司馬光《**集注太玄經·玄數**》　仰以觀乎象，俯以視乎情。察性知命，原始見終。三儀同科，厚薄相劘。圜則杌棿，杌，音兀。棿，吾結切。方則嗇吝。噓則流體，唫則疑形。是故闔天謂之宇，辟宇謂之宙。

闔天，宇也；辟宇，宙也。一陽一陰，乾坤之變也。

無極

綜述

王弼《**道德真經注·二十八章**》　知其雄，守其雌，爲天下谿。爲天下谿，常德不離，復歸於嬰兒。

雄，先之屬。雌，後之屬也。知爲天下之先也，必後也，是以聖人後其身而身先也。谿不求物而物自歸之，嬰兒不用智而合自然之智。

知其白，守其黑，爲天下式。

式，模則也。

爲天下式，常德不忒，

忒，差也。

復歸於無極。

不可窮也。

成玄英《**老子道德經義疏**》　知其白，守其黑，爲天下式。

白，昭明也。黑，暗昧也。式，法也。自顯明白，眩曜於人，人必挫之，良非智者。韜光晦迹，退守暗昧，不忤於物，故是德人。能知白黑利害者，可爲修學之洪範也。

常德不忒，復歸於無極。

忒，差也。無極，道也。常能棄明守暗，其德不差忒，復我清虛，歸於至道。

《**唐玄宗御製道德真經疏·知其雄章第二八**》　知其白，守其黑，爲天下式。

疏：白，昭明也。黑，暗昧也。式，法也。夫能守雌靜，則德行昭明，德雖昭明，不以矜物，當如暗昧，自守淳和，能如此，則可爲天下之法式矣。

爲天下式，常德不忒，復歸於無極。

疏：忒，差忒也。極，窮極也。知白守黑，是謂德全。德全之人，可爲天下法式，則真常之道隨應而用，應無差忒，用亦不窮，故云復歸於無極。

章安《**宋徽宗道德真經解義**》**卷五**《**知其雄章第二八**》　知其白，守其黑，爲天下式。爲天下式，常德不忒，復歸於無極

御注曰：白以况德之著，黑以况道之復。聖人自昭明德，而默與道會，無有一疵，天下是則是效，樂推而不厭，故爲天下式。正而不妄，信如四時，無或差忒，若是者難終難窮，未始有極也。故曰常德不忒，復歸於無極。《書》於《洪範》言王道，曰歸其有極，老氏言爲天下式，曰復歸於無極。極，中也。有極者，德之見於事，以中爲至。無極者，德之復於道，不可致也。

臣義曰：白之爲色，未受采也，照以天光，昭然而明。黑之爲色，不可變也，復乎玄冥，默然而契。故黑在所守，而白不可不知也。知白而守黑，則虛己而不自用其明，致一而有以契乎道。以是爲式，久而不差，如彼寒暑，天運不忒。故復歸於無極，謂之有極，則不離乎中，謂之無極，則無所不至。無所不至，復乎道者然也

李嘉謀《元始説先天道德經註解》卷四《第六章》

神生真，真生神，神合真變化定無。神神入真，致一後得入神至真，吾歸無極。

眞神相合，雖有變有化，而無變無化，皆本自然。神神入眞，不見其變化，由是致一得一，雖千變萬化，而皆出於無有，是謂吾歸無極。

牛道淳《文始真經注》卷二《二柱篇》 道生一，道者，無極也，一者，太極也，無極而太極，天地萬物之象已具乎太極之中也。太極雖含萬象，猶未離無極，故云一運之象，周乎太空也。太空者，即無極也。

論説

衛琪《玉清無極總真文昌大洞仙經注》卷一

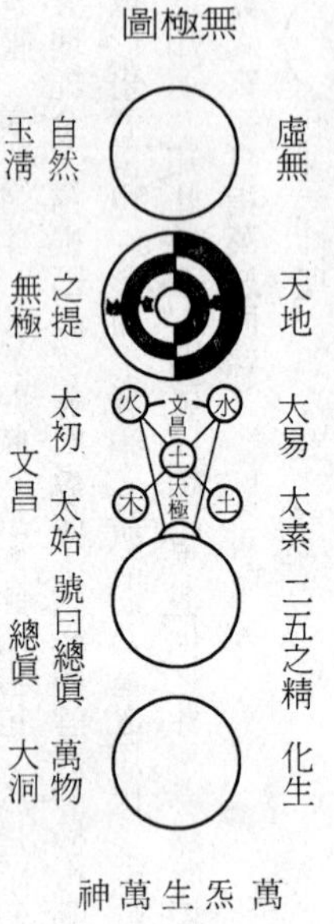

周子作太極以括《大易》，予演無極以總《大洞》。蓋太極者，已具形炁之謂，無極者，無聲無臭無象無名，惟理而已。周子亦曰：無極而大極，蓋無極一動而爲陽，以生玄炁，屬水，故曰太易，生玄光，靜而爲陰，生元炁，屬火，故曰元命，生太初，靜極復動，爲陽，生始炁，屬木，故曰太始，三炁周，玄元始三炁周備，炁形質具，未始相離，謂之太素，靜而爲陰，屬金，故曰太素，梵行初三炁爲天地之根，萬物各極其位，謂之太極，動而爲陽，屬土，總領四象，故曰太極五靈冲，一動一靜，互爲其根，是以五太五行謂之五老，五符玉經云生於元始之先是也，天王復演太易之玄炁，結一□寶珠，即五行一陰陽也，陰陽一太極也，太極本無極也，故曰無極總眞文昌大洞云。吾以此□寶光凝成萬炁，化生諸天，又以其光分敷百千萬億，結成《大洞仙經》，即玉經生天立地，開化神明，又曰五炁結十方，萬炁生萬神，即五行順布，四時行焉。又《度人經》五文開廓，普植神靈，無文不光，等同萬神萬炁仙，即無極之眞，二五之精，二炁交感化生萬物，故文昌乃天地之祖，萬物之母，是以人人具一文昌，物物具一太極也。人能精修澡煉文昌大洞之道，究竟復歸於無極之中矣，虛無自然，人生自無中生有，至老復歸於無。

又卷二 無極者

無極而太極，太極本無極也，五太已前，冲漠無眹，不可稱説，故曰無極。

蕭廷芝《修真十書金丹大成集》卷九

無極圖説

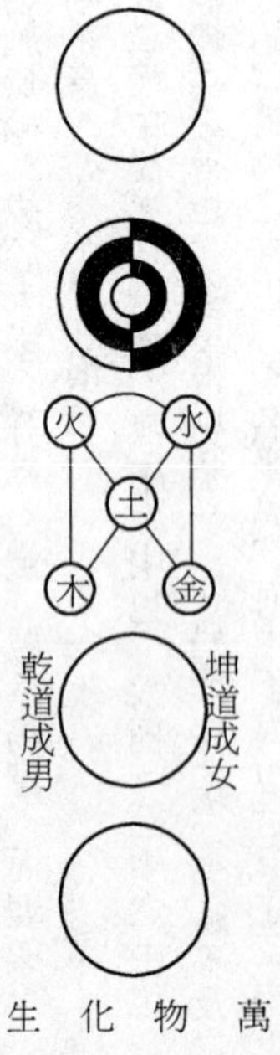

○者，道也。形而上者謂之道，斯乃道之體也。無極而太極，◎舍三爲一，中具五十五數。中○者，乃其本體也。太極一判，兩儀生焉。◐之動，根乎陰也。◑之靜，根乎陽也。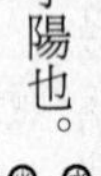，此陽變陰合而生水火土金木也。水，生數一，成數六；火，生數二，成數七；木，生數三，成數八；金，生數四，成數九；土，生數五，成數十。此五行生成之數也。天一地二，天三地四，天五地六，天七地八，天九地十，天地之數，五十有五。此陽奇陰偶之數也。一陰一陽之謂道，生生不窮之謂易。一者，奇數也。二者，偶數也。陽奇陰偶，即二以生三也。純乾☰，性也，兩乾而成坤☷，命也。猶精與氣也。乾再索坤而成坎☵，坎中之陽乃元氣也，所謂

乾道成男是也。坤再索乾而成離☲，離中之陰乃眞精也，所謂坤道成女是也。〇，乾男坤女，以氣化者言也。離者，日之象也；坎者，月之象也。日月合而成易。易者，日用常行，易簡之道也，千變萬化而未嘗滅焉。然則形中之精，寂然不動，蓋剛健、中正、純粹精者存，乃性之所寄也，爲命之根矣。心中之神，感而遂通，蓋喜怒、哀樂、愛惡欲者存，乃命之所寄也，爲性之樞矣。懲忿則心火下降，窒慾則腎水上升。君子黄中通理，正位居體，美在其中，暢於四肢，故修此而吉也。於是閑邪存誠，終日如愚。天理純全，歸根曰靜，靜曰復命，動極而靜，靜極復動也。萬物化生，〇以形化者言也，形而下者謂之器，斯乃道之用也。南軒曰：眞識根源，謂之知道。知此道者，則可以超出乎造化之外，卓然而獨存矣。

牧常晁《玄宗直指萬法同歸》

無極  此純然性理，即太極。有中之眞無，無名天地之始也。

太極  此理氣混沌，即無極。無中之妙有，有名萬物之母也。

又《無極太極圖序》 無極者，無所至至之謂也。又無中之眞無也。一元無象，二炁未萌，空洞玄虚，寂然不動。此無名天地之始也。後世强曰無極，曰太易。因靜極而後生乎動，動而不已生乎炁。炁理混沌，三才由是而胚育，變化之道生矣。此有名萬物之母也。故謂太極。經曰：易有太極，是生兩儀。易者，無極也。由無極而有太極，由太極而有乾坤，乾離而日生焉，坤坎而月生焉。四象立而八卦列，陰陽合而男女生，人倫由是始也。離震而坎兑，晝夜由是以分，四序由是以運也。故在天成象，在地成形。結而不散者爲山嶽，融而不滯者爲江河，抽地陸者爲草木，潛淵藪者爲鱗介，走者曰毛，飛者曰羽。由是寒燠相因，濕燥相感，情僞以交，精氣以接。蠢動含靈之屬，有生無識之類，生生而不可已也。

又《論無極妙有》 無極，太極之眞無也。太極，無極之妙有也。眞無者，性之始也。妙有者，炁之始也。妙有胚混，先成乾☰象，兩乾以爲坤☷，乾坤既立，人倫萬物由是以生，性命之道立矣。至於均四象，布五行，環八卦，導三元，成代謝，迭興衰，是特陰陽二氣之流運者也，而無極之本無加損焉。在太極之上寂無形變，在二儀之下不與物遷。其曰太易、太初、太素、太始，其名異，其道一也。然而太極受命於無極，乾坤受命於太極，人物受命於乾坤，即一貫也。非無極外生太極，太極外生乾坤，乾坤外生人物，始於理之眞無，成於炁之妙有也。

又《論無極太極即理炁》 無極者，純然理之謂也。蓋有是理而後有是炁，理炁混沌，是名太極。此有名萬物之母也。至於三才立，萬物生。理之均物，謂之性。氣之付物，謂之命。原人物性命，即天地間之理炁也。天地間理炁，人物得之爲性命也。始則理炁混然太極，終則天地具乎理炁。理於炁不獨存，炁於理無奇立。與三才萬物相爲而無終者，理炁也。然理之體靜而形虚，炁之機動而形靜。靜而虚者，道也。動而形者，器也。始於無極，成於太極，分爲兩儀，散爲萬類。而理與炁，未始乎離，未始乎息，亦未始乎加損也。

又《二極中説》 無極，無中之中也。太極，至中之中也。寂然不動，元炁總禽之首也。不可得以狀之，即無偏倚流伏、過踰不及之患，是爲乾元之始，萬物之根也。極名雖異，而中不異也。三才萬物不能須臾者，離此中也。至于喜、怒、哀、樂之未發，此中者，在儒謂之精一，又謂存神；在老謂之抱元，又曰守一；在釋謂之禪定，又曰寂觀。是皆人心固有之中也。以我固有之中，合乎二極本然之中，則天地物我同乎一體。物我既同一元，中寂故不見有起滅，不見有流滯，不見有去來，不見有偏倚。若然者，故可齊萬物，一生死，立於至中之中也。

太虚

綜述

《南華真經注疏》（郭象注成玄英疏） 是以不過乎崑崙，不遊乎太虚。

〔注〕若夫婪落天地，遊虚涉遠，以入乎冥冥者，不應而已矣。

〔疏〕崑崙是高遠之山，太虛是深玄之理。苟其滯著名言，猶存問應者，是知未能經過高遠，遊涉深玄者矣。

王元澤《南華真經新傳·知北遊篇》 無內則所知不深矣，終極則所見不廣矣，如此則安能通達於無盡之外，而明了於太初之初，逍遙於廣莫之野，放縱於無何有之鄉歟？故曰，以無內待問窮，若是者外不觀乎宇宙，內不知乎太初，是以不過乎崑崙，不遊乎太虛。

林希逸《南華真經口義·外篇·知北遊》 宇宙，可見者也，故曰外。太初，不可見者也，故曰內。崑侖在於宇宙之外，太虛又在崑崙之外，崑崙且未過，安得至太虛乎。

牛道淳《文始真經註》卷五《五鑑篇》 本來妙心元自不二，於不二妙心，萌守一之念，則守一之念，與不二妙心爲二偶對也，故云借能一則二偶之也，此釋心不可一也。本來妙心元無一物，等同太虛，於此無物妙心，萌專虛廓之念，則專虛廓之念，塡實滿塞無物之妙心也，故云借能虛則實滿之也，此釋心不可虛也。本來妙心元自清靜，猶如虛空無動無搖。

【略】

猶如太虛，於至無中變成一氣，於一氣之中變成萬物，而彼一氣，不名太虛。

道本無名無形，猶如太虛，能運一氣，一氣分而爲陰陽，一氣陰陽變化天地萬物，既名一氣，不名太虛，無形名之道也，而況於萬物乎。故云猶如太虛，於至無中變成一氣，於一氣中變成萬物，而彼一氣不名太虛也。此起喻也。

【略】

太虛未變爲氣爲形之時，未有天地陰陽。

陳顯微《文始真經言外旨·三極篇》 關尹子曰：所謂聖人之道者，胡然孑孑爾，胡然徹徹爾，胡然唐唐爾（一作堂堂爾），胡然臧臧爾（一作藏藏爾），惟其能偏偶萬物，而無一物能偶之，故能貴萬物。

抱一子曰：聖人之道如太虛，孑孑然無與爲偶，徹徹然無不洞貫，唐唐然充滿乾坤，臧臧然不容視聽，惟其能遍偶萬物，而無一物能偶之，所以貴於萬物，《老子》曰：有物渾成，先天地生。巍巍尊高，其是之謂乎。

關尹子曰：雲之卷舒，禽之飛翔，皆在虛空中，所以變化不窮，聖人之道則然。

抱一子曰：聖人之道，如雲在太虛而卷舒不定，如禽在太空而飛翔無窮，使無此虛空以容之，則雲禽之變化飛翔窒矣，使聖人之道，不得無方之神，無體之玄以運之，則聖人之變化窮矣。

李道純《中和集》卷三《問答語録》 問：太極未判，其形若鷄子，鷄子之外是甚麼？曰：太虛也。凡人受氣之時，形體未分，亦如鷄子。既生之後，立性立命，一身之外，皆太虛也。

《太上元寶金庭無爲妙經·太虛章第一》 道言：無形合虛，中有萬物，而行二儀，是謂太虛。故虛中無，無中有，有生一，一生二，二生三，三生萬物，是謂太始。太虛者，神運也，神運而萬物生。太始者，神化也，神化而萬物形。生而無託，形而無爲，吾不知其至妙之理如是，孰謂天地之大，未易其法焉。

太易

綜述

宋徽宗《沖虛至德真經義解·天瑞》 子列子曰：昔者，聖人因陰陽以統天地。夫有形者生於無形，則天地安從生？故曰：有太易，有太初，有太始，有太素。太易者，未見氣也；太初者，氣之始也；太始者，形之始也；太素者，質之始也。氣形質具而未相離，故曰渾淪。渾淪者，言萬物相渾淪而未相離也。視之不見，聽之不聞，循之不得，故曰易也。易無形埒，易變而爲一，一變而爲七，七變而爲九。九變者，究也。乃復變而爲一。一者，形變之始也。清輕者上爲天，濁重者下爲地，沖和氣者爲人；故天地含精，萬物化生。

陰陽者，氣之大；天地者，形之大；氣變而有形，則有陰陽，然後有天地。而道者，爲之公；聖人者，道之管。此聖人所以因陰陽以統天地也。《易》有太極，是生兩儀。《莊子》所謂道在太極之先者是也。故太易

者，未見氣也，雜乎芒忽之間，變而有氣；故太初者，氣之始也，氣變而有形；故太始者，形之始也，形辨而有質；故太素者，質之始也，氣形質具而未相離。則道之全體於是乎在。故曰：渾淪，老子所謂有物混成者是也。無所用其明，故視之不見；無所施其聰，故聽之不聞；無所致其力，故循之不得。此三者，不可致詰，故混而爲一。然既已謂之一矣，且得無其言乎？此所以強名之曰易也。易無形埒者，無體也。易況之陽，則一之所起，故變而爲一；數起於一，故變而爲七，則屈而未申也；七變而爲九，則交而有變也；數窮於九，故復變而爲一。一爲形變之始，則天、地、人皆得此以生。故曰清輕者，上爲天；濁重者，下爲地；沖和氣者，爲人。精者，一也。一生二，二生三，三生萬物。故天地含精萬物化生。

江遹《沖虛至德眞經解·天瑞下》 夫有形者生於無形，則天地安從生？故曰：有太易，有太初，有太始，有太素。

解曰：昭昭生於冥冥，有倫生於無形，萬物皆天地之化生也。天地雖能生萬物，猶未離于有形也。既已有形，則不能無自而生；如亦有生，則知其安所從生哉？莫知其所自生，則謂有形生於無形，亦不信矣。蓋天地爲有中之最巨，而難終窮者也，不可謂其無所從生也，莫能睹其所自生也。能即我之一身而窮其生生之理，則天地與我並生爾，又奚爲而不可知哉？雖然，太初之無不可以言論也，所可言者，有而未形者爾，故自有太易而下明其序焉。所謂太易、太初、太始、太素，果何物哉？亦以夫道之自無生有者因其生出之序，擬諸形容而彊爲之名爾。

太易者，未見氣也；太初者，氣之始也；太始者，形之始也；太素者，質之始也。氣形質具而未相離，故曰渾淪。渾淪者，言萬物相渾淪而未相離也。視之不見，聽之不聞，循之不得，故曰易也。易無形畔。

解曰：太者，大之甚言也。形名而降，不足以擬其大，故以太名之。易者，變通不窮之謂也。故於其未見氣，則名之太易。萬物同乎太初，而後各有初，有初矣而未形，故以氣之始爲太初。萬物成象於天，而成形於地。始之爲字，從女從台，胎而女，可知也。胎者，形之始也，故以形之始者爲太始。到於素，則在色爲未受采，雖可名以素，而色未著焉，故謂之太素，而以質之始者名之。氣形質之始雖具，而其序可擬，其道猶未判也。爲天，爲地，爲聖，爲物，同乎素樸而未離，是爲渾淪也。形形而無有，安可視而循聲？聲而無聞，安可聽而知？雖然，氣形質之始即具，則其去太易也遠矣。然猶渾淪而未離於易，故雖不可名之太易，猶曰易也。

高守元《沖虛至德眞經四解·天瑞》 故曰：有太易，有太初，有太始，有太素。

此明物之自微至著，變化之相因襲也。

范曰：無體也。無數也，冥於氣。形質未相離之先，故曰太易。若太初，則已兆於氣矣；若太始，則已分於形矣；若太素，則已著於質矣。豈無始之可原耶？刀所以製其衣，方其用刀，未有衣也，是衣之初而已。故於氣之始，則以太初命之；有初然後有始。女受始而生之，台倡始而成之。生之者左也，成之者右也，故於形之始，則以太始命之；素未受采，無所與雜。即染而淨不與物爭，故於質之始，則以太素命之。是四者，自微至著，既已離於無矣。故以有言之也。

太易者，未見氣也；

易者，不窮滯之稱。凝寂於太虛之域，將何所見？即如《易·繫》之太極、老氏之渾成也。

范曰：有陽氣焉，有陰氣焉，有沖氣焉，是皆無動而生之也。太易之先，氣且未見，況形質乎。

太初者，氣之始也；

陽陰未判，即下句所謂渾淪也。

范曰：太初有無，無有無名，雜乎芒忽之間，變而有氣，故太初，爲氣之始。

太始者，形之始也；

陰陽既判，則品物流形也。

范曰：《易》曰，乾知太始。夫有始也者，有未始。有始也者，謂之太始。則未始有始，故形之所形，莫不資始於此。

太素者，質之始也。

質者，性也。既爲物矣，則方員剛柔，靜躁沈浮，各有性。

范曰：有氣有形，質幹斯具；色之所色，將自此而彰焉。

氣形質具而未相離，

此直論氣形質，不復說太易，太易爲三者宗本。

陳顯微《文始真經言外旨・一字篇》 嘗疑夫太素之先有太始，太始之先有太初，是則道未嘗無本末也。太素者，質之始，太始者，形之始，太初者，氣之始，人能及本還源，自太素以至太初，如上百尺竿頭，至矣盡矣，不可以復上矣。殊不知太初之外，更有所謂太易焉。太易者，未見氣也，是猶向百尺竿頭更進一步，方見太易，無首無尾，無源無歸，莫知所終，莫知所始者矣。

乾元子《乾元子三始論・太易》 天地者，起於太易；太易者，不可見也。從地而生，故曰陽在下也。質形未辨，玄黃雜居，故曰龍德而隱者也。謂氣從下而生，故動於地之下，則應天之上，乃從無而生其有。且天地之精，受乎天者，發作動用而歸於乾，天氣上騰，爲雲爲氣；受乎地者，發作動用而歸於坤，地氣下降，爲霧爲露。守之者則大業盛矣，昌矣。

孟安排《道教義樞》卷七《混元義》 大道妙有，能有能無。道體本玄，號曰太易。

《太上老君太素經》 故易有太極。太極謂太易。太易者，大曉易，無有先之者，謂皓皓白氣也。乃有太初。初者，氣之始也。有太始。太始者，形之始也。有太素。太素者，質之始也。故謂易。易變爲一，一變爲三，三變爲五，五變爲七，七變爲九。九者，究也。極後變爲一。一者，謂天也。故輕清者即上爲天，重濁者即下爲地，中和氣者爲人。故天地合精，萬物化生。

張善淵《道法會元》卷六七《雷霆玄論・萬法通論》 夫混淪，道之體也。太極，道之用也。二者之妙，虛無自然也。混淪之先，未有天地，先有是道。亦強名也。一氣未萌之始，是爲太易。

○ 太易者，陰陽未變，恢漠太虛，無光無象，無形無名，寂兮寥兮，是曰太易。太易神之始而未見炁者也。

衛琪《玉清無極總真文昌大洞仙經注》 九皇上眞炁，其文壬子，生天一之水，爲太易。

雜録

曾慥《道樞》卷四《玉芝篇五太相生，在物之先，明告來者，猶魚之筌》

朝元子陳舉，寶元中人曰：體混元之本，法天地之樞，立爲洪鑪大鼎，以煉其眞焉。內以養鉛汞，外以象離坎，運其陰陽，驅龍馭虎，以返本還元。於是玄霜絳雪，玉蘂金膏，九轉而成寶矣。魏伯陽以參同成道，馬明生以金液超眞，陰長生煉太眞之劑，劉安修太一之元，此所謂奧筌者歟。方其陽魂未交，其如玄窟焉，陽精既兆，乃稟性以成乎形。是以陰判陽而歸寂，陽寓陰而成質，陰陽交而萬物泰矣，日月合而四時成矣。夫天地不交，何以爲晝夜乎？日月不合，何以著盈昃乎？萬物不合，何以顯榮枯乎？

當太易之時，混混濛濛如胞中蒂焉，於是而有太易首春一陽之義也。其體玄黃，四象未明。玄霧乎金液，華光鎖乎水精。夜加乎子，初九潛龍之位也。太易者，仁也，春也，陽也，龍也，日也，天也，火也，魂也，神也，汞也，木也。故陽氣也者，入乎物曰生，離乎物曰死。太易者，司生也。夫陽不發於下，則萬物何以生哉？故經曰上水下火，蓋謂此也。陽必蒸於上，陰必潤於下。蒸者，其熱也。熱蒸其陰，陰騰其氣。輕者上浮而爲天，其清雲霞，其凝雨露，其散風煙，其寒霜雪。時自乎子而至乎午，其升者也；自乎午而過乎子，其降者也。夫雲霞、霜雪、雨露、風煙、氣霧，所以降而滋萬物者也。經曰：返本還元歸於地脈，此之謂歟！其在於身則爲津，爲液，爲涕，爲血，爲肉，爲精，爲髓。夫五金八石之倫，依乎天地之升降，運轉和合，而歸乎本元，故曰還也。九煉成剛，故曰丹也。

《混元八景真經》卷五 本元眞性離凡軀殼，然後復醒，當時二氣聚日，造化之事，從無入有，以成身形，然後降世，欲效玄機，身法修鍊，要作神仙，及降世後，被榮衛氣障迷，更不記修身造化機法。眞性既離凡軀，而後復性，身受濁染，恐不回來。故須一人逐時呼喚，眞性既聞人呼喚，知身下功，却又回來。至二十日已後，逐日眞性自現，本形離體，忽有忽無，至二十六日，體象未形，謂之太易，易者合也，方合有無。

《大還丹照鑑・真土異號》 曰黄土曰眞土，曰紫土曰菊花，曰太易。

陳致虚《上陽子金丹大要》 夫天地之有始也，一氣動盪，虚無開合，雌雄感召，黑白交凝，有無相射，混混沌沌，沖虚至聖，包元含靈，神明變化，恍惚立極，是爲太易，是爲有始之始也，是謂道生一也，是曰元始。

太初

綜述

牛道淳《文始真經注》卷三《三極篇》 關尹子曰：渾乎洋乎，游太初乎，

大道渾然，汪洋無邊，即聖人之體也，故云渾乎洋乎也。太易者，未見氣也，太初者，氣之始也，一氣始萌，道之用，乃聖人即體即用，即體即用，遨遊無朕也，故云遊太初乎也。

《太上老君開天經》 蓋聞未有天地之間，太清之外，不可稱計，虚無之裏，寂寞無表，無天無地，無陰無陽，無日無月，無晶無光，無東無西，無青無黄，無南無北，無柔無剛，無覆無載，無壞無藏，無賢無聖，無忠無良，無去無來，無生無亡，無前無後，無圓無方，百億變化，浩浩蕩蕩，無形無象，自然空玄，窮之難極，無量無邊，無高無下，無等無徧，無左無右，高下自然。唯吾老君猶處空玄寂寥之外，玄虚之中，視之不見，聽之不聞，若言有，不見其形，若言無，萬物從之而生，八表之外，漸漸始分，下成微妙，以爲世界，而有洪元。洪元之時，亦未有天地，虚空未分，清濁未判，玄虚寂寥之裏。洪元一治至於萬劫，洪元既判，而有混元。混元一治萬劫，至於百成，百成亦八十一萬年，而有太初。

太初之時，老君從虚空而下，爲太初之師，口吐《開天經》一部，四十八萬卷，一卷有四十八萬字，一字辟方一百里，以教太初。太初始分別天地，清濁剖判，溟涬洪濛，置立形象，安竪南北，制正東西，開闇顯明，光格四維上下，内外表裏，長短粗細，雌雄白黑，大小尊卑，常如夜行。太初得此老君開天之經，清濁已分，清氣上昇爲天，濁氣下沉爲地，三綱既分，從此始有天地，猶未有日月，天欲化物，無方可變，便乃置生日月在其中，下照闇冥。太初時雖有日月，未有人民，漸始初生，上取天精，下取地精，中間和合，以成一神，名曰人也。天地既空，三分始有，生生之類，無形之象，各受一氣而生，或有朴氣而生者，山石是也，動氣而生者，飛走是也，精氣而生者，人是也，萬物之中，人最爲貴。太初一治至于萬劫，人民之初，故曰太初，是時唯有天地日月人民，都未有識名。太初既没而有太始。

乾元子《乾元子三始論・太初》 太初者，氣之始也，從坎而生，故易變而爲一。一者，陽之始也，天地之元氣也。歷九州而終於乾。乾者，健也。始於坎，而成一徵，故曰初九爻生。潤物濟衆，氣用無窮，終而復始，故謂之長生也哉。

洞陽子《太上洞玄靈寶天尊説救苦妙經註解》 夫太易者，未見炁也，元始之初炁未之見也。太易變而爲太初，太初者，炁之始也，先天元炁始見微芒。太初變而爲太始。【略】萬物始之於天地，天地不能自有，有天地者太極也；太極不能自生，生太極者太素也；太素不能自育，育太素者太始也；太始不能自孕，孕太始者太初也。

張善淵《道法會元・萬法通論》 及其有物混成，先天地生，一炁磅礴，是爲太初。

◎

太初者。陰陽雖變，有炁而未有形，是曰太初。太初炁之始而未見形者也。

孟安排《道教義樞》卷七《混元義》 元氣始萌，號曰太初，一曰太虚，其精青，其形未有。

《太上化道度世仙經・化道品第一》 爾時太上於無極元年，歲次癸丑，十月七日，詣太清宮中七寶殿内，論至真妙道。是時太上告左玄真人曰：太初混沌，天地始分，陰陽造化，萬物含靈。

太初者，混沌之始也；混沌者，天地分立之先也。以太初爲祖，始分

天地，配合陰陽，立其五行，分其四時之造化，以發生萬物也。

衛琪《**玉清無極總真文昌大洞仙經注**》 天皇上眞炁，其文丁巳，生地二之火，爲太初。

太始

綜述

乾元子《**乾元子三始論·太始**》 太始者，形之始也，名之曰器。一變而爲七。七者，南方火位也。陰陽交泰，萬物長養矣。左化爲離，以象其日，右化爲坎，以象其月。日爲天而左旋，月爲地而右轉，二氣其濟，交成太素，而成二儀，故曰九二爻生。至之太極。太極至二儀，而生八卦。八卦曰法象。法象莫大乎天地，天地著明莫大乎日月，日月運行久而通變，通變之道，其可得而究哉。

張善淵《**道法會元·萬法通論**》 先天一物，分爲二，無象無形逐念生，是爲太始。

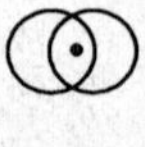

太始者，陰陽交合，混而爲一，自一而生形，雖有形，而未有質，是曰太始。太始形之始而未有質者也。

衛琪《**玉清無極總真文昌大洞仙經注**》 太一上元炁，其文甲寅，生天三之木，爲太始。

孟安排《**道教義樞**》**卷七**《**混元義第二五**》 炁形之端，號曰太始，一曰太無，其炁黃，其形未有。

《**太上老君開天經**》 太始之時，老君下爲師，口吐《太始經》一部，教其太始，置立天下九十一劫，九十一劫者，至于百成，百成者，亦八十一萬年。太始者，萬物之始也，故曰太始，流轉成練素，象於中而見氣，實自變得成陰陽。太始既沒，而有太素。

雜録

曾慥《**道樞**》**卷四**《**玉芝篇**》 太始者，二儀立形之始也。陰陽得位，虎龍分矣，天地清濁之氣隨橐籥而化萬物。是氣也，在道曰陰陽，在人曰魂魄，在物曰表裏，在天曰日月，在地曰聲色，在丹田曰鉛汞。是道也，生於一，一生二，二生三，三生萬物，終於一者也。故曰：一者，水也；二者，火也；三者，土也。物有不因此而生滅者乎？水火者，各得其一者也。得一者，物之母，氣之精，命之根，識之祖也。天得以增其威，地得以發其機，是神之祖，氣之使，物之父，魂之制，身之主也。水生一男是爲坎，其名曰汞；火生二女是爲離，其名曰鉛。是之謂四象者也。汞者，丹也；鉛者，藥也。天老神君曰：用鉛不用鉛，須向鉛中作，及至用鉛時，用鉛還是錯，何以言之？汞，陽也，子也；鉛，陰也，母也。汞無鉛其獨子不母，何以生哉？鉛汞合而三年爲寶，焚去鉛之氣，是爲脱殼，其名曰純陽。用鉛不用鉛也。吾嘗觀乎大道莫越乎陰陽，相合會於中宮，蓋有動有靜焉。動者，汞也，清而喜飛；靜者，鉛也，濁而不起。汞之飛偶乎火者也，鉛不起偶乎水者也。水所以流濕，火所以就燥者歟。神者，命也；靜者，性也。命也者，動而有生有成焉；性也者，靜而無染無著焉。是以三魂歸諸天，七魄歸諸地，各有所源也。

程昭《**九還七返龍虎金丹析理真訣**》 且黄芽者，是五行之筋髓，眞鉛即太一之眞精，生於混沌之中，起自太初之內，生乎天地之始，先能作衆物之母。夫大丹均五行之勝，齊天地之功。余乃再拜曰：敢問金液還丹，所起如何？道人曰：金丹所起，起於太初，太始生混沌，混沌生兩儀，兩儀立三才，三才運八卦，八卦滋九宮，九宮則丹之終，則太一之始先也。敢問太始之名，願乞師指於藥中是何物？道人曰：是眞鉛也。鉛是水之精，水是陰之體，陰極則陽生，變化萬物也。無陽不生，陽去即死，將欲變化，故先立陽。陽之生也，其在杳冥，人莫知。道經云：杳杳冥冥，其中有精，其精甚眞之謂也。又《參同》擬《周易》是地雷復卦，太陽生於子，爲十一月卦，故天地神功，將欲雕鎪萬卉，發敷千花，故納

陽爻於陰極之時，藉太陰之盛，贊微陽之功，此乃太始之義也。

太素

綜述

乾元子《乾元子三始論・太素》 太素者，質之始氣也。形質具，名曰大象，而未相離，故曰混沌，涵不散也。萬物莫不因此三始而煦育焉。而成三徵，故曰九三爻生也。乾既具質，坤之生焉。而法六五，則陰氣生。故謂之日月如合璧。存而勿忘機乎。故春秋節令有度，悔悋不生，是以外圓而青氣周乎。六律象成斗建，故《易》曰：君子居則觀其象而翫其辭，動則觀其變而翫其占。是故雲龍風雨，晝夜變在其中矣。白者取象其金，西方。黑者取象其水，北方。坎内陽珠，其象也。從子存其貞至巳也，爲終而晦生。方圓也，象之守職。而上不在天，下不在田，寂默相守，神氣不散。覆奎之者，則天地閉塞；通流之者，則陰陽生成。生成之功，天下理也。乃七變而化九。九者乾也。陰陽終始究，而求其始也。從午存其晦至亥，而爲終貞至是坎，君臣各得其位。終而復始，故曰自強不息。謂終則更生，四象之説，則終於艮，始於震。保生存性，龜蛇龍鶴，守元而不散之所致也。

張善淵《道法會元・萬法通論》 太素

太素者，太始變而成形，形而有質而未成體，是曰太素。太素質之始而未成體者也。

孟安排《道教義樞》卷七《混元義第二十五》 形變有質，號曰太素，一曰太空，其炁白，其形亦未有。

《太上老君太素經》 太素皓皓，命之曰道。太素之時，神往營之，道乃生之。生之形之，道乃命之，道乃成之。故天地成形，道德成經。道莫大於自然，德莫大於長生。道生一，一生二，二生三，三生天地。天地

充滿，滿則損，損則反其本。故天一無不覆，地一無不載，日月一無不照。故知之一，不知也。不一之一，無一之知。夫道之可奇也，賢者通之，聖人行之，不可不知也。道大而無形，隱而無名，其在天地外者窈冥，其在天地中者充盛。故天地之間盡道焉，非吾獨也，道不欲也，非吾異也。又云：生可冀也，死可畏也。草木根生，去地而死。魚鼈沉生，去水而死。人以形生，去氣而死。故聖人知氣之所在，以爲身寶。又云：大道張天下之大效，大書陳天下之大略，大人以爲足。人之所好，吾之所患；人之所執，吾之所舍。二者唯聖人能知其故。又云：大德受天下之大惡，大人受天下之大辱。能受天下之大惡，故能食天下之尊祿；能受天下之大辱，故能爲天下之獨貴。又云：心之於人，猶水居器中，停之則平，欹之則傾，撓之則濁，澄之則清。治心其猶水乎？壅之則止，通之則行，決之西則西，東則東。人心不可不杜塞，如水不可不隄防也。

《太上老君開天經》 太素之時，老君下降爲師，教示太素，以法天下，八十一劫，至于百成，亦八十一萬年。太素者，萬物之素，故曰太素。太初已下，太素已來，天生甘露，地生醴泉，人民食之，乃得長生，死不知葬埋，棄屍於遠野，名曰上古。太素既沒，而有混沌。

洞陽子《太上洞玄靈寶天尊説救苦妙經註解》 太始者，形之始也，漸有元炁之形矣。太始變而爲太素，太素者，質之始也，元炁之形質具矣。太素變而爲太極。

衛琪《玉清無極總真文昌大洞仙經注》 太素梵行初，其文辛酉，生地四之金，爲太素。

雜録

曾慥《道樞》卷四《玉芝篇》 太素者，本也。本立而道生矣。太始、太素之時，剛柔判矣，以立三才，以彰四象。太素者司秋，萬寶之所以成者也。經曰：火虛水空，此其形象者歟。譬夫人之在胎，陰血陽精，混然而成，三月而陰陽分，則各有所居矣。母之元職乎泥元，其名血之海；父之元主乎陰位，在於臍下，其名氣之海。各有神氣交焉，其名三

才。沖和之氣隨母呼吸，應其上下。三才備而萬物長矣。母之元主血、肉、精、髓、意、魄，即吾之鉛，虎也；父之元主筋、骨、心、魂，即吾之汞，龍也。五月而形將成，表裏分矣。吾之化育，其猶是乎！陽丹，精也；陰丹，血也。日南至，一陽之始，潛龍之位也。俟乎五陰退而陽升。十一月、十二月、正月者，三陽之時也，萬物芽矣。吾之煉形亦猶是乎！功盈三千，何謂也？服丹千日者，三年也。亦譬夫一時三月也在丹，三年二氣布矣。易吾之軀而成自然之體，運水火交汞鉛於九轉。九轉者，九年也。九九者，數之盈也。九年之內有九易焉：一年易氣，二年易血，三年易脈，四年易肉，五年易髓，六年易筋，七年易骨，八年易髮，九年易形。志於道者，其可不察於斯歟？捨是而求道者，其猶瞽者之逐兔矣。黃帝曰：吾有還丹，其品七焉：津也，髓也，血也，唾也，精也，氣也，神也。故指水、火、鉛、汞以喻焉。津為汞，精為鉛。水處乎腦中，火居於臍下，運鉛以制汞，煉汞以投鉛，來往歸源，水火正矣。

《淮南鴻烈解・俶真訓》（高誘注） 夫道有經紀條貫，得一之道，連千枝萬樂。一者道本。得其根本，故能連理千枝萬葉，以少正多也。是故貴有以行令，賤有以忘卑，貧有以樂業，困有以處危。夫大寒至，霜雪降，然後知松栢之茂也。據難履危，利害陳于前，陳，列也。然後知聖人之不失道也。是故能戴大員者履大方，言能戴天履地之道。鏡太清者視大明，立太平者處大堂。太平，天下之平也。大堂，明堂，所以告朔行令也。能游冥冥者，與日月同光。光，明也。諭德道者，能與日月同明也。

是故以道為竿，以德為綸，禮樂為鉤，仁義為餌，投之於江，浮之於海，萬物紛紛，孰非其有。夫挾依於跂躍之術，跂躍，猶齟齬，不正之道也。提挈人間之際，撢掞挺挏世之風俗，撢，引。掞，利也。挺挏猶上下也，以求利便也。以摸蘇牽連物之微妙，摸蘇猶摸索，微妙猶細小也。猶得肆其志，充其欲，何況懷瓌瑋之道，忘肝膽，遺耳目，獨浮游無方之外，不與物相弊撥，弊撥猶雜揉。弊音跋涉之跋。撥讀楚人言殺。中徙倚無形之域，而和以天地者乎。若然者，偃其聰明，而抱其太素，素，朴性也。以利害為塵垢，塵垢，諭輕也。以死生為晝夜。

又《精神訓》 所謂真人者，性合于道也。真人者，處戲、黃帝、老聃是也。故有而若無，實而若虛，處其一不知其二，治其內不識其外，治其內，守精神也。不識其外，不好憎也。明白太素，無為復樸，體本抱神以游于天地之樊，樊，崖也。樊，讀麥飯之飯。芒然仿佯于塵垢之外，芒，讀王莽之莽。而消搖于無事之業。浩浩蕩蕩乎，機械之巧弗載於心。是故死生亦大矣，而不為變；不為變者，同死生也。雖天地覆育，亦不與之抮抱矣。抮抱，猶持著著也。言不以天地養育萬物，故強與持著，守其純熱也。審乎無瑕，而不與物糅；瑕，猶釁也。其見利欲之來也，能審順之，故不與物相雜粈。見事之亂，而能守其宗。見事亂者止之，亂不能眩惑，故能守其宗。宗，本也。若然者，正肝膽，遺耳目，言精神內守也。心志專于內，通達耦于一。一者，道也。居不知所為，行不知所之，言志意無所繫。渾然而往，逯然而來。渾，轉行貌。逯，謂無所為。忽然往來也。逯，讀《詩・綠衣》之綠也。渾，讀大珠揮揮之揮。形若槁木，心若死灰，槁木無氣，死灰無熱，喻無為也。忘其五藏，損其形骸。不學而知，不視而見，不為而成，不治而辯。感而應，迫而動，迫切不得不動，然後乃動也。不得已而往，如光之燿，如景之放，以道為紃，有待而然。紃，者，決也。以道待萬物，故曰有待，而默默如是。抱其太清之本而無所容與，無所容與於情欲也。而物無能營，營，惑也。一曰亂。廓惝而虛，清靖而無思慮，不勞精神。

徐靈府《通玄真經注・守平》 老子曰：尊勢厚利，人之所貪，比之身則賤，尊勢者，重世而賤身。修道者，貴身而輕貨。故聖人食足以充虛接氣，衣足以蓋形禦寒，適情辭餘，不貪得，不多積，養足而已，有餘委之。清目不視，靜耳不聽，閉口不言，委心不慮，棄聰明，反太素，休精神，去知故，無好無憎，是謂大通。除穢去累，莫若未始出其宗，何為而不成。未始出其宗者，謂本來虛寂，無無貪愛，故萬緒紛然，皆為穢累。故遣滌除，還原復樸也。知養生之和者，即不可懸以利，通內外之符者，不可誘以勢。貪利傷生，慕世妨道，至人之所不為之也。無外之外至大，無內之內至貴，能知大貴，何往不遂。大道其出無外，其入無內，無之不通，可謂大貴也。

張宇初《峴泉集》卷四《太素說》 子列子之言曰：有太易，有太初，有太始，有太素。太易未見氣，太初氣之始，太始形之始，太素質之始，氣形質具而未相離，故曰渾淪。渾淪者，萬物相渾淪而未相離也。夫氣，形質之始，陰陽未分而體渾淪，分則竅鑿而混沌死，渾淪者離矣。然三者常包括終始環互棲伏，外若離而須臾不違於消息間者，去渾淪未嘗遠

也。蓋氣行乎天地者，爲風雨霜露，山川谿谷，具乎人與物，爲四體百骸。雖飛潛動植，一本萬殊，皆囿於形質者也。未見氣之始，固莫得而測，其備於質者，可得而窮焉。天之蒼蒼，太虛澄徹，其正色也。而晦冥變化起於倏忽，蒼蒼之色遂翳然，非晦冥變化，不能盡其在天者矣。人稟氣質之正，其情熾欲濫，則剛柔善惡者，是漓其淳，雜其粹，涅其潔，若質之素則駸駸乎混矣。然非剛柔善惡，亦不能盡其在人者矣。物皆然，動靜往復，均不畱焉。故物之質者，非文飾不華。味之眞者，非鹽蘗不調。音之澹者，非律呂不和。此物性之必然也。人之所以必懲欲復初，而後淳者不漓，粹者不雜，潔者不涅，其清明之體昭昭焉具矣。是足以見吾剛柔善惡，猶天之晦冥倏忽，其本質之素未始有動靜者焉。雖然，世或持其説以自脩，特養素而未能遊乎太素，非遊乎太素，其能見質之始乎。抑質者常，華者弊，質者汨人，華者悦人。志夫道者，必去華以返質。能返乎質，則慮精神明，表裏貞白，萬物渾淪而不離。是非見其始哉。君州武當山五龍宮高士練太素，學博而行端，居吾山二十餘年，持踐克篤，常靜處一室，不與世接。昔先君常禮之，及予襲教，凡吾道家言多所資究焉。是豈不能遊乎太素，而獨若然哉。今秋欲還，余固留不可，因謂曰：古今名山川，必仙眞所居，皆所栖息，亦何限乎是歸也。然予聞是山奇秀冠天下，豈無若安期、羨門者，潛逸其間。太素其將徵會焉，以廓其渾淪，而返乎溟涬之初，外乎形氣之囿，尙何求乎質之始歟。於其行並合其説，練喜請書以識別。

太極

綜述

杜光庭《道德眞經廣聖義》卷一六《太上下知章第一七》 列子云：昔者聖人因陰陽以統天地，故有形生於無形。則天地之前有太易，未見氣也；有太初，氣之始也；有太始，形之始也；有太素，質之始也。通謂太極。

張善淵《道法會元・萬法通論》 炁形質具而未能相離，故曰混淪。混淪道之體也。如是動極復靜，至靜之極，靜極復動，五數乃極，故曰太極。

太極者，太素備而陽變陰合，五行具焉，萬物生焉。是故太極肇判，輕清爲天，重濁爲地，大道彰矣。

洞陽子《太上洞玄靈寶天尊説救苦妙經註解》 太極者，混沌也，溟涬鴻濛，狀如雞子，其中有精，彌綸無外，元炁凝而清濁未分也。太極既變則混沌開，而鴻濛裂，於是清陽之炁昇而爲天，濁陰之炁降而爲地。《易》曰：太極生兩儀，是也。兩儀生三才，即非濁非清，中和之炁，結而成人倫也。是謂道生一，一炁之混沌也；一生二，二儀之清濁也；二生三，三才之人倫也，然後三生萬物。

《上方天尊説眞元通仙道經》 夫太極也者，大包天地之表，先居混沌之中。自虛而產有，因濁而復清。歸之則罔窮其所，播之則咸著其像。故見曜羅宿，茂毓方物，功資一炁，澤被九垓，是以化物所至，無不由之。

陳致虛《上陽子金丹大要》 夫天地之太極也，一氣斯析，眞宰自判，交映羅列，萬靈肅護，陰陽剖分，是爲太極，是爲一生二也，是曰虛皇。

孟安排《道教義樞》卷七《混元義第二五》 形質已具，號曰太極，一曰太有，一曰太神，一曰太炁，又曰太玄，又曰太上，又曰太一，其形赤黃，質定白素，白黃未離，名之爲混也。雜糅未分爲沌，萬法初首爲元。故兩半、三才、五常、萬物等法體未別，是曰混元。形象若分，明之開闢，劫盡運終，還歸破壞，復於混沌。

牛道淳《文始眞經注》卷二《二柱篇》 太極而動，動而生陽，陽氣輕清，自太極中上昇，結而爲天，故云自中而昇爲天也；動極而靜，靜而生陰，陰氣重濁，自太極中下降，凝而爲地，故云自中而降爲地也。

又 天地不能自生，生天地者道也，道生一，一者太極也，一生二，二者天地也，故云天非自天，有爲天者也，地非自地，有爲地者也。

【略】 何謂道之眞空？答云：天地之形所自生者，譬如人鑽木得火之形見，此喻太極分高厚之形也。故云何謂非形？形之所自生者，如鑽木得火也，彼人未鑽木時，非有火之形狀也，此喻未有太極之前也，故云，彼

未鑽時，非火之形也，彼人已鑽木時，有火出見，即名爲火之形狀，此喻無極而太極，太極分而天地之形位矣。

《南華真經注疏·内篇·大宗師第六》（郭象注成玄英疏） 在太極之先而不爲高，在六極之下而不爲深。

〔疏〕太極，五氣也。六極，六合也。且道在五氣之上，不爲高遠；在六合之下，不爲深邃。

雷思齊《易圖通變》卷一《河圖傳上》 《易》有太極；極，中也，一也；中自一也。是生兩儀；儀，匹也，二也；匹而二也。【略】

天數始於一，則太極之全也，陽之正也；一析而二，則太極之分也，陰之偏也。

論　説

雷思齊《易筮通變》卷下《衍數》 《列子》之書，儒者梏於傳習，盖所不取，所不觀，殊不察。其首篇謂：聖人因陰陽以統天地。夫有形生於無形，則天地安從生，故曰：有太易，有太初，有太始，有太素。太易者，未見氣者也；太初者，氣之始也；太始者，形之始也；太素者，質之始也。氣、形、質具而未相離，故曰渾淪。渾淪者，言萬物相渾淪而未相離，故曰易也。易變而爲一，一者形變之始也。是説也，重見於《易緯》之《乾鑿度》，亦固謂然也。由是而觀，則《易》之有太極，而太極也者，特渾淪之寄稱爾。渾淪而上，既有謂易，謂初，謂始，謂素，凡四其稱，而至於渾淪而五，故以渾淪爲太極，是之謂五太也。是則太極也者，既先含其五於中矣，故天地之數五十有五，而大衍之數乃五十者，既虚其太極已上之五，而取用於五十之妙也。《大傳》曰：生生之謂易，成象之謂乾，效法之謂坤，極數知來之謂占，通變之謂事，陰陽不測之謂神。蓋謂是也。由是知《易》有太極之爲一，而一所以爲形變之始矣。既謂《易》有太極，而又謂爲生生之謂易，而遂繼以成象之謂乾，而不及太極，何也？是未識夫《易》者，盖陰陽之總；而太極者，特陰陽變化之宗會焉爾。故曰：易變而爲一，一者形變之始也。《易》由太極以標其一，所以爲成象之謂乾，即所謂形變之始，而乃所以爲一也。由乾分其二以爲二，而始謂之坤，是大衍五十不用之一，象之爲《易》有太極之一。

牧常晁《玄宗直指萬法同歸·或問太極類》 或問：三才之生本於太極，不知太極又何所本？答云：太極本於無極。曰：無極復何所本？答云：無極則無所本，有本則不名無極。請問：無極之狀如何？答云：無極無狀，有狀則有極也。曰：既無極無狀，孰名之曰無極？答云：無所名言，强名無極。

或問：無極與太極是一是二？答云：無極即太極之無，太極即無極之有，非二理也。曰：既涉有無，焉得不二？答云：因無立有，因有彰無，互相爲根，二義而一理也。曰：太極本於無，主於静，因何而有？因何而動？答云：無之極則生有，静之極則生動。曰：無有動静，既對太極，本體復存否？答云：有生於無，而無元不有。静生於動，而静元不動。太極本體無加損焉。

或問：太極之道有上下内外否？答云：太極無方，有上下内外即成兩太極也。曰：既無上下，又有先後何也？答云：一炁未形，則太極先於天地。一炁既判，則天地後於太極。

或曰：人性與太極是同是異？答云：人性，即太極之性也。理同於太極，則同。理異於太極，則異。曰：物之性亦同太極否？答云：形器不同，性則同也。

或問：無極無象，如何能生太極？答云：無極純然是理，有理而後有炁，炁理混淪，名曰太極，非無極生於太極也。

曰：太極如何便翕動而生陽，静而生陰？答云：静極而後生動，動而不已生乎炁。炁根於静爲陰，炁根於動爲陽。動極則陰生，静極則陽生。始終不離箇動静也。

問：太極如何便生兩儀？答云：炁理相包，陰陽質具，物之合者必離，然後判而爲二。形而上者爲天，形而下者爲地。

問：如何踐履，方合太極？答云：要明得太極之實，悟得理炁之妙，然後默而識之，踐而行之可也。如未明斯要，止於文字上較量，名理間議論，徒無益耳。

張宇初《峴泉集》卷一《太極圖釋》 太極者，道之全體也。渾然無所偏倚，廓然無得形似也，其性命之本歟。性稟於命，理具於性，心統之之謂道。道之體曰極五，居九疇之中，曰皇極。《易》曰會其有極，《詩》曰莫匪爾極。以是求之，即心也，道也，中也。

周子曰：中焉，止矣。程子曰：太極者，道也。邵子曰：心爲太極。朱子曰：太極者，理也。陸子曰：中者，天下之大本，即極也。理一而已，合而言之，道也。夫五行陰陽，陰陽太極，五殊二實，二本則一。二實者，天以陽生萬物，地以陰成萬物。動而陽，靜而陰，陽變陰合而生五氣，由五氣而生萬物，故曰五殊也。五殊本於陰陽，互爲其根也。兩儀生於陽，交於陰，陰交於陽而生四象，四象分而生八卦，八卦錯而萬物生焉。是曰一動一靜，天地之至妙也歟。是以五氣布，四時行，萬物生生而無窮，五行一陰陽也，陰陽一太極也。太極散而爲萬物，則萬物各一其性，各具一太極，渾然全體，而靜者常爲主焉。兼有無，存體用，涵動靜，爲萬化之源，萬有之本者，妙合二五之精焉。朱子謂太極，理也。動靜，氣也。太極乃本然之妙，動靜乃所乘之機，機動則氣行而陰陽運焉，理有不著者乎。蓋氣負理生，理由氣形，性爲之主，而陰陽五行經緯錯綜。合言之，萬物統體一太極也。分言之，一物各具一太極也。且鴻濛溟涬之初，則元氣爲萬物根本。其體謂之理，其陰陽流行不息者，氣也。是故未分之前，道爲太極，已形之後，皆具是理。則心爲太極，沖漠無朕，萬理畢具。陰陽既形則理氣分矣。太極判而始生一奇一耦，由奇耦而生生無窮，則一分爲二，二分爲四，四分爲八，八分爲十六，十六分爲三十二，三十二分爲六十四是也。聖人無以發之，伏羲始畫，以⚊象乾，⚋象坤，體吾心之太極也。一奇一耦以象變，重之而爲卦，拆之而爲爻，皆一陰一陽至著至明之幾也。是畫也，至廣至幽，至精至微，非氣質形似之可見，非聲色狀貌之可求。昭昭焉，熙熙焉，虛而靈，明而妙，散之爲萬殊，斂之爲一本。無須臾之間，毫髮之異，循環無端，浩渺無窮。若天地之運行，風雨之潤，雷霆之威，霜雪之肅，山川之流峙，草木之榮悴，飛潛之微，動植之衆，舉不違乎天命之流行，而同所賦受也。所謂有極以理言，無極以形言也。抑理之至極本無形，似而言無，則不能爲萬化根本矣。邵子之曰無極，曰有象。有則言其本之實體，無即無聲無臭，形而上者是也。其見夫道體者，固不可以無加於有矣。若老子之謂無極者，無形無窮也。莊子之謂道在太極之先是也。若河洛之數，先天之象，雖有詘信進退、盈虛消息行乎其中，皆以虛中爲極也。能虛其中，則太極本然之妙得矣，尚何晦明通塞之異哉。故《易》曰：心學萬事，萬化皆本諸心。心所具者，天地萬物不違之至理也。程子謂有理而後有象，有象而後有數。人道之始於陽，成於陰，本於靜，流於動，與萬物同也。然陽復本於陰，靜復根於動，一動一靜，皆天地同流。惟主乎靜則性立，性立則中正，仁義定矣。是以體用一源，顯微無間矣。是圖，朱子謂周子得之穆伯長，穆得之於种放，种得之於陳摶。以陳摶學老氏，故陸氏闢朱子，以無極出於老氏也，而《易》曰有極，未嘗言無，周子《通書》亦止言陰陽太極，明矣。然朱子以無形訓之，亦弗畔於道矣。且攷之潘誌，以爲周子自作無疑。或又謂周子與胡宿、邵古，同事潤州一浮屠而傳焉。然其說豈浮屠所知也。且先儒以周、邵之學，《先天》《太極》二圖，其理一也，其傳未必二焉。其體至大而無不包，其用至神而無不存也。故曰：自天地幽明，至於昆蟲草木，微細無不合也。將以順性命之理，盡變化之道焉。萬古聖賢之心同也，非返求諸己有以見。夫遠而六合之外，近而一身之中。暫於瞬息，微於動靜，豈言辭口耳之足知天也哉。必致夫會歸之工，探索之奧，則吾靈明靜虛之體，充乎六虛，宰乎萬變。久則誠精，故明；神應，故妙；幾微，故幽。其立象畫意，剖析精微，無不備於是焉。性命之道，死生之說，原始返終，於是盡矣。其銖視軒冕，塵視金玉，亦孰得而易之，敢爲疑者釋焉。

李道純《中和集》卷一《玄門宗旨》

動靜無端

太極圖

陰陽無始

釋曰圓覺，道曰金丹，儒曰太極，所謂無極而太極者，不可極而極之

謂也。釋氏云：如如不動，了了常知。《易・繫》云：寂然不動，感而遂通。丹書云：身心不動以後，復有無極眞機，言太極之妙本也。是知三教所尙者，靜定也。周子所謂主於靜者是也。蓋人心靜定，未感物時，湛然天理，即太極之妙也。一感於物，便有偏倚，即太極之變也。苟靜定之時，謹其所存，則天理常明，虛靈不昧，動時自有主宰，一切事物之來俱可應也。靜定工夫純熟，不期然而自然至此，無極之眞復矣，太極之妙應明矣，天地萬物之理悉備於我矣。

又《太極圖頌》 中〇者，無極而太極也。太極動而生陽，動極而靜，靜而生陰，一陰一陽，兩儀立焉。〇者，兩儀也。〇者，陽動也。〇者，陰靜也。陰陽互交，而生四象。〇者，四象動而又動，曰老陽；動極而靜，曰少陰；靜極復動，曰少陽；靜而又靜，曰老陰。四象動靜，而生八卦。乾一兑二，老陽動靜也；離三震四，少陰動靜也；艮五坎六，少陽動靜也；兑七坤八，老陰動靜也。陰逆陽順，一升一降，機緘不已，而生六十四卦，萬物之道至是備矣。上〇者，氣化之始也。下〇者，形化之母也。知氣化而不知形化，則不能極廣大。知形化而不知氣化，則不能盡精微。故作頌而證之。

又卷三《問答語録》 問：一陰一陽之謂道，如何説？曰：陰陽者，乾坤也。乾坤出於太極，太極判而兩儀立焉。兩儀，天地也。不言天地，而言乾坤者，貴其用不貴其體也。或曰：乾陽也，坤陰也，如何又云天地？曰：天地即乾坤也，乾坤即陰陽也，陰陽一太極也，太極本無極也。以太極言之，則曰天地；以易言之，則曰乾坤；以道言之，則曰陰陽。若以人身言之，天地形體也，乾坤性情也，陰陽神氣也。以法象言之，天龍地虎也，乾馬坤牛也，陽烏陰兔也，以金丹言之，天鼎地爐也，乾金坤土也，陰汞陽鉛也。散而言之，種種異名，合而言之，一陰一陽也。修仙之人，鍊鉛汞而成丹者，即身心合而還其本初，陰陽合而復歸太極也。

又《全真集玄秘要・太極圖解》 無極而太極，

〇，虛無自然之謂也。始於無始，名於無名，亦無言説，因説不得，強名曰〇。聖人有以示天下後世，泝流求源，不忘其本，故立象垂辭，字之曰無極而太極。是謂莫知其極而極，非私意揣度可知也。亦非謂太極之先，又有無極也。太極本無極也。達者但於而字上着意，自然見之也。釋氏所謂歷劫之先明妙本，即此意也。老子所謂象帝之先，亦謂此也。大顛云：還識這箇〇麼，天地不能喻其大，日月不能喻其明，收來小者無内，放開大者無外。此非太極之妙乎。返窮諸己，無極而太極，即虛化神也。物之大者，終有邊際。惟神之大，周流無方，化成天地，無有加焉。由其妙有難量，故字之曰神。神也者，其無極之眞乎。

【略】

五行一陰陽也，陰陽一太極也，太極本無極也。

天一、天三、天五，陽數也。地二、地四，陰數也。故曰五行一陰陽也。陽者太極之動，陰者太極之靜，動靜不二則返本，故陰陽一太極也。返本則合乎元虛，故曰太極本無極也。修鍊之士，運炁迴還，周而復始，惟神不變。由其不變，故運化無窮。攢簇五行者，神也。會合陰陽者，亦神也。神本虛也。鍊精化炁，鍊炁化神，鍊神還虛，謂之返本還元。還元者，復歸於無極。

雜録

曾慥《道樞》卷四《玉芝篇》 太極者，天地萬物之終也。故曰：太易，水也；太初，木也；太始，火也；太素，金也；太極，土也。萬物生死於土矣。

又卷七《太極篇 身有横津，太極之根，葆其中黄，形可長存**》** 東陽子曰：人受中氣以生，與天地同於一稟者也。《易》曰：易有太極，是生兩儀。太極者，大中之謂也。《春秋傳》曰：人受天地之中以生，所謂命也。人之就胎，其腎先受形焉，次之以生五臟，故腎爲命門者也。其左爲少陽，爲天，爲日；其右爲太陰，爲地，爲月，是一身之太極判而始生者也。天地所以能長且久者，以太極常若也；人之所以長生久視者，以中氣不失也。故古先至人言養生者以身之中謂之黄庭焉。黄者，中之色也；庭者，中之所生也。正當二腎之間者也。其上至於魂庭，魂庭者，脾也；其下至於關元，關元者，氣海也。上下在臍各三寸，前對生門，後至密戶。生門者臍也，密戶者精室也。其中氣液流通，上極於泥丸，下至於衡端，

三元九宮、八眞二十四景悉以黄庭爲之主焉。人之有黄庭，即天地之有太極，老氏之謂谷神也。谷神者何謂歟？谷言其虚而受神之所藏也。玄牝者，二腎也。其左爲玄，玄者天之色也。其右爲牝，牝者地之類也。天地呼吸之氣出入於此，故曰：天地之根，綿綿若存，用之不勤，此所謂胎息者也。審能脩之常存而勿失，雖與天地並焉可也。

衛琪《玉清無極總真文昌大洞仙經注》　太極五靈冲，其文戊辰戌，生天五之土，爲太極。

性命

綜述

嚴遵《道德真經指歸・得一章》（谷神子注）　指歸：一者，道之子，神明之母，太和之宗，天地之祖。於神爲無，於道爲有，於神爲大，於道爲小。故其爲物也，虚而實，無而有，圓而不規，方而不矩，繩繩忽忽，無端無緒，不浮不沈，不行不止，爲於不爲，施於不與，合囊變化，負包分理。無無之無，始始之始，無外無内，混混沌沌，芒芒汎汎，可左可右。虚無爲常，清静爲主，通達萬天，流行億野，萬物以然，無有形兆。窅然獨存，玄妙獨處，周密無間，平易不改，混冥晧天，無所不有。陶冶神明，不與之同；造化天地，不與之處。稟而不損，收而不聚，不曲不直，不先不後，高大無極，深微不測。上下不可隱議，旁流不可揆度，潢爾舒與，皓然銲生。銲生而不與之變化，變化而不與之俱生。不生也而物自生，不爲也而物自成。天地之外，毫釐之内，稟氣不同，殊形異類，皆得一之一以生，盡得一之化以成。故一者，萬物之所導，而變化之至要也；萬方之準繩，而百變之權量也。一，其名也；德，其號也；無有，其舍也；無爲，其事也；無形，其度也；反，其大數也；和，其歸也；弱，其用也。故能知一，千變不窮，萬輪不失；不能知一，時凶時吉，持國者亡，守身者沒。是故昔之得一者，天之性得一之清，而天之所爲非清也。無心無意，無爲無事，以順其性；玄玄默默，無容無式，以保其命。是以陰陽自起，變化自正，故能剛健運動，以致其高，清明大通，皓白和正，純粹眞茂，不與物糅，確然大易，乾乾光耀，萬物資始，雲蒸雨施，品物流形，元首性命，玄玄蒼蒼，無不盡覆。天得一以清。地之性得一之寧，而地所爲非寧也。無知無識，無爲無事，以順其性；無度無數，無憂無利，以保其命。是以山川自起，剛柔自正，故能信順柔弱，直方和正，廣大無疆，深厚清静，萬物資生，無不成載。地得一以寧。神之性得一之靈，而神之所爲非靈也。不思不慮，無爲無事，以順其性；無計無謀，無響無首，以保其命。是以消息自起，存亡自正，故老能復壯，死能復生，困能復達，廢能復榮，變化不極，反覆不窮，物類託之，不失其中。神得一以靈。谷之性得一以盈，而谷之所爲非盈也。不欲不求，無爲無事，以順其性；不仁不義，不與不施，以保其命。是以實虚自起，盛衰自正，故能蒸山流澤，以爲通德，涓涓不息，綿綿不絶，皓皓洋洋，脩遠無極，以盈江海，深大不測。谷得一以盈。侯王之性得一之正，而侯王之所爲非正也。去心去志，無爲無事，以順其性；去聰去明，虚無自應，以保其命。是以和平自起，萬物自正，故能體道合德，與天同則，抱神履和，包裹萬物，聲飛化物，盈溢六合，德導天地，明照日月，制世御俗，宇内爲一。王侯得一以爲天下正。凡此五者，得一行之，興而不廢，成而不缺，流而不絶，光而不滅。夫何故哉？性命自然，動而由一也。

又《道生章》　何謂性命情意志欲？問六者之差也。所稟於道而成形體，萬方殊類，人物、男女、聖慮、勇怯、小大、脩短，仁廉、貪酷、强弱、輕重、聲色、狀貌、精粗、高下謂之性。此皆稟於道，由中而出，終焉不變也。所授於德，富貴貧賤，夭壽苦樂，有宜不宜，謂之天命。皆受於德，自外而來，進退由我。遭遇君父，天地之動，逆順昌衰，存亡及我，謂之遭命。偶然所遇，非常定也。萬物陳列，吾將有事，舉錯廢置，取舍去就，吉凶來，禍福至，謂之隨命。隨我所爲而得。因性而動，接物感寤，愛惡、好憎、驚恐、喜怒、悲樂、憂恚、進退、取與謂之情。自性而來，不覺而至。因命而動，生思慮，定計謀，決安危，通萬事，明是非，別同異，謂之意。緣命而動，由我所爲。因於情意，動而之外，與物相連，常有所悦，招麾禍福，功名所遂，謂之志。性命之動，情意已出，因而自强，謂之志也。順性

命，適情意，牽於殊類，繫於萬事，結而難解，謂之欲。欲雖出乎情意，而侈於性命，不可縱。凡此六者，皆原道德，千變萬化，無有窮極，唯聞道德者能順其則。道則是其本，得本者，進退自由，不爲情欲之所使也。性精命高，可變可易，性麤命下，可損可益，若得根本，不滯有無。是故天地人物含心包核，有類之屬，得道以生，而道不有其德，道生之而未有。得一而成，而一不求其福。萬物尊而貴之，親而憂之，而無報其德。得至一之所成，而一無所謝，所謂理至則迭滅者也。夫何故哉？道高德大，深不可言，物不能富，爵不能尊，無爲爲物，無以物爲，非有所迫而性常自然。無爲自爲於物，不爲物而故爲，理數必自如然，非有物使之然。

章安《宋徽宗道德真經解義》 夫物芸芸，各復歸其根。

御注曰：芸芸者，動出之象。萬物出乎震，相見乎離，則芸芸並作，英華發外。說乎兌，勞乎坎，則去華就實，歸其性宅。命者，性之本，而性其根也。精者，神之母，而神其子也。精全則神王，盡性則至於命。

臣義曰：芸芸者，物之所生。根本者，物之所復。發爲英華，緣根而生，歸於性宅，復歸其根。本大則末茂，故根者物之命也。芸芸歸根，所以復命也。

歸根曰靜，靜曰復命。

御注曰：流動而生物，物生成理謂之形，形體保神，各有儀則，謂之性。未形者有分，且然無間，謂之命。命亘古今而常存，性更萬形而不易，全其形生之人去智與？故歸於寂定，則知命之在我，如彼春夏復爲秋冬。體性抱神，中以自考，此之謂復命。

臣義曰：芸芸者，動之華，形之所分也。歸根者，靜之至，命之所復也。萬物受命於無，而成形於有，故有命然後有生，有生斯有性，有性斯有情。情響於動，則流於物，流於物則徇末而傷本，逐物而失性，而命以故滅矣。夫惟形忘而不知其所生，心忘而不知其所起，觀復於並作之時，而理以窮矣。芸芸而各歸其根，而性已盡矣，理窮性盡，而返乎靜一，復乎至無，故曰復命。

復命曰常，

御注曰：常者，對變之辭，復命則萬變不能遷，無間無歇，與道爲一，以契天地，以襲氣母。

臣義曰：常者不見親，故無有終始，不麗於形，不墮於數，與道爲一，而不遷於變，道之眞常也，非復命不足以與此。

知常曰明。

御注曰：知道之常，不爲物遷，故六徹相因，足以鑒天地，足以照萬物。

臣義曰：知不以心，而得道之常，是眞知也。視不以目，而見於無形，性覺自見者也，故曰明。眞知則不爲物遷，明故能鑑照天地萬物。

不知常，妄作凶。

御注曰：聖人知道之常，故作則契理，每與吉會。不知常者，隨物轉徙，觸涂自患，故妄見美惡，以與道違，妄生是非，以與道異，且不足以固其命，故凶。《易》曰：復則不妄，迷而不知復，玆妄也已。

臣義曰：知命之復，則知常矣，不知命之復，而馳騁於外，接構於物，忘其性命道德之本，汩於美惡是非之末，捨彼眞實，流於妄假，喪精失靈，曾不知返，迷不知復，孰免凶患。

《南華真經・外篇・在宥第一一》（道藏無注本） 聞在宥天下，不聞治天下也。在之也者？恐天下之淫其性也；宥之也者，恐天下之遷其德也。天下不淫其性，不遷其德，有治天下者哉。昔堯之治天下也，使天下欣欣焉人樂其性，是不恬也；桀之治天下也，使天下瘁瘁焉人苦其性，是不愉也。夫不恬不愉，非德也。非德也而可長久者，天下無之。人大喜邪，毗於陽；大怒邪，毗於陰。陰陽並毗，四時不至，寒暑之和不成，其反傷人之形乎。使人喜怒失位，居處無常，思慮不自得，中道不成章，於是乎天下始喬詰卓鷙，而後有盜跖、曾史之行。故舉天下以賞其善者不足，舉天下以罰其惡者不給，故天下之大不足以賞罰。自三代以下者，匈匈焉終以賞罰爲事，彼何暇安其性命之情哉。而且悅明邪，是淫於色也；悅聰邪，是淫於聲也；悅仁邪，是亂於德也；悅義邪，是悖於理也；悅禮邪，是相於技也；悅樂邪，是相於淫也；悅聖邪，是相於藝也；悅知邪，是相於疵也。天下將安其性命之情，之八者，存可也，亡可也；天下將不安其性命之情，之八者，乃始臠卷聯拳傖囊而亂天下也。而天下乃始尊之惜之，甚矣，天下之惑也。豈直過也而去之邪，乃齋戒以言之，跪坐以進之，鼓歌以舞之，吾若是何哉。故君子不得已而臨莅天下，莫若無爲。無

爲也而後安其性命之情。故貴以身於爲天下，則可以託天下；愛以身於爲天下，則可以寄天下。

又《外篇・天地第一二》　泰初有無，無有無名；一之所起，有一而未形。物得以生，謂之德；未形者有分，且然無間，謂之命；留動而生物，物成生理，謂之形；形體保神，各有儀則，謂之性。性脩反德，德至同於初。同乃虛，虛乃大。合喙鳴；喙鳴合，與天地爲合。其合緡緡，若愚若昏，是謂玄德，同乎大順。【略】且夫失性有五：一曰五色亂目，使目不明；二曰五聲亂耳，使耳不聰；三曰五臭薰鼻，困惾中顙；四曰五味濁口，使口厲爽；五曰趣舍滑心，使性飛揚。此五者，皆生之害也。

又《外篇・達生第一九》　請問，蹈水有道乎？曰：亡，吾無道。吾始乎故，長乎性，成乎命。與齊俱入，與汩偕出，從水之道而不爲私焉。此吾所以蹈之也。孔子曰：何謂始乎故，長乎性，成乎命？曰：吾生於陵而安於陵，故也；長於水而安於水，性也；不知吾所以然而然，命也。

《外篇・知北遊第二二》　舜問乎丞曰：道可得而有乎？曰：汝身非汝有也，汝何得有夫道？舜曰：吾身非吾有也，孰有之哉？曰：是天地之委形也，生非汝有，是天地之委和也；性命非汝有，是天地之委順也。

王元澤《南華真經新傳》卷三　夫至人能存諸己而不蘄乎用。存諸己者足，而其用所以有餘，蓋至於命者，是也。命者，萬事之根本，而莫大焉。故莊子每以大樹而爲况。樹之爲用，用則傷其根本；而不用，則枝葉以生。故以不材爲材，而無用爲用，事能全而不傷也。老子曰：深根固蔕之道，蓋亦言其命也。而南伯子綦見商丘之大木，而嗟嘆其神人之不材，此亦知其全命之道歟。

【略】

莊子之所謂禍福，非世之所謂禍福也。以能全性命者謂之福，忘性命者謂之禍。全性命者，其道微。故曰福輕乎羽。然以至微之道，而不能自舉而行之。故曰莫之知載也。忘性命者，其理著。故曰禍重乎地。然以至著之理，而不能自知而避之。故曰莫之避也。此莊子所以嘆人間之人，不能盡知全之之道也。

又卷四　天下之事，莫過於生死；而生死者，物之所變也。惟聖人了於不生不死，而未嘗與變俱變也。故曰生死亦大矣，而不得與之變。夫了於不生不死，則寂然忘形，而與化爲一；雖穹壤傾側，而豈有遺喪？故曰雖天地覆墜，亦將不與之遺，此言窮理之妙也。至于審乎無假而不與物遷，所謂盡性之奥也；命物之化而守其宗，所謂至於命也。【略】

天之生人也，皆不出榮辱利害貴賤生死之塗，其所以或榮，或利，或貴，或生者，由其發而中也；其所以或辱，或害，或賤，或死者，由其發而不中也。中與不中，皆命也，豈能越其自然之理歟？惟聖人無我而無心於萬物，故榮辱不能累，利害不能加，貴賤不能役，了於不生不死，而獨處於自得之場，所謂至於命而已。

又卷五　天人皆出於道，而盡道者，能知天人之所爲。夫天之所爲者，無爲也；人之所爲者，有爲也。無爲則靜，靜則復命；有爲則動，動則有義。能知義，命之極，則物之所宗師也。

又卷六　夫至人者，與造化同功，而冥運於天地之間，以生爲外物，以死爲復眞。生不求其始，而死不知其終；異物非我之所異，而我非異物之所殊；曠然兩忘而俱非我有；內寓六骸而外象耳目，周流無極而莫窮本始，超然遊六虛之外，而寂然處眞空之內，豈務拘執於禮法而駭凡常之聞見乎？故曰彼又惡能憒憒然爲世俗之禮，以觀衆人之耳目哉。然而至人之如此者，達乎性命之理，而非有所依著也。子貢不知，而復問其何方之依宜乎？仲尼答之以丘，天之戮民，吾與汝共之也。夫所謂天之戮民者，安天之命而以禮自拘也。夫安天之命則至命也，以禮自拘則盡性也，此仲尼之所以聖者歟。

又卷一〇　夫生者，時之暫來，受之有涯也；命者，天之所付也，且然無間也。知其暫來，則所謂達生之情也；知其所付，則所謂達命之情也。知其有涯，而不以外物而傷之，所謂不務生之所無以爲也；知其無間，而不用智巧而蹈悔，所謂不務知之所無奈何。

又卷一二　道者，至妙而尊於德也，故曰道者德之欽也。生者，以適來而得之明也，故曰生者德之光也。性者，至靜而生之本也，故曰性者生之質也。性感物則必動也，故曰性之動，謂之爲；爲本人爲，則非得也，故曰爲之僞，謂之失。

《洞玄靈寶本相運度劫期經》　問曰：天下萬物，都由道氣而生。既

有其生，皆應有〔命〕。土水石鐵，獨無命乎？

答曰：此四事者，有性而無命。何以故？有性而無命，無命者，以無血脈汁色，是以有性而無命也。

《太上昇玄三一融神變化妙經》卷下　神者識也，識者正也，正者眞也，眞者聖也，聖者性也，性者道也。**【略】**炁者通也，炁者風也，炁者動也，炁者象也，炁者變也，炁者呼吸也，炁者輕舉也，炁者飛颺也，炁者散也，炁者命也。

《元始天尊説得道了身經》　性定命住，性命雙全，形神俱妙，與道合眞。**【略】**

《太上老君内觀經》　老君曰：從道受分謂之命，自一稟形謂之性。汞即是性，性即是砂中汞，砂汞即是離中陰，離中陰即是人心中神炁也。息意定則神炁全，神炁全則了性。吸則龍吟雲起，龍吟雲起則鉛投汞。鉛即是命，命即是水中金，水中金即是鍊精化炁，鍊精化炁即是精炁凝，精炁凝則形固，形堅固則精炁全，精炁全即了命。性命雙全，精炁血滿，神凝炁結，三千功滿，鍊就純陽，是爲富國安民。

《太上九要心印妙經·眞一祕要》　夫眞一者，純而無雜謂之眞，浩劫長存謂之一。太上曰：天得一，以日月星辰長清；地得一，以珠玉珍長寧；人得一，以神氣精長存。一者，本也，本乃道之體，道本無體，強名曰體。有體之體，乃非眞體，無體之體，日用不虧矣！眞體者，眞一是也，眞乃人之神，一者人之氣。長以神抱於氣，氣抱於神，神氣相抱，固於氣海，造化神龜，乃人之命也。神乃人之性也，性者南方赤蛇，命乃北方黑龜，其龜蛇相纏，二氣相吞，貫通一氣，流行上下，無所不通，眞抱元守一之道也。

又《橐籥祕要》　夫橐籥者，人之心腎也，心者神之宅，腎者氣之府，既以心爲宅，以腎爲府，豈有造化也？今時學道之人，使心運氣，亂作萬端，屈體勞形，非自然之道。聖人曰：凡是有相，皆是虚妄，無相之相，謂之眞相。眞相者，神氣也。神者，心之主；氣者，腎之本，是以聖人返本還元。還元者，補髓也，補髓之機，還元之道，命乃了矣！聖人立法，曰假一神調氣，藉一氣定神，神氣調定，方曉動靜。動者氣也，氣者命也；靜者性也，性乃神也，神不離氣，氣不離神，神氣不相離，道本自然也。

論　説

《三論元旨·眞源章》　蓋神微性妙，性雖有靈，本體湛然而無妄。衆生滯識不通者，名爲妄心。曉達神源，不捨妄而眞也。然性之爲體，在空同空而非空，在色同色而非色，而能偏空色，常寂常通，所謂大無不包，細無不入。**【略】**夫精思坐忘、通神悟性者，此則修神之法也。導引形軀、吐納元和者，此則修身之法也。然修神而不修炁者，滅度之法也。修炁而不修神者，延年之法也。神炁兼而通修者，學仙之法也。夫修神以鍊心爲首，納炁以導引爲先，導引暢於太和，鍊心通於衆妙，足使神融虚白，炁逸清全，變神炁而流通，亦何眞而不備。故夫上士修道，則塵勞普釋，曉了眞源，正智圓融，含融養妙，全和而命續，猶爲薪而火傳。久視長生，乃昇霓於仙景，從仙入眞，從眞合聖，聖則流通之妙也。此乃不捨有爲之軀，而達無爲之性也。中士修眞，心源曉達，身相同凡，滅棄漏軀，方之聖境，此乃捨有爲之形，達無爲之性矣。

李簡易《玉谿子丹經指要》卷中《辯惑論》　修眞之旨，金丹而已，金丹即鉛火也，鉛火即金木也，金木即情性也。靜者爲性，動者爲情，《參同契》曰：金來歸性初，乃得稱還丹。明情復乎性，性歸太易也。性歸太易，則命全矣！若止明此一性，不修乎命，則曰孤脩。如望後之月，日減一日，不見其明。及其晦也，則猶人之遽逝，人之遽逝，性則依然，但命斷物壞，性不能駐而自遷耳！**【略】**《易》曰：精氣爲物，遊魂爲變。此即性命之輪迴也。眞仙所修者，亦只從此歸於本根，而復乎性命，性命之藥，無過神與氣精，神即遊魂，物即精氣。《易》曰：天地絪緼，萬物化醇，男女媾精，萬物化生。以元精未化之元氣，而點化至神，則神有光明，而變化莫測矣！名曰神仙。

又《丹房法語》　心凝曰神，凝神歸氣以鍊丹；情復乎性，復性歸根以養命。還丹之本，鉛汞而已。元精爲命之祖，寶元精而眞鉛自生；元神乃性之宗，嗇元神而眞汞自產。是故固精以養氣，固氣以養神，鉛汞有時

而相投，注息綿綿而爲火候，神氣無刻不相聚，忘念久久而成金丹。若眞鉛走而眞汞枯，元精散而元神泣，欲求還返，不亦難乎？

《太上修真玄章·一炁化生章第一》 神者，性也，有天地之性，有氣質之性。父母未生已前，即天地之性；父母既生之後，即氣質之性。氣者，有天地之氣，眞炁也。父母之氣，凡炁也。蓋人初在母腹中，受父精母血，成其朕兆也。所謂凡炁合空洞帝眞九炁，而全其體段，所謂眞炁也。一炁生胞，二炁生胎，三炁長靈，明仙之炁而生魂，性始來。以體段未具，而不能靈。迨夫四炁魄生，五氣臟生，第六炁高眞冲融之炁，而生靈，體段始具，則能動，動則神生，神生則性靈。至九月炁足，十月胎圓，然後降生。

李道純《中和集》卷三《全真活法》 鍊丹之要，只是性命兩字。離了性命，便是旁門，各執一邊，謂之偏枯。祖師云：神是性兮氣是命。即此義也。

鍊氣在保身，鍊神在保心。身不動則虎嘯，心不動則龍吟。虎嘯則鉛投汞，龍吟則汞投鉛。鉛汞者，即坎離之異名也。坎中之陽，即身中之至精也。離中之陰，即心中之元氣也。鍊精化氣，所以先保其身；鍊氣化神，所以先保其心。身定則形固，形固則了命。心定則神全，神全則了性。身心合，性命全，形神妙，謂之丹成也。

又卷四《性命論》 夫性者，先天至神一靈之謂也。命者，先天至精一氣之謂也。精與性，命之根也。性之造化系乎心，命之造化系乎身。見解智識，出於心也。思慮念想，心役性也。舉動應酬，出於身也。語默視聽，身累命也。命有身累，則有生有死。性受心役，則有往有來。是知身心兩字，精神之舍也，精神乃性命之本也。性無命不立，命無性不存，其名雖二，其理一也。嗟乎，今之學徒、緇流道子，以性命分爲二，各執一邊，互相是非，殊不知孤陰寡陽，皆不能成全大事。修命者不明其性，寧逃劫運；見性者不知其命，末後何歸？仙師云：鍊金丹，不達性，此是修行第一病。只修眞性不修丹，萬劫英靈難入聖。誠哉言歟。高上之士，性命兼達，先持戒、定、慧而虛其心，後鍊精、氣、神而保其身。身安泰則命基永固，心虛澄則性本圓明。性圓明則無來無去，命永固則無死無生。至於混成圓頓，直入無爲，性命雙全，形神俱妙也。雖然，卻不可謂性命本二，亦不可做一件說，本一而用則二也。苟或執着偏枯，各立一門而入者，是不明性命者也。不明性命，則支離爲二矣。性命既不相守，又焉能登眞躡境者哉。

何道全《隨機應化録》卷下 指揮請問：性命二字何？師曰：性乃命之體，命乃性之用。用無體不明，體無用不備。根梢本相連，權且分爲二。指揮曰：既是體用並行，因何分二？師曰：性命本一，因慾念離隔爲二。古云木金間隔分烏兔是也。指揮曰：論性在道爲何物？師曰：即金丹比喻。眞性亘劫常存，出入無礙，故比如金之堅，如剛之利，如丹之圓。

張宇初《峴泉集·廣原性》 性命之道一也，學者求道而已。苟求諸道於性命之源，其有弗見者焉，蓋求之末力，則見者鮮矣。韓愈氏之原夫性也，發乎未見以繼聖。然理有未明，將以廣之。古今之言性者多矣，得其本者復幾人焉。若夫堯、舜性之，湯、武身之，得性之本然也。故其命舜曰道心惟微是也，足以發王道之本焉。周衰，孔子生，足以繼矣。其曰性與天道，成之者性也，各正性命，知性則知天矣。道之源，莫切著於是哉。子思之謂天命之謂性，天之命於人者爲性，知率其性則謂之道。孟子之謂性善是也。人心統乎性情，本無不善，所謂天命之性也。其具仁、義、禮、智，不假爲而能也，即繼之者善也。蓋天之命於物爲性善，所固有其惡也，所謂氣質之性也，即性相近也。由乃感於物，動於欲，蔽於習而然，是有上智下愚之分焉。則其善也，猶鑑之垢水之昏，直不過太空之浮翳也。若垢淨而明固存，昏澄而淸固徹，其本有之善，孰得而易。故於聖賢不能加，於愚不肖不能損焉。惟能盡其性，則物不能感，欲不能動，習不能蔽，則其至虛而靈，至淸而明者，猶太空之昭昭也，又豈善惡可得而混焉。是以靜專而動直，誠立而明通，明睿生矣。是爲五官之統宰，百體之所從令，四端之所備，七情之所制。其大無外，性命之正，死生之理，幽明之故具焉；其小無內，洪纖之體，含類之情，形色之質係焉。充之爲周、孔，悖之爲桀、跖，行之爲伊、傅，潔之爲夷、齊，安之爲顏、閔，皆特立於明善之效也。其澤夫一世，垂之無窮也。和之爲禮樂，治之爲法制，率之爲綱常，繩之爲典則。凡得乎天秩、天序者，非天理之公用哉。且夫楊子之謂善惡混，特情習氣質之偏而已，豈天之正命也。告子以

生之謂性，是情之所欲所爲，皆性也。荀子之謂性惡，以其善者僞也。又情習氣質之固於性之正，則相去遠矣。韓子謂之品三，其爲性者，五情之品有三，而其所以爲情者七，則天之所命與者，何紛紛之多也，將奚自而立焉。凡出乎性者，皆情也。又豈三品之拘，而又加五性焉，是蓋皆氣質之偏耳。後之論者，特以其秦漢以來鮮言之，而愈獨發之也。歐陽子謂：性非學者之所急，而聖人之所罕言也，又何大本之未明哉。董子曰：命者天之令也，性者生之質也，情者人之欲也，道者所由適於治之路也，仁義禮樂皆其具也。王子曰：性者，五常之太極，而五常不可謂之性，庶幾若近道焉。而或有別於孟氏之言，而以荀、韓爲似是，何繆妄也哉。其亦未之辨焉耳。獨周子曰：性焉安焉之謂聖。程子曰：天所賦爲命，物所受爲性，性即理也。可謂著明矣。是足以繼孟氏者，周程而已矣。其度越諸子，槩可見矣。然而老、釋之謂異者何？老曰：性即神也，元初不壞之靈也。釋曰：性即覺也，全其本來之虛靈也。必絕事物、去嗜欲，庶幾無所染奪，以澈其澄，以立其勁，則靈明之積神化著焉。是則以天地萬物，凡有形氣者，皆虛空幻妄也。故虛無空寂而失理氣之實也歟。若其究夫死生獨善者，又豈與申、韓、楊異之徒共轍哉。抑亦天人之道一，故道之至精至粹，理之至幽至微，人之不能與天地並行而不違者，不能辨夫天理人欲之一間耳。是以不能盡聖賢之心也，能盡其心，則盡性致命之道得矣。

牧常晁《玄宗直指萬法同歸・性命之源》 太極無形，肇生乎一，一析爲水火之數彰焉。一與二偶，乾體乃成，是爲性命陰陽之本初，人倫萬物之資始也。由是中分乾☰以爲坤☷，兩儀立而四象峙，八卦列而晝夜交，自乾元始判，性命遂分。《易》曰：乾道變化，各正性命。蓋乾道未分，水火所以自具也。至於乾道變化，分以爲坤，萬物得乾坤所分之炁，各正乎性命以生。此乾元降本，品物流形也。故全於乾者爲陽，分於坤者爲陰。陰陽之立，品物資之以生。得乎乾之具者曰性，得乎坤之分者曰命，得乎水之一爲精，得乎火之二爲神，得乎性命精神之具者曰道也。〇水一火二合而爲乾，此乾元自具水火之妙也。元命本性之始也。至於分一爲二，則一體無而二體有。合而爲一，則一體有而二體無。此有無之互爲變化者也。故大道以無爲體，以有爲用，所以無極即太極之眞無，太極即無極之妙有。故乾之始者本無，因一立以成象。坤之始者本無，因乾分以成形。分合有無，此生陰陽萬物之大本也。〇乾元、水火、陰陽、性命，精神之自具也。故乾性於道，人性於乾，合乾而順坤，成性而復命也。乾分爲坤，坤合復乾，二體分合，性命乃全。故伯陽修仙，《參同》以《易》。謂性命不過乾坤也，精神不過坎離也。乾坤坎離不過一也。一者不過太極也。太極不過無極也。一之未形，太極之無始也。一之既立，太極之有始也。無始者，性之始也。有始者，命之始也。合乎二始，乾道乃成。性始乎無，虛靈知覺生焉。命始乎有，流行生滅繫焉。有無之對，動靜之交，變化之道立矣。然一體包二，乾體包坤，不俟其變，水火陰陽備矣。能一太極以全乾元，合無形而包二始者，其聖元。合元形而包二始者，其聖人事業乎。

又《性理神炁命序》 道在太極前謂性，性在天地間謂理，理之妙覺之謂神，神之虛靈合乎炁，炁之付物之謂命。《易》曰：寂然不動者，性之體也。感而遂通者，神之用也。性於物無所不至，理於物無所不公，神於物無所不應，炁於物無所不成。本然無爲者，性也。物之均具者，理也。玄通妙覺者，神也。運行不息者，炁也。本乎性，順乎理，存乎神，炁以生者命也。

又《性命身混合圖說》

性者，元神之妙也。萬物莫不均得之，其體至靜、至虛、至玄，在聖不增，在愚不減。在古不變，在今不移。天下之動，不能動其動。天下之至，不能至其至，此所以爲性也。命者，元炁之正也。炁之與物，謂之命又令也。令之爲人奉行天地之情性也。在物則在窮通，在理本無生死。萬物無常，此形器之物於分限者也。而元命未嘗斷續焉，以不召而行，所以謂命也。身者，令根本也。始於無形，因緣父母而成其象，實受天地之正炁，故肖天地以爲形，眼視耳聽，鼻嗅舌談，意知情識，手執足蹈，此所以爲身也。非身則性命無所寄，非性命則身無所主。混而合之曰人，明其性者曰道，夫寶身命而不寶其性者，特炁息寄於一物耳。或曰身無常，命有限，身命不存，神安在哉。曰是身假物也，終久必還，是命流行也。物於生滅，有身則合。而爲人，炁散則歸之於道。聖人外身而身存，元神元

命曷嘗喪焉。若離身求命求性，是外水而求魚龍，外天而求日月也。

又《牛車寶諭身性命説》

夫性人之所性也，物無不均有之。身者人之本也，性命之所寄也。命者，炁之序也，生生之所由也。受天命以爲人，奉行天地之情性也。身非命不能立其本，命非身無由存其生。性非身命不能寄之以靈，成之以善，此三者不能須臾離乎本也。今借寶諭乎性，車諭乎身，牛諭乎命。寶者，貴重之物也。車者，容載之物也。牛者，承行之物也。夫以寶載車，然後駕之以牛，故牛行車行，寶在其上矣。牛能行不能載，車能載不能行，寶雖貴，非牛與車亦不載矣。故牛非車則無所運，車非寶則無所載。故寶逸而牛車實勞矣。夫車假合之物，因牛行道，因寶而載，非假合必不能相爲其用也。況假合者終久必離，奉行者終久必弊。猶牛終死，車終破也。寶非假合，故得獨存焉。由此觀之，身之亡，有生之常也；命之窮，流行之常也。不與身命俱亡者，惟性理也。今不明其性，是去寶不取也。不知命，是去牛不駕也。不修身，是去車不用也，至於牛死車破寶亡。悲夫！

又《或問金丹性命類》 問：伯陽《叅同契》、《龍虎古經》準易而作，文古意密，莫究歸旨，外此别簡易之道否？答云：神仙恐世人得之容易，失之亦易，故借易象以明之。謂人肖天地爲形，易準天地之道，能明彼易，則天地之道在吾心矣。甚簡易者，性命也。性者，太極之眞無。命者，無極之妙有。儒之五車，釋之三藏，丹書百千，莫能越此。

問：金丹之道，性命二者何先？答云：從性宗入者，性爲主，命爲應。從命宗入者，命爲主，性爲應。性不可無命，無命謂之乾慧。命不可無性，無性謂之枯陽。此兩者同出而異别，不可執乎一也。

問：人以形氣精神性命爲本，未審始終極於何地也？答云：太極混而爲炁，炁之一者曰精，精之妙者曰神，神之妙者曰性，炁降於人是爲命。在人則氣爲形主，氣足則精足，精足則神明，神明則性極。性始也，命終也，極於斯矣。

我命在我不在天

綜　述

葛洪《抱朴子内篇》卷一六《黃白》 金銀可自作，自然之性也，長生可學得者也。《玉牒記》云，天下悠悠，皆可長生也，患於猶豫，故不成耳。凝水銀爲金，可中釘也。《銅柱經》曰，丹沙可爲金，河車可作銀，立則可成，成則爲眞，子得其道，可以仙身。黃山子曰，天地有金，我能作之，二黃一赤，立成不疑。龜甲文曰，我命在我不在天，還丹成金億萬年。

《西昇經・我命章第二六》（宋徽宗注） 老君曰：我命在我，不屬天地。

禍福無不自己求之者。

我不視不聽不知，神不出身，與道同久。

目無所見，耳無所聞，心無所知，汝神將守形，形乃長生。

吾與天地分一氣而治，自守根本也。

通天下一氣爾，自本自根，自古以固存，能知守之則無不治矣。《列子》曰：天地與我並生類也。

非效衆人行善，非行仁義，非行忠信，非行恭敬，非行愛欲，萬物即利來。

爲善無近名，故端正而不知以爲義，相愛而不知以爲仁，實而不知以爲忠，當而不知以爲信，欽中達彼，兼愛無私，利萬物而無所不利，非有心也。

常淡泊無爲，大道歸也。故神人無光，聖人無名。

虛靜恬淡，寂寞無爲，道德之至也，故聖人休焉。古之人葆其光而不

露，晦其名而不彰，入於神，通於聖，蓋體諸此。

《固氣還神九轉瓊丹論》 我命在我，

非天致我有其生，非天促我無其壽，璇璣白日，可養紅顏，可學長生，可以力致。

非丹不仙。

人身百餘斤，何以輕舉。若非金丹，無由滌蕩。神藥一化，反老爲童，位列眞人，名標玉籍。與天同壽，與地齊休，故曰非丹不仙。

錬之可久，

運造神丹，非一朝一夕之功，凡九轉成芽，芽九轉成丹。並于造化，須出名山福地，晨昏資備，同道數人，藥室壇鑪，穿砌井竈。晨昏朝謝，勿起嚣心，志命歸眞，神明如一。豈非容易？歲久方成，故錬之可久也。

餌之長新。

服藥之後，三尸九蟲漸退，還精補髓俱全。暗室夜光，童顔日盛，精神爽異，道氣光祥。五嶽靈眞，自來朝會，魂神徹視，玉髓金身，遊戲仙都，長新極樂。

數通即化，

五行大數，通運四時，律呂既終，靈丹自化。

數極乃神。

陰陽莫之能神，陰極則陽潜，陽極則陰伏，二氣互用，道之自然。極者窮變也，故曰窮變已盡神，因神以明道，陰陽數極，必然而成矣。

獲玆天機，

天下之能事，莫過於道，道之妙不過於丹理。丹理之妙，不過於氣，氣化有形，不過於數。數造金丹，三五與一，保玆天機，神仙事畢。

永列真人。

世有傍通雜術，何啻萬端，若言永列眞人，一粒還丹升舉。

《紫陽真人悟真篇》（翁葆光註 戴起宗疏） 藥逢氣類方成象，道在虛無合自然。一粒靈丹吞入腹，始知我命不由天。

註曰：有物混成，先天地生，聖人故强名之曰道，强名之曰混元眞一之氣。視之不見，聽之不聞，搏之不得，聖人以同類二八初弦之氣，感而遂通，降靈象空玄之中，一粒如黍，餌在腹中，立乾已汞，化爲純陽之軀，與天地同久。朝元子曰：死生盡道由天地性命，元來屬汞鉛，此非我命在我不在天乎。

吴筠《宗玄先生文集·服炁》 夫元炁之術，上古以來文墨不載，須得志人歃血立盟，方傳口訣。只如上清禁訣，玉函隱書，百家諸子，詁傳詞文，乃至老君秘旨，内外黄庭，灼然不顯不露。五千眞文，略述隻言：玄牝門，謂天地根。似顯枝葉，本蔕深密。每尋諸家炁術，及見服炁之人，不逾十年五年，身已亡矣。余生好道術，志在元和，每見道流皆問，無事千説萬別，互有多般。或食從子至午，或飲五牙之津，或吐故納新、仰眠伸足，或餐日月，或閉所通，又加絶粒。以此尋之，死而最疾。何者？爲攻内受外，故速死也。抱朴子曰：兩半同升合成一，大如彈丸黄如橘，就中佳味甜如蜜，爾牢持之謹勿失，子若得之萬事畢。是以炁之爲功，如人之量器，如水之運流，堤壞則水下流矣，閉通則炁不居矣。但莫止出入自然之息，胎錬精神，固其太和，含其大道。若明胎息，則曉元炁，胎息與元炁同也。《德經》曰：可以却走馬以糞，如嬰兒之未孩。故《龜甲經》云：我命在我不在天。不在天者，謂知元炁也。人與天地，各分一炁。天地長存，人多夭逝，何也？謂役炁也。炁者神也，人者神之車也，神之室也，神之主人也。主人安靜，神則居之；躁動，神則去之。神去則身死者矣。

牛道淳《文始真經註》 天既無可必者人，人又無能必者事，惟去事離人，則我在我，惟可即可，

人之貴賤貧富，壽夭窮通，在乎天命，善惡迷悟爲小人君子賢聖，天命豈可必然定之哉，故云天既無可必者人也。事者，用也，用之於惡爲小人，用之於善爲君子，用之於德爲賢人，用之於道爲聖人，人之於用，豈可必然一定之哉，故云人又無能必者事也。若放捨諸緣，外離人相，藏諸妙用而無爲清靜，則我不知有我，存亡自在，無可無不可，自由自在逍遙無拘也，故云惟去事離人，則我在我，惟可即可也。

三　盗

綜　述

《黃帝陰符經·富國安民演法章中》天地，萬物之盜；萬物，人之盜；人，萬物之盜。三盜既宜，三才既安。

《黃帝陰符經注》（蔡氏注）　天生天殺，道之理也。

生殺者，道之降而在烝，自然而不可逃者也。

天地，萬物之盜；萬物，人之盜；人，萬物之盜。三盜既宜，三才既安。

天地生萬物而亦殺萬物者也。萬物生人而亦殺人者也，人生萬物而亦殺萬物者也。以其生而爲殺者也，故反而言之，謂之盜，猶曰五賊云爾。然生殺各得其當，則三盜宜。三盜宜，則天地位，萬物育矣。

故曰：食其時，百骸理。動其機，萬化安。

天地萬物主於人，人能食天地之時，則百骸理矣；動天地之機，則萬化安矣。此爲盜之道也。時者，春秋早晚也。機者，生殺長養也。

蕭真宰《黃帝陰符經解義·富國安民演法章》　天地，萬物之盜；萬物，人之盜；人，萬物之盜。三盜既宜，三才既安。

解曰：可以無而取之者傷廉，非其有而取之者爲盜。志動而次，見美而慕分，無欠餘不足者羨，智不足則欺，財不足則盜，盜竊之行，誰責而可非，胠篋、探囊、發匱之盜也。《列子》曰：有公私者亦盜也，亡公私者亦盜也，天地萬物不相離也，仞而有之者皆惑也。蓋莫不有生，生生者未嘗終；莫不有形，形形者未嘗有聲。聲者未嘗發色，色者未嘗顯味，味者未嘗呈，皆無爲之職也。陰陽相照、相蓋、相治，四時相代，相生、相殺，五行更王、更廢、更相，至於能宮能商、能出能沒、能玄能黃、能甘能苦、能羶能香，孰使之也？則天地爲萬物之盜，人未麗乎物，而天地公盜之。物之數不止於萬，以數之多者號而讀之也。人之所以爲貴者，以其爲物之靈也。與時轉徙，物無不備於我，我無不役於物，資之以生而有所養，徇之以死而有所歸，則萬物人之盜，人雖異乎物而萬物公盜之。東郭曰：若一身庸非盜乎？盜陰陽之和以成若生，載若形，況外物而非盜哉？迨夫盜雲雨之滂潤、山澤之產育，順其發陳，因其暮秀，任其容平，乘其閉藏，自六化以推勝復淫沉虛實之因，自六變以知甘苦辛鹹酸淡之味。損盛益衰，捨逆取順，因物以有生，役物以有養，則人乃萬物之盜。物固不靈，而人常公盜之，則盜之有道，何時已也？惟三盜既宜，則物各當其分，事各當其叙。隨時之用，各合於義，或養形以全生，或受中以立命。覺此而冥焉者，合陰陽於一德；知此而辨焉者，分陰陽於兩儀。故能兼三才之道，貫三極之妙，而天地人各得其道。

袁淑真《黃帝陰符經集解》卷中《富國安人演法章》　經曰：天地，萬物之盜；

淑眞曰：天覆地載，萬物潛生。沖氣暗滋，故曰盜也。天地者，陰陽也。陰陽二字，洎其五行，共成其七。此外更改於物，則何惑之甚矣？言天地萬物，胎卵濕化，百穀草木，悉承此七氣而生長，從無形而能生有形，潛自滋育以成其體，如行竊盜，不覺不知。天地亦潛與其氣，應用無窮，皆私納其覆育，各獲其安。故云：天地，萬物之盜也。

經曰：萬物，人之盜；

淑眞曰：萬物盜天而生長，人盜萬物以資身，若知分合宜，亦自然之理也。人與禽獸草木俱稟陰陽而生，爲人之最靈，位處中宮，心懷智度，能反照正性，窮達本始，明會陰陽五行之氣，則而用之，今《周易》六十四卦、六十甲子等是也。故上文云：見之者昌也。人於此七氣之中所有生成之物，悉能潛取資養其身，故言曰盜，則田蠶之類是也。《列子》曰：齊國氏大富，云：吾善爲盜也。天有時，地有利，天地之時利盜雨澤之滂潤。陸盜禽獸，水盜魚鼈。吾始爲盜，一年而急，二年而足，三年大穰，自此已後，施及州閭。吾盜天地而無殃咎，汝盜人之金帛，奈何無事辜乎？萬物盜天地而生長，國民盜萬物以資身，但知分合宜，亦自然之理。此萬物，人盜之義也。

經曰：人，萬物之盜。三盜既宜，三才既安。

淑眞曰：既，盡也，三盜盡食其宜，則三才盡安其位矣。言人但能盜萬物資身以充榮富，不知萬物反能盜人以生禍患。言上來三義更相爲盜

者，亦自然之理者。凡此相盜，其中皆須有道，愜其宜則吉，乖其理則凶。故《列子》云：盜亦有道乎？曰：何適其無道也？見室中藏，聖也；知可否，智也；入先，勇也；出後，義也；分均，仁也。無此五德而成大盜者，未之有也。此乃盜中之道。向於三盜之中，皆須有道，令盡合其宜，則三才不差，盡安其位矣。皆不令越分傷性以生禍患也。

劉處玄《黄帝陰符經注·富國安民演法章中》 天生天殺，道之理也。天地，萬物之盜；萬物，人之盜；人，萬物之盜。三盜既宜，三才既安。

天生天殺者，春溫和炁，天生於萬物；至秋深金風動，萬物枯槁，天殺也。生殺道理，天無情而自然也。天地萬物之盜天地四時而變通造化，生成萬物。萬物之中所藏天地陰陽之秀炁，萬物所盜秀炁也。萬物，人之盜，人所盜萬物之精，奪天地之秀炁也。泯欲念，清靜保，守命也。人，萬物之盜，人所欲萬物之華景，眼觀五色，耳聽五音，舌餐五味，醉飽腥羶，縱邪生婬喪命，樂極則哀。人若棄世而悟，無情則外物不能所盜也。三盜既宜，所盜無窮至寶造化成形，世之萬斛珠珍，難以酬價買也。三才既安，歸依三聖，教明三乘，玄悟三皇，上運三光，倒推三車，耕透三田，周天三火，爐結三丹，神現三陽，升上三天，眞而不朽，生而不滅，盡於物道也，眞與道同體則安也。

其盜機也，天下莫能見，莫能知。君子得之固窮，小人得之輕命。

其盜機也，萬物之機。所盜天地之炁，天下莫能見，天大恩生莫能知。愚者只知自能養其身，不知天垂恩而養萬民。春種秋收，夏結冬藏，應時霜雪雨露，滋榮萬化。世之知天恩者，性通明達也。君子得之固窮，窮通道，則天地通，天地通則萬化通，萬化通則神通，神通則應機萬變，抱一無離而閒然頤眞返朴。小人得之輕命，小人得時，欺謾天地，不敬賢聖，不尊國法，不仁不義，自強他弱，害物傷人，愆極則天報。君子重性得通賢聖，小人輕命失墮傍生。

五空

綜述

曾慥《道樞》卷一〇《觀空篇》動或不撓，滯或不通，當究其極，以觀五空

希夷先生曰：欲究空之無空，莫若神之與慧，斯太空之蹊也。於是有五空焉：其一曰頑空。何也？虛而不化，滯而不通，陰沉胚渾，清氣埋藏而不發，陽虛質樸而不止，其爲至愚者也。

其二曰性空。何也？虛而不受，靜而能清，惟任乎離中之虛，而不知坎中之滿，局其衆妙，守於孤陰，終爲杳冥之鬼，是爲斷見者也。

其三曰法空。何也？動而不撓，靜而能生，塊然勿用，於潛龍乾位，初通於玄谷，在乎無色無形之中，無事也，無爲也，合於天道焉，是爲得道之初者也。

其四曰眞空。何也？知色不色，知空不空，於是眞空一變而生眞道，眞道一變而生眞神，眞神一變而物無不備矣，是爲神仙者也。

其五曰不空。何也？天者高且清矣，而有日月星辰焉；地者靜且寧也，而有山川草木焉；人者虛且無也，而爲仙焉。三者出虛而後成者也。一神變而千神形矣，一氣化而九氣和矣，故動者靜爲基，有者無爲本，斯亢龍回首之高眞者也。

四大

綜述

河上公《道德真經注·象元第二五》 故道大，天大，地大，王

亦大。
道大者，包羅天地，無所不容。天大者，無所不蓋。地大者，無所不載。王大者，無所不制。
域中有四大，王居其一焉。
八極之內有四大，王居其一。

王弼《道德真經注·二五章》 有物混成，先天地生。
混然不可得而知，而萬物由之以成，故曰混成也。不知其誰之子，故先天地生。
寂兮寥兮，獨立不改，
寂寞無形體也。無物之匹，故曰獨立也。返化終始不失其常，故曰不改也。
周行而不殆，可以爲天下母。
周行無所不至而免殆，能生全大形也，故可以爲天下母也。
吾不知其名，
名以定形，混成無形，不可得而定，故曰不知其名也。
字之曰道，
夫名以定形，字以稱可言。道取於無物而不由也，是混成之中，可言之稱最大也。
强爲之名曰大，
吾所以字之曰道者，取其可言之稱最大也。責其字定之所由，則繫於大，大有繫則必有分，有分則失其極矣。故曰強之爲名曰大。
大曰逝，
逝，行也，不守一大體而已，周行無所不至，故曰逝也。
逝曰遠，遠曰反。
遠，極也，周無所不窮極，不偏於一逝，故曰遠也。不隨於所適，其體獨立，故曰反也。
故道大，天大，地大，王亦大。
天地之性人爲貴，而王是人之主也。雖不職大，亦復爲大。與三匹，故曰王亦大也。
域中有四大，
四大，道、天、地、王也。凡物有稱有名，則非其極也。言道則有所由，有所由然後謂之爲道。然則是道稱中之大也，不若無稱之大也。無稱不可得而名曰域也。道、天、地、王皆在乎無稱之內，故曰域中有四大者也。
而王居其一焉。
處人主之大也。

李榮《道德真經注·二五章》 有物混成，先天地生。
有物者，道也。名之曰道，故言有物。然道之爲物，唯恍唯惚，不可以有無議，不可以陰陽辯，混沌無形，自然而得，故曰混成。自然之理，運之以變化，無形之內，開之以氣象。原其本，則先天地生也。
寂兮寥兮，獨立不改，周行不殆，可以爲天下母。
混成之道，先天地生。聽之不聞，則寂寥無響，搏之不得，則澹漠無形，喪偶而無對，故言獨立。湛然而常存，故言不改。無處不在，周行也。用之不勤，不殆也。覆載生畜，母之義也。
吾不知其名，字之曰道。吾强爲之名，曰大。
夫有形者立稱，無象者絕名，約通生而爲用，字之曰道。無一法而不包，名之曰大。理無名，無名而名，謂之強也。
大曰逝，逝曰遠，遠曰返。
逝，往也。即大求之，而不得往也。就往追之，而不及遠也。體之近在於身，故謂之返也。
故道大、天大、地大、王亦大。
道尊德貴，彌羅無外。天能廣覆，無隔於貴賤。地能厚載，不擇於妍媸。帝王控制，通貫於遠近。字育普均於貧富，用各有主，歷言大也。
域中有四大，而王居其一焉。
寰宇之表，自可絕言。形象之中，理生稱謂。雖具萬品，究之唯有四大。大名既一，用義難殊，欲勸帝王抱式於道德，取則於天地也。

杜光庭《道德真經廣聖義》卷二一《有物混成章第二五》 義曰：夫限域之域，理自多途。大約有四。其一生化之域，二氣之內，陰陽所陶之所也。其二妙有之域，在二氣之外，妙無之間也。其三妙無之域，居妙有之外，絪緼始凝，將化於有也。其四妙無之外，謂之道域，非有非無，不窮不極也。此域中者，言道之所化自無生有，分別二氣而天地生焉。天地

之中而萬兆形列，而君王統焉。亦如道大而有天地，有天地後有王也。則四大之名遞相統攝，自無入有，自有歸無，終始包含也。況下文云人法地，地法天，天法道。此既遞相法象，則四大互相統攝矣。

陳景元《道德眞經藏室纂微篇》卷四 故道大，天大，地大，王亦大。域中有四大，而王居一焉。

道爲天地之始，曠蕩無不制圍，萬物得之則生，士民懷之則尊，故曰道大。天者顛而在上，運動不息，覆物無窮，故曰天大。地者凝而在下，寂然不動，柔順安靜，厚載無窮，故曰地大。王者清靜無爲，化被萬物，黔黎之首，不敢與天地道爲比，故云亦大也。域中四大，謂道天地王也。域者，限也。夫道大包宇宙，細入秋毫，或超象外，或處域中，自地而上，皆屬于天，不必高遠蒼蒼之謂也。天在地外，地處天內。王者人倫之尊，居九州之間，皆處于域中。故曰域中四大也。而王者參天地之道，秉萬物之權，於四大之中，預其一焉。莊子曰：莫神於天，莫富於地，莫大於帝王，帝王之德，配天地，可不慎乎。

董思靖《洞玄靈寶自然九天生神章經解義》卷三四 四大者，疏云：地水火風也。謂四大和合，以成此身，而生神之道，則妙乎萬物，雖復運化四大，而非四大之所能留礙，然亦不可離此四大，以馳心空妙，而外此別求，故云聊以運四大也。

《太上一乘海空智藏經》卷九 善種又言：地水火風四大之中，何大是身？

答言：煩惱身者，非地大生，不離地大；水、火、風大，亦復如是。一切衆生煩惱身者，從四大起，以之爲病。是故眞士隨之爲病。

《太上虛皇天尊四十九章經・法力能捍章第五》 天尊曰：子知悲人，不能悲身。地水火風，假合四大，埏土爲器，託炬火中而得堅固。子身猶器，法猶炬火，能捍子身，成不壞質。

孟安排《道教義樞》卷四《五廕義第一二》 又云五塵造四大，四大造五根。今尋由大造，根由塵造，大塵復誰造？尋其本根，竟不可得，皆是顛倒，何有實耶？今順説者，萬法生成二炁，以成五塵，構於五塵，以成五常，四大六家等法，構於五常等法，以成五根。故《消魔經》云：四大暫相寓，五物權時假。《西昇經》云：合會地水火風四炁時，往緣五塵之法，不取聲塵，餘之四塵，構成五物等也。故金木不生則已，生則洪塵。色自青黃，味自甘苦，然四大六家，並是隨方開義。故六家之內，具有四大之火風，四大之中，亦含五物之水土。此等諸義，並是四塵所成。又合此諸義以爲義，以此色廕合彼四心而成人也。四塵者，色、香、味、觸。五物者，金、木、水、火、土。四大者，地、水、火、風也。以勝持爲地，潤澤爲水，溫煖爲火，氣動爲風，四氣體通，故稱爲大，亦是成物力大。

《道門經法相承次序》卷上 何爲名四大？一者地大，爲人骨肉；二者水大，爲人血脈；三者火大，爲人溫煖；四者風大，爲人冷氣。

王重陽《重陽眞人授丹陽二十四眞訣》 天有九星，人有九竅。天有四時，人有四大。天有地水火風，人有心精氣身。天有五剛，地有五剛，人有五剛。天有三才，人有三才。

丹陽問：何者天有四時？〔祖師曰〕：春、夏、秋、冬也。〔丹陽問：何者名爲〕人有四時？〔祖師曰〕：四肢、四大是也。

丹陽問：何名天有地水火風，人有地水火風？師曰：天有地水火風者，金木水火土也。人有地水火風者，心爲火、精爲水、氣爲風、身爲土，乃是地水火風也。

牧常晁《玄宗直指萬法同歸》卷三 或問：諸經皆曰道不離身。又曰涕唾精液氣血津，四大一身盡屬陰，則不免老死，然則道在何處？答云：父母未生前本無此身，因有形後所以眼耳鼻舌心、精神魂魄意、老病死苦、喜怒哀樂，集而名一身，分而名四大，假借和合，名之曰人。故謂之陰也。惟有本來眞性，一點元陽，名曰谷神，又曰玄牝。在吾身中是以爲道，長生不死者此也。

抱樸

綜述

河上公《道德眞經註》卷二《還淳第一九》 絶聖

絕聖制作，反初守元。五帝畫象，倉頡作書，不如三皇結繩，無文而治也。

棄智，

棄智惠，反無爲。

民利百倍；

農事修，公無私。

絶仁棄義，

絕仁之見慧，棄義之尚華。

民復孝慈；

德化純也。

絶巧

絕巧者，詐僞亂眞。

棄利，

塞貪路，閉權門。

盜賊無有。

上化公正，下無私邪。

此三者，

謂上三事絕棄。

以爲文不足，

以爲文不足者，文不足以化民。

故令有所屬。

當如下句。

見素抱樸，

見素者，當抱素守眞，不尚文飾也。抱樸者，當見其質朴以示天下，可法則。

少私寡欲。

少私者，正無私也。寡欲者，當知足也。

成玄英《老子道德經義疏・絕聖章第一九》 絕聖章所以次前者，前章明大道既廢，即聖智互興，故次此章勸絕聖智，反歸至道。今就此章中，義分三別：第一明棄絕聖智，利益甚多，以示初學。第二總嘆大乘，非下機能悟。第三略開要門，進示初學。

第一明棄絕聖智，利益甚多，以示初學。

絶聖棄智，民利百倍。

絕有名之聖，棄分別之智，人皆反本，爲利極多。言百倍者，舉其大數。故《莊子》云：魯酒薄而邯鄲圍，聖人生而大盜起。又田成子以聖智而竊齊國是也。

絶仁棄義，民復孝慈。

絕偏尚之仁，棄執迹之義，人皆率性，無復矜矯，孝出天理，慈任自然，反於淳古，故言民復。《莊子》云：仁義者，先王之蘧廬，已陳之芻狗。又云：削曾、史之行，天下皆仁也。

絶巧棄利，盜賊無有。

絕異端之巧，棄貪求之利。物各守分，故無濫竊。《莊子》云：攦工倕之指，天下皆巧也。

第二總歎大乘，非下機能悟。

此三者爲文不足，

三者，謂前三絕也。此文是頓教大乘上士所學，其理深遠，不足以教下機也。

第三略開要門，進示初學。

故令有所屬。

屬，謂屬著付屬也。言下機之人未堪大教，故有所屬著，方進學心。所屬之文，即下之四行也。

見素抱朴，少私寡欲。

見素，去華也。抱朴，歸實也。少私，公正也。寡欲，息貪也。

李榮《道德眞經注》 樸，本也。萬境無染，見素也。守一不移，抱樸也。

杜光庭《道德眞經廣聖義》卷一七《絕聖棄智章第一九》 見素抱樸，少私寡欲。

注：見眞素，抱淳樸，少私邪，寡貪欲矣。

疏：欲求絕聖棄智，則常見眞素。

義曰：同乎無欲則謂素樸，素樸則民性得矣。無知無欲則合眞素，眞

素合則聖智之迹絶矣。

疏：欲求絶仁棄義，則懷抱質樸。

義曰：淳質敦樸以守其心，則兼愛之仁裁非之義絶矣。

疏：欲求絶巧棄利，則當少私邪，寡貪欲。

義曰：私邪不汨於性，貪欲不起於心，則淫奢之巧、專冒之利絶矣。

疏：三絶雖於文不足，四行則修身有餘。將欲禁邪於中心，故必取資於内行。

義曰：聖智仁義巧利，此六者行之初以拯物，執之末以妨道。故姦詐盜竊因而生焉。絶而棄之，可復眞素。眞素已復，乃資内修。顯四行於結成，爲眞道之要妙矣。夫有迹之聖作，則矜詐之智生。仁起於不仁，義出於不義，孝彰於不孝，慈顯於不慈。能絶有迹有爲，自復至慈至孝。斥淫巧則私利息，私利既息，盜賊不生，然後凝旒於樸素之鄉，杜念於私欲之境，人登富壽，國致遐長。此人君行道之效也。若夫心除嗜欲，身蕩浮華，翦鋭進之情，鋤耽著之本，六賊不作，三元坦夷，四行克修，久視何遠。此行人修之之效也。

又 爲天下谷，常德乃足，復歸於樸。

注：德雖尊榮，常守卑辱。物感斯應，如谷報聲。虚受不窮，常德圓足。則復歸於道矣。

疏：樸，道也。虚受應物，如彼谷神，眞常之德，是乃圓足。足則復歸於樸矣。夫道爲德體，德爲道用。語其用則云常德乃足，語其體則云復歸於樸。歸樸則妙本清淨，常德則應用無窮。非天下之至通，其孰能與於此？

義曰：既富於德，則合於道。道爲德體，則澹寂無爲。德爲道用，則施行有作。人君以五善之化，誘民於無爲，以廣濟之德，積功而合道。故云復歸於樸。

章安《宋徽宗道德眞經解義》卷一 道藏於無，故虚者道之舍也。物累於有，故實者物之積也。人開其天，物竇其欲。有形者，形爲物役。有心者，心爲形使。私欲勝於内，事物奪於外，陰陽爲之並毗，天和爲之交喪，所謂靈臺太虚之室，蓋已柴塞乎其中，則事物之來，將以通其故而應其感，豈不大謬？谷以虚，故應其聲於無方。鑑以虚，故照其形於無窮。管籥以虚，故能受虚之氣。況心之爲物，攝五官以爲主，統萬善以爲宗，適感而應，應而不藏，要在於虚。惟虚也復乎無物，合乎無始，謂之抱樸。抱此者也，謂之守一。守此者也，顔子進於是矣。齊心以致一，致一以集虚，入游其樊，至於未始有回，則能盡其性，而愛惡無留情矣。因其固然，付之自爾，心虚故也。冥是非，一好惡，塵累忘，而心虚矣。舉舜用鯀，堯何容心焉，以虚應之爾，何好惡之累？腹之爲物，容而無擇，受而不盈，氣之所往，物之所化，俱復於此，出入終始，無有紀極，未始或足也。困於不足，則不能無求。求也不已則殆，故腹要乎實。實則贍足於己，而外無所待。貪求之念絶，而平泰之福至，復何利欲之念哉？好惡之累亡，豈賢之跂尚也。利欲之念滅，豈貨之足貴也。心有所之謂之志，志之強也，其嚮無方，則勞於營爲，弊精神，役思慮，徇名逐貨，伐功矜能，何有已也。故志要乎弱，則離動而之靜，自有而適無。守雌以復乎無爲，守辱以安於至分。自下而不爲高，自後而不爲先，求復於道，是謂弱志。體之所立，在乎骨。骨之弱也，失己於物，隨變流徙，視彼出入爲之行藏，緣彼好惡爲之用捨，與物刃靡而不知其非，與物淪溺而不知其返。不能自立，一至於此，故骨要乎強，強則特立而有常，獨立而有造，全天之守，而不遷於物，完天之固，而不喪於人，其動不殆，其行也健，其強不息，日進於道，是謂強骨。聖人之治心，虚而無所分，腹實而無所求，志弱而不營於外，骨強而不遷於物，此所以使民無知而不累於名，無欲而不累於利，全其逍遥游而於自得之場，所以返素樸也。有知則心爲物役，故多知所以殘於性命之分。有欲則情爲物遷，故多欲所以汨性命之情。知復乎無知而無以知爲，欲復乎無欲而不見可欲，要在乎有常，故曰常使民無知無欲。

又卷五 知其榮，守其辱，爲天下谷。爲天下谷，常德乃足，復歸於樸。

御注曰：性命之外，無非物也。世之人以得爲榮，以失爲辱，以泰爲榮，以約爲辱。惟聖人爲能榮辱一視，而無取舍之心。然不志於期費，而以約爲紀，亦虚而已，故爲天下谷。谷，虚而能受，應而不藏，德至於此，則至矣盡矣，不可以有加矣。故曰常德乃足。樸者道之全體，復歸於樸，乃能備道。夫孤寡不穀，而王公自以爲稱，故抱樸而天下賓。

臣義曰：聖人虚己以應世，知物之爲榮，而不見可欲，其守在辱，而

不爲物先，不爲動始，應於彼而已，故爲天下谷。其體中虛，其應無窮，德至於此，足以贍足萬物，而不見終始，德之足也。樸者，物之全，道之體也，備道然後可以返樸。

《西昇經・色身章第一九》（宋徽宗注） 老君曰：人皆以聲色滋味爲上樂，不知聲色滋味，禍之太樸，故聖人不欲以歸無欲也。

好色音聲厚味，世俗之所樂也，目不得好色，耳不得音聲，口不得厚味，則大憂以懼。殊不知五色令人目盲，五音令人耳聾，五味令人口爽，是三者，身之大患也。然目之綦色，耳之綦聲，口之綦味，皆生於有欲，罪莫大於可欲，而欲者德之累，是以聖人欲不欲，而復乎素樸也。

《通玄真經・守樸》（默希子注） 老子曰：所謂眞人者，性合乎道也，故有而若無，實而若虛，治其內不治其外，明白太素，無爲而復樸，體本抱神，以遊天地之根，芒然仿佯塵垢之外，逍遙乎無事之業，履眞返樸，即遊天地之根。無爲無事，即逍遙塵垢之外也。機械智巧，不載於心，審於無假，不與物遷，眞性已著，外物不移。見事之化，而守其宗，心意專於內，通達禍福於一，守本不易，見化無疑，禍福素冥，升況何累也？居不知所爲，行不知所之，倏然無心。不學而知，弗視而見，弗爲而成，弗治而辯。知於無知，見於不見，爲而不爲，辯於不辯，明無知爲眞，知知之爲僞。感而應，迫而動，不得已而往，如光之燿，如影之效，動之如光，流而不滯。靜之如影，處而隨意。以道爲循，有待而然，廓然而虛，清靜而無，廓然獨處，忽若有待；泛然不係，實亦無謂。以千生爲一化，以萬異爲一宗，千生雖殊，同乘一化；萬形各異，同出一虛。有精而不使，有神而不用，內保湛然，外無役用。守太渾之樸，立至精之中，含眞育神，樸渾精粹。其寢不夢，絶諸想也。其智不萌，無他慮也。其動無形，神用微也。其靜無體，存而若亡，生而若死，出入無間，役使鬼神，精神之所能登假於道者也，今以存爲亡，以生爲死者，謂隳體黜聰，離形去智。故能出入無間，役使鬼神，是登假於道也。使精神暢達，而不失於元，元者，精氣也。日夜無隙，而與物爲春，如陽春之照萬物，豈有遷際者也？即是合而生時於心者也。非假他術，唯心契道。故形有靡而神未嘗化，形有同無，神無常有。以不化應化，千變萬轉，而未始有極，唯不化者能化，故隱顯無窮，變化無極也。化者復歸於無形也，不化者與天地俱生也，故生生者未嘗生，其所生者即生化，化者未嘗化，其所化者即化。萬物受生化，不得不生化。故淪於無形，天地不生化而能生化。故所以常生常化。此眞人之遊也，純粹之道也。言純氣精妙，遊於不生不化之途，故曰眞人。

《太上妙法本相經綜説品》 道言：夫修道之子，宜於六直，抱其質樸，寧端慤忠而取短，終不智辯而揚德。是以聖人不矜不長，不顯不鄣。何以故？自伐則無功，自矜則不長，自是則不鄣，自辯則不顯。是故聖人不高不大，故能成其大，不顯不彰，故能成其德。故上德不德，是以有德；侯王所以孤寡不穀，以卑謙爲本；江海所以百谷王，以善居下。夫爲九重之臺，非寬基不崇，欲規萬石者，非千畝不得。是故大器晚成，大辯若訥。晚成者凡夫至於道，若訥者不自曜其德。是以六直者道之元，卑謙者仙之本。所以者何？百仞之高始於足下，爲山之功起於一匱。故下者高之本，柔弱者眞之根。深其根，固其蔕，老而不衰。愛其言，護其炁，終身不夭；和其光，同其塵，神不離身；順其眞，信其道，故能成其眞。聖人何以成其眞？以修眞不離其眞，故能成其眞。

抱一

綜述

河上公《道德真經注・能爲第一〇》 載營魄，

營魄，魂魄也。人載魂魄之上得以生，當愛養之。喜怒亡魂，卒驚傷魄。魂在肝，魄在肺，美酒甘肴傷人肝肺。故魂靜志道不亂，魄安得壽延年也。

抱一能無離乎？

言人能抱一，使不離於身，則長存。一者，道德所生，太和之精氣也，故曰一。一布名於天下，天得一以清，地得一以寧，侯王得一以爲正平。入爲心，出爲行，布施爲德，總名爲一。一之爲言，志一而無二也。

敦煌本《老子道德經想爾注》 載營魄抱一能無離。

魄，白也，故精白，與元同色。身爲精車，精落故當載營之。神成氣

來，載營人身，欲令此功無離一。一者道也，今在人身何許？守之云何？一不在人身也，諸附身者悉世間常僞伎，非眞道也，一在天地外，入在天地間，但往來人身中耳，都皮裏悉是，非獨一處。一散形爲氣，聚形爲太上老君，常治崑崙，或言虛無，或言自然，或言無名，皆同一耳。今布道誡教人，守誡不違，即爲守一矣。不行其誡，即爲失一也。世間常僞伎指五藏以名一，瞑目思想，欲從求福，非也，去生遂遠矣。

成玄英《老子道德經義疏·載營魄章第一〇》 抱一能無離，

抱，守也。一，三一也。離，散也。既能拘魂制魄，次須守三一之神，虛夷凝靜，令不離散也。

又《曲則章第二二》 曲則全，

屈曲隨順，不忤物情，柔弱謙和，全我生道。故《莊子》云：吾行却曲，無傷吾足。此一句忘違順也。

枉則正，

枉，濫也。體知枉直不二，故能受於毀謗，而不伸其怨枉，翻獲正直也。此一句忘毀譽。

窪則盈，

窪，下也。謙卑遜讓，退己處下，不與物競，故德行盈滿也。此一句忘高下。

弊則新，

弊，辱也。能處鄙惡弊辱而不貪榮寵，即其德日新。此一句忘榮辱也。

第二明妙體一中，爲物楷式。

少則得，多則惑。

少者，謂前曲全等行，不見高下，處一中也。多謂滯於違順等法，不離二偏也。體一中則得，滯二偏故惑也。

是以聖人抱一爲天下式。

是以，仍上辭也。抱，守持也。式，法則也。言聖人持此一中之道，執範羣生，故爲天下修學之楷模也。

李榮《道德真經注·二二章》 曲則全，枉則直，窪則盈，弊則新，少則得，多則惑。

外順於內，內養於神，物我無傷，全也。屈己從人，身不失道，直也。謙退處下，窐也。混而不濁，新也。理本是一，故言少。忘言契理，故言得。有爲爲境羣典百端，多士逐欲情亂，滯教生迷。故言惑也。

是以聖人抱一爲天下式。

一，道也。聖人懷道，故言抱一。動皆合理，可以軌物，故言式也。

陳景元《道德真經藏室纂微篇》卷二 載營魄抱一，能無離乎。

道家以陽神曰魂，魂樂生，陰鬼曰魄，魄好殺，魂則遊，魄則靜。《白虎通》曰：魂者云云也，營者不定貌，故謂魂爲營也。舊說載，乘也。營，魂也。又謂營，護陽氣也。魂爲陽精，魄爲陰靈。陽精喜動遊，故仙書有拘留之術。陰靈喜浮惑，故仙書有制伏之法。使其形體常乘載陽精、陰靈，抱守太和純一之氣，令無散離，永保長年矣。夫道之抱一如鑑之含明，明豈離鑑乎。此教人養神也。今解曰：人欲抱一之術，當令心無散離，若無散離者，即是乘載魂魄抱守純一之道也。能如嬰兒乎。

章安《宋徽宗道德真經解義·載營魄章第一〇》 抱一，能無離乎？

御注曰：天一生水，於物爲精。地二生火，於物爲神。精神生於道，形本生於精，守而勿失，與神爲一，則精與神合而不離。以精集神，以神使形，以形存神，精全而不虧，神用而不竭，形生而不敝，如日月之麗乎天，如草木之麗乎土，未嘗離也。竊嘗申之，人之生也，因精集神，體像斯具，四達並流，無所不極，上際於天，下蟠於地，化育萬物，不可爲象，其名爲同帝。而世之愚者，役己於物，失性於俗，無一息之頃，內存乎神，馳無窮之欲，外喪其精，魂反從魄，形反累神，而下與萬物俱化，豈不惑哉？聖人則不然，載魄以通，抱一以守，體神以靜，形將自正，其神經乎太山而不變，處乎淵泉而不濡，孰知其所始，孰知其所終，故曰聖人貴精。

臣義曰：道生一，一者，水之生數也，精之所本，故天一之水爲精。一生二，二者，火之生數也，神之所出，故地二之火爲神。二兀之炁，混於太虛，氣本無形，精因以生，精固於一，神集乃全，一精集神，而神用不竭，以神御形，而形生不敝。故精者生之本，一者精之數。精固而不搖，則復乎一，一抱而不離則精全，精全則神全，神全則合乎變物，而上與造化者遊。其靜也體道，其作也契理，孰究其終始。彼汩於多欲，與接

爲搆，喪精失靈，神敝於形，魂載於魄，淪於幽，陰沉爲下愚而天理滅矣。惟抱一不離者，雖涉萬變，而神全於一。

又《曲則全章第二二》 少則得，多則惑。

御注曰：道要不煩，聞見之多，不如其約也。以支爲旨，則終身不解，茲謂大惑。

臣義曰：道德性命，不離於致一，事物云爲，其來萬緒。

是以聖人抱一，爲天下式。

御注曰：其爲物不貳，則其生物不測。惟天下之至精，能爲天下之至神。聖人抱一以守，不搖其精，故言而爲天下則，動而爲天下法。

臣義曰：少則得乎性命之理，多則惑於事物之變，是以聖人抱一，而不離於情，體道盡性，而玄同物我，而爲式於天下。

李嘉謀《元始説先天道德經註解·第三章五十二言》 妙一，元一，神一，三一同。真妙一不散，無爲變化，真元自然。

妙非妙，元非元，神非神，何以故，同一眞。故眞同不散，故變化不測，而猶自然也。

見一，守一，抱一，入吾元一。

必先見一於無所不一，然後能守一。必能守一於無所不一，然後能抱一。若不能見則不能守，不能守則不能抱，不能抱則不能入矣。故一以見爲先，苟於物不見一，則短長相害，物我交違，又安能守而不失乎。

吾太上，元始，妙定，真一、太一，元始之尊號，得之者真。

元始，妙定，即釋氏所謂涅槃也。《楞伽》謂涅槃與空無別有誼，此即眞一、太一之謂也。

《西昇經·虛無章第一五》（宋徽宗注） 老君曰：虛無生自然，自然生道。

《道深章》曰：道深甚奧，虛無之淵。言道爲虛無之本也。《道經》曰：道法自然。言道降而下，法自然也。於此言虛無生自然，自然生道，何也？蓋言虛無，則自然在其中矣，言自然，則道在其中矣。別而言之，裂一爲三，合而言之，貫三爲一，自其無所有，則曰虛無，無所因則曰自然，偶而應之，則曰道，烏有先後之殊哉。

道生一，一生天地，天地生萬物。

易變而爲一，一者形變之始也，清輕者上爲天，濁重者下爲地，天地含精，萬物化生。

萬物抱一而成。

萬物以精化形，一者精之數也，原其始，則得一以生，要其終，則抱一而成。

又《道虛章第二〇》 天者受一氣，蕩蕩而致清，氣下化生於萬物，而形各異焉。

大易既判，天得一以清，萬物化作萌區有狀，皆其所資始，《列子》曰：天地絪縕，萬物化生。

是以聖人知道德混沌玄同也，亦知天地清靜皆守一也，故與天地同心而無知，與道同身而無體，而後天道盛矣。

德總乎道之所一，渾渾沌沌，終身不離，玄之又玄，衆妙之門也，天得是，故無爲以之清，地得是，故無爲以之寧，聖人誠能兩間，天道雖遠，見之以心，故明於天而同乎無知，通乎道而合乎無體，與天爲徒，與道爲一，而道興乎世矣。

以制志意而還思慮者也，去而不可逐，留而不可遣。

夫志，氣之帥也，氣，體之充也，持其志，無暴其氣，將返其性情而復其初，則出思不思，而思出於不思矣，來者勿禁，往者勿止，不將不迎，應而不藏，雖覆却萬物方陳乎前，而不得入其舍。《易》曰：天下何思何慮。

遠者出於無極之外，不能窮也，近在於己，人不見之。

四海雖遠，治之在心，反求諸己，萬物咸備，然道在邇，而求諸遠，是猶目之明，能見百步之外，而不能自見其睫也。

是以君子終日不視不聽，不言不食，內知而抱玄。

《傳》曰：內視之謂明，反聽之謂聰。不視不聽，則目無所見，見曉於冥冥，耳無所聞，聞和於無聲也。《易》曰：君子以愼言語，節飲食。不言不食，則默而識之，終身不言，未嘗不言，無饑渴之害，味人之所不味也。凡此無他，復以自知抱一而不離故爾。

夫欲視亦無所見。

聖人見道不見物，而視人所不視。《莊子》曰：賊莫大於德有心，而

心有眼。《經》曰：聖人爲腹不爲目。

欲聽亦無所聞。

聞者非謂其聞，彼也自聞而已，豈聽之以耳哉，仲尼所以六十而耳順。

欲言亦無所道。

縱口之所言，更無利害，故有謂無謂無謂有，而遊乎塵垢之外。

欲食亦無所味。淡泊寂哉，不可得而味也，復歸於無物。

味之所味者嘗矣，而味味者未嘗呈味，味者道也，眞人其食不甘，以道之出口，淡乎其無味也，惟返其性情而復其初者能之。《道經》言視之不見，聽之不聞，繼之以復歸於無物，與此同意。

若常能清静無爲，氣自復也。返於未生，而無身也，無爲養身，形體全也，天地充實，長保年也。

虚化神，神化氣，道之委也，氣化神，神化虚，道之用也。蓋志一則動氣，氣一則動志，惟持其志，無暴其氣，則虚而物不能汙，静而物不能雜，淡而無爲，將見氣合於神，神合於無，遊乎物之初，外形體而不有矣。以其不自生，故能長生，所以全其形骸，與天地齊其長久。《莊子》曰：無爲則俞俞。俞俞者，憂患不能入，年壽長久矣。

任照《黄帝陰符經註解》 故學者抱眞守一之道，要在歸根，可以長存。歸根者，復元炁之本也。《莊子》云：通於一而萬事畢。所謂致一則不二，抱一則不離，守一則不遷。惟其不二則能致一也，惟其不離則能抱一也，惟其不遷則能守一也。故守一之道，要在心不放逸，則性自静而神自恬，德自全而道自集。蓋神仙抱一之道始因黄帝見皇人，曰：博聞有眞一之神，可得聞乎？皇人大驚曰：子在民間，安得聞此？乃上皇主錄首篇，恐文繁不欲具注，但討皇人《三一圖經》閲之，即知抱一守道之詳矣。

翁葆光《紫陽真人悟真篇直指詳説三乘秘要·神仙抱一之道》 夫神仙抱一之道者，乃聖人運火功圓之時也。形化純陽之氣者，身投僻陋之隅，面壁九年，抱一以空其心，心定神化，與道冥一。讚曰：道爲性命，本性是心源。心性同體，變化無邊。百姓日用，亦曰自然。若能了悟，忘象忘言。虚心實腹，抱一而遷。功成九轉，乃得神仙。此其旨也。夫九轉者，九年也，九乃陽之極數也。一者，道之強名也。抱者，抱無所抱也。神仙當此之時，隳肢體，黜聰明，離凡聖，齊物我，毋固毋必，無取無捨，心鏡如一，逍遥自在，故得泰定，發乎天光。九載功圓，則無爲之性自圓，無形之神自妙。神妙則變化無窮，隱顯莫測。性圓則慧照十方，靈通無破，故能分身百億，應顯兄方。而其至眞之體，處於至静之域，闃然而未嘗有作者，此其神性形命俱與道合眞矣，故謂之神仙抱一之道也。

佚名《丹經極論》 夫神仙抱一之道者，上天所祕也，世人不可得之，乃太一含眞之元。太一者，太極、太淵之源，是虚無錬神之道。一者炁也，人能行太一眞炁，與我眞氣相濟，包含太和，久而錬之，乃爲大丹。丹者，純陽也，陽者，天道也。故神舍道聚則成形，散則成炁，故與道相通者，道養炁。養神者，保和天道也，故曰精氣相濟，久而錬用，是謂純陽錬形。火者陽也，息者風也，以風吹火錬形，神形俱妙，故曰錬。形錬形者，先須存心於内，眞炁沖和，乃丹陽炁純粹之精，運行不息，昇沉往還，周而復始，包含萬類，故乃丹陽也。天炁降而復昇，地炁昇而復降，天之陽晶爲日，地之陰晶爲月。若得斗柄之機，自然斡運日月，運行而無休息，乃純陽錬神之道也。修丹之士，採日月之精華，合陰陽之靈炁，周星數足，陰陽終盡，歸功土德，而神精備矣！

曾慥《道樞》卷六《虚白問篇》 純粹子因曰：《陰符》不云乎上有神仙抱一之道，中有富國安民之法，下有強兵戰勝之方，何謂也？

奇士曰：抱一者，煉神也。《老子》曰：道生一，一生二，二生三，三生萬物。一者，水也。天生神水妙化之基，《易》所謂天一者也。眞一子曰：此眞鉛之精，天地之根，陰陽之祖也。萬類賴之生成焉，千靈乘之舒慘焉。夫能抱一守中則神氣不散，名眞人矣。昔者，黄帝得天皇眞一之經而不達其旨，乃見皇人於峨眉之山而問焉。皇人曰：眞一者，在北極太淵之中，其前有明堂，其下有絳宫，於是華蓋金樓，左杓右魁，龍虎分衛焉。不奪不與，一安其所；不遲不疾，一入其室；能暇能豫，一乃不去；守一居眞，乃得通神；節飲約食，一乃留息。故知一者非難也，守之而勿失者爲難也。

又卷一九《崇真篇丙丁爲性，壬癸爲命；學而窮理，乃識其正》 崇眞子晉道成也曰：存三守一者，學道之要也。三者何謂也？精也，氣也，神也，

吾所謂眞三寶者也。抱一者何謂也？抱守元陽眞氣也。神本在心，屬於南方丙丁之火。心中有性，性屬於陽焉。腎者能生元陽眞氣，泄而爲精，秘而爲眞氣，屬於北方壬癸之水。水爲命，命屬於陰焉。夫能知存三守一之道，使氣守精，精守神，神守氣，久而神定氣和，仙道可成矣。

又卷二七《金液龍虎篇》 道有三，其上曰抱一。抱一者，聚五行爲一。天地至精，陰陽匹配，夫婦相乘，煉精採氣。其採有日辰，其取有時候，用八卦以增減火候焉，用水火以既濟其用焉，煉之數足，是爲飛仙之品矣。其中曰富國安民。富國安民者，擒龍於深潭，伏虎於坎戸，按八卦之藥，聚於九宮，於是九還七返焉。其下曰強兵戰勝。強兵戰勝者，神交體不交，關鎖其下，永鎖丹田焉。夫能明三五一者，修煉五行之精氣，送在於元宮，用火候以鍛之，功成九轉，可以返本還元矣。

大還丹者，何也？五穀之精氣也，煉之可以長生矣。三五一者，何也？三者，三才也，神、氣、精也。五者，五行也。五行之中，精、血、氣合和而有五味，五味之中取五穀之精者也。《陰符》所謂五味可以長生者乎？五穀能盗人而死，而人不能盗五穀之精，爲可嘆也，一者聚五行於元宮，用火候煉之，而成眞一者也。

貴柔

綜述

嚴遵《道德眞經指歸・至柔章》（谷神子注） 夫響以無聲不可窮，影以無形不可極，水以淖弱貫金石、沈萬物，地以柔順成大功、勝草木。舌耳無患，角齒傷折，由此觀之，柔者弊堅，虛者馳實，非有爲之，自然之物也。理數必爾，不得不然。斯事物之自然，非道體之自然。是以地狹民少，兵寡食鮮，意妙欲微，神明是守，與天相參。視物如子，德盛化隆，恩深澤厚，吏忠卒信，主憂將恐，累柔積弱，常在民後，被羞蒙辱，國爲雌下，諸侯信之，比於赤子，天下往之，若歸父母。人物同欲，威勢自起，強者不能淩，大者不能取，終始反覆，強弱變化，天地爲助，神明爲輔，時至不制，爲天下主。夫何故哉？以道柔弱，而體微寡也。

又《天下有始章》 爲之行之，絕言滅慮，積柔體弱，反於無識，誅暴救寡，與神同化，無敵之不勝，無事之不爲，知力不得加，天下不能謀。守柔曰強也。

又《柔弱於水章》 道德所包，天地所載，陰陽所化，日月所照，物類並興，紛繆雜亂，盛衰存亡，與時變化。積堅者敗，體柔者勝，萬物之理，自然之稱也。是故水之所以能觸石貫金，崩山潰堤，周流消息，淪於無貲，廣大無窮，倏遠無涯，明不可蔽，強不可加，濁而能清，少能復多，危能復寧，疾能復遲，與時變化，死而復生。浸濡萬物，養育羣形，布施而不費，贍物而不衰，注四海而不有功，配天地而無以爲，優遊毫釐之內，翱翔九野之外，澤及蒼天之上，槃積黃壤之下，強扶天地，弱沉毛羽，微積集少，以成江海。上下無常，終而復始，進退屈伸，近於道者也，以其形體柔弱，動靜待時，不設首嚮，和淖潤滑也。故百工之治，殊事異方，漚爛金石，破堅折剛，平微正妙，解緩羣形，和調五味，蕩滌臭腥，攻堅陷大，非水不行。所謂天下莫柔弱於水，而攻堅強者莫之能先。夫何故哉？衆物態能，莫之與雙也。故水之滅火，砥之利金，角齒傷折，舌耳無患，卑損制驕暴，雌辱勝大怨，天下莫不知，世俗莫不聞，皆用私心不已，莫有能行。夫水之勝強，柔之勝剛，天下莫不知，莫能行也。故言爲禍匠，默爲害工，進爲妖式，退爲孽容，勞而無德，苦而無功，長去昭昭，久陷冥冥，大變爲小，存化爲亡。

成玄英《老子道德經義疏・知雄章第二八》 第一明去剛取柔，是行人要徑。

知其雄，守其雌，爲天下蹊。

蹊，逕也。雄，陽，是剛躁之名。雌，陰，是柔靜之義。知雄躁剛猛，適歸死滅。雌柔靜退，必致長生。故棄雄而守雌，可爲天下之要逕。

常德不離，復歸於嬰兒。

離，散也。嬰兒譬無分別智也。言人常能守靜，則其德不散，故能復於本性，歸無分別智也。

又《天下章第五二》 第三泛舉空有定慧解行法門。

見小曰明，

見，觀照也。小，微細之名也，即至妙之理也。言行人但能照於妙境，慧智日日增明，故上經云觀其妙也。

守柔曰强。

既能見小，即智慧增明，復能用道，謙和柔弱，故其德業日日強盛也。夫學道之初，有定有慧，有行有解。見小即是慧解之門，用柔即是定行之術。故六度之中，即有行有解。前五是行，後一是解。解則是慧是空，行則兼空兼有。而以空導有，以有資空。欲明資導之能，故言用柔見小也。

又《江海章第六六》 第一舉譬以表虛忘。

江海所以能爲百谷王者，以其善下之，

王，往也。百谷猶百川也。言江海所以爲百川之所往者，以其善在下之地也。人能退身謙下、虛柔容物者，亦爲蒼生之所歸也。

故能爲百谷王。

此結成其義，故經云海爲百川王也。

第二法說用彰謙退。

是以聖人言：欲上人，以其言下之；

欲令一切衆生居己之上，所以言說柔和，恆自謙下也。

欲先民，以其身後之。

欲令衆生在己先度，所以退身居物之後。故經云：一切未得度，我不有望。前則處下而反高，此則守退而翻進也。

是以處上而民不重，

聖人恬漠無爲，少私寡欲，故處民之上爲君，而使民輕徭薄賦，無重勞也。又解云：聖人恩覃於萬物，故百姓戴荷而不辭。

處前而民不害。

處物之前而爲君主，遂使民歌擊壤，宇內淸夷，利物弘多而無損害。又解云：聖德遐曠，百姓樂推，懷荷恩澤，豈敢傷害。

第三結歎柔弱之能。

是以天下樂推而不厭。以其無争，故天下莫能與之争。

所以百姓樂推在前不厭倦者，只爲善能謙和，不與物爭故也。既違順平等，是非永息，誰復與不爭者爭？故天下莫能與之爭也。

李榮《道德真經注・七八章》 天下柔弱莫過於水，而攻堅强莫之能先，其無以易之。

觀之於一切，總之於萬有，柔弱之至者，水之爲最也。銷之金石，破之丘陵，無能過水，水最勝也。破堅強法水，既爲勝，故不可易之。理國者若能以謙爲德，以道爲用，必可破之於強敵，摧之雄而道最爲先，故無易於道也。修身者能守唯柔之至道，自破剛強之人我，解宅虛靜之至理，妙絕是非之交爭。唯道爲勝，無以代之也。

故柔勝强，弱勝剛。

此結上文。

天下莫能知，莫能行。

多好剛強，少存柔弱，不能謙退，競處物先。

趙志堅《道德真經解義・人之章第三九》 人之生柔弱，其死堅强。

生有和氣，則筋骨和柔。及其死，和氣去身，則肢體堅硬。舉死對生，以明柔弱者勝，強勇者劣。

萬物草木之生柔脆，其死枯槁。

言萬物者，兼通有識。人及草木，氣絕體並堅強，生全形例柔弱。此喻說也。下六句二。

故堅强者死之徒，柔弱者生之徒。

夫堅剛之性，無往不爲，或剛勇凌人，或強奪潤己，志唯在得，無所怯懼，雖危必履，縱強亦凌，此謂行屍之人，與死者爲類。行柔弱者，身雖未免於死，行與長生者同，此當正説。

是以兵强則不勝，木强則共。

此舉兩事爲證。兵強者，衆來攻之，故滅，而不勝也。木強者，泥瓦壓之，故折也。

故堅强居下，柔弱處上。

兵強者，衆攻之，力強者，衆伏之，故居下。柔弱者，德之至，身危則衆濟，體和則衆推，故處上也。

又《天下章第四一》 前明天道平均損多益少，此明水性柔弱利下攻強。非剛是柔，義味爲次有三別，初明以柔破剛在用無易，次明理事昭朗人不知行，後明容非致

福愚人不信。五句二》

天下柔弱莫過於水，

萬物之中，至柔至弱者，無過於水。此明水體，使爲道者法之。

而攻堅强者莫之能勝，其無以易之。

堅強者，山石之類。水之爲用，穴石崩山，餘物不及。體則無累，用則有功。體用兩能，在物無易，此明用也。在人堅強者，煩惱也。柔弱者，道心也。欲破煩惱，唯有道心能之，不可以他物代易。下四句二。

故柔勝剛，弱勝强，天下莫能知，莫能行。

剛謂煩惱，爲道心所銷，故心勝也。人我強梁，被柔弱之行摧伏，故強劣也。此皆目驗可見，衆不能知者，愚也。或有知而不能者，無信心也。下六句三。

是以聖人言：受國之垢，是謂社稷主。受國不祥，是謂天下王。

老君引古聖法言以勸今，垢謂惡言謗讟，不祥謂非罪加身，則萬方有過，在余一人是也。爲下柔弱，志在謙虛，而能容受垢謗，故得位居公侯，爲社稷之主。能受不祥，其德彌大，得爲皇王帝主。六合欽風，其道學之流，虛懷若谷，近爲人天化主，遠則眞聖法王。

正言若反。

向說柔弱攻堅受垢而爲王者，皆是合道。正言信實非謬，但爲常流所聞，將似反俗。

杜光庭《道德真經廣聖義》卷一《敘經大意解疏序引》 第十九，教人修身曲己則全，守柔則勝。經云：曲則全。又云：柔勝剛，弱勝強。又云：柔弱勝剛強。又云：柔弱者生之徒，剛強者死之徒。又云：強梁者不得其死。

又卷二四《知其雄章第二八》 知其雄，守其雌，爲天下谿。

疏：知，辯識也。雄，剛躁也。雌，柔靜也。夫物貴全和，法求中道。雄則過亢，雌則卑弱，俱未適中於善行，必當緣篤以爲經。故知其雄躁，則當守其雌靜。守其雌靜，亦當知其雄躁。守雌則可知雄則敗，敗則妨行，持戒守雌。能守雌柔，是爲謙德，物所歸往，如水歸谿矣。

義曰：夫於内修也，辯識剛躁，知必敗傷，故以雌柔之道制之矣。亢，極也。篤，厚也。性剛躁而雄則多亢極，亢極則尤過生焉。所以厚其柔靜之心，制其雄剛之性，乃無亢極之敗。谿者，衆流所歸，以其謙下故也。人謙下則物歸，地謙下則水聚。上清有雌一之道，又有三奔五雌之法，皆柔弱其志，和靜其神，以致長生也。理國以謙靜，則萬物從順，如水之赴谿矣。

爲天下谿，常德不離，復歸於嬰兒。

注：雄者患於用壯，故知其雄，則當守雌。謙德物歸，是爲天下谿谷。則眞常之德不離其身，抱道含和，復歸於嬰兒之行。

疏：知雄守雌，是爲善行，物所歸往，爲天下谿。能如此者，則眞常之德曾不離散。常德不散，即是全和。全和之人少思寡欲，泊然未兆，乃如嬰兒。故云復歸於嬰兒也。

義曰：理國在於謙靜，理身在於雌柔，萬物順從，衆德歸湊，則常享其祚，克全其身。嬰兒者，未分善惡，未識是非，和氣常全，泊然凝靜，以喻有德之君、全道之士。其德若此，乃合道眞。理身則神所歸，理國則民交會之也。

又卷三一《昔之得一章第三九》 義曰：孤、寡、不穀，皆非美稱，侯王以謙下爲基，故自以不善不美爲己之號，而稱之也。自牧，《易》謙卦云：謙謙君子，卑以自牧。牧，養也。矜，誇也。大此明居人上者，以謙柔爲本，卑讓爲基，故經云欲上人，以其言下之；欲先人，以其身後之。處上而人不重，處前而人不害，天下樂推而不厭。此其謂歟。古人有言曰：有道之君以樂樂人，無道之君以樂樂身，樂人者衆悅而身安，樂身者衆怨而身殞。理國理人之主，得不戒哉。

又卷三二《反者道之動章第四〇》 義曰：道先柔弱，俗貴強梁。柔弱爲保生之徒，強梁爲取敗之本。經云強梁者不得其死，吾將以爲教父。執此以訓，使人棄強守柔，捨躁歸靜也。【略】理身者體柔順之道，去剛強之心，久而勤之，長生何遠乎？

又卷三三《道生一章第四二》 吾將以爲教父。

注：吾見強梁者亡，柔弱者全，故以此柔弱之教，爲衆教之父也。

疏：父，本也。此句結修學之元。老君舉強梁者亡，以之爲戒，柔弱者全，以之爲勸。以爲教父者，父爲子本，言吾將此柔弱之教爲衆教之本。如子之於父，故云以爲教父。

義曰：父者，尊也。柔弱必全，尊於衆教。衆教之末，謙柔爲先。故《易》曰謙尊而光，卑而不可踰。言尊者能謙光而益明，卑者能謙不可踰越。《禮》曰：傲不可長，愼以避禍，恭以遠耻，敬讓以行。皆謙愼之旨也。《尚書》曰：願而恭。慤愿而恭恪也。柔而立。和柔而立事也。《詩》云靖恭爾位，守柔敬也。《春秋》曰：使之以和，臨之以敬，行之以禮，守之以信，奉之以仁，教之以務，閑之以義。經曰兵強不勝，木強則共，強大處下，柔弱處上，高者抑之，下者舉之。此衆教之中皆以柔弱謙敬爲本也。爲教之父，豈虛也哉？理天下，修其身，守柔行謙，無思不服矣。

又卷三七《天下有始章第五二》 守柔曰强。

注：守柔弱則人不能加，可謂強矣。

疏：守柔弱之行者，處不競之地，人不能加，同道之用。能如此者，可謂之強。

義曰：力強者人折之，智強者人害之，勢強者人謀之，氣強者人制之，德強者人伏之。守弱體柔，不犯於物，其德如此，可謂之強。如道之用，孰敢害之也？

用其光，復歸其明。

注：見小則明，守柔則強。若矜明用強，將失守柔見小之義。故當用光外照，復歸守內明，則長無患累矣。

疏：光者，外照而常動。明者，內照而常靜。由見小守柔爲明爲強，不矜明而用強，故雖用先外照還歸內明，此轉釋見小守柔之義，使息外歸內，故曰復歸其明。

義曰：外明者，其照有極，謂五里之外牛馬不辯也。內明者，其照無窮，謂一心密照則遠近皆察也。所以外則萬境所牽，勞神傷性，內則重玄默悟，造靜歸根。復其內明，幾乎道矣。

無遺身殃，是謂襲常。

注：遺，與也。言還守內明，則無與身爲殃咎者。如此，是爲密用眞常之道。

疏：遺，與也。殃，咎也。言用光照物，於物無著，還守內明，不自矜耀，守母存子，反照本源，自無殃咎。是謂襲常者，密用曰襲，能察微遠害，守柔含明，如是等行者是謂知子守母，密用眞常之道。

義曰：既了復明內照之理，故無殃累及身。殃累不侵，眞常密契矣。理國若矜其外照，察察繩非，其政益煩而人益亂。復能見微防患，謙己守柔，晦智含輝，任賢垂拱，三五之理，夫何遠哉？

又卷三九《含德之厚章第五五》 義曰：含德必任氣而柔弱，益生則使心而強梁。柔弱合於眞常，強梁乖乎修鍊。理國亦以柔和爲上，不以強大爲能。棄柔任強，喪身敗國矣。

牛道淳《文始真經注·九藥篇》 關尹子曰：智之極者，知智果不足以周物，故愚；辯之極者，知辯果不足以喻物，故訥；勇之極者，知勇果不足以勝物，故怯。

極有智者，可以燭理通法，而智果實不足以周濟萬物，既知如此，未若如愚韜晦契道也，故云智之極者，知智果不足以周物，故愚也。極能辯者，可以自明事理，以此知辯果不足以曉喻天下人物，不如若訥養氣神也，故云辯之極者，知辯果不足以喻物，故訥也。極勇有力者，可勝十人百人，以此知勇果不足以勝天下人物，未若如怯弱謙卑柔和而養德也，故云勇之極者，知勇果不足以勝物，故怯也。此章明治智辯勇之病也。

【略】

關尹子曰：困天下之智者，不在智而在愚；窮天下之辯者，不在辯而在訥；伏天下之勇者，不在勇而在怯。

眞空窈冥，不可以智知而識識，故能困天下大智之人也，了道之士，默默韜晦如愚，世有智者不可得而知也，故云困天下之智者，不在智而在愚也。道本無名，不可得而言辯，而天下言辯者，於此窮而無辯也，了悟道者難以告人，未若如訥不辯言也，故云窮天下之辯者，不在辯而在訥也。了悟妙道，以無爲清靜保內，以謙卑柔弱不與物爭保外，天下有好爭者，莫能與不爭者爭，如此則天下無敵也。以不爭之德，能伏天下勇力之人，不在於爭也，故云伏天下之勇者，不在勇而在怯也。怯者，柔弱也。此章明治不能忘智辯勇力之病也。

宋徽宗《沖虛至德眞經義解·黃帝下》 天下有常勝之道，有不常勝之道。常勝之道曰柔，常不勝之道曰彊。二者亦知，而人未之知。故上古之言：彊，先不己若者；柔，先出於己者。先不己若者，至於若己，則殆矣。先出於己者，亡所殆矣，以此勝一身若徒，以此任天下若徒，謂不勝

而自勝，不任而自任也。粥子曰：欲剛，必以柔守之；欲彊，必以弱保之。積於柔必剛，積於弱必彊。觀其所積，以知禍福之鄉。彊勝不若己，至於若己者剛；柔勝出於己者，其力不可量。老聃曰：兵彊則滅，木彊則折。柔弱者生之徒，堅彊者死之徒。

積衆小不勝爲大勝者，惟聖人能之。老子曰：天下莫柔弱於水，而攻堅彊者莫之能先，以其無以易之也。蓋有以易之，則徇人而失己，烏能勝物。唯無以易之，故萬變而常一，物無得而勝之者。此之謂常勝之道。常勝之道曰柔，常不勝之道曰彊，二者易知，而人未之知者，此《老子》所謂柔之勝剛，弱之勝彊，天下莫不知，而莫之能行者是也。彊，先不己若者；柔，先出於己者。先不己若者，至於若己，則殆矣。先出於己者，亡所殆矣者。蓋道與世抗者，必遇其敵；濡弱謙下者，馳騁天下之至堅。正謂是也。以此勝一身若徒，以此任天下若徒者，謂由一身以達之天下，必若柔弱者之徒，乃能勝任也。爲其不求勝物而自勝，不假任人而自任故也。抗兵相加哀者勝矣，故曰兵彊則滅。拱把之桐，梓人皆知養，彊則伐而共之矣，故曰木彊則折。萬物負陰而抱陽，冲氣以爲和，陽以發生爲德，陰以肅殺爲事。方其肅殺，則冲和喪矣。故曰柔弱者生之徒，堅彊者死之徒。

徐靈府《通玄真經注》卷一《道原》 老子曰：得道者志弱而事強，心虛而應當。志弱者柔毳安靜，藏於不取，行於不能，澹然無爲，動不失時，得者，謂無爲。無爲之道，因物所宜，動合得其時。故貴必以賤爲本，高必以下爲基，聚塵成嶽，積流成海。託小以包大，在中以制外，行柔而剛，力無不勝，敵無不陵，虛心前物，是無力而強，所之皆遂，無敢陵侮也。應化揆時，莫能害也。動與道遊，物何能害。欲剛者必以柔守之，欲強者必以弱保之，積柔即剛，積弱即強，觀其所積，以知存亡。知剛知柔，厥德允修；知存知亡，其身必昌。強勝不若己者，至於若己者而格；強者不可勝，弱者不可陵，是行柔之道也。柔勝出於己者，其力不可量。言不可輕侮，或更勝於己。故兵強即滅，木強即折，革強即裂，用強者，故材不全也。齒堅於舌而先斃，觀夫齒舌之理，可察剛柔之道，是剛者無斃，柔者獲全矣。故柔弱者生之幹也，堅強者死之徒，事勢相召，死生可驗。先唱者窮之路，後動者達之原。持後則不屈也。夫執道以耦變，先亦制後，後亦制先，何即不失所以制人，人亦不能制也。謂握夫化機，人莫能知。先之則人不拒，後之則雅合其宜。先後俱制，動靜無爲，此執道耦變也。所謂後者調其數而合其時，時之變則間不容息，先之則太過，後之則不及，夫事有適然，物有成敗，機危之動，間不容息，在於調數候時，期於適中不可失。日迴月周，時不與人遊。謂去速也。故聖人不貴尺之璧，而貴寸之陰，時難得而易失，故聖人隨時而舉事，因資而立功，聖人不重積其寶，而貴全於道。惜光陰不駐，時運難遭，舉事成功，不可失也。守清道，拘雌節，因循而應變，常後而不先，柔弱以靜，安徐以定，功大靡堅，不能與爭也。故體清靜，守雌弱，攻天下之強者，其時不爭乎。

又卷三《九守・守弱》 老子曰：天子公侯，以天下一國爲家，以萬物爲畜，懷天下之大，有萬物之多，即氣實而志驕，矜其大者，雖大必亡；憂其危者，雖危必存。大者用兵侵小，小者倨傲凌下，恃強者亡，凌下者滅。用心奢廣，譬猶飄風暴雨，不可長久。明強不可恃，暴不可久。是以聖人以道鎮之，執一無爲，而不損冲氣，唯聖人知強暴不久，故鎮以道德，一以好憎，則和氣不傷，太平可至。見小守柔，退而勿有，不可光大。法於江海，江海不爲，故功名自化，弗強，故能成其王，言聖君有功不居，民自從化，有德不宰，物自歸往也。爲天下牝，故能神不死，神者，淪九幽之不昧，騰三清而不皎，本乎無始，豈曰有終也？自愛，故能成其貴，萬乘之勢，以萬物爲功名，權任至重，不可自輕，自輕則功名不成。夫聖人以萬物爲貴。今輕萬物，是輕其身；輕其身，是輕天下。輕天下，物不歸矣。夫道大以小而成，多以少爲主，道以小而成大，物緣衆而宗之，一也。故聖人以道莅天下，柔弱微妙者，見小也，儉嗇損缺者，見少也，見小故能成其大，見少故能成其美。有天下者，不遺小國之臣，故能成其大。治身者，不棄片善之益，故能歸其美也。天之道，抑高而舉下，損有餘，補不足，天道惡盈而益謙也。江海處地之不足，故天下歸之奉之。聖人卑謙清靜辭讓者，見下也，江海以容納爲大，聖人以謙濟爲尊。虛心無有者，見不足也。見下故能致其高，見不足故能成其賢。矜者不立，奢者不長，強梁者死，滿日者亡。保虛柔者久存，矜奢溢者速亡。飄風暴雨不終日，小谷不能須臾盈。飄風暴雨行強梁之氣，故不能久而滅，小谷處強梁之地，故不得不奪。是以聖人執雌牝，去奢驕，不敢行強梁之氣，執雌牝，故能立其雄牡，不敢奢驕，故能長久。唯人不驕侈，執雌牝而英雄，歸之爲羣雄之王也。

老子曰：天道極即反，盈即損，日月是也。故聖人日損，而沖氣不敢自滿，日進以牝，功德不衰，天道然也。天道惡盈而好謙，故唐虞法之而成大人。道惡暴而忌驕，故桀紂忽之以致亡也。人之情性，皆好高而惡下，好得而惡亡，好利而惡病，好尊而惡卑，好貴而惡賤，衆人爲之，故不能成，執之，故不能得。是以聖人法天，弗爲而成，弗執而得，衆人隨俗，好尊高，惡卑下，故欲高而不能自高。聖人法天，不好尊高，不惡卑下，故不尊而自尊，不高而自高也。與人同情而異道，故能長久。晦其光，同其塵。故三皇五帝有戒之器，命曰侑巵，其沖即正，其盈即覆。其器今亦有之，以存至戒。故知虛則自全，盈不可久。夫物盛則衰，日中則移，月滿則虧，樂終而悲。天道有盈虧，人道有盛衰，或始吉終凶，或前樂後悲。是故聰明廣智守以愚，任智則太察也。多聞博辯守以儉，縱辯則害正也。武力勇毅守以畏，恃勇則輕也。富貴廣大守以狹，秉亢則多悔也。德施天下守以讓，此五者，先王所以守天下也。服此道者，不欲盈，夫唯不盈，是以弊不新成。謹守弊陋，不令盈滿服，膺此道可保天下，況於一身也。

老子曰：聖人與陰俱閉，與陽俱開。可隱則隱，可顯則顯也。能至於無樂也，即無不樂也，無不樂，即至樂極矣。是內樂外，不以外樂內，故有自樂也，即有自志，貴乎天下，所以然者，因天下而爲天下之要也。夫至樂者，非謂鏗鏘，八音，端妍殊色。所貴清虛澄澹，無爲絕欲以爲至樂而亡。內樂外者，以樂樂人，而與天爲儔。外樂內者，以樂樂身，即與身爲仇。故因其樂而樂之，爲天下要道也。不在於彼，而在於我，不在於人，而在於身，身得則萬物備矣。求之於外，與道相皆。修之於身，與德爲鄰。故達於心術之論者，即嗜欲好憎外矣，是故無所喜，無所怒，無所樂，無所苦，萬物玄同，無非無是，心術既明，道德將備。苦樂兼忘，好憎安係？萬物不異，自然玄同也。故士有一定之論，女有不易之行，士之有道，萬僞不能遷其心。女之有行，千金不能變其節。不待勢而尊，不須財而富，不須力而強，不利貨財，不貪世名，不以貴爲安，不以賤爲危，形神氣志，各居其宜。尊道富德，輕勢委利，志氣清凝，形神相接矣。夫形者生之舍也，氣者生之元也，神者生之制也，一失其位，即三者傷矣。此三者，謂形、神、氣也。精神即逝，形氣亦凋。一失其所，三者何依也？故以神爲主者，形從而利，以形爲主者，神從而害養神爲主，虛靜存乎本，則神運而氣全。養形爲主，欲害傷乎未，則形斃而神遁。其生。貪饕多欲之人，顛冥乎勢利，誘慕乎名位，幾以過人之知位高於世，即精神日耗以遠久，淫而不還，形閉中拒，即無由入矣，是以時有肓忘自失之患。夫精神難御，勢名易惑，必宜中拒，不可開兌，猶恐有失於濟事，則終身不救也。夫精神志氣者，靜而日充以壯，躁而日耗以老。靜則復無躁，則失生也。是故聖人持養其神，和弱其氣，平夷其形，而與道浮沉，如此則萬物之化，無不偶也，百事之變，無不應也。神和氣平，志強形泰，故能與道浮沉，乘時變化，無不應者也。

又卷四《符言》 老子曰：能成霸王者，必勝者也；非首不御。能勝敵者，必強者也，非德不勝。能強者，必用人力者也，能用人力者，必得人心者也，用賢者之力，得衆人之心也。能得人心者，必自得者也，自得者，必柔弱者，能勝不如己者，至於若己者而格，柔勝出於若己者，其事不可度，故能衆不勝成大勝者也。惟保謙柔衆不能屈，故能成其勝也。

又卷六《上德》 老子曰：學於常樅，老子之師，姓常，名樅。老子自說受教於師，師之言如是，不文者。見舌而守柔，見古道皆守雌柔。古字亦作舌字，亦柔也。仰視屋樹，惜光陰不駐也。退而因川，歎逝者不息也。觀影而知持後，不先物為。故聖人虛無因循，常後而不先，譬若積薪，燎後者處上。後即先，下即上，物之常然。夫求先於人，即不能先也。

《顯道經》 老子曰：授道之法，必擇柔仁，無暴無躁，行之立成。非有才巧，積習入神。得之者度，失之者傷。毫釐之初，玄道幽深。驅馬萬里而不遇觀，骸骨之中，無不異者。但修身守道，道自歸子。

玄全子《真仙直指語録・清和尹真人語録》 性要養成容易，養多則功多，養少則功少。如何是養？只要不動心。修行人若識心見性，易過日；如不識心見性，逐日心上煞受苦。修行人不論心地，却論甚麼？最爲上根人行的，爲人不悟不行。聖賢慈悲，恐隨了人，教打勤勞、接待供養，苦己利他，柔弱低下，不教空過日。積德作福，福廣則自然心地安和也。

長筌子《洞淵集》卷二《柔儉篇第六四》 柔儉，德之基，道之用，則天下莫能行。夫何故？不奢侈也。絕狼戾也，終日應而不爭，無忤於物，則樂推而不厭。廉潔於己，撙節守約，歷世從事，不以物易己，無求無失，其知不憊也，故能全身而遠害。是以聖人實而不聚，名而不立，並

包天地，澤及萬方，而不知其誰氏。

嗇神

綜述

嚴遵《道德真經指歸·方而不割章》（谷神子注） 故治國之道，生民之本，嗇爲祖宗。治人事天莫若嗇也。嗇，檢藏之謂也。是故明王聖主，損形容，卑宮室，絕五味，滅聲色，智以居愚，明以語默，建無狀之容，立無象之式，恐彼知我，藏於不測。故未動而天下應，未命而萬民集，未戰而素勝之，未攻而天下服。是以不勤勞而民有功，不分爭而得其職，不刑戮而萬民畏，不微妙而得天福，禍亂不生，羣祥並集，無爲而無不成，不爭而無不剋。所謂重積德故無不剋也。故萬物玄同，天下和洽，浮沉軋軼，與道相得。若終而始，若亂而紀，虛而實，無而有，疏而密，遲而疾，無形影，無根朕，彷彿渾沌，莫知所以，獨知獨見，獨爲獨不，變化無常，畜積無府，陰陽離合，屈伸張弛，冥冥窅窅，芒昧玄默，魁如天地，不可窮極。莫知其極。自修有餘，故能有國；治人理物，子孫不絕。可以有國者也。夫何故哉？以其嗇也。爲嗇之道，不施不予，儉愛微妙，盈若無有，誠通其意，可以長久。形小神大，至於萬倍，一以載萬，故能輕舉。一以物然，與天同道，根深蒂固，與神明處，眞人所體，聖人所保也。所謂有國之母，深根固蒂長生久視者也。

陳景元《道德真經藏室纂微篇》卷八 治人事天，莫若嗇。

嗇，愛也。世俗則耗神多求奢侈而不足，聖人則愛神省費儉嗇而有餘，故治人者無事無爲，清靜簡易，省費民財，使倉稟實而知禮節，然後葆精愛神，蠲潔祭祀，粢盛豐備，人神皆和，故曰莫若嗇。

夫唯嗇，是謂早服；

省費而不奢侈，儉嗇而愛精神，是能服從於道也。聖人於禍福未兆之前，常服從於道，是謂早服也。古本作早復。

早服謂之重積德；

夫節儉民財，愛嗇精神，以奉上帝，是一德也。又能早服從於道，使人悅神和，故曰重積德。

重積德，則無不克；

夫重積德之士，可以臨御百姓，四方嚮慕，無有不克伏者也。

無不克，則莫知其極；

無不克伏，則萬物歸化，道德無窮，故莫知其極。

章安《宋徽宗道德真經解義·治人事天章第五九》 治人事天，莫若嗇。

御注曰：聰明智識，天也。動靜思慮，人也。適動靜之節，省思慮之累，所以治人。不極聰明之力，不盡智識之任，所以事天，此之謂嗇。天一在藏，以腎爲事，立乎不貸之圃，豐智原而嗇出，則人事治而天理得。

臣義曰：動靜之勞形，思慮之役心，人之不自治者然也，極聰明，盡智識，天之不能事者然也。兩者一於嗇，則其神不費，而神全於精一。治人事天，莫要於此，故聖人不失於動靜，不累於思慮，收聰明，忘智識，而與天爲一，謂之嗇，則其藏深矣，而不示其存，固矣而不費。

夫唯嗇，是以早復。

御注曰：迷而後復，其復也晚矣，比復好先，嗇則不侈於性，是以早復。

臣義曰：嗇則神存而不費，故其復早也。

早復謂之重積德。

御注曰：復德之本也，復以自知，則道之在我者，日積而彌新。

臣義曰：復以自知，德積於內，復之以早，則所得彌積。

杜光庭《道德真經廣聖義》卷四六《人不畏威章第七二》 無猒其所生。

注：身所生者，神也。無猒者，少私寡欲，使不勞倦。

疏：身所生者，神也。猒，惡也。人由神而生，故謂神爲所生也。神明託虛好靜，人當洗心息慮，神自歸之。若嗜欲瀆神，營爲滑性，則精氣散越，散越則生欲，故勸云無猒所生之神，以存長久之道。

義曰：身之生也，因道稟神而生其形。夫神者，陰陽之妙也；形者，

陰之體也；氣者，陽之靈也。人身既生，假神以運，因氣以屈伸。神氣全則生，神氣亡則死。故形爲神之宅，神爲形之主。豈可猒而去之耶？且所生我身，大約有三。一曰精，二曰神，三曰氣，受生之始，道付之以氣，天付之以神，地付之以精。三者相合而生其形，人當受精、養氣、存神，則能長生若一者。散越則錯亂而成疾，耗竭而致亡。不愛此三者，是散而棄之也。氣散神往，身其死矣。得不戒而保之哉？此三者能生其身，故曰所生也。

夫唯不猒，是以不猒。

注：夫唯人不猒神，是以神亦不猒人也。

疏：善貸曰道，資形曰神。人能愛道存神，故云夫唯不猒。除垢止念，惟精惟一，神不猒人，故云是以不猒。

義曰：貸，假也。資，稟也。垢，惡也。夫惟修道之人，養神愛氣，冥懷虚寂，神則常存。神不猒人，人可長久。除垢止念者，《西昇經》老君將昇太微，戒尹喜之詞也。曰：除垢止念，靜心守一，衆垢除，萬事畢。吾道之要也。惟精惟一者，《尚書·大禹謨篇》舜命禹踐位之詞也。曰：人心惟危，道心惟微。危則難安，微則難明。惟精惟一，可以允執厥中也。

《西昇經·神生章第二一》（宋徽宗注） 老君曰：神生形，形成神。形不得神，不能自生，神不得形，不能自成。形神合同，更相生，更相成。

神妙萬物而爲言，神生形也，身乃神之車，神之舍形成神也，蓋神去於形謂之死，而形非道不生，形資神以生故也。有生必先無離形，而形全者神全，神資形以成故也。形神之相須，猶有無之相爲利用，而不可偏廢，惟形神俱妙，故與道合眞。

神常愛人，人不愛神。

攝汝知一汝度，神將來舍，目無所見，耳無所聞，心無所知，神將守形，神之愛人也如此。然神好淸而心擾之，神好靜而欲牽之，矜覽外慕，逐物忘返，無一息之頃，內存乎神，欲抱神以靜難矣。聖人復命之常同乎無知，雖聖智亦在所擯，故能神全不虧，異乎衆人也。

董思靖《洞玄靈寶自然九天生神章經解義》卷一 所以能愛其形，保其神，貴其炁，固其根，終不死壞而得神仙，骨肉同飛，上登三清，是與三炁合德，九炁齊並也。但人得生，而自不能尊其炁，貴其形，寶其命，愛其神，自取死壞，離其本真耳。上章乃贊重勸修。

且夫人之形，象天而法地，應三才而具五行，血氣之所營，聰明之所託，其可不愛之乎。然形非徒形，必有使形者存焉。是以又當保其神也。《南華經》云：純粹而不雜，靜一而不變，淡而無爲，動而以天行，此養神之道。貴其炁者，嗇之而不敢妄用也。固其根者，守之而不離其本也。故云守中抱一，與天相畢。此終不死壞之義也。夫如是則始於愛形而終於踐形，始於保神而終於窮神，然後乘雲炁而遊太清，是與三炁合德，九炁齊並也。其或反是，則幾何不壞滅而離其本眞哉。蓋自取之耳。

褚伯秀《南華真經義海纂微》卷三九 且夫失性有五：一曰五色亂目，使目不明；二曰五聲亂耳，使耳不聰；三曰五臭熏鼻，困惾中顙；四曰五味濁口，使口厲爽；五曰趣舍滑心，使性飛揚。此五者，皆生之害也。而楊、墨乃始離跂自以爲得，非吾所謂得也。夫得者困，可以爲得乎？則鳩鴞之在於籠也，亦可以爲得矣！且夫趣舍聲色以柴其內，皮弁鷸冠搢笏紳脩以約其外，內支盈於柴柵，外重纆繳，睆睆然在纆繳之中而自以爲得，則是罪人交臂歷指而虎豹在於囊檻，亦可以爲得矣！

詳道註：《老子》曰：五色令人目盲，五音令人耳聾，五味令人口爽，蓋人之生也，性靜而莫之動，德厚而莫之遷。妄境在前，靈源遂滑，以至忘不貲之良貴，趣無窮之穢腐者，豈不惑哉！此君子所以貴乎嗇也。然管夷吾曰：耳欲聞者音聲，而不得聽，謂之閼聰；目欲見者善色，而不得視，謂之閼明；以至體之欲安者美厚，而不得從，謂之閼適；意之欲爲者放逸，而不得行，謂之閼性。凡此諸閼，廢虐之主也。拘此廢虐之主，戚戚然以至久生，非吾所謂養。何邪？蓋善嗇者不戚戚，戚戚者非善嗇也。

陶弘景《養性延命録》卷上 太史公司馬談曰：夫神者，生之本；形者，生之具也。神大用則竭，形大勞則斃。神形早衰，欲與天地長久，非所聞也。故人所以生者，神也。神之所託者，形也。神形離別則死，死者不可復生，離者不可復返，故乃聖人重之。夫養生之道，有都領大歸，未能具其會者，但思每與俗反，則闇踐勝轍，獲過半之功矣。有心之徒，可

不察歟。

《小有經》曰：少思、少念、少欲、少事、少語、少笑、少愁、少樂、少喜、少怒、少好、少惡，行此十二少，養生之都契也。多思則神殆，多念則志散，多欲則損志，多事則形疲，多語則氣爭，多笑則傷藏，多愁則心懾，多樂則意溢，多喜則忘錯惛亂，多怒則百脉不定，多好則專迷不治，多惡則憔煎無歡，此十二多不除，喪生之本也。無多者，幾乎眞人大計。奢懶者壽，慳勤者夭，放散劬吝之異也。田夫壽，膏粱夭，嗜欲少多之驗也。處士少疾，游子多患，事務繁簡之殊也。故俗人競利，道士罕營。

胡昭曰：目不欲視不正之色，耳不欲聽醜穢之言，鼻不欲向膻腥之氣，口不欲嘗毒刺之味，心不欲謀欺詐之事，此辱神損壽。又居常而嘆息，晨夜而吟嘯，干正來邪也。夫常人不得無欲，又復不得無事，但當和心少念，靜身損慮，先去亂神犯性，此則嗇神之一術也。

功行

綜述

杜光庭《道德眞經廣聖義》卷三六《爲學日益章第四八》 義曰：修道之階，漸臻其妙。初則由學而開悟，因悟而遵修，修則以立功補過，積微成著。功不在大，遇物斯拯，過不在小，知非則悛。過在改而不復，爲功在立而不中倦。《洞玄經》曰：功滿三千，白日昇天。修善有餘，坐降雲車。斯皆從凡慕道，誘勸立功之旨也。夫立功之義，蓋亦多途，或拯溺扶危，濟生度死，苟利於物，可以勤行。或內視養神，吐納鍊藏，服餌導引，猿經鳥伸，遺利忘名，退身讓物，皆修道之初門也。既得其門，務在勤久。勤而能久，可以積其善功矣。善功既積，不得自恃其功，矜伐於衆，爲而不有，旋立旋忘，功既旋忘，心不滯後，然謂之雙遣兼忘之至爾。經曰上德不德，是以有德。忘德不恃，其德益彰；忘功不居，其功益廣。理國契無爲之化，修身成不死之基矣。

《太上虛皇天尊四十九章經・立功章第一》 天尊曰：凡欲修道，建功爲先。是以諸天上帝、諸天高尊、諸天眞人、諸天神仙，咸以功勤超聖眞位，諸天記功而爲品格。積功滿千，形神俱仙；功不及千，形滅神仙；功及兆民，玉清之賓。凡蛻爲仙，仙化爲眞，眞人無礙，洞合自然。消則爲炁，息則爲人，神通自在，變化無形，飛行三界，出幽入明。吾昔在世，立世之功；吾遊天中，諸天奏功。一切衆生，咸願濟拔，心不退轉，自得眞道。

《晉眞人語録》 先生曰：嗟見世間人尋師訪道，不肯恭順於人，只說俱能已勝。至於修行，又不肯勤謹愼忍，只憑口說，全無眞功。亦不眞緊修行，以見貧者又無拯救之心。種種虧功失行，到使陰德有虧，於道有違。似此之徒，欲要成仙證道，甚遠矣哉。如今略說道果之因，上天只秖祐眞功眞行，如大善德之人，自可感動天地。經云：皇天無親，惟德是輔。若要眞功者，須是澄心定意，打疊精神，無動無作，眞清眞淨，抱元守一，存神固炁，乃眞功也。若要眞行，須要修行蘊德，濟貧拔苦，見人患難，常懷拯救之心，或化誘善人入道修行，所爲之事先人後己，與萬物無私，乃眞行也。

先生曰：若人修行養命，先須積行累功。有功無行，道果難成，功行兩全，是謂眞人。

《重陽祖師修仙了性秘訣》 夫全眞者，是大道之清虛，無爲瀟洒之門戶，乃純正之家風，是重陽之活計。修仙之士，學道之流，愼勿狂遊而叅禪，且莫徒勞而問道。羣居愼口，累眞功，獨坐防心，積實行。莫爲小過而不除，休言微行而不積。心猿緊鎖，意馬牢擒。三逆散而神寧，六賊勦而意定。緩緩而抽添水火，微微而調息眞功。清淨寂寥而低下，謙和柔弱而煉心，恭敬於人而有益。般般勘破這行屍，物物休停除走骨。

全陽子《呂純陽眞人沁園春丹詞注解》 蓬萊路仗三千行滿，獨步雲歸。

三千行滿，謂九年三千日也。三千日內，務要積功累行，十二時中不可須臾離道。劉虛谷《還丹篇》云：大功欲就三千日，妙用無虧十二時是也。丹法：片餉結胎，百日而功靈，周年而胎圓，九年而行滿，皆有程

度，決無今日遇師，明日便能成仙之理。當知一年而小成，九年而大變，始而易氣，次而易血，次而易脉，次而易肉，次而易髓，次而易筋，次而易骨，次而易髮，次而易形，積九年而閱九變，煉盡陰氣變成純陽，然後可以遺世獨立，羽化而登仙也。曾至游《集仙傳》載：陳朝元戒世云，爲善事者必享福報，集陰德者子孫榮昌，不殄天物，不肆盜婬，不毁正教，善事也。救死扶傷，急人患難，無縱隱賊，陰德也。不作善事，不積陰德，則惡道無所不入矣。朝元此言，蓋爲俗人設也，況學仙者乎？大抵欲修仙道，先修人道，人道不修，則仙道遠矣。又豈不見《悟眞篇》云：大藥修之有易難也？知由我也，由天。若非積行施陰德，動有羣魔作障緣，學者詎可以我命在我之説自諉，而不務功行爲急哉？嗚呼，功滿三千，大羅爲仙，行滿八百，大羅爲客。吾黨其勉諸。

王重陽《重陽立教十五論·第五論蓋造》 茅庵草舍，須要遮形，露宿野眠，觸犯日月。苟或雕梁峻宇，亦非上士之作爲，大殿高堂，豈是道人之活計。斫伐樹木，斷地脉之津液，化道貨財，取人家之血脉。只修外功，不修内行，如畫餅充飢，積雪爲糧，虛勞衆力，到了成空。有志之人，早當覓身中寶殿，體外朱樓，不解修完看看倒塌。聰明君子，細細察詳。

又《重陽真人金關玉鎖訣》 問曰：如何是五行之法？訣曰：第一先須持戒，清靜忍辱，慈悲實善，斷除十惡，行方便，救度一切衆生，忠君王，孝敬父母師資，此是修行之法。然後習眞功。訣曰：第一身中東西，要識庚甲卯酉。第二身中南北，要識坎離鉛汞。訣曰：庚甲卯酉者，爲晝夜。甲卯者，是肝之氣。八節中立春、春分，口中爲津也。庚酉者，是肺之氣。八節中立秋、秋分，口中爲液也。坎離者，寒暑。離鉛者，是身中心氣，八節中立夏、夏至，身中爲血也。坎汞者，是腎中氣。八節中立冬、冬至，身中爲精也。精生魄，血生魂，精爲性，血爲命。人了達性命者，便是眞修行之法也。訣曰：精血者，是肉身之根本。眞氣者，是性命之根本。故曰：有血者，能生眞氣也。眞氣壯實者，自然長久，聚精血成形也。

《紫陽真人悟真篇注疏》（翁葆光注　戴起宗疏）卷四 異名同出少人知，兩者玄玄是要機。保命全形明損益，紫金丹藥最靈奇。

註曰：太上曰：無名，天地之始。有名，萬物之母。又曰：此兩者同出而異名。方其無也，眞一之氣不可見也，故爲天地之始。及其有也，眞一之氣化而爲汞，現於空玄之中，故爲萬物之母。在天曰離爲汞，在地曰坎爲鉛。其本則同，其出則異。同謂之玄玄之又玄。修眞之功，執此二者玄機，以明損益，以治修身，則形可全而命可保也。所謂二者，陰陽二氣而已。所謂損者，五行順兮，常道有生有滅是也。吁，純陽紫金之丹，立爲天地之始，出爲萬物之母。其曰紫金丹藥最靈奇，當知仙翁歎莫不盡之深意也。

又卷七 德行修逾八百，陰功積得三千。均齊物我與親寃，始合神仙本願。　虎兕刀兵不害，無常火宅難牽。寶符降後去朝天，穩駕瓊輿鳳輦。

註曰：抱一九載，功成道備，物我兩忘，何刀兵虎兕之害哉。天降寶符，身飛碧落，眞大丈夫出世間之日也。此言金液還丹，又全在德行陰功，八百三千圓滿，方保無魔。依法終成，以至冲舉，登瓊輿鳳輦，爲至眞仙子賓于上帝也。右警勸世人。

又卷八 了了心猿方寸機，三千功行與天齊。自然有鼎烹龍虎，爭奈擔家戀子妻。

註曰：此詩警時人之不知返者也。方寸機者，言修眞之士，未鍊還丹以前，須是心地了了，不爲心猿意馬之所使。古歌曰：人生本是一猿猴，萬種皆因向外游。制伏若能收拾住，六精結住夜明珠。呂眞人曰：未鍊還丹先鍊心。《西山記》曰：眞仙上聖，教人修道，即修心也。教人修心，即修道也。又云：制之則正，放之則狂。清淨道生，昏濁神忘。此其旨也。所謂行者，陰與陽也。仙翁曰：大藥修之有易難，須知由我也由天。若非積行施功德，動有羣魔作障緣。鍾離公曰：有功無行如無足，有行無功目不前。功行兩全足目備，誰云無功作神仙。呂眞人云：蓬萊路仗三千功德，獨步雲歸。陰功既積，必遇至人。故曰：自然有鼎烹龍虎也。其曰戀子愛妻，此仙翁之意，復恐學迷失道而入邪行。愛妻戀子，永沉苦海矣。學者須存物外之志可也。右警世人。

李簡易《玉谿子丹經指要》卷上 修鍊内丹之道，藥物不過鉛汞二物而已，當先修人道，以忠孝爲本，濟物爲先。寶此一身，内功外行，除嗜

慾，定心氣，節飲食，省眠睡。身中至藥，精與氣神，精不妄泄則元氣混融，元氣混融則元神安逸。三者既固，則鼎器漸完。鼎器既完，方可言修鍊也。或問：如何是順則生人，逆爲丹母？答曰：順者，人倫之大端，分精氣以成人，精氣爲物，遊魂爲變，有身則有患，煩惱從此起也。逆者顛倒五行，和合四象，探混元未判之氣，奪龍虎始姤之精，入于黄房，產成至寶。可謂無質生質，身外有身，暨乎功滿德就，而證上仙焉！

劉處玄《無爲清靜長生真人至真語録》 復詢：是者何也？答曰：是者從其道，則眞是也。非者從於物，則僞非也。明眞則不著於僞也，明是則不言於非也。明於眞，則妙通其道也。明於是，則妙通其天也。明道則有其功也，明天則有其行也。功者，陽道也。行者，陰德也。若私救於萬形，謂之陽功也。若偷救於萬苦，謂之陰德也。經云：自見者不明，自是者不彰。自是念道而應物，則有其思也。問是

尹志平《清和真人北遊語録》卷二 學其未覺，惠也，功也，弘揚教法，接物利生，行也。積功累行，爲道基本，絶學遺法，乃可入於道。故曰：絶學無憂。無憂則乃見眞空，不言而道自行矣。如天道運用，而四時自行，百物自生。夫何爲哉？

【略】故知道本自然，然必自有爲行之，而後可得積行累功，進進不已，外功既就，不求得而自得之。【略】

常云：無爲之道，視之不可見，聽之不可聞，行之卒不可至。長生與俺，尚多疑心，中道幾乎變易，故知後人未易行。都不若積累功行，最爲有效。必有志於功行，莫如接待。凡所過者，飢得食，勞得息，時寒時暑，皆得其安慰。德施於人者有如此，而功可不謂之至大乎。久而不易其誠，則當有神明報應，縱或未至，則必有外助，其暗中顯應，有不可具言者。吾所親經，未嘗言於人。凡人有功一分，即説一分，猶且本分。或説作二分，則前功盡廢，默而不言，其功得倍。故有云：不求人知，惟望天察。經云：建德若偷。已有善行，人或反非之，能不與之辯，則其功亦可得倍。

又卷三 師曰：學道之賓主，不可不明也。學道是主，萬緣皆賓。凡與緣接待，輕重塵勞，一切功行，皆是求道之資，無有不可爲者。惟不可有所著，一有所著，則失其正矣。今之積累功行人甚多，然少有功成不居，爲而不恃者，既有恃著，止是有爲福德。若爲一切功行無恃著之心，則受虛無之功，獲自然之福，雖曰有爲，吾必謂之無爲矣。凡一切功行塵勞，實爲求學之資，非爲功名也。正似農人竭力耕稼，及百工日用其技，其心主於謀食，而耕稼及所爲之技，皆是賓也。要終日經營，而無著於經營。雖聖人豈無經營，獨不主於經營耳。故有云：聖人有經營之跡，無經營之心。凡所經營者，皆跡也。一著於跡，則便有對待，能不著一物，透入虛空，方可出於對待。【略】

丹陽師父，全行無爲古道也。至長春師父，惟教人積功行，存無爲而行有爲。是執古道爲紀綱，以御今之所有也。經曰：能知古始，是謂道紀。凡學人先執持己之道性爲紀綱，而後積累功行以應諸緣，無施不可。丹陽師父云：無爲心內慈心起，眞行〔眞〕功總屬伊。功行既到，心地自得開悟，聖賢與之道。奈何有功之人，多懷倚賴功行望道之心，還能將此心忘却，便是爲而不恃。師父嘗云：俺今日些小道氣，非是無爲靜坐上得，是大起塵勞作福上聖賢付與。得道之人，皆是功行到，聖賢自然與之。丹陽師父因乞飯中聞道，長眞師父路中行次得之，長生師父坐於洛陽瓦市中，至七年得之。

又卷四 人之光明不可散失，光明大則性大，光明小則性小，以此光明照察他人，眞僞無遺，還能迴光自照，則光明都在於己。惟有志之士能把握，不至散失。雖然，不得眞功實行相配，則不能變化。有人曾問道於師父，答曰：外修陰德，內固精神。故知雖有精神，不得功行，終不可成道。然有功德於人或及物，無得有恃賴之心。師父有詩云：莫問天機事怎生，惟修陰德念長更，人情反覆皆仙道，日用操持盡力行。若有一毫恃賴，則謂之住相，功德小却。又知無爲有爲，本無定體。無爲有所恃著，即有爲也；雖有爲無所恃著，即無爲也。又何嘗有定體哉！

王志謹《盤山棲雲王真人語録》 或問曰：如何是功行？答云：合口爲功，開口爲行。如何是合口爲功？默而得之，無思無慮，緘口忘言，不求人知，韜光晦跡，此是合口爲功也。如何是開口爲行？施諸方便，教人行持，利益羣生，指引正道，是開口爲行也。

師因衆議住持院門，乃云：修行人住院，須量氣力運動，簡省輕快過日。不可與世俗一般，爭名爭利，却失了當初本心，却忘了性命大事因

緣，此是正理也。若能於此鍊磨心地，不肯處肯去，苦處當去，得心安穩不動，接待十方，自利利他，安心積行，功行兩全矣。若不鍊心，認物爲我，則一向慳貪，習性窄隘，罪過尋俗，誤却前程矣。

師因作務人有動心者，乃云：修行人外緣雖假，不可不應。應而無我，心體虛空，事來無礙，則虛空不礙萬事，萬事不礙虛空。如天地間，萬象萬物皆自動作，俱無障礙。若心存我相，事來必對，便有觸撥，急過不得，撞着磕着，便動自心，自心既動，平穩不得，雖作苦終日，勞而無功也。居大衆中，及有作務，專防自心，不可易動，常搜己過，莫管他非，乃是功行。事臨頭上，便要承當，諸境萬塵，不逐他去，自心明了，一切莫辨。如此過日，初心不退，自獲功也。

師云：修行之人，若玄關不通，心地不明，忙忙業識，不能無爲者，蓋爲無福德故也。乃當於有爲處，教門中隨分用力，立功立事，接待方來，低下存心，恭敬師友，常行方便，屏去私邪，久久緣熟，日進一日，自有透得處。不勝兩頭空擔，不能無爲，不能有爲，因循度日，無功無行。穩處着脚，甜處着口，閑管世事，鬧處出頭，恣縱身心，不懼神明，打篝有日。豈不聞長春眞人云：心地下功全拋世事，教門用力大起塵勞。又無心地工夫，又不教門用力，因循過日，請自思之，是何人也。

師云：因緣有數，非由人力。必順自然，安以待命，內功外行，全在自心。自能着力，自己有功。行與不行，各各自得。教門不開，須當隱伏，心與天通。教門既開，外功亦應，合天應人。功不厭多，行不厭廣。但在此心堅固，乃可成就耳。

玄全子《**真仙直指語録**》**卷下**《**清和尹真人語〔録〕**》　修行人做事，全要肯心承順，便有功行。但積功行，自心不知，暗中聖賢積累。但有益處做自有功行事，到頭來全在頭上，要不辨別自有功行。若不承當，怎得有功。修行人若有妄心要求行，求行難有，皆是無心而得。但有益處舉心，自有功行，暗中聖賢不錯不能見。喻如做塵勞，常常亦要體道，休要暗了怎麼做，便得功行。或因爭箇钁子，便又爭箇杴子，便又競早生煙發火，折證是非，怎得有功。若修行人苦己利他，好物教人使用，歹物自己承當，但苦處、重處、難處，自己先做，功行最大，便是有道心的。

何道全《**隨機應化録**》　有道士劉宗海參師，問修煉者何？師曰：修者修其外行，煉者煉其身心。修外行者，恤孤念寡，敬老憐貧，修橋砌路，扶患釋難，總有八百之數。煉身心者，居環守靜，磨身煉心，惜精養氣，鍊神還虛，總有三千之數。外行生福，內功生慧，福慧兩全，超越生死也。

《**太上老君內丹經**》　老君曰：夫煉大丹者，精勤功行，清靜身心。僻靜深山幽玄石洞，絕於鷄犬，斷却是非，不睹外物，不聽外聲，一心內守，無勞外求。大凡修道，必先修心。修心者，令心不動。心不動者，內景不出，外景不入，內外安靜，神定炁和，元炁自降，此乃眞仙之道也。

老君曰：夫煉大丹者，固守爐竈，返老還童，功成行滿，氣化爲血，血化爲精，精化爲髓。一年益氣，二年益精，三年益脉，四年益肉，五年益髓，六年益筋，七年益髮，八年益骨，九年益變形神，身中有三萬六千精光神，居身不散。身化爲仙，足下雲生，頂中鶴舞，號曰長生。修功不怠，關節相連，五臟堅固，內炁不出，外炁不入，寒暑不侵，兵刃不傷，昇騰變化，壽齊天地，玉女侍衛，玉童相隨，上佐玉皇，下度黎庶，號曰眞人。

馬鈺《**漸悟集**》**卷上**《**贈孫先生**》　學道完全性命，養身乞覓殘餘。眞功清淨證元初，眞行救人疾苦。

又《**洞玄金玉集**》**卷九**《**洞中天**本名鷓鴣天·**寄呈馬運甫**》　休賭休飲休保人，減些煙焰少婪塵。能搜己過爲長便，不見他非獲好因。　驚寵辱，樂清貧，修心養性惜精神。常憑如此成功行，明月清風作友眞。

姬至真《**雪山集·實行**》　從己先人謙又謙，平懷本分自清廉。利生接物仁無失，契理明眞義亦兼。莫幻妖邪驚世俗，休生詭異誑閭閻。本行德業能深積，向上機關不用拈。

又《**真功**》　休尋南嶽與天台，名相虛頭盡咄回。財色兩忘心地穩，是非雙泯性天開。眞誠清靜行無間，公正仁慈德備該。外行內功俱有積，亘容圓滿寶花臺。

譚處端《**水雲集·神光燦**》　長眞稽首，遍覆諸賢，修行只要心堅。戰戰兢兢日上，常恐生愆。淡素清貧柔弱，未安寧、休做詞篇。眞功行，在摧強挫銳，寂寞忘言。　無則巡門乞化，對人前休騁，俊雅風顛。藏伏光輝，默默鍛鍊丹田。千朝功夫做就，這些兒暗裏相傳。功行滿，跨祥

雲歸去朝元。

《太上長文大洞靈寶幽玄上品妙經發揮·九轉六月十五日》一轉功，人難曉，鉛汞鍊成身內寶。午前子後用周天，十地三乘生死了。二轉功，切須會，龍虎相交金鼎內，龍吟虎嘯欲生風，用成方可明眞僞。三轉功，聖胎結，玉液鍊成如霜雪，方知用氣可生神，腹裏玄珠明日月。四轉功，神力大，水火抽添無窒礙，身形漸覺炁輕清，萬事無著心自在。五轉功，半仙分，初地小乘休與論，知君名已掛仙曹，他日自有眞人問。六轉功，眞氣旺，好用精神福無量，靈童變化欲昇仙，超覺金丹最爲上。七轉功，心自訝，春夏秋冬行八卦，年深漸漸萬神全，此法尋思何有價。八轉功，丹藥就，魂魄陰陽分左右，大將四季坎離宫，年衰卻返千年壽。九轉功，是仙才，仙人引接到蓬萊，走鬼行尸爭信此，道昌得化法門開。

頌曰：

九轉功成上九霄，九天雲外霧霞高，九重光裏神仙會，入聖皆因坎離交。

《修真十書雜著捷徑·第九轉功行畢》九轉逍遥道果全，三千功行作神仙。金書玉簡宣皇詔，足躡祥雲謁九天。

解曰：丹成九轉，造化成就，道果圓成，更積外行三千，外果圓滿，方可飛昇。故許旌陽丹成之後，除蛟龍之害，然後上昇；孫思邈丹成之後，救萬民之疾，然後上昇。皆須立功成名，方得上昇也。上昇之日，天樂來迎，簫韶合奏，以過天關，隨功行分職，列爲仙班，與天地相爲長久也。

實德

綜述

姬志真《雲山集·實德》卷二 纔生一念鬼神知，元本良心不可欺。濟物利生忘取捨，從人屈己事謙卑。私邪偏亢尋常撥，忠孝仁慈上下移。恭謹至誠無諂曲，人天何處不相宜。

《太上長文大洞靈寶幽玄上品妙經發揮·德行六月十八日》夫修身養氣之人，且要修德，謂與道同。德高而道高，故道德相輔，方可道生於德，德生於行。人若修道先修其德，先修其行，爲行長即壽長，行短即壽短。故修持，行與道同成之理也。自古以來，聖人之言，小人進德行，災禍不臨於身；君子進德行，養命得長生。故太上置法，題立道德爲名也。

頌曰：道德先須要行功，暗施陰騭可能通，修眞志士長生訣，皆在三才八卦中。

尹志平《清和真人北遊語録》卷四 講《孔德之容》章。師曰：嘗記師父問及我輩曰：經教中何者最爲近道？山公先以伊之所得爲對，吾以此章對。谷神不死，藴奧難見，此章便得用度。云恍兮惚兮，其中有物象存焉，若行到則自可見矣。道雖窈冥難見，其可見者德也。施之及物，則爲功行，原其所來，則實出於道。顯諸仁，藏諸用，道德功行，本是一源。未有無道心而有實德者，雖初地人亦能深知，何人有道心，何人無道心，凡一切美惡，自然呈現，故指而言之，曰以此言，以此可見，非爲難也。又云：其中有精，其精甚眞。此一言爲亘古及今不去，以此至精化生人物。是故學道不敢起絲毫塵心，惟恐精神散失。

講《上德不德章》終。師曰：經云上德不德，是以有德；下德不失德，是以無德。以教門中所行事說，最爲易見。云暗積功行，不求人知，則是不自以爲德，既不自德，是謂上德。不使人知，則若失其德。吾謂外其德而德愈存，豈不是實有其德，故曰是以有德。若有功行即使人知，則若不失其德，即爲下德。人知則必加敬重，其德漸損，故曰是以無德。既將功行用在聲名上，隨時失去，還能用在虛無道中，何者是自己實得底。

講《治人事天莫若嗇》章云云。師曰：嗇，嗇愛也，愛其道也。此學人之日用。此一字爲一章之要。服，服食也。早服，食道之味。重積德，自損己利物，以至於治人事天。盡其道之用，則通天徹地。是故學道以積德爲大本，必有實德，然後有所味，道家謂受用。學人皆能知心無雜念，氣候沖和，即爲受用。然少有得其味者，以其不知重積德也。不有眞功德爲本，實無所得。勞心極想，雖至終年，至十年乃至百年，亦終無所得。功德既積，不求所得而自得。何謂眞功德？曰：爲而不恃，不自以德爲

德，是謂眞功德。

王志謹《**盤山棲雲王眞人語録**》 師云：往昔在山東住持，終日杜門不接人事，十有餘年，以靜爲心，全無功行，向沒人處獨坐，無人觸着，不遇境，不遇物，此心如何見得成壞，便是空過時光。若天不利物，則四時不行，地不利物，則萬物不生。不能自利利他，有何功德。故長春眞人云：動則安人利物，蓋與天地之道相合也。

林自然《**長生指要篇·第七**》 回陽子曰：金丹大藥，固在乎師之所傳，亦在乎天之所祐。我道祖太上老君，《道德經》曰：天道無親，常與善人。祖師魏伯陽《參同契》曰：天道無適莫兮，惟傳與賢者。祖師純陽眞人《沁園春》曰：蓬萊路，仗三千行滿，獨步雲歸。祖師張眞人詩曰：大藥修之有易難，也知由我也由天，若非積行施陰德，動有羣魔作障緣。又《西江月》云：德行修逾八百，陰功積滿三千，均齊物我與親冤，始合神仙本願。蓋金丹之成，本是天所以賞大善之人。若不務修陰德，而但欲竊取大道者，則天不祐之。縱饒下手，決定魔生障隔，或積年累載，忙不見功，乃反怨道咎師，而致敗壞也。若有好道之士，常能存心，仁慈濟物，救貧拔苦，好生度命，勸人爲忠爲孝，爲仁爲義，爲一切善事，爲種種陰德者，有如買放生命，方便戒殺等事，則仙眞保舉，上帝降祥。尋訪便遇明師，傳授便得正法，下手速修，天既祐之，諸神擁護，決定永無魔障，動靜皆合眞機。尅日功圓，以至住世，長生超脱，升登雲輦，形神俱妙，逍遙自在。又且福及後人，永承道蔭，此雖是師恩，實天賜也。

二十餘年訪道，經遊萬水千山，明師未遇肯安閑，幾度拈香一瓣。
幸遇至人説破，虚無妙用循環，工夫只在片時間，遍體神光燦爛。

右西江月

馬鈺《**洞玄金玉集**》**卷三**《**建德**》 道家無親無不親，哀物哀人哀己身。心起慈悲行大德，意無情念顯精神。有爲境界時時撥，無漏園亭日日新。暗積行功功行滿，攜雲歸去禮師眞。

又卷六《**濟度歌**借東坡韻》 我無去就心何處，不搖不動三陽宇。一志超然不外求，萬事俱忘常内顧。自銜無拘落魄人，逍遙坦蕩樂淸貧。身如野鶴無縈繫，意似孤雲無點塵。無功無法心打坐，閑是閑非耳邊過。人來請我求追薦，再三再四難阻面。環牆結夏應加持，日禱一齋非下賤。眞經默念起慈悲，救苦咄開地獄門。孤魂滯魄脱枷鎖，狂歌狂舞亂紛紛。承斯功德得遷轉，祥雲引赴瑤池宴。我觀世事忒煞空，又把世人當酷勸。求財求財須重義，不義之財如刀利。不如照破事情疏，猛棄妻男大丈夫。莫忘初志休生退，日就月將如我輩。視無所見聽無聲，不視不聽得視聽。法體無形形自現，法鼓無聲聲自鳴。出門入戶自迎送，迎送往來通妙用。重陽傳授與山侗，我今轉付與諸公。自然霞彩通車軾，自然凖望神仙職。到此不分西與東，何愁無分繼扶風。人還悟此玄玄理，方信蓬瀛指顧中。

又卷八《**自戒**》 我因醉裏曾疏脱，誓不卿盃。識破浮財，氣不閑爭色怎埋。免非災。重重得遇修行做，洗滌靈臺。保護靈胎，直待靈珠變箇孩。赴蓬萊。

又 前生不種今生福，求乞街前。凍餒迍邅，心似湯鍋沸鑊煎。願哀憐。明明捨一文錢與，暗暗還賢。最大因緣，自古慈悲總做仙。不虚言。

又 茶來酒去人情事，匪道根由。惟獻惟酬，酒去無茶回奉休。便爲讎。憐貧設粥非求報，建德如偸。更好眞修，定是將來看十洲。步雲遊。

又 恤飢共設三冬粥，稽首諸公。但願家豐，些小慈悲米濟窮。好那容。道心長在常行善，性命圓融。自是心通，縛馬擒猿引虎龍。赴蓬宮。

又 世人箇箇便宜愛，爭要便宜。鬥使心機，贏得便宜却是虧。少人知。勸他好把便宜捨，建德施爲。非是愚癡，暗積洪禧達紫微。做仙歸。

又 浮雲聚散如財物，不義之財。休要貪來，那底招殃惹禍災。好生乖。不如心地行平等，各不傷懷。遠勝持齋，定是將來免落崖。赴蓬萊。

又 三冬設粥宜長久，歲歲如然。惻隱心堅，種下今生眞福田。不虧賢。雖然出了些兒米，獲福無邊。積行功圓，定是將來證果仙。上青天。

又 齋前收拾行香火，供養飢貧當辦辛勤，決定於中隱好人，莫相輕。我今已得眞消息，説與人聽須要虔誠，恭謹如同祭祀神，遇眞眞。

又　街頭凍餒求乞者，歡喜哀憐。供養如仙，惟恐中間隱聖賢。要精專。勝如修建十壇醮，別種因緣。福行周圓，定是將來步碧蓮。去朝元。

又　三冬設粥當周急，飢者堪憐。美事堪傳，他處人聞此善緣。亦如然。濟貧拔苦慈悲福，功德無邊。勝爇沉檀，定是將來得上天。做神仙。

又　當廚聽取扶風勸，煮粥休稀。稠厚些兒，慎勿謾他人肚皮。起慈悲。朝朝日日心休倦，好趁辰時。兼解寒威，積此眞功莫要虧。得洪禧。

又　慈悲道友憐貧乏，設粥三冬。總獲眞功，更啓虔誠有始終。逐年供。惠而不費人聞得，但願家豐。肯濟貧窮，管取將來不落空。赴仙宮。

又　千門萬戶人聽勸，好結良因。恤念飢人，共設三冬粥濟貧。福彌臻。一抄半撮慈悲米，功行非輕。遠勝看經，惻隱之心達玉京。注仙名。

又　風刀雪箭三冬苦，當恤貧兒。身上無衣，口裏無飡常抱飢。忒孤恓。人人正好修功德，當起慈悲。拯溺扶危，設粥都來百日期。立仙梯。

又《致孫公》　冬天設粥益利甚多，煩孫公副正留心，無令斷絕。甚荷。奉呈小詞二闋。

三冬設粥來宮觀，善事光臨。休起愁心，悟取慈悲行最深。足人欽。休生倦怠常寧耐，勝爇檀沉。妙處閑尋，水火相生玉裏金。上瑤岑。

又　孫公副正居何處，紫極之宮。待客謙恭，高下相看動己躬。似張弓。勸賢早認眞修鍊，斡運靈宮。省可恭恭，錦箭如絲射寶躬。不須弓。

譚處端《水雲集・述懷》　爲官清政同修道，忠孝仁慈勝出家。行盡這般功德路，定將歸去步雲霞。

劉處玄《仙樂集》卷一《白蓮花詞》　大醮亡魂聖度，亢旱難逢法雨，清靜身心餐素，功德圓成仙路。古今許龐家去，也應都免輪回苦。有德多謙少怒，莫要嫌貧愛富。萬事包容衆語，感動高天聖祖。古今許龐家去，也應都免輪回苦。

又卷三《述懷・四言頌》　爲官清正，眞無罪病。上有四恩，積行普敬。忠孝治民，靜心養性。意不外遊，自然神定。掩惡揚善，非言莫聽。去除憎愛，常行平等。弗戀世華，閑步松徑。綠水青山，洞天仙景。本來面目，鍊磨如鏡。明今照古，守道自省。功德周圓，大羅朝聖。

玄覽

綜述

河上公《道德眞經注・能爲章第一〇》　滌除玄覽，能無疵乎？

當洗其心，使潔清也。心居玄冥之處，覽知萬事，故謂之玄覽。不淫邪也。

成玄英《老子道德經義疏・載營章第一〇》　滌除玄覽，能無疵，

滌，洗也。除，遣也。覽，察也。疵，病也。滌蕩六府，除遣五情，使神氣虛玄，故能覽察妙理，內外清夷，而無疵病也。然後身無所爲，心無所取，不爲有生，不爲無滅。以此而用，豈有疵病。此明自利也。

李榮《道德眞經注》　滌除玄覽，能無疵乎？

浴玄流以洗心，滌也。蕩靈風以遣累，除也。內外圓靜，同水鏡之清凝。表裏貞明，絕珠玉之瑕類也。

杜光庭《道德眞經廣聖義》卷一一《載營魄章第一〇》　滌除玄覽，能無疵乎？

注：玄覽，心照也。疵，瑕病也。滌除心照，使令清靜，能無疵病乎？

疏：滌者，洗也。除，理也。玄覽，心照也。疵，病也。人之耽染爲起欲心，當須洗滌除理，使心照清靜，愛欲不起。能令無疵病乎？此教人修心也。

義曰：心之照也，通貫有無，周遍天地，因機即運，隨境即馳。不以澄靜制之，則動淪染欲，既滯染欲，則萬惡生焉。萬惡生則疵病作焉。老君戒令洗滌除理，翦去欲心，心照清靜則無疵病。《西昇經》曰：生我者神，殺我者心。故使制志意，遠思慮者，是謂教人修其心也。

李約《**道德真經新注**》 滌除玄覽，能無疵乎？玄覽，心也。心靈通，雖幽遠，亦能覽而知之。人皆多欲，役之無度，遂生瑕穢，不能照燭，故令以道洗滌，除其塵累也。

章安《**宋徽宗道德真經解義**》 滌除玄覽，能無疵乎？

御注曰：聖人以此洗心，則滌除萬行而不有。以此退藏於密，則玄覽妙理而默識。若是者體純素而不累，過而弗悔，當而不自得也，何疵之有？

臣義曰：心復於無，則情亡垢盡，心融形釋，故曰滌除萬物而不有。冥會於道，則遺人離物，明徹見獨，故曰玄覽妙理而默識。滌除玄覽，則物我玄同，何復有疵？

范應元《**老子道德經古本集註·載營魄章第一〇**》 專炁致柔，能如嬰兒乎？滌除玄覽，能無疵乎？

專者，靜定不撓之義。疵，黑病也。〇夫嬰兒氣專而和柔，謂不撓其炁以致和柔，俾常如嬰兒之時，人能之乎。心不虛則不明，不明則不通。謂滌除私欲，使本心精明，如玉之無瑕疵，鑑之無塵垢，則冥觀事物，皆不外乎自然之理，人能之乎。

李霖《**道德真經取善集·載營魄章第一〇**》 滌除玄覽，能無疵乎？

馬巨濟曰：此章以全精全氣全神爲學道之根，故無離以言養精，如嬰兒以言養氣，無疵以言養神也。

玄覽者，心也。滌者，洗心也。除者，刳心也。洗之而無不靜，刳之而無不虛，心之虛靜，無一疵之可睹。莊子曰：純粹而不雜，靜一而不變，此教人養神也。

曾慥《**道樞**》**卷一**《**玄軸篇**》 鍾離子曰：其識通明，其名曰慧；其靈盈固，其名曰圓。得寂者，亡乎寂者也。其善忘也歟，至幽至虛，可登乎亡矣。其心如滯礦焉，物不能招矣，則入冥不杳，入恍不惚。寥寥乎有見，默默乎有聞。不見爲見，不聞爲聞，然後有見聞之實。不晦予蓋嘗入乎冥冥，守乎寥寥，入寂之中而得寂之應者也。九變之上，不可名也；四遊之前，不可形也；能復於斯，其惟無而已。以有爲有，其失也實；以無爲無，其失也虛。無之有者，眞有也；無之無者，眞無也。淵靜之淵，淵而又淵；洞玄之玄，玄而又玄。茲猶其粗也。夫見乎無無者，斯至乎道矣，其太素之始哉！

鍾離子曰：無中以求無，孰知之耶？夭粹而雜者，有以駁之矣；靈源而濁者，有以撓之矣。惟曠兮若谷，應受不留；澹兮若海，源委不已。無詭於道，無戕其性，浩乎守其眞，寂乎襲其氣，精神會通，成於不化矣。何以知其然也？實者虛之應也，虛者實之乘也，相爲之用，則各歸於初，莫測其變焉。夫玄覽者可以滌吾之性，思而不空則殆，殆於多知也，空而不思則罔，罔乎無守也，其不亦達乎性命者歟！是道也，道之全性之極也。

心齋

綜述

《**南華真經注疏**》**卷五**（**郭象注 成玄英疏**） 顏回曰：回之家貧，唯不飲酒不茹葷者數月矣。若此，則可以爲齋乎？

〔疏〕茹，食也。葷，辛菜也。齋，齊也，謂心迹俱不染塵人也。顏子家貧，儒史具悉，無酒可飲，無葷可茹，簞瓢蔬素，已經數月，請若此得爲齋不。

曰：是祭祀之齋，非心齋也。

〔疏〕尼父答言，此是祭祀神鬼獻宗廟，俗中致齋之法，非所謂心齋者也。

回曰：敢問心齋。

〔疏〕向說家貧，事當祭祀。心齋之術，請示其方。

仲尼曰：若一志，

〔注〕去異端而任獨也。

〔疏〕一汝志心，無復異端，入寂虛忘，冥符獨化。此下荅於顏子，廣示心齋之術者也。

無聽之以耳而聽之以心，

〔疏〕耳根虛寂，不凝宮商，反聽無聲，凝神心府。

無聽之以心而聽之以氣。

〔疏〕心有知覺，猶起人緣；氣無情慮，虛柔任物。故去彼知覺，取此虛柔，遣之又遣，漸階玄妙也。

聽止於耳，

〔疏〕不著聲塵，止於心聽。此釋無聽之以耳也。

心止於符。

〔疏〕符，合也。心起緣慮，必與境合，庶令凝寂，不復與境相符。此釋無聽之以心者也。

氣也者，虛而待物者也。

〔注〕遺耳目，去心意，而付氣性之自得，此虛以待物者也。

〔疏〕如氣柔弱虛空，其心寂泊忘懷，方能應物。此解而聽之以氣也。

唯道集虛。虛者，心齋也。

〔注〕虛其心則至道集於懷也。

〔疏〕唯此眞道，集在虛心。故知虛心者，心齋妙道也。

顏回曰：回之未始得使，實自回也；

〔注〕未使心齋，故有其身。

〔疏〕未稟心齋之教，猶懷封滯之心，既不能隳體以忘身，尙謂顏回之實有也。

得使之也，未始有回也；

〔注〕既得心齋之使，則無其身。

〔疏〕既得夫子之教，使其人以虛齋，遂能物我洞忘，未嘗之可有也。

可謂虛乎。夫子曰：盡矣。

〔疏〕夫子向說心齋之妙，妙盡於斯。

王元澤《南華真經新傳》卷三　顏回曰：吾無以進矣，敢問其方。仲尼曰：齋，吾將語若。有而爲之，其易邪？易之者，皡天不宜。顏回曰：回之家貧，唯不飮酒不茹葷者數月矣。若此則可以爲齋乎？曰：是祭祀之齋，非心齋也。回曰：敢問心齋。仲尼曰：若一志，無聽之以耳而聽之以心，無聽之以心而聽之以氣。聽止於耳，心止於符。

志一，則心鑑定而思慮澄，廓然空虛而至道自集也，故曰一志。夫中既空虛，而道集非由外知而由於內得也，故曰無聽之耳而聽之心。心既得之，則然後以氣而得之也，故曰無聽之以心而聽之以氣。如此，則至道集于己，而推其緒餘而可化於人矣。然至道不可以情求，必先精其聰聽矣，故曰：聽止於耳。耳者，體也。體既得之，則合於心，心既得之，則合於氣，故曰氣止於符。

氣也者，虛而待物者也。唯道集虛。虛者，心齋也。顏回曰：回之未始得使，實自回也；得使之也，未始有回也；可謂虛乎？夫子曰：盡矣。

齋者，易所謂齋戒以神明其德，是也。夫齋則將以有思，而戒則將以有爲。孔子將使顏回受其説，故使之心齋而已矣。故曰虛者，心齋也。然虛者，一也；齋者，靜也。一則足以應萬變，靜則足以制羣動。如此則可以化人矣。夫心齋，本於無我無心也。此顏回悟心齋之言而遂忘於己也。故曰未始有回也。未始有回，則亦可以經世矣。

吾語若。若能入遊其樊而無感其名，入則鳴，不入則止。

得至虛之妙者，雖處於天地之間，而泯然絕於聲聞也。故曰若能入遊其樊而無感其名。夫無感其名，則冲寂也；物來則然後應，不來則不自動，譬由人籟受氣則鳴，氣止則息也。故曰入則鳴，不入則止。

無門無毒，

無門者，善閉也；無毒者，不治也。善閉所以藏用，不治所以顯仁，此任其自然而然也。

一宅而寓於不得已，則幾矣。

體全至虛，抱一自處，無心於物，而物來則應，不得已而然後起，至道所謂盡之矣。故曰一宅而寓於不得已，則幾矣。

褚伯秀《南華真經義海纂微》卷八《人間世第二》　顏回曰：吾無以進矣，敢問其方。仲尼曰：齋，吾將語若。有而爲之，其易邪？易之者，皡天不宜。顏回曰：回之家貧，唯不飮酒不茹葷者數月矣。若此則可以爲齋乎？曰：是祭祀之齋，非心齋也。回曰：敢問心齋。仲尼曰：若一志，

無聽之以耳而聽之以心，無聽之以心而聽之以氣。聽止於耳，心止於符。氣也者，虛而待物者也。唯道集虛。虛者，心齊也。顔回曰：回之未始得使，實自回也；得使之也，未始有回也；可謂虛乎？夫子曰：盡矣！吾語若。若能入遊其樊而無感其名，入則鳴，不入則止。無門無毒，一宅而寓於不得已，則幾矣。絶迹易，無行地難。爲人使易以僞，爲天使難以僞。聞以有翼飛者矣，未聞以無翼飛者也；聞以有知知者矣，未聞以無知知者也。瞻彼闋者，虛室生白，吉祥止止。夫且不止，是之謂坐馳。夫徇耳目内通而外於心知，鬼神將來舍，而況人乎！是萬物之化也，禹、舜之所紐也，伏戲、几遽之所行終，而況散焉者乎！

呂註：仲尼謂顔回凡事有爲而爲之，未有易而無難者。心齋者，無思無爲而復乎無心也，非一志不足以告此。無聽以耳而以心，則聽無聞矣。無聽以心而以氣，則心無知矣。聽無聞而止於耳，心無知而止於符，虛以待物，唯氣而已。唯道集虛，此所以復乎無心也。人之於其心，未有得其所爲使者，所以不能無我，故回之未得使，實自有其身；得使之也，則能無我矣。無感其名，忘其虛也。入遊其樊，則其心之出有物採之。入則鳴不入則止，金石有聲，不考不鳴也。方其止也，無門可由而羣動不能踰；無毒可施而衆邪不能病，一宅而寓於不得已而動，以此涉人間世亦幾矣。夫子又告以絶迹易無行地難，欲無行地則莫若絶迹，欲免物累則莫若忘身。忘身不眞，不免於僞而已。人則有知而有所不知，故爲人使易以僞；天則無知而無所不知，故爲天使難以僞。存吾心之所以事天，爲天使者也，其可容僞邪？人之有知者，以知爲翼，拔其翼則止而不飛矣。瞻彼闋者虛室生白，則吉事有祥，止於所止。夫且不止是之謂坐馳，此吉、凶、悔、吝之所以生乎動也。夫止止者，耳如目，目如耳，心凝形釋，骨肉都融耳。目内通，外於心知，鬼神將來舍而況於人乎？此萬物之化，古聖之所行終者也。

詳道註：有而爲者，古人嘗難之。有思必齋，有爲必戒。故欲神明其德者，必齋心焉，此仲尼所以告顔回也。《文子》曰：上學以神聽，中學以心聽，下學以耳聽。聽止於耳，則極於耳之所聞；心止於符，則極於心之所合而已。聽之以氣，則無乎不在，廣大流通，所以用形而非用於形，所以待物而非待於物。虛而無礙，應而不藏，故一志所以全氣，全氣所以致虛，致虛所以集道，此心齋之義也。回之未得使，猶以大患有身；得使之也，未始有回，則無其身矣。故能入其樊而無感其名，入則鳴，不入則止。無門無毒，攝有爲以歸無爲也。一宅而寓於不得已，推無爲以寄有爲也。天不行地則易，行不踐地則難；無爲則易，涉世不犯難則難。爲人之所爲，人使也，故易以僞；爲天之所爲，天使也，故難以僞。鳥非翼無以飛；人非知無以知。室非虛，無以生白，吉祥何由而止止哉？夫苟不止，則雖拱默山林，亦坐馳也。夫耳目内通，則無聞無見；外於心知，則無思無知。如此則虛極、靜篤，鬼神來舍，況於人乎？此所以命萬物之化而不化於物，古聖之所服行終身者也。

碧虛註：祭祀之齋涉迹，心齋則悟本也。無聽以耳而以心，遺照觀妙也。無聽以心而以氣，渾一太漠也。初學到此，散漫而難攝，然有妙門焉。在乎聽止於耳，神專所司，則内景不逸，外塵不入；心止於符，祥光凝合，則靈府湛然，心君寂爾。是故沖氣洞虛，本無所待，然無待之中靈物自集，所謂交梨火棗不生於荆棘之地，此理惟修習者知之。得使者，心齋之密用。實自回也，未能虛心；未始有回，虛亦忘矣。若能入乎法令之所，於物不動不矜者，庶幾免患矣。入，謂聽納。鳴，謂無機巧之言。聽之則言，不聽則止。言辭廣大，曰無門。理趣淡泊，曰無毒。心無二者，一宅寓於不得已，寄功羣林也。止步絶迹則易，行不踐地則難，喻人使易誑，自任難欺。有翼斯可以衝天，有道斯可以應變也。室虛則陽明生，心定則天光發。身坐閑堂，内懷好惡，是猶馬伏槽櫪，馳意千里矣。夫不逆六鑿於外，則反收靈光於内，人間事物無緣染汙也。

趙註：聽止於耳、心止於符，寂然不動也。氣，虛以待物，感而遂通也。唯道集虛，虛則衆理之所會，此之謂心齋。顔子豁然而悟曰：不能運動如意者，有我也；能運動如意者，無我也。夫子歎其盡善，又告之曰：汝能入其國中而不爲名所動，合則言不合則止。無門者，我無隙之可乘；無毒者彼不以我爲害。一處之以不得已，則庶幾焉。絶迹易，無行地難，亦寓於不得已之意。爲人使，則有心，故易以僞；爲天使，則任理，故難以僞。以無翼飛、無知知，是不疾而速，不行而至也。闋者，虛空之性。虛室生白，泰宇發光也。吉祥止止，禍亦不至，福亦不來也。若有徼福之心，是謂坐馳矣。夫徇耳目内通，其中明也；外於心知，其中虛也。如是

則將與鬼神爲徒，人其有不信者乎？

杜光庭《道德真經廣聖義》卷三九《含德之厚章第五五》　無聽之以心者，《莊子・人間世篇》孔子謂顔回曰：若一志，無聽之以耳而聽之以心，無聽之以心而聽之以氣。聽止於耳，心止於符。氣也者，虛而待物者也。唯道集虛，虛者心齋也。此言心虛則嗜欲無入，神清則玄覽無疵。遺其色聲，忘其境智。境智忘而玄道自至，色聲一而物相盡空。心止於符，氣合於漠，此謂之心齋也。惟孔子顔回得之矣。

張君房《雲笈七籤》卷三七《齋戒部・齋戒叙》　夫入靖修眞，要資齋戒。檢口愼過，其道漸階。《南華眞經》云：顔回問道於孔子。孔子曰：汝齋戒，吾將語汝。顔回曰：回居貧，唯不飲酒，不茹葷久矣。孔子曰：是祭祀之齋，非心齋也。汝一志，無以耳聽，而以心聽，無以心聽，而以氣聽，疏瀹汝心志，澡雪汝精神，掊擊汝智慮，我將語汝。夫道冥然，難言哉！將爲汝試言其約略爾。《混元皇帝聖紀》云：按諸經齋法，略有三種。一者設供齋，以積德解愆。二者節食齋，可以和神保壽。斯謂祭祀之齋，中士所行也。三者心齋，謂疏瀹其心，除嗜慾也；澡雪精神，去穢累也；掊擊其智，絶思慮也。夫無思無慮則專道，無嗜無慾則樂道，無穢無累則合道。既心無二想，故曰一志焉，蓋上士所行也。夫齋者，齊也，齊整三業，乃爲齊矣。若空守節食，既心識未齊。又唯存一志，則口無貪味。謂玆二法，表裏相資。《大戒經》云：夷心靜然，專想不二，過中不味，內外清虛是也。子雖薄閑節食，未解調心。故示齋法，令其受道，而末學之徒，孰能虛心一志哉！夫鄙乎祭祀之教，自謂得心齋之理，蓋嗔嗃怠慢之夫矣。雖口談空寂，無解其目，是自矜也。

又《六種齋》第一，《道門大論》云：上淸齋有二法：

一、絶羣獨宴，靜氣遺形。淸壇肅侶，依太眞儀格。

一、心齋，謂疏瀹其心，澡雪精神。

坐忘

綜述

《南華真經・內篇・大宗師第六》（道藏無注本）　仲尼蹴然曰：何謂坐忘？顔回曰：墮肢體，黜聰明，離形去知，同於大通，此謂坐忘。仲尼曰：同則無好也，化則無常也，而果其賢乎。丘也請從而後也。

《南華真經注疏・內篇・大宗師第六》（郭象注　成玄英疏）　顔回曰：隳肢體，黜聰明，

〔疏〕隳，毀廢也。黜，退除也。雖聽屬於耳，明關於目，而聽明之用，本乎心靈。既悟一身非有，萬境皆空，故能毀廢四肢百體，屏黜聰明心智者也。

離形去知，同於大通，此謂坐忘。

〔注〕夫坐忘者，奚所不忘哉。既忘其迹，又忘其所以迹者，內不覺其一身，外不識有天地，然後曠然與變化爲體而無不通也。

〔疏〕大通，猶大道也。道能通生萬物，故謂道爲大通也。外則離析於形體，一一虛假，此解隳肢體也。內則除去心識，悗然無知，此解黜聰明也。既而枯木死，灰冥同大道，如此之益，謂之坐忘也。

仲尼曰：同則無好也，

〔注〕無物不同，則未嘗不適，未嘗不適，何好何惡哉。

化則無常也。

〔注〕同於化者，唯化所適，故無常也。

〔疏〕既同於大道，則無是非好惡；冥於變化，故不執滯守常也。

褚伯秀《南華真經義海纂微》卷一九　顔回曰：回益矣！仲尼曰：何謂也？曰：回忘仁義矣！曰：可矣！猶未也。他日復見曰：回益矣！曰：何謂也？曰：回忘禮樂矣！曰：可矣！猶未也。他日復見曰：回益矣！曰：何謂也？曰：回坐忘矣！仲尼蹴然曰：何謂坐忘？

顏回曰：墮肢體，黜聰明，離形去知，同於大通，此謂坐忘。仲尼曰：同則無好也，化則無常也。而果其賢乎！丘也請從而後也。

詳道註：枝海以爲百川，則見川不見海；合百川以歸海，則見海不見川。道，海也。仁義禮樂，百川也。回得道而忘仁義禮樂，是睹海而忘百川，然猶未忘道也；至於離形而忘物，去知而忘心，宴然無所係累，則道果何在哉？與我兼忘而已，此回之所以賢也。義近禮，仁近樂，故忘義而後忘禮，忘仁而後忘樂。蓋回之忘有所不忘，而其益有所謂損。不忘其所忘，以歸於誠忘；損之又損之以至於無損。非造坐忘之妙，何足以與此。

碧虛註：顏子之益，謂損外益內也。愛物之謂仁，利物之謂義，愛利屬乎外，忘之則可，於道則未也。禮者，體之威儀。樂者，心之沖和。心體係乎內，忘之則可，於道則未也。坐忘者，無時而不忘。墮肢體謂即應而忘；黜聰明謂即照而忘。即應而忘，離形去知也；即照而忘，同乎大通也。體同太空，則無好惡；心同造化，則無斷常矣。

李元卓《莊列十論·顏回坐忘論第四》 心非汝有，孰有之哉？是諸緣積習而假名耳。身非汝有，孰有之哉？是百骸和合而幻生耳。知心無心，而萬物皆吾心，則聰明烏用黜？知身無身，而萬象皆吾身，則支體烏用墮？況於仁義乎，況於禮樂乎。若然，動靜語默，無非妙處，縱橫逆順，無非天游。孰知其爲忘也耶？不然，厭擾而趣寂，懼有以樂無，以是爲忘，則聚塊積塵皆可謂之忘矣。夫回幾於聖人而未盡，過於衆人而有餘。順一化之自虛，了物我者，聖人也。隨衆境而俱逝，繫乎有物者，衆人也。了乎無物，則無往而非忘。繫乎有物，則無時而能忘。此顏回所以坐忘乎？反萬物流轉之境，冥一性不遷之宗。靜觀世間，則仁義禮樂舉皆妄名。寂照靈源，則支體聰明舉皆幻識。忘物無物，則妄名自離。忘我無我，則幻識自盡。然仁義禮樂，名不自名，妄者執以爲名。支體聰明，識不自識，幻者認以爲識。知身本於無有，則支體將自墮。必期於墮之者，未離於身見也。知心本於不生，則聰明將自黜。必期於黜之者，未離於心見也。且支體聰明之尚無，則仁義禮樂之安有。向也作德於肝膈之上，而物物皆知，今也無知。向也役心於眉睫之間，而物物皆見，今也無見。茲乃坐忘乎？然既已謂之忘，仲尼不容於有問，顏回不容於有應。亦安知一毫之益，亦安知一毫之損，亦安知仁義禮樂之忘爲末，亦安知支體聰明之墮黜爲至已乎。夫即妙而觀，墜者之忘車，沒者之忘水，人之忘道術，魚之忘江湖，亦忘也。即麤而觀，得者之忘形，利者之忘眞，怒臂者之忘車轍，攫金者之忘市人，亦忘也。將以彼是而此非乎，道無是非。將以彼眞而此僞乎，道無眞僞。顏氏之子，背塵而反妙，損實而集虛者爾。吾知其忘，猶未忘也。使進此道，不忘亦忘。孔子所以行年六十而六十化也。又奚貴忘。

司馬承禎《坐忘論》 夫人之所貴者生，生之所貴者道。人之有道，若魚之有水。涸轍之魚猶希斗水。弱喪之俗無情造道，惡生死之苦，樂生死之業，重道德之名，輕道德之行。審惟倒置，何甚如之。窮而思通，迷而思復，寸陰如璧，愧歎交深，是以恭尋經旨而與心法相應者，略成七條，以爲修道階次。樞翼附焉。

敬信一

夫信者道之根，敬者德之蒂，根深則道可長，蔕固則德可茂。然則璧耀連城之彩，卞和致刖。言開保國之效，伍子從誅。斯乃形器著而心緒迷，理事萌而情思忽。況至道超於色味，眞性隔於可欲，而能聞希微以懸信，聽罔象而不惑者哉。如人聞坐忘之言，信是修道之要，敬仰尊重，決定無疑者，加之勤行，得道必矣。故《莊》云：隳支體，黜聰明，離形去智，同於大通，是謂坐忘。夫坐忘者，何所不忘哉。內不覺其一身，外不知乎宇宙，與道冥一，萬慮皆遺。《莊》云同於大通，此則言淺而意深。惑者聞而不信，懷寶求寶，其如之何。經云：信不足焉，有不信。謂信道之心不足，乃有不信之禍及之，何道之可望乎。

斷緣二

斷緣者，斷有爲俗事之緣也。棄事則形不勞，無爲則心自安，恬簡日就，塵累日薄，迹彌遠俗，心彌近道，至聖至神，孰不由此乎。經云：塞其兌，閉其門，終身不勤。或顯德露能，求人保己，或遺問慶弔，以事往還，或假隱逸，情希升進，或酒食邀致，以望後恩。斯乃巧蘊機心，以干時利，既非順道，深妨正業。凡此類例，皆應絕之。經云：開其兌，濟其事，終身不救。我但不唱，彼自不和，彼雖有唱，我不和之。舊緣漸斷，新緣莫結，體交勢合，自致日疏，無事安閑，方可修道。《莊》云：不將

不迎，無爲交俗之情。又云：無爲謀府，無爲事任，無爲知主。若事有不可廢者，不得已而行之，勿遂生愛，繫心爲業。

收心三

夫心者一身之主，百神之帥，靜則生慧，動則成昏。欣迷幻境之中，唯言實是，甘宴有爲之內，誰悟虛非，心識顛癡，良由所託之地。且卜鄰而居，猶從改操，擇交而友，尚能致益，況身離生死之境，心居至道之中，能不捨彼乎，安不得此乎。所以學道之初，要須安坐，收心離境，住無所有。因住無所有，不著一物，自入虛無，心乃合道。經云：至道之中，寂無所有，神用無方，心體亦然。原其心體，以道爲本，但爲心神被染，蒙蔽漸深，流浪日久，遂與道隔。若淨除心垢，開識神本，名曰修道。無復流浪，與道冥合，安在道中，名曰歸根。守根不離，名曰靜定。靜定日久，病消命復，復而又續，自得知常。知則無所不明，常則無所變滅，出離生死，實由於此。是故法道安心，貴無所著。經云：夫物芸芸，各歸其根，歸根曰靜，靜曰復命，復命曰常，知常曰明。若執心住空，還是有所，非謂無所，凡住有所，則令心勞，既不合理，又反成病。但心不著物，又得不動，此是眞定。正基用此爲定，心氣調和，久益輕爽，以此爲驗，則邪正可知矣。若心起皆滅，不簡是非，則永斷覺知，入於盲定。若任心所起，一無收制，則與凡夫元來不別。若唯斷善惡，心無指歸，肆意浮游，待自定者，徒自誤爾。若偏行諸事，言心無所染者，於言甚善，於行極非，眞學之流，特宜誡此。今則息亂而不滅照，守靜而不著空，行之有常，自得眞見。如有時事或法要有疑者，且任思量，令事得濟，所疑復悟，此亦生慧正根。悟已則止，必莫有思，思則以智害恬，爲子傷本。雖騁一時之俊，終虧萬代之業。若煩邪亂想，隨覺則除，若聞毀譽之名，善惡等事，皆即撥去，莫將心受。受之則心滿，心滿則道無所居。所有聞見，如不聞見，即是非善惡不入於心。心不受外名曰虛心，心不逐外名曰安心，心安而虛，道自來居。經云：人能虛心無爲，非欲於道，道自歸之。內心既無所著，外行亦無所爲，非淨非穢，故毀譽無從生，非智非愚，故利害無由撓。實則順中爲常，權則與時消息，苟免諸累，是其智也。若非時非事，役思強爲者，自云不著，終非眞學。何耶？心法如眼也，纖毫入眼，眼則不安，小事關心，心必動亂，既有動病，難入定門。是故修道之要，急在除病，病若不除，終難得定。有如良田，荆棘未誅，雖下種子，嘉苗不茂。愛見思慮，是心荆棘，若不除翦，定慧不生。或身居富貴，或學備經史，言則慈儉，行則貪殘，辯足以飾非，勢足以威物，得則名己，過則尤人，此病最深，雖學無益。所以然者，爲自是故。然此心猶來依境，未慣獨立，乍無所託，難以自安，縱得暫安，還復散亂。隨起隨制，務令不動，久久調熟，自得安閑。無問晝夜，行住坐卧，及應事之時，常須作意安之。若心得定，即須安養，莫有惱觸，少得定分，即堪自樂，漸漸馴狎，惟益清遠。平生所愛，已嫌蔽陋，況因定生慧，深達眞假乎。且牛馬家畜也，放縱不收，猶自生梗，不受駕馭。鷹鸇野鳥也，爲人羈絆，終日在手，自然調熟。況心之放逸，縱任不收，唯益麤疏，何能觀妙。經云：雖有拱璧，以先駟馬，不如坐進此道。夫法之妙用也，其在能行，不在能言，行之則斯言爲當，不行則斯言如妄。又時人所學，貴難而賤易，若論法要，廣說虛無，思慮所莫能達，行用所莫能階者，則歎不可思議。而下風盡禮，如其信言不美，指事直說，聞則心解，言則可行者，此實不可思議，而人翻以爲淺近，而輕忽不信。經云：吾言甚易知，甚易行，天下莫能知，莫能行。夫惟無知，是以不我知。又有言火不熱，燈不照闇，稱爲妙義。夫火以熱爲用，燈以照闇爲功。今則盛談火不熱，未嘗一時廢火，燈不照闇，必須終夜然燈。言行相違，理實無取，此即破相之言，而人反以爲深玄之妙。雖惠子宏辯，莊生以爲不堪。膚受之流，誰能斷簡，至學之士，庶不留心。

或曰：夫爲大道者，在物而心不染，處動而神不亂，無事而不爲，無時而不寂。今獨避事而取安，離動而求定，勞於控制，乃有動靜二心，滯於住守，是成取捨兩病。都未覺其外執，而謂道之階要，何其謬邪。答曰：總物而稱大，通物之謂道，在物而不染，處事而不亂，眞爲大矣，實爲妙矣。然謂吾子之鑒有所未明，何耶？徒見貝錦之輝煥，未曉始抽之素絲，纔聞鳴鶴之冲天，詎識先資於鷇食。蔽日之幹，起於毫末。神凝至聖，積習而成今。徒學語其聖德，而不知聖之所以德，可謂見卯而求時夜，見彈而求鴞炙。何其造次哉。故經云：玄德深矣，遠矣，與物反矣。然後乃至大順。

簡事四

夫人之生也，必嘗於事物，事物稱萬，不獨委於一人。巢林一枝，鳥見遺於叢泊。飲河滿腹，獸不悋於洪波。外求諸物，內明諸己，知生之有分，不務分之所無，識事之有當，不任事之非當。任非當則傷於智，力務過分則斃於形神。身且不安，何能及道。是以修道之人，莫若斷簡事物，知其閑要，較量輕重，識其去取，非要非重，皆應絕之。猶人食有酒肉，衣有羅綺，身有名位，財有金玉，此並情欲之餘好，非益生之良藥。衆皆徇之，自致亡敗。靜而思之，何迷之甚。《莊》云：達生之情者，不務生之所無以爲。生之所無以爲者，分外物也。蔬食弊衣，足養性命，豈待酒肉羅綺，然後生全哉？是故於生無所要用者，並須去之。於生之用有餘者，亦須捨之。財有害氣，積則傷人，雖少猶累，而況多乎？以隋珠而彈千仞之雀，人猶笑之，況背道德，忽性命，而從非要，以自促伐者乎？夫以名位比道德，則名位假而賤，道德眞而貴。能知貴賤，應須去取，不以名害身，不以位易志。《莊》云：行名失己，非士也。《西昇經》云：抱元守一，過度神仙，子未能守，但坐榮官。若不簡擇，觸事皆爲，心勞智昏，修道事闕。若處事安閑，在物無累者，自屬證成之人。若實未成，而言無累者，誠自誑耳。

【略】

泰定六

夫定者，出俗之極地，致道之初基，習靜之成功，持安之畢事。形如槁木，心若死灰，無感無求，寂泊之至，無心於定，而無所不定，故曰泰定。《莊》云：宇泰定者，發乎天光。宇則心也，天光則發慧也。心爲道之器宇，虛靜至極則，道居而慧生，慧出本性，非適今有，故曰天光。但以貪愛濁亂，遂至昏迷。澡雪柔挺，復歸純靜，本眞神識，稍稍自明，非謂今時別生他慧。慧既生已，寶而懷之，勿以多知而傷於定。非生慧難，慧而不用難。自古忘形者衆，忘名者寡。慧而不用，是忘名也，天下希及之，故爲難。貴能不驕，富能不奢，爲無俗過，故得長守富貴。定而不動，慧而不用，爲無道過，故得深證眞常。《莊》云：知道易，而弗言難。知而不言，所以之天；知而言之，所以之人。古之人天，而不人慧，能知道，非得道也。人知得慧之利，未知得道之益。因慧以明至理，縱辯以感物情，興心徇事，觸類而長，自云處動而常寂，焉知寂者寂以待物乎。此語俱非泰定也。智雖出衆，彌不近道。本期逐鹿，獲兔而歸。所得太微，良由局小。《莊》云：古之治道者，以恬養智。智生而無以智爲也，謂之以智養恬。智與恬交相養，而和理出其性。恬智則定慧也，和理則道德也。有智不用而安其恬，積而久之自成道德。然論此定，因爲而得成，或因觀利而見害，懼禍而息心，捐捨滌除，積習心熟，同歸於定，咸若自然。疾雷破山而不驚，白刃交前而不懼，視名利如過隙，知生死如潰癰，故知用志不分，乃凝於神。心之虛妙，不可思也。夫心之爲物也，即體非有，隨用非無，不馳而速，不召而至，怒則玄石飲羽，怨則朱夏殞霜，縱惡則九幽匪遙，積善則三淸何遠，忽來忽往，動寂不能名，時可時否，蓍龜莫能測，其爲調御，豈鹿馬比其難乎。太上老君運常善以度人，昇靈臺而演妙，略三乘之因果，廣萬有之自然，漸之以日損有爲，頓之以證歸無學，喻則張弓鑿矢，法則挫銳解紛，修之有常，習以成性，黜聰隳體，嗒然坐忘，不動於寂，幾微入照。履殊方者，了義無日，遊斯道者，觀妙可期，力少功多，要矣妙矣。【略】

坐忘樞翼

夫欲修道成眞，先去邪僻之行，外事都絕，無以干心，然後端坐，內觀正覺。覺一念起，即須除滅，隨起隨制，務令安靜。其次，雖非的有貪著，浮遊亂想，亦盡滅除，晝夜勤行，須臾不替。唯滅動心，不滅照心，但冥虛心，不冥有心，不依一物，而心常住。此法玄妙，利益甚深，自非夙有道緣，信心無二者，莫能信重。雖知誦讀其文，仍須辯識眞僞，所以者何？聲色昏心，邪佞惑耳，人我成性，自是病深，心與道隔，理難曉悟。若有心歸至道，深生信慕，先受三戒，依戒修行，在終如始，乃得眞道。其三戒者，一曰簡緣，二曰無欲，三曰靜心。勤行此三戒，而無懈退者，則無心求道而道自來。經云：人能虛心無爲，非欲於道，道自歸之。由此言之，簡要之法，實可信哉，實可貴哉。然則凡心躁競，其來固久，依戒息心，其事甚難。或息之而不得，暫得而還失，去留交戰，百體流汗，久久柔挺，方乃調熟。莫以暫收不得，遂廢平生之業。少得靜已，則行立坐卧之時，涉事喧鬧之處，皆須作意安之。有事無事，常若無心，處靜處喧，其志唯一。若束心太急，急則成病，氣發狂癡，是其候也。心若不動，又須放任，寬急得中，常自調適，制而無著，放而不逸，處喧無

惡，涉事無惱者，此眞定也。不以涉事無惱，故求多事，不以處喧無動，故來就喧。以無事爲眞定，以有事爲應迹。若水鏡之爲鑑，則遇物而見形。善巧方便，唯能入定，發慧遲速，則不由人。勿於定中急急求慧，求慧則傷定，傷定則无慧。定不求慧，而慧自生，此眞慧也。慧而不用，實智若愚，益資定慧，雙美無極。若定中念想，則有多惑，衆邪百魅，隨心應現，眞人老君，神異詭怪，是其祥也。唯定心之上，豁然無覆，定心之下，曠然無基，舊業永消，新業不造，無所纏礙，迥脱塵網，行而久之，自然得道。

夫得道之人，心有五時，身有七候。心有五時者，一動多靜少；二動靜相半；三靜多動少；四無事則靜，事觸還動；五心與道合，觸而不動。心至此地，始得安樂，罪垢滅盡，無復煩惱。身有七候者，一舉動順時，容色和悅；二夙疾普消，身心輕爽；三塡補夭傷，還元復命；四延數千歲，名曰仙人；五鍊形爲氣，名曰眞人；六鍊氣成神，名曰神人；七鍊神合道，名曰至人。其於鑒力，隨候益明，得至道成，慧乃圓備。雖久學定心，身無五時七候者，促齡穢質，色謝歸空，自云慧覺，復稱成道，求諸通理，實所未然，可謂謬矣。

又《天隱子・坐忘》 坐忘者，因存想而得也，因存想而忘也。行道而不見其行，非坐之義乎？有見而不行其見，非忘之義乎？何謂不行？曰心不動故。何謂不見？曰形都泯。故天隱子瞑而不視。或者悟道，乃退曰：道果在我矣。我果何人哉？天隱子果何人哉？於是彼我兩忘，了無所照。

又《神解》 一齋戒，謂之信解。言無信心，即不能解。二安處，謂之閑解。言無閑心，即不能解。三存想，謂之慧解。言無慧心，即不能解。四坐忘，謂之定解。言無定心，即不能解。信定閑慧四門通神，謂之神解。

司馬真人《長生詮經》 夫欲修眞，先除邪行，外事都絶，無以於心。然後內觀王覺，覺一念起即須除滅，隨起隨滅，務令安靜。雖非的有貪著，浮浮亂想亦盡滅除。晝夜勤行，須臾不替。唯滅動心，不滅照心，但冥虛心，不冥有心，不依一法，而心常性，此法玄妙，利益甚深。

常默元氣不傷，少思慧燭內光，不怒百神和暢，不惱心地清涼，不求無諂無驕，不執可圓可方，不貪便是富貴，不苟何懼君王。味絶靈泉自降，氣定眞息自長。觸則形斃神游，想則夢離屍僵。氣漏形歸后土，念漏神趨死鄉。心苑方得神活，魄滅然後魂強。轉物難窮妙理，應化不離眞常。至精潜於恍惚，大象緄於渺茫。造化不知規準，鬼神莫測行藏。不飲不食不深，是謂眞人坐忘。

曾慥《道樞》卷二《坐忘篇上》寶書之笈，三編具存，吾得其要，澄神契眞。

心者，一身之主，神之帥也。靜而生慧矣，動則生昏矣。學道之初，在於收心離境，入於虛無則合於道焉。若夫執心住空，亦非所謂無所也。住於有所，則心勞而氣廢，疾以之生矣。

夫聞毀譽善惡以其心受，受則心滿，滿則道無所居矣。有聞如不聞焉，有見如不見焉，毀譽善惡不入於心，其名曰虛心。虛則安心，安則道自來矣。心者，譬夫目焉，纖毫入目則未有能安者也。牛馬家畜也，縱之不收則悍突難馭；鷹鸇野鳥也，一爲繫絆則自然調熟。吾之心亦猶是歟。然法之妙用，在乎能行，不在能言。夫能在物不染，處事不亂，斯大道之妙乎！

世或以道爲難進，是不知貝錦始於素絲，沖天之鶴資於轂食，蔽日之榦起於毫末者也。事非常則傷於智力，務過分則弊於形神。今以隋侯之珠彈千仞之雀，人猶笑之。況棄道德，忽性命，而從不要以自伐者乎。夫撓亂吾身者，則寇盜也。吾能禦之正心，則勇士也；因智觀察，則利兵也；外累悉除，則戰勝也；湛然常樂，則榮祿也。吾不爲此觀，是猶遇敵棄甲而逃，反受其咎矣。是以定者，致道之初基，習靜之成功，持安之畢事也。

莊子曰：宇泰定發乎天光。何謂也？宇者，心也。天光者，慧也。虛靜至極，則道居而慧生也。慧者，本吾之性也。由貪愛濁亂，散迷而不知，吾能澡雪則復歸於純靜矣。神性虛融，體天應變，形與道同，則無生死。隱則形同於神，顯則神同於氣，所以蹈水火而無害，對日月而無影，存亡在己，出入無間矣。然虛無之道有淺深焉，深則兼被於形，淺則惟及其心。被形者，神也。及心者，慧覺也。慧覺者，身不免於謝焉。何也？慧者，心照也，多用則其體勞矣。初得其慧則悅而多辯，斯神氣漏而爲尸解者也。故大人者，含光藏輝，凝神歸實，神與道合，身心與道同，於是六根洞達焉。身也，無時而不存；心也，無法而不通。故曰：山之有玉則

草木不凋矣，人之懷道則形體永固矣。於是其妙也，有坐忘之樞焉。

修道成眞者，必先去乎邪僻之行，外事不干於心，端坐內觀，念起則滅之，雖然惟滅動心不滅照心，惟凝虛心不凝有心。欲行此者，當受三戒：一曰簡緣，二曰無欲，三曰靜心。簡緣者，擇要去煩也。經曰：少則得，多則惑矣。無欲者，斷貪求也。經曰：常無欲，則能觀其妙矣。靜心者，止息游浪也。經曰：除垢止念，靜心守一，其斯之謂歟。故虛心無欲，非求於道而道自歸之。其要在乎涉事處喧，皆作意以安之。有事無事，常若無心；處靜處喧，其志惟一。束心太急則爲病爲狂，心若不動復須任之，使寬急得其所常，自調適制而勿著，放而不動是爲眞定者也。既如是，亦不可恃其定也，而求多事，求就喧。當使如水鏡之鑒，隨物現形而後可也。定中求慧則傷於定，定則無慧矣，定非求慧而慧自生者也。

得道者於是心有五時，身有七候，是爲淺深之叙焉。五時何也？其動多，其靜少者，一也；動靜各半焉者，二也；其靜多，其動少者，三也；無事則靜，觸則動者，四也；與道冥合，觸亦不動者，五也。七候何也？舉動順時，容色和者，一也；宿疾盡除，身心輕爽者，二也；塡補夭傷，還年復命者，三也；延數萬歲，名爲仙人者，四也；煉形爲氣，名爲眞人者，五也；煉氣成神，名爲神人者，六也；煉神合道，名爲至人者，七也。

又《坐忘篇中》 天隱子曰：人之生也，稟乎靈氣，精明悟通，學無凝滯，則謂之神焉。宅神於內，遠照於外，則謂之仙焉。靈氣者，其不可爲世俗所淪折而後可也。曰喜，曰怒，曰哀，曰樂，曰愛，曰欲，曰惡，七者情之邪也。曰風，曰寒，曰暑，曰濕，曰饑，曰飽，曰勞，曰逸，八者氣之邪也。去邪則近於仙矣。

簡易者，天地之道也。天者，在吾首之上；地者，在吾足之下。吾則見之，故曰：簡易者，神仙之德也。夫學道者，言涉高詭而執迷無所歸本非吾學也。故學氣者，反爲氣所病者有矣；學仙者，反爲仙所迷者有矣。

然學道者，亦須漸而進之，蓋有五門焉：一曰，齋戒；二曰，安處；三曰，存想；四曰，坐忘；五曰，神解。

齋戒者，何也？澡身虛心者也。齋者，潔靜也；戒者，節約也。饑即食，食勿飽，所謂調中者也。物未成者勿食，腐敗閉氣者勿食，五味太多者勿食。勿久坐，勿久立，勿久勞，勿久逸。左右手常摩至於溫熱，熨其皮膚，以去冷氣，所謂暢外者也。於是形堅則氣至矣。

安處者，何也？南向而坐，東首而寢，居之屋廬必得陰陽適中焉。高則陽盛而明多，多則傷於魄，魄陰也；卑則陰盛而暗多，多則傷於魂，魂陽也。有所傷則疾斯生焉。又況夫天地之氣乎，有元陽之切肌，淫陰之侵體，可不愼哉！故吾之室四旁皆窗戶焉，風起則闔之，風息則闢之，前必箔，後必屏。太明則垂箔，以和其內映焉；太暗則卷箔，以通其外曜焉。內以安吾心，外以安吾目。心目安則身安矣。然則彼縱情多慮，其不能安其內外也可知矣。

存想者，何也？存者，存我之神也；想者，想我之身也。夫何以能然乎？閉目則自見其目，收心則自見其心，心目皆不離於身，不傷於神，此其漸也。凡人終日而視他人，則心亦外走矣；終日而接他事，則目亦外瞻矣。營營浮光，未嘗復照，安得不疾且夭耶？故歸根曰靜，靜曰復命，復命成性，是爲衆妙之門也。

坐忘者，何也？因存想而得，因存想而忘也。行道不見其行，非坐之義乎？有見不行其見，非忘之義乎？不行者，心不動也；不見者，形俱泯也。或者曰，心不動有道乎？天隱子默而不對。或者曰，形泯有道乎？天隱子瞑而不視。或者悟曰，道在我矣。

神解者，何也？齋戒者，信解也，無信心則不能解矣。安處者，定解也，無定心則不能解矣。存想者，閑解也，無閑心則不能解矣。坐忘者，慧解也，無慧心則不能解矣。四者通乎神，斯爲神解者焉。神者，兼三才則謂之易，齊萬物則謂之道，本一性則謂之眞一。

天隱子曰：生於易中，死於易中，動因萬物，靜因萬物乎。邪由一性，眞由一性乎，吾皆以神解之在人也，在地也，在水也，皆爲仙矣。變而通之，是曰神仙。

正一先生讀其書，悟曰，吾則異。於是，吾之簡易者，無爲而無不爲也。吾之漸者，守性正命日增一日，漸之道也。齋戒之類兼修之可也。

又《坐忘篇下》 至游子曰：吾得坐忘之論三焉，莫善乎？正一先生司馬子微曰：吾近見道士趙堅造坐忘論七篇，其事廣，其文繁，其意簡，其詞辯。讀之者，思其章句，記其次序，可謂坐馳，非吾所謂坐忘也。吾

聞之先師曰，坐忘者，長生之基也。故招眞以煉形，形清則合於氣；含道以煉氣，氣清則合於神。體與道冥，斯謂之得道者矣。

夫眞者道之元也，故澄神以契眞。莊子曰：宇泰定發乎天光。宇者，心也；天光者，慧照也。先定其心，則慧照內發，照見萬境，虛忘而融心於寂寥，是之謂坐忘焉。老子曰：及吾無身，吾有何患？無身者，非無此身也，體合大道，不徇乎榮貴，不求乎苟進，恬然無欲，忘此有待之身者也。

夫長生者，神與形俱全者也。是以乾坤者易之蘊也，乾坤毁則無以見易矣。形器者，性之府也，形器敗則性無所存矣。養神不養形，猶毁宅而露居者歟。或曰：人之壽終，心識苟正，則神超於眞境。正一先生曰：非至正之言也。夫高德之賢，自謂彼我忘矣，是非泯矣，然見不善則顰，見善則笑，猶爲善惡所惑。況其終也，昏耄及焉，吾未見不爲衆邪所誘者也。故有有識化無識者，秦女之化石是也；有人識化蟲識者，黄氏之化黿者也。由是觀之，心識者爲陰陽所陶鑄，安能自定哉？所以貴乎形神俱全者，蓋以此也。今有知榮貴爲虛妄，了生死爲一貫，至其臨終，則求醫祈鬼，何也？未知乎坐忘者也。忘者忘萬境也，先之以了，諸妄次之，以定其心。定心之上，豁然無覆；定心之下，空然無基。觸之不動，慧雖生矣，猶未免於陰陽之陶鑄也，必藉夫金丹以羽化，入於無形，出乎化機之表，然後陰陽爲我所制矣。

又卷四一　呂子曰：內觀，何謂也？子鍾離子曰：是所謂坐忘者也。雖然，彼曲士者交合不知其時，行持不知其法，而望內觀以成功焉。故意內成丹，想中取藥，鼻搐口咽，欲使日月天地入於氣府，譬猶寐而得賄者也。然而，天地否隔，久而不通者，其失亦在乎意亂而已爾。今夫善視者，志在丹青，則不見泰華；善聽者，志在管弦，則不聞雷霆；耳目之用淺矣。況吾之心者，周該六合而能內觀坐忘者耶！內觀之始，如陽升也。其想爲男、爲龍、爲火、爲天、爲雲、爲鶴、爲日、爲馬、爲煙、爲霞、爲車、爲駕、爲葩、爲氣，如陰降也；其想爲女、爲虎、爲水、爲地、爲雨、爲龜、爲月、爲牛、爲金、爲泥、爲舟、爲葉；吾之內觀又豈止於斯而已哉！青龍也、白虎也、朱雀也、玄武也，五嶽也、九州也、四海也、三島也、金男也、玉女也、河車也、重樓也，皆立象於無中以定神識焉。

故魚之未得，則筌不可失矣；兔之未獲，則蹄不可捨矣，亦不可執於永久，終於斯須焉。夫能至乎念絶想亡，是爲眞空，始可以朝眞矣，蓋內觀者，開基之始爾，必也日損焉，入於希夷，是亦由吾內觀者也。

牧常晁《玄宗直指萬法同歸》卷二《若嬰兒之未孩》　嬰兒者，未出胞胎也。出乎胞胎，謂之孩也。嬰兒在母腹中，惟抱一團和氣。喜怒哀樂之情未發，見聞知覺之性未萌也。出母之胎，便有喜怒哀樂之情，見聞知覺之心，故不足以況於道也。古人曰：溫養子珠，保養太和。又曰：聖胎道胎，胎仙胎息，未嘗言出胞胎也。三教聖賢沺養之術，孰能越此。老子抱元守一，專炁致柔。釋氏之宴寂，顔子之坐忘，止是嬰兒。

又《坐忘説》　坐者，止動也。忘者，息念也。非坐則不能止其役，非忘則不能息其思。役不止，則神不靜。思不息，則心不寧。非止形息役，靜慮忘思，不可得而有此道也。故古人立止觀二法，對治散昏二病。止者，止其散，即散歸於定。觀者，觀其昏，即昏復於慧。非定力不能止其散，非返照不能明其昏。古之上士莫不由此而求之，所以顔回惰肢體，黜聰明，離形去智，同於大通。子棋隱几而坐，喪乎吾我。明道坐如泥塑人。許君曰：靜定棲神，無生雜想。廣成子曰：毋視毋聽，抱神以靜。西王母曰：無勞汝形，毋搖汝精，靈山六載，少室九年，又有脇不至席，身不離座，身心不動，入乎大寂。釋門若此者甚衆，不過止散而照昏也。不假坐養，聖胎何以克成，定慧大事明了，任意逍遥。事若未明，不宜廢坐。雖然冥頑兀坐，又謂鬼窟黑山，外靜內動，名曰坐馳。若此謂之坐忘，又不可也。

重玄

綜述

成玄英《老子道德經義疏・老子道德經開題》　第三宗體者，夫釋義解經，宜識其宗致，然古今注疏，玄情各別。而嚴君平《旨歸》以玄虛爲

宗，顧徵君《堂誥》以无爲爲宗，孟智周、臧玄静以道德爲宗，梁武帝以非有非無爲宗，晉世孫登云託重玄以寄宗。雖復衆家不同，今以孫氏爲正，宜以重玄爲宗，無爲爲體。所言玄者，深遠之名，亦是不滯之義。言至深至遠，不滯不著，既不滯有，又不滯無，豈唯不滯於滯，亦乃不滯於不滯，百非四句，都無所滯，乃曰重玄。故《經》云：玄之又玄，衆妙之門。《隱訣》頌云：玄玄至道宗，上德體洪元也。

又《道可道章第一》 同謂之玄。

玄者，深遠之義，亦是不滯之名。有無二心，徼妙兩觀，源乎一道，同出異名。異名一道，謂之深遠。深遠之玄，理歸無滯。既不滯有，亦不滯無。二俱不滯，故謂之玄。

玄之又玄，

有欲之人，唯滯於有。無欲之士，又滯於無。故説一玄，以遣雙執。又恐行者滯於此玄，今説又玄，更祛後病。既而非但不滯於滯，亦乃不滯於不滯。此則遣之又遣，故曰玄之又玄。

衆妙之門。

妙，要妙也。門，法門也。前以一中之玄，遣二偏之執。二偏之病既除，一中之藥還遣。唯藥與病一時俱消，此乃妙極精微，窮理盡性。豈獨羣聖之戶牖，抑亦衆妙之法門。

又《和大怨章第七九》 和大怨章所以次前者，前章曠明剛強柔弱，其於至極猶未洞忘，故次此章即遣前玄，以彰重玄之致。就此一章內，文有三重：第一明雖離二邊，未階極道。第二明聖人虛會，妙契重玄。第三辯有德無德，忘執之異。

第一明雖離二邊，未階極道。

和大怨，必有餘怨，

怨，對也，即是有無、美惡等一切待對之法也。言行雖捨有無，非有非無，和二邊爲中一，猶前玄，未體於重玄理也。此雖有待，未能無不待也。此是待獨，未獨獨，故有餘對也。

安可以爲善？

安，何也。言雖遣二邊，未忘中一，故何可盡善也。

第二明聖人虛會，妙契重玄。

是以聖人執左契，不責於人。

契，信也，合也。左，陽也，生也。言體道聖人境智冥符，能所虛會，超茲四句，離彼百非，故得久視長生。義言執左，此即不執而執也，猶如帝王握於左契，所以徵攝萬機。聖人妙契環中，故能匡御億兆。而言不責者，聖人雖復匡御衆生，而忘其德，芻狗百姓，故不責其恩報。

第三辯有德無德，忘執之異。

故有德司契，無德司徹。

司，主也。徹，迹也。言上德之人主意妙契，不執名言。無德之者，猶滯筌蹄，未能洞遣。迹既不泯，故言司徹也。

天道無親，常與善人。

天眞之理何有親疏，上善之人自然符會，即向執左契不責於人者是也。

李榮《道德真經注·一章》 玄之又玄，衆妙之門。

道德杳冥，理超於言象。眞宗虛湛，事絕於有無。寄言象之外，記有無之表，以通幽路，故曰玄之。猶恐迷方者膠柱，失理者守株，即滯此玄，以爲眞道。故極言之，非有無之表，定名曰玄，借玄以遣有無，有無既遣，玄亦自喪，故曰又玄。又玄者，三翻不足言其極，四句未可致其源。寥廓無端，虛通不礙，總萬象之樞要，開百靈之戶牖。達斯趣者衆妙之門。

《唐玄宗御製道德真經疏》卷一《道可道章第一》 此兩者同出而異名，

疏：此者，指上事也。兩者，謂可道、可名，無名、有名，無欲、有欲，各自其兩，故云兩者。俱稟妙本，故云自本而降，隨用立名，則名異矣。

同謂之玄。

疏：玄，深妙也。自出而論則名異，是從本而降迹也。自同而論則深妙，是攝迹以歸本也。歸本則深妙，故謂之玄。

玄之又玄，衆妙之門。

疏：攝迹歸本，謂之深妙，若住斯妙，其迹復存，與彼異名，等無差別。故寄又玄以遣玄，欲令不滯於玄，本迹兩忘，是名無住，無住則了出

矣。注云：意因不生者，《西升經》云：同出異名色，各自生意因。今不生意因，是同於玄妙。無欲於無欲者，爲生欲心，故求無欲。欲求無欲，未離欲心。今既無有欲，亦無無欲，遣之又遣，可謂都忘。正觀若斯，是爲衆妙。其妙雖衆，若出此門，故云衆妙之門也。

《南華真經注疏》卷二一《外篇·山木第二〇》（郭象注　成玄英疏）

豎子請曰：其一能鳴，其一不能鳴，請奚殺？主人曰：殺不能鳴者。明日，弟子問於莊子曰：昨日此中之木，以不材得終其天年；今主人之鴈，以不材死，先生將何處？莊子笑曰：周將處夫子與不材之間。材與不材之間，似之而非也，故未免乎累。

〔注〕設將處此耳，以此未免於累，竟不處。

〔疏〕言材者有爲也，不材者無爲也。之間，中道也。雖復離彼二偏，處兹中一，既未遣中，亦猶人不能理於人，鴈不能同於鴈，故似道而非眞道，猶有斯於累也。

若夫乘道德而浮遊則不然。

〔疏〕夫乘玄道至德而浮遊於世者，則不如此也。既遣二偏，又忘中一，則能虛通而浮遊於代爾。

無譽無訾，一龍一蛇，

〔注〕訾，毁也。龍，出也。蛇，處也。言道無材與不材，故毁譽之材都失也。

與時俱化，

〔疏〕此遣中也。既遣二偏，又忘中一，遣之又遣，玄之又玄。

而無肯專爲；

〔疏〕言既妙遣中一，遠超四句，豈復諂情毁譽，惑意龍蛇。故當世浮沈，與時俱化，何肯偏滯而專爲一物也。

通玄先生《道體論》　問曰：玄一之理爲是可言，爲是不可言？答曰：皆得。一本不一，一從言起。今欲統差，非一不收，寄一收差，故曰可言。收差之一，本自無一，無一之一，爲差故有，其差既亡，一亦無寄。故無一可一。論云既謂之一，豈得言乎？既謂之一，豈得不言乎？

問曰：所言一者，爲對物而辯，爲不對物而辯？答曰：皆得。對物而辯者，就義用立名。不對物而辯者，據體實彰稱。言對待名一，顯體實，未名恆一。

問曰：一本不一，一從言起，今欲統差，非一不收，故寄一以收差，其差既遣，則無一可一。復道言對待名一，顯體實，未名恆一。既言差遣無一可一，復云未名恆一，首尾相示其可？答曰：恆一據未言有統，言一則就辯彰取，辯取既遣，默統亦亡，言默變泯，一何一哉。論云：非言非默，義有所極，雖復言默不辯，一何無哉？

問曰：何故云即理常玄？答曰：對物事隔理處曰玄。

問曰：玄之又玄者何？答曰：前玄對隔以彰稱，未若不彰而自玄。前言玄之者，對事以立名，後言又玄之者，不對未辯而常玄。故曰玄之又玄。

問曰：不彰自玄者，據何而辯？答曰：寄言而辯。

問曰：既云寄言而辯，言即是對，何故不可彰而自玄？答曰：前對言者言，寄言對以彰玄；今言寄者言，寄無對以辯玄。雖可言對是一，有對是二，故曰又玄是異。

王玄覽《玄珠録》卷下　心能照妙，則是無欲之妙門。因濫玄入重玄，此是衆妙之門。妙門則生無生，但是濫生，實無生也。其道只是濫可，實無可也。行者觀而思之，存而守之，則解脱。得此是濫脱，實無脱也。無可既無可，誰知此無可，淨心知無可。無可常清淨。淨故常無知，得此淨無知，則是無知淨，是名淨心知。如鏡照色，鏡雖受〔色〕，不失本清，此清雖濫，實無生死。

將言以説物，物一言不一，其物被言説，言多物不多。若許如是者，言應不説物，言實説物，所説若依物，云何得言多，未審言與物，何者是爲妄。物與言互妄，物與言互眞。觀言如言法，觀物如物形，此是言物一時眞。若也約物以觀言，約言以觀物，此是言物一時妄。則知言物體，非眞亦非妄，是眞亦是妄，我若去淆亂，何曾有眞妄。既得眞妄寂，則入於環中，在中不見邊，以是中亦遣，所以曠然無懷，乘之以遊。

以言言物，言與物彼，而物非言。言與物對，雖彼常異，雖對常因，對之與彼，言常非物。故言不濫物，物不濫言，其中眞理，非言非物。

《太上老君説常清静妙經》　常能遣其欲而心自靜，澄其心而神自清，自然六欲不生，三毒消滅。所以不能者，爲心未澄、慾未遣也。能遣之

者，內觀於心，心無其心；外觀於形，形無其形；遠觀於物，物無其物。三者既悟，唯見於空。觀空亦空，空無所空。所空既無，無無亦無。無無既無，湛然常寂。寂無所寂，慾豈能生？慾既不生，即是眞靜。眞靜應物，眞常得性。常應常靜，常清靜矣。如此清靜，漸入眞道。既入眞道，名爲得道。雖名得道，實無所得。爲化衆生，名爲得道。能悟之者，可傳聖道。

《太玄真一本際經·護國品卷一》 天尊告法解曰：善哉善〔哉。善男子，乃能爲諸〕大衆，諮請法相不二義〔門，開示未聞，令得法〕寶。汝可諦聽，當爲解說。〔非止寶座，一切諸〕法，亦復如是，不〔有不无，必竟空寂，雖有假名〕，而无實體。何〔以故？僞性假合，名之爲有；體无〕眞實，是故名空。〔法解又曰：假有之義，離法名〕假，即法假乎？天〔尊答曰：不即諸法而說法假〕，不離諸法而說法空。所以介者，法本清淨，无有實相，衆生虛妄，執見有无空有之相，從顛倒起，諸見病除，平等无相。法解又曰：若衆生顛倒虛妄見者，得道神尊應无所見。若言有見即是顛倒，若无見者則壞世法，云何莊嚴三界，成就衆生？天尊答曰：如是如是。十方得道諸天尊等，正智圓滿，能了諸法本无實相，皆悉是空，爲利益故，隨順世間，方便引誘，假名稱見。雖見於有，知有不有，乃見於空，知空亦空。以是當知，見名同凡，不如凡見。法解又曰：若法空寂，云何說言歸根返本？有本可返，非謂无法。天尊答曰：无本爲本。法解又曰：无本爲本，何所返耶？天尊答曰：返於无本，是名返本。法解又曰：本於无本，无本則无依。天尊曰：依无所依。法解又曰：无依无本，无斷無得，云何復言斷滅煩惱，而得道耶？有道可得，非謂无本。天尊答曰：所謂得道，得无所得；所謂斷滅，斷无所斷。何以故？煩惱性空，執計爲有；以執心故，名爲煩惱。若知煩惱本性是空，心无所著，諸計皆盡，名斷煩惱；煩惱病除，故名得道。雖名得道，實无所得；无得无斷，假名方便，爲化衆生，名爲得道。法解曰：天尊所說，分別法相，快如是乎，猶有疑昧，願更開曉。向言僞性假合，名之爲有；體无眞實，故名爲空。若法性无相，則无有相，亦无无相，云何有於假有，而體實空，有假有空，何名无相？天尊答曰：爲執性故，因緣方便，說諸法假；爲執假故，因緣方便，說諸法空；空假之相，還復成假，是名无相。法解又曰：云何方便隨順世間，爲利益故，而爲說法？天尊曰：衆生劣弱，未有正見，猶籍資憑，不能无待，願住世間，求世安樂。是故爲說成就五方嚴淨國土，使得安樂。若有衆生稍習眞解，學相似空，願離世間，不住諸有求解脫者，我即爲說三界皆空，入无相道。介時大衆聞是說已，神開解悟，歡喜踴躍，同聲稱善，各隨心力，增益正位，人天四衆，咸發道心，稽首天尊，而作頌曰：

善哉元始尊，三界所共宗。神力不思議，智德无等雙。自然七寶座，踴見騫林中。具足有形相，无礙猶虛空。將示重玄義，開發衆妙門。了出无上道，運轉大乘轅。善巧說諸法，不有亦不无。空假无異相，權實固同途。道場與煩惱，究竟並无餘。

又《最勝品》卷八 太極眞人住聖所住，以无畏心歡然含笑，告帝君曰：元始天尊脩習妙行，无量无邊，不可稱說，非是譬喻所能宣示。今爲卿等略述其要，宜各善聽，秘而勿忘。夫十方天尊發心之始，皆了兼忘重玄之道，得此解已，名發道意，漸漸明了，成一切智，其餘諸行皆是枝條。帝君又問：何謂兼忘？太極眞人答曰：一切凡夫從烟熅際而起愚癡染著諸有，雖積功勤，不能无滯，故使脩空除其有滯。有滯雖淨，猶滯於空，常名有欲，故示正觀空於此空。空有雙淨，故曰兼忘，是名初入正觀之相。帝君又問：何謂重玄？太極眞人曰：正觀之人前空諸有，於有无著；次遣於空，空心亦淨，乃曰兼忘。而有既遣，遣空有故；心未純淨，有對治故。所言玄者，四方无著，乃盡玄義。如是行者，於空於有，无所滯著，名之爲玄。又遣此玄，都无所得，故名重玄，衆妙之門。帝君又問：若脩重玄，遣一切相，遣无所遣，名爲道意即是具足。

張君房《雲笈七籤》卷四九《秘要訣法部·玄門大論三一訣並叙》

夫三一者，蓋乃智照無方，神功不測，恍兮爲像，金容玉質之姿，窈兮有精，混一會三之致。因爲觀境，則開衆妙之門，果用成德，乃極重玄之道。《道經》云：三者不可致詰，故混而爲一。《洞神經三環訣》云：精、神、炁也。

《釋名》云：三一者，精、神、炁，混三爲一也。精者，虛妙智照之功；神者，無方絶累之用；氣者，方所形相之法也。亦曰希、微、夷。希，疏也；微，細也；夷，平也。夷即是精，希即是神，微即是氣。精言

夷者，以知萬境，均爲一照也；神言希者，以神於無方，雖遍得之，甚疏也；氣言微者，以氣於妙本，義有非粗也。精對眼者，眼故見明，義同也；耳對神者，耳空故聞無，義同也；鼻對氣，觸於體，義相扶也。

孟法師云：言三言一，不四不二者，以言言一即成三也。今謂明義，各自有宜，少多非爲定准，如六通四達，豈止三耶！若教之所興，無乖此說。然三義雖異，不可定分，亦一體雖同，不容定混。混亦不混，故義別成三，分不定分，故體混爲一。混三爲一，三則不三；分一爲三，一則不一。不三而三，不一而一，斯則三是不三之三，一是不一之一。不三之三，非直非三，亦非非三；不一之一，非止非一，亦非非一，此合重玄之致也。

雙遣

綜述

成玄英《老子道德經義疏・不尚賢章第三》 不見可欲，使心不亂。

可欲者，即是世間一切前境色聲等法，可貪求染愛之物也。而言不見者，非杜耳目以避之也，妙體塵境虛幻，竟無可欲之法，推窮根塵不合故也。既無可欲之境，故恣耳目之見聞，而心恆虛寂，故言不亂也。故《西昇經》云：譬如鏡中影，可見不可取。又云：欲視亦無所見，欲聽亦無所聞。前不盜不爭，是別；今不見可欲是總，遣三業及一切法也。

第二獨顯聖人虛懷利物。

聖人治，虛其心，

聖人治，同前釋。既外無可欲之境，內無能欲之心，心境兩忘，故即心無心也。前既境幻，後又心虛也。

實其腹，

雖復即心無心，而實有靈照，乃言妙體虛寂，而赴感無差。德充於內，故言實其腹也。

弱其志，

既內懷實智，而外弘接物，處俗同塵，柔弱退己也。

强其骨。

骨，譬內也。言聖人雖復外示和光，而內恆寂泊。欲明動不傷寂，應不離眞，故言强其骨也。

第三重勑學人，令忘知會道。

常使民無知無欲，

知者，分別之名。欲者，貪求之目。言聖人常以空慧利益蒼生，令倒置之徒，息分別之心，捨貪求之欲也。

使知者不敢不爲，

前既捨有欲得無欲，復恐無欲之人滯於空見，以無欲爲道，而言不敢不爲者，即遣無欲也。恐執此不爲，故繼以不敢也。

則無不治。

治，正也。行人但能先遣有欲，後遣無欲者，此則雙遣二邊，妙體一道，物我齊觀，境智兩忘，以斯爲治，理無不正也。

又《道冲章第四》 第一明以中爲用，應須遣中。

道冲而用之，又不盈，

冲，中也。言聖人施化，爲用多端，切當而言，莫先中道，故云道冲而用之。此明以中爲用也。而言又不盈者，盈，滿也。向一中之道破二偏之執，二偏既除，一中還遣。今恐執教之人住於中一，自爲滿盈，言不盈者，即是遣中之義。

又《善行章第二七》 第四示師資之道，修學之妙。

故善人，不善人之師。

善人，即向來襲明之人也。言此人恆懷大心，先物後己，引導求生，允當宗匠。

不善人，善人之資。

資，用也，亦是助益之義。言善人恆在有中化導群品，即用不善之類而爲福田，以彼衆生，益成我德故也。

不貴其師，不愛其資，

不貴其師，無能化也。不愛其資，無所化也。前以聖導凡，勸令修

學，令明凡聖平等，故遣師資。斯則從淺至深，漸階衆妙也。

雖知大迷，此謂要妙。

師資兩忘，聖凡一揆，俗智分別，雖似大迷。據理而言，實成要妙。

又《道常無爲章第三七》 第二結學人宗，顯妙極重玄。

化而欲作，吾將鎮之以無名之樸。

作，起修也。樸，道也。言衆生初從化起修者，必有心欲於果報也。既起斯欲，即須以無名樸素之道安鎮其心，令不染有。此以空遣有也。

無名之樸，亦將不欲。

非但不得欲於有法，亦不得欲於此無名之樸也。前以無遣有，此則以有遣無，有無雙離，一中道也。

不欲以靜，天下自正。

靜，息也。前以無名遣有，次以不欲遣無。有無既遣，不欲還息。不欲既除，一中斯泯。此則遣之又遣，玄之又玄，所謂探幽索隱，窮理盡性者也。既而一切諸法無非正眞，稊稗瓦甓悉皆至道，故云天下自正。此一句結衆妙之門也。

又《爲學章第四八》 第一明道俗兩學，損益有殊。

爲學日益，

爲，修營也。學，俗學也。言修俗學之人鋭情分別，故累欲日增也。

爲道日損。

爲道，猶修道也。言修道之士虚夷恬淡，所以智德漸明，累惑日損也。

第二辨次第虚忘，以階玄極。

損之又損之，以至於無爲。

爲學之人執於有欲，爲道之士又滯無爲。雖復深淺不同，而二俱有患。今欲祛此兩執，故有再損之文。既而前損損有，後損損無，二偏雙遣，以至於一中之無爲也。

又《其政章第五八》

廉而不穢，

妙體物境空幻，無可貪取，非關卓爾清廉，避世之穢害也。斯則淨穢雙遣，貪廉兩忘，不廉而廉，穢而不穢。故《莊子》云：大廉不慊。又云：廉清不信。

又《用兵章第六九》 用兵章所以次前者，前章明守持三寶之人能會古之極道，故次此章即明此人雙遣空有，不捨大慈。就此一章，義分四別：第一明接物運權，示根塵總幻。第二重辨前義，以顯眞空。第三明捨慈之人，輕敵失道。第四明涉境運智，無出大慈。

第一明接物運權，示根塵總幻。

用兵有言：

用兵謂用權智攝化蒼生，亦是行人用六根涉於塵境。有言者，有用兵之法，言在下文也。

吾不敢爲主而爲客，

主，我身也，客，前敵也。根塵兩空，物我俱幻，既無我身之能緣，亦無前塵之可染也。

不敢進寸而退尺。

進，取也。退，捨也。寸少以況無，尺多以況有也。既而境智雙遣，根塵兩幻，體兹中一，離彼二偏，故有無爲之可取，亦無有爲之可捨。

第二重辯前義，以顯眞空。

是謂行無行，

既遣蕩有無，又洞忘境觀，故以無行爲行也。

攘無臂，

隳枝（肢）體，故無臂可攘。

執無兵，

離形去智，故無兵可用也。

仍無敵。

物境空幻，無敵可因。

第三明捨慈之人，輕敵失道。

禍莫大於侮敵，

侮，輕陵（淩）也。敵，前境也。輕染諸塵，致三塗之報，故成大禍也。

侮敵則幾亡吾寶。

幾，盡也。寶則前章三寶也。捨慈而勇，謂之侮敵也。招於巨釁，故

盡喪寶也。

第四明涉境運智，無出大慈。

故抗兵相若，則哀者勝。

若，當也。哀，慈也。抗，舉也。言根塵相逼，舉眼色等相當也。仍以大慈之心虛察前境，則能所兩空，物我清淨，故一切諸法，真成勝妙之境也。

又《知不知章第七一》 知不知章所以次前者，前章明聖人知道，故外弊內明，故次此章明雖復能知而無知相。就此一章，義分二別：第一明迹本本迹，顯救物隨機。第二明寂應應寂，彰聖心無累。

第一明迹本本迹，顯救物隨機。

知不知，上；

至人妙契重玄，迹不乖本，洞忘虛遠，知則無知，至本虛凝，故稱爲上。故《莊》云：子知子之不知耶？曰：吾惡乎知之？

不知知，病。

自本降迹，無知而知，涉事救苦，故稱爲病。

第二明寂應應寂，彰聖心無累。

是以聖人不病，

聖人能所兩忘，境智雙遣，玄鑒洞照，御氣乘雲，本迹虛夷，有何病累也？

以其病病，是以不病。

聖無知覺之疵，而凡有分別之病，所降迹同凡，說法演教，志存救溺，既而不病而病，病而不病，故云不病也。

李榮《道德真經注·十四章》 此三者不可致詰，故混而爲一。

希、微、夷，三者也。俱非聲色，並絕形名，有無不足詰，長短莫能議，混沌無分，寄名爲一。一不自一，由三故一，三不自三，由一故三。由一故三，三是一三。由三故一，一是三一。一不成一，三是一三，三不成三。三不成三則無三，一不成一則無一。無一無三，自叶忘言之理，執三執一，翻滯玄通之教也。

其上不皦，其下不昧，乘乘不可名，復歸於無物。

皦，明也。昧，闇也。乘乘，猶泛泛也。乘物以遊，而無繫也。言乎

至道不皦不昧，不可以明闇名；非色非聲，不可以視聽得。希夷之理，既寂三一之致，亦空以超羣有，故曰歸無。無，無所有，何所歸，復須知無物，無物亦無。此則玄之又玄，遣之又遣也。

又《四八章》 爲道日損。

行不言之教，文理雙忘。體虛玄之道，物我同遣。爲無爲百爲兼喪，事無事萬事都損。豈惟憍盈奢侈也。

杜光庭《道德真經廣聖義》卷三《釋御疏序上》

疏：玄玄道宗，降生伊亳。

義曰：玄，深妙也，亦不滯也。宗，主也。尊也。言太上老君爲深妙道之主也。老君既不滯有，亦不滯無，因果兩遣，麤妙雙遣。先天後劫，尊爲教主，故云玄玄道宗也。

又卷五《釋疏題明道德義》 德是不有之有，既能理無，亦能理有；道是不無之無，既能理有，亦能理無。惑者謂玉貌金容，道爲實有。今明道是虛無，此即理於有惑。河上公云：道者，空也。王輔嗣云：道者，無之謂也。惑者或謂常道乃至上德，實是虛無。今明是以有德，此則除其無病，故經云杳冥中有精，此是一往相翻，聞名遣病。及其進悟，義則更深。明道之爲無，亦無此無，德之爲有，亦無此有。斯則無有無無，執病都盡，乃契重玄，方爲雙絕。故經云仙道無不無、有不有也。此則道必資於德，德必稟於道。

又卷二九《道常無爲章第三七》 義曰：凡人既化清靜而復動作有爲，以積習生常，沉迷日久。亦猶水難清而易濁，性難澄而易昏，心難靜而易動，志難久而易退。人君當以妙本之朴鎮而靜之。亦既靜矣，又當兼忘所執，都令泯然，則冥寂玄通，洞達真妙，是令衆生不滯於迹，聖人不滯於空，空有兩忘，盡登正觀矣。

義曰：既已靜於人性，復能遣其無名。如既濟而忘舟，病愈而忘藥，可謂達真修之要矣。夫舟藥者，喻言教也。衆生輪回，世網迷惑有無，漸染六塵，牽緣衆惱而爲病也。老君演無爲之訓，叙弘救之功，以此真經爲理病之良藥。因經開悟，迷惑自祛，洗內染之塵，絕外牽之惱，積病既愈，世網盡除。然須遣教忘言，混融歸道矣。【略】

義曰：衆生動作之心既已靜矣，而又忘舟藥之喻，仍遣無名之朴，不

欲之欲亦復都忘，是則了出有無，曠然不滯。

又卷三六《爲學日益章第四八》

無爲而無不爲。

注：爲學者積功行，爲道者忘損之。雖損功行，尚有欲損之心。兼忘此心，則至於泊然無爲。方彼鏡象，而無不應，故無不爲也。

疏：夫有爲則有礙，有礙則有所不爲。今既無爲，無爲則無礙，故能無所不爲也。此謂契道，則應用而周普也。故上卷云道常無爲而無不爲也。

義曰：功行既忘，忘心亦遣。無爲之智，了能自明。既達兼忘，脗合於道。與道冥契，則無所不了，無所不知，無所不爲，細合乎稊稗秋毫，大合乎陰陽天地。非無非有，非有非無，無所局滯，始可與言道矣。道常無爲而無不爲者，上經第三十七章之詞也。

又卷四六《知不知上章第七一》

聖人不病，以其病病，是以不病。

注：唯聖人所以不病者，以其病衆生強知之病，是以不病。

疏：聖人正智圓明，了悟實相，於知忘知，故不爲知之所病。所以者，以其病。凡夫有強知之病，故說眞知以破之。妄知之病既除，眞知之藥亦遣，故云不病。

義曰：凡代之人，識因淺劣，未了知眞之理，乃執強知之非，以此循環，迷失正智。聖智圓備，不執強知之知，又了眞知之理，能病強知之病，不惑強知之知。以其病病，是以不病。如惑者說大道，是有執有，爲是一人言道，爲無執無爲。是執無者則病於有，執有者復病於無。聖人知道非有非無，兩無所執，能病所執，是以不病。義亦然矣。所以大辯若訥，至知忘知。顏子如愚，孔光溫樹，三緘戒愼，其斯謂乎？《西昇經》曰：能知無知，道之樞機也。

《南華眞經注疏・內篇・齊物論第二》（郭象注　成玄英疏）

是亦彼也，

〔注〕我亦爲彼所彼。

彼亦是也。

〔注〕彼亦自以爲是。

〔疏〕我自以爲是，亦爲彼之所非；我以彼爲非，而彼亦以自爲是也。

彼亦一是非，此亦一是非。

〔注〕此亦自是而非彼，彼亦自是而非此，此與彼各有一是一非於體中也。

〔疏〕此既自是，彼亦自是；此既非彼，彼亦非此；故各有一是，各有一非也。

果且有彼是乎哉？果且無彼是乎哉？

〔注〕今欲謂彼爲彼，而彼復自是；欲謂是爲是，而是復爲彼所彼；故復是有無，未果定也。

〔疏〕夫彼此是非，相待而立，反覆推討，舉體浮虛。自以爲是，此則不無；爲彼所彼，此則不有。有無彼此，未可決定。

彼是莫得其偶，謂之道樞。

〔注〕偶，對也。彼是相對，而聖人兩順之。故無心者與物冥，而未嘗有對於天下也。樞，要也。此居其樞要而會其玄極，以應夫無方也。

〔疏〕偶，對也。樞，要也。體夫彼此俱空，是非兩幻，凝神獨見而無對於天下者，可謂會其玄極，得道樞要也。前則假問有無，待奪不定；此則重明彼此，當體自空。前淺後深，所以爲次也。

樞始得其環中，以應無窮。

〔注〕夫是非反覆，相尋無窮，故謂之環。環中，空矣；今以是非爲環而得其中者，無是無非也。無是無非，故能應夫是非。是非無窮，故應亦無窮。

〔疏〕夫絕待獨化，道之本始，爲學之要，故謂之樞。環者，假有二竅；中者，眞空一道。環中空矣，以明無是無非。是非無窮，故應亦無窮也。

是亦一無窮，非亦一無窮也。

〔注〕天下莫不自是而莫不相非，故一是一非，兩行無窮。唯涉空得中者，曠然無懷，乘之以遊也。

〔疏〕夫物莫不自是，故是亦一無窮；莫不相非，故非亦一無窮。唯彼我兩忘，是非雙遣，而得環中之道者，故能大順蒼生，乘之遊也。【略】

今且有言於此，不知其與是類乎？其與是不類乎？類與不類，相與爲

類，則與彼無以異矣。

〔注〕今以言無是非，則不知其與言有者類乎不類乎？欲謂之類，則我以無爲是，而彼以無爲非，斯不類矣。然此雖是非不同，亦固未免於有是非也，則與彼類矣。故曰類與不類又相與爲類，則與彼無以異也。然則將大不類，莫若無心，既遣是非，又遣其遣。遣之又遣之以至於無遣，然後無遣無不遣而是非自去矣。

〔疏〕類者，輩徒相似之類也。但群生愚迷，滯是滯非。今論乃欲反彼世情，破兹迷執，故假且說無是無非，則用爲眞道。是故復言相與爲類，此則遣於無是無非也。既而遣之又遣，方至重玄也。

雖然，請嘗言之。

〔注〕至理無言，言則與類，故試寄言之。

〔疏〕嘗，試也。夫至理雖復無言，而非言無以詮理，故試寄言，彷象其義。

有始也者，

〔注〕有始則有終。

〔疏〕此假設疑問，以明至道無始無終，此遣於始終也。

有未始有始也者，

〔注〕謂無終始而一死生。

〔疏〕未始，猶未曾也。此又假問，有未曾有始終不。此遣於無始終也。

有未始有夫未始有始也者，

〔注〕夫一之者，未若不一而自齊，斯又忘其一也。

〔疏〕此又假問，有未曾有始也者。斯則遣於無始無終也。

有有也者，

〔注〕有有則美惡是非具也。

〔疏〕夫萬象森羅，悉皆虛幻，故標此有，明即以有體空。此句遣有也。

有無也者，

〔注〕有無而未知無無，則是非好惡猶未離懷。

〔疏〕假問有此無不。今明非但有即不有，亦乃無即不無。此句遣於無也。

有未始有無也者，

〔注〕知無無矣，而猶未能無知。

〔疏〕假問有未曾有無不。此句遣非。

有未始有夫未始有無也者。

〔疏〕假問有未曾未曾有無不。此句遣非非無也。而自淺之深，從麤入妙，始乎有有，終乎非無。是知離百非，超四句，明矣。前言始終，此則明時；今言有無，此則辯法；唯時與法，皆虛靜者也。

俄而有無矣，而未知有無之果孰有孰無也。

〔注〕此都忘其知也，爾乃俄然始了無耳。了無，則天地萬物，彼我是非，豁然確斯也。

〔疏〕前後有無之迹入非非有無之本，今後非非有無之體出有無之用。而言俄者，明即體即用，俄爾之間，蓋非賒遠也。夫玄道窈冥，眞宗微妙。故俄而用，則非有無而有無，用而體，則有無非有無也。是以有無不定，體用無恆，誰能決定無耶？誰能決定有耶？此又就有無之用明非有無之體者也。

今我則已有謂矣，

〔注〕謂無是非，即復有謂。

而未知吾所謂之其果有謂乎，其果無謂乎？

〔注〕又不知謂之有無，爾乃蕩然無纖芥於胸中也。

〔疏〕謂，言也。莊生復無言也。理出有言之教，即前請嘗言之類是也。既寄此言以詮於理，未知斯言定有言耶，定無言耶。欲明理家非默非言，教亦非無非有，恐學者滯於文字，故致此辭。

又《內篇・養生主第三》 爲善無近名，爲惡無近刑。

〔注〕忘善惡而居中，任萬物之自爲，悶然與至當爲一，故刑名遠已而全理在身也。

〔疏〕夫有爲俗學，抑乃多徒，要功而言，莫先善惡。故爲善也無不近乎名譽，爲惡也無不鄰乎刑戮。是知俗智俗學，未足以救前知，適有疲役心靈，更增危殆。

緣督以爲經，

〔注〕順中以爲常也。

〔疏〕緣，順也。督，中也。經，常也。夫善惡兩忘，刑名雙遣，故能順一中之道，處眞常之德，虛夷任物，與世推遷。養生之妙，在乎兹矣。

可以保身，可以全生，可以養親，

〔注〕養親以適。

可以盡年。

〔注〕苟得中而冥度，則事事無不可也。夫養生非求過分，蓋全理盡年而已矣。

〔疏〕夫惟妙捨二偏而處於中一者，故能保守身形，全其生道。外可以孝養父母，大順人倫，內可以攝衛生靈，盡其天命。

又《內篇·人間世第四》 且若亦知夫德之所蕩而知之所爲出乎哉？德蕩乎名，知出乎爭。

〔注〕德之所以流蕩者，矜名故也；知之所以橫出者，爭善故也。雖復桀跖，其所矜惜，無非善名也。

〔疏〕汝頗知德蕩智出所由乎哉？夫德之所以流蕩喪眞，爲矜名故也；智之所以橫出逾分者，爭善故也。夫惟善惡兩忘，名實雙遣者，故能萬德不蕩，至智不出者也。

又《內篇·大宗師第六》 夫知有所待而後當，

〔注〕夫知者未能無可無不可，故必有待也。若乃任天而生者，則遇物而當也。

其所待者特未定也。

〔注〕有待則無定也。

〔疏〕夫知必對境，非境不當。境既生滅不定，物亦待奪無常。唯當境智兩忘，能所雙遣，方能無可無不可，然後無患已。【略】

以德爲循者，言其與有足者至於丘也，

〔注〕丘者，所以本也；以性言之，則性之本也。夫物各有足，足於本也。付群德之自循，斯與有足者至於本也，本至而理盡矣。

〔疏〕丘，本也。以德接物，順物之性，性各有分，止分而足。順其本性，故至於丘也。

而人真以爲勤行者也。

〔注〕凡此皆自彼而成，成之不在己，則雖處萬機之極，而常閒暇自適，忽然不覺事之經身，悗然不識言之在口。而人之大迷，眞謂至人爲勤行者也。

〔疏〕夫至人者，動若行雲，止若谷神，境智洞忘，虛心玄應，豈有懷於爲物，情係於拯救者乎。而凡俗之人，觸塗封執，見舟航庶品，亭毒群生，實謂聖人勤行不怠。詎知汾水之上，凝淡窅然？故文云孰肯以物爲事。

故其好之也一，其弗好之也一。

〔注〕常無心而順彼，故好與不好，所善所惡，與彼無二也。

〔疏〕既忘懷於美惡，亦遣蕩於愛憎。故好與弗好，出自凡情，而聖智虛融，未嘗不一。

其一也一，其不一也一。

〔注〕其一也，天徒也；其不一也，人徒也。夫眞人同天人，均彼我，不以其一異乎不一。

〔疏〕其一，聖智也；其不一，凡情也。既而凡聖不二，故不一皆一之也。

其一與天爲徒，

〔注〕無有而不一者，天也。

其不一與人爲徒。

〔注〕彼彼而我我者，人也。

〔疏〕同天人，齊萬物，與玄天而爲類也。彼彼而我我，將凡庶而爲徒也。

天與人不相勝也，是之謂真人。

〔注〕夫眞人同天人，齊萬致。萬致不相非，天人不相勝，故曠然無不一，冥然無不在，而玄同彼我也。

〔疏〕雖復天無彼我，人有之非，確然論之，咸歸空寂。若使天勝人劣，豈謂齊乎。此又混一天人，冥同勝負。體斯趣者，可謂眞人者也。

通玄先生《道體論》 問曰：寂則無體者，爲離混明無物，爲即混是無物？答曰：理處本一。今明混寂之體者，就眞妄之義別，若就妄辯體，即寂常混。經云有物混成，先天地生。故知始終而無不混。若就眞辯體

者，即混常寂。經云容與大化，寥寥本無，大空任寄，即色隨消，得知今日之有，即體常寂。

問曰：萬物之體有實非虛，安得以有質之體，用爲無也？答曰：萬物之體，從業而感，淨穢無恆，事從心轉。譬如目有翳，見毛輪之在空，目翳既除，毛輪自滅。人業既淨，則三界亦無。

問曰：據眞則混體常寂，就妄則寂體常混，爲混寂常隔，復有通時？答曰：妄除即混爲寂，眞染即寂爲混。眞妄無定，混寂從機，通隔之義，略判如此。

問曰：若混寂無定，眞妄從機者，今妄眞去，混寂定不？答曰：既言寂顯於眞，混興於妄，眞妄既無，混寂安寄。亦無混可混，亦無寂可寂。

問曰：若眞妄名絕，混寂亦無者，非混非寂，竟何所名？答曰：混據生化標名，寂就除妄爲稱。今將欲入玄，故說寂以遣混，寂混既除，亦無寂可寂。寂既無寂，竟有何名？故經云無名萬物之始。論云非言非默，義有所極。又云：可以言論者，物之粗者也；可以意致者，物之精者也。言之不能辯，意之不能察致者，不期精粗焉。【略】

問曰：混無所混者，爲是達觀，爲非達觀？答曰：是達觀。

問曰：混無所混，始稱達觀，即混爲自，安得復稱達觀乎？答曰：相形而言，達觀多種。即混而爲達觀者，彼對物外之麤而爲達觀。今言無混而爲達觀者，此窮宗之達觀也。

問曰：平等混無所混，始得稱爲達觀，有混之未非爲達觀？答曰：亦是亦非。所言混者，望後情隔差分，得稱達觀，望前平等，非爲達觀。

問曰：混觀望於平等，復非達觀，得是情隔不？答曰：若據平等一觀，混者翻爲情隔，就物差而辯，混者可爲達觀。

問曰：若然者，情隔亦而二，達觀亦何可辯之？答曰：情隔雖二累，有麤細之殊，達觀二名，無妨混自之異。

問曰：既言相形得爲達觀，平等達觀因何而顯？答曰：對混而顯。

問曰：對混相形，可名達觀。未審平等達觀，差混既忘，何有達觀？

答曰：二種達觀，並以對麤顯，故達觀名生。今說混以除差，言平等以去混，差既遣，平等亦息，平等既息，亦無達觀矣。

佚名《三論元旨·虛妄章第二》 夫於放心之時，勿令心斷，泯心之際，勿覺心著。若以當坐之界，縱見一切光明聖賢，乖異妖祥，皆不可取，取則失心。常須凝照內澄，久而妙也。此乃非唯於坐行之際，安心寂泊，於理亦然。自此已上，攝心歸一，則是攝心凝觀，初心之所修。自此已下，灰心忘一，則是忘心遺觀，次心之所學也。夫因〔一〕攝萬，此亦未眞，假攝一而爲筌，忘筌而能泯矣。泯一之法，滅所見一之心。若見於一，即須澄滅，隨見隨滅，至無見無滅，則形同槁木，心若死灰，境智兩忘，泯然不知其所以，此謂內外都遣，忘一者也。夫忘一者心，謂照心都絕，煩惱洗然。猶彼清泉而滌穢器，器中既淨，方堪善用。心澄普釋，方可致眞。故經云：常無欲以觀其妙。然妙既妙矣，忘亦眞矣，所謂都忘內外，然後超然俱得者也。妙斯之悟，則無知而能眞知，忘一而達眞一矣。非唯於一，抑亦一切統然。是知一爲萬之所宗，萬爲一之所用也。不一之一，得之眞一。眞一之源，本無假雜，非今非古，何滅何生。故《太上經》云：寂寥，獨立不改，周行不殆。此之謂也。妙達此源竟無差舛，心等於道，道能於心，即道是心，即心是道，心之與道，一性而然，無然無不然，故妙矣。在有不滯於有，而不乖於無，在無不滯於無，而不乖於有。無所不在，無所不通，融神去會，眞常之性契矣。所謂通心達觀，極乎無極者矣。

又 夫三業六根紛惑者，則炁濁情昏；靜慮全虛，則神清氣爽。故《本際經》云：響清濁隨其本聲。又云：皆由衆生業緣所感。故《西昇經》云：積善之氣至，積惡之氣至。然惡氣濁壯，增黑暗而生迷。善氣清全，洞虛明而曉朗。明而曉者，若撥霧而覩青天。黑而暗者，乃渾河而被流溺。是以暗明雙遺，善惡兩冥，至極眞源，流通妙本者，則自然之奧也。

中道

綜述

敦煌本《太玄真一本際經開演秘藏品》 道君告曰：若於大聖諸有所

言，皆是正觀，一切智心无非畢竟，悉是了義，隨衆生故，半滿不同。爲鈍根者或時説有，或時説空，或時説常，或説无常，是名兩半前後異説，不得一時。隨病發故，偏示一義，是名爲半；前病除已，復顯一藥，用具足故，名之爲滿；了兩半已，入一中道，乃名具足圓滿之相。若深智者聞説一邊，即應了悟因緣假名，即正中道。所言中者，離一切著，亦无所離，不滯二邊，故名爲中；能通衆生至善寂處，到解脱城，故名爲中。若有了知是中道者，名爲正觀，是第一乘。

道藏本《太玄真一本際妙經》 十二者正道眞性，不生不滅，非有非無，名正中道。

李榮《道德眞經註・四章》 道冲而用之，或不盈。

冲，中也。盈，滿也。道非偏物，用必在中。天道惡盈，滿必招損，故曰不盈。盈必有虧，無必有有。中和之道，不盈不虧，非有非無。有無既非，盈虧亦非，借彼中道之藥，以破兩邊之病。病除藥遣，偏去中忘，都無所有。此亦不盈之義。

杜光庭《道德眞經廣聖義》卷七《天下皆知章第二》 故有無之相生，

疏：此明有無性空也。夫有不自有，因無而有，凡俗則以無生有；無不自無，因有而無，凡俗則以有生無。故云相生，而有無對法，本不相生，相生之名由妄執，亦如美惡非自性生，是皆空，故聖人將欲救其迷滯，是以歷言六者之惑。

義曰：老君歎彼常徒迷乎正道，妄生封執，滯此幻情，故明此義，以祛其執。夫執者，着也。執有即斥無，執無即斥有，執難即斥易，執易即斥難，執短即斥長，執長即斥短，執高即斥下，執下即斥高，執後即斥前，執前即斥後。有此執故皆非究竟，故經云執者失之。但無偏執，自契中道，便入玄妙正觀之門矣。

難易之相成，

義曰：夫難因於易，非易無以知其難，易因於難，非難無以彰其易。循環倚伏，遞爲之用。審而明之，於難無滯，於易無執，即可以語其齊物，通乎中道矣。

前後之相隨。

義曰：前後之別，生於變動也。不變不動，誰後誰先。既有相隨，乃分前後。達觀之士，泯爾都忘。世間之法，彰其別爾。投足者，舉步之謂也。步之舉也，孰後孰初。明於此者，乃絶前後之競矣。老君傷憫世俗流蕩不還，爭起妄情，忘其中道，歷指六事，以化愚迷耳。夫中道者，非陰非陽，無偏名也。處天地之間，傲然自放，所遇而安，了無功名而反乎道本。雖堯桀之殊，生死之變，是非之別，壽夭之異，榮賤之隔，哀樂之感動，古今之遞代，皆忘之也。不知堯桀之殊，忘美惡也。不知生死之變，忘有無也。不知是非之別，忘難易也。不知壽夭之異，忘長短也。不知榮賤之隔，忘高下也。不知哀樂之感動，忘音聲也。不知今古之遞代，忘前後也。處乎無是之鄉，立乎不疾之途，遭之而不違，過之而不守，調而應之以道也，益之而不加益，損之而不加損，此了乎中道之士，忘前後之別，忘變動之機矣。

又《孔德之容章第二一》 杳兮冥兮，其中有精。

義曰：初則妙本降生，自無而顯有。次復攝迹還本，自有而歸無。明此二句強爲終始，恐世人迷惑，言道不復存，執有則必無，執無則必有，兩邊爲滯，不悟中道之門。故示之曰其中有精，甚眞甚信。則明妙道常在不始不終。了悟玄言，即契中道矣。

又《上士聞道章第四一》 道貫萬法，而演爲三乘。初法以戒檢心，以律檢行，以存修靜其內，以齊潔嚴其外。然漸進中道，習於無爲，隳體黜聰，忘形絶念。而次登大乘之行，次來次滅，隨念隨忘，不滯有無，玄契中道。

《唐玄宗御製道德眞經疏・善建章第五一》 疏：觀者，照察也。注云以修身之法觀身，能清靜者，謂觀身實相，本來清靜，不染塵雜，除諸有見，有見既遣，知空亦空，頓捨二偏，迴契中道，可謂清靜而契眞矣。

牛道淳《文始眞經註》卷三 聖人之言亦然，言有無之弊，又言非有非無之弊，又言去非有非無之弊。 聖人所垂名言法相，喻似蝍蛆蛇鼉互相吞食，故云聖人之言亦然。聖人之言有是一邊，無是一邊，迷人住著二邊，乃爲學道之弊病也。此一句合蝍蛆食蛇之喻也，故云言有無之弊也。既知有無二邊是非者，不著有不著無，唯行中道，又言非有非無之弊也，既知非有非無中道是病者，則去除非有非無，不立

二邊中道。

孟安排《道教義樞》卷五《二觀義》　第二三觀者，一者有觀，二者無觀，三者中道觀。有觀者，有以質礙爲義。即觀此語，有若定礙，應得礙無，既不礙無，何定是礙？是故有法非礙不礙，以礙爲不礙，不礙爲礙。既知不礙爲礙，即知不有爲有，於觀者得成觀門。有便不礙，有既不礙，觀豈不通？故此有境，亦可以不礙爲義。此之有境，深不思議，即可具通三義者何？體非實故，所以即空；非不假名，所以即有。即有故非空，即空故非有，非空是中道義。境既若此，觀亦如之，仍本爲名，故言有觀也。無觀者，無以不礙爲義。即觀此語，無若不礙，斷橋之無，此應不得，既其是礙，何定不礙？是知無法亦非礙不礙，以不礙爲礙，礙爲不礙。既知礙爲不礙，即知不無而無，此於觀者還得成門。觀既成門，即具三義。何者？無既不無，義即如有，亦非不無，義即如無。如無故，所以非有，如有故，所以非無。如無非有，如有非無，是中道義也。中道觀者，正以體此有無，即以非有非無爲中道觀。觀境既爾，觀體亦然。遠取意者非本，非於有無，有無既非，非亦非非。三觀後意，例得如此。若作中偏爲語，則有無爲偏，非有非無爲中，一往將無治有有。

陳景元《道德真經藏室纂微篇》卷三　致虛極，守静篤。

致，得也。言人能心無愛欲，得沖虛之道，參杳冥之極，復能常守清静，則德化淳厚矣。《列子》曰：莫如静，莫如虛，静也，虛也，得其居也。《西升經》曰：人能虛空無爲，非欲於道，道自歸之。嚴君平曰：道德虛無，故能稟授。天地清静，故能變化。陰陽反覆，故能生殺。日月進退，故能光曜。四時始終，故能育成。釋虛無則道德不能以然，去清静則天地不能以存，往而不反，則陰陽不能以通，進而不退，則日月不能以明，終而不始，則萬物不能以生。是故有而反無，實而歸虛，心無所載，志無所彰，無爲如塞，不憂如狂，抱眞履素，捐棄聰明，不知爲首，空虛爲常，則神明極而自然窮矣。動作反身，思慮復神，藏我於無心，載形於無身，不便生者，不以役志，不利天者，不以滑神，事易而神不變，內流而外不化，覆視反聽，與神推移，上與天遊，下與世交，神守不擾，生氣不勞，趣捨屈伸，正得中道。

二觀

綜述

《太玄真一本際經·道性品》卷四　於如是心不生分別，決定清淨，直達邊底，无有深滯，静然徐清，入實相境，是名初發道意之相。轉有得心，向无得念，念无所念，止心不動，是名迴向正道之人。是淨妙心非因非果，始終无二，而亦因果，非不始終，習如是想，念念相應，察無相想，是名爲觀。觀想增進，能摧煩惱，破有得心，名爲伏行。

又《浄土品》卷六　又有二種，所謂二觀，炁觀神觀，即是定慧。

【略】

調伏其心，離諸塵過，漸漸引進，轉入中乘，脩習二觀，乃悟大乘无上之道。

孟安排《道教義樞》卷五《二觀義》　義曰：二觀者，定慧之深境，空有之妙門，用以調心，直趣重玄之致，因之蕩慮，終歸雙遣之津，既從此以得眞，固由斯而解法，此其致也。

釋曰：二觀者，一者氣觀，二者神觀。既舉神氣二名，具貫身心兩義。身有色象，宜受氣名，以明定；心無難測，宜受神名，以明空慧。故《本際經》云：炁觀神觀，即是定慧。氣者，氣象爲義，謂所存三一妙炁，髣象來應人身。神者，無方不測爲義，明空有兩慧，並自難思，萬行無方，理成不測。通言觀者，以思察爲義，思存妙一，察見無相，是名爲觀。經云：平正觀於一切法，不取不捨，不動不住，入一妙門，謂爲平等，亦是無等爲等，等無所等，德等無等等也。又氣觀體義者，正以觀身靖定爲體。定有二義：一者觀前方便，二者正入。觀有爲炁觀，觀無爲神觀。又云：神觀是界外所修，氣觀是界內所習。今明神氣兩觀。是定慧分門，即寄身心，以明空有。氣觀是定，亦通空有，以妙有爲宗。神觀是慧，亦通有無，以眞空爲主。若作空有兩慧，分門定法，秖是慧家之一

事，資空義強，故別爲一觀。何者？一切萬行，並入有慧，但是觀空，即入空慧也。又須知若於定慧理，明了身心不二觀。有五種三觀：第一三觀者，一假法觀，二實法觀，三偏空觀。此明小乘之人，未能玄悟，若不遣，析不了空，今舉實遣空，舉空遣實，舉空遣空，使其於此二境，發生空解，故須此三也。假法觀者，假以權假爲義，法以法體爲義。今正明觀大體，衆生空我，則難空物，則易如五蔭成我，未知何蔭是我。故莊子云：百骸、九竅、六藏，賅而存焉，吾誰與爲親？既無與親，理成無我，了假法空，便爲假法觀也。實法觀者，實是體實爲義，既知假法是空，復須觀察實體。何者？此之實體，從誰而生？必是從他生，若更爲他生，即是無窮過，若非是無窮，即是從空生。若謂從空生，還須推此空，空尚不自，豈得言能生？即了實法亦無，便爲實法觀。偏空觀者，偏是不正之名，空是虛通之目，謂衆生著有病多，故偏說空以遣此病。《昇玄經》云：損有者必先之於無，體無者以無無爲大。小乘守教，不能遠達本心，遂乃運懷，偏沈空境，是知小乘偏空，未極正觀。觀此空者，以空亦空。所以然者，本是空於假實，故說爲空假實。尚無空，何所立？故空亦空也。《本際經》云：是空亦空，空空亦空也。

冷虛子《洞玄靈寶定觀經註》 定者，心定也，如地不動。觀者，慧觀也，如天常照。定體無念，慧照無邊，定慧等修，故名定觀。

佚名《三論元旨・虛妄章第二》 虛妄之法，安然而坐，都遣外景，內靜觀心，澄彼紛葩，歸乎寂泊。若心想剛躁浮游，攝而不住者，即須放心遠觀四極之境，先觀東方無極世界，迴入空冥之際，窈眇之中，南西北方亦如是矣。令心想想極，方始收歸。亦須從頂至足，觀身虛假，盡是無常。如斯內外觀之，自然調伏，融而照一，便亦安然。如於一中覺有差起動念之心，即須澄滅，隨動隨滅，至於無動無滅，境無取捨，虛寂一然如澄。差心不滅，亦可心依炁息，同融而觀，亦可怡神而已。精照一源，理須虛融，得所調暢和柔。若捉心太急，急則傷心，放心太寬，寬則失理。所言放心於四極之境，爲剛躁浮游故也。此乃暫爲而已，爲境可忘。方便之門，要乎住一，神氣二觀，況亦如然。

周固樸《大道論・觀修章》 觀則觀幻夢之身，修則修道德之行。忘身忘修，自入玄通之境。繫形繫行，淪乎死生之源。觀者，智也。以智觀理，理智冥合，自契中道。《本際經》云：具一切智，成無上道。以目視物謂之觀，以神懸鑒謂之觀，外祛萬象，內息衆緣，心修衆行謂之觀。修方入妙無，漸階聖行，修習之蹊徑也。《業報經》云：衆苦所惱，常爲有身，生死輪迴，不能自出，以何方便，妄想得除。太上曰：妄想顛倒皆從心起，強生分別，繫念我身，觸境生迷，舉心皆妄，以此流浪，淪乎生死。但當定志觀身，盡皆虛假，既知虛假，妄想漸除，妄想既除，內外清靜。自悟其道，謂之忘身，既忘其身，幻累自滅。《莊子》曰：安時處順，哀樂不入，此達人之忘身也。從凡至聖，莫越見、修、成、利四法也。見有二，一爲值遇善友，與講眞經，或自覽經教法進趣。二見者內見玄微，徐清徐靜，以至妙極。修者有三，一小乘、二中乘、三大乘。成者有三，仙果、眞果、聖果。利者有三，即三果之人各各演教，誘導群品，利物濟時也。此四法出於無等等之法，入乎無等等之法，爲利濟故有四。混歸妙體，唯一其一，非正觀，無以修證。

司馬承禎《坐忘論・眞觀五》 夫眞觀者，智士之先鑒，能人之善察，究儻來之禍福，詳動靜之吉凶，得見機前，因之造適，深祈衛足，竊務全生，自始至末，行無遺累，理不違此者，謂之眞觀。然一餐一寢，俱爲損益之源，一行一言，堪成禍福之本。雖作巧持其末，不如拙誠其本。觀本知末，又非躁競之情。是故收心簡事，日損有爲，體靜心閑，方可觀妙。經云：常無欲，以觀其妙。然修道之身，必資衣食，事有不可廢，物有不可棄者，當須虛襟而受之，明目而當之，勿以爲妨，心生煩躁。若因事煩躁者，心病已動，何名安心？夫人事衣食者，我之船舫也。欲渡於海，事資船舫，渡海若訖，理自不留。因何未渡，先欲廢捨？衣食虛幻，實不足營，爲出離虛幻，故求衣食，雖有營求之事，莫生得失之心，即有事無事，心常安泰。與物同求而不同貪，與物同得而不同積，不貪故無憂，不積故無失，迹每同人，心常異俗。此實行之宗要，可力爲之。前雖斷簡，病有難除者，但依法觀之。若色病重者，當觀染色都由想爾，想若不生，終無色事。當知色想外空，色心內妄，妄想心空，誰爲色主？經云：色者，想爾想悉是空，何有色也？又思妖妍美色，甚於狐魅，狐魅媚人，令人厭患，雖身致死，不入惡道，爲厭患故，永離邪婬。妖艷惑人，令人愛著，乃致身死，留戀彌深，爲邪念故，死墮諸趣，生地獄中。

故經云：今代發心爲夫妻，死後不得俱生人道。所以者何？爲邪念故。又觀色若定是美，何故魚見深入，鳥見高飛，仙人觀之爲穢濁，賢人喻之爲刀斧？一生之命，七日不食，便至於死，百年無色，翻免夭傷。故知色者非身心之要，適爲性命之仇賊，何須繫著，自取消毀。若見他人爲惡，心生嫌惡者，猶如見人自殺，己身引頸，乘取他刀以自害命。他自爲惡不遣，我當何故引取他惡，以爲己病。又見爲惡者若可嫌，見爲善者亦須惡。何以然耶？同障道故。若貧者亦審觀之，誰與我貧？天地平等，覆載無私，我今貧苦，非天地也。父母生子，欲令富貴，我今貧賤，非父母也。人及鬼神，自救無暇，何能有力將貧與我？進退尋察，無所從來，乃知我業也，乃知天命也。業由我造，命由天賦，業之與命，猶影響之逐形聲。既不可逃，又不可怨，唯有智者善而達之，樂天知命，故不憂，何貧之可苦也。《莊》云：業入而不可舍。爲自業故，貧病來入，不可舍止。經云：天地不能改其操，陰陽不能迴其業。由此言之，故眞命也，非假物耳，有何怨焉？又如勇士逢賊，無所畏懼，揮劍當前，羣寇皆潰，功勳一立，榮祿終身。今有貧病惱亂我身，則寇賊也，我有正心，則勇士也，用智觀察，則揮劍也，惱累消除，則戰勝也，湛然常樂，則榮祿也。凡有苦事來迫，我心不以此觀而生憂累，則如人逢賊不立功勳，棄甲背軍，逃亡獲罪，去樂就苦，何可憫焉？若病苦者，當觀此病由有我身，若無我身，患無所託。經云：及吾無身，吾有何患。次觀於心，亦無眞宰，內外求覓，無能受者，所有計念，從妄心生。然枯形灰心，則萬病俱泯。若惡死者，應思我身是神之舍，身今老病，氣力衰微，如屋朽壞，不堪居止，自須捨離，別處求安。身死神逝，亦復如是。若戀生惡死，拒違變化，則神識錯亂，失其正業。以此託生，受氣之際，不感清秀，多逢濁辱。蓋下愚貪鄙，實此之由。若當生不悅，順死不惡者，一爲生死理齊，二爲後身成業。若貪愛萬境，一愛一病。一肢有病，猶令舉體不安，況一心萬病，身欲長生，豈可得乎？凡有愛惡，皆是妄生，積妄不除，以妨見道。是故須捨諸欲，住無所有，徐清有本，然後返觀舊所愛處，自生厭薄。若以合境之心觀境，終身不覺有惡。如將離境之心觀境，方能了見是非。譬如醒人能觀醉者爲惡，如其自醉不覺其非。經云：吾本棄俗，厭離世間。又云：耳目聲色，爲子留愆，鼻口所喜，香味是怨。老君厭世棄俗，獨見香味是怨，嗜慾之流，焉知鮑肆爲臭哉。

成玄英《老子道德經義疏·道可道章第一》 第三顯二觀不同。

常無欲，觀其妙；

妙，精微也。觀，照察己身也。言人常能無欲無爲，至虛至靜者，即能近鑒己身之妙道，遠鑒至理之精微也。

常有欲，觀所徼。

徼，歸也。欲，情染也。所，境也。言人不能無爲恬澹，觀妙守眞，而妄起貪求，肆情染滯者，適見世境之有，未體即有之空，所以不察妙理之精微，唯睹死生之歸趣也。前明無名有名之優劣，此顯無欲有欲之勝負也。

第四會重玄之致。

此兩者同出而異名，

兩謂無欲有欲二觀也。同出謂同出一道也。異名者，徼妙別也。原夫所觀之境唯一，能觀之智有殊，二觀既其不同，徼妙所以名異。

杜光庭《道德眞經廣聖義》卷六《道可道章第一》 正觀者，因修之漸，證道之階也。前所謂目見者，爲觀音官覽之觀也。神照者，觀音貫行之觀也。道以三乘之法，階級化人，從初發心至于極道，捨凡證聖，故有一十四等觀行之門。小乘初門有三觀法。一曰假法觀，謂對持也；二曰實法觀，謂心照也；三曰遍空觀，入無爲也。中乘法門觀行有四。一曰無常觀，二曰入常觀，三曰入非無常觀，四曰入非常觀。大乘門中觀行亦四。一曰妙有觀，二曰妙無觀，三曰重玄觀，四曰非重玄觀。聖何門中復有三觀。一曰眞空觀，二曰眞洞觀，三曰眞無觀。以此觀行修鍊其心，從有入無，階麤極妙，得妙而忘其妙，乃契於無爲之門爾。

清净

綜述

道藏本《太玄真一本際經・付囑品》　九者眞性靈通，離一切相，無染無穢，是名清淨。

敦煌本《太玄真一本際經・付囑品》　八者離二无常，不受諸愛，心相寂滅，故名清淨。

又《聖行品》　靜定思微，安心宴嘿，想念雌柔，專一不散，離諸洒色，慧識明了，照悟空有，洞達眞性，无生无滅，非有非无，清淨畢竟。

《太上虛皇天尊四十九章經・清净章第二一》　天尊曰：學道之士，以清淨爲本，長齋眇思，嘯詠太無，覩諸邪道，如覩仇讎；遠諸愛欲，如避臭穢。除苦惱根，斷親愛緣，冥冥濁海，自得淨界。如白蓮花，生淤泥中，亭亭出水，不受污染。五臟清夷，三田華素，太玄眞人，自與子鄰。

梁丘子《黃庭外景玉經注》卷下　清淨無爲神留止，內當修道作無爲，外當修道作無欲，心不煩亂，精神留止。

《唐玄宗御製道德真經疏・善行無轍迹章第二七》

善行無轍迹，

疏：此明法性清淨也。行謂修行也。法性清淨，是曰重玄。雖藉勤行，必須無著，次來次滅，雖行無行，相與道合，故云善行。能如此，則空有一齊，境心俱淨，欲求轍迹，不亦難乎？故云善行無轍迹。

善言無瑕讁。

疏：此明善行之人不滯言教也。瑕，病也。讁，責也。言謂教也。夫善行無迹，則能了言教，不爲執滯，於言忘言，是善言也。能如此，遺象存意，理照言忘，於彼言教，一無病責，故云善言無瑕讁。

善計者，不用籌算。

疏：此明言教無滯，則不異門也。夫執言滯行，辯是與非，適令巧曆亦不能計。若能了諸法皆方便門，究竟清淨，不生他見，則無勞籌策算數，自能深入一乘。善計若斯，何勞籌算？故云善計者不用籌算。

善閉者，無關楗而不可開。

疏：此明不計異門，則欲心自閉也。橫曰關，豎曰楗。夫善行善閉，不耽不滯，則心照清淨，境塵不起，故云善閉雖無關楗，其可開乎？故云善閉無關楗而不可開。

又《大成若缺章第四五》　躁勝寒，靜勝熱。清靜爲天下正。

疏：此舉喻以示教也。以執成者必敗，持滿者必傾，故聖人功濟天下，不見成功，其如缺，所以無弊。位尊萬乘，不視成位，其若沖，所以不窮也。恐人不曉，故寄陽氣動靜以喻之。躁，動也。勝，極也。言春夏陽氣發於地上，萬物因之以生，陽氣動極則寒，寒則萬物由之以衰死，明躁爲死本，盛爲衰源，喻功成不缺者必敗，持盈不沖者必傾，有爲剛躁者必死。靜勝熱者，謂秋冬陽炁靜於黃泉之下，靜極則熱，熱則和氣發生也。萬物因之以生，生託靜而起，故知靜爲生本，亦爲躁君。取喻大成大滿，由能缺能沖，所以無弊無窮，而致生爾。夫能無爲清靜者，則趣生之本。此勸人當務靜以祈生，不當輕躁而赴死爾。

疏：此結明前義也。夫聖人有以觀陽炁之進退，知躁爲趣死之源，靜爲發生之本，理人事，育群生，持本以統末，務清淨之道，則可以爲天下之正爾。

杜光庭《道德真經廣聖義》卷二九《道常無爲章第三七》

道常無爲，而無不爲。

疏：道性清靜，妙本湛然，故常無爲也。萬物恃賴而生成，有感而必應，故無不爲也。夫有爲者則有所不爲也，故無爲者則無不爲矣。

義曰：道性無雜，眞一寂寥，故清靜也。玄深不測，如彼澄泉，故湛然也。寂然不動，無爲也。感而遂通，無不爲也。無爲者，妙本之體也。無不爲者，妙本之用也。體用相資，而萬化生矣。若扣之不通，感之不應，寂然無象，不能生成。此雖無爲，何益於玄化乎？若復循迴不息，動用不休，役役爲勞，區區無已，此之有爲也，何所寧息乎？當在爲而無爲以制其動，在無爲而爲以檢其靜，不離於正道，無滯於回邪，可與言

清靜之源矣。

侯王若能守，萬物將自化。

注：妙本清靜，故常無爲。物恃以生，而無不爲也。侯王若能守道無爲，則萬物自化。君之無爲，而人淳朴矣。

疏：侯王若能守道清靜，無爲無事，則萬物將自感化，君之善教而淳朴矣。

義曰：君王理萬方，諸侯率一國，俱能用無爲之道，清靜之化，萬物化於下，侯王靜於上。可謂至理矣。教而後化，是從而化也。不教而化，是自化也。教而化者，無不爲而能化物也。不教而化者，無爲而自臻於化也。

化而欲作，吾將鎮之以無名之朴。

注：人既從君上之化，已無爲清靜，而復欲動作有爲者，吾將以無名之朴而鎮靜之。無名之朴，道也。

疏：無名之朴，道也。欲作者，動作有爲也。吾者，侯王自稱也。言人稟承善教以化，君德無爲清靜矣。而復欲動作有爲者，吾則將以無名之朴以鎮靜之，令其清靜不動作也。

義曰：夫應用則爲道，道有強名也。攝迹復歸朴，朴無名也，侯王以道化人，人稟其化，皆清靜矣。若復他境所牽，人欲動作者，侯王復以道之妙本、無形無名之至朴鎮靜其心，不令有爲動作，常合於道化清靜也。人之修道，融心寂神，已有通感而世塵妄起，外念忽生，將超躁競之途，或溺是非之境，即可急詣靜室，思玄念眞，以無爲之道鎮其心靈，制於妄想。如水之濁，徐以澄清，則三尸不能干，百邪不能擾，魔試都息，造於虛無之階矣。

又《天下之至柔章第四三》 無有入於無間。

疏：無有者，謂人了悟諸法，一無所有，則返歸正性，與道合同，入無間矣。無間，道也。入謂與道同也。以道爲無間者，明道性清淨，混然無際，而無間隙矣。

義曰：天地有形位，清濁殊矣。陰陽有分別，昏明殊矣。氣象有代謝，四時殊矣。惟道廣包天地，微貫陰陽，總四時，運氣象，無處無道，故云無間隙也。人能融神觀妙，返一歸元，息則爲人，消則爲氣，與道爲一，常存不亡，乘無有之和，入無間之道，何四序之能運，生死之能局哉？

吾是以知無爲之有益。

注：無爲者，不染塵境，令心中一無所有。無間者，道性清淨，妙體混成，一無間隙矣。不爲可欲所亂，令心境俱淨，一無所有，則心與道合，入無間矣。故聖人云：吾見身心清淨，即能合道。是知有爲之教，不如無爲之有益。

疏：吾者，老君自稱也。此章亦通戒人君以無爲化理天下，故老君云吾見衆生正性柔弱，及乎馳騁奔競，則至堅強，若使照了心境，則一無所有，即合道矣。是知清淨無爲，理身理國，有益於人也。以此推之，有爲之教，不及無爲之有益也。

義曰：老君垂教以清靜爲用，無爲爲宗。清靜則國泰身安，無爲則道成人化。夫道德無爲也，天地成焉，萬化行焉，萬物生焉。天地無爲也，四時運焉，六氣和焉，八風鼓焉。聖人虛心以原道德，靜氣以存神明，寡其聰聽於無聲，杜其明視於無形，覽天地之變動，睹萬物之自然。以是而知有爲者亂，無爲者理。所以至柔之性本無爲也，至堅之患由馳騁也。息馳騁之有欲，復柔弱之無爲，以教天下，弘益之道廣矣。照了心境者，神奇莫測，內察於一心，妙用無窮，外忘於萬象。理國則忘其所理，修身則忘其所修，洞入虛無，泯然合道，是謂內照。內明之旨也。

侯善淵《太上老君說常清靜經註》 道者，顯其大道也。老君言，吾不知大道之名，且權稱之道。雖無形質，雖無情性，雖無名相，而能潛通一炁。一炁之中，有清而有濁，有動而有靜。修眞之士，要體其道。體要清而返濁，神要靜而返動。清濁動靜得所，可謂道矣。故曰有清有濁，有動有靜。文中子曰：時清則清，時濁則濁，時行則行。此之謂和光同塵，守清淨之道也。

壽曰：何者名爲《清淨經》？居，吾語汝。夫清靜者，道也、德也。故吾之宅清淨者，吾之素也。清淨而柔和者，吾之守也。清淨應化而無窮者，吾之變也。清淨而澹泊者，吾之德也。吾能守此清淨，而變化無窮。

【略】

論曰：能守清淨者，貪欲不能移，險阻不能危；不以祿位惑其志，不

以貧賤改其心，不以毀譽度其色，不以榮華亂其神。

又

人能常清淨，

天常清淨，日月星皎白而虛明也。人常清淨，精炁神寧而不散。故曰人能常清淨矣。頌曰：色慾無情染，紅塵絕往還。性光飛皎日，心地泛寥天。一炁烹元象，雙關鍊小鮮。精神穿宇宙，晱爍遍三千。

天地悉皆歸。

人能清淨，神通妙理，昇入無爲，周羅天地，細入微塵。故言天地悉皆歸也。頌曰：清靜處無爲，無爲達妙機。蟾宮奔玉兔，日殿走烏飛。閃出千光燦，衝開萬象輝。包羅諸色相，天地悉皆歸。

夫人神好清而情擾之，

人神者，天地秀炁，結聚靈明也。本自清靜，隨物生情，占塵惹垢。故言情擾之也。頌曰：富貴遮心翳，榮華眯眼塵。雖然觀日月，不見本來眞。寂湛頤元性，澄空鍊至神。靈童開碧嶂，仙子跨麒麟。

人心好靜而欲牽之。

心者，神明也。知內而爲性，顯外而爲神。神本清靜，隨風錯亂，物動而情牽之也。頌曰：開眼露天機，人心著處迷。戀情情慾擾，逐境境還隨。抱朴通精粹，還淳達細微。一眞烹萬象，混合太淵齊。

常能遣其欲而心自靜，

人能遣其欲者，割愛離親，除情去欲，捐念忘機，自然性靜心寂矣。頌曰：常能守靜篤，方寸育神靈。閉戶眠金子，垂簾抱玉嬰。玄霜烹至寶，紫粉鍊眞精。結就玄珠燦，收來獻上清。

澄其心而神自清，

澄心定意，湛寂淵明，返本還元，如水不動，故曰澄其心而神自清也。頌曰：欲要識靈源，知空在目前。澄澄心月現，湛湛性光圓。炁秀通神聖，神風化羽仙。逍遙歸海島，三界獨綿綿。

自然六欲不生，

六欲者，眼、耳、鼻、舌、身、意是也。不生者，眼觀無色，神不邪視；耳聽無音，聲色不聞；鼻息沖和，不容香臭；舌餐無味，不甘酸甜；身守無相，不著有漏；意抱天眞，不迷外境。故曰六欲歸眞，自不生也。頌曰：歸眞除六害，漏盡免三災。識性通玄路，知心道眼開。木人遊昊景，石女翫仙階。日落清秋夜，天邊抱月來。

三毒消滅。

三毒者，身業、意業、口業。消滅者，善養精炁神，除盡貪嗔嫉。故曰三毒消滅也。頌曰：六欲成金藏，三災化寶珠。七情無染著，十惡永消除。拂拭冰臺淨，光華不卷舒。抱將遊陸地，獨步入清虛。

所以不能者，

修道不能除情去欲也。心有所著矣。頌曰：不能行此道，性返轉生疑。打坐勞心力，參禪枉用脾。住行安有分，坐卧鎖相隨。要見開清眼，神光滿室輝。

爲心未澄，

心性不寧，擾亂乃多。神遊外景，觀於徼、著於物矣。頌曰：上善水心淵，澄清照碧天。世情多苦惱，人被業緣牽。逐浪迷眞性，隨波昧本源。一靈歸苦海，萬劫不迴還。

欲未遣也。

終身不救，物轉於心矣。頌曰：修幻妄施功，於眞事不同。有爲如電影，執相若飄風。物假心非假，身空性不空。一靈知有主，萬法悉皆通。

能遣之者，

轉於萬物，心處無形，頤神居妙也。頌曰：頤心達聖機，無相等虛齊。瀲灩澄波靜，陽淵極渺瀰。流通周匝界，游歷大神威。月照乾坤瑩，清風相送歸。

內觀其心，心無其心；

返觀其心，默然而無心。其心者，開目澄空，明見眞心。眞心者，湛寂無物，混日純一。故名其心也。頌曰：返照見天心，圓明湛碧深。無無眞實相，有有覓難尋。山海無遮障，天災禍不侵。眞人誰作伴，風月是知音。

外觀其形，形無其形；

形者，是地、水、火、風也。此者是名有漏之身。非有漏之身，是故無相之眞。無相之眞，如仰水看月，似天空運轉純風，神凝炁聚，可成眞道矣。頌曰：外觀有漏相，幻化即眞形。去住何移跡，安然不暫停。中間

藏恍惚，內外窈冥冥。渙若冰將釋，沉沉覺海清。

遠觀其物，物無其物。

內外皆無，即遠而何有？此者無物。無物之中，別有奇異之物。經云：恍恍惚惚，其中有物。故言物無其物也。頌曰：恍惚遍無涯，壺中景物嘉。爐門傾玉蘂，鼎眼泛金花。虎遶明珠戲，龍噴萬里霞。撥開雲霧看，捧出夜明砂。

三者既悟，

此三者，說心、形、物，即於虛無也。悟者，了達也。頌曰：喻說分三體，知玄一也無。有無皆是幻，無慮道相扶。法眼爲丹鼎，天門是藥鑪。鍊成朱汞結，傾入一冰壺。

唯見於空。

表裏中間，俱無所著，圓明坦蕩，心入無爲。故曰唯見於空也。頌曰：觀空非色相，色相即眞空。物我俱忘泯，方知太古同。周行不盡，遍計計無窮。天網玄綱大，夷羅覆載通。

觀空亦空，

觀空者，道弘無相，萬法無形。亦空者，神通妙化，一體歸眞也。頌曰：炳耀滌晴空，神遊四海通。杳冥天地匝，恍惚太虛同。耿耿青霄月，飄飄碧落風。縱橫穿上下，南北與西東。

空無所空。

空者不執空，爲空不著有。爲有心同，太極之中聚於玄妙矣。頌曰：落落遍無隅，冥冥運化虛。無形呼大道，離相號眞如。一體無分別，三明有所居。廓然開妙法，萬道素光舒。

所空既無，無無亦無。

了心達本，識性歸宗，何執有無之教？有無之教，亦是假名。若無假名，眞心何顯？故有即於無。無者非落空之法，無備於有，有者非以物類窮之。故曰有無自然也。頌曰：至訣清虛道，明知物外中。娟娟輝昊景，奣奣耀蒼空。鼎破心珠赫，鑪開慧日紅。澄凝丹汞結，運入廣寒宮。

無無既無，湛然常寂。

能知空是不空，執有而不有，故本性湛然常寂矣。頌曰：湛湛無瑕謫，通幽過目星。乾坤沖拍塞，天地曠然明。性覺虛心寂，神暝絕夢驚。豁然開古道，月照水晶城。

寂無所寂，欲豈能生？

不寂而所以寂，故曰天眞滿目，妙道歸源。欲豈能生也？頌曰：寂靜物皆捐，虛心養浩然。面容如朗月，碧眼似寒泉。皎皎歸眞趣，昏昏法性蠲。一潭秋水瑩，萬派素波淵。

欲既不生，即是真静。

欲既不生者，滌除繁慮，諸欲消亡，寂無所欲，欲豈能生？眞靜者，神光虛煥，通顯靈明，返歸清淨矣。頌曰：清淨心通聖，無爲化有功。珠凝金鼎內，寶結玉壺中。明似天空日，清如洞裏風。沖虛生瑞彩，光罩五明宮。

真常應物，真常得性。

得性者，爲眞常妙道，應物隨機，隨機見性，見性明空，自得其性矣。頌曰：眞靜靜無疑，陽光照眼希。步虛通妙理，旋遶達玄機。物物皆相應，般般總不知。返觀煙浪碧，笑指洞天歸。

常應常静，常清净矣。

常應者，見物見心，見心離物，離物明空，故曰眞常得性矣。頌曰：清淨本根元，於中性自然。二關精鬱鬱，一道炁綿綿。混合明眞理，凝然悟太玄。空中知有象，應化出先天。

嚴遵《道德眞經指歸・大成若缺章》（谷神子注）　道在於身，不在於野，化自於我，不由於彼，萬物常治，智慧不起。是以聖人柄和履正，治之無形，遊於虛廓，以鏡太清，遺魂忘魄，休精息神，無爲而然，玄默而信，窅然蕩蕩，昭曠獨存，髣髴輓逮，其事素眞，其用不弊，莫之見聞。所謂大成若缺，其用不弊也。夫何故哉？微妙周密，清靜以眞，未有形聲，變化其元，開導如陽，閉塞如陰，堤墆如地，運動如天，文武玄作，盛德自分。是以盈而若沖，實而若虛，不顯仁義，不見表儀，不建法式，不事有爲。上欲不欲，天下自化，敦厚樸素，民如嬰兒，蒙蒙不知，所求茫茫，不知所之，其用不窮，流而不衰。大盈若沖，其用不窮。【略】是以聖人去知去慮，虛心專氣，清靜因應，則天之心，順地之意，政舉化流如日之光，禍亂消滅若雲之除，天下象之無所不爲，萬物師之無所不事。所謂能清能靜，天下自正者也。

《西昇經・道虛章第二〇》（宋徽宗注）　老君曰：道者虛無之物，若虛而爲實，無而爲有也。

道之爲物，惟恍惟惚，恍兮惚言，若無而非無，若有而非有也，既曰虛無，而謂之物者，即不物之物也。道深章言虛無之淵，此言虛無之物，淵言其體，物言其用，故繼之曰：若虛而爲實，無而爲有，虛而爲實。《莊子》所謂虛則實是也。無而爲有，《道經》所謂兩者同出而異名是也。

天者受一氣，蕩蕩而致清，氣下化生於萬物，而形各異焉。

大易既判，天得一以清，萬物化作萌區有狀，皆其所資始，《列子》曰：天地氤氳，萬物化生。

是以聖人知道德混沌玄同也，亦知天地清靜皆守一也，故與天地同心而無知，與道同身而無體，而後天道盛矣。

德總乎道之所一，渾渾沌沌，終身不離，玄之又玄，衆妙之門也，天得是，故無爲以之清，地得是，故無爲以之寧，聖人誠能兩間，天道雖遠，見之以心，故明於天而同乎無知，通乎道而合乎無體，與天爲徒，與道爲一，而道興乎世矣。【略】

若常能清靜無爲，氣自復也。返於未生，而無身也，無爲養身，形體全也，天地充實，長保年也。

虛化神，神化氣，道之委也，氣化神，神化虛，道之用也。蓋志一則動氣，氣一則動志，惟持其志，無暴其氣，則虛而物不能汙，靜而物不能雜，淡而無爲，將見氣合於神，神合於無，遊乎物之初，外形體而不有矣。以其不自生，故能長生，所以全其形骸，與天地齊其長久。《莊子》曰：無爲則俞俞。俞俞者，憂患不能入，年壽長久矣。

李嘉謀《元始説先天道德經註解》卷五《第七章一百十四言**》**　妙清元淨，妙元清淨，大本元清，妙淨元妙。清淨之返本，吾神復清淨，道出清淨，清淨道生。

物之本始，純一不雜，雖非清淨可名，而捨清淨無名之者，故曰：妙清元淨，大本元清。學道必自清淨始，人能常清淨，天地悉皆歸，故曰：清淨道生。

清淨妙宮，其間有清淨真法。真一不見，一不可得。清淨不在於無數，妙道法清淨，雖泛不雜，故無數亦不雜。

清淨妙宮，有清淨眞法，言世人不識清淨之體，以無爲爲清淨，故特出眞法以破。凡識所謂眞清淨者，眞一不見。若眞一不見，則萬法皆不可得。萬法既空，雖一亦不可見。故無不清，無不淨。又曰：清淨不在於無數，由世人以無數爲清淨。自云求清淨不可得。故道家《定觀經》偈曰：智起生於境，火發生於緣，各得眞種性，乘流失道原。起心欲息知，心起知更煩，若知知本空，知即衆妙門。又釋氏《心銘》有曰：止動歸止，止更彌動。唯滯兩端，寧知一種。一處不通，兩處失功。迷有沒有，從空背空。今以兩偈互相發明，即見清淨眞法。《定觀》偈云：智生於境，火發於緣，智與火即是吾之心智。由智逐境，心緣物而情識，生方其未散，覺了之性與照明之種，皆從眞出。及其流散，乃失道原。然自流注不可強絕，本是妙明，眞一種性，流注自然，非有別體，若生心取舍起念，息知心不可息，秖益煩撓。故曰：起心欲息知，心起知更煩。若知無明，本無有異，由吾自戀，乃失淨體。念念放起，念念皆空，則無始以來，麤重習氣，頓然清明。若總清明，即爲衆妙，釋氏心銘，亦不異此。蓋言以止止動，動未可止，更添止心。如此即滯兩端，寧知淨穢本空，動止本一，由吾自異。故彼成異此，所謂一處不通，兩處失功也。若但捨穢求淨，即穢不可除。是迷有而入於有，從空而背於空矣。此經云：清淨不在於無數，雖道散而爲百千萬億，猶無數也。故有數亦清淨，無數亦清淨，蓋物物本淨，雖泛不雜，有數亦不雜，無數亦不雜。

清淨無爲，無爲清淨。道爲清淨流物物之原。雜不混，散不失。清淨道流，妙元清淨之海。吾何不返逝矣。

清淨即無爲，無爲即清淨，無爲而爲，謂之道爲。道爲雖無不爲，然不失清淨。道即物原，物物具道，雜而不混，散不失眞。惟體道者識之，故能返流全一，與道同流，歸於清淨。大海無流不返，謂之返逝。

又《第八章三十三言**》**　清淨生動，動生清淨，吾居清淨妙動。

靜爲動之體，動爲靜之用。方其無事，湛然清明，不爲靜縛。及其有事，應以無心，不隨動轉。定觀所謂處喧無惡，涉事無惱，此是眞定。不以涉事無惱，故求多事。不以處喧無惡，強求就喧。以無事爲眞宅，以有事爲應跡。此即淨吾居，清淨妙動之意。

道流嶮岨，發源清淨，衆動一流，清淨普流，得之妙。

水流既遠，經涉嶮岨，豈能保其必清。然其源必清。道流於物經涉世，故豈能保其必淨。然其本必淨。動雖衆，然其流則一。物雖多，然其致則一。故曰：清淨普流。得之者無所不淨，故曰妙。

又《第九章一百七十三言》

流實動生，道虛清淨。清淨生虛，谷妙，谷流清淨。

動生於實，淨生於虛，心虛則靜，心實則動。所謂實者，喜怒愛惡窒之也。若內無窒，則中虛。中虛未有不淨。莊子曰：室無天遊，則婦姑勃蹊。心無天遊，則六鑿相攘。天遊者，虛之謂也。虛而應，故曰：谷無所不容，谷之妙。

道帝流通，清淨無礙。無數，無無數，應乎清淨不敢違。

淨之所以爲淨者，以其應不失淨。唯應不失淨，然後無所不淨。故道帝流通，周旋衆有而不礙。清淨無數者，空也。無無數者，有也。應乎有無，不失妙淨。故經曰：常應常淨，常清淨矣。

清淨妙生，靈虛一化。清淨妙無，不知其始。妙無窮始清淨，無窮始流返。吾無窮始，妙不可測清淨，清淨不可測妙。清淨自然，自此得矣。

清淨生妙，涉於群有，然靈虛一化，有未嘗有。清淨妙無，擴然無際，不知其始，無而不無。故妙無終窮，是謂自然不可窺測。

吾妙法清淨生。生無窮運成天地，始一元生。清淨妙流，一上一下，中含清淨之妙。清淨神虛。不形不氣，清淨出入，定乎清淨之天。

本始之妙法於清淨而生。生不窮本，於無爲而不盡。無爲未嘗有爲，而不離有爲，以至運成天地，一上一下，而清淨神虛，常流於其間，不形不氣，宰制萬物，出入清淨。故謂之清淨之天。孟子曰：盡其心者，知其性。知其性，則知天。又曰：存心養性，以事天。天者，清淨本始之妙。不形不氣，人患不能復性，性不復則心不盡。不盡者，喜怒哀樂未忘之謂也。由喜怒哀樂，變心爲情，發不中節，情爲主宰。故心不盡。若能於喜怒哀樂之中，隨順皆應，使雖有喜怒哀樂，而其根皆亡情，根內亡應之以性，則發必中節，而和理出焉。如是則有喜非喜，有怒非怒，以至有哀樂非哀樂，是謂盡心復性。心盡性純，不謂之天，不可得也。

元虛不動，一真普發。清淨妙通，道在其始。太一無窮，吾入清淨之終始。神仙之道，清淨畢矣。

元虛自然，未嘗有動。至於一眞普發，物物蒙賴清淨，流通無有窮極。知始無始，知終無終，由其太一，故曰無窮。若知有始，則三際不斷。苟不斷三際，則過去爲始。始既已往，見存爲中。中際不住，未來爲終。終者未來，觸事成三。安得清淨，必三際斷，其始無始，然後其終無終。故曰：吾入清淨之終始。

王重陽《重陽真人授丹陽二十四訣》 丹陽又問：何者名爲清靜？祖師答曰：有內外清靜。內清靜者，心不起雜念。外清靜者，諸塵不染著，爲清靜也。

又《重陽全真集·玉花社疏》 竊以玉花乃氣之宗，金蓮乃神之祖。氣神相結，謂之神仙。《陰符經》註云：神是氣之子，氣是神之母。子母相見，得做神仙。起置玉花金蓮社，在于兩州，務要諸公得認眞性。不曉眞源，盡學傍門小術，此是作福養身之法，並不干修仙之道。性命之事，稍爲失錯，轉乖人道。諸公如要眞修行，飢來喫飯，睡來合眼，也莫打坐，也莫學道，只要塵冗事屏除，只要心中清淨兩箇字，其餘都不是修行。

劉愚之《重陽教化集序》 夫全眞之教妙矣。其道以無爲爲本，以清淨爲宗，其旨易知，其實易從。【略】一日，重陽眞人招先生而誨之曰：子知學道之要乎，要在於遠離鄉而已。遠離鄉則無所係，無所係則心不亂，心不亂則欲不生。無欲欲之，是無爲也；無爲爲之，是清淨也。以是而求道，何道之不達；以是而望仙，何仙之不爲。

譚處端《水雲集·示門人語録》 凡人輪迴生死不停，只爲有心。得山云：心生則種種法生，心滅則種種法滅，若一念不生則脫生死。何爲有心？蓋緣衆生有貪嗔癡三毒孽、無明心。師父云：跳出三山口，是也。悟人所以修行，割情捹愛，摧強挫鋭，降伏除滅衆生不善心，要見本來父母未生時眞性，本來面目是也。何爲不善心？一切境上起無明心，慳貪嫉妬財色心，種種計較，意念生滅不停。被此孽障舊來熟境，朦昧眞源，不得解脫。要除滅盡，即見自性。如何名見自性？十二時中，念念清靜，不被一切虛幻舊愛境界，朦昧眞源，常處如虛空，逍遙自在，自然神氣交媾沖和。修行如了此一事，更有何生死可怖，更有何罪孽可懼。如稍生一念，不爲清淨，即是罣礙，不名自在，如何到得。只要諸公一志如山，不

動不搖，向前去逢大魔，盡此一身，永無迴顧，前期必了。晉眞人云：心清意淨，天堂之路，心荒意亂，地獄之門。

《長生詮經·白玉蟾》　大道以無心爲體，忘言爲用，柔弱爲本，清淨爲基。

薄滋味以養氣，去嗔怒以養性，處卑下以養德，守清淨以養道。

李道純《清庵瑩蟾子語録·清淨》　靈源浪息謂之清，性地無塵謂之淨。神水本來清，隨流便不澄。只今還不動，慧日自西東。

《太平御覽》道部一九《舍》　《道典》曰：道之清淨者，吾舍也。道因天清而清之，因地静而静之，因日月之光而明之，因星辰之行而正之，因萬物之性而消息之，萬物中人爲貴，能使形無事，神無體，以清淨致無爲之意，即道爲舍也。

雜録

《太上老君内觀經》　老君曰：人能常清靜其心，則道自來居。道自來居則神明存身，神明存身則生不亡也。人常欲生，而不能虛心，人常惡死，而不能保神，亦由欲貴而不用道，欲富而不求寶，欲速而足不行，欲肥而食不飽也。

老君曰：道以心得，心以道明。心明則道降，道降則心通。神明之在身，由火之因炷也。明從火起，火自炷發，炷因油潤，油藉炷停。四者若廢，明何生焉？亦如明緣神照，神託心存，心由形有，形以道全，一物不足，明何依焉？所以謂之神明者，眼見、耳聞、意知、心覺，分別物理，細微悉知，由神以明，故曰神明也。

老君曰：虛心者遺其實也，無心者除其有也，定心者令不動也，安心者使不危也，靜心者令不亂也，正心者使不邪也，清心者使不濁也，淨心者使不穢也。此皆以有令使除也。四見者，心直者不反覆也，心平者無高低也，心明者無暗昧也，心通者無窒礙也。此皆本自然者也。粗言數者，餘可思也。

《太上靈寶洗浴身心經》　尒時天尊告諸四衆：汝等身心本地清淨，實相不動，始終恆一，猶如虛空，去來無礙。但以倒想隨業受形，積邪僞塵，聚貪痴垢，欲惡染性，穢濁纏身。譬如明珠恆埋糞壤，歷劫隱蔽，不顯珠光。將來衆生，迷眞道本，造顛倒業，種邪僞根，埋智惠珠，增煩惱垢，墮生死海，溺貪愛流，驅馳五欲，處魔怨境，煩惱結縛，身心臭穢，隨業流轉三惡五道，廕蓋正性，沉沒玄珠，翳本光明，亦復如是。汝等四衆，以本分力，汲道性水，探無爲香，調智慧湯，居清淨室，爲諸衆生洗愚癡垢，滌身心穢，得眞實淨，畢竟無染，平等解脱，令入道場。【略】入清淨室，正念安坐，先觀身心，垢穢聚積，無量邪或，不淨塵勞，共成我身，内外貪癡，粗細不淨，生老無常，衆苦結縛，三業障道，六塵覆心，彌天雲翳日月光明。作是觀已，了了分明。以法香水，先從首面皮膚，四支五體、六根九竅，次第灌洗，悉令清淨。外清淨已，復以淨觀，重修内心邪或煩惱，妄想執計，貪嗔癡垢，普令清淨。内外既淨，住法身心，常居道場，斷邪僞垢，是名法水洗浴身心。

周無所住《金丹直指》　又問：火候法度已無可疑，工夫口訣其義何也？答曰：工夫之說，譬如琴瑟箜篌，雖有妙音，不得妙指，終莫能發，況金丹者乎？若得正傳，片言之下便可用功，隨有應驗。不用年中取月，月中取日，日中取時，時中取刻。亦不用子午卯酉、支干屯蒙卦氣等説，但於行住坐卧清淨鈐鍵，陽氣自生。紫陽張眞人云：修錬至此，泥丸風生，絳宮月明，丹田火熾。泥丸陳眞人云：初時夾脊關脉開，其次膀胱如火然，内中兩腎如湯煎，時乎跳動冲心源。又有一簇百脉之語，所謂工夫效驗。然清淨鈐鍵之要，即杏林石眞人云：豈知丹妙訣，終日翫眞空。泥丸陳眞人云：當初聖祖留丹訣，無中生有作丹基。《心印經》云：存無守有。老子云：守靜篤。所謂口訣眞趣，先聖後聖同一舌頭，共一鼻孔，然則然矣，猶涉異路，更須不墮語言。千聖不同途，太上老君未著經，群仙未形口訣以前，昆蟲草木，果熟脱體，尚能示變化之妙，抑亦口授，況人爲物靈者乎？學者當具是眼。

又問：工夫口訣固已曉矣，未知沐浴溫養何義？答曰：沐浴洒清淨之義，溫養謂中之義。捨之益濫，操之益燥，出操捨之外者，曰溫養。心清淨則塵不染，致諸中則道無爲，無爲而無不爲矣。杏林石眞人云：溫養無他術，無中養就兒。

心性

綜述

《太上洞玄靈寶天尊説大通經・真空章》　先天而生，生而無形；後天而存，存而無體。然而無體，未嘗存也。故曰不可思議。

又《玄理章》　靜爲之性，心在其中矣；動爲之心，性在其中矣。心生性滅，心滅性現，如空無相，湛然圓滿。

又《玄妙章》　大道無象，故內攝於有；眞性無爲，故外不生其心。如如自然，廣無邊際。對境忘境，不沉六賊之魔；居塵出塵，不落萬緣之化。致靜不動，致和不遷。慧照十方，虚變無爲。

偈曰：

有法悟無法，無修解有修。包含萬象體，不罣一絲頭。

李道純《太上大通經註》　先天而生，顯諸仁。生而無形，藏諸用。後天而存，所存者神。存而無體，神無方易無體。然而無體，陰陽不測。未嘗存也。運化不息。故曰不可思議。妙用無窮。

右眞空一章。原道之始也。子曰：天何言哉，四時行焉，百物生焉。即先天而生，生而無形之義也。《中庸》曰：視之而不見，聽之而不聞，體物而不可遺，即後天而存，存而無體之義也。然而無體，故運化生成而無窮也。非窮理盡性者，其孰能與於此，故授之以玄理章。

靜爲之性，寂然不動。心在其中矣。感而遂通。動爲之心，見物便見心。性在其中矣。無物心不見。心生性滅，心生種種法生。心滅性現，心滅種種法滅。如空無相，大象無形。湛然圓滿。通上徹下。

右玄理章。原性之元也。《中庸》曰：喜怒哀樂未發之謂中，中也者，天下之大本也。即靜爲之性之義。又曰：發而皆中節，謂之和，和也者，天下之達道也。即動爲之心之義。性本靜，非心則不見。心本靜，非動即不見。因物見心，潛心見性。性寂知天，是謂通也。苟或心隨物轉，性所以忘也。故曰心生性滅。設若潛心入寂，性所以現也。故曰心滅性現。蓋性如虚空，動與不動，常寂；見與不見，常明。一切物來相撓，如片雲點虚空相似，太清還受點也。無既不受點，則湛然圓滿。我之性天亦復如是。

大道無相，故內其攝於有。養其無象，象故常存。眞性無爲，故外不生其心。無所用心，心故常存。如如自然，廣無邊際。無爲則無不通。對境忘境，不沉於六賊之魔。我不逐境，境無干我。居塵出塵，不落萬緣之化。我不立塵，塵不染我。致靜不動，大定。致和不遷，大慧。慧照十方，大明。虚變無爲。大通。

右玄妙章。明道之理也，故次之以玄理章。《洞古經》云：養其無象，象故常存，即大道無相之義。孟子曰：無爲其無所不爲。即眞性無爲之義。內無相則如如自然，外無爲則廣大悉備。祖師謂丹田有寶休問道，對境無心莫問禪。即此義也。對境忘境，何魔之有？居塵出塵，何緣之有？緣息則性靜，魔息則心和。致靜則不動，致和則不遷。二理兼持，則圓明普照，神變無方也。

頌曰：有法悟無法，心隨法生，法隨心滅。無脩解有脩。性本無脩，脩即非性。包含萬象體，心空性寂，無所不容。不挂一絲頭。纔染一塵，即成滲漏。

右頌。言其體用也。體之則無，用之則有。所以自有法頓悟無法，因無脩勘破有脩。至於有無不立，心法雙忘，體同太虚，包羅無外，大道之理，至是而盡矣。

牛道淳《文始真經註》卷五　關尹子曰：情生於心，心生於性，情波也，心流也，性水也，

人之妄情從心上生，心從性上生也，故云情生於心，心生於性也。人迷情如水之波浪，人逐境之心如流動之水，人之本性如水之源也，波流源有三名而無二體，爲波流源皆是水也，情心性有三名而無二體也，爲情心性皆是眞也，故云情波也，心流也，性水也。

來干我者，如石火頃，以性受之，則心不生，物浮浮然。

萬物來相干吾者，俄頃之間，如電光石火，但以眞空之性受之，則心不生，知識物境浮浮然，如太虚之雲，不礙虚空，如空谷傳聲，應變常寂也，故云來干我者，如石火頃，以性受之，則心不生，物浮浮然也。此章明心性不二，應變無礙也。

陳顯微《文始真經言外旨》卷五　關尹子曰：情生於心，心生於性，情波也，心流也，性水也，來干我者，如石火頃，以性受之，則心不生，物浮浮然。

抱一子曰：後世言性者，皆曰性生於心，以心爲母，性爲子，謂如五

常之性，根於一心，皆未達夫眞性之所以爲性，三教聖人發明性眞如出一口，而賢人膠之，此其所以未入聖域歟。孔子言窮理而後盡性，理者心也，與孟子言盡其心者，知其性，知其性，則知天意，同釋氏言明心然後見性，故直指人心，見性成佛，與今言心生於性，皆以性爲母，心爲子也。而尚恐學者未明，又以水喻之曰，性水也，心流也，情波也，則本末次第歷然易辨矣。苟事物來干我，而以心應之，不亦勞乎，天下之事物無窮，吾心之精神有限，以有限對無窮，吾心殆矣，惟聖人以性受之，則心不生，而事物浮浮然，不能入吾之靈府矣。

尹愔《老子說五厨經註》 莫將心緣心，

心者，發慧之質，想受之器也。正受則發慧，邪受則生想。言人若能氣和於中，心正於內，內照清淨，則正慧湛然，鑒明而塵垢不上，淵渟而萬象俱見。見象無主，謂之常心，若以心得心，緣心受染，外存諸法，內無慧照，常心既喪，則和理亦虧矣。故莊子曰：得其心，以其心，得其常心，物何爲最之哉。

還莫住絶緣。

夫以心緣心，則受諸受，若正受生慧，自得常心，慧心既常，則於正無受，何等爲緣，既無緣心，亦無緣絶，湛然常寂，何所住乎？老子曰：損之又損之，以至於無爲也。

心在莫存心，

慧照湛常，則云心存，於絶無住，故曰莫存心照，既不將而隨迎心緣，則無絶而無住矣。

眞則守眞淵。

眞者，謂常心慧照，清淨不雜也。若湛彼慧源，寂無所染，既無知法，亦無緣心，則泰和含眞，本不相離，故云守爾。

修理志離志，

理者性也，志者心有所注也。若絶外境受此心也，則性受也。言修性者心有所注，但得遍照，若外塵已絶，境識無注，離形去智，同與大通，性修反初，圓照無滯，內外俱淨，玄之又玄，則離於注想矣。

無名子《悟眞篇序》 讚曰：道爲性本，性是心源。心性同體，應化無邊。百姓日用，亦曰自然。若能了悟，忘象忘言。虛心實腹，抱一而還。功成九轉，乃得成仙。

王重陽《重陽眞人授丹陽二十四眞訣》 修行之人，澄其心而神自清。晉眞人云：心清意靜天堂路，意亂心荒地獄門。丹陽師云：要知上天入地，好弱由心。孟子曰：我善養吾浩然之氣，故不動心。太上云：出家若不降心，百年之後無得中處。重陽眞人云：出家若不降心，返接世緣，道德損矣。性命書云：洗心對越，乃萬物之根蒂。經云：心生則性滅，心滅則性現也。心滅者是寶。經云：諸賢先求明心，心本是道，道即是心，心外無道，道外無心也。

王處一《雲光集》卷三《贈濱州李四郎七首》 心是道，道是心。心合道，古今通。

心辨道，性然香。眞一點，出崑岡。

心了悟，性靈明。眞自在，達圓成。

心無影，性無形。神光綻，輥金精。

心守道，性持齋。行與坐，是蓬萊。

心了了，性休休。眞無漏，住悠悠。

人我死，物情休。眞大道，了無憂。

佚名《晉眞人語録》 第四問：如何見性？答曰：只要無心無念，不著一切物，澄澄湛湛，內外無事，乃是見性。

玄全子《眞仙直指語録・郝太古眞人語〔録〕》 又曰：修眞之士，若不降心，雖出家多年，無有是處，爲不見性。既不見性，豈能養命，性命不備，安得成眞。何爲如此，緣有心病也。第一心病，見他通達性命之理，自己欲參，不肯低下，他人不肯說，心生怨謗。第二心病，他人有緣，不思自己無復，不能化人生善，徒生惡念，損人道緣。第三心病，見他人看經書，自己不通而生謗心。此等之人，永不得大智慧，天眼自昧之徒也。第四心病，緣未起行，而強起緣動衆，擾亂他人，是不良之人也。第五心病，是心不足，反致心亂，是不足之人也。除此五病，低下參訪，必得其眞。未能大靜，且守本分，未通大理，常看經教，未能動人，只合守靜。稍得薄緣，莫忘性命。能如此者，進道尅日成聖，不能依此者，決墮酆都，不得人身，披毛帶角，永作六畜，九玄七祖何日超昇，緣汝敗道故也。夫七眞五祖之語，皆演性命之端的，後學者多求小法邪徑，或用心

引氣，或數息忘心，或運水火交馳，或究龍虎會合，萬端不可盡錄，致使祖師全眞之理，滅而不顯。夫吾道以開通爲基，以見性爲體，以養命爲用，以謙和爲德，以卑退爲行，以守分爲功，久久積成，天光內發，眞氣沖融，形神俱妙，與道合眞。今之學者，是非利害，好惡貪嗔，不離於心，心既如是，性豈能定，氣豈能和，自然走失，去道愈遠矣。

玄全子《諸眞內丹集要》卷中《太上內觀正訣》 生不生爲體，

如生者是人心，心者有三心，過去、未來、見在者是也。過去心生者名爲思，未來心生者名爲想念，見在心生者名爲逐境。此三心者，晝夜不停，勞神損氣，喪人之眞靈，昧元初之法體。輪迴萬劫，皆是三心。古往今來，誰能得脫。若要得離，悟父母未生之前本來面目，有箇甚麼，非心非念，物我兩忘，自然合道。故曰生不生爲體也。

滅不滅爲用。

滅者諸慾不生，萬緣齊斷，心念兩忘，爲之滅也。不滅者，是人之眞性。眞性者，道之用。道者，性之體。體用分明，應物不昧，頭頭脫灑，性顯心亡。故曰滅不滅爲用。

又《金丹火候祕訣十二句》 日月本是乾坤精，卦象周迴甚著明。前三五兮後三五，五六三十復還生。生兮滅兮周十二，十二中分二十四。二十四氣互推遷，卦象爻鍊都在此。水銀一味分爲二，變化陰陽成既未。既未却配爲夫妻，始覺壺中有天地。

純陽眞人云：大哉一十二句，契合五千餘言。始初本性，乃元宗元相之至神，主命之一靈也。命蒂之根源，即先天也。無形之至精，保性之一氣也。精神即性命之本始也。此一靈眞性，蓋爲心所昧也。純一之命，皆因身所役也。若能全身而命基永固，心澄而性本虛靈。命不得性而安能保守，性不得命而未可長安。性命本一，變動爲二。今之學者各執一邊，若要成全眞大道，無非性命合一，欲得性命合一，直須心清意靜，心意清靜則萬法自然歸其根也。今凡世之人，不能全其性命，而了其大道者，何也？蓋因心逐物移，性被物轉，意慕色而命爲色喪。出此二境者，着小術而有動有作，執邪法而妄修妄爲，須有金丹藥物之名，抽添採運之字，萬種千般，總爲異號耳。若知金丹無相，藥物無名，火候無時，抽添無作，能如此者，莫執一法，休着一邊。赤灑灑不存一毫，露堂堂靈光普照，始達自然之路，方入大道之門，便知無爲而爲，是名不採之採。假如養命不知性，如谷中神；見性不全身，如陰鬼無光。若能性眞命全，名稱道德之仙。

牛道淳《析疑指迷論》 或問曰：何謂心性？答曰：夫心性之義，譬猶漚水，水本至清，有感漚起風浪，渾濁不能鑑理，風浪息時，水澄漚止。以此論之，水即是漚，漚即是水。由是言之，心即性用，性即心體，體用俱忘，全眞而已。

昭然子曰：頓漸之理，敬聞命矣。敢問心性之義若何？弟子性鈍，願夫子細細釋之。廣漠先生曰：嘻，愚矣，子之難悟也。且若問吾者，心也。吾答若者，亦心也。心之與心，有何異哉。又奚問乎，亦奚說哉。若之問也，吾之答也，總屬妄心，妄心滅處，而不知其誰何。故曰：未始出吾宗。宗者，性也。性稟於道，道稟於自然矣。

陳致虛《上陽子金丹大要》卷一六 上陽子知其根器不淺，乃曰：來，汝所悟者，是汝性也。汝性非性，汝心非心，心即是心，性即是性，性非汝心，心非汝性，汝試爲我言汝實性。應時答言：弟子鄙見，性即云性，心即云心；心無所心，性無所性；性亦非心，心亦非性；性非心心，心非性性；性性非心，心心非性；性無有心，心無有性；性本無心，心本無性；性則言性，心則言心；心若有性，即非佛心；性若有心，是名佛性；佛性我性，是眞實性；我心佛心，是妄想心；心若妄想，即不見佛；性若眞實，即是眞佛。更乞我師慈悲，開顯眞實妙義。

董漢醇《群仙要語纂集》卷上《諸章節要》 人心久任之，則浩蕩而忘返；頓棲之，則超躍而無根。任之則蔽乎我性，棲之則勞乎我神，使致道者奚方而靜。蓋性本至凝，物感而動，習動滋久，胡能遽寧。既習動而播遷，可習靜而恬晏。故善習者寂而有裕，不善習者煩而無功。是以將躁而制之以寧，將邪而閑之以正，將求而抑之以捨，將濁而澄之以清。優哉游哉，不欲不營，行於是，止於是，造次於是，逍遙於是。習此久者，則物冥於外，神鑒於內，不思靜而自靜矣。故履霜爲堅冰之始，習靜爲契道之階。古人云：積習生常。其斯之謂歟。

又卷下《論識心悟性》 如要修行者，先須識心識意，然後悟性。如何是心？如何是意？但能知覺謂之心，千思萬想謂之意。意從念起，心

從物生。既知起生之根源者，只在方寸。方寸者，是本來之眞心也。心本無心，意本無意，爲從來熟境難忘，心浮意動，却把眞性蒙昧，不能顯煥。須是澄心定意，內觀其心湛然（不）動者，謂之定；定中覺靈者，謂之慧。定是體，慧是用。定慧兩全者，日用不虧也。

又《馬丹陽眞人直言》 斷情除慾降心，休與親戚相見，休敎心到處去。行住坐卧，乃至搬柴運水，或上茅去，也要心定念止，湛然不動，名爲眞心。要處靜心閑少語，住好伴。莫生念，念是業根。若外不入，內不出，常少語，自然心定氣調。若不澄心止念，去慾斷情，更外入內出，出去外遊，如何得自然調息？只是一座空舍，出者便是猿馬也。自古過去一切神仙，不敢越過澄湛二字。又要心不逐一切物去，心猿牢捉丹無漏，意馬常擒性自明。坐圜先生云：動者心，起者念，去者意，心澄意定，物我俱忘，澄澄湛湛。只顯一性應物，皆是心見物，要不昧一性。若只見物不見性，便著邊徼，却有輪迴。又云：只緣見物不見性，便是昧了一切。行住坐卧，只要降心，使一性常現不昧。止念者，常要覺一切塵念皆是業根，須要澄湛一性，照破萬緣，一切虛假，其念細細，調熟不起。

或問曰：如何是應物不昧？答曰：耳目雖是聞見，口內雖是言說，只要心不著他。【略】又問復命歸根。答曰：只要心不逐一切物去，不染不著，心不起，氣不散，便是歸根。若不能如此者，不得歸根也。又問：如何是見性？答曰：那無心無念，不著一物，澄澄湛湛，似月當空。

張伯端《玉清金笥青華秘文金寶內鍊丹訣》卷上《神爲主論》 心爲君者，喻乎人君之在位，一人有慶，兆民賴之。秦皇漢武爲之，則四海瘡痍；堯舜禹湯爲之，則天下安逸，民歌太平者，何也？聖人以無爲而治天下，則天地安肅，庸人以有爲而治天下，則天下撓。蓋心者，君之位也，以無爲臨之，則其所以動者，元神之性耳。以有爲臨之，則其所以動者，欲念之性耳。有爲者，日用之心，無爲者，金丹之用心也。以有爲及乎無爲，然後以無爲而利正事，金丹之入門也。夫神者，有元神焉，有慾神焉。元神者，乃先天以來一點靈光也；慾神者，氣稟之性也。元神乃先天之性也，形而後有氣質之性，善反之，則天地之性存焉。自爲氣質之性所蔽之後，如雲掩月，氣質之性雖定，先天之性則無有。然元性微而質性彰，如君臣之不明，而小人用事，以蠹國也。且父母構形，而氣質具於我矣。將生之際，而元性始入父母，以情而育我體，故氣質之性，每寓物而生情焉。今則徐徐划除，主於氣質盡，而本元始見，本元見而後可以用事無他。百姓日用，乃氣質之性勝本元之性，至本元之性勝氣質之性。以氣質之性而用之，則氣亦後天之氣也，以本元性而用之，則氣乃先天之氣也。氣質之性本微，自生以來，日長日盛，則日用常行，無非氣質。一旦反之矣，自今已往，先天之氣本微，吾勿忘勿助長，則日長日盛，至乎純熟，日用常行，無非本體矣。此得先天制後天而爲用。餘見神室圖論。

牧常晁《玄宗直指萬法同歸》卷一《三教同元譬説》 官天地，府萬物，會精神，調六氣，莫不由乎心之所以用也。古人無能名之，故爲之字。以此下象三才萬法。

郛郭

全於無極之謂性，分於太極之謂命，道所當然之謂理，包括衆理之謂心。心者也，總萬法而言之，其形廣大，其體虛無，妙覺玄通，包含萬有，初無善惡小大之名，由人物所以用也。用其末異者，後世異之所以異也。【略】心在天爲天心，在地爲人心，在天下爲天下心，在萬物爲萬物心，不過一心也。舍其物而得其名。心本無常，隨用爲常。心本無度，隨用爲度。心本無動，隨用爲動。心本無思，隨用爲思。用其善者爲善心，用其惡者爲惡心，用其小者爲小心，用其大者爲大心，以此心象郛郭也。由是知心之宰衆理者也。

又卷三《或問金丹性命》 或問：性、神、心三者同異？答云：性者，寂然不動之眞空也。神乃眞空之中妙有靈通者。性之神所以感而通也。心者，性之樞神之機也。樞機靜則性神安，動則性神搖。雖曰二用，不離一體，性不自靈，神靈之也。性不自通，神通之也。安其性，存其神，心也。萬法莫不由心焉。

又卷四《或問太極類》 答云：性爲心體，心爲性用。性靜也，心動也。心用不動，則性體融合。愚人外心求性，智者即性即心，非別有也。又曰：只是方寸之地便是心，非方寸外別有心也？答云：方寸，心機紐

也。此心彌滿太空六合，機紐動則此心動，機紐靜則此心靜。離方寸求心，非心也。執方寸爲心又非也。

道性

綜述

《老子道德經想爾注》 道性不爲惡事，故能神，無所不作，道人當法之。

道性於俗間都無所欲，王者亦當法之。

道藏本《太上妙法本相經》卷上 大道無爲，處神淡泊，何求於人乎？但人自弘，非能弘道。故道性偏養，非獨一類，何故專弘於人乎？十方大千之國，萬種形名，悉以及之，終不寄一類而化及也，是以普徧形名，豈獨弘之於人也，何以故得知之？道生天地，置立陰陽，布造日月，安設星辰，周天三百六十五度，盈縮之數，四時代謝，毫分無失，乃生民人萬類之形名，匠成一切，而獨弘之於人乎？是故非獨弘人。是以一切至士，自求於道，自求度之。所以者何？譬如於水，人自求渡，乃來渡水，將知水不渡人，人自渡之。是故道不度人，人自求道；道不貪民，民自貪道。若道貪民，則有親疏之隔；若道貪度，則有進退之性。是以道性淡泊，無有親疏，亦無彼此，慈恩子養，平等一切。

又卷中 衆生無道性，則匠無所加。衆生以可鑑之理，故設範以敎之。

敦煌本《太上妙法本相經》卷五 道有常有樂，有功有果，故能與之常樂，與之功果。是以一切衆生悉有道性，稱之遍有，種之則生，廢之則不成。譬如種子，內有苗性，不種不養，豈獲其實？一切衆生雖有道性，不建不勤，終不成道，何以故？壟麥有饍，隨壟而責，其饍終不可得。要須逕冬涉春，至夏結實，桴楊入碓，羅蓰付廚，和均膏水，巧手乃甘，濃味調美，和成以爲食饍。一切衆生雖有道性，亦與壟麥同耳，修之則爲道，廢之則爲鬼，麥修則爲饍，不修則爲芻，一切衆生亦復如是。

又卷一〇 夫天下萬法者，亦无種无類，隨其因緣而有生也，若无因緣而有生也。若无因緣則任自然，若任自然則无道眞，若无道眞則萬物何以立？夫天下萬物悉有道性，皆負陰而抱陽，生成得存，稱一切萬法，通因緣所作果業，隨緣而生，隨因而受。

未見種松其竹生，種竹其松生，乃至千代不移，將不可變。推斯儀物，種種相生，類類相似，不應混同，受其一氣，普稟道性。是故人還生人，禽還生禽，狩還生狩，鳥還生鳥，四種衆生，各有性分。故人知能行，禽鳥知能飛，狩知能走。未見鳥行百里，人狩能飛者，將知四種衆生，各受其氣，不相假受。

《洞玄靈寶本相運度劫期經》 問曰：道性可見否？

答曰：不可見而可見之成之。故可見未成，觸目而不覩。何以故？一仙眞人視道性萬分，始得見一。自聲聞、圓覺，知進而不覩。知進者，諸漏已盡，更無煩惱，神通變效，學士所不能及。故知進而忘其退。四道尙知進而不知退，而況於二士乎。

敦煌本《太玄眞一本際經・道性品》 言道性者，即眞實空，非空不空，亦不不空；非法非非法，非物非非物，非人非非人，非因非非因，非果非非果，非始非非始，非終非非終。非本非末，而爲一切諸法根本。无造无作，名曰无爲。自然而然，不可使然，不可不然，故曰自然。悟此眞性，名曰悟道，了了照見，成无上道。一切衆生皆應得悟，但以煩倒之所覆蔽，不得顯了，有理存焉，必當得故。理而未形，名之爲性。三世天尊斷諸結習，永不生故；眞實顯現，即名道果。果未顯故，強名爲因，因之與果，畢竟无二，亦非不二。若知諸法本性清淨，妄想故生，妄想故滅，此生滅故，性无生无滅。了達此者，歸根復命，反未生也。仙眞下聖所不見知，上聖之人少能知見，亦不明了，去始遠故。唯得道果，洞照始終，道眼具足，乃能明見，以明見故，名一切智，无上尊也。

《太上一乘海空智藏經》卷一 何謂妙無？即是道性。以何因緣，道性之理自爲妙無？以淵寂故，以應感故。若以住於淵寂之地，觀於諸有，則見無相；若以住於應感之地，觀於諸有，則見有相。善男子，若言道性全爲無有，中有應感；若言道性全爲有者，而實寂泊。以是當知道性之有

非世間有，道性之無非世間無。是謂妙無。【略】夫一切六道四生業性，始有識神，皆悉淳善，唯一不雜，與道同體，依道而行，行住起卧，語嘿食息，皆合眞理。如魚在水，始生之初，便習江湖，不假教令。亦如玉質本白，黛色本青，火性本熱，水性本冷，不關習學，理分自然。一切衆生識神之初，亦復如是，稟乎自然，自應道性，無有差異。

又卷二 善才又言：如是所說，海空空相，無因無果，無始無終。云何說言以修習故，得見道性？從因生天，從因受樂，海空常樂，豈非果耶？云何說言海空空相，無因無果？

天尊答言：善男子，我說海空修習因者，即是道性。道性之性，無生無滅，無生滅故，即是海空。海空之空，無因無果，無因果故，以破煩惱。以是因緣，名爲修習。

善才又言：如是所說，道性之性，無生無滅；衆生道性，爲悉共有，爲各各有。若共有者，一人得入海空藏時，一切衆生亦應俱得。譬如寃讐，或千或百，若一人和，百千亦和；一人相怨，百千亦怨。道性亦爾，一人得時，一切亦得；一人不得，一切不得。若各各有，則是無常。何以故？可數量故。云何說言衆生道性，不一不二？若各各有，不應說言道性平等，猶如虚空。

天尊答言：善哉善哉，善男子，汝所難云，衆生道性，不一不二，究竟平等，猶如虚空，一切衆生同共有之。善男子，深山有寶，名曰上勝。人若取之，則成富有。衆生道性，亦復如是。

善才又言：如是所說上勝寶者，是一是多。若是一者，一人得已，則應有盡，山空無寶。云何而言一切衆生修持淨戒，得入一乘海空祕藏？若是多者，云何而言是海空者，非一切法，衆生道性，亦如是耶？

天尊答言：善男子，譬如一路，或大或小，一切衆生悉於中行，無障礙故。道性衆生，亦復如是。善男子，譬如寶珠，唯有一門。雖有人多，經遊出入，無有逼迮；亦復無人破壞寶珠，而齎持去。道性衆生，亦復如是。善男子，譬如橋梁，隨諸行人，或重或輕。以是橋梁無有增減。衆生道性，亦復如是。

又卷五 道性不斷，云何而言一誹謗者斷善根生？善男子，根有二種：一者内根，二者外根。道性之中，非内非外。以是義故，道性之生不斷不斷。復有二種：一者有爲，二者無爲。道性之中，非有非無，是故道性不常。復有二種：一者眞常，二者無常。道性之中，亦非有常，亦非無常，以是之故，道性之生不斷不常。【略】言道性者，無性之性，非有法性，非無法性。道性之生，亦有亦無。善男子，言道性者，非有身生，非無身生，非非有無；亦有身生，亦無身生。善男子，云何煩惱障於道性？言道性者，即煩惱生，非煩惱生，亦是煩惱，亦非煩惱。煩惱云何障於道性？善男子，譬如黑雲，障於日光；日光之光，不生不滅，不去不來，不有不無。道性之生，亦復如是。善男子，道性之生，非父母生，是父母生。何以故？若父母生，父母生已，生無所生，無生之生。譬如花果，花生無果，果生無花。道生之生，亦復如是。道性云何從父母生？善男子，云何道性從微塵生？言道性者是微塵生，非微塵生；是幻化生，非幻化生；是自然生，非自然生；是虚空生，非虚空生；是變易生，非變易生；是善因生，非善因生；是惡因生，非惡因生；是畜生生，非畜生生；是地獄生，非地獄生；是天上生，非天上生。以是因緣，無生之生，生生無生；非無法生，非有法生。若如是者，生相不生。若是無者，無相不無，不無不有。是故道性之生，生之生生，生生不生。善男子，子向難云，若從父母生道性者，云何父母是煩惱耶？善男子，今當爲說。言道性者，從父母生。善男子，譬如蓮花，從淤泥生，泥生之生，亦不是泥，亦不非泥。道性之生，亦復如是。亦是父母，亦非父母。善男子，譬如人屋，人寄屋生，屋非有人。道性之生，亦復如是。如木寄生，隨木而生，生非木種。道性之生，亦復如是。生於煩惱，非煩惱種。

《大乘妙林經》卷下《觀法性品第八》 爾時度命眞人即從座起，稽首禮問，白天尊言：如向所說，眞人所見，觀諸法性，心無希望，知法空故。如是見者，云何莊嚴一切衆生，令得道邪？

天尊告曰：度命眞士，一切衆生，性本情淨，無所有故，同虚空故；道性亦空，道性空故，云何問言？一切衆生，雲何得道？衆生道性，無有二相。衆生性者，即是幻性；諸幻性者，名爲法性。於法性中，無得無失，無增無滅。是故我言，一切衆生不斷煩惱而得眞相。

宋文同《道德義淵・自然道性第四》

第一序本文；

第二明性體；
第三詮善惡；
第四說顯沒；
第五論通有；
第六述迴變。

第一序本文者，河上公云：輔助萬物自然之然。即此也。夫性極爲命。《老子經》云：復命曰常。河上公云：復其性命。此言復其性命之復，曰得常道之性也。經云：道法自然。河上公云：道性自然，無所法也。經又云：以輔萬物之自然。物之自然，即物之道性也。《裴君道授》曰：見而謂之妙，成而謂之道，用而謂之性。性與道合，由道之體，體好至道，道使之然也。一重。

第二明性體者，論道性以清虛自然爲體，一切含識各有其分，先稟妙一以成其神，次受天命以生其身，身性等差，分各有限，天之所命，各盡其極。故外典亦云：天命之謂性，率性之謂道。又云：窮理盡性，以至於命。故命爲性之極也。今論道性，則但就本識清虛以爲言；若談物性，則兼取受命形質以爲語也。一切無識亦各有性，皆有中心，生炁由心，故性自心邊生也。二重。

第三詮善惡者，夫有識之主，靜則爲性，動則爲情。情者，成也。善成爲善，惡成爲惡。《洞玄生神經》云：大道雖無心，可以有情求。此善情也。《定志經》又云：受納有形，形染六情。此惡情也。《四本論》或謂性善情惡，或云性惡情善，皆取無矣。《定志經》云：不亦爲善，離此四半，反我兩半，處於自然乎？其中又云：爲善上升清虛，自然反乎一。即反道性也。三重。

第四說顯沒者，得道之所由，由有道性。如木中之火，石中之玉，道性之體，冥默難見，從惡則沒，從善則顯。所以然者，萬物之性有三：一曰陰，二曰陽，三曰和。《玄女》云：陽和清虛，陰炁滯濁，陽和多善，陰分多惡。故性之多陽，知者多善；多陰，知者多惡。〔多〕惡則乖道，多善則合眞；合眞則道性顯，乖道則道性沒也。《玄女》又云：陽和三合，乃能敵陰；陽炁滯濁，濁對陽和；和陽清虛，滯陰堅實。是以樸散之後，以善微惡盛，此之由也。四重。

第五論通有者，夫一切含識皆有道性，何以明之？夫有識所以異於無識者，以其心識明闇，能有取捨，非如水石，雖有本性，而不能取捨者也。既心有取，則生有變，若爲善則致福，故從蟲獸以爲人；爲惡則招罪，故從人而墮蟲獸。人蟲既其交換，則道性理炁通有也。五重。

第六述迴變者，問人墮蟲獸，蟲獸爲人，蟲獸與人本非炁類，混元之初，各有其分限，蟲獸未嘗爲人，人亦未嘗爲蟲獸。今以何義，忽能換革？答曰：人與蟲獸俱稟四大之形，止是方員不同，器質爲異耳。譬如泥，摶和之爲人，則成人狀，解之爲獸，則成獸象。亦如牛哀成虎，楚嫗爲龜之例，神識隨之以異也。六重。

孟安排《道教義樞》卷八《道性義第二九》　義曰：道性者，理存眞極，義實圓通，雖復冥寂一源，而亦備周萬物，煩惑所覆，暫滯凡因，障累若消，還登聖果，此其致也。《太玄經》云：言道性者，即眞實空，非空不空，亦非不空，道性衆生，皆與自然同也。

釋曰：道以圓通爲義，謂智照圓通；性以不改爲名，謂必成圓果。裴君道授竟，而謂之妙成，而謂之道用，而謂之性。今言見者，取其觀境之義；成者，證果顯時；用者，在因隱日，以物資眞性，其用乃成。故在因時，目之爲用，亦曰眞性。道名在果，即指圓極法身，性語在因，謂有得果之性。此解雖強，亦未通理。若道定在果，性定在因，則性非眞道，眞道非性，何謂衆生有道性耶？今明若礙心解者，一解一病，正意道性、眞性不有不無，何在不在。《西昇經》云：爲正無處，此何所在。又云：正自居之，復何不在？故無在而無所不在。在因即因，在果即果。在因即爲因性，在果即爲果性。且尋道性正理，非有非無，何名何性。既以不性爲性，不名爲名，亦不通言通，不別言別也。論其別致，義類無邊，收來而言，略開五種：一正中者，中是不偏之名，正是不邪之目，正道眞性，不生不滅，非有非無，無名正中道。二因緣性者，因是能生者，是由藉故，設境教爲悟解之因緣，由此因緣生智成道。三觀照性者，因也，通名即有無二觀，照有無二境，因有入無，明照眞境，發生妙觀。四智慧性者，即是極果，冥寂玄通，大智慧源。五無爲性者，即是智慧，斷除因果二累，神無之無爲也，又道也。又道性體義者，顯時說爲道果，隱時名爲道性。道性以清虛自然爲體。一切含識，乃至畜生、果木、石者，皆有道

性也。究竟諸法正性，不有不無，不因不果，不色不心，無得無失。能了此性，即成正道，自然眞空，即是道性。《昇玄經》云：臣知道反俗，何以故？法性空故。經云：貸氣、稟氣者，此明衆生之本，本來清凈，顛倒妄起，因知有識神，一念神起，即滯染故欲。凡業既弱，不能自生，須假應炁，貸生接引。既生之後，方假研修，智慧若圓，即成至道。譬猶竹笋未起之日，事在虛無，一念笋生，即帶皮出生，力既弱不能自生，須假天雨，助令成笋。及其作竹，漸漸除皮，皮盡竹成，無皮如本，竹成之日，不更生皮。亦論智圓之時，不更起倒也。《西昇經》云：道非獨在我，萬物皆有之。是據有知，不論異識也。今未安此釋。若有知有性，無知無性，則應道在有知，不在無知。若有知與無知，大道無不在，亦應有知與無知，理實皆有性。若有知無知皆有性，亦應有識無識皆成道。若有識與無識，遂有成道不成道，亦應有知與無知而得有性有無性也。今意者，道性不色不心，而色而心。而心故研習可成，而色故瓦礫皆在也。

《唐玄宗御製道德真經疏・古之善爲士章第一五》 渾兮其若濁。

疏：善士心照清靜，而能容物，和同光塵，不自殊異，渾然如濁，物莫能知。

孰能濁以靜之，徐清？

疏：因上文云若濁，便舉水之澄清，以況善士之心無染，則自然靜止。孰能於世間愛欲混濁之中，而以清靜道性而靜止之，令愛欲不起，亦如水濁而澄靜之，令徐徐自清乎？孰，誰也。

孰能安以久，動之徐生？

疏：此教於法無滯也。誰能以清靜之性靜止愛欲，如水之性。已得徐清，若便安於此清，而久滯，滯則非悟，未名了出，當須更求勝法，運動增修。爲道既損之而又損，按行亦次來而次滅，則清靜之性，不滯於法，而徐動出也。生猶動出爾。

王玄覽《玄珠録》卷上 論云：道性衆生性，皆與自然同。衆生稟道生，衆生是道不？答：衆生稟道生，衆生非是道，何者？以非是道故，所以須脩習。

難：若衆生非是道，而脩得道者，乃得身外道。衆生元不云，何言脩得道？〔答〕：衆生無常性，所以因脩而得道。其道無常性，所以感應衆生脩。衆生不自名，因道始得名。其道不自名，乃因衆生而得名。若因之始得名，明知道中有衆生，衆生中有道，所以衆生非是道，能脩而得道，所以道非是衆生，能應衆生脩。是故即道是衆生，即衆生是道。起即一時起，忘即一時忘。其法眞實性，非起亦非忘，亦非非起忘。入等存之行者，自了得理則存，存中帶忘則觀，觀中得通則存。

道與衆生互相因，若有衆生即有道，衆生既無道亦無。衆生與道而同彼，衆生與道而俱順。**【略】**

大道應感性，此性不可見。衆生愚智性，此性不可見。道性衆生性，二性俱不見，以其不見故，能與至玄同。歷劫無二故，所以名爲同。又言：是亦不可，大道體眞，未曾非道，衆生體假，未曾不變，歷劫殊方，所以名異。

佚名《三論元旨・真源章第三》 眞性周普，徧備群方，名爲道應。在漢說經，於胡演教，名爲別應。一切衆生性同道性，名爲通感，隨類受器，名爲別感。故《海空經》云：聖人無爲，衆生故應有爲。又云：衆生感聖，因緣不同，聖應衆生，其體亦異。是以妙本湛然，名曰眞身；演爾法相，名曰應身；隨因受果，名曰報身。故有妙中之麤，麤中之妙。聖人應有爲，即是妙中之麤；衆生悟無爲，則是麤中之妙。然而一切萬法，元從窈冥中來，自然之理具焉，因緣之方同矣。故夫道一性，而能應於一切神；性一神，而能應於一切物；物稟神一，而能應乎一切識。應神作合生之智，應炁爲萬類之形，應身垂聖化之慈，應性導群迷之惑。夫性者，虛無自然之妙靈也。應聖者，性之妙用也。應神者，性之微用也。應炁者，性之細用也。色相者，性之麤用也。然應聖者，應身之聖人也。相者，天地萬物一切有爲之形相也。是以應能生萬物而非能生，能成萬物而非能成，能有萬物而非能有，能空萬物而非能空。非物而能物，不礙於物；非法而能法，不滯於法。應而不乖其本者，則惟大道眞常之性焉。六合群興，而道也非興；三界劫變，而道也非變。修而能合於道者，莫先於神矣，而炁乃次之。夫身三萬六千神者，則一身所生統運也。用異而通歸一者，亦由手足於身乎。相中又相，乃是異中而同。神中又神，則是同中而異。雖則有無對立，而事理兼通。故自然中有因緣，因緣中有自然，自然不離於因緣，因緣不離於自然，而能異之而同者矣。然夫一切因緣者，悉

是自然之因緣也。從本降迹，隨所用而多差；攝迹皈本，亦包羅而無外。眞體包羅萬象，玄應變化大千，故能妙統一神，分別百億也。蓋不別寶者，無以知其貴；不明道者，無以體其眞。物稟道而生，故物有道性。不悟道者，由弱喪之俗迷童。至教應焉，則教能筌理。不知於教者，乃八難之矣。憂訾毀聖，亦三塗痛之。然以道無不在，抑亦不處衆生，悟則能通，相去何遠。故《眞藏經》云：一切煩惱，皆爲正性之比頓，即妄而眞。所謂動不乖寂，寂不乖動，應常能眞，眞能常應者矣。故《西昇經》云：道不獨在我，萬物皆有之。是以能行者能通，能通則聖也。

劉處玄《無爲清靜長生真人至真語録》 復詢：大者何也？答曰：大者，道也。陰陽而不能包，謂之道大也。大者，性也。萬邪而正能容，則謂之性大也。道之大者，乃萬物之母也。性之大者，乃萬邪之師也。通其母，則萬物得其造化也。通其師，則萬邪歸其正達也。造化，則各成其形也。正達，則各通其道也。經云：道可道，非常道。大者容其小也。問大

復詢：小者何也？答曰：小者，通其微也。道通其小，則不擇其愛者與恩也。性通其小，則不擇其愛者與敎也。不擇其愛者與恩，則小物皆受其道之氣也。不擇其愛者與敎，則小物皆受其天之光也。無情之小物，得其道之氣，則形生也。有情之小物，得其天之光，則性生也。經云：治大國若烹小鮮。不揀其愛者要，不擇其弱者棄也。小者之妙非虛也。問小

復詢：虛者何也？答曰：虛者，道之體也。陰陽明其虛，則萬物生也。至性明其虛，則恍惚生也。萬物生成，則濟於世也。恍惚生成，則出於世也。物濟於人，則世之樂也。道通其眞，則性之樂也。世樂，則陰陽之有其數也。性樂，則虛極之無其窮也。經云：致虛極，守靜篤，萬物並作。虛者道之實也。問虛

復詢：實者何也？答曰：實者，道也。道生在於天地之先，至今常存不朽者，謂之實也。實者，性也。性生在於萬物之外，至今常存不朽者，謂之實也。道明其實，則掌握陰陽，生於萬物也。性明其實，則大達樞要，通於萬化也。萬物生，則顯其道之實也。萬化生，則顯其性之實也。道虛而氣實也，性虛而命實也。經云：虛其心，實其復。明其實，則道性眞閑也。問實

王志謹《盤山棲雲王真人語録》 或問曰：視聽食息，手拈足行心思，此是性否。答云：道性不即此是，不離此是。動靜語默，是性之用，非性之體也。性之體，則非動非靜，非語非默。古人有言：大道要知宗祖，不離動靜語默。若認動靜語默，便是認奴作主，主能使奴，奴豈是主哉。一切抬手動足，言語視聽，千狀萬態，及良久不動，皆是奴僕，非主人也。主人堂上，終不得明示於外，然得其用使者，則自承當作主矣。

真心

綜述

佚名《三論元旨・真源章第三》 夫心者，衆邪之主，亦爲衆妙之門。然性神識之源深，莫不因心而照達。夫蠢爾蒼生，名爲愚識，罔知禮法，名爲淺識；辯慮聰明，名爲智識；恬柔素樸，名爲淳識；澄心虛寂，名爲靜識；灰心滅智，名爲忘識；內鑒分明，名爲慧識；曉達神眞，名爲微識；洞達性海，名爲妙識。嗟乎，時人滯麤識者衆焉，達神微者尠矣。夫達神者非無於識，雖識而通。滯識者非無於神，雖神而隔。達神微者，則神之與識，體用雙明。滯麤識者，偏見於識，不會於神矣。又欲會神通性者，先修攝念觀，次修忘心觀，則灰心滅智，諸境寂然，外聽無聲，內視非色，於無色之際，豁然微悟，神靈虛融，此則神理矣。融神虛泯，杳會無涯，坦然浩蕩，而玄通妙性，眞宗而達矣。是知以識照識，極識而通神；以神照神，極神而通性。通性則性自見性，通神亦神自見神。然神自見神、性自見性者，此則眞見也。以識見神、以神見性者，此乃妄見也。然達得定心，猶不墮於惡道，而況神通合性者乎。蓋神微性妙，性雖有靈，本體湛然而無妄。衆生滯識不通者，名爲妄心。曉達神源，不捨妄而眞也。

王重陽《重陽立教十五論・第八論降心》 凡論〔降〕心之道，若常湛然，其心不動，昏昏默默，不見萬物，冥冥杳杳，不內不外，無絲毫念

想，此是定心，不可降也。

譚處端《水雲集》卷下《長思仙（長相思）》 道人心，處無心，自在逍遙清淨心。閑閑雲水心。**【略】**

又 修行心，包容心，一片清虛冷淡心。閑閑無用心。 滅嗔心，去貪心，寂寞清貧合聖心。無生現本心。

王志謹《盤山棲雲王真人語録》 師有云：修行人常常心上無事，正正當當，每日時時刻刻，體究自己本命元神端的處，明白不昧，與虛空打作一團，如此纔是道人底心也。積日累功，自有靈驗，所以見種種作爲，不如休歇，體究自己去。若一向物上用心，因循過日，却與俗心無異也。

師云：古人學道，心若未通，不遠千里，求師叅問，倘若針芥相投，心地明白，更無疑慮，然後或居圜堵，或寄林泉，或乞市中，或立宫觀，安心守道，更無變壞，此修眞之上士也。有等出家，性又不明，更懶叅問，心高好勝，自執己是，詐裝高道，虧功失行，兩下落空。駭人供養，不思己德如何銷受。如此之人，住圜也不是，乞食也不是，生死到來，都不中用。蓋不肯於根蒂上下工夫也。直至百年，無有是處。

師云：修行之人收拾自心，如一尊雕木聖像，坐於堂中。雖終日無人亦如此，旛蓋簇擁亦如此，香花供養亦如此，往來毁謗亦如此。惟比木像通靈通聖，活潑潑地，明道明德，一切事上物上却不住着也。

師云：道人鍊心如鑄金作雞，形色雖與雞一般，而心常不動，獨立於雞羣。雞雖好鬥，無有敢近傍者。體道之人，心若寒灰，形如槁木，天下之人雖有好爭者，則不能與爭矣。故經云：夫惟不爭，故天下莫能與之爭。

師云：這箇有體用，沒爾我，正正當當底眞心，自從亘古未有天地已前稟受得來，不可道有，不可道無。古今聖賢，天下老道人，皆得此然後受用。千經萬論，乃至一大藏經，只是説這些子。上天也由這箇，入地也由這箇，乃至天地萬物，虛空無盡際，亦是這箇消息主宰。會得底不被一切境引將去，不被一切念慮般弄，不被六根瞞過。這箇便是神仙底日用，便是聖賢底行踪，便是前程道子也。

玄全子《眞仙直指語録》卷下 道人平等心也，不得皆有憎愛，有寵辱，有情欲，順之則喜，逆之則嗔。若到無心地分，須要有主宰，如沒主人，不知覺透入別殼。人皆要得道，你試勘十二時中，一箇時辰是八刻，心還肯定麼？休得瞞心做事，如不瞞心便是道人。大道易知而難行，説怕難片時了，須要心地下功，全拋世事。即今乞化道人粧無心，卻皆談話講是非，看經教論些假無心，聖賢不佑護，一箇境界來，早打不過，成風魔疾病死了的多，皆爲沒福。若起因緣接待，教門用力，積得福多，聖賢提挈。

張平叔《玉清金笥青華秘文金寶内鍊丹訣》卷中 採取之法生于心，心者萬化綱維樞紐，必須忘之而始覓之，忘者忘心也，覓者眞心也，但於忘中生一覓意，即眞心也。恍惚之中，始見眞心，眞心既見，就此眞心生一眞意，加以反光内照，庶百竅備陳，元精吐華矣！要在乎無中生有，有中生無，到這境界，併眞心俱忘而棄之也。**【略】**

命復根歸之由深根固蒂也。深根固蒂之道，自澄心遣欲，澄心之理，屏視去聽，始孔子曰非禮勿視，非禮勿聽，非禮勿言，非禮勿動，此便是眞實道理。但儒教欲行於世，用於時，故以禮爲之防。所謂妄心者，喜怒哀樂各等耳。忠恕慈順恤恭敬謹，則爲眞心。吾脩丹之士，則以眞心並爲妄心，混然返其初而原其始，却就無妄心中生一眞念，奮天地有爲而終則至於無爲也。若釋氏之所謂眞心，則又異焉，放下六情，了無一念，性地廓然，眞元自見。一見之頃，往來自在，蓋靜之極，至于極之極，故見太極則須用一言半句之間，如死一場再生相似，然後可以造化至機，而爲不生不死之根本。豈易窺其門戶耶！

牧常晁《玄宗直指萬法同歸》 道心惟微。體之至靜，幽遠難明，理悟則存，情揆莫測，不可得而視聽，謂之道心。

曾慥《道樞》卷三《集要篇》 裴休曰：夫地、水、火、風，假合而聚散，非我身也；緣慮客塵，虛妄乍起乍滅，非我心也。我有眞身，圓滿空寂是也；我有眞心，廣大靈和是也。萬漚起而復破，然水之性是嘗不存也；千燈明而有滅，然火之性未嘗不在也。世亦知夫三象者乎？氣動而清者，天之象也；心靜而寧者，地之象也；智圓而明者，日月之象也。三者和會，則自然見吾神靈之妙用矣。三象既明，而六審不可不知也。試嘗自審曰：妄念息乎？外緣簡乎？觸諸境不動乎？黑白無差別乎？夢想不顛倒乎？方寸怡愉乎？於是可以測入道之深淺矣。吾嘗自警曰：了知

起滅意決定生死根，不復隨緣轉，是名不動尊。夫未能無念，即用觀空；未能頓空，即用對治。三策次第而用之。莊子坐忘，達摩壁觀，始學者不能知也，而乃入於放曠，豈其旨哉！ 吾嘗端坐念實相而見魔王加趺之像且怖矣，况入道者端坐不傾動者乎？

劉志淵《啓真集》卷中《江神子令》 金藏木性木藏金。體難尋，火生鬵。二物烹煎，庚甲定浮沉。返本還元眞體現，魂魄聚，净無陰。九陽消息自來臨。耳鳴琴，運清音。喚出靈靈，越古與超今。遍界遍空無不是，顯了了，這眞心。

塵心

綜述

王重陽《重陽立教十五論・第八論降心》 若隨境生心，顛顛倒倒，尋頭覓尾，此名亂心也。速當剪除，不可縱放敗壞道德，損失性命。住行坐卧，常勤降，聞見知覺爲病患矣。

《晉真人語録・重陽祖師修仙了性秘訣》 迷迷無端之蠢，切不如聞早煉頑心，去假修眞而了性。若執慧性而皆昏，精著心燈而忽暗。慳悋而難成大道，狠毒而怎悟玄眞。妬賢嫉能而招愆，貪生怕死而造罪。書符貨術而謾人，行樂治病而圖賄。狂怪道中之賊，喧呼衆人之害。不悟妙訣而胡遊，心意迷迷而狂走。

譚處端《水雲集》卷下《長思仙（長相思）》 利名心，縱貪心，日夜煎熬勞役心。何時休歇心。

馬鈺《洞玄金玉集》卷一〇《嘆名利》 利惹心猿，名牽意馬，無晝無夜奔馳。波波劫劫，來往沒休期。一向貪饕越煞，心勞役、形苦神疲。休迷執，一箇口裏，插得幾張匙。 堪嗟，虛幻事，妻男走骨，自己行屍。又何須相愛，相戀相隨。好把輪回趓趓，早參禪、訪道尋師。長生話，有些微妙，端的上天梯。

玄全子《真仙直指語録・長真譚先生示門人語録》 凡人輪迴，生死不停，只爲有心。德山云：心生則種種法生，心滅則種種法滅。若一念不生，則脱生死。何爲有心？蓋緣衆生貪嗔癡三毒孽，（起）無明心火。師云跳出三山口，是也。所以悟人修行，割情棄愛，摧強剉鋭，降伏除滅衆生不善心，要見父母未生時眞性，本來面目是也。何爲不善心？一切境上起無明慳貪嫉妬財色心，種種計較，意念生滅不停，被此業障舊來熟境，朦昧眞源，不得解脱。要除滅盡，即見自性。

又《郝太古真人語録》 今之學者，是非利害，好惡貪嗔，不離於心，心既如是，性豈能定，氣豈能和，自然走失，去道愈遠矣。虛披鶴氅，枉玷教門。見高明者，嫉妬百端，見老幼者，欺誑百狀。有小利處，覓縫鑽頭，問大道者，耳聾眼瞎。機心巧詐，好佞狂圖，不當來出家，望做神仙，不肯降心，恣縱今時情性，已作兇徒。

王志謹《盤山棲雲王真人語録》 師云：凡聖同途，只因明昧。明之則爲聖，昧之則爲凡。凡人之心，不肯剗情去執，棄妄除邪，逐境遷流，隨情宛轉，取一時之樂，積萬劫之殃，不省不思，莫悟莫覺者也。

李道純《清庵瑩蟾子語録・人心惟危》 可歎世人太執迷，隨聲逐色轉傾危。若能返理窮諸己，性定身安神自怡。

牧常晁《玄宗直指萬法同歸》卷一《儒家四句偈》 人心惟危。浮妄不停，感思易入馳，紛競得趨欲，徇情逐物，動而難安，謂之人心。

陳致虛《上陽子金丹大要》 只爲世人顛倒妄想，由此淳樸一散，純粹難全，則向來所受之乾金，虎奔而寓于西矣。自是而後，名利心動，寵辱晨馳，投老而不知退步，以求自全者，吁可惜哉。

董漢醇《群仙要語纂集》卷上 利害心愈明，則親不睦。賢愚心愈明，則友不交。是非心愈明，則事不成。好醜心愈明，則物不契。是以聖人渾之。

姬至真《雲山集》卷三《放心》 心靈漂泊委塵沙，似向柴門掃落花。措手不能收拾得，隨風逐水不還家。

又《驚世》 貪求深入利名場，係縛勞心生愈傷。棄重逐輕顛倒用，合隄防處不隄防。

又《虛生》 役役身心不自由，百年風激水中漚。虛生浪死無程限，

識破歸來便合休。

又《著物》 浮名浮利意何深，用盡機關使破心。但爲兒孫千載計，不防骸骨土相侵。

又《逐境》 目前滾滾蕩黃塵，大化推移刻刻新。生死窟中人不覺，捨身唯與利名親。

又《名利》 僕馬車舟歷險艱，區區名利兩相關。細思本欲圖安穩，却使身心不暫閑。

全真

綜述

劉長生《黃庭内景玉經注》 和血固精，調氣順神。煉眞合道，乃可全眞。

曾慥《道樞》卷三七《入藥鏡上》 人之神，如薪之火乎？其中藏火，火不出則薪長存，神不出則身長存矣。故火發外明者，薪之盡也；神智出者，樸之散也。神光不散，神應物而不出，斯固蒂而全眞矣。精者，至眞也。精與神氣相戀，則可以固其形焉。使神以養其內，用氣以養其外，托精玄中以爲沖和，斯長生者也。

《晋真人語録·玄門雜寶十八問答·全真》 夫全眞者，合天心之道也。神不走，炁不散，精不漏，三者俱備，五行都聚，四象安和，爲之全眞也。詩曰：常行祖師教，日用老君心。鍊就眞如性，豈不是全眞。

馬鈺《洞玄金玉集》卷一〇《萊州倉使盧武義》 盧公倉使，意在留心風馬二。未解修丹，送我勞勞到武官。 速回車馬，欲要全眞先棄假。功行須周，定是將來看十洲。

譚處端《水雲集·述懷》 欲入全眞門戶，行住坐卧寂寥。存心乞化度中朝，塵事般般屏了。 莫論黃芽白雪，休搜龍虎嬰嬌。色財無掛火煙消，便是蓬萊三島。

又 堪歎光陰迅速，日生思慮憂愁。憨憨甘作逝波流，迷戀氣財色酒。 日月暗催人老，利名不使心休。爭如放下觀山頭，明月家家盡有。

又《臨江仙》 得得全眞眞妙理，無爲無作無修。自然清凈行功周。祥雲圍絳闕，瑞氣繞瓊樓。 心似閑雲無罣礙，身同古渡橫舟。眞空空界可相酬。白牛眠露地，明月照山頭。

王志謹《盤山棲雲王真人語録》 師云：衆云修行之人，（休住）鄉中，便了道也；休住酒肉食，了飛昇也；休用眷屬，便是神仙也。休戀衆人愛底，休愛人都非底。莫非自己，渾是莫認，睡裏得道也休睡。不是好伴休合，無益之言休說。遇事成時莫喜，遇事壞時莫憂。勝如己者學之，不如己者教之。人虧己者福也，己虧人者禍也。言過行者虛也，行勝言者實也。有欲情者人事也，無塵心者仙道也。肯低下者高也，肯貧窮者富也。返常合道，順理合人。正道宜行，邪門莫入。通道明德，體用圓成。是謂全眞也。

李道純《中和集》卷三《全真活法·授諸門人》 全眞道人，當行全眞之道。所謂全眞者，全其本眞也。全精、全氣、全神，方謂之全眞。才有欠缺，便不全也。才有點污，便不眞也。

全精可以保身。欲全其精，先要身安定，安定則無欲，故精全也。全氣可以養心。欲全其氣，先要心清靜，清靜則無念，故氣全也。全神可以返虛。欲全其神，先要意誠，意誠則身心合而返虛也。是故精、氣、神爲三元藥物，身、心、意爲三元至要。

學神仙法，不必多爲，但鍊精氣神三寶爲丹頭，三寶會於中宮，金丹成矣。豈不易知，豈爲難行。難行難知者，爲邪妄眩惑爾。

鍊精之要在乎身。身不動則虎嘯風生，玄龜潛伏，而元精凝矣。鍊氣之要在乎心。心不動則龍吟雲起，朱雀斂翼，而元氣息矣。生神之要在乎意。意不動則二物交，三元混一，而聖胎成矣。乾坤鼎器，坎離藥物，八卦三元，五行四象，並不出身、心、意三字。

全眞至極處，無出身心兩字。離了身心，便是外道。雖然，亦不可着在身心上，才着在身心，又被身心所累。須要即此用，離此用。予所謂身心者，非幻身肉心也，乃不可見之身心也。且道如何是不可見之身心？

雲從山上，月向波心。身者，歷劫以來清靜身，無中之妙有也。心者，象帝之先靈妙本，有中之眞無也。無中有，象坎☵；有中無，象離☲。祖師云：取將坎位中心實，點化離宮腹內陰。自此變成乾健體，潛藏飛躍盡由心。予謂身心兩字，是全眞致極處，復何疑哉。

又卷六《西江月贈潘道人**》**　眞土眞鉛眞汞，元神元氣元精。三元合一藥方成，箇是全眞上品。○動靜虛靈不昧，成全實相圓明。形神俱妙樂無生，直謁虛皇絕境。

李道純《清庵瑩蟾子語録・全眞》　純一不雜謂之全，太虛同體謂之眞。一致而百慮，同歸而殊途。達得全眞理，身心混太初。

牛道淳《析疑指迷論・析疑》　或問曰：何謂全眞？答曰：即爾之一念未萌之前也。夫一念未萌，等同太虛，視之不見其色，聽之不聞其聲，搏之不得其形。其上無蓋，其下無底，其傍無門，其正無體，其大無外，其小無內。杳冥莫測，恍惚難明，體之非有，隨用不無，隱大無外，藏微有餘。寂然不動，感而遂通，包含萬象體，不挂一絲頭。吾不知其名，字之曰全眞。釋教謂之圓覺，又云圓空。太上所謂混成，又云圓通。故《南華經》云：未始有物者，至矣盡矣，不可以加矣。此之謂歟。

或問曰：何名體用賓主？答曰：若要修眞，須明體用賓主何謂也？若不明體用者，情欲不能遣也。如未曉陰陽賓主，則不能契於虛無之至神。奚謂體用？曰：虛寂爲體，覺照爲用。體用兩全，洞合道原。曰：何名賓主？答曰：前念爲賓，後念爲主。念起不著，本無根緒。故洞明眞人云：念頭起，覺時休。此一句體用賓主俱全也。何謂俱全？曰：夫念頭起者爲賓，覺者是主，主正爲用，休歇是體。由是言之，體即用也，用即體也，體用雙泯，全眞者也。

彭致中《鳴鶴餘音・七眞禪讚並敘**》**　全眞之道，其來久矣。惟曾子固言之甚詳，而後學者猶以爲黯闇。蓋全也者，物物皆全。而眞也者，念念皆眞。物物皆全，則無缺不全；念念皆眞，則無段不眞。無物不全，是全全也，猶未至於所以全也。無段不眞，是眞眞也，猶未至於所以眞也。即全非全，即眞非眞，亦無非全，亦無非眞。學至於此，全乎全乎，眞乎眞乎，萬分未得處一焉。

長筌子《洞淵集》卷四《全眞賦》　神聖垂御，仁慈普均。既弘開於玄教，特謹奉於全眞。孰知十極之高仙，來遊此世；大闡三皇之古道，順化於人。切原德貫諸門，心歸一正。捨俗者辭親割愛，固窮者樂天知命。是以全眞，學而修性。功名財色，觀如水上之浮漚；智慧靈通，明若教中之先聖。誠以學不所執，法求大通。廣積德行，則外施於方便；深做修鍊，則內運於神功。善處無爲不二，能尋有道參同。物物分明，瑩若潭中之皎月；頭頭應現，動如草上之清風。必也選甚高低，盡皆提挈。學之者有因有果，達之者無生無滅。至靜至和，至廉至潔。統萬德而接物，不捨慈悲；宣三教以開迷，猶尊賢哲。大抵丐食不耻，至貧不憂。輟己惠人，則施恩於孤老；高志抗節，則寄傲於王侯。是謂全眞英士，達道仙流。頓悟天機，高播玄風遊聖域；廣施香餌，普尋知友赴瀛洲。是以見物明心，達其自然。證實相妙之更妙，得眞功全之又全。五道銀霞貫斗，一輪紅日輝天。鶴駕金書，朝赴九陽之殿；蟠桃玉液，位登萬聖之筵。噫，有等愚迷，門爭人我。宣揚譎怪者，豈通玄妙；誑惑中下者，不知因果。雖離火院恩山，卻入名韁利鎖。丕休哉。若要知端的全眞，頓了虛無堪可。

陸道和《全眞清規・全眞體用》　祖師設教，仙聖度人，開大乘之門徑，通衆妙之要津。俾歸元而造理，警心妄以全眞。貴忠心於清靜，務圓性於朴淳。深明短景，至樂長春。故不掛利名，毋黏世事。明大體，金潔玉瑩爲心；養元機，介石潔冰爲志。濟人利物，融一理以周通；鍊己還元，總萬德而中備。任其偏執之徒，修證圓機之士，無辨無爭，不矜不是也。清居琳宇，混處雲堂。莫覷他非過短，當除自是強粱。心脫洒，隨方和順；量豁暢，到處溫良。早晚赴齋，當拱手誠心而默坐；朝昏叅聖，務擎拳緩步以趍鏘。體上達，威儀整肅；居下流，舉措荒唐。逮乎密叩眞機，叅同玄要，奉師至敬篤恭，問道精誠虔告。曉萬理以還元，凝一眞而妙用。豁開道眼，安然默照於妙微；瑩徹天心，感應返觀於靈激。逆則含容，犯休譏誚。低心敬承乎同袍，克己靜待乎不肖。大凡叅詳教典，講習經書，當實窮靈源根本，毋虛嘲口鼓之乎。徹聖心之意外，融自性之元初。叅問精明，方爲絕學，窮通博貫，始樂無爲。心條達性，玲瓏自然，眞樂無極，氣融沖神。寂默卓爾，體同太虛。若水之平清柔順，如雲之縹

緲卷舒。原夫欲其達道了心，全在實行眞功。戒狂放則不墮偏邪，處厚實則了歸中正。去己非，常樂安和；不自是，誰與爭競。情泯則心閑，塵淸則垢淨。處治規劃，毋獨主以專行；公務作爲，隨常住之普請。奸猾慵狡，則敗德招愆；嫉妬欺瞞，則喪身失命。逐聲色好勝則凡，忌人我息中則聖。是以大達多多陰德，眞人暗暗偷功。常存道氣，迴避俗風。戒行精嚴，斷無四非八識；功夫綿密，決證九轉六通。恣愛慕，逐邪魔之境；貪口腹，墮餓鬼之中。常寂坐而慧燭，莫肆情而迷蒙。志存平等，心樂齊同。見物休懷私昧，應緣力務公忠。切要行止順時，云爲先燭；偏倚速改，差過早復。心彎曲則處處爭差，性停當則人人信伏。猖狂驕傲，性必輕浮；佞慢詐欺，命思薄福。上士厚氣以敦頤，高明卑謙而自牧。毋忝教法淸高，莫犯堂規罰辱。敬體前因，各宜雅肅。融精神以固守，持元氣以不先。體證金蓮，果登玉境。同逍遙玄元之未始，共快樂象帝之先天。咦，天圓地方應規矩，性靈命豐合金仙。

王丹桂《**草堂集·小重山·金蓮出玉華勉道友**》　全眞妙道，先把我人山放倒。妙道全眞，決要收拾精氣神。　功圓行滿，撆下皮囊都不管。行滿功圓，朝拜丹陽師父前。

又《**長思仙·贈平州劉志真**》　慕全眞，處全眞。舉動行爲務正眞。惟憑一志眞。　合天眞，契天眞。十二時中守內眞。頭頭現本眞。

王吉昌《**會真集**》**卷四**《**感庭秋·全真**》　陰陽悉備道風淳。精粹保天眞。分擘剛柔動靜，鍊九還、丹體淸新。　扶持一性已通神。觸處露全身。了了三空無礙，混太虛、體淨超塵。

又　志通天地媾精神。消息葆全眞。造化玄黃極妙，鍊九陽、魂變逡巡。　西來祖意坦然伸。無礙法門親。應化河沙周普，露妙圓、糟粕淸醇。

又　如如徹底性圓明。三昧理研精。縱使頭頭應顯，是一靈、陰魄神情。　玄機須悟志澄淸。丹體鼎煎烹。養就純陽法象，性命全、永保無生。

金月岩《**紙舟先生全真直指·七返七真合同印子**》

形神相顧 ○　入道初眞 ●

平生醉夢走長途，忽起相看識得渠。覿面更無迴避處，當機始會別親疏。

形神相伴　名曰得眞 ●○

一日相知得至眞，從今賓主轉相親。茫茫宇宙人無數，誰信三冬火裏冰。

形神相入　名曰守眞 ●○

子母親情豈忍離，同行同坐更同衣。若非轉面些兒子，笑殺寒山拾得妻。

形神相抱　名曰全眞 ●

全是眞陽抱住陰，不勞相作妄思尋。一毫才動丹飛走，此是長生水裏金。

形神俱妙　與道合眞 ◉

錦袍玉勒五花兒，幾度桃源往復回。踏翠穿紅成底事，如今休歇已忘歸。

形神雙捨　名曰證眞 ○

擊開金鎖兩頭空，不與寥寥太極同。倒握廣寒歸溟涬，兩襟星斗動天風。

鼓棹迎棹往復回，
普度後學有緣即上此舟來。
以眞覺眞眞超彼岸成眞覺，
自利須敎更利他。

葛洪《抱朴子養生論》　夫善養生者，先除六害，然後可以延駐於百年。何者是耶？一曰薄名利，二曰禁聲色，三曰廉貨財，四曰損滋味，五曰除佞妄，六曰去沮嫉。六者不除，修養之道徒設爾。蓋緣未見其益，雖心希妙道，口念眞經，咀嚼英華，呼吸景象，不能補其短促。誠緣捨其本而忘其末，深可誡哉。所以保和全眞者，乃少思、少念、少笑、少言、少喜、少怒、少樂、少愁、少好、少惡、少事、少機。夫多思則神散，多念則心勞，多笑則藏腑上翻，多言則氣海虛脫，多喜則膀胱納客風，多怒則腠理奔血，多樂則心神邪蕩，多愁則頭鬢憔枯，多好則志氣傾溢，多惡則精爽奔騰，多事則筋脉乾急，多機則智慮沉迷。斯乃伐人之生甚於斤斧，損人之命猛於豺狼。無久坐，無久行，無久視，無久聽。不飢勿強食，不渴勿強飲。不飢強食則脾勞，不渴強飲則胃脹。體欲常勞，食欲常少。勞勿過極，少勿至飢。冬朝勿空心，夏夜勿飽食。早起不在鷄鳴前，晚起不在日出後，心內澄則眞神守其位，氣內定則邪物去其身。行欺詐則神悲，行爭競則神沮。

《玉清無極總真文昌大洞仙經》卷六（衛琪注）

有無皆虛空。

有無二見皆歸空寂，蓋得中庸之道而行之，如惡惡臭，如好美色也，此之謂自慊，古德云，虛空粉碎，方露全眞。

妙行全十眞，

大洞妙行三千圓滿，以全十眞之道，不息則久，久則徵，以至成物成己，皆出此道。《大洞經》以修習妙行爲上，結經云：六度十通，萬行圓成，然則六度者何也？合於下卷六章解釋，以字數多於中卷，故於此下註。上卷之九《玄契》曰：六位已升者，是所謂初心十信，次興十善，次發十華，次成十德，漸證十仙，遂成十眞。一、初心十信者，起信心動，同信之機，念信不忘，爲信而行，五信在中，記信金石，至信大成，善信能終，堅信進趣，方名正信。二、次興十善者，上卷之二云：十善生玄中。聞善則玄上貫額，六丁洞光，視善則丹元方瞳，八史洞明，語善則通命含漱，五文王華，履善則挾就力通，地關生命，念善行善，至善不踰，住善保安，定善崇基，全成十善，但得十箇善字爲是。三、發十華者，出下卷之七，玄契十華觀門，謹按上卷經云：十華妙行仙，十通由斯生，乃河圖數也。五行成生，八卦成列，言天地人物皆稟此以生，既生已，復知之而修煉，貴使脫五行之殼，離八卦之機，即證登妙行，已見題下。四、次成十德者，卷下之八玄契、上卷之六經云：十德初成機，下卷之八經云：十德眞文宣，用德合體，進德坦平，成德廣大，智德內清，惠德發光，明德圓華，靈德普應，玄德太方，太德自然，普德濟攝。五、漸證十仙者，出下卷之九玄契，胞仙、胎仙、魂仙、魄仙、靈仙、元仙、華仙、嶽仙、藏府中仙、元命神仙。六、遂成十眞者，下卷之十玄契，上卷之九云：十眞登紫房，中卷之十云：妙行全十眞，下卷之十云：妙行登十眞，下卷十一云：十眞妙行全。精眞玄珠，炁眞玄力，神眞玄通，性眞玄一，元眞玄妙，命眞玄光，形眞玄全，德眞玄洞，道眞玄應，令眞太玄，此六謂之六度十通，六位已升，妙行大全。

全善

綜述

劉處玄《無爲清靜長生眞人至眞語錄》　復詢：善者何也？答曰：善者，方圓曲直應物而順於人也。不生萬惡，則謂之眞善也。不著萬物，則謂之清善也。達理則不讀萬經，則謂之通善也。達妙則不窮萬化，則謂之明善也。不害萬形，則謂之慈善也。不厭萬濁，則謂之應善也。不非萬人，則謂之德善也。不求萬有，則謂之道善也。不起萬私，則謂之公善也。不忘萬慧，則謂之常善也。經云：善者吾善之，不善者吾亦善之，德善。至善者非惡也。問善

又《仙樂集》卷二《五言絶句頌》 覺了性無爭，眞淸似水平。德通全上善，自是行功盈。

頌曰：

順眞則生，違道者死。順眞則平，違道者濁。順眞則柔，違道者剛。順眞則福，違道者禍。順眞則安，違道者病。順眞則昇，違道者墮。順眞則鍊鉛，違道者喪命。順眞則神靈，違道者氣逆。魂魄散爲鬼，陰陽聚成仙。身心靜者爲功，應變夷者爲行。志始終則達，覺淸善則通。居山則莫著於閴，混塵則休生於動。

尹志平《淸和眞人北遊語録》 凡稱人善，己慕之，稱人之不善，己惡之。慕善惡惡之念既存於心，必自有心去取者。行之有力，則至於全善之地，言之有益，兼聽者足以戒，亦有所益。若存心悠悠，不擇人之善否，凡己之所行，亦必不擇，因循苟且，流入惡境，終不自省。

譚景昇《化書・善惡》 爲惡者畏人識，必有識者，爲善者欲人知，必有不知者。是故人不識者謂之太惡，人不知者謂之至善。

苗善時《玄教大公案》 古人一聞至道，形忘心醉，復本然之至善，所謂正形一視，誠全而含光不二也；攝知一度，無思而凝神精一也。故若新生之犢，其純全而無心也。心神一混，物我兩忘，不知所以然而然，宜乎本師眞樂而歌，眞其實知，不以故自持，至哉。今我輩然業重福輕，急不能如是，誠能信得及，誠誠默密，便如此做將去，工夫純熟時，亦自然而然。

三　寶

綜　述

嚴遵《道德眞經指歸・天下謂我章》（谷神子注） 我有三寶，道之用也。持而保之心所從也。一曰慈，悲初傷也。二曰儉，愼微己也。三曰不敢爲天下先。託後行也。慈故能勇，弱生强也。儉故能廣，儉生長也。不敢爲天下先，任自然也。故能成器長，後生先也。今釋慈且勇，爲堅剛也。釋儉且廣，爲大彰也。釋後且先，爲物唱也。則死矣。大命喪也。【略】故得道之士則不然，體虛積慈，視物如己。一曰慈。檢形促容，歸於微纖。二曰儉。玄默託後，不爲物先，合和順理，以應自然。三曰不敢爲天下先。動靜與衆反，出入異門戶，不以勇勇，故不怒而天下恐。慈故能勇。不以廣廣，故不施而天下往。儉故能廣。不以先。先，故不言而天下長。不敢爲天下先，故能成器長也。是故出慈入勇，出儉入廣，釋後且先，反和逆神，動違自然，福與之遠，禍與之鄰，大命以絶，神氣散分，天地不能安，道德不能存，臨死不覺，怨命尤天。非命薄也，非人賊也，安憍樂勢，廢道而上力也。所謂釋慈且勇，釋儉且廣，釋後且先，則死者也。

李榮《道德眞經注・六十七章》 我有三寶，寶而持之。一曰慈，二曰儉，三曰不敢爲天下先。

俗存於利，貴之以七珍。道在於眞，重之以三寶。三寶之義，未是外求。若能仁惠於萬物，好生而惡煞，慈之義。薄賦輕傜，謙身節用，不奢不侈，儉之義也。忘己濟物，退身度人，不敢爲天下先。持行修身，用此三者，安國寧家，寶之大。

夫慈，故能勇，儉，故廣，不敢爲天下先，故能成器長。

慈心於物，物無害身。物既無害，自無前敵，以無敵故，故言勇也。用之奢侈，於事不足，行之儉約，處理有餘，周於遠大，故言廣。尙之於謙退，守之於雌柔，其德能普，謙光日新，爲物所尊，故能成器長也。

今捨其慈且勇，捨其儉且廣，捨其後且先，死矣。

前明得三寶者，處慈而得勇，守儉而致廣，居後以至先。今明失三寶者，必竟不能行慈，苟且後知好勇，節行不能履儉，無度但當廣費，未解卑身處後，銳意欲在物先。好勇而不仁則亡，用廣而不節則困，無德而居物先則危，故云死矣也。

夫慈，以陣則勝，以守則固。天將救之，以慈衛之。

以慈爲用，不失其道。在於戰陣，必克前敵，故勝也。以之守固，無復傾危，遂言固也。以慈爲心，玄天所以加護，故曰救之。至道於焉保守，故曰衛之。內明是非交戰爲陣，解能破惑爲勝，身不失道爲守。與道同久曰固。自然無害，天將救也。外物不傷，道之衛也。

成玄英《老子道德經義疏・天下章第六七》 第二具陳三寶，令物依倚。

我有三寶，寶而持之。

老君所以聖德尊高，獨不夸笑於物者，爲歸依三寶，寶重而守持之，故得然者也。

一曰慈，

慜念蒼生，拔苦與樂，此道寶也。

二曰儉，

少欲知足，守分不貪，此經寶也。

三曰不爲天下先。

謙撝柔弱，先物後己，退身度人，此師寶也。

夫慈，故能勇；

第三重疊三寶，歎其功用。

內韞大慈，外弘接物，所以勇入三界，俯救蒼生也。

儉，故能廣；

諸法虛幻，捨而不貪，儉素淸高，故其德廣大。

不敢爲天下先，故能成器長。

只爲勇救蒼生，退身度物，故於三界外則獨處玉京，爲衆聖之長；降世則位居九五，爲神器之尊也。

今捨其慈且勇，

第四明乖三寶，淪溺死生。

今捨去慈悲，好行剛強。

捨其儉且廣，

棄其儉素而廣貪於物。

捨其後且先，

忘退後之心，起趨先之行。

死矣。

總結上三捨，既行乖三寶，適淪溺三塗，故云死矣。

第五總結大慈，功能勝妙。

夫慈，以陣則勝，

以大慈之心臨於戰陣，士卒感恩，所以勝捷。內解即是六根，兵馬對於六塵，不爲塵沒，故獲勝也。

以守則固。

用慈守衛，百姓同心，是以牢固。內解：以慈心自守虛淸，則道心堅固，不可拔也。

天將救之，以慈衛之。

天尊大道，救度行慈之人，還用慈悲俯相衛護也。故三寶之內，以慈爲先；四等之中，則以慈爲首。是知慈之爲義，大矣哉也。

杜光庭《道德真經廣聖義》卷四五《天下皆謂我道大章第六七》 一曰慈，二曰儉，三曰不敢爲天下先。

注：慈則廣救，儉則足用，不敢爲天下先，故樂推不猒。

疏：此列三寶之數也。體仁博施，愛育群生，慈也。節用後人，不耗於物，儉也。不爲事始，和而不唱，不敢爲天下先也。弘益之義，具如下文。

義曰：道存愛育，以慈爲先。養人惜費，以儉爲次。先人後己，以讓爲終。慈以法天，澤無不被也；儉以法地，大信不欺也；讓以法人，恭謙不爭也。此三者，理國之本，立身之基，寶而貴之，故曰三寶。夫三寶者，道之用也。夫唯大故似不肖者，道之體也。抱道之體，運道之用，理身理國，以茲爲先矣。

夫慈故能勇，

注：慈仁憫惠則德有餘，故勇於救濟。

疏：此覆述三寶之功也。凡人貪競不慈，勇於果敢，致有窮屈。今聖人以慈爲行，故能勇於濟度。《論語》曰：仁者必有勇。

義曰：布仁施惠，博愛含生者，慈也。以慈濟物，物無不周；以慈立功，功無不被；以慈理國，恩浹華夷；以慈潤身，善均動植。故慈之爲利也，強暴不能侵，威武不能害，讒邪不能間，諛佞不能誣。行之於中，而功宣於外，斯可謂勇矣。言人貪競則不慈，豈能果敢於濟物？善功不立，遂有窮屈之時。今聖人既果於行慈，必勇於濟度，故曰勇也。仁者必有勇。《論語・憲問篇》孔子曰：有德者必有言，有言者不必有德；仁者必有勇，勇者不必有仁。是也。

儉故能廣，

注：節儉愛費，故財用有餘，而功施益廣也。

疏：以其節儉愛費，不傷財不害人，故功施益廣矣。

義曰：儉嗇則財豐，財豐則惠普，普施其惠，可謂廣矣。人君儉以臨御，則朝無雕麗之奢，野無箕斂之弊，恩惠日以廣，德教日以彰，固無民饑力匱之患矣。

不敢爲天下先，故能成器長。

注：慈儉之德，謙撝益先。推先與人，人必不猒。故能爲神器之長。

疏：損己益人，退身進物，是不敢爲天下先也。以物樂推，而成神器之長。

義曰：聖人大寶者，神明之器也。言非人力所能成，乃天地之大寶爾。主此神器，爲民之長，必退身讓物，謙己先人者。人所樂推，必居此位，乃爲四海兆庶之長也。此三寶者，修道理國能行之者，即於身爲行。所言行者，慈儉不敢爲天下先是也，所言果者，行而獲報，則爲果，勇、廣、成器長，三者所得之果也。

董思靖《洞玄靈寶自然九天生神章經解義》卷二 三寶有三。本經天寶、靈寶、神寶，分爲玄元始三炁，降於人爲三田，曰精、曰炁、曰神，此内三寶也。教有道寶、經寶、師寶。三寶，太上三尊也。經寶，三洞四輔眞經也。師寶，十方得道衆聖及經籍度三師。此外三寶也，皆學道之士所當篤好。又《内祕眞藏經》云：貪性寂滅，塵累無染，戒行不虧，是名法寶。嗔性不起，不憒外塵，定無生轉，是名師寶。癡性無取，無惱無患，慧通無礙，是名道寶。此三寶非内非外，非聲非色，謂之篤好則寶之深而體之至也。

陳觀吾《太上洞玄靈寶元始无量度人上品妙經註解》卷中 上陽子曰：經者，道也，敬也。道則尊之而行，敬則守之勿失。世知所敬者，三寶也。夫三寶，實妙道之宗，以道用釋，則曰身中三寶，以世法釋，則曰教中三寶。其身中三寶，有二事也。曰教中三寶，有二説也。今言教中三寶，曰道、經、師三寶。有今科、古科，三寶此二説也。道乃元始玄一之祖炁，以生天地人物，是爲道寶。經乃玉晨道君演元始玄一之道，爲萬世梯筏，是爲經寶。師則老君降授張天師經籙，以傳世流教，是爲師寶。教之源流，實遵天師，而亦有二説也。故教中以前三寶爲今科，以後三寶爲古科，而其號稱亦異。此世法化俗之説，若言道用，則是身中三寶，有二事也。元始玄一至眞之精曰天寶，亦曰道寶；上清金液先天之炁曰靈寶，亦曰經寶；混元无極至眞之神曰神寶，亦曰法寶。此身中之三寶，非此三寶，不能還丹，不能做佛，不能成仙。而《三寶大有金書》言天寶、靈寶、神寶，皆分炁而化，亦身中之三寶。若論還丹金液之道，則身中三寶又有二説。神炁精爲内三寶，耳目口爲外三寶。能尊其外三寶而不妄動，則内三寶方結還丹而成胎嬰也。

《上清太上開天龍蹻經》 大包無外，普備爲空；同物受納，通容爲洞；豁然不滯，應爲妙無。於此妙無，漸顯應教，而示意神，次立志神，復次念神，三念發迹，應教起用。故從正智，而生實智，復次實智，而生權智；於此權智，而顯三寶，精神氣也。言精者，以靈智爲主；神者不測，以變化爲功；氣者氣象，以生成爲用。功用既異，故謂爲三，體不可分，故名三一。

《太上昇玄三一融神變化妙經》 所言三一者，稱之爲三寶。上虛無三寶，玄元始三炁；天中有三寶，天有三界，地有三寶，嶽瀆水火；人有三寶，上中下丹田、泥丸、絳宮。

混然子《還真集》卷上《人身三寶》

先天三寶爲三體　自然之道

元精　元氣　元神

後天三寶爲三用　有爲之道

交感精　呼吸氣　思慮神

夫人身有三寶者，皆從天地中來，居先天而生，妙體混成，在後天而化，因質感合。非先天不能生後天，非後天不能成先天。此二者之理，一體而分化，不可失後損先也。是故以元精鍊交感精，以元氣鍊呼吸氣，以元神鍊思慮神，三物混成，與道合眞。自然元精固而交感之精不漏，元氣住而呼吸之氣不出，元神全而思慮之神不起。修仙之法無他，全此三者而

已矣。祖師所謂：精全不思慾，氣全不思食，神全不思睡。又曰：三眞三全，必定飛仙；三全三眞，必定飛昇。斯言盡矣，學者味之。

《無上内祕真藏經》卷一《辯三寶品》　爾時座中有童子名曰獨脫，勇猛精進，爲衆騰疑：不審三寶爲是道寶、法寶、師寶爲當，衆生分内自有三寶。若分内無者，一切衆生寧神無所，迷悶殞絶，轉增塵累。何以故？一切衆生所有行行，無量方便，皆從内發。若外有三寶者，即非分内；既非分内，即是無常。愚蒙不曉，猶如醉人，眠睡卧地，而無動起。唯願大慈，哀愍救護，解除疑網，令得開悟。

爾時元始天尊聞是問已，甚大歡喜，即放五色光明，含笑而言：善哉善哉，汝大慈悲，哀戀無量，爲開未悟，如是問者，寧神大寂，更莫外緣。何以故？聽若不審，法不染神，微慮浮動，爲漏所牽。向云三寶爲是道寶、法寶、師寶爲當，衆生分内自有三寶。又復難云，若外有三寶者，即非分内；既非分内，即是無常。何以故？復作此疑。夫三寶者，貪、嗔、癡是。何以故？貪性寂滅，塵累無染，戒行不虧，名爲法寶；嗔性不起，不憒外塵，定無生轉，是名師寶；癡性無取，無惱無患，慧通無礙，是名道寶。此三寶者，非内非外，非聲非色，非香非觸，非長非短；示有三名，實無三體；非三非一，是爲眞實。眞實不生不滅，無貪相，無嗔相，無癡相，諸法自在，清涼和雅，等一無爲。

獨脫童子復白天尊：大慈所説，一一根中，甚深法寶。下根衆生，愚癡障重，雖有法寶，了不覺知，長夜流轉，妄行邪道，輪迴三界，何由得曉？

天尊曰：妄行邪道，名爲外求，無返照力。汝言眞實不滅，湛然常存者，但衆生流動，動性常一，一一生中，而無染汙。但行方便，善自思惟，方睹妙軌，悟道不遙。往古來今，千賢萬聖，悉歸眞道。衆生業趣，一一根中，悉歸眞道，遍滿虚空，業趣悉歸眞道。悟眞道者，進如朗日，無形無相，無惡業趣，無善業趣，無貪嗔趣，遍滿虚空、無虚空趣，悉歸眞道。無眞道趣，了了清淨。不失機緣，諸根異趣，各自歸本。

獨脫等衆悚然毛竪，上白天尊：法體清淨，顯三寶源。不審三寶爲是貪嗔癡，爲諸根中各有三寶。若諸根中各有三寶，不應顯三。

天尊曰：向云示有三名，實無三體；無三體故，云何指有三名？一切衆生，六情所趣，四大運爲，皆名三寶。何以故？諸根性空，性無染著；無染著故，名爲法寶；法寶清淨，各自在故，名爲師寶；法通無礙，悉成就故，名爲道寶。一一塵中，名爲三寶；禽獸之中，名爲三寶；魚鼈之中，名爲三寶；蟲蟻之中，名爲三寶；草木之中，名爲三寶。三寶無量無邊，不可思議。諸善男子，勿泄漏心而遺三寶。但自内思，勤行供養，巧使心力，直趣本源。一念有虧，諸根悉斷，塵境繫縛，塞三寶源，永絶眞道，雖在道中，而迷不識。不識道故，慧力不強，而嬰苦惱。諸善男子，諦聽善思。於是獨脫童子歡喜無量，而作頌曰：

天尊慈悲開寶藏，普施衆生甘露藥。一切根中皆受潤，自然無生受大樂。三毒性淨眞寶門，智力慧力能排却。群迷曉悟大乘宗，蠢動昆蟲皆踴躍。廣説三寶通明路，一一塵中非譬諭。眞道究竟煩惱中，生生寂滅無來去。業相消融入性海，滌蕩無邊絶思慮。衆生不信三寶源，二心取捨懷猶豫。大師遍入五無間，纖介分毫無不被。殷勤勸請守心源，覺悟大乘歸一處。我等徒衆皆歡喜，慶此群迷得依止。大師畢竟無棄心，猶如父母視兒子。父母念子猶不恆，我師決定眞可擬。

説此頌已，上白天尊：下仙微劣，蒙沾惠潤，宣示三寶，究竟眞源，微妙義趣，歡喜踴躍，不能自勝。非是下愚所能譬諭，顯其功德。一切衆生皆蒙利益，悟三寶門，入眞藏道。各各稽首，而復本位。

孟安排《道教義樞》卷一《三寶義第三》　義曰：三寶者，法門棟幹，群品津梁，迺萬物之福田，實三清之良徑，歸依正本，其在玆乎！此其致也。《九天生神章經》云：三寶尊重，九天至眞。《正一經》云：煩惱數極，歸於三寶。《本際經》云：三寶輪轉，運用無輟。又云：三寶洞極。

釋曰：《請問經》云：一者道寶，二者太上經寶，三者大法師寶。道以通達爲義，謂能自通通他，又能令凡達理，通物至樂。太上經者，太言極大，備包衆理；上是勝出，超踰衆教；經即訓法、訓常，言由言徑。法爲萬物軌範，常謂衆聖模刊，由是得理之所由，徑是入道之途徑。法師者，《消魔經》注云：能養生，教善行，爲人範，是法師也。孟法師云：師者，和也，衆也。謂率徒必衆，接物必和。《盟威經》云：師，和也。但和有理有事。事和者，容人畜衆，事同水乳。理和者，思眞詣聖，不違玄趣也。通稱爲寶，亦稱爲尊者，《正一經圖科戒品》云：尊高無上，寶

貴無價。《老君經教》云：迷返知一，崇信三寶。一曰三寶在無價。《請問經》亦云：三寶，一曰三尊。今依經釋，尊以尊高爲稱，寶以寶貴爲名，既當體可尊，亦從譬爲貴。當體可尊者，太上是號道法王也。《昇玄經》云：爲衆聖之父，萬物之母。以能生法身慧命，故有父母之名；令物歸往尊崇，故有法王之稱。此當體尊也。可寶不過金玉，人則金容玉質，法則玉字金書，此當體寶也。從譬者，尊則譬猶父母，寶則諭如珠玉也。又三寶體義者，《大存圖訣》云：道寶無形之形，即太上也，此以應身爲體。師寶者，得道之人爲我師。《盟威經》云：太上道君，以形申教，是謂師寶；以氣應感，是謂道寶；妙文示法，是謂經寶。教學品云：一天之下，一人成太上，故法王不得有二，化主秪宜在一。故以道君正當道寶也，斯則皇上之謂。誕洪氏之胞入於寶珠，證成圓果，以此身智爲道寶體。師寶者，初發道意，極九聖，初心三寶眞聖，五人行法，此之身智爲師寶體。其有神通分應，亦隨本分，攝屬師寶。所以知五人成衆者，按黄籙齋儀云：極少五人。又玄一眞人云：太上遣三眞與天師監徐來勒度仙公經，故知五人方行大法。經寶者，釋有三家。一云以理爲體，謂文字可滅，此則非經，理既是常，故爲經也。二云文理合爲經，理則合常，文則合法。三云文爲經體，有理未言，無有經稱，演立言教，方有經名。今名若定偏執，三家盡滯，隨方假説，三釋皆通，順情而言，後解小勝。以經教所明，多以文爲經故也。又須知道君本跡是道寶，經則有理有教，教則金口所説，玉簡所書，加被印成，縑紙傳記，是正寶經。若九聖已降，自説加人，或印成他説，書之縑紙，各能詮理，隨分入經，稱爲傳論，此其隨也。如五眞降授仙公是正師寶。若始發道意，凡道士共行法者，或出家法人，無五人衆，或五人衆非具足師寶，是相隨也。圖形寫像，表代眞人，亦隨師也。又明太上道君以爲寶者，色即七十二相，八十一好，心即四達六通，智圓慧滿，以此身心莊嚴具足爲道寶。經寶者，經有生善滅惡之用，或一句兩句已有此能，或多章多偈方具斯力。如言寧守善而死，不爲惡而生，一句之中，其義各足。又如善勝論於眞一，二眞諮於神本，乍開譬諭，演説會通，衆多章句，明理乃足。然四字成句，或詮理用足，可是正經，一字起時是眞經。不有師云：字字各能詮理，一字即是眞經。今不同此。如一寧字，未通守善而死，如此寧字，欲何所道？詮用未足，故非眞經。其有單字明理足者，即是眞經，如道字是也。師寶者，其義有三：一者捨家遠俗，二者脩善學慧，三者衆聚行法。捨家遠俗者，舊舉五事顯其勝功。一者棲憑勝處，二者依庇明師，三者專心在法，四者興隆道教，五者形與世隔。棲憑勝處者，《本際經》云：幽隱山林。又云：依憑精舍。《昇玄經》云：虚堂空室，名曰仙家。此謂放曠脩條，自然趣善。依庇明師者，既得勝處，宜依上人。《本際經》云：願值明師，諮受上道。又云：造事明師。《靈寶經》云：非師不傳。專心在法者，既得勝人，宜請妙法。《本際經》云：尋訪明師，祈請要術，三洞妙文。《靈寶經》云：所嘗在法。興隆道教者，既得玄教，宜以化他。《本際經》云：願以法音，廣宣愚昧。《請問上經》云：廣開法門。《定志經》云：興顯道士。形與世隔者，黄褐玄巾，披羅衣錦，形既殊凡，心宜改俗。故《本際經》云：衣弊履穿，謙光晦跡。又云：捨俗服玩，黄褐玄巾，斯以跡引心，令超世網，就事而言，出家最勝。既云始受五千文，而朝存章服，且如靈寶，故知未備三洞，入師數也。二脩善學慧者，遵法之人，本崇行解，隔凡成聖，眞智爲優也。三衆聚行法者，如五眞降授葛仙，十方聚傳太上。《昇玄經》云：三當念衆爲良福田，師之言衆，其義明矣。但師於三義，有具不具。若在人間，其有捨家披黄，脩解證智，徒衆聚集，以人間脩得上界眞解，故三義備也。從諸天以上至乎界外，不必帔黄巾玄，多是七寶爲冠，九光作帔。所以然者，始學心劣，故寄形殊。上方無方，任能會理而生明，是仙猶衣黄服，此自通耳。

佚名《道門經法相承序次》卷下　三寶：亦謂三尊，道寶，經寶，眞人寶。

《太玄眞一本際經》　青童君曰：云何名爲念道之相？

天尊曰：夫念道者，道能制滅一切惡根，猶金剛刀無所不斷，猶如猛火無所不燒。念有二種。一念生身七十二相，八十一好，具足微妙，人中天上，三界特尊，是我歸依覆護之處。一念法身猶如虚空，圓滿清淨，即是眞道，亦名道身，亦名道性。常以正念，不間餘心，是名念道。

青童君曰：請事要言。云何復名念經之相？

天尊曰：經有三種，大乘小乘，及以中乘。係心受持，常生信慕，存想不移，審知是法，是出世道，無他雜念，是名念經。若知諸法本無文

字，正觀實相，達其旨趣，亦名念經，是名善解念經之相。

青童君曰：云何念師？

天尊曰：師者父也，我若無師，不能得道，是故應當遠近隨逐，心眼觀想，恆在目前，不替須臾，無他雜想，是名念師。又當正念：一切得道大聖衆眞，通是師寶，皆能訓我，是良福田，係念歸依，心心相續，邪念不起，是名念師。

三毒

綜述

《洞真太上太霄琅書》 難行易亂，何故行乎，衆生感至，不得不行，遣貪淫，息嗔恚，除邪愚，滅三毒，三毒滅亡，無復老病死苦。

《洞真太上説智慧消魔真經》卷四《證聖品》 三尸極凶，謂爲三毒，毒害人命，急宜除之，守一精專，三尸自滅。一無形象，無欲無爲，求之難得，守之易失，失由識闇，不能進明，貪欲滯心，致招衰老，得喜失瞋，致招疾病，迷者不改，致招死歿，殞瞋及老，三尸所延。

《上清元始譜録太真玉訣・三惡門》 第一門名色慾門，一名上尸道一名天徒界。第二門名愛慾門，一名中尸道一名人徒界。第三門名貪慾門，一名下尸道一名地徒界。

此三惡之門，一名三尸之道，一名三徒之界，常居人身中，塞人三關之口，斷人三命之根，遏人學仙之路，抑人飛騰之魂。爲學之本，而不落尸於三道之上，去慾於三界之門，眞何由降，道何由成？夫學上法，宜遣諸慾，滅落尸根，道自然降，仙自然成，剋得飛騰，上昇三清。【略】

上尸青慾，自號彭琚，變化九種，鳥頭蛇軀，混沌無心，或沉或浮，貪慾滋美，華色自居，走作人魂魄，潛司過咎，斷人命根，炁散神遊，放浪三宮，小蟲無劬。【略】

中尸彭質，號曰中黄，愛慾自居，依腹逃藏，沉浮變化，形無常方，執人魂魄，走作三宮，赤子馳競，使人發狂，慾性喪神，罪由小蟲。【略】

下尸彭矯，貪慾自榮，白色混沌，體無常形，依人兩足，訊動人情，言白得失，走作魂靈，三宮擾亂，赤子不寧，貪慾小蟲，賈備幽冥。

佚名《道門經法相承序次》卷下 三毒：與前三毒別，一貪淫，二瞋恚，三愚癡。三尸：一上尸好寶貨，二中尸好五味，三下尸好色慾，亦五色。

杜光庭《太上老君説常清靜經註》 三毒者，三塗之根，三業之祖也。三者，身、心、口也。人有身時，身有妄動之業，心有妄思之業，口有妄語之業。此三業又爲三毒。又云，三毒者，乃三尸也，彭琚、彭瓆、彭矯。上尸好華飾，中尸好滋味，下尸好淫欲。人若能斷得其華飾，遠其滋味，絶其淫欲，去此三事，謂之曰三毒消滅。三毒既滅，則神和、炁暢，精固，三元安靜，三業不生，自然清靜。

佚名《道典論》卷三《三毒》 《元始智慧正觀解脱經》云：太上道君上白天尊云：何名爲煩惱之相？天尊曰：言煩惱者，總名三毒，謂貪瞋癡。能害衆生法身命，故名之爲毒。所言貪者，引取無厭，染欲愛著，聯綿無已，於世間法及出世法有求樂意，皆名爲貪。所言瞋者，於衆生中及非衆生貪懷懟恨，咆勃忿怒，如火熾盛，燒滅善根，結太怨憾，是名爲瞋。所言癡者，不信不知三寶正法，驕慢諂曲，無所了知，觸壁無底，不從訶諫，好説無益，多行惡事，所作失道，故名愚癡。

玄全子《真仙直指語録》 三毒者，是人貪、嗔、癡也。貪嗔癡自欲而起。三欲者，食欲、睡欲、色欲。三欲既深，六賊侵害。經云：九竅之邪，在乎三要。轉迴販骨，皆爲三尸六賊。既爲道人，須要捩過三欲。三欲既迴，六賊三尸自易降伏。若非剛烈不能斷決，直須著力翦除。

孟安排《道教義樞》卷四《十惡義第一五》 義曰：十惡者，起於三毒，生彼七支，貪恚作其源，殺盜開其末，行則剋成惡業，止乃翻爲善根，欲會清虛，事資除遣，此其致也。《本際經》云：起三毒心，作十惡業也。

釋曰：身有三，殺生，偷盜，邪淫。口有四，兩舌，惡口，妄言，綺語。意有三，貪欲，瞋恚，邪見，一名愚癡嫉妬。用此七支三毒，爲十惡也。《盟威經》云：破和合衆，亂尊卑，惡口罵詈，無端呵叱天地。又四

緣義者，身口七支，具四緣成業，一緣不具，業則不成。何者？如雖具三緣，命根不斷，則不成殺，非是衆生，亦不成殺。不起想心，行心不成，故不成殺。無有殺心，理不成殺，唯少一緣，故自不成。此就小乘七支爲語。若大乘爲論，但有殺心，即爲陰賊，故須防也。其殺生四者：一實是衆生，二起衆生想，三起有欲殺心，四令命根斷。偷盗四者：一實是他物，二起他物想，三有欲盗心，四使移本處。邪淫四者：一實是邪境，二起邪境想，三發邪淫心，四身受染樂。兩舌四者：一是所聞人，起前人想，二發相謗語，三起離間情，四發分構語。惡口四者：一是所罵人，二起前人想，三起惡罵心，四發惡罵語。妄言四者：一是所欺人，二起前人想，三有欺妄心，四成虚違説。綺語四者：一是所對人，二起此人想，三有綺語心，四吐非義語。凡七支四緣，其事如此。因貪起七業者，如爲貪味，殊害衆生；貪彼資財，而爲竊盗；貪迷邪境，行於耽欲；貪覓名利，興造妄言；貪佗親愛，遂起兩舌；貪取人財，而生惡罵；貪競稱譽，非時而説也。因瞋起七業者，瞋彼故斷命，分他而奪財，瞋於彼人，遂淫他婦；瞋恨彼人，故欺妄説；瞋彼和同，而生間構；瞋心於物，故起惡言；瞋恨彼人，吐非義語。因癡起七業者，不解因果，故行殺；不識道理，故横取；乃至愚癡，故非義；邪説見，乃通靖。心緣理而生成，見之後僻生異，執導生七惡，其義易尋。

三業

綜述

《洞真太上太霄琅書》卷八《十善十惡訣第三二》　三業者，口身心也。運動造作，善惡无量，无量善惡，十爲惡端。一者妄言，二者綺語，三者兩舌，四者罵詈，此四口惡，反之則善。五者貪欲，六者竊盗，七者姦淫，此三屬身；八者嫉妬，九者恚嗔，十者邪疑，此三屬心。心業最重，爲十惡根，斬絶惡根，修十善本。

《太上洞玄靈寶三途五苦拔度生死妙經》　天尊答曰：若有衆生三業淨者，不墮三塗。所言三業者，身業、心業、口業是也。身業者，婬殺偷盗。心業者，嗔貪愚癡。口業者，綺言妄語，兩舌惡罵。此三業者，是十業根，障蔽善緣，滋生罪惱，若能清淨，永免三塗。

《無上内祕真藏經》卷九　何謂三業？一者貪愛，思慮百端，計劃無已，貪性一發，遂惑迷途，六情馳騁，不可制御，自乖行戒；二者瞋恚忿發，外觸動情，瞋恨無已，自乖定行；三者癡闇，冥冥不曉，五情纏繞，惡業相連，億劫無已，自乖慧解。此三業受，能滅道種。復此三業行，能種道果。何以故？一者捨離世間，心棲域外，行業遍通，斷貪心種，直至道場，名大乘戒；二者，諸行無深，不受不觸，慈愛衆生，歡喜無量，善根解脱，名大乘定；三者，達了衆生，五情六觸，煩惱業緣，顯發無礙，逕入道場，名大乘慧。復次，諸善男子，此三業者，惑成惑敗，皆由心發。一切諸法，心則爲本，善否由心。

佚名《道門經法相承序次》卷上　何爲名三業？一者身業，有殺盗婬。二心業，有貪嗔癡。三口業，有惡口兩舌，妄言綺語，名爲三業。身三、意三、口四，即兼爲十惡。

何名三業？以前已有，一者身業，二者心業，三者口業。

就身業之中，復有三過：一者殺生過，二偷盗過，三邪淫過。言一切衆生，迴手動足，常行殺害。一切蠢動含血之類，不起慈心，或乘闇夜，行公然劫剝，或經過觀舍，取三寶物。命過之後，墮落三塗，惡鳥啄睛，鐵犂耕舌，鎔銅萬沸，灌口燒身，累劫冥冥，無由解脱，以報前業之罪。就心業之中，亦懷三毒：一者陰私毒，二賊害毒，三讒佞毒。命過之後，在五濁湯中，晝夜煎煮，縱得受生，還爲毒蛇惡獸，以報前身三毒之罪。是名心業。

就口業之中，復有四罪：一者綺言，二者妄語，三者兩舌，四者惡罵。一切衆生，在十方大地，華辭綺豔，翻覆兩舌，説人長短，離人種親，粗言惡氣，更相罵詈，復以口業舌根，貪諸滋味，飲酒食肉及以葷辛。

孟安排《道教義樞》卷四《三業義第一四》　義曰：三業者，昇沈以之起滅，罪福於是從由，若三行果修，則遐登樂境，六根不淨，則俯墜苦源，此其致也。《本際經》云：先當修習三善行法，三業既淨，則六根淨也。

釋曰：一者身業，二者口業，三者心業。貪瞋等三元是意業，口亦有，但可議論，非爲指的，故言身口造意業也。

曾慥《道樞》卷三七《入藥鏡上》　性者，元辰聚也。性樂乎動，故外隨境遷，一生一死，周而復始。其可資而生者，曰精、曰氣、曰神，謂之三業，聚而生者也。

五苦

綜述

《上清元始譜録太真玉訣・五道門》　第一門名色累苦心門，（一名太山地獄苦道。）第二門名愛累苦神門，（一名風刀苦道。）第三門名貪累苦形門，（一名擔山負石苦道。）第四門名華競苦精門，（一名作江河苦道。）第五門名身累衆苦門，（一名吞火食炭鑊湯苦道。）

此五苦五道之門，常居於人身，係人命根，遏人招眞之路，斷人修仙之門。爲學之本，而不解形於五道之上，滅跡於五苦之下，衆累不斷，沉淪罪門，何由得脱，騰身遯變，流景玉光也？夫欲上學，當先斷諸累，絶滅苦道，眞自然降，神仙自成，尅得變形，遊宴諸天。

《太上洞玄靈寶三途五苦拔度生死妙經》　五苦者，刀山劍樹，銅柱鑊湯，湅汲溟波，是名五苦。

《太上洞玄靈寶智慧罪根上品大戒經》　此十惡之戒，不能離身。犯之者身遭衆横，鬼神害命，考楚萬痛，恆無一寧，履善遇惡，萬向失利。死入地獄，幽閉重檻長夜之中，不睹三光，晝夜流曳。抱銅柱，履刀山，循劍樹，入鑊湯，吞火食炭，五苦備經，長淪九幽，無有生期。

張宇初《元始無量度人上品妙經通義》卷二　五苦者，色累苦心，愛累苦神，貪累苦形，華競苦精，身累苦魂。

佚名《道門經法相承序次》卷上　五苦：其五苦有生死二苦，生有五苦，死有五苦。何爲名生五苦？按《昇玄經》云：一者身爲奴婢、憂悲別離。二長處愚盲，不見妙道，與師父隔。三鰥寡孤獨，有人之形，無人之情。四身遭横事，牢獄纏縛。五雖曰長壽，疾病攻身，煩惱終日，是名生五苦。

何爲名死五苦？一者履刀山劍樹，手腳爛斷。二入鑊湯沸湧之中，骨肉俱爛，生死輪迴。三身遊餓鬼道中，衣不充形，食不滿腹，吞火食炭。四男抱銅柱，女卧鐵床，劍樹衝心，刃鋒刺背。五縱得受生，還爲六畜，任人鞭打，破領穿蹄。是名死五苦。

《太上老君戒經・地獄五苦解》　五苦是地獄中寒池、火車、鑊湯、刀山、劍樹也。解脱既超三界，無復苦緣也。亦謂五道爲五苦者也。

《天皇至道太清玉册・三五飛步罡品》　師曰：三五之秘，夫豈易知？自一生二，二生三。蓋三氣分而三光明，三光明而三才具。自太極生兩儀，兩儀生四象。四象備而五行全，五行全而五星明，五星明而五嶽峙，是以在道則爲三清，在世則爲三才，在神則爲三元，在人則按三部，又在道則爲五老，在天則爲五星，在地則爲五岳，在人則爲五臟。人有天地，貌分陰陽。氣道備一身而兼有之，自不能使三田孕秀，五臟納靈，則去道始遠矣！能修之者，三田聚寶，五氣朝元，魄制魂拘，神全氣滿，是謂仙道貴生也。不修之者，使三魂爲三尸，五氣謂五賊，五賊爲五苦，是鬼道貴終也。

又《五苦（一曰五尸）》　一色累苦心門，二愛累苦神門，三貪累苦形門，四華競苦精門，五身累苦魂門。

五難

綜述

董思靖《洞玄靈寶自然九天生神章經解義》卷三　五難者，一除色累難，二絶愛累難，三斷貪累難，四息華競難，五無身累難，惟此難去者既去，然後可以飛度五戶，名入太玄矣。故《眞誥》云：內累既消，魂魄亦

柔，守之不倦，積之勿休，五難既遣，封伯作侯是也。故學道非難，息心爲難。心法雙融，脫然無染，則沖和之心，怡怡然以道自處矣。

佚名《道門經法相承次序》卷下 五難：一貧窮布施難，二豪貴學道難，三制命不死難，四得見洞經難，五生遇聖道難。

王元暉《太上老君說常清静經註》 稽康云：養生有五難：名利不滅，喜怒不除，聲色不去，滋味不絕，神慮消散。劉海蟾云：學仙甚易而人自難，脫塵不難而人未易。

五欲

綜述

《太上老君虛無自然本起經》 智慧者，謂五欲六情，五欲者，謂耳欲聲，便迷塞不能止，目欲色，便淫亂發狂，鼻欲香，便散其精神，口欲味，便受罪於網羅，心欲愛憎，便偏邪失正平，凡此五欲爲惑亂覆蓋。

佚名《道門經法相承序次》卷下 五欲：一眼欲五色，二耳欲五聲，三鼻欲五氣，四舌欲五味，五身欲五觸。

《上清道寶經》卷三《五欲》 無數念念衆生，目欲觀五色，過使魂勞；耳欲聞五音，音煩則魂苦；鼻欲嗅五香，香溢則精流；口欲甘五味，味豐則神濁；身欲恣五體，體慢則志散脾傷而行危。

佚名《道典論》卷三《五欲》 《老君經敎》云：貪欲無數，無數之欲，念念叢生，不可勝言，大略有五：一，目欲觀五色，色過則魂勞；二，耳欲聞五音，音繁則魄苦；三，鼻欲嗅五香，香溢則精流；四，口欲甘五味，味豐則神濁；五，身欲恣五體，體慢則志散。志散則脾傷，而行危，神濁則心亂而口爽，精流則腎虛而迷狂，魄苦則肺損而耳聾，魂勞則肝困而目盲。五者混闇，則身滅命亡；五者凈明，體全年永。

佚名《莊周氣訣解》 夫聖人以至眞之體，觀乎五者，皆欲也，故謂之五賊；天下之人食五味者，死無有怨而棄者，心之所味亦然，蓋言衆庶貪溺五味終也，五欲使自爲也。人皆欲其生，欲其養，欲其成，欲其通，欲其安。隨而與之，因而制之，天下奔逐其性，咸獲所欲，特謂造化自成，我不知自爲利也。

五濁

綜述

佚名《道門經法相承次序》卷下 五濁：一見濁，邪見。二刼濁，日月短促。三衆生濁，精神不明。四煩惱濁，嗔恚鬥諍。五命濁，短壽。

佚名《道典論》卷三《五濁》 今釋，一者命濁，二者見濁，三者惱濁，四者生濁，五者時濁也。

《靈寶玉訣經》云：太上道君告精進學士王龍賜曰：吾受元始眞人舊經，說今釋古，引古證今，深可信也。經道萬劫當還無上宛黎天過世世後五濁之中，今釋，此標五濁之時處也。遭命不幸，今釋此命濁也，非唯年筭夭促，義兼往業不淳也，是男是女不見經敎，恒處惡道。今釋，此見濁也，邪見覆心，不信正理，謗法罪重，久在地獄，生壽無幾，而憂惱自嬰，多受枉横，今釋此惱濁也。貪瞋癡或能生憂畏，經累行人也。自生自死，輪轉五道，墮於三塗八難之中，今釋此生濁也。任命起滅，輪轉苦難，障隔正道，殃對相牽，無有極已，生死分離，無有豪賤，今釋此時濁也，大劫垂周，惡果皆熟，普遭凶害，實爲痛心，今解說諸惡，以度可度，汝好正意，諦受吾言，於是注訣。龍賜稽首，伏受敎旨，今釋太上哀愍，傳付經訣，使五濁障消，保今太平之運。

《明眞科經》云：來世之人不見科誡，方當履何五濁毒湯，遭難遇害，不能度身。

《靈書度命經》云：元始天尊曰：吾過去後眞文隱藏，運度當促，五濁躁競，萬惡並至，何感念來，生在其中，甘心履罪，展轉五道，長苦八難，更相殘害，憂惱切身，不見經法，不遭聖文，任命生死，甚可哀傷。

孟安排《道教義樞》卷九《五濁義第三三》 義曰：五濁者，時代下衰，衆生多惱，亦澆浮之事，明塵累之由，欲令出三界之樊籠，入一源之妙域，此其致也。

釋曰：一、煩惱濁者，謂是通欲，惱累行人，故名爲惱。二、見濁者，謂是別欲，分別取著，故名爲見。三、命濁者，語其短促，色心連持，故名爲命。四、生死濁者，謂是衆生，生處非一，故名衆生，生必滅壞。五、時運濁者，明末世澆漓，三災所起，劫命使然，故名時運。經云：憐愍將來，劫運多惱，水火兵災，種種疾病。又五濁體義者，惱見二濁，以心爲體；命與生，色心爲體；時運一濁，以假實法總爲體。本固體，明時亂，體無時故也。所以離欲爲二者，明欲有通別，所以爲二。命與衆生，同是假名，而分假爲兩者，正爲凡夫欣生愛命，故爲二種生，是曰成命，謂相續也。然五濁之中，有差有甚，何者？前二則甚，濁本故也，後三則差，亦通五濁。如淨土中，亦說遷變生死，亦說常命，亦說有時也。若言聖應五濁，故不論耳。又三災義者，兵、病、水火也。《本際經》云：兵戈、水火、毒疫災害，若陽九百六小劫之會，有此三災。又云：以刀兵爲劫，以大病爲劫，以水火爲劫，此則三災所起，三小劫末也。又云：一小劫末，具此三災。經戒云：水火之災者，此兵病萬姓，水火蕩汰。然陽九百六，又有大小。陸先生云：四百五十六歲爲陽九，而十陽九四千五百六十歲爲一元，有此三災也；三百六十歲爲百六，亦有此災，此小陽九百六也。若四萬五千六百歲爲陽九元，三千六百歲爲百六周，此大陽九百六也。《天地運度經》云：三千三百年爲小陽九、小百六，九萬九千九百年爲大陽九、大百六。天厄謂之陽九，地厄謂之百六也。

六情

綜述

《太上老君虛無自然本起經》 六情者，謂形識知痛癢，欲得細滑，耳聞聲，心樂之，目見色，心欲之，鼻聞香，心逐臭，口得味，心便喜，身得細滑衣被，心便利之，得所愛，心便悅之，坐此六情以喪，故復名六情喪人神，但坐此六情所牽引，迷亂淫邪垢濁闇蔽，使神明不暢達，便有肉人不能識別，聽視不聰明，情志閉塞，皆坐此五欲六情之所惑亂，受罪展轉入五道生死，無有休息時。

《太上老君戒經》 持戒制六情，

六情者，六欲也。眼欲淫色，耳欲淫聲，鼻欲芬芳，舌欲脂味，身欲柔滑，意欲放泆。如此六事，皆成乎心，故爲之情也。並是三塗惡業，故制而去也。若不檢制，縱恣六情，生爲世人所惡，死爲鬼之所迫也。

佚名《道門經法相承次序》卷下 六情：一心，主知喜怒。二肝，主知青赤。三肺，主知角徵。四腎，主知羶焦香腥朽。五脾，主知酸苦。六膽，主知柔弱，操總知滑、剛強、溫潤。亦爲六塵。

六情：前已有不同。一耳聽宮商角徵羽，二眼視青黄赤白黑，三鼻知臊焦香臭腥腐，四身知寒溫剛柔滑，五舌知酸苦甘辛鹹，六心知善惡喜怒哀樂。外來曰塵，內動曰情。

《太上洞玄靈寶往生救苦妙經》 六塵者，一耳聽宮商，二眼見青黄白黑赤，三鼻知香臭，四身知剛柔燥濕，五舌知辛酸鹹苦甘，六心知善惡喜怒哀樂，外來曰塵，內動曰情。是名六情六塵。

孟安排《道教義樞》卷四《六情義第一三》 義曰：六情者，事符五廕，義假四微，既藉境以生心，亦因根而發識，塵昏漸熾，方之弊穢之流，惑染頓除，自復清虛之炁，此其致也。《定志經》云：六情一染，動之弊穢。《大戒經》云：六情恬夷，神自歸也。

釋曰：眼、耳、鼻、舌、身、心，情也。眼以見色，耳以聽聲，鼻以聞香，舌以知味，身以覺觸爲義，心以知理爲義。身情亦名手情，手是身家運用之要，故爲名也。通情者，識之異名，謂有情靈，異於木石。又以成爲義。《上元眞書》云：情，成也。放六情者，凶惡自成，制六情者，吉善亦成，成名是同，故曰情也。然此六識，託根而生，從所託爲名，故言眼等六情也，即以六識爲體也。又六根義者，根以能生爲義，謂能生於識。六根之中，五根是色，一根是心。五根能生五識，故名爲根，五識則爲心根，能生想志於心，故名根也。徐法師云：六根之法，並因五常、四

大所成。若爾，彼師所有方寸爲心根。又以五藏爲內根。故《西昇經》云：形神合同，更相生成也。又六塵義者，色、聲、香、味、觸、理也。色者青黃五色，聲者角徵五聲，香者羶腥五香，味者辛酸五味，觸者冷熱諸觸，理者事理諸法也。通稱塵者，以塵染爲義。明此六種，能染行人，亦如微塵，能染汙也。一師云：色香與味，各自有塵，此三塵中，並有觸塵。若其非味非色香等，異既同是，有則並皆有觸，俱發身識。如耳目等根，非直見聞，亦覺痛癢。一師云：此四種法，更無別塵，一塵之中，備有此四，其體則共，其義則殊。如一柱體是色，無非色處；亦舉體是香，無非香處；舉體是味，無非味處；舉體是觸，無非觸處。但逐根所取，義成異耳。此師云：若有兩塵，是則相礙一塵義，異不相礙也。今明唯彼四塵，講成萬法，順情說爾，究竟皆空。何者？若色等成，諸法色等爲誰成？細色成麤色，細色復誰成？若更有能成，是則無窮已；若也無能成，何得有所成？故《定志經》云：三世之中，三界皆空，此其義也。

又六入義者，徐法師云：六識之法，能受六塵，六塵之法，能發六識，既發既受，二義相交，以彼外塵，來入內識，是名六入。《本際經》云：六根成就，對於六塵，生六種識。今解六塵，並可更相涉入。何者？塵來發識，即是塵入於識，識起緣塵，即是識入於塵。但識法在內，塵法在外，外來入內，義爲便也。入有二種：一者事入，二者義入。事入者，到根發識。義入者，不到根知也。須知塵入等法，究竟皆空，宜在忘懷，勿生愛染。故《定志經》云：雖有我身，皆應歸空也。

六　通

綜　述

佚名《道門經法相承次序》卷下　六通：一目通，能徹視洞達，坐見十方天上地下，無有障蔽，六合內外，鬼神人物，幽顯大小，莫不了然，分明如視掌中。二耳通，能洞聽天上天下，四面八方，一切音聲，無不悉聞，人天禽獸，蝖飛蠢動，一切衆聲聞悉，曉了分明。三鼻通，曉百和寶香，分辨氣數，濃薄差失，纖毫必記，四方上下，異域絕境，香臭之氣，聞如面前。四舌通，萬品衆物，合爲一食，經舌悉知種類，分別其味。五身通，能飛行上下，履火涉水，經山觸石，無所儡礙，分形散體，千變萬化形，長充於八極，短入於毫微。六心通，迴一切法，皆悉空淨。

《太上洞玄靈寶往生救苦妙經》　六通者，耳眼鼻身舌心，是名六通，六根共同。

《上清道寶經》卷一《六通》　一曰眼通，爲洞視，視於三尊，不亂五色，無陰無陽，無小無大，無所不見。二曰耳通，爲洞聽，聽受三寶，不滯五音，無清無濁，無皦無昧，無所不聞。三曰鼻通，爲洞空，無故無新，無沉無浮，無不知別。四曰口通，爲洞虛，願嘗甘露，妙法尤丹，不耆腥葷，無懼無畏，無剛無柔，無不辨行。五曰身通，爲洞微，無廣無狹，無內無外，無不究悉。六曰心通，爲洞清，灌溉五神，蕩滌十欲，無尊無卑，無道無俗，無不究明。染之不着，以無上藥治療狂邪燒。

《玉清無極總真文昌大洞仙經》卷六（衛琪注）　意，志也，脾所主，心所發，故心正而後意誠，所謂誠真意者，毋自欺也。《華嚴經》云：若有欲知佛境界，當淨其意如虛空。《孟子》曰：志，炁之師也。故在丹道爲黃婆，以其能媒合五臟之炁，集而爲一，金木間隔，非媒無以成就，青衣女子素練郎君，須使猿馬調伏，則龜蛇交合矣。大意一得通徹，朗明瑩淨，先劫後劫，無障無礙，悉知悉見，在道爲十通，在釋爲六通，在中界鬼神爲五通，皆不離於中道，凡事得中，自能七通八達。

又卷七　宿命過去智，

宿命因緣，劫前劫後，過去未來，智之所知，無不了然，蓋得宿命通，故佛之六通，宿命通爲最，其他神仙未能臻此。

根本元由中。

原其自根自本，皆莫由中道，正心誠意，格物致知，無外是也，中也者，天下之大本，由中及外，粹然純全，內本外末。

未來及他心，

《中庸》謂至誠之道可以前知，故釋云衆生若干種心如來悉知，又云過去心不可得，見在心不可得，未來心不可得，不可得者，不可住此境界

也，具六神通者，方知此。所謂六通者，天眼通，天耳通，他心通，宿命通，神境通，如意通，具此六通，可以知先劫後劫三世所得因緣業力果報之自。

玄全子《諸真内丹集要・論六通訣》 一心境通，二神境通，三天眼通，四天耳通，五宿信通，六他心通。若行過，不可着他。進道之士，十二時中常一時，名爲無間斷。靜坐之間，志在調息綿綿，體爲性時時不昧，湛然不動，是謂安心。夜忽然滿室如晝，心似冰清玉潔，到此地面，非爲大事。如井窺管見於天，三花聚鼎，五氣朝元，乃是氣候之所變也。靜坐之間，忽一性跳出形軀之外，便嫌四大臭穢。若到此時，慧性覺之，乃心境通。靜功勿退，或居一室，或居環堵，不知戶庭，萬事未來之時，自知猶如隔牆見針，乃是靜功所至，名神境通。若到此時，正要加志鍊磨睡眠，忽然心神閉塞，坐卧不知，混混沌沌，不辨東西。若到此時，休得心忙，慧心覺之，混混之間，忽然心地大開，地理山河猶如掌内觀之，心神踴躍，氣極無極，乃是天眼通。到此加志勤行，休執偏了。坐間忽然聽天人之語，撥去休着，恐是邪境，乃是天耳通。或晝或夜，入放大定，觀透三界之因果，到此地面，乃是宿信通。若心常慧燭光明，永夜淸宵，無思無罣，寂然常信，不離本室，顯身外之身，他方都見，神聖之通也，乃是他心通。

《南華真經注疏》卷一五《外篇・天道第一三》（郭象注　成玄英疏） 明於天，通於聖，六通四辟於帝王之德者，其自爲也，昧然無不靜者矣。

〔注〕任其自爲，故雖六通四辟而無傷於靜也。

〔疏〕六通，謂四方上下也。四辟者，謂春秋冬夏也。夫唯照天道之無爲，洞聖情之絕慮，通六合以生化，順四序以施爲，以此而總萬乘，可謂帝王之德也。任物自動，故曰自爲；晦迹韜光，其猶昧闇，動不傷寂，故無不靜也。

十念

綜述

《太極真人敷靈寶齋戒威儀諸經要訣》 太極眞人曰：修齋之道，常行十善念：

第一爲道念四大，令得七世父母免脫憂苦，上昇天堂，衣食自然。

第二念帝王國主道化興隆，庠序濟濟，皇教恢弘，威儀翼翼，普天所瞻，民稱太平，六夷賓伏，妖惡日滅，賢聖日生。

第三念法師功德大建，教化明達，俱獲飛仙。

第四念同志學人，早得仙道，更相開度。

第五念親屬和睦，好尚仁義，貴道賤財，行爲物範。

第六念損身布施道士及飢寒者，天下民人，各得其所。

第七念蠕動蚑行，一切衆生，咸蒙成就。

第八念首謝前世今世生死罪對，立功補過。

第九念家門隆盛，宗廟有人，世生賢才。

第十念尊受師經，無敢中怠，平等一心，廣度一切，我身昇仙，白日登天，拜見太上，永成眞人，服五色靈液，與道合同。

《洞玄靈寶太上六齋十直聖紀經・十善》 一念孝順父母。二念忠事君師。三念慈心萬物。四念忍性容非。五念諫爭解惡。六念損己救窮。七念放生養物，種諸果林。八念道邊舍井，種樹立橋。九念爲人興利除害，教化未悟。十念讀三寶經律，恆奉香花供養之具。

杜光庭《太上洞神太元河圖三元仰謝儀・次十大念》 臣等一念天地交泰，二念日月齊明，三念陰陽順序，四念國土安寧，五念帝王景祚，六念宰輔忠貞，七念萬姓歡樂，八念九穀豐盈，九念幽途離苦，十念大道興行。

《太上大道玉清經》卷四 爾時天尊告諸人曰：三元大慶自是道法自

然之良辰，衆真朝拜太極之吉日也，下仙凡人修身拔亡之要機也。此時詮簡功過，校定吉凶，上帝下觀，司非糺彈，地司上奏，水府錄簡，有功成眞，過謫罪魂，冥司考罰，苦不能言。汝欲齋請，當依正法，三日三夜，燒香禮悔，精思念道，吟誦經戒，常存十念：一念道恩，二念經恩，三念師恩，四念天恩，五念父母恩，六念善神恩，七念施主恩，八念善友恩，九念過去恩，十念見在恩。天尊告言：若有善男女等，修此十念，生十善道。一善之中，十神扶衛，故名百神之身。人無十念，名爲百惡。所謂百種善神翻賊其身。上士十念，身得眞仙；中士十念，身得延壽；下士十念，身得長年。

《太上洞玄靈寶昇玄内教善勝還國經》卷五　太上告曰：道陵，卿到彼國，有十想念，當一心學。何等爲十？一者思念道法，無有差別，大小深淺，猶如虛空，無分別想。二當思念聖人威神，悉皆等同，無優劣想。三當思念聖人之恩，起慈父想。四當思念經，生乳哺想。五當思念法師，生慈母想。六當思念一切有識，稟受形質，若干不同，或好或醜，長短白黑，皆如幻化，非有常法，皆歸消滅，死病臭爛，無一可貪之想。七當思念聖人形想（相）端嚴，華色豐潔，然亦非常，會有遷變，非定一想。八當思念聖人出世，留念慇懃，方宜教示愚蒙衆生，變化隨物，形無定方，我等云何反自懈惰，生精進想。九當思念本師恩重，難可得報，令我今日得見神尊，聞受經法，皆是本師之恩，生感恩想。十當思念得聞上法，思還本土，宣布未聞，欲令衆人得法利想。道陵，是爲十想念法。

《徐仙真録》卷二《真君瓊科》　舉十念：一念身心清淨，二念性智圓明，三念道尊德貴，四念行滿功成，五念魂神澄正，六念魔王保迎，七念天官賜福，八念地府銷名，九念陰途不至，十念淨土長生。

又《仙妃秘典》　舉十念：一念一陽闡道，二念二氣相生，三念三官赦罪，四念四府注生，五念五行相順，六念六宮昌榮，七念七星順度，八念八即常寧，九念九玄離苦，十念道化興行。

十轉

綜述

《太上一乘海空智藏經》卷一　是時妙思聞是說已，豁然開悟，心無疑結，得達解轉，退坐本處，歡喜踴躍。是時坐中復有一人名曰最勝，威德堂堂，超拔衆侶，海空智藏第一弟子，已備十轉，所謂無憂轉、淨心轉、釋滯轉、通儒轉、達解轉、善見轉、權物轉、了機轉、大明轉、具足轉。

佚名《道門經法相承次序》卷下　進趣入道方便，依憑勝心，進入十轉，與已前十轉全別。一者證實轉，二離障轉，三光明對治轉，四智火燒然轉，五權魔勝轉，六現前顯德轉，七遠行光惠轉，八相無相不動轉，九定慧相應轉，十法地究竟轉。

海空智藏，此中十轉，乃是過去未來見在三世天尊，異時同説，爲歎對治。

道心眞人十種障：一者對治衆生障，二對治衆生邪行障，三於聞思修習受忍不通障，四自六解發心起高慢障，五自知諸法我慢衆人障，六除十轉已前煩惱習障，七除細法智障，八斷無明有障，九斷不善利佗障，十者於法示得自在障。

海空智藏眞人，爲欲斷除入道眞人十種障故，現行滅盡，令種不生，故立十轉。何故？物名證實乃至地究竟轉者，爲欲利益，智汝漸明，進入物轉。

十轉義者：第一爲證見道性眞實妙理，故名證實轉。第二爲得淨妙戒，具足清淨，妙戒具足清淨，離煩惱咅障，故名離障轉。第三爲隨聞無漏善法，思量修習，照明顯現，故名光明對治轉。第四爲煩惱成薪，智火燒爐，故名智火燒然轉。第五爲得出世間無漏聖智，善行方便，離諸煩惱，捨有漏心，降伏衆魔，故名摧魔勝轉。第六爲入深智慧到於彼岸，自

佗俱利，智德現前，故名現前顯德轉。第七爲修無相法，功力究竟，譬如人行去我漸遠，故名遠行光慧轉。第八爲果德純熟，於無相行中無間闕，故名不動轉。第九爲無礙慧心，向衆生説法成就中利佗，故名定慧相應轉。第十爲得法身具足，衆德圓滿，畢竟自在，故名法地究竟轉。以是大士受法王位，猶如太子於諸王中而得自在。仍此位十轉，仍有微細障，猶未解脱。對治此微，細習障故，未得證入天尊地。於此地中，事已究竟，具足衆德，圓備道性，智性平等無二，五大三德，十法具足，成就三身法報應等，願行利益，衆德圓備。

十法具足：何等爲十？一者辭無明父母，二别生死眷屬，三入重玄門，四歷事十方天尊，五與其伴類相識，六同坐解脱床，七究竟常樂，八攝受門徒，九授布三乘教法，十三德圓備。何者爲三德？一者證道智德，二煩惱德，三悲多恩德。

《太上洞玄靈寶誡業本行上品妙經》 天尊言：法輪開十轉至眞諸場，一品受持誡者，即爲地仙；能修行法誡，轉位入第二品中，得爲遊仙；倍向正心者，轉位入第三品中，得爲仙人；奉行誡業者，轉位入第四品中，得爲飛仙；常從經誡，不犯衆行者，轉位入第五品中，得爲靈仙；絶口斷貪味，長齋誦經執誡者，轉位入第六品中，得爲神仙；若能無色貪欲，平等行諸功德，捨心抱素者，轉位入第七品中，得爲眞仙；建心廣念十方，常行救厄，口無過行，濟物無偏者，轉位入第八品中，得爲飛天眞人；守一不動，持行萬善，敬念法誡，常如對神者，轉位入第九品中，得爲太上眞人；恆能餐霞飲炁，苦行修道，誦經行香，朝眞開化十方，普濟無量衆生，惠潤天地，常無怠倦者，轉位入第十品中，得爲无上上淸眞人者也。

秘天寶

綜　述

《九轉靈砂大丹資聖玄經》 太上老君嘗曰：遇人不傳，名曰秘天寶。非人亂傳，名曰泄天機，犯此二者，罪莫大焉。

通　關

綜　述

劉一明《通關文》卷下 以上五十條，皆學人要命關口、阻路大魔。須要關關打通，方好進步。若有一關不通，即被此一關擋住，任爾蓋世英雄、拔山烈漢，寸步難行。學者須要認得眞，信得過，雖不能遽然皆通，漸次着力，終有打通之日。倘認不眞，信不過，終在關内而不能出於關外。欲上大路，除是插翅而飛，騰雲而過，豈不誤了前程？一切學人，將這些關口略不經意，看爲小可，舍近求遠，舍易求難。自己病根不去，妄想他人家業；自己人事不盡，妄想他人天寶。誰肯將家業交與病漢？誰肯將天寶付與匪人？夫性命之道，天下第一件大事、天下第一件難事，非大力量大功德之大丈夫載不起作不成。果能打通諸般關口，便是大力量大功德大丈夫。若遇明師一點，大道在望，直登彼岸，縱横逆順沒遮攔，步步見功何愁道之難成乎？

三　世

綜　述

孟安排《道教義樞》卷九《三世義第三二》 義曰：三世者，義有去來，名興代謝，若虛忘遺有，便超有欲之體，了知無方，即踐無爲之境，此其致也。

釋曰：一、過去者，過之言度，去之言往，謂已往已度也。二、見在

者，見之言顯，在之言存，謂顯在於今也。三、未來者，未言未萌，來言將兆也。通言世者，以代謝爲義，有爲之法，代故以新也。亦名三有，過去曾有，見在今有，未來當有。《洞眞經》云：曾有衆生，發心誓願；今有學者，皆入法門；當有應緣，生善家者。通言有者，經今滅已，謂爲曾有；即時住相，謂爲今有；滅復應生，故言當有。一法論三世者，法若未起爲未來，此法始生爲見在，此法今滅爲過去。又云：初念已滅爲過去，後念未起爲未來，中念已生爲見在。皆是有爲無常，變化遷滅也。通論終是生，住，滅之三時，遷動成三世也。

佚名《道門經法相承次序》卷下　三世：過去無極，當來無極，見在無極。

王玄覽《玄珠録》卷上　此處雖無知，會有無知見。非心則不知，非眼則不見。此知既非心，則是知無所知。此見既非眼，則知見無所見。故曰能知無知，道之樞機。當知三世之中，三世皆空。三世者，一半已去，一半未來，中間無餘方，故皆空也。知三世空，諭如於燈。當欲滅燈時，滅時見燈，不滅時若見燈，此時滅未來，滅時不見燈，此燈已過去。滅不滅中間，於何而住立？過去未來之中間，但有名而無體，故知三世空矣。

三　身

綜　述

《上清太上開天龍蹻經》　於此三一，又示三體，一者以色心爲體，二者以三洞爲體，三者以妙德爲體。言色心爲體者，寂地本身，以眞一妙智爲體。言三洞爲體者，修進階次，應品立元，證果昇位，廣度一切，爲大智慧。原色是累，凝昇進階法，九聖以還，皆求進品，既滯慾累，並言有色，眞道累盡，惟有妙心。上證道果，具一切德，寂不可見，名爲妙無；動時隨迎，同物有體，心色雖妙，物得見之，故名妙有。以位感報，伏結昇玄，進登上聖，至上聖果。忘因忘果，自然正性，同於大道，與物混溟，高上莫過，始稱天尊。故於天尊漸顯應身，而生境界。玄元始氣，遍備身光，三氣化形，而演三洞。始爲青光，上生於天；元爲白光，中生於人；玄爲黃光，下生於地。元始天尊於此三色，合生九光，遍起法身，光明洞耀。始生於混，混爲蒼光；混生於洞，洞爲赤光；洞生於浩，浩爲青光；元生於昊，昊爲綠光；昊生於景，景爲黃光；景生於遯，遯爲白光；玄生於融，融爲紫光；融生於炎，炎爲碧光；炎生於演，演爲烏光。九色光耀，瑩徹法身。於此九光，通生於界，上生三境三十六天，以示天容，虛無洞曉；下生三界三十六帝，權應化身，善貸生門，漸頓引育，故名三洞三十六相也。

道藏本《太玄眞一本際經》　元始天尊抗手告衆：汝等當知，我之眞身清淨無礙，猶如虛空不生不滅，常住善寂大智慧源，雖復窈冥，其精甚信。無量劫來，證此眞體，恆安不動，超絕無倫，非聖所知，非凡所解。爲衆生故，應見受身，遊入五道，稱緣開度，隨宜方便，皆使悟入。應物根性，權示色像，故名應身。而此應身，亦無生滅，無有去來，常住不變，爲利一切，隱顯不同，發起精進，令無退轉。諸所應作，皆已畢訖，所未應行，道君自了。

敦煌本《太玄眞一本際經》卷八《最勝品》　尒時太微帝君與諸眞仙無量之衆，拜謁道君，稽首問曰：向者所見十方百億分身天尊，與元始天尊云何差別？道君答曰：等無有異。所以者何？同一眞性，等如虛空，皆空寂相，故無異也。而亦有異，假因緣故，亦可說異。元始正身因無數劫久習妙行，報得此身，遍滿道界，無窮無際，等法性身，周道界故，即名道身。諸分身者，是於報身起無礙用，遍於道界顯示奇特，教化衆生，智慧威神與本無異。

帝君又問：不審元始天尊脩何正因，得此殊特智慧神通，自在無礙，變現乃尒？太上荅曰：元始正身非因非果，非脩非得，等道界性，同虛空相。云何乃問天尊正因？夫因生法，名之爲果，本無今有，有必還無，是破壞相，非常住法。元始身者，非造作法，非生因生，亦非生果，無始無終，無生無滅，是常是實。以是義故，非因非果。

《開演秘藏品》卷九　太上告曰：至眞妙理，寂絕無形，清淨凝湛，〔不〕可言名，方便引化，略開二途。一者道身寂體虛無，二者生身誕孕

形軀。言道身者，離一切〔相〕，正慧成滿，除斷虛妄，冥契玄宗，與道爲一，不滅不生，無來無去，言語路斷，念慮永畢。言生身者，隨順世法，依因父母，炁數和合，瓊胎靈府，猶如虛空，隨宜出處，年月不同，腋背降誕，長養深宮，或生而皓素，或常保少容，環姿妙質，天人所宗。

帝君禮曰：不審道身即是寂本，爲更有義，名爲本耶？太上告曰：道爲聖本，本即道根，雖是一體，非無二源。道名獨立，體自虛通，強字無待，還近息功。本對於末，因待假名，稱爲物始，用涉能生。又爲迹本，動寂用殊，出沒物表，語嘿相須。帝君又問：如是本身能生萬物，即是萬物之本始者，此與神本有何差別？太上答曰：源其實體，無有二相。何以故？俱畢竟故，無始無終故，不可說故。以善方便，亦得言異。所謂神本，是妄想初一念之心，能爲一切生死根本。以是初心，念念相續，衆生業果，輪轉無窮，是名識初，亦名神本。言本身者，即是道性清淨之心，能爲一切世間出世法之根本故，故名爲本。如是眞性非心不心，非色不色。無緣慮故，非無常故，故言非心；能生心故，無不知故，亦名爲心。無所礙故，故名非色；能生色故，道眼見故，亦名爲色。是清淨心具足一切無量功德，智慧成就，常住自在，湛然安樂。但爲煩惱所覆蔽，故未得顯了，故名爲性。若脩方便，斷諸煩惱，鄣法盡故，顯現明了，故名本身。如此身者，本自有之，非今造故，故名爲本。本非有性，非三世攝，方便說故，非非三世。本來有故，名爲過去。一切衆生畢定當得，故名未來。十方大聖今已得故，故名現在。雖復說有三世差別，體不動故，常住無變。

【略】

太微帝君稽首而曰：謹聞命矣。不審生之與迹二義，云何經開二言？敢以諮啓，伏願弘慈廣垂分別。太上告曰：體實無二，隨義名身，生體擢貌，事事同人。迹無定相，形不常倫，但能顯本，即是迹陳。帝君又問：生身迹身，是應作耶？太上答曰：如是如是。生之與迹，並稱機緣，利益不差，即名爲應，體則無別，隨義異名。帝君又問：是迹身者，爲有法耶，爲無法耶？太上答曰：我不說耶，一切諸法性無所有，云何迹身而當有法？若假名字，亦有亦無。不離本故，故名爲無；衆生見故，故名爲有。更非別體，故名爲無；有實利益，故名爲有。猶如明鏡能見色像，了了分明，種種差別是鏡中像，不可定說是有是無，而亦得言鏡中有像。一切衆生心鏡明故，見眞道像，又如止水無濤波故，影現日月星辰飛鳥。日月星辰及以飛鳥，悉見水底；一切諸物亦見自影，了了分明。此水中物及所見影，俱非眞實，不可言有，不可言無。一切衆生心水澄清，見道身影，亦復如是。體即眞道，是故非有非不有，故不得言無。如追逝者，尋迹能得，是迹與人非一非異。迹身亦尒。明解之人因迹入悟，見眞道身，知無迹法，故名爲一；非不因迹，漸得開曉，建立福田，是名爲異。如是之義，是道境界，非是凡夫下聖能了。於是道君欲顯斯義，重說偈言：

道身不生滅，任理自玄通。湛然常清淨，獨立強言空。絕名無待對，亦忘造物功。端靜息義用，蕭寂守虛沖。

本身爲物始，生炁布三才。冥功雖叵測，圓照逐念開。能爲妙迹本，表現億萬該。神用無起滅，奇功靡去來。

生身託父母，寄慧示同凡。瓊胎非世孕，變示適所堪。端嚴使欣慕，白首破迷貪。非是骨肉身，隨願之所潭。

權迹無定方，現身亦長久。遍示五道形，姿容順妍醜。任本之所垂，利益無優負。乍有變化生，時或因父母。

太微帝君稽首又曰：敢問道身爲有因耶，爲無因耶？若有因者，同世間法，因緣生故，故是無常。若無因生，復墮邪見，異道之謂。若是道身不從因生，自然有者，一切衆生不脩道者，應皆成道。如是二義，云何可了？唯願慈愍廣垂開示。道君答曰：太微帝君乃能顯發如是深奧微密之義。夫正道者，寂滅之相，非言語法之所能宣。今言道者，寄言顯示，令得悟入，解了無言，忘筌取旨，勿著文字。所言道者，通達無礙，猶如虛空，非有非無，非愚非智，非因非果，非凡非聖，非色非心，非相非非相，即一切法，亦無所即。何以故？一切法性，即是無性，法性道性，俱畢竟空；是空亦空，空空亦空，空無分別空故；是無分別，亦復皆空，空無二故，故言其即。而諸衆生不能解了如是義故，於無法中而生法想，於不空中而生空想，以有如是心想倒故，而有見著，具是四倒，妄造諸法，計我及物，故名生死，不得道身。天尊大聖了此實性畢竟無性，洞會道源，混體冥一，故名得道，身與道一，故名道身。習此正觀，名之曰因；亦無所習，故名非因。是故正道非從因生，亦非無因，體非是果，亦

非非果，非常非非常，非滅非非滅。如是深奧秘密之義，唯道與道乃能解知，下聖眞仙皆不通達，以信力故，仿佛能知。如是身者，住無所住，無所不住，是名正道眞實之身。

帝君又曰：不審天尊所受生身業相云何？太上告曰：所言生者，無生不生，離一切生。何以故？十方天尊生已盡故。染欲無明，永清淨故，故無有生；欲利衆生，示同世法，是故有生。何以故？我若說言道炁高遠，寂滅不生，衆生便謂不可脩習，無迴向心，不脩善業，是故說言一切聖人皆有生果，然非結業隨願故生。若復相說隨人天生，皆以上業而爲生因，以於其中最第一故，是名分別生身之相。

太微帝君稽首禮曰：善哉道君，演說如是深奧之義，自昔以來未曾得聞如是妙經。譬如薄福重罪之人，生而聾盲，不見五色青黄赤白及黑等相，不聞宫商五音之聲，有大明醫授以妙術，爲開耳目，一切色聲無不聞見。我亦如是，聞於是經，能得聞見二種身相。當知是經是法耳目，其有得者，能見正道二種法身權實之趣。大明醫者即是道君，示我妙經，如施耳目。得此教者，即得正道微妙之身；得道身已，便能隨順示現生身。是經能生二種身故，名爲法母。何以故？是深妙教，能令一切生眞法身。如世慈母能生子故，至孝之子常念鞠育懷抱之恩，思欲上報，終天無極。

佚名《道門經法相承次序》卷中　唐天皇問曰：天尊有幾身，爲弟子已不能苦道上啓天尊，覆護弟子？天師對曰：可名非名，故證理於絶言之境；大象無象，故昇玄於無物之間。若唯怳惚，杳冥衆生，可無瞻仰，所以垂象立號，令含識各有歸依。無始以來，劫數久遠，聖人應號，亦復無邊，雖不總備經文，實亦紀之萬一，即事可顯者，千五百天尊，名別錄隨進。按諸經所明，天尊有法身、本身、道身、眞身、迹身、應身、分身、化身。謹按《太上開演秘密藏經》曰：太上言，此經名爲開演秘密之藏，義如我等比無上法王，出此五濁，化諸衆生三業，示現方便，善巧意趣，微隱難可了知。所以示者，十方天尊所得妙身，即眞道相體，自然無形無名，非造非作，法如虛空相。無數劫來，久證此法同，一性平等無二，而能出現種種法身，示修習報應，化無方人天惡道。隨類所見，受生業行，皆同其法，或現殊勝，超踰世間，第一希有，獨步無畏，威變自在，不可思議，是名開演身秘密藏。能於正道眞實之性天尊無說寂滅相中，善巧因緣，分別顯示，隨其所宜，說法無盡，言辭次第，義味深賾，或說三乘，入天業果，漸漸開化，使得同歸眞一正道，是名開演口秘密藏。雖無念慮，離分別想，以一切智，洞達空門正觀，窮理邊底，與眞實相平等爲一，以一切智照人間法，色法非法，心法非心法，人天五道，四大六塵，衆生想念，果報因緣，於一念中明了無礙，善識根性，隨宜所行，洞達究意，是名開演心秘密藏。以是三種秘密之法，成眞道身，非是凡夫了至，九星所能覺知。法身天尊者，謹按《昇玄經》曰：吾以三氣周環八極，或號元始，或號老君，或號太上，或爲帝師，或爲玄宗，出幽入冥，待應無方，隨人所好，爲作法身。同歸之趣，非爲緣異，愚者不體，相與姱賢，吾慼口過。道之布氣，在於無邊無形無像，留住經文，不自巧飾，誠惟修身，其身得真，既得真像，自然登晨。此法玄妙，玄之又玄，愚者失趣，或謂非神，相與競笑，攻本伐根。按《太上洞極最勝無等道集經》曰：爾時十方天尊，來到此土，依域而住，各於殿內而說讚曰：

元始無上第一尊，超踰十方無等倫。無數劫來積妙行，具足清淨福惠因。煩惱結習皆已斷，畢竟故業不造新。神通威力無所畏，洞達三界了悟眞。圓備智慧諸功德，集此妙法以爲身。

本身天尊者，謹按《寶玄經》云：太上曰，本寂應動，眞假有殊，權實衆妙，同出玄門。又按《太上開演秘密藏經》曰：帝君曰，如是本身能生萬物，即是萬物之本始者，此與神本有何差別？太上荅曰：源其實體，無有二相。何以故？俱畢竟故，無始終故，不可言說故。以善方便，亦得言異。所謂神本，是妄想物，一念想續，衆生業果輪轉無窮，是名識物，亦名神本。言本身者，即是道性。清淨之心，能爲一切，出萬法之根本，故名爲本始。是眞性，非心不心，非色不色。無緣慮故，非無常故，故言非心；能生心故，無不知故，亦名爲心。無所礙故，故名非色；能生色故，道眼見故，亦名爲色。是清淨心，具足一切，無量功德，智慧成就，常住自在，湛然安樂，但爲煩惱所覆蔽，故未得了，故名爲性。若修方便，斷諸煩惱，障法盡故，顯現了故，名爲本身。如此身者，本自有之，非今造故，故名爲本。非有性，非三代，攝方便說故，故非三代。本來有故，名爲過去。一切衆生，畢定當得，故名未來。十方大聖，今已得

故，故名見在。雖復說有，三代差別，體不動故，常住無變。道身天尊者，謹按《太上靈寶無量度人經》云：元始祖劫，化生諸天，開明三景，是爲天根。上無復祖，唯道爲身。又按《太上開演秘密藏經》曰：太上大道君與無量天眞妙行眞人，俱詣太微天帝君處，明霞之上瓊闕之內，金華之房。太微帝君稽首：道君不審三代十方天尊所得妙身，以何爲法，爲同一體，爲各異耶？太上告曰：至眞妙理，寂絕無形，清凈凝湛，不可言名。方便引化，略開二途：一者，道身寂體虛無；二者，生身誕孕形軀。言道身者，離一切相，正慧成滿，斷除虛妄，冥契玄宗，與道爲一，不滅不生，無來無去，談論路斷，念慮長畢。帝君禮曰：不審道身即是寂本，唯更有義名爲本耶？太上告曰：道爲聖本，本是道根，雖是一體，非無二源。道名獨立，體自虛通，強字無待。遠逝息功，本對於末，因待假名，稱爲物始，用涉能生。又爲迹本，動寂用殊，出沒物表，語嘿相須。於是道君欲顯玄理，重說偈曰：

道身不生滅，任理自玄通。湛然常清凈，獨立強言空。絕名不待對，亦妄造物功。端靜息義用，肅寂守虛沖。

眞身天尊者，按《仙公請問經》曰：得道之尊，並由積德行善，論身鍊神，故致成眞。又《太上決疑經》曰：元始天尊時在協晨靈觀稜層之臺，與太上大道君及十二億童眞上聖俱坐白玉師子之座，俱宣祕要，開闡妙門，自非天尊同業，共行入道界人，不豫斯會。復以神力震動大地，周迴旋轉，驚駭物心。當爾之時，三惡衆生皆得休假，人天之報，各蒙增益，無諸苦惱障難之厄，莫不一時遠近俱集，其衆無量，不可勝言。是時大衆，咸同一心，瞻仰道君，目不暫眴而說偈曰：

元始無上天人師，今捨大慈離生死。獨反善寂妙一源，不住世間濟塵滓。眞智淳凈無礙身，譬喻言辭莫能擬。非是我等所知見，何能觀之悟玄理。

迹身天尊者，謹按《太上開演秘密藏經》曰：帝君又問生身、迹身是應作耶？太上答曰：如是如是，生之與迹，並稱機緣，利益不差，即名爲應，體用不別，隨義異名。帝君又問：是迹身者，爲有法耶，爲無法耶？太上答曰：我不說耶，一切諸法，性無所有，云何迹身，而當有法？若假名字，亦有亦無。不離本故，故名爲無；衆生見故，故名爲有；更無別體，故名爲無；有實利益，故名爲有。猶如明鏡，能現色像，了了分明，種種差別。是鏡中像，不可定說，是有是無，而亦得言鏡中有像。一切衆生心鏡明，故見眞道像。又如止水無濤波，故影見日月星辰飛鳥，悉見水底一切諸物，亦見自影，了了分明。此水中物及所見影，俱非眞實，不可言有，不可言無。一切衆生，心水清澄，見道身影，亦復如是。體印眞道，是故非有非不見，故不得言無。如追逝者尋迹，然得是迹與人，非一非異，迹身亦爾。明解之人，因迹入悟，見眞道身，知無迹法，故名爲一。非不因迹，漸得曉達，能立福田，是名爲異。如是之義，是道境界，非是凡夫下聖能了。於是道君欲顯斯義，重說偈言：

權迹無定方，現身亦長久。逼示五道形，姿容順妍醜。任本之所重，利益無憂負。乍有變化生，時或因父母。

應身天尊者，謹按《老君經教》云：聖眞無鞅，大要有二。一者道精神氣，降應成形，形以同人，人未還本。二者凡夫積學，功行備充，神與應合，隱而無名。道應隨緣，緣本無名，出應有號，出號異應，號異道同，動不離寂。又按《太上決疑經》云：元始天尊曰，爲衆生故現應受身，遊入五道，稱緣開度，隨宜方便，皆使悟入，稱物根性，權示色像，故名應身。而此應身，亦無生滅去來，常住不變，爲利一切，隱顯不同，發起精進，令無退轉。是時衆仙轉拜道君而說偈曰：

無上凈妙眞智身，寂滅無相莫能睹。但見應體還本源，是故各懷大憂苦。仰賴太上無極尊，猶如失母依慈父。我等沒在憂火中，惟願時霔甘露雨。斷絕倒想戀著心，消除諸見滅邪趣。

分身天尊者，謹按《靈書度命經》曰：天尊分形百萬，處處同時，是男是女，普見天尊在五色光中，如俱一地，隨所在處，長幼男女，皆往稽首。天尊隨其國土，說演十部妙經，授以禁誡，宣示男女。是時四方邊境男女長幼，莫示福心，各賫金銀、五色紋繒、珠玉、珍寶，無鞅億數，來送天尊，伏受法誡，尊承妙經。七日七夜，光明朗除，四方復常，諸國寶信，滿一國中。天尊一時布賜窮困，饑者飽足，貧者不乏，貧富齊等，人無怨心。上天校錄，先有善功，名書金簡，皆得度世，飛行太空，始入法門，普皆長壽三萬六千年。又按《太上洞極最勝無等道集經》曰：元始天尊三日三夜安然不動，諸根寂滅，入甚深定，洞觀妙門，一切大衆皆亦端

拱，瞻仰尊顔，無一差跌。過三日已，元始天尊舉身含笑，遍體放光，純黄金色普照大衆，發微妙音讚道君曰：善哉善哉！我之眞子，能紹尊位，教化衆生，啓方便門，與我無異。十方天尊，皆悉隨喜。元始天尊化作百億黄金之殿，高下莊嚴，法坐綺飾，齊等如前，十方國土，皆在殿内。分身天尊，十方界，見此光明，一時來集，相貌徒衆，説法軌儀，稱歎道君。

化身天尊者，《定志經》曰：時有十二年少，處世間樂，日日相就，共作飲食，嬉戲遊觀，或復議論爲道之難易。天尊以道眼遥見人前生在世得爲人而秘吝經典，故弟子相道之心亦復猶預，因此徹緣，緣猶可度。於是天尊即化作凡夫從會中過訐乞食，因共語化人曰：持戒甚易，違此難耳。諸人聞化人言，皆各僉然。問化人曰：云何先生持戒云易，不持極難？化人曰：立身如戒，不畏天子，不畏鬼神，何爲不易？如違戒者，是人悉畏，復畏鬼神，云何不難？於是十二年少，並有道意，因各各自忖，了達法緣。《太上決疑經》云：元始天尊語徐來勒曰：吾以道眼遥於寂地，觀察衆生，有能分别，賜子法印，依教行者，我即化身種種，示現人天六道，隨宜施作，儵有欻無，權示接引，覆護輔持。今無留難，卿當以此正法之印，普教天人，咸使知識，按法奉行。太極眞人稽首奉命。

又卷下 財用自在，三身備具，法身，報身，應身。

孟安排《道教義樞》卷一《法身義第二》 義曰：法身者，至道淳精，至眞妙體，表其四德，應彼十方，赴機於動寂之間，度物於分化之際，此其致也。故《昇玄經》云：吾以立氣周流八極，或號元始，或號老君，或號太上，或爲世師，隨人所好，爲作法身。《本際經》云：於明淨觀觀見法身。又云：香花伎樂，洞映法身。

釋曰：法是軌儀，身爲氣象，至人氣象可軌，故曰法身。原其應化，身相稱號甚多，總括本跡，具爲六種，本有三稱，跡有三名也。故《本際經》云：道身即是寂本。又云：又爲跡本，動寂用殊。又云：如是本身能生萬物。又云：生身是跡，跡作邪。本三稱者：一者道身，二者眞身，三者報身。一道身者，《太平經》云：道無不導，道無不生。《度人經》云：唯道爲身。《本際經》云：即是眞道，亦名道身。二眞身者，《玉緯經》云：眞淳堅也，謂體無穢雜，常住凝然。《消魔經》云：近爲眞身。《本際經》云：我之眞身，清淨無礙。三報身者，報是酬答之名，謂酬積劫之行。《本行經》云：致今之報，爲諸天所宗。《本際經》云：元始正身，因無數劫，久習妙行，報得此身。跡三名者，一者應身，二者分身，三者化身。一應身者，應是應接，謂隨機顯跡，應接群生。《請問經》云：以無心而應衆生。《本際經》云：應物根性，示色象，故名應身。亦曰生身。言生身者，隨順世法，誕育形體也。二分身者，分是分散我一身，散在多處，身雖非一，形相不殊。《本際經》云：分形散體，無有限量，止見一方，故惟百億。又云：諸分身者，是於報身，起無礙用。《靈寶經》云：天尊分形百萬，處處同時，是男是女，並見天尊，俱如一地。三化身者，化是改變無常，儵有欻無，種種殊相，非復本形。《定志經》云：天尊化作凡人，從會中過。《本際經》云：我即化身，種種示見，人天六道，隨緣施作，儵有欻無，權示色像。

又本跡體義者，攄道教經，究法身正理，通本跡，不異不同。跡之三身，有其別體；本之三稱，體一義殊。以其精智淳常曰眞身，淨虚通曰道，氣象酬德是曰報身。就氣精神，乃成三義，不可窮詰，惟是一源。既是法身，當有妙體，且言身言體，豈無色無心？舊云寂地本身，以眞一妙智爲體。故《靈寶經》云：玄通大智慧源也。色是累礙之法，九聖已還，既滯欲累，並皆有色。眞道累盡，唯有妙心，但此妙心，具一切德，寂不可見，名爲妙無。動時乘跡，同物有體，心色雖妙，物得見之，故名妙有。對本論跡，跡無別體，視是本身，寂用稱爲體耳。正明法身至本，無色無心，而今説色説心，皆爲破，並是爲物，豈有定耶？爲愛色衆生，欲令捨色，則言至道無色。故《西昇經》云：道象無形端，或爲計心衆生，言至道無心。故《請問經》云：道爲無心宗，或爲斷無，衆生則言俱有色心。故《本際經》云：無不知故，亦名爲心；道眼見故，亦名爲色。《生神章經》云：形與神同，不相遠離，俱入道眞，或爲雙愛色心衆生，則言無色無心。故《本際經》云：不緣慮故，故言非心；無所礙故，故名無色。斯則非心非色，能色能心，即是不心爲心，不色爲色。既以不心爲心，無色爲色，亦以不得爲德，無體爲體耳。又法身萬德，已自俱圓，今舉四事，用申歎美，豈即以爲定實。且欲引物，欣求見著，見著纔生，便乖此理。何謂四？一者常存，二者快樂，三者自在，四者清淨。常存者，謂湛然安住，不遷不動，不爲無常，無常所動，乃是正常。《寶玄經》

云：湛然常存。《道經》云：湛然常存也。快樂者，樂是怡豫也。《本際經》云：欣然微笑，舉體怡豫。又云：安隱快樂。自在者，汎兮皆可，無適不通，在事任我，故云自在。《寶玄經》云：出沒自在。《本際經》云：眞一妙智，自在無礙。《海空經》云：三者自在。果清淨者，慧心明鑒，謂之清智，體無疵，故稱淨。《本際經》云：無染無穢，是名清淨。又云常住清淨也。然法身道果，治衆生病。或衆生迷妄，言百年之壽可常，五欲之境可樂，自計己身爲我，愛諸色始爲淨，不如是。無常、苦、無我、不淨，聖人爲此，故示無常，以高況下，奪其所計。故《西昇經》云：吾尚白首衰老，孰免此？明世無常也。又云：形爲腦本，痛癢寒溫，吾拘於身，知爲大患。此示苦也。又天地之人物，誰獨爲常主？此明無我。又云：吾本棄俗，厭離世間。此示世不淨身。亦是世間爲患，人所惡，是通不淨，但執教者不知。爲破世人計常樂我淨之迷，故說應身、無常、苦、無主、不淨，便謂道果不足可欣，定是爲常等四。爲治此例，故說道果是常，是樂，是我，是淨也。又本跡義例者，有師云：衆生本有法身，衆德具足，常樂宛然，但爲惑覆，故不見耳。猶如泥之雜水，不見澄清，萬里深坑沙底，難睹本相。見時義無有異。一家云：本有之時，未有衆德，但衆生有必得之理，故言澄清湛然耳。今難二解。若本具衆德，豈被惑覆？遂爲惑覆，何德可尊？若本無衆德，今時始有，則是無常。又理是本有，理可是常；事既今有，事應無常。若理事俱常，亦應理事俱本，是故不然。今明法身本非三世所攝，何得已有？見有常有耶？亦未曾有無，何論隱顯。今言神本澄清者，直是本來清淨，竟無所有。若迷此理，即名惑覆，若了此理，即名性顯。非是別有一理在衆生中，說爲法身是常是淨也。有說云：跡身無常，本身是常。又云：常應爲跡，跡亦言常，今明一往對緣。亦有此說。至論常與無常，並是起用，悉皆是跡，非常非無常，乃可爲本。四句漸除，百非斯絕。

王重陽《重陽真人金關玉鎖訣》 問曰：何者是三乘之法？訣曰：下乘者如新生孩兒，中乘者如小兒坐地，上乘者如小兒行走。若人通此三乘，便超三界，欲界、色界、無色界。是心性意顯具三身，清靜法身，圓滿報身，三昧化身。三者各有顯跡之神。第一會太上煉甲乙木，是虛坦，會老君著青衣，度三千青衣道士者，轉青神黃卷三十六部《靈寶尊經》，留下九轉丹黃芽穿膝之法絕國。第二會釋迦佛留下，煉南方丙丁火，身被烈火袈裟，三千赤子比丘僧人，留下十二部《大乘尊經》，射九重鐵鼓之法、蘆芽穿膝之法。龍華三會，夫子在魯國之習學堂，煉西方庚辛金，三千白衣居士，留下十卷《論語》，並穿九曲明珠蘆芽穿膝之法。三教者如鼎三足，身同歸一，無二無三，三教者不離眞道也。喻曰：似一根樹生三枝也。

苗善時《玄教大公案・第四則》 太上云：恍兮惚，其中有物；惚兮恍，其中有象；窈兮冥，其中有精。只這物象是甚麼物象？咦，此三者不無不有，非陰非陽，五行不到處，七情未發時，是我本元實象，無極至眞，先天祖炁，浩劫元精，三者本一，一體三身，是謂清淨法身，是謂妙有空身，是謂眞無道身。誠能元精固，慾海枯，則清淨法身圓；眞息調，業火滅，則妙有空身健；元神凝，妄心死，則眞無道身著。三身一混，萬法中融，光輝宇宙，德備鴻濛。大衆，且道如何了當？○止止息息，努力努力。頌曰：

非心非性亦非仙，一體三身中混然。寂寂凝神潛至密，綿綿息浩毓重玄。
慧風掃盡山頭雪，劫火燒乾海底泉。此乃極乘玄外妙，知音仁德可心傳。

王慶升《三極至命筌蹄》 身有三：一曰自有身，所謂養就嬰兒我自做，非是爺精娘血者也。二者離合身，謂坐在立亡，身外有身者也。三者妙無身，所謂聚則成形，散則成氣者。既證自有之身，是爲地仙，仙胎飛入泥丸，泥丸爲崑崙峰，乃在自己雲端也。次證離合之身，是爲神仙，胎仙脫殼躡雲，乃形雖處地，而神在雲端也。及證妙無之身，是爲天仙，神超碧落，形陟太虛，乃形與神同在雲端也。金液還丹之妙，至於身在雲端，其爲不空之空矣。

福田

綜述

孟安排《道教義樞》卷九《福田義第三〇》 義曰：福田者，明因果

之源，辯資酬之理，猶茲勝也，善芽從之以生，譬彼良田，福實因而遂長，此其致也。《靈寶經》云：道爲無心宗，一切作福田。

釋曰：福以富樂爲義，謂富足，七珍樂具，亦以備足爲義，謂樂具備足。田以能生爲義，謂能生善福，謂福善塡滿，諭如世之良田。故《本際經》云：自慶身田，治法雨也。三寶明體，即道經也。道寶者，正取太上道君應身以爲田體色身，親受供養。經寶者，若淺而論之，教是色聲，非善惡性，其爲田也，雖能發福，無有資生；深而論之，言教難思，皆是善用，其爲田也，非直發福，亦是資生。師寶者，三寶之中，正當田體。何者？道雖尊貴，性一化主，又不恆見，無所資須，經法乃高，由人弘闡。此之二寶，田義不彰，惟在師尊，於理獨顯。何者？師寶之法，交有資須。《本際經》云：通是師寶，爲良福田，此其義也。

宋文同《道德義淵・積德福田第五》 前科既明自然道性爲德之源，率性立功則福田滋長，故次明積德福田也。福田義有七重：

第一序本文；

第二釋名義；

第三明身業；

第四述口業；

第五分心業；

第六例三一；

第七論種子。

第一序本文者，經云：治人事天，莫如嗇。夫嗇，田家之吝也，即明福田之果也。《靈寶消魔經》云：因心立福田，靡靡法輪昇。即此也。一重。

第二釋名義者，夫福者富也，田者塡也。以滋長爲義，藝種塡滿，致富貴之報也。田者明其因，福者語其果；（果）從因得，故從果以命因。此田是植福之田，故曰福田也。若人以三業競惑邪道，則爲罪田，即《法輪經》所謂沉淪罪田者也。若能以三業植因正道，則爲福田，《消魔》所云因心立福田者也。陸先生《黃籙唱齋》云：人身、口、意，爲罪福之田。即此也。二重。

第三身業有三田：一者脩習，二者施財，三者施命。脩習者，脩行戒行，研習正法，植德建功，无爲爲業，福善日生也。施財者，施財三寶，有若井燈无盡之報，人物以下，各各有差。《智慧上品大戒經》云：上品七十四萬倍報，中品三萬二千倍報，下品六千二百倍報也。施命者，不殺放生，皆爲施命也。不殺爲施命者，或若念殺，則應一切皆殺，今但不殺，與殺相反，則於萬物有濟生之義，施命在其中。此即經中所云无爲之益。是一事也。三重。

第四口業亦有三田：一者不言，二者微言，三者正言也。不言者，內德則寂嘿无聲，閉口胎息，飡霞飲液，吐納服御；外化則以不言爲教，自身率物，不施號令，貴言重語，物自得安。故《老子》云：不言之教，天下希及也。微言者，內德則以密言祝誦，心口相得；外化則承機應會，託諷寓言，依違倚靡，以道於物，久久自化。猶如孔子答繪事後素、冉有問子貢夫子爲衛君，晏子說踊貴履賤之例是也。正言者，內德則晨夕誦詠，讚嘆歌謠；外化則應變適時，爲一切說種種法相、種種科律，令慕善自勸，畏罪不爲也。凡此皆道三古之法。四重。

第五心業有三田：一者慈悲，二者信忍，三者定慧也。慈者與物之樂，悲者哀物之苦也。與樂爲慈，哀苦爲悲，慈悲兼懷，用心之本也。信者，內德則心信正道，外化則言而有信也。忍者，內德則正定堅固，恆持戒法；〔外化則〕守雌受辱，不厭苦勞也。定慧者，發五十八願、四十五念，轉神入定，智慧通微也。五重。

第六〔例〕三一者，《請問經》下云：道爲无心宗，一切作福田者。言道以三一爲无心，觀空爲宗主，而无乎不在，又通爲一切作福田也。人身有三宮：上宮在眉間却入三寸，號泥洹宮，爲上丹田；中宮在心央，號絳宮，爲中丹田；下宮在齊（臍）下却入三寸，號命門黃庭宮，爲下丹田也。丹者，取其朱陽盛炁上升之色，兼取丹信赤心之義也。上一居泥洹宮，中一居絳宮，下一居黃庭宮。若以无心爲心，專炁守一者，則三一之神於其身中滋益智慧，至於成道，混合爲一。如稼穡之收實，故所以稱田。即《靈寶思微定志》所謂務知三元之義也。六重。

第七論種子者，三業之中，身業以所施生爲田，施物爲種；口業以所呪誦服御爲田，以呪誦吐納爲種；心業以所存者爲田，智識信念爲種。此雖有三業，而以心爲主。故經云：因心立福田，靡靡法輪昇也。又《靈寶

三元品經》論信施，經云：古人求心，今人取財。又云：貧人推心，富人推財。此皆由心有厚薄，財有多少，抑引隨時，權方无滯者也。論在《靈寶義疏》中。七重。

問曰：何謂後素？

答曰：純墨爲素。畫采竟，以墨解之是也。

《太上一乘海空智藏經》卷二 爾時妙思復白天尊：如是所說，實是甚深。如是眞仙，云何福田而得決定常樂自在？

於是天尊答言：善哉善哉，善男子，眞仙童子云何福田，而得決定常樂自在？善男子，眞人持戒，下至諸仙，是名福田。若有人言，如是等輩是眞福田，當知是人則爲善根，則爲善怙，无量衆生之所依怙。善男子，眞仙童子悉觀一切无量衆生无非福田。何以故？以善根故，故念衆生是眞福田。三田、六田、八田、九田，如是福田，生无量田。隨衆生意，分別演說，田有四種。云何爲四？一者不淨田，二者淨田，三者亦淨亦不淨田，四者亦淨淨田。云何不淨田？善男子，若施主具持戒法，知有慧施，如水歸流。受者毁戒，著於邪見，無施無報。以是因緣，是名不淨。云何名爲淨田？善男子，施主毁戒，著於邪見，言无慧施及以果報，受者清廉，廣多說法，知有慧施及以福報，是名淨田。云何亦淨亦不淨田？善男子，施者、受者俱有持戒，廣多智慧，有慧施及施果報，是名亦淨。云何不淨？施者、受者二俱破戒，犯於眞科，生愚闇惑，是名不淨。云何名爲淨淨田？善男子，上上施主施上上田，是名淨淨。言四種田。若有衆生計心有施，待施果報，當知是人著於邪見，犯諸禁戒，破大乘心。若有善人分別演說，見施見受，如是之人是名正見。若依一乘智藏經典，善見惠施，及施果報，如是之人是名持戒，常行正見。善男子，眞人童子隨有念處，以修習故，隨見衆生持戒、破戒，施者、受者，及以果報，以是之故，是名持戒，是名正見，亦復隨見四種福田及非福田。

佚名《太上老君戒經》上 因心立福田，

福者，善之果也。爲福之因，不由於他，己心即福田也。若修身奉法，衆惡自除，猶如治田，去其草穢，草穢既盡，自獲良穀者也。

靡靡法輪升。

靡靡，猶漸漸也。福既積，則法輪漸升之也。

七祖生天堂，

身獲道眞，七祖蒙慶。

我身白日騰。

持戒志道，功成德就之所至也。

敦煌本《大道通玄要》 爲福田：若見疾病，當願一切以道自安，勉此苦厄；若見死喪，當願一切學道常存，濟度三塗；若見魚獵，當願一切不爲罪始，終入無爲；若見夷狄，當願一切賓王中國，不生邊地；若見少年，當願一切及時學問，遂成盛令；若見老病，當願一切以道攝生，不更衰耄；若見三光，當願一切並明靈曜，暗冥即消；若見雲雨，當願一切惠澤盈溢，無所不宜；若見素雪，當願一切常居潔白，逍遙自在；若見靈風，當願一切蘊懷披散，德流遐邇；若見淨水，當願一切洗垢清虛，平等其心；若見名香，當願一切受姿芳盛，衆穢蕭然；若見好華，當願一切樂散諸聖，相好具足；若見車馬，當願一切得道無爲，乘鳳駕龍；若見弦歌，當願一切玩經散說，以道娛樂；若見福食，當願一切無不飽滿，世享天廚，德流主人，如水歸海，宗廟胤長，常居貴盛，世興四輩，俱生王家；若見致施，當願一切禍滅九陰，福起十方，德如山海，莫不興隆，七世生天，子孫賢忠，富貴魏魏，所欲皆從。學道飛仙，駕雲乘龍，道士坐卧，常願我等四大合德，同體道眞，長存玄都，師友自然，濟度十方，天下受恩，逍遙有無，洞觀妙門。

四象

綜述

陶弘景《眞誥》卷六 生之爲物，譬日月天地，此四象正與生生爲對，失生則四象亦滅，非四象之滅，生滅之也。若使常生，則四象常存，非四象之常存，我能常生故也。常生亦能生於無景，何四象之足計哉。

《紫陽眞人悟眞篇三注》（薛道光、陸子野、陳致虛注） 離坎若還無

戊己，雖含四象不成丹。只緣彼此懷真土，遂使金丹有返還。

道光曰：《契》云：坎戊月精，離己日光。離己象龍之弦氣，坎戊象虎之弦氣。戊己眞土，分居二位。龍虎若無二土之氣，安能合併而使四象會於中央以成丹哉。

子野曰：乾坤坎離，四象雖具，若非戊己配合，則欲返者不得返，還者不得還。

上陽子曰：四象即乾坤日月。乾坤乃坎離之體，日月乃坎離之象，戊己乃坎離之門。

翁葆光《紫陽真人悟真篇注疏》 虛無者，道之體也。道生一氣而變陰陽，故陽天陰地二儀是也。天一生水居北曰冬，地二生火居南曰夏，天三生木居東曰春，地四生金居西曰秋，而成四時，謂之四象也。

《太清元極至妙神珠玉顆經》 且夫人爲萬物之首，生如天地之用。天地先生二儀，以水爲眞一；人亦先生二儀，左右腎爲樞機，亦名眞一。玄者，水之源也，聖人云一水二火，此是陰中之陽也，故名爲元。夫火生於木，能王其肝，即青龍陽魂也；水生於金，能王其肺，肺即白虎陰魄也。四象既全，其土無正形，分王四季。

華陽復《洞玄靈寶自然九天生神章經注》 乃知天三木與地二火，同居而成一五，地四金與天一水，同居而成二五，戊己自以五數居中和，合四象而生嬰兒，是謂三五歸一。又按《河圖》，天一，地二，天三，地四，天五，乃水火木金土在天之生數也。一得五成六，蓋水見土則止。二得五成七，火以土而養。三得五成八，木因土而植。四得五成九，金藉土而生。五轉天地分者，四象本自然，雖屬乎天，皆有名無形，得土和合，始成有象，屬乎地也。

蕭應叟《元始無量度人上品妙經内義》卷二 一六居北，二七居南，三八居東，四九居西，五十居中。以法除之，五方除一二三四五，乃水火木金土之元也。又除一二三四五，乃五行之本也。除外五方各剩五數，共而二十有五，爲五行之根，是眞陽戊土之體也。復將根數二十有五，除去五方之本，北一、南二、東三、西四、中五。即見北剩四數，象金，金本生水。金反自水而生，如鉛自銀炁而有，鉛中生銀，乃兒產母也。金，虎也。金在水中，乃虎向水中生也。南剩三數，象木，木本生火，木反自火而有，如汞感鉛炁結砂，砂自汞成，乃兒產母也。木，龍也。乃龍從火裏出也。東剩二數，象火，火生於木，砂中抽汞，乃七返朱砂返本也。西剩一數，象水，水自金生，一炁還元，是九還金液還眞也。中央虛无以四象相合而成十。

《内義丹旨綱目舉要》 四象謂青龍、木之化。白虎、金之化。朱雀火之化。玄龜，水之化也。五行謂四象會於中宮，化而歸土，謂之五行。

王慶升《爰清子至命篇》卷上《先天四象之圖》

又《後天四象之圖》

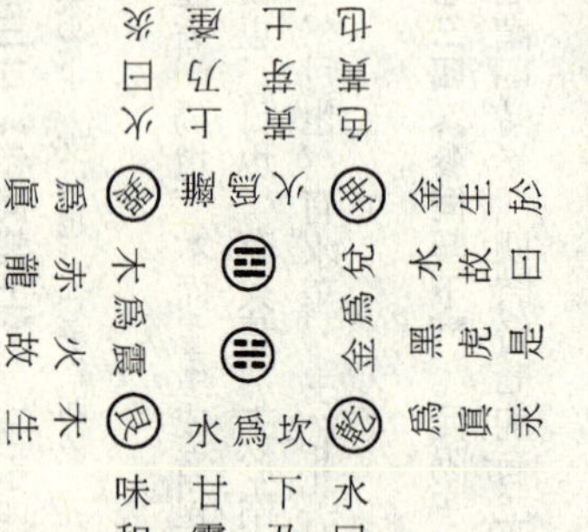

霍濟之《先天金丹大道玄奧口訣》 大道生於先天，自然而然也，自無極而太極，道隱於未形；自太極而天地，道顯於有體。是以由陰陽而生五行，本五行而孕一性，一性稟則一造化，一形立一乾坤，則知人之一身，凡精神消長，氣血盈虛，無一不與天地並其陰陽造化。猶於一身者，

則有先天焉，有後天焉。先天者何？眞中之眞是也，本方寸之資，其玄虛之體，喻之爲鉛汞，托之以金木，名之以龍虎。大抵總謂之二物，通謂之四象，是謂五行之清氣，屬一身之先天也。【略】先天金丹者，一自吾身中未生，已有其物，一物分二，間隔東西，是名鉛汞，亦名金木。以金水同宮，火木同位，故曰四象。若無戊己，和合交姤，則不能歸於中。

曾慥《道樞》卷四《玉芝篇》 一者，水也；二者，火也；三者，土也。物有不因此而生滅者乎？水火者，各得其一者也。得一者，物之母，氣之精，命之根，識之祖也。天得以增其威，地得以發其機，是神之祖，氣之使，物之父，魂之制，身之主也。水生一男是爲坎，其名曰汞；火生二女是爲離，其名曰鉛。是之謂四象者也。

又卷一一《泥金篇》 四象者何謂也？金翁者，唾也；黃婆者，涎也；嬰兒者，精也；姹女者，血也。

又卷一五《血脉篇》 於是乎復有四象。一曰金翁者，肺中之唾，屬乎純陰者也。何以謂之金翁歟？上有金液還丹，中有神水華池，與夫黃芽和合而爲陽，所謂上陽而下陰者也，故曰金翁。譬如日焉，日者純陽也，中有三足之鷄，屬乎西方之金，外陽內陰者也。二曰姹女者，心中之血，屬乎純陽者也。何以謂之姹女歟？上有純陰之唾，其中有陽，故曰姹女。譬如月焉，月者純陰也，中有蟾有兔，屬乎東方之木，外陰內陽者也。三曰嬰兒者，腎中之精，屬乎純陰者也。何以謂之嬰兒歟？譬如男子焉，純陽之內而有純陰之精，是爲陽中有陰；以二儀言之，坎之男、離之女也。四曰黃婆者，脾中之涎，屬乎陰者也。何以謂之黃婆歟？上陰下陽，無陰陽爲之匹配，是爲孤陰者也。

又卷三〇《四神篇金關玉戶，密有玄印；順時而行，優入於聖**》** 太陽者，順天符而左轉，內含風雷之氣，是爲青龍，是爲朱雀。青龍者，產自然之日精者也。日精者，下臨於離位者也。朱雀者，火也，消磨穀食者也；內應於脾，其氣布於四方，本居於坤位者也。日精爲汞。汞者，居於下丹田；下丹田者，人之元陽精海也。以坤位之故，於是生太陰焉。

太陰者，地氣右旋，又爲水者也。是爲玄武，是爲月華。夫下於天門者，何也？天之氣下降，通於四肢，衆趨於離位，其下有穴焉，其名曰谷神，上連於泥丸之宮。此所謂聖關也。金關玉戶，其中有玄印者也。《經》曰：天地之根。其謂此歟！

孫眞人曰：自復至乾，陽數終矣；自遘至坤，陰數畢矣。陽進陰退，調順乎四時，明五行之衰旺六衰六旺，修眞之理，無加於斯矣。是以二氣者，能內產自然之白霞與！

夫日精月華，烹而煉之，其名曰四象。亦名四神丹。

又卷三二《參同契上》 全乎四象者，斯通於靈矣。四象者，青龍也，白虎也，朱雀也，玄武也。在易爲四象，在人爲四支，在天爲四時，在地爲四極，在藥爲四神。

青龍者，陽也，木而主生成者也；白虎者，陰也，金而司殺者也；朱雀者，陽也、日也，有火焉，主於南方有土焉，主於己能生長者也；玄武者，陰也、月也，有水焉，主於北方有土焉，主於戊能戡三彭，藥之基者也。

又卷三四《參同契下》 元陽子曰：立春也，立夏也，立秋也，立冬也，是之謂四時焉。四時各七旬有二日，以爲木火金水四象，是之謂四孟之首焉。

元陽子曰：日者與時同者也。養性煉命者可用四時四孟焉。四時謂立春、立夏、立秋、立冬之日。時可用寅申巳亥焉。此七返九還者也。寅，木也；申，金也；巳，火也；亥，水也，是爲四象焉。

又卷三六《大還丹篇》 其四曰四象：青龍也，白虎也，朱雀也，玄武也。青龍司乎東方，木也，汞也。其干甲乙，澄之不清，撓之不濁，近不可取，遠不可捨，如龍潛藏，變化而無極者也。白虎司乎西方金也。其干庚辛，得眞一之位，至精之所致也。故聖人言兌女爲青龍之婦，是乃五行相生，由是至精眞氣凝結、降伏而不動者也，得其一則萬事畢矣。朱雀司乎南方，火也，朱砂也。其干丙丁，割液成龍，結氣成虎。其氣騰則爲天焉，降則爲地焉。故大丹者，見乎火則飛矣，朱雀之象也。玄武司乎北方，水也，黑也。其干壬癸。老子曰：上善若水。非鉛、非錫、非石之類也。所謂元精之神、河車之神水者也。生乎天地之先，能柔能剛，能育萬物。

陳顯微《文始眞經言外旨・序》 三才既立，四象位焉，故以四符次之。符者，契神之物也，故爲精神魂魄。

又卷四《四符篇符者，精神魂魄也**》** 關尹子曰：精者水，魄者金，神者火，魂者木。精主水，魄主金，金生水，故精者魄藏之。神主火，魂主木，木生火，故神者魂藏之。惟火之爲物，能鎔金而消之，能燔木而燒之，所以冥魂魄。惟精在天爲寒，在地爲水，在人爲精。神在天爲熱，在地爲火，在人爲神。魄在天爲燥，在地爲金，在人爲魄。魂在天爲風，在地爲木，在人爲魂。惟以我之精，合天地萬物之精，譬如萬水可合爲一水，以我之神，合天地萬物之神，譬如萬火可合爲一火。以我之魄，合天地萬物之魄，譬如金之爲物，可合異金而鎔之爲一金。以我之魂，合天地萬物之魂，譬如木之爲物，可接異木而生之爲一木。則天地萬物皆吾精吾神、吾魄吾魂，何者死，何者生！

抱一子曰：精水一合魄金四爲五，神火二合魂木三爲五，精藏魄而神藏魂，是則四物雖居兩處，可以一五擒之，然魂木爲龍，魄金爲虎，使魂藏於神，魄藏於精，則二物分於二所，終不能相制。惟火能鎔金燔木，故神可以制魂魄，殊不知神寓於魂，如火附於木，而火二木三之五運於西北，制精鍊魄，使四象五行俱歸於土。

施肩吾《西山群仙會真記・識物》 《西山記》曰：形而上者道，形而下者器，上以下爲基，道以器爲用。如《鍾離祕訣》曰：以心爲天，腎爲地，肺爲月，肝爲日。日月天地，物之大明者也。《崔玄眞祕訣》曰：以腎氣爲嬰兒，心液爲姹女，肝炁陰中之陽，爲日中之魂；肺氣陽中之陰，爲月中之魄。兒女魂魄，物之靈而神者也。如心爲朱雀，腎爲玄武，肝爲青龍，肺爲白虎，亦是四象也。

葛仙公曰：嬰兒爲心液之上，正陽之炁；姹女是腎炁之中，眞一之水；金公乃肺之老陽，黄婆其陽微弱，當使之復還下田，餘液是老陰。腎液到脾液，眞陽近少陰，其陰衰弱，當使之復還下田。此四象之説詳矣！

佚名《内丹還元訣》 夫四象者，一金翁，二姹女，三嬰兒，四黄婆。

一金翁者，肺中之唾。問曰：唾屬陰，因何名金翁？答曰：爲上有還丹金液，神水華池黄芽，和合爲陽，爲上陽下陰，故名金翁。即知天上有日，日是純陽，日中有烏，烏有三足，屬西方庚辛金，内陰外陽，即名金翁。

二姹女者，是心中之穴。問曰：穴屬南方丙丁，火屬陽中，穴亦屬陽，何名姹女？答曰：爲上唾屬陰，下血屬陽，爲陰中有陽，故名姹女。即知天上有月，月是純陰，月中有兔，兔屬東方甲乙木，爲上陽下陰，即名姹女。

三嬰兒者，是腎中之精。問曰：腎中之精純陰，内名嬰兒，只如男子身純陽，内中有精屬陰，爲陽中有陰，即名嬰兒，故曰坎男離女。

四黄婆者，是脾中之涎，涎者名眞土。問曰：土脾屬陰，涎亦屬陰，因何無陰陽匹配？答曰：脾爲上陰，涎爲下陰，是爲孤陰，故名黄婆。内七寶者，津水唾血神炁精，九仙眞炁，出在人身鼻中入者炁屬肝，出者炁屬肺，口中吹者炁屬腎，呵者炁屬心，嘻者炁屬脾，家長出用炁屬小腸，炁見人先怒者屬膀胱，炁見人喜者屬三焦，家炁穀炁者，通下泄之炁。

張伯端《金丹四百字》（黄自如注） 七返九還金液大丹者，七乃火數，九乃金數，以火煉金，返本還源，謂之金丹也。以身心分上下兩弦，以神氣別冬夏二至，以形神契坎離二卦。以東魂之木，西魄之金，南神之火，北精之水，中意之土，是爲攢簇五行。以含眼光，凝耳韻，調鼻息，緘舌氣，是爲和合四象。

洪知常《海瓊傳道集・和合四象之圖》

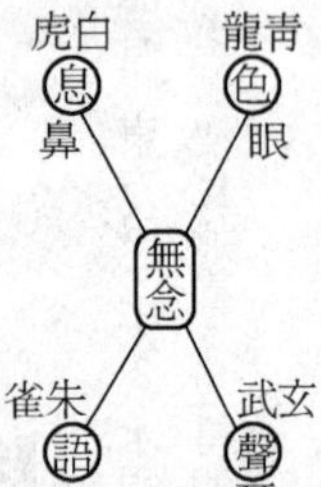

蕭廷芝《金丹大成集》 問和合四象，答曰：眼不視而魂在肝，耳不聞而精在腎，舌不動而神在心，鼻不嗅而魄在肺，精神魂魄聚於意土也。

《碧虚子親傳直指》 則須擇日入室，一毫俗事不可妄干，使耳目口鼻，四象相忘，晝夜如一。

李道純《中和集》卷三《趙定庵問答》 心不動，龍吟；身不動，虎嘯；身心不動謂之降龍伏虎。龍吟則氣固，虎嘯則精固，握固靈根也。以精氣喻之龜蛇，以身心喻之龍虎。〔龍虎〕龜蛇打成一片，謂之合和四象。

《太上妙始經》人面有五嶽四瀆之形，有八卦五行六甲十二辰，有四象。四象者，風水火土也。合此四氣，然後成人。

玄巢子《谷神篇・元氣説》風感寒氣而吹水，是元氣則有餘也，曰陰氣，曰惡氣，曰邪氣，易積而難散，陰神治世而多妄行也。雷假燥氣而震火，是餘氣則無私也，曰陽氣，曰怒氣，曰義氣，難動而易靜，陽神治世而常守信也。故雷展則聲微矣，蕩則怒弱矣。水火風雷四象也，風惟魂，雷惟響，火惟光，水獨質，日乃火光也。

張宇初《峴泉集・先天圖論》《先天圖》，伏羲作也。其卦爻次位，皆本之始畫，非文王後天次位比也。夫易有太極，是生兩儀，兩儀生四象，四象生八卦。乃陽上交於陰，陰下交於陽，生天之四象。剛交於柔，柔交於剛，生地之四象。【略】在經世，則天有陰陽，曰太陽、太陰、少陽、少陰也；地有柔剛，曰少剛、少柔、太剛、太柔。《易》所謂八卦也。是故陰陽盡而四時成焉，剛柔盡而四維成焉。

郝大通《太古集》卷三《四象圖》

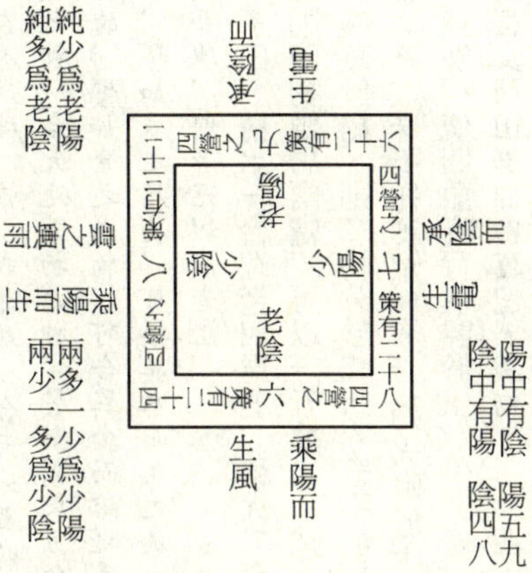

夫四象者，重明天地日月之道，六七八九之數。如乾之老陽稱九，坤之老陰稱六，乾之少陽稱七，坤之少陰稱八。故知乾有六爻，爻各稱九，以四因之，爻別三十六策。坤有六爻，爻各稱六，以四因之，爻別二十四。乾陽爻一百九十二，坤陰爻一百九十二，總之得萬有一千五百二十之策，當萬物之數也。

張君房《雲笈七籤》卷七二《金丹部一〇・大還丹契祕圖・四象第四》

夫四象者，乃青龍、白虎、朱雀、玄武也。

卷內除已注説外餘並取宜裝

青龍者，東方甲乙木，水銀也。澄之不清，攪之不濁，近不可取，遠不可捨，潛藏變化無盡，故言龍也。

白虎者，西方庚辛金，白金也。得眞一之位，經云：子若得一萬事畢。淑女之異名，五行感化，至精之所致也。其伏不動，故稱之爲虎也。

朱雀者，南方丙丁火，朱砂也。剖液成龍，結氣成鳥，其氣騰而爲天，其質降而爲地，所以爲大丹之本也。見火即飛，故得朱雀之稱也。

玄武者，北方壬癸水，黑汞也。能柔能剛，經云：上善若水，非鉛非錫，非衆石之類，水乃河車神水，生乎天地之先，至藥不可暫捨。能養育萬物，故稱玄武也。

六感六應

綜述

孟安排《道教義樞》卷一〇《感應義第三五》 義曰：感應者，出彼機緣，起乎凡聖，善惡之理，既若形聲，羽果不差，還如影響，此其致也。《洞神經》云：明智聖師，顯文以赴機用，用以應感，感以文通，通則成聖也。

釋曰：感是動求爲稱，應是赴與爲名。又云：感者，凡情發動之稱；應者，聖道赴接之名。又感應體義者，舊義有六感六應。六感者，一正感，二附感，三普感，四偏感，五顯感，六隱感。正感者，動求之理，正由乎心。附感者，土木無知，不能致形生，用顯必附有知。普感者，劫初既淳，同感太平之主。《眞文序》云：建國祚以應圖書，導五氣以育萬民，此普感也。偏感者，時稍澆漓，人不淳善，如關尹獨感周年，葛玄獨應吳世，此偏感也。顯感者，四海同聞，萬民咸睹，如漢文之招河上，軒轅之會鼎湖，此顯感也。隱感者，或獨處幽巖，如楊羲入漢乍，單居靖室，若許掾凌霄，此隱感也。六應者，一炁應，二形應，三文應，四聖應，五賢應，六襲應。氣應者，元氣布化，開生萬物。形應者，上古之日，下知之時，未用文字，以形率物。文應者，物情稍澆，化須言教。徐法師云：飛玄之炁，結空成文。聖應者，衆生轉澆，須聖出世，爲其作棟宇，垂衣裳，令其了識理源，正名百物。賢應者，聖人既作於前，賢人理述於後。襲應者，襲，傳襲也，賢聖潛輝，凡夫傳述，雖曰兩愚，亦開緣會，此言爲襲應也。又無情有情感應有四句：一者有情感無情，二者無情感有情，三者無情感無情，四者有情感有情。有情感無情者，如哭筍抽莖，射石飲羽。無情感有情者，如福地招賢，名山集聖。無情感無情者，如銅山既崩，雄鍾便響。有情感有情者，此義可知也。

兩半

綜述

敦煌本《太玄眞一本際經》卷四《道性品》 言烟熅者，譬喻甚深，我於往昔於天尊所，聞如是義。烟者因也，熅者煖也。世間之法，由煖潤氣而得出生，是初一念始生倒想，體最輕薄，猶若微烟，能鄣道果无量知見，作生死本，源不可測，故稱神本，神即心耳。體无所有，去本近故，性即於本，本於无本，故名神本。未入三界，五道惡故，惡輕微故，性即空故，故曰澄清。但是輕癡，未染見著，故名无雜。體是煩惱，即是生業，名爲兩半，即體是報，故名成一。是煩惱業，及以報法，體唯是一，隨義爲三，漸漸增長，分別五種。一者未入三界繫縛之位，雖生其域，非三界因；二者能生无色界業；三者能生色界之業；四者能生欲界之業；五者能生三惡道業，是故說言其義有五。但烟熅之氣起於虛无，无有而有，有无所有，是故說從眞父母生。展轉生長，而有身形，寄附胞胎世間父母，而得生育，具足諸根，是名色聚。六根成就，對於六塵，生六種識，是名識聚。既妄聚塵，分別假相，是男是女，山林草石，種別名字，去來動轉，從心想生，故名想聚。倒想聚已，妄生憎愛分別，校計善惡好醜，而起貪欲嗔恚愚癡，諸惡過咎，造顛倒業，起罪福報，往反无窮，名爲行

聚。所言聚者，稍相聚合，而得堅成，蔭蓋衆生，令居闇苦，造作衆惡，淪沒三塗，漂浪苦海，不能自出。以是義故，名爲入死。初雖有五，後則唯二，從烟熅始，至欲界人。此之四位，皆由善業惱業，兩半生一福果；枉降三塗，惡業生處，因緣兩半生一苦果。

《太上洞玄靈寶開演秘密藏經》 爾時太微帝君及諸大衆說是偈已，白太上言：若諸神尊所說諸法，同表一道，無淺深者，云何而得有圓滿教、及未具了差別趣耶？

道君告曰：若於大聖諸有所言，皆是正觀，一切智心，無非畢竟，悉是了義，隨衆生故，半滿不同。爲鈍根者，或時說有，或時說空，或時說常，或說無常，是名兩半。前後異說，不得一時，隨病發故，偏示一義，是名爲半。前病除已，復顯一藥，用具足故，名之爲滿。了兩半已，入一中道，乃名具足、圓滿之相。

孟安排《道教義樞》卷三《兩半義第八》 義曰：兩半義者，凡夫識業，起自氤氳，欲染飄流，淪斯顛倒，若能反出，則還處自然，信任流來，終嬰罪垢，此其致也。《定志經》云：兩半成一，其義有五。《本際經》云：因緣兩半也。

釋名體曰：兩是二義，半語未全，成是已就，一言會合。望一論二，故有半名；合二爲一，故有成稱也。其五義者，初來五義，通染心爲體，反出五處，合色心爲體。舊解云：以陰陽二炁爲兩半。陰有陰中之陰，陽有陽中之陽，就於和炁，合五義也。謹尋經意，未見此旨。今明《定志經》云：凡有三不，亦以明五義：第一，不亦明流來通欲。第二，不亦明初起別欲。第三，不亦明反出之義。初一不亦明流來通欲者，此即兩半之義。故一通凡有五品，即爲五義，謂界外氤氳爲一半，界內四染爲一半，合成通欲爲成一。其五品者，一、氤氳之生三界外。二、無色界染。三、色界染。四、欲界染。五、三惡道染。所欲以爾者，《定志經》云：不亦於彼清虛之炁，因氤氳之交分半下降，就此四半合爲一耶？此明神本清虛，氤氳妄起。氤氳望界內稱之爲半，若望清虛亦稱爲半，今言分半者，正是分聖望清虛之氤氳爲界外之一半，下就界內之四半合成一通欲也。欲初來之日，未有五處，望反出時，驗有此五。何者？反出之時，還用此處染潤，得此處報故也。但最初一運，即惱即業，因果因時，任業流來至五品，自輕之重，同類相生，以爲因果。然初念起，或復何所因？今明顛倒，所生無有根本。若有根本，何名顛倒？所以知氤氳是顛倒者，經云：氤氳之交，交是交亂，猶顛倒之義也。此言因者，還是顛倒有，故云初念即惱即業。若爾經云：何言神本澄清？既本澄清，何不澄清爲本耶？今明經說澄清爲本者，即示無本，即其澄清，復有何物？若其有物，何謂澄清？故《西昇經》云：本出虛無，既知顛倒，本來無本，即知生死，本來無始。既知本來無始，豈得今來有終？故《盟威經》云：衆生根本，亦無始終，《本際經》云：衆生根本相，畢竟如虛空，妄想入生死，夢幻無始終。今言九聖爲終，氤氳爲始者，是不終爲終，不始爲始。既以不始爲始，無本爲本，故云本於虛無與澄清也。故《本際經》云：氤者，因也；氳者，暖也。世間之法，因暖潤氣而得出生，是初一念，始生倒想，體最輕薄，猶如微烟，能障道果，無量知見，作生死本，元不可測，故稱神本。神即心耳，心無所有，故曰澄清。但是輕癡，未染見著，故名無著也。第二，不亦明初起別欲者，有解云：別欲所生，本於通欲，初起極輕，與其四民所斷氤氳等，漸漸之重，與五處同。後若退，輕如四民，重名爲習炁，依氤氳起。所以知然者，以四民之位正斷習炁也。但別欲若重，任感惡道，得其輕報。何者？經云：不亦惑此假一而爲惡者，致招自然之炁，淪於三徒乎？此明緣通，欲假一起於別欲，得三徒報，任業自招，故言自然耳。通欲言假者，此是習因相連，爲續假也。然初任生惡，亦任生善，今明惡是濫生，所以得自起，善是研習，所以不得自生也。第三，不亦明反出義者，謂持五戒等善，離惡道半，淨口業善，離欲界半，淨身業善，離色界半，淨心業善，離無色界半。離四半已，修無欲觀，以離氤氳。既離，反兩半本，處於自然正眞道果也。所以然者，經云：不亦爲善，離此四半，還登太虛，復我清虛之炁，反我兩半之本，處於自然乎？此明離界內四染，故云離四半，登太虛，斷界外氤氳；故言復清虛之炁，反兩半之本，進登道果；故云處於自然。但知道果，超出清虛之本，何者？氤氳義在有，清虛義在無，若以無本爲本者，此本雖終盡，生死義猶未極。義若非有非無，此乃爲極。《昇玄經》云：眞道者，無不無，有不有，能覺兩半，豈不體之乎？但或之所計，必有因緣。因有傍正，正者通欲，同類相生。前念爲因，後念爲果，次第相

因，流至五處，傍是貪等別欲，緣通欲起也。

雜録

佚名《太上洞玄寶元上經》 夫源一分爲二儀天地，名曰兩半，兩半之中，炁序有四，一者正陽，春炁生也，二者陽中之陰，夏炁長也，三者正陰，秋炁殺也，四者陰中之陽，冬炁藏也。四序周而歲功成，三光迴而天德顯，是以上經有春有夏，有仁有禮，有木有火，有和有明，下經有秋有冬，有義有智，有金有水，有順有敦有信，通土周遍，合會二經，二經開位，示明二儀各有上下，以標四序。

《太上洞玄靈寶業報因緣經》卷八《生神品第一九》 大慈大悲普濟眞人，以業報因緣請問太上。爾時，太上道君曰：吾以道炁開張天地，剖判陰陽，運化因緣，生成萬物，分神布炁，養育人民。從始至終，經營生死，念念不停，食以元和。汝等凡夫，誰能識之。吾今爲汝剖析因緣，欲使當來悟其元起。人始受身，皆從虛無自然中來，回黄轉白，構氣凝精，而元父生神，玄母成形，承天順地，合化陰陽。兩半因緣，稟其骨肉，莫不資其昔業，會遇今緣，取像乾坤，含懷日月，陰陽變化，神識往來。

《太上昇玄三一融神變化妙經》卷下 道言：萬物之中，人爲最貴；萬法之中，唯一是貴；萬一之中，唯眞是貴；萬眞之中，唯聖是貴；萬聖之中，唯道是貴。所言玄一、眞一、太一、三一。玄者是空，空虛玄遠，統上無極，統下無基，中觀無邊，故名玄一。玄者，遠也。體性無實，含藏一切，不礙萬物，故名之爲虛無。虛者能通，無者皆空，性體無質，故名之爲空。玄者是一，一者是道，性者是淨，眞一者是實，理者是正，故名正一。太者是大，能生萬物，包統一切，故名太一。三一者是子，上承玄父之靈炁，下乘玄母之元精，養育成形。故上取玄父炁二，下取玄母炁一合成。和合中道，共成一象，故言兩半而成一。一者子也，故名嬰兒赤子。子者狀若始生之狀，稟炁第三，故名三一赤子也。

《諸真論還丹訣·容成公内丹歌訣》 始青之下月與日，

始青者，元氣也，月屬陰，以象下元，日屬陽，以象中元也。

兩半同昇合爲一，

青氣元氣及津液，爲三合爲一，成珠也。

靈寶

綜述

《太上無極大道自然真一五稱符上經》卷上 老君曰：太上靈寶，生乎天地萬物之先，乘於無象空洞大道之常，運乎無極無爲而混成自然。貴不可稱，尊無有上，曰太上。大無不包，細無不經，理妙叵尋，天地人所由也。在天五星運氣，日月耀光，在地五嶽致鎮，山高海淵，王侯中原，在人五體安全。夫天無靈寶，何以耀明。地無靈寶，何以表形。神無靈寶，何以入冥。人無靈寶，何以得生。【略】老君曰：靈者，道通也。能通大道至靈，使役萬神。寶者，能與天地相保，故曰靈寶。

董思靖《洞玄靈寶自然九天生神章經解義》卷一《釋經題》 靈寶者，表神化之無方，爲衆聖之所貴。其在人也，通達無礙之謂洞，應感無滯之謂玄，神慧而化之謂靈，炁凝而妙之謂寶。

洞陽子《太上洞玄靈寶天尊説救苦妙經注解·靈寶天尊説救苦妙經》 靈寶天尊即太上道君也。以身言之，靈者神也，寶者炁也，形者靈寶之宅舍也。夫人有耳目，乃元神之門，晝則心寤，神遊於耳，夜而目寐，則神歸絳宮。衆人視聽於外，則神遊於外，見聞聲色，動蕩乎中，神性化而爲情，情受牽纏，故心有念，動有著，晝有想，夜有夢，薾然馳逐。馳逐於無涯之欲，百靈疲役而消散，宅舍無寶而崩頹。此皆用神於外，而不能守之於内者也。若夫至人，萬法俱忘，惟神是守，目内視而神光煥於玉闕，耳返聽而妙韻響於瓊房，神宇泰定，一念不生，智恬交養，久而道靈，上際於天，下蟠於地，六通四闢，妙用無窮，造化莫移，陰陽莫測，故能駕景乘飈，登眞合道，莫不由於神性者也，得不謂之靈乎。夫人有鼻

口，乃命寶出入之戶，息息通於天地，元炁之所往來，凡一呼則穀炁出，一吸則元炁入，不死之機，長生之要，實隱於此矣。衆人心靈外馳，情躁炁促，息之以喉，胎元蕩散，眞炁凋零，炁竭命終，可不惜哉。惟至人深達造化之源，呼吸太和之炁，奪本還元，歸根復命，息之以踵，寶莫寶於炁，達斯理者，泥丸玉闕所以棲其神，玄門牝戶所以襲其炁，炁以制神，神以攝炁，母子相守，性命混融，然後萬神不散，故能靈，一炁凝結則成寶，是謂一身之靈寶也。

張萬福《洞玄靈寶無量度人經訣音義》 靈者，精用朗淨，智照圓明，將應變盡性之宜，實慧周萬機之境。寶者，珍奇挺秀，尊貴加榮，布象則天地成形，貸炁則含生化育。

《元始無量度人上品妙經四注》卷二（嚴東、薛幽棲、李少微、成玄英註，陳景元集） 靈者，衆聖之通稱也。寶者，衆聖之所珍也；章者，文章也。玉字始出，本形如印，八角垂芒，文彩煥耀，洞應無窮。在天曰靈，在地曰寶；空玄爲靈，入藏爲寶，故曰靈寶。

蕭應叟《元始無量度人上品妙經内義》卷一 夫靈寶者，或曰靈即聖化也，寶即珍尚也。或曰靈者，衆聖之通稱，寶者，衆聖之所珍。或曰變化無方曰靈，欽崇貴愛曰寶。或曰在天曰靈，在地曰寶。或曰神降爲靈，炁聚爲寶。所謂仁者見之謂之神，知者見之謂之知，百姓日用而不知，故強爲之容，以應化設教，御物利生也。炁而精至於無形，大至於不可圍。若夫遠取諸物，近取諸身，則大而爲天地，微不離肖翹；明則爲日月，隱則爲陰陽；在儒爲仁義，在釋爲知慧，在人爲神炁，在丹爲汞鉛。寓萬物爲性情，統元炁爲造化，其實皆道也。惟達者能一貫之，然其執幻迷眞，任情逐物，遂使靈源決蕩，妙本支離，不能返老還童，以至衰壞。故《生神章》云：夫人得還生於人道，濯形太陽，驚天駭地，貴亦難勝，天眞地神，三界齊臨，亦不輕也；當生之時，亦不爲陋也。但人得生而自不能尊其炁，貴其形，寶其命，愛其神，自取死壞，離其本眞耳。《西昇經》云：生我於虛，置我於無；生我者神，殺我者心；積氣聚血，成我身耳。身乃神之車，神之舍，神之主。安靜，神則居之；躁動，神則去之。《黄庭經》云：長生至愼房中急，何爲死作令神泣。寸田尺宅可治生，若當決海百瀆傾。葉去樹枯失青青，氣亡液漏非已形。《莊子》曰：吾生也有涯，而知也無涯；以有涯隨無涯，殆矣。又曰：夫人生炁之聚也，聚則爲生，散則爲死。形勞而不休則弊，精用而不已則勞，勞則竭矣。太史公曰：凡人所生者，神也，所託者，形也。神太用則竭，形太勞則弊。形神離則死，死者不可復生，離者不可復返，故聖人重之。諦觀斯言，皆知返本還源者也。所以自然靈寶之道，金液大還之旨，達者嚮慕，代不乏人。太上啓接引之方而詔人曰：常無欲以觀其妙，常有欲以觀其微。而釋氏亦云：人被物轉，若能轉物，即同如來。故道、釋二教，各有超越死生之理。釋氏以性爲宗，故修禪定；道家以神爲主，故鍊金丹。禪定之極，寂乎陰；金丹之極，歸乎陽。此兩者同出而異用，皆由所生之本而成正眞，非假外物而造作者也。神之與性，可以意會，不可以理析。析之則紛擾是非，有物我之殊；會之則契合異同，無彼此之別。此乃無上正眞之妙道，故萬法千門，無非靈寶。《混元實錄》云：昔老君龍漢以來，分身敎化，出眞文於中天大福堂國、南極赤明國、東極浮黎國、西極西那國、北極鬱單國，此五之内皆稟靈寶之敎。又在夏時以靈寶五符、靈寶眞文授禹。又化胡王曰：吾在中華，常以道法開化世人。王曰：何謂道法？老君曰：道法者，乃太上靈寶，生於天地之先，大無不包，細無不納。天不得此，無以燿明；地不得此，無以表形；神不得此，無以入冥；人不得此，無以生成。是以萬物芸芸，以道爲根。蛇得之爲龍，禽得之爲鳳，獸得之爲麟，凡得之爲仙人。能修之，逍遙太空，改易五内，變化形容，役使鬼神，隱顯無常，上仙之道也。王曰：所說靈寶，固爲希有，由是觀之，所謂得之修之，果何物？乃知靈寶，金丹，同出而異名也。

又卷三 元始洞玄，靈寶本章。

此是皇人所題内號。元，先也，先天而生。始，結也，元炁始結。洞，通也，通達無窮。玄，空也，杳然空洞。謂元炁始結而成玉字，在空玄之中，通照乎四方，空玄爲靈，入藏爲寶也。

陳致虛《太上洞玄靈寶無量度人上品妙經注序》 何爲靈寶？氣謂之靈，精謂之寶。寂然不動，感而遂通，曰靈；上無復祖，唯道爲身，曰寶。氣合而精聚，曰上品。神交而道合，曰度人。則知靈寶者，精氣也。精氣者，汞鉛也。汞鉛者，陰陽也。陰陽者，離坎也。離坎非得有爲之道，而既濟之，則何由凝結而成黍米之珠哉。

又卷上 上陽子曰：太，唯道最大；上，天地獨尊。洞，無所不通；玄，其妙難述。靈，變化莫測，感而遂通。寶，難得之物，人所珍愛。

【略】

上陽子只得泄露天機，將此經性命體用，題而出之。太，性之體，命之應，即造化主宰上命之體；性之用，能化生諸天。洞，眞性之所同。玄，工用之隱奥。靈，乃性之變化。寶，乃命之所產。

冷虛子《洞玄靈寶定觀經注》 靈者，神也，在天曰靈。寶者，珍也，在地曰寶。天有靈化，神用不測，則廣覆無邊；地有衆寶，濟養羣品，則厚載萬物。言此經如天如地，能覆能載，有靈有寶，功德無窮，證得此心，故名靈寶。

李道純《清庵瑩蟾子語録・靈寶》 百神不散謂之靈，萬炁常存謂之寶。自己身中寶，施爲便有靈。誠能含畜得，放出大光明。

鄭所南《太極祭鍊内法議略》卷下 或問：鍊度法如何出於靈寶法中？ 靈寶者，法之祖，諸家註度人經，釋靈寶二字，皆未善。夫靈者，性也；寶者，命也；靈而不寶，則不足以壽無窮之命；寶而不靈，則不足悟本來之性，離而曰性命，合而曰靈寶，一切衆生不離性命，以此非靈寶不可以度人，非靈寶不可以生神，故靈寶法爲諸法之祖。

位業

綜述

《太上洞玄靈寶誡業本行上品妙經》 天尊言：吾開法輪十聖之場，一品轉通，立能心知一方中輕重事，位次別覺聖；二品轉通，得知世界有無吉兇事，位次得覺聖；三品轉通，能達知罪福，一切宿命來往生處，果報由趣，位次正覺聖；四品轉通，能以心往見衆生心，逆照未然，禍福陰中事，位次通覺聖；五品轉通，普知十方無極世界一切緣運由趣休否事，位次大覺聖；六品轉通，通玄觀知悉達十方界域衆聖處所，只如指掌，分形散影，虛空無礙，位次妙覺聖；七品轉通，普知天地運趣機數，有無遠近，悉無障礙，位次洞覺聖；八品轉通，身居立忘，形如日中景，一切觀徹，位次觀覺聖；九品轉通，普能開明，放身中寶光，普照十方，一切普見，上下無不洞達，位次普明大覺聖；十品轉通，普觀普察，普明普照，無幽無冥，洞知天地，光顯十方，湛然長存，位次洞明大覺至眞大聖者也。斯行之業，皆從法輪而轉，八十通大聖，其德高妙，自非法輪之功，莫能轉焉。十聖果緣，乃從無量恆沙劫來，施功布德，備滿天地，弘廣十方，致得轉位，入十聖之功，妙通上品。夫十方天人，能如是者，道眞成焉。

孟安排《道教義樞》卷一《位業義第四》 義曰：位業者，登仙學道，階業不同，證果成眞，高卑有別，三乘七號，從此可明，十轉九宮，因茲用辯，此其致也。《本際經》云：神官位序，眞聖階梯。《靈寶經》云：位登仙王。又云：功業無巨細也。

釋曰：位是階序之名，業是德行之目，大論品次，釋者不同。徐法師舉《洞神經》云：神人、眞人、仙人、道人、聖人、賢人，合共爲道。《太眞科》云：鬼中立功，進登鬼仙者，皆號靈人。神者，神妙無方。眞者，堅純非假。仙者，遷昇改化。道者，虛通不壅。聖者，正名制作。此義多在果入因。人言聖者正行居心也，賢者辯能才智，靈者識鑒通微。前六，世人得道之名；後一，鬼神得道之稱。又云：名乃有七，位乃有三。一者仙位，二者眞位，三者聖位。神道賢靈，更無別位，名號雖異，猶附三階。今謂衆經顯名，豈唯有七，猶如至人、智人、上人、大人也。陸先生云：起自凡夫，積行成道，始化曰仙，仙化成眞，眞化成聖。此即通舉界内九宮，界外太清，俱是仙品，就於眞聖，合爲三階也。諸家解釋既殊，難可依據，今依《玄門論》中搖亮、玄靖二法師義旨。凡有兩義，一論稟生之位，二論證仙之品。稟生位者，界内有欲觀感生，凡三十二品，有欲善業，爲三界四民之位。界外是無欲觀感生，凡二十七品，爲三清一乘之位。證位品者，始自發心，終乎極道，大有五位，一者發心，二者伏道，三者知眞，四者出離，五者無上道。均此五心，總有四位：前之二心是十轉位，第三一心是九宮位，第四一心是三清位，第五一心是極果位。前四是因，後一是果。初之二心有十轉者，發心一位即爲一轉。伏道之

中，凡有九轉，以一就九，合成十轉。其初發心亦名遊散位，爲一轉者，是破裂生死，迴向道場，從迷返悟，轉俗入道。《大戒經》云：善男子、善女人，能發自然道意，來入法門，受我十戒，則爲大道清信弟子，皆與勇猛飛天齊功。飛天，未得道者也。是道十轉，弟子此入十轉之初也。又云：若在一轉而行精進心不懈退，即得飛天，於此而進，超淩三界，以此發心，即爲一轉。又云：清信弟子，見在世上，度於衆苦，身有光明，形神澄正，制伏魔精，故是翻邪來入正道。但尋此飛天，總是伏位，既未得眞知之道，故云未得道也。言爲諸天策駕，即是九宮眞位，諸天策駕也。伏道之中，有九轉者，凡三種解，解各三轉，合成九轉。三種解者：一曰武解，二曰文解，三曰尸解。《四極明科》及《眞跡》並云：武解者，地下鬼帥；文解者，記形改化。仙經云：先死後蛻，謂之尸解。其武解三轉者，《四極明科》及《眞跡》云：武解，鬼帥二百年一轉，凡三等。並云：世行功德，度名東華，不預三官之府。又云：至忠至孝、至廉至眞者，改化更生，得爲鬼官也。其文解三轉者，《明科》云：文解，主者亦有三等，其一等散在外舍，閑停無事，倶在洞天，百四十年一進，給仙人驅使。其二等便徑得遊行仙階，給仙人所使，百四十年進補管禁，如世散吏。其三等便得入仙人之堂，遊行神州之鄉，入宴東華也。其尸解三等者，其下者或因刀兵，或因滅度，暫遊太陰，或太一守尸，三魂營骨也，魄衛肉胎，靈結氣，不久更生。其次者蟬蛻，或假物代形，雖受殯埋，隱景而去，後開棺中，惟見杖舄。其上者以劍杖代尸，俄爾昇化，儵然失所在，乃遊虛空。尋此十轉，伏結所招，位存似空，未登眞解，始在初門，並非乘位。宋法師云：報有十轉，其一轉九轉，但在世間八方，中央有士得富貴，名書東華，其十轉上生三界，爲飛天之人。若行六情六度生戒，一轉便與飛天齊功，故《明眞經》云：功齊十轉，報位得及飛天也。今明度生之戒，亦未可明，但未眞成即居，似位其間。或有超悟而上，或有歷位而昇，隨根利鈍，逐悟深淺，似解若成，進登其位。故因茲十轉，入彼九宮。《度人經》云：得爲九宮眞人。故知眞解若成，即登此位也。又《海空經》中所明十轉，所謂無憂轉，凈心轉，釋滯轉，通儒轉，達解轉，善見轉，權物轉，了機轉，大明轉，具足轉。此之時，轉義又不同，從轉悟爲論，非就位而辯，即是一經別致耳。其九宮位者，下三宮地仙，小乘三品；中三宮中乘，天仙三品；上三宮大乘，飛仙三品。乘各三品，利鈍平等，人故成九宮。金籙簡文云：地仙、天仙、飛仙是也。地仙遊諸名山，天仙、飛仙昇出三界之表。《八素眞經》云：太清之下，次得九宮之飛仙是也。此並是界內無欲，眞空始入，觀妙未能圓虛，雖無感生之力，而解品可尊，故受茲位。其下之六宮，二乘之業，近齊三界二十八天，大劫交周，不免生死。上三宮大乘之業，與四民天同，雖未登舉，已超三界，大劫交周，災所不及。故《太眞科》云：已出三界，雖未登舉，預種民者，皆無退轉。若運開須化，應感下生，和光同塵，不累其德，接引後生，申明道教。是知劫壞則飛昇上境，故有飛仙之名，劫成則應爲民種，故有種民之號。但三乘之業，根性不同，或有超昇，或有歷位，今舉大綱，其義如此。次界外三清位者，太清仙九品，上清眞九品，玉清聖九品，三九二十七品，同脩平等，倶入一乘。觀有淺深，義開差等，何者？《太眞科》云：小乘仙有九品，一者上仙，二者高仙，三者大仙，四者神仙，五者玄仙，六者眞仙，七者天仙，八者靈仙，九者至仙。中乘眞有九品，一者上眞，二者高眞，三者太眞，四者神眞，五者玄眞，六者仙眞，七者天眞，八者靈眞，九者至眞。大乘聖有九品，一者上聖，二者高聖，三者大聖，四者神聖，五者玄聖，六者眞聖，七者仙聖，八者靈聖，九者至聖。通尋三品，同用九名，而第六一名，三位差互，仙品用眞明，眞位用仙名，聖位用眞名。此當名眞，信居中義，通上下耳。又聖第七，沒其天名用仙名，此示大能含小。餘名盡同者，欲示諸名並可互通，何者？三九不同，而倶是無欲，觀體不無優劣，故有仙眞聖殊。但知上聖、高聖、大聖，是聖之上品；神聖、玄聖、眞聖，是聖之中品；仙聖、靈聖、至聖，是聖之下品。聖品既爾，仙眞例然。此三九若望界內入一大乘，其間自論，義開三品，經亦差等。曲辯三乘，上云兼而該之，一乘道也。今釋別名者，上者勝上，各居一品之上，就用爲名。高者高道，其德尊高，就德爲稱，大論其體，廣大神明，或累已除，天語自然。玄者不滯。至者各至其初品也。仙靈二義，已如前釋。又位序義者，凡有二門，一證仙位，二感生位。證仙位者，從九聖以來，乃有三位，一三清位，二九宮位，三十轉位，具如前釋。感生位者，略有四位，一者界外三清位，即三九二十七品，仙眞聖人同用平等，無欲善感生。二者三界中間四民天位，

用斷習氣，有欲善感生。三者界內二十八天位，淨三業，有欲善感生。四者人中位，五戒，有欲善感生。不論三惡道者，眞聖是善業，不生惡道。若語應化，此自別門，今以品位望感生處者，界外三清，不明自等。其四民天，即屬九宮之上三宮；其無色四天，即齊次三宮；其色界上六天，即齊下三宮。故宋法師釋此六天是不緣不入。此則色界十三天。已上準眞成位，降此已下色界十二天，準似解位。欲界六天及中實業，並爲散善所感，但眞聖多寄人者，脩學故通入遊散位也。遊散有三義：一者未入伏道，二者未得眞成，三者未能職任，俱名遊散。然感生仙品，兩義自殊，今大都準則非爲定也。所以然者，自有遠生界頂而無眞成，自有近在人中而得，自有與品相當而有此觀，故此二門，不得定準。所以知仙品位次而然者，《飛行羽經》云：玉清則上清之高神，太清則飛仙之高靈。《八素眞經》云：玉清宮之下眞乃上清宮之上眞，太極宮之上眞乃上清宮之下眞，太清宮之上眞乃太極宮之下眞，從此以下得九宮之飛仙。尋此二經，並飛仙次太清之下。《抱朴子》引仙經云：上士舉形昇虛，謂之天仙；中士遊於名山，謂之地仙；下士先死後脫，謂之尸解。此即直取昇天曰天仙，遊地曰地仙，蛻形曰尸解也。《自然經訣》云：上仙白日昇天，中仙棲於崑崙、蓬萊等名山，空中結宮室，下仙常棲諸名山洞室，綜理從上生死也。又《太眞科》云：大甲申之後，則爲一天之初，初中至後，學者不異。衆生善惡，人物皆同。一天之中，唯一人成太上，一人成帝君，一人成老君，一人成天師。學如牛毛，得如麟角，其間爲聖眞仙民，或停散待迎後聖，如是無數。又復論出化在他天上，或他世間也。今謂此等所明，實亦無在，隨人所宜耳。青君云：以九天之精氣凝成九宮之位，故九宮論位，按此爲明。又《八素經》云：太極者，此是太清境中之宮。《生神章經》云：三皇、洞神、太清、太極宮，此其證也。又業行義者，向道有二條，一願，二行。故《請問上經》曰：悉從願來，非願不成。《本際經》云：一切行皆是方便教門也。願有二義，上求道果，下化衆生，四等爲心是大乘願，若近求三界，自度爲心是小乘願。行有四義，一術，二戒，三定，四慧。術者，茹鍊方法，丹藥祝請，小乘局此一條，大乘用爲助行。《昇玄經》云：鍊石茹芝，雖壽千年萬歲，死輒更苦。《本際經》云：服藥茹芝英，延壽保命根也。戒者，防非止惡，爲生智慧之根。《靈寶經》云：智慧生戒根，眞道戒爲主。定者，觀三守一，思神念眞。《本際經》云：調習靜定。《靈寶經》云：思微定志。慧者，空有兩解，欲無欲二觀。《本際經》云：慧識明了，照悟空有也。談講演說，並入慧門。故徐法師云：心有定散，即存三守一，散即學慧講說。引《玉京山經》云：講道靜眞。《請問經》云：敷顯妙義也。用此四義，以調身心。通論身心，復有外內兩行。脩慧持戒，是爲內行；放生布施，造治殿堂，名爲外行，亦名散善。今雖開此四條，若按經文，所論唯二。洞神第十一云：衆聖所宗，唯道與術，術即經戒方法是也，道即無欲洞虛是也。又云：習學以無欲爲主，脩術以經戒爲先。又云：無欲洞虛，不卒可登，故少思寡欲，守玄思空，積久不怠，與道合眞。今觀此文，秖是空有兩慧，分門攝事皆盡，道是空慧，術是有慧。若爾者，直就慧門攝前行願，兩事皆盡，講說還屬有慧。故《洞神經》云：講說教化，密行要術。又云：術在口內。宋法師云：行上品十戒，口業淨，生欲界，身業淨，登色界，心業淨，登無色界。今謂並有欲，善業伏結，云淨未是，眞斷其間。得眞觀者，方斷通欲。玄靖法師云：至死欲觀心，乃除通欲耳。且無欲空觀，有欲有觀。有觀資空，空觀導有，導有無有，有觀無觀，故曰眞觀。眞觀亦同無，方名道耳。

承負

綜述

《太平經》卷一八至三四《解承負訣》 凡人之行，或有力行善，反常得惡，或有力行惡，反得善，因自言爲賢者非也。力行善反得惡者，是承負先人之過，流災前後積來害此人也。其行惡反得善者，是先人深有積畜大功，來流及此人也。能行大功萬萬倍之，先人雖有餘殃，不能及此人也。因復過去，流其後世，成承五祖。一小周十世，而一反初。或有小行善不能厭，囹圄其先人流惡承負之災，中世滅絕無後，誠冤哉。承負者，

天有三部，帝王三萬歲相流，臣承負三千歲，民三百歲。皆承負相及，一伏一起，隨人政衰盛不絕。

又卷三六《事死不得過生法第四六》 夫死喪者，天下大凶惡之事也。興凶事者爲害，故但心至而已，其飲食象生時不負焉。故其時人多吉而無病也，皆得竟其天年。中古送死治喪，小失法度，不能專，其心至而已，失其意，反小敬之，流就浮華，以厭生人，心財半至其死者耳。死人鬼半來食，治喪微違實，興其祭祀，即時致邪，不知何鬼神物來共食其祭，因留止祟人，故人小小多病也。下古復承負中古小失，增劇大失之，不心至其親而已，反欲大厭生人，爲觀古者作榮，行失法，反合爲僞，不能感動天，致其死者，鬼不得常來食也。

卷三七《試文書大信法第四七》 大頑頓曰益暗昧之生再拜，今更有疑，乞問天師上皇神人。所問何等事也？請問此書文，其凡大要，都爲何等事生？爲何職出哉？善哉善哉！子之問事，可謂已得皇天之心矣，此其大要之爲解。天地開闢已來，帝王人民承負生，爲此事出也。今迺爲此事出，何反皆先道養性乎哉？然，眞人自若眞眞愚昧，蒙蔽不解，嚮者見子陳辭，以爲引謙，反眞眞冥冥昧昧何哉？諾。眞人更明開耳聽。然，凡人所以有過責者，皆由不能善自養，悉失其綱紀，故有承負之責也。比若父母失至道德，有過於鄰里，後生其子孫反爲鄰里所害，是即明承負之責也。今先王爲治，不得天地心意，非一人共亂天也。天大怒不悅喜，故病災萬端，後在位者復承負之，是不究乎哉？故此書直爲是出也。是故古者大賢人本皆知自養之道，故得治意，少承負之失也。其後世學人之師，皆多絕匿其眞要道之文，以浮華傳學，違失天道之要意。令後世日浮淺，不能善自養自愛，爲此積久，因離道遠，謂天下無自安全之術，更生忽事反鬬祿，故生承負之災。【略】今故天積怨，下愚無知者，更相教輕事爲愚，後生者日益劇，故生災異變怪，非一也。是天與人君獨深厚，比若父子之恩則相教，愚者見是，不以時報其君，反復蔽匿，斷絕天路，天復益忿忿，後復承負之，增劇不可移。帝王雖有萬人之善，猶復無故被其害也。

又《五事解承負法第四八》 天地生凡物，無德而傷之，天下雲亂，家貧不足，老弱饑寒，縣官無收，倉庫更空。此過迺本在地傷物，而人反承負之。一大凡事解，未復更明聽。今一師說，教十弟子，其師說邪不實，十弟子復行各爲十人說，已百人僞說矣；百人復行各爲十人說，已千人邪說矣；千人各教十人，萬人邪說矣；萬人四面俱言，天下邪說。又言者大衆，多傳相徵，不可反也，因以爲常說。此本由一人失說實，迺反都使此凡人失說實核，以亂天正文，因而移風易俗，天下以爲大病，而不能相禁止，其後者劇，此即承負之厄也，非後人之過明矣。後世不知其所由來者遠，反以責時人，故重相冤也；復爲結氣不除，日益劇甚，故凡二事解，眞人復更明聽。令一人爲大欺於都市中，四面行於市中，大言地且陷成涵水，垂泣且言；一市中人歸道之，萬家知之，老弱大小四面行言，天下俱得知之，迺使天下欺，後者增益之，其遠者尤劇。是本由一人言，是即承負空虛言之責也，後人何過乎？反以過時人。三事解，然眞人復更明聽。夫南山有大木，廣縱覆地數百步，其本莖一也。上有無訾之枝葉實，其下根不堅持地，而爲大風雨所傷，其上億億枝葉實悉傷死亡，此即萬物草木之承負大過也。其過在本不在末，而反罪未曾不冤結耶？今是末無過，無故被流災得死亡。夫承負之責如此矣，寧可罪後生耶？四事解，然責人復更明聽。南山有毒氣，其山不善閉藏，春南風與風氣俱行，迺蔽日月，天下彼其咎，傷死者積衆多。此本獨南山發泄氣，何故反使天下人承負得病死焉？時人反言猶惡，故天則殺汝，以過其人，曾不冤乎哉？此人無過，反承負得此災，魂神自冤，生人復就過責之，其氣冤結上動天，其咎本在山有惡氣風，持來承負之責如此矣。

又卷三九《解師策書訣第五〇》 承者爲前，負者爲後；承者，迺謂先人本承天心而行，小小失之，不自知，用日積久，相聚爲多，今後生人反無辜蒙其過謫，連傳被其災，故前爲承，後爲負也。負者，流災亦不由一人之治，比連不平，前後更相負，故名之爲負。負者，迺先人負於後生者也；病更相承負也，言災害未當能善絕也。絕者復起，吾敬受此書於天，此道能都絕之也，故爲誠重貴而無平也。眞人知之邪？

又卷四二《驗道眞僞訣第五七》 夫天地開闢以來，先師學人者，皆多絕匿其眞道，反以浮華學之，小小益耶，且薄後生者，日增益復劇，其故使成僞學相傳，雖天道積遠，先爲文者，所以相欺殆之大階也。壹欺不知，後遂利用之也。令上無復所取信，下無所付歸命，因兩相意疑，便爲

亂治。後生者後連相承負，先人之厄會聚並，故曰劇也。

又卷四五《起土出書訣第六一》 今時時有近流水而居，不鑿井，固多病不壽者何也？此天地既怒，及其比伍，更相承負，比若一家有過，及其兄弟也。

又卷七三至八五《闕題》 元氣怳惚自然，共凝成一，名爲天也；分而生陰而成地，名爲二也；因爲上天下地，陰陽相合施生人，名爲三也。三統共生，長養凡物名爲財，財共生欲，欲共生邪，邪共生奸，奸共生猾，猾共生害而不止則亂敗，敗而不止不可復理，因窮還反其本，故名爲承負。

又卷九一《拘校三古文法第一三二》 天地出生凡事，人民聖賢跂行萬物之屬，各有短長，各有所不及，各有所失。故所爲所作，各異不同，其大率要俱欲樂得天地之心而自安也。當時各自言所爲是也，孔孔以爲眞眞也。而俱反失天地之心，故常有餘災毒，或大或小，相流而不絕，是其明效也。故生承負之責，後生者病之日劇。

又卷九二《萬二千國始火始氣訣第一三四》 六方洞極，其中大剛，俱恨人久爲亂惡之，故殺也。其害於人何哉？無有名字也。但逢其承負之極，天怒發，不道人善與惡也，遭逢者，即大凶矣。子欲知其實，比若人矣。人大忿忿怒，乃忿甲善人，不避之，反賊害乙丙丁。今乙丙丁何過邪？而逢人怒發，天之怒發亦如此矣。故承負之責最劇，故使人死，善惡不復分別也。大咎在此。**【略】**

夫天命帝王治國之法，以有道德爲大富，無道德爲大貧困。名爲無道無德者，恐不能安天地而失之也。先生稍稍共廢絕道德，積久復久，乃至於更相承負，後生者被其冤毒災劇，悉應無道而治。至於運會滅絕，不能自出，大咎在此。

又卷一〇八《災病證書欲藏訣第一七六》 夫先人但爲小小誤失道，行有之耳，不足以罪也。後生人者承負之，畜積爲過也。

又《太平經佚文》 今天地開闢以來，凶炁不絕，絕後復起，其故何也？其所從來者，乃遠復遠。本由先王治，小小失其綱紀，災害不絕，更相承負，稍積爲多，因生大姦，爲害甚深。動爲變怪，前後相續，而生不祥，以害萬國。其所從來，獨又遠矣。君王不知，遂相承負，不能禁止。令人冤呼嗟動天，使正道失其路，王治爲其傷，常少善應。人意不純，轉難教化，邪炁爲其動。帝王雖愁，心欲止之，若渴而不能如之何。君王雖有萬人之仁德，猶不能止此王流災也。故反以爲行善無益，天道無知也。禁民爲惡，愁其難化，反相尅賊，急其誅罰。一人有過，乃及鄰里，重被冤結積多，惡炁日以增倍。以爲道德與經無益，廢之而不行，各試其才，趣利射祿，鬪命中者爲右，是爲亂天儀。無法之治，安能與皇天心合乎？天甚病之久矣，陰陽爲其失節，其明證也。《道典論》卷四《災異》

空常

綜述

《上清五常變通萬化鬱冥經》 太上大道君曰：空常者，天地之魂魄，陰陽之威明。空者，九天之魂精；常者，九地之魄靈。其二炁則結成帝尊之大神，以威輔弼之煥明。空常則以輔弼爲瞻視，役運天光，察觀萬方，總錄天宿，迴化五常，召運攝會，促機轉輪。天休地泰，則空常隱藏；天否地激，則空常煥明。吉凶報應，立告不祥，變化萬氣，改易陰陽，四時代謝，莫不由焉。故二星尊貴，隱伏華晨，皆空常之妙趣，難可屢瞻也。得見二星，延壽無窮，存修其道，飛昇華堂，上眞祕言，此之謂也。

上相青童君敢請問：空常之道，靈音妙貴，豈可聞乎。

太上大道君曰：空常者，天地之至名，而謂之無名，混而爲一，是爲有名。**【略】**

輔星帝席宮紫氣玉樓帝尊九晨君，姓精常，諱無灩，字玄解子，眞名，頭建飛精玉冠，衣九色鳳衣。

弼星上尊宮玉樓紫館帝尊元晨君，姓幽空，諱空無先，字隱元覺，眞名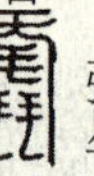，頭建飛天玉冠，衣天龍衣。

此二星，則天地魂魄之威神。輔星曰常，主天。弼星曰空，主地。皆

迴天宿，轉五嶽，變化億萬，知者延年無極，修之立致藏隱。

《太上飛行九晨玉經》 弼星曰空，輔星曰常。常者常陽，空者隱藏，其有諱，不得傳於人口。

《上清衆經諸真聖秘・迴元九道飛行羽經》 輔星，天尊玉帝之星也。曰常，常者常陽，主飛仙，上總九天，星圍九百九十里，有八門交通八氣，門有四光芒燭，照九天之上。中有紫氣玉樓遊行三命眞人，號曰帝尊九晨君，姓精常，諱精靈覺，頭建飛精玉冠，衣九鳳衣，手執火鈴，坐玉樓之中。

弼星，太帝眞星也。曰空，空者常空隱也，主變化無方，星圍九百九十里，有九門交關九天，門有四光芒燭，照八極之外，無央之中也。中有玉臺紫館徘徊三陽眞人，號曰帝眞元晨君，姓幽空，諱變空輪，頭建飛天玉冠，衣九天龍衣，手執帝章，坐於紫館之中。

净明

綜述

佚名《太上靈寶净明法序》 謂之净明，净明者，無幽不燭，纖塵不汙，愚智皆仰之，爲開度之門，昇眞之路，以孝悌爲之準式，修鍊爲之方術，行持之秘要。積累相資，磨礲智慧，而後道炁堅完，神人伏役，一瞬息間，可達玄理。

傅飛卿《高上月宮太陰元君孝道仙王靈寶净明黄素書》卷九 黄素曰：男女之慾，生於陰陽。陰陽之中，遂生牝牡。美夫醜婦，決不相好；婦美夫醜亦復如是。美醜之異，牝牡一也。或以相好，或不相好，則牝牡之欲，猶美醜也。美醜之見，不緣牝牡。昔有盲人，交於醜婦，美如美婦。則美醜之見，猶牝牡也。則所謂牝牡非關。美好心生於慾，慾生於淫，淫液交通，本乎妄想。制於妄想，未有不眞，是爲净明。【略】

黄素曰：精忠是净明義。以殺身至孝，是净明仁。以成名廉潔，是净明；以不貪利名，法忍是净明；以不妄怒嗔，克愼是净明；以行而恭謹，克寬是净明；以大而廓明，克裕是净明；樂於分故，克容是净明。藏於疾故，則净明之中，其想正矣。想之以正，未有不仙。故甲胄者，有不可犯之色；哭泣者，有不可聞之聲；祭祀而見鬼神者，亦由是也。

黄素曰：以想爲妄，孰爲無想？無想爲正，孰是有想？如以有妄，子安知。無則是無，非有。如以無妄，子安知。有則是有，知無無。無既無，則是净明之法。鑒有鏡，水即彼鏡，水可見净明。

黄素曰：鑒水在前，本只照我，非我正形，是以有安鑒。水既設有吾眞形眉目耳鼻，何以知眞？汝不見形，安知是汝？如以手捏面，鑒中之影、水中之影，亦手捏面。他人不捏，不見有手。則手本在我，不在他人。手在於我，即知此面本實我面，由手面知八極。在我非八極，在他如在於他，即非净明。

黄素曰：净明之祖，出於正性。性中有用，本在眞想。想中有妄，故失其净明。譬如鑒水，塵垢汙漫，不能照物，以物汩性，想之不眞，亦失其净明也。

又卷一〇 黄素曰：正性爲性，非性爲習。一者淫習。二者貪習。三者慢習。四者嗔習。五者詐習。六者誑習。七者怨習。八者見習。九者枉習。十者訟習。十習交磨，則净明之道。所想不正，即失其眞。失其所眞，正性汩沒，則净明之理隨失，生諸妄見也。

《太上靈寶首入净明四規明鑒經・成終章第四》 學貴乎始，必有乎終。天事始乎春，至冬而歲成。地事始乎東，至北而化成仙。學始乎孝，至道而學成。上士以文立忠孝，中士以志立忠孝，下士以力致忠孝。昧道者反此，不有於忠孝。何謂上士以文立忠孝，以言爲天下唱。何謂中士以志立忠孝，以行爲天下先。何謂下士以力致忠孝，以身爲衆人率。如此者，南昌上宮著名，昇籍入仙，而忠孝之道終矣。昧者反之，不孝不忠，故不成乎道。生則犯禁，死則犯科。犯禁者治於官，有典刑。犯科者治於幽，有反報。不忠者有臣禍，不孝者有子禍。不廉者辱，不愼者擴逆，不寬者惱，不裕者貪而常不足。不容者多所觸，不忍者自罹其毒。故生而不廉死之魂，爲人則倡優，爲鬼則順，爲物則牛馬。生而不怯死之魂，爲人則士卒，爲鬼則戮，爲物則六畜。凡即此，可以類推也。是以知道者畏

之，謹心誠八極。立八極以爲基，立基以明立性。心性明，則不期於神，而神自神，謂之净明。净明之習，忠孝以爲習，積忠孝之道備矣。何謂净，不染物。何謂明，不觸物。不染不觸，忠孝自得。生乎由是，死乎由是。忠孝立，而心性得矣。

胡化俗《净明大道説》（《净明忠孝全書》卷二） 净明者，無形大道，先天之宗本也。在上爲無上清虚，在天爲中黄八極，在人爲丹元絳宫。此三者同出而異名，同謂之玄，玄之又玄，衆妙之門。明此理者，净明也。清則净，虚而明，無上清虚之境，謂之净明。中黄八極天心也，丹元絳宫人心也。故天立中黄八極而報無上之本，人當忠孝而答君親之恩。忠孝，大道之本也。是以君子務本，本立而道生。孝弟也者，其爲仁之本與。有不務本而脩鍊者，若太匠無材，縱巧何成？惟有大舜比干，不脩鍊，力忠孝，不求道，道自備。下則豺狼有父子，螻蟻有君臣。物且尚能忠孝，況於人乎？況於法子乎？净明大道同理，同源不同形。同理者，誰能出不由戶，何莫由斯道也。同源不同形者，是道生，一生二，二生三，三生萬物。萬物之中，惟人最貴。不忠不孝，不如豺狼螻蟻乎。不能净明者，不如蜣蜋飲露乎。物得忠孝大道體，法子夫豈不知。吾奉太上，設忠孝大道之門，甚易知，甚易行，勉而宏之。人能弘道，非道弘人，要不在參禪問道，入山鍊形，貴在乎忠孝立本，方寸净明。四美俱備，神漸通靈，不用脩鍊，自然道成，信斯言也。直至净明。

道　意

綜　述

《太玄真一本際經・道性品》 如是衆生在生死獄，以妄想故，受諸苦惱。猶如夢中見種種事，苦樂罪福差別不同，而亦於中生愛憎想，起善惡行，比覺之後，一切都無。是諸衆生亦復如是。以道性力得遇善友，聞三洞經，生信樂心，從師稟受，依教脩行，作諸功德，開化衆生，脩習觀行，習因增進，能發道意，誓度群生同入正果。

又《净土品》 大智人者，舫喻天尊圓滿大智，船喻大士上德之人，所經迅流是諸行法，亦是無名，亦名道性。是名究竟畢竟二土因無因義，方便業報二土因者。如是諸法，謂諸衆聖教化凡夫所行，名之習業。施教造業，二而無二，所謂一種，是發無上自然道意。如是正因，最爲根本。**【略】**若有利智迴拔之人，直向大乘，不須階級。他方净土悉以道意爲其初業，生彼净土，即入定位，是故無有三乘。隨機普化，集方便道。

孟安排《道教義樞》卷三《道意義第九》 義曰：道意者，入道初心，歸眞妙趣，斷生死之累，成慧鑒之明，絶有欲之津，證無爲之果，此其致也。

釋曰：括尋經旨，且有五種：一者，自然道意。謂初發自然之心，上求道果，下化衆生之大願也。但自然之名，義可兩屬：一者，當因即是自然，謂任業自然，非他使也。二者，果名自然，謂自然正道，以化濟爲意。能發此願，與果相扶，因受果名言自然也。二者，研習道意。謂研習以解伏諸煩惑。《八素經》云：漸進修習，轉得勝明。三者，知眞道意。謂習行眞智，能鑒眞理。四者，出離道意。謂出離三界，到於道場。五者，無上道意。謂諸智莫過，更無勝通。名道意者，謂是正道之心，亦是行前四心，得後道果，因合名稱爲意。又無上道心，大慈爲本，普濟群品，咸使歸眞。今上求道果，即是歸眞，下化衆生，即爲濟物。常運此願，與道心同，四意皆用此心，是故名道意也。道意雖多，今開五者，前四是因，後一是果，因果合明，故爲五也。

成玄英《老子道德經義疏・善行章第二七》 上士達人，先物後己，發大弘願，化度衆生，誓心堅固，結契無爽，既非世之繩索約束，故不可解也。然誓心多端，要不過五：一者發心，二者伏心，三者知眞心，四者出離心，五者無上心。第一發心者，謂發自然道意，入於法門也。

雜　録

閭丘方遠《太平經鈔》卷二 脩一却邪。天地開闢貴本根，乃氣之元

也。欲致太平，念本根也。不思其根名大煩，舉事不得，災並來也。此非人過也，失根基也，離本求末，禍不治，故當深思之。夫一者，乃道之根也，氣之始也，命之所繫屬，衆心之主也。當欲知其實，在中央爲根，命之府也。故當深知之，歸仁歸賢使之行。人之根處內，枝葉在外，令守一，皆使還其外，急使治其內，追其遠，治其近。守一者，天神助之；守二者，地神助之；守三者，人鬼助之；四五者，物祐助之。故守一者延命，二者與凶爲期，三者爲亂治守，四五者禍日來。深思其意，謂之知道。故頭之一者頂也，七正之一者目也，腹之一者臍也，脉之一者氣也，五藏之一者心也，四肢之一者手足心也，骨之一者脊也，肉之一者腸胃也。能堅守，知其道意，得道者令人仁，失道者令人貪。【略】自然守道而行，萬物皆得其所矣。天守道而行，即稱神而無方。上象人君父，無所不能制化，實得道意。

又卷九 上古第一神人，第二眞人，第三仙人，第四道人，皆象天得眞道意，眩目內視，以心內理，陰明反洞於太陽，內獨得道要。猶火令明照內，不照外也，使長存而不亂。今學度世者，象古而來內視，此之謂也。久久傳相生，復衰微，反日厭其所爲，傳失道意，不能內照，日益不理。

净土

综述

《太玄真一本際經》卷六《净土品》 净土之體，凡有五種。一者究竟平等净土，二者畢竟眞性净土，三者化物方便净土，四者業報差別净土，五者世間嚴飾净土。云何究竟平等净土？ 即眞道界離一切想，滅一切受，除一切漏，無有爲行，究竟清净，等虛空性，圓滿净惠，懸處其中，即是衆生終歸窟宅，是名究竟平等第一净土。云何畢竟眞性净土？ 所謂諸法性本自空，無作無生，無穢無淨，而是正觀所遊之處，是名畢竟眞性净土。云何化物方便净土？ 謂諸衆聖脩種種術，善巧方便教導衆生，以是方便起嚴净界，證太上時還應此土，統化衆生，受化之徒隨所稟行，各生其域，是名化物方便净土。云何業報差別净土？ 隨衆生根起種種行，造業同故，共一净土，十方人天隨業勝劣，致有世界若干不同，太上衆眞乘願力故，應生其土，示教開悟，是名業報差別净土。云何世間嚴飾净土？ 實是穢惡，以微善業感得七珍，而以裝嚴宮殿形體，一時嚴飾，故名爲净，是名世間嚴飾净土。普得妙行，汝前所見十方土者，是諸上人化物功用方便所起，亦是衆生業報差別。如是二土分別四品，謂上上品、上、中、下品。上上品者，隨願化生虛無之體，無復死壞，其有衆寶裝嚴之具，皆是功德智慧熏修山林樹木一切色類，能宣正道，利益無邊，猶如難勝極妙之土，名上上品清净國土。言上品者，是妙樂國，彼中眞仙體貌端正，妙齡希有，而不及於難勝之土，是名上品。言中品者，如多喜世界，淳一大乘，人身端偉，相好姝麗，而不及於妙樂之土，故名中品。言下品者，此劫之初天尊成就五方净土，度一切人，然有終壞，故名下品。方便之土及業報土，隨其義異，故開二途。上聖眞仙化導所致，稱曰方便；衆生習教成業感生，名衆生土。即名業行能化所化，不相離故，唯是一土，更無有二。

尒時普得妙行白太上曰：如是净土以何爲因？ 太上答曰：究竟、畢竟如是二土，非是始造，亦非終成。非作法故，故名無因；假緣證故，故名有因。猶如大海有此〔岸〕彼岸，而此岸者多惱多害，其彼岸者安樂無害。有大智人畏惱害故，造於大舫，裝治大船，越於迅流，到於彼岸，而彼岸者非船舫生，非不因之而得至彼。言此岸者，是生死穢，生老病死，念念無常，喻以多惱；染愛無明，喻之多害。言彼岸者，即二净土。言無惱者，究竟昇玄，常住自在，安隱清净；言無害者畢竟眞空，無想無染，離一切著。

黎元興等《太上一乘海空智藏經》卷二《哀歎品》 爾時妙思復白天尊：云何名爲清净國土？

於是天尊答妙思言：善哉善哉，善男子，汝等見我欲還長樂，故發斯問，正是其時。善男子，土有四種。云何爲四？ 一者不淨，二者亦淨不淨，三者淨淨，四者非非淨。云何不淨？ 善男子，若有衆生貪著愛欲，邪見誹謗，故生下土，荆棘毒草，丘墟不平，形相醜陋，多生諸惡，殺害

有生，壽命短促，是以因緣，故生下土，是名不淨。云何亦淨不淨？善男子，一切衆生心情異想，或淨三業，或身不淨，如是等輩生雜國土，是名亦淨不淨。云何淨淨？善男子，如彼難勝，形相殊好，妙麗希有，以是因緣，是名淨淨。云何非非淨？善男子，妙樂國土非非不淨，爲衆生故，種種演說，道果清淨，非有非無，亦非有無。若有衆生修行一乘微妙經典，發平等心，以此善根，願與仙童共之此土，壽命長遠，有大勢力，獲大神通，以是誓願因緣力故，於未來世得道之時，見諸國土非非清淨，是名非非淨。是名四種微妙國土。

孟安排《道教義樞》卷九《淨土義第三一》 義曰：淨土者，途開汲引，事假因緣，寶淨業之有誠，妙心識之所託，此其致也。《靈寶經》云：天尊成就，五方淨土，度一切人。

釋曰：今辯淨土之名，略爲五句：一者土內純是仙人，亦名仙人土，此如太清。二者土內純是眞人，亦名眞人土，此如上清。三者土內純是聖人，亦名聖人土，此如玉清。四者天尊爲化主，則名天尊土。五者衆生業感，亦名衆生土，此則天尊衆生，衆生天尊，因緣淨土，難可抑定，自在無方，不可思議。又淨土體義者，一往總論，即依正報爲淨土。體依正報者，七寶莊嚴，八騫彌覆，白環生實，洞響靈音，金精玉池，寶臺雲觀也。明正報者，年脩命遠，玉貌金容，淳善所生，常報定命，運數限足，乃登神仙也。即直心名。《淨土經》云：三業既淨，則六根淨，六根淨已，則國土淨也。《藏天内景》又云：四方國土，同一日月運行，此即以存且夕。《太平經》云：上天度世者，以萬歲爲一日，其次千歲爲一日，其次百歲爲一日，其次乃至十日爲一日也。

混元

綜述

張君房《雲笈七籤》卷二《混元混洞開闢劫運部・混元》 混元者，記事於混沌之前，元氣之始也。元氣未形，寂寥何有？至精感激而眞一生焉，元氣運行而天地立焉，造化施張而萬物用焉。混沌者，厥中惟虛，厥外惟無，浩浩蕩蕩，不可名也。廣大之旨，雖典冊未窮，祕妙之基，而玄經可見。古今之言天者一十八家，爰考否臧，互有得失。則蓋混天儀之述，有其言而亡其法矣。至如蒙莊《逍遙》之篇，王仲任《論衡》之說，《山海經》考其理舍，列禦寇書其清濁，漢武王黃道，張衡銅儀，周髀之書，宣夜之學，昕天安天之旨，晁崇、姚信之流，義趣不同，師資各異。所以虞喜、虞聳、劉焯、葛洪，宋有承天，梁有祖暅，唐朝李淳風，皆有述作。廬江句股之術，釋氏俱舍之譚，或託寓詞，或申浮說。若夫定兩規之分次，明二道之運行，經緯不差，上下無爽者，惟渾天法耳。葛稚川言渾天之狀，如鷄子卵中之黃。地乘天而中居，天乘氣而外運，三百六十五度四分度之一，半出地上，半繞地下。二十八舍半隱半見。此乃符上清之奧旨，契玄象之明驗矣。

空洞

綜述

張君房《雲笈七籤》卷二《混元混洞開闢劫運部・空洞》 道君曰：元氣於眇莽之內，幽冥之外，生乎空洞。空洞之內，生乎太無。太無變而三氣明焉。三氣混沌，生乎太虛而立洞，因洞而立無，因無而生有，因有而立空。空無之化，虛生自然。上氣曰始，中氣曰元，下氣曰玄。玄氣所生出乎空，元氣所生出乎洞，始氣所生出乎無。故一生二，二生三，三者化生以至九玄，從九反一，乃入道眞。氣清成天，滓凝成地，中氣爲和，以成於人。三氣分判，萬化稟生；日月列照，五宿煥明。上三天生於三氣之清，處於無上之上，極乎無極也。

混沌

綜述

張君房《雲笈七籤》卷二《混元混洞開闢劫運部・混沌》　《太始經》云：昔二儀未分之時，號曰洪源。溟涬濛鴻，如鷄子狀，名曰混沌玄黄。無光無象，無音無聲，無宗無祖，幽幽冥冥。其中有精，其精甚眞。彌綸無外，湛湛空虚。於幽原之中而生一氣焉。化生之後九十九萬億九十九萬歲，乃化生三氣。各相去九十九萬億九十九萬歲，共生無上也；自無上生後九十九萬億九十九萬歲，乃生中二氣也，中三氣也；中二氣、中三氣各相去九十九萬億九十九萬歲，三合成德，共成玄老也；自玄老生後九十九萬億九十九萬歲，乃化生下三氣也；下三氣各相去九十九萬億九十九萬歲，三合成德，共成太上也。《靈寶經》曰：一氣分爲玄、元、始三氣，而理三寶。三寶皆三氣之尊神，號生三氣。三號合生九氣。九氣出乎太空之先，隱乎空洞之中。無光無象，無形無名，無色無緒，無音無聲。導運御世，開闢玄通，三色混沌，乍存乍亡。運推數極，三氣開光。氣清高澄，積陽成天；氣結凝滓，積滯成地。九氣列正，日月星宿，陰陽五行，人民品物，並受成生。天地萬化，自非三氣所育，九氣所導，莫能生也。三氣爲天地之尊，九氣爲萬物之根。故三合成德，天地之極也。

《太上老君開天經》　太素既沒而有混沌。混沌之時，始有山川。老君下爲師，教示混沌，以治天下。七十二劫，混沌流行，成其山川，五嶽四瀆，高下尊卑，乃其始起也。混沌以來始有識名。混沌號生二子，大者胡臣，小者胡靈。胡臣死爲山嶽神，胡靈死爲水神，因即名爲五嶽四瀆山川高下。混沌既沒而有九宮。

劫運

綜述

張君房《雲笈七籤》卷二《混元混洞開闢劫運部・劫運》　《上清三天正法經》云：天圓十二綱，地方十二紀。天綱運關，三百六十輪爲一周；地紀推機，三百三十輪爲一度。天運三千六百周爲陽勃，地轉三千三百度爲陰蝕。天氣極於太陰，地氣窮於太陽。故陽激則勃，陰否則蝕，陰陽勃蝕，天地氣反。天地氣反，乃謂之小劫。小劫交則萬帝易位，九氣改度，日月縮運。陸地通於九泉，水母決於五河，大鳥屯於龍門，五帝受會於玄都。當此之時，凶穢滅種，善民存焉。天運九千九百周爲陽蝕，地轉九千三百度爲陰勃。陽蝕則氣窮於太陰，陰勃則氣極於太陽。故陰否則蝕，陽激則勃。陰陽蝕勃，則天地改易。天地改易，謂之大劫。大劫交則天地翻覆，河海湧決，人淪山沒，金玉化消，六合冥一。白尸飄於無涯，孤爽悲於洪波，大鳥掃穢於靈嶽，水母受事於九河，五龍吐氣於北元，天馬玄轡以徒魔，赤鎖伏精於辰門，歲星滅王於金羅，日月昏翳於三豪之館，五氣停暈於九嶺之巔，龍王鼓華於東井之上，河侯受對於九海之下，聖君顯駕於明霞之館，五帝科簡於善惡。當此之時，萬惡絶種，鬼魔滅跡，八荒四極，萬不遺一。至於天地之會，自非高上三天所不能禳，自無青籙白簡所不能脱也。

又云：天關在天西北之角，與斗星相御。北斗九星，則天關之綱柄，玉晨之華蓋，梵行九天十二辰之氣。斗綱運關，則九天並轉。天有四候之門，九天合三十六候。一晝一夜，則斗綱運關，經一候之門。晝夜三十六日，則經三十六候都竟。則是九天一輪，三百六十輪爲九天一周。九天一周，則六天之氣皆還上三天。三天改運促會，以催其度。三千六百周則爲小劫。小劫交則九氣改正，萬帝易位，民亡鬼滅，善好清治，六合寧一。九千九百周爲大劫終。大劫終則九天數盡，六天運窮。運窮則氣激於三

五。群妖兇橫，因時而行，放毒滅民。此皆運窮數極，乘機而鼓，以至於此也。地機在東南之分，九泉之下。則九河之口，吐翕靈機，上通天源之淘注，傍呑九洞之淵澳，以十二時紀推四會之水，東迴一晝一夜，則氣盈並湊。九河之機晝夜三十三日，機轉西北，迴東北，張西南，翕東南。張則溢，翕則虧。周於四會，天源下流通波，是爲一轉。三百三十轉爲一度。一度則水母促會於龍王，河侯受封於三天。三千三百度謂之陰否。陰否則蝕。陰蝕則水涌河決，山淪地沒。九千三百度爲大劫之終，陰運之極。當此之時，九泉涌於洪波，水母鼓於龍門，山海冥一，六合坦然。此陰運之充，地氣之激也。

又云：赤精開皇元年七月七日丙午中時，登琳琅之都，月之上館，受符於元始天王，開金陽玉匱，玄和玉女口命出皇民錄譜。自開皇已前，三象明曜以來，至於開皇，經累億之劫，天地成敗，非可稱載。九天丈人於開皇時，筭定元元，校推劫運，白簡青籙，得道人名記皇民譜錄，數極唐堯。是爲小劫一交。其中損益，有二十四萬人應爲得者。自承唐之後，數四十六丁亥，前後中間甲申之年，乃小劫之會，人名應定。在此之際，陽九百六，二氣離合，吉凶交會。得過者特爲免哉。然甲申之後，其中壬辰之初，數有九周，至庚子之年，吉凶候見，其道審明。當有赤星見於東方，白彗干於月門，祆子續黨於蟲口，亂群塡尸於越川。人啖其種，萬里絕煙。強臣稱霸，弱主蒙塵。其後當有五靈昺瑞，義合本根。龍精之後，續族之君，平滅四虜，應符者隆，龍虎之世，三六乃清。民無橫命，祚無危患。自承唐之後四十六丁亥，是三劫之周。又從數五十五丁亥至壬辰、癸巳是也，則是大劫之周。天翻地覆，金玉化消，人淪山沒，六合冥一。天地之改運，非眞所如何，惟高上三天，白簡青籙，乃得晏鴻翮而騰翔，飛景霄而盼目耳。此玄和玉女口命，金陽玉匱論天地之成敗、吉凶之兆也。

《上清八景飛經》云：大劫之周，三道虧盈，二氣合離，理物有期。承唐之世，陽九放災，剪除兇勃，搜採上眞也。

《老君戒文》云：西向流沙中無量國，有巨石，高二百丈，周旋一千五百里。巨石北則有芥子城。壁方四十里，四面石壇高二十丈。飛仙一歲送一芥子著此城中，以衣拂巨石，令消與平地無別。芥子城令滿中芥子，則時運周劫，世轉一階也。《靈寶齋戒威儀經訣》下云：石如崑山，芥子滿四十里。中天人羅衣百年一度，拂盡此石，取芥子一枚，譬如一劫之終。若是之久，誰當悟斯者也？

又《靈寶天地運度經》云：靈寶自然運度，有大陽九、大百六也；小陽九、小百六也。三千三百年爲小陽九、小百六也。九千九百年爲大陽九、大百六也。夫天厄謂之陽九也，地虧謂之百六也。至金天氏之後甲申之歲，是其天地運度，否泰所終，陽九百六會。至時道德方明，兇醜頓肆，聖君受任於壬辰之年也。

七傷

綜述

張君房《雲笈七籤》卷九一《七部名數要記部・七傷》 眞人曰：學貴六合，宜愼七傷。

第一之傷：帶眞行僞，淫色喪神，魂液泄漏，精光枯干。氣散魄零，骨空形振，神泣窮府，上聞天關。眞仙遠逝，則與凡塵結因。土府同符，豈復得仙？

第二之傷：外形在道，皮好念眞，而心抱陰賊，兇惡內臻。願人破敗，嫉賢妒能。口美心逆，面歡內嗔。形論得失，妄造罪原。毀慢同學，攻伐師友。三官所記，標爲惡門，仙眞高逝，邪魔攻身。走作形景，飛散體神，故令枉橫，極其惡源。考滿形灰，滅己九泉，圖有玄名，豈保自然。

第三之傷：飲酒洞醉，損氣喪靈。五府攻潰，萬神振驚。魂魄飛散，內外朽零。本室空索，赤子悲鳴。眞仙高逝，邪魔入形。如此之學，徒損精誠。雖有玄記，空失玉名。神昇上宮，身灰幽冥。恍惚求延，年焉久停？

第四之傷：行不引物，責人宗匠。心忽口形，罵詈無常。嗔喜失節，

性乖不恆。氣激神散，內眞飛揚。魄離魂游，九孔塵埃，五府奔喪。皆由性之不純，行之不祥。眞仙高逝，外痾入形，如此之學，將欲何蒙？雖有玄圖，不免斯殃，望仙日悠，地里日長。

第五之傷：或玄圖表見，得受寶經；或運遇靈師，啓授神文，而不依科盟，形泄天眞。未經九年，投刺名山。使青宮有錄，金闕結篇。便傳於人，流散世間。輕眞泄寶，考結己身。圖有玄名，反累七玄。仙道高逝，身死幽泉，長充鬼責，萬劫不原。

第六之傷：身履殗穢，靈關失光。五神飛散，赤子騫揚。邪魔來攻，內外交喪。如此之學，望成反傷。眞仙高逝，空景獨淪於溷濁，仙胡可冀？

第七之傷：啖食六畜之肉，殺害足口之美。臭氣充於臟腑，伐生形於非己。眞氣擾於靈門，遊神駭於赤子。魂魄遊於宮宅，濁滯纏於口齒。仙眞高登於玉清，己身沉頓於地里。圖有玄名帝簡，亦不免於不死。

高聖帝君曰：爲學之本，當以七傷爲急。既得瞻眄洞門，披睹玉篇，不犯七傷之禁，將坐待靈降，白日昇晨。如外勤存學，內不遣於《七傷》者，此將望成而反敗，期生而反亡，希吉而反凶，求飛而反沉。靈仙遊於高清，五神散於八荒，赤子號泣於中宅，遊魂悲鳴於玄宮。故仙相有成敗，上學有《七傷》。篤尚之士，熟精其眞。諸有神挺應圖，瓊胎紫虛，名題東華，得見《七傷》檢文。自無。此神挺靈篇不可得妄披，寶文不可得而看。得見此文，皆玄質合仙。九年修得，尅得飛行玄虛，上昇玉清也。

七報

綜述

張君房《雲笈七籤》卷九一《七部名數要記部・七報》 眞人曰：負陰抱陽，因緣各異。捨死得生，果報不同。爲善善至，爲惡惡來。如影隨形，毫分無謬。善惡多端，福報難數。大而言之，其標有七：

一者先身施功布德，救度一切。今身所行，與先不異。必得化生福堂，超過八難。受人之慶，天報自然。

二者先身好學，志合神仙，崇奉玄科，敬信靈文，念善改惡，立行入眞。今身所行，與先不異。得接帝皇，名書紫簡，上昇玉晨。

三者先身樂道，不憚苦寒，隨師執役，唯勞爲先，飢渴務效，不生怨言。今身所行，與先不異。得策飛軿，遊宴五嶽，秉虛落烟。

四者先身貞潔，不淫不奸，不貪不欲，見色無歡，心如死灰，執固道源。今身所行，與先不異。得報靈人，超度三塗，五苦不經。

五者先身施善，願天普隆，同得昇度，去離八難，衆身不過，己身不安，割己之服，以拯窮寒，捐粮餉鳥，遺物空山。今身所行，與先不異。四司稱善，感徹玉皇，書名紫簡，禮補上仙。

六者先身忠孝，恭奉尊親，崇敬勝己，宗禮師君，腹目相和，如同一身，心無嫉妒，口無輕言，內外齊並，動止合眞。今身所行，與先不異。得受靈人，不經三塗，超過八難，善善相注，福福相資。

七者生世不良，懷惡抱奸，攻伐師尊，訾毀聖文，不崇靈章，疑二天眞。外形浮好，假求華榮。口是心非，行負道源，竊盜經書；不盟而宣，洩露祕訣，流放非眞。今身所行，與先不異。違科犯忌，身入罪源。七祖橫罹，責及窮魂。身死負掠，食火踐山。三塗五苦，萬劫不原。楚撻幽夜，痛切其身。

夫欲修學，熟尋此文。改惡行善，速登神仙。

十三虛無

綜述

張君房《雲笈七籤》卷九一《七部名數要記部・十三虛無》 老君曰：生從十三：虛、無、清、靜、微、寡、柔、弱、卑、頓、時、

和、嗇。
一曰遺形忘體，恬然若無，謂之虛。
二曰損心棄意，廢僞去欲，謂之無。
三曰專精積神，不與物雜，謂之清。
四曰反神服氣，安而不動，謂之靜。
五曰深居閑處，功名不顯，謂之微。
六曰去妻離子，獨與道遊，謂之寡。
七曰呼吸中和，滑澤細微，謂之柔。
八曰緩形從體，以奉百事，謂之弱。
九曰憎惡尊榮，安貧樂辱，謂之卑。
十曰遁盈逃滿，衣食麤疏，謂之損。
十一曰靜作隨陽，應變却邪，謂之時。
十二曰不飢不渴，不寒不暑，不喜不怒，不哀不樂，不疾不遲，謂之和。
十三曰愛視愛聽，愛言愛慮，堅固不費，精神內守，謂之嗇。

教門常識部

三洞

綜述

孟安排《道教義樞》卷二《三洞義第五》 義曰：三洞者，八會之靈音，三景之玄教，金編玉字，研習可以還源，鳳篆雲章，脩服因玆入悟，此其致也。故《玉經隱注》云：三洞經符，道之綱紀。《正一經》云：三洞妙法，兼而該之，一乘道也。《本際經》云：若有經文十二部，應三洞者，是名正也。

釋曰：一者洞眞，二者洞玄，三者洞神。眞以不雜爲義，玄以不滯爲義，神以不測爲義。通而爲語，三名互通。何者？一乘玄書，故是不雜，理然無滯。三洞妙旨，本自難思，故爲不測耳。從通制別者，靈秘不雜，故與眞名。生天立地，其用不滯，故與玄名。召制鬼神，其功不測，故與神名。通稱洞者，以通同爲義，明三教並能通凡入聖，又皆同一大乘也。然其教跡本，洞眞教主天寶君爲跡，本是混沌太無元高上玉皇之炁；洞玄教主靈寶君爲跡，本是赤混太無元上玉虛之炁；洞神教主神寶君爲跡，本是冥寂玄通無上玉虛之炁。其跡本之義，具如《九天生神章經》義跡及《玄門大論》所明。今略釋三跡，明其次第者，天是玄義，靈是精義，神者無累之義。明始入仙階，登無累境，故與神名；既進中境，智漸精勝，故與靈名；既登上境，智轉無滯，故與天玄之名也。通名寶君者，寶是可尊，君是羣義，明爲羣生之所尊仰也。但知洞眞法天寶君住玉清境，洞玄法靈寶君住上清境，洞神法神寶君住太清境。故《太上蒼元上籙經》云：三清者，玉清，上清，太清也。今明玉者無雜，就體爲名；上者上登，逐用爲稱；泰者通泰，體事兼明。從著入微，配三可解。又初登仙域，智用通泰，名漸之上境，故與上同。亦可三境並居界表，俱可稱上，故與上名。居中義兼上下三處，並無欲染，亦上境最優，故用玉名，以標尊勝，此並處從人得名也。亦可三清妙處，是大道神功，當體爲名，不無其義。通言清者，以淨爲義。三清淨土，無諸染穢，故並言清，其中宮室，萬緒千端，變化難思，今不曲盡。又三洞體義者，尋其人教及境，本同一炁，赴感適緣，作三名說。故境教及人，寄名不定，或以人目境，或以境標教，因緣相待，隨便而言。《玉緯經》云：洞神，洞玄，洞眞，是三清境號。斯即以境因經，故言洞神等經也。今檢三洞經目不同，洞神則言洞神三皇，洞玄則言洞玄靈寶，洞眞雜題諸名。此則三皇是逐教緣爲題，以三皇是稟教之緣故也。靈寶是取教主爲題，以生神用靈寶目君故也。洞眞無通題，雜題諸名者，此亦示神無方，不可定耳。其三洞法體，一往既是言教，以色聲爲體，再論並是難思智用，亦可以三一爲體。三清境者，一往既是境處，可以炁色爲體，再論既是大道智用，不可思議，人法不二，亦具三一爲體，即精神炁三一也。蓋法師云：境雖是三，不壞是一。又序三洞經：洞者，其卷數題目，具如陸先生《三洞經書目錄》，孟法師《玉緯七部經書目》，陶隱居《經目》，《太上衆經目》《三十六部尊經目》等所明，今不具辨，且論其感降之始，序其流化之緣。其洞眞是天寶君所出，玉緯引《正一經》云：元始高上玉帝，稟承自然玄古之道，撰出上清寶經三百卷，玉訣九千篇，符圖七千章，祕在九天之上，大有之宮，相傳玉文，以付上相青童君，封於玉華青宮。無景元年，又撰一通以封西城山中。又太帝君命扶桑大帝暘谷神王撰出三十一卷，獨立之訣，上經三百首，今獨立亦行於世也。昔襄城小童，以上清飛步天綱，躡行七元六紀之法，降授黃帝，竟無所傳。元封元年七月七日，西王母、上元夫人同下降漢武於咸陽宮，授五帝靈飛六甲上清十二事。明年天火燒栢梁臺，經飛太空，於玆世絕。太元眞人茅君，諱盈，師西城王君，受上清玉珮金璫三景躡旋之道，以漢宣帝地節四年三月昇天。又玄洲上卿蘇君諱林，師涓子，受上清三一之法，亦以宣帝神爵二年三月六日登仙，不傳於世。起漢孝平皇帝時，西城眞人以上清三十一卷，於暘谷之山授清虛眞人小有天王褒，以晉成帝之時，於汲郡修武縣授紫虛元君南嶽夫人魏華存，以咸和九年乘飈輪而昇天，以經付其子道脫，又傳楊先生羲，晉簡文皇帝之師也。羲師

南嶽夫人，受上清大洞眞經三十一卷，至晉孝武皇帝太元十三年昇仙。又許先生邁，字叔玄，小名映，改名遠遊，師南海太守飽靚，受上清衆經，後渡江入赤城山，往而不返。遠遊弟謐，仕晉爲護軍長史，散騎常侍，亦受行衆經，隱景去世。謐子玉斧，長名翽，字道翔，師先生受上清三天正法，曲素鳳文三十一卷，遁跡潛化。玉斧子黄民，民子豫之，以宋元嘉十二年隱剡之小白山，以上清靈寶經、三洞妙文寄剡縣馬朗之家。宋有道士樓化，以宋明皇帝太始之末，潛因後堂。道士殳孝眞，密啓明帝，逼取經還，帝使開看，忽有五色紫光，洞煥眼前。逮元徽元年，馬乃出訴，啓請先者經，有敕聽還。天藏既開，太陽難掩，齎持重寶，詣馬輻臻。兹乃上眞注筆，未簡凡庶，摹而傳奉，號曰眞跡。目序所明，與此同也。洞玄是靈寶君所出，高上大聖所撰，今依元始天王告西王母，太上紫微宮中金格玉書，靈寶眞文篇目，十部妙經，合三十六卷。按《太玄都四極明科》曰：洞玄經，萬劫一出。今封一通於太山，一通於勞盛山。昔黄帝登峨眉山詣天眞皇人，請受此法，駕龍昇天。帝嚳之時，九天眞王駕九龍之輿，降牧德之臺，授帝此法，帝後封之於北鍾山。夏禹所感之經，出沒有異。按《眞一自然經》云：太極眞人夏禹，通聖達眞，太上命鈔出靈寶自然，分別大小劫，品經中山神祝。《八威召龍神經》又云：徐來勒等三眞，以己卯年正月一日日中時，於會稽上虞山傳仙公葛玄。玄字孝先，於天台山傳鄭思遠、吳主孫權等。仙公昇天，合以所得三洞眞經，一通傳弟子，一通藏名山，一通付家門子孫。與從弟少傳奚，奚子護軍悌，悌子洪，洪又於馬跡山詣思遠盟受。洪號抱朴子，以晉建元二年三月三日於羅浮山付弟子海安君、望世等。至從孫巢甫，以晉隆安之末，傳道士任延慶、徐靈期之徒，相傳於世，于今不絶。洞神是神寶君所出，西靈眞人所撰，此文在小有之天，玉府之中。《序目》云：小有三皇文，本出大有，皆上古三皇所受之書，亦諸仙人所受，以藏諸名山，其蜀郡西城、峨眉山，具有此文。抱朴子云：昔黄帝東到青丘，過風山，見紫府先生受三皇內文。晉時飽靚學道於嵩高，以惠帝永康年中，於劉君石室清齋思道，忽有三皇文刊成字，仍依經，以四百尺絹告玄而受，後亦授葛法子孫。按《三皇經序》飽君所得石室之文，與世不同，洪或兼受也。陸先生所得，初傳弟子孫，後傳陶先生。先生分析枝派，遂至兹也。

張君房《雲笈七籤》卷六《三洞經教部・三洞並序》

《道門大論》云：三洞者，洞言通也。通玄達妙，其統有三，故云三洞。第一《洞眞》，第二《洞玄》，第三《洞神》。乃三景之玄旨，八會之靈章，鳳篆龍書，金編玉字，修服者因兹入悟，研習者得以還源。故《玉經隱注》云：三洞經符，道之綱紀。《本際經》云：若有經文，具十二部，應三洞者，是名正法。《洞眞》以不雜爲義，《洞玄》以不滯爲名，《洞神》以不測爲用。故洞言通也。三洞上下，玄義相通。《洞眞》者，靈祕不雜，故得名眞。《洞玄》者，生天立地，功用不滯，故得名玄。《洞神》者，召制鬼神，其功不測，故得名神。此三法皆能通凡入聖，同契大乘，故得名洞也。

然三洞所起，皆有本跡。《洞眞》之教，以教主天寶君爲跡，以混洞太無元高上玉皇之氣爲本。《洞玄》之教，以教主靈寶君爲跡，以赤混太無元无上玉虚之氣爲本。洞神之教，以教主神寶君爲跡，以冥寂玄通元無上玉虚之氣爲本也。又云：天地是玄義，虚是精義，神是無累之義。此既三洞垂法，從仙達聖，品級轉遷之理也。謂修學之人，始入仙階，登無累境，故初教名洞神神寶。其次智漸精勝，既進中境，故中教名洞玄靈寶。既登上境，智用無滯，故上教名洞眞天寶也。通名寶君者，寶是可尊，君是羣義，明爲羣生之所尊仰也。又《洞眞法》天寶君住玉清境，《洞玄法》靈寶君住上清境，《洞神法》神寶君住太清境。此爲三清妙境，乃三洞之根源，三寶之所立也。今明玉以無雜，就體而名玉清也。上以上登，逐用而名上清也。泰以通泰體事，故爲太清也。又修道之人，初登仙域，智用通泰，漸昇上境，終契眞淳。故以三境三名，示其階位之始也。通名三清者，言三清淨土，無諸染穢。其中宮主，萬緒千端，結氣凝雲，因機化現，不可窮也。

又三洞之元，本同道氣，道氣惟一，應用分三。皆以誘俗修仙，從凡證道，皆漸差別，故有三名。其經題目：《洞神》即云洞神三皇，《洞玄》即云洞玄靈寶，《洞眞》即雜題諸名，或言以教垂文，或以色聲著體，並是難思知用，隨方立名耳。

原夫經教所出，按《業報經》《應化經》並云：天尊曰：吾以道氣，化育羣方。從劫到劫，因時立化。吾以龍漢元年，號無形天尊，亦名天寶君。化在玉清境，說《洞眞經》十二部，以教天中九聖，大乘之道也。

《玉緯》云：《洞眞》是天寶君所出，又云：以元始高上玉帝出《上清洞眞之經》三百卷，《玉訣》九千篇，《符圖》七千章，祕在九天之上，大有之宫。後傳玉文付上相青童君，封於玉華宫。元景元年，又封一通於西城山中。又太帝君命榑桑太帝暘谷神王出《獨立之訣》三十卷、《上經》三百卷行之於世。又襄城小童授軒轅黄帝《七元六紀飛步天綱》之經。漢元封元年，西王母、上元夫人同授漢武帝《靈飛六甲上清十二事》。又太元眞人茅盈受西城王君所傳玉佩金璫纏璇之經。又玄洲上卿蘇林眞人受涓子所傳三一之法。又眞人王褒，漢平帝時，西城王君所傳上清寶經三十一卷，晉成帝時於汲郡傳南嶽魏夫人。夫人之子傳茅山楊羲，羲傳許邁，邁復師南海太守鮑靚，受上清諸經。邁弟謐、謐子玉斧，皆受《三天正法曲素鳳文》。

天尊曰：吾以延康元年，號無始天尊，亦名靈寶君，化在上清境，説洞玄經十二部，以教天中九眞，中乘之道也。《玉緯》云：洞玄是靈寶君所出，高上大聖所傳。按元始天王告西王母曰：太素紫微宫中，金格玉書靈寶文，眞文篇目十二部妙經，合三十六帙。又《四極盟科》云：洞玄經萬劫一出，今封一通於勞盛山。昔黄帝於峨嵋山詣天眞皇人，請靈寶五芽之經。於青城山詣寧封眞君，受靈寶龍蹻之經。又九天眞王降於牧德之臺，授帝嚳靈寶天文。帝行之得道，遂封祕之於鍾山。又夏禹於陽明洞天感太上，命繡衣使者降授靈寶五符以理水，檄召萬神。後得道爲太極紫庭眞人。演出大、小劫經，中山神咒，八威召龍等經。今行於世矣。時太極眞人徐來勒，與三眞人以己卯年正月降天台山，傳《靈寶經》以授葛玄。玄傳鄭思遠，思遠以靈寶及三洞諸經付玄從弟少傳奚，奚付子護軍悌，悌付子洪，洪即抱朴子也。又於馬跡山詣思遠告盟奉受。洪又於晉建元二年三月三日於羅浮山付弟子安海君、望世等。後從孫巢甫，晉隆安元年傳道士任延慶、徐靈期，遂行於世。今所傳者，即黄帝、帝嚳、禹、葛玄所受者。十二部文未全降世。

天尊曰：吾以赤明之年，號梵形天尊，亦名神寶君，化在太清境，説洞神經十二部，以教天中九仙，小乘之道也。《玉緯》云：洞神經是神寶君所出，西靈眞人所傳。此文在小有之天，玉府之中。《序目》曰：《小有三皇文》，本出《大有》，皆上古三皇所授之書，亦諸仙人所授，以藏名山。昔黄帝東到青丘，過風山，見紫府眞人，受《三皇內文》。又黄盧子、西嶽公皆受禁虎豹之術。眞人介象受乘虎之符。《八威使者受策虎豹文》。又鮑靚於晉惠帝永康年中，於嵩山劉君石室，清齋思道，忽有刻石《三皇天文》出於石壁。靚以絹四百尺告玄而受。後授葛洪。又壺公授費長房，亦有洞神之文。石室所得，與今《三皇文》小異。陸修静先生得之，傳孫遊嶽。遊嶽傳陶隱居。其天中十二部經，未盡出世。今傳者是黄帝、黄盧子、西嶽公、鮑靚、抱朴子所授者也。三洞既降，遂有大、小、中乘，初、中、後法三種分別，以教於世。夫三洞者，蓋是一乘之妙旨，三景之玄言。了達則上聖可登，曉悟則高眞斯陟。龍章鳳篆，顯至理之良詮；玉簡金書，引還元之要術。故《玉經隱注》云：三洞經符，道之綱紀；太虛之玄宗，上眞之首經矣。豈中仙之所聞哉？《正一經》又云：三洞妙法，兼而該之，一乘道也。

七部

綜述

孟安排《道教義樞》卷二《七部義第六》 義曰：七部者，應跡垂文，隨機演教，括囊衆法，普被羣生，若能遊此妙門，則得自然懸解，此其致也。

釋曰：七部者，今依正一經次，一者洞神部，二者洞玄部，三者洞眞部，四者太清部，五者太平部，六者太玄部，七者正一部。正一部前之三部，具如三洞義明，今釋後四。太清者，孟法師云：大道炁之所結，炁清體太，故曰太清，以境曰經也。今謂此經，從所輔之境得名，何者？此經既明金丹之術，服御之者，遠昇太清，故言泰清也。太平者，太言極大，平謂和平，明六合大通爲一，正平之炁斯行。故《太平經》云：今平炁行矣。有解三台正爲太平，有解景星見曰太平。今明此經見世，能使六合同文，萬邦共軌，君明物度，可謂太平。太玄者，舊云：老君既隱太玄

之鄉，亦未詳此是何所，必非攝跡還本，遣玄之又玄，寄名太玄耶？今明此經名太玄者，當是崇於重玄之致，玄義遠大，故曰太玄。正一者，《盟威經》云：正以治邪，一以統萬。又言：法文者，法以合離，文以分理。此言衆生離本，所以言離，故下文云：反離還合，合眞捨僞，由法乃成也。言統萬者，總攝一切，令得還眞。故下文云：一切學悟少欲，欲少近乎道宗，宗道在乎一式也。治邪者，文云：衆生根麤，去道奢邈，大道慈愍，立法訓治，趣令心開，兩半成一，一成無敗，與常道合眞，故曰正一法文。今明正是不邪，一者非二，此經正義，以破邪迷，雖說百途，終歸一理，故云正一也。通言部者，以部別爲義。三部同言太，正一獨稱正者，以三部輔於三洞大法，故同言太，正一徧陳三乘，簡異邪道，故稱爲正也。又論四部緣流者，其卷數題目亦如諸家目錄所明，今序其因起者。太清以太一爲宗，老君演說，九君申明道要，云：太清中經，元始中來出於九老，傳付老君，眞人祖襲不絕，皆關此君。《正一經》云：太清金液，天文地理之經，四十六卷，此經所明多是金丹之要，又是緯候之儀，今不詳辯。墨錄所明，即漢安元年太上將此經付於天師，因此至今也。太平者，此經以三一爲宗，老君所說。按甲部第一云：學士習用其書，尋得其根，根之本宗，三一爲主。然其卷數，或有不同。今甲乙十部，合一百七十卷，今世所行。按《正一經》云：有《太平洞極之經》，一百四十四卷，此經並盛明治道，證果修因，禁惡衆術也。其《洞極經》者，按《正一經》，漢安元年太上親授天師，流傳茲日，若甲乙十部，按百八十戒云：是周赧王時，老君於蜀授瑯琊干吉，至漢順帝時，宮崇詣闕，上其師干吉所得神書百七十卷，號《太平經》，帝不信之，其經遂隱。近人相傳海嵎山石函內有此經，自宋梁以來，求者不得，往取輒值風雨冥暗，雷電激揚。至于陳祚初開，屢求弗獲，陳宣帝雅好道法，乃屈周智響法師往取此經。法師至山，清齋七日未取，頃之雲霧幽晦，法師聳慮纔至天光朗然，乃命從人開函取經。時數十許人開不能得，法師暫用手扶，豁然而啓，因得此經，請還臺城。帝見迎禮，置於至眞觀中，仍請法師於觀開講。爾時利安天下，國致太平，自此以來，斯文盛矣。帝因法師得經，故號爲太平法師也。太玄者，重玄爲宗，老君所說，故《道君序訣》云：玄玄道宗。又《太玄經》云：无無曰道，義樞玄玄。而尹生所受，唯得道德、妙眞、西昇等五卷。按《正一經》云：太上親授天師，《太玄經》有二百七十卷，推檢是漢安元年七月得於此經，爾來傳世，乃至今日也。正一者，眞一爲宗，太上所說。《正一經》云：正一徧陳三乘。又云：天師自云，我受太上老君教以新出道法。王長慮後世改易師法，故撰傳錄文，名爲正一，新出之儀，四十二卷。《玉緯經》云：昔元始天王以開皇元年七月七日丙午中時，使三天玉童傳皇上先生白簡青錄之文，自然得乎此法，虛無先生傳於唐堯。又後聖帝君命小有天王撰集宣行。昔漢末，天師張道陵精思西蜀，太上親降，漢安元年五月一日授以三天正法，命爲天師，又付正一科術要道法文。其年七月七日，又授《正一盟威妙經》，三業六通之訣，重命爲三天法師，正一眞人。按《正一經·治化品墨錄》云：正目經九百三十卷，符圖七十卷，合千卷付天師，師既昇天，以此法付嗣師等。弟子一切內外至信者，修行傳習，屢有得道之人，今不具載，此文因茲行矣。又七部義例者，強名立教，隨成隨滅，雖復一時匠物，而不自越正宗，言乖理會，每須融釋。《正一法文經圖科戒品》云：今一天之下，內外要文，自開闢以後，至於劫終，中國十二萬三千卷，四方夷蠻戎狄各八萬四千卷。此並重理同辭，異陳粗細，分卷無定，因于三皇，至于三代，高上老君爲師，取要有一萬三千卷也。其大略如此。又須知三洞四輔，自相輔成。《正一經圖科戒品》云：太清經輔洞神部，金丹已下仙品；太平經輔洞玄部，甲乙十部已下眞業；太玄經輔洞眞部，五千文已下聖業；正一法文宗道德，崇三洞，徧陳三乘。《太平經》云：輔者，父也，扶也。今言三太輔三洞者，取其事用相資成生觀解，若父之能生也。衆生鈍劣，聞深教不解，更須開說翼成，方能顯悟，即是扶贊之義也。所以太清輔洞神者，洞神召制鬼神，必須太清存守太一，服御金丹，助成此道，神用乃申。洞玄和天安地，保國寧民，太平宗教，亦復如斯。洞眞變化無方，神力自在，故須太玄明空，道成此行。重玄之心既朗，萬變之道斯成，故三十九章號無生之說，西昇妙典示善入無爲之宗，無爲之果。既體玄斯致，無生之道即洞遣方成。正一徧陳三乘者，以具經通明三乘之致也。陳者，申也，言末俗根鈍，迷於三乘，正一徧申明也。又三洞總爲一乘之教，故正一云：三洞雖三，兼而該之，一乘道也。太玄爲大乘，太平爲中乘，太清爲小乘，正一通於三乘也。又一切言教，皆起人間，三惡道苦，非受道

器。三界著樂，不能進修。若聖人逐結生天，自修觀行，不須教法。若欲聞教，皆下人間，三清二相得，自是不言之教，唯人是道器，爲造行之初，故顯應說經在人間也。若論聖化無定，變轉非常，天上人間，亦無恆准，但從多實義，好起人中耳。又《觀身經》云：善開方便，敷究竟者。《本際經》云：究之言斷，竟之言盡。斷煩惱習，一切皆盡，具足解脫，是名究竟。《玄門論》云：究竟是辯成敗之名，方便是善巧之目，以善巧因緣，使得成辯。故《昇玄經》云：功業罪行，畢則常一也。一往以二乘爲方便，大乘爲究竟，次以三乘爲方便，一乘爲究竟。窮論一之與三，並爲方便，非一非三，是爲究竟。乃至化主、化處、化法、化緣，皆是方便究竟也。又按《靈書經》云：元始天尊告太上道君，龍漢之時，我爲無形常存，出世教化。我過去後，億劫無光，逮至赤明，我又出世，號無名之君，以靈寶教化。逮至開皇，靈寶眞文，開通三象，我於始青天中，號元始天尊，今說是經，以度可度之人。斯則此劫之初，天尊正爲教主，至乎上皇元年，禪與太上道君，爲今天花王。故《本行經》云：赤明開運，歲在甲子，誕於浮刀。蓋天西那玉國與靈寶同出度人。元始天尊以我因緣之動，錫我太上之號，封鬱悅那林昌玉臺天帝王，位登高聖，治玄都玉京。此言赤明，即是今劫開圖，謂之赤明，非前赤明劫也。不言上皇者，是總言今劫耳。

張君房《雲笈七籤》卷六《三洞經教部·七部並序》 夫七部者，蓋乃總道化之教方，統玄門之正典，包羅羣藝，綜括衆文。六綜之辯莫階，五時之說非擬。睹斯法海，靡不成眞；涉此慈波，咸皆捨僞者也。

七部者，今因《正一經》次：一者洞神部、二者洞玄部、三者洞眞部、四者太清部、五者太平部、六者太玄部、七者正一部，前之三部，已如三洞義釋。今釋後四：言太清者，孟法師云：大道，氣之所結，清虛體大，故曰太清，以境目經也。今謂此經是從所輔之境得名，何者？此經既輔洞神，洞境是太清故也。亦未必示者，此經既明金丹之術，服御之者遠昇太清，故言太清也。太平者，太言極太，平謂和平。明六合太通爲一，正平之氣斯行，故《太平經》云：今平氣行矣。平亦是安。又云：欲復古太平之法，先安中氣也。又云：三五氣和，日月常光明，乃爲太平。《爾雅》云：明，成也。此亦可訓明。言明君治世，成濟品物，爲太平也。或有解云三階正爲太平。或有解云景星現曰太平。此並一事爲釋耳。今明此經現世，能使六合同風，萬邦共軌，君明物度，可謂太平也。太玄者，孟法師云是太玄都也。今爲老君既隱太平之鄉，亦未詳此是何所，必非攝跡還本，遣之又遣，玄之又玄，寄名太玄耶？此經名太玄者，當是崇玄之致，以玄爲太，故曰太玄也。若言起自玄都，不無此義。但七部皆爾，非獨此文也。正一者，《盟威經》云：正以治邪，一以統萬。又言：法文者，法以合離，文以分理。此言衆生離本，所以言離，故下文云：反離還本，合眞捨僞，由法乃成。言統萬者，總攝一切，令得還眞，故下文云：一切學士，覺悟少欲，欲少近乎道宗，宗道在乎戒也。《治邪文》云，衆生根麤，去道賒邈。大道慈悲，立法訓治，趣令心開，兩半成一，一成無敗，與常道合眞。故曰正一法文也。通言部者，以部別爲義。三部通名太，正一獨稱正者，以三部輔於三洞大法，故言太。正一既遍陳三乘，簡異邪道，故稱爲正也。

四輔

綜述

張君房《雲笈七籤》卷六《三洞經教部·四輔》 第一太清者，太一爲宗。

《老君演說建豐經》云：微妙之旨，出於太清。此經所明，多是金丹之要。又著緯候之儀，今不詳辯。按黑錄所明，即漢安元年，太上以此經四十六卷付於天師，因此至今也。

第二太平者，三一爲宗。

《老君所說》甲部第一云：學士習用其書，尋得其根；根之本宗，三一爲主。《玉緯》云：太平者，六合共行正道之號也。今宛利世界九州八十一域，擺除六天，上問神人，詳說古道，家國安寧，長居慶樂。丁部第四云：欲知吾道大效，付賢明道德之君，使其按用之，立與天地乃響應，

是其大明效證驗也。甲部第一又云：誦吾書，災害不起，此古賢聖所以候得失之文也。又云：書有三等：一曰神道書，二曰覈事文，三曰浮華記。神道書者，精一不離，實守本根，與陰陽合，與神同門。覈事文者，覈事異同，疑誤不失。浮華記者，離本已遠，錯亂不可常用，時時可記，故名浮華記也。又云：澄清大亂，功高德正，故號太平。若此法流行，即是太平之時。故此《經》云應感而現，事已即藏。又云：聖主爲治，謹用茲文；凡君在位，輕忽斯典。然其卷數，或有不同。今甲乙十部合一百七十卷，今世所行。按《正一經》云，有《太平洞極》之經一百四十四卷。今此經流亡殆將欲盡。此之二經，並是盛明治道，及證果修因，禁忌衆術等也。若是一百四十卷《洞極經》者，按《正一經》，此漢安元年太上親授天師，流傳茲日。若是甲乙十部者，按《百八十戒》云，是周赧王時，老君於蜀郡臨邛縣授於琅琊干吉，爾來又隱。近人相傳云：海嵎山石函内有此經。自宋梁以來，求者不得。或往取之，每値風雨暝暗，雷電激揚。至陳祚開基，又屢取不得。每至山所，風雨如故。至宣帝立，帝好道術，乃命太平周法師，諱智響往取此經。法師挺素清高，良難可序。受請至山，清齋七日，將就取經。未展之頃，朝雲暗野，曉霧昏山。師拜禮進趨，天光開朗。乃命從人數十，齊心運力，前跪取函，函遂不得開。法師歛氣開之，乃見此經，請還臺邑。帝乃具禮迎接，安於至眞觀供養。經放大光明，傾國人民並皆瞻仰。帝命法師於至眞觀開敷講説，利安天下，時稱太平。自此以來，其文盛矣。帝因法師得此經，故號法師爲太平法師，即臧靖法師之稟業也。

第三太玄者，重玄爲宗。

《老君所説故經》云：玄玄至道宗。然其卷數，亦有不同。《正一經》云：《太玄道經》二百七十卷。今《玉緯》所撰，止有一百三十五卷。又非盡是本經，餘者不見。當時運會未行，然此經所明，大略以玄爲致，故《太玄經》云：無無曰道，義極玄玄。樂眞人云：《道德五千文》，茲境之經也。舊云《道德經》有三卷。《玉緯》云：其中經珍祕，部入太清。亦未詳此解。按《西昇序》云：列以二篇，乃河濱授於漢文。又云：《素書》二卷，尹喜所受，凡得五卷。既説有三時，玄靖法師開爲三部，宗致《道德》二卷，是先説以道德爲體，其致則總，以其文内無的對揚之旨故也。《西昇》次説以無欲爲體，故云當持上慧，源妙眞一。後説既盛明眞一，故以眞一爲體。其源流者，所授尹生五卷，由漸甚多，今不更説。通諸一部者，按《正一經》云：太上親授天師《太玄經》，有二百七十卷。推檢是漢安元年七月得是經。爾來傳世，乃至今日。但其零落闕遺，亦是運還天府耳。

第四正一者，眞一爲宗。

《太上所説正一經》，天師自云：我受於太上老君，教以正一新出道法。謂之新者，物厭故舊，盛新新出，名異實同。學正除邪，仍用舊文，承先經教，無所改造，亦教人學仙，皆用上古之法。王長慮後改易法師，故撰傳錄文，名爲《正一新出儀》。故天師云：後世男女，必改吾法。貪財愛色，不施散一切。汝曹重檐地獄爲家，宜各愼之！《正一經》云：《正一法文》一百卷，今孟法師錄亦一百卷，凡爲十帙。未知並是此經不耳。斯經所明，總述三乘之用。故此經云：《正一》遍陳三乘。王長所撰《新出之儀》四十卷，但未有次第。長既隨師昇玄，于時多承口訣，秖錄爲卷名，未詮次第也。其源流者，《玉緯》云：昔元始天王以開皇元年七月七日丙午中時，使玉童傳皇上先生白簡青籙之文，自然得乎此法。虛無先生傳於唐堯，又後聖帝君命小有天王撰集宣行。青童云：自爾之後，得此文者乃七千人。皆飛龍玄昇，或淪化潛引，不可具記。得道者藏文五嶽，精思積感，先得此文。此文極妙，得之隨緣。文來或出河洛，或戒經方，依因結果也。漢末有天師張道陵，精思西山，太上親降，漢安元年五月一日，授以三天正法，命爲天師；又授正一科術要道法文。其年七月七日，又授《正一盟威妙經》、三業六通之訣，重爲三天法師正一眞人。按《正一經治化品目錄》云：《正目經》九百三十卷，符圖七十卷，合千卷。付天師《正一》百卷即在其内。後會教重，自當具顯道本。《尊卑經》云：眞經要妙，其文無雙。三十六萬四千正言無數，不離正一。演氣布化，《五千》爲宗，眞精要妙，三洞爲最也。然此法雖復久遠，論其所盛，起自漢朝。天師既昇天後，以此法降與子孫、弟子、嗣師、系師，及諸天人一切内外至信者，修行傳習。屢有傳道之人，今不具載。此文因此行矣。謹按《正一經圖科戒品》云：太清經輔洞神部金丹以下仙業；太平經輔洞玄部，甲乙十部以下眞業；太玄輔洞眞部，《五千文》以下聖業。《正

一法文》宗道德，崇三洞，遍陳三乘。《太平經》云：輔者，父也。今言三太輔三洞者，取其事用相資，成生觀解，若父之能生也。衆生鈍劣，聞深教不解，更須開說翼成，方能顯悟，即是扶替之義也。

十二部

綜述

孟安排《道教義樞》卷二《十二部義第七》 義曰：十二部者，文該七部，義本三乘，窮理則出乎死生，入悟則登乎常樂，此其致也。《正一經》云：三乘所修，各十二部。《本際經》云：總括法門，唯十二事，部類分別，隨根不同。

釋曰：十二部義，通於三乘。今依《本際經》釋，第一本文，第二神符，第三玉訣，第四靈圖，第五譜錄，第六戒律，第七威儀，第八方法，第九衆術，第十記傳，第十一贊頌，第十二章表。第一本文者，三元八會之書，長行源起之例是也。《眞誥》紫微夫人云：三元八會之書，太極高眞所用。本者，始也，根也，是經教之始，文字之根；又得理之無，萬法之本。文者，分也，能詮理也，既能分判二儀，又能分別法相，既能辯折萬事，又能表詮至理也。第二神符者，即龍章鳳篆之文，靈跡符書之字是也。神以不測爲義，符以符契爲名，謂此靈跡神用無方，利益衆生，信如符契。第三玉訣者，即河上公釋柱下之文，玉訣解金書之例是也。玉名無染，訣語不疑，謂決定了知，更無疑染。第四靈圖者，如含景五帝之象，圖局三一之形，其例是也。圖，度也，謂度寫玄妙，傳流下世。第五譜錄者，如生神所述，三君本行之陳五帝，其例是也。譜，緒也，錄，記也，謂緒記聖人，以爲教法，亦是緒其元起，使物錄持也。第六戒律者，如六情十惡之例是也。戒者，解也，界也，止也，能解衆惡之縛，能分善惡之界，又能防止諸惡也。律者，率也，直也，慄也，率計罪愆，直而不枉，使懼慄也。第七威儀者，如齋法典式，請經軌儀之例是也。威是儼嶷可畏，儀是軌式所宜，亦是曲從物宜而爲威制也。第八方法者，如存三守一，制魄拘魂之例是也。方是方所，法者節度，明修行治身有方所節度也。第九衆術者，如變丹鍊石，化形隱景之例是也。衆，多也。術，道也。修鍊多途，爲入眞初道也。第十記傳者，如道君本業，皇人往行之例是也。記，誌也。傳，傳也。謂記誌本業，傳示後人也。第十一贊頌者，如五眞新頌，九天舊章之例是也。讚以表事，頌以歌德，故詩云：頌者，美盛德之形容，亦曰偈者，憩也，四字五字，爲憩息之意耳。第十二章表者，如九齋啓願，三會謁請之例是也。章，明也。表，奏也。謂申明心事，上奏大道之。通言部者，以部類爲義，亦以部別爲名，謂別其義類，以相從也。又十二部由序者，按《靈寶眞文》上卷云：本文名空陣赤書，景皇眞文，初應唯是一文之經，隨五帝所掌，開爲五篇。東方安寶華林青靈始老帝君，名靈威仰，所掌眞文名曰生神寶眞洞玄章。南方梵寶昌陽丹靈眞老帝君，名赤熛弩，所掌眞文名曰南雲通天寶衿。中央玉寶元靈元老帝君，名含樞紐，所掌眞文名曰寶劫洞淸九天書。西方七寶金門皓靈皇老帝君，名曜魄寶，所掌眞文名曰金眞寶明洞微篇。北方洞陰朔單鬱絶五靈玄老帝君，名叶光紀，所掌眞文名曰元神生眞寶明文。五老玉篇，皆空洞自然之文也。今汎論古今變文，凡有六種：一者天書。陰陽初分，有三元五德八會之義，以成飛天之書，後撰爲八龍雲篆明光之章。陸先生解三才，謂之三元。三元既立，五行咸具，以五行爲位，三五相合，謂之八會，爲衆書之元。又有八龍雲篆明光之章，自然飛玄之義，結空成文，字方一丈，肇於未天之內，生立一切也。按《眞誥》紫微夫人說：三元八會建文章之祖，八龍雲篆是其根宗所起，有書之始。而先生云：八會，三才五行便是，既判之後。赤書又云靈寶赤書五篇眞文，出於元始之先。即此而論，三元應非三才，五篇應非五行也。正應是三寶文人之三炁，三炁自有五德耳。故《九天生神章經》云：天地萬化，自非三元所育，九炁所導，莫能生也。故知三元在天地未開，三才未有之前也。三元者，一曰混洞太無元，高上玉皇之炁；二曰赤混太無元，上玉虛之炁；三曰冥寂玄通，無上玉虛之炁。五德所本有三，即陰陽和。陰有少陰、太陰，陽有少陽、太陽，就和中之和爲五德也。篆者，撰集靈書謂之雲篆。此則三元八會之文，皆是天書也。二者演八會爲龍鳳之文，謂之地書，此下玄聖所

述，以寫天文也。三者軒轅之時，蒼頡傍龍鳳之勢，採鳥跡爲古文，以代結繩，即古體也。四者周時，史籀變古文爲大篆。五者秦時，程邈變大篆爲小篆。六者秦後，盱陽變小篆爲隸書。又云：漢謂隸書曰佐書，或言程邈獄中所造，出於徒隸，故以隸爲名。是爲六文也。又有八體六書，今不具叙耳。又漢和帝時，蔡倫始造紙，爾前唯書簡牒。牒者，詮牒語事。簡者，在簡不繁。但知本是天書，以下八體六文，皆從眞文出耳。又蒙恬造筆精能，故稱蒙恬造筆也。然未知何時書經於紙卷。今謂劫初已自有筆，太眞所書，何容無紙，及以八體六文等耶？以天尊造化，具一切法故也，但後人承用，自有前後耳。神符者，明一切萬有，莫不以精炁爲用，故二儀三景，皆以精炁行乎其中。萬物既有，亦以精炁行乎其中也。是則五行六物，莫不有精炁也。以道之精炁布之簡墨，會物之精炁以却邪僞，輔助眞教，召會羣靈，制御生死，保持劫運，安鎭五方。然此符字，本於結空，太眞仰寫，天文分置，方位區別，圖象符書之異。符者，通取雲物星辰之勢；書者，別折音白詮量之旨；圖者，盡取靈變之狀。然符中有書，參以圖象，書中有圖，形聲並用。而三洞經中，符有作今字者，此亦如古文尚書，有與今字同者耳。玉訣者，此別有經二卷。太上道君於南丹洞陽上館爲學士王龍賜說此靈文玉字之訣，但求知定是何代所注。又說諸修符醮，五方思存移災等法，然正是解訣八會之文也。靈圖以傳有，書以傳無。無者，言之與理無有形跡，定志圖局之例是也。有者，有形之與跡，八景及人鳥之例是也。或鎭之五嶽，保制劫運，或廣被十方，開化周普，或宣之上古，極物之迷，或傳之下世，哀物之苦，皆大慈之德，隨病設方，大哀之心，赴緣說法也。譜錄者，譜如生神章，前三寶君及本行道君，自序宿世根本之例是也。錄者，修別神眞位次名，諱八景及內音之例是也。譜之用者，衆生或謂生死之理，欻然而有，欻然而無，如彼草木，無所緣起，故述源本宿因，令其得悟。錄亦是修牒名領，以付學人，令其領錄存思，以自防保，共舉人身以昇天也。戒律者，戒，止也，法善也。止者，止惡心口，爲誓不作惡也。戒之爲義，又有詳略。詳者，太清道本，無量法門，百二十九條，老君及三元品戒百八十條，觀身大戒三百條，太一六十戒之例是也。略者，道民三戒，錄生五戒，祭酒八戒，想爾九戒，智慧上品十戒，明眞二十四戒之例是也。律者，終出戒中，無更別目，多論罪報刑憲之科，如天師制鬼，玄都女青等律。具斯則戒主於因，律主於果，以戒論防惡，律論止罪故也。威儀者，三元本有威儀，俯仰之格，三千四百，龍漢之後，文多不備，此以末世不堪，故略不傳耳。其論齋功德，凡有二種：一者極道，二者濟度。極道者，《洞神經》云：心齋坐忘，至極道矣。《本際經》云：心齋坐忘，遊空飛步。濟度者，依經有三籙七品。三籙者，一者金籙齋，上消天災，保鎭帝王。二者玉籙齋，救度人民，請福謝過。三者黃籙齋，下拔地獄九玄之苦。七品者，一者三皇齋，求仙保國。二者自然齋，修眞學道。三者上清齋，昇虛入妙。四者指教齋，禳災救疾。五者塗炭齋，悔過請命。六者明眞齋，拔九幽之魂。七者三元齋，謝三官之罪。此等諸齋，或一日一夜，或三日三夜，或七日七夜，具如儀軌。其外又有六齋十直、甲子庚申、八節本命、百日千日等齋，通用自然之法。其六齋月者，正月、三月、五月、七月、九月、十一月。又有三長齋月，即正月、七月、十月。十直者，月一日、八日、十四日、十五日、十八日、二十三日、二十四日、二十八日、二十九日、三十日。其六齋八節可知，今不具辯方法者，大略有九：一者，麤食麻麥也。二者，蔬食菜茹也。三者，節食中食也。四者，服餌符水及丹英也。五者，服芽，五方雲芽也。六者，服光，日月七元三光也。七者，服炁，六覺之炁，天地四方之妙炁也。八者，服元炁，一切所稟三元之炁，太和之精，在乎太虛也。九者，胎食，我自所得元精之和，爲胞胎之元，即清虛降四體之炁，不復關外也。麤食止諸耽嗜，蔬食省諸肥腴，節食除煩惱濁，保精所以具身神，體成英華。服芽所以變爲芽，服光所以變爲光，服六炁所以化爲六炁，遊乎十方。服元炁化爲元炁，與天地合體。食胎炁所以反爲嬰童，與道混合爲一也。此之變化，迭運改易，不復捨身而更受身，往來生死也。今意方法，未必止是食事，其或是方藥、按摩等事可尋也。以前事跡並出上經《靈書紫文經》及《眞誥》，裴君授道具有此事。衆術者，無所不通，大而論之略有五事：一者，思神存眞。二者，心齋坐忘。三者，步虛飛空。四者，餐吸六炁。五者，導引三光。此皆心炁相使而神道冥通也。論其變化，凡有三種：一者，白日昇天。謂功成道備，三萬六千神及三一帝一混合爲體，成乎妙一，故能與神俱遊，即身而昇天也。二者，屍解。或以刀劍竹木代尸，俄爾昇舉，欻失所在；或遺皮殼，

或受殯埋，後開棺中，但有杖舃；或遊五嶽，或可昇天；南宮有流火之庭，金門有治鍊之水，凡生而內飛登天者，亦先詣火庭鍊其形神，死而昇天者，亦先詣庭池鍊其魂骸，皆隨其功業也。三者，滅度。尸形不灰，如太一守尸，或經年歲，尸還成人也。記傳者，託則追誌過去之事，亦有預記未來之事；傳者，撰也，謂相傳係續。凡聖神之體，略有二事：一者，自然。二者，學得也。《大洞經》云：得洞經者，從死得生，從生得道，從道得仙，從仙得眞，從眞得爲上清。黃老君、三十九眞、二十四帝、百八十道君、天尊上聖，亦有自然妙炁，應化所作，亦有修習後成，自然後學，合爲一也。然此聖眞階次，千流萬品，今不具顯也。讚頌者，四言以象四時四炁，五言以法五行五德，七言以法七元七曜。有本文讚頌，始九天生神之流，以三洞飛玄之炁，是本文讚頌也。後諸經中，或有道君眞人，諸天讚頌，此皆玄聖所作，共在經中。章表者，此修正一偏多。但一切萬機，其跡各別，故聖人垂法制之以事。然道在人心，而方須表奏者，既未能冥會，則因事而顯事，顯則心明，故盡其形跡也。夫人心無質，運之有境，境凈則心明，心明則行潔，行潔可以交神靈，心明可以會天道。故登壇告盟，黃章表奏，使心形俱盡，人會神合也。《章信科》云：輸物明信，信道則捨財，消災解禍，大體多名，其要有二：一者，賜與凡夫，愛及鳥獸，蠕動蝖飛，皆同本始。二者，供奉三尊，崇飭三寶，周給聖賢，同日供養也。

張君房《雲笈七籤》卷六《三洞經教部・十二部》 夫十二部經者，蓋是通三乘之妙訓，貫七部之鴻規；尋之者知眞，翫之者悟理；實出生死之津梁，入大道之途徑。故《正一經》云：三乘所修，各十二部。

夫十二部道義，通於三乘。今就中乘爲釋，餘例可知。十二者：第一本文，第二神符，第三玉訣，第四靈圖，第五譜錄，第六戒律，第七威儀，第八方法，第九衆術，第十記傳，第十一讚頌，第十二表奏。言本文者，即三元八會之書，長行元起之說，其例是也。紫微夫人云：三元八會之書，太極高眞所有。本者，始也，根也。是經教之始，文字之根。又爲得理之元，萬法之本。文者，分也，理也。既能分辨二儀，又能分別法相。既能理於萬事，又能表詮至理。如木有文，亦名爲理也。不名眞文者，十二義通三乘眞文教主中，洞非通義也。神符者，即龍章鳳篆之文，靈跡符書之字是也。神，則不測爲義；符，以符契爲名。謂此靈跡，神用無方，利益衆生，信若符契。玉訣者，如河上釋柱下之文，玉訣解金書之例是也。玉名無染，訣語不疑。謂決定了知，更無疑染。靈圖者，如含景五帝之像，圖局三一之形，其例是也。靈，妙也；圖，度也。謂度寫妙形，傳流下世。譜錄者，如生神所述三君，立本所陳五帝，其例是也。譜，緒也；錄，記也。緒記聖人以爲教法，亦是緒其元起，使物錄持也。戒律者，如六情、十惡之例是也。戒者，解也，界也，止也。能解衆惡之縛，能分善惡之界，防止諸惡也。律者，率也，直也，慄也。率計罪愆，直而不枉，使懼慄也。威儀者，如齋法典戒，請經軌儀之例是也。威是儼嶷可畏，儀是軌式所宜，亦是曲從物宜，爲威法也。方法者，如存三守一，制魄拘魂之例是也。方者，方所；法者，節度修行。治身有方所節度也。衆術者，如變丹鍊石，化形隱景之例是也。衆，多也；術，道也。爲趣至極之初道也。記傳者，如道君本業，皇人往行之例是也。記、誌也；傳，傳也。謂記至本業，傳示學人。讚頌者，如《五眞新頌》、《九天舊章》之例是也。讚以表事，頌以歌德，故《詩》云：頌者，美盛德之形容。亦曰偈。偈，憩也。以四字，五字爲憩息也。表奏者，如六齋啓願，三會謁請之例是也。表，明也；奏，湊也。謂表心事，上共湊大道。通言部者，以部類爲義，亦以部別爲名。謂別其義類以相從也。無方釋義，十二互通，從通制別，意如前釋。然十二部內，唯本文有通相、別相，以十二部皆是文字爲得理之本，通名爲本文。本文猶是經之異名。十二部既通名爲經，是通相本文也。於通相文內，則出一部是五篇眞文，有生天立地之能，是一切法本，爲別相本文也。不可言十二部皆是玉訣，別出一部是別相玉訣也。餘部例然。又有長行爲偈本稱本文者。餘二乘經望此可知。八會雲篆，三元玉字，若不諳鍊，豈能致益？故須玉訣，釋其理事也。衆生暗鈍，直聞聲教，不能悟解，故立圖像，助以表明。聖功既顯，若不祖宗物情，容言假僞，故須其譜錄也。此之五條，生物義定，將欲輔成，必須鑒戒，惡法文弊，宜前防止，故有戒律。既捨俗入道，出家箠於師寶，須善容儀，故次明威儀也。又前乃防惡，宿罪未除，故須修齋軌儀，悔已生惡也。儀容既善，宿根已凈，須進學方術，理期登眞要。假道術之妙，顯乎

記傳，論聖習學，以次相從也。亦是學功既著，名傳竹帛，故次記傳。始自生物，終乎行成，皆可嘉稱，故次有讚頌。又前言諸教，多是長行散說。今論讚頌，即是句偈。結辭既切，功滿德成，故須表申靈府，如齋訖言功之例，故終乎表奏也。又前十一部，明出世之行；後之表奏，祛世間之災。如三元塗炭，子午請命之流，皆關表也。

三十六部

綜述

張君房《雲笈七籤》卷六《三洞經教部・三十六部》 三乘之中，乘各有十二部，故合成三十六部也。論其相攝者，一往大乘具有三十六部，中乘具有二十四部，小乘唯十二部。何者？以大得兼小故也。又大乘得學小，爲遍行也。小不得兼學大，故止十二。中乘可知。此遠論界內化門意也。再論三洞，即是會前三乘入此一乘，故三洞、大乘唯一耳。而又約三洞開三乘者，此欲示一乘之內，無所不包。又云有二經不同：一者，太玄部《老君自然齋儀》云：經有三條：一曰天經，天眞所修；二曰地經，洞天所習；三曰人經，世間所行三景之法。相通而成一，曰三乘。三乘之用，各有十二部，交會相通，總曰三十六部。十二條：一曰無爲，二曰有爲，三曰無爲而有爲，四曰有爲而無爲，五曰續愛，六曰斷愛，七曰不斷不續，八曰分段，九曰無斷，十曰知微，十一曰知彰，十二曰適用。當境而曰十二部。隱顯兼施則有七十二部。今謂此文所出前之三經，自可是敎。後之十二，意在行也。二者，正一所明十二者：一者心跡俱無爲，二者心無爲跡有爲，三者心有爲跡無爲，四者捨家處人間，五者攜家入川澤，六者出世與人隔絕，七者與世和光同塵，八者斷欲斯斷，九者不斷而斷，十者遊空中，十一者在地下，十二者住天上。三乘皆有十二，故成三十六部也。釋此文意，已在位業義科。但此兩經名味不同者，亦當敎義自是一途之說耳。太玄所出，多據於心；正一所明，通論心跡。但太玄十二中第八一事言分段，考事涉跡，又不顯十二部經科。

道士

綜述

佚名《道典論》卷二《道士》 《太上太眞科經》云：凡開闢之初，聖眞仙人皆宣道炁，立法相，傳同宗，太上俱稱學士，以道爲事，故曰道事。道事有功，故號道士。道士者，以道爲事，聖運昇度。衆魔又興，皆由人物情淺所致，邪雖伐正，眞去邪來，來同邪人，不干正士。正士事道，學法依科，魔王敬護，邪精敢侵？所以受道之身，皆是天魔上官，天魔衆神皆是道士下官。

《昇玄經》云：夫唯賢者與彼俗人事事有反，目不多瞻，見好不驚，耳不聽讒，不聽亂聲，鼻不受香，芬芳之腥，口不嘗甘，茹犯衆生，心不想慾財色、華榮，手不姦用，足不惡行。此是道士之行者也。

《本願大戒經》云：有道之士取諸我身，無求乎人。道言：修之身，其德乃眞。斯之謂也。

《洞淵經》云：道士貴人，悉天上來生也。自非先身之積善者，終不得作道士矣。

《正一眞人演千明科經》云：清德道士已經三乘，敎化一切，施行衆善，觸事得法，可進供養三洞尊經。

《太上太霄琅書經》云：明解須專，專必有應，應則通神，何勞乎感？欣戚兩遣日夜專勤，誓進無退，號爲道人。人行大道，號爲道士。士者何也？理也，事也。身心順理，唯道是從，從道爲事，故稱道士。

先生

綜述

佚名《道典論》卷二《先生》《敷齋威儀經》云：眞人曰：學士若能棄世累，有遠遊山水之志，宗極法輪，稱先生常坐高座讀經，教化愚賢，開度一切學人也。若復清眞至德，能通玄妙義者，隨行弟子同學爲稱某先生，其人鉤深致遠，才學玄洞，志在大乘，當稱玄靜先生，或遊玄先生，或遠遊先生，或宣道先生，或暢玄先生。略言其比，不可勝載，須世有其人學者，稱夫先生道士也。

《昇玄經》云：仙公又向太極眞人長跪言：歸誠先生，願降法澤，滋潤枯槁，使將來道士得修至眞，棄邪法術。

《三元布經》云：太上太道君受此經於玄古先生，以傳玄都仙王。

《上清變化七十四方經》云：紫府先生能爲不死，恬和天眞，洞思守神，年三千歲，故未昇天，盤桓洞室，採擇上眞。

《元始變化龜山元錄經》云：皇上萬始先生，形九千萬文。冬三月，頭建丹陽日精之冠，衣赤雲明光錦袍，佩金虎鳳文，帶丹皇紫章，常乘白雲，坐五色師子，光明流曜，煥照上清。春三月，則變形爲人軀三頭鳳皇，衣九色斑文虎衣，常立十二華光之上。夏三月，則變形爲三日之暉紫光八芒，爛映煥明，在上清之上，十二色蓮華之中。秋三月，則化形爲青赤紫三色之光，更相纏繞，如日之輪。

《上清紫晨經》云：上皇先生紫晨君，蓋二暉之胤，結玉晨之精。育龍烟于太空，包紫虛以通靈，托九玄以含秀，凝洪露以成神。陶三炁以自觀，經玄母以法生，任歷劫而受化，感日吉而曜形，於是上皇元年天甲啓晨誕於神州八朗之天，平丘中域，洞淵之濱。旣生之且面發金容，體映玉光，五色紫章，七十二變，精耀玉顔，神龍吐芝以濯溉，鸞鳳撫翼以陰玄，丹霄散景於瓊軒，流光煥爛於霞眞，二景停暉於八玄，七元迴精以匡晨，金仙散香以亂炁，神妃擲華以發煙，五緯結落，神秀紫天，年冠二九，逍遙中元，餐精咽炁，吐納靈津，含芝內灌，凝神胎仙，挹漱守默，淡泊自然，思微念炁，時不虧閑，積感洞元，名超上清，受號元皇，位登紫晨，蘭風應挺，順運流遷，神秉五曜，形盤三元，飛霄迴駕，乘空落煙，羣仙啓路，三道合明，流電吐威，逸駕九玄，再登玉陛，三謁紫庭，遊眄瓊闕，宴景三元，携契五老，玉霄上賓，飛獸攘袂，神鳳撫鳴，巨虬匡轡，靈風散香，流芬激揚，藹藹玉清，金童攀雲而侍輪，玉女躡虛而衛靈。

《太上丹簡墨錄經》云：若受法位至眞一及太一素券之號，可署先生之位。其生年屬東方宿者，當署東嶽先生之號；生年屬南方宿者，當署南嶽先生之號；生年屬西方宿者，當署西嶽先生之號；生年屬北方宿者，當署北嶽先生之號；生年屬辰戌丑未並中央七宿，當署中嶽先生之號。此五嶽先生，皆始入地錄，有應署之德，非有精靈感應，不可空署之。

貧道

綜述

佚名《道典論》卷二《貧道》《靈寶眞一自然經訣》云：夫人求仙道，積功無厭多，功滿自然得道。學道猶世人憂居貧，無不得仙者也。言則貧道汲汲，唯道是務，常與心諍，以制衆魔華想。貧道之言，蓋上清道士之通稱也。

《定志經》云：山南道士答樂法解曰：貧道昨夜下講，於卧中得夢見有一人持一眞財如意授以與卿，卿即受之，貧道思惟，謂是佳瑞。

《太上太霄琅書經》云：道士謙辭於道未富，自言貧道，亦貧士。理未周足，如未周，我獨若遺，故爲貧士。士之爲理，修善爲事。

尸解

綜述

佚名《道典論》卷二《尸解》《九天生神章經》云：夫學上道，希慕神仙，及得尸解，滅度轉輪，終歸仙道，形與神同，不相遠離，俱入道眞。

《明眞科經》云：生世好學，修行經教，呑精咽炁，恒無怠倦，持齋服御，吐納自煉，積功布德，名書上清，致得尸解下仙，遊行五嶽。後生人中，更受經法，爲人師宗，輪轉道備，克得上仙。白日飛行，位及高貴。

《太微金簡玉字經》云：諸尸解地下主者，案四極眞科，一百四十年乃得補眞官，於是始得飛華蓋，乘羣龍，登太極，遊九宮也。

《太極眞人飛仙寶劍上經》云：夫尸解者，尸形之化也，本眞之煉蛻也，軀質之遯變也，五屬之隱適也。雖是仙品之下第，而其稟受所承未必輕也。或未欲升天而高栖名山，或欲崇明世教，令生死道絕，欲斷子孫之近戀，盡神仙爲難希，或欲長觀世化，憚仙官之劬勞也。妙道一備，高下位適，固不可用明死生，以制其定格也，所謂隱回三光，白日陸沉者也。

又云：以錄形靈丸，涂火炭，則他人見形而燒死，謂之火尸解，以一丸和水而飮之，抱木而卧，則他人見已傷死於空室中，謂之兵尸解，凡百縱任故，自得還故邑也，當改姓名變容貌耳。昔有人作此法，入林慮山積十三年而復還家也。大修下尸解者，皆不得反望故鄉，此爲上解之道，名配紫簡三官，不得復窺其間隙，妄以死加之也。有死而更生者，有頭斷已死乃從一旁出者，死畢未斂而去失尸骸者，有人形猶存，而無復骨者，有衣在形去者，有髮脫而失形者。白日去謂之上尸解，夜半去者謂之下尸解，向曉向暮之際而去者，謂之地下主者也。此皆跡兆不滅，爲人所疑。雖獲隱遯，令世志未厭，又不得反旋故鄉，遊栖靡定。

主者

綜述

佚名《道典論》卷二《主者》《太極眞人飛仙寶劍上經》云：夫至忠至孝之人，既終皆受書爲地下主者，一百四十年乃得受下仙之教授，以大道從此漸進，得補仙官，一百四十年聽一試進也。至孝者，能感激鬼神，使百鳥山獸逃其墳塚也。至忠者能公犯直心，精貫白日，或剖藏殺身，以激其君者也。

夫有上聖之德，既終皆受三官書爲地下主者，一千年乃轉補三官之五帝，或爲東西南北明公，以治鬼神。復一千四百年，乃得遊行太清，爲九宮之中仙也。

夫有蕭邈之才，有絕衆之望，養其浩然，不營榮貴者，既終受三官書，爲善爽之鬼，四百年乃得爲地下主者，從此以進，以三百年爲一階也。

夫有至廉至貞之才者，既終受三官書爲清鬼，二百八十年乃得爲地下主者，從此以漸得進補仙官，以二百八十年爲一階也。

夫至廉者，不食非己之食，不衣非己之布帛也。夫至貞者紛華不能散其正炁，萬乘不能激其名操也。先世有功在三官，流逮後嗣，或易世煉化，改氏更生者，此七世陰德，葉根相及也。既終當遺腳骨，以歸三官，餘骨隨身而遷也。男留左骨，女留右骨，皆受書爲地下主者，二百八十年乃得進受地仙之道矣。臨終之日視其形，如生人之肉；既死之時，尸不強直，足指不青，手皮不皺者，謂之先有德行自然得尸解者也。

高功

綜述

陸修靜《洞玄靈寶齋説光燭戒罰燈祝願儀·法師》經云：當舉高德，玄解經義。斯人也，道德內充，威儀外備，俯仰動止，莫非法式，三界所範，鬼神所瞻，關啓祝願，通眞召靈，釋疑解滯，導達羣賢。

《金籙大齋補職説戒儀》先補一人爲高功。其職也，道德內充，威儀外備，天人歸向，鬼神具瞻，躡景飛晨，承顔宣德，惠周三界，禮越衆官。

朱法滿《要修科儀戒律鈔》卷八《法師鈔》《玄都律》云：夫齋者，正以清虛爲體，恬靜爲業，謙卑爲本，恭敬爲事，戰戰兢兢，如履冰谷，肅肅慄慄，如對嚴君。至經句處起禮拜，當一心稱善，隨意願念，唯令丹苦，必蒙感應。今以建齋之家，非不用意應赴之者，多不存法，特由大德我慢，使下訛怠，鈔集此律，略示恭勤。《自然訣下》曰：夫感天地，致羣神，通仙道，洞至眞，解積世罪，滅凶咎，却怨家，修盛德，治疾病，濟一切物，莫近乎齋。《金籙簡文》曰：登齋，當舉高德法師一人，都講一人，監齋一人，侍經一人，侍香一人，侍燈一人。明日行道，各典所署師一人，廣須宣令。

《太眞科》曰：若就齋戒儀軌，大德之人，應當前行前坐，約語徒衆，必使齊整，勿使主人有所嫌鄙，或各爭異論，無有畏忌，非唯道俗，賢善同惡，亦乃十方大聖冥鑒，爲罪招殃，各自己受。

《太眞科》曰：作齋之家，請清廉道士，患無多耳。請人不限於數，令不篤信者聞之，生於歸敬，自積福德，非齋不濟。然清廉之人，實堪歸敬；貪淫之輩，人我甚高。就請應物，恆希先首，設所簡選，曾不責躬，爲建福家，作大患害，能自退省，是稱道子。《金籙簡文》曰：建齋之家，未至一宿，當自沐浴，灑掃內外，丁勅大小，齋等一心。

《太眞科》曰：齋官宿到，悉香湯沐浴畢，俱入法堂，宣示科戒，威儀庠序。有違一刑律論。科曰：不從法師，各私用意，二刑論。科曰：不及宿啓，不得入齋，今時之人，明朝尙闕行道。今夜宿啓，豈爲存懷，或貪求外緣，或房中睡卧，分簡受職，即有闕如。明日行香，乃生推注，當由法師，夜不宣告。臨事沸亂喧爭，一則冥府書愆，二則交違法事，三則不生敬信，四則福善無憑。論云：爲不善於顯明之中者，人得而誅之；爲不善於幽闇之中者，鬼得而誅之。明乎人，明乎鬼，然後能獨行。老君云：天網恢恢，疏而不失。既當主人禮供，豈得坐致愆殃，幸各思之，令從已悟。

《太眞科》曰：齋官具受宣告，不得與外人交言，二刑論。科曰：齋日清靜，存神念道，標門斷客，內外禁隔。

《千眞科》曰：建齋之家，未至三日，灑掃內外，於門首豎一長旛標門，使人客知之，葷辛之侶，不敢至家，敬信之人，來乃恭肅。

朱權《天皇至道太清玉册》卷上　高功，一名左闡道。其職也，道德內充，威儀外備，天人歸向，鬼神共瞻，躡景飛章，承領宣德，惠周三界，禮絶衆官。

都講

綜述

陸修靜《洞玄靈寶齋説光燭戒罰燈祝願儀·都講》經云：才智精明，閑鍊法度。其任也，行道時節，上下食息，先自法師，次引衆官，禮拜揖讓，皆當讚唱。

《金籙大齋補職説戒儀》次補一人爲都講。其職也，洞輔該通，法度明練，贊唱儀矩，領袖班聯，玄壇步趨，升座講説，昭符國命，默契天心。

朱法滿《要修科儀戒律鈔》卷八《都講鈔》　夫行齋引衆，唱説爲

先。知去就之儀，定早晚之節。《敷齋威儀》曰：都講，其職也，克明正典，詮舉職任，至如行道時節，禮誦容止。先鳴法鼓，次引朋衆，法則執儀，敬憑唱說。夫以建齋行事，都講要用明能：一則參詳法師，二則知主人齋意，三則先定時節，四則擊鼓鳴鐘。若參詳法師者，先取法師進止，可不進退，要共評論，不得自出一意，專制法徒。若知主人齋意者，若主人吉樂齋，威儀悅衆，若主人疾卮齋，勤苦爲務，先定三時、六時行道之數。《金籙簡文》云：朝、中、日入、人定、夜半、雞鳴，爲六時行道。若三時者，朝、中、人定而已。

《太眞科》曰：凡爲人告齋，皆三時下，息苦救急，謝罪消災。請福，皆晝夜誦咏祝願，不得卧息，若積日疲困，分時下息，讀經說戒，晝夜不輟，行道齊同，不得虧闕。若齋官病則啓告，衆則退出齋堂。齋所嚴肅，不得養痾，養痾別房，勿喧齋所。若幸堪在齋，登堂整肅，不得低睡，密相督勵，不須行罰，行罰參差，乖祈感之至乎。常修習用黜罰之科，使內外齊同，令改昏見曉。師不得濫罰弟子，弟子受罰，不得有辭，所罰必謬，許有薄訴，達心而已。不得苦言，苦言怨己，師與弟子，同五行論。若三時行道，當中後下息至晡時，夜半下息至鷄鳴，餘皆上講誦經。若六時行道，當中後下息至晡時，黃昏後下息至人定，夜半後下息至雞鳴，三時下息，餘時皆上講誦經。使心目同注，意念玄虛，舉動施爲，每依儀典。若擊鼓鳴鐘，招仙集聖，法鼓有二：一則叩齒，二則金鐘玉磬。一則叩齒者，《威儀》云：先鳴法鼓，次引朋衆。然鳴法鼓，或三通、七通、九通、十通、十二通、二十四通、三十六通、四十九通、七十二通、八十一通，隨時所用。《老君經序》云：叩齒三，咽液三也。《昇玄經》云：即便叩齒七通爲七曜，道明當發故。《生神章》云：叩齒九通。《昇玄》又云：叩齒十二通，三噓。又云：叩齒二十四通。《度人經》云：叩齒三十二通，上聞三十二天。《昇玄經》云：天師西向叩齒七七四十九通，太上東向叩齒七十二通。又云：太上叩齒九九八十一通。《上清八道祕言經》曰：叩齒之法，左左相叩，名曰折制天鐘；右右相叩，名曰震椎天磬；中央上下對相叩，名曰嚴鳴天鼓。若卒遇凶惡不祥，當折天鐘三十六通；若經凶辟邪、威神大祝，當椎天磬；若存思念道、致眞招靈，當鳴天鼓。叩齒雖一，其實有三，故凶惡而畏天鐘之響，山神而攝天磬之洞，招神而肅天鼓之震矣。宮商有節，希微內感，不可以一槩而求，不可以偶然而合召也。《酆都記》云：鮑助，濟北人，年四十餘，亦無道術，中風至口面，齒常自啄。年得一百二十七後，遇大水，隨長壽河而死。北帝數遣殺鬼取之，鬼不敢近。鬼官問其故，殺鬼答云：此人乃多方術，以制於我，常行叩齒，鳴打天鼓，以警身神，神不得散，鬼氣不得入也。二則鐘磬者，《太眞科》曰：齋堂之前，經臺之上，皆懸金鐘玉磬，鐘磬依時鳴。行道上講，悉先叩擊，非唯警戒人衆，亦乃感動羣靈，神人相關，同時集會，弘道濟物，盛德交歸。又曰：法身叩鐘，清嚴束帶，諦心存神，與己相見，調槌正擊，漸微至著，數十二、二十四、三十六，隨衆多少。《皇人本行經》曰：鳴鐘，正法服，先至鐘所，手執鐘槌，祝曰：圓槌震法鐘，流聲徧十方。入下通長夜，登高響玉房。九幽聞離苦，七祖上仙堂。鳴三下，法陰數生於二，成於十。爪彈十下，發長牙之音，陽數生於一，成於九。次引九槌，震瓊瑤之響。三下者，上聞清微、禹餘、大赤之三天，中應無色、色、欲之三界，下警地獄、餓鬼、畜生之三徒。三天，三界，三徒，三三爲九，故九槌也。歛長法，歛長二十七槌，上九通九天之道君，中九覺九宮之眞帝，下九招九幽之苦魂。連三下，合四九三十六槌，上聞三十六天帝，中應三十六部尊經，下徹三十六地戶。若得法，左仙童記善；若失法，右玉女記惡。明各詳之，犯科冥考。

朱權《天皇至道太清玉册》卷上　其職也，洞輔德通，法度明鍊，讚唱儀矩，領袖班聯，玄壇步趍，陞座講說，昭符人望，默契人心。

監齋

綜述

陸修静《洞玄靈寶齋說光燭戒罰燈祝願儀·監齋》　其職也，司察衆過，彈糾愆失，秉執科憲，隨事舉白，必使允當，不得隱濫。

《金籙大齋補職説戒儀》 次補一人爲監齋。其職也，總握憲章，典領科禁，糾正壇職，振肅朝綱，周密察非，從容授簡，有嚴有翼，毋濫毋隳。

朱法滿《要修科儀戒律鈔》卷八《監齋鈔》 夫道因聖顯，福寄人弘，若不糾彈，無遵典憲。《敷齋威儀》云：篤勵虧怠，彈糾愆過，不偏不黨，無隱無濫，秉執憲章，務存允愜。然所爲法事，要假其人，若不切磋，何取成例，只可依法，勿惜人情。《昇玄經》云：監齋十事。一者，令設供之家，先齋前三日，投辭於法師，陳説所願，並修所請齋人姓名、道位多少，法師受辭，即對辭主騰辭，上刺請監齋官屬；二者，令供主還家，更報所請齋人云，已投辭上刺訖，宜各潔淨，勿與俗人共同牀座，莫作諸惡，不善之行，此至齋竟，保全身口意，一如太上威儀之令；三者，令供主不得盜鬼神之餘物，及市買熟食以供齋人；四者，令供主見有異人聞齋，欲來聽經者，不得計飲食之費，遏截不聽；五者，令供主上刺訖，還家便於靜室、齋堂，燒香明燈，爲監齋官屬，當下監察；六者，供主不得辭託齋事，不供當賓客；七者，當令供主解齋布施，隨家豐儉，一錢一縷，亦足表心；八者，令供主不得緩帶裙裳，如給使法；九者，令供主不得迎師，有人去便不送，是去就異心，皆思忘義；十者，不得令供主因解齋之餘，以解神福，是名貪利惜費，無恭肅心。

《玄都律》云：主人內外，不預相檢勑，音聲高厲者，罰油五升；若主供辦，諸物有闕，罰油二升；若執糾見過，不彈私隱，罰油六升；若受闕不啓上補，罰油三升；若齋人妄言綺語，論及私鄙，罰香一斤、油五升、朱三兩。

律曰：若有犯威儀，彈糾不伏者，當啓告三寶，退出齋次；若彈糾不實，以罪罪之；若上座法師，自覺有失，須收愆送失，如不自收，監齋准法彈糾；若法事有虧，從一至三，監齋依事罰糾；若從三以上，斷功削除，宣示同學，不得容在法座；若監齋容縱不糾，亦與同罪。

朱權《天皇至道太清玉册》卷上 監齋，一名左輔教。其職也，總握憲章，典領科禁，糾正壇職，振肅威儀，周密察非，從容受簡，有嚴有翼，毋濫毋隳。

侍香

綜述

陸修靜《洞玄靈寶齋説光燭戒罰燈祝願儀・侍香》 其職也，當料理爐器，恆令火然灰淨。六時行道，三時講誦，皆預備辦，不得臨時有闕。

《金籙大齋補職説戒儀》 次補一人爲侍香。其職也。精飾鼎彝，嚴潔案席，巡行爇炷，始終芬芳，玄鑒昭彰，丹誠露達，毋或中絶，有越初忱。

朱法滿《要修科儀戒律鈔》卷八《侍香鈔》 夫水以洗塵，香能破穢，假茲百和，託信三清。《敷齋威儀》云：侍香，其職也。炎鑪肅整，芳馨恆然，使晝夜煙流，終朝火續，此法事之所先，宜晨昏而勿怠。《本際經》云：散天香花，猶如雪下，繽紛芳馥，悦樂衆心。又云：熉百和反風名香，散萬種天樹寶花。《衆篇經》云：飛香八湊，流電揚烽。又云：金童揚香，月宮散花。《定志》云：百和寶香，不熉自薰。《昇玄經》云：香氣苾芬，薰於八方。《五符序》云：然百和之香以破穢。又云：燒香醮五帝，看流芳所歸。氣正上中央，黃帝先降；氣東流者，青帝先降；氣南流者，赤帝先降；氣西流者，白帝先降；氣北流者，黑帝先降。

《玄都律》曰：詣朝拜竟，其日燒香，災殃自滅。違律，罰筭一紀。

《玄都律》云：若翻覆香火，罰香二斤；若侍香煙中絶，罰油四斤；若臨燒香突行，罰油二斤；若行香不洗手、漱口，罰油二斤。《登眞隱訣》曰：香者，天眞用茲以通感，地祇緣斯以達言。是以祈念存注，必燒之於左右。特以此煙能照玄達意，亦有侍衛之者宣讚辭誠故也。又云：建城縣及高陵，並有然石一燒，令赤便永不糜耗，得一九以燒香，實爲省要。

朱權《天皇至道太清玉册》卷上 侍香，一名左拱宸。其職也，精飾鼎彝，潔嚴案席，巡行焚炷，始終芬芳，玄鑒昭彰，丹誠露達，毋獲中絶，有越初忱。

侍經

綜述

陸修静《洞玄靈寶齋説光燭戒罰燈祝願儀·侍經》 其職也，營侍尊經，整理巾蘊，高座几案，四座席地，拂拭齊整，不得怠懈。

《金籙大齋補職説戒儀》 次補一人爲侍經。其職也，嚴潔几䄄，整齊卷軸，開函啓奏，收櫝敷陳，調和衆音，表儀庶職，觀聽允睦，幽顯交歡。

朱權《天皇至道太清玉册》卷上 侍經，一名右輔教。其職也，嚴潔几案，整齊卷軸，開函啓奏，收櫝敷陳，調和衆音，表儀庶職，觀聽允睦，幽顯交歡。

侍燈

綜述

陸修静《洞玄靈寶齋説光燭戒罰燈祝願儀·侍燈》 其職也，景臨西方，備辦燈具，依法安置，光焰火然，恆使明朗。

《金籙大齋補職説戒儀》 整辦釭篝，精嚴燈燭，高下照徹，內外輝華，際夜續明，乘晨收燄，光明道境，輝耀齋壇。

朱法滿《要修科儀戒律鈔》卷八《侍燈鈔》 《敷齋威儀》云：侍燈，其職也。蘭釭晚映，係明西日，灼爍壇場，照灼清夜。若遇雨權停，值風暫息，賓主參詳，與時興廢，幸勿抑斷，用虧成典。**【略】**

《四極明科》曰：立春、春分之日，然九燈於中庭；立夏、夏至，然三燈；立秋、秋分，然七燈；立冬、冬至，然五燈；本命之日，然十二燈。夜半，露出燈下，春則向東，夏則向南，秋則向西，冬則向北，本命則向太歲，叩齒二十四通，祝曰：

高上太眞、萬聖帝皇、五帝玉司、總仙監眞，今日吉良，八節開陳，陽絶陰考，絶滅九陰，於今永始，拔釋七玄，免脱火鄉，永離刀山，三塗五苦，不累我身，得同天地，長保帝晨，五願八會，靡不如言。畢解巾叩頭百二十過，當額向地而叩，竟復巾仰天，心念我身，今日上享天恩，賜□形骸，受生飛仙，因仰咽二十四氣止。如此三年，宿愆並除，身與眞同，不履五苦，脱過火鄉，尅得眞人，遊宴玉房，可謂妙訣，愼勿輕宣。

《金籙簡文》曰：拔度生死，建齋於中庭。土壇縱廣，上壇二丈四尺，下三丈二尺，開四面四角、上下十門，門廣五尺，闌纂標牓，法天象地。壇中央，安一長燈，令長九尺，上然九燈，每令光明，上照九天，下照九幽。於門外四面，各安九燈，合三十六燈，以圍壇。《金籙簡文》云：入堂靜，明燈訖，向燈三拜，呪曰：

正一陽光，焰上朱煙，開光童子，一十二人，洞照一宅，及得我身，百邪摧落，殺鬼萬千，光明朗徹，通眞達靈，昇入無形，與道自然。畢，退出堂，滅燈，呪曰：

玄陰閉光，長燈續明，太陽已朗，八威開清，燈通太陰，光附景生，日月二眞，與我合并。便滅火。本命上然燈，以照七魄；行年上然燈，以照三魂；太歲上然燈，以照一身；大墓上然燈，以照朽骸；小墓上然燈，以照太陰；堂前然七燈，以照七世；中庭然九燈，以照九幽；俠門然二燈，以照宮宅；地戶然二十四燈，以照二十四生氣；八方然八燈，以照八卦；中央然九燈，以照九宮；天門然十燈，以照十方；然二十八燈，以照二十八宿；然三十二燈，以照三十二天；然五燈，以照五嶽。《金籙簡文》曰：然燈威儀，功德至重，上照諸天，下明諸地，八方九夜，並見光明。侍燈之官，勤爲用意，每令燈光竟夕。《明眞齋儀》曰：於中庭，然九燈於竿上，以照九幽。壇四面，各然九燈，合三十六燈，露經中庭，巡繞九幽，燈燒香行，道禮懺也。《黄籙簡文》曰：然九十神燈。

《明眞科》曰：若有災急，可丹書五篇眞文於中庭，五方安。又上金五兩、仆五龍，以鎭五篇，五色紋繒之信，以鎭五帝。春則然九燈，亦可

九十燈，亦可九百燈；夏則然三燈，亦可三十燈，亦可三百燈；秋則然七燈，亦可七十燈，亦可七百燈；冬則然五燈，亦可五十燈，亦可五百燈；四季之月，則然十二燈，亦可百二十燈，亦可千二百燈。中央安一長竿，上然九燈。

《玄都律》曰：若侍燈火中滅，罰香一斤；若翻燈燭，罰油五升。

朱權《天皇至道太清玉册》卷上 侍燈，一名右拱宸。其職也，整辦缸篝，嚴潔燈燭，高下照徹，內外輝華，際夜續明，華晨妝焰，上明道境，下煥幽都。

科戒總部

科儀名目部

生日本命儀 午朝行道

綜述

杜光庭《道門科範大全集》卷二《生日本命儀・午朝行道》 都講舉,各禮師存念如法。

高功宣衛靈咒。

丹靈朱火,炎霞激風。赤輪剛運,天光八衝。迸威包羅,交變萬方。流金豁落,羣魔滅蹤。辟奸破妖,明燿元功。金符召制,躡雲策龍。謠歌慶會,散花太空。神化宣運,四極安隆。伏御帝前,罔有不恭,和與道合眞。

都講舉,鳴法鼓二十四通。

高功發爐。

無上三天玄元始三炁,太上道君,太上老君,召出臣身中三五功曹,左右官使者,左右捧香,驛龍騎吏,侍香金童,傳言散花玉女,五帝直符,直日香官,各三十六人出。出者嚴裝顯服,冠帶垂纓,關啓玄壇土地,方域神眞。臣今午朝,陞壇行道,謹奏爲入意,其諸忱悃,已錄告聞,願得太上十方至眞道炁,靈寶瑞光下降,流入臣等身中,令臣所啓之誠,速達徑御太上無極大道、三清三境天尊、昊天玉皇上帝、星主紫微大帝御前。

都講舉,請稱法位。

具位臣姓某與合壇衆官等,謹同誠上啓,斗極祖師、洞眞大道元始天尊,斗極宗師、洞玄大道太上道君,斗極眞師、洞神大道太上老君,玉皇大天尊、玄穹高上帝,斗中之尊、天皇大帝,斗中之主、紫微大帝,北斗高上玉皇尊帝君,太微玉帝玄卿大帝君,北斗太尉陽明貪狼玉晨君,北斗上宰陰精巨門玉晨君,北斗司空眞人祿存玉晨君,北斗游擊玄冥文曲玉晨君,北斗斗君丹元廉貞玉晨君,北斗大常北極武曲玉晨君,北斗上帝天關破軍玉晨君,北斗玉帝洞明外輔玉晨君,北斗帝眞隱元內弼玉晨君,斗中天罡萬眞節度奎光帝君,北斗九皇夫人,九陰內妃,三台華蓋星君,三官五帝,九府四司,斗中道德諸君,無鞅聖衆,六十甲子本命星君,玄中大法師,三天大法師,寶上眞人,二仙使者,九宮官屬,一切眞靈。臣等伏聞元始開圖,演長生之祕籙;玄元闡化,弘廣濟之妙門。普及人天,同臻福祐。由是宿瑕往結,咸得懺祈,片善微功,備蒙銓錄,洪纖罪福,毫末無遺。臣職在敷揚,願裨大化,凡有祈告,敢不上聞。

宣詞。

按如詞言,誠深修奉,所宜謄奏,冀獲感通。竊惟三十六部尊經,修生爲本;二十七等齋法,崇善爲先。所以本命七星移度之篇,具明神呪三皇監乾之旨,許佩寶符,司馬度籍,以延生太一,制魂而保壽。元父玄母,內鎭百關;金晨玉華,外祛衆惡。降日華於大洞,解宿結於三田。勤而行之,可以雲昇羽化,則本命具存修之理,載彼眞經;生日敷大有之書,明於奧旨,司命回十絶之信,元君開定籍之章,三界在庭,萬神列位。然後紀善錄惡,保壽延生。大哉,稟氣毓神,驚天駭地,誕生之重,聖教所尊,爰屬茲辰,宜申福會,是用虔誠三寶,注仰十華,信幣盟心,香花展禮,轉經行道,悔過祈恩,依按典儀,奉修齋直。以今午朝,陞壇行道,請法衆等運茲初捻上香。願此香煙,騰空徑上,供養無上至眞道寶。臣等志心皈身、皈神、皈命,首體投地。仰依太上三尊,十方衆聖,願以是捻香功德,上資社稷尊靈,列聖昭穆,神升玉闕,品列瓊宮,騰逸駕於上淸,介殊祥於大寶,允昌帝業,遐福羣生。弟子某家九世七玄,億曾萬祖,克辭幽夜,咸睹光明。今故燒香,自皈依道尊大聖衆至眞之德。得道之後,永保長存,和與道合眞。

以今午朝,陞壇行道,請法衆等運茲二捻上香。願此香煙,騰空徑上,供養無上至眞經寶。臣等皈身、皈神、皈命,首體投地。仰依太上三尊,十方衆聖,願以是捻香功德,歸流今上皇帝。伏冀聖圖悠久,寶祚延洪,日並睿明,山齊聖壽。儲宮妃后,光贊鴻休。百辟忠貞,扶持景運,

三光融朗，六炁和平，穀稼滋豐，兵戈戢息。航深梯險，會萬國以朝宗；車軌書文，總八紘而混一。俗臻有道，化洽無爲。今故燒香，自皈依經尊大聖衆至眞之德。得道之後，保天長存，和與道合眞。

以今午朝，陞壇行道，請法衆等運茲三捻上香。願此香煙，騰空徑上，供養無上至眞師寶。臣等皈身、皈神、皈命，首體投地。仰依太上三尊，十方衆聖，願以是捻香功德，歸流齋主某，及内姻外族，眷屬親緣，體豫神安，福隆壽遠，三災不染，九厄無侵，家傳忠孝之風，門襲安貞之吉。九圍之内，率土之中，景貺所資，羣生咸泰。今故燒香，自皈依師尊大聖衆至眞之德。得道之後，永保長存，和與道合眞。

懺方，命魔，三啓，三禮。

重稱法位。

具位臣某等，謹同誠上啓，三清上聖，十極高眞，斗府神仙，醮筵眞宰。臣聞妙道垂文，三乘演教，至眞流化，普度人天，得以微生，參奉玄奧，遵依聖本，敷贊玄科，冀罄丹誠，用裨鴻化。今齋主某，竊惟上眞弘濟，三洞開光，有感必通，惟善是祐。敢因初誕本命之日，願伸祈懺之儀，稽首法筵，披心衆聖，轉經行道，請福希恩。伏願太上三尊，十方衆聖，傾光三境，迴駕九清，鑒省丹襟，滂流洪澤，降無涯之施，開大宥之慈。赦除臣某己身，及六親眷屬、九玄七祖、一切親緣，歷劫以來，至於今日，六根障惱，三業罪條，或不孝不忠，不仁不義，犯違天地，穢謾三光，呵怒神明，輕凌四大，染滯聲色，躭翫繁華，傷殺衆生，以爲快樂，妬娼勝己，抑絶賢明，冒利貪財，酷害於物，評論道德，毀敗正眞，口是心非，罔上凌下，犯三元品目、百八十條，無邊無涯，不可憶識。因今懺悔，並乞蕩除。上願帝道興昌，寰瀛康泰，三光調理，五緯順常，人歸朴素之風，俗洽和平之化。九幽夜府，咸睹光明；六趣殊倫，共臻禎貺。齋主某椿蘐等算，金玉齊身，壽祿内延，災凶外息，子孫忠孝，門宇清安，三界眞靈，潛加佑護。上明天尊廣濟之澤，下副臣等皈命之誠。謹啓以聞。

知磬舉，十二願。

都講舉，存神燒香。

高功復爐。

香官使者、左右龍虎君、侍香諸靈官，當令臣向來午朝陞壇行道之所，自然生金液丹碧，芝英百靈，衆眞交會，在此香火爐前。當願十方仙童玉女，接侍蘭煙，傳臣向來所啓之誠，速達徑御至眞無極大道、三清三境天尊、昊天玉皇上帝、紫微北極大帝御前。

知磬舉，出堂頌。

出戶，引至六幕堂。

懺禳疾病儀 清旦行道

綜述

杜光庭《道門科範大全集》卷四《懺禳疾病儀・清旦行道》 法事陞壇如式。

都講舉，各禮師存念如法。

高功宣衛靈呪。

青陽虛映，耀日回靈。神虎辟邪，飛天流鈴。摧奸滅試，萬魔束形。九微迴道，八威攝精。千眞校錄，三元蕩清。左嘯中黃，右策六丁。七轉八合，周旋天經。聖化巍巍，大道興行。慶雲流布，合景黃庭，和與道合眞。

都講舉，鳴法鼓二十四通。

高功發爐。

無上三天玄元始三炁，太上道君太上老君，召出臣等身中三五功曹，左右官使者，左右捧香，驛龍騎吏，侍香金童，傳言散花玉女，五帝直符，直日香官，各三十六人出。出者嚴裝顯服，冠帶垂纓，關啓玄壇土地，方域神眞。臣今早朝，陞壇行道，謹奏爲入意，其諸忱悃，已錄告聞，願得太上十方至眞道炁，靈寶瑞光下降，流入臣等身中，令臣所啓，速達徑詣太上無極大道、三清上聖、昊天玉皇上帝御前。

都講舉，請稱法位。

具位臣某與合壇官衆等，謹同誠上啓，虛無自然元始天尊，無極大道太上大道君，大聖祖高上大道金闕玄元天皇大帝，太上老君，高上玉皇，十方已得道大聖，衆至眞，諸君丈人，三十六天帝君，玉虛上帝，玉帝大帝，東華、南極、西靈、北眞、玄都、玉京、金闕、七寶、玄臺、紫微上宮，靈寶至眞明皇道君，玄中大法師，三天大法師，上清、日月、九曜、南辰、北斗星君，三官五帝，九府四司，斗中道德諸君，無鞅聖衆，六十甲子本命星君，東嶽上卿，司命眞君，西極總眞王君，名山洞府得道神仙，三界應感，一切眞靈。臣聞妙本自然，因機立化，裁成天地，含孕虛無。日月得以垂光，乾坤由其定位。天元地府，陽職陰寮，分布萬神，主宰羣有。除災降福，河圖明謁謝之文；悔過希恩，太一著修禳之品。臣等職當開度，廣濟爲先，凡有所祈，理宜關奏，況奉詞旨，敢不上聞。

宣詞。

按如詞言，誠情丹切。弟子某以吉凶倚伏，寒暑推遷，否泰不常，災纏是懼，敢憑慈訓，爰備齋壇。按黃籙靈寶簡章，考玄都典式，冀因敷奏，克獲感通。以今清旦，陞壇行道，請法衆等運茲初捻上香，願此香煙，騰空徑上，供養無上至眞道寶。臣等皈身、皈神、皈命，首體投地。仰依太上三尊，十方衆聖，願以是捻香功德，歸流皇圖帝業，社稷尊靈，與道無窮，配天齊永。皇帝聖超三五，播有道於九圍；祚越億千，暢無爲於萬國。今故燒香，自皈依道尊大聖衆至眞之德。得道之後，保天長存，和與道合眞。

以今早朝，陞壇行道，請法衆等運茲二捻上香，願此香煙，騰空徑上，供養無上至眞經寶。臣等皈身、皈神、皈命，首體投地。仰依太上三尊，十方衆聖，願以是捻香功德，歸流某家九玄幽爽、億劫親緣，乘元皇九奏之功，九幽開度；荷玄聖五明之照，五苦寧閑。福利存亡，祚流遐邇。今故燒香，自皈依經尊大聖衆至眞之德。得道之後，永保長存，和與道合眞。

以今早朝，陞壇行道，請法衆等運茲三捻上香，願此香煙，騰空徑上，供養無上至眞師寶。臣等皈身、皈神、皈命，首體投地。仰依太上三尊，十方衆聖，願以是捻香功德，歸流某身，六氣安和，百關調順。宿殃積釁，隨惠澤以蠲銷；滯疾深災，沐靈風而蕩滌。中天注祿，南斗增年，眷屬咸宜，禎祥密降。今故燒香，自皈依師尊大聖衆至眞之德。得道之後，永保長存，和與道合眞。

懺方，命魔，三啓，三禮。

重稱法位。

具位臣某與臨壇官衆等，謹同誠上啓，三清上帝，十極高眞，醮筵兩班，無邊列聖，恭望洪慈，洞垂昭鑒。臣聞道本無爲，感而有應；陰陽不測，變化難窮。用常善以導羣迷，播鴻慈而育三界。拯危救物，佐國度人，日用不知，神功無際。弟子某仰慮稟神之始，運氣之初，億劫以來，至于今日，不明罪福，罔識因緣，三業搆非，六塵積釁，違天元生化之道，犯地司禁忌之文，虧四時應變之功，失萬物遂成之性，故傷誤殺，害及有情，不覺不知，累過無極。前業未懺，後罪有加。三官五帝之司，黑書記惡；泰嶽羅酆之府，丹簡落名。或因三命凶衰，五行刑剋，星文臨照，神殺衝妨；或因動役興功，槤林運石，斬伐林木，穿鑿岡原，驚觸龍神，犯違禁諱，遂成疾厄，未獲痊平。正氣不和，三元失序。敢依科典，啓置道場，下罄丹誠，上祈玄聖，無邊罪咎，咸乞懺除。伏冀衆聖垂光，萬眞迴鑒，流大慈之施，降罔極之恩，敕勒四司，明告九府，爲弟子某削除死籍，注上生名，解厄祛災，和冤釋對，宿瑕清蕩，積過銷平。星辰迴臨照之文，年運息刑衝之咎，青帝加算，錄肝護魂，白帝遷名，靜魄安肺，辰星守腎，熒惑鎮心。黃庭眞人，和神守臟，天醫將東，太一眞靈，神藥潛資，靈津密降。凶隨願解，疾逐雲銷，福壽永延，災衰殄息。上願帝圖悠久，聖德昭明，四海無波，八紘有泰，干戈自戢，穀稼滋豐，君聖臣忠，天清地靜。然乞弟子某家，九玄享福，七祖生天，五族安寧，六親和睦。泉扃朗晏，九幽無罪考之聲；三界混融，六道罷輪迴之趣。飛行動息，有識含生，共沾廣濟之恩，咸契長生之果。上明天尊弘慈之澤，下副臣等懺謝之誠。謹啓以聞。

知磬舉，十二願。

都講舉，存神燒香。

高功復爐。

香官使者，左右龍虎君，侍香諸靈官，當令臣向來早朝陞壇行道之所，自然生金液丹碧，芝英百靈，衆眞交會，在此香火爐前。當願十方仙

童玉女，接待蘭煙，傳臣向來所啓之誠，速達徑御至眞无極大道、三清上聖、昊天玉皇上帝御前。

知磬舉，出堂頌。

出戶，引至六幕堂。

懺禳疾病儀 晚朝行道

綜述

杜光庭《道門科範大全集》卷六《懺禳疾病儀·晚朝行道》 法事陞壇如式。

都講舉，各禮師存念如法。

高功宣衛靈呪。

五星高耀，瑞氣飛浮。元始集神，天地交周。玉符寶節，嘯命微幽。擲火揚威，奸凶無留。萬魔振伏，紛葩却消。摧怪滅惡，道炁周流。神光照夜，陰翳俱收。萬神降格，扇景乘飈。羣生咸遂，惠遍神州，和與道合眞。

都講舉，鳴法鼓二十四通。

高功發爐。

無上三天玄元始三炁，太上虛無大道君，召出臣等身中三五功曹，左右官使者，左右捧香，驛龍騎吏，侍香金童，傳言散花玉女，五帝直符，直日香官，各三十六人出。出者嚴裝顯服，冠帶垂纓，關啓玄壇，天帝天眞，當召此間土地里域，眞官正神，急上關啓。臣今晚朝，陞壇行道，謹奏爲入意，其諸忱悃，已錄告聞，願得太上十方至眞道炁，靈寶瑞光下降，流入臣等身中，令臣所啓之誠，速達徑御至眞無極大道、三清上聖、昊天玉皇上帝御前。

都講舉，請稱法位。

具位臣某與合壇官衆等，謹同誠上啓，虛無自然元始天尊，無極大道太上大道君，大聖祖高上大道金闕玄元天皇大帝，太上老君，高上玉皇，十方已得道大聖，衆至眞，諸君丈人，三十六天帝君，玉虛上帝，玉帝大帝，東華、南極、西靈、北眞、玄都、玉京、金闕、七寶、玄臺、紫微上宮，靈寶至眞明皇道君，日月、九曜、南辰、北斗星君，三官五帝，九府四司，斗中道德諸君，無鞅聖衆，六十甲子本命星君，玄中大法師，三天大法師，東嶽上卿，司命眞君，西極總眞王君，名山洞府得道神仙，三界應感，一切眞靈。臣聞混成構象，眞一凝光，天地稟之以權輿，陰陽運之以生化。盛衰倚伏，善惡糾紛，日月有代謝之期，寒暑有推遷之數。惟茲大道，統貫幽明，延福垂休，廣濟羣品。臣等早探眞訣，獲眄靈圖。三洞琅函，有祈禳之品；九天金札，傳拯護之文。四萬劫而敷弘，五億天之宗奉。制伏妖惡，徵召魔靈，佐國立功，扶危救物。凡有祈向，敢不上聞。

宣詞。

按如詞言，理惟虔切。弟子某災纏未息，疾厄未平，歸命諸天，披心大道，請崇齋直，延降威靈，輔運丹誠，共希玄祐。以今晚朝，陞壇行道，請法衆等運茲初捻上香，願此香煙，騰空徑上，供養無上至眞道寶。臣等皈身、皈神、皈命，首體投地。仰依太上三尊，十方衆聖，願以是捻香功德，歸流皇帝九廟尊儀，駕景三清，流祥萬國，鴻基克固，鳳曆永昌。敬祝太子諸王，允扶大業。以及臣寮百辟，匡贊睿圖，車軌大同，梯航畢集。今故燒香，自皈依道尊大聖衆至眞之德。得道之後，保天長存，和與道合眞。

以今晚朝，陞壇行道，請法衆等運茲二捻上香，願此香煙，騰空徑上，供養無上至眞經寶。臣等皈身、皈神、皈命，首體投地。仰依太上三尊，十方衆聖，願以是捻香功德，歸流某家七祖九玄、幽儀滯爽，超辭地壤，昇翥天衢，息注訟於冥關，流福祚於後裔。九幽地獄，咸睹慈光；六趣羣生，同躋善域。今故燒香，自皈依經尊大聖衆至眞之德。得道之後，永保長存，和與道合眞。

以今晚朝，陞壇行道，請法衆等運茲三捻上香，願此香煙，騰空徑上，供養無上至眞師寶。臣等皈身、皈神、皈命，首體投地。仰依太上三尊，十方衆聖，願以是捻香功德，歸流弟子某身，冤債和平，災凶銷解，邪衰冰泮，疾厄雲收，南斗延生，東宮注祿。洎諸眷屬，普及人天，同享

善功，咸臻道域。今故燒香，自皈依師尊大聖衆至眞之德。得道之後，永保平康，和與道合眞。

懺方，命魔，三啓，三禮。

重稱法位。

具位臣某與醮壇官衆等，謹同誠上啓，三清上帝，十極高眞，三界醮筵，兩班列聖，恭望洪慈，洞回昭鑒。臣等參佩寶文，夙漸靈澤，竊披玄奥，志在敷揚，思立善功，廣被羣品。弟子某災凶在運，疾厄所纏，列款表心，虔誠禱福，請崇齋直，關奏眞靈。是敢遵按典儀，轉經行道，懺謝弟子某前生今世，宿罪深尤。或違天地覆載之仁，或虧日月照臨之德，犯二氣五行之性，傷三光六紀之和。前冤未除，後罪重結，故殺誤傷，肆意任心，不識因緣，罔知忌諱。六情所起，干犯幽明，三業所爲，負越經訓。成兹報對，構此災危。又恐犯觸龍神，興工土木，侵傷地理，違爽天時。又恐宿曜所臨，年運所犯，九宮刑剋，八卦衝妨。疾厄既深，憂危是切。敢因啓齋設款，懺謝過愆，燒香然燈，祈天請命，災殃罪咎，咸乞懺除，使太一延生，三元却死，靈童投藥，大帝降符，六府調和，百關宣暢，壽延祿永，禍滅福生。弟子某家，九祖生天，六親蒙祐，九幽六趣，動植飛沉，各遂所宜，咸承福利。上願龍圖鴻業，地久天長，文德允修，武功遐著。川浮聖澤，日並睿明。八卦九疇，再彰於淸洛；連珠合璧，重睹於玄穹。百穀無愆，三農有積，疵癘不作，水旱無侵，風雨以時，干戈永戢，遍該含識。下及幽途，川嶽職寮，陰陽臣佐，誅邪助正，弘道安人，齊契道階，俱昇福岸。則上明天尊大慈之澤，下副臣等懺謝之誠。謹啓以聞。

知磬舉，十二願。

都講舉，存神燒香。

高功復爐。

香官使者，左右龍虎君，侍香諸靈官，當令臣向來晚朝陞壇行道之所，自然生金液丹碧，芝英百靈，衆眞交會，在此香火爐前。當願十方仙童玉女，接侍蘭煙，傳臣向來所啓之誠，速達徑御至眞無極大道、三清上聖、昊天玉皇上帝御前。

知磬舉，出堂頌。

出戶，引至六幕堂。

消災道場儀 設醮行道

綜　述

杜光庭《道門科範大全集》卷八《消災道場儀・設醮行道》　都講舉，各禮師存念如法。

高功宣衛靈呪。

五星列照，煥明五方。水星却災，木德致昌。熒惑消禍，太白辟兵。鎭星四據，家國利亨。名刊玉簡，字錄帝房。乘飈散景，飛騰太空。出入冥無，遊宴十方。五雲浮蓋，招神攝風。役使萬靈，上衛仙翁，和與道合眞。

都講舉，鳴法鼓二十四通。

高功發爐

無上三天玄元始三炁，太上老君，召出臣等身中三五功曹，左右官使者，左右捧香，驛龍騎吏，侍香金童，傳言散花玉女，五帝直符，直日香官使者，各三十六人出。出者嚴裝顯服，冠帶垂纓，關啓此間土地、方域神眞。臣今設醮朝修，謹奏爲入意，其諸丹悃，具載疏文，願得太上十方正眞生炁，靈寶瑞光下降，流入臣等身中，令臣所奏之誠，速達徑御至眞無極大道、三清上聖、昊天金闕玉皇上帝御前。

都講舉，請稱法位。

具位臣某與合壇官衆等，謹同誠上啓，虛無自然元始天尊，太上玉晨大道君，太上金闕老君，太上昊天玉皇上帝，九皇至尊，十方靈寶天尊，諸天大帝，三十六部尊經玄中大法師，上相上宰，上保上傅，三官五帝，十一大曜星君，十神太一眞君，南斗六司眞君，北斗七元星君，周天乾象二十八宿，十二宮神，三百六十五度諸天列宿，本命元辰，天曹職司，九天眞宰，三山五嶽，福地靖廬，厚地洞宮，嶽瀆主宰，三界應感，一切眞靈。臣聞玉天嚴遠，難昇浩劫之家；金洞渺淸，徒仰素靈之館。奥尊帝而

在上，握化紀以居中。啓十方無礙之心，應物而動；號三界大慈之父，視人如傷。俯仰鬱羅之臺，卷舒投芥之劫。回瞻萬兆，悲晉晷之蜉蝣；俯眄九塵，嘆漢宮之螻蟻。自惟下俗，分絶仙階，益憑受著之科，詳罄精微之懇。今有某嚴持信幣，密款仙庭，冀天鑒之下觀，察塵情之片善。伏願九清至聖，離曲密之華宫；十極元皇，從飛虚之法駕。百億天丁，後轡丹飈；千二官君，前迎翠輦。擲火萬里，下呼陽而召陰；旋香三輪，上出日而入月。極東游於熾水，盡西景於虞汧，南造朱陵之宫，中盤黄凝之府，北盡夜城之闕，下彈丘寒之泉。至於魯稱教父，由太極之從行；西號世尊，自延眞而密侍。元始符命，疇敢不祗，俯傾心請之誠，仰望雲臨之駕。臣等與齋官某，無任欽竚之至，稽首頓首再拜，奉迎聖駕。

降兩班聖位。

三界衆眞，醮筵列聖，向伸拜請，諒沐光臨。請各整於僊班，共祗迎於帝馭。

降帝，雲輿。

鸞輿至止，鶴駕臨軒，與醮列眞，如儀朝禮。朝禮既周，請陞醮席，禮官上香，設拜，初進酒。

知磬舉，散花，奏樂。

具位臣某與臨壇官衆等，謹重誠上啓，三清上聖，寶界眞靈。竊以一元布景，本無高下之私；萬兆肖形，盡育清和之炁。既死生之寖遠，遂好惡之森繁。穢身縱溺於沉迷，大道每垂於善貸。或罪根之彌甚，慮陰責之潛加。苟悟百非，即消萬禍。今弟子某識神冥滯，營魄震驚，由浩劫以淪胥，亡元靈而奔躁。不攀覺樹，樂登於炎鋒；不契眞庭，甘焚於火宅。六曹縱逸，三業纏綿。迪惟高聖之宣慈，大庇含生而開度。今弟子某皈道自首，祈天博容。伏乞至聖上靈，高眞大帝，垂恩度厄，錫命除殃。解片體之陰愆，除億曾之冥錄。閱罪先期於冰釋，迎釐次竚於雲臻。俯伏對揚，屛營待報。欲陳詞意，仰進丹闈。臣雖已考詳，尚虞舛駁，輒冒天禁，戰悸申聞，齋意詞誠，謹當宣奏。

宣詞。

按如詞言，文理甚切。披陳血膽，傾寫精誠。俯伸臣子之誠，庶盡謙恭之分。仰乞諸天上聖，三府威靈，俯賜威光，洞垂昭鑒。伏願齋功紀籍，道果資身，增命祿於將來，保椿齡於向去。仰荷眞靈之德，將祈福祐之恩。臣與醮官等，無任懇祈之至，再拜上香，酒陳亞獻。

奏樂。

臣謹重伸，上啓九清上聖，十極高眞，合座應感，一切眞靈。臣聞玉帝鑒觀，金眞伺察，感羣生之布款，采庶品以流恩。上士希仙，即萬眞而獎就；善人徼福，乃百順以妙嚴。眞貴精微，事符響答。今弟子某騰詞清夜，驛意紫闈，爰啓誠心，覬膺靈貺。伏願解除世網，進補仙階。如許映全家，俱入華陽之館；類劉綱盡室，溥陞單綠之天。陰陽之數已逃，生死之根永謝。或干利仕使，亦踐於崇高；或計資儲使，亦豐於貨殖。尊卑富壽，中外興昌。幽明息訴訟之冤，出處有亨嘉之美。慶均嗣續，惠及親疏。水火兵賊之災凶，無侵閭里；夫婦女男之否厄，不犯形軀。庶保生全，永嚴香火。臣與醮官等，無任激切之至，再拜上香，酒陳終獻。

奏樂。

臣謹重誠上啓，醮筵感降，三府眞靈。臣聞太極肇分，二儀列高卑之象；元精既散，五行推變化之方。一寒一暑而歲成，一陰一陽而道立，火炎而雨潤，雷動而風行。生之成之，盡出於陶鎔鼓舞；動者植者，莫逃於消息盈虚。理有盛衰，時有損益。於坎則歸根復命，於艮則反始成終。是以陽生必自於北方，帝出乃由於震地。蓋一元之所始，寔萬化之所宗。故辰極端然居中，則衆星所以拱北，發天地好生之德，運陰陽不測之神，恢張出入之機，總覽生成之柄。況人之禍福，與時之盛衰，悉在統臨，盡由宣納。設醮弟子某，久荷生成之德，肅嚴香火之誠，敢盡懺禳，恭伸懇請。念天人之交可畏，唯善是親；諒神明之德無私，至誠可感。願霈慈悲之澤，爲收悔謝之誠。臣與醮官等，無任激切之至，再拜獻湯。

奏樂。

重稱法位。

具位臣某與臨壇官衆等，謹重誠上啓，大羅九皇至尊，十方上聖，三界應感，一切眞靈。臣聞黷則不告，聖人垂簡易之文；天且弗違，至道演披陳之典。臣等欽崇上聖，願被靈恩，敢不淨穢丹元，洞防司殺，奉明科而視禮，約仙禁以踐言。一日告盟，百身無改。今則法事粗息，罄寶月於洪儀；夜如何其，落銀河於清漢。鳳冠燈焰，將欲暗於百巵；鵲尾爐煙，

時已然於千和。洞章八闋，玉酒三鍾。燎朱火於天錢，即歸空際；促瓊鐘於仙籟，將返霄間。玉節還迤於紫虛，寶蓋飄飖於碧漢。向還玉京者，無極之尊帝；復昇金闕者，太上之眞皇。衆靈咸從於丹轅，列聖皆驂於紫策。傍飛月鳳，指洞室以分驅；控馭雲龍，瞰滄溟而下邁。神司復職，將吏還司。委釐福以充庭，斂靈光之在目。至於生生萬彙，皆均樂育之私；寂寂九幽，盡被超昇之澤。臣等凝瞻法從，結想太空，極恨塵波，難留聖躅。臣與醮官等，不勝攀戀之至，奉送聖駕。

知磬舉，送聖頌。

都講舉，存神燒香。

香官使者、左右龍虎君、侍香諸靈官，當令臣設醮朝修之所，自然生金液丹碧，芝英百靈，衆眞交會，在此香火爐前。當願十方仙童玉女，接侍蘭煙，傳臣向來所啓之誠，速達徑御至眞無極大道、三清上聖、昊天金闕玉皇上帝御前。

舉寶花圓滿天尊，奏樂。

送神，化財，向來，回向，禮畢。

消災星曜儀 啓壇行道

綜 述

杜光庭《道門科範大全集》卷七《消災星曜儀·啓壇行道》 法事陞壇如式。

都講舉，各禮師存念如法。

高功宣衛靈呪。

東方：

九炁青天，明星大神。煥照東鄉，洞映九門。轉燭陽光，掃穢除氛。開明童子，號曰玄卿。備衛我軒，上對帝君。收魔束妖，討捕凶羣。奉承正道，赤書玉文。九天符命，攝龍驛傳。普天安鎭，我得飛仙，和與道合眞。

南方：

三炁丹天，煥景流光。熒星轉燭，洞照太陽。上有赤精，合契虛皇。開明靈童，號曰華房。總統火兵，備守玉堂。斬邪束妖，剪截魔王。北帝所承，風火莫當。流鈴交煥，翊衛壇場。正道流行，敢有巴狂。我享上功，坐運魁罡。億劫長存，保天無疆，和與道合眞。

西方：

七炁素天，太白流精。光耀金門，洞照太冥。中有素皇，號曰帝靈。保神安鎭，衛我身形。斷截邪源，王道正明。宮殿整肅，三景齊幷。道合自然，飛昇紫庭。靈寶符命，普惠萬生。元皇正炁，來合我身。功加一切，天地咸寧，和與道合眞。

北方：

五炁玄天，元始徘徊。辰星煥爛，光耀太微。黑靈尊神，號曰層威。統冠飛天，仙裙羽衣。備衛五門，檢精捕非。敢有干試，豁落斬摧。玉符所告，神眞八威。邪門閉塞，正道明開。映照我身，三光同輝。策空駕浮，舉形仙飛，和與道合眞。

中央：

一炁黃天，調理乾坤。陶鎔陰陽，總統玄眞。鎭星吐輝，流煥九天。開光童子，號曰天璘。元炁陽精，焰上朱煙。洞照天下，及臣等身。百邪摧落，殺鬼萬千。中山神呪，普天使然。五靈安鎭，身飛上仙，和與道合眞。

都講舉，鳴法鼓二十四通。

高功發爐。

無上三天玄元始三炁，太上道君，召出臣等身中三五功曹，左右官使者，左右捧香，驛龍騎吏，侍香金童，傳言散花玉女，五帝直符，直日香官，各三十六人出。出者嚴裝顯服，冠帶垂纓，關啓玄壇土地，方域神眞。臣今宿啓告齋，建壇蕆事，謹奏爲入意，其諸情悃，具載疏文。以今啓壇設位，備物陳儀，儼清衆以無譁，演眞儀而有俶。揆辰協吉，錫羨云初。虔罄精誠，上干層極。天上天下，咸乞聞知。願得太上至眞道炁，靈寶慧光下降，流入臣等身中，令臣所啓之誠，速達徑御至眞無極大道、三清上聖、昊天金闕玉皇上帝御前。

都講舉，請稱法位。

具位臣某與臨壇列職官衆等，謹同誠上啓，大羅九皇至尊，十方上聖，三界應感，一切眞靈。臣聞天不祐于鮮德，內盡情而可以動穹極之尊；士不祟於匪儀，外盡文而可以舉仙科之祕。惟致情文之謹，乃蒙眞聖之臨。況三籙重黃籙之儀，而九壇貴黃壇之盛。今則恭祓叢楹之祕，肅開華綱之場。旗獵天風，召五方之眞氣；劍橫北斗，淨千里之妖氛。衆香馥以揚煙，法鼓琅而振響，儼洪規而肇始，勵衆志以惟寅。吟空洞謠歌之章，延上聖高尊之馭，大敷張於齋格，用懺洗於罪根。伏願凡悃遙通，帝心下降，誕形不應，洞察至誠。先遣監齋監醮眞官，侍經侍香仙媛，傳言玉女，奏事金童，來臨圭潔之場，共領忱情之禱，證明法事，周洽願心。然後玉羽羣翔，駐鸞驂於靜夜；翠華咸建，肆玉軑於層空。或乘胎化之仙禽，或駕飛雲之天駟，紛然來格，敢不欽承，啓茲玄感。上御至眞無極道前。

知磬舉，起敬贊。

唱十方。

禮足，各長跪皈命懺悔。

臣法衆等，志心皈身、皈神、皈命十方無極大道，太上靈寶天尊，恭望洪慈，洞垂巨澤，普降洪恩。臣聞盡天下之物，不足以交神明；修胸中之誠，斯可以應天地。矧乃玄元之教，莫非清淨之門。儻三業六根之過存，豈一純二精之能格。當齋科之謹始，欲塵慮以先除。庶藉宣揚，以伸昭格。伏念臣與醮主某，自從曠劫，乃至今生，三業根深，十惡障重。有妙湛之體，爲情所昏；有虛明之用，爲物所蔽。欲惡盛而性有萑葦，聞見疏而智亦聾盲。不能外身，而多身殃；不能滅口，而多口過。意有所至，愛有所爲。積其有涯之生，造徧無邊之罪。今則對列眞而懺悔，體妙道以修爲。諸業生於諸根，塵塵是妄；有身孰不有患，物物迷眞。爰即靈壇，盡祛惡障。心疏瀹而內觀無礙，性虛淨而外境不爲。翦翦之佞皆除，津津之惡悉去。已作之故業，永不蹈於覆車；未造之新殃，更不投於深穽。庶全身而遠罪，無見利以忘眞。伏願衆聖洞昭，皇靈遠燭，以瑤池之水洒濯於羣心，以甘露之華滌除於衆垢。衰相罪根之消滅，靈光慧性之圓明，恪堅爲善之心，仰俟降康之澤，禍沉九地，福起十方。臣等稽首禮謝無上至眞三寶。

布眞文。

知磬舉，三啓頌，三禮。

重稱法位。

具位臣某與合壇官衆等，謹同誠上啓，虛無自然元始天尊，太上玉晨大道君，大王金闕老君，太上昊天玉皇上帝，九皇至尊，十方靈寶天尊，諸天大帝，三十六部尊經玄中大法師，上相上宰，上保上傅，三官五帝，十一大曜星君，十神太一眞君，南斗六司星君，北斗七元星君，周天乾象二十八宿，十二宮神，三百六十五度諸天列宿，本命元辰，天曹職司，九天眞宰，三山五嶽，福地靖廬，厚地洞宮，嶽瀆主宰，三界應感，一切眞靈。臣聞天不顯符，默有開先之命；帝能降鑒，俯垂眷祐之情。儻率勵於翹勤，必導迎於景貺。臣等式循科法，備舉明科，壇開預夕之嚴，詞吐中情之切。上資家國，普濟幽明。先期齋範之行，俶載眞庭之啓，驛龍上奏，羽蓋分馳，鑒神壝之。權輿示天，威於咫尺。保全釐事，將覃及於人天；克舉熏修，庶雄成於志願。披誠伊始，隮祉有初，弟子詞誠，謹當宣示。

宣詞。

諦詳詞語，灼見至誠。罄純意以彌勤，望眞旂而乃睠。霞裾旅集，雲篆數披，綷壇款劍珮之臨，玉阤轉旌幢之影。儼珍饈而侑供，酌醴虞以交神。鍾虡奏音，與信詞而並發；爐香騰氣，隨馨德以升聞。諒冥感之交通，獲上靈之昭應。臣等備員攝事，按式宣科，先取陰時說戒，以今建壇爲始，敷行法事。伏乞太上三尊，十方衆聖，玄中大法師，應感眞靈，勑勒監齋曹屬，土地眞官，載肅威神，式嚴壇宇，用徯雲騈之集，以迎天仗之來，使邪穢蕩除，埃氛遠隔，宇宙澄寂，八風不翔。令臣等神氣不遷，思念□感，啓奏上達，成就齋功。須明且清曉，依法行道，續以啓聞。

發願。

都講舉，存神燒香。

高功復爐。

香官使者、左右龍虎君、侍香諸靈官，當令臣向來宿啓建壇之所，自然生金液丹碧，芝英百靈，衆眞交會，在此香火爐前。當願蠲誠上達，鳳輦下臨，察其五蘊之情，畢乃一壇之願，使災不生而禍不作，壽彌久而福彌昌，厥子厥孫，轉榮轉貴，十方仙童玉女，接侍蘭煙，傳臣向來所奏之

誠，速達徑御至眞無極大道、三清上聖、昊天金闕玉皇上帝御前。

知磬舉，出堂頌。

出戶，引至六幕堂。

靈寶太一祈雨儀 設醮行道

綜述

杜光庭《道門科範大全集》卷一一《靈寶太一祈雨儀・設醮行道》

法事陞壇如式。

都講舉，各禮師存念如法。

高功宣衛靈呪。

五星列照，煥明五方。水星却災，木德致昌。熒惑消禍，太白辟兵。鎮星四據，家國利亨。名刊玉簡，字錄帝房。乘飈散景，飛騰太空。出入冥無，遊宴十方。五雲浮蓋，招神攝風。役使萬靈，上衛仙翁，和與道合眞。

都講舉，鳴法鼓二十四通。

高功發爐。

無上三天玄元始三炁，太上老君，召出臣等身中三五功曹，左右官使者，左右捧香，驛龍騎吏，侍香金童，傳言散花玉女，五帝直符，直日香官，各三十六人出。出者嚴裝，關啓此間土地里域，眞官正神。臣今設醮行事，謹有某州某，伏爲當境，自屆陽春，久愆膏雨，夏云：自屆長贏，久愆甘雨。秋云：自屆商秋，久愆嘉雨。請臣等於某處，開建靈寶太一祈雨道場，罷散設醮一十二分位。仰祈洪造，俯察愚衷，施甘澤以霶流，副黎元之涸望。其諸誠懇，具載青詞，願得太上十方正眞生炁下降，流入臣等身中，令臣所啓，速達上清紫微碧玉宮、太一大天帝御前。

高功出，受法籙治職靈官。

謹出臣等身中、五體眞官功曹吏出，上仙上靈、二官直使、正一功曹、左右官使者、陰陽神決吏、科車赤符吏、罡風騎置吏、驛馬上章吏、飛龍騎吏等官，各二人出。出者嚴裝顯服，冠帶垂纓，整其威儀，駐立臣前後左右。左官使者持幢在前，右官使者建節在後，陽神決吏立左，陰神決吏立右。狼吏虎賁，察奸勾騎，天騶甲卒，天丁力士，咸受臣口中詞語，分別關啓此間土地正神，監察考召。甲子諸官君將吏等，同誠上啓，上清紫微碧玉宮、太一大天帝陛下，陰陽主宰，一切威靈。臣等夙慕眞風，早依至教，敢殫誠悃，祗叩穹旻。今某以節候爽和，致愆雨澤，實吏民之憂懼，遂懇禱以傾虔。昭薦吉蠲，冀諧感應。今則嚴科云畢，芳醮嗣陳，諒肸蠁以丕臨，鑒齋明之允格。庶均道廕，溥祐蒼黔。功曹使者，飛龍騎吏，以次分別，速得上達。臣等誠惶誠恐，頓首頓首，激切之至，謹啓以聞。

都講舉，請稱法位。

具位臣某與臨壇官衆等，謹同誠上啓，上清紫微碧玉宮、太一大天帝，紫微碧玉宮內院、左仙龍王，紫微碧玉宮內院、右仙龍王，太一眞官天順君，太一清靈寶川眞人，東嶽天齊仁聖帝，江瀆昭靈孚應威烈廣源王，內院直事一使者，內院直事二使者，內院直事三使者，日直功曹，當所土地。臣聞造化至仁，生物必思於成物；吏民無告，呼天終冀於回天。仰紫微北極之垣，溯碧玉上清之境。將祈嘉澤，俯罄凡衷。伏望聖慈，愍臣有救時之心，恕臣以瀆聖之罪，尊臨寶座，曲鑒丹衷，俯伏天階，奉迎仙駕。臣等無任瞻天，望聖激切。屛營之至，稽首再拜。

降聖，上香，獻茶。

具位臣某等，謹同誠上啓上清紫微碧玉宮、太一大天帝，闔坐高眞。臣聞天地之於萬物，均於生成；陰陽之於四時，不無差忒。念農民之良苦，乃雨澤之猶稽。禾稼將至於焦枯，倉箱曷望其豐積。貧窮所迫，將盜賊之肆行；流轉無歸，或父子之不保。顧陰陽之爲數，豈天地之不仁。政或乖方，吏則有罪。但知省懼，猶冀哀矜。伏願上帝鑒觀，列眞降格。驅六丁之將吏，挽彼天河；同四海之龍王，霈茲法雨。普霑一切，大慰有情。臣法衆等無任，稽首再拜，上香初獻酒。

舉玉清樂，奏樂。

臣等伏聞忠臣拜井，地湧飛泉；孝子居廬，庭零甘露。夫一節可稱，尙關於聰聽；何萬民無告，獨外於仁私。惟其神之所潛，是以應之如響。敢不肅懷祇懼，對越威靈。伏願廣推從欲之仁，大布好生之德。三年耕，

九年蓄，似古之人；五日雨，十日風，樂今之歲。凡有懇悃，敢不奏聞，醮意青詞，謹當宣奏。

宣詞。

按如詞言，已伸宣奏。精誠激切，冒瀆天聰。臣等伏聞雨施雲行，造化有無方之益；木饑火旱，豐凶無一定之常。麗乎數者，雖不可逃；享於誠者，庶幾易動。矧食貨系民生之本，而陰陽惟人事之占，思庶政之乖和，宜常暘之示譴，敢忘恐懼修省之念，更罄懇禱歸依之誠。所冀忱恂，少通淵妙。惟皇上帝，以生育長養而爲功；哀此下民，俾鰥寡孤獨而得所。庶寬官吏之責，實賴神明之休。臣與醮官，無任傾虔，稽首再拜，上香亞進酒。

舉上清樂，奏樂。

臣等謹重誠上啓上清紫微碧玉宮、太一大天帝，合座高眞。臣聞道判三才，有物總歸於覆載；天經七政，羣生咸在於照臨。妙若難名，誠焉可格。切念一春夏秋冬不雨，千里如焚。耒耨之利，束手而無所施；山川之神，乞靈而莫之應。惕然恐懼，靡所歸投。是用恭叩紫宸，畢敷丹悃。伏願聖眞無間，神化密移，仰大帝之庭，鼓雷霆而潤風雨；俾曾孫之稼，多稷黍而如茨粱。載歌豐年，永安樂土。臣與醮官，無任激切懇禱之至，稽首再拜，上香終獻酒。

舉太清樂，奏樂。

臣謹重誠上啓上清紫微碧玉宮、太一大天帝，闔坐高眞。臣聞天有大德，德本好生。民罔常懷，懷於樂土。若天不雨則苗盡槁，年不登則民有饑。念千里之如焚，憫三農之告病，歲未期於無恙，民敢釋於隱憂。伏願攝彼威光，沛爲慈惠。乘時救旱，施霖溥濟於方輿；俾俗蒙恩，擊壤咸歌於帝力。所有疏文，謹當宣讀。

宣疏。

都講舉，重稱法位。

具位臣某等，謹同誠上啓太一大天帝，闔坐高眞。臣聞峻若泰山，尙容拳石；注如滄海，終納細流。若蘋蘩蘊藻，可以薦神，則齋戒沐浴，亦能事帝。荷神游之肯降，整仙仗以言旋。禮不尙繁，既盡再三之瀆；神無常享，願施終始之恩。仰睎清霄，俯躬拜送。臣與醮官，無任攀戀之至，稽首再拜奠湯。

知磬舉，送神頌。

舉，存神燒香。

高功復爐。

香官使者、左右龍虎君、侍香諸靈官，當令臣設醮之所，自然生金液丹碧，芝英百靈，衆眞交會，在此香火爐前。上願高穹降福，闔境蒙恩，十方仙童玉女，接侍香煙，傳奏臣所啓，速達上清紫微碧玉宮、太一大天帝御前。

寶花圓滿天尊，化財。

向來，回向。

祈求雨雪道場儀 晚朝行道

綜　述

杜光庭《道門科範大全集》卷一五《祈求雨雪道場儀・晚朝行道》

法事陞壇如式。

都講舉，各禮師存念如法。

高功宣衛靈呪。

五星高耀，瑞氣飛浮。元始集神，天地交周。玉符寶節，嘯命微幽。擲火揚威，奸凶無留。萬魔振伏，紛葩却消。摧怪滅惡，道炁周流。神光照夜，陰翳俱收。萬神降格，扇景乘飈。羣生咸遂，惠遍神州，和與道合眞。

舉，鳴法鼓二十四通。

高功發爐。

無上三天玄元始三炁，太上道君，太上老君，召出臣等身中三五功曹，左右官使者，左右捧香，驛龍騎吏，侍香金童，傳言散花玉女，五帝直符，直日香官，各三十六人出。出者嚴裝顯服，冠帶垂纓，關啓玄壇天帝天眞，當召此間土地里域，眞官正神。臣今晚朝，陞壇行道，謹奏爲入意，其諸忱

悃，已錄告聞，願得太上十方至眞道炁，靈寶瑞光下降，流入臣等身中，令臣所啓之誠，速達徑御至眞無極大道、三清上聖、昊天玉皇上帝御前。

請稱法位。

具位臣某與合壇官衆等，謹同誠上啓，虛無自然元始天尊，無極大道太上道君，太上老君，混元上德皇帝，太上開天執符御曆含眞體道昊天玉皇上帝，紫微天皇大帝，中天北極大帝，聖祖上靈高道，九天司命保生大帝，后土皇地祇，元天大聖后，五福十神太一眞君，三十二天帝君，三十六部尊經玄中大法師，東華、南極、西靈、北眞、仙都、玉京、金闕、七寶、瑤臺、紫微上宮，靈寶至眞明皇道君，上相上宰，上保上傅，三皇五帝，十一大曜星君，北斗七元星君，二十八宿星君，九宫十精太一君，北極四聖眞君，扶桑大帝，暘谷神王，洞淵龍王，十洞五嶽，九江水帝，八海龍王，三河四瀆，五湖七澤，溪谷川源，五方行雨龍王，風雲雷電，陰陽主宰，府界縣境，諸廟神祇，城隍社令，三界應感，一切神靈。臣聞天經地緯，總萬化以無私；陰慘陽舒，運五行之有序。蓋神功之默定，表殊氣以成和。物得由庚，時惟大順。今某祗膺宸命，來領郡符，務寬厚以臨民，效忠勤而許國。驕陽肆沴，甘澤、嘉雪愆期，懼爲政之過差，致厥殃之荐溝。竊惟衆教，具有眞科，聿嚴省悔之修，夙露祈禳之請。臣等告盟之日，薦信以誠，凡預齋薰，益思蠲潔。況茲懇悃，敢不臚聞，爰有心詞，謹當宣奏。

宣詞。

按如詞言，具傾懇切。臣聞混元之敎，先萬彙以化成；太始之尊，總百靈而制治。杳冥叵測，響答惟微。然薰禱之誠，仰千於覆燾；而芬馨之薦，敢怠於欽崇。茂祝殊勳，上崇睿算。以今晚朝，陞壇行道，請法衆等運茲初捻上香，願此香煙，騰空上徹，供養十方無上道寶天尊。臣等皈身、皈神、皈命，首體投地，以是捻香功德，上祝當今皇帝陛下。伏願丕圖日焕，聖壽山崇，導一氣以凝和，與四時而合序。條風塊雨，克成大有之年；璧月珠星，無爽太初之曆。罄九圍而俾乂，均萬國以同休。今故燒香，自皈依道尊大聖衆至眞之德。得道之後，保天長存，和與道合眞。

以今晚朝，陞壇行道，請法衆等運茲二捻上香，願此香煙，騰空上徹，供養十方無上經寶天尊。臣等皈身、皈神、皈命，首體投地，以是捻香功德，保扶郡守，逮及官聯。伏願天祐考祥，神綏戩穀，敦勤儉清廉之節，揚中和愷悌之風。飛雨隨車，洗旱塵於千里；栽花滿縣，洽康樂於庶民。今故燒香，自皈依經尊大聖衆至眞之德。得道之後，永保長存，和與道合眞。

以今晚朝，陞壇行道，請法衆等運茲三捻上香，願此香煙，騰空上徹，供養十方無上師寶天尊。臣等皈身、皈神、皈命，首體投地，以是捻香功德，溥祐庶民，逮及闔境。伏願邦閭靖謐，井邑乂寧，連甍消疫毒之災，百堵絕寇攘之害。春蠶倍稔，奉王賦以無虧；年穀常登，瞻倉箱而有慶。今故燒香，自皈依師尊大聖衆至眞之德。得道之後，永保長存，和與道合眞。

唱方，懺方，命魔。

祈雨頌。

至道含元氣，陰陽育萬靈。下民多過犯，上帝降刑名。懇至勤朝懺，虔心悔杳冥。願當垂雨雪，洒潤遍無情。

三禮。

重稱法位。

具位臣某與合壇官衆等，謹同誠上啓，虛無三境至尊，十方醮筵列聖。臣聞萬彙生成，並資於妙道；百神政令，咸總於上靈。由精祓之所交，故淵通之至感。今某時暘滋亢，甘雨、瑞雪久愆，慮旱魃之爲殃，致粢盛之失望。夤恭伸禱，尚未格於高明；怵惕興懷，罔敢遑於寤寐。寧避再三之黷，庶伸不二之誠，冀鴻造之曲迴，鑒丹衷之懇惻。伏願月將離畢，沃潤遍於三農；雲不崇朝，洒澤周於合竟。歲功有獲，地利無疆，溥洎懷生，俱蒙寶廕。上明天尊大慈之澤，下副臣等祈禱之誠，謹啓以聞。

舉，十二願。

舉，存神燒香。

高功復爐。

香官使者、左右龍虎君、侍香諸靈官，當令臣向來晚朝陞壇行道之所，自然生金液丹碧，芝英百靈，衆眞交會，在此香火爐前。當願十方仙童玉女，接侍蘭煙，傳臣向來所啓之誠，速達徑御至眞無極大道、三清上聖、昊天玉皇上帝御前。

知磬舉，出堂頌。

出戶，引至六幕堂。

靈寶祈求雨雪道場三朝坐懺儀 日用朝真懺儀

綜　述

杜光庭《道門科範大全集》卷一六《靈寶祈求雨雪道場三朝坐懺儀・附日用懺于后》　臣衆等志心皈命東青西素、南丹北冥、四維上下、十方無極，太上靈寶天尊，扶桑大帝，暘谷神君，洞淵龍王，三河四海、九江水帝，十二河源、四瀆神君，興雲致雨、水府神仙，和諸。

禮足，虔誠懺悔。

臣衆等伏聞大鈞無象，普化育於羣生；眞宰不言，總裁成於庶彙。或陰陽之差序，致風雨之愆期。厥有祈求，必諧精感。今謹有某府州縣，以暘滋亢，嘉雨未霶，祈雪云嘉雪未敷。按三洞之沖科，吉蠲申禱，延九清之飈馭，欽翼致虔。齋心諒格於高穹，甘澤未諧於丕應。用臨清旦、午景、澄夕，祗罄丹衷。臣等志心皈身、皈神、皈命十方無極，太上靈寶天尊，扶桑大帝，暘谷神君，洞淵龍王，三河四海、九江水帝，十二河源、四瀆神君，興雲致雨、水府神仙諸靈官。伏願璿極儲休，瓊都降鑒，興油雲於六合，霈膏霔於九垓，降瑞雪於九霄，豐浸沃於農田，餘潤覃於蔬壤，百穀獲有年之望，黎民除艱食之憂，溥暨含靈，俱蒙道廕，得道之後，保天長存，和與道合眞。

日用朝眞懺儀。

啓白，啓堂頌。

唱禮十方。

禮足，各長跪懺悔。

臣法衆等志心皈身、皈神、皈命十方無極，太上靈寶天尊。伏願混元設教，常清靜以爲宗；穹極亨誠，非精純而不格。將感通於上聖，先蕩滌於纖瑕，遵奉典彝，許容懺悔。今皇帝仁心周物，孝道格天，丕變太平之風，獨立無過之地，懼萬方之有罪，常引咎以興言，視四海之爲家，每責躬而軫念，尙虞闕誤，咸冀釋除。身口意之所萌，一歸妙道；神氣形之相守，永保長生。下逮羣元，共臻丕祐。臣等稽首禮謝無上至眞三寶。

靈寶祈求雨雪拜章儀 夕景行道

綜　述

杜光庭《道門科範大全集》卷一八《靈寶祈求雨雪拜章儀・夕景行道》　法事陞壇如式。

舉，各禮師存念如法。

高功宣衛靈呪。

五星列照，煥明五方。水星却災，木德致昌。熒惑消禍，太白辟兵。鎭星四據，家國利亨。名刊玉簡，字錄帝房。乘飈散景，飛騰太空。出入冥無，遊宴十方。五雲浮蓋，招神攝風。役使萬靈，上衛仙翁，和與道合眞。

鳴法鼓二十四通。

高功發爐。

無上三天玄元始三炁，太上道君，太上老君，召出臣等身中三五功曹，左右宮使者，左右捧香，驛龍騎吏，侍香金童，傳言散花玉女，五帝直符，直日香官，各三十六人出。出者嚴裝顯服，冠帶垂纓，關啓玄壇土地，方域神眞。臣今建壇行道，謹奉爲入意，其諸情悃，已錄告聞，願得太上十方至眞道炁，靈寶瑞光下降，流入臣等身中，令臣所啓之誠，速達徑御至眞無極大道、三清上聖、昊天玉皇上帝御前。

請稱法位。

具位臣某與合壇官衆等，謹同誠上啓，虛無自然元始天尊，無極大道太上道君，太上老君，混元上德皇帝，太上開天執符御曆含眞體道昊天玉皇上帝，上宮紫微天皇大帝，中天北極紫微大帝，聖祖上靈高道，九天司命保生天尊大帝，承天效法厚德光大后土皇地祇，元天大聖后，五福十神太一眞君，三十三天帝君，東華、南極、西靈、北眞、仙都、玉京、七寶、瑤臺、紫微上宮，靈寶帝君明皇道君，三十六部尊經玄中大法師，上

相上宰，上保上傅，三皇五帝，十一大曜星皇君，天地水三官，北斗七元星君，二十八宿星君，九宮十精太一眞君，北極四聖眞君，水府扶桑大帝，暘谷神君，洞淵龍王，十洞五嶽，九江水帝，八海龍王，三河四海、五湖七澤，溪谷川源，名山洞府，靖廬福地，五方行雨龍王，風伯雨師、雷公電母，雲煙將吏，府界縣境，諸廟福神，三界應感，一切眞靈。臣聞清靜希微，字之曰道；陰陽舒慘，本之於天。惟天故能佑下民，惟道故能育萬物。以時愆潤澤，民困焦枯，祇祓琳宮，革嚴挂席。按眞科於三洞，下眞馭於九清，昭佚眞休，冀諧精感，謝云昭荷靈休，亟諧精感。今則告祈畢事，拜表言功，臣等皈身、皈神、皈命太上無極大道，三界威靈。伏願俯垂慈鑒，上至無極道前。

唱，禮十方。

臣聞高明之應，雖曰無聲；博覆之私，允彰不宰。蓋玄虛之至教，著禳禬之沖科。蠲祓宜先，精純斯達，蕩除災沴，和正陰陽。或歲偶炎烘，或時逢飢饉，儻傾誠禱，必荷靈休。今爲當境，以氣序愆常，雨暘靡若，欽修妙蘊，祇款寥旻，冀上聖之矜憐，霈湛恩而均注；祈雷云：冀瑞色之浮空，總農田之沃潤；謝雨云：果上聖之矜憐，霈湛恩而均注；謝雷云：果上聖之垂恩，降祥□而沃潤。惠霑合境，澤被羣元。臣等叨預齊熏，克周容典，尚慮敷宣謬誤，持誦遺忘，積此過九，懼招冥譴。敢恻躬而謝咎，祈善貸以推慈，廣宥前非，會臻不眖。然願權衡順合，舒慘適時，副郡邑之傾虔，總黔黎之樂業，禍沉九地，福及十方。稽首禮謝無上至眞三寶。

文昌注禄道場儀 臨午行道

綜　述

杜光庭《道門科範大全集》卷二一《文昌注禄道場儀·臨午行道》

法事陞壇如式。

都講舉，各禮師存念如法。

高功宣衛靈呪。

丹靈朱火，炎霞激風。赤輪剛運，天光八衝。迸威包羅，交變萬方。流金豁落，羣魔滅蹤。辟奸破妖，明耀元功。金符召制，躡雲策龍。謠歌慶會，散花太空。神化宣運，四極安隆。伏御帝前，罔有不恭，和與道合眞。

舉，鳴法鼓二十四通。

高功發爐。

無上三天玄元始三炁，太上道君，太上老君，召出臣等身中三五功曹，左右官使者，左右捧香，驛龍騎吏，侍香金童，傳言散花玉女，五帝直符，直日香官，各三十六人出。出者嚴裝顯服，冠帶垂纓，關啓玄壇土地，方域神眞。臣今臨午，陞壇行道，謹奏爲入意，其諸忱悃，已錄告聞，願得太上十方至眞道炁，靈寶瑞光下降，流入臣等身中，令臣所啓之誠，速達徑御太上無極大道、三清上聖、昊天玉皇上帝御前。

請稱法位。

具位臣某與合壇官衆等，謹同誠上啓，太上虛無自然元始天尊，次啓九皇九天上帝，三十六天天帝，三十二天天帝，諸天上帝，紫微、太微垣帝座星君，五帝，三元上眞，三十六部尊經玄中大法師，十一大曜星君，北斗南辰星君，二十八宿星君，東壁文章星君，七星賢良眞君，十二宮神眞君，文昌星君，三台星君，進賢星君，少衆星眞君，圓穹星宿眞君，上清太微南朱文昌眞人，太上九氣，文昌宮仙官，建生星斗眞君，青城山九天丈人眞君，潛山九天司命眞君，廬山九天採訪使者眞君，五嶽聖帝，四瀆源王，司祿主者，職貢舉眞君，英顯武烈忠祐廣濟王，貢舉掌籍考校官屬，道德應感，一切眞靈。臣聞徧覆包函，運玄功而莫測；聰明正直，贊道化於無窮。惟至大，故爲羣品之所依；惟至神，故爲凡庸之所託。自樸散而爲器任官，必惟其人，善人爲不善之師，才士爲不才之養。醮官某安居濁俗，業習儒冠。執古御今，以侍熙朝之網羅；研精覃思，以應有司之科目。念得失之有命，知富貴之在天。求而弗獲者，下愚夙障之纏；感而必從者，至眞大慈之澤。是用伸虔祈之素悃，啓太上之靈科。望閶闔於杳冥，神游玉陛；散芳馨於寥廓，默想金容。臣等奉寶籙之玄文，宣瓊京之至教，屬茲傾懇，當爲申騰，臨午詞誠，謹當宣奏。

宣詞。

諦觀詞語，灼見至誠。諒上聖之垂憐，眷此心之輸款，赦過尤而冰釋，錫祿筭以川增，載馥爐薰，俯伸丹悃。臣聞域中四大，而王與其尊；洪範九疇，而皇建其極。賢能資之以登用，人民賴之以安寧。以今臨午，陞壇行道，請法衆等運茲初捻上香，願此香煙，騰空徑上，供養太上三境至尊，無極道寶。臣等皈身、皈神、皈命，首體投地，以是捻香功德，上祝當今皇帝。伏願壽若南山，福如巨海。兵戈偃息，大一統以無疆；海宇乂寧，占五星之同色。賢士不遺於草野，俊民咸覩於清光，錫福庶民，阜成萬彙。今故燒香，自皈依道尊大聖衆至眞之德。得道之後，保天長存，和與道合眞。

臣聞濁世大恩，無如生育之重；凡人遺體，固宜論報之難。此身因之以有爲，此道賴之而有立。以今臨午，陞壇行道，請法衆等運茲二捻上香，願此香煙，騰空徑上，供養太上瓊樓玉檢，一切經寶。臣等皈身、皈神、皈命，首體投地，以是捻香功德，歸流今辰醮官某家，資度億曾萬祖，九世先靈。伏願錬沐神魂，超出羣迷之徑；滌除愆咎，別生景福之天。入希夷門，斷輪迴路，光生閥閱，慶流子孫，見在尊親，同霑利樂。伏願眞氣集而盛充，谷神全而和暢，福基愈固，壽算增延。今故燒香，自皈依經尊大聖衆至眞之德。得道之後，昇入無形，和與道合眞。

臣聞祿豈徒致，致之必有其基；名豈徒成，成之必有其本。祿以善積而始致，名因德修而及成。以今臨午，陞壇行道，請法衆等運茲三捻上香，願此香煙，騰空徑上，供養太上玄都瑤闕證眞，一切師寶。臣等皈身、皈神、皈命，首體投地，以是捻香功德，歸流醮官某。伏願天啓智能，神扶德業，俾善功之山積，致科名之鼎來。除已往之愆，集有餘之慶。所有行年之上，命運之中，或暗曜臨身，或默符加運，或值運元之衝破，或當氣本之衰微，上願各沐玄休，仰承道廕，變凶爲吉，注祿延齡。今故燒香，自皈依師尊大聖衆至眞之德。得道之後，永保長存，和與道合眞。

唱方，懺方，命魔，三啓，三禮。

重稱法位。

具位臣某與合壇官衆等，謹同誠上啓，太上無極大道，三境至尊，昊天玉皇上帝，十方大聖，三十六部尊經玄中大法師，靈寶衆眞，五帝三官，圓穹玄象天曹一切靈仙，洞天嶽瀆聖衆，司祿主者，職貢舉眞君，掌籍考校官屬，道德應感，一切眞靈。臣聞高者下者，皆妙道之委形；生之

畜之，盡一元之沖氣。道寔一元之祖，孰測其神；人處兩儀之中，獨鍾其秀。雖曰九流之異，俱稟五行之和。或星宿儲精，或山川孕粹，寔資造化之陶冶，以爲道德之埴篪。賦以英靈，畀之妙用，渾若樸而曠若谷，事善能而動善時，所以立政敎於庶民，發中和於萬國。醮官某託玄功之橐籥，荷造化之胚胎，洪恩未報於涓埃，浮世虛叨於歲月，願應明時之舉，以酬平日之心，每懼業障洪深，福緣鮮薄，恭致齋明之醮，夙開蠲潔之壇，憑妙範以薦誠，藉爐熏而致懇。伏願九清垂盻，列聖流光，憫以洪慈，開以大宥。所有醮官某，爰從歷劫，逮及今生，不悟正眞，罔知經戒，縱情恣慾，背義爲非，積惡甚多，擢髮難數，讉逮先祖，殃流後昆。今投解謝之門，冀得自新之路，未赦者蒙赦，未原者蒙原，應其干祿之心，聽其歸誠之願，變災衰之運，爲吉慶之期。丹桂高科，遂生平之素志；黃耇鮐背，與盛世以同休。均福利於羣生，覃恩光於八極，上明天尊大慈之澤，下副臣等歸命之誠，謹拜啓以聞。

知磬舉，十二願。

舉，存神燒香。

高功復爐。

香官使者、左右龍虎君、侍香諸靈官，當令臣向來臨午陞壇行道之所，自然生金液丹碧，芝英百靈，衆眞交會，在此香火爐前。當願十方仙童玉女，接侍蘭煙，傳臣向來所啓之誠，速達徑御至眞無極大道、三清上聖、昊天玉皇上帝御前。

舉，出堂頌。

出戶，引至六幕堂。

文昌注祿拜章道場儀 祝神行道

綜　述

杜光庭《道門科範大全集》卷二三《文昌注祿拜章道場儀·祝神行

道》 法事陞壇如式。

舉，各禮師存念如法。

高功宣衛靈呪。

五星列照，煥明五方。水星却災，木德致昌。熒惑消禍，太白辟兵。鎭星四據，家國利亨。名刊玉簡，字錄帝房。乘飈散景，飛騰太空。出入冥無，游宴十方。五雲浮蓋，招神攝風。役使萬靈，上衛仙翁，和與道合眞。

鳴法鼓二十四通。

高功發爐。

無上三天玄元始三炁，太上五靈老君，召出臣等身中三五功曹，左右官使者，左右捧香，驛龍騎吏，侍香金童，傳言散花玉女，五帝直符，直日香官，各三十六人出。出者嚴裝顯服，冠帶垂纓，關啓玄壇土地，方域神眞。臣今陞壇行道，謹奏爲入意，其諸忱悃，已錄告聞，願得太上十方正眞道炁，靈寶瑞光下降，流入臣等身中，令臣所啓之誠，速達徑御太上无極大道、三清上聖、昊天玉皇上帝御前。

請稱法位。

具位臣某與合壇官衆等，謹同誠上啓，七曲山司祿主者，職貢舉眞君，英顯武烈忠祐廣濟王，英惠皇后，貽慶善惠公，柔應贊祐助順靜正夫人，濟美公，善助夫人，承裕公，順助夫人，威烈公，主掌桂籍侍從官屬，一切威靈。臣聞神不可測，擴睿智以無方；民莫能明，運威靈而接物。仰惟水府之眞宰，宅乃七曲之秀峰，紫闥高照於潼江，行宮普遍於列郡，雲行雨施，雷厲風飛，英靈鑒燭以無遺，睿澤霶流而不息，布穹蒼之化育，握禍福之樞機，無感弗通，有祈必應。醮官某欽崇玄典，嚴啓仙科，伏願寶節丹幢，暫離於洞府；雲駢飈馭，來集於華壇。監悃愊之拳拳，流恩光於湛湛，臣等無任激切依歸之至，酒陳初獻。

奏樂。

具位臣某等，謹重誠上啓，七曲山司祿主者，職貢舉眞君，合祠一切眞靈。臣聞惟道善貸救人，而無棄人；至聖弗居不德，是以有德。以凡求聖，則疑於曠絕；以聖應凡，則出於慈光。仰惟七曲山職貢舉眞君，洞造道微，深入聖域，爲儒七十三代，歷世數千百年，昭雲漢之詞章，凜冰霜之威烈，剪妖孽於指顧之頃，震風霆於呼吸之間，澤利含情，恩霑庶彙，奪蜀民之命於豺狼之口，納坤維之地於仁壽之鄉，蠢蠢何知，蚩蚩罔覺。磨蜀山而勒石，不足以紀其德；竭岷江而染毫，不足以書其功。豈謂至眞，應接凡士，恍惚錫半宵之夢，須臾應一介之求。是謂道高而無棄乎人，德大而不有其德。今醮官某欽仰聖烈，嚴啓華壇，願垂降鑒之慈，俯遂凡庸之悃。屬臣關奏，敢不申騰，所有靑詞，謹當宣奏。

宣詞。

諦觀詞語，灼見至誠。激切懃拳，曲盡心聲之發；齋莊恭敬，恍臻神鑒之臨。享此夕之多儀，介光亨之景福，吉無不利，迄用有成。臣等無任傾虔懇禱之至，酒陳亞獻。

奏樂。

臣聞上天無爲，賴神威之翊贊；大道至妙，資神德以敷宣。如兩曜爲天之光明，若北斗作帝之喉舌，惟道德之脗合，致體用之相資。仰惟七曲山職貢舉眞君，與天爲徒，執古之道，受上帝之眷命，分下土之宏綱。木馬汗流，見大慈之能勇；雨途火熾，知得一以曜靈。今某欽仰德威，重伸丹悃。伏願不行而至，顯妙用之無方；所欲必從，體天心而布惠。臣等無任傾虔祈祝之至，酒陳終獻。

奏樂。

臣謹重誠上啓，七曲山職貢舉眞君，合祠一切眞靈。臣聞自誠自明，禮載前知之妙；作睿作聖，書名立極之端。惟淵懿以資深，斯眇綿而作炳，擴神明而洞照，本濬哲之流光。仰惟七曲山職貢舉眞君，心醉羣經，神凝奧旨。超然自得，既乃聖而乃神；用之無窮，宜能定而能應。傳先儒之心印，掌士子之文衡。醮官某欽仰眞儀，禮周薦獻，伏願俯憐愚魯，命巨鑿以破心；孚佑顓蒙，賜綵筆而待問。臣等無任傾虔慕戀之至，上香再拜奠湯。

舉，法事。

重稱法位。

具位臣某與闔壇官衆等，謹同誠上啓，七曲山司祿主者，職貢舉眞君，英顯武烈忠佑廣濟王，主掌桂籍侍從官屬，一切威靈。臣聞象立乾坤，陳君臣之貴賤；爻重否泰，述大小之往來。何世不賴於材，何材不資

於世，推其利達之理，宜有主張之權。恭惟浩浩蒼天，皇皇后帝，乃眷西顧，委桂籍於七曲眞君；不可度思，建洪鈞於四方善士。是用協贊無爲之化，裁成陰騭之功，扇熙洽於羣倫，開休明於六合。醮官某自念性質椎鈍，人品孱庸，荷眷祐之洪恩，被惟新之大德，但以夙親黄卷，未達亨衢，仗仙階佩籙之官，致書生干祿之願，大敷洪澤，咸遂丹衷，爨下焦桐，獲伸餘韻，月中仙桂，更長新枝。上願聖君壽而四海阜安，皇威振而九夷賓服。多士濟濟，克諧晉接之亨；百僚師師，共厎恭通之吉。凡該動植，皆沐恩休。醮官某或身心之不清，或儀矩之紊序，合壇衆士，萬咎千愆，並冀眞慈，俯垂原宥，上以表神君汪洋之澤，下以副衆等虔祝之誠，謹啓以聞。

舉，十二願。

舉，存神燒香。

高功復爐。

香官使者、左右龍虎君、侍香諸靈官，當令臣向來靜夜陞壇行道之所，自然生金液丹碧，芝英百靈，衆眞交會，在此香火爐前。當願十方仙童玉女，接侍蘭煙，傳臣向來所啓之誠，速達徑御太上无極大道、三清上聖、昊天玉皇上帝御前。

舉，回鑾返駕天尊。

念善，化財，回向，向衆。

文昌注祿拜章道場儀 散壇行道

綜　述

杜光庭《道門科範大全集》卷二四《文昌注祿拜章道場儀・散壇行道》 法事陞壇如式。

都講舉，各禮師存念如法。

高功宣衛靈呪。

五星列照，煥明五方。水星却災，木德致昌。熒惑消禍，太白辟兵。鎭星四據，家國利亨。名刊玉簡，字錄帝房。乘飈散景，飛騰太空。出入冥無，游宴十方。五雲浮蓋，招神攝風。役使萬靈，上衛仙翁，和與道合眞。

鳴法鼓二十四通。

高功發爐。

無上三天玄元始三炁，太上道君，太上老君，召出臣等身中三五功曹，左右官使者，左右捧香，驛龍騎吏，侍香金童，傳言散花玉女，五帝直符，直日香官，各三十六人出。出者嚴裝顯服，冠帶垂纓，關啓玄壇土地，方域神眞。臣今設醮，陞壇行道，謹奏爲入意，其諸忱悃，已錄告聞，願得太上十方至眞道炁，靈寶瑞光下降，流入臣等身中，令臣所啓之誠，速達徑御太上无極大道、三清上聖、昊天玉皇上帝御前。

請稱法位。

具位臣某與合壇官衆等，謹同誠上啓，太上虛無自然元始天尊，次啓九皇九天上帝，三十六天天帝，三十二天天帝，諸天上帝，紫微、太微垣帝座星君，五帝，三元上眞，三十六部尊經玄中大法師，十一大曜星君，北斗南辰星君，二十八宿星君，東璧文章星君，七星賢良眞君，十二宮神眞君，文昌星君，三台星君，進賢星君，少衆星眞君，圓穹星宿眞君，上清太微南朱文昌眞人，太上九氣文昌宮仙官，建生星斗眞君，青城山九天丈人眞君，潛山九天司命眞君，廬山九天採訪使者眞君，五嶽聖帝，四瀆源王，司祿主者，職貢舉眞君，英顯武烈忠祐廣濟王，貢舉掌籍考校官屬，道德應感，一切眞靈。臣聞大道甚夷，廣闢祈求之路；上天善應，廓開濟度之門。有感必通，無幽不察。故齋沐可以事帝，而蘋蘩可以薦神，儻通精意之禋，必遂降臨之願。醮官某確守儒業，願赴科名，幸靈寶垂修奉之規，仙籙著闡宣之式，敬伸愚悃，嚴建齋壇，懺洗罪愆而身器昭明，佇降高眞而心神飛越，大則法天象地，小則酌水獻花，諷玉笈之雲章，誦寶函之鳳篆。今則一塵不動，萬籟無囂，依稀瓊佩之搖，髣髴仙韶之奏，煙凝檀篆，器滌匏樽。伏願列聖垂憐，衆眞協應。飈輪雲駕，齊降於六虛；玉宇瓊樓，森臨於九地。詔羣靈於咸集，享一意之精懃，擁百祿於簪紳，錫湛恩於品彙。臣與醮官等，無任懇懃懇祝、俯伏望幸之至，奉迎

仙駕。

降聖，獻茶，初進酒，奏樂。

具位臣某等，虔誠上啓，虛無三境至尊，昊天玉皇上帝，諸天諸地，諸水諸山，三界十方，證明列聖。臣聞大道無爲而無不爲，上聖救物而無棄物，道賴人而敷暢，德因人以宣揚。是謂道不虛行，德不孤立，上而誘掖於羣士，下以化導於烝人，恢張抱一之風，橐籥至眞之教。醮官某夙霑玄化，衣被洪恩，未造道微而稟固有之資，未隆德業而抱良能之素，値聖主開進賢之路，有司舉較藝之章，發兼濟之純衷，起力行之大願，爰資羽欘，仰叩高穹。所念者道，道無不爲；所恃者聖，聖無棄物。陳情瀝懇，注想凝熏，庶集妙因，早酬素志。周天衆聖，必昭鑒於丹誠；大地靈神，諒俯歆於清夜。屬臣闕奏，敢不上聞，設醮詞誠，謹當宣奏。

宣詞。

諦詳詞語，灼見至誠。心晝上通，即達高眞之聽；慈光下燭，必臻所欲之從。重念醮官某人生難逢，歲華易過，將強學以待問，期得志而有行。伏願道廕昭垂，天禧廣霈，咸滌歷生之罪咎，俾諧盛世之科名，得其主而遇其時，行其義以達其道。仰冀某億曾上祖，遠近先魂，永離幽途，陟九霄之仙品；長垂密蔭，傳百葉之榮光。臣等無任恭虔，酒行亞獻。

奏樂。

臣聞大道玄妙，運一炁以陶成；至眞自然，散一神而發育。氣則貫通於萬類，神則鼓舞於羣倫，同出異名，混而爲一，物稟之而無覺，人賦之而有靈。是知至貴之身，可謂胤眞之器。於以敷其妙用，於以守其重玄，欲此功之克諧，必壽年之有永。醮官某受神氣於大道，修事業以爲儒。苗而秀者，然後足以猷行；秀而實者，然後可以成就。伏願高眞眷顧，神聖照臨，降眞神以育其神，流道氣而充其氣。既錫之以聰慧，必畀之而榮名；既畀之以榮名，必延之而遐壽。庶效寸心之素，克成兼濟之圖。仰冀見在尊親，災厄蠲消，休祥駢集，松顔難老，玉液長存，擁慶緒於將來，垂清芬於後裔。臣等無任虔懇戰越之至，再拜酒陳終獻。

奏樂。

臣謹重誠上啓，太上无極大道，三境至尊，昊天玉皇上帝，十方大聖，三十六部尊經玄中大法師，靈寶衆眞，五帝三官，圓穹玄象天曹一切靈仙，洞天嶽瀆聖衆，司祿主者，職貢舉眞君，掌籍考校官屬，道德應感，一切眞靈。臣聞無觀妙而有觀徼，靜徐清而動徐生。蓋入乎有不失於無，雖應乎動而弗離其靜。此道用之所以運，而德行之所以行。矧先聖之垂彝，貴篤學而入仕。不廢君臣之義，以隆道德之風。醮官某欽奉眞筌，允稽聖訓，汲汲於行己，皇皇於得君，端一心以待時，應清朝之遴選。伏願帝啓其智，神誘其衷，俾洞曉於玄根，永敷揚於妙用，貯虹蜺於胸次，摛錦繡於筆端，奮迅亨衢，施行儒業，上願皇帝亨無疆之壽，羣賢成弼亮之功，玉燭調而五穀豐，海宇安而九夷服。臣與醮官無任荷恩戴德傾虔屏營之至，再拜獻湯。

宣疏。

具位臣某與合壇官衆等，謹重誠上啓，金闕虛無三清上帝，昊天六御宸尊，諸天天尊，諸天天帝，靈寶衆眞，五帝三官，圓穹玄象天曹一切靈仙，洞天嶽瀆聖衆，司祿主者，職貢舉眞君，掌籍考校官屬，道德應感，一切眞靈。臣聞聖演雲章，敷開天之奧旨；科遵玉笈，設祈祿之靈壇。品物聿陳，馨羞備薦，龍駕駐通宵之永，椒漿上三獻之勤。太常威神，光臨於濁界；百靈上宰，洞照於心神。臣與醮官某等，前世今生，未曾覺悟，六根三業，稔積愆尤，或殺害有情，或侵傷庶類，違眞背道，故作誤爲，罪積上宮，名標黑簿。或在七元曹局之內，或在三官宮府之中，或系五嶽之司，或屬四瀆之簿，未蒙原赦，及不懺除。又恐七曜加臨，五行刑剋，支干數盡，大小運窮，三命衰微，九宮滯塞，呪詛爲障，塚訟爲災，非託上眞，無由解謝。今則特伸懺洗，咸冀赦除，上願宗廟保安，干戈永息，民無疫癘之厄，時無水旱之愆。賢俊登庸，盜賊消弭，蠻夷率服，和氣周流，遐邇蔑愁嘆之聲，動植遂自然之性。三塗離苦，六趣超升，長承至道之恩，永奉高眞之化。今則禮周三獻，詞不再陳，懼儀矩之譸張，重凡愚之過咎，深虞眉瀆，並願赦原。仰冀上界高眞，旋歸瑤闕，下方列聖，仍返仙曹。流光回盼於醮筵，凡懇必諧於素願。臣某與醮官等，無任攀戀知歸之至，誠惶誠恐，稽首頓首，再拜奉送眞聖。

舉，十二願。

舉，存神燒香。

高功復爐。

香官使者、左右龍虎君，侍香諸靈官，當令臣向來設醮陞壇行道之所，自然生金液丹碧，芝英百靈，衆眞交會，在此香火爐前。當願十方仙童玉女，接侍蘭煙，傳臣向來所啓之誠，速達徑御至眞无極大道、三清上聖、昊天玉皇上帝御前。

舉，出堂頌。

出戶，引至六幕堂。

祈嗣大醮儀 臨午行道

綜　述

杜光庭《道門科範大全集》卷二七《祈嗣大醮儀・臨午行道》 法事陞壇如式。

各禮師存念如法。

宣衛靈呪。

丹靈朱火，炎霞激風。赤輪剛運，天光八衝。迸威包羅，交變萬方。流金豁落，羣魔滅蹤。辟奸破妖，明耀元功。金符召制，躡雲策龍。謠歌慶會，散花太空。神化宣運，四極安隆。伏御帝前，罔有不恭，和與道合眞。

鳴法鼓二十四通。

無上三天玄元始三炁，太上道君，太上老君，召出臣身中三五功曹，左右官使者，左右捧香，驛龍騎吏，侍香金童，傳言散花玉女，五帝直符，直日香官，各三十六人出。出者嚴裝顯服，冠帶垂纓，關啓玄壇土地，方域神眞。臣今臨午行道，謹奏爲入意，其諸忱悃，已錄告聞，願得太上十方至眞道炁，靈寶瑞光下降，流入臣身中，令臣所啓，速達徑御太上無極大道、昊天玉皇上帝御前。

請稱法位。

具位臣某與臨壇官衆，謹同誠上啓，虛無自然元始天尊，玉晨大道靈寶天尊，萬天教主道德天尊，昊天至尊玉皇上帝，勾陳星宮天皇大帝，中天星主紫微北極大帝，承天效法后土皇地祇，神霄眞王長生大帝，東極注生青玄上帝，九天應元雷聲普化天尊，九天雷祖大帝，上清紫微碧玉宮太一大天帝，六天洞淵大帝，六波天主帝君，九天好生可韓司丈人天尊，九天採訪應元保運眞君，九天上帝，三十二天上帝，五老上帝，東華木公道君，西靈金母元君，日宮太陽帝君，月府太陰皇君，五方五德星君，二十八宿星君，北斗七元上道眞君，南斗六司上生眞君，五福十神太一眞君，上清四餘四曜星君，天曹諸司眞君，三元三官大帝，泰玄樞機三省諸相天君，玄中大法師眞君，三天大法師眞君，法主四聖眞君，上清雷霆院使直君，雷霆九司列職眞君，九天注生監生眞君，九天司祿梓潼帝君，九天衛房聖母元君，本靖諸省府院司經籙法部主宰眞君，三天門下三元眞君，上章詞表靈官，五嶽聖帝，洞天福地、靖廬治化仙官，本靖祖玄眞師、列位眞人，經籍度列位眞人，北陰酆都大帝，扶桑丹林大帝，三河四瀆，五湖四海龍王，名山大川眞宰，九天金闕、玉闕靈濟洪恩二位眞君，風雲雷雨部威烈聖衆，城隍里社廟貌一切眞靈。臣聞主器莫若長子，蓋有重於承傳；天道常與善人，惟密移於造化。宛不言而善應，隨有感以必通。粵自神靈，爲之主宰，在昔高禖，請子必嚴。郊外之祈，堯帝多男，亦假華封之祝，況茲凡陋，敢昧歸依。當一意以告虔，冀三元之道養。欽哉，首上圩頂，孔父有禱於尼丘；駿極于天，申甫降神於嵩嶽。或元精之育固，或昴宿之儲蕭。邑姜夢帝，則文在手而曰虞；燕姞夢蘭，則使稱天而與已。未有不關於造化，而能自遂於生成。醮官某伏念功淺行微，禍盈惡積，放於利而多怨，曠仁宅而弗居，獲罪于天，克艱厥後。念胙之土，而命氏傳自古初；苟墜厥緒，而覆宗誰尸伏臘。恐一旦溘先於朝露，則九原有愧於先靈。顧隻影以自憐，僅如絲而不絕。年高絳縣，辱久矣於泥塗；鬼哭若敖，將餒而於求食。每惸惸而知懼，常慄慄以祈天。又虞冢訟之牽連，欲丐洪恩而普度，乃嚴淨宇，祗薦嘉誠。臣等職奉金科，身參寶籙。祈男禱嗣，音每誦於監生；仙化成人，經獲聞於上品。凡攄情素，敢不上聞，爰有心誠，謹當宣奏。

宣詞。

諦詳詞語，灼見忱誠。臣聞不孝有三，無後爲大；生道非一，本出於

虛。擬天地而參諸身，致中和而育萬物。宜內循於一己，庶有格於萬靈。用薦苾芬，將祈肸蠁。九重金格，奉靈寶之祕言；三級瑤壇，延衆眞於珠館。八天雲篆，安鎭九宮；兩極星燈，光連五斗。瀝陳丹悃，拜伏朱章，庶憑衆妙之功，用格多男之慶。以今臨午行道，請法衆等運茲初捻上香，願此香雲，騰空上徹，供養十方無上道寶天尊。臣等皈身、皈神、皈命，首體投地，以是捻香功德，上祝當今皇帝陛下。伏願璇璣調理，龜鼎燕寧，絕災異而不書，滌妖氛而永息。龍樓鶴禁，繼照重明。甲觀畫堂，含飴增慶。百子協螽斯之詠，六宮歌芣苡之詩，俾萬物各得其宜，無一夫或失其所。今故燒香，自歸依道尊大聖衆至眞之德。得道之後，保天長存，和與道合眞。

以今臨午行道，請法衆等運茲二捻上香，願此香雲，騰空上徹，供養十方無上經寶天尊。臣等皈身、皈神、皈命，首體投地，以是捻香功德，歸流某家九世七先，億曾萬祖。伏願天慈赦宥，道氣發舒，拔苦除愆，和冤釋對，告下九幽泉曲之府，速登朱陵流火之庭，受鍊生方，逍遙仙界，絕惡根而斷滅，俾胎注以蠲除，庶無夭橫之災，永保綿長之慶。今故燒香，自歸依經尊大聖衆至眞之德。得道之後，永天長存，和與道合眞。

以今臨午行道，請法衆等運茲三捻上香，願此香雲，騰空上徹，供養十方無上師寶天尊。臣等皈身、皈神、皈命，首體投地，以是捻香功德，歸流某壽德齊明，魂神澄正。結天地氤氳之氣，流注百關；稟陰陽埏埴之功，冥符八景。育嬰端就，寢息無驚，錫其肯獲之人，流以有餘之慶。桑弧蓬矢，將有事於四方；燕頷虎頭，或封侯於萬里。恩霑九有，澤及含生。今故燒香，自歸依師尊大聖衆至眞之德。得道之後，永保利亨，和與道合眞。

唱方，懺方，命魔，三啓，三禮。

重稱法位。

具位臣某等，謹重誠上啓，金闕虛無三寶天尊，昊天至尊玉皇上帝，勾陳星宮天皇大帝，中天星主紫微大帝，承天效法后土皇地祇，神霄眞王長生大帝，諸天天尊，諸天天帝，三界應感，一切眞靈。臣聞茫茫九有，形質既分；蠢蠢含生，陶鎔莫測。雖世間有有無有，皆暗昧於始終；而一氣生生之生，實全繫於水火。苟賦形於宇內，總托化於仙鄉。唯南斗之六虛，乃太微之都料。領天樞天機之二省，有司命、司錄之尊神。延壽益筭，則度厄於長生大君；起死迴骸，則主錄於韓君司馬。咸彰品物，號南昌之上宮；濟拔三塗，置朱陵之火府。儻超離於陰境，先沐浴於天池。聞八天隱語之音，接三洞飛玄之氣。玉眸鍊質，黃華蕩形，再返人寰，各正性命。然念世人罪福，盡達天司。丹筆善分，列爲等級。姓類既別，毫髮無私。行齊八百者，即證果以登眞；刑屬三千者，乃計功而補過。三官鼓筆，常料別於種人；萬聖督仙，實無間於晝夜。皆有條而不紊，故善應以無方。唯此丹天，功高紫極。凡繫道蔭，注上生名，皆逆推三世之業因，以計定一生之祿筭，玉曆考誕彌之月，慶雲開化育之門。俾全受鍊之魂，即注更生之所。或寄胞於貧寒之所，或賦形於積善之家。考筭毫分，搜羅人品。千生父母，有夙世之良因；萬劫子孫，亦三緣之和會。共業所感，聚爲一家。然後九炁齊并，二儀同化，帝君品命，聖母履綱。道與之貌而天與之形，陽爲之魂而陰爲之魄。四肢五體，各整具於形神；六甲三元，悉扶承於胎命。又千和而萬合，至十月以九周。惟九天司馬，不下於命章；則萬品生根，莫彰於神奧。大矣哉，驚天駭地，貴亦難勝，陶魄鑄魂，神靈微妙。齋官某爰念日暮途遠，嗣緒世微，恥門戶之彫零，究生源之本始，載嚴淨宇，遐企上眞，庶通蠲潔之誠，以格蕃昌之裔。伏願九天聖母，浮駕雲軿。八方胎神，各領官屬。流布至眞之氣，灌溉胞命之門，胎元結於黃房，祥煙塞於死戶。時貴月吉，擁三界以齊臨；形具神全，保萬靈而稱慶。允獲自天之祐，旁依錫類之仁。乃子乃孫，肯堂肯搆，上明天尊大慈之澤，下副臣等皈命之誠，謹啓以聞。

十二願。

復爐。

香官使者、左右龍虎君、侍香諸靈官，當令臣向來臨午行道之所，自然生金液丹碧，芝英百靈，衆眞交會，在此香火爐前。當願忱誠上達，睿澤旁流，赦已往之愆尤，開自新之軌路。九玄七祖，釋注訟以昇形；六甲三元，保胎眞而固本。庶獲寧馨之子，牽歸仁壽之鄉。次願十方仙童玉女，接侍蘭煙，傳臣向來所啓之誠，速達徑御太上無極大道、昊天玉皇上帝御前。

出堂頌。

出戶。

祈嗣大醮儀 散壇行道

綜　述

杜光庭《道門科範大全集》卷二九《祈嗣大醮儀・散壇行道》　法事陞壇如式。

各禮師存念如法。

宣衛靈呪。

五星列照，煥明五方。水星却災，木德致昌。熒惑消禍，太白辟兵。鎮星四據，家國利亨。名刊玉簡，字錄帝房。乘飈散景，飛騰太空。出入冥無，遊宴十方。五雲浮蓋，招神攝風。役使萬靈，上衛仙翁，和與道合眞。

鳴法鼓二十四通。

無上三天玄元始三炁，太上道君，太上老君，召出臣身中三五功曹，左右官使者，左右捧香，驛龍騎吏，侍香金童，傳言散花玉女，五帝直符，直日香官，各三十六人出。出者嚴裝顯服，冠帶垂纓，關啓玄壇土地，方域神眞。臣今設醮行道，謹奏爲入意，其諸忱悃，已錄告聞，願得太上十方至眞道炁，靈寶瑞光下降，流入臣身中，令臣所啓，速達徑御至眞無極大道、昊天玉皇上帝御前。

請稱法位。

具位臣某與臨壇官衆，謹同誠上啓，虛無自然元始天尊，玉晨大道靈寶天尊，萬天敎主道德天尊，昊天至尊玉皇上帝，勾陳星宮天皇大帝，中天星主紫微大帝，承天效法后土皇地祇，神霄眞王長生大帝，東極青玄上帝，九天應元雷聲普化天尊，九天雷祖大帝，上清紫微碧玉宮太一大天帝，六天洞淵大帝，六波天主帝君，九天好生可韓司丈人天尊，九天採訪應元保運眞君，九天上帝，三十二天上帝，五老上帝，東華木公道君，西靈金母元君，日宮太陽帝君，月府太陰皇君，五方五德星君，二十八宿星君，北斗七元上道眞君，南斗六司上生眞君，五福十神太一眞君，上清四餘四曜星君，天曹諸司眞君，三元三官大帝，泰玄樞機三省諸相天君，玄中大法師眞君，三天大法師眞君，北極法主四聖眞君，上清雷霆院使眞君，雷霆九司列職眞君，九天注生監生眞君，九天司祿梓潼帝君，九天衛房聖母元君，本靖諸省府院司經籙法部主宰眞君，三天門下三元眞君，上章詞表靈官，五嶽聖帝，洞天福地、靖廬治化仙官，本靖祖玄眞師、列位眞人，經籍度列位眞人，北陰酆都大帝，扶桑丹林大帝，三河四瀆、五湖四海龍王，名山大川眞宰，九天金闕、玉闕靈濟洪恩二位眞君，風雲雷雨部威烈聖衆，城隍里社廟貌一切眞靈。臣聞龍漢玉曆，明垂開劫之功；靈寶洞章，密著祈男之品。以今某屢陳丹懇，欲厚人倫。瓊席瑤壇，肅罄傾心之仰；雲車風馬，竚因飛步之游。歆禴祭以薦誠，保充閭而襲慶。伏願空浮五色，俱離劫仭之臺；輔翼萬仙，克享蘋蘩之薦。曲流恩德，溥福堪輿。臣與衆官等，無任皈依之至，再拜望雲，奉迎大駕。

降聖，初獻，散花。

臣某謹同誠上啓，虛無自然元始天尊，上清眞境靈寶天尊，太清仙境道德天尊，昊天至尊玉皇上帝，三界應感，一切威靈。臣聞大道杳冥，眞靈肇布。玄元始氣，開圖於億劫之初；日月星辰，高列於萬天之上。互分主宰，共濟生民。醮官某念以子息不榮，憂惶在念。謂生非汝有，乃天地之委形；而物以道生，籍陰陽之和氣。載蠲吉旦，交薦明誠，望鶴駕以凝情，想瓊輪而注目。伏願仙靈下盻，列聖迴光。六甲三元，各運保胎之節；億乘萬騎，周扶度命之章。享以明馨，庶臻蕃衍。臣叨依眞敎，獲預關行，爰有詞誠，謹當宣奏。

宣詞。

諦詳詞語，備見至誠。念人爲萬物之靈，不靈則無以異於物；子者親之後，非後則無以繼其親。用傾亹亹之誠，仰瀆高高之聽。伏願蒼穹降祐，帝祚無疆。后妃符穠德之祥，媒官顯弓矢之異。皇儲錫羡，玉牒增光。君臣胥慶於明良，夷夏共遵於文軌。上以廣蓼蕭四海之澤，下以盡天保歸美之誠。然後福及醮官，澤流後裔。格于天而格于帝，敢徼四世之五公；拜乎後而拜乎前，庶或一門之萬石。仰祈眞造，俯鑒精衷。臣與醮官等，無任祈懇激切之至，再拜上香，酒陳亞獻。

散花。

臣聞元綱流演，布三景於天根；造化樞機，統萬靈於斗柄。分五行而迭運，斡四序以順成。十一曜星，紀災祥於曆筭；四七列象，注壽夭於胎禽。顧惟陰騭之司，憑用竭精，衷而有禱。伏念某保姓受氏，積有歲年，侍膳問安，本傳塚嫡，載陳蠲潔，希降仙靈。伏願泰階平而風雨時，火星中而寒暑正。三百六十五度四分之一，並無爽於歲時；萬有一千五百二十之星，悉罔愆於宙伏。然後享其誠意，注上南宮，傳幹蠱以相承，保鳴謙而獲吉。長庚入夢，願符太白之精；箕尾乘天，庶協商巖之祝。臣與合壇衆等，無任祈恩請命之至，酒陳終獻。

散花。

臣謹重誠上啓，諸天上帝，十極高眞，咸望洪慈，洞回昭格。臣聞嶽峙海澄，諒無文而不度；喙鳴口語，皆在地以成形。儲祥蓋本於山川，生物遂成於造化。關東出相，既有賴於風聲；惟岳降神，理亦資於和氣。或汝潁之多士，或巴蜀之好文，允屬地靈，虔依道蔭。醮官某胎嬰病注，子嗣不繁，慮冢訟之牽連，或土工之刑剋，廼陳法供，冀格上眞。伏願江漢炳靈，山澤通氣，察丹誠於螻蟻，歆菲薦於潢汙。海不揚波，有既陂之九澤；坤厚載物，無皆震之三川。普度幽明，俱蒙惠澤，赦其罪咎，錫以後昆。禮樂書數，則興盛於一門；地水火風，則保和於四大。漢臣官學，照鄉社以彌光；晉輔子孫，並淮流而不絕。臣與齋官無任祈恩激切之至，再拜上香，香湯獻上。

步虛。

重稱法位。

具位臣某與臨壇官衆，謹同誠上啓，玉清玉帝元始天尊，上清上帝靈寶天尊，太清大帝道德天尊，昊天至尊玉皇上帝，諸天諸地，諸水諸山，三界應感，一切眞靈。臣聞齋修行道，敎雖准於六時；玄酒大羹，禮必周於三獻。顧惟塵猥，屢瀆天聰，菲薦蘋蘩，稽停儀衛。伏念臣等學法未備，犯科滋多，舉措乖儀，詞章脱略，動罹罪咎，咸乞赦原。惟冀上界高眞，各還瑤闕。下方列聖，盡返仙曹。降福流恩，解災度厄。諸天復位，寂遺響於倏欻之間；太極候煙，保胎氣於延生之府。臣等凝瞻法從，結想太空，極恨塵波，難留聖躅。臣與齋官合壇衆等，無任瞻望拜首天階奉辭聖駕激切攀戀之至，謹言。

復爐。

香官使者、左右龍虎君、侍香諸靈官，當令臣向來設醮之所，自然生金液丹碧，芝英百靈，衆眞交會，在此香火爐前。當願十方仙童玉女，接侍蘭煙，傳臣向來所啓之誠，速達徑御至眞無極大道、昊天玉皇上帝御前。

誓火禳災説戒儀

綜述

杜光庭《道門科範大全集》卷三〇《誓火禳災説戒儀・法事陞壇如式》

念淨天地呪。

洒水，序立。

高功臨案説戒。

具位臣某等，謹焚道香、德香、無爲清靜、自然眞香，虔誠奏啓，虛無自然元始天尊，太上道君，太上老君，昊天玉皇上帝，九皇至尊，十方上聖，諸君丈人，三十六部尊經玄中大法師，圓穹上象火德熒惑星君，鶉火鶉首鶉尾之次，雍秦周洛楚荆之分，列宿星君，厚地洞宮，嶽瀆主宰，三界應感，一切眞靈。咸望洪慈，俯垂洞鑒。臣今奉爲宣意，其諸情悃，已對敷宣，諒沐天恩，鑒明祀事。臣伏以夫南方火德熒惑星君，主掌萬物，燭幽洞微，福善禍淫，助天行化，攷之前代，效驗灼然。按《前漢・天文志》云：熒惑出則大兵，入則兵散還止息，乃爲死喪寇亂，在其野亡地以戰則不勝。孝景四年七月癸未入東井行陰道，又以九月癸未入輿鬼，戊寅日出。占之曰：爲誅伐火災。其從有栗氏事未央，東闕災，元鼎中守南斗，占之曰：所守爲亂賊喪兵，其國絶祀南斗，越分野，其後相殺王及太后。漢兵誅之滅，其國前漢，熒惑示現，凡十七八，莫非凶亂之起也。後漢中元二年，火星犯太微西南星，爲將相，後太尉司徒坐事免官。永平十三年，犯輿鬼，爲大喪；質星，爲大臣誅戮。後楚王英、顏忠等，妖謀

事覺而死。後漢熒惑示現，凡十二餘，莫非禍災之至也。降自晉宋、隋唐五代之間，不可備錄。此於行度之間，變起在國者如此。按《五星明體經》云：熒惑照人，命壽促貧。窮順於命，壽至五旬，刑克妻男，多有障難。照於疾厄，刑折風勞。逆在運宮，行年必死。此於照臨之位，災應在人者如此。至於祝融回祿，變現人世。火自天降，名之曰災。因世人之罪惡貫盈，則遭其禍。秦起阿房宫，覆壓三百餘里，五步一樓，十步一閣，取之盡錙銖，而用之如泥沙。楚人一炬，火三月不滅，此因人爲所致也。麋竺嘗從洛陽乘車而歸，未至家，見一婦人求寄載。臨别曰：我是天人，使我焚東海麋竺家，今已寄君車，又不可不燒。君但速歸，我當緩來。竺乃至家，收資財以避之，至日中而火大發，此以警悟世人也。汝南桓景，因費長房謂之曰：九月九日，汝家有火災，可速去，令家人各以絳囊盛茱萸，登高山，飲菊花酒，禍乃可銷。景如其言，舉家登高。少頃還，見牛羊雞犬，皆暴死焉。後人因而仍此，有禳制之法也。漢桓帝於正旦大會羣臣。欒巴含酒，望西南而噀。帝問其故，答曰：蜀有火災，故以救之。遣使訪之，果云賴大雨從東北而來，雨中有酒氣，此有救解之術。昔熒惑守心，屬宋之分野，景公憂之，乃出君人之言三，遂徙三度。劉琨守江陵，民家失火。琨乃向火叩頭請罪，俄而，反風滅之，此有回旋之道。夫禍福之來，皆人所召。天心仁愛，法許祈禳。今有奉道某等，同啓丹誠，修建誓火禳災道場，命臣等宣行科範，請福禳災，保寧境土。建壇之初，倘非叙述醮事，敷演科戒，則何以感格上靈。今當以臨壇十戒，宣示同齋之人，各請受持，咸當靜聽。

第一戒者，不得擾亂形神。常懷專一，喜怒哀樂，不萌於心，務致精明，以格上聖。

第二戒者，不得傲忽聖眞。常懷恭敬，企仰尊像，心起精虔，天眞大神，浮空降接。

第三戒者，不得輕慢靈文。常懷信重，三洞經典，玩味誦持，從悟成眞，求證道果。

第四戒者，不得誹謗法門。常當敬護，弘道明法，濟度幽明，各令歸依，廣獲受度。

第五戒者，不得忤觸道場。常懷精潔，齋戒沐浴，始近法壇。臭穢腥血，無求取禍。雞狗禽畜，無使突來。

第六戒者，不得放縱身心，呼叫喝罵，語笑讙譁，睡眠酗酒。昭事上眞，如對君父。

第七戒者，不得退轉道心。常懷堅固，勿因小慊，便滅誠意，精進崇奉，福利無窮。

第八戒者，不得減省法事。常懷勤恪，行道誦經，朝眞拜聖，使功德滿足，幽顯沾恩。

第九戒者，不得錯悞章奏。常懷精審，若鹵莽滅裂，不加參對，則三天門下，有所譴却，圖福反禍，深可震懼。

第十戒者，不得商較財利。常懷謙讓，施者受者，各得歡喜，無使怨恚，自損福田。

已上十戒，衆官能持否？答曰：能持。

天尊言：凡拜章行道，四天帝王皆駕飛雲綠軿八景玉輿，侍從眞人玉女手執華旛，前導鳳歌，後從天鈞，白鶴獅子，嘯歌邕邕，燒香散花，浮空而來。瞻禮行道，觀聽法音，天眞下降，萬靈朝焉。如是豈可不盡其法邪？當先受十戒，然後行道，庠序雅步，靜心閑意，坐起卧息，不離儀格，天眞歡悅，列名上清，可謂得道方寸之門。

謹白齋官，齋法尊嚴，威禁至重。當須掃洒庭宇，每令潔靜，約飭内外，大小肅靜。勿以常俗諠雜，干冒眞靈。若有善信男女，願聞道法，沐浴齋潔，來詣法壇，瞻禮皈依，同沾福利。若傲誕輕慢，不信正眞，如是之者，必招冥譴。登齋之士，可不畏之。

結願，下壇。

誓火禳災道場儀 啓壇行道

綜　述

杜光庭《道門科範大全集》卷三一《誓火禳災道場儀・啓壇行道》

法事陞壇如式。

各禮師存念如法。

宣衛靈呪。

東方：

九炁青天，明星大神。煥照東鄉，洞映九門。轉燭陽光，掃穢除氛。開明童子，號曰玄卿。備衛我軒，上對帝君。收魔束妖，討捕凶羣。奉承正道，赤書玉文。九天符命，攝龍驛傳。普天安鎮，我得飛仙。

南方：

三炁丹天，煥景浮光。熒星轉燭，洞照太陽。上有赤精，合契虛皇。開明靈童，號曰華房。總統火兵，備守玉堂。斬邪束妖，剪截魔王。北帝所承，風火莫當。流鈴交煥，翊衛壇場。正道流行，敢有巴狂。我享上功，坐運魁罡。億劫長存，保天無疆。

西方：

七炁素天，太白流精。光耀金門，洞照太冥。中有素皇，號曰帝靈。保神安鎮，衛我身形。斷絕邪源，王道正明。宮殿整肅，三景齊并。道合自然，飛昇紫庭。靈寶符命，普惠萬生。元皇正炁，來合我身。功加一切，天地咸寧。

北方：

五炁玄天，元始徘徊。辰星煥爛，光耀太微。黑靈尊神，號曰層威。統冠飛天，仙裙羽衣。備衛五門，檢精捕非。敢有干試，豁落斬摧。玉符所告，神鎮八威。邪門閉塞，正道明開。映照我身，三光同輝。策空駕浮，舉形仙飛。

中央：

一炁黃天，調理乾坤。陶熔陰陽，總統玄眞。鎮星吐輝，流煥九天。開明童子，號曰天璘。元炁陽精，焰上朱煙。洞照天下，及臣等身。百邪摧落，殺鬼萬千。中山神呪，普天使然。五靈安鎮，身飛上仙。

鳴法鼓二十四通。

無上三天玄元始三炁，太上道君，太上老君，召出臣身中三五功曹，左右官使者，左右捧香，驛龍騎吏，侍香金童，傳言散花玉女，五帝直符，直日香官，各三十六人出。出者嚴裝顯服，冠帶垂纓，關啓玄壇土地，方域神眞。臣今啓壇行道，謹奏爲入意，其諸忱悃，已錄告聞，願得太上十方至眞道炁，靈寶瑞光下降，流入臣身中，令臣所啓，速達徑御太上無極大道、昊天玉皇上帝御前。

請稱法位。

具位臣某與臨壇官衆，謹同誠上啓，虛無自然元始天尊，太上道君，太上老君，昊天玉皇上帝，九皇至尊，十方上聖，諸君丈人，三十六部尊經玄中大法師，圓穹上象火德熒惑星君，鶉首鶉火鶉尾之次，雍秦周洛楚荆之分，列宿星君，厚地洞宮，嶽瀆主宰，三界應感，一切眞靈。臣聞大道混融，並資陶於一氣；元精既判，咸稟受於五行。惟火德之攸司，總南訛之大柄。凡初覆育，悉荷照臨。某念共業以無知，恐招殃於不測，危疑度日，激切馳誠，瀝膽披肝，獻花酌水，恪遵靈訓，祇奉明威，瞻紫鬛之前驅，從翠華之下狩，普加洪覆，俾遂安居，占舍次之休祥，保鄉鄰之綏靖。臣等告盟之始，廣濟爲先，觀其祇畏之詞，宜在關陞之列。仰希大造，允納虔祈。醮官詞誠，謹當宣奏。

宣詞。

諦詳詞語，灼見至誠。不忘累歲之祈禳，仰覲萬靈之憫覆。醮儀既戒，齋範聿陳，殫精意以申聞，竭輿情而俯豫。伏願慈顏妙感，道力旁通，未離玄座而周遍十方，不下宴居而已超塵劫。敢憑靜念，昭事虛皇，少歆祭燎之儀，爲退守心之度。伏乞玄都列聖，紫極高眞，洞鑒乃衷，誕垂丕應。勑勒監齋使者，里域眞官，奏事金童，傳言玉女，靈寶官屬，一合同心，降臨壇所，肅清內外，降伏妖魔。使臣等百神營衛，一念淸虛，啓奏咸通，思念立感。醮功上徹，善錄天司。普及醮官某家，消蕩千災，增延百順，息除焚燎，掃蕩瘟邪，同歸道德之風，共樂昇平之化。明旦依法行道，續更以聞，謹啓。

十二願。

復爐。

香官使者、左右龍虎君、侍香諸靈官，當令臣向來啓壇行道之所，自然生金液丹碧，芝英百靈，衆眞交會，在此香火爐前。當願十方仙童玉女，接侍蘭煙，傳臣向來所啓，速達徑御至眞無極大道、昊天玉皇上帝御前。

出堂頌。

出戶。

誓火禳災儀 晚朝行道

綜述

杜光庭《道門科範大全集》卷三四《誓火禳災儀·晚朝行道》 法事陞壇如式。

各禮師存念如法。

宣衛靈呪。

五星高耀，瑞氣飛浮。元始集神，天地交周。玉符寶節，嘯命微幽。擲火揚威，奸凶無留。萬魔振伏，紛葩却消。摧怪滅惡，道炁周流。神光照夜，陰翳俱收。萬神降格，扇景秉飈。羣生咸遂，惠遍神州，和與道合眞。

鳴法鼓二十四通。

無上三天玄元始三炁，太上道君，太上老君，召出臣身中三五功曹，左右官使者，左右捧香，驛龍騎吏，侍香金童，傳言散花玉女，五帝直符，直日香官，各三十六人出。出者嚴裝顯服，冠帶垂纓，關啓玄壇土地，方域神眞。臣今靜夜行道，謹奏爲入意，其諸忱悃，已錄告聞，願得太上十方至眞道炁，靈寶瑞光下降，流入臣身中，令臣所啓，速達徑御至眞無極大道，昊天玉皇上帝御前。

請稱法位。

具位臣某與臨壇官衆，謹同誠上啓，虛無自然元始天尊，太上道君，太上老君，太上昊天玉皇上帝，紫微天皇大帝，紫微北極大帝，聖祖天尊大帝，后土皇地祇，元天大聖后，十方無極大道，諸天天帝，三十六部尊經玄中大法師，圓穹上象火星執法眞君，所變所化、列宿星君，厚地洞天、嶽瀆主宰，南方離位丙丁巳午火部官屬，三界應感，一切眞靈。臣聞陽靈表瑞，火德承天，分日域以繼明，御離方而定位。爰司夏曆，以正歲功。由是出入絳霄，循環黃道，應期不紊，譴見無私。雖懸象著明，係乎邦國；而垂災介福，亦及生靈。臣等叨荷靈休，蹈兹昌運，未能洗心鍊質，遁跡嵓巒，混濁塵寰，因循俗境。而濟人助國，救物爲先，凡有投誠，理宜昇達。況奉詞悃，敢不上聞，爰有心詞，謹當宣奏。

宣詞。

按如詞言，丹誠激切。叩之斯在，格以不違。伏聞眇邈高穹，幽微上境，熒煌火德，寔應鶉星。數推地二之神，宿而彌壯；位據離明之正，尊而不親。生土剋金，出寅入戌，考炎涼而知伏見，眡祲象而辨妖祥。在職有功，猶配食心之享；乞靈救疾，尙惇祭爟之儀。矧此凡微，每叨眞廕，常軫淵冰之慮，恭投豺獺之誠，肅按祕文，俯陳明薦。以今靜夜行道，請法衆等運茲初捻上香，願此香雲，騰空上徹，供養太上三尊。臣等皈身、皈神、皈命，首體投地，仰惟大聖火星執法眞君，伏願暫捨躔宮，遙臨法會。朱旛赤旆，紫霧紅霞，靈突相參，獰神所侍。輝輝天際，扇育物之晴風赫赫，空中垂照。臨之景貺，有禳必去，無豐不來。金爐蘭膏，照九幽之陰慝；檀煙瑤水，驅不善之時殃。惟冀大火安流，畢方竄匿，偕五行之有慶，覬三伏以無虞，舉至止之百祥，歸藹然之多士，杳杳洪造，區區此心。今故燒香，自歸依道尊大聖衆至眞之德。得道之後，保天長存，和與道合眞。

以今靜夜行道，請法衆等運茲二捻上香，願此香雲，騰空上徹，供養太上三尊。臣等皈身、皈神、皈命，首體投地，以是捻香功德，仰惟大聖火星執法眞君，虛中作離，包神水渟含之德；日晶爲性，抱畢月生化之宜。以苦滋甘，居常屬禮，虔誠有感，照燭無私。惟冀社稷尊靈，宗祧先聖，怡神絳闕，證品朱宮，流蔭帝圖，永昌大業，茂隆億載，慶集千祥。今故燒香，自歸依經尊大聖衆至眞之德。得道之後，昇入無形，和與道合眞。

以今靜夜行道，請法衆等運茲三捻上香，願此香雲，騰空上徹，供養太上三尊。臣等皈身、皈神、皈命，首體投地，以是捻香功德，仰惟大聖火星執法眞君，願藏烜燿威光，不致侵門害魚之咎；乞止赫烈形勢，永無焚廐傷人之憂。凶悉未萌，吉皆來兆，聞祈不忒，見請皆從。仍冀某家丹

籙祛災，清都介福，家門叶泰，善念惟新，旁周品彙之中，俱契眞常之妙。今故燒香，自歸依師尊大聖衆至眞之德。得道之後，永保平康，和與道合眞。

三啓，三禮。

重稱法位。

具位臣某與臨壇官衆，謹同誠上啓，太上三清上聖，昊天玉皇上帝，九皇至尊，十方上聖，三十六部尊經玄中大法師，火德上眞，三界應感，一切眞靈。臣聞濫處人倫，繆居聖世，幸承靈寶蔭育，得睹藥笈眞科。聞有福善禍淫，在操心之所致；恐其信邪倒見，莫反念以歸依。惟無上之元尊，假有爲之妙法，昭垂經典，永覺昏蒙，禳於未兆之間，安有追前之悔。今醮官某投誠大道，瀝懇諸天。每惟自不覺知，漸小愆而致甚；常憂變更運數，或積業以難逃。夙夜靡遑，行藏在念。七珍五穀，慮有積而不散之非；六畜二蠶，恐昭物極惡盈之罪。今陳菲薄醮禮，禱謝熒惑星君，恭按闕伯之規模，願遂景公之仁感。憫玆惕若，錫以安然，里域無卒暴之驚，居止有清閑之慰。四時寧謐，八節欣怡，絶燈燭非次之光，息爐竈殊常之焰。普及各門，康泰一境，澄清樂業，安居懷仁，率善上願，二儀昭泰，三景輝華，九穀滋豐，五兵韜戢，龍神警衛，疫毒無侵，謀生遂安逸之歡，在野有謳歌之樂。飛沉遂性，動植舒榮，九夜開光，三途罷對，見大道無方之應，契聖明有感之祈。普及幽遐，俱升福岸，上明天尊大慈之澤，下副臣等皈命之誠，謹啓以聞。

十二願。

復爐。

香官使者，左右龍虎君，侍香諸靈官，當令臣向來靜夜行道之所，自然生金液丹碧，芝英百靈，衆眞交會，在此香火爐前。當願十方仙童玉女，接侍蘭煙，傳臣向來所啓，速達徑御至眞無極大道、昊天玉皇上帝御前。

出堂頌。

出戶。

誓火禳災儀 設醮行道

綜　述

杜光庭《道門科範大全集》卷三五《誓火禳災儀・設醮行道》 法事

陞壇如式。

各禮師存念如法。

宣衛靈咒。

五星列照，煥明五方。水星却災，木德致昌。熒惑消禍，太白辟兵。鎭星四據，家國利亨。名刊玉簡，字錄帝房。乘飈散景，飛騰太空。出入冥無，游宴十方。五雲浮蓋，招神攝風。役使萬靈，上衛仙翁，和與道合眞。

鳴法鼓二十四通。

無上三天玄元始三炁，太上道君，太上老君，召出臣身中三五功曹，左右官使者，左右捧香，驛龍騎吏，侍香金童，傳言散花玉女，五帝直符，直日香官，各三十六人出。出者嚴裝顯服，冠帶垂纓，關啓玄壇土地，方域神眞。臣今設醮行道，謹奏爲入意，其諸誠意，已錄告聞，願得太上十方至眞道炁，靈寶瑞光下降，流入臣身中，令臣所啓，速達徑御至眞無極大道、昊天玉皇上帝御前。

請稱法位。

具位臣某與臨壇官衆，謹同誠上啓，虛無自然元始天尊，太上大道君，太上老君，昊天玉皇上帝，紫微天皇大帝，紫微北極大帝，聖祖天尊大帝，后土皇地祇，元天大聖后，十方無極大道，諸天天帝，三十六部尊經玄中大法師，圓穹上象火星執法眞君，所變所化、列宿星君，厚地洞天、嶽瀆主宰，南方離位丙丁巳午火部官屬，三界應感，一切眞靈。臣聞大道玄妙，混成太極之初；至眞自然，倬爲天地之祖。機權造化，開闔陰陽，分八卦而撫萬形，建四時而成庶彙。所以陽居大夏，是爲長養之方；

候應南訛，式專化育之事。於是炎帝御宇，熒惑司方，分五事於禮文，專四方之火政。或當見而忽伏，或既縮而復盈。其變不常，皆爲明罰。今醮官某嚴陳故事，祗奉陽靈，屬星火之正時，報離明之盛德，招延道侶，祗按沖科，嚴設壇場，仰延飈馭。伏願帝車接軫，自虎闕閶闔而來，星馭交驂，從豹尾勾陳而下。凋蘋在薦，泂酌有嚴。臣無任瞻望激切屏營之至，再拜望雲，奉迎仙駕。

降聖，獻茶，初獻，散花。

臣謹虔誠上啓，太上三清玉帝，昊天玉皇上帝，三界應感，一切眞靈。臣聞太陽分景，是爲熒惑之星；離德宣精，亦名赤帝之子。八十萬里而騰彩，一百餘日而周天。其所居留，必形災福，亂常以戒昏政，循度以表明時。同五星聚，而天下咸歸；與四星合，而王者受慶。儻亡亂而失德，則盈縮之無常。仰視乾文，寔存災數。合歲星則饑饉，合太白則播遷，與土合則政益乖，與辰合則兵不利，月蝕其宫則爲戰亂，心孛其度則主燎焚。惟修德而可禳，在省躬而知畏。運數雖關於國論，災祥寔系於民生。醮主某深慮積業招殃，修詞請命，仰荷聿臨於法席，敢稽敷露於凡情，設醮詞誠，謹當宣奏。

宣詞。

按如詞言，丹誠懇切。醮主某念以生逢妙化，夙仰眞風，正當炎夏之期，乃屬熒惑之度。居常荷德，久堅祗畏之心；出或爲災，故啓預禳之典。諷寶經之秘祝，露雲篆之眞文，妙範聿陳，宏科備舉。天人交際，憑精祲而傾虔；儀物備豐，諒馨香之昭格。儼衆眞之侍坐，瞻上帝之端居，一意欽承，百靈交會。伏願龍旗鳳葆，開下界之休祥；日轂霞車，弭炎官之威烈。臣等無任請命祈恩之至，酒陳亞獻。

散花。

臣聞謹終如始者人之本，懼災向善者理之常。生成既賴於乾坤，動靜豈離於水火。陰陽爲局，魂魄所司，冬則主事於伺辰，夏則秉權於熒惑。爰茲九夏，昏見三星，庸知閼伯之紀時，正値祝融之行度。醮官某伏念生居凡俗，長處人倫，晝而爇薪，夜而燭道，用雖憑於人火，罹或變於天災。無私之德難量，有過之民常懼，謹虔誠於回和俗阜。然後醮官某家等，神安體裕，益筭延齡，福祿維新，凶衰不作，眷屬亨泰，所止肅清，井邑靜安，方隅寧謐。凡有祈請，悉荷保全，普及生靈，均叨庇佑。臣等無任祈謝之至，拜首天階，謹伸奉送。

復爐。

香官使者，左右龍虎君，侍香諸靈官，當令臣向來設醮之所，自然生金液丹碧，芝英百靈，衆眞交會，在此香火爐前。當願十方仙童玉女，接侍蘭煙，傳臣向來所啓，速達徑御至眞無極大道、昊天玉皇上帝御前。

送聖，化財。

誓火禳災設醮三時都懺儀

綜　述

杜光庭《道門科範大全集》卷三六《誓火禳災設醮三時都懺儀・清旦》　臣等至心皈命南方大聖火星執法眞君，侍從靈仙官屬，星宮神仙，和諸靈官。臣衆等伏聞上帝匪忱，道無私於降鑒；高眞應感，誠自格於靈承。輒罄丹衷，仰于洪造。竊以緯星應候，祀閼伯於朱明；列曜奠方，配祝融於鶉首。默運司天之紀，優持造化之權，其伏見有時，其吉凶有兆，行天不紊，應物無私，儻嚴知畏之心，必降殊常之祉。奉道某等幸遇昇平之久，時膺保合之和，化被五行，政修六府。食心食味，職嚴火正之官；取柳取槐，法有四時之變。象氣交順，精誠感通，運合升明，祥無災熚。炎帝之紀，充正而不乖；太陰之原，無過與不及。上自京闕，遠覃庶邦，火焚具修，時令咸舉，家有徙薪之慮，人懷爛額之傷。是用刻意金科，叩心玉陛，設蘋蘩之淨供，薦豺獺之微誠，志心皈命南方離位丹天赤皇上眞道君，火德執法眞君，析變析旦昭明星君，蚩尤司詭星君，天攙赤彗星君，天陰晉若星君，官張天惑星君，赤若天崔星君，大火宮中一切神仙諸靈官。伏願道眼照臨，靈威覆護，耀熒惑以循軌，弭回祿而降休，千里儲祥，萬家蒙祐。人民平泰，無扎瘥水旱之殃；氣運協和，消伏明赫曦之變。然後方隅寧靜，居止鎭安，普及各門，咸依道蔭。得道之後，昇入無

形，和與道合眞。

又《臨午》 臣等伏聞赤熛神弩，祝融烈威。在天司權，有或君或相之職；在國出納，有季春、季秋之時。上則潔陽燧感格之情，下則嚴木鐸修行之禁。隄防或失，厲降自天；延發有加，幸免無地。大懼昏頑之俗，罔悛僭忒之心，天惡其盈，鬼瞰而罰。永惟焦頭爛額而遏絕，孰與滌慮洗心而禱祠，悔悟一萌，昭回淵鑒。奉道某等捐軀道蔭，稽首眞慈。豺獺報微，敢圖省察；螻蟻誠至，咸冀徹聞。惟靈輝上次之辰，與仙馭下游之分，望躅威命，陰錫厖休，里閈清寧，井閭澄泰，不虞自息，非意罔干。兵火災傷，尋度危亡之厄；晦明風雨，更叨利順之功。敢不皈依，以酬化育。至心皈命南方離位丹天赤皇上眞，道主火德熒惑星執法眞君，精炁所變傳日旁月彗孛異星星君，星中神仙諸靈官。伏冀垂慈人世，憫察凡庸，俯降塵寰，監斯誠悃，流恩賜福，赦罪釋愆，絕焰焰之燎原，無譆譆之妖語。鳥不鳴於亳社，家以靖安；星無孛於大辰，人皆康阜。鞨鴋消去，預禳無妄之災；鶉首居歆，終獲大來之慶。得道之後昇入無形，和與道合眞。

又《靜夜》 臣等伏聞丹天絳府，掌生錄以無私；離位朱宮，布陽威而有赫。運靈芒而燭暗，騰正氣以流輝，凡在照臨，得遵皈仰。今有奉道某等，擇芹捧塊，露肝膽於朱陵；潔志清心，降雲霞於祿，慮有孛於大辰。祓社振除，惟信鄭僑之盡禮；瓚圭弭救，未憑裨竈之知天。重敷祕典之文，載願高眞之鑒，望心星之退舍，正天度於高穹，育萬物之豐成，俾羣生之共濟。可燔可炙，不罹扇毒之虞；爰處爰居，無致徙薪之慮。今則蓮燈欲燼，赫曜日之餘光；寶篆將銷，散浮雲之輕靄。千眞畢集，三獻已終。龍輿將返於丹霄，鸞仗欲迴於絳闕，懼致再三之瀆，冒塵咫尺之威。並願洪慈，俯垂寬貸。臣等無任祈請之至，酒陳終獻。

散花。

重稱法位。

具位臣某，謹重伸上啓，九清上聖，三界眞靈。臣等輒嚴祭爟之儀，以祓燎原之厄。玉京上聖，荷迂景於紫壇；南極衆星，亦傾光於黼座。已盡流霞之獻，尙騰明燭之輝。再瀝懇於諸天，乞弭災於上象，既展禮於熒惑之度，更舒誠於變化之星。惟執法之餘光，散炎精而示罰。析旦欲彊於君道，昭明蓋主於兵喪。蚩尤如旗見王者之征伐，天攙如劍謂將帥之殺傷，司危所以平乖爭，赤彗所以掌誅滅，此皆附日而有象，復有因月而垂芒，有天陰晉若之名，有天惑官張之號。赤若異彩，天崔殊形，莫非災厄之官，悉有照臨之分。下降則爲風伯，有神則稱火精。勢焰相乘，光怪交作，願仗天尊之道炁，盡收火德之餘威。國步無艱，勿揚威於多壘；邦家有慶，遂樂業於四民。火無焚廐之小烖，人無表道之先警，暑雨時而沴氣不作，陰陽和而年穀屢豐。臣尙慮五星凌犯，青彗逆流，在東方青龍七宿分野者，請以青帝眞文爲解禳之。若五星凌犯，赤彗逆流，在南方朱雀七宿分野者，請以赤帝眞文爲解禳之。若五星凌犯，白彗逆流，在西方白虎七宿分野者，請以白帝眞文爲解禳之。若五星凌犯，黑彗逆流，在北方玄武七宿分野者，請以黑帝眞文爲解禳之。若五星凌犯，黃彗逆流，在中央勾陳三垣帝座北斗七元星君者，請以黃帝眞文爲解禳之。上願帝主萬年，本支百世，天文有序，地紀常容，國富家康，時赤府。至心皈命南方大聖火德上眞熒惑星眞君，星中眞人，星中大神，星宮神仙，諸靈官。切以地回三舍，驗彰前典之中；道贊一人，珠貫九霄之上。願回聖鑒，久察丹誠，躡丹霞紅霧以上流，擁緋旆明輿而下降，納斯懇悃，錫以殊祥，祛身罹命偶之災，除口發心爲之過。草茅生聚，度暑景以清涼；土木形骸，叶元陽之氣序。比屋免飛煙之恐，連甍無烈焰之驚，普及羣生，同依大化。得道之後，升入無形，和與道合眞。

安宅解犯儀 啓壇行道

綜述

杜光庭《道門科範大全集》卷三七《安宅解犯儀·啓壇行道》 法事陞壇如式。

各禮師存念如法。

宣衛靈呪。

東方：

九炁青天，明星大神。煥照東鄉，洞映九門。轉燭陽光，掃穢除氛。開明童子，號曰玄卿。備衛我軒，上對帝君。收魔束妖，討捕凶羣。奉承正道，赤書玉文。九天符命，攝龍驛傳。普天安鎭，我得飛仙，和與道合眞。

南方：

三炁丹天，煥景流光。熒星轉燭，洞照太陽。上有赤精，合契虛皇。開明靈童，號曰華房。總統火兵，備守玉堂。斬邪束妖，剪截魔王。北帝所承，風火莫當。流鈴交煥，翊衛壇場。正道流行，敢有巴狂。我享上功，坐運魁罡。億劫長存，保天無疆，和與道合眞。

西方：

七炁素天，太白流精。光耀金門，洞照太冥。中有素皇，號曰帝靈。保神安鎭，衛我身形。斷絶邪源，王道正明。宮殿整肅，三景齊并。道合自然，飛昇紫庭。靈寶符命，普惠萬生。元皇正炁，來合我身。功加一切，天地咸寧，和與道合眞。

北方：

五炁玄天，元始徘徊。辰星煥爛，光耀太微。黑靈尊神，號曰層威。統冠飛天，仙裙羽衣。備衛五門，檢精捕非。敢有干試，豁落斬摧。玉符所告，神鎭八威。邪門閉塞，正道明開。映照我身，三光同輝。策空駕浮，舉形仙飛，和與道合眞。

中央：

一炁黃天，調理乾坤。陶鎔陰陽，總統玄眞。鎭星吐輝，流煥九天。開明童子，號曰天璘。元炁陽精，焰上朱煙。洞照天下，及臣等身。百邪摧落，殺鬼萬千。中山神呪，普天使然。五靈安鎭，身飛上仙，和與道合眞。

鳴法鼓二十四通。

發爐。

請稱法位。

具位某等，謹同闔壇衆官，今故燒香，以是功德，奉爲天子王侯，百辟僚屬，土地官長，經籍度師，山林嵓棲修眞之士，同學之人，九親姻族，天下人民，飛行動植，一切衆生。今故傾心，普伸懺悔，臣等皈身、皈神、皈命太上十方靈寶自然至眞無極大道，乞賜原赦臣及齋官闔壇衆等，前世今生，無邊之罪，得免離三惡之道、十苦八難、九厄之中，使臣身得道眞，飛行虛空，白日昇天，侍衛道君，逍遙無上金闕七寶自然宮殿，永與道合。所啓玄感，上御至眞無極道前。

懺悔。

重稱法位。

具位臣某與闔壇衆等，謹同誠上啓，太上無極大道，元始天尊，太上道君，太上老君，昊天至尊玉皇上帝，勾陳星宮天皇大帝，中天星主紫微大帝，承天效法后土皇地祇，十方無極大道，道德衆聖天尊，至眞大帝，天帝，三十六部尊經玄中大法師，土府太皇太始五帝，中黃戊己應感眞靈。臣等龍漢兆劫，大橫混於無名；開皇御圖，民風成於有欲。元始分眞而應化，伏犧出智以開能。既易巢居，遂興棟宇。因稼穡以爲杵臼之利，化毛血以爲竈釜之宜。六府孔修，三綱有叙。爰自陽舒陰慘，甲剛乙柔，生殺寓於無形，禍福冥於莫測，輒披經訓，方悟俗緣。但某草芥微生，塵凡弱質，幸承餘慶，獲遇明時。既將有屋之可居，欲乞自天之垂佑，恭修齋直，告謝眞靈。臣既忝眞司，獲膺教首，職當宣化，志在立功。凡有投誠，理難寢絶。今奉詞悃，敢不上聞，啓壇詞誠，謹當宣奏。

宣詞。

按如詞言，丹誠懇切。臣謹爲沐浴五體，澄練六情，依解災度厄之科，演安宅利居之法，施壇列纂，法地象天。以醮官某家所齋，紋繒法信，安鎭五方，香花燈燭，證質丹誠。以今日今時，建齋爲始，至某時聞奏上眞，請福祈恩，安神解犯，輒依齋法。宿、先以啓聞，恩惟太上三尊，十方衆聖，垂慈鑒映，省覽所陳，勑勒鑒察使者，土地眞官，一合同心，併力營衛，掃蕩內外，清靜壇場，通達虛無，感降眞聖，使臣及齋官心安神定，思念立感，啓奏御達，善功周就，無有窒滯。明旦行道，續更啓聞。

十二願。

復爐。

香官使者、左右龍虎君、侍香諸靈官，當令臣向來啓壇行道之所，自

然生金液丹碧，芝英百靈，衆眞交會，在此香火爐前。當願十方仙童玉女，接侍蘭煙，傳臣向來所启之誠，速達徑御至眞無極大道、昊天玉皇上帝御前。

出堂頌。

出戶。

安宅解犯儀 臨午行道

綜　述

杜光庭《道門科範大全集》卷三九《安宅解犯儀・臨午行道》 法事陞壇如式。

各禮師存念如法。

宣衛靈呪。

丹靈朱火，炎霞激風。赤輪剛運，天光行衡。迸威包羅，交變萬方。流金豁落，羣魔滅蹤。辟奸破妖，明耀元功。金符召制，躡雲策龍。謠歌慶會，散花太空。神化宜運，四極安隆。伏御帝前，罔有不恭，和與道合眞。

鳴法鼓二十四通。

無上三天玄元始三炁，太上道君，太上老君，召出臣身中三五功曹，左右官使者，左右捧香，驛龍騎吏，侍香金童，傳言散花玉女，五帝直符，直日香官，各三十六人出。出者嚴裝顯服，冠帶垂纓，關启玄壇土地，方域神眞。臣今臨午行道，謹奏爲入意，其諸忱悃，已錄告聞，願得太上十方至眞道炁，靈寶瑞光下降，流入臣身中，令臣所启，速達徑御太上無極大道、昊天玉皇上帝御前。

請稱法位。

具位臣某與闔壇官衆等，謹同誠上启，太上無極大道，元始天尊，太上道君，太上老君，十方無極大道，道德衆聖天尊，至眞大帝，天帝，三十六部尊經玄中大法師，土府太皇太始五帝，中黃戊己應感眞靈。臣等夙荷玄休，躬逢道化，五文散景，三洞開光，引至理於重玄，暢神功於妙用。獲參秘賾，得以稟修，而告盟之初，立功爲本。凡有皈向，敢不上聞，爰有忱誠，謹當宣奏。

宣詞。

按如詞旨，誠切修崇。臣等忝職玄科，理宜開度。齋官某頃因繕緝，土木興工，慮犯眞靈，願伸祈懺。是敢按三清之格，披九奏之儀，奉信列詞，請修齋直，冀憑關奏，上達至眞。以今臨午行道，請法衆等運玆初捻上香，願此香雲，騰空供養十方無上道寶天尊。臣等皈身、皈神、皈命，首體投地，以是捻香功德，上資宗廟尊靈，列聖昭穆，上登聖品，下福睿圖。皇帝德紹羲農，明均日月，握金鏡以臨四海，調玉燭而育萬方，朝有忠賢，野無遺逸。今故燒香，自歸依道尊大聖衆至眞之德。得道之後，保天長存，和與道合眞。

以今臨午行道，請法衆等運玆二捻上香，願此香煙，騰空供養十方無上經寶天尊。臣等皈身、皈神、皈命，首體投地，以是捻香功德，歸流齋官某家九祖幽儀，生天悟道；七玄飛爽，證品登眞。洎於宅宇龍神，陰陽將吏，各安所部，共洽無爲，轉崇秩於靈階，叶殊功於道果。今故燒香，自歸依經尊大聖衆至眞之德。得道之後，升入無形，和與道合眞。

以今臨午行道，請法衆等運玆三捻上香，願此香雲，騰空供養十方無上師寶天尊。臣等皈身、皈神、皈命，首體投地，以是捻香功德，歸流齋官某福樹長春，道風遐被，壽延祿永，罪滅災銷。然後夜府寒庭，三塗六趣，俱超沉滯，同契至眞。今故燒香，自歸依師尊大聖衆至眞之德。得道之後，永天長存，和與道合眞。

唱方，懺方，命魔，三启，三禮。

重稱法位。

具位臣某與闔壇官衆等，謹同誠上启，金闕虛無九清上帝，土府太皇太始五帝，中黃戊己應感眞靈。臣聞大道既分，聖人設教，取諸易象，法彼上玄。裁棟宇之規，代巢穴之制，以利天下，以覆羣生。乃命天地神祇，陰陽將吏，分階列品，互有主張。今古攸遵，吉凶無爽。齋官某頃因營繕，土木興工，恐穿鑿靈蹤，侵傷神位，犯休王之氣，違禁忌之方。爰启壇場，用伸懺謝。臣等按河圖品格，披三洞典儀，率勵法流，精修齋直，

稽顙於三元之下，披心於萬聖之前，懺悔罪瑕，祈恩請宥，冀因虔懇，感降眞靈。謹爲弟子某，上請倉明救敗君，安闕天玄君，天休天陽君，解患却厄君，赤沙天官君，仙官計平君，始陽繕治君，青龍道化君，主安宅利君，除災却怪，誅滅故氣，收伏邪精，蠱毒摧鋒，凶妖殄息。又請漢明地皇君，無上監氣君，爐火玉女，前校大兵，主收居宅之中、井竈之鬼。又請楊方平石君，主收土氣土翁爲害之者。又請高倉天匠君，主收地中丘墓之氣，禁忌之神，使正氣流行，凶邪摧伏，居上清泰，常獲康宜，家有禎祥，門無夭橫，六親蒙福，九祖生天，壽祿增延，罪咎銷解，冤仇和釋，注訟沉零，內外清安，動靜昭暢。上冀聖圖悠久，祚曆遐延，萬國宅心，八紘順化，天清地朗，國富人歡，瑞牒休符，日書月至，風雲表貺，海嶽蘇舒。洎乎六趣九幽，有生含識，並沾洪福，各遂逍遙。宅宇龍神，陰陽正職，仙功懋賞，安鎭方隅，自幽及明，普令升泰。上明天尊廣濟之澤，下副臣等皈命之誠，謹啓以聞。

十二願。

復爐。

香官使者，左右龍虎君，侍香諸靈官，當令臣向來臨午行道之所，自然生金液丹碧，芝英百靈，衆眞交會，在此香火爐前。當願十方仙童玉女，接侍蘭煙，傳臣向來所啓之誠，速達徑御至眞無極大道、昊天玉皇上帝御前。

出堂頌。

出戶。

安宅解犯儀 晚朝行道

綜　述

杜光庭《道門科範大全集》卷四〇《安宅解犯儀・晚朝行道》 法事陞壇如式。

各禮師存念如法。

宣衛靈呪。

五星高耀，瑞氣飛浮。元始集神，天地交周。玉符寶節，嘯命微幽。擲火持威，奸凶無留。萬魔振伏，紛葩却消。摧怪滅惡，道炁周流。神光照夜，陰翳俱收。萬神降格，扇景乘飇。羣生咸遂，惠遍神州，和與道合眞。

鳴法鼓二十四通。

無上三天玄元始三炁，太上道君太上老君，召出臣身中三五功曹，左右官使者，左右捧香，驛龍騎吏，侍香金童，傳言散花玉女，五帝直符，直日香官，各三十六人出。出者嚴裝顯服，冠帶垂纓，關啓玄壇土地，方域神眞。臣今靜夜行道，謹奏爲入意，其諸忱悃，已錄告聞，願得太上十方至眞道炁，靈寶瑞光下降，流入臣身中，令臣所啓，速達徑御太上無極大道、昊天玉皇上帝御前。

請稱法位。

具位臣某與闔壇官衆等，謹同誠上啓，太上無極大道，元始天尊，太上道君，太上老君，十方無極大道，道德衆聖天尊，至眞大帝，天帝三十六部尊經玄中大法師，土府太皇太始五帝，中黃戊己應感眞靈。臣聞太上垂文，元皇設教，陶融萬有，亭毒羣方。三洞玉書，降九清而演妙；諸天大聖，殷至道以度人。佐國爲先，慈救爲本。凡有詞款，敢不上聞，齋意忱誠，謹當宣奏。

宣詞。

臣等依按詞誠，理宜關奏。齋官某以居宅之所，並有繕修，慮違忤神明，犯干禁忌，虔伸懺滌，以贖愆瑕。是敢遵按典儀，精崇壇墠，開玄都玉笈，依黃籙簡文，法地象天，修齋行道。以今靜夜行道，請法衆等運茲初捻上香，願此香雲，騰空供養十方無上道寶天尊。臣等皈身、皈神、皈命，首體投地，以是捻香功德，歸流宗廟先靈，列登昭穆，凝神快樂，馭景逍遙，上祝皇帝陛下，昇聞上境，安鎭鴻圖，均兩曜而燭萬方，齊三光而育羣品。儲宮妃后，光贊休明。文武職寮，輔成睿化。今故燒香，自歸依道尊大聖衆至眞之德。得道之後，保天長存，和與道合眞。

以今靜夜行道，請法衆等運茲二捻上香，願此香煙，騰空供養十方無上經寶天尊。臣等皈身、皈神、皈命，首體投地，以是捻香功德，歸流齋官某家九世幽靈，游神碧落，六親眷屬，列品仙都。洎乎宅宇之中，龍神將吏，鎭安其位，清蕩妖凶，克叶乂寧，永符貞吉。今故燒香，自歸依經尊大聖衆至眞之德。得道之後，升入無形，和與道合眞。

以今靜夜行道，請法衆等運茲三捻上香，願此香煙，騰空供養十方無上師寶天尊。臣等皈身、皈神、皈命，首體投地，以是捻香功德，歸流普天率土，含識衆生，遐及幽明，同均福祐。齋官某家凶災殄息，祿筭延長，永承道德之風，俱契眞仙之果。今故燒香，自歸依師尊大聖衆至眞之德。得道之後，永天長存，和與道合眞。

唱方，懺方，三啓，三禮。

重稱法位。

具位臣某與闔壇官衆等，謹同誠上啓，虛無三境六御宸尊，十方得道衆聖天尊，土府太皇太始五帝，中黃戊己應感眞靈。臣等獲奉至眞，參修祕妙，功未加於動植，化未洽於生靈。每思佐國化人，引道贊法，奉揚玄奧，廣濟人天。齋官某以營葺所居，興工動役，或揵材運石，驚動龍神；或增下損高，犯違禁忌；或所居之地，有古跡靈墟；或穿鑿之方，有荒祠敗壘；或汙瀆仙境；或侵逼名蹤；或失五姓之宜；或乖二宅之利。因其繕飾，遂構災凶，虔設壇場，遍申祈懺。臣等按天師格品，依正一法文，上請救敗君等一十二部天官將吏兵士，驅除故氣，清蕩妖邪，却地中土木之精，及游尸屬鬼，解土公侵食之害，銷五方禁忌之災，一切凶妖，悉令除蕩，禎祥霧集，禍害冰銷。伏願太上衆尊，垂慈鑒映，降流眞氣，覆祐其方。敕勒正神，鎭安其位，常符貞吉，永保康宜。上願帝道隆昌，皇風遠扇，三邊有泰，八海無波，疫毒不侵，星辰含度。洎乎泉扃夜府，長睹光明；蠢類有生，無失其所。齋官某家，上玄幽爽，證品生天，子孫傳忠孝之規，遠近享乂安之福，龍神密衛，動靜和寧，普沐玄功，並昇眞界。上明天尊大慈之澤，下副信人至懇之誠，謹啓以聞。

十二願。

復爐。

香官使者、左右龍虎君、侍香諸靈官，當令臣向來靜夜行道之所，自然生金液丹碧，芝英百靈，衆眞交會，在此香火爐前。當願十方仙童玉女，接侍蘭煙，傳臣向來所啓之誠，速達徑御至眞無極大道、昊天玉皇上帝御前。

出堂頌。

出戶。

安宅解犯懺方儀

綜述

杜光庭《道門科範大全集》卷四三《安宅解犯懺方儀・十方》 臣衆等今故燒香，歸身、歸神，奉爲齋官某家修齋行道。仰謝十方無極，太上靈寶天尊，十極天君，五老上帝，二十八舍，十二宮神，支干禁忌，八方主宰，上下神明。仰慮住居修造之所，侵傷八卦，忤觸九宮，上冒天光，下傷地脉。今故立齋行道，謝過希恩。伏冀大道垂慈，普賜開宥，罪瑕洗蕩，慶善永臻，眷屬咸安，龍神復位，得道之後，昇入無形。

又《三光》 臣衆等今故燒香，歸身、歸神，奉爲齋官某家修齋行道。仰謝日月星宮，至眞大聖，三光神仙，諸靈官。仰慮居宅修造之所，犯觸神明，負違禁忌，穢慢三光，不順星辰日月行運之期，結成過咎，延致災衰。今故立齋行道，謝過希恩。伏冀景曜潛敷，靈光下燭，神安乃位，人奠厥居，宅宇安寧，龍神警衛，幽關昭朗，動植舒榮，得道之後，昇入無形。

又《五嶽》 臣衆等今故燒香，歸身、歸神，奉爲齋官某家修齋行道。仰謝五嶽眞君，飛仙眞人，名山洞府得道神仙，諸靈官。仰慮居宅修造之所，犯觸神明，或違天禁地忌，在五帝五嶽之司，結成過咎，未獲原除。今故燒香行道，謝過希恩。伏冀嶽府仙曹，名山職宰，特原罪犯，永錫休祥，壽祿增延，災衰洗蕩，眷屬寧泰，門宇興昌，得道之後，昇入無形。

又《水府》 臣衆等今故燒香，歸身、歸神，奉爲齋官某家修齋行道。仰謝扶桑大帝，暘谷神王，三河四海，九江水帝，十二河源，四瀆神君，水府神仙，諸靈官。仰慮居宅修造之所，閉塞泉源，侵傷水脉，違上善之性，虧潤下之功，輕忤聖眞，穢觸江海，結成罪咎，在水府之中，歷代纏綿，未蒙解釋。今故燒香行道，謝過希恩。伏冀副善利之慈，錫靈長之惠，福如川至，災逐冰消，洗罪垢以一新，疏慶源而不息，得道之後，昇入無形。

又《經寶》 臣衆等今故燒香，歸身、歸神，奉爲齋官某家修齋行道。仰謝至眞無上三十六部尊經，眞文寶符，三洞正法，十方祕藏，侍衛經典，一切靈司。仰慮居宅修造之所，犯觸眞靈，穢瀆靈蹤，侵傷福地；或三寶遺跡，經教所行，有衛法靈司，侍眞官屬，在所居之地，非凡俗所知，因有犯違，結成罪咎，在三寶之府，未獲原除。今故燒香行道，謝過希恩。伏冀萬聖開光，衆眞鑒祐，犯觸之罪，並乞蕩除，福善來臻，壽祿增益，龍神復位，人口奠居，動止霑榮，幽明開泰，得道之後，昇入無形。

安宅解犯十方懺謝儀

綜述

杜光庭《道門科範大全集》卷四三《安宅解犯十方懺謝儀·東方》 臣等奉爲齋官某，仰謝東方至眞無極青帝，九炁天君，青龍東斗，角亢氐房心尾箕七星君，甲乙寅卯木德震神，少陽之氣九夷老君，勾芒太皞春王正神，帝車帝輅帝舍歲星木官。仰慮居宅之所，犯觸神明，負越禁忌，延致災殃。今故燒香，歸命靈寶天尊，修齋行道，謝過希恩。伏願解除所犯，賜以福祥，消中央土氣一切災凶，罪咎蠲平，災衰屏息，存亡俱泰，福祿惟新，得道之後，昇入無形。

又《南方》 臣等奉爲齋官某，仰謝南方至眞無極赤帝，三炁天君，朱鳥南斗，井鬼柳星張翼軫七星君，丙丁巳午火德離神，太陽之炁八蠻老君，祝融火帝，熒惑夏神，帝車帝輅帝舍螣蛇九紫陰陽衆神。仰慮居宅之所，犯觸神明，負違禁忌，延致災殃。今故燒香，歸命靈寶天尊，修齋行道，謝過祈恩。伏願解除所犯，賜以安寧，銷西方金氣一切災凶，罪咎蠲平，災衰靜息，存亡俱泰，福壽惟新，舉家貞吉，眷屬霑榮，蒙如所請，仰荷玄恩，得道之後，昇入無形。

又《西方》 臣等奉爲齋官某，仰謝西方至眞無極白帝，七炁天君，白獸西斗，奎婁胃昴畢觜參七星君，庚辛申酉金德兑神，少陰之氣六戎老君，蓐收少皞太白秋神，帝車帝輅帝舍咸池刑殺陰陽衆神。仰慮居宅之所，犯觸神明，負違禁忌，延致災殃。今故燒香，歸命靈寶天尊，修齋行道，謝過祈恩。伏願解除所犯，賜以安寧，銷東方木氣一切災凶，罪咎蠲平，災衰靜息，存亡俱泰，眷屬乂安，舉家貞吉，福壽惟新，蒙如所請，仰荷玄恩，得道之後，昇入無形。

又《北方》 臣等奉爲齋官某，仰謝北方至眞無極黑帝，五氣天君，玄武北斗，斗牛女虚危室壁七星君，壬癸亥子水德妖神，太陰之氣玄枵辰星五狄老君，玄冥顓頊冬神水官，太一刑殺陰陽正神。仰慮居宅之所，犯觸神明，負越禁忌，延致災殃。今故燒香，歸命靈寶天尊，修齋行道，謝過祈恩。伏願解除南方火氣一切災凶，罪咎蠲平，災衰寧息，存亡俱泰，眷屬乂安，舉家貞吉，福壽惟新，蒙如所請，仰荷玄恩，得道之後，昇入無形。

又《東北方》 臣等奉爲齋官某，仰謝東北方至眞無極梵炁天君，下謝艮宮土府太陰之神，魁剛建破四殺神君。仰慮居宅之所，犯觸明靈，負違禁忌，延致災殃。今故燒香，歸命靈寶天尊，修齋行道，謝過祈恩。乞爲罪隨懺滅，福與願來，衆惡蠲消，千災蕩散，存亡俱泰，祿壽惟新，眷屬安寧，子孫昌盛，蒙如所請，仰荷玄恩，得道之後，昇入無形。

又《東南方》 臣等奉爲齋官某，仰謝東南方無極太上靈寶天尊，已得道大聖，衆至眞，諸君丈人，梵炁天君，風宮地戶招搖巽神，三刑四殺六辛神君。仰慮居宅修造之所，犯觸神明，負違禁忌，擾動龍神。今故燒香行道，謝過希恩。伏覬罪咎銷解，福善咸臻，存亡開泰，眷屬安寧，龍神鎮守，壽祿增延，蒙如所請，仰荷玄恩，得道之後，昇入

無形。

又《西南方》 臣等奉爲齋官某，仰謝西南方至眞無極梵炁天君，下謝人間方域、攝提坤宫、四維四極、乙癸神君。仰慮居宅之所，犯觸明靈，負越禁忌，延致災殃。今故燒香，歸命靈寶天尊，修齋行道，謝過祈恩。乞蠲觸犯之罪，隨懺銷平，災咎不侵，凶衰靜息，禎祥薦至，祿壽增延，眷屬咸安，存亡俱泰，蒙如所啓，仰荷玄恩，得道之後，昇入無形。

又《西北方》 臣等奉爲齋官某，仰謝西北方至眞無極梵炁天君，下謝青龍司命天門之神，亥宫乾位壬甲神君。仰慮居宅之所，犯觸明靈，違越禁忌，延致災凶。今故燒香，歸命靈寶天尊，修齋行道，謝過希恩。乞爲罪隨懺滅，福與願來，凶災靜息，福壽增延，祥瑞來臻，家安人泰，子孫忠孝，存歿同榮，蒙如所啓，仰荷玄恩，得道之後，昇入無形。

又《上方》 臣等奉爲齋官某，仰謝上方至眞無極梵炁天君，諸天至極，上聖高尊，日月星宿，八風五行、風雨雷電、陰陽正神，上謝乾儀天道，日游月行，八龍九虎，太一十精，飛旗八殺，北斗七星，天上天下，一切神明。仰慮居宅之所，犯觸眞靈，負違禁忌，穢慢三光，上不敬天道，下不畏鬼神，愆咎沍積，延致災殃。今故燒香，歸命靈寶天尊，修齋行道，謝禍祈恩。乞千災蕩散，萬罪銷平，舉家蒙福，存歿安寧，祿延壽永，禍滅福生，蒙如所啓，仰荷玄恩，得道之後，昇入無形。

又《下方》 臣等奉爲齋官某，仰謝下方無極世界、神仙至眞，高皇土府，九宫眞人，四司五帝，十二仙君，靈洞川澤，五嶽尊神，下謝陰陽所運，八卦九宫，五行二宅，后土至眞，地下侯伯，四正諸神，八部禁忌，守宅將軍，五土官屬，五土子孫，及將軍太歲，豹尾黄旛，奏書博士，刑德衆神，七十二位内外神靈。仰慮居宅之所，犯觸神明，違越禁忌，延致災殃，或五行刑剋，四殺侵凌，怪夢紛擾，居止不寧。今故燒香，歸命靈寶天尊，修齋行道，謝過祈恩。一懺罪滅，萬善咸臻，犯觸之咎，並乞銷平，舉家康泰，居止安寧，福壽增延，存亡同福，蒙如所啓，仰荷玄恩，得道之後，昇入無形。

安宅解犯都懺儀

綜　述

杜光庭《道門科範大全集》卷四三《安宅解犯都懺儀・二十方》

臣等今故燒香，歸身、歸神，奉爲齋官某家修齋行道。仰謝十方無極太上靈寶天尊，已得道大聖，衆至眞，諸君丈人，日月星辰，三界諸天、五嶽水符，三寶威神，天上天下、十極尊靈，下及中黄九土，戊己黄神，土府五帝，六甲五行、九宫八卦、陰陽正神，太歲刑德，一切神明。切慮居宅修造之所，犯觸靈司，或侵傷地理，穢塞泉源，明違禁忌，幽忤龍神，積成罪因，無門解謝。以今修齋行道，懺悔祈恩。伏冀衆聖開光，十方流貺，百神介福，五帝垂休，解除所犯，賜以自新，罪咎消平，災衰洗蕩，眷屬寧泰，祿壽延長，宅宇鎮安，龍神守衛，得道之後，昇入無形。

安宅解犯謝竈儀 靜夜昇壇

綜　述

杜光庭《道門科範大全集》卷四四《安宅解犯謝竈儀・靜夜陞壇》

法事如常。

具位某謹與本宅居住奉道某等，以今焚香，虔誠上啓，大聖司命竈君、龜君夫人，六癸玉女，光姑室女，竈下炊母，行火力士，火父火母，文墨小吏，擔柴力士，膏粱君子，竈上姹女，硎上童子，五方旺相竈君，大竈小竈君，紫微天神，玉池夫人，五方六府神，左扶天帝神，右房天帝

神，左溫天帝嬌孫，右溫天帝嬌女，天上三十六竈君，地下三十六竈君，三元四始、五土衆神，主簿孝眷神，天禁地忌五行神，回靈將軍，日直土地，五方龍王天帝，竈君部屬，一切衆靈。伏以設祀受官，名已摽於往古；化金爲器，事亦載於前經。黄帝行親祀之規，萬古敢非躬之祭。某一家之內，良賤之人，旦夕所爲，無所知識，干冒神竈，憂念弗遑，出處公私，運謀造作，慮結迍邅之事，或興禍横之靈，啓謝未由，但多惶懼。今則揆兹良日，致祭獻之禮儀；告請衆神，乞慈憐而普降。中外神聖，允納虔祈，逐香霧以齋臨，念傾心而流貺，昭然聖智，靡怠情勤。弟子無任虔禱之至，頓首再拜，酒行初獻。

散花。

宣牒或詞。

以今焚香，重伸上啓，太古大聖，竈君部屬，竈中有位，內外感應，一切神靈。竊以繁昌三代，黄羊顯瑞於晨昏；萬世一時，白屋可加於日用。運作而威分火德，輝煌而道合太陽，名應上天，功宣下土，有變禍爲祥之理，示祛魔却怪之能，化生熟而福及古今，運靈通而恩如寰海，神威罔測，妙用無窮。但弟子某卑凡性識，塵俗行藏，老幼女男，尊卑良賤，起心運意，誤聖違神。建竈之初，營造之始，動土工而無論凶吉，加磚石而豈識利宜；或狀失規模，駁雜新故；或泥塗不潔，式樣乖疏，擇日罕遇於良辰，奉祭莫遵於軌範，釜曾經於穢所，地或瘞於伏屍。眷屬親疏，或輕神而薄禮；大小誤錯，於未祭以先嘗。以至入宅樵薪，寧測於丘陵社廟；供時燒爨，焉知其風扰雷傷。困損誤修，道名觸諱。盃盂食器，罔同制於竈君；毛髮雞豚，亦冒衝於前後。湯水不防於忌諱，潑火燒灰；炊爨弗顧於重輕，高甗巨甑。曉夕無生於寅卯，水金乏祭於時辰。懺謝必伸，乞垂赦宥。以某不任精誠懇禱之至，再拜上香，酒陳亞獻。

散花。

謹重誠上啓，大聖司命五靈竈君，合坐一切衆聖。今者奉道弟子某，一家長少，再傾丹赤，共告諸神。乞念凡微，鑒其虔仰。俯開聖造，深布殊休。但弟子某合家幼艾等，從來之誤作故爲，咸伸悔謝；此去之垂恩降宥，惟卜自新。願仕公有遷達之榮，處私獲昌隆之福。風寒暑濕之候，各假恩光；炊蒸動作之時，尤加善貺。化生成熟，皆仰自於神功，錫福儲祥，寔普承於惠渥。竈上姹女，紫微天神，扶煙焰以飛空，拘收熛赫；散神威而蕩惡，屏絶妖精。玉池夫人，蠲除煙火；高良君子，悅豫衆神。天帝天皇，集慶祥於家宅；司命司錄，注福壽於尊卑。投誠難比於漢張，致祭罙敦於老婦。弟子某不任激切虔懇之至，再拜上香，酒陳終獻。

散花。

謹重誠上啓，大聖竈君，合座衆聖，共歆菲薄，俯納禱祈。弟子某發意精虔，傾心致謝，具陳凡悃，仰望聖恩。伏沐慈憐，普垂鑒念，禮陳薦獻，事畢祈禳，不敢淹留，冀回雲駕，歸自在紅霞之府，返逍遙飛焰之宮，永戴洪慈，誓遵虔奉。弟子某不任攀戀之至，再拜奉送。

安宅謝竈儀 祭竈法

綜述

杜光庭《道門科範大全集》卷四四《安宅謝竈儀・祭竈法》 經云：黄帝採藥上崑崙山，見一女子，帝乃怪而問之：此非所游之處，何得來耶？女答曰：妾非人類，又非精靈，乃是竈中炊母也。雖通神化，而居人世。每遊此山，特候聖顔，欲親人間禍福。帝聞此語而云：願爲披宣。炊母曰：人間靈變，竈君爲先，在天爲星煞，在地爲直符，在人間爲竈君。凡有災禍，並由掌領，上至國邑，下及庶人。若依此有信奉之心，則能致福，敢陳至要，乞賜施行。凡竈有四十二神，其神有在日，有不在日，祭之必獲福慶。若神不在日，祭之乃招殃咎，並逐月所食之物不同，又須避其忌諱名字，不得觸犯。今並細述，俯乞摽錄，以示人世。帝曰：名諱願聞。炊母曰：竈君姓張，名單，父名吉，母名利。有女六人：一癸酉，二癸未，三癸巳，四癸卯，五癸丑，六癸亥。又忌於竈前，赤形露體，披髮呪詛，詖誓嗔罵，大小悲啼；或進柴薪，以湯潑火，列燒柴頭，

將銅漆器於釜中；或安刀斧掃箒之類，在竈上下；或燒亂髮爪甲、雞鴨禽毛，及桃李之木；或將灰竈前澆水。已上之事，並不可犯，如有犯違，令人立見災禍。又忌對竈門安寢，及棄灰不潔之處。又不得竈前洗浴孩子。如上之事，犯之則令人患目貧困，瘡疥癰疽。唯宜常以每日，棄灰於南丙地，令人旺相，如上所列。若不依戒，災厄屢至，蠶稼不豐，口舌官私，枉橫所害。慎之慎之，必獲殊常之喜者也。

解禳星運醮儀圖敘

綜　述

杜光庭《道門科範大全集》卷四五《解禳星運醮儀圖敘》　謹按《道藏·靈臺經》云：日月，陰陽之精；五星，五行之精。日月交蝕，神有首尾。日建墜星，月孛五行之沴氣，曰彗星；紫炁天一，在紫微之旁，曰道星。其行天有遲疾順逆之不同，年月度數之各異，分一十二次，有七強五弱之宮。是爲廟爲王，凡二十八宿所躔之度，災福攸分，其或失位。雖則吉星，亦復爲災厄。若暗曜災星，或臨吉方，乃有轉禍爲祥之應。以人行年，推步五星之曜臨照，所主災祥，各有例說，影響無差。當宜依法禳解，可繪其聖像，以香花名果供獻。請有道之士，轉《度人消災經》，不得入鬼神祠廟，問病弔喪。又《十一曜經》云：如五星不順，凌犯宮宿，逮令塑繪十一曜形儀，於清靜處建立道場，誦經行道。又《五星祕授經》云：以異花珍果，淨水名香，至心恭誠，以爲供養，是皆太上示人以畏天懼災之道也。杜天師舊有《河圖九曜醮儀》一卷，後有《十一曜讖》一卷，於三時行持，有所不備，多以消災儀而兼行。今考《諸天文星曆》，補其闕典云：壇圖以當醮人四柱。今日者，推十一曜所臨宮，分作星壇，壇列四方之柱，以絳繩十二丈，經柱兩層。用黃紙作十二宮、二十八宿、四本，主大小運十一曜星官牌列絳繩之上，下安十一曜星燈，隨方供養。每位香花酒果，並如法。

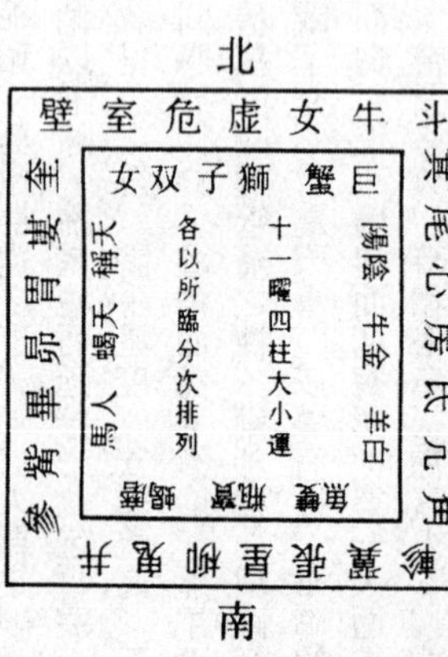

運星壇圖

解禳星運儀入夕行道

綜　述

杜光庭《道門科範大全集》卷四六《解禳星運儀·入夕行道》　法事陞壇如式。

各禮師存念如法。

宣衛靈呪。

五星列照，煥明五方。水星却災，木德致昌。熒惑消禍，太白辟兵。鎮星四據，家國利亨。名刊玉簡，字錄帝房。乘飈散景，飛騰太空。出入冥無，游宴十方。五雲浮蓋，招神攝風。役使萬靈，上衛仙翁，和與道合眞。

鳴法鼓二十四通。

無上三天玄元始三炁，太上道君，太上老君，召出臣身中三五功曹，左右官使者，左右捧香，驛龍騎吏，侍香金童，傳言散花玉女，五帝直符，直日香官，合三十六人出。出者嚴裝顯服，冠帶垂纓，關啓玄壇土地，方域神眞。臣今建壇行道，謹奉爲入意，其諸誠悃，已錄告聞，願得

太上十方至眞道炁，靈寶瑞光下降，流入臣身中，令臣所啓，速達徑御至眞無極大道、昊天玉皇上帝御前。

請稱法位。

具位臣某等，謹同誠上啓，太上無極大道，元始天尊，太上道君，太上老君，昊天玉皇上帝，天皇辰極，上帝高眞，十方得道，諸君丈人，玄中大法師，十一大曜星君，圓穹上象、南辰北斗、二十八宿本命元辰星君，三界應感，一切眞靈。臣聞道集虛而有容，強名太極；天積炁而無質，獨見三辰。日月爲陰陽之宗，盈縮辨寒暑之序，散爲五緯，經以列星。凡七曜之所躔，災祥可驗；歷周天而失次，禍福爰私。惟其循黃道以無差，可以見國家之至治。三十五分，占逆順於乾綱；一十二辰，別華戎於坤紀。凡在範圍之內，悉歸臨照之中，修德而災曜可禳，積行而德星或聚。信人事天機之應，如影隨響答之符。奉道某久依三景之照臨，孰外五行之生剋。遇災而懼，居懷震惕之心；見善則遷，用迪泰來之慶。敢憑神呪，上格光靈。臣職雖效於箋天，學未諳於宣夜。晨昏有覺，視雞鶡以包羞；飲食無忘，尚豺獺之知敬。既承詞悃，敢不上聞。

宣詞。

按如詞語，諒徹層宸。大羅玉淸，儼萬聖聞經之坐；太微帝座，闢三光受事之庭。咸俯景以下臨，並傾光而垂照。朝日夕月，采儀璘存注之方；祭斗禜星，準步躡空常之法。庶託霄宸之廕，用禳運數之差。以今靜夜行道，請法衆等運茲初捻上香，願此香煙，騰空徑上，供養太上三尊、十方衆聖。臣等皈身、皈神、皈命，以是功德，上祝今上皇帝陛下。伏願帝德無爲，樞北辰而高拱；壽星有爛，正南面以靈長，二景璧連，五星珠貫，共告太平之瑞，式昭至德之萌。今故燒香，自皈依道尊大聖衆至眞之德。得道之後，昇入無形，和與道合眞。

以今靜夜行道，請法衆等運茲二捻上香，願此香煙，騰空徑上，供養太上尊經、十方衆聖。臣等歸身、歸神、歸命，以是功德，歸流弟子某家億曾萬祖、九世先亡。伏願揭日月之明，破諸幽閉；睹星辰之列，復被靈光。煉形流火之庭，濯質黃華之水。爲星爲月，還生仁壽之鄉；成象成形，不外聖明之世。今故燒香，自歸依經尊大聖衆至眞之德。得道之後，昇入無形，和與道合眞。

以今靜夜行道，請法衆等運茲三捻上香，願此香雲，騰空徑上，供養太上三師、十方衆聖。臣等歸身、歸神、歸命，以是功德，歸流奉道某等一門眷屬。伏願君表儲祥，陰靈消慝，仁深信厚，土木垂休，禮重義榮，火金介福，水德潛開於上智，彗星無滓於太淸，庶成積善之家，均燕無災之福。今故燒香，自皈依師尊大聖衆至眞之德。得道之後，昇入無形，和與道合眞。

唱方，懺方，三啓，三禮。

重稱法位。

具位臣某等，謹重誠上啓，太上無極大道，元始天尊，太上道君，太上老君，昊天玉皇上帝，天皇辰極，上帝高眞，十方得道，諸君丈人，玄中大法師，十一大曜星君，圓穹上象、南辰北斗、二十八宿本命元辰星君，三界應感，一切眞靈。臣聞天開碧落，宣精耀於三辰；星拱紫微，職推移於五緯。月三珥而天下喜，日再中而帝業隆，歲星明而穀稔國昌，鎭星留而邦寧福厚，太白尚義以戒窮兵，熒惑守心乃聞退舍，辰不失行則豐年樂歲，彗成夕見則除舊布新。暗虛爲建墜之星，所以爲日月之蝕；天乙乃道德之曜，所以制吉凶之宜。降於人而爲神，麗乎天而成象。盈虧有準，進退靡差。凡三百六十五度之多，與萬有一千餘里之衆，盡曰經常之宿，咸歸見伏之中，作福作災，或遲或疾。奉道某自惟一介之賤，均受兩儀之和。虎繞龍盤，每自戕於爐鼎；陽開陰閉，居不檢於樞機。悉由一念之差，遂致五帝之戾，虧仁義禮智之節，傷金木土火之行，鬼責人非，天災物累。星辰凌犯，推運數之屯奇；葉本休囚，致身宮之滯塞。陰陽爲寇，寒暑乖和，莫逢世道之亨，知自人爲之誤。奉道某洗心謝過，責己畏威，遵璿軸以鋪陳，締星壇而延佇。伏乞霄宸上聖，象緯羣眞，特施渙汗之恩，曲赦貫盈之咎，調平星度，安鎭乾文。三命五行，悉蠲於戰剋；列星七政，同賜於休祥。躔角而壽考耆彪，歷尾而嗣昆繁衍。心宿篤父子室家之好，房星固關鍵管籥之機，南斗盛而爵祿行，東壁明而賢能舉。奎爲武庫，罔或不充，胃爲天倉，咸臻有衍。畢晦絕踰垣之盜，鬼藏無敢室之妖，箕歛而口舌消，虛暗而凶喪弭，盡一天而徧告，佑舉室以咸宜。上願國壽延洪，帝圖悠久，時和俗阜，物富人安，式臻五紀之和，各遂羣生之性，上明天尊廣濟之澤，下副臣等皈嚮之誠，謹啓以聞。

十二願。

復爐。

謹攝香官使者、左右龍虎君、侍香諸靈官，當令臣向來建壇行道之所，自然生金液丹碧，芝英百靈，衆眞交會，在此香火爐前。當願十方仙童玉女，接侍蘭煙，傳臣向來所啓之誠，速達徑御至眞無極大道、昊天玉皇上帝御前。

出堂頌。

出戶。

運星醮啓祝儀 靜夜陛壇

綜　述

杜光庭《道門科範大全集》卷四八《運星醮啓祝儀・靜夜陛壇》法事如式。

具位上啓十一大曜星君，十二宮尊神，某本命星官大聖，黑符星眞君，合座衆聖，伏望聖慈，俯從凡懇。以今奉爲入意，切以清氣爲天，布日月星辰之象；濁氣爲地，列女男禽獸之姿。日月薄蝕，則天下靡寧；男女搆屯，則高穹所繫。人逢禍福，星實綱維。非託薰修，安能上告。某災星在運，憂患頻臨，敬推中赤之誠，虔叩玄黃之曜。冥心稽首，感天心惠愛於凡情；香篆凌空，祈帝德消除於厄會。災衰度脫，福壽昌隆，自天祐之，德施溥也。但某下情，不任虔祝之至。

次引醮官逐位行香，告星。

日宮：

具位上啓日宮太陽帝君，宮下仙衆。伏以日輝盛大，主太陽宮，居星爲衆象之尊，主世照萬生之命，形魂天地，掌握陰陽，金烏晝夜之巡行，蒼旻主司於善惡。每承運照，寔荷生成，謹備香燈，虔伸齋奉。伏冀分輝照耀，暗察衰危，希紀筭以堅強，望福祿而增廣。願依丹悃，永荷洪恩，爰有祝文，謹當宣奏。次宣符呪

太陽眞君呪：

東望扶桑宮，稽首朝鬱儀。太陽洞明景，寥寥何所思。令我拜金色，候天望英姿。皇華將玉女，臨軒降此時。

月宮：

具位上啓月宮太陰皇君，侍從仙衆。伏以月宮至聖紫光上眞，主北極之陰關，掌人身之右魄，巡游不住，輝照無窮，明分短長，顯示善惡，動靜實由於斟酌，舒張全繫於行方，致吉凶而有缺有圓，降禍福之無差無忒。今則特伸丹禱，願賜鑒觀，遵太上之眞符，赦生靈之罪咎，俾醮主某福如滄海，壽等椿松，災害不生，尊卑寧謐，願依凡悃，不負天庥，所有祝文，謹當宣奏。次宣符呪

太陰眞君呪：

仰望顧八表，惟月孕陰精。中有大素皇，夫人駕綠軿。曜華光二極，混明照三清。慇懃求志道，五色下來迎。

木星：

具位上啓木星重華眞君，侍從仙衆。伏以東極宮中歲星，聚貴青陽，應號木德司方，掌善惡於人間，示吉凶於天表，三炁乃春之一季，福曜則臨照於十方，益筭增年，延祥介福。今則特伸丹悃，願賜鑒觀，遵太上之眞符，赦生靈之罪咎，俾醮主某福如滄海，壽等乾坤，災害不生，尊卑寧謐，願依凡悃，不負天庥，所有祝文，謹當宣奏。次宣符呪

木德星君呪：

歲星乘木德，展轉耀東鄉。凌天姿潤澤，正色滉明皇。尋華歌浩漾，擲水詠芝房。經時頻禱祝，獲福自然長。

火星：

具位上啓火星執法眞君，侍從仙衆。伏以聖化威嚴，性情急速，王炁正夏中之三月，變通巡人間之九圍，傾光可燭，聰明回福，易逢亨泰。今則特伸丹禱，願賜鑒觀，遵太上之眞符，赦生靈之罪咎，俾醮主某福如河海，壽等松椿，災害不生，尊卑寧謐，願依丹悃，不負天庥，所有祝文，謹當宣奏。次宣符呪

火德星君呪：

芒角森龍鳳，威光叱十方。丹罡耀午夜，朱火焰三邊。晶明符正炁，劍戟煥兵權。欃槍應滅跡，孛彗敢當前。

金星：

具位上啓金星天皓眞君，侍從仙衆。伏以少皞司方，主金門之造化；太白掌運，號素老之靈藏。王露三秋，方分西兌。大哉至道，難可披宣。照人而財祿潛臻，入垣乃官爵品正。仰之則增延壽祉，叩之則消解災殃。今則所伸丹悃，願賜鑒觀，遵太上之眞符，赦生靈之罪咎，俾醮主某福如江海，壽等松椿，災害不生，尊卑康泰，願依凡悃，不負天庥，所有祝文，謹當宣奏。次宣符呪

金德星君呪：

太白凌清漢，騰霜耀素英。亭亭浮瑞彩，皎皎盛長庚。鋒高能禦寇，色潤每降兵。推窮符曆數，合道與長生。

水星：

具位上啓水星伺辰眞君，侍從仙衆。伏以五行至要，水德爲先。王炁正冬，主張河海。性柔態善，潤澤生人。月合而官祿非常，正照乃壽福永固。仰瞻聖佑，得遂安寧，每虧虔罄之心。常謬愚迷之性。今則所伸丹禱，願賜鑒觀，遵太上之眞符，赦生靈之罪咎，俾醮主某福如河海，壽等乾坤，災害不生，尊卑寧謐，願依凡悃，不負天庥，所有祝文，謹當宣奏。次宣符呪

水德星君呪：

妙哉符五炁，彷彿見眞門。嵯峨當丑位，壬癸洞靈君。分輝凝皎潔，肸蠁赴思存。仙歌將舞蹈，良久上金天。

土星：

具位上啓土星地候眞君，侍從仙衆。伏以中皇最尊，五星爲首。四季朝於上帝，統御萬靈；十方照於下民，巡環衆類。嚴嚴衆毅，至聖至尊，遇之則有災殃，禱之則亦臻安吉。今則所伸丹禱，願賜鑒觀，遵太上之眞符，赦生靈之罪咎，俾醮主某福如江海，壽等松椿，災害不生，尊卑康泰，願依凡悃，不負天庥，所有祝文，謹當宣奏。次宣符呪

土德星君呪：

高穹符戊己，藏陸起重霄。五行尊暗曜，九土見光昭。甘石推留伏，陶巫筭沉寥。上仙垂雨露，伏地禮空謠。

羅睺星：

具位上啓羅睺星眞君，侍從仙衆。伏以威德最嚴，羅睺大聖，一十二宮之輪照，十二分野之流行，占財帛則散遺，在祖業亡積聚。凡逢臨照，足有威權。每至魁罡，多生屯難。今則所伸丹禱，願賜鑒觀，遵太上之眞符，赦生靈之罪咎，俾醮主某福如江海，壽等松椿，災害不生，尊卑康泰，俯從凡悃，不負天庥，所有祝文，謹當宣奏。次宣符呪

羅睺星君呪：

神首循黑道，冥冥超至靈。暗明期朔望，陽德晦陰精。高鎮黃旛闕，矛戟耀霜鈴。志心伺多福，稽首諷眞經。

計都星：

具位上啓計都星君，侍從仙衆。伏以昭昭在上，照天下之無窮；蠢蠢下凡，沐靈光之有自。深慮運逢窺盼，災數當躔，非仗元功，無由解免。今則所伸丹禱，願賜鑒觀，遵太上之眞符，赦生靈之罪咎，俾醮主某福如江海，壽等松椿，災害不生，尊卑康泰，俯從凡悃，不負天庥，所有祝文，謹當宣奏。次宣符呪

計都星君呪：

處暗表陰德，豹尾鎮星宮。怒指摧山嶽，權雄暝太空。龍蛇生怪狀，變異忽昏濛。主人長壽樂，禳應在恪恭。

天一星：

具位上啓天一紫炁道星眞君，侍從仙衆。伏以天有道星，名分道炁。至尊最貴，爲聖極靈。臨人則福祿榮昌，照命乃遷官加職。輝華莫測，王相無窮。今則所伸丹禱，願賜鑒觀，遵太上之眞符，赦生靈之罪咎，俾醮主某福如江海，壽等松椿，災害不生，尊卑康泰，俯從下悃，不負天庥，所有祝文，謹當宣奏。次宣符呪

紫炁星君呪：

授制宗元帝，含精耀紫微。陰陽乘運極，幽顯閟靈機。玉輿登廣漢，金鈴布斗飛。四宿循周度，九土尊天威。

太一星：

具位上啓太一月孛彗星眞君，侍從仙衆。伏以月孛至聖，暗曜星辰。

稟性尊嚴，威風顯赫。禍福悉由於掌握，短長實系於秉持。每賴照臨，莫諧解謝。今則所伸丹禱，願賜鑒觀，遵太上之眞符，赦生靈之罪咎，俾醮主某福如江海，壽等松椿，災害不生，尊卑寧謐，願依凡悃，不負天庥，所有祝文，謹當宣奏。次宣符呪

月孛星君呪：

太陰光玉緯，精魄育羣生。青桂黄華輔，鬱羅保素靈。毛頭分怪狀，彗尾或潜經。舍次流災福，齋脩洞香冥。

黑符星：

具位上啓大聖黑符星眞君。伏以天上劊星，人間威曜，揚皁旛而行天無影，照赤子而動静有災，命運偶逢，屯危必至。今則所伸丹禱，願賜鑒觀，遵太上之眞符，赦生靈之罪咎，俾醮主某福如巨海，壽等乾坤，災害不生，尊卑康泰，願依凡悃，不負天庥，所有祝文，謹當宣奏。奏天罡符

本命星：

具位上啓本命星官。伏以建生星斗，主特人命之降生；本命元辰，宰理衆生之性命。五體悉由於主掌，三災咸賴於權衡。當投解謝之門，庶保長延之壽。今則所伸丹禱，願賜鑒觀，尊太上之眞科，普赦生靈之罪咎，俾醮主某福如江海，壽等松椿，災害不生，尊卑康泰，願依凡悃，不負天庥，所有祝文，謹當宣奏。次宣符呪

本命呪：

本命尊威赫，元辰位豹宫。三元分品秩，六十衛軀躬。仙吏俾神化，眞官亦治功。人倫無貴賤，終始賴含洪。

宣疏：

向來祭星功德，已遂周圓。專伸回奉十一大曜星君，大聖黑符，生日本命星君，流年災福星像。伏冀福星長照，威曜韜光，變禍爲祥，改災作福。一十二宫之分野，盡賜貞庥；二十八宿之靈光，常垂廕祐。身宫清淨，出處康寧，誓畢此生，永依大造。志心稱念大慈延壽天尊，不可思議功德。

南北二斗同壇延生醮儀 啓壇行道

綜述

杜光庭《道門科範大全集》卷四九《南北二斗同壇延生醮儀·啓壇行道》 法事陞壇如式。

各禮師存念如法。

宣衛靈呪。

五星列照，煥明五方。水星却災，木德致昌。熒惑消禍，太白辟兵。鎮星四據，家國利亨。名刊玉簡，字録帝房。乘飈散景，飛騰太空。出入冥無，游宴十方。五雲浮蓋，招神攝風。役使萬靈，上衛仙翁，和與道合眞。

鳴法鼓二十四通。

無上三天玄元始三炁，太上道君，太上老君，召出臣身中三五功曹，左右官使者，左右捧香，驛龍騎吏，侍香金童，傳言散花玉女，五帝直符，直日香官，合三十六人出。出者嚴裝顯服，冠帶垂纓，關啓玄壇土地，方域神眞。臣今設醮行道，謹奉爲入意，其諸誠悃，已録告聞，願得太上十方正眞道炁，靈寶瑞光下降，流入臣身中，令臣所啓，速達徑御至眞無極大道、昊天玉皇上帝御前。

請稱法位。

具位臣某與闔壇衆等，今正爾燒香，以是功德，奉爲天子王侯，百辟僚屬、經籍度師、山林巖棲修眞之士、同學之人、九親姻族、天下人民、飛行動植、一切衆生，今故燒香，歸身、歸神、歸命太上十方靈寶自然至眞無上大道。乞賜原赦臣法衆等，及醮主某家，前世今生，無邊之罪，得免離三災八難衆惡之中，使智慧圓明，魂神澄正。出羣迷之徑，登衆妙之門，身得道眞，飛行虛空，白日昇天，侍衛道君，逍遥無上金闕七寶自然宫，永與道合，所啓通感，上御至眞無極道前。

禮十方，懺悔。

重稱法位。

具位臣某與闔壇衆等，謹同誠上啓，虚無自然元始天尊，太上大道君，太上老君，昊天玉皇上帝，九皇上眞，十方已得道大聖，衆至眞，諸君丈人，三十六部尊經玄中大法師，圓穹玄象、日月星辰、北斗尊帝，七元輔弼星君，南極大帝，丈人司馬，六司星君，本命元辰，洞天海嶽，三界官屬，一切眞靈。臣等伏聞大道無形，孰究希微之旨；至眞降世，漸開汲引之門。感引誓於天師，降眞遊於蜀郡。龍軒所至，玉局在前。首談北斗之經，次演南昌之旨。道存水火，職隷死生。明於離者，爲陽動之官，乃常靜而不變；習於坎者，稟一元之數，則密運以無方。是知經首之幽微，昭示定觀之宗趣。倘衆生持念之甚確，如兩極麗天之有常。不爲物遷，秉道樞而轉物；自臻神王，明智燭以全神。斯視聽言動之有規，致壽考康寧之咸備。矧茲指像而說法，使之向道以回心。倘未悟於玄言，豈能超於災障。當崇福善，馴至康榮。奉道某囿形器於兩間，稟精神於一炁，識暗衛生之理，智昏慮患之機，幸眞科開悔謝之門，使迷徑有亨通之路，式啓紫壇之醮，特延玄象之旂，對越光靈，道迎休德。屬臣關告，敢不上聞。

宣詞。

按如詞言，丹誠懇切。致兩極同科之敬，賤九天御曆之尊。心聲宣一至之誠，香穗燎衆芳之馥。飾黼座於玄虚之上，薦芝華於象緯之前。鶴袍端簡以情思，星壇發瑞；熊驛御空而達款，雲路生光。延佇之心，不寒而立；精純之念，有感必通。伏願太上三尊，十方大聖，玄中大法師，垂神鑒映，省覽所陳，敕勒靈寶官屬，侍經威神，絳章繡衣之官，擎羊陀羅之使，游空飛步，臨集壇場，錄善表功。門聞穹壤，更覬流精，散炁營衛。臣及弟子等身，淸蕩內外，降伏妖魔，通達虚無，咸降眞聖，使齋功成就，無有窒滯。明晨行道，續更啓聞。

十二願。

復爐。

謹攝香官使者、左右龍虎君、侍香諸靈官，當令臣向來啓壇行道之所，自然生金液丹碧，芝英百靈，衆眞交會，在此香火爐前。當願十方仙

童玉女，接侍關煙，傳臣向來所啓之誠，速達逕御至眞無極大道、昊天玉皇上帝御前。

出堂頌。

出戶。

南北二斗同醮儀 臨午行道

綜 述

杜光庭《道門科範大全集》卷五一《南北二斗同醮儀・臨午行道》

法事陞壇如式。

各禮師存念如法。

宣衛靈呪。

丹靈朱火，炎霞激風。赤輪剛運，天光行衝。迸威包羅，交變萬方。流金豁落，羣魔滅蹤。辟邪破妖，明耀元功。金符召制，躡雲策龍。謠歌慶會，敬花太空。神化宣運，四極安隆。伏御帝前，罔有不恭，和與道合眞。

鳴法鼓二十四通。

無上三天玄元始三炁，太上道君，太上老君，召出臣身中三五功曹，左右官使者，左右捧香，驛龍騎吏，侍香金重，傳言散花玉女，五帝直符，直日香官，各三十六人出。出者嚴裝顯服，冠帶垂纓，關啓玄壇土地，方域神眞。臣今臨午行道，謹奏爲入意，其諸情悃，已錄告聞，願得太上十方至眞道炁，靈寶瑞光下降，流入臣身中，令臣所啓，速達逕御太上無極大道、昊天玉皇上帝御前。

請稱法位。

具位臣某與闔壇衆官等，謹同誠上啓，虚無自然元始天尊，太上大道君，太上老君，昊天玉皇上帝，九皇上眞，十方已得道大聖，衆至眞，諸君丈人，三十六部尊經玄中大法師，圓穹玄象、日月星辰、北斗尊帝，七

元輔弼星君，南極大帝，丈人司馬，六司星君，本命元辰，洞天海嶽，三界官屬一切眞靈。臣伏聞圓穹垂象，盈虛先七政之推；文曜交躔，旋斡自二司之始。斗宿天之星紀，啓義明於書雲；極星天之帝車，運玉衡而建月。號南斗者，乃居於丑位；稱北極者，實御於中央。喉舌化工，權輿曆象。三百六十五度，推尊天廟之提綱；萬有一千餘星，悉受斗杓之操柄。四序調於玉燭，三辰應於銅儀，盡由兩極之主張，叶贊一元之運動。凡囿形於人世，皆稟氣於乾文。品固萬殊，理歸一揆。奉道某叨蓋輿之賦命，荷珠璧之儲精，水火爲受性之原，南北係降神之府，假四大之凡器，植一眞之深根，敢不崇玄，庶幾反本。立壇象斗，環帝座以流光；酌水獻花，企辰樞而展信。式遵祕誥，嚴奉殊科。欽承咫尺之威，輒致再三之瀆。臣棲身祕館，通籍眞階。躡紀步綱，愧彭氏女昇仙之效；然燈事斗，蔑鄧德誠伐叛之功。惟知宏敎於玄壇，或可降祥於善類。既承詞悃，敢不以聞。

宣詞。

按如詞言，丹誠懇切。將上塵於帝所，亦徧御於星壇。洪惟共理之司，參輔無私之覆。民生均稟，日用相須。寶劍深潛，尙騰光於舍次；豐狐異類，猶展敬於魁杓。既抱最靈之資，宜識有生之本。道之眞體，寄運用於水火之宮；天有常形，職變動於經躔之宿。爰舉同壇之醮禮，肅欽麗極之明威。耿耿天梁，跨河源而錯峙；煌煌玉斗，杓龍角以左旋。注想高穹，馳神玄象，願下風雲之駕，俯歆蘊藻之羞。過者化，存者神，覃休家國；熾而昌，康而壽，均福顯幽。凝薰燎之芳馨，格湛恩之汪濊。以今臨午行道，請法衆等運兹初捻上香，願此香煙，騰空徑上，供養太上三尊，十方衆聖。臣等皈身、皈神、皈命，以是功德，上祝今上皇帝陛下。伏願離明並照，辰極齊尊。成象成形，擬諸身而高拱；自南自北，陶至化以來賓。天步無難，人文有爛。綱紀燦日星之序，地久天長；菽粟如水火之多，時和歲稔。今故燒香，自皈依道尊大聖衆至眞之德。得道之後，昇入無形，和與道合眞。

以今臨午行道，請法衆等運兹二捻上香，願此香煙，騰空徑上，供養太上尊經，十方衆聖。臣等皈身、皈神、皈命，以是功德，歸流某家上世先靈，親疏眷屬，陰宮夜境，滯爽幽魂，出朔都溟渤之鄉，造丹霍洞陽之境。抱日挾月，襲沖炁於陰陽；陶魄鑄魂，反眞神於離坎。達生榮界，垂裕後昆。今故燒香，自皈依經尊大聖衆至眞之德。得道之後，昇入無形，和與道合眞。

以今臨午行道，請法衆等運兹三捻上香，願此香煙，騰空徑上，供養太上三師，十方衆聖。臣等皈身、皈神、皈命，以是功德，歸流某家一門長少，骨肉至親。伏願坎宮除險厄之虞，南極介壽昌之祉。樞機將相，著福祿以川增；魁斗杓罡，驅凶魔而瓦解。懲忿窒慾而防患，積精累氣以全生。俾侈喬年，長依至道。今故燒香，自皈依師尊大聖衆至眞之德。得道之後，昇入無形，和與道合眞。

唱方，懺方，命魔，三啓，三禮。

請稱法位。

具位臣某與闔壇衆官等，謹同誠上啓，虛無自然元始天尊，太上大道君，太上老君，昊天玉皇上帝，九皇上眞，十方已得道大聖衆至眞，諸君丈人，三十六部尊經玄中大法師，圓穹玄象、日月星辰、北斗尊帝，七元輔弼星君，南極大帝，丈人司馬，六司星君，本命元辰，洞天海嶽，三界官屬，一切眞靈。臣伏聞造物無物，莫非普植於羣倫；與生俱生，孰是反求於一已。昧剛柔之負抱，孤健順之生成。迷本忘眞，乘愆蹈過。莫悟擢形於斯世，端從稟氣於瀉鈞。倬彼胚胎之初，誠如渾沌之始。分化爐之眞火神水，爲人身之丹田絳宮。離已之日凝魂，坎戊之月制魄。六府五藏，九竅百骸，皆次第以成形，洎圓滿而誕質。或富或貴，或賤或貧，各從情竇之萌，莫匪世羅之絆。六欲障虛明之性，七情斲久視之根。既與道以闊疏，宜行世之坎坷。天災物累，鬼責人非，運元推屯否之臨身，斡厄消暑寒之相寇。倚伏之機，皆藏於危穽；避趨之路，宜誥於通津。玉局遺言，昭示解禳之法；紫庭祕誥，許陳懺謝之儀。可轉禍以爲祥，庶遷善而遠罪。今奉道某慮災凶在運，憂惕于中，用遵金口之言，恭敞鬱庭之醮。伏乞虛無上聖，寥廓高眞，示以自新，嘉其退省，敕下南宮六紀、北斗七元，迂景傾光，隤祥介福。深災重患，隨罡指以蠲除；元炁眞情，斡斗杓而增注。調平星度，安鎭天綱，五行無流逆之災，三命息刑妨之厄。固蔕深根而養壽，懷珠抱玉以全生。居之斯安，動罔不吉，均繁禧於眷屬，茂純嘏於門闌。上願國壽延洪，帝圖悠久，三邊不警，九譯歸仁。物類叶於泰通，平安遂性；重陰廓於豐照，離苦超生。願力難周，恩光無盡。上明

天尊大慈之澤，下副臣等皈命之誠，謹啓以聞。

十二願。

復爐。

謹攝香官使者、左右龍虎君、侍香諸靈官，當令臣向來臨午行道之所，自然生金液丹碧，芝英百靈，衆眞交會，在此香火爐前。當願十方仙童玉女，接侍蘭煙，傳臣向來所啓之誠，速達徑御至眞無極大道、昊天玉皇上帝御前。

出堂頌。

出戶。

南北二斗同醮儀 晚朝行道

杜光庭《道門科範大全集》卷五二《南北二斗同醮儀・晚朝行道》

綜　述

法事陞壇如式。

各禮師存念如法。

宣衛靈呪。

五星高耀，瑞氣飛浮。元始集神，天地交泰。玉符寶節，嘯命微幽。擲火持威，奸凶無留。萬魔振伏，紛葩却消。摧怪滅惡，道炁周流。神光照夜，陰翳俱消。萬神降格，扇景乘飈。羣生咸遂，惠徧神州，和與道合眞。

鳴法鼓二十四通。

無上三天玄元始三炁，太上道君，太上老君，召出臣身中三五功曹，左右官使者，左右捧香，驛龍騎吏，侍香金童，傳言散花玉女，五帝直符，直日香官，合三十六人出。出者嚴裝顯服，冠帶垂纓，關啓玄壇土地，方域神眞。臣今靜夜行道，謹奏爲入意，其諸情悃，已錄告聞，願得太上十方至眞道炁，靈寶瑞光下降，流入臣身中，令臣所啓，速達徑御太上無極大道、昊天玉皇上帝御前。

請稱法位。

具位臣某與闔壇衆官，同誠上啓，虛無自然元始天尊，太上大道君，太上老君，昊天玉皇上帝，九皇上眞，十方已得道大聖衆至眞，諸君丈人，三十六部尊經玄中大法師，圓穹玄象、日月星辰、北斗尊帝，七元輔弼星君，南極大帝，丈人司馬，六司星君，本命元辰，洞天海嶽，三界官屬一切眞靈。臣伏聞玄化流光，列宿垂曜。文昌上聖，掌丹籙以注生；紫微高尊，總玄都而布化。三光五帝，生育羣材，統御萬靈，普鑒幽顯。臣謹爲某家，按依科式，虔立壇場，崇設醮筵，披露誠悃，冥祈玄象，延降眞靈。伏惟上聖衆尊，垂慈降鑒，分光迂景，采納丹誠。臣既奉情詞，敢不上奏。

宣詞。

按如詞言，良深懇切。念以積生慶會，獲遇明時，得睹仙科，遂延靈聖，伏依儀注，上備薰修。仰冀不棄凡塵，俯垂允納，侍觴於紫微之上，享饌於清夜之中，瑞炁騰空，眞風臨席。以今靜夜行道，請法衆等運茲初捻上香，願此香煙，騰空徑上，供養太上三尊，十方衆聖。臣等皈身、皈神、皈命，首體投地，仰依南宮六紀、北斗七元，以是功德，皈流宗廟先聖，社稷尊靈。伏願證品玉清，垂休寶嗣，克昌鳳曆，永福洪基。今上皇帝，德邁堯湯，壽齊天地。后妃嬪主，光贊文明。太子諸王，輔成睿德。九圍宗道，咸臻清靜之風；萬寓宅心，共樂昇平之運。今故燒香，自皈依道尊大聖衆至眞之德。得道之後，昇入無形，和與道合眞。

以今靜夜行道，請法衆等運茲二捻上香，願此香煙，騰空徑上，供養太上尊經，十方衆聖。臣等皈身、皈神、皈命，首體投地，仰依南宮上聖、北極衆眞，以是功德，歸流某家九玄七祖，一切幽魂。伏願洪澤滂流，惠風遐扇。宿瑕洗蕩，除北府之罪名；積釁消平，上南宮之生籍。延祥介祉，福及見存，暨乎有識含情，飛潛蠢動，皆承恩澤，悉遂人寰。今故燒香，自皈依經尊大聖衆至眞之德。得道之後，昇入無形，和與道合眞。

以今靜夜行道，請法衆等運茲三捻上香，願此香煙，騰空徑上，供養太上三師，十方衆聖。臣等皈身、皈神、皈命，首體投地，仰依南宮六

紀、北斗七元，以是功德，歸流某。伏願壽筭遐長，災衰洗蕩，福祥臻集，眷屬康寧，家傳愷悌之風，戶出謙恭之義，凶魔遠竄，善瑞日臻，宅宇鎮安，龍神和輯，三官進紀，五帝儲休。今故燒香，自皈依師尊大聖衆至眞之德。得道之後，昇入無形，和與道合眞。

唱方，懺方，三啓，三禮。

請稱法位。

具位臣某與闔壇衆官等，謹同誠上啓，虛無自然元始天尊，太上大道君，太上老君，昊天玉皇上帝，九皇上眞，十方已得道大聖，衆至眞，諸君丈人，三十六部尊經玄中大法師，圓穹玄象，日月星辰，北斗尊帝，七元輔弼星君，南極大帝，丈人司馬，六司星君，本命元辰，洞天海嶽，三界官屬一切眞靈。臣聞三光麗天，萬物荷無私之照；五緯垂象，羣生蒙覆載之恩。所以南極注生，北宮主死，總領圖籙，統較幽明。粵自混茫，至於今日，紀綱不紊，曆數無差，上惟帝王，下該臣庶，咸依主宰，仰賴神休。弟子某詞悃所陳，已具敷奏，自惟積慶，叨荷玄功。而六氣運神，五帝演性，貞閑難固，流遁易迷，旋隳福善之階，日踐愆違之境，或積生所構，或今世所爲，罪書綴五帝之篇，咎目鼓三官之筆，未曾祈懺，莫得蠲除。又恐宿曜行藏，交期所屬。行年經歷，厄會所臨。或故殺誤傷，深冤往債；或繫心起念，履惡爲非。上犯天元，下違坤德，觸陰陽禁忌，負日月神明，罪目惡緣，無邊無量，非憑懺謝，莫遂原除。伏聞南宮爲陽德之司，生成萬物；北極爲裁成之府，主制羣靈。生死吉凶，咸歸統錄。除災解厄，實賴聖慈。是敢披啓丹心，皈依玄象，虔伸醮祝，上叩尊靈，布心於靜境之中，露懇於清壇之下。伏冀司命司錄六宮，垂憫濟之恩；天輔天關七聖，降慈悲之澤。三雲命駕，俯降塵寰；八道凝光，曲臨醮席。命眞僚而錫祐，開巨貺以延祥。特爲某上消天災，下禳地禍，除五星九宮八卦併沖之厄，解五緯三元凶星暗曜之災。十神免臨照之虞，元命息刑妨之害。宥宅神之譴責，破鬼賊之憑淩。六甲五行，不罹衰敗；支干宮徵，無致衝妨。剪妖魔蠱毒之侵傷，絕惡鬼凶人之謀議。三官五帝之府，訟逮原消；先亡近逝之魂，考延解釋。託蔭七星之下，儲祥六紀之司。福善雲臻，災凶霧散。六情所犯，三業所爲，萬咎千愆，並蒙原貸。神明護佑，眞炁降流，保其微脆之姿，克享堅剛之壽。上明天尊大慈之澤，下副臣等皈嚮之誠，謹啓以聞。

十二願。

復爐。

謹攝香官使者、左右龍虎君、侍香諸靈官，當令臣向來靜夜行道之所，自然生金液丹碧，芝英百靈，衆眞交會，在此香火爐前。當願十方仙童玉女，接侍蘭煙，傳臣向來所啓之誠，速達徑御至眞無極大道、昊天玉皇上帝御前。

出戶。

出堂頌。

北斗延生清醮儀

綜述

杜光庭《道門科範大全集》卷五五《北斗延生清醮儀》凡奉事上眞，或不能法天象地，隨斗杓而建壇，先違道訓也，不如不修之爲愈。建壇之人，非內境清明，召魂集神，聽吾命而造化，形止極以伸懇焉，則不足以昭格，物雖豐而無益也，故以祝香爲先。次以叙陳科教，則道俗之倫，不是因緣，而信心衰焉，降聖難矣，故以叙事次之。既叙事已，不能紀述天文，對揚元妙，則無知北斗之尊也，故以述聖次之。既述聖已，不陳詞則誠不立，故以宣詞次之。然其陳情，請福禳災，苟非行道發願，後己先人，無以契合聖意，故以三上香次之。既上香已，則吾之宿業重罪，不可不懺；玄功妙善，不可不勉。不如是，則罪不滅而福不降矣，故以懺悔次之。既懺悔已，又當思惟七元之德，誠如在焉，乃可以幾其佑助，故讚德次之。既讚德已，又當皈依，以馨吾之誠願，庶幾神必饗焉，故以七皈依次之。既皈依已，可以濁醪之禮表心，故以三獻次之。既三獻已，威儀既備，恩貺卒獲，言功送神，仰空存慕，不可以有加也，故以散壇終焉，止系一詞。

祝香。

道香、德香、無爲自然香，以今爇向爐中，奏啓大羅三寶天尊，金闕玉皇上帝，中天星主紫微大帝，南辰北斗本命星君，周天河漢列宿羣眞。仗此眞香，普同供養。臣今奉爲弟子某家，宣科行道，請福禳災，先當讚叙條章，對揚功德，庶使壇場之内，道俗之倫，悉乃見聞，盡生恭敬。仰祈恩祐，少契天心，理合敷陳，願垂昭鑒。臣聞太上立德，摽清靜之高風；其次立言，演慈悲之妙典。編諸藥笈，藏在名山，時顯迹以度人，或垂科而拯世。具述下元之運數，敷陳本命之因緣，開度斯民，歸依大道，俾修心而養氣，容懺罪以延生，常於降聖之期，輒許精衷之禱。至以三元八節，奉命生辰，嚴置壇場，恭修齋醮，將嚴觀宇，或在家庭。持種種之香花，精意已享；列芬芬之酒果，明德惟馨。法天地以包羅，象威儀而薦獻。修齋則一日而至七日，隨力建功；命道則一人而至七人，請行法事。或諷其神呪，或認此眞形，歸心北斗之尊，稽首紫微之下，伸懇於三官五帝，達誠於九府四司，薦福延生，消災捍厄，用廣無邊之福，仰膺莫大之休，念眞聖之毋違，見邪宗而莫入，致災衰之洗蕩，同罪業以消除，善果臻身，福壽資命，獲超升於十極，免沉墜於三塗，兹皆啓祝之功，莫匪扶持之德。或有下元生人，國土遇札瘥之厄，瘟疫流行；歲年逢荒歉之災，品物不遂。屍横原野，氣結高穹，人多饑饉之虞，境有刀兵之禍。仰遵北帝，俯建星壇，表達凡情，口宣神呪，則可以降威靈於下土，列車騎於四方，布網千重，流火萬里，收五兵之妖氣，致百穀之順成，歲樂豐穰，民無夭折。又有下元生人，横厄競起，瘟瘴難逃，多逢六洞之魔，枉遇百罹之苦。憑淩第宅，常無安寢之期；妄作災衰，巧伺扼窮之運。生魂禁錮，久病纏綿。或出處迍邅，或債財壅塞。祿有衰微之兆，命無通泰之祥，患害多端，言詞莫述。仰遵北帝，俯建星壇，奏表凡情，口宣神呪，則可以添神益筭，削死注生，妖祟蕩除，行藏吉利。又有下元生人，田多蝨螣，境富蟲蝗，傷稼穡以無成，望豐登而莫獲。仰遵北帝，俯建星壇，精嚴田野之中，備列威儀之具，依科誦呪，飛奏表章，則可以昭格威靈中戒主者，致災蟲之墜死，養粒食而倍多。又有下元生人，門庭祈系嗣之祥，婦女有妊娠之慶。或由六甲之内，胎氣損傷；或居十歲之中，年齡夭喪。良爲重身之日，長逢魔女之災，懷妖氣以難全，飯精華而莫固。令有萎黄之疾，居多怪夢之憂，貓鼠狗猴，變形成像，暗呑子息，頻有死亡，貽父母之深憂，絶祖宗之遠裔。仰遵北帝，俯建星壇，表達凡情，口宣神呪，則可以感威靈於上界，降玉女於人寰，衛護閨闈，安和五臟，克保延彌之吉，應多壽命之長。又有女人，分娩艱難，呻吟苦楚，良由鬼母之啣，致令血臟之衰，障閉彌旬，兢惶萬狀。仰遵北帝，俯建星壇，行道申誠，作法誦呪，則可以感煞童而下降，同玉女以來臨，衛草蓐以平安，保女男而爽利。又有女人，遇虎狼之眷屬，食子臟之精華，百計求男，一生無子。仰遵北帝，俯建星壇，淨嚴堂室之中，備列香花之獻，秉心一德，誦呪萬徧，則可以掃妖滅邪，克多生育。凡兹靈應，備載寶章，乃知衆尼之蠲消，盡屬七元之拯救。此蓋上眞方便，至聖慈悲，篤志爲民，推誠澤物。苟若齋心布懇，備禮修辭，啓何願而不成，欲何求而不獲。以今某研思極慮，浴德澡身，致意眞科，歸心妙道，建斯壇陛，法彼昊穹，隨方準杓，然燈象斗，恭陳法信，嚴備香花，請仙馭之光臨，鑒凡心之密禱。臣敬爲叙陳經首，敷繹眞功，宣示衆官，俾遵法訓，檢其心志，彌更翹勤。庶令感格威靈，成就功德，然後依儀行道，續以啓聞。臣等凡情區區，無任讚嘆道力、延降神光、精爽飛越、激切屛營之至。

北斗延生捍厄儀 静夜行道

綜述

杜光庭《道門科範大全集》卷五六《北斗延生捍厄儀·静夜行道》

陞壇法事常式。

各禮師存念如法。

宣衛靈呪。

五星列照，煥明五方。水星却災，木德致昌。熒惑消禍，太白辟兵。鎮星四據，家國利亨。名刊玉簡，字錄帝房。乘飈散景，飛騰太空。出入冥無，遊宴十方。五雲浮蓋，招神攝風。役使萬靈，上衛仙翁，和與道

合眞。

鳴法鼓二十四通。

無上三天玄元始三炁，太上道君，太上老君，召出臣身中三五功曹，左右官使者，左右捧香，驛龍騎吏，侍香金童，傳言散花玉女，五帝直符，直日香官，各三十六人出。出者嚴裝顯服，冠帶垂纓，關啓玄壇土地，方域神眞。臣今靜夜行道，謹奏爲入意，其諸忱悃，已錄告聞，願得太上十方至眞道炁，靈寶瑞光下降，流入臣等身中，令臣所啓，速達徑御太上無極大道、昊天玉皇上帝御前。

重稱法位。

具位臣某與闔壇衆官等，謹同誠上啓，虛無自然元始天尊，太上大道君，太上老君，昊天玉皇上帝，九皇上眞，十方已得道大聖衆至眞，諸君丈人，三十六部尊經玄中大法師，圓穹玄象、日月星辰、北斗尊帝，七元輔弼星君，南極大帝，丈人司馬，六司星君，本命元辰，洞天海嶽，三界官屬一切眞靈。臣聞二氣陶鎔，五行變化，以康羣品，以育萬靈。懸命祿於九天，繫死生於七府。吉凶善惡，糾察無遺。罪福行藏，纖微必錄。上惟國祚，下及人倫，考較統臨，咸歸斗極。玄卿大帝，制六天而御萬方，高上玉皇，播洪慈而福三界。靈通應感，影響無差。臣等宿荷玄休，獲逢道運，正眞垂教，幽顯蒙恩，輒披醮謝之科，特罄皈依之懇，精虔修奉，以展誠祈。伏冀衆聖宣慈，九天流盼，俯矜凡陋，曲降眞風，憫濟凡微，下臨壇度，開恩布澤，聽納禱祈。凡有投誠，理難寢絕，況奉詞旨，敢不上聞。

宣詞。

諦詳詞語，灼見至誠。不仗明威，安臻戩穀。願納蘋蘩之薦，俾依天地之仁。藹瑞氣於層空，沛爲德澤；扇靈風於合宇，廣布恩波。罔有神恫，迄無鬼責。弟子某重念叨居道蔭，允賴神樞。晨夜仰瞻，莫曉星躔之序；歲時相代，寧知醮謝之方。爰備香燈，肅陳淨供，稽首魁罡之下，冥心舍次之間。三百六旬，願隨杓而降福；七十二候，祈應律以儲祥。災與冰消，罪如瓦解。一身所向，式升進望之階，合屬甚康，均保方來之慶。以今行道，臣法衆等運茲初捻上香，皈命十方道寶，北宮至聖。以是功德，歸流醮官某行年之上，運命之中，九厄三災，十苦八難，星辰遂位，衝破臨身，非災疾患以興殃，過咎貫盈而欲起。所冀逐風雲而俱散，騰香霧以蕩除，百福惟新，千殃自解。今故燒香，自歸依道尊大聖衆至眞之德。得道之後，昇入無形，和與道合眞。

以今靜夜行道，臣法衆等運茲二捻上香，皈命太上尊經，斗中眞聖。以是功德，歸流醮官某七祖先靈，一切幽爽。伏願聖澤旁流，惠風遐扇。宿瑕洗蕩，除黑簡之罪書，積釁消平，上朱宮之生籙。延祥介祉，福及見存。今故燒香，自皈依經尊大聖衆至眞之德。得道之後，昇入無形，和與道合眞。

以今靜夜行道，臣法衆等運茲三捻上香，皈命太上師寶，七元衆眞。以是功德，歸流醮官某。伏願坎宮除險厄之虞，水德著聰明之性，靈根深固，性識高明。出入起居，罔有外邪之染；寢興食息，永無時疾之嬰。災逐永消，善隨日長。今故燒香，自皈依師尊大聖衆至眞之德。得道之後，昇入無形，和與道合眞。

懺方。

臣衆等至心皈命三清大聖，十極高眞，北極紫微大帝，北斗七元星君，輔弼星君，三十六部尊經，三官五帝，九府四司，二十鄉神仙、諸靈官。臣衆等伏聞二氣委和，五行孕秀，生居人道，命屬天司。雖蠻夷華夏之殊方，黎庶侯王之異分，盡由生化，悉在照臨，荷恩貺以居多，或焚修而每曠，莫識綱維之妙，寧知蔭祐之功。迷本輕生，自取戾於一己；降年奪筭，應獲譴於上天。致使淪沒三塗，漂沉六趣。蓋忘本命，不愧人身，履此罪愆，如何救拔。其次違天逆地，暴物傷生，不道不仁，不忠不孝，縱五情而雜亂，同六賊以昏迷，侮慢師資，背違經訓，妬賢嫉善，樂禍喜災，恣有貪殘，結諸冤對，肆爲姦詐，害彼忠良。故使今生，動罹世患，或遇寇攘之劫害，或逢魔鬼之喪亡，或爲蟲獸之傷，或被官災之厄，或家遭疫癘、人口死亡，或戶有妖邪、資財虛耗。並是六天之鬼，五嶽之神，乘罪釁以侵淩，作災衰而助虐，八難隨及，三厄駢臻，致使考禁祖先，褫剝名字，無能逃者，可勝痛哉。頻招枉死之冤，莫盡考終之命。鬼官不錄，死魄安歸？悟此因緣，當求懺謝。蕩百生之垢障，消累劫之過尤。然願解厄禳災，延生請命，致吉祥之止止，成福祿以穰穰，竟修道以證眞，庶離災而免禍。況衆聖有修禳之路，諸天開懺悔之門，可以歸心，以干恩宥。今有醮官某備陳法信，依按科儀，拜醮眞靈，輒伸誠悃，一心歸命三清大聖，十極高眞，北極紫微大帝，北斗七元輔弼星君，三十六部尊

經，三官五帝，九府四司，二十方神仙、諸靈官。伏願眞慈廣運，道力感通，特垂昭鑒之仁，俯受凡愚之懇。竊慮醮官某自無始以來，至于今日，性天黯闇，心地蔽蒙，驅馳名利之場，桎梏塵勞之域，背迷眞道，失入邪宗，多愛貪嗔，聚如浮沫，將沉地獄，迅若逝波，執著難回，愚癡自若，嗜欲恣而忠孝奪，利害勝而仁義亡。物我紛爭，是非交襲，恣屠殺而自奉，逞殘酷以爲能。誣善蔽賢，違天背地，邪淫積惡，侈靡爲生，肆運動而逆陰陽，妄修營而干禁忌。孜孜逐物，袞袞窮年，曾無懺悔之心，莫致修禳之請。庚申甲子，徒錄愆非；本命生辰，反除年筭。致使魂神被繫，禍患來鍾，或重病不痊，或妖邪剋害，連年困篤，累歲迍邅，塚訟徵呼，先亡復連。或上天譴責，或下鬼所誣，日積災殃，長多厄難。今則齋心念咎，滌慮求哀，祈萬罪以永消，解百冤而霧散。黑書削籍，丹錄記名，祖先解脫於九幽，親屬同超於三界。無災無害，對揚溥博之休；延福延生，企仰涵洪之澤。恩惟北方至聖，七元星君，主張造化，號令乾坤。雖九府四司，咸由宣納；而三官五帝，悉在統臨。好生洽於人心，膏澤霈于天下。苟罄芻蕘之懇，必垂日月之光。有罪斯原，無災不解。五行六害，四煞七傷，世厄多而難陳，大惠加而溥度。用建皇天之太極，長爲羣物之慈航。今故皈依，輒伸悔謝。伏願天心惻隱，凡懇布聞，削落罪愆，解除冤對，千災永殄，衆厄自消，慶及二親，榮分九族，先祖書名於紫策，子孫委質於丹墀，福祿來宜，年齡永固。又願臣及醮官等，道心開發，智慧性圓，洗蕩塵勞，祛除迷妄，漸登妙果，重立玄功，名占仙籍之中，體合太虛之表，仍爲良士，並覺迷情，善及存亡，功霑水陸，永超俗網，升入金門，克扶眞一之宗，俱契希夷之旨。得道之後，昇入無形。

三啓，三禮。

具位臣某與闔壇衆官等，重誠上啓，虛無自然元始天尊，太上大道君，太上老君，昊天玉皇上帝，九皇上眞，十方已得道大聖，衆至眞，諸君丈人，三十六部尊經玄中大法師，圓穹玄象、日月星辰、北斗尊帝，七元輔弼星君，南極大帝，丈人司馬，六司星君，本命元辰，洞天海嶽，三界官屬，一切眞靈。臣等伏念生處塵寰，迹惟浮穢，未明眞理，多昧禀修。或屬念運心，乖違大道，行藏動息，犯冒眞靈；或前代今生，愆瑕未滌；或立身履行，過咎旋增，結罪目於酆都，著凶危於地簡；或年逢厄滯，命値衰微，八祿當絕盡之期，三命遇休囚之數，五星行度，有所照臨，八卦飛旗，方羅刑厄；或興修任性，抵犯神祇；或烹宰恣情，因成冤對。如上所說，曾未懺除，遂使厄滯多端，災凶莫測，旦夕憂懼，不敢遑寧。竊聞玉皇開慈憫之科，大帝垂醮陳之典，輒憑寶訓，爰備醮壇，冒瀆威靈，延降眞聖。伏乞胎恩下俗，介福凡愚，許以自新，容其懺洗。仰冀玉皇上帝，七元尊神，特與某解除宿殃積罪，舊厄新災，三命九宮之中，五行列宿之內，災凶殄息，厄難開通。伏乞解除歲月日時、筭盡之厄，八卦九宮、五鬼絕命之厄，六壬三命、地網天羅、金木水火土五行衰絕刑剋之厄，眷屬六親、妨害之厄，公私口舌、非災橫禍、囚繫之厄，惡人盜賊、侵暴謀害之厄，起造興工、侵傷觸犯之厄，四方五路、滯塞不通之厄，水陸游行、舟車牛馬之厄，冤家債主、訴訟考注之厄，先亡家墓復連之厄，四方鄰里、破射直符注煞之厄，居止不安、財帛遺亡、神鬼益耗之厄。若子生人，有年月日時災厄者，請北斗貪狼星君解除之；若丑亥生人，有年月日時災厄者，請巨門星君解除之；若寅戌生人，有年月日時災厄者，請祿存星君解除之；若卯酉生人，有年月日時災厄者，請文曲星君解除之；若辰申生人，有年月日時災厄者，請廉貞星君解除之；若巳未生人，有年月日時災厄者，請武曲星君解除之；若午生人，有年月日時災厄者，請破軍星君解除之。乞使非禍不侵，災衰蕩滌，魂神安鎮，夢寐正眞，道氣內滋，元和溥洽，宿殃洗蕩，寃債消平，疫癘不侵，祿壽增益，存亡被澤，眷屬霑榮。即荷衆聖護持之恩，至眞垂憫之賜，上明天尊大慈之澤，下副臣等皈向之誠，謹啓以聞。

十二願。

復爐。

謹攝香官使者、左右龍虎君、侍香諸靈官，當令臣向來靜夜行道之所，自然生金液丹碧，芝英百靈，衆眞交會，在此香火爐前。當願十方仙童玉女，接侍蘭煙，傳臣向來所啓之誠，速達徑御至眞無極大道、昊天玉皇上帝御前。

出堂頌。

出戶。

北斗延生讖燈儀

綜　述

杜光庭《道門科範大全集》卷五八《北斗延生讖燈儀》　法事如常。

念天地自然呪，灑淨。

具位臣某謹同齋主某等，同發虔誠，焚香供養，北極紫微大帝，北斗天英貪狼星君，天任巨門星君，天柱祿存星君，天心文曲星君，天禽廉貞星君，天輔武曲星君，天衝破軍星君，左輔右弼星君，北宮衆聖。伏望眞慈降格，燈壇證盟，祈禱入意。伏聞元始開教，普及於羣生；太上垂慈，咸臻於衆品。是以琅函玉笈，顯示齋科。金簡瑤編，敷宣醮法。大啓祈禳之路，廣垂讖謝之儀。凡稟生成，實宜信奉。今有修齋弟子某等，幸蒙眞廕，長處熙辰。但資富侈之情，莫悟操修之理。竊惟年運恐虞，災纏是用，按黃籙之眞儀，法雲天之列宿，精虔醮座，建立星壇。法乾象之圓，隨斗杓之建。華光照曜，資續明破暗之功；仙梵虛徐，達薦福拔亡之懇。上願天眞顧享，仙馭遐臨，鑒茲虔禱之誠，賜以殊祥之慶，災消此日，福降今辰，果沐恩光，萬生抃悅。稽首皈依，虔誠讚詠。

臣衆等至心皈命樞宮貪狼陽明眞皇君，斗中神仙，和諸靈官。

臣等仰惟眞君，運轉圓穹，神配道樞之動；主張高漢，功儀天德之清。上符乾健之尊，下鎭羸秦之分。統臨陽德，崇號正星，永耀神光，潛扶聖主，克保萬年之慶，長令下土之安。妙化永孚，玄功罔測。今奉道某仰託恩佑，幸與人倫，既蒙臨照之光，敢效皈依之志。謹依科式，建立星壇，備列香燈，嚴陳法信，皈命于生人本命所屬、北斗大聖貪狼星君。伏願天心降佑，聖力扶持，著生筭於靑書，削過尤於黑簿，禎祥畢至，善貺來臻。稽首皈依，虔誠讚詠。

信禮高上紫微垣北斗第一貪狼星君。

貪狼延生，回眞四靈。流暉下映，洞達元冥。七元紀籍，名列紫庭。保身續壽，永亨利貞。耳目開爽，魂魄長寧。攝養精炁，與神同明。延生自然，上昇玉清，和願得長生。

臣衆等至心皈命璿宮巨門陰精眞皇君，斗中神仙，和諸靈官。

臣等仰惟眞君，循環太極，尊聖號於天璿；配合坤元，曜景光於土宇。下配無疆之地德，南臨莫大之楚藩。法律平施，陰刑所屬，德潛扶於女后，化允合於周南。永輔一人，君臨萬兆。信神光之默運，齊妙道以昭彰。今奉道某感荷生成，信崇因果，篤有歸依之願，寧無蔭佑之祈。謹按科儀，建成壇墠，具列香花之獻，嚴輸法信之儀，皈命丑亥生人、本命所屬、北斗大聖巨門星君。伏願充廣天心，將施惠澤，災殃永殄，福貺來臻，十紀長安，一門共慶。稽首皈依，虔誠讚詠。

信禮高上紫微垣、北斗第二巨門星君。

巨門延命，玄靈散陳。丹田通暢，運合仙眞。七元定籍，名列紫文。護身主壽，福慶維新。辟除妖惡，善瑞日臻。去來無礙，與神同倫。延命自然，上升玉宸，和願得長生。

臣衆等至心皈命璣宮祿存眞人眞皇君，斗中神仙，和諸靈官。

臣等仰惟眞君，動化所宗，允若天機之象；人倫攸屬，長垂眞宰之功。主張火德之高明，統御梁邦之鎭靜。光昭善念，永殄凶人。長無邊鄙之虞，潛革蕭牆之禍。今奉道某仰叨玄造，肅奉崇威，盡忠孝之誠心，竭夤恭之素志。謹依科式，建立星壇，齋備信儀，莊嚴香火，皈命寅戌生人，本命所屬、北斗大聖祿存星君。伏願神心速應，聖力潛扶，千祥永萃於門庭，五福長資於命運，動爲亨泰，災厄蕩除。稽首歸依，虔誠讚詠。

信禮高上紫微垣北斗第三祿存星君。

祿存度厄，高仙上靈。流輝偏照，內外肅靜。七元錄籍，名列紫庭。扶身延壽，祿位長亨。臟腑開朗，動止咸寧。光運合景，與神同榮。度厄自然，上升玉京，和願得長生。

臣衆等至心皈命權宮玄冥文曲眞皇君，斗中神仙，和諸靈官。

臣等仰惟眞君，抑揚萬物，長施輕重之權；消長四時，分正陰陽之候。主和柔之水德，資清潤之吳邦。天理攸司，邦基所續。無起邊陲之禍，有嚴征伐之威。神化昭明，聖功高妙。今奉道某欽崇至道，遵奉仙科，惟茲積善之因，自致皈眞之路。謹依科式，建立星壇，備法信之精嚴，列香燈

之煥爛，皈命卯酉生人本命所屬、北斗大聖文曲星君。伏願聖心昭假，道力扶持，視履康強，行藏清吉，蕩千災於命位，資衆善於身宮。稽首皈依，虔誠讚詠。

信禮高上紫微垣北斗第四文曲星君。

文曲消災，玄黄開陽。仙靈隱見，朗徹十方。七元掌籍，名列紫房。衛身益壽，長啓福祥。明眞降祐，滌蕩凶殃。華精炁結，與神同鄉。消災自然，上昇玉堂，和願得長生。

臣衆等至心皈命衡宮廉貞丹元眞皇君，斗中神仙，和諸靈官。

臣衆等仰惟眞君，平直在天，善加臨於萬物；中和建極，爲綱目於五音。主土德而含光，分幽燕而作鎭。世有凶頑之罪，難逃殺戮之威。德在好生，功成滅惡。今奉道某去奢去泰，惟抱一以貢誠；載願載瞻，敢傾心而念道。謹依科式，建立星壇，備法信之精嚴，薦香燈之蠲潔，皈命辰申生人本命所屬、北斗大聖廉貞星君。伏願神功響應，聖澤滂流，災衰永蕩於一身，福祿長資於舉室，門庭叶慶，妖沴潛藏。稽首皈依，虔誠讚詠。

信禮高上紫微垣北斗第五廉貞星君。

廉貞扶衰，眞宗降靈。流霞散敷，仙仗交盈。七元典籍，名列紫營。固身養壽，慶合連並。高玄接引，優游五明。駕景飛翔，與神同靈。扶衰自然，上升玉庭，和願得長生。

臣衆等至心皈命闓陽宮武曲北極眞皇君，斗中神仙，和諸靈官。

臣等仰惟眞君，化功動闕，德莫盛於闓陽；氣運宣通，數有全於六律。主敷榮於木德，長鎭守於趙邦。願去危而即安，永有豐而無歉。物富倉廪，慶洽邦家。今奉道某祗荷道恩，式崇天德，每罄皈依之願，長懷夤畏之心。謹按科儀，建成壇陛，嚴持鎭信，精設香花，皈命巳未生人本命所屬、北斗大聖武曲星君。伏願玄造廣開，靈休速降，長消災患，永保禎祥，四序康安，舉家清吉。稽首歸依，虔誠讚詠。

信禮高上紫微垣北斗第六武曲星君。

武曲散禍，玄映禦空。威靈備守，妖邪絶蹤。七元注籍，名列紫彤。榮身增壽，享福無窮。仙官扶衛，步躡雲中。眞炁降集，與神同聰。散禍自然，上升玉宮，和願得長生。

臣衆等至心皈命瑤光宮破軍天關星眞皇君，斗中神仙，和諸靈官。

臣等仰惟眞君，光杓指顧，能令四序之分；神柄推移，永作七星之主。類堅剛之金德，長統御於齊邦。部曲精嚴，干戈整肅。長備禦姦之用，居多應敵之威。有此武功，式茲下土。今奉道某欽崇教法，祗奉威神，不敢怠於斯須，願少迴於盻蠁，皈命午生人本命所屬、北斗大聖破軍星君。伏願天心高鑑，聖澤下臨，玉簡延齡，金編紀善，永息惡曜凶星之照，長無年災月厄之侵，眷屬寧康，住居安吉。稽首皈依，虔誠讚詠。

信禮高上紫微垣北斗第七破軍星君。

破軍益筭，明霞散敷。流光溥浹，眞炁長扶。七元慶籍，名列紫書。治身添壽，常處懽娛。飛仙蹈舞，游晏玄都。徹視表裏，與神同居。益筭自然，上升玉虚，和願得長生。

臣衆等至心皈命北斗左輔右弼星君，斗中神仙，和諸靈官。

臣謹虔誠上啓，斗中眞宰，七元輔弼眞君，本命所屬星君，合座衆聖。今奉道某等精嚴醮禮，仰奉光儀，靜念端躬，虔心對聖。按仙科之儀格，事斗極之眞靈。恭備香燈，式陳壇墠。蘭膏共煥，訝芳蓮競發於中宵；寶焰齊明，狀列宿分輝於下土。沐靈光之並照，迷暗罪除；蒙懺法之敷宣，愚癡障解。今則祈恩謝過，事畢功圓。惟冀聖澤遐沾，恩光溥及。上願天長地久，國泰民安，風雨順調，方隅寧靜。次願奉道某等琅函玉笈，永昭積善之功；丹簡瓊文，益注長生之字。福符百順，家集千祥，乃子乃孫，盡忠盡孝，災殃霧廓，慶瑞雲臻，四時克保於安康，一宅長蒙於利佑，九幽長夜，俱睹光明，一切有情，同登道岸。稽首皈依，虔誠讚詠。

諷經。

回向。

餞神，化財。

北斗延生醮説戒儀

綜　述

杜光庭《道門科範大全集》卷五九《北斗延生醮説戒儀》　法事陞壇如式。

念淨天地呪，灑水，序立。

高功臨案。

具位臣某等，謹焚道德眞香，虔誠奏啓，三清上帝，十極高眞，神霄九宸列御帝君，上清日宮太陽帝君，月府太陰皇君，南斗六司延壽星君，北斗九皇解厄星君，東西中三斗星君，三台華蓋星君，銀河二十八宿星君，天元、人元、福祿星君，天司主照某本命元辰星君，當生行年一切星衆，三官大帝，考校罪福聖衆，北極四聖，導從仙官，靈寶教主，五師眞君，泰玄都省上相眞君，太極仙翁，沖應孚佑眞君，九州都仙神功妙濟眞君，僉書三省上相眞君，玉堂演教侍宸仙衆，三界十方，一切眞宰。咸望洪慈，俯垂洞鑒。臣今奉爲宣意，其諸情悃，已對敷宣，諒沐天恩，鑒明祀事。臣伏聞夫建齋之始，先受修眞之戒，以檢察身心，感格天地。今日道場，乃是弟子某建生本命上屬北斗某星君下降之日。北斗七星，在太微之北，爲人君之象，爲號令之主，斟酌元氣，臨制四方，以建四時，以均五行，運天地之中，而人禀之以爲命。第一曰陽明貪狼太星君，子生人屬之；第二曰陰精巨門元星君，丑、亥生人屬之；第三曰眞人祿存眞星君，寅、戌生人屬之；第四曰玄冥文曲、紐星君，卯、酉生人屬之；第五曰丹元廉貞剛星君，辰、申生人屬之；第六曰北極武曲紀星君，巳、未生人屬之；第七曰天關破軍關星君，午生人屬之。一主天，二主地，三主火，四主水，五主土，六主木，七主金。一主秦，二主楚，三主梁，四主吳，五主燕，六主趙，七主齊。一主陽德，二主陰刑，三主中禍，四主征伐，五主殺戮，六主五穀，七主兵戈。自一至四，爲魁魁，爲璇璣；自五至七，爲杓杓，爲玉衡。凡人之生，福祿壽命，與夫眷屬奴婢，皆斗中主之。按太上老君言：凡人性命五體，悉屬本命星官之所主掌。本命神將、本宿星官，常垂廕祐，主持人命，使保天年。夫本命眞聖，每歲六度，降在人間。降日爲本命限期，可以種種香花、時新五果，法天象地，請正一道士；或於宮觀，或在家庭，修齋設醮，啓祝北斗三官五帝、九府四司，薦福消災，奏章懇願，隨力建功，請行法事。功德深重，不可具陳。其有本命限期將至，自身不知，不設醮筵，不修香火，不能投告北斗，醮謝眞君，及轉眞經，認本命眞君名號，此爲輕生迷本，不媿人身，天司奪祿，減筭除年，致多夭喪。身謝之後，淪沒三塗，漂諸六趣，深可悲哀，自致斯苦。今日設醮弟子某伏念本命之日，禀氣受形之始，化生之本。道家大洞帝一之法，皆以本命之日，行持練神，結氣保命。生眞誦度人之法，亦以本命之日，行持魂神，澄正萬炁，長存則知本命之根本，不可虛過。今日道場衆等，當知天命至重，不可輕禱。衆等雖佩至眞，參修大法，處身五濁，染迹六塵，啓奏之間，不無窒礙。先當澄神靜慮，仰奉戒約，清靜身心，上遵法訓。

天尊言：修齋行道，皆當一心請奉十戒，諦受勿忘，專精默念，動思自然，勿懷雜想，擾亂形神。能如是者，咸當諦聽。

第一戒者，不得傲忽聖眞。常懷恭敬，仰對尊像，眞應化身，心起精虔，供養無闕。天眞大神，浮空而來，專懷注想，必獲降接。

第二戒者，不得輕慢經文。常懷信重，三洞大乘，開導愚迷，能發衆生無量道意。傳寫讀誦，一心玩味，從迷起悟，從悟成眞，必證道果。

第三戒者，不得誹謗法門。常懷愛護，教化衆生，令各歸依，廣獲受度，紹隆正教，洪道明法，濟度存亡，助國化人，功垂永劫。

第四戒者，不得觸穢道場。常懷精潔，香湯沐浴，始近玄壇。不得以竈火焚香，穢柴造食，燈燭器皿，無染脂垢，食啖葷肉，無來取禍。婦人天癸未絶者，不得升階。身有臭穢，不在呼使。雞犬及一切禽畜，不得相近。

第五戒者，不得放縱身心。常懷畏謹，不得臨壇高聲，呼罵叱喝，及對聖像，語笑輕忽，及貪睡眠，非時飲酒。華色過前，不得角眼斜視。鞠躬小心，如對君父。

第六戒者，不得爭競財利。常懷廉遜，施者受者，勿諂勿怨。令各懽

喜，廣建功德，祿力溥霑塵沙世界。

第七戒者，不得減省法事。常懷勤恪，行道誦經，燒香禮懺，使功德滿足。十極高眞，盡得見聞，寃債永消，橫魔不値，人天獲果，幽顯蒙恩。使世間蠢動，一切含識，永入法門，不沉苦趣。

第八戒者，不得退轉道心。常懷堅固，勿因小慊，便滅誠意，發增上願，精進崇奉，天眞懽悅，列名上淸，九祖超昇，己身證道，見存眷屬，福田無量。

第九戒者，不得錯誤章奏。常懷審訂，大緣難遇，大善難成。若鹵莽滅裂，不加參對，則三天門下，有所遺却，志願不伸，事屬徒勞，福力未沾，先獲咎戾，深可震懼。

第十戒者，不得擾亂形神。常懷專一，喜怒哀樂，不萌於心，務致淸明，盡其在己。廣發大願，奉道修眞，願先得道者，次第開度。

已上十戒，衆等能持否？

天尊言：修齋行道，四天帝王，與諸天眞，皆駕飛雲綠軿，八景玉輿。侍從玉女，手執花旛，前導後從。獅子白鶴，嘯歌喈喈。燒香散花，浮空而來。瞻禮行道，觀聽法音，當先授十戒，然後行道，夷心靜默，專想不二，過中不味，內外淸虛。諸天監觀，萬靈侍衛，不得自慢，以招禍災，進退雍容，不離儀格，天眞懽悅，列名上淸。

奉戒回向。

北斗延生道場儀 静夜行道

綜　述

杜光庭《道門科範大全集》卷六一《北斗延生道場儀・靜夜行道》

法事陞壇如式。

各禮師存念如法。

宣衛靈呪。

五星列照，煥明五方。水星却災，木德致昌。熒惑消禍，太白辟兵。鎭星四據，家國利亨。名刊玉簡，字錄帝房。乘飈散景，飛騰太空。出入冥無，遊宴十方。五雲浮蓋，招神攝風。役使萬靈，上衛仙翁，和與道合眞。

鳴法鼓二十四通。

無上三天玄元始三炁，太上道君，太上老君，召出臣身中三五功曹，左右官使者，左右捧香，驛龍騎吏，侍香金童，傳言散花玉女，五帝直符，直日香官，合三十六人出。出者嚴裝顯服，冠帶垂纓，關啓玄壇土地，方域神眞。臣今靜夜行道，謹奏爲入意，其諸情悃，已錄告聞，願得太上十方至眞道炁，靈寶瑞光下降，流入臣身中，令臣所啓，速達徑御太上無極大道、昊天玉皇上帝御前。

請稱法位。

具位臣某等，謹同誠上啓，虛無自然元始天尊，太上大道君，太上老君，昊天玉皇上帝，九皇上眞，十方已得道大聖衆至眞，諸君丈人，三十六部尊經玄中大法師，圓穹玄象、日月星辰、北斗尊帝，七元輔弼星君，南極大帝，丈人司馬，六司星君，本命元辰，洞天海嶽，三界官屬一切眞靈。臣聞翕張元氣，北斗爲七政之樞機；號令羣生，北斗爲上天之喉舌。倬彼羣象，屬玆命元，以其運於天地之中，降其衷爲短長之命。分歲直而各主，總化生之大原。貴而王公，下而士庶，一均賦與，咸上禀於天元；密運回環，迭有臨於辰次。以一年而觀乎時運，凡六度降在人間。當其飈馭下翔，靈恩博濟，定壽數之期限，爲性相之本根。雖天道公而無私，在物理求而必與。設醮弟子某素有道心之發，欲臻善果於身。醮謝眞君，不忤靈期之虛過；投告北斗，仰資萬炁以長存。臣等備位眞司，留心齋法。龍章鳳篆，披妙蘊以洪敷；寶笈琅函，助仙風而誕布。況奉詞旨，敢不上聞，齋意青詞，謹當宣奏。

宣詞。

按如詞文，誠切修奉。廣陳供養，備列威儀。燎以百和之香，德馨並達；明以九微之燭，心鑒遙通。奠金醴以交神，進瓊腴而薦品。大則法天象地，小則酌水獻花，備物以表誠，虔心而致告。求無邊之福利，夙夜勤劬；憑無上之法橋，存亡普度。以今靜夜行道，請法衆等運玆初捻上香，

供養十方一切道寶。臣等皈身、皈神、皈命太上元始天尊，昊天玉皇上帝，九品上聖。以是功德，仰祝今上皇帝陛下。伏願景命有赫，萬壽無疆。玉帛駿奔，車書混一，日月合璇璣之度，陰陽均玉燭之和。河海晏清，干戈偃戢，無一夫之失所，得萬國之驩心，並降之瑞薦臻，太和之氣浩作。今故燒香，自歸依道尊大聖衆至眞之德。得道之後，昇入無形，和與道合眞。

以今靜夜行道，請法衆等運玆二捻上香，供養十方一切經寶。臣等皈身、皈神、皈命太上玉宸大道君，紫微天皇大帝，九品上眞。以是功德，歸流醮主某九世七玄，億曾萬祖，陰宮夜府一切亡靈。伏願鍊沐神魂，昇入洞陽之境；超離鬼籍，別生景福之天。受仙官拔度之恩，斷鬼神連逮之役，慶流後裔，功及宗人。今故燒香，自歸依經尊大聖衆至眞之德。得道之後，昇入無爲，和與道合眞。

以今靜夜行道，請法衆等運玆三捻上香，供養十方一切師寶。臣等皈身、皈神、皈命太上金闕老君，紫微北極大帝，九品上仙。以是功德，歸流醮主某，屆玆元命之辰，別注殊常之福。遠爲期限，並龜鶴以齊年；除去害災，與珪璋而比德。所有行年之上，運限之中，或暗曜臨身，或黑符加運，或値運元之衝破，或當氣本之衰微，並願本命星官、本宿神將，悉來擁護，無使傾危，回死注生，變凶爲吉。仰資道蔭，並荷玄休。今故燒香，自歸依師尊大聖衆至眞之德。得道之後，昇入無爲，和與道合眞。

唱方，懺方，三啓，三禮。

具位臣某等，謹同誠上啓，虛無自然元始天尊，太上大道君，太上老君，昊天玉皇上帝，九皇上眞，十方已得道大聖，衆至眞，諸君丈人，三十六部尊經玄中大法師，圓穹玄象、月月星辰、北斗尊帝，七元輔弼星君，南極大帝，丈人司馬，六司星君，本命元辰，洞天海嶽，三界官屬一切眞靈。臣等伏以太上慈悲，爲衆生之父母；本命經訣，作當世之津梁。儻匪慈航，孰登道岸。自聖眞之畀付，許寰海之宣行。永壽改元之初，至於今日；太清闡教之久，傳及小臣。不量弱質之凡，輒演眞科之妙。伏乞九清重盼，三洞流光，憫以大慈，開以大宥，赦除弟子某爰從歷劫，逮及今生，舍身受命，從苦入苦，漂沉六趣，混合衆生，或富或貧，或貴或賤，或生夷域，或在中華，不悟正眞，罔知經戒，務追時好，以取世資。失性任情，貪財背義。妬賢嫉善，不親勝己之人；冒法爲非，不顧陰司之錄。罪根深重，惡業縈纏。或得罪於穀父蠶母之神，或受報於陰考陽罰之數，違明眞之科典，犯三元之品文。五帝四司，記其自爲之孽；三官九府，校其所作之非。被天司之減筭除年，無善功之消災懺罪。魂神被繫，禍患來鍾。或連年而疾病不痊，或累歲而邪妖剋害，近則先亡連復，遠則塚訟徵呼。被下鬼之訴誣，蒙上天之加譴，連逮祖禰，流注子孫。今投解謝之門，乞免淪沒之苦。未赦者赦，未原者原，應其請福延生之求，聽其修齋設醮之願。所創落者，皆三災九厄；所衛護者，有萬聖千眞。易短促之年，爲延長之筭，變災衰之運，爲吉慶之期。富貴聰明，處人中之殊勝；快樂自在，獲壽量之無窮。均福利於同居，覃恩光於後裔。上明天尊大慈之澤，下副臣等歸命之誠，謹啓以聞。

十二願。

復爐。

謹攝香官使者，左右龍虎君，侍香諸靈官，當令臣向來靜夜行道之所，自然生金液丹碧，芝英百靈，衆眞交會，在此香火爐前。當願十方仙童玉女，接侍蘭煙，傳臣向來所啓之誠，速達徑御至眞無極大道、昊天玉皇上帝御前。

出堂頌。

出戶。

北斗延生道場儀 設醮行道

綜述

杜光庭《道門科範大全集》卷六二《北斗延生道場儀・設醮行道》

法事陞壇如式。

各禮師存念如法。

宣衛靈呪。

五星列照，煥明五方。水星却災，木德致昌。熒惑消禍，太白辟兵。鎮星四據，家國利貞。名刊玉簡，字錄帝房。乘飈散景，飛騰太空。出入冥無，遊宴十方。五雲浮蓋，招神攝風。役使萬靈，上衛仙翁，和與道合眞。

鳴法鼓二十四通。

無上三天玄元始三炁，太上道君，太上老君，召出臣身中三五功曹，左右官使者，左右捧香，驛龍騎吏，侍香金童，傳言散花玉女，五帝直符，直日香官，合三十六人出。出者嚴裝顯服，冠帶垂纓，關啓玄壇土地，方域神眞。臣今靜夜行道，謹奏爲入意，其諸情悃，已錄告聞，願得太上十方至眞道炁，靈寶瑞光下降，流入臣身中，令臣所啓，速達徑御太上無極大道、昊天玉皇上帝御前。

請稱法位。

具位臣某等，謹同誠上啓，虛無自然元始天尊，太上大道君，太上老君，昊天玉皇上帝，九皇上眞，十方已得道大聖，衆至眞，諸君丈人，三十六部尊經玄中大法師，圓穹玄象、日月星辰、北斗尊帝，七元輔弼星君，南極大帝，丈人司馬，六司星君，本命元辰，洞天海嶽，三界官屬一切眞靈。臣等伏以性命皆憑妙道之所生，形體皆爲本宿之所掌。一身之元辰，驛馬奉天令，以解除害災；七元之本命，星官察人爲，以增崇福壽。當有威儀之像世，必聞眞聖之通靈。恭惟北斗本命眞君，造化之樞機，陰陽之元本，主持人命，統御萬靈，有回死注生之功，示懺罪消災之法。然道爲萬氣之母，天乃百神之宗，命雖主於七星，事悉關於天府，故五行共禀，七政同科。凡當元命之辰，普降衆眞之駕。醮主弟子某仰延藻衛，披露精衷，揚典禮於靈壇，接威神於靜夜。雲璈迭奏，舉空洞之靈歌；寶笈重宣，紛鬱葱之佳氣。蕙肴豐苾，醴酒馨香，恭協靈期，敢忘本始。伏願八瓊駐景，三素飛軿，下天蹕於空中，降玉華於庭際。五色之彩雲覆地，仙仗來臨；九天之眞氣帀壇，帝容有赫。萬靈侍衛，諸天下觀，監茲無貳之誠心，錫以難窮之壽筭，五福咸備，百祿攸宜，三世罪空，一身神集。使醮主弟子某業無報而自落，善有應而彌修，家生忠孝之孫，身積神仙之功行，生存受度，水陸霑恩。臣與齋官無任虔頌懇禱俯伏望幸激切之至，謹稽首再拜，奉迎聖駕。

請聖，初獻，散花。

重稱法位。

具位臣某等，謹同誠上啓，三清上聖，昊天玉皇上帝，諸天帝座，三寶神君。臣聞六甲內馴，隨彼機衡之運；五行迭旺，示兹龜鳥之時。觀三百六旬之中，皆七十二候之紀。一歲之運也，一星以主焉。試推甲乙之遷，潛格堪輿之應。碧霞殿上，以丙午歲而說消災之文；玉局座中，以乙未年而示延生之訣。丁丑、丁卯、丁巳，則玉女所直；甲子、甲寅、甲申，則三皇所司。關令尹以壬午日中，親逢太上；葛仙翁以庚寅日夜，遠降天眞。是知本命之期，當有百靈之集。設醮弟子某香花作供，首體歸誠。瞻穹極之斗標，隨心控告；儼齋詞之醮席，注想尊靈。禮行初獻之儀，位降周天、諸天之聖。享神貴德不貴味，願歆明德之馨；香天以實而不以文，冀通款實之祝。忱詞致告，精懇備存，啓兹丹字之函，召乃紫清之蔭。乞回飈景，臨鑒齋盟，弟子青詞，謹當敷奏。

宣詞。

諦詳齋款，灼見至誠。爰求端命於天，肅祗科醮；保比克生之質，永奉神靈。伏蒙上聖垂光，虛皇乃眷。咫尺清都之馭，眞侶詵詵；雍容仙旆之臨，睟顏穆穆。駐仙儀於靖館，達誠悃於帝聰。盼蠁相符，荷至神之不昧；希微有象，錫瑞應以潛臻。敢因元命之期，普洽白天之祐。臣與齋官無任歡呼抃蹈激切知歸之至，誠惶誠恐，稽首再拜，謹陳亞獻。

散花。

具位臣某等，謹同誠上啓，北辰帝座，斗中七星，五福十神，二十八宿，周天列曜一切尊靈。臣聞有命在天，孰不資於洪造；維北有斗，寔統屬於羣生。爰自太極肇分，三光迭照，普斗柄之在上，號帝車而運中。獨稱象緯之尊，斡旋天地；密運化機之妙，禀貸生靈。粲然一星之光，蠢爾萬夫之命。醮官某志不忘本，念厥生之有初；命實開先，乃毓形於今日。戒先世迷眞之故，懼天司奪祿之殃。嚴啓道筵，再伸獻禮。香炷交騰於瑞霧，星燈爛接於神光。法音琅琅，仙儀翼翼。天人相交之際，福祿來下之時，靈契斯通，至誠所感。願延命限，展壽域以無窮；錫以神禧，鞏福基而永固。北斗七千之神將衛護，南陵三千之使者追隨，掃蕩災迍，消除魔鬼。五藏之神君常保，三生之男子長爲。婦人則云：守形之大，一不離身。帝

座流輝，天精散彩，各守辰躔之次，共儲分野之祥。臣與齋官無任虔懇戰越之至，稽首再拜，謹陳終獻。

散花。

具位臣某，謹重誠上啓，五嶽十山，三河四海，十洲三島，四瀆九江，福地靖廬，洞天靈化，三府官治，一切威靈。臣等伏聞東啓明而西長庚，南有箕而北有斗。仰觀上象，煌煌有爛之文；維是七星，一一注生之本。宣至精於物表，斡洪造於天中。認本命所屬之星，設靈寶告眞之醮。是爲知本，乃不輕生。設醮弟子某涓選休辰，式陳明薦，倘慮志雖自勵，行或匪彝。疏煩想於心胸，遷善遠罪；檢仙圖於軌格，好道求靈。增潔意以滋深，望靈休之疊委。今則嚴更未艾，悉周三獻之勤；玄感已通，願保百齡之永。伏冀三靈臻貺，萬聖流輝。落滅罪根，俾欽承於精曜；恢洪慶會，永無媿於人身。解三災四殺之沍，除五行六害之苦，無七傷而有七元之護衛，無八難而有八天之監觀，夫妻保偕老之期，男女有宜家之慶，婦無產生之厄，鬼無復連之纏，疾病皆痊，疫癘無染，精邪伏匿，狼虎潛藏，官災塚訟永消除，地網天羅俱解釋，交游無呪咀之事，往來無劫賊之虞，同處家門，並臻康泰。臣與設醮弟子無任傾虔屏營之至，稽首再拜以聞。

宣功德疏。

具位臣某等，謹重誠上啓，三清上聖，十極高眞，海嶽神靈，天地仙衆，三界官屬，一切威靈。臣等伏以祇建明科，昭飭馨薦。上通霄極，奉絳闕之明威；延致眞靈，煥玉光於空洞。三挹既淸之醴，一陳仰告之詞，垂監在高，有祈無斁。伏念弟子某性無他好，惟善是修，聞而必行，惟齋克舉。靈辰薦及，元命忽臨，終夕之靈壇肇開，六度之雲駢下暨。皇明已燭，業障俱空，別延天府之命元，不絕人道之種子。更冀流以眞氣，沃以太和，照以靈光，沐以神澤，使弟子某漸登妙果，重立玄功，證妙道之虛無，具圓通於聖智，逍遙紫雲之際，昇入金闕之門，與萬聖以協和，超三界而自在，永不輪轉，壽量無窮，靜言仙路之開，皆自今日之始。次乞弟子某家七玄神識，九祖幽儀，沐浴流火之庭，步武朱陵之府。乘洞陽之氣，受記三清；離萬鬼之羣，遠辭泉曲。殃注永絕，逮役不聞，利佑後人，增延景福。次及父母兄弟、夫婦女男，盡滌罪瑕，咸蒙福佑。紫文注善，增福祿於玉帝案前；黃籍紀功，關姓名於太皇殿上。徧合門而受祉，延百載以蒙休。除九皇行度之災，雖刑衝而無爲沍害；免二運凶衰之數，值空絕而更益年齡。長幼康寧，族屬和睦。次乞兵偃刑措，道洽化醇。集大慶於邦家，無夷寇之患；布神休於黎庶，有謳歌之歸。混合車書，鎭安天地。陽九百六，制劫運以無憂；四輔千官，禮公忠而報國。湛恩及於庶物，授職徧於羣臣。凡居覆燾之中，同諗雍和之化。今則天香尙靄，仙衛將回，芝童執節以前迎，雲馭控飈而直上。臣等朝眞班退，告齋事終，已蒙天眷之臨，永共靈期之協。臣與設醮弟子某等，無任攀戀知歸之至，謹啓以聞。

十二願。

復爐。

謹攝香官使者、左右龍虎君、侍香諸靈官，當令臣向來靜夜行道之所，自然生金液丹碧，芝英百靈，衆眞交會，在此香火爐前。當願十方仙童玉女，接侍蘭煙，傳臣向來所啓之誠，速達徑御至眞無極大道、昊天玉皇上帝御前。

出堂頌。

出戶。

真武靈應大醮儀

綜　述

杜光庭《道門科範大全集》卷六三《真武靈應大醮儀》 陞壇法事如式。

庭參。

具位臣某等，謹焚道香、德香、無爲自然香，虔誠再拜，啓請法主北極鎭天眞武靈應佑聖眞君，玄天元聖仁威上帝，聖父淨樂國王，聖母善勝皇后，北極天蓬都元帥蒼天上帝，北極天猷副元帥丹天上帝，北極翊聖保

德眞君昊天上帝，北極闕下列班眞宰，雷霆鄧、辛、張三大元帥，雷門苟、畢二元帥，虚危二宿神君，黑虎大神劉天君，阜纛神君、崔、盧、鄧、竇四天君，馬、趙、關、溫四大元帥，城隍祀典，廟社神祇，三界功曹，證盟眞宰，悉仗眞香，普同供養。臣等伏以圓蓋廓清，藹非煙之佳氣；北靈昭格，恊降駕之靈辰。臣等澡漑蒙襟，宣行齋法，躬致庭參之禮，仰延宸宙之游，咸罄乃誠，續通精款，臣等無任俯伏皈依之至以聞。

發牒。

念呪灑淨。

恭聞天道高遠，無聲臭之可聞；神聽杳冥，惟陰陽之莫測。誠之所嚮，應乃無方。厥有靈官，克司請命。敢使一爐之芬郁，仰邀四直之威靈。冀賜感通，即垂降鑒。以今焚香，奉召年直功曹使者、月直功曹使者、日直功曹使者、時直功曹使者，惟願降臨，受兹祈叩。

恭惟使者，上下四方，最爲敻絕；超騰萬里，曾不須臾。玉闕金庭傳命，主叩閽之職；雲車風馬過都，如歷塊之稠。煩聖力之載馳，致神聰之四達。倘備精明之禱，曾徵壅遏之憂。今醮官某夙禀善緣，叨逢正法。晨昏香火，敢忘眞聖之鴻慈；時節芹暄，用格靈官之飈馭。庶祈仙駕下察凡居于時，瑞霧騰空，祥風帀地，演瓊科於翠笈，吐塵悃於丹心，仰仗先容，得諧上達，所祈所請，令即啓聞。

宣牒。

上來文牒，已具關宣。今則展禮塵居，馳誠妙域，雖深注想，無計上聞，式臨下降之辰，敢瀆高靈之聽。仰祈使者，即爲關聞。醮官某等所謀者通，所求者遂，所禳者却，所作者成，庶此微衷，不爲虚設。

說戒。

恭惟北方眞武靈應佑聖眞君，乃太上老君應化之身，屬北斗第六武曲紀星君。北方以虚、危二宿爲蛇，營室、東壁二星爲龜。龜有甲而扞衛一身，蛇如陣而首尾俱至，故有武之象。龜蛇合而爲眞武，有神主之，是爲眞君在天。上冠蒼玉之冠，衣玄色之衣，與天蓬、天猷、翊聖，號北極四聖。降於人間，則披髮跣足，仗劍以斬祆邪，部領六丁玉女、八殺將軍、六甲直符、十二神將，各一十二人，符吏百二十人，神兵五千萬人，雷電風雨之神，常隨左右。眞君多降於蜀中，緣蜀中有玄武縣。今避聖祖名，改爲中汪。自漢迄隋，隸成都。唐武德三年，分隸梓州。其縣有眞武聖迹最多，後倚高山。山之上下，皆有觀，前臨大江。江中之石，自然成龜蛇之狀。近世無道士住持，更爲金仙道場，威靈亦常示現，及降語於成都。宋興之初，成都有燀灰李，置一閤奉事眞君香火，眞君降於其家，傳以五斗，經行於世。又有杜明，亦勤於崇奉，眞君往往就明降語。咸平中，王均叛，賊帥遣卒召明。明往見賊帥，殊不知口中歷歷道何語，賊帥命送歸。移時，方知身在家，舉家驚喜。賊平後，遂罄金帛於天慶觀三寶院，擇地築基，建堂殿，塑眞君像，及繪靈官侍從，以謝脱賊之厄。上元節，殿堂綵繪新成，游者駢集。杜明遺，其弟擊磬，祗飭香燈。至夜，士女塡溢。其弟於紗窗，窺殃婦女。眞君怒使自檛，其眼幾破。及祥符五年，又降語云：天蓬哥來則是客，吾當爲主人坐，數有上眞降焉。一日，明奉香火之次，降語令召道正明寂大師寒道冲曰：吾降此已數年，後吾於東都降現，以保帝祚，汝不得退前志。自此遂不聞眞君之語，十年後，京師聖水觀龜蛇現，若合符節。崇寧末，成都紀堂力學能文，聖壽寺劉氏命子弟從之游。眞君降言，紀堂不孝後母，天曹已不收名字，後果無守，客死於藥水鋪。靖康初，京師失守，眞君復降於成都。朝請郎揚廣因崇害其女，來玉局觀，設四聖醮，眞君降於座，闔觀驚駭，眞君爲其除崇。及言齋官衆等祖先以來事，一一目擊。又請江瀆神王，應時而至。地司主者，階下惶恐聽命。建炎中，廣都巢觀，夜夢眞君遣人見召，心甚驚駭。至則眞君降階相接，聖顔溫和，玉音清亮，待之如賓。覺而遂修醮儀，舉家奉戒，愈切崇信。所以奉祀者，不可輕媟於建齋之初，當知此戒，其戒有七，衆當諦聽。

第一戒者，不得信從邪道，禱祭魔法，諂求餘福，昏迷沉亂。常欲清淨身心，歸依大道。

第二戒者，不得不忠不孝，不義不仁。常欲恭勤事上，慈愛接物，不忘道訓。

第三戒者，常念累世父母，過去親蘿，曾爲六天魔鬼枉死傷害，未盡天年，横被傷殺。歸投正敎，拔濟幽魂，使幽明存亡，均霑利澤。

第四戒者，眞君降日，不得章奏之内，有犯諱字。謂告乞字。又不得燒奏阜錢，並有油燈油紙，焚爇所奏。

第五戒者，眞君降日，不得食葷辛雜肉，及黑鯉魚、雲臺菜、胡荽

馬、齒莧、大蒜、七星魚等物，及不得令氣息相近。

第六戒者，婦人年未五旬者，不得令近神座。及童僕身上，氣息臭穢者，亦不得令詣前，常務蠲潔，以奉上眞。

第七戒者，常若奏對眞靈，不得北向涕唾，及旋溺不潔。

已上七戒，能持否？和云能持

眞君昔奉天尊敎敕，凡甲子、庚申，每月三七日，下降人間，受人之醮祭，察人之善惡，修學功過，年命長短。衆等依科行道，當奉此七戒，以檢飭身心，無招罪戾，庶使眞靈降格，歆納勤誠，魔精消伏，斷滅不祥，過去超生，見存獲慶，生人安泰，國土淸平。衆當明知，無忘於心，奉戒如法。

請稱法位。

具位臣某等，謹重誠上啓，太上無極大道，三十六部尊經玄中大法師，靈寶主教，五師眞君，三天聖師，泰玄上相眞君，玉堂演教侍宸仙衆，三界十方一切眞宰，悉仗眞香，普同供養。宣意事悃已宣，聖聰昭聽。復念臣等謬以凡庸，輒司科教，懼檢身之弗類，恐獲戾於上眞，僉請備員，不容遜職，蠲洗埃氛之累，宣行教典之嚴。伏望玉京山應供玄中大法師，靈寶三師，監齋大法師，降臨壇所，俯垂佑助，流眞炁於臣等身中，令得齋事克成，衆眞來格。某等不勝延佇懇禱之至，謹啓以聞。

回向。

眞武靈應大醮儀 啓壇行道

綜　述

杜光庭《道門科範大全集》卷六四《眞武靈應大醮儀·啓壇行道》

法事陞壇如式。

各禮師存念如法。

宣衞靈呪。

東方：

九炁靑天，明星大神。煥照東鄉，洞映九門。轉燭陽光，掃穢除氛。開明童子，號曰玄卿。備衛我軒，上對帝君。收魔束妖，討捕凶羣。奉承正道，赤書玉文。九天符命，攝龍驛傳。普天安鎭，我得飛仙，和與道合眞。

南方：

三炁丹天，煥景流光。熒星轉燭，洞照太陽。上有赤精，合契虛皇。開明靈童，號曰華房。總統火兵，備守玉堂。斬邪束妖，剪截魔王。北帝所承，風火莫當。流鈴交煥，翊衛壇場。正道流行，敢有巴狂。我享上功，坐運魁罡。億劫長存，保天無疆，和與道合眞。

西方：

七炁素天，太白流精。光耀金門，洞照太冥。中有素皇，號曰帝靈。保神安鎭，衛我身形。斷絕邪源，王道正明。宮殿整肅，三景齊并。道合自然，飛昇紫庭。靈寶符命，普惠萬生。元皇正炁，來合我身。功加一切，天地咸寧，和與道合眞。

北方：

五炁玄天，元始徘徊。辰星煥燦，光耀太微。黑靈尊神，號曰層威。統冠飛天，仙裙羽衣。備衛五門，檢精捕飛。敢有干試，豁落斬摧。玉符所告，神鎭作威。邪門閉塞，正道明開。映照我身，三光同輝。策空駕浮，舉形仙飛，和與道合眞。

中央：

一炁黃天，調理乾坤。陶鎔陰陽，總統玄眞。鎭星吐輝，流煥九天。開明童子，號曰天璘。元炁陽精，焰上朱煙。洞照天下，及臣等身。百邪摧落，殺鬼萬千。中山神呪，普天使然。五靈安鎭，身飛上仙，和與道合眞。

鳴法鼓二十四通。

無上三天玄元始三炁，太上道君，太上老君，召出臣身中三五功曹，左右官使者，左右捧香，驛龍騎吏，侍香金童，傳言散花玉女，五帝直符，直日香官，合三十六人出。出者嚴裝顯服，冠帶垂纓，關啓玄壇土地，方域神眞。臣今陞壇行道，謹奏爲宣意，其諸情悃，已錄告聞，願得

太上十方至眞道炁，靈寶瑞光下降，流入臣身中，令臣所啓，速達徑御太上無極大道、昊天玉皇上帝御前。

請稱法位。

具位臣某與合壇衆官等，以今正爾燒香，以是功德，奉爲天子王侯，百辟僚屬，經籍度師，山林嵓棲，修眞之士，同學之人，九親姻族，天下人民，飛行動植，一切衆生。今故燒香，歸身、歸神、歸命太上十方靈寶自然至眞無上大道，乞賜原赦臣等及醮主某家，前世今生，無邊之罪，得免離三災八難、十苦九厄之中，身得道眞，飛行虛空，白日昇天，侍衛道君，逍遥無上金闕七寶自然宫，永與道合。所啓靈應，上御至眞無極道前。

重稱法位。

具位臣某與合壇衆官等，謹同誠上啓，太上無極大道，元始天尊，太上大道君，太上老君，太上昊天玉皇上帝，九皇上尊，十方無極，太上靈寶天尊，已得道大聖衆至眞，諸君丈人，三十六部尊經玄中大法師，北極佑聖眞武靈應眞君，三界應感，一切眞靈。臣某伏聞金闕化身，誕玉宫而勇猛；乾元有將，視五嶽以齊名。萬眞率仰於威靈，六合無逃於巡察，輒舉彤庭之醮，仰延皁纛之臨。恭惟北極佑聖眞武靈應眞君，丕揚神武之靈，茂著陰方之位，妙功不測，沖用潛通，曩京邑之上腴，有龜蛇之現象。允升地寶，毖涌神泉。掬清潤之雲漿，偏愈都人之疾；建琳琅之寶宇，遂成聖水之名。加以徽稱，昭其懿實，普及寰瀛之內，咸知變化之神。矧惟靖邦，素彰殊應。豈欽承之敢怠，冀孚佑以潛臻。臣職在宣揚，理難緘默，況奉詞旨，敢不上聞。

宣詞。

按如詞言，丹誠懇切。臣等謹爲沐浴五體，澄煉六情，依崇眞謝聖之科，祈注祿延祥之澤，施壇列纂，法地象天，所齎鎮信供養之具，證質丹誠。以今日今時啓壇，依儀行道，至某日某時，闕奏上眞，請福延生，祈恩謝過，輒依齋法，宿、先以啓聞。恩惟太上三清，十方大聖，垂神鑒映，省覽所陳。乞敕勒靈寶官屬，土地眞官，一合同心，併力營衛，掃蕩內外，清淨壇場，降伏妖魔，馘滅邪祟。使臣等心安神定，思念立感，啓奏御達，善功成就，無有窒滯，所願隨心。臣等雖佩正眞，參修大法，處身五濁，染迹六塵，三關未調，六情放誕，先憑禁戒，然後登壇，格降上眞，導迎靈貺。上明天尊大慈之澤，下副臣等歸向之誠，謹啓以聞。

十二願。

復爐。

謹攝香官使者，左右龍虎君，侍香諸靈官，當令臣向來靜夜行道之所，自然生金液丹碧，芝英百靈，衆眞交會，在此香火爐前。當願十方仙童玉女，接侍蘭煙，傳臣向來所啓之誠，速達徑御至眞無極大道、昊天玉皇上帝御前。

出堂頌。

出戶。

眞武靈應大醮儀 臨午行道

綜述

杜光庭《道門科範大全集》卷六六《眞武靈應大醮儀・臨午行道》

法事陞壇如式。

各禮師存念如法。

宣衛靈咒。

北方玄天，杳杳神君。億千變化，玄武靈眞。騰天倒地，驅雷奔雲。隊仗千萬，掃蕩妖氛。雷公侍從，玉女將軍。鬼神咸伏，龍虎潛奔。咸震五嶽，萬靈咸遵。鳴鍾擊鼓，游行乾坤。搜捕逆鬼，破碎魔魂。除邪輔正，道炁常臻，和與道合眞。

鳴法鼓二十四通。

無上三天玄元始三炁，太上道君，太上老君，召出臣身中三五功曹，左右官使者，左右捧香，驛龍騎吏，侍香金童，傳言散花玉女，五帝直符，直日香官，合三十六人出。出者嚴裝顯服，冠帶垂纓，關啓玄壇土地，方域神眞。臣今臨午行道，謹奏爲宣意，其諸情悃，已錄告聞，願得

太上十方至眞道炁，靈寶瑞光下降，流入臣身中，令臣所啓，速達徑御太上無極大道、昊天玉皇上帝御前。

請稱法位。

具位臣某與合壇衆官等，謹同誠上啓，太上無極大道，元始天尊，太上大道君，太上老君，太上昊天玉皇上帝，九皇上尊，十方無極，太上靈寶天尊，已得道大聖衆至眞，諸君丈人，三十六部尊經玄中大法師，北極佑聖眞武靈應眞君，三界應感一切眞靈。臣聞資生資始，物咸稟於二儀；有義有知，人最靈於萬物。九天合德，三洞化形，神炁之三萬六千俱來扶衛，骨節之三百六十無不混通。但以邪僻侈而迷眞，惡根深而蔽善，於陰陽之數盡，當小大之劫終。魔鬼流行，遏絶生人之壽筭；謟求餘福，類皆倒見之愚蒙。曾不省其本原日信，從其邪道，有昏迷沉亂之感，無忠孝仁義之名。本非死期，横被六天之傷殺；遽絶人命，致令衆怨之升聞。老少未盡其天年，魂魄無依於人世。遂使穢雜之炁，有盤結之多；眞一之形，無保全之所。度彼下元之苦厄，憑兹眞武之神君。剪伐魔精，拔濟魂爽，仗慈尊之力，部萬垓之兵，斬妖滅邪而六合清明，掃穢除氛而三光瑩淨，正法愈盛，邪炁消除，還天下之和平，解庶民之疑慮，萬國有安寧之慶，九幽停考對之聲，神功所施，萬劫咸賴。設醮弟子某夙叨眞蔭，久處塵寰，每思作善之祥，專執事眞之禮。草茅凡質，惟存葵向之誠；螻蟻偷生，素竊河流之潤。獲淹歲月，莫報恩光，爰因諏誕聖涓吉之辰，特設迎祥之醮，輒憑道侶，仰謝北靈，祗嚴上象之尊，敢怠方函之奏。忱詞可格，謄聞雖舉於舊章；神理難窮，昭禱率攄於精意。願回飈景，俯察丹衷，弟子青詞，謹當敷奏。

宣詞。

按如詞言，誠深皈奉。緬想五雲之座，載飛百和之煙。天帝羣眞，如會上元之殿；朔都主宰，前趨八景之宮。蕭臺森竦於太空，仙奏虚徐於碧落，衆眞侍座，羣魔束形，敢不竭勵精誠，祗承盼蠁，庶荷穹祇之貺，以覃家國之休。以今臨午行道，請法衆等運兹初捻上香，願此香煙，騰空徑上太清宮中，供養眞武靈應眞君所化之身，金闕老君，三清上聖，玉皇上帝。臣等皈身、皈神、皈命，以是捻香功德，上祝今上皇帝，福澄八海，壽等二儀。同日月之祥華，照臨莫極；廣乾坤之至德，覆燾無垠。百揆有倫，三邊罷警，干戈偃戢，襁負咸歸。隼楛狼鈎，梯山自至。冰蠶神獸，航海來庭。蠢動含生，悉登仁壽。今故燒香，自歸依道尊大聖衆至眞之德。得道之後，昇入無形，和與道合眞。

以今臨午行道，請法衆等運兹二捻上香，願此香煙，騰空徑上北極太常府，供養眞武靈應眞君所屬武曲星君，同北極衆聖。臣等皈身、皈神、皈命，以是捻香功德，歸流奉道某家，九世神儀，億先神識，超離長夜，升睹光明。瑩神丹霍之庭，擢景洞陽之府。天衣耀彩，仙簡列名，流貺子孫，參眞霄漢。今故燒香，自歸依經尊大聖衆至眞之德。得道之後，昇入無形，和與道合眞。

以今臨午行道，請法衆等運兹三捻上香，願此香煙，騰空徑上神座，供養眞武靈應眞君。臣等皈身、皈神、皈命，以是捻香功德，歸流奉道某家，六姻九族，眷屬絲羅，俱治勝緣，常蒙道佑，潜祛罪釁，密解災纏，債訟消平，冤仇和釋。凶人惡鬼，無謀害之機；暗曜黑符，免照臨之厄。神眞佑護，動止亨通。今故燒香，自歸依師尊大聖衆至眞之德。得道之後，昇入無形，和與道合眞。

重稱法位。

具位臣某與合壇衆官等，謹同誠上啓，太上無極大道，元始天尊，太上大道君，太上老君，太上昊天玉皇上帝，九皇上尊，十方無極，太上靈寶天尊，已得道大聖，衆至眞，諸君丈人，三十六部尊經玄中大法師，北極佑聖眞武靈應眞君，三界應感一切眞靈。臣聞靈應誕敷，請問爰從於妙行；妖氛鼓孽，斷除昔賴於威神。念末世之多難，致羣魔之再盛。敢興沴氣，以擾良民；欲冀肅清，用伸抑鬱。醮官某竊以城邑郊墟之下，妖孽所憑；山川林壑之間，精靈所舍。或依棲叢薄，或放蕩汀洲。雨嘯風嗥，鼓寃聲於四野；雲屯月晦，出燐火於中宵。儻遇兹姦，必傷正命。或自經溝壑，或受刃鋒鋩。或入火蹈河，時作癲癇之狀；或含酸茹苦，常懷驚怖之憂。醮官某等切恐舉世生靈，或被兹苦，伏冀眞君，不違誓願，大展威靈，驅此妖邪，歸乎空寂，天清地靜，永絶憑陵，同與生靈，不勝大願。醮官某等竊以姦雄鬼域，踞宮殿以遊空；凶狡邪精，肆妖迷而誑物。或依棲樓閣，或居止山林。夜昏則燈火熒煌，野曠則笙歌雜還，布宣邪氣，竊取珍藏。禍虐生民，以覬牲醪之祭；矜持詐力，能收少壯之魂。儻遇兹

姦，必傷正命。或久貧而亟富，或已得而復亡。轉徙無常，利貪人之禱祀；侵淩不已，致形體之沉淪。醮官某等切恐舉世生靈，或被茲苦，伏冀眞君，不違誓願，大展威靈，驅此邪妖，歸乎空寂，天清地靜，永絶憑陵，同與生靈，不勝大願。醮官某等竊以江湖河海，有潛蛟伏鰐老黿巨鼉之精；林麓山川，有封豕長蛇毒蟲猛獸之屬。乘其波險，遽起吞舟。伺彼足音，便懷肆毒。變生倉卒，死在須臾。儻遇茲姦，必傷正命。或罣綣山椒之下，或沉埋魚腹之中，或吸噍邪氛、雷鳴鼓脹，或觸投猛噬、血濺形枯。醮官某等伏恐舉世生靈，或被茲苦，伏冀眞君，不違誓願，大展威靈，驅此妖邪，歸乎空寂，天清地靜，永絶憑陵，同與生靈，不勝大願。醮官某等竊以蜀中云：坤輿鬼井之地，東南云：荆蠻閩粤之地，蟲毒興妖，山林田野之家，邪巫作怪。飛符噀水，割口焚身，呪詛指空，果聞枉天，精神在己，俄被拘囚。羹釜欲嘗，已中血蟲之害；鐵鞭微舉，遽驚僵仆之虞。儻遇茲姦，必傷正命。或嘯呼終日，或昏醉經年。或狂亂無端，認空花而作伴；或喑嗚不語，得暴疾以云殂。醮官某等伏恐舉世生靈，或被茲苦，伏冀眞君，不違誓願，大展威靈，驅此妖邪，歸乎空寂，天清地靜，永絶憑陵，同與生靈，不勝大願。醮官某等竊以塚墓丘陵之腐骨，化作屍蟲；嶄巖溟渤之腥嵐，起爲煙瘴。或流傳飛疰，或漸漬熏陶。緣息未分，已有復連之兆；精神或憊，遂成中滿之痾。儻遇茲姦，必傷正命。或形羸骨立，或腹伏氣奔。或華蓋委垂，血不藏於靈府；或瓊池耗竭，水遂溢於丹田。醮官某伏恐舉世生靈，或被茲苦，伏冀眞君，不違誓願，大展威靈，驅此妖邪，歸于空寂，天淸地靜，永絶憑陵，同與生靈，不勝大願。醮官某等竊以無邊塵劫，流轉世間，已死冤魂，仇讎身後。或負違財貨，或殘害形軀，禍結冤纏，痛深報重。得便者必居人類，陽作交親；伺隙者必處幽途，陰爲鬼祟。乘時造釁，待間中傷。儻遇茲姦，必傷正命。或纏綿疾病，或鬬合萬兵。或呻吟枕席之間，求生無路；或僵踣街衢之上，欲訴何門。醮官某等伏恐舉世生靈，或被茲苦，伏冀眞君，不違誓願，大展威靈，驅此妖邪，歸於空寂，天淸地靜，永絶憑陵，一切有情，咸臻至道。上明天尊大慈之澤，下副臣等歸命之誠，謹啓以聞。

十二願。

復爐。

謹攝香官使者、左右龍虎君、侍香諸靈官，當令臣向來臨午行道之所，自然生金液丹碧，芝英百靈，衆眞交會，在此香火爐前。當願十方仙童玉女，接侍蘭煙，傳臣向來所啓之誠，速達徑御至眞無極大道、昊天玉皇上帝御前。

出堂頌。

出戶。

道士修真謝罪儀 啓壇行道

綜述

杜光庭《道門科範大全集》卷六九《道士修真謝罪儀·啓壇行道》

法事陞壇如式。

各禮師存念如法。

宣衛靈呪。

九炁青天，明星大神。煥照東鄉，洞映九門。轉燭陽光，掃穢除氛。開明童子，號曰玄卿。備衛我軒，上對帝君。收魔束妖，討捕兇羣。奉承正道，赤書玉文。九天符命，攝龍驛傳。普天安鎮，我得飛仙，與道合眞。

三炁丹天，煥景流光。熒星轉燭，洞照太陽。上有赤精，合契虛皇。開明靈童，號曰華房。總統火兵，備守玉堂。斬邪束妖，剪截魔王。北帝所承，風火莫當。流鈴交煥，翊衛壇場。正道流行，敢有巳狂。我享上功，坐運魁罡。億劫長存，保天無疆，與道合眞。

七炁素天，太白流精。光耀金門，洞照太冥。中有素皇，號曰帝靈。保神安鎮，衛我身形。斷絶邪源，王道正明。宮殿整肅，三景齊并。道合自然，飛昇紫庭。靈寶符命，普惠萬生。元皇正炁，來合我身。功加一切，天地咸寧，與道合眞。

五炁玄天，元始徘徊。辰星煥燭，光耀太微。黑靈尊神，號曰層威。統冠飛天，仙裙羽衣。備衛五門，檢精捕非。敢有干試，豁落斬摧。玉符

所告，神鎭八威。邪門閉塞，正道明開。映照我身，三光同輝。策空駕浮，舉形仙飛，與道合眞。

一炁黄天，調理乾坤。陶鎔陰陽，總統玄眞。鎭星吐輝，流煥九天。開明童子，號曰天璘。元炁陽精，焰上朱煙。洞照天下，及臣等身。百邪摧落，殺鬼萬千。中山神呪，普天使然。五靈安鎭，身飛上仙，與道合眞。

鳴法鼓二十四通。

無上三天玄元始三炁，太上道君，太上老君，召出臣身中三五功曹，左右官使者，左右捧香，驛龍騎吏，侍香金童，傳言散花玉女，五帝眞符，直日香官，合三十六人出。出者嚴裝顯服，冠帶垂纓，關啓玄壇土地，方域神眞。臣今靜夜行道，謹奏爲入意，其諸情悃，已錄奏聞，願得十方至眞道炁，靈寶瑞光下降，流入臣身中，令臣所啓，速達徑御太上無極大道、昊天玉皇上帝御前。

請稱法位。

具位臣某與闔壇衆官等，今故燒香，以是功德，歸流天子王侯，百辟僚屬，經籍度師，山林巖棲，修眞之士，同學之人，九親姻族，天下人民，飛行動植，一切衆生。今故燒香，歸身、歸神、歸命太上靈寶自然至眞無極大道。乞賜原赦臣法衆等，及修齋道士某，洎師資法屬，前世今生，往愆重過，得免離三惡輪迴之道，十苦八難九厄之中，身得道眞，飛行虛空，白日昇天，侍衛道君，逍遙無上金闕七寶自然宮闕，永與道合，所啓通感上御至眞無極道前。

懺悔，宣眞文。

具位臣某與合壇衆官等，同誠上啓三清上聖，十極高眞，十方靈寶天尊，消愆滅罪天尊，大慈延壽天尊，長生保命天尊，九霄自然生神上帝，度人太皇，三十二天上帝，諸天天尊，諸天上帝，上清日月星斗河漢羣眞，三官四聖，五師三省眞君，九天天曹，諸位眞君，歷代傳宗啓教諸大師眞，雷霆神虎天醫諸司官將，太上諸階經籙中仙官將吏，地府酆都大帝，幽陰聖衆，水府扶桑丹林大帝，閬苑眞仙，人元五嶽五天聖帝，酆都地祇，合干元帥、太歲土火、溫司聖衆、州縣城隍之神，當境廟貌神祇，觀庭土地眞官，法壇所隸諸司官將，三界提魂攝魄使者，四界直符功曹使者，醮筵主宰一切威靈。恭望洪慈，洞垂照鑒。臣聞元始祖劫，強名之所難稱；虛無自然，飛玄之所開化。生天生地，成象成形。一氣之極流通，萬物之得咸備。人獨稱於最貴，必有根元；道本出於厥中，當知祖始。臣等自開闢以後，纏生死之緣。知輪迴之苦，而未出苦輪；知性命之眞，而未全眞性。徒以叅經佩戒，演教宣科，求太上希夷之根，究有物混成之始，使知道知身者，早還純而返素；而煉神煉氣者，速出有而入無。昔嘗告盟以叅傳，約當溥度；今遇皈投而禮謝，事在可伸。弟子詞誠，謹當宣奏。

宣詞。

諦詳詞語，灼見至誠。激切之念已傾，方寸之誠不息。恭遵禁戒，備按典彝，建壇壝以肅嚴，望穹窿而懇請。惟堅一縷之念，上通十極之眞。自知昧元炁於多生，散沖和於萬有，逐世緣而不修上道，縈愛習而莫返玄根，未能自誠，何以普度。盡從前而一洗，當自此以重修。臣等謹爲沐浴五體，澄鍊六情，法地象天，賫香奉信，以今日今時啓壇，依儀行事。至某日某時，延降上眞，謝過懺愆，祈恩請命，輒依科法，宿以啓聞。恩惟太上三清，十方上聖，垂慈監映，省覽所陳，勑勒靈寶官屬、土地眞官，一合同心，併力衛護，掃蕩內外，清靜壇場，降伏妖魔，馘滅邪祟，使臣等心安神定，思念立感，啓奏御達，善功成就，無有窒滯，所願隨心。臣等雖佩正眞，參修大法，處身五濁，染跡六塵，三關未調，六情放誕，仰賴禁戒，以撿身心。然後格降上眞，導迎景貺，明晨行道，續更以聞，謹啓。

十二願。

復爐。

謹攝香官使者、左右龍虎君、侍香諸靈官，當今臣向來肅啓行道之所，自然生金液丹碧，芝英百靈，衆眞交會，在此香火爐前。當願十方仙童玉女，接侍香煙，傳臣向來所啓之誠，速達徑御至眞無極大道、昊天玉皇上帝御前。

出堂頌。

出戶。

道士修真謝罪儀 臨午行道

綜述

杜光庭《道門科範大全集》卷七一《道士修真謝罪儀・臨午行道》 法事陞壇如式。

各禮師存念如法。

宣衛靈呪。

丹靈朱火，炎霞激風。赤輪剛運，天光八衝。迸威包羅，交變萬方。流金豁落，羣魔滅蹤。辟奸破妖，明耀元功。金符召制，躡雲策龍。謠歌慶會，散花太空。神化宜運，四極安隆。伏御帝前，罔有不恭，與道合眞。

鳴法鼓二十四通。

無上三天玄元始三炁，太上道君，太上老君，召出臣身中三五功曹，左右官使者，左右捧香，驛龍騎吏，侍香金童，傳言散花玉女，五帝眞符，直日香官，合三十六人出。出者嚴裝顯服，冠帶垂纓，關啓玄壇土地，方域神眞。臣今臨午行道，謹奉爲入意，其諸情悃，已錄奏聞，願得太上十方至眞道炁，靈寶瑞光下降，流入臣身中，令臣所啓，速達徑御太上無極大道、昊天玉皇上帝御前。

請稱法位。

具位臣某與合壇衆官等，謹同誠上啓，三清上聖，十極高眞，十方太上靈寶天尊，消愆滅罪天尊，大慈延壽天尊，長生保命天尊，九霄自然生神上帝，度人太皇，三十二天上帝，諸天天尊，諸天上帝，上清日月星斗河漢羣眞，三官四聖，五師三省眞君，九天天曹，諸位眞君，歷代傳宗啓教諸大師眞，雷霆神虎天醫諸司官將，太上諸階經籙中仙官將吏，天下名山得道神仙，地府酆都大帝，幽陰聖衆，水府扶桑丹林大帝，浪苑眞仙，人元五嶽五天聖帝，酆都地祇，合干元帥、太歲土火、瘟司聖衆、州縣城隍主者，當境廟社神祇，福庭土地眞官，法壇諸司官將，四界直符功曹使者，醮筵主宰，一切眞仙。恭望洪慈，洞垂昭鑒。臣等先緣積慶，獲奉皇恩，持眞戒以修身，執靈符而度命，愧無寸效，將迪元風。當激勵於精衷，用宣行於祕蹟。惟天在上，俯憐有禱之誠；況日之中，共仰無私之照。登齋既肅，薦欵惟勤，行道詞誠，謹當宣奏。

宣詞。

諦詳詞語，備述丹衷。仰冀感通，俯從至願。正一道士某，言念幸禀沖和之氣，獲歸恬淡之宗。雖身染俗塵，而心銘玄造，常虞懈怠，罔答生成。用諏涓吉之辰，特設祈禳之醮，虔伸丹悃，上瀆淸虛，謝已往之愆尤，希將來之福祐。臣等遵依科簡，啓建壇場，披靈寶科文，按眞仙品格，恭修齋直，匪懈晨昏。告上靈，關五億之天；達下悃，徧三千之境。冀回鑒祐，普降恩光，克洽靈心，恪酬至願。以今臨午行道，請法衆等運玆初捻上香，願此香煙，騰空徑上，供養太上三尊。臣等皈身、皈神、皈命，以是功德，上祝今上皇帝。伏願壽與天齊，福如川至，高出百王之上，長爲九有之尊，廟堂多稷契之忠，郡邑足龔黃之政，百蠻率服，多稼豐登，物無扎傷，民安康靜，來航海梯山之貢，迎日書月至之祥，承靈寶之齋功，樂昇平之景運。今故燒香，自皈依道尊大聖衆至眞之德。得道之後，昇入無爲，和與道合眞。

以今臨午行道，請法衆等運玆二捻上香，願此香煙，騰空徑上，供養太上尊經。臣等皈身、皈神、皈命，以是功德，歸流正一道士某，多生上祖，奕世先靈，雖負其道骨仙風，莫諧輕舉空服乎。荷衣蕙帶，難脫沈淪，願乘靈寶之功，受以飛仙之籙。同列侍臣於上帝，並參法從於高穹。今故燒香，自皈依經尊大聖衆至眞之德。得道之後，昇入無形，和與道合眞。

以今午朝行道，請法衆等運玆三捻上香，願此香煙，騰空徑上，供養太上三師。臣等皈身、皈神、皈命，以是功德，歸流正一道士某，身輕體逸，如嬰兒之未孩；炁固神安，逢猛獸之不據。處春夏秋冬之序，無風寒暑濕之愆，六鑿不萌，百痾蕩散，法裔共膺於泰定，門庭永集於祥禧，有厄俱消，無往不慶。今故燒香，自皈依師尊大聖衆至眞之德。得道之後，昇入無形，和與道合眞。

懺方，命魔，步虛，三禮。

重稱法位。

具位臣某與合壇衆官等，謹重誠上啓，虛無自然元始天尊，太上大道君，太上老君，昊天玉皇上帝，勾陳天皇大帝，北極紫微上帝，承天效法后土皇地祇，道經師三寶天尊，上穹圓蓋之高眞，下極方輿之主宰，有靈有聖，今古師宗，醮筵一切眞仙。恭望洪慈，洞回淵鑒。臣等伏聞蕭臺劫仭，高峙於紫清；貝闕珠宫，飛翬於碧落。藴三天之妙炁，藏八會之靈文，生化羣倫，陶埏萬彙，既蒙亭育，敢憚欽修。臣等託跡凡籠，棲心仙教，授道之日，登壇以盟，約當上報國恩，奉行經法，凡有虔告，敢不以聞。正一道士某，跡離塵緣，生逢聖世，處黄冠之末學，即紺宇以深居，鹹毒伐惡以積功，奉教宣科而濟世，仍纏俗網，每混常流。儉足靜安，不念赤松之戒；苟貪損志，莫遵翊聖之文。於六陽十直，而憚持齋；於三會五臘，而忘懺罪。昧三關之調適，致六賊之相攘，營營齋醮之小緣，袞袞是非之苦海，貪多務得，乍喜還嗔。進止頻犯於壇規，宣演不知於禁忌，背違科戒，縱恣心神。三明六暗之中，但迷邪境；八節四時之內，罔有善功。百瀆自傾，氣亡液漏。三彭得計，禍結形枯。深憂先世以迷眞，恐逐浮生之夭喪。求此懺禳之法，少伸首謝之誠。遵奉典彝，恪修齋直。玉華散景，龍煙凝車蓋之形；蓮焰騰輝，鳳燭燦芝蘭之氣。薦以蘋蘩之潔，藉以文彩之縟，果實惟嘉，酒醴既旨，祈萬神之來享，格一德之精純，載揚微妙之音，上徹虛皇之聽。所冀三清上聖，十極高眞，俯納微誠，特垂巨貺，命三官而掌錄，敕五帝以下觀，赦已往之罪瑕，錫將來之祿筭，密付長生之旨，潛敷駐世之方，飛天下觀，大動保舉，雲凝靈府，名入眞階。斷穀辟糧，食至和陰陽之氣；燒香接手，入太室璇璣之門。逍遙上清，超淩三界，得證無爲之果，永除墮業之侵。上願國祚興昌，帝圖安鎮，海宇即臻於康靜，黎民共樂於昇平，歲贍倉箱，物無疵癘，恩波所及，幽顯俱霑，各遂攸宜，咸得其所。臣等功圓六度，道證三便，谷隱寒棲，克登眞果，上明天尊大慈之澤，下副臣等皈命之誠，謹啓以聞。

十二願。

復爐。

謹攝香官使者、左右龍虎君、侍香諸靈官，當令臣向來午朝行道之所，自然生金液丹碧，芝英百靈，衆眞交會，在此香火爐前。當願十方仙童玉女，接侍蘭煙，傳臣向來所啓之誠，速達徑御至眞無極大道、昊天玉皇上帝御前。

出堂頌。

出戶。

道士修真謝罪儀 設醮行道

綜　述

杜光庭《道門科範大全集》卷七三《道士修真謝罪儀・設醮行道》

法事陞壇如式。

各禮師存念如法。

宣衛靈呪。

五星列照，焕明五方。水星却災，木德致昌。熒惑消禍，太白辟兵。鎮星四據，家國利亨。名刊玉簡，字錄帝房。乘飇散景，飛騰太空。出入冥無，遊宴十方。五雲浮蓋，招神攝風。役使萬靈，上衛仙翁。

鳴法鼓二十四通。

無上三天玄元始三炁，太上道君，太上老君，召出臣身中三五功曹，左右官使者，左右捧香，驛龍騎吏，侍香金童，傳言散花玉女，五帝直符，直日香官，合三十六人出。出者嚴裝顯服，冠帶垂纓，關啓玄壇土地，方域神眞。臣今設醮延眞，燒香行道，謹奉爲入意。其諸情悃，已錄奉聞，願得太上十方至眞道炁，靈寶瑞光下降，流入臣身中，令臣所啓，速達徑御太上無極大道、昊天玉皇上帝御前。

請稱法位。

具位臣某與合壇衆官等，謹同誠上啓，三清上聖，十極高眞，十方太上靈寶天尊，消愆滅罪天尊，大慈延壽天尊，長生保命天尊，九霄自然生神上帝，度人太皇，三十二天上帝，諸天天尊，諸天上帝，上清日月星斗

河漢羣眞，三官四聖，五師三省眞君，九天天曹，諸位眞君，歷代傳宗啓教諸大師眞，雷霆神虎天醫諸司官將，太上諸階經籙中仙官將吏，天下名山洞府得道神仙，地府酆都大帝，幽陰聖衆，水府扶桑丹林大帝，閬苑眞仙，人元五嶽五天聖帝，酆都地祇，諸司元帥、太歲土火、溫司聖衆、州縣城隍主者，當境廟社神祇，觀庭土地眞官，法壇諸司官將，四界直符功曹使者，火池俵錢神吏，醮筵主宰一切威靈。恭望洪慈，普回淵鑒。臣聞大道無象，握萬物於重霄；眞宰何私，育羣生於率土。繩愆糾繆，昭如影響之隨；福善禍淫，密若枹鼓之應。視之不見，感而遂通。臣等奉按沖科，恪修妙典，五節香浮於翠輦，裊裊飛輕；九微煙散於含光，煌煌慧炬。花開瓊蘂，果薦金盤。萬象澄清，雅奏步虛之韵；九門高敞，遙迎策景之儀。伏願紫炁浮空，虛光遠燭。九色之節，軿羅八景之中；十絕之旛，搖曳九霄之上。雲車風馬，鶴馭鸞驂，辭大有之妙庭，降人間之眞館，愍羣生之有請，錄片善之不遺，亨于克誠，開以自見。臣與合壇官衆，下情無任，虔切至恭，祗迎鶴馭。

降聖，初獻，散花。

再稱法位。

具位臣某與合壇官衆等，謹重誠上啓，虛無自然元始天尊，太上大道君，太上老君，昊天玉皇上帝，勾陳天皇大帝，北極紫微大帝，承天效法后土皇地祇，諸天天尊，諸天上帝，醮筵兩班，合屬高眞。伏望洪慈，洞回照鑒。臣聞日月星辰，在碧漢瑤空之上；仙靈主宰，居清虛林麓之間。或管攝於靈壇，或隱居於福地，或鎭一方之首，或爲五土之尊，錄善惡之二書，舉功過之兩簿，故無私諂，惟道是從。伏念臣等早簉眞風，夙依道化，受法門之庥廕，寄琳館以安居，慚亡十善之因，何贊三清之惠。自從披戴，幾度光陰，未能感徹於神明，動有輕違於科戒。初勤末怠，有始無終，奉法心邪，慈仁不正，焚香失節，存念違言，慮三彭暗奏於愆辜，懼九府明書於罪目。今則輒傾丹悃，廣列香燈，請天界空界之羣眞，延地府水府之衆聖，五嶽主宰，十洞靈官，願歆蘋藻之羞，錫以椿松之壽。先覬恩覃帝道，福及堯天，聖明與日月同輝，雨露共乾坤普潤，臣忠子孝，主聖父慈，干戈靜而四海來賓，法輪轉而九天垂化。五風十雨，高躋湯禹之年；海晏河清，式協羲軒之化。臣等叨承師訓，繆處職司，凡有皈投，理宜關奏，況奉詞旨，敢不上聞。

宣詞。

詞旨具宣，情誠懇切。披陳肝膽，傾寫肺心，冀伸臣子之衷，庶謝謙躬之分。伏乞虛皇上聖，穹昊高眞，咸賜威光，同垂盼響。然願道士某名書上善，命保長生，陰功累積於三千，靈藥克成於九地。紫文絳簡，鐫題久視之年；丹策青編，注上無窮之筭。仙曹紀籍，鬼錄除名。八景靈書，得煉炁修眞之術；五文玉篆，獲飛騰沖舉之因。道行日隆，靈根頓悟。金木水火之厄，永不侵傷；青黃赤白之災，長希解免。其或五行否泰，三命迍邅，厄會相仍，衰危造次，今生過咎，前世餘殃，仰希含照之恩，咸賜赦原之惠。次乞先師煉度，宗派超升，離生死之苦門，證逍遙之道岸，同宗法屬，學道門人，俱霑浩浩之恩，克協生生之慶。臣某等下情無任，再拜，酒陳亞獻。

舉散花。

重稱法位。

具位臣某與合壇官衆等，謹重誠上啓，虛無自然元始天尊，太上大道君，太上老君，昊天玉皇上帝，勾陳天皇大帝，北極紫微大帝，承天效法后土皇地祇，諸天天尊，諸天上帝，上窮圓蓋之高眞，下極方輿之主宰，有靈有聖，今古師宗，醮筵兩班，合屬羣眞。恭望洪慈，洞回淵格。臣聞虛無自然，乃三清之妙統；南極司錄，寔九府之總權。掌吉凶禍福之文，判長短死生之命，功則添而過還滅，善既錄而惡必除，故無阿黨之門，難用苟求之事。切念臣等下元脆質，三惑凡軀，雖承師匠之緣，指諭升騰之路。其奈靈文寶法，七百載而一傳；鳳篆龜圖，六甲周而一遇。非人不授，非道不傳。渺渺清虛，迢迢紫府，總得長生之路，應無短折之人。仰賴一志大乘，棄捐三惑，去離愛纏之網，咸除煩惱之緣。自然道合三生，人全得一，守身神而養壽，斥尸鬼以全齡。玄象難尋，有爲未捨，猶寄神仙之宇，尚居塵濁之間。道寡變通，習疏隱顯，性昏迷於至理，行不到於幽微。返致三災，來侵四大，按天師謝罪之式，建靈寶告眞之壇。仰叩玄關，聿陳丹悃。伏願三官玉籍，赦違經破戒之愆；五帝瓊篇，釋故作誤違之罪。然後功德山之法水，洗滌塵泥；智慧林之眞風，昭甦朽木。破寃力士，保全持戒之身；護法神王，匡佑修行之士。門人十哲，徒弟四科，悟

三教之玄微，睹衆眞之戶牖。所冀眞庭隆盛，四海欽崇，感至聖之親遊，傳無爲之妙訣。重念臣等在法門之日淺，或求師之未深，不知教法之宗，罕識威儀之理。遂致爲人作福，多無立應之功；依教行持，鮮有感通之效。切慮四司撿罪，上帝言非，以今皈命首陳，願希恩宥。更冀祈求感格，教法廣被於十方；禮念朝眞，經誥普宣於四遠。人天敬仰，壇信清芳，皆霑潤澤之恩，盡獲厖鴻之福。臣等無任再三皈命懇請之至，酒陳終獻。

散花。

具位臣某，謹重誠上啓，上謝九清十極，萬聖千眞，醮筵感降一切眞靈。臣等伏聞聖眞遐邈，妙隱玄中之玄；道境高虛，端居象外之象。仗薰芳而按景，惟至懇以達神。元造無私，洞回昭鑒。臣等廣陳香炷，仰叩眞仙，自揣行藏，多生遭遇，處履吾皇之化，宣揚大道之風，福贊人天，溥資存沒，身披羽服，足履星壇，已逾十載之榮，早忝百生之幸。自恨三關未靜，一性猶昏。眼前之五欲六情，安能暫捨；身中之三災九厄，寧不慚來。又慮學昧神明，情昏寶訣，難認忘筌之理，豈明脫識之門，晨夕忖思，將何首露。是以虔依科律，封奏心詞，度已往之愆辜，解未來之厄會。伏願洪慈廣布，錫雨露之深恩；浩福遐覃，贊山河之惠澤。青龍白虎，常施庇佑之功；皓鶴玄龜，克協年齡之慶。又慮瞻星望聖觸非常，身著異衣口談道，躭六賊而尤甚，食五味以仍多，不敬師尊，輕違天地，攀緣妄起，損害含生。願憑香火之功，俱獲消禳之路，所冀靈關朗照，慧性高明，得長生久視之書，悟大藥金丹之術。先師法屬，祖識宗親，盡離幽暗之鄉，俱入光明之界。飛潛蠢動，有識含生，普賴道慈，並躋壽域。臣等凝瞻法從，結想太空，極恨塵波，難留聖躅。臣等下情不勝攀戀之至，謹稽首奉送。

送聖，化財。

向來，回向。

道士修真謝罪十方懺儀

綜述

杜光庭《道門科範大全集》卷七四《道士修真謝罪十方懺儀・東方懺謝不能知道之罪》 衆等伏聞木生於三，得成形於天地；帝出乎震，育萬物於屯蒙。青龍司歲籥之先，北斗轉天關之始，少陽所蒞，盛德難名。今謹有佩籙道士某等，夙代清修，今生慶會，感師恩而畀付，依教法以操持。尚慚根器淺微，靈源障塞。行道而不能知道，未嘗觀空；養形而不能忘形，動皆執相。或馳說而自滿自圓，或聞道而若存若亡。富貴貧賤之間，不能齊物；喜怒好惡之觸，必致焚和。何以混天人之同塗，了生死之一致，負上聖獎成之大德，違玄師化度之格言，結罪目於三官，落仙名於五帝。敬伸懺謝，仰勾恩憐，謹賫香花法信供養之儀，至心皈命東方無極太上靈寶天尊，九炁天君，東鄉神仙，諸靈官。仰惟上德好生，至仁利物，青書宥過，東華定仙，開虛無自然之心，授太一含眞之道。匪遲匪疾，綿永永而不窮；無門無旁，洞皇皇之四達。化天下回心而嚮道，均聖人一視以同仁。得道之後，昇入無形，和與道合眞。

又《南方懺謝不能爲國報恩之罪》 衆等伏聞虛中作離，萬物相見而長養；次二曰火，大人繼明而照臨。交於木而化育生靈，資於水而陶鑄品彙，至士所稟，大功克成。今謹有佩籙道士某等，生處中華，身陶聖化，惟皇在御，聽民所歸。俾承清淨之風，有補聖明之化。而以棲遲苟活，休息自安，無懷道抱德之實以化人，乏還淳返素之用而復古，飾人間之禮樂，希世上之功名，空叨水土之恩，濫處簪裳之列。南宫仙籍，無梵行之可書；衡嶽陰曹，記愆尤之無數。惟聖人南面而聽治，惟國家盛德以御天，旣請命於蒼穹，敢歸心於分野。謹賫香花法信供養之儀，至心歸命南方無極太上靈寶天尊，三炁天君，南鄉神仙，諸靈官。仰惟盛德在火，聖人嚮明，享壽考於萬民，綿本支於百世。次願佩籙道士某等，六司宥過，

三炁流光。在藏爲心以虛，受人而神應常靜；於時爲夏納陰，居內而火亦不流。俾能抱一而守中，庶可長生而度世。得道之後，昇入無形，和與道合眞。

又《西方懺謝不能補報祖先父母之罪》 衆等伏聞嚴凝而義，物咸賴以西成；尊正而和，民率歸於兑說。先肅殺而輔大化，後靜退而表少陰。順天應人，剛中柔外。今謹有佩籙道士某等，世薰善念，身忝玄司，感父母之生成，荷祖宗之積累。而未閑禁戒，多昧稟修，八節不進於表章，五臘不嚴於祭祀。纔分形器，生生皆自於親恩；雖隔古今，世世有虧於子職。顧父母慈而無憾，惟天地公而無私。自作之孽難逃，不孝之愆無赦，敢忘悔艾，恭致首陳，馳誠於七寶金門，注想於西那玉國，乃上智問報恩之境，依元尊嘗說法之宮。謹賫香花法信供養之儀，至心歸命西方無極太上靈寶天尊，七炁天君，西鄉神仙，諸靈官。仰惟金光下燭，玉簡昭回，祖先俱沐於昇遷，父母各增於殊勝。次願佩籙道士某等，西龜授道，謁仙母而鍊甲庚；金虎居離，交眞龍而入戊己。無暴其氣而眞元自守，不勞乎神而壽命無期，魔試不侵，心源自定。得道之後，昇入無形，和與道合眞。

又《北方懺謝不報師恩之罪》 衆等伏聞太極未分，含三才而混沌；五行既判，因一炁以循環。陽伏於內而萬物藏，辰居其所而衆星拱，樞機造化，主宰生靈。今謹有佩籙道士某等，識匪生知，理難自得，獲處道家之列，率由師匠之恩。始自訓提，知孝悌忠信之大本；迄于傳度，指虛無清淨之眞乘。德參天地之高，恩踰父母之大。而以尊承素昧，給養有虧，負摳衣授道之恩，違歃血引盟之誓，泄機微於塵世，傳道祕於非人。至於遇禍以招殃，尙復怨師而咎道，想罪書於九府，恐身謝於三官，謂迎師則北面以尊崇，故謝過望坎宮而懇請。謹賫香花法信供養之儀，至心歸命北方無極太上靈寶天尊，五炁天君，北鄉神仙，諸靈官。仰惟北辰掌握於仙名，壁宿主張於道術。宗師傳度，永隆弘教之心；保舉監盟，益務成人之美。無師不度，有翼必飛，俱詣功行之圖，共證昇仙之果。得道之後，昇入無形，和與道合眞。

又《東北方懺謝行教宣科不精不法之罪》 衆等伏聞神功不宰，爲天地之始終；妙本自然，運陰陽之動止。伸其轉物之手，授以出震之龍，變化有常，推移不忒。今謹有佩籙道士某等，本太上之子，爲道家者流，未能隱谷以存神，約以居廛而演教。而以誠心易散，妙法難精，宣科而條理乖張，臨事而威儀跛倚，想法亂而六魔相笑，存思缺而萬神不居。願力么微，幽明無所依賴；性情撓亂，天人難以感通。不能契聖以契凡，孰爲成物而成務。恐黑書之紀過，憂仙籍之斷功，苟慢自陳，必貽陰譴。謹賫香花法信供養之儀，至心歸命東北方無極太上靈寶天尊，梵炁天君，東北方神仙，諸靈官。仰惟申敕四司，告聞九府，復功行於銖積寸累，赦過尤而霧捲雲披。驛意傳言，感應聲而上徹；升章謁款，俾隨願以克諧。然後抗志雲阿，棲身山洞，得逍遙於一世之上，息輪轉於三界之中。得道之後，昇入無形，和與道合眞。

又《東南方懺謝不嚴敬奉經戒符籙之罪》 衆等伏聞元化裁形，必有主張之者；靈風煦物，寔司命令之權。齊乎巽而振美盛明，輔以箕而歙揚鼓舞，大德至隱，百姓何知。今謹有佩籙道士某等，挺質凡胎，棲身道廕。優游琳宇，或不謹於焚修；左右洞章，或不嚴於敬重。佩籙而踰階越次，持齋而廢日亂時。官將吏兵，三會而不言功賞；衣冠劍履，常居而多見混淆。道力寡淺，而尸鬼交攻；戒行細微，而威神不護。通經而駁雜本旨，小智自私；行教而沿襲浮辭，大淳未至。所以奉天而事無響應，違科而罪與生俱。用陳懺謝之儀，以冀赦原之澤。謹籙香花法信供養之儀，至心歸命東南方無極太上靈寶天尊，梵炁天君，東南鄉神仙，諸靈官。仰冀聖慈赦宥，靈澤漸陶。雷動風馳，散愆尤之紛委；淸淵雲潤，沃念慮之恭莊。使保全性命之眞，遂和同天人之際。隨符仙從，護法靈官，錄顯績之服勞，計仙眞之保奏。得道之後，昇入無形，和與道合眞。

又《西南方懺謝不能虛己接物之罪》 衆等伏聞承天至順，配剛健以成形；行地無疆，擴含弘而役物。陰功莫大，厚德難名。今謹有佩籙道士某等，稟秀五行，獨靈萬物，均有生於塵世，幸入道於玄門，益宜自化以修心，庶可虛含而接物。自以不能御氣，動必縱情，不和其心而與物交爭，不順其身而與世相忤，無一德而爲常安之術，合兩怒則多溢惡之言，護短而己不自知，斂怨而人豈無憾，繆於心而傷和氣，溺於言而污法身，與人並立而無以化人，僞道養形而未能造道。敢昧自欺之過，以貽天降之殃，敬負罪以首陳，誓責躬而悛改。謹賫香花法信供養之儀，至心歸命西南方無極太上靈寶天尊，梵炁天君，西南鄉神仙，諸靈官。仰惟坤儀至信，地

道流謙，願分厚德載物之休光，使有常善救人之功用。虛明道性，一順逆以和融；粹熟心聲，謹樞機而安定。福將自至，禍莫由生，更祈不動之仁，盡赦從前之罪。得道之後，昇入無形，和與道合眞。

又《西北方懺謝法天象地履斗驅神之罪**》** 衆等伏聞太極含三，兩儀判而定位；乾元用九，萬物睹而流形。得一氣以貞純，御飛龍而不息，發揮八卦，保合太和。今謹有佩籙道士某等，宅志希夷，游心浩素，內存神而鍊道，外行教以化人。雖科法之具存，豈凡庸之是任。重以形神至濁，道行無聞，攢星斗於峨冠，飾雲霞於羽服。躡魁罡於履屐之下，地穢人凡；驅神鬼於掌握之中，功微德薄。踐八卦之文於壇墠，降十方之氣於身田。或養胎息於三元，暗竊陰陽之氣；或鍊內丹於九轉，高奔日月之光。素非仙相之人，冒學聖功之道。無非僭越，有犯光靈，敬伸懺謝之誠，以追譴尤之責。謹齎香花法信供養之儀，至心歸命西北方無極太上靈寶天尊，梵炁天君，西北鄉神仙，諸靈官。仰惟乾元至健，天道弗違。錫以純陽，爲換塵凡之胎骨；示其要道，使知仙化之根元。四體安和，百神鎮守，庶精修於上法，得無愧於前功。得道之後，昇入無形，和與道合眞。

又《上方懺謝歷世不知覆載冒犯三光之罪**》** 衆等伏聞梵炁彌羅，上極虛無之界；元綱流演，化開萬億之天。洪惟至道之尊，統御自然之化，神功不宰，浩劫長存。今謹有佩籙道士某等，自無始以來，至有形之後。一靈凋喪，莫還五太之淳；六賊沉迷，自致三生之業。曾超於慾界色界之內，復墮輪迴；嘗修於小乘中乘之因，自生退轉。或居中土而本原不返，或處殊方而聲教無聞。大乘之道果難成，三界之業輪易轉。戴天履地，負陰抱陽，莫酬覆燾之恩，動有乖張之罪。四序寒暄之愆忒，嗟怨天時；三辰經緯之昭明，犯衝光景。逆數千生之罪，貫盈萬種之愆。從此自新，願垂肆赦。謹齎香花法信供養之儀，至心歸命上方無極太上靈寶天尊，三十六天帝君，玉京仙都，紫微金闕，三清三界，梵炁天君，上鄉神仙，諸靈官。仰冀大道宣慈，高眞垂憫，下十方之世界，赦萬劫之愆尤。紫微太微，催促舉仙之運；南斗北斗，解消臨命之災。元精滿於泥丸，眞炁凝於靈府，神明來舍，臟腑清涼，慧性高明，福緣殊勝，得至人之降接，指道學之玄微，回化有情，同登無漏。得道之後，昇入無形，和與道合眞。

又《下方懺謝害物傷生之罪**》** 衆等伏聞大方無隅，擴八紘而厚載；元形統地，含萬物以化生。惟后土之司權，分百靈之受事。不言而信，得一以寧。今謹有佩籙道士某等，有生於混沌之初，失道於洪荒之後。仁義禮智，與大僞之並出；賢愚善惡，稟天性之自然。率爲棄本之人，動有貪生之過。資萬物而致養，不知覆載之恩；縱一己而自安，不念饑寒之者。極口腹之欲而恣傷生類，侈服用之美而枉害成形。莫知反身，習爲常性。五嶽四瀆之府，罪目紛紜；酆都泉曲之司，黑書委積。幸今世潛身於道廕，盡千生訟過於玄司，誓修未來，庶臻無咎。謹齎香花法信供養之儀，至心歸命下方無極太上靈寶天尊，高皇九土，十二仙眞，后土太靈，四瀆五嶽，下方世界，一切神仙，諸靈官。伏願衆靈赴感，厚德有容，敷在宥之渥恩，赦無邊之深過，圓融善念，發開惠源。靜重柔和，咸與物而無礙；虛無清淨，早證道以長生。上窮碧落之高，下極黃泉之杳，人皆反本，物咸遂生。得道之後，昇入無形，和與道合眞。

上清昇化仙度遷神道場儀 臨午行道

綜　述

杜光庭《道門科範大全集》卷七六《上清昇化仙度遷神道場儀・臨午行道》 陞壇如式。

各禮師存念如法。

宣衛靈呪。

謠歌空洞，帝君存壇。五帝校錄，受符三官。備衛四門，束魔去奸。流鈴擲火，陰穢焚殘。身佩金書，鍊液芝顏。玄靈受合，心動三關。騎獅跨鶴，控龍乘鸞。萬星守舍，千魔不干。道炁長存，萬仙悉安，與道合眞。

鳴法鼓二十四通。

無上三天玄元始三炁，太上道君，太上老君，召出臣等身中三五功曹，左右官使者，左右捧香，驛龍騎吏，侍香金童，傳言散花玉女，五帝

直符，直日香官，合三十六人出。出者嚴裝顯服，冠帶垂纓，關啓玄壇土地，方域神眞。臣今臨午行道，謹奉爲入意，其諸情悃，已錄奏聞，願得太上十方至眞道炁，靈寶瑞光下降，流入臣身中，令臣所啓，速達徑御太上無極大道、昊天玉皇上帝、東極救苦青玄上帝御前。

請稱法位。

具位臣某與合壇官衆等，謹同誠上啓，虚無自然元始天尊，太上大道君，太上老君，昊天玉皇上帝，勾陳天皇大帝，北極紫微上帝，南極注生大帝，東極救苦青玄上帝，承天效法后土皇地祇，十方太上靈寶天尊，諸天天尊，諸天上帝，上清日月星斗河漢羣眞，三官四聖，五師三省眞君，九天天曹，諸位眞君，歷代傳宗啓教諸大師眞，雷霆神虎天醫諸司官將，太上諸階經籙中仙官將吏，天下名山洞府得道神仙，地府酆都大帝，幽陰聖衆，水府扶桑大帝，閬苑眞仙，人元五嶽五天聖帝，酆都地祇，合干元帥，太歲土火，溫司聖衆，州縣城隍之神，當境廟社神祇，福庭土地眞官，法壇諸司官將，三界提魂攝魄神吏，四界直符功曹使者，謄奏俵錢神吏，醮筵主宰一切眞仙。恭望洪慈，洞垂昭鑒。臣等擢形中土，禀質常倫，宿福所鍾，遭逢道運，得以凡賤，參奉正眞，錬氣凝神，動虧眞寂，遊心屬想，未契玄虚。今有弟子某師弟相依，皆資昔會，恩均覆載，分等生成，仙化昇沉，自宜薦舉，事存明誥，敢奉丹誠，瀝懇玄津，冥祈景佑。今奉詞旨，敢不上聞。

宣詞。

按如詞言，誠深追慕。弟子某以仙化本師某，昔稟玄猷，棲神道域，而善功未著，仙札無名，脩短有期，奄從常數，追傷痛悼，彌切誠祈，虔備壇場，奉修齋直。臣等謹爲考諸儀訓，廣作津梁，俾玆滅度之魂，出彼輪迴之域。以今臨午行道，請法衆等運玆初捻上香，願此香煙，騰空徑上，供養大道三尊。臣等至心皈身、皈神、皈命，以是功德，上祝皇帝萬壽，宗社隆昌，祚曆遐長，寰區清晏。三師九祖，天下人民，玄貺所覃，並登眞道。今故燒香，自皈依道尊大聖衆至眞之德。得道之後，昇入無形，和與道合眞。

以今臨午行道，請法衆等運玆二捻上香，願此香煙，騰空徑上，供養太上尊經。臣等至心皈身、皈神、皈命，以是功德，歸流仙化道士某，消釋罪尤，解除過譴，出九幽之府，離五苦之庭，輪轉受生，常承福果，終得仙道，長樂無爲，遐及幽沉，溥該動植，九圍之內，庶類之中，賴此鴻休，成臻道化。今故燒香，自皈依經尊大聖衆至眞之德。得道之後，昇入無形，和與道合眞。

以今臨午行道，請法衆等運玆三捻上香，願此香煙，騰空徑上，供養太上三師。臣等至心皈身、皈神、皈命，以是功德，歸流弟子某等，眞炁潛資，至人降接，內凝沖素，外却凶邪，北宮續易盡之年，南府注長生之籍，冤仇銷解，債訟和平，九族親姻，普天民庶，幽明動植，巨福均霑。今故燒香，自皈依師尊大聖衆至眞之德。得道之後，昇入無形，和與道合眞。

懺方，命魔，步虚，三禮。

重稱法位。

具位臣某與合壇官衆等，謹重誠上啓，虚無自然元始天尊，太上大道君，太上老君，昊天玉皇上帝，勾陳天皇大帝，北極紫微大帝，南極注生大帝，東極救苦青玄上帝，承天效法后土皇地祇，上穹圓蓋之高眞，下極方輿之王宰，有靈有聖，今古師宗，醮筵列班，一切眞仙。恭望洪慈，洞回淵鑒。臣等幸以福緣，得參眞化。仙經祕篆，早遂稟修。竊按眞經，深明旨教，師恩至重，義等天親，生化轉輪，當嚴薦奉。今有祈向，敢不謄聞。弟子某伏爲仙化本師某，往以善因，獲忝眞品，佩奉高妙，宗仰正眞。而仙品未充，塵勞未靜，遽纏疾厄，遂至淪亡。雖常數之有終，由後人之貽釁，追悔莫及，荼毒難任，深憂積集之愆，尚累超昇之便，欲求懺悔，以福幽明。弟子某等伏自積劫以來，受生之後，上悖君父，不孝尊親，就僞棄眞，背師欺友。或殺生殘忍，戕害無辜，妬媢賢良，輕淩親屬；或瞰食物命，咀嚼葷辛，竊弄寶經，評論仙聖，忽略四大，穢慢三光，呪詛神明，自欺形影；或妄傳經教，輕泄天書，不合典儀，犯干天憲；或愛人贓信，施用不公，榮潤己身，支贍親黨；或破齋毁戒，有犯玄科，下負人倫，上違經籙，名書黑簿，功落青編，惡至滅身，禍延師表。冥冥長夜，精爽何之。非自首陳，何能升濟。以今修齋行道，悔過知非，存歿罪愆，咸希除蕩。伏願至眞大道，無上衆尊，告下酆都岱宗二十七獄，陰陽水火百二十曹，剗除七世以來生死罪對，得居寬縱，放赦形魂，託生中華，受氣智慧，宗奉玄科，振揚法音，爲人天師，證虚無道。次願

帝王萬壽，臣佐一心，四海同文，八紘共軌，三塗六趣，九夜重冥，睹見光明，免諸罪惱。蝖飛蠢動，率土普天，同賴洪恩，咸升福岸。上明天尊大慈之澤，下副臣等懺謝之誠，謹啓以聞。

十二願。

復爐。

謹攝香官使者、左右龍虎君、侍香諸靈官，當令臣向來臨午行道之所，自然生金液丹碧，芝英百靈，衆眞交會，在此香火爐前。當願十方仙童玉女，接侍蘭煙，傳臣向來所啓之誠，速達徑御太上無極大道、昊天玉皇上帝、東極救苦青玄上帝御前。

出堂頌。

出戶。

上清昇化仙度遷神道場儀 設醮行道

綜　述

杜光庭《道門科範大全集》卷七八《上清昇化仙度遷神道場儀・設醮行道》　法事陞壇如式。

各禮師存念如法。

宣衛靈呪。

五星列照，煥明五方。水星却災，木德致昌。熒惑消禍，太白辟兵。鎭星四據，家國利亨。名刊玉簡，字錄帝房。乘飈散景，飛騰太空。出入冥無，游宴十方。五雲浮蓋，招神攝風。役使萬靈，上衛仙公，與道合眞。

鳴法鼓二十四通。

發爐。

無上三天玄元始三炁，太上道君，太上老君，召出臣等身中三五功曹，左右官使者，左右捧香，驛龍騎吏，侍香金童，傳言散花玉女，五帝直符，直日香官，合三十六人出。出者嚴裝顯服，冠帶垂纓，關啓玄壇土地，方域神眞。臣今設醮延眞，燒香行道，謹奉爲入意，其諸情悃，已錄奏聞，願得太上十方至眞道炁，靈寶瑞光下降，流入臣身中，令臣所啓，速達徑御太上無極大道、昊天玉皇上帝、東極救苦青玄上帝御前。

請稱法位。

具位臣某與合壇官衆等，謹同誠上啓，虛無自然元始天尊，太上大道君，太上老君，昊天玉皇上帝，勾陳天皇大帝，北極紫微大帝，南極注生大帝，東極救苦青玄上帝，承天效法后土皇地祇，十方太上靈寶天尊，諸天天尊，諸天上帝，上清日月星斗河漢羣眞，三官四聖，五師三省眞君，九天天曹，諸位眞君，歷代傳宗啓教諸大師眞，雷霆神虎天醫諸司官將，太上諸階經籙中仙官將吏，天下名山得道神仙，地府酆都大帝，幽陰聖衆，水府扶桑大帝，閬苑眞仙，人元五嶽五天聖帝，酆都地祇，合干元帥，太歲土火，瘟司聖衆，州府城隍主者，當境廟社神祇，福庭土地眞官，法壇諸司官將，三界提魂攝魄神兵，四界直符功曹使者，賸奏俵錢神吏，醮筵主宰一切眞仙。恭望洪慈，洞垂昭鑒。臣等伏聞寶珠傳道，難明喜慶之言；玉局授經，大啓流行之誓。師資踵繼，今古燈傳。自天上而達人間，法固分於精奧；惟高眞之與初學，勢亦異於仙凡。均稱此道之有傳，超出化機之能幾。弟子某奉爲先師某忽驚處順，恐未超升，仰託醮功，上干道化。陳苾芬之嘉薦，敞圭潔之靈場，傒望眞游，鑒觀昭事。瓊輪羽蓋，泛灝氣於清空；月帔星冠，介泬寥於午夜。企百靈之交會，指九夜之仙津。臣與衆等不任瞻望激切延請之至，祇迎聖馭。

降聖，上茶，初獻，散花。

再稱法位。

具位臣某與合壇官衆等，謹重誠上啓，九清上聖，三洞師尊，十方三界，一切眞靈。恭望洪慈，洞回淵鑒。臣聞混元函谷，控白鹿以西升；黃帝鼎湖，駕髯龍而高舉。莫不以長生爲本，却死爲先。且斯道之高玄，係志人之叅究。然功難制錦，喻起繫風，既不勤於用心，豈能專於抱一。放懷慾境，任意塵緣，嗜好日深，衰敗時積，氣亡液漏，血滅骨枯。既道運之漸凋，必生緣之加促。弟子某奉爲先師某生逢景運，名繫玄門，經教雖叅，氣形未鍊，忽隨化而暫滅，恐積行之多違，仙品未克，生方尚阻。仰

惟天尊設教，太上垂科，有仙度昇天之儀，有鍊化生尸之法，使神昇上界，魂超太陰，早入仙源，遠辭冥謫。是敢歸憑至道，建立齋功，因清淨之鶴袍，扣巍峨之虎闕。風飄清唄，繞容曳之雲旗；露挹芳罇，瑩輝華之蘭席。臣等存神天界，端簡夜壇，謄報本之哀悰，格蓋高之睿鑒。濫司關奏，職在升聞，設醮心詞，謹當宣奏。

宣詞。

按如詞言，誠深追慕。諒必塵於天聽，願加憫於幽途。大施渙汗之恩，廣作津梁之路。伏念近化某自從歷劫，洎於此身，住世以來，所犯之罪，六情染累，三業縈牽，是乃反非，功不補過。或傳經授道，乖越明科；或怨法咎師，犯干天憲，違明眞科典、三元品文，身沒幽關，受諸報對，無邊過咎，難以備陳。以今歸命諸天，投哀上聖，罪無巨細，咸乞蕩除。開度窮魂，出離幽苦，鍊神丹霍，受化福堂，蛻骨成仙，餐霞吸景，累修不怠，積學成眞，漸陟虛無，不淪生滅，分身散景，出有入無，與道合眞，體玄接物。三師玄祖，超證仙班；九世先亡，升騰天路。庶獄咸消於慘毒，三塗悉能於騙馳，六趣清升，四生均利。臣與衆等無任告眞拔亡之至，酒陳亞獻。

散花。

重稱法位。

具位臣某與合壇官衆等，謹虔誠上啓，三清上聖，十極妙有高眞，合壇應感，一切眞靈。伏以滅迹去世，雖人道之有終；反胎藏形，由仙功之未滿。託質太陰之室，馳心浩劫之家。伏聞太上垂科，有鍊化生尸之法；高眞演教，有仙度升天之符。使形神復返於霄途，俾體魄不拘於地府。五帝衛護，三界司迎，歷劫流通，仙家傳授。今有某追惟師匠，建立齋功，輒持洪慈，求蠲往過。恐先師某身忝大法，崇奉多違，名係仙曹，修行中廢，積集罪咎，坐致終亡，青簡落名，冥官執過，天門障塞，地戶淹留，萬里幽祇，橫生拘錄。仰希大宥，昭洗宿殃，敕下三官，告盟五帝，舉善輟惡，起死迴骸。使翕景星衢，游神洞府，積功而超六慾，證道而化羣迷，均善利於先曾，覃餘休於後葉。然後弟子某等安居樓觀，克世冠裳，驅塚宅之凶邪，却他人之妒娼。法燈相續，邁陶陵之清修；眉壽無期，追松喬之久視。世羅盡解，道念長新，無忌利物之心，上廣好生之化。臣與衆等不任再三祈請之至，有酒盈樽，謹伸三獻。

散花，祝眞文，宣疏。

具位臣某謹重誠上啓，九清上聖，十極高眞，三界應感，一切眞靈。臣等今則四弘誓滿，六度功圓。濟濟仙儀，儼鸞驂於空際；詵詵法從，整鶴轡於離庭。仙梵停音，清香罷祝。天浮瑞氣，映寶座之玲瓏；月散餘輝，滿花壇之皎潔。企天光而依戀，憫泉路以傾虔。願賜優容，俾倍扈從，使先化本師某賫持玉簡，驂侍丹輿，飄裾碧落之庭，飛步朱陵之府。金書滌慮，挹道潤於中衢；玉液疏神，契德流於上善。均沐玄祖，覃福門人，惠澤所霑，羣生咸遂。臣等不任依戀之至，誠惶誠恐，稽首頓首再拜，奉辭聖駕。

十二願。

復爐。

謹攝香官使者、左右龍虎君、侍香諸靈官，當令臣向來設醮延眞之所，自然生金液丹碧，芝英百靈，衆眞交會，在此香火爐前。當願十方仙童玉女，接侍蘭煙，傳臣向來所啓之誠，速達徑御至眞無極大道、昊天玉皇上帝、東極救苦青玄上帝御前。

送聖，化財，回向。

東嶽濟度拜章大醮儀

綜　述

杜光庭《道門科範大全集》卷七九《東嶽濟度拜章大醮儀》 陞壇法事如式。

庭參。

具位臣某等，謹焚道香、德香、無爲自然香，虔誠啓請虛無自然金闕七寶上帝，東宮敎主太乙救苦天尊，傳經演敎歷代師眞，東嶽泰山天齊仁聖帝，淑明皇后，太子貴妃，殿上炳靈公，西齊靈王，嶽下文武考校，一

切曹僚，三界應感一切眞靈，悉仗眞香，普同供養。臣等伏以無私洪覆，雖持變化之權；有生羣黎，不無仁鄙之異。霄壤相去八萬里，在庶品難以周知；境域肇有十二州，實鬼神司其封守。察知作善而作惡，用是主死而主生。苟懷畏懼之心，當盡皈投之志。冒罪奏爲宣意，其諸情悃，已對敷宣。伏願天齊仁聖帝，洪恩下沛，誠有感而遂通；聖眷俯臨，神無方而來應。擁羣司而雷監，同衆聖以雲臨，暫離喬嶽之居，降赴香筵之請。憫見世銜哀之志，拔已亡負罪之魂，俾得脱於幽牢，庶獲登於道岸。今則壇場肇啓，儀範初行，引領既切於瞻依，注想實深於如在，惟企仙游之至，克諧齋事之成。臣等下情，無任啓請之至以聞。

說戒。

科曰：道以齋爲先。蓋古者祭祀必有齋，齋必有戒，先戒而後齋，所謂七日戒而三日齋也。散齋七日謂之戒。戒者，所以恭依準繩，不犯非僻，動遵戒律，無有愆違也。致齋三日謂之齋。齋者，所以齋潔心神，清滌思慮，專致其精，而求交神明也。周官太宰之職，祀五帝則掌百官之誓戒。前期十日，帥執事而卜日遂戒。又以大司寇涖誓百官，戒於百族。夫以太宰掌治之官戒之，所以重其事；以大司寇掌刑之官涖之，所以致其嚴。《禮記・郊特牲》亦言：卜郊之日，王立於澤，親聽誓命受敎，諫之義也。獻命庫門之內，戒百官也。太廟之命，戒百姓也。古人求交於神明，嚴其戒，重其齋，如此故祀圓丘而天神降，祭方澤而地祇出，格祖廟而鬼神享。雖然爲祭祀之齋，非心齋也。昔顔回受祖於夫子，自謂不飲酒、不茹葷者數月，而夫子未許之以心齋，欲其無聽之以耳而聽之以心，無聽之以心而聽之以氣。氣者，虛而待物，惟道集虛，虛者心齋。《周易》有云：聖人以此洗心，退藏於密，齋戒以神其德。蓋賢人受道於聖人，而聖人與神明合德者，必心齋而得道。故知祭祀之際，而後可以求心齋，則神明生與道合矣。後世道家設醮而謂之齋，蓋以五經所載祭祀之齋，異名而同歸，其致一也。今則東嶽之齋，上請九品高眞降臨壇位，天齊仁聖帝省覽齋功，感格冥司，拯拔罪魂，天神於此而降，地祇於此而出，人鬼於此而享。今因齋而說戒，合壇之人，先受戒約，一歷耳根，永爲道種。即當檢束身心，屏絶外念，存想至眞，使啓奏得行，祈禱必應矣。天尊所言，眞科所傳，今舉七條，衆當信受。

第一戒者，不得殺害，憫念有情，如己身命。殺生之人，有六種報：一者短命，二者多病，三者醜陋，四者形殘，五者地獄苦報，六者受六畜身，償他骨肉。今者不得於道場前後殺害衆生。

第二戒者，不得嗜酒。嗜酒之人，有四種罪：一者見世妨失，二者善法不行，三者多生睡眠，四者顛狂昏亂。今者不得於道場中，嗜酒淫逸，觸忤高眞。

第三戒者，不得生叛背心，言不忠直。不忠之罪，有五種報：一者見被苦刑，二者破家滅族，三者處地獄報，四者得虎狼身，五者生在邊地、心無自在。今者於道場中，常行忠直，以俟藻鑒。

第四戒者，不得無孝順心，違逆父母。不孝之罪，有五種報：一者王法所加，二者有情棄薄，三者地獄受苦，四者受烏梟身、遞相殘害，五者既反人身，貧寒困苦。今者聞戒之後，常持孝心，以俟天聽。

第五戒者，常行慈心。若見衆生臨命終時，爲作功德。昆蟲草木，尤不可傷。愛老憐貧，溥度一切，使不虛今日，道場聽聞戒法之命。

第六戒者，不得誹謗三寶，及有道師尊，乃至在家出家，一切道像。誹謗之罪，有四種報：一者常遭惡疾，二者死拘幽夜，三者舌根乖疏，四者常值寃家、人不愛敬。今者身遇説戒之後，常當恭敬三寶，積行累功。

第七戒者，今日道場之中，常當恭敬，不得懈怠。當須勉勵，內外精勤，日夜乾乾，毋怠毋忽。勤則利有，怠則利無，自利利他，便趁眞極。

已上七戒，合道場人能持否？

天尊言：大道弟子受眞戒者，次當發願，使我戒根牢固如崑崙山，戒行端嚴如玉京殿，戒光明照如日月珠，勤行精進，安樂道場，至眞三清，爲我本源，以戒爲師，無陷邪敎。昔有道士二萬六千人，持奉經戒，專心不退，依法修行。十二年中，地司保舉，諸天奏名。一百年中，白日昇天。又有七萬二千女子，不奉經戒，反行毁謗，見世受苦，死入九幽。是知奉戒功德，不可思議。破戒惡業，難獲赦原。況今日道場，專以解過滌愆，拔亡度死，持戒修齋，尤當精進。諸天童子，金剛神王，三界五帝，神仙兵馬，皆來侍衛。況泰山之中，有三宮空洞之天。神房阿閣，金床玉几，皆羣仙所集。若能恪遵上件戒法，則東嶽司命上卿、佑聖眞君，與百靈衆眞，降臨道場，紀錄齋功，原赦罪魂。若怠慢不恭，破齋壞戒，不足

以濟度先亡，轉爲地官所罰，當受風刀之苦。同壇之士，審而行之。臣等無任激切之至，謹啓以聞。

東嶽濟度拜章大醮儀 啓壇行道

綜　述

杜光庭《道門科範大全集》卷八〇《東嶽濟度拜章大醮儀・啓壇行道》 法事陞壇如式。

各禮師存念如法。

宣衛靈呪。

東方：

九炁青天，明星大神。煥照東鄉，洞映九門。轉燭陽光，掃穢除氛。開明童子，號曰玄卿。備衛我軒，上對帝君。收魔束妖，討捕兇羣。奉承正道，赤書玉文。九天符命，攝龍驛傳。普天安鎮，我得飛仙，與道合眞。

南方：

三炁丹天，煥景流光。熒星轉燭，洞照太陽。上有赤精，合契虛皇。開明童子，號曰華房。總統火兵，備守玉堂。斬邪束妖，剪截魔王。北帝所承，風火莫當。流鈴交煥，翊衛壇場。正道流行，敢有巴狂。我享上功，坐運魁罡。億劫長存，保天無疆，與道合眞。

西方：

七炁素天，太白流精。光耀金門，洞照太冥。中有素皇，號曰帝靈。保神安鎮，衛我身形。斷絶邪源，王道正明。宮殿整肅，三景齊并。道合自然，飛昇紫庭。靈寶符命，普惠萬生。元皇正炁，來合我身。功加一切，天地咸寧，與道合眞。

北方：

五炁玄天，元始徘徊。辰星煥燦，光耀太微。黑靈尊神，號曰層威。統冠飛天，仙裙羽衣。備衛五門，檢精捕飛。敢有干試，豁落斬摧。玉符所告，神鎮八威。邪門閉塞，正道明開。映照我身，三光同輝。策空駕浮，舉形仙飛，與道合眞。

中央：

一炁黄天，調理乾坤。陶鎔陰陽，總統玄眞。鎮星吐輝，流煥九天。開明童子，號曰天璘。元炁陽精，焰上朱煙。洞照天下，及臣等身。百邪摧落，殺鬼萬千。中山神呪，普天使然。五靈安鎮，身飛上仙，與道合眞。

鳴法鼓二十四通。

發爐。

無上三天玄元始三炁，太上道君，太上老君，召出臣身中三五功曹，左右官使者，左右捧香，驛龍騎吏，侍香金童，傳言散花玉女，五帝直符，直日香官，合三十六人出。出者嚴裝顯服，冠帶垂纓，關啓玄壇土地，方域神眞。臣今陞壇行道，謹奏爲宣意，其諸情悃，已録告聞，願得太上十方至眞道炁，靈寶瑞光下降，流入臣身中，令臣所啓，速達徑御太上無極大道、昊天金闕玉皇上帝御前。

請稱法位。

具位臣某等，謹同誠上啓，虛無自然金闕七寶上帝，東宮教主太乙救苦天尊，傳經演教歷代師眞，東嶽泰山天齊仁聖帝，淑明皇后，太子貴妃，殿上炳靈公，西齊靈王，嶽下文武考校，一切曹僚，三界應感一切眞靈。咸望洪慈，俯回清鑒。臣聞七竅鑿而混沌死，有情皆爭；五碁至而淫僻生，無主乃亂。在既繁而既庶，將孰主而孰張。人君奉天道以建邦，必分之於牧伯藩屏；上帝握化權而御物，實付之於嶽瀆神祇。故主聖臣賢之任，操賞罰以御其生；在天地神祇之靈，方録功而制其死。式俾積善積惡之衆，無逃一生一死之機。明既有於人非，幽必罹於鬼責。故護短飾非者，邦刑所不免；則藏奸匿慝者，天罰所必加。懲愆首過者，亦爲國法之含容；請命求哀者，必在冥司之解釋。爰有崇眞之醮，實勤悔過之誠，稽首震方，皈心嶽帝，願託仁慈之鑒，廓開赦宥之門，察凡懇於今辰，拔罪魂於長夜。所啓玄感，上御至眞無極道前。

懺悔，三啓，三禮。

臣謹虔誠上啓，虛無自然金闕七寶上帝，東宮教主太乙救苦天尊，傳經演教歷代師眞，東嶽泰山天齊仁聖帝，淑明皇后，嶽下文武考校，一切曹僚，三界應感，一切眞靈。願啓洪慈，俯昭丹懇。臣聞木旺東方，實謂藏魂之地；山臨魯國，尤崇望祀之儀。冠五嶽以獨尊，總百神而爲貴。考博物之志，名尤重於天孫；按風俗之通，文有藏於金匱。壽分修短，驗武帝探冊之祥；簿有職司，見吉礐迓吏之至。信稟生於衆庶，皆係命於嶽靈。所由始而所由終，亦主生而亦主死。二十四獄，常糾惡以結奸；八十六司，必紀功而書過。用罄皈依之志，追思往逝之魂。慮因處世之難危，或染多生之罪垢。一入犴牢之內，難免拘囚；頻嬰捶楚之苛，不勝痛酷。用希恩而解釋，式致敬以禱祈。臣等即事有初，啓壇伊始，式凖天尊之告命，敬宣醮主之詞誠，啓壇詞文，謹當宣奏。

宣詞。

諦詳詞語，深可悲哀。蓋哀死而悼亡，遂披肝而瀝膽。深慮罪愆之久積，魂繫陰司；或因按牘之未明，辱從獄卒。用陳情而控告，祈垂聽以哀矜。洗滌愆非，憐其不覺而不悟；曲從凡悃，知其克敬以克親。風馬雲車，俯齋壇而下降；霓旌絳節，迓仙馭以來臨。仰望眞慈，下資冥福。臣等恪因淨宇，肇舉洪儀，伏乞太上三尊，十方衆聖，垂神省覽，鑒察丹誠。乞敕勒此間土地里域眞官，一合同心，並力營衛，掃蕩內外，清淨壇場，降伏妖魔，馘滅邪祟。使臣等心安神定，思念立感，啓奏上達，善功成就，無有窒滯，所願隨心。須節次依法行道，續更啓聞。

十二願。

復爐。

謹攝香官使者、左右龍虎君、侍香諸靈官，當令臣向來靜夜行道之所，自然生金液丹碧，芝英百靈，衆眞交會，在此香火爐前。當願十方仙童玉女，接侍香煙，傳臣向來所啓之誠，速達徑御至眞無極大道、昊天玉皇上帝御前。

出堂頌。

出戶。

東嶽濟度拜章大醮儀 臨午行道

綜　述

杜光庭《道門科範大全集》卷八二《東嶽濟度拜章大醮儀・臨午行道》

法事陞壇如式。

各禮師存念如法。

宣衛靈呪。

丹靈朱火，炎霞激風。赤輪剛運，天光八衝。迸威包羅，交變萬方。流金豁落，羣魔滅蹤。辟奸破妖，明耀元功。金符召制，躡雲策龍。瑤歌慶會，散花太空。神化冥運，四極安隆。伏御帝前，罔有不恭，與道合眞。

鳴法鼓二十四通。

發爐。

無上三天玄元始三炁，太上道君，太上老君，召出臣身中三五功曹，左右官使者，左右捧香，驛龍騎吏，侍香金童，傳言散花玉女，五帝直符，直日香官，合三十六人出。出者嚴裝顯服，冠帶垂纓，關啓玄壇土地，方域神眞。臣今臨午行道，謹奏爲宣意，其諸情悃，已錄告聞，願得太上十方至眞道炁，靈寶瑞光下降，流入臣身中，令臣所啓，速達徑御太上無極大道、昊天金闕玉皇上帝御前。

請稱法位。

具位臣某等，謹虔誠上啓，虛無自然金闕七寶上帝，東宮教主太乙救苦天尊，傳經演教歷代師眞，東嶽泰山天齊仁聖帝，淑明皇后，太子貴妃，殿上炳靈公，西齊靈王，嶽下文武考校，一切曹僚，三界應感一切眞靈。咸望洪慈，俯垂丹懇。臣聞處震卦而爲大塗，固當出萬物之首；登泰山而小天下，亦常居羣祀之先。東乃始生之方，岱爲管攝之地。生必東首，昔人知向背之宜；氣起東隅，造物全溫厚之致。固知嶽帝之德，實符

天道之仁。德本好生，必欲赦除於有罪；仁惟濟衆，豈不廣布於洪恩。既司出入之機，寔制短長之命，苟有皈眞而向道，必蒙釋死以興生。況死者人之所甚，哀懼久淪於長夜；而生者人之所大，欲願長處於明時。況身有善惡之殊，故享年有壽夭之異。跡已絶於人世，遽至殂亡，魂必往於岱宗，未蠲罪累。須與求哀而懺悔，未能補過以滌除。奉道某家哀死悼亡，感今懷昔。念重泉之頓隔，無計攀援；惟妙道之可憑，仰干超度。爰企升中之地廣開，解厄之門于時。陽景方中，盡幽遐而徧照；晝漏停午，肅壇陛以無塵。想衆聖之來臨，顧凡情之上達，大頒善利，速度亡魂，臨午詞誠，謹當宣奏。

宣詞。

按如詞旨，深切悲哀。臣聞薤露易晞，悲傷莫及。樹風不靜，慘怛難言。深慮亡者陽過陰愆，未悟於安存之日；神誅鬼責，併臨於隕沒之時。不見昭昭之人寰，惟就冥冥之幽圄。爰奉九眞之妙戒，式遵三洞之祕文。以今臨午行道，請法衆等運兹初捻上香，願此香煙，騰空徑上，供養玉清聖境元始天尊，十方道寶。臣等皈身、皈神、皈命，以是功德，歸流亡人某。冀洗多生之罪，獲逢肆眚之恩。精誠潛感於帝心，曲垂慈憫；祈禱遙聞於天聽，俯賜哀矜。知其往日之愚迷，許以兹辰之悔悟，命獄卒而釋杻械，付司命而守形骸，早離幽滯之途，即達逍遙之境。今故燒香，自歸依道尊大聖衆至眞之德。得道之後，昇入無形，和與道合眞。

臣聞紫戶定錄，開度長夜之門；黄華蕩形，鍊成生身之質。自元始之垂教，皆無量以度人。以今臨午行道，請法衆等運兹二捻上香，願此香煙，騰空徑上，供養上清眞境靈寶天尊，無上經寶。臣等皈身、皈神、皈命，以是功德，歸流亡過某等。伏願削除罪簿，罷對陰司，落滅惡根，脱蹤苦趣，決山火不流之獄，推雷雨作解之恩。身口意之愆尤，即從洗蕩；神祇鬼之攝制，共賜涵洪。得逢起死之期，俾受更生之化，遵達往亡之迷路，鑒納哀懇之誠心。今故燒香，自歸依師尊大聖衆至眞之德。得道之後，昇入無形，和與道合眞。

臣聞執圓規而主人，太皡顯司方之地；不崇朝而徧雨，公羊紀觸石之功。固惟喬岳之靈，務錫庶民之福。以今臨午行道，請法衆等運兹三捻上香，願此香煙，騰空徑上，供養太清仙境降生天尊，十方師寶。臣等皈身、皈神、皈命，以是功德，歸流亡過某等。伏願愛河靜浪，苦海停波，囊因淪誘而不知，今日見聞而頓悟。嶽靈垂佑，浮飛爽於幽冢；空洞生神，歸混炁於梵輔。永脱沉淪之厄，速蒙鍊度之恩。今故燒香，自歸依師尊大聖衆至眞之德。得道之後，昇入無形，和與道合眞。

懺方，三啓，三禮。

具位臣某等，謹重誠上啓，虚無自然金闕七寶上帝，東宫教主太乙救苦天尊，傳經演教歷代師眞，東嶽泰山天齊仁聖帝，淑明皇后，太子貴妃，殿上炳靈公，西齊靈王，嶽下文武考校，一切曹僚，三界應感一切眞靈。咸望洪慈，俯昭丹懇。臣聞會同五老，常聽法於天尊；光照九幽，因起請於法解。深憫三塗之厄，尤悲五苦之艱。考治罪魂，則有巨天力士；峻嚴陰獄，則有執法神兵。劍樹刀山，絶筋折骨。鑊湯鑪炭，粉質糜軀。鳥啄蛇吞，犁耕鋸解。如斯苦惱，實可嗟吁。幸上聖之大慈，與説因緣之起；得眞人之垂憫，俾知善行之修。率因三業之纏，亦自六塵之染。觸情徇意，不知石火之難停；受報罹殃，翻使夜扉之久閉。倘許革心而嚮道，皆得解考以滌尤。廣造福田，必仗琅函之經典；稱揚聖號，無踰東極之天尊。寔與斷疑惑之根，俾獲悟希夷之理。醮官某重念哀方深於死沒，罪恐積於生存，業網未除，法橋難上，須憑妙善，與滌前非。爰祗肅於齋壇，式具嚴於褥禮。名先嵩華，常驤首以遐瞻；勢面雲亭，寔注心而懇禱。丹輿綠輦，期飈忽以來臨；羽蓋霓旌，想葳蕤而下降。洞鑒精忱之意，宏開拔度之門。允同救苦之上眞，隨聲應感；用濟沉淪之墜魄，委順成形。早逢南極之注生，兼得北都之部衛，漸階仙路，不滯迷途，普使存亡，均諧利樂。上明天尊大慈之澤，下副臣等皈命之誠，謹啓以聞。

十二願。

復爐。

謹攝香官使者、左右龍虎君、侍香諸靈官，當令臣向來臨午行道之所，自然生金液丹碧，芝英百靈，衆眞交會，在此香火爐前。當願十方仙童玉女，接侍蘭煙，傳臣向來所啓之誠，速達徑御至眞無極大道、昊天玉皇上帝御前。

出堂頌。

出戶。

東嶽濟度拜章大醮儀散壇行道

綜　述

杜光庭《道門科範大全集》卷八四《東嶽濟度拜章大醮儀·散壇行道》

法事陞壇如常。

各禮師存念如法。

宣衛靈呪。

五星列照，煥明五方。水星却災，木德致昌。熒惑消禍，太白辟兵。鎭星四據，家國利亨。名刊玉簡，字錄帝房。乘飈散景，飛騰太空。出入冥無，遊宴十方。五雲浮蓋，招神攝風。役使萬靈，上衛仙翁，與道合眞。

鳴法鼓二十四通。

發爐。

無上三天玄元始三炁，太上道君，太上老君，召出臣身中三五功曹，左右官使者，左右捧香，驛龍騎吏，侍香金童，傳言散花玉女，五帝直符，直日香官，合三十六人出。出者嚴裝顯服，冠帶垂纓，關啓玄壇土地，方域神眞。臣今靜夜行道，謹奏爲宣意，其諸情悃，已錄告聞，願得太上十方至眞道炁，靈寶瑞光下降，流入臣身中，令臣所啓，速達徑御太上無極大道、昊天金闕玉皇上帝御前。

請稱法位。

具位臣某等，謹虔誠上啓，虛無自然金闕七寶上帝，東宮教主太乙救苦天尊，傳經演教歷代師眞，東嶽泰山天齊仁聖帝，淑明皇后，太子貴妃，殿上炳靈公，西齊靈王，嶽下文武考校，一切曹僚，三界應感一切眞靈。臣聞至岱而柴巡，狩尙欽於虞帝；卜郊而望命，祀尤敬於魯邦。應木德而主仁，善能爲長；當春時之首歲，物所由生。固知嶽帝之仁，本好生惡殺而爲事；兼制天民之籍，亦注生出死而爲功。凡茲總總而林林，皆荷生生而化化。豈忍虐於呼號屠割之地，非欲留於幽囚圄犴之中。但緣有衆之愚蒙，罪皆自取；每循凡情之愛惡，欲固無窮。逞驕婬而邪僞百端，恣姦巧而變詐萬狀，罪未正則必使議罪，刑有律則不容逃刑。尙冀泣辜之仁，亦希讞獄之請。出其能改，豈不如圜土之罷氓；死或銜寃，詎使有棘林之哭鬼。用求哀而請命，願補過以懲愆，修大道緣以爲法橋，遵大道教以爲慧炬，求大道庇以爲法雲，依大道慈以爲法雨，庶沐漏泉之澤，早拔幽夜之魂，罄累日之恭勤，極凡誠之悃愊。注想太淸之境，祈羽葆之降臨；歌詠步虛之章，企雲駢而來下。暫離金闕，前嘯九鳳和鳴；俯莅凡筵，後吹八鸞翔舞。聖意感通於須臾之際，眞馭往來於倏忽之間，必將人欲而天從，應許下情而上達。臣等無任虔誠，奉迎聖駕。

降聖，初獻，散花。

臣某等謹虔誠上啓，虛無自然金闕七寶上帝，東宮太乙救苦天尊，傳經演教歷代師眞，東嶽泰山天齊仁聖帝，淑明皇后，嶽下文武考校，一切曹僚，三界應感一切眞靈。臣聞五嶽分奠於寰區，獨岱宗而爲首；百靈交會於嶽府，蓋民命之所司。非獨探策以爲符，亦由出祥而顯化。樣石自立，曾孫果紹於唐宗；暴風所飄，祖龍終覆於嬴氏。在王者而尙司其成敗，況民編皆制其死生。爰念先亡，豈超流俗。觸情望行，或貪嫉愚癡而嗔恚；以物從欲，亦放僻邪侈以驕淫。三業爲伐性之斧斤，萬罪作喪身之鴆毒。昔居人世，罟擭陷阱而不知；今入幽關，枷鎖杻械之難免。正名定罪，雖有餘辜；沛澤流恩，尙希曲赦。大道本從於善貸，愚衷敢效於維新。爰仗黃冠，式陳淨醮。披肝瀝膽，備陳悔往之辭；引頸注心，尤切徯來之望。玉檢登封之地，想嚴駕於雲輿；石閭降禪之方，企虛徐於仙仗。惟恍惟惚而潛交精意，來寧來燕而大賜洪庥。不卑筐筥錡釜之供，特享蘋蘩蘊藻之薦。禮方行於初獻，誠既盡於一純。雖慚明德之惟馨，尙有祝詞之陳信。願察哀情於此日，早抽苦爽於陰扉。設醮詞誠，謹當宣奏。

宣詞。

諦詳詞語，灼見哀衷。何必遊曲阜之都，始能傾向；豈惟上大庭之庫，方極瞻依。念亡魂之有歸，實嶽靈之兼統。肉其枯骨，用周十遍之經；畀以生成，必洞九天之奧。資注筭於東斗，得受鍊於南宮。哀死悼亡，雖曰人歸於土；更生受化，復祈天與之形。臣等至誠，頓首再拜，謹陳亞獻。

散花。

臣某等謹同誠上啓，虛無自然金闕七寶上帝，東宮太乙救苦天尊，傳經演教歷代師眞，東嶽泰山天齊仁聖帝，淑明皇后，嶽下文武考校，一切曹僚，三界應感，一切眞靈。臣聞天非夭民，元命皆由於自絕；人苟陷罪，上聖豈忌於恤刑。不令惡無所懲，未顯業皆自作。既路隔三清之遠，必獄沉九地之多。一落重陰，或經累劫。蓋南方號爲火翳，墜之者爛額焦頭；西方鐵曰金剛，入之者鎚心叉腹。溟泠處於極北，則苦百毒之丘寒；普掠居於中央，則墜八達之風樹。銅柱屠割之異，火車鑊湯之殊，皆因往日之循情，故有茲時之受苦。況此東方之獄，亦有號於風雷；必關聖帝之神，豈不施其威柄。幸天尊之光明徧照，不使全迷；雖陰司之考掠嚴行，豈無曲貸。用罄虔恭之志，冀蒙濟度之恩。名香已達於三天，旨酒方行於再獻，髣髴靈旛之至，依稀鑾軺之臨。伏願感通必至於交孚，哀痛詎令於無告。在穹窿日觀之下，早出幽明；近隱奧天門之中，即離苦惱。許悔惡而遷善，俾證道以登眞。臣等恭虔，頓首再拜，謹陳終獻。

散花。

具位臣某等，謹重誠上啓，虛無自然金闕七寶上帝，東宮太乙救苦天尊，傳經演教歷代師眞，東嶽泰山天齊仁聖帝，淑明皇后，太子貴妃，殿上炳靈公，西齊靈王，嶽下文武考校，一切曹僚，三界應感一切眞靈。臣聞龍漢出書已後，始廓向道之門；赤明開劫以來，惟以度人爲事。神靈普殖，仙化成人，聖母衛房而司馬在庭，主錄勒籍而司命定筭，豈欲毒斯民而苦其死，蓋將蕃庶類而與其生。然人爲或致於逆天，故陰獄必逢於陷地。冤仇所集，鬼神所誅，作不善因，受大苦報。賴有元始之符命，許時刻以昇遷；亦有魔王之洞章，錄功勤而保舉。俾死魂之受鍊，得生炁以固根。北都羅酆，解厄即離於泉府；南昌宮闕，監生更賴於尊神。執籙把籍而齊到帝前，稟命賦形而周流宇內，皆承元梵之恢漠，各得下鎮於泥丸。醮主某深念亡魂，未登生界。在魯邦所瞻之地，猶滯泉鄉；思孔氏其萎之歌，久辭人世。況有禍殃之未洗，實爲楚毒之難勝。用懇請於仙游，備陳懺悔；仍掃除於淨宇，嚴列供陳。賚香信以誓心，朝眞靈而謝過。今則樽行三獻，宵入五更，惟益勵於恭虔，庶仰希於眷佑。伏願洗除罪咎，鑒納精誠。肯旌三寶之功，消名黑簿；早被九龍之命，注祿青宮。乘晨景而希陽翹，開大有而通玄戶。稟形受鍊，得登流火之庭；隨願往生，遂躋仁壽之域。臣與醮主某等，下情無任虔祝之至。

十二願。

復爐。

謹攝香官使者，左右龍虎君，侍香諸靈官，當令臣向來靜夜行道之所，自然生金液丹碧，芝英百靈，衆眞交會，在此香火爐前。當願十方仙童玉女，接侍蘭煙，傳臣向來所啓之誠，速達徑御至眞無極大道、昊天玉皇上帝御前。

出堂頌，出戶。

送聖，回向。

東嶽濟度上章大醮三時懺方儀 臨午十方儀

綜　述

杜光庭《道門科範大全集》卷八五《臨午十方懺》 臣衆等至心皈命東方玉寶皇上天尊，九炁天君，一切神仙，諸靈官，虔誠懺謝。伏聞在東爲木，於德主仁。人昧仁心，必乖仁德。不能懺洗，曷免愆尤。醮主某奉爲亡人某，懺悔不仁之罪。爰自多生，以至今生，或忘惻隱之心，罔抱寬慈之志。在家靡愛親之念，孝養全虧；入仕無憂主之誠，忠勤頓闕。鰥寡孤獨，曷務撫存。疾苦困窮，弗思拯濟。推內溝而不被澤，深愧伊生；笑有刀而潛殺人，但如義甫。棄遺宗族，徒令相怨於一方；委遠弟兄，寧肯同居而共被。問津莫荅，擠壑是圖。既因六行之無聞，豈固一夫之不獲。如斯罪犯，有害寬仁。切慮亡過某身亡之後，墮落東方風雷之獄，或在東嶽聖帝考官之司，輾轉幽關，無由解脫。今日至心皈命東方世界玉寶皇上天尊，九炁天君。伏願敕下泰山，開度亡過某，盡洗不仁之罪，獲霑木德之恩。得道之後，昇入無形，和與道合眞。

臣衆等至心皈命南方玄眞萬福天尊，三炁天君，一切神仙，諸靈官，

虔誠懺謝。

伏聞在火司南，於德爲禮。人乖火德，蓋昧禮經。身積愆尤，須求洗雪。醮官某奉爲亡人某，懺悔無禮之罪。自從多生，以至今生，或忌辭遜之心，弗蘊恭勤之志。儀既乖於謙制，事赤失於履和，處卑賤而瀆尊，居幼弱而犯上，几席寧思於下坐，道途必務於先行，橫逆鄉黨之間，淩蔑君親之際。夷俟踞肆，常欲對於聖人；袒裼裸裎，不媿浼於賢哲。豈知顔子憂視聽言動之非，寧憶先王美動容周旋之中。墮與慢而兼用，驕與傲以相成，縱誕若斯，禮儀全失。今切慮亡過某身亡之後，墮落南方火翳之獄，或在南嶽聖帝考官之司，輾轉幽關，無由解脫。今日至心皈命南方世界玄眞萬福天尊，三炁天君。伏願敕下南方，開度亡過某，盡洗無禮之罪，超昇快樂之天。得道之後，昇入無形，和與道合眞。

臣衆等至心皈命西方太妙至極天尊，七炁天君，一切神仙，諸靈官，虔誠懺謝。伏聞在金主西，於德爲義。人亡金德，蓋昧義方。身積愆尤，須求洗雪。醮官某奉爲亡人某，懺悔不義之罪。自從多生，以至今生，或忌羞惡之心，甘受爾汝之實。食祿耽寵，尤且後君。刎頸結交，尚欲賣友。事已志於井辯，利寧尚於乾和，弗思孟氏之答梁，但效宋牼之悅楚。不勝其欲，則化從夏癸；可謂之殘，則惡類商辛。不能絶穿窬而無害人，豈知循漸摩而由正路。取非有而近於盜，況復適市而攫金；戮不辜而過於嚴，方且舞文而成獄。如斯罪慮，莫適由行。切慮亡人某身亡之後，墮落西方金剛之獄，事繫西嶽聖帝考官之司，輾轉幽關，無由解脫。今日至心皈命西方世界太妙至極天尊，七炁天君。伏願敕下西方，開度亡過某，盡洗不義之罪，獲聞至道之功。得道之後，昇入無形，和與道合眞。

臣衆等至心皈命北方玄上玉宸天尊，五炁天君，一切神仙，諸靈官，虔誠懺謝。伏聞在水居坎，於德爲智。人乖水德，蓋無智心。身積愆尤，須求洗雪。醮官某奉爲亡過某，懺悔無智之罪。自從多生，以至今生，弗辨是非之禮，但懷愚昧之情。不自知而不知人，豈舉直而能直，枉睫在眼而弗見，扃居中而愈昏。我固有直於四端，徒成憒憒；寔當知於其二者，反自冥冥。淩禮犯義，不識愛敬於君親；捨信棄忠，豈知敦睦於朋友。光難回於反照，詐且並於今愚。道固易知而易行，剛欲背道；民有後知而後覺，尚愧齊民。徒勞蒙而履刑，不悟蹇而知止。罪誠難免，智已全迷。切慮亡人某身亡之後，墮落北方溟泠之獄，事繫北嶽聖帝考官之司，輾轉幽關，無由解脫。今日至心皈命北方世界玄上玉宸天尊，五炁天君。伏願敕下北方，開度亡過某，盡洗無智之罪，即生快樂之天。得道之後，昇入無形，和與道合眞。

臣衆等至心皈命東北方度仙上聖天尊，梵炁天君，一切神仙，諸靈官，虔誠懺謝。伏聞水居北方，善能利物。人無利物，貪愛資深。身積愆尤，須求洗雪。醮官某奉爲亡人某，懺悔貪愛之罪。自從多生，以至今生，不能損己以利他，惟務損人而益己。但知憂惟不足，豈知分無求多。計頃千百而爲田翁，藏鏹鉅萬而爲錢虜。不知易滿百歲，有如隙駒；剛欲不拔一毛，以爲身禍。或欺孤兒寡婦，奪家產而不還；若爲坐賈行商，倍價直而自喜。謗僧毀道，全無喜捨之心；見餒遇寒，曾靡矜憐之意。賒貸取一倍之利，未滿欲心；賓友費十百之錢，已形慍色。況有殺人取貨，詎知分人以財。如此愆非，積成殃禍。切慮亡過某身亡之後，墮落東北方鑊湯之獄，事繫岱宗考官之司，輾轉幽關，無由解脫。今日至心皈命東北方世界度仙上聖天尊，梵炁天君。伏願衆聖垂慈，亡魂受度，盡洗貪愛之罪，得生快樂之天。得道之後，昇入無形，和與道合眞。

臣衆等至心皈命東南方好生度命天尊，梵炁天君，一切神仙，諸靈官，虔誠懺謝。伏聞東方木德，又欲廣生。人無好生，殺害爲甚。未能洗雪，曷克愆尤。醮主某奉爲亡人某，懺悔殺害之罪。自從多生，以至今生，惟甘適口之噉肥，不念有生之畏死。彎弓挾彈，落飛羽於雲中；垂網沉鈎，出游鱗於水底。濡沫未忘而鬐鬣已頓，搏風在念而羽翮皆摧。犬豕牛羊，皆極情而擊刺；鷄鶩鵝鴈，嘗循意以烹煎。聲呼號於刀斧之前，血淋漓於鼎俎之上。封刲解剝，不思均是色身；煮炙炮燔，但謂甘充口腹。思魯恭之馴雉，用意何殊；想西巴之放麑，存心曷異。非能不忍其死，徒令多喪其生，積此愆尤，寧無陷墜。切慮亡人某身亡之後，墮落銅柱之獄，事繫岱宗考官之司，輾轉幽關，無由解脫。今日至心皈命東南方好生度命天尊，梵炁天君。伏願衆聖垂慈，亡魂受度，盡洗殺害之罪，即生快樂之天。得道之後，昇入無形，和與道合眞。

臣衆等至心皈命西南方太靈虛皇天尊，梵炁天君，一切神仙，諸靈官，虔誠懺謝。伏聞南方火德，又在貌嚴。人失貌嚴，必居邪行。不求洗

雪，曷免愆尤。醮主某奉爲亡過某，懺悔邪行之罪。自從多生，以至今生，或懷婬佚之心，失守廉潔之操。擬求思於漢上，懋期會於桑中，美澤陂之蒲荷，贈溱洧之芍藥。有女懷春而誘於士，匪來貿絲而即我謀。盛服而強其委禽，踰牆而摟其處子。志希任達，梭折齒而不慙；情慕合歡，琴挑心而切喜。但知粉白黛綠，有美顏容；豈謂目挑心招，深乖禮義。事有形於盜嫂，跡且至於竊妻。積此罪愆，必貽殃禍。切慮亡人某身亡之後，墮落西南方屠割之獄，事繫岱宗考官之司，輾轉幽關，無由解脫。今日至心皈命西南方太靈虛皇天尊，梵炁天君。伏願衆聖垂慈，亡魂受度，盡洗邪行之罪，得生快樂之天。得道之後，昇入無形，和與道合眞。

臣衆等至心皈命西北方無量太華天尊，梵炁天君，一切神仙，諸靈官，虔誠懺謝。伏聞西方金德，又在禁非。人不禁非，偷盜爲甚。不求洗雪，曷免愆尤。醮主某奉爲亡人某，懺悔偷盜之罪。自從多生，以至今生，不貴西山之高，惟慕東陵之猾。目窺手探，晝伏夜行。徒患其貪，若宋邦之向氏；不知其道，慙齊地之國生。曾非勤苦之得財，但務穿窬而取賄。擔囊負櫃，翻更喜於緘縢；抉門斬關，豈更憂於扃鍵。落帽而得藏摽，但若祖班；同舍而償誣金，豈如直子。赭裾而識，曾貽張敞之擒；察眉可知，難逭郤雍之見。謾言先勇而後義，復有王藏而賴姦。積此非邪，遂成殃咎。切慮亡人某身亡之後，墮在西北方火車之獄，又關岱嶽考官之司，輾轉幽關，無由解脫。今日至心皈命西北方無量太華天尊，梵炁天君。伏願衆聖垂慈，亡魂受度，盡洗偷盜之罪，得生快樂之天。得道之後，昇入無形，和與道合眞。

臣衆等至心皈命上方玉虛明皇天尊，一炁天君，一切神仙，諸靈官，虔誠懺謝。伏聞天道貴正，以一存誠。人無正誠，背違天道。不能洗雪，曷免愆尤。醮官某奉爲亡人某，懺悔無信之罪。自從多生，以至今生，綺語妄言，背盟負約。軍已亡於甲冑，尚冀安全；車非有於軏輗，猶言行可。金殊季布之諾，責在友朋；紳異子張之書，怨形州里。不念能開之金石，或且矯誣於鬼神。可復其言，終殘魯語。二三其德，遂愧周詩。浮僞虛誣，豈徒欺物而兼爲欺己；詭譎誕幻，不能動人而豈復動天。但欲掩世俗之聾盲，曾不畏日月之照臨，積失誠信，難免愆尤。切慮亡人某身亡之後，墮落冥途，事繫三元考官之司，無由解脫。今日至心歸命上方玉虛明皇天尊，一炁天君。伏願三官解釋，亡者超升，盡除無信之愆，得證逍遙之果。得道之後，昇入無形，和與道合眞。

臣衆等至心皈命下方眞皇洞神天尊，九壘土皇君，一切神仙，諸靈官，虔誠懺謝。伏聞地道貴信，惟直以方。人無信直，背違地道。不能洗雪，曷免愆尤。醮主某奉爲亡人某，懺悔不正之罪。自從多生，以至今生，身如鈎曲，事異短方，捨正路而不由，蹈邪徑而常往，諂詐而害良善，姦詭而嫉正人。直義不容，見夷吾編棧之喻；邦雖有道，無史魚如矢之心。毀譽不見於直行，機巧遂聞於無耻。童五尺而來，適市必務肆欺；詩三百而貴，無邪不知可蔽。用力惟從於回遹，求福罔念於不回。積此愆尤，自貽罪戾。切慮亡人某身亡之後，墮在九幽之獄，事繫酆都泉曲考官之司，輾轉寒鄉，無由解脫。今日至心皈命下方眞皇洞神天尊，九壘土皇君。伏願酆都罷對，泉曲宥魂，盡洗不正之愆，永證逍遙之果。得道之後，昇入無形，和與道合眞。

靈寶崇神大醮儀 自然行道

綜述

杜光庭《道門科範大全集》卷八六《靈寶崇神大醮儀・自然行道》

法事陞壇如式。

各禮師存念如法。

宣衛靈呪。

五星高耀，瑞氣飛浮。元始集神，天地交周。玉符寶節，嘯命微幽。擲火揚威，奸凶無留。萬魔振伏，紛葩却消。摧怪滅惡，道炁周流。神光照夜，陰翳俱收。萬神降格，扇景乘飈。羣生咸遂，惠徧神州，與道合眞。

鳴法鼓二十四通。

發爐。

無上三天玄元始三炁，太上道君，太上老君，召出臣身中三五功曹，

左右官使者，左右捧香，驛龍騎吏，侍香金童，傳言散花玉女，五帝直符，直日香官，合三十六人出。出者嚴裝顯服，冠帶垂纓，關啓玄壇土地，方域神眞。臣今靜夜行道，謹奏爲宣意，其諸情悃，已錄告聞，願得太上十方至眞道炁，靈寶瑞光下降，流入臣身中，令臣所啓，速達徑御太上無極大道、昊天金闕玉皇上帝御前。

請稱法位。

具位臣某等，謹虔誠上啓，三清上帝，十極高眞，日帝月皇，南宸北斗，三官五帝，四聖眞仙，演教傳經歷代師眞聖衆，酆都嶽瀆、憲府洞天、水國雷司、城隍溫部、當境廟社應感一切衆眞。咸望洪慈，洞昭丹懇。臣聞大而化之謂之聖，聖能充塞於兩間；感而遂通謂之神，神能通變於四海。本上穹之星曜，作下土之威靈，代天而主制山川，察民而虧盈禍福。善之極者，則臻其福善；痾之深者，則肆以災痾。儼然無黨以無偏，必可以正而以直。天以神而繩愆糾繆，人以神而降監儲祥。神人既有於相依，天道必能於監照。德斯孚佑，恩豈忽忌。醮主某幸處人倫，切依神庇。當奉犧牲之祭，恐未盡於嚴恭；敢陳蠲潔之修，庶獲伸於昭報。諷瓊篇之隱韵，歌碧落之洞章。欽仰元慈，用延景貺。某職當宣化，志在佐時，務積行以修功，期拯民而濟物。凡有陳露，敢不上聞，具有詞誠，謹當宣奏。

宣詞。

諦詳詞語，灼見至誠。非沖科何以感神道之睠旓，非道範何以增尊神之威福。是用輒憑道侶，恭演仙科，冀回有裕之天慈，重益無邊之神力。臣聞君不自治，付守令以主民；天本無言，委神祇而贊化。凡分職共理於靈祠福地，則承流宣化於壯縣名藩。害盈益謙，賞善罰惡。凡有吉凶之兆，皆能影響之隨。以今崇神行道，請法衆等運茲初捻上香，願此香煙，供養太上三尊，諸天上帝。以是功德，上祝神位。伏願眞乘頓悟，道果彌高，享神福之無窮，昇仙階之上品。然後福流國祚，保佑帝圖，四海晏清，八方寧靖。今故燒香，自皈依道尊大聖衆至眞之德。得道之後，昇入無形，和與道合眞。

臣聞秘言傳世，即爲衆妙之門；大道無形，常寓經綸之旨。教法本同一理，賢愚自異兩途。苟能靜慮以研機，乃可因心而會道。以今崇神行道，請法衆等運茲二捻上香，願此香煙，供養璇霄列聖，紫極高眞。以是功德，上祝神位。伏願靈通益顯，神武維揚，徽稱廟食而永昌，仙職丹臺而高證。然後流恩幽趣，賜澤陰關，凡居狴犴之滯魂，速遂超昇於仙界。今故燒香，自皈依經尊大聖衆至眞之德。得道之後，昇入無形，和與道合眞。

臣聞開導羣生，演先天之教典；根元萬善，義當主於師尊。證入之妙，已達乎先；希夷之風，有傳於後。眷茲信士，欽乃善功。以今崇神行道，請法衆等運茲三捻上香，願此香煙，供養嶽瀆帝王，地水仙衆。以是功德，歸流醮主某家。伏願恩休廣被，災咎潛消。世襲科名，床滿崔琳之笏；家傳孝行，穴盈郭巨之金。經紀者則貨財有餘，在公者王事皆吉。福如川至，壽與嵩高。十日雨而五日風，民有秋成之望；三年耕而九年蓄，世無憾歲之憂。比屋無虞，井里康乂。今故燒香，自皈依師尊大聖衆至眞之德。得道之後，昇入無形，和與道合眞。

重稱法位。

具位臣某等，謹重誠上啓，三清上帝，十極高眞，日帝月皇，南宸北斗，三官五帝，四聖眞仙，演教傳經歷代師眞聖衆，酆都嶽瀆、憲府洞天、水國雷司、城隍溫部、當境廟社，應感一切衆眞，咸望洪慈，洞昭謝悃。臣聞三天十極，惟列聖之攸居；九州八紘，有神祇而主宰。蓋以帝御九重之宣命，使其神維四海以舒張。是以天與神爲用者，若水濟舟；神與人交孚者，如谷應響。民仍禍福則神目掣電，祟起災祥則天監昭彰。或佐國以興功，或爲民而除害，木馬有流汗之異，金雞有唱曉之期，銅梁玉壘之殊功，汶水珠江之盛事。況以天不降其大任，地豈得乎太寧？山川隆不裂之基，人鬼兩不傷之理。此皆神道之匡衛，致令民命以恬安。醮主某素欽奉於神靈，每興修於禴祭，未盡虔恭之禮，常懷兢惕之憂，慮招瀆侮之殃，難致安榮之喜。用是恭依妙典，肅建蘭場，列蘋蘩蘊藻之儀，薦心腹肺腸之請。仰靈光而設醮，對神御以宣揚。願回不測之威靈，俯鑒再三之懇禱。伏冀五星循度，躋年穀之屢豐；三階太平，俾雨暘之時若。民拱北辰之德政，士窺東璧之文章。商賈趨天市之垣，仕進躡文昌之府。農夫播種，願賜豐穰。嬪娣蠶桑，悉加充衍。更冀貪狼掃跡，天狗回頭。萬里妖氛，挽天河而一洗；千靈垂貺，整箕柄以重張。次乞郡縣肅清，萬境寧靜，里閈亡水火之患，方隅除疫癘之災，和氣充盈，太平交享，盡荷栽成

之化，俱蒙再造之恩。上明神君汪洋之德，下副兆民皈仰之忱，謹啓以聞。

十二願。

復爐。

謹攝香官使者、左右龍虎君、侍香諸靈官，當令臣向來行道之所，自然生金液丹碧，芝英百靈，衆眞交會，在此香火爐前。當願十方仙童玉女，接侍蘭煙，傳臣向來所啓之誠，速達徑御至眞無極大道、昊天玉皇上帝御前。

出堂頌。

出戶。

靈寶崇神大醮儀 設醮行道

綜　述

杜光庭《道門科範大全集》卷八七《靈寶崇神大醮儀・設醮行道》

法事陞壇如常。

各禮師存念如法。

宣衛靈呪。

五星列照，煥明五方。水星却災，木德致昌。熒惑消禍，太白辟兵。鎭星四據，家國利亨。名刊玉簡，字錄帝房。乘飈散景，飛騰太空。出入冥無，遊宴十方。五雲浮蓋，招神攝風。役使萬靈，上衛仙翁，與道合眞。

鳴法鼓二十四通。

發爐。

無上三天玄元始三炁，太上道君，太上老君，召出臣身中三五功曹，左右官使者，左右捧香，驛龍騎吏，侍香金童，傳言散花玉女，五帝直符，直日香官，合三十六人出。出者嚴裝顯服，冠帶垂纓，關啓玄壇土地，方域神眞。臣今靜夜行道，謹奏爲宣意，其諸情悃，已錄告聞，願得太上十方至眞道炁，靈寶瑞光下降，流入臣身中，令臣所啓，速達徑御太上無極大道、昊天金闕玉皇上帝御前。

請稱法位。

具位臣某等，謹虔誠上啓，三清上帝，十極高眞，日帝月皇，南辰北斗，三官五帝，四聖眞仙，演教傳經歷代師眞聖衆，酆都嶽瀆、憲府洞天、水國雷司、城隍溫部、當境廟社應感一切衆眞。咸望洪慈，洞昭丹懇。伏聞天道杳冥，惟德是輔。神明正直，與人相依。敬洗滌於凡心，用感通於明德。英靈如在，精爽必申。恭惟神位，護國庇民，除害興利，名刊祀典，煥若列星，欣逢消吉之辰，恭展蕭香之薦，輿情共慶，庶類咸熙。幸垂肸蠁之符，少副勤劬之請。

降聖，初獻，散花。

臣謹同誠上啓，三清上帝，十極高眞，醮筵證盟一切眞宰。願啓洪慈，洞回清鑒。伏聞惟神善貸救人而無棄人，至聖弗居不德是以有德。以凡求聖，則疑於曠絕；以聖格凡，則出於慈光。恭惟神位，得一炳靈，降神下土。剪妖去孽，如拈木之無難；佐國興邦，乃奮威之有健。佳辰幸會，報德寧忘。黍稷瓜花，粗致欽崇之禮；聰明正直，佇回陰騭之私。今有詞誠，謹當宣奏。

宣詞，亞獻，散花。

詞文昭告，諒達聰明。今弟子某激切虔祈，曲盡心聲之發；洪靈不測，有如谷應之期。伏冀臨在上而質在旁，曲應凡庸之禱；聽思聰而視思敬，俯垂莫大之恩。伏聞自神自明，禮載前知之妙；作威作福，書明立極之端。惟淵懿之資深，斯眇綿而作炳。曠神明而洞照，本睿哲之流光。恭惟神位，天軀分曜，山岳英華，既乃聖而乃神，能立天而立道，威靈顯赫，徽號褒崇。某確意精修，蕙餚欽奉，伏冀英靈如在，妙化來歆，監其禮而錄其誠，聽其言而觀其行。神之愛子，民福無窮。衆等虔恭，謹陳終獻。

散花。

臣謹重誠上啓三清上帝，十極高眞，醮筵證盟一切眞宰。咸望洪慈，俯回昭鑑。伏聞人爲天地之心，無心則天地空其用；神乃陰陽之本，亡本則陰陽蔑其靈。天不人不因，人不天不主。天人交感，則三才共治；神鬼相符，則一德潛寧。恭惟神位，與天爲徒，執古之道，受上帝之眷命，執下土之紘綱。惟我國家，欽崇祀典。無災無害者，褒之廟號；有功有績

者，錫以徽稱。俾能扶佑於邦家，迄又安寧於民社。醮主某御恩有日，報德失時，略伸芹薦之儀，用致心歸之切。今則禮周三獻，詞不再陳，祈大德之有容，福小民之無爽。而今而後，罪若露而見晛即消；自東自西，福若河而値冬不決。道途平坦，家室安然，官私口舌並消除，火盜虎狼俱屏息，凡居出入，長賴神庥。但某等下情，不任虔祝之至。

十二願。

復爐。

謹攝香官使者、左右龍虎君、侍香諸靈官，當令臣向來設醮行道之所，自然生金液丹碧，芝英百靈，衆眞交會，在此香火爐前。當願十方仙童玉女，接侍蘭煙，傳臣向來所啓之誠，速達徑御至眞無極大道，昊天玉皇上帝御前。

出堂頌，辭師。

送聖，化財。

發奏

綜述

呂太古《道門通教必用集》卷九《發奏》 古儀無關告土地，便外壇宿啓，後世增修爲文，止是啓告，尋置文牒。復有行法而居師位者，又加以印訣符呪，命召土地諸神，蓋出於《天心正法》。今遂爲成規，既坐命諸神，皆須如法文，變神，掐訣，方可施行。用考詳著於篇首云：

發奏：於天門設土地等神坐，法師於東南隅設坐。法師入坐，先存己身，如天師戴魚尾冠，披魚鬣衣，朱履。便掐變神訣：左手小指從四指後入中指根，四指曲掐掌心，用中指勾定小指，用大指掐中指中節。彈了大指，却掐第二指根。此乃本師印訣，存六甲六丁、四天門王、青龍白虎、朱雀玄武，羅列圍繞。次存土地申奏官屬，在天門聽命，一一分明。然後宣召，入意指揮訖，發引遣表。法師左手掐印訣，二指升文，右手仗三昧火，劍西指根節，誦劍水呪。噀水訖，卓劍。於坐右卓劍訣，右手中指根節，彈向劍處。次焚香，仍掐前變神訣，想三台星在大指背，名七星訣。念文宣牒訖，遣牒誦呪，存太陽赤氣、太陰白氣、三台七星眞氣，流注水中，執劍取氣。噀水訖，法師以舌主上腭，化爲金橋，令土地申奏，從橋上逕達天門。事訖，還神回向。

白事

綜述

呂太古《道門通教必用集》卷九《白事》 清都法師張萬福云：夫齋法精嚴，諸天上聖並垂降鑒，每事須合法度，不得遲留稽廢法儀。又大洞法師謝方來曰：凡高功啓奏之時，東向平立。都講以下，皆西向爲一班。平立，執簡鞠躬，調聲正氣，直詞小語，朴略典素。不得厲聲，過失煩飾，言詞取節，情理須中，勿事奇麗，失其誠意。凡諸祈請，先自悔過，然後白事。張法師又曰：行道登壇，皆香水盥漱，名曰蕩穢。出亦盥之，名曰閉眞氣。

陞壇

綜述

呂太古《道門通教必用集》卷九《陞壇》 謹按張、杜二公所定科儀，凡行事，先詣玄師前，列班唱道。至壇所地戶上，持呪旋遶，陞天門，上十方香。次至上級本位，上香行事，並不著壇下關告一節，不知自何人增爲，殊失旨意。蓋自禮師、存神、發爐，皆是整飭內外。靈官威儀訖，然後稱法位，上啓諸眞聖。宣詞啓告，其理甚分曉直。須削壇下關告，無釋疑悞。

存思

綜　述

呂太古《道門通教必用集》卷九《存思》　簡寂陸天師曰：道以齋爲先，齋以經爲首。修齋禮請，以精思爲先；奉經威儀，以靜念爲本。本不正則威儀失序，不合經典，豈能感通玄聖，致福慧邪用。博採衆經，摽明至要，祖述修緒，以備修行。自爲道法精思存神訣。

各禮師存念如法。正立，瞑目存神。

先存太上三尊，在天寶臺中，左有三十六部尊經，右有玄中大法師，十眞五帝，羣仙侍衛，如會朝之儀。

次存經師所在，心拜三過，籍師之師。

次存籍師所在，心拜三過，度師之師。

次存度師所在，心拜三過，自己之師。

願我三師，上登高仙，爲我開度七祖父母，早登天堂，我身名入仙籍，永爲眞人。

平旦寅時，當思青氣從肝而出，如雲之昇，帀繞壇殿。青龍獅子，備守前後。仙童玉女、天仙地仙、日月星宿、五帝兵馬，各九億萬騎。監齋直事、三界官屬，羅列左右，以雲氣往覆弟子居宅大小之身。

正中午時，當思赤氣從心而出，如雲之昇，帀繞壇殿。朱雀白鶴，備守前後。仙童玉女、天仙地仙、日月星宿、五帝兵馬、監齋直事、三界官屬，羅列左右，以雲氣覆弟子居宅大小之身。

入夜戌時，當思白氣從肺而出，如雲之升，帀繞壇殿。白虎麒麟，備守四方。仙童玉女、天仙地仙、日月星宿、五帝兵馬、監齋直事、三界官屬，羅列左右，以雲氣往覆弟子居宅大小之身。

又思五星、五嶽、五帝，備守身形。五藏之氣，仰昇紛錯，冠覆一身，如在煙霧之中。金華映蓋，體作金色，先從肺出，頂後有圓光，如日之象，照明十方，身中了然，盡見內外。然後修行妙觀，洞入虛玄。晝夜三時，並用此法。

次鳴法鼓二十四通。

法鼓者，內集神氣，外威魔靈，法事所先也。當門上下齒相叩，名曰法鼓。每八通小停，三八二十四氣之象。張萬福天師曰：鳴法鼓，經說凡有三種。一上下相觸，不令耳聞；二纔令耳聞；三虛口緩頰，令有深聲遠響，此自入靖可矣。若法衆既多，一時煩聒，不令耳聞者爲妙，如此則精審細密，便可一念專注，神氣安和故也。

已上存念叩齒，出《威儀自然經》及《金籙簡文》。

按陸天師所定精思訣，今所謂命魔存想，乃是爲步虛而設。以步虛在命魔之後，先存想而後命魔，繼以步虛。其實步虛中事，所以皆與《玉京步虛經》相合故爾。今依陸說，詳著於篇。

步虛精思

綜　述

呂太古《道門通教必用集》卷九《步虛精思》　陸天師曰：誦步虛經詞，先叩齒三通，嚥液三過，心存日月在己面上，從鼻孔中入洞房金華宮，光明出項後，煥然作九色圓象，薄入玉枕，徹照十方。隨我繞經旋迴而行畢，叩齒三通，嚥液三過。

命魔説

綜　述

呂太古《道門通教必用集》卷九《命魔説》　清都法師張萬福曰：天尊

未說經之前，諸天三界魔王爲萬鬼之宗，行威縱毒，殘害生人。天尊說經之後，羣魔伏化，衛道護法，匡御衆魔，保試修眞之人，方入僊品。所以云：敢有干試，拒遏上眞，金鉞前戮，巨天後刑。又云：大動魔王，保舉上仙，道備克得，游行三界，升入金門。又云：東送妖魔精，斬馘六鬼鋒是也。所以命魔者，命諸天魔王，保舉齋功，察制妖鬼。《步虛經》云：魔王敬受事，故能朝諸天。天魔並敬護，世世受大福。散花陳我願，握節徵魔王是也。

伏章步斗圖

圖表

呂太古《道門通教必用集》卷九《伏章步斗圖》

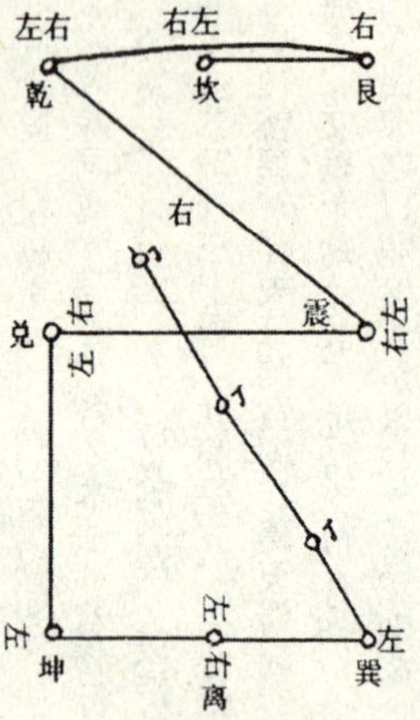

於此奏事乾旋入斗中伏章

講經儀

綜述

金明七真《洞玄靈寶三洞奉道科戒營始》卷四《誦經儀》 法師盥漱，冠帶如法。弟子持香花，拜請導引，一如科說。法師登經像前席，端立執香爐當心訖，唱人各恭敬，皈依大道。當願衆生解悟正眞，發無上心，皈依經法。當願衆生智慧洞開，深廣如海，皈依玄師。當願衆生辨幽釋滯，並弘正道。法師登閣道平立，唱平坐如法。待法師三上香竟，復唱靜念如法。又存念訖，唱讚詠如法。呪曰：寂寂至無宗，虛峙劫刃阿。豁落洞玄文，誰測此幽遐。一入大乘路，孰計年劫多。不生亦不死，欲生因蓮華。超凌三界途，慈心解世羅。眞人無上德，世世爲仙家。次唱請轉法輪，復唱一切誦，普誦無上尊七遍。都講便叙經唱經，法師皆約敕座下，禮經一拜。按文解釋罷，講作安和，樂未央聲。每講罷，法師執香爐捻香，願以此講經功德，莊嚴皇帝太子、諸王公侯牧伯、州縣令長、天下人民、講經信士、見在法徒、一切衆生、三塗苦輩，藉此善根，悉得體解大乘，歸心正道，咸出愛河，俱遊法海。更唱人各恭敬，至心歸命太上三尊、十方衆聖。願皇帝百福莊嚴，萬善雲集，至心稽首正眞三寶。以此講經功德，資被羣生，離苦解脫，至心稽首，禮得道衆聖，依法弟子，香花送法師至本處，禮拜如法。

科曰：凡講經，皆依此法。違，奪筭一千二百。

誦經儀

綜述

金明七真《洞玄靈寶三洞奉道科戒營始》卷四《誦經儀》 初入堂，祝漱如法，三上香，繞經一周，復三上香，各依位，拱手或執簡端身，唱人各恭敬。

至心稽首太上無極大道。

至心稽首三十六部尊經。

至心稽首玄中大法師。

唱，平坐如法。行淨水訖，一人持香旋行。熏淨訖，行經，復持香熏

經，乃唱讚詠如法，呪曰：宿命有信然，弱畧謂之無。皆欲眼前見，過目則言悠。大賢明道教，慘慼憫頑夫。哀哀念子苦，懃懃令我憂。次唱，靜念如法。各放手簡，著几案上，平坐接手，叩齒三十六通，冥目存思五色雲氣覆滿一室，青龍、白虎、獅子、玄龜、朱雀、鳳凰備守前後，仙童玉女、五帝靈官、神仙兵馬、九億萬衆營衛左右，便搖身三過，祝曰：寂寂至無宗，虛峙劫刃阿。豁落洞玄文，誰測此幽遐。一入大乘路，孰計年劫多。不生亦不死，欲生因蓮華。超凌三界塗，慈心解世羅。眞人無上德，世世爲仙家。次唱一切誦，各念無上尊七遍訖，唱請轉法輪，乃一時開經。若別推一人，上座誦經，便唱請法師陞高座。法師起，執簡當經像三禮，從南、西、北向上座，左轉東向叩齒，有思如法。下座，還從南面下，三拜。此洞玄法。餘洞眞、洞神，各依本法。若修行經法者，復各案本科，今不復具。讀經竟，收經一人，行水灑淨，復持香旋行。斂淨總訖，讚詠如法，唱人各恭敬，三上香，執簡平立，至心歸命太上三尊、十方衆聖。高德一人嘆經啓願，詳夫三洞寶經，萬天勝範，結飛玄之氣，成雲篆之章，義冠無生，文垂永劫。故天地持之以分判，日月因之以運行，鬼神敬之以變通，人民奉之以開度。是以詠之者，則形陟絳霄；聞之者，乃神生碧落。莫不人天仰賴，生死依憑，爲羣品之津梁，寔衆眞之戶牖。不可得而言者，其大乘之蘊乎。甲等今爲某事，轉某經若干卷若干遍爾。其開函演奥，則響徹三千；執卷吟玄，乃聲聞五億。當願侍香金媛，結香字於天中；典經玉郎，進經文於簡上。即使愆消昔劫，福降今辰，存亡喜開泰之恩，動植悅生成之德。以玆勝善，遍采莊嚴，三塗罷楚毒之勞，九夜絶辛酸之苦，曁乎悠悠庶品，蠢蠢羣生，俱乘六度之舟，並上三清之岸。願轉經已後，萬善扶持，千災蕩滅，至心稽首正眞三寶。願轉經已後，福被幽明，功沾遠近，至心稽首正眞三寶。願以此轉經功德，資被羣生，離苦解脫，至心稽首一切衆聖。若常修經法，當旋行誦太極經讚七首、靈書四天王頌四首，及眞文八景贊、上經歌頌，今不復具。

科曰：凡讀誦經，依此儀。違，奪筭二千四百。

天旱章

綜述

佚名《赤松子章曆》卷三《天旱章》 具法位。

上言：謹按文書，某以下愚，遭逢道會，得睹聖世，因緣幸遇，染在大法。伏蒙太上廣覆，師君矜愍，功無絲髮，夙夜憂惶，如履冰谷，無以上答天地之恩。臣受法之日，約當虔奉師門，布散道德，助國扶命，拯拔一切，救物爲先。自頃已來，天地運否，陰陽相刑，四時失度，國境亢旱，禾稼不登，慮以祅災競起，純陽在上，凝陰在下，二氣不交，玄澤不降，旱風烈日，萬姓熬然，稼穡焦枯，涸魚懼日。良由帝王受天禪祚，君臨萬邦，三才臺輔，伯牧股肱，宰長首吏等，不能俯仰理物，治功不逮。臣某等受道重任，宣化無方，不能理正允中，調和氣序，致使五行失度，天災所衝。伏尋科法，道氣廣覆，洽潤生靈。臣某伏聞，乾知泰始，坤作成物，天地交泰而品物咸亨。春生夏長，秋收冬藏，陰陽和順，草木滋榮，五穀成熟。太陰主雨，立春之日，男以農種，女以桑麻，冀以秋冬得資賦稅，承天受地，品類以生。立春二月始種五穀，雨水和均，五穀以益，和氣蓄結。某時炎旱若干日，甘雨不降，陽氣興盛，天無行雲之廕，地無津液之潤，臣竊不自揆，謹依天師科法，觸冒湯火，謹以上聞，誠惶誠恐，頓首死罪。伏願太上無極大道三師君，夫人好生惡死，特垂大道之化，願上官典者爲分別五行，驅處律呂，羅列八卦，標明節月，使陽不侵境，陰不退度，五來鎮一，水自潤下，五來升二，火自炎上，五來乘三，木自曲直，五來除四，金結從革，五來自偶，法滋稼穡，須五而成，而無不生，然後使鶉火收焰，玄枵吐津，箕宿傾舌，畢宿動根，五嶽犓石，四瀆騰泉。伏乞天恩哀愍，謹請靈臺宮中漢明君各一人，官將百二十人，主攝天雷等。元名宮中小玄明君一人，官將百二十人，主攝河伯呂公子、三十六水帝、十二溪女、九江水帝、河平侯掾吏、中部水神，興雲下雨。河

天宮中九海北玄君一人，官將百二十人，主下水氣，出風雷。太山宮中泗州九谷君，官將百二十人，主起水氣。又請泗州九海君水帝，又請浮雲使者等，官將百一十人，一合來下，與某州縣邑下地主明大社神，名山大澤、源谷山川之靈，古今卿士大夫，有功於民，以配廟食者，及諸村鄉亭里域眞官，注氣營傳，符廟司舍，一切諸神君降下，同心盡力，輔助天道，以行神靈，興雲降雨，洪澤沛濡，旱苗蒙膏潤之榮，萬民有來蘇之命。功成事立，言功舉遷，風伯雨師，亦同升三天，預酬勞苦。願天曹告下，速使旱魃之鬼應章消滅。特從太上三師，乞丐應驗，不負效信。恩惟太上分別，哀臣愚劣。謹因二官直使正一功曹左右官使者、陰陽神訣吏、科車赤符吏、剛風騎置驛馬上章吏官各二人出操。臣某謹爲某等天氣旱燥，恐百穀失收，拜上，請天官以時降下潤澤流注。寶章一通，上詣三天曹，伏須告報。臣某誠惶誠恐，稽首載拜，以聞

請雨得水過止雨章

綜述

佚名《**赤松子章曆**》**卷三**《**請雨得水過止雨章**》　具法位。

上言：謹按文書，某遭値運會，得承師道，助國扶命。頃以寒暑不節，祆孽滋生，初陽以來，亢旱無雨，人失農務，禾稼萎枯。臣謹爲百姓寒心，請乞披雲降雨。洪澤四注，陰氣漏降，遂爾不息。霖雨浩衍，百川滂溢，萬姓廢業，田苗蕩沒。朝野憂難，請臣謹依舊儀，貢章上聞，願乞遷達。臣前所諮告雨泉官幷還天曹，中官錄署，進受功賞。重請天公正氣君一人，官將百二十人，河上玉女千二百人，各一合下。上請天曹止雨移風，風伯雨師，依四時八節，無令越錯，收雲斂翳，三光麗景，當爲止雨。諸官言功報賞，以爲效信。恩惟太上分別，求哀。操臣謹爲請雨蒙荷上恩，今乞停止，拜章一通，上詣某曹。伏須告報，臣誠惶誠恐，稽首載拜以聞。

却蟲蝗鼠災食苗章

綜述

佚名《**赤松子章曆**》**卷三**《**却蟲蝗鼠災食苗章**》　具法位。

上言：謹按文書，某日載幸遇，得奉淸化，某以多招災咎，比年田種，每不如意。今年於某處，野穗種植，災蝗所食，不可禁止，向臣求乞禳辟。謹爲伏地拜章上聞，願請北門宮中天田君一人，官將百二十人，主爲某家辟除災蝗蟲鼠傷犯苗稼者，一切蟲鼠爲害，皆令消滅。重請地盡宮中天野君，官將百二十人，下利田作，令獐鹿百鳥蟲鼠不得傷害。重請三氣陽元君，官將百二十人，治黃雲宮中，主收鳥獸傷暴穀稼之精，不得爲害。

虚皇大道勑所在土地山林孟長、十二溪女、社稷邑君，令某田收倍獲，無復災損。如願之日，不負效信。恩惟太上分別云云。謹爲某日拜奏，上請天官，今春田作，蝗蟲鼠災，委恃道氣，令得防護。寶章一通，上奏三天曹，伏須告報。臣等誠惶誠恐，稽首載拜以聞。

收鼠災章

綜述

佚名《**赤松子章曆**》**卷三**《**收鼠災章**》　具法位。

上言：謹按文書，臣某並弟子，素以草苗子孫，田作爲業，千載有幸，得奉大道，賜佩重籙，顯加治職，天官吏兵，以自營衛。罪積山海，功無絲髮，上答天地，不敢自寧。某處田作，橫被鼠災傷損，非可禁止。

臣不勝所見，謹爲伏地拜章一通上聞，特從無上大道、諸君丈人、三師君、夫人、上官典者，垂恩省察，謹上請三五陽元君，官將百二十人，治黄雲宫中；重請南山白虎將軍吏兵，一合來下，收捕境内羣鼠，令還曠野，有穀之地，不得停住。界内某鄉里土地山林孟長、十二溪女、社稷邑君，同爲收絶鼠耗，以時靜滅，使五穀豐登，百姓蘇悦，以荷大道生育之恩。不負效信，恩惟太上分別。云云。

收除虎災章

綜　述

侁名《赤松子章曆》卷三《收除虎災章》　具法位。

上言：謹按文書，某素以胎生，下官子孫，千載幸會，遭逢大化，被受厚恩，夙承師道，賜某天師符籙，以自營衛。寵光重沓，實爲過泰。屬以時遇凶災，虎狼入境，餐食生人，傷害六畜，日月滋深，無由禁止。唯恐某家男女年命衰厄，羅網縈纏，觸犯衆禁，太歲將軍，行年、本命，十二禁忌，捍尸故氣，飲食之鬼，山精海靈，百二十精魅，及太古已來，顛倒將軍，道上將軍，各稱官號，與五方神傷，當路神傷，並乞不爲患害。某上請北玄君一人，官將百二十人，治黑治官。重請北平護都君，官將百二十人，治赤治官。一合來下，與禁斷所居里域，眞官注氣，監察考召山川社稷土地之主，同心共意，禳却虎狼之害。重請伏行宫中百精君一人，官將百二十人，一合來下，主收衆老百氣之精，與人作祆害者。重請制地君一人，官將百二十人，天中督御、河伯水帝、十二書事，主收捕五方虎狼傷殺萬物、百二十傷注腥血之鬼，斷絶中外死亡傷注之氣。重請九夷、八蠻、六戎、五狄、三秦君，各隨方位，春夏秋冬，與某家宅三將軍、二十四吏兵士、三十萬人，勤加營護，一切衆生，並令掃蕩，願州縣某家男女大小、牛馬六畜，行來出入，不逢虎狼衆災之難，毒害不過此境，並蒙全祐。將軍吏兵效力之官，言功報勞，不負效信，恩惟太上分別云云。謹爲某驅逐凶獸，拜章一通，上詣某曹。云云。

解咒詛章

綜　述

侁名《赤松子章曆》卷三《解咒詛章》　具法位。

上言：謹按文書，某即日口辭自列，千載幸會，得奉大道，但以愚鄙，信向多違，招延考氣。比者居止轗軻，夢想紛紜，怪異妄生，祆祥屢起，四支沈重，顔色痿悴，精神浮散，不附身形。占筮推求，云有惡人，更相厭禱，牽引天地，指鬼呼神，咒詛百端。或題刻姓名，或畫作形影，或以刀刺心，或割髮截指，將告神社。恐有百盟之鬼，所見拘執。莫知何功，可以解釋，防保身命。唯用丹心，特齎儀信，上憑大道，告訴向臣，求乞章奏，豁解咒詛。謹爲伏地拜章，上聞天曹，伏願太上老君、太上丈人、三師君、夫人、門下典者，垂神省理檢勑。若是春三月寅、卯、辰咒詛厭禱某身，上請東方九夷甲乙君爲某豁而解之。若是夏三月巳、午、未咒詛厭禱某身者，上請南方八蠻丙丁君豁而解之。若是秋三月申、酉、戌咒詛厭禱某身者，上請西方六戎庚辛君豁而解之。若是冬三月亥、子、丑咒詛厭禱某身者，上請北方五狄壬癸君豁而解之。若是四季之月咒詛厭禱某身者，願中央三秦戊己君消而解之。或二十八宿咒詛厭禱者，願隨方星宿君豁而解之。或被惡人畫作形像及刀刺心，或道上神社、壇場牢獄、樹木神靈、井竈之中，或與河伯水官、俗中邪師私有鬼神之處，伏以太上清高，三天遐邈，正氣悠遠，邪氣縱横，枉害良民，遭者非一，某横罹無辜，深恐一旦奄沒鬼官，乞丐太上大道、太上老君、太上丈人、天師、女師、三師君夫人、門下典者、五氣眞君，留神省念，或犯五盟七咒之罪，伏請太元兵士百萬衆，又請豁倒君兵士十萬人，一合來下，爲某放遣三魂七魄，不得留執，還魂制魄，平和神氣，分解身中千邪萬鬼，永不干亂，一切邪神咒詛，悉乞消蕩。所請天官，依臣言功遷舉，請住宅至以爲效信。恩惟太上分別。云云。

消怪章

綜　述

佚名《赤松子章曆》卷三《消怪章》　具法位。

上言：謹按文書，某即日口辭自列，素以胎生，下官子孫，千載有幸，得奉大道，從來蒙恩，誠實罔極。但某比者宅舍不安，邪神擾動，所向不吉，凶災數見。以今某日，忽見某色之怪，開書列字，憂慮非一。求乞消蕩百怪章一通，伏乞上達三天曹。謹爲弟子某家推尋怪兆，理合申謄，依法齎芒繩一百二十尺，刀一口，及五方鎮信、錢米、命素等物，爲拜上五方大消怪章一通，願太上無極大道、三師衆聖，曲垂恩眄。竊以東方青怪自稱歲星，妄作祆怪，老木之精，動作青物，多所中傷。乞東方青帝消滅怪殃。南方赤怪，自稱熒惑，動作赤物，欲來所害。願南方赤帝消滅怪殃。西方白怪，自稱太白，動作白物，專爲凶逆，妄爲怪異。乞西方白帝消滅怪殃。北方黑怪，自稱辰星，發泉源龜之精，動作黑物，轉易姓名。乞北方黑帝消滅怪形。中央黃怪，自稱鎮星，動作黃物，託號家親，招集不祥，互作怪異。乞中央黃帝除滅怪殃。謹按天師千二百官章，表錄上請天昌君，黃衣兵士十萬人；督御君，兵士百萬人；又請無上元士君五人，各官將百二十人，下爲某家收捕百二十殃怪。一時掃蕩，消而滅之，衆老之精，前後愆咎，乞垂原赦。所請天官，依三會言功，不負效信。恩惟太上分別云云。爲某去某月日見怪，今求乞天官五方大消怪章一通。上詣某曹云云。

禳災却禍延年拔命却殺都章

綜　述

佚名《赤松子章曆》卷三《禳災却禍延年拔命却殺都章》　具法位。

上言：謹按文書，某即日口辭自列，云素以胎生，下官子孫，千載有幸，得奉大道，從來蒙恩。但某入今歲之中，推算年命，災厄多端，無福自輔，唯憑一心，求乞章奏，以救拔身，得遂安居。伏乞三景眞官切爲分解年中天羅地網、遊城赤鼠、三丘五墓、刑殺吟辰，俱欲爲禍，願迴保扶身命，延益年算，消災度厄。謹爲拜《保護章》一通，上聞天曹宮官，屬布散道氣，流潤弟子某身中，上請太和眞一好生君五人，運氣君五人，解刑度厄君五人，延命益算君五人，請命保生君五人，太皇萬福丈人，宮中天昌君，黃衣兵士十萬人。又請收刑却殺君、斬刑絕殺君、執刑收殺君各五人，官將百二十人，保佑弟子某身中百怪刑厄，從一厄至於九厄之中，皆令度脱，却死來生，消災散禍，迴凶作吉。次及劫殺、災殺、天殺、地殺、年殺、月殺、日殺、時殺、陰殺、陽殺、吟辰三殺、五刑、六畜，欲爲殃祟，上請萬福君、運氣君、解厄君、南上司命君、太白明星君、拘魂制魄君、財庫君、祿庫君、定命玉曆君各五人，官將百二十人，爲弟子某落除死簿，注上生名。今依玄科，齎法信命素絹一匹，錢一千二百文，油一斗二升，米一石二斗，紙筆香果等，獻上十方靈官，願爲弟子辟斥邪魔，養護身命，天官聖母等，普願特爲利便。又重請東方九夷君，九九八十一官君，寅卯辰甲乙君，爲弟子某解除東方青災青厄、青瘟青毒、青疰青殺。又請南方八蠻君，八八六十四官君，巳午未丙丁君，爲弟子某解除南方赤災赤厄、赤瘟赤毒、赤疰赤殺。又請西方六戎君，六六三十六官君，申酉戌庚辛君，爲弟子某解除西方白災白厄、白瘟白毒、白疰白殺。又請北方五狄君，五五二十五官君，亥子丑壬癸君，爲弟子某解除北方黑災黑厄、黑瘟黑毒、黑疰黑殺。又請中央三秦戊己君，千二百官君，爲弟

子某解除中央黃災黃厄、黃瘟黃毒、黃疰黃殺，併爲辟斥五方黃病之鬼，時行瘴癘水火之災，皆令消滅。及社里邑君，同心併力，加備守護弟子某家，福祿日新，公私清吉，不負效信。恩惟太上分別云云。爲某謹拜上《却災拔命扶衰度厄章》一通，上詣某曹云云。

本命謝過口啓章

綜　述

佚名《赤松子章曆》卷三《本命謝過口啓章》　具法位。

上言：云云。某素以胎生，下官子孫，千載運會，得奉正一，致屬道門，遇蒙師老，所見榮飾，賜署符籙，以自檢慎，進參中乘，荷佩契重，蒙任治職，奉道經寶。過泰之恩，實爲罔極。但臣某愚鈍，神氣不平，三魂不守，七魄不寧。誠惶誠恐，稽首載拜皇上玉帝。臣等七世已來，所行陰罪陽過，積惡殺生之罪，名奏三官。乞今以去，令臣某萬過消滅，削除罪名，邪氣殄散，九福常寧。七祖父母，下及玄孫，魂魄升遷，反胎還嬰。令臣某神仙久視，長生太無，北揖玉清。誠惶誠恐，稽首載拜太素三元君。臣等七祖已來，下及臣身，所行陰罪陽過，殺生之罪，簡過帝前。從今已往，乞除罪名，削死上生，萬過除滅，七祖父母，反胎玉庭，上昇日月，遊行七星。臣某稽首載拜上清三素君。臣等有知已來，所行千罪萬過，上及七祖陰惡之罪，各錄三官者，乞從今已去，願令萬罪消滅，邪僞不生，陰罪散滅，七祖反靈，身登帝堂，迴眄玉庭。臣誠惶誠恐，稽首載拜四老道中君。臣等七世已來，上及七祖父母，所行陰逆，積惡之罪，名書三陰者，乞從今已往，令臣千罪蕩散，萬考傾除，魂魄分明，七祖反胎，萬靈侍衛，五老定符，壽同二儀，名形玉書。臣誠惶誠恐，稽首載拜三司君。願從今已後，令罪結散蕩，考氣消滅，百惡不生，邪氣匿絶，七祖昇仙，三魂和練，七魄纏綿，衆靈扶侍，得爲上眞。臣等誠惶誠恐，稽首載拜。臣小子，千載運會，得在道末，忝受治職。但臣頑愚，生長流俗，覺積山海，無以自知。貪生好欲，夙興夜寐，不自定息。伏乞太上開化之恩，澤施無外，接爾愚民，消罪之法，不以人微道劣，敢冒清嚴，拜章陳謝，五情震惶，肝心破裂。特從道君，乞三赦之恩，愍臣丹懇，並乞道氣日新，所得通利，舉事如心，門戶興隆，大小受恩，以爲效信。恩惟太上大道君分別。云云。謹因衆官云云。操臣謹拜上三天大道，仰謝身年，七世已來，及生世三師，父母存亡，陰罪陽過，乞丐長生，永保長存。《口啓章》一通，上詣太上三天曹，載拜以聞。

飛度九厄天羅章

綜　述

佚名《赤松子章曆》卷三《飛度九厄天羅章》　具法位。

上言：云云。謁在某宮，絶命在某宮，本命在某忌。某年某月，恐有天羅所纏，地網所繞，只知惶怖，不自分別。唯專一心，上憑大道天師科儀，謹爲某家拜奏《飛度九厄天羅章》。謹辦青絲一百二十尺，算子一百二十枚，命米一石二斗，命素絹一匹，錢一千二百文，香油紙筆等，爲《求乞救解過度災厄章》一通，謹請東方春三月寅卯辰甲乙九夷君，九九八十一官君，謹請南方夏三月巳午未丙丁八蠻君，八八六十四官君，謹請西方秋三月申酉戌庚辛六戎君，六六三十六官君，謹請北方冬三月亥子丑壬癸五狄君，五五二十五官君，各降臨醮座，同心併力，爲某家等消除災厄。又請延命大將軍，兵士千二百人，一合來下，爲弟子男女等，延續年命，扶度衰厄，永保元吉，竟歲無他，以爲效信。恩惟太上分別云云。爲某分解厄難《飛度九厄天羅章》一通，上詣某曹云云。

却三災章

綜述

佚名《赤松子章曆》卷三《却三災章》具法位。

上言：云云。去某月日，抱疾所苦。云云。因師披檢，云云。年命不利，尋九宮飛符元辰算曆之中，有對算盡，兼公私、口舌、水火、虎狼、蟲蛇，一切衆厄在身，或今年劫殺，或明年災殺，或爲年殺、月殺、日殺、時殺，及吟辰之殺，東方青殺、南方赤殺、西方白殺、北方黑殺、中央黃殺，又恐天羅地網所見纏綿，恐被一旦中傷，不蒙脱免，大小惶怖，無所情計。云云。慮以年中一厄二厄三厄四厄五厄六厄七厄八厄九厄，虎狼刀兵之厄，賊役之厄，三刑三殺之厄，上請度厄君、鎭命君、壽命君、益命君、續命君、脱厄延命君、大福德君，各官將百二十人，上請皇天上帝、日月華蓋、北斗君、三天錄都司算君、度厄司馬，並直使功曹，下治某腹中百病，正一功曹，下治某心中百病，治病功曹，下治某脾中百病，役氣功曹，下治某胃中百病，中部功曹，下治某肝中百病，陽神決吏，下治某左腋下百病，陰神決吏，下治某右腋下百病，狼吏虎賁，下治某腸中百病，察姦君吏，下治某肺中百病，鈎騎君吏，下治某小腹中百病，三官僕射，下治某背脊中百病，天騶甲卒君吏，下治某二十指中百病，天丁力士，下治某頭腦間百病，並各令除愈。甲子將軍王文卿領兵士三萬六千人，直息某左右，防衛至酉。甲戌將軍展子江領兵士三萬六千人，直息某左右，防衛至未。甲申將軍扈文長，領兵士二萬六千人，直息某左右，防衛至巳。甲午將軍衛上卿，領兵士三萬六千人，直息某左右，防衛至卯。甲辰將軍孟非卿，領兵士三萬六千人，直息某左右，防衛至丑。甲寅將軍明文章，領兵士三萬六千人，直息某左右，防衛至亥。六甲將軍，六部兵將，各部領兵馬三萬六千人，尅時傳相契合，隨逐某身東西南北，行來進止，眞神衛護，從直息防衛，解散某身災厄，辟斥溫氣，悉令殄滅，年命延長，家口康寧，眷屬休泰，皆荷大道洪恩之德。所請天官，勞屈君吏，三會吉慶日，都章言功，加官、益祿、遷賞，不負效信。恩惟太上云云。

某《疾病厄難保命醫治却殺章》一通，上詣某曹云云。

青絲拔余章

綜述

佚名《赤松子章曆》卷三《青絲拔余章》具法位。

上言：某素以胎生，下官子孫，千載有幸云云。頃者已來，身中轗軻，今歲行年云云。今謹齎法信，白素四十尺，以進命度厄。命米一石二斗，以倍糧益算，以添倉儲斛斗。錢一千二百文，以證質丹誠，定三百六十神氣，日生一日，安其宮室。筆、墨、紙、算子，注上生名。錫人五身，請爲某上詣五方，代形易名。香油燈燭，繼續光明。用錢米質信，以表丹誠，拔贖生命。上請太上宮中拔命君十二人，續命君十二人，鼎倉王女五人，司命君五人，五緯宮中玉女千二百人，明堂君一人，南昌君一人，朱陽君一人，黃老君一人，天魂地魄君各一人，起生玉女千二百人，玉曆素女千二百人，天官地官水府官等各百二十人，並諸官考召君吏，同心併力，爲弟子某度脫年命，住處平善，安定無他。所請天官，依三會言功，吉日舉遷，不負效信。恩惟太上云云。

疾病醫治章

綜述

佚名《赤松子章曆》卷三《疾病醫治章》具法位。

上言：云云。頃日已來染疾，恐沒溺生路，詣臣求乞章奏三天曹，願爲拔贖。比旬日已來，寒暑不節，腠理失所，或當風卧冷，致招此疾，或五刑三災謫罰。但以愚塞，不知將何省理。上請五方生氣，以濟醫治。特願太上無極大道、太上老君、諸君丈人、天師君、三師君、夫人、慈父聖母，留恩省念，賜以道氣覆廕某身。謹謁天曹，上手天醫、太醫君吏十二人，下爲某身，隨病所在，即爲救療。上請治病功曹十五人，爲某上請天曹，削除某前世今生所犯罪源。五臟之中，四肢百脉，皆蒙愈差。次請東方青生氣，南方赤生氣，西方白生氣，北方黑生氣，中央黄生氣，並下某身中。又上請解考君、度命君、益算君、防民君、誅殃禍君、遊羅大將軍、地境大將軍，各收邪精、故氣、疫毒之鬼，令病者痊復云云。所請天官，依三會言功遷賞，不負效信。恩惟太上分别云云。

疾病困重收滅災邪拔命保護章

綜　述

佚名《赤松子章曆》卷三《疾病困重收滅災邪拔命保護章》　具法位。

上言：云云。緣身疾病困重，告急於臣，求乞章奏。爲某所犯罪結尤重，依憑大道，如蒙哀祐，乞賜進算，令疾病即日痊可。謹請陰陽治病功曹、五官醫吏，詣鳳凰太宫日月之中，請取太清五色神藥，灌注口中，流布百脈，腹內胸膈之中，痼疾皆能消愈。木官持藥，火官主灸，金官持針，水官主湯，土官和劑，各隨所使。九竅相承，五臟通暢，六腑和調。上請和考君、太和君、太陽君、延壽君、保命君、度厄君、五帝丈人、都氣君，又請高麾大將軍、返甲逆鱗兵士三十萬衆，下爲某身五臟六腑、四肢關節、十二宫室，百二十關機，伏乞併力掃除惡鬼。或係綴某身者，請告天地水三官、五嶽四瀆、山林孟長、二十四禁忌，並與臣身中所佩剛風赤天騎吏，同共收捕惡鬼。又願萬福君、天倉君、東方青氣君、南方赤氣君、西方白氣君、北方黑氣君、中央黄氣君，各領兵士，下爲某身中驅遣邪氣。乞蒙平復，延續性命，保守無他。得如所願，三會吉日，言功舉遷，不負效信。恩惟太上分别云云。爲某身染重疾，困頓在牀，拜上《拔命保護章》一通，上詣某曹云云。

扶衰度厄保護章

綜　述

佚名《赤松子章曆》卷三《扶衰度厄保護章》　具法位。

上言：云云。但某某身忝承下官之胤，因六氣以成形，蓋萬劫之良緣。沐三光之照曜，處非常之世，得預人流。以今年災厄深重，日月長遠，貞吉難保，伏聞大道含澤，拯拔黎民，使枯骨重榮，迴骸起死。某沐此大恩，甚爲無量。或恐厄在東方天獄之中者，請東方青帝甲乙九夷君，從官九九八十一官君，乘青龍，飛行萬里，持節執符，主爲某解東方青災、青厄、青瘟、青凶、青毒。春三月災禍之氣，悉爲蕩除。若厄在南方天獄之中者，請南方赤帝丙丁八蠻君，從官八八六十四官君，乘赤龍，飛行萬里，持節執符，主爲某解除南方赤災、赤厄、赤瘟、赤凶、赤毒。夏三月災禍之氣，悉令蕩除。若厄在西方天獄之中者，請西方白帝庚辛六戎君，從官六六三十六官君，乘白龍，飛行萬里，持節執符，主爲某解除西方白災、白厄、白瘟、白凶、白毒。秋三月災禍之氣，悉令蕩除。若厄在北方大獄之中者，請北方黑帝壬癸五狄君，從官五五二十五官君，乘黑龍，飛行萬里，持節執符，主爲某解除北方黑災、黑厄、黑瘟、黑凶、黑毒。冬三月災禍之氣，悉令蕩除。若厄在中央天獄之中者，上請中央黄帝戊己三秦君，從官三三爲九、九千二百官君，乘黄龍，飛行萬里，持節執符，主爲某解除中央黄災、黄厄、黄瘟、黄凶、黄毒，解除某身中從一厄至於九厄八難，並乞消除。又請皇天上帝、日月五星、五帝王相、華蓋北斗君、三天却錄司命君，一合下爲某解除三災九厄，并解今年瘟黄瘴氣，悉皆遠

離身心。即日奉齎儀信白素絹一匹，命米一石二斗，鎮錢一千二百文，油一十二升，香燈紙筆等，以爲效信，表質丹誠。上請太上三天解死籍，上生名，消除萬病之厄，家口平安，道力扶助，職祿求遷。蒙恩之日，所請天官吏兵，依臣三會吉日言功，不負效信。恩惟太上云云。拜上天官扶衰度厄章一通，上詣某曹云云。

謝土章

綜述

佚名《赤松子章曆》卷三《謝土章》 具法位。

上言：云云。比者已來，居宅不利，招延災考。某處宅中，土精地靈，更相追責。不知修何功德，防保家口。唯用一心，仰憑大道。向臣求乞章奏，上詣三天曹。願上官主者，以時平省。謹爲上請謝土君五人，制地君五人，解土君五人，安土君五人，定宅君五人，各官將百二十人，一合下爲某家披謝五方五土衆神。但某自從立此宅已來新舊掘鑿，移籬換柱，造立屋舍，起土興工，平高就低，改動門戶，六甲禁忌，瓦石萬靈，沈屍伏藏，銅鐵白土，黑土黃土，土皇土王，土相土府將軍，土公，土下君侯二千石，陰土陽土，四時五行，中央太皇，宅前宅後，宅左宅右，五土神王，中庭令長，夾門大夫，門丞戶尉，井竈精靈，青龍白虎，朱雀玄武，螣蛇伏龍，太歲，太陰，太陽，司命，十二時辰將吏，天剛太一，勝先小吉，傳送從魁，河魁，登明神后，大吉功曹，太衝，拘刑破殺土中眞靈，四孟，四仲，四季，子午卯酉，天門地戶。東方土神所犯，解謝震宮。南方土神所犯，解謝離宮。西方土神所犯，解謝兑宮。北方土神所犯，解謝坎宮，中央土神所犯，解謝乾坤艮巽等宮，並蒙放赦。某守宅大神，晏子，大戴，蓋屋三重，遶舍三市，東西南北，邪精故氣，及諸禍害，一時消蕩。乞某家大小永保元吉云云。恩惟太上分別，求哀云云。起造宅舍以來，觸犯宅神土公禁忌，更相追責。拜上《天官搜謝解釋考氣乞恩口章》一通，上詣三天曹云云。

却虛耗鬼章

綜述

佚名《赤松子章曆》卷三《却虛耗鬼章》 具法位。

上言：云云。但某口舌橫生，奴婢逃叛，皆緣虛耗，鬼魅相仍。謹請五福天官，地祇十二官將，百二十人，尋究此章奏上，爲某家收捕宅內五虛六耗之鬼，各歸本方。或青虛青耗之鬼，遣歸東方青帝收而禁之，勿令遊走。或赤虛赤耗之鬼，遣歸南方赤帝收而禁之，勿令遊走。或白虛白耗之鬼，遣歸西方白帝收而禁之，勿令遊走。或黑虛黑耗之鬼，遣歸北方黑帝收而禁之，勿令遊走。或黃虛黃耗之鬼，遣歸中央黃帝收而禁之，勿令遊走，干擾人家。所請天官兵吏，及某家守宅三將軍等三十萬人，同心併力，爲某馳遣宅中，虛耗退散，願某家資產業集聚，迴凶作吉，田蠶萬倍，牛犢盈欄，金銀增積，口舌潛消，災厄不生，所願皆成，人口平康，財食增長云云。

言功安宅章

綜述

佚名《赤松子章曆》卷三《言功安宅章》 具法位。

上言：某若干人，住宅不安，慮觸冥司，招延考氣。以今年運，五毒流行，中傷天民，不擇良善。蓋某以胎生無知，下官子孫，千載幸會，得奉大道，常懷恐懼，無地自安。頃者家口大小，處在其中，不自保持，憂

慮尤切。爲比年或有修補掘鑿，移籬換柱，事非一條，觸犯天禁地忌、太陽太歲將軍、神頭神足，行年本命、大虛小耗、災殺劫殺、勾陳白虎、十二時神、土靈土殺，一切虛耗，上下土官，慮有觸犯，致某家舍宇宅神不安，井竈龍神之主不爲利便。願與某安穩，宅舍遷達，各得安居。謹按天師千二百官章，上請卿邑大夫神君官將百二十人下，爲某家分解前後所犯禁忌，並乞消除。伏請制地君五人，官將一百二十人，爲解太歲太陰太陽大將軍、大小虛耗、蠶室畜官、上下禁忌之鬼，一切並乞消滅。謹請東方青帝九夷君，南方赤帝八蠻君，西方白帝六戎君，北方黑帝五狄君，中央黄帝三秦君，四季五土，更相分氣，及四方官將，並爲某家宅中收除禁忌，千精萬邪，下官故氣，歲月日時，災殺破害之鬼，一切消滅。五帝安宅，諸禍不生，利祐一歲之中，四時安穩，八節無災，二十四氣相應，乾上廣覆，坤下普載，永享貞吉。震生青龍，治宅左。離生赤龍，治宅前。兑生白龍，治宅右。坎生黑龍，治宅後。坤生黄龍，鎮宅中央。五龍治宅，辟除不祥，消滅凶惡，掃蕩千殃。神龍安鎮，四鄰和睦。改逆從順，除前愆，成後善。道氣流行，宅舍清吉。仕宦高遷，所求如意。從心之日，不負效信。恩惟太上分別，求哀云云。爲某家恐居宅不安，龍神不利，禁忌撓動，謹拜上，上請天官將吏，乞爲收除鬼氣，安慰冥司，迎請《五龍安宅保護人口乞恩寶章》一通，上詣某曹云云。

斷瘟毒疫章

綜述

佚名《赤松子章曆》卷三《斷瘟毒疫章》 具法位。

上言：云云。即日自列，千載有幸，得奉大道，被蒙恩覆，以自營衛。但某百行多違，招延考氣，大小疾病，日轉有增。詣臣求乞章奏，令瘟氣斷絶。臣以暗昧，不明鬼氣，按天師千二百官章，有下官故氣，邪淫鬼賊，周天帀地，妄生災禍，尅害良民。伏聞太上高尊，三天清遠，宇宙廣大，日月光明，無所不照，行邪之鬼，並皆誅滅。若是東方生青瘟青毒青疰，鬼名高遠。在南方生赤瘟赤毒赤疰，鬼名士言。在西方生白瘟白毒白疰，鬼名白幸。在北方生黑瘟黑毒黑疰，鬼名大黄奴，父子七人，男女兄弟各行惡毒疫氣。正月至十二月，各有瘟鬼，隨其放逸天下病害。又甲子乙丑寅卯辰巳午未申酉戌亥十二月辰，瘟鬼皆有名字。從十二時上來，五方五色，黄奴老蟲。致令末世，愚民逢禍，致死不可稱計。臣受法之日，約當助國扶命，醫治百姓，按如科文，誅滅邪僞，掃除逆鬼，皆令滅絶。臣備受治職，謹當伏地拜章，上聞太上無極大道諸君丈人，鴻恩覆護某家，悉與掃蕩羣精，滅絶惡鬼根本。上官使者，時蒙斷省。願東方主斗成主絶青瘟，南方主斗平主絶赤瘟，西方主斗遷主絶白瘟，北方主斗長主絶黑瘟，中央主五父君主絶黄瘟。東西南北，四維上下，十二時神，並令營衛惡鬼，無令放入。又東方青帝、南方赤帝、西方白帝、北方黑帝，四方一時，同臨祐助。上請高天萬丈百鬼中王萬二千人，兵士各八十萬衆，與臣身中吏兵，及守宅三將軍、二十四吏、兵士三十萬人，併刀同心，蓋屋三重，繞宅二帀，兵刃向外，一時掃蕩凶逆邪精，並令消滅。所請天官，言功報勞，不負效信。恩惟太上分別云云。爲某家拜請天官乞恩，防斷疾病，幷鄰里疾病。請《五方天官收捕五瘟疫癘鬼賊章》一通，上詣三天曹云云。

斷魈泉章

綜述

佚名《赤松子章曆》卷四《斷魈泉章》 具法位。

上言：云云。某即日叩頭自列，口乞恩辭，素以胎生，千載慶幸，得奉大道，忝切蒙恩。頃者已來，居處轗軻，疾病相連。卜筮云是山泉三河爲禍，幷此間土地山林覓食之鬼侵害某身，憂怖屏營，不知修何功德，唯用一心，上憑大道，以救性命。告訴向臣，求乞章奏，收除里域東西南北

山泉四壟河中諸雜鬼神横行禍祟之者，一切乞令收斷。臣職叨典治，謹爲伏地拜章一通，乞太上老君、太上丈人垂恩料省，原赦某身，恐是山丘壟泉三河五河乳母等鬼作此妨害，上請麾幢大將軍、陂湖大將軍各五人，返甲逆鱗大將軍五人，兵士一萬人，重請覓音大將軍官將各百二十人，摇天動地九氣君吏兵士一千二百人，請左靈君、右靈君、高天大將軍、盟威君、八卦君，各宮將百二十人，上請東方九夷君、九九八十一官君、寅卯辰甲乙君、南方八蠻君、八八六十四官君、巳午未丙丁君、西方六戎君、六六三十六官君、申酉戌庚辛君、北方五狄君、五五二十五官君、亥子丑壬癸君、中央三秦戊己君千二百人，上請誅符破廟君萬六千人、太陰太陽太醫君、治病功曹官將兵士各百二十人，同心併力，下爲某收捕鬼賊，付與天丁力士、天一北獄，依法治罪，不令脱漏。上章之後，悉令斷絶，蒙恩之日，以爲效信。恩惟太上云云。爲某《收斷河泉惡鬼章》一通，上詣某曹，伏須告報。

解天羅地網章

綜　述

佚名《赤松子章曆》卷四《解天羅地網章》　具法位。

上言：云云。某身及妻子，並有厄難，恐爲天羅地網以見纏結，告訴向臣，求乞章一通。臣以學淺，不明氣候，無精算術，皆憑六甲五行更相剋復，以知曆數。凡以戌亥絶陽之鄉爲天羅，辰巳絶陰之地爲地網。年命會此則受其殃。男以本命臨太歲功曹，加生月爲天羅傳送，加胎月爲地網。女以本命臨行年爲天羅河魁，加胎月爲地網。復以行年臨本命功曹，加胎月爲天羅傳送，加生月爲地網。又天綱臨太一，下爲天羅。胎在登明，下爲地網。五刑六害七傷九厄之月，及以衰年衰月，魁綱雜殺，千凶萬患，妨損非一。恐某家大小年命有犯五方羅網，九宮八卦，更相尅伐，仍是九天玄極之氣下遊世間，縱横九百九里。羅者如炎火，網者如黑雲，悉帶九星精氣，赤精煥爛，若人年命當之，立見凶損。某今齎法信，素絹一匹，錢一千二百文，白米一石二斗，油一斗二升，紙一百二十張，朱繩一百二十尺，釧子一雙，素絲一兩，筆墨香燈等，伏惟天官恩盼，太上無極大道、天師門下典者、五氣君，垂神省念，上請東方寅卯辰甲乙青氣君，解除東方青厄青毒；南方巳午未丙丁赤氣君，解除南方赤厄赤毒；西方申酉戌庚辛白氣君，解除西方白厄白毒；北方亥子丑壬癸黑氣君，解除北方黑厄黑毒；中央戊己黄氣君，解除中央黄厄黄毒。五方之氣，十二時候，皆不敢爲害。臣聞上三五爲天，中三五爲人，下三五爲地。天有五行，地有五氣，人有五常。天不失五行則日月精明，地不失五氣則萬物滋生，人不失五常則能生長，禮樂獲全。某家恐五氣不合，臟腑不調，五行更相尅剝，伏願上官典者，爲某上解玄象五星之考氣，下解地上三十六禁忌，中解某等身中千罪萬過。謹請北斗七星貪狼巨門斷絶死源，禄存廉貞替易死形，文曲武曲削除死録。謹請解厄君、太皇萬福君、運氣君、玉曆君，各官將百二十人，下爲某收捕衆災，分解諸厄，從一厄至於九厄，所居里域，眞官注氣，監察考召，太祖父母，家親丈人，一切遷舉，進入中宫，署與功賞，使分曹署職，隨功加秩，天曹科典，令存亡受恩，幽明相祐，要以某身年命延長，災厄度脱，以爲效信。恩惟太上分別。

驛馬章 亦云開度章

綜　述

佚名《赤松子章曆》卷四《驛馬章亦雲開度章》　具法位。

上言：某以胎生，下官子孫，千載有幸，得奉大道，從來蒙恩。某今當驛馬發年，是求福之歲，若不章奏扶迎，恐有妨害，年命傷尅，官禄不遷。但以憂慮，無功可修，專用一心，上章奏表，禳却驛馬之厄，扶迎官禄，不爲災害。今賫法信，金人一軀，五色綵等前件物，將立心信，求拔除驛馬之厄，遷舉財禄，過免時災，永保元吉，得入生塗，扶迎驛馬，以

保壽命。闔家大小，並乞無他。臣以愚昧，不明氣候，聞太易有補過謝罪之功，遁甲有向建避凶之道。元元一心，上憑太上大道、諸君丈人、天師君、三師夫人門下，或三命已窮，一期載續。謹請皇天上帝、王相華蓋、北斗君、三天司命加祿君、扶命君，扶持驛馬，得成官祿。以金人一軀，上詣北斗，拔命除死厄。五色綵各一匹，以詣五方五帝，迎益官祿。紫案巾、牙笏、衣幘、木履等，以證祿位。紫傘蓋一張，以蓋本命。席一領，以鋪正座。油一斗二升，以徹照虚玄。青絲、算子，延續祿壽。米一石二斗，以益倉糧。紙、墨、筆，以書立生籍。錢一千二百文，以證質丹心。香一斤，祈北斗落死籍，南斗上生名，延壽無窮。重請功曹生氣君吏，上詣太玄都生宮，請調星度算，替名易形。上請度命君、呼魂君，北詣玄陰御女君，延續姓名君，各五人，官將百二十人，爲某扶迎驛馬，官祿超榮，災厄殄滅，光明心腑，乾坤震巽坎離艮兑八卦、二十八宿、三丘五墓，所典節氣，善功付度，周而復始。上請祐命將軍、萬福丈人、解患君、運氣君、解厄扶衰君，各十五人，官將百二十人，下爲某同心併力，保守身命，祿位高遷，延年益算，穀帛盈倉，錢財集聚，永保元吉。所請天官，預有功勞，依臣三會吉日言功，不負效信。恩惟太上分別，哀臣愚劣。謹因三官直使、正一功曹、左右官使者、陰陽神決吏、科車赤符吏、剛風騎置驛馬上章吏，官各二人出，操臣某謹爲某求乞《和合驛馬除災厄迎財祿乞恩章》一通，上詣某曹。伏須告報。臣某誠惶誠恐，稽首載拜以聞。

謝五墓章

綜　述

佚名《赤松子章曆》卷四《謝五墓章》　具法位。

上言：謹按文書，今據鄉貫某云，今月某日染疾，進退不差，恐不存生。某家三曾五祖、七世父母已來，生時積罪，招延殃釁，或塚墓之中，有訴訟之害，嗔怨天地，致使亡人不安，擾動生人。或罔勢斷絶，松柏爲人所伐，斫掘塼邊，行往道路侵逼墓所，深恐一旦沒溺泉壤云。除已備奏諸天帝尊，申三界眞司牒，合屬去處外，今賚法信，黄繒一匹，白米一石二斗，油一斗二升，錢一千二百文，紙筆香果等，仰憑大道，求乞章奏，解謝先亡，安穩塚墓，從生及死，千罪萬過，並乞消除。輒承口辭，爲伏地拜章一通，上聞天曹，願垂省察，原赦先世及新亡，幷久遠及新舊墳墓所犯咒詛冤氣者，悉爲斷絶，即求差愈，先亡安穩，塚墓清寧。上請謝墓君五人，又請都星君、青蓋官都候君、太清宮主，及地甲君，各官將百二十人，下爲某消除疾病，解謝先亡。或墓在龍頭，或葬在龍尾，或葬在龍左，或葬在龍右，或葬在龍足，舉動縮伸，盤旋禁忌之處，致令亡人魂魄震動，恐怖不安，返害生人。致使生人轗軻，疾病附注。並乞消除五音丘丞墓伯，塚中二千石，諸塚考氣，皆使滅絶。安穩亡人，無有殃禍，一切原赦。願存亡無責無罰，一切和解。見在家口興隆，嗣胤不絶。不負效信。恩惟太上分別，求哀臣愚。謹因三官直使、正一功曹、左右官使者、陰陽神決吏、科車赤符吏、剛風騎置吏、驛馬上章吏、飛龍騎吏，官各二人出。又因某日辰從官云云二人，直神從官符吏隨日辰易，舉此爲例。操臣謹爲齋主某家大小疾病，上拜《請天官六龍謝墓遷達亡人和解考氣乞恩寶章》一通，上詣太上某曹治某宮。伏須告報。臣某誠惶誠恐，稽首頓首，載拜以聞。

解五墓章

綜　述

佚名《赤松子章曆》卷四《解五墓章》　具法位。

上言：臣謹按玄科，今據鄉貫某，叩頭自列，素以胎生，下官子孫，但某身中，今歲行年到某辰上，入墓之年，或爲五墓所纏，及三殺之下。夫人入墓之年，恐被墓神注連，鬼氣纏繞。比者脚手沉重，飲食不加，罔知拔贖五墓災厄，扶護身命。唯以一心，上憑大道，仰希鑒照，特垂救

護。今賫法信，錫人五軀，命米一石二斗，命錢一千二百文，命素一匹，油一斗二升，紙、筆，算子百二十枚，向臣求乞章奏，斷絶亡人殃禍。令以錫人代形，分解災厄，延年保命。謹以拜章一通上聞。願天曹上官典者，垂恩照省，原赦某身，年七世已來所犯千罪萬過，並賜除蕩，五墓五方之厄來臨者，以錫人五形代之，令弟子無有錯悞之厄。上請還命君、壽命君、延命君、拔命君、續命君、扶命君、益命君各五人，官將百二十人下，同爲某上詣南宫中司命、司録，轉贖弟子性命，三藏一期，三百一時，解除身中災厄。當爲排天門，却死籍，移名青録長生之簿，永爲後世種民。上章之後，某身中年命延長，五墓殃注，並令斷絶，五墓災刑，返爲恩福，以爲效信。恩惟太上衆眞分别，求哀臣愚。謹因同前章只換直神云。謹爲某上請《天官解除五墓殃注災厄錫人代形乞恩紙章》一通，上詣太上某宫曹治。

謝先亡章

綜　述

佚名《赤松子章曆》卷四《謝先亡章》　具法位。

上言：臣謹按玄科，今據鄉貫某，比者中外夢想紛紜，精神惚恍，或鬼賊屯集，口舌横生，錢財耗散，怪祟屢見，田産不收，蓋由觸犯先亡翁婆先祖、左社右稷、井竈土公、凶神惡鬼，闔家惶怖，仰憑大道，告訴向臣，求乞章奏，都謝城隍社廟神祇，諸部將軍，大小虚耗，十二禁忌，一切先亡，並蒙解釋，具如所列。臣以愚昧，不明氣候，謹爲伏地拜章，上聞天曹，伏願上官典者，以時平省，垂恩鑒照。謹爲上請解過君、解刑君、解厄君各五人，官將百二十人，爲某都謝先亡，却除災厄，保護人口平和。從今年章御之後，千罪萬過，悉蒙原赦。願某家口大小，危中得度，敗中得成，難中獲免，死中得生。所請天官君兵士等，有功勞者，依都言功舉遷，不負效信。恩惟太上衆眞分别，求哀臣愚劣。謹因同前章只換直神云。謹爲某拜請《天官都解謝先亡乞恩報章》一通，上詣太上某宫曹治。

保胎章

綜　述

佚名《赤松子章曆》卷四《保胎章》　具法位。

上言：臣謹按玄科，今據鄉貫某，即日口辭自列，素以胎生，下官子孫，千載有幸，得奉大道，被受元恩。某與妻無功可記，有罪斯多，深恐一旦受此冤苦，無所任持，向臣求乞保胎，收却河邪乳母，産婦懷胎後傷亡容闇鬼賊。謹爲拜章一通，上聞天曹。伏願無上大道、太上大道君、太上老君、上官典者，以時平省。謹爲上請安胎君二人，護胎君二人，扶衰度厄君二人，萬福解厄君二人，官將百二十人，下爲某妻防保身命，胎妊易生。又請保胎聖母君二人，官將百二十人，爲某妻守護三元丹田之中，辟斥邪精，魍魎鬼賊，守養赤子，當令某妻身得安全，免遭艱阻，保護胎妊，安穩六甲，足滿十月，子母相見，並蒙安貼。乞天門大聖，擁護某娘身體和釋，無生煩惱。當爲諸君聖母言功報勞，以爲效信。恩惟太上衆眞分别，求哀臣愚劣。謹因同前章，只換直神云。謹爲某妻保胎章一通，上詣太上某宫曹治。

催生章

綜　述

佚名《赤松子章曆》卷四《催生章》　具法位。

上言：臣謹按玄科，今據某即日口辭自列，素以胎生愚昧，荷蒙天地重光之覆，某妻妊娠月數已滿，恐臨生不安，倍增惶怖，唯用一心，上憑大道，告臣求乞章奏，上聞天曹，不勝欣荷。臣謹爲伏地拜章一通，願上官主者，以時平省。謹爲請天門子戶君二人，速生君、乳母君、導生君、生母君、天醫助生君、催生君各二人，催生黃帝，伏在中庭，欲見子母形體。上請監臨坐草六百生父，守護某妻身，生產滑利，捨逆從順，辟斥衆忌，歲殺、月殺、時殺，白虎、咸池，千邪萬精，一切消滅，母子安全，如願從心，解脫無他。謹爲諸君聖母祐助衆神言功報勞，以爲效信。恩惟太上衆眞分別，求哀臣愚劣。謹因如前章，只換直神云。謹爲某拜《天官催生口啓章》一通，上詣太上某宮曹治。

小兒上光度化章

綜述

佚名《赤松子章曆》卷四《小兒上光度化章》 具法位。

上言：某即日居某村坊，叩頭自列，宿緣有幸，得奉大道，欣慶無涯。但某凡愚，信奉多違，招延考氣。頃者已來，有男某，夢想紛紜，恐以不爲祥瑞，四支虛弱，慮染沈痾，莫知何功，可以防保。今賫法信，投誠委質，上憑大道，告訴向臣，求乞壽命延長，上光度化，增算益年，扶衰度厄。臣謹爲拜章一通，上詣三天曹。伏願太上高尊無上元君，慈父聖母，上官典者，特乞平安。上請天地五光君，日月星宿五光君，東方請日光，西方請月光，南方請火光，北方請水光，中央請土光，上請壽命長生，付著某身形。上請壽命君五人，火炬君五人，三魂七魄君五人，各官將百二十人，下爲流布天仙妙藥，太和之氣，入某身中，還顏復色，精光悅豫。上詣天官，與落死籍，蕩滌故氣，注上生名，六腑調和，五藏安穩，光益壽命，一切精祟，並令消滅。夢想眞正，飲食甘美，長保安全，以爲效信。恩惟太上衆眞分別，求哀臣愚劣。謹因二官直使、正一功曹、左右官使者、陰陽神決吏、科車赤符吏、剛風騎置驛馬上章吏、飛龍騎吏，官各二人出，操臣某謹爲某拜請《天官上光度化口章》一通，上詣太上某宮曹治。

保嬰童章

綜述

佚名《赤松子章曆》卷四《保嬰童章》 具法位。

上言：謹按文書，某夙生慶幸，得奉大道，從來荷恩，實爲無量。但某信敬多違，男女若干歲，今在童兒，未有所識，即日憂惶，恐爲故氣邪精、芇尸暗穢、乳母化神、天地河伯、鉤星血沒之鬼，承闇構禍，侵斥某身，求臣保祐，伏地拜章，上聞天曹。特從太上老君、諸君丈人、天師君、門下主者、五氣君，垂恩省理。上請陽仙護魂君、陰仙護魄君、天養生君，按摩某身，消除脾肺腎中、大小腸膽上下、幽都氣海，道氣宣布，百脉通利，病厄消蕩，顏華光澤，與日月同輝。上請太皇萬福君、解患君、東王父、西王母君，各五人，官將百二十人，三天九宮、甲子甲午官君，一切鬼毒，並不侵損。仰荷鴻恩，以爲效信。恩惟太上分別云云。爲某拜請《天官爲保嬰童章》一通，上詣太上某曹云云。

斷亡人復連章

綜述

佚名《赤松子章曆》卷四《斷亡人復連章》 具法位。

上言：臣謹按仙科，今據某云，即日叩頭列狀，素以胎生，下官子孫，

千載幸遇，得奉大道，誠實欣慰。某信向違科，致有災厄。某今月某日，染疾困重，夢想紛紜，所向非善。尋求算術，云亡某爲禍，更相復連，致令此病連綿不止。恐死亡不絕，注復不斷，闔家惶怖，恐不生全。即日詞情懇切，向臣求乞生理。輒爲拜章一通，上聞天曹。伏乞太上老君、太上丈人、天師君、門下主者，賜爲分別。上請本命君十萬人，爲某解除亡人復連之氣，願令斷絕。生人魂神屬生始，一元一始，相去萬萬九十餘里。生人上屬皇天，死人下屬黃泉。生死異路，不得擾亂某身。又恐亡某生犯莫大之罪，死有不赦之愆，繫閉在於諸獄，時在河伯之獄，時在女青之獄，時在城隍社廟之中。不知亡人某魂魄在何處，並乞遷達，令得安穩，上昇天堂，衣食自然，逍遙無爲，墳墓安穩，注訟消沉，某身中疾病，即蒙除愈，復連斷絕，元元如願，以爲效信。恩惟太上衆眞分別。求哀。臣爲某上請《天官斷絕亡人復連章》一通，上詣太上某曹治。

疾病謝先亡章

綜　述

佚名《赤松子章曆》卷四《疾病謝先亡章》　具法位。

上言：謹按玄科，今據某云，但某以信向多違，招延災祟，頃者已來，怪異屢表，疾病更互，合家憂惶。尋究算術，云是家先幷客死之鬼，嗔責生人，恐是前後年節，祠祀飲食不精，所設微薄，爲後世禍祟所伐。乞丐太上大道君，遷達迴轉，去離憂苦之處。謹爲上請保護君、護命君各五人，官將百二十人，爲某身典治鬼等，所有疾病厄難，原赦除愈，以爲效信。恩惟太上衆眞分別，求哀。臣爲某上請《天官疾病謝先亡章》一通，上詣太上某宮曹治。

三五雜籙言功章

綜　述

佚名《赤松子章曆》卷四《三五雜籙言功章》　具法位。

上言：謹按文書，某州某縣弟子某，年若干歲，某月生，伏自惟省，千歲幸會，得奉大道，被受元恩。臣某仙靈二十四治籙，籙上將軍吏兵，奉受之日，誓依師教，優使吏兵，醫治百姓，修身之外，救物爲先，三會吉日，舉遷言功。臣自受任已來，諸所施行，皆如所願。謹依科法，以今月某日三會吉辰，拜奏言功章一通，爲臣所佩受三五上靈官一將軍籙、三五上靈官十將軍籙、百五十將軍籙、赤天中部赤籙、赤天三部三將軍籙、百鬼召籙、混沌赤籙、九州社令籙、星剛二十八宿籙、河圖籙、解六害神符籙、九鳳破穢籙、都章畢印籙、華蓋籙、九天兵符籙、九官捍厄八卦護身籙、考召籙、斬千鬼萬神籙、大斬邪籙、四部禁氣籙、斬河邪籙、功曹籙、保命長生籙等，二十四階法籙，六壬、太一、雷公三十六部神式籙，八史君六甲支干靈符，十二月將，時直二十四治職將軍籙、孝道仙王一十八階征山神將籙、中宮敢健剛武強伐啇天萬丈百鬼中王都官從事高功司馬中騎大將軍、八極排天延壽六星斗君、中黃司政君、元黃九仙司直君、魁頭主刺君、剛頭司殺君、消災散禍扶命解厄君、天騶甲卒、天丁力士等，保守臣身如故，令臣所向，金石爲開，水火爲滅，所厭者伏，所治者愈，所解者開，所繫者破，所消者散，衆惡邪賊，欲見中傷臣身者，一切滅絕，令臣某得蒙過度三災九厄凶世惡年，萬姓歸仰，睹見太平，奉迎聖君，永爲種民。過泰之恩，以爲效信。恩惟太上云云。今因三會大慶，奉爲身中所佩三五將軍內外雜籙君吏拜上言章一通，上詣太上三天曹云云。載拜以聞。

收除火殃章

綜述

佚名《赤松子章曆》卷四《收除火殃章》 具法位。

上言：謹按玄科，今據某州縣鄉貫某，即日口辭自列，素以胎生，下官子孫，千載有幸，得奉大道，從來蒙恩，誠實欣慰。某以凡昧，修奉違科，屢招災考。比者已來，聞見不眞，忽以某時見火殃落在某處所，光影耀地，恐是死殃。火殃散漫村坊，侵害百姓，男女遭罹，非一吁嗟，道俗不可稱計，憂惶恐怖，何以禳却？仰憑一心，上告大道。謹依師法，伏地拜章一通，上詣三天曹，令火殃即時消滅。上請中宮諸官君，及錄上將軍、二十四吏，兵士三十萬人，天地水三官，算考召君吏，道上二玄三元四始甲子諸官君，四面方位，社邑里君，四野五野七野九野都平君等，所居某里中眞官注氣。上請北方太陰君，官將百二十人，治太陰宫。又請風伯雨師消滅某處火殃，速去千里。又請誅殃君，官將百二十人，所部宋無忌，主收火殃之鬼，令不燔燒良民所居住宅、屋舍、倉囤。上官典者，勑東方心尾二宿，藏火精，攝巽神，勑風伯，藏伏氣，非節不行。又請九海北玄君，官將百二十人，動畢星宿，昇陰氣，興散雨雲，制伏火殃，令不得起。某等村坊某家，悉令災火不發，竟歲無他，宅舍安定，人口平吉，以爲效信。恩惟太上衆眞分別，求哀。臣爲某拜請《天官收除火殃口章》一通，上詣太上某宫曹治。

上清言功章

綜述

佚名《赤松子章曆》卷四《上清言功章》 具法位。

上言：謹按文書牒，得某州某縣弟子某，年若干，某月日生，伏自惟省，素以胎蒻微蔑，宿緣幸會，得奉大道，歸命正眞，荷四時所養，皇老好生，太上惡殺，賜臣氣命，逮及今日，仰受太陽之恩，謬蒙師道之澤，賜署治籙，進叨《老君道德五千文》尊經，洞神、洞玄、洞淵、洞眞等法，奉受之日，要當供養寶文，修功立德，行合神仙，長生度世，永壽無極。縱不得仙度，託命太陰，受煉更生，化爲眞人，免脱三塗。道重人輕，實非尸肉所行參佩，廣開法門，舟航一切，濟度天人，存靈念眞，餐御吐納，注心玄極，修行生道。非法不精，非法不眞，但臣積世無狀，七世已來，莫大之罪，結固未已，至有誠心，未能潛隱。特以伏地奏聞，爲臣所佩三洞經法等，五帝、眞靈、玉女、直符、直事、領仙侍郎、監察大夫、日月星宿、五嶽四瀆、十方眞官、法上將軍、吏兵千乘萬騎，悉同言功報勞，上詣玄都，進品上仙，加爵帝秩，隨科署眞，無令遺失。臣某家七祖父母，去離苦惱，上登天堂，衣食自然，天下太平。臣某學道未備，俯仰之格，道法難精，前後施爲，不合儀式，爲四司所糾，五帝所執，千愆萬過，乞蒙原赦。臣某身中五體眞官，受秩事竟，各還臣身中，保氣全眞，安穩如故。恩惟太上衆眞分別。求哀。臣謹爲拜上《天官言功報勞章》一通，上詣太上某宫曹治。

絶泰山死籍言功章

綜　述

佚名《赤松子章曆》**卷四**《**絶泰山死籍言功章**》　具法位。

上言：謹按文書，某州縣鄉里觀上清大洞三景弟子某嶽先生臣某等年若干，某月生，素以胎生，千載有幸，得奉大道。師老垂矜，賜署治籙，不以凡愚，參佩經寶，眞祕重沓，荷恩過泰，欣慰罔極。但臣某雖叨妙法，不閑科禁，功無絲髮，愆犯罪積，累年轗軻，生途不稱，居住不安，命屬皇天上帝十二司命君。謹按天師舊儀，三會吉日，斷除泰山死籍，消除右契罪名死目，改定生籙，注上生名左籙長生宮中。上請倉生君一人，請爲三官將吏兵士一切言功，受賞如常，原赦臣某等所犯謬誤之愆，先亡眷屬同免苦楚，受大福德，衣食自然，殃疰斷絶，道氣降附，存亡清泰，以爲效信。恩惟泰山云云。爲依法三會吉辰，拜上上請天官斷除泰山死籍改定生録乞恩紙筆章一通，上詣太上某宫曹治。

遷達先亡言功章

綜　述

佚名《赤松子章曆》**卷四**《**遷達先亡言功章**》　具法位。

上言：謹按文書，某州縣觀上清三洞三景弟子某嶽先生臣，某年月生，素以胎生，千載有幸，得奉大道，兼蒙師眞賜佩天官治籙，叨忝經寶，以存供養。臣以好道樂生，奉宣文書，助國扶命，勸化萬民百姓，一切蒙恩太上大道、諸君丈人重恩成就。伏聞大道三會吉日，太上老君下流八極，澤潤無垠。臣等先亡三曾五祖、七世父母、前亡後死、五服種親，或恐執繫地獄之中，未能下解者，乞丐太上大道君、上官典者，願臣今奏章告下天地水三官、泰山二十四獄、中黄天九平獄、中都大獄、水官土府、九江水帝、河伯呂公子、將從掾吏，徒謫役作罪目，五盟七詛，不忠不孝，陰惡咎匿，從天至地，一切原赦，令臣學業成就，智慧增廣，宿愆赦貰，存亡安泰，以爲效信。恩惟太上分别云云。今月日三會吉慶自拜上遷達三曾五祖七世父母乞恩紙章一通，上詣太上三天曹云云。載拜以聞。

百姓言功章

綜　述

佚名《赤松子章曆》**卷四**《**百姓言功章**》　具法位。

上言：云云。但臣依天師舊式，以三會都治舍所，領戶化民，依天師文書，輙死言生，并天師昔所布下二玄三元四始甲子諸官君將吏兵、二十四治官將吏兵等，言功舉遷。令依科禁，不敢不聚會。謹於所在某處鄉甲觀中，條列所領戶化民百姓男女，求恩乞願，並佩正一盟威等籙，二十四階，七十五童子，并及散民等，願請無上玄老太上三尊將軍吏兵守宅，三將軍兵士三十萬人，保護某家口男女，使三災九厄，並乞隨章蕩散，並臣身中內外種親，及所佩法籙等，前亡後化，男女之鬼，並乞遷達，免離諸苦，上昇天堂，斷絶復連，宿疾除差，日就安穩，蒙恩如願，以爲效信。恩惟太上分别云云。依常品拜上，今年某月日三會吉慶，言功云云。載拜以聞。

爲天地神祇言功章

綜述

佚名《赤松子章曆》卷五《爲天地神祇言功章》　具法位。

上言：謹按文書，某州縣鄉思觀道士某等，素以胎生，叨賜天官治籙，內外重沓，過泰之恩。臣以下愚，六情奔蕩，不自覺知，歲月滋深，積罪無數，難可安全。仰賴身中所受神仙寶籙，所見營護，受恩隆重，伏地拜章一通上聞。特從太上無極大道、諸君丈人、天師君夫人造化之恩，赦臣等宿世今生千罪萬過，及臣前後爲百姓男女消災救疾，告急章奏，建立齋直，施行功德，口啓願諸所求乞，上請天官役使吏兵及天地水三官、前後水陸行諸道巡州縣鄉亭里域諸官君正炁，助道興化者，從正月十月已來，天官吏兵有功勞者，悉乞爲言功，遷加爵秩，從一等至百等，從百等至千等，如天曹科品，錄署便曹穩職，無令失意有恨者。天官、地官、水官受功事訖，各還本位。并從正月至十二月，所請君將吏兵，今爲言功。月一日至三十日，所請君將吏兵，今爲言功。日子時至亥時，所請君將吏兵，今爲言功。盡爲舉遷，依天曹科品，皆無令恚恨。符契吏兵，及時伏臣等身中保守如故。伏願太上無極大道、諸君丈人、天師君夫人，降下正一生炁，覆蓋臣某身，生氣眞全，宿疾除愈，四體輕強，三尸墮落，九蟲沈零，學道棲神，心開意悟，曉知未來，長生久視，神仙度世，得見太平。願臣生緣家口大小等身，並乞災厄過度，年命延永，五瘟疫毒，不敢侵斥。至來年某月某日安穩如願，當爲衆官拜奏言功，不負效信。恩惟太上分別，求哀臣愚劣。謹因二官直使、正一功曹、左右官使者、陰陽神決吏、科車赤符吏、剛風騎置驛馬上章吏，官各二人出，操臣某因三會吉慶，爲天地神祇及臣等身中吏兵，爲前後百姓同詣救治疾厄，求乞恩福。臣等拜《上都言功口章》一通，上詣三天曹，伏須告報。臣某誠惶誠恐，稽首頓首，再拜以聞。

三五言功章

綜述

佚名《赤松子章曆》卷五《三五言功章》　具法位。

上言：謹按文書，臣等芻草之類，生於濁俗，仰藉宿慶，遭逢大化，歸依大道，過蒙天地覆載，丹靈所育，皇乾所養，星辰所衛，日月所照，四時所長，皇老好生，賜臣氣命，逮及今日，仰稟太陽，得廁人道。某不以愚昧，貪樂道法，歸命至眞，賜授法戒、內外符籙、三五治職及《三洞金書玉章》，佩受已來，積年經載，香燈供養。但道重人輕，非凡穢所可叨佩，宿夜憂惶，不以寧處。臣等受法之日，要當自竭愚短，朝禮讀誦，宣揚道德，濟度一切，及以自身修靜念眞，日月之精，注心玄虛，修行之炁，陰陽九轉，三五成丹，飛騰虛空，白日昇天。非法不精，非道不眞，恐臣等前世今身所犯莫大之罪，乞身中功曹吏兵衆官，營衛臣等，及生緣家口壽命。上請祐衛將軍一人，官將百二十人，爲臣賫良方妙藥、甘靈芝英、金液玉漿，充哺養赤子，保國安神，皆令無他。願臣等學道昇仙，長生度世，出入行往，衆官吏兵乞垂衛護，不負效信。恩惟太上分別云云。今年月三會，都言功舉遷，口啓章一通，上詣三天曹云云。

除泰山死籍章

綜述

佚名《赤松子章曆》卷五《除泰山死籍章》　具法位。

上言：謹按文書，臣某年若干，屬州縣鄉里住。臣素以胎生，宿緣幸

會，得屬上帝十二司命君。伏按科法，三會吉日，落泰山死籍，削去有契。上請倉生君、八極五炁監年命，令臣等及生緣大小，壽三萬六千歲，記名玉曆，彌綸天地。即自荷恩，三月一時，爲天官君吏言功舉遷，名加爵秩，以報勞苦，不負效信。唯臣及生緣家口內外男女上下尊卑等身，年命延長，永爲種民。臣千罪萬過，乞丐原赦。恩惟太上分別云云。飛龍騎吏、左右龍虎君，各十八人出，操臣以今歲月日拜上《絕除泰山死籍口啓章》一通，上詣太上某宮曹治。

爲先亡言功章

綜　述

佚名《赤松子章曆》卷五《爲先亡言功章》　具法位。

上言：謹按文書，臣某年若干，屬州縣鄉里某處住。臣素以胎生，血誕之餘，千載運會，得遇太上開化之際，盟威正教，驅除穢逆。但臣某稟炁暗鈍，六情閉塞，百行多違，未有微功，上答大造。蓋聞道法，三會吉日，太上老君恩流八極，澤潤無外，生死蒙恩。是以人清鬼平，生死蒙泰。臣今章奏告下天地水三官土府、九江水帝河伯，將從掾吏，特乞一切之恩，原赦臣等七祖父母，前亡後化，一切宿罪重過，特垂放遣，賜與沐浴，上升玄都長生宮中，神登紫闕，衣食自然。臣等闔觀得受餘慶，福祚無窮，注上生名玉曆青篇之中，存亡咸泰，永爲種民，光顯王道清眞之信。恩惟太上分別云云。陰陽神訣吏、左右龍虎君，各十八人出，操臣等吉日謹拜《遷達先亡解除基考謫罰口章》一通，上詣太上某宮曹治。

三月一時言功章

綜　述

佚名《赤松子章曆》卷五《三月一時言功章》　具法位。

上言：謹按玄科，今據某素以胎生，凡質穢濁，得逢太上道炁開化，恩流八極，施布道法，養育羣生。臣以有幸，得歸法門，天師矜愍，賜臣治職。臣以肌腥賤質，耳目閉塞，無輔助之效，夙夜憂惶，不自寧安。謹按文書，天師節度，一年三會吉慶，十月五日，都言功。謹條臣所領籙上辭旨，散民育物，男女良賤，命籍，戶口，年紀，顯達，人名，右列如牒。臣從今年七月七日已來，承上三天無極大道、諸君丈人、天師法教，訓喻百姓，醫治百姓，助國扶命，即使肉人等，改惡爲善，捨逆爲順，去故就新，廢僞成眞。臣身中吏兵功曹使者、陰陽神決吏，關啓千二百官君，上請天官將吏兵、熒惑太白中陣兵、魁魓炁吏、上清玄君、五炁經君、朱雀君、日月天醫、和醫、太始剛武敢健吏、百蟲君、神男神女、玄男玄女、玉男玉女、素男素女、仙男仙女、詭吏化君，醫治疾病，公私口舌，行來道路，移徙嫁娶，葬埋作舍，求乞保護。臣及民所居鄉里，監察考召君吏、道上二玄三元四始諸官君、四野五野七野平都君，田蠶六畜，倍加衛護。天師所布下二十四治、三十六靖廬、九州八極治化君將吏兵士，五方驅除君將吏，東九夷、南八蠻、西六戎、北五狄、中央三秦，黃書契令十二月命君等，男官女官，二十四官，男職女職，二十四職，及男女戶口所受籙上吏兵，請守宅三將軍、二十四吏，兵士三十萬人等，三曾五祖，五將五神，保護肉人等家，皆得端正。勞君苦吏，願一切悉爲言功舉遷。臣以闇塞，不明鬼炁，謹請漢南昌都集君、還功君，將吏一百二十人，主分別諸將吏，有功勞者，分別皆當遷達，考召調正鬼炁，十等上至百等，從千等上至萬等，遷入中宮，隨功多少，各還本所。功曹顯達，受功者，與便曹穩職，無令失意。或有恚恨者，至來年正月五日，依法舉

遷。臣及所願道民，口數端正，以爲效信。千罪萬過，乞垂原赦。恩惟太上云云。操臣爲依常品拜上《十月五日三會大慶言功口啓章》一通云云。

三會言功章

綜　述

佚名《赤松子章曆》卷五《三會言功章》　某州某縣道士某，年若干，某月生，稽首，謹上啓太上老君、天師、嗣師、系師、三師君夫人、門下典者，但某千生慶幸，值遇玄風，忝竊道門，身披冠褐，蒙師尊而開度，賜法籙以匡身，忝正一之初階，遷上清之極境。伏以人麤法細，違犯巨多，晨夕乖於焚修，晦朔闕於朝禮，三元三會，或失焚修，八節庚申，皆違醮閲。身或穢觸，衝突靈官。口是心非，違科越禁。或思存散亂，妄想俱生；或喜怒無時，酒食失度。如上之罪，無量無邊，日往月來，無由洗滌。今因某歲三會吉辰，拜奏《大法言功章》一通，《三五雜籙言功章》一通，資次，伏願太上三尊、天師衆聖，開大宥之澤，敷罔極之恩，賜洗前愆，蠲除往過。然乞臣所佩正一洞淵等籙，至於上清、上仙、上靈、二官吏兵、仙童玉女、文武官屬，悉爲言功報勞，益秩遷階，咸受功賞。受功事竟，各歸臣身中，安慰宮府，守護臣身。乞災厄蕩消，衰危殄滅，口舌不起，怨仇叶和。章醮符水，願有效徵。門徒興盛，住持清泰。出入休安，得允所祈。仰荷玄造，請給謹狀。

酆都章

綜　述

佚名《赤松子章曆》卷五《酆都章》　具法位。

上言：謹按文書，某州縣某，即日稽首，謹叩頭乞恩，拜章拔贖亡人。伏聞太上有濟度亡人之法，謹投大道，未知亡人新逝已來，魂魄託生何道。恐在世之日，身處凡夫，餐啖衆生，烹炮物命，無非是罪。今請奏《酆都拔罪章》一通，謹賫法信，以爲證質。臣某奏章，伏願太上無極大道、天師君、慈父聖母、上官主者，特垂大慈之澤，原赦亡人前身已來，三業六情，或積行所犯莫大之罪，或犯一百八十條科。輪迴萬劫，冥冥長夜，未測亡人魂魄作何驅役，隸屬何官？或恐在上中下二十四獄、三河九江，風刀之罪，幽繫三塗，請爲解釋。臣今爲申奏章表，乞賜亡人某魂昇三天，魄離闇府，永除苦惱，逍遙福庭，衣食自然，天堂受樂。次乞某家口大小，永保康寧，所願從心，常保元吉，以爲效信。恩惟太上云云。

生死解殗洗蕩宅舍章

綜　述

佚名《赤松子章曆》卷五《生死解殗洗蕩宅舍章》　具法位。

上言：謹按文書，某州某縣將領家口大小若干人，即日稽首，歸命太上。今緣住宅生產死亡，恐有殗穢。宅中十二時辰，行年本命，害氣相侵。今詣臣求乞章奏，洗浣宅庭，殗穢消蕩，內外光明，神龍備衛，防保人口。唯專一心，上憑大道，乞求章文，解除殗穢，洗蕩宅舍，安穩無虞，具如所陳。臣以凡愚，不明氣候，輒承辭旨，伏地拜章一通，上聞天曹。謹爲上請東方青帝解殗君、南方赤帝解殗君、西方白帝解殗君、北方黑帝解殗君、中央黃帝解殗君，官將百二十人下，爲洗浣肉人，解除殗穢。玉女使者，官將百二十人，各賫眞精之水，五和之香，蕩灑某家井竈等，大殗入海，小殗入江，千殗萬穢，應時消滅。上請仙花玉女一千二百人，與東方青龍主水使者、南方赤龍主水使者、西方白龍主水使者、北方黑龍主水使者、中央黃龍主水使者，各賫眞精之水，洗浣弟子某家住宅神靈，內外清淨，并請勑河伯呂公子、營校尉督，一切水官將吏，更相傳

送，除解某家內外神眞，皆令清淨，利祐人口。大小若干人，乞無災瘴，宅舍安寧，向去前途，五瘟不染，行年四出，常保無虞，以爲效信。恩惟太上云云。

大醮宅章

綜　述

佚名《赤松子章曆》卷五《大醮宅章》　具法位。

上言：謹按文書，某州某縣某，即日乞恩，同心稽首，口辭自列，信向無功，招延不善，即日起造宅宇已來，未曾醮謝，恐動土興工，驚動宅上諸神，並及家口行年本命靈室，奏書博士不敢自專，今謹請鎮宅十二禁忌紙章一通，防保宅上人口平安，具如所列。唯專一心，上憑大道，向臣求乞章奏，願爲降赴，證明法教，奉用鎮信，以表五方靈官。上請天官爲某住宅之中四面內外十二時辰二十四禁忌太歲大將軍，青龍白虎朱雀玄武，宅中伏龍、日出日入，人口行年、本命，一切神靈，從立宅已來未曾章醮，今選吉辰良日，謹於中庭安鎮法座，鋪陳質信，以表宅上十二時辰，分解禁忌。謹爲伏地拜章一通，上聞天曹。伏願上官典者，特垂省理，如蒙恩煦，謹爲上請掾吏君五人、治宅官五人、制地君五人，官將百二十人，將軍十萬人，一合來下，將軍二十四吏兵三十萬人，及宅中備位神明，及所部里域眞官，共部押宅中四面八方內外十二時辰二十四禁忌土公太歲大將軍、太陰夫人、青龍白虎朱雀玄武、伏龍勾絞、歲月大小、二耗三公、九卿將軍、發盜本命、子丑寅卯辰巳午未申酉戌亥，宅中內外，一切衆神，即日即時，應章上達，收斂十二時辰，鎮於本位，收捕宅上東西南北，並請安穩，無令觸犯。豎屋事訖，言功報勞，以爲某家清淨一切衆神，鎮宅之內，宮室之裏，錢財集聚，羅綺盈堂，一依符教，收却四面災禍，永不侵擾，元元一心，以爲效信。恩惟太上云云。

開通道路章

綜　述

佚名《赤松子章曆》卷五《開通道路章》　具法位。

上言：謹按文書，某州縣某，闔門長幼，同心稽首，叩頭乞恩辭。但某塚宅衰凶，神鬼侵逼，禍下自招，上延亡人，年若干歲，某月日時染疾，困重無藥能療，因此亡逝。謹依俗禮，棺殯在堂，終始永畢。未測亡人新逝已來，魂魄不知託生何道。恐在世之日，殺害衆生，傷損物命，繫閉三途，未蒙解脫。罔知作何功德，拔贖幽關。伏聞太上大道有解拔之科，濟度亡魂之法，謹賫法信，獻五方靈官，薦拔亡人魂魄，闓通道路，無有窒礙。以今元元一心，請求謄奏。但以凡流不明氣候，垂恩請省。謹爲上請素車白馬大將軍一人、太玄君一人，各官將百二十人。又請直符告下天地水三官、女青詔書、土下二千石、丘丞墓伯、十二塚侯、泰山二十四獄、皇天九平獄、天一北獄、東嶽泰山、南嶽衡山、西嶽華山、北嶽恆山、中嶽嵩高山地獄，北都寒池地獄，牢檻諸獄，九江水帝，河伯河侯，將佐掾吏，一切放遣亡人。伏願生前罪累，並乞消除，歿後愆尤，隨章蕩除。沐浴清淨，逍遙福堂。遷爽淨宮，參經洞府。然乞弟子闔門長幼，家口平安，以爲效信。恩惟太上云云。

拔河章

綜　述

佚名《赤松子章曆》卷五《拔河章》　具法位。

上言：謹按文書，某州縣鄉里，某年若干，某月日生，即日口辭自列，胎素肉人，枯骨子孫，千載有幸，得奉大道，從來蒙恩，欣抃罔極。但由肉人信向多違，招延不利，多有厄難，夢想不眞，所見不善。推尋算術，云有河神之厄，恐有衰疾，慮致傾危。今憑大道，告訴向臣，求乞章奏，開度衰年厄月，免離三河之厄。臣輒憑口辭，爲伏地拜章一通，伏願三河四海、九江水帝、諸神君等，解釋某衰年厄月，水府之中，但名係之處，願爲開度，無令繫閉諸獄。又請東方青帝河伯水官、南方赤帝河伯水官、西方白帝河伯水官、北方黑帝河伯水官、中央黃帝河伯水官，各百二十人來下，主爲某解拔三河之厄。伏願天地水三官，女青詔書，拔度刑厄，永保無他，以爲效信。恩惟太上云云。

保蠶章

綜述

佚名《赤松子章曆》卷五《保蠶章》　具法位。

上言：謹按文書，某即日乞恩，口辭自列，今爲累年養蠶不收，恐有犯物，以今月吉日良時，於宅內上請東方青帝蠶室、南方赤帝蠶室、西方白帝蠶室、北方黑帝蠶室、中央黃帝蠶室、蠶家先祖、蠶家公姥、蠶家子孫、天上蠶室、地下蠶室、三十六蠶室，照察某日夜悲愁，罔知救護，唯以一心，上憑大道。謹賫心信，向臣求乞章奏，上請五方代公代姥、代家先祖、代家父母、代家子孫、左右四方力士，上請神君，下鎮養蠶之姑，養蠶新婦，黑蠶如龍，白蠶如虎，行聲如風，食聲如雨，雷聲震動，不爲禁忌，但是殗穢，並令消滅。謹賫法信，並在案前，奉請五方養蠶之女，又請五方養蠶之姑，又請蠶父北陽之君、蠶母北君之女，爲某宅內今年蛾蠶如願，播植長滋，斥流瘟疫，蟲鼠虛耗，一切消滅。伏願收繭萬石，得絲千斤。知道爲眞，知章爲神，謹爲某伏地拜章一通，上聞三天曹。伏願大道君吏、上官典者，特垂省察。如蒙哀祐，唯專一心，以爲效信。恩惟太上云云。

接算章

綜述

佚名《赤松子章曆》卷五《接算章》　具法位。

上言：謹按文書，某即日口辭自列，素以胎生，千載慶善，得奉大道，從來蒙恩，誠深罔極。但以凡夫不知璇璣斗建，土宿臨刑，恐年命厄會不輕，元辰衝破，天羅地網，算盡將來，九醜備縈，日夜憂惶，貞吉難保，泉壤是虞。唯專一心，歸憑大道。謹備法信之具，表獻五方靈官，即日告臣，求乞章奏，上詣天曹，拔贖身命。臣雖不明氣候，輒承所請，謹爲伏地拜章一通，上聞天曹。伏願太上老君、諸君丈人、三師夫人、門下典者、一切監司、陰陽諸曹二吏，施大慈之澤，布罔極之恩，願爲上請壽算君五人、保命君五人、消災君五人、散禍君五人、扶衰度厄君五人、解羅脱網君五人，官將各百二十人，一合來下，爲某拔贖二十四獄、天曹地府、古廟靈壇、社稷將吏、司命曹局，尋檢某身有諸罪目，死名在黑簿之中者，乞爲改易，有厄脱除，有病爲愈，已枯更榮，已死更生，衰中得度，厄中得過，月厄年災，並爲散釋。某年命不長，壽算短促，伏願大道弘慈，立更生之道。臣等膽其賍信，上詣三天曹，請拔贖某身命，延年益壽，削死上生。今呈章奏之後，家口大小，災厄過度，永保康平，宅舍清淨，塚宅潛寧，九祖已來，逍遙自在，元元一心，以爲效信。恩惟太上分別云云。拜上《禳星益算延年章》一通，上詣太上某宮曹治。

大塚訟章

綜述

佚名《赤松子章曆》卷五《大塚訟章》 具法位。

上言：今有某州縣鄉里某甲，投辭列款，稱門祚災衰，家累疾病，所作不利，所居不安，求乞章奏，解除塚訟。今據其事狀，粗可根尋，必恐其七祖九玄、周親近屬，生存之日，過犯既多，亡歿已來，被諸考謫，子孫未與拔贖，冥漠得以怨嗟，或葬在水源之訟，或殯當神廟之訟，或墳塋穿穴之訟，或棺槨損傷之訟，或舊塚相重之訟，或新塚相犯之訟，年月浸遠，胤嗣不知，或水溺火燒之訟，或蟲傷藥毒之訟，或刀兵牢獄之訟，或瘟疫癰疽之訟，或伯叔兄弟，或姑姪姊妹，遞相連染，以作禍殃。有一於斯，罔不誅責，酆宮案罪，因所甘心，而玄律垂恩，亦容追過。臣輒依千二百官儀，并正一眞人三天法師所授南嶽紫虛元君治病滅惡之法，謹上請天昌君，黃衣兵十萬人，收某家中百二十殃怪，中外強殃，十二刑殺之鬼，皆令消滅。又請無上高倉君，兵一萬人，爲某家收治五墓之鬼，傷亡往來，住著子孫，作殃怪禍害疾病某身，致令死傷不絕者，皆令消滅。又請運氣解厄君，兵士一萬人，爲某解除家中逆注，某身中刑厄，十二刑殺，百二十殃考，皆令銷散注滯，使制鬼滅禍，遏却六天之氣。又請益天大將軍，大兵士一萬人，萬福君五人，官將百二十人，石安君，官將百二十人，朔平君，官將百二十人，治玄始宮，並爲某辟斥故氣，收捕天下飲食橫行鬼賊，作諸精祟，妨害某及家中大小者，皆令收絕，應時剪撲，即使摧滅，却死來生，滅禍致福。又請石仙君一人，官將百二十人，爲某家却滅強殃之鬼，厭絕精祟，不得爲害。又請四相君五人，官將百二十人，爲某銷散家中有考訟鬼祟諸不正之氣，侵擾宅舍，致不安穩者，皆即收剪，解釋訟考，分別清濁。又請赤天食氣君，官將百二十人，爲某馳斥親屬遠近，及有異姓之訟，逮諸凶惡怨訴，共相侵擾，不肯散退，所爲祟害者，悉皆制絕銷滅。又請收神上明君，官將百二十人，爲某身解除惡夢錯亂，魂魄不守，精神離越者，令得安善，使夙注銷歇。又請太玄君，官將百二十人，治無渠宮，主某家有凶注之氣，令人精神爽越，疾病顛倒，驚邪恍惚，不自知覺者，使銷滅賊害，永無殃患。又請制地君五人，官將百二十人，下治其冥泉宮，爲某身并家中大小，分解行年本命太歲土王墓辰建破，諸所觸犯，爲高下卑幼之鬼爲業害者，皆令消滅。又請無上天生君，兵士一萬人，無上方相君，兵士一萬人，並爲某收家門先後死亡，有相注逮者，令消滅之。又請厄鄉侯君，官將百二十人，治太清宮，章釋君，官將百二十人，治太清宮。又請祐護將軍吏兵，賫太玄眞符，攝下女青詔書，地下二千石、泰山二十四獄，爲某收捕分解塚墓殃逮之鬼，告下地中官長、丘丞墓伯、蒼林君、武夷君、左右塚侯、地中司激墓卿、右秩萬里父老、諸地域所典，並令斷絕考害復注之氣，一切消滅。若某家祖曾已來，先亡後死，男女大小，凡葬埋所在，有犯十二月建破王耗八將六對傷絕禁忌，音向不正，哺次不得，左前右後，伏尸故傷，妨害男女位座，諸爲刑禍，致不安穩，子孫疾病者，悉爲解釋和合，隨源補復，反凶爲吉，轉禍爲福，生死幽明，不相關涉。請都星君，官將百二十人，治華蓋宮；誅殃君，官將百二十人，治倉明宮；太白中陣明君，官將百二十人，並爲某家七祖已來，先亡後化男女大小，解星官復連，收十二時刑禍遲留逆殺，皆使除滅死亡，斷絕復注。若下官故氣，假託形影，導從鬼兵，驅逼先亡，傷注之鬼，去來家門，迫脅生人，拘錄魂魄，致爲疾病者，一依鬼律收治，皆令消滅。又請無上天玄君，兵士一萬二千人，爲某收治遠近貴賤尊卑男女，凡諸有謀口舌誹謗咒詛之氣，皆令伏匿，不得爲害。又請赤砂君，官將百二十人，治南昌宮，爲某家收五蠱六魅，百二十凶災，及虛耗之鬼，常爲某所居宅舍致費損不利者，皆令消滅。凡上請二十四君官將吏兵，即日一合來下，各隨本職，爲某解散考謫，消除殃祟，和釋諸所，斷絕注氣，先亡後死，及種族親戚，有橫暴枉濫、流亡客葬、無後之鬼，預是前八十一訟之事件，百萬種種之考注，并各寢息，不得動作，一皆消蕩。若猶有欲興造怨望，覘伺間隙，因垂衰便，搆扇禍害者，盡皆收檢剪撲，速令滅絕，不得與某有相關涉。存亡異境，禍福各對，當令某身并家口，從今以去，神氣流布，天靈輔衛，五藏調理，六腑宣通，眞精內

充，百病消歇，行業成就，功德日新，吉祥咸降，祅邪散滅，公私昌熾，存亡荷賴。所請天官君將吏兵、文武職司，並立勤績，驅除鬼害，收剪有功，請即爲言功遷賞，加秩進爵，差次高下，如天曹常科，無使恚恨。某所賫交朊，紫紋四十尺，命米一石二斗，錢一千二百文，著體净衣一副，狀紙一百二十張，墨兩鋌，筆兩管，朱一兩，書刀一口，净席一領，净巾一條，即以酬官君將吏勤勞之效。恩惟太上云云。臣謹爲某身居疾病，解先亡後死者考氣注逮，拜上《大塚訟章》一通，上詣云云。

又 具法位。

上言：謹有某官某乙，年若干歲，某月日生，貫某州縣鄉里，某爲戶頭，即日叩頭，稽首自列詞狀，素以胎誕，千生慶幸，得奉大道，荷恩資育，得見今日。伏以某身。或有違忤，或有所求，或謀官宦，或疾厄、謝過，祈恩任於此入語。莫不因其修習乖違，所行逆理，建功補過，積善不及，上累先亡之禍，下責生人之咎，致令某乙怪夢非吉，所向多違，修念有闕，厄患臻集，慮不全生，莫悟考咎。實懼上世已來，先亡後死，墓謫不解，塚訟相逮，告訴臣，求乞解釋。臣某伏按：人生稟陰陽之正氣，受形氣於父母，血胤連屬，逮乎七世，傍貫伯叔，至於兄弟，莫不善惡同源，榮枯相繼。陽官賞罰，亦止此條；幽府所施，豈宜廣引。服屬既疏，爲患自息。且各有承嗣，不相濫混，臣以亡人魂爽，動以物接，記籍所明，爲例甚衆。但肉眼障滯，不能照睹，巫覡所見，亦未窮察，當是形聲既分，故音影莫會，至於光像，猶若于生。然情念異同，不必遵舊，所以多致尤恨，亟爲禍責。今若不濟彼苦津，離此怨路，則終成深害，咎祟方臻。是以經教懇切，每念遷拔爲本；訓誘款曲，必使解脱爲先。而當年在世，莫不罪多福少。罪事既多，則久嬰苦切；福業既少，故理無所有。是乃纏綿累業，殃注不已。今慮某家先亡後死眷屬名狀，冥府自然，未皆放縱。或有拘執責罰，便生訟引。且七世久遠，後胤莫測。其中善惡不可詳省。今者既無的知其事，謹備顯衆目，具以陳言。恐某家七祖已來，過去既往，今於三官九府之中，或有溺死之訟，燒死之訟，傷死之訟，絞死之訟，囚死之訟，塡迮死之訟，墮墜死之訟，踠蹴死之訟，打撲死之松，毒藥死之訟，毒蟲死之訟，産乳死之訟，飢餓死之訟，寒凍死之訟，熱渴死之訟，魔忤死之訟，瘟疫死之訟，中惡死之訟，霍亂死之訟，癰疽死之訟，腫注死之訟，癥痳死之訟，千疹百病，以致於死，皆各興訟。又有老死之訟，少死之訟，孤死之訟，獨死之訟，鰥死之訟，寡死之訟，客死之訟，寄死之訟，裸死之訟，暴露死之訟，無棺槨死之訟，有棺無槨之訟，棺槨穿敗之訟，尸體不埋之訟，骸骨不全之訟，鳥獸殘啄之訟，火燒骨之訟，水漬骨之訟，車馬踐轢之訟，掘鑿汙泥之訟，已葬之訟，未葬之訟，葬非本墓之訟，葬犯禁忌之訟，葬不安穩之訟，葬高下東西南北之訟，祖曾、父母、妻妾、娣姒、中外兒孫、兄弟姊妹、伯叔姑姪，更互相訟，育子不養之訟，有兒不舉、沒爲奴婢之訟，同姓之訟，異姓之訟，無宅之訟，無後之訟，憤慨之訟，責怒之訟，悲傷之訟，奄忽之訟。又生時與人有寵愛之訟，有讎怨之訟，有争訴之訟，有殺活之訟，有枉濫之訟，及死後受詰對之訟，有慚負之訟，有違約之訟，有咒詛之訟，受考罰之訟，受徒繫之訟，受謫役之訟，受二十四獄罪報之訟，受惡因緣牽引之訟。次求恩赦之訟，求還家之訟，求人代之訟，求迴逭之訟。如此等訟訴之事，各有條領，若溺死之訟，訴其沉淪水府，衣形沾濕。燒死之訟，訴其髮膚焦灼，皮肉剝爛。傷死之訟，訴其身形殘毁，流連瘡血。絞死之訟，訴其繩約緊急，氣息壅閉。獄死之訟，訴其鏁械拳攣，不得解脱。囚死之訟，訴其囹圄幽嚴，道理不暢。徒配繫死之訟，訴其赭鉗在身，謫役苦劇。塡迮之訟，訴其肢體屈壓，不得伸展。兵死之訟，訴其身首異處。墮墜死之訟，訴其筋骨摧碎。踠蹴死之訟，訴其體脉結瘀。打撲死之訟，訴其頭破臂折。毒藥死之訟，訴其腸胃潰斷。虎狼死之訟，訴其肌骨噉食。毒蟲死之訟，訴其皮肉腫爛。産乳死之訟，訴其腹裂腥臊。餓死之訟，訴其胃府空竭。寒凍死之訟，訴其戰竦冰噤。熱渴死之訟，訴其吸噏喘乏。魔忤死之訟，訴其精魂怖悸，鬼所制伏。瘟疫之訟，訴其寒熱顛倒。經絞酖毒。中惡死之訟，訴其卒暴痛，急不得申開。霍亂死之訟，訴其飲食過度，氣脉翻錯。癰疽之訟，訴其皮膚膿血，藏腑傷潰。腫注、癥痳、中風、上氣、千疹萬病之訟，各訴其沈滯困劇。老死之訟，訴其筋骨疲頓。少死之訟，訴其年志未成。孤死之訟，訴其幼無父母。獨死之訟，訴其老無兒息。鰥死之訟，訴無妻妾。寡死之訟，訴無夫對。客死之訟，訴其非舊鄉。寄死之訟，訴其非本宅。裸死之訟，訴其無衣衾。露死之訟，訴其無覆蓋。無棺之訟，訴體親土壤。無槨之訟，訴朽腐開顯。棺槨穿敗之訟，訴漏不蔽

尸。體不埋之訟，訴其求瘞掩。骸骨不全之訟，訴求聚合。鳥獸殘啄之訟，訴失肌膚。燒骨之訟，訴求補復。漬骨之訟，訴求高燥。車馬踐轢之訟，訴求移改。鑿掘穢污之訟，訴求遷濯。已葬之訟，訴求修理。未葬之訟，訴求墳塚。葬非本墓之訟，訴非土域。犯禁忌之訟，訴干觸神位。不安穩之訟，訴地氣衝激。高下四方之訟，各訴其處，更須轉動。六親九族之訟，各訴其生人違背恩紀。育子不養之訟，訴天性忍害，不得生成。同姓之訟，訴無情禮。異姓之訟，訴相輕濫。無宅之訟，訴非所歸。無後之訟，訴絕祭祀。憤慨之訟，訴志氣不逞。責怒之訟，訴人侵割。悲傷之訟，訴多厄枉。奄忽之訟，訴不獲辭。又生時所與人仇讎事，各有訟訴，並是怨結，莫申追想，引逮其亡後，所興諸訟，皆由不能自忍，求對生人。大略雖合八十一訟，其中枝葉分散，變成百千萬種。又有生爲愆罪，死受責罰，湯煮火灼，風刀雹解，負石鑿山，漕江壅海，如此之目，復百千萬條，悉皆訟引子孫，更相攝對。又有陰伏匿怨，內疽隱恨，發念出言，起訟幽顯。或值時世不理，患難迫身，不勝哀憂，心悲口毒，劇言怨語，呼天喚地，辱詈光景，穢罵神祇，事徹曉冥，皆成訟考。又立行醜逆，搆業無良，犯諸科律禁誡，悉入考目。百年、五十年、三十年、二十年、十年、一年、一月、一日、一時，積考相加，衆考集併，命沒已後，餘考不息，纏綿累積，世世不窮。不知某家七世已來，先亡後死，於此諸條，並何犯坐？或復捨命之日，不自甘分，怨天咎地，呼引鬼神，亦致遺殃相連，終不解釋。或有臨民理務，枉刻無辜，殺人取財，囚人受貨，因公行私，狠戾暴虐。或妻妾閨闈，照察不明，信用偏邪，寵縱讒賊，持上逼下，怨酷叢生。祝禱鬼巫，厭迮年命，使取魂魄，殺以償咎，因是相訟，亦無窮極。又恐某家七世已來，復有陰罪陰過，陽罪陽過，死罪死過，表裏沈疊，內外怨穢，無德無恩，不仁不孝，欺妄狡詐，違常悖理，塞源拔本，指是作非，天地所弗容，人倫所共棄，沒命三官，皆嬰對罰罪，相及世結，固督切考課，終無止息。魂爽艱急，日就難忍，不堪荼毒，辭訴鬼官，求引生人，代其劇苦。幽司雖明，亦有曲佞。或能聽理鬼言，移檄召對，致某家累年疾厄，頻歲災衰，光怪夢寤，錢財耗減，無可禳厭。告乞玄師臣某，復覽誥傳，唯應分解塚訟墓注爲急，直旨研明，竊思承奉，願遵幽密，護物爲功，驅馳謹按，未敢懈怠，但聖匠遼遠，軌跡遷訛，迷非悶悮，靡知定本，輒極心究校，詳盡愚誠，參順經科，備伸虔奉，依法謹賫布素一百二十尺，五方繒紋、白素各八十尺，掃箒五枚，糞筐五枚，朱砂一兩二分，席一領，狀紙二百張，筆墨各二副，書刀一口，錢五千文，油一斤，香三兩，米二石四斗，并先宿備沐浴洗浣之具。臣謹爲伏地拜章一通，特願上官典者，垂神省覽，爲某家分解先亡後死塚訟訴注之氣，令復注絕滅，逮害潛消，人鬼異路，生死乖隔。謹請天官君，將吏兵各司所主，共爲某家厭制墓氣，解散殃咎，降某家塚瘞之所。又於酆都、泰山、河海、丘陵諸謫役之處，三官三府各隨源檢糺，必使洗釋，輒按千二百官章儀，并正一眞人所授南嶽魏夫人治病制鬼之法，爲某家上請太玄君五人，官將各百二十人，又請左右都候官將百二十人，治太明宮；又請祐護將軍吏兵，太玄眞符，攝解塚墓殃注逮之鬼并陰害，加符告下某家，各用本音姓，角姓塚訟交通所屬勾芒之神，徵姓塚訟交通所屬祝融之神，商姓塚訟交通所屬蓐收之神，羽姓塚訟交通所屬玄冥之神，宮姓塚訟交通所屬勾陳之神也。及丘丞墓伯、地下二千石、蒼林君、武夷君、左右塚侯、地中司激墓卿右秩、蒿里父老，諸是地域所典主者，并嚴加斷絕某家塚訟之氣、復注之鬼。若某家自上係高曾祖父母已來，諸塚墓所在，有犯十二月建破王耗、八將六對、傷絕禁忌、音向不正、哺次不得、左前右後、伏尸某姓男女位坐，並爲刑禍，虛耗不息，妨害子孫者，兼爲解釋，和合補復，使生死咸安。即請太玄君，官將百二十人，治無渠宮。又請九地君，官將百二十人，治茂理宮。一合下，主爲某家分解葬埋所犯十二月建破王耗，及十二丘墓塚訟之鬼，一切須滅。又請都星君五人，官將百二十人，治倉明宮。又請太白中陣明星君，官將百二十人等，一合下，並解某家七世已下，前昇後化亡人、星宿官使復連，收十二刑禍，遲留逆殺，除落死名，止殺滅殃。又請赤天食氣君，官將百二十人，主驅斥親疏遠近及有異姓訟，逮諸凶惡之鬼。又請無上高倉君，兵士十萬人，主收五墓之鬼，傷死往來病祟生人者。又請四胡君，官將百二十人，主消考訟之鬼、不正之氣，致不安穩者。又請收神上明君，官將百二十人，主收輜轅不寧、惡夢錯亂、魂魄不守者。又請天昌君、黃衣兵士十萬人，主收某家中百二十殃怪、中外強殃、十二月刑殺鬼。又請蓋天大將軍十萬人，主爲某家辟斥故氣，斷絕注鬼，却死來生，却禍來福。又請太白君百萬人，都官從事，考對殺君，各有種數千

萬人，一合下，營護某身并某家，却死籍，上生名，斷祖世中外亡人死注。清濁之氣，破殺尸殃之鬼，不得伺候牽引，更相注逮。若下官故氣，假託形影，道從鬼兵，脅迫亡人，還逮家門者，一依女青詔書律令，收治絶滅。所請十五君，官將吏兵等，願一合來下，各隨本職，爲某解除亡人考謫，療治衆苦，痛惱之疾，盡得平安。克使訟訴不生，殃注絶息。某家諸先亡後死中種族異姓、親戚周旋、朋友、奴婢、僕妾，横暴枉濫，流亡客葬，無後之鬼，預是前八十一訟之事，及百千萬種殃考注逮等，各皆潛寧休息，不得復動作爲害。若猶欲怨望，覘伺間隙，搆扇禍害者，各盡收執，速令永滅，不使更興。章御之後，賜某家前亡後死祖世亡人，罪蒙原赦，魂昇三天，塚墓安寧，考訟沉靜，福被當今，慶流後代，子孫隆茂，宦學光顯，計圖勝展，公私利昌，疾病除差，怪消夢正，存亡獲福，以爲效信。所請天官，依都章言功，不負丹誓。恩惟太上分別。求哀臣愚。謹因二官直使、正一功曹、左右官使者、陰陽神決吏、科車赤符吏、剛風騎置驛馬上章吏，官各二人出，操臣謹爲某官某乙身處官徒，官職沉滯，名位不遷，或云累代門戶衰微，子孫淩替，或云官私屯厄，口舌横生，任隨本意言之，在臨時改張。拜請《天官分解亡人塚墓考訟殃祟安死利生制滅禍害乞恩章》一通，上詣太上某宮曹治。伏須告報，臣某誠惶誠恐，稽首再拜以聞。

沐浴章

綜述

佚名《赤松子章曆》卷六《沐浴章》　具法位。

上言：謹按文書右牒，即日稽首，仰慮亡人在生之日，多諸罪累，沒命之後，囚閉三官，困苦之中，未蒙解脱。今謹憑大道之力，拯濟幽魂宿業愆尤，以今蕩滌。謹賫亡人在生衣物，及鎮信錢米香油方綵筆墨等，謹於淨庭立作浴堂，沐浴之具，皆令清淨，免離幽塗。臣今謹爲伏地拜章，上請沐浴君吏，沐浴夫人，洗浣玉女千二百人，鑒臨亡人，沐浴身形，洗垢除穢，去離桎梏，得睹光明，逍遥快樂，衣食自然，無諸乏少，安穩塚墓，祐利生人，以爲效信。恩惟太上衆眞分別，求哀。臣某謹爲拜上《天官沐浴朱章》一通，上詣太上某宮曹治。云云。

解謫章

綜述

佚名《赤松子章曆》卷六《解謫章》　具法位。

上言：謹按文書右牒，即日稽首，仰恐亡人在生之日所向多違，招延不利，凶被亡人，遂爾終亡。如此苦切，人天罕測。罪積玄司，釁彰天府，亡者平生之日，三業六根，多諸罪結，上觸天禁，下犯地忌，中悞人鬼，有諒罪深，不測魂路，遂即一心，歸命大道，告訴向臣，求乞章文，具如所列。臣謹爲伏地拜章，上請素車白馬將軍，兵士十萬人，又請太玄君一人，官將百二十人，一合來下，主爲亡人魂爽，永離三塗，名書六天，願爲度脱重罪。請太玄眞符，告下天地水官府，女青詔書，地下二千石、丘丞墓伯、十二塚神，泰山二十四獄，東嶽泰山地獄，中都大獄，天一北獄，皇天九平獄，南嶽衡山地獄，西嶽華山地獄，北嶽恆山地獄，中嶽嵩高山地獄，北都寒池牢檻之獄，九江水帝河伯將佐掾吏，一切放遣亡人，永離幽塗，昇遷福堂，衣食自然，不得注訟生人。恩惟太上分別，求哀。

久病大厄金紫代形章

綜述

佚名《赤松子章曆》卷六《久病大厄金紫代形章》　具法位。

上言：謹按文書具銜，某年若干歲，某月日生，行年到某，今於某州縣鄉里觀院謹奏金紫代形章一通，某爰自幼小，以至於今，無德無功，叨榮重祿，歲月積久，罪咎彌深。又職在養人，政專撫俗，或緣情喜怒，傍公徇私，或率意刑罰，悮犯眞聖，失在毫末，釁重山嶽，常懼冥責，唯無覺悟。某自某月已來，災疾云云，伏惟大道潛貸，有感必通，某微誠上陳，伏希降鑒。謹依儀式，賫金人一形，紫紋若干尺，隨年命，米一石二斗，鎭錢一千二百文，油一斗二升，紙一百二十幅，筆兩管，墨兩鋌，青絲一百二十尺，算子一百二十條，淨巾一條，用爲法信，上投大道，求乞章奏，削落死籍，注上生名。臣謹按師法，參詳天圖，某受生九天，冠帶五常，九宮籬落，八卦交纏，三光朗照，七元輔身，乾坤覆載，五氣翼形，陰陽育養，開導光明，法象天地，名參中元，司命勒籍，太一檢年，玄符記錄，在南昌上宮、紫闌之內，玉冊七寶之函，承天順地，稟氣玄天，定算冥中，初無夭傷，今世運否，三元交喪，眞氣上昇，六天鼓行，千精萬邪，枉害生民，致有理不揚，抱枉不彰，三尸枉魂，飛爽彌天，怨鬼號訴，稱恨三官，天高地邈，幽冥不理，注連生人，致有先亡祖考，中外傷精，搆合爲凶。臣按天師九道考經元辰包鉤命訣之法，人命受生，有吉有凶，脩短之期，各有歲月日時，生値吉德，則長享五福，犯刑遇害，終於六極。謹尋某本命某某，命人以某，爲鬼行年某災厄深重，云云。伏聞大道普慈，好生惡殺，無災不救，無厄不解，既生當活，已成當蓋，哀念一家，愍其厄疾。臣忝任治職，奉宣慈化，不勝所見，謹冒清嚴，披露丹懇，伏地拜《金紫代形章》一通上聞，伏惟太上無極大道、太上老君、諸君丈人、天師女師、三師衆尊，乞垂大恩，特賜原赦，解某宿對之愆，千罪萬過，道氣廣覆，迴育養之恩，救濟一切，賜續壽命，身入福德之中，以上官典者垂神省理，分解年命，生月胎日，宿新災厄，凶禍之氣，隨事和解，爲某上請三十二天帝君、長生司馬，代形度命，南昌元君、監生使者，各三十二人，乘飛龍羽車，三十二天帝，兵馬各九億萬人，一合來下，賫某金人紫紋，上詣三十二天，曆星檢宿，宮曹之中，貿名易形，更請眞神玄元生氣下入某身中，更注上生籍，延命無窮。謹請延年益壽君各五人，官將一百二十人，一合來下，賫某代形金人紫紋信物，上詣太清玄元生氣宮，伏請下條星度算君、貿名易形君、脫死上生君，又請臣身中功曹使者、太陰考召君吏，賫某代形金人紫紋，上詣北斗太陰御女下一重冥宮，太陰典死籍庫壁櫃之中，貿某身名，易某身形，上名生籍玉曆之中，延命無極。又請魁魁君五人，官將百二十人，太皇萬福解患君五人，官將百二十人，三天解厄君、解害君各五人，一合來下，主爲某上解生年日月胞胎所犯日月五星二十八宿醜星惡宿，下解地祇禁忌五災六害七咎八難九厄十苦十二刑殺，願北斗七星削除某死名，貪狼巨門斷絕死源，祿存廉貞貿易死形，文曲武曲除籍死錄，天綱破軍殺氣不加。願三台君解某行年六害過度疾病死喪之厄，歲月日時之厄，天地之厄，牢獄之厄，兵賊之厄，四時五行金木水火土之厄，千凶萬厄，盡乞度脫。請煩東極青華九玄上宮青帝、監生度命君、貿名易形君、神仙度世君各一人，兵士各九百萬衆，乘青雲羽車，飛行萬里，一合來下，賫某代形金人紫紋，上詣長生宮中，爲某貿名易形，更上生籍玉曆之中，青帝冠帶，延命無窮。重煩南極南昌宮中赤帝、監生度命君、貿名易形君、元氣受生君、神仙度世君各一人，兵士各九百萬衆，乘赤雲羽車，飛行萬里，一合來下，賫某代形金人紫紋，上詣南極長生宮中，爲某貿名易形，更上生籍玉曆之中，赤帝冠帶，延命無窮。重煩西極白素宮中白帝、監生度命君、貿名易形君、元氣受生君、神仙度世君各一人，兵士各九百萬衆，乘素雲羽車，飛行萬里，一合來下，賫某代形金人紫紋，上詣素雲宮中，爲某貿名易形，更上生籍玉曆之中，白帝冠帶，延命無窮。重煩北極玄斗太陰宮中黑帝、監生度命君、貿名易形君、元氣受生君、神仙度世君各一人，兵士各九百萬衆，乘玄雲羽車飛行萬里，一合來下，賫某代形金人紫紋，上詣太陰御女下一重冥宮中、太陰典死籍庫壁櫃之中，爲某貿名易形，更上生籍玉曆之中，黑帝冠帶，延命無窮。重煩中央高皇三十二天玄都紫微宮中黃帝、監生度命君、貿名易形君、元氣受生君、神仙度世君各一人，兵士各九百萬衆，乘黃雲羽車，飛行萬里，一合來下，賫某代形金人紫紋，上詣三十二天始生元氣宮中，爲某貿名易形，更上生籍玉曆之中，黃帝冠帶，延命無窮。謹請某本命某幷從官某人，千乘萬騎，爲某保守祿命，拘制三魂，滅除九氣，易形生神，安鎭宮府，長生無窮。又請某行年某幷從官某人，千乘萬騎，爲某保延祿年，拘制魂魄，削死上生，安神定氣，永鎭生宮之中。願眞君父母爲某上消天上四方星宿之災，下散地上八方之禍，各保某祿命，上詣三

天曹，解某身中眞官考召，解脱羅網，刱死上生，移名玉曆生録之中，轉禍爲福，轉凶作吉，以德消刑，以福消禍，四時五行，金木水火土，雖復相殺，還復相生，戊己中和，神仙道成，願左右玄元始氣生活某。若犯天地水三官殃考，應還鬼伍者，願三台君解除。億基萬考，千咎百禍，十凶九厄，三災八難之中，特爲解救，增益算壽，更著生録。願明曹典者，尋拔十方之内，某所犯宿連罪命衰厄所在，悉爲隨事和釋於三河四海、九江八極、天地水三官、百二十曹府、六律九章、泰山二十四獄、玄河北獄之中，拔贖某三魂七魄，女十四魄。還附身形。又請三天拔命君、度厄君、度命君、濟厄君各十二人，消災散禍君十三人，倉穀吏、樹木嗇夫、二十八宿、三百六十五度、周天八極君十二人，左右執法君十二人，官將百二十人、河畔六府、河伯水府、解厄掾吏三百六十人，又請中宮閑能兵士百萬人，一合來下入某身中，消除行年本命十二禁忌，衝破拘元檢敗，大會小會、五刑九厄、五凶六害、九醜衰厄安定五藏，調和六府，百病除差。又請周鼎君一人，治大夫宫中，爲某和解曆紀，周旋八極，除死籍，上生名，超百二十生氣，延年不老。又請南上君一人，官將百二十人，治列庫宫。周玉君一人，官將百二十人，治地理宫中，衣綵朱袍，丹陽之幘，通天之冠。又請周鼎玉女千二百人，衣綵衣，一合來下，爲某致含生之氣，延年度厄，召還魂魄，附某身中，記生名，除死籍，乞生活。章上所請千二百官君將吏兵，并勑下某身所住所居里中，監察眞官四野九野都平君，道上二玄三元四始甲子諸官君，十二水帝河平侯，所在神祇社稷，咸承臣今章御之後，乞某災厄過度，年命延長，四大休吉，道力扶持，元元安穩，以爲效信。恩惟太上分別，哀原臣愚。謹因二官直使、正一功曹、左右官使者，陰陽神決吏、科車赤符吏、剛風騎置驛馬上章吏、飛龍騎吏等各二人出，操臣謹爲大道弟子某奏《金紫代形解厄延命大章》一通，上詣太上某曹治。

出喪下葬章

綜　述

佚名《赤松子章曆》卷六《出喪下葬章》　具法位。

上言：謹按文書，某列奉法無狀，招延凶考，亡人某以某年月日没命三官，安喪宅内某地，未得葬之。當以今月某日某時，權移某屍柩，從某地出，安埋某處。某奉屬清眞，委誠道氣，不復從師卜問，懼爲太歲將軍、十二月建、鉤刑破殺、下官故氣、千禁萬忌所見傷害，求臣上聞，以自防護。臣按某爲道民，事與俗殊，送終葬死，無所忌諱，一心之民，在可哀愍。謹請太素太始君五人，官將百二十人，又請葬埋吏十二人，一合下符，攝下女青詔書，地下二千石，丘丞墓伯，十二塚侯，及所經由里域路次禁忌之官，不得侵犯某家，當令某潛寧后土，精爽安穩附就，魁綱衆忌，一切消滅。要以某家死生無他，以爲效信。事訖言功。恩惟太上分別，求哀。

新亡遷達開通道路收除土殃斷絶復連章

綜　述

佚名《赤松子章曆》卷六《新亡遷達開通道路收除土殃斷絶復連章》　具法位。

上言：謹按文書，某列素以胎生肉人，下官子孫，千載有幸，得奉大道，被蒙恩覆，得全首領人口，某等誠用欣慰。兼蒙師道所見哀憐，賜署某大小天官籙治。荷恩隆重，實在罔極。肉人生長末俗，不能勤修，建立

功德，上報恩澤，百行多違，罪過山積，招延考罰，家門衰頓，喪禍不絕。亡過某前得疾病，不蒙原赦，以某年月日命謝三官，從此已來，宅舍不安，鬼氣不絕，光怪夢寤，疾病云云。喪衰之餘，懼怖屏營，恐某等死時日惡，殃注不已，詣臣告訴，求乞章奏，上如所列。臣按受陰陽造化而生，雖承九天之業，假備四大而成，生時相給，終畢相還，陰陽相配，雌雄相隨，陽唱陰和，男行女從，三萬六千神，眼爲生宗，受明日月，卯酉二門，在人爲神，去人爲鬼，人之將死，故眼睛光墮，左雄右雌，名曰土殃。從一至三，雄白雌黄，二七十四，毛羽飛翔。翅翮帶毒，動則輝光。口銜金殺，向人皆亡。東西緣緯，南北乘經，值遇太歲，太陰將軍、王耗之神，住不敢行。途路既塞，恐成災殃。有犯重喪，奮羽吐毒，注害生人，死注不絕，緣此而興。又恐某屬三塗，尸役地官，搖動驅逼，還逮生人。臣以師道正一嚴明，生死異世，不得相干。某生死氣逮，注復相延，如不解救，則存沒莫分。人命至重，枉濫難容。臣謹爲拜章一通，伏願師道必垂哀矜。願請仙官討氣君一人，官將百二十人，主爲死人某開通太歲、太陰大將軍，此時司命王耗，千禁萬忌，約勑四時之官，開通道理，不得拘留某精爽注復生人。又請北辰司馬都官從事君一人，官將百二十人，誅殃君五人，官將百二十人，收捕某死時雌雄殃殺魁綱之鬼，復注之氣，疾速去離。某家各還本屬，四時之官，不得拘留，原某前身及今生在世時千罪萬過，千愆萬咎，悉皆赦除。某盟結既解，遷達魂神，去離三塗五苦，還昇福堂，衣食自然，利祐後人，不得更相戀慕，復連殃注，於今斷絕，地官衛尸，神還更生。並賜某家從今已去，大小某等疾病陰私除差，門戶安穩，生死受恩。恩惟太上分別，求哀。

新亡灑宅逐注却殺章

綜　述

佚名《赤松子章曆》卷六《新亡灑宅逐注却殺章》具法位。

科戒總部・科儀名目部

上言：謹按文書，某素以胎生肉人，下官子孫，運會有幸，得染清化，常蒙恩覆，誠自歡慰。但肉人闔門頑愚，施行多違，招致考罰，頃年以來，家居轗軻，喪死相係。某抱病疾，以某月日死亡，恐某死亡之日，注復生人，有土殃惡氣，喪車魌魑雄雌之鬼，盤停宅內，傷賊不已。肉人惶悸，無復心膽，告訴向臣，求乞請除宅中注殺，安神定氣，上如所列。臣按人死之日，魂魄流散，化成八殺，雌雄咎注，喪車魌魑，或出或上，還重殺害，纏綿宅內，伺候衰缺，復欲中傷，注害生人。謹爲伏地拜章一通上聞，特從大道迴神降福，流清蕩濁。謹請天中敢健吏兵千二百人，又請逐注鬼禽奇君、水坦吏各一，合來下某家宅舍之中，收捕葬尸注鬼，雌雄客殺，喪車魌魑，一切絕滅。又請却殺將軍十二人，一合下到某家宅中，收却百二十殃殺之鬼，并勑某家所居里中真官注氣，并守宅三將軍，二十四吏，兵士三十萬人，各豎兵刃外向，繞宅三重。又請神水使者與諸官併力掃灑宅中神水，雲行萬里，清嚴宅內，蕩除尸穢，衆官備衛，神明鎮守，并遷某臨亡之時報殺將軍，功成事訖，各還天曹，列受功賞。并請安宅、穩宅、鎮宅、清正吏一合下，安鎮宅舍，保護人口，使復注絕滅。肉人千罪萬過，生死所犯，一乞原赦。恩惟太上分別，求哀。

受官拜章

綜　述

佚名《赤松子章曆》卷六《受官拜章》具法位。

上言：謹按文書，某素以下官之餘，胎生下愚，遭遇開泰，得在民次，猥蒙天地重光之覆，得預階倫。昔處在某朝，職滿被銓，遷報某位，王命已行，不敢稽闕。當以某日拜受板印，仰憑大化清淳之氣，奉發之日，不問時王，歸情師道，告臣求哀。謹爲伏地拜章上聞，爲某上請朱雀君一人，官將百二十人，治洛平宮，主萬民和合，賓客人衆，飲食皆令笑喜，無有怨惡。重請位官受爵君，官將各百二十人。重請四方夷蠻戎狄

君，官將各百二十人，一合下，營衛某。受拜板印之後，辟斥衆災禁害之氣，使某職顯易遷，居官清利，安穩無他，以爲效信。所請君吏，謁言上官，中宮錄署，無令恚恨。恩惟太上分別，求哀。

臨官莅民章

綜述

佚名《赤松子章曆》卷六《臨官莅民章》 具法位。

上言：某以下愚，誤蒙大恩，爲時所銓，顯叙某縣。王命既加，當親民物。便以時世僞濁，人鬼互權，肉人功薄，無以禳災。今月某日，啓邁即路，尅用某月日到境入界，仰恃道氣，不敢卜日問時。入境之日，爲土地精靈、符師社廟、飲食故氣、太歲將軍、道上禁訶、五行王相、魁綱諸忌所見中傷，告臣自列，求乞防保。謹爲拜章，願上官典者，告下某里中土地眞官、郵書驛騎、亭傳里邑，皆爲開通營衛某身。重請昌落君一人，官將百二十人。重請祐護將軍、萬福丈人、官將，辟斥衆災。解除禁害君一人，官將各百二十人，與四方夷蠻戎狄君吏各一合來下，同共營衛某身，太歲將軍，四時王耗，千禁萬忌，使某到境入界，安穩無他，居官清利，口數康靖，在職遷顯，歲終如願，時君將吏，言功報勞。恩惟太上分別，求哀。

收魔夢章

綜述

佚名《赤松子章曆》卷六《收魔夢章》 具法位。

上言：謹按文書，某列訴千生有幸，得在道門，以自保持，被蒙恩覆，闔門端正，每自喜樂。但以肉人奉法初淺，愆咎累臻，某自近已來，寢卧不安，眠則魘魅，又夢寤參錯，多見先亡後化往來，輒便驚魘，大小惶怖。依憑大道請治，告臣求乞章奏，以自救護。謹爲拜章上聞，願乞大道哀愍肉人，解除殃害。若有故氣太歲太陰大將軍，此時司命十二月建，前後八神，拘刑破殺，宅中伏龍，七獄掾吏、遲留逆殺、四面蚩功、懸尸六害、十二下媚，及客鬼寄住之氣，盡令消散。謹請萬神君五人，官將百二十人，主爲某却死來生，却禍來福，辟斥故氣，精祟注鬼。重請天昌君，黄衣兵士十萬人，主收某家中外強殃、十二刑注、夢寤之鬼。重請太陽君一人，官將百二十人，治佐蘭官，主治眠卧不安，驚怖之鬼，皆令銷却。若有冢墓十二冢訟強殃，復連一切，盡以三氣除之，解絕復連，不得爲後生人作精祟。重請天中敢健吏兵君，官將百二十人，主收捕某家先亡遲留逆殺考害之鬼，付女青北獄治罪。某身中所苦，悉令除差，卧得安貼，不復驚魘。恩惟太上分別，求哀。

爲亡人首悔贖罪解謫章

綜述

佚名《赤松子章曆》卷六《爲亡人首悔贖罪解謫章》 具法位。

上言：謹按文書，某乙素以下官子孫，運會有年，遭逢大化，操信制屬，以自保治，蒙恩覆蓋，大小慶慰。而以頑愚，修奉多違，以招考罰。頃來轗軻，凡百無善，某身疾病，從來云云。伏自考思，精祟所由。恐亡人某生時犯罪，不忠不孝，不仁不慈，婬情嫉妬，罵詈咒詛，牽天引地，叫喚神靈。或貪財盜竊，枉剋非理，改動所作，凡百無善，致收大考，繫身后土。恐亡歿之後，被受重謫，魂魄考對，結在三官，徒刑作役，楚毒備至，不堪困苦，逮累生人，致令某家基考復注，殃禍不絕，生死困辱，不自解免。元元之情，憑恃道氣。某今備條某生時罪狀，首列詣治，并賚

某物，以立心信，拔贖某生時所犯百萬之罪。臣以頑闇，不明鬼氣，謹承某辭，伏地拜章上聞。唯願太上大道、天師門下典者，特垂愷悌之恩，察臣所奏，乞依太上首悔之制，爲某家亡人某隨事和釋，解散考讁重遣。功曹使者，賫某信儀，遙詣三天曹，按某生時所犯，隨原料剔，削除刑名，絕滅事目。謹請太玄眞符攝下女青詔書，地下二千石，丘丞墓伯，十二塚神，泰山二十四獄，中都大獄，天一北獄，皇天九平獄，天地水三官，河侯河伯，將佐掾吏等，一切放某等魂魄，使還附尸骨，免離囚徒困苦之中，得上屬天曹和樂之地，斷絕殃注，滅除死籍。若某生時有犯五盟七詛，更相拘牽，結逮不解者，某乞丐一切解罷釋散。某家從今以去，令生死安穩，門戶隆利，疾病除差，以爲效信。恩惟太上分別，求哀。

賫亡人衣物解罪謫遷達章

綜述

佚名《赤松子章曆》卷六《賫亡人衣物解罪謫遷達章》 具法位。

上言：謹按文書，某列素以胎生肉人，下官子孫，千載有幸，得奉大道，兼蒙恩育，賜某大小百官重祿，參佩內外，光顯非分，實荷罔極。但某等肉人，生長季俗，不能承科，奉戒多違，招延考罰。亡過某前得疾病，不蒙原赦，以某年月日謝命三官。從此已來，疾氣云云。恐某先身宿緣，及在世之時，所行罪惡，新故乘釁，及存亡考負，魂魄繫對，在三官困苦之中，不堪憂惱，注逮生人。某大小痛死憂生，無復情計，不知立何功德，以相拔贖，謹賫某生時服飾某種衣物，以贖某死魂，重謫斷絕，復連歸命。告臣求乞章奏，上如所列。臣以大道慈化，憐生愍死，歸向之民，存亡戴賴，最以幽縶之魂，有昇遷之慶，法輪開度，化生人道。某丹心惻盡，敢緣慈恩，仰希照潤。謹冒清正，拜章上聞，唯蒙太上無極至眞申臣所奏，原赦某先身今世，特垂料省。謹爲上請素車白馬將軍，兵士十萬人，又請太玄君一人，官將百二十人，主知某魂神閉繫所在，若長淪三徒，名書六天，願盡爲度脫。重請仙官大歷君，官將百二十人，治西水宮，重請太玄眞符，告下天地水三官，女青詔書，地下二千石，丘丞墓伯，十二塚神，泰山二十四獄，中都大獄，天一北獄，皇天九平獄，東嶽泰山地獄，南嶽衡山地獄，西嶽華山地獄，北嶽恒山地獄，中嶽嵩山地獄，北都寒池牢檻諸獄，九江水帝，河侯河伯，將佐掾吏等，一切放某魂魄，削去罪目，解除刑名，放囚出徒，沐浴冠帶，遷昇福堂，反胎化生，還於善門，絕死注於六官，上生名於丹籍，賜某等大小所苦，並蒙除愈，口數無他，向願從心，以爲效信。生死千罪萬過，唯乞原赦。恩惟太上分別，求哀。

滅度三塗五苦鍊尸受度適意更生章

綜述

佚名《赤松子章曆》卷六《滅度三塗五苦鍊尸受度適意更生章》 具法位。

上言：謹按文書，臣以凡愚，先身功微，雖生人道，履於穢世，塵濁所染，自分淪胥，絕望天路，皇極哀矜，未見刑辟，竊叨僥倖，得參三景眞經。雖志自克勵，而爲尸蟲所纏，累在嗜欲，觸事違戒，加値今陽九運促，驅除已及，功沒罪見，未能自拔，常懼一旦奄忽無期，雖念自新，而結縛未解，善緣未至。敢以刑餘之命，於三掠之門，冒陳瞽誠，干忤天眞，追念悚息。臣某等誠惶誠恐，頓首死罪死罪。臣竊見經旨明戒，有可憑恩。經言：自非先身有善，累劫之功，名書瓊簡，不得妄見寶經。預以見者，皆應昇度。或功德未足，生死未充，未得白日飛騰。或託尸解，暫經太陰，魂神受對，寄形地官，因緣期訖，得還故宅，一時俱昇。如靈旨所誡，則奉法者，猶有可冀。是以愚臣敢申所見。即日有某郡縣鄉里某，年如干歲，本命某甲，某帝領籍，某月生，受命某天。某在世之時，竊叨好慕，詣道士某，登壇結盟，奉受三景洞經，供養禮拜，時修齋直，但某身

履下世，穢濁所牽，功德未滿，滅根未絕，如靈旨所期，某雖形滅，應在尸解。恐某因緣未定，先功未充，以某月日時以疾去世，託滅太陰，形寄土官。今停柩殯宮，須待良辰，遷還蒿里。功德未足，未便早遷，恐爲土府所見驅逼，不相容安，魂飛魄揚，尸形匪寧，搖動考對，注連復生。臣宿世因緣，與某忝結天親，俱處未俗，私心憂念，雖靈契有定，臣猶不自安。嘉荷任之日，以開度爲先。今仰憑無極天尊、元始大化、明眞之旨、正一之科，謹爲攝齋，拜章上聞。願大慈哀矜，原除某前身及在世時所犯罪釁，諸有三塗之根，五苦之結，在三官九府考屬執罰之曹，神兵力士鎚杖之下，刑係刀山劍樹，九幽長夜地獄之中者，乞申臣今章，告下三官，賜以某生時建善之功，拔度魂神，還復故形。若某神離魄蕩，尸肉朽腐，願五帝尊神還其肌膚，養復魂神，三光飲哺，注以洪泉，通其榮衛，潤以血氣，應轉者轉，應度者度，應生者生。願某所屬某嶽某山眞靈正神，爲符下九土地官，各依部界，供給有無，一如明眞科旨。當使形安神守，魄不蕩散，頓消罪源，精神還復故宅。乞臣章御之後，某復受生鍊尸，還復故形，上補眞仙。伏願太上門下典者，申臣翹翹之心。所奏蒙御，開度幽冥，上願天慈造化，無量大恩，下使臣愚念不辜。恩惟太上分別，求哀云云。爲某拜上《滅度形神拔出三官九府三塗之根五苦之結開九幽地獄還復魂神鍊尸受度適意更生章》一通，上詣太上某宮曹治。伏須告報。

受官消滅妨害章

綜　述

佚名《赤松子章曆》卷六《受官消滅妨害章》　具法位。

上言：謹按文書，某遭遇時會，得在清化，身佩仙官，出入蒙恩，誠用光慰。某從某世已來，官爵相承，蒙國重恩。今忝某職，以某日恭受王命，溥倚大道，不卜不問，不擇日，不揀時，持心而行。自受職已來，夢寤參錯，疾病更互，怪異妄生，不知何由。推按歲曆，天地六甲，受板日，某子值五離本命，某子行年甲午破子，以十一月受板。復是衰月，太歲某，刑殺在某，墓殺在某，某爲刑殺，更相衝尅。時日所臨，下值六合，仍會六害。伏聞大道無禁無忌，精誠不至不能，禳災却害，馳來告臣，求乞文書，謹以上聞，願以道氣下流。謹爲上請天閣君，官將百二十人，治安陽宮，主開除九天禁忌。某受命者，消滅之。請天王玉女千二百人，衣青衣，主收天下萬民，拜官受位，印金銀，通神明，却災除害，身壽百歲，若某拜受之日，爲五離時，有妖惡衆害，悉爲消滅，乞上官典者差下所請。某中如干政君若府，云府中二十四政。若郡，云郡中二十四政。若州，云州中十八政。縣，云縣中七政君。一合併力爲某禳却衆惡，消滅禁忌，在官無他，論議合德，吏民歡心，時蒙遷位，歲竟安穩。如願之日，所請天官，言功報勞，不負效信。恩惟太上分別，求哀。

遷臨大官章

綜　述

佚名《赤松子章曆》卷六《遷臨大官章》　具法位。

上言：謹按文書，某素以胎生肉人，枯骨子孫，昔以樂化制，屬大道以自保治，蒙恩端厚，常自喜慰。某胄胤之門，世以仕官爲業，累爲某官，綜治王事，名績顯著，今還某職，非某肉人所能披致，仰感大道覆載之祐。某官處在機要，或在塞外云云。職攝百國大政，君臣多是強勢，吏民權下，悉皆習滑，又多獄繫，枉直難明，懼文失中，遭罹譴負，歸誠大道廣納之施，訴告向臣，求乞文書，以自保護。臣忝荷重任，不勝肉人告訴之至，謹冒清嚴，拜章上聞，願垂矜祐。謹請東九夷、南八蠻、西六戎、北五狄君各十二人，將吏兵士及時下，圍繞某所住宅，俠從左右。重請萬福君五人，官將百二十人，主辟斥故氣精祟，咒詛媚固，使却死來生，却禍來福。重請大星君五人，官將百二十人，治石仙宮，主制百姓口舌，讒謗不行，收正其位，令百姓吏民相見笑喜。重請祐護將軍、萬福丈人，官

將百二十人，主營衛某身。重請青蒼君，官將百二十人，治巨門宮，厭官怨讎刑禍之氣，止之不到。願上請天官時君，將吏一，合同時來下某州郡縣鄉里舍，各隨所主，擁護某身，辟斥邪精瘟毒疫癘之氣，謀議媚固，皆令消滅，使某心開意，悟五神聰，了所言者，當所作者，允如千百口，皆爲伏諾，蘊積唯新，闔門平安，歲終舉善，公私隆利，以爲效信。當爲時君將吏言功舉遷，以報勞苦，肉人大小千罪萬過，並乞原赦。恩惟太上衆眞分別。

保護戎征章

綜　述

佚名《赤松子章曆》卷六《保護戎征章》　具法位。

上言：謹按文書，某列素以胎生肉人，下官子孫，運會有幸，遭逢大化，被受恩覆，誠用欣慰。但以頑愚，罪過山積，常招禍祟。云云。道里長遠，行經江山，歷涉淮泗，方向凶敵，白刃之中，鋒毒既交，酷加文武。又軍法嚴峻，動有梟戮，妨惡持權，脅人爲暴。肉人功薄，無以禳災。恐某當此厄難，不能度脱，元元之情，憑恃道氣，詣治告臣，求乞祐護。謹爲伏地拜章一通，上請東方九夷君、南方八蠻君、西方六戎君、北方五狄君各十二人。重請千里君、萬里將軍、祐護將軍，共營衛某身，隨逐覆蓋所在之處，常令安穩。辟斥衆災、疫癘鬼賊，使某白刃不加，度脱厄難，官中清利，無他譴負，以爲效信。當爲時君將吏言功報勞。恩惟太上衆眞分別，求哀。

救急解計章

綜　述

杜光庭《太上宣慈助化章》卷一《救急解計章》　次發爐。

次長跪出官。

泰玄都正一平炁，係天師陽平等二十四治，臣某稽首頓首，再禮上言：謹案文書，今有某州某縣某鄉某里某觀弟子某，行年若干歲，戶口若干人，居住此處，即日叩頭，請福乞恩詞，肉人素質胎生，百官子孫，千載幸會，得奉太上大道諸君丈人，受命皇極，自保生治，良由肉人某闔門大小頑愚，施行多違，招延不利，比年已來，轗軻不安，某家口衰厄，錢財耗散，妖怪竟起，恐有某三災九厄，頓集軀形，爲天羅所纏，地網所繞，壽命短促，年筭窮訖，死名解奏三官，又塚墓土絶，令先亡擾動爲殃，注復連所見，訟逮生人，且今世濁惡，百邪凶暴，鬼賊交行，百病殺害，平人死者狼藉，哭聲盈路，不可聽聞，肉人處在其中，無功自拔，深恐奄充灰壤，不自存保，無方爲計，推以一心歸命大道告訴，向臣求乞章奏，解除某生命所犯三災九厄，羅網纏縛，請贖應死之命，如所列訴，臣以下愚，不明鬼炁，恐某身爲六害，更相剋賊，又恐妖孼所見侵枉，又爲先亡後死，中外鬼賊塚墓之炁所可列逮，太山府君所可橫召，某誠復罪穢，但雀鼠之生，從道求哀，伏聞太上大道，慈育羣生，無不救拔，延命度厄，惟在恩覆置詞請命，露出中庭於太陰之下，北斗之前，伏地拜奏口章一通上聞天曹，伏願無極太上老君、太上丈人、三師君慈父聖母，丐無極之恩，原除某年生已來所犯萬死之罪，萬愆之過，九厄之期，一切除蕩，乞某一生一活，一度一脱若三命已盡筭紀訖窮，特賜其短中得長、敗中得成，危中得安，厄中得濟，迴停漏刻，申借一期，請某本命生月神部，各領千乘萬騎，救解延命之厄，即爲排天，廼致書乞丐子午之筭，倍年百二十歲，乞爲肉人代名易形，削除惡簿，易短爲長，願轉化推移，展

轉窮年，推於魁綱之下，更相拔贖，若某年命薄弱，當爲延續，倉穀乏少，增其斗斛，樹木枯槁，爲傳膏澤，若三壽短促，增其延續，若年命不長，增其筭祿，輒勞神兵功曹使者，賚持某年命簿帳目錄，上達玉帝几前隨事，爲對司命門下，分別料度簡書，乞除刑止殺，若某身壽有限，其度促短，九厄並會，身行多違，贓滿罪定，應允驅除，三命欲盡，三解已報，玉曆無籍，左契無名，三元無錄，司命輟籍，南宮不收，天帝不原者，乞丐除之，三月一時，三歲一期，都會周而復始，如蒙省理，則受師老再生之恩主，爲某上請文昌宮中壽命君，將請南昌益筭君拔命君，各五人，官將各千二百人，一合來下，主爲某延請生命，增益壽筭，永保存活，又請太上玄元始炁宮中請條星度筭君、轉名易形君、脫死上生君，各五人，官將千二百人，一合來下，與臣某身中功曹使者，太陰之下考召君吏，爲肉人某，上詣北斗御女宮中主爲拔贖死籍，轉名易形，又請東華宮九龍符命告下五嶽仙公，勑水官河伯呂公子等，太山二十四獄掾吏。三台，八座司命，解除某身中罪，考一切和釋，爲拔出三魂七魄付與身中，不得放逸，請拘魂制魄君五人，官將千二百人，又請東方七童子，拔魂魄吏萬二千人，爲徑詣玄陰御女宮中，主爲拔贖某三魂七魄，拔出三命，永保生活，又請南昌主眞君五人，官將千二百人，一合來下，隨臣章上詣太浩天曹司命韓君門下玉案上，主爲某却三官死解，更定生名，度著左契玉曆神仙簿中，延年無窮，又請魁綱君五人，官將百二十人，主爲某身上解生月胞胎，生日所犯五星二十八宿，下解孤虛滅沒之厄，五災九厄之炁，賜純陽生炁布潤某身。所苦千災萬痛，應章除差，恐立命以來犯觸天地四時。五行十二時辰，二十四神，天綱河魁，太一從魁功曹，傳送大吉小吉，勝先神后太衝，徵明青龍白虎，朱雀玄武，螣蛇天后，太陰天一，貴神日遊月行，千禁萬忌，殃考深重，應充鬼伴者，願七星君，次爲消除之，貪狼巨門，除斷鬼源，祿存廉貞，代名易形，文曲武曲，除却死錄，天綱破軍，斤却妖羣，使不加人，三台主除墓，考千罪萬過，十二刑殺之鬼，一切消滅，所患除愈，願上官典者，爲通行省理，令章上詣三天曹，分別某家昔世已來，九玄七祖，父母及某身積行所犯頑逆醜惡，非人所行，淫色盜竊、違天負地，形禱咒詛、復連之炁，并肉人某身行年本命諸災厄衰禍之炁，次解除五刑六害，短壽之厄，延年益筭，六甲六十日旬，陰陽六十神，各自驅使，撿統四海八極，十四州九十郡，一千二百縣、萬二千鄉亭、萬二千里域之中，推某身所犯，並是何罪何事，在何宮在何司，何府何神所嘖，爲何鬼所言，爲何考所逮，乞所召君將吏兵，上詣三天曹道行之處，次爲和釋消滅之，使天無文書、地無簡籍、水無盟誓，一切爲原之。重請倉火玉女千二百人，各衣珠玉雜色之衣，三環結角，主爲某延年益壽，添倉益庫，更加壽筭，起百二十神炁，流布某身中，上昇泥丸，下治絳宮，養育根元，補護年命，乞醫理疾，病豁然除差，登行道路，又請玄老大將軍十萬人，玄老使者百萬衆，又請三天太上玉女千二百人，三環結角，身著五色玄黃衣，足著師子履，三天上來下，口含雄黃之藥，手捧玉漿，吐哺眞炁，共來濟療肉人，某身從頭至足，緣肌纏脉，和調六腑，筋骨充滿，百病除差，夢寤眞正，得度九厄之中，主爲某身中上解除天厄。下解除地厄，次解三天星辰之厄，次解胎月之厄，次解生日之厄，次解年衰筭盡之厄，次解嫁娶移徙葬埋犯觸十二時神之厄，次解大將軍太歲太陰十二月建王之厄，次解行年絕氣之厄，次解違天負地之厄，次解元辰衰否之厄，又恐某身本命衆厄兼會，有五方，驅除夷蠻戎狄及中外強殃，四面咒詛，尅害，致令肉人疾病厄困萬痛加某身，命在時尅恐不免三災九厄之中，雀鼠之命，畏死貪生，重請三天解厄君五人，官將千二百人，又請太皇萬福君五人，官將千二百人，主爲某身於九天之下、九地之上，檢尋某筭籍，主知禍祟根元，災厄深淺，一切悉爲和合，次消滅之解而度之，乞丐肉人某身百病去體，十善來親，千災消滅，萬福唯新，重請南昌君五人，官將百二十人，攝錄肉人身中三尸九蟲，無令越逸，伺人罪過，佐助未周，牽引外邪，陰改賊病，一時消滅，願上官與者隨事料理，所請天官，以時差遣君將吏兵，各攝所部，盡除惡害，收捕邪炁，解除和釋，衆精魍魎，奇鬼妖魅，託形諸雜神鬼盤固不去者，請天中敢健吏兵士千二百人，一合來下，到肉人居宅里中，收捕精祟萬邪爲害，令內外清潔，神明防衛，特乞某身康體健，眞炁降流補潤四支，寧安五藏，調理百關，厄中得度，死中得生，徹滅短籍，著名長生玉曆之中，千罪萬過一切赦除，蒙恩之日，臣謹仰宣妙法，勸喻肉人，修善改惡，伏從科戒，不使復犯天官，營護有勞，隨臣都章，言功舉遷，以爲效信，恩惟太上省理，分別求哀。臣愚謹因二官直使，正一功曹，左右官使者，陰陽神決吏，科

車赤符吏，剛風騎置吏，驛馬上章吏官各二人出操，臣謹因拜《救急口章》一通，上詣太上三天曹，伏須告報，臣某誠惶誠恐，稽首頓首再拜以聞。臣姓某屬某州某縣某觀泰清玄元無上三天無極大道太上老君，太上丈人，天帝君九老仙都君，九炁丈人，百千萬重道炁千二百官君，太清玉陛下。太歲某年某月某日某時章某處拜上。

南嶽魏夫人生算度厄章

綜　述

杜光庭《太上宣慈助化章》卷一《南嶽魏夫人生算度厄章》　泰玄都正一平炁，係天師陽平等二十四治炁三洞道士臣某，稽首頓首，再拜上言，謹案文書，今有某州某縣某鄉某里某官弟子某，即日叩頭乞恩，禳災解厄救病，斷絕外殃，復連安神定魄章詞，但弟子某千生有幸，得奉大道太上諸君丈人道法，因玄都香火以自保護，得在清化，誠用忻悦罔極之恩，但由弟子某胎生頑愚，不閑科典，奉道多違，招延考逮，比來轗軻，宅舍不安，鬼毒臨守，人神虛耗，錢財支散，田蠶不收，六畜損傷，人口疾患，災厄相仍，常常夢寐，與先亡混雜，卜決云是太祖父母、伯叔兄弟、姑姨舅氏姊妹諸房，腥臰死鬼，遽相牽引，共來爲祟，致令弟子某身及家口大小，卜夢凶醜，所見非眞，且見今時鬼賊流行，枉暴良善，遭罹病沴，死亡者衆，弟子某家口大小，處在其間，慮不免脫，驚惶恐怖，告請無方，唯以一心，上憑大道，求生乞活，告訴向臣請乞章奏，以自禳解，小臣下愚，不明科法，依案天師千二百口章，考問精祟所由，弟子某口辭，自列卜決，唯言有先亡後死、太祖父母、伯叔兄弟姊妹、姑姨舅氏諸親外殃等鬼，各以往歲疾病死亡，或值日惡時凶，今來爲祟，尅病生人，弟子某身及家口大小，災厄困苦如此，或生名不定，或名入死解之中，今爲追解，上計生筭，延年度厄，救急治病，乞得除却死籍，定上生名。生屬年名本命生月於此云。但弟子某家口大小等，所有連星筭盡，上計衰厄，乞爲延度，某身等或以子歲上計，丑歲上計，寅歲上計，卯歲上計，辰歲上計，巳歲上計，午歲上計，未歲上計，申歲上計，酉歲上計，戌歲上計，亥歲上計，乞爲解除之，定上生名，簿室壁奎婁，胃昴畢觜參井鬼，柳星張翼軫，魁𩲃魑魖魓魋魒，二十八宿，三十五星官等，一合來下，主爲弟子某身及家口大小，上解天羅，下除地網，消災度厄，斷絕外殃復連之鬼，並令破散消滅無餘，病者除差，食飲通利，還顏復色，四大調和，平復如本，人口大小良賤等身，各乞扶祐，安隱無他，所向元吉，仰荷重恩，謹爲上請正月寅上解繫大將軍一人，兵士十萬人來下，上請二月卯上解繫大將軍一人，兵士十萬人來下，上請三月辰上解繫大將軍一人，兵士十萬人來下，上請四月巳上解繫大將軍一人，兵士十萬人來下，上請五月午上解繫大將軍一人，兵士十萬人來下，上請六月未上解繫大將軍一人，兵士十萬人來下，上請七月申上解繫大將軍一人，兵士十萬人來下，上請八月酉上解繫大將軍一人，兵士十萬人來下，上請九月戌上解繫大將軍一人，兵士十萬人來下，上請十月亥上解繫大將軍一人，兵士十萬人來下，上請十一月子上解繫大將軍一人，兵士十萬人來下，上請十二月丑上解繫大將軍一人，兵士十萬人來下，今所請十二月解繫將軍吏兵等，乞願具官一合來下，爲弟子某身及家口大小等，所有深災重疾，次爲除解，或年中之厄，月中之厄，日中之厄，時中之厄，並乞眞炁一切除解，超然過度，永保元吉，重請北方上仙解厄治病功曹千二百人，謹請素男素女十二人，謹請南昌宮河洛抽魂拔魄君一人，兵士千二百人，上請天醫治病功曹十萬人，地醫治病功曹十萬人，一合來下，主爲弟子某身及家口大小，解脫羅網，過災度厄，拔出三魂七魄，付與身中，悉令備足，災厄度脫，病患除差，了了無餘，先亡後死外殃等鬼，永辟異方，凶人謀議，一切消滅，乞使眠夢眞正，宅舍清寧，大小家口，被蒙清吉，安隱無他，伏乞大道眞官將吏兵士，爲弟子某等，於天地水三官、五嶽四瀆、三河四海、百鬼牢獄門下，求覓弟子某身及家口大小等，或有年窮筭盡之厄，魁綱加臨之厄，元辰勾絞之厄，五行相剋之厄，上從一厄，乃至九厄百二十刑厄，次乞解除追攝魂魄，付與身中，即令痊差，如不見者，請爲約問，先代亡人三垢五墓門下，求覓弟子某身三魂七魄，女三魂十四魄，付與身中，如不見者，約問太山二十四獄之中，求覓某魂魄，付與身中，所有深

災重厄，千病萬痛，即蒙除差，千災萬厄，究盡無餘，性命完全，平復如本，四支五體，三宮六腑，七竅榮衛，三百六十骨節，千二百形影，萬二千精光，五色瑠璃，赤白在身若天倉乏少，益其斗斛，年命短促，加其筭祿，有不便者，請爲轉易，以短爲長，以青爲黄，當令壽命長延，災衰永脱，所有病患，一切除斷，先亡後死，外殗等鬼，迴發善心，共相擁護，不相復連，人口平安，住宅清淨，出入通泰，所向從心，蒙如所願，被受重恩，小臣某所請天地水三官君將吏兵，主爲用力有功，隨臣三會都章，言功舉遷，不敢負信，恩惟太上省理，分別求哀。臣愚謹因三官直使，正一功曹左右官使者，陰陽神決籍玉曆之中，魂魄歸附，災厄度脱，疾病除差，家口大小，乞得平安，無他，又恐弟子某家口大小等，或以正月上計，二月上計，三月上計，四月上計，五月上計，六月上計，七月上計，八月上計，九月上計，十月上計，十一月上計，十二月上計者，並乞次第爲解除之，所有災厄疾病之者，立蒙度脱，除差了了，人口平安，免災度難，若弟子等或以子日上計，丑日上計，寅日上計，卯日上計，辰日上計，巳日上計，午日上計，未日上計，申日上計，酉日上計，戌日上計，亥日上計之者，乞眞炁兵士，主爲弟子等，以次解除之，定上生錄，保護家口，乞得疾病除愈，衰厄度脱，鬼炁消滅，人口大小，平安無他，又恐弟子某身及家口大小等身，或以建日上計，除日上計，滿日上計，平日上計，定日上計，執日上計，破日上計，危日上計，成日上計，收日上計，開日上計，閉日上計之者，並乞眞炁君將吏兵，次爲解除削落死籍，定上生名，災厄度脱，復連斷絶，疾病除差，人口平安，又恐弟子某身及家口大小，或以正月上計，死忌在寅，二月上計，死忌在卯，三月上計，死忌在辰，四月上計，死忌在巳，五月上計，死忌在午，六月上計，死忌在未，七月上計，死忌在申，八月上計，死忌在酉，九月上計，死忌在戌，十月上計，死忌在亥，十一月上計，死忌在子，十二月上計，死忌在丑，如上等忌疾厄深重，乞丐大道眞炁官將吏兵，次爲弟子垂慈，解除死籍，定上生名，或恐弟子某身及家口大小等，爲太歲所臨月厄，所守三魂七魄，閉在太山北獄之中，或有太陰大使風伯雨師，自稱太歲太陰太陽大將軍，北時司命，十二月建，自稱官號，時遊天下，地上步從，鬼兵歌樂，羣行相隨，吹角打鼓，把旗執節，自稱符廟社稷，自稱宅中竃君夫人，自稱土公宅龍，自稱兵臘逢契李遨之鬼，交通千鬼萬神，天下地上百二十種刑厄，恐來害弟子某家，致令遭染病患，精炁離身，魂魄不附，災厄相守，所向乖違，官横肆起，如此困苦，切急憂惶，恐不免脱，告請元元，情在可愍，臣不勝所見，謹冒罪伏地，拜奏《救急解計治病口章》一通，上詣天曹，恩惟太上老君太上丈人，天師女師三師君夫人門下典者五炁君等，留念小臣所上文書，以時上達天府，乞眞炁下流，覆蔭弟子某身及家口大小，良賤平安無他，永保元吉，弟子某家大小，所有深災重障疾病之者，早蒙除差，度脱無餘，復連外殗遊逸諸鬼，並乞消滅，宅舍安泰，凶神惡鬼遠避他方，不相謀議，出入經行，善神扶衛，水火爲滅，金石爲開，仰銜罔極，謹爲上請東方九夷生筭君一人，官將百二十人，上請南方八蠻生筭君一人，官將百二十人，上請西方六戎生筭君一人，官將百二十人，上請北方五狄生筭君一人，官將百二十人，上請中央三秦戊己生筭君一人，官將三十九萬人，今所請天官君將吏兵，一合來下，主爲弟子某身拔出魂魄，恐閉繫在其星宫之中，或在角亢氐房心尾箕，斗牛女虚危吏，科車赤符吏，剛風騎置吏，驛馬上章吏官各二人出操，臣謹爲弟子某及家口大小等，拜上生筭，解計度厄，禳災治病，救急追魂拔魄，保護口章一通，上詣太上三天曹，伏須告報，臣某誠惶誠恐，稽首頓首再拜以聞。臣姓某屬某州某縣某觀泰清玄元無上三天無極大道太上老君太上丈人，天帝君九老仙都君九炁丈人，百千萬重道炁，千二百官君泰清玉陛下。太歲某年某月某日某時於某處拜上。

道士悔謝章

綜述

杜光庭《太上宣慈助化章》卷二《道士悔謝章》　具法位。

臣姓某，誠惶誠恐，稽首頓首，再拜上言，某辭，千生有幸，得充治職，奉宣清法，醫治疾病，而以闇劣不曉鬼神之事，不能用心輔助師道，

救療無方，以此獲罪，招罹災考，疾患更互，所爲無可，所向不利，肉人轗軻，私心憂懼，告臣自訴，求乞救解，臣備師胤攸，攝是同謹承某辭，冒昧以聞，臣以某領戶化民，從來日久，或奉行違失，三氣錯亂，或功詭逋留，遷賞不達，或福儲天藏，不時輸送，或乞賜失理，怨恨者衆，諸如前罪，非一豐鍾考，加以致疾祟，願爲天地水三官考逮，君吏言功舉遷，遷上中宮，謁受功賞，署以使曹，無令怨恚，天曹典者，考申功過，垂恩寬宥，效其將來，千愆萬咎，一切赦貫，恩惟太上，分別哀臣愚劣，謹因二官直使，正一功曹左右官使者，陰陽神決吏，科車赤符吏，剛風騎置驛馬上章吏官各二人出操，臣某謹爲某求乞，首愆謝過，請福禳災恩章一通，上詣某曹，伏須告報，臣某誠惶誠恐，稽首頓首，再拜以聞。

道士解過章

綜述

杜光庭《太上宣慈助化章》卷二《道士解過章》 具法位。

臣姓某，誠惶誠恐，稽首頓首，再拜上言，謹案文書，某以頑疏，奉道多違，雖忝法職，宣化無效，民物離散，救療逋遲，或知而故犯，意短不及，或因眞行僞，前却法剬，或領化民戶，恐動百姓，或吞贓啖罪、私用法物，或口恭心慢、輕傲師法，或稱教妄語，騙合虛詐，或追人求錢，以輕作重，或宗室骨肉，不相和順，或門內父子，更相逆戾，或道義妒娟，淫亂穢濁，或暮晨罵詈，聲干清正，或心恚意怒，三五七九，長短失度，不秉六壬，更用六丙，背棄六癸、動向六丁，行氣錯誤，冒犯天忌，或恃寵自驕，不恤急厄，或見欲心蕩，託尊強求，飲酒食肉，婬色盜取，或吏兵有勞，不時舉遷，或凶險好鬥，持人長短，或擿發陰私，評人曲直，或受化道辭，訕露幽密，或矯詐師老，驚怛愚俗，或評論眞要，指形名道，或懷挾讎怨，走作考氣，或修飾自明，好己惡彼，諸如此罪，二十九條，其盡犯違，爲玄司所糺，計愆量過，分足灰滅，大道崇寬。太上貴生，願垂憐者，乞丐生活，原赦千罪萬過之死，以明覆載之重，亦自克責，深脩法度，不敢以前爲比，恩惟太上，分別哀臣愚劣，謹因二官直使、正一功曹左右官使者，陰陽神決吏，科車赤符吏，剛風騎置驛馬上章吏官各二人出操，臣某謹爲某求乞懺愆悔過、請命祈恩寶章一通，上詣某曹，伏須告報，臣誠惶誠恐，稽首頓首，再拜以聞。

道士遷考章

綜述

杜光庭《太上宣慈助化章》卷二《道士遷考章》 具法位。

臣姓某，誠惶誠恐，稽首頓首，再拜上言，謹案文書某辭如右，胎生肉人，少不經學，大義不通，前以樂化，制屬大道，荷受殊恩，得充治職，化民領戶，出入有年，誠自喜樂，肉人無知，未能報稱，誠恐負冰流汗，某伏自惟省，人輕任重，耳目閉塞，在職初淺，不曉科禁，奉行多違，無狀所致，以某年月日卒得疾病，未蒙除差，克己思愆，不自分解、惟懼罪過，深積醜惡，上聞天曹典者遣考，召吏兵下，在某家考治某身，加以楚毒，晝夜考掠，不得休息，呼吸之氣，命在絲髮，某家大小惶怖，恐不生活，某在職以來，上不敬天地，下不孝父母，不順師法，多惡少善，多逆少順，多嗔少喜，觸犯天地日月星辰，違背五行王相四時禁忌，穿掘平地，塡井塞瀆，或壅障水流，斷絕道路，伐樹殺生，探巢破卵，或陰行賊害，盜取人物，或枉殺羣生怨滿道路，或輕慢天地、呼謂無神，或取人財物，抵戾不還，或掩人之善，揚人之惡，或背眞妄語，岐咽兩舌，咒詛罵詈，顛倒無道，或借使貧人，以利家私，或好色婬通，姦人婦女，或隔戾娟妒，憎嫉勝己，所爲不當，所行昧理，致招重考，收魂縛魄，五毒慘至，分當萬死，彰示遠近，自知罪重，謹隨事首列，不敢藏情，有所遺脫，少得蘇息，絡繹自改，疏洗腸胃，披析筋骨，不敢以前自比，肉人歸命，誠可哀傷，臣謹承其辭，觸冒湯火，拜章上聞，乞賜典者，垂恩料

省，肉人以伏以諾、考召君吏有功，願還天曹，受賞進入中宮，謁署便曹穩職，如常科比，無令怨恨，某雖罪定，應在灰滅，雀鼠貪生，志欲自改，願蒙原赦，更賜生命，除其愆責，許以後善，以某所苦和差還精復色，氣脉調理平復，以爲效信，恩惟太上分別，哀臣愚劣，謹因二官直使，正一功曹左右官使者，陰陽神決吏，科車赤符吏，剛風騎置驛馬上章吏官，各二人出操，臣謹爲某求乞，懺除罪咎，保衛病軀恩章一通，上詣天曹，伏須告報，臣某誠惶誠恐，稽首頓首，再拜以聞。

道士犯籙解謝章

綜述

杜光庭《太上宣慈助化章》卷二《道士犯籙解謝章》 具法位。

臣姓某，誠惶誠恐，稽首頓首，再拜上言，某素下愚，以代務爲業，樂化制屬，歸命諸君丈人道炁，被受大恩，得充治職，佩受仙籙，領戶治民，宣揚正教，助國扶命，而某肉人生長濁世，少不經學，不具大義，奉法失中，施行有違，不忠不孝，不慈不仁，父母兄弟，不相敬順，貪財好色，飲酒食肉，舉動所爲，違犯籙禁，頃日以來，夢寤參錯，所見非常，家中不利，口舌横生，肉人違科犯約，以致轗軻。心畏一旦，不自過度，謹觸冒湯火，貢章上聞，願請畢汝君一人官將百二十人，主爲某解犯籙上禁忌，飲酒、食肉，諸所違負，皆爲和解，千罪萬過，乞蒙原赦，某輒洗心濯志，改往脩來，敢如歲終無他，以爲效信，恩惟太上分別，哀臣愚劣，謹因二官直使正一功曹左右官使者、陰陽神決吏，科車赤符吏，剛風騎置驛馬上章吏官，各二人出操，臣某謹爲某求乞，首雪愆尤、保安幻軀恩章一通，上詣天曹，伏須告報，臣某誠惶誠恐，稽首頓首，再拜以聞。

道士遠行章

綜述

杜光庭《太上宣慈助化章》卷二《道士遠行章》 具法位。

臣姓某，誠惶誠恐，稽首頓首，再拜上言，某素百官子孫，千載有幸，得充治職，賜受天官吏兵，以自營護，非某頑賤所宜，被蒙奉化日淺，無所知識，夙夜戰灼，如臨深淵，今當到某處，經由嶮遠，世弊人僞，鬼氣未清，懼寇盜攻劫，行路詣臣自告，求乞上聞，謹爲某上請天官兵皇君一人，官將百二十人，搖天動地君九炁君十五萬衆，左馬君官將百二十人，各一合下，與某俱行辟斥姦邪，千凶萬惡，縣官口舌，不爲災害，吏兵所護，萬惡消除，禳却寇盜，通利道路，又請東九夷、南八蠻、西六戎、北五狄、中三秦諸君，各將兵士十萬人，及衣鐵履刃兵，滅亡水火兵，反甲逆鱗兵百二十萬人，九天兵符三十五官君，高靡大鼓赤陽十伐將軍兵十萬人，及四面眞官注炁黄帝君，及營星君官將百二十人，同時來下衛某身，辟除群凶逆惡不軌之事，道中魍魎不正之氣，一切消伏，往還安穩，迴歸之日，爲所請官君將吏，言功平等，并所經遊郡縣，水陸鄉亭里域，監察考召諸君，道上二玄三元，四始甲子諸官君，亭傳客舍，營署注鬼，四野九野都平君，山林孟長，十二溪女，九江水帝，河伯呂公子等，營護道路，使陸行通易，水行利涉，諸功勞者，至時還賞，不令違失，某蒙恩如願，以爲效信，恩惟太上分別，哀臣愚劣，謹因二官直使正一功曹左右官使者，陰陽神決吏，科車赤符吏，剛風騎置吏，驛馬上章吏官，各二人出操，臣某謹爲某求乞祈安水陸保祐行藏恩章一通，上詣某天曹，伏須告報，臣某誠惶誠恐，稽首頓首，再拜以聞。

舊事道中絕於法契闊章

綜　述

杜光庭《太上宣慈助化章》卷二《舊事道中絕於法契闊章》　具法位。

臣姓某，誠惶誠恐，稽首頓首，再拜上言，某下愚子孫，素修善道，昔漢運遷移，禮訓通流、某雖在俗，清法不墮，然鄰接下官，事與邪連，而某頑闇，功未足紀，爲惡鬼所見，侵尅頃來，家中多諸疾病，奴婢死亡，錢財損耗，考己思咎，不識所由，從道求哀，未蒙覆蓋，向臣自訴求乞文書，謹爲拜章以聞，願垂矜省，臣以某家奉道彌久，當爲衆尊，所見覆載，而遇轗軻，不利之患，疑某失事，行違玄和，逆順顛倒，渾同凡俗，令三元四始，彌更清高，下官萬魅，以爲命主，一爾迷謬，尙不能自解，願蒙憐愍，一切原赦，使從今以後，所向隆利，衆疾消除，人口數端等，恩惟太上，分別哀臣愚劣，謹因二官直使正一功曹左右官使者，陰陽神決吏，科車赤符吏，剛風騎置驛馬上章吏，官各二人出操，臣謹爲某求乞禳却栽衰保安家眷恩章一通，上詣某天曹，伏須告報，臣某誠惶誠恐，稽首頓首，再拜以聞。

斷四面口舌章

綜　述

杜光庭《太上宣慈助化章》卷二《斷四面口舌章》　具法位。

臣姓某，誠惶誠恐，稽首頓首，再拜上言，謹案臣枯骨子孫，生長荒俗，不嫻道儀，謬以時乏，得補治職，當質對天地水三官文書，臣肉人頑愚，在職日月誠淺，多有違失，憂怖屏營，無所投厝，臣某稽首頓首，臣以某年月日受眞一要言，實以闇昧，不能悉解養神受氣之數，輒當奉順生世俗人，多有背向異辭，誹師謗道，口舌滋盛，詣臣各自以爲正，臣獲罪無狀，分當摧碎，不敢望生，被蒙諸君丈人之恩，謹伏地拜章上聞，願請無上靑玄君兵士百萬衆，主收口舌罵詈盟詛之鬼，重請南鎭六星君官將百二十人，周天越女兵三十億萬人，及時下收捕，惡逆不伏，謀議誹謗，諸爲口舌者，家到戶至，皆使和解，掩塞邪凶惡逆之謗，立時罷散，以爲效信，所請君將吏兵，及所在星中，四面注氣，監察考召諸君將吏，言功舉遷，不敢負信，乞重原臣身中前後所犯千罪萬過，臣盡力竭心，不敢懈怠，要以安隱無他，以爲效信，恩惟慈父慈母，哀臣愚劣，謹因二官直使正一功曹左右官使者，陰陽神決吏，科車赤符吏，剛風騎置驛馬上章吏官，各二人出操，臣謹爲某求乞消除唇吻、孚佑形軀恩章一通，上詣某天曹，伏須告報，臣某誠惶誠恐，稽首頓首，再拜以聞。

疾病定氣章

綜　述

杜光庭《太上宣慈助化章》卷二《疾病定氣章》　具法位。

臣姓某，誠惶誠恐，稽首頓首，再拜上言，某素下官子孫，先人相承，酌祭群邪，不蒙其福，轗軻罹殃，歸命大道，以自存活，制屬以來，被蒙大恩，戶口端靜，實爲懽樂，而肉人施行多違，自從某年某月以來，連不安隱，四支沉重，卧多起少，夢寤參錯，或在靜室穿敗之處，如對賓客，卧息其中，或登山越巔，或架車乘船，或懷恚恨，喜怒不節，或作鬼語，稱傳威敎，或責望家中，道說百姓，或時悲哀，所作無端，淋瀝日久，一差一劇，骨肉消瘦，心畏一旦不自度脫，恐爲邪精所見，迷誤束首，向臣

求自循省，臣以某雖佩清高，奉帶神籙，精誠微薄，志意不專，不能却邪除害，謹爲拜章，願請玄老大將軍十二人，官將百二十人，一合下某甲身，主收三官逆鬼，衆老之精，稱神出道者，一爲罷散，若某骨相與天相應，蒙差之後，進受中氣，願垂省察，分別眞僞，邪惡精魅，消除氣候清正，以爲效信，恩惟太上分別，哀臣愚劣，謹因二官直使正一功曹左右官使者，陰陽神決吏，科車赤符吏，剛風騎置驛馬上章吏官，各二人出操，臣某謹爲某求乞四肢康泰、動履清安恩章一通，上詣某天曹，伏須告報，臣某誠惶誠恐，稽首頓首以聞。

道士天地水三官手籙狀章

綜　述

杜光庭《太上宣慈助化章》卷二《道士天地水三官手籙狀章》　具法位。

臣姓某，誠惶誠恐，稽首頓首，再拜上言，某郡縣鄉里男女生某甲，年如干歲，謹條手書首罪，簿狀如左簿，狀之法一事一條，不得華辭文過，藏重出輕，若首而不盡，考官不解，一事以上，甲年如干，時所犯罪過，某年月日某時，某郡某縣某里男女生某甲，年如干歲，戶口如干人，某奉法違科，以某月某日卒得疾病苦厄是云云，至今不差，恐不生活，謹操手書錄狀，詣泰清玄元無上三天無極大道太上老君，太上丈人都官君考行狀，六質六殼，二十四官君，天師嗣師系師三師君門下將吏所在郡縣治中，四面注氣，監察考召四君，某今疾病，手書自證，首寫過咎輕重好醜種數，名列如牒，乞丐生活，疾病除差，當奉承手書，奉行孝道，案如師法，當慈仁忠孝，敬老愛少，收孤養寡，救活貧弱，所在師家，投理矜使，百事在前，當與師家共同腹目，不得隔戾媢妬，岐咽兩舌，背眞妄語，自作一法，更相說道，匿醜說善，匿重說輕，不首情實，一旦違負手書，以身口數謝天地水三官，不敢自怨，謹請東九夷君、南八蠻君、西六戎君、北五狄君、中央三秦衣鐵履刃君各十二人，官將百萬衆，逆毛錯鱗兵，東方青帝、南方赤帝、西方白帝、北方黑帝、中央黃帝，青龍白虎，朱雀玄武，勾陳等，皆共檢察，肉人自欲求生，乞丐存活，奉行師道，傳千萬世，咸使天下萬民已在道者，未在道者，皆使聞知，手書自證，從道取信，事在久遠，不能盡悉，重復思省，所得續上，三日一期，如蒙省察，慈父聖母，哀憐元元，自今以後，絡繹自改，蕩胃推筋折骨，不敢以前自比，乞丐生活，某今謹自手書，晝一爲信上言，臣某胎生肉人，枯骨子孫，少不經學，無所知別，得充治職，忝爲祭酒，當助天師布演道炁，助國扶命醫治疾病，臣受性六弊，爲人闇鈍，不能宣揚道炁，勸善化惡，夙夜戰慄，無心自安，某同氣祭酒男女生，某甲奉道有違無狀，所致身被災病，連日累月，不覺損差，呼吸之氣，命在絲髮，思過自責，不能自解，窮迮處頓，無所歸憑，今來詣治，告臣首寫身中前後罪過，從年七歲以來所犯善惡好醜，輕重條列如牒，乞從大道，更受生活，肉人歸誠，在可憐傷，謹謄某辭，觸冒湯火，伏地拜章，辭達以後，分當萬坐，誠惶誠恐，負冰流汗，願乞典者案其簿狀，下天官地官水官一百二十曹，隨事原赦，還筭復紀，哀宥既往，責以將來，肉人已諾，首寫情實，考吏所考，事蒙立應，實有驗者，宜加遷賞，以報其勞，謹當一切，都爲天官地官水官考召君將吏，從考吏兵等，悉爲言功舉遷，加秩等數，如天曹科比隨章上詣，各歸本曹，列功多少，中宮謁署便曹穩職，無令失意，有怨恨者，某魂魄繫在天曹，考對日久，重乞原赦，某三魂七魄還附某身，所苦除差，以爲效信，願慈父聖母，大恩省察分別，哀臣愚劣，謹因二官直使正一功曹左右官使者，陰陽神決吏，科車赤符吏，剛風騎置驛馬上章吏官，各二人出操，臣某謹爲某求乞度脫厄難、保衛形軀恩章一通，上詣某天曹，伏須告報，臣某誠惶誠恐，稽首頓首，再拜以聞。

伏誓從道乞丐一生章

綜述

杜光庭《太上宣慈助化章》卷二《伏誓從道乞丐一生章》 具法位。

臣姓某，誠惶誠恐，稽首頓首，再拜上言，臣某昔以有幸，得染淸化，被受重恩，賜某仙官吏兵以自營護，出入積年，大小端心，誠自喜樂，某受性頑塞，不明天地禁忌，奉行多愆，爲眞官考氣所糾，以某日月被考，疾病積如干日，體羸氣乏，命在旦夕，大小惶怖，恐不生活，歸命大道，伏罪首過，乞丐生活，仍於某家私自跪誓，言當改過爲善，改逆爲順，伏諾從道，不敢前却，唯乞原赦，假延日月，令得視息，當精思身中所犯過罪，隨事列首，肉人誠淺，未蒙哀放，所苦沉滯，日有增劇，闔門大小，分爲灰土，匍匐詣治，告臣求哀，乞丐生命，更自修華，差愈之後，要當輔助師道，服膺法憲，除故自新，唯善是從，不敢有違，臣以愚闇，宣化無功，未審其罪過輕重，身被何考而委頓積時，不蒙差損，肉人元元，欲自改悔，雀鼠貪生，誠可憐傷，謹冒犯淸正，觸蹈湯火，爲某拜章一通，上詣三天司命曹，唯願上官典者，爲考校天曹文書，計功除過，和解考氣，謹請九天君一人，官將一百二十人，爲某解罪逮召，上通中宮各署，便曹穩職，還某魂魄，令附身形，由來所行，無善可紀，積筭右宮，唯罪是書，有過無功，無以相補者，乞特原其萬罪，賜其一生，效其將來，責以後善，若某不負言則，考化爲功，如其背違治之不脫，臣不勝肉人危急，干冒上聞，伏以悚懼，恩惟太上分別，哀臣愚劣，謹因二官直使正一功曹左右官使者，陰陽神決吏，科車赤符吏，剛風騎置驛馬上章吏官，各二人出操，臣某謹爲某求乞懺除罪咎、堅固道心恩章一通，上詣某天曹，伏須告報，臣某誠惶誠恐，稽首頓首，再拜以聞。

疾困延命章

綜述

杜光庭《太上宣慈助化章》卷二《疾困延命章》 具法位。

臣姓某，誠惶誠恐，稽首頓首，再拜上言，某荒俗子孫，胎生肉人，樂化奉治，以自生活，而某多愆，以延災禍，昨得疾病，百毒備至，從來轉久，有增無損，今者沉困，示有氣息，累因衆官，乞請罪過，跪義信誓，未蒙垂恩，肉人怔營，無復心膽，分翳灰土，永畢天地泉壤，臣備給驅使，奉宣慈化，當助皇老，扶危救厄起疾，臣之常職和愍，肉人命在絲髮，謹冒罪拜章，願請南昌宮中延命君五人，官將百二十人，一合下北詣玄陰御女宮，拔出某垂終之命，解其萬罪，從一至九，以度道數，又請壽命君保命君拔命君三官，各從百二十人下，爲某請丐生命，三月一時，三歲一期，要以某得生活，以爲效信，恩惟太上分別，哀臣愚劣，謹因二官直使正一功曹左右官使者，陰陽神決吏，科車赤符吏，剛風騎置驛馬上章吏官，各二人出操，臣某謹爲某求乞消除疾病增益年齡恩章一通，上詣某天曹，伏須告報，臣某誠惶誠恐，稽首頓首，再拜以聞。

請命章

綜述

杜光庭《太上宣慈助化章》卷二《請命章》 具法位。

臣姓某，誠惶誠恐，稽首頓首，再拜上言，某疾病云云，有自危篤，考己思愆，不自分別，比詣衆治，首寫求哀，而某疾病沉困，未蒙輕差，肉人憂

惶，恐爲灰土，告臣自訴，求乞上聞，臣以愚矇備承，人乏不勝，肉人憑恃之情，謹冒清嚴，拜章以聞，案其疾苦，彌時有增無損，必有深重匿罪，事在難赦，或某命衰運終，應歸泉壤，誠非臣頑淺所可干冒，仰惟太上，慈仁好生惡殺，罪無輕重，輪道必赦，緣恃廣潤含育之施，是以敢觸湯火，思效毛髮，願垂矜省，某有識以來，萬沒之罪，謹請南上君一人，官將百二十人，爲某開生門益壽命，又請南昌君一人，官將百二十人，周詣八極之中，星度歷紀，脫某死籍，還年益壽，使泉壤之軀，得蒙更生，若某家有強殃不祭之鬼，因衰乘隙，纏綿某身，必固中傷者，願請剛武敢健嚴能吏兵百二十人一合下，收攝斷截，分別眞僞，皆使罷散，令生死區別，各得其所，願章達日，爲臣立效，某若蒙差，言功舉遷，恩惟太上分別，哀臣愚劣，謹因二官直使正一功曹左右官使者，陰陽神決吏，科車赤符吏，剛風騎置驛馬上章吏官，各二人出操，臣某謹爲某求乞請命祈恩保安病患恩章一通，上詣某天曹，伏須告報，臣誠惶誠恐，稽首頓首，再拜以聞。

疾病丐過請命章

綜　述

杜光庭《太上宣慈助化章》卷二《疾病丐過請命章》　具法位。

臣姓某，誠惶誠恐，稽首頓首，再拜上言，謹按某昔以歸化，制屬道炁，受恩端等，以自勸勉，肉人罪積，招致重考，疾病云云，思愆首過，冒罪以聞，臣以某月日，爲某啓請治病功曹，天醫太醫，輔助醫吏，典治某身田臣闇乏，精誠無感，某所苦轉更增劇，命如絲髮，大小狼狽，無復肝膽，不勝所見，謹重拜章，請功曹使者，四方胡越氐羌驛騎，逕詣安昌宮中，爲某上請護命君、延命君、南上君三君官將各百二十人，爲某削除死籍，更定生名，三月一時，得蒙度脫，臣觸死冒責，罪當萬坐，乞丐原赦，以某生活爲效，恩惟太上分別，哀臣愚劣，謹因二官直使正一功曹左右官使者，陰陽神決吏，科車赤符吏，剛風騎置驛馬上章吏官，各二人出操，臣某謹爲某求乞保安病證增益壽齡恩章一通，上詣某天曹，伏須告報，臣某誠惶誠恐，稽首頓首，再拜以聞。

困急日中上請命章

綜　述

杜光庭《太上宣慈助化章》卷二《困急日中上請命章》　具法位。

臣姓某，誠惶誠恐，稽首頓首，再拜上言，某素下官子孫，遭值有幸，大道開化，好樂清正，操信入法，係命三天，誠自榮慰，而某愚穢，奉氣失和，身被病苦，某處痛，命在轉燭，從道求哀，未蒙除差，日更增劇，恐爲灰土，肉人惶怖，怔忪不能自勉，詣臣訴辭，求乞救護，臣輒省某所疾，甚爲危殆，或犯罪彌結，不可哀赦，或天年終盡，在於漏刻，臣伏以大道眞炁，含育群生，能使枯槁之骨，更受血氣之榮，臨冬之木，再有春葩之暉，迴柩起死，唯在垂恩，緣將廣潤，乞貸某命，謹重煩請南昌宮中延命君五人，官將百二十人，北詣玄陰御女宮，請贖某形軀，使垂絕之命，蒙更生之恩，上崇皇老神氣之高，下施雀鼠貪生之願，恩惟三師省察，分別求哀，臣愚劣，謹因二官直使正一功曹左右官使者，陰陽神決吏，科車赤符吏，剛風騎置驛馬上章吏官各二人出操，臣某謹爲某求乞保衛病軀增延祿筭恩章一通，上詣某天曹，伏須告報，臣某誠惶誠恐，稽首頓首，再拜以聞。

禁魂魄章

綜　述

杜光庭《太上宣慈助化章》卷二《禁魂魄章》　具法位。

臣姓某，誠惶誠恐，稽首頓首，再拜上言，某制屬太上諸君丈人道炁，蒙恩所祐，每相欣慰，肉人無狀，暴得疾病，合門大小，思過自責，歸命大道，未蒙除差，所苦云云，日更困篤，懼恐奄忽，命在朝夕，氣散神逝，往而不反，肉人惶怖，告臣求哀，謹爲拜章，冒罪以聞，願請地理宮中珠玉君一人，官將百二十人，朱衣赤幘，仗節鉞斧立至，爲某致百二十生氣，禁三魂七魄不令去離某身，轉益年壽，度名玉曆，令得免滅除之例，永爲種民，恩惟太上分別，哀臣愚劣，謹因三官直使正一功曹左右官使者，陰陽神決吏，科車赤符吏，剛風騎置驛馬上章吏官，各二人出操，臣某謹爲某求乞扶危拯難續命延年恩章一通，上詣某天曹，伏須告報，臣某誠惶誠恐，稽首頓首，再拜以聞。

疾病却三官死解章

綜述

杜光庭《太上宣慈助化章》卷二《疾病却三官死解章》具法位。

臣姓某，誠惶誠恐，稽首頓首，再拜上言，某奉道失和，違負元始，身被三官重考，以某月日得病苦，某處痛不下飲食，列辭訴臣求乞平省，臣輒具以師法，譴問某身何所犯坐，某比首寫歸誠，乞丐生命，某疾從來，積日轉更困篤，大小狼狽，肝膽塗地，臣不勝肉人性命，危急謹復，觸冒拜章以聞，恩惟太上，原赦肉人萬死之厄，若某贓滿罪定，名入死次，三命已盡，願延一時，責以後善，使某追悔往罪，以修將來，謹爲某上請天一君、眞一君、好生君、延命君、拔命君五人，官將各百二十人，賫臣章上詣太浩天曹，北辰司命，韓君門下玉案上，却臣三官死解，定著生籍，重請無上天生君兵十萬人，主收百二十殺鬼，却死來生，又請越千玉女二百人，爲某增益倉穀，更延年壽，願上章之日，時蒙放赦，應令某得出長夜，復見日月君將吏兵，言功舉遷，以爲效信，恩惟太上分別，哀臣愚劣，謹因二官直使正一功曹左右官使者，陰陽神決吏，科車赤符吏，剛風騎置驛馬上章吏官，各二人出操，臣某謹爲某求乞延年益筭、保病扶衰恩章一通，上詣某天曹，伏須告報，臣某誠惶誠恐，稽首頓首，再拜以聞。

收犬子鬼章

綜述

杜光庭《太上宣慈助化章》卷三《收犬子鬼章》具法位。

某，誠惶誠恐，稽首頓首，再拜上言，謹條，某州某縣，某鄉某里，某官某，爲疾厄所侵，凶鬼爲祟，上請天官君將吏兵，收捕石下犬子鬼，天官名號，件列如左。

上請玄老大將軍兵士十萬人，上請威明大將軍兵士十萬人，上請地里大將軍兵士十萬人，上請石仙大將軍兵士十萬人，上請五色大將軍兵士十萬人，上請節蓋大將軍兵士十萬人，上請青蓋大將軍兵士十萬人，上請赤蓋大將軍兵士十萬人，上請白蓋大將軍兵士十萬人，上請黑蓋大將軍兵士十萬人，上請黃蓋大將軍兵士十萬人，上請督天大將軍兵士十萬人。

右件一十二部天官君將吏兵一合降下，天充地塞，盡來徑到某家身中，收捕某家所養石下犬子之鬼，水官乳母雜神便斬殺之，以明大道之威，急急如律令。

勑某年太歲某某月某日某辰，祭酒臣謹移告抱壁州丘石郡太守，孔里縣令封亭鄉石葉里案前，件官所領境界山石下犬子鬼不淨，小鬼侵入異土，病害某家某身，晝夜啼叫，瘡痛痢瘧，瘻疔不絕，尋看疾狀，正是犬子小鬼，水官乳母等爲害，各有州郡，由其所管太守檢錄不勤，致令放逸，傷害天人，從今已去，宜精加檢錄，不得有違，若或更來犯害某身者，收得斬之不恕，所主太守別加考責，一如太上老君律令。

泰玄都云云

上言，謹案某州某縣某鄉某里。

大道弟子某往以奉屬太上大道諸君丈人，因三師香火以自保理，而修

奉多違，動靜不利，自某月某日以來，男女某染疾，四支沉重，瘡腫啼叫，晝夜痛楚，乳哺不下，醫藥不愈，尋其疾由，恐是某家所養石下犬子，水官乳母牀前洗浣，新婦等鬼，伏人房室，取人兒女，尅害殺之，求乞章奏，以獲除滅，救拔男女某性命，得遂生全，長養成立，紹續胤嗣，元元之情，在可哀憫，臣不勝所見，謹爲冒罪，拜章一通，上聞天曹，伏惟太上老君太上丈人、天師女師、三師君門下五炁君乞垂神貺覆衣，某家即日請太山青虎食犬頭肝，衡山赤虎食犬心，華山白虎食犬肺，鎮山黑虎食犬腎，嵩山黄虎食犬脾，五方虎軍同時來下，收食石下犬子，小鬼水官，乳母五瘟疫毒，兵獵注殺，形禱咒詛，新死故亡，邪魅魍魎，雜神惡鬼，假託自號壁州刺史，丘石郡太守，孔里縣令，封亭鄉石葉里，自稱崖王將軍，强殺將軍，善連天人，自稱東方青犬將軍，南方赤犬將軍，西方白犬將軍，北方黑犬將軍，中央黄犬將軍，自稱天上守門犬子，地下守戶犬子，抄狼黄頭黑口青耳，白手白足，大者長一丈五尺，小者長一丈二尺，自稱天牢乳母，洗浣新婦，流行上下，傷害小兒，遭者非一太上眞炁，無不收剪，今行符告壁州丘石郡太守，宜應精加檢録，勿使更犯，所請一十二部天官君將吏兵，逕入某身，圍繞前後，嚴加備伺，必使擒獲犬子小鬼，五瘟疫毒，寒瘧外殃客死兵，獵新死故亡，破射之鬼，張羅布網，次第收剪，立令除殄，男女某所疾，悉令退散斷絶，以明大道正眞之威，某性命獲全，災厄度脱，乳哺甘進，宜利父母，永爲大道香火，萬代種民，紹續系嗣，宅宇清吉，眷屬安寧，以爲效信，恩惟太上無極大道太上師尊上官典者，垂慈省理操，臣謹爲某請天官吏兵一十二部，收剪石下犬子小鬼，拜奏大章一通，上詣某曹，伏須告報，臣誠惶誠恐，稽首頓首，再拜以聞。

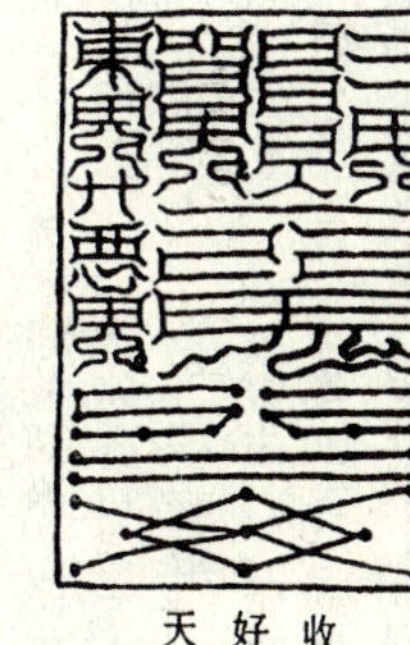

收犬子鬼好乳付兵天獄之中

斷除非所祭祀鬼神復連章

綜述

杜光庭《太上宣慈助化章》卷三《斷除非所祭祀鬼神復連章》 具法位。

臣某，誠惶誠恐，稽首頓首，再拜上言，謹案文書，某州某縣某鄉某里，弟子某宿世積幸，奉屬大道，常蒙覆廕，伏用欣榮，而修奉多違，動招考責，自頃以來，爲外殃鬼賊妄相刑尅，數爲祟害，性命危迫，披告向臣求乞章書，以自分別，臣不勝所見謹爲冒罪，拜章上聞天府，伏願太上老君諸君丈人，天師女師，三師君門下五炁君等，垂神平省小臣所上章詞，即時上達，賜以道炁，覆衣某之身，臣伏尋外殃，某鬼與某家非有相關，自有子孫，依時祠祭，不合妄爲祟患，復連平民正一科，文女青鬼，律合申誅剪，以安萬姓，謹爲上請誅殃君，官將百二十人，治倉明宮，又請都星君一人，官將百二十人，治清蓋宮，又請下明害炁吏，又請天皇敢健吏兵士三十萬人，並一合來下，主爲某除蕩客死外殃異姓，非所祠祭之鬼，妄爲復連者，收而斬之，誅而滅之，斷而絶之，悉令分別立使清淨，又請男女尸殃，病死腥死，牢獄死燒死，刀兵虎狼死之鬼吏兵，各五十人，主爲收除外鬼他神，非祭祀所及，妄來復連平人者，況忝嘗不同，祭祀各別，殊門異戶，不復相關，立須斷絶，不得妄相侵犯，如欲更來復連某人者，當得河水逆流，白石水上浮，亂絲千犬，馬角六尺，三足烏五十頭，九尾狐三百頭，可來相求，不能如此者，即與某人天別地絶，千年萬歲，無相侵擾，又請東西南北中五方斷訟神君各一人，官將各十二人，主爲某家閉絶復歲連歲，復月連月，復日連日，復時連時，皆令閉絶，某疾病除差，災厄銷平，性命安全，魂神澄正，邪精摧伏，正炁宣行，千苦萬痛，豁然除愈，被受大道罔極之恩，惟蒙太上省理分別云云，操臣謹爲某請天官吏兵除斷外姓鬼神强殃客死之鬼妄爲復連，斷絶誅滅大章一通，上

詣某曹，伏須告報，臣誠惶誠恐，稽首頓首，再拜以聞。

爲疾病分解存亡盟禱咒詛章

綜述

杜光庭《太上宣慈助化章》卷三《爲疾病分解存亡盟禱咒詛章》 具法位。

某，誠惶誠恐，稽首頓首，再拜上言，謹案文書，某州某縣某鄉某里，弟子某年若干歲，某月某日生，即日奉詞，有幸之運，生在法門，得奉大道，名係玄籍，荷恩受賜，綿歷歲年，而修奉多違，頻招不利，某以某年月忽染疾患，未獲痊平，旦夕憂惶，性命懸迫，察其狀候，恐有犯觸誓盟，厭蠱爲害，沉綿且久，憂迫萬端，求乞章書，以自分解，臣不勝所見，謹爲冒罪，拜章上聞天府，乞丐太上老君，太上丈人，天師女師三師君門下典者五炁君等，留神平省小臣所上章文，以時御達，賜大道眞炁覆衣，弟子某身即爲告下天官吏兵，解除某先世以來，九玄七世，三十六祖，有犯咒詛盟誓之炁來爲祟者，一切解除之，或有牽鬼引神，呼天告地，指日月星辰，及所在神祠符廟一切形像，有情無情，有識無識，樹石草木，山川水火，蠢動之物爲證誓者，或屠宰物命，飲血啗肉，或刻石折金爲證誓者，先人所作，殃逮子孫，致令疾病縈仍，性命不保，慮恐一旦淪沒九泉，雀鼠貪生，求哀請命，謹爲上請赤巽宮中太丙君一人，官將百二十人，主爲分解先世今世存亡所犯咒詛之炁，立令斷絕，又請破殃君一人，官將百二十人，主爲收斷咒詛形禱之鬼，又請護祐大將軍一人，官將百二十人，主爲保護疾厄之人，即蒙除差，災厄度脫，年命延長，還顏復色，咒詛絶息，其先人所立咒誓，若以子丑寅卯日牽鬼呼神爲咒詛者，子丑寅卯神明君爲消除之，若以辰巳午未日牽鬼呼神爲咒詛者，辰巳午未神明君爲消除之，若以申酉戌亥日牽鬼呼神爲咒詛者，申酉戌亥神明君爲消除之，若形生命爲咒詛者，各隨物類消而化之，若折金石土木爲咒詛者，各隨其形自消平之，萬誓並除，千殃弭息，如願之日，被受重恩，惟蒙太上省理，分別云云操，臣謹爲某上請天官吏兵解除前代今生盟禱咒詛，保祐疾病乞就痊平章一通，上詣某曹，伏須告報，臣誠惶誠恐，稽首頓首，再拜以聞。

生算度厄章

綜述

杜光庭《太上宣慈助化章》卷三《生算度厄章》 具法位。

某，誠惶誠恐，稽首頓首，再拜上言，謹案文書，某州某縣某鄉某里，大道弟子某官，某年若干歲，本命某月某日生，戶口若干人，即日叩頭列詞，歸命太上大道，求乞章奏，扶衰度厄，延命生筭，安寧宅宇，清肅龍神，祐護人口，保宜財祿，解災救難，以全性命，詞情懇切，理在可申，臣不勝所見，謹爲冒罪拜章，上聞天曹，伏惟太上老君太上丈人，天師女師三師君門下上官典者君吏，留恩省念，小臣所上章書，通行上御，乞大道眞炁覆衣，某家大小之身平安無他，災厄超度，凶衰解散，憂患止息，臣謹爲某上請東宮生筭君一人，度三災九厄吏兵君吏將士各百二十人，又請南宮生筭君一人，度瘟疫火災厄官將吏兵各百二十人，又請西宮生筭君一人，度兵災傷殺厄官將兵吏各百二十人，又請北宮生筭君一人，度疾病水災厄官將兵吏各百二十人，又請中宮生筭君一人，度五土山川災厄官將兵吏百二十人，又請收殃君斷殃君破殃君各一人，官將兵吏各百二十人，又請雲中窮奇食鬼君一人，三足烏兵士四十萬人，九尾狐兵士四十萬人，一合來下，主爲某同心併力，上發天門，入九天之上，下發地戶，入九地之中，中詣五嶽四瀆，三河四海，九江八極，河伯水府，太山酆都，諸大地獄，三台四司，天下地上，天上地下，一切曹屬之中，解除某家親緣眷屬，男女大小所有前生今生千罪萬過，千殃萬結，千考萬責，千災萬厄，一乞和解，考訟絶滅，上解天羅地網之厄，次解三天八會，二十八宿星辰

之厄，次解十二時辰，支干歲刑，月殺魁綱，衝破加臨之厄，次解三五七九九橫九災之厄，次解二四六八五行八節，八魁臨年之厄，次解宅舍虛耗，五凶六吹，姐鬼姤神，夫婦男女，父母妨害之厄，次解移徙嫁娶，行喪入塚，背黃向黑，背福向禍，背順向逆，背言向凶，背王向衰之厄，次解犯天禁地，忌歲禁月，忌日禁時，忌年禁命，忌之厄，次解犯觸太歲大將軍，太陰太陽，大耗小耗，十二月建七十二神，陰陽刑德，凶吉衆神之厄，次解東西南北四面八方新死故亡，雄雌注殺，破射死次喪車，殺鬼星書，各取代形，復連枉橫，非災之厄，次解違天犯地，破戒違經，惌盟負誓，忘恩不義，淫泆不仁之厄，次解他人社竈符廟，惡鬼凶神，遊殃客殺之厄，次解新舊宅宇，隔絶前後，犯觸土公傷害之厄，次解六畜收養欄櫪槽圈，碓磑井厠鎮壓犯害之厄，次解前世今生九玄七祖，宿殃餘考，債訟引注，考逮子孫之厄，次解前代今生所犯元逆醜惡，難赦不原之厄，次解五行大獄，九幽地獄，太山二十四獄，酆都三十六獄曹府，追攝拘執魂魄之厄，次解天曹地府，天地水三官，黑書死籍之厄，次解他人之家，先世今代，形禱咒詛，牽引復連之厄，次解祖宗眷屬，父母伯叔兄弟，姑姨姊妹，兒姪孫息，死亡復連之厄，次解鄰里四面疾病時瘟，疫毒之炁，連染之厄，次解征伐誅討，劫殺謀害，刑獄刀兵，官災寃橫之厄，次解牢獄閉繫，囚束刑徒之厄，次解虎狼蟲蛇，毒物傷害之厄，次解惡人謀議，厭蠱盟咒相害之厄，次解六畜死亡傷失，財物耗散之厄，次解風虛勞冷，四百四病之厄，次解五方五厄，次解年窮筭盡，祿絶命凶之厄，次有夫妻男女，父母眷屬，身中大厄小厄，大衰小衰，並乞除解，即使東斗注筭，西斗記名，北斗落死，南斗上生，遷名玉曆青簿之中，上壽百二十歲，永爲大道萬歲種民，出入隆利，卜夢貞吉，公私和泰，年祿永延，所請天官君將吏兵有功勤者，隨臣三會都章，言功舉遷，不負信誓，恩惟太上省理云云操，臣謹爲某官某居家不利，分别災厄，請天官吏兵，拜上《解災度厄大章》一通，上詣某曹，伏須告報，臣誠惶誠恐，稽首頓首，再拜以聞。

元皇上品六合生算章

綜述

杜光庭《太上宣慈助化章》卷四《元皇上品六合生算章》

具法位。

某，誠惶誠恐，稽首頓首，再拜上言謹條，弟子某口辭具列，比來爲家轗軻，宅舍凶虛，夢想紛紜，諸無良利，即日叩頭陳諸，乞弟子某生筭度厄，增年益壽，解除妨害，推定生年生月，解災度厄，防保身命章辭但某自惟芻狗賤質，叨蒙至貴之身，朝菌之年，謬遇正眞之道，祖宗傾仰，崇敬玄門，胤裔相承，歸命太上大道，隸屬諸君丈人，荷霑慈衛，義祐，鬼炁相侵，比載已來，且多迍轗，所睹觸犯非宜，無途可告，至於遇重高天，奉賴薰修，恩深厚地，恐弟子某生逢五濁，運屬三災，識染六情，業逢九厄，心神迷悶，智慧昏昏，至於奉法，多違正教，致使眞靈不患，災興訟謫，宅舍不寧，人口瘻疒，然弟子某，入此歲初，肇臨春夏，群烏亂鳴，惡音不絶，夢想無善，衰難災生，志向悉乖本意，或是弟子夫妻妨害，或是年命衝破，生月子午相衝，生日剋身，有戾生年，計筭不定，生月又有參差，受命生時，星曆不穩，從兹一定，永劫畢身，輪尋用爲，於後永定，若非會厄災忌，即是宅舍受災，或遇七傷之年，或當五鬼之歲，或遇四殺之月，或值六害之凶，或臨八難之憂，或當七傷之忌，或臨九坎之禍，或值十絶之殃，或恐弟子某前後移徙，不得吉日，出入失於良時，所向既犯惡神，晨昏復乖，天道觸犯，無謝緣迍致凶，或夫妨妻子，刑及父母，命逢衝破，年到歲星，或入天門，或遇絶陽九厄之鄉，或

臨地戶絕陰入墓之凶，上爲天羅所纏，下爲地網所繞，魂囚魄繫，幽閉三官，陰陽閉隔，且非滅沒之忌，在此之年，窮絕之凶，正當今歲，前衰未定，後厄復興，且會凶殃，屢逢轗軻，往往相尅，頻頻涉害，弟子某即目情下不安，大小周慞，實爲驚駭，自非上託玄極，生進扶救，無以爽此深災，若不告投幽司上眞除禍，何能遣斯災厄，闔門惶怖，歸心善護之門，拜首至眞，歸命香火之下，辭表乞恩，委命投臣，仰存懇切之甚，理實可哀，至誠至重，無容抑塞，小臣愚昧，尚乃未悟玄規，淺識之稽豈窮，幽旨人法易倒，鬼事難明，謹述短聞，究除情要，又恐某魂魄橫被百鬼執迷，在於右宮黑簿之中，虛注上計名字，難可解釋，謹爲上請諸部天官君將吏兵部，具件如左：

上請赤天生筭解厄君一人，官將百二十人，上請保命解對君一人，官將百二十人，上請保護度厄君一人，官將百二十人，上請衛筭度厄君一人，官將百二十人，上請益筭度厄君一人，官將百二十人，上請延筭度厄君一人，官將百二十人，上請續筭度厄君一人，官將百二十人，上請扶筭度厄君一人，官將百二十人，上請倍筭度厄君一人，官將百二十人，上請定筭度厄君一人，官將百二十人，上請生筭度厄君一人，官將百二十人，上請保筭度厄君一人，官將百二十人，上請招筭度厄君一人，官將百二十人，上請拔筭度厄君一人，官將百二十人。

右狀請前條諸部天官君將吏兵，各一合下，主爲弟子某生筭度厄，追贖魂魄，與身中右宮黑簿度厄左契長生籙中，收斷弟子某前世已來所犯深愆重過，乞賜原赦，削除死籍，定上生名，保符大吉，急急如律令。

上請春三月天醫保命功曹君一人，官將百二十人，上請夏三月天醫保命功曹君一人，官將百二十人，上請秋三月天醫保命功曹君一人，官將百二十人，上請冬三月天醫保命功曹君一人，官將百二十人，上請春三月九十日直符治病功曹君一人，官將百二十人，上請夏三月九十日直符治病功曹君一人，官將百二十人，上請秋三月九十日直符治病功曹君一人，官將百二十人，上請冬三月九十日直符治病功曹君一人，官將百二十人。

右狀請前條諸部天官君將吏兵，各一合下，主爲弟子某增年益壽，名入玉曆之中，災衰度脫，永保元吉，急急一如太上老君律令。

上請保護君一人，官將百二十人，上請延命君一人，官將百二十人，上請招魂君一人，官將百二十人，上請拔魄君一人，官將百二十人，上請續筭君一人，官將百二十人，上請斷絕亡人復連君一人，官將百二十人，上請除災解厄六甲元辰度厄君〔一人〕，官將百二十人，上請金木水火土之厄君一人，官將百二十人，上請三災九厄君一人，官將百二十人，上請百二十刑厄君一人，官將百二十人，上請分解新死後亡君一人，官將百二十人，上請水官乳母石下犬子君一人，官將百二十人，上請好生度厄君一人，官將百二十人，上請收斷注祟君一人，官將百二十人。

右狀請前條諸部天官君將吏兵，各一合下，主爲弟子某削除死籍，定上生名，上壽百二十歲，增年益壽，永保無窮，急急一如太上老君律令。

百鬼執繫前件曹府門下，請乞太上大道省覽章辭，上達應時，追拔放縱弟子某精光形影神炁，歸付身中，悉令備具，延命生筭，度脫衰厄，使生炁布流，百靈匡衛，如願之日，奉荷大道，罔極重恩，謹狀。即日通詣三尊門下，申天官門下，過三師門下，奏太上老君玉几前。泰玄都正一平炁云云，但由弟子不閑科法，招延不利，比來住宅不安，人口疾厄，累歲迍轗，夢想凶虛，鬼炁紛紜，人神無定，頻延災衰，即日詣臣，求乞章表，和解夫妻年命，推定星律，解釋災厄，防保身命，但臣受法之日，告盟三官，要當扶助師老，以救度爲先，諸有憑祈，無容抑絕，謹按弟子某增添壽命，追解上計名字，拔贖魂魄，分解厄忌，防保身命，往以奉爲。太上諸君丈人道法，籍係玄都，仰崇三天，正法道炁，香章爲命，得在道門，誠相勸化，自居此宅，凡百蹭蹬，解途不善，伏聞靈寶師老，有修齋謝過之科，正一盟威有立功補過之格，是以歸心至極，翹仰玄門，懇注丹誠，拜上章辭，除災解難，又恐弟子某足履地網，頭戴天羅，連星筭盡，災殺加臨，深恐一旦不免災厄之次，次入圖云云恩惟太上老君，云云乞丐元炁，下流覆育弟子身命，謹請前條六十二部天官君將吏兵，次第拔贖弟子魂魄，往詣百鬼天牢地獄之內，求覓弟子某魂魄，付與身中，調和百節，安帖精神，追計解厄，定上生名，付與左契玉曆之中，永保元吉，弟子災厄併會，所奏章辭，恐不蒙上達，今奉帛素一疋，命米一斗二升，命絲百二十尺，銀鐶一雙，立信道門，以表丹誠之信，若樹木枯朽，蓊養枝葉，倉穀乏少，益其斛斗，年命短促，延其丈尺，得在上古種民之次，又請元精父母十萬人，一合下，賫持臣章，逕詣太極玉皇几前，又請東王父西王

母各一人，官將百二十人，一合下，主爲弟子拔贖魂魄，增年益壽，禳災却禍，收斷家親丈人，前亡後死注祟復連之炁，悉使斷絕，拜章之後，住宅清宜，人口慶泰，百病不侵，災衰度脫，如願之日，被受重恩。

三天請命章

綜　述

杜光庭《太上宣慈助化章》卷五《三天請命章》 具法位。

某，誠惶誠恐，稽首頓首，再拜上言，謹條，男人某家口辭列，比來爲家轗軻，宅舍凶虛，夢想醜惡，鬼炁紛紜，所向乖違，諸無稱泰，錢財耗散，生業不興，田蠶少收，興求無利，肉人某以某月日已來，忽染疾患，四支羸劣，飲食不甘，顏色青黃，魂神離散，凶神降禍，惡鬼興災，名入三官死解上計簿中，五刑六害之内，上爲天羅所纏，下爲地網所繞，深恐一旦不自免脫災厄禍難之次，卜決形候，並非吉兆，又恐入今歲來身中，年命有災厄，衆難筭壽窮盡，災殺加臨，即日馳來，請臣到宅，求乞拜奏延命生筭，扶衰度厄，增年益壽，追魂拔魄，三天請命，分解災忌章辭，乞保身命，解災度厄，辟斥下官故炁，中外妖殃，精邪魍魎，注按後庭鬼賊，謹爲上請天官君將吏兵部，具件別如左。

上請天曹，勑太山府君門下君一人，官將百二十人，上請天曹勑太山三官筭盡門下君一人，官將百二十人，上請天曹勑太山五官府門下君一人，官將百二十人，上請天曹勑太山主者門下君一人，官將百二十人，上請天曹勑太山功曹門下君一人，官將百二十人，上請天曹勑太山五道大神門下君一人，官將百二十人，上請天曹勑太山五獄大夫門下君一人，官將百二十人，上請天曹勑太山主筭門下君一人，官將百二十人，上請天曹勑太山呼召門下君一人，官將百二十人，上請天曹勑太山送解門下君一人，官將百二十人，上請天曹勑太山延命門下君一人，官將百二十人，上請天曹勑太山三丘五墓門下君一人，官將百二十人，上請天曹勑主筭門下君一人，官將百二十人，上請天曹勑度厄門下君一人，官將百二十人，上請天曹勑斷絕復連門下君一人，官將百二十人，上請天曹勑長生門下君一人，官將百二十人，上請天曹勑北時司命門下君一人，官將百二十人，上請天曹勑司空門下君一人，官將百二十人，上請天曹勑主者典籍門下君一人，官將百二十人，上請天曹勑主簿孝春門下君一人，官將百二十人，上請天曹勑錄籍門下君一人，官將百二十人，上請天曹勑七獄掾吏門下君一人，官將百二十人，上請天曹勑卿考定生門下君一人，官將百二十人，上請天曹勑五社門下君一人，官將百二十人，上請天曹勑七竃門下君一人，官將百二十人，上請天曹勑五盟七誓門下君一人，官將百二十人，上請天曹勑十二月建門下君一人，官將百二十人，上請天曹勑太歲將軍門下君一人，官將百二十人，上請天曹勑社稷符廟門下君一人，官將百二十人，上請天曹勑三官拔命門下君一人，官將百二十人，上請天曹勑三官護命門下君一人，官將百二十人，上請天曹勑拔三魂七魄門下君一人，官將百二十人，上請天曹勑延生度死門下君一人，官將百二十人，上請天曹勑解災謝罪門下君一人，官將百二十人，上請天曹勑迴名易形門下君一人，官將百二十人，右狀請前條都合三十六部天官君將吏兵，各百二十人，兵士十萬人，一合下，次爲考問，太山三十六部，崑崙十二時司命，符廟府獄之中拔贖，求覓肉人某三魂七魄，九命七籍，形影精光神炁，付與某身中，悉令備具，削除三官上計死籍，定上生名之簿，上壽百二十歲，中壽百歲，下壽八十歲，延命生筭，扶衰度厄，追魂拔魄，倍倉益祿，解災度厄，生炁布流，如願之日，仰荷大道，罔極重恩，謹狀。

又　維某年歲月日朔，某州某縣某鄉某里，弟子某年若干歲，戶口若干人，今居某處住止，即日稽首乞恩，詣臣求乞，拜上三天請命扶衰度厄生筭益壽章辭，但由肉人某闔門頑愚，得廁道門，忝生人代，處在凡夫，招延考炁，自入今歲初春已來，經喪凶危，夢想無善，恐厄難災衰，併來相會，年窮筭盡，諸患加臨，三魂七魄，閉繫在天牢地獄之中，天地水三官死解上計簿中，五刑六害之內，闔家憂惶，安貞莫保，唯以一心上憑大道，委命至眞告訴，向臣求乞章奏，延命度厄，增年益壽，乞丐眞炁，覆育肉人，身命君將吏兵，飛騰驛馬，迴度天地水三官門下，主爲男人某分解上計，求覓三魂七魄，付與身中，過度災厄之門，永爲上古種民之次，

如願之日，仰荷大道覆育重恩，謹狀。

又　太上無極大道太上師尊上官典者，垂慈省理，乞丐元炁，覆育人口身命平安無他，或以春三月九十日之中上計，或以夏三月九十日之中上計，或以秋三月九十日之中上計，或以冬三月九十日之中上計，或一年三百五十四日之中上計，或以三十日一節之中上計者，謹請大破除君一人，官將百二十人，解除肉人某，或以寅星寅宿寅歲寅月寅日寅時之中上計，或以卯星卯宿卯歲卯月卯日卯時之中上計，或以辰星辰宿辰歲辰月辰日辰時之中上計，或以巳星巳宿巳歲巳月巳日巳時之中上計，或以午星午宿午歲午月午日午時之中上計，或以未星未宿未歲未月未日未時之中上計，或以申星申宿申歲申月申日申時之中上計，或以酉星酉宿酉歲酉月酉日酉時之中上計，或以戌星戌宿戌歲戌月戌日戌時之中上計，或以亥星亥宿亥歲亥月亥日亥時之中上計，或以子星子宿子歲子月子日子時之中上計，或以丑星丑宿丑歲丑月丑日丑時之中上計，上請天官君將吏兵北斗門下君，主爲肉人某身削除死籍，定上生名，某上壽百二十歲，中壽百歲，下壽八十歲，自此之外，皆爲凶横所夭，乞爲肉人某身中分解三災四殺，五刑六害，七傷八難九厄，三鬼五神，百二十刑厄，悉蒙超度，謹請拔命君一人，官將百二十人，度厄君一人，官將百二十人，謹請日月星宿，九宮華蓋北極君，乞爲肉人某身中分解年災月厄，得蒙度脱，謹請生筭君十二人，謹請解厄君十二人，官將各百二十人，一合下，主爲肉人某身解除三災九厄，千病萬痛，豁然除差，平復如本，謹請直使功曹千二百人一合下，口含神湯聖藥，醫治肉人某身中五藏安帖，六腑宣通，謹請治病功曹，又請陽神決吏各千二百人，謹請狼吏虎賁百二十人，主爲肉人某身中療治三百六十骨節之内，百病除愈，謹請參對馳驛吏千二百人，謹請都官僕射天騶甲卒天丁力士各千二百人，主爲醫治肉人某四支五體之内百病，悉蒙除差，謹請甲子乙丑丙寅丁卯戊辰己巳庚午辛未壬申癸酉此一旬中直符神，上詣天西門九宮之内，追拔某魂魄付與身中，悉令備具。謹請甲戌乙亥丙子丁丑戊寅己卯庚辰辛巳壬午癸未此一旬中直符神上詣天西南門九宮之内，拔出肉人某三魂七魄付與身中，悉令備具。謹請甲申乙酉丙戌丁亥戊子己丑庚寅辛卯壬辰癸巳此一旬中直符神上詣天東南門九宮之内，拔出肉人某魂魄付與身中，悉令備具。謹請甲辰乙巳丙午丁未戊申己酉庚戌辛亥壬子癸丑此一旬中直符神，上詣天東北門九宮之内，拔出肉人某魂魄付與身中，悉令備具。謹請甲寅乙卯丙辰丁巳戊午己未庚申辛酉壬戌癸亥此一旬中直符神上詣天西北門九宮之内，拔出肉人某魂魄付與身中，悉令備具。謹請甲午乙未丙申丁酉戊戌己亥庚子辛丑壬寅癸卯此一旬中直符神上詣天東門九宮之内，拔出肉人某魂魄付與身中，悉令備具。謹請南昌宫中延命度厄君一人，官將百二十人一合下，主爲肉人某防保身命，安魂定魄，削除死籍，定上生名，倍倉益穀，延命生筭，扶衰度厄，生炁布流，拜章之後，住宅清宜，人口康健，災衰度脱，永無夭災，罪負消除，百靈匡衛，所請天官君將吏兵隨臣三會都章，言功舉遷，以爲效信，恩惟太上無極大道太上師尊上官典者，垂慈省理，謹爲弟子某拜諸天官君將吏兵，求乞扶衰度厄，增年益壽，三天請命，追魂拔魄，付與身中，悉令備具，太醫治病，防保身命，平安無他，臣謹爲拜上《乞恩章》一通，上詣某天曹，伏須告報，臣誠惶誠恐，稽首頓首，再拜以聞。

延生解厄章 七曜齋用

綜　述

佚名《太上濟度章赦》卷上《延生解厄章七曜齋用》　具位。臣某誠惶誠恐，稽首頓首，再拜上言：臣濫叨眞秩，誓暢玄風，凡激切以皈投，盍殷懃而敷奏。臣謹據齋意，臣仰惟圜穹廣覆，列緯經行，司下土之禨祥，察人生之禍福，况命分枝榦，運列祿刑，六甲三元，周行歲月，三災九厄，巡察日時，自非諸命以扶衰，曷俾消災而益算。謹爲拜章一通，上聞三天，伏望帝恩昭曠，宸澤敷羅，特降勑命，宣告日月星宿，璇璣玉衡，三天玄曹，十二分野，六十甲子，主宰官君，特爲齋主某人除本生身命之災，解流年臨犯之厄。二運三限，俱進吉星，八卦九宮，無逢惡曜，庶蠲災患，迓續禎祥。臣謹爲上請南上君、壽命君、丹秩君、絳宮君、消災君、解穢君各一人，官將各一百二十人，主消滅惡星，度厄益壽。太和眞

一好生君、運氣君、定貴君各五人，官將各一百二十人，主和順流年，禳解惡曜。解刑度厄君、延壽益算君、請命好生君、收刑却煞君、斷刑絶煞君、執刑收煞君各五人，官將各一百二十人，主益算延年，拘制刑煞。萬福君、南極君、司命君、太白明星君、定名玉曆君、財庫祿庫君各五人，官將各一百二十人，主增注生名，削落死籍。拘魂制魄君，周玉君各一人，玉曆素女千二百人，主拘魂守魄，錄神衛氣。天曹解災去禍君、五方生炁君、益命延壽君、六甲將軍從官吏兵，主度厄消災，除邪保命。庶使齋主某人運限協和，身命安泰，動静出入，有祿馬之加臨，分野躔離，無災刑之衝戰。木星爲災，金星制之。土星爲災，木星制之。金星爲災，火星制之。水星爲災，土星制之。俾得調理五行，和合四象，命基鞏固，壽址堅牢，度厄扶衰，解災保算，益廣好生之澤，上裨育物之仁。蒙如所陳，允昭玄貺，恩惟大道，分別求哀。臣愚謹因二官直使、正一功曹、左右官使者、陰陽神決吏、科車赤符吏、剛風騎置吏、驛馬上章吏、飛龍騎吏進章，鳳凰騎上章，雲龍騎言章，風發騎御章，神龍騎奏章，飛龍飛虎騎各二人出操。臣爲齋主某人拜上某章，上詣三天曹，伏願天恩告報，臣誠惶誠恐，稽首頓首，再拜以聞。

謝土安宅章安宅齋用

綜述

佚名《太上濟度章赦》卷上《謝土安宅章安宅齋用**》** 臣矢心領敎，勵志度人，自揆疏庸，夙叨涵育，敢瀝粟絲之悃，仰酬山岳之恩。臣謹據齋意，臣切惟齋主某人繼述，謀家辛勤，問舍經營，版築莫奠，室廬塡塞，掘移，慮傷禁忌。況星躔之臨照與神煞之循環，練日練時，或因冒觸，定方定位，恐致災衰，期寧靜於土司，盍皈依於帝闕，仰希福慶，預殄屯危。謹爲拜章一通，上聞三天，伏望皇極流祥，蒼旻委監，特降玉清道炁，靈寶妙光，灌注齋主某人所造屋宅之中，內外輝華，邇遐洞煥，導迎萬福，辟斥千妖，鎮守眞靈，各安隅界，觸犯神煞，咸回善心，卜世卜年，永臻玄貺。臣謹爲上請謝土君、制土君、解土君、安土君、安定君、安宅君、五方保護君、解功破耗君各五人，官將各一百二十人，主解謝造宅已來，前後動土觸犯禁忌。太歲太陰大將軍，一百二十位官符毒火吊客喪門上下神煞，悉令和釋，其有方隅神祇，因掘鑿權遷避者，請告諭宜復本位。陽方君、安上君、右都候君、安石、安土君各一人，官將各一百二十人，考官吏兵，主收攝土公之鬼，毋敢侵犯鄉邑。大夫神君守宅，大神守宅，三將軍吏兵三十萬人，主驅遣五方土炁故炁，遏絶邪精，毋令侵犯。五岳將軍，六甲神將，五方安宅大將軍，護宅大將軍，保宅大將軍，鎮宅大將軍各一十一人，鎮安宅舍，驅斥邪精，九横三災，千殃萬厄，悉皆消蕩。毋損居人，庶使齋主某人自今以往，百事康安，宅舍光鮮，門庭清謐，盜賊虛耗，遠離他方，水火官災，毋撓近部，鬼邪絶滅，疾病消除，瘴疫不興，謀生稱遂，詩書有耀，富貴無涯，眷屬利安，以爲效信。

遣疫癘保病章

綜述

佚名《太上濟度章赦》卷上《遣疫癘保病章》 臣濫膺選舉，冒綴班聯，蹇淺自慚，希夷未悟，扣宸闇而屢請，覸靈府以知非，亶冀隆慈，曲垂涵貸。臣謹據齋意，臣切念齋主某人塵寰涉迹，身世謀生，五慾七情，寧無翳累，百非衆慝，易積愆尤，致寒暑燥濕之憑凌，乘身命運限之屯滯，忽沾疫炁，遂履危機，自非帝造之垂矜，曷俾餘生之有慶，謹爲拜章一通，上聞三天，伏望盛德，涵容玄恩，矜恤特降玉清道炁，靈寶妙光，灌注某人身家之中，俾正炁輝明，妖氛遠離，消災解厄，保命延生，臣謹爲上請北闕九夷君，北黑天機君，運炁解厄君，地官督炁君各五人，官將各一百二十人，北城化吏五人，天市大夫一人，五瘟部炁兵四十萬人，拒天大兵千萬人，主收制疫毒，斷除瘟炁。東方九夷君，八十一官君，斷青

瘟青毒之炁。南方八蠻君，六十四官君，斷赤瘟赤毒之炁。西方六戎君，三十六官君，斷白瘟白毒之炁。北方五狄君，二十五官君，斷黑瘟黑毒之炁。中央三秦君，一十二官君，斷黃瘟黃毒之炁。大胡老君，家中守宅三將軍，左右三部將軍，赤陽兵士運炁解厄君，五瘟都炁君，吏兵各三十萬人，與里社井邑君，主同心收除斬制疫鬼。中宮遊邏大將軍，科車武騎大將軍，鋒火虎賁大將軍，監天敢健大將軍，邀遮大將軍，鋒火大將軍，驍騎大將軍，斬斷虎賁大將軍，羅網龍虎大將軍，討捕飛行大將軍，吞天絶地大將軍各一人，吏兵七十萬人，主收斷五瘟積類，無侵鄰里。搖天動地兵十萬人，討天君，胡越騎君，陰陽神決吏，收炁食炁吏，收神食神吏，收鬼食鬼吏，收毒食毒吏各一人，執赤越大胡君千二百人，三五元命功曹使者，魁罡擊刺將軍各一十五人，金剛八煞兵士各九十六人，主收捕瘟鬼，掃蕩疫炁，免相侵染，貽禍鄉閭。即俾某毒炁消除，病源康復，天醫扶體，靈藥資身，家門尊卑，均臻景貺。

收邪斷怪解厄保命章

綜　述

佚名《太上濟度章赦》卷上《收邪斷怪解厄保命章》　臣蹄涔卑賤，茅徑昏愚，夙沐洪恩，濫司玄教，誓度人而激切，庶贊化以承宣，凡有皈投，敢忘關告。臣謹據齋意，臣切念齋主某人運逢屯否，身際妖邪，致寢食之倉皇，覺精神之顛倒，致生疾患，藥餌罔功，恐涉冤愆，況綿莫釋，歷時既久，怪證愈深，自非請命於虛玄，曷克流恩於圓輻。謹爲拜章一通，上聞三天，伏望廣運慈悲，曲加拯援，特降玉清道炁，靈寶妙光，灌注齋主某人身家之中，俾內外洞明，門庭輝煥，靈光所燭，邪祟遠離，疾病安痊，壽齡延永。臣謹爲上請斷邪天靈官功曹，攝神衛身吏，斷邪使者，護身將軍，檢邪直符，斬邪刺姦吏，攝神使者，主驅逐精魅，收捕兇邪。好生保命大將軍，續命大將軍，驅邪大將軍，斬邪大將軍，度厄大將軍各一人，官將各一百二十人，主解除災厄，却去精邪。安平守石君一人，官將一百二十人，無上監炁君一人，兵士七十萬人，天罡大兵五丁君一百萬人，無上天生君五人，兵士一百二十人，蓋天大將軍，兵士七十萬人，高麗大鼓五湖將軍，反甲逆鱗兵四十萬人，收鬼食鬼吏，收炁食炁吏，收神食神吏，主收捕諸惡君擾害生民。無上中宮五曹校尉兵五十萬人，清玄公君一人，官將一百二十人，主捕制鬼賊，陸梁犯人。歲甲君、太甲君、朱陰君各一人，官將各一百二十人，五天侯將軍兵士十萬人，主擒戮精魅，剿蕩無留。陽明君一人，官將一百二十人，與所在眞官諸部吏兵，社稷土地山林孟長，同心協力，和合家中守宅諸神，併力追捉，無令隱漏，攝赴天獄，依律蕩除。又爲上請左右陰陽太醫吏，救治病源，太和眞一好生君，解禳惡曜，庶使齋主某人形體安和，邪精殄滅，疾病痊愈，藥食調平，眷序康寧，門庭清肅，起居隨意，謀爲稱心，永保利貞，以爲效信。

保病解厄章 資福齋用

綜　述

佚名《太上濟度章赦》卷上《保病解厄章資福齋用》　臣學業愚蒙，性資荒陋，幸緣宿慶，僣陟眞階，誓殫濟度之勤，庸報生成之德。臣謹據齋意，臣切惟齋主某人命運災衰，形神凋瘁，三業十惡，夙累行藏，六曜五星，偶淩次舍，忽染疾疢，寢食靡寧，藥餌罔動，日時浸久，夙宵驚戰，控告無門，非賴帡幪，曷臻平復？謹爲拜章一通，上聞三天，伏望降慈，誕施惠澤，特降玉清道炁，靈寶妙光，灌注齋主某人身家之中，俾災炁消除，靈光照耀，目今病患，早遂平安。臣謹爲上請陽秩君一人，司命吏一百二十人，各主重病未痊速令康愈。須臾君、赤天食炁君各一人，官將各一百二十人，主久病困衰即得痊療。收神上明君一人，官將各一百二十人，主明暢精神，斷除惡夢。赤星君、三天慰愈君各一人，官將各一

百二十人，主制絕家親，乘時搆釁。解考君，度命君，益算君，誅殃君，遊邏大將軍，地燒大將軍各一人，官將各一百二十人，主收錄邪精，辟除故炁。火龍君，山周君，東明大夫君各五人，官將各一百二十人，主制醫藥黄衣。節命玉女、月玄玉女各千二百人，主持神方太仙明堂。玉女千二百人，主按方治病。中宫大醫吏十二人，主擇方合藥。天醫、官醫、太醫五官治病醫吏，各一十二人，主入臟腑經絡關節，行神存炁。天曹、上平太醫吏一十二人，治病功曹一十五人，主上詣鳳凰太清宫中，取五色神藥。和合官君，治療病患木官，持藥金官，持鍼水官，主湯火官，主灸土官，和德各奏奇勳。東青生炁君，南赤生炁君，西白生炁君，北黑生炁君、中黄生炁君，各領吏兵除邪收病。南昌朱陽君，黄老君，天魂君，地魄君各一人，起生。玉女，玉曆素女各千二百人，主扶却災危，度脱年命。即俾齋主某人炁體康健，災衰消散，精邪遠避，殃訟和平，病患蠲除，命身牢固，服藥有效，動止無魔，命運亨嘉，以爲效信。

傳法授道祈恩謝過章傳度用

綜　述

佚名《太上濟度章赦》卷上《傳法授道祈恩謝過章傳度用》　臣誤奉宸恩，濫承師派，期提後進，庸紹前脩，借陳悃愊之私，仰謝涵濡之澤。臣謹據齋意，臣切惟女青玉律，選舉至難，太極金科，保任尤重，儻傳授有乖於踐履，則師資俱冒於憲章。今弟子某人潔己求眞，願參上法，靜言障累，越有數端，或神炁難保於脩齡，或骨相不符於道品，或九玄七祖冢訟未消，四負三生，兇仇猶結，或宿劫今世讉考尚縈，或故作誤爲，愆尤莫釋。匪賴甄陶之賜，曷諧願望之隆？謹爲拜章一通，上聞三天，伏望曲施玄鑒，俯矜丹悃，特降玉清道炁，靈寶妙光，灌注弟子某人五宫六府之中，俾正炁輝華，道心開發，靈光羅絡，妄累消鎔。仍乞敕命，宣告三界十方，應干玄局，特爲蠲消考訟，解釋愆尤，紀字玄編，定名青簡。臣謹爲上請無上九天帝君，三十二天帝君，五老帝君、日宫月府，五星四曜，南辰北極，列宿星君，三省五師，三官九府天曹主執，四洞眞靈，福地洞天，五岳四瀆，地水職司，三界神祇，俱赴玄壇，證明傳度。又爲上請靈寶六部，仙官三界，所向玄曹，赫奕仙曹，玄壇侍經，護道降眞，召靈合屬仙吏，九天司命府，青玄黄籙院，玉清神霄玉府，上清童初府，玄靈璇璣府，北魁玄範府，靈寶如意萬司，九天溥度院，隨所傳俱開寫。將軍神吏，玉童玉女，合該傳授。將吏官君，疾速分景化形，隨逐香火伺候，交撥輔佐宣行。庶弟子某人，證誓萬靈，告盟衆聖，勤修精進，學道參眞，存念行持，濟生度往，身膺仙職，心契玄宗，智慧洞明，慈悲利益，魔試寑絕，靈貺日臻，譽望興隆，邇遐皈向，功圓道備，舉形仙飛，永暢眞風，益光宗緒，誓終浩劫，歸戴玄元。蒙如所陳，允昭聖造。

謝罪祈雨章雷霆齋合用

綜　述

佚名《太上濟度章赦》卷上《謝罪祈雨章雷霆齋合用》　臣愚蒙無取，疏謬何庸，夙依覆育之恩，勉飭精修之志，承符領敎，宣德濟人，凡有皈投，理宜關告。臣謹據齋意，臣切惟春耕秋斂，稼穡之常，久旱亢陽，炁運之變，儻時雨未敷於播種，則嘉禾曷望於豐登？況溝澮之如焚，極閭閻之愁嘆，何以卒歲？坐見饑荒，諒萬兆之積過浩繁，而司土之神明讉責匪繇，帝力莫顧民哀。謹爲拜章一通，上聞三天，伏望道德曲成，慈悲善應，特降敕命，告下十方三界一切眞司，原赦下民隱顯之愆，垂軫歲事阻飢之苦。亟沛甘澤，爲長禾苗，更乞告宣主宰雷霆之司，掌執風雨之吏，湫潤澤洞，威聖龍神，城隍山川，祀典社貌，應千攸屬，各體慈仁。嘯命風伯雨師，指麾雷公電母，普注膏雨，甦解焦枯。臣謹爲上請天翁正氣君，河上眞人，九海九江九河北玄君各一人，官將一百二十人，主水炁泉源，興雲致雨。海中玉女千二百人，河伯呂公子三十六人，主興起水

脉，立降風雨。四洲九谷君，靈臺漢明君，九州玄冥君，九江北玄君，九侯君各一人，官將各一百二十人，湖中玉女千二百人，主召攝河伯使者，青水帝君，九江水帝，十二溪女，水部鬼神，河平掾吏，合符行雨。應時下降於疆邑之内，驅雷役電，興風布雲，先霢霂於江河，次霶霈於郊野，即俾甘霖，應候好雨知時，槁禾回青，平疇變綠，苗秀而實，歲稔且穰。騰樂事於坰原，播歡聲於畝壟，願拜成終之造，允垂資始之恩，更冀百穀用成，九垓咸遂，遺蝗遁影，妖魃潛蹤。飽食暖衣，極三農而快樂；仰事俯育，歷百歲以光華。蒙如所陳，允昭宸貺。

祈嗣章 祈嗣用

綜述

佚名《太上濟度章赦》卷上《祈嗣章祈嗣用**》** 臣草芥微生，塵泥賤品，濫承正化，得奉眞宗，無半功之可書，有千愆之堪錄，曲蒙覆育，亶籍汪涵，敢九拜以歸誠，偕一言而瀆聽。臣謹據齋意，臣切惟父子有親，人倫之本，夫婦有別，天屬之常，儻身命有犯於孤辰與運限，或罹於寡宿，或相囚戰，或犯刑衝，致嗣續之未諧，使宗祊之莫托，逡巡暮景，翕忽衰齡，自非請命於玄穹，曷克承恩於黃混？謹爲拜章一通，上聞三天，伏望大德好生，至仁無外，特降敕旨，告下玄曹，應身命中，夙生今世，所有戰衝，盡與解釋。仍乞賜降玉清道炁，靈寶妙光，灌注某人妻某氏身心之中，即令起處安和，胞胎凝結，疾病不作，榮衛勝常，十月周圓，誕生男嗣，願心圓滿，福慶駢臻。臣謹爲上請司命君，司錄君，南斗降生度化君，東斗度星通炁君，西斗度魂結胎君，北斗通魂通血實骨君，中斗度魂成人音聲君，主成就胞胎，結聚魂魄。注生夫人，注生天女，通脉運骨天女，回星度胎天女各五人，從官各一十二人，主和合陰陽，結胎成形。度胎夫人五人，上詣五方五斗闕下，請以五方眞炁覆育己身，榮衛調和，凝結胎孕。五行君、素白玄明君、文曆君各一人，官將各一百二十人，主降炁結胎，除邪護正，解除夫妻刑害，成就陽男中神。太和眞君、陰陽生炁君、三元丹田赤白君各五人，官將各一百二十人，主血炁流通，黃白相裹，多引陽炁，牢結男胎。陽神決吏，男神玉女各二人，甲子神人君吏，主扶助眞胎凝結陽炁，若已孕女，回轉爲男。即俾某人妻某氏懷胎含孕，起居不傷，全陽成男，飲食無忌，月數滿足，必產陽男。日吉時良，速得分娩，母子周圓，以爲效信。

文昌祈祿章 祈祿用

綜述

佚名《太上濟度章赦》卷上《文昌祈祿章祈祿用**》** 臣睢盱無取，骯髒何庸，濫叨雨露之恩，愳積雷霆之譴，尙祈洪造，俯賜慈觀。臣謹據齋意，臣職惟領教理，難抑違依，按眞科次第修奉。臣切惟登崇俊良，拔擢材彥，一則關於運限，二則系於修爲，儻祖宗之積累未陳，與今昔之過愆尤厚，旣乖踐履，難就功名，自非帝造之維持，曷副民情之願望？謹爲拜章一通，上聞三天，伏望大慈曲垂惠澤，特降敕命，行下三界合屬玄曹，爲某人禳謝星躔，和平運氣，赦除障累，紀錄善功，增注勳名，光榮宗祖。臣謹爲上請夫子君一人，官將一百二十人，東井清明君決了吏，一合來下，以溫潤清和英靈善爽之炁，下布某人五藏四肢，身體骨節之間，安定神靈，衛護眞炁，驅三尸，滅九蟲，背死向生，却禍來福，心志開通，超拔林能。五經九炁君一人，官將一百二十人，主智慧圓明，與衆有異，天王玉女千二百人，衣青衣，主部領萬官賜以印綬，運爲舉動，能通神明。玉曆素女千二百人，衣赤衣，主紀姓名於玉曆，注壽算於丹書。若某人入仕之初，或願主倉庫，或願職金帛，或願典場務，或願領兵卒，或願司學校者，則陰陽有神靈主之，乞爲關告所在靈應神祇、正直土地，默賜隲相，使之爵祿隨心，德行備足。若大選之後，圖謀願望，升品進階者，則上有星辰主之，乞爲宣告紫微太微二垣，公卿將相，大理尙書，文

昌三台，南斗北斗，東壁奎宿，羽林壘壁，師門將軍，應主宰人間官職。諸星並爲垂象，宣精舒光絢彩，即俾橫飛，直上於省臺部監，徼塞邊陲，有九遷之榮華，膺十賚之富貴，公忠許國，淸白傳家，祿壽兼全，以爲效信。

延生解厄延壽章 祈壽用

綜述

佚名《太上濟度章赦》卷上《延生解厄延壽章祈壽用**》**　臣夙藉慶基，生逢昌運，佩鸞圖而領教，承鳳牒以學眞，亶賴帡幪，若爲報稱，輒瀆千鈞之聽，庸陳一得之愚，仰冀高明，俯垂監察。臣謹據齋意，臣切惟人情欲壽，大德好生，儻運限有犯於威躔，致身命或臨於屯否，易逢厄疾，曷保年齡？今某人藉祖宗積累之功，膺門戶付託之任，欲祈眉壽，或衍遐齡，庸安樂於期順，勿馳驅於障難，子孫昌熾，富貴利宜，自非玄造之慈觀，焉得黃垓之佚老？謹爲拜章一通，上聞三天，伏望廣運深仁，廓施惠澤，特降敕命，行下三界十方合屬玄曹，爲某人辟斥凶星，斷除戾炁，冤愆頓釋，身心雙隆，八節四時，纖災無惹，常居吉慶，永處福齡，百歲周圓，一身康泰。臣謹爲上請天曹，解厄去禍君，益算延壽君，五方生炁君，六甲將軍，主消災度厄，益命除邪。太和眞一好生君，萬福君，解刑度厄君，益壽延命君，請命好生君，保命生炁君，收刑却煞君，斬絶刑煞，增益壽命。萬福君，運炁君，解厄君，南上君，司命君，司錄君，太白明星君，拘魂拘魄君，財庫君，祿庫君，定名玉曆君各五人，官將各一百二十人，主落除死籍，注上生名。收殃君，斷殃君，破殃君各一人，官將各一百二十人，主解除殃厄，拔贖壽命。東斗主算君，西斗紀名君，北斗落死君，南斗上生君，中斗大魁君各一人，官將一百二十人，主度脱五行災厄，增紀壽算。六十甲子，從官吏兵，主張解年窮算盡之厄，消除命衰運敗之災。五方五帝君，從官吏兵，各乘本方眞炁，執符持節，上詣二十三天星宿，玉曆之宮，檢尋命籍，增注年齡。延命大將軍，兵士千二百人，主解消災厄，增益年命。明堂君，南昌君，朱陵君，黃老君，天魂地魄君各一人，拔命君十二人，鼎倉玉女五人，五緯玉女，起生玉女，玉曆玉女各一千二百人，主度脱年命，增壽延生。諸部官君，和合保護，解除二十四厄，增延壽算。即俾某人命運亨通，災危驅遁，福祿興萃，壽算延長，無難無災，多祥多慶，雲仍衮衮，門戶輝輝，以爲效信。

謝罪祈晴章 祈晴用

綜述

佚名《太上濟度章赦》卷上《謝罪祈晴章祈晴用**》**　臣稟資疏散，賦性庸愚，印武班聯，強顏奏對，每捫心而省過，期弘道以憲天，庶證勳勞，上裨化育。臣謹據齋意，臣切惟務農種穀，亶藉天時，秋斂春耕，惟資地利，所願五風而十雨，庶令百穀以三登。況茲郊野之田，勢處陂塘之側，纔致霪潦，澎湃莫支，乃經旬罹積雨之傷，致稻苗多乘流而槁。歲事足慮，生民荐飢，若非開霽以斷流，何以有年而多稼？全資聖造，特賜慈觀。謹爲拜章一通，上聞三天，伏望帝德好生，民情堪憫，特降敕命，關告匝境里社，一切玄司，散茲雨陰，即成晴淋，庶得三農勤動，百穀豐成，田疇無渰浸之憂，黎庶免饑饉之苦，優游卒歲，允藉天恩。臣謹爲上請天翁正炁君一人，官將一百二十人，兵士七十萬人，九海北玄君一人，官將一百二十人，河上玉女千二百人，主收雲止雨，致風興霽。水泉官屬八海九江掾吏，主決開壅脉，疏導百川，即俾四境狂霖，登時開霽，陰雲解駁，紅日陸離，田野歡心，畊耘樂意。坐看刈穫，白粲登場，實叨覆護之恩，加拜生成之賜。更祈敕旨，行下四海四瀆，溪源潭洞，應干龍神，洎玄虛主，掌今年今季風雷雨部，一切神祇，咸令知委，並與停風息浪，收雨散雲，濃陰開明，日光照野，禾稻豐稔，稼穡盈成，樂歲無憂，以爲效信。

禳火災章 禳災道場用

綜述

佚名《太上濟度章赦》卷上《禳火災章禳災道場用》 臣草茅賤質，樗櫟散材，謬處班聯，濫司濟度，敢罄小心之禱，庸祈大造之仁。臣謹據齋意，臣切惟仰事俯育，端藉室廬，接棟連甍，乃堪衣食，實生成之厚利，宜上帝之矜憐。倏於前朝忽傳星變，謂來墮於屋角，勢有似於火殃，由中驚惶，罔知攸措。私料近至信宿，遠則旬時，恐有燎原之憂，或致焚如之慘，綿連井落，延亘鄉閭。若非請命於上蒼，曷克流恩於下界？謹爲拜章一通，上聞三天，伏望廣運隆慈，廓施妙化，特降敕命，關告匝境里域，一切眞司，爲某人驅除火災，即移他境，無生殃咎，流虐黎元。臣謹爲上請九海北玄君、天翁正炁君、兵星神君、游都君、明星君、誅殃君、天昌君各一人，官將各一百二十人，河上玉女千二百人，蓋天大將軍黄衣兵吏各十萬人，無上天君兵士七十萬人，主動畢星升陰炁，驅六丁六甲，消滅火殃之鬼，驅逐火精之怪，與北方黑帝羽子之精，壬癸正炁，太陰水德，防制火災，即令斷絕。仍關風伯雨師下雨滅火，當境神祇，斥遣火怪，速令遠離，庶得流熒遷徙，里社安寧，眷序不移，屋宅如故，以昭宸貺。

謝罪遣蝗保田章 禳蝗道場用

綜述

佚名《太上濟度章赦》卷上《謝罪遣蝗保田章禳蝗道場用》 臣塵泥賤品，草莽微生，値昌運之興行，際眞詮之曉覺，學眞領敎，弘道度人，誓補過以立功，庸承流而宣化。臣謹據齋意，臣切惟春耕秋歛，覬爾有年，地癘天災，將成凶歲。既蟲蝗之誕發，實妖戾之肆興，林木盡童，田禾俱食，非箋心而哀籲，爲請命以祈禳，曷保稻粱，終無損蠹。謹爲拜章一通，上聞三天，伏望廣運慈悲，曲加鑒采，特降敕命，關告匝境，一切神司，辟斥妖蝗，斷除戾炁，乘狂風而徙他境，因暴雨而移別鄉，悉化餘蟲，無令遺種，庶得田禾秀發，成熟可期。臣謹爲上請四野君、五野君、九野君、里域山川社稷君、蘊元君、白蠶五穀君、大田五斗君、六富君各二人，官將各百二十人，地畜君、天甲君、五千王君各一十二人，官將各一百二十人，主田疇豐稔，五穀登成，辟斥螟蝗，驅除鼠雀，稻苗秀好，蟲蜮遯逃。與社稷山川城隍神君，遞相保護，即俾田禾秀實，蟲蝗去離，轉之外疆，以爲效信。

諸章官式 祈禳通用

綜述

佚名《太上濟度章赦》卷上《諸章官式祈禳通用》

保蠶

謹爲上請暴食君、供食君、千澤君各一人，官將各一百二十人，仙宮玄男玄女、神男神女、素男素女、玉男玉女、蠶室仙吏、絲綿仙吏二十四人，養育蠶桑，保護絲繭，辟斥鼠耗，萬倍稱收。

保胎

謹爲上請安胎君、護胎君、扶衰度厄君、萬福解厄君、護胎聖母、天醫玉女、護胎成生吏、保胎成生聖母各二人，主保護胎孕，無有疾傷，十月周圓，產蓐快利。天醫太產吏、治通乳母、天門中君、天醫助生君、催生童子各二人，官將各一百二十人，主調理陰陽，和安胎藏，產蓐無阻，得就陽男。九天好生君、監生大神、衛房聖母、主錄勒籍眞君、傳胎應夢

童子、三元保胎大神、六十甲子從官符吏，主保胎護命，定魄安魂，臨產之時，毋有厄難。

保男

謹爲上請陽仙護魂君，陰仙護魄君，天靈陽生君，主通於營衛，乳食平安。太皇萬福君、解患君各五人，官將各一百二十人，主錄護生氣，辟斥邪精。

逐盜

謹爲上請五陽君，斥災君，營星君各一人，天位君、暴勝君、東西太白君各五人，官將各一百二十人，搖天動地君，九炁太兵五十萬人，赤衣日男、白衣月女各千二百人，絳衣日月大兵，承天大將軍兵士各十萬人，追逐寇盜，驅斥賊徒，遠離門庭，惠安閭里。

保六畜

謹爲上請六畜王相君、天陽君、天儀君、天休君、黑水期君各一人，官將各一百二十人，主孳養六畜，榮盛不傷，斷逐疫瘟，斥除邪炁。歲星太元君一人，官將一百二十人，周天兵士十萬人，主治祠廟傷鬼擅殺六畜。

絕墓訟

謹爲上請九地君、大元君、都侯君、文童君地甲君、九玄察氣君、卿大夫各一人，官將各一百二十人，收塚訟鬼，安穩生人。五行君一人，大墓君、小墓君各五人，官將各一百二十人，主解除祖先譴責，利安塚墓風水，斥絕故炁，斷伏殃訟。太玄君、都侯君、誅殃君、太白中陳明星君各五人，官將各一百二十人，主收斷塚訟家鬼，解散和釋。

斷口舌

謹爲上請五經君一人，清靈六鐘太皇君五人，官將各一百二十人，主制斷口舌，斥絕變鬬。無上清玄君兵士十萬人，南鐘六星君五人，南鐘太眞君一人，官將一百二十人，太陰君吏十二人，主收捕口舌，禁斥謌罵。左惠右善君一人，官將一百二十人，仙花玉女千二百人，主斷除口舌，解消耗殃。五方大領神吏，主鎖惡人口舌，令不言語，從今絕滅。

除官訟

謹爲上請冠帶君、青禽君、四顧君、八門君、北一官左童君各一人，

官將各一百二十人，收刑領連吏一百二十人，八甲周趙女三千七百人，主縣官公事，悉令消絕。察惡君一人，官將一百二十人，主收斥毀謗，息弭衆言。五方五帝大夫君吏五十人，斬斧陽父君，破市大將軍，破獄大將軍，脫繫大將軍，解患大將軍，散事大將軍，鎖訟大將軍，七部大夫官將吏兵，主迴化官事，悉令消除。

飜呪詛

謹爲上請飜倒君一人，官將一百二十人，主飜解呪詛，和釋冤憎。青龍白虎大將軍，年月日時四煞，天煞地煞，三十六煞，官將各一百二十人，主收攝呪詛，和同仇讎。若東方木地，年月日時，就木神呪詛者，請金炁神解而除之。若南方火地，年月日時，就火神呪詛者，請水炁神解而除之。若西方金地，年月日時，就金神呪詛者，請火炁神解而除之。若北方水地，年月日時，就水神呪詛者，請土炁神解而除之。若中央土地，年月日時，就土神呪詛者，請木炁神解而除之。天罡五行君，赤帝兵士百萬人，建天司馬千二百人，主收捕廟貌之鬼。南昌君、東關君各一人，官將各一百二十人，主收捕林社呪詛之鬼。旺相君一人，官將一百二十人，主收捕師巫竈前呪詛之鬼。八卦君兵士十萬人，還功君、破邪君各一人，官將各一百二十人，主收捕造作形像呪詛之鬼。五方大額君各一人，兵士各一百二十人，主收捕口舌叫喚呪詛之鬼。邪神淫祠，盟誓魘倒，貪饕陷害，侵損生人，諸部官君速令消滅。若惡人謀議呪詛者，請無極天生兵馬十萬人，主收逆理陷害禱祠之鬼，攝送酆獄，歸身自受，遷拔亡爽，即得超升。

除顚邪

謹爲上請無上中宮五營校尉兵五十萬人，請玄公君一人，官將一百二十人，無上天士君五人，官將一百二十人，無上九江茂盛君兵士百萬人，主收捕陸梁精邪，狂歌叫喚，興妖之鬼。太古華蓋君二十四人，天樂君五人，述炁君、地精君、破逆君、天地水炁君、天玄開閉君各一人，考毒君五人，官將各一百二十人，地孔君青衣兵士十萬人，主叫呼狂易，失志顚邪。天宮健吏十二人，兵士一百二十人，赤車將軍十二人，吏兵士十萬人，天貴君敢健吏，天五侯將軍兵士十萬人，太甲君，朱陰君，門都君，右玄都君，陽明君各一人，官將各一百二十人，主收捕精邪，誅滅鬼賊，

與所在眞官，社稷山林孟長家中守宅衆神，一合誅戮，種類無遺。

防劫盜

謹爲上請萬維君、東西面太白天戮君各一人，官將各一百二十人，九天乾元君，搖天動地君九炁兵五十萬衆，天大兵十萬人，主盜賊劫掠，收捕無餘。五方大額君各十萬人，主圖謀抄掠，神歸陰。東九夷君、南八蠻君、西六戎君、北五狄君、中三秦君各十二人，主守護井間，辟斥劫盜。

利宅舍却虛耗

謹爲上請安炁君、太玄君、赤白沙君、元炁君、天玄君各一人，官將各一百二十人，主收攝橫禍，利安宅庭，斥散凶殃，擒束蟲怪。天昌君黄衣兵士，太白君各十萬人，天罡官將一百二十人，主收捕殃煞，解逐災害。青龍君一人，官將一百二十人，五福天官，地祇十二官將，與守宅三將軍三十萬，主驅遣虛耗，利宜畜養。天德廣大吏五人，主驅除群凶，收絕邪鬼。

保遠行

謹爲上請萬里君、北馬君各一人，官將各一百二十人，明堂玉女千二百人，主遠行利涉，謀望稱懷，盜賊不逢，災殃遠離。

保移徙

謹爲上請郡邑大神君、仙官將息君、去穢君各一人，官將各一百二十人，主宅舍移徙，不傷禁忌，人口安泰，財畜和平。

解冤愆

謹爲上請解罪君、解過君、解刑君、解謫君各一人，官將各一百二十人，主解釋冤愆，調除考謫。

祈雪

謹爲上請靈臺漢明君、九洲玄明君各一人，官將各一百二十人，主攝河伯。呂公子三十六人，與水帝十二溪女，水部神祇，興雲下雪。九江北玄君、四洲九谷君、四洲九海君、浮雲使者各一人，官將各一百二十人，一合來下，關風伯雨師，社令正神，起風積雪。

破酆都開業道章 關度黄籙用

綜述

佚名《太上濟度章赦》卷中《破酆都開業道章關度黄籙用》 具位。臣某誠惶誠恐，稽首頓首，再拜上言，臣樗櫟散材，蓬茅賤質，幸緣宿慶，濫綴眞班，功無絲粟之圓，過有淵陵之積，曲蒙涵貸，未賜誅夷，誓勉操修，庸期報稱，既承投懇，敢不關聞。臣謹據入意，臣切惟三官九署，北都羅酆，六洞十宮，冥關幽夜，水火考對，生死拘維，茹苦終天，千齡展轉，雖衆生之妄業自受，而上玄之仁澤堪矜，非賴赦原，曷臻超邁？謹爲拜章一通，上聞三天，伏望慈悲，曲垂矜憫，特降玉清道炁，靈寶妙光，煥朗十方，開明九壘，即俾亡故，某人暨九玄七祖，億劫種親，六道四生，諸類幽爽，灌沐妙炁，頓悟良心，宿劫冤愆，應時解散。臣謹爲上請十方飛天使者，十方救苦玉童玉女，上詣三天金闕玉陛下，請降元始符命，救苦眞符，告下十方三界無極神鄉天地水官，陰陽罪錄。三官九府，百二十曹，北都羅酆，內外宮洞，阿鼻無間，大小鐵圍，十二河源，泉曲之府，九幽五嶽，罪考主司，五苦三塗，諸大地獄，五道都府，執法冥曹，乘此符光，輝明照耀，鐵城摧毀，苦考蠲停，枷索脫除，繫囚消廢，爐炭銅柱，化作鶩林，鑊湯冰池，悉成蓮沼，灰河炮炭，俱變清涼，劍戟刀山，盡爲寶樹，焰炎炎烈火之獄，爍重重金剛之山，執對停平，冤仇和釋，惡根落滅，罪籍捐除，赦宥亡過。某人溥及幽冥，無鞅滯爽囚徒苦趣，悉遂逍遙，滯魄沉魂，各獲解脫，更希睿旨，勑下青宮，開紫陽玉匱之函，出應化慈尊之號，十方流演，萬品皈依，廣開法門，飛度累戶，庶使善緣霧霈，靈貺羅敷，均沐生成，以爲效信，恩惟太上，分別求哀。臣愚謹因二官直使，正一功曹，左右官使者，陰陽神訣吏，科車赤符吏，剛風騎置吏，驛馬上章吏，飛龍騎吏，進章鳳凰騎，上章雲龍騎，言章風發騎，御章神龍騎，奏章飛龍飛虎騎各二人出操。臣爲齋主某拜上《破酆都

開業道章》文，上詣三天曹，伏願天恩告報。臣誠惶誠恐，稽首頓首，再拜以聞。

素車白馬章

綜述

佚名《太上濟度章赦》卷中《素車白馬章》 臣賦性迂疏，稟姿愚拙，職忝司於濟度，誠敢怠於關聞，亶冀高明，曲原狂斐。臣謹據入意臣職惟領教，理難抑違，謹涓今月某日爲始，就某處肅建玄壇，依按眞科次第修奉。臣切惟九幽六洞三官北酆，冥路幽關，職司考對，匪藉蒼穹之宣告，曷令部衛於形魂。謹爲拜章一通，上聞三天，伏望慈悲，曲垂矜憫，特降玉清道炁，靈寶妙光，照耀陰鄉，焕明夜府，即俾亡故某人，洎九玄七祖，億劫種親，六道四生，諸類幽爽，免淪苦趣，各脱拘維，來詣玄壇，證品升度。臣謹爲上請素車白馬大將軍一十二人，官將一百二十人，九龍符命使者一十二人，官將一百二十人，太玄玉女一十二人，官將一百二十人，太玄直符一十二人，官將一百二十人，上詣三天金闕玉陛下，請降太上赦赦生天寶籙，告下十方三界無極神鄉，北都羅酆，泉曲之府，三官九署百二十曹，水火陰陽，內外宮洞，三十六獄，無間阿鼻，大小鐵圍，炎池冰沼，四瀆五岳，十二河源，五帝考官，六宮掾吏，巨天力士，執罰神兵，司殺司功，司録司命，主考主罪，主獄主非，四明賓公，天門庭長，十宮六洞，五帝大魔，溟泠大神，五道都府，幽臺冥掾，長夜鬼官，無量陰曹，咸令知委遵承。今來建壇之所頒行符命，侍衛送迎，疾令上件亡魂，衆苦蕩除，出離地獄，永辭幽夜，睹見光明，黑簿燒焚，業根披散，參朝玄座，受煉更生，以爲效信。

開通道路章

綜述

佚名《太上濟度章赦》卷中《開通道路章》 臣惟蠢濁，性稟顓蒙，冒領玄階，亶繇洪造，敢竭再三之瀆，庸抒萬一之忱。臣謹據意忱，臣職惟領教，理難抑違，謹涓今月某日爲始，就某處肅建玄壇，依按眞科次第修奉。臣切慮魂魄，爽識來往，經由道路關津，或生拘障，非賴上玄之誥命，曷令阡陌之開通？謹爲拜章一通，上聞三天，伏望慈悲，曲垂矜憫，特降玉清道氣，靈寶妙光，開闢幽途，光明無極，即俾亡故某人洎九玄七祖，億劫種親，六道四生，諸類幽爽，俓離所部來覲齋壇，釋罪通幽，朝眞受煉。臣謹爲上請太玄直符、太乙使者、五帝直符、十天傳言騎吏、玄都金龍茭龍驛吏、玉龍飛龍驛吏各一十二人，官將各一百二十人，上詣三天金闕玉陛下，請降東華青宮九龍符命，紫陽寶節，五方生炁，十天寶符，洞朗幽陰，開明長夜，告下天牢地獄，水府陰曹，冥局土司，泉曲六道，北酆九壘，三官九幽，五嶽十宮，九州社令，洞天福地，考校曹僚，蒿里丈人，丘丞墓伯，河侯河掾，土下官君，歲德尊神，山林孟長，泉源溪澗，冥路幽關，血食神司，城隍里域，社廟土地，一切主曹，咸稟天符，遵依告戒，除冤拔罪，啓路開扃，釋放上件亡魂，整肅形儀，經歷次第，來詣壇席，聽法參眞，傳授戒符，領沾功德，幽夜不經於險阻，冥關克遂於逍遙，召攝無拘，以符效信。

攝召亡魂章

綜述

佚名《太上濟度章赦》卷中《攝召亡魂章》 臣倥侗無識，愚鈍自將，冒闡明科，奉揚妙化，爰瀆聖威之峻，荐陳愚悃之微，亶藉慈悲，俯垂采覽。臣謹據入意，臣職惟領教，理難抑違，謹涓某月某日爲始，就某處肅建玄壇，依按眞科，次第修奉。臣切慮冥途寥廓，幽路凄迷，匪憑召攝之威，曷顯神虎之政？謹遵太乙神虎祕法，宣告太乙玄冥玉札神虎符命，鐵迹臺光，寶章建立，神虎攝召，壇刻時定，令追攝亡故某人洎九玄七祖，億劫種親，六道四生，諸類幽爽，顯接陽眷，昭現神機。謹爲拜上章文，上聞三天，伏望慈悲，曲垂矜憫，特降玉清道炁，靈寶妙光，洞朗幽關，無有窒礙，玉札符命，照耀輝華，冥吏幽曹，丕承敬聽。臣謹爲上請北魁玄範，神虎內眞，雄左大力，統制百節，三魂符吏，衆機玉曹，玄伯雌右武鸞，提魂攝魄倒生玄司，飛符玉札主吏，上部追魂使者，中部追魂使者，下部追魂使者，追家先七祖三魂，上元玉女，追傷亡癩癲痼蠱痢瘴瘧亡魂，中元玉女，追無主癆瘵風癱亡魂，下元玉女，追瘟疫雷嗔亡魂，玉符玉女，追驚吊刀刑自縊落水投火胎產厭穢亡魂，龜眞素握玉女，追毒藥厭魅呪詛刀兵劫掠王法禽獸所害亡魂，九靈幽臺玉女，追見禁罪魂。正一延生六甲隱天靈符玉女，疾速來降，承符宣德，攝魄召魂。又爲上請丹天左衛大將軍，五方啓道童子，十方道主者，六道功曹，三界追魂使者，天洞天眞，清清泠泠，尋魂攝魄，對魂聚魂諸大將軍，一合來下，爲臣攝召上件亡魂，聚神復炁，克返陽居，升幡現形，通靈入夢，上彰道化，下慰哀情，受煉膺符，聞經聽法，削罪書於北酆，紀眞籍於南丹，時刻升遷，以爲效信。

沐浴醫治章

綜述

佚名《太上濟度章赦》卷中《沐浴醫治章》 臣塵泥漏品，螻蟻微生，冒膺宣德之班，敢怠度人之典，威顏有赫，采聽是期。臣謹據入意，臣職惟領教，理難抑違，謹涓某月某日爲始，就某處肅建玄壇，依按眞科，次第修奉。臣切慮上件亡魂，幽關閉鬱，陰垢纏羅，欲期容體之澄清，必賴神泉之蕩滌，謹爲拜章一通，上聞三天，伏望慈悲，俯垂矜憫，特降玉清道炁，靈寶妙光，浹灌蘭池，輝華沐浴，即俾亡故某洎九玄七祖，億劫種親，六道四生，諸類幽爽，蠲消氛翳，潔湛形神，六府洞明，一塵不染。臣謹爲上請東井玉女、華池夫人、浣濯玉女、沐浴君吏、日月童子各一人，五方解穢君將吏各一百二十人，一合下降，神化東井黃華之池，西田流汨之沼，汲取石景王肥，黃華神水，五方正炁，日月芝英，甘露金津，雲腴玉醴，沐浴所度，亡魂灌煉，罪塵滌除，障垢淨結，節胞胎之穢，清冤債煩惱之氛。又爲上請東方青靈始老，哺飴以九炁之青津，南方丹靈眞老，哺飴以三炁之丹華，西方皓靈黃老，哺飴以七炁之素漿，北方五靈玄老，哺飴以五炁之玄滋，中央黃靈玄老，哺飴以一炁之黃英，定魄安魂，自生五臟。又爲上請金剛百煉，玉液千和，太白流光，元皇散精，解除鬱煩，去蕩滓穢，身心清淨，智慧洞明。又爲上請天醫神吏，尚藥靈官，三五功曹，天醫博士，砭石小吏，敷藥靈童，密運九轉芝英，五色神藥，布散經絡藏府之中，救療生前榮衛之病，即使上件亡魂宿患清平，沈痾痊愈，精神復舊，肢體潔清，受化更生，以爲效信。

溥度幽魂章

綜述

佚名《太上濟度章赦》卷中《溥度幽魂章》 臣忝列眞階，莫裨玄化，矢心領教，勵志度人，荐干咫尺之威，庸露億千之悃。臣謹據齋意，臣職惟領教，理難抑違，謹涓今月某日爲始，就某處肅建玄壇，次第修奉。臣切見冥關幽路，滯魄窮魂，或水火飄焚，或兵戈誅害，或木石損磕，或挺刃刑傷，或久抱饑寒，或曾遭鴆毒，或寇盜殺戮，或蛇虎吞殘，或王法凌遲，或震雷嗔擊，或覆車墜馬，或自縊投河，或他境流亡，或從軍傾斃，或鬼神拘繫，或冤對勾連，或瘖跛聾盲，或瘴瘟癱疰，或胎產殞命，或疾病夭傷，或宿抱怨嗟，或常懷憂忿，或玄恩未度，或常赦不原，孤滯千名，沈淪萬姓，山林寄影，郊野潛形，流浪無歸，實堪憐恤，惟黃籙昭天漏，泉之澤正，陰關求哀，望度之機。臣雖稟承玉符，冒頒大赦，尙慮功德未徧幽冥，謹遵無量度人之道，取今月某日夜，修設玄都大獻，玉山淨供，攝召九州十界六道四生諸類傷亡，無邊爽識，享食受煉，脫苦生仙，自非大道之慈憐，曷俾衆魂之解脫？謹爲拜章一通，上聞三天，伏望慈悲，特垂矜憫，頒降玉清道炁，靈寶妙光，遍滿十方，輝明九野，上極無上，下極無下，接引萬類，均赴法筵，滌罪解冤，煉形受化。臣謹爲上請玉清溟涬大梵靈官，青玄黃籙救苦靈官功曹，玉童玉女，各三十二人，仙吏一百人，上詣三天金闕玉陛下，請降元皇慈悲，吉祥甘露，賚持天慈，赦宥寶幡，一合下降，即爲呪洒甘露，溥化斛筵，周徧虛空，無窮無盡，哺飴衆爽，充足豐盈，隨感來歆，悉皆飽滿。仰承元始符命，金籙白簡救苦眞符，長生靈符，太上生天寶籙，東華青宮九龍符命，寶光羅絡，拔度幽沈，不分六道四生，咸受黃籙冶煉，即使未度者度，未生者生，未升者升，未化者化，合符膺券，返陰還陽，超凌人天，以爲效信。

九煉生仙升度亡魂章

綜述

佚名《太上濟度章赦》卷中《九煉生仙升度亡魂章》 臣道未通玄，德難入妙，屢爲人而造請，每捫己以凌兢，仰藉汪涵，俯加原貸。臣謹據齋意，臣職惟領教，理難抑違，謹涓今月某日爲始，就某處肅建玄壇，次第修奉。臣切慮上件亡魂，陰暗久淪，陽光易隔，匪藉黃華之冶煉，曷令碧落之登眞？謹取某日夜，遵依靈寶大法，無量度人，開廓五文，奉行九煉，先爲拜章一通，上聞三天，伏望慈悲，曲垂矜憫，特降玉清道炁，靈寶妙光，灌注玄壇，輝明洞耀，即俾上件亡魂，身沐靈光，心滌陰穢，水火煉質，表裏周圓。謹爲上請南宮度人不死尊神，南極長生大君，度世司馬大神，好生韓君丈人眞君，南上司命司錄，延壽益算度厄尊神，迴骸起死無量度人眞君，度魂上生南宮眞君，奉爲亡故某人注算金文，定名玉簡。又爲上請太乙救苦仙吏，金闕化身仙吏，朱陵度命仙吏，逍遙快樂仙吏，寶華圓滿仙吏，煉度玉司，靈寶仙官，玉童玉女，將軍使者，功曹主吏，上詣三天金闕玉陛下，請降元始符命，金籙白簡，長生靈符，內音玉字，赤書眞文，上生黃籙寶誥，下臨壇席，奉爲亡故某人破酆都之穢濁，蕩泉壤之幽陰，剷落業根，焚燒罪籍，飛度五戶，斬滅三尸，建立法橋，迴旋雲界，啓黃華之寶井，立流火之神庭，陶冶陽靈，蕩除陰翳，上登朱府，下入開光，復返萬神，重生九炁，披登天之法服，駕蓮花之寶輿，徑詣天門，朝禮金闕，逍遙自在，與道合眞，永無輪轉之憂，常履熙明之運。

沐浴煉度章

綜　述

佚名《太上濟度章赦》卷中《沐浴煉度章》 臣塵埃賤質，草莽微生，誤沐甄陶，俾登階品，亶藉圓成之造，敢忘報稱之私，誓拯沈淪，庶敦勳行。臣謹據齋意，臣職惟領教，理難抑違，謹涓今月某日爲始，就某處肅建玄壇，依按眞科，次第修奉。臣切惟積夜重泉，冥鄉幽路，陰氛縈結，業垢交罹，衆生魂墮寒庭，神歸夜壑，陰霾混翳，晦濁蒙維，雖已頒告符章，曲行攝召，慮淪幽域，莫遂參朝，自非沐浴於神泉，曷俾形魂之蕩滌？謹爲拜章一通，上聞三天，伏望大德好生，至仁無外，特降玉清道炁，靈寶妙光，洞映蘭池，神化玄液，即俾亡故某人澡身浴德，蕩垢清塵，洗表裏之昏蒙，除形神之熱惱，朝眞聽法，度命升玄。臣謹爲上請五方、五靈童子各五人，解穢君、吏各一百二十人，浣濯夫人、黄華玉女各一人，應時下降，取黄華神水，煉尸素漿，甘露金津，雲腴玉醴，灌注蘭湯之中，沐浴亡故某人，湔滌塵勞，消除罪障，五臟六腑，悉得清明，九竅四肢，俱成澄潔。又爲上請主水主火大將軍，石景水母，流精玉女，九光童子，火鈴靈童，青玄煉魂，應干眞衆，取南昌朱陵流火之庭，東井黄華流汩之沼，眞水眞火，一合來下，專爲亡故某人煉洗穢氛，陶澄累垢，粧嚴受度，克應升仙，永證無爲，不經輪轉。

酆都赦罪章 明眞齋用

綜　述

佚名《太上濟度章赦》卷中《酆都赦罪章明眞齋用》 臣生居濁世，運際昌期，佩籙參玄，傳經悟道，誓度人而領教，庶補過以立功，凡有皈投，敢忘關告。臣謹據齋意，臣切惟三官九署百二十曹，六洞十宮，三十六獄，鐵圍無間，泉曲河源，五苦三途，九幽五岳，典司憲令，考對愆尤。愚俗衆生，罔明正理，造冤積業，抱惡逞非，致使名隸北酆，魂歸幽夜，拘閉陰獄，囚繫終天，痛苦備嬰，莫由解脱，匪賴玄虚之曲赦，曷令罪報之蠲除？謹爲拜章一通，上聞三天，伏望大德好生，至仁無外，特降玉清道炁，靈寶妙光，朗映十方，煥明三界，冥關幽路，照耀輝華，地累罪魂，應時清淨。即俾上件亡魂，出離夜壑，睹見晨陽，開發善心，自識宿命，悔過進善，脱苦超生。臣謹爲上請降眞召靈符吏，降眞、召靈童子各一人，特爲亡故某人恭請大極眞符，告下東極天中長樂宮内大慈仁者，尋聲赴感太乙救苦天尊，希降威神，慧光普照，十方世界，重陰極壘，北都寒池，一一獄中，悉成陽境，鐵城摧毁，枷鎖脱除，赦宥亡故某人萬罪，蕩除冤仇，和釋不經，地獄睹見，光明仰賴。天尊上聖，召十方飛天神王救苦眞人，救苦童子，青玄玉女，遍下幽獄，降慈悲之法雨，洒甘露之寶漿，即得冰雪生春，炎煙息焰，刀化玉樹，劍變鸞林，寒冰溟泠，頓除凛冽，鑊湯銅柱，悉獲清涼，獄卒牛頭，俱生善念，銅蛇鐵狗，永斷惡緣，曹局除考對之名，司案焚業報之字，以至驅雷役電，漣汲溟波，負石擔沙，天圓轉匝，穿地引水，運風掃山，謫役囚徒，均承妙化，斷地逮役，度上南宮，蒙如懇切之祈，允拜提攜之造。

升度亡靈章

綜　述

佚名《太上濟度章赦》卷中《升度亡靈章》 臣陋質何庸，短材無取，師恩赫奕，幸睹希微，帝力輝華，若爲報效，期廣揚於濟度，克昭贊於生成。臣謹據齋意，臣職惟領教，理難抑違，謹涓今月某日爲始，就某處肅建玄壇，依按眞科，次第修奉。臣切惟上件亡魂久淪陰地，獲睹陽

光，自非度命以反生，曷俾超凌而自在？謹爲拜章一通，上聞三天，伏望大道好生，至仁無外，特降玉清道炁，靈寶妙光，朗耀玄虛，煥明壇墠，即俾上件亡魂，沐靈光而快樂，乘煉度以逍遙。臣謹爲上請南昌上宮司命君、司錄君、延壽君、益算君、度厄君、度人不死君、南極長生君、度世司馬君、好生丈人君、迴骸起死無量度人君，升度亡故某人，先入黄華寶井，次入流火神庭，濯質蕩形，除陰煉穢，挹九天之眞炁，灌五帝之靈芒，氣象周圓，形神完復，飈車碧落，羽駕太清，升入天門，佩符合券，永無輪轉，常獲逍遙，受化更生，以爲效信。

遷拔亡靈章 遷拔道場用

綜述

佚名《太上濟度章赦》卷中《遷拔亡靈章遷拔道場用**》** 臣福基夙挺，昌運欣逢，佩籙進階，傳經受道，深慚蹇淺，莫悟希夷，過有貫盈，功無縷積，尚沐生成之澤，俾司濟度之科，益勉操修，庸期報稱，敬奉詞悃，所合奏聞。臣謹據齋意，臣職惟領敎，理難抑違，謹涓今月某日爲始，就某處肅建玄壇，依按眞科，次第修奉。臣切惟三官九署，六洞十宮，泉曲河源，北酆、東岱，考校善惡，毫髮無差，濁世衆生，罔知修飾，六根三業，五慾七情，流浪顛冥，馳騁不息，致使魂歸幽府，神返幽關，冤仇繫縈，曹局推對，悠悠長夜，深可矜憐，自非上聖推惻隱之仁，曷俾下愚免沈淪之苦？謹爲拜章一通，上聞三天，伏望道德，曲成慈悲，丕冒特降玉清道炁，靈寶妙光，照耀鬱單，煥明澤壘，即使亡故某人睹此靈輝，自識宿命，捨惡趨善，脫苦上生。臣謹爲上請太上十二陽門開光童子一十二人，天道功曹一人，九天雲路正一功曹九人，南昌上宮扶接引送神童玉女各一百二十人，手執太上遷神符命，開導靈幡，接引所薦亡魂蒙陽光之下燭，指雲路以上升，逍遙太空，永無淪墜。

蕩滌血湖章 血湖道場用

綜述

佚名《太上濟度章赦》卷中《蕩滌血湖章血湖道場用**》** 臣塵泥賤類，草莽微生，誤玷班聯，濫司濟度，莫報生成之德，誓宣化育之仁，凡有皈依，敢忘關告。臣謹據齋意，臣切念亡故某人三生四負，多積冤愆，六慾七情，易招釁咎，命罹產厄，神墮幽關，北酆東岱之曹，紀錄姓字，硤石血湖之獄，考對形魂，抱痛終天，無由解脫，爰念稟生之本始，孰非祖炁之分靈，妄業自招，實堪矜憫，帝恩無外，諒賜哀憐。謹爲拜章一通，上聞三天，伏望垂惠重泉，曲加省覽，特降玉清道炁，靈寶妙光，洞映十方，照燭長夜，變陰暗爲陽明之境，化血湖爲清淨之場，令諸罪人，自識宿命，捨惡趨善，脫苦超生。臣謹爲上請三炁流光符吏、蕩滌血湖符吏各一人，官將各二十四人，上詣三天金闕玉陛下，請降三炁流光，眞符玉元，蕩滌血湖，眞符告下，北都羅酆大鐵圍山，硤石無間、血湖地獄，即冀符光朗耀，陰壤開明，原赦亡故某人洎見禁經產身亡，未得出離者，並與疾除罪簿，落滅惡根，解釋冤仇，開通性識，承今符命，獲脫冥途，來詣玄壇，聞經聽法，全形復質，隨果注生。又念淪染血腥，形神穢濁，來朝三寶，難近天光，謹爲上請五方五帝解穢君、吏各一人，玉女、使者各二十四人，九鳳破穢大將軍、滌穢大將軍、洗穢大將軍、滅穢大將軍各一人，官將各二十四人，沐浴東井君一人，官將二十四人，浣濯夫人、黄華玉女各一人，仙花玉女一百二十人，一合來下，爲取黄華神水，煉尸素漿，甘露金津，雲腴玉醴，灌注蘭湯之內，沐浴亡故某人，洗除產厭，蕩滌穢腥，俾令內外光明，形神潔淨，根塵業垢，並與澄清。又念亡故某人，淪謝之初，自膺痛毒，榮衛傷瘁，未遂安痊，謹爲上請天醫神吏，尙藥靈官，治病功曹，太醫博士各一人，一合來下，密運神聖工巧，餌以日精月華，玉芝金醴，五色神丹，救療諸苦，庶得陰陽通暢，血炁和平，經絡還

元，魂神澄正，朝眞受度，托化人天，永無淪墜之憂，自在光明之界。更願靈光煒燁，慧澤周流，業海澄波，血湖息浪，人民品物，並受生成，舒化日於三塗，播仁風於八極。

滅度煉尸生仙章 五煉生尸齋用

綜述

佚名《太上濟度章赦》卷中《滅度煉尸生仙章五煉生尸齋用**》** 臣幸藉宿因，濫裨妙化，誓廣宣於濟度，庸上贊於生成，過有淵陵，功無毫髮，尚祈恩霈，俯賜包容。臣伏爲先師某人，元命某年月日時生存日佩某經受某籙，奉某法補充某職，係某靖焚修。末學道淺，仙品未充，莫能背土凌空，飛騰霄漢，運應滅度，以某年月日身經太陰，享年幾歲，已準三洞仙度品格，衣服枕席，遍篆靈章，衛其尸形，又準《滅度五煉生尸》寶經玉字眞文，安鎭五方、護其神識，練吉遷葬，寄形土官。尤慮生存之日功德未周，恐阻超邁，遂卜今月某日，謹就某處崇建靈寶滅度五煉生尸妙齋二晝夜，期將先師某人扶接引送，返形受生，遊行太空。臣事金闕，臣義同父子，志劇悲惶，孝子云情鍾父子，志劇悲惶。恭按眞科次第修奉。臣切惟三官九府百二十曹，四極明科，三品洞津，昭如日月，威若雷霆，學道參眞，易招罪戾，未經赦宥，必墮幽鄉，轉眼畏途，惟增駭汗。今先師某人生逢昌運，佩奉玄元，未明修眞御景之方，徒抱濟物利人之志，元臘節會，禁戒多違，經籙法階，朝修有缺，重以飛章進表，每瀆仙眞，設醮建齋，或干神吏，致使玄曹畢錄，黑簿登書，陽過未原，陰愆莫逭，倏忽厭世，遽受沈寥，自非大道廣運於慈悲，曷俾後學疾躋於沖躡？謹爲拜上丹章一通，上聞三天，伏望上聖垂仁，至眞矜憫，特降玉清道炁，靈寶妙光，下覆先師某人魂魄尸形，削落愆尤，解除考訟，隨光御炁，徑上虛無，仍乞告下十方三界，一切眞司，特爲原赦宿生今世三業六情，洎學道以來無邊過咎，並從寬釋，移名紫籍，受化更生。臣謹爲上請靈寶落滅惡道靈官三人，官將各一百二十人，斷絕地根靈官四人，官將各一百二十人，飛度累戶靈官五人，官將各一百二十人，一合下降，爲先師某人落滅三惡，斬絕地根，飛度五戶，名列太玄，乘景升神，上登無極。若先師某人魂魄淪墜三塗五苦、六天九幽者，即爲度脫，高升上境。又爲上請玄都金龍驛吏一十二人，東華青宮九龍符命使者，九天道功曹一人，十方飛天使者十人，官將各一百二十人，上詣三天金闕玉陛下，請降元始符命，金籙白簡，長生靈符，東華青宮九龍符命，登眞度命，出離生死眞符，南昌上宮寶誥，告下三官九署，五帝四司，無鞅陰治，若先師緣公私罪犯，未得解釋者，願乘此仙度功德，悉爲赦除，若因三曾九祖億劫種親宿對罪緣結釁幽冥者，願爲條錄生前建善之功，速爲解宥，即冀改易罪籍，定名玉簡，遷神度品，高步天衢。又爲上請九天三十二天，五老上帝諸天省府，北斗南辰，日月五星、天曹眞衆，各降眞炁，接引先師某人，蕩滌愆瑕，進升道境，復還治職，炁入玄玄，登品成眞，永無輪轉。更願先師某人所屬某岳某山，眞靈正神，符下九土地官，各依部界，營衛尸形，災害消除，塚墓寧靜，形安神守，魄不敢揚，持節契符，重甦骨肉，形與神合，遊宴騰凌，得爲神仙，一如五煉生尸經旨，永奉玄恩，以爲效信。

升度仙魂章 師友命過用

綜述

佚名《太上濟度章赦》卷中《升度仙魂章師友命過用**》** 臣綴武班聯，濫司濟度，叨恩逾分，拊己知元，誓弘洞輔之仁，密贊生成之德，尚祈洪造俯鑒丹忱。臣謹據齋意，臣職惟領教，理難抑違，切念某人幸藉夙緣，叨承玄蔭，佩籙奉法，受經學眞，易涉塵寰，未明竅妙，建齋設醮，每冒威儀，拜表上章，實乖俯仰，破齋犯戒，縱業逞情，常失天和，多循人慾，三元、五臘，莫謹朝修，甲子、庚申，曾無懺謝，過書黑簿，名錄玄曹，未能坐脫，立忘升神御炁，運應滅度，身經太陰，莫測升沈，倏經旬

朔。孝子云，臣情鍾父子，志劇悲惶。弟子云，臣義均師友，志劇悲惶，自非上聖垂慈，高眞孚佑，俯矜愚昧，力賜帡幪，何以洗浣前愆，導迎新貺？庸是不揆狂斐，謹爲拜章一通，上聞三天，伏望大慈曲成，至仁無外，特降敕命，行下十方三界合屬去處，將某人浩劫以來，稟生之後，應有過犯，並與赦除，即俾定錄青宮，移名朱府，形神混合，炁象周圓，隨我學功，校勳遷賞，復還治職，炁入玄玄，克爲聖君金闕之臣，大揚聖化，緣運不絕，身得神仙，逍遙上清，永無輪轉。

斷絕復連章 度星齋用

綜　述

佚名《太上濟度章赦》卷中《斷絕復連章度星齋用》　臣性識迂愚，資材短陋，綴班聯而領教，誓濟度以推仁，凡有皈依，敢忘關奏。臣謹據齋意，臣切見上件亡魂，涉生以來，造業縱情，罔知檢戒，厭世之後，積愆抱釁，自致沈淪，流曳三途，顚連五苦，惟思執滯，豈念超淩。眷屬姻親，俱罹傳染，家門大小，積致傾亡。求替代以莫能，遂復連而無已，如斯陷溺，實可矜傷，自非玄造之拯提，曷俾下愚之安泰？謹爲拜章一通，上聞三天，伏望隆慈，曲加哀憫，特降玉清道炁，靈寶妙光，照燭重泉，釋明夜壘，即俾亡故某人，開通正念，悔悟宿因，醒覺前非，自求升邁，免致延累，永斷復連。臣謹爲上請石安君、都星君、誅殃君、都平君、朔平君、天玄君、石仙君、高都君、斷殗君、回化君十人，天醫博士、善談大夫各一人，官將各一百二十人，除殃君、天昌君、無上高倉君、中宮左都侯君各一人，兵士各一萬人，素車白馬君一人，吏兵十萬人，參星將軍，太白兵星，熒惑吏，鐵面敢健食鬼力士，天鄒甲卒吏兵官將，一合來下，爲齋主某人化諭先亡，分解冢訟，消除執著，斷絕復連。又爲上請斷蛀大將軍、斷尸大將軍各一人，官將兵士十萬人，九天補氣將、甘露將、護命將各一人，官將各三十二人，一合來下，保護未來病苦，斷除先亡復連，即令某人形魂利安，塚墓寧靜，徵呼塚訟，自此斷除，釋罪登眞，永超幽暗。齋主某人洎內外眷屬，合門姻親，快樂逍遙，竟離傳染，精神安泰，營衛和平，富壽康寧，以爲效信。

啓告玄穹章 預修黃籙齋用

綜　述

佚名《太上濟度章赦》卷中《啓告玄穹章預修黃籙齋用》　臣濫承玄貺，叨領眞班，仰荷甄陶，俯深銜戴，期暢生生之厚澤，庸裨化化之深仁，控告旣勤，關聞敢後。臣謹據齋意，臣切慮建壇之所，劫灰以來，陰濁混凝，游氛四塞，塵霾流伏，昏垢飛揚，非繇解祓之功，曷肅玄眞之奉？重以故炁糾雜，人物紛葩，宜解滌除，庶令清淨。謹爲拜章一通，上聞三天，伏望大慈，曲施玄化，特降玉清道炁，靈寶妙光，上煥雲霄，下輝風壘，十華八極，罔不洞明，即俾所建齋壇，灌沐靈光，一塵不立，內外融潔，寶芝自生。臣謹爲上請五方五帝、解穢君各一人，官將一百二十人，捧持五和香泉，眞精法水，一合下降，浣濯靈壇，解除厭穢。仙花玉女一千二百人，九鳳破穢，籙中運穢、解穢、收穢、却穢、除穢、斷穢、洗穢、蕩穢諸大將軍各一人，官將各一百二十人，五方五龍，主水使者，一合下降，蕩滌內外，潔齋應辦，器用室廬，悉獲澄清，更無厭滓。又爲上請降眞召靈符吏、降眞、召靈童子各一人，賫持高上玉清仙王降眞符命，元皇召靈符命，宣告三界，嘯命十方，策役千靈，關盟萬聖，護持壇律，糾正齋功，由始及終，迄無障撓。更希敕旨行下玄壇，受事靈寶仙曹，省府院司，官君將吏，從臣請降，共佐洪釐，使齋主某人善果周圓，嘉祥密被，承恩今日，流慶他生，散壇言功，不負效信。

超凌祖玄解冤章

綜述

佚名《太上濟度章赦》卷中《超凌祖玄解冤章》　臣學術荒疏，材能淺局，每爲人而有請，帷拊己以知慚，仰藉高明，俯垂淵鑒。臣謹據齋意，臣職惟領教，理難抑違，謹涓今月某日爲始，就某處崇建玄壇，依按眞科，次第修奉。臣切惟齋主某人，世緣酬酢，塵務蒙迷，九祖七玄，寧無罪累，三生四負，或結冤仇，非由解釋以超凌，曷俾善功而圓滿？謹先於某月某日夜，修設玄都大獻，玉山淨供，攝召上件亡魂，普及六道四生，諸類幽爽，享食受煉，膺戒佩符，若冤若親，俱超淨域，庶使齋主某人，一身清淨，萬罪蕩除，冢訟不生，怨憎何有，逍遙自在，成就良因。謹爲拜章一通，上聞三天，伏望大慈，曲施宏化，特降玉清道炁，靈寶妙光，照耀陰扃，開明夜府，幽冥萬類，均脫化機，乘此靈光，來親壇墠，聞經聽法，各遂騰凌。臣謹爲上請玉清溟涬大梵靈官三十二人，仙吏一百人，爲齋主某人呪灑甘露，溥化斛筵，周遍虛空，無窮無盡，哺飴衆爽，各獲豐盈，隨感來歆，悉皆飽滿。又爲上請玉清上解祖考靈官、解冤釋結靈官各三十二人，仙、吏各一百人，爲齋主某人開釋祖玄，疾除罪簿，永超愛網，獲脫輪迴，解釋仇讎，齊同慈愛，克離冤囿，竟陟生方，俾先亡永無繫戀之憂，而齋主克遂熏修之果。更爲上請朱陵火府，南昌上宮，黃籙靈曹，執法仙衆，各持眞水眞火，煉度衆魂，俾出幽關，咸生淨域，庶幾恩甦品類，悉出迷途，冤愛冥靈，齊登道岸，敷太上無私之澤，贊玄元有造之仁，極天際地，咸膺至化。

南宮寄籍章

綜述

佚名《太上濟度章赦》卷中《南宮寄籍章》　臣迂疏賤類，朴野愚生，誤綴班聯，濫司濟度，既投誠而懇告，盍請命以關聞。臣謹據齋意，臣職惟領教，理難抑違，謹涓今月某日爲始，就某處肅建玄壇，依按眞科，次第修奉。臣切惟齋主某人，身隨塵域，心慕玄關，謝過祈恩，既殫懇切，修齋行道，爰罄修崇，期生前銷落於罪愆，庶身後轉輪於福祐。北都泉曲，願滌刑編。南昌上宮，覬書眞籍。儻此日寄名而有耀，則他生受化以無憂，洞察忱悃，委堪矜憫。謹爲拜章一通，上聞三天，伏望大慈，曲施宏化，特降敕命，宣告南曹，爲消黑鬱之名，即紀朱陵之籍。臣謹爲上請南宮度人不死尊神，南極長生大君，度世司馬大神，好生韓君丈人眞君，南上司命司錄，延壽益算度厄尊神，迴骸起死無量度人眞君，一合來降，特爲齋主某人寄名玄籍，削罪酆山，運盡百年，即登朱火，不經陰地，常睹陽天，流餘慶於曾玄，沛天恩於浩劫。更希睿渥遍澤群靈，監善惡之敷羅，沐齋功之廣大，普天率土，均衍蕃釐，六趣三途，俱承純嘏，慈雲誕布，湛露密濡，動植飛潛生生自在，幽冥品類化化無方，陶太和之靈風，鼓時雍之至治。

不經地獄章

綜述

佚名《太上濟度章赦》卷中《不經地獄章》　臣一介愚蒙，千生緣

會，冒憑涵育，荐瀆崇嚴，雖揣分以凌兢，敢瞻詞而關告。臣謹據齋意，臣領詞虔切，理難抑違，謹涓今月某日爲始，就某處肅建玄壇，依按眞科，次第修奉。臣切惟齋主某人，托迹塵籠，隨緣世網，爲人爲己，易積愆尤，謀身謀家，動招罪障，恣情於三尸五累，逞志於三業六根，東岱簡書，北酆錄籍，百年運盡，慮墮幽寥，九夜神遷，必膺考校，玆預投誠於玄機，先期曲赦於蒼穹，懺往罪而盡消，悔前非而不作，勿經幽暗，常履光明，徑上南宮，永離北府。究觀衷素，實可矜憐。謹爲拜章一通，上聞三天，伏望大慈，曲施宏化，特降敕命，宣告三官九府百二十曹，六洞十宮，羅酆鬱絕，河源泉曲，五道溟泠，五帝考官，六宮掾吏，巨天力士，執罰神兵，司殺司功，司命司錄，城隍社令，主罪職寮，俾齋主某人，積劫以來，稟生之後，心生口語，自作教他，輕重罪愆，未經原赦，因今善果，咸與蕩除，削過黑編，移名青錄，將來運應滅度，身經太陰，所在玄曹，普加部衛，不罹苦趣，疾詣南天，受化朱陵，逍遙自在，輪轉不絕，得爲神仙，蒙如所陳，允昭眞貺。

玉清大赦 開度黃籙用

綜　述

佚名《太上濟度章赦》卷下《玉清大赦開度黃籙用**》**　泰玄都省牒酆都九幽主者，億萬冥曹。敕門下：天地之大德曰生，仁涵三極，日月之容，光必照恩，浹九幽睠，庶類之流，形均一元之稟氣。六塵六識，陽源易汩於化機，萬死萬生，陰域遂蒙於業網。冥冥罪性，慘慘窮魂，雖黔黎之妄垢自貽，而玄元之眞慈曲憫。今據法師銜奏爲齋意伏候敕旨事，牒三天門下敕，陳詞激切，須旨允俞，依金籙白簡之文，敷玉匱明眞之典，普令夜壑咸樂春臺。可大赦三界，應赦恩到日，九幽罪人，除十惡五逆、不忠不孝、誹謗大道、毀壞經教者不赦外，其餘雜犯以下，已發覺、未發覺，已結證、未結證，已受苦、未受苦，已受報、未受報，不論輕重常赦，所不原者，咸赦除之。

應冥吏陰曹有功高德重者，與陞仙職，以次進補陽官。

應山川神祇，係祀典不係祀典，有功德及生民者，並與遷官推賞，務令允當。

應一切天仙道，一切神明道，一切人倫道，一切地獄道，一切餓鬼道，一切畜生道，若胎生卵生，濕生化生，並與解除宿對，原釋前愆，永離輪迴，上生福境。

應三途五苦，謫役囚徒，地水二司，見禁罪爽，並與原釋罪犯，削落簡書，出離冥途，受生陽界。

應玄壇所度亡過某人，及某氏九玄七祖，歷劫種親，宜與和釋冤仇，削除罪累，證品超度，受化更生。

應在世水火飄焚，兵戈謀害，寇盜殺戮，蛇虎吞殘，王法凌遲，震雷嗔擊，木石壋損，挺刃刑傷，久抱饑寒，曾遭鴆蠱，覆車墜馬，自縊投河，他境流亡，從軍傾斃，鬼神拘繫，冤對勾連，疾患喪生，胎產殞命，盲聾跛啞，癱瘓拳攣，久滯幽鄉，未得解脫，幷與蠲消宿債，洗滌新愆，超離苦輪，往生善道。

應三生七世，結爲冤仇，執對不釋，並與齊同慈愛，和釋牽纏，各遂超生，永消宿憾。

應鐵圍無間，硤石血湖，囚繫產魂，並與蕩除業垢，和釋憎仇，澄正形神，獲生樂界。

應冥關幽路，一切孤魂滯魄，若有主若無主，若凶終若善終，士農工商，文武醫卜，男女老少，民俗衣冠，中國外夷，九州四海，沈淪既久，超離無因，並與洗除罪犯，解散冤仇，隨願往生，逍遙自在。

應赦書該載，不盡事件所在，長吏條錄奏聞。

於戲！除罪簿，滅惡根，庸廣昭天漏泉之澤；離鬼官，出地戶，允符登眞度命之恩。嘉與含生，同歸至化。赦書到日，主者施行，牒奉上帝，敕請翻錄，行下疾速，遍牒所屬，遵依帝敕，各宜祗奉。風火無停。故牒。

衆真監度章

綜述

佚名《太上濟度章赦》卷中《衆真監度章》 臣夙承玄運，生際昌時，慚無及物之功，期暢度人之澤，荐敷萬一，敢殫再三，倘冀高明，俯垂采聽。臣謹據齋意，臣職惟領教，理難抑違，謹涓今月某日爲始，就某處肅建玄壇，依按眞科，次第修奉。臣切慮齋主某人，業機累性，世網謀生，五慾七情，寧無過咎，六因十習，易積愆尤，雖汩沒於今時，恐紛紜於身後，懺罪北府，寄籍南宮，諒荷玄恩，俯垂洪澤，自非生身而受度，永斷惡緣，曷令膺戒以佩符，常趨善地。庸罄忱恂之請，仰干穹昊之仁。謹爲拜章一通，上聞三天，伏望大慈，曲施宏化，特降敕命，宣告十方三界，合屬玄曹，俾齋主某人，肅建壇場，羅敷盟信，徼迎萬聖，降召千眞，遵金籙度命之文，受九戒二簡之妙，他年滅度，不墮迷途，俓上朱宮，更生受化。謹爲上請無上九天帝君，三十二天帝君，五靈五老帝君，日月五星眞君，南辰北斗，二十八宿，三官帝君，南昌上宮度人眞衆，天曹地府，五岳四瀆，無鞅眞宰，俯降玄壇，監眞證度，奉爲齋主某解釋冤仇，超度宗祖，飛滅途苦，斷落業根，劃削陰名，移注眞籍，降金液而煉質，灌靈芽以生津，九炁周流，八景合備，消五行之魔試，度萬劫之凶災，白簡上生，赤書保運，欣慶受度，既無拘於天門，逍遙登眞，自永離於地戶，百年運盡，直詣南丹，受書超淩，永登妙果，培今生之慶址，植他世之昌基，與道合眞，以爲效信。

青玄寶赦青玄黃籙用

綜述

佚名《太上濟度章赦》卷下《青玄寶赦青玄黃籙用》 青玄黃籙左府牒九幽主者，億萬冥曹，敕門下：職覆職載，天地之常運無窮。時慘時舒，陰陽之化機不息。瞻羅酆之鬼域，號鬱絶之神鄉。蠢蠢下愚，每稟惡緣而報對，巍巍上聖，常矜善性以提攜。崇九華雨露之恩，息六洞雷霆之考，盍宣德澤，普軫慈悲，俾離幽暗之都，均入光明之界。今據法師銜奏爲齋，意伏候敕旨事，牒奉青玄上帝敕，宜頒鳳詔，併煥龍符，開九地以逍遙，拯群靈而快樂。可曲赦三界，應赦恩到日，九幽罪人，除在世十惡五逆、不忠不孝、誹謗大道、毀壞經教者不赦，其餘雜犯以下，已發覺未發覺，已結證未結證，已受苦未受苦，已受報未受報，不論輕重，咸赦除之。

應山林社稷神祇，聰明正直，功德及民者，所在長吏，條錄奏聞，言功遷賞。

諸北酆、東岱地水職司，見禁囚考對一切罪魂，宜與疾除罪簿，焚毀冤書，離苦登眞，超生陽界。

諸三途五苦，謫役囚徒，八難幽關，遍繫積爽，宜與原釋過犯，解蕩冤仇，托化人天，隨品受度。

諸玄壇所度亡過某人及某氏，九玄七祖，億劫種親，宜與削除愆過，解釋冤仇，各遂升遷，受生樂境。

諸冥關幽路，滯魄窮魂，執迷沈淪，未得解脱，宜與開導正性，啓發善心，各俾托生，毋自執著。

諸傷亡死非正命，陷沒幽途，實可哀憫，宜與罷散仇讎，消除罪累，身心清靜，早得托生。

諸在世微有片善，長夜顛冥，歲月既深，未曾超度，宜與考校料簡，

條錄關陳，上名青宮，準備任使。

諸血湖獄禁繫產魂，宜與斷絕冤愆，解釋執對，潔淸形質，隨品受生。

諸九州十道，中國外夷，凶終令終，有主無主，男女老少，士農工商，無鞅數衆，久在冥關，宜與和合冤親，蠲消罪累，普受開度，時刻昇遷。

諸赦書該載不盡事件，所在長吏，條陳以聞。

於戲！無拘留逼合之憂，品類咸超於北府，有侍衛送迎之喜，形魂徑上於南宮。嘉與混輿，同歸陶冶。赦書到日，主者施行。牒奉青玄上帝，敕請翻錄，行下所屬，遵依帝敕，疾速奉行，風火無停。故牒。

玉皇上帝徽號寶赦 九天齋用

綜述

佚名《太上濟度章赦》卷下《玉皇上帝徽號寶赦九天齋用**》** 泰玄都省 牒九幽主宰，億萬冥曹。

敕門下：天施地生，仰乾坤之大造。陽闔陰闢，符晝夜之常經。故黑罪司考對於推研，而紫極沛慈仁於覃宥，興言六趣，莫慘九幽。積夜迷煙，鎖業機於夜壑，重泉昏霧，閉冤網於泉扃，豈無悔過之心，孰導求生之性，靜惟沈滯，實可矜憐。今據法師銜奏爲齋意伏候敕旨事，牒奉上帝敕所陳詞旨，備切忱恂。恭惟玉皇上帝徽號，名非常名，上極無上，聞之者萬罪消滅，得之者千冤解除，仁浹混輿，事彰載籍，隨赦頒降，如帝親行。盍誕布於德音，庸煥敷於寶誥，庶提苦趣，均證樂鄉。可大赦三界，應今月某日建壇以前，九幽罪人，除十惡五逆、不忠不孝、誹謗大道、毀壞經教者不赦，所有雜犯以下，已發覺未發覺，已結證未結證，已受苦未受苦，已受報未受報，不論輕重，咸赦除之。

應山川神祇有功德及民者，所在長吏，條陳奏聞，言功遷賞。

應冥吏陰曹無濫刑，無僭賞者，與陞仙職，以次進補陽官。

應三途五苦，見禁謫役地水二司，囚繫罪爽，並與蠲除宿犯，解釋冤仇，脫離幽途，往生福境。

應六道四生，展轉報對，無有窮已，並與原宥愆過，和釋冤讎，俾出輪迴，超登善界。

應玄壇所度亡故某人及某氏，九玄七祖，億劫種親，並與消解宿憾，落滅惡根，受化超生，逍遙自在。

應世傷亡，死非正命，沈魂滯魄，久墮冥鄉，並與削除過咎，解釋冤憎，隨品受生，免輪幽暗。

應血湖地獄諸類產魂，並與蠲滌過犯，蕩除冤仇、母子分離，形神超邁。

應諸類幽魂，曾經子孫薦拔，未遂超升者，並與引用，日前所修，功德無大小，咸使升遷，毋滯陰域。

應九州十道萬姓三軍，士農工商，男女老少，有主無主，凶終善終，沈淪幽鄉，久不受化者，並與洗蕩冤枉，散釋愆辜，速令轉輪，受生樂處。

應赦書談載不盡事件，所在長吏，條錄奏陳。

於戲！疾痛呼天，尙期蠲於翳累，齋戒事帝，猶冀滌於愆瑕。乙敕書之敷論周詳，而寶誥之光明煒燁。十華讚嘆，三極皈依，宜回幽路之春，肆闢寒庭之旦，下塞死戶，上開生門，凡爾攸司，各宜遵奉。赦書到日，主者施行，牒奉上帝，敕請翻錄，行下所屬，遵依帝敕，風火無停。故牒。

五鍊生尸寶章

綜述

呂太古《道門通教必用集》卷三《五鍊生尸寶章》 東方龍漢始青九

陽梵華之氣寶章

九陽迴妙氣，三景散元精。碧靄浮靈篆，青林粲淑英。超遙玉清府，遼邈蓬萊瀛。眞化通無間，神風滋萬生。

南方赤明丹光三陽梵靈之炁寶章

浩劫開神運，龍文泛赤霞。八威奔電激，九鳳破凶邪。鍊度丹皇室，飛升元始家。炎明常繼照，靈慶襲晨華。

西方延康素靈七陽梵英之氣寶章

皇老儲靈粹，金精耀斗威。六天咸馘滅，萬寶復幽微。爽氣浮高闕，寒光靄素輝。空洞披玉勒，華麗九霄飛。

北方開皇玄上五陽梵混之氣寶章

五氣符元妙，諸天混太冥。神旌飛羽黑，玉女散花青。紫策封天寶，玄文凜帝庭。羣魔欽至化，萬國保安寧。

中央上皇中靈一陽梵寶之氣寶章

混黃生一氣，感化結眞形。上德持柔順，金光洞杳冥。建中該九極，執本統三辰。煒燁天端上，飛芒耀玉靈。

祝香後入意文

綜述

呂太古《道門通教必用集》卷四《祝香後入意文》 伏聞杳杳太清境，隔世幾塵；巍巍無上尊，與人絕迹。敬憑齋戒，輒布懇祈，願垂降鑒之私，少示感通之妙。遙瞻雲馭，暫離紫霄絳闕之嚴；駢列星冠，共啓玉匱珠旛之祕。用陳誠意，上瀆天顏云云。

啟壇文

綜述

呂太古《道門通教必用集》卷四《啟壇文》 伏聞雲層峨峨，天不閟感通之路；人道渺渺，聖常垂臨下之私。嚴敞家庭，恭修淨醮。薦蘋蘩於下土，通香火於上蒼，敢布愚衷，仰干洪造入意。今則恭蕆仙科，仰延眞馭，允謂建齋之始，初嚴事帝之誠。獺祭雖微，龍車望幸。惟喧囂之穢土，慢瀆高明；瞻彷彿之晬容，愈增戰慄。伏望雲輿鶴馭，下天門之九重；絳節霓旌，駐人間之五濁。玉虛三境，金闕萬靈，暫辭邈邈之天，下副虔虔之懇。命里域靈官，肅嚴醮席。敕衛壇將吏，驅斥妖氛。使精意感通，齋功成就，即荷上聖降臨之恩。臣云

啓壇文 通用

綜述

呂太古《道門通教必用集》卷四《啓壇文通用》 臣聞湛寂高眞，本無爲而善應；玄虛妙道，常有感以潛通。非虔仗於靈科，孰仰干於聖造。今則華壇既啓，醮禮將陳，先懇祝於皇靈，次披宣於道範。惟冀洞貫九天之上，咸使聞知；昭回三界之中，曲蒙感格。廣垂至德，兼覆含生。

又《啓壇文》

三界應感，一切眞靈，願聞關奏，俯降香壇。既沐垂光，少歆懇悃，注想仙音清喨，羽衛森羅。飄飄垂風幄雲軿，隱隱現霓旌絳節。至眞所格凡居爲，紫府丹霄仙仗來。臨塵世變，瑤池玉闕，暫停鸞駕，俯察丹衷，

輒露微誠，仰干洪造。入意臣聞道常應人，天惟聽下。既有投誠之切，敢忘謹始之嚴。內竭精衷，外殫庶物。壇壝法規而則矩，陶匏尚質而去文。信幣交陳，各象五方之色；簪裳肅列，爰分衆職之班。燭龍交映於神光，香獸互凝於瑞霧。莫不溪毛蠲潔，華藻繽紛。當尊卑奠位之初，乃天人交感之際，天威咫尺，雲氣晏清，祇俟降臨，務先嚴肅。伏願帝顔允瞻，閶闔齊開，萬乘啓途，百神戒道。獅子白鶴，擁天仗以來臨；應龍青虬，輓帝車而倏至。不違凡悃，庶畢齋功，即荷衆聖降臨之恩臣等。

黄籙齋祝香入意後文

綜述

呂太古《道門通教必用集》卷四《黄籙齋祝香入意後文》 洪惟黄籙寶齋，紫陽祕格，上可以鎮天安地，下可以保國寧家。濟存拔亡，延生度厄，萬天所重，千聖攸遵。教演九時，取則九陽之數；壇開三級，旁分三氣之華。配八卦於八方，定十干於十位。乾天門而巽地戶，艮鬼道而坤人途。莫不弓旗鑑劍，以列於威儀；籩豆陶匏，以薦乎凡品。于以法天而象地，于以通眞而召靈。臣等拜貺有初，謁眞伊始，想玉階方寸之地，無敢不恭；瞻天顔咫尺之威，如在其上。伏望三清十極，萬聖千眞，暫辭金闕之崇高，俯馨塵寰之湫隘，坐使環堵一廛之地，化爲清都太微之居，欽竢降臨，不勝延竚臣等。

諸齋祝香陳願意後文

綜述

呂太古《道門通教必用集》卷四《諸齋祝香陳願意後文》 於是壇場

初啓，閶闔洞開，肅清衆以無譁，罄丹衷而有恪。崇效天而卑法地，制備乾坤；左顧儀而右眄璘，門開日月。寓精意於藴藻蘋蘩之內，格霄眞於杳冥恍惚之間。七日戒而三日齋，敬效昔人之事帝；內盡志而外盡物，誓堅今日之推誠。開衆妙之寶壇，酬往年、今時之素願，旅延羽士，歌詠洞章。清蹕舉而雷動風馳，法水噀而雲行雨施。伏望星宮月殿，絳闕清都，玄之又玄，盡重玄之列聖。上極無上，遍最上之高眞。降自天中之天，來從象外之象。遊空飛步，芝童執節以前趨；駕景乘龍，仙馭控飈而直下。來顧苾芬之薦，俯歆螻蟻之誠，貽貺存亡，覃恩幽顯，即荷上靈之監，敢忘丕應之符，欽俟降臨，曷勝延竚。

啟壇告真 吉用

綜述

呂太古《道門通教必用集》卷四《啟壇告真吉用》 並願蕭韶前引，軒蓋後隨。霧捲霓裳，雲浮月帔，風伯清道，雨師灑塵，界清蹕於天衢，散寶花於法界，迅飛部從，降格道場。幸披霧以觀瞻，願刳心而挖愬。今有云云。

茲夕精誠爰啓，懇悃斯陳。請迎之禮既殫，鑒格之情無爽。壇排圓級，位列高眞。羣仙離碧洞瓊宮，衆聖下金樓玉殿，莫不幢旛引駕，寶蓋隨軒，雲臻如玉彩光天，霧集若星輝爍目。帝顔穆穆，凝黈纊以俟聽凡情；岱嶽嚴嚴，捧金編而鑒觀醮禮。南曹染翰，將錄善以上生；北府揮毫，俟紀功而落死。當此之際，有片善者，奚患三界之弗知；運此之心，有寸功者，勿訝衆眞之弗錄。況夫精崇妙會，嚴設香壇，具十二念之善心，遵三九等之齋法者，孰謂聖賢之不接物，何疑幽顯之不沾恩。非道弘人，人能弘道。今則延仙游之睹顧，按科法以關盟，敷叙凡誠，仰干洪造。伏願三清三境，十極十華，妙行眞人，至眞大聖，九天星象，三界威靈，放五色之祥光，蔭九華之寶蓋，迂臨法席，成就善功，咸所禱祈，即遂通感。臣

與云。

宿啟白五師文

綜述

呂太古《道門通教必用集》卷四《宿啟白五師文》 醮筵乍啓，齋事云初。望三境之鬱羅，冥心注想；延九清之飈馭，拜手翹勤。列冠珮之巍峨，接威神於恍惚，切慮玉京金闕、紫府丹臺、日月星宮、璇霄斗極，高超象外，迥出人間，難通葵藿之誠，莫遂蘋蘩之薦。洪惟師寶，久廓道恩。凡兹設醮以建齋，須賴敷誠而達悃。今有某伏念素叨玄化，久沐眞風，爰卜今辰，欽酬志願，吉凶更用。禮盡恭而貌盡敬，應以實而不以文，重念臣道慣未聞，眞筌莫曉，誤蒙請命，承乏闕宣。伏乞靈寶五師，道德衆聖，不違懇請，大賜含洪。分遣四司曹僚、五帝官屬，證明齋事，騰達願誠，省覽詞章，潛垂恩祐，乞使逐時關奏，祈禱感通，志願克諧，善功昭著，誓堅誠慤，仰答恩休。

建壇發爐

綜述

呂太古《道門通教必用集》卷四《建壇發爐》 切以露丹懇於高天，心修事帝；俯紫霄於寸地，式按招眞。屬聖凡交感之初，正壇陛吉蠲之始，爲攄誠悃，干冒天威。奉道某幸以宿因，獲生華旦，有域中四大之德，預天下萬物之靈。穀腹絲身，僅免啼號之患；天形道貌，幸全稟貸之仁。報未見於涓埃，念不忘於夙夜。謹涓吉旦，恭了初心，方此漏箭初傳，更聲乍警，明九微燭，燒衆妙香，囂塵淨而天風清，陰氣升而夜光冷。凡三、四宵修敬之事，在一步履踐之初。伏冀几悃升聞，帝聽遙徹，暫出鴻濛之境，來臨圭潔之場。玉女金童，散天香而郁藹；霓旌絳節，雜花雨之繽紛。不遺一芥之賤微，少慰歷年之素願。天上云云。

啟齋五師前

綜述

呂太古《道門通教必用集》卷四《啟齋五師前》 臣聞先天立教，混元已退於無爲；歷劫度人，師寶上膺於眷命。是以玄中莅職，監齋糾非，經籍度之相傳，天地人之共賴，隨機赴感，有願必從。今建寶齋，並幽明而利濟；願臨塵界，垂恩惠以覃延。謹罄凡情，仰干師造。

清旦

切以大明生於東方，了無塵翳；平旦之存夜氣，豈有梏亡。雲車鶴駕之徘徊，野馬塵埃之不動，屬陳度命若消災，改儲福之悃，上瀆好生之慈。入意以今清旦行道，關奏上靈，伏望師眞，俯垂恩祐。導達誠悃，如杲日之上昇；潛銷愆瑕，若薄冰之渙散。使片善克無於魔障，而洪恩覃及於幽明，感戴之心，始終在念云云。

臨午

齋事有嚴，謹終謹始，聖心之格，無黨無偏。觀聖人揭大中以示人，若曦馭正離明而燭下。無幽不照，萬物資之以生成；有感皆通，一念扣之而通達。爰當臨午，再至輸誠，敷露詞情，冒干師聽。以今云云。

靜夜

四氣朗清，天無氛穢，神風靜默，地絕妖塵。斗柄橫空，揭心詞於霄漢；月光洗夜，寒膽氣於骨毛。戰戰兢兢，克伸昭事；高高厚厚，諒賜聞知。用扣師眞，庶周能事。今有云云。

本命經文

綜述

呂太古《道門通教必用集》卷四《本命經文》 上象渾天，分三辰於經緯；太清立教，播二斗於坎離。宣本命之宏綱，闡玄靈之要訣。蓋人之根本，攸繫七元。天有斗魁，斟酌元氣，性命五體屬乎；主張壽夭，一生歸之予奪。凡律曆之周運，宜瞻六度，以降下人間，伸香火之皈投。故得三生之長爲男子，修齋設醮，量力建功，酌水獻花，隨緣報本。既艮辰之，每不虛度，必上壽之，所可增延，應似谷聲，答如光影。

真武經文

綜述

呂太古《道門通教必用集》卷四《真武經文》 宴處太清，色相非無而湛寂；下臨北極，威權有赫以慈仁。視民如傷，切齒羣魔之肆擴；好生爲重，推心兆庶之興哀。輔正摧邪，消災降福，雖四十二年之修道，三千餘行之成功，本從金闕之化身，明示衆生之證果，所以周行六合，威攝萬靈。凡五瘟之小魔，與六天之故氣，白虹影裏，化作塵埃。雙睛電中，勦無餘類。故得邪妖殄滅，家國咸寧。每月三七之辰，是眞君降凡之日，宜伸香火，以答恩休。

安宅經文

綜述

呂太古《道門通教必用集》卷四《安宅經文》 切聞有巢氏之世，食橡栗而栖木居巢；軒轅氏之時，易棟宇以待風芘雨。使民人之老幼，安作息於曉昏。唯聖人挧物之宜，爲天下所利之大。然陰陽有倚伏之變，寒暑有疵癘之邪，人或冒之，災所不免。於是太上命神靈而授職，爲凡夫衛宅宇，以分司，以太歲爲尊，以一年爲準法，好生之爲重務，去惡之居先立。天坑庲口之神，吞魔食鬼；豹尾黃旛之屬，護正摧邪。正位辨方，妥靈守職。宣太上威權之化，防衆生橫害之虞。豈期人有賢愚，罔明禁忌；神唯勇悍，莫問幽明。犯之則無故悮之分，干之則必示災凶之變。幸惟太上，再閔凡夫，出符文以安寧，宣呪法以警戒，百神聽其令，幽鬼稟其盟，使悮犯者轉禍爲祥，皈投者却災致福，人天蒙利，家國沾恩。

黃籙第一日：爲國歎經文

綜述

呂太古《道門通教必用集》卷五《黃籙第一日：爲國歎經文》 夫《道德經》者，無爲之文，自然之化，落落太漠之表，巍巍象帝之先，二氣資之以立根，三光持之以成象，細無不入，大無不包，其眞以治一身，其土行賈切苴音鮓足以治天下，其功以度羣品，而微妙則能致神仙。昔老子之過函關，授《八十一章》而徑去。漢文之從河上，蓋千七百年而僅傳，窮乎無窮，極乎罔極，以宣道德之要，以爲帝王之師。至如昇玄，演

清淨之音，入衆妙門，而離諸染著，禳災列懺悔之品，度一切厄，而所履平安。黄帝著陰符之書，可以用師於萬倍。青羅傳星曜之呪，可以推運於五行。是皆扶神道於幽微，闡玄宗之隱奥。誦之則聲參太極，研之則治化昇平，禍滅九陰，澤含萬宇。慶流宗社，坐對無疆之休；祲格神人，潛消難解之厄。再伸偈頌，以盡讚揚。

先天立極治難名，恍惚希夷値本根。天步永清旋日月，道樞不動轉乾坤。
靈源直斷羣迷徑，仙路宏開衆妙門。聖壽綿長皇極建，願言辰極與齊尊。

黄籙第二日：遷拔歎經文

綜　述

呂太古《道門通教必用集》卷五《第二日：遷拔歎經文》　夫《度人經》者，三洞上品，一乘妙言，參衆魔之歌音，宣百靈之隱韻。昔授於碧落之土，而藏於紫微之宫。梵氣彌羅，周十方無極之界；金眞朗郁，焕八天空洞之章。文暢而曲不華，趣幽而義益奥。極玄中之妙旨，非世上之常辭。詠之者，名列玉房；聞之者，神飛金闕。萬帝設禮，羣妖束形，以至生天通微奥之言，清靜啓眞常之性，十方嚴救苦之寶訓，九幽授心印之靈篇，普度天人，津梁生死，俾罷對於長夜，咸列名於上清。再引偈章，以伸濟度。

玉書金簡度人深，流出慈尊廣大心。梵氣結成無極界，天風飄泛自然音。
九幽破械冰消戟，八極飛香月滿襟。稽首無英齊接引，神光一道破重陰。

黄籙第三日：消災歎經文

綜　述

呂太古《道門通教必用集》卷五《第三日：消災歎經文》　伏聞太極既判，兩儀肇生，闡妙道於虚無，寓至神於水火，歛純陰肅肅之象，宣至陽赫赫之精，氣氣不停，生生相續。實之以坎，畫於朔易之都；虚之以離，焕乎文明之位。陶鑄萬品，統御三元，五行得之以成，七政得之以運。道生於一，而著於水火之用；物散於萬，而極於水火之功。南北二經，蓋盡茲藴。昔太上之下降，命天師之密傳。浮玉局於地中，敷揚祕訣；化鶴鳴之山上，親授靈文。可以薦福消災，可以注生刱死，永除業障，漸入仙宗。且天童開護命之符，而眞武有降福之願。上智廣眞一之訓，報劬勞恩；靜觀達智慧之門，明解脱義。功德甚重，不可具陳。輒引偈章，以伸讚歎。

芝壇香靄露華稀，雲際風高鶴蓋飛。玉宇寥寥鳴警蹕，金光奕奕下丹墀。
願傾法雨除塵垢，更乞仙丹造道微。兩卷眞經香一瓣，自茲根極欲知歸。

懺悔文

綜　述

呂太古《道門通教必用集》卷五《懺悔》　道家儀文，至於巢先生，號爲大備。文字皆有所出，或儒書，或道書，剸裁鋪張，自有體製，一字不可移易。惟懺悔文，消災、遷拔兩篇，又多取《莊子》，使人聞之，洗濯疏瀹，有清心向道之意。未燭厥理者，或有改易，增加書字，殊爲可笑。故書之，以告將來。

黄籙啟壇懺悔

綜　述

呂太古《道門通教必用集》卷五《黄籙啟壇懺悔》　臣法衆等，至心

歸身、歸神、歸命，十方無極太上靈寶天尊，圓穹列曜星辰，厚地洞天、海嶽醮筵，感降一切眞靈。伏願大慈，洞回昭鑒，同垂巨澤，普降洪恩。臣聞天無親，而所輔在德；福無門，而所召在人。仰歸衆妙之門，必應羣心之用。寶笈箸度人之法，獨步玉京；驛龍馳奏善之章，上朝金闕。每靈心之丕應，見天意之孔昭，皆太上垂慈濟拔之科，而天下奉道修爲之路，肸蠁如答，神明罔違。伏念臣法衆等，暨齋官某等，生逢盛明，志慕虚靜，清天君而疏瀹，斷業障以皈依，謁欵在辰，齋明有翼，將以交三靈於恍惚，禱百順以延長。尚慮宿運功微，前緣德薄，今生往劫，多縱罪根，俗骨凡胎，未階眞品，雖道心之甚固，恐天聽之難聞。伏願上聖哀憐，洪恩蕩宥，拔九祖之魂於既往，貸三世之罪於將來，洗六根以一新，秉純誠而無貳。庶幾寡過，仰格上眞，用修黄籙之科，延召紫清之福。臣等稽首禮謝無上至眞三寶。

散壇懺悔文

綜述

呂太古《道門通教必用集》卷五《散壇懺悔》　臣聞强名曰道，本清靜以無爲；不測者神，有感通而必應。再蕩滌於尸穢，終對越於靈眞。伏念臣等，仙品未充，業根尚在，雖稽參於寶籙，常諷誦於眞經，宣舉教科，修行齋直，慮有違於道範，曾未沃於靈心，輒更澄練身形，洗除塵染，擴性天而一毫莫翳，拂心鑒而内境圓明，藉此修持，用祈感格。伏願衆眞潤略，上聖涵容，凡朝謁非儀，壇壝不肅，千愆萬過，並乞貸原。臣等稽首禮謝無上至眞三寶。

消災懺悔文

綜述

呂太古《道門通教必用集》卷五《消災懺悔》　臣聞盡天下之物，不足以交神明；修胸中之誠，斯可以應天地。矧乃玄元之教，莫非清靜之門。儻三業六根之過存，豈一精二純之能格。當齋科之謹始，欲塵累以先除，庶藉宣揚，以伸昭格。臣今懺悔奉道某等，因從曠功，逮及今生，有妙湛之體，而爲情所昏；有虚明之用，而爲物所蔽。欲惡盛而性有萑葦，聞見疏而智亦聾盲。不能外身而多身殃，不能緘口而多口過。意有所至，愛有所忘，積其有涯之生，造徧無邊之罪。今則對列眞而懺悔，體妙道以修爲。諸業生於諸根，塵塵是妄；有身孰不有患，物物迷眞。爰即靈壇，盡祛往咎。心疏瀹而内觀無礙，性虚靜而外境不移。謗讟之侒皆除，津津之惡悉去。已作之故業，永不蹈於覆車；未造之新殃，更不投於深穽。庶全身而遠害，無見利以忘眞。伏願衆聖洞昭，皇靈遠燭，以瑤池之水，洒濯於羣心；以甘露之華，洗除於衆垢。衰相罪根之消滅，靈光慧性之圓明，恪遵儲福之科，用副延生之格。恪堅爲善之心，仰俟降康之澤。禍沉九地，福遍十方。臣等稽首禮謝無上至眞三寶。

遷拔懺悔文

綜述

呂太古《道門通教必用集》卷五《遷拔懺悔》　此懺悔之意，止爲見存懺罪，將以清心靜念，昭事上眞，非是爲亡人懺悔，往往誤認旨意，引

亡人姓名，不知人理大不相干。

臣聞探眞精於象外，道本沖虛；發洪願於寰中，理歸清淨。非滌除於外慮，不見以將上靈；非懺洗於塵緣，不可以奉齋直。臣今懺悔奉道某等，自從曠劫，逮及今生，身口意之所爲，天地人之六見。有身斯有大患，久積罪愆；諸業生於諸根，未祛惡障。躭染聲色，放蕩心形，血氣盛而爭鬭之患生，嗜欲盈而性命之情病，每背眞而就僞，難解心而釋神。當齋事之啓行，恐層霄之有隔。欲以太玄之水，洗諸惡根；欲求六度之舟，達於道岸。植無漏果，塞衆邪門。洗除其五蘊、六塵，斷滅乎十纏、九結。一心已悟，萬罪皆空。誓從今日至來生，永不將身纏業網。伏願清都委鑒，紫極回光，察素悃之克勤，霈洪恩而允洽。陰愆陽過，悮犯故爲，或上世流注之殃，或六親連逮之役，上世六親，或宿世所造，或仇家所誣，毒風惡氣之侵淩，魔鬼凶人之傷害，並願道風掃蕩，流諸洗除，俾澄練於氣形，庶對揚於壇壝，拔九祖之魂於既往，證上仙之果於將來。九天不夜之長春，願陟洞陽之境；三業無根而自落，長辭萬鬼之羣。福遍滿於十方，禍永沉於九夜。臣等稽首禮謝無上至眞三寶。

祝贊部

啓堂頌

綜述

呂太古《道門通教必用集》卷二《啓堂頌》　學道當勤苦，歛信運丹誠。燒香歸太上，眞氣雜煙馨。惟希開大宥，七祖離幽冥。

焚牒頌

綜述

呂太古《道門通教必用集》卷二《焚牒頌》　璿璣星運轉，玉漏響初傳。告牒眞官訖，虔誠啓醮筵。忱詞祈肸蠁，發露倍精專。仰望眞仙衆，依稀下九天。

智慧頌

綜述

呂太古《道門通教必用集》卷二《智慧頌》　智慧生戒根，眞道戒爲主。三寶由是興，高眞所崇受。泛此不死舟，倏欻濟大有。當此說戒時，諸天來稽首。

奉戒頌

綜述

呂太古《道門通教必用集》卷二《奉戒頌》　道爲無心宗，一切作福田。立功無定主，本願各由人。虛己應衆生，注心莫不均。大聖崇至教，亦由雨降天。高陵靡不周，常卑故成淵。海爲百川王，是能舍龍鱗。萬劫保智用，豈但在厥年。奉戒不暫虧，世世善結緣。精思念大乘，會當體道眞。

請師頌

綜述

呂太古《道門通教必用集》卷二《請師頌》　人各恭敬。

古儀請師，止是經、籍、度三師，作三翻請，且在正壇禮師存念之先，乃自已傳度三世之師。後人不加考究，誤以三師爲天上仙官，故列爲五師。今既如是，不可復改，可尊五師中三師，爲天上鬱羅翹眞人、眞定光眞人、光妙音眞人。此乃天台葛仙公授經時，三師亦以見經教，授傳之祖，不忘所自也。如三清，亦號三師，已在正壇奉事，不可降爲五師也。玄中所以主教，當在第一，三師次之，監齋又次之。

修齋行道，奉請玄中大法師降臨壇所。

修齋行道，奉請經籍度三師降臨壇所。

修齋行道，奉請監齋大法師降臨壇所。

雲輿已降，鶴駕來臨，齋事周圓，還當奉送。

唱道讚

綜述

吕太古《道門通教必用集》卷二《唱道讚》 道場衆等，人各運心，衆和皈命，三寶一切念。

華夏讚

綜述

吕太古《道門通教必用集》卷二《華夏讚》 學言學行言。

三啓頌 三首

綜述

吕太古《道門通教必用集》卷二《三啓頌三首》 樂法以爲妻，愛經如珠玉。持戒制六情，念道遣所欲。淡泊正氣停，蕭然神静默。天魔並敬護，世世受大福。

鬱鬱家國盛，濟濟經道興。天人同其願，縹緲入大乘。因心立福田，靡靡法輪升。七祖生天堂，我身白日騰。

大道洞玄虚，有念無不契。鍊質入仙眞，遂成金剛體。超度三界難，地獄五苦解。悉歸太上經，盡念稽首禮。

玉京步虛詞 十首

綜述

吕太古《道門通教必用集》卷二《玉京步虛詞十首》 稽首禮太上，燒香歸虛無。流明隨我迴，法輪亦三周。玄願四大興，靈慶及王侯。七祖生天堂，煌煌耀景敷。嘯歌觀太漠，天樂適我娱。齊馨無上德，下仙不與儔。妙想朗玄覺，詵詵巡虚遊。

旋行躡雲綱，乘虚步玄紀。吟詠帝一尊，百關自調理。俯命八海童，仰攜高仙子。諸天散香花，蕭然靈風起。宿願定命根，故致摽高擬。歡樂太上前，萬劫猶未始。

嵯峨玄都山，十方宗皇一。岧岧天寶臺，光明焰流日。煒燁玉林華，蒨粲耀朱實。常念滄元精，鍊液固形質。金光散紫微，窈窕大乘逸。

俯仰存太上，華景秀丹田。左顧提鬱儀，右眄攜結璘。六度觀梵行，道德隨日新。宿命積福應，聞經若至親。天挺超大才，樂誦希微篇。冲虚太和氣，吐納流霞精。胎息静百關，寥寥究三便。泥丸洞明照，遂成金華仙。魔王敬受事，故能朝諸天。皆從齋戒起，累功結宿緣。飛行凌太虚，提攜高上仙。

控轡適十方，旋憩玄景阿。仰觀劫仞臺，俯眄紫雲羅。逍遥太上京，相與坐蓮花。積學爲眞人，恬然榮衛和。永享無期壽，萬椿奚足多。

大道師玄寂，眞仙有無英。公子度靈符，太一捧洞章。舍利耀金姿，龍駕欻來迎。天尊眄雲興，飄飄乘虚翔。香花若飛雪，紛靄茂玄梁。頭腦禮金闕，攜手遊玉京。騫樹圓景園，煥爛七寶林。天獸三百名，獅子巨萬尋。飛龍躑躅鳴，神鳳應節吟。靈風扇奇花，清香散人襟。自無高仙才，

焉能躭此心。

嚴我九龍駕，乘虛以逍遙。八天如指掌，六合何足遼。衆仙誦洞經，太上唱清謠。香花隨風散，玉音成紫霄。五苦一時迸，八難順經寥。妙哉靈寶囿，興此大法橋。

天眞帝一宮，靄靄觀曜靈，流煥法輪網，旋空入無形。虛皇撫雲璈，衆眞誦洞經。高仙凜手讚，彌劫保利身。

至眞無所待，時或轡飛龍。長齋會玄都，鳴玉叩瓊鐘。十華諸仙集，紫烟結成宮。寶蓋羅太上，眞人把芙蓉。散花陳我願，握節徵魔王。法鼓會群仙，靈唱靡不同。無可無不可，思與希微通。

金闕步虛詞

綜述

呂太古《道門通教必用集》卷二《金闕步虛詞》 始青黎元蓋，金香結朱煙。飛神總翹轡，稽首玉帝前。帝心浩以舒，錫吾太靈篇。是謂不滅道，萬天秉吾權。吾行空洞中，下仙昧其淵。

步虛詞 十首

綜述

呂太古《道門通教必用集》卷二《步虛詞十首》 太極分高厚，輕清上屬天。人能修至道，身乃作眞仙。行溢三千數，時丁四萬年。丹臺開寶笈，金口爲流傳。

大梵三天主，虛皇五老尊。尙難窺微妙，豈復入名言。寶座臨金殿，霞冠照玉軒。萬眞朝帝所，飛舄躡雲根。

濛濛如細霧，冉冉曳銖衣。妙逐祥煙上，輕隨綵鳳飛。幾陪瑤池宴，忽指洞天歸。佇立扶桑岸，高奔日帝暉。

旋步雲綱上，天風颯爾吹。飄裾凌斗柄，秉拂揖參旗。獅子啣丹綬，麒麟導翠輜。飛行周八極，幾見發椿枝。

綠鬢頳雲髻，青霞絡羽衣。晨趍陽德館，夜造月華扉。摶弄周天火，韜藏起陸機。玉房留不住，却向九霄飛。

昔在延恩殿，中霄降九皇。六眞分左右，黃霧繞軒廊。廣內尊宸御，仙兵護道場。孝孫今繼志，咫尺對靈光。

寶籙修眞範，丹誠奏上蒼。冰淵臨兆庶，宵旰致平康。萬物消疵癘，三辰效吉祥。步虛聲已徹，更詠洞元章。

宛宛神州地，巍巍衆妙壇。鶴袍來羽客，鳧舄下仙官。玉斝斟元醴，琅函啓太丹。至誠何以祝，四海永澄瀾。

水噀魔宮懾，燈開夜府明。九天風靜默，四極氣澄清。嘯詠朱陵曲，翺翔白玉京。至誠何以祝，國祚永安榮。

華夏吟哦遠，人聲自抑揚。冲虛歸道德，曲折合宮商。殿閣沉檀散，樓臺月露涼。至誠何以祝，多稼永豐穰。

玉清樂

綜述

呂太古《道門通教必用集》卷二《玉清樂》 地居天上接空居，萬象森羅遍八區。功用不知誰主宰，絳霞丹霧閟清都。碧落空歌黍米珠，十方勃勃入無餘。聞經慶喜難言說，九色龍騰八景輿。五色雲營靉靉屯，三三洞戶敞瓊門。何方道士通朱表，玉女飛函達上尊。

上清樂

綜述

呂太古《道門通教必用集》卷二《上清樂》　紫清天上育華林，絳實朱柯竹葉深。咀嚼繁英身不老，下觀烏兔换光陰。元君八氣號青靈，錦帔飛裙住玉城。把握帝符司道籍，祓除塵累濟羣生。九日宮中四老眞，廣霞山上宴仙賓。鳴鐘鼓瑟行靈醑，碧落融融別有春。

白鶴詞 四首

綜述

呂太古《道門通教必用集》卷二《白鶴詞》　白鶴初生在紫微，且當洞府養毛衣。借問仙人何日至，莫言不解伴雲飛。白鶴千年始一歸，山川依舊世人非。不因華表分明語，誰識當初丁令威。白鶴飛來下九天，數聲嘹喨出祥煙。日月相催人易老，不如修道學神仙。太一眞人冰雪容，步虛來往本無蹤。蓬萊要去而今去，雲在窗前鶴在松。白鶴天生壽命長，翺翔仙境侍虚皇。千春一到華旌上，却歸霄漢自然鄉。白鶴飛翔在玉京，往來三界現長生。修行若達神仙境，便乘眞馭入雲庭。

白鶴凝霜一頂紅，常居碧落杳冥中。三清好是逍遥處，天上人間事不同。

八景戒期登祕宇，九清敷佑協祥經。曾雲頡頏瞻仙羽，暴日徘徊在福庭。

胎化靈禽唳九天，雪毛丹頂兩相鮮。世人莫認歸華表，來瑞升平億萬年。

出堂頌

綜述

呂太古《道門通教必用集》卷二《出堂頌》　道以齋爲先，勤行登金闕。故設大法橋，普度諸天物。宿世恩德報，道心超然發。身飛昇仙都，七祖咸解脱。

經儀三皈依讚

綜述

呂太古《道門通教必用集》卷二《經儀三歸依讚》　人各恭敬。

至心歸依十方道寶，當願衆生起心回向，一切信禮。

至心歸依十方經寶，當願衆生心開悟解，受持轉誦。

至心歸依十方師寶，當願衆生普上法橋，無有障礙。

道場衆等，人各執簡，當心平坐，讚詠如法。

宿命讚

綜述

呂太古《道門通教必用集》卷二《宿命讚》　宿命有信緣，弱喪謂之

無。皆欲眼前見，過目即言悠。大賢明道教，慘戚愍頑夫。依依念子苦，勤勤令我憂。

啓經讚

綜　述

吕太古《道門通教必用集》卷二《啓經讚》　稽首虚皇天尊前。

送經讚

綜　述

吕太古《道門通教必用集》卷二《送經讚》　無量玄玄也。

解坐讚

綜　述

吕太古《道門通教必用集》卷二《解坐讚》　爲諸來生，作善因緣，如蒙開悟，仰荷聖恩。

七真讚

綜　述

吕太古《道門通教必用集》卷二《七真讚》　太上玄虚宗，弘道尊其經。俯仰已得仙，歷劫無數齡。巍巍太眞德，寂寂因無生。霄景結空搆，乘虚自然征。日月爲炳灼，安和樂未央。

學仙絶華念，念念相因積。去來亂我神，神躁靡不歷。滅念停虚間，蕭蕭入空寂。請經若飢渴，持志如金石。保子飛仙路，五靈度符籍。

濟我六度行，故能解三羅。清齋禮太素，吐納養雲芽。逍遙金闕内，玉京爲余家。自然生七寶，人人坐蓮華。仰嚼玄都㮈，俯酣空洞瓜。容顔耀十日，奚計年劫多。法鼓會天仙，鳴鐘徵大魔。

靈風扇香華，燦爛開繁衿。太眞撫雲璈，衆仙彈靈琴。雅歌三天景，散惠玉華林。七祖生天堂，由此步玄音。前世德未足，斯書邈難尋。信道情不盡，圖飛乃反沉。太上無爲道，弘之在兆心。

學道由丹信，奉師如至親。挹景偶清虚，孜孜隨日新。衆人未得度，終不度我身。大願有重報，玄德必信然。陰惡罪至深，對來若轉輪。

學道甚亦苦，晨夜建福田。種德猶植樹，積簣而成山。子能躭玄尙，飄爾升清天。修是無爲道，當與善結緣。太上至隱書，名曰智慧篇。拔苦由大才，超俗以得仙。靈姿世所奇，燁若淵中蓮。

人行各有本，皆由宿世功。立德務及時，發願莫不從。善惡俱待對，倚伏理難窮。賢士奉法言，道亦在兼忘。解是大智慧，是爲太極公。寶蓋連玉輿，命駕御九龍。金華空洞經，捧香悉仙童。嘯歌徹玄都，鳴玉扣瓊鐘。

竦身凌太清，超景逸紫霄。保元持法綱，遊玄極逍遥。萬劫猶昨夜，千春如晨朝。巍峨蔭雲華，手攀寶林條。香煙自然生，玄階輿扶搖。靈旛順風散，繁想應時消。滅智弘大混，無爲爲清謠。

小學仙讚

綜　述

吕太古《道門通教必用集》卷二《小學仙讚》　學仙行爲急，奉戒制情心。虛夷正氣居，仙聖自相尋。若不信法言，胡爲栖山林。

焚章頌二首

綜　述

吕太古《道門通教必用集》卷二《焚章頌》　太上垂科教，勤行福壽長。延生依玉訣，請命奏金章。罪名除北府，生籍上南昌。見在保延壽，過去升福堂。

太虛感靈會，命我生神章。一唱洞九玄，二誦天地通。混合自相和，九遍成人功。大聖讚元吉，散花禮太空。祈眞眞必佑，請福福當洪。諸天並歡悦，一切稽首恭。

焚詞頌

綜　述

吕太古《道門通教必用集》卷二《焚詞頌》　人生多障難，大道實矜憐。救度留科戒，咸令懺罪緣。愆辜徧地府，釁結已聞天。發露祈眞佑，冥心仰聖賢。虔恭禮三寶，願得壽長年。焚詞飛上界，奏名玉帝前。

度簡頌

綜　述

吕太古《道門通教必用集》卷二《度簡頌》　赤明開元圖，和陽通上靈。元始敷靈華，十部飛天書。開度九幽祖，萬遍道自俱。玉皇秀瓊林，生死福德廬。自無黄籙簡，苦根焉得除。旋行誦靈章，五老還相扶。

符戒頌

綜　述

吕太古《道門通教必用集》卷二《符式頌》　稽首無上道，歸心元始尊。至眞妙應主，開化飛玄門。妙戒怡五靈，金書讋萬神。察命定録籍，靈符度苦魂。乘雲朝玉帝，齊契玄中人。

焚簡頌

綜　述

吕太古《道門通教必用集》卷二《焚簡頌》　天尊垂憫濟，救苦最爲

先。金籙白簡妙，眞符玄又玄。地府稟聖教，酆都禮此言。拔度諸業障，告盟削罪愆。九幽咸解脱，亡魂生九天。

山簡頌

綜述

呂太古《道門通教必用集》卷二《山簡頌》 祈眞登紫嶽、府，告命詣靈山、壇。玉女謠焚響，金童散香煙。書名通九地，列字上三天。永享無期壽，克成高上仙。

水簡頌

綜述

呂太古《道門通教必用集》卷二《水簡頌》 天尊留戒律，太上演眞經。奉法須勤苦，功德貴精誠。虔心啓三寶，焚香告百靈。書名投水府，功勳達上清。

三塗五苦頌

綜述

呂太古《道門通教必用集》卷二《三塗五苦頌》 三才及萬物，倚伏各有齡。終始代劫數，福盡天地傾。往返於五道，苦哉更死生。展轉三塗中，去來與禍幷。

明燈頌

綜述

呂太古《道門通教必用集》卷二《明燈頌》 大道滿十方，華燈通精誠。諸天悉開曜，九地皆朗明。我身亦光徹，五藏生華榮。炎景照太無，遐想通玉京。

散花樂

綜述

呂太古《道門通教必用集》卷二《散花樂》 散花林，散香林，散香花，滿道場，上眞前供養。玉京山上朝眞會，散花林。十仙齊奏步虛音，滿道場，至眞前供養。

空同一聲來月下，步虛三唱入雲間。

古散花樂

綜述

呂太古《道門通教必用集》卷二《古散花樂》 元始傳言齊受籙，道君開教盡皈依。小有洞中三秀草，玉京山上萬年桃。五色雲中呈綵鳳，一爐香裏見朱鬃。三眞玉女持花節，一雙童子捧金爐。五色綵雲來覆地，九天眞氣遶香壇。九龍闕上集眞聖，八仙臺畔聽清謠。三島羽人朝象闕，九天仙子下瑤臺。五色彩雲隨步起，六銖仙服著身來。三島羽人來入座，十洲鸞鶴引冲天。太上散花陳我願，扣鐘鳴鼓會羣仙。萬朶蓮燈開夜月，滿壇香霧雜天花。

五字散花樂

綜述

呂太古《道門通教必用集》卷二《五字散花樂》 絳節徘徊引，天花散漫飛。高眞無染著，片片不沾衣。

聖境三千歲，仙花始一開。如何金籙會，併奉列仙來。

八陛旋瑤級，千花漾錦英。六淳幷紫椋，煥麗不知名。

淺淺黃金蕚，勻勻碧玉英。天風隨羽蓋，吹滿九重城。

綽約縈空際，繽紛落坐隅。韶華長不老，何處覓仙都。

浄侶吟仙曲，人人讚善哉。萬花興供養，飛舞自天來。

寶葉開琪圃，珍柯在紫微。不教蝴蝶採，長伴綵鸞飛。

几席延飈馭，香燈建寶壇。丹心無可獻，碎錦洒雲端。

碧綠相差次，紅黃造淺深。化工應自失，雕斲本何心。

洞桉爐煙起，無爲道德香。同根無異氣，噴鼻更馨香。

散花詞

綜述

呂太古《道門通教必用集》卷二《散花詞》 天上春常在，花開不計時。瑤壇沾瑞霧，芳氣更芬滋。

玉宇千門啓，金爐百和然。芬芳盈法座，祗慄待羣仙。

空裏花無際，元生玉帝宮。只來臨靖館，不去逐和風。

遠汎翔鸞蓋，遐攀倚鳳旌。煙宮高鬱鬱，雲闕上亭亭。瓊鳳出霄漢，金龍入太清。甘露洽人世，景福被幽冥。

解壇頌

綜述

呂太古《道門通教必用集》卷二《解壇頌》 眇眇空無象，悠悠感有情。敬則垂天貺，褻則被魔精。吉凶隨運起，否泰應緣生。道不貴珠玉，神惟在至誠。丹碧盡勤苦，懇欵竭衷情。自然通大聖，皆得降明靈。捻香陳所願，稽首冀嘉禎。天尊常寂靜，回心禮杳冥。

還戒頌

綜　述

呂太古《道門通教必用集》卷二《還戒頌》　天尊大慈悲，說戒度衆生。威德被幽顯，果報感眞靈。諸天來稽首，羣魔自束形。過去超八苦，見在保安寧。齋福行當息，相共送天眞。流梵逸雲響，飛香雜煙馨。瓊鳳乘丹輦，金龍駕綠軿。生往皆快樂，家國悉安寧。

辭師頌

綜　述

呂太古《道門通教必用集》卷二《辭師頌》　修齋已訖，仰荷洪恩，稽首皈依，奉辭玄中大法師。

經法雖玄妙，崇奉悉因師。凡欲立善者，咸當禮敬之。氣專功易就，心慢悔難追。若能勤繫念，朝夕自仙飛。

修齋已訖，仰荷洪恩，稽首皈依，奉辭經、籍、度三師。

道以齋爲重，法以朝爲常。不信不奉者，焉能遊帝鄉。有骨入仙品，自然開紫房。玉女登雲臺，但見金銀房。是故謝三師，稽首禮虚皇。

修齋已訖，仰荷洪恩，稽首皈依，奉辭監齋大法師。

迢迢玉京山，仙都高巍巍。衆眞乘虚步，朗朗長夜開。大道由人信，心至神自歸。修齋行道訖，稽首辭正師。

雲輿弗駐，鶴駕難留。後有告祈，還當奉請。

向來修齋功德，上祝皇帝聖壽無疆，咸賴善功，成無上道，一切信禮。

奉送讚

綜　述

呂太古《道門通教必用集》卷二《奉送讚每句下有散花林三字**》**　奉送諸天仙，金童捧金蓮。玉女颺琪花，直上寶臺前。

難思議讚

綜　述

呂太古《道門通教必用集》卷二《難思議讚每句下和難思議**》**　碧落天中法會時，寶珠初現甚纖微。大聖珠中傳妙道，無邊聖衆盡相隨。

祝鎮天真文

綜　述

呂太古《道門通教必用集》卷二《祝鎮天真文出九天生神齋儀**》**　玄上高靈，元始尊神，大聖徘徊，萬眞臨軒。三景散暉，瑞雲四陳，上吉較圖，推算九天。丹書赤字，自然眞文，上告五帝，記名玉篇。萬神監映，日月盟言，願度願生，願神願仙。天地星宿，玄照帝、我身，三官九府，

五嶽大神，溥告無窮，刬除罪根。修齋行道，請福祈恩，元始大明，莫不納言。得與三景，同暉紫晨，輪轉不滅，身得飛仙。

煉度真文

綜 述

吕太古《道門通教必用集》卷二《煉度真文》 元始太帝，高上玉皇，八天符命，普告十方，無上無下，無極神鄉。三十二天，隱韻靈章，五文結氣，八會流光。今日大宥，萬善敷張，定名仙圖，列籍紫房。修齋行道，用拔先亡，幽關超度，冥夜開光。超登三界，景侍虛皇，冢訟絕息，見在興昌。萬靈監映，福祿殊常，災凶掃蕩，眷屬安康。請如所告，金馬騰驤。

又 無上至眞，大聖高眞，布化運氣，三十二天。八會九光，自然成眞，安鎮天地，保制劫年。元始符命，普告三元，下勑九地，上聞諸天，中告海嶽，名山大川。今日上告，萬神咸聞，修齋行道，拔度幽魂，三官九府，削滅罪根，永度三塗，五苦之源，代代受福，記名丹篇，神生福堂，鍊化自然，生死開度，億劫長存，九天符命，金馬驛傳。

五方消災真文正字

綜 述

吕太古《道門通教必用集》卷二《五方消災真文正字》 東方青帝消災眞文：歲星輔肝，角亢正眞，氐房心尾，四景回旋，箕主七辰，正斗明輪，承氣捕非，掃除災羣。

南方赤帝消災眞文：熒惑輔心，井鬼守房，柳星張翼，抗御四鄉，軫主七宿，回轉天常，召運保會，正道驛行。

西方白帝消災眞文：太白檢肺，奎婁守魂，胃昴畢觜，主制七關，參總斗魁，受符北元。

北方黑帝消災眞文：北辰輔腎，斗牛衛脾，女虛危室，豁落四開，壁總七星，執凶糺非，却災掃穢，明道輪暉。

中央黃帝消災眞文：鎮星輔脾，迴度北元，魁魒主非，截邪斬根，魖魠魓魑，掃穢除氛，魒正玄斗，明度天關，九天符命，金馬驛傳。

祝消災真文

綜 述

吕太古《道門通教必用集》卷二《祝消災真文》 元始上天，三光高明，回景照曜，四方肅清，運度所衛，激揚流星，五分錯越，三統失寧，五斗總辰，七宿明靈。眞君大魁，厥諱玉精。夫人皇妃，字曰育嬰，總御仙關，回轉諸天。今有弟子，恐有災星，懸告不祥，請以眞文，赤書上陳，散髮謝愆，披露丹誠，乞垂玄監，回復天經，氣不妄越，災不橫生，焚燒眞文，散煙玉庭，上景監度，普告萬靈，氣清三關，災滅九冥，陰陽調和，眷屬安寧。請以眞文，風火驛傳。

祝符戒

綜 述

吕太古《道門通教必用集》卷二《祝符戒》 元始上聖，玉帝高眞，輪，承氣捕非，掃除災羣。

丹文告命，濟死度生。金籙妙戒，拯度幽冥。白簡寶符，九眞仙經，解削罪咎，冤債和平。救苦眞人，削除罪刑。察命童子，注上生名。護戒威神，引詣福庭。超離五苦，乘駕雲軿，輪轉得道，飛升上清。

祝茇龍

綜　述

吕太古《道門通教必用集》卷二《祝茇龍》　元始符命，下入重泉，幽關夜府，罪苦銜冤，通幽負信，魚龍告宣，魂魄受鍊，得離冥關，神公往化，上昇三天，一如告命，茇龍驛傳。

十二念

綜　述

吕太古《道門通教必用集》卷二《十二念》　一念天地交泰，二念大道興行，三念陰陽叶序，四念日月齊明，五念廟社安泰，六念聖筭延齡，七念兆民康輯，八念百穀豐盈，九念異人間出，十念災害不生，十一念休祥荐至，十二念治定功成。

十二願

綜　述

吕太古《道門通教必用集》卷二《十二願》　一願乾亨坤順，二願道尊德隆，三願五行不忒，四願九廟來崇，五願一人有慶，六願四海會同，七願萬物茂遂，八願百穀滋豐，九願君唱臣和，十願俗洽時雍，十一願與道合契，十二願億載無窮。

又　一願乾坤明素，二願氣象清玄，三願聖人萬壽，四願化洽八埏，五願天垂甘露，六願地發祥煙，七願四時應節，八願百物生全，九願家多孝悌，十願國富才賢，十一願酆都罷對，十二願學道成仙。

巢儀十二念

綜　述

吕太古《道門通教必用集》卷二《巢儀十二念・爲國》　一念天無氛穢，二念地無妖塵，三念神風靜默，四念日月照明，五念八景冥合，六念十方肅清，七念普受開度，八念民稱太平，九念萬神侍衛，十念諸天書名，十一念功德甚重，十二念咸得長生。

又《遷拔》　一願人無夭橫，二願澤及漏泉，三願冤仇解釋，四願苦爽昇遷，五願冢訟俱息，六願復連不纏，七願九龍馳命，八願魂門鍊仙，九願幽牢罷對，十願七祖生天，十一願朱陵受度，十二願坐致自然。

又《消災》　一願闔門康健，二願父母長生，三願萬邪歸正，四願衆惡不萌，五願五路通達，六願宅舍安寧，七願營業稱遂，八願六畜興生，

九願疾病痊差，十願財物豐盈，十一願橫事不起，十二願永亨利貞。

普供養讚

綜述

呂太古《道門通教必用集》卷二《普供養讚》 人各存念，注想天尊，稽首皈依，焚香供養。願香氣氤氳，遍滿十方界，上至無上大羅天、仙都玉京、蕭臺絳闕、七寶紫微宮，元始天尊、虛皇太上、十方衆聖、三境眞仙、寶藏靈文、玄中教主，敬發心回向，同入法門。願以此香煙，虔誠供養，供養普遍，皈命禮至眞三寶。

祝八威真文

綜述

呂太古《道門通教必用集》卷二《祝八威真文安墳、安宅**》** 三光開明，迴轉天常，運推數終，百六乘綱。大劫交會，萬妖爭行，北酆不拘，放逸鬼宗，羣魔縱肆，妖閉天光。上帝有命，普告十方，演明天度，法教開張，宣道治民，攝除不祥。有何小妖，羣聚爲場，赤書玉文，檢攝鬼鄉，北酆三官，明速傳行，千魔束爽，萬鬼送形。流鈴交煥，激氣太陽，金虎四邀，天丁捕亡，大小齊到，不得匿藏。乞如所言，列奏上蒼。

八威真文

綜述

呂太古《道門通教必用集》卷二《八威真文》 東山神呪，攝召九天，赤書玉字，制會酆山，束魔送鬼，所誅無蠲，悉詣木宮，敢有稽延。右東方北攝酆山，束送魔宗，符敕所討，明列罪原。南山神呪，威伏百方，群妖滅爽，萬試摧亡。右南方赤書玉字，九天眞文，攝召萬氣，普歸帝君。右西方北山神呪，激陽起雷，流鈴煥落，鑊天振威，北部所部，萬妖滅摧。右北方敕攝北帝，遏塞鬼門，剪除不祥，莫敢當前。右中央

外壇讚詠

綜述

呂太古《道門通教必用集》卷三《外壇讚詠》 壇外法事，字字皆以拔度爲本，誠非細事，況是施主追悼之際，慘戚裝懷，謳歌詞曲，尤爲不便。今取前有偈頌及新添，以助行事，庶幾典雅。

開方偈趙明舉

六螭回馭息虞泉，城郭樓臺入暮煙。夜漏初傳人已靜，陰關仍鬪鬼爲塵。玉隆有會如何向，里域分司守護堅。欲得大方隨處去，須憑眞誥爲敷宣。

第一度召請諸神偈

龍駕相將下紫清，遍延羣望豎旛旌。諸神悉自無方至，雲裏追班聽蹕聲。

第二度召亡人偈

夜府多寒閉苦魂，女青天詔制辭溫。靈旛啓道招遊爽，符吏匆匆爲駿奔。

第三度召請偈

大道哀深六趣幽，長於苦海駕慈舟。紫壇夜永開方便，躋入洪鈞一氣收。

澡浴偈

總因心垢難湔洗，苦海漂流不凈身。津津惡障未祛除，穆穆清光難禮覲。金龍負致長庚水，玉女分傳御坐香。三熏三沐整威儀，躡景乘虛朝太上。

引沐浴儀語新添

上來奉召，所薦亡者，已承溫詔，得出寒鄉。隨符吏之匆匆，不行而至；望旛竿之緲緲，應召而來。將朝對於軒墀，即受傳於符戒。先須澡身浴德，振衣彈冠，敬憑神呪，以護符請就，蘭湯而灌濯，四靈備衛，九氣密羅。澡浴儀文，請爲宣示。

法橋偈

普獻無邊聖，香煙散十方。願乘七寶臺，垂光五濁世。永度人天衆，咸令上法橋。同會證無爲，勤修不退轉。

法橋文

合道場人，至心歸命，十極虛皇之聖，五靈引導之童。願賜慈悲，特垂救度。竊以欲海深而易溺，當究濫觴；道岸高而難登，孰爲援手。由性情之迷悟，致霄壤之升淪。嗟彼衆生，處於濁世，愛流成海，虐浪滔天，貪嗔騰汹汹之波，結習自涓涓之滴，逐物而就，死者滿目，皆是反身。而達岸者，舉世實希，豈無汲引之門，救此漂淪之苦。惟太上憫衆生之俱溺，設妙法以爲橋，命十極天尊作聖涯之砥音紙柱，詔五靈童子爲道海之津梁，拔出迷途，達於彼岸，濟弱水三千萬里，摶音團剛風五百億重，不踰俛仰之間，即至逍遙之境，端在心源，自反法力，愈加一舉足而不失正因，九頓首而上朝元始，更惟衆聖密賜護持，庶令苦海之魂，俱遂法橋之上。

【略】

下橋偈

津梁苦海法爲橋，太上慈悲願力饒。虐浪中流逢砥柱，愛河斷岸得仙韶。公子靈旛祛壅滯，天尊援手互招邀。接武下橋趍玉陛，大方無礙信逍遙。

爲亡者皈依三寶懺罪

綜述

呂太古《道門通教必用集》卷三《爲亡者皈依三寶懺罪》 亡過某等，已承告召，得屆道場，將傳金口之戒言，祗佩丹文之簡籙，然未祛於宿障，恐莫悟於至言，敬依三寶之威光，爲懺六根之罪累。蓋罪從心起，滅心則萬咎冰消；志以道寧，見道則一靈朝徹。宜在洗清情識，蠲潔性靈，速捨妄以歸眞，庶聞經而契道。夫作善建齋，傳符受戒者，先當皈命無上至眞十方三寶，仰仗三寶聖力，爲亡者懺悔三業罪愆。故經云：若不皈依三寶，是故善法無所依憑。合道場人，同誠皈命。

皈命十方道寶，頂禮元始天尊，能爲所薦亡魂，解除身業罪。

懺悔亡者身業無邊罪，種種益難量。舉止去來間，滯染諸塵垢。華飾貪逸樂，傲誕世間人。今對大慈尊，一心陳懺悔。願此身業罪，消除永不生。清靜契神仙，永離三邊界。

皈命上清經寶，頂禮太上道君，能爲過去亡魂，解除心業罪。

懺悔亡者心業無邊罪，種種益難量。嗔喜幷愛憎，妄想從心起。嗜欲兼虛妄，嫉妒世間人。今對大慈尊，一心陳懺悔。願此心業罪，消除永不生。智識迥開明，洞達希夷理。

皈命太清師寶，頂禮太上老君，能爲過去亡魂，解除口業罪。

懺悔亡者口業無邊罪，種種益難量。兩舌及浮言，毀謗諸經教。噉食有情物，窘辱世間人。今對大慈尊，一心陳懺悔。願此口業罪，消除永不生。絕彼是非言，常演眞經教。

向來皈依三寶，懺悔勝因。惟願亡人，往生天界。花臺寶蓋，雲際來迎。絳節青幢，空中接引。鶱林樹下，常聽仙經。寶月池邊，惟聞雅梵。生前萬罪，從此消除。歿後三塗，因今解釋。乘龍駕鶴，逍遥十極之天；悟道登眞，自在三清之境。福流見在，再果常來，此世他生，長親至道。洪惟上聖，允鑒精誠，撈漉羣生，俱登道岸。和不可思議功德

又 稽首皈依道，大羅元始尊。杳冥開祖劫，混沌立元根。願垂清靜教，救度此亡魂。衆和，往生神仙界，下同。

稽首皈依經，眞文煥八方。鍊金成鳳篆，揉玉寫龍章。願開金口演，救度此亡魂。

稽首皈依師，三乘衆中尊。先天垂愍濟，歷劫度迷昏。願垂無量法，救度此亡魂。

懺悔亡者眼耳鼻舌身意罪，六根六欲六情愆。管絃嘹喨少眞音，耳紫綠輝華非正色。眼蘭麝競裝馨香處，鼻車馬爭鶩馳騁時。身甘辛不節自傷神，口喜怒無常惟奪算。意係六根之罪六根每引輪回路，或以六根爲三途，誤也。三寶常開拯拔門。以今發露首前愆，總願罪根盡消滅。

次懺慳貪瞋怒愚癡罪，邪婬偷盜殺生愆。謗經毁教不皈依，怨道咎師違誓約。身心妄想無休息，眼耳生貪不住時。未來過去及今生，三世罪根難可測。此日發心陳懺悔，從前障惱願消除。言詞既向道前陳，衆聖定於空裏鑒。不可思議功德，衆等各各彈指，爲亡者懺罪。願亡者身業消滅，心業消滅，口業消滅，六根消滅，冤債消滅，業障消滅，萬罪消滅。

願亡者衆罪如霜露，惠日普消融。今世與來生，受性常清靜。亡魂出長夜，滯爽達仙源。北都除愆過之文，南府注長生之字。詠讚仙歌空洞響，不聞地獄苦魂聲。衆等各發至誠心，亡者生天受快樂。

懺罪授戒訖，引亡人歸位，次安慰云：

亡者某等，已對三清，親傳九戒，即肅恭而諦受，宜寅畏以欽承。仍備肆筵，各惟就序，享芬芳之嘉薦，俟周滿之洪因。齋主望靈，虔誠設拜。

又《送亡人法事出回橋儀**》** 今則齋事周圓，法筵斯罷。宜承善利，共沐殊勳。逐慧光而睹天尊，捧符命而登仙界。亡過某等，既已聞經聽法，必能見性知天，仰侍丹輿，便昇雲路，上昇仙橋，於此際登，朱陵府向。今時既得超生，各流恩福，齋主虔誠，謹當奉送。

又《偈》 法筵勝會功圓滿，遠逝新亡盡往生。齊向昇仙橋上過，各賷功德禮三清。

高功上御案香祝

綜 述

吕太古《道門通教必用集》卷四《高功上御案香祝》 玉華散景，九氣含煙，香雲密羅，逕衝九天。侍香金童，傳言玉女，上聞帝前，令臣所啓，咸乞如言。

上手爐香祝

綜 述

吕太古《道門通教必用集》卷四《上手爐香祝》 百神羅刑，心存洞陽。左命眞伯，右挹元皇。開發靈篇，大梵隆昌。紫煙上達，萬道丕張。

又

道由心學，心假香傳，手執玉爐，心存九天。眞靈下盼，仙斾臨軒，令臣關告，逕御三天。

上洞案香祝

綜述

呂太古《道門通教必用集》卷四《上洞案香祝》 朱陽九霄，蔚藹元晶。靈鳳來翔，上朝玉京。流結感化，仙道克成。願此丹禱，隨煙迅升。

趙明舉法師存氣熏銜歌

綜述

呂太古《道門通教必用集》卷九《趙明舉法師存氣熏銜歌》 三氣由來合體成，元皇相好便分明。箇中的有玄無理，但恐時流學不精。

步斗歌

綜述

呂太古《道門通教必用集》卷九《步斗歌》 坎雙艮隻步交乾，震上雙行兑亦然。坤隻離雙單步巽，三台歸去便朝天。

存章思神法，孫公教師籍中具載。此蓋太上隱祕，雖存諸編冊，至於心法，自得之妙，不可言傳。以孫公既以宣露，且言吾徒，宜祕斯文，勿輕以告人。茲不復鋟板，多泄天祕，後之留意者，宜求之孫本，索其隱於先達云。

戒律部

太上出家經訓

綜述

吕太古《道門通教必用集》卷一《太上出家經訓》《出家因緣經》云：道士，凡有七階。天尊言：一者天眞，謂體合自然，內外純靜。二者神仙，謂變化不測，超離凡界。三者幽逸，謂含光藏輝，不拘世累。四者山居，謂幽潛學道，仁智自安。五者出家，謂捨諸有愛，脱落囂塵。六者在家，謂和光同塵，抱道懷德。七者祭酒，謂屈己塵凡，救度危苦。所以名道士者，謂行住坐卧，舉念運心，惟道是修，惟德是務，持齋禮拜，誦經燒香，奉戒修身，然燈懺悔，布施願念，講說大乘，教導衆生，發大道心，造諸功德，普爲一切，後己先人，不雜塵勞，惟行道業，故得天上地下、六道四生，禮拜皈敬，最爲尊勝，不朝天子，不揖諸侯，作人天福田，爲三界依怙。

玄門入道求出家法身十七願念

綜述

吕太古《道門通教必用集》卷一《玄門入道求出家法身十七願念》一願不殺生命，斷聖種故。二願永不飲酒，敗習性故。三願永不血味，與體同故。四願不食五辛，障生天故。五願不犯婬欲，自亂心故。六願不說他過，人惡聞故。七願不貪財貨，爲妨道故。八願勤修功德，自莊嚴故。九願不惱亂人，成怨業故。十願利人不捨，不異我故。十一願永不妄語，人不信故。十二願永不懈怠，退道心故。十三願修學一切方便，成種智故。十四願永不盗一切物，必倍償故。十五願長內修齋，得齊心故。十六願常照諸法空靜，速進道故。十七願常敦默如愚，自安靜故。

已上並童子入道受持。

《昇玄經》云：爲道士者，與彼俗人事事有反。目不多瞻，見好不驚。耳不聽讒，不聽亂聲。鼻不嗅香，芬芳之腥。口不嗜甘，茹犯衆生。心不想欲，財色華榮。手不奸用，足不惡踐。此道士之行也。

《昇玄經》云：凡出家者，除去飾好，服御巾褐，卑牀小屋，容身而已，不得奢侈。除病及遊，行就請外，淨居閑處，躭玄樂道。此謂聞道初門，大德之本也。

《定志經》云：昔有十二年少，處世閑樂，共作好食，酣飲嬉戲，或復論議爲道持戒之難易。天尊於大定見之，以此年少前世，各爲人師，祕悋經典，致諸弟子，亦多猶豫，今墮俗塵，因此微緣，猶可救度。天尊即化爲人，從會中過，因悉共語。化人曰：持戒甚易，不持反難。諸人聞之，僉然問曰：云何先生，持戒云易，不持反難？化人曰：立身如戒，不畏天子，不畏鬼神，何爲不易。如違戒者，是人悉畏，復畏鬼神，云何不難。於是十二年少，聞化人語，皆憶宿命，發心持戒，同證道果。

《法輪經》云：太上玄一眞人告葛仙公曰：我昔受師訓，切厲備經，痛如刀割，尅如毒錐，俛仰伏事，恆不敢虧，痛不敢辭，毒不敢言，今成道果，難報師恩。

《太眞科》云：道士修習經業，以五千文爲先。講說通解，度人濟己，開化無窮，此爲大乘之人。

《太眞科》云：開闢之初，聖眞仙人，皆宣道氣，立法相傳。同宗太上，俱稱學士。以道爲事，事道有功，昇號道士。

《明威經》云：爲學不可不精，邪正相似，不可不明，不明墮於難境，明者班於易途。明與不明，由心詳辨。辨之之法，偏學衆經，歷試取驗，自然朗明，在世間法，出世間法，有爲無爲，無不究悉，自然測三清之妙趣也。

言語品

綜述

太極太虛真人《洞玄靈寶道學科儀》卷上《言語品》 科曰：凡是道學，當知樞機緩急，言語善惡，招禍得福，唯聞口業。出家之人，若道士、若女冠，在房、在觀，與長德師尊有所言對，諮決可否，和聲下氣，奉聽長德師尊之言。若未如意，道理不明，待上辭盡，然後徐徐決定，無容以私亂衆及口氣狼藉，雖復在内，不爲惡心，而招在外，大小不順，一得在内二衆謗，二得在外二衆謗。若在法朋友，年類相當，或大友於小，或小接於大，所有論説，或言及衆事，或言身事，寬心緩語，務令理盡，不得因此呵喚，驚張内外二衆，不忌師尊，不忌道俗，辱及父母、兄弟、宗親。若在房院，若在徒衆，發心吐言，皆當評論正事，問答法問，智者諮之，愚者敎之，使智慧增明，愚癡日破，雖終日言而合道，事亦無苦。若對外衆、六親眷屬、一切男女，有所道説，問訊寒凉，及俗間正事，不可不道者聽之。自此已外，非法聲説，雖喜非法之俗，不與出家相宜，愼勿言之。一言已致大凶者，是爲上多言；一言而致辱者，是爲中多言；一言而見窮者，是爲下多言。古今賢聖之出言，文辭滿天地之間，尙苦其少，天下以爲法，不敢厭其言，故善言無多，惡言無少。古者聖人之將言皆思之，出言成經，置爲人法；愚者出言，爲身災害，還以自傷，此重誡也。

講習品

綜述

太極太虛真人《洞玄靈寶道學科儀》卷上《講習品》 科曰：凡是道學，當知聽習回向，須得明師。師若不明，翻成傷道慧。若道士，若女官，棲身法門，志求玄悟，應離七種躭著：一者躭著朋遊，二者躭著酒色，三者躭著名利，四者躭著玩弄，五者躭著伎樂，六者躭著飲食，七者躭著城市。離此著已，當發四種願見：一者願見明師，不論遠近；二者願見明師，不論貧富；三者願見明師，不論愛憎；四者願見明師，不論貴賤。一念、二念，至於多念；一時、二時，至於多時。驅策身心，如飢如渴，詢請妙義，得聞得思，得行得證，稱揚功德，玄化興隆，無令二衆得迷悞苦。若女冠衆，性理怯懦，本位無人可講習者，當三人、五人，乃至多人，清淨三業，賫其道具，聽受法本，親近大師，一日二至，退著本位。若近本師住處法門，無女冠住處法門，應近本師住處左右，投精專奉道之家居止，朝禮讀誦，依如本科，講授聽受，正身、正言、正心，以時傳示，不得違科奉道，招得内外二衆，動靜嫌謗，敗壞眞實清淨法門。有犯者，招損辱惡報，非清淨品，計其赴緣行道。若二衆同緣，大師應行法事；若二衆各緣，聽二衆各行法事。

禁酒品

綜述

太極太虛真人《洞玄靈寶道學科儀》卷上《禁酒品》 科曰：凡是道

學，當知持戒發慧，安身鍊心，無惑酒惡。求靜念者，若道士，若女冠，入我法門，是我眞子，非法躭湎於十二時犯者，有十種昏亂：一者不孝師尊、外衆父母，二者累負門人、外衆妻孥，三者鬪亂同學、外衆兄弟，四者過誤王法，五者觸犯朋友，六者墮落乘騎，七者燒溺水火，八者迷路失道，九者頓失念慧，十者對境生麤。有此十惡，能令內衆外衆，當時過時，身心昏亂，甚狂病人，不明時節，不分內外，二觀摧壞，用心失次，三善銷毀，行化無依。常得三種近者：一者種惡業之人，二者噉食牲血之人，三者屠戮生命之人。又五種交遊者：一者違遠父母、不孝之人，二者婬逸無度、悖禮之人，三者破家失業、無計之人，四者越科犯律、偷盜之人，五者貪著俗樂、非道之人。日復一日，月復一月，年復一年，不能攝念，失本違宗。目前見有六種遺棄：一者師尊遺棄，二者父母遺棄，三者兄弟遺棄，四者姊妹遺棄，五者朋友遺棄，六者內衆遺棄。凡此因緣，是見在報師寶因緣。當轉法論，次次宣告，無前親近，無前交遊，則爲修行上法，是眞出家。若老病，聽隨分使藥，若過分貪競，與前見在報同。

法服品

綜述

金明七真《洞玄靈寶三洞奉道科戒營始》卷三《法服品》科曰：道士、女冠三洞法服，各有儀制，具如本經，當依法制服，具依下卷。其山文霞納暈畫等帔，無擬天尊身上九色離羅之狀，講說三洞大乘，敷揚妙道，陞高座大德法師所服。若具上法，登壇入靜，告齋行道，啓導之首，及常修經法，或傳授經戒，威儀所須，聽臨事暫披，事竟還罷。除此之外，皆不得輒服。違，減筭一千二百。

科曰：凡諸女冠裙，皆全幅帖緣，染用梔黃，深色綼袖，如道士制，皆不得淺淡雜色。違，減筭二百四十。

科曰：道士、女冠執役衣，先不具科，今備出之。其上、中、下衣，皆用淺黃色，若黃屑土黃，作淡色，短小稱身制之。若在觀居房，供養師主尊年耆德，或修飾經像，執捉營爲，皆服此衣，名爲執役。若道士、女冠，裩袴衫襦，並作黃屑色，不得餘色及白。違，減筭三百六十。

科曰：道士、女冠，皆有冠幘，名有多種，形制各殊，具在經中，具如下卷。並用穀皮筍籜，或烏紗純漆，依其本制。皆不得鹿皮，及珠玉綵飾，其簪聽用牙玉骨角，亦自須依法，皆函笥盛舉，勿使顯露，及俗人犯觸。違，減筭二百六十。

科曰：道士、女冠履制，皆圓頭，或二儀像，以皮布絁絹裝飾，黃黑其色，皆不得羅綺錦繡、畫繡間錯、珠條隱帖。及俗履，或青紫錦繡。其襪，並須純素絁布絹爲之。其韈圓頭闊底，輭唯麻而已。自外皆不得著。違，奪筭二百四十。

科曰：凡道士、女冠卧具，皆用絁布絹，染作黃屑，或淺槐色，若青綠碧緋紫、錦綺纈雜暈綵，皆不得服。用其氈席、牀褥，悉皆如之。褥，聽用紫碧褐等。枕，用木或純漆，正四方作之，不得斜曲爲異形，或承髻金銀雕飾，皆下鋪淨巾。違，奪筭三百六十。

科曰：凡道士、女冠，體佩經戒，符籙，天書在身，眞人附形，道氣營衛，仙靈依託，其所著衣冠，名爲法服，皆有神靈敬護。坐卧之間，特宜清淨，或赴緣入俗，教化人間，不可將我法身，混同俗事。凡人牀席，穢氣稍多，衣服尊卑，自須分別，須各作坐。褥方四尺，表裏帖緣，大德尊者法師、及具上法者用紫，餘皆槐色，並不得以錦綺珠條帖絡，出入隨身。若入俗間，則不用也。違，奪筭三百六十。

制法服品

綜述

太極太虛真人《洞玄靈寶道學科儀》卷上《制法服品》科曰：凡是道學，當知身得入道，內除俗念，外息俗緣，內守法門，外修法服。出家

之人，若道士，若女冠，山居自修，人間遊化，內外法服，須有條準。若始得出家，未漸內籙，上衣仙褐法帔，皆應著條數，不合著二十四條。若受神呪五千文，皆合著二十四條，通二十四氣。若年二十五已上，受洞神靈寶大洞者，上衣仙褐，合著三十二條，以法三十二天，天中之尊；法帔二十八條，以法二十八宿，宿中之神，亦聽二十四條。隨道學之身，過膝一尺，皆以中央黃色爲正。若行上法，聽著紫。年法小爲下座者，勿著紫。若中衣法衫，筒袖、廣袖，竝以黃及餘淺淨之色爲之，皆大領，兩向交下，揜心已上，覆內衣六寸。若內衣法裙，聽以餘淺深色爲之內，以黃爲外。若有相，聽以淺爲外，皆垂及踝。若女冠具上法者，聽以輕紫紗爲褐，若裙，必用深黃，不得輒用餘淺色，其上、中、下之衣，不可計緣之內外，皆大幅帖緣爲之，莫自專執，爲二衆所嫌，一者得同俗謗，二者得異道謗，眞靈去身，婬邪內起，不能精持內心，三尸潛匿，赤子飛颺，長離玄室，破形解骸，身死名滅。若能冠服常依道，得道之日，天帝授子離羅九光錦帔、丹羅寶曜之巾、天寶之珮，師子文履，謂之飛仙之服，以酬積功專勤求道之德兆。勿慕世間之冠冕，輕慽道之服也。世間雖目下榮耀，不脫於死，道學巾帔，上法於天，著之求道，令人飛仙乘虛也。

忌葷辛品

綜述

太極太虛真人《洞玄靈寶道學科儀》卷上《忌葷辛品》 科曰：凡是道學，當知修身潔心，無犯禁忌。若道士，若女冠，食五種葷辛，名爲惡菜，內外非法，不宜輒犯。何爲五種？一者韭，二者大蒜，三者小蒜，四者葱，五者薤。又諸菜中，辛者見在際，有四種損害，無三種分。何爲四種？一者損害五藏，二者損害道行，三者損害內衆，四者損害外衆。上詣、中請、下化，三種無分：一者上詣道場無分，二者中請神明無分，三者下化男女無分。當攝三業，莫令心思，莫令身求，莫令口食，神明可希，道場可詣，男女可化，藏府清寧，口氣香淨，朝夕朝謁，住處虛空，有感有降，利益衆緣。

巾冠品

綜述

太極太虛真人《洞玄靈寶道學科儀》卷上《巾冠品》 科曰：凡是道學，當知具足威儀，衆事已辦，名行非俗，是爲出家。出家之人，上首巾冠，須知法象，及諸用捨。若道士，若女冠，平常修道，戴二儀巾。巾有兩角，以法二儀。若行法事，陞三籙衆齋之壇者，戴元始遠遊之冠，亦有輕葛巾之上法，元始之所服，故天眞上聖，或巾九德，或巾七星者，即冠巾有七星之文也，亦謂玄冠。玄即天也，亦言天有七星。若道學，行卧住息，常須簪戴，神靈敬奉，不得暫捨，令泥丸、玄華二神有所怨慢。唯每旦梳理玄華之時，要須暫捨，安著淨巾之上，又不得令外衆男女，及非同契之人，輒有窺見，輕取戲弄。能愼之者，有五種利益：一者爲己身尊重，二者與外衆避罪，三者得眞神稱歎，四者令含靈生善，五者增內外福田。不能保愼，輕我巾冠，令彼外人妄取戲弄之者，道學之人生五種惡報：一者己身爲人輕笑，二者令外衆之人生輕笑罪，三者眞神咎責，道氣飛散，四者含靈不敬，五者內外獲罪。道學二衆，當須明愼，令起五種利益，滅五種惡報。因此敬人，善芽增長，勿令慢人，善根朽壞，則爲外俗之人敬我大法，不生謗笑，明各愼之。

敬法服品

綜述

太極太虚真人《洞玄靈寶道學科儀》卷上《敬法服品》　科曰：凡是道學，當知入道，上衣、中衣、下衣，皆當尊敬，不得漏慢。出家之人，若道士，若女冠，上衣褐帔，最當尊重。何者，天尊聖人，皆同此服。若中衣下裙，助我法儀，隨上通感以法服，故世人致敬，異彼俗流，若生輕慢，隨便得罪。尊敬之相，有五種因緣：一者未著之前，函箱盛之，安高淨處；二者既著之後，坐起常須護淨；三者暫解之時，勿與俗衣同處；四者雖同學同契之人，亦不許交換；五者不得乞借俗人，非法服用，直至破弊，皆須護淨焚棄。違此者，彼此得罪。若尊敬法服者，得五種實因尊重：一者實因法服而得尊重，更不屈形拜於外衆男女；二者實因法服而得尊重，感彼外衆男女屈形禮拜；三者實因法服而得尊重，所在遊行衣食自至，得彼供養；四者實因法服而得尊重，內修外屈，通感明靈；五者實因法服而得尊重，外衆男女、王公天子，聞見歡喜，不生惡心。何謂輕慢五種因緣？一者未著之前，翻覆狼藉僻惡之處；二者既著之後，隨處倚坐，不揀淨穢；三者暫解之時，與俗衣混雜同處；四者非是同學同法，隨情借換；五者乞借俗人，非法服用。此人見在，當受五種實因輕慢之報：一者實因輕慢，爲人輕賤，同常俗輩，屈形求人；二者實因輕慢，爲人輕賤，不得衆男女屈形禮拜；三者實因輕慢，爲人輕賤，遊居方所，不得衣食以時供養；四者實因輕慢，爲人輕賤，內修外屈，神明不降；五者實因輕慢，爲人輕賤，外衆男女、王公天子，若聞若見，無信敬心。道學二衆，善思尊重，勿爲輕慢，自招禍累。若已破壞，不任衣著，當以除日平旦之時，禮拜訖，於淨地燒之，勿令外衆男女輒見。若佩帶眞文三衣，服卧止息，不得露頭，須著巾帽，不得露形，須著衣服也。

背道品

綜述

太極太虚真人《洞玄靈寶道學科儀》卷上《背道品》　科曰：凡是道學，當知始自氤氳，極於成道，度八難苦，受出家身，因我神仙法服，三寶之衣，仙褐法帔、上下三衣，有所法象，因法在身，而獲尊重。若道士，若女冠，承國主恩，承父母恩，承師尊恩，得出家位，當爲師尊供養，見前得離二種牢獄：一者內，則牢獄輕苦，所謂父母牢獄、夫婦牢獄、男女牢獄、兄弟牢獄、姊妹牢獄、貴賤牢獄、內外支緣牢獄之中，即有二種：一者歡喜牢獄、恩愛樂具，二者瞋怒牢獄、逼迫苦具，苦樂雖異，牢獄不異。二者外，則牢獄重罪，所謂父母共造、夫妻共造、男女共造、兄弟共造、姊妹共造、貴賤共造、內外支緣共造之中，亦有二種：一者煩惱共造、有願不願，二者歡喜共造、唱和俱願，煩惱歡喜雖異，共造不異。今日出家，離前四緣，誓心精苦，迄至成道。坐道場時，復來遊化，若未證之前，背叛正法，一念生心，欲屈釋道服，求俗中樂，此人見前即得三種惡報：一者不得惡色、惡命、惡聲、惡氣，自己受苦，他人惡見；二者中得年横、月横、日横、時横，他人作罪而我爲受；三者上得風殘、癩病，若生男女，輒便聾盲瘖瘂，或爲王法所見，誅戮在生，惡盡身謝三官，受五色九重幽闇。一切苦具，日月遙長，形身巨大，日月比於五色界時，命業苦具，即滿五色九幽處所，千萬億劫，無有休息，此方天地。若值風水劫時到，即移往他處，及於其處壞中猶受。若有永劫，父母、兄弟、男女、姊妹、貴賤、友屬之親，若自念、共念，若次第念，若他念，若飲食念，若錢財念，若抑屈念，若欺凌念，令出家人捨去法服，背道從俗，當知此人無量劫來，善根朽壞，惡根增長，毁敗道寶，毁敗經寶，毁敗師寶，有於今日，起大惡心，破壞師尊三寶福田。此人初願出家，從信中起；今日退，抑從謗中起。信根既壞，謗火自燒，得此諸苦，

明告內外，努力勤修，各求解脫。

居處品

綜述

金明七真《洞玄靈寶三洞奉道科戒營始》卷三《居處品》 科曰：道士、女冠，居處鋪牀，宜依四壁單行，不得前後合鋪。若坐若卧，皆獨處一牀。違，奪筭一百二十。

科曰：道士、女冠坐卧處，皆不得施帳座、屏風、障子。若屋宇穿漏，風塵出入，聽作青布縵，或縵帳周匝而已。違，奪筭一百二十。

科曰：凡道士、女冠居處，唯虛淨素朴而已。除曲几、夾膝、如意、塵拂、香爐、香合、經案、巾帊、函笥、坐褥、繩牀、經藏、燈臺、衆生食盤、澡灌等，非法器玩具，皆不合畜用。違，奪筭三百六十。

科曰：道士、女冠食器，有五種相。一者純漆，二者銅作，三者石作，四者鐵作，五者瓦作。皆三重，大者五升，中者三升，小者一升五合。衆生食盤或鉢一，容半升，匙挾銅漆，餘並不得充用。淨巾二，唯供齋堂所用，自他所及他用，悉不得。常須清淨，名曰齋器。每洗拭安架笐，勿雜他器。違，奪筭二百八十。

科曰：道士、女冠房內，皆須造浴室，內外密淨。凡犯穢及汗垢，即浴。違，奪筭一百二十。

科曰：凡道士、女冠居住，先須有泉井，每令清淨，勿使穢雜、及六畜屍產穢。凡用水，皆先濾後用。違，奪筭一百二十。

科曰：凡道士、女冠居處，先須備澡灌注椀，或盆器，貯淨水。舉動運爲，須漱口洗手。其器，金銀銅瓦，任時所有，皆安蓋，無使風塵蟲物穢汙，兼淨巾相覆。違，奪筭八十。

科曰：凡道士、女冠居處，先須造廁，當隨土深淺，上造小屋，使表裏密淨，不得露見穢汙。違，奪筭一百二十。

山居品

綜述

太極太虛真人《洞玄靈寶道學科儀》卷上《山居品》 科曰：凡是道學，當知道之布化，聖人設法，接引初行，隱遁山林。出家之者，若道士，若女冠，當棲息山中，以求靜念，不交常俗，引命自安，避諸可欲，去諸穢亂。居山制度，與世間有異，有十事因緣：一、不得領戶化人；二、不得交遊貴勝，以求名利；三、不得行邪禁呪術；四、不得醫卜取錢，與世有隔；五、不得與世俗婦女同牀席坐卧，除異學山居清淨者；六、當朝中、日沒、人定、夜半、鷄鳴等時，焚香然燈，敬禮十方天尊，悔過滅惡。禮時，從東方爲始；七、日中後，不得食穀氣物，非穀氣者：水、玉、芝、石、松、朮、黄精、雲英、靈飛散、枸杞等食無時，不在禁例；八、凡行山採藥時，三步一彈指，十步一磬欬，舉足下足，常當念道，想有神人在於崖間路側，授我仙術，我得如修服之，白日昇天；九、若少得道，分未能達，無自顯揚，輕慢不及；十、當念己身，父母長育之恩勿忘。此謂十事，居山修道之要爾，服御方法，竝具本文矣。

法具品

綜述

金明七真《洞玄靈寶三洞奉道科戒營始》卷三《法具品》 科曰：凡法具，供養之先，道士、女冠威儀之本，不可闕也。並備諸經，但在觀中，及私房內供養之者，總名法具。

科曰：凡鐘者，四衆所會，六時急務，此器若闕，則法集乖軌。經曰：長齋會玄都，鳴玉扣瓊鐘。又法鼓會群仙，靈唱靡不同是也。凡有五種造：一者金鐘，二者銀鐘，三者五金合鑄成鐘，四者銅鐘，五者鐵鐘。或九角、八角，或四角、兩角，復有無角。或大則萬石，小則一斗，各在時耳。既造成已，皆須鐫勒銘記國號、年歲、郡縣、觀名、所爲之意，使萬代有歸，六時不替矣。

科曰：凡磬，以節度威儀，容止所要。有六種相：一者玉，二者金，三者銀，四者銅，五者鐵，六者石。或兩角、四角，或九角，無角，或狀若鈎，並題所識，永爲供養。凡鐘磬，皆須作虡懸之。

科曰：凡天尊殿堂，及諸安置經像處所，皆須造帳座，幡蓋旌旙，節輿香爐，華珮几案，帊褥幡竿，燈臺燈檠，燭檠燈籠，壇纂門牓，香合法具，事事種種。或羅綺錦縵，飾金琢玉，翠羽翡毛，丹青珠璧，琉璃玳瑁，連貫塡錯，七寶九光，三明六出，華麗解淨，種種如法，供養天尊，永世福田，一不可闕，當須修造，最爲功德。

科曰：凡幡，有二十一種。一者連金，二者貫玉，三者綴珠，四者線銀，五者繡綺，六者織成，七者雜錦，八者諸羅，九者錯綵，十者雕鏤，十一者結絲，十二者叢縷，十三者雲霞，十四者變書，十五者線作，十六者純色，十七者間色，十八者纈畫，十九者畫字，二十者五色，二十一者九色。或長或短，或闊或狹，或三尺、五尺、七尺、九尺，一丈、二丈、四十九尺、百尺、千尺，或一首、兩首、十首、百首、千首、萬首，皆隨時所辦。復爲亡人，有遷神轉魂、度生九天三塗等幡。爲病人，又造度厄消災解厄、延年長命保護等幡。居家平常，復有致福延祥、期年保壽、修齡益筭等幡。蓋任力所造，皆長竿懸之於庭，或經像左右，并房廊院宇之側，所在供養。

科曰：凡造香鑪，有一十五種相。一者雕玉，二者鑄金，三者純銀，四者鍮石，五者鑄銅，六者柔鐵，七者七寶，八者雕木，九者彩畫，十者純漆，十一者瓷作，十二者瓦作，十三者石作，十四者竹作，十五者時作。皆大小隨時，舞鳳盤龍，飛雲卷霧，或蓮華千葉香山，或復雕鏤隱起，或朴素平縵，三足、六足、九足，獨足，各隨所宜也。

科曰：凡造巾帊，有八種。一者雜錦，二者雜羅，三者雜綾，四者織成，五者繡作，六者錯綵，七者純色，八者畫作。皆大小在時，修短任制，或鏤金垂玉，連珠綴蘂，種種裝飾，皆襆裹藏諸匣匱矣。

科曰：凡經，每一部，或五卷、十卷，皆須著袠。凡袠，有五種。一者錦綺，二者織成，三者繡作，四者純綵，五者畫繪。皆內安裹及帶如法，皆書題曰某經。

科曰：經函，凡有十二種。一者雕玉，二者純金，三者純銀，四者金鏤，五者銀鏤，六者純漆，七者木畫，八者彩畫，九者金飾，十者寶裝，十一者石作，十二者鐵作。大小任宜。

科曰：凡經廚，有六種。一者寶裝，二者香飾，三者金銀隱起，四者純漆，五者沉檀，六者名木。大小在時。

科曰：凡造經藏，皆外漆內裝沉檀，或表裹純漆，或內外寶裝，或表裹彩畫，或名木純素，各在一時，大小多少，並隨力辦。或作上下七重，或三重。並別三間，或七間，安三洞、四輔，使相區別。門上皆置鎖鑰，左右畫金剛神王，悉須作臺安，不得直爾頓地。

科曰：凡講經座，高九尺，方一丈，四腳，安牙版裙，朱漆，或木素，皆畫金剛神王。或十座、百座，幷須有偶。安閣道欄楯，幷須如法。

科曰：凡常讀經座，高五尺，方亦如之，與講座同軌制，裝飾與講座等。

科曰：凡經架，有十種。一者玉作，二者金作，三者銀作，四者沉水，五者紫檀，六者白檀，七者黃檀，八者名木，九者純漆，十者金銀隱起，或金玉珠綵裝校。皆須作函藏舉，勿得隨宜頓地。

科曰：凡造天尊前案及讀經案，有六種。一者玉作，二者金作，三者銀作，四者石作，五者香作，六者木作。大小任宜。其讀經案，廣一尺二寸，長一尺八寸，高一尺五寸，種種裝校任時，皆上制巾帊相稱。

科曰：然燈之法，先造燈籠，周匝障蔽，勿使風吹，不令蟲入。每經像諸院，并房門行路皆懸，照明內外，不得替闕。

科曰：凡經篋、函笥、簡、襆囊等，各隨時制造，珠玉、錦綺、羅縠，各任力所爲也。

科曰：凡天尊，及眞人上蓋，有十種。一者飛雲，二者翔鸞，三者舞鳳，四者蓮華，五者仙芝，六者七寶，七者繡綺，八者諸物合成，九者純

色，十者綵畫。皆珠玉珮帶流蘇，垂鈴貫玉，隨時所建。若道士、女冠所持，但翠碧，八角或四角，圓方任時，垂帶曲柄，自拚而已，故手執晨華是也。

科曰：輦輿車軿，皆仙聖所御，供養威儀，如今王者所建也。

科曰：旌節幢旛，亦神仙所持，既具經典，即威儀之限，如今國家所制也。

科曰：凡華樹華籠，導引所須，每觀須造作架，插天尊前，紙籠勿使損汙。有闕，減筭一百八十。

科曰：凡燒香，火鑪幷蓋合、火七筋、杴火鉢、灰篩、盛炭器籠、炭丸、罩灰繖、拭鑪巾、火七筋架合、炭丸器調度，各隨宜作，安天尊殿，或左右小屋中。違，減筭六百八十。

科曰：凡繩牀、夾膝、如意、曲几、麈拂、澡灌，雖非天尊左右急須，亦道士、女冠供養切要，並隨時造備，不得闕替。

理髮品

綜述

太極太虛真人《洞玄靈寶道學科儀》卷上《理髮品》 科曰：凡是道學，當知修身，各有方法，至於頭爲玄華，梳理得所，保精長存，百疾不染。出家之人，若道士，若女冠，在觀、出觀，各備淨梳，箱匣藏之，鷄鳴早起，未行禮前，面背北方，回向本命之方，淨手梳之。若非同學同契之人，莫令輒見，及傳梳用。梳訖，已當及行禮，若時務忙迫，聽行禮後，然即梳之。梳時，若數多，血液不滯，而不至痛。梳竟，當密呪曰：太帝散靈，五老反神。泥丸玄華，保精長存。右拘月隱，左引日根。六合清練，百神受恩。若時至不梳，二神怨責，不舉勤功。一者玄華神，二者泥丸神，人間行用，有四種自損：一者似諸辛苦俗事之人，不能梳理；二者似諸病苦困劇之人，不能梳理；三者似諸殘兀手指頓斷之人，不能梳理；四者似諸退慢無道之人，不能梳理。學者當敬二神，當避四損。若女冠，不得法習俗人，不修正用，作虛妄用，金銀銅鐵以爲頭飾，爲內外二衆之所憎嫌，無罪於人，自招醜辱。若梳理之後，有隨梳不整之髮，當安一淨篋置中，一日、二日，乃至九日，出於淨地燒之，莫令內外二衆輒見也。

沐浴品

綜述

太極太虛真人《洞玄靈寶道學科儀》卷上《沐浴品》 科曰：凡是道學，當知智體無疵，慧心明鑒，所有塵垢，爲我有身。出家之人，若道士，若女冠，心既緣境有內塵者，當以念念法水洗浴之。身既由他有外塵者，當以時時香水浴之。然由他之身得塵垢者，有四種緣：一者身爲福田，治齋堂，受人功塵；二者六時起坐，受臨虛塵；三者赴緣行禮，受前種塵；四者不簡淨穢，受著處塵。致令道學之人，積習成垢，上下不淨，內外二衆不起皈依，四隅神祇不作勢力，所有啓奏不降明靈。當依洞神尊經，用五香法：青木香、荆華香、零陵香、蘭香、真檀香，多少隨分，細切煮之，令香水熟已，二衆聞香洗浴。道學之身，若逢時無處，聽用時有處之香。然沐浴之法，有總日、別日，有內衆、外衆。別日者：正月十日、二月八日、三月六日、四月四日、五月一日、六月二十七日、七月十五日、八月二十二日、九月二十日、十月十八日、十一月十五日、十二月十二日。

已上月日，宿東井，香湯沐浴，令身輕體香，通達長壽。臨沐浴之時，先叩齒三通，密呪曰：四大開朗，天地爲常。玄水澡穢，辟除不祥。雙童守門，七靈安房。雲津練濯，萬氣混康。內外利貞，保茲黃裳。朝夕澡漱，皆用此法也。其浴室，當於房內側處安置，內外密泥，莫令沐浴者窺見日月星宿之形。縱同學、同契，當先後入室中，不得相見也。其總日

者：聽召內外二衆同日，當於觀內安置二密室，相去隔越，不聞人語、盥水之聲。以一年將終十二月八日，多煮時有處有之香作湯，溫調得所。師先以一符置香湯中，量室大小，聽男女各於室中沐浴也。

解穢品

綜　述

太極太虛真人《洞玄靈寶道學科儀》卷上《解穢品》　科曰：凡是道學，當知遊居山澤，化導人間。出家之人，若道士，若女冠，有五穢不可頓免：一者自投穢，二者偶見穢，三者自求穢，四者勢位穢，五者交居穢。自投穢者，行住坐起，虛空之中，無故多少，雨血著人頭面、手足、衣裳，或鵄鴉、鸛鵲，銜持死屍，一分、二分，來投眼前，自上向下，非意所期，名爲自投穢。偶見穢者，行山採藥，教化人間，曲路逢屍，草間見死，男女姪穢，傍正諸見，非意所期，名爲偶見穢。自求穢者，人情狎習，財利交通，服屬之親，喪死弔問，心願自行，無人逼遣，名爲自求穢。勢位穢者，謂勢位俗官，有死之家，上下切逼，畏懼呵嫌，情實不堪，匍匐弔問，臨哀見屍，名爲勢位穢。交居穢者，在家女人，牛馬驢騾、豬羊犬等，生產之穢，心願欲見，眼欲自看，名爲交居穢。凡見穢者，不合關啓齋請，當取竹葉、桃枝及時有處有之香，以淨水煮湯，置大盆內，然後作符以投盆中。見穢者若重，沐浴；見穢若輕，澡雪。臨解穢前，叩齒三通，密呪曰：四大開朗，天地爲常。玄水澡穢，辟除不祥。雙童守門，七靈安房。雲津練濯，萬氣混康。內外利貞，保兹黃裳。若爲衆聚齋講，恐外衆男女有見穢者，當以大盆盛貯符水，置大門前，令入者洗眼，聽入聞法也。

鍾磬品

綜　述

太極太虛真人《洞玄靈寶道學科儀》卷上《鍾磬品》　科曰：凡是道學，當知趣中道域，如悟心王，同而不異。出家之人，若道士、女冠，有於同道之前而修異行者，有五種人：一者飛鍊治生，二者行藥外救，三者造作立功，四者服食修身，五者念慧度生。講誦經典、修齋行道、建法受供之時，若非鍾磬，警召衆官，各行其道，時則不至，至又不齊。故《中元經》云：長齋會玄都，鳴玉扣瓊鐘。十華諸仙集，紫煙結成宮。當於治舍左前臺上，有懸鍾磬，依時鳴之。非唯警戒人衆，亦乃感動群神。常於六時，人當束帶清嚴，調槌正擊，先概造漸寬，數得八下。再概竟之，待爐火成辦，然復先概造漸希，數得十二下，漸概至微，數得十二下。又概造漸寬，至十二下，餘二槌概竟。至十二下，餘二槌概竟之。若有召衆，須緩緩者，聽之勿虧時節。鐘若鳴時，有五種不失時利益也。一者衆聚行法不失時，二者受清淨不失時，三者總發心不失時，四者滅惡心不失時，五者別生善心不失時。止行二善，實因鐘磬，讚助勤苦，事在用心。令六時心進，直詣道場。莫令六時心退，還居惡道，宣告將來。若內衆，若外衆，和合大願，有二種因緣：一者和合私願，二者和合衆願。若私造，若衆造，若私聞，若衆聞，精進受持，精進奉行。

必齋品

綜　述

太極太虛真人《洞玄靈寶道學科儀》卷上《必齋品》　科曰：凡是道學，當知有所修行，或行之在心，或行之在事，莫不以齋靜爲先，立德之本，求道之基。若道士、女冠，誦經必齋，校經必齋，書符必齋，合藥必齋，作金丹必齋，精思必齋，詣師請問必齋，禮拜必齋，受經必齋，救濟消災必齋，致真必齋。太上所敬重，老君所營護，諸聖所寄賴。齋法甚多，在兆所修矣。

籙生朝儀、五千文朝儀、靈寶朝儀、上清朝儀、三皇朝儀、上元齋合藥修仙、中元齋修身謝過、下元齋拔救九祖、八帝齋、三五大齋、下元三十二天齋、中元請七十二君齋、上元六直齋、靈寶金籙齋拔度侯王、黄籙齋救九祖父母、明真齋修身、三元齋謝過、靈寶自然齋涉世、塗炭齋救病、旨教齋救病、靈寶五練生尸齋救己、五千文齋、太平洞淵五王齋。

學道菜食，得道乃休，此業第一。業次，齋千日、百日，月日節食、麤食，服食，亦服氣、服藥，胎食，隨堪中服之，前所謂自修也。右在內衆、外衆，救解大災病厄，齊舉高德一人爲法師，五人爲從官，露壇大謝，令謝罪者蘭格，散髮泥額，禮三十二天。齋中，奏子午章，苦禱必感，依指教塗炭法。五王齋，齋官春、秋、冬、夏，隨四時之數，四季之月，貧者十二人，大齋一百二十人，壇窄於外禮拜。富貴平常建齋，清廉道士山學五人、十人、二十人、五十人、百人，患無多人，舞所制服，行道三七日，或一月。若貧賤，隨力所堪，不必要五人。若供齋，清旦進粥，正中蔬食，過中薑蜜清茶，餘一不度齒。解齋食散，民十人、百人、千人，人多益好。長齋持戒，清旦、正中、日入，三時行道，三時講誦。若有重災大厄、及救度罪根者，平旦、正中、日入、人定、夜半、鷄鳴，六時行道，三時講經也。

讀誦品

綜　述

太極太虛真人《洞玄靈寶道學科儀》卷上《讀誦品》　科曰：凡是道學，當知存念讀誦，經寶在身，則爲慈母。若道士，若女冠，勇猛精進，或捨文誦念，或執文披讀，一念生解，即入慧門。讀誦分中，聽八十分之一二，修理外業，以兼外禮。不得因此流浪乖宗，常思教母，爲我道本，清淨三業，無傷尊敬。思惟微妙，得其義味，有四種慧：一者爲我慧藥，療狂死病；二者爲我慧燈，破愚癡闇；三者爲我慧刀，割煩惱網；四者爲我慧舟，度生死海。是真經法，能生法身，如世慈母，能生之子。故至孝之子，常念鞠育懷抱之恩，我等如是。因是教母，生無漏身，常應報恩供養，安置堂殿，七寶裝嚴，香花燈燭，伎樂幡蓋，供養讀誦，如事所親也。

坐齋相罰品

綜　述

太極太虛真人《洞玄靈寶道學科儀》卷上《坐齋相罰品》　科曰：凡是道學，當知具足威儀，陞壇行道，存見太上，如在眼前。若道士、女冠，未練科文，舉措非道，法師陞高座，指事次第，令得開悟，謬妄可矜，未達可恕，戒而勵之，勿瞋勿笑。若善誘而通，不嚴而治，不行彈罰，盛德之風矣。若有背道，恃人間知，不謬不妄，懈慢者有四：一者不遵經法，二者不敬法師，三者凌忽衆官，四者外衆誹笑。有犯威儀，依事

彈罰，罰而不止，當啓告三寶，退出齋次，不得縱容，任之漏慢。監齋同慢者，罰之。法師有虧，當收愆送失，親對衆官，求乞首悔，起自新念，無爲乘非，不畏冥旨，無益所犯，有陷己身，可不愼哉。

壇禮品

綜述

太極太虛真人《洞玄靈寶道學科儀》**卷上**《壇禮品》科曰：凡是道學，當知衆官陞壇受戒，以內、外二衆羅列四方，拜跪懺請，須知節度。若道士、女冠，唱禮十方，分爲五句，每於上句，舉聲至下句，引聲抑響，迴轉氣息，以喚次句。臣等至心便歛版當面，以準所禮之方皈命下版當心而止某方無極舉聲喚上方垂版，以聲靡靡下向地，迴版當心，應無極之聲了，太上便下版下，膝前至地靈寶天尊，下頭至地凡抑響住，聲速而手膝遲，或膝已去而聲不及，更相違互，皆爲不齊，謂犯懈惰之罪。當叩齒存之至心，無令疾也。叩齒不得令耳聞行合科典，衆官肅肅，上即屈降神明，下即以起信心，無宜怠慢，自犯明科矣。

然燈品

綜述

太極太虛真人《洞玄靈寶道學科儀》**卷下**《然燈品》科曰：凡是道學，當知供養法門，有早有夜；上燈之法，有然有續。若道士、女官，將闇上燈，名爲續明。闇後上燈，名爲燈明。有二種相：一者總相，二者別相。言總相者，先於見前可見道寶、經寶座前然之，次於見在可見師寶房前然之。或人間宿習所重、道法中敬信時節，人外人內然之，以祈二種福報。一者助天光明，以祈肉眼根淨，障翳消除；二者助天光明，以祈周詣遊處，常得明了。言別相者，一己自行於本命上然三燈，以照三魂；行年上然七燈，以照七魄；太歲上然一燈，以照一身；大墓上然三燈；小墓上然五燈；堂前然七燈，以照七祖；中庭九燈，以照九幽；俠門二燈，以照宮宅；地戶上二十四燈，以照二十四生氣；向八方然八燈，以照八卦；四面、中央九燈，以照九宮；四面十方然十燈，以照十方；二十八燈以照二十八宿；三十二燈以照三十二天；五燈分於五方，以照五嶽。合一百五十三燈。然燈威儀，功德至重，上照諸天，下照諸地，八方九夜，普見光明。侍燈之官，爲勤用意，每令燈光明徹，不得中滅，半暗半明也。

飲水先咒品

綜述

太極太虛真人《洞玄靈寶道學科儀》**卷下**《飲水先咒品》科曰：凡是道學，當知過中不味，聽飲清水，或十二時中，須水止渴，或呪請辟邪。若道士、女官，以杯盛水，向杯三吐氣，仍以物三打杯。凡三呪打杯，吐氣率三，乃飲之。若多人，可以大器。大不可舉，當就打。呪水曰：

金、木、水、火、土，五星之氣，六甲之精，三眞天倉，濁雲常盈，黃文赤子，守中無傾。飲水不飢，延壽令肥，辟邪惡也亦可咒曰：

乾、元、亨、利、貞，神水入腹，五藏清明。

畢飲之，兩法任用也。

奏章品

綜述

太極太虛真人《洞玄靈寶道學科儀》卷下《奏章品》 科曰：凡是道學，當知章奏之法，或請本住神，或請虛應神，作章紙墨清淨，書無草脫，又不得用殘紙截片紙。辭狀素直，無飾繁華，治氣正一，行折紙八分。章表云：上詣三天曹以聞，去再拜。一寸三行，後安臣姓。臣姓後三行，施年月臣姓。中央安太清，長二寸半，亦三寸眞正，書令可識，尾餘白紙三行。無者，令紙續。祭酒上章，正避戊辰、戊戌，及計擊。上章訖，即收本隨身滿一百通，作言功章燒之，不得穢慢，犯漏洩之罪。言功燒章如左：出太眞科

上言謹按文書，臣某以某年從師某，受將軍內外治，依法修行，宣揚道氣，請召眞官，救護萬姓。前後章表，啓告文書，不合即燒者，錄緘封箱閣卷，束積多法，不得散猥處用，及與他人散猥處用。又不得洩露蟲鼠，何施漏濕，爛壞遺落，從來遵行，不敢違旨。即日依科，隨期奏滅，自某年至今日，合若干卷，於靜中火化，煙通昇雲，來吉除凶。謹請直使正一功曹、治中虎賁威儀鈴下五百將各二人，校尉十二人，功曹主簿、幹佐小吏、金光童子各五人，雲中部章、督郵從事使者各二人，同時監臨對事，省除塵故，採納光新，原赦臣愚短不及之愆後，乞所奏聞，悉免寒池。請諸官證明，將助有功，依都章言功，不負效信。恩惟太上云云。標臣某拜上，請官監臨，斷莫乞除紙章，依常儀也

醮請品

綜述

太極太虛真人《洞玄靈寶道學科儀》卷下《醮請品》 科曰：凡是道學，當知修請利益，有心有身，身既由他，未度天道，有所修救，須存醮請。法門內外，雜三教之中，此當雜教，內則起心，外則苦身。醮即一名，自有九品：一者五帝醮，二者七星醮，三者六甲醮，四者三師醮。此四醮，皆請天神，當修饌時，尤須潔淨果具，並令豐新。不得市諸火熟非嚴整食、非潔淨食、非一心食、非救苦食。違者，天神不降也。又有五者五嶽醮，六者三皇醮，七者三一醮，八者河圖醮，九者居宅醮，十者三五醮。此六醮，并請地神，當修饌時，尤須潔淨果具，並令豐新。不得市諸火熟非嚴整食、非潔淨食、非一心食、非救苦食。違者，地神不降也。凡設天神、地神醮，諸設醮人及師，當先齋淨沐浴，然後始行法事。冬至後、夏至後，先得甲子，即請上元甲子醮也。

都禁品

綜述

太極太虛真人《洞玄靈寶道學科儀》卷下《都禁品》 科曰：凡是道學，當知修身求度，終期正道，入次第門，先禁別嗜慾。若道士、女官，身出恩愛，已入法門，切慮法門忌諱，誓願都禁，直詣道場。何謂別欲，略而計之，有十八種，不由於他，己身自敗也。一敗邪婬，二敗陰賊，三敗飲酒，四敗怠慢，五敗逆父母，六敗逆師尊，七敗傷衆生，八敗殺衆

生，九敗用衆生肉，十敗食衆生肉，十一敗種五辛，十二敗用五辛，十三敗食五辛，十四敗向北便曲，十五敗對三衆脱巾冠，十六敗慢三光，十七敗八節日威刑，十八敗朔日作怒罵。凡此諸敗，天人大禁，三官告察，是爲重罪。一者敗身，得見在惡報；二者敗心，得將來惡道，令人三魂相疾，七魄流競，胎神所憎。三官受惡之時，是惡夢絞於丹心，魑魅乘於朱闕，精液馳散，神眞恍惚，子能捐欲，則爲仙才，當存眞齋戒，無犯衆敗，行住坐起，不損威儀，上謝七祖父母三業罪，下謝己身無邊罪。願罪滅已，當免十五種人三業輕賤也。一者免外衆貴人輕賤，二者免外衆富人輕賤，三者免外衆中人輕賤，四者免外衆病人輕賤，五者免外衆賤人輕賤，六者免內衆師尊輕賤，七者免內衆勝己輕賤，八者免內衆劣己輕賤，九者免內衆高年輕賤，十者免內衆小年輕賤，十一者免內衆齊年輕賤，十二者免內衆上座輕賤，十三者免內衆中座輕賤，十四者免內衆下座輕賤，十五者免內衆疾病者輕賤。凡此諸賤，念之於行，行輕賤；念之於住，住輕賤；念之於坐，坐輕賤；念之於起，起輕賤。已當得免五方地獄之苦，當勤無上，誓願去離輕賤因緣，誓願當受敬重因緣，能得道力，能得道法，能得道行，能得道財，隨分資益，內、外二衆，無道中窮，無道中苦，無俗中窮，無俗中苦，爲我助行，同入無爲，平等清淨，證無上道也。

神枕品

綜　述

太極太虛真人《洞玄靈寶道學科儀》卷下《神枕品》科曰：凡是道學，當知欲作神枕，枕中有三十二物。其二十四物，當二十四氣；其八毒，以應八風。若五月五日，若七月七日，取山林栢以爲枕，長一尺二寸、高四寸，空中容一斗二升，以栢心赤者爲蓋，厚四分，善製之令密，又當便可開閉也。又鑽蓋上爲三行，行四十九孔，凡一百四十七孔，孔容粟米。其藥用：

芎藭、當歸、白芷、辛夷、杜蘅、款冬花、藁本芎藭母也、蜀椒、桂、乾薑、防風、人參、桔梗、白薇、肉蓯蓉、飛廉、栢實、薏苡仁、白朮、木蘭、衡花、秦椒、蘼蕪、荆實一云杜荆實，凡二十四物，以應二十四氣，又加八毒者：

烏頭、附子、藜蘆、皂莢、礜石、莽草、半夏、細辛。

此三十二物，各一兩，先安八味在下，後安二十四味在上，按之令實，爲布囊以衣枕。常枕之百日，面有光澤；一年中，所有疾病及有風疾，皆愈差而身盡香；四年，白髮變黑，齒落更生，耳目聰明。雖以布囊衣枕，猶當復以葦囊重包之。須卧枕時，乃脱去之矣。

明鏡要經品

綜　述

太極太虛真人《洞玄靈寶道學科儀》卷下《明鏡要經品》科曰：凡是道學，當知照鏡。欲令見形之法，當以小開戶，居暗向明，暫閉目思，想見面形。初時漠漠，殊無所見，中宿之後，漸漸洞遠，自見面目，朗開明。平旦及日未入，此時最好。若日中盛明之時，當小閉戶，在灼灼中窺鏡，終無所見也。莫在火下照鏡，當以火自遠，勿得逼近火光。若欲開目照鏡，自視形體，當在灼爍明中，無所苦。若欲閉目，思見面形，居闇向明，然後視形耳。照鏡大要，當安卧思想，精誠凝至，欲卧未卧之間，體條條常。須臾之頃，當有赤黃光從額上出，照耀一室中，於是髣髴恍惚，如覺如卧，便自見面形在光中。對共相視如一頃，即便消滅。卧覺之後，輒照鏡，欲卧便卧，思之如前，法當夕夕自見也。或卧覺，兩面相對，或見己形，兩人共幷。坐或卧寐之間，見好神童、玉女，年十五、六，好衣服，頭額正見，輒再拜。或身邊聞語聲，天下吉凶萬事，皆緣預知之。或自在壁東見壁西，或暮卧夢照鏡，或還光內視五藏。照鏡，當以

甲始立規之法，以明鏡九寸，無令面中有疵瑕。正令清明左右，各去一尺五寸，與目齊，澡盛井花水著下也。夜照鏡，宜用麻油火也。自見形分，下地再拜長跪言：吾與子同體，今與子分形，萬年乞丐，常與子相隨，身形不衰，萬年相隨受。視中明鏡，先視形，見衆物，聽聞人語聲，修明鏡，有三童、九女侍之，三童長六尺，九女長五尺。明鏡君官屬將吏百二十人，治關陽宮，主人兩目，童子精光視見景，知吉凶也。昔有磨鏡道士，賃爲百姓磨鏡，止責六、七錢。無他法，唯以藥塗拭之，而鏡光明，可以分形變化。又能令人聰明，逆知萬年。又能令人與諸天神相見，行其道得法，則諸神仙皆來，道士得道矣。道士在石室之中，常當懸明鏡九寸於背後，以辟衆惡。又百鬼老物，雖能變形，而不能使鏡中景變也。見其形在鏡中，則便消已，無爲害也。

九節杖品

綜述

太極太虛真人《洞玄靈寶道學科儀》卷下《九節杖品》 科曰：凡是道學，當知九節杖，輔老救危，各有名字，不可不知。

第一節名太皇星，第二節名熒惑星，第三節名角星，第四節名衡星，第五節名張星，第六節名營室星，第七節名鎮星，第八節名東井星，第九節名拘星。

皆刻杖節爲星名字。年四十以下師，未受經法，謂之無爵，不得杖。若病疾，得杖輔病，但在師左右，皆不得杖也。

作神劍法品

綜述

太極太虛真人《洞玄靈寶道學科儀》卷下《作神劍法品》 科曰：凡是道學，當知作大劍法。齋戒百日，乃使鍛人用七月庚申日、八月辛酉日，用好鋌。若快鐵作精利劍，鐶圓二寸六分，柄長一尺一寸七分，劍刃長二尺四寸七分，合長三尺九寸。法鉤環長三尺九寸，廣一寸四分，厚三分半，以梢九寸，爲左右刃處，頭安鐶，左右面刻之，作九刃字，鐶背上刻作九巳字，皆從劍背下行順刃也，順鐶而刻之深。刻字以金銀鏤字，益分明佳也。鐶中央，復有望，如起小半鐶者，內鐶刻木，左面爲日字，右面爲月字光，又圓刻日外爲郭。欲知劍左右內外，以正二日南，使劍背在上，劍刃在下也，於是以東西爲左右，東面爲左，西面爲右，東面爲外，西面爲內。劍梢九寸，有兩刃處立刻。兩刃處立刻，兩刃中有上內外面。面各作三丁字，從劍兩刃頭始作丁字，分處如三寸爲一字，字向劍梢，刻劍象書如左，刻皆當去柄下一寸半。如此劍，恆置所卧牀上櫛被褥之間，使常不離身，以自遠也，既足以逐辟邪魔萬精，又以照五形，依經奉致飛仙，劍代形耳，或謂曰：分影劍，或曰：揮神刀劍，字干，名良非。若眠卧恆祝，呼劍名字曰：良非，字干。神金暉靈，使役百精，令我長生，萬邪不害，天地相傾。當密呪劍鐶之中也。刻背上字，下行向劍梢，當切謂調文字，令齊至兩刃之際，刻劍左面，以斗星己字，空面令刃順柄下行，令齊至兩刃之際。刻劍右面，以斗星己字，空面令刃向背順柄下行，令齊至兩刃之際。並當使星字分明，均調布滿劍身之中，勿刻刃中也。刻作星象，皆當周圓，刻如小鐶狀，勿際鐶中央鐵空之實也。外當以青囊裹之，刻作星，便似此作屛鐶，但使外如鐶內實塞也。鐶中作堅起文，如小半鐶者，柄飾玩隨人，刃長二尺四寸七分，柄長二寸七分，梢九寸，爲兩邊刃矣。背厚三分，刃廣一寸四分。

詣圊廁便曲品

綜　述

太極太虛真人《洞玄靈寶道學科儀》卷下《詣圊廁便曲品》　科曰：凡是道學，當知修身敬服，未斷近漏，所詣共有。若道士、女官，當先造一處所，四向密泥，內外周淨，莫爲二衆所謗偏曲。如登廁之時，先解上衣於外，然後詣門，呪曰：

左德神，右德神，土司命，青夫人，除其死籍，入以生門。

畢便上廁，一者敬法服之神，二者修己身之行，三者避二衆所觸。當於門側，別安置淨水、淨巾。洗淨訖，然後取服著之。若在草野中，呪曰：

林野夫人，林野夫人，除去某死籍，入以生門。

小便，呪曰：

長須、長須，令我入金堂玉戶，使我長生老壽，百歲千歲，常與汝俱。

解惡夢品

綜　述

太極太虛真人《洞玄靈寶道學科儀》卷下《解惡夢品》　科曰：凡是道學，當知古之眞人，其寢不夢，其覺無憂。鍊心未精，六識緣境，日以心鬪，招得惡夢。若道士、女官及外衆男女，遇惡夢時，當長跪，向北方啓太上大道君，言其狀，乞得返凶爲吉，返禍成福。密呪曰：

太眞玉女，侍眞衛魂。三宮金童，來守生門。化惡返善，上書三光。使我長生，乘景駕雲。

呪畢，嚥唾七過，叩齒七通，返枕更卧，凶邪消化，返禍爲福。夢忤所見非常，愼無語人，不言則吉，論之則凶，不論不言，萬代無患也。

父母品

綜　述

太極太虛真人《洞玄靈寶道學科儀》卷下《父母品》　科曰：凡是道學，當知兩儀賦命，父母遺生，生道之中，須知敬愛。出家之人，若道士、女官，身心依道，俗化全隔，然於鞠養，有殊常俗。若在遠，隨四時省問；若在近，隨月朔省問；在寒在熱，在凉在暄，定省之時。見在家兄弟，朝夕窘切，無可資養，既無兄弟資養，出家之人，須知所欲，量減身上䞋以供之，不得非法之中別有他用。若在家兄弟、姊妹、姑姨、舅氏，不在此例。若獨運慈悲於出家法外，萬一聽許，亦不得以非道中用，不得因此以父母之親、及兄弟姊妹、內外眷屬之親，同牀席坐，同盤而食。解法衣時，不得與俗同處。若逢病患，孝友之心，自須辛苦，勤力醫藥，朝夕愛護，不得於所生父母有所吝惜。今之父母，是我寄附因緣，故以禮報之而稱爲父母，故當己父母生長之恩，勿忘之。

老病品

綜　述

太極太虛真人《洞玄靈寶道學科儀》卷下《老病品》　科曰：凡是道

學，當知地住受生，由雜報習因，證雜報習果，勿初中後分，吉凶無定。若道士、女官，得內外病，得輕重苦，不能念慧益己，不能遊化利人，一日二時飲食，一年四時衣服，念念病苦，怙恃無從，心連色持，有二種依憑：一者依憑外衆六種人，二者依憑內衆六種人。外衆六種者：一者所在尊德人，二者所在富貴人，三者所在敬信人，四者自己父母親，五者自己兄弟親，六者自己姊妹親。內衆六者：一者受道師尊親，二者受業門人親，三者同業朋友親，四者同行朋友親，五者同處先後親，六者同心朋友親。十二種內外人，當於老病，爲發五種願念：一者願念法門二衆，無孤露苦；二者願念法門二衆，無驚怖苦；三者願念法門二衆，無飢寒苦；四者願念法門二衆，無憶羨苦；五者願念法門二衆，無覆墜苦。五種願念得成辦已，當行六種供給：一者供給隨分棟宇，二者供給隨分牀席，三者供給隨分衣食，四者供給隨分香燈，五者供給隨分瓶盟，六者供給隨分侍役。當知如此人，未證道前，在三際中，捨身受身，當得五免果報：一者免孤露苦，二者免驚怖苦，三者免飢寒苦，四者免憶羨苦，五者免覆墜苦。病者當受供給之時，隨其氣力，行住坐起，發十二種慙愧：一者慙愧天尊，二者慙愧眞人，三者慙愧仙人，四者慙愧高天，五者慙愧厚地，六者慙愧日月，七者慙愧尊德，八者慙愧富貴，九者慙愧敬信，十者慙愧父母，十一者慙愧兄弟，十二者慙愧姊妹。願念所受棟宇等具在我身時，病苦消化，得心業力，得身業力，得口業力，朝夕思惟，讚歎禮拜，所生功德，報前種人恩，廣及有緣，同得遠離一切病苦，成就法門。內外行者，無闕無變，一人、二人乃至無量人，悲憫一切，咸令受行。若在衆行法，逼以老病，不堪親受供覵與襯同者，內衆六種人，隨分爲受矣。

滅度品

綜　述

太極太虛真人《洞玄靈寶道學科儀》卷下《滅度品》　科曰：凡是道學，當知修建行門，有遠有近，遠則超凌三界，近則長生久視。若道士、女冠，莫非積福所招，奉佩三洞，位齊五嶽，冠服巾褐，制爲二儀，修長生之業，習正眞之道，或形蛻而密化，或命過爲鬼官，是以軒轅升遐，劍舄在焉，高丘剖棺，而形飛冲天。故法身之重，死生莫遺。凡仙品未充，運應滅度，若命謝之時，沐浴梳理，加以冠服，望昇天行，不喚魄也。別安置淨簀，敷以淨席，徙之其中，覆以輕衾，杖策著左，神劍安右，緣簀兩邊，敷以淨草。門內外二種弟子居左，俗緣男女居右，若女冠隔幕。初展哀痛訖，然後以時哭泣，別於棺頭置一函處，盛外法籙。一科云：三籙封送石室深穴中，及資送之具，香藥、服飾、筆硯、巾盥隨身，法物並令具足，勿得厚華金銀財帛也。鑿室有二種處：一者出山林中，二者於高寂之地。

師資制服品

綜　述

太極太虛真人《洞玄靈寶道學科儀》卷下《師資制服品》　科曰：凡是道學，當知入我法門，師資最重，終期不死，理無服制，然捨身受身，有生滅苦。若道士、女冠，門內弟子，變服冠白，哭泣以時，去鹹酸七七日，沐浴，百日復巾，服衣作淺黃色，心喪三年。門外弟子，謂少不居門師，變服冠白，哭泣以時，去鹹酸三七日，沐浴復巾，服心喪三年。外學弟子重者同門外禮輕者，去鹹酸三日，謂師君之重，不可輕也。師君無俗中係嗣，唯弟子當之，相率徒義，幡花巾盥，香供法物，以道安措，几筵處所，百日齋撤之。然日有遠近，在七七外入石室者，仍待入室後，更七日，沐浴復巾服。若師於弟子有哭泣，去鹹酸七日，入室以後，有心喪，不變服，謂弟子多少不同，不可以人人別制。若同志、同法、朋友相送，冠服微變，尋常入室後，撤一有哀。若是本觀，停以音聲，供養一百日也。

父母制服品

綜述

太極太虛真人《洞玄靈寶道學科儀》卷下《父母制服品》 科曰：凡是道學，當知出家離俗，資於父母，生成恩重，不可無服，降此次第，不可無哀。若道士、女冠，祖父母期年之喪，不得臨屍於別房，制哀哭五日，不得受弔。伯叔兄弟，皆如祖父母，五日未殯者，在哀也。兒婦下流，不得哭哀。畢，沐浴復舊，而不得制世服。犯者失道，罪劇上科。若己父母，聽哭展哀，哀百日竟，復巾服變衣，作淺黄色，心喪三年，無復哀哭。若日有遠近，同師尊，制几筵，小功五月，緦麻三月服。及四海周遊共事等，死皆聽殯。斂訖，往問訊，依悒慘愴，而不得哭也。道法無弔問，既在人門，理不容頓却，此爲靈寶世間科也。

追福功德品

綜述

太極太虛真人《洞玄靈寶道學科儀》卷下《追福功德品》 科曰：凡是道學，當知師祖終。雖門內外弟子，及追福功德，皆同一法，唯恨財力不堪。從受化日，坐五六師。齋官若力竭財殫，三追坐齋也。滿一百日，建五練生屍齋，三日三夜，法於安措室邊，室近，亦於觀中。滿期年周化日，建黄籙齋。財貧，靈寶齋也。滿月周化日，修齋而隨力所堪。一者報師祖智慧恩，二者報師尊衣食恩，三者報師祖將護恩，四者報師尊離俗恩。若居弟子，師祖終日，慘切悲哽功德，追其福，不得晏然，謂犯不孝，得四種惡報：一者當得已後弟子見在遺棄報，二者當得已後弟子過去棄背報，三者當得已後弟子未來遺棄報。各宜用心，令三代追念，更相開度，戒之慎之。

滅度財物品

綜述

太極太虛真人《洞玄靈寶道學科儀》卷下《滅度財物品》 科曰：凡是道學，當知修身度心，空堂清室，名爲仙家。若道士、女冠，或爲功德所須，或爲口命資待，或行道而得、在房安置，或在他處安置、未得施用而滅度者，經書鎭觀、疏論雜典，分及門內弟子、房內乘騎侍從，及有一物已上。贈送事畢，並入本住常住。一者爲本住內衆歷劫福田，二者爲他方內外二衆歷劫福田，三者爲士師三代歷劫福田。掌事法門，同處徒衆，親加檢錄，無令漏慢，翻爲內外二衆三代罪田。若生前有所處分者，從亡師疏。若非本觀，或近或遠，所有隨身亡處者，亦由本觀量准陪死，處香油之費，餘準上條。若有遠一千里外人，隨近法門常住也。

執坐壇品

綜述

佚名《玄門十事威儀·執坐壇品》 夫坐壇者，隔凡去穢，護淨自持，擅道德之不羣，慕天眞之高迹。

第一，起坐出入，常不離身。若因事暫放，不得輒安雜穢之所，先以具拂拭其所，或以淨物盛之。第二，每將行用，或掛膊上，或搭左手，以

緣口向外。第三，每欲作拜禮，先將右手提角懸起，便將左手以三指挾極，兩頭平放，下面著地。第四，先舉左足心，安第二稜上立，次舉右足，向上半跪而鋪，務在平正。第五，拱手起退，右足歸第二稜上，立平穩乃禮，三拜訖。第六，便起仰右手，就角二指取收，勿令觸他，或取中稜亦得。第七，著鞋履訖，便過入左手，側身而摺，勿近人面。第八，摺訖，掛於左手，以道衣霞帔覆之，向前起居。

禮謁品

綜　述

佚名《玄門十事威儀・禮謁品》 夫禮謁者：一名屈己，二名敬己，三名敬他。心敬難識，形屈可見，故須形禮殷勤，以表內心珎重。屈己致敬，爲有所求事，有一十二種：一慚愧，二悔謝，三求法，四除傲慢，五尊德，六慰賀，七滅罪，八懲戒，九報恩，十物奉，十一現世人歡喜，十二未來天下恭敬。

第一，禮謁安詳得所，容止可觀。第二，秉簡當心，端身平立。第三，五體投地，前後平齊。第四，見尊像經法，或值禮懺法事，必須作禮。第五，見尊師名德，必須作禮。第六，見受業師作禮。第七，見勝己善友作禮。第八，見四海同學作禮。第九，事師辭去，及歸室宿，已上皆先作禮，言限來日，珍重而去，到家亦須作禮，然後起居問評安否。第十，辭出外境及歸，或經月，或經年，且須先禮三拜，然後長跪伏地，重感拜訖，乃通寒溫起居，此爲事師之禮。第十一，或師主隔絕他州別縣，相去稀疏，久經歲月，皆須作禮長跪，言其情狀，伏地悲感，再拜起居。若彼此會，有吉凶言及，皆須稱賀，弔慰再拜。第十二，吉凶慶吊則悲。禮畢，然後重悲。待長者語畢，又須作禮。若自受慶弔亦然。第十三，若得長者善言教示，或責辱訓罰，皆須作禮，言謝低聲，以酬德教。第十四，凡受禮拜，皆須擎拳，拱手辭謝，推高託尊。第十五，凡禮拜師，皆須待坐。合拜，須坐而受。若師自外遠還，送至方丈，待師坐定，然後作禮，不得於門下、廊下，忽忽即事。第十六，凡在殿堂，對聖像及師長大德，皆不得受人禮拜。若他人不知，忽然作禮，須言其事止之。忽於殿堂見年尊有德者，亦須言其事，云未敢就便作禮。

出入品

綜　述

佚名《玄門十事威儀・出入品》 第一，凡行住，有難處、置疑處，皆須要伴，不得獨行，以自明白故。第二，遠近出入，皆須辭徒弟衆，或同院窗。無人，須向童行說去甚處，某時即歸。第三，若往男女非類之處，或因吉凶齋會，暫時停止，解脫出入，羣徒共住一處，不得獨因親故，潛隱幽僻之處，來須逐伴，去則隨衆。第四，若非急難事，有所需求，不須頻頻出入，數令人見，自致輕薄。第五，出入若逢官長，預須隱避，勿令露現。苟無隱處，宜向僻處，或人影樹影中立，仍須斂容恭敬。第六，出入忽逢尊貴車馬輦輿，並須避道，低身偎形。第七，若無急事，不須冒涉風雨泥塗，隆寒大熱，披褐狼籍，人所惡見。第八，出入城邑聚落、人物之處，行立須是斂容正色，不得高聲大笑。若有咨問，皆須以禮言對，非急事，不語爲上。第九，凡出入遇惡人、愚人、童稚，邪言穢語，相輕調謔，猶若不聞，勿變顏色。第十，出入不計遠近，皆須坐壇相隨，仍用手巾瓶等，與住時相似，並適其宜。第十一，若值雜牀，或施主家事須寢宿，即覓水灑牀席，以巾拭之，名曰靜牀，用之無觸。第十二，出入城市、村曲，見人行非禮不軌之事，或聞不善調謔之詞，即低頭直過，愼勿顧之。第十三，女冠出入，無論遠近，疑與不疑，必須逐伴相隨，以避嫌疑。第十四，凡經像及大人門戶出入，勿向中門，必從邊小門側身進退。

坐起品

綜述

佚名《玄門十事威儀・坐起品》 第一，凡起坐法，有尊有卑。若無上下稟承，此與異類無別。第二，法會之所，男官一人向前三禮，長跪拱手云：已下法小師某甲請坐。第三，女冠二人，亦如前請坐。若有像處，大師念禮經像，童子亦然，善男安置得所。第四，凡對經像、長者行處，須整歛容貌，不得倨傲放誕，言辭非法。第五，凡對經像、長者，不得背經法尊像、大人師長。第六，侍從尊師及長者所在，皆須正立，不得倚托牀壁及諸等物。第七，侍從師長，但須整肅，非顧問勿語。第八，凡侍從師長所在，且須立地。待命與坐，再三指揮，然後稽首致謝而坐。第九，凡侍從師長之所，人或更尊於師長，即從前人所命，仍須謝於前人而坐。第十，凡齋堂，講習經典、禮懺法事之所，坐起須依法位，不得越坐，一如科戒定式所排。第十一，凡法堂宣經之後，忽若後來，須方便隨處而坐。縱恃尊德，亦須隨便，不得向前，起動喧撓。第十二，凡一坐而後，若非急事，不得數有起動，出入亂人。第十三，凡所在之處，行住坐卧，不得與非類之人混同一處。第十四，凡師長尊上，及他人，看讀書疏委曲，不干己事者，不得向前窺覘，同爲無識。

執瓶品

綜述

佚名《玄門十事威儀・執瓶品》 第一，男不得將石榴瓶。第二，女不得將檳榔瓶。第三，須頻換水磨洗，常令光淨，不令塵垢穢污。第四，瓶不得宿水在內。第五，夏月每日易之，一日不易，名爲穢水。第六，冬月許兩日一易。第七，瓦瓶可三日一易，不得安置穢處，切宜忌之。第八，凡大小便處，須別用瓶。先淨於前後，淨於前後，然後以磚石磨手，仍以灰皀角淨之。如違，不得朝眞，陞殿禮師，亦不得受人禮拜，及隨大衆。第九，凡瓶用了，須要置穩處，勿令觸倒，於此大忌。第十，凡瓶，有人欲看，并童稚提挈，勿使穢手觸把，須令潔淨。第十一，護瓶內外，甚於餘物，與經像潔淨一般。

洗漱品

綜述

佚名《玄門十事威儀・洗漱品》 第一，凡洗漱，有四種：一平旦漱，二讀書漱，三食後漱，四卧起漱。第二，凡漱口，並須三過。第三，若食後，須用楊柳枝湯水：一能洗穢，二除齒風。若無柳枝，即用淨灰。第四，凡初用楊柳，呪曰：太陽和氣，開春發柳。折取一枝，能淨身口。學道修眞，願度三有。急急如律令。第五，凡用灰，呪曰：洗灰除垢，用灰爲首。穢去眞來，淨心、淨口。成道度人，天長地久。急急如律令。第六，漱盥，皆偏側，并背人，不得當人爲之。第七，凡用水，不得以手觸盆中水，當以木杓於盆中取，又不得著杓於盆中觸。第八，既有犯觸，當須自首懺悔，仍自役力，換水置中，即不結罪。第九，漱口洗面，不得漱縮作聲，鼻口泡出，又不得扣打水器驚衆。第十，凡用水，不得狼藉括踏。第十一，口中穢水，不得噀噴於衆人前及淨地上。第十二，凡用物，不獨在水，諸件等物，皆須儉約而已，不得等閑費用。

巾器品

綜　述

佚名《玄門十事威儀・巾器品》　第一，巾器者，受用齋食。第二，齋食，獻施聖凡，最爲重事。第三，衣宜淨，牀宜端潔，故先鋪坐壇而後坐。第四，巾器宜淨，故先洗手而後執器。第五，先行淨水，然後開器受食。賢智以食爲天，凡夫以食爲命，故爲最重。第六，凡巾、器二物，其用一也。若但安閑，必同一處也。第七，巾、器二事，護淨如一，但除齋食，不得別用。第八，凡齋器，別立龕架安置，不得與諸器雜安，古人號之曰齋器。第九，齋器有五事之體，法有五行之用，受五味之食，銅漆製之，隨力而辦。第十，凡齋巾二首，厚密布爲之，長四尺，編褫縫之，恆令潔白。

齋食品

綜　述

佚名《玄門十事威儀・齋食品》　第一，凡齋時，先立一人爲監堂，亦名監齋。齋者，齊也，專知鐘磬節奏，檢校得失，所以名監齋法師。第二，凡登齋就食，必須潔淨衣冠。第三，先須淨手執器，上堂安置於左，以巾盛之。第四，凡禮懺，隨衆多少，一時平坐，脫履坐底，勿礙祗供人。第五，先須行淨水，勿令器衝撞著人。第六，受水訖，先取巾，把中央角向前，垂牀七寸鋪之，次安齋器了，又鋪第二巾於膝上，並須仰手鋪之。第七，出齋器，從一至五，次第出之，不得越亂。第八，監堂一人，於堂上磬子處正立，鳴磬一下，奉爲當今皇帝祝延聖壽，或應十方施主，祈禳薦拔，隨事舉揚諸施等事，保護答報。次師一人，即令祝願，其文出在《七眞科》中。第九，施粥，呪曰：今晨香粥，上獻三尊。利益家國，饒益施主。六道含靈，普同飽滿。第十，施食，呪曰：一切福田中，施食最爲先。見存受快樂，過去得生天。當來居淨土，衣食常自然。是故今供養，普獻於諸天。第十一，凡呪訖，次行食。監齋須先約語行食人，必須教其食名，分明高唱，料量多少，務在均平。第十二，行食訖，監齋鳴磬一下云：等供養齋官，須一時稽首，相顧恭敬，然後方可就食。第十三，凡受食三徧，自料取足，勿令餘剩狼藉，人所惡見，不生敬信。第十四，凡聞唱食名，須把器就手而受。第十五，不要者，指點令去，嫌多即退手，嫌少即進手，不得言喧。第十六，凡齋，上下相顧，望食遲者，稍須急食。食急者，即須遲食，務令齊整。第十七，凡齋食時，監齋須都看之，若過半食，盡可再行。第十八，不得縱其本性，令遲者嫌。第十九，凡食須細，口急意徐，勿令啜呷作聲，觸擊匙筯，負慈悲罪。第二十，凡齋坐食之後，除非軍機、急速、水火、盜賊、死亡之事，不得輒有言語，喧括齋堂。第二十一，其齋，須有教示處分，必須自手指揮，唯在低聲。第二十二，凡齋訖，有餘果食等物，收取與諸在下及乞病人等，不得隨器將去。第二十三，食訖，先摺膝上下巾，次收齋器，自第五至第一，皆安巾上。第二十四，凡食訖，當行淨水洗器，收水訖，鳴磬，唱布施祝願訖，唱餘迴施祝願，其文具載《七眞科》戒中。第二十五，若非別緣貼會，則不用祝文。第二十六，祝曰：修齋已畢，尙恐功德未圓，更捨淨財迴施三寶，施者獲福，功德圓滿。第二十七，施食，祝曰：三寶法食，供養已周，轉施童役之人，當願童稚，同霑齋功，無諸障礙。第二十八，鳴磬唱食訖，普誦法食已畢，普被福田，十方解脫，三界安閑。第二十九，凡在齋中，忽有犯戒者，監齋須告白，隨令犯者禮拜。第三十，又鳴磬，唱勸善偈祝曰：我衆等聞是法已，身心清靜，如瑠璃瓶，歡喜頂戴，稽首敬禮無上三尊。第三十一，須唱三禮。若有別緣，唱三願，更不具載。第三十二，齋事總畢，鳴磬，唱隨意，並須稽首恭敬，持器而去。第三十三，先後下起，行列而行，各歸房院，不得羣集喧話，撓亂清衆。

請法品

綜述

佚名《玄門十事威儀·請法品》 夫法者，名之爲寶，人能敬受，實爲妙也。一則利己，傳法教人；二能益他，同登妙果。傳法之功，進入仙階，故曰：請法必在珍重虔誠。

第一，請法師有二種：一者請法師，演法講經，傳科、傳戒；二者權時請授，決其所疑，並須禮拜，殷勤珍重，虔誠稽首。第二，講經、演法，須量大小遠近，預前陳疏其書，皆須好紙眞楷，如法淨潔，不得造次麤弱，言語輕怠。第三，凡授疏者，若小事，先須禮，三拜訖，須執疏長跪，陳其意旨，即拱手而授疏於前人。受疏訖，即禮三拜，言謝而退。第四，凡大段事授疏，以執疏作禮，或七拜至九拜，然後長跪，面陳其事訖，又三拜。拜訖，長跪授疏。授疏竟，即禮拜長跪言謝云：小人蒙賜慈悲，不勝多幸。第五，若前人未受疏，唯知禮拜，不限徧數，以許爲度。如復未許，即須宜且退，更待後時，再三稽首而授。《定志經》云：血出數斛，心亦莫止，自非志心，扣幽靈闥，肘皈師門，頓首德宇，終不造受也。第六，凡權請決疑，先須三禮，長跪拱手，陳所疑事，更三禮解說，竟起拱手言謝云：小子愚昧，伏蒙法師不棄凡愚，解說眞理，不勝喜躍。三禮而退。第七，或灼然年高德重，來授疏請齋，或解說經義經題、講論其理等，宜平且坐受，拜疏訖，言告謝云：小子愚懵，不聞解說，伏蒙見命，不勝悚惕。仍三禮答之，敬其德也。第八，若是師長，曾經受法業者，或有授疏命及者，待禮三拜，即伏地而受，乃長跪，即兩手橫捧於頂，良久乃放案上。三禮長跪謝云：死罪小子，忽奉嚴命，不勝惶悚。又云不敢，三禮而退。第九，凡言不敢有二種義：受不敢辭，辭則不敢受。

護持品

綜述

佚名《玄門十事威儀·護持品》 夫護持者，凡有七種：一護法服，二護法，三護經，四護師，五護身，六護十方施主，七護一切衆生。

第一，凡經像，一種無別，且如奉道。科云：凡經像所在，皆須護淨，竹架圍隔。暫離，即須淨巾蓋之。凡有看讀，開展不得過三行，有事即隨手捲之。卷軸未終，不得暫停。如急事，此卷不了，然後從首，再行宣懺。第二，不得令不淨人，并不淨身口穢氣觸動。第三，擬執經像，須淨手意，不得把他物。應上牀，或推却諸物，憑傍人爲之。忽若無人，自須小小推撥，即洗手經牀，上下亦然。若把他物，即須重洗手。第四，經像不得同房，若黑漆等函著經像者，又在櫥內，得權居卧息，若素函及蘊，雖在櫥內，亦爲不可。第五，若在大堂之內，宿集之所，經日積夜，或倦於法事，疲怠之極，止可暫時歇息，仍須屈伏側身，不得頓爾肆布腳手，鼻口哮齁。若有傍人，須語之。若聞不語，與慢法同罪。第六，凡在四衆，坐起行立，不得招外人共語，多有言笑。第七，凡勤學，不如擇師。師若德薄，愼勿投刺。既能修學，必在明師，似得於寶，即盡力奉承，極至道成，不相離捨。第八，師若錯有過誤，愼勿謗論，宜隱然方便，言拜咨陳再三已，依奉道科。若別人言及其師善惡，須分解。力所不及拂起而去，是名護師之相也。第九，凡師牀案、几杖、衣服、朱墨，一事已上，皆須護持，不得觸污。第十，凡在衆會，忽有違犯經科，爲衆所彈，事應合罰，即須踴躍歡喜，愧耻言笑，美樂受之，此名爲能人，滅無量罪。此人學道，速成無上善果，是名大護持。第十一，凡護持十方施主，或相識，不相識者，上下男女、大小貴賤、內外遠近，凡見皆敬奉。居止來去、安置坐起、校諸驅使、苦樂饑飽、惡好逆順、有無健病、恭敬慰喻、賞罰辱責，皆須得所，務在均平。第十二，凡含靈蠢動，有命之物

墮水落火，但是危命之處，是力所及，皆須救護，使得安寧。第十三，凡行住出入，宿息遇逢，州縣名利，親疏男女，戲弄邪言，預是衆生所疑，更不須行，是名護持一切衆生善果。第十四，若有再三違犯、亂撓淸衆、彈糾不伏、拒諫飾非者，須告白衆人，退出齋次，具如齋戒威儀論。第十五，道衣法服，凡脱著，切須摺打整齊，或安袱帕，或安靜處。稽首畢，方可脱著。第十六，若是於法請事，往往傲戾好鬭爭者，則須上下舉告凶吉等事，勿與往還，名曰幽殯，莫令隨衆。第十七，凡受食受財，皆讓少取，爲儉唯省，勿令衆生有嫌疑薄賤，損命損德，深得護持。

太上曰：威儀説十事，及諸律名，總係一百四十餘條。若能習而誦之，勤而行之，已具前十事，及諸科令，總名護身，己所不犯。又復敎人此之善果，計不能盡，衆聖歡仰，諸天慚愧。若此之人，見世獲十種福德恭敬。且如《昇玄經》云：亦如法服科説，如是之人，名曰大順眞士，不出一生，入次聖品。若復有人，無心奉道，倚傍法門，窺求利潤，污道法服，辱道法流，及構惡徒，嫉他行善，自違科戒，勸人莫修，不奉師訓，聞敎愈甚，不生慚愧，不生恩念，如是等人，名曰罪逆惡獸，近入人道，未得人心，乍入人倫，污聞聖法，所爲趣向，尙似陰囚畜獸，脱離衆生，猶未覺悟，憶彼類習，欲還本身，深所痛哉，甚可悲憫。若人見在，失十種功德，失十種恭敬，得十種輕賤，離十種聖賢，五苦八難，備具形體，纔滅此生，當入長夜，九幽地獄，一切苦痛，悉皆備受，輪轉三惡，無解脱時。無想眞人等聞太上説此要言，悉皆垂淚，歡喜踴躍，稽首禮謝，信受奉行。

符咒法術總部

咒訣部

五方衛靈訣

綜　述

吕太古《道門通教必用集》卷三《五方衛靈咒》　東方

九氣青天，明星大神。煥照東鄉，洞映九門。轉燭陽光，掃穢除氛。開明童子，備衛我軒，收魔束妖，上對帝君。奉承正道，赤書玉文。九天符命，攝龍驛傳。普天安鎮，我得飛仙。衆和，末句以下同。

南方

南方丹天，三氣流光。熒星轉燭，洞照太陽。上有赤精，開明靈童。總御火兵，備守三宫。斬邪束妖，剪截魔王。北帝所承。風火八衝。流鈴交煥，敢有不從。正道流行，我享上功。保天長存，億劫無終。

西方

七氣素天，太白流精。光耀金門，洞照太冥。中有素皇，號曰帝靈。保神安鎮，衛我身形。斷絶邪源，王道正明。宫殿整肅，三景齊并。道合自然，飛升紫庭。靈寶符命，普惠萬生。功加一切，天地咸寧。

北方

北方玄天，五氣徘徊。辰星煥爛，光耀太微。黑靈尊神，飛玄羽衣。備守五門，檢精捕非。敢有干試，豁落斬摧。玉符所告，神振八威。邪門閉塞，正道明開。映照我身，三光同輝。策空駕浮，舉形仙飛。

中央

黄中總氣，總統仙眞。鎮星吐輝，流煥九天。開光童子，一十二人。元氣炎精，燄上朱煙。洞照壇所，及得我身。百邪摧落，却鬼萬千。中山神呪，普天使然。五靈安鎮，身飛上仙。

杜天師殺劍咒

綜　述

吕太古《道門通教必用集》卷七《杜天師殺劍咒》　太上有命，普告萬靈，促召天眞，俱會帝庭。一一下降，雙皇翊精，監察禦邪，理氣攝生。若有不祥，干試神明，七神秉鉞，天鋒右征。揮劍前驅，煥擲火鈴，激命甲騶，虎卒天丁。風火齊戰，伐邪絞精，上威六天，下攝魔靈。魔靈既攝，萬凶滅神，戈擊電掃，姦妖無生。先皇建節，有命敢停，拒節違命，是誅汝形。各敬各慎，保兹黄寧，九天有命，萬神咸聽。急急如律令。

張無盡金籙儀中煞劍咒

綜　述

吕太古《道門通教必用集》卷七《張無盡金籙儀中煞劍咒》　太上有命，普告萬靈。命天將，統天丁，伐天鼓，揚天旌，揮金星，擲火鈴，捕無影，搜無聲，正泰階，掃攙槍，蕩邪風於十極，布眞氣於八紘。天眞下降，威光上清，羣魔匿跡，萬怪滅形，九天告命，萬神咸聽。急急如律令。

夜入户呪

綜述

呂太古《道門通教必用集》卷九《夜入户呪》 四明功曹、龍虎使者、正一生氣、侍靖素女，夜有所啓，願得開明童子、上元少女，與我俱入壇殿，通達所啓，皆得上聞。

夜出户呪

綜述

呂太古《道門通教必用集》卷九《夜出户呪》 元上太陰，八窗開明，向來所陳，少女通靈。事畢復位，萬神潛寧。

朝入户呪

綜述

呂太古《道門通教必用集》卷九《朝入户呪》 四明功曹、通眞使者、傳言玉童、侍靖素女，爲我通達壇殿正神，上元生氣，降入我身。

朝出户呪

綜述

呂太古《道門通教必用集》卷九《朝出户呪》 出陰入陽，萬神開通。關奏事畢，請閉黄房。侍靖玉女，明備神宮。

釋訣

綜述

呂太古《道門通教必用集》卷九《釋訣》 存日月在己面上。日色赤，有紫光九芒。月色黄，有白光十芒。日左月右，去自己面九尺。日之光芒直來，從左鼻入。月之光芒直來，從右鼻入。俱入洞房金華宮。金華宮者，從兩眉間直入五寸是也。光明薄入玉枕，出項後也。頭總名泥丸宮，眉間入一寸爲明堂宮，二寸爲洞房宮，三寸爲丹田宮，四寸爲流珠宮，五寸爲金華雌一洞房宮，一曰玉帝宮，宮各一寸，故曰泥丸洞明鏡，遂成金華仙之類是也。存思畢，然後誦步虚之章。

按杜天師所著儀，命魔法師於鬼門上，望西而立。都講於天門上，望東而立。唱各思九色圓象、嚥液命魔密呪。自高功而下，各各存思。自楊公傑定金籙儀，遂著於天門上命魔。今不復易，因書本末，各從所見而行之。

又 叩齒心拜，存三十二天於四方，青龍在左，白虎在右，朱雀在前，玄武在後，白鶴獅子，各分列於前。日月在面前九尺，光照十方。以鼻引氣三十二過，無使耳聞訖，東向誦經。

命魔咒

綜　述

呂太古《道門通教必用集》卷九《命魔咒》　黄中策氣斬妖宗，察制彊精斷邪翁。太上有命太上房，急召北帝詣玉宮。受承威令宣魔王，五氣蓊鬱與命衡。祕藏玉文方就隆，三天運明六天終。

杜天師曰：此呪密念，不得令己耳聞。違之有咎，愼之愼之。趙明舉法師曰：雖分九色，止玄元始而已。蓋九色自三氣爲祖，青黄白是也。若細分紫碧等色，則繁而紊，止以三氣分爲九氣爾。

道德經精思存神訣

綜　述

呂太古《道門通教必用集》卷九《道德經精思存神訣》　《太極隱注》曰：讀太上《道德經》，先燒香整服，禮三拜，心存玄中大法師太上老君、河上眞人尹先生。誦經藴呪曰：

玄玄至道宗，上德體洪元。天眞雖遠妙，近緣泥丸君。宮室皆七寶，窗牖自分明。清靜常致眞，駕景乘紫雲。日月左右照，昇仙長年存。七祖上生天，世爲道德門。畢叩齒三十六通，嚥液三十六過，心存左青龍、右白虎、前朱雀、後玄武，坐八卦神龜、三十六獅子前，伏頭中七星，以斗杓前向。五藏五色之氣，如羅文覆蓋一身。三一眞人，立經前。千乘萬騎，備衛左右。了然分曉，然後誦經。

《四極科》曰：讀誦經文，當令心口相應，目無他視，心無他念，言句周竟，不得越略天音，三犯有責。

《太極隱注》曰：讀經五百言，叩齒三下，舌舐上下唇，咽液三過，使人不極也。

度人經精思存神訣

綜　述

呂太古《道門通教必用集》卷九《度人經精思存神訣》　經云：行道之日，香湯沐浴，齋戒入室，東向叩齒三十二通，上聞三十二天，心拜三十二過，閉目靜思，身坐青、黄、白三色雲氣之中，内外蓊冥。有青龍、白虎、朱雀、玄武、獅子、白鶴，羅列左右。日月照明，洞煥室内，項生圓象，光映十方，如此分明。密呪曰云云

南北斗經精思存神訣

綜　述

呂太古《道門通教必用集》卷九《南北斗經精思存神訣》　向北正坐，叩齒二十四通，心存太上老君、三天法師、左右眞人在上，心拜三禮。次存南斗六星在右，北斗七星在左，虔誠祈禱，願意想十戒仙官，及南陵使者三千人，北斗七千神將，左右備衛，了解分明。次誦經藴呪：

昔在東漢末，永壽改元初。天師乘白鶴，太上駕龍車。五雲自天下，仙仗來成都。地神湧玉局，其高可丈餘。太上升玉座，傳授九天書，削死延生法，七元總寰區。延壽度人經，六司皆有符。奉道修行人，讀之災厄除。臣今誦靈篇，將吏陰相扶。會當立玄功，妙道證虛無。

道德經玄蘊咒

綜述

呂太古《道門通教必用集》卷九《道德經玄蘊咒》 歷劫天人師，大聖玄元君，昔於太清宮，著書五千文。虞舜以至孝，傳於無上尊，事祕不示世，綿區無得聞。周末昭王時，飛天行紫雲，尹喜司幽關，瞻望迎飈輪。西度流沙來，太上果到關，乃於日中時，再傳《道德經》。義無大不包，亦無細不論。臣今闕眞編，敷繹天地根。願依至道宗，家國沾殊恩。帝王保萬壽，終期朝帝閽。

度人經玄蘊咒

綜述

呂太古《道門通教必用集》卷九《度人經玄蘊咒》 善哉元始尊，昔於始青天，懸珠如黍米，登引十方仙。說法以度人，寶章名洞玄。三十二天帝，內名隱諱全。三界大魔王，所歌空洞篇。大梵隱語音，皇人親以編。高眞垂拯拔，傳世度宿緣。五劫開化久，所度無有邊。臣今東向誦，願與天齊年。帝王保安鎮，九祖俱升仙。功滿德就日，高舉昇雲煙。

生神經玄蘊咒

綜述

呂太古《道門通教必用集》卷九《生神經玄蘊咒》 善哉元始尊，偃息黃房宮。希夷養太素，空碧練沖融。飛天來稽首，具陳劫運終。宜有大法行，廣度諸愚蒙。天尊拯悲智，玉笈開玲瓏。出示生神章，敷繹九氣宗。研心稽首誦，所度無終窮。臣今披雲錦，九遍成人功。功滿德就日，乘景乘雲龍。

出官，精思存神。

叩齒二十四通，臨目謂微開兩目也先存三清在頂，道德衆尊，皆會于前。青龍、白虎、朱雀、玄武，在左右前後。己身長丈餘，遍體作金華之色。顖門朱戶，闢開於頂上。眞官吏兵，皆從頂門出。虎賁將軍在鼻，天丁力士在肩，狼吏在頸，直使在兩頰，天騶在兩臂，甲卒在手指，察姦鉤騎在腹，三將軍在心，科車赤符在臍，三官僕射在胃，罡風騎置在膝，驛馬上章在脛，收氣諸吏在背二十四骨，社邑君青衣在前。直使功曹，擎持章桉，一一分明。然後開目啓事畢，叩齒三通，嚥液三過。

宣章，讀太清銜說。

尹眞人《問科經》及天師《問法經》云：天師告太上曰，見有讀太清畢，讀以聞者；或先讀以聞，後太清者；或先讀太清字，次讀以聞，次臣姓；或斷後讀太清者。有此不同，何者爲法。太上曰：以聞畢，次臣姓，次太清，次年號，各去三行，此寫章不易之法也。惟宣讀之時，讀以聞畢，長跪執极，先讀太清，細字略出聲。不可令高厲。不得嚥液咳嗽，一氣宣讀，次臣姓，次年號，此天帝具法也。

印章七元魁約真形符

綜述

呂太古《道門通教必用集》卷九《印章七元魁約真形符》章中使印，諸經科儀，並不經見，如赤松子寶章曆，廣成先生章式，及金籙儀章式，亦不記載。須詢訪宿德謂言：吾爲童時，尙見前輩臨時以朱筆作此符於章文中，其高下作北斗象。蓋所以護衛章文，使之必達爾。最後，看廣成紫庭北陰儀，以黃絹篆七元符，裹卷詞文，封入函中，方信宿德之言不誣也。謹刊行之，併又其所以云：今易爲印者，後來之私意也。

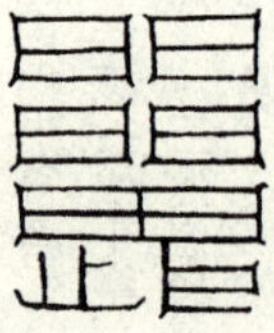

太眞都

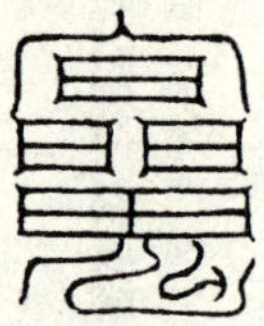

再拜

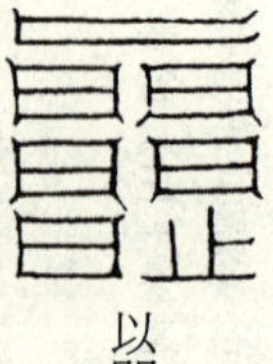

以聞

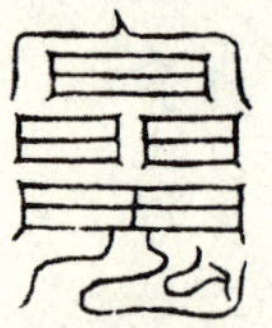

再拜

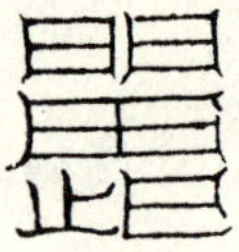

臣姓

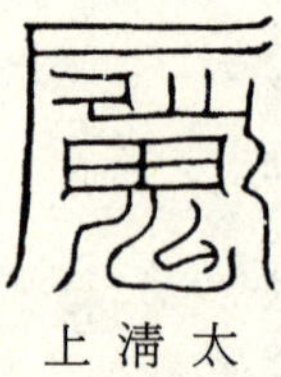

太清上

太清下

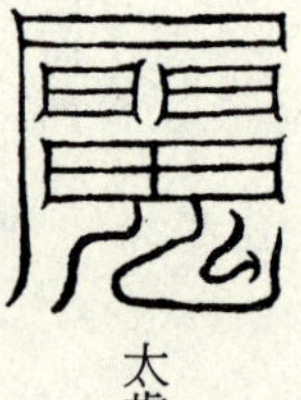

太歲

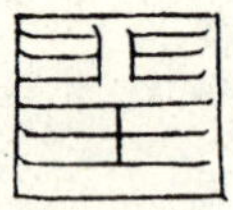

三將軍 印於章函之右

六甲陰陽符二道，自甲子乙丑，各有一符，下必以陰符陽符終之。甲子爲陽，乙丑爲陰，陽主陽界，陰主陰界。今騰章，係陽界事，當用陽符。而流傳多作陰符於函上用，並刻二符，並呪於其下。

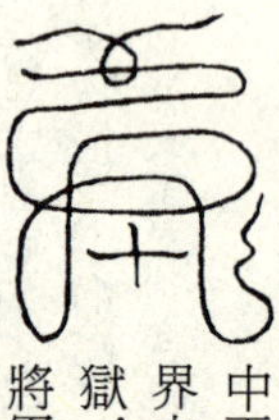

中天大聖，飛天捷疾，收捉陽玉玉界之中、下方無道之鬼，付天一北獄，依律定罪。唐葛周將軍、眞武將軍，卓劍相待。

陽符

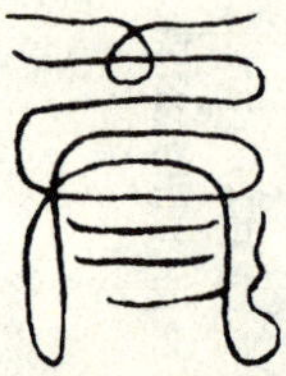

中天大聖，飛天捷疾，收捉陰玉玉界之中、五方無道之鬼，付天一北獄，依律定罪。唐葛周將軍、天地水三官敕

陰符

逐鬼部

收土公

綜述

佚名《正一法文經章官品》卷一《收土公》 若病肌内消盡，性命垂困，當請天官揚秩君，官一百二十人，君吏一百二十人合治之。若久病著家，請須臾君，官將二十人令治之，赤天食炁君，官將一百二十人，主收家惡鬼爲祟害者。

若家故殗不寧，夢惡錯亂，魂魄不守，請收神土明君，官將一百二十人治之，三炁慰愈君五人，官將一百二十人，都星君，官將一百二十人斷家鬼伏連。

石安君、都星君、誅殃君各一人，官將一百二十人，斷外家亡人，復連高都君、朔平君，官將一百二十人。

青龍源水君、九水丈人、水帝君，又請水平政君、兵士十人，又請安宫置官官將一百二十人分解水君。

又請諫議大夫十二人、經隱眞君、談君主和諭先亡。

東海大睦塗君，官將一百二十人主收勾星狐狢之精，並收瘧陽方君將一百二十人治青龍宫，安上君官將一百二十人治玄黄室、石都侯君官將一百二十人治陰陽室，安石君官將一百二十人治玄眞室，安和君官將一百二十人治丙午室，考召考官吏收解宅内四面土公。

軍兵收怪

綜述

佚名《正一法文經章官品》卷一《軍兵收怪》 天昌君，黄衣兵士十萬人，主收捕某宅中一百二十人殃怪，中外強殃十二刑殺來作病者，消除之。兵星太白君，十萬人，主收捕精魁祟災害之家。恐作文字不可知，召窮奇使噉怪鬼，消除之。

又請天綱君，官將一百二十人。

收先祖病子孫

綜述

佚名《正一法文經章官品》卷一《收先祖病子孫》 無上方蒼君兵士十萬人，主收却先祖五墓之鬼未病子孫者，分别生死之炁，斷絶耗害，主之。無上方官君兵士十萬人，主收先祖病子孫語者，主收斷之。

收死人耗害

綜述

佚名《正一法文經章官品》卷一《收死人耗害》 都星君一人官將一

百二十人，治青蓋室，主解星死、斷絶復連，制三殺災滅咎殃，不得復連生人。素車白馬君兵士十萬人，主收十二墓鬼，未病生人者，斷絶之。

無上天君兵士十萬人，收某家中水火湯注乙石二十刑殺之鬼、却死未生復連殃注之炁，消滅之。

都官君官將一百二十人，治太陰室，主收某家中星死血親之鬼，秏亂人者，斷絶之。

天玄君官將一百二十人，治少陽室，主收却塚墓鬼祟病主人者。

石安君官將一百二十人，治始室，主收死人未爲精祟者，斷絶秏害之。

石仙君將一百二十人，治天下萬民家中外亡強殃之鬼，厭絶注鬼爲人精祟者，轉相注易後生人疾病者，死主斷絶之。

誅殃君官將一百二十人，治倉明堂，主爲某收斷死次還流，逆殺殃咎復連生人者，斷絶之。

若故婦致來注病生人，請大皓大典者吏收攝故婦，致魂魄檢押死人某，不得令還賊病生人。又請太白兵星熒惑吏一合下，收死時煞炁消滅絶，復連葬死送收塚訟。

九地君官將一百二十人，治地理宮，爲萬民出喪葬埋，收正月至十二月建墓鬼，葬埋以續疾病呪訟鬼法所爲主之鄉。大神官將百二十人，治其宮，主萬民移徙，繕治作塚月食禁忌之鬼主之。

右郡候君官將吏一百二十人，治泰玄室，生收丘墓之鬼絶墓神兵墓伯塚中。

二千石爲民作精祟大言官君將一百二十人，治安渠室，主收天下萬民葬埋之後死人不安、疾病生人者，墓塚之鬼。

九玄察炁君一人，官將一百二十人，治四澤室，主自禰葬埋土公之炁，除滅消散之。

九地君一人，官將一百二十人，治宮室，主萬葬埋勑堤收萬鬼解過，主葬埋之。

地申君一人，官將一百二十人，治墜宮，主天下萬民開塚戶，啼哭言窨，令厭有歲病。

收萬精魅

綜述

佚名《正一法文經章官品》卷二《收萬精魅》 破逆君將一百二十人，治漢仙室，主百姓男女病精魅中刑犯易，披髮狂走還格，因稱神鬼語稱和言皆主之。

天樂君五人，官將一百二十人，治五水室，主收治女子狂易披髮奔走。

天地精君官將一百二十人，苗林宮收治男女披髮狂易之病，主之。

大角獄君官將一百二十人，治五大行宮，主收天下有物萬精來着人者，除滅之。

高脊君官將一百二十人，治寄明宮，主收天下龍蛇災害人者。

實地君一人、官將一百二十人、治文宮，主收考地上獸之精，諸道行逆劫眞強病之。

九天前司馬千二百人、絳衣赤幘，主收天下木石之精魅。

胡將軍千二百人，各將胡兵十萬人，主能收天地身稱爲道五龍之精考之。

九諫君一人，官將一百二十人，治成信宮，主收天下自稱河伯水龍蛇之精，病人者主之。

北玄君一人，官將一百二十人，治皇宮，主收龍蛇精老虎精，主之。

三炁賜功君一人，官將一百二十人，治黃雲室，主收天下老鼠之精魅病人者，主之。

山秦皇老君一人，官將一百二十人，治地室，主天下崖石之精，主之。

旌明中徹君一人，官將一百二十人，治俗室，收天下萬物之精魅，主之。

明郎君一人，官將一百二十人，治安莊室，主收天下自稱妖精爲毒害諸精。

天封大兵士十萬人，黄衣，收龍蛇之精，狂歌自爲之神主者。

澤明都君一人，官將一百二十人，主治天五平室，主天下自稱考神蛇雀石草木精魅。

廣老君一人，官將一百二十人，治倉室，主收天下鋒蜉蚜召之鬼，主治百精。

主解蟲鼠精怪

綜述

佚名《正一法文經章官品》卷二《主解蟲鼠精怪》 三炁陽無元君官將一百二十人，治黄靈室，主收精怪之精。

南山白虎將吏，主收除宅内群鼠犯害，驅離無令留停。

收葬送塚墓鬼

綜述

佚名《正一法文經章官品》卷三《收葬送塚墓鬼》 太陰君官將九地君將某君將等各二人，官將一百二十人，請舉工監作一合下，主監臨葬送。

葬送君將吏兵一合下，主營護道士所發起居葬送之鬼。

九玄察炁君官將一百二十人，主治西驛室，主收天下葬埋之鬼爲精祟者。

太白中陣明皇君官將一百二十人，主收捕禁塚一切之鬼，各令伏匿，葬埋後請復還治也。

左都侯君官將一百二十人治太清元室，主收天下兵塚鬼絶墓丘丞墓相、塚中二千石爲祟病人者。

漢明玄君官將一百二十人，治五俗室，主收室墓鬼。

九甲君官將一百二十人，治九坎室，主收天下民間石開葬埋，上啼哭衰麻合客，令無禍事疾病。

大言君官將一百二十人，治母渠室，主收天下萬民葬埋後有疾塚訟之鬼主之。

地畜靈官將一百二十人，治廣靈室，主收塚堠墓卿石袄鬼。

太玄君官將一百二十人，治母渠室，恍惚妄走下治之不差，收塚葬送逆順鬼塚訟之鬼造功吏，一合來下營護發喪處，道路不得阻遏。

九天君官將一百二十人，治地里室，收天下萬民葬埋，收勑十二月建墓鬼解土謫。

九地君官將一百二十人，治茂里室，主收天下萬民葬埋，收勑十二月建、十二月墓鬼，解求適主葬埋已訖，續得疾病，塚中有訟，連禍鄉邑者。

大神人君官將一百二十人，治其室，主收移徙繕治作塚日食禁忌之鬼。

章驛君官將一百二十人，治泰請室，主收主墓絶墓神丘丞、墓伯、塚中千二石爲民作精祟者。

九德君官將一百二十人，治越性室，牢帥塚五害不利，不到墓養命之鬼。

赤玄君官將一百二十人，治少陽室，主收天下諸墓耗鬼。

秦關得明君官將一百一十人，治少室，主收天下自稱刑謫之鬼。

素車白馬君兵士十萬人，主收十墓鬼將軍比考之。

破逆君官將一百二十人，治漢仙室，主收萬民淵墓狂殃之鬼精。

陽方君官將一百二十人，治天門室，主收天下諸墓功太歲大將軍太玄眞符，攝下女青詔書主之。

主塚墓之鬼

綜述

佚名《正一法文經章官品》卷三《主塚墓之鬼》 演豹君五人官將一百二十人，治五諸室，主收天下墓鬼。

河伯河水使者十二人，從事小郵驛馬故行，主收捕塚墓男女之殃殃。

太黃太極君符下女青詔書，地下二千石，泰山二十四獄主收塚墓之鬼。

太素太始君五人，官將一百二十人一合下符攝地，二千石女青詔書丘丞墓伯十二塚鬼。

無上高蒼君兵十萬，主收先祖五墓之鬼，來着子孫者主之。

主井竈鬼

綜述

佚名《正一法文經章官品》卷三《主井竈鬼》 太上前校大兵四十九萬人，主收一百二十井竈鬼。

主土公鬼

綜述

佚名《正一法文經章官品》卷三《主土公鬼》 制地君五人，官將一百二十人，治宜泉室，主收天下高卑太歲行年本命上土公之鬼。

制地君官將一百二十人，治地里室，主收天下土公之鬼。

九德君官將一百二十人，治水室，主收天下土公之鬼。

安石君官將一百二十人，治玄黃室，主收天下諸山獵精土公之鬼。

主土炁鬼

綜述

佚名《正一法文經章官品》卷三《主土炁鬼》 剛武敢健君吏一合下部將軍吏，主收捕天下土炁之鬼。

天匠君官將一百二十人，治垂室，主作營鎮，收十二時，役使主四百功禁忌之鬼。

仙官激炁君官將一百二十人，治四川室，主收百功禁忌之鬼，治起土方丈舍東西傍主之。

揚方君官將一百二十人，治天龍門室，主收太歲大將軍十二月建土炁。

安玄君官將一百二十人，治丙午室，主收捕天下水土公之鬼。

平石君官將一百二十人，治南犯室，主收天下高卑土公一百二十人，禁忌土公逆鬼。

主收竈鬼

綜述

佚名《正一法文經章官品》卷三《主收竈鬼》 無上監炁君兵十萬衆，主收竈伏龍形德殃注竈祭耗虚鬼。

鑪火玉女千二百人赤衣，主收一百二十竈鬼中伏炁。

漢明地黄皇君官將一百二十人，治理室黄門，主收天下自稱溫竈靈之鬼。

祈安部

主利宅舍

綜　述

佚名《正一法文經章官品》卷一《主利宅舍》　安炁君，官將一百二十人，治安丹宮，主隱治宅中鬼炁逆亂，分别功賞，令神還、令道明。太玄君一人，官將一百二十人，治逆室，主民宅不可居，主利收諸殃殺災怪。

赤沙君，官將一百二十人，治靈昌室，主收自爾五蟲六魅之鬼，一鬼二吹，耗害宅舍，上利之道。

元炁君，官將一百二十人，治室舍，主收天下萬民宅舍及吹解諸横禍之鬼。

天玄君一人，官將一百二十人，治安邦室，主收萬民不可居，收殺鬼災怪主利宅舍。

青龍君，官將一百二十人，治賈室，主萬民虛耗、不宜六畜，主利宅舍。

保六畜

綜　述

佚名《正一法文經章官品》卷一《保六畜》　凡畜養牛、馬、驢、騾等，列毛色、頭數，啓百蟲畜收王相君將吏一合來下，主者養畜七六營，肥健蕃息，無有折傷。

天儀君官將一百二十人，治休官，主爲民某養六畜，息無死，主之。

昊水期官將一百二十人，治赤雲室，主及天下六畜疾病之精祟，收之。

天陽君一人官將一百二十人，治夫君肉室，主萬民宅中不利牛馬保護之，令好盛不死。

壽命度厄

綜　述

佚名《正一法文經章官品》卷一《壽命度厄》　南上君官將一百二十人，治倉果室，開天門益人壽命，病者得愈，殃禍者消滅之。

壽命君官將一百二十人，治安昌室，主爲天下萬民致壽命延此度厄不衰。

南昌君官將一百二十人，治列庫室、歷犯周旋八紀之中，脱下死籍，還著本命，消滅三蟲，伏長生不老，八十歲更爲十五童。

明堂絳室君官將一百二十人、治城宫室，主祭酒心傷萬端，還壽延年，管度世神仙，逆人不行。

天公君一人衛即三萬九千人刑生，可以此世過厄千歲。

解厄君官將一百二十人，主爲解除年命之上刑厄姐星妬鬼，精鬼祟殺，害過度衰厄。

録魂長生

綜述

佚名《正一法文經章官品》卷一《録魂長生》 玉女素曆千二百人，衣赤衣，主致長生承差，具録某身三魂七魄，不得遠離某，主長生疾病，差除素女千二百人，主致長生延命疾病，具録魂魄，無令遠人身精人安。

周玉君將一百二十人，治地理宮，主致一百二十生炁，神衣赤幘，節禁人三魂七魄、不棄人身，保命延年，長八百歲。

録祭酒求録

綜述

佚名《正一法文經章官品》卷一《録祭酒求録》 三元節月九候龍使者，六甲父母官將各一百二十人，解夭千二百考吏等書自證者，形和氣君官將一百二十人，治且寄室，收諸祭酒讁考相及代者，正典直殺之。

天還室白衣兵十萬，衆生諸考吏察正之。天西辰君一人，赤衣裳兵十十萬人，主收考召正炁所主大宮時。

頓治功曹左右功曹五人，官將一百二十人，主治田宅吏解考主之。察炁君，治名山宮，主收考諸祭酒飲食肉淫佚者，主祭殺之。

四明君五人，官將一百二十人，勑祭酒治舍炁不安穩，主禁不正炁解法考，分別清濁正炁。

國三考白兎君官將一百二十人，治駱城室，治中鬼亂考召師罪過下，此神爲師馬天下切，分別官吏兵解罪師過。

畢女君一人，官將一百二十人，治仙室，主解祭酒犯録上禁，忌飲酒食肉，行輕重於民間、姦淫通之罪，皆使無它。

國三考白巽君一人，官將一百二十人，治駱城室，主治中惡犯考吏罪過，分別釋玉解考君。

察姦君一人，官將一百二十人，治名山室，主祭酒犯録飲酒食肉，民子淫盜解之犯。

録可用移徙，吏主營護某家男女釜竈，六畜移徙出宅，開通無它却十二辰禁忌。

護蠶滋好

綜述

佚名《正一法文經章官品》卷一《護蠶滋好》 恭食君官將一百二十人，治明系室，主萬民養蠶卧起齊光澤滋，出以系如意。供食君將一百二十人，治天祿宮，主爲萬民蠶健食解，好中神男神女，玉男玉女，素男素女，玄男玄女養蠶。

滋母溫室新婦等各二十四人合下，誥詣某蠶室中溫暖之保護，令滋好同收絲萬倍，無有傷之。

田作瓜瓠

綜述

佚名《正一法文經章官品》卷一《田作瓜瓠》 田作種種，當啓所部署宮，四野、五野、七野、都平君城，山川祇稷社召偪亢。

白蠶君，主保五穀，苗莖滋好，結子成實，收入萬倍。九野君官將一百二十人，治地盡宮，主萬民田作求利，蟲兒不害，鹿走得百倍。

五穀君官將一百二十人，治大水宮，主萬民五穀。草易理，苗莖滋好，收深豬熊疾蟲蝗，群精消之，收穀百倍。

天田君官將一百二十人，治地房宮，主萬民種禾，令收大得之。

五田外田九野都平君自營，歲終田作五穀，今爲俗有異詭，馬谷一斛，以爲勑信。

五千王君官將一百二十人，治九水室，主萬民田作手法。

六畜君官將一百二十人，治明堂，主萬民主瓜瓠，收子倍得，無有死傷。

遠行萬里

綜述

佚名《正一法文經章官品》卷一《遠行萬里》 萬里君官將一百二十人宣祖諱治炁室，主萬民遠行萬里，道里四通，不逢禍殃。

北馬君一人，官將一百二十人，治室房室，主將帥遠行，不爲惡吏所得，令輕身自行千里。明堂玉女千二百人，衣白衣，主遠民遠行萬里，不逢殃痾難，主之。

萬福君官將一百二十人，主保萬民遠行萬里，道路滑利，却死來生，轉禍爲福，收除殃殺，往還無它，思所意所所從心。

市買欺詐

綜述

佚名《正一法文經章官品》卷一《市買欺詐》 驛絡門監市君官將一百二十人，治天市室，主收天下害鬼，考治生殃屠沽酒，開店賣與百姓貧民，私行輕秤少升，詐誕欺人主之。

無上萬福君吏二十八人，求五利金銀布帛綿絹穀米錢物，所思者至，所索者皆得，主治招財求利。北面昌盲君一人，官將一百二十人，治北水室，主水船人賦，買重量大斗，賣利詐誕都市不中考之。

無上萬福君官將一百二十人，主求五利金銀布帛，所思者得，所願者成。天河君官將吏一百二十人，治九江室，主記錄河伯勑水吏生爲休，莫加月三輔之張、三鈎三荀卿得。

叛道求還

綜述

佚名《正一法文經章官品》卷一《叛道求還》 化炁君官將一百二十人，治赤兔赤，收叛民某從使還，得化屬道，不得稽遲，主之。

九會君官將一百二十人，治還宅主，從九天召吏下方民，令且化之屬道主來之。

九會君官將一百二十人，治還宅主，從九天考召吏，收叛民戶主來。

祭酒開心

綜述

佚名《正一法文經章官品》卷一《祭酒開心》 夫子君官將一百二十人，治紫微蓋室，主男女官祭酒心腹童蒙，令之化聖使都却鬼語。玉仙君官將一百二十人，治太素，主女官祭酒心腹童蒙，令之化聖，使知鬼女。五經化炁君將一百二十人，治九奇室，主祭酒童蒙，令自受教使。

□□民若開心思明，衆與有異，請五星二人官將一百二十人，下注某身。

請周天八極君，左右陰陽明決吏十二人下幷某身，隱意定志。

入山不渴飲

綜述

佚名《正一法文經章官品》卷一《入山不渴飲》 蓋天君官將一百二十人，治道門室，主請山神師入名山，道却神可在致山道玉女素女主之。

青城壽曆十二人赤綺衣，主爲師長生一百二十年，方入名山。

泰謂飽吏左右五人，官將一百二十人，主制三尸，令人不飢渴長生。

王域行廚君官將一百二十人，治王門室，主令師制炁不食不飢，可入名山，不用糧精廣神也童子。

金倉君官將一百二十人，治神皇室，主致谷食炁，可入名山，不飢渴

制天君官將二十人，治丈人室，主祭天官，道鬼號不別，炁曆師祭酒同炁至仙官。得道，下乇神分別主之。

天倚邦君五人，治五辰室，主師守中神，願美色好老，更丁一日。

天倚國君五人，治五辰室，主籍師五精守中神，還精美色丁莊。

華景君官將一百二十人，治白玄室，主師入山，精思，面七曰念面色土水上無還，年不老陰陽炁備之。

主斬草

綜述

佚名《正一法文經章官品》卷三《主斬草》 二部君官將吏，主爲辟斥歲殺、月殺、日殺、時殺，葬送斬草。

主移徙宅舍

綜述

佚名《正一法文經章官品》卷三《主移徙宅舍》 都邑大神君官將一百二十人，治其却室，主收天下萬姓娶移從架起宅舍，繕治蓋屋，制正月食禁忌之鬼。

縣邑君官將一百二十人，治其却食室，主收移徙宅舍。

仙官昌息一人，官將一百二十人，治食逆室，主收天下萬民移徙繕治作舍治墓，令人福利。

土地里域君官將一百二十人，主移徙舍官，將軍主天下萬民作舍移徙。

昌落君一人，官將一百二十人，治城昌室，主收移徙太歲大將軍。

玄都君一人，官將一百二十人，治北都室，主收天下解五部將移徙故炁。

主利居宅

綜述

佚名《正一法文經章官品》卷三《主利居宅》 救眇君官將一百二十人，治倉明室，主收百姓破㝣居宅、不利奴婢六畜，主收護之。

天玄君官將一百二十人，治安關室，主萬民舍不可居利宅，收諸鬼災炁怪，主之利宅。

天陽君一人，天休君五人，官將一百二十人，治扶君泉室，主收宅中衰耗、不利牛馬六畜，下此神保護，令盛好不復死亡。

頻元君吏功曹左右官各五人，官將一百二十人，主解諸考謫，令室宅安穩。

解患君官將一百二十人，治倉室，令主爲人民解宅滴破不止者，安利家居。

赤沙君官將一百二十人，治南昌室，主收天下五蟲六魁之鬼、百二十凶吹入宅舍利之。

天官君官將一百二十人，治安洋室，主民人宅舍不可居，收攝殺炁百怪之鬼。

仙官計平君官將一百二十人，治赤水室，主收宅殺，自稱刑宅破鬼，諸繕治君將吏兵各一合下，在鄉里中監察，助某起治事訖，三日一時無他言舉遷。

始陽平君官將一百二十人，治七俗室，主收河龍七獄吏宅殺鬼。

青帝君官將一百二十人，治靈明絳匱宅，主收天下萬民舍虛耗。

北始道元君官將一百二十人，治靈明室，主治萬民破貴亡賤有不利者主之。

主嫁娶

綜述

佚名《正一法文經章官品》卷三《主嫁娶》 釀泉君官將一百二十人，治白玉室，主飲食賀慶和合神炁之主。

左右宜春君官將各一百二十人，治正陽室，主收天下嫁娶時鬼，爲人作精符命相尅之。

左右宜春君官將一百二十人，治陰陽室，主收天下人民嫁娶時鬼，爲人作精祟者，稱符命相尅主之。

日月君一人，官將一百二十人，治陰陽室，主天下男女嫁娶舍客，主利合男女竟年壽。

天處君官將一百二十人，治五衛室，主萬民嫁娶娉合尅制四時鬼，合符命令有貴子。

玄來君一人，官將一百二十人，治富女室，主天下男女嫁娶，令妻夫致三萬歲，延年嫁娶吏一合下，主萬民嫁娶，監臨營衛，使其安穩。

歌樂君一人，官將一百二十人，治陰陽室，主收天下萬民嫁娶飲食，合會賓客，成生和合，男女皆令喜笑符命益傳。

九炁玄機君官將一百二十人，治中庭室，主收移徙嫁娶時鬼病人者主之。

赤靈君官將一百二十人，治激室，主治天下萬民嫁娶時鬼主之。

歌唱君一人，官將一百二十人，治衡室，主萬民嫁娶會合得宜，令有男女。

左右宣奉君官將一百二十人，治陽歸室，主天下萬民嫁娶時鬼主之。

天陵君官將一百二十人，治五衡室，主萬民嫁娶娉合時，合有貴子主之。

仙官昌樂君一人，官將一百二十人，治地威室，主收天下百姓作廚食

護之。

天貴黑衣兵士十萬衆生，立收一百二十人時鬼嫁娶迴狂言語。

請素白玄明官將一百二十人，治部城室，主解天下女子嫁娶，生命在天，年歲星逆鬼之中，有若娟鬼妬神，醜宿惡星，拘刑鬼天懸尸，六害肌骨，刑禍不宜翁姑夫子者，主收之。

中室敢健吏，左右陰陽嫁娶吏千二百人，主收捕九室炁，主嫁娶。

九倉君官將一百二十人，治目還室，主收天下嫁娶飲食，合會生成，和合男女符命年壽。

玉曆君官將一百二十人，治九天室，主解天下男女嫁娶，年命在天，年歲星之中，不宜夫妻少子孫者，下此神保護之，使年長相宜。

北平君官將一百二十人，治群城室，主解天下嫁娶不宜姑翁，生命在天，年歲星逆鬼之中，各有娟鬼妬神，醜宿惡星，懸尸六害，胞形骨消，不宜子孫者，下此神保護之，使命長相宜。

天大夫君官將一百二十人，治五行室，主收萬民嫁娶聘令制，使得倍收。

五穀君官將一百二十人，治大水室，主令田五色禾苗秀好，令少草，一畝得百斛，辟蟲鼠熊兔豬鹿，令不犯害水旱和適主之。

地畜君官將一百二十人，治四明室，主民人種瓜瓠茂好倍得。

天甲君一人，官將一百二十人，治地戶室，主民禾穀，令無蟲鼠主之。

無野君官將一百二十人，治地盡室，主萬民佃求利無蟲鼠耗不害，收得百倍。

主蠶桑

綜　述

佚名《正一法文經章官品》卷四《主蠶桑》　山澤君官將一百二十人，治陰陽室，主天下崖蠶自天父母蠶。

供養君官將一百二十人，治天系宮，萬民男女喜生蠶，令解耗有倍得。

仙官玄女玄男，神女神男，玉女玉男，素女素男等吏，養蠶絲綿吏合下，主爲萬民將養蠶，辟斥蟲鼠，皆解好。

仙官玄女、神女、玉女、素女、玄男、神女及諸君丈人官將，各一百二十人，蠶室主蠶吏營衛，令去蟲鼠，令蠶伐耗神男玄女，主採桑，餧玄女主簿素女主繭黄白分明。

玉竟君五人，官將一百二十人，治倉室，主男女犯天年歲君逆炁不宜妻子者。

天竟君五人，官將一百二十人，治洛臺室，主解男女違犯天年歲星不宜夫妻者。

地竟君五人，官將一百二十人，治洛臺室，主解男女違天年歲星不宜子者。

開天元君五人，官將一百二十人，治食室，主解男女犯歲星，使宜妻子安穩。

清廉考召征伐君吏，主收嫁娶時之禁忌媚固娟妬之鬼。

主田種

綜　述

佚名《正一法文經章官品》卷四《主田種》　天林君五人，官將五人，各一百二十人，治民人田種五穀，令倍收。

地林君五人，官將一百二十人，治四相室，主治民人田種，下穀倍得。

天田君官將一百二十人，治北門室，主民人種作苗稼，辟却蟲鼠，令好有倍利。

三炁陽元君官將一百二十人，治黄雲室，主收蟲鼠犯暴之傷，田種所部置田四野七野九野，都平君城神，山川社稷神君，護某稻禾穀令熟美好，無令損害，辟斥蟲鼠，歲冬入增倍以爲效信。

五千玉君一人，官將一百二十人，治九水室，主民人田作，令苗秀好。

主六畜

綜述

佚名《正一法文經章官品》卷四《主六畜》 秦皇太元君官將一百二十人，治地玄宫，主民人六畜令增息。

天僕君官將一百二十人，治休行宫，主萬民養六畜，令日熾盛，不死亡傷主人。

秦皇定炁君官將一百二十人，治九地室，主民人養六畜不成不茂，令使增息。

赤玄天北水井君五人，官將一百二十人，主治天下六畜牛馬，皆使類蕃息。

黑小騏君官將一百二十人，赤靈君主天下牛馬六畜疫病之鬼，收三十六精祟，欲畜養生馬豬牛，烈色數啓百蟲畜收王相官將一合來下，令其蕃息。

主漁捕

綜述

佚名《正一法文經章官品》卷四《主漁捕》 太治官請主厚君吏一合下，收捕故炁飲食之鬼，漁捕射獵，各各慈心，不相侵害。

太河君官將一百二十人，治九江室，主絶錄河伯，勑水吏主爲捕獵人主慈愍心，棄釣焚網。

別求宅利天河君官將一百二十人，治九地室，主民人汙地藕葦芰蕉，求得萬倍。

主人九河大漁君官將一百二十人，治玄谷室，主萬民汙池，使四面魚鱉各得其性，不爲精害人。

水却君一人，官將一百二十人，治河龍室，主天下萬民汙池沼渚，一切水族，捕十二目精鬼怪，營護部界。

主賈市

綜述

佚名《正一法文經章官品》卷四《主賈市》 天市君官將一百二十人，治珮室，主治天下諸市召考官，稱詐小秤、小斗，不正入勑市長致理民主之。

地面昌上君官將一百二十人，治百水室，主天民乘舟車販賣，賤交貴貨，重金小斗固不利人，詐誕都市不中之人。

無上萬福君吏二十八人，主來宜五利，金銀錢絹布帛絲綿穀米，所思

皆黃生主之。

驛騎門監市君官將一百二十人，治天市室，主天下諸部惡鬼，考治生坐列屠沽開壚作酒者，百姓貪民侈利，輕秤小斗，詐誑欺人，從民飲食者考之。

朱廬君官將一百二十人，治太元堂，主天下金銀鋼鐵錢物不變化，欲求金銀銅鐵下此神。

主百禍治生

綜述

佚名《正一法文經章官品》卷四《主百禍治生》　田蠶吏兵營護，收得百業盡成都市，監察考召君官將吏兵，一合主天下萬民百估治生，令得主之。

求利百福君，並合屬將吏生王道炁一合下，主民人百病求欲皆得。

主行來出入

綜述

佚名《正一法文經章官品》卷四《主行來出入》　明星玉女千二百人，白衣主將正一遠行萬里，不逢禍害災厄難主之。

受南奉君官將一百二十人，治天倉室，主令師出來不用衣糧，萬民自來漑食之。

萬里君五人，官將各一百二十人，治九紀室，主將帥正一遠行，令無獲難禍害，道里四通千里外，營護無它主之。

萬里君五人，官將一百二十人，治引炁室，主止一及萬民遠行不逢禍害，以自營護乃行。

天奉君官將一百二十人，治天倉室，主師行不持精用萬民未漑。

道上三玄四玄四始甲子諸官君、三十六官君、亭傳客舍塋署，注鬼主行來出入有取，至諸天馬君一人，官將一百二十人，治石房室，主將帥遠行，不爲吏兵所呵，令人身體輕便，日行千里不用糧。

主遠千里君里將一合下，主將送天下萬民遠行營護，無令它憂。

千里君官將一百二十人，及佑護將君萬福丈人等一合下，主營護遠行者。

主利征戰攻伐

綜述

佚名《正一法文經章官品》卷四《主利征戰攻伐》　啓將軍戰故遣吏請人庫二十萬人衆，及搖天動地無上九炁君兵馬協輔十方衆，及四面眞官注炁君與同心兵士，所同如意，無令毀傷。

主請雨

綜述

佚名《正一法文經章官品》卷四《主請雨》　九江北玄君官將一百二十人，治河天宮，主天下炁出風雷，令符興雲日中下雨。

天公明正炁君官將一百二十人，治中天宮，主炁水風雷合符迅雲下日大雨。

海日玉女千二百人衣赤衣，持雲炁雨泉，下風雨制宴。

河上眞人君官將一百二十人，治北大理宮，主爲天下吏民縣官致晏雨。

四洲九江君五人，官將一百二十人，治太山宮，主起雲雨水炁。

九江九海玄君官將各一百二十人河宮，主水炁風雨，合符雲日中下雨，以爲效信，雲下雨主風雨靈臺宮中。

漢明君官將一百二十人，主攝天雷炁名主人宮中。

小玄明君官將一百二十人，主攝河伯呂公子三十六水帝，十二溪女，九江河平，侯作掾吏，部水鬼興雲下雨。

天河宮中九江北玄君官將一百二十人，主下水炁風雷，合符沉雲，日中下雨。

太山宮中四水九谷君官將一百二十人，收水炁諸河伯水帝子三十六人下雨。

太山宮中四水九谷君官將一百二十人，主起炁水炁。

湖中玉女千二百人，衣赤衣，持雲炁水泉，下風雨制宴。

主晴

綜述

佚名《正一法文經章官品》卷四《主晴》 九江北玄君官將一百二十人，治中丙宮，青節霖雨請晏主之。

天翁正炁君官將一百二十人，治內中宮，主月節上霖雨晏三日，爲始效信主之。

江上玉女千二百人，衣白衣，持天炁主捕九雷精霖雨致晏。

天公正炁君一人，官將一百二十人，治食明宮，主月節霖露雨水清晏，黃昏白日請天皇。

禳災部

收官事

綜述

佚名《正一法文經章官品》卷一《收官事》　冠帶君官將一百二十人，治五門室，主民人犯官事繫牢獄易了。四顧君官將一百二十人，治青蓋室，主壓伏官怒仇刑害止之，令其不到口舌消滅之。

清倉君官將一百二十人，治巨門室，主壓伏官事怨仇刑害止之。八門君一人官將一百二十人，治太皇室，主壓收制官事怨仇刑害止之。

角周趙女三千七人，披髮能制官事怨刑禍止之。

官席君官將一百二十人，治巨門室，主爲某解除官事囚繫牢獄，令解散出。

北一官左童君官將二百二十人，又請收刑檢刑逆吏一百一十人，主爲某斷絕縣官惡人，謀議口舌牢獄，當爲平集消滅之。

察惡君官將一百二十人，治高平室，收捕郡府某媢妬讒人毀傷不止者，破諸謀議，衆心休息。捶天動地君九天兵士五十萬人衆，主收地上逆盜賊主之。

營星君官將一百二十人，治越宮，主爲天下萬民追逐，安穩塚墓。

都侯君將吏一百二十人，治太清宮，主收墓鬼。

文意君官將一百二十人，治內泒宮，主收塚訟鬼。

九玄察炁君官將一百二十人，治西釋宮，主收葬埋土公鬼。

九地君官將一百二十人，治平治宮，主收葬埋之鬼。

地甲君一人官將一百二十人，治壞宮，主天下萬民開塚戶，啼哭言害。

主解首過

綜述

佚名《正一法文經章官品》卷一《主解首過》　三公節日月九考即候龍使者，六甲父母官將一百二十人，主解天下千二百考吏，手書自澄者形。

和炁君官將一百二十人，治具寄宮，主收諸祭酒讜考相及伐者，正炁君殺之。

天還君白衣兵士千一萬衆，主收諸考吏察之，天西辰君一人赤衣裳兵士十萬人，主收考召正炁所主天宮，時頓治功曹左右。

功曹五人官將一百二十人，主治田宅解考之。察炁君治名宮，主收諸祭酒食肉淫泆者，主察殺之。

太清天營兵士百萬人衆，主收三千六考察止之。

四明君官將吏一百二十人，主勑祭酒治舍炁不安穩，主禁考訟鬼之不正，逆炁解訟者，考炁分別清濁。

國三老白兔君官將一百二十人，治駱城宮，主治中鬼亂，考召師罪過不正神，爲帥督下曹，分別官吏兵，解帥罪禍。

畢女君一人官將一百二十人，治仙宮室，主解諸祭酒犯錄止禁、飲酒食肉，行輕重於民間，姦好淫通之罪，皆使無他。

國三老白巽君一人官將一百二十人，治駱威室，主治中惡犯、考召吏罪功過，分別斷主解考召。察姦君一人官將一百二十人，治仙名山室，主祭酒食肉、民子淫盜，解之。

主縣官口舌

綜述

佚名《正一法文經章官品》卷一《主縣官口舌》 天曹省念，分別願請東方青帝丈人君吏五十人。

又請南方赤帝大夫君吏五十人。

又請西方白帝大夫君吏五十人。

又請北方黑帝大夫君吏五十人。

又請中央黃帝大夫君吏五十人。

又請斬斧湯父官將千二百人。

又請破市大將軍千二百人。

又請破嶽大將軍千二百人。

又請脫擊大將軍千二百人。

又請解患大將軍千二百人。

又請散事大將軍千二百人。

又請鎭承大將軍千二百人。

五部大夫君吏、七部天官將一合來下，主爲回化官事。若有逆吏夢人縣官口舌，所見增疾者，啓所在監察考召。三師二十四君將吏，某奉道行身，修眞種德，而爲惡人甲逐吏某等所見增疾。某受道宣化，得當助國治民，佐天行化，扶命養善伐惡等，長短欲見傷善，願請東方大領神父、西方大領神母、南方大領神父、北方大領神母、中央大領神君，主領惡人逆使某口舌不語，從此絕若某欲見口說者，又請太陰君吏十二人，爲某收捕魂，令文墨不舉、口舌不起，四方縣官衆祟伏恩主治。

又卷四《主縣官口舌》 大小熒星戰鬥兵龐咄律君，反君逆解兵衣鐵復刃下，營護民人，縣官口舌。

南鐘天星君五人，官將各一百二十人，治石仙室，主收攝百姓、縣官口舌、吏民惡逆之者，令心玄同。

逐賊盜

綜述

佚名《正一法文經章官品》卷一《逐賊盜》 天位君五人官將一百二十人，治扶宗君，主人家宅不盜賊劫抄。

東西太白君官將一百二十人，治天乾室，主爲天下郡鄉亭里域萬民劫抄盜賊，殺之者察之。

萬姓君官將一百二十人，治和仙室，主萬民心腸不正、盜賊掠取，劫抄主收之。

日男千二百人赤衣，主收天下盜賊怨仇主之。

月女千二百人白衣，主收天下女子爲人盜賊劫收之。

貶君官將一百二十人，治百角室，主天下陰陽，十二種官將，行列返逆老之，承天大兵十萬人，赤幘丹衣，主及百姓更相劫掠，男女陰陽悖亂却滅之，上曆逆清玄君百萬人，收地上盜賊，逐捕逃亡，全不得脫，日月大兵十萬人絳衣，主陰陽爲漢國辟捕千賊萬盜，主收之。

誹謗呪詛

綜述

佚名《正一法文經章官品》卷一《誹謗呪詛》 主行君將一百二十人，治平地室，主有功之吏誅惡養善，常令神還，令道明。

五徑君官將一百二十人，治北上室，爲祭酒某絕斷萬民口舌，不行令

逢殃禍主之。

察惡君官將一百二十人，治高平室，主收地上道俗人萬民狂語泄道，非非眞毀賢主之。尅冠惡君將一百二十人，治高平室，收天下出狂語他炁非眞傷賢之清靈。六鐘太皇君五人官將一百二十人，治石仙室，主制百姓口舌變鬥，正收其炁，令萬民同心相見，喜悅善之。

炁上清玄君兵士十萬人，主收天下道俗萬民爲人作口舌、誹謗呪詛罵者收考之。

南鐘六星君五人官將一百二十人，治仙合君，主收百姓口舌一百二十人變尅，令民人同心笑喜。

南鐘六星君五人官將一百二十人，治仙石室，主收百姓逆吏口舌，使萬民同意合心。

五衡君官將一百二十人，治玉女室，主有功之吏誅惡養善主之。

左慧右喜君官將一百二十人，主爲某斷絶屯里中道俗百姓口舌、無令近我身。

仙官玉女千二百人，主喚天生炁吐精，能制殃禍，口舌災禍不生。

治解牢獄

綜述

佚名《正一法文經章官品》卷二《治解牢獄》 尊神斬斧疾湯部君，又請顛倒將軍，絶斷將軍，出囚出魂將軍，收炁、出炁將軍，出徙囚繫將軍，收符拾傳將軍，合下速爲解脱牢獄效。

治衆疾病

綜述

佚名《正一法文經章官品》卷二《治衆疾病》 老壽君官將一百二十人，治赤白室，主收千二邪因及逆不正之祟鬼。

中央天兵士十萬人，赤幘君主收捕緒帥行刑及返逆不正者。

九天九丈人兵士各十萬人，主治地留室，主男女十歲淋露病下，此神收察中牢獄。

地五行君官將一百二十人，治木室，主治女子同帶下癖淋露咄吸並主治之。

天五行平君官將一百二十人，治丘平室，主治男過下淺癖淋露吸吐主治之。

三祖君天翁祠母五人，官將一百二十人，治消各祖山室，主父隨所在。

天功君左右王侯各二十四吏，治男女色美，主治之。天官陰陽狄君官將一百二十人，速炁吏左右七十一人，主治羸病。

右續令天三人即千船治急病攻心欲絶，主治之。

扶清太一公華蓋君二十四官將一百二十人，治三候室九狂心膈。

扶清後部司馬和夏君八十四人，官將一百二十人，主心府。

治收邪師

綜　述

佚名《正一法文經章官品》卷二《治收邪師》　扶清東主魃君官將一百二十人，主治逆氣，令差。

赤師君一人，官將一百二十人，主治女子陰門中下血絶子帶下十一時病，主治之。

太主星君一人，官將一百二十人，主治逆氣，令差。

天中國大兵四百萬人，主收捕送炁瘴炁。

天上東海赤天内君百萬人，主收一百二十符即飲食之鬼。

治收羅鬼

綜　述

佚名《正一法文經章官品》卷二《治收羅鬼》　赤天萬靈君一人，官將一百二十人，治陽水室，主收天下大逆不正之鬼，考治之。

蓋天大考將軍十萬人，主收捕天下飲食横行鬼賊，爲人作精祟病人者，收治之。

高魔大鼓五湖將軍及甲逆鱗兵士四十萬衆生，收捕故炁逆鬼行凶者。

無上黄周君兵一百萬人，主收此時司命强殺人之鬼，收之。

無上中國大兵士四百萬人，主收除邪氣妖鬼。

北都君官將一百二十人，主收太歲將軍飲食之鬼。

無上四開君兵士十萬人，主收破萬炁十二逆之鬼。

太上督天兵四十萬人，主收自稱皇天上帝之鬼。

北上君官將一百二十人，治天留室北斗七星精，共時十二殺。

大傅君官將一百二十人，治西平室，主收某家符廣鬼賊上頓人家作狀，主責求飲食作害者。

太平君官將一百二十人，治北朔室。

中官君將一百二十人，治陽春室，主收天下六丁六甲之鬼，責民血食之鬼。

北平五門君官將一百二十人，治朱陽室，收自稱天地父母，從民責飲食之鬼。

北曹五千君官將一百二十人，治朱陽室，主收天地父母從民責飲食之鬼。

玄天君官將一百二十人，治北都室，主收大歲將軍從民求飲食者。

赤王君官將一百二十人，治天北室，主收北時司命從民取食鬼者。

北天君官將一百二十人，治主室，收天下自稱五帝飲食之鬼。

九炁君官將一百二十人，治七徹室，主收天下身稱天翁，從民求飲食之鬼。

靈官官將一百二十人，治戒室忌，主收自稱皇天上帝飲食之鬼。

天願白候將軍兵士十萬人，主收自稱天地水三官，萬道逆殺鬼，考問人不得，從民求飲食。

收考天地破惡大炁兵百衆生，主收天下萬民二千道千鬼。

百靈君官將一百二十人，治平天室，主收天下五色蟲毒之鬼。

無上九天丈人中堅大兵百，主收自稱千二道鬼。

天罡大五丁君兵百萬人，主收符破廟，多怨坐席血食逆鬼，考責藏不得令脱。

玄老大將軍十二人，官將一百二十人，主收三官逆炁稱神道也。

無上無土君五人，官將一百二十人，主捕收天下衆老之精羅神兵稱官誤號者，又請上千師萬聾聖鬼殺消除之。

主治男女解罪

綜　述

佚名《正一法文經章官品》卷二《主治男女解罪》　辭曹君官將一百二十人，治仙里室，主責疾者辭語，男女大小心化自欺，過手罪差。

素赤君五人，官將一百二十人，治赤虛室，主治男女百病，所苦造逆，思過改愍復差。

白素君五人，官將一百二十人，治和陽室，主治女子百病，所苦告道，思道更改心腹差。

天渴者萬二千金爲祭酒，男女吏兵，文世其罪過，即受此神。

陽先君一人，官將一百二十人，治陽食室，治天下男女百病，取在苦心，神思道即差。

陰先君一人，官將一百二十人，治陽食室，主治天下女子百病，取在苦心，神思道即差。

天倉君一人，官將一百二十人，治天溜室，主天師連曆當下此神，兆民病不欲者醫治之。

主治解呪詛

綜　述

佚名《正一法文經章官品》卷二《主治解呪詛》　述炁君官將一百二十人，治素室，主病者中刑犯萬國被禱閉固犯易主刑禱。

八卦玄天君官將一百二十人，主收一百二十刑固之鬼，全被呪詛病，積日不差，羸嬰着狀，思道者復不差，請魁魒吏一合下，主收某身中之呪詛盟要惡逆之鬼，強絶之魂魄道不理者，鐵鈞其分，持天丁甲六千鐵杖打殺，無令得脱，晨被刑禱病呪詛，與人相憎戾相娼妬有二心，分居異處，校計不同，首以除差詳破殍君一人，官將一百二十人，治在山室，主天下男女解此鬼，令人病者愈起，若爲百姓取厭固不利人者。

天田君官將一百二十人，下收捕陰差了，跪市二十隨輕重。

主解囚繫牢獄

綜　述

佚名《正一法文經章官品》卷四《主解囚繫牢獄》　青倉君一人，官將一百二十人，治豆行室，主罷厭官怨仇刑禍，令各解散消亡不作。

天諸室主天獄精君執事吏諸獄君屬之。

文書監察君官將一百二十人，治九天諸室，主天下獄注吏諸獄屬之。

冠帶君官將一百二十人，治五明室，主解萬民犯事繫在牢獄下屯神，令繫者易得解去。

魚國玉女三千六百人，被髮持蠱趍解官事，上千二百刑禍却止之。

尊神斬斧或陽部君，主解囚繫牢獄，令得解散，顛倒將軍，破木將軍，絶繫將軍，收符檢傳將軍，主脱厄難，囚繫牢獄，令得解散。

主解官事

綜　述

佚名《正一法文經章官品》卷四《主解官事》　都星君一人，官將一

百二十人，治青蓋室，主解官事。

仙官玉女千二百人，主喚天生炁吐精，能制解官事。

主官事怨仇

綜述

佚名《正一法文經章官品》卷四《主官事怨仇》 天願君官將一百二十人，治青蓋室，主官事怨仇主人八關君。

地君五人，官將一百二十人，治西宮，主逐捕女子劫掠人夫痛心，令自還本主。

主收盜賊令還

綜述

佚名《正一法文經章官品》卷四《主收盜賊令還》 星君一人，官將一百二十人，治各逆宮，主逐捕天下萬民盜賊不亡主之。

日月大兵十萬人，赤幘紅衣，主陰陽爲漢困追捕千賊惡逆主之。

日男千二百人，衣赤衣，主捕天下盜賊怨仇，萬民爲惡逆者主之。

百姓君一人，官將一百二十人，治和山宮，主天下民人心腹正戾盜取劫抄，奸好主之。

東西太白君官將一百二十人，治九天乾宮，主天下郡縣鄉亭里域萬民，劫掠奸好謀殺戾便罪考察之。

五陽君官將一百二十人，治門宮，主男子不翼祖諱，劫盜萬物罪不正收之。

三哭君官將一百二十人，治玄都宮，主捕天下逆人。

西方大將軍一合下，爲天下萬民逐盜。

搖天動地君九炁君兵五十萬衆生收地人逆人盜賊相掠亂者。

承天大兵十萬人，赤幘天冠朱履，主收百姓男女更相劫掠一人，官將一百二十人，治蜀下室，主解吏民制官事仇怨，刑禍口舌却召之。

四願君官將一百二十人，治陽蓋室，主解官事怨仇主之。

主口舌誹謗

綜述

佚名《正一法文經章官品》卷四《主口舌誹謗》 無上清玄君兵百萬衆，主收萬民爲人作口舌呪詛罵詈蠱人荼毒之鬼。

無上百福君兵千二百人，主收諸人思作諸福，變口舌炁人精主之。

地官玉女千二百人，衣五彩衣，戴通天冠，主收地炁吐精沐，制刑禍口舌清靈六種。

五經君一人，官將一百二十人，治北上宮，主絕口舌，師正一民，子不行口舌，誹謗大道，不令人逢過害主絕口舌。

天皇君五人，官將各一百二十人，治萬仙室，主制百姓口變門收正其炁，令萬民同心相見。

喜笑朱雀君官將一百二十人，治浴平室，主護萬人，令客飲食營陣，聚衆久令無怨惡者，制止口舌。

南鎮六星官將一百二十人，治含光先官，主收利百姓口舌萬二十禍變合萬人同心笑喜。

河北紀浴水周開逆吏送人役屯還正，主收口舌誹謗。

城周越女兵三十億萬人，主收口舌誹謗。

天越女三十億萬，主收口舌惡逆誹謗。

越上君官將一百二十人，治陽明宮，收吏民返逆誹謗道法，欲令門者

主收之。

主劫掠人夫妻

綜述

佚名《正一法文經章官品》卷四《主劫掠人夫妻》 天林天君五人，官將一百二十人，治百宮，收捕亡夫痛人，必令自得。

林杜君五人，官將各一百二十人，治男主劫掠人夫妻，痛必收子。

自得奼里官一人，官將一百二十人，治左劉宮，主天下女子不謹輕遙逐夫即得之。

歲星君五人，官將各一百二十人，治耗宅宮，主天下男子不謹掠人妻，求逐人亡，逐則得之。

婥星君官將一百二十人，治左列宮，主天下女子不謹翼祖輕淫逐人亡，逐則得之。

禁天君五人，官將一百二十人，治南昌室，主逐捕男子劫掠人夫妻痛人，必令得之。

禁地君五人，官將一百二十人，治先宮，逐女子不謹殺夫痛人，必不收之即得。

上逐亡人君官將一百二十人，治綱紀宮，主萬民奴婢逃亡，追之令自得。

天官五人，官將各一百二十人，治南宮，主逐捕男子劫掠人妻痛，必令自還本主。

措亂者無上督逆君兵十萬人，主逐盜賊逃亡，令自來還。

却疾部

玉女醫疾

綜述

佚名《正一法文經章官品》卷一《玉女醫疾》 若命在水中，當各轉出之。若命在棺中，當爲破出之。若在獄中，當多掘出之。若命在樹，當爲下之。若命在獄中，當多開而出之。若命在墓塚中，當爲開而遣之。若祿命盡者，當爲增之。若文書拘攝，當爲決放之。若事天官，時見省理之。兆民有急，以時差愈。

大龍君一人官將一百二十人，治七星室，主罷天下卜問醫藥灸刺血，令無不行主之。

東明大夫君五人官將一百二十人、治天帝宮，主操持煉藥治男女當使服之。

山周君一人官將一百二十人，治始生室、玉女素女五童，致仙藥神方，爲小兒黃衣，即命玉女月玄玉女千二百人，白衣持神方典治男女被病人差愈。

上淸太仙明堂玉女千二百人，主致神藥，一合下典治某身中所苦消滅，天醫官醫太醫、五官治病醫吏各十二人，一合下詣某處，入某身中五臟六腑十二宮室，布流一百二十關節、行神布炁，典治痛處，重勅某身治病功曹，爲所請官將醫吏，共案行某身、從頭至足，治肺察炁，六脉浮沉，沉處爲安，浮處爲散，滌除五臟、安穩六腑、辟斥故炁，飲食鬼賊，精妖疾疫，使殺兵寒災散，與人相遠離，得蒙恩祈，苦除愈以爲效信。

治風毒癩疾

綜述

佚名《正一法文經章官品》卷一《治風毒癩病》 玉女君官將一百二十人，治長命室，主二十四炁，主典治某身癩病毒蟲、浮風取苦、災患除赤，丙子仁君官將一百二十人，治又傷室，主天下玉女布行丹田之炁，主治萬蟲、癩病、毒蠱，消除之。

五瘟傷寒

綜述

佚名《正一法文經章官品》卷一《五瘟傷寒》 計天君官將一百二十人，治六丁室，主收連藉傷寒、思炁歷亂。

地官督炁君五人，官將一百二十人，治上文室，市中五瘟傷寒、男子疾病。

地城伐吏五人，官將一百二十人，治難室，主收治某里五瘟傷寒、女子復連疾病。

運炁解厄君兵士十萬，辟斥五瘟傷寒、功時破殺之鬼。五瘟都炁兵士四十萬人，主收惡炁五瘟傷寒鬼殺之炁。

北闕九夷君五人，官將一百二十人，治大苗室，主收里中傷寒狼藉，吏民被狂惑。

北里太皇君五人，官將一百二十人，治行室，主收里中傷寒披髮。

咽喉翁天市大夫君一人，官將一百二十人，治成室，生主治萬民復

連、傷寒、絕音不能語。

振夫大兵十萬人，赤幘天冠，主收天下自稱五色瘟病之鬼。

百神炁君一人，官將一百二十人，治難室，主收天下五瘟傷寒、鬼病人者。

北闕九夷君官將一百二十人，治天戴寶，主收市里傷寒病疾，吏民披髮，狂足忌罵言錯亂。

討天君官將一百二十人，治六丁室，主收疾病時瘟毒之鬼，若在船上得屬者傷寒、連病相易五瘟之鬼。

北域賊君五人，官將一百二十人，主治熱病亡言語之鬼。

北城九夷君官將一百二十人，治滿室，主收船車傷寒相連、歷疾病狂忽、喉壅身災。

北黑大機君五人，官將一百二十人，治大行室，主收五瘟傷寒、時熱之病。

主治顛癇

綜述

佚名《正一法文經章官品》卷二《主治顛癇》 地黃君官將一百二十人，治女顛狂病，狂言之詭絹穀。

天門大營君官將一百二十人，治太上室，治男女顛狂癇病，主之。

土陽君一人，官將一百二十人，治閬空，主收捐天殺馬癇病之鬼主治之。

非門君一人，官將一百二十人，治安樂室，收捕天下八節十二辰，能治顛病之鬼。

地門君天營五人，官將一百二十人，主治女子雉癇顛病。

地星營星官將一百二十人，治上靈室，主治驚狂之鬼。

天玄闞閉君一人，官將一百二十人，治星機官，主男女狂易之論。

天樂君官將一百二十人，治五九室，主治女子狂易被髮呼走之病。

治目病

綜述

佚名《正一法文經章官品》卷二《治目病》 左右青田君一人，主典治目痛，目痛令三日除差鬼消滅。

陽天君主治男女徽日之痛，主治之除差。舟明君一人，官將一百二十人，治孔次室，主治目竇海出督十歲之病，可治之。

百玄玉女二百人，持神方良藥，主治男子目竇之病。

大明君一人，官將一百二十人，治明堂，治男子目海生督十歲之病，治之。

注變君官將一百二十人，治高夏室，主治目病，主治之逆注君，治右室目病，令人除差。

明鏡君官將一百二十人，治闞陽室，主兩目瞳子精，視萬里，目見形影，知吉凶。

日月君官將一百二十人，治欣室，主治吏民目海生篤病十成治之。

天厭君黑衣兵士十萬人，主收一百二十人並竈鬼，令人生目之目，今立差。

天明君五人，官將一百二十人，治男室，主治男子左目生目之目，今差面目上諸毒立差。地明君五人，官將一百二十人，治北室，生男女子左目之目今差。

天癡君黑衣兵士十萬人，主收一百二十人，竈鬼病人目生目，主治差。

明君五人官將一百二十人治北室，主治男女目痛，今差。

治耳聾

綜述

佚名《正一法文經章官品》卷二《治耳聾》天壽君一人，官將一百二十人，治仙貢室，主治男子聾十歲，主治之。

天鼓君官將一百二十人，治大素室，主治男女子喑聾，主治之。

天尊君官將一百二十人，治仙眞，主治男女子耳聾、十歲不聞言語，治之。

治齒頰喉痛

綜述

佚名《正一法文經章官品》卷二《治齒頰喉痛》元計君左右二十四人，主治男女齒今差。元和君官將一百二十人，主治男女口齒頰腫、口中生惡瘡，主治之。

百吉君官將一百二十人，治項安君主治之齒瘡，勑咽中癰治之。

九焦君五人，官將一百二十人，治九節宮，主治男女口齒、勑嗛中痛，今差。

天九候君官將一百二十人，主治男子咽喉腫痛、舌強炁結，主之。

地八節君官將一百二十人，主治女子咽喉腫痛、舌強炁結，主之。

治解社竈

綜述

佚名《正一法文經章官品》卷二《治解社竈》太上剪板兵十萬人，主爲萬民收解天下一百二十人井竈鬼，爲人作精祟斷之。

周天玉女千二百人，赤衣三環角結，主男女百病竈鬼所爲。

平神君官將一百二十人，治陽照宮，主收解社竈，未害人者分別之。

無上太衡兵士十萬人，主解星社來作祟病者，捉勑社神解放生魂還附之身中，不得拘攝，永相去離，分別鬼祟，絕斷耗害除劫，須散之。

主法君五人，官將一百二十人，治五姓宮，主治男子面身體生瘡癧，犯十二眥。

竈火玉女千二百人，赤衣，收一百二十人竈祟病人者。

治劫殺注

綜述

佚名《正一法文經章官品》卷二《治劫殺注》無上化不君兵士十萬人，收一百二斗注鬼殺炁，却死來生，主之。

無上萬官君兵士十萬人，收地上逆淫注炁，消滅。

無上平天君兵士十萬人，主收天下一百二十人殃注鬼殺。在人身中者，消滅之。

部吏赤天道室考騎老逆將軍二人，太君二人，都官從事老對殺君，各有種數千人，不營守某家保護男女，若牙身中除去死籍，更迎生名捕死

者，某死生注清濁之炁，破殺尸殃之恩，得老稚正法髡笞五百，斬殺有罪，死合平復連更相牽引。

治蛇虺五毒

綜述

佚名《正一法文經章官品》卷二《治蛇虺五毒》 山夷君官將一百二十人，治令倉室，主收虺蛇毒蟲、山中萬獸虎狼精毒炁，殺消滅之。

先生君一人，官將一百二十人，治神水室，主爲萬民醫治蛇虺五毒精殺不得行，主收某身中五毒之鬼，蟲蛇嚙人，毒入腹中，毒炁不行，今差之。

天上白蛇君三十九人，收萬民爲蛇毒之鬼所中，便得炁不行。

治腫癰鼠漏

綜述

佚名《正一法文經章官品》卷二《治腫癰鼠漏》 地八節君官將一百二十人，治大丹室，主治女身爛喉腫各強炁之病。

白玄解激君一人，官將一百二十人，治陰明室，主治女晨夜音喉翁惡赤治之。

地天冢君官將一百二十人，治九漢室，主治女子得瘤疽下血，主治之。

天覆君五人，官將一百二十人，治周星室，主治男子頸翁血，主治之。

九天九病君官將一百二十人，治下塚室，主治男子喉翁舌強，主治之。

省炁君官將一百二十人，治七靈，治萬民翁癰脆水病，主之。

天覆君官將一百二十人，治周星，主治男子頸癰夜下血鼠，主治之。

九天候君官將一百二十人，治下塚室，治男子喉翁舌強繫絕，主治之。

地覆君官將一百二十人，治九候室，主治男子頸瘤癰顆下血鼠漏，主治之。

侯君一人，官將一百二十人，治井室，主治女子翁舌病，主之。

地八節君一人，官將一百二十人，治五星室，主治男子手足癰疽、久病不差、魂魄拘繫者。

治風痺瘻

綜述

佚名《正一法文經章官品》卷二《治風痺瘻》 赤舌君官將一百二十人，治上俗室，主治女子大風、治死飢，令差。

黑炁溫水君官將一百二十人，主治女子大風、死飢病，主治之。

起炁君五人，官將一百二十人，治安平室，主治人瘻跛偏枯，主治之。

天水君五人，官將一百二十人，治上俗室，主治女子大風病邪，主之。

起地君五人，官將一百二十人，治上三千室，主治女子四肢偏枯瘻黃，令差。

交路君五人，官將一百二十人，主男女苦雨肚上炁風痺、兩腳上不隨、疼痛不能行步。

治久病淋露

綜　述

佚名《正一法文經章官品》卷二《治久病淋露》　五佷君官將一百二十人，治久病淋露，當骨消定痛水邪，滅百病痛。

七政君官將一百二十人，治陽室，主天下陰陽官吏病稽留，令差主治之。

白玄宅炁君五人，官將一百二十人，治太眞室，主治女子十歲落病，連漆收骨，治之差。

主君官將一百二十人，治玄胎星，主收捕某身中攜病之鬼，着床臥來爲精乇稽留不差者。

主治瘧疾

綜　述

佚名《正一法文經章官品》卷二《主治瘧疾》　倉母君五人，官將一百二十人，主治男子瘧病之鬼，作沉重圭令消滅之。

中室玄武瘧吏嬰兒一合下，幷力主治男子瘧病鬼，令差。

治男女百病

綜　述

佚名《正一法文經章官品》卷二《治男女百病》　地戾營君五人，官將一百二十人，治上室，主治男女百病之鬼，令差。

經官素女千二百人，同還結忌圭固，治男女百病，令差。

天地強亂君一人，官將一百二十人，治正室，主爲師復連痛炁曆禁錮之鬼。

按摩君一人，官將一百二十人，治陽明室，主治男女四肢疼痛，主治之。

犯天正亂君一人，官將一百二十人，治端正室，主師治人之久病不差，炁錯不同主之。

魄天君五人，官將一百二十人，主治男女病關節令差。

頸無禮君功曹五人，官將一百二十人，主治男女腰膝病治之。

蓋化司侯君三祖九和，主人吐病令差。

蓋地司侯君三祖九和，主解治之吐病之鬼。

八風周害君吏一百二十人，主治君病一目，治男子百脉病。

天君陰陽林君官將吏左右一百二十人，治男子黃疸病。

九向北海君主治男子病水之鬼，令立差。

太陰君一人，官將一百二十人，治蘭室，主治男女驚病之鬼。

九河北海君官將一百二十人，治河元室，主治男女病小腹之痛，令立差，主水能前醫所不治者。

天官五行君官將一百二十人，治大比丘平室，主男女吸咄不能匡義，腹中痛令立差。

地官五行君官將一百二十人，治太室，主吸咄不能飲食匡義，腹中痛令立差。

天官五行三五七九君官將一百二十人，主治男女陰陽閉塞不通，利腫痛生瘡，主治之。

九河君官將一百二十人，主治男女大小便不通，主治之。

封離君十二人，主男女心腹痛，臍下便拘急激，滿帶下十二之鬼主之也。

省玉君官將一百二十人，治七令室，主治男女頭脊腫痛生瘡，令差。

跪巨炭紙筆等官君五人，官將一百二十人，主治男肩臂手腫，令差。

天傾君官將一百二十人，治五炁室，主治女子下赤、白晝夜不止，十二病絶嗣。

言生君官將一百二十人，治安樂室，主天下雲中一百二十神三十六主病，某心腹背脊四肢骨節戴眼吐沫，口禁驚掣之鬼，收除之。赤選君五人，主攝四面八方之鬼。

嬰向君二十人，主收食雲中閉一切消滅。

剛強吏兵主典治雲中所病之鬼，主爲某身收掠除十二時鬼消除之地灰，榮感五人官將一百二十人，治太上中室，主治某身所苦雲中病滅之。

石明君官將一百二十人，治執治室，主誅除符病飲食精魅之鬼，爲某收捐邪鬼，主立解除之。

朱都主官將一百二十人治蘆陽室，主天下萬魅百精災某身者，收邪鬼等病者，爲某摧滅之。

保產生胎妊

綜述

佚名《正一法文經章官品》卷二《保產生胎妊》 陽炁君官將一百二十人，治經室，主保女子產解易兒時出，母子無它留難。

聽敵君官將一百二十人，治平害室，主爲郎差女性受命，令懷妊無它主之。

嬰兒乳母吏主乳某胎兒，使調暢交好。

護胎吏主護某胎成，日月成滿，堅固受炁，萬產醫吏輔易某身，使差速易，母子端正，度脱無他。

考召考官吏主收解宅内四面土炁，破射防害殺炁，消滅身無宅胎妊安穩。

期文君官將一百二十人，治小仙室，主女子產乳難，子横胎中，病風面以時下之。

主治雜病

綜述

佚名《正一法文經章官品》卷二《主治雜病》 白玄炁君一人，官將一百二十人，治父王室，主治大子落病生治之。

四明君一人，官將一百二十人，治下食室，主治男女死飢病主治之。

夫玄君瑩官將一百二十人，治含威室，生渴男女消渴羸格治之。

男陽君一人，官將一百二十人，治河倉室，主小兒厭赤陽黄常淋露三年，主治之。

嬰兒君一人，官將一百二十人，治河倉室，主小兒厭赤陽常淋露三年，主治之。

天靈天童君一人，官將一百二十人，治高平中室，主扶凍。

東王陵君五人，官將一百二十人，主治逆炁，令差。

太衡君五人，官將一百二十人，治凶至室，治男女過地星路吸咄，主治之。

督金君官將一百二十人，治盧黄室，治男女幘微露之踵，主治之。

救欺君一人，官將一百二十人，治倉明室，主治百姓破墮不利救護之。

解患君官將一百二十人，治下倉室，主爲民解宅破墮不正者，主之。

南上君官將一百二十人，治食果室，主開主門，蓋人壽長令短三日差去，非痓不得病人，胸脅天昌君黄衣兵十萬人，主爲收除宅中一百二十人殃怪、中外殗殃十二刑殺之鬼，來作惡夢怪病者，除之。

東明大夫君治天帝室，道來宣諱上字三風隨惡精痓留病主治之。

治喑啞

綜　述

佚名《正一法文經章官品》卷二《治喑啞》　百舌君一人，官將一百二十人，主治喑啞不能言語，領炁吏平定身中治舌痛。

九炁蜚舌君一人，官將一百二十人，主治男女久病咳嗽。

醫藥養生總部

醫藥學部

養生延壽

論說

佚名《太上洞玄靈寶五符序》卷中《胡麻膏》 胡麻膏一斗，薤頭三斤，微火上煎之，令薤焦黃。絞去滓，以酒服之，日中一升。百日以去，服之肌膚充盛，二百日老者更少，三百日延年益壽。久服神仙也。

又《夏禹受真人方》 赤箭，一名離母，一名鬼督郵，一名神草，一名獨搖，一名當苦，一名勝子，一名鬼箭。生陳蒼、生少室，生上洛堯流山、太山之陽，或諸名山之南，生南陽諸溪澗，或生谷中陰處。一莖生有節葉，其巔如竹葉，有風不搖。常以三月採取，盡其根無所去，擣絞取其汁，停置器中，曝乾其滓，乾復納汁曝乾，治服方寸匕，後食，令人不老。十日知效，三十日氣大至，百日以上身輕，耳目聰明，一年齒髮更生。其莖赤，如弓箭，根似人足跗有指處，但無爪也。其子似小羊兒。一曰根如芋魁，其子似芋子，居其傍不與相連，多者十餘枚，朝居母西，暮居母東，日中居母下，盡取之。中央有王，大如指，小者如環之，十二枚，四邊各三，是其衛也。取之先齋戒百日，以酒脯醮其母，於日下乃取之，裹以丹囊，盛常置左腋下。其王名六甲父母，隱五百人衛，子能隱一人衛。此藥母至死喪生乳者家，藥神即去矣。一曰葉如母指大，指有四赤羽上下竟。冬夏生，採無時，主治惡鬼精物，蠱毒惡氣，中寒熱擁腫，起陰益氣，肥健輕身，久服延年。其味苦。

章陸根，味酸有毒，主胸中邪氣，塗擁腫，殺精物，練五藏，散水氣。根如人形者有神，生故墟、田間，三月、八月採。章陸草，一名夜呼，一名蕩根，一名當陸，一名莧陸，一名長根，一名商陸草，一名神陸，一名白華，一名逐邪，一名天草，一名逐陰之精。此草神草也。

又《靈寶三天方》 巨勝五分、威僖四分、蜀椒一分、乾薑三分、菖蒲三分。皆取眞新好者，精潔治之。凡五物，以王相日，童男擣藥，勿易人也。各異治，下細簁，五物各萬杵。五物各異置赤杯中，凡五杯，羅列赤案上，露一宿。明日平旦，乃以神斗分之，合和如法。和以白蜜，若白飴，後更擣三萬杵，丸如梧子。平旦向日長跪，呑三丸訖，言長生，得所願。暮日入，復跪西向，復呑三丸，如旦法以爲常。禁食生魚、豬肉、韭菜，禁見喪尸、犬豬、產洿。愼之。曰此是一劑也。若服盡更合，可計藥分幷合之，多少在意，令周一年，服者乃佳。至於杵數，可都共益一萬杵耳。合和更擣，是爲四萬杵也。

甲子建天，癸亥數路，晨昏爲期。愼勿敢忘。六十一節，天地之常，服之如法。甲癸爲明，甲子建日，服至癸亥日，爲一節。若甲子無建者，滿定開亦佳。服藥皆先齋三日，燒香存神，然後即事也。滿六十日，身輕能行；復六十日，四肢通利；復六十日，顏色有光；復六十日，平調腹腸，五臟皆實，凶邪不傷；復六十日，身體堅彊；復六十日，耳目聰明。此是一歲驗也。復六十日，骨體彊梁；復六十日，手爪有光；復六十日，影響顯彰；復六十日，精氣益長；復六十日，白髮還藏；復六十日，牙齒堅剛。此是二歲驗也。復六十日，道德達通；復六十日，六甲神從；復六十日，神達身中；復六十日，志信神行；復六十日，心開目明；復六十日，遠知四方。此是三歲驗也。復六十日，瞻視有光；復六十日，五神不亡；復六十日，不知飢渴；復六十日，百神來謁；復六十日，五藏不竭；復六十日，能寒能熱。此是四歲驗也。復六十日，能浮能沈；復六十日，能淺能深；復六十日，能圓能方；復六十日，能弱能彊；復六十日，能縱能橫；復六十日，能短能長。此是五歲驗也。復六十日，能好能醜；復六十日，能少能老；復六十日，能大能小；復六十日，能輕能重；復六十日，出入無間；復六十日，行廚在邊，位爲仙人。此是六歲驗也。長服不休，與天相傾，變形千化，上升太淸。

又《去三蟲法》 取槐子，不須上巳也。得取取之，幷上皮擣，令可丸，丸如杏核。一服三丸，日二服，多作長服亦善。亦可以蜜丸之。

又《住年方》 以八月直成日取蓮實，九月直成日取雞頭實，陰乾百

日，擣分等。直成日以井華水服方寸匕，滿百日，壯者不復老，老者復壯。若爲不然，以藥別食雞雛百日，即知驗矣。久服之神仙。

又《靈寶黃精方》 以春取根，淨洗薄切，熟蒸之，曝可令燥，擣服方寸匕，當露擣之。一名馬箭，一名葹竹，一名葳蕤，一名可沮，一名羊括，一名仙人餘糧，一名苟格，一名垂珠。其葉名雞格根，一名黃精，一名白芨，三月採根，可餌也。主輕身益氣明目，餌服令人耐飢，其味甘無毒，陰乾五十日成，取實一斗，漬以甘水，二斗爲漿，若酒服之爲常，可不死也。服黃精根，多益善，洗刮令土盡，一斛根以水二斛煮之，令盡味出之，益清復煮再過，味足以盡也。合煎汁湯上竭，令去火止內，熬大豆末，餅之如大錢，服多少自在，味甘香。亦可取根蒸，若煮食無多少。始生時亦可取莖葉，爲菜茹鬻食之，此一曰重樓也。若煮食之，汁可飲，勿棄去也，汁甚香美。欲餌之法，以二月、八月取根，刮去毛，熟洗細切，一斛煮以水六斗，炊火令和，旦至夕藥熟，出使寒，手挼之使碎，酒囊醡得汁還竭，令可丸。取滓乾末納釜中，令和藥成，服如雞子者，日三。可絕穀不食，不寒不暑，行及奔馬，百病自愈。人能絕房內則不老，壽無期至仙人，不絕房內，止可壽二百歲耳。服此藥，不避虎狼，不畏兵革，行山中生食之，恣口渴飲水生食，又善通神明，亦可散服，未必餌也。服黃精不知老，令人有好顏色，白髮黑，落齒生。服食黃精三十日，通知神明，百日欲騰躍，走及奔馬，不知倦極，二百日之後，乍見乍亡，十年仙道成。數有效驗，前世多服此方。今者有但服華者，黃精之精，一名黃華，其味皆甘香也。取其母煮之以爲飲，寬中益氣，常以爲飲，甘香辟惡氣，令人有色澤，耐寒暑。一名救窮乏糧，凶年可與老小休糧而食之，服其華，勝其實，實勝其根也。天官名此草爲戊己芝。

昔人有至霍山赤城內者，見其中有數千家，并耕田壄陸，盡以種此草，多者數十頃，少處數十畝，而其根莖殊大，當是鋤護之至，不如於山中穭出而生矣。草澤皆有之也。昔人即問赤城人：種此草何爲？人對之云：此仙草，此中人由來並食之耳，使人長生矣。吳主孫權時聞其說，所言之審，即使人於江東山中種而食之。但權不絕房內，爲諸不靜，遂不能得其益也。爾時皆使監司領兵人專守之，吳敗，而此里名故存。江東或名之爲葹竹里，或名之爲黃里，是權時種植之故處也。弟子葛洪曾聞之於鄭君，言識其始，云：子服戊己壽不已，子服長生之精，與天相傾。又聞葛仙公所傳云：諸修長生之道，當先去三蟲，下伏尸，乃可將服食，休糧絕穀耳。不去三蟲伏尸，而絕穀者，多所思念，於身不善，又復喜遇好食，令人意亂不覺，惑而犯之也。若能修無爲，食氣自然，漱醴泉者，上也。人多不能，則可以藥助之，先下伏尸，然後服食，則有效，此道之次也。合藥當以破除，日辰王相，天清無雲，乃丸藥於靜處，勿說服藥也。三蟲無耳有聞，無目有見。先沐浴蘭香，齋戒三日，避婦人，斷食豬犬肉。食此物肉令人死，不得上天，但止泰山，入三官地獄，爲守檻鬼吏。此科施於道士矣。又忌食豬犬肉者，食之令人老則忘誤，面目鬣瘦，齒敗聲壞。夫食清眞者長生，食穢濁者命斷也。鴐不殺於蠢動，故有千年之壽；鵠不履於黑水，故有十百之齡。性潔者受眞，氣清者壽考，自然數也。

又《神仙修養方》 用成日煎牛脂，若羊脂一斗，胡麻一斗，乾薑百累，生薑半斤，生地黃一斤，皆擣絞之。大銅鐺中微火上煎，使藥味盡，脂色變黃，成絞去滓，取如雞子者一枚，投酒中服之，日三，令人百病皆愈，髮黑齒生。

又《天門冬煎方》 治虛勞百病，心下懸飲不能食，止渴，令人肥，永不老。方用天門冬二百斤、生地黃一百斤，皆淨洗，擣絞取汁，澄取上清門冬汁一斛，地黃汁五斗，合於銅器中，微火上煎之，令得五六斗畢，納白蜜四斗，湯上煎之，攪不離手，晝夜數日，令可丸。服如雞子一枚，日三。亦可以酒和服之，十日則知效矣。地黃、門冬，不可頓得，稍取恐先者敗，以土藏之。

又《黃帝受黃輕四物仙方》 一曰鴻光，二曰千秋，三曰萬歲，四曰慈墨實，合作四物，丸用白松脂，大如雞子。服之七年，身壽四萬三千歲不死。長服之，可與天地相守。黃帝曰：此四物形狀何似，可得聞乎？黃輕曰：鴻光者，雲母也。千秋者，卷栢也，生於山石之間。萬歲者，澤瀉也。慈墨者，莧實也。丸以松脂，如雞子，旦暮服一丸，令人長存，不飢渴。

又《眞人長生去三尸延年反白之方》 宜服丹光眞華之母，宜食浮水玄雲之髓，此自然能生，千歲一變，百歲一化，先變後化，天不復害，神鬼無柰何，故可服也，故得生也。丹光之母者，松脂也。浮水之髓者，茯

苓也。能伏鬼神，却死更生。松脂流入地中，千年變爲茯苓，茯苓千年化爲琥珀，琥珀千年變爲丹光，丹光色紫而照人。丹光千年變爲蚩節芝，蚩節芝千年變爲浮水之髓，浮水之髓千年化爲夜光，夜光千年化爲金精，金精千年化爲流星，流星千年化爲石膽，石膽千年化爲金剛，金剛千年化爲木威僖芝。夫金入火不耗，入水益生。夫松脂之變，蓋無常形，故能沈淪無方，上升太清。此飛仙之法，勿傳非其人。

方曰：先取松脂、茯苓各十二斤，以水漬茯苓、松脂七日，朝陽去水。以醇酒二斗，與茯苓合餌之，以曝令乾。月食一斤，欲不食。因鍊松脂，去苦皃，以火溫之，納茯苓中治合，和以白蜜。三物合服之，月各一斤，百日身輕，二百日寒熱去，三百日風頭眴目去，四百日五勞七傷去，五百日腹中寒癖飲癥氣去，六百日顏色佳，七百日面皯去，八百日黑髮生，九百日灸瘢滅，千日兩目明，二千日顏色易，三千日行無跡，四千日諸痕滅，五千日夜視光，六千日肌肉易，七千日皮脈藏，八千日精神彊，九千日童子薄，萬日形自康，二萬日神明通，三萬日白日彰，四萬日太一迎，五萬日坐在立亡。日三食，愼勿忘，但過萬日，仍自縱横，變名易姓，升皇天。

古有黄初平者，正服此藥，方成眞人。初平，丹溪人也。年十五，家使牧羊，有道士見其良謹，便將至金華山石室中，四十餘年，忽然不復念家。其兄初起，行索初平，歷年不得。後見市中有道士，乃問之曰：吾弟牧羊，仍失之四十餘年，不知死生所在，幸願道士爲占之。道士曰：金華山中有一牧羊兒，姓黄，字初平，是卿弟也。初起聞之，即隨道士去，求得弟相見，悲喜語畢，問初平曰：昔羊皆何在？初平曰：羊近在山東。初起往視，了不見羊，但見白石。還謂初平曰：山東無羊也。初平曰：羊在耳，但兄自不見之。便起俱往。初平言叱，叱羊起，於是白石皆起成羊，數千萬頭。初起曰：弟獨得仙道如此，吾可學否。初平曰：唯好道便得耳。初起便復棄妻子，留就初平，共服松脂、茯苓，至五萬日，坐在立亡，行日中無影，有童子之色。乃俱還鄉里，親戚死亡略盡，乃復還去。以方教南伯逢，易姓爲赤，初起改字爲赤魯斑，初平改字爲赤松子。其後服此藥仙者數千人。

又《令人不老長生去三蟲治百病毒不能傷人方》 取章陸根四十斤，削去上皮，細切之。以水八斗，於東向竈煎之，令減半，去滓更煎之，令可丸服，如梧子一丸。大良作之，勿令人見。又一方：取章陸三十斤，正月、二月、九月、十月、十一月、十二月採取，過此不中用。取章陸，淨洗麤切，長二寸許，勿令中風也。絹囊盡盛，懸屋北六十日，陰燥末治下簁。方寸匕，水服，日一，先食。十日見鬼，六十日使鬼取金銀寶物，作屋舍，隨意所欲。八十日見千里，百日身能飛行，登風履雲，腸化爲筋，久服成仙人。

又《眞人住年月別一物藕散》 凡一物，七月七日採藕華七分，八月八日採藕根八分，九月九日採藕實九分，治合藥畢矣。服方寸匕，授南陽劉長生。長生居清淵澤中北界。長生服藥七十餘年，不壯不老。欲知其驗，取雞雛如鴝鵒大者，與共服藥，三年故爲雛子矣，長服仙也。藕實一名水芝丹，一名茄實，一名芡實，一名蓮花，一名芙蓉。其葉名荷，其小根名芋，大根名藕，其初根名茭，與雞頭爲陰陽。以八月上戊取蓮裏實，九月上戊取雞頭實，九月上午取藕，各分等陰乾百日治之，正月上卯平旦，井華水服一方寸匕，日四五，後飯服之，百日止。主補中益氣力，養神不飢，除百病，久服輕身延年，不老神仙。雞頭實，一名鴈實，一名天門精，一名天禹，一名曜味甘，治濕痺、腰脊痛，補益氣彊志，耳目聰明，久服輕身不飢，神仙也。

又《服食麋角延年多服耳目聰明黑髮方》 取新角，以刀削去黑皮，取中白，熬令色黄，熟治。服方寸匕，日再服，三十日通知神明，六十日力百倍，百日通神，常服壽無極延年。明子高、容成服之，以致仙，范蠡服之，遊在民間。

黄精之草，太陽之精也。結氣九天，浮遊八朗，逐風流化，散精六合，依山寄名，因雲雨之潤，附景託形，而爲草物。其生太行之坂，立根磐石之側，含精三陽，隨氣敷榮，育養淳和，溫調甘露，上承太火於少陽，吐葩於盛夏，積精成眞，充根累節，色黄味甘，朝出向陽，雲葉理通，與衆草不羣，萬物不雙，此所謂中黄之所處，積陽之所宗，其神化者也。蛇食之化爲龍，鳥食之化爲鳳凰，人食之爲仙王。大哉此草，獲天地之淳精也。而天下人莫知其眞也，知之莫之能食也。故《九天大仙經》曰：天地神靈三萬六千，入人身中，人莫能使。服食仙藥三萬六千種，而

人莫能用也。長生久視，人莫之能爲也。神聖可致，壽命可延，人莫之而通也。神雖明，服食易見，應時有效，而人莫常爲也。人自守貧賤養身，長生久視者，未見之也。逐勢趨利者，今人爲之。若使人求長生如求利者，無不皆得也。人能棄去榮華，修守清靜，以常無爲，求諸玄妙，服食此草，四時不廢，可致延年。若能棄世俗，幽居名山，服食此草，可與天地相望，衆神集會，太一候迎，上升天府，下遊崑崙，可與天地終始者也。此草與鈎勉相對。黄精，太陽之精，入口使人長生，鈎勉者，太陰之精，入口使人即死，不知其相對也。人但信鈎勉之殺人，而不信黄精之生人，不能服之也。鈎勉者，野葛也。日南諸夷山藪中，名野葛爲鈎勉，食之入口便殺人，其毒煩冤，氣鈎人腸，必勉絶之，故名之曰鈎勉也。是謂世人忽於長生，貪慕時榮也。唯黄精之爲草木，長生三陽之氣，上入太清之宫，鍊精玄妙，隨化淳和，光流九野，布六合之内，依雲藏山，隨氣而化，植根立莖，隨葉通精，結味甘香，其葉青黄，通神超合，萬根下生，希風承露，結根數節，斜生旁起，受氣淳精匿化，吐氣育眞，華有九德，益壽進賢，莖有靈寶，服之成仙人，根爲天寶，和光御神，取爲散餌，可致飛仙。季春採其根，其根名山精，洗以清水，盛以大盤，好以治擇，可餌可乾，乾之者散，餌之者丸，多服絶穀，少服神安，服之三等，根華皆然，積年累月，坐致靈神。華爲飛英，根爲流精，和補内神，化人神靈，通光洞達，千里益明，拘魂固魄，五臟内平，三蟲奔走，伏尸振驚，能常服食，天地合并。根黄不白，葉柔而澤，受氣清淳，不比常日。百草靡靡，應秋而索，黄精霏霏，含道藏德，靈草習習，華葉光光，仲春採華，盛以絹囊，陰乾六丁，玉女在傍，服食千日，坐在立亡。春秋葉根，調和陰陽，丸及餅餌，顯味甘香，食在多少，在意無量。莖葉鬱淳，汁可爲漿，寬中益氣，五臟調良，肌肉充盛，骨體堅彊，力倍少年，身體康壯，神仙服食，唯此爲昌。

又《仙人下三蟲伏尸方》 用茯苓十斤，章陸根削去上皮，但取下白者五斤，清酒、麥麵麴各五斗，并炊釀之，置瓮中，封之二十日，藥成劑之。但取純大豆，熬作末，如飴狀，合丸如大彈丸，日服三丸，十日以去稍益，如雞子黄，上尸百日，中尸六十日，下尸三十日爛出。上尸如手，中尸如足，下尸如雞子；上尸黑，中尸青，下尸白。此三尸與人俱生，常欲令人死，至晦朔日，上天白人罪過。晦至其日，當拘魂制魄，及守庚申夕，於是三尸不能得動矣。是其夕，人夢與他人爭鬭者，是魄與尸鬭也。夫魂常欲寧，身故不欲伏尸，魄常欲寧，神故欲恍惚，三尸常欲人死，故欲攻奪，此之謂也。凡道士、醫師，但知按方治身，而不知伏尸在人腹中，固人藥力，令藥不效，皆三蟲所爲。上尸好寶貨千億，中尸好五味，下尸好五色，若不下之，但自欺耳。去之即不復飢，心靜無念，可得遂生。眞人貴其方，道士尊其藥，賢者樂其用，愚俗笑其事。所以言人死爲尸骸者，坐是三蟲之位號也。但作服章陸散者，乃自除去三尸，不必須釀而服之也。槐子亦善。能服氣者，不用此術。又眞氣是青牙，五方之精，道士服之二十一日，三蟲走出矣。

佚名《太清經天師口訣・玉靈飛霞散》 此玉靈飛霞散，是十大仙之寶藥。昔太安子服之，二百日得仙。自是以來，十仙相付，於中功能不可具説。

作法，取上美玉明徹絶淨者十二斤，用扇石解作板，厚二分。解訖，用河水作湯疏洗使淨，去扇石氣。取雪水兩石四斗，露水一石二斗，霜水一石二斗，雨水一石二斗，井水一石二斗，淩晨取井華者佳。用好甕甕不津者，盛此五水。先掘地深一丈二尺，以冬至日未夜半時，先下坑中。正夜半子時，下五水并玉板等，即用盆覆，上好厚泥，勿令泄氣。坑上安木，木上安草，草上安泥，泥上覆土，令厚三尺，即作欄障，勿令人獸經過，在上來去。至夏至日日中出之，此受陰陽氣備足。即先作生麻子粉，壓取脂，銅釜中安脂，内玉板，煮之三七日止。次作俠爐，安理石撩棧，置玉板在上，爐下然純麻子燭，燒此玉板板赤，内葱液汁中，三七徧止，次取玉，還用玉杵擣之成粉，使令極細，唯細是精。

次訣服法，用四時王相日，日辰不相剋日，淩晨，服者面向東，井華水服方寸，七日三服之，六十日易形，百日人不識，二百日通神，一年已上仙道成也。老者服之，二年成仙。

又《乾元子黄神膏》 此神膏是昔乾元子服之，七日登仙，已經二度三災。遂作上仙。十仙相授，寶玉函祕玉篋，爲萬劫糧計藥功力，藥中最上，藥中最貴，祕之祕之。

次作黄神膏法，取成鍊茯苓三十六斤，百鍊松脂二十四斤，食蜜一石

二斗，金粉三十六兩。凡用四物，取新銅鑊，內蜜鑊中，訖，先納茯苓，次納松脂，作二日煎之，始納金粉。內金粉之時，稍稍散鑊中，密煎之上，慎勿攪之，沸自沈下。煎經七日七夜，膏即成。服法用初精散，丸之如小豆許大，一服三丸，一日三服。十日自然絶食，二十日氣力大壯，六十日姿容如玉，百日成仙。服此一劑，萬劫常存，神通無礙也。

又《胡冲子玉靈膏》 計此膏功能，說不可盡，直略抄取藥訣。

次作玉靈膏法，用成鍊茯苓細末二十四斤，百鍊松脂細末二十四斤，食蜜二石四斗，玉粉十二斤。凡四物。先內食蜜銅鑊中，次內松脂，次內茯苓，次內玉粉，攪令相得和合，煎七日藥成。服法亦用初精散，丸之如小棗許，一服三丸，一日三服，二百日成仙。

又《太真未央丸》 此方大本上論其功能，說不可盡，今直抄藥。次作太眞未央丸法。用白碼磁粉一斤，白玉粉一斤，珊瑚粉十二兩，水晶粉一斤，琥珀粉一斤，眞珠粉一斤，紫石英粉十二兩，雲母粉十二兩，金粉銀粉各一斤，朱砂末一斤，雄雌二黃末各一斤，石峰粉八兩，石肉末十二兩，鍾乳末一斤，茯苓末三十六斤，松脂二十四斤，食蜜二石四斗。

上件十八味，並好鍊治作粉，用上食蜜，先內新銅釜中，煎經一日，次第下諸藥粉，合煎之，七日七夜成。

服法，用四時王相日，日辰不相剋日，取藥丸作小棗許，一服三丸，一日三服，立仙也。

又《三景膏》 作三景膏法，朱砂、雄黃、雌黃、禹餘糧、雲母粉、石肉、鍾乳、白石英、紫石英、石峰、石腦，已上朱砂等各十二兩，茯苓三十六斤，松脂二十四斤。凡十三物，精鍊治作粉，用食蜜一石二斗，安銅釜中，內上藥等合煎七日，丸如梧桐子，一服三丸，日三服之，三年成仙。

又《凝靈膏》 作凝靈膏，用茯苓三十六斤，松脂二十四斤，松子中仁十二斤，柏子中仁十二斤。凡四物，鍊治細末，用食蜜二石四斗，內大銅釜中，煎之一日，次第下諸藥，攪令相得，微火煎之七日止。

服之法，丸如小棗許，一服七丸，一日三服，若絶食頓服之，隨多少足飽爲度，即絶食身輕，變老爲少，二年仙道成。

又《初精散》 赤松子告雲陽子曰：吾本未仙之時，眞華子告余曰：若求長生學仙之者，可先服初精散，次服凝靈膏。若先服此二藥，宜服上藥，身輕易學也。

次作初精散法，用茯苓三十六斤，松脂二十四斤，鍾乳一斤三斤，亦佳。凡三物，好鍊之，並作粉，用食蜜三升，攪令相得，內甆甕中，固閉口，陰乾百日，出如粉。服之三方寸匕，日三服，服一劑，不同餘散，大好大好。若不先服此初精、凝靈二藥，徑服大藥者，遲得力也。

凡合大藥，必在山林靜所，作大藥屋，四面懸劍，並作却鬼丸，却鬼符，安之懸之，始可合大藥，不爾者，鬼神嗡藥精氣。必作符藥，却惡鬼神也。

作却鬼丸藥法：用朱砂、雄黃、雌黃、鼈甲、藜蘆、桃仁、烏頭、附子、大半夏、野葛石、硫黃、巴豆、生犀角、鬼臼、麝香、鬼箭、蜈蚣。凡十七味，等分擣篩，用茵草汁和之，丸如雞子黃大，合仙藥之時，四面懸之，中燒一丸，百鬼走去。又燒一丸，鬼等悉死。祕之大驗。

青霞子《太清石壁記》卷上《無忌丹》 一名堅骨丹，二名無畏丹，三名凝神丹。

金牙一兩、寒水石二兩、石乳一兩、雄黃雌黃各四兩、白石英一兩、芒硝二兩、紫石英一兩半、硝石一兩、麥飯石一兩、朴硝二兩、牡蠣二兩、鍾乳一兩。

右飛一如四神丹法，飛三日三夜，細研丸如麻子，服一丸無不差。召魂丹，久服延年，無忌。

又《五嶽眞人小還丹方》 一名金精丹，二名飛空丹，三名仙蕚丹，四名救世丹。

丹砂、雄黃、曾青、磁石、石腦、朴硝、巴砂、玉英、禹餘糧、白礬石、玄石脂、凝水石、滑石、石膽各十兩。

右新苦竹爲筒貯之，以蠟固頭，按之，納華池中，二十日出之陰乾，二十日擣篩色別，以酢和爲丸，納玉釜中，似鍊紫游丹法。勿使氣泄，以文武火三日夜。開之，色別擣下如粉。第一納丹砂，次玉英，合之上下相當，密用固濟。初用馬通火三日夜，後用炭火三日夜，前文後武，飛入上釜，丹成出用之，於乳鉢中，以玉硾研之如粉，以大棗去皮和爲丸，丸如粟米，一服三丸，用飲汁酒下之。

又《五靈丹方》　一曰昇霞，二曰淩霄，三曰靈化，四曰太一召魂，五曰還霞丹。

汞霜、雄黄、石硫黄、朱砂、雌黄已上各十兩。

右擣篩，以酢拌，曝乾七遍，入釜中，以白鹽花爲藉，然下石藥，以汞霜爲上，即以白鹽花覆之，厚三分，依召魂丹，用火三日夜，藥成，丸如麻子，一服一丸，治萬病。

又　汞霜三斤，雄黄、石硫黄、朱砂各二斤。

右擣篩四味相和，以酢拌令浥浥，曝乾，可四五遍止。自外飛鍊，用火日數，一依前法。

又《五石丹方》　一名五星丹，二名五精，三名五形，四名五帝，五名五嶽，六名五靈，七名八仙丹。

五石丹者，淮南王劉安好道，感仙人八公來授之，安以此方錫左吳，故得傳之人世。其藥飛五石之精，服之令人長生度世，與羣仙共居。五石者，是五星之精。丹砂，太陽熒惑之精。磁石，太陰辰星之精。曾青，少陽歲星之精。雄黄，后土鎮星之精。礜石，少陰太白之精。

右以此五星之精，其藥能令人長生不死。

又　曾青者，東方青帝木行青龍之精。丹砂者，南方赤帝火行朱雀之精。白礜石者，西方白帝金行白虎之精。磁石者，北方黑帝水行玄武之精。雄黄者，中央黄帝土行黄龍之精。

右五味並屬太微五帝火神之精主之，欲合此丹之時，五味各十兩，並擣篩爲末，酢拌之，如八神丹法。又須得五帝神符鎮丹竈上，乃可飛之。不得此符，終不能成。符在别祕傳中，《老子三部符》中亦有也。五石者，五星生氣。服其眞精氣，可以天地齊壽。自非至誠好道，莫輕傳之。若消石、紫石、鍾乳。名曰白入石也。

太白山人傳《神仙養生祕術·神仙餌生地黄延年法》　生地黄不以多少，肥者陰乾爲細末，煉蜜爲丸，如梧桐子大。每服如湯酒下，三十九日，進三服，百日顔如桃花，至三年令人長生矣。

沈知言《通玄秘術·鄭氏三生丹》　伏火丹砂、伏火北庭硇砂、伏火龍腦已上三味，各一兩半。同研如麵，以漿水拌令䁘䁘，日中乾之後，更細研之、磁石一兩，引針多者爲上，醋淬，擣如麵也、鍾乳一兩細研、赤石脂三兩，粘舌者爲上，細研。

右入一瓶子內，如法乾了，入灰爐中坐，瓶子入灰三寸已來。即以火二斤逼令通徹，即加火至十斤已來，漸逼令通赤一炊久。藥成，入水中，以鐵匙打蓋淘冷空開取之。其藥面上白色，內紫金色光，匙研如麵，安於淨地紙襯，卻以盆覆之一日，出火毒後，以粟米飯丸，如小豆大，空心水下三丸，解百毒。若有人被毒，於酒食中喫。治心腹痛，傳屍病，臭腕䵟黯，邪氣惡疰氣，及鬼疰氣攻心患者。醋調藥末三錢，服之神效。傳屍病人間惡疾，一家不計口數，一人死傳至一人，乃至滅族。有福者得遇此丹服之，一人痊愈，則終不傳也。其病是急勞黄瘦之疾也。若患發背瘡膿血不止者，不計瘡在心上心下，醋調藥末，勻於薄紙上，可瘡大小貼之。隔日换，兼服丸藥。不過三五上貼之，其瘡漸漸皺斂自合。忌諸毒物味。即膿血定，十日半月，平復如故。若患頭面上刺痛，及頭旋風，醋調末三錢服之，永除根本。若曾服硫黄，失飯石毒發者，服兩丸立效。此是衆藥之君主，後即不發也。

凡燒鍊石藥，多見不出火毒，便充丸散，服食之後，補失將息，火毒即發。但先出火毒，後脩合，終不發。三消病，黄連湯下，以黄連末同爲丸服之亦得。陰黄背腫，茶下三錢即止。背腫是發背之徵也。口瘡，蜜調塗舌上。赤白帶下，酒調服之。若經陣箭鏃入肉，即以菰蔞蔓根研汁調藥，塗於痕上，其鏃自出。婦人產後風痛諸疾，血氣衝心不可忍者，醋酒調三錢服之，即止。漆咬瘡癢者，以荷葉湯洗了，藥末塗之，即差。一切毒蟲痼疾心邪，犀角摩水下三錢。吐血不定，依此服之神效。

又《青花丹》　空青一兩研、定粉一兩、白石脂半兩、光明砂半兩、白鹽花、桃花石各半兩。如無，以磁石代之。

右件藥研如麵，入餅子，即以鹽花蓋其上，固濟之乾了。以一二兩火於餅四面逼之，漸漸近餅子，候熱徹四面，著一秤炭火漸漸燒之，任火自銷，可一餐久。如瓶子沸，更伺候少時即住。待冷定，開取藥擣碎，水飛去却鹽味，乾了，入少麝香同研，以飯丸，丸如麻子大。每日空心酒下五丸，忌羊血冷水。此丹治霍亂，肚脹冷氣，小子疳，痼腸風，女子血氣一切冷疾。久遠服之珍妙。

又《太陽流珠丹》　太陽一斤、馬牙硝四兩、鹽花四兩，炒令煙盡、北

庭三兩。

右四味同研如麵，入餅實按之，上更以少許炒鹽蓋，出陰氣了，如法固濟，即坐一鼎內下。先鎔半斤鉛礶藥餅子了，以鐵條擒據定。又銷鉛注入鼎，令沒餅子，固濟遍了，入灰爐中，以火養令鎔常半，以鉛爲候。如此一百日滿，即出鼎內餅子。別以火養三日，常以火五六兩，日滿加火煅，似赤即住。冷，取出如琥珀色，以寒泉內出火毒，研細，以棗穰爲丸，丸如菉豆大。每日空心茶下兩丸，能破一切宿冷風氣，癥癖結塊，女子宿血氣塊，赤白帶下，腸風瀉血，多年氣痢冷痃，吐清水，反胃吐食，一切諸疾，並皆治之。

又《黃庭丹》 硫黃、北庭各一兩，同研如麵。

右入一合子內，如法固濟了，入灰爐中養，常以火四兩，養一七日，復入於合底養一日。取出，看太陽在合上，北庭在合下。又重同研，依前入合，又養七日，後更於合底養一日，即住。取出，看太陽不在合上，已伏火矣。和蠟煮出火毒，蠟黑如漆。去蠟煿乾。重研令細，以飯丸，如粟米粒大。每日空心，酒或醋湯下兩丸，破女子宿血氣，身輕健。此丹服後，百病不生。其藥九伏在人身丹田穴中，十年五歲後，若更有身上，或因打撲損年深，即發疼痛徹心，念之云：先曾服食靈丹，今在身有此疼痛，願爲救療。但以別人手更互相摩其患處，須臾覺肉內有物如火，來至痛處，痛處即愈。此是丹藥靈驗也，其功不可備述。

又《華蓋丹》 黑鉛三斤，絕上者佳。即打拍爲方響片子，鐵作筋穿之，作孔以繩串之。

右取淨瓶甕，盛米醋一斗。將鉛片子懸於甕中，可去醋一寸已來，以紙密封固濟甕中。每一七日一度開，換取鉛片，出於淨紙上，小篦子及鳥羽毛掃取霜了，即却安入。但七日一度開取，經三四度後，即須換却鉛片子，力劣矣。每鉛霜一兩，入龍腦半分，同研如粉，以天露水爲丸，丸如梧桐子大。每夜臨卧時，含一丸便卧，勿語，任尤自銷。此丹能變人頭髮。如未白者，常隔日含之，一生不白。如已白者，含此丹至二十日後，拔却白者，即生黑者。不逾六十丸，或至一百丸，鬢髮盡黳黑色，光潤如漆。或拔却白者，一毛孔內生兩莖黑者。此丹世上希有，眞人金口所傳。久而含之，延駐顏色，年五十人如童兒之貌。兼偏去熱毒風，筋骨疼痛。一生忌大蒜。

又《紫金丹》 伏火北庭五兩，別研，在後入於藥中，生地黃十斤擣碎，以生絺絞取汁，杏仁五升，去尖皮研，金州椒半斤，蜀附子半斤，炮去皮秤之。

右已上除地黃汁外，並擣羅爲末，便取地汁於鐺中，銀鍋爲上。使炭火一斤已來，以灰罨四面慢慢煎之，勿令火急。便入諸藥末，以柳木篦攪三百下後，即入北庭又攪，勿住手。但看稠厚可丸，丸如梧桐子大。每日空心，酒下一丸至十丸爲度。每服後良久，以飯壓之。女子服亦得。忌羊血。有娠勿服。此丹偏治丈夫五勞七傷，一切冷病風氣。久服變白駐顏，延年補益筋骨，神驗之丹。

又《黃英丹》 玉屑一兩，砒霜一兩，左味一升煮曝乾。左味是醋也、蜜陀僧一兩，乳頭香一兩，人糞霜一兩乾者，以瓦一口，炭火燒之令通赤，用瓦蓋候冷定，勿令作灰取出。

右同研如粉，以眞米醋多年者半升，煎乳頭香令銷，即入。寒食乾蒸餅末，更重研如泥，以錬蜜爲丸，如黑豆大。偏治冷氣心痛，女子血氣心病發。空心，醋湯下一丸子，所患須臾即定。先有病根不差者，每日空心服一丸，至二十服，一切病皆除差。女子心病有根者，止於三十丸，一生不發。懷孕女子勿服，服必損胎。忌羊血毒魚等物。

又《陰伏紫金丹》 硫黃五兩碎研，水飛，鹽花一升。

右布鹽花半升，於小平底鐺子內，次鋪太陽末，又以餘鹽蓋之。別以一瓦器蓋定鐺子面，以水沒得藥上二寸已來，以濕紙固縫。文火養，長令魚眼沸，七日七夜，勿令火絕水耗。旋換添之，時時開攪，勿令粘綴鐺底。日滿曝乾，加火鍛通赤。冷，以湯沃去鹽味，日中乾之。以棗穰爲丸，丸如小豆大。每日空心，茶酒任下五丸，忌羊血葵菜。能治女子血氣，暖子宮，駐顏悅色，若患腸風瀉血不止，兼赤白帶下，曾服藥不差者，服此丹永除根本。但是冷疾，無不治之。

又《太陽紫粉丹》 硫黃、馬牙硝、汞各三兩。

右以無灰酒五合，旋點於鉢中，研三味如泥，銀星盡即止。日中乾之，布於鐺內，以椀合定，如法固濟乾了。於鐺下以炭火三五兩養，經半日來，漸加火至七八兩，經一夜時即住火。待冷開取藥，以白蜜拌令曝

曝，於青竹筒子中盛貯，米飯上蒸一炊，久出更研細，以棗穰爲丸，丸如梧桐子大。每日空心，鹽湯及薑湯，酒任下三丸。治反胃痃癖，一切冷病，無不差者。有孕女子勿服，損胎。忌鯉魚。

又《勝金丹》 朱砂三兩別研後入、雌黄一兩半、太陽半兩。

右並研如粉，先以桑灰汁於鐺子中，銷二黄成汁，下朱砂末，攪令自匀相乳入，即下灰汁約一斗半中，煮三日三夜旋暖，灰汁添，日滿藥成泣即住。刮取藥入鼎子中，以文火逼乾陰氣盡，重固濟令如法。復以火二十斤鍛，火銷至三五斤即住。待冷，看藥已在鼎底作一片，鑿取成白金，研如粉。以甘草湯餘甘子瓷器中，煮一日出火毒了，更研令極細，以粟米飯丸，丸如菉豆大。每日空心，冷椒湯下三丸，加至五丸，治一切風疾，半身不遂，口不收歛轉動不得者，服半兩便差。忌羊血。

又《綺金丹》 京黄丹二兩、丹砂六兩研、汞六兩。

右並同研，汞星盡，令細如粉，以濃甘草湯拌令曝曝，日中乾之。入瓶中固濟，以文武火養一日，後漸加火至五斤，逼之二日。後以火十斤，煅令通赤。冷定，取藥研細，以糖蟾之蘇是砂糖也。丸，如麻子大。每日空心，冷椒湯下一丸，五十已上二丸。朝服暮差。久服駐顏延年，添益精髓，補陰陽，去腰腳疼痛，治冷風氣，女子血氣子宮冷絶嗣者，服之有子。破惡血，去邪魅。有孕勿服。二十已下，未有妻室，勿服。服必衝破頭面，反有所損。忌鐵粉牡丹。

又《下元走馬丹》 伏火北庭、伏火硫黄等分一兩，研之如麵。

右取雀兒二十箇，胸上肉及肝，以苦酒三升，煮酒盡爲度。研如麵泥，絞却筋膜，以藥同擣爲丸，丸如大豆大。每日空心，酒下五丸。補益精氣，暖水藏，其功如神。

又《走馬四神丹》 □二兩、悉恪脂、朱砂各一分。如無朱砂，以磁石代之。

右各研了，入汞更細研，令汞星盡入，固濟瓶。先埋水一瓶子平地面，坐藥於瓶上斷沃出。如此四五度了，取出研令細，入鹽匱。每日以火四兩養四日，後取少許，火上試伏即住。便加火鍛令通赤，候冷了，取甘草湯拌於飯上，蒸一炊久，後以飯爲丸，如菉豆大。每日空心，津下三丸，治丈夫女子一切冷病，去女子宿血，暖子宮，駐顏悦色，興陰陽，補益筋骨，壯氣脈，神效。

又《陰伏下元丹》 汞、太各二兩。汞曰水銀，太曰硫黄。敗鐵一斤，釜底爲上。

右先取鐵打碎，燒令赤，投水中。後於砂鹽内磨洗令淨，去赤水。如此三度，磨洗令極淨。即入瓶中，下汞及太，入一半瓶水。於釜中重湯，煮七日七夜，水耗即添暖水。七日滿出瓶，火逼令乾，加火鍛令通赤。去火，投於水中，淘去鐵，取丹藥澄曬乾，入地埋三日，出火毒了。以伏火北庭同研如粉，粟火飯丸，丸如菉豆大。每日空心，茶酒任下兩丸。其功效自知如神。

又《延生保命丹》 鍊了陽起石、伏火硫黄各四兩、雄黄一兩，生研如麵，以水飛之，石鹽一兩。

右前三味同研，次入石鹽更研，以熟水拌作一毬，勿令水多，拌了，以三重紙裹，日中乾之。又取白鹽十二斤，擣成泥拔，杵如漆即止。取一餅可盛得鹽盡者，先入一半鹽，旋按之令實，中心作一坑子，可容藥毬者。即安於坑子内，下餘鹽築，令至瓶口，入灰壕，周迴以火逼令乾。陰氣然盡，以瓦子蓋餅子口，如法固濟乾了。依前入爐，瓶上三寸灰，灰上一斤炭火，養五日後退火。餅上灰一寸，依前火一斤，更養五日。又去餅上灰一寸，加火至二斤，更五日滿，住火一炊久，取瓶出冷了。打破瓶，去蓋，鹽匱取藥作一團，紫色不耗，折又細研，以沸湯沃沃淘去鹽味。露一夜，明日以甘草湯拌重湯煮一日，久令乾，更細研，入龍腦、麝香少許，以棗穰爲丸，丸如麻子大。每日空心，酒下三丸，極冷五丸。治男子女人冷病，女子血氣，功力不可備述。初服旬日，忌房事、羊血、鯉魚、大蒜、豉汁等物。

又《抵聖固陽丹》 雄雀兒肝二十四枚。羅雀兒時，看雀兒項下黑多是雄，少是雌也、犬内腎並莖切薄片子於瓦上焙乾爲末、雄蠶蛾四十枚、枸杞子酥炒、雄黄一分。如無雄黄，以麝香代之。

右並細研如粉，以雀兒卵爲丸。如無雀卵，以鷄子黄代之，丸如梧桐子大。每日空心，酒下五丸。治男子陽道衰弱不興，水藏積冷，腰腳煩疼，行步無力，服之神效，三服已後，自知得力，不可具述。

又《下元補骨丹》 補骨脂二兩、楮實二兩、百饋二兩、附子二兩

炮、桑螵蛸三七枚炙。殺野田內小桑窠子螳螂窠子是也、茯苓二兩、蛇牀仁二兩、五味子二兩。

右並擣爲散，蜜丸，丸如菉豆大。每日空心，酒下十五丸，加至二十五丸，治男子水藏冷，補筋骨，建陽益精。

又《御仙丹》 鹿茸三兩，破作兩片，酥炙令黃香，更以生薑汁塗，炙破爲末、天雄一兩炮、山附子一兩，炮去黑皮，後爲末、萛若子一兩，淘了須煮令牙，生炒令黃黑後研、硫黃一兩，油煮令紫色、蛇牀仁一兩、磁石霜一兩、韭子一兩炒末、桂心一兩、伏火北庭一兩、龍骨一兩。

右都一處研如泥，以羊腎三五隻，去脂膜切碎，砂盆內以藥同細研爲丸，丸如梧桐子大。每日空心，酒下十丸。功力自知。如無羊腎，以豬腎代之亦得。

又《羊腎丹》 白羊腎一具去脂膜，薄切片子，於瓦上煿乾爲末、雀蘇一兩，白者雀糞是、鍾乳粉一兩。如無，以鹿茸代之、伏火硫黃一兩。如無，伏火者油煮令紫色。

右同研如麵，粟米飯丸，丸如梧桐子大。空心，冷椒湯下二十丸。良久，飯壓。補暖水藏，興陽道。年五十人服之，筋血壯如二十。後生服之，功力自知。

又《辟暑丹》 雌黃細研水飛、白石脂研細水飛、丹砂光明者研細，曲灘黃泥裹燒，水飛如輕粉、磁石生擣，水飛去赤。

右並等分各飛研，更如法同研，令乳入，以鍊白松脂爲丸，丸如小豆大。空心，以湯下四丸。三兩服後，夏月可以衣裘，並無炎氣相逼。此術曾奉懿宗皇帝修合，服食有功效。後又與司勳土郎中修合，頗有神驗，無能知者。

又 雄黃、赤石脂粘舌者水飛、丹砂光明者、乾薑。

右四味等分，飛研如麵，鍊蜜拌白松脂丸，丸如梧桐子大。每日空心，酒下四丸，十日止。一冬不寒冷，不著綿衣，可以赤體於水中行坐。此二術神仙所述，宜敬重祕之。

又《擲果丹》 伏火北庭、雄雀兒二七箇，去頭足腹肚，留肝、雄雞肝七具、白羊血半斤已上，除北庭一味，以眞酒四升浸，文武火煎黃盡爲末、牛黃半兩、白馬莖一具炙末、青金半兩、人參、桂心、當歸、乾地黃、芎藭、芍藥、防風、黃蓍、甘草、杏仁去尖皮、郁李仁、石菖蒲、兔絲子、車前子、決明、肉蓯蓉、草豆蔻、黃牛酥已上各一大兩、肉豆蔻。

右擣細爲末，入酥鍊蜜，入前三味相和，擣三千下丸，丸如菉豆大。二十已下，每日空心，酒下五丸。三十已上，十丸。兩日內有效微轉，只可減，不可加。服後飯壓。此丸子治男子無力，虛小弱者，服三十日增長。未有妻室者勿服。緣曾近女子來入夢思，故號爲擲果丸。

又《鹿茸散》 雄蠶蛾八分、陽起石十分鍊丁者、紫菀八分、遠志八分、桂心八分、桑螵蛸十分炙、黃蓍八分、兔絲子十分、肉蓯蓉八分、蛇牀仁八分、鍾乳十分，酒研入之。

右並擣爲散，空心，酒下五錢。服後暖即減，冷即加。治男子五勞七傷，補益筋血，添精起陽，去陰汗，夜多鬼交失精者，一服有效。

又《冷飲子》 茴香三分，春夏使根，秋冬使子、遠志三分。去心、附子兩顆，炮、京澤瀉三分、萆薢三分、肉蓯蓉三分、桑螵蛸二十枚，炙。

右擣羅爲散，分爲兩貼大，羊腎一具，去脂膜切細，以水一升半煎取五合，去滓，承露一宿。每日空心，冷服一合已來。每季四劑，能去溫疫，補下元，神驗。秘之。

盧道元《太上肘後玉經方・乾天父地母七精散方》 竹實三天兩日之精，九蒸九曝，主水氣、地膚子四大兩，太陰之精，主肝明目、黃精四大兩，戊己之精，主脾藏、蔓精子三大兩，九蒸，主邪鬼，明目、松脂三大兩，鍊令熱，主風狂痺濕、桃膠四大兩，五木之精，主鬼忤、巨勝五大兩，五穀之精，九曝。

右方昔傳黃帝服之上昇。欲傳立壇焚香，啓上帝，然可授之，立盟不泄，四十年一傳之。不爾太上奪算，七代考於水官，愼之。

又《坤風后四扇散方》 五靈脂三大兩，延年益命、仙靈脾三大兩，強筋骨、松脂三大兩，生風癇、澤瀉三大兩，強腎根、术二大兩，益氣力、乾薑二大兩，益氣、生乾地黃五大兩，補髓血、石菖蒲三大兩，益心神、桂心三大兩，補虛乏不足、雲母粉四大兩，長肌膚肥白。

右方風后傳黃帝，高丘子授之，後傳茅固。欲傳立誓，不妄泄之。各擣爲散，仍合擣三萬杵，蜜丸亦得也。

又《艮王君河車方》 紫河車一具王母歌曰：紫河車一，龍潛變易。却老還童，枯楊再益。下文注曰：紫河車者，首女是也。東流洗斷血一百遍，酒洗五十遍，

陰乾曝合和、生乾地黄八大兩，補髓血、牛膝四大兩，主腰膝、菊花三大兩，去筋風、五味子三大兩，主五藏、蓯蓉三兩，助莖，女人去之、覆盆子四大兩，主陰不足、巴戟天二大兩，欲多世事加一，女人去之、訶黎勒皮三大兩，主胸中氣、鼓子花二兩，磯筋骨、苦躭二大兩，治諸毒藥、甘草代菖蒲三大兩，益精神、乾漆三兩，去肌肉五藏風沙，令黄、柏子仁三兩，添精、茯苓三兩，安神、雲英粉三兩，縮腸、黄精二兩，補脾胃、金釵石斛二兩，添筋、澤瀉三大兩，補男子女人、遠志二大兩，益心力不忘、杏仁四大兩，炒令焦，去尖皮，去惡血氣、巨勝四大兩，延年駐形神。

右二十二味擣散，蜜丸，服三劑，顏如女子。昔傳蘇林子，欲傳立盟歃血，不爾太上科之。

又《離彭君麋角粉方》 麋角三具，兩具，不限多少。解開，厚三分，長五寸許，去心惡物，米泔浸。夏三日一换，冬十日一换，一月已上，似欲軟，入甑中蒸之，覆以桑白皮，候爛如芋，曝乾粉之，每斤入伏火硫黄一兩。麋食菖蒲，精實入角也。

此方彭君服之，壽七百七十九歲，後入地肺山去，不知所在。今人云彭逝，謬耳。别自有傳。此方有人於鶴鳴山石洞獲之，誓不宣泄也。

司馬承禎《修真精義雜論·安和藏府丸方》 茯苓、桂心、甘草炙、人參、柏子仁、薯蕷、麥門冬去心。已上各二兩、天門冬四兩。

右搗篩爲散，白蜜和爲丸，丸如梧桐子。每服三十丸，日再服，以藥飲下之。松葉、枸杞等諸藥可爲飲也。

又《理潤氣液膏方》 天門冬、黄精、地黄、术已上各五升，煎訖相和匀、茯苓二兩、桂心、甘草炙。已上各三兩薯蕷、澤瀉已上各五兩。

右並搗，以密絹篩令極細，納諸煎中；又納熟巨勝、杏仁屑三升、白蜜二升，攪令調，重湯煮，攪勿住手，令如膏便調强爲佳，冷凝，搗數千杵，密器貯固之。少出丸服，每早晨以一丸如李核大，含消咽之，日再三。此藥宜八月、九月合，至三月已來服之。若三月、二月中更煮一度，令稠硬，則經夏不復壞。

又《吐陰痰飲方》 甘草二兩生用、茯苓二兩。

煮茶汁，可五六升許濃汁者，切前藥相和煮，取六升絞去滓，微溫服三升，令頓，即以物剔喉中，令吐，吐已，又溫服三升，别令極盡所吐，當引痰涎出矣。又煮單茶汁三升許，加少許生薑、橘皮，稍熱服，漸漸啜之，便仰卧，以手按摩胸臆，下至心腹，暖覆衣便卧良久，自此後勿食酸鹹諸物。

又《瀉陰宿澤方》 大黄、白术、赤茯苓、生薑已上各二兩、大檳榔三枚去皮，切碎水浸，文火煮過，别篩爲末、吳茱萸、甘草炙、枳殼炙。已上各一兩。

右切，以水五升煮取二升，湯欲成納大黄煮一沸，絞去滓，分溫再服，納檳榔末一半，如人行五六里又服，以得三四行快瀉爲度。初一服若不覺轉利，後服亦可加煉成朴硝半兩服之。自此後勿食生冷堅硬滑諸物。十餘日將息平和，訖，然可服氣餌藥。

凡吐瀉皆以月三日後十五日已前，天氣晴和爲佳。其日風雨陰霧及十五日已後，慎不得吐瀉。

孫思邈《孫真人備急千金要方》卷八二《去三蟲圓方》 生地黄汁三斗，東向竈葦火煎三沸，内清漆二升，以荆匕攪之，日移一尺；内眞丹三兩，復移一尺；内瓜子末三升，復移一尺；内大黄末三兩，微火勿令焦，候可丸，丸如梧子大，先食服一丸，日三。濁血下鼻中，三十日諸蟲皆下，五十日百病愈，面色有光澤。

又方：

漆二升、大黄六兩，末、酒一升半、蕪菁子三升，末。

右四味，以微火合煎令可丸，如梧子大，先食服三丸，十日濁血下出鼻中，三十日蟲皆爛下，五十日身光澤，一年行及奔馬，消息四體安穩，乃可服草藥。其餘法在《三蟲篇》中備述。

又《黄精膏方》 黄精一石，去鬚毛，洗令淨潔，打碎，蒸令好熟，壓得汁，復煎去上游水，得一斗。内乾薑末三兩、桂心末一兩，微火煎，看色鬱鬱然欲黄，便去火，待冷，盛不津器中，酒五合和，服二合，常未食前，日二服。舊皮脱，顏色變光，花色有異，鬢髮更改。欲長服者，不須和酒，内生大豆黄，絶穀食之，不饑渴，長生不老。

又《鍾乳散》 上黨人參、石斛、乾薑各三分、鍾乳粉成煉者三兩。

右四味，搗下篩，三味與乳合和相得，均分作九貼，平旦空腹溫淳酒

服一貼，日午後服一貼，黄昏後服一貼。三日後准此服之。凡服此藥法，皆三日一劑，三日内止用一升半飯，一升肉。肉及飯惟爛，不得服葱豉。問曰：何故三日少食勿得飽也？答曰：三夜乳在腹中熏補臟腑，若此飽食，即推藥出腹，所以不得飽食也。何故不得生食？由食生故即損傷藥力，藥力既損，脂肪亦傷，所以不得食生食也。何故不得食葱豉？葱豉殺藥，故不得食也。三日服藥既盡，三日内須作羹食補之，任意所便，仍不用葱豉及硬食也。三日補訖，還須准式服藥如前，盡此一斤乳訖，其氣力當自知耳，不能具述。一得此法，其後服十斤、二十斤，任意方便可知也。

又《西嶽真人靈飛散方》 雲母粉一斤、茯苓八兩、鍾乳粉、柏子仁、人參《千金翼》作白术、續斷、桂心各七兩、菊花十五兩、乾地黄十二兩。

右九味，爲末，生天門冬十九斤，取汁溲藥，内銅器中蒸一石二斗黍米下，米熟曝乾爲末，先食飲服方寸匕，日一。三日力倍，五日血脈充盛，七日身輕，十日面色悦澤，十五日行及奔馬，三十日夜視有光，七十日白髮盡落，故齒皆去。更取二十一匕白蜜和搗二百杵，丸如桐子大，作八十一枚，曝乾，丸皆映澈如水精珠。欲令髮齒復生者，吞七枚，日三服，即出，髮未白、齒不落者，但服盡，三百年乃白，如前法服。已白者，餌藥至七百年乃落。入山日吞七丸，絶穀不饑。余得此方已來，將逾三紀，頃面色美而悦之，疑而未敢措手，積年詢訪，屢有好名人曾餌得力，遂服之一如方説。但能業之不已，功不徒棄耳。

佚名《四季攝生圖·外麻散子方》 肝有病，即目赤，眼中生胬肉、暈膜，視物不明，宜服外麻散子：

升麻、黄芩各八分、山梔、黄瓜各七分、決明子、車前子、乾薑、地膚子各十分、龍膽、充蔚子各五分。

右熬，搗爲散。空心飲，調三錢匕服。

又《五參丸方》 心有病，即夢見丹爐炎火之類，健忘多驚，宜服五參丸方：

玄參、丹參、苦參、秦艽各七分、沙參、人參、乾薑各五分。

右熬，搗爲散，煉蜜爲丸，如梧桐子大。食上煎水下三十丸。

又《補腎氣腎瀝湯丸》 羊腎一個，去脂膜，豬腎亦得、茯苓、芍藥、玄參、生薑、地黄各四銖、人參、甘草、澤瀉、五味子、防風、蒼芎、當歸、黄耆各三分、桂二銖、地骨皮、磁石各五銖。

右搗作煮散，先用腎一個，作四五片，以米一合，姜一塊，葱白一莖，以水三碗煎取汁兩碗，去腎、米，下藥，煎取一盞半，分作兩服。空心服後，以米、腎煮粥食之。

又《排風散子》 肺有病即皮膚生瘡，及疥瘙、上氣、咳嗽、涕唾稠粘，宜服排風散子：

人參、丹參各□分、防風、天雄炮、羌活、秦艽、山茱萸各八分、沙參五分、虎骨炙各十分、山藥十分、天麻十二分。

右一十一味，熬搗爲散。食上飲汁調五錢匕，服丸亦得。

又《補腎茯苓丸》 黄帝曰：夏三月，服何藥？女曰：以補腎茯苓丸，能治男子内虚，不能飲食，忽忽健忘，悲憂不樂，喜怒無限，身肢浮腫，小便赤黄，精淋瀝痛絞，膀胱冷疼，口渴飲水，心腹脹滿，皆犯七傷，宜餌此方。

茯苓食不消加一倍、杜仲腰痛加一倍、附子有風加一分、山茱萸濕癢三分加一分、牡丹皮腹中游風三分加一、澤瀉水氣三分加一分、桂顔色不足三分加一分、山藥頭風加一倍、乾地黄秋冬加半、細辛目視茫茫三分加一分、石斛陰濕癢三分加一分、蓯蓉體瘻黄加一倍、生薑四兩。身體疼加一倍。

右一十三味，除桂外餘並一一熬搗爲末，煉蜜丸如梧桐子大。先服食七丸，日再服。禁房事及冷豬魚等。

又《八味丸方》 腎有病即多小便，腰胯疼痛，夢與鬼交，宜服八味丸方：

茯苓、澤瀉、牡丹皮各三分，桂心、附子各二分，生乾地黄八分、山茱萸，山藥各四分。

右熬搗爲散，煉蜜丸如梧桐子大。每空心酒下三十丸，忌生蘿蔔。

又《護命茯苓丸》 黄帝曰：冬三月，宜以如何？女曰：以護命茯苓丸，主男子五勞七傷，兩目茫茫，得風淚出，頭風項强，不得迴轉，心腹脹滿，上連胸脅，下引腰背，表裏徹痛，喘息不得飲食，咳逆，面目痿黄，小便淋瀝，陰痿不起，臨事不興，足腫腹痛，五心煩熱，身背浮腫，

盜汗流出，四肢拘攣，或緩或急，夢寤驚恐，呼吸短氣，口乾舌燥，狀如消渴，急急喜怒，悲愁嗚咽，此方主之。

茯苓、山藥、肉桂生、山茱萸、巴戟、乾薑、白朮、牛膝、兔絲子各一兩，細辛、防風、澤瀉、柏子仁、牡丹皮各半兩、附子一兩半。

右件藥並熬擣爲散，煉蜜爲丸如梧桐子大。先食服七丸，日再服。

又《訶梨勒丸方》 脾有病即氣滿衝心，四肢虛腫，宜服訶梨勒丸方：

訶梨勒皮七分、山藥、牡丹皮、澤瀉、山茱萸、茯苓、華撥、芎藭各八分，乾薑五分。

右熬擣爲末，煉蜜丸如梧桐子大。空心棗湯下三十丸。

又《黃帝治男子五勞七傷方》 黃帝治男子五勞七傷。陰衰消縮，囊下生瘡，腰背疼痛，不得俛仰，筋脈痹冷，或時熱癢，或時浮腫，難以行步，因風淚出，遠視茫茫，咳逆上氣，身體痿黃，氣衝臍痛，膀胱爭攣，小便出血，莖痛核痛，或復淋瀝，污衣赤黃，或夢懼驚，口乾舌強，皆犯七傷，洎成勞傷，此藥主之，極驗神妙。

茯苓若食不消三分加一分、菖蒲若患耳三分加一分、苦蔞若熱渴加一分、山茱萸若身癢濕加一分、兔絲子若陰萎加一分、牛膝若腰痛加一分、細辛若目視茫茫加一分、續斷若有瘡加一分、巴戟天若陰萎加一分、防風若風邪加一分、山藥若陰濕癢加一分、天雄若風癢加一分、蛇牀子若少氣加一分、柏子仁氣力不足加一分、遠志驚恐不安加一分、石斛身皮痛加一分、杜仲若腸絕痛加一分、蓯蓉若陰痿加一分。

右件，一十八味，各四分，熬擣爲末，煉蜜丸如梧桐子大。先服食三丸，少加爲度。亦可作散粥，和方寸匕，日三服，七日知效，十日愈，三十日體氣平復。長服令人不老而少。

李鵬飛《三元延壽參贊書》卷四《麋角滋補方》 孫眞人曰：人年四十以後，美藥當不離於身。神仙曰：世事不能斷絕，妙藥不能頻服。因茲致患，歲月之久，肉消骨弱。彭祖曰：使人丁壯，房室不勞損，莫過麋角也。

麋角末七兩，酒浸，炙熟、生附子一個，炮熟。

右末合和。每服方寸匕，酒調，日三服。

又《斑龍腦珠丹》 昔成都府，有綠鬢美顏道士，酣醉酒樓，歌曰：尾閭不禁滄海竭，九轉丹砂都謾說。惟有斑龍腦上珠，能補玉堂闕下血。乃奇方也。今名斑龍腦珠丹。

鹿角霜十兩，爲末、鹿角膠十兩，酒浸數日，煮糊丸藥、兔絲子十兩，酒浸二宿，蒸，焙、柏子仁十兩，淨，別研、熟地黃湯洗，清酒浸兩宿，蒸，焙，入藥用。

右末，以膠酒三四升煮糊，杵一二千下，丸如梧子大，食前鹽湯，或酒呑下五六十丸。

佚名《枕中記・真人授魏夫人穀仙丸》 夫學仙道者，宜先服之，塡骨補筋，駐年還白，體生異光，久服神仙。昔者，右眞人郭少金以方授介象，又授劉根、張陵等數人，並按而服之，遂皆致神仙。凡合藥當在別室淨潔處，不合雜人多目臨視，亦宜沐浴齋戒三日，乃可擣治之。

甘草六兩炙、丹砂三兩，精明者研之、大黃五兩，錦文者、乾地黃七兩、五味子五兩、白朮三兩、人參五兩半，堅重者、茯苓四兩、當歸三兩半、天門冬四兩、朮防己一兩、豬苓三兩、細辛二兩、決明子二兩。

右十四味，並令得精新上藥，無用陳久。先各細擣篩乃秤散，取兩數定乃入臼，以次先納甘草擣一千杵，次納丹砂又千杵，如此以次盡十四種，合一萬四千杵，畢，乃下白蜜和調。治畢，又擣萬六千杵，都合三萬杵，藥成，盛之密器。後食服如梧桐子十丸，寧從少起，亦可服三十丸。此藥內養，減病無毒，無所禁忌。食一年，乃大得其益，無責旦夕之急效也。俗中女子服之，令多子而無傷。

《三元眞一經》云：涓子告蘇林曰：必欲作地上眞人，須先服食，去三尸，殺滅穀蟲。蟲有三名，伐人三命。一名青姑，伐人眼命，是故目闇面皺，口臭齒落，由青姑之氣穿鑿泥丸故也；二名白姑，伐人五藏，是故心耄氣少，多忘荒悶，由白姑之兵貫穿六府之液故也；三名血尸，伐人胃命，是故腹輪煩滿，骨枯肉焦，意志不開，所思不固，失食則飢，悲傷憂慟，精誠不感，神爽雜錯，由血屍之蟲流噬魂胎之闕也。不去三屍而服食者，穀雖斷蟲猶存，非益也。又所夢非眞，顛倒翻錯，邪欲不除，都由蟲在其內搖動五神故也。欲求眞道長生，當先服制蟲丸者，即此方是也。如不知此道，求神仙未之有也。

又《仙人養生延年服五靈芝方》 五靈芝者，五老之精氣也。萬物草木皆稟天地陰陽之精氣，唯松柏受眞精氣最多，經霜霰而不凋，秋冬不變色，受命延長，千秋萬歲。神仙智人商量草木服食功力，總不如松柏，仙人道士參詳衆方，並不如此五靈芝方。世有道士學仙養生求延年長命及長生者，可依方採掇，合和服之，自古至今，效者非一。若非好道君子，莫傳此方。

又《採松柏法》 常以三月四月採新生松柏葉，可長三四寸許，與花蕊及葉一時採取，蔭乾。乾訖，細擣爲末。闕文。

蜜爲丸，如小豆大。常以每月一日及十五日日未出時，燒香，東向，手持藥八十一丸，以酒下之。服一年延十年命，服二年延二十年命。欲得長肌肉，加少大麻、巨勝。心力弱者，加茯苓、人參。此藥除百病，壯元氣，益五藏六府，清神明目，少強不衰老，延年益壽，神驗。若用七月七日露水丸之，更佳。服藥祝曰：

神仙眞藥，體合自然。服藥入腹，天地同年。祝訖服藥，斷豬肉、五辛。最切愼之。

《太玄寶典》卷下《太玄木神養神方》 陰陽之妙，造化五行，各有眞一。至神之物，生於洞天福地，人遇之者可以爲眞仙。木之神，茯苓是也。服之得法，能生神明，輕便四肢。茯苓末之，爛研青松，葉水和煮之，惟茯苓碧綠色透爲度，暴乾以末，蜜和丸。日三服，如橡子大，清旦水下。通神，不老不飢，辟穀去五味。服之三百日，體生青毛，無寒暑。更加梨子無暑，加浮萍無寒矣。

又《太玄木精養精方》 天地之精英，結而爲不凋之木，葉嫩子柔，能生精，通百脈，換凡軀，生深山谷高奇之狀無人迹處者，可採之柏木仁是也。和嫩葉杵三萬六千下，雜以木蜜塞新筒中，以東流山泉煮之，並無苦味，惟甘辛異香耳。向日用水下一棗許，百日外不飢，精自秘，雖搖動不泄也，亦無寒暑，見鬼神，步及奔馬，精氣保守，百疾已驅，久久四肢生青毛，耳鼻赤色是也。

又《太玄木氣養氣方》 東方生風，風生木，木生萬物，故能生氣。木之生氣，枸杞是也。四時之精，各有所在。春採葉，夏採花，秋採子，冬採根。今人之用推四時取之，以服有十應。其眞人《洞天秘訣》：四時各取採，候四季周足，淨擇，洗了，銼之，用糯米拌之炊，入瓮，藥一斤、米一斗，自冬至前下，驚蟄出之，已成如黑金色。且服之百日外，髭鬢如漆色，若處子，行步如飛，登山涉險終日不倦，肌膚潤澤，目有神光，惟少思慮絶愛慾爲上。

又《太玄木英點骨方》 太虛之神，至秀之英，降於五行，而聚中央，其氣爲椒。稟五行，通九竅，化筋，滋骨髓，蒸鬱不已，點化凡骨成眞仙。久久服之，骨中自覺若蟲行，其骨髓老而不枯竭，死則筋不腐。取椒紅不用白皮黑子，得一斤爲度，以楓香煉和之，重湯煮七日，就潤可丸一梧桐子大。每日清水面東下。七百日外通神明，目有神光，皮膚按之若無肉堅硬，暗地可視，長生久視羽化之道自此耳。

又《太玄草神生神方》 草者，陰陽冲和之氣，由雨露而滋萌生養，有情，益人利氣。草中有至神，服之能生神爲神者，黃精是也。煉之有法，服之有理。黃精九兩，九蒸九暴，研爲膏，以青黛一兩和之，銅器重湯煎之，色如碧玉，爲丸，櫻桃大。每服一丸，面東水下。七日神全，七七日眞神生。眞神生者，閉目已如坐闇室也。

又《太玄草精生精方》 草中有精靈之物，能令人長生，生精益髓，精竭再生，髓竭再行，草精甘菊是也。得四兩爲菊花，四兩清酒，煮一沸出之，暴乾爲末。每服方寸匕，以清水下。七日外精生不窮矣。

又《太玄草氣生氣方》 天地之氣，由陰陽而分。陰陽之氣則爲萬物，其草中有最得其氣者，地黃是也。服之榮血脈，堅牙齒，烏髭髮，光澤四肢體，人服之各有異術。地黃收之得多則蒸之極爛，研出滓，取膏汁雜以海鹽十分之一。勿與婦人服，血妄行也而成疾。男子生虛弱，服之七丸，如麻子大，清水下，七日氣盛如嬰童，大有益耳。

又《太玄草丹度世方》 太上有七十二種丹，惟九華草靈丹能度人出世，眞仙之階不出於法乎。天之精，天門冬是也，地之精地黃是也，日之精枸杞是也，月之精松黃是也，陰之精遠志是也，陽之精人參是也，山之精巨勝是也，水之精藕節是也，人之精菊花是也。九藥各等分，採擇精靜，杵爛以百草和露包裹，用葛藤緊扎，以米五斗同蒸之，米熟出之，夜攤布於月明中，五更水露陰乾，爲末蜜爲丸。日服一棗大，且用水下。不出七日可以度世，心自通神明，不飢不渴，骨堅體輕，可以居山矣。

又《太玄草通九竅方》 人有九竅，相通則爲眞人，窒塞則爲下鬼。

九竅不通，無以知好惡是非邪正。故眞人之道，先度人通九竅，其藥乃神妙神功之草也。藥用菖蒲一寸九節者，末之和以楮汁爲丸。每服酒下七丸綠豆許，百日外立知有應，夜不寐不知倦，色流香味皆易辨之，人所不達已先達焉。

又《太玄草五行丹方》 草中有五行，眞人採之成丹，服之可以內五行，自聚精氣神者，皆正其藥。東方之靈人參也，南方之靈菖蒲也，中央之靈地黃也，西方之靈巨勝也，北方之靈黃精也，以五丹添水同蒸三日三夜，取出暴乾，爲末，煉松脂爲丸，桐子大。日七服，溫水下七丸，七日成眞氣，夢想通靈氣血滋榮，身體筋骨，精固神定耳。

又《太玄老翁木馬方》 眞人以木馬爲老人馭者，所以濟衰人之勞也。藥用乳香、沒藥、陽起石，等分爲丹，酒下七丸，服畢，如人行十里許，以木通、楮子、椒湯浴之爲之，七日外步及奔馬，登涉皆不覺疲，故得安適如登木馬，故有此名也。

又《靈草換肌方》 凡人之肌肉有久病者，或氣血骨已死者，皆令活惟眞人以靈草換肌。靈草者，東方甲乙日採防風，庚辛日暴乾，丙丁日採艾，壬癸日暴乾，西方庚辛日採菖蒲，甲乙日暴乾，北方壬癸日採菊花，丙丁日暴乾，四藥用戊己日入臼杵之三千六百下爲末，用藕節汁爲丸，如豆大。日三服，七日外肌肉無病，百邪乃退，夙氣不干，以凡成眞，以老成童，非遇有道不可教服之。

又《五芝通神明方》 芝者，天地至靈，陰陽冲和之氣而生。芝有五色，能補五行眞氣。眞人採五芝爲丹，其效能通神明，化凌空，集神全眞焉。以五色芝，各以木蜜煮七日七夜，出之，擇神日服之，以酒少少飲之，助力。七日外日中見天象，乘虎豹，召雲龍，呼神鬼耳。其新生芝得之，便以酒蜜煮食之，其效亦同焉。

蒲虔貫《保生要録・風藥獨勝丹》 草烏，無名異，淡豆豉各等分，乳香二錢，沒藥二錢。

右爲細末，米醋和爲元，如梧桐子大，硃砂、麝香爲衣。每服兩元，茶酒任下。

佚名《仙術秘庫・壬子不老丸仙方》 厚朴、人參、桂心、沒藥各四兩，乳香三兩，吳茱萸、菖蒲、白芨、白蘞、白茯苓各一兩，牛夕、細辛各五錢、當歸、白附子各少許。

右藥爲末，煉密爲丸。用壬子日修合，如紅豆大。每服十丸。男子服之補益。孕婦服之，即得雙胎。空心好酒下。夫婦俱服之，尤佳。

又《八仙長壽湯仙方》 何首烏十兩米泔水浸軟，竹刀刮去皮，以黑豆蒸過三炷香，取出晒乾，地骨皮八兩酒洗晒乾，白茯苓八兩去粗皮酒洗晒乾，人參四兩淨明者佳以陰乾爲妙，生地黃四兩酒洗一宿晒乾，熟地黃四兩酒洗淨晒乾，天門冬四兩酒浸一二時去心晒乾，麥門冬四兩酒浸二時去心晒乾。以上各藥調和，剉爲咀片。以地骨皮白茯苓爲君，仍以何首烏再加一倍，餘者爲佐爲臣，此藥作丹，人間多時矣。元代至元二年，以授武夷馮伭同，刊於人世。但不曾以符合煉耳。此符斬三尸。此藥煉五氣。久服可成仙也。忌戒葱蒜蘿蔔，亦忌諸豆。

辟穀服食方

論說

《太上洞玄靈寶五符序》卷中《服食治病方》 以十月上巳日，取槐子，陰乾百日，擣去皮，取子著瓦器中盛之。欲從一日始，日服一枚，十日服十枚，復從一始，滿十日更之，如前法。欲治諸卒病，留飲宿食不消，胸中氣滿，轉下下利，一服一合，二合愈，多服無毒。若病人食少，勿多服，令人大便剛難。

又《餌胡麻法》 取一斛淘洗，去上黑皮，令正白，蒸之一日，曝乾磨之，擣之亦佳。漑釜中石五斗水，復蒸之，令釜中有石許水，因下甑瀉胡麻，置木桙中，悉以石湯沃之。以麥蘖一斗細擣，納中釀之，如作糖狀。卒時擠去糟，煎之三分餘一分，更置銅器中，浮湯上釜中猛火，無令沸絕。可丸止當如雞子者，三丸服之百日，充益肌肉，鬢髮皆黑，耳目聰明。能長服之，命無窮矣。

又《眞人絕穀方》 取巨勝二斗，大椒五升，去黑皮訖，合擣二物下

簁。初服五合，日三。漿水無在，亦可蜜丸，服如雞子一枚，日四，漸自不飢。荒年亦可但服此藥，便當絶穀矣。渴但飲水，勿食他物，食他物便飢也。能令氣力百倍，寒暑不侵，百病悉愈，神仙自致矣。

又《真人絶穀餌巨勝法》 取巨勝一斛，蒸令熱氣周達，便曝之一日，凡九蒸九曝，合用九日。訖，擣下簁，和以白蜜，服如雞子一枚，日三，久久食穀自少。服之百日，百病自愈，洗水不著身；服之一年，玉女侍衛。若急用者，亦可一日三蒸三曝，三日凡合九蒸九曝，便可用矣。天陰者，皆須日出，用一斛，加茯苓三斤，合擣，蜜和，服如上法，得力益速，能補精髓，漸漸自不飢，渴則飲水。

又《真人輕糧辟穀不食方》 巨勝一斗二升，取純黑者，茯苓二十四兩，澤瀉八兩，治三物萬杵，以水服如彈丸，日三。遇食可食，無食復取百物食之，無所禁。

又《出外益體服食方》 取麻子五升，溫湯漬浸之，令開口去皮。羊脂二斤，合麻子中仁，微火煎熟，食飽爲度。渴飲水，欲飯自在，更合如前。麻者，五穀之長，可以知萬物，通神明。七月七日取麻勃一升，眞上黨人參半斤，合擣並蒸，使氣出，徧服一刀圭，無不驗矣。

又《餌杏子法》 取杏子三斗，去其中兩仁者，作湯纔沸三四沸，納杏子湯中，有頃，手摩令皮去，熟治之。置瓮中待之，清其汁，計度得七八斗。棄其滓，取一石釜置糠火上，以羊脂四斤摩釜中，令膏盡著釜，熱復摩之，令盡四斤脂。納汁釜中，炊以糠火，若蠶沙，四五日藥成，其色如金，狀如小兒哺。服如雞子黃，日三。服百日，父母不能識，令人顏色美好。夏徵舒母所服，壽七百年。乃仙去神方，祕之。

又《入山終身不食方》 用大豆十分、葳蕤三分、澤瀉一分、飛英一分、藁本葉半分，凡五物治下簁，和以棗脂，丸如李子，日呑三，食棗二十一枚，可終身無食。若無棗，常飲玉漿泉。

又《真人四物却穀散》 用茯苓屑三分、乾地黃屑一分、胡麻屑一分、天門冬屑一分、胡麻火熬之，凡四物治合，搜以食蜜，日服方寸匕，美漿水酒爲服之。三十日氣力有異，百日倍，一年後氣色如雲，夢與神遊，三年骨騰肉飛。

槐木者，虚星之精，長服之年老更壯，腦不損耗，好顏色。以十月上巳日，取槐子盛新瓦瓮中，覆一瓦盆，蓋之泥，封之三七二十一日，發洗之，其外皮皆去，中子如大豆狀。服之從月一日始，一日服一枚，二日服二枚，三日服三枚，從此至十日，日加一枚，計十日服五十五實，大月服一百六十五，小月則不能以大月計。計一年服一千九百八十實，一年有六小月，即減六十實。

又《欒子長鍊胡麻膏方》 以二斗膏、一斗水，合二升薰陸香、二升沈香，屑二兩合煮，令水盡，唯餘膏在。劑其屑，日以酒服五合，百日玉女侍之神效，五百日神仙至迎人去。道家祕此方，初不輕傳。

又《欒子長服胡麻法》 熬胡麻一斗，令香擣爲屑，令如粉，囊盛，納五斗酒中，封泥二十日，以酒服，胡麻膏也。屑亦可服。

又《服食神方》 天門冬三斛，剝去皮，好滲之，擣絞取汁，令得一斛，微火上煎之，令得五斗許汁，納白蜜一斗，胡麻熬之，令香色黃。成末二斗，投中攪之，勿息伺視，令剛止。以大豆屑餅之，令方圓三寸，厚半寸，日服一枚，百日以後，肌膚潤澤，白髮更黑，齒落更生，延年無窮。服門冬，此法最妙。

又《神仙服食青粱米方》 取青粱米一斗，淘汰之，漬以醇酒三日，蒸之無令漏也。百蒸百露，無令見日，善密藏之韋囊中。即欲入山遠行，一餐之，足支十日不食，十日復一餐，足可四十九日不食，四十九日復一餐，可四百九十歲爲一節。一方宜玄粱米，一方云三斗。

又 取青粱米一斗、赤石脂三斤，幷合以水漬之，財足置溫處二三日，令上生衣，擣而丸之，大如李子，日食三丸，令人不飢，渴即飲水，可以遠行千里以上，不飢渴矣。

又 取稻米，淘汰之，百蒸乾擣，日一餐以水，三十日後飲一杯，可終身不饑，日行三百里。

又《服食粳米散方》 粳米一斗、酒三斗，凡二物漬之，盡酒止。出稍食之，渴飲水，可三十日後盡，更作如前法。

又《服食稻米方》 取稻米，熟淘汰，百蒸之，乾擣，日一餐以水，三十日後日飲水一杯，可終身不食，日行三百里，得食便食。

又《休糧方》 以粳米、黍米、小麥、大豆、麻子，各五合豆熬而末之，共和白蜜一斤，煎一百沸，投冷水中，丸如李子。一頓呑盡此一劑，

可終身不飢，諸物皆各治之，唯熬豆耳。

又《**欒子長含棗核方**》　長生之道，常含一棗核，如兒乳汁，久久及液滿口，三分嚥二餘一，口與氣俱入，名曰還精。周而復始如循環。絕穀之時，五日小極頭眩，須臾復止，十四日復頭眩，須臾復止，二十一日之後氣定，欲食便食，不欲食自息。絕穀之時禁交接，可食少棗脯，飲酒無過一升，男女同法。

孫思邈《**孫真人備急千金要方**》**卷八二**《**餌茯苓方**》　茯苓十斤，去皮，酒漬密封下。十五日出之，取服如博棋，日三。亦可屑服方寸匕。凡餌茯苓，皆湯煮四五沸，或以水漬六七日。

又《**服天門冬方**》　天門冬，曝乾，擣下篩。食後服方寸匕，日三。可至十服，小兒服尤良，與松脂若蜜丸服之益善。惟多彌佳。

又　擣取汁，微火煎，取五斗，下白蜜一斗，胡麻炒末二升，合煎，攪勿息手，可丸即止火，下大豆黄末和爲餅，徑三寸，厚半寸。一服一枚，日三。百日已上得益。此方最上，妙包衆方。一法釀酒服。始傷多無苦，多即吐去病也。方見第十四卷中。蒯道人年近二百而少，常告皇甫隆云：但取天門冬，去心皮，切，乾之。酒服方寸匕，日三，令人不老。補中益氣，愈百病也。天門冬生奉高山谷，在東嶽名淫羊食，在中嶽名天門冬，在西嶽名管松，在南嶽名百部，在北嶽名無不愈，在原陸山阜名顛棘。雖然處處有之異名，其實一也。在北陰地者佳。取細切，烈日乾之，久服令人長生，氣力百倍。治虛勞絕傷，年老衰損羸瘦，偏枯不隨，風濕不仁，冷痹，心腹積聚，惡瘡，癰疽腫，癩疾，重者周身膿壞，鼻柱敗爛，服之皮脱蟲出，顏色肥白。此無所不治，亦治陰痿耳聾目暗。久服白髮黑，齒落生，延年益命，入水不濡。服二百日後，恬泰疾損，拘急者緩，羸劣者強。三百日身輕，三年走及奔馬。又三年心腹痼疾皆去。

又《**服地黄方**》　生地黄五十斤，熟擣絞取汁，澄去滓，微火上煎，減過半，内白蜜五升，棗脂一升，攪令相得，可丸乃止。每服如鷄子一枚，日三。令人肥白。

又　地黄十斤，細切，以醇酒二斗，漬三宿。出曝乾，反復内漬，取酒盡止。與甘草、巴戟天、厚朴、乾漆、覆盆子各一斤，擣下篩，食後酒服方寸匕，日三。加至二匕，使人老者還少，強力，無病延年。

又《**服烏麻法**》　取黑皮眞檀色者爲麻，隨多少，水拌令潤，勿過濕，蒸令氣遍即出，曝乾，如此九蒸九擣，去上皮，未食前和水若酒服二方寸匕，日三。漸漸不饑，絕穀，久服百病不生，常服延年不老。

又《**餌柏實方**》　柏子仁二升，擣令細，淳酒四升漬，攪如泥，下白蜜二升，棗膏三升，擣令可丸，入乾地黄末、白术末各一升，攪和丸如梧子，每服三十丸，日二服。二十日萬病皆愈。

又《**餌松子方**》　七月七日採松子，過時即落不可得。治服方寸匕，日三四。一云一服三合。百日身輕，二百日行五百里，絕穀，服昇仙。渴飲水，亦可和脂服之。若丸，如梧桐子大，服十丸。

又《**服松脂方**》　百煉松脂下篩，以蜜和内筒中，勿令中風。日服如博棋子一枚，博棋長二寸，方一寸。日三，漸漸月別服一斤，不饑延年。亦可淳酒和白蜜如餳，日服一二兩至半斤。凡取松脂，老松皮自有聚脂者最第一。其根下有傷折處，不見日月者得之，名曰陰脂，彌良。惟衡山東行五百里有大松，皆三四十圍，乃多脂。又法：五月刻大松陽面使向下二十四株，株可得半升，亦煮其老節根處，有脂得用。《仙經》云：常以三月入衡山之陰，取不見日月松脂，煉而餌之，即不召而自來。服之百日，耐寒暑；二百日，五藏補益；服之五年，即見西王母。《仙經》又云：諸石所生三百六十五山，其可食者，滿谷陰懷中松脂耳。其谷正從衡山嶺直東四百八十里當横捷，正在横嶺東北行過其南入谷五十里，窮穴有石城白鶴，其東方有大石四十餘丈，狀如白松，松下二丈有小穴，東入山有丹砂，可食；其南方陰中有大松，大三十餘圍，有三十餘株不見日月，皆可取服之。

又《**茯苓膏方**》　茯苓淨去皮、松脂二十四斤、松子仁柏子仁各十二斤。

右四味，皆依法煉之，松柏仁不煉，擣篩，白蜜二斗四升，内銅器中，湯上微火煎一日一夕，次第下藥，攪令相得，微火煎七日七夜止，丸如小棗，每服七丸，日三。欲絕穀，頓服取飽，即得輕身、明目、不老。此方後一本有茯苓酥、杏仁酥、地黄酥三方，然諸本幷無。又《千金翼》中已有，今更不添錄。

又《**服枸杞根方**》　枸杞根切一石，水一石二斗，煮取六斗，澄清，

煎取三升，以小麥一斗乾淨擇，內汁中漬一宿，曝二，往返令汁盡，曝乾搗末，酒服方寸匕，日二。一年之中，以二月八月各合一劑，終身不老。

又《餌雲母水方》 上白雲母二十斤，薄擘，以露水八斗作湯，分半洮洗雲母，如此再過。又取二斗作湯，內芒硝十斤，以雲母木器中漬之，二十日出。絹袋盛，懸屋上，勿使見風日，令燥。以水漬鹿皮爲囊，揉挻之，從旦至日中，乃以細絹下篩滓，復揉挻，令得好粉五斗，餘者棄之。取粉一斗，內崖蜜二斤，攪令如粥，內生竹筒中薄削之，漆固口，埋北垣南崖下，入地六尺覆土。春夏四十日，秋冬三十日出之，當如澤爲成。若洞洞不消者，更埋三十日出之。先取水一合，內藥一合，攪和盡服之，日三。水寒溫盡自在，服十日，小便當變黃，此先療勞氣風疹也。二十日腹中寒澼消；三十日齲齒除，更新生；四十日不畏風寒；五十日諸病皆愈，顏色日少，長生神仙。吾目驗之，所以述錄。

司馬承禎《修真精義雜論・服水絕穀法》 每旦取井華水，以器中盛之仍常，別用一好器，其水皆有濁淀，久服不佳，宜預早取，停澄良久，乃取清者服之。向王燒香，左手持水器，右手持物，既不名其物，即是物皆得，然可取青竹子一節，上下全者，常充叩用耳，祝曰：

承掾史之賜神人之糧，正赤黃行無過，域下諸醫以自防。畢，叩齒三通，咽氣三下，令齒氣齊鳴，凡三祝止，飲之多少任意，以飽爲度。此旦一服後，飢即取水，祝服之。亦無論早晚，日三服便不飢。初服水數十日，瘦極頭眩足弱，過此漸佳，若兼服藥物，則不至虛惙也，不欲多言笑，舉動忘精費氣，此爲所忌耳。

佚名《太清經斷穀法・服食松根》 取東行松根，剝取白皮，細剉曝燥擣篩，飽食之，可絕穀，渴則飲水。

又《服食茯苓》 茯苓削去黑皮，擣末，以醇酒於瓦器中漬，令足淹。又瓦器覆上，密封塗，十五日發，當如餌食。如博碁日三，亦可屑服方寸匕，不飢渴，除病延年。

又 茯苓、肉桂各一斤，末之，白蜜丸如雞子黃大，日三服，此張常度世法。

又 茯苓末三斤，白蠟二斤，麻子油三斤，松脂三斤，白蜜一斗。先煎蜜三五沸，納松脂沸，納油沸，納蠟蠟沸，納茯苓末熟攪匀，丸如李核大，每日服一丸，日可再服，得千歲不飢。

又 茯苓末三升，白蠟五斤，白蜜三斤，合蒸如炊一石米熟，傾器中丸，丸如梧桐子大，每服十丸，飢者復服十丸，百日後不飢，乃日服一丸，禁雜食。又取茅根擣取汁，和此藥蒸，服之百日後，玉女至。

又 茯苓末五升，油松脂七斤，白蠟五斤，白蜜三斤，蜀蘇二升，合蒸如炊一石米熟，取出丸，丸如梧桐子大。服十丸，稍增，以不飢爲度。十日後服一丸，勿餘食，可飲少酒。此是慈法大師依方施用，於成都將服，道俗蒙濟者多，行道聽講者衆，便可度世也。出《五符經》。

又 先以水六斗，煮白米四斗令熟，去滓，得四斗五升，置不津器中，澄冷之，細剉小麥麴五斤，納中再宿炊。秫米五升，冷暖隨時投之，二三宿視香好，復炊秫米二升投之，一二宿。納好蜜一升，攪令匀，乃以精茯苓屑五斤，新絹囊寬結口，納酒中令沒，勿使至底，手挼溲令汁得帀，入囊中，封泥二十一日，取出。當服餌先日，作佳食，清潔齋戒，明旦服如彈丸，至暮令盡一斤，小兒可半斤，則終身不飢渴。飲冷水，不可溫飲。若食穀藥立下。自此以後，日中正服兩丸，至三丸耳。其酒不可自飲。凡酒亦然，至忌。此法以斷穀最勝，久久神靈降傳。凡服食茯苓，切禁食酸物及熱物。

又《服食朮》 成治朮一石，淨洗擣之。水二石漬一宿，煮減半，加清酒五升重煮，取一石，絞去滓，更微火煎熬。納大豆末二升，天門冬末一升，攪和丸如彈丸。旦服三丸，日一。或山居遠行代食，耐風寒，延壽無病。此崔野子所服法，天門冬去心皮也。

又 成治朮一石，水一石，煮之稍益，至三石水盡消爛，絞去滓，銅器中煎熬，大豆屑作餅，圓二寸。日食三枚，納口中良久令消，勿頓呑之，則斷穀而長生。

又 成治朮二石，以水三石煮之稍益，至十石五斗許，乃絞去滓，出著銅器中，納白蜜五升，松脂五斤，棗膏五斤，攪和微火煎如精。服一丸如雞子大，日三，不飢，除百病長生。松脂用成鍊者。

又 朮一石，㕮咀著釜中，煮三沸出汁。又以水二石，熟煮令爛。乃合向汁，納青粱米屑一升，白蜜五升，微火煎如精，日食二餅，如常不飢，氣力不散，長生。

又 术一石㕮咀之，以水二石煮耗，又以水一石，煮一日令爛，去滓，更煎，納稻米末三升，鹽一升，豉半升，煮米令熟，出納銅器中，糠火熅令可餅，餅重四兩。先食兩餅，如飢頓食五餅，却五日食四餅，却十日食三餅，却一月食二餅，乃比歲不復食，不飢長生。

又 术五斤，擣絞取汁，以和茯苓屑三斤，丸如梧桐子，旦中夕各吞三丸，不飢不老。久服，六甲六丁神至，可役使。

又 以酒服术屑，蒸曝乾，更溲曝，如此九過止。日服三方寸匕，不饑延年。以十一月、十二月、正月、二月採之爲佳。凡服术，禁食桃也。

又《服食黄精》 黄精細切一石，以水二石五升，一云六石，微火煮，旦至夕，熟出使冷，手挼碎，布囊筰取汁，煎之，滓曝燥擣末，合向釜中煎熬，可爲丸，如雞子。服一丸，日三服，絶穀，除百病，身輕健不老。少服而令有常，不須多而中絶，渴則飲水。云此方最佳，出《五符》中。

又 取黄精擣捩，取汁三升。若不出，以水澆筰取之。生地黄汁三升，天門冬汁三升，合微火煎減半，納白蜜五斤，復煎令可丸。服如彈丸，日三服，不飢美色，亦可止筰取汁三升，湯上煎可丸，日食如雞子大一枚，日再服，三十日不飢，行如奔馬。天門冬去心皮。

又 取黄精根一石，洗刮淨，以水二石煮之。又以五升酢煮令味盡，筰取汁密盛漬之。更煮滓亦令熟，取汁合二汁，澄取上好者，納銅器中湯上，煎如飴末，熬大豆，丸如糒。服一雞子大，日三，不飢，百日走及奔馬。亦可以熬胡麻代豆，亦可加米爲糒，香美止飢，出《五符》中。以冬日及春二、三月採佳，凡服黄精，禁食梅果等。

又《服食萎蕤》 常以二月、九月採葉，切乾治服方寸匕，日三，亦依黄精作餌法服之，導氣脈，強筋骨，治中風，跌筋結肉，去面皺，好顔色，久服延年神仙。

又《服食天門冬》 乾天門冬十斤，杏仁杏升擣末，蜜溲，服方寸匕，日三夜一。甘始所服，名曰仙人糧。

又 天門冬三石，去心皮，擣筰取汁一石。微火煎得五升，出浮湯上，納白蜜二升，熬胡麻屑二升，合和煎攪勿息，令可丸，以大豆卷屑餅，圓三寸，厚半寸，日服一枚，百日不飢，肌肉潤澤，延年。亦可加地黄汁三升合煎。此方云最佳，出《五符》中。

又 天門冬剝去皮，熟擣納釜中，微火上煎，納大豆末四分之一，合黄可餌食，如雞子三枚，止飢美色。以二月、八月採爲佳。凡服天門冬，禁食鯉魚。

又《服食巨勝》 胡麻肥黑者，取無多少，簸治蒸之，令熱氣周徧，如炊頃便出曝。明旦又蒸曝。凡九過止。烈日亦可一日三蒸曝，三日凡九過燥訖。以湯水微沾於臼中擣，使白復曝燥，簸去皮熬使香，急手擣下麤篩。隨意服，日二三升。亦可以蜜丸，丸如鵝子，日服五枚。亦可飴和之，亦以酒和服，稍稍自減，百日無復病，一年後身面滑澤，水洗不著肉。五年水火不害，行及奔馬。抱朴子云：江東本無此方，惠帝永安元年甲子歲洛亂，人得之。余以永興二年八月一日寓，以爲要祕。

又 取九蒸者一石，加茯苓三斤，合蜜丸，服如上，得力速。

又 取成蒸者一斗二升，茯苓二十四兩，澤瀉八兩，擣三萬杵。每服如彈丸，日三。亦可密丸，可預作從軍。入山涉水，不令疲瘦，遇食便食。無所禁忌。

又 取生胡麻一石，撻去上皮，蒸之一日，曝乾擣之，漑釜中一石五升水，復蒸令水減五升，下甑以寫木盤中，悉以湯沃之。加麥糵屑一升，饟作糖，卒時淋汁煎之，三分餘一。又銅器湯上煎令可丸，服如雞子大，三丸，百日肌肉充盛，壽命無窮。初服胡麻飢極者，五日中作一頓白米粥食之，漸至十日，又作。久久則都斷。凡服胡麻，禁食腥穢、生菜。若下痢不止，煮乾蘇葉飲之。

佚名《枕中記・服巨勝法》 胡麻二斗、大豆一斗。右各熬令香，取豆黄合擣篩。服五合，日三，漿送亦可，蜜和，服鷄子大一枚。日四，漸自不飢，然後服四鎭，可以補虚勞耳。

又《服食雜米麥》 稻米四升，眞麝香四兩，合和攪之。如炊一石米，頓飽食，可支四年。

又 杏子五千枚，擣碎，取白汁二㪷許，煮取八九升，以漬稻米一升，或五升，勿令多，擣出蒸之氣出上。以胡粉末一分，投杏汁中攪和。又以溲飯，更蒸盡汁止，熟如棗脂狀。宿作米食，明日食之。可供兩人，亦可百日，一年不飢。後欲下藥，飲葵羹汁則去也。

又 粳米、黍米、小麥、大麻子，熬大豆各五合，入白蜜一斤，煎一沸，冷水中丸，丸如李子，一頓吞之，則終身不飢。一方無黍米。出在《五符》中。

又 青粱米一升，赤石脂三斤，合和以水漬之，令足淹，置溫處，三二日上生衣，擣丸之，大如李子，日食三丸，則不飢渴，即飲水，可以遠行，千里不倦。出《五符》中。

又 粳米一石，以水漬之二十一日，可作粉曝乾。取作粥，一升粉可三作粥。取支一日，氣力不減，顔色如故，身輕目明。

又 成治大麥屑三升，上蜀蘇一斤，熱湯五升，合膏溲麥，曝令乾，微熬黄香，復納湯曝盡汁止。乃細磨篵，納甘草、朮屑各一斤，茯苓屑二斤，鹽一升，合和，水服二方寸匕，日三四，渴者更服至五合。若遇飯菜蔬，便食之，無禁。在處若遇危厄荒飢，可服，終身不飢，延壽。

又 大麥一石，蜀蘇膏三斤，水四升爲湯，納膏湯中膏消，初飽食后，稍進，不飢，除寒熱，延年。

又《守中俓易法》 取大豆種必生者三升，手挼令光明，帀體暖。先美食竟，乃頓呑之，可解五十日，百日不飢，渴則飲水，勿餘食。欲去之，服熱粥二升，豆即下。一法：每向日再拜，一服一升，於口中展轉嚼，乃咽之。日三。明日乃分一升爲三過，小兒則半之。又赤豆肉香二升，至三升，亦支一歲。又取大豆黄末三升，一頓服，亦可十日、五日不食。後欲去，當服葵莖灰方寸匕，即服豬膏及酪蘇，亦下。

又 先嚼蠟大如傳碁，極令柔，乃内猗氏肥棗，並合嚼之，即皆消而咽之入腹。止熱除病，斷穀。又且食一方寸蠟，辟一日。

又 桑椹黑者，曝乾擣之，水服三合，日三，則不飢。

又 牛蘇、羊蘇、松脂、蠟蜜各三斤，合和煎，食之，支三年不飢。

又 天門冬末一升，松脂一升，蠟蜜各一升，合和煎，可丸如梧桐子大。旦中暮服三丸，如彈丸，即不飢美色。此亦云崔文手中祕方。天門冬去心皮。

又《欲還食穀解藥》 凡服守中藥，斷穀後，不可食雜物。若渴，即得飲少冷水耳。後脱欲還食穀者，當先服葵子湯下藥，乃可食也。初食日作一合米粥，日三。二日後日二合米，又三日後日五合，又三日後七合，又三日後日一升，如此一月後，乃可復常。

又《葵子湯》 葵子一升，豬膏一斤，以水五斗，煮取二升，去滓，稍稍服之，須藥下盡乃止。亦可合米作薄粥飲之，蜀蘇亦佳。

又 葵子、消石分等末，以粥清服方寸匕，日再，十日藥去盡，乃可食穀。亦可各取一升，以米三升煮取一升，日三服。

又 大麻子研碎，煮令熟，飲五升取下。亦可合作薄飲，每令食肥滑物爲善。

又《斷穀常餌法》 茯苓末五斤，生栗末五斤，胡麻九蒸九曝，爲末五斤。

右三味。先以水一石煮肥大乾棗五斗，令減半出，研濾令皮核極淨。更以水一斗，别洗取皮核中甜味，令盡。以微火煎如稠糖，下之，令冷，和藥擣一萬杵，密封，稍稍餌以當食，不食不廢服大藥。

又 取天門冬，去心、皮。末，服方寸匕，日三。無問人間山中，常勿廢之，久久益善。亦釀酒服之，治癥瘕、積聚、風、癲狂，去三蟲伏屍，除痃濕痹，輕令益氣，令人不飢。百日則還年却老，能早服益善。常於好地多種薯蕷，蒸食當穀，大佳。

又《服藥兼茯苓以當諸食法》 取茯苓五斤，淨治，擣，下篩。白蜜三升，和之，納銅器中，重釜煮之，數廻轉。非銅器，好瓷器亦佳。蜜乾出，擣三萬杵，旦服三十丸，如梧桐子，日三服。百日百病除，二百日夜書，二年使鬼，四年玉女來侍。

凡合仙藥，先齋戒三日，煎藥於幽隱處，勿使人畜見之，唯作藥者身自臨之，以木蓋器上，勿露之，火唯淨木，用心伺候，欲多作任意。藥成，納密器中，勿泄之，萬歲不敗。

又 取胡麻三斗，黄黑無在，精治擇，釜中微火熬之，令香，細擣爲末，下篩。白蜜三升，和令調，煎之，如茯苓法，擣三萬杵。旦服，丸如梧桐子三十丸，盡一劑，腸化爲筋。

此二方與世方少異。若年少者當餌茯苓，若年過四十當服胡麻。

凡茯苓治少，胡麻養老，亦可二物並合，倍用蜜共煎爲丸。老少並治，不必别作也。

又《服油法》 凡欲餌神藥及雲母，當先服之。麻油一斗，薤白三

斤，切之，納油中，微火煎之，令薤黑焦去滓，合酒。溫服半升，日再或三合。百日血脈充盛，一年後乃可服藥。

又《餌雲母法》 本草云：雲母，上品藥，味甘，無毒，平，主下氣，堅肌，益精，去身死皮肌，中風寒熱邪氣，明目，安五藏，耐寒暑，久服志高不老，延年神仙。生齊雲山及琅琊北定山石間，二月採。澤瀉爲之使，畏蟬甲及露水。

雲母有八種，各有異名，向日視之，乃別。色黃白而多青者，名雲英，宜春服之，令人身輕，入水不寒，增壽四千年。色青黃煌煌而多赤者，名雲珠，宜夏服之，令人身輕耐寒暑，增壽三千年。色如冰雪，乍黃乍白者，名雪沙，季夏服之，身輕生光，耐風寒，增壽二千年。色黃白晶晶者，名雲光，宜秋服之，堅筋骨，通經脈，增壽一千年。色青白而多黑者，名磷石，宜冬服之，身輕，入火不灼。五色備者，名雲母，四時可服。雜黑而強肌者，生銅鐵間，名地𡓱，不可服，伐人命。赤色而重厚者，名陽起石，是五雲之根，別入藥用，不可服。

凡雲母，厚一寸，有千八百重，雜以砂土埋，第一精者，盆中陰地歲月便自生長。

又《服雲母方》 取雲母一斤，五色具者，細擘之，以久茅屋溜水若秋百草上露，以漬之百日，内韋囊中盛，挺之，絹篩，著竹筒中，塞口，懸甑下，白沙一石塡上，蒸之一日一夜，氣達去之，納黍稻米一石，一日。又云：一宿一日，氣達又去，更納新黍、稻米一石，一日氣達去之，乃出，以白蜜一升合和於銅器中，湯上煎之。合可丸，丸如麻子。以星宿出時一服二丸，服三五十日。如梧桐子三丸，常以鷄鳴服一丸。三十日，身輕目明。五十日，腹中癢。七十日，三蟲伏屍皆去。八十日，皮膚光澤。九十日，入水火不燒濡。百日，易以筋骨。三百日，走及奔馬。一年，爲眞人。又云：年七十已上四百日，已後乃得仙。此是用一斤法，多者益之，一云用二斤，一云三斤。

又 取桂十斤，削取三斤，搗，下篩。葱白莖四斤，熟搗，布絞取汁，以和桂屑，納生竹筒中，木蓋密口，懸蒸。黍米五斗下，米熟爲水，又納雲母粉一斤，一日復化爲水。服一橡斗許，日三服。三十日，貌如童子。

又 取雲母粉一斤，硝石白者一斤，搗篩之，白蜜三升，合攪，納生竹筒中，漆固口，埋北垣下。三十日出之，盛銅器中，稍稍似水，若酒水。服之二十日身光，三十日露不著身，五十日火不能害，百日之後便成仙人。

又《餌雄黃法》 取雄黃末之，飛取花，蒸之數日，白蜜丸之。服如彈丸，日三，稍減之。去三蟲，長生也。煉松脂和之，甚佳。亦可多作，不限一二斤也。土釜飛之。

又 取雄黃末，以清酒和蒸之，次用白蜜成丸。服雄黃，虎狼百毒不敢近，入水辟蛟龍，辟五兵，一切蠱毒妖魅皆不能加，心開目明，甚有威武。

又 取雄黃、水銀等分，合搗相得，納銅器中，蒸之三日三夜，當化爲水。若未化，更蒸之，數上下出之，炭火熅之，數上下當作紫色。白蜜丸之，服如麻子三丸，日三，至千日通神。

又 取雄黃水和以煉松脂，作服如小豆大二枚。十日三蟲下，二十日百病愈，百日能便通神。抱朴子曰：雄黃當得武都山所出者純而無雜，其色赤如鷄冠而光明曄曄者，乃可用耳。其但純黃似雌黃色無光明者，不任作仙藥，爲可合治病藥耳。餌服之法，或以蒸煮之，或酒餌，或以消石化爲水乃凝之，或以豬脂裹蒸之於赤土下，或以松脂和之，或以三物煉之引之，而布巾如冰，服之皆令人長生，百病除，三屍下，瘢痕滅，白髮黑，墮齒生，千日則玉女來侍，可得役使以致行廚。又玉女常以黃玉爲誌，大如黍米在鼻上是眞玉女也，無誌者是鬼試人。余先服之，已具見之矣。

太白仙人《神仙養生祕術・妙靈丹》 食栢葉百草，常飽不飢，避難絕食。杜仲一斤，去麤皮，醋浸一宿，焙乾，炒搗羅爲細末。荆芥穗一斤，搗羅爲細末，白茯苓一斤，去皮，甘草一斤，去皮，薄苛半斤。

右爲細末，煉蜜爲丸，小指大，將栢葉水洗淨，和藥同入口內，細嚼食爲妙。

又《知命丹》 木香、白茯苓、赤石脂、乳香、水銀。黑錫與水銀同結子，砂器另研細。硃砂、雄黃、蜜陀僧已上各一錢、黃蠟六錢、松脂三錢。

右九味都爲細末，將松脂黃蠟鎔開爲丸，可重一錢，如服藥時，飽喫

糯米粥一頓，後用乳香湯下一丸，至五七日，又服一丸。服至二丸盡，用棗七箇，初一日都服七枚，每日或盡棗，永不饑已發，渴飲水。

又《神仙餌蒺藜方》　蒺藜一石，常以七八月熟收之，採來曝乾，先入臼舂去刺，然後爲細末。每服二匙，新水調下，日進三服，勿令斷絶，服之長生。服一年後，冬不寒，夏不熱。服之二年，老返少，頭白再黑，齒落重生。服至三年，身輕延年。

又《絶糧方》　黑豆四升，妙去皮。火麻子四升，煮搗爲末。每服一合，水調下，日進三服。十日可斷穀，冬夏不令寒熱也。

又《神仙服槐子延年不老方》　常以十月上巳日，取在新甆器內盛之，以盆合其上，密泥勿令走氣，三七日開取去皮，從月初日服一粒，以水下。日加一粒，直至月半，却減一粒爲度，終而復始。令人可依夜看書，久服此，氣力百倍。

又《辟穀住食方》　秫米一斗，小油六兩炒冷，鹽末，川姜，小椒各等分十兩，蔓菁子三升，乾大棗五升。

右六味爲細末，每服一大匙，新水調下，日進三服。如饑渴漸有力，如喫諸般果木茶湯自意，不可食肉，大忌也。

走死的馬，飲殺的驢，脹死的牛，紅眼的羊，自死的豬，有彈的鱉，懷胎的兔，無鱗的魚。自古有書云，皆不可食之。若食之者，生百疾也。

又《辟穀方》　永寧二年二月十七日黃門侍郎劉景先表言，臣遇太白山隱士，得此方。臣聞京師米糧大貴，宜以此濟之，令人不饑，耳目聰明，顔色光澤。如有誑妄，臣一家甘受刑戮。

四季用黑豆五升，淨洗後蒸三遍，曬乾去皮，又用大火麻子三升，湯浸一宿，漉出曬乾，膠水拌曬，去皮淘淨，蒸三遍，碓搗。次下豆黃，共爲細末，用糯米粥，合和成圓，如拳大。入甑蒸，從夜至子，住火，至寅取出，於磁器內盛蓋，不令風乾。每服三塊，但飽爲度，不得食一切物。第一頓七日不饑，第二頓七七日不饑，第三頓三百日不饑，容貌佳勝，更不憔悴。渴即研火麻子漿飲，更滋潤臟腑。若要重喫物，用葵子三合杵碎，煎湯飲，開導胃脘，以待冲和無損。此方勒石漢陽軍別山太平興國寺。

盧道元《太上肘後玉經方·坎南嶽真人赤松子枸杞煎方》　枸杞根三十斤，取皮別著，九蒸九曝，擣粉，取根骨煎之，添水可三石。後併煎之，可如稀餳，即入前粉和丸，丸如梧桐子，服之一劑，壽如百年。

此方傳李八百，立盟勿傳，天殃將罰。

又《震青精先生䭀米飯方》　白粱米一石，南燭汁浸，九蒸九曝乾，可三斗已上。每日煮一匙，一月後可半匙，兩月後可三分與一，腸化爲筋，風寒不能傷，鬚鬢如青絲，顔如冰玉。

此方傳綵女服之，役使六丁，天兵衛侍。祕之勿傳，當獲神仙，切慎切慎。

佚名《太玄寶典》卷下《服水法》　眞人服水，所以益眞氣元也。凡有停廚法，有治病法，有驅邪法，有益氣法，不靜體法，各各有通神之妙應也。

停廚者，居山或山荒之地，欲絶粒，服水益脾，不羸不弱者，先存脾元作黃氣繚繞，次令火力下行透骨，閉息三百六十，握固，嚥氣眞津亦三百六十，乃服水。水一盞向日傾一半，擎之以左手，藥叉印擎水，右手緊拳，向東念輕元法，水流入吾心，化白光，白光溢脾，脾化爲石，急急如律令！七遍，吹入水，存白兔入水，每日清旦服之。七日外不飢，初服先數日少少飲粥，服水未得力可服棗栗，少少以助神力。

治病者，有疾有鐘或他或己，皆可念服，悉得安泰，以右手三指擎水一盞，向北念：元夫使者，金頭羅神。七遍，其水自沸溢。非有道氣者，但有清靜條戒用事，然未沸溢但先有氣也。眞人用火自水生耳。

驅邪者，有鬼神害生人，及鬼神怪物所苦，百端幻惑，可以正之也。以左手三指擎水一盞，向南念：大悲神首，赤髮元神，七遍，以水用楊柳枝向邪物灑之，乃息。他人已彼苦，或灑或令飲之，乃醒焉。

益氣者，眞人救助令虛弱，以眞氣神水令飲之也。以水一盞傾一半，右手三指擎之，向南取眞陽之氣七口，存赤鳥七枚飛入其水中；次飲火，一神火入吾神泉，眞氣滋生長壽萬年，急急如律令！七遍，吹入水中。凡飲先閉目靜思，少少飲之，有病亦愈。

靜體者，人之身心逐愛流惡滋生穢濁，行乎塵世，眞人天靈遠而思之。故眞人有教人凡事止眞祀者，洗沐者，必先靜體焉。洗沐既畢，定身心，以水一盞，星月下向天祝云：天靈不濁，地靈不搖，急急如生星令！

七遍，吹入水。次端坐正南面，久之，是其應也。凡用各神靈之景象焉。

蒲處貫《保生要録・辟穀丹方》 貝母去心剉，宿蒸餅各爲末，等分，火焙丸，梧桐子大。

右每服三十元，早辰冷水送下，忌食熱物、冷酒食。要解，喫熱湯一盞，或酒亦得，任便食物喫藥了，忌服草烏，藥反之。

美容保健方

論説

佚名《太上洞玄靈寶五符序》卷中《去伏尸三蟲方》 用三月三日，取桃葉，擣取汁七升，以苦酒合煎，令得五六合。先食頓服之，宿無食。

佚名《神仙養生祕術・百花膏》 蜜蒙甘草瓜蔞根，玄胡桑黄白芨停。百花一斤藥二兩，勝如燒金共燒銀。

右爲細末，用爲一處，銅銚内化開百花，將前藥倒在一處，攪匀，用生絹濾入水中，摶成塊，任意用。

沈知言《通玄秘術・造化露粉》 五粒松花。一云松黄。在終南山太一峰者，上。南嶽者，靈華山明星池邊者，入神。古者秦王美人服之，化爲毛仙。衛叔卿亦服之。其花採取十碩，置大松木甕中，接春時草露浸之。若得麥上露，最妙不可説。兼石崖白蜜，亦上好也。浸滿二十日，看似爛即漉取花，置栢木盆，踏令如粥。即更用新露水淘取稠汁，以紗羅濾之，置瓷甕中。其滓更踏，使穰盡爲度。一如造粉法，澄取澱曝乾，以栢杵臼擣爲末，盛紙袋中。每袋盛一升。其粉亦有玉屑，可煮和酪，服之甚美。益人肥盛延年，展皺有子，甚健身輕。服玉屑一年，行及奔馬，二年可通道仙矣。

又《練花粉》 又取前粉一升，以白牛乳三升，以大銀鐺煎之，使如稀餳。即盛大銅器中，縛草船於大釜中，重湯煎之，以五茄木爲篦攪，勿住手，使熬如膏。即更於日中曝乾，擣篩爲粉。餘粉皆准此練法。其粉亦有玉屑，煮和麻飲，服之甘美，生髮明目。令二百歲老婦人有子，三百歲父有子。服滿十旬，靈不可説。其粉鍊訖，即别盛紙袋中，每袋盛一升。

盧道元《太上肘後玉經方・巽龜臺王母四童散方》 丹砂七兩、朱砂三兩已上、胡麻四大兩、天門冬四兩、茯苓五兩、朮三兩、乾黄精五兩、桃仁四兩，去尖皮。

右八味合擣三萬杵，冬月散，夏月丸之，服八年，顔如嬰童之狀，肌膚如凝脂。昔傳茅衷，立盟勿傳，違者太上科之，愼歟愼歟。

又《兑夏姬杏金丹方》 杏子仁六斗，水研之，取一石八斗，入鐵釜中煮之。先以羊脂揩鐵釜，令三斤脂盡。即下杏仁汁，以糠火煮之四十九日，乃取以楠子煎，丸如大豆，日服一丸，三兩爲一劑。

此夏姬，服三劑，爲少女，後白日上昇。其方出《羨門子上經》。立盟勿泄，殃及七代，愼之愼之。

蒲處貫《保生要録・藥枕方》 久枕，治頭風，目眩，腦重，冷疼，眼暗，鼻塞，兼辟邪。

蔓荆子八分、甘菊花八分、細辛六分、吴白芷六分、白朮四分、芎藭六分、通草八分、防風八分、藁本六分、羚羊角八分、犀角八分、石上菖蒲八分、黑豆五合，揀擇，挼令淨。

右件藥細銼，去碎末，相拌令匀，以生絹囊盛之。欲達其氣，次用碧羅袋重盛，縫之如枕樣，納藥，直令緊實，置在合子中。其合形亦如枕，納藥囊，令出合子唇一寸半已來。欲枕時，揭去合蓋，不枕即蓋之，使藥炁不散，枕之日久，漸低，更入藥以實之，或添黑豆令如初。三五月後藥氣歇則換之，初枕旬日或一月，耳中微鳴，是藥抽風之驗。

藥酒方

論説

佚名《太上洞玄靈寶五符序》卷中《神仙釀酒方》 生地黄十斤、生

薑三斤，刮去皮，天門冬五斤，剝去皮，皆細切合擣，令如齏。以美酒一斛漬之，分著兩罌中，密塞其口，以罌著大釜中熟煮，使發罌塞，熱氣勃勃，射出則可也。冬夏常溫服一升，仍以卧，當覺藥氣炯炯，流布身中。此酒補虛勞，益精氣，令人健飲食，耐風寒，美顏色，肌膚光澤，延年。

又《术酒方》 术成末五斗，絹囊盛之，漬一斛美酒中，十日出术曝乾之。仍以术酒服三方寸匕，日三，治百病神。或以秫米飯投酒中，合釀酒成，亦良食其滓。

又《神酒方》 天門冬三斤、米一斗，炊令熟，少其水沒沮天門冬，囊盛釀之，已熟都合濟。飲勿取醉，勿食菜蒜，盡一斛酒，百病消愈。

又 治百病，益精補氣，令人美肌色。桂三斤，一云三尺，精治取其肌，天門冬成末五升，納絹囊中，置五斗米釀酒中成，服之多少隨意。

又 取稻米三斗，麴三斤，大附子十枚，釀不下水，醇酒三斗，宿曝令乾治末之。欲得一斗酒，取方寸匕著一斗水中，須臾成美酒。服之多少，在人能否耳。令酒與諸藥曝之俱燥，便合末成屑，并治寒疾。

又《胡麻酒方》 用胡麻五斗，熬之令香，擣使熟，以攪一斛秫米飯中，釀之如常釀法。酒成飲之，多少隨意，令人肥白，肌膚潤澤。

又《地黃神酒方》 用秫稻米五斗作粥，絞去滓，令得二斗，納好麥麴三斤，令浮起酒香。取生地黃十斤，小曝乾之，熟擣之，細炊一斗米飯，合納汁中，攪令相得，封泥經日，視地黃熟，但有筋脈，再絞其滓。又炊二斗米飯，納中酒熟。飲一升，日三，治百病，五勞七傷，續骨連筋，填骨髓，久服延年。

又《松脂酒方》 用秫米三斗，小麥麴二斤，合釀之畢，取白松脂一斤，天門冬成末，茯苓成末，各五升，納酒釀中，封泥三十日，成熟。頓服三升，令人延年。松脂當先錬去其苦味。

又 秫米三斗，小麥麴三斤，松脂一斤，白蜜五升，合釀，封泥三十日，酒成，朝暮服三升。

又《章陸酒方》 用秫米三斗，小麥麴十斤，天門冬成末一斗。治章陸令白，十斤乾末之，合釀六十日，酒成，絞去滓。飲酒多少隨意，久服斷穀，令人腹中肥，久久則益氣，去三蟲，殺伏尸，治男女五勞七傷，婦人產乳餘病帶下，去赤白。使人耳目聰明，益神智，除面皯瘢痕皆滅。一方用章陸一斤。

又《枸杞酒方》 枸杞根，好治令潔淨，百斤，細剉之，大釜中益水煮之，絞去滓。器中澄之，去下滓濁，令得五斗。生地黃三十斤，淨洗之，擣絞取汁，合枸杞汁中。方用麴三斤，擣令細炊，赤黍米五斗，饋以藥汁，飯熟合麴，投藥汁中釀之。酒熟飲之，隨意多少，無常限也，唯不欲令人醉。治百病，益氣力，延年命。此草一名蒙柴，一名杶櫨，或名仙人杖，或名西王母杖，或名天精，或名却暑，或名地骨，或名枸杞。吾有八名，象八氣。仙人曰：子欲長活，食我八氣，子食八氣，令子長視。

又 治風五勞七傷，益骨力。枸杞百斤，細剉，如合莖，洗去土煮之，視中莖剝皮，即燥者，是熟也。去滓出其汁，復煮之生者，如前法。一斛米用百斤枸杞煎汁，令多少足釀一斛米。

又《五茄酒方》 取五茄剉之，令長一寸，一斗剉取一斗，美酒漬之，十日成。溫服之，勿令多也。令人耳目聰明，齒落更生，髮白更黑，身體輕彊，顏色悅澤，治陰萎，婦人生產餘疾百病，令人多子。取五茄，當取雄者，不用雌者也。雄者五葉，味甘，雌者三葉，味苦。

又《天門冬酒方》 以秋取其根，滲洗絞取汁，多少在意，以漬米麴，如丸釀法也。服之多少無常，唯不欲大醉，無所禁。若別取根乾末，以此酒服之，多多益善。此藥治百病，安神養氣，令人長生不死。夏姬常所服方，若絞汁不盡，自可以水漱之，更擣絞取汁也。經久則酢，當以罌盛酒，釜中煮之，則辟酢也。一方云：酒服方寸匕，日三四，多多益善。

又 天門冬三十斤，洗淨，絹囊盛之。又以門冬汁一斗，澆釀飯，釀一石米法也。納麴至酵，如常法。納囊於器底，乃納飯，封泥之。三十日酒熟，絞去天門冬滓，飲之勿大醉。盡一斛，令人百病愈，身體玉澤。以此酒服門冬丸，又可服菊華、栢子，大良。又云一月乃開去滓。

又《真人釀天門冬酒方》 以秋取其根，熟擣絞取汁，多少自在。漬米麴爲酒，如常釀法也。又採根曝之，擣下簁，以此酒服方寸匕，日三四，無令大醉，無所禁。服藥三年，百病皆愈，癩蟲皆穿皮，從關節出去。三年頭髮，秃眉更生，十年司命上生籍，二十年冬不寒，夏不熱，三十年百歲翁如十五童子。四十年之後與神通，當有神女持藥來，如得服之，此神藥也。三日後蠶蛻身仙矣。雖已得服神丹，得此酒益佳也。

又《健體仙酒方》 朮、地黃各二十斤，五茄二十斤，削去上皮，皆細剉，水一石五斗煮，令得石二斗，去滓以浸麴，釀一石黍米，如作酒法。酒熟可飲酒一杯，日三服之。一月肥健，二月身有光澤，走及奔馬，無所疾苦。欲少作者，二斗米以上爲法，五茄、地黃各四斤，五茄但取莖耳。

又《治百病神酒方》 用大麻子、麥麴各五斤，先細治麻子、麴下簁，合漬一石水中三宿，絞去滓，炊五斗黍米，投之適寒溫，再宿藥成。服之多少自在意。無令中寒水，藥不成。米欲得白鮮好。先服此藥酒，百日後乃行諸道也。

又《靈寶服食地黃枸杞酒方》 取枸杞根莖百餘斤，洗去上垢，細剉，大釜益水煮之，煎令得五斗許汁，去滓，以絹濾令清。取地黃根二十斤。洗去土，擣絞取汁。又重以枸杞汁一斗許，澆地黃滓，絞取汁令盡，兩都合地黃、枸杞汁，取好麴三斤，細擣以汁，漬麴赤黍米三斗，淘沃炊之，下饙以地黃、枸杞汁澆之，擠去麴滓，黍熟釀之。酒熟，隨人能否飲之，取不醉，無常數也。治風濕宿寒，上氣虛羸百病。欲令目明者，取地膚屑，以方寸匕，用酒服之。禁房室，豬肉、生魚、菫菜。久久服，延年長生。

又《乾酒法》 精米五斗、麴五斤，以水四斗漬，釋爛二宿，合大附子二枚，善桂二兩，下簁納酒中，擠取糟，曝令乾，復納酒中，汁盡止。丸以白蜜，如雞子，投一丸於一斗水中，可成美酒也。

又 用黍米三斗、粳米三斗、蘗二斗，浸醇酒五斗中，五日出，熟蒸之，無令漏，陰乾之百日，勿令泄氣。大如博棊，納二斗水中，立爲酒。冬用溫湯。

佚名《神仙養生祕術・仙酒方》 糯米用一二升亦可用度，好麵四兩，大麥蘖一兩半，酵子二兩。

右爲細末，用水五升煮粥取出。次入藥一處攪勻，復明酒香，其效如神，不誤修合。

又《乾酒方》 肉桂一兩、黑附子一兩、好蜜一兩、川椒一兩、生姜二兩、杏仁二兩，去皮如泥，神麴一斤。

右爲細末，用粟米二升淘淨蒸熟，將藥末和飯一處攪勻，入瓶罐內，三宿取出，搗爛丸如雞頭大，入瓶內盛了，用紙封口，勿令透風。至七日取出，見風時一箇時辰，再入瓶內，依前封，不計年分。若要喫酒時，將熟水五升，藥一丸，放在水內，濕紙封口，不多時聞酒香，蓋用獻聖飲。

《孫真人備急千金要方》卷八二《枸杞酒方》 枸杞根一百二十斤，切，以東流水四石煮一日一夜，取清汁一石，漬麴，一如家醞法。熟取清，貯不津器中，內乾地黃末二斤半，桂心、乾薑、澤瀉、蜀椒末各一升，商陸末二升，以絹袋貯，內酒底，緊塞口，埋入地三尺，堅覆上。三七日沐浴，整衣冠，再拜，平曉向甲寅地日出處開之，其酒赤如金色。旦空腹服半升，十日萬病皆愈，三十日瘢痕滅。惡疾人以水一升，和酒半升，分五服，愈。《千金翼》又云：若欲服石者，取河中青白石如棗杏大者二升，以水三升煮一沸，以此酒半合置中，須臾即熟，可食。

又《茯苓酥方》 茯苓五斤，灰汁煮十遍，漿水煮十遍，清水煮十遍，松脂五斤，煮如茯苓法，每次煮四十遍，白蜜三斤，煎令沫盡，生天門冬五斤，去心皮，曝乾作末，蠟、牛酥各三斤，煉三十遍。

右六味，各搗篩，以銅器重湯上，先內酥，次蠟，次蜜，消訖內藥，急攪勿住手，務令大均，內瓷器中，密封，勿令泄氣。先一日不食，欲不食先須吃好美食令極飽，然後絕食，即服二兩，二十日後服四兩，又二十日後八兩，細丸之，以咽中下爲度；第二度以四兩爲初，二十日後八兩，又二十日二兩；第三度服以八兩爲初，二十日二兩，二十日四兩，合一百八十日藥成，自後服三丸將補，不服亦得，恆以酥蜜消息之，美酒服一升爲佳。合藥須取四時王相日，特忌刑、殺、厭及四激休廢等日，大凶。此彭祖法。

治病方

論說

佚名《黃帝太一八門逆順生死訣・治破傷風方》 黃荊子炒不以

多少。

右爲細末，每服三錢，無灰酒調下。

又《治傷折骨損方》 黄荆子炒，紅芥菜子炒各等分。

右爲細末，每服二錢，熱酒調下，以滓貼在損處，以扎之。量久，飲酒令醉，其痛即止。

治悶肭剉氣，疼痛不止者。

馬屁悖，不以多少，用麻布損細末。生姜自然汁熱牛皮膠化入馬屁悖，如膏藥上。

右用皮紙攤藥，貼之立止。

又《玉臺丹治中暑》 生琉黄，白凡各等分。

右爲細末，以無羅麵滴水爲元，如梧桐子大。每服一十元，溫熱水，或冷水亦可。

血蝎散，治刀傷斧斫。

廣降眞末一兩炒，白凡二錢飛過。

右爲細末，乾貼。

佚名《庚道集》卷九《治大麻癩風藥感應大風丸》 如桐子大，每服二十丸，輕病十丸、五丸。

當歸一兩、全蝎一兩、大風子一斤、章腦一兩、水銀、防風、何首烏、羌活各五錢、白芨、白芷、乳香、蒼术各三錢、大黄二兩、生熟酒製、甘草、陳皮各一兩、麝香不拘或一錢二錢。

詩云：歸全風腦一般般，水防何活五錢乾。芨芷乳蒼三分足，黄甘陳麝不俱安。

右件糯米糊爲丸，如桐子大，每服二十丸，空心，白湯送下，宜食粥飯，忌鍋底蘿蔔頭、山藥、地立棗子、柿花、去霜，黄瓜、西瓜、東瓜、生瓜、藕菱、甘蔗、茄子、糖、白魚、海中魚、黄白、海月瓊枝，餘外者皆不可食，再發不治，好酒可食，忌房事。

養生功法及武術部

養生術語分部

守一

論説

《道德經・道化》 道生一，一生二，二生三，三生萬物。

視之不見，名曰夷；聽之不聞，名曰希；搏之不得，名曰微。此三者不可致詰，故混而爲一。

昔之得一者：天得一以清，地得一以寧，神得一以靈，谷得一以盈，萬物得一以生，侯王得一以爲天下貞。

載營魄抱一，能無離乎？專氣致柔，能嬰兒乎？滌除玄鑒，能無疵乎？愛民治國，能無爲乎？天門開闔，能爲雌乎？明白四達，能無智乎？

曲則全，枉則直，洼則盈，敝則新，少則得，多則惑。是以聖人抱一爲天下式。

《莊子・在宥》 天地有官，陰陽有藏，慎守汝身，物將自壯，我守其一，以處其和。故我修身千二百歲矣，吾形未嘗衰。

又《刻意》 純素之道，唯神是守。守而勿失，與神爲一。一之精通，合於天倫。野語有之曰：從人重利，廉士重名，賢士尚志，聖人貴精。故素也者，謂其無所與雜也；純也者，謂其不虧其神也。能體純素，謂之眞人。

《太平經鈔》卷二 守一明之法，長壽之根也。萬神可祖，出光明之門。守一精明之時，若火始生時，急守之勿失。始正赤，終正白，久久正青。洞明絶遠復遠，還以治一，內無不明也。百病除去，守之無懈，可謂萬歲之術也。守一明之法，明有日出之光，日中之明，此第一善得天之壽也。安居閑處，萬世無失。守一時之法，行道優劣。夫道何等也？萬物之元首，不可得名者。六極之中，無道不能變化。元氣行道，以生萬物，天地大小，無不由道而生者也。

又卷九 古今要道，皆言守一，可長存而不老。人知守一，名爲無極之道。人有一身，與精神常合并也。形者乃主死，精神者乃主生。常合即吉，去則凶。無精神則死，有精神則生。常合即爲一，可以長存也。常患精神離散，不聚於身中，反令使隨人念而遊行也。故聖人教其守一，言當守一身也。念而不休，精神自來，莫不相應，百病自除，此即長生久視之符也。陽者守一，陰者守二，故名殺也。故晝爲陽，人魂常并居；冥爲陰，魂神爭行爲夢，想失其形，分爲兩，至於死亡。精神悉失，而形獨在守一者，眞眞合爲一也。人生精神，悉皆具足，而守之不散，乃至度世，爲良民父母，見太平之君，神靈所愛矣。

《抱朴子內篇・地眞》 抱朴子曰：余聞之師云，人能知一，萬事畢。知一者，無一之不知也。不知一者，無一之能知也。道起於一，其貴無偶，各居一處，以象天地人，故曰三一也。天得一以清，地得一以寧，人得一以生，神得一以靈。金沉羽浮，山峙川流，視之不見，聽之不聞，存之則在，忽之則亡，向之則吉，背之則凶，保之則遐祚罔極，失之則命彫氣窮。老君曰：忽兮恍兮，其中有象；恍兮忽兮，其中有物。一之謂也。故仙經曰：子欲長生，守一當明；思一至飢，一與之糧；思一至渴，一與之漿。一有姓字服色，男長九分，女長六分，或在臍下二寸四分下丹田中，或在心下絳宮金闕中丹田也，或在人兩眉閒，却行一寸爲明堂，二寸爲洞房，三寸爲上丹田也。此乃是道家所重，世世歃血口傳其姓名耳。一能成陰生陽，推步寒暑。春得一以發，夏得一以長，秋得一以收，冬得一以藏。其大不可以六合階，其小不可以毫芒比也。

又 抱朴子曰：吾聞之於師云，道術諸經，所思存念作，可以却惡防身者，乃有數千法。如含影藏形，及守形無生，九變十二化二十四生等，思見身中諸神，而內視令見之法，不可勝計，亦各有效也。然或乃思作數

千物以自衛，率多煩難，足以大勞人意。若知守一之道，則一切除棄此輩，故曰能知一則萬事畢者也。受眞一口訣，皆有明文，歃白牲之血，以王相之日受之，以白絹白銀爲約，尅金契而分之，輕説妄傳，其神不行也。人能守一，一亦守人。所以白刃無所措其鋭，百害無所容其凶，居敗能成，在危獨安也。若在鬼廟之中，山林之下，大疫之地，塚墓之閒，虎狼之藪，蛇蝮之處，守一不怠，衆惡遠迸。若忽偶忘守一，而爲百鬼所害。或卧而魘者，即出中庭視輔星，握固守一，鬼即去矣。若夫陰雨者，但止室中，向北思見輔星而已。若爲兵寇所圍，無復生地，急入六甲陰中，伏而守一，則五兵不能犯之也。能守一者，行萬里，入軍旅，涉大川，不須卜日擇時，起工移徙，入新屋舍，皆不復按堪輿星歷，而不避太歲太陰將軍、月建煞耗之神，年命之忌，終不復值殃咎也。先賢歷試有驗之道也。

《雲笈七籤》卷四九《秘要訣法部五·守一》《太上智慧消魔眞經》云：一無形象，無慾無爲，求之難得，守之易失。失由識暗，不能進明；貪慾滯心，致招衰老。得喜失嗔，致招疾病；迷者不改，致招死殁。衰患及老，三一所延，治救保全，惟先守一，非一不救，非一不成。守一恬惔，夷心寂寞，損欲折嗔，返迷入正，廓然無爲，與一爲一，此乃上上之人，先身積德所致也。中中已上，先善未積，積而未極，皆由漸昇。當存三元，諦識神氣狀貌，出入有無，生鎭三宮，三尸必落，尸毒既去，錬暗成明，智慧神通，長生不死，眞聖神仙，隨因受果。

《太平經》云：何以爲初思守一也？一者數之始也；一者道之生也、元氣所起也、天之綱經紀也。又《五符經》云：知一者，無一之不知也；不知一者，無一能知也。一者，至貴無偶之號也。

《上清三天君列紀經》云：柏成欻生，請問雲房之道、三眞之訣？二玉皇曰：三眞者，兆一身之帝君、百神之內始眞也。若使輔弼審正，三皇內寧，太一保胎，五老扶精。一居丹田，司命護生；一居絳宮，紫氣灌形；一居洞房，三氣合明。於是變化離合，與眞洞靈。明堂雲宮，紫戶玉門，黃闕金室，丹城朱窗，皆帝一之內宅，三眞之寶室也。於是雲房一景，混合神人，上通崑崙，下臨清淵，雲蓋嵯峨，竹林葱蒨，七靈迴轉，五色纏綿，層樓萬重，三氣成煙，玉闕虛靜，七門幽深，金扉玉櫃，符籍五篇。公子內伏，外牽白元，渾一成形，呼陽招陰，上帝司命，各保所生。微哉難言，非仙不傳。

養生論

論説

嵇康《養生論》（《嵇中散集》卷三） 世或有謂神仙可以學得，不死可以力致者。或云：上壽百二十，古今所同，過此以往，莫非妖妄者。此皆兩失其情。請試粗論之。

夫神仙雖不目見，然記籍所載，前史所傳，較而論之，其有必矣。似特受異氣，禀之自然，非積學所能致也。至於導養得理，以盡性命，上獲千餘歲，下可數百年，可有之耳。而世皆不精，故莫能得之。

何以言之？夫服藥求汗，或有弗獲；而愧情一集，渙然流離。終朝未餐，則囂然思食；而曾子銜哀，七日不飢。夜分而坐，則低迷思寢；內懷殷憂，則達旦不瞑。勁刷理鬢，醇醴發顔，僅乃得之；壯士之怒，赫然殊觀，植髮衝冠。由此言之，精神之於形骸，猶國之有君也。神躁於中，而形喪於外，猶君昏於上，國亂於下也。

夫爲稼於湯之世，偏有一溉之功者，雖終歸於燋爛，必一溉者後枯。然則，一溉之益固不可誣也。而世常謂一怒不足以侵性，一哀不足以傷身，輕而肆之，是猶不識一溉之益，而望嘉穀於旱苗者也。是以君子知形恃神以立，神須形以存，悟生理之易失，知一過之害生。故修性以保神，安心以全身，愛憎不棲於情，憂喜不留於意，泊然無感，而體氣和平；又呼吸吐納，服食養身，使形神相親，表裏俱濟也。

夫田種者，一畝十斛，謂之良田，此天下之通稱也。不知區種可百餘斛。田、種一也，至於樹養不同，則功效相懸。謂商無十倍之價，農無百斛之望，此守常而不變者也。

且豆令人重，榆令人瞑，合歡蠲忿，萱草忘憂，愚智所共知也。薰辛

害目，豚魚不養，常世所識也。虱處頭而黑，麝食柏而香，頸處險而癭，齒居晉而黃。推此而言，凡所食之氣，蒸性染身，莫不相應。豈惟蒸之使重而無使輕，害之使暗而無使明，薰之使黃而無使堅，芬之使香而無使延哉？

故神農曰上藥養命，中藥養性者，誠知性命之理，因輔養以通也。而世人不察，惟五穀是見，聲色是耽，目惑玄黃，耳務淫哇，滋味煎其腑臟，醴醪煮其腸胃，香芳腐其骨髓，喜怒悖其正氣，思慮銷其精神，哀樂殃其平粹。夫以蕞爾之軀，攻之者非一途，易竭之身，而外內受敵。身非木石，其能久乎？

其自用甚者，飲食不節，以生百病；好色不倦，以致乏絕；風寒所災，百毒所傷，中道夭於衆難。世皆知笑悼，謂之不善持生也。至於措身失理，亡之於微，積微成損，積損成衰，從衰得白，從白得老，從老得終，悶若無端。中智以下，謂之自然。縱少覺悟，咸歎恨於所遇之初，而不知慎衆險於未兆。是由桓侯抱將死之疾，而怒扁鵲之先見，以覺痛之日，爲受病之始也。害成於微，而救之於著，故有無功之治；馳騁常人之域，故有一切之壽。仰觀俯察，莫不皆然。以多自證，以同自慰，謂天地之理，盡此而已矣。

縱聞養生之事，則斷以所見，謂之不然；其次狐疑，雖少庶幾，莫知所由；其次自力服藥，半年一年，勞而未驗，志以厭衰，中路復廢。或益之以畎澮，而泄之以尾閭，欲坐望顯報者；或抑情忍慾，割棄榮願，而嗜好常在耳目之前，所希在數十年之後，又恐兩失，內懷猶豫，心戰於內，物誘於外，交賒相傾，如此復敗者。

夫至物微妙，可以理知，難以目識。譬猶豫章生七年，然後可覺耳。今以躁競之心，涉希靜之途，意速而事遲，望近而應遠，故莫能相終。夫悠悠者既以未效不求，而求者以不專喪業，偏恃者以不兼無功，追術者以小道自溺。凡若此類，故欲之者萬無一能成也。

善養生者則不然也，清虛靜泰，少私寡慾。知名位之傷德，故忽而不營，非欲而強禁也；識厚味之害性，故棄而弗顧，非貪而後抑也。外物以累心不存，神氣以醇泊獨著。曠然無憂患，寂然無思慮。又守之以一，養之以和，和理日濟，同乎大順。然後蒸以靈芝，潤以醴泉，晞以朝陽，綏之五絃，無爲自得，體妙心玄，志歡而後樂足，遺生而後身存。若此以往，庶可與羨門比壽，王喬爭年，何爲其無有哉！

施肩吾《養生辨疑訣》（《雲笈七籤》卷八八《仙籍旨訣部》） 一氣無方，與時消息，萬物生死，共氣盛衰。處自然之間，而皆不知所以然而然。其所稟習，在覆載之下。有形者先知其本，知其本則求無不通；修道先須正其源，正其源則流無不應。若棄其本而外求，背其源以邪究，雖獵盡百家，學窮諸子，徒廣虛論功條。其攝養之效，得者觀之，實爲自誤耳！

今歷觀世間，好道之流，不可勝數。雖知恬淡以自守，全不知恬淡之中有妙用矣；雖知虛無以爲理，全不知虛無之中而無不爲矣。若不知虛無恬淡妙用之理，徒委志於寂默之間，妄作於形神之外，是謂無益之用，非攝生之鴻漸也。

且神由形住，形以神留，神苟外遷，形亦難保。抑又服餌草木金石，以固其形，而不知草木金石之性，不究四時逆順之宜，久而服之，反傷和氣。遠不出中年之內，疾害俱生。使夫輕薄之流，皆謂繫風捕影，不可得矣。翻以學者爲不肖，以眞隱爲詭道，不亦傷哉！惑人嘗以此事而譏余，曰：吾聞學道，可致長生。吾自童年至於暮齒，見學道之人已千數矣。服氣絕粒者，驅役考召者，清靜無慾者，修仙鍊行者，如斯之流，未有聞其死者也。身歿幽壤之下，徒以尸解爲名。推此而論之，蓋得者猶靈骨耳，非可學而得之。余聞斯論，不覺心慼於內，神恍於外。沉吟之間，乃太息而應之曰：觀子向來所說，實亦鄙之甚矣！迷之尤矣！今世人學人間之事，猶有成與不成，又況妙本玄深，昏昏默默，胡可造次而得之？且大道無親，感之即應，苟云靈骨，無乃疏乎！然夫服氣絕粒者，且道家之所尚，人苟得之，皆有不食之功，身輕之效，便自言腸胃無滓，立致雲霓，形體獲輕，坐希鸞鶴。採餌者，復以毛女爲憑；呼吸者，又引靈龜作證。曾不知眞氣暗滅，胎精內枯，猶執滯理於松筠，守迷端於翰墨，良可嗟矣！寧不怪乎？至於驅役考召之流，蓋是道中之法事。研討至精，窮其眞詰，誠爲身外之虛名，妄作人間之孟浪。在己無徵於延益，於人有驗於軫攘。亂構休祥，徒陳禍福。如斯之輩，并匪保生之道也。或以清靜無爲，深居絕俗，形同槁木，志類死灰，不知天地動用之心，不察陰陽運行

之理，如此則雖游恍惚，其恍惚而無涯。縱合窅冥，其窅冥而莫測。翻使希夷之外，神用罔然；虛白之中，玄關失守。言議之際，中有高眞。喟然而嘆曰：守一非一，履眞非眞。此亦近爲門階之由，殊未窺其室中之用矣。大凡保氣棲神，不可以湛然而得之，亦不可以元然而守之。且神無方而氣常運，形至靜而用無窮。是知保氣者，其要在乎運；棲神者，其祕在乎用。吾嘗聞之於師曰：體虛而氣周，形靜而神會。此蓋爲出世之玄機，無名之大用矣。

葛洪《抱朴子養生論》 抱朴子曰：一人之身，一國之象也。胸腹之設，猶宮室也。肢體之位，猶郊境也。骨節之分，猶百官也。腠理之間，猶四衢也。神猶君也，血猶臣也，氣猶民也，故至人能治其身，亦如明主能治其國。夫愛其民，所以安其國。愛其氣，所以全其身。民弊國亡，氣衰身謝。是以至人上士，乃施藥於未病之前，不追修於既敗之後。故知生難保而易散，氣難清而易濁。若能審機權，可以制嗜慾，保全性命。

且夫善養生者，先除六害，然後可以延駐於百年。何者是耶？一曰薄名利，二曰禁聲色，三曰廉貨財，四曰損滋味，五曰除佞妄，六曰去沮嫉。六者不除，修養之道徒設爾。蓋緣未見其益，雖心希妙道，口念眞經，咀嚼英華，呼吸景象，不能補其短促。誠緣舍其本而忘其末，深可誡哉。

所以保和全眞者，乃少思、少念、少笑、少言、少喜、少怒、少樂、少愁、少好、少惡、少事、少機。夫多思則神散，多念則心勞，多笑則臟腑上翻，多言則氣海虛脫，多喜則膀胱納客風，多怒則腠理奔血，多樂則心神邪蕩，多愁則頭鬢憔枯，多好則志氣傾溢，多惡則精爽奔騰，多事則筋脈乾急，多機則智慮沉迷。斯乃伐人之生甚於斤斧，損人之命猛於豺狼。

無久坐，無久行，無久視，無久聽。不飢勿強食，不渴勿強飲。不飢強食則脾勞，不渴強飲則胃脹。體欲常勞，食欲常少。勞勿過極，少勿至飢。冬朝勿空心，夏夜勿飽食。早起不在鷄鳴前，晚起不在日出後。心內澄則眞神守其位，氣內定則邪物去其身。行欺詐則神悲，行爭競則神沮。輕侮於人當減算，殺害於物必傷年。行一善則魂神樂，構一惡則魄神歡。魄神樂死，魂神好生。常以寬泰自居，恬淡自守，則身形安靜，災害不干。生錄必書其名，死籍必削其咎。養生之理，盡於此矣。

至於鍊還丹以補腦，化金液以留神，斯乃上眞之妙道。蓋非食穀啖血者，越分而修之。萬人之中，得者殊少，深可誡焉。

老君曰：存吾此道，上士全修延壽命，中士半修無災病，下士時修免夭橫，愚者失道擯其性。其斯之謂歟。

佚名《太上保眞養生論》 立天之道，曰陰與陽；立地之道，曰柔與剛；立人之道，曰仁與義。然則，天地之大，人之最靈，法陰稟陽，莫重乎性命。故二象並設，四序推遷，人處其間，倏然如電，每一思至，黯然銷魂，生不再來，逝不可復。必須啓悟耳目，陶鑄心靈，蕩滌煩邪，宣引榮衛。未有不由學而能成其器，不由習而能利其身者哉。是以眞人常曰，吾非自然，乃學而得之。故我求道，無不受持千經萬術，唯在志心也。

老君曰：天地降精，陰陽布化，萬物以生，乘其夙業，分靈道一，總合萬機。且人之受生，始一月爲胞，精血凝也。二月爲胎，形兆胚也。三月爲陽神，爲三魂，動以生也。四月爲陰靈，爲七魄，靜鎮形也。五月，五行分藏，以安神也。六月，六律定六腑，用資靈也。七月，七精開竅，以通光也。八月，八景神具，降眞靈也。九月，宮室羅布，以定生也。十月氣足，萬象成也。太一玄眞在頭，曰泥丸君，總衆神，統百靈，以禦邪氣，陶其萬類，以定眞元。是知修眞，靜守恬和，可保長生也。

眞人曰：神強者長生，氣強者短壽。柔和畏威神強，鼓怒騁志氣強。凡人才所不至而極思之者，則志傷也；力所不勝而極舉之者，則形傷也；謀所不至而極圖之者，則智傷也。勢所不加而極憤之者，則氣傷也。積憂不已魂神衰，積惡不已魄神散。喜怒過多神不歸室，愛憎無定神不守形。汲汲所欲神則煩，切切所思神則敗。久言久笑心氣傷，久坐久立筋骨損，寢寐失時肝膽傷，跳走暴喘胃腑傷，喧呼詬怒膽氣傷。故陰陽不交則瘡疣生，房室不節則勞瘠發。且人生在世，久遠之期不過三萬餘日，豈無一日行修補？豈無一日有損傷？徒責神之不守，體之不康，亦由却行而望速及前侶，豈可得爾？

所以養生之要，唾不及遠，行不及驟，耳不久聽，目不久視，坐不至疲，卧不至倦。先寒而後衣，先熱而後解。不欲極飢而便食，食誡過飽。不欲極渴而便飲，飲誡過多。食若過飽則癥塊成，飲酒過多則痰癖聚。不

欲甚逸，不欲甚勞，不欲出汗淋漓，不欲冒風噓吸。醉中不欲奔車，飽時不欲走馬。不欲多啖生冷，不欲飽食肥鮮。不欲飲酒了當風，不欲沐髮後露腦。冬莫極溫，夏莫極涼。冬極溫則春有狂疫生，夏極涼則秋有瘧痢發。不欲卧露星月下，不欲飢臨尸柩間。不欲睡中動扇，不欲露頭而食。衝大熱莫飲冷水，淩大寒莫逼炎爐，新沐莫犯猛風，至飢莫冒重霧。且五味入口，不可令偏。多酸傷脾，多甘傷腎，多辛傷肝，多鹹傷心，多苦傷肺。此皆濁其神魂，亂其五臟，亦未必當時便損於人，但於久後積衰敗爾，伐人之命，甚於斤斧，蝕人之性，猛於狼虎。蓋緣兆應五行，潛通四運，源其蹟而不謬，究其理而益佳，宜深慎之，以全其眞也。不飢而強食，不渴而強飲，並招其損矣。不飢強食則脾勞，不渴強飲則胃脹。

體欲常勞，食欲常少；勞勿至極，少勿至虛。冬則朝莫令空心，夏則夜莫令飽食。春夏唯須早起，秋冬却要晚眠。早起不在鷄鳴前，晚起不在日出後。心源澄則眞靈守其位，氣海靜則邪物去其身。行詐僞則神悲，行諂佞則神沮。妒嫉於人當減算，殺害於物必傷年。行一善則魂神欣，構一惡則魄神喜。魂欲人生，魄欲人死。是以心爲五臟君，氣爲百骸使。君欲安靜無爲，使欲流行不滯。所以起卧依四時，愼其早晚之候。服食調六腑，適其冷熱之宜。動以太和爲馬，通以玄寂爲車。四肢煩勞則偃仰以導之，心胸壅塞則吐納以宣之。

杜其病源，常施補瀉之術；除其邪氣，每存默默之機。是以忍怒以淩陰，抑喜以助陽。泥丸君欲得多櫛，天鼓欲得常鳴。目不厭臨，津不厭嗽，心不厭順，氣不厭和。若能如此修習不廢，則可餌草木之藥，先治其損。精勤不已，然後消鑠金石，固際其眞。此乃攝生有條貫，保壽有津涯，實爲補養之妙門，延駐之玄說。若乃恣情快意於馳騁之上，勞神役思於巧僞之間，重其貨財，耽其寵樂，不營保護之術，不務愼守之規，須臾氣竭在忿競之前，形枯於聲色之際。以此觀之，足甚省悟。

蓋不知心源靜則神魂安，嗜慾興則眞靈潰。焦然慼慼之志，勞其役役之軀，救火爇薪，良可嘆也。是故眞人乃作頌曰：淡薄不親，狂蕩是鄰。縱不殞身，亦能敗神。敗神失眞，傷殘之因。傷殘之因，豈虛言哉。

施肩吾《西山群仙會眞記》卷二《養生》　《三元眞經》曰：人物異形，受生惟一。氣魂得之於天，體魄得之於地。無形無象，自空中來，即父精母血，以無爲有。三百日胎完，胎完氣足則生，是由無而有。不善養生，則以有還無矣。血氣方剛，以所有之神氣，復與於兒女，血氣既衰，將已有之魂魄，復還於天地。故生中起滅，以滅止生，氣斷神散而無生矣。善人君子，莫不欲生，而不知養生之時，以天地爲法，日月爲本。陰絕陽生，陽絕陰生，生生不窮，天地所以長久；魄往魂來，來往不已，日月所以長久。是知氣在養而不弱，形在養而不悴。內外養之無差，故得與天地日月同長久也。

《西山記》曰：古今聖賢談養生之理者，著養生論者，不爲少矣。又曰少私寡慾；少私寡慾者，可以養心。又曰絕念忘機；絕念忘機者，可以養神。又曰飲食有節；飲食有節者，可以養形。又曰務逸有度；務逸有度者，可以養亂。又曰入清出濁；入清出濁者，可以養氣。又曰絕淫戒色；絕淫戒色者，可以養精。養生之道，不在於此。所生微也，善養者從微至著；所生小也，善養者自小及大。當旺時養而取之，當衰時養而補之。如春養脾，秋養肝，夏養肺，冬養心。鍊形則起火，還丹則聚氣。此年中用月，不失養生之道也。及春夏養陽，以眞氣隨天大運，在肝與心。心肝者，氣升之所。秋冬養陰，以眞氣隨天大運，在肺與腎。腎肺者，液降之所。此陰陽傳送，不失養生之道也。及腎氣生於子時，一陽生於二陰之中。當此之時，若澄心靜慮，閉目昇身，想火輪起於丹田，是氣生而養之有法也。及肝氣生於卯時，一陽生於二陰之下。當此之時，若孤坐閉目，多入少出，存兒女相見於黃屋之中，而產就嬰兒，是陽生而養之有法也。及心氣生於午時，一陰生於二陽之中。當此之時，若忘言絕念，滿口含津，攻心氣不散，存龍虎交媾於煙焰之中，而盤金鼎奔流於下，是丹田氣生而養之有法也。及肺氣生於酉時，一陰生於二陽之上。當此之時，若閉目冥心，以腹肚微脅，存大火炙於鼎中，鼎中有三昧，炎炎不絕，三昧齊發，是陰生而養之有時也。及夫三百日胎完而眞氣生，養其眞氣而之生神。五氣朝元，三花聚頂。五百日陽神生，養其陽神而鍊之合道。是生形已來養之而生眞氣。自生氣以來養之而生法身。身外有身，超凡入聖。養生之道，備於此矣。

養形論

論說

施肩吾《西山群仙會真記》卷二《養形》《玉華靈書》曰：神以氣爲母。氣以形爲舍。鍊氣成神，鍊形成氣。陽神未聚，三花不入泥丸；眞氣未朝，五彩不生丹闕。無形籠絡，神氣兩離。故天地大也，未免輕清重濁之象；日月明也，難逃圓明缺暗之形。積陽生神，上以麗乎天者，星與辰也；積陰生形，下以壯乎地者，土與石也。水中氣昇，而爲雨爲雲；氣中水降，而爲霧爲露。萬象群生，不能無形。惟人也，集靈以生，資道以成。不知養形之端，精魄耗散而陰殼空存，未死之前，已如槁木，餘喘既絕，盡爲糞壤。養形之道，可不深思。

《西山記》曰：仲夏仲冬之月，善養形者，處於深堂，避其大寒大熱之氣，而伏其肌膚。非特此也，先寒而衣，衣不得頓多；先暖而解，解不得頓少。久勞則安閑以保極力之處，久逸則導引以行稍滯之氣。暑不當風，當風則榮閉而衛結；夏不卧濕，卧濕則氣散而血注。冬不極熱，極熱則腎受虛陽，而春夏肝與心，有壅蔽之疾也；夏不極凉，極凉則心抱浮寒，而秋冬肺與腎有沉滯之患也。不可極飢而食，食不過飽。飽則傷神，飢則損胃。不可極飲，飲不過多。多則損氣，渴則傷血。沐用旬，浴用五。夫五則五氣流傳遍，浴之榮衛通暢。旬則數滿復還，眞氣在腦，沐之則耳目聰明。若頻頻浴者，血凝而氣散，雖肌體光澤，久而氣自損矣。故有癱瘓之疾者，氣不勝血，神不勝形也。若頻頻沐者，氣壅於上，腦滯於中，令人體重形疲，久而經絡不能通暢。故古人以陽養陽，陽不耗散；以陰鍊陽，陽不損弱。如一年春夏養陽，秋冬養陰，是借陰養陽，以陽消陰也。一日內午前鍊乾以氣，前起鍊形，後起金晶。午後鍊坤以藥，有藥則聚氣煉丹，無丹則收火煮海，皆以眞陽見用於自身。不然斂身聚之，可以無中養就，眞氣昇身，眞氣以滅魔陰焉。奉道之士，廣覽多學，徒以勞損，不知陰陽爲之總領之元也。眞陰眞陽爲胎，凝於丹田。次以眞陰爲氣，眞陽成形，身外有身，超凡入聖矣。

養氣論

論說

施肩吾《西山群仙會眞記》卷二《養氣》《太上隱書》曰：天地以清濁爲質，非氣不足以運陰陽；日月以明暗分形，非氣不足以交魂魄。以橐籥之用，呼吸之理，是氣使之然也。禽一衝而制在氣，履空如實；魚一躍而制在水，穿水如無。衆植凋殘，獨松柏而常茂者，氣堅也；群動滅寂，惟龜鶴之不悴者，氣任也。形爲留氣之舍，氣爲保形之符。欲留形住世，必先養氣。至大至剛，充塞乎天地之間。氣聚神靈，遨遊風塵之外。善養生者養其形，善養形者養其氣。

《西山記》曰：古今養氣之士，不免於疾病死亡者，不知其道也。昔人以志士不語爲養氣，此保氣也，失之昏。以入清出濁爲養氣，此換氣也，失之虛。昏者，氣散神狂，眞靈日厭，終無所歸矣。虛者，丹田無寶，徒勞而吐納，終不能住矣。多入少出，攻病可也，認爲胎息，誤矣。上嚥下搐，聚氣可也，指作還丹，誤矣。綿綿若存，用之不勤，委氣而和神也；息息要住，納之不出，閉氣而鍊形也。一嚥復一嚥，雙收兩夾，以噓嚥爲法，是借氣取水灌溉之術也；正坐昇身，氣滿四大，血絡通行，榮衛和暢，是布氣焚身之法也。若此皆非養氣矣。養氣之道，生時養之使不衰，弱時養之使不散。如古行屯者，是陽初生，屈而未伸，故朝屯以取，養氣之茂也。如古行蒙者，是一陽處群陰之中，暗而不明，故暮蒙以取，求陽之義也。非特此也。才所不敏，強思，傷也。力所不及，強舉，傷也。悲哀憔悴，傷也。喜樂過度，傷也。汲汲所慾，傷也。戚戚所懷，傷也。或久談言笑，寢息失時，挽弓引弩，耽酒嘔吐，飽食便卧，跳步喘息，歡呼哭泣，陰陽不交，積傷至盡，則早亡矣。故善養者，淡然無慾，

處乎寂寞之境，自有希夷之趣。冬則陽生，至春分之後，陽盛而陰散，防其餘陰入腹，而爲苦寒之疾。夏則陰生，至秋分之後，陰盛而陽散，防其餘陽入腹，而爲酷暑之患。勿觀死者，防死氣觸生氣。不近穢處，防穢氣觸眞氣。眞氣未壯，而朝不虛，食常充口；眞氣欲絶，而暮不實，食常減口。然而調氣、和氣、布氣、嚥氣、聚氣、行氣、保氣、換氣，皆不出養氣之道。夫氣如線，觸之則斷；氣如煙，擾之則散。不能養者，失保形之道。然養氣未及採藥，採藥未及煉氣。採氣還元，結成金丹。煉之出殼，遷變羽客。未煉先採之，未採先養之。

養心論

論說

施肩吾《西山群仙會眞記》卷二《養心》　《通玄經》曰：人以形爲舍，心爲主。主於國，則君臣之分；主於家，則父子之禮。心爲君父，氣爲臣子，身爲家國。心氣一注，無氣不從。在五行爲火，南方盛陽之精。宿應熒惑，神受朱雀，狀垂三葉，色若朱蓮，神明依泊，變化莫測，混合陰陽，大包天地，細入毫芒。制之則止，放之則狂。清靜道生，濁躁神亡。但能空寂，得之有常。永保無爲，其身則昌。惟狂克念，可以作聖。惟聖罔念，可以作狂。古今達士，養以寡慾，務於至誠。眞源湛然，靈光自瑩於丹臺也。不爲事惑物役，可以超凡入聖。

《西山記》曰：從道受生謂之性，自一稟形謂之命。所以任物謂之心，心有所憶謂之意，意有所思謂之志，事無不周謂之智，智周萬物謂之慮，動而榮身謂之魂，靜以鎮身謂之魄，流行骨肉謂之血，保形養氣謂之精，氣清而快謂之榮，氣濁而遲謂之衛，總括百骸謂之身，衆象備見謂之形，塊然有閡謂之質，形貌可則謂之體，小大有分謂之軀，衆思不凝謂之神，漠然變化謂之靈，氣來入身謂之生，氣去於形謂之死，所以通生謂之道。道者，有而無形，無而有精，變化不測，通神群生。眞人上仙，教人修道，即修心也，教人修心，即修道也。道不可見，因心以明之。心不可常，用道以守之。故虛心遣其實，無心除其有也。定心令不動也，安心令不危也，靜心令不亂，正心令不邪，清心令不濁，淨心令不穢。此皆已有，令以除之。心直不返復也，心平無高下也，心明不暗昧也，心通無窒礙也。此皆固有，因以然之又在少思、少念、少慾、少事、少語、少笑、少愁、少樂、少喜、少怒、少好、少惡，故得靈光不亂，神氣不狂，方可奉道保生。嗟無知者，多思神殆，多念志散，多慾損氣，多事役形，多語弱氣，多笑損臟，多愁攝血，多樂溢意，多喜則交錯，多怒則百脈不定，多好則昏迷不理，多惡則憔悴無歡，故其源不潔，和氣自耗，不得延年，失於養心之故也。故古喩之如猿，狂而不定；比之如賊，盜其所有也。

養壽論

論說

施肩吾《西山群仙會眞記》卷二《養壽》　《三清貞錄》曰：父母之眞陰眞陽二氣，以精血爲胞胎，胎完氣足，而爲形矣。集靈資道，神氣相合，而爲壽定矣。大壽一萬二千歲，守朴任具，雖亡而道不亡也；中壽一千二百歲，留形住世，道在而身亦在也；下壽一百二十歲，知之修煉，可以安樂延年。不知修煉，走失耗散，在我者不爲我之所有，而又外觸禁忌，暗除年筭。一筭爲三百日壽，一歲爲本數之壽，一紀爲正紀之壽。無知少學，以小惡爲無傷，積惡以至於滅身；以小損爲無害，積損以至於滅生。始以滅一筭，次以除本數，終以除一紀，未及中年，夭之大半。仙子眞人，憫而哀之。雖有超脱之法，必先養壽之方。審而用之，可延至大壽。不憚修持千日，自有超凡之道。

《西山記》曰：雖知養生之理，不悟修行之法，則生亦不長；雖知修煉之方，不知養壽之道，則修亦無驗。故養壽者，凡以禁忌而防其禍。行不多言，恐神散而損氣；睡不張口，恐氣泄而損神。臨危登峻則魂飛，玩

殺看鬬則氣結。吊死問病，則喜神自散；卧濕當風，則眞氣日弱。古廟凶祠不可入，入之則神驚。狂禽異獸不可戲，戲而則神恐。對三光濡溺，折人年壽；賀四重深恩，滅人大數。飲宴於聖像之側，魂魄不安；坐卧於墓冢之間，精神自散。枯水大樹之下不可息，防九陰之氣，觸人陽神；深水大澤不可渡，恐至寒之性，逼人眞氣。出衆花卉不可折，防招妖狂入室；非時果實不可食，防帶邪氣入腹。妄言綺語，非患難不可頻説，説之滅人正壽；肥甘醇酒，非會合不可頻飲，飲之除人本祿。負賢忘恩，必有禍應；輕財毀物，自無福生。大山勿深入，入之必凶；美物勿酷愛，愛之勿吉。損人傷物，以冤報冤；嫉賢妬能，以怨起怨。虛傳妄授，慢友輕師。此類或有觸犯，雖得正訣，遇異人，大道未就，先爲此除其壽，以罪當功，竟不能速成也。善養壽者，以法修其內，以理驗其外。修內則祕精養氣，安魂清神，形神俱妙，與天地齊年，鍊神合道，超凡入聖也；驗外則救貧濟苦，慈物利人，孝於家，忠於國，順於上，憫於下，害不就利，忙不求閑。凡以方便爲心，勿以人我介意。方始奉道，多遇至人，自得眞法。及夫下功之後，少有患難，速得圓成。然是修養所致，亦是陰德報之。苟不達養壽之宜，安得內外齊成乎？

補養論

論説

施肩吾《西山群仙會真記》卷三《補内》 《九天祕籙》曰：三清之下有三太，三太之內有二儀，二儀既判而列五帝，五帝既立而同一區。此天地之內，上下有陰陽昇降，東西有日月往來，周而復始，運而不已，代謝循環，終無走失。惟人也，以精爲母，以氣爲主。五臟中各有精，精中生氣；五臟中各有氣，氣中生神。欲壽無窮，長生住世，煉精爲丹，養氣爲神。眞仙上聖修眞，補內不補外也。內眞外應，無施不可，有作必成，自凡而入聖也。

《西山記》曰：男子先生右腎，以外精而內血，陰爲裏也；女子先生左腎，以外血而內精，陽爲裏也。腎生脾，脾生肝，肝生肺，肺生心，心生小腸，小腸生大腸，大腸生膽，膽生膀胱，膀胱生三元，三元生三焦，三焦生八脈，八脈生十二經，十二經生十二絡，十二絡生一百八十係絡，一百八十係絡生一百八十纏絡，一百八十纏絡生三萬六千孫絡，三萬六千孫絡生三百六十五骨，三百六十五骨生八萬四千毛竅。胎完氣足，靈光入體，與母分離而爲人也。以內外言之，經絡之內而爲內，肌膚之外而爲外。養命養其五臟，五臟爲根，根固葉自茂矣。養形養其五氣，五氣爲源，源深流自長矣。眞氣大運隨天，元氣小運隨日。春肝旺脾弱，則養脾食甘物：五穀中粳米，五果中棗肉，五畜中牛肉，五菜中葵菜。清心無憂，憂則傷肝。隱坐避風，以肝惡風也。若日用之間，卯時以待小運，日生元氣，傳送在肝，閑居冥目以養肝，旬日見功，目可視秋毫。若修煉下功，不必如此。夏心旺肺弱，則養肺食辛物：五穀中黄黍，五果中桃子，五畜中鷄肉，五菜中葱菜。清心少喜，喜多傷心。靜坐避熱，以心惡熱。若日用之間，午時以待小運，日生元氣，傳送在心，絶念安居以養心，旬日見功，可氣通百脈。修煉下功，亦不必如此。秋肺旺肝弱，則養肝食酸物：五穀中豆，五果中李子，五畜中犬肉，五菜中藿菜。靜居避寒，寒則傷肺。不要多悲，悲則損肺。若日用之間，酉時以待小運，日生元氣，傳送在肺，昇身靜坐以養肺，旬日見功，肌膚光澤。若修煉下功，不必如此。冬腎旺心弱，則養心食苦物：五穀中小麥，五果中橘子，五畜中羊肉，五菜中薤菜。清心無恐，恐則傷心。若日用之間，子時以待小運，日生元氣，傳送在腎，歛身正坐以養腎，旬日見功，丹田自暖，氣力剛健。若修煉下功，不必如此。當四季脾旺，養腎食鹹物：五穀中粟米，五果中山藥，五畜中豬肉，五菜中薤菜。安心無畏，畏則傷脾。靜生避濕，濕則損脾也。若日用之間，戌辰丑未以待小運，日生元氣，風急震雷，透過膀胱，變爲精華。眞氣走失，而火上起，肺開心衝，肝浮膽横，萬神以眞火燒之，棄體外遊，骨解筋伸，與死無異。一泄一氣弱，百泄一神去。千泄一臟損。已至枯竭，四大無主，乃曰死矣。故眞仙上聖有還精之道。若志在玄元，腎氣交心氣，積氣生液，如懸珠垂露，顆顆還於丹田，火候無差，自然凝結，形若彈丸，色同朱橘，氣中生氣，煉氣成神，身外有身，

超凡入聖。若以未悟清虚，甘作兒孫之牛馬，淫邪之心未息，亦不可深究房中之術。俱以借其陰貌，賺心氣下入黄庭，而腎氣不能上昇，乃以龍盤虎遶。欲泄之前，棄其情愛，一則孤坐斂身，雙手抱臍，使氣結爲胎；一則昇身偃脊，斂身少時，使肘後飛入泥丸，以塡血腦，而百骨充盈，有返老還童之驗矣。嗟少學無知，欲採婦女之津氣以爲陰丹。又煉無情之金石，取天地之秀氣而爲外丹，餌之塡精補海。幸而藥盛，而時暫無損。若以元陽耗散，而丹臺空虚，餌之在腹，當有不救之疾；取之於人，當有速亡之患。返以神仙之法爲誑，靜言思之，誰其過歟？

又《補氣》　《玉華靈書》曰：九天之上無陰，九地之下無陽。地中生陽，一百八十日陽昇到天。其陽不過乎天者，陽自陰中來生，元氣傳送，餘氣在脾，靜室閉氣，多入少出，旬日見功，肢體光澤，經絡快暢。若修煉下功，不必如此。是五臟各有時，一臟旺而一臟弱，一氣盛而一氣衰，損有餘，補不足。五臟既和，百骸自理。百骸自理，萬病不生。萬病不生，千歲可期。

又《補精》　《太上玄鏡》曰：純陽上昇者，謂之氣；純陰下降者，謂之液。氣液相交，注於骨絡之間者，謂之髓。氣液相交出於膀胱之外者，謂之精。內則心、腎、肝、肺、脾，五臟也；大腸、小腸、膀胱、三焦、膽、胃，六腑也。外則毛膚皮髮眼耳鼻舌手足榮衛經絡穴，四體也。精者，心氣在肝，肝自生精；肝精不固，目眩無光。心氣在肺，肺自生精；肺精不實，肌肉清弱。心氣在腎，腎自生精；腎精不滿，神氣減少。心氣在脾，脾自生精；脾精不堅，髮齒自弱。五臟之中，腎爲精海，心爲氣館。眞精在腎，餘精自還下田；眞氣在心，餘氣自朝中元。思慮愁惱，其耗氣也，如漏鼎中之氣；淫邪禍亂，其走精也，如析釜下之薪。補下精之道，非但絕色，而房中最急，愼之！

《西山記》曰：天地，萬物之盜。萬物，人之盜。蓋陽昇陰降，物受天地純粹之氣；陰精陽華，人食萬物充實之資。一飲一食，納之於胃，與眞氣相合，傳流腎腑。虚氣充盈，對境生心，心火下逼，腎氣不能上昇，左旋右盤，如陽負陰胎，陽戀陽住，陰爲陽逼，復自天來，故天中陰降，一百八十日到地。其陰過乎地者，陰自陽中來。陰抱陽質，陰戀陰住，陽爲陰逼，復自地起。周而復還，并無走失，尚有震動傾側之愆，又況人。腎爲水也，水中生氣，如煙似綫，觸之則斷，撓之則散。眼耳鼻舌身意，六慾傷於外；喜怒哀樂好惡思，七情傷於中。上則重樓走失，下則金龜拋泄。如漏網包風，能無損乎？不知補氣之道，如火消膏，積日復入輪迴。

又曰：氣本無形，必賴有形之軀。形全氣在，自可修補。不擇老幼，所貴至誠，始終如一。天皇聖胎祕用神訣，補氣之上法。達摩胎息至理，補氣之中法。其後因胎住息，因息就胎，扁鵲靈樞，葛洪注胎息，補氣之下法。此外皆非法也。

又《補益》　《洞神眞經》曰：養生之道，以不損爲延命之術，以有補爲先。居安慮危，而防未萌。不以小惡爲無傷而不去，不以小善爲無益而不爲。起卧有四時早晚，行止有至和之常制。調和筋脈，有偃仰之方；養正除邪，有吐納之術；流行榮衛，有補瀉之法；節宣勞逸，有與奪之要。忍怒以全陰氣，抑喜以養陽氣。以清虚去其狂慮，以安閑養其眞性。雖少年致損，氣弱體枯；年老得悟，防患補益。以氣補氣，氣自有餘；以神補神，神無不足。氣盛而形乃延長，神住而命自悠久。

《西山記》曰：知至道者，天不殺，服元氣者，地不滅。夫至道不遠，只在己身。用心精微，命自延久。《六玄旨》曰，欲得長生，當修所生。所生之本，始乎精氣，精氣結而爲形。形爲受命之本，氣是有形之根。故午前煉乾，午後煉坤。氣自腎中生，自子時爲始，午時爲終，其氣昇而旺也。所以煉乾者，靜坐幽室，閉目冥心，昇身勿動，使氣滿四大，薰蒸其體，榮衛通和，積日氣秀神清。及夫腎氣到心，積氣生液，液自心中生，自午時爲始，子時爲終，其液降而盛也。所以煉坤者，閉目冥心，斂身正坐，以兩手抱腹，降心火於丹田，烹蒸氣海，積日氣旺神清，此補益於氣也。冬避寒，夏避暑。寒避風，暑避熱。動勿勞其肢體，閑勿怠其肌膚。五日一浴，十日一沐。氣旺時勿動，血旺時不息。此補益於氣也。永絕嗜慾，見境不動心者，上也。借假修眞，因死求生，形雖交而氣不交，體雖濁而形不濁，不得已而親婦人，勿使走失，時暫棄其情愛，抽身於後，賺心氣以補下元，可以安性命者，次也。三十歲陰陽兩停，而五穀秀氣，無所制作，未免情慾，當五日一度。四十歲者十日一度。五十歲者二十日一度。六十歲一月一度。六十四歲卦盡之年，更不言度也。若高上玄元，欲求長生不死者，可不議此也。此補益於精也。補益形者不若補益精，補益

精者不若補益氣，補益氣者不若補益神。補益於神，則形氣永安。古今達士，談益神之道，不爲少矣，往往不見功者，非特出至誠也，神爲主故耳。昔劉綱眞人於甲子庚申，生日本命，祭享形神，尚得神聚，長生不死。趙眞人於靜房空室，調神出殼，如壯士展臂，可千萬里，陰鬼不敢相干，亦得留形住世。況夫補已散之靈氣，益見在之魂神。禍福預知，神之靈也；死生永除，神之眞也。補神之道，有清身養命，絶念忘思，動靜不失時，修煉應其法，丹就而氣自眞，氣眞而神自益矣。

又《補損》《十洲雜記》曰：純陰無陽，鬼也；純陽無陰，仙也；陰陽相雜，人也。鬼則陰靈之氣，凝而爲形；仙則陽和之氣不散，煉而爲質；人以陽盡而爲鬼。鬼者，人之歸也。人以陰盡而爲仙。仙者，人之遷也。當其少年陽多陰少之時，不肯修煉，及夫老弱，氣散神衰之後，安得無損。高人上士，憂勤未補之前，戒愼補已損之後。未損者保養不至於損，已損者補益不至於虧。非大道高士，不可議此。

《西山記》曰：人受氣賦形，三百日胎完，與母分體。一千日乳抱。四千日盜物，取天地之計。五千日氣足。故女子十四歲，天癸降而眞陰散，男子十六歲，眞精滿而陽氣泄。男子之氣，八百一十丈，女子之血，三石六斗。九九八十一，純陽之數，氣之本數也；六六三十六，純陰之數，血之本數也。過此以往，走失耗散，氣以九九而損，血以六六而竭，自然虧損，又況敗壞而不知修養乎！如王侯之府，美女兼千；卿士之家，侍妾數百。晝以醇酒淋其骨髓，夜以房室輸其血氣。耳耽目恣，偃卧不休止，奔走不安居，而又滋味錦繡，大醉入房，不知御神保氣，居無節而精神有限，未及半百已憔悴枯朽也。故眞仙上聖，凡所修養有益，惟求無損。一日之忌，暮無大醉。一歲之忌，暮無遠行。終身之忌，暮無燃燭行房。此補損之大略也。五味，人不可無也，戒之偏多。酸損脾，甘損腎，鹹損心，苦損肺，辛損肝。大藥未就，尚有飢渴，一日三次要食，古人所以淡而食之，又不葷腥，恐污口腹也。五臟積滯，用六字氣治之。即《黃庭圖》之法也。張澄道以此留形住世，王悟眞以此治病延年，孫思邈以此修身治人。六字之妙，春不呼，夏不呬，冬不呵，秋不吁。四時常有唏，三焦無不足。八節不得吹，腎腑難得盛。凡有餘則引其子，不足則殺其鬼。此妙古今無知者，西山上聖得其味也。不須禁忌百端，但朝不虛，而暮不實，上也；素無味，淡無葷，次也。何慮四體之不充悦乎？及夫六字氣，有餘引子，不足殺鬼者，肝本吁也。餘則用吁，吁亦不能引肝氣。若引其子，則用呵字瀉心之氣。心氣既行，肝氣自傳也。若肝氣不足則殺其鬼，肺也。肺金尅木，爲妻，而金爲夫，夫乃鬼也。如肝氣弱，必是肺之有餘，必殺其鬼，用呬字瀉之。聰明之士，審達五行生尅，調和其氣，無過不及，而陰陽自正。依時對節，下手行功，默契天機，混合玄理，安有長生之不得，神仙之不成耶？

五臟論

論説

司馬承禎《修真精義雜論・五藏論》 夫生之成形也，必資之於五臟，形或有廢，而臟不可闕；神之爲性也，必稟於五臟，性或有異，而氣不可虧。是天有五星，進退成其經緯；地有五嶽，靜鎮安其方位；氣有五行，渾化弘其埏埴；人有五臟，生養處其精神。故乃心藏神，肺藏氣，肝藏血，脾藏肉，腎藏志。志意通內連骨髓，而成身形矣。

又：心者，生之本，神之處也；肺者，氣之本，魄之處也；肝者，罷極之本，魂之處也；脾者，倉廩之本，營之處也；腎者，封藏之本，精之處也。至於九竅施瀉，四肢動用，骨肉堅實，經脈宣行，莫不稟源於五臟，分流於百體，順寒暑以延和，保精氣以享壽。

且心爲諸臟之主，主明則運用宣通，有心之子，安可不悟其神之理邪？臟有要害，不可不察。肝生於左，肺生於右，心部於表，腎位於裏，脾爲之使，胃爲之市。心爲之汗，肺爲之涕，肝爲之淚，脾爲之涎，腎爲之唾，是謂五液。心爲噫，肺爲咳，肝爲語，脾爲笑，腎爲嚏。天氣通於肺，地氣通於肝，雷氣通於心，穀氣通於脾，雨氣通於腎。

五臟各有所合：心之合，脈也，其榮色也；肺之合，皮也，其榮毛也；肝之合，筋也，其榮爪也；脾之合，肉也，其榮唇也；腎之合，骨

也，其榮髮也。

五臟各有腑，臟爲陽，腑爲陰。五臟者，藏精神而不瀉也，故滿而不能實；六腑者，受水穀而不留，故實而能滿。夫小腸爲心之腑，大腸爲肺之腑，膽爲肝之腑，胃爲脾之腑，膀胱爲腎之腑。六腑者，各有其應；小腸者，脈其應也；大腸者，皮其應也；膽者，筋其應也；胃者，肉其應也；三焦、膀胱者，腠理、毫毛其應也。

十二臟之相使者：心者，君主之官也，神明出焉；肺者，相傅之官也，治節出焉；肝者，將軍之官也，謀慮出焉；膽者，中正之官也，決斷出焉；膻中者，臣使之官也，喜樂出焉；胸中，上焦之門戶也；脾胃者，倉廩之官也，五味出焉；大腸者，傳道之官也，變化出焉；小腸者，受盛之官也，化物出焉；腎者，作強之官也，伎巧出焉；三焦者，決瀆之官也，水道出焉；膀胱者，州郡之官也，津液藏焉，氣化則能出矣。凡此十二官，不得相失也。故主明則下安，以此養生則壽，沒世不殆；主不明則十二官危，使道閉塞而不通，形乃大傷，以此養生則殆也。

水火論

論說

《修真十書·鍾呂傳道集》卷一五　呂曰：人之長生者，煉就金丹。欲煉金丹，先採黃芽。欲得黃芽，須得龍虎。所謂眞龍出於離宮，眞虎生於坎位。離坎之中而有水火。水火者何也？鍾曰：凡身中以水言者，四海五湖，九江三島，華池瑤池，鳳池天池，玉池崑池，元潭閬苑，神水金波，瓊液玉泉，陽酥白雪，若此名號，不可備陳。凡身中以火言者，君火、臣火、民火而已。三火以元陽爲本，而生眞氣。眞氣聚而得安，眞氣弱而成病。若以耗散眞氣而走失元陽，元陽盡，純陰成，元神離體，乃曰死矣。

呂曰：人身之中，以一點元陽，而興舉三火。三火起於群水衆陰之中，易爲耗散而難炎熾。若此陽弱陰盛，火少水多，令人速於衰敗而不得長生，爲之奈何？鍾曰：心爲血海，腎爲氣海，腦爲髓海，脾胃乃水穀之海，是此四海者如此。五臟各有液，所主之位，東西南北中，是此五湖者如此。小腸二丈四尺，而上下九曲，乃曰九江。小腸之下，元潭之説如此。頂曰上島，心曰中島，腎曰下島。三島之內根源閬苑之説如此。華池在黃庭之下，瑤池出丹闕之前，崑池上接玉京，天池正衝內院，鳳池乃心肺之間，玉池在脣齒之內。神水生於氣中，金波降於天上。赤龍住處，自有瓊液玉泉。凡胎換後，方見陽白雪酥。澆灌有時，以沃炎盛。先曰玉液，次曰金液，皆可以還丹。抽添有度，以應沐浴。先曰中田，次曰下田，皆可以煉形。玉蘂金花，變就黃白之體；醍醐甘露，煉成奇異之香。若此水之功效。及夫民火上昇，助腎氣以生眞水；腎火上昇，交心液而生眞氣。小則降魔除病，大則煉質燒丹。用周天則火起焚身，勒陽關則還元煉藥。別九州之勢以養陽神，燒三尸之累以除陰鬼。上行則一撞三關，下運則消磨七魄。煉形成氣而輕舉如飛，煉氣成神而脫胎如蛻。若此皆火之功效也。

呂曰：始也聞命，所患者火少水多而易衰敗，次聽高論，水火有如此之功驗。畢竟如何造化，使少者可以勝多，弱者可以致強？鍾曰：二八陰銷，九三陽長。赫赤金丹，指日可成。七返九還，而胎仙自化者也。眞氣在心，心是液之源。元陽在腎，腎是氣之海。膀胱爲民火，不止於民火不能爲用。而膀胱又爲津液之府。若以不達天機，罔測玄理，奉道之士，難爲造化，不免於疾病死亡者矣。

呂曰：所謂造化，使陽長陰消。金丹可成而胎仙自化者何也？鍾曰：人之心腎，相去八寸四分，乃天地定位之比也。氣液太極相生，乃陰陽交合之比也。一日十二時，乃一年十二月之比也。心生液，非自生也，因肺液降於心液行。液行夫婦，自上而下，以還下田，乃曰婦還夫宮。腎生氣，非自生也，因膀胱氣昇而腎氣行。氣行子母，自下而上，以朝中元，乃曰夫返婦室。肝氣導引腎氣，自下而上，以至於心。心火也，二氣相交，薰蒸於肺，肺液下降，自心而來。皆曰心生液，以液生於心而不耗散，故曰眞水也。肺液傳送心液，自上而下，以至於腎。腎水也，二水相交，浸潤於膀胱。膀胱氣上昇，自腎而起，皆曰腎生氣。以氣生於腎而不消磨，故

曰眞火也。眞火出於水中，恍恍惚惚，其中有物，視之不可見，取之不可得也；眞水出於火中，杳杳冥冥，其中有精，見之不能留，留之不能住也。

呂曰：腎水也，水中生氣，名曰眞火。火中何者爲物？心火也，火中生液，名曰眞水。水中何者爲精？火中之物，水中之精，既無形狀可求，縱求之而又難得，縱得之而又何用？鍾曰：前古上聖道成，不離於此二物交媾而變黃芽，數足胎完以成大藥，乃眞龍眞虎者也。

晨興

論説

曹庭棟《老老恒言》卷一　老年人往往天未明而枕上已醒，凡臟腑有不安處，骨節有酸痛處，必於此生氣時覺之。先以卧功次第行數遍，反側至再，俟日色到窗，方可徐徐而起。乍起慎勿即出戶外，即開窗牖。

春宜夜卧早起，逆之則傷肝；夏同於春，逆之則傷心；秋宜早卧早起，逆之則傷肺；冬宜早卧晏起，逆之則傷腎。說見《內經》。養生家每引以爲據。愚謂倦欲卧而勿卧，醒欲起而勿起，勉強轉多不適。況乎日出而作，日入而息，晝動夜靜，乃陰陽一定之理，似不得以四時分別。

冬月將起時，擁被披衣坐少頃。先進熱飲，如乳酪、蓮子、圓棗湯之屬，以益脾；或飲醇酒，以鼓舞胃氣。樂天詩所謂空腹三杯卯後酒也。然亦當自審其宜。《易·頤》卦彖曰：觀頤，觀其所養也；自求口實，觀其自養也。

晨起漱口，其常也。《洞微經》曰：清早口含元氣，不得漱而吐之。常以津漱口，即細細咽津。愚謂卧時終宵呼吸，濁氣上騰，滿口粘膩，此明證也。故去濁生清，惟漱爲宜。《仲賢餘話》曰：早漱口不若將卧而漱，然兼行之亦無不可。

漱用溫水，但去齒垢。齒之患在火，有擦齒諸方，試之久俱無效。惟冷水漱口習慣，則寒冬亦不冰齒，可以永除齒患。即當欲落時，亦免作痛。鬃刷不可用，傷輔肉也，是爲齒之祟。《抱朴子》曰：牢齒之法，晨起叩齒三百下爲良。

日已出而霜露未晞，曉氣清寒，最易觸人。至於霧蒸如煙，尤不可犯。《元命包》曰：陰陽亂則爲霧。《爾雅》曰：地氣發，天不應，曰霧。《月令》曰：仲冬行夏令，則氛霧冥冥。其非天地之正氣可知。更有入鼻微臭，即同山嵐之瘴，毒彌甚焉。《皇極經世》曰：水霧黑，火霧赤，土霧黃，石霧白。

每日空腹食淡粥一甌，能推陳致新，生津快胃，所益非細。如雜以甘鹹之物，即等尋常飲食。揚子雲《解嘲文》云：大味必淡。《本草》載有《粥記》，極言空腹食粥之妙。陸放翁詩云：世人個個學長年，不悟長年在目前，我得宛邱平易法，只將食粥致神仙。

清晨略進飲食後，如値日晴風定，就南窗下，背日光而坐，《列子》所謂負日之暄也。脊梁得有微暖，能使遍體和暢。日爲太陽之精，其光壯人陽氣，極爲補益。過午陰氣漸長，日光減暖，久坐非宜。

長夏晨興，勿輒進食以實胃。夏火盛陽，銷鑠肺陰，先進米飲以潤肺，稼穡作甘，土能生金也。至于曉氣清涼，爽人心目，惟早起乃得領略。寒山子曰：早起不在鷄鳴前。蓋寅時初刻，爲肺生氣之始，正宜酣睡；至卯氣入大腸，方可起身，稍進湯飲；至辰氣入胃，乃得進食。此四時皆同。

燕居

論説

曹庭棟《老老恒言》卷二　養靜爲攝生首務，五官之司，俱屬陽火，精髓血脈，則陰精也，陰足乃克濟陽。《內經》曰：陰精所奉其人壽，陽精所降其人夭。降者降伏之降，陰不足而受陽制，立見枯竭矣。養靜所以養陰，正爲動時揮運之用。

《顯道經》曰：骨涌面白，血涌面赤，髓涌面黃，肌涌面黑，精涌面光，氣涌面澤。光澤必根乎精氣，所謂晬然見於面也。按精氣二字俱從米，是精氣又必資乎米，調停粥飯，饑飽適時，生精益氣之功孰大焉。《記・王制》云：九十飲食不離寢。寢謂寢處之所，乃起居卧室之意。如年未九十，精力衰頹者，起居卧室，似亦無不可。少視聽，寡言笑，俱足寧心養神，即却病良方也。廣成子曰：無視無聽，抱神以靜，形將自正。

心者神之舍，目者神之牖，目之所至，心亦至焉。《陰符經》曰：機在於目。《道德經》曰：不見可欲，使心不亂。平居無事時，一室默坐，常以目視鼻，以鼻對臍，調勻呼吸，毋間斷，毋矜持，降心火入於氣海，自覺遍體和暢。

《定觀經》曰：勿以涉事無厭，故求多事；勿以處喧無惡，強來就喧。蓋無厭無惡，事不累心也。若多事就喧，心即爲事累矣。《沖虛經》曰：務外游不如務內觀。

心不可無所用，非必如槁木，如死灰，方爲養生之道。靜時固戒動，動而不妄動，亦靜也。道家所謂不怕念起，惟怕覺遲。至於用時戒雜，雜則分，分則勞。惟專則雖用不勞，志定神凝故也。

人藉氣以充其身，故平日在乎善養。所忌最是怒，怒心一發，則氣逆而不順，窒而不舒。傷我氣，即足以傷我身。老年人雖事值可怒，當思事與身孰重，一轉念間，可以渙然冰釋。

寒暖饑飽，起居之常。惟常也，往往易於疏縱，自當隨時審量。衣可加即加，勿以薄寒而少耐；食可置即置，勿以悅口而少貪。《濟生編》曰：衣不嫌過，食不嫌不及。此雖救偏之言，實爲得中之論。

春冰未泮，下體寧過於暖，上體無妨略減，所以養陽之生氣。綿衣不可頓加，少暖又須暫脫。北方語曰：若要安樂，不脫不着。南方語曰：若要安樂，頻脫頻着。

夏月冰盤，以陰乘陽也；冬月圍爐，以陽乘陰也。陰陽俱不可違時。《內經》曰：智者之養生也，必順四時而調寒暑。然冬寒猶可近火，火在表也；夏熱必戒納涼，涼入里也。

《濟世仁術編》曰：手心通心竅，大熱時以扇急扇手心，能使遍體俱涼。愚謂不若諺語云：心定自然涼。心定二字可玩味。

省心

論說

曹庭棟《老老恒言》卷二　六淫之邪，其來自外，務調攝所以却之也。至若七情內動，非調攝能却。其中喜怒二端，猶可解釋，倘事值其變，憂思悲恐驚五者，情更發於難遏。要使心定，則情乃定。定其心之道何如？曰安命。

凡人心有所欲，往往形諸夢寐，此妄想惑亂之確證。老年人多般涉獵過來，其爲可娛可樂之事，滋味不過如斯，追憶間亦同夢境矣。故妄想不可有，并不必有，心逸則日休也。

世情世態，閱歷久看應爛熟，心衰面改，老更奚求？諺曰：求人不如求己。呼牛呼馬，亦可由人，毋少介意，少介意便生忿，忿便傷肝，於人何損，徒損乎己耳。

少年熱鬧之場，非其類則弗親，苟不見幾知退，取憎而已。至與二三老友，相對閑談，偶聞世事，不必論是非，不必較長短，慎爾出話，亦所以定心氣。

《語》云：及其老也，戒之在得。財利一關，似難打破，亦念去日已長，來日已短，雖堆金積玉，將安用之？然使恣意耗費，反致奉身匱乏，有待經營，此又最苦事。故節儉二字，始終不可忘。

衣食二端，乃養生切要事。然必購珍異之物，方謂於體有益，豈非轉多煩擾？食但慊其心所欲，心欲淡泊，雖肥濃亦不悅口。衣但安其體所習，鮮衣華服，與體不相習，舉動便覺乖宜。所以食取稱意，衣取適體，即是養生之妙藥。

凡事擇人代勞，事後核其成可也。或有必親辦者，則毅然辦之。亦有可姑置者，則決然置之。辦之所以安心，置之亦所以安心，不辦又不置，

終日往來縈懷，其勞彌甚。

老年肝血漸衰，未免性生急躁，旁人不及應，每至急躁益甚，究無濟於事也。當以一耐字處之，百凡自然就理。血氣既不妄動，神色亦覺和平，可養身兼養性。

年高則齒落目昏，耳重聽，步蹇澀，亦理所必致。乃或因是怨嗟，徒生煩惱，須知人生特不易到此地位耳。到此地位，方且自幸不暇，何怨嗟之有？

壽爲五福之首，既得稱老，亦可云壽。更復食飽衣暖，優游杖履，其獲福亦厚矣。人世間境遇何常，進一步想，終無盡時，退一步想，自有餘樂。《道德經》曰：知足不辱，知止不殆，可以長久。

身後之定論，與生前之物議，已所不及聞、不及知，同也。然一息尚存，必無願人毁己者，身後亦猶是耳。故君子疾沒世而名不稱，非務名也。常把一名字着想，則舉動自能檢飭，不至毁來。否即年至期頤，得遂考終，亦與草木同腐。《道德經》曰：死而不亡者壽。謂壽不徒在乎年也。

見客

論説

曹庭棟《老老恒言》卷二　《記·王制》曰：七十不與賓客之事。蓋以送迎僕僕，非老年所能勝。若夫來而不往，《記》以爲非禮，豈所論於老年？予嘗有掃徑詩云：積閑成懶痼難砭，掃徑欣看客迹添，若要往來拘禮法，爾音金玉亦無嫌。

見客必相揖，禮本不可廢，但恐腰易作酸，此禮竟宜捐棄。腰爲腎之府，腎屬水，水動則生波。又按《蠡海集》云：肺居上，肝居下。一鞠躬則肺俯肝仰矣。故嵇康言：禮豈爲我輩設。愚謂揖豈爲老年設！

客至進茶，通行之禮，茶必主客各一，謂主以陪客也。老年交好來往，定皆習熟，止以佳茗進於客可耳。若必相陪，未免強飲，或謂設而不飲亦可，又安用此虚文？

老年人着衣戴帽，適體而已，非爲客也。熱即脱，冷即着，見客不過便服。如必肅衣冠而後相接，不特脱着爲煩，寒溫亦覺頓易，豈所以適體乎？《南華經》曰：是適人之適，而不自適其適者也。倘有尊客過訪，命閽人婉辭也可。

凡客雖盛暑，其來也必具衣冠，鵠立堂中，俟主人衣冠而出。客已熱不能勝，當與知交約，主不衣冠，則客至即可脱冠解衣。本爲便於主，却亦便於客。

喜談舊事，愛聽新聞，老人之常態，但不可太煩，亦不可太久，少有倦意而止。客即在座，勿用周旋。如張潮詩所云：我醉欲眠卿且去。可也。大呼大笑，耗人元氣，對客時亦須檢束。

往赴筵宴，周旋揖讓，無此精力，亦少此意興，即家有客至，陪坐陪飲，強以所不欲，便覺煩苦。至值花晨月夕，良友歡聚，偶爾開樽設饌，隨興所之可也，毋太枯寂。

慶吊之禮，非老年之事，自應概爲屏絶。按禮重居喪，《曲禮》猶曰：七十惟衰麻在身，飲酒食肉處於內。又《王制》曰：八十齊喪之事弗及也。況其他乎？

防疾

論説

曹庭棟《老老恒言》卷二　心之神發於目，腎之精發於耳。《道德經》曰：五色令人目盲，五音令人耳聾。謂淆亂其耳目，即耗敝其精神。試於觀劇時驗之，靜默安坐，暢領聲色之樂，非不甚適。至歌闌舞罷，未有不身疲力倦者，可恍悟此理。

久視傷血，久卧傷氣，久坐傷肉，久立傷骨，久行傷筋。此《内經》五勞所傷之説也。老年惟久坐、久卧不能免，須以導引諸法，隨其坐卧行

之。使血脈流通，庶無此患。

男女之欲，乃陰陽自然之道。《易・大傳》曰天地絪緼，男女構精是也。然傳引損卦爻辭以爲言，損乃損剛益柔之象，故自然之中，非無損焉。老年斷欲，亦盛衰自然之道。損之爻辭曰窒欲是也。若猶未也，自然反成勉強，則損之又損，必至損年。

五臟俞穴，皆會於背。夏熱時，有命童僕扇風者，風必及之，則風且入臟，貽患非細，有汗時尤甚。縱不免揮扇，手自揮動，僅及於面，猶之禦風而行，俱爲可受。靜坐則微有風來，便覺難勝，動陽而靜陰，面陽而背陰也。

時疫流行，乃天地不正之氣，其感人也，大抵由口鼻入。吳又可論曰呼吸之間，外邪因而乘之，入於膜原是也。彼此傳染，皆氣感召。原其始，莫不因風而來。《内經》所謂風者，善行而數變。居常出入，少覺有風，即以衣袖掩口鼻，亦堪避疫。

窗隙門隙之風，其來甚微，然逼於隙而出，另有一種冷氣，分外尖利，譬之暗箭焉。中人於不及備，則所傷更甚，慎毋以風微而少耐之。

酷熱之候，俄然大雨時行，院中熱氣逼入於室，鼻觀中并覺有腥氣者，此暑之鬱毒，最易傷人。《内經》曰：夏傷於暑，秋爲痎瘧。須速閉窗牖，毋使得入。雨歇又即洞開，以散室中之熱。再如冷水潑地，亦有暑氣上騰，勿近之。

飽食後不得急行，急行則氣逆，不但食物難化，且致壅塞。《内經》所謂濁氣在上，則生䐜脹。饑不得大呼大叫，腹空則氣既怯，而復竭之，必傷肺胃。五臟皆稟氣於胃，諸氣皆屬於肺也。

凡風從所居之方來，爲正風，如春東風、秋西風，其中人也淺；從沖後來爲虚風，如夏北風、冬南風。溫涼因之頓異，傷人最深。當加意調養，以補救天時。涼即添衣，溫毋遽脱，退避密室，勿犯其侵。

三冬天地閉，血氣伏，如作勞出汗，陽氣滲泄，無以爲來春發生之本，此乃致病之原也。春秋時大汗，勿遽脱衣，汗止又須即易，濕氣侵膚，亦足爲累。

石上日色曬熱，不可坐，恐發臀瘡。坐冷石，恐患疝氣。汗衣勿日曝，恐身長汗斑。酒後忌飲茶，恐脾成酒積。耳凍勿火烘，烘即生瘡。目昏毋洗浴，浴必添障。凡此日用小節，未易悉數，俱宜留意。

慎藥

論說

曹庭棟《老老恒言》卷二　老年偶患微疾，加意調停飲食，就食物中之當病者食之。食亦宜少，使腹常空虛，則絡脈易於轉運，元氣漸復，微邪自退，乃第一要訣。

藥不當病，服之每未見害，所以言醫易，而醫者日益多。殊不知既不當病，便隱然受其累，病家不覺，醫者亦不自省。愚謂微病自可勿藥有喜，重病則寒涼攻補，又不敢輕試。諺云：不服藥爲中醫。於老年尤當。

病有必欲服藥者，和平之品甚多，盡可施治。俗見以爲氣血衰弱，攻與補皆必用人參。愚謂人參不過藥中一味耳，非得之則生，弗得則死者。且未必全利而無害，故可已即已。苟審病確切，必不可已，寧謂人參必戒用哉？

凡病必先自己體察，因其所現之證，原其致病之由，自頂至踵，寒熱痛癢何如，自朝至暮，起居食息何如，則病情已得，施治亦易。至切脈又後一層事。所以醫者在乎問之詳，更在病者告之周也。

方藥之書，多可充棟，大抵各有所偏，無不自以爲是。竊考方書最古者，莫如《内經》，其中所載方藥，本屬無多，如不寐用半夏秫米湯，鼓脹用鷄矢醴，試之竟無效，他書可知。總之，同一藥而地之所産各殊，同一病而人之稟氣又異，更有同一人、同一病、同一藥，而前後施治，有效有不效，乃欲於揣摩仿佛中求其必當，良非易事，方藥之所以難於輕信也。

《本草》所載藥品，每日服之延年，服之長生，不過極言其效而已，以身一試可乎？雖扶衰補弱，固藥之能事，故有謂治已病不若治未病。愚謂以方藥治未病，不若以起居飲食調攝於未病。

凡感風感寒暑，當時非必遽病，《內經》所謂邪之中人也，不知於其身。然身之受風受寒暑，未有不自知，病雖未現，即衣暖飲熱，令有微汗，邪亦可從汗解。《道德經》曰：夫惟病病，是以不病。

病中食粥，宜淡食，清火利水，能使五臟安和，確有明驗，患泄瀉者尤驗。《內經》曰：胃陽弱而百病生，脾陰足而萬邪息。脾胃乃後天之本，老年更以調脾胃爲切要。

人乳汁方家謂之白朱砂，又曰仙人酒。服食法以瓷碗浸滚水內，候熱，擠乳入碗，一吸盡之，勿少冷。又法以銀鍋入乳，烘乾成粉，和以人參末，丸如棗核大，腹空時噙化兩三丸。老人調養之品，無以過此。此則全利而無害，然非大有力者不能辦。

程子曰：我嘗夏葛而冬裘，饑食而渴飲，節嗜欲，定心氣，如斯而已矣。蓋謂養生却病，不待他求。然定心氣實是最難事，亦是至要事。東坡詩云：安心是藥更無方。

術家有延年丹藥之方，最易惑人，服之不但無驗，必得暴疾。其藥大抵煆煉金石，故峻厲彌甚。《列子》曰：稟生受形，既而制之者矣，藥石其如汝乎？或有以長生之説問程子，程子曰：譬如一爐火，置之風中則易過，置之密室則難過。故知人但可以久生，而不能長生。老年人惟當謹守爐餘，勿置之風中可耳。

靜坐

論說

李青雲《長生不老秘訣》卷二　靜坐爲長生初基之第一要法，蓋所以固精、凝神、斂氣也。其理前已屢屢之矣，今但言其法。法於靜僻之地，築一幽室，布置宜極清幽簡潔之至，中間用物，不宜繁復，但設一雲牀，香案几椅之外，無用他物，蓋事物簡而其心易澄也。雲牀之蒲團，或用尋常坐墊，宜厚宜軟，初習時恐因下面硬而足受痛，擾其神也。若習久之，則平地亦可行。靜坐時，衣服宜寬舒，使胸腹能擴張。趺坐時，以左足置右脞上，更於左脛上，以右足置左脞下。若初行時不能全趺坐，則可行半趺坐。所謂半趺坐者，僅以左足置右脞上，而右足置左足下。若疲倦時，可以左右易行之。靜坐之時，頭宜正，目宜半瞑，胸宜開，腰脊宜直，兩手宜互疊，即互握亦可，置腹前。每日行趺坐之時，宜在子後午前。初坐時時間不宜過長，時間過長，肢體未堅而疲倦，反足致傷。先以綫香一枝，燃着之插於爐，最初以半炷香爲度，其後逐漸增長，則功行漸進，至一時辰而後，則不患其再以疲勞致傷矣。靜坐一忌喧擾，二忌冥想，三忌濕地，四忌悶熱，五忌無恆。此爲五病，犯之者心亂神馳，不可爲訓矣。

沐浴

論說

張君房《雲笈七籤》卷四一《雜法部·沐浴》　《太上素靈經》云：太上曰：兆之爲道，存思《大洞眞經》，每先自清齋，沐浴蘭湯。

《太上靈寶無量度人上品妙經》云：道言，行道之日，皆當香湯沐浴。

《黃籙簡文經》云：奉經威儀，登齋誦經，當沐浴以精進。若神氣不清，則魂爽奔落。

《紫虛元君內傳》云：夫建志內學，養神求仙者，常當數沐浴以致靈氣，玉女降祥，不沐浴者，故氣前來，三宮穢污。

《仙公請問經》云：經污不以香水洗沐，則魂魄奔落，爲他鬼所拘錄。

《三元品戒》曰：常以正月十五日、七月十五日、十月十五日，平旦、中夜沐浴，東向以杓迴香湯，左轉三十二遍，閉目思日光在左目上，月光在右目上，五星纏絡頭上，五雲蓋體，四靈侍衛。訖，便叩齒三十二通，祝曰：天澄氣清，五色高明。日月吐暉，灌我身形。神津內澳，香湯鍊形，光景洞曜，煥映上清。氣不受塵，五腑納靈。罪滅三塗，禍消九冥，惡根斷絕，福慶自生。今日大願，一切告盟。身受開度，昇入帝庭。畢，

仰嚥液三十二通止，便洗沐。畢，冠帶衣服，又叩齒十二通，祝曰：五濁以清，八景以明，今日受煉，罪滅福生。長與五帝，齊參上靈。祝畢，便出戶入室，依法行道。夫每經一殗，皆須沐浴，修眞致靈，特宜清淨，不則多病。侍經眞官，計人罪過。沐浴香湯，用竹葉、桃枝、柏葉、蘭香等分納水中，煮十數沸，布囊濾之去滓，加五香，用之最精。

《太丹隱書洞眞玄經》云：五香沐浴者，青木香也。青木華葉五節，五五相結，故辟惡氣，檢魂魄，制鬼煙，致靈蹟。以其有五五之節，所以爲益於人耶。此香多生滄浪之東，故東方之神人，名之爲青木之香焉。又云：燒青木、薰陸、安息膠於寢室頭首之際者，以開通五濁之臭，絕止魔邪之氣，直上衝天四十里。此香之煙也，破濁臭之氣，開邪穢之霧。故天人玉女、太一帝皇，隨香氣而來，下憩子之面目間焉。燒香夜，特亦常存而爲之。

《黃氣陽精三道順行經》云：上學之士，服日月皇華金精飛根黃氣之道，當以立春之日清朝，煮白芷、桃皮、青木香三種，東向沐浴。

《西王母寶神起居玉經》云：數澡浴，要至甲子當沐浴，不爾，當以幾音羈月日旦，使人通靈浴。不患數，患人不能耳。蕩練尸臭，而眞氣來入。

又云：太上九變十化。

《易新經》曰：若履殗穢及諸不淨處，當洗澡浴，盥解形以除之。其法用竹葉十兩、桃皮削取白四兩，以清水一斛二斗於釜中煮之，令一沸出，適寒溫，以浴形，即萬殗消除也。既以除殗，又辟濕痹、瘡癢之疾。且竹虛素而內白，桃即却邪而摺穢，故用此二物以消形中之滓濁也。天人下遊既返，未嘗不用此水以自蕩也。至於世間符水，祝漱外舍之，近術皆莫比於此方也。若浴者蓋佳。但不用此水以沐耳。

《三皇經》云：凡齋戒沐浴，皆當盥汰五香湯。五香湯法，用蘭香一斤，荆花一斤，零陵香一斤，青木香一斤，白檀一斤。凡五物切之，以水二斛五斗煮取一斛二斗，以自洗浴也。此湯辟惡，除不祥氣，降神靈，用之以沐，並治頭風。

《太上七晨素經》云：每以月一日、十五日、二十三日，一月三取三川之水一斛一經云，三川水取三江口水。一經云，取三井水亦佳，鷄舌、青木香、零陵香、薰陸香、沉香五種各一兩，擣內水中煮之，水沸便出，盛器之中，安著牀上，書通明符著中以浴，未解衣，先東向叩齒二十四通，思頭上有七星華蓋，紫雲覆滿一室，神童散香在左，玉女執巾在右。畢，取水含仰漱左右三通，祝曰：三光朗照，五神澄清。天無浮翳，地無飛塵。沐浴東井，受胎返形。三練九戒，內外齊精。玉女執巾，玉童散靈。體香骨芳，上造玉庭。長保元吉，天地俱並。畢，脫衣東向，先漱口三過，次洗手面，然後而浴也。浴畢，轉西向陰祝曰：浣濁除塵，洗穢返新。改易故胎，永受太眞。事訖，取符沉著井中。

天帝君沐浴上法，受之元始天王。按法修行，體香骨芳，得爲帝皇。傳付天帝君修行，得流精紫光，覆冠帝身。天帝君傳南極上元君。上元君修行，得流芳上徹，香聞三清。傳付太微天帝君修行，五方自生神芝，來會帝房。傳付上聖金闕君，金闕君修行，面生玉澤，體發奇光。傳付上相青童君，青童君修行，香充三清，光映十方。此之妙道，非世所行，祕在南極紫房之內。有分應仙，當得此經，按文修行三元紫房，體生玉澤，面發奇光，神聰奇朗，究徹無窮，能行其道，白日登晨。

《外國放品經》云：沐浴金門，冠帶神輝，學同天人，壽極二儀。高上合歡，萬仙總歸，正虛結符，永無傾危。

又《沐浴七事獲七福》

《沐浴身心經》云：沐浴內淨者，虛心無垢；外淨者，身垢盡除。存念眞一，離諸色染，證入無爲，進品聖階，諸天紀善，調湯之人功德無量。天眞皇人復白。

天尊未審五種香湯，獲七福因，何者爲是？何所修行？有何勝業？願更開曉。天尊答曰：五香者，一者白芷，能去三尸；二者桃皮，能辟邪氣；三者柏葉，能降眞仙；四者零陵，能集靈聖；五者青木香，能消穢召眞。此之五香，有斯五德。七福因者，一者上善水，二者火薪，三者香藥，四者浴衣，五者澡豆，六者淨巾，七者蜜湯。此七福因，能成七果：一者常生中國，爲男子身；二者身相具足；三者身體光明，眼瞳徹視；四者鬚髮紺青，圓光映項；五者唇朱口香，四十二齒；六者兩手過膝；七者心聰意慧，通了三洞經法。

周守中《養生類纂》卷上《沐浴》

沐浴未乾而熟睡，成疾。《華佗中藏經》

浴冷水，則生腎痹之疾。同上

新沐髮訖，勿當風，勿濕縈髻，勿濕頭卧，使人頭風眩悶，髮禿面黑，齒痛耳聾，頭生白屑。《千金要方》

夜沐髮不食即卧，令人心虚，饒汗多夢。同上

熱泔洗頭，冷水濯之，作頭風。同上

飲水沐頭，作頭風。同上

多浴，不必汗出霡霂。同上

時行病，新汗方解，勿冷水洗浴，損心。同上

凡居家不欲數沐浴，若沐浴必然密室，不能大熱，亦不得大寒，皆生百疾。同上

沐浴後不得觸風寒。同上

飢忌浴，飽忌沐，沐訖須進少許食飲，乃出。同上

常以晦日浴，朔日沐，吉。同上

沐浴忌三伏、二社、四殺日，宜擇申、酉、亥、子日，大吉也。《瑣碎錄》

人能一生斷沐，永無眼疾。同上

洗頭不可冷水，成頭風疾。同上

浴出不可和衫裙寢熟，恐成外腎疼，腰背拳曲。同上

有目疾，切忌酒後澡浴，令人目盲。同上

飽食沐髮作頭風。《巢氏病源》

汗出不可露卧及浴，使人身振寒熱，風疹。同上

沐與浴同日，凶。《千金翼方》。又云：夫妻同日沐浴，凶。

舊說眼疾不可浴，浴則病，甚至有失明者。白彥良云：未壯之前，歲歲患赤眼，一道人勸：但能斷沐頭則不復病此。彥良不沐，今七十餘，更無眼疾。方勺《泊宅編》

向午後陰氣起，不可沐髮，令人心虚，饒汗多夢，及頭風也。《雲笈七籤》

汗出不宜洗身，令人五臟乾，少津液。同上

沐浴無常，不吉。同上

新沐浴訖，不得露頭當風，不幸得大風刺風疾。同上

【略】

沐浴用五種香湯：一者白芷，能去三尸；二者桃皮，能辟邪氣；三者柏葉，能降眞仙；四者零陵，能集靈聖；五者青木香，能消穢召眞。《沐浴身心經》

上元齋者，用雪水三斛，青木香四兩，眞檀七兩，玄參二兩，四種合煮一沸，清澄適寒溫，先沐後浴。此難辦者，用桃皮、竹葉剉之，水一二斛，隨多少煮一沸，令有香氣，辟惡除不祥，沐浴室令香淨，勿近圈圂，勿逼井竈，勿傍堂壇，勿用穢地。出《洞神經》

甑氣水沐髮，令髮長密黑潤。《本草》

沐用旬，浴用五。夫五則五氣流傳，浴之榮衛通暢；旬則數滿復還，眞氣在腦，沐之則耳目聰明。若頻頻浴者，血凝而氣散，雖肌體光澤，而氣自損，故有癰疽之疾者，氣不勝血，神不勝形也。若頻頻沐者，氣壅於腦，滯於中，令人體重形疲，久而經絡不能通暢。故古人以陽養陽，陽不耗散；以陰煉陽，陽必損弱。《西山記》

數澡洗，每至甲子當沐，不爾，當以幾月旦，使人通靈。浴不患數，患人不能耳。蕩煉尸臭而眞氣來入。《正一平經》

沐浴不數，魄之性也。違魄反眞，是煉其濁穢，魄自亡矣。《眞誥》

李鵬飛《三元延壽參贊書》卷二《沐浴洗面》 書云：頻沐者，氣壅於腦，滯於中，令形瘦體重，久而經絡不通暢。

書云：飽食沐髮，冷水洗頭，飲水沐頭，熱泔洗頭，冷水濯足，皆令人頭風。

書云：新沐髮，勿令當風，勿濕縈髻，勿濕頭卧，令人頭風，眩眼及生白屑，髮禿而黑齒痛，耳聾。

書云：女人月事來，不可洗頭，或因感疾，終不可治。

書云：沐浴漬水而卧，積氣在小腹與陰，成腎痹。

書云：炊湯經宿，洗體成癬，洗面無光，作甑哇瘡。

書云：頻浴者，血凝而氣散，體雖澤而氣自損。故有癰疽之疾者，氣不勝血，神不勝形也。

書云：時病新愈，冷水洗浴，損心胞。

書云：因汗入水，即成骨痹。昔有名醫，將入蜀，見負薪者，猛汗河浴。醫曰：此人必死。隨而救之，其人入店中，取大蒜細切，熱面洗之，食之，汗出如雨。醫曰：貧下人且知藥，況於富貴乎！遂不入蜀。

書云：盛暑衝熱，冷水洗手，尚令五臟乾枯，況沐浴乎。

書云：遠行觸熱逢河，勿洗面，生烏皯。

《閑覽》云：目疾切忌浴，令人目盲。白彥良壯歲常患赤目，道人曰：但能不沐頭，則不病此。彥良記之，七十餘更無眼病。

解穢

論説

范脩然《至言總》卷一　夫神氣淸虛，眞靈所守。身心混濁，邪氣害人。入靜思眞，要須淸潔。不履衆惡，吉祥止焉。道士女冠，受法已後，特忌殗穢。諸不宜者，不在履限。

《玄都律》曰：民家殗污，不過晦朔不得入，治哭亦三日穢。三年之喪未滿，百日并不得書符奏章，朝眞入靜。違，奪算一紀。

太極法師曰：道士女冠，先無淹穢，哭亦不殗，唯須佩籙着身。被懸繫臂出後，香湯沐浴解淹穢。三日已後，始得入靜。

《三元品戒》曰：常以正月十五、七月十五、十月十五，平旦、中夜沐浴，東向以杓迴香湯，左傳三十二過，閉目思日光在左目上，月光在右目上，五星纓絡，五雲蓋體，四靈侍衛。訖，便叩齒三十二通，祝曰：天澄氣淸，五色高明。日月吐暉，灌我身形。神津內澳，香湯鍊精，光景洞曜，焕照上淸。氣不受塵，五腑納靈。罪滅三徒，禍消九冥，惡根斷絕，福慶自生。今日大願，一切告盟。身受開度，昇入帝庭。

畢，仰嚥三十二通止。便洗沐畢，冠帶衣服，又叩齒十二通。祝曰：五濁以淸，八景以明，今日受鍊，罪滅福生。長與五帝，齊眞上靈。便出戶入室，依法行道。夫每經一殗，皆須沐浴。修眞致靈，特宜淸淨，不則多病。侍經眞官，計人罪過。

沐浴香湯，用竹葉、桃枝、柏葉、蘭香等分內水中，煮十數沸，布囊濾之去滓，加五香，用之最精，解穢。

夫殗忌臨屍、產婦、喪家齋食。產家三日并滿月食之。喪車、靈堂、見六畜生產、抱嬰兒、胎穢、哭，不得言死亡事及不祥事。

午前忌之，不得見血肉、死禽獸。寢卧、櫛髮、飲食、便曲，并不得向北。便曲，不得視三光。

餐十二辰肉、魚膾、五辛并忌言。

婦人有經通不得近，亦不得與同房戶寢卧，并造醮食及近道場。

如夢泄亦須解穢。

若見死屍、喪車，速存火從己心中直下，往燒之赫然，死柩喪車并爲灰燼，便想烈風吹之。又閉目內視，令火自焚，舉體潔白，見穢氣消滅即解矣。

又存一眞官頭戴籙中九鳳眞官，口中含水噴灑，穢亦消解。

又朱書解穢符，書時三叩齒，穢合明天帝日閉氣書之。置水中，以刀子左攪水三匝，想見北斗星存水中，咒曰：百殗之鬼，速走萬里，不走斬死。西方白童子，急急如律令。則含水噴灑，穢氣都散。

歲除日勿得浴，元日勿得沐，尋常五日一浴，十日一沐。皆用桃竹。

櫛髮

論説

周守忠《養生類纂》卷上《人事部・櫛髮》　櫛頭理髮，欲得過多，通流血氣，散風濕也。數易櫛更番用之也，亦不可頻解髮也。櫛之取多而不使痛，亦可令侍者櫛取多也，於是血液不滯，髮根常堅。《眞誥》

髮宜多櫛。《黃庭內經》

髮是血之餘，一日一度梳。《瑣碎錄》

髮血之窮，千過梳髮，髮不白。《雲笈七籤》

玳瑁梳能去風屑。《瑣碎錄》

孫思邈以交加木造百齒梳用之，養生要法也。《樵人直說》

李鵬飛《三元延壽參贊書》卷二《櫛髮》 眞人曰：髮多櫛，去風明目，不死之道也。又曰：頭髮梳百度。

陶隱居云：飽則入浴飢則梳，櫛多浴少益心目。故道家晨梳，常以百二十爲數。

眞人曰：髮宜多櫛，手宜在面，齒宜數叩，津宜常嚥，氣宜精煉。此五者，所謂子欲不死修昆侖耳。

安樂詩云：髮是血之餘，一日一次梳，通血脈，散風濕。

《瑣碎錄》云：亂髮藏臥房壁中，久招不祥。

書云：髮落飲食中，食之成瘕。宋明帝宮人腰痛引心，發則氣絶。徐文宿曰：髮瘕也。以油灌之，吐物長二尺，頭已成蛇，懸柱上，水瀝盡，惟餘一髮。唐甄立言爲太常丞，有人病心腹滿煩，彌瘇診曰：誤食髮而然。令餌雄黃，吐一蛇如拇指，無目。燒之有髮氣。若頭尾全，誤食必然。

叩齒

論說

周守忠《養生類纂》卷上《人事部・叩齒》 叩齒之法，左相叩名曰打天鐘，右相叩名曰搥天磬，中央上下相叩名曰鳴天鼓。若卒遇凶惡不祥，當打天鐘三十六遍。若經凶惡辟邪，威神大咒，當搥天磬三十六遍。若存思念道，致眞招靈，當鳴天鼓，以正中四齒相叩，閉口緩頰使聲虛而深響也。《九眞高上寶書神明經》

夜行常琢齒，琢齒亦無正限數也。煞鬼邪鬼常畏琢齒聲，是故不得犯人也。若兼之漱液、祝說亦善。昔鮑助者，都不學道，亦不知法術。年四十餘，忽得面風、氣口、目不正，氣入口而兩齒上下惟相切拍，甚有聲響，如此晝夜不止，得壽年百二十七歲。《眞誥》

齒骨之窮，朝久琢齒，齒不。《雲笈七籤》

齒宜數叩。《黃庭內經》

朝暮叩齒，以會身神。《黃庭外經注》

閔一得《養生十三則闡微》 曰目視者，非以開眼神之，乃以眼合著，其目則向下，而使其氣上達，有如神在深淵而一意上注之法，如是視則得矣。標曰頂門，要使學者察其氣昇已過玉枕與否耳。然其間猶有一段大玄大妙，養生家必行一祕，藏而未之泄。其訣惟何？亦仍在頂門兩字間也。頂者極高之謂，門乃天門，謂當導引此氣，即從玉枕關直沖上去，存沖到天上，要覺有窈窈冥冥，而日月星辰，猶在我神光之下，方謂之足。如是則我身後天濁氣，化爲先天清氣矣。如是後，方從事於叩齒攪口一功，斯無拖泥帶水之弊焉。然我所云天門者，非指上天之門，原是我之頂，而上通天氣之門耳。此一門也，我身天罡眞氣之所駐者，其氣下臨，群陰悉化。此關一過，則我身所具三關，將勢如破竹，有不待用兵將焉。此修養家至寶之物，而欲得此一氣，非從破關直沖，上接天上之天罡，則此氣凝結於頂門，不爲我用。即或世從別法精修，亦乘雲馭空，而神從天目出者尚矣，然猶是神仙一門也。惟得此氣而進修之，自有白日沖舉之妙。我師言之詳矣，故於此關猶詳述如此。至臺叩齒攪口，不過聚神引當之小作用耳，然於養生家則大有所補云。陶貞白《眞誥》載有一夫不解修煉，而壽逾百歲，獄吏不敢近其所居。察其故，彼有風疾，其齒常自相擊，乃疾使然。然於道凡人叩齒，則身神畢集者。彼夫之齒雖因風常擊，而其身神無敢或離，則其關竅得護甚固，故身有光焰，鬼不得近，有以夫。《眞誥》所載如此。至夫攪口者，以人舌下有二竅，一通心，一通腎，丹經所稱水火華池是也。以舌攪之，其液自出，且默以引所後昇之氣到口，以便吞嚥，我故曰大有所補云爾。

嚥津

論説

周守忠《養生類纂》卷上《人事部·涕唾》 不可對北涕唾。《感應篇》

飲玉泉者，令人延年除百病。玉泉者，口中唾也。鷄鳴、平旦、日中、晡時、黄昏、夜半，一日一夕，凡七嗽玉泉飲之，每飲輒滿口嚥之，延年。《雲笈七籤》

勿向西北唾，犯魁罡神，凶。《千金要方》

咳唾，唾不用遠。成肺病，令人手足重，及背痛咳嗽。同上

遠唾不如近唾，近唾不如不唾。《瑣碎錄》

遠唾損氣，多唾損神。同上

勿咳唾失肌汁。《雲笈七籤》

多唾令人心煩。同上

俗人但知貪於五味，不知有元氣可飲。聖人知五味之毒焉，故不貪；知元氣可服，故閉口不言，精氣息應也。唾不嚥則氣海不潤，氣海不潤則津液乏。是以服元氣，飲醴泉，乃延年之本也。同上

若能竟日不唾涕者，亦可含一棗，嚥津液也。《王母內傳》。又《雲笈七籤》曰：人能終日不涕唾者，常含棗核嚥之，令人受氣生津液也。取津液，非嚥核。

亥子日不可唾，亡精失氣，減損年命。《神仙傳》

李鵬飛《三元延壽參贊書》卷二《津唾》 眞人曰：常習不唾地。蓋口中津液，是金漿玉醴。能終日不唾，常含而嚥之，令人精氣常留，面目有光。

書云：養性者，唾不至遠，遠則精氣俱損，久成肺病，手足重，皮毛麤澀，脊痛咳嗽。故曰：遠唾不如近唾，近唾不如不唾。

書云：唾者，溢爲醴泉，聚流爲華池，府散爲津液，降爲甘露，溉臟潤身，宣通百脈，化養萬神，肢節、毛髮堅固，長春。

書云：人骨節中有涎，所以轉動滑利。中風則涎上潮，咽喉衮響。以藥壓下，俾歸骨節可也。若吐其涎，時間快意，枯人手足，縱活亦爲廢人。小兒驚風，亦不可吐涎也。

有人喜唾液，乾而體枯，遇至人教以回津之法，久而體復潤。蓋人身以滋液爲本，在皮爲汗，在肉爲血，在腎爲精，在口爲津，伏脾爲痰，在眼爲淚。曰汗、曰血、曰淚、曰精，此既出，則皆不可回，惟津唾則獨可回，回則生意，又續續矣。滋液者，吾身之寶。《金丹訣》曰：寶聚則爲富家翁，寶散則爲孤貧客。

閔一得《養生十三則闡微》 或已降注口中，則自有甘露隨下，我必與舌攪得津同嚥矣，而有餘氣尚因叩攪停駐泥丸，我則從事運目，自得潤而熱而涼，其神光圓白如珠，得懸於目前空際。而下曰頻頻嚥氣，不曰嚥津，其旨玄矣哉。蓋彼初學，陰液多而陽氣微，慮有他變，嚥氣所以助陽也。令彼下田得有常熱之妙，而身中水火始均，此補偏救弊之妙祕也。稽之丹書，自明斯理之非妄云。故我師謂此說縱已超夫玄境，此段功夫亦不謂之虛勞焉，況初學乎！何以故？丹道以陽爲宗者，補陽即以除陰，經曰分陽不盡不成鬼，分陰不盡不成仙，即此可悟矣。我願見者循行勿疑，是囑。第所嚥氣、不到下田不可中止云爾。

清静

論説

張君房《雲笈七籤》卷一七《三洞經教部一二·經八·老君清淨心經》

老君曰：夫道，一清一濁，一靜一動。清靜爲本，濁動爲末。故陽清陰濁，陽動陰靜；男清女濁，男動女靜；降本流末，而生萬物。清者濁之源，靜者動之基。人能清靜，天下貴之。人神好清而心擾之，人心好靜而欲牽之。常能遣其慾而心自靜，澄其心而神自清，自然六慾不生，三毒

消滅，而不能者，心未澄，慾未遣故也。能遣之者，內觀於心，心無其心；外觀於形，形無其形；遠觀於物，物無其物。三者莫得，唯見於空；觀空亦空，空無所空；既無其無，無無亦無；湛然常寂，寂無其寂；無寂寂無，俱了無矣，慾安能生？慾既不生，心自靜矣。心既自靜，神既無擾。神既無擾，常清靜矣。既常清靜，及會其道，與眞道會，名爲得道。雖名得道，實無所得，既無所得，強名爲得。爲化衆生，開方便道。

老君曰：道所以能得者，其在自心。自心得道，道不使得。得是自得之道，不名爲得。故言實無所得。

老君曰：道不能得者，爲見有心。既見有心，則見有身。既見其身，則見萬物。既見萬物，則生貪著。既生貪著，則生煩惱。既生煩惱，則生妄想。妄想既生，觸情迷惑，便歸濁海，流浪生死，受地獄苦，永與道隔。人常清靜，則自得道。於是而說偈曰：

天尊妙用常眼前，舉體動心皆自然。息箇動心看動處，動處分明無際邊。

邊際由來本性空，非觀心照得虛空。自悟因緣無自性，翛然直入紫微宮。

宮中宮外光且明，萬法圓中一道平。清心清鏡皎無礙，無礙無心心自在。

平等道平無有異，天堂地獄誰安置？神既內寂不虧盈，善惡若空何處生？

只爲凡夫生異見，強於地上起縱橫。縱橫遮莫千般苦，一一諦觀無宰主。

諦觀無主本無宗，只箇因緣即會中。中間雖會常無會，放會無爲任物通。

若時有人知是經意，行住坐卧，若能志心念誦，深心受持，則能滅除無量一切宿障諸惡，冤家皆得和合，無受苦報。邪魔外道，道能降伏。告諸衆生，欲度厄難，各已清淨，信受奉行。

內觀

論說

張君房《雲笈七籤》卷一七《三洞經教部一二·經八·太上老君內觀經》

老君曰：天地構精，陰陽布化，萬物以生，承其宿業，分靈道一，父母和合，人受其生。【略】太一帝君在頭，曰泥丸君，總衆神也；照生識神，人之魂也；司命處心，納心源也；無英居左，制三魂也；白元居右，拘七魄也；桃孩住臍，保精根也；照諸百節，生百神也；所以周身神不空也。元氣入鼻，灌泥丸也。所以神明，形固安也。運動住止，關其心也；所以謂生，有由然也。子內觀之，歷歷分也。心者，禁也，一身之主，禁制形神，使不邪也。心則神也，變化不測，無定形也，所以五臟藏五神也。魂在肝，魄在肺，精在腎，志在脾，神在心，所以字殊，隨處名也。心者，火也，南方太陽之精，主火。上爲熒惑，下應心也。色赤，三葉如蓮花，神明依泊，從所名也。其神也；非青非白，非赤非黃，非大非小，非短非長，非曲非直，非柔非剛，非厚非薄，非圓非方，變化莫測，混合陰陽，大包天地，細入毫芒，制之則正，放之則狂。清淨則生，濁躁則亡，明照八表，暗迷一方，但能虛寂，生道自常，永保無爲，其身則昌。世以無形，莫之能名。禍福吉凶，悉由之矣。所以聖人立君臣，明賞罰，置官僚，制法度，正以教人。人之難伏，惟在於心，心若清淨，則萬禍不生。所以流浪生死，沉淪惡道，皆由心也。妄想憎愛，取捨去來，染著聚結，漸自纏繞，轉轉繫縛，不能解脫，便至滅亡。猶如牛馬，引重趨泥，轉增陷沒，不能自出，遂至於死，人亦如之。始生之時，神源清淨，湛然無雜。既受納有形，形染六情；則眼貪色，耳則滯聲，口則耽味，鼻則受馨，意懷健羨，身欲輕肥，從此流浪，莫能自悟，聖人慈念，設法教化，使內觀己身，澄其心也。

老君曰：諦觀此身，從虛無中來，因緣運會，積精聚氣，乘業降神，

和合受生，法天象地，含陰吐陽，分錯五行，以應四時，眼爲日月，髮爲星辰，眉爲華蓋，頭爲崑崙，布列宮闕，安置精神，萬物之中，人稱最靈，性命合道，當保愛之。內觀其身，誰尊之焉？而不自貴，妄染諸塵，不靜臭穢，濁亂形神。孰觀物我，何疏何親？守道全生，爲善保眞。世愚役役，徒自苦辛。

老君曰：從道受生謂之命，自一稟形謂之性，所以任物謂之心，心有所憶謂之意，意之所出謂之志，事無不知謂之智，智周萬物謂之慧，動以營身謂之魂，靜以鎮形謂之魄，流行骨肉謂之血，保神養氣謂之精。氣清而駃謂之榮，氣濁而遲謂之衛，總括百骸謂之身，衆象備見謂之形，塊然有閡謂之質，狀貌可則謂之體，大小有分謂之軀，衆思不得謂之神，莫然應化謂之靈，氣來入身謂之生，神去於身謂之死，所以通生謂之道。道者，有而無形，無而有情，變化不測，通神群生。在人之身，則爲神明，所謂心也；所以教人修道，則修心也；教人修心，則修道也。道不可見，因生以明之；生不可常，用道以守之。若生亡則道廢，道廢則生亡。生道合一，則長生不死，羽化神仙。人不能保者，以其不內觀於心故也。內觀不遺，生道常存。

老君曰：人所以流浪惡道，沉淪滓穢，緣六情起妄而生六識。六識分別，繫縛憎愛，去來取捨，染著煩惱，與道長隔，所以內觀六識因起，六識從何而起？從心識起。心從我起，我從慾起。妄想顛倒，而生有識。亦曰自然，又名無爲，本來虛淨，元無有識。有識分別，起諸邪見。邪見既興，盡是煩惱。展轉纏縛，流浪生死，永失於道。

老君曰：道無生死，而形有生死。所以言生死者，屬形不屬道也；形所以生者，由得其道也。形所以死者，由失其道也。人能存生守道，則長存不亡也。

老君曰：人常能清淨其心，則道自來居，道自來居則神明存身，神明存身則生不亡也。人常欲生而不能虛心，人常惡死而不能保神，亦猶欲貴而不肯用道，欲富而不肯求寶，欲疾而足不行，欲肥而食不飽也。

老君曰：道以心得，心以道明。心明則道降，道降則心通。神明之在身，猶火之在巵。明從火起，火自炷存，炷因油潤，油藉巵停。四者若廢，明何生焉？亦如明緣神照，神託心存，心由形有，形以道全。一物不足，明何依焉？所以謂之神明者，眼見耳聞，意知身覺，分別物理，微細悉知。由神以明，故曰神明也。

老君曰：所以言虛心也，遣其實也；無心者，除其有也。定心者，令不動也。正心者，使不邪也。淸心者，使不濁也。淨心者，使不穢也。此皆已有，今使除也。心直者，不反覆也。心平者，無高低也。心明者，不暗昧也。心通者，不質礙也。此皆本自然也。粗言數者，餘可思也。

老君曰：知道易，信道難；信道易，行道難；行道易，得道難；得道易，守道難。守道不失，身常存也。

老君曰：道也者，不可以言傳口受而得之，當虛心靜神，道自來也。愚者不知，乃勞其形，苦其心，役其志，躁其神，而道愈遠，而神愈悲。背道求道，怨道不慈。

老君曰：道貴長存，保神固根，精氣不散，淳白不分。形神合道，飛昇崑崙，先天以生，後天長存，出入無間，不由其門，吹陰呴陽，制魄拘魂。億歲眷屬，千載子孫，黃塵四起，騎牛眞人。金堂玉室，送故迎新。

老君曰：內觀之道，靜神定心，亂想不起，邪妄不侵，周身及物，閉目思尋，表裏虛寂，神道微深，外觀萬境，內察一心，了然明靜，靜亂俱息，念念相係，深根寧極，湛然常住，窈冥難測，憂患永消，是非莫識。

老君曰：吾非聖人，學而得之。故我求道，無不受持，千經萬術，唯在心志也。

又《洞玄靈寶定觀經》 靈者，神也，在天曰靈。寶者，珍也，在地曰寶。天有靈化，神用不測，則廣覆無邊；地有衆寶，濟養群品，則厚載萬物。言此經如天如地，能覆能載，有靈有寶，功德無窮。證得此心，故名靈寶。定者，心定也，如地不動。觀者，慧觀也，如天常照。定體無念，慧照無邊，定慧等修，故名定觀。

天尊告左玄眞人曰：左者，定也。玄者，深妙也。眞者，純也，一而無雜。人者，通理達性之人也。曰者，語辭也。夫欲修道，先能捨事。進趣之心，名爲修道；一切無染，名爲捨事。外事都絕，無與忤心。六塵爲外事，須遠離也。六塵者，色、聲、香、味、觸、法，更不染著，名爲都絕。境不來忤，心即無惱。心不起染，境則無煩。心境兩忘，即無煩惱。故名無與忤心。然後安坐，攝澄煩惱，名之

爲安。本心不起，名之爲坐。內觀心起。若覺一念，起須除滅，務令安靜。慧心內照，名曰內觀。漏念未除，名爲心起。前念忽起，後覺則隨；起心既滅，覺照亦忘，故稱除滅。了心不起，名之爲安。覺性不動，名之爲靜。故稱安靜。其次雖非的有貪著，浮遊亂想，亦盡滅除。衆心不起，妄念悉忘。亂想不生，何有貪著？故曰滅除。晝夜勤行，須臾不替。晝之言淨，夜之言垢。垢淨兩忘，無有間替，故名不替。唯滅動心，不滅照心。妄想分別，名曰動心。覺照祛之，故名爲滅。慧照常明無有間，故名不滅照心。但凝空心，不凝住心。不起一切心，名空心。一切無著，名之不凝住心。不依一法，而心常住。若取一法，即名著相。心不取法，名爲不依。照而常寂，故爲常住。然則凡心躁競，其次初學，息心甚難。或息不得，暫停還失，言習性煩惱，難可滅除。定力未成，暫停還失也。去留交戰，百體流行，心起染境，境來牽心，心境相染，故名交戰。妄念不息，百非自生，名曰百體流行。久久精思，方乃調熟。勿以暫收不得，遂廢千生之業。定心不起，則契眞常。一念不收，千生遂廢。少得淨已，則於行立坐卧之時，初得清淨，正慧未生，故云少得淨已。四威儀之時也。涉事之處，諠鬧之所，皆作意安，見一切諸相，爲涉之處。起一切諸心，名爲諠鬧之所也。息亂歸寂，名爲作意；恬淡得所，名之爲安也。有事無事，常若無心；處靜處諠，其志唯一。有無雙遣，寂用俱忘；萬法不二，名之唯一。若束心太急，又則成病。氣發狂顚，是其候也。偏心執靜，名曰束心。心外見相，名爲顚也。心若不動，又須放任；寬急得所，自恆調適。從定發慧，名爲放任。定慧齊融，名曰得所。定多即愚，慧多即狂；定慧等用，名曰調適。制而不著，放而不動，處諠無惡，涉事無惱者，此是眞定。寂而常照，照而常寂，空而常用，用而常空。得本元寂，故爲眞定。不以涉事無惱，故求多事；不以處諠無惡，強來就諠。習性塵勞，常須制御，不可縱逸。以無事爲眞宅，有事爲應蹟。見本性空寂，故爲眞宅。慧用無邊，故爲應蹟。若水鏡之爲鑒，則隨物而現形。本心清淨，猶如水鏡，照用無礙，萬物俱現。名爲現形。善巧方便，唯能入定，諸法性空，寂無所起，故爲入定。慧發遲速，則不由人。勿令定中急急求慧。急則傷性，傷則無慧。急求知見，眞定乃亡。貪著諸相，故云無慧。若定不求慧，而慧自生，此名眞慧。心體寂靜，妙用無窮，故名眞慧。慧而不用，實智若愚。了無分別，名之不用。韜光晦蹟，故曰若愚。益資定慧，雙美無極。寂照齊融，故云雙美無極。若定中念想，多感衆邪，妖精百魅，隨心應見。爲心取相，諸相應生。一切邪魔，競來撓亂。所見天尊，諸仙眞人，是其祥也。此爲諸相不可取著。唯令定心之上，豁然無覆；定心之下，曠然無基。前念不生，故云無覆。後念不起，故曰無基。舊業日銷，新業不造，宿習並盡，名曰舊業日銷。更不起心，故名新業不造。無所罣礙，迥脫塵籠。一切無染，故名無所罣礙；解脫無繫，故云迥脫塵籠。行而久之，自然得道。智照不滅，名曰行而久之。契理合眞，故云得道。夫得道之人，凡有七候：一者心得定易，覺諸塵漏；心得清淨，塵念盡知，故曰覺諸塵漏。二者宿疾普銷，身心輕爽；眞氣胎息，故疾盡瘳。體道合眞，身輕不老。三者塡補夭損，還年復命；骨髓堅滿，故塡補夭損。駐顏不易，名爲還年復命也。四者延數萬歲，名曰仙人；長生不死，延數萬歲，名編仙籙，故曰仙人。五者鍊形爲氣，名曰眞人；得本元氣，故曰鍊形爲氣。正性無僞，故曰眞人。六者鍊氣成神，名曰神人；眞氣通神，陰陽不測，故曰神人。七者鍊神合道，名曰至人；眞神契道，故曰至人。其於鑒力，隨候益明，鑒力者，常照不息也。益明者，明明不絕也。得至道成，慧乃圓備。若了本性，得道成眞，智慧圓明，萬法俱備。若乃久學定心，身無一候，促齡穢質，色謝方空。自云慧覺，又稱成道者，求道之理，實所未然。通神合道，即身得道眞。心證身亡，不離生死。《西昇經》云：是故失生本，焉能知道源？而說頌曰：

智起生於境，火發生於緣。各是眞動性，承流失道源。起心欲息知，心起知更煩。了知性本空，知則衆妙門。

食忌

論說

佚名《太清道林攝生論》《要記》曰：一日之忌，暮無飽食；一月之忌，暮無大醉；一歲之忌，暮無遠行；終身之忌，暮無燃燈燭行房，暮常護氣。久視傷血，久卧傷氣，久立傷骨，久行傷筋，久坐傷肉。鹹傷筋，醋傷骨，飽傷肺，飢傷氣。

茅屋漏水墮諸脯肉上，食之成瘕結病。凡作脯不肯乾者，害人也。祭

神肉無故自動，食之害人。飲食上有蜂行住，食中必有毒害也。

一日之忌，夜莫飽食；一月之忌，暮莫大醉；一歲之忌，暮莫遠行；終身之忌，燃燈燭行房。

觸寒來者寒未解，食熱食成刺風。飲食竟仰卧，成氣痞，作頭風。食上不得語，語而食者，常患胸背疼痛。熱食訖，以冷水、酢漿漱口者，令人口氣恆臭，并作䘌齒。食生肉傷胃，一切肉唯須爛煮，停冷食之。一切濕食及酒水漿臨上看不見人物之影者，勿食之，成卒疰。若已食腹脹者，急以藥下之。諸熱食鹹物竟，不得飲冷漿水，致失聲成尸噎。腹內有宿病，勿食陵鯉肉，害人。勿飲酒令至醉，即終身百病不除。久飲酒者，腐腸爛胃，漬髓蒸筋，傷神損壽。勿食一切腦，大佳。

食誡

論說

陶弘景《養性延命録》卷上《食誡篇》 眞人曰：雖常服藥物，而不知養性之術，亦難以長生也。

養性之道，不欲飽食便卧及終日久坐，皆損壽也。

人欲小勞，但莫至疲及強所不能堪勝耳。

人食畢，當行步躊躇，有所修爲爲快也。故流水不腐，戶樞不朽蠹，以其勞動數故也。

故人不要夜食，食畢但當行中庭如數里可佳。

飽食即卧生百病，不消成積聚也。

食欲少而數，不欲頓多難銷，常如飽中飢，飢中飽。故養性者，先飢乃食，先渴而飲。恐覺飢乃食，食必多盛；渴乃飲，飲必過。

食畢當行，行畢使人以粉摩腹數百過，大益也。

青牛道士言：食不欲過飽，故道士先飢而食也。飲不欲過多，故道士先渴而飲也。

食畢行數百步，中益也。暮食畢行五里許乃卧，令人除病。

凡食，先欲得食熱食，次食溫食，次冷食。食熱暖食訖，如無冷食者，即喫冷水一兩嚥，甚妙。若能恆記，即是養性之要法也。

凡食，欲得先微吸取氣，嚥一兩嚥乃食，主無病。

眞人言：熱食傷骨，冷食傷臟，熱物灼唇，冷物痛齒。

食訖踟躕長生。飽食勿大語。大飲則血脈閉，大醉則神散。

春宜食辛，夏宜食酸，秋宜食苦，冬宜食鹹，此皆助五臟，益血氣，辟諸病。食酸鹹甜苦，即不得過分食。

春不食肝，夏不食心，秋不食肺，冬不食腎，四季不食脾。如能不食此五臟，尤順天理。

燕不可食，入水爲蛟蛇所吞，亦不宜殺之。

飽食訖即卧成病背疼。

飲酒不欲多，多即吐，吐不佳。醉卧不可當風，亦不可用扇，皆損人。

白蜜勿合李子同食，傷五內。

醉不可強食，令人發癰疽，生瘡。

醉飽交接，小者令人面皯，咳嗽；不幸傷絶臟脈，損命。

凡食，欲得恆溫暖宜人，易銷，勝於習冷。

凡食，皆熱勝於生，少勝於多。

飽食走馬成心癡。

飲水勿忽嚥之，成氣病及水癖。

人食酪，勿食酢，變爲血痰及尿血。

食熱食汗出，勿洗面，令人失顏色，面如蟲行。

食熱食訖，勿以酢漿漱口，令人口臭及血齒。

馬汗息及馬毛入食中，亦能害人。

鷄、兔、犬肉，不可合食。

爛茆屋上水滴浸者脯，名曰鬱脯，食之損人。

久飢不得飽食，飽食成癖病。

飽食夜卧失覆，多霍亂死。

時病新瘥，勿食生魚，成痢不止。

食生魚，勿食乳酪，變成蟲。

食兔肉，勿食乾薑，成霍亂。

人食肉，不用取上頭最肥者，必衆人先目之，食者變成結氣及疰癘，食皆然。

空腹勿食生果，令人膈上熱，骨蒸，作癰癤。

銅器蓋食，汗出落食中，食之發瘡肉疽。

觸寒未解食熱食，亦作刺風。

飲酒熱未解，勿以冷水洗面，令人面發瘡。

飽食勿沐髮，沐髮令人作頭風。

蕎麥和豬肉食，不過三頓成熱風。

乾脯勿置秫米瓮中，食之閉氣。乾脯火燒不動，出火始動，擘之筋縷相交者，食之患人或殺人。

羊胛中骨肉如珠子者，名羊懸筋，食之患癲癇。

諸濕食不見形影者，食之成疰，腹脹。

暴疾後不周飲酒，膈上變熱。

新病瘥不用食生棗、羊肉、生菜，損顏色，終身不復，多致死。膈上熱蒸。

凡食熱脂餅物，不用飲冷醋、漿水，善失聲。

若嗽生葱白合蜜，食害人，切忌。

乾脯得水自動，殺人。曝肉作脯，不肯燥勿食。

羊肝，勿合椒食，傷人心。胡瓜合羊肉食之發熱。多酒食肉，名曰癡脂，憂狂無恆。

食良藥、五穀充悅者，名曰中士，猶慮疾苦。食氣，保精存神，名曰上士，與天同年。

胎息

論說

佚名《胎息精微論》 老君曰：知道者天不殺，含德者地不害。道德相抱，身不衰老。內食太和，元氣爲首。清淨自煉，忘身放體。志無念慮，安定臟腑。洞極太和，長生久視。諸氣不動，意如流水，行之不休，得道眞矣。每入靜室，守玄元氣，玄元者，一氣也。玄中有玄是我命，命中有命是我形，形中有形是我精，精中有精是我氣，氣中有氣是我神，神中有神是我自然。德以形爲車，道以氣爲馬，魂以精爲根，魄以目爲戶。形勞則德散，氣越則道叛，精消魂損，目動魄微。是以守靜愛氣，全精寶神，道德凝密，魂魄固守，所謂含道不言。得氣之眞，肌膚潤澤，得道之根，手足流汗。精之充溢，不飢不渴，龜龍胎息，綿綿長存，用之不竭，飲於玄泉，登於太清，還年反嬰。道之自然，至道不遠，近在己身，用心精微，命乃永存。今之修道者，或服五芽、八方、四時、日月星辰等氣，并誤。但思自頂鼻而入，雖古經所載，爲之少見成遂，亦非食穀者所能行致爾。是以修氣者多不得其訣，虛精勤矣。既得其門，復悟其訣，要在精勤無退懈耳。凡胎從氣中結，氣從胎息生，胎因氣中成。氣清則凝而結，氣濁則散而出。胎成即萬病自遣，神靈居之，三一守中，尸蟲亡墜，即漸通仙靈矣。今之學者，或傳古方，或受非道，皆閉口縮鼻，貴其氣長，而不知五臟壅閉，畜損正氣，殊非自然之息。此繁勞形神，無所益也。道曰若抑塞鼻口，擬習胎息，殊無此理。口鼻氣既不通，則畜損肺臟，有何益哉？餌內氣者，用力雖微，而速見功成，全在安神靜慮，不煩不擾，即氣道疏暢，關節開通，內含元和，終日不散，肌膚潤澤，手足流汗，長生之道，訣在此矣。內氣滿，無飢渴。初習即小難，久久甚妙。氣既不竭，神眞不亂，道亦如氣至，誠修之，乃通靈。髮黑齒堅，眼瞳英明。筋骨全實，壯勇胎神。面貌光澤，行步舉輕。心自無慾，神不貪榮。玄父赤子，固際無

傾。魂魄守元，三一自眞。永寶其道，靜安其神。神自通靈，道曰永寶。胎息元氣克成，自爲眞人。胎息之妙，窮於此也。

曾慥《道樞》卷一四《胎息篇》 身毒之國，有至人曰寶冠，能胎息之方，故其形未嘗衰。菩提達摩聞而往問焉曰：震旦諸國，其人不任寒暑，以損其眞氣以致滅亡，吾將東游，願得胎息之方以振之。寶冠安坐：吾語汝。夫人之始生，本乎胎息者也，神識與精合和而凝結焉。日月變化而成形，其形初成，則神依形而住。故神無形則不住，形無氣則不變，氣無形則不立。故知神、形者，受氣之本也；氣者，養形之根也，三者和合，然後出處於世矣。方其居於母胎，偃伏於臍之下，混沌三月，玄牝具焉，鼻也。玄牝既具，如瓜有蒂，潛注母氣，故母呼而呼，母吸而吸，綿綿乎十月氣足而形固，神全而識備，於是乎解胎而生矣。生之十日而情見乎外焉；變嬰爲孩，指顧喜怒，先眞後僞，已失其道矣。況乎意逐於外緣，目眩五色，耳耽五聲，鼻惑衆香，舌貪多味，身悦柔溫，意蘊喜怒，運神役智，間不容息，晝夜奔馳而不止，淳樸之性蕩然離散矣。於是形枯髮禿，氣喪神衰，寒暑相淩而不能禦，其何以能長存乎？聖人於是知五行精氣以成其身，故修五行精氣以補之，反本還元，以握胎息之機焉。

心靜則神悦矣，神悦則福生矣。何也？神者氣之子也，氣者神之母也。神用則氣養矣，氣絶則神亡矣。夫欲長生，其在神氣相合而心不動，守於内息，神不役於外，無去無來，無出無入，湛然常住。故玄牝之門者，長生之戶也。加之以外物不思也，外色不視也，外欲不耽也，外味不嗜也，常自内觀，心熾不散，神合於氣，還乎五臟六腑之源。至其久也，神氣乃明，照徹五臟，通於四肢。凡人之呼吸，出乎咽喉之中，聖人之息氣，存乎氣海。氣海者，在臍之下三寸，其名曰子宮，元氣之根本也。是吾之眞一之氣也。夫能守之，綿綿不絶，是謂返樸還元，肆氣凝結，不化不散，五臟六腑堅而不損，形體以之不壞，神識以之安靜，長生之要也。是以形者氣之宅也，神之主也，主不知守其内而役於外，則宅虚而壞矣。況夫無一息住於氣海者乎！聖人以神氣爲宰御焉。呼吸而下徹乎涌泉，神氣凝結，補於氣海矣；呼吸而上應乎九天，神氣凝結，而塡於腦矣。上塡泥丸，下補衡端，二景相通，可以却老矣。若夫呼不得神爲宰焉，吸不得氣爲君焉，一息不全則傷於胎息矣。故神氣不相合則不能結於子宮者也。神能御氣，則鼻無出息，是爲眞胎息者歟。鄙夫者，根境相對而生情愛，乃鶩於淫慾，精氣下泄，身乃枯朽，故曰無涓滴之益，而時有畎澮之決，喪其性命之宗。惟神與氣合，子母相守，隨其呼吸上下，而散補三宮，則精魂不散。是故定者不死之根也，心者氣之主也。故氣者從心者也，心行亦行，心運亦運，亂則亂，定則定，憂則傷，煩則謝。是以聖人不體不用，不役不住，不定不亂，自適其適，内妄悉除，此長生之本也。

如是常思受父母之遺體名曰胎息，既而具乎六入，眼、耳、鼻、舌、身、意。五臟六腑、骨肉筋脈皆資乎胎息而得增長焉。胎息之根源不出不沒，狀如鷄子，色猶水精，由念而有動轉之時，内氣不出，意因其發而有去來。掩心引頸，如是爲主，去來之外形者也，其名曰鶴形焉。亞腰實腹，是爲動轉之内形者也，其名曰龜形焉。以意引之，勿由吐納，勿在握固，二者玄牝之門，常宜閉之，使氣周於身焉。先入靜室趺坐，猶入定焉，身不動搖，想其胎息，如雲霧，如燎爐之煙，如蓮本之絲，以意引之，周於四天，息脈條暢；次引其氣灌於泥丸，復引其氣集於舌上，摶而煉之，想如鷄子呑入於腹，不可差焉，使五臟六腑承其津氣而悉堅固，於是其體光潤，此胎息游遨於其身之中者也。

如其飢渴，則時嚥之，以意送之，莫計其數可也。飽則休息焉。病痛所在，以意攻之，既愈則已焉。行止寢坐，常存乎胎息。胎息不散，或五三年，功乃大成。若夫氣下則勿止之，止之則成疾矣。其功既成，不必靜室，任意修煉。常想其身猶如蹴鞠焉。内氣充滿則四肢輕健矣。於是又觀吾身也、吾心也、吾胎息也，漸至於長大同於太虚。其初想吾身如月焉，坐一室則光滿一室矣，居一城則光滿一城矣，游一國則光滿一國矣，至夫周乎十方虚空，而不見吾身，吾心與呼吸胎息純一虚空，無想無念，湛然寂滅。如是觀已，復如前觀，由國至城，由城至室，漸復成小，於是加精進焉。欲游於他方，則惟一念而已；欲隱其形，意發則隱矣。生死自如，食與不食不相爲患，斯道之成也。故調神如嬰，怡怡如如，寒暑枯榮而形神自平矣。息與神合，如琉璃器中有金像。金像者，法身也；琉璃者，根形也。故鏡明而法自形矣，水清而影自停矣。天食者，滋神者也；地食者，滋形者也。含靈抱實，神氣斯自靈乎。雪山之妙藥，自頂而生者也。行一空昧，體輕神怡，於是血化爲乳，骨化爲瓊矣。故曰天道之精，杳杳

冥冥，神不見神，形不見形，即心無心，即形無形，心尙不有，而況於外哉？

幻真先生《胎息經注》 胎從伏氣中結，臍下三寸爲氣海，亦爲下丹田，亦爲玄牝。世人多以口鼻爲玄牝，非也。口鼻即玄牝出入之門。蓋玄者水也，牝者母也。世人以陰陽氣相感，結於水母，三月胎結，十月形體具而能生人。修道者，常伏其氣於臍下，守其神於身内，神氣相合而生玄胎，玄胎既結，乃自生身，即爲内丹，不死之道也。氣從有胎中息。神爲氣子，氣爲神母，神氣相逐，如形與影。胎母既結，即神子自息，即元氣不散。氣入身來爲之生，神去離形爲之死。《西昇經》云：身者神之舍，神者身之主也。主人安靜，神即居之；主人躁動，神即去之。神去氣散，安可得生？是以人耳目手足，皆不能自運，必假神以御之。學道養生之人，常拘其神以爲神主，主既不去，宅豈崩壞也。知神氣可以長生，固守虛無以養神氣。道經云：我命在我，不在天地。天地所患人不能知至道，能知而不能行。知者但能虛心絶慮，保氣養精，不爲外境愛慾所牽，恬淡以養神氣，即長生之道畢矣。神行即氣行，神住即氣住。所謂意是氣馬，行止相隨，欲使元氣不離玄牝，即先拘守至神，神不離身，氣亦不散，自然内實，不飢不渴也。若欲長生，神氣相注。相注者，即是神氣不相離。《玄綱》云：錙銖陽氣不滅不爲鬼，纖毫陰氣不盡不爲仙。元氣即陽氣也，食氣即陰氣也，常減食節慾，使元氣内運，元氣若壯，即陰氣自消，陽壯陰衰則百病不作，神安體悦，可覬長生矣。心不動念，無來無去，不出不入，自然常住。神之與氣，在母腹中本是一體之物，及生下爲外境愛慾所牽，未嘗一息暫歸於本。人知此道，常泯絶情念，勿使神之出入去來，能不忘，久而習之，神自住矣。勤而行之，是眞道路。修眞之道，備盡於斯。然聖人之言，不可妄乎！凡胎息用功後，關節開通，毛髮疏暢，即但鼻中微引氣，相從四肢百毛孔中出，往而不返也。後氣續到，但引之而不吐也。切切於徐徐，雖云引而不吐，所引亦不入於喉中，微微而散。如此，内氣亦下流散矣。

存思法分部

存思三洞法

論說

張君房《雲笈七籤》卷四三《存思部二・存思三洞法》 常以旦思洞天，日中思洞地，夜半思洞淵，亦可日中頓思三眞。存思之法：

次入室東向，叩齒三十二通，先瞑目，思素靈宮清微府中青氣、赤氣相沓鬱鬱來，下入兆身中泥丸上宮，便嚥九氣；次思蘭臺府中赤、黃二氣相沓如先來，下入兆身絳宮之中，便嚥九氣；次思皇堂府中白、黑二氣相沓如先來，下入兆身臍下，丹田宮中，便嚥九氣。嚥三洞氣畢，便仰祝曰：天地混沌，淵源三精。元始結化，五氣混生。變化玄元，灌注身形。服御流霞，昇入紫庭。北帝落死，東華記名。洞達幽微，與帝合並。畢，又叩齒九通，思元洞元明元曜延靈耀元君玄混，以陽霞朱明之符，授與我身；次思洞天生官，衣服諱字如上法，並從素靈宮清微府中下，以次入兆泥丸宮中。畢，仰祝曰：洞天上元，監御九玄，總統三氣，混生丹田，披洞幽關，出入無間。魂魄寶耀，纏絡華鮮，飛雲降室，遊宴紫天，齊保天地，長享億年。

思洞天畢，轉向南，思洞地洞眞大熒惑星大洞元生太靈機皇君景化，以通明四洞九元之符，以授我身；次思洞地生官，衣服諱字如上法，並從素靈宮蘭臺府下，入兆身絳宮中。便仰祝曰：洞地中元，總領飛仙，華冠寶耀，腰青建巾，授我靈符，通眞致神，洞思幽微，受帝祕言，解胞散結，九孔朗然，七祖咸脫，上昇南軒，雲輿下降，白日昇晨。

思洞地畢，轉向北，思洞淵洞玄太白子留金城耀耀元精元導太仙君，諱浩田，以啓通明天寶符，以授兆身；次思洞淵生官，衣服諱字如上法，

並從素靈宮皇堂府下，入兆身臍下丹田宮中。便仰咒曰：洞淵幽關，上參三元，玄氣鬱勃，飛霞紫雲，流黃五色，華晨寶符，服御啓明，與天長存，乘空駕靈，遊宴玉晨，攜提景皇，結友眞仙。

思洞淵畢，還東向，叩齒九通，嚥氣九過，三洞畢矣。子能行之，眞神見形，玉女可使，玉童見靈，三元下降，以丹輿綠軿，來迎兆身，上昇太清。惟在寶祕，愼勿輕傳。

老君存思法

論説

張君房《雲笈七籤》卷四三《存思部二·老君存思圖十八篇并叙》

師曰：修身濟物，要在存思。存思不精，漫瀾無感。感應由精，精必有見。見妙如圖，識解超進，神氣堅明，業行無倦，兼濟可期，期於有證，證之顯驗，逆知吉凶，以善消惡。一切所觀，觀其妙色，色相爲先，都境山林，城宮臺殿，尊卑君臣，神仙次第，得道聖衆，自然玉姿，英偉奇特，與我爲儔，圓光如日，有炎如煙，周繞我體，如同金剛。文不盡意，猶待訣言，言妙罕傳，文精希現。現傳果驗，劫載一人。一人明難，非爲無果。勿課不易，而息遵求。求之能篤，隨漸昇登。雖未具足，徵涉便到勝途，出俗居道。居道化俗，涅而不緇，故號居士，一曰道士。士，即事也。習事超倫，謂之大覺。覺者，取微昧圖證驗，得鳥之羅在其一目如左。本文内所説形圖畫像原闕。

存道寶第一

師曰：寶者，自然元一，無祖無先，常存無滅，濟度無窮，應感爲三，終始一也。不一由人，人有億兆，心兆億行，大品有三：上、中、下才，悟或遲速。速之與遲，必宗三寶：一曰道寶，二曰經寶，三曰師寶。師寶者，得道人，爲我師也；經寶者，自然妙文，師所傳也；道寶者，無形之形，即太上是。窅冥中精應感緣時成數，分形散體，不可思議。議而思之，得不可得。得不可得，竟何所得？得道眞也。眞也者，得之不死不生，生死應化，不損不勞，保此貴重，故號道寶。存思之時，皆應臨目，常見太上在高座上，老子在左，元君在右；又見經在西方，師在東面；次見十天光儀，侍衛文武，伎樂各從方來，朝禮太上。先存見齋堂，爲太玄都，玉京山七寶城宮臺寶蓋獅子之座，座上蓮花以爲茵籍，牀前獅子蹲踞相向，香官伎樂參然羅列。

存經寶第二

見道寶竟，仍存玄臺之裏，在於太上之西，有七寶莊嚴，光明帳座，座有玉案，案有寶經。絳綃之巾，火鈴之室，宛籍緼函，鎮覆經上。玉童玉女，侍衛香燈。三十六部，道德爲宗。太玄侍官，其形如左。

存師寶第三

見經寶竟，仍存玄臺之裏，在於太上之東，有七寶莊嚴，明光帳座，座上有玄中大法師，即是高上老君，妙相不可具圖，應感變化無定。無定之定，定在心得；心得有由，由階漸悟；悟發之初，先睹玉貌。素髮玄冠，黃裳皀帔。憑几振拂，爲物祛塵，凝神釋滯，以正治邪。仙眞侍側，左右肅然，人天相交，其形如左。

存十方天尊第四

見三尊竟，仍存十方天尊相隨以次，同詣玄臺，朝禮太上，嚴整威儀，爲一切軌則。

北方，無極太上道德天尊；服色黑，羽儀多玄。

東方，無極太上道德天尊；服色青，羽儀多碧。

南方，無極太上道德天尊；服色赤，羽儀多丹。

西方，無極太上道德天尊；服色白，羽儀多素。

東北方，無極太上道德天尊；服色青黑又多黃。

東南方，無極太上道德天尊；服色青赤又多黃。

西南方，無極太上道德天尊；服色赤白又多黃。

西北方，無極太上道德天尊；服色白黑又多黃。

上方，無極太上道德天尊；服色玄紫又多蒼。

下方，無極太上道德天尊；服色黃紅又多綠。

右十人其形如左。天尊雲駕同到玉京，傘扇羽儀不可悉備，伎樂侍從亦迴具

陳。舉一反三，聞一知十耳。

授《道德經》存三宮第五

授《道德經》，師北向，置經於案上，弟子伏左，師執經，弟子擎法，信師叩齒三十六通。心存三宮：泥丸上元宮也、絳宮中元宮也、丹田下元宮也。三一出千乘萬騎，營衛於經，其形如左。

朝朝於戶外存四明等第六

朝朝於戶外咒，存見四明功曹一人、通眞使者一人、傳言玉童二人、侍靜玉女二人。

右六人其形如左。

凡神官位號，各以明義。雖皆道應感化不同，前後高卑，各隨才識，識悟緣漸，故諸官互陳，或申通宣傳，或侍衛開導，學者所求，各從其願。三元妙氣，氣妙本一，一本居宗，三元化接，三之宗一，四主冥明。明之者知道，知道者見妙。見妙由明，資於神識。職有典掌，總名爲曹，曹有績效，皆名爲功。功曹接導，開闇睹明，故曰四明。凡夫蒙愚，憑道乞照，修行法事，先關功曹，次及通眞使者、玉童玉女，達道正神能致生氣。生氣即妙一之本，入身則延年不死，超三界之上，居三元宮中，正一合德，八方和明，功職所關，故號四上。右虎左龍，仁義嚴明，仁以輔善，義以止惡。惡消善積，由於知眞，眞無復雜，雜弗能變，故稱素女。潔白靡汚，夜闇無明，兼須童朗。上玄少女，演元始之氣同。學者入黃宮之中，中極正宗，高尊所處。信誠感通，所啓必允，黃房八窗，義依此例。

夕入於戶存四上等第七

夕入常於戶外咒，存見四上功曹一人、龍虎使者二人、侍靜素女一人、開明童子一人、上玄少女一人。

右六人其形如左。

入堂存三師第八

入堂先思見經師，次思見籍師，次思見度師。

右三條各見所在之方也。

存五臟五嶽五星五帝金映五色圓光第九

存三師竟，次思見五臟、五嶽、五星、五帝。

右四條備衛身中。身中變化，無所不容。至於畫圖無由，備受之於外，標名方位得之，言前功拘蹟致謬耳。

金映蓋一體，體作五色，從肺後出，項有圓光如日象。

右三條在身中照明十方。

凡存思之時，皆閉目內視，人體多神，必以五臟爲主。主各料其事，事各得其成，成正則一而不二，則隱顯無邪，無邪則衆如可見，見則與聖符同，同聖即可弘，積學自然感會，是以朝夕存思，不可懈怠。存者何也？敦也、輪也。思者何也？司也、嗣也。勿以輕躁失本，學以重厚得宗，得宗則輪轉無滯，輪轉無滯則存而不亡。不亡由於司察善惡，善惡在乎嗜慾偏頗。嗜慾偏頗者，愛憎迴遑，往返生死，勞苦未停。未停之停，停善不著善之善，歸宗未能至至宗。無者資於念，念相續繼，念嗣存無，有入於無間，無爲而無不爲，號曰微妙玄通。和光挫鋭，濟度無窮，是故爲學之基，以存思爲首。存思之功，以五臟爲盛。臟者何也？藏也。潛神隱智，不炫耀也。智顯慾動，動慾曰耀，耀之則敗，隱之則成。光而不耀，智靜神凝，除慾中淨，如玉山內明，得斯時理，久視長生也。

第一見肺，紅白色，七葉，四長三短，接喉嚨下。肺者何也？腦也，伐也。善惡之初，兆而未明，明則伐善，善廢惡興，伐人命根，根斷不斷，由於此臟。此臟藏魄。魄者何也？粕也，著也。人之炫耀，莫不關慾。慾著曰惡，惡如糟粕。愚俗滯之不識精本，今願捨著存而見之，魄則肅然，不得爲惡。惡急宜改，先存之火，與金合成則未分，其色紅白，葉數納言，取其和成德。德始於肺，終於脾。脾一又二，兼濟也。兼濟者，信也。

第二見心，如芙蕖未開，又似懸赤油囊，長三寸在前。心者何也？深也，斟也。是非未辯，斟酌優量，敗則滅身，成則得道，禍福之深，由於此臟。此臟藏神，神者何也？申也，眞也。智慧之主，使屈能伸。存而見之，神則凝然，識定入眞，不可深厚也。

第三見肝，蒼紫色，五葉，三長二短，九寸，在心下。肝者何也？幹也，還也。悟惡氣能改，決定無疑，行善建功，乾事不怠，審正還宗，由於此臟。此臟藏魂，魂者何也？紛也，迴也。紛紜俗海，迴向道門。存而見之，魂則欣然歡進，勤立克隆，善業也。

第四見腎，蒼色，如覆雙漆盃，長五寸，俠脅兩膂著脊。腎者何也？緊也。津習善緊，緊不及慢，津潤無窮，濟度無極，通道祛俗，由於此臟。此臟藏精。

精者何也？清也、靈也。動以徐清，化變無礙，神靈往還，提攜空極。存而見之，精則澄然不散泄也。

第五見脾，黃蒼色，長一尺二寸，中有一尺，曲。揜太倉胃上。脾者何也？裨也，移也。清凝潛潤，補益一切，能安能移，而不匱既成，由於此臟。此臟藏志。志者何也？至也，異也。潛潤密化頑鄙異人，存而見之，信驗治志，則湛然至道乎。

坐朝存思第十

坐朝者，端坐而修禮也。凡有公事私礙，或在非類之間，不得束躬，止當展敬，但自安坐，不使人知，香火非嫌乃可爲之。人見致笑，亦不可闕，將護彼意，勿增他愆。初夕、向曉，依時修之，白日啓請亦宜平坐。坐則如常，勿革形色，惟令異人，不能覺知，人覺而喜，乃可化之，覺而嗤鄙，訾毀正眞，設其招殃，又壞子業。古之學道爲己，今之學道爲人。爲人苟以悅人，不顧心非。爲己者，存心是則不顧蹟違，違亦申心。致感迷速，強欲伏衆，有蹟無心。非惟徒勞，乃更獲罪。學眞之士，各加思宜，宜貴會時，時貴善合，合而非善，此時勿會。會必兼濟，濟物及身，善善相得，捨惡昇仙，乃謂爲會。會惡致敗，名濫殊若。出處所遭，遭時二病：一者滯心，二者執蹟。執蹟者，宜以心法化之；滯心者，宜以蹟法引導。導蹟弗偏，化心遺執，二病豁除，上聖之道就矣。凡行經山水，積日舟車，舟車之中，山水之際，步涉登陟，舍住相須，疲倦止息，皆依時存禮。隱顯隨宜，存思精審，自然忘勞，魔邪惡人，不敢撓近。當誦經行戒，以善興居。興居無善，破戒違經，雖復存禮，終不睹眞，嫉鬼妬神，凶人惡物，更相衝犯，煩惱生災，坐卧無寧。急存久行，行之檢身，心存口誦，解了無疑，以定三業。三業既定，衆災自消，人鬼敬伏，擁護去來，出入動靜，必保貞吉。凡行者，亦存《想爾注》，三業在《盟威經》後，凡存思者，急宜憶之，故標出如左。

上最三行：行無爲；行柔弱；行守雌，勿先動。

中最三行：行無名；行清靜；行諸善。

下最三行：行無慾；行知止足；行推讓。

一者不殺；二者不盜；三者不淫。此三事，屬身業。

一者不妄言；二者不綺語；三者不兩舌；四者不惡口。此四事，屬口業。

一者不嫉妬；二者不瞋恚；三者不邪疑。此三事，屬心業。

右九行三業、十事存念。驚恐人思相干，皆速思之，危即安也。

卧朝存思第十一

卧之爲法，勿正仰如尸，當側傍檢體，莫恣縱四肢。不可高枕，三寸許耳。香藥爲枕，無用惡木，冷潔穢臭衝犯泥丸，雖行途權假，常宜防之。卧起咒願，善念存心，心存朝禮，時不可闕。闕礙公私，後皆懺悔也。

朝出戶存玉女第十二

玉女者，是自然妙氣應感成形。形質明淨，清皎如玉，隱而有潤，顯又無邪。學者存眞，階漸昇進，進退在形，出入在道。道氣玄妙，纖毫必應，應引以次，從卑至尊。故白日則玉女守宮；夕夜則少女通事，濟度危難，登道場也。

夕出戶存少女第十三

夕出戶咒曰：少女通靈。學未昇玄，不得無業，業有優劣，皆必須因，因精果妙，乃一其神。神而未一，由學未止，詣之以漸，引陰濟陽。人生陽境，動靜歸陰，陰爲道幾，應感最妙。妙應之初，有玆少女，秉正治邪，和釋隔戾，罰惡祐善，陰德濟陽，顯稱玉明，其可堅貞。咒而存之，成眞則速矣。

右一人其形如左。

齋存雲氣兵馬第十四

朝夕出入，存神禮師，志與朝儀同。凡行道時所存。清旦先思青雲之氣，匝滿齋堂中，青龍、獅子備守前後；次思青氣從師肝中出，如雲之昇，青龍、獅子在青氣中往覆，弟子家合宅大小之身，仙童、玉女、天仙、飛仙、日月星宿、五帝兵馬九億萬騎、監齋直事、三界官屬，羅列左右耳。正中思赤雲之氣，匝滿齋堂，朱雀、鳳凰悲鳴左右；次思赤氣從師心中出，如雲之昇，鳳凰、朱雀在赤氣中往覆，弟子家合宅大小之身，仙童、玉女、天仙、飛仙、日月星宿、五帝兵馬九億萬騎、監齋直事、三界官屬，羅列左右。日入思黃雲之氣，匝滿齋堂，黃龍、黃驎備守四方；次思黃氣從師脾中出，如雲之昇，黃龍、黃驎在黃氣之中往覆，弟子合家大小之身、仙童、玉女、天仙、地仙、飛仙、日月星宿、五帝兵馬九億萬騎、監齋直事、三界官屬，羅列左右。此三時行道，六時依如後科。人定思白雲之氣，匝滿齋堂，白虎、騏驎備守内外；次思白氣從師肺中出，不須存騏驎，宜存白虎。若存驎，思白驎在白氣中往覆，弟子合家大小之身仙童、玉女、兵馬、日月，悉

如前法。黃籙大齋三時，行道宜用日入。常齋三時，可取人定，人定而用日入存思。又六時更從青始，次赤周白，此皆失法，青、白別有，皆非五臟六腑之儀也。夜半思玄雲之氣，匝滿齋堂，靈龜、螣蛇備守上下。次思黑氣從師腎中出，如雲之昇，靈龜、螣蛇在黑氣中，仙童、玉女、日月兵馬，悉如前法也；向曉思紫雲之氣，匝滿齋堂，辟邪獅子，備守隱顯；次思紫氣從師膽中出，餘如前法。其形如左。

凡師思雲氣，各從方來。青雲出上。見從其方稍出，漸成蓊鬱，氤氳充溢堂宇。然後思己身中藏氣又出，與雲色采合氣同，明淨香潔，覆庇家門，宮城山水，大小畢周。神官靈獸，齊整參羅，前後左右，四方內外，上下隱顯，六時轉降，神靈普遍也。

上講座存三色三一魂魄第十五

上講時，先存三色；次存三一。行道有六時，上講但三時，食後、上晡、人定。三時入齋堂，捻香禮三拜，巡迴依坐。竟，有衆者，法師以板擊席，仍放板膝前，同臨目握固，存頭氣青；兩手氣赤；兩足氣白。三氣繞身。其形如左。

初登高座先存禮三尊第十六

講義及讀經，先靜，竟，登起向太上座，三過上香，却後數尺，禮三尊三拜。又仍存經師、籍師、度師，各禮一拜，合六拜，乃登高座，其形如左。三尊者，道尊、經尊、眞人尊。三尊通乎人身，人身欲與三尊同者，清齋，精思，禮拜，存之日一過，如此初下六拜，後重不須禮。一則二拜，叩搏願念如法。贏者，心拜之。

登高座侍衛第十七

登高座，安坐安坐者，大坐也。斂板當心，鳴鼓三十通，嚥液三十六過。臨目見左青龍、右白虎、前朱雀、後玄武、足下八卦神龜、三十六獅子伏前，頭巾七星，五臟生五氣，羅文覆身上。三一侍經，各千乘萬騎，仙童玉女衛之。其形如左。

萬遍竟雲駕至第十八

能讀五千文萬遍，太上雲駕下迎。萬遍畢，未去者，一月三讀之，須雲駕至便昇仙。其形如左。修行萬遍之道，又存五雲之星，轉經之後，夜半至生氣之時，飽服五牙之氣，坐向月建之方，叩齒九通，嚥液三十六過。臨目存五星辰在頭，歲在左肘，太白在右肘，熒惑在兩膝間，鎭在心中，久久乃止。行入常思不忘，千災自然絕，萬禍不能干。後當身上出水，身下出火，智慧六通，奄見五老，是五星精神，見之則變化自在，同昇乎天也。

思神訣

論說

張君房《雲笈七籤》卷五五《魂神部二・思神訣》 夫道者，有形之父母也，寂然不動，至虛無也；感而遂通，至神明也；視之不見，無形容也；聽之不聞，無音聲也。故無形無名，言象莫能得也；有情有信，變化有以生也。生之來神，氣聚也；身之有陰，陽結也。兩儀以分，萬象以成也；天地迴薄，日月以明也。莫不由至道神用，而元一以靈。且人爲物靈，貌爲事眞，智慮純白，耳目澄清，外周六氣，內運五行，形自寂寞，神生窅冥。然則至道無形，應生元氣，謂之一也；一之所剖，分爲三也。三者，清、濁、和，結爲天、地、人也；亦曰三元，上、中、下也；在天爲三光，日、月、星也；在地爲三寶，金、玉、珠也；在人爲三生，耳、目、心也；在道爲三氣，玄、元、始也；又爲三天，清微、禹餘、大赤也；復爲三境，玉清、上清、太清也。又曰：清氣上浮爲天，濁氣下凝爲地，和氣中結爲人。夫天陽地陰，陰陽變化而成五行，謂木、火、金、水、土也；亦曰五氣，謂九、三、七、五、一也；在天爲五星，謂歲、熒、白、辰、鎭也；在地爲五嶽，謂岱、衡、華、恆、嵩也；在人爲五臟，謂肝、心、肺、腎、脾也；又爲五色，青、赤、白、黑、黃也；又爲五音，角、徵、商、羽、宮也；又爲五味，酸、苦、辛、鹹、甘也；又爲五德，仁、義、禮、智、信也。總之爲三五，行導布化，生成萬物也。各有神明，即天地之至用也，而天以之動，地以之靜，人以之生，皆賴其神明也。天有五億五萬五千五百五十五重天，天皆有天尊、太上、天帝、天師也；地有三十六重地，地皆有土皇、將軍、金剛、神王、靈官也；人有

三宮、五神、三魂、七魄也。天地各有神仙吏兵不可稱計，且神明變化皎在目前，愚者莫知。隱顯無方，運轉難識，輔物立象，靈用在焉。故天得一以清，地得一以寧，神得一以靈，谷得一以盈是也。日者天之魂，月者地之魄，謂之神明。人則左目爲日，右目爲月，目者神明之堂也。故神明所託，依於日月，隱於陰陽。且日出於卯，陽也；月出於酉，陰也；三變成德。日初變於卯，其數六，以五乘之，五六三十也；中變於辰，其數五，五五二十五；終變於巳，其數四，四五二十也，故上仙七十五將軍陽神也。月初變於酉，其數六，五六三十也；中變於戌，其數五，五五二十五也；後變於亥，其數四，四五二十也。故上靈七十五將軍陰神也。三元五德，合數爲八，各有上仙上靈陰陽二官，合爲一千二百也；三元各八，爲三千六百也；而陰陽皆五，合爲三萬六千也。其萬八千陽，陽爲外景、爲外神也；其萬八千陰，陰爲內景，爲內神也。而內由外發，陰以陽明，所以一身有一萬八千神曰本分神也，一萬八千神曰影照神也。無陽也，陰不能成；無陰也，陽不能生。是以陰以陽成，陽以陰生，亦內由外明，外由內清，清明相得，而後生成也。所謂神明者，由神故明也。故三光在天而萬物彰，百神在己而五氣昌，其耳目適用，氣力體康，是其神也。天寶之以致浮，地祕之以致安，五嶽享之而安鎭，一人則之而太平。人身上部八景，以應於天；下部八景，以應於地；中部八景，以應於空。三部八景七十二神，景皆有五，三萬六千，與天地合，有一十萬八千。自此以往，雖神不極，由斯數矣。則三洞諸經神仙，將吏侍奉靈官，高下品格，未有不因茲始也。既知其數，當識其方，既識其方，須知表裏，表裏既見，陰陽審焉。內外不同，左右亦別，而象分五色，位列四方，男女可以陰陽求，文武可以剛柔取。凡諸存念，身爲之主，身有三魂、七魄、三元、五眞、一神、百神、三萬六千神，皆在於心也。心正則神正，心邪則神邪，邪之與正，由悟不悟，悟則入正，迷則歸邪，悟者由得其門，迷者由失其路，則沉淪黑夜，處至暗冥室。學道之士宜詳究之，始乎數息歷藏，終乎常住湛寂，誠在爾心矣。

存身神法

論說

《雲笈七籤》卷五五《魂神部二・存身神法》 面東坐，叩齒三十六通，每九下一嚥液。而祝曰：玉清高上，九天九靈，化爲玄玄，下入胃清，金和玉映，心開神明，服食日精，金華充盈。便嚥液，想喉中有赤身童子，仰頭開口承液，下入胃中。畢，又存四神：想肺中童子著白衣冠，口吐白氣於右，變作白虎；次想肝中童子著青衣冠，口吐青氣於左，變作青龍；次想心中童子著赤衣冠，口吐赤氣於前，化爲朱雀；次想腎中童子著黑衣冠，口吐黑氣於後，化爲玄武。祝曰：青龍孟章甲寅，白虎監兵甲申，朱雀陵光甲午，玄武執明甲子，四獸前後圍繞，勿令外邪來干。急急如律令！

次存心肺氣作圓光寶蓋蓋頭，訖，次握固冥目，念敕身祝曰：謹敕身中五體眞官，五臟六腑，九宮，十二宮室，四肢五體，筋骨髓腦，肌膚血脈，孔竅榮衛，一百八十關房，三百六十骨節，一千二百形影，一萬二千精光，三萬六千神氣，左三魂幽精、爽靈、胎光，各守本宮，右七魄衛從尸狗、伏矢、雀陰、呑賊、非毒、除穢、臭肺，青龍扶迎，白虎扶送，朱雀導前持幡幢，玄武從後司鐘鼓。臣身不受邪，肝不受病，肺不受奸，腎不受甘，脾不受化，膽不受怖，胃不受穢，心不受觸，神氣汾溢，吏兵神將侍衛側立。急急如律令！

次叩齒五通，念五臟神名。先存肺神，著白衣冠，在肺，肺神皓華，字虛成三呼；次存心神，著赤衣冠，在心中，心神丹元，字守靈三呼；次存肝神，著青衣冠，在肝中，肝神龍煙，字含明；次存膽神龍曜，字威明；次存脾神常在，字魂庭；次存腎神玄冥，字育嬰。又瞑目內視，五臟分明，了見肝中童子著青衣冠，口吐青氣，從左脇出，化爲青龍；次存肺中童子著白衣冠，口吐白氣，從右脇出，化爲白虎；次存心中童子著朱衣

冠，口吐赤氣，從心中出，化爲朱雀；次存兩腎中童子著黑衣冠，坐兩腎上，口吐黑氣，從腎中出，化爲玄武；次存頭巾七星，下坐青黄白三色雲上，七星在頭，下有金光蓋頂，一身並作黄金色，面是金容；次存肺中白氣，右出繞頂，有圓光。左右日月在眼前，洞焕一室，吏兵玉女，執節持幢，捧香獻花，遍滿前後。心常念飛仙，同昇金闕帝前，永爲帝臣。

存大洞真經三十九真法

論　説

張君房《雲笈七籤》卷四二《存思部一・存大洞真經三十九真法》

太微小童　讀《高上虛皇君道經》，當思太微小童干景精，真氣赤色焕焕，從兆泥丸中入，下布兆身舌本之下，血液之府。畢，微祝曰：真氣下流充幽關，鎮神固精塞死源，玉經慧朗通萬神，爲我致真命長存，拔度七祖返胎仙。畢，引赤氣三嚥止，便讀《玉經》。畢，又祝曰：天有大隱生之靈寶，稱曰明梁上之氣，守我絶塞之下戸，更受生牢門之外，乃又召益元之羽童，列於綠室之軒，使解七祖百結，隨風離根，配天遷基，達變入玄。《玉清隱文》又祝曰：元氣非本生，五途承靈出。雌雄寄神化，森羅邃幽鬱。玉音響太和，萬唱元中發。仙庭迴九變，百混同得一。易有合虛中，俱入帝堂室。畢，此高上祝祕文，泄之七祖充責。

太一尊神　讀《上皇玉虛君道經》，當思太一尊神務猶收，真氣紫色焰焰，從兆泥丸中入，下布兆玉枕之下，泥丸之後戸。畢，微祝曰：太一保命，固神定生。爲我上招帝真之氣，下布紫戸之庭。玉經仰徹，九元朗明。七祖同歡，俱昇上清。畢，引紫氣三嚥止，便讀《玉經》。畢，又祝曰：兆身常死關，結胎害百神。百神解胎結，披散胞内根。七世入帝室，一體合神仙。神仙會玉堂，七祖生南宫。併帶理明初，同席孩道康。萬真守身形，是日藏初明。帝一迴雌雄，保鎮百神門，閉塞萬邪戸，受事九宫間。典禁召司命，三日朝泥丸。

帝君　讀《皇上玉帝君道經》，當思帝君延陵梵真氣紫光鬱鬱，從兆泥丸中入，下布兩眉中間，紫戸之外宫。畢，微祝曰：帝君度符籍，正氣召萬神，上招玉真充，氣布兩眉間，混一生帝景，三素成我仙。飈粲乘龍蓋，逕昇高上軒。畢，引紫氣三嚥止，便讀《玉經》。畢，又祝曰：扶晨始暉生，紫雲映玄阿，焕洞圓光蔚，晃朗濯耀羅，眇眇靈景元，森灑空清華，九天館玉賓，金房唱霄歌。賢哉對帝賓，役召伯幽車。七祖解胞根，世世爲仙家。《玉清隱文》又祝曰：丹皇運珠，守鎮死門，上一赤子玄帝凝天，一名伯無上，亦爲三元先。扶我養我，使我登雲輪，常坐上清軒，七玄爲仙君。

無英公子　讀《上皇先生紫晨君道經》，當思左無英公子玄元叔，真氣玉光奕奕，從兆泥丸中入，下布兆左腋之下，肝之後戸。畢，微祝曰：無英神真生紫皇，三氣混合成宫商，招引真氣鎮膀胱，運流三丹會洞房，爲我致仙變丹容，飛昇雲館入金墉。畢，引玉光三嚥止，便讀《玉經》。畢，又祝曰：神安氣洞，上與天通，越出地戸，過度天門。隱息四維，七星散分，飛行陰房，日月植根。守金藏玉，制御萬神，仙王何人？我已成真。隱存雌雄，玄洞四鄉。結中青氣，號爲延昌。字曰和嬰，理命年長。玄歸固内，慶玄牢張。我日成真，飛仙雲京。

白元洞陽君　讀《太微天帝君道經》，當思右白元洞陽君，真氣金光耀耀，從兆泥丸中入，下布兆右腋之下，肺之後戸。畢，微祝曰：洞陽鬱靈標魂生，金光焕焕氣中精，招真固神令長生，拔出幽根返胎嬰，驂晨御氣昇玉清。畢，引金光三嚥止，便讀《玉經》。畢，又微祝曰：洞陽鬱靈標，守體死門開，戸出三尸蟲，受入九真源，解胞散滯血，百節生正神，七祖滅尸禍，拔殖後葉患。黑氣斌來生，斫斷胞死根，世世受道德，後獲帝仙卿，帝仙是何人？明明七葉孫。乃祖入丹都，併坐精上門。

司命丈人　讀《三元紫精君道經》，當思中央司命丈人君，真氣紫雲之色焰焰，從兆泥丸中入，下布兆絳宫心房之中。畢，微祝曰：司命定年，丈人保仙，度名於南宫，上奏帝君前，世世爲仙王，拔出七葉根。福報無窮已，皆著《玉經》言。畢，引紫雲氣三嚥止，便讀《玉經》。畢，又祝曰：會元三襟交，攜領迴胎嬰，承光守下關，務玄待月明，於是混離固，籥明車受成。福延七世，禍散玄生，守景六合，陵梵七靈，共生億

千，欻昇玉庭。嬰兒徘徊，羽衣命仙，吉濟萬萬，福布千千，骨有玉映，血承瓊泉，生樂天地，日月同年。《玉清隱文》又祝曰：福布七玄前，罪滅三途中，靈吹九晨秒，納氣大帝宮。五仙攜太一，併位重冥空，遂隱上清室，羽明帝一房。

桃孩君　讀《眞陽元老玄一君道經》，當思命門核孩君道康，眞氣黄雲之色，從兆泥丸中入，下布兆臍中命門之外。畢，祝曰：眞靈正神，號曰桃君。混合生宮，守護命門。通仙致氣，齊景寶雲。七祖同生，受福高晨。畢，引黄雲之氣三嚥止，便讀《玉經》。畢，又微祝曰：五嶽眞人，定錄四賓，司錄促到，護籍理民。起非握節，雲拘執旛，香風八披，惡魔絶煙。並來對帝，萬萬稱臣。度我生籍，名遷玉門，扶翼五老，愼護披塵。《玉清隱文》又祝曰：太上時非子，一曰合精延，是爲命門王，可以召萬神。萬神即時到，合會瓊羽門。使令散禍，禍絶福連，上寢玉堂，世受名仙。

上一赤子　讀《上元太素三元君道經》，當思泥丸天帝上一赤子，眞氣如寶光，從兆泥丸中入，下布泥丸九孔之戶。畢，微祝曰：上元赤子號上眞，飛雲羽衣耀紫煙，上招明景對帝賓，寶光奕奕映我身，身生毛羽昇九天。畢，引寶光三嚥止，便讀《玉經》。畢，又祝曰：童子景精，有神有威，合象三形，九道相推。衣服朱丹，步正參差，出入上元，太極內階。知我者長生，存我者不衰。人無哭兆，恃賴辟非。欲知吾處，密問太微。太微玉帝，三聖徘徊，俠我左右，一合俱飛，混洞六腑，日月齊暉。《玉清隱文》又祝曰：九道轉對，五老各寧，洞陽銜籍，號曰鬱靈。七世父母，反胎更生。累業積罪，罪滅福生。上入帝堂，受書丹明。常與伯史原，徘徊三界庭。巾金佩羽，寶曜圓形，玉輪北回，役御朱兵。

中一丹皇君　讀《上清紫眞精三素君道經》，當思絳宮中一元丹皇君，眞氣日光之色，從兆泥丸中入，下布項中大椎骨首之戶。畢，微祝曰：中一眞君，號曰運珠。上招日光，灌我形軀。三眞寶曜，固命玉符，壽億萬年，永無終休。身生羽服，飛昇天衢。畢，引日光三嚥止，便讀《玉經》。畢，又祝曰：天有九魂，不可不分；道有三眞，不可去身。帝一變景，萬化以臻，流珠停暉，紫霞踴煙。七度迴路，三光映眞，太一精符，相與爲親。司命銜月，噓我重脣。五老銜日，吸我三便。太上道君，與我纏綿，上造天階，攜把太眞。

黄庭元王　讀《青靈陽安元君道經》，當思命門下一黄庭元王，眞氣月光之色，從我泥丸中入，下布兩莞間，車軸下戶。畢，微祝曰：下一眞元王，號曰始明精，三皇把符命，金契度仙庭。上招景中氣，氣布冠我形，羽車曜雲羅，令我飛上清。畢，引月光三嚥止，便讀《玉經》。畢，又祝曰：五臟百結，生此萬疾。玄一林虛，開關解結。結絶病散，精神盈溢。福氣充明，禍翳傾竭。仙心日臻，死道月絶。混化九君，合符帝一。七神奉符，公子入室。

九眞帝昌君　讀《皇清洞眞道君道經》，當思泥丸九眞帝昌君上皇，眞氣青光萬丈，從兆泥丸中入，下布口之四際。畢，微祝曰：九眞始生，生於上元，號爲先靈，三景各分。上招玄暉，布流四門，鎭神保仙，拔度七玄，驂景乘浮，朝拜三元。畢，引青氣三嚥止，便讀《玉經》。畢，又祝曰：七氣離羅，太混黄寧；六甲輔魂，內注六丁；三眞入胃，液流大明；五符上皇，泥丸常生。九星下映，日同母軿。遊眄八極，迴蓋雙嬰，上到紫房，被巾羽青，七祖父母，各得返生。

八眞含景君　讀《高上太素君道經》，當思膽中八眞含景君，眞氣黄雲之色，從兆泥丸中入，下布兆背中骨節之府。畢，微祝曰：八眞結神，神生九天，號曰北臺君，常在三合間，招眞洞明氣，下流布我身。身生紫暉，與帝結親，攜契五老，太仙纏綿。畢，引黄氣三嚥止，便讀《玉經》。畢，又祝曰：生生得帝心，各會重戶內，紫房混五神，魂魄恆寶貴，七關受仙輝，五臟充玉氣，俱過水火天，披建四和尉。上歸皇一子，與兆魂相對。

七眞玄陽君　讀《皇上四老道中君道經》，當思左腎七眞玄陽君，右腎七眞玄陰君。眞氣黑雲之色，從兆泥丸中入，下布兆背窮骨地戶中。畢，微祝曰：七眞生帝景，八氣運常寧，上招日中童，圓珠映我形。迴風混幽府，歸妙《大洞經》，拔出地戶難，超淩逸九天。畢，引黑氣三嚥止，便讀《玉經》。畢，又祝曰：太一鬱書，上登洞房，六合三賓，司命神公，手執錄籍，駕景乘龍，左迴靈曜，右扇神風。峨峨隱珠，芬艷嬰蒙，浩觀太無，濯練五通，澄魂羽幽，練魄空洞，招兆百神，月帝之功。七祖順生，景福昌隆，迴我老艾，還復玄童，上對神霄，金光十方，飛飈玉輪，彈金鳴鍾。

六眞元素君　讀《玉晨太上大道君道經》，當思肺中六眞上元素玉君，眞氣白雲之色，從兆泥丸中入，下布兆頸外，十二關梁之中。畢，微祝曰：六眞奕奕，白光央央，迴帝之景，上入丹鄉。招眞下流，灌我玉霜，羽裙紛紛，衣我仙裳。越過水火，飛登神京。畢，引白氣三嚥止，便讀《玉經》。畢，又祝曰：九合三離，紫房散分。五老正嚴，帝一保神，司命奏籍，奉行三元，胞樹斷落，血尸絶根，返胎朱火，迴氣泥丸。我合九清，大混百神，身登玉房，同軿金仙，逍遙太素，徘徊三天，重華列簡，累支流玄，世爲道伯，大福纏綿。上寢玉清，下息命門，五臟秀華，頂負日魂，長保劫齡，後天常全。

五眞養光君　讀《太清大道君道經》，當思脾中五眞養光君，眞氣如玉光金眞之色，從兆泥丸中入，下布兆喉內極根之戶。畢，微祝曰：五眞散靈，布氣九玄，金光曜暉，玉氣吐津，萬神並暢，熙怡我身。圓光奏命籍，太一勅九天，降致八景輿，策龍駕紫煙，混合三帝室，保我億劫年。畢，引玉光金眞之氣三嚥止，便讀《玉經》。畢，又祝曰：晨登九景臺，夕入神霄門，太一神夫子，或曰三來瓫，左執兆符籍，右攜洞陽君，定生會紫房，五神更混分。混分逸帝堂，七祖絶死根，五毒氣零滅，緊津無浮連，令我尸血化，帝房出金元。三塗絶苦樹，世世獲天仙，常與景中王，積劫保元元。

四眞清明君　讀《太極大道元景君道經》，當思肝中四眞清明君眞氣青雲之色，從兆泥丸之中入，下布兆胃脘之戶，膏膜之下。畢，微祝曰：四眞常生，青光華精。徘徊秀朗垣，沈珍玉景庭，攜提高上元，俯仰要五靈，拔解七葉根，與我保華嬰。畢，引青氣三嚥止，便讀《玉經》。畢，又祝曰：帝室混身，一道萬分，是曰帝一，白帝皓靈，我霞迴日，重冥幽寥，藏神化密，把兆五符，與天相畢，玉暉覆蓋，無死無疾。七祖父母，超登丹室，胞根八解，死符絶滅，帝得五元，我迴三七，六腑煥爽，金書羽札，世爲仙眞，寶錄玄別，華繁曾玄，世無曲折。

三眞元生君　讀《皇初紫虛元君道經》，當思精血中三眞元生君，眞氣赤雲之色，從兆泥丸中入，下布兆鼻兩孔下源之中。畢，微祝曰：三眞煥光，流丹徘徊，玄合九景，三洞金扉。上招朱童，五苦廊開，死根斷落，日魂同飛。超逸十界，上昇玉階。畢，引赤氣三嚥止，便讀《玉經》。畢，又祝曰：七氣混合，帝一迴元，結滯日散，兆命長遷，死道閉滅，斷絶胞根。五臟生華，六腑金鮮，帝一保形，司命保神，五符啓扉，五籍登仙，世爲道王，帝師纏綿，散香龍窗，返華揚煙。七攜無上，八暉九陳，流源迴液，領會六淵，名書上清，氣積寂軒。迴風脱死，帝一相連，五通七合，俱生上元。

二眞堅玉君　讀《無英中眞上老君道經》，當思骨節二眞堅玉君。眞氣碧雲之色，從兆泥丸中入，下布兆太倉五腸之口。畢，微祝曰：二眞固神，鬱勃三關，迴金合玉，堅備泥丸，上通帝氣，布流金門，混化啓明，合我仙魂，七祖同飛，滅絶胞根，世保道德，永享欣欣。畢，引碧雲之氣三嚥止，便讀《玉經》。畢，又祝曰：魂生無中，布在九重，道出三極，常遊絳宮。三宮合化，是爲紫房。紫房所在，先由明堂，明堂之內，守神桃康，風雲鬱鬱，旣淸且涼。塞閉欲孔，割破戀根。其聖曰哥，其眞曰寂。兆能知之，乃開金門，金門左右，忽見高賢，左曰父寧，右曰精延。此是景中伯，與你登玉晨。父寧母精，世世爲仙，萬條重華，皆受帝恩。

一眞天精君　讀《中央黃老君道經》，當思心中一眞天精君。眞氣絳雲之色，從兆泥丸中入，下布兆胸中四極之口。畢，微祝曰：一眞鎭心，總領百神，百神常生，會我絳軒。上招玉氣，六液沈珍，赤景啓靈，拔我七根，超逸三途，上昇南仙。畢，引絳氣三嚥止，便讀《玉經》。畢，又祝曰：帝一迴風，化合桃康，流生起福，上溢玉堂，混而合之，出入帝房，三五合一，必成仙君。七玄父母，滅尸散怨，萬劫千年，皆登上仙，玉華，羽服揚幡。魂魄長相抱，百骨皆滿神，神王生津上，超越度死門，遂友高仙子，把持玉清賓。

九元之眞　讀《青精上眞內景君道經》，當思九元之眞拘制。眞氣五色雲氣，從兆泥丸中入，下布兆左耳之下伏晨之戶。畢，微祝曰：九天之精，天關開窗，八景合氣，上通金房，三元帝室，返老生翁，玉華灌溉，練改艾容，飛霄紫輿，運我昇空。畢，引五色雲氣三嚥止，便讀《玉經》。畢，又祝曰：太微小童，常在帝前，其名景精，其姓曰干，合形太一，被服朱丹，五符命籍，把持玉案，帝君所臨，主通諸神。混合太一，司命丈人，固保靈戶，五臟會分，帝仙守宅，凶種滅根，三氣鬱敷，八迴五煙，

我得昇霄，駕龍明軒。

皇一之魂　讀《太陽九氣玉賢元君道經》，當思皇一之魂上歸。眞氣玄雲之色，從兆泥丸中入，下布兆右耳之下伏晨之戶。畢，微祝曰：皇一上眞，洞生丹房，朱映蘭曜，發溢明光。太元之音，朗徹九空，玄金獨落，振響琅琅。上招玉景，協我神堂，策虛昇飛，遊宴玉京。畢，引玄雲之氣三嚥止，便讀《玉經》。畢，又祝曰：九宮一合，化形帝晨，上昇紫房，命眞召仙。會濟魂魄，領括百神，七玄康樂，拔苦破根。死煙滅氣，福祿充軒，兆登太霄，駕景控雲。月中五帝，挾日精輪，鬱將逸阜，飈景同遷。

紫素左元君　讀《太初九素金華景元君道經》，當思紫素左元君翳鬱無刃。眞氣景雲之色，從兆泥丸中入，下布兆頭面之境。畢，微祝曰：翳鬱生眞，眞景生空，靈光昱昱，紫氣融融，上致流津，下布我宮。身生水火，體變玉光，飛仙羽蓋，陞入神公，受書玉經，成我仙宗。畢，引景雲之氣三嚥止，便讀《玉經》。畢，又祝曰：慶元吉津，流汩西田。太帝攜手，命召高仙，拔散濁穢，斷絕死根。上一天帝，號玄凝天，曜明六合，淨寂泥丸，是爲百無上，使兆保長安，列圖玉皇，併襟帝晨，五腑生華，六液龍源，淵清太素，鬱霞金津，萬仙來朝，五嶽啓陳，玄愆沈散，天福奏煙。彫梁守命戶，長來護死門。上生玉房，受位金仙。天之玉堂，常接帝賢，九天之中，宴眄劫年。

黄素中元君　讀《九皇上眞司命君道經》，當思黄素中元君圓華黄刃，眞氣晨景之暉上華，從兆泥丸中入，下布兆胸腹之境。畢，微祝曰：九天上景，化生華暉，晃曄太空，曜眞紫微，上致中黄，百神降迴。散根離苦，八難豁開，七祖同陞，福慶巍巍，使我神仙，八景齊飛。畢，引景暉之氣三嚥止，便讀《玉經》。畢，又祝曰：太帝精魂，陽堂八靈，披散死氣，混合衆生。帝一承圖，三元會明，九眞安安，七神寧寧。超越滯節，過度鬼兵。上昇帝晨，眄樂玉庭。玄母定錄，五腑開清，胞根沒種，血污殄平。七祖父母，起福三清。無英明夫，掌我仙經。廣神安氣，綠迴絕冥，閉藏死關，太混一生。長寢羽臺上，固神五老室，受錄上清闕，保德七元日。上上登玉霄，下下合帝一。

白素右元君　讀《天皇上眞玉華三元君道經》，當思白素右元君啓明蕭刃。眞氣月中之華，從兆泥丸中入，下布兆下關小腹至腳。畢，微祝曰：白素啓明，九天同生，高虛素轡，浮景玉清。迴眞典仙，流灑八溟，通幽達微，朗曜華精。使我內徹，五孔開明，神公來遊，我道克成。畢，引月華之氣三嚥止，便讀《玉經》。畢，又祝曰：魂生九氣，氣變成神，五老纏會，太一化仙。二十四眞，迴形帝先，九曲下戶，鎭生白雲。黄庭六腑，含養命根。胎結胞樹，種栽死山，一得拘制，永斷滅源，符籍清明，金映玉軒，長爲德伯，世得道恩，昇登日月，遂友帝仙。

日中司命　讀《太一上元禁君道經》，當思日中司命接生。眞氣三華之氣，從兆泥丸中入，下布兆左手之戶。畢，微祝曰：四大乘天，天元來歸，三華吐曜，司命景飛，爲我招仙，七祖散開，上登太虛，日月同暉。畢，引三華之氣三嚥止，便讀《玉經》。畢，又祝曰：太一務猶收，傳司北帝司。玄一老子，握節往來，元素把符，白元守雌。煥然神光明，披霞昇帝墉，列坐震靈席，混合五日房，白氣育上生，青君案延昌，左攜精上門，右抱合和嬰。我生日月華，友賓赤氣王。八景照泥丸，朗然洞房中，嬰兒爲赤子，混離生玉容，五道秀金華，位爲上清公。七祖斷玄滯，身得乘神風。徘徊三清上，和樂返嬰童。

月中桃君　讀《元虛黄房眞晨君道經》，當思月中桃君方盈。眞氣月暉之色，從兆泥丸中入，下布兆右手之戶。畢，微祝曰：元虛黄房內，月中號方盈，左宴朱顏臺，右攜仙皇庭，宴景三秀房，結我神始生，同飛入玄玄，七祖返華嬰。畢，引月暉之氣三嚥止，便讀《玉經》。畢，又祝曰：九元鎭眞，五帝纏綿，日月中王，與兆爲親。大混三五，離落魄魂，百節金映，玉液迴神。五腑生華，白氣運煙，充溢三清，紫房寶津，上開仙戶，下塞死門，令我羽簡，玉帝之前，七祖父母，返生南軒，虎符攝魔，龍旗命神。太一金書，招束三官，除滅死籍，刊名玉眞，保生太上，日月同年。

左目童子　讀《太極主四眞人元君道經》，當思左目童子飛雲。眞氣日之華光，從兆泥丸中入，下布兆左目之中。畢，微祝曰：四極太靈，元君精映，日華充溢，童明光光，二景相照，通我明梁，三丹啓眞，我道開張，毛羽羅裙，飛上玉京。畢，引華光三嚥止，便讀《玉經》。畢，又祝曰：我乘混合氣，纏固九眞丘，養光太昌子，駢羅凝羽珠。九尊衆帝生，

洞景迴須臾，七祖結解散，穢積忽已除，世世生福昌，玄祖獲仙書。身昇太霞宮，控龍宴玉虛，上朝上清皇，見侍幸正扶。

右目童子　讀《四斗中眞人七晨散華君道經》，當思右目童子晨嬰。眞氣月之華光，從兆泥丸中入，下布兆右目之中。畢，微祝曰：七晨飛華，華散三元，混合成眞，上招月魂，爲我降靈，啓我仙門，七祖同飛，上朝帝君。畢，引月之華光三嚥止，便讀《玉經》。畢，又祝曰：三素牢張上，老君神生道，固我魄逸遊，保兆六合腦，憂苦沒曲門，死氣閉地下，身爲帝一君，併襟樂六腑，鏡心丹玄房，熙氣泥丸野。體曜金暉，羽錄召眞，白氣重鬱，百神死鮮，長與日月，符籍纏綿，世保道德，永爲天仙，寂寂內注，遂昇帝晨。

肺部童子　讀《辰中黄景元君道經》，當思肺部童子素明。眞氣五闕暉光，從兆泥丸中入，下布兆肺部華蓋之門，上通兩目之童。畢，微祝曰：童子素明，黄雲九纏，滄臺飛輪，三神協眞，號曰玄上景，列位高皇賓，總攝命百神，攜我入紫煙。畢，引暉光三嚥止，便讀《玉經》。畢，又祝曰：二老在左右，帝魂不可分。三九變其上下，太一立其中根，五神奉我生籍，司命塞我死門，九宮合而爲一，六合總而內眞。世獲仙書，福慶纏綿，五老對席，日月爲親，太一來迎，上昇帝晨。七祖滯血，皆爲拔根，返胎南宮，受生帝軒，兆宴玉堂，同襟帝輪。世世列圖，羽服揚幡，子孫保昌，慶及後玄，長爲仙伯，役使萬神。

胎中白氣君　讀《金闕後聖太平李眞天帝上景君道經》，當思胎中一元白氣君務玄子、太一精魂玄歸子二神。眞氣三華之色，從兆泥丸中入，下布兆五臟結喉之本。訖，微祝曰：金闕煥玉清，白氣映丹霞，明光鬱金鈴，五色吐三華，流律宴寢堂，結我始生牙。玉符召百神，金威徵萬魔，保此億劫年，仙道明凶邪。畢，引三華之氣三嚥止，便讀《玉經》。畢，又祝曰：天生八氣，迴合帝鄉，五神奉符，司命扶將。拔斷死籍，蕩穢幽冥，七世解結，福延玉庭，血積沉沒，三素煥清。兆昇天堂，與帝全靈，世得仙契，所願必成。種年日中，植命月庭，返胎童蒙，迴爲孩嬰。生與天同，壽與日並。

結中青氣君　讀《太虛後聖元景彭室眞君道經》，當思結中青氣君案延昌、元君精魂保谷童二神。眞氣如玉華，從兆泥丸中入，下布兆五臟大胃上口。畢，微祝曰：離合九靈，二眞幽密，太虛重天，上攜太一，雌雄混合，同仙妙室。上變九仙，下解胎結，七祖慶欣，五苦解脫，使我飛騰，靈化本質。畢，引玉華三嚥止，便讀《玉經》。畢，又祝曰：種福九天外，拔尸地門下，七玄解滯積，斷樹除憂苦。返胎朱火宮，更生九玄戶，眞氣日日臻，禍害日日除。兆昇三清室，乘飇上景庭，命與月母俱，年隨日帝生。累玄保仙籍，迴老更童嬰，福昇六合內，受圖永常生。

節中黑氣君　讀《太玄都九氣丈人主仙君道經》，當思節中黑氣君斌來生、帝眞精魂幽臺生二神。眞氣玉光之色，從兆泥丸中入，下布兆九腸之口，伏源之下。畢，微祝曰：太玄何寥寥，黑氣生上靈，帝眞洞明景，九氣合神廬。變化十方領，倏欻肇明初，萬眞練我仙，百關自清居。七玄斷胞樹，九曾昇福堂，上招景中子，與我登飛輿。畢，引玉光三嚥止，便讀《玉經》。畢，又祝曰：帝魂照無阿，常鎮兆生門。伏尸滅落，保魂寧神，玄母迴光，奉帝玉仙，右命太一，乃及兆身。北宴上清，列爲玉賓，顏生日華，年合月煙。長躋金房，晨景爲鄰。除憂伏胃門，拔苦三塗中，福積丹玄內，慶充泥丸房，百神混帝一，大變流迴風，返兆朽艾形，改貌爲嬰童。世世入仙堂，玄玄登羽宮，大劫雖屢傾，與日方增崇。

胎胞中黄氣君　讀《上清八景老君道經》，當思胞中黄氣君祖明車、天帝精魂理維藏二神。眞氣黄雲之色，從兆泥丸中入，下布兆小腸二孔之本。畢，微祝曰：上清曜玄臺，八景乘天紀，黄氣協神眞，精魂對帝子，太一度命籍，五符固不死，攜仙帶晨暉，迴風返形始。拔苦出七祖，同歡九玄裏。畢，引黄雲三嚥止，便讀《玉經》。畢，又祝曰：白雲合神景，乘素會太微，上朝帝一室，解帶皇一階，啓明金門中，三陽召上歸，昇我身內神，覆蓋大明威。大寶九華，光映兆形，招雲混眞，散香要靈。含景月中，返胎受生，年停曜景，命遂無傾，身爲仙王，保此上清，世受其書，玄華玉庭。

血中赤氣君　讀《東華方諸宮高晨師玉保王青童君道經》，當思血中赤氣君混離子、司命精魂發紐子二神。眞氣如赤雲之色，從兆泥丸中入，下布兆百關絕節之下。畢，微祝曰：晨暉煥東霞，丹景映高清，二眞協神宗，落落七華生。五老飛帝席，太一保童嬰，錦雲曜幽夜，朗朗開重冥。七祖勒符籍，南極受胎靈，高晨眄雲輿，運我昇飛軿，拔解億世基，歡我萬劫程。畢，引赤雲氣三嚥止，便讀《玉經》。畢，又祝曰：五道混迴，

七門始分，南和建節，白帝彰形，靈標理魄，會昌護神，奉符登脣，寢息玉軒。定錄瓊札，世爲天仙，三塗塞絕，除伐胞根，死氣沈零，禍輪無連，福臻重枝，慶會華玄。名書玉堂內，世爲道德門。

上玄元父玄母　讀《扶桑大帝九老仙皇君道經》，當思上玄元父高同生、下玄玄母叔火王、帝皇太一重冥空、九帝尊神日明眞、太帝精魂陽堂玉、天帝九關魂錄迴道、天紀帝魂照元阿七神。眞氣混合蓮花之形，從兆泥丸中入，下布兆本命之根，胞胎大結之中。畢，微祝曰：元父玄母，七眞齊氣，神公大帝，九老並位，爲我固生，拔度十界，日月同符，九帝合契，坐命天魔，萬靈來拜。浮景三舉上，震杖保億世。畢，引蓮花之氣三噏止，便讀《玉經》。畢，又祝曰：太玄聚暉，映冠扶晨，大帝變景，須臾混分，入兆五腑，堅我玉根，雙軿太一，合羽揚輪。與兆上昇，迴轉金門，年日德昌，體寶金仙，世世昌盛，眞符流連，玄玄累葉，名書靈軒。羽籍紫庭，飛香奏煙，福逮百枝，慶溢帝門。

三素老君　讀《小有玉眞萬華先生主圖玉君道經》，當思三素老君牢張上、正一左仙仲成子、正一右仙曲文子三神。眞氣混合黃、白、玄三色之雲，從兆泥丸中入，下布兆鼻下人中。微祝曰：玉眞生帝景，萬華乘雲發，三老輔二仙，共鎖死戶窟。神映七華生，朽骨蒙更蛻，起逸三界庭，五苦咸解脫，得入九天表，上朗高朱日。畢，引三色之氣三噏止，便讀《玉經》。畢，又祝曰：命門合精，六混七分，太一把籍，司命理神，帝一固形，无英守魂。太迴紫房，奉符帝君，胞樹伐滅，斷絕血根，七玄更起，沈景生煙，兆得上昇，化合帝晨，身映日月，命與天連，重華累暉，咸會上尊。世書靈羽，紫錄內宣，乘景三素，北宴高元，號曰仙王，上清眞人。

中央玄一老子　讀《玄洲二十九眞伯上帝司禁君道經》，當思中央玄一老子林靈。天眞氣黃雲之色，布兆陰莖之端；北方黑帝保成曷眞氣玄雲之色，布兆膀胱之中；西方白帝彰安幸，眞氣素雲之色，布兆陰囊之中；南方赤帝長來覺，眞氣絳雲之色，布兆口舌之中；東方青帝雕梁際，眞氣青雲之色，布兆五臟內。五帝眞氣從兆泥丸中入，下布兆一身。畢，微祝曰：五帝明眞，輔仙玄伯，上帝景暉，吐靈敷席，翳翳神曜，徘徊重寞，羽景保錄，太一命籍，五氣總魂，三精固魄，金仙練容，停年返白，拔出幽根，日月同宅。畢，引五色氣五噏止，便讀《玉經》。畢，又祝曰：上寶月九眞，日羲變玉室。呼吸紫微，大混帝一，八煙叢生，百靈明威，九魂離合，三光同暉。天皇在元，紫煙霏霏，五神奉圖，始命不虧。變入九宮，被服朱衣，腰佩虎章，流雲繡帔，帷帳瓓玕，五色徘徊，日月照察，俠以東西，神庭內體，以除渴飢。三五復反，轉藏營機，周流太一，生均兩儀。《玉清隱文》又祝曰：太一變六合，五神哺泥丸。七積滅三塗，血尸塞下關，三衿對五眞，拔斫胞樹根。丈人號神宗，同心元素君，天皇入太清，五老奉符文，世世登羽宮，重華日中軒。元王始明精，固我本命門，保弼運錄氣，歸上谷下玄，冥景映形神，朝躋太上輪。日月併玉鈴，年隨二景分，丹書玉堂內，位爲天上君，左攜羽臺子，右提金顏仙。

帝卿　讀《太元晨中君刊峨眉山中洞宮玉戶太素君道經》，當思帝卿肇勒精、絳宮中一輔卿中光堅、黃庭下弼卿緣歸上明。三眞之氣，混合青、白、黃三色之雲，從兆泥丸中入，下布兆身三宮本命帝室。畢，微祝曰：三眞生太無，玉戶映晨霞，太素洞元虛，丹靈森朱阿，迴神九重腑，內唱發瓊華，關納百津液，停年三秀柯。我身騰玉清，七祖離幽都，長保不終劫，萬一承仙家。畢，引三色雲氣三噏止，便讀《玉經》。畢，又祝曰：帝一混九玄，太素五華精，寶羽宴玉堂，八風扇太明，高上乘元景，凌梵履昌靈。七化紫房下，九混五帝清，體生六色曜，金映流神形，感濯元氣內，金書玉皇庭。《玉清隱文》又祝曰：靈雲始分，白氣鬱素，混會九玄，三五流布。帝一解形，起登霄路，太一呼吸，五華堅固。司命主日中，白元司日暮。日中靜心，心中妙悟；夕隱泥丸，百神宣布。二宮可以長生，心腦可以長度。

帝一眞君　讀《西元龜山九靈眞仙母青金丹皇道君道經》，當思大洞帝一尊君父寧在。眞氣五色紫雲之煙，從兆泥丸中入，下布一形之內，散氣九孔之中。畢，微祝曰：九靈通妙化，金仙混扶桑。帝一變百神，合靈西丹皇。上爲胎仙母，下號稱神宗，曜景絕雲杪，蕭蕭紫微宮。爲我執命籍，保眞三素房，妙景空中降，練我返嬰蒙，七根絕苦哀，逸起九福堂。畢，引紫雲三噏止，便讀《玉經》。畢，又祝曰：太上洞明，飛景九元，結精凝神，司命混合，散形億分，千乘火甲，萬騎揚幡，俱與太一。上造帝庭仙，伯元起徘徊。仲成曲文，一合我氣，再合我神，三合我魄，四合

我魂，五合我精，六合我身。我身六合，洞靈啓眞，八景靈駕，三素浮輪，我與帝一，俱昇玉晨。重華累枝，混合天仙，身有道籍，世有生根，金簡羽符，名刊日軒。所願即從，天祿詵詵。所向如心，萬福盈門。常存太上，帝一泥丸，雌雄混化，百靈纏綿，讀經萬遍，雲駕來迎，攜宴五帝，日月九君，號爲仙公，上清眞人。

思修九宮法

論説

張君房《雲笈七籤》卷四三《存思部二・思修九宮法》 守寸在兩眉頭入三分，左黃闕紫戶，右絳臺青房。天庭宮，左明堂上，雌宮。明堂宮，兩眉中却入一寸，是雄宮。極眞宮，左洞房宮上，雌宮。洞房宮，兩眉間却入二寸，是雄宮。玄丹宮，在丹田泥丸宮上，雄宮。丹田泥丸宮，兩眉間却入三寸，是雄宮。太皇宮，在流珠宮上，雌宮。流珠宮，在泥丸宮後一寸，是雄宮。玉帝宮，在流珠宮後一寸，是雌宮。

守寸紫戶大神，名平靜，字法王。青房大神，名正心，字初方。三呼其名字，祝曰：紫戶青房，有二大神，手把流鈴，身生風雲，俠衛眞道，不聽外前，使我思感，通利靈關，出入貞利，上登九門，即見九眞，太上之尊。

明堂宮，左有明童眞君，諱玄陽，字少青；右有明女眞官，諱微音，字少元；中有明鏡君，諱照精，字四明。三君共治明堂宮，並著綠錦衣，腰帶四玉鈴，口銜玉鏡，鏡鈴並赤玉，並如嬰兒之狀。三呼三君名字，叩齒九通，則千妖伏息。

洞房宮，左有無英公子，右有白元君，中有黃老魂。三眞共治洞房宮中。此飛眞之道，在《金華經》中。

丹田泥丸宮，左上元赤子，名玄凝天，字三元先；右帝卿君，名肇勒精，字中玄生。二人共治丹田宮。此守三元眞一，地眞之要路，昇空乘龍車之道也。

流珠宮，有流珠眞神居之，又有日月中女子，名纏旋，字密眞。別有《流珠經》，此太極公卿司命之道。

玉帝宮，有玉清神母居之，又有紫素、黃素、白素三素元君居之。上清神母姓廉，名銜，字荒彥；長九寸九分，著黃衣素靈之綬，頭戴七稱珠玉之髻，冠無極進賢冠，居無上之上，太極珠宮中七宮府，五靈鄉，玄元里，下治兆身玉帝宮中。

天庭宮，有上清眞女居之。眞女姓厥，名迴，字粥類。長六寸六分，著青寶神光錦繡霜羅九色之綬，頭戴玉寶飛雲之髻，冠玄黃進賢之冠，居無上之上，太上崑崙太幽宮中明堂府，九光鄉，大化里，下治兆身天庭宮中。

極眞宮，有太極帝妃居之。太極帝幻姓玄，名靈生，字伯元。長七寸七分，著玄羅五色鳳文之綬，頭戴七寶玄雲之髻，冠無極進賢之冠，居無景之上，太清極玄宮中玉房府，三丹鄉，丹元里，下治兆身極眞宮中。

太皇宮，有太上君后居之。太上君后姓遷，名含孩，字合延生。長三寸三分，著七寶飛精玄光雲錦霜羅九色之綬，頭戴九玄玉精頹雲之髻，冠玄黃無極三寶玉冠，居太清九玄之洞，無極眞宮中丹精府，靈光鄉，玄玄里，下治兆身太皇宮中。

四宮雌眞一之道，高於雄眞一。素靈所祕，是天元始生之陰，宮號帝妃也。叩齒十六通，祝曰：太清陰神，號曰婦靈。變景九玄，乘眞隱冥。日吉天朗，告齋上清。心念目矚，洞鑒神形。還守宮宅，玉華芳盈。五色變化，流黃紫青。運致飛霞，上造帝庭。畢，叩齒三十六過止。

玄丹宮，有中黃太一眞君居之。太一眞君厥諱規英，字化玄。貌如嬰孩，坐在金牀玉帳之中，著紫綠錦衣，腰帶流火之鈴，鈴赤色，光聲聞於十萬里。左手把北斗七星之柄，右手把北辰之綱。乃存北極辰星，中有紫氣滿宮，溢出身外，身與紫氣混合爲一；又存日從天上下，入玄丹宮紫氣中央；次存中黃太一眞君，從北極紫氣中下，入兆玄丹宮日中央坐，口吐紫氣滿玄丹宮中；又存己身，上入玄丹宮中，對中黃太一眞君坐。因心起再拜膝前問道，求神仙長生之意，因存口吞紫氣四十過。又存北斗七星，中有一赤氣大如弦，下入己玄丹宮中；又存太一眞君，與兆俱乘日入赤氣道中，上詣北斗魁中，寢卧良久。行之十八年後，使玉童玉女。祝曰：太上眞皇，中黃紫君，厥諱規英，字曰化玄。金牀玉帳，紫繡錦裙，腰帶火

鈴，斬邪滅姦。手把星晶，項生日眞，正坐吐氣，使我嚥呑。與我共語，同晏玄丹，鍊灌七魄，和柔三魂。神靈奉衛，使我飛仙。五臟自生，還白童顔。受書上清，司命帝官，所願所欲，百福惟新。

頭中諸眞神，上治九天之上，下治頭中泥丸。人身中百神，皆與天靈通同。久存呼之，則載人昇天也。其文在前。

帝君諱逢陵梵，字履昌靈，一名七靈，一名神丈人，居太極紫房中，爲身中百神之主。帝君上治玉清天紫房宮，下治人頭紫房宮中。太一名務猷收，字歸會昌，一名鮮明，一名寄頻。左無英公子，名玄充叔，字合符子，一名元素君，一名神公子。洞房宮。右白元洞陽君，名鬱靈標，字玄夷絕，一名朱精，一名啓成。在六合洞房宮。中央司命丈人君，名理明初，字玄度卿，一名神宗，一名靈華。六合洞房宮。司命桃君，名孩道康，字合精延，一名命王，一名胞根。六合洞房宮。帝君主變，太一主生，司命無英主精，白元主魂魄，桃康主神靈。人有五籍五符，稟之帝君，五神執之，各主其一，間關本命除死籍，上生名。常存五神，各捧一青玉案，上有我五符五籍。符長一寸，廣五分；籍長五分，廣一寸。存司命君左手把白玉簡，右手執曾青筆，爲我削除死錄白簡黑書，爲我上生錄白簡青書。存符籍上有我州縣、鄉里、姓名、年如干，青又綠字，分明了了。五神各捧案，擎符籍，從六合宮中上入紫房宮中，對帝君前以呈帝君。帝君即命左玄一老子，名林虛夫；右三素老君牢張上；正一左仙人仲成子；正一右仙人曲文子，方兆兆己符籍，上詣玉清太素、太上三元、上清高玄諸君、九天宮。太素三元高玄並太上仙宮也。

思九宮五神法

論說

張君房《雲笈七籤》卷四三《存思部二・思九宮五神法》　九天九宮，中有九神，謂天皇九魂，變成九氣，化爲九神，各治一宮，故曰九宮。太清中有太素、太和；洞房中有明堂絳宮，是曰六府。上曰天府，下曰洞臺。三五之號，其位不同。一曰太清之中，則三五帝君。二曰三一丹田，神又五者，符籍之神太一、公子白元、司命、桃君是也，合而名爲三五。三五各有宮室，若三眞各安在其宮，五神上見帝君，帝君左有元老丈人，右有玄一老君，此則無極之中，所謂九宮上一則眞一也。九君所謂天之魂，自然成眞子也，以爲兆神者也。若兆知精存九君，深思三眞，必能以兆一體周旋三五之中，反覆七九之裏，使天帝之靈魂常治兆己，五神奉籍，周而復始，必將白日登度，何但不死而已哉！

存元成黃老法

論說

《雲笈七籤》卷四三《存思部二・存元成黃老法》　以月二日、三日夜半安卧，閉目，存思太極中皇帝君，次思左有元成老子，衣青衣，冠五華白冠，左手持金液漿，右手持白幡，並在太極之中。有九名：一曰太清，二曰太極，三曰太微，四曰紫房，五曰玄臺，六曰帝堂，七曰天府，八曰黃宮，九曰玉京玄都。要而言之，從人頂上直下一寸爲太極宮，太極宮方一寸耳，在六合宮之上。六合太一之神居焉。從兩眉間却入一寸爲明堂；却入二寸爲洞房；却入三寸爲丹田。其明堂之北，洞房之南，兩眉間之上一寸爲六合宮，宮方一寸。存三眞畢，又存我魂一人如我之狀，上入太極宮。二老因授青芝金液漿見與，以次存食芝而飲漿，青芝似蓮華，漿似美酒耳。飲食都畢已，乃再拜帝君之前，而言曰：今日清吉，帝君在庭，賜以神芝，金液玉漿，二老度籍，太一奉章，長生久視，壽命未央。又存帝君答曰：幸哉奉時，月二日、三復來。畢，因以取服，名受帝之藥。存思太極之時，皆當從兩眉間入焉。兩眉間爲泥丸之玉門，名曰守寸黃闕紫房矣。

存帝君法

論說

《雲笈七籤》卷四三《存思部二・存帝君法》 常以本命日，或正月一日，或以六戊日，正中時冠帶入室，北向，再拜，咒曰：

高皇帝君，太上玉晨，皇天元老，無上大道，曾孫某甲，願帝君長安兆身紫房宮中。其夜人定時，入密室正卧，冥目上向，存念北斗太極中央大明星，精耀正黄，光氣來下在兆目前，引入口中，嚥三十七過止。存使黄精和氣，塡滿太倉、黄庭、中下丹田，下至陰室地戶，周行匝體，悉令畢至。乃又念紫房宮中有五人，欻象成五帝，天皇帝君正在中央，太一來上當跪帝前，奉兆命籍，司命立後，除兆死録，存削去死録。死録，黑簡白書也；生録，白簡青書也。存見白玉之簡，曾青之筆，司命進授此白簡青筆於帝君，帝君伏南向而書之曰：某郡某鄉里、其甲字、乞玉簡記年，長生上玄，所向如願，爲眞爲仙，天下見者，皆曰眞人。太一司命，保護甲身。永養日月，壽百萬年。又心存籍簡一枚，令長一寸，闊五分耳。思念書字，極令了了。又次存太一、公子、白元、司命、桃君五人，從六合宮上入紫房中，各奉書玉案，案上各有一符，符各有青緑色，以呈帝君。帝君以次取符，付向者共化之四帝。其一帝名曰彫梁際，字青平；其一帝名曰長來覺，字南和；其一帝名曰彰安辛，字西華；其一帝名曰保成曷，字北伐。存此四帝並共讀五符，讀五符畢，因授與兆。兆得符即跪帝君前，以次服之。畢，又存思四帝從虚空中上昇三天，臨去各告兆曰：子能常存我名字者，則辟萬害，長生不死。我太上之子，三元之内眞，度汝命籍，五符入形，故以永存天地，以致仙靈也。若春月則存青平帝，以青液之醴，盛以青玉碗一升見與，服之。服之畢，四帝俱上昇天也。夏月存南和帝，四時仿此也。

存玄一老子法

論說

《雲笈七籤》卷四三《存思部二・存玄一老子法》 又存帝君之左，有玄一老子，服紫衣，建龍冠；又存帝君之右，有三素老君，服錦衣，建虎冠。夫龍虎冠，象如世間遠遊冠，而有龍虎之文章也。玄一老子，名林虚夫，字靈時道；三素老君名牢張上，字神生道。二老並從，正一仙人在後，其左仙人仲成子，一名帝賓，字四華；其右仙人曲文子，一名光堅，字靈和。服色衣冠，亦如二老之狀。

存司命法

論說

《雲笈七籤》卷四三《存思部二・存司命法》 又存司命，下至六合中，詣太一宮，司命合形太一。太一復上請帝君，度兆符籍。太一啓帝君曰：符籍已度，司命合形，四帝賜醴，高上記生，乞得書名出録，以付二老君。於是帝君，忽於懷中出兆命籍，付左老子；又於懷中，出兆五符，付右老君。二老授符籍，而言於帝君曰：某甲生録已定，長存世上，帝符五行，上記太素宮。於是二老命二正一仙人仲成子、曲文子、賫某甲命籍、五符，上詣玉清、太素、太上、三元、上清、高玄諸君，九天宮宣命：帝度某甲生籍，使得神仙，號曰眞賢。二老有命，皆使記焉。於是二人賫兆符籍，宣於九天，良久，都畢。又存司命、太一分形，各爲一人，共遊行太清，檢御一體，百神上下既匝，各還其宮。名此爲百神混合本命

帝君大變之道。五帝定錄之時，二老定生之會也。

導引法分部

導　引

論　説

《莊子・刻意》　吹呴呼吸，吐故納新，熊經鳥申，爲壽而已矣；此道引之士，養形之人，彭祖壽考者之所好也。

《呂氏春秋・盡數》　流水不腐，戶樞不螻，動也。形氣亦然。形不動則精不流，精不流則氣鬱。鬱處頭則爲腫爲風，處耳則爲挶爲聾，處目則爲䁾爲盲，處鼻則爲鼽爲窒，處腹則爲張爲疛，處足則爲痿爲蹷。

又《古樂》　昔陶唐氏之始，陰多滯伏而湛積，水道壅塞，不行其原，民氣鬱閼而滯著，筋骨瑟縮不達，故作爲舞以宣導之。

《黄帝內經・素問》　中央者，其地平以濕，天地所以生萬物也衆，其民食雜而不勞，故其病多痿厥寒熱，其治家導引按蹻。故導引按蹻者，亦從中央出也。

佚名《抱朴子别旨》　夫導引不在於立名，象物粉繪，表影着圖，但無名狀也。或伸屈，或俯仰，或行卧，或倚立，或躑躅，或徐步，或吟，或息，皆導引也。不必每晨爲之，但覺身有不理則行之。皆當閉氣節其氣，衝以通也。亦不待立息數，待氣似極則先以鼻少引入，然後口吐出也。緣氣閉既久則衝喉，若不更引，而便以口吐，則氣一一粗而傷肺矣。如此，但疾愈則已，不可使身汗，有汗則受風，以搖動故也。凡人導引，骨節有聲，如大引則聲大，小引則聲小，則筋緩氣通也。夫導引療未患之疾，通不和之氣，動之則百關氣暢，閉之則三宮血凝，實養生之大律，祛疾之玄術矣。

司馬承禎《修真精義雜論》　夫肢體關節，本資於動用。經脈榮衛，在於宣通。今既閑居，乃無運役事，須導引以致和暢。戶樞不蠹，其義信然。

人之血氣精神者，所以養生而周其性命也。脈經者，所以行血氣也。故榮氣者，所以通津血、益筋骨、利關隔也；衛氣者，所以溫肌肉、充皮膚、肥腠理、司開闔也。又浮氣之修於經者，爲衛氣；其精氣之行於經者，爲榮氣。陰陽相隨，內外相貫，如環之無端也。又頭者，精明之府；背者，胸之府；腰者，腎之府；膝者，筋之府；髓者，骨之府。而又諸骨皆屬於目，諸髓皆屬於腦，諸筋皆屬於節，諸血皆屬於心，諸氣皆屬於肺，此四肢八環之朝夕也。是知五勞之損，動靜所久。

五禽之導，搖動其關，然人之形體，上下相承，氣之源流，升降有叙。嘗見諸導引文，多無次第。今所法者，實有宗旨。其五體平和者，依常數爲之；若一處有所偏疾者，則於其處加數用力行之。

佚名《古仙導引按摩法》　道以爲流水不腐，戶樞不蠹，以其勞動故也。若夫絶坑停水，則穢臭滋積；委木在野，則蟲蝎滋生。眞人遠取之於物，近取之於身，故上天行健而無窮，七曜運動而能久。小人習勞而湛若，君子優游而易傷。馬不行而腳直，車不駕而自朽。導引之道，務於詳和，俛俯安徐，屈伸有節。導引祕經，千有餘條。或以逆却未生之衆病，或以攻治已結之篤疾，行之有效，非空言也。今以易見之事：若令食而即卧，或有不消之疾，其劇者發寒熱癥堅矣。飽滿之後，以之行步，小小作務，役搖肢體，及令人按摩，然後以卧。即無斯患。古語有三疾之言，暮食太飽居其一焉。暮食即飽，便以寢息，希不生疾，故無壽也。諸風痿疾鮮不在卧中得之，卧則百節不動，故受邪氣。此皆病原可見。近魏華佗以五禽之戲教樊阿，以代導引，食畢行之，汗出而已，消穀除病，阿行之，壽百餘歲。但不知餘術，故不得大延年。一則以調營衛，二則以消穀水，三則排却風邪，四則以長進血氣。故老君曰：天地人間，其猶槖籥乎？虛而不屈，動而愈出。言人導引搖動，而人之精神益盛也。導引於外，而病愈於內，亦如針艾攻其榮俞之源，而衆患自除於流末也。

赤松子導引法

論説

佚名《太清導引養生經》 赤松子者，神農時雨師也。能隨風上下，至高辛氏時猶存。

常以朝起，布席東向，先以兩手叉頭上，挽頭至地，五噏五息，止脹氣。

次以卧，右手掩腦，左肘肘地，極，復以左手掩腦，右肘肘地，極，五息止，引筋骨。

次以兩手據右膝，上至腰，睡極起頭，五息止，引腰。

次以左手據腰，左膝右手極上引，以復，右手據腰，右膝左手極上引，皆五息止，引心腹。

次以左手據腰，右手極上引，以復，右手據腰，左手極上引，五息止，引腹中。

次以叉手胸脅前，左右搖頭不息，自極止，引面耳，邪氣不復得入。

次以兩手叉腰下，左右自搖，自極止，通血脈。

次以兩手相叉，極左右，引肩中。

次以兩手相叉，反於頭上，左右自調，引肺肝中。

次以兩手叉胸前，左右極引，除皮膚中煩氣。

次以兩手叉左右，舉肩引皮膚，立左右，搖兩脛引，除腳氣。

右赤松子導引法，除百病，延年益壽，此自當日日習行之，久久有益。

寧先生導引法

論説

佚名《太清導引養生經》 寧先生者，黃帝時人。爲陶正，能積火自燒而隨煙上下，衣常不灼。

常以子後午前，解髮東向，握固不息一通，舉手左右導引，手掩兩耳，令髮黑不白。卧引爲三，以手指掐項邊脈三通，令人目明。東向坐，不息再通。以兩手中指點口中，唾之二七，相摩拭目，令人目明。東向坐，不息三通，以手捻鼻兩孔，治鼻宿息肉愈。東向坐，不息四通，啄齒無通數，伏前側卧，不息六通，愈耳聾目眩。還卧，不息七通，愈胸中痛咳。抱兩膝自企於地，不息八通，愈胸以上至頭頸耳目咽鼻邪熱。去枕握固不息，自企於地，不息九通，東首令人氣上下通。微鼻納氣，愈羸，不能從陰陽法，大陰勿行之。

蝦蟆行氣法：正坐，自動搖兩臂，不息十二通，愈勞大佳。左右側卧，不息十二通，治痰飲不消。右有飲病，右側卧；左有飲病，左側卧。有不消氣排之。日初出、日中、日入，此三時向日正立，不息九通，仰頭吸日精光，九噍之，益精百倍。

入火，垂兩臂，不息即不傷火。法：向南方蹲踞，以兩手從屈膝中入，掌足五指令內曲，利腰尻完，治淋遺溺愈。箕踞交兩腳，手內並腳中，又叉兩手，極引之，愈寤寐精氣不泄。兩手交叉頤下，自極，利肺氣，治暴氣咳。舉兩腳夾兩頰邊，兩手據地，服療宿壅。舉右手，展左手，坐，右腳上掩左腳，愈尻完痛。舉手交頸上相握自極，治脅下痛，舒左手，右手在下握左手拇指自極，舒右手，左手在下握右手拇指自極，皆治骨節酸疼。掩兩腳，兩手指著足五指上，愈腰折不能俯仰，若血久瘀，爲之即愈。豎足五指，愈腰脊痛不能反顧視者。以右手從頭上來下，又挽下手，愈頸不能反顧視。坐地，掩左手，以右手指肩挽之，愈傾側膝腰及

小便不通。東向坐，向日，左手揖月，舉身望北斗，心服月氣，始得衆惡不入，理頭仰苦難。牽右手反折，各左右自極張弓，兼補五臟不足氣，則至抱兩膝著胸，自極，此常令丹田氣還補腦。坐地，直兩腳，以手捻腳脛，以頭至地，調脊諸椎，利髮根令長美。坐地，交叉兩腳，以兩手從曲腳中入，低頭，叉項上，治久寒不能自溫。耳不聞勿正，倍聲不息。行氣從頭至足心，愈疽痂、大風偏枯諸痹。極力右振兩臂，不息九通，愈臂痛勞倦，風氣不隨。

龜鱉行氣法：以衣覆口鼻，不息九通，正卧，微鼻出內氣，愈鼻塞不通。東向坐，仰頭不息五通，以舌撩口中沫，滿二七，嚥，愈口乾舌苦。

雁行氣法：低頭倚臂，不息十二通，以意排留，飲宿食從下部出，自愈。

龍行氣法：低頭下視，不息十二通，愈風疥惡瘡，熱不能入嚥。可候病者以向陽，明以達卧，以手摩腹至足，以手持引足，低臂十二，不息十二通，愈腳足溫痹不任行，腰脊痛。以兩手著項相叉，治毒不愈，腹中大氣即吐之。月初出、月中、月入時，向月正立，不息八通，仰頭吸月光精，八嚥之，令陰氣長，婦人吸之，陰精益盛，子道通。

入水舉兩手臂不息不沒法：向北方箕踞，以手挽足五指，愈伏兔痿尻筋急。箕踞，以兩手從曲腳入，據地曲腳，加其手，舉尻，其可用行氣愈淋瀝乳痛。舉腳交叉項，以兩手據地，舉尻持，任息極，交腳項上，愈腹中愁滿，去三蟲，利五臟，快神氣。蹲踞，以兩手舉足，蹲極橫，治氣衝腫痛，寒疾入上下，致腎氣。蹲踞，以兩手舉足五指，低頭自極，則五臟氣總至，治耳不聞，目不明，久爲之，則令人髮白復黑。正偃卧，捲手，兩即握不息，順腳跟，據牀，治陰結，筋脈痲痿累。以兩手還踞，著腋下，治胸中滿眩，手枯。反兩手據膝上，仰頭，像鱉取氣，致大黃元氣至丹田，令腰脊不知痛，手大拇指急捻鼻孔，不息，即氣上行致泥丸腦中，令陰陽從數至不倦。以左手急捉髮，右手還項中，所謂血脈氣各流其根，閉巨陽之氣，使陰不溢，信明皆利陰陽之道也。正坐，以兩手交背後，名曰帶縛，愈不能大便，利腹，愈虛羸。坐地，以兩手交叉其下，愈陰滿。以兩手捉繩，轆轤倒懸，令腳反在其上見，愈頭眩風癲。以兩手牽，反著背上，挽繩自懸，愈中不專精，食不得下。以一手上牽繩，下手自持腳，愈尻久痔及有腫。坐地直舒兩腳，以兩手叉，挽兩足自極，愈腸不能受食，吐逆。

寧先生曰：夫欲導引行氣，以除百病，令年不老者，常心念有一還丹，以還丹田。夫生人者丹，救人者還，全則延年，去則衰朽。所以導引者，令人肢體骨節中諸邪氣皆去，正氣存處。有能精誠勤習，履行，動作言語之間，晝夜行之，則骨節堅強，以愈百病。若卒得中風病，宿固瘦瘕不隨，耳聾不聞，頭癲疾，咳逆上氣，腰脊苦痛，皆可按圖視像，隨疾所在，行氣導引，以意排除去之。行氣者，則可補於裏，導引者，則可治於四肢。自然之道，但能勤行，與天地相保。

彭祖導引法

論說

佚名《太清導引養生經》 彭祖谷仙卧引法：彭祖者，殷大夫。歷夏至商，號年七百，常食桂得道。

居常解衣被卧，伸腰，瞋小腹，五息止，引腎去消渴利陰陽。又云：申左腳，屈右膝，內壓之，五息止，引脾去心腹寒熱，胸臆邪脹。挽兩足指，五息止，引腹中，去疝瘕，利九竅。仰兩足指，五息止，引腰脊痹偏枯，令人耳聲。兩足內相向，五息止，引心肺，去咳逆上氣。踵內相向，五息止，短股，除五絡之氣，利腸胃，去邪氣。掩左脛，屈右膝，內壓之，五息止，引肺去風虛，令人明目。張脛兩足指號，五息止，令人不轉筋。兩手牽膝置心上，五息止，愈腰痛，外轉兩足十通，內轉兩足十通，止復諸勞。

右彭祖谷仙卧引，除百病，延年益壽要術。

凡十節，五十息，五五二百五十息。欲導引，常夜半至鷄鳴，平旦爲之，禁飽食沐浴。

王子喬八神導引法

論說

《太清導引養生經》　王子喬八神導引法，延年益壽除百病。法曰：枕當高四寸，足相去各五寸，手去身各三寸，解衣被髮，正偃卧，勿有所念，定意，乃以鼻徐納氣，以口出之，各致其藏所，竟而復始。欲休，先極之而止，勿強長息，久習，乃自長矣。氣之往來，勿令耳聞鼻知，微而專之，長遂推之，伏兔股肵，以省爲貴。若存若亡，爲之百遍，動腹鳴氣，有外聲足則得成功。成功之士，何疾而已？喉嚨如白銀鈈，一十二重繫膺，下去得肺，其色白澤，前兩葉高，後兩葉卑，心繫其下，上大下鋭，率率赤如蓮花未開，倒懸著肺也。肝繫其下，色正青，如凫翁頭也。六葉抱胃，前兩葉高，後四葉卑，膽繫其下，如緑綈囊，脾在中央，亦抱正黄如金鑠鑠然也。腎如兩伏鼠，夾脊直臍肘而居，欲得其居高也。其色正黑，肥肪絡之，白黑昭然，胃如素囊，念其屈折右曲，無汚穢之患。肝藏魂，肺藏魄，心藏神，脾藏意，腎藏精，此名曰神舍。神舍修則百脈調，邪病無所居矣。小腸者，長九尺，法九州也。一云九土小腸者，長二丈四尺。諸欲導引，虚者閉目，實者開目，以所若行氣不用，第七息止。徐徐往來，度二百步所，卻坐，小嚥氣五六，不瘥，復如法引，以愈爲效。諸有所苦，正偃卧，被髮如法，徐以口納氣塡腹，自極，息欲絶，徐以鼻出氣，數十，所虚者補之，實者瀉之，閉口温氣嚥之，三十所，腹中轉鳴，乃止，往來二百步，不愈，復爲之。病在喉中、胸中者，枕高七寸，病在心下者，枕高四寸，病在臍下者，去枕。以口納氣，鼻出氣者，名曰補，閉口温氣嚥之者，名曰瀉。

太清嚥氣導引法

論說

《太清導引養生經》　夫人皆稟天地元氣而活之，每嚥吐納則内氣與外氣相應，自氣海中隨吐而上，直至喉中，但候吐極際，則輟口連鼓而嚥之，郁然有聲汩汩，然後左邊而下，至經二十四節，如水歷坎，聞之分明也。女人則從右邊而下，如此則内氣相固，皎然別也。以意送之，手摩之，令速入氣海，氣海在臍下三寸是也，亦謂下丹田。初服氣人，上焦未通，以此摩而助之，務令速下，若氣已流通，不摩而自下，一閉口而連嚥，止二嚥，號雲行。一濕嚥取口中津液相和嚥之，謂之雨施。服氣入内，氣未流行，每一嚥則施之，不可遽行至連嚥也，三年行之，乃以功成也。

導引，服，正住倚壁，不息，行氣從頭至足止，愈疽痂、大風偏枯諸痺。或曰行氣從足起，令上氣至頭止。

導引服氣，先偃卧，閉口鼓腮腹，令氣滿口，嚥，嚥時作意感，向後日夕爲之，妙也。

導引，服，踞地壁角中，兩手抱膝，低頭，不息九通，愈頸痛腰腳。一曰治勞，他同。

導引，服，左右伸兩臂，不息九通，愈臂痛勞風，氣不隨，塞閉。

導引，服，正坐，仰天呼出酒食醉飽之氣，即飢醒，宜夏月行之，令人溫涼不燥。

導引，服，正坐，張鼻服氣，排至臍下，小口微排，不息，以除結，宜夏月喜熱。

導引，服，小低頭，微息，但抱手左右，不息十二通，消食，令人輕身，益精神，配氣不得入，或導引服瀉行氣，皆低頭抱踞，以繩自縛，低頭不息十通，消食輕身。

導引，常以兩手如拓千斤之石，左右互相爲之，終身無疾。

導引，兩手據地，縮身曲脊，向上三舉之，此勢每日爲之，補益延年，當爲之時，勿當風，仍須閉氣，每一服了，吐氣莫令耳聞。若勞倦，以呬吐之，臟中病若冷，則吹氣若熱，呼氣出之矣。

導引，服蛇行，閉氣偃卧，正直復起踞，隨王相所在，向之不息，少食通暢，服氣爲糧，以唾爲漿，春出冬藏，華池玉漿，甜如粘子，勉行之，勿生疑。一本春生夏養，冬合内藏，閉目前光，他同。

導引，思氣者，呵屬心，心主舌，口乾澀氣不通，及諸邪氣，呵以治之。如大熱，大開口，小熱小開口，亦須作意量宜治之，過度則必損。

導引，思氣者，呼屬脾，脾主中宫土，如氣微熱，腹肚脹滿，氣悶不泄，以呼治之。

導引，思氣者，噓屬肝，肝主目，目溫赤，噓以治之。

導引，思氣者，吹屬腎，腎主耳，腰膝冷，陽道衰，吹以治之。

導引，思氣者，呬屬肺，肺主鼻，有寒熱不和，呬以治之。呵、呬、呼、噓、吹、嘻，是五臟各主一氣，及勞極，依理之，立瘥。

導引之法，卧牀當令高，無令地氣上衝，鬼氣有干。

導引之法，無令躁暴者，一身之賊。

導引之法，無令向北，反神，有犯，每事不言，亥子日不向北唾，減損年命。

導引，服，思司命，兩人更回，左右旋，思，常見。

導引，服，思神光黄，且明月在己邊，晝夜常見。

導引，服，思五臟形氣色串，周流身匝。

導引，服，思五臟色神在所處，自此以下，人形皆五。

導引，服，思五臟化爲龍魚。

導引，服，思精臍中，腎氣正赤白，從背上頭下迎身，名曰還精。

導引，服，思心爲火如斗，辟惡氣。

導引，服，思飛，分身飛行，常念有人若已在前後，久可得與語，南北在所問。

右抄集《寧先生導引圖異同事》、《道林導引要旨》。

低頭，以兩手抱兩足，不息十二通，主消穀，令人身輕，益精氣，諸邪惡百病不得入。

踞坐，合兩膝，張兩足，不息五通，治鼻口熱瘡及五痔。

累膝坐，以兩手據兩膝上，伸腰極，起頭引之，不息三通，治膚。

交趺坐，叉兩手著頭上，挽頭結下著地，不息五通，令人氣力自益。

長跪坐，曲手以抱兩乳下，左右膝搖不息，令人延年益壽，住年不老。以兩手抱兩膝著胸前，不息三通，治腰痛腎疝及背膂中疼痛。大箕坐，以兩手捉兩足五指，自極低頭至地，不息十二通，治頸項腰背痛，又令人耳目聰明。交趺坐，以兩手交叉著頭下，自極，不息六通，治腰痛不能反顧。仰頭以手摩腹，以手持足距塵，不息十二通，治膝痹不任行步及腰背痛，伸兩腳以兩手指著足指上，治腰痛如折及欬血、瘀血。屈兩腳，坐卧住足五指，治腰背痛。卧以手摩腹至足，以手持引之不息十二通，治腳痹濕及腰背痛。左手急引髮，右手急掐項中，利陰陽之勢。

正坐，以兩手交背後，治虛羸大小便。

以一手攀上懸繩，一手自持腳，治痔及腫。

伏蹲踞，以兩手抱兩膝，低頭不息九通，治頸痛勞極，腰痛百節蹉錯。

正坐，仰天呼出飲食醉飽之氣，立消也，夏天爲之，令人自然涼，不熱。

以兩手大指捻鼻孔，不息，令人陰陽不倦，外轉兩足十過，内轉兩足十過，補虛損益氣。

赤松子坐引之道，能常爲之，令人耳目聰明，延年益壽，百病不生，其先長跪，兩手向前，各分開，以指外向。

次復長跪，兩手夾叉腰左右。

次復長跪，以右手反腰，左手高頭而止。

次復長跪，以右手伸後去，左手叉腰前。

次復緩形長跪，左右手更伸向前，更屈，從後叉腰。

次復長跪，高舉兩手。

平旦導引法

論說

陶弘景《養性延命録》卷下《導引按摩篇》 《導引經》云：淸旦未起，先啄齒二七，閉目握固，漱滿唾，三嚥氣，尋閉不息自極，極乃徐徐出氣，滿三止；便起，狼踞到顧，左右自摇，亦不息自極，復三；便起下牀，握固不息，頓踵三還，上一手，下一手，亦不息自極三。又叉手項上，左右自了捩，不息復三；又伸兩足及叉手前却，自極復三。皆當朝暮爲之，能數尤善。

平旦以兩手掌相摩令熱，熨眼三過；次又以指搔目四眦，令人目明。

按經文，拘魂門，制魄戶，名曰握固，與魂魄安門戶也。此固精明目留年還白之法，若能終日握之，邪氣百毒不得入。握固法：屈大拇指於四小指下，把之。積習不止，眼中亦不復開。一說云：令人不遭魔魅。

《内解》云：一曰精，二曰唾，三曰淚，四曰涕，五曰汗，六曰溺，皆所以損人也。但爲損者，有輕重耳。人能終日不涕唾，隨有漱滿嚥之。若恆含棗核嚥之，令人愛氣生津液，此大要也。謂取津液，非嚥核也。

常每旦啄齒三十六通，能至三百彌佳，令人齒堅不痛。次則以舌攪漱口中津液，滿口嚥之，三過止。次摩指少陽令熱，以熨目，滿二七止，令人目明。

每旦初起，以兩手叉兩耳極上下，熱挼之二七止，令人耳不聾。次又啄齒漱玉泉三嚥，縮鼻閉氣，右手從頭上引左耳二七，復以左手從頭上引右耳二七止，令人延年不聾。次又引兩鬢髮舉之一七，則總取髮，兩手向上，極勢抬上一七，令人血氣通，頭不白。

又法，摩手令熱，以摩面從上至下，去邪氣，令人面上有光彩。

又法，摩手令熱，雷摩身體，從上至下，名曰乾浴。令人勝風寒、時氣熱、頭痛，百病皆除。

夜欲卧時，常以兩手指摩身體，名曰乾浴，辟風邪。峻坐，以左手托頭，仰右手，向頭上盡勢托，以身并手振動三，右手托頭，振動亦三，除人睡悶。

平旦日未出前，面向南峻坐，兩手托胜，盡勢振動三，令人面有光澤。

平旦起，未梳洗前，峻坐，以左手握右手於左胜上，前却盡勢挼左胜三。又以右手握左手於右胜上，前却挼右胜亦三。次又叉兩手向前，盡勢推三，次叉兩手向胸前，以兩肘向前，盡勢三次，直引左臂，拳曲右臂，如挽一斛五斗弓勢，盡力爲之，右手挽弓勢亦然。次以右手托地，左手抑托天盡勢，右亦如然。次拳兩手向前築，各三七。次拳左手盡勢向背上，握指三，右手亦如之。療背膊臂肘勞氣，數爲之彌佳。

平旦便轉訖，以一長柱杖策腋，垂左腳於牀前，徐峻，盡勢掣左腳五七，右亦如之。療腳氣，疼悶，腰腎間冷氣，冷痹及膝冷腳冷，並主之。日夕三掣彌佳。勿大飽及忍小便。掣如無杖，但遣所掣腳不著地，手扶一物亦得。

司馬承禎導引法

論說

司馬承禎《修真精義雜論》 凡導引，當以丑後卯前天氣淸和時爲之。先解髮，散梳四際，上達頂，三百六十五過，散髮於後，或寬作髻亦得。燒香，面向東，平坐握固，閉目思神，叩齒三百六十五過，乃縱體平氣，依次爲之。先閉氣，以兩手五指交叉，反掌向前，極引臂，拒托之良久，即舉手，反掌向上極臂，即低左手，力舉右肘，令左肘臂按著後項，左手向下力牽之，仍亞向左，開右腋努脅爲之，低右舉左亦如之，即低手鈎項，舉兩肘，偃胸，仰頭向後，令頭與手前後競力爲之，即低手鈎項，擺肘捩身，向左向右，即放手兩膝上，微吐氣通息，又從初爲之三度。次

覆伸左手，仰掌竪指，屈右手，舉肘仰掌竪指，開臂胸膊如挽弓之勢，仍回頭向左，使頭項、胸臆、臂肘等，用力爲之，左右各三度。

次兩手作拳，拿臂向前築，即努肘向後，蹙急做勢，用力爲之，前後各三度。

次以左手拳向左之後力擺臂三，又向下擺臂三，右如之。次交兩臂於胸前，各以手指攀兩肩，仰頭偃胸，努腹腰爲之，即低頭曲腰，聳肩，兩手向下，用力攀之，一仰一低，各三度。

次屈兩手腕安腋下，促兩肘向前，低頭努背爲之，即仰頭努胸臆，促兩肘，向後爲之，前後各三度。

次帖膝坐，以兩手托腰向前，偃身向後，競力爲之。仍搖動其身，即平坐縱緩，又爲之三度。次交脛平坐，左手托左邊，牀稍近身，後腕向外指裏，以右手攀左膝，回頭向左仰視，其後努左右臂膊，用力爲之，左右各三度。

次竪兩膝交兩脛，以兩手交指反掌，向外抱膝，仍低頭努腰背，開膝以磔，而臂極膝。訖即回手掌向裏，急抱膝，聳身仰面，申嗉臆，力向後爲之，一仰一低各三度。

次交脛平坐，從膝向裏申脛出外，以手捉腳指，聳肩，向上用力攀，仍努腰腹向前，左右搖之，氣極放寬，又爲之三度。

次以左手攀左腳指至腳心，腳指至手腕，漸長舒腳，仍舉踵向上，却將右手托右膝上，仍轉頭向左右競力爲之，即屈左腳，以兩手共捧其跟，向上高舉之即放下，以左手按膝，右手攀腳，左手向下極按，右手回向上極攀之，回頭向右之後，努肩膊爲之，左右三度。

次長舒兩腳，偃身向後，反手托牀，屈右腳，向前作勢掣踏之，左右三度。

次舒右腳，屈左腳，以踵加右髀上，垂左膝向下，令至牀，即舒左屈右爲之，左右各三度。

次偃身，反托牀，竪左膝，促斂其踵至臀邊，舉右踵鈎取左膝，漸向下按之，令左膝頭至牀，左右各三度。

次屈左腳向外，以左手下攀腳腕，右手托右膝，回頭向右，低左膝著牀，以腳向外展，以手向內拳，競力爲之，左右各三度。

次開兩膝，合兩腳踵，以兩手攀腳掌，仰頭向上力舉之，氣極縱體，爲之三度。

次舒腳，以兩手交指鈎曲脷中，偃身向後力鈎之，仍漸高舉腳，努脛偃指，左右各三度。

次長舒兩腳，令并竪指，以兩手各攀其指，舉頭用力，爲之三度。

導引畢，平坐縱體，摩兩手掌令溫，乘額向上三九過。摩掌後拭目三九過，即以兩手中指、無名指按鼻左右上下二七過，摩之。以食指、中指叉耳向上聳之三五過，便以虎口叉耳，向後修旋耳輪三五過。摩掌令熱，摩拭面上，令溫溫然，摩頸項、胸臆、兩乳數十過，即摩持臂上，至肩下，至手背，上下數十過，即兩手互相搦捩回轉之，如洗手狀，急用力爲之數十過，即摩按心腹腰髀等處都畢，待氣息調，平坐，服氣如法。其摩掌乘額，拭面目等，尋常數數爲之，彌佳。不唯在服氣之時，其諸導引亦不可總爲諸法，恐煩勞，任逐便爲之。然終須從首至足，令相承，取通也。亦可隔三五日一度，具導引之。又有立卧等法，不能多述，亦各任意爲之。

靈劍子導引勢

論說

原題許真君述《靈劍子·導引勢》 凡欲胎息服氣，導引爲先，開舒筋骨，調理血脈，引氣臻圓，使氣存至極力後見焉。摩拭手腳，偃亞毬拳，伸展拏搦，任氣出旋。諸疾退散，是病能痊。五臟六腑，神氣通玄，來往自熟，道氣成焉。或存至泥丸頂髮，或下至腳板湧泉，久久修之，後知自然。魂魄聿盛，精髓充堅。行此法者，皆作神仙。五臟有勢，逐時補元。春夏秋冬，以意通宣。老子學道，亦乃如然。豈悟衆聖，造次流傳。子書之內，盡著佳篇。今引諸勢，一十六端。

補肝臟三勢，春用之：

一勢：以兩手掩口取熱汗及津液，摩面上下三五十遍，食後爲之，令人華潤。又以兩手摩拭面使極熱，令人光澤不皺。行之三年，色如少女，兼明目，散諸故疾從肝臟中出肩背然，引元和補肝臟，入下元。行導引之法，皆閉氣爲之，先使血脈通流，從遍身中出，百病皆痊。慎勿開口舒氣爲之。用力之際，勿以外邪氣所入於臟腑中，返招禍害，慎護之。

二勢：平身正坐，兩手相叉，爭力爲之。治肝中風。掩項后，使面仰視之，使項與手爭力。去熱毒、肩疼痛、目視不明。積聚風氣不散，元和心氣焚之令出散然。調沖和之氣補肝，下氣海添内珠爾。

三勢：以兩手相重按胜拔去，左右極力。去腰間風毒之氣及胸膈，補肝，兼能明目。

補脾臟一勢，季春用之：

四勢：左右射雕，去胸脅及胸膈結聚風氣、脾臟諸疾，來去用力爲之。閉口，使内氣趨散之爾。

補心臟三勢，夏用之：

五勢：大坐斜身，用力偏敵如排山勢。極力去腰脊風冷，宣通五臟六腑，散腳氣，左右同。補心益智。

六勢：以一手按胜，一手向上極力如托石。去兩脅間風毒。治心臟，通和血脈。左右同。閉氣爲之，十二月俱依此爾。第一勢後便行此法。

七勢：常以兩手合掌向前，築去臂腕淘心臟風勞，宣敎開節，左右同。皆須依春法爾。

補脾臟一勢，季夏用之：

八勢：端身正坐，舒手指直上，反拘三舉，前屈。去腰脊腳膝痹風，散膀胱氣。前後同。至六月十四日已後用之。

補肺臟三勢，秋用之：

九勢：以兩手抱頭項宛轉回旋俯仰，去脅胸筋背間風氣，肺臟諸疾，宣通項脈，左右同。依正月法。

十勢：以兩手相叉頭上過去，左右伸曳之十遍。去關節中風所治肺臟諸疾。

十一勢：以兩手拳腳脛十餘遍。此是開胸膊膈，去脅中氣，治肺臟諸疾，并依正月閉氣爲之。仍叩齒三十六通應之。

補脾臟一勢，季秋用之：

十二勢：九月十二日已後用補脾；以兩手相叉於頭上，與手爭力，左右同。治脾臟四肢，去脅下積滯風氣膈氣，使人能食。閉氣爲之。

補腎臟三勢，冬用之：

十三勢：以兩手相叉，一腳踏之。去腰腳拘急，腎氣諸疾，冷痹，腳手風毒氣，膝中疼痛之疾。

十四勢：大坐，伸手指，緩拘腳指，治腳痹諸風，注氣，腎臟諸毒氣，遠行腳痛不安。並可常爲最妙矣。

十五勢：以一手托膝反折，一手抱頭，前後左右爲之。去骨節間風，宣通血脈，膀胱腎氣，腎臟諸疾。

補脾臟一勢，季冬用之：

十六勢：以兩手聳上，極力三遍，去脾臟諸疾。不安，依春法用之。

右已前一十六勢，並閉氣爲之則妙也。此導引後一千年中，有這首大揚道氣於宮商角徵羽，唱閱後多士矣，共八百衆，於二煉後四元内相次飛昇矣。一煉五百年，二煉一千年。俗以十二年爲一周，道以十二年爲一紀，一元六十年，四元二百四十年，道爲世矣。

天隱子導引術

論說

司馬承禎《天隱子・後序》 夫人之根本由丹田而生，能復則長命，故曰歸根復命。夫人之靈識本乎理性，性通則妙萬物而不窮，故曰成性衆妙。然而呼吸由氣而活，故我有吐納之訣；津液由水臟而生，故我有漱嚥之訣；思慮由心識而動，故我有存想之訣。人身榮衛血脈，痞即行於外，痺即行於內。痞痺內外，相養和平，然後每日自夜半子時至日中午時，先平卧，舒展四肢，次起身導引：

喘息均定，乃先叩當門齒小鳴，後叩大齒大鳴。

以兩手摩面及眼，身覺暖暢，復端坐盤足，以舌攪華池，候津液生而漱之，默記其數，數及三百而一嚥之。凡嚥津，候呼定而嚥，嚥畢而吸，如此則吸氣與津順下丹田也。但子前午後食消心空之時，頻頻漱嚥，無論遍數，意盡則止。

凡五日爲一候，當焚香於靜室中，存想其身，從首至足，又自足至丹田，上脊膂，入於泥丸；想其氣如雲，直貫泥丸。想畢，復漱嚥。

乃以兩手掩兩耳，搭其腦如鼓聲三七下。

伸兩足，端足俯首，極力直頸。

兩手握固，叉於兩脅下，接腰胯骨旁，乃左右聳兩肩胛。

閉息頃刻，候氣盈面赤即止，凡七遍。氣上脊膂，上徹泥丸。此修養之大綱也。

五臟六腑補瀉導引法

論說

胡愔《黃庭內景五臟六腑補瀉圖》 肝臟導引法：正月、二月、三月行之。可正坐，以兩手相重按臂上，徐徐緩綟身，左右各三五度。又可正坐，兩手相叉，翻覆向胸三五度。此能去肝家積聚、風邪毒氣。

又 心臟導引法：四月、五月行之。可正坐，兩手作拳，用力左右五築，各五六度。又可正坐，以一向上，拓空如拓重石。又以兩手急相叉，以腳踏手中，各五六度，然去心胸間風邪諸疾，閉氣爲之，畢，良久閉目，三嚥液，三叩齒而止。

又 脾臟導引法：六月并四季行之。可大伸一腳，以兩手向後反掣，各三五度。亦可跪坐，以兩手拒地，回顧，用力，虎視，各三五度。能去脾臟積聚、風邪毒氣。

又 肺臟導引法：七月、八月、九月行之。可正坐，以兩手據地，縮身曲脊，向上三舉，去肺家風邪積勞。可反拳槌背上，左右各三五度。此去胸臆間風毒，閉氣爲之。畢，良久閉目，三嚥液，三叩齒而止。

又 腎臟導引法：冬三月行之。可正坐，以兩手聳拓石，引脅三五度。亦可手著膝挽肘，左右同。綟身三五度，亦可以足前後踏，左右各數十度，能去腰腎膀胱間風邪積聚。

又 膽腑導引法：可正坐，合兩腳掌，昂頭，以兩手挽腳腕，起搖動，爲之三五度。亦可大坐，以兩手拓地，舉身，努腰脊三五度，能去膽家風毒邪氣。

日用導引法

論說

佚名《三洞樞機雜說・日用導引神仙初地門》 每朝淩晨或五更初，澄心靜慮，握固存神，端嚴敷坐，屏絶緣務，寂無思念，想身於無身之中，存心於無爲之境，是以和氣聿然自至，即便叩齒七通，嚥液七數，度度想液直至下丹田，日久成寶也。然後展體骨，爲十二般導引。

一、通百關：兩手攀兩腳頭三度，三度嚥納，不得出氣。

二、左推右推：以一手串腳脛攀腳面，又一手推腳肚，如此互換，以三爲度，度度嚥納。

三、單展足：以一手托牀，一手攀腳頭，如此互換，各三數，度度嚥納。

四、雙攀足：以兩手攀一腳，如此互換三度，度度嚥納。

五、左右托空：以兩手背鎖，擺出其肘，緩緩解散，一手攀乳傍，一手托虛空，想如推重物，如此互換，以三爲數，度度嚥納。

六、托天據地：以兩手相鎖，反仰托天，緩緩和頭向前，可去地一二寸許，亦以三爲數，度度嚥納。

七、龍盤鳳觜：以左手串入右手，互把其腕，手頭柱觜，如此互換，以三爲數，度度嚥納。

八、鳳凰展翼：兩手先擺後，似鳳翼展，却向前，如此互換三度，度度嘶納。

九、左擺右西：以兩手相鎖抱頭面，左擺西擺嘶，以三爲數，度度嘶納。

十、推東推西：以兩手相鎖托前，擺東右擺，以三爲數，度度嘶納。

十一、擊天門：以兩手相鎖摩鼻，每七摩爲一度，嘶納一嘶，如此亦以三七二十一嘶爲足。

十二、仙人乾浴：以兩手相擦，似有熱氣，便摩兩目，以至於面部、兩耳、項膊，一如澡洗法，唯多爲妙。

已上日用導引，雖云淩晨，亦不拘早晚。但無事常習，自然手熟筋軟，骨壯氣和，有疾除疾，無疾爽神，食飽消良，餒過止飢，一切作爲，並無所礙，雖未可以長生久視，亦且除身中浮疾。諺云：縱然不得力，狡勝別勞心。此之謂也。

導引法

論説

佚名《枕中記》 常以兩手摩拭面上，令人面有光澤，斑皺不生。行之五年，色如少女。

臥起平氣正坐，先叉手掩項上，因仰面視上，使項與兩手爭爲之，三四止，使人精和血通，風氣不入，能久之不病。訖，又屈動身體四極，反張側掣，宣搖百關，各爲之三。

臥起先以手巾若厚帛拭項中四面及耳後周匝，熱溫溫然也。順髮摩項良久，摩兩手以治面目，久久令人目明，邪氣不干。都畢，咽液三十過，以導內液。又欲數按耳左右令無數，令耳不聾鼻不窒爾。

常以生氣時咽液三七遍，閉目內視。訖，按體所痛處，每坐常閉目內視，存見五藏六府，久行之，自得分明了了。常以手按兩目近鼻兩眦，閉氣爲之，氣通乃止，周而復始，常行之洞視千里。常以手按兩眉後小穴中三九過，又以手心及指摩兩目顴上，以手旋耳三十過，皆無數時節也。畢，以手逆乘額三九過，從眉中始，乃上行入髮際中。口傍咽液無數也，常行之，令人眼目清明，一年可夜書。亦可人中密爲之，勿語其狀，善矣。

李鵬飛《三元延壽參贊書》卷四 夜半後生氣時，或五更睡覺，或無事閑坐，腹空時，寬衣解帶，先微微呵出腹中濁氣，一九止，或五六止。定心閉目，叩齒三十六通，以集身神。然後以大拇指背拭目，大小九過。使無翳障，明目，去風，亦補腎氣。兼按鼻左右七過。令表裏俱熱。所謂灌溉中岳，以潤肺。次以兩手摩令極熱，閉口鼻氣。然後摩面，不以遍數。連髮際，面有光。又摩耳根、耳輪，不拘遍數。所謂修其城郭，以補腎氣，以防聾聵。名眞人起居之法。次以舌拄上腭，漱口中內外，津液滿口，作三嚥下之，如此三度九嚥。《黃庭經》曰漱咽靈液體不乾是也。便兀然放身，心同太虛，身若委衣，萬慮俱遣。久久行之，氣血調暢，自然延壽也。又兩足心、涌泉二穴，能以一手舉足，一手摩擦之百二十數，疏風去濕，健腳力。歐陽文忠公用此，大有驗。

五禽戲法

論説

陶弘景《養性延命録》卷下《導引按摩篇》 譙國華佗，善養生，弟子廣陵吴普、彭城樊阿，受術於佗。佗語普曰：人體欲得勞動，但不當使極耳。人身常搖動，則穀氣消，血脈流通，病不生，譬猶戶樞不朽是也。古之仙者及漢時有道士君倩，爲導引之術，作熊經鴟顧，引挽腰體，動諸關節，以求難老也。吾有一術，名曰五禽戲：一曰虎，二曰鹿，三曰熊，四曰猿，五曰鳥，亦以除疾，兼利手足，以常導引。體中不快，因起作一禽之戲，遣微汗出即止，以粉塗身，即身體輕便，腹中思食。吴普行之，

年九十餘歲，耳目聰明，牙齒堅完，吃食如少壯也。

虎戲者，四肢距地，前三躑，却二躑，長引腰，側腳，仰天，即返距行，前却，各七過也。

鹿戲者，四肢距地，引項反顧，左三右二，伸左右腳，伸縮亦三亦二也。

熊戲者，正仰，以兩手抱膝下，舉頭，左擗地七，右亦七，蹲地，以手左右托地。

猿戲者，攀物自懸，伸縮身體，上下一七，以腳拘物自懸，左右七，手鈎却立，按頭各七。

鳥戲者，雙立手，翹一足，伸兩臂，揚眉，用力各二七，坐伸腳，手挽足趾各七，縮伸二臂各七也。

夫五禽戲法，任力爲之，以汗出爲度。有汗，以粉塗身。消穀氣，益氣力，除百病，能存行之者，必得延年。

又有法：安坐，未食前，自按摩。以兩手相叉，伸臂股，導引諸脈，勝如湯藥。正坐，仰天呼出，欲食，醉飽之氣立銷。夏天爲之，令人涼，不熱。

八段錦坐功圖

論說

高濂《遵生八箋・延年却病箋》卷下

叩齒集神圖勢

叩齒集神三十六，兩手抱昆侖，雙手擊天鼓二十四。

右法先須閉目冥心盤坐，握固靜思。然後叩齒集神，次叉兩手向頂後數九息，勿令耳聞。乃移手各掩耳，以第二指壓中指，擊彈腦後左右各二十四次。

搖天柱圖勢

左右手搖天柱各二十四。

右法先須握固，乃搖頭左右顧，肩膊隨動二十四。

舌攪漱咽圖勢

左右舌攪上腭三十六漱，三十六分作三口，如硬物咽之，然後方得行火。

右法以舌攪口齒並左右頰，待津液生，方漱之，至滿口，方咽之。

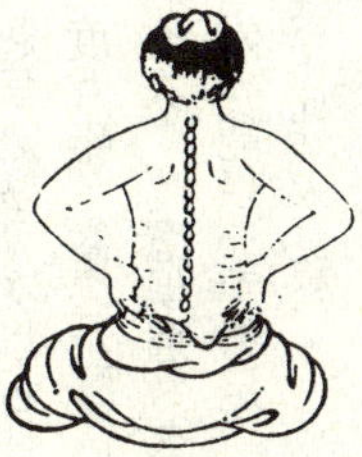

摩腎堂圖勢

兩手摩腎堂三十六，以數多更妙。

右法閉氣，搓手令熱後，摩腎堂如數。畢，仍收手握固，再閉氣，想用心火下燒丹田。覺熱極，即用後法。

單關轆轤圖勢

左右單關轆轤各三十六。

右法須俯首，擺撼左肩三十六次，右肩亦三十六次。

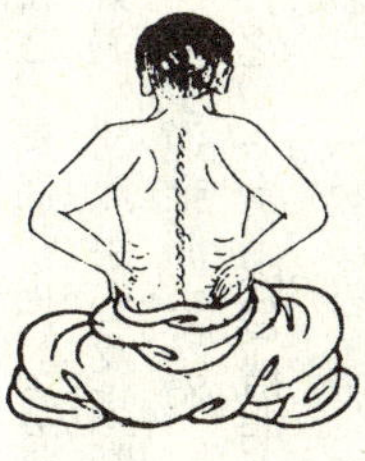

左右轆轤圖勢

雙關轆轤三十六。

右法兩肩并擺撼至三十六數，想火至丹田透雙關入腦戶，鼻引清氣，後伸兩腳。

左右按頂圖勢

兩手相搓，當呵五呵，後叉手托天，按頂各九次。

右法兩手相叉，向上托空三次，或九次。

鈎拳圖勢

以兩手如鈎，向前攀雙腳心十二次，再收足端坐。

右法，以兩手向前攀腳心十二次，乃收足端坐。候口中津液生，再漱再吞，一如前數，擺肩并身二十四，及再轉轆轤二十四次，想丹田火自下而上遍燒身體，想時口鼻皆須閉氣少頃。

八段錦導引法

論説

高濂《遵生八箋·延年去病箋》卷下　閉目冥心坐。冥心盤趺而坐。握固靜思神。叩齒三十六，兩手抱昆侖。叉兩手向項後，數九息，勿令耳聞，自此以後，出入息皆不可使耳聞。左右鳴天鼓，二十四度聞。移兩手心掩兩耳，先以第二指壓中指，彈擊腦後，左右二十四次。微擺撼天柱，搖頭左右顧，肩膊轉隨動二十四，先須握固。赤龍攪水津。赤龍者，舌也。以舌攪口齒并左右頰，待津液生而咽。漱津三十六，一云鼓漱。神水滿口勻。一口分三咽，所漱津液分作三口，作汩汩聲而咽之。龍行虎自奔。液爲龍，氣爲虎。閉氣搓手熱，以鼻引清氣，閉之少頃，搓手急數令熱極，鼻中徐徐乃放氣出。背摩後精門。精門者，腰後外腎也，合手心摩畢，收手握固。盡此一口氣，再閉氣也。想火燒臍輪。閉口鼻之氣，想用心火下燒丹田，覺熱極，即用後法。左右轆轤轉，俯首擺撼兩肩三十六，想火自丹田透雙關入腦戶，鼻引清氣，閉少頃間。兩腳放舒伸。放直兩腳。叉手雙虛托，叉手相交，向上托空三次或九次。低頭攀足頻。以兩手向前攀足心十二次，乃收足端坐。以候逆水上，候口中津液生，如未生，再用急攪取水，同前法。再漱再吞津。如此三度畢，神水九次吞。謂再漱三十六，如前口分三咽，乃爲九也。咽下汩汩響，百脈自調勻。河車搬運訖，擺肩并身二十四，及再轉轆轤二十四次。發火遍燒身。想丹田火自下而上，遍燒身體。想時口鼻皆閉氣少頃。邪魔不敢近，夢寐不能昏。寒暑不能入，災病不能迍。子後午前作，造化合乾坤。循環次第轉，八卦是良因。

訣曰：其法於甲子日，夜半子時起首，行時口中不得出氣，唯鼻中微放清氣。每日子後午前，各行一次，或晝夜共行三次。久而自知，蠲除疾病，漸覺身輕。能勤苦不怠，則仙道不遠矣。

高子曰：已上名八段錦法，乃古聖相傳，故爲圖有八。握固二字，人多不考，豈特閉目見自己之目，冥心見自己之心哉。趺坐時，當以左腳後跟曲頂腎莖根下動處，不令精竅漏泄云耳。行功何必拘子午，但一日之中，得有身閑心靜處，便是下手所在，多寡隨行。若認定二時，忙迫當如之何？入道者不可不知。

十二段錦導引法

論説

潘霨《內功圖説》　十二段錦歌：

閉目冥心坐，握固靜思神。叩齒三十六，兩手抱崑崙。左右鳴天鼓，二十四度聞。微擺撼天柱。赤龍攪水津，鼓漱三十六，神水滿口勻，一口分三嚥，龍行虎自奔。閉氣搓手熱，背摩後精門。盡此一口氣，想火燒臍輪。左右轆轤轉，兩腳放舒伸，叉手雙虛托，低頭攀足頻。以候神水至，再漱再吞津。如此三度畢，神水九次吞。嚥下汩汩響，百脈自調勻。河車搬運畢，想發火燒身。舊名八段錦，子後午前行。勤行無間斷，萬病化爲塵。

以上係通身合總行之，要依次序，不可缺，不可亂。先要記熟此歌，再詳看後及每圖詳注各訣，自無差錯。

十二段錦第一圖

閉目冥心坐，握固靜思神。

盤腿而坐，緊閉兩目，冥忘心中雜念。凡坐，要豎起脊梁，腰不可軟弱，身不可倚靠。握固者，握手牢固，所以閉關却邪也。靜思者，靜息思慮而存神也。

十二段錦第二圖

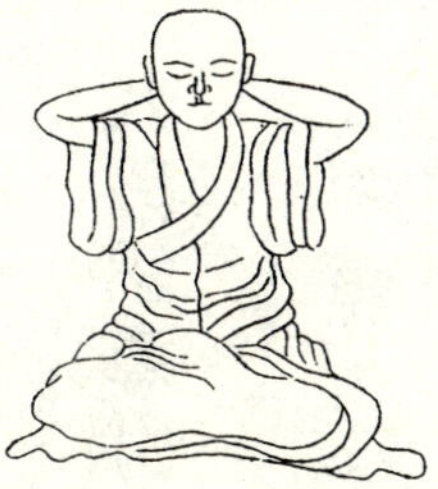

叩齒三十六，兩手抱崑崙。

上下牙齒相叩作響，宜三十六聲。叩齒以集身內之神，使不散也。崑崙即頭。以兩手十指相叉，抱住後頸，即用兩手掌緊掩耳門，暗記鼻息九次，微微呼吸，不宜耳聞有聲。

十二段錦第三圖

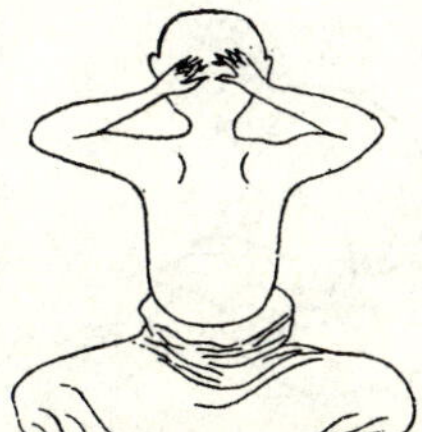

左右鳴天鼓，二十四度聞。

記筭鼻息出入各九次畢，即放所叉之手，移兩手掌掩耳，以第二指疊在中指上，作力放下第二指，重彈腦後，要如擊鼓之聲。左右各二十四度，兩手同彈，一先一後，共四十八聲。仍收手握固。

十二段錦第四圖

微擺撼天柱。

天柱即後頸。低頭，扭頸向左右側視，肩亦隨頭左右搖擺，各二十四次。

十二段錦第五圖

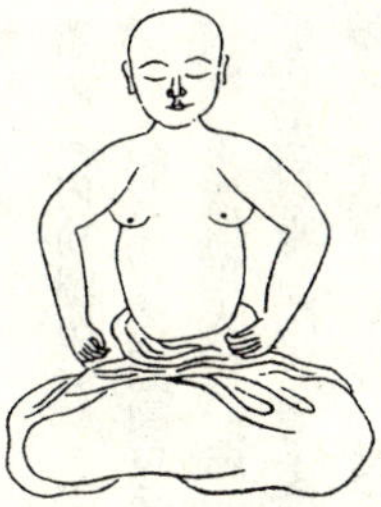

赤龍攪水津，鼓漱三十六，神水滿口勻，一口分三嚥，龍行虎自奔。

赤龍即舌。以舌頂上腭，又攪滿口內上下兩旁，使水津自生。鼓漱於口中，三十六次，神水即津液。分作三次，要汩汩有聲吞下，心暗想目暗看，所吞津液，直送到臍下丹田。龍即津，虎即氣。津下去，氣自隨之。

十二段錦第六圖

閉氣搓手熱，背摩後精門。

以鼻吸氣，閉之，用兩掌相搓擦極熱，急分兩手磨後腰上兩邊，一面徐徐放氣從鼻出。精門，即後腰兩邊軟處。以兩熱手磨三十六遍，仍收手握固。

十二段錦第七圖

盡此一口氣，想火燒臍輪。

閉口鼻之氣，以心暗想，運心頭之火下燒丹田，覺似有熱，仍放氣從鼻出。臍輪，即臍下丹田。

十二段錦第八圖

左右轆轤轉。

曲彎兩手，先以左手連肩圓轉三十六次，如絞車一般，右手亦如之。此單轉轆轤法。

十二段錦第九圖

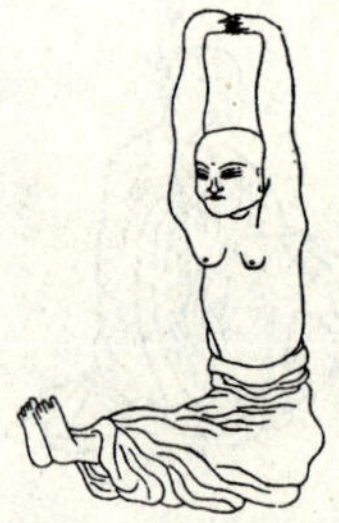

兩腳放舒伸，叉手雙虛托。

放所盤兩腳，平伸向前。兩手指相叉，反掌向上，先安所叉之手於頭頂，作力上托，要如重石在手托上，腰身俱着力上聳。手托上一次，又放下，安手頭頂，又托上。共九次。

十二段錦第十圖

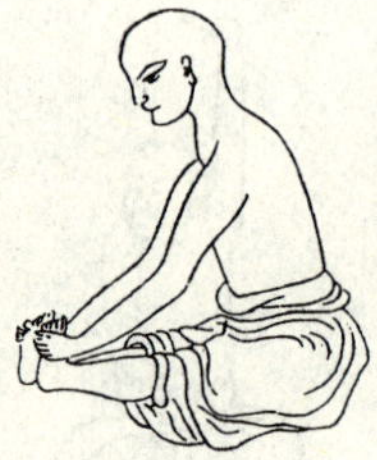

低頭攀足頻。

以兩手向所伸兩腳底作力扳之，頭低如禮拜狀，十二次。仍收手握固，收足盤坐。

十二段錦第十一圖

以候神水至，再漱再吞津，如此三度畢，神水九次吞，嚥下汩汩響，百脈自調勻。

再用舌攪口內，以候神水滿口，再鼓漱三十六。連前一度，此再二度，乃共三度畢。前一度作三次吞，此二度作六次吞，乃共九次吞。如前嚥下，要汩汩響聲。嚥津三度，百脈自週遍調勻。

十二段錦第十二圖

河車搬運畢，想發火燒身。

心想臍下丹田中似有熱氣如火，閉氣如忍大便狀，將熱氣運至谷道即大便處，升上腰間、背脊、後頸、腦後、頭頂止，又閉氣，從額上、兩太陽、耳根前、兩面頰，降至喉下、心窩、肚臍下丹田止。想似發火燒，一身皆熱。

陳希夷二十四氣坐功導引圖勢

論説

高濂《遵生八箋・四時調攝箋》

立春正月節坐功圖

運主厥陰初氣，時配手少陽三焦相火。

坐功　宜每日子丑時，疊手按髀，轉身拗頸，左右聳引各三五度，叩齒吐納漱嚥三次。

治病　風氣積滯，頂痛，耳後痛，肩臑痛，背痛，肘臂痛，諸痛悉治。

雨水正月中坐功圖

運主厥陰初氣，時配三焦手少陽相火。

坐功　每日子丑時，疊手按脞，拗頸轉身，左右偏引各三五度，叩齒吐納漱嚥。

治病　三焦經絡留滯邪毒，嗌乾及腫、噦，喉痹，耳聾污出，目鋭眥痛，頰痛，諸疾悉治。

驚蟄二月節坐功圖

運主厥陰初氣，時配手陽明大腸燥金。

坐功　每日丑寅時，握固轉頸，反肘後向，頓掣五六度，叩齒六六，吐納漱嚥三三。

治病　腰膂肺胃蘊積邪毒，目黃，口乾，鼽衄，喉痹，面腫，暴啞，頭風牙宣，目暗羞明，鼻不聞臭，遍身疙瘩，悉治。

春分二月中坐功圖

運主少陰二氣，時配手陽明大腸燥金。

坐功　每日丑寅時，伸手迴頭，左右挽引各六七度，叩齒六六，吐納嗽嚥三三。

治病　胸臆肩背經絡虚勞邪毒，齒痛頸腫，寒慄熱腫，耳聾耳鳴，耳後肩臑肘臂外背痛，氣滿，皮膚殼殼然堅而不痛，瘙癢。

清明三月節坐功圖

運主少陰二氣，時配手太陽小腸寒水。

坐功　每日丑寅時，正坐定，換手左右如引硬弓各七八度，叩齒，納清吐濁，嚥液，各三。

治病　腰腎腸胃虚邪積滯，耳前熱苦寒，耳聾嗌痛，頸痛不可回顧，肩拔臑折腰軟，及肘臂諸痛。

穀雨三月中坐功圖

運主少陰二氣，時配手太陽小腸寒水。

坐功　每日丑寅時，平坐，換手左右舉托，移臂左右掩乳，各五七度，叩齒，吐納，嗽嚥。

治病　脾胃結瘕瘀血，目黄，鼻鼽衄，頰腫頷腫，肘臂外後廉腫痛，臂外痛，掌中熱。

立夏四月節坐功圖

運主少陰二氣，時配手厥陰心包絡風木。

坐功　每日以寅卯時，閉息瞑目，反換兩手，抑掣兩膝各五七度，叩齒，吐納，嚥液。

治病　風濕留滯，經絡腫痛，臂肘攣急，腋腫，手心熱，喜笑不休，雜癥。

小滿四月中坐功圖

運主少陽三氣，時配手厥陰心包絡風木。

坐功　每日寅卯時，正坐，一手舉托，一手拄按，左右各三五度，叩齒，吐納，嚥液。

治病　肺腑蘊滯邪毒，胸脅支滿，心中澹澹大動，面赤鼻赤，目黄，心煩作痛，掌中熱，諸痛。

芒種五月節坐功圖

運主少陽三氣，時配手少陰心君火。

坐功　每日寅卯時，正立，仰身，兩手上托，左右力舉，各五七度，定息叩齒，吐納嚥液。

治病　腰腎蘊積，虚勞嗌乾，心痛欲飲，目黄，脅痛，消渴，善笑、善驚、善忘，上咳吐下氣泄，身熱而股痛，心悲，頭項痛，面赤。

夏至五月中坐功圖

運主少陽三氣，時配手少陰心君火。

坐功　每日寅卯時，跪坐，伸手叉指，屈指足換踏，左右各五七次，叩齒，納清吐濁，嚥液。

治病　風濕積滯，腕膝痛，臑臂痛，後廉痛厥，掌中熱痛，兩腎內痛，腰背痛，身體重。

小暑六月節坐功圖

運主少陽三氣，時配手太陰肺濕土。

坐功　每日丑寅時，兩手踞地，屈壓一足，直伸一足，用力掣三五度，叩齒，吐納，嚥液。

治病　腿膝腰髀風濕，肺脹滿，嗌乾，喘咳，缺盆中痛，善嚔，臍右小腹脹引腹痛，手攣急，身體重，半身不遂，偏風，健忘，哮喘，脫肛，腕無力，喜怒不常。

大暑六月中坐功圖

運主太陰四氣，時配手太陰肺濕土。

坐功　每日丑寅時，雙拳踞地，返首向肩引作虎視，左右各三五度，叩齒，吐納，嚥液。

治病　頭項胸背風毒，咳嗽，上氣喘喝，煩心，胸膈滿，臑臂痛，掌中熱，臍上或肩背痛，風寒汗出中風，小便數欠，淹泄，皮膚痛及麻，悲愁欲哭，灑淅寒熱。

立秋七月節坐功圖

運主太陰四氣，時配足少陽膽相火。

坐功　每日丑寅時，正坐，兩手托地，縮體閉息，聳身上踊，凡七八度，叩齒吐納嚥液。

治病　補虛益損，去腰腎積氣，口苦，善太息，心脅痛不能反側，面塵體無澤，足外熱，頭痛頷痛，目銳眦痛，缺盆腫痛，腋下腫，汗出振寒。

處暑七月中坐功圖

運主太陰四氣，時配足少陽膽相火。

坐功　每日丑寅時，正坐，轉頭左右舉引，就反兩手捶背各五七度，叩齒，吐納，嚥液。

治病　風濕留滯，肩背痛，胸痛，脊膂痛，脅肋髀膝經絡外至脛絕骨外踝前及諸節皆痛，少氣咳嗽，喘喝上氣，胸背脊膂積滯之疾。

白露八月節坐功圖

運主太陰四氣，時配足陽明胃燥金。

坐功　每日丑寅時，正坐，兩手按膝，轉頭推引，各三五度，叩齒，吐納，嚥液。

治病　風氣留滯腰背經絡，灑灑振寒，苦伸數欠，或惡人與火，聞木聲則驚，狂，瘧，汗出，鼽衄，口喎唇胗，頸腫喉痹，不能言，顏黑，嘔，呵欠，狂歌上登，欲棄衣裸走。

秋分八月中坐功圖

運主陽明五氣，時配足陽明胃燥金。

坐功　每日丑寅時，盤足而坐，兩手掩耳，左右反側，各三五度，叩齒，吐納，嚥液。

治病　風濕積滯脅肋腰股，腹大水腫，膝臏腫痛，膺乳氣衝，股伏兔胻外廉足跗諸痛，遺溺失氣，奔響腹脹，髀不可轉，膕似結，腨似裂，消穀善飢，胃寒喘滿。

寒露九月節坐功圖

運主陽明五氣，時配足太陽膀胱寒水。

坐功　每日丑寅時，正坐，舉兩臂踴身上托，左右各三五度，叩齒，吐納，嚥液。

治病　諸風寒濕邪挾脅腋經絡動衝頭痛，目似脱，項如拔，脊痛腰折，痔，瘧，狂，顛痛，頭兩邊痛，頭顖頂痛，目黄淚出，鼽衄，霍亂諸疾。

霜降九月中坐功圖

運主陽明五氣，時配足太陽膀胱寒水。

坐功　每日丑寅時，平坐，紓兩手，攀兩足，隨用足間力縱而復收五七度，叩齒，吐納，嚥液。

治病　風濕痹入腰足，髀不可曲，膕結痛，腨裂痛，項背腰尻陰股膝髀痛，臍反蟲，肌肉痿，下腫，便膿血，小便脹痛，欲小便不得，臟毒，筋寒足氣，久痔脱肛。

立冬十月節坐功圖

運主陽明五氣，時配足厥陰肝風木。

坐功　每日丑寅時，正坐，一手按膝，一手挽肘，左右顧，兩手左右托三五度，吐納，叩齒，嚥液。

治病　胸脅積滯，虚勞邪毒，腰痛不可俯仰，嗌乾，面塵脱色，胸滿嘔逆，飱泄，頭痛，耳無聞，頰腫，肝逆面青，目赤腫痛，兩脅下痛引小腹，四肢滿悶，眩冒，目瞳痛。

小雪十月中坐功圖

運主太陽終氣，時配足厥陰肝風木。

坐功　每日丑寅時，正坐，一手按膝，一手挽肘，左右爭力各三五度，吐納，叩齒，嚥液。

治病　脱肘，風濕熱毒，婦人小腹腫，丈夫㿗疝狐疝，遺溺閉癃，血睾，腫睾，疝，足逆寒，胻善瘈，節時腫，轉筋陰縮，兩筋攣，洞泄，血在脅下，喘，善恐，胸中喘，五淋。

大雪十一月節坐功圖

運主太陽終氣，時配足少陰腎君火。

坐功　每日子丑時，起身仰膝，兩手左右托，兩足左右踏，各五七次，叩齒，嚥液，吐納。

治病　足膝風濕毒氣，口熱舌乾，咽腫上氣，嗌乾及腫，煩心心痛，黄疸腸澼，陰下濕，飢不欲食，面如漆，咳唾有血，渴喘，目無見，心懸如飢，多恐常若人捕等症。

冬至十一月中坐功圖

運主太陽終氣，時配足少陰腎君火。

坐功　每日子丑時，平坐，伸兩足，拳兩手按兩膝，左右極力三五度，吐納，叩齒，嚥液。

治病　手足經絡寒濕，脊股内後廉痛，足痿厥，嗜卧，足下熱，臍痛，左脅下背肩髀間痛，胸中滿，大小腹痛，大便難，腹大頸腫，咳嗽，腰冷如冰及腫，臍下氣逆，小腹急痛泄，下腫，足胻寒而逆，凍瘡，下痢，善思，四肢不收。

小寒十二月節坐功圖

運主太陽終氣，時配足太陰脾濕土。

坐功　每日子丑時，正坐，一手按足，一手上托，挽首互換，極力三五度，吐納，叩齒，漱嚥。

治病　榮衛氣蘊，食即嘔，胃脘痛，腹脹，噦，瘧，食發中滿，食減善噫，身體皆重，食不下，煩心，心下急痛，溏瘕泄，水閉黃疸，五泄注下五色，大小便不通，面黃口乾，怠惰嗜卧，心下痞，苦善飢善味，不嗜食。

大寒十二月中坐功圖

運主厥陰初氣，時配足太陰脾濕土。

坐功　每日子丑時，兩手向後，踞牀跪坐，一足直伸，一足用力，左右各三五度，叩齒，漱嚥，吐納。

治病　經絡蘊積諸氣，舌根強痛，體不能動搖，或不能卧，強立，股膝內腫，尻陰臑胻足皆痛，腹脹腸鳴，飧泄不化，足不收行，九竅不通，足胻腫若水脹。

易筋經十二圖

論說

潘霨《内功圖說》

韋馱獻杵第一勢

立身期正直，環拱手當胸，氣定神皆斂，心澄貌亦恭。

韋馱獻杵第二勢

足指挂地，兩手平開，心平氣靜，目瞪口呆。

韋馱獻杵第三勢

掌托天門目上觀　足尖著地立身端
力周骹脇渾如植　咬緊牙關不放寬
舌可生津將腭抵　鼻能調息覺心安
兩拳緩緩收回處　用力還將挾重看

摘星換斗勢

隻手擎天掌覆頭　更從掌內注雙眸
鼻端吸氣頻調息　用力收回左右侔

倒拽九牛尾勢

兩骰後伸前屈
小腹運氣空鬆
用力在於兩膀
觀拳須注雙瞳

九鬼拔馬刀勢

側首彎肱　抱頂及頸
自頭收回　弗嫌力猛
左右相輪　身直氣靜

出爪亮翅勢

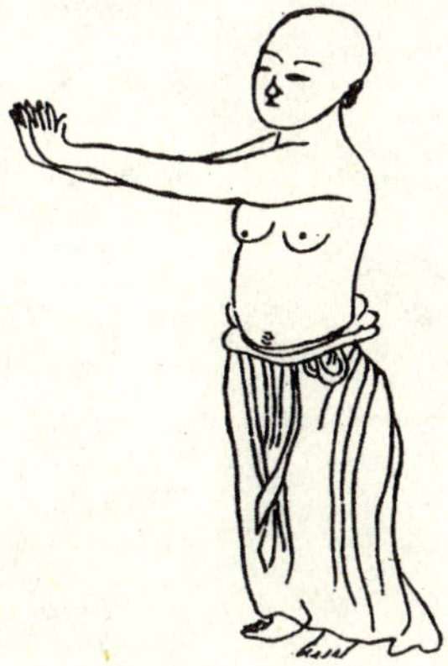

挺身兼怒目
推手向當前
用力收回處
功須七次全

三盤落地勢

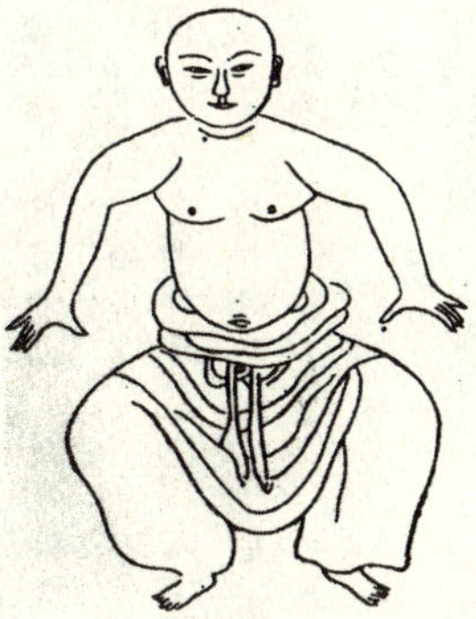

上腭堅撑舌　張眸意注牙
足開蹲似踞　手按猛如拏
兩掌翻齊起　千觔重有加
瞪睛兼閉口　起立足無斜

青龍探爪勢

青龍探爪　左從右出
修士效之　掌平氣實
力周肩背　圍收過膝
兩目注平　息調心謐

卧虎撲食勢

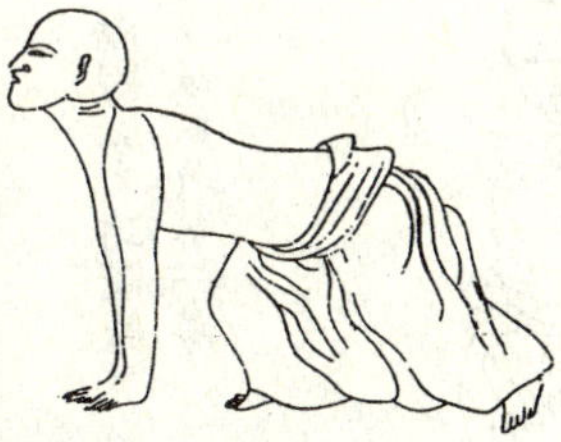

兩足分蹲身似傾　屈伸左右骸相更
昂頭胸作探前勢　偃背腰還似砥平
鼻息調元均出入　指尖著地賴支撑
降龍伏虎神仙事　學得眞形也衛生

打躬勢

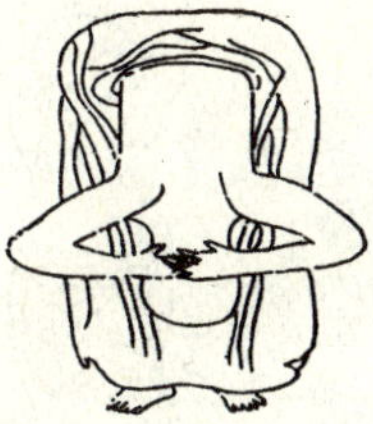

兩手齊持腦　垂腰至膝間
頭惟探胯下　口更齧牙關
掩耳聰教塞　調元氣自閑
舌尖還抵腭　力在肘雙彎

掉尾勢

膝直膀伸　推手自地　瞪口昂頭
凝神壹志　起而頓足　二十一次
左右伸肱　以七爲誌　更作坐功
盤膝垂眦　口注於心　息調於鼻
定靜乃起　厥功維備　總考其法
圖成十二　誰實貽諸　五代之季
達摩西來　傳少林寺　有宋岳侯
更爲鑒識　却病延年　功無與類

祛病九圖

論説

潘霨《内功圖説》

第一圖　以兩手中三指按心窩，由左順揉，團轉二十一次。

第二圖　以兩手中三指由心窩順揉而下，且揉且走，揉至臍下高骨爲度。

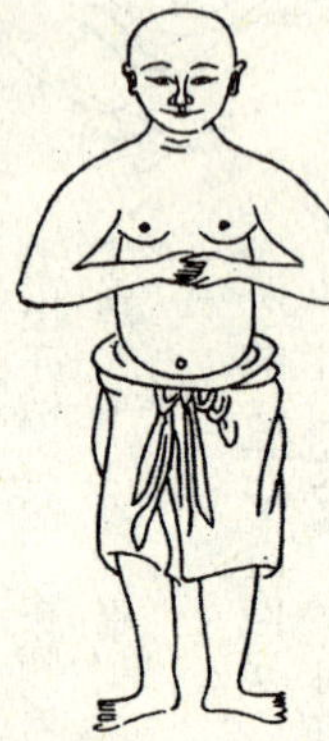

第三圖　以兩手中三指由高骨處向兩邊分揉而上，且揉且走，揉至心窩兩手交接爲度。

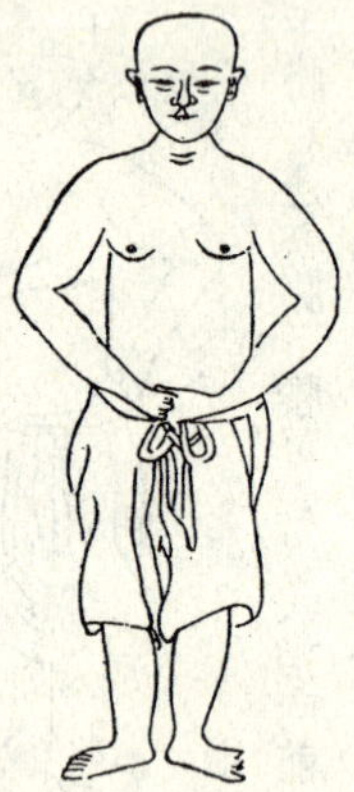

第四圖　以兩手中三指由心窩向下，直推至高骨二十一次。

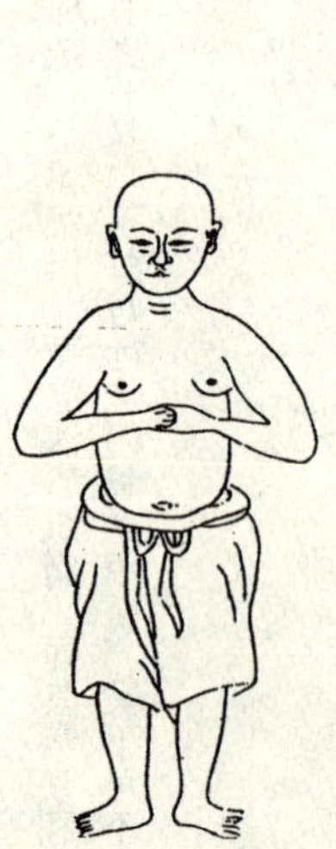

第五圖　以右手由左繞摩臍腹二十一次。

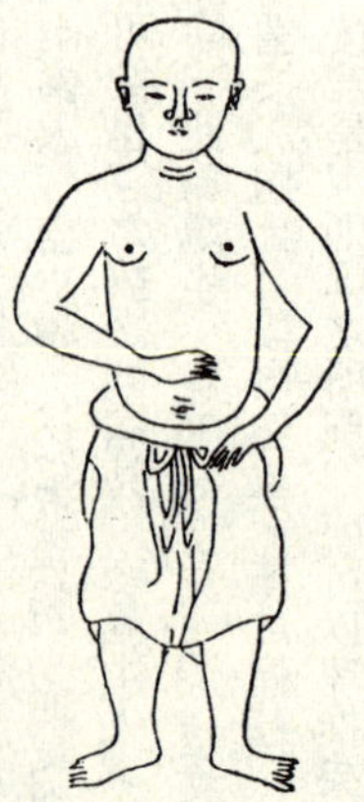

第六圖　以左手由右繞摩臍腹二十一次。

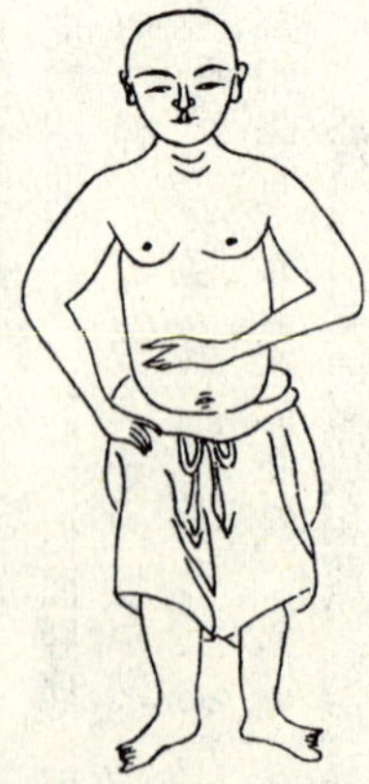

第七圖　以左手將左邊軟脇下腰腎處，大指向前，四指托後，輕捏定，用右手中三指自左乳下直推至腿夾二十一次。

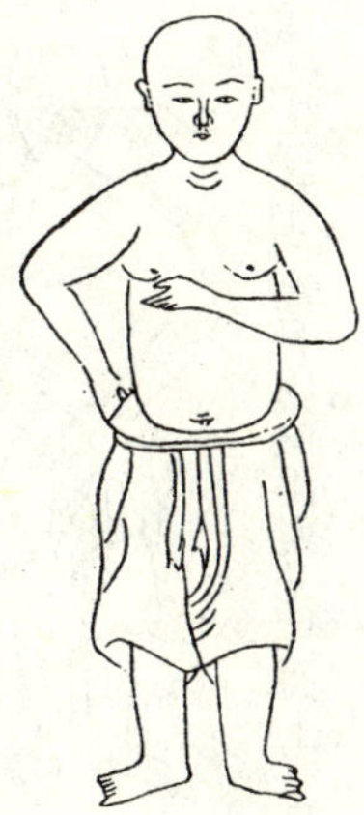

第八圖　以右手將右邊軟脇下腰腎處，大指向前，四指托後，輕捏定，用左手中三指自右乳下直推至腿夾二十一次。

第九圖　揉摩畢，遂趺坐，以兩手大指押子紋，四指拳屈，分按兩膝上，兩足十指亦稍鈎曲，將胸自左轉前，由右歸後，搖轉二十一次。畢，又照前自右搖轉二十一次。

前法如搖身向左，即將胸肩搖出左膝，前向即搖伏膝上，向右即搖出右膝，向後即弓腰後撤，總不以搖轉滿足爲妙，不可急搖，休使著力。

按摩

論說

《中藏經》卷上《論諸病治療交錯致於死候》　夫病者，有宜按摩者，有宜導引者。【略】導引，則可以逐客邪於關節；按摩，則可以驅浮淫於肌肉。【略】宜導引而不導引，則使人邪侵關節，固結難通；宜按摩而不按摩，則使人淫隨肌肉，久留不消。【略】不當導引而導引，則使人眞氣勞敗，邪氣妄行；不當按摩而按摩，則使人肌肉腹脹，筋骨舒張。【略】大凡治療，要合其宜。【略】內無客邪，勿導引；外無淫氣，勿按摩。

《聖濟總録》卷四《治法・按摩》　可按可摩，時兼而用，通謂之按摩。按之弗摩，摩之弗按。按止以手，摩或兼以藥。曰按曰摩，適所用也。《血氣形志論》曰：形數驚恐，經絡不通，病生於不仁，治之以按摩。此按摩之通謂也。《陰陽應象論》曰：其慓悍者，按而收之。《通評虛實論》曰：癰不知所，按之不應，乍來乍已，此按不兼於摩也。華佗曰：傷寒始得一日在皮膚，當摩膏火灸即愈。此摩不兼於按，必資之藥也。世之論按摩，不知析而治之，乃合導引而解之。夫不知析而治之，固已疏矣；又合以導引，益見其不思也。

大抵按摩法，每以開達抑遏爲義。開達則壅蔽者以之發散，抑遏則慓悍者有所歸宿。是故按一也，有施於病之相傳者，有施於痛而痛止者，有施於痛而無益者，有按之而痛甚者，有按之而快然者，概得陳之。風寒客於人，毫毛畢直，皮膚閉而爲熱，或痹不仁而腫痛，既傳於肝，脅痛出食，斯可按也。肝傳之脾，名曰脾風。發癉腹中熱，煩心出黃，斯可按也。脾傳之腎，名曰疝瘕。少腹冤熱而痛出白，一名爲蠱，斯可按也。前所謂施於病之相傳有如此者。寒氣客於脈外，則脈寒，寒則縮蜷，縮蜷則脈絡急，外引小絡，卒然爲痛；又與熱氣相薄，則脈滿而痛，脈滿而痛，不可按也。寒氣客於腸胃之間，膜原之下，血不得散，小絡急引。是痛也，按之則血氣散而痛止。迨夫客於俠脊之脈，其藏深矣，按不能及，故按之爲無益也。風雨傷人，自皮膚入於大經脈，血氣與邪，并客於分腠間，其脈堅大，若可按也，然按之則痛甚。寒濕中人，皮膚不收，肌肉堅緊，榮血泣，衛氣除，此爲處也。虛則聶辟氣乏，惟按之則氣足以溫之，快然而不痛。前所謂按之痛止，按之無益，按之痛甚，按之快然，有如此者。夫可按，不可按若是，則摩之所施，亦可以理推矣。養生法：凡小有不安，必按摩挼捺，令百節通利，邪氣得泄。然則按摩有資於外，豈小補哉？

摩之別法，必與藥俱。蓋欲浹於肌膚，而其勢駃利。若療傷寒，以百膏摩體，手當千遍，藥力乃行。則摩之用藥，又不可不知也。

頭部按摩法

論說

《雲笈七籤》卷四八《祕要訣法四・按天庭法》　天庭，是兩眉之間，眉之角也。眉內角，兩頭骨凹處。山源，是鼻下人中之本側，在鼻下小入谷中也。鼻中隔之中內際，宛凹處。華庭，在兩眉之下。眉下虛骨凹處。旦、中、暮，向其方平坐，臨目，嚥液三九，急以手陰按之三九。以兩手中指，急按其處。急，謂痛按之，非急速之急也。按而祝曰：開通天庭，使我長生，徹視萬里，魂魄返嬰，滅鬼却魔，來致千靈，上昇太上，與日合并，得補眞人，列象玄名。此爲常人致靈徹視，杜遏萬邪之道也。

肢體按摩法

論說

蒲虔貫《保生要録・調肢體門》　養生者，形要小勞，無至大疲。故水流則清，滯則污。養生之人，欲血脈常行，如水之流。坐不欲至倦，行不欲至勞，頻行不已，然宜稍緩，即是小勞之術也。故手足欲時其屈伸，兩臂欲左挽右挽如挽弓法，或兩手雙拓如拓石法，或雙拳築空，或手臂左右前後輕擺，或頭項左右顧，或腰胯左右轉，時俯時仰，或兩手相捉，細細捩如洗手法，或兩手掌相摩令熱，掩目摩面，事閑隨意爲之，各十數過而已。每日頻行，必身輕、目明、筋節血脈調暢，飲食易消，無所擁滯。體中小不佳，快爲之即解。舊導引方太煩，崇貴之人不易爲也。今此術不擇時節，亦無度數，乘閑便作，而見效且速。

夫人夜卧，欲自以手摩四肢胸腹十數過，名曰乾浴。卧欲側而曲膝，益氣力。常時濁唾則吐，清津則嚥。常以舌拄上腭，聚清津而嚥之，潤五臟，悅肌膚，令人長壽不老。《黄庭經》曰：口爲玉池大和官，漱嚥靈液災不干。又曰：閉口屈舌食胎津，使我遂煉獲飛仙。頻叩齒令齒牢，又辟惡。夫人春時暑月欲得晚眠早起，秋欲早眠早起，冬欲早眠晏起。早不宜在鷄鳴前，晚不宜在日出後。熱時欲舒暢，寒月欲收密，此合四氣之宜，保身益壽之道也。

日用按摩法

論說

李鵬飛《三元延壽參贊書》卷四　夜半後生氣時，或五更睡覺，或無事閑坐，腹空時，寬衣解帶，先微微呵出腹中濁氣，一九止，或五六止，定心閉目，叩齒三十六通，以集身神，然後以大拇指背拭目，大小九過，使無翳障，明目，去風，亦補腎氣。兼按鼻左右七過。令表裏俱熱。所謂灌溉中嶽以潤肺。次以兩手摩令極熱，閉口鼻氣，然後摩面，不以遍數，連髮際，面有光。又摩耳根、耳輪，不拘遍數，所謂修其城郭，以補腎氣，以防聾聵。名眞人起居之法。次以舌拄上腭，漱口中內外，津液滿口，作三嚥下之，如此三度九嚥。《黄庭經》曰漱嚥靈液體不乾是也。便兀然放身，心同太虚，身若委衣，萬慮俱遣。久久行之，氣血調暢，自然延壽也。又兩足心涌泉二穴，能以一手舉足，一手磨擦之百二十數，疏風去濕，健脚力。歐陽文忠公用此，大有驗。

按摩法

論說

孫思邈《孫真人備急千金要方》卷八二《養性・按摩法・天竺國按摩法》 此是婆羅門法。

兩手相捉紐捩，如洗手法。

兩手淺相叉，翻覆向胸。

兩手相捉，共按脞，左右同。

以手如挽五石力弓，左右同。

兩手相重按脞，徐徐捩身，左右同。

作拳向前築，左右同。

作拳却頓，此是開胸，左右同。

如拓石法，左右同。

以手反捶背上，左右同。

兩手據地，縮身曲脊，向上三舉。

兩手抱頭，宛轉脞上，此是抽脅。

大坐斜身偏欹如排山，左右同。

大坐伸兩腳，即以一腳向前虛掣，左右同。

兩手拒地回顧，此是虎視法，左右同。

立地反拗身三舉。

兩手急相叉，以腳踏手中，左右同。

起立以腳前後虛踏，左右同。

大坐伸兩腳，用當相手勾所申腳，著膝中，以手按之，左右同。

右十八勢，但是老人日別能依此三遍者，一月後百病除，行及奔馬，補益延年，能食、眼明、輕健、不復疲乏。

老子按摩法：

兩手捺脞，左右捩身二七遍。

兩手捻脞，左右紐肩二七遍。

兩手抱頭，左右紐腰二七遍。

左右挑頭二七遍。

兩手托頭，三舉之。

一手抱頭，一手托膝，三折，左右同。

一手托頭，一手托膝，從下向上三遍，左右同。

兩手攀頭下向，三頓足。

兩手相捉頭上過，左右三遍。

兩手相叉，托心前，推却挽三遍。

兩手相叉，著心三遍。

曲腕築肋挽肘，左右亦三遍。

左右挽，前後拔，各三遍。

舒手挽項，左右三遍。

反手著膝，手挽肘，覆手著膝上，左右亦三遍。

手摸肩從上至下使遍，左右同。

兩手空拳築三遍。

外振手三遍，內振三遍，覆手振亦三遍。

兩手相叉，反覆攪，各七遍。

摩紐指三遍。

兩手反搖三遍。

兩手反叉，上下紐肘無數，單用十呼。

兩手上聳三遍。

兩手下頓三遍。

兩手相叉頭上過，左右申肋十遍。

兩手拳反背上，掘脊上下亦三遍。掘，揩之也。

兩手反捉，上下直脊三遍。

覆掌搦腕內外振三遍。

覆掌前聳三遍。

覆掌兩手相叉，交橫三遍。

覆掌橫直，即聳三遍。

若有手患冷，從上打至下，得熱便休。

舒左腳，右手承之，左手捺腳，聳上至下，直腳三遍。右手捺腳亦爾。

前後捩足三遍。

左捩足，右捩足，各三遍。

前後却捩足三遍。

直腳三遍。

紐髀三遍。

內外振腳三遍。

若有腳患冷者，打熱便休。

紐髀以意多少，頓腳三遍。

却直腳三遍。

虎據，左右紐肩三遍。

推天托地，左右三遍。

左右排山、負山拔木各三遍。

舒手直前頓申手三遍。

舒兩手兩膝亦各三遍。

舒腳直反頓申手三遍。

捩內脊、外脊各三遍。

自按摩法

論說

佚名《**四氣攝生圖**》以手左拓右拓，上拓下拓，前拓後拓，瞋目叩齒，摩手熱摩眼，拔耳捩腰，震動雙作，隻作反手爲之，然復掣足，仰展覆展，都數約至七八十而止。徐徐作之，仍想空中太和氣漸下入頂，如雲入山，入皮入肉，入腹入四肢，五臟皆受其潤，則覺腹中有聲，意專存思，勿念外緣，則元氣達於氣海，須臾自達於涌泉，但日引一通至三通，令人力健，耳目聰明，百疾皆去，無限年月長存不忘，得滿千萬通去仙不遠矣。

服氣闡論

論說

佚名《**神氣養形論**》混元既分，天地得位，人與萬物，各分一氣而成形。動者稟乎天，靜者法乎地，天地之間最靈者人，能養人之形者，唯氣與神。神者，妙萬物而爲言；氣者，借沖虛以爲用。至人之言，莫先乎氣；至人之用，莫妙乎神。我先生得至人之道，見生死之機，常味於無味，用於無用，爲於無爲，事於無事，知神氣可以留形，故守虛無以養神氣，知杳冥可以致信，故入杳冥而觀至精，則天地之間，其猶橐籥乎！至人之不死，其猶穀神乎！先生曰：虛無之中，有物謂之神，杳冥之中，有物謂之氣。氣者，結虛無以成妙。故大洞眞人曰：三月內視注心，一神則神光化生，纏綿五臟，其理明矣。且氣者，神之母，神者，氣之子。欲致其子，先修其母。若使神不受味於氣，則氣無以通靈；子不求食於母，則母無以致和。《道經》曰：既得其母，以守其子，既得其子，復守其母。《東華玉書》云：繫子長存心安寧。此皆謂修眞之要言也。加以耳目者，神之戶牖，陰陽者，氣之干戈也。夫能閉戶牖，息干戈，皆在神氣之默用。若氣有所習，神有所歸，即無關楗而不可開，無繩約而不可解，萬物貞明，皆奉不言之教，任無爲之化矣。《道經》云：視之不見，聽之不聞，搏之不得，吾將內靜虛無杳冥之宰，當視不見之形，聽不聞之聲，搏不得之物，三者皆得，即我命在我不在於天。尹眞人曰：內觀神光，不可謂無明，反聽神聲，不可謂無音，握固精神，不可謂無形。故修道人爲視者見，爲聽者聞，爲搏者得。有古之眞人，其寢不夢，其覺無憂。先生曰：

我亦不夢，調之神遊，我神常遊，不繫於晝夜。獨處於逍遙之墟，不貸之圃，是謂採眞之樂矣。吾欲分而爲赤子，則赤子因氣母而成形，吾欲分而爲嬰兒，則嬰兒因氣母而成質，吾欲分而爲眞人，則眞人因氣母而致靈。此三者不可分，故混而爲一，一爲我神，神在我身中。嗟乎！妄作之儔，或存或守，胡爲爾丹？胡爲爾青？心迷爾眞，目亂爾形。不知形者，不可與言氣，不知氣者，不可與言神。知乎形，知乎神者，則資乎道矣。且氣不能運則純精不應，神不能用則眞景不明。故神明而能使氣，氣專而能應神，則知不修不能自明，氣不專不能自柔。《道經》曰：專氣致柔，能如嬰兒乎？《黄庭經》曰：仙人道士非有神，積精累氣廼成眞。正謂此也。後來學者，或吐或納四時五芽之氣，或服引七宿二景之精，握固以象胎形，閉氣以爲胎息，殊乖眞人之妙旨，蓋是古來之末事。如此之徒，濁亂元氣，尤損於形神。夫至人以心遊於淡，氣合於漠，飲漱於玄泉，胎息於無味，則神光内照，五臟生靈，自然有紫煙上浮，玉彩交映。敬傳先生之旨，化白爲朱，積精成形，口銜靈芝，降於形中，是爲眞仙之術。守中抱一勿失，與天地齊畢。

孫思邈《存神煉氣銘》 夫身爲神氣之窟宅，神氣若存，身康力健，神氣若散，身乃死焉。若欲存身，先安神氣，即氣爲神母，神爲氣子，神氣若俱，長生不死。若欲安神，須煉元氣，氣在身内，神安氣海，氣海充盈，心安神定，定若不散，身心凝靜，靜至定俱，身存年永。常住道源，自然成聖。氣通神境，神通慧命，命住身存，合於眞性，日月齊齡，道成究竟。依銘煉氣，欲學此術，先須絕粒，安心氣海，存神丹田，攝心靜慮，氣海若具，自然飽矣。專心修者，百日小成，三年大成。初入五時，後通七候，神靈變化，出沒自在，峭壁千里，去住無礙。氣若不散，即氣海充盈，神靜丹田，身心永固，自然回顔駐色，變體成仙，隱顯自由，通靈百變，名曰度世，號曰眞人，天地齊年，日月同壽。此法不服氣，不嚥津，不辛苦，要吃但吃，須休即休，自在自由，無阻無礙。五時七候，入胎定觀。夫學道之人，入有五時：

第一時，心動多靜少，思緣萬境，取捨無常，忌慮度量，猶如野馬，常人心也。

第二時，心靜少動多，攝動入靜，心多散逸，難可制伏，攝之勤策，追道之始。

第三時，心動靜相半，心靜似攝，心常靜散相半，用心勤策，漸見調熟。

第四時，心靜多動少，攝心漸熟，動即攝之，專注一境，失而遽得。

第五時，心一向純靜，有事無事，觸亦不動，由攝心熟，堅散準定，從此已後，處顯而入七候，任運自得，非關作矣。

第一候，宿疾幷銷，身輕心暢，停心入内，神靜氣安，四大適然，六情沉寂，心安懸境，抱一守中，喜悦日新，名爲得道。

第二候，超過常限，色返童顔，形悦心安，通靈徹視，移居別郡，揀地而安，鄰里知人，勿令舊識。

第三候，延年千載，名曰仙人。遊諸名山，飛行自在，青童侍衛，玉女歌揚，騰躡煙霞，綵雲捧足。

第四候，煉身成氣，氣繞身光，名曰眞人，存亡自在，光明自照，晝夜常明，遊諸洞宫，諸仙侍立。

第五候，煉氣爲神，名曰神人。變通自在，作用無窮，力動乾坤，移山竭海。

第六候，煉神合色，名曰至人。神既通靈，色形不定，對機施化，應物現形。

第七候，身超物外，迥出常倫。大道玉皇，共居靈境，聖賢集會，弘演至眞，造化通靈，物無不達，修行至此，方到道源。萬行休停，名曰究竟。今時之人，學道日淺，曾無一候，何得通靈？理守愚情，保持穢質，四時遷運，形妄色衰，體謝歸空，稱爲得道，謬矣！此胎息定觀，是留神駐形之道術，在口訣不書於文，有德至人方遇此法，細詳留意，必獲無疑。賢達之人，逢斯聖矣！

司馬承禎《服氣精義論》 夫氣者，道之幾微也。幾而動之，微而用之，乃生一焉，故混元全乎太易。夫一者，道之沖凝也。沖而化之，凝而造之，乃生二焉，故天地分乎太極。是以形體立焉，萬物與之同稟；精神著焉，萬象與之齊受。在物之形，唯人爲貞；在象之精，唯人爲靈。幷乾坤，居三才之位，合陰陽，當五行之秀。故能通玄降聖，練質登仙，隱景入虛，無之心至妙，入登仙之法。登仙之法，所學多途，至妙之旨，其歸

一揆。或飛消丹液，藥效升騰，或齋戒存修，功成羽化。然金石之藥，實虛費而難求，習學之功，彌歲年而易遠。若乃爲之速效，專之克成，虛無合其道，與神靈合其德者，其唯氣妙乎！黃帝曰：食穀者智而夭，食氣者神而壽，不食者不死。眞人曰：夫可久於其道者，養生也；常可與久遊者，納氣也。氣全則生存，然後能養志；養志則合眞，然後能久登生氣之域。可不勤之哉！是知吸引晨霞，餐漱風霜，養精光於五臟，導營衛於百關，既祛疾以安形，復延和而享壽。閉視聽以胎息，返衰朽於童顏，遠取於天，近取於己。心閑自適，體逸無爲欣。邈矣！於百年全浩然於一室，就輕舉之諸術，眞清虛之雅致歟！若兼修眞之業、煉化之功，則佇雲軺而促期，馳羽駕而增遠矣。服氣之經，頗覽多本，或散在諸部，或未暢其宗。觀之者以不廣致疑，習之者以不究無效。今故纂類篇目，詳精源流，庶使蟪蛄之兼濟，豈龜龍之獨善耳。

《延陵先生集新舊服氣經》（桑榆子評）

《仙眞經》云：夫人臨終而始惜身，罪定而思遷善，病成方功於藥，天網已挂，胡可逭耶？故賢人上士，惜未危之命，懼未萌之禍，理未至之病也。修眞品有三：上年、中年、下年。上年者，二十、三十也。中年者，四十、五十也。下年者，六十、七十也。上年者早悟大道，識達玄微，髓壯骨堅，筋全肉滿，從容履道，無不成功。中年者悟道已晚，筋肉骨髓各有其半，處在進退，如日中之功。下年者骨髓筋脈，十有二三，猶可補修，如日暮功矣。八十已上者，罪位已定，無可救之法。腦竭髓盡，萬關乾枯，神謝氣亡，尸行鬼步。桑榆子曰：尸以喻無知，鬼以喻有知而非人情者。惟尸行，惟鬼步，且行且步，運之者誰？則知元氣尚在，但以減耗，鄰於涸矣。若逢至人，成得大藥，譬持盈車之焦蓬，爇將燼之餘焰，亦可致其赫然而熾矣。此言無可救者，只謂氣功已晚，自我之事不及矣。若遇玄聖而救其生，死則肉骨起仆萸枯，何爲而不可？況彼尚爲物也。先賢上士知風燭之倏忽，乃攝志持情，捨榮棄俗，奉身歸道，不與物傷。道者，氣也。氣者，身之根也。魚離水必死，人失道豈存？是以保生者，務修於氣，愛氣者，務保於精。精氣兩存，是名保眞也。人有三丹田：上元、中元、下元是也。上元丹田，腦也，亦名泥丸。中元丹田，心也，亦名絳宮。下元丹田，氣海也，亦名精門。三元之中，各有一神。桑榆子曰：精化爲氣，氣胚而神集焉。神何物也？靈照之名也。知化氣全，氣全則神全，若元氣充滿，百骸孔竅神必備矣。必備者無他，氣至則神到。今人有憂患，動中則知見因而暫虧，蓋氣擁有不至者耳。苟心冥氣和。其神豈獨三元之中而已哉！精者，身之根，根者，氣之位。精全則氣全，精泄即氣泄，氣泄則神乘而去之，唯精與氣須全耳。《黃庭》云：長生至愼房中急，何爲死作令神泣？但當吸氣錄子精，寸田尺宅可治生。若當決海百瀆傾，葉去樹枯失青青。故先賢至於道者，莫不因愛氣保精而能全也。夫服氣本名胎息，胎息者，如嬰兒在腹中，十個月不食而能長養成就，爲新受正氣，無思無念，兀然凝寂，受元氣，變化關節臟腑，皆自然而成。豈有傅保之衛，飢渴之備耶？及出母腹，即吸納外氣，而有啼叫之聲，即乾濕飢飽，似有所念，即失元氣。人能依嬰兒在母腹中自服內氣，握固守一，是名曰胎息。桑榆子曰：此言失元氣者，非也。苟納外氣，便失元氣，即世間無復有生人矣。《法華經》云：須行住坐臥，身心不亂者，亦言氣主心，心邪則氣邪，心正則氣正。今人所舉手動足，喜怒哀樂，莫不由心。心之動息，莫不是氣。氣感意，意從心，心和則氣全，氣全即神全；氣絕即神滅，神滅即爲委土矣。故醫家先診脈者，測候五臟四時之氣，察諸病源，始尋方藥。人但能察得氣候，口鼻取捨，斯須不忘，自然五臟和，而脈調氣順也。夫人與天地合體，陰陽混氣，皮膚骨髓，臟腑及榮衛，呼吸進退，寒暑變異，莫不均乎二儀，應乎五行也。是知天地否泰，陰陽之氣亂焉，臟腑不調，經脈之候病焉，因外所中者，百病起於風，因內所致者，百病起於氣也。故曰：恬淡虛無，眞氣從之，精神內守，病安從來？信哉！是故須知形神之理，養而全之，審內外之病，愼而修之。岐伯高曰：食氣者則靈而壽延，食穀者多智而促命。凡服氣者何求也？以其功至，則氣化爲血，血化爲精，精化爲髓。一年易氣，二年易血，三年易脈，四年易肉，五年易髓，六年易筋，七年易骨，八年易髮，九年易形，即三萬六千神在於身，化爲眞仙，號爲眞人矣。是以意在玄微，理生不測。修眞之人又有三等，任時分理，其狀不一。上等之士，本性虛閑，用志清雅，發言合道，履行無瑕。如此之人有前代之資，以石投水，無所比之也。中等之人，或身居榮祿，或地勢高遠，或巨葉厚姻，或有名有望，二疑進退，倏忽虛捐，聞道即寤寐不安，思名則終朝不息，兩心交戰，勝者即全，逡巡之間十失六七矣。中等已降，二時既遏，蹉跎暮年，筋力衰微，心神已喪，雖食厚祿，白日將傾，

追惟噬臍，方即正路。此時若能精心勵志，尙乃救其一二焉。此皆先賢所悲，表示於後，幸察根柢，生實信心。

張君房《雲笈七籤》卷五六《諸家氣法部一》 論曰：元氣無號，化生有名；元氣同包，化生異類。同包無象，乃一氣而稱元；異居有形，立萬名而認表。故無名天地之始，有名萬物之母，常無慾以觀其妙，常有慾以觀其徼。徼爲表，妙爲裏。裏乃基也，表乃始也。始可名父，妙可名母，此則道也，名可名也，兩者同出而異名。同謂之道，異謂之玄，玄之又玄，衆妙之門。又曰：有物混成，先天地生，寂兮寥兮。獨立不改，周行不殆，可以爲天下母，吾不知其名，字之曰道。乃自然所生。既有大道，道生陰陽，陰陽生天地，天地生父母，父母生我身。

【略】

夫人之受天地元氣，始因父精母血，陰陽會合，上下和順，分神減氣，忘身遺體，然後我性隨降，我命記生，綿綿十月之中，人皆十月處於胞胎，解在卷末也。蠢蠢三時之內，人雖十月胞胎，其實受孕三十八臘。一臘謂一七。日一變，凡三十八變。然後解胎求生。求生之時，四日之中，善慧聰明者，如在王室，受諸快樂，釋然而生，如從天降下，子母平善，無諸痛苦，親屬歡喜，鄰里相慶；凶惡悖戾者，如在狴牢，受諸苦毒，二命各爭，痛苦難忍，親族憂惶，鄰里驚懼。凡在世人受孕日數，數則一定，善惡兩分，爲人子者，安可悖亂五逆哉！今生子滿三十日，即相慶賀，謂之滿月，皆以此而習爲俗矣。氣足形圓，百神俱備，如二儀分三才，體地法天，負陰抱陽，喻瓜熟蒂落，啐啄同時，既而産生，爲赤子焉。夫至人含懷道德，沖泊情性，抱一守虛，澹寂無事，體合虛空，意栖胎息，故曰合德之厚，比於赤子。赤子之心，與至人同心，內爲道德之所保，外爲神明之所護，比若慈母之於赤子也。夫赤子以全和爲心，聖人以全德爲心，外無分別之意，內無害物之心。赤子以全和，故能拳手執握，自能牢固，所謂骨弱筋柔而握固，未知牝牡之合而峻作，精之至；終日號而不嗄，和之至。執牢實者，其由元氣充壯，致骨弱筋柔。未知陰陽配合，而含氣之源動作者，由精氣純粹之所然也。陰爲雌牝，陽爲雄牡，峻謂氣命之源。氣命之源，則元氣之根本也。言赤子心無情慾，意無辨認，雖有峻作，且不被外慾牽挽，終無畎澮尾閭之虞，其氣眞精，往還溯流，自然自在，任運任眞而已，故曰精之至也。終日號啼，而聲不嘶嗄者，亦純和之至也，故曰和之至也。嗄者，聲物之破也。赤子以元氣內充，眞精存固，全和之至，乃不破散也。

《上清洞眞品》云：人之生也，稟天地之元氣，爲神爲形；受元一之氣，爲液爲精。天氣減耗，神將散也；地氣減耗，形將病也；元氣減耗，命將竭也。故帝一回風之道，溯流百脈，上補泥丸，下壯元氣。腦實則神全，神全則氣全，氣全則形全，形全則百關調於內，八邪消於外。元氣實則髓凝爲骨，腸化爲筋，其由純粹眞精，元神元氣，不離身形，故能長生矣。

秦少齊《議黃帝難經》云：男子生於寅，寅爲木，陽也；女子生於申，申爲金，陰也。元氣起於子，乃人命之所生於此也。男從子左行三十，女從子右行二十，俱至於巳，爲夫妻懷妊，受胎氣於此也。男從巳左行十至寅，女從巳右行十至申，俱爲十月受氣，氣足形圓，寅申乃男女所生於此也。從寅左行三十至未，未謂小吉，男行年所至也；從申右行二十至丑，丑謂大吉，女行年所至也。然乃許男婚而女娉矣。如是永久焉，則元氣無所復，精氣無所散，故致長生也。夫天地元氣既起於子之位，屬水，水之卦爲坎，主北方，恆嶽冀州之分野，人之元氣亦同於天地，在人之身生於腎也。人之元氣，得自然寂靜之妙，抱清虛玄妙之體，玄之又玄，妙之又妙，是謂衆妙之門，乃元氣玄妙之路也。故玄妙曰神，神之靈者曰道，道生自然之體，故能長生。生命之根，元氣是矣。

夫腎者神之室，神若無室，神乃不安，室若無神，人豈能健！室既固矣，乃神安居。則變凡成聖，神自通靈。神乃愛生而室不能固，致使神不得安居，室屋於是空廢，遂投於死地矣。若人自以其妙於運動，勤於修進，令內清外靜，絕諸染污，則大壯營室，神魂安居。神之與祇，恆爲營衞，身之與神，兩相愛護，所謂身得道，神亦得道；身得仙，神亦得仙。身神相須，窮於無窮也。

夫元氣者，乃生氣之源，則腎間動氣是也。此五臟六腑之本，十二經脈之根，呼吸之門，三焦之源，一名守邪之神，聖人喻引樹爲證也。此氣是人之根本，根本若絕，則臟腑筋脈如枝葉，根朽枝枯，亦以明矣。問：何謂腎間動氣？答曰：右腎謂之命門，命門之氣，動出其間，間由中也，

動由生也，乃元氣之係也，精神之舍也。以命門有眞精之神，善能固守，守御之至，邪氣不得妄入，故名守邪之神矣。若不守邪，邪遂得入，入即人當死也。人所以得全生命者，以元氣屬陽，陽爲榮，以血脈屬陰，陰爲衛，榮衛常流，所以常生也。亦曰榮衛，榮衛即榮華氣脈，如樹木芳榮也。榮衛臟腑，愛護神氣，得以經營，保於生路。又云：清者爲榮，濁者爲衛，榮行脈中，衛行脈外，晝行於身，夜行於藏，一百刻五十周，至平旦大會，兩手寸關尺，陰陽相貫常流，如循其環，終始不絕。絕則人死，流即人生，故當運用調理，愛惜保重，使榮衛周流，神氣不竭，可與天地同壽矣。

夫混沌分後，有天地水三元之氣，生成人倫，長養萬物，人亦法之，號爲三焦三丹田，以養身形，以生神氣。有三位而無正藏，寄在一身，主司三務。上焦法天元，號上丹田也，其分野自胃口之上，心下膈已上至泥丸，上丹田之位受天元陽氣，治於膻中，膻中穴在胸，主溫於皮膚肌肉之間，若霧露之溉焉；中焦法地元，號中丹田也，其分野自心下膈至臍，中丹田之位受地元陰氣，治於胃脘，胃脘穴在心下，主腐穀熟水，變化胃中水穀之味，出血以營臟腑身形，如地氣之蒸焉；下焦法水元，號下丹田也。其分野自臍中下膀胱囊及漏泉，下丹田之位受水元陽氣，治於氣海，在臍下一寸。府於氣街者，氣之道路也。三焦都是行氣之主，故府於氣街，街，乃四通八達之大道也。下焦主運行氣血，流通經脈，聚神集精，動靜陰陽，如水流就濕，濕即源，濕言水行赴下也。澆注以時，雲氣上騰，降而雨焉。

《仙經》云：我命在我，保精受氣，壽無極也。又云：無勞爾形，無搖爾精，歸心靜默，可以長生。生命之根本，決在此道，雖能呼吸導引，修福修業，習學萬法，得服大藥，而不知元氣之道者，如樹但有繁枝茂葉，而無根荄，豈能久活耶？若以長夜聲色之樂，嗜慾之歡，非不厚矣，卒逢夭逝之悲，永捐泉壟之痛，是則爲薄亦已甚矣。若以積年終日，勤苦修煉，受延齡之方，依玉經之法，遵火食之禁，知元氣之旨，拘魂制魄，留胎止精，此非不薄矣，卒逢長久之壽，永住雲霄之境，是則爲厚亦已甚矣。故性命之限，誠有極也，嗜慾之情，固無窮也，以有極之性命，逐無窮之嗜慾，亦自斃之甚矣。夫土能濁河，不能濁海，風能拔樹，不能拔山，嗜慾之能亂小人，不能動君子，夫何故哉？君子乃處士也，小人乃遊子也，須知性分有極，生涯難保，若不示之以樞機，傳之以要道，宣之以心髓，授之以精華，則片言曠代，一經皓首，不可得聞道矣。夫道者何所謂焉？道即元氣也。元氣者，命卒也。命卒者，惟中之術也。以存道爲法，化精爲妙，使氣流行，運無阻滯。是故流水不腐，戶樞不蠹。若知玄之又玄，男女同修，夫婦俱仙，斯謂妙道。

《仙經》云：一陰一陽謂之道，三元二合謂之丹，溯流補腦謂之還，精化爲氣謂之轉。一轉一易一益，每轉延一紀之壽，九轉延一百八歲。西王母云：呼吸太和，保守自然，先榮其氣，氣爲生源。所爲易益之道，益者益精也，易者易形也。能益能易，名上仙籍；不益不易，不離死厄。行此道者，謂常思靈寶。靈者神也，寶者精也。但常愛氣惜精，握固閉口，吞氣吞液，液化爲精，精化爲氣，氣化爲神，神復化爲液，液復化爲精，精復化爲氣，氣復化爲神，如是七返七還，九轉九易，既益精矣，即易形焉。此易非是其死，乃是生易其形，變老爲少，變少爲童，變童爲嬰兒，變嬰兒爲赤子，即爲眞人矣。至此道成，謂之胎息。修行不倦，神精充溢，元氣壯實，腦既已凝，骨亦換矣。

《仙經》云：陰陽之道，精液爲寶，謹而守之，後天而老。又云：子欲長生，當由所生之門，遊處得中，進退得所，動靜以法，去留以度，可延命而愈疾矣。又云：以金理金，是謂眞金；以人理人，是謂眞人；人常失道，非道失人。人常去生，非生去人。要常養神，勿失生道，長使道與生相保，神與生相守，則形神俱久矣。王母云：夫人理氣，如龍理水。氣歸自然，神歸虛無，精歸泥丸。水出高源，上入天河，下入黃泉，橫流百川，終歸四海。氣之與水，循環天地，流注人身，輪轉無窮，運行無極，人能治之，與天地齊其經，日月同其明矣。

《古詵記》云：人之元氣，乃神魂之餚饌，故曰子丹進餚饌正黃。是以神服元氣，形食五味，氣清即神爽，氣濁即神病。故常謂勻修煉氣，常令氣清，所謂煉神煉魂，却鬼制魄，使形神俱安。夫魂降於天謂之神，魄本於地謂之鬼，鬼即屬陰，神即屬陽，所以煉魂神，服元氣，千萬不死，身得昇天；食五味，祝淫鬼，千萬皆死，形沒於地。夫魂飛於天，魄沉於泉，水火分解，各歸本元，生則同體，死則相懸，飛沉各異，稟之自然。

何哉？如一條之木，以火燔之，煙即飛上，灰即下沉，亦是自然而然也。

《九皇上經》曰：始青之下月與日，兩半同昇合成一，出彼玉池入金室，大如彈丸黄如橘，中有佳味甜如蜜，子能得之愼勿失。注云：交梨火棗，生在人體中，其大如彈丸，其黄如橘，其味甚甜，其甜如蜜，不遠不近，在於心室。心室者，神之舍，氣之宅，精之主，魂之魄。玉池者，口中舌上所出之液，液與神氣一合，謂兩半合一也。

《太清誥》云：許遠遊與王羲之書曰，夫交梨火棗者，是飛騰之藥也。君侯能剪除荆棘，去人我，泯是非，則二樹生君心中矣，亦能葉茂枝繁，開花結實，君若得食一枝，可以運景萬里。此則陰丹矣。但能養精神，調元氣，吞津液，液精内固，乃生榮華，喻樹根壯葉茂，開花結實，胞孕佳味，異殊常品。心中種種，乃形神也。陰陽乃日月雨澤，善風和露，潤沃溉灌也。氣運息調，榮枝葉也。性清心悦，開花也。固精留胎，結實也。津液流暢，佳味甜也。古仙誓重，傳付於口，今以翰墨宣授，宜付奇人矣。

道林云：此道亦謂玉醴金漿法。玉醴金漿，乃是服煉口中津液也。一曰精；二曰淚；三曰唾；四曰涕；五曰汗；六曰溺。人之一身，有此六液，同一元氣，而分配五臟六腑、九竅四肢也。知術者，常能歲終不泄，所謂數交而不失出，便作獨卧之仙人也。常能終日不唾，恆含而嚥之，令人精氣常存，津液常留，面目有光。

《老子節解》云：唾者，溢爲醴泉聚，流爲華池府，散爲津液，降爲甘露，漱而嚥之，溉臟潤身，通宣百脈，化養萬神，肢節毛髮，堅固長春，此所謂内金漿也，可以養神明，補元氣矣。若乃清玉爲醴，煉金爲漿，化其本體，柔而不剛，色瑩冰雪，氣奪馨香，飲之一盃，壽與天長，此所謂外金漿也。可以固形體，堅臟腑矣。又常使身不妄出汗，汗是神之信，元調而運動微汗者，適致也，乃勿衝冷風。若極勞形，盜失精汗者，霡霂不止，大困神形，固當緩形徐行，勞而不極，坐卧勿及疲倦。行立坐卧，常能消息從容，導引按摩消息，令人起坐輕健，意思暢逸。又常伺候大小二事，無使強關抑忍，又勿使失度，或澀或寒或滑多，皆傷氣害生，爲禍甚速。此所謂知進退存亡，聖人之道也。

夫聖凡所共寶貴者，命也；賢愚所共愛惜者，身也。是故聖人以道德、仁義、謙慈、恭儉、天文、人事，預垂瑞兆以示君子也；禮樂、征伐、法律、刑典、鬼神、卜筮、夢覺、警象以示小人也。夫養生之要，先誠其外，後愼其内，内外寂靜，此謂善入無爲也。欲求無爲，先當避害，何者？遠嫌疑，遠小人，遠苟得，遠行止，愼口食，愼舌利，愼處鬧，愼力鬬，常思過失，改而從善。又能通天文，通地理，通人事，通鬼神，通時機，通術數。是則與聖齊功，與天同德矣。夫術數者，莫過修神，淘煉眞氣，使年延疾愈；外禳邪惡，清淨心身，使禍害不干。

【略】

夫修煉法者，言調和神氣，使周流不竭絶於腎。腎乃命門，故曰命術也。神氣不竭，則身形長生，煉骨化形，遊於帝庭，位爲眞人，以養元氣，男女俱存。《經頌》云：道以精爲寶，寶持宜密祕，施人則生人，留己則生己，生己永度世，名籍存仙位，人生則陷身，身退功成遂。結嬰尚未可，何況空廢棄，棄捐不覺多，衰老而命墜。天地有陰陽，元氣人所貴，貴之合於道，但當愼無貴。夫能養其元，綿綿服其氣，轉轉還其精，沖融妙其粹。

夫能服元氣者，不可與餌一葉一花、一草一木、靈芝金石之精滯，砂礫之滓穢，同日同年而語哉！《老子》云：精者，血脈之川源，守骨之靈神，故重之以爲寶；氣者，肌肉之雲氣，固形之眞物，故重之以爲生。人之一身，法象一國，神爲君，精爲臣，氣爲民。民有德，可爲尊，君有道，可以永久有天下。是以能養氣有功，可化爲精；養精有德，可化爲神；養神有道，可化爲一身，永久有其生。

《三一訣》云：修煉元氣眞神，三一存至者，即精化爲神，神化爲嬰兒，嬰兒化爲眞人，眞人化爲赤子。赤子乃眞一也，一乃帝君也，能統一身，主三萬六千神。帝若在身，三萬六千神無不在也，故能舉其身遊帝庭。

《天老十千經》云：食氣之道，氣爲至寶，一歲至肌膚充榮，二歲至機關和良，三歲至骨節堅強，四歲至髓腦填塞。填塞，滿塞也。天有四時，氣應四歲，食氣守一，功備四年，則神與形通。形能通神，如日明焉，不視而見形，不聽而聞聲，不行而能至，不見而知之，所謂形一神千，得稱爲仙，形一神萬，得稱嬰兒，形一神萬八千，得稱眞人，形一神三萬六

千，得稱赤子，即眞一帝君矣。與日月長生，天地齊齡，道之成矣。

夫元氣有一，用則有二，用陽氣則能飛行自在，朝太清而遊五嶽；用陰氣即能住世長壽，適太陽而遊洞穴。是謂元氣一性，陰陽二體，一能生二，二能生三，三生萬物。萬物若不得元氣，分陰陽之用，即萬物無由得生化成長。故神無元氣即不靈，道無元氣即不生，元氣無陰陽即不形。形須有氣，氣須有陰陽，陰陽須有精，精須有神，神須有道，道須有術，術須有法，法須有心，心須有一，一須有眞，眞須有至，至無至虛，至清至淨，至妙至明。至至相續，親親相授，授須其人，非道勿與。

人能學道，是謂眞學，學諸外事，是謂淫學，亦謂邪道。夫學道謂之內學，內學則身內心之事，名三丹田三元氣。一丹三神，一氣分六氣，陽則終九，陰則終六，陽九百六，天地之極，亦人之極，至此謂之還元返本。夫云極者，元氣內藏，盡無出入之息，兼爲有竅作出入息處，亦皆並無出入之息，此名得道，謂之至無也。

《眞經》曰：修煉元氣，至無出入息，是落籍逃丁之士，不爲太陰所管，三官不錄，萬靈潛衛矣。

夫稱混元者，氣也。周天之物，名之混元。混元之氣者，本由風也。風力最大，能載持天地三才五行，天地三才五行，不能大其風，風氣俱同一體，而能開花拆柳，結實成果，莫不由其四氣八風也。

夫修心是三一之根，煉氣是榮道之樹，有心有氣，如留樹留根。根即心也，存心即存氣，存氣即存一。一即道也，存道即總存三萬六千神，而總息萬機。總息萬機，即無不爲，而無不爲，即至丹見矣。服至丹者，與天地齊年。

何謂至丹？至丹即丹田眞神，眞一帝君存身爲主，衆神存體，元氣不散，意絕淫蕩，氣遵稟其神，禁束其故氣，至無出入之息，能胎息者，命無傾矣。謂形留氣住，神運自然。

羅公遠《三峉歌》云：樹衰培土，陽衰氣補，含育元氣，愼莫失度。注云：無情莫若木，木至衰朽，即壅土培之，尙得再榮。又見以嫩枝接續老樹，亦得長生，却爲芳嫩。用意推理，陽衰氣補，固亦宜爾。衰陽以元氣補而不失，取其元氣津液返於身中，即顏復童矣。何況純全正氣未散，元和純一，遇之修煉，其功百倍！故學道切忌自己元氣流奔也。

眞人云：夫修煉常須去鼻孔中毛，宣降五臟六腑穀滓穢濁，洗漱口齒，沐浴身體，誡過分酒，忌非適色。遇飲食先捧獻明堂前，心存祭祀三丹田、九一帝眞、三萬六千神君。恆一其意，專調和神氣，本末來去，常令息勻，如此堅守，精氣得固，即學節氣。節氣時先閉口，默察外息從鼻中入，以意預料入息三分，而節其一分令住，入訖，即料出息三分，而節其一分，凡出入各節一分，如此不得斷絕。夫節氣之妙，要自己意中與鼻相共一則節之，其氣乃便自止，驚氣之出入，人不節之，其氣乃亦自專出入，若解節之，即不敢自專出入，是謂節之由人不由氣也。

夫氣與神，復以道爲主，道由心，心由意，即知意爲道主，意亦可謂之神也。大約神使其氣，以意爲妙，鼻失出口，亦勞閉之，舌拄齒，覺小悶，悶即微微放之，三分留一，却復閉之。如上所說，當節氣令耳無聞、目無見、心無思，周而復始調習之。氣未調和，常放少許出，意度氣和，即如法節之。若意能一日節之，然如常息者，其氣即永固，不假放節，但勤用功，即氣自永息，不從口鼻出入，一一自然從皮膚毛孔流散，如風雲在山澤天地，自然自在。

《仙經》云：元氣調伏，常常服之，不絕不竭，自不從口鼻出。修煉百日已來，耳目自然不聞見也。修煉之人，切不得亂食。凡味即令元氣奔突，又不能清淨其心。不依教法，唯貪財色，嗜慾妒嫉，恣食辛穢，懷毒抱惡，不敬仙法，但務偷竊，違負背逆爲凶者，三官書過，北陰召魂，未死之間，精神亡失，忘前忘後，如騃如痴，醉亂昏迷，橫遭殃禍，延於九祖，形謝九泉，此蓋失道，負神明矣。

【略】

夫長生之術，莫過乎服元氣，胎息內固，靈液金丹之上藥，所以禽蟲蟄藏，以不食而全，蓋是息待其元氣也。節氣功成，即學嚥氣，但合口作意，微力如嚥食一般。嚥液嚥氣，皆如嚥食，存想入腎入命門穴，循脊流上溯入腦宮，又溉臍下至五星。五臟相逢，內外相應，各各有元氣管係連帶，若論元氣流行，無處不到。若一身內外疾病之處，以意存金、木、水、火、土五色，相克相生，以意注之，無不立愈。又有妙訣，雖云呵、呬、呼、吹、噓、唏一六之氣，不及冷、暖二氣以愈百病。夫節氣從容稍久，含氣候暖而嚥之，謂之暖氣，可愈虛冷；若纔節氣，氣滿便嚥，謂之

冷氣，可愈虛熱。臨時皆以意度而行。又或有病，但以呵呵十至三十，知其應驗，酒毒、食毒俱從呵氣並出。若人能專心服元氣，更須專念於一，存而祝之，可與日月同明矣。

夫天得一以清，天即泥丸，有雙田宮、紫宮，亦曰腦宮。宮有三焉，丹田、洞房、明堂，乃上三一神所居也。其名赤子、帝卿、元先，常存念之，即耳聰目明，鼻通腦實矣。地得一以寧，地即臍中氣海，亦有丹田、洞房、明堂三宮，下三一神所居也，其名嬰兒、元陽、谷玄，存念之永久，即口不乏津，腹實心寂，不亂不惑，自通神靈矣。神得一以靈，即心主於神，心爲帝王，主神氣變化，感應從心，非有非無，非空非色，從粗入細，從凡入聖，心爲絳宮，亦有丹田、洞房、明堂三宮，三一神所居也，其名眞人、子丹、光堅，存念不絕，即帝一不離身心，身心安寧，遇白刃來逼，但當念一，一來救人，必得免難，道不虛言。其三丹曰，其神九人，皆身長三寸，並衣朱衣、朱冠幘、朱履，坐金牀玉榻，機桉金爐，常依形象存而念之。一云男即一神，長九分，女長六分，其兩存注之。夫元命者，元氣也。有身之命，非氣不生，以道固其元，以術固其命，即身形神氣永長存矣。我命之神，即三丹田之三一神也。其形影精光氣色，凡三萬六千神，皆臣於帝一。一分二，謂陽氣化爲元龍，陰氣化爲玉女。訣云：氣之所在，神隨所生，神在氣即還，神去氣即散。若能存念其神，以守元氣，氣亦成神，神亦成氣。修之至此，氣合則爲影精光氣色，氣散則爲雲霧風雨。出即爲亂，入即爲眞，上結三元，下結萬物，靜用爲我身，動用爲我神。形神感應，在乎運用；神氣變化，在乎存念。《三元經》云：上元神名曰元，中元神名還丹，下元神名子安，亦須如三一九神，專存念之。凡出入行住坐起，所遇皆然，精意專念，玄之又玄，道之極祕矣。

行氣法

論說

佚名《枕中記》 凡欲求仙，大法有三：一曰保精，二曰行氣，三曰服餌也。凡此三事，亦附淺至深，不遇至人，不涉勤苦，亦不可卒知之也。然保精之術，近有百法，行氣亦有數千條，服餌之方略有十種，皆以勤勞不絕爲務。故行氣可以治百病，可以去瘟疫，可以禁蛇獸，可以止瘡血，可以居水中，可以辟飢渴，可以延年命。其大要者，胎息而已。胎息者，不復以口鼻噓吸也，如在胞胎之中，則道成矣。

夫善用氣者，噓水，水爲之逆流；噓火，火爲之滅炎；噓蟲豹，蟲豹爲之伏；噓金瘡，疼血則止。聞有毒蟲所中，雖不見其人，便遙爲噓咒我手，男左女右，彼雖萬里之外，皆即愈也。又中惡卒病，但吞之，三九之病亦登時差之。但人性多躁，少能安靜以思其道耳。

凡行氣之道，其法當在密室閉戶，安牀軟席，枕高二寸半。正身偃臥，瞑目閉氣，息於胸膈，以鴻毛著鼻口上而毛不動，經三百息，耳無所聞，目無所見，心無所思，當以漸除之耳。若食生冷、五辛、魚肉及喜怒憂恚而行氣者，非止無益，更增氣病，上氣嗽逆。不能頓閉之，稍稍學之。初起於三息、五息、七息、九息而一舒氣，尋更噏之。能十二息不舒氣，是小通也。百二十息不舒氣，是大通也。百二十息不舒氣，可以除病，隨病所在念之，頭痛念頭，足痛念足，欲令其愈，和氣攻之，從時至時便自銷矣。此治身之大要也。

凡行氣常以夜半之後生氣時閉氣，以心中數之，令耳不聞。恐有誤亂，以手下籌，能至於千，即去仙不遠矣。

凡吐氣，常令入多出少，常以鼻入口吐。若天大霧、惡風、猛寒，勿行氣也，但閉之，此謂要妙。

彭祖曰：至道不煩，但不思念一切，則心常不勞。又復導引、行氣、

不息，直爾可得千歲。更服金丹上藥，可以畢天不朽。

清齋休糧，存日月在口中，晝存日，夜存月令。

服氣法

論說

司馬承禎《服氣精義論》　夫氣者，胎之元也，形之本也。胎既誕矣，而元精已散，形既動矣，而本質漸弊。是故須納氣以凝精，保氣以煉形。精滿而神全，形休而命延。元本充實，可以固存耳。觀夫萬物，未有有氣而無形者，未有有形而無氣者。攝生之子，可不專氣而致柔乎！

右太清行氣符，欲服氣斷穀先書向王吞之。七日吞一，三七日止。合符三枚，皆燒香左右。凡欲服氣者，皆宜先療身疹疾，使臟腑宣通，肢體安和，縱無舊疹，亦須服藥去痰飲。量體冷熱，服一兩劑瀉蕩，以通泄腸胃，去其積滯。吐瀉方在後，將息平復，訖，乃清齋百日，敦潔操志，其間所食，漸去酸鹹，減絕滋味。得服茯苓，蒸曝胡麻等藥，預斷穀尤佳。服氣之始，亦不得頓絕其藥食，宜日日減藥食，漸漸加氣液。知氣候流通，體臟安穩，乃可絕諸藥食。仍須兼膏餌，勿食堅澀、滓滯、冷滑之物。冬自覺腸胃虛全，無復飢渴。消息進退，皆以意自量，不可具於此述。宜於春秋二時，月初三日後八日前，其取一吉日爲始，先服太清行氣符，計至其日，令吞三符訖，靜密之室，室東得早朝景爲佳。於東壁開一窗，令日中光正對卧面。此室之東，勿令他障隔。以子時之後，先解髮梳頭數百下，便散髮於後矣。初服須如此，久後亦不須散髮也。燒香，勿用薰陸香也。東身正坐，澄心定思，叩齒導引。其法具後篇。又安坐定息，乃西首而卧。本經皆云東首，然面則向西，於存思吸引殊爲不便。牀須厚暖，所覆適寒溫自得，稍暖爲佳。腰腳已下尤宜暖。其枕宜令低下與背高下平，使頭頸順身平直。解身中衣帶，令闊，展兩手，離身三寸，仍握固展兩腳，相去五六寸。且徐吐氣息，令調。然後想之，東方初曜之氣，共日光合丹紫流暉，引此景而來至於面前，乃以鼻先扳鼻孔中毛，每初以兩手大指下掌按鼻左右上下，動之十數過，令通暢。微引吸而嚥之。久久乃不須引吸，但存氣而嚥之，其氣自入此便爲妙。嚥之三，乃入肺中，小開唇，徐徐吐氣。人氣有緩急，宜自任性調息，必不得頓引至極，則氣麤麤，則致損。又引嚥之三，若氣息長，加至五六，嚥得七尤佳。如此以覺肺開大滿爲度，且停嚥，乃閉氣，存肺中之氣。隨兩肩入臂至手，握中入存，下入於胃，至兩腎中，隨髀至兩腳心中，覺皮肉間習習如蟲行爲度。訖，任微喘息，少時待喘息調，依法引嚥，導送之，覺手足溫和調暢爲度。諸服氣方，直存入腹，不先向四肢，故致四肢逆冷，五臟壅滞，是以必須先入四肢，然後入腹，其氣自然流宣。此後不復須存在肺，直引氣入大腸小腸中，鳴轉通流臍下爲度。應如此，以腸中飽滿乃止。則豎兩膝，急握固，閉氣鼓腹九度，就鼓中仍存其氣，散入諸體，閉欲極，徐徐吐之。慎勿長苦氣急，稍稍並引而吐之，若覺腹中闊些，極則止，如腹猶滿急，更閉氣鼓之，訖，舒腳以手摩面，將胸心而下，數十度，并摩腹繞臍手數十度，展腳趾向上，反偃數度，乃放手縱體，忘心遺形。良久，待氣息關節調平。訖，乃起，若有汗，以粉摩拭頭面頸項，平坐，稍動搖關節，體和如常，可起動。其中隨時消息，觸類多方，既不云去煩述，善宜以意調適之。

凡服氣所以必令停於肺上，入於胃，至於腎者何？臟，氣之本也。諸氣屬於肺，天氣通於肺。又肺者，臟之長也，爲諸臟之華蓋，呼吸之津源，爲傳送之官，治節出焉。又魄門爲五臟使，爲四臟之主，通於十二經脈。周而復始，故爲五臟使也。故令氣停於肺，而後流行焉。胃者，五臟六腑之海，水穀皆入於胃，六腑之大主也；五臟六腑皆稟於胃，五味入胃，各赴其家，以養五氣。是以五臟六腑之氣，皆出於胃，變見於氣口故也。腎者，生氣之源，五臟六腑之本，十二經脈之根。左爲正腎，右爲命門。故令氣致於腎，以益其精液。天食人以五氣，地食人以五味，五氣入於鼻，藏於心肺，五味入於口，藏於腸胃。味有所藏，以五氣和而生。津液氣液相感，神乃自生。五味豈獨其穀，而五氣中自有其味，又兼之以藥，藥之五味，尤勝其穀也。此雖只論肺腎，其氣亦自然流通諸臟，故曰呼出心與肺，吸入腎與肝，呼吸之間，脾受其味也。呼吸之理及神氣之要。故太上問曰：人命在幾關？或對曰：在呼吸之間。太上曰：善哉！可謂爲

道矣。

凡服氣皆取丑後午前者，鷄鳴至平旦，天之陰，陰中之陽也；平旦至日中，天之陽，陽中陽也；日中至黄昏，天之陽，陽中陰也，黄昏至鷄鳴，天之陰，陰中之陰也。人亦如是。又春氣行於經絡，夏氣行於肌肉，秋氣行於皮膚，冬氣行於骨髓。又正月二月，天氣正方，地氣始發，人氣在肝。三月四月，天氣正方，地氣定發，人氣在脾。五月六月，天氣盛，地氣高，人氣在頭。七月八月，陰氣始煞，人氣在肺。九月十月，陰氣始冰，地氣始閉，人氣在心。十一月十二月，冰氣復，地氣合，人氣在腎。至四時之月，宜各依氣之所行，兼存而爲之。

凡服氣，皆取天景明澄之時爲佳，若當風雨晦霧之時，皆不可引吸外氣，但入密室閉服納氣，加以諸藥也。

凡服氣斷穀者，一旬之時，精氣弱微，顔色萎黄。二旬之時，動作瞑眩，肢節酸疼，大便苦難，小便赤黄，或時下痢，前剛後溏。三旬之時，身體消瘦，重難以行。已前羸弱之候，是專氣初服所致，若以諸藥則不至於此也。四旬之時，顔色漸悦，心志安康。五旬之時，五臟調和，精氣内養。六旬之時，體復如故，機關調暢。七旬之時，心惡喧煩，志願高翔。八旬之時，恬淡寂寞，信明術方。九旬之時，榮華潤澤，聲音洪彰。十旬之時，正氣皆至，其效極昌。修之不止，年命延長。三年之後，瘢痕滅除，顔色有光。六年髓填，腸化爲筋，預知存亡。經歷九年，役鬼使神，玉女侍傍，腦實脅胼，不可復傷，號曰眞人也。

服真五芽法

論説

司馬承禎《服氣精義論》 夫形之所全者，本於臟腑也。神之所安者，質於精氣也。雖稟形於五神，已具其象，而體衰氣耗，乃致凋敗。故須納雲牙而溉液，吸霞景以孕靈。榮衛保其貞和，容貌駐其朽謝，加以久習成妙，積感通神，與五老而齊升，并九眞而列位。經文所載，以示津途，修學所導，自宜詳覈。

每以清旦密咒曰：經文不言面向，當宜各向其方，平坐握固閉目，叩齒三通，而咒中央向四維。

東方青芽，服食青芽，飲以朝華。祝訖，舌料上齒表，舐唇漱口，滿而嚥之三。

南方朱丹，服食朱丹，飲以丹池。祝訖，舌料下齒表，舐唇漱口，滿而嚥之三。

中央戊己昂，昂，太山服食精氣，飲以醴泉。祝訖，舌料上玄膺，取玉水舐唇漱口，滿而嚥之三。

西方明石，服食明石，飲以靈液。祝訖，舌料上齒内，舐唇漱口，滿而嚥之三。

北方玄滋，服食玄滋，飲以玉飴。祝訖，舌料齒下内，舐唇漱口，滿而嚥之三。

都數已畢，納氣極而徐徐放之，令五過，以上眞道畢矣。意調諸方，亦宜納氣各依其數，即東方九，南方三，中央十二，西方七，北方五。又先師益中央醴泉，祝曰：白石巖巖，次行源涌，洞以玉漿，飲之長生，壽命益長。

此是《靈寶五符經》中法，《上清經》中别有四極雲芽之法。其道密秘，不可輕言。凡服氣皆先行五芽以通五臟，然後依常法又佳。東方青色，入通於肝，開竅於目，在形爲脈。南方赤色，入通於心，開竅於舌，在形爲血。中央黄色，入通於脾，開竅於口，在形爲肉。西方白色，入通於肺，開竅於鼻，在形爲皮。北方黑色，入通於腎，開竅於二陰，在形爲骨。又肺爲五臟之華蓋第一，肺居心上，對胸，有六葉，色如縞映紅，肺脈出於少陽。在手大指之端内側，去爪甲二分許，陷者之中。心居肺下肝上，對鳩尾下一寸。色如縞映絳，心脈出於中衝。在手中指之端，去爪甲二分許，陷者之中。肝在心下小近後。右四葉，左三葉，色如縞映紺，肝脈出於大敦。在足大指端，乃三毛之中。脾正掩臍上，近前横覆胃，色如縞映紫，脾脈出於隱白。在足大指端側，去爪甲角如韭葉。左腎右腎前對臍，博著腰脊。色如縞映紫，左爲正腎，以配五臟。右爲命門，男以藏精，女以繫胞。腎脈出

爲涌泉。在足心陷者之中。凡服五芽之氣者，皆宜思入其藏，使其液宣通，各依所主，既可以周流形體，亦可以攻療疾病。令服青芽者，思氣入肝中，見青氣氳氳，青液融融分明，良久乃見足大敦之氣，修服而至，會於脈中，流散諸脈，上通於目然。次服諸方，仍宜以丑後澡漱冠服，入別室焚香，坐向其方，靜慮澄心，注想而爲之。

服六戊氣法

論說

司馬承禎《服氣精義論》 氣且先從甲子旬，起向辰地，舌料上下齒，取津液，周旋三至而一噏，止。次向寅，次向子，次向戌，次向申，次向午。

又法起甲子日，竟一旬，常向戊辰噏氣，甲戌日則向戊寅，餘旬依此爲之，此六戊法亦是一家之義，以戊氣入於脾，爲食稟之本固也。此直不飢，若通益諸體，則不逮餘法矣。

服三五七九氣法

論說

司馬承禎《服氣精義論》 徐徐以鼻微引氣，納之三，以口一吐死氣，久久便三氣。次後引五氣，以口一吐死氣，久久便五氣。次引七氣，以口一吐死氣，久久便七氣。次引九氣，以口一吐死氣，久久便九氣。因三五七九而并引之以鼻，二十四氣納之，以口一吐死氣，久久便二十四氣。噏逆報之，報之法，因從九數下到三，復順引之噏可九九八十一噏氣，而一吐之以爲節也。此法以入氣多吐氣少爲妙。若不作此限數，漸增入則闕於常數耳。死氣者，是四時五行休死之氣，存而吐之，自餘節度，仍依常法。

養五臟五行氣法

論說

司馬承禎《服氣精義論》 春以六丙之日，時加巳，食氣百二十助於心，令心勝肺，無令肺傷肝，此養肝之義也。

夏以六戊之日，時加未，食氣百二十以助脾，令脾勝腎，不傷於心也。

季夏以六庚之日，時加申，食氣百二十以助肺，令肺勝肝，不傷於脾也。

秋以六壬之日，時加亥，食氣百二十以助腎，令腎勝心，不傷於肺也。

冬以六甲之日，時加寅，食氣百二十以助肝，令肝勝脾，不傷於腎也。

右此法是五行食氣之要，明時各有九。凡一千八十食氣，各以養臟，周而復始，不相尅，精心爲之。此法是一家之義，所在五臟，事事具在五芽論中。

六陽時法

論說

佚名《太上養生胎息氣經》 夜半子時，服九九八十一。

平旦寅時，服八八六十四。

食時辰時，服七七四十九。

正中午時，服六六三十六。

晡時申時，服五五二十五。

黃昏戌時，服四四一十六。

夫服氣，舌須玄，玄須依門戶出入。鼻爲天門，服氣魂魄歸天門；口爲地戶，服氣魂魄歸地戶。《黃庭經》曰：百穀之實土地精，五味外美邪魔腥。玉池清水灌靈根，子能修之補命門。欲獲長生，從鼻入口出，即爲順氣，修依此，眞心不輟，下却三尸，舍榮去愛，日漸成功，然始近道。

凡眞人本性幽閑，用心清雅，發言合道，心行無瑕，漱嚥靈津，腹中百味自足，通三焦，理正氣，氣自周遍，大通五臟，骨髓堅溢。

夫道爲萬氣之主，道者，氣也。氣爲精門，人若守精，如屋有人，其量百世；人若無精，如屋無人，禍及其世。氣者，保於精，精者，氣也。精氣兩全，是曰眞人。人有三丹田：上丹田泥丸腦，赤帝子卿，字元先；中丹田心，眞人光堅，字子丹；下丹田嬰兒谷玄，字元陽子，氣精門也。三宮各有三神，神舒氣漏，氣漏精泄，精泄即神喪。精者妙物，眞人長生根。長生根者，氣之位。精全氣全，精泄氣泄。唯精與氣，須保全眞。先賢至道，愛氣保精而能長生。

夫色動於情，制不自由，安能固哉！此一傾危，如山崩海竭。山者，氣之寶，寶者，腎也，腎爲命根，根無精則葉痿，葉痿則枝朽，枝朽則身枯矣！思慾再生，焉能救也。

凡入氣爲陰，出氣爲陽，此二者服日月精華。氣者，虛無；虛無者，自然無爲；無爲者，心不動也。外無求，內自然安靜，安靜則神定，神定即氣和，氣和即元氣自至，元氣自至即五臟滋潤，五臟滋潤即百脈通流，百脈通流即津液上應，津液上應即不思五味，無飢渴，延年臟却老。氣化爲血，血化爲髓，一年易氣，二年易血，三年易脈，四年易肉，五年易髓，六年易筋，七年易骨，八年易髮，九年易形爲眞人。煉九還已通，神仙玄妙，不可具載。

上清氣秘法

論說

佚名《太上養生胎息氣經》 東方青芽，青芽者，肝。服食青芽，飲以朝華。朝華，上齒根也。以舌表舐唇，漱而嚥之，南方朱丹，朱丹者，心。服食朱丹，飲以丹池，丹池者，下齒根。以舌表攪齒根，漱而嚥之。西方明石，明石者，肺。服食明石，飲以靈液，靈液者，唇裏津。以舌攪齒七匝，漱而嚥之。北方玄滋，玄滋者，腎。服食玄滋，飲以玉飴，玉飴者，舌。以鼻導引元氣，入口呼吸而嚥之。中央戊已，昂昂太山，太山者，守精也。服食精氣，飲以醴泉，醴泉在齒根玄膺前，華池在舌本下，一名玉英，又名金梁，已上漱而嚥之，各三通也。凡服氣法：常以夜半子時寅時起，正衣冠，以金梁叩玉英，調華池，漱醴泉及靈液，縮鼻還之，上至頭，下引入口中，變爲玉泉，引氣至於舌根，嚥而送之，令喉中鳴，腹中鳴，引氣入丹田，如兒生能啼，謂長生根也。飢食自然氣，渴飲華池漿，使長飽也。

服五方靈氣法

論說

張君房《雲笈七籤》卷六一《諸家氣法部六·服五方靈氣法》 眞人存用五氣法，先當勿食葷血之物，勿履淹污，絶除慾念，檢身口意，三業清淨，別造一室，沐浴盛潔，以立春日鷄鳴時，面月建寅方，平旦坐，調氣瞑目，叩齒三十六通，叩齒欲深而微緩，潄嚥津液，瞀目，左右各三，握固，臨目，都忘萬慮，放乎太空，無起無絶。良久覺身中通暖，當搖動肢體，任吐濁氣。即又調息，當抱守氣海，朝太淵北極丹田眞宫，稍用力，深滿其太淵，則覺百關氣歸朝其內也。如此數過，復冥心太空，若東方洞然，無有隔礙，徐鼻引氣使極，存見五臟，覺東方青帝眞氣從肝中周迴，內外一體，念身中三萬六千神，與青帝眞氣合。又調息嚥液。良久，起立，再拜，事竟。如此，日日勿闕，至驚蟄面卯也，盡卯節。至清明日面辰，存黄氣，從脾中周迴，內外洞徹也。至立夏日面巳，存赤氣，從心中周迴，內外也，芒種日面午也。小暑面未，存黄氣，從脾中周迴內外也。至立秋日面申，存白氣，從肺中出，周迴內外也，至白露日面酉、至寒露面戌，存黄氣，從脾中出周迴內外也。至立冬日面亥，存黑氣，從腎中出周迴內外也。至大雪面子、至小寒日面丑，存黄氣，從脾中出周迴內外也。此一周年，五氣備全矣。其存想調息次第法，用如初說，瞀目叩齒亦如初數，不須等級可也。至明年立春，重習二日，或五日、七日、九日，如去年次第爲用，以朝其氣也。其氣由心應手，當把覽三才五行，萬靈之目也。

十二月服氣法

論說

張君房《雲笈七籤》卷六一《諸家氣法部六·十二月服氣法》 正月：朝食陽氣一百六十，暮食陰氣二百。

二月：朝食陽氣一百八十，暮食陰氣一百八十。

三月：朝食陽氣二百，暮食陰氣一百六十。

四月：朝食陽氣二百二十，暮食陰氣一百四十。

五月：朝食陽氣二百四十，暮食陰氣一百二十。

六月：朝食陽氣二百二十，暮食陰氣一百四十。

七月：朝食陽氣二百，暮食陰氣一百六十。

八月：朝食陽氣一百八十，暮食陰氣一百八十。

九月：朝食陽氣一百六十，暮食陰氣二百。

十月：朝食陽氣一百四十，暮食陰氣二百二十。

十一月：朝食陽氣一百二十，暮食陰氣二百四十。

十二月：朝食陽氣一百四十，暮食陰氣二百二十。

夫陽氣者，鼻取之氣也；陰氣者，口取之氣也。此二氣，十二月中日日旦暮能不絶者，周天一竟，又一周天足，則與天同齡矣。

服三氣法

論說

張君房《雲笈七籤》卷六一《諸家氣法部六·服三氣法》《華陽諸

洞記》云：范幼沖，遼西人也。受胎光易形之道，今來在此，常服三氣。三氣之法：常存青白赤三氣如縱，從東方日下來直入口中，挹之九十過，自飽便止。服之十年，身中自生三色光氣，遂得神仙。此是高上元君太素內景法，且且爲之，臨目施行，視日益佳，其法鮮而其事驗。

服日月芒法

論說

張君房《雲笈七籤》卷二三《日月星辰部一・大方諸宮服日月芒法》 常存心中有日象，大如錢，在心中，赤色。又存日有九芒，從心中出喉至齒間，而芒迴還胃中。如此良久，臨目存自見心胃中分明，乃吐氣、漱液，服液三十九過，止。一日三爲之，行之十八年，得道，行日中無影。恆存日在心中，月在泥丸宮。夜服月華如服日法，存月十芒，白色從腦中下入喉，芒亦未出齒而迴入胃。

服日月氣法

論說

張君房《雲笈七籤》卷二三《日月星辰部一・服日月氣法》 服日氣之法，以平旦採日華，以夜半存之，去面前九寸，令方景照我泥丸，下及五臟，洞徹一形。引氣入口，光色慰明。良久乃畢，則常得長生矣。

又 夜半生氣時，若鷄鳴時，正卧閉目，存左目中出日，右目中出月，並徑九寸，在兩耳之上。兩耳之上名爲六合高窗也。令日月使照一身，內徹泥丸，下照五臟腸胃之中，皆覺見了了，洞徹內外；令一身與日

月光合。良久畢，叩齒九通，嚥液九過，乃微祝曰：太上玄一，九皇吐精，三五七變，洞觀幽冥；日月垂光，下徹神庭；使照六合，太一黃寧；帝君命簡，金書不傾；五老奉符，天地同誠；使我不死，以致眞靈；却遏萬邪，禍害滅平；上朝天皇，還老反嬰；太帝有制，百神敬聽。畢，乃開目，名爲日月鍊根，三元校魂，以制御形神，辟諸鬼氣之來侵，使兆長生不死，多存之矣。

又 又存左目爲日，右目爲月，共合神庭之中，却上入於明堂，化生黃英之體，下流口中九嚥之，以哺太一，常以生氣時存之。畢，微祝曰：日月上精，黃水月華；太一來飲，神光高羅；使我長生，天地同柯。畢，五日一行之。口中舌上爲神庭。存日月既畢，因動舌，覺有黃泉如紫金色，從舌上出，上流却入明堂，爲黃英之體也。存思之時，常閉目施念。

服日月法

論說

張君房《雲笈七籤》卷二三《日月星辰部一・太一遊日服日月法》

太一常以甲午、丙午、戊午日月出時，下遊絳宮，合形眞人及兆身。絳宮眞人者，處心中之丹田，中元眞人居其心中也。先存思眞人忽然與太一合形，又存我入絳宮中，忽然復與太一合形。於是絳宮之中，惟覺有太一之身，身形象服如兆體也。但令形細眇然，似初生孩子之狀。又存兩鼻孔下左有日，右有月。日中有黃精赤氣，月中有赤精黃氣。精者，二明之質；色氣者，日月之煙也。二氣鬱鬱來入絳宮，絳宮溢滿二氣，復上入洞房中，洞房中鬱滿，又下至黃庭中。黃庭中者，臍下三寸，下丹田宮中也。二氣既滿，又入塡溢太倉中。二氣洞徹，鬱鬱積胃脘中。存太一上行正當胃脘中，南向呼召下元丹田黃庭眞人，衣黃衣，巾黃巾，與太一共坐飲食精氣，二十七嚥。良久畢，存黃庭眞人，咒曰：日月之華，黃赤二精，圓光合氣，上發大明。三元飲食，太一受靈。又存太一與中元眞人還入絳

宮，黃庭眞人還下丹田，太一與我合形，還六合宮。

服霧法

論說

張君房《雲笈七籤》卷四八《秘要訣法部四・服霧法》 常以平旦，於寢靜之中，坐卧任己，先閉目內視，仿佛如見五臟。畢，因口呼出氣二十四過，臨目爲之。使目見五色之氣相繞纏，在面上鬱然，因又口納此五色氣五十過。畢，嚥唾六十過。乃微祝曰：太霞發暉，靈霞四遷，結氣宛屈，五色洞天，神煙合啓，金石華眞，藹鬱紫空，煉形保全。出景藏幽，五靈化分，合明扇虛，時乘六雲，和攝我身，上昇九天。畢，又叩齒七通，嚥液七過，乃開目，事訖。此道神妙。又神洲玄都，多有得此術者，爾可行此法耶，久行之，常乘雲霧而遊。

曇鸞法師服氣法

論說

張君房《雲笈七籤》卷五九《諸家氣法部四・雲鸞法師服氣法》 初寬大座，伸兩手置膝上，解衣帶，放縱肢體，念法性平等，生死不二。經半食頃，即閉目舉舌奉腭，徐徐長吐氣，一息二息，傍人聞氣出入聲，初麤漸細。十餘息後，乃得自聞聲。凡覺有痛癢處，便想從中而出，但覺有異，漸漸長吐氣，從細至麤，十息後還如初。或問曰：初調氣，何意從麤而漸細？將罷，何意從細而入麤？鸞答曰：凡行動視眄，飲食言語，是麤也。桑榆子曰：凡修氣學者，未服及服罷，於飲食言語蓋常事也。鸞公欲使兩相接會，不令其首陡異也。凡睡寤後，復如前繫念，如虎銜子，莫急莫緩，不問寒溫，室中先淨所住，使心不亂，靜其膝耳。又曰：四大不調，何以察之？當於唇口察之，冷爲風增，熱爲火增，澀爲地增，滑爲水增；不冷不熱，不澀不滑爲調和。又聲爲風增，動爲喘增，癢爲熱增，涎爲水增，不聲不動，不癢不涎爲調和。又心煩爲熱結，意亂爲風結，憂悸爲喘結，志蕩爲水結，不煩不亂，不悸不蕩爲調和。四大不調有二：或外或內，寒熱飢虛，飽飫疲勞爲外起；名利喜怒，聲色滋味，念慮爲內起。凡氣節量，一任自然，綿綿若存，用之不勤而已。但能不以生爲生，乃賢於養生也。桑榆子曰：諸經皆言吐納不欲自聞其聲，而鸞啓言吐麤而漸細，後細而漸麤，始甚疑之，及睹下文云，一任自然，則知麤細之漸行，是爲最下乘者，設不欲使之與自然爭力也。然必以微細自不聞聲爲上，從細微而至無息即胎息之理盡矣。恐學者功至之後，猶拘牽文字，著於麤細先後之間，返與自然爲敵，良可哀也。如此，人焉得不爲之明辯矣？

嵩山李奉時服氣法

論說

張君房《雲笈七籤》卷五九《諸家氣法部四・嵩山李奉時服氣法》 每欲服氣，如嬰兒吮乳，氣息似悶，即嚥之，依前吮嚥，大悶即放令口出，甚須微細。每嚥使心送之至臍下，有病亦使心送至病處。當服之時，第一須閉目專意，握固安定神氣，然後爲之。先須導引，令四體舒緩，然後爲之。卧服勿枕，舒手足，安定如病重，氣甚悶，頻蹙上至極，仍更握固，嚥氣又嚥一氣，氣正聲從耳中出，即得矣。祕之！祕之！此爲內氣，無問早晚晴明陰晦，須服即服。大都得晴明時大精，若服外氣即有生死氣。知之，十年服之，五日不服，即無益矣。每日五更午時服第一服了，須攝煉，兼以手按之，勿令心腹下硬。

王說山人服氣新訣

論說

張君房《雲笈七籤》卷五九《諸家氣法部四·王說山人服氣新訣》 子夏曰：食氣者神明而壽。《黄庭》云：玉池清水灌靈根，審能修之可長存。釋氏止觀，其有用氣療疾法，是知氣之與液，遞相通潤也。古經法皆有時節行之，今議食氣，不復以時節也。液則時時助氣，使調滑也。所論食氣，皆內氣也，嚥之代食耳。液者，嚥之代漿耳。上食新氣，下泄舊氣，使推陳而納新也。嚥氣不必飽滿，下泄不必常出，但得無臭，即自平定。嚥氣不必常嚥，但氣清則腹內自平。夫然不須飽矣！初學之時，覺飢即食，不覺飢即止矣。若食時，常以一嚥兩嚥壓之，則食易消，食漸消，加嚥數，至食消，氣自調下。若覺腹中氣小妨，即或行或卧，東轉西側，以意想驅逐之使下。若未下，不得急性忙迫，但以意沖融之，不久自泄也。食氣時若欲上噫，但任噫出，必不得抑之也。桑榆子曰：夫功淺多噫，蓋由乍服之得眞氣尚少，新氣必多，不正而多，命宮不受則宜徐徐攻之。又初服之時，所嚥者往往不到氣海，則無所歸投，返上爲噫也。若得內氣又入到氣海，自然無噫。如著功多時，忽復噫者，不是傷多，即是外氣誤入也哉。欲下出，任下出，必不得閉之，在細意自審也。消息盈虛，久而自得其妙矣！宜行步，兼小導引，引亦不得頻爲之，世間諸事，皆自細意斟酌之。有諸疾，則絶粒三數日，輕則一日兩日，更輕即絶一頓亦得。若疾在上，以意想上驅之，在下，以意想下驅之，若在四肢及左右側，并以意想驅逐之，則愈矣。大都不得閉之，若閉氣即疾生。所食物宜潤暢，寒暑皆適宜也。瘴瘧時但絶粒數日，靜居則瘥矣。

大威儀先生玄素真人要用氣訣

論說

張君房《雲笈七籤》卷五九《諸家氣法部四·大威儀先生玄素真人要用氣訣》 凡用氣法，先須左右導引，令骨節開通，筋柔體弱。然後正身端坐，吐納三過，使無結滯，靜慮忘形，令氣平息。良久徐徐先以口吐濁氣，鼻引清氣，凡此六七過，此名調氣。調氣畢，即口鼻俱閉，虛含，令氣滿口，即鼓口十五過已上更佳。如嚥一大口水入腹，直以心存至氣海中，良久，更依前法嚥之，但以腹飽爲度，亦不限過數。然後虛心實腹，閉口以手左右摩腹上，令氣流行，即鼻中細細放通，息勿令喘麤，恐失中和。然後正身仰卧，四平著牀，枕高低與身平，兩手握固，展臂離身四五寸，兩腳亦相去四五寸。然後鼻中息收，即口鼻俱閉，心存氣行遍身，此名運氣。如有病，即心存氣偏注病處，如氣急，即鼻中細細放通息，口不開，候氣息平，還依前法閉之，搖動兩足指及手指并骨節，以汗出爲度。此名氣通。即徐徐收身側卧，拳兩腳，先左邊側卧，經十息，即轉右邊側卧，亦十息，此名補損。依此法服經一月，後行立坐卧時，但腹空，即鼓嚥之，不限時節。如吃飯了即吃空飯一兩口，和水嚥下，此名洗五臟，即以清水熟漱口，虛心實腹，令臟葉舒展，嚥之，令五臟不停五味氣。訖，即以口先吐濁氣，鼻引清氣，不限多少，盡須放之。如下泄一濁氣出，還鼓煉一口和氣補之。若尋常吃餅飲茶，皆外氣入，當須入口，便合口，口既合，口中所入外氣，即於鼻中出也。鼻中却入氣，即是清氣也。常須合口吃食，不令口中有氣入，入即是死氣。凡人言語，口中氣出，必須却於鼻中入，此常行吐納也。行住坐卧，常須搖動腳指，此名常令氣得下流。常行此事，動靜念之，如節候不精，忽有外氣入腹，即覺微痛，可閉氣摩腹一百下，氣即下泄也。氣或上，必不得出，抑之使下，此名理順。忌破氣物及生冷黏膩等物。

尹真人服元氣術

論說

張君房《雲笈七籤》卷五八《諸家氣法部三・尹真人服元氣術》 夫人身中之元氣，常從口鼻而出，今制之令不出，便滿丹田，丹田滿即不飢渴，不飢渴蓋神人矣。是故人之始胎，不飲不啄。不飲不啄，故無出入息，即元氣復，元氣復即長生之道機也。所以然者，謂氣在丹田中，諸臟不隔，周流和布，無所不通，以其外不入，內不出，全元氣，守真一，是謂內真之胎息也。始生之後則飲食，飲食之後即腑臟實，腑臟實即諸臟相隔，諸臟相隔即丹田氣亡其本也。居乎臟腑之上，行乎心胸之中，數寸往來，安得長久？是以未終其分，已有枯首蹇足、槁形喪氣之患，所以至人有已見乎，故復其氣，還其本，使得延年長生者也。

夫服元氣，先須澄其心，令無思無為，恬澹而已。故知絕粒者，乃長生之徑路；服氣者，為不死之妙門。深信不疑，力行無倦。經曰：綿綿若存，用之不勤。術曰：因其出息，任以自然，而出未至半，口鼻俱關，徐徐而已，氣即上行，即舉首以聲噍之矣。仰息左，覆息右，其注在調氣篇載。以氣送通下胃氣，又云：以意引氣，送之至胃，胃中氣轉流下方，至丹田，丹田滿即流達於四肢也。轉下流至丹田，又從容如初噍下。噍下餘息，息即丹田不隔，丹田不隔即入四肢，以意運行，即流布矣。大底氣息不欲出於玄牝，但令通流，須出皆須調適，不得麤喘也。若隔氣未達丹田，雖欲強為，終難致矣。是以初服者皆多防滿，但資少食，必在勤行，勤心行即氣自流轉，自然之功著矣。所謂飲自然以御世，朝神以入微，始乎三五，成乎七九，若斯道者，豈虛語哉！謂氣入腹中，皆三處有隔。初學之者，先覺胃中防滿，噫氣不休，但少食為之，即覺通於生臟，後自覺到丹田，然始覺氣周行身中，身中調暢，即神明自然致矣。故須居於靜處，克意行之，功業若成，所在可也。如其妄動，氣即難行。初作之時，先覆仰，凡一日一夜，限取四時。四時不虧，即氣息相接，氣息相接，即丹田實，丹田實，即任意行之，中間停歇亦得。其四時，謂寅、午、戌、子時也。用仰勢法，低枕卧，縮兩肩、兩膝，伸兩手著兩肋；用覆勢法，以腹著牀，以被搘胸，手足並伸。其仰噍，即令氣從左下；覆噍，令氣從右下。噍氣之時，皆令作聲，有津液來，亦須別噍，乃須出息氣之。若用入息，即生風隨入，不可不慎之。噍氣中間，即別任意休息，待心喘俱定，然後乃可復為之。初用氣時，必須安穩，坦然無事，氣則流通。若心有所拘，即窒塞不流注也。慎無疑慮，亦勿畏其敗失，亦勿慮其不成，但謀進取，勤勤之功，稍稍之效，自然至誠感神，神明自至矣。

夫服氣斷穀，不得思食，未能自靜，切須捺之。若渴或熱，即煮薜荔湯，飲之即定。湯中著少生薑，或煎薑蜜湯亦得。如覺心中滿悶，即咬嚼些甘草、桂心、五味子等並妙。但服氣不失其節，即氣自盈滿，縱出入行人事，或對賓客語言談話，種種運為，百無妨廢。及成之後，更不服氣，氣亦自足。窮神極理，妙不可言。須食即食，須休即休，復食復氣，唯意所在。每日飲少許酒引氣，切慎果子、五辛、邪蒿、胡荽、芸薹、椿等，此物深亂人氣，慎勿食之。如能至心，三七日中，可以內視五臟，歷歷在目，神清形靜。行之七日，其效驗也已自知之，更須專精，二十日來不食，即腹中盡，腹中盡之後，吃一兩杯煮菜、苜蓿、芥菘、蔓菁及枸杞、葉葵等，並著少蘇油、醬、醋取味食之，勿著米、麵，所欲腹中穀氣盡耳。更四五日，除菜吃汁，又三數日後，即總停之。可三十日，即自見矣，所謂不寒不熱，不渴不飢，修行至此，世為神人，即吾道成矣。

服元氣法

論說

張君房《雲笈七籤》卷五八《諸家氣法部三・服元氣法》 服元氣於氣海。氣海者，是受氣之初，傳形之始，當臍下三寸是也。嬰兒誕育時，

惟臍帶與母胞相連，其帶空，中如管，則傳氣之所形，從此漸凝結也。人欲長生，必修其本，樹欲滋榮，必固其根。人不知根本，外求修助，萬無一成。氣海者與腎相連，屬壬癸水，水歸於海，故名氣海。氣以水爲母，水爲陰，陰不能獨生成，必以陽相配。心屬南方丙丁火，是盛陽之主，既知氣海以心守之，陽既下臨，陰即上報，是以化爲雲霧，蒸薰百骸九竅，無所不達，亦能爲津液，如甘雨以潤草木。正氣流行，他氣自匿，用久轉微，意思則久矣。初用與已成，不得同年而語。凡氣困者，身皆有疾，沉結在內，或醫藥不能療，尤須精誠，併去外想，閉氣於氣海，以手於臍下候之，氣應之候，衝容如喘，如觸，或鳴，或痛，如掣，如物動於掌下，亦須靜候之。兼以目下注，是陽氣照陰，陰氣騰上又能爲津液也。如此久久，鼻中喘息都無出入，喉覺氣海中時動用耳。初用意時，須平卧去枕，小努氣海，便得滿腹，作意勿令至心肺，至即心悶妨塞，即不能下照，下照是心守海也。良久，元氣遍身，無處不暖。每關節難通，若至腰關，尤難過之，當稍以氣閉，努之三兩間，突然便過，過後即氣常至腰踵。莊子云：息之以踵是也。已後筋骨常欲動用，每動有聲，是氣到無擁，常能如此，長生道也。竊用其道，不授口訣，反受其病。凡欲鼓腹，不在入氣是要訣。欲過腰關，當側卧縮兩腳，兼拳兩手，偃腰極努，如此，即不覺通也。不然，終成閉塞。若能常用不絕，雖在衆中密爲之，用心令熟，外事不攖，尤爲佳也。若膈上並頭面間有疾處，即上攻之，尋常即下至踵及氣海中，微微用之，息自消矣。久候液當滿口，如逆喫物，下消用之隨盡。每用氣後，必須微調息使散，若不散，他日爲瘡腫，終不爲佳。須先以意在疾處攻擊之，徐徐用意攻擊令散，疾瘥已後，即不得注令留滯，當遣通遍身，微微如霧露是其常也。收散俱歸海中。閉目爲想，開目爲存，存則不專乃著，著則氣滯。覺應則止，謂之常，覺覺而味謂之滯，候應專靜謂之守，流液滿口謂之報，報與應一也。朝飲少酒，暮食少麵，不可多之。

墨子閉氣行氣法

論說

張君房《雲笈七籤》卷五九《諸家氣法部四・墨子閉氣行氣法》 老子曰：長生之道，唯在行氣養神，吐故納新，出玄入玄，呼吸生門，其身神不使去，人即長生也。玄者有上下，謂鼻中、口、陰也。鼻、口、陰，亦謂之生門矣。老子曰：生不再來，故遵之以道。道者氣之寶，寶氣則得道，得道即長生矣。神者精也，寶精則神明，神明則長生。氣行之則爲道也，精存之則爲寶也。行氣名煉氣，一名長息。其法正偃卧，握固，漱口嚥之三。日行氣，鼻但納氣，口但出氣，徐縮鼻引之，且莫極滿，極滿者難還。初爲之時，入五息，已一息，可吐也。每口吐氣欲止，輒一嚥之，乃復鼻納氣，不爾者，或令頻。凡納氣則氣上昇，吐氣則氣下流，自覺周身也。行氣常以月一日盡十五日，念令氣從手十指出；十六日盡月晦，念氣從足十指出。若行之能久，自覺氣從手足通，則能閉氣不息，便長生矣。

凡欲行氣，先安其身而和其氣，無與意爭，若不安和，且止，和乃爲之，常守勿倦也。氣至則形安，形安則鼻息，鼻息則調和，調和則清氣來至，清氣來至則自覺，自覺則形熱，形熱則汗出，且勿使起，則安養氣，務欲其久。當去忿怒愁憂，忿怒愁憂止則氣不亂，氣不亂則正氣來至，正氣來至則口內無唾，而鼻息微長，鼻息微長則五臟安，五臟安則氣各順其理，百病退去，飲食甘美，視聽聰明，形體輕強，可長生矣。夜半至日中爲生氣，從日中至夜半爲死氣。當以生氣時正偃卧，冥目握固，閉氣息，於心中數至二百，乃口吐出之，日增數。如此身神具，五臟安。能閉氣數至二百五十，即絳宮神守泥丸，常滿丹田；數至三百，華蓋明，目耳聰，舉身無病，邪不復干，玉女使令司命著生籍矣。

申天師服氣要訣

論説

張君房《雲笈七籤》卷五九《諸家氣法部四・申天師服氣要訣》 取半夜之後，五更已來，睡覺後，以水漱口，仰卧，伸手足，徐徐吐氣一二十度，候穀氣消盡，心靜定後，即閉氣忘情，將心在臍下丹田氣海之中，寂然不動，則嚥氣三兩度，便閉氣，使心送向丹田中，漸覺氣作聲，下入氣海中幽幽然，是氣行之候也。良久，待氣行訖，又開口吐氣徐徐，又閉口而嚥之，如是三二十度，皆依前法。覺氣飽，即冥心忘情，清息萬慮，久久習之，覺口中津液甘香，食即有味，是其候也。凡欲行此道，先須忘身忘本，守元抱一，兀然久之，澄定而入，玄妙之要，在於此也。

神仙絕穀食氣經

論説

張君房《雲笈七籤》卷五九《諸家氣法部四・神仙絕穀食氣經》 經曰：夫欲學道神仙食氣之法，常以春二月、三月九日、十八日、二十七日，若甲辰、乙巳、丙辰、丁巳王相成滿日，可行氣也。夫欲行氣，起精室於山林之中，隱靜之處，必近甘泉東流之水，向陽之地，沐浴蘭湯，以丹書玉房爲丹田，方一寸，玉房在下三寸是也。精念玉房，內視中丹田，納氣致之於下丹田。又先去鼻中毛，偃卧，兩足相去五寸，兩臂去身亦五寸，瞑目握固，握固，嬰兒之拳。蒲蒻爲枕，高三寸，若胸中有病，枕高七寸，病在臍下，可去枕。既行氣，不復食生菜、五辛及肉也。諸欲絕穀行氣法，食日減一口，十日後可不食。二日、三日腹中或悁悁若飢，取好棗九枚，若方寸朮餅九枚食之，一日一夜，不過此也。不念食者，勿噉也。飲水日可五勝，亦可三勝，勿絕也。口中恆含棗核，令人愛氣，且生津液故也。

經曰：道者氣也，愛氣則得道，得道則長生；精者神也，寶精則神明，神明則長久。行氣一名煉氣，其法正強卧，徐漱醴泉嚥之，醴泉者，華池。以鼻微微納氣徐引之，莫令大極，滿入五息已，一息因可吐也。一息屈指數之至九十息。若身大煩滿者，可頻伸，頻伸訖，復行之，滿四九三百六十息爲一竟。爲之久久，衆病自除。吐氣既還，欲吸之時，先復小吐，微微往來，如是再三，更鼻引之，不爾者，令人氣逆。凡納氣則氣上昇，吐氣則氣下流，久自覺氣周於身中。若行氣未定，意中疲倦，便練氣，以九十息爲一節，三九二百七十息爲一竟。行氣令胓胓滿藏，無令氣大出，閉氣於內，九十息一嚥，嚥含未足者，復滿九十息，三九自足，莫頓數也，當念氣使隨髮際上竟，及流四肢，自然下至三星。玉莖、二卵是。

經曰：行氣常以月一日至十五日，念氣從手十指出；十六日盡三十日，念氣從足十指出。久之，自覺氣通手足，行之不止，身日輕強，氣脈柔和，榮衛肢節。長生之道，在於行氣，靈龜所以長存，服氣故也。諸行氣之後，或還欲食者，初飲米汁粥，日增一口，漸加之。十日之後，可食淖飯，勿致飽也。

經曰：行氣之法，初爲之時，多不和調，令人咳逆，四肢或冷，既行之久，日自益也。四九三百六十息，身如委衣，骨節皆解，久久乃覺氣行體中，經營周身，濡潤形體，洗滌皮膚，五臟六腑，皆悉充滿，百病除去。凡初行氣之時，先安其身而和其體，若氣與競爭身不安者，且止和乃行之。氣至則形安，形安則鼻息調和，鼻息調和則清氣來至，清氣來至則自覺形熱，自覺形熱則頻汗出，且勿便起，在安徐養之，務欲其久。諸行氣，皆無令意中有忿怒愁憂，忿怒愁憂則氣亂，氣亂則逆。思一則正氣來至，正氣來至則口中甘香，口中甘香則津液多生，而鼻息微長，鼻息微長則五臟安，五臟安則氣各順理。如法爲長生久壽。行之之法：以鼻微引氣納之，以口吐之，此爲長息。納氣有一，吸也。吐氣有六：呼也，吹也，嘻也，呵也，噓也，呬也。凡人之息，一呼一吸，無過此數。行道之

法，時寒可吹，時溫可呼。吹以去熱，呼以去風，呵以去煩，嘻以下氣，噓以散滯，呬以解極。

五臟煉氣法

論說

佚名《太上養生胎息氣經》 夫肺，兌之氣，金之精，其色白，肺主魄，化爲玉童，長七寸，白獸，其神存，其形全，肺合大腸，上主鼻。多怖懼，魄離肺也；不耐寒，肺薄；顔色鮮白，肺無他病；大腸鳴，氣擁也；頻噓，不祥。肺主七宫京門。立秋日，平旦面正西坐，鳴天鼓七通，飲玉泉漿，三嚥，瞑目正思，兌宫白氣入口，吞之三，則童神安，百邪不能殃，兵刃不能害，延年益壽，謂補瀉神氣，安息靈魄。

夫心者，離之氣，火之精，其色赤，其神朱雀，化爲玉女，長八寸，欲安其神而全其形，合乎中和，心合小腸，主血脈，上主舌。血擁驚舌，不知味，心亂多噓。心主九宫驚門，和而形全。立夏日，平旦面向南端坐，叩金梁九通，漱玄泉，三嚥，精思注想，吸離宫赤氣入口，三吞，以補靈府，離玉女，神平體安，百殃不害，神至靈也。

夫肝，震之氣，木之精，其色青，肝主魂，其神如龍，化爲二玉童，一青一黄。各長七寸，一負龍，一持玉漿。欲安其齡，合乎太清。肝合乎腠理，上主目，目熱肝傷也。肝主春用事，含春精氣，萬物繁茂，順陽之道。立春日，常以寅時面向東，平坐，叩齒三通，閉氣七息，吸震宫青氣，三呑之，致二童，肝養精之妙也。

夫脾者，坤之氣，土之精，其色黄，像覆盆。其神如鳳，化爲玉女，長六寸，合太陰，上主口，顔色濕潤無他也。脾無定位，寄王四季，各一十八日。清旦正坐中宫，禁忌五息，鳴天鼓七，吸中宫黄氣，入口呑之，飲玉醴以致其妙。人稟天道，經營正氣，守我房中之精，保命得長生。存想華池，飲玉液，和氣相勝，百脈調暢，閉息精源，含眞却老，此名守眞，長生祕訣。

夫腎，主精，坎之氣，其色黑，其像圓，一名而曲，其神如白鹿，化爲玉童，長一尺，萬物治其精，順其志，全其眞，合乎太清。腎合骨，上主耳，腰不能伸，腎冷。立冬日，面北向，平旦坐，鳴金梁五通，飲玉泉三，吸玄宫黑氣吞之，以致玉童之饌，神和體平，而能長生矣。

夫膽，金之精，水之氣，其色青，其神如龜，化爲玉女，長一尺，其神勇。膽合膀胱，顔貌青，無其他。常以孟月端坐，正思北玄，吸黑氣入口，九呑，飲玉泉之漿，氣之致也。喜怒損性，哀樂傷神，神傷侵命，損性害生，養性以生氣，保神以安心，氣平體和，精全心逸，此煉眞祕言，靈寶長生之訣。

服氣雜法

論說

張君房《雲笈七籤》卷六二《諸家氣法部七・服氣雜法》 凡服氣，四度外，或非時腹中覺氣少，氣力不健，任意嚥多少亦得。

凡初服氣，氣未固，多從熟藏中下泄。宜固之，勿令下泄，以意運令散。

凡初服氣，必須心意坦然，無疑無畏，不憂不懼。若有畏懼，氣即難行。

凡服氣，若四體調和，必須意思欣樂自足，不羨一切餘事，即日勝一日，歡快無極。

凡服氣，不得思食，坦然無所念始得。若然忽思食，必須抑捺，如不在意抑捺，心即邪矣。如渴，煮薛荔湯，湯中著生薑少許，更煮一兩沸，吃一碗，其渴即定。薛荔者，落石根是，子亦得。或薑蜜湯亦得。若能自抑捺，縱終日對嘉饌，亦無所欲。

凡服氣，但不失時節，丹田常滿，縱出行人事，亦不可廢。若久久行

慣，縱失一時兩時，亦無所苦。

凡服氣成者，終日不服氣，氣亦自足，至妙不可窮盡。

凡服氣，得臍下丹田常滿，叫喚讀書，終日對人語話，氣力不少，出入行步，無倦怠也。

凡初學服氣，氣未堅，亦不可過勞，勞即損氣。仍須時時步行少地，令氣向下，大精。

凡服氣成，欲得食，即縱食，食亦不障氣，縱飽食，嚥氣，氣還作聲，直至臍下。一成已後，兼食行氣亦無妨。

凡初服氣，欲行，以氣推腹中糞令盡，且勿食，二十餘日彌佳。若入頭即食，理不得妙。

凡服氣日別吃少酒亦好，如或思食，吃少許薑、蜜即定，仍不得多睡，能百種不吃最妙。但至誠感神，百無所畏。

凡服氣，縱體中及心胸間不好，亦非他事，久久行氣，自可散也。

凡初服氣，小便黃赤，亦勿怪，久久自變色如常。

凡初服氣，不用吃果子，恐腹中不安穩，又恐滓穢，腹中氣難行。且欲空却腹藏，令氣通行，但能忍心久作，自覺精神有異，四體日日漸勝，神清氣爽，不可比量。若久久行氣，眼中自識善惡，視人表知人裏，能志心學，三七日即内視腸胃分明，如心不忘，久行始通，能内視五臟，歷歷使用，妙不可言。如能堅固行氣，肌膚不減，亦不銷瘦。若作不如法，或無堅固之志，即似瘦弱也。

凡人身中元氣，常從口鼻中出，今制令不出，使臍下丹田中常滿，即不至飢。若神識清明，求出不得。

凡服氣丹田滿，如悶，即運氣令從四肢及頂上出，第一勿令從口鼻出，若從口鼻出散，雖餐百味飲食，但得虚肌，身受諸病，漸入死地。

凡人飲酒食肉，一時雖勇健，百病易生，瘴癘蠱毒，逢即被傷。能服元氣，久而行之，諸毒不能傷，一切疫病無得染。但恐不能堅持，如能堅持，久而自知其妙。

凡初服氣，氣悶多從下洩，悶須制，勿令洩，以意運令散即好。

凡初服氣了，或氣衝上，從口欲出，即須嚥液送令下，嚥液勿嚥入息，恐外氣入。

凡初學服氣或太多，腸或脹滿，攪轉作聲不安穩，即須數數以意運氣，逐卻腸中宿糞即好。必須數數逐卻糞，令肚空，其氣在内，即得安穩。如未逐糞，間仍攪轉不安穩，任下泄一兩下寬快，雖下洩失氣，續更嚥添之，若洩一下，即嚥一下添之；若兩下或至三下、四下，還須計數添之。意者，常令丹田氣飽足爲佳。

凡服氣周遍，不須閉氣想，但依平常，以意運之。如飢，抑捺却自定；渴，即任飲水、蜜漿、薛荔飲無妨。如有氣衝上，即嚥令下，能嚥氣，嚥唾送之令下亦得。凡滿悶，只從心胸間即衝上耳。

凡服氣，宜日服椒三兩服。每一合椒，淨治，擇去目及蒂，以酒、水、薛荔飲、茶汁送之令下，益氣及推腸中惡物。此是蒙山四祕。

内真妙用訣

論説

佚名《胎息精微論・内真妙用訣》 訣曰：欲得長生，當修所生。所生之本，始於精氣。精氣結而成形。形爲受氣之本，氣是受形之根，氣不得形則無因而立，形不得氣則無因而成。則元氣所稟之時，伏母臍下，混沌三月，玄牝具焉。玄牝者，口鼻也。玄牝既立，如瓜之有蒂，陰注母氣，始於此也。母呼亦呼，母吸亦吸。綿綿十月，氣神備遂，解胎而生。母雖知貪悅於子，當不知形耗體枯，分神減氣，爲子之用矣。既生七日，情見於外，變嬰而爲孩，指頤而能笑。先眞議者，以爲失道而後德。喪朴之本，便終於此。何況十五成童，二十弱冠，目眩五色，耳聽五音，役智運神，間不容息。如此則純朴之根蕩然而。是故聖人知外用之無益，所以還元反本，握胎息之機，得長生不死，其理明矣。

《中胎經》云：形中子母，何不守之？且形中以氣爲母，以神爲子，形氣先立，而後有神。神由氣生，故爲子矣。且聖人不思外事，不視外色，不聽外聲，常使神與氣合，合行循環於臟腑之間。御呼吸以上下，久久修習，則神

自明，氣自和。若神自明，可照徹於五臟；氣自和，則通使於四肢也。故黄帝三月内視注心，一神則神光化生，纏綿五臟，斯言可推而得也。《黄庭經》云：仙人道士非有神，積精所致和專仁。皆其事也。今之世人，神與氣各行，子母不相守，氣雖呼吸於内，神常運於外。如此常使氣逐穢濁，而神不虚明，神不虚明，則元氣漸散。轉而相喻者，以神爲主人，身爲宅舍，主人不營於内，日用於外也。自然令宅舍空虚漸見危壞矣。況非道之人。勞神役氣，無一息而住於形中，而猶冀長生，不亦遠矣？先生曰：若知神氣之所主，子母之運行，則修生之道了然見矣。若氣無所主，但任運呼吸者，唯主通治臟腑，消化穀食而已，終不能還陰返陽，填補血腦。則知凡人呼吸與聖人之呼吸殊矣！是故《南華經》云：凡人之息以喉，眞人之息以踵。踵猶根也。

又云，其息深根，深根固蔕，皆其義也。先生曰：凡人任自然之息，至近而役之，其所利唯化食而已。至人以神爲宰御，呼而下流，吸而上之。上至泥丸，下至莖端，二景相通，可爲救老殘。至若呼不得神宰，則一息之中不全，吸不得神宰，亦一息之中生病。神氣當不全，若能息息之中，神氣常合，則胎從服氣中結，氣從有胎中息，胎息内結，求死不得。

尹眞人曰：若神能御氣，則鼻不失息，斯言至矣！《黄庭經》曰：日月布列設陰陽，二神相會化玉英。此謂陰陽二氣會合之時。言二景相覿之後，情慾既動。精氣悉降於莖中，若不知道者，精氣皆被情慾所引，求制不得，遂有畎澮之憂，尾閭之患。若爲道之士神與氣合行，隨呼吸以上下，不使停壅於下宫，是爲神交而精不散，神雖會合，常味於無味。《黄庭經》云：子丹進饌肴正黄，淡然無味天人糧。

又云：意中動靜，氣得行道，自持我神明光。以次推之，雖有情慾動於精氣，而精氣以道自持，自然不動。《道經》云：化而欲作，吾將鎮之以無名之朴。無名之朴，則胎息妙用矣。若習胎息日久，則神氣自正，和柔可使。《道經》曰：專氣致柔，能如嬰兒乎？若胎息未成，則眞神不御於精氣，謂精氣無主，自然隨慾而動。情慾既動，而精氣自散。雖欲苦制，亦終無益。若胎息道成，精氣有主，故使男子莖中無聚精，婦人臍中不結嬰。雖有情慾，終不能與神爭也。是謂胎息之眞，反精爲神。其文畢矣！

胎息口訣

論説

《延陵先生集新舊服氣經・胎息口訣》序曰：在胎爲嬰，初生曰孩，嬰兒在腹中，口含泥土，喘息不通，以臍噓氣，養育形兆，故得成全。是以臍爲命門，凡孩或有初生尚活，少頃輒不收者，但以暖水浸臍帶，向腹暖三五過即蘇，則知臍爲命門，信然不謬。道者欲求胎息，先須知胎息之根源，按而行之，喘息如嬰兒在腹中，故名胎息矣。乃知返本還源，却老歸嬰，自有由矣。綿綿不間，胎仙之道成焉。故先序經紀，體用兼明備矣。凡欲胎息，先須於靜室中，勿令人入，正身端坐，以左腳搭右腳上，解緩衣帶，徐徐按捺肢節，兩手握固於兩腿上，即吐納三五過，令無結滯。滌慮清閑，虚心實腹，左右徐徐摇身，令臟葉舒展。訖，還徐徐放著實，即鳴天鼓三十六通，漱滿華池，然後存。頭戴朱雀，腳履玄武，左肩有青龍，右肩有白虎。然後想眉間却入一寸爲明堂，却入二寸爲洞房，却入三寸爲丹田宫。亦名泥丸宫。宫中有神人長二寸，戴青冠，披朱褐，執絳簡。次存中丹田，中丹田，心也。亦名絳宫。中有神人亦披朱褐。次存下丹田，在臍下二寸半紫微宫，亦名氣海也。中有神人，亦披朱褐。次存五臟，從心起首，遍存五臟六腑。存五臟中各出本方氣，及三丹田中素雲合爲一氣，於頂中出，煥煥分光九色，上騰可長三丈。餘想身在其中，此時即口鼻俱閉，心存氣海中，胎氣出入，喘息只在臍中。如氣急，即鼻中細細放通息，候氣平，還依前用心爲之，以汗出爲一過，亦不限過數。如體熱悶，即心存氣遍身出，如飯甑中氣，此名滿息。久久行之，入玄寂中，出妙默中，再明洞觀形中五臟六腑，及大小腹，胃受散膏如黄土色，脾長一尺二寸，在胃上，前後磨動不停，停則不和，飯食不消，即是不磨矣。當須閉氣，以手摩腹一百下，即自然轉磨矣。次存心，心似紅蓮花未開，下垂，長三寸，上有九竅，二竅在後，正面有黑毛七葉，長二寸半。次存

肺，肺似白蓮花開，五葉下垂，上有白脈膜，在心上覆心。次存肝，肝在心後，七葉紫蒼色，上有黃脈膜，從左邊第三葉下，膽在此也。其膽色青黃，長二寸半。次存腎，腎狀如覆杯，黑色，卻著脊，去臍三寸，上小下大，左爲上，右爲下。遍觀一形三十六位，及三百六十骨節，皆有筋纏，骨表白如玉色，筋色黃白，髓若冰雪，有三百六十穴，穴穴之中皆有鮮血，如江河池潭也。及見左腳中指第二節是血液上源，其中涌出，通流一日一夜，繞身三萬六千匝，至右腳中指第二節，則化盡，所以人若睡，必須側卧拳局，陰魄全也。亦覺，即須展兩腳及兩手，令氣遍身，陽氣布也。若如此修行，即與經所言動善時之義合矣。久久行之，口鼻俱無喘息，如嬰兒在胎，以臍通氣，故謂之胎息矣。綿綿不間，經三十年，以繩勒項，不令通氣，亦不喘息。喘息常在臍中，水底坐經十日、五日亦可矣。以能行此事，功效如前，若覺得眞，更須修道，此事乃是一門，不可不作。

胎息雜訣

論説

《延陵先生集新舊服氣經》 一經云：但徐徐引氣出納，則元氣亦不出也。自然內外之氣不雜，此名胎息。然初用功之人，閉固內氣訖，亦鼻中微微通氣往來，使令不到咽喉，而返氣即逆滿上衝，不可抑塞，如此即徐徐放令通暢，候氣調，即復閉之，切在徐徐鼻中出入，勿令至喉，極力抑忍。爲之須臾，忽然自調暢，內外泰矣。此蓋關節開毛孔通故也。到此，即千息亦不倦矣。又胎息之妙，功在無思無慮，體合自然，心如死灰，形如枯木，即百脈暢，關節通矣。若憂慮百端，起滅相繼，欲求至道，徒費艱勤，終無成功。桑榆子曰：有苦惱之氣慮，有貪惡之氣，諸如此類，皆邪氣橫中，能爲元氣之關防，亦猶小人當路，則君子無所逞其才也。此道至微至妙，出塵之士，方可爲之。未離名利之間，徒勞介意。桑榆子曰：縱未出塵，但能使心不亂，不見可慾，則可矣。一經云：嚥氣滿訖，便閉氣存想，意如流水，前波已去，後浪續處。凡胎息用功後，關節開通，毛髮疏暢，即依此，但鼻中微微引氣，想從四肢百毛孔出，往而不返也。後氣續到，但引之而不吐也。功在於徐徐，雖云引而不吐，所引亦不入於喉中，微微而散，如此內氣亦不流散矣。

進取訣

論説

《嵩山太無先生氣經》卷上 凡欲服氣，先須得一高燥靜密之室，不在大，務絕風隙而已。室中左右常燒香，不用乳頭者。牀須厚軟，腳須稍高。《眞誥》曰：牀高免鬼吹。蓋言鬼物者，善因地氣以吹人而爲祟忤。牀高三尺可矣。衣被寒暖，使枕高三寸二分，裏內一寸九分餘，令與背平。每夜半後生氣時，或五更睡之初覺，先呵出腹中濁惡氣，一九下止。若要而言之，亦不在夜半之與五更，但天氣調和，腹中空則爲之。閉目叩齒三十六通，以警身中神，畢，以兩手熅目大小眦兼按之左右，抵耳摩面，爲眞人起居之法。隨事導引，先以宣暢關節，乃以舌拄上腭，料口中內外，津液滿口，則嚥之，令下入胃，神承之。以此三者三止，是謂漱嚥靈液，灌溉五臟，面乃光矣。此之法熟，大體同略，便兀然放神，使心同太空，身若委蛻，情累都遣，然後服之。每事皆閉目握固，唯散氣時即展指也。夫握固所以閉關防而卻精邪。初服氣之人，氣水流行，則不得握固。待至百日或半年，覺氣通暢，掌中出汗，即可握固。《黃庭經》云閉塞三關握固停，漱嚥靈液吞玉英。遂至不飢三蟲亡，心意常調致欣昌是也。

陶氣訣

論　說

佚名《嵩山太无先生氣經》**卷上**　凡人五臟亦各有氣。夜卧閉息，覺後欲服氣，則先陶氣，轉令宿食消，故氣得出，然後始得調服。其法：閉目握固，仰卧，倚兩拳於乳間，豎兩膝，舉背及尻，固閉氣海中氣，使自內向外，輧而轉之，呵而出之，一九二九止。是曰陶氣。訖，還則調之。

調氣訣

論　說

佚名《嵩山太无先生氣經》**卷上**　鼻爲天門，口爲地戶。則鼻納之，口吐之，不得有忤，忤則氣逆，逆則生疾。吐納之際，尤宜愼之。亦不欲自耳聞之，或七或九，令和平也，是曰調氣。調畢則嚥之。夜卧閉之，不可口吐也。常須在意，意久則得調也。

咽氣訣

論　說

佚名《嵩山太无先生氣經》**卷上**　服內氣之妙，在乎嚥氣。世人將外氣以爲內氣，不能分別，忤何甚哉！吐納之士，宜審而爲之，氣或錯忤耳。夫人皆稟天地元氣而生，身中分之元氣而自理。每吐嚥則內氣與外氣相應，自氣海中隨吹而直上，直至喉中。但惟吐極之際，則轉閉口，速鼓而嚥之，令郁然有聲，汩汩然從左邊而下。經二十日，即如水瀝坎，聞之分明也。女則右邊而下。如此則內氣之與外氣自皎然別。次以意送之，以手摩之，令運入氣海中。氣海在臍下三寸也，亦謂之下丹田。初服氣人，上焦未通，以手摩而助之，令速下。若氣已通流，不摩亦得。一閉口即三連嚥，號曰雲行，一濕嚥謂之雨施。初服人氣未通流，每一嚥則施行，不可遽至連三也。氣通暢，然後稍加之，直至於小成也。一年後始可流通，三年功成，乃可恣服。

夫人氣既未通，嚥或未下，須以一嚥爲候。每嚥吐極則大鼓口，微用少力，蹙而嚥之，務令郁聲汩汩而下，直入氣海中。如此了然，後爲三連嚥，則便成也。且此訣要益余身，并深嚥之。非久用心者，焉能較量而洞見眞理！初服氣人及久服未得其妙者，有得此訣，何其幸歟！何其幸歟！輕於傳示，必招譴罰。愼之！愼之！每爲之，向東，終而復始，准前所爲候也。

行氣訣

論　說

佚名《嵩山太无先生氣經》**卷上**　下丹田後脊二穴通脊脈，上達泥丸。泥丸，腦宮也。每三嚥連，則存下丹田中。所納得元氣，以意引之，令入二穴。因想見兩條白氣，夾脊雙引，直上入泥丸，薰蒸諸宮，森然遍下毛髮、面部、頸項、兩臂及手指，一時而入胸中丹田心也，灌注五臟，却歷下丹田至三里，遍尻，經膝踝，下達涌泉足心也。所謂分一氣而理，則鼓之以雷霆，潤之以風雨之義。亦由天地有泉源，非雷霆動則氣不能潤蕩萬物；人身有津液，非嚥漱則無以溉五臟，蒙光彩。還精補腦，非交會

則不能通而上之；嚥服納氣非吐納即不能抽而用之。逆知回薄之道、運用之理，所以則天法地也。想身中濁惡結滯、邪氣瘀血，被正氣蕩除，皆從手足指端出，謂之散氣。即展手指，不須握固，如此一度則是一通，通則氣痞，痞則復調使平，平則復鼓，嚥如前也。閉氣鼓氣，嚥至三十六嚥，爲之小成，爲未絶粒。但且至此，即得常須少食，務令腹中曠然虛淨。無問坐卧，但腹空即嚥之，通夕至十度，自然三百六十度嚥矣！謂之大成，是謂大胎息。如胎息，但閉氣，數至一千二百息，亦謂大成。然亦不能煉形易質，縱得長生，尤同枯木無精光也。

又有煉氣、閉氣、委氣、布氣諸事，并雜訣要，列於下，同志君子詳而行之，萬不失一也。

煉氣訣

論　説

佚名《嵩山太无先生氣經》卷上　服氣餘暇，入室脱衣，散髮仰卧，展手勿握固，梳髮令通，垂席而布之，即調氣嚥之。訖，便閉氣，候極，乃冥心絶想，任氣所之。過理絶悶則吐之，喘急即調之，候氣平又煉之。氣通，加至二十、三十、四十、五十，即令遍身汗出。如有此狀，是其效也。安心和氣，且卧勿起衝風，乃却老延年之良術也。神清氣爽則爲之，欲睡勿爲也。常爲之，不必每日，要獨清爽時爲之也。十日、五日，一度爲之候。《黄庭經》云千災已消百病痊，不憚虎狼之凶殘，亦以却老年永延是也。

委氣訣

論　説

佚名《嵩山太无先生氣經》卷上　委氣之法，體氣和平，心神調暢，無問坐卧，則可爲之。依門戶調氣，或身於牀，或兀然而坐，似無神識，寂寂沉沉，使心同太空，因而閉十氣，或二十氣，皆須任氣，不得與意相爭。良久，氣當從百毛孔出，不復吐也。縱有十分氣一二也，復調，爲能至十或百息已上，彌加候。行住坐卧皆爲之，如此勤行，百關開通，顔色潤悦，氣清而長如沐浴。但體有不和便爲之，亦必當清泰也。《黄庭經》曰高拱無爲魂魄安，清淨神見與我言是也。

閉氣訣

論　説

佚名《嵩山太无先生氣經》卷上　忽有修養乖宜，偶生諸疾，宜投密室，依法布手足，則調氣嚥之。有所苦之處，閉氣以意想經氣以攻之，氣極即吐之。訖，復嚥繼之，急氣即止，氣調復攻，或二十、三十、四十、五十，攻覺所苦之處，汗出通潤即止。如未愈，即每日夜半或五更晝日頻作意攻之，以瘥爲度。病在頭面手足，但有疾之處，則攻之，無不愈者。知心之使氣於手足，有如神，即功力難言也。

布氣訣

論説

佚名《嵩山太无先生氣經》卷上 夫用氣與人療疾，先須依前人五臟所患之疾，取方向之氣布入前人身中，令病者向方息心靜慮。此與布氣令其自愈，亦嚥氣息念求除也，自然邪氣永絶。正氣布訖，邪風自退也。

六氣訣

論説

佚名《嵩山太无先生氣經》卷上 六氣者，呬、呵、呼、噓、吹、嘻是也。五臟各屬一氣，餘在三焦。此都包矣。

呬屬肺，主鼻，有寒熱不和及勞極，依呬吐納，兼理皮膚瘡病，有此疾者，則依狀理之，立愈。

呵屬心，主舌，乾澀氣不通及諸邪氣，呵出之，大熱大開口，小熱小開口。大小須作意，量宜理之，違度則損。

呼屬脾，主中宫土，如氣微熱不和，腹肚脹，滿悶不泄，以呼理之，即愈。

噓屬肝，肝主目，如目溫熱，可噓以理之，即愈。

吹屬腎，腎主耳，腰腳冷，陽道衰，以吹理之，即愈。

嘻屬三焦，如不和，以嘻理之。

六氣雖各有所管，但五臟三焦冷熱極，風邪不調，都屬於心，呵之以理，諸疾皆愈，不必用氣也。諸家說准此行，可立見功效。

調液訣

論説

佚名《嵩山太无先生氣經》卷上 人食五味，五味各歸一臟，每臟濁氣同出於口。又六腑三焦之氣，亦湊此門。衆穢總投，合成濁氣。每睡覺，濁穢之氣自不堪聞，審而察之，知其時候。口中乾苦，舌澀頰熱，少津液或嚥唾喉中痛不能食，是熱也。即須開口呵之，必須依門戶出入之。十呵、二十呵即鳴天鼓，或七或九，以舌漱華池而嚥津液，復呵，察熱退止，但候口中清水甘泉生，即是熱退五臟涼也。若口中津液冷淡不受水，即冷狀也，即以吹治之法候口中自美，心調即止。《黄庭經》云：玉池清水灌靈根，審能脩之可長存。又曰漱嚥靈液災不干也。

飲食訣

論説

佚名《嵩山太无先生氣經》卷上 服氣之後，所養有序次，其可食之物，有損有益。有益者，宜可食之，有損者，即可節之，益乃長服。每日平旦食少許淡水粥，甚宜人，理脾氣，令人足津液。日中食淡麵餺飥，并佳，及葱薤羹、糯米、大麥飯、鹿肉作白脯，已上并佳。食後吞生椒三五枚，及先嚥氣三五嚥，消食，引下氣，通三焦，和五臟，趁惡氣，助正氣，特宜長服，辟寒凜暑濕，明目，和中理氣，功不可備具。在《太清經》上卷，更有別方妙。忌食十二屬、三十六禽，本命父母本屬特忌。熱蒸餅，亂正氣。肥豬肉、生菜，令人脈閉。瓜、棗、栗、芋、菱芡、獐、

雁、野鷄，并可食之。不欲其心首脂也，齋戒須總絶之。天師所種木中之玉，名曰南燭草。每叢七十二莖，每莖二十四枝，每枝五葉，應七十二候、五行、二十四氣也。江東少室山、南嶽、湘江化中，并有之。作飿飯食之佳，作煎亦得，不必依《太清經》中所須，但單南燭草即得。凡食乍可飢，不得令飽，飽即傷心，氣難行也。仍忌蘿蔔羹、生冷辛辣之物，酸滑黏膩、陳硬難消之物，切忌。若偶然食此等物一口，則物所在處，當微微有痛。慎之，慎之！但食軟物無慮。

調護訣

論　説

凡服氣後，有氣下則泄之，慎勿絶，絶即成疾。每朝空腹，隨性飲一盞好清酒佳，冬暖之，夏冷亦得，助正氣排邪，又不得多，多則昏醉，昏醉則傷神損壽。若遇尊貴，事不得已，則須且飲，但可呵三五下，盞飲併則開口呵十數下，遣麴之毒，調理之。常時飲二三升，是日乃可一斗不至於醉，亦不中酒，亦不先食味，亦不退如故。

佚名《嵩山太无先生氣經》卷上　凡修煉服氣休絶之法，不居產房，不昇喪堂，六畜死穢，一切雜穢不淨中，驢馬惡氣之物，并不宜聞，況近之乎！如見不祥臭穢，即須念解穢咒，不然甚損正氣。不意卒然逢遇已上之穢，則速閉氣，自取上風，疾過則解之，兼兩杯酒以盪滌之，佳。如惡氣入，覺不安穩，即須調氣逐去，勿留，又恐有逆氣，勿使出，則却嚥下，更納氣以逆之，當定，以手摩助之，便含椒及飲一兩杯酒令散矣。如不散，亦不使和平也，斯必乃食油膩雜犯觸正氣。用意有省，當知向前所犯，必是憂恚房事者，勿再有誤也。所服氣一年氣通，二年氣行，三年功成。元氣遂凝結玄珠於丹田，縱有犯觸，無能爲患。日服千嚥亦不懼多，即返老還童，轉從此也。於是氣化爲血，血化爲精，精化爲髓。一年易氣，二年易血，三年易脈，四年易肉，五年易髓，六年易筋，七年易骨，八年易髮，九年易形，十年之内，三萬六千神備在身中，當化爲仙眞，號曰神人。勤修至道，煉氣爲形，形化爲神，神形一體，白日上昇。大道靈驗，好仙君子，詳而學焉。勤修不怠，即性開通，五臟相固。《黃庭經》云千千百百自相連，一一十十似重山是也。内氣不出，外氣不入，寒暑不侵，兵刃莫害，昇騰變化，壽同三光，無窮盡也。

休糧訣

論　説

佚名《嵩山太无先生氣經》卷上　凡欲休糧，但依前勤修。三年之後，正氣流通，體實骨滿，百神守位，三尸遁逃，如此轉不欲聞五味之氣，常思不食，須絶則絶，亦復無難。但覺腹空，即須嚥氣，不問早晚，何論約限，久久自積節度時候，無煩具言。亦可兼藥物。大有服藥之人，多不服氣，區區終身，唯以藥物爲務，固未得，亦非上士用心也。《黃庭經》云：百穀之實土地精，五味外美邪魔腥，臭亂神明胎氣零，那從反老得還嬰？何不食氣太和精，故能不死入黃寧。

愼真訣

論　説

佚名《嵩山太无先生氣經》卷上　世上之人，率多嗜慾，損生伐命，今古共然。不早備防，悔將何及？《仙經》曰：夫人臨終而始惜身，罪定而思遷善，病成而方求其藥，天眞已散，何可追之？故賢哲上士，惜未危之命，懼未禍之禍，治未病之病，遂拂衣塵寰，攝心歸道。道者，氣

也。氣者，身之主。精者，命之根。愛精重氣，然可庶幾乎長生矣！《黃庭經》曰：方寸之中念深藏，三神還歸老方壯。又曰：長生至慎房中急，何爲死作令神泣？忽之禍鄉三靈沒，但當吸氣錄子精。寸田尺宅可治生，若當決海百瀆傾，葉去樹枯失青青。此禁養精神之術。凡學長生久視，未有不愛精保氣而致也。陰丹百御之道，人莫不知，雖務於氣而不絕慾，亦不免危殆。故曰：人常失道，非道失人。人常去道，非道去人。修養君子深宜自省也。夫氣者，道也。道者，虛無也。虛無者，自然也。自然者，無爲也。無爲者，心不動也。心不動者，謂內心不起。內心不起，即外境不入，內外安靜，即神妍，神妍即氣和，氣和即元氣自至，元氣自至即五臟滋潤，五臟滋潤即百脈流通，百脈流通即津液上應，津液上應即不須五味。五味止絕，飢渴不生。飢渴不生，三田成體，堅骨實肉，返老還年，漸從此矣。故其氣化爲血，血化爲精，精化爲髓。一年易氣，二年易血，三年易脈，四年易肉，五年易髓，六年易筋，七年易骨，八年易髮，九年易形，三萬六千神住在身，化爲仙人。是心體玄微，理生不測也。五臟和，津液生，三焦通，氣不壅。此謂瓊丹，非世間丹也。夫神者，無形之至靈。故神稟於道，靜而合乎性。人稟於神，動而合乎情。故率性則神凝，久則神止，擾則神遷，止則生，遷則死。皆情之所移，非神之所使也。夫欲服氣，先須靜坐，一覺向上想過欲界、色界、無色界，更過太始、太素、太初、太極、太高，想元氣下，從頂門入，念至涌泉，端坐記入息，莫記出息。但用一覺，使元氣隨意而到三丹田，轉輪如流水。《王老經》云：元氣流通，不死之道。至人可知也，蚩蚩者不足與議。慎之！又曰：胎息守中，上與天連名。大道行之，立得飛仙。祕之！慎之！保之！

修存訣

論說

佚名《嵩山太无先生氣經》卷下　凡胎息氣者，其道皆先叩齒三十六通，集諸神，然後轉頸一匝，其胎息已，咽喉嚥之，如此三通，方以舌內外磨，料取玉津液，滿口漱溜，昂頭嚥之。上補泥丸，下潤五臟。

至夜半及五更，展腳握固，展兩手，去身五寸，其枕高三寸，閉目依前法嚥之。梳洗了，暖取一杯酒飲之。胎息滋六腑，酒引氣潤百關。聖人言：人在氣中，氣在人中。人不離氣，氣不離人。人藉氣而生，氣散人死。人死生之理，盡在氣中，但調煉元氣，求死不得。《王老》云：久而行之，求死不得。此之謂也。老君云：甘雨潤萬物，胎津潤百體。《黃庭經》云：晝夜不寐硒成眞。上致神仙，下益其壽，在身所有疾病，想氣攻之，其疾立愈。其眞氣逐濁氣下泄，即覺神情爽利，器宇沖和。老君曰：靈谷玉英，幷在己身。

名山大澤，採藥服食可以滋助正氣，若全使之，即與道有乖。若久服胎息不亂者，自然氣圓成眞妙，不假羽翼而乃昇騰也。

夫胎藏嬰兒，握固服元氣。握固是天地之間。握者，猶心閉門，邪氣不入也。夫嬰兒所以握固，在母腹中飲其元氣，故號曰胎息。合本元氣不動不搖，自然不飢不渴也。

學胎元者，若閉氣極悶，即微吐其濁氣，呵而出之，旋便却閉，常守其元，自然成妙矣。夫人身稟元氣所生，還須以胎元補之。故曰：保其元氣，是曰自然還丹步虛。曰：沖虛太和氣，吐納流霞津。胎息靜百關，寥寥究三便。泥丸洞明鏡，遂成金華仙。又曰：常念餐元精，煉液固形質。

學道之人，常含元氣，挹漱流霞，充灌關府，津潤骨節，回凋朽之頹齡，復童嬰之怡顏。吐納改容，若非煉液如此。凡胎息上衝咽喉，用何物爲應？以雷鳴應候爲胎息矣。握固亦常行。夫咽喉下有十二樓，胎息氣上通頭，嚥之，名曰補腦之法。祕之！故曰飢食太和自然之氣，即胎息也。渴飲華池漿，口中津液也。得津液還歸溉灌神門，腎宮滋潤，玉液甘甜，深宜保之。夫五臟上應列宿，下應五行，常須以清淨保之矣。

慎氣法

論說

佚名《嵩山太无先生氣經》卷下 夫氣之爲理也，納而難固，吐而易竭。難固須保全，易竭須潛而勿泄。眞人曰：學道如憶朝餐，未有不得之者；惜氣如惜面目，未有不全者。又曰：若使惜氣如一身之先急者，吾少見枯悴也。其於接對言笑，須宜省約，運動呼叫，特宜調緩，觸類愛愼，方免損矣。夫人與天地合體，陰陽混氣，皮膚骨髓、腑臟榮衛、呼吸進退、寒暑變異之事，莫不同乎二儀五行也。是知天地否泰，陰陽之氣亂焉，臟腑不調，經脈之候病矣。因外寒暑之病起於風，因所致者百病起於氣。故曰：恬淡虛無，眞氣從之。精神內守，病從何來？是故須知形神以性和而全之，審內外之病而愼之。

夫人有三丹田，以合三元上中下也。上丹田泥丸腦宮也，其神赤子，字元先，一名帝卿。其神赤衣冠，治上元也。中丹田絳宮心也，其眞人字子丹，一名中光堅，其神赤衣冠，治中元也。下丹田臍下氣海精門也，其神嬰兒，字元陽，一名谷下玄，赤衣冠，治下元也。此三丹田，以應三元，中各有一神，若虧損即氣漏精泄，精泄即氣散也。夫精者身之根。根者氣之位，精全即氣全，精泄即氣泄，唯精與氣須全耳。又云：精能食氣，形能食味。夫嚥氣不得和津液嚥之，津液須別嚥。若和津液，恐招生風，入腹成疾。咽津液時，須候出息嚥之，尤妙也。

海蟾真人胎息訣

論說

佚名《諸真聖胎神用訣》 夫元氣者，天地之母，大道之根，陰陽之質。在物名淳利之氣，在人名元氣者也。乃性命也。凡一晝一夜，一萬三千五百息，常常口鼻中泄了眞氣。聖人久煉胎息者，常納於丹田，故微微出入，定自身，安而得長生。長生者，乃心與神氣相合，與道同眞也。

玄葫真人胎息訣

論說

佚名《諸真聖胎神用訣》 夫大道以空爲本，絕相爲妙達，本元靜定太素，納氣於丹田，煉神於金室，定心於覺海。心定神寧，神寧則氣住，氣住則自然心樂。常於百刻之中，含守於眞息。又云神息定而金木交，心意寧而龍虎會，此內丹之眞胎息之用也。

凡修道之人，若要長生不死，先須煉心。眞人曰：心者，在肺之下，一寸三分。曰：玉壺內有虛白一氣。經云：虛中生白，一名玉壺，二名神室，三名玉館，四名絳宮。中有救苦天尊，中有不死之神，中有靈寶天尊，中有元始符命，中有太一眞人，中有救苦眞人。常持元氣，勿令失散，丹砂結就，大如黍米，色如黃金，一名寶琳。若人識得辯得認得，塞其六門，常守天眞，胎息自成，延年久而不死矣。

袁天綱胎息訣

論說

佚名《諸真聖胎神用訣》 夫陰陽者，天地之眞氣，一陰一陽，生育萬物。在人爲呼吸之氣，在天爲寒暑之氣。又云：此兩者能改移四時之氣，此乃戊己，包藏眞氣。云：春至在巽，能發生萬物，夏至在坤，能長養萬物，秋至在乾，能成熟萬物，冬至在艮，能含藏萬物。此皆陰陽出沒，升降神用，故陽氣出水盛木，陰氣出火盛金，陽生於子，出乎卯，陰生於午，入乎酉。此四仲之辰，皆是天地之門戶也。凡大道者，必取四時之正氣，凡修行，動息爲陰，定息爲陽。凡作時須得心定力定，神定息定，龍親虎會，結就聖胎，名曰眞人胎息也。

於真人胎息訣

論說

佚名《諸真聖胎神用訣》 凡所修行，先定心氣，心氣定則神凝，神凝則心安，心安則氣昇，氣昇則境空，境空則清靜，清靜則無物，無物則命全，命全則道生，道生則絕相，絕相則覺明，覺明則神通。經云：心通萬法皆通，心靜萬法皆滅。此一門如來眞定者也。凡修道者，先修心定之法，既得定法，還丹不遠，金液非遙，仙道得矣。

徐神公胎息訣

論說

佚名《諸真聖胎神用訣》 夫神者，虛無之用，息者，元氣之用。煉去塵世之境，若是非人我，財色取舍，得失冤親，平等如一，自然佑護，道心成矣。經云：神者虛無用之。精、氣、神三者，便是靈臺。修行之人，若是息定精氣神三件，可長生不死，必爲出世之仙，則不虛矣。

煙蘿子胎息訣

論說

佚名《諸真聖胎神用訣》 夫動者本動，靜者本靜，古者本無動靜，且動靜者一源。蓋爲一切衆生，妄想不定，聖人留教，教人定息，神隨氣定，氣住神定，若氣動心動，心動神疲。凡修道之人，不行胎息則有動靜之源，怎入無爲之門戶也？走失了也。

達摩禪師胎息訣

論說

佚名《諸真聖胎神用訣》 夫煉胎息者，煉氣定心是也。常息於心

輪，則不著萬物，氣若不定，禪亦空也。氣若定則色身無病，禪道雙安。修行之人，因不守心，元氣失了不收，道怎成矣。古人云，氣定心定，氣凝心靜，是大道之要，又名還丹。道人無諸挂念，日日如斯，則名眞定禪觀。故三世賢聖修行皆在此訣，名爲禪定雙修也。

李真人胎息訣

論說

佚名《諸真聖胎神用訣》 夫胎息眞氣者，入於一淨室，焚香面壁，東南結跏趺坐，心無挂念，意無所思，澄神定息，常於遍身觀之，自然通暢。諸學之人不得全閉定氣，全閉則傷神，但量自家息之長短，放氣出入，不得自耳聞之，如此則妙也。若常常調息，不出不入，久而在於丹田，固守在之者，名爲眞胎也。道必成矣！

抱朴子胎息訣

論說

佚名《諸真聖胎神用訣》 凡修行之人，須要定息。息者，正也，安也，順也，歸也，伏也，寧也，靜也。若四威儀中，常作如是，決入眞道。勿著諸境，虛心實腹，最爲妙也。但澄息心定，心定則氣寂，氣寂則神靜，神靜則境空，境空則寂滅，寂滅則無事，無事則清靜，清靜則道生，道生則自然，自然則逍遙，既入逍遙，則無量自在，得做神仙。自然五行總聚，六氣和合，八卦配偶，成於內丹，身形永劫不壞矣。

亢倉子胎息訣

論說

佚名《諸真聖胎神用訣》 凡修煉入道，息心勿亂，精神勿泄，息神勿惕，息忓勿出，息言勿語，息血勿滯，息唾勿遠，息涕勿棄，息嗔勿惱，息神勿憂，息怨勿念，息我勿爭，息害勿記，若人行住坐臥，常持如是，其心自樂，自然成就，不修此理，枉費其功，終無成法，但日日如是，其丹必就，若動靜雙忘，道不求自得矣。

元憲真人胎息訣

論說

佚名《諸真聖胎神用訣》 夫學無爲胎息者，只是本清靜心也，亦名眞如，本無物也。有若太虛相似，無去無來，無上無下，非動非靜，寂寂寥寥，與眞空同體，與大道同源，與本面目相逢者也。若修大道，當修無爲，其心清虛，寂而無寂，靜而無靜，心澄境謝，心境雙忘，則入無爲眞道也。學道之人，若修如是法門，則其丹自成，自然氣定而得胎息矣。

何仙姑胎息訣

論説

佚名《諸真聖胎神用訣》 夫煉者，修也，息者，氣也，神也，精也。息氣本源者，清靜眞氣也。觀入丹田，細細出入。如此者，龍虎自伏，若心無動，神無思，氣無慾，則名曰太定。眞氣存於形質，眞仙之位，變化無窮，號曰眞人矣。

夫胎息者，須存神定意，抱守三關者，精氣神也。凡修行之人，須每於六時，常抱守三法，則自然有寶聚也。國富民安，心王自在，乃神和暢，少病也，少惱也，身體輕便也，耳目聰明也。是修眞之人，眞道徑路。若三五年間，常行此法，天護佑，神加持，凡人愛敬，久而自然得道矣。

玉雲張果老胎息訣

論説

佚名《諸真聖胎神用訣》 夫胎者，受生之宮也。息氣納於元海，在母臍下一寸三分，名曰丹田。受眞精成形，納天地之氣，一月如珠，二月如露，三月如桃李，此名淳和之氣，朴也。子在母胞胎之中，母呼則呼，母吸則吸，至於十月氣足而生，六情轉於外，豈於返視元初，不守內息，故有生死。故聖人云：我不縱三尸，六情常息於丹田，守而無退。凡修道之人，先修心靜之門。又云：了心修道，則省力而易成，不了心而修道，修道者返費功而無益，先了心源，然後自定，自然龍虎伏，觀仙道必成矣。

夫丹田者，在臍下一寸三分，是元氣之宮位，管三百六十坐精光神，守護元氣。內有神龜一坐，吐納元氣，往來呼吸，一晝一夜，一萬三千五百息，皆元氣，於口鼻中泄出，故引入邪氣所侵而生病也。丹田者，生氣之源，一名丹田，二名精路，三名氣海，四名守宮，五名大源，六名神室，七名元藏，八名採寶，九名戊己，十名本根。皆是太和元氣居止之處，若存精氣於丹田，則得長生久視之道。凡修行之人，行住坐卧常含納眞息於丹田，則得元氣成實，久煉而成仙矣。斯乃眞人之胎息者也。

侯真人胎息訣

論説

佚名《諸真聖胎神用訣》 夫眞一法界者，不離於本源。本源者，則是一心也。不動不行，心則是源，不停不住，源則是心。其心清靜，則成大藥，其心惑亂，則成大賊。奪其精，盜其神，敗其鑪，失其藥，患其身，喪其命也。凡在道之人，必先修心靜之法。但於心靜，必得定心。心定則神安，鉛汞相投，龍虎親也。周天數足，添精益氣養神，此三法若全，則萬神感會於丹田，血氣周流於遍體，逍遙於長生之道。又云：如何清靜？當澄其神，絕其慮，亡其我，滅其境，抱其眞，此謂妙靜之道。

鬼谷子胎息訣

論説

佚名《諸真聖胎神用訣》 凡修道之人，返本還純，內合眞氣，故道

返，則四象、五行、六氣、七元、八卦而煉精氣神成其形質，則是虛中取實，無中取有，而內祕眞丹也。故煉心爲神，煉精爲形，煉氣爲命，此是陰陽昇降之氣也。氣源者，命之根也。故修三法則大道也。

黃帝胎息訣

論說

佚名《諸真聖胎神用訣》 凡修道者，常行內觀，遣去三尸，出於六情，返內存三，心神守宮，氣閉不散，諸神歡暢，養氣煉形存性，此三法不可棄，是眞一胎息也，玄關大藥也。

陳希夷胎息訣

論說

佚名《諸真聖胎神用訣》 夫道化少，少化老，老化病，病化死，死化神，神化萬物。氣化生靈，精化成形，神氣精三化，煉成眞仙。故云存精、養神、煉氣，此乃三德之神，不可不知。子午卯酉四時，乃是陰陽出入之門戶也。定心不動謂之曰禪，神通萬變謂之曰靈，智通萬事謂之曰慧，道元合氣謂之曰修，眞氣歸源謂之曰煉，龍虎相交謂之曰丹，三丹同契謂之曰了。若修行之人，知此根源，乃可入道近矣。

逍遥子胎息訣

論說

佚名《諸真聖胎神用訣》 夫修者，志也，養也；養者，順也，伏也，眞也。凡欲養息，先須養精，凡欲養精，先須養神，凡欲養神，先須養性，凡欲養性，先須養命。性命者，乃是神氣也，魂魄也，陰陽也，離坎也。久而行之，結成聖胎，乃眞胎息也。

張天師胎息訣

論說

佚名《諸真聖胎神用訣》 夫元氣無形，眞心無法，大道無蹟，唯煉息一法，乃含眞道。又云心定、氣定、神定，凡修道流，若合大丹元道，清虛寂靜，絕慮忘意，空靜無物，萬法無踪，眞修胎息也，成仙無疑也。

郭真人胎息訣

論說

佚名《諸真聖胎神用訣》 夫煉者，修也，養也，虛也。耳不聽也，眼不見也，鼻不聞也，舌不味也，息氣定心也。此法從不有中有，不無中

無，不色中色，不空中空，非有爲有，非無爲無，非色爲色，非空爲空，此乃眞胎息養氣調神之法。又云視不見我，聽不得聞，離種種邊，名爲妙道。此法最爲上也。

中央黄老君胎息訣

論説

佚名《**諸真聖胎神用訣**》　夫本立天地，生於陰陽，清氣爲天，濁氣爲地，清氣爲心，濁氣爲腎。被世牽惹，引動人心，故清濁不分也。怎曉此理哉！每動作處，經行處，眼見耳聞，五賊送了眞元，眼送與心，心動神疲；又被耳送與心，心送音聲入腎，神勞心煩，壞了也。若動念則泄眞氣，故胎息不成矣。如何得成？若人靜坐念心不動，息念忘情，氣神調匀，久而自成仙矣。

柳真人胎息訣

論説

佚名《**諸真聖胎神用訣**》　夫人往往在世間，不知自身日用物所造化也。噫！乃上天之氣也。元精不衰，物結成器，上依天之清氣，聚而成形，下接地之濁氣，凝而成體。內包一眞，世人不識，故泄於外，乃精氣神也。若不守此三者，老死近矣。聖人常不離此三法，行住坐卧，久結成胎，神仙矣。頌曰：爲人在世不知根，一向貪心棄本眞。不管元陽眞息氣，至今天怒病纏身。

驪山老母胎息訣

論説

佚名《**諸真聖胎神用訣**》　經云：天地萬物之盜，萬物人之盜，人萬物之盜。故三盜相反，走失了眞氣精神也，不成胎息。若修行之人，不愛萬物，自不盜你本性也。故云：本分道人，我不要你底，你不要我底，只守分。守分者，何也？乃是不出不入，常守本源，不動不靜，不來不去，似有似無，是個死的活人。仙道近矣！

李仙姑胎息訣

論説

佚名《**諸真聖胎神用訣**》　夫世間之人，奉道持修，須要朝眞謝罪。每於庚申甲子之日，父母遠忌之辰，三元八節之日，宜修齋醮者，神天佑護。更若每日清靜無事，澄心靜坐，調神養氣，不離本室，自然三宮升降，六氣周流，百脈通行，萬物齊會於黄庭。黄庭者，乃中宮也。若常守於中宮，精氣不走，此乃眞胎息也。

天台道者胎息訣

論　說

佚名《諸真聖胎神用訣》　凡人修煉，常行平等忍辱，一屏邪心所起，眞心志堅，運心腎二氣，上下往來，交媾於中宮。諸神不散，溫養元氣，丹砂黄芽自出，深根固蒂，永息綿綿，久而長生，出世得道矣。

劉真人胎息訣

論　說

佚名《諸真聖胎神用訣》　若修胎息元道之法，心不殺、不慾、不盜、不偷、不邪、不妄、不顛、不狂，心自明朗，常守齋戒，眞息常調，觀照遍身世界。身心清靜，乃是長生。道人若金坑寶貝堅實，六門不開，邪氣不入，一身無病患。若六門不閉，盜盡金寶，人生疾也。道自不成矣！頌曰：

心中眞氣是天英，正是神清氣鏡明。大道若依玄妙用，心中清靜氣生靈。

一去一來不暫停，上下無休造化成。神靜氣澄無事染，這回息住自然靈。

後學之者，不息元道，妄念不停，生滅不息，隨他物去了，怎成胎息也？

朗然子胎息訣

論　說

佚名《諸真聖胎神用訣》　凡修行之人，焚香入室，靜坐冥心，叩齒集神，定意馬，伏心猿，都收在一處，放在丹田，令溫養之。內觀勿出，如元帥行軍。神是主，氣是軍。氣到處神到，二物相逐，不得相離。萬病不干，千災皆滅。學道之人，若得此法，勤而行之。今日貧道方泄天機，你若不行，我有殃矣。

百嶂内視胎息訣

論　說

佚名《諸真聖胎神用訣》　且胎息者，世人不知，諸賢皆從證果。若不得此法也，把不定，不得口訣，不得下手，不得親傳。把手教著尙做不過，一等愚人，便待定心猿捉意馬，往往空費其功夫，不成大事。若眞修煉之人，欲捉心猿收意馬，先須調氣定息，然後澄心息慮忘情，乃可應也。若不如是，則空過了時光日月。不因師指，此事難知矣。

曹仙姑胎息訣

論説

佚名《諸真聖胎神用訣》　且胎息者，非方術之所能爲。爲者，則失道遠矣。且人之生也，須以神存氣留道生，神與氣二者相須，乃成性命。虚者通靈而光明，和者周流而柔潤，神安則氣暢，氣暢則血融，血融則骨強，骨強則髓滿，髓滿則腹盈，腹盈則下實，下實則行步輕健，行步輕健則動作不疲，四肢康強，猶國之封域平泰，氣血和盛，猶國之府庫充實，譬人家富，神志和悦，顏色自怡，行步歌舞，仙道近矣。故曰：今人念佛念道，只要除災救禍，不如志念除妄。還好麼？達人觀斯而行之，自成胎息者矣。

健身術分部

正月修養法

論説

高濂《遵生八箋・四時調攝箋》　孟春之月，天地俱生，謂之發陽。天地資始，萬物化生，生而勿殺，與而勿奪。君子固密，毋泄眞氣。卦值泰，生氣在子，坐卧當向北方。

孫眞人《攝生論》曰：正月腎氣受病，肺臟氣微，宜減鹹酸，增辛辣味，助腎補肺，安養胃氣。勿冒冰凍，勿太温暖。早起夜卧，以緩形神。

《内丹祕要》曰：陽出於地，喻身中三陽上昇，當急駕河車，搬回鼎内。

《活人心書》曰：肝主龍兮位號心，病來自覺好酸辛。眼中赤色時多淚，噓之病去效如神。

靈劍子導引，孟春月一勢：以兩手掩口，取熱氣津潤摩面，上下三五十遍，令極熱。食後爲之，令人華彩光澤不皺。行之三年，色如少艾，兼明目，散諸故疾，從肝臟中肩背行後，須引吸震方生氣以補肝臟，行入下元，凡行導引之法，皆閉氣爲之，勿得開口，以招外邪入於肝臟。

二月修養法

論説

高濂《遵生八箋・四時調攝箋》　仲春之月，號厭於，日當和其志，平其心，勿極寒，勿太熱，安靜神氣，以法生成。卦大壯，言陽壯過中也。生氣在丑無論如何，卧養宜向東北。

孫眞人《攝養論》曰：二月腎氣微，肝正旺，宜戒酸增辛，助腎補肝，宜靜膈去痰水，小泄皮膚，微汗以散玄冬藴伏之氣。

靈劍子坐功一勢：正坐，兩手相叉，爭力爲之，治肝中風。以叉手掩項後，使面仰視，使項與手爭力，去熱毒肩痛，目視不明，積風不散，元和心氣，焚之令出散，調沖和之氣補肝，下氣海添内珠爾。

又一勢：以兩手相重，按髀拔去，左右極力，去腰腎風毒之氣，及胸膈，兼能明目。

《内丹祕要》曰：仲春之月，陰佐陽氣，聚物而出，喻身中陽火方半，氣候勻停。

《法天生意》云：二月初時，宜灸腳三里、絶骨，對穴各七壯，以泄毒氣，夏來無腳氣衝心之病。

春分宜採雲母石煉之，用礬石，或百草上露水，或五月茅屋滴下檐

水，俱可煉，久服延年。

《濟世仁術》云：庚子、辛丑日，採石膽，治風痰最快。

三月修養法

論　說

高濂《遵生八箋・四時調攝箋》　季春之月，萬物發陳，天地俱生，陽熾陰伏，宜卧早起早，以養臟氣。時肝臟氣伏，心當向旺，宜益肝補腎，以順其時。卦值夬，夬者，陽決陰也，決而能和之意。生氣在寅，坐卧宜向東北方。

孫眞人曰：腎氣以息，心氣漸臨，木氣正旺，宜減甘增辛，補精益氣。愼避西風。宜懶散形骸，便宜安泰，以順天時。

靈劍子曰：補脾坐功一勢：左右作開弓勢，去胸脅膈結聚風氣，脾臟諸氣。去來用力爲之，凡一十四遍，閉口，使心隨氣到以散之。

四月修養法

論　說

高濂《遵生八箋・四時調攝箋》　孟夏之月，天地始交，萬物并秀，宜夜卧早起，以受清明之氣。勿大怒大泄。夏者火也，位南方，其聲呼，其液汗，故怒與泄爲傷元氣也。卦值乾，乾者健也，陽之性，天之象也，君子以自強不息。生氣在卯，坐卧行功，宜向正東方。

孫眞人曰：是月肝臟已病，心臟漸壯，宜增酸減苦，以補腎助肝。調養胃氣，勿受西北二方暴風。勿接陰以壯腎水，當靜養以息心火。勿與淫接，以寧其神。以自強不息，天地化生之機。

靈劍子曰：補心臟坐功之法有二：一勢，正坐斜身，用力偏敵如排山勢，極力爲之，能去腰脊風冷，宣通五臟六腑，散腳氣，補心益氣，左右以此一勢行之；二勢，以一手按髀，一手向上極力如托石，閉氣行之，左右同行，去兩脅間風毒，治心臟，通和血脈。

《月令》曰：君子齋戒，處必掩身，毋躁，止聲色，毋進御，薄滋味，毋違和，節嗜慾，定心氣。

《內丹祕要》曰：姤月爲一陰始生之月也，陰氣方生，喻身中陰符起縮之地。靈丹養成入口中，當馴致其道，遂歸丹田，不可荒忙急速。

《保生心鑒》曰：五月屬火，午火大旺，則金氣受傷。古人於是時，獨宿淡味，兢兢業業，保養生臟，正嫌火之旺耳。

五月修養法

論　說

高濂《遵生八箋・四時調攝箋》　仲夏之月，萬物以成，天地化生，勿以極熱，勿大汗，勿曝露星宿，皆成惡疾。忌冒西北之風，邪氣犯人。勿殺生命。是月肝臟已病，神氣不行，火氣漸壯，水力衰弱，宜補腎助肺，調理胃氣，以順其時。卦值姤，姤者遇也，以陰遇陽，以柔遇剛之象也。生氣在辰，宜坐卧向東南方。

孫眞人曰：是月肝臟氣休，心正旺，宜減酸增苦，益肝補腎，固密精氣，卧早起早，愼發泄。五日尤宜齋戒靜養，以順天時。

《保生心鑒》曰：午火旺則金衰，於時當獨宿，淡滋味，保養生臟。

靈劍子坐功法：常以兩手合掌，向前築去臂腕，如此七次，淘心臟風勞，散關節滯氣。

《養生纂》曰：此時靜養毋躁，止聲色，毋違天和，毋幸遇，節嗜慾，定心氣。可居高明，可遠眺望，可入山林，以避炎暑，可坐臺樹空敞

之處。

六月修養法

論説

高濂《遵生八箋・四時調攝箋》季夏之月，發生重濁，主養四時，萬物生榮，增鹹減甘，以資腎臟。是月腎臟氣微，脾臟獨旺，宜減肥濃之物，益固筋骨。卦値遁，遁者避也。二陰浸長，陽當避也。君子莊矜自守。生氣在巳，坐卧宜向南方。

孫眞人曰：是月肝氣微弱，脾旺，宜節約飲食，遠聲色。此時陰氣內伏，暑毒外蒸，縱意當風，任性食冷，故人多暴泄之患。切須飲食溫軟，不令太飽，時飲粟米溫湯、豆蔻熟水最好。

《內丹祕訣》曰：建未之月，二陰之卦，是陰氣漸長，喻身中陰符離去午位，收斂而下降也。

靈劍子坐功法：端身正坐，舒手指，直上反拘，三舉前屈，前後同行。至六月半後用之，去腰脊腳膝痹風，散膀胱邪氣。

七月修養法

論説

高濂《遵生八箋・四時調攝箋》秋七月，審天地之氣，以急正氣，早起早卧，與鷄俱起，緩逸其形，收斂神氣，使志安寧。卦否，否者，塞也，天地塞，陰陽不交之時也。故君子勿妄動。生氣在午，坐卧宜向正南。

孫眞人《養生》曰：肝心少氣，肺臟獨旺，宜安靜性情，增鹹減辛，助氣補筋，以養脾胃。毋冒極熱，勿恣涼冷，毋發大汗，保全元氣。

靈劍子導引法勢：以兩手抱頭項，婉轉回旋俯仰，去脅肋胸背間風氣。肺臟諸疾，宜通項脈左右同正月法。又法：以兩手相叉，頭上過去，左右伸曳之十遍，去關節中風氣，治肺臟諸疾。

八月修養法

論説

高濂《遵生八箋・四時調攝箋》仲秋之月，大利平肅，安寧志性，收斂神氣。增酸養肝，毋令極飽，令人壅塞。是月宜祈謝求福。卦觀，觀者，觀也。風在地上，萬物興昌之時也。生氣在未，坐卧宜向西南方，吉。

孫眞人《攝養論》曰：是月心臟氣微，肺金用事，宜減苦增辛，助筋補血，以養心肝脾胃。勿犯邪風，令人生瘡，以作疫痢。十八日，乃天人興福之時，宜齋戒存想吉事。

靈劍子坐功法勢：以兩手拳腳脛下十餘遍，閉氣用力爲之。此能開胸膊膈氣，去脅中氣，治肺臟諸疾。行完，叩齒三十六通以應之。

《雲笈七籤》曰：是月十五日，金精正旺，宜採銅鐵，鑄鼎劍。

《內丹祕要》曰：觀者，四陰之卦也。斗杓是月戌時指酉，以月建酉也。時焉陰佐陽功，以成萬物，故物皆縮小，因時而成矣。喻身中陰符過半，降而入於丹田，吾人當固養保元，以築丹基。

九月修養法

論說

高濂《**遵生八箋·四時調攝箋**》季秋之月，草木零落，衆物伏蟄，氣清，風暴爲朗，無犯朗風，節約生冷，以防癘病。二十八日，陽氣未伏，陰氣既衰，宜進補養之藥以生氣。卦剝，剝，落也，陰道將旺，陽道衰弱，當固精斂神。生氣在申，坐卧宜向西南。

孫眞人曰：是月陽氣已衰，陰氣太盛，暴風時起，切忌賊邪之風以傷孔隙。勿冒風邪，無恣醉飽。宜減苦增甘，補肝益腎，助脾胃，養元和。

靈劍子坐功法勢：九月十二日已後用，補脾。以兩手相叉於頭上，與手爭力，左右同法行之。治脾臟四肢，去脅下積滯風氣，使人能食。

十月修養法

論說

高濂《**遵生八箋·四時調攝箋**》孟冬之月，天地閉藏，水凍地坼，早卧晚起，必候天曉，使至溫暢。無泄大汗，勿犯冰凍雪積，溫養神氣，無令邪氣外入。卦坤，坤者，順也，以服健爲正，故君子當安於正以順時也。生氣在酉，坐卧宜向西方。

孫眞人修養法曰：十月心肺氣弱，腎氣強盛，宜減辛苦以養腎氣。毋傷筋骨，勿泄皮膚，勿妄針灸，以其血澀，津液不行。十五日宜靜養護吉。

《內丹祕要》曰：六陰之月，萬物至此歸根復命，喻我身中陰符窮極，寂然不動，反本復靜。此時塞兌垂簾，以神光下照於坎宮，當夜氣未央，凝神聚氣，端坐片時。少焉，神氣歸根，自然無中生有，積成一點金精。蓋一陽不生於復而生於坤，陰中生陽，實爲產藥根本。

靈劍子導引法勢：以兩手相叉，一腳踏之，去腰腳拘束，腎氣冷痹，膝中痛諸疾。

又法：正坐，伸手指緩拘腳指五七度，治腳氣，諸風注氣，腎臟諸毒氣，遠行腳痛不安，并可治之，常行最妙。

人之一身，元氣亦有升降，子時生於腎中，此即天地一陽初動，感而遂通，乃復卦也。自此後漸漸昇至泥丸，午時自泥丸下降於心，戌亥歸於腹中，此即天地六陰窮極，百蟲閉關，草木歸根，寂然不動，乃坤卦也。靜極復動，循環無端，其至妙，又在坤復之交，一動一靜之間，即亥末子初之時。《陰符經》曰：自然之道靜，故天地萬物生。養生者，當順其時而行，坤復二卦之功，正在十月之間。

十一月修養法

論說

高濂《**遵生八箋·四時調攝箋**》仲冬之月，寒氣方盛，勿傷水凍，勿以炎火炙腹背，毋發蟄藏，順天之道。卦復，復者，反也，陰動於下，以順上行之義也。君子當靜養以順陽生。是月生氣在戌，坐卧宜向西北。

孫眞人修養法：是月腎臟正旺，心肺衰微，宜增苦味絕鹹，補理肺胃。閉關靜攝，以迎初陽，使其長養，以全吾生。

靈劍子導引法勢：以一手托膝，反折一手抱頭，前後左右爲之，凡三五度。去骨節風，宣通血脈，膀胱腎臟之疾。

是月也，一陽來復，陽氣始生，喻身中陽氣初動，火力方微，要不縱不拘，溫溫柔柔，播施於鼎中。當撥動頂門，微微挈之，須臾，火力熾盛，逼出眞鉛。氣在箕斗東北之鄉，火候造端之地。

十二月修養法

論　説

高濂《遵生八箋·四時調攝箋》 季冬之月，天地閉寒，陽潛陰施，萬物伏藏，去凍就溫，勿泄皮膚大汗，以助胃氣。勿甚溫暖，勿犯大雪。宜小宣，勿大全補。衆陽俱息，勿犯風邪，勿傷筋骨。卦臨，臨者，大也，以剛居中，爲大亨而利於貞也。生氣在亥，坐卧宜向西北。

孫眞人曰：是月土旺，水氣不行，宜減甘增苦，補心助肺，調理腎臟。勿冒霜雪，勿泄津液及汗。初三日，宜齋戒靜居，焚香養道，吉。

靈劍子導引法勢：以兩手聳上，極力三五遍，去脾臟諸疾不安，依春法用之。

武術分部

太極拳論

論　説

《張三豐太極煉丹秘訣》卷二 一舉動，周身俱要輕靈，尤須貫力，氣宜鼓盪，神宜內斂，毋使有凸凹處，毋使有斷續處。其根在脚發于腿。主宰於腰，形於手指，由脚而腿而腰，總須完整一氣。向前退後，乃得機得勢。有不得機得勢處，身便散亂。其病必於腰腿求之，上下前後左右皆然。凡此皆是意，不在外面，有上即有下，有前即有後，有左即有右。如意要向上，即寓下意。若將物掀起而加以挫之之力，斯其根自斷，乃壞之速而無疑。虛實宜分清楚，一處自有一處虛實，處處總此一虛實。周身節節貫串，無令絲毫間斷耳。長拳者，如長江大海，滔滔不絕也。十三勢者，掤攦擠按採挒肘靠，此八卦也。進步退步，右顧左盼中定，此五行也。掤攦擠按，即坎離震兌四正方也。採挒肘靠，即乾坤艮巽四斜角也。進退顧盼定，即金木水火土也。

太極行功説

論　説

《張三豐太極煉丹秘訣》卷二 太極行功，功在調和陰陽，交合神氣，打坐即爲第一步下手功夫。行功之先，猶應治臟，使內臟清虛，不着渣滓，則神斂氣聚，其息自調。進而吐納，使陰陽交感，渾然成爲太極之象。然後再行運各處功夫，冥心兀坐，息思慮，絕情慾，保守眞元，此心功也。盤膝曲股，足跟緊抵命門，以固精氣，此身功也。兩手緊掩耳門，叠指背彈耳根骨，以祛風池邪氣，此首功也。兩手擦面待其熱，更用唾沫偏摩之，以治外侵，此面功也。兩手按耳輪，一上一下摩擦之，以清其火，此耳功也。緊合其睫，睛珠內轉，左右互行，以明神室，此目功也。大張其口，以舌攪口，以手鳴天鼓，以治其熱，此口功也。舌抵上顎，津液自生，鼓漱嚥之，以潤其內，此舌功也。叩齒卅六，閉緊齒關，可集元神，此齒功也。兩手大指，擦熱揩鼻，左右卅六，以鎮其中，此鼻功也。既得此行功奧竅，還須正心誠意，冥心絕慾，從頭做去，始能逐步昇登，證悟大道。長生不老之基，即胎於此。若才得太極拳法，不知行功之奧妙，擱置不顧，此無異煉丹不採藥，採藥不煉丹，莫道不能登長生大道。即外面功夫，亦決不能成就，必須功拳幷練。蓋功屬柔而拳屬剛，拳屬動而功屬靜，剛柔互濟，動靜相因，始成爲太極之象，相輔而行，方足致用。此練太極拳者，所以必先知行功之妙用。行功者，所以必先明太極之

妙道也。

太極行功歌

論說

《張三豐太極煉丹秘訣》卷二　兩氣未分時，渾然一無極。陰陽位即定，始有太極出。人身要虛靈，行功主呼吸。呵噓呼呬吹，加嘻數成六。六字意如何，治臟不二訣。治肝宜用噓，噓時睜其目。治肺宜用呬，呬時手雙托。心呵頂上叉，腎吹抱膝骨。脾病一再呼，呼時把口撮。仰卧時時嘻，三焦熱退鬱。持此行內功，陰陽調胎息。大道在正心，誠意長自樂。即此是長生，胸有不死藥。

太極拳歌

論說

《張三豐太極煉丹秘訣》卷二　十三總勢莫輕視，命意源頭在腰隙。變轉虛實須留意，氣遍身軀不少滯。靜中觸動動猶靜，因敵變化示神奇。勢勢揆心須用意，得來不覺費工夫。刻刻留心在腰間，腹內鬆淨氣騰然。尾閭中正神貫頂，滿身輕利頂頭懸。仔細留心向推求，屈伸開合聽自由。人門引路須口授，工夫無息法自休。若言體用何爲準，意氣君來骨肉臣。想推用意終何在，益壽延年不老春。歌兮歌兮百卌字，字字眞切義無遺。若不向此推求去，枉費工夫貽嘆息。棚攌擠按須認眞，上下相隨人難進。任他巨力來打我，牽動四兩撥千斤。引進落空合即出，粘連黏隨不丟頂。

太極拳七十二路圖勢

圖表

《張三豐太極煉丹秘訣》卷二

一　太極起式

二　攬雀尾

三　攬雀尾

四　攬雀尾

五　攬雀尾

七　提手

九　摟膝拗步

一一　左右摟膝拗步

六　單鞭

八　白鶴亮翅

一〇　手揮琵

一二　左右摟膝拗步

一三　手揮琵琶

一五　進步搬攔捶

一七　十字手

一九　肘底看錘

二一　左右倒輦猴

一四　進步搬攔捶

一六　如封似閉

一八　抱虎歸山

二〇　左右倒輦猴

二二　斜飛式

二三　提手

二四　白鶴亮翅

二五　摟膝拗步

二六　海底針

二七　扇通臂

二八　撇身錘

二九　上步搬攔錘

三〇　上步搬攔錘

三一　攬雀尾

三二　攬雀尾

三三　攬雀尾

三四　單鞭

三五　左右抎手

三六　左右抎手

三七　單鞭

三八　高探馬

三九　左右分腳

四一　轉身蹬腳

四三　進步栽錘

四五　上步搬攔錘

四〇　左右分腳

四二　左右摟膝拗步

四四　翻身白蛇吐信

四六　蹬腳

四七　左右披身伏虎

四九　回身蹬腳

五一　左蹬腳

五三　上步搬攔錘

四八　左右披身伏虎

五〇　雙風貫耳

五二　轉身蹬腳

五四　上步搬攔錘

五五　如封似鎖

五六　十字手

五七　抱虎歸山

五八　斜單鞭

五九　左右野馬分鬃

六〇　左右野馬分鬃

六一　上步攬雀尾

六二　上步攬雀尾

六三　上步攬雀尾

六四　上步攬雀尾

六五　單鞭

六六　玉女穿梭

六七　玉女穿梭

六八　上步攬雀尾

六九　上步攬雀尾

七〇　單鞭

七一　抎手

七二　抎手

七三　單鞭下勢

七四　金鷄獨立

七五　金鷄獨立

七六　倒輦猴

七七　倒輦猴

七八　斜飛式

七九　提手

八〇　白鶴亮翅

八一　摟膝拗步

八二　海底針

八三　扇通臂

八四　撇身錘

八五　上步搬攔錘

八六　上步搬攔錘

八七　攔雀尾單鞭

八八　攔雀尾單鞭

八九　攔雀尾單鞭

九〇　攔雀尾單鞭

九一　抎手

九二　抎手

九三　單鞭

九四　高探馬

九五　十字腿

九六　摟膝指膽錘

九七　上勢攬雀尾

九八　上勢攬雀尾

九九　上勢攬雀尾

一〇〇　上勢攬雀尾

一〇一　單鞭下勢

一〇二　上步七星

一〇三　退步跨虎

一〇四　轉腳擺蓮

一〇五　彎弓射虎

一〇六　上步搬攔錘

一〇七　上步搬攔錘

一〇八　如封似鎖

一〇九　十字手

一一〇　合太極

五觀

論說

丹波康頼《醫心方》卷二八《求子》 又云：有五觀，子生不祥。月水未清，一觀也；父母有瘡，二觀也；喪服未除有子，三觀也；溫病未愈有子，身親喪，四觀也；任身而憂恐，重復驚惶，五觀也。

洞玄子求子法

論說

丹波康頼《醫心方》卷二八《求子》 《洞玄子》云：凡欲求子，候女之月經斷後，則交接之。一日三日爲男，四日五日爲女，五日以後，徒損精力，終無益也。交接泄精之時，候女快來，須與一時同泄，泄必須盡。先令女正面仰卧，端心一意，閉目內想，受精氣。故老子曰：夜半得子爲上壽，夜半前得子爲中壽，夜半後得子下壽。

七忌

論說

丹波康頼《醫心方》卷二八《求子》 《玉房祕訣》云：合陰陽有七忌：

第一之忌，晦朔弦望，以合陰陽，損氣，以是生子，子必刑殘，宜深慎之。

第二之忌，雷風天地感動，以合陰陽，血脈踴，以是生子，子必癰腫。

第三之忌，新飲酒飽食，穀氣未行，以合陰陽，腹中彭亨，小便白濁，以是生子，子必顛狂。

第四之忌，新小便，精氣竭，以合陰陽，經脈得澀，以是生子，必妖孽。

第五之忌，勞倦重擔，志氣未安，以合陰陽，筋腰苦痛，以是生子，必夭殘。

第六忌，新沐浴，髮膚未燥，以合陰陽，令人短氣，以是生子，子必不全。

第七忌，兵堅盛怒，莖脈痛，當令不合，內傷有病。如此爲七傷。

九殃

論說

丹波康頼《醫心方》卷二八《求子》 《產經》云：黃帝曰：人之始

生，本在於胎含陰陽也。夫合陰陽之時，必避九殃，九殃者，日中之子，生則歐逆，一也；夜半之子，天地閉塞，不瘖則聾盲，二也；日蝕之子，體戚毀傷，三也；雷電之子，天怒興威，必易服狂，四也；月蝕之子，與母俱凶，五也；虹蜺之子，若作不祥，六也；冬夏日至之子，生害父母，七也；弦望之子，必爲亂兵風盲，八也；醉飽之子，必爲病癲，疽痔有瘡，九也。

素女求子法

論說

丹波康頼《醫心方》卷二八《房内・求子》 素女曰：求子法自有常體，清心遠慮，安定其衿袍，垂虛齋戒，以婦人月經後三日，夜半之後，鷄鳴之前，嬉戲令女盛動，乃往從之，適其道理，同其快樂，卻身施泄，勿過遠，至麥齒，遠則過子門，不入子戶。下精，欲得去玉門入半寸，不爾過子宫、千翼。若依道術，有有子賢良而老壽也。

彭祖求子法

論說

丹波康頼《醫心方》卷二八《房内・求子》 彭祖曰：求子之法，當蓄養精氣，勿數施捨，以婦人月事斷絶，潔淨三五日而交，有子則男，聽明才智，老壽高貴，生女清賢配貴人。

素女交接之道

論說

丹波康頼《醫心方》卷二八《房内・至理》 《素女經》云：黄帝曰：夫陰陽交接節度，爲之奈何？素女曰：交接之道，故有形狀，男致不衰，女除百病，心意娛樂，氣力強。然不知行者，漸以衰損。欲知其道，在於定氣、安心、和志，三氣皆至，神明統歸，不寒不熱，不飢不飽，亭身定體，性必舒遲，淺内徐動，出入欲希，女快意，男盛不衰，以此爲節。

彭祖延年益壽法

論說

丹波康頼《醫心方》卷二八《房内・至理》 素女云：有采女者，妙得道術。王使采女問彭祖延年益壽之法。彭祖曰：愛精養神，服食衆藥，可得長生。然不知交接之道，雖服藥無益也。男女相成，猶天地相生也。天地得交會之道，故無終竟之限。人失交接之道，故有夭折之漸。能避漸傷之事，而得陰陽之術，則不死之道也。采女再拜曰：願聞要教。彭祖曰：道甚易知，人不能信而行之耳。今君王御萬機，治天下，必不能備爲衆道也。事多後宮，宜知交接之法。法之要者，在於多御少女而莫數泄精，使人身輕，百病消除也。

施瀉頻度

論説

丹波康賴《醫心方》卷二八《房内·施瀉》《玉房祕決》云：黄帝問素女曰：道要不欲失精，宜愛液者也。即欲求子，何可得泄？素女曰：人有強弱，年有老壯，各隨其氣力，不欲強快，強快即有所損。故男年十五，盛者可一日再施，瘦者可一日一施；年廿，盛者日再施，羸者可一日一施；年卅，盛者可一日一施，劣者二日一施；卌，盛者三日一施，虚者四日一施；五十，盛者可五日一施，虚者可十日一施；六十，盛者十日一施，虚者廿日一施；七十，盛者可卅日一施，虚者不泄。

素女交接經紀

論説

丹波康賴《醫心方》卷二八《房内·和志》黄帝曰：今欲強交接，玉莖不起，面慙意羞，汗如珠子，心情貪欲，強助以手。何以強之？願聞其道。素女曰：帝之所問，衆人所有。几欲接女，固有經紀，必先和氣，玉莖乃起，順其五常，存感九部。女有五色，審所足扣，採其溢精，取液于口，精氣還化，塡滿髓腦，避七損之禁，行八益之道，無逆五常，身乃可保，正氣内充，何疾不去？府藏安寧，光澤潤理，每接即起，氣力百倍，敵人賓服，何慙之有？

五常

論説

丹波康賴《醫心方》卷二八《房内·五常》《玉房祕決》云：黄帝曰：何謂五常？素女曰：玉莖實，有五常之道。深居隱處，執節自守，内懷至德，施行無行無已。夫玉莖意欲施與者，仁也；中有空者，義也；端有節者，禮也；意欲即起，不欲即止者，信也；臨事低仰者，智也。是故眞人因五常而節之，仁雖欲施予，精若不固。義守其空者，明當禁，使無得多，實既禁之道矣。又當施與，故禮爲之節矣。執誠持之，信既著矣。即當知交接之道，故能從五常，身乃壽也。

五徵

論説

丹波康賴《醫心方》卷二八《房内·五徵》《玉房祕決》云：黄帝曰：何以知女之快也？素女曰：有五徵五欲，又有十動，以觀其變，而知其故。

夫五徵之候，一曰面赤，則徐徐合之；二曰乳堅鼻汗，則徐徐内之；三曰嗌乾咽唾，則徐徐搖之；四曰陰滑，則徐徐深之；五曰尻傳液，徐徐引之。

五欲

論說

丹波康賴《醫心方》卷二八《房內·五欲》　素女曰：五欲者，以知其應。一曰意欲得之，則屏息屏氣；二曰陰欲得之，則鼻口兩張；三曰精欲煩者，振掉而抱男；四曰心欲滿者，則汗流濕衣裳；五曰其快欲之甚者，身直目眠。

十動

論說

丹波康賴《醫心方》卷二八《房內·十動》　素女曰：十動之效，一曰兩手抱人者，欲體相薄陰相當也；二曰伸云其兩髀者，切磨其上方也；三曰張腹者，欲其淺也；四曰尻動者，快善也；五曰舉兩腳拘人者，欲其深也；六曰交其兩股者，內癢淫淫也；七曰側搖者，欲深切左右也；八曰舉身迫人，淫樂甚也；九曰身布縱者，支體快也；十曰陰液滑者，精已洩也。見其效，以知女之快也。

四至

論說

丹波康賴《醫心方》卷二八《房內·四至》　《玄女經》云：黃帝曰：意貪交接而莖不起，可以強用不？玄女曰：不可矣。夫欲交接之道，男洼四至，乃可致女九氣。黃帝曰：何謂四至？玄女曰：玉莖不怒，和氣不至；怒而不大，肌氣不至；大而不堅，骨氣不至；堅而不熱，神氣不至。故怒者精之明，大者精之關，堅者精之戶，熱者精之門。四氣至而節之以道，開機不妄開，精不洩矣。

九氣

論說

丹波康賴《醫心方》卷二八《房內·九氣》　《玄女經》云：黃帝曰：善哉！女之九氣，何以知之？玄女曰：伺其九氣以知之。女人大息而咽唾者，肺氣來至；鳴而吮人者，心氣來至；抱而持人者，脾氣來至；陰門滑澤者，腎氣來至；殷勤咋人者，骨氣來至；足拘人者，筋氣來至；撫弄玉莖者，血氣來至；持弄男乳者，肉氣來至。久與交接，弄其實以感其意，九氣皆至。有不至者則容傷，故不至，可行其數以治之。今檢諸本無一氣

九法

論說

丹波康賴《醫心方》卷二八《房內·九法》　《玄女經》云：黃帝曰：所說九法，未聞其法，願爲陳之，以開其意，藏之石室，行其法式。玄女曰：九法，第一曰龍翻。令女正偃卧向上，男伏其上，股隱干床，女舉其陰，以受玉莖，刺其穀實，又攻其上，疏緩動搖，八淺二深，死往生返，熱壯且強，女則煩悅，其樂如倡，致自閉固，百病銷亡。

第二曰虎步。令女俯俛，尻仰首伏，男跪其後，抱其腹，乃内玉莖，刺其中極，務令深密，進退相薄，行五八之數，其度自得，女陰閉張，精液外溢，畢而休息，百病不發，男益盛。

第三曰猿搏。令女偃臥，男擔其股，膝還過胸，尻背俱舉，乃内玉莖，刺其臭鼠，女煩動搖，精液如雨，男深案之，極壯且怒，女快乃止，百病自愈。

第四曰蟬附。令女伏臥，直伸其軀，男伏其後，深内玉莖，小舉其尻，以扣其赤珠，行六九之數，女煩精流，陰裏動急，外爲開舒，女快乃止，七傷自除。

第五曰龜騰。令女正臥，屈其兩膝，男乃推之，其足至乳，深内玉莖，刺嬰女，深淺以度，令中其實，女則感悦，軀自搖舉，精液流溢，乃深極内，女快乃止。行之勿失，精力百倍。

第六曰鳳翔。令女正臥，自舉其腳，男跪其股間，兩手授席，深内玉莖，刺其昆石，堅熱内牽，令女動作，行三八之數，尻急相薄，女陰開舒，自吐精液，女快乃止，百病銷。

第七曰兔吮毫。男正反臥，直伸腳，女跨其上，膝在外邊，女背頭向足，據席俛頭，乃納玉莖，刺其琴絃，女快，精液流出如泉，欣喜和樂，動其神形，女快乃止，百病不生。

第八曰魚接鱗。男正偃臥，女跨其上，兩股向前，女徐内之，微入便止，纔授勿深，如兒含乳，使女獨搖，務令遲久，女快男退，治諸結聚。

第九曰鶴交頸。男正箕坐，女跨其股，手抱男頸，内玉莖，刺麥齒，務中其實，男抱女尻，助其搖舉，女自感快，精液流溢，女快乃止，七傷自愈。

八益

論説

丹波康賴《醫心方》卷二八《房内・八益》《玉房祕決》云：素女曰：陰陽有七損八益。一益曰固精。令女側臥張股，男側臥其中，行二九數，數卒止。令男固精，又治女子漏血。日再行，十五日愈。二益曰安氣。令女正臥高枕，伸張兩髀，男跪其股間刺之，行三九數，數畢止。令人氣和，又治女門寒。日三行，廿日愈。

三益曰利藏。令女人側臥，屈其兩股，男橫臥却刺之，行四九數，數畢止。令人氣和，又治女門寒。日四行，廿日愈。

四益曰強骨。令女人側臥，屈左膝，伸其右髀，男伏刺之，行五九數，數畢止。令人關節調和，又治女閉血。日五行，十日愈。

五益曰調脈。令女側臥，屈其右膝，申其左髀，男據地刺之，行六九數，畢止。令人脈通利，又治女門辟。日六行，廿日愈。

六益曰畜血。男正偃臥，令女戴尻，跪其上，極内之，令女行七九數，數畢止。令人力強，又治女子月經不利。日七行，十日愈。

七益曰益液。令女人正伏舉後，男上往，行八九數，數畢止。令人骨填。

八益曰道體。令女正臥，屈其髀，足迫尻下，男以髀脅刺之，以行九九數，數畢止。令人骨實，又治女陰臭。日九行，九日愈。

七損

論説

丹波康賴《醫心方》卷二八《房内・七損》《玉房祕決》云：素女曰：一損謂絶氣。絶氣者，心意不欲而強用之，則汗泄氣少，令心熱目冥冥。治之法，令女正臥，男擔其兩股，深案之，令女自搖，女精出止，男勿得快，日九行，十日愈。

二損謂溢精。溢精者，心意貪愛，陰陽未和而用之，精中道溢；又醉而交接，喘息氣亂則傷肺，令人咳逆上氣，消渴喜怒，或悲慘慘，口乾身熱而難久立。治之法，令女人正臥，屈其兩膝挾男，男淺刺，内玉莖寸

半，令女子自搖，女精出止，男勿得快。日九行，十日愈。

三損謂奪脈。奪脈者，陰不堅而強用之，中道強泄，精氣竭；及飽食訖交接，傷脾，令人食不化，陰痿無精。治之法，令女人正卧，以腳鈎男子尻，男則據席內之，令女自搖，女精出止，男勿快。日九行，十日愈。

四損謂氣泄。氣泄者，勞倦汗出，未乾而交接，令人腹熱脣燋。治之法，令男子正申卧，女跨其上，向足，女據席，淺內莖，令女自搖，精出止，男子勿快。日九行，十日愈。

五損謂機關厥傷。關厥傷者，適新大小便，身體未定而強用之，則傷肝；及卒暴交會，遲疾不理，勞疲筋骨，令人目茫茫，癰疽並發，衆脈槁絕，久生偏枯，陰痿不起。治之法，令男子正卧，女跨其股，踞前向，徐徐案內之，勿令女人自搖。女精出，男勿快。日九行，十日愈。

六損謂百閉。百閉者，淫佚於女，自用不節，數交失度，竭其精氣，用力強泄，精盡不出，百病並生，消渴，目冥冥。治之法，令男正卧，女跨其上，前伏據席，令女內玉莖自搖，精出止，男勿快。日九行，十日愈。

七損謂血竭。血竭者，力作疾行，勞困汗出，因以交合，俱已之時，偃卧推深沒本，暴急劇，病因發，連施不止，血枯氣竭，令人皮虛膚急，莖痛囊濕，精變爲血。治之法，令女正卧，高枕其尻，申張兩股，男跪其間深刺，令女自搖，精出止，男勿快。日九行之，十日愈。

禁忌

論說

丹波康賴《醫心方》卷二八《房內·禁忌》 彭祖云：消息之情，不可不去，又當避大寒大熱，大風大雨，日月蝕，地動雷電，此天忌也。醉飽喜怒，憂悲恐懼，此人忌也。山川神祇，社稷井竈之處，此地忌也。既避三忌，犯此忌者，既致疾病，子必短壽。

九狀

論說

丹波康賴《醫心方》卷二八《房內·九狀》 《洞玄子》云：凡玉莖，或左擊右擊，若猛將之破陣；其狀一也。或緣上驀下，若野馬之跳澗；其狀二也。或出或沒，若波之群鷗；其狀三也。或深築淺桃，或鵄臼之雀啄；其狀四也。或深衝淺刺，若大石之投海；其狀五也。或緩聳遲推，若凍蛇之入窟；其狀六也。或疾擬急刺，若驚鼠之透穴；其狀七也。或抬頭拘足，若鶻鷹之揄狡兔；其狀八也。或抬上頓下，若大帆之遇狂風；其狀九也。

六勢

論說

丹波康賴《醫心方》卷二八《房內·六勢》 《洞玄子》云：凡交接，或下捺玉莖，往來鋸其玉理，其勢若割蚌而取明珠；其狀一也。或下抬玉理，上衝金溝，其勢若割石而尋美玉；其勢二也。或以陽鋒衝築璇臺，其勢若鐵杵之投藥臼；其勢三也。或以玉莖出入，攻擊左右辟雍，其勢若五鎚之鍛鐵；其勢四也。或以陽鋒來往，磨耕神田、幽谷之間，其勢若農夫之墾秋壤；其勢五也。或以玄圃、天庭兩相磨搏，其勢若兩崩巖之相欽；其勢六也。

治傷

論説

丹波康賴《醫心方》卷二八《房内・治傷》 當溺不溺以交接，則病淋，少腹氣急，小便難，莖中疼痛，常欲手撮持，須臾乃欲出。治之法，先小便，還卧自定，半飯飲久頃，乃徐交接，愈。

又 交接侵酒，謂醉而交接，戲用力深極，即病黃疸、黑癉，脅下痛，有氣接接動乎下，髀裏若囊盛水撤齊上，引肩膊，甚者胸背痛，咳唾血，上氣。治之法，勿復乘酒熱向晨交接，戲徐緩體，愈。

又 交接過度，汗如珠子，屈申轉側，風生被裏，精虚氣竭，風邪入體，則病緩弱爲跛蹇，手不上頭。治之法，愛養精神，服地黃煎。

又 交接侵飽，謂夜半飯氣未消而以戲，即病創，胸氣滿，脅下如拔，胸中若裂，不欲飲食，心下結塞，時嘔吐青黃，胃氣實，結脈，若衄吐血，若脅下堅痛，面生惡創。治之法，過夜半向晨交，愈。

又 當大便不大便而交接，即病痔，大便難，至清移日月，下膿血，孔旁生創如蜂穴狀，清上傾倚，便不時出，疼痛臃腫，卧不得息以道。治之法，用鷄鳴際，先起更衣，還卧自定，徐相戲弄，完體緩意，令滑澤而退，病愈，神良。并愈婦病。

巫子都治傷法

論説

丹波康賴《醫心方》卷二八《房内・治傷》 巫子都曰：令人目明之道，臨動欲施時，仰頭閉氣，大呼，嗔目左右視，縮腹還精氣，令入百脈中也。

令耳不聾之法：臨欲施泄，大咽氣，合齒閉氣，令耳中蕭蕭聲，復縮腹，合氣流布，至堅，至老不聾。

調五藏消食，療百病之道：臨施張腹，以意内氣，縮後，精散而還歸百脈也；九淺一深，至琴絃、麥齒之間，正氣還，邪氣散去。令人腰背不痛之法：當壁申腰，勿甚低仰，平腰背所却行，常令流。欲補虚養體治病，欲泄勿泄，還流流中，流中通熱。

養陽

論説

丹波康賴《醫心方》卷二八《房内・養陽》 《玉房指要》云：彭祖曰：交接之道，無復他奇，但當縱容安徐，以和爲貴，玩其丹田，求其口實，深按小搖，以致其氣。女子感陽，亦有微候，其耳熱如飲淳酒，其乳暖起，握之滿手，頸項數動，兩腳振擾，淫衍窈窕，乍男身。如此之時，小縮而淺之，則陽得氣，於陰有損。又五藏之液，要在於舌。赤松子所謂玉漿，可以絶穀。當交接時，多含舌液及唾，使人胃中豁然，如服湯藥，消渴立愈，逆氣便下，皮膚悦澤，姿如處女。道不遠求，但俗人不能識耳。采女曰：不逆人情，而可益壽，不亦樂哉。

臨御

論説

丹波康賴《醫心方》卷二八《房内・臨御》 《素女經》云：黃帝曰：

陰陽貴有法乎？素女曰：臨御女時，先令婦人放手安身，屈兩腳，男入其間，銜其口，吮其舌，拊搏其玉莖，擊其門戶東西兩傍，如是食頃，徐徐內入。玉莖肥大者內寸半，弱小者入一寸，勿搖動之，徐出更入，除百病。勿令四傍洩出。玉莖入玉門，自然生熱且急，婦人身當自動搖，上與男相得，然後深之，男女百病消滅。淺刺琴絃，入三寸半，當閉口刺之，一二三四五六七八九，因深之，至昆石傍往來，口當婦人口而吸氣，行九九之道訖，乃如此。

施瀉

論說

丹波康賴《醫心方》卷二八《房內・施瀉》《洞玄子》云：凡欲洩精之時，必須候女快，與精一時同洩。男須淺拔，遊於琴絃、麥齒之間。陽鋒深淺，如孩兒含乳，即閉目內想，舌拄下腭，跼脊引頭，張鼻歙肩，閉口吸氣，精便自上。節限多少，莫不由人，十分之中，只得洩二三矣。

三十法

論說

丹波康賴《醫心方》卷二八《房內・三十法》《洞玄子》云：考覈交接之勢，更不出於卅法。其間有屈伸俯仰，出入淺深，大大是同，小小有異，可謂哲囊都盡，採摭無遺，余遂像其勢而錄其名，假其形而建其號，知音君子，窮其志之妙矣。

一、叙綢繆。不離散也。

二、申繾綣。

三、曝鰓魚。

四、騏驎角。已上四勢之外遊戲勢，皆是一等也。

五、蠶纏綿。女仰卧，兩手向上抱男頸，以兩腳交於男背上，男以兩手抱女項，跪女股間，即內玉莖。

六、龍宛轉。女仰卧，屈兩腳，男跪女股內，以左手推女兩腳向前，令過於乳，右手把玉莖內玉門中。

七、魚比目。男女俱卧，女以一腳置男上，面相向，嗚口嗍舌，男展兩腳，以手擔女上腳，進玉莖。

八、鷰同心。令女仰卧，展其足，男騎女，伏肚上，以兩手抱女頸，女兩手抱男腰，以玉莖內於丹穴中。

九、翡翠交。令女仰卧，拳足，男胡跪，開着腳，坐女股中，以兩手抱女腰，進玉莖於琴絃中。

十、鴛鴦合。令女側卧，拳兩腳，安男股上，男於女背後，騎女下腳之上，豎一膝置女上股，內玉莖。

十一、空翻蝶。男仰卧，展兩足，女坐男上，正面，兩腳據床，乃以手助爲力，進陽鋒於玉門之中。

十二、背飛鳧。男仰卧，展兩足，女背面坐於男上，女足據床，低頭抱男玉莖，內於丹穴中。

十三、偃蓋松。令女交腳向上，男以兩手抱女腰，女兩手抱男項，內玉莖於玉門中。

十四、臨壇竹。男女俱相向立，嗚口相抱，于丹穴，以陽鋒深投于丹穴，沒至陽臺中。

十五、鸞雙舞。男女一仰一覆，仰者拳腳，覆者騎上，兩陰相向，男箕坐，着玉物攻擊上下。

十六、鳳將雛。婦人肥大，用一小男共交接，大俊也。

十七、海鷗翔。男臨床邊，擎女腳以令舉，男以玉莖入于子宮之中。

十八、野馬躍。令女仰卧，男擎女兩腳，登右右肩上，深內玉莖於玉門之中。

十九、驥騁足。令女仰卧，男蹲，左手捧女項，右手擎女腳，即以玉莖內入于子宮中。

廿、馬搖蹄。令女仰卧，男擎女一腳置於肩上，一腳自攀之，深內玉莖，入於丹穴中，大興哉。

廿一、白虎騰。令人伏面跪膝，男跪女後，兩手抱女腰，內玉莖於子宫中。

廿二、玄蟬附。令女伏卧而展足，男居股內，屈其足，兩手抱女項，從後內玉莖入玉門中。

廿三、山羊對樹。男箕坐，令女背面坐男上，女自低頭視內玉莖，男急抱女腰磣勒也。

廿四、鵾鷄臨場。男胡蹲床上坐，令一小女當抱玉莖，內女玉門。一女於後牽女裙衿，令其足快，大興哉。

廿五、丹穴鳳遊。令女仰卧，以兩手自舉其腳，男跪女後，以兩手據床，以內玉莖於丹穴，甚俊。

廿六、玄溟鵬翥。令女仰卧，男取女兩腳置左右膊上，以手向下抱女腰，以內玉莖。

廿七、吟猿抱樹。男箕坐，女騎男髀上，以兩手抱男，男以一手扶女尻，內玉莖，一手據床。

廿八、貓鼠同穴。男仰卧，以展足，女伏男上，深內玉莖，又男伏女背上，以將玉莖攻擊于玉門中。

廿九、三春驢。女兩手兩腳俱據床，男立其後，以兩手抱女腰，即內玉莖於玉門中，甚大俊也。

卅、秋貓。男女相背，以兩手兩腳俱據床，兩尻相柱，男即低頭，以一手推玉物，內玉門之中。

用藥石

論　説

丹波康賴《醫心方》卷二八《房內・用藥石》　彭祖曰：使人丁強不老，房室不勞損氣力，顏色不衰者，莫過麋角也。

其法：取麋角，刮之爲末十兩，輒用八角生附子一枚合之，服方寸匕，日三，大良。亦可熬麋角令微黃，單服之，亦令人不老，然遲緩，不及內附子者，服之廿日大覺。亦可內隴西頭伏苓，分等擣篩，服方寸匕，日三，令人長生，房內不衰。

又　又云：治痿而不起，起而不大，大而不長，長而不熱，熱而不堅，堅而不久，久而無精，精薄而冷方：

蓯蓉、鍾乳、虵床、遠志、續斷、署預、鹿茸。

右七味，各三兩，酒服方寸匕，日二。欲多房，倍虵床；欲堅，倍遠志；欲大，倍鹿茸；欲多精，倍鍾乳。

又　《玉房指要》云：治男子欲令健，作房室一夜十餘不息方：

蛇床、遠志、續斷、蓯蓉。

右四物，分等爲散，日三服方寸匕。曹公服之，一夜行七十女。

又　《洞玄子》云：秃鷄散，治男子五勞七傷，陰痿不起，爲事不能。蜀郡大守呂敬大年七十服藥，得生三男，長服之，夫人患多玉門中疼，不能坐卧，即藥棄庭中，雄鷄食之，即起上雌鷄其背，連日不下，喙其頭冠，冠秃，世呼爲秃鷄散，亦名秃鷄丸方：

宗蓯蓉三分、五味子三分、菟絲子三分、遠志三分、蛇床子四分。

凡五物，擣篩爲散，每日空腹酒下方寸匕，日再三，無敵不可服。六十日可御四十婦。又以白密和丸如梧子，服五丸，日冉，以知爲度。

又　又云：鹿角散，治男子五勞七傷，陰痿不起，卒就婦人，臨事不成，中道痿死，精自引出，小便餘瀝，腰背疼冷方：

鹿角、栢子、菟絲子、蛇床子、車前子、遠志、五味子、蓯蓉各四分。

右，擣篩爲散，每食後服五分匕，日三。不知，更加方寸匕。

又　《范汪方》云：開心署預腎氣丸，治丈夫五勞七傷，髓極不耐寒，眠即臚脹，心滿雷鳴，不欲飲食，雖食，心下停痰不能消，春夏手煩熱，秋冬兩腳淩冷，虛多忌，腎氣不行，陰陽不散，絕如老人，服之健中補髓，塡虛養志，開心安藏，上淚明目，寬胃，益陰陽，除風去冷，無所不治。方：

肉蓯蓉一兩、山茱萸一兩或方無、干地黃六分、遠志六分、蛇床子五

分、五味子六分、防風六分、伏苓六分、牛膝六分、菟絲子六分、杜仲六分、署預六分。

凡十二物，擣下篩，密丸如梧子，服廿丸，日二夜一。若煩心即停減之，只服十丸。服藥五日，玉莖熾熱；十夜通體滑澤；十五夜顏色澤，常年足熱；廿夜雄力欲盛，廿五夜經脈充滿；卅夜熱氣朗徹，面色如花，手文如絲血，心開，記事不忘，去愁止忌，獨寢不寒，止尿和陰；年卅以下一劑即足，五十以上兩劑，滿七十亦有子，無所禁忌，但忌大辛酢。

又　肉蓯蓉丸，治男子五勞七傷，陰陽痿不起，積有十年，癢濕，小便淋瀝，溺時赤時黃，服此藥，養性益氣力，令人健。合陰陽，陰痿不起，起而不堅，堅而不怒，怒而不決，入便自死。此藥補精益氣力，令人好顏色。服白方：

肉蓯蓉、菟絲子、蛇床子、五味子、遠志、續斷、杜仲各四分。

右七物，擣篩，蜜和爲丸，丸如梧子，平旦服五丸，日再。長疏東向面，不知藥異，至七丸。服之卅日知，五十日陰陽大起。陰弱加蛇床子，不怒加遠志，少精加五味子，欲令洪大加蓯蓉，腰痛加杜仲，欲長加續斷。所加者倍之，年八十老公服之如卅時，數用有驗，無婦人不可服，禁如常法。

又　遠志丸，治男子七傷，陰痿不起方：

續斷四兩、署預二兩、遠志二兩、蛇床子二兩、肉蓯蓉三兩。

凡五物，下篩，和雀卵丸如豆，旦服五丸，日二。百日長一寸，二百日三寸。

金丹總部

内丹部

内丹術語分部

水火

論説

《修真十書·鍾呂傳道集》卷一五《論水火》 呂曰：人之長生者，鍊就金丹。欲鍊金丹，先採黄芽，欲得黄芽，須得龍虎。所謂眞龍出於離宫，眞虎生於坎位，離坎之中而有水火，水火者何也？鍾曰：凡身中以水言者，四海五湖，九江三島，華池瑶池，鳳池天池，玉池崑池，元潭閬苑，神水金波，瓊液玉泉，陽酥白雪，若此名號，不可備陳。凡身中以火言者，君火、臣火、民火而已，三火以元陽爲本，而生眞氣，眞氣聚而得安，眞氣弱而成病，若以耗散眞氣，而走失元陽，元陽盡，純陰成，元神離體，乃曰死矣。呂曰：人身之中，以一點元陽而興舉三火，三火起於群水衆陰之中，易爲耗散而難炎熾，若此陽弱陰盛，火少水多，令人速於衰敗而不得長生，爲之奈何也？鍾曰：心爲血海，腎爲氣海，腦爲髓海，脾胃乃水穀之海。是此四海者如此。五藏各有液，所主之位東西南北中，是此五湖者如此。小腸二丈四尺，而上下九曲，乃曰九江，小腸之下，元潭之説如此。頂曰上島，心曰中島，腎曰下島，三島之内，根源閬苑之説如此。華池在黄庭之下，瑶池出丹闕之前，崑池上接玉京，天池正衝内院。鳳池乃心肺之間，玉池在唇齒之内。神水生於氣中，金波降於天上。赤龍住處，自有瓊液，玉泉凡胎，换後方見白雪陽酥。澆灌有時，以沃炎盛，先曰玉液，次曰金液，皆可以還丹。抽添有度，以應沐浴，先曰中田，次曰下田，皆可以鍊形。玉蘂金花，變就黄白之體；醍醐甘露，鍊成奇異之香。若此水之功效。及夫民火上昇，助腎氣以生眞水，腎火上昇，交心液而生眞氣，小則降魔除病，大則鍊質燒丹。用周天則火起焚身，勒陽關則還元鍊藥。別九州之勢以養陽神，燒三尸之累以除陰鬼，上行則一撞三關，下運則消磨七魄，鍊形成氣而輕舉如飛，鍊氣成神而脱胎如蜕。若此皆火之功效也。呂曰：始也聞命，所患者火少水多而易衰敗，次聽高論，水火有如此之功驗，畢竟如何造化，使少者可以勝多，弱者可以致強？鍾曰：二八陰銷，九三陽長，赫赤金丹，指日可成，七返九還，而胎仙自化者也。眞氣在心，心是液之源；元陽在腎，腎是氣之海。膀胱爲民火，不止於民火不能爲用。而膀胱又爲津液之府。若以不達天機，罔測玄理，奉道之士難爲造化，不免於疾病死亡者矣。呂曰：所謂造化使陽長陰消，金丹可成，而胎仙自化者，何也？鍾曰：人之心腎相去八寸四分，乃天地定位之比也。氣液太極相生，乃陰陽交合之比也。一日十二時，乃一年十二月之比也。心生液，非自生也，因肺液降於心液行，液行夫婦，自上而下以還下田，乃曰婦還夫宫。腎生氣，非自生也，因膀胱氣升而腎氣行，氣行子母，自下而上以朝中元，乃曰夫返婦室。肝氣導引腎氣，自下而上以至於心。心，火也。二氣相交，薰蒸於肺，肺液下降，自心而來，皆曰心生液。以液生於心而不耗散，故曰眞水也。肺液傳送心液，自上而下以至於腎，腎，水也。二水相交，浸潤於膀胱，膀胱氣上升自腎而起，皆曰腎生氣。以氣生於腎而不消磨，故曰眞火也。眞火出於水中，恍恍惚惚，其中有物，視之不可見，取之不可得也。眞水出於火中，杳杳冥冥，其中有精，見之不能留，留之不能住也。呂曰：腎，水也。水中生氣，名曰眞火。火中何者爲物？心，火也。火中生液，名曰眞水。水中何者爲精？火中之物，水中之精，既無形狀可求，縱求之而又難得，縱得之而又何用？鍾曰：前古上聖，道成不離於此，二物交媾而變黄芽，數足胎完以成大藥，乃眞龍眞虎者也。

施肩吾《西山群仙會眞記》卷四《眞水火》 《中黄祕訣》曰：陰生水，水性常冷，而有華陽，溫泉濡之，不勝其暖也；陽生火，火性常熱，而有蕭丘，寒焰向之，終不能暖也。外之水火，尚有返復之性，内之陰陽，安無顛倒之宜？如腎水也，水中生炁，炁爲火矣！心火也，火中

生液，液爲水矣！水可以滋流百脈，火可以薰蒸四大，人之水火也如此。

《通玄論》曰：道原一判，而分二儀，天以乾道而輕清在上，在上以陽爲用，暗抱一點眞陰在其中也。故冬至後，地中陽生，以夏到天，積陽所以生陰，其陰感陰而陰不得耗散。散爲霧，凝爲露，霧露之炁，天之所出陰，而眞水也。地以坤道而重濁在下，在下以陰爲用，暗抱一點眞陽在其中也。故夏至後，天中陰降，冬至到地，積陰所以生陽，蓋其陽感陽，而陽不散耗，升爲雲，施爲雨，雲雨之炁，地之所出陽，而眞火也。人亦若是，受胎之初，父精母血，二炁相合，陽炁上升，心爲炁館，炁中暗藏眞水在心也；陰炁下降，腎爲水府，水中暗藏眞炁在腎也。不然，安得腎炁到心，積炁生液，一陰生於二陽之中，心炁到腎，積液生炁，一陽生乎二陰之中也？

《西山記》曰：凡人有三火八水，水者一炁傳一炁，積炁生液，而五臟各有液，名曰色水。腎炁之中，暗藏眞一之水，而爲陰虎者，名曰眞水。肘後飛金晶，入上宮，自上而下，與眞火相逢而既濟成然，名曰神水。凡有疾病，閉口納炁，一口復一口，定中送在病處，皆可痊安，名曰法水。水之爲用多矣！其名不一，丹就眞炁生，澆灌而爲沐浴之法，鍊形眞炁升，還返而爲還丹之法。劉海蟾言兩曜注成七寶殿，一渠流轉八瓊漿，是玉液還丹也。呂公言水火都來相作間，卦候飛成地天泰，一升一沉陽鍊陰，陰盡方知此理深，是上下水火，既濟之候也。逍遙子曰：法水能朝有祕關，逍遙日夜遣循環，是法水治病也。此水之大槩矣！三火者，膀胱民火，腎爲臣火，心爲君火。凡所無知，爲物所擾，而怒且憂者，則爲無明之火。若降而下燒丹田，一意不散，至誠守之，而曰燒鍊丹藥。火之升上起後，過雙關而曰河車，昇之前起，上過重樓，而曰鍊形，前後俱起，遍滿四大，炎炎焚身，此火之大槩矣！

《九仙經》曰：病小用水，病大用火。病大者，無常之限也。若人誤犯天神，或身不寧，急入靜室，散髮披衣，閉目冥心，正坐握固，叩齒集神。升身起火，微以留息，少入遲出，默想如臍下火輪，大如斗，須臾焰起自身，可比輪蓋，罩定自身，令陰鬼邪魔，不敢近也。釋教降魔火，道家焚身火。凡行此火，須是久絕嗜慾，丹元堅固，不然以水火交媾，龍虎成丹，丹就而陰靈自散，不敢近，陽神自不肯去也。神在形固，陰退炁全，炁全形堅，自可長年。

李道純《中和集》卷三　或問：何謂水火？曰：天以日月爲水火，易以坎離爲水火，禪以定慧爲水火，聖人以明潤爲水火，醫道以心腎爲水火，丹道以精氣爲水火。我今分明指出，自己一身之中，上而炎者皆爲火，下而潤者皆爲水。種種異名，無非譬喻，使學者自得之也。

龍虎

論説

《修眞十書・鍾呂傳道集》卷一五《論龍虎》　呂曰：龍本肝之象，虎乃肺之神，是此心火之中而生液，液爲眞水，水之中，杳杳冥冥而隱眞龍，龍不在肝而出自離宮者何也？是此腎水之中而生氣，氣爲眞火，火之中，恍恍惚惚而藏眞虎，虎不在肺而生於坎位者何也？鍾曰：龍，陽物也。升飛在天，吟而雲起，得澤而濟萬物，在象爲青龍，在方爲甲乙，在物爲木，在時爲春，在道爲仁，在卦爲震，在人身中五藏之內爲肝。虎，陰物也，奔走於地，嘯而風生，得山而威制百蟲，在象爲白虎，在方爲庚辛，在物爲金，在時爲秋，在道爲義，在卦爲兌，在人身中五藏之內爲肺。且肝，陽也，而在陰位之中，所以腎氣傳肝氣，氣行子母，以水生木，腎氣足而肝氣生，肝氣既生，以絕腎之餘陰，而純陽之氣上昇者也。且肺，陰也，而在陽位之中，所以心液傳肺液，液行夫婦，以火剋金，心液到而肺液生，肺液既生，以絕心之餘陽，而純陰之液下降者也。以其肝屬陽，以絕腎之餘陰，是以知氣過肝時，即爲純陽，純陽氣中包藏眞一之水，恍惚無形，名曰陽龍。以其肺屬陰，以絕心之餘陽，是知液到肺時即爲純陰，純陰液中負載正陽之炁，杳冥不見，名曰陰虎也。氣升液降，本不能相交，奈何氣中眞一之水，見液相合，液中正陽之氣，見氣自聚。若也傳行之時，以法制之，使腎氣不走失，氣中收取眞一之水；心液不耗散，液中採取正陽之炁。子母相逢，互相顧戀，日得黍米之大，百日無差

藥力全，二百日聖胞堅，三百日胎仙完，形若彈丸，色同朱橘，名曰丹藥。永鎮下田，留形住世，浩劫長生，以作陸地神仙。呂曰：腎水生氣，氣中有眞一之水，名曰陰虎。虎見液相合也。心火生液，液中有正陽之氣，名曰陽龍。龍見氣相合也。方以類聚物，以羣分理，當然也。氣生時液亦降，氣中眞一之水莫不隨液而下傳於五藏乎？液生時氣亦升，液中正陽之氣莫不隨氣而出於重樓乎？眞水隨液下行，虎不能交龍，眞陽隨氣上昇，龍不能交虎。龍虎不交，安得黃芽？黃芽既無，安得大藥？鍾曰：腎氣既生，如太陽之出海，霧露不能蔽其光。液下如疏簾，安足以勝其氣。氣壯則眞一之水自盛矣。心液既生，如嚴天之殺物，呼呵不能敵其寒。氣升如翠幕，安足以勝其液。液盛則正陽之氣或強或弱，未可必也。呂曰：氣生液生各有時。時生氣也，氣盛則眞一之水亦盛，時生液也，液盛則正陽之氣亦盛，盛衰未保何也？鍾曰：腎氣易爲耗散，難得者眞虎；心液難爲積聚，易失者眞龍。丹經萬卷，議論不出陰陽；陰陽兩事，精粹無非龍虎。奉道之士，萬中識者一二。或以多聞廣記，雖知龍虎之理，不識交合之時，不知採取之法。所以今古達士，皓首修持，止於小成，累代延年，不聞超脫，蓋以不能交媾於龍虎，採黃芽而成丹藥。

施肩吾《西山群仙會真記》卷四 《龍虎眞丹經》曰：眞龍眞虎，所在所交之處，古今祕而不說，惟《太一眞書》，是太上親著。又眞一元解入神，玄言二集，稱《龍虎眞訣》，一在崑崙五城之內，一在北極大淵之內，藏之玉函，刻之金札，封之以金泥，印以玉章，猛獸列衛，神人在傍，塵世無緣而知矣！

太白眞人曰：五行顛倒術，龍從火裏出，五行不順行，虎向水中生。少則少矣，妙則妙矣，乃所以泄天地之機。

呂公曰：因看《崔公入藥鏡》，令人心地轉分明，陽龍言向離中出，陰虎還於坎上生。二物會時爲道本，五方行盡得丹名，修眞上士如知此，定跨赤龍歸玉京。《入藥鏡》曰：腎中生炁，炁中暗藏眞一之水，名曰陰虎；心中生液，液中暗藏正陽之炁，名曰陽龍。龍虎非肝肺也，乃玄之又玄，知之修鍊，而爲聖人。《傳道集》曰：腎炁傳心炁，積炁生液，液中有正陽之炁，名曰陽龍，是謂出於離宮；心液傳腎液，積液生氣，氣中有眞一之水，名曰陰虎，是謂生于坎位。二物會時，在人生人，在己生神。龍虎古今有識者，或以多知廣記，知其龍不在肝，而虎不在肺，如何得達交會之時，而悟採取之法，故少有不長生與升仙者，良以此也。

《西山記》曰：水火既濟，龍虎相交，所用不一。如腎炁傳肝炁，肝炁方生，腎之餘陰入脾，其炁過肝，爲純陽。炁中有眞一之水，以到于心，積炁生液，顆顆如懸珠垂露，而還下田，更不隨溺水以傳膀胱。若用火候無差，鍊而爲一炁，炁中生炁，浩劫不死，而爲陸地神仙，是虎交于龍，以腎炁合心炁是也。及夫下火，加減有時，抽添有數，以心炁合腎炁，是龍交于虎，若以下關透而起自尾閭穴，左昇者爲龍，右起者爲虎，炁從夾脊雙關而過，至分道嶺而陽龍之炁入內院，陰虎之炁入天池，左旋右盤，三十六數，而眞水下降，如甘露入心，此是龍虎相交于上宮。又不必於心腎而有上交上合之別也。及夫胎完胎就，而眞炁既生，防其大過，必濟之以水，而玉液金液還丹。及夫還丹日久，行于經絡，而變陽酥，凝于中府而積白雪，防其大過，必舉以火，而有鍊質焚身，是知還丹之時，乃陰虎單行，而不必交于龍也。焚質之時，乃陽龍獨舉，而不必交于虎也。龍虎之功，不爲小矣！所患乎不知龍虎之本也。若識龍虎之像，又知交合之時，且得採取之法，三百日養成內丹，而命中有晶，乃得與天地齊其壽筭矣。

佚名《擒玄賦・龍虎》 火男配東，坤婦爲宗，產彼虛無之國，住自祝融之峰。生數於三，作離而因名甲虎；德稱於四，變寅而故號庚龍。原夫冠於仁風，生從誕虎，精得水而爲汞，血遇金而成乳。初名聖石，霏霏而散作雲霞；坎入崑崙，瀝瀝而流歸風雨。諒以東西尅伏，上下相刑，二八明而圓滿，四象交而中央。號自劉安，論秋石而清潔；名因花子，體大鵬之飛翔。是以形影相隨，魂魄相配，烏隱泰山之上，兔出華池之內。一者爲武，佐火闕之樞機；一者爲文，侍明王之鼎器。豈不筋骨爲侶，血肉相投？納水鉛於金鼎，運日精於鐵牛，過火即飛，尋蹤而鬼神莫究；逢虎乃凝，顯化而天地難儔。以彰乎流而忘溫，煥而有質，隨黃輕而變化，逐靈龜而出入。三皇宮裏，結紅雪以飄飄；五帝壇前，起黃雲而霫霫。且夫水出山頂，日見潭心，鉛抱汞而成菡。莕火逼水而自陰霖，鳳髓芝苗，離塵體而無濁。龍甲虎腦，換凡骨以成金。所以玄牝爲門，陰陽爲鼎，還元而萬事皆畢，老壽而二義終並，超達而有路，飛騰悞覓，則去道遙迥。

丹藥

論說

《修真十書・鍾呂傳道集》卷一五《論丹藥》 呂曰：龍虎之理既已知矣，所謂金丹大藥可得聞乎？鍾曰：所謂藥者，可以療病。凡病有三等：當風卧濕，冒暑涉寒，勞逸過度，飢飽失時，非次不安則曰患矣。患爲時病。及夫不肯修持，恣情縱意，散失元陽，耗損眞炁，年高憔悴則曰老矣。老爲年病。及夫氣盡體空，魂消神散，長吁一聲，四大無主，體卧荒郊則曰死矣。死爲身病。且以時之有病，以春夏秋冬運行於寒暑溫涼，陽大過而陰不足，當以涼治之也，陰大過而陽不足，當以溫治之也。老者多冷而幼者多熱，肥者足涎而羸者多積，男子病生於氣，婦人患本於血，補其虛而取其實，保其弱而損其餘，小則針灸，甚則藥餌。雖有非次不安而時之有患，委於明士良醫，對病服食，悉得保愈。然而老病如何醫，死病如何治？洗腸補肉，古之善醫者也，面皺髮白以返童顔，無人得會；換頂續支，古之善醫者也，留形住世以得長生，無人得會。呂曰：非次不安，因時成病，良醫名藥固可治矣。虛敗年老之病，氣盡命終之苦，如何治之，莫有藥乎？鍾曰：凡病有三等：時病以草木之藥，療之自愈。身病年病，所治之藥而有二等：一曰內丹，次曰外丹。呂曰：外丹者何也？鍾曰：昔高上元君傳道於人間，指諭天地升降之理，日月往復之宜，自爾丹經滿世，世人得聞大道。廣成子以教黃帝，黃帝政治之暇，依法行持，久而不見功。廣成子以心腎之間而有眞氣眞水，氣水之間而有眞陰眞陽，配合爲大藥，可比於金石之中而隱至寶，乃於崆峒山中，以內事爲法而鍊大丹。八石之中惟用硃砂，砂中取汞；五金之中惟用黑鉛，鉛中取銀。汞比陽龍，銀爲陰虎。以心火如砂之紅，腎水如鉛之黑。年火隨時不失乾坤之策，月火抽添自分文武之宜。卓三層之鑪，各高九寸，外方內圓，取八方之氣，應四時之候。金鼎之象包藏鉛汞，無異於肺液。硫黃爲藥，合和靈砂，可比於黃婆。三年小成，服之可絶百病，六年中成，服之自可延年，九年大成，服之而升舉自如。壯士展臂，可千里萬里，雖不能返於蓬萊，亦於人世浩劫不死。呂曰：歷古已來，鍊丹者多矣，而見功者少，何也？鍾曰：鍊丹不成者有三也：不辨藥材眞僞，不知火候抽添，將至寶之物，一旦消散於煙焰之中而爲灰塵，廢時亂日，終無所成者一也。藥材雖美，不知火候，火候雖知而乏藥材，兩不契合，終無所成者二也。藥材可美，火候合宜，年中不差月，月中不錯日，加減有數，進退有時，氣足丹成，而外行不備，化玄鶴而淩空，無緣而得餌，此不成者三也。又況藥材本天地秀氣結實之物，火候乃神仙修持得道之術。三皇之時，黃帝鍊丹九轉方成，五帝之後，混元鍊丹三年纔就。迨夫戰國，凶氣凝空，流尸滿野，物不能受天地之秀氣，而世乏藥材。當得法之人，而逃難老死巖谷，丹方仙法，或有竹帛可紀者，久而朽壞，人世不復有矣。若以塵世有藥材，秦始皇不求於海島；若以塵世有丹方，魏伯陽不參於《周易》。或而多聞強識，迷惑後人，萬萬破家，並無一成，以外求之，亦爲誤矣。呂曰：外丹之理，出自廣成子，以內事爲法則，縱有成就，九年方畢，又況藥材難求，丹方難得，到底止能昇騰，不見超凡入聖，而返十洲者矣。敢告內藥者，可得聞乎？鍾曰：外藥非不可用也，奉道之人晚年覺悟，根源不甚堅固。腎者，氣之根，根不深則葉不茂矣。心者，液之源，源不清則流不長矣。必也假其五金八石，積日累月，鍊成三品，每品三等，乃曰九品龍虎大丹，助接其眞氣，鍊形住世，輕舉如飛。若以修持內事，識交合之時，知採取之法，胎仙既就，指日而得超脫。彼人不悟，執在外丹進火加日服之，欲得上昇天界，誠可笑也。彼既不究外藥之源，當以詳陳內丹之理。內丹之藥材出於心腎，是人皆有也。內丹之藥材，本在天地，天地常日得見也。火候取日月往復之數，修合效夫婦交接之宜，聖胎就而眞氣生。氣中有氣，如龍養珠，大藥成而陽神出。身外有身，似蟬脫蜕。是此藥內，本於龍虎交而變黃芽，黃芽就而分鉛汞。

施肩吾《西山群仙會真記》卷四　《洞天語錄》曰：高上元君始在塵世，而流傳大道，引喻天地升降之宜，日月往來之數，而曰內丹。廣成子敎黄帝依法行持，久不見功，蓋以日有萬機，根元不甚堅固，乃于崆峒山中，凡以內事爲法則，以金石相配合，而曰外丹。內之丹藥，乃爲眞藥，外之丹藥，止可療治病，安樂而已。內丹小則長生不老，大則超凡入聖。始乎二炁交而凝結在丹田，變精爲汞，變汞爲砂，砂變爲丹，形若彈丸，色同朱橘，而眞炁自生。以炁鍊炁，炁合神聚，而入道，道成而入聖，聖則大而化之，無所不通，豈外丹之可比耶？故知眞藥眞丹，身外無求。

《西山記》曰：以龍交虎媾，結成玄珠，火候無差，燒成大藥。眞炁始生，升之可以鍊形，不避寒暑之患，眞炁既聚，納之可以還丹，永除飢渴之苦。于己也，豈非藥乎？及夫眞炁施于人也，亦有驗矣！入水水沸，吹木木榮，變苦爲甘，改衰爲壯，即人以療疾苦，無不痊差；凝神以祛鬼魅，無不靈應，蓋內眞而外應也。豈非謂人之藥乎？或以內事不修，眞元不識，惟以外之無精金石，加日添火，餌之以求超昇，誤矣！然而古今上士，亦論外丹，非外丹不可用，如廣成子以朱砂爲丹，鍊之九轉而曰神丹；陳七子七寶丹砂，鍊之九轉而曰靈丹；劉安王以童子小便，鍊之七轉而曰還丹。是知靈聚而爲神，神散而爲虛，以炁還元，而曰還丹。後人用之亦有見功昇仙者，蓋始也鍊之，而內事兼修，內外俱成，得通仙道。若以外藥獨用，氣弱神衰，天地秀炁不能停留，返爲害不細矣！

鉛汞

論說

《修眞十書・鍾呂傳道集》卷一五《論鉛汞》　呂曰：內藥不出龍虎也。虎出於坎宮，氣中之水是也；龍出於離宮，水中之氣是也。外藥取砂中之汞，比於陽龍；用鉛中之銀，比於陰虎。而鉛汞外藥也，何以龍虎交而變黄芽，黄芽就而分鉛汞？所謂內藥之中鉛汞者何也？鍾曰：抱天一之質而爲五金之首者，黑鉛也，鉛以生銀，鉛乃銀之母。感太陽之氣而爲衆石之首者，硃砂也，砂以生汞，汞乃砂之子。難取者，鉛中之銀，易失者，砂中之汞。銀汞若相合煅鍊，自成至寶，此鉛汞之理，見於外者如此。若以內事言之，見於人者，今古議論差別有殊，取其玄妙之說。本自父母交通之際，精血相合，包藏眞氣，寄質於母之純陰之宮，藏神在陰陽未判之內。三百日胎完，五千日氣足。以五行言之，人身本是精與血，先有水也。以五藏言之，精血爲形像，先生腎也。腎水之中伏藏於受胎之初，父母之眞氣，眞氣隱於人之內腎，所謂鉛者，此也。腎中正氣，氣中眞一之水，名曰眞虎，所謂鉛中銀者，此也。腎氣傳肝氣，肝氣傳心氣。心氣太極而生液，液中有正陽之氣，所謂硃砂者，心液也。所謂汞者，心液之中正陽之氣是也。以氣中眞一之水顧戀和合於液中正陽之氣，積氣液爲胎胞，傳送在黄庭之內，進火無差，胎仙自化，乃比鉛銀合汞，煅鍊成寶者也。呂曰：在五金之中，鉛中取銀。於八石之內，砂中出汞。置之鼎器，配之藥餌，汞自爲砂，而銀自爲寶。然而在人之鉛如何取銀？在人之砂如何取汞？汞如何作砂，銀如何作寶也？鍾曰：鉛本父母之眞氣合而爲一，純粹而不離，既成形之後而藏在腎中，二腎相對，同升於氣，乃曰元陽之氣。氣中有水，乃曰眞一之水，水隨氣升，氣住水住，氣散水散。其水與氣，如子母之不相離，善視者止見於氣，不見於水。若以此眞一之水，合於心之正陽之氣，乃曰龍虎交媾而變黄芽，以黄芽而爲大

藥。大藥之材，本以眞一之水爲胎，內包正陽之氣，如昔日父母之眞氣，即精血爲胞胎，造化三百日，胎完氣足而形備神來，與母分離。形外既合，合則形生形矣。奉道之人，腎交心氣，氣中藏眞一之水，負載正陽之氣，以氣交氣，水爲胞胎，狀同黍米，溫養無虧。始也即陰留陽，次以用陽鍊陰，氣變爲精，精變爲汞，汞變爲珠，珠變爲砂，砂變爲金丹。金丹既就，眞氣自生，鍊氣成神，而得超脫，化火龍而出昏衢，驂玄鶴而入蓬島。呂曰：以形交形，形合生形，以氣合氣，氣合生氣，數不出三百日，分形之後，男女形狀之不同，自己丹砂色澤之何似也？鍾曰：父母之形交，父精先進，而母血後行，血包於精而爲女，女者，內陽而外陰以象母，蓋以血在外也。若以母血先進，而父精後行，精包於血而爲男，男者，內陰而外陽以象父，蓋以精在外也。所謂血者，本生於心，而無正陽之氣，所謂精者，本生於腎，而有正陽之氣。正陽之氣乃汞之本也，即眞一之水，和合而入黃庭之中，汞用鉛湯煮，鉛以汞火煎，鉛不得汞，不能發舉眞一之水，汞不得鉛，不能變化純陽之氣。呂曰：鉛在腎中而生元陽之氣，氣中有眞一之水，視之不可見也。鉛以得汞，汞在正陽之氣，以正陽之氣燒鍊於鉛，鉛生氣盛而發舉於眞一之水，可以上升。然而汞本正陽之氣，即眞一之水而爲胎胞，保送黃庭之中，已是龍虎交媾，陰陽兩停，亦以鉛湯煮之，莫不陰太過耗散眞陽，安得成大藥而氣中生氣也？鍾曰：腎氣投心氣，氣極生液，液中有正陽之氣，配合眞一之水，名曰龍虎交媾，日得之黍米之大，名曰金丹大藥，保送黃庭之中。且黃庭者，脾胃之下，膀胱之上，心之北，而腎之南，肝之西，而肺之東，上清下濁，外應四色，量容二升，路通八水，所得之藥晝夜在其中，若以採藥不進火，藥必耗散而不能住，若以進火不採藥，陰中陽不能住，止於發舉腎氣，而壯暖下元而已。若以採藥有時，而進火有數，必先於鉛中作借氣進火，使大藥堅固，永鎭下田，名曰採補之法。而鍊汞補丹田，延年而益壽，可爲地仙。若以採藥而以元鉛抽之於肘後飛金精，既抽鉛，須添汞，不添汞，徒以還精補腦，而眞氣如何得生？眞氣不生，陽神如何得就也。既添汞，須抽鉛，不抽鉛，徒以鍊汞補丹田，如何變砂，砂既不變，而金丹如何得就。

施肩吾《西山群仙會真記》卷四

《玄洞玉詔》曰：昔廣成子教黃帝鍊外丹，方有鉛汞之物，凡以內事爲法則也。人之初生，先生腎也，腎爲北方壬癸水，在五金而爲鉛；次生心也，心爲南方丙丁火，在八石而爲砂。鉛中取銀，如腎氣之中暗藏眞一之水，砂中取汞，如心炁之中暗藏正陽之炁，蓋以外鉛中銀而合砂中汞，自然成砂。火候合宜，煅成大寶。取類于人，則腎炁之中，取眞一之水；心液之上，取正陽之炁，二物合而爲丹，乃如外物見寶之比也。《傳道集》曰：抱天一之質而爲五金之首者，黑鉛也，鉛以生銀，鉛乃銀之母；感太陽之炁，而爲衆石之主者，朱砂也，砂以生汞，汞乃砂之子。難取者鉛中之銀，易失者砂中之汞，鉛汞若相合，煅鍊自成寶。此鉛汞之理，見于外也。若以內言之，父母眞炁合而爲一，即精血爲胞胎，凝結爲內腎，內腎者，鉛也。及夫腎中生炁，炁中生水，以腎水合心液之上正陽之炁，凝結于黃庭，而爲丹，則曰眞鉛丹就，眞炁升，腎炁入頂，而眞水降，一升一沉于十二樓前，而爲既濟。也。以腎炁合心炁，積炁生液，結爲玄珠，方還下丹田，而曰汞也。及夫既濟一次，而還下丹田，故曰眞汞也。《元皇君訣》曰：鉛汞鼎中居，燒成無價珠，都來兩箇字，了得萬家書。正一眞人曰：鉛汞傳來幾萬秋，幾人悟得幾人修，若敎此理常人會，塵世神仙似水流。呂公曰：金丹一粒定長生，須得眞鉛鍊甲庚，火取南方赤鳳髓，水求北海黑龜精。古今上聖，稱說鉛汞之理，不同其來，止於鉛爲腎，而眞鉛爲丹；汞爲心液，而眞汞爲藥，眞鉛眞汞爲既濟。若憑外說，不可中理矣！

佚名《太上長文大洞靈寶幽玄上品妙經發揮》 夫鉛宗者，是天眞陽一氣；汞祖者，是地眞陰一氣。本因二氣相交感，結成眞胎。如要修陰者，鍊爲神也；如修陽者，鍊爲仙也。神仙之事，皆因鍊陰陽二氣而成也。人若不將二氣烹鍊上下，至中和會鉛汞，豈能成造化矣？

頌曰：鉛汞何人識祖宗，皆因二氣會其中，但能運用周天足，十地三乘始見功。

原題還陽子《大還丹金虎白龍論・識鉛汞》 凡修大藥，先明鉛汞之眞源；合鍊神丹，須達坎離之正理。鉛包陰髓是名虎，而坎方；汞產陽精故稱龍，而離位坎。月離日會，來往之梯媒，離女坎男，合還返之綱紀。鉛受辛育，故被褐而懷金，汞稟甲胎，自著緋而含木。鉛非世錫，汞豈凡銀？鉛是天地之根基，汞是陰陽之靈氣，鉛含日魄，汞飲月魂，鉛是眞

鉛，汞非常汞，抽五行之筋髓，相結成金；合兩象之精華，湝凝成液。日虧月滿，魂沉而自喪陰魂；月缺日盈，魂消而却終陽魄。陰陽感合，配成龍虎之夫妻；水火反交，鍛出乾坤之丹藥。陽能制魄，運行而自作金形；陰已成陽，反轉而始成神質。陰陽滿足，得爲出世之砂；水火數終，便是騰雲之液。紅霜鼎上，吐爀爀之朝霞；素粉鑪中，噴熒熒之瑞雪。澄澄血彩，曉日出於扶桑；湛湛冰輝，秋月浸於寒浦。晴峰俊鶴，孤棲桂樹之芳華；明漢橫霓，迥簇芙蓉之翠艷。擣研之際，散芬馥之馨香；剉碾之時，流光輝之洞徹。變錬成寶，服食沖天，刀圭而頓便昇騰，羽化而翺遊鳳闕。

李道純《中和集》卷三 瑩蟾子宴坐蟾窟，是夜寒光清氣，眞潔可掬。門人瓊蟾子，猛思生死事大，神仙不可不敬慕，功行不可不專修，稽首拜問曰：弟子嘗聞，自古上聖高眞、歷代仙師，皆因修眞而成道，必以鉛汞爲金丹之根蒂，不知鉛汞是何物？

師曰：夫鉛汞者，天地之始，萬物之母，金丹之本也。非凡鉛、黑錫，水銀、朱砂。奈何謬者不知眞玄，私意揣度，惑壞後學，徒費歲時，擔閣一生，深可憐憫。若不遇眞師點化，皆妄爲矣。紫陽眞人曰：饒君聰慧過顏閔，不遇眞師莫強猜。正謂此也。我今爲汝指出，眞鉛眞汞身心是也。聖師云：身心兩箇字，是藥也，是火也。又云：要知產藥川源處，只在西南是本鄉。西南者，坤也。坤屬身，身中之精乃陰中之陽也。如乾中一爻，入坤而成坎，外陰內陽，外柔內剛，外坤內乾，坎水之中有乾金，故強名曰水中金也。夫汞者，心中之氣也，陽中之陰也。如坤中一爻，入乾而成離，外陽內陰，外剛內柔，外乾內坤，離火之中有坤土，故強名曰砂中汞也。精氣感合之妙，故強名立象，以鉛汞喻之，使學者知有體用耳。以此推之，無出身心兩字，身心合一之後，鉛汞皆無也。

佚名《養生祕録・金丹問答》 問曰：何謂鉛汞？答曰：非凡黑錫水銀也。眞一子曰：鉛是天地之父母，陰陽之根基。蓋聖人採天地父母之根而爲大丹之基，採陰陽純粹之精而爲大丹之質，且非常物造作也。汞性好飛，遇鉛乃結，以其子母相戀也。

河車

論說

《修真十書・鍾呂傳道集》卷一五《論河車》 呂曰：所謂河車者何也？鍾曰：昔有志智人，觀浮雲蔽日可以取陰而作蓋，觀落葉浮波可以載物而作舟，觀飄蓬隨風往來運轉而不已，退而作車。且車之爲物，蓋軫有天地之象，輪轂如日月之比。高道之士，取喻於車。且車行於地而轉於陸，今以河車者，亦有說矣。蓋人身之中，陽少陰多，言水之處甚衆，車則取意於般運，河乃主象於多陰，故此河車不行於地而行於水。自上而下，或後或前，駕在於八瓊之內，驅馳於四海之中，昇天則上入崑崙，既濟則下奔鳳闕，運載元陽直入於離宮，般負眞氣曲歸於壽府，往來九州而無暫停，巡歷三田何時休息。龍虎既交，令黃婆駕入黃庭；鉛汞纔分，委金男般入金闕。玉泉千派，運時止半日工夫；金液一壺，般過只時間功迹。五行非此車般運也，難得生成；二氣非此車般運也，豈能交會。應節順時而下功，必假此車而般之方能有驗；養陽鍊陰而立事，必假此車而般之始得無差。乾坤未純，其或陰陽而往來之，是此車之功也；宇宙未周，其或氣血而交通之，是此車之功也。自外而內，運天地純粹之氣，而接引本宮之元陽；自凡而聖，運陰陽眞正之氣而補鍊本體之元神。其功不可以備紀。呂曰：河車如此妙用，敢問河車之理，必竟人身之中何物而爲之？既得之而如何運用？鍾曰：河車者，起北比方正水之中。腎藏眞氣，眞氣之所生之正氣，乃曰河車。河車作用，今古罕聞，眞仙祕而不說者也。如乾再索坤而生坎，坎本水也，水乃陰之精。陽既索於陰，陽返負陰而還位，所過者艮震巽，以陽索陰，因陰取陰，般運入離，承陽而生，是此河車般陰入於陽宮。及夫坤再索於乾而生離，離本火也，火乃陽之精，陰既索於陽，陰返抱陽而還位，所過者坤兌乾，以陰索陽，因陽取陽，般運入坎，承陰而生，是此河車運陽於陰宮。及夫採藥於九宮之上，

得之而下入黃庭，抽鉛於曲江之下，般之而上昇內院。玉液金液本還丹，般運可以鍊形，而使水上行；君火民火本鍊形，般運可以燒丹，而使火下進。五氣朝元，般運各有時；三花聚頂，般運各有日。神聚多魔，般眞火以焚身，則三尸絶迹；藥就海枯，運霞漿而沐浴，而入水無波。若此，河車之作用也。吕曰：河車本北方之正氣，運轉無窮，而負載陰陽，各有成就，所用工不一也。尊師當爲細説。鍾曰：五行巡還，周而復始。默契顛倒之術，以龍虎相交而變黃芽者，小河車也。肘後飛金精，還精入泥丸，抽鉛添汞而成大藥者，大河車也。若以龍虎交而變黃芽，鉛汞交而成大藥，眞氣生而五氣朝中元，陽神就而三神超內院。紫金丹成，常如玄鶴對飛；白玉汞就，鎮似火龍踴起。金光萬道，罩俗骨以光輝；琪樹一株，現鮮葩而燦爛。或出或入，出入自如，或去或來，往來無礙。般神入體，且混時流，化聖離俗以爲羽客，乃曰紫河車也。是此三車之名，而分上中下三成，故曰三成者，言其功之驗證，非比夫釋教之三乘車而曰羊車、鹿車、大牛車也。以道言之，河車之後，更有三車：凡聚火而心行意，使以攻疾病而曰使者車。凡既濟自上而下，陰陽正合，水火共處，靜中聞雷霆之聲，而曰雷車。若以心爲境，役性以情牽，感物而散於眞陽之氣，自內而外，不知休息，久而氣弱體虛，以成衰老，或而八邪五疫，返以般入，眞氣元陽難爲抵當，既老且病而死者，曰破車。吕曰：五行顛倒而龍虎相交，則小河車已行矣。三田返復而肘後飛金精，則大河車將行矣。然而紫河車何日得行焉？鍾曰：修眞之士，既聞大道，得遇明師，曉達天地昇降之理，日月往來之數，始也匹配陰陽，次則聚散水火，然後採藥進火，添汞抽鉛，則小河車固當行矣。及夫肘後金精入頂，黃庭大藥漸成，一撞三關，直超內院，後起前收，上補下鍊，則大河車固當行矣。及夫金液玉液還丹，而後鍊形，鍊形而後鍊氣，鍊氣而後鍊神，鍊神合道，方曰道成，以出凡類入仙品，當時，乃曰紫河車也。

佚名《擒玄賦·河車》 河者取天津而假象，車者在地軸之立名。水因輪而方運，氣得車而始行，秉正於中央，居土而生成萬物；纔臨於北位，善和而陶鑄三清。原夫土寄於離，金處於北，造丹爲制伏之用，居物有始終之德。一無正位，凝爲變化之機，一有流形，混成黑白之色。諒以三尊爲祖，四海爲家，周帀元君之宅，行隨阿母之車，修養金丹，無比則如何措手！安排神室，其斯而始乃生芽。是以出爲鉛形，入爲金牲，伏鬼下而柔潤，賴良媒而匹娉。或搬故濁，杳杳而散出重樓；或運新清，息息而還歸中正。豈不以轉因樞轄，伏自天河？降汞火於金鼎，結濛霧於滄波，輕清散作風雲，生於海內；重濁變爲血肉，下自山坡。且夫雖布四方，皆歸一味，尋兩路兮歸於爐鼎，取三關兮入於脾胃。后土循輒於卯酉，乃運於流珠；炎帝推車於子午，受搬於和氣。異哉！施生萬物，含孕五常，法乾坤而作則，契丹藥而是方。雨降雲騰，我則載歸源海；月移星轉，我則搬入洞房。所以換除塵軀，易成金骨，大道修周於四季，靈丹功全於十月，則知愚人昧而進修，賢人彰而指日者也。

佚名《養生祕録·金丹問答》 問曰：河車。答曰：北方正氣，名曰河車。左曰日輪，右曰月輪，搬運正氣，運在元陽。應節順行下手，無非此車之力。

還丹

論説

《修眞十書·鍾吕傳道集》卷一六《論還丹》 吕曰：鍊形成氣，鍊氣成神，鍊神合道，未敢聞命。所謂還丹者何也？鍾曰：所謂丹者，非色也，紅黃不可以致之。所謂丹者，非味也，甘和不可以合之。丹乃丹田也，丹田有三：上田神舍，中田氣府，下田精區。精中生氣，氣在中丹，氣中生神，神在上丹，眞水眞氣合而成精，精在下丹。奉道之士，莫不有三丹。然而，氣生於腎未朝於中元，神藏於心未超於上院，所謂精華不能返合，雖三丹，終成無用。吕曰：玄中有玄，一切之人莫不有命，命中無精，非我之氣也，乃父母之元陽；無精則無氣，非我之神也，乃父母之元神。所謂精氣神，乃三田之寶，如何可得而常在於上中下三宮也？鍾曰：腎中生氣，氣中有眞一之水，使水復還於下丹，則精養靈根，氣自生矣。心中生液，液中有正陽之氣，使氣復還於中丹，則氣養靈源，神

自生矣。集靈爲神，合神入道以還上丹，而後超脫。呂曰：丹田有上中下，還者既往而有所歸，曰還丹。還丹之理，奧旨淵微，敢告細說。鍾曰：有小還丹，有大還丹，有七返還丹，有九轉還丹，有金液還丹，有玉液還丹，有以下丹還上丹，有以上丹還中丹，有以中丹還下丹，有以陽還陰丹，有以陰還陽丹，不止於名號不同，亦以時候差別而下手處各異也。呂曰：小還丹者何也？鍾曰：小還丹者，本自下元。下元者五藏之主，三田之本，以水生木，木生火，火生土，土生金，金生水，既相生也，不差時候，當生而引未生，如子母之相愛也。以火剋金，金剋木，木剋土，土剋水，水剋火，既相剋也，不失分度，當剋而補未剋，如夫婦之相合也。氣液轉行，周而復始，自子至午陰陽當生，自卯至酉陰陽當停，凡一晝一夜，復還下丹。巡還一次，而曰小還丹也。奉道之士，於中採藥進火以成下丹，良由此矣。呂曰：小還丹既已知矣，所謂大還者何也？鍾曰：龍虎相交而變黃芽，抽鉛添汞而成大藥，玄武宮中而金精纔起，玉京山下而眞氣方升，走河車於嶺上，灌玉液於中衢，自下田入上田，自上田復下田，後起前來，循環已滿，而曰大還丹也。奉道之士，於中起龍虎而飛金精，養胎仙而生眞炁，以成中丹，良由此矣。呂曰：大還丹既已知矣，所謂七返還丹而九轉還丹者何也？鍾曰：五行生成之數五十有五，天一地二，天三地四，天五地六，天七地八，天九地十。一三五七九，陽也，共二十五；二四六八十，陰也，共三十。自腎爲始，水一，火二，木三，金四，土五，此則五行生之數也，三陽而二陰。自腎爲始，水六，火七，木八，金九，土十，此則五行成之數也，三陰而二陽。人身之中，共有五行生成之道，水爲腎，而腎得一與六也；火爲心，而心得二與七矣；木爲肝，而肝得三與八矣；金爲肺，而肺得四與九矣，土爲脾，而脾得五與十矣。每藏各有陰陽。陰以八極而二盛，所以氣到肝而腎之餘陰絕矣，氣到心太極而生陰，以二在心，而八在肝也。陽以九盡而一盛，所以液到肺而心之餘陽絕矣，液到腎太極而生陽，以一在腎，而九在肺也。奉道之士，始也交媾龍虎而採心之正陽之氣，正陽之氣乃心之七也，七返中元而入下田，養就胎仙，復還於心，乃曰七返還丹者也。二八陰消，眞氣生而心無陰，以絕二也，大藥就而肝無陰，以絕八也。既二八陰消，而九三陽可長矣。肝以絕陽助於心，則三之，肝氣盛矣；七既還心，以絕肺液，而肺之九轉而助心，則九三之陽長，九轉還丹也。呂曰：七返者，以其心之陽復還於心，而在中丹；九轉者，以其肺之陽本自心生，轉而復還於心，亦在中丹。七返九轉，既已知矣，所謂金液玉液，上中下相交，陰與陽往復而還丹者何也？鍾曰：前賢往聖，多以肺液入下田而曰金液還丹，心液入下田而曰玉液還丹。此論非不妙矣，然而未盡玄機。蓋夫肺生腎，以金生水，金入水中，何得謂之還丹？腎剋心以水剋火，水入火中，何得謂之還丹？金液乃肺液也，肺液爲胎胞，含龍虎，保送在黃庭之中，大藥將成，抽之肘後飛起，其肺液以入上宮，而下還中丹，自中丹而還下田，故曰金液還丹也。玉液乃腎液也，腎液隨元氣以上升而朝於心，積之而爲金水，舉之而滿玉池，散而爲瓊花，鍊而爲白雪，若以納之自中田而入下田有藥，則沐浴胎仙，若以升之自中田而入四支鍊形，則更遷塵骨，不升不納，周而復還，故曰玉液還丹者也。陰極陽生，陽中有眞一之水，其水隨陽上升，是陰還陽丹者也。陽極生陰，陰中有正陽之氣，其氣隨陰下降，是陽還陰丹者也。補腦鍊頂，以下還上；既濟澆灌，以上還中；燒丹進火，以中還下，鍊質焚身，以下還中。五行顛倒，三田返復，互相交換，以至鍊形化氣，鍊氣成神，自下田遷而至中田，自中田遷而至上田，自上田遷而出天門，棄下凡軀以入聖流仙品，方爲三遷功成。自下而上，不復更有還矣。

佚名《擒玄賦・還丹》 丹者，剛而去柔；還者，終而復始。斡陰陽而相制，假魂魄以相求，精鍊施生，貫三清於乾馬；昭符造化，運一氣於坤牛。原夫金丹之宗，神氣之主，決龍虎於震兌，配水火於子午。一男一女，諧繾綣以三千；一君一臣，布生成於九五。諒以卯酉爲衛，離坎爲榮，研昇沈於八卦，究順剋於五行。溟涬之中，觀無而成有，虛無之內，得重而成輕。一則爲本爲元，一則爲侍爲從，賴黃君以匹配，仗金白而作用。淺深神室，四時功而秋成；表裏胞胎，八月鍊而冬種。豈不以天地交感之情，日月會合而成。水要凝而鉛結，汞要乾而金並。烏兔投爐，混成鷄子之殼；風雲入鼎，鳴返嬰兒之聲。美矣哉！變凡爲仙，返老却少，歲華易而猶在，陵谷遷而轉妙。三皇煅鍊功滿而白日飛昇，群公著修行成而紫鳳來詔。是則若延遐壽，須假靈丹，換凡骨而無濁，成仙骨而禦寒。紫府龍宮欲去，而鼎中鶴舞；丹臺瓊苑擬遊，而足下雲生。所以宿遇眞風，生逢玄旨，周二義而並壽，等三光而齊已，守中元而九轉修成，抱一氣而

萬物畢矣！

鍊形

論說

《修真十書・鍾呂傳道集》卷一六《論鍊形》　呂曰：還丹既已知矣，所謂鍊形之理可得聞乎？鍾曰：人之生也，形與神爲表裏，神者形之主，形者神之舍。形中之精以生氣，氣以生神。液中生氣，氣中生液，乃形中之子母也。水以生木，木以生火，火以生土，土以生金，金以生水，氣傳子母而液行夫婦，乃形中之陰陽也。水化爲液，液化爲血，血化爲津，以陰得陽而生也。若以陰陽失宜，則涕淚涎汗橫出，而陰失其生矣。氣化爲精，精化爲珠，珠化爲汞，汞化爲砂，以陽得陰而成也。若以陰陽失宜，則病老死苦，而陽不得成矣。陰不得陽不生，陽不得陰不成。奉道之士，修陽而不修陰，鍊己而不鍊物，以己身受氣之初，乃父母眞氣兩停而即精血爲胎胞，寄質在母純陰之宮，陰中生陰，因形造形，胎完氣足，而堂堂六尺之軀皆屬陰也，所有一點元陽而已，必欲長生不死以鍊形住世，而劫劫長存；必欲超凡入聖以鍊形化氣，而身外有身。呂曰：形象，陰也，陰則有體以有爲，無使形化氣而超凡軀以入聖品，乃鍊之上法也。因形留氣，以氣養形，小則安樂延年，大則留形住世，既老者返老還童，未老者定顔長壽，以三百六十年爲一歲，三萬六千歲爲一劫，三萬六千劫爲一浩劫，浩浩之劫，不知歲月之幾何，而與天地長久，乃鍊形驗證也如此。然而鍊形之理，造化之機，而有如此之驗，可得聞乎？鍾曰：人之成形，三百日胎完，既生之後，五千日氣足，五尺五寸爲本軀，以應五行生成之數，或有大小之形而不齊者，以寸定尺，長短合宜。心之上爲九天，腎之下爲九地，腎到心八寸四分，心到重樓第一環八寸四分，重樓第一環到頂八寸四分。自腎到頂凡三尺五寸二分，而元氣一日一夜盈滿者，三百二十度，每度二尺五寸二分，計八十一丈元氣，以應九九純陽之數。心腎相去以合天地懸隔之宜，自腎到頂共二尺五寸，又按五行五五純陽之數，故元氣隨呼而出。既出也，榮衛皆通天地之正氣，應時順節，或交或離，丈尺無窮，隨吸而入。既入也，經絡皆闢，一呼一吸，天地人三才之眞氣，往來於十二樓前，一往一來，是日一息，晝夜之間，人有一萬三千五百息。分而言之，一萬三千五百呼，所呼者，自己之元氣，從中而出，一萬三千五百吸，所吸者天地之正氣，自外而入。根源牢固，元氣不損，呼吸之間可以奪天地之正氣。以氣鍊氣，散滿四大，清者榮而濁者衛，悉皆流通，縱者經而橫者絡，盡得舒暢，寒暑不能爲害，勞苦不能爲虞，體輕骨健，氣爽神清，永保無疆之壽，長爲不老之人。苟或根源不固，精竭氣弱，上則元氣已泄，下則本宮無補，所吸天地之氣，浩浩而出，八十一丈元氣，九九而損，不爲己之所有，反爲天地所取，何能奪於天地之正氣。積而陰盛陽衰，氣弱而病，氣盡而死，復入輪迴。呂曰：元氣如何不走失，以鍊形質，可奪天地之正氣而留浩劫長存者也？鍾曰：欲戰勝者在兵強，欲民安者在國富。所謂兵者，元氣也，其兵在內，消形質之陰，其兵在外，奪天地之氣。所謂國者，本身也，其身之有象者，豐足而常有餘，其身之無形者，堅固而無不足。萬戶長開而無一失之虞，一馬誤行而有多多之得。或前或後乃所以鍊質焚身，或上或下乃所以養陽消陰。燒乾坤自有時辰，煅氣液能無日候？以玉液鍊形，仗甲龍以升飛而白雪滿於塵肌；以金液鍊形，逐雷車而下降則金光盈於臥室。呂曰：鍊形之理亦粗知矣，金液玉液者何也？鍾曰：金液鍊形，則骨朝金色而體出金光，金花片片，而空中自現，乃五氣朝元，三陽聚頂，欲超凡體之時，而金丹大就之日。若以玉液鍊形，則肌泛陽酥，而形如琪樹瓊花玉蘂，更改凡體，而光彩射人，乘風而飛騰自如，形將爲氣者也。奉道之士，雖知還丹之法，而鍊形之功亦不爲小矣。當玉液還丹以沐浴胎仙，而升之上行，以河車般於四大。始於肝也，肝受之，則光盈於目而目如點漆；次於心也，心受之，口生靈液而液爲白雪；次於脾也，脾受之，則肌若凝脂而瘢痕盡除；次於肺也，肺受之，則鼻聞天香而顔復少年；次於腎也，腎受之，則再還本府，耳中常聞絃管之音，鬢畔永絕斑白之色。若此玉液之鍊形也。及夫金液鍊形，不得比此。始還丹而未還，與君火相見而曰既濟；既還丹而復起，與眞陰相敵而曰鍊質。土本剋水，若金液在

土，使黃帝回光以合於太陰，火本剋金也。若金液在火，使赤子同鑪而自生於紫氣，於水中起火，在陽裏消陰，變金丹於黃庭之內，錬陽神在五氣之中。於肝則青氣沖，於肺則白色出，於心則赤光現，於腎則黑氣升，於脾則黃色。五氣朝於中元，從君火以超內院。下元陰中之陽，其陽無陰，升而聚在神宮。中元陽中之陽，其陽無生，升而聚在神宮，黃庭大藥陰盡純陽，升而聚在神宮。五液朝於下元，五氣朝於中元，三陽朝於上元。朝元既畢，功滿三千，或而鶴舞頂中，或而龍飛身內，但聞嘹喨樂聲，又睹仙花亂墜，紫庭盤桓，眞香馥郁。三千功滿不爲塵世之人，一炷香消已作蓬瀛之客，乃曰超凡入聖，而脫質升仙者也。

魔難

論說

《修真十書·鍾呂傳道集》卷一六《論魔難》　呂曰：內觀以聚陽神，錬神以超內院，上踴以出天門，直超而入聖品。既出既入而來往無差，或來或往而遠近不錯，欲住世則神與形合，欲升仙則遠遊蓬島。若此，功滿三千而自內觀以得超脫，不知陰鬼邪魔如何制使奉道之人不得升神仙者也？鍾曰：奉道之士始有信心，以恩愛利名，一切塵勞之事，不可變其大志；次發苦志以勤勞寂寞，一切清虛之境，不可改其初心。苦志必欲了於大成，止於中成而已，必欲了於中成，止於小成而已，又況不識大道，難曉天機，所習小法而多好異端，歲月蹉跎，不見其功，晚年衰老，復入輪回。致使後來好道之士，以長生爲妄說，超脫爲虛言，往往聞道而不信，心縱信之而無苦志，對境生心，以物喪志，終不能出於十魔九難之中矣。呂曰：所謂九難者何也？鍾曰：大藥未成而難當寒暑，於一年之內，四季要衣；眞氣未生而尚有飢渴，於一日之間，三餐要食。奉道之士所患者，衣食逼迫，一難也。及夫宿緣業重，流於今世塡還，忙裏偷閑，猶爲尊長約束，於尊親曰不忍逃離一向清閑，而難爲得暇。奉道之士所患者，尊長邀攔，此二難也。及夫愛者妻兒，惜者父母，恩枷情杻，每日增添，火院愁車，無時休歇，縱有清淨之心，難敵愁煩之境。奉道之士所患者，恩愛牽纏，三難也。及夫富兼萬戶，貴極三公，妄心不肯暫休，貪者惟憂不足。奉道之士所患者，名利縈絆，四難也。及夫少年不肯修持，一以氣弱成病，頑心絕無省悟，一以陰報成災，見世一身受苦，而與後人爲誡。奉道之士所患者，災禍橫生，五難也。及夫人以生死事大，急於求師之人不擇眞僞，或師於辨辭利口，或師於道貌古顏，始也自謂得遇神仙，終久方知好利之輩。奉道之士所患者，盲師約束，六難也。及夫盲師狂友妄指傍門，尋枝摘葉而終無契合，小法異端而互相指訣，殊不知日月不出，出則大明，使有目者皆見，雷霆不震，震則大驚，使有耳者皆聞，彼以爝火之光，井蛙之語，熒熒唧唧，而豈有合同。奉道之士所患者，議論差別，七難也。及夫朝爲而夕改，坐作而立忘，悅於須臾而厭爲持久，始於憂勤而終於懈怠。奉道之士所患者，志意懈怠，八難也。及夫身中失年，年中失月，月中失日，日中失時，少將名利不忘於心，老而兒孫嘗在於意，年光有限，勿謂今年已過，以待明年，人事無涯，勿謂今日已過，以待明日，今日尚不保明日，老年爭却得少年。奉道之士所患者，歲月蹉跎，九難也。免此九難方可奉道，九難之中或有一二不可行持，但以徒勞而不能成功者也。呂曰：九難既已知矣，所謂十魔者可得聞乎？鍾曰：所謂十魔者，凡有三等：一曰身外見在，二曰夢寐，三曰內觀。如滿目花芳，滿耳笙簧，舌於甘味，鼻好異香，情思舒蕩，意氣洋洋，如見不得認，是六賊魔也。如瓊樓寶閣，畫棟雕梁，珠簾繡幕，蕙帳蘭房，珊瑚遍地，金玉滿堂，如見不得認，是富魔也。如金鞍寶馬，重蓋昂昂，侯封萬戶。使節旌幢，滿門青紫，靴笏盈牀，如見不得認，是貴魔也。如輕煙蕩漾，暖日舒長，暴風大雨，雷震電光，笙簧嘹喨，哭泣悲傷，如見不得認，是六情魔也。如親戚患難，眷屬災傷，兒女疾病，父母喪亡，兄弟離散，妻妾分張，如見不得認，是恩愛魔也。如失身火鑊，墮落高岡，惡蟲爲害，毒藥所傷，路逢兇黨，犯法身亡，如見不得認，是患難魔也。如十地當陽，三清玉皇，四神七曜，五嶽八王，威儀節制，往復翺翔，如見不得認，是聖賢魔也。如雲屯士馬，兵刃如霜，戈矛鬥舉，弓箭齊張，爭來殺害，驍捷難當，如見不得認，是刀兵魔也。如仙娥玉女，羅列成

行，笙簧嘹喨，齊舉霓裳，雙雙紅袖，爭獻金觴，如見不得認，是女樂魔也。如幾多姝麗，艷質濃粧，蘭臺夜飲，玉體輕裳，殢人驕態，爭要成雙，如見不得認，是女色魔也。是此十魔難，有不認者是也，既認則著，既著則執，所以不成道者，良以此也。若以奉道之人，身外見在不認不執，則心不退而志不移，夢寐之間不認不著，則神不迷而魂不散，內觀之時若見如是，當審其虛實，辨其眞僞，可隨波逐浪，認賊爲子，急起三昧眞火以焚身，一揮群魔自散，用紫河車搬運自己之陽神，超內院而返天宮，然後以求超脫。今古好道之流，有清淨之心，對境改志，往往難逃於十魔九難，空有好道之虛名，終不見得道之實迹。或而出離塵勞，幽居絕迹而志在玄門，於九難不能盡除，在十魔或著一二，非不得道也，而於道中或得中成，或得小成，而於仙中或爲人仙，或爲地仙。若以盡除魔難，序證驗而節節升遷，以內觀合就陽神，指日而歸三島。

證驗

論說

《修眞十書・鍾呂傳道集》卷一六《論證驗》 呂曰：嫌者病，而好道之人求無病而長安；怕者死，而好道之人欲不死而長生。舉世人在世中，而好道之人欲升仙，遊物外；舉世人在地上，而好道之人欲超凡而入洞天。所以甘於勞苦而守於貧賤，遊心在清淡瀟灑之中，潛迹於曠野荒僻之地，一向行持，不知功之深淺，法之交換，難測改易之早晚，所謂下功之後，而證驗次序如何？ 鍾曰：苦志行持，終不見功者，非道負人，蓋奉道之人不從明師，而所受非法。依法行持，終不見功者，非道負人，蓋奉道之人不知時候，而以不成。若已遇明師而得法，行大法以依時，何患驗證而不有也。呂曰：所謂法者有數乎？所謂時者有數乎？ 鍾曰：法有十二科：匹配陰陽第一，聚散水火第二，交媾龍虎第三，燒鍊丹藥第四，肘後飛金精第五，玉液還丹第六，玉液鍊形第七，金液還丹第八，金液鍊形第九，朝元鍊炁第十，內觀交換第十一，超脫分形第十二。其時，則年中法天地陰陽升降之宜，月中法日月往來之數，日中有四正八卦十千十二支一百刻六十分，依法區分，自一日之後，證驗次序以至脫質升仙，無差毫末。始也婬邪盡罷，而外行兼修凡採藥；之次而金精充滿心境，自除以煞陰鬼；次心經上湧，口有甘液；次陰陽擊搏，時時腹中聞風雷之聲；次魂魄不定，夢寐多有恐悸之境；次六府四肢或生微疾，小病不療自愈；次丹田夜則自暖，形容晝則清秀；次居暗室，而目有神光自現；次夢中雄勇，物不能害，而人不能欺，或若抱得嬰兒歸；次金關玉鎖封固，以絕夢泄遺漏；次鳴雷一聲，關節通連而驚汗四溢；次玉液烹漱，以成凝酥；次靈液成膏，漸畏腥羶以充口腹；次塵骨將輕而變神室，步趁奔馬，行止如飛；次對境無心，而絕嗜慾；次眞氣入物，可以療人疾病；次內觀明朗而不暗昧；次雙目童人如點漆，皺臉重舒而紺髮再生，已少者永駐童顏；次眞氣漸足而似常飽，所食不多而飲酒無量，終不見醉；次身體光澤，神氣秀媚，聖丹生味，靈液透香，眞香異味，常在口鼻之間，人或知而聞之；次以目視百步，而見秋毫；次身體之間舊痕殘靨，自然消除，涕淚涎汗，亦不見有；次胎完氣足以絕飲食；次內志清高以合太虛，凡情凡愛，心境自絕，下盡九蟲，上死三尸；次魂魄不遊以絕夢寐，神彩清爽更無晝夜；次陽精成體，神府堅固，四體不畏寒暑；次生死不能相干，而坐忘內觀以遊華胥神仙之國，女樂樓臺，繁華美麗，殆非人世所有也；次功滿行足，陰功報應，密授三清眞籙，陰陽變化，可能預知，人事舉止，先見災福；次觸目塵冗，以厭往還，潔身靜處，胎仙可現，身外有身，是爲神聖；次眞氣純陽，吁呵可乾外汞；次胎仙常欲騰飛，祥光生於臥室；次靜中時聞樂聲；次常人對面，雖彼富貴之徒，亦聞腥穢，蓋凡骨俗體也；次神彩自可變移，容儀成而仙姿可比玉樹，異骨透出金色；次行止去處，常有神祇自來朝現，驅用指呼，一如己意；次靜中外觀，紫霞滿目，頂外下視，金光罩體；次身中忽化火龍飛，或而玄鶴起，便是神靈以脫凡骨而超出俗流，乃曰超脫；次超脫之後，彩雲繚繞，瑞氣紛紜，天雨奇花，玄鶴對飛，異香散而玉女下降授天書紫詔，既畢而仙冠仙衣之屬具備，節制威儀，前後左右不可勝紀，相迎相引以返蓬萊，而於紫府朝見太微眞君，契勘鄉原名姓，校量功行等殊，而於三島安居，乃曰眞人仙子。呂

曰：今日特蒙尊師開說希夷大理、天地玄機，不止於耳目清明，而精神秀媚，殘軀有託，終不與糞壤同類。然而知之者未必能行，行之者未必能得，念以生死事大，而時光迅速，雖知妙理，未得行持終不成功，與不知無異。敢告指教以交會之時，行持之法，如何下手，如何用功？鍾曰：僕有《靈寶畢法》，凡十卷一十二科，中有六儀：一曰金誥，二曰玉書，三曰眞原，四曰比喻，五曰眞訣，六曰道要。包羅大道，引喻三清，指天地陰陽之升降爲範模，將日月精華之往來爲法則，實五仙之指趣，乃三成之規式，當擇日而授於足下。

陰陽

論說

施肩吾《西山群仙會真記》卷四 《九天祕籙》曰：一陰一陽之謂道，陰陽不測之謂神。物中神而大者，天得一陽以守乾道，地得一陰以守坤道。物中神而明者，日得一陽魂以道應，月得一陰魄以道致。故夏至一陰自天來，若無眞陽，萬物死也，不能焦枯。冬至一陽自地升，若無眞陰，萬物生也，不能滋潤也。日有眞陽，陽燧感而火出；月無眞陰，故方諸取而水絕。此天地日月，至大至明，眞陰眞陽，豈人之不若是乎？

《西山記》曰：腎水也，水中生炁，名曰眞火，氣中暗藏眞一之水，是陰中有陽，陽中有陰也。心火也，火中生液，名曰眞水，液中暗藏正陽之炁，是陽中有陰，陰中有陽也。三華者，三陽腎氣，乃陰中之陽，丹中眞炁則眞陽中之陽也。心液之炁，乃陽中之陽，不說三陰也，所貴陰盡陽純矣！

《玉皇聖胎訣》言：人常降心火于下田，外境不入，泯絕狂慮，一炁不散，委于炁海，腎炁不能上升，其息漸少，縱出之，悠悠然減省也。故後聖有自然胎息矣！及達磨胎息至理，言人之炁升，自有走失，莫若內觀諸世界，遊翫自己天宮，超清虛妙境。其法貴乎無漏，一念不生，一意不動。無漏則善果成，不動而眞聖見，而面壁九年，氣無毫髮走失，陰靈自外，而身有身。東人不悟，乃擲鉢西歸，故聖人曰眞胎息也。及扁鵲解《靈樞》，以冬至之後，眞鉛積之一分，狀如戲蘂，而鎮丹田，令人鼻引清炁，閉口不出，以定息二十四數爲火一兩，四十五日，火進一十六兩，而鍊就陽胎。又以夏至之後，汞積之三分，狀如抱卵，而鎮絳宮，亦以鼻引清炁，閉口不出，以定息二十四數爲火一兩，四十五日火進一十六兩，而鍊陰息。以陰息投陽胎，而生眞炁，眞炁生元神，神形合爲一，與天地齊年，離而爲二，身外有身，而爲羽客仙子，不在塵世，以返三島十洲者也。及葛洪註《胎息論》曰：凡胎息之要，如在母腹中，母呼即呼，母吸即吸。今人不達妙理，縱能閉之少時，隨手出之，喘息不已，非止不能留所閉之息，而又元炁損虛，返爲外來陽炁所奪。若炁急未急之前外身，自可停留少時，勿使大急。未炁急之際，先鼻引清炁一口，續後便以新取之炁，換出舊閉急者之餘炁也，故得奪住其炁，積而神形清爽，可以除療百病，曲留躁住，亦非自然，所以爲下等胎息。眞仙上聖，而有三品之論也。鼻引口吐，可以去浮寒，逐客熱，衝結滯，行經絡。若定息，炁血不交，陰陽自媾。若定萬息，炁住神藏，大乘之功，不可言也。補炁之道，此爲上矣！或咽炁救飢渴，行炁以壯肌膚，收炁補下田，養炁以返童顏，運炁以益血脈，雖見小功，終不及胎息之補炁得力，功速且久也。

形化

論說

余洞真《悟玄篇·形化》 夫人受父精母血，成胎之時，中含一點元氣，以爲造化之根蔕矣。先生左腎，次生右腎，腎生心，心生肝，肝生肺，肺生脾，脾生小腸，小腸生大腸。五行形化而生，形體具足，十月胎成，以就嬰兒矣！今人只知形化而不知氣化。所謂學仙之士，只論氣化而不論形化。今人多以兩腎中間爲生身處，又言心腎爲水火，肝肺爲魂魄，脾土爲意，全然非矣。

氣化

論說

余洞真《悟玄篇·氣化》 蓋人在母胎中，十月氣足，其初受父母一點元氣而至於心矣！其氣到心之時，則發胎氣布散於外，以接其生也。夫鬼在於暗中，渺渺茫茫，不知分曉，微覺在細雨密霧之中，而無一點光明，遂逐靈光而去，接入胎中，徑入光內，俱不知陰見其陽，則化爲氣矣！名曰太極。其氣復昇之頂，分爲二氣，下降於左右二腎，名曰兩儀。乾道成男，坤道成女，乾坤相橐而生六子，散乎於外而爲六脈，六脈周流，一身備矣！造化悉備，所以降生於世以爲人也。所謂學仙之士，要識生身之處，立爲丹基，可以超凡入聖也。吾今恐言未盡，故立圖以發學，誠爲叅學爾。

陰中有陽名曰坎☵屬火非腎也

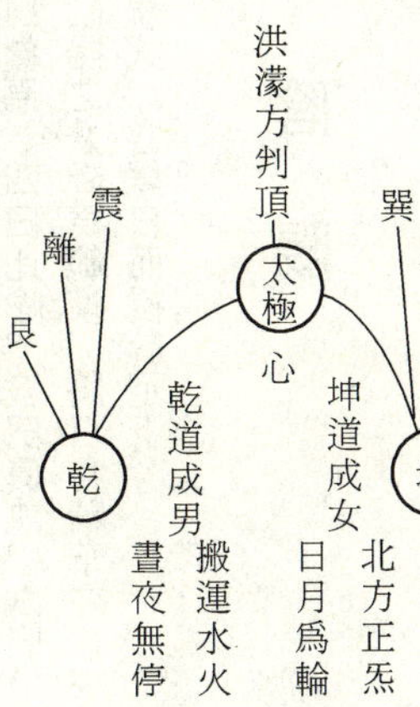

陽中有陰名曰離☲非心也

神化

論說

原題許明道《還丹祕訣養赤子神方·神化》 神化者，乃前聖胎出體，未可遠離，恐逢尸障。初離一步十步，一百里，一千里，千萬里，然後巡行三界，透石貫金，俱無礙障，去住在我，不在乎天。雲房曰：孩兒幼小未成人，須藉爺娘養恩，三載九年人事盡，縱橫天下不由親。此乃運還丹祕訣，養赤子神方，希夷妙道，非旁門淺術。此文得之者，可寶而祕之，若傳非人，必遭天譴。得人不傳，亦受其殃。師囑甚重，可不戒焉！

藥物

論說

陳冲素《陳虛白規中指南》卷下 古歌曰：借問因何是我身，不離精炁與元神。我今說破生身理，一粒玄珠是的親。夫神與炁精，三品上藥，煉精化炁，煉炁成神，煉神合道，此七返九還之要訣也。紅鉛黑汞、木液金精、朱砂水銀、白金黑錫、金翁黃婆、離女坎男、蒼龜赤蛇、火龍水虎、白雪黃芽、交梨火棗、金烏玉兔、乾馬坤牛、日精月華、天魂地魄、水鄉鉛、金鼎汞、水中金、火中木、陰中陽、陽中陰、黑中白、雄裏雌，異名衆多，皆譬喻也。然則何謂之藥物？

曰：修丹之要，在乎玄牝，欲立玄牝，先固本根，本根之本，元精是也。精即元炁所化，故精炁一也。以元神居之，則三者聚於一矣。杏林曰：萬物生復死，元神死復生，以神歸炁內，丹道自然成。施肩吾曰：

氣是添年藥，心爲使炁神，若知行炁主，便是得仙人。若精虛則炁竭，炁竭則神遊。《易》曰：精炁爲物，游魂爲變。欲復歸根，不亦難乎。玉溪子曰：以元精未化之元炁，而點化之至神，則神有光明，而變化莫測矣，名曰神。是皆明身中之藥物，非假外物而言之也。然而產藥有川源，採藥有時節，製藥有法度，入藥有造化，煉藥有火功。吾曩聞之師曰：西南之鄉，土名黃庭，恍惚有物，杳冥有精。分明一味水中金，但向華池著意尋。此產藥之川源也。垂簾塞兌，窒龥調息，離形去智，幾於坐忘。勸君終日默如愚，鍊成一顆如意珠。此採藥之時節也。天地之先，無根靈草，一意製度，產成至寶。大道不離方寸地，工夫細密有行持。此製藥之法度也。心中無心，念中無念，注意規中，混融一炁。又云：息息綿綿無間斷，行行坐坐轉分明。此入藥之造化也。清靜藥材，密意爲丸，十二時中，無念火煎。金鼎常令湯用暖，玉爐不要火教寒。此煉藥之火功也。大抵玄牝爲陰陽之原，神炁之宅；神炁爲性命之藥，胎息之根，呼吸之祖，深根固蒂之道。胎者，藏神之府。息者，化胎之元。胎因息生，息因胎住。胎不得息不成，息不得神無主。若夫人之未生，漠然太虛，父母媾精，其兆始見，一點初凝，純是性命，混沌三月，玄牝立焉。玄牝既立，繫如瓜蒂，嬰兒在胎，暗注母炁。母呼亦呼，母吸亦吸，凡百動盪，内外相感，何識何知，何明何曉。天之炁混混，地之炁沌沌，但有一息存焉。及期而育，天地翻覆，人驚胞破，如行太山巔失足之狀，頭懸足撐而出之，大叫一聲，其息即忘，故隨性情不可俱也。況亂以沃其心，巧以翫其目，愛以率其情，欲以化其性，渾然天眞，散之而爲萬物者，皆是矣。胎之一息，無復再守。神仙教人煉精，以欲返其本，復其初，重生五臟，再立形骸，無質生質，結成聖胎。其訣曰：專炁至柔，能如嬰兒乎。除垢止念，靜心守一，外想不入，内想不出，終日混沌，如在母腹。神定以會乎炁，炁和以合乎神，神即炁而凝，炁即神而住。於寂然休歇之場，恍兮無何有之鄉，天心冥冥，注意一竅，如鷄抱卵，似魚在水，呼至於根，吸至於蒂，綿綿若存，再守胎中之一息也。守無所守，眞息自住，泯然若無，雖心於心，無所存住，杳冥之内，但覺太虛之中，一靈爲造化之主宰。時節若至，妙理自彰，輕輕然運，默默然舉，微以意而定炁，應造化之樞機，則金木自然混融，水火自然升降，忽然一點大如黍珠，落于黃庭之中。此乃採鉛汞之機，爲一日之内，結一日之丹。《復合篇》曰：夜來混沌攧落地，萬象森羅總不知。當此之時，身中混融，與虛空等，亦不知神之爲炁，亦不知炁之爲神，似此造化，亦非存想。是皆自然之道，吾亦不知其所以然而然。藥既生矣，火斯出焉。大抵藥之生也，小則可以配坎離之造化，大則可以同乾坤之運用。金丹之旨，又於此泄無餘蘊矣，豈傍門小法所可同語哉。若不吾信，捨玄牝而立根基，外神炁而求藥丹，道自然成。

余洞真《悟玄篇·藥物》 精中氣血血中精，精氣元同太極成。莫言呼吸爲交感，此物安能有死生。

又 夫採藥者，血中採取眞氣，氣中採眞精。血氣者，到頂交合，化而爲液。眞精眞氣者，氣至頂交合，化而爲金液者，流於經脈而爲白血。其金者，入於中宮，結而成丹。工夫到日，一身血氣化爲白血，眞精眞氣，盡結以成丹。體既成，出神入神，皆不被幻軀之累也。向上一著，超出陰陽之外，尤存口訣，是爲身外有身，尤未奇特也。

佚名《養生祕録·金丹問答》 問曰：何謂藥物？答曰：即此藥物，順則成人，逆則成丹。五行顛倒，大地七寶，五行順行，法界火坑。百姓日用而不知也。紫清曰：採藥物於不動之中是也。

火候

論説

《玉谿子丹經指要》卷上 火者，神火也；候者，符候也。法天地爲鼎爐，以陽爲炭，以陰爲水，日月運行，一寒一暑。中君申令，細意調燮，蓋靈藥無形，而能潛隨化機，顛倒升降。曹眞人曰：百刻達離氣，丹砂從此出。有抽添進退沐浴之節，若毫髮差殊，立致悔吝。紫陽曰：縱識朱砂及黑鉛，不知火候也如閑，大都全藉維持力，毫髮差殊不作丹。事屬天機，不容輕議，大意已見于羲皇作用中。明哲之士，日加九思，自然而悟。古有太上老君金丹火候秘訣一十二句，謹録于後。

訣曰：

日月本是乾坤精，卦象周回甚箸明。終坤始復，如循連環。前三五兮後三五，前弦後弦也。五六三十復還生，一月節氣。生兮滅兮周十二，一年節氣也。十二中分二十四。二十四氣周一歲之火候也。二十四氣互推遷，周而復始。萬象爻銖都在此。水銀一味分爲二，變化陰陽成既未，既未却合爲夫妻，始覺壺中有天地。

陳冲素《陳虚白規中指南》卷下 古歌曰：聖人傳藥不傳火，從來火候少人知。夫何謂不傳？非祕不傳也。蓋採時謂之藥，藥之中有火焉。煉時謂之火，火之中有藥焉。能知藥而取火，則定裏之丹成，自有不待傳而知者已。詩曰：藥物陽內陰，火候陰內陽，會得陰陽旨，火候一處詳。此其義也。後人惑於丹書，不能頓悟，聞有二十四炁、七十二候、二十八宿、六十四卦、十二分野、日月合璧，海潮升降，長生三昧，陽文陰武等說，必欲窮究何者爲火，何者爲候。極心一生，種種著相，雖得藥物之眞，懵然不敢烹煉。殊不知眞火本無候，大藥不計斤。玉蟾云：火本南方離卦，屬心。心者神也，神即火也，炁即藥也。以火煉藥而成丹者，即是以神馭炁而成道也。其說如此分明，如此直捷。夙無仙骨〔者〕諷爲虚言，當面蹉過，深可歎惜。然火候口訣之要，尤當於眞息中求之。蓋息從心起，心靜息調，息息歸根，金丹之母。《心印經》曰：回風混合，百日功靈者，此也。《入藥鏡》所謂起巽風，運坤火，入黄房，成至寶者，此也。海蟾翁所謂開闔乾坤造化權，煅煉一爐眞日月者，此也。何謂眞人潛深淵，浮游守規中？必以神馭炁，以炁定息，槖籥之開闔，陰陽之升降，呼吸出入，任其自然。專炁致柔，含光默默，行住坐卧，綿綿若存。如婦人之懷孕，如小龍之養珠。漸採漸煉，漸凝漸結，功夫純粹，打成一片。動靜之間，更宜消息。念不可起，念起則火炎；意不可散，意散則火冷。但使其無過不及，操舍得中，神抱於炁，炁抱於神，一意沖和，包裹混沌。斯謂火種相續，丹鼎常溫，無一息之間斷，無毫髮之差殊。如是煉之一刻，一刻之周天也。如是煉之一時，一時之周天也。如是煉之一日，一日之周天也。煉之百日，謂之立基。煉至十月，謂之胎仙。以至元海陽生，水中火起，天地循環，乾坤反復，亦皆不離一息。況所謂沐浴溫養，進退抽添，其中密合天機，潛符造化，而不容吾力焉。故曰：火雖有候，不須持些子機關。我自知無子午卯酉之法，無晦明弦朔之節，無冬至夏至之分，無陰火陽符之别，無十二時中只一時之說，無三百日內在半日之訣，亦不在攢簇年月日時之說。若言其時，則十二辰意所到皆可爲。若言其妙，則一刻之工夫，自有一年之節候。但安神息在天然，此先師之的說也。晝夜屯蒙法自然，何用孜孜看火候，此先師之確論也。噫，聖人傳藥不傳火之旨，盡於斯矣。詩曰：學人何必苦求師，泄漏天機只此書。踏破鐵鞋無覓處，得來全不費工夫。

余洞真《悟玄篇・火候》 進火之時，頃刻一周天。夫十箇月而三百日，三千六百時，三萬刻。或刻刻行火候，或時時行火候，或日日行火候，或時中不拘於刻，或日中不拘於時，但用便用，但不知法度，則亂升亂降，則不能上矣！口訣存焉。

又 八竅分爲八節門，溫涼寒暑應乾坤，四時不失陰陽火，鼎內丹砂結紫雲。又白眞人曰：行火之士十二時，設一時即五刻也，三百日內在半月，計一千五百刻也。一身八刻一周天，一刻工夫簇一年。學者若知如此用，飢來喫飯困時眠。

佚名《養生祕録・金丹問答》 問曰：何謂火？答曰：火者，太陽眞氣，乃坎中之陽也。紫淸眞人曰：坎中起火是也。

問曰：何謂候？答曰：五日爲一候，是甲子一終也。日有十二時，五日六十時，終一甲子也。紫陽曰：一刻之工夫，自有一年之節。以起火之際，頃刻一周天是也。

問曰：此火候如何？答曰：日中用月，月中用日，日中用時，時中用刻也。

中宫

論説

余洞真《悟玄篇・中宫》 土生萬物，心主萬事，心即土也，土即心

也，故曰中央戊己土。中央即玄關一竅也。了得土，萬物死，了得心，萬事息。今知學道人，茫茫只向外邊尋覓，却不去中心求其道也。

三關

論説

王慶升《三極至命筌蹄·三關總叙》 以精炁神爲三關者，内丹之三關也。以形炁神爲三關者，外丹之三關也。以鼻手足爲三關者，合内外之三關也。

李道純《中和集》卷三 或問：何謂三關？曰：三元之機關也。鍊精化氣爲初關，鍊氣化神爲中關，鍊神還虚爲上關。或指尾閭、夾脊、玉枕爲三關者，只是工法，非至要也。登眞之要，在乎三關，豈有定位，存乎口訣。

佚名《養生祕録·金丹問答》 問曰：何謂三關？答曰：頭爲天關，足爲地關，手爲人關。

九鼎

論説

王慶升《三極至命筌蹄》 指心爲九鼎者，以心上通七竅、下通二陰也，所謂包含萬象體，不罣一絲頭者也。指絳宫爲九鼎者，以絳宫上通七節、下通兩腎也，所謂三彭走出舍陰宅，萬國來朝赤帝宫者也。指密户爲九鼎者，以有三一六癸也。指泥壇爲九鼎者，以有天靈九宫也。二者所謂：從此變爲乾健體，潛藏飛躍總由心者也。指子時爲九鼎者，以甲己子午皆數九也，所謂正一陽初動，中宵漏永者也。指一月爲九鼎者，以一月有九還也。指一年爲九鼎者，以一年有九轉也。所謂一月一還爲一轉，一年九轉九還同者也。指三年爲九鼎者，以年成三姓，三年成九姓也。所謂三鉛只得一鉛就，金菓仙桃已露形者也。指九載爲九鼎者，以一載煉一丹，九載煉九丹也，所謂一載生箇兒，箇箇會騎鶴者也。

鼎器

論説

李簡易《玉谿子丹經指要》卷上 鼎器者，陽鑪陰鼎也，玉爐金鼎也，一曰神室，一名上下釜，一名黄房，一名偃月爐，又曰坎離匡廓，又曰玄關一竅，異名衆多，不可枚舉。此乃還丹之樞紐，神氣歸藏之府。其實有二焉：一曰内鼎神爐，一曰外鼎法象，一身上下之正中，前對臍後對腎，鉛汞相投，一點落于此中。紫陽曰：要得谷神長不死，須憑玄牝立根基。眞精既返黄金室，一顆明珠永不移。所謂立基一百日是也。外鼎法象者，取法陰陽，上水下火，明弦望晦朔，按八卦四時，攢簇五行，和合四象，烹鍊龍虎，拘制魂魄，内外相符，顛倒升降。以天地爲父母，以坎離爲夫妻，分三百八十四爻，循行火候；運五星二十八宿，環列鼎中。固濟隄防，晷刻不忒。紫陽云：先把乾坤爲鼎器，次搏烏兎藥來烹，既驅二物歸黄道，爭得金丹不解成。一云生《契》云：經營養鄞鄂，凝神以成軀。又曰：眞人潛深淵，浮游守規中。乃玄關一竅耳。此内外鼎鑪，法象顯露，亦已分明。若更於外覓及關情慾邪妄，於有形處做造，則懸隔千萬里矣！

真鉛

論說

李簡易《玉谿子丹經指要》卷上 眞鉛者，坎男也，嬰兒也，月魄也，陰虎也，金公也，鉛中銀也，黑中有白也，陰中有陽也。異名衆多，名曰眞鉛，實先天一氣耳。採之於太易之先。紫陽曰：但將地魄擒朱汞。是遇眞汞而成丹，得眞土而相制也。

真汞

論說

李簡易《玉谿子丹經指要》卷上 眞汞者，離女也，日魂也，姹女也，陽龍也，砂中汞也，雄裏雌也，陽中有陰也。異名衆多，名曰眞汞，實木液而已。紫陽曰：自有天魂制水金。是遇眞鉛而成丹，得眞土而相制也。

真土

論說

李簡易《玉谿子丹經指要》卷上 眞土者，戊己也，中宮也，坤宮也，即非脾也。當鉛投汞之時，非眞土不能融結，提劍偃戈，以鎮四方。《古文龍虎上經》曰：四海輻輳，以置太平，並由中宮土德，黃帝之功。《契》云：三物一家，皆歸戊己。紫陽曰：送歸土釜牢封閉是也。爲金木水火之關鍵，則五行功全矣。

刀圭

論說

李簡易《玉谿子丹經指要》卷上 紫陽曰：離坎若還無戊己，雖函四象不成丹，蓋緣彼此懷眞土，遂使金丹有返還。甯眞人曰：大藥不離眞戊己，仙家故曰一刀圭。刀者金之喻，圭者二土之喻，飲刀圭者，流戊就己也。石眞人曰：要知鉛汞合，便可飲刀圭。《復命》曰：龍虎一交相顧戀，坎離纔姤便成胎，溶溶一掬乾坤髓，著意求他掇取來。即當時自飲刀圭也。

媒人

論說

李簡易《玉谿子丹經指要》卷上 媒者，媒合之喻也，投鉛合汞，非媒不可，黃婆是也。亦非脾也。紫陽曰：若要眞鉛留汞，親中不離家臣，木金間隔會無因，須假媒人勾引。亦流戊就己之義也。

真一

論説

原題張果老《太上九要心印妙經·真一秘要》 夫眞一者，純而無雜謂之眞，浩劫長存謂之一。太上曰：天得一，以日月星辰長清；地得一，以珠玉珍長寧；人得一，以神氣精長存。一者，本也，本乃道之體，道本無體，强名曰體。有體之體，乃非眞體，無體之體，日用不虧矣！眞體者，眞一是也，眞乃人之神，一者人之氣。長以神抱於氣，氣抱於神，神氣相抱，固於氣海，造化神龜，乃人之命也。神乃人之性也，性者南方赤蛇，命乃北方黑龜，其龜蛇相纏，二氣相呑，貫通一氣，流行上下，無所不通，眞抱元守一之道也。

佚名《養生祕録·金丹問答》 問曰：何謂眞一？答曰：人能將自己天眞安於天谷之内，乃守眞一之道也。金洞主云：眞一者，在於北極太淵之中也。

橐籥

論説

原題張果老《太上九要心印妙經序》 夫橐籥者，人之心腎也，心者神之宅，腎者氣之府，既以心爲宅，以腎爲府，豈有造化也？今時學道之人，使心運氣，亂作萬端，屈體勞形，非自然之道。聖人曰：凡是有相，皆是虛妄，無相之相，謂之眞相。眞相者，神氣也。神者，心之主；氣者，腎之本，是以聖人返本還元。還元者，補髓也，補髓之機，還元之道，命乃了矣！聖人立法，曰假一神調氣，藉一氣定神，神氣調定，方曉動靜。動者氣也，氣者命也；靜者性也，性乃神也，神不離氣，氣不離神，神氣不相離，道本自然也。

佚名《養生祕録·金丹問答》 問橐籥。答曰：橐乃無底囊，籥乃三孔笛，又是鐵匠手中所弄鼓風之物也。老子曰：天地之間其猶橐籥乎！《升降論》曰：人能效天地橐籥之用，開則氣出，合則氣入，出則如地氣之上升，入則如天氣之下降，一升一降，自可與天地齊長久矣！

三一

論説

原題張果老《太上九要心印妙經》 夫三一者，三成一氣也，上有神仙抱一，鍊神之道；中有富國安民，鍊氣之法；下有强兵戰勝，鍊精之術。道分三成，不離一氣。一氣者，天也，乃天清虛自然之氣，氣中有神，神抱於氣，因氣抱於一神，鍊神合道，道本自然，此乃神仙抱一鍊神合道也。中有富國安民鍊氣之法，中者人也，以身爲國，以氣爲民，以心爲帝王，帝王愛民而民自安。帝正者，心不亂也，心不亂則氣自調，氣調則神和，神和則精悅，精悅則身安泰，此乃富國安民鍊氣之法也。以重濁而爲地，其濁中有清，在欲無欲，謂之强兵。心不動而氣不交者，謂之戰勝。此乃强兵戰勝鍊精之術也。及人之未生時，在乎混沌之間，亦神不曾離氣，氣不曾離神，神氣不相離，精神内守，精散爲氣，氣結成神，鍊神合道，道法自然。因道建法，法就顯術，分而爲三，混而爲一。一者精也，精乃元氣之母，人之本也。在身爲氣，在骨爲髓，在意爲神，皆精之化也。蓋萬物皆稟一氣，因氣造化五行，五行即五穀也，五穀之氣，入於臟腑，精住丹田，精者人之本也。是以聖人返其本而還其元，此乃返本還元之道也。

六邪

論說

佚名《太上長文大洞靈寶幽玄上品妙經發揮》　夫六邪者，一鼎破，鼎破者，元神將不備。二鼎裂，鼎裂者，是身有疾病。三鼎損，鼎損者，是精血不相交。四鼎竭，鼎竭者，是津液不相灌。五鼎漏，鼎漏者，是中炁不滿。六鼎枯，鼎枯者，是火不均。如何得鼎無六邪？須要三正。三正既立，使六邪不干。三正者，一心正，心正者，即萬神不亂。二氣正，氣正者，即千神有靈。三法正，法正者，即命可安。使鼎可補，神氣可正，六神可安，一身可淸，眞道可成。

頌曰：六邪傷損鼎難全，三正從修炁自元。一日若能成大藥，始信丹砂出聖言。

九轉

論說

佚名《太上長文大洞靈寶幽玄上品妙經發揮》　一轉功，人難曉，鉛汞鍊成身內寶。午前子後用周天，十地三乘生死了。二轉功，切須會，龍虎相交金鼎內，龍吟虎嘯欲生風，用成方可明眞僞。三轉功，聖胎結，玉液鍊成如霜雪，方知用氣可生神，腹裏玄珠明日月。四轉功，神力大，水火抽添無窒礙，身形漸覺炁輕淸，萬事無著心自在。五轉功，半仙分，初地小乘休與論，知君名已掛仙曹，他日自有眞人問。六轉功，眞氣旺，好用精神福無量，靈童變化欲昇仙，超覺金丹最爲上。七轉功，心自訝，春

夏秋冬行八卦，年深漸漸萬神全，此法尋思何有價。八轉功，丹藥就，魂魄陰陽分左右，大將四季坎離宮，年衰却返千年壽。九轉功，是仙才，仙人引接到蓬萊，走鬼行尸爭信此，道昌得化法門開。

頌曰：九轉功成上九霄，九天雲外霧霞高，九重光裏神仙會，入聖皆因坎離交。

三生

論說

佚名《太上長文大洞靈寶幽玄上品妙經發揮》　夫三生者，是身生性，性生命也。上即氣能生身，中即神能生性，下即精能生命矣！何故？爲上元泥丸是精源，下元丹田爲氣海，中元明堂號神君。下元生氣騰於上，上元生精降下，故上下相交在中，方生其神也。

頌曰：三生上下在沖和，酒色返爲濁畔蛾，莫怪此言方引誘，光陽時景不能多。

五丹

論說

佚名《太上長文大洞靈寶幽玄上品妙經發揮》　夫五者陽也，田者陰也，謂起初爲字，已立丹田，便是陰陽之數也。丹字畫於五數，爲按五行，田字畫六數也，爲按六氣。故聖人云，龍虎交在五六中宮，是丹田相會，上下昇降，左會右合在中宮，故號曰玄元。可結玄珠，鎭於丹田。古經云：龍虎交於五六，聚寶在丹田，要在生神，與氣顚倒上崑崙。

頌曰：五丹造化在陰陽，氣欲生時神自祥，龍虎運時交水火，天眞成後最爲良。

二珠

論説

佚名《太上長文大洞靈寶幽玄上品妙經發揮》 夫二珠者，是眞水火也。天有二珠日陽月陰，地有二珠陽山陰水，人有二珠精神血氣。蓋爲天陽之氣左旋爲日，地陰之氣右轉爲月，是天眞之坎離也。地亦陰陽相轉，故山林相生。人在世間，受陰陽二氣，父精母血，交感氣足，方可神全爲人。却至數終，二氣散失，魂魄無歸。哀哉！如此空虛，豈不痛哉！吾聞如何得不死，實而不虛，聚而不散，長生久視之理。但修心精定，用氣養神，此爲眞道也。

頌曰：二珠日月用周天，靈氣沖和上下關，八節四時都一用，黄金白屋滿山川。

黄芽

論説

原題還陽子《大還丹金虎白龍論》 夫黄芽者，乾坤感合，造化而成。陽含陰魄，陰抱陽魂，陽靈而血輝瑩徹，陰眞而玉彩通明。比月而素光爭發，對日而紅霞亂生，全身鬐鬣，遍體鱗皴，長於陽位，暗與陰親。與五金之作主，統八石而爲君，明之者頓沖於霄漢，昧之者長在於風塵，日用之而人不知，奔波而皓首無成。

乾坤感合始成形，造化元居北戶生，日月循環魂魄滿，陰陽交媾龍虎成。分明本自從金長，誰悟偏能與水并？無限偏於塵世裏，時人日用不知名。

玄牝

論説

陳沖素《陳虛白規中指南》卷下 《悟眞篇》云：要得谷神長不死，須憑玄牝立根基。眞精既返黄金室，一顆明珠永不離。夫身中一竅，名曰玄牝，受炁以生，實爲神府，三元所聚，更無分別，精神魂魄，會於此穴，乃金丹返還之根，神仙凝結聖胎之地也。古人謂之太極之蔕、先天之柄、虛無之宗、混沌之根、太虛之谷、造化之源、歸根竅、復命關、戊己門、庚辛室、甲乙戶、西南鄉、眞一處、中黄房、丹元府、守一壇、偃月爐、朱砂鼎、龍虎穴、黄婆舍、鉛爐土釜、神水華池、帝一神室、靈臺絳宮，皆一處也。然在身中而求之，非口非鼻，非心非腎，非肝非肺，非脾非胃，非臍輪，非尾閭，非膀胱，非谷道，非兩腎中間一穴，非臍下一寸三分，非明堂泥丸，非關元氣海。然則何處？

曰：我的妙訣，名曰規中，一意不散，結成胎仙。《契》云：眞人潛深淵，浮游守規中。此其所也。《老子》曰：多言數窮，不如守中。正在乾之下，坤之上，震之西，兑之東，坎離水火交媾之鄉。人一身天地之正中，八脈九竅，經絡聯輳，虛閑一穴，空懸黍珠，不依形而立，惟道體以生。似有似無，若亡若存，無內無外，中有乾坤，黄中通理，正位居體。《書》曰：惟精惟一，允執厥中。《度人經》曰：中理五炁，混合百神。崔公謂之貫尾閭，通泥丸。純陽謂之窮取生身受炁初。平叔曰：勸君窮取生身處。此元炁之所由生，眞息之所由起。故玉蟾又謂之念頭動處。修丹之士不明此竅，則眞息不住，神仙無基。且此一竅，先天而生，後天而接，先後二炁，總爲混沌。杳杳冥冥，其中有精；恍恍惚惚，其中有物。

物非常物，精非常精也。天得之以清，地得之以寧，人得之以靈。譚眞人曰：得灝炁之門，所以歸其根；知元神之囊，所以韜其光。若蚌內守，若石中藏，所以爲珠玉之房，皆眞旨也。然此一竅，亦無邊傍，更無內外。若以形體色象求之，則又成大錯謬矣。故曰：不可執於無爲，不可形於有作，不可泥於存想，不可著於持守。聖人法象，見於丹經。或謂之玄中高起，狀似蓬壺，關閉微密，神運其中。或謂之狀如鷄子，黑白相扶，縱廣一寸，以爲始初，彌歷十月，脱出其胞。或謂之其白如練，其連如環，方廣一寸二分，包一身之精粹，此明示玄關之要，顯露造化之機。學者不探其玄，不賾其奧，用工之時，便守之以爲蓬壺，存之以爲鷄子，想之以爲連環，模樣如此，形狀如此，執有爲有，存神入妄，豈不大謬邪。要知玄關一竅，玄牝之門，乃神仙聊指造化之基爾。玉蟾曰：似有而非，除却自身安頓何處去？然其中體用權衡，本自不殊，如以乾坤法天地，離坎體日月是也。《契》云：混沌處相接，權輿樹根基。經營養鄞鄂，凝神以成軀。則神炁有所取，魂魄不致散亂，回光返照便歸來，造次弗離常在此。其詩：經營鄞鄂體虛無，便把元神裏面居。息往息來無間斷，全胎成就合元初。玄牝之旨，備於斯矣。

抑又論之，杏林云：一孔玄關竅，三關要路頭。忽然輕運動，神水自然流。又曰：心下腎上處，肝西肺左中。非腸非胃府，一炁自流通。今曰玄關一竅，玄牝之門，在人一身天地之正中，造化固胎合乎此。愚嘗審思其說，大略精明，猶未的爲直指。天不愛道，流傳人間。太上慈悲，必不固悋。愚敢淨盡漏泄天機，指出玄關的的大意，冒禁相付，使骨肉相合。修仙之士，一見豁然，心領神會，密而行之，句句相應。是書在處，神物護持。若業重福薄，與道無緣，自然邂逅斯訣，雖及見之，忽而不信。亦不過瞽之文章，聾之鍾鼓耳。玄之又玄，彼烏知之。其密語曰：徑寸之質，以混三才。在腎之上，〔處〕心之下，彷彿其內，謂之玄關。不可以有心守，不可以無心求。以有心守之，終莫之有；以無心求之，終見其無。若何可也？蓋用志不分，乃凝於神。但澄心絶慮，調息令勻，寂然常照，勿使昏散。候氣安和，眞人入定，於此定中，觀照內景。纔若意到，其兆即萌。便覺一息，從規中起。混混續續，兀兀騰騰。存之以誠，聽之以心，六根安定，胎息凝凝。不閉不數，任其自如。靜極而噓，如春沼魚；動極而噏，如百蟲蟄。氤氳開闔，其妙無窮。如此少時，便須忘炁合神，一歸混沌，致虛之極，守靜之篤，心不動念，無來無去，不出不入，湛然常住。是謂眞人之息以踵。踵者，其息深深之義。神炁交感，此其候也。前所謂元炁之所由生，眞息之所由起。此意到處，便見造化；此息起處，便是玄關。非高非下，非左非右，不前不後，不偏不倚。人一身天地之正中，正此處也。採取在此，交媾在此，烹煉在此，沐浴在此，溫養在此，結胎在此，脱胎神化，無不在此。

今若不明説破，學者必妄意猜度，非太過則不及矣。紫陽眞人曰：饒君聰慧過顔閔，不遇明師莫強猜。只爲丹經無口訣，教君無處結靈胎。然此竅陽舒陰慘，本無正形，意到即開，開合有時，百日立基，養成炁母，虛室生白，自然見之。昔黃帝三月內觀，蓋此道也。自臍以下，腸胃之間，謂之酆都地獄，九幽都司，陰穢積結，眞陽不居。故靈寶煉度諸法，存想此謂幽關，豈修煉之所哉。學者誠思之。

李道純《中和集》卷三　或問：何謂玄牝？曰：谷神不死，是謂玄牝。或指口鼻者，非也。紫陽眞人云：念頭起處爲玄牝。斯言是也。予謂念頭起處，乃生死之根，豈非玄牝乎。雖然，亦是工法。最上一乘，在乎口訣。

九還

論説

李道純《中和集》卷三　或問：何謂九還？曰：九乃金之成數，還者還元之義，則是以性攝情而已。情屬金，情來歸性，故曰九還。丹書云：金來歸性初，乃得稱還丹。此之謂也。若以子數至申爲九還者，非也。

七返

論說

李道純《中和集》卷三 或問：何謂七返？曰：七乃火之成數，返者返本之義，則是鍊神還虛而已。神屬火，鍊神返虛，故曰七返。或以寅至申爲七返，非也。《悟眞篇》云：休將寅子數坤申，只要五行繩準。正謂此也。

玄關

論說

李道純《中和集》卷三 問：諸丹經云用工之妙，要在玄關，不知玄關正在何處？曰：玄關者，至玄至妙之機關也。寧有定位？着在身上，即不是；離了此身向外尋求，亦不是。泥於身則着於形，泥於外則着於物。夫玄關者，只於四大五行不着處是也。余今設一譬喻，令汝易於曉會。且如傀儡手足舉動，百般舞蹈，在乎線上關捩，實由主人使之。傀儡比得人之四大一身，線比得玄關，抽牽底主人比得本來眞性。傀儡無線則不能動，人無玄關亦不能運動。汝但於二六時中，行住坐卧，着工夫向內求之，語默視聽是箇甚麼。若身心靜定，方寸湛然，眞機妙應處，自然見之也。《易·繫》云：寂然不動。即玄關之體也。感而遂通。即玄關之用也。自見得玄關，一得求得，藥物火候，三元八卦，皆在其中矣。時人若以有形着落處爲玄關者，縱勤功苦志，事終不成。欲直指出來，恐汝信不及，亦不得用，須是自見始得。譬如儒家先天之學，亦要默而識之。孟子云：浩然之氣，塞乎天地之間，曰難言也。且難言之妙，非玄關乎。且如釋氏不立文字，教外別傳，使人神領意會，謂之不傳之妙。能知此理者，則能一徹萬融也。

又 或問：何謂玄關？曰：至玄至妙之機關也。初無定位，今人多指臍輪，或指頂門，或指印堂，或指兩腎中間，或指腎前臍後，已上皆是傍門。丹書云：玄關一竅，不在四維上下，不在內外偏傍，亦不在當中，四大五行不着處是也。

三宮

論說

李道純《中和集》卷三 或問：何謂三宮？曰：三元所居之宮也。神居乾宮，氣居中宮，精居坤宮。今人指三田者，非也。

三要

論說

李道純《中和集》卷三 或問：何謂三要？曰：歸根之竅，復命之關，虛無之谷，是謂三要。或指口鼻爲三要者，非也。

鼎爐

論説

李道純《中和集》卷三 或問：何謂鼎爐？曰：身心爲鼎爐。丹書云：先把乾坤爲鼎器，次摶烏兔藥來烹。乾心也，坤身也。今人外面安爐立鼎者，謬矣。

黄婆

論説

李道純《中和集》卷三 或問：何謂黄婆？曰：黄者，中之色。婆者，母之稱。萬物生於土，土乃萬物之母，故曰黄婆，人之胎意是也。或謂脾神爲黄婆者，非也。

金公

論説

李道純《中和集》卷三 或問：何謂金公？曰：以理言之，乾中之陽入坤成坎，坎爲水，金乃水之父，故曰金公。以法象言之，金邊着公字，鈆也。

真金

論説

李道純《中和集》卷三 或問：何謂眞金？曰：金乃元神也，歷劫不壞，愈錬愈明，故曰眞金。

子母

論説

李道純《中和集》卷三 或問：如何是子母？曰：水中金也。金爲水之母，金藏水中，故母隱子胎也。則是神乃身之母，神藏於身，喻爲母隱子胎。

賓主

論説

李道純《中和集》卷三 或問：何謂賓主？曰：性是一身之主，以身爲客。今借此身養此性，故讓身爲主。丹書云：饒他爲主我爲賓，此之謂也。

二八

論說

李道純《中和集》卷三 或問：何謂二八？曰：一斤之數也。半斤鉛，八兩汞，非眞有斤兩，只要二物平勻，故曰二八。丹書云：前弦之後後弦前，藥物平平火力全。比喻陰陽平也。亦如二八月，晝夜停〔勻〕也。

丹成

論說

李道純《中和集》卷三 或問：如何是丹成？曰：身心合一，神氣混融，情性成片，謂之丹成，喻爲聖胎。仙師云：水來眞性是金丹，四假爲爐鍊作團。是也。

性命

論說

李道純《中和集》卷四 夫性者，先天至神一靈之謂也。命者，先天至精一氣之謂也。精與性，命之根也。性之造化繫乎心，命之造化繫乎身。見解智識，出於心也。思慮念想，心役性也。舉動應酬，出於身也。語默視聽，身累命也。命有身累，則有生有死。性受心役，則有往有來。是知身心兩字，精神之舍也，精神乃性命之本也。性無命不立，命無性不存，其名雖二，其理一也。嗟乎，今之學徒、緇流道子，以性命分爲二，各執一邊，互相是非，殊不知孤陰寡陽，皆不能成全大事。修命者不明其性，寧逃劫運；見性者不知其命，末後何歸？仙師云：鍊金丹，不達性，此是修行第一病。只修眞性不修丹，萬劫英靈難入聖。誠哉言歟。高上之士，性命兼達，先持戒、定、慧而虛其心，後鍊精、氣、神而保其身。身安泰則命基永固，心虛澄則性本圓明。性圓明則無來無去，命永固則無死無生。至於混成圓頓，直入無爲，性命雙全，形神俱妙也。雖然，却不可謂性命本二，亦不可做一件說，本一而用則二也。苟或執着偏枯，各立一門而入者，是不明性命者也。不明性命，則支離爲二矣。性命既不相守，又焉能登眞躡境者哉。

神室

論說

原題許明道《還丹祕訣養赤子神方》 神室者，萬神聚會之府，修煉金丹之要。修眞之士，若不知此，如人之無舍也。神既無居，炁亦難守，丹恐難造。若能靜守其室，則靈神自化。莊子曰：宇泰定，發乎天光。是也。又曰：虛室生白，神明自來。則中庸之道，誠明是也。雖神室若存若亡，守法事屬兩得。若一向萬境俱忘，諸緣頓息，神屬陰靜，此乃禪伯之流也。若專心守一，不能應物，又成十種仙人，則一向不行，前功並失，爲導引之士也。若識神室，守法有度，存亡有據，不屬有無，兩得之則歸泰定之府矣！且神室者，在心之北，腎之南，肝之右，肺之左，脾之旁，上有絳宮，曰陰鼎，下有黃庭，曰陽爐。是爲上下釜，其中徑寸虛無，乃心腎之間，爲之神室，爲玄關樞紐。玄妙哉！奇妙哉！

佚名《養生祕録・金丹問答》問曰：何謂神室？答曰：元神所居之室也。朗然子曰：未明心室千般撓，達了心田萬事閑。

刻漏

論説

原題許明道《還丹祕訣養赤子神方》刻漏者，乃修眞之要妙，若不識刻漏，則時晷不正，則神室中或隆冬酷暑，盛夏嚴霜，致四季不調，五律錯綜，造化乖戾，丹亦難造。且刻漏者，一日有一百刻，以一百統於十二時，每時得八刻，十二時共得九十六刻，其中四刻乃陰陽否泰之機，發生萬彙之要也。如知刻漏，引鼻氣驗之，陽左通，陰右通，十二時互換更易，只分得九十六刻，其四刻乃庚甲壬丙之要機也。

時晷

論説

原題許明道《還丹祕訣養赤子神方》時晷者，乃修眞之至要也，若不識時晷，造化難明，丹亦難造。其時晷者，自子至巳，六辰乃進陽火之時也；自午至亥，六辰乃退陰符之候也。子丑寅爲春，卯辰巳爲夏，午未申爲秋，酉戌亥爲冬。其中分子午爲進退之門，卯酉爲出入之戶，寅申爲造伏之兆如是六辰圓合，應周天火數，實煉士之要機也。

進火

論説

原題許明道《還丹祕訣養赤子神方》進火者，乃進陽火也，於冬至前一陽之炁，入室，其十五日築固靈根，神存在腎，伺陽火一運行，其神隨逐而進。腎中根也，神室蒂也。自根至蒂，所以相連，故能結胎成果。吸之根，吸之蒂，節候周而成大丹也。如冬至夜進陽火，須是亥末子初，從壬上起火，一舉三時，其息並無出入。自子歷丑，至寅末甲上，金火逼逐，入室，其丹漸結，至卯不進，住火，乃幽之限也。辰時復進火，口訣至巳末，金火逼逐至髓海，陽火既極，則運陰符矣。

温水

論説

原題許明道《還丹祕訣養赤子神方》溫水者，乃運陰符也，自內上運符，得行三時，其息並無出入，至午歷未，至申末庚上，金水從雙關鵲橋入室，玄珠漸兆，至酉不運符候，金砂沐浴，至戌復運符候，口訣至亥歸源，一陽復生，則根源本始，神俱化也。一日服一粒，大如黍米，一年功力，還丹始就，共三百六十日，計四千三百二十時，除卯酉二時，金水沐浴，不進陽火，不運陰符，其息出入，故除此兩月六十日，正得三百日，受火符，煉就金丹。亦如常人十箇月胎圓，其間用運，須是細意調變，志誠運圖。若纖介不正，晦吝作咎，丹之不結，則赤龍奔逸，姹女逃亡，率意輕舉，不合天機。又非符火之咎，乃運火符之士過也。經云：

知之修煉，謂之聖人。其可忽諸。

盜機

論説

佚名《擒玄賦・盜機》 盜者觀陰陽而可測，機者克變通而達諸，是於柄大小而同用，權動静而亦如，賢者見之而福至，愚者輕之而禍餘。原其法自虚無，起諸妙有，前爲機而中物，心見賊而延壽。淮王昭旨，三盜動而成丹；軒后明機，萬物因而在手，諒以喻以元象，起自強名。察神明之動，體乾坤之行，預度淺深，所謂乎可法即法，能量損益，式昭乎可行即行爾！乃志意深敦，性情仰止，天若發而含化，人若發而成美。陽昇陰降，運神巧而出焉！兔走烏飛，在心識而見矣！豈不以玄黄同得，造化符機，事非機而曷取？道非德而弗依。坎戶神爐，我則窺門而入，天街尾穴，我則偷路而歸。美哉！竊有竊無，賊天賊地，在道而虚音萬物，於我而用成大美。庚龍甲虎，契天人而曲成；離女坎男，貫還丹而有自。故我德而無怠，進而弗迴；三傑之模非智，十哲之賢不才。秉道之人，同天運而齊用；修身之士，到神助以斯來。所以善惡盛分，吉凶是應，慕久視之休祥，探長生之果證。九年承覆載之深，功驂鸞而仙鬟來迎，累歲荷陰陽之造化，駕鶴而玉童皆至矣！

鑪鼎

論説

佚名《養生祕録・金丹問答》 問曰：何謂鑪？答曰：上品丹法以神爲鑪，以性爲藥，以定爲水，以慧爲火。中品丹法以神爲鑪，以氣爲藥，以日爲火，以月爲水。下品丹法以身爲鑪，以氣爲藥，以心爲火，以腎爲水。又有偃月鑪。

問曰：何謂鼎？答曰：鮑眞人云：金鼎近泥丸，黄帝鑄九鼎是也。

神氣

論説

佚名《養生祕録・金丹問答》 問曰：何謂神氣？答曰：神是火，火屬心；氣是藥，藥屬身，神氣子母也。虚靖天師云：氣者生之元，神者生之制。持滿馭神，專氣抱一，神依氣住，相合乃可長生。三茅眞君曰：氣是添年藥，心爲使氣神，若知行氣主，便是得仙人。

子午

論説

佚名《養生祕録・金丹問答》 問曰：何謂子午？答曰：子午乃天地之中也。在天爲日月，在人爲心腎，在時爲子午，在卦爲坎離，在方爲南北。

分至

論說

佚名《養生祕録・金丹問答》 問曰：何謂分至？答曰：子時象冬至，陰極而陽生；午時象夏至，陽極而陰生。卯時象春分，陽中含陰；酉時象秋分，陰中含陽。人身亦有分至。紫陽曰：以身心分上下兩弦，以神氣別冬夏二至。

三田

論說

佚名《養生祕録・金丹問答》 問曰：何謂三田？答曰：腦爲上田，心爲中田，氣海爲下田。若得斗柄之機斡運，則上下循環，如天河之流轉也。

聖胎

論說

佚名《養生祕録・金丹問答》 問聖胎。答曰：無質生質，結成聖胎，辛勤保護十月，如幼女之初懷孕，似小龍養珠。蓋神氣始凝結，極易疏失也。

出神

論說

佚名《養生祕録・金丹問答》 問出神。答曰：能守眞一，眞氣自凝，陽神自聚。蓋以一心運諸氣，氣住則神住，眞積力久功行滿，然後調神出殼也。

坎離

論說

原題張平叔《玉清金笥青華秘文金寶内錬丹訣》卷上 坎者腎宮也，離者心田也，坎靜屬水，乃☵，屬火也，動屬火，乃一也。離動爲火，乃☲，屬火也；靜屬水，乃一也。交會之際，心田靜而腎府動，得非眞陽在下，而眞陰在上乎？況意生乎心，而直下腎府乎？陽生於腎，而直升於黄庭乎？故曰坎離顛倒，若不顛倒而順行，則心火而不靜，則大地火坑之義明矣！

真種子

論說

李道純《中和集》卷三 或問：何謂眞種子？曰：天地未判之先，

一點靈明是也。或謂人從一氣而生，以氣爲眞種子。或謂因念而有此身，以念爲眞種子。或謂稟二五之精而有此身，以精爲眞種子。此三說似是而非。釋云：無量劫來生死本，癡人喚作本來眞。此之謂也。

三五一

論說

原題張果老《太上九要心印妙經·三五一樞要》 夫三五一者，三陽、五行、一氣也。三陽者，三火也，以精爲民火，以氣爲臣火，以心爲君火。君火乃性火也，惟性火不可發，亦不可用。性火若發，如火生於木，禍發必尅。不用者，必不可動也，蓋是神定則氣定，氣定則精定。三火既定，併會丹田，聚燒金鼎，返煉五行，運於一氣，綿綿一晝一夜，一萬三千五百息，按周天三百八十四爻，氣血行八百一十丈，脈行五十度，此乃周天，方爲火候。其火有二等，分於內外，外火者有形有象，可煉五金，造化五穀，滋養於人，此火非能煉丹，煉丹之火，其在內火。內火者有名無形，藉五穀之氣，即生眞火，眞火既生，返鍊其精，精返爲神，鍊神合道，道本自然，不離一氣，一氣既調，百皆順也。

李道純《中和集》卷三 問：三五一，是何也？曰：三元五行也。東三南二是一箇五，北一西四是兩箇五，中土是三箇五，是謂三五也。以人身言之，性三神二是一箇五，情四精一是兩箇五，意五是三箇五也。三五合一，則歸太極，身心意合一，則成聖胎也。紫陽眞人云：三五一都三箇字，三元五行一氣是也。古今明者實然稀。世鮮知之。東三南二同成五，東三性也，南二神也。北一西四方共之。北一精也，西四情也。戊己還從生數五，土數五，意也。三家相見結嬰兒。三家者身心意也，嬰兒者三五合一而成用也。嬰兒是一含眞氣，嬰兒是眞一之異名，太一含眞也。十月胎圓入聖基。工夫十月，脫出凡胎，超凡入聖也。以此求之，金丹之道，實入聖基也。

規中圖

論說

佚名《養生祕録·規中圖》 規中者，如居一規之中，如大圓鏡之一我。但正心誠意爲主，爲中心柱子。當萬慮俱泯之時，眞人出現，如魚躍深淵，游泳自樂，而不離方寸是也。喜怒哀樂未發，當此時，可以居規中游泳，而潛御四時，以正造化。四威儀中，不可失節焉！物來則應，應過復歸於中，絕不可動著中心柱子。於中常令空虛，一塵不立。久之，不縱不拘，自得受用其妙也。六陰歸坤，萬物荄元，復赴建始萌，長子絕父體，一陽潛動處，萬物未生時，從這裏起，便是作用處。當斯時也，跏趺大坐，凝神內照，調息綿綿，默而守之，則一氣從虛無中來，杳杳冥冥，無色無形，非子玄冥坤癸之地，生於腎中，以育元精。日益月強，始之去痾，次之返嬰，積而爲內丹之基本矣！袁眞人云：元氣補元氣，豈是凡砂石。此補益之上法也。朝屯者，君子經綸之始，是萬物萌芽之初，仁之端也。夫子時，始生之氣在腎，是不召而自來，宜保而養之。調息無令耳聞，但聽有悠悠綿綿，合乎自然，則與天地橐籥相應，久之，則腎氣合心氣，二氣之交感，以降甘露，而產玄珠焉！暮蒙者，以養正聖功也。使不失赤子之初心，義之端也。午時，其始生之氣在心，是亦不召而自來，無思無慮，冥心內照，以合之。靜坐而照，久而則心合腎氣，而成既濟之功焉！人居三才之一，一身之造化與天地等耳。故日月常行，天地之氣相應，眞一之精相符。人之元氣，八百一十丈，與二氣橐籥相合。所以元氣大運隨天，小運隨日也。但人生不能體天地造化之大，以至作喪傷敗，精神迷亂，自與之違，天地豈違者哉！知道之士，若能順理握機，則可以符化工，而爲修

丹內錬，長生久視之道也。捨人之外，總皆稟混淆，而在元氣中均爲化物耳，又安能馭元氣也。《參同契》云：春夏據內體，從子到辰巳，秋冬當外用，自午從戌亥。又云：賞罰應春秋，昏明應寒暑。久辭有仁義，隨時發喜怒。如是應四時，五行得其理。

內三要

論　說

佚名《養生祕録・金丹問答》 問曰：何謂內三要？答曰：第一要太淵池也，第二要絳宮也，第三要地戶也。

外三要

論　說

佚名《養生祕録・金丹問答》 問曰：何謂外三要？答曰：口之與鼻共三竅，是神氣往來之門戶。下工之際，調鼻息，緘舌氣，閉兌也。

玄關一竅

論　說

余洞真《悟玄篇・玄關一竅》 玄關竅假在其中，無形無象亦無窮。

今人若指其安處，便隔千山幾萬重。若人指點心肝脾肺腎不著處，却如虛處巧揑一穴，其言終矣，著一處，却非終矣。

又 玄關一竅者，乃一身總要之關也，此竅者即心中之心是也。其心非肉心，乃心中之主宰，一身萬事之神也。其神者無形無相，非有非無也。人能無私之時，便是玄關一竅，纔有一毫私欲，不是也。程子曰：不偏不倚之謂中，纔有偏倚便不中也。杏林石眞人曰：身裏有玄機，心中無垢塵。斯言盡矣！

玄關一竅，萬事之宗，動交於物，靜養在中。不無不有，非色非空，凝然湛定，氣息流通。左升白虎，右發青龍，齊停夾脊，鼓起巽風。搧開爐鞴，透上崑峰，乾坤交姤，化作一泓。降至舌端，嚥入黃宮，一日之內，三四遍功，初關百日，沐浴一月，中關百日，沐浴前同。上關百日，火候數窮，脫胎神化，抱一養童。九年行滿，白日上升。大道無言非有問，忘形忘象求鉛汞，守中一物莫存貲，專意身心要守定。呼吸一應便神清，六脈自然朝性命，精神魂魄各歸元，至此身心寂不動。一陽生至二陽遷，只待溫溫行火令，須臾直舉至銀河，玉枕泥丸如火烘。乾坤交媾降明堂，項上圓光懸寶鏡，如如下降至舌端，滿口馨香甘液噴。徐徐嚥納下黃庭，遍體金光隨罩定，三家相見結嬰兒，一卦三二兩卦定。晨昏握運仗天罡，四三皆拱璇璣柄，一年迸破頂顙門，是謂超凡而入聖。九年抱一行圓滿，獨步翔鸞歸大洞。吾今泄破聖賢機，洗耳瞑心存一定，莫待鉛虛汞散飛，他時赴死甘心盡。玄機備細剖心傳，學道人人早精進。

李道純《中和集》卷二 夫玄關一竅者，至玄至要之機關者。非印堂，非顖門，非肚臍，非膀胱，非兩腎，非腎前臍後，非兩腎中間。上至頂門，下至腳跟，四大一身，才着一處，便不是也。亦不可離了此身，向外尋之。所以聖人只以一中字示人，只此中字便是也。我設一喻，令爾易知。且如傀儡，手足舉動，百樣趨蹌，非傀儡能動，是絲線牽動。雖是線上關捩，卻是弄傀儡底人牽動。咦，還識這箇弄傀儡底人麼？休更疑惑，我直說與汝等。傀儡比此一身，絲線比玄關，弄傀儡底人比主人公。一身手足舉動，非手足動，是玄關使動。雖是玄關動，却是主人公使教玄關動。若認得這箇動底關捩，又奚患不成仙乎。

五車三乘

論說

王慶升《三極至命筌蹄·羊車小乘》 羊車小乘者，橐籥起火之術也。其法：抽縮外腎，使膀胱下昧民火，下合外腎，左文右武之地火，從下上達，直透三關。行之七七日，內自有甘露降于玉池。甘露，一名黃中酒。又名曰石源。又名醍醐。常能行而不弛，可以返老還童，漸入聖道矣。

又《鹿車中乘》 鹿車中乘者，守中之法也。其法：降心中上昧君火，入于兩腎之間，與中昧臣火相配，化爲芙蓉，出於泓水之中，存其眞人坐于花上，綿綿不絕。如此二十日，通前羊車小乘之術，共計六十九日，則泥丸天谷靈藥自生。靈藥一名黑汞。水銀一名水中金，即元精也。此乃補腦還精之法，人能常念之，則優入聖域矣。或以轆轤爲鹿車者，乃循眞之事也。每日寅艮二時，端坐存念鹿車之道，毋令間斷，亦以四十九日爲限。須是先行羊車，次行鹿車，既行鹿車，乃行牛車。三車並行，斯名大乘也。老子之治大國若烹小鮮，包犧之法離爲網罟以畋以漁，堯舜則允執厥中，文王之艮其背，周公之艮限薰心，孔子之退藏於密者，皆守中之旨也。曰產藥、曰鍊鉛實腹，鉛乃黑鉛，即黑汞也。亦名黑龜精，又名黑龜肝。降于天谷，謂之白龍肝也。此守中於始之名也。曰溫養曰神土坎火，此守中於中之名也。曰守城曰野戰曰封閉關鎖，此守中於終之名也。曰沐浴曰眞炁熏蒸，此守中於刑德之名也。有曰：守一者以左腎之神爲太一，右腎之神爲玄一，兩腎混合之神爲太一也。有曰：守眞者以二之則僞，一之則眞也。有曰：守黑者以顯之則白，隱之則黑也。有曰：守雌者以奮飛爲雄，隱伏爲雌也。又守有黃房者，以密戶居正方前直臍中也。黃房者，亦名黃庭，又曰丹田。說不多同，有指泥壇爲之者，泥壇，泥丸。亦名天谷，亦名天儢。有指絳宮爲之者，絳宮，上命門也。又名節榮，亦名應谷。又有指心腎脾膽爲之者，是皆思一部之法耳。苟欲主陽消陰，俾水中金火中木二者內無間隔，非守中不能也。然此守中之法，乃累聖相傳之密旨，實作聖工夫也。誠能允而執之，則必世世羲陶，人人虞舜矣。陟容廣而遊太清，金梯玉階此焉基之。

又《牛車大乘》 牛車大乘者，屏炁回風之道也。屏氣者，閉鼻息而不呼也。出炁曰呼，入炁曰吸。回風者，回天風以合神靈也。神靈心神曰元君，字守靈。凡行此道者，須先行羊車四十九日，鹿車二十日，共六十九日了卻，行此道一十二日，三車通計八十一日。自然天谷靈藥繁生，可以修眞矣。若上機大智之士，一聞千悟者，三車並行，只一十日靈藥便生，不須八十一日也。若作聖做工夫，却當次第行之，不可驟也。且先不拘時候，行羊車四十九日，了，次每日寅艮二時行鹿車，四十九日，然後每日子午艮寅三時行牛車，四十九日。一百四十七日足，依然不拘時候行之，實使綿綿不絕可也。所謂君子自強不息者，盡行此道，欲不倦也。綿綿不絕，惟狂克念作聖矣。行之苟倦，惟聖罔念作狂矣。克念作聖，則道心著而人心安。罔念作狂，則人心危而道心微矣。羊鹿牛三車，其實一大乘也。但人有利鈍而性有巧拙，故先聖立教有漸頓之殊。況且世人不務勤師，唯尙摽掠，見丹經有閉尾閭之說，便以羊車爲閉尾閭而廢之。見丹經有吹噓之說，便以牛車爲吹噓而廢之。見丹經有存息之說，便以鹿車爲存息而廢之。殊不思不行羊車，則地火不起人心危而不安矣；不行牛車，則天風不回道心微而不著矣；不行鹿車，則百神不混合，人心自人心、道心自道心，而不精一矣。老子之橐籥守中，玉皇之回風混合，大舜則精一厥中，亦大乘而已，非二道也。右先聖之誚閉尾閭者，指採陰者耳，以採陰爲殺人之道也。誚吹噓者，指行六字炁者耳，以六字爲瀉三焦五藏之道也。誚存息者，指注想臍下者耳，以臍爲糟粕溝瀆之場，止可灼艾攻病，非棲心退藏之所也。癡人面上不得說夢，將以救人，反以悟人，豈聖師之心哉。遂明述大乘之道，以祛天下之惑。學道者苟留神焉，聖域可優入矣。皇極之人，會歸中庸之率性，三易之中爻，皆畢於此矣。勉旃！古訣云：人心惟危，腎邪，人心從之則危。道心惟微，心正，道心放之則微。惟精惟一，精強不敗，一終不離。允執厥中。信天順守，作聖之域。

又《大牛車上乘》 大牛車上乘者，修眞內鍊之法也。其法：以元精黑汞爲藥，元炁紅鉛爲火，子陽午陰抽添斤兩。口口相傳，不記文字，

三年功成，九載圓就。化精成炁，炁變成神，千日默朝，一紀升天。即修內丹，可以長生不死，可以坐脫立亡。已證眞空，邁躋妙有矣。

又《大白牛車無上乘》 大白牛車無上乘者，用雪山白牛外丹修仙之術也。所謂乾坤爲鼎器，

乾爲馬，其道成男，曰大國大象者，皆乾道也。坤爲牛，其道成女，烏波斯伽曰小國小象者，皆坤道也。少烏波斯伽，屬兌卦，兌屬金而金色白，故曰白牛。乾變坤卦，主立冬小雪二炁，占先天艮山之位，故曰雪山白牛也。

坎離爲藥物，

坎爲中男，坤得乾之中炁而成也。坎屬水而配鉛，水中有金，鉛中有銀，名曰黑汞，又名水銀，此坎之藥物也。離爲中女，烏波斯伽，乾得坤之中炁而成也。離屬火而配砂，火中有木，沙中有汞，名曰紅鉛，又名朱汞，亦名水銀，此離之藥物也。《五千文》謂之玄牝者，乾坤也，營魄者，離坎也。

七返九還金液煉形者是也。一時姤精，一日結胎，十月脫胎，三年無陰，是謂純陽之仙。六年絕粒，鼻無喘息，名曰至眞。白玉其骨，黃金其筋，履蹈虛空，洞貫金石，此修仙之極致也。

七成九敗

論說

佚名《太上長文大洞靈寶幽玄上品妙經發揮·七成九敗》 夫出世之事，有七般成，有九般不成。有七般成者：一者宿有緣分，二者得遇眞師，三者便行實心，四者作眞法，五者積其大行，六者信忠不退，七者不逢諸魔。如此七事，謂之全修。更有九者不成：一者不信不忠，二者有業魔障，三者勞己苦形，四者意狂心亂，五者不遇至人，六者不逢眞理，七者得法不行，八者不持陰德，九者不辯邪正。此是下鬼之見也。

頌曰：七成九敗在君修，一氣三元最好收，早向自家身內覓，莫教迷了等閑休。

內丹三要

論說

陳沖素《陳虛白規中指南》卷下 內丹之要有三，曰玄牝、藥物、火候。丹經有云：摘爲隱語，黃絹幼婦。讀者感之。愚今滿口饒舌，直爲天下說破。言雖覼縷，意在發明，字字眞訣，肺肝相視。漏泄造化之機緘，貫串陰陽之骨髓，古今不傳之秘，盡在是矣。鯨呑海水，盡露出珊瑚枝。

傍門九品

論說

李道純《中和集》卷三 下三品

御女房中，三峰採戰，食乳對爐，女人爲鼎，天癸爲藥，產門爲生身處，精血爲大丹頭。鑄雌雄劍，立陰陽爐，謂女子爲純陽，指月經爲至寶，採而餌之，爲一月一還，用九女爲九鼎，爲九年九返。令童男童女交合，而採初精，取陰中黍米爲玄珠。至於美金花，弄金槍，七十二家強兵戰勝，多入少出，九淺一深。如此邪謬，謂之泥水丹法，三百餘條。此大亂之道也，乃下品之下邪道也。

又有八十四家接法，三十六般採陰。用胞衣爲紫河車，鍊小便爲秋石，食自己精爲還元，捏尾閭爲閉關。夫婦交合，使精不過，爲無漏。採女經爲

紅圓子，或以五金八石修鍊爲丸，令婦人服之，十月後產肉塊爲至藥，採而服之。如此謬術，不欲盡舉，約有三百餘條，乃下品之中外道也。

又有諸品丹竈爐火，燒藥五金八石，勾庚乾汞，點茅燒艮，撥灰弄火。至於靈砂外藥，三遜五假，金石草木服餌之法，四百餘條，乃下品之上外道也。

右下三品，共一千餘條，貪淫嗜利者行之。

中三品

休糧辟穀，忍寒食穢，服餌椒木，曬背臥冰，日持一齋。或清齋，或食物多爲奇特，或飲酒不醉爲驗，或減食爲抽添，或不食五味而食三白，或不食煙火食。或飲酒食肉，不藉身命，自謂無爲，或翻滄倒海，種種捏怪。乃中品之下也。

呑霞服氣，採日月精華。呑星曜之光，服五方之氣。或採水火之氣，或存思注想，遨遊九州爲運用。或想身中二氣，化爲男女，象人間夫婦交採之狀爲合和。一切存想，種種虛妄等法，乃中品之中也。

傳授三歸五戒，看誦修習，傳信法取報應行考，赴取歸程，歸空十信，三際九接，瞻星禮斗。或持不語，或打勤勞，持守外功。已上有爲，乃中品之上，漸次近道也。

右三品一千餘條，行之不怠，漸入佳境，勝別留心。

上三品

定觀鑒形，存思吐納，摩撫消息。八段錦，六字氣，視頂門，守臍蔕，呑津液，攪神水。或千口水爲活，或指舌爲赤龍，或擦身令熱爲火候，或一呵九摩求長生，或鍊稠唾爲眞種子，或守丹田，或兜外腎，至於煮海觀鼻，以津精涎沫爲藥，乃上品之下也。

閉息行氣，屈伸導引，摩腰腎，守印堂，運雙睛，搖夾脊，守臍輪。或以雙睛爲日月，或以眉間爲玄關，或叩齒爲天門，或想元神從頂門出入，或夢游仙境，或默朝上帝，或以昏沉爲入定，或數息爲火候，或想心腎黑白，二氣相交爲既濟，乃上品之中也。

般精運氣，三火歸臍，調和五臟，十六觀法，固守丹田，服中黃氣，三田還返，補腦還精，雙提金井，夾脊雙關，握固內視，種種般運，乃上品之上也。

右三品一千餘條，中士行之，亦可却病。

漸法三乘

論說

李道純《中和集》卷二　下乘者，以身心爲鼎爐，精氣爲藥物，心腎爲水火，五臟爲五行，肝肺爲龍虎，精爲眞種子。以年月日時行火候，嚥津灌溉爲沐浴，口鼻爲三要，腎前臍後爲玄關，五行混合爲丹成。此乃安樂之法，其中作用百餘條。若能忘情，亦可養命。與上三品稍同，作用處別。

中乘者，乾坤爲鼎器，坎離爲水火，烏兔爲藥物，精神魂魄意爲五行，身心爲龍虎，氣爲眞種子。一年寒暑爲火候，法水灌溉爲沐浴，內境不出，外境不入爲固濟，太淵絳宮精房爲三要，泥丸爲玄關，精神混合爲丹成。此中乘養命之法，其中作用數十條，與下乘大同小異。若行不怠，亦可長生久視。

上乘者，以天地爲鼎爐，日月爲水火，陰陽爲化機，鉛汞銀砂土爲五行，性情爲龍虎，念爲眞種子。以心鍊念爲火候，息念爲養火，含光爲固濟，降伏內魔爲野戰，身心意爲三要，天心爲玄關，情來歸性爲丹成，和氣薰蒸爲沐浴。乃上乘延生之道，其中與中乘相似，作用處不同，亦有十餘條。上士行之，始終如一，可證仙道。

最上一乘

論說

李道純《中和集》卷二　夫最上一乘，無上至眞之妙道也。以太虛爲

鼎，太極爲爐，清靜爲丹基，無爲爲丹母，性命爲鉛汞，定慧爲水火。窒慾懲忿爲水火交，性情合一爲金木併，洗心滌慮爲沐浴，存誠定意爲固濟，戒定慧爲三要，中爲玄關，明心爲應驗，見性爲凝結，三元混一爲聖胎，性命打成一片爲丹成，身外有身爲脱胎，打破虚空爲了當。此最上一乘之妙，至士可以行之，功滿德隆，直超圓頓，形神俱妙，與道合眞。

內藥外藥

論説

李道純《中和集》卷三 或問：何謂內藥，何謂外藥？曰：鍊精、鍊氣、鍊神，其體則一，其用有二。交感之精，呼吸之氣，思慮之神，皆外藥也。先天至精，虚無空氣，不壞元神，此內藥也。丹書云：內外兩般作用，正謂此也。

先天一氣

論説

李道純《中和集》卷三 或問：何謂先天一氣？曰：天地未判之先，一靈而已，身中一點眞陽是也。以其先乎覆載，故名先天。

生殺爻銖

論説

陳致虛《修煉須知・生殺爻銖》 紫陽眞人曰：夫鍊金液還丹者，要須洞曉陰陽，深達造化，追二氣於黄道，會三性於元宮，攢簇五行，合和四象，龍吟虎嘯，夫唱婦隨。昔我師曰：學道之士，得內外藥物之眞，兩般作用之全，合大造化，方得所傳，苟有毫髮差殊，未免天地懸隔。

上陽子曰：生殺者，陰陽二物也，龍虎二物也。龍乃陽中之陰而主生，故興雲致雨，潤澤萬物，而其中之陰能殺者也。猶人分陽已盡而純陰，則死矣。虎乃陰中之陽而主殺，故呼風哮吼，常有殺心，而其中之陽能生者也。猶人分陰已盡而純陽，則仙矣。夫陰陽二物者，順則成人，逆則生丹。故不爲萬物不爲人，則成丹矣，是所謂生也。且道生又生箇什麽？莫不是生天生地，莫不是生人生五行，莫不是生萬物者乎。莫不是有大靈通智慧，有大神聖變化者乎？且道殺又殺箇什麽？莫不是殺那無明煩惱底賊，莫不是殺傍門愚癡底賊？旌陽祖師以五童女劍殺之，純陽帝君以三清劍殺之，佛祖以金剛王寶劍殺之，德山和尚以入門棒殺之。故云護生須是殺，殺盡始安居。祖師云：斬魑滅魅了長生。魑者，癡也。魅者，昧也。若人早早殺了這愚癡暗昧底，則可以畢長生之道矣。大修行人定知毫髮差殊，不能成丹，切須洞曉也。若悟陰陽生殺二物，何憂不仙矣。至如所謂卦象爻銖之説，銖也者，將準之而定也；爻也者，將傚之而用也；象也者，將像之而爲也。卦也者，猶掛以示人，使人以此而爲則例也。爻與銖者，明輕重也；象與卦者，明進退也。積三百八十四爻而成六十四卦，積三百八十四銖而成一十六兩，謂一斤也。斤足卦滿，喻丹之將成也。修行之人，務在知輕識淺，知重識深，知難識退，知易識進，不過以法金丹內外二藥也。《道德經》云：有無相生，難易相成。又曰：圖難於其易，爲大於其細。又曰：是以聖人猶難之，故終無難也。猶以復震

爲採藥之初，則半斤爲入藥之數。如百爻之謂，以三十爻爲文，七十爻爲武者，則知採藥之難也。以卦足而藥成，則丹足二八一斤之數。故《火記》言二百一十六，乃乾之策也；十八八箇足，乃一百四十四，坤之策也。陰陽之數既足，金液之丹已成也。

陰陽老少

論説

佚名《存神固氣論・陰陽老少》 數過三十二，陰陽漸老矣！陽老則炁衰，必少陰而後濟；陰老則血衰，必少陽而後濟。老陰奪少陽，如坤之次有復也；老陽奪少陰，如乾之次有遘也。金木老陰陽也，相刑而生者，少陰陽也。人之乾坤爲老，艮兑爲少，不知造化之所謂老少者，有不一也。至人於此有妙奪造化之意。

水火相求

論説

佚名《存神固氣論・水火相求》 水遇火乃受氣，受氣則生而不竭，故不走；火遇水乃成形，成形則活而不滅，故不飛。方眞水求眞火，則陰多陽少而化鉛；方眞火求眞水，則陽多陰少而化汞。汞必求鉛，故降而干坎；鉛必求汞，故升而干離。升降之際，擒於戊己，相吞相戀而結化。至人於此，有住陰陽之和，還返添奪之妙理。

金木相刑

論説

佚名《存神固氣論・金木相刑》 金不尅木，木不受氣，受氣生火，乃火不尅金，金不受氣，受氣乃生水。以金召金，故動而尅木，以火召火，故動而尅金。水火既生，以和召和，自相求而造物。至人於此，使爐中水火自相尋者，蓋得修所生之至理。

神水華池

論説

佚名《養生祕録・金丹問答》 問曰：何謂神水華池？答曰：李筌云：還丹之要在於神水華池。紫陽曰：以鉛入汞，名曰神水；以汞投鉛，名曰華池。海蟾曰：從來神水出高源。紫淸曰：華池正在氣海内。

原題張平叔《玉清金笥青華祕文金寶内鍊丹訣》卷上 神水者，即木液之謂也；華池者，臍中氣穴之下，兩腎中間一竅，絶肖黄庭，穀氣就此而生精，醫家所謂精穴者是也。斯竅也，少壯之士，陽盛氣融，則神水華池，不過澆灌爐鼎，洗滌脾胃，周流潤氣穴而已。元氣衰微，精元枯竭者，皆藉此以爲丹本。元氣既衰，非元氣之衰也，乃氣質之氣斲喪已甚，邪慾之性，念念不已，先天又不得見，後天亦不足爲用，羸尫之根，殆起于此。華池之竅，乃生精而降於外腎者也。氣壯則精多，精多則華盛，用之如有餘。氣凋之士，精元槁矣，穀氣所臨，不過產一等欷欷之水，流歸腎府耳。然我既靜矣，元氣本無增減，但華池無矣，大藥三品而欠其一，

故陽生之際，未直採之時，以意斡歸尾閭，自夾脊直透至泥丸，故就精穴用精，自然隨氣而升，至午宮，遇衆陽融之，則精始可用，然後降至於心，就心取汞，依然下自黄庭，即落乎其中，卻用一意封固，即綿綿若存，以養之。二者就其中自相呑啗，而丹始成。近有浙西一派，雖少壯之士，亦用此法。而結丹，但道在邇求諸遠耳。然各執其是而已。

火龍水虎

論説

佚名《養生祕録・金丹問答》　問曰：何謂火龍水虎？答曰：虎，西方金也，金生水，反藏形於水。龍，東方木也，木生火，反受尅於火。太白眞君曰：五行不順行，虎向水中生；五行顛倒術，龍從火裏出。是也。

背後三關

論説

佚名《養生祕録・金丹問答》　問背後三關。答曰：腦後曰玉枕關，夾脊曰轆轤關，水火之際曰尾閭關。

内丹功法分部

朝元

論説

《修真十書・鍾呂傳道集》卷一六《論朝元》　呂曰：鍊形之理既已知矣，所謂朝元者可得聞乎？鍾曰：大藥將就，玉液還丹而沐浴胎仙，眞氣既生，以沖玉液上升而更改塵骨，而曰玉液鍊形。及夫肘後飛起金精，河車以入内院，自上而中，自中而下，金液還丹以鍊金砂，而五氣朝元，三陽聚頂，乃鍊氣成神，非止於鍊形住世而已。所謂朝元，今古少知，苟或知之，聖賢不説，蓋以是眞仙大成之法，默藏天地不測之機，誠爲三清隱祕之事，忘言忘象之玄旨，無問無應之妙理。恐子之志不篤而學不專，心不寧而問不切，輕言易語，反我以漏泄聖機之愆，彼此各爲無益。呂曰：始也悟眞仙而識大道，次以知時候而達天機。辨水火眞原，知龍虎不生肝肺；察抽添大理，審鉛汞非是坎離。五行顛倒之術，已蒙指教；三田反復之機，又謝敷陳。熟曉還丹鍊形之理，深知長生不死之術。然而脱凡入聖之原，脱質升仙之道，本於鍊氣而朝元。所謂朝元，敢告略爲指訣？鍾曰：道本無形，及乎大原示朴，上清下濁合而爲一。大朴既分，混沌初判而爲天地，天地之内，東西南北而列五方。每方各有一帝，每帝各有二子，一爲陽而一爲陰，乃曰二氣，相生相成而分五行。五行相生相成而定六氣，乃曰三陰三陽。以此推之，如人之受胎之初，精氣爲一，及精氣既分而先生二腎。一腎在左，左爲玄，玄以升氣而上傳於肝；一腎在右，右爲牝，牝以納液而下傳膀胱。玄牝本乎無中來，以無爲有，乃父母之眞氣納於純陰之地，故曰谷神不死，是謂玄牝，玄牝之門，可比天地之根。玄牝，二腎也，自腎而生五藏，六府全焉。其中，肝爲木曰甲

乙，可比於東方青帝；心爲火曰丙丁，可比於南方赤帝；肺爲金曰庚辛，可比於西方白帝；脾爲土曰戊己，可比於中央黃帝；腎爲水曰壬癸，可比於北方黑帝。人之初生，故無形象，止於一陰一陽，及其胎完，而有腸胃，乃分六氣三男三女而已。一氣運五行，五行運六氣。先識者陰與陽，陽有陰中陽，陰有陽中陰；次識者金木水火土，而有水中火，火中水，水中金，金中木，木中火，火中土。在人者，互相交合，所以二氣分而爲六氣，大道散而爲五行。如冬至之後一陽生，五方之地而陽皆生也，一帝當其行令，而四帝助之，若以春令既行，黑帝不收其令，則寒不能變溫，赤帝不備其令，則溫不能變熱。及夫夏至之後一陰生，五方之天而陰皆降也，一帝當其行令，而四帝助之，若以秋令既行，赤帝不收其令，則熱不能變涼，黑帝不備其令，則涼不能變寒。冬至陽生於地，以朝氣於天也；夏至陰生於天，以朝氣於地也。奉道之士，當深究此理。而日月之間，一陽始生而五藏之氣朝於中元，一陰始生而五藏之液朝於下元，陰中之陽，陽中之陽，陰陽之中之陽，三陽上朝內院，心神以返天宮，是皆朝元者也。呂曰：陽生之時而五氣朝於中元，陰生之時而五液朝於下元，使陽中之陽，陰中之陽，陰陽之中之陽，以朝上元，若此修持常常之士亦有知者，如何得超脫以出塵俗？鍾曰：若以元陽之氣以一陽始生之時，上朝中元，是人皆如此；若以積氣生液以一陰始生之時下朝下元，是人皆如此。若此行持，故不能超脫。然而欲超凡入聖，脫質升仙，當先龍虎交媾而成大藥。大藥既成而生眞氣，眞氣既生，於年中用月，月上定興衰，月中用日，日上數直事，日中用時，時上定息數。以陽養陽，陽中不得留陰；以陽鍊陰，陰中不得散陽。凡以春則肝旺而脾弱，夏則心旺而肺弱，秋則肺旺而肝弱，冬則腎旺而心弱。人以腎爲根本，每時一季脾旺而腎弱，獨腎於四時有損，人之多疾病者，此也。凡以甲乙在肝直事，防脾氣不行；丙丁在心直事，防肺氣不行；戊己在脾直事，防腎氣不行；庚辛在肺直事，防肝氣不行；壬癸在腎直事，防心氣不行。一氣盛而一氣弱，一藏旺而一藏衰，人之多疾病者，此也。凡以心氣萌於亥而生於寅，旺於巳而弱於申；肝氣萌於申而生於亥，旺於寅而弱於巳；肺氣萌於寅而生於巳，旺於申而弱於亥；腎氣萌於巳而生於申，旺於亥而弱於寅。脾氣春隨肝而夏則隨心，秋隨肺而冬則隨腎，人之不知日用，莫曉生旺強弱之時，所以多疾病者，此也。若此日月時三陽既聚，當鍊陽而使陰不生；若此月日時三陰既聚，當養陽而使陽不散。又況眞氣既生，以純陽之氣鍊五藏之氣不息，而出本色，一舉而到天池。始以腎之無陰而九江無浪，次以肝之無陰而八關永閉，次以肺之無陰而金火同鑪，次以脾之無陰而玉戶不開，次以眞氣上升，四炁聚而爲一。縱有金液下降，杯水不能勝輿薪之火，水火相包而合之爲一以入神宮。定息內觀，一意不散，神識俱妙，靜中常聞樂聲，如夢非夢，若在虛無之境。風光景物，不比塵俗；繁華美麗，勝及人世。樓臺宮闕，碧瓦凝煙，珠翠綺羅，馨香成陣，當此之時，乃曰超內院。而陽神方得聚會而還上丹，鍊神成仙以合大道。一撞天門，金光影裏以現法身，鬧花深處而坐凡體，乘空如履平川，萬里若同展臂。若也復回，再入本軀，神與形合天地齊其長久。若也厭居塵世，寄下凡胎而返十洲，於紫府太微眞君處契勘鄉原，對會名姓，校量功行之高下，得居於三島而遨遊，永在於風塵之外，名曰超塵脫凡。呂曰：鍊形止於住世，鍊氣方可升仙，世人不達玄機，無藥而先行胎息，強留在腹，或積冷氣而成病，或發虛陽而作疾，修行本望長生，似此執迷，尚不免於疾病。殊不知胎仙就而眞氣生，眞氣生而自然胎息。胎息以鍊氣，鍊氣以成神，然而鍊氣必審年中之月，月中之日，日中之時，端居靜室，忘機絕迹，當此之時，心境未除者，悉以除之。或而妄想不已，智識有漏，志在升仙而心神不定，爲之奈何？鍾曰：交合各有時，行持各有法，依時行法，即法求道，指日成功，易如反掌。

原題鍾離權《秘傳正陽真人靈寶畢法》卷下

《金誥》曰：一氣初判，大道有形而列二儀。二儀定位，大道有名而分五帝。五帝異地而各守一方，五方異氣而各守一子。青帝之子甲乙，受之天眞木德之九氣。赤帝之子丙丁，受之天眞火德之三氣。白帝之子庚辛，受之天眞金德之七氣。黑帝之子壬癸，受之天眞水德之五氣。黃帝之子戊己，受之天眞土德之一氣。自一生眞一，眞一因土出，故萬物生成在土，五行生成在一，眞元之道，皆一氣生也。

《玉書籙》曰：一、三、五、七、九，道之分而有數。金、木、水、火、土，道之變而有象。東、西、南、北、中，道之列而有位。青、白、赤、黃、黑，道之散而有質。數歸於無數，象反於無象，位至於無位，質

還於無質。欲道之無數，不分之則無數矣。欲道之無象，不變之則無象矣。欲道之無位，不列之則無位矣。欲道之無質，不能之則無質矣。無數則道之源也，無象則道之本也，無位則道之眞也，無質則道之妙也。

《眞原》曰：道原既判，降本流末，悟其眞者，因眞修眞，內眞而外眞自應矣。識其妙者，因妙得妙，內妙而外妙自應矣。天地得道之眞，其眞未應，故未免乎有位。天地得道之妙，其妙未應，故未免乎有質。有質則有象可求，有位則有數可推。天地之間，萬物之內，最貴惟人。即天地之有象可求，故知其質氣與水也。即天地之有數可推，故知其位遠與近也。審乎如是，而道亦不遠於人也。

比喻曰：天地有五帝，而比人之有五臟也。青帝甲乙木，甲爲陽，乙爲陰，比肝之氣與液也。黑帝壬癸水，壬爲陽，癸爲陰，比腎之氣與液也。黄帝戊己土，戊爲陽，己爲陰，比脾之氣與液也。赤帝丙丁火，丙爲陽，丁爲陰，比心之氣與液也。白帝庚辛金，庚爲陽，辛爲陰。比肺之氣與液也。凡春夏秋冬之時不同，而心肺肝腎之旺有月。

《眞訣》曰：凡春三月，肝氣旺。肝旺者，父母眞氣隨天度運而在肝。若遇木日，甲乙救土於辰戌丑未之時，依時起火鍊脾氣。餘日兑卦時損金以耗肺氣，是時不可下功也。坎卦時依法起火鍊腎氣。震卦時入室多入少出息住爲上，久閉次之數至一千息爲度，當時內觀如法，一意冥心閉目，青色自見，漸漸升身，以入泥丸，自寅至辰，以滿震卦。一千息以上尤佳，如息急漸微，出息而息住，不須連成。

凡夏三月，心氣旺。心旺者，以父母之眞氣隨天度運而在心。若遇火日，丙丁救金，於兑卦時依法起火鍊肺氣，餘日坎卦時損水以耗腎氣，是時不可下功也。震卦時依法起火鍊肝氣。離卦時入室依前行持定息，赤色自見，漸漸升身，以入泥丸，自巳至未，以滿離卦。一千息以上尤佳，其説如前。

凡秋三月，肺氣旺。肺旺者，以父母眞氣隨天度運而在肺。若遇金日，庚辛救木，於震卦時依法起火鍊肝氣。餘日離卦損火以耗心氣，是時不可下功也。巽卦時依法起火鍊脾氣。兑卦時入室依前行持，白色自見，漸漸升身，以入泥丸，自申至戌以滿兑卦。

凡冬三月，腎氣旺。腎旺者，父母之眞氣隨天度運而在腎。若遇水日，壬癸救火，於離卦時依法起火鍊心氣。餘日辰、戌、丑、未時損土以耗脾氣，是時不可下功也。兑卦時依法起火鍊肺氣。坎卦時入室依前行持，黑色自見，漸漸升身，以入泥丸，自亥至丑以滿坎卦。

解曰：春煉肝千息，青氣出。春末十八日不須依前行持，止於定息爲法，而終日靜坐，以養脾而煉己之眞氣，乃可坎卦起火鍊腎，恐耗其眞也。

夏煉心千息，赤氣出。夏末十八日不須依前行持，止於定息爲法，而終日靜坐，養煉如前，乃可坎卦時起火如前。

秋煉肺千息，白氣出。秋末十八日不須依前行持，止於定息爲法，而終日靜坐，養煉如前，乃可坎卦時起火如前。

冬煉腎千息，黑氣出。冬末十八日不須依前行持，止於定息爲法，而終日靜坐，養煉如前，乃可坎卦時起火如前。

以至黄氣成光，默觀萬道周匝圍身。凡定息之法，不在強留而緊閉，使綿綿若存，用之不勤，從無入有，使之自住。採藥法，含津握固，以壓心之眞氣不散也。凡入室須閉戶孤幽靜館，以遠雞犬、女子一切厭觸之物。微開小竅使明辨物，勿令風日透氣、左右有聲。當潛心息，慮事累俱遣，內外凝寂，不以一物介其意。蓋以陽神初聚，眞氣方凝，看待如嬰兒。尚未及半，日夕焚香默祝天。隱於山林，功行將半者地仙。跪拜稽首默祝天，寄於海隅洞府，與天下立大功，與黎首除大害。潛迹者天仙，跪拜稽首，三禮既畢，靜坐忘機，以行此法。仍須前法節節見驗，若以便爲此道，但恐徒勞終不見成，止於陰魄出殼而爲鬼仙。

《道要》曰：凡行此法，不限年月日。隨月一依前法，以至見驗方止，其氣自見。須是謹節不倦，棄絶外事，止於室中用志。測其時候，用二箇純陽小子。或結交門生，交翻反覆。供過千日，可了一氣。一以奪十，一百日可見功。五百日氣全，可行內觀烝後，聚陽神以入天神，煉之而合道，入聖超凡。煉氣之驗，但覺身體極暢，常仰升騰，丹光透骨，異香滿室。次以靜中外觀，紫霞滿目。頂中下視，金光罩體。之可怪證驗不可備紀。

内觀

論説

《修真十書·鍾吕傳道集》卷一六《論内觀》 吕曰：所謂内觀之理，可得聞乎？鍾曰：内觀坐忘存想之法，先賢後聖，有取而有不取者。慮其心猿意馬，無所停留，恐因物而喪志，而無中立象，使耳不聞而目不見，心不狂而意不亂，存想事物而内觀坐忘，不可無矣。奈何少學無知之徒，不知交合之時，又不曉行持之法，必望存想而決要成功，意内成丹，想中取藥，鼻搐口咽，望有形之日月、無爲之天地，留止腹中，可謂兒戲。所以達士奇人而於坐忘存想一旦毁之，乃曰夢裏得財，安能濟用，畫地爲餅，豈可充飢。空中又空，如鏡花水月，終難成事。然而有可取者，蓋以易動者，片心難伏者，一意好日良時，可採可取也。雖知清静之地，奈何心爲事役，志以情移，時比電光，寸陰可惜，毫末有差而天地懸隔，積年累月而不見功，其失在心亂而意狂者也。善視者，志在丹青之美而不見泰華；善聽者，志在絲竹之音而不聞雷霆。耳目之用小矣，尚以如此，況一心之縱横六合而無不該，得時用法之際，能不以存想内觀而致之乎？吕曰：所謂存想内觀，大略如何？鍾曰：如陽升也，多想爲男，爲龍，爲火，爲天，爲雲，爲鶴，爲日，爲馬，爲煙，爲霞，爲車，爲駕，爲花，爲氣，若此之類，皆内觀存想，如是以應陽升之象也。如陰降也，多想爲女，爲虎，爲水，爲地，爲雨，爲龜，爲月，爲牛，爲泉，爲泥，爲船，爲葉，若此之類，皆内觀存想，如是以應陰降之象也。青龍、白虎、朱雀、玄武，既有此名，須有此象，五嶽九州，四海三島，金男玉女，河車重樓，呼名比類，不可具述，皆以無中立象，以定神識。未得魚則筌不可失矣，未獲兔則蹄不可無矣，後車將動，必履前車之迹，大器已成，必爲後器之模，則内觀之法，行持不可闕矣。亦不可執之於悠久，絶之於斯須，皆不可也。若以絶念無想，是爲眞念，眞念是爲眞空，眞空一境，乃朝眞遷化而出昏衢超脱之漸也。開基創始，指日進功，則存想可用，況當爲道日損，以入希夷之域，法自減省，全在内觀者矣。吕曰：若以龍虎交媾而匹配陰陽，其想也何似？鍾曰：初以交合配陰陽而定坎離，其想也九皇眞人引一朱衣小兒上升，九皇眞母引一皂衣小女下降，相見於黄屋之前。有一黄衣老嫗接引，如人間夫婦之禮，盡時歡悦，女子下降，兒子上升，如人間分離之事。既畢，黄嫗抱一物，形若朱橘，下抛入黄屋，以金器盛留。然此兒者，是乾索於坤，其陽復還本位，以陽負陰而會本鄉。是此女者，是坤索於乾，其陰復還本位，以陰抱陽而會本鄉，是曰坎離相交而匹配陰陽者也。若以炎炎火中，見一黑虎而上升，滔滔浪裏，見一赤龍而下降，二獸相逢，交戰在樓閣之前。朱門大啓，浡浡煙焰之中，有王者指顧於大火焚天，而上有萬丈波濤，火起復落，煙焰滿於天地，龍虎一盤一遶而入一金器之中，下入黄屋之間，似置在籠櫃之中，若此龍虎交媾，而變黄芽之想也。吕曰：匹配陰陽而龍虎交媾，内觀存想既已知之矣。所謂進火燒煉丹藥者，所想如何？鍾曰：其想也，一器如鼎如釜，或黄或黑，形如車輪，左青龍而右白虎，前朱雀而後玄武，傍有二臣，衣紫袍躬身執圭而立，次有僕吏之類，執薪然火於器，次有一朱衣王者，乘赤馬駕火雲，自空而來，舉鞭指呼，唯恐火小，焰發炎炎亘空，撞天欲出，天關不開，煙焰復下，周圍四匝，人物器釜，王者大臣，盡在紅焰之中，互相指呼，爭要進火。器中之水，無氣而似凝結，水中之珠，無暗而似光彩，若此進火燒丹藥之想也。吕曰：内觀存想，止於採藥進火而有邪？逐法逐事而有邪？鍾曰：雲雷下降，煙焰上起，或而天雨奇花，祥風瑞氣起於殿庭之下，或而仙娥玉女乘彩鳳祥鸞自青霄而來，金盤中捧玉露霞漿而下，獻於王者。若此，乃金液還丹而既濟之想也。若以龍虎曳車於火中，上衝三關，三關各有兵吏，不計幾何，器仗戈甲，恐懼於人，先以龍虎撞之不開，次以大火燒之方啓，以至崑崙不住，及到天池方止。或而三鶴沖三天，或而雙蝶入三宫，或而五彩雲中捧朱衣小兒而過天門，或而金車玉輅載王者而超三界。若此，肘後飛金精而大河車之想也。及夫朱衣使者乘車循行，自冀州入兗州，自兗州入青州，自青州入徐州，自徐州入揚州，自揚州入荆州，自荆州入梁州，自梁州入雍州，自雍州復還冀州，東西南北，畢於豫州，停留而後循行。所得之物，金玉；所

幹之事，凝滯。一吏傳命而九州通和，周而復始，運行不已，或而遊五嶽自恆山爲始，或而泛五湖自北沼爲始，或而天符勑五帝，或而王命詔五侯。若此，還丹之想也。及夫珠玉散擲於地，或而雨露濟澤於物，或而海潮而滿百川，或而陽生而發萬彙，或而火發以遍天地，或而煙霧而充宇宙。若此，鍊形之想也。及夫或如鶴之辭巢，或如龍之出穴，或而五帝朝天，或而五色雲起，或而跨丹鳳而沖碧落，或如夢寐中而上天衢，或而天花亂墜，仙樂嘈雜，而金光繚繞以入宮殿繁華之處。若此，皆朝元之想也。朝元之後，不復存想，方號內觀。呂曰：內觀玄理不比前法，可得聞乎？鍾曰：古今修道之士，不達天機，始也不解，依法行持，欲以速求超脫。多入少出而爲胎息，冥心閉目以行內觀，止於定中以出陰神，乃作清靈之鬼，非爲純陽之仙。眞仙上聖，所以採藥進火，抽鉛添汞，還丹鍊形，朝元合炁，苦語詳言而深說，惟恐世人不悟，而於內觀未甚留意。殊不知內觀之法，乃陰陽變換之法，仙凡改易之時，奉道之士勿得輕示而小用之矣。且以前項之事，交會有時日，行持有法則，凡所謹節信心，依時行法，不差毫末，而指日見功。若此內觀，一無時日，二無法則，所居深靜之室，晝夜端拱，識認陽神，趕逐陰鬼。達摩面壁九年方超內院，世尊冥心六載始出凡籠，故於內觀，誠爲難事。始也自上而下，紫河車搬入天宮，天宮富貴孰不欽羨，或往或來，繁華奢侈，人所不得見者，悉皆有之。奉道之士平日清淨而守於瀟灑，寂寞既已久矣，功到數足，輒受快樂。樓臺珠翠，女樂笙簧，珍羞異饌，異草奇花，景物風光，觸目如畫。彼人不悟，將謂寔到天宮，不知自身內院，認作眞境，因循而不出入。乃曰因在昏衢而留形住世，不得脫質以爲神仙，未到天宮方在內觀。陰鬼外魔因意生像，因像生境以爲魔軍。奉道之人因而狂蕩而入於邪中，或而失身於外道，終不能成仙。蓋以三尸七魄，唯願人死而自身快樂；九蟲六賊，苦以人安則存留無處。

原題鍾離權《秘傳正陽真人靈寶畢法》卷下　《金誥》曰：大道本乎無體，寓於氣也。其大無外，無物可容。大道本乎無用，運於物也。其深莫測，無理可究。以體言道，道之始有內外之辨。以用言道，道之始有觀見之基。觀乎內而不觀乎外，外無不究而內得明。觀乎神而不觀乎形，形無不備而神得見矣。

《眞原》曰：以一心觀萬物，萬物不謂之有餘。以萬物撓一氣，一氣不謂之不足。一氣歸諸心，心不可爲物之所奪。一心運一氣，氣不可爲法之所役。心源清徹，一照萬破，亦不知有物也。氣戰剛強，萬感一息，亦不知有法也。物物無物，以還本來之象。法法無法，乃全自得之眞矣。

比喻曰：以象生形，以形立名。有名則推其數，有數則得其理。比者之論。蓋高上虛無，無物可喻。所可比者，如人之修煉，節序無差，成就有次。沖和之氣凝而不散，至虛眞性恬淡無爲，神合乎道，歸於自然。當此之際，以無心爲心。如何謂之應物，以無物爲物。如何謂之用法，眞樂熙熙不知已之有身。漸入無爲之道，以入希夷之域，斯爲入聖超凡之客。

《眞訣》曰：此法合道，有如常說存想之理，又如禪僧入定之時。當擇福地置室，跪禮焚香，正坐盤膝，散髮披衣，握固存神，冥心閉目。午時前微以升身起火煉氣，午後微以斂身聚火燒丹。不拘晝夜，神清氣和，自然喜坐。坐中或聞聲莫聽，見境勿認，物境自散。若認物境，轉加魔軍不退，急急前以身微斂，斂而伸腰，後以胸微偃，偃不伸腰，少待前後火起，高升其身勿動，名曰焚身。火起魔軍自散於軀外，陰邪不入於殼中。如此三兩次已。當想遍天地之間皆是炎炎之火，畢清涼，了無一物。但見車馬歌舞軒蓋綺羅、富貴繁華、人物歡娛，成隊成行，五色雲升，如登天界。及到彼中，又見樓臺聳翠，院宇徘徊，珠珍金玉滿地不收，花果池亭莫知其數。須臾異香四起，妓樂之音嘈嘈雜雜，賓朋滿坐，水陸俱陳，且笑且語，共賀太平，珍玩之物互相獻受。當此之際，雖然不是陰鬼魔軍，亦不得認爲好事。蓋修眞之人棄絕外事，甘受寂寞，或潛迹江湖之地，或遁身隱僻之隅，絕念忘情，舉動自戒，久受劬勞而歷瀟灑。一旦功成法立，遍見如此繁華，又不謂是陰魔，將謂實到天宮。殊不知脫凡胎在頂中自已天宮之內，因而貪戀，認爲實境，不用超脫之法，止於身中陽神不出，而胎仙不化，乃曰出昏衢之上，爲陸地神仙而可，長生不死而已，不能脫質升仙而歸三島以作人仙子也。當此可惜，學人自當慮超脫雖難，不可不行也。

《道要》曰：不無盡法，已滅省故也。

超脱

論説

原題鍾離權《秘傳正陽真人靈寶畢法》卷下　《金誥》曰：道本無也，以言有者，非道也。道本虛也，以言實者，非道也。既爲無體，則問應俱不能矣。既爲無相，則視聽俱不能矣。以玄微爲道，玄微亦不離問答之累。以希夷爲道，亦未免爲視聽之累。希夷玄微尚未爲道，則道亦不知其所以然也。

《玉書》曰：其來有始而不知大道之始，何也。其去有盡而不知大道之終，何也。高高之上雖有上，不知大道之上無有窮也。深深之下雖有下，不知大道之下無有極也。杳冥莫測名曰道，隨物所得而列等殊。無爲之道，莫能窮究也。

《眞訣》曰：超者，是超出凡軀而入聖品。脱者，是脱去俗胎而爲仙子。是其神入氣胎，氣全眞訣。須是前功節節見驗正當，方居清静之室，以入希夷之境，内觀認陽神，次起火降魔，焚身聚氣。眞氣升在天官，殼中清淨，了無一物，當擇幽居，一依内觀。三禮既畢，平身不須高升正坐，不須斂伸，閉目冥心。静極朝元之後，身軀如在空中，神氣飄然，難爲制御，默然内觀，明朗不昧，山川秀麗，樓閣依稀，紫氣紅光紛紜爲陣，祥鸞綵鳳音語如簧。異景繁華，可謂壺中眞趣，而洞天别景，逍遥自在，冥然不知有塵世之累。是眞空之際，其氣自轉，不須用法依時。若見青氣出東方，笙簧嘹喨，旌節車馬，左右前後不知多少。須臾南方赤氣出，西方白氣出，北方黑氣出，中央黄氣出。五氣結聚而爲綵雲，樂聲嘈雜，喜氣熙熙，金童玉女扶擁自身，或跨火龍，或乘玄鶴，或跨綵鸞，或騎猛虎。升騰空中，自下而上，所遇之處，樓臺觀宇不能盡陳，神祇官吏不可備説。又到一處，女樂萬行，官僚班列，如人間帝王之儀，聖賢畢至。當此之時，見之傍若無人，乘駕上升，以至一門，兵衛嚴肅而不可犯，左右前後官僚、女樂留戀不已，終是過門不得軒蓋覆面，自上而下，復入舊居之地。如此上下不厭其數，是調出殼之法也。積日純熟，一升而到天宫，一降而還舊處，上下絶無礙滯。乃自下而上，如登七級寶塔，或如上三層紅樓。始也一級而一級，七級上盡，以至頂中，輒不得下視，神驚而戀軀不出。既至七級之上，則閉目便好跳，如寐如寤，身外有身，形若嬰兒，肌膚鮮潔，神采瑩然，回觀故軀，亦不見有所見之者，乃如糞堆，又如枯木，憎愧萬端，輒不可頓棄而遠遊。蓋其神出未熟，聖氣結而未成，須是再入本軀，往來出入純熟，一任遨遊，始乎一步、二步，次二里、三里，積日純熟，乃如壯士，展臂可千里、萬里，而形神壯大，勇氣堅固，然後寄凡骸於名山大川之中，從往來應世之外，不與俗類等倫。是此而或行滿而受天書，驂鸞乘鳳，跨虎騎龍，自東自西，以入紫府。先見太微眞君，次居下島。欲要升洞天，當傳道、積行於人間。受天書而升洞天，以爲天仙。凡行此法，古今少有成者。蓋以功不備而欲行之速，便爲此道。或乃功驗未證，止事静坐，欲求超脱。或乃陰靈不散，出而爲鬼仙，人不見形，往來去住，終無所歸，止於投胎就舍，而奪人軀殼，復得爲人仙。或出入不熟，往來無法，一去一來，無由再入本軀，神魂不知所在，乃釋子坐化，道流之尸解也。故行此道，乃在前功見驗正當，仍是擇地築室，以遠一切腥穢之物、臭惡之氣、往來之聲、女子之色，不止於觸其眞氣，而神亦厭之。既出而復入，入而不出，則形神俱妙，與天地齊年而浩劫不死。既入而復出，出而不入，如蟬脱蜕，遷神入聖。是以超凡脱俗，以爲眞人仙子，而在風塵之外、寄居三島之洲者也。

佚名《養生祕録・金丹問答》　問超脱。答曰：超者，出也；脱者，脱換凡軀也。皆天門出，前聖有脱殻之驗。六祖七層寶塔出，鍾吕七級紅樓出，海蟾公鶴衝天門出。詩曰：功成須是出神京，内院繁華勿累身。會取五仙超脱法，錬成仙質離凡塵。

抽添

論說

《修真十書·鍾呂傳道集》卷一五《論抽添》 呂曰：採藥必賴氣中之水，進火須借鉛中之氣，到底抽鉛成大藥，若以添汞，上可以補丹田。所謂抽添之理何也？鍾曰：昔者上聖傳道於人間，以太古之民淳而復朴，冥然無知，不可得聞大道，天地指諭陰陽，升降之宜交換於溫涼寒暑之氣，而節候有期，一年數足，周而復始，不失於道，天地所以長久。不慮人之不知，而闇於大理，蔽在一隅。比說於日月精華往來之理，進退在旦望弦朔之時，而出沒無差，一月數足，運行不已，不失於道，日月所以長久。奈何寒來暑往，暑往寒來，世人不悟天地升降之宜；月圓復缺，月缺復圓，世人不悟日月往來之理。恣縱無窮之慾，消磨有限之時。富貴奢華，筭來只中裝點浮生之夢，恩愛愁煩，到底做下來生之債。歌聲未絕而苦惱早來，名利正濃而紅顏已去。貪財貪貨，將謂萬劫長存；愛子憐孫，顯望永生同聚。貪癡不息，妄想長生，而耗散元陽，走失眞氣。直待惡病纏身，方是歇心之日，大限臨頭，纔爲了首之時。眞仙上聖，憫其如此輪回，已而歸墮落深，欲世人明悟大道，比於天地日月之長久，始也備說天地陰陽升降之理，次以比喻日月精華往來之理。彼以不達天機，罔測玄妙，以內藥比外藥，以無情說有情，無情者金石，金石者外藥也。有情者氣液，氣液者內藥也。大之天地，明之日月，外之金石，內之氣液，既採須添，既添須抽，抽添之理，乃造化之本也。且冬至之後，陽升於地，地抽其陰，太陰抽而爲厥陰，少陽添而爲陽明，厥陰抽而爲少陰，陽明添而爲太陽，不然無寒而變溫，溫而變熱者也。夏至之後，陰降於天，天抽其陽，太陽抽而爲陽明，少陰添而爲厥陰，陽明抽而爲少陽，厥陰添而爲太陰，不然無熱而爲涼，涼而變寒也。是以天地陰陽昇降而變六氣，其抽添之驗也。若以月受日魂，日變月魄，前十五日，月抽其魄而日添其魂，精華已滿，光照下土，不然無初生而變上弦，上弦而變月望者也。若以月還陰魄，日收陽精，後十五日，日抽其魂而月添其魄，光照已謝，陰魄已足，不然無月望而變下弦，下弦而變晦朔者也。是此日月往復而變九六，其抽添之驗也。世人不達天機，罔測玄理，眞仙上聖，以人心所愛者無病長生，將金石鍊大丹，以人心所好者黃金白銀，將鉛汞成至寶，本意欲世人悟其大理：無情之金石，火候無差，抽添有數，尚可延年益壽，若以己身有情之正陽之氣，眞一之水，知交合之時，明採取之法，積日累月，氣中有氣，鍊氣成神，以得超脫，莫不爲今古難得之事。人間天上，少得解悟，當以志心行持而棄絕外事，效天地日月長久，誘勸迷徒留心於道，故有外藥之說。今古聖賢，或而陳說，得聞於世，世人又且不悟，欺己罔人，以失先師之本意，將砂取汞，以汞點鉛，即鉛乾汞，用汞變銅，不顧身命，狂求財物，互相推舉以好道爲名，其實好利而志在黃白之術。先聖上仙，不得已而隨緣設化，對物教人而有鉛汞之說，比喻於內事。且鉛汞自出金石，金石無情之物，尚有造化而成寶，若以有情自己所出之物，如鉛汞之作用，莫不亦有造化。既有造化，莫不勝彼黃白之物也。奉道之士，當以深究之，而勿執在外丹與丹竈之術。且夫人之鉛也，乃天地之始，因太始而有太質；爲萬物之母，因太質而有太素。其體也爲水中之金，其用也爲火中之水，五行之祖而大道之本也。既以採藥爲添汞，添汞須抽鉛，所以抽鉛非在外也。自下田入上田，名曰肘後飛金晶，又曰起河車而走龍虎，又曰還精補腦而長生不死。鉛既後抽，汞自中降，以中田還下田，始以龍虎交媾而變黃芽，是五行顛倒，此以抽鉛添汞而養胎仙，是三田返覆。五行不顛倒，龍虎不交媾，三田不返覆，胎仙不氣足。抽鉛添汞，一百日藥力全，二百日聖胎堅，三百日胎仙完而眞氣生。眞氣既生，鍊氣成神，功滿忘形而胎仙自化，乃曰神仙。呂曰：出於金石者，外鉛外汞，抽添可以爲寶。出於己身腎中所藏父母之眞氣而爲鉛，眞一正陽所合之藥，變而爲汞，抽添可以生神。所謂眞鉛眞汞，亦有抽添乎？鍾曰：始也得汞須用鉛，用鉛終是錯，故以抽之而入上宮，元氣不傳，還精入腦，日得之汞，陰盡陽純，精變爲砂，而砂變爲金，乃曰眞鉛。眞鉛者，自身之眞氣，合而得之也。眞鉛生眞氣之中，炁中眞一之水，五氣朝元而三陽聚頂。昔者金精下入丹田，升之鍊形，而體骨金色，此者眞鉛升

之內府，而體出白光，自下而上，自上而下，還丹鍊形，皆金精往復之功也。自前而後，自後而前，焚身合氣，皆眞氣造化之功也。若以不抽不添，止於日用採藥進火，安有如此之功驗。呂曰：凡抽之添之，如何得上下有度，前後無差？鍾曰：可昇之時不可降，可抽之時不可添，上下往來，無差毫釐，河車之力也。

李道純《中和集》卷三 問：如何是抽添？曰：身不動氣定，謂之抽；心不動神定，謂之添。身心不動，神凝氣結，謂之還元。所以取坎中之陽，補離中之陰而成乾，謂抽鉛添汞也。

佚名《養生祕録·金丹問答》 問曰：何謂抽添？答曰：既抽鉛於肘後，須添汞於中黃。《傳道集》曰：可抽之時，不可添。是也。

採取

論說

李簡易《玉谿子丹經指要》卷上 採者，以不採之採，取者，以不取之取。是不可以有心求，不可以無心得。邵先生曰：冬至子之半，天心無改移，一陽初動處，萬物未生時。皆從這裏起，使是作用處。《易》曰：乾道成男，坤道成女。所以男子十六而眞精滿，而應乎乾；女子二七而天癸降，而應乎坤。乾納甲壬，坤納乙癸，造化有自來矣！紫陽曰：鉛見癸時須急採。是坤之末，復之初，太易未見氣之前，候一陽動而急採之也。金逢望遠不堪嘗者，謂莫使嬌紅取次零也。復命禪師曰：採取須敎密，誠心辯醜姸，事難尋意脈，容易失寒泉。紫陽曰：敲竹喚龜吞玉芝，鼓琴招鳳飲刀圭。是採鉛入鼎之樞機，即非金華御女之術也。

融結

論說

李簡易《玉谿子丹經指要》卷上 古歌曰：日爲離兮月爲坎，日月精魂相呑啗。紫陽曰：二物總因兒產母，五行全要入中宮。即五星聯珠，日月合璧也。近代馬丹陽有云：水中火發休心景，雪裏花開滅意春。是融結之時景象也。學道者宜熟味之！

烹鍊

論說

李簡易《玉谿子丹經指要》卷上 《參同契》曰：下有太陽氣，伏蒸須臾間。又曰：升熬於甑山兮，炎火張設下。又曰：嗷嗷聲甚悲兮，如嬰兒之慕母。又曰：熒惑守西，太白經天，殺氣所臨，何有不傾，貍犬守鼠，鳥雀畏鸇。復命曰：奪得烏兎精與髓，急須收拾鼎中燒。古歌曰：神火夜烹鉛氣盡，老龜呑盡祝融魂。乃自然烹鍊之旨，不知造化者，未可與之輕議。

李道純《中和集》卷三 問：如何是烹鍊？曰：身心欲合未合之際，若有一毫相撓，便以剛決之心敵之，爲武鍊也。身心既合，精氣既交之後，以柔和之心守之，爲文烹也。此理無他，只是降伏身心，便是烹鉛鍊汞也。忘情養性，虛心養神，萬緣頓息，百慮俱澄，身心不動，神凝氣結，是謂丹基，喻曰聖胎也。以上異名，只是以性攝情而已。性寂情冥，照見本來，抱本還虛，歸根復命，謂之丹成也，喻

曰脫胎。

温養

論說

李簡易《玉谿子丹經指要》卷上 除情去慾，收視返聽，墮肢體，黜聰明，終日如愚，不可須臾離也。如龍養珠，無令間斷，如雞抱卵，暖氣不絕。老子曰：專氣致柔，能嬰兒乎？又曰：治大國若烹小鮮。訣曰：忘形以養氣，忘氣以養神，忘神以養虛。眞人守規中，氣如春在花，節氣既周，脫胎神化。

沐浴

論說

李簡易《玉谿子丹經指要》卷上 《參同契》曰：二月榆死，八月麥生，刑德臨門，慮防危險。紫陽曰：兔雞之月及其時，刑德臨門宗象之到，此金砂宜沐浴，若還加火必傾危。故卯酉二時，宜沐浴以平之，不進火候。

脫胎

論說

李簡易《玉谿子丹經指要》卷上 漸漸大，漸漸靈，漸漸成。紫陽曰：果生枝上終期熟，子在胞中豈有殊。雲房曰：孩兒幼小未成人，須藉爺娘養育恩，九載三年人事盡，縱橫天地不由親。回視舊骸，一堆糞土，功圓果滿，上朝元君。可謂形神俱妙，與道合眞也。《太乙眞人破迷歌》曰：道傍逢一魚，猶能掉紅尾，子若欲救之，速須送水底。當路逢一人，性命將淪委，子若欲救之，速須與道理。傍門並小法，千條有萬緒，眞道事不多，不出於一己。爲省迷中人，略舉其一二。行氣不是道，呼吸亂榮衛，嚥津不是道，津液非神水；存想不是道，畫餅豈爲餌；採陰不是道，精竭命隨逝；斷鹽不是道，飲食無滋味；辟穀不是道，飢餒傷腸胃；休妻不是道，陰陽失宗位。如何却是道，太乙含眞氣，氣交而不交，升降效天地。二物相配合，起自於元始，姹女與嬰兒，匹配成既濟。本是眞陰陽，夫妻同一義。所以不須休，孤陽豈成事？出示爲神仙，金丹豈容易？志士不說眞，大洞隱深誼。五行不順行，虎向水中生，五行顛倒術，龍從火裏出，斯言眞妙言，便是太一力。紫陽曰：休妻謾遣陰陽隔，絕粒徒教腸胃空。蓋引《太一眞人破迷歌》之語。辟穀故非至道然，休妻之說，其理深遠。今世地獄之輩，見紫陽言此，即將金華三峰御女之術，妄爲箋注，迷惑後來，陷士大夫於地獄。殊不知太一眞人與紫陽眞人之旨趣，乃是身中眞陰眞陽交合之義也。故《參同契》曰：雄不獨處，雌不孤居。又云：物無陰陽，違天背元，牝雞自卵，其雛不全。雲房曰：莫謂此身俱是道，獨修一物是孤陰。白玉蟾曰：自家身裏有夫妻，說向時人須笑殺。蓋爲此也。紫陽曰：能將日用顛倒求，大地沙塵盡成寶。又云：若能轉此生殺機，反掌中間災變福。又曰：勸君臨陣休輕敵，恐喪吾家無價珍。又云：若會殺機明返覆，如知害裏却生恩。後又誡曰：未

鍊還丹須急鍊，鍊了還須知止足，若也持盈未已心，不免一朝遭殆辱。此論防危慮險，蓋轉返覆之機。若色心未除，慾火下熾，則大寶傾喪，命基頹圮，到此之時，悔之何及！僕所以再此以警世之學道者，但願俱趨正道，同證仙階，提攜後來，毋復一盲引一盲也。《葛仙翁流珠歌》曰：流珠流珠，投我區區，雲遊四海，歷涉萬書。茫茫汲汲，忘寢失哺，參遍知友，燒竭汞朱。三十年內，日日長吁，吾今六十，憂赴三塗。賴師傳授，元氣虛無，先定金鼎，後定玉爐，離火激發，坎水規模。玉液灌溉，洞房流酥，眞人度我，要大丈夫。念茲在茲，寄吾記吾。以此顯見前眞學道勤苦，未有不遇至人點化也。修鍊內丹之道，藥物不過鉛汞二物而已，當先修人道，以忠孝爲本，濟物爲先。寶此一身，內功外行，除嗜慾，定心氣，節飲食，省眠睡。身中至藥，精與氣神，精不妄泄則元氣混融，元氣混融則元神安逸。三者既固，則鼎器漸完。鼎器既完，方可言修鍊也。或問：如何是順則生人，逆爲丹母？答曰：順者，人倫之大端，分精氣以成人，精氣爲物，遊魂爲變，有身則有患，煩惱從此起也。逆者顚倒五行，和合四象，採混元未判之氣，奪龍虎始姤之精，入于黃房，產成至寶。可謂無質生質，身外有身，暨乎功滿德就，而證上仙焉！

許明道《還丹祕訣養赤子神方·脫胎》 脫胎者，乃前聖胎既就，未可出室，更於室中行脫胎工夫謹存聖胎於髓海中，不過兩太陰甲子，直待天門忽開，如霹靂一聲，則聖胎脫出，兩箇一般無二樣。未可便離體，更有仙化之道在後。雲房曰：一聲霹靂震崑崙，無限神明暗失驚，兩箇一般無二樣，始知功滿出埃塵。

止念

論說

陳沖素《陳虛白規中指南》卷上 精滿不思色，炁滿不思食。耳目聰明男子身，洪鈞賦予不爲貧。因採月窟方知物，爲躡天根始識人。乾遇巽時觀月窟，地逢雷處見天根。天根月窟閑來往，三十六宮都是春。

○念起即覺，覺之即無，修行妙門，惟在此已。此法無多，子教人煉，念頭一毫如未盡，何處覓蹤由。夫無念者，非同土石草木，塊然無情也。蓋無念之念，謂之正念。正念現前，迴光返照，使神御炁，使炁歸神，神凝炁結，乃成汞鉛。牢擒意馬鎖心猿，慢著工夫鍊汞鉛。大道教人先止念，念頭不住亦徒然。

採藥

論說

陳沖素《陳虛白規中指南》卷上 心動則神不入炁，默然養心。身動則炁不入神，凝神忘形。夫採藥者，採身中之藥物也。身中之藥者，神炁精也。採之之法謂之收拾身心，斂藏神炁，心不動則神炁完，乃安爐立鼎，烹鍊神丹。

既濟

論說

李道純《中和集》卷三 或問：如何是既濟？曰：水升火降曰既濟。《易》曰：山下有澤，損君子，以懲忿窒慾。此既濟之方，懲忿則火降，窒慾則水升。

未濟

論説

李道純《中和集》卷三　或問：如何是未濟？曰：不能懲忿，則火上炎；不能窒慾，則水下濕。無明火熾，苦海波翻，水火不交，謂之未濟。

固濟

論説

佚名《養生祕録・金丹問答》　問固濟。答曰：太眞云：固濟胎不泄，變化在須臾。言其水火既濟，閉固神室而不可使之泄漏。

搬運

論説

佚名《養生祕録・金丹問答》　問曰：何謂搬運？答曰：搬金精於肘後，運玉液於泥丸。下手工夫，口訣存焉！

防危

論説

佚名《養生祕録・金丹問答》　問曰：防危。答曰：防火候之差失，忌夢寐之昏迷。翠虚曰：精生有時，時至神知，百刻之中，切忌昏迷。

匹配陰陽

論説

原題鍾離權《秘傳正陽眞人靈寶畢法》卷上　《玉書》曰：大道無形，視聽不可以見聞。大道無名，度數不可以籌筭。資道生形，因形立名。名之大者，天地也。天得乾道而積氣，以覆於下。地得坤道而托質，以載於上。覆載之間，上下相去八萬四千里，氣質不能相交。天以乾索於坤而還於地中，其陽負陰而上升。地以坤索於乾而還於天中，其陰抱陽而下降。一升一降運於道，所以天地長久。

《眞原》曰：天地之間，親乎上者爲陽，自上而下四萬二千里，乃曰陽位。親乎下者爲陰，自下而上四萬二千里，乃曰陰位。既有形名，難逃度數。且一歲者，四時、八節、二十四氣、七十二候、三百六十日、四千三百二十辰。十二辰爲一日，五日爲一候，三候爲一氣，三氣爲一節，二節爲一時，四時爲一歲。一歲以冬至節爲始，是時也，地中陽升。凡一氣十五日，上升七千里。三氣爲一節，一節四十五日，陽升共二萬一千里。二節爲一時，一時九十日，陽升共四萬二千里，正到天地之中，而陽合陰位，陰中陽半，其氣爲溫，而時當春分之節也。過此陽升而入陽位，方曰

得氣而升，亦如前四十五日立夏。立夏之後，四十五日夏至。夏至之節，陽升通前計八萬四千里以到天，乃陽中有陽，其氣熱，積陽生陰，一陰生於二陽之中，自夏至之節爲始，是時天中陰降。凡一氣十五日，下降七千里。三氣爲一節，一節四十五日，陰降共二萬一千里。二節爲一時，一時九十日，陰降共四萬二千里，以到天地之中，而陰交陽位。是時陽中陰半，其氣爲涼，而時當秋分之節也。過此陰降而入陰位，方曰得氣，而降亦如前四十五日立冬。立冬之後，四十五日冬至。冬至之節，陰降通前計八萬四千里以到地，乃陰中有陰，其氣寒。積陰生陽，一陽生於二陰之中。自冬至之後，一陽復升，如前運行不已，周而復始，不失於道。冬至陽生，上升而還天。夏至陰生，下降而還地。夏至陽升到天而一陰來至，冬至陰降到地，而一陽來至，故曰：冬至。陽升於上，過春分而入陽位以離陰位，陰降於下。過秋分而入陰位，以離陽位。故曰春分、秋分。凡冬至陽升之後，自上而下，非無陰降也，所降之陰乃陽中之餘陰，止於陽位中消散而已，縱使下降得位，與陽升相遇，其氣絕矣。凡夏至陰降之後，自下而上，非無陽升也，所升之陽乃陰中之餘陽，止於陰位中消散而已，縱使上升得位，與陰降相遇，其氣絕矣。陰陽升降，上下不出於八萬四千里，往來難逃於三百六十日，即溫、涼、寒、熱之四氣而識陰陽，即陽升陰降之八節而知天地。以天機測之，庶達大道之緒餘。若以口耳之學，較量於天地之道，安得籌筭而知之乎。

比喻曰：道生萬物，天地乃物中之大者，人爲物中之靈者，別求於道，人同天地。以心比天，以腎比地，肝爲陽位，肺爲陰位。心腎相去八寸四分，其天地覆載之間，比也。氣比陽，而液比陰。子午之時，比夏至、冬至之節。卯酉之時，比春分、秋分之節。以一日比一年，以一日用八卦時比八節。子時腎中氣生，卯時氣到肝。肝爲陽，其氣旺陽升，以入陽位，其春分之比也。午時氣到心，積氣生液，夏至陽升到天，而陰生之比也。午時心中液生，酉時液到肺。肺爲陰，其液盛陰降，以入陰位，其秋分之比也。子時液到腎，積液生氣，冬至陰降到地，而陽生之比也。周而復始，日月循環，無損無虧，自可延年。

《眞訣》曰：天地於道一得之，惟入也，受形於父母，形中生形，去道愈遠。自胎完氣足之後，六欲七情耗散元陽，走失眞氣，雖有自然之氣液相生，亦不得天地之升降。且一呼元氣出，一吸元氣入，接天地之氣，既入不能留之，隨呼而復出，本宮之氣反而爲天地奪之，是以氣散難生液，液之少難生氣。當其氣旺之時，日用卯卦，而於氣也多入少出，強留在腹，當時自下而升者，不出自外而入者，暫住二氣相合，積而生五臟之液，還元愈多，積日累功，見驗方止。

《道要》曰：欲見陽公長子，須是多入少出。從他兒女相爭，過時求取眞的。乃積氣生液，積液生氣，匹配氣、液相生之法也。行持不過一年，奪功以一並三。百日爲期，旬日之見驗。進得飲食而疾病消除，頭目清利而心腹空快，多力少倦，腹中時聞風雷之聲，餘驗不可勝紀。

解曰：陽公長子者，乾索須坤，如氣升而上也。兒是氣，自腎中升。女是液，自心中降。相爭而上下之故，閉氣而生液，匹配兩停，過時自得眞水也。

聚散水火

論說

原題鍾離權《秘傳正陽真人靈寶畢法》卷上　《金誥》曰：所謂大道者，高而無上，引而仰觀其上無上，莫見其首。所謂大道者，卑而無下，儻而俯察其下無下，莫見其基。始而無先，莫見其前。終而無盡，莫見其後。大道之中而生天地，天地有高下之儀。天地之中而有陰陽，陰陽有始終之數。一上一下，仰觀俯察，可以賾其機。一始一終，度數籌筭，可以得其理。以此推之，大道可知矣。

《眞原》曰：即天地上下之位，而知天地之高卑。即陰陽終始之期，而知天道之前後。天地不離於數，數終於一歲。陰陽不失其宜，分於八節。冬至一陽生，春分陰中陽半，過此純陽而陰盡。夏至陽太極而一陰生，升降如前。上下終始，雖不能全盡大道，而不失大道之體。欲識大道，當取法於天地，而審於陰陽之宜也。

比喻曰：以心、腎比天地，以氣、液比陰陽，以一日比一年。日用艮卦比一年用立春之節，乾卦比一年用立冬之節。天地之中，親乎下者爲陰，自下而上四萬二千里，乃曰陰位。冬至陽生而上升，時當立春陽，升於陰位中二萬一千里，是陽難勝於陰也。天地之中，親乎上者爲陽，自上而下四萬二千里，乃曰陽位。夏至陰生而下降，時當立冬，陰降而下離天六萬三千里，去地二萬一千里，是陰得位而陽絶也。一年之中立春比一日之時，艮卦也，腎氣下傳膀胱，在液中微弱難升也。一年之中立冬比一日之時，乾卦也，乾卦心液下入，將欲還元，復入腎中，乃陰盛陽絶之時也。人之致病者，陰陽不和，陽微陰多，故病多。

《眞訣》曰：陽升立春，自下而上，不日而陰中陽半矣。艮卦氣微丑寅陰降立冬，自上而下，不日而陽中陰半矣。乾卦氣散戌亥。天地之道如是。惟人也，當艮卦氣微，不知養氣之端。乾卦氣散，不知聚氣之理。日夕以六慾七情耗散元陽，使眞氣不旺，走失眞氣，使眞液不生，所以不得如天地之長久者，蓋以此矣。故古人朝屯暮蒙，日用二卦，乃得長生在世。朝屯者，蓋取一陽爲屈而未伸之義，其在我者，養而伸之，勿以耗散。暮蒙者，蓋取童蒙求我以就明棄暗，乃陰間求陽之義，其在我者，昧而明之，勿以走失。是以日出當用艮卦之時，以養元氣，勿以利名動其心，勿以好惡介其意。當披衣靜坐，以養其氣。絶念忘情，微作導引。手腳遞互伸縮三五下，使四體之氣齊生，內保元氣上升以朝於心府。或咽津一兩口，搓摩頭面三、二十次，呵出終夜壅聚惡濁之氣。久而色澤充美，肌膚光潤。艮卦養元氣。又於日入用乾卦之時，以聚元氣。當入室靜坐咽氣，搐外腎。咽氣者，是納心火於下。搐外腎者，是收膀胱之氣於內。乾卦聚元氣。上下相合腎氣之火，三火聚而爲一，以補暖下田。無液則聚氣生液，有液則煉液生氣，名曰聚火，又曰太一含眞氣也。早朝咽津摩面，手足遞互伸縮，名曰散火，又名曰小煉形也。

《道要》曰：花殘葉落深秋，楊妃懶上危樓。欲得君民和會，當時宴罷頻收。此納心氣而收膀胱氣，不令耗散而相合腎氣，以接坎卦氣，海中新生之氣也。必以交立冬爲首，見驗方止。行持不過一年，奪功以一並三，百日爲期，旬日見驗。容顏光澤而肌膚充悅，下田溫暖，小便減省，四體輕健而精神清爽，痼疾宿病盡皆消除。如惜歲月，不倦行持，只於匹配陰陽功內稍似見驗，敘入此功，日用添入艮卦，略行此法。乾卦三元用事，應驗方止。三元乾、艮、震也。

解曰：花殘葉落深秋者，如人氣弱日暮之時，陽氣散而不升，故曰懶上危樓。樓者，重樓也。心爲君火，膀胱民火，咽氣搐外腎，故心與外腎氣聚而爲一，故曰和會。宴乃咽也，收乃搐也。早辰功不絶者，此法爲主本也。

龍虎交媾

論說

佚名《太上長文大洞靈寶幽玄上品妙經發揮・龍虎交媾》 夫龍虎交媾在五六，所出在舌，《龍虎上經》之內，爲之眞篇，曰通神玉鎖，內亦論也。吾聞世中有道經千卷，盡隱聖方妙法，妙術玄機。且夫眞一之術，便是太陽之道，吾今爲汝細說，用心記之。夫龍者震也，屬木，內隱火，夫虎者兑也，屬金，內隱水。交者屬土內和四象，此是五行並足也，方成造化。若修身養命，須用眞一之氣，鍊三田之寶，合象之神，使八卦之爻，用周天之火，結腹內之胎，方離塵世之景，神仙之地，可超凡入聖，以爲成道。

頌曰：五數爲陽六數陰，龍交虎媾兩相呑，木生水火皆逢土，父母夫妻與子孫。

原題鍾離權《秘傳正陽眞人靈寶畢法》卷上 《金誥》曰：太元初判而有太始，太始之中而有太無，太無之中而有太虛，太虛之中而有太空，太空之中而有太質。太質者，天地也。天地清濁，其質如卵而玄黄之色，乃太空之中一物而已。陽升到天太極而生陰，以窈冥抱陽而下降。陰降到地太極而生陽，以恍惚負陰而上升。一升一降，陰降陽升，與天地行道而萬物生成也。

《眞原》曰：天如覆盆，陽到難升。地如磐石，陰到難入。冬至而地

中陽升，夏至到天，其陽太極而生陰。所以陰生者，以陽自陰中來而起於地，恍恍惚惚，氣中有水，其水無形，夏至到天成水，是曰陽太極而陰生也。夏至而天中陰降，冬至到地，其陰太極而陽生。所以陽生者，以陰自陽中來而出於天，杳杳冥冥，水中有氣，其氣無形，冬至到地，積水生氣，是曰陰太極而陽生也。

比喻曰：以身外比太空，以心腎比天地。以氣液比陰陽，以子午比冬夏。子時乃曰坎卦，腎中氣生。午時乃曰離卦，氣到心。腎氣與心氣相合而太極生液，所以生液者，以氣自腎中來，氣中有真水，其水無形。離卦到心，接著心氣，則太極而生液者如此。離卦心中液生，坎卦液到腎，液與腎水相合而太極，復生於氣。所以生氣者，以液自心中來，液中有真氣，其氣無形。坎卦到腎，接著腎水，則太極而生氣者如此。可以比陽升陰降，至太極而相生。所生之陰陽，陽中藏水，陰中藏氣也。

《真訣》曰：腎中生氣，氣中有真水。心中生液，液中有真氣。真水、真氣乃真龍、真虎也。陽到天而難升，太極生陰。陰到地而難入，太極生陽。天地之理如此。惟人也，不得比天地者，六慾、七情感物喪志，而耗散元陽，走失真氣。當離卦腎氣到心，神識內定，鼻息少入遲出，綿綿若存，而津滿口勿吐勿咽，自然腎氣與心氣相合，太極生液。以液與真水相合，真氣戀液，真水戀氣。本不相合，蓋液中有真氣，氣中有真水，互相交合相戀而下，名曰交姤龍虎。若以火候無差，而抽添合宜，三百日養就真胎而成大藥，煉質焚身，朝元超脫之本也。

《道要》曰：一氣初回元運，真陽欲到離宮，捉取真龍真虎，玉池春水溶溶。此恐泄元氣而走真水於身外也。氣散難生液，液少而無真氣。氣、水不交，安成大藥。當此年中用月，以冬至爲始，日中用時，以離卦爲期。或以晚年奉道，根源不固，自度虛損而氣不足之後，十年之損，一年用功補之，名曰採補還丹。補之過數，止行此法，名曰水火既濟。可以延年益壽，乃曰人仙。功驗不可備紀。若補數足而口生甘津，心境自除，情慾不動，百骸無病，而神光暗中自見雙目，時若驚電。以冬至日爲始節，用法三百日胎仙具。

解曰：在外午時爲離宮，太陽爲真陽。在人心爲離宮，元陽爲真龍也，真虎乃腎中之水也。真龍心液中之氣，口爲玉池，津爲春水。

鍊法入道

論說

施肩吾《西山群仙會真記》卷五　《西山記》曰，以法入道，道故不難，以道求仙，仙亦甚易。求仙不難，所以難者，所學之道不正。學道不難，所以難者，所學之法不真。昔人隱形易貌，留炁返魂，呪白刃不傷，禁毒蟲不害，釘釘自落，履火不焦，使水逆行，迴風倒雨，結巾投地而兔走，盤帶輟針而蛇行，苽菓結實于須臾，龍魚遨遊乎頃刻。若此是其術也，而與法不同。故昔人以冬後陽生，而春分之後餘寒悮入腸胃，以爲傷寒之疾，既覺急居淨室，盤膝正坐，閉目冥心，定息住炁，以雙手疊之，兜外腎向前，倒身跪禮，不過二三十度，汗出清涼，寒炁自散。昔人夢泄遺漏，或下元虛冷，乃於日落之後，靜坐幽室，以手兜外腎，以手搓臍下，八十一數，搓手兜腎，兜手搓臍，八十一數，九遍爲度，但左右換手而已。遂丹元補暖，真炁充盈。昔人以幽居靜室，絕念忘言，一向下心火，閉目存想，如火輪炎炎，積日炁海堅固，顏色異常，日久下盡諸穢，自耐寒暑也。昔人以飲食過度，胸臆注滿，或寒熱凝滯，或痛結壅塞，當靜坐鼻引清炁，口閉不開，多入少出，攻所病之處，大緊方放其炁，不下三五次，自然消除，永絕萬病。昔人心上爲陽，而陰不能到，以腎下爲陰，而陽不能及。故湧泉之上，炁升而不降，血注而不升，致使腳膝沉重，陰凝而陽散。又況終日奔馳，無時休息，當夜後湯濯二足，此外益而功少，不若高舉二足，使炁倒行，流于湧泉，逆流于丹闕，即日足輕，行及奔馬，其步如飛也。昔人以四肢小疾，五臟微痾，或而凝滯壅塞，靜坐澄清，閉目絕念，運心炁于所病之處，暫閉息少時，無攻不勝。已上皆法也。而與道不同。夫道者，無所不包，無所不通，何止爲伎藝之能，治疾病之功而已。因術識法，因法知道，道本一陰一陽而已。陰陽相交相合，故天地有春夏秋冬之四季，日月有弦望晦朔之四候。惟人也，於一日之

間，丑末寅初，陽合陰也；辰末巳初，陽交陽也；未末甲初，陰合陽也；戌末亥初，陰交陰也。悟陰陽交合，何道之遠哉？

鍊形化炁

論說

施肩吾《西山群仙會真記》卷五 《西山記》曰：形者，炁之舍，炁者，形之主。借形養炁，炁壯而形固矣！運炁鍊形，形全而炁自真矣！故人之真炁，大運隨天，春在肝，夏在心，秋在肺，冬在腎。人之元炁，小運隨日，子在腎，卯在肝，午在心，酉在肺。古先達士，識破天機，以炁度合天度，以日用參年用。自子至午，炁生之時，而用聚炁還丹之法；自午至子，炁散之時，而用收炁鍊丹之法。《彭玉真人訣》曰：午前鍊乾，午後鍊坤。自寅至午，乃昇身靜坐，冥目忘言，鼻息遲遲，密想心宮如夫婦相見之儀，久久成功，而得長生不死。

昔《元昉真人訣》曰：自辰起，不語，以舌攪上腭下腭惡濁之津，咽之，而呵出心中所積喜怒哀樂之炁，真炁上升，寄留面目，以手握之。次居靜室，宴坐不語，至午未之間，炁盛神昏，側卧閉口而睡，積日安樂延年，亦可留形住世。此知其時候，悟其交合，而無採取之法也。西山上聖，知其子時腎炁生，卯時肝炁生，午時腎炁交心炁，積炁生液，還于丹田，而曰玄珠。若火候無差，乃成大藥。腎炁之中暗藏真一之水，心液之上暗藏正陽之炁，以陰抱陽，用水承炁，此大道之本，長生之藥。如何使之不走失，當辰巳之間，幽室靜坐，神識內守，滿口含津，勿咽勿吐，鼻息少入遲出，綿綿若存，自然二炁相交，凝結如露。一百日無差，藥力全，二百日聖胎堅，三百日仙完而真炁生。炁中有炁，而可鍊炁成神。故鍾離曰：昔有三真，頌金丹六訣矣！若以修行不悟，此世人學道謾勞功，又曰：閑庭無事憶江南，華滿春城水滿潭，若見揚州風物好，是須穩駕虎龍船。此名曰龍虎交媾，又曰採藥之法也。及自午至子，而用收炁鍊丹之法者，而爲火候，古今不同。夫不悟真理，不識天機，而達造化之宜者，惟扁鵲解《靈樞》，以鼻引清炁，入而留之，四息爲一銖，二十四銖爲一兩火。夏至之後，以巽卦天霆運二十五度行之，鍊真汞而爲陰胎；冬至以乾卦靈符運二十五度，行之，鍊真鉛而爲陽息。陽息投陰胎，而變金丹，金丹一粒，可長生不死。廣成子教黃帝，自辰至暮，靜坐忘念，屏絕外慮，神識內守，一意不散，降心火于丹田，存臍下如淨瓶。淨瓶之中有一珠如彈丸，用炎火，不計晝夜而下燒之。至于胎成息住，自然不飢不渴，不畏寒暑，可以留形住世，此進火得時，亦無聚炁之法。

西山有頌曰：佳人才子正當年，華落黃昏聚會難，不避主公腸欲斷，時來須索閉陽關。此戌末亥初，炁隨真液，還丹之際，陰交陰而炁欲散失，當居靜室，息不必閉也，但少入遲出，心火下降，至意留在丹田，恐腎炁而不停，心火降而不住，乃微以肚腹輕脅，丹田自熱，鍊日中所得之藥。始也一百日乾卦，次一百日兑卦至乾卦，次一百日坤卦至乾卦，乾坤相見，大候無差。若此加減合宜，如說抽添，須肘後飛金晶也。故古先上聖，於離卦採藥，乾卦進火，三百日結就內丹而爲陸地神仙，形神俱妙，浩劫不死，故鍊形之道，非真炁不可也。

鍊炁成神

論說

施肩吾《西山群仙會真記》卷五 《西山記》曰：以炁鍊形，形化炁而體骨輕健，入水不溺，蹈火不熱。其大平龍虎交媾而成大藥，火候無差，以變金丹。若以神鍊炁，炁鍊成神，非在于陽交陰會，其在于抽鉛添汞，致二八之陰消，換骨鍊形，使九三之陽長，三百日胎仙完而真炁生，不可再採藥也。肘後飛金晶，自腎後尾閭穴升之，而到夾脊，自夾脊雙關升之而至上宮，不止于腎炁補腦；而午後降真火，以鍊丹藥，致陰盡陽純也。如是子時腎炁方生，靜室清心，閉目正坐，斂身而腎炁自聚，微微昇

身，傴胸直腰，先到夾脊，次到上宮，自子加至辰巳，定一百日，一撞三關，而又積心之眞火，煅鍊下元內丹，陰固陽凝，炁自紛紜，是日炁中有炁，前升入頂，後起入腦，前後俱起，但升身勿動，以焚身逐陰鬼，一燒增一炁，十燒增一神，百燒延萬年，千燒出塵世。古先上聖，恐火大過，而又有澆灌之法也。始以採藥，是玉液還丹，次以肘後金晶入腦，自上田復入下田，是金液還丹之法也，以鼓兩頰而虛咽納炁是也。丹就而眞炁生，以眞炁鍊五臟之炁。《九仙經》云：鍊神劍金槌，本以五臟之炁。《中黃經》云：閉之千息，以鍊五臟，五臟各出本色炁，聚而上以朝元，三陽合而升之入頂，是則不出五臟。而無修鍊之時，又無煅鍊之法也。西山有鍊炁之法，妙且玄矣！採藥進火，三百日大藥成，還丹鍊形，二百日眞炁滿，大運不必隨天，但可以小運應日。閉炁鍊炁，如甲乙日鍊肝炁，甲日肝炁先進于艮卦，閉息至巽卦爲期，如青炁現，運而在頂。乙日養肝炁，與《畢法》同。凡起火，識五行生尅也。丙丁日鍊心炁，丙日心炁先進于巽卦，閉息至坤卦爲期，如赤炁現，運而在頂；丁日養心炁，凡起火識五行生尅也。戊己日鍊脾炁，先進于春，則辰時一時閉息，夏則未時閉息，秋則戌時閉息，冬則丑時閉息，凡起火，識五行生尅也。庚辛日鍊肺炁，庚日肺炁先進于坤卦，閉炁至乾卦爲期，如白炁現，運而在頂。辛日養肺炁，凡起火，識五行生尅也。壬癸日鍊腎炁，壬日腎炁先進于乾卦，閉息至艮卦爲期，如黑炁現，運而在頂。癸日養腎炁，凡起火，識五行生尅也。十日一翻，鍊遍五臟，凡二百五十日，各鍊二十五數，眞炁自聚，開河車，搬五彩之物，笙簧女樂，車馬旌旗，各分方號隊陣，喜笑熙熙，上朝帝闕，共入天宮。或而陰鬼作梗，邪魔爲障，但于靜室中，閉目冥心，升身正坐，三昧眞火自起，一燒而魔鬼消散。火過清涼，了無一物。前件侍從歌樂，轉加繁盛。終日默坐，內觀明達，並無厭足，奇驗異證，不可備錄。既覺身形常似飛騰，意氣飄揚，難以制禦，常用調神出殼，乃超凡入聖之時也。

鍊神合道

論説

施肩吾《西山群仙會真記》卷五 《西山記》曰：修眞之士，志在玄元而甘寂寞，一日炁滿功盈，五炁朝元，三花聚頂，血凝炁聚，萬神朝眞，併在上宮，富貴華盛，樓臺車馬，士女笙簧，殆非人世所有，勿得認爲眞境，是自身上宮，未能超脱內院，因循不出，是爲困在昏衢，形神俱妙，不能超脱，止爲陸地神仙，難以棄殼而返十洲三島。西山上聖，前功已滿，而出殼之法，不可不備錄詳記也。

昔海蟾公功滿數足，陽神欲出，方在上宮而靜室孤坐，如鶴出天門，龍升舊穴，猛撞天門自開，棄殼而去。鍾離公功滿數足，靜坐內觀，如登七級寶臺，自下而上，一級至一級，上盡到時，勿忽忽則變殼不出，止爲陸地神仙。登之既盡，閉目下跳，如夢中方寐，身外有身，如嬰兒大，瑩潔可愛，勿得遠遊，速須復入本軀。入而不出，與天地齊年，出而不入，與凡俗異處。呂公出法，七層寶臺，三級紅樓，一如鍾離之法。方當內觀，紫河車搬神上入天宮，留戀紫華而不肯超出，故起眞火，而於煙焰中化一火龍，躍出昏衢，乃棄殼之法，最妙者也。世祖禪師雖無火候，而陰靈亦不散，方在內觀，而于定中以神磬聲而去，此止可出而不見入法也。昔達磨六祖禪師，雖是陰神出殼，始以形如槁木，心若死灰，集神既聚，一意不散，神識內守，從心地踴起，一升復一升，直過三十三天化樂天宮，如道家之在上宮也。當跪禮前進，從三門之中中門而出，此亦出而不能入也。西山上聖，功滿數足，其出也雖不離內觀中起大，歌樂中過門，故起火是搬神入頂，過門是調神出殼。方在內觀，起火之後，想鬧華深處，有孤村寮舍三二間，始自彼中出，既遠既近，而迴望故園，依依寥落，欲去不可回視，欲來則不可錯路，聖聖相傳，皆得棄殼而無難易也。頌曰：功成須是出神京，內境繁華勿累身，回望故園風物好，鬧華深處

有孤村。嗟夫，少學無知之徒，止於定中而出陰神，一日悮出天門，不能回返本軀，名曰尸解坐化，迷惑世人，深爲有識者之所笑也！

鍊道入聖

論説

施肩吾《西山群仙會真記》卷五　《洞天語録》曰：世人不悟大理，以塵世石火電光中，暫榮暫貴，役使心緒無定，一日氣弱而病，氣絶而死，轉轉不悟，流身異類，透靈于別殼，終不達生死之宜。夫修養眞氣，眞氣既成，而煅鍊陽神，陽神既出，得離塵世，方居三島，功成神遷棄殼，須傳流積行于人間。行滿功成，受紫詔天書，而居洞天矣！《稚川受道記》曰：道成之人，不可不傳，傳之非人，禍及七祖，得人不傳，災臨己身。赤松子戒黄帝曰：道不可私，求必以物將，其理當信金，而示不變也。

《西山記》曰：所爲捨施者，表其受道之人誠心也。大則捨一身，中則捨兒孫，下則捨田宅。上則捨施于有道之人，中則捨施于有法之人，下則捨施于有術之人也。《茅眞君戒》曰：傳道之人，必欲與先聖立教，遇有志之士，勿謂無信金而不傳，遇無志之士，勿謂得信金而強與。非特墜教墜道，而又彼此皆無益也。玉眞人請益元德眞君曰：上仙入南洲，傳道立教，必欲立盟誓，出金玉者，何也？眞君曰：蓋南洲之人，孽重福薄，不信天機，輕命重財，願爲下鬼，若不立信金，彼必有反慮，若不設盟誓，彼必輕泄，故取之以金，表其不變，嗟夫！人居大衆，萬中無一人奉心清虚；清虚萬中，無一人志誠；志誠萬中，無一人明者，明破天機，而輕于財貨，委于性命，留意者少矣！蓋其人假道求財，誑惑有志之士，致使信心者見道流棄之，遂使高道之士，束手鉗口，見死不救。若奉道之士，識人而知其賢愚，愛法而知其邪正，節次得事，續續有功，使泰華爲金，未可酬師友之一二也。

九還七返

論説

李簡易《玉谿子丹經指要》卷上　還返者，顛倒之義也，乃金火之乘數耳。紫陽曰：七返朱砂返本，九還金液還眞，休將寅子數坤申，但看五行成準。謂金數四，以土乘之即九還矣！火數二，以土乘之即七返矣！《參同契》所謂秘在鉛火者，即金丹也，金丹即神水華池也。《古文龍虎上經》曰：丹術著明，莫大乎金火。又曰：神室鍊其精，火金相運推，雄陽翠玄水，雌陰赭黄金。《契》云：擣治並合之，持入赤色門。祕旨在其中矣！紫陽曰：白虎首經至寶，華池神水眞金。今直指而明之，庶幾開悟。金者眞鉛也，火者神汞也，眞鉛是先天之氣，自腎中生，故丹經云：卓哉！眞鉛，天地之先；神汞是性中之眞，從心中出。腎中之氣藏眞水，性中之眞畜眞火。石眞人云：藥取先天氣，火尋太陽精，能知藥取火，定裏作丹成。不得眞土則不侔矣！是以金火還返，爲内丹之至要，當於一身中求之，捨此之外，皆非道也。

佚名《養生祕録・金丹問答》　問曰：何謂九還？答曰：金生四，成數九，還者自上而還下，九乃老陽之數。陰眞君曰：從子至申爲九還，亦順也。

問曰：何謂七返？答曰：火生二，成數七，返者自下而返上也。乃少陽之數。陰眞君曰：從寅至申爲七返，逆行也。

金木交併

論　說

李簡易《玉谿子丹經指要》卷上　金者鉛之情，木者汞之性，杳冥恍惚，不可名狀。金之在體，剛健純粹，暢於四肢，是金之本情也，非情慾之情也。木之處內，柔順惻隱，如聞蛙鳴而汗下，爲木之本性也，乃仁之端是也。金之情因鉛而育育，木之性因汞而凝凝，鉛汞相投之時，凝凝育育而情性自相戀也。眞一子所謂雄情雌性，相須含吐，類聚生成，變化眞精，以爲神藥。紫陽曰：木性愛金順義，金情戀木慈仁，相呑相啗却相親，始覺男兒有孕。《契》云：金來歸性初，乃得稱還丹。又曰：金伐木榮。若非媒人和合，則有間隔之患矣！

水源清濁

論　說

李簡易《玉谿子丹經指要》卷上　水源者，心源性海之喻也，若龍蟠虎踞，雲散霧收，可謂慾海波澄，愛河浪息，靜處乾坤大，閑中日月長。曰濁曰清，當時自見矣！

日用五行

論　說

原題張果老《太上九要心印妙經》　夫日用者，長以神守於氣，氣守於神，神氣相守，聚而不散者，眞日用也。神能通應，意到心成，若神定，則行住坐卧晝夜皆同。神伏氣在，氣在神，神在形，三物皆在，復歸眞一，萬事畢矣！又五行者，心主神，肝主魂，脾主意，腎主志，肺主魄，五行聚而化爲丹也。聚之訣曰：專於一神，志於一意，守於魂魄，會於丹田。魂魄者，人之神氣也，氣乃命也，神乃性也，一性固命，一命固性，性命相固，共成一氣。一氣者，火也，其火無形，發之有焰，此火只可煉丹，不可別用，若能內守眞火，聚而不散者，眞抱元守一之道也。

七返還丹

論　說

原題張果老《太上九要心印妙經》　夫七返還丹者，天有七星，運斡四時；人有七竅，唯聽視聞。眼觀色者，視之不見；耳聽聲者，聽之不聞；鼻不聞香，口受無味，眞七返也。一心歸命謂之還，五氣不散謂之丹。丹有二種，於內外二丹者，超神接氣，超神在世。出世接氣者，火候無差。其內丹不得外丹則不成，其外丹不得內丹則無主。內丹者，眞一之氣；外丹者，五穀之氣。以氣接氣，以精補髓，補接之功，不離陰陽二氣。陽氣昇即爲返，陰氣降即爲還，晝夜還返，至於丹田。陽不得陰而不昇，陰不得陽而不降，自然還丹之要，祕於此矣！

八卦朝元

論說

原題張果老《太上九要心印妙經》 夫八卦者，以心腎爲坎離，坎離爲陰陽。陽即魂也，陰即魄也。魂者以應東方甲乙木，謂之青龍；魄者以應西方庚辛金，謂之白虎。因坎離生龍虎，乃成四象，內分八卦。八卦者，東方甲乙木，甲主乾，乙主坤；木生丙丁，丙主艮，丁主兑，艮兑合序爲一氣者，火也。火生戊己，戊己無形，分於四季，內生庚辛，庚主震，辛主巽，合而爲一者，金也。金生壬癸，壬主離，癸主坎，坎離者，陰陽也。陰陽者，內外也，內氣爲陽，外氣爲陰，陰陽昇降，動靜自然，非神所作，乃天地沖和之氣，常在坎離之間，綿綿晝夜，息息無窮，此乃八卦還元歸根之道也。

九還一氣

論說

原題張果老《太上九要心印妙經》 夫九者，陽也，還者，聚也，一者氣也。九陽既聚，性命相守，上則淸虛，日月行度之數；下則地氣，生產萬物之源；中則人身，陰陽造化之理。內各有三，故曰三共之道，是名九要也。內各有三者，天有三，日月星，以應人之眼耳鼻；地有三，高下平，以應人之魂魄精。魂魄精者，以應人之精氣神。神乃精之主，精乃神之本，名則分三，不離一氣。一氣者，胎息也，胎乃藏神之府，息乃胎化，元因息生，息因神爲胎，胎不得息則不成，息不得神則無主。神乃息之主，息乃胎之根，胎乃息之宅，神乃胎之眞。在腹之中謂之胎，一呼一吸謂之息，故名胎息也。胎者形中氣之子，息者形中神之母，形中子母，何不存守，存守者，存其神而守其氣。其氣在坎離夾中，圓如杵臼，又象伏龜，故曰神龜。龜含黑水，水中有氣，名曰神氣，又曰碧眼胡僧，號曰眞人人之根蒂，俱在此焉。十二時中，天門借氣，緊閉地關，神室內守，自有神龜呼吸，有名無形，有動無名，非所用升降，自然藉外氣則升，隨氣升而腹自鼓，外氣升而內氣降，內氣降而腹自納，鼓納之機，天地之橐籥也。橐籥者，天地動作之氣，眞陰眞陽也。內氣爲陽，外氣爲陰，內氣不出，外氣不入，神符氣定。外氣符即爲至寶，內氣符即成金丹。金丹者，純陽之物，浩然之眞，直指天機，歸根之道盡矣！若遇至人，與天盟誓，先付口訣，次傳心印，愼勿輕泄天寶。戒之！戒之！

出生化神

論說

佚名《太上長文大洞靈寶幽玄上品妙經發揮·出生化神》 夫出生者，日出明朗，月出生光，晃朗萬耀，萬物出生滋榮，人神出生變化，修身即神出，不修則神散。皈九道三道即上，六道即下。三道者：仙道、神道、佛道；六道者，在下者，駝驢象馬之等。人若堅心修鍊，久後成眞，如人修鍊即神全，必得生天。此者名號，出生變化，若人修鍊佛道，方歸佛道也。若人修鍊仙道，方歸仙道也。人若不修，豈能歸生神之道？人若不行三等，不歸道，即轉回也。

頌曰：三生三道在人修，身外何須更苦求，盡是從凡來入聖，仙佛皆是汝心頭。

河車運轉

論說

佚名《太上長文大洞靈寶幽玄上品妙經發揮・河車運轉》 夫車者，北方之正炁，生於金內，旺在水宮，見火而成，遇土成變。故能生木，運轉五行，方號河車。河車，水也，天地始生，先得水而後生火。人之所先，得精而後得血。眞胎所生，先得氣而後變爲神也。故聖人之言，機於河車也。

頌曰：河車本是水中輪，水裏般來火裏存。若鍊自家身內寶，一壺仙酒一浮雲。

四正八用

論說

佚名《太上長文大洞靈寶幽玄上品妙經發揮・四正八用》 夫四正者，只是鍊本宮之氣也。春時只分春也，生後有花謝，秋時殺後，有花開也，蓋因見土而成反覆也。人之作用，上則有一降，在下者即昇於上，在左者即至於中，在右者亦見於土，故四正之氣，皆會於中，豈不謂之交也？四氣見土，便生黃芽，名號之爲五芽之氣，可生五常之神。此神若全，萬神俱足，萬神俱足，一體成眞，方始爲眞人也。

頌曰：四正生神最有功，五芽變化萬靈通。誰知左右皆相會，南北常隨西與東。

坎離交姤

論說

陳沖素《陳虛白規中指南》卷上

追二炁於黃道
會三性於元宮

鉛龍升，汞虎降。驅二物，勿縱放。

夫坎離交姤，亦謂之小周天。在立基百日之內，見之水火升降於中宮，陰陽混合於丹鼎，雲收雨散，炁結神凝，見此驗矣。紫陽眞人曰：龍虎一交相眷戀，坎離方姤便成胎。溶溶一掬乾坤髓，著意求他啜取來。

乾坤交姤

論說

陳沖素《陳虛白規中指南》卷上

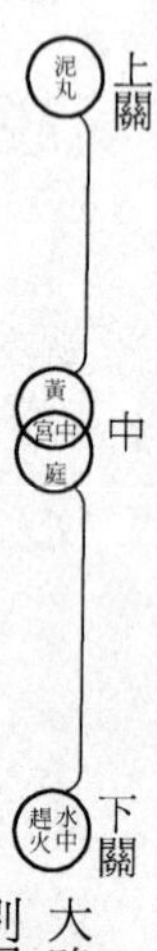

大略與別圖同

內亦交時外亦交，三關通透不須勞。丹田直至泥丸頂，自在河車幾百遭。

朗然子曰：

夾脊雙關透頂門，修行逕路此爲尊。

華池神水頻吞咽，紫府元君直上奔。
常使炁沖關節透，自然精滿谷神存。
一朝得到長空路，須感當初指教人。

夫乾坤交姤，亦謂之大周天。在坎離交姤之後見之，蓋藥既生矣，於斯出焉。右訣曰：離從坎下起，兑在鼎中生。離者火也，坎者水也，兑者金也，金者藥也。是説也，乃起水中之火，以煉鼎中之藥。莊子云：水中有火，乃成大塊。玉蟾云：一點眞陽生坎內，塡却離宮之闕。造化無聲，水中起火，如在虛危穴。丹陽眞人云：水中火發休心景，雪裏花開滅意春。其證驗如此。夾脊如車輪，四肢如山石，兩腎如湯煎，膀胱如火熱。一息之間，天機自動，輕輕然運，默默然氣，微以意而定息，應造化之樞機，則金木自然混融，水火自然升降。忽然一點大如黍珠，落於黃庭之中，仍用採鉛投汞之機，百日之內，結一日之丹也。當此之時，身心混然與虛空等，不知身之爲我，我之爲身。亦不知神之爲炁，炁之爲神。似此造化，非存想非作爲，自然而然，亦不知其所以然也。《復命篇》曰：井底泥蛇舞柘枝，窗間明月照梅梨。夜來混沌攧落地，萬象森羅總不知。

五氣朝元

論說

李道純《中和集》卷三　或問：如何是五氣朝元？曰：身不動精固，水朝元；心不動氣固，火朝元；性寂則魂藏，木朝元；情忘則魄伏，金朝元；四大安和則意定，土朝元。此之謂五氣朝元也。

火中有水

論說

李道純《中和集》卷三　或問：如何是火中有水？曰：從來神水出高原。以理言之，水不能自潤，須仗火蒸而成潤。以法象言之，火旺在午，水受氣在午。以此求之，火中有水，明矣。若以一身言之，則是氣中之液也。

水中有火

論說

李道純《中和集》卷三　或問：如何水中有火？曰：以理言之，日從海出。以法象言之，水旺在子，火受胎在子。以一身言之，則是精中之氣也。

運火行持

論說

陳致虛《修煉須知・運火行持》　伯陽眞人曰：陽燧以取火，非日不生光。方諸非星月，安能得水漿。二氣玄且遠，感化尚相通。何況近存

身，切在於心胸。陰陽配日月，水火爲效徵。又曰：性主處内，立置鄞鄂，情主營外，築垣城郭，城郭完全，人物乃安。《黄庭經》云：作道優游深獨居，扶養性命守虚無。緣督子曰：今之修道者，不得正傳，不悟平叔未鍊還丹莫入山之語，唯欲避喧求靜，遯世遠人，出妻屏子，離塵絶俗，窮谷深山獨居孤處，以爲自高，如此則棄世間法也。無名子曰：夫運火者，先定刻漏以分子午，次接陰陽以爲化基，搬六十四卦於陰符，鼓二十四氣於陽火，天關在手，地軸形心。回七十二候之要津，攢歸鼎内；奪三千六百之正氣，輻輳胎中。謹戒抽添，精專運用，慮其危，防其險，不使頃刻參差，分毫差忒，故得外接陰陽之符，内生眞一之體。苟或運心不謹，節候差殊，即姹女逃亡，靈胎不結。瑩蟾子曰：採藥初關，先識天癸生時，中關則知調和眞息，周流六虚。自太玄關逆流至天谷穴交合，然後下降黄房，入于中宫。

上陽子曰：運火者，運内外之火。火者，藥火也。候者，符候也。符者，符合也。聖人下工鍊丹之初，須知鉛汞兩相逢迎，眞一之鉛將至，運已汞以迎之，鉛汞一合而即得黍粒之丹，餌歸黄金室内以爲丹頭也。夫運火者，始自復卦子時起首，疾進陽火，謂之下手用工，而進火謂之野戰。〔蓋野戰〕則龍虎交合，是用三分武火，前行短之謂也。行符者，午時姤卦用事，則進陰符，包固陽火於内，故行符謂之罷功守城。夫守城者，以其鄞鄂已立，唯溫養沐浴，防微杜漸，是用七分文火，後須長之謂也。然復與子皆從人身而求，須認自己生身之由，則得之矣，不必執文而泥象也。紫陽眞人《金丹四百字》云：火候不用時，冬至不在子。學者宜子細求之也。

朔望弦晦

論説

陳致虚撰《修煉須知·朔望弦晦》 緣督子曰：一點陽精，祕在形山，不在心腎，而在乎玄關一竅。學者不知陰陽，不知時候，不能還返，止於自身摸索，而認彼昭昭靈靈之識神以爲眞實，轉轉差馳。《易》曰：與日月合其明，與四時合其序。朱震《易傳》云：晦日朔旦，坎月離日會于壬癸。

上陽子曰：每月朔旦子時，日月合璧於癸，薄暮會于昴畢之上，此喻火之初生也。當此之時，純陰已極，微陽將生，是謂潛龍。三日之晡，月生庚上，眞陽已肇，庚屬西南。《易》曰：西南得朋，乃與類行。《參同契》曰：坤初變成震，三日月出庚。蓋是時也，藥物纔生，水源至清，未曾撓動，有氣無質之際。大修行人急向此時，具一隻智慧眼，則而象之，亦如太陰初受一陽之氣，亦似坤之下爻〔交〕乾之初爻而爲震，乃比人身純陰而生一陽。即我師云：先天一氣自虚無中來，點汞而入鼎也。是時鼎内陽氣初布，砂汞立基。紫賢眞人曰：一清一濁，金木間隔於戊己之門；一性一情，陰陽會聚於生殺之戶。採二儀未判之氣，奪龍虎始媾之精，入于黄房，產成至寶也。八日酉時，月到天心，其平如繩，是謂上弦，得金半斤。《龍虎經》曰：坤再變成兑，八日月出丁，以像鼎中鉛汞，漸結流珠。是時金水氣停，不進陽火，亦無行符，唯沐浴洗心而已。三五爲望，望者日月相射，則陰中三陽已備而成乾，猶月魄得日魂而滿。喻鼎中鉛汞壯盛，眞陽充滿，火明金旺，將欲成器，是金火之氣與汞固結，汞與其母兩相留戀也。既望平明，月見辛方，乾初變巽，乃陰陽相承之道。始焉則純陰得交微陽而生藥，後則陰包陽氣而成丹。巽乃承領陰符，陰氣漸生，包固陽精，使無動逸，則金砂落于胞中，陰中含陽，是謂歸根也。二十三日平明，月見丙方，坤交乾之中爻而爲艮，鼎中物藥自然凝結。是時陰陽之氣復停，不行陰符，亦無進火，唯沐浴滌慮而已。是時下弦，得水半斤。以上弦金半斤，下弦水半斤，兩弦合一斤之數，以結丹砂。《參同契》曰：兩弦合其精，乾坤體乃成。二十八日平明，月見乙方，此時陰陽之氣俱足，金汞結而成胎，坎離運氣於鼎中，周流六虚於象内，此喻金丹之始終也。至于晦日，日復會于壬，則陰極而陽又將生矣。

上陽子曰：句裏雖已分明，而學仙子當體於身。晦、朔、弦、望，皆取證於身，不可泥文而着象也。夫月純陰也，不感日之陽氣，安能滅而復生。人亦似月也，當二八少壯之年，鴻濛未判，則陽純而氣全，故其精

方勝〔而〕欲泄。其未洩之前，是爲純陽，是號眞人。故廣成子謂黃帝曰：目無所見，耳無所聞，心無所知，神將守形，形乃長生。一洩之後，即去一陽，而交一陰，是變爲離。自此而往，情慾已萌，淳朴已散，精氣日損，損之又損，以至於陽盡而陰純也。夫惟不知金液還丹之道者，待其陽盡陰純則死矣。唯修行之人，知其還返之妙，於其未盡之際，疾早修行，急急接助，扶救眞陽，收領藥火，以鍊還丹而復其命。亦如太陰領覽太陽之氣，而復其明也。

防危護失

論說

陳致虛《修煉須知・防危護失》 緣督子曰：學全眞者，得師略指門逕，而不知逐節事條，知神氣相依，而不知鉛汞交媾，既知鉛汞交媾，而不知性命混合，妄擬火候進退，不知此〔皆〕不成。眞一子曰：陽火過刻，水旱不調，則凝冬變爲大暑。或陰符失節，寒暖相侵，則盛夏反爲濃霜。金宮既砂汞之不萌，一鼎則蟲螟之互起。大則山崩地圮，金虎與木龍沸騰，小則雨暴風飄，坎男共離女奔逸。以此觀之，縱識鉛汞二物，不曉火候，不防險危，實徒然耳。

上陽子曰：慮險防危，金丹之大事也。昔紫清白眞人，既得泥丸翁之傳，年已六十四矣。急忙收拾金丹大料，用盡萬苦千辛，既得鉛汞相合，入鼎烹煉。以其平日天資聰明，當是溫養之時，用心不謹，不防其危，不覺汞走鉛飛，無可收救，遂作詩以自解其惱。詩曰：八兩日月精，半斤雲霧屑。輕似一鴻毛，重似千秤鐵。白如天上雪，紅似猩猩血。收入玉葫蘆，祕之不可洩。夜半忽風雷，煙氣滿寥泬。這般情與味，啞子咬破舌。捧腹付一笑，無使心腦熱。要整釣魚竿，再斫秋筠節。觀此可不愼歟？若非白眞人之堅固，他人安能再整釣竿，而斫筠節乎。又得紫陽仙師以《金丹四百字》授之，令其關防愼密，後乃成道。

夫慮險防危，不啻一件，自有數說。其初採藥之時，日月歡會，龍虎將交，戰爭之際，眞人已潛於深淵，浮游愼守於規中。蓋是時也，閉塞三寶，唯當專心致志，否則有喪身失命之事。紫陽翁云：白虎首經至寶，華池神水眞金。又云：依時採取定浮沈，進火須防危甚。最爲初關之緊切，此其一也。採取之時，若或陰陽錯亂，日月乖離，外火雖動而行，內符閉息不應，枉費神功，此其二也。若火候過差，水珠不定，源流混濁，藥物不眞，空自勞神，有損無益，此其三也。既得黍珠入鼎，須要溫養，保扶心君，苟或未善，即恐火化丹失，此其四也。至有學者備歷艱難，屢經危險，心膽驚怖，平時在懷得丹，入鼎切宜驅除，務令清淨，勿使牽掛舊慮，以亂心君，是謂滌慮洗心，是爲沐浴。偶或留戀，則恐汞鉛飛走，此其五也。及其十月胎完，脫殼換鼎，不能保固陽神，輕縱出去，則一出而迷途，遂失舍而無歸，此其六也。又有丹成之後，且要識眞辯僞，若功行未滿，眼前忽見靈異多端，奇特百出，以至生生之事，如有神見，皆能明知。若此等件，是爲魔障已至，並非眞實，切不可認爲已靈丹聖。茲乃邪僞妖幻，見吾道成，乃欲引入邪宗，以亂吾眞。於斯時也，且須堅固智慧，保養全眞，此其七也。凡此七件，皆防慮之大者也。有一不防，非但無成，恐致失喪。正陽祖師曰：已證無爲自在心，便須溫養保全眞。一年沐浴防危險，免見沈淪更用心。吾所以云慮險防危，金丹之大事者也。

卯酉刑德

論說

陳致虛《修煉須知・卯酉刑德》 紫陽眞人曰：兔雞之月及其時，刑德臨門藥象之。

上陽子曰：兔雞者，卯酉也。學道的人，須知卯酉，非止一說。有天地之卯酉，有一年之卯酉，有一月之卯酉，有一日之卯酉，有一時之卯酉。天地之卯酉者，氐房心爲卯，正躔則房日兔；胃昴畢爲酉，正躔則昴

日雞也。一年之卯酉者，春分爲卯，時曰中和；秋分爲酉，序曰中秋。一月之卯酉者，初八日爲卯，月滿上弦，酉時月到天心；二十三日爲酉，月留下弦，卯時月在天中。一日之卯酉者，日出爲卯，而萬物作；日入爲酉，而萬籟息。一時之卯酉者，蓋攢簇之道也。簇一年於一月，兩日半爲六候；簇一月於一日，則一時分六候。故一年七十二候，簇於一日也。是知一年之中，止有一日，一日之內，止在一時。大修行人，須辯時中卯酉，要知一時六候。蓋採藥取鉛，一時六候惟用二候，猶三停而用一停。而一時之中尤餘四候，別有妙用。

所謂刑德者，二八也。蓋二八者，卯酉也。卯酉是陰陽平分之位，陽爲德，德則萬物生；陰爲刑，刑則萬物死。而卯月乃四陽而二陰，陰道將離，而陰主殺，是以卯之二陰，陰已不能勝陽，然殺氣未絕，至是而榆死，故爲刑也。酉乃四陰而二陽，陽道將離，而陽主發生，是以酉之二陽，陽雖不能勝陰，然生意尙存，至是而麥生，故爲德也。正陽翁曰：盡是靈冥轉消息，切須專志保初心。

陰陽顛倒

論說

佚名《存神固氣論・陰陽顛倒》 陰陽者，相求之物也，離火也，失水則燥，燥極所濟在坎；坎水也，失火則冰，冰極所濟在離，離宮受血藏鉛，陽中有陰也，故不燥而淸涼。坎宮受氣藏汞，陰中有陽也，故不冰而溫煖。離雖含鉛，血動則火發化汞；坎雖含汞，氣動則水生化鉛。故知坎屬水者，不知有汞氣隱焉！知離屬火者，不知有鉛血隱焉！動化之際，鉛汞自升降相求，至人於此有坎離顛倒之理。

五行還返

論說

佚名《存神固氣論・五行還返》 萬物之理，歸於母則根深蔕固，有長久之道；散於子，則花榮葉茂，有衰謝之理。子謝母衰者，五行之順行也；長生久視者，五行之不順行也。至人於中宮神物造化之際，造物既功，則子隱母腹，母含子胎，致龍出於火，虎生於水，有還返顛倒之理。

王氣盛衰

論說

佚名《存神固氣論・王氣盛衰》 火初生，陽之王氣也，水初生，陰之王氣也。陽進不已，日中必昃，陰進不已，月盈必虧。王氣漸衰，至人於此有罏中截王氣之理，故如時之春，不至於秋，如日之昇，不至於昃，如花之榮，不至於謝。

添進火候

論說

佚名《存神固氣論・添進火候》 精爲氣母，不能自運，所運在氣；

氣爲神母，不能自運，所運在神。此眞鉛所以生神火，神火所以伏眞鉛也。至人以神運氣，自然氣住而不飛；以氣運精，自然精住而不走。三物不出鼎火，則開生門，離於鼎火，則歸死戶。至人所以傳法不傳火者，蓋擒捉烹鍊之際，斟酌添進，火候至神之能事，有不可致詰也。

龍虎關軸

論說

佚名《存神固氣論・龍虎關軸》 天地氤氳，故關軸先立於玄極，出納斟酌，元氣生生不窮，人方受鉛汞於父母，關軸立矣！元氣因此物而生，此物托元氣而養，故一呼一吸，綿綿若存。既配金木，生神物，當服龍虎，納元和，而助養之，自然胎氣造化，生生不窮也。

情性動静

論說

佚名《存神固氣論・情性動静》 物理所不可逃者四：曰生曰心，曰性曰情。有生必有心，有心必有性，有性必有情。性則靜定，情則感通，感通之際，二氣必交。交於外則龍虎飛走，鉛汞漏失；交於中則龍虎相隨，鉛汞內結，鉛汞內結，氣所生也。故氣來入身謂之生，所以通生謂之道。至人以道御情，氤氳之際，能住玄胎，恍惚之中，能擒物象。所以有道合一，形神俱妙之功也。

金液還丹

論說

原題鍾離權《秘傳正陽真人靈寶畢法》卷中 《金誥》曰：積陽成神，神中有形，一生於日，日生於月。積陰成形，形中有神，一生於金，金生於玉。隨陰陽而生沒者，日月之光也。因數生光，數本於乾坤。隨陰陽而升降者，金玉之氣也。因時起氣，時本於天地。

《眞原》曰：數行日月，數用六、九。乾坤之數，金玉之氣春夏上升，秋冬下降。升降，天地之時。金生於土，土生於石，石生於玉，見於成形而在下者如此。日中金烏，月中玉兔，日待月魄而光，見於成神而在上者如此。

比喻曰：日月比氣也，腎氣比月，而心氣比日。金玉比液也，腎液比金，而心液比玉。所謂玉液者，本自腎氣上升而到於心，以合心氣，二氣相交而過重樓，閉口不出而津滿玉池，咽之而曰玉液還丹，升之而曰玉液煉形。是液本自腎中來，而生於心。亦比土中生石，石中生玉之說也。所謂金液者，腎氣合心氣而不上升，薰蒸於肺，肺爲華蓋，下罩二氣，即日而取肺液，在下田自尾閭穴升之，乃曰飛金晶入腦中，以補泥丸。補足自上復下降，而入下田，乃曰金液還丹。既還下田，復升遍滿四體前後上升，乃曰金液煉形。是亦金生於土之說也。凡欲煉形飛金晶者，當在淨室中，切禁風、日，遙焚香密啓：

三清上聖，臣所願長生在世，傳行大道，演化告人，當先自行煉形之法，欲得不畏寒暑，絶啗穀食，逃於陰陽之外。呪畢乃咽之。

《眞訣》曰：背後尾閭穴曰下關，夾脊曰中關，腦下曰上關。始飛金晶以通三關，腎比地，心比天，上到頂以比九天。玉液煉形，自心至頂，以通九天。三百日咽，大藥就，胎仙圓，而眞氣生。前起則行玉液煉形之舊道，後起則行飛金晶之舊道。金晶玉液，行功見驗，自坎卦爲始，後起

一升入頂，以雙手微閉雙耳内觀，如法微咽於津。乃以舌抵定牙關，下閉玉池，以待上齶之津，下而方咽，咽畢復起，至艮卦爲期。春冬兩起一咽，秋夏五起一咽。凡一咽數，秋夏不過五十數，春冬不過百數。自後咽罷升身前起，以滿頭面、四肢、手指氣盛方止。再起再升，至離卦爲期。凡此後起咽津，乃曰金液還丹。還丹之後而復前起，乃曰金液煉形。自艮卦之後煉形，至離卦方止。兑卦勒陽關，至乾卦方止。以後起到頂，自上而下，號曰金液還丹。金丹之氣，前起自下而上，曰金液煉形。顯琪樹金花，若以金液還丹未到下元，而前後俱起，乃曰火起焚身，此是金液還丹煉形既，前後俱起，兼了焚身。凡行此等，切須謹節苦志而無懈怠，以見驗爲度也。

《道要》曰：起後終宵閉耳，隨時對飲金波，宴到青州方住，日西又聽陽歌。

解曰：起後終宵閉耳者，爲行金液還丹須是肘後飛金晶，一撞三關，其氣纔起，急須雙手閉耳。耳是腎波之門，恐泄腎氣於外而不入腦中也。隨時對飲金波者，既覺氣入腦中，即便依前法點頭曲項，退舌尖，近拄上齶，清甘之水有奇異是驗，甘若蜜也。當艮卦飛金晶一咽，至震卦方止。青州，乃震卦也。日西，兑卦也。又聽陽歌者，自兑卦勒陽關，直至乾卦，日用離卦，不必採藥也。

飲罷終宵火起，前升後舉焚身，雖是不拘年月，日中自有乾坤。

解曰：此一訣是金液煉形之法也。飲罷終宵火起者，是依前法金液還丹，而艮卦煉形是起火也。前升後舉，飛金晶起火也。凡玉液煉形之時，先後起金晶入頂，次還丹而復前升之以煉形，是金液煉形之法不同也。當其飛金晶而起火入頂，便前起而鍊形。前後俱起名曰焚身。火而行還丹，須依四時加減之數。所行此法，不拘年月日時，但以謹節專一，幽居絶迹可也。日中自有乾坤，蓋午前燒乾，午後燒坤。人以前後言之，肚腹爲坤，而背後爲乾。午前燒乾者，爲肘後飛金晶，前起鍊形也。午後燒坤者，自兑卦勒陽關，至乾卦方止故也。

此須於玉液還丹鍊形見驗正當，方以謹節幽居，焚香而行此法。金液還丹，而相次鍊形勒陽關，如是一年外，方得焚身。焚身，即是坎卦前煉形，以人身前後言之，肚腹爲坤，背後爲乾。焚身午前燒乾，午後燒坤勒陽關。凡燒乾自下而上，前後俱起。冬夏三日戌，五日而行既濟之法，以防太過，而使金丹之有潤，乃焚身火起中咽也，見驗方止。内志清高以合太虚，魂神不遊以絶夢寐。陽精成體，神府堅固，四時不畏寒暑，神采自可變移容儀。常人對面雖彼富貴之徒，亦聞腥穢，蓋其凡骨俗體也。功行滿足，密授三清眞籙，陰陽變化，人事災福，神靈而皆能預知。觸目塵冗，心絶萬境。眞氣充滿，以絶飲食。異氣透出金色，仙肌可比玉蘂。去留之處，當所神祇自來相見，驅用招呼一如己意。眞氣純陽，可乾外水。上件金液還丹，還丹之後，金液煉形之驗也。

已上乃長生不死之訣。

右中乘三門係地仙。

佚名《養生祕録・金丹問答》 問曰：如何謂之金液還丹？答曰：金液者，金，水也。金爲水母，母隱子胎，因有還丹之號也。前賢有曰：丹者，丹田也；液者，肺液也。以肺液還於丹田，故曰金液還丹。

三花聚頂

論　説

佚名《養生祕録・金丹問答》 問曰：何謂三花聚頂？答曰：神氣精混而爲一也。玄關一竅，乃神氣精之聚也。

和合四象

論　説

佚名《養生祕録・金丹問答》 問和合四象。答曰：眼不視而魂在

肝，耳不聞而精在腎，舌不動而神在心，鼻不嗅而魄在肺。精神魂魄聚於意土也。

玉液還丹

論　説

原題鍾離權《秘傳正陽真人靈寶畢法》卷中　《玉書》曰：眞陰、眞陽，相生相成。見於上者，積陽成神。神中有形，而麗乎天者，日月也。見於下者，積陰成形。形中有神，而麗乎地者，金玉也。金玉之質，隱於山川，秀媚之氣浮於上，而日月交光。草木受之，以爲禎祥。鳥獸得之，以爲異類耳。

《眞原》曰：陽升到天，太極生陰，陰不足而陽有餘，所以積陽生神。陰降到地，太極生陽，陽不足而陰有餘，所以積陰生形。上之日月，下之金玉，眞陽有神，眞陰有形。其氣相交而上下相射，光盈天地，則金玉可貴者，良以此也。是知金玉之氣凝於空，則爲瑞氣祥煙。入於地則變醴泉、芝草。人民受之而爲英傑，鳥獸得之而生奇異。蓋金玉之質雖產於積陰之形，而中抱眞陽之氣，又感積陽成神之日月，眞陰、眞陽之下射而寶凝矣。

比喻曰：積陰成形而内抱眞陽以爲金玉，比於積藥而抱眞氣以爲胎仙也。金玉之氣入於地而爲醴泉、芝草者，比於玉液還丹田也。金玉之氣凝於空而爲瑞氣、祥煙者，比於氣鍊形也。凡金玉之氣沖於天，隨陽升而起。凡金玉之氣入於地，隨陰降而還。既隨陰陽升降，自有四時可以液還丹田。氣鍊形質，而於四時加減一日改移也。

《眞訣》曰：採補見驗，年中擇月，月中擇日，日中擇時。三時用事，一百日藥力全，二百日聖胎堅，三百日眞氣生，胎仙圓。謹節用功，加添依時，三百日數足之後，方行還丹鍊形之法。凡用艮卦飛金晶入腦，止於巽卦而已，此言畢金晶三百日後也。離罷採。離卦罷採藥，坤卦罷勒陽關。只此兑卦下手勒陽關，至乾方止。既罷離卦，添入咽法鍊形。咽法者，以舌攪上齶兩頰之間，先咽了惡濁之津，次退舌尖，以滿玉池，津生不漱而咽。凡春三月，肝氣旺而脾氣弱，咽法日用離卦。凡夏三月，心氣旺而肺氣弱，咽法日用巽卦。以舌滿上下，而玉池雙收兩頰虚咽爲法。凡秋三月，肺氣旺而肝氣弱，咽法日用艮卦。凡冬三月，腎氣旺而心氣弱，咽法日用震卦。飛金晶法，咽亦不妨。凡四季之月，脾氣旺而腎氣弱，人以腎氣爲根源，四時皆有衰弱。每四時季月之後十八日，咽法日用兑卦，仍與前咽法者並用之。獨於秋季，止用兑卦咽法，而罷艮卦之功。凡以咽法，先依前法而咽之。如牙齒玉池之間而津不生，但以舌滿上下而閉玉池收兩頰，以虚咽而爲法止咽氣，氣中自有水也。咽氣如一年三十六次至四十九次。爲數，又次一年八十一次又一百八十一次。爲見驗，乃玉液還丹之法。行持不過三年，灌漑丹田，沐浴胎仙，而眞氣愈盛。若不行此玉液還丹之法，而於三百日養就内丹，眞氣纔生，艮卦飛金晶，一撞三關，上至泥丸，當行金液還丹之法。自頂中前下金水一注，下還黄庭，變金成丹，名曰金丹。行金液還丹，當於深密幽房，風、日凡人不到之處，燒香疊掌，盤膝坐，以體蹲而後升，纔覺火起，正坐絶念忘情，内觀的確艮卦飛金晶入頂，但略昂頭偃項，放令頸下如火，方點頭向前，低頭曲項，退舌尖進後，以抵上齶，上有清冷之水，味若甘香，上徹頂門，下通百脈。鼻中自聞一種眞香，舌上亦有奇味，不漱而咽下，還黄庭，名曰金液還丹。春、夏、秋、冬不拘時候，但於肘後飛金晶入腦之後，節次行此法，自艮至巽而已。晚間勒陽關法，自兑至乾而已。尺行此法謹節，勝及前方，可得成志意，止於煉形住世、長生不死而已，不能超脱也。

《道要》曰：識取五行根蔕，方知春夏秋冬，時飲瓊漿數盞，醉歸月殿遨遊。

解曰：識取五行根蔕者，爲到五行相生相尅而用卦時不同，以行咽法，方知春夏秋冬改移有時候也。瓊漿，玉液也。月殿，是丹田。醉，則咽多也。

東望扶桑未曉，後升前偃無休，驟馬數遊宇宙，長男只到楊州。

解曰：東望扶桑未曉者，日未出艮卦之時，後升飛金晶也。前偃，玉液還丹。驟馬，起火玉液煉形也。遨遊宇宙，遍滿四肢也。長男，震

卦。只到楊州，離卦也。玉液煉形，自震卦爲始，至離卦方止也。

此採藥三百日，數足胎圓，而飛金晶減一卦，勒陽關如舊。罷採藥，添入咽法。咽法隨四時而已，此係煉形法。用卦候添入煉形，自震卦爲始，離卦爲期，不限年月日，見驗方止。身體光澤，神氣秀媚，漸畏腥穢以衝己腹。凡情、凡愛心境自除，眞氣將足而以常飽，所食不多而飲酒無量，塵骨已更而變神識，步趨走馬而行如飛，目如點漆，體若凝脂，紺髮再生，皺臉重舒，老去永駐童顔，仰視百步而見秋毫，身體之間舊痕殘靨自然消除，涕淚、涎、汙亦不見有也。聖丹生味，靈液透香，口鼻之間常有眞香奇味，漱成凝酥，可以療人疾病，遍體皆成白膏。上件皆玉液還丹煉形之驗也。驗既正，當謹節用功，依法隨時而行後事。

修丹十戒

論說

王慶升《三極至命筌蹄》 一戒遏惡

勿聽心田惡念生，芟除淨盡自明平。惡人惡事須還遠，炁定神安骨自清。

二戒揚善

孝友仁慈衆善芽，更須執禮獎忠加。救危扶困揚諸善，長作尊賢樂道家。

三戒懲忿

心火炎揚大察明，怒將肝膽木來生。苟非懲忿從天訓，五賊張狂道海傾。

四戒窒慾

主腎之宮號作強，六鋒列女更殃殃。地根不斷貪生樂，慾海吹流入鬼鄉。

五戒禁酒

點酒纔經十二樓，膽房心室起戈矛。眞陽泄向皮膚去，髮減精凋去不休。

六戒絶茶

草曰穿腸莫強呑，只宜搜洗濁和昏。如神不撓清明志，身有甘香白石源。

七戒朝實

朝食胡云校實些，風寒暑濕怕衝邪。功深已飽三田炁，食味空多費齒牙。

八戒暮虛

暮食常令腹帶虛，六經調暢炁通疏。多餐一口徒壅塞，吠澮皆盈落尾閭。

九戒高牀

坐卧牀宜三尺高，更宜和軟足堅牢。低時鬼炁侵入骨，莞蕈頻晞莫憚勞。

十戒低枕

枕若高時最不宜，慳慳三寸莫宜低。眞機妙旨無人會，須遇仙師得耳提。

肘後飛金晶

論說

原題鍾離權《秘傳正陽真人靈寶畢法》卷中 《金誥》曰：陰陽升降，不出天地之內。日月運轉，而在天地之外。東西出沒，以分晝夜。南北往來，以定寒暑。晝夜不息，積日爲月，魄也。歲之積月者，以其律中起呂，呂中起律也。日月運行，以合天地之機，不離乾坤之數。萬物生成雖在於陰陽，而造化亦資於日月。

《眞原》曰：天地之形，其狀如卵。六合於中，其圓如毬。日月出

沒，運行一天之上，一地之下。上下東西，周行如飛輪。東生西沒，日行陽道。西生東沒，月行陰道。一日之間而分晝夜。冬至之後，日出自南而北。夏至之後，日出自北而南。冬之夜乃夏之日，夏之夜乃冬之日。一年之間而定寒暑。日月之狀，方圓八百四十里。四尺爲一步，三百六十步爲一里。凡八刻二十分爲一時，十二時爲一日。一月者，三十日，共三百六十時，計三千刻，一十八萬分也。且以陽行乾，其數用九。陰行坤，其數用六。魄中魂生，本自旦日。蓋其九不對六，故三日後月魄生魂。凡一晝夜，一百刻，六千分，魂於魄中一進七十里。六晝夜共進四百二十里，魄中魂半，乃曰上弦。又六晝夜進四百二十里，通前共八百四十里，魄中魂全而陽滿陰位，乃曰月望。自十六日爲始，魂中生魄，凡六晝夜共進四百二十里，而魂中魄半，乃曰下弦。又六晝夜進四百二十里，通前共進八百四十里，而魂中魄全。月中尚有餘光者，蓋六不盡九，故三日後月魄滿宮，乃曰月晦。月旦之後，六中起九。月晦之前，九中起六。數有未盡，而生後有期。積日爲月，積月爲歲。一歲以月言之，六律、六呂，以六起數，數盡六位。六六三十六，陰之成數也，以日言之，五日一候，七十二候，八九之數。至重九，以九起數，數盡六位。六九五十四者，陽之成數也。一六，一九，合而十五。十五，氣之數。二十四氣當八節之用，而見陰陽升降之宜。一六、一九，以四爲用，變爲陽數二百一十六，陰之數一百四十四，計三百六十之數而足滿周天。

比喻曰：陰陽升降在天地之內，比心腎、氣液交合之法。日月運轉在天地之外，比肘後飛金精之事也。日月交合，比進火之法加減。陽升陰降，無異於日月之魂魄。日往月來，無異於心腎之氣液。冬至之後，日出乙位，日沒庚位，晝四十刻，自南而北。冬至之後，凡九日，東生西沒，共進六十分至春分。晝夜停停，而夏至爲期，晝六十刻，日出甲位，日沒辛位。夏至之後，凡九日，自北而南，東生西沒，共退六十分至秋分。晝夜停停，而冬至爲期，晝四十刻。準前後，進自南而北，其數用九也。月旦之後，三日魂生，魂生於魄。六日兩停，又六日魂全，其數用六也。歲之夏至，月之十六日，乃日用離卦之法，乃人之午時也。歲之冬至，月之旦，乃日用坎卦之法，乃人之子時也。天地陰陽升降之宜，日月魂魄往來之理，尚以數推之，交合有序，運轉無差，人之心腎氣液、肝肺魂魄，日用雖有節次，年月豈無加減乎。

《眞訣》曰：坎卦陽生，當正子時，非始非終，艮卦腎氣交肝氣。未交之前，靜室中披衣握固，正坐盤膝，蹲下腹肚，須臾升身前出胸，而微偃頭於後。後閉夾脊雙關，肘後微扇一二伸腰，自尾閭穴如火相似，自腰而起，擁在夾脊，慎勿開關，即時甚熱氣壯，漸次開夾脊關，而放氣過關。仍仰面，腦後緊偃，以閉上關，慎勿開之，即覺熱極氣壯，漸次入頂，以補泥丸髓海。須身耐寒暑，方爲長生之基。次用還丹之法如是前件，出胸伸腰，閉夾脊，蹲而升之腰間。火不起，當靜坐內觀，如法再作，以至火起爲度。自丑行之，至寅終而可止。乃曰肘後飛金晶，又曰抽鉛，使腎氣生肝氣也。且人身脊骨二十四節，自下而上三節，爲內腎相對。自上而下三節，名曰天柱。天柱之上名曰玉京，玉京之下，內腎相對尾閭穴之上，共十八節，其中曰雙關，上九、下九。當定一百日，遍通十八節而入泥丸。必於正一陽時坎卦行持，乃曰肘後飛金晶。離卦採藥，乾卦進火燒藥，勒陽關始一百日，飛金晶入腦。一百日藥力全。三關一撞，直入上宮泥丸。自坎卦爲始，至艮卦方止。自離卦採藥，更無腎氣相合，而肝氣自生心氣，二氣純陽，二八陰消，薰蒸於肺，而得肺液下降，包含眞氣，日得黍米之大而入黃庭，方曰內丹之材。百日無差藥力全。凡離卦採藥，用法依時，內觀轉加精細。若乾卦進火，勒陽關，自兌卦爲始，終在乾卦。如此又一百日之後，肘後飛金晶，自坎坐至震卦方止。離卦採藥之時，法如舊，以配自坤至乾卦行持，即是三百日無差，聖胎自堅。三百日聖胎自堅。勒陽關法自坤卦爲始，而坐至乾卦方止。如此又一百日足，泥丸充實，返老還童，不類常人。採藥就胎仙完而眞氣生，形若彈圓，色同朱橘，永鎮丹田，而作陸地神仙。三百日後，行持至離卦罷採藥，坤卦罷勒陽關，即行玉液還丹之道。故自冬至後方曰行功，三百日胎完氣足，而內丹就、眞氣生。凡行此法，方爲五行顛倒，三田返覆。未行功以前，先要匹配陰陽，使氣液相生，見驗方止。次要聚散水火，使根源牢固而氣行液注，見驗方止。次交姤龍虎燒煉丹藥，使採補還丹而煅煉鉛汞，見驗方止。十損一補之數足，而氣液相生，見驗方止。上項行持乃小乘之法，自可延年益壽。若以補完堅固，見驗方止，方可年中擇月，冬至之節。月中擇日，甲子之日。日中擇時，坎、離、乾卦三時爲始。一百日自坎至艮，

自兌至乾。二百日後，自坎至震，自坤至乾。凡此下功，必於幽室靜宅之中，以遠婦人女子，使雞犬不聞聲，臭穢不入鼻，五味不入口，以絕七情六慾。飲食多少，寒熱有度。雖寤寐之間，而意恐損失。行功不勤，難成於道。如是三百日，看應驗如何。

《道要》曰：日月並行復卦，子時蹲升數日開關，貪向楊州聚會，離卦交姤。六宮火滿金田。乾宮。

解曰：日月並行復卦者，一陽生時，在日爲子時，在年爲冬至也。所謂擇月擇日時也。蹲升已在前法。說數日，是定一百日。開關是先開中關，次開上關。貪向楊州聚會者，在人爲心，在日爲午時，在卦爲離。聚會者，眞陰、眞陽交姤，故曰採藥。乾爲六宮，火是氣也。勒陽關而聚氣，以肺爲金而下腎之下田，故曰火滿金田，乃乾卦行勒陽關，聚火下田矣。

終南路上逢山，升身頻過三關，貪向楊州聚會，爭如少女燒天。

解曰：終南者，聖人隱意在中男也，中男即坎卦。艮爲山，山是艮卦飛金晶，至巽卦方入第二百日。下功之時，升身頻過三關。貪向楊州聚會，說已在前。爭如少女燒天者，少女是兌卦也。勒陽關至乾卦而方止也。

兗州行到徐州，起來走損車牛，爲戀九州歡會，西南火入雍州。

解曰：兗州，艮卦。徐州，巽卦。自艮卦飛金晶，至巽卦方止也。起來走損車牛，車爲陽，牛爲陰，是夾脊一氣飛入泥丸也。九州在人爲心，在日爲午時，與前採藥同也。西南，坤卦也。雍州，乾卦也。勒陽自坤至乾方止，第三百日下功之時也。

此是日用事，乃曰三元用法。飛金晶入腦，下田返上田。採藥下田，返中田燒藥，進火中田返下田，乃曰三元用事。中乘之法，已是地仙，見驗方止。始覺夢寐多有驚悸，四肢六腑有疾不療自愈。閉目暗室中，圓光如蓋，周匝圍身。金關玉鎖封固堅牢，絕夢泄遺漏。雷鳴一聲，關節氣通。夢寐若抱嬰兒歸，或若飛騰自在。八邪之氣不能入，心境自除以絕慾，內觀則朗而不昧，晝則神采清秀，夜則丹田自暖。上件皆是得藥之驗，驗既正，當謹節用功，以前法加添，三百日胎仙圓胎。圓之後，方用後功。

九轉金丹秘訣

論說

《修真十書·雜著捷徑》卷一七《翠虛篇》 一轉降丹 二轉交媾 三轉養陽 四轉養陰 五轉換骨 六轉換肉 七轉換五藏六府 八轉育火 九轉飛昇

第一轉舌下四竅，兩竅通心，兩竅通液。

一轉之功似寶珠，山河宇宙透靈軀。紅蓮葉下藏丹穴，赤水流通九候珠。

解曰：內丹之功，起於一而成於九，一者，萬物之所生也，天一生水，地二生火，天三生木，地四生金，天五生土，五行之序起於一。故內丹之功亦起於一，轉而成於九者，九爲陽數之極，數至於九，則道果成矣。似寶珠者言：天一眞水藏於膽，陰陽和合降而成丹，初降之狀，如露一顆明珠。珠者，珍敬其丹也。且人之有身，父精母血交媾而成，此形交也；丹之所降，心火腎水交媾而成，此氣交也。故曰：形交則生人，氣交則成丹，言其丹降之後，神遊方外，陰陽太和，坐忘其形，天地山河，六合萬物，皆在我身之內。我身在天地萬物之外，只覺心中一點光明，乃是丹降也。故曰：山河宇宙透靈軀。軀者，身也，山河包藏我身之內也。所謂紅蓮者，舌是也，自兩竅通心，兩竅通液。人有病者則舌下津液乾，而其眞氣耗，一轉之首以舌閉其兩竅，使眞氣不泄於外，以通其神水也。所謂赤水者，心之液是也。九轉之首，每遇九日納息九次，每一次納息九口，自然津液通流，自舌下而生，以灌五藏，故曰九候珠也。

望江南閉舌下竅，通膽氣。

黃中寶，須向膽中求。春氣令人生萬物，乾坤膝下與吾儔。百脈自通流。施造化，左右火雙抽。浩浩騰騰光宇宙，苦煙煙上靄環樓，夫婦漸相謀。

解曰：天一生氣，名曰中黃。其氣藏之於膽，以爲性命之根，其味苦，故人之膽氣味亦苦，如草木之根華，其味亦苦，乃知萬物非生氣不能生也。內丹之藥，先閉舌下之竅，內通膽中生氣，至喉舌之間，微覺味苦，是丹氣流通，然後汞水凝結而成丹也。天地生氣，萌之於春，萬物得生氣，然後能生，人之得生氣，藏之於膽，人能通膽之氣，然後內丹成就。一轉之功，如四時之春也，生氣上行，其中覺苦，陰陽太和，神居天外，則天地四海亦在吾膝下，浩然之氣，塞乎天地，百脈通流，萬竅施張，內丹降也。造化言者，其下手之初也。先閉舌下兩竅，不令氣泄，於外其左邊之氣，貫於左太陽而入腦，右邊之氣貫於右太陰而入腦，左右俱過腦而入頂泥丸宮，合成一處，下重樓十二環入心經傳入膽，衝開膽竅，使膽中生氣，上行隨心膽之脈貫於舌竅，覺舌有苦味，乃是生氣注，將欲降丹也。然後閉定舌竅，左右之氣上行，故有騰騰之狀也。膽竅既閉，則生氣裊裊上重樓十二環，自舌下之竅而昇，滿口覺苦，乃是生氣流通也。夫婦者，陰陽也，夫者，陽也，婦者，陰也。生氣流通，則陰陽大和，心腎交媾，故曰漸相謀也。

口訣

行持下手之初，先須飲食以和五藏，不可飢不可飽，心田安靜，無憂無慮，乃可入道。凡於二更盡三更初，當洗漱定神，入室燒香，盤膝而坐，閉目存神，候息出入調勻，以舌先倒捲，定舌根兩竅閉息，漸覺左右太陽經有兩道氣，大牙根衝上貫二太陽，次入頂門，覺二氣交合，即爲一次。却閉眼良久，亦閉目，依前捲舌，候至泥丸宮止，如此每夜行三次即止。行至數夜或數日之間，漸覺泥丸宮次流入腦下重樓十二環，透夾脊，串尾閭，復次前衝心，貫膽臍，胃中溫溫，微覺意思和暢，乃眞降也。如此後則數夜，漸覺氣到心次微覺溫溫，或心頭氣漸動，却有溫氣從心而上，過重樓，口覺微苦，是中黃氣自膽而出，陰陽大和，將有降丹之象。如此之後，每夜行持之初，令一人在門外攔人進入及貓狗等，恐忽然相驚。至每夜行三兩次時，於坐前橫一几，忽然氣衝，覺身體漸大，精神騰騰，漸見屋舍人物山河皆在我身之內，手足皆不知所在，次急以手按几閉目，大覺心頭微一塊光明，團圓如日，忽然墜下丹田，此乃降丹也。丹降之後，未得便開眼，且漸漸收拾精神，歸定四體復舊，或手足覺痳痺，次候定醒，然後開眼，次喫人參湯，睡至來早喫粥食，將養一二日，如丹降也。丹降之後百病消除，更無疾苦之厄也。

第二轉

二轉陽成始結陰，腎光心液合丁壬。神珠奔電歸東海，時迸靈光照紫金。

解曰：二轉之初，如人懷胎兩月。胎之初降，乃是眞陽之精神爲丹。心屬火爲陰以配南方丁火，丁者，火之陰也。腎屬水，爲陽，以配北方壬水，壬者，水之陽也。呂曰：火取南方丹鳳髓，水求北海黑龜精。故於二轉則養陽，使心火之光感於下，三轉則養陰使腎水之液交於上。眞水眞火，上下以配丁壬，抱養眞丹以成造化。凡丹之初降，養於心，育之以眞火，生其丹也。一轉成功，則丹從心絡流下，藏於丹田，育以眞水，此二轉之功也。丹藏丹田之後，靜坐虛室中，忽然時有光明，從胎照見，如金團，乃月光而也。

望江南

玄珠降，丹竈在中宮。九候息調重九數，赤波或迸太陽東。心腎遂交通。逢六變，重六息陰功。火自海門朝帝坐，水從蓮萼佐丁公。紫電透玲瓏。

解曰：玄珠，眞丹也。一轉之初，丹降於心絡中，故云：丹竈在中宮。凡降爲一轉，丹降之後，凡遇九日，則閉息九候爲一次，至九九八十一爲九次，故曰重九數。九九功成，眞陽丹足，自心絡流入丹田，丹藏於水府，養其陰。太陽東者，海水之府象丹田腎水也，丹之神藏於心，以養眞火，丹之轉歸於腎，次養眞水。水火既濟，陰陽大和，故曰心腎交通，二轉之功成。其三轉之初也，逢六則閉息，六數爲一次，六六三十六爲一周，以養其陰，故曰重六息陰功。海門是丹田腎府也，眞丹藏於丹田，丹陽之數以足，每到日中，則神自丹田熱氣達之於上，而朝於心。帝坐，心也；蓮萼，舌也。六六內陰數足，則下蓮池，神水澆心絡以養丹氣，故曰佐丁公。丁者，心之火也。此眞水眞火以成既濟之功，陰陽既濟，眞丹氣足，時有神光出於面目，夜半安坐，內視藏府，表裏分明，直見玄珠，養於丹田，故曰透玲瓏。

口訣

丹降之後，一轉了畢。凡遇初九、十九、二十九日亭午時，靜坐虛室中，

盤足瞑目，端坐叩齒九通，神交氣通，然後閉息。每一閉入九息爲一次，開眼良久。再閉息如前，九息爲一次。初閉時，一次二次，行之漸熱，閉五次又極熱，用之九次，一向行之，直候内之火候用足，與天地相應，不以遠近，或前入息至九，心中溫熱四神和暢，心神搖動，一道熱氣下丹田，爲二轉功成。自此以後，不行九息之數。

第三轉

三轉行陽入左宮，玄珠胎色漸鮮紅。神明育火分形像，天籟時催造化功。

解曰：丹成三轉，逢天行陰以養眞陰之氣，内陰數足，丹入丹田，流於左肋，四體汗流以制尸氣，三轉功成，自此更無三尸魂也。靈珠，内丹也。此後陽氣充足，凡便及涕唾皆粉紅色，以應純陽之質。及其丹光照見一顆明珠如火輪之狀，在左脇之下，三轉數足，每遇月盡，以左手摩頂，入息激動丹火，至五藏熱爲上，謂之育火以運其丹。此後丹田中漸覺有物，遇入息則丹動，故云分象也。天地和，則撼激有聲，是名天籟，人之九竅不通，不聞其聲。三轉之後，九竅聽明，天籟之聲，晝夜常聞也。

望江南

毛髮薄，三轉運行陽。胎色漸紅陰漸縮，推移歲運助陽剛，育火養中央。成物象，五轉辨微茫。出入尚遲形尚小，晨昏時飲玉壺漿。天籟奏笙簧。

解曰：三轉陽數足，故陰龜漸縮，陽胃漸繖，一月之中，大小便共有十次。漸入地之位，將成無漏之道。乾卦皆陽，象純陽也。摩頂入息，内育其火，丹抱聖胎，將成形象，五嶽未全。八轉動其形，如三四寸之小兒，見之未甚分明也。陽氣方足而未嘗育陰，聖胎有魂而未嘗有魄，故出入尚遲形尚小也。聖胎成像，坐息之間常見面目光彩，湧泉甘露之水常出，飲之七竅聰明，則聞仙樂也。

口訣

丹入左脇之後，功成三轉。凡每月初六、十六、二十六，三六之日夜半子時，洗漱了，入淨室中，端坐盤膝，叩齒六通，凝神定氣，閉口入息，六次爲一候，如此六遍乃畢。其月内行至三六日，則月中三遍俱足，至月盡夜半子時，依前於淨室中閉目盤足而坐，先以左手摩頂門，右手摩尾閭骨脊盡頭，隨月轉七七四十九轉。凡摩時，緊閉定息，至數足微歇，候氣定再摩。如此三次，自覺心腎之氣，交於中膈，微動丹氣，塞於五藏，覺五藏中其熱如火，乃行火之候也。或於三六及月盡之時，忽覺丹在左脇之下搖動，微有一道熱氣，過丹田直入脇下，其熱如火，搖動久而後定，乃成四轉之功。自此之後，不行重天之數也。

第四轉閉陽戶之氣。鼻，天竅。口，地竅。

四轉行陰入右關，聖胎靈運發朱顔。圓光滿室神無礙，鼓樂嬉遊去復還。

解曰：左屬陽，右屬陰，四轉之後，内丹在右以應内陰之數，自此内之陰陽俱足。三轉養陽，聖胎生魂；四轉養陰，聖胎生魄。丹之四轉，内之聖胎魂魄皆就其五嶽，精神與我内貌則同，此出神之眞身也。四轉之後，陰陽氣足，正坐閉息，内之神光從頂門而出，如一輪明月罩定身體，神遊方外，出入無礙，坐室見四海而知吉凶。

望江南

丹已返，四轉運行陰。逢六閉藏陽戶氣，三關全透合丁壬。龜遊任浮沉。時出入，無礙貫他心。遊戲神通常出面，圓光周匝繞千尋。寒暑不相侵。

解曰：四轉養内陰，丹藏於右脇。鼻爲天竅，口爲地竅，氣之鼻出屬陽，氣之口出屬陰。三六之夜閉定鼻息，絶其來去之息，陽氣内降，充塞五藏，此以陽養陰也。閉住鼻竅，則華池水滿，下沃心絡，水火内交。心氣下降，腎氣上騰，丁壬配合，聖胎陰陽數足。丹在右脇隨氣升降，如龜在水任意浮沉。内丹光明，罩我之身，其狀如月，寒暑不侵。我心與他人心相通，知其善惡，嬰兒出入遊戲四海，名登仙籍也。

口訣鼻竅口竅

其丹入右脇之後，養成四轉之功。遇每月初六、十六、二十六夜半子時，洗漱了，入靜室閉目盤足而坐，叩齒三十六通，集神定氣，閉定鼻息，湛然不動，直候眞氣内丹田氣貫。舌竅者，華池。津湧滿口，將欲溢出，然後款款嚥之歸心。其神水到心則激神火，五藏覺熱，遍身汗出，四體甦暢，爲一至三元之夜，如此行持三遍即止，此爲神水神火抱育元精。抱育之後，或於行持三關内丹，自脇其聲如雷，一道熱氣入於丹田，鼻中火光射出，於是内丹復歸丹田，以成五轉，自此不行閉陽戶之法也。

第五轉

五轉陰陽造化成，嬰兒盈尺弄陽精。寐遊四海寤知所，去住無爲信步行。

解曰：四轉養內陰，三轉養內陽，五轉內外陰陽數足，造化之功已成，養就聖胎，神通自在，故曰造化成也。五轉之後，內丹聖胎養就靈軀，身長尺餘，自此採日之精以養外陽，奪天地造化之功也。常人內無所養，精神四散而無歸著，晝則神在於心，夜則神出於體，及其睡著，神無所守，更不知有身，亦不知所在，隨魂隨魄入幽趣之中，與鬼同聚，於夢中無一不見，四大物壞，神從鬼往，隨福受生，天堂地獄，皆不由己。乃神不識其身，隨波逐浪之形也。得道眞人，內丹成就，神合於身，物不能誘，是故魂魄潛伏，萬邪不干，更無憂慮，出離生死，皆由於我。出神入神，縱横莫測，故丹經頌曰：眞人無夢，此之謂也。得道眞人，神無所滯，魂住在我，信步無礙也。

望江南

珠自右，紫電入丹城。內養嬰兒成赤象，時逢五轉採陽精。火自水中生。燒鬼嶽，紫電起崢嶸，隨意嬉遊寰海內，寐如砂磧卧長鯨。時序與偕行。

解曰：五轉功成，陰陽數足，內丹玄珠，忽自右脇一道眞火飛入丹田，聲如鼻，光如火，乃是丹珠內陰內陽皆復丹田，以成五轉之位也。聖胎之內，眞人成就，出入頂門，長尺餘也。三轉養陽，四轉養陰，內之陰陽皆足，丹田功成。五轉則奪天地造化，採日之精以成外陽修行之道，自內及外，其序之順也。故自五轉之後，於一月之內，逢三九之日，採日月之精以養聖胎也。行持之法，以水求火，以陰求陽，水火既濟，陰陽大和，故曰火自水中生。常人於丹田之下，積陰之氣，謂之鬼嶽，遍體純陽，陰山鬼嶽，燒蕩陽宮，神庭建立。呂先生曰：燒山符子鬼難看，此之謂也。隨意出神，遊行四海，去住從己所欲也。寐識其身，寤之其所，運神出身，自觀本形，如長鯨卧於砂磧也。五轉之後造化功成，與天地合德，日月合明，內丹造化，與時偕行。

口訣

內丹復入丹田，五轉之功成就。內之陰陽數足，當採外之陰陽以成大道。凡遇每月初九、十九、二十九三九之日，當日正午之時，面南盤膝閉目，對日而坐，候氣定，絶鼻息，使氣無往來，眞陽不泄，充滿於內。其內眞火交通，自覺一身上下通紅，光明滿室，一二刻後，漸漸丹田眞水一道冷氣，一直上貫於心，如水精九浮在心上。然後閉目開息，從鼻中吸之，吸氣九九八十一口，納之於心。其日光到心之後，漸覺心頭氣動，在丹田如魚踴躍，乃是陰陽大和，至八十一口而止。如此行持，三年而畢。三載後，不採日精却採月華也。

第六轉日有五色三年，月有九芒一年。

六轉丹田弄月華，變胎魂魄影潛賖。陽砂換骨陰消肉，換盡眞如玉不瑕。

解曰：丹至六轉，內外陰陽皆成，聖胎全具，眞人與內身一體。每遇月圓之夜，採月之華以積其陰，故曰弄月華也。五轉眞陽全，魂化爲神，六轉眞陰全，魄化爲氣。魂魄內外全，日中遊行，更無其影，與日純陽爲一。自此之後，鬼神不可見，陰陽不可測，以成其眞仙之道，故曰影潛賖也。人之凡胎濁骨，陰陽不潔，不能上昇得道。眞人丹成，四轉之後至五轉，採日精納丹田結爲陽砂，丹砂內結，入於骨髓，隨汗而消也，故曰陽砂換骨。換骨之後，至六轉採月華，納於丹田結爲陰粉。採月華一年之後，其陰粉內化，入於內中以養仙肌。但覺大小便常有血隨尿出，乃是陰消凡肉，仙肌自生，故曰陰消肉也。玉之有瑕，不成眞玉；人之凡胎濁骨，不成眞人。六轉之後，換其凡骨，亦生仙骨，去其凡肌，而生仙肌，換盡無瑕，神仙純一。

望江南

日精滿，陰魄化無形。每遇月圓開地戶，神龜時飲碧瑤精。清潔復如冰。陽砂赤，陰粉色微青。粉換肉兮砂換骨，凡胎換盡聖胎靈。飛舉似流星。

解曰：陰陽數全，魂魄內外，體無形影，乃登眞人之道。六轉每遇十五月圓之夜，運北方腎水交南方心火，使內外水火既濟以結陰粉，與天地造化流通，以育聖胎之質。神龜者，腎水中龜也。呂先生曰：飲海龜兒人不識，燒山符子鬼難看，乃謂是也。採月之英華納於神水之府，其神龜飲之，清潔如玉，冰冷如成，陰粉生於北極之中，故象其龜也。陽砂者，日精所結，故屬於陽，其色赤亦象其日。陰粉色，月華所結，故屬於陰，其色青。青者，象於月也。骨肉換盡則胎內化肌骨皮肉皆無，盡化仙

質。魂化合神，魄化合氣，悉皆清淨。一體之中形神俱妙，與道合眞。學道之士能全其神，未能換其形，爲形所累，故出神則身不能動，尸假則形不能忘。丹成六轉，則換凡形而成仙質，形神俱妙，神之所向，體亦隨之，上昇九霄，如雲如星之快也。

口訣

丹成六轉，採月之華，每遇月圓十五夜半子時，洗漱畢，對月而坐，閉息合口，絶往來之息，使眞氣不泄於外，內之眞氣充塞於六府。腎之眞陰與太陽之精，內外之眞氣，瑩若水精，湛然明朗，一二刻間，腎之眞水感動於心火，心神之火一道熱氣降入丹田，如一火輪安在琉璃盤內。然後款款開目，放息鼻中，對月吸月之氣，納於丹田，吸八八六十四口而止。吸氣一半之後，其月華眞陰激動丹田中眞火，水火相濟，如沸湯之狀，四體汗出，百脈甦暢，至六十四口而止。始此行持，三年了畢，其功入七轉之位也。

第七轉

七轉身飛四體輕，靈光閉息滿丹城。千朝却粒生成火，坤戶施張浴海鯨。

解曰：丹成六轉，陰陽內外俱足，凡骨換爲仙骨，凡肉換爲仙肌，四體百骸，並無凡物，仙體輕清，飛舉自然也。內丹點就神骸，故一身之體爲之減也。丹之七轉，使陰陽內外和合，當閉十朝以成妙道之用也。丹成七轉，閉息千朝，使陰陽大和，千日數足，神氣合會，五藏皆新，內外純一，丹光明徹於六府，眞火燭開於五內。藏府谷蟲化而爲水，自此腸胃充實，不著煙火之氣，不納煙火之食，飢餐仙果，渴飲瓊漿，與世不類也。內丹皆化之後，陰莖消盡，惟有一竅，名曰坤戶，以象其陰。每遇神丹火盛，則於三九之日投身水中，運其丹珠，從坤戶而出，吸呼弄水，游戲自在，一二時久，復運其丹歸於丹穴，以制火之盛也。

望江南

形透曰，七轉任飛騰。幽靜深巖圖宴坐，息無來往氣堅凝。却粒著其能。生成火，返本氣澄清。九候浴時開地戶，月中取火日求冰。五內換重新。

解曰：七轉之後，形神俱妙，內府皆爲仙器，日中遊行，身體通明，色如紅玉，飛舉騰空，縱橫任意。大抵須要內外和順，使之日月光華會於心腎水火，陰陽交通，神氣和會，深入巖谷之中。宴坐千百日，閉鼻息以絶呼吸之氣，沖和凝定，然後內實，不食塵世之物，以證逍遙之道也。至於却粒不食，眞奇功奇道也。閉息千日，神火內發蕩洗穀氣，更無食念。返本還元，抱一守靜，故曰還返氣澄清。凡遇神火，五藏發熱，則逢三九之日入於水中，澄其眞丹，光明如火輪之狀，從地戶出，故曰開地戶。月者，陰之象也。神火至陽之物也。戶者，陰之竅，通陽光，從地戶陰穴而出，故曰月中取火也。日者，陽之象，神水，至清之物也。舌者，陽之竅，通流神水，從舌竅陽穴而出，故曰日求冰也。五轉換骨，六轉換肉，七轉換五藏。五內者，五嶽也，故曰五內換重新也。

口訣

丹成至七轉，當離塵世，入深山之中或巖谷間。宴坐閉息，精神口鼻絶往來之息，使眞陰眞陽交於腹，奪天地造化之功，歸於四體。千日之後，五藏換盡胎氣變爲仙府，但覺頂門竅開，出黑赤之氣，乃是胎氣發散。千日數足，頂門竅合，乃是胎氣出盡，七轉功滿也。自此之後，五藏結實，不納煙火，若有時五藏丹火發，則入水中閉定鼻息，使丹珠神火從地戶而出，浮於水面，如牛弄黃，直候舌下神水如泉，則丹火息，吸其丹珠復入地戶，直至八轉地帶成就，無火毒則不復浴也。

第八轉

八轉還元地帶垂，周行胎息養嬰兒。有時火發燒丹窟，深入寒泉弄赤龜。

解曰：嬰兒在母腹中胞胎裏，定氣不能出入而無所損，若嬰兒臍中有臍帶，銜在口中，呼吸之氣往來不絶，此乃自然胎息，故無損也。丹成八轉之後，換於臍中生一臍帶，亦如嬰兒之狀，還其本始之道，故曰還元地帶垂也。嬰兒得臍帶，行胎息之氣，故無所損，眞人得地帶，行周天之氣，故能長生也。赤龜，丹珠也。八轉之後，內鍊眞火使無熱毒之患，凡遇火發，即口銜地帶，閉息九日。至第九日，眞水自丹田如湧泉泛漲，直至重樓十二環，丹珠在其神水之中，如龜之戲水。自此之後，眞火無毒，更無丹熱之患，故曰：有時火發燒丹窟，深入寒泉弄赤龜。

望江南

內外變，八轉始還元。地帶長垂主坎戶，周行胎息貫天門。太始道方存。純一體，赤黑氣常噴。丹火發時燒內景，冷泉湧處浴猴孫。神水赤

龜呑。

解曰：丹至八轉，外之形體，内之五藏，盡底換變，復生地帶如小兒之狀，故曰返本還元也。地帶者，臍下之帶也，生於臍中，屬北方坎卦，故曰坎戶，天門華池之竅。地帶貫於口中，行周天之息，以調火候，故曰周天息也。太始之道，生天地之始，丹成八轉，如天地造化之初也。内丹，純陽也，無一點陰氣，故曰純一體也。黑赤者，神火之氣也，丹成八轉，自心而來，常從鼻中出入，常見黑赤二氣，故曰氣常噴也。丹火之患，運神水以制之，更無丹火之候。蓋丹者，心珠，心家，猴孫也。赤龜，火神也。丹浮於水之中，如龜呑水，取其狀也。

口訣

丹成八轉，地帶生於臍中。若遇丹火猶發熱，五藏熱燥，即閉目宴坐，以地帶接於華池之下，使息氣内通，流行周遍，運用之道，自閉息之後，丹田眞水日日漸長，至第九日，神水直至重樓十二環，丹珠隱於神水之中，出去火毒。自此之後，更無發燥之患，至第九夜子時，閉息吸神水，從泥丸宮過夾脊復丹田，以畢其功也。

第九轉功行畢

九轉逍遙道果全，三千功行作神仙。金書玉簡宣皇詔，足躡祥雲謁九天。

解曰：丹成九轉，造化成就，道果圓成，更積外行三千，外果圓滿，方可飛昇。故許旌陽丹成之後，除蛟龍之害，然後上昇；孫思邈丹成之後，救萬民之疾，然後上昇。皆須立功成名，方得上昇也。上昇之日，天樂來迎，簫韶合奏，以過天闕，隨功行分職，列爲仙班，與天地相爲長久也。

外丹部

外丹術語分部

擇友

論說

吴悮《丹房須知》《參同錄》曰：修煉之士，須上知天文，下知地理，達陰陽，窮卦象，並節氣休旺，日時升降，火候進退，鼎爐法則。然後會龍虎法象之門，識鉛汞至眞之道，兼須內明道德，外施惠慈，心與丹合，自達眞境。是知還丹之術，非一朝一夕可會也。凡煉丹，須是淸虛之士三人，共侶同心結願，惟望丹成。將欲下手，先須齋戒，醮謝穹蒼。一人管鼎器，添換水火。一人輪陰陽，更變造化卦象，進退水火，隨其節候。三人所管，各不得分毫有差。葉眞人云：午夜守衛，三人共虔禱祝，雖然各分所管，逐急須與更替，夜間遞相眠歇。蓋有晝夜不停，日月時刻長，恐修丹之人久遠困劣，有誤修制。

擇地

論說

吴悮《丹房須知》《參同錄》云：將欲修煉，先須擇地，惟選福德之地，年月吉利潔淨之地，方可修煉。若是古墓寺院之基，廢井壞竈，戰爭之地，及女子生產穢汙之所，皆不可作，陰眞君曰：不得地，不可爲也。

藥泥

論說

吴悮《丹房須知》 黃土、蚌粉、石灰、赤石脂、食鹽，右六味各一兩，爲末，水調用之，名六一泥。注云：若以蜜調之，尤緊密不洩。

燠養

論說

吴悮《丹房須知》 葛仙翁曰：至藥未煉，先須燠養之法，至妙且玄。夫含育元炁，滋茂至神，苟有不眞，失之俄頃，仙凡頓異，可不謹哉。其法堅石或玉石，爲乳槌鉢，以乳二物各八兩，令相制入鼎內，面于東向，研三千遍，訖聚之成塊，命曰胚暉元始，現天地未兆之形，燠養太和，顯至神潛伏之狀。然後入有蓋土釜中，法泥。泥乾，入灰池，文武火燠七日。冷出之，或紫色，如兩數不足，則火候有失。別作灰池，預作文武火燠之，以備用二十一日，頃刻不可離。故煉丹非三人不可燠養。訖再研之，乃入鼎。鼎中先實黃土爲基，厚二寸四分，象二十四炁，安二物於中，乃下火。

中胎

論説

吴悮《丹房須知》　青霞子曰：藥在鼎中，如雞抱卵，如子在胎，如果在樹，但受炁滿足，自然成熟。藥入中胎，切須固密，恐泄漏眞炁。又曰：固濟胎不洩，變化在須臾。中胎所制，形圓如天地，收起似蓬壺，閉塞微密，神運其中。《金碧經》曰：爐竈取象，圓固周堅，委曲相制，以使無虞。黄眞君注云：爐鼎神室，鉛汞重重相制，故爐斂火炁以制胎，胎斂火炁以制鉛，鉛得火炁以制汞，遞相制伏，須器圓密，方保無虞。

用火

論説

吴悮《丹房須知》　如雲子曰：下火時，用實心石七箇，燒令通紅，以醋淬之，抛於藥房内。與取桃柳東南枝，各七莖，淨火焚香，精心虔祝，安慰百官。云：大道弟子某，謹啓玄元皇帝太上老君。今修至道，願降仙旌靈官，爲宗土地安寧，内魔不撓，外惡無侵，速成大藥，永保長生。謹辭。安靜訖，夜半子時起火，勿令女子雞犬見。起火時用炭五兩，燒令通赤，入爐灰蓋之，平旦不可失也。其鼎當如雞卵，其火取日之火，次楠木火爲世敗火，堪用九年，並不得用別火，號曰長火水火。

注云：火隔正月起午，水隔正月起戌，並逆行六陽。辰，燒丹起首日，大忌潮生日，及甲戌、甲午、甲辰、甲寅、甲子。

火候

論説

吴悮《丹房須知》　古法只是十月。故青霞子云：未嘗聞人受胎，年三歲而生者也。其間或三年者，作用不同，理則一也。火之斤兩無定，爲器有大小，藥有多寡，要在臨時消詳陰陽之理，靡差毫厘。故黄眞君解《金碧經》，於火候至爲剖露眞機。恐後學猶或輕言，乃留詩曰：物因不識翻成賤，言爲玄微却被輕。昨夜憑欄幾長歎，一輪秋月爲誰明。嗟乎，聖人利濟之心，如此其功。緣福薄之人，自棄自暴，邪見失正。痛哉惜哉。

開爐

論説

吴悮《丹房須知》　《參同錄》云：從十月起首，至四月屬陽鼎，左旋。

注云：弦望晦朔，乃日月四時也。且則暗魄中魂生而爲明，則曰上弦。上弦之後，魂爲體而魄爲用，魂中又魂，魂生而曰望矣。望則明魂中魄生而爲暗，則曰下弦。下弦之後，魄爲體而魂爲用，魄中又魄，魄生而月晦矣。一月之中，魂魄往來，不失其度。黄眞人託月以爲火侯，因此可見矣。

《參同錄》云：五月至十月屬陰鼎，右轉。丹至困極之時，不得暫抛離藥室，專聽龍吟之聲。過此陽極之數，丹已無憂。至十月日全，陽歸坤

遇，丹成就，色變紫金，光華赫然，九轉成陽，五行悉足。如雲子曰：開鼎時須齋戒沐浴，各披道衣，頂星冠，面南，跪捧藥爐，焚香淨身，虔誠禱告，啓請大道天尊、太上老君，一切十方上聖眞君。奉道弟子某甲，功成丹鼎，法應乾坤，陰風消散，日華赫明，純陽變體，龍虎持身，上歸紫府，永離紅塵。凡開鼎取藥之時，勿令婦人雞犬見之，所飛鼎上白者紫金丹，赤爲龍虎丹，鼎周四面者爲大丹，中間白如魚鱗片者，名神符白雪。

禁穢

論説

吴悮《**丹房須知**》青霞子曰：一室東向，勿令女子、僧尼、雞犬等見入。香煙長令不絶，欲入室，次得換新履衣服，及勿食葱蒜等。《參同錄》曰：丹室之内，長令香不絶。仰告上眞，除是蔬食，務在精嚴。

取土

論説

吴悮《**丹房須知**》《火龍經》曰：葛仙翁云：修煉之器，壇爐之土，並須潔淨。司馬氏云：神室之土，不可以凡土爲之。自古無人跡所踐之處，山巖孔穴之内，求之，嘗其味不鹹苦，黄堅與常土異，乃可用也。

造炭

論説

吴悮《**丹房須知**》《火龍經》曰：葛仙翁云：燔堅於淨窰中爲炭木，臼杵之萬下，糯米拌和，擣丸如雞子大，曬乾，烈爐預焚令通紅光，稱斤兩旋旋進火。若一候用一兩者，旦夕常令數足。

添水

論説

吴悮《**丹房須知**》《火龍經》曰：司馬氏注：用新瓦鐺釜等煮水，常如入體，旋旋添之，不得冷添也。黄氏《金碧經》云：火易勿過度，分兩合宜，其上水鼎過火盛，只得溫煖，勿令成湯，慮有過失也。

合香

論説

吴悮《**丹房須知**》青霞子曰：降眞香半斤，丹參五兩，蘇合香四兩，老栢根四兩，白檀香四兩，沉香半斤，白膠香少許。右七味，以蜜拌和，丸如彈子大，每日只燒一丸。

壇式

論說

吴悮《丹房須知》《參同錄》曰：爐下有壇，壇高三層，各分八面，而有八門。

如雲子曰：南面去壇一尺，埋生硃一斤，線五寸，醋拌之。北面埋石灰一斤，東面埋生鐵一斤，西面埋白銀一斤。上去藥鼎三尺，垂古鏡一面，布二十八宿五星燈前，用純劍一口。爐前添不食井水一盆，七日一添。用桃木版一片，上安香爐，各處置，晝夜添至第四轉，其丹通於神明。恐魔來侵，安心守護，致祈禱之詞云：謹啓玄元皇帝、太上老君，運合乾坤，衆魔莫侵，觸吾至藥，乾公辟身，東方埋鐵，南方烈火，西方藏人，北立胡人，上方懸鏡，配合五行，鬼神莫及，土地安寧，眞人衛我，至道堅貞。急急如律令。

採鉛

論說

吴悮《丹房須知》《火龍經》云：騶虞白髯，元公素髮。不經凡火，天生神物，不能備見。求之純澤，是兩法也。騶虞，白虎也，白髯，自然生也。元公，黑石也，銀精抱之，狀如髯髮也，投之大海，號曰老翁鬚。不經火煅，天生銀也。不得已，乃用純澤不親者，投之大海，採之八兩。解曰：每銀五十兩，一日煉取金華之用精十兩。偃月爐千鞴之，使沸面清，投白虎二兩，鞴之須臾，有物狀如雲母，黃色，晶光奪目，以鐵匙取之。盡，又投二兩，如前進十兩，得八兩淨者。此名水虎，又名黃芽，又名金華。老君曰：從紅入黑是眞修，是爲三法。

《參同錄》曰：凡採黃芽，須用金旺之時，以白露爲首。此謂金炁圓時，蟾光盛滿，是煉丹之時候，煉時須八月。許眞君曰：冬養子，八月下手，以九鼎取黃芽，至十月之內，全在水火停匀，陰陽得所，自然化出靈芽。若是水火不匀，盜過鉛腳，透入靈芽，不堪用也。亦須受氣滿足，若氣不足，丹亦不伏。

葛仙翁云：飛汞爐木，爲床四尺。如竈木足，高一尺已上，避地氣，揲圓釜，容二斗，勿去火。八寸床上竈，依釜大小爲之。《火龍經》云：飛汞於丹砂之下，有少白砂亦佳。若剛木火之，只可一晝夜，不必三夜也。丹砂之滓，有飛不盡者，再留之。砂無出溪桂辰，若光明者，亦可號曰眞汞也。

抽汞之圖

注云：鼎上蓋密泥，勿令泄炁。仍於蓋上通一炁管，令引水入蓋上

盆內，庶汞不走失也。

《參同錄》曰：還丹非鼎器不成。故《混元經》曰：坎離爲藥，乾坤爲鼎。四者相抱，謂之槖籥。乾者金也，坎者土也。謂土生金，故號金鼎。非用金爲之鼎者，丹之室也。鼎器全備，萬物生焉。鼎象中宮，中宮屬土，能生萬物，故鼎用土。陰眞君曰：須向中宮求鼎器。明知用凡土燒甆爲鼎，至於中胎，亦用坩。長短寬窄，臨時製造。寬則水火之炁不降，窄則水火之炁不行，更自消停。既得鼎，須置爐，爐是鼎之匡廓也。鼎若無爐，如人無宅舍城墎也，何以安居。故爐以安鼎，收藏火炁。司馬氏云：葛仙翁得口訣，予置土火鼎，用鄱陽瓷末爲白土，匀之入臼杵萬下，爲鼎形，如雞子，高一尺二寸，爲蓋安物於中，仍固濟以法，泥水鼎內，瓦盆堅者作底，容藥，乃進鼎三分，入瓦盆中，別以藥爐內外了，却以法泥，泥乾安爐上也。

祭爐

論說

吴悮《丹房須知》青霞子曰：依様造爐下鼎訖，東壁下火，先須祭爐。

清酒三斤，鹿脯十二缸，香一爐，時果十二分。

先須祭爐，然後持呪曰：皇皇上天，黄黄后土。生育萬物，萬物滋茂。聖舍樞紐，元受宗要。皇帝固鼎，玄女臨爐。還符陰陽，以成寶餌。三五神光，邪魔懾伏。直爐童子，衛火將軍，六甲統兵，蚩尤護眞。謹以某月某日，授弟子某甲，獻奠之誠。上請眞人洞府群仙，咸寧默運，以奉勿輕。再拜。

醮太一法

論說

原題赤松子《上清九眞中經內訣》諸餌丹砂、八石及雲母百草丸散，欲延年養性，求神仙之法，當祭太一君。不祭者，作藥皆不成。縱成，服之無益，不能使人得仙，不能延年益壽，長生不死。故言祭太一者，太一下臨之，或遣玉女下，神氣所加，合藥成，服之有驗。皆齋戒，稱臣作丸者藥，臨劑當祭作餌者，臨然火乃祭作散者，須成乃祭之，皆先具諸草藥，羅列著太一座前間乃祭。祭太一者用案，無案用盤。南向，用酒五杯，脯五朐，棗二盤，酒多少隨意，俱令心正意盡，乃爲神靈所臨耳。饌祭享者，用酒五斗，脯五斤，棗二升，鹿脯亦可用，唯只可用麞當耳。安置畢，燒香，主人載拜，謹請九天二眞人，高皇太上帝君，九天三老君，太上眞人，太上玉女，九炁丈人，九老仙都君，太清仙王，天眞太一君，地眞太一君，太一玉童，太一玉女，黄羅紫羅，明仙二郎，華蓋火光使者，下臨座席。主人載拜，叩頭自搏。今日乞爲某甲，除七世以來，下及某身，千罪萬過，移災徙厄，令一切消除，長生久視。今當合某種雜藥，投諸太一上君，太一君，監臨共服，黄宮紫蓋之下。願藥無縱無横，無飛無揚，和合神炁，華精正黄。謹奉天神，神藥盛明。明師舉火，玉女侍傍。分天之炁，太一乃臨。主人某甲載拜，因即三上觴。畢乃送辭，前奠杯酒，仰伸忱悰，所上微薄，蒙君降顧，上下歡樂，醉飽爲度，主者百神，迴車就路。曾孫某甲，願各擁護，蒙天之福，將神之助，消災解罪，皆當如語，富貴延年，長蒙福祚，諸受載拜，所求皆遇。

十不可

論說

施肩吾《太白經》 一、以巧言媚容，急向熱取。謂他人爲癡，謂我爲奸，自云若是道不違人，即心無悋惜。一言道合，必傳與我。或說他事並此事，或指他人喻此人，狡詐多方，甘言出口，此輩慎不可與語也。

二、先自說大丹方術，金石門庭，伏砒撲茅，尋草結汞。又曰曾親經手嫌，不能爲意在。先說我彊，博換他事。謂我機關，羅籠天地，頻來數到，東問西探，慎不可與語也。

三、只以盞醪爨炙，雙襪緉鞋，自說貧寒，望垂救拔，生成荷德，死歿知恩，指天地爲盟，向神祇作誓，此輩慎不可與語也。

四、入頭相狎，巧語多辭，探賾淺深，考求道理，問得即喜我，乃稱揚彼人者，神仙中人。難問則嗔我，則誹謗彼人者，誑妄之士，浮學日淺，不及我長，此輩慎不可與語也。

五、立性好利，秖待要金，悋貪不使於一文，奸狡但求於好事，乾語濕喏，低拜屈腰，自稱爾好事，必然不要我錢。空把兩拳，堅求至藝，此輩慎不可與語也。

六、自無見識，不按方書，任意看量，不從師授，或一千文爲一火，或五百文作一灰，金逐煙消，石隨焰散，不稱愚意，卻謗眞賢，以謂從來伏丹萬無一成，大約世間終無此事，見仙人則謗，逢處士即嗔，將謂他人並同於我，此輩慎不可與語也。

七、自覩彼人，言此人無福，以讎滅士，言此人惡心。我尚不成爾，焉能遂我已。歲時久歷爾，且年紀未多，以老人爲偏知，以廣行爲歷事，便擬指呼賢達，孩問智人，握管窺天，拋磚引玉，此輩慎不可與語也。

八、根性淺劣，寧知造化之源。見識昏蒙，不達乾坤之道。只求小術，專在利門，所務家資，懶成意氣。伏砒伏粉丹砂，以銀鉛銅，用硵煮汞。論此事即忻心歡喜，聞至藥則冷笑不言。自此以假求眞，且說從小入大，此輩慎不可與語也。

九、既知出塵之術，能求得道之人。偏能屈節低心，亦甚瞻顏望色。入夜則尋思計較，明朝則便去推求。但有納璧之心，殊無割城之意。專呈小巧，擬弄大賢。敢於容易之間，獲起殊常之事。又曰：下坡不走快，便難逢事在。乘時人不再遇，或自談儉素，自說忠良，於己自悋，勸人行陰騭，假陳慈惠，妄說方書，迷誑小人，平欺君子，爲求好事，干送小心。又曰：傳我者祇爲於人情酬爾，不言於財寶，此輩慎不可與語也。

十、偶遇名人，少知宗旨，自爲輕薄，不辯陰陽。或得其頭，不盡其尾。得其尾，不得其頭。是何小器易盈，向人自錐。或知者則慇懃承侍，拜告仙兄，而見妾出妻，同生同活，願爲奴蹇，永奉指呼，唯期地久天長，終願粉身碎骨。後乃薄知去處，將謂萬全，便於仙兄，當時解體，姿顏漸冷，盤酌日疏，自以得魚忘筌，到岸捨楫，我今已得大事，不要前人，請去門欄，自修鉛汞。殊不知至人鑒人識物，占往知來，先審斯人，終非大器，豈以口言貌笑，杯酒家餐，而傳授神仙大事，天地至機者哉。

十可

論說

施肩吾《太白經》 一、不問貧窮富貴尊卑，帝王宰輔，侯伯文武，庶人士農工商等，但有道者可傳。然先審其人，評其可否，方可傳授。

二、不以黃白事，不以勢力所知，在富如貧，居官若庶，志求大道，只慕長生，言不諂諛，行無狡曲，不可以暫時爲事，故審平昔之期，若是其人，此可傳付。

三、先與言論，審察根基，儻若不昧陰陽，能明卦象，知造化之理，識天地之恩，洞達晦明，深曉進退，五行四象，七返九還，行與業同，身將心正，又慮禍而無德，聰而不明，始吉終凶，先得後失，不可追悔，必

也藏機密事，抱智而愚，愼審其人，此可傳授。

四、若見孜孜於家事，苦苦於身名，務於意氣，事於風雅，此不可與語也。若見守眞任直，少能自足，薄於人事，不與家累，淡薄名利，於親無情，於人不詐，此可傳授。

五、有慈惠之心，無親疏之意，欲博施而力不備，重高人而家具貧，細察行藏，此可傳授。

六、事君忠節，居上不矜，俸薄家貧，守眞不躁，而能恬淡自牧，不事輕浮，心在虛無，不急名祿，此可傳授。

七、事親於家，孝聞閭里，仁德兼著，淸淡自持，志慕長生，此可傳授。

八、與物無競，心絶冤親，自將天道爲心，不以還丹爲念，無心合道，道自目前，此可傳授。

九、無家絶累，野鶴孤雲，不爲人事所拘，不備時宜之禮，人不識我，我不識人，心慕長生，不逢至道者，此可傳授。

十、時有道侶，多居巖室，獨處雲林，歲臘齊高，親交雙泯。然後察言觀行，不欺彼弱無心者，此可傳授。

右此十可者，得道之士，百年之內，可傳三人。前有十不可者，愼勿傳也。然傳授之時，須具十全，方得成就大丹，若不十全，不可妄爲也。

十全

論說

施肩吾《太白經》 一全，有修鍊之地。愼擇名山大嶽，來山去水，五行相生，不爲凶山惡水，虛耗所忌，不爲凡人俗眼，來去穢惡混雜，此未可也。

二全，備其財本，財本若備，無所牽率，不令所少短，並須修鍊之人心意，自然而然，不得將無作有，遲疑之間，有所憂悔。

三全，直時童子，須是奇人。若非高上靈性，不可指使，秖令直符，不可與知道。慮若小騃，輕泄於人。

四全，起鑪竈，高低尺寸，闊狹厚薄，並依法則。取土方向泥，起火時日，門戶開閉，多少方所，重疊數目，各臻其道。

五全，鼎器法則，須依其道，亦有高低小大，將狹斤兩，厚薄深淺，並須子細究尋玄妙，契合眞文，不可妄爲。若識眞鼎，已是智人。

六全，須識眞藥。既識眞藥，須知收採之時。故淮南王曰：採於蠶食之前，用於火化之後。則知非金石，則木也。木王於二月，廢於八月，伏於十月，此昭然可見矣。八月秋動霜零，乾條葉落，還歸於地也。

七全。闕。

八全，採取收持，須能洗濯，謂之沐浴。沐浴既淨，除根收葉，去骨留肥，迎入房櫳，從兹會合。

九全，若入鼎鑪，安排依法，分明四象，匹配五行，不乖二儀，並交兩曜。造物者我，發生者誰。

十全，水火也。有無並合子午，依時虧圓，並在於月中。飛伏盡由於卦裏，精修到此，方好用心，名爲十全，得稱至士。然十全無有一者，則不可與言道。十全而有一不全，即亦闕於道。故至士審而行之，不其然乎。

丹井

論說

吳悞《丹房須知》 《參同錄》曰：雖得丹地，便尋丹井。井是煉丹之要也。晝夜添換，水火添換，滴漏唯在於井。自古神仙上昇之後，盡有丹井，以表井爲煉丹之急也。丹井成，勿令穢汙，待水脈伏定，須滌去滯滓，然後任露天通，星月照，水既定，土色已收，方可取之。若得石腳泉清白味甘者，是陽脈之水，運丹最靈。若青泥黑壤，黃泉赤脈，鐵澀腥

味，有此之象，並是水腳交雜，陰陽積滯，不任煉丹。《火龍經》曰：須新水。葛仙翁云：須取泉以備用，不得雜汲使用。若近山有泉清淨之水，不須甘水，仍不可雜入用。

丹室

論說

吳悞《丹房須知》 《火龍經》曰：選旺方。司馬子微注云：煉丹之室，歲旺之方。擇地爲靜室，不可太大，不可益高。高而不疏，明而不漏，處高順卑，不聞雞犬之聲，哭泣之音，瀨水之響，車馳馬走，及刑罰決獄之地，唯是山林宮觀淨室皆可。

丹壇

論說

佚名《感氣十六轉金丹》 用古劍一口，古鏡一面，建壇三層，高三尺六寸，其壇方圓一丈，上以屋蓋。壇下當中，埋辰砂二十四兩，鎮壇。壇上有竈，竈中安鼎，鼎中安神室。預先告盟三界十方，自古得道眞仙，當境祀典神祇，當山山神土地。禱以鍊丹之日，毋令陰鬼竊丹之氣。

外丹藥物分部

朱砂

論說

佚名《黃帝九鼎神丹經訣》卷一三 臣按：草木之藥，可以攻療疾病，不可以致長生也。金石之藥，可以必獲延年，而亦兼能除百邪也。夫草藥之爲物也，虛脆危軟，不堪而久，煮之即爛，埋之則腐，燒之則灰，停之則朽，不能自堅，豈能堅人乎。不能自生，豈能生人乎。若丹砂之爲物也，是稱奇石，最爲上藥。細理紅潤，其質貞固堅祕，積轉逾久，變化逾妙。能飛爲粉，能精爲雪，能爲眞汞，能爲還丹，能拒火，能化水，消之可以不耗，埋之可以不壞，靈異奇秘，我難以稱然，而得要則全生，失法則傷壽。人見《本草》丹砂無毒，謂不傷人。不知水銀出於丹砂，而有大毒。故《本草》云：水銀是丹砂之魂，因丹而出。末既有毒，本豈無毒。淺識狹觀，不思遠大，性命之功，蹉跌不追。所以古人深懼，除惡務本，必先煮鍊，方入大丹。殊途同歸，皆令伏火。不拘日數，莫限人功，事資於養，不宜急速。人見丹砂是石，乃言諸石燒之爲灰，其丹砂何得獨爾不化。殊不知丹砂色赤，而能生水銀之白物，變化之理，頗亦爲證，土得水而成。泥埏之山下有金，其上多有丹砂，變轉不已，還復成金。歸本之質，無可怪也。故昔漢朝有李少君者，乃數百歲人也。不聞有他能，唯以丹砂合諸丹藥爲金，以金爲器，以器盛食，以食資身，漸漬腸胃，霑洽營衛，藉其堅貞以注壽，事漢武帝盡情實。乃以祠竈左道之事奏進，不以丹金正訣之義聞徵，卒以化去。武帝思之。故知唯有黃帝九鼎之道，太一丹金之妙，令人不老不死，可大善乎。若去毒不盡，帶毒成金，雖有所成，亦無用。譬以飢餐毒脯，渴飲鴆漿，爲患必深，欲益反損。今再具調

鍊性味等法，列之如後。

丹砂性味主療

臣按：《本草》丹砂味甘微寒，無毒，主療身體五藏百病，養精神，安魂魄，益氣明目，通血脈，止煩懣消渴，益精，悦澤人面，煞精邪惡鬼，除中惡腸痛，毒氣疥瘻諸瘡，久服通神明，不老輕身神仙。能化爲汞，調作末，名眞珠，光色如雲母，可折者良。生符陵山谷，採無時。惡磁石，畏鹹水。按此化爲汞，及名眞珠，即是金沙也。符陵是涪陵，接巴郡南，今無復採者。

丹砂出處

臣按：《本草》云：符陵也。但以巴郡之南都，謂之巴沙。今無復採。及出武陵、西川諸蠻戎。昔通巴地，故謂之巴沙。仙經亦用越沙，即出廣州臨郶者。此二處並好，唯須光明映徹爲佳。又如雲母片者，謂雲母沙。如紫石，其大形，謂馬齒砂也。並好，俱任用入藥。然非堪鍊之上物也。如大豆及作大塊圓滑者，謂豆沙也。細末碎者，末沙也。此之二種麤，不入藥。可磨作朱也。採沙皆鑿坎入數丈許，雖同出一郡縣中，亦有好惡。揀餌之法備載，長生之寶，非《本草》之所詳究也。然丹砂雖出巴楚二地，今之有出處，最不及辰州麻陽縣者爲上，打破亦明色焰焰然，有精似火星，向日看之，如動搖光明沙。若其體細，重破之白光昱昱然。又片版麤大如馬牙，或如小捲，晃晃昱昱，光明暉徹，其質堅祕，白光曜目者，號曰丹砂。紅明者上，紫者次，赤濁者下。天生已伏火者，徒聞其語，不見其物，縱使得之，亦須煮伏。興州有緊實堅重，其色亦赤，狀類丹砂，破之似鐵，燒之還赤，停之有黑，火之無煙，此之丹砂之正質也。

丹砂調鍊法

取丹砂上者末之，於鐵器中，以上上醋，微火煮之，數添勿令竭，三十六日已上，燒試無煙爲成也。若不伏火，即以百日爲限。以好春酒一斗，納瓷缸中，以帛袋盛丹砂十兩，納酒缸中，勿令到底，十日一易，滿百日，暴乾，入長生用之。

又法：取光明好色朱砂洞徹者，以酒煮三七日已上，以火燒試之，伏火。

又法：碎丹砂如大豆，和酒納竹筒中，又納釜湯中，煮之，火試伏火欲休半日，添水煮之。

又法：取丹砂上者，於鐵器中，微火煎之其砂末，令漸漸益醋，以物耗攪，勿令著底。每朱一斤，料醋一斗，候醋消盡出朱，暴乾，納甘堝中，鑪火燒之，不飛即成。若飛，更煮三日，一試，以成爲限。

又方：取丹砂上者，打破如豆，以好大醋，於銅器中，微火煎之，漸漸益醋，以物攪之，勿令著底，熬醋醋盡，日暴令乾，燒之不飛即成。

又方：取丹砂光明映徹者，細末，納新瓦瓶中，塞其口，釜湯中煮之百日，無毒。如此鍊者，入長生。瓶中著酒，亦得。以酒拌之，使潤入瓶釜中，著酒義不合水。

又法：取好明徹朱砂，細末，用好醋煮之百日，燒之不然煙，名曰伏火。此入變化用，不云入長生。

臣訣者按：鍊丹砂雖有多方，然不出於伏火爲候。古人深慮火性緩急，故以重湯煮之。又慮人心躁迫，故以百日限之。入長生藥，必須美酒煮之。若變化用，必須大醋煮之。鐵器中煮酒數攪，若納瓶中，須密塞之，熬醋用盡，出而暴之，凝之，未伏火試之。新瓶法，長生用之。銅鐵之器，變化頃之。如此消息，萬無一失。

服丹砂別法

丹砂二斤，擣爲末，重絹篩之，盛著銅盆中，以淳苦酒沃之，令如泥狀。置高燥處使乾。復沃之如前法。一斤丹砂盡三斗苦酒，如此暴三十日，當如紫色，藥乃成，把之不污人手，引之如飴，乃可矣。丸如麻子，以井華水日服三丸，常以平旦呑之，服之一日，腹中三蟲下。服之六日，身中一切諸病盡皆除愈。服之六十日，則有所見，能令白髮更黑，齒落更生。凡服此藥，當先齋戒三十日，沐浴以五種香湯，乃可服之。

服丹砂法

丹砂一斤，擣爲末，下篩，以淳漆二升，好苦酒三升，三物和合相得，微火上煎之，令可丸服，如麻子，日三服之。十日百病盡皆除愈，三尸下。亦云：百日服膚強，服之三年延年。

臣按：丹砂一味，單服日久，尚獲如上之利。況去毒伏火，以合大丹，其置福爲益大矣。今按前件丹砂一味，及和漆二法，並同淳醋，不言用酒，以此驗恐或疑不用酒。又濾於瓦瓶中，不須用醋而漬者。今據別漆

丹法，以眞丹一斤，清酒一斗，白蜜一斤，淳漆一升，日暴酒蜜，數淹數暴，可丸即止。又方：以清酒和丹砂，納竹筒，蒸之日數，亦如暴漬丹法，白蜜丸之。又方：以桑根汁和丹砂，納瓶中，入釜湯中，煮之二日夜，以淳酒和，復納白蜜丸之。以上和合之法，先以酒和丹砂，令至調適，然後納漆火之極微，堪丸而止。又以上服法，丸如麻子，初服二丸，日再服，四十日三尸去，久服延年神仙，日中影不見也。是知凡鍊丹砂去毒上法，莫過美酒也。或以新瓦瓶盛，或竹筒盛之。亦須先以清酒和丹也。蒸之亦得，暴之亦得。但以蒸則百日火不斷絕，竹筒恐爛。暴則百日，看手乾濕難均，豈若置之於新瓦瓶中。酒氣淹漬，瓶透潤，恆自浥浥，不勞開口，一煮便成也。

臣按：諸石之中，唯有丹砂、雄黃爲上。調鍊之法，兼復不難，先並營之，以護身命，此亦度世要藥之基址也。雖未及大丹，其餘服餌，皆不能出此也。又丹砂之魂名水銀，以水銀消石等分合擣，相得納銅器中，蒸之經日夜出之，加炭上爲水，如是當紫赤色，蜜丸吞如豆，百日其力，亦與丹砂相似也。

佚名《諸家神品丹法》卷四　朱砂者，能水能火。取上好眞朱砂八兩，用光滑新磁器內盒之，使濕土築磁器楞上，勿令走煙。取水銀八兩，海馬五箇，杵爲末，與前件朱砂、水銀和勻停。次取上好赤堇苗瞮半乾濕，用火燒灰，入瓦甕內，下水淋汁，用生鐵釜竈底上霜，鋪底蓋頂，於磁器內，用文武火燒，令磁器漸熱。次發大火煅，次鎔作汁，取出成白朱砂。置鼎安爐，用前丹經內法，秤斤兩分銖，依陰陽位次，加減循環，依易象《參同契》，四時八節，二十四炁，七十二候，年月日時內象炁候，不得分毫差錯，溫溫包養，如雞抱卵，至一百二十日。取出研爲細末，川半夏汁爲丸，如黍米大，人食一粒，可延三百歲。食十粒，延三千歲。功轉在腸，名神符白雪丹，善轉血爲乳。若遇至人指玄牝眞一之氣，但能定胎存神者，三年必可上昇矣。丹藥功轉內，各依乾坤節令，無錯四時之功，是初轉之理也。蓋世間山澤銀金石類，用藥點之，立變爲至寶。若取丹藥，制水銀必死之，點白爲寶。可令一處勾五六十下，下金成上色至寶。此藥大丹中號曰神符白雪。上士輕財重命，下士重財輕命，此藥非上士勿傳。

佚名《金石簿五九數訣》　出辰錦州，大如桃棗，光明四映徹瑩透，如石榴者良。如無此者，次用馬牙上好者爲。次紫色重者爲，下並不堪用之。

獨孤滔《丹方鑑源》卷上　朱砂。記曰：丹砂水精，得金乃并。辰錦及五溪有，芙蓉箭鏃，鏡面鐵色光明等砂，已上皆可餌食，變鍊黃白之道。

張九垓《張眞人金石靈砂論・朱砂篇》　光明砂，紫砂。昔賢服之者甚衆，而求度世長生者，未之有也。余明其理。夫光明砂紫砂，以火服之，逐邪氣，治熱病，未能童顏紺髮，何者。光明砂一斤，飛淘得汞十二兩，火鍊得黑灰一抄。黑灰者，朱砂。本質入爐，飛精英爲汞，餌之延年。不可以黑灰爲藥，服之得度世。故知服光明紫砂者，未經法度制鍊，則灰質猶存，所以不能長生者也。老君昔爲周柱史，知周室微弱，西游度關，恐金丹道絕，乃以丹砂法付尹喜。後世人得之，因茲僞謬，以鍊成靈砂，名之爲丹，亦曰光明砂，配合餌之，方得度世不死，點化黃金。一名藥砂，一名丹砂，一名靈砂，一名還丹。世人若純服光明砂紫砂，別無配合制度，以求不死，去道彌遠。靈砂九轉，父不傳子，化爲黃白，自然相使。夫光明砂紫砂，服之不得度世，何也。還丹者，取陰陽之精，法天地造化之功，水火相濟，自無入有，以成其形，豈若砂汞獨陰爲體，無陽配生，不能合四象，運五行，所以孤陰不育，寡陽不生，陰陽配合，方成還丹。余自開元間二十餘年，專心金鼎，頗悟幽微，竊見世人以此二砂服餌，以爲七返靈丹，服之無不夭橫者也。

雄黃

論說

佚名《黃帝九鼎神丹經訣》卷一四　臣按：雄黃者，與雌黃同山，雌黃之所化也。天地大藥，謂之雌黃。經八千歲，化爲雄黃，一名帝男

精。又經千歲，化爲黄金，一名眞人飯，此乃至神之石也。但求齒不落，髮不白，續筋堅骨，輕身目明者，莫過此藥也。又能辟虎狼百毒，不使近人，入水不畏蛟龍，一切毒蟲妖魅不能加也。又辟五兵，甚有威武。耳目聰明，役使百靈，乃神變之獨紀，長生之上藥，攻病之要味，還年之功，物無所不入也。故昔圓丘多大蛇，又生好藥。黄帝將登焉，廣成子教之帶雄黄，而衆蛇皆去。明其力用大矣。又仙經之大藥，乃以雄黄爲一味者也。

雄黄主療

臣按：《本草》：雄黄味苦而甘平寒，有毒，主治寒熱，鼠瘻，疽瘡痔，死肌，疥蟲，匿瘡，目痛，鼻中息肉，絶筋破骨，百節中大風積聚，癖氣中惡腹痛，鬼注殺，精物惡鬼，邪氣百蟲毒，勝五兵殺，諸蛇虺毒，悦澤人面，鍊食之輕身神仙，餌服之皆飛入腦中，勝鬼神，延年益壽，保中不飢，一名黄食石也。

雄黄出處

臣按：雄黄生武都山谷，燉煌山陽，採無時，好者作雞冠色，不臰而堅實也。若黯黑及虚者，不好也。燉煌在涼州西數千里，古以爲藥最要，奇難得也。昔與赤金同價。今聖朝一統寰宇，九域無虞，地不藏珍，山不祕寶。武都崇岫，一旦山崩，雄黄曜日，令馱運而至京者，不得雇腳之直，瓦石同價。此蓋時明主聖，契道全眞，福祥大藥，不求而自至。其色濁赤者不佳。唯赤徹者爲上。

雄黄調鍊去毒法

臣按：雄黄雖是長生上藥，然有大毒，去不盡，不可入大丹。夫石藥之毒，得火彌烈，縱百飛之伏火，毒仍未除。凡人不妙究其理，乃謂代火之物，是無毒也，失之遠矣。是故必先煮鍊，然後伏之。此與伏汞耿槃相似，夫伏雄黄有醋煮者，有油煮者。若有所爲，用處不同，列如左。

雄黄用酒漬浮湯上鍊法

取雄黄上者十斤，打去石脈，擣如小碁子大，或末之如沙，或碎之如粉。若以油煮，即如碁子。若以酒煮，擣之令碎，以好酒於銅器中拌漬之，伺盡更添，盡二石止。更以油煮，去油擣碎，入大丹，用苦酒煮訖。欲單服者，末之如粉，納竹筒，加石鹽一斤，爲之覆薦，密其口，沙中蒸之七日夜，出之有水，瀉取別用也，取其不爲水者，以絹袋盛，納蜜瓶中，封固勿洩，埋馬糞下七日滿，藥成，名紫宫飛丹。以白蜜丸之如豆，服久久延年。

雄黄醋鍊法

雄黄以醋鍊，取好雄黄一斤，擣之如粉，以好苦酒和之，於銅器中相和，微火煎之，不得急火，盡一石止，如膠成藥。

訣曰：此苦酒者，非是醋也。煮訖，擣爲末，納竹筒中，蒸之一日夜。欲熟時氣當青赤，出置水中，引之如綿，丸如梧子，先食服一丸，日三，神仙。若以雄黄和漆服之者，亦以好清酒，緩火煎之，令如膠卒。雄黄一斤，料漆二斤，其漆必須青，煮絞去滓，合著銅器中，攪令相和，藥成矣。丸如黍米，日三。若丸如小豆，日一。常先食服之，咽去汁，二七日，百病皆愈。二十日，身浮死肌脱，此是藥力。夜行如晝，行如飛龍，時寒則熱，時熱則寒，百日腸中堅厚，皮膚血脈盛強，骨節耳目聰明。三百日漸可加至呑如黍粟，三丸爲常。此方神祕，不妄傳洩。雖曰小丹，絶勝餘石及諸上草木也。大丹未成，必須先以此藥豫填骨髓，自支持也。若以此鍊入大丹者，則宜煮滿百日，不得如膠爲度也。

雄黄鍊入長生藥法

凡漬訖出之，皆暴乾，皆抽研作用，取赤光映徹者，細末，新瓦瓶中，漬之以酒，密塞口，重湯煮百日，以酒著釜中，煮瓶最佳。此入長生，合丹藥用也。直以好春酒一升，納瓷缸中，以白袋盛雄黄十兩，納酒缸漬之，十日一易，百日止。

雄黄鍊入變化銅鐵

取好雞冠色者，於銅器中，以好淳醋，煮之百日，試以伏火無煙，成，名曰伏火。可變化立成。

雄黄油煮重鍊去處法

取好雞冠上色者，打擇精，去石脈，碎之如小碁子許大，油鐺中煮之。皆須先以酒鍊日足，然入油煮之，滿九日夜，無懈，謹伺候緩急，可即脂焰必發，緩即毒氣不消。以瓦器蓋鐺，恆令湯手爲候。日數滿足極熱，傾油用意瀝，當使油並盡，冷即凝住不下，必須極熱傾之，瀝盡正鐺以均率，取以絹袋，可容二斤，五袋十斤，各長九寸。又作土竈，高可一

尺，其口八寸，向上。竈上四面各豎一墼，狀如土甑，於上著沙，沙上布其藥袋，使袋隙間相去一寸，塡沙布滿。上亦一寸，下著柴火，可限七束，看袋有脂，沙吸自然漸盡矣。

遷伏雄黃法

取上砂蒸鍊訖，雄黃以新瓦器盛之，瓦瓶以甘土泥裹之，厚半寸，炙令乾。且以淨物蓋口，權置一處，先以黃泥捏作一形，如瓶缸是狀。此泥形口厚如側掌，高若豎拳，塡以白沙，捺使滿實，綂爐使乾。然以瓶口倒覆形上，瓶口塞以亂髮，沙上鋪紙一重，以小鐵釘横口礙髮，務欲油氣下洩，藥不亂墜也。安置瓶訖，伺乾，以馬糞實捺了，從上放火，火從上熱向下燒，瓶油氣滴沙被，逐俱盡。經一日夜，待冷，取之。承熱以鉗夾瓶使正，摘其瓶口，穿一孔子，藥在瓶中，狀如濁水，鑄之作器，任所方圓，此謂無煙，辟邪之物。瀉若不盡，打破收之，油去藥存，毒氣絶矣。直爾服之，即得者當擣篩入飛，取三轉雪，蒸之三日，以白蜜丸之，然服如彈丸。日三服，稍減之，去三蟲，長生。以鍊松脂和之，亦佳。此可多作而服也。

佚名《諸家神品丹法》卷四　雄黃者，出武都山，行金木二氣，取上好紫紅色雞冠雄黃，研爲細末。以好穀明成者綠礬，及紫金、龍芽、霜好酸桀苗，亦名赤堇。先將七等物，於新磁缸子內鋪底，入藥在內。次蓋頂，用文武火燒，漸漸添之。次發大火煙成汗，取出頂在石上，放三日，如紅色金。次置於磁缸子內，用糠火養九日，取出。又用山澤銀銷作金汁，用藥點之，立變成寶，萬十成金也。

佚名《金石簿五九數訣》　出武都，色如雞冠，細膩紅潤者上。波斯國赤色者爲下。

獨孤滔《丹方鑑源》卷上　雄黃。訣曰：雄黃千年，化爲黃金。黃帝曰：雄黃化銅，武都者上，西蕃者次。鐵色者上，雞冠者次。沉水銀腳，鐵末上拭了，旋有黃衣生者上。

張九垓《張真人金石靈砂論》　雄黃爲君，服之通神。向陽生曰雄，背陽生曰雌，一體同產，故夾錯而生山石中。至熱，有毒，乃少陽之精，作丹服，補泥丸，實腦戶，養三宮。用雄雌各二兩，和汞一斤，鉛精四兩，火伏之成黃金，作液，服之能沖天。《龍虎經》曰：出武都者佳，諸石不可用。唯雄黃能辟衆邪，故名之爲將軍。

雌黃

論說

佚名《黃帝九鼎神丹經訣》卷一四

雌黃出處

雌黃與雄黃同山，俱生武都山谷，其陰也。山有金，金精薰則生雌黃。採無時。出於武都仇池，黃也，其色小赤。若出扶南林邑者，謂爲眞崑崙，黃也，色如金，而似雲母錯，而爲畫家所重。但丹家合化，多共雄黃同飛，既有雌雄之名，即是陰陽之義。復與雄黃同山用者，必宜以武都爲上也。擘破中有白堅文者，最佳也。

鍊雌黃法

臣按：鍊雌黃法，與雄黃不殊。然據《本草》云：主療則與雄黃有異，若合大丹，特須此味，故列如左。

雌黃味甘辛而平，有毒，療惡瘡、頭禿、瘑疥，殺毒蟲虱，身癢，邪氣諸毒，食鼻中息肉，下部䘌瘡，身面白駮散，皮膚死肌，及恍惚邪氣，煞蜂蛇毒。鍊之服輕身，增年不老，令人腦滿。

佚名《諸家神品丹法》卷四　雌黃者，出武都山，亦行金木二氣。取上好薤葉子雌黃金色者，研爲細末，以上好光明綠礬、益母草、亦烏蕣、龍芽草，燒灰淋汁，煎成霜膏，用新磁缸內鋪底，入藥在內。次蓋頂，用文武火燒，漸漸加火。次發大火煅，斷煙成汁，可點上好山澤銀，成至寶矣。

獨孤滔《丹方鑑源》卷上　雌黃。淄成者即黑色，乾，輕如焦錫塊。臭黃作者，硬而無衣。試法但於甲上磨，上甲者好。又熱燒熨斗底，以雌劃之，如赤黃線一道者，好。造黃金，非此不成。

雌黃。背陰者雌也，能柔五金，亦可乾汞。舶上如噀血者上，湘南者

次，青者尤佳。葉子上可轉硫黄，可伏粉霜。

佚名《金石簿五九數訣》 出武都，顔色黄明如金薄，破看如雲母光，無夾石者爲上。

石硫黄

論 説

佚名《黄帝九鼎神丹經訣》卷一五 臣按：石流黄能化金銀銅鐵器物，仙經頗用之。燒有紫煙，而黄白以爲切物，故車法中之所要也。伏水銀者，乃號此藥爲黄礦沙也。得硝石能化爲水。此法出於三十六水中經也。又取石流黄擣末，納竹筒中，削其表令薄。埋馬糞中，二十日化爲水。以此水漬丹，謂之流黄液也。

作法取上上光明砂，酒漬鍊訖，末之，以流黄液於銅器中漬丹，微火煎之，重湯煮之，最佳。七八日色變，十日如泥，丸如梧桐子，日服三丸，漸漸加至四十丸。久而輕舉，亦可昇仙。此乃流黄之功力也。

石流黄主療

臣按：石流黄味酸而溫，有毒，主治婦人陰蝕，疽痔惡血，堅筋頭禿，心腹積聚，邪氣冷癖，并欬逆上氣，腳冷疼弱無力，及鼻衄惡瘡，下部䘌瘡，療瘡止血，煞疥蟲。俗方用之，偏療腳弱及痼冷，惟良。

臣又按：石流丹者，石之赤精，蓋石流黄之類也，非石流黄也。皆浸溢於崖岸之間，其濡濕者，可丸服，其已堅者，散服。此一色石，是百二十種石芝之數，雖有其名記，不睹其目，亦仙藥之上也。五嶽有，而箕山爲多。其方言、許由就服之而長生，故不復以富貴累意。不受堯禪。

石流黄出處

臣按：石流黄生於東海牧陽山谷中，及泰山，及河西山。礬石液也。東海屬徐州，而箕山亦有。今第一出扶南林邑，如鷄子初出殼，名崑崙黄，色深而佳也。此色尤爲俗方療腳弱痼冷所要。若以入大丹，此林邑者必不及徐州及箕山者。且南方無礬石，不知何以稱爲礬石液也。

鍊石流黄入長生藥法

臣按：九霄君作九轉鉛丹，鍊石流黄入長生藥法，四味大藥，雖各別鍊，皆同用酒湯上煎之。其法朱砂、雄黄、雌黄、流黄四味之藥，皆令作末，各一銅器，好酒沃之，即於浮湯上煎之。率酒五升，可漬五兩，恆使浥浥，勿使頓添之，方可入用，此入長生之藥。又方：碎如大豆，並醋納竹筒中，三日夜煮之，欲休半日，加水也。此入變化，用之不如酒煮也。

佚名《諸家神品丹法》卷四 硫黄者，用甜硫黄，或僧溪黄、石亭脂，三物名異體同。用上好光明成核綠礬，或用赤堇茱燒灰淋汁，煎成霜，新磁缸内鋪底，入藥蓋頂，以文武火燒，漸加火，後用大火煅，斷煙成汁，亦點銀成寶。

佚名《金石簿五九數訣》 出荆南林邑者，名崑崙黄，光如瑠璃者上。波斯國亦堪所事用特生。

曾 青

論 説

佚名《黄帝九鼎神丹經訣》卷一五 臣按：曾青亦仙藥方上品也，久服令人輕身不老。化銅鐵鉛作金也。

曾青主療

臣按：曾青味酸，小寒，無毒，主療目痛，止淚出，風痺，利關節九竅，破癥堅積聚，養肝膽，除寒熱，煞白蟲，療頭風腦寒，止煩滿，補不足陰氣。

明曾青出處

臣按：曾青出蜀山谷，及越嶲，採無時。畏蟲絲，主療與空青亦相似。今同官，便無曾青。惟出始興，今出蔚州、鄂州也。然蔚州者，勝於鄂州也，

餘州皆惡。其形如蚯蚓糞，又如黃連者，佳。滑者好。色理小勝空青。難得而貴。仙經用之亦要，而陶隱居乃言少也。化金之法，事同空青也。

鍊曾青法

臣按：曾青以好酒漬之，置銅器中，以紙蓋鎮，於日中暴。若夏日，待七日亦得，唯多日益有力矣。若無日，以火暖之。調暴乾訖，以瓷器玉槌研之，令極碎。釅醋拌，使乾濕得所任用。又以絹厚密者爲袋，盛曾青，置瓷缸中，率曾青十兩，用醋一升，懸其藥袋於醋缸中，十日一易，醋盡，一百日用醋一斗，而止也。其懸絹袋不得到底。又法：曾青與金精鍊一種，皆以瓷器，各別漬之，擣藥爲末，以三轉左味漬之，一百日出，暴乾，以瓷盆玉槌研之極甚。又法：鍊法與石流黃同，碎如大豆，並醋納竹筒中，水煮三日三夜，欲休半日，又添火煮之。此法非不知之，但是迫急小道，不足據也。又法：碎之爲末，三轉左味煮之，一斤曾青，微火盡醋五斗，止。暴乾研訖，堪入藥用矣。

佚名《諸家神品丹法》卷四　曾青者，出泰山頂上，色如青碧，新如青黃子，形狀似此。研爲細末，用法製焰硝，於磁缸子內鋪底，入藥，次蓋頂，用文武火，漸漸加火，煙斷成汁，點黑銀爲寶。

佚名《金石簿五九數訣》　出蜀山及越州佳，問其色如翠碧，又似黃連，亦如蚯蚓糞青紫色爲上。

空青

論說

佚名《黃帝九鼎神丹經訣》卷一五　臣按：空青久服輕身，延年不老，老人不忘，志高神仙。又以合丹，成則化鉛爲金矣。神農云：化銅鐵鉛作金也。其主療亦同曾青相似，大同小異，今錄如左。

空青主療

臣按：空青味甘酸，大寒，無毒，主療青盲耳聾，明目，利九竅，通血脈，養神，益肝氣，療目赤痛膚瞖，止淚出，利水道，下乳汁，通關節，破堅積矣。

空青出處

臣按：空青生益州山谷，及越嶲，今出同官者色最鮮深，出始興者不如益州也。涼州西平有空青山亦甚多，但並圓實如鐵珠，無空腹者，皆並鑿於土石中取之，採無時。今聖德多感，物無不至。故蔚州、簡州、宣州、梓州皆出。然宣州者最上。其蔚州者無孔，塊大色深也。

鍊空青入長生藥法

臣按：空青擣爲末，同曾青法，以酒漬滿一百日，訖出暴，更擣以醋拌，暴十遍止。大都消息，與曾青同也。若鍊絳礬者，直爾同其空青一遍，持暴之法則不煩，以酒漬之也。

佚名《諸家神品丹法》卷四　空青者，出泰山頂上，如青黃色，光明，如水晶之狀。研爲細末，用法製焰硝、烏壽、龍芽草，燒灰淋汁，煎成霜。於新磁缸內鋪底，入藥蓋頂，用文武火，漸添之，大火煅，煙盡成汁，點銅鐵成寶。

佚名《金石簿五九數訣》　出柳州盧越州，紺色，紫青而且碧，形若螺文，旋空而不實，中心有孔，如崑崙頭，又以樹斗子恰相合。況似栲栲有金星點，是眞上。又出廣州。此物多假，世上少有眞者。此道之中，深爲祕要。其藥空中小丸顆者，即名空青。曾青與空青不異，妄立別名。但有丸之青，並所懷之母，亦名曾青，不但爲顆者。今諸藥本皆立別名，不可非他古人，吾亦依別列矣。

磁石

論說

佚名《黃帝九鼎神丹經訣》卷一六　臣按：磁石入五石之數，太陰

之精，其味辛鹹寒，無毒，煞鐵毒，爲朱砂水銀之所畏惡，仙丹方黄白多用之。

磁石主療

臣按：磁石主治風痺風濕，百節中痛，不可持物，洗之酸疼，除大熱煩滿，及耳聾，養腎藏，強胃氣，益精，除煩，通關節，消癰疽鼠瘻，項強喉痛，小兒驚癇，鍊水飲之，人有子。一名玄石，一名處石，柴胡爲之使，惡牡丹、莽草，畏黄石脂也。

磁石出處

臣按：磁石生泰山川谷中，及磁山山陰有鐵者，則生其陽。採無時。其好者能懸吸針，虚連三四爲佳，今最生相州也。

鍊磁石入長生藥法

磁石一斤，入長生用，擣爲末，以左味煮之，微火盡五升止，出暴，餘不堪用。

方鍊法

宜與曾青者，即盡五升醋也。非關須漬之。一法云：以磁石作麤末，以苦酒煮之，三日夜可用。

獨孤滔《丹方鑑源》卷下　此堅頑之物，無融化之炁，或假其炁服食即可長久。若以磁石爲藥，多服必有大患矣。

佚名《金石簿五九數訣》　出磁州，但引得六七鍼者，皆名上好，即堪用。

礜石

論説

佚名《黄帝九鼎神丹經訣》卷一六　臣按：礜石少陰之精，入五石之數，鍊而服之。令人不老不死。丹經及黄白，皆多用此善能。柔金生礜石内水中，水不冰。一名青介石，一名立制石，一名固羊石，一名白礜石，一名太白石，一名澤乳，一名石鹽。

礜石主療

臣按：礜石味辛甘，大熱，有毒，主療寒熱，鼠瘻蝕瘡，死肌，風脾，腹中堅，邪氣，除熱，明目，下氣，除膈中熱，止消渴，益肝氣，破積聚，酒痼，冷腹痛，去鼻中息肉，久服令人筋攣，得火良，畏水，惡毒公，細辛、虎掌爲之使。

礜石出處

臣按：礜石生漢中山谷，及少室，採無時。蜀漢亦有。而好者出南野，及彭城界中，洛陽南垣。壂其少室，生礜石最熱。若用者似黄泥色，厚半寸，炭火燒之一日夜，解破，可用療冷結，不堪入大丹也。丹家所用，謂此白礜石，非特生礜石也。

礜石鍊入長生藥法

臣按：礜石有毒，復大熱得火良。故《本草》云：須火鍊百日，生服刀圭，煞人及百獸。若化爲水，偏有伏水銀之功。鍊法取好者，細末，紙裹爲顆，然以作瓦家黄土泥，泥厚半寸，作筒爐，壘以炭火，火之二七日，中入藥用，藥用滿百日，彌佳，堪入黄白。

一法：以豬脂煮七日夜，出暴乾，擣爲末，以苦酒溲之，作團，猛火鼓之，得銅。然後擣爲末。和凝水銀末，依方使用。

九霄君九轉鉛丹鍊礜石法

擣爲末，牛糞汁和團，入爐火之，一日夜出。置臼中更擣研之，即得入用。

臣以諸方上者，皆不如百日也。若能先豬脂煮滿七日，然更筒爐，燒滿百日，此最上法也。

佚名《金石簿五九數訣》　出鸛鵲窠中，形質亦多，出處又衆，但梁漢并州及嵩山及雍州山谷，斫破如側楸，又似碁子，大如椀，小如拳，白如玉者，上。其餘所出處，並不堪用。

礬石

論説

佚名《黄帝九鼎神丹經訣》卷一六 臣按：礬石亦八石之上藥也。神農云：鍊餌服之，輕身不老增年。岐伯云：久服傷人骨，能使鐵爲銅者，絕白。蜀人乃以當硝石。其黄理者，名雞矢礬。投苦酒中，塗鐵皆作銅色，不能變肉理。仙經單餌之丹方，亦用。俗中合藥，皆先火燒令沸燥也。一名羽涅，一名羽澤。

礬石主療

臣按：礬石主治寒熱洩痢，白秃陰蝕，惡瘡目痛，堅骨齒，除固熱在骨髓，去鼻中息肉，其味酸寒，無毒，甘草爲之使，惡牡礪。

礬石出處

臣按：礬石生隴西山谷，及隴西武都石門。採無時。亦出益州北部，亦從河西來。色青霜，名馬齒礬。今出茂州，乃益州管内者也。

礬石鍊之入長生藥用法

取吴白礬石，用新桑合盤一具，細末礬石，著盤中，密蓋勿洩。淨一室，水灑地，著盤地上，一日夜，其石精飛上蓋上，掃取更如前法。合滿三遍，飛成之矣。此入長生用，仍先熬汁盡。

一法醋拌暴，同絳礬十遍止。此不及前方也。先擣鍊之，沸定汁盡，若水法。上礬石三斤，擣末之，以新桑盤一面，經宿燒地了，以苦酒灑地。布礬末，可盤不合之著地，四面以白灰擁之，待地熱氣盡，去四邊灰，開盤取著上者，出之，羽掃取精，此亦收礬石之上法也。若欲作水，即以此精，納三年苦酒中，一斤料一斗酒漬之，其精號曰礬華也。若急用，漬之七日，亦可也。若不急者，百日彌佳。作法斤兩及苦酒之數如前，臨時多少任人。

朴硝

論説

佚名《黄帝九鼎神丹經訣》卷一六 臣按：朴硝是八石之數也，能化十二種石，百日鍊餌，服之輕身神仙。鍊之白如銀，能寒能熱，能滑能澀，能辛能苦，能鹹能酸，入地千歲不變。人擇取白軟者，以當硝石也。《本草經》云：能化十二種石。故用之者，燒之汁沸出，狀如礬石也。仙經惟三硝石能化他石，不言朴硝，今此又云化石。故隱居云：必爾可試之取驗。言燒之汁出者，皆須令沸定汁盡，與燒礬石法同。

朴硝主療

臣按：朴硝味苦辛，大寒，無毒，主治百病，除寒熱邪氣，六腑積聚結固，留癖胃中，食飲熱結，破流血閉絕，停痰滿，推陳致新，畏句麥、蕫。

朴硝出處

臣按：朴硝生益州，及益州北部，故文郡西川、蠶淩二縣界，生於崖上。色多青白赤雜黑斑，言擇白軟者，以當硝石，即此物也。鍊之色白如銀，青白者佳，黄者傷人，赤者殺人。一名硝石朴。

鍊朴硝入長生藥法

以朴硝三兩，納瓷器中，以水二升煎之，可一合在，即停下之成。若作朴硝漿者，以好朴硝一斤，無急以芒硝代。以水二斗，煎減五升，出寒一宿，當微凝以出之。以三年苦酒一斗，煮三沸，密器貯之，泥頭，二七日開，看上作棱厚二分。以此朴硝漿之精，覆太一招魂丹，凝水銀之上，以鍊精入長生用，必勝於不鍊者也。

佚名《金石簿五九數訣》 不中風者爲上，出益州，顔色狀不枯燥，色帶青者，良矣。

芒硝

論說

佚名《黄帝九鼎神丹經訣》卷一六　臣按：芒硝者，鍊朴硝作之。故《神農本經》無芒硝，正有硝石，芒硝耳。然有變化之能。故彭君曰：其硝石、戎鹽、石膽、芒硝眞者，雖有陰陽正質作者，變化功效乃神。若有求仙，不得此道，徒損萬金，終無一二。就明是仙家之功味也。其主療與硝石正同，疑此即是硝石。故《神農本草》無別芒硝也。其正質者，舊出寧州，白，粒大，味極辛苦。若醫家煮鍊作者，色絶白而粒細，而味不甚烈也。依此生於朴硝，而作者亦好也。又按春醪華池法：取七轉春醪，三石色正黑者，中用五山脂三斗，所謂五色山脂一解，即云吴黄礬是也，非別五種之物也，芒硝、朴硝各五斤。今按二硝，即有各字，五脂惟云三斗，蓋明五山脂是一物也。華池方云：各異擣，納春醪中，封三七日成矣。諸有變鍊黄白，改易五金，皆用此華池。最祕萬金不傳。但芒硝是鍊朴硝所作，此方用其二物，成彼神化之力，其明芒硝之力，其功大也。

芒硝主療

臣按：芒硝味辛苦，大寒，主五臟積聚，人熱胃閉，除背氣碎留血，腹中痰實結聚，通經脈，利大小便，及月水五淋，推陳致新。石葦爲之使，畏麥句、薑。若以芒硝煮成硝石，煮療熱腹中飽脹，養胃消穀，去邪氣，亦得水而消，其主療與眞硝石同，鍊法在硝石法中已具。

芒硝出處

臣按：芒硝生於朴硝，生益州山谷。硝石，又云與朴硝同山，明三物功力及出處略同也。又朴硝，硝石朴也。雖非一物，大同小異。朏朏如握鹽雪，不冰強，又燒之紫青煙焰起，仍成灰，不沸無汁者，是硝石也。若沸而有汁者，即是朴硝也。若重據色理，則不可造次而分辨也。生山之陰地，有鹽鹹苦之水，則朴硝生其陽也。出寧州者，云是正質也。

鍊芒硝法

臣按：芒硝雖有陰陽正質，其變化功效造者乃神。既是朴硝而成者，已是經鍊之物，更不可以成鍊之物又鍊之也。今以朴硝鍊作芒硝法者，朴硝多少無在，擣篩麤研，以暖湯淋朴硝取汁，澄清，煮之多少，恆令減半。出置淨木盆，以冷水漬盆，經宿即成，狀如白石英大小，皆有八楞。起作之，勿令污穢。特忌雜人臨視，即壞精氣，變化不成。惟換冷水漬木盆，成即疾也。不得使不冷，此變化諸水盡效也。

佚名《金石簿五九數訣》　出於益州，如陰地積。問人云：火山亦有，雪色潤者，良。

鐘乳

論說

佚名《黄帝九鼎神丹經訣》卷一八　臣按：鐘乳雖非藥之上，乃是八石華池之所要味也。故陶隱居服之，亦延年益壽，好顏色不老也。

鐘乳主療

臣按：鐘乳味甘溫，無毒，主療欬逆上氣，明目益精，安五臟，通百節，利九竅，下乳汁，益氣補虚損，療腳弱疼冷，下宜傷竭，強陽，令人有子。不鍊食之令人淋。蛇床爲使，惡牡丹、玄石，杜榮，畏紫石、蘘草。

鐘乳出處

臣按：鐘乳生少室山谷，及太山。採無時。一名孔乳，一名盧石，一名夏石，生少室，猶連嵩高山也。出始興，而江陵及東境名山石洞，亦皆有。惟通中輕薄如鵝管，碎之如爪甲，中無有雁齒，光明者爲善。長挺乃有一尺二尺者，色黄者，以苦酒洗刷則白。仙經用之少。俗方所重，亦

甚貴也。

鐘乳鍊入長生華池法

取鐘乳，無問多少厚薄，但令水洗已光明者，即得入鍊。惟黄赤二色，不堪入用。鍊時取鐘乳，安金銀器中。若無上件瓷器，亦得於大鐺中，令投煮之，恆令調如魚眼，即得水減即添。其乳薄者，用三日夜。若鴈翅及厚管者，七日夜。候乳色黄，其乳即熟。若疑生，即須十日夜沸之，其沸乳之水，一鐺盡黄也。其濁水皆須棄之脱爾。誤飲此水，便穿人咽喉令人頭痛。多服即痢，食豬肉可止。棄此黄水，竟不安。清水復納乳於鐺中，煎之半日許，看其水色清不變，即止。作鍊不精而服者，令發背瘡，是以必須精鍊也。

鍊訖研法

取乳安瓷鉢中，用玉鎚研之令碎，著少許水研之，水盡更添，恆令水如稀粈狀，其研乳細者皆浮在上，麤者下沉，饒鎚研之雖易碎，要須滿五六日，以晝繼夜。如此細研，如人乳汁。可滿十日，其乳色放白光，非常可愛。試取少許，自塗臂上，泯泯如白魚脂在紙上，而有白光，水洗不落爲候也。如此之乳，方可堪服。熟以澄取，暴乾更好，熟研，乃可入丸散，任所別用。又法：欲用好乳，絹篩，以清酒漬之，一日夜，去上浮者，即取沉者，暴乾，方研之鍊之，法如法。其鍊乳研鍊訖，細末之如粉，置三石米下，蒸之佳。又法：其鐘乳研鍊訖，以金銀盆盛之，率乳一斤，用硝石二兩，和之，密蓋勿洩氣，蒸之。

佚名《金石簿五九數訣》 出邵州，凡於銷爍之中，不必要須上好，但顔色潤澤，麤而且厚者，即堪用也。

紫石英

論說

佚名《黄帝九鼎神丹經訣》卷一八 臣按：紫石英者，是石之精末，服之長生，常含之不飢渴也。紫石英者，八石華法之要味也，久服輕身延年，味甘辛溫，無毒。生太山山谷。採無時。所以太山之石，其色黑明徹。其下有根，故謂之最上也。餘有綿石，色亦黑而不明徹。又有材邑石，腹裏別有一物如眼。吳興石，四邊有紫色，而無光澤。會稽石，形色如石榴子。此四色石，先並醫人雜用。今若精採擇，總不如太山有根者爲上，可入華池用也。

佚名《金石簿五九數訣》 出太和山，形如樗蒲頭，光明徹透，色裏輕明者爲上。陳州界亦有，於此道中，亦爲大要。表裏紫瑩，則爲上好。

代赭石

論說

佚名《黄帝九鼎神丹經訣》卷一八 臣按：代赭特是丹方之要，並與戎鹽、鹵鹹，皆欲急須。故黄帝之丹，亦所切要味也。而好者紅赤色，如雞冠，有澤，染爪甲不渝者良。俗出齊國山谷，採無時。一名須丸，出姑幕者，名須丸。出代郡者，名代赭。此爲俗用，乃疏。其味苦甘寒，無毒。

佚名《金石簿五九數訣》 出雁門界山，赤色者良，黄色者不堪。又云：尉州界大王城出，有赤脈者上好。

鹵鹹

論說

佚名《黄帝九鼎神丹經訣》卷一八 臣按：鹵鹹、戎鹽，最爲丹家

之用也。亦是黄帝九鼎丹中要味。其味苦鹹寒，無毒。生河東鹽池。一云是煎鹽釜下凝滓，又云是河東大鹽，形如結冰，圓強。又黑鹽疑是鹵鹹，柔鹽疑是戎鹽。又云有赤鹽，駮鼻鹽，馬齒鹽。四種並不入食，馬齒鹽即大鹽也。

佚名《金石簿五九數訣》 出同州東北可十七八里陂澤中，亦是鹽根，形似河東細小顆鹽，味苦而不鹹。本方無何方處。世人錯用平澤中地生白軟之𣵀，將爲鹵鹹，深爲誤矣。

戎鹽

論説

佚名《黄帝九鼎神丹經訣》卷一八 臣按：戎鹽，虜中甚有，從涼州來茜疑此草下下著丙。茜河南使，及胡客從燉煌來，亦得將來。其形作塊片，或如雞鴨卵，或如淩片，其色紫白，味不堪鹹，口嘗氣息，正如段雞子者，言是眞也。又河南鹽池泥中，自有凝鹽，如石片，打破皆方，青色，善療馬脊瘡，又疑此是也。大都既目之爲戎，可取胡將來者爲上。

右紫石代赭鹵鹹、戎鹽，並是無毒之物，而爲丹家所用。至如鹵鹹火鍊，已具泥法，自餘不鍊，用亦無憂矣。

佚名《金石簿五九數訣》 出郭三十里高崖下，自然流出，非人能造。嘗之不鹹不蜇人口。若是眞者，累卵即知好惡。一云：出戎州，色青白者上。未窮其本，何者是眞。此道用之，與河東關内顆鹽對試用之，戎鹽全勝諸鹽。既知如此，須貴戎鹽。

鉛丹

論説

佚名《黄帝九鼎神丹經訣》卷一八 臣按：鉛丹者生於鉛，即合熬鉛，所作黄丹盡用者。俗者亦希用，唯仙經丹釜所須，調化還成九光者，當爲九光丹。以此作釜，無别變鍊。一名鉛華。其味辛微寒，久服通神也。

胡粉

論説

佚名《黄帝九鼎神丹經訣》卷一八 臣按：胡粉者，乃眞人九轉鉛丹之首物也。又黄帝九鼎神丹釜法，先明此物，合玄黄花爲泥矣。非不至要。然《本草》乃云：粉錫一名解粉。仍釋云：此是金化鉛，所作胡粉也。其味辛寒，無毒，有金色者，彌良也。

靈砂

論説

太白山人《神仙養生祕術》 靈少一料石七斤，水銀一斤，硫黄四兩。

先將硫黃化開，次下水銀，炒成砂子，住火了。或是湘陰瓶，或是西蜀嘉定瓶，或是沙瓶老酒瓶，甘泥固濟，三寸厚，陰乾，裝入瓶內。用鐵燈盞一箇，坐其口盞內，水長要不乾。用甘泥固濟口縫，留哨眼一箇，用鐵線一條，穿定燈盞瓶耳，入爐。用炭一百二十斤，早晨下火，至來日早晨住火，晌午出爐，打破瓶。取出要做心紅，研爲細末，若做靈砂，再有別法。

心紅

論說

太白山人《神仙養生祕術》 水銀一斤，硫黃四兩。先將硫黃化開，次下水銀，或是湘陰、西蜀嘉定瓶，或是沙瓶老酒瓶，甘泥固濟，三寸厚，陰乾，裝入瓶內，用燈盞一箇，坐其口，盞內水長要不乾。甘泥固濟口縫，留哨眼一箇，用鐵線一條，穿定燈盞瓶耳，入爐，用炭一百二十斤，早晨下火，至來日早晨住火。午時出爐冷定，打破瓶取出，揀了核子，研爲細末，用水五桶，或是盆甕，一處再研之。伏時或是盆甕內坐起水定，上面是板紅，第二是二紅，底坐是心紅，用刀劃開，用花日頭曬，用銀紙包裹，隨更用紙包。

死汞

論說

太白山人《神仙養生祕術》 水銀一斤，黑錫一斤，山澤一斤。黑錫打成盒子一箇，山澤打成盒子一箇。山澤盒子先裝水銀，封閉不透風。錫盒子盛銀盒子在內，入鐵鼎內，用赤石脂、生蜜固濟鼎口牢固，用鐵線上下縛定，入丹房靜室處，用炭二百五十斤，戌時下火，來日卯時出，打開鼎，不見黑錫不見汞，山澤二斤任意使用，此是祕術。

點白

論說

太白山人《神仙養生祕術》 硇砂四兩，膽礬四兩，雄黃四兩，雌黃四兩，硝石四兩，枯礬四兩，山澤四兩，青鹽四兩，各自制度。

右爲細末如粉作匱，用樟柳根、鹽酒醋調和爲一升，用甘鍋一箇，裝雲南銅四兩，入爐，用風匣搧，又瓦蓋鎔開，下硇砂二錢攪勻，次下前藥二兩，山澤一兩，再搧混茸一處，住火，青如滑池內冷定，成至寶也，任意細軟使用。

拔毛

論說

太白山人《神仙養生祕術》 山澤一兩，白礬一兩，硇砂一兩，水銀一兩，白鐵一兩，膽礬一兩，硝石一兩各自制度。石斫爲細末，甘鍋一箇，用銅半斤，入炒煉三便如桃花色。甘鍋一箇，下銅二兩，於在爐內，炭火燒之，用風匣搧，一瓦蓋之下，山澤五錢，硇砂半錢，混茸再下前藥二錢半，住火，出爐，走滑池三便，再入甘鍋，消成至寶，任意使用。或作細軟，或作器盒，此是祕訣也。

白上黄

論説

佚名《諸家神品丹法》卷四 白上黄者，出上黨山頭，其色紅粉之狀。次用上好朱砂透明如水晶，五金中爲首。取上好赤堇灰、紫金、龍芽、黄芩，燒灰淋汁，煎成霜，用新磁缸鋪底，入藥蓋頂，以文武火，漸漸加火，次發大火煆之，斷煙成汁，可點生鐵銅成寶，制水銀亦成寶。

石膽

論説

佚名《諸家神品丹法》卷四 石膽者，出蒲州界上，似玻璃色光明，細研爲末，用法製焰硝，或鳳尾、龍芽草，燒灰淋汁，煎成霜。於新磁缸內鋪底，入藥，蓋頂，用文武火燒，漸添火煆，斷煙成汁。點山澤高麗銅，立成至寶。

佚名《金石簿五九數訣》 出梁州，信都亦有，用羌理者，色青帶碧者，良。有用嶗山所出，形如月，黄綠相間者，好。此二所出，嶗山稍勝，餘所出者，不如蒲州者爲上。

砒霜

論説

佚名《諸家神品丹法》卷四 砒霜者，出信州界，上好黄類白者用之。研爲細末，以法製焰硝，或益母草燒灰淋汁，煎霜，於新磁缸子內鋪底，入藥蓋頂，以火燒之，漸添火，次加大火，斷煙成汁。點鍮石成銀，及點諸物，皆可用之。

硇砂

論説

佚名《諸家神品丹法》卷四 硇砂者，上好成核明淨者，研爲細末，用牡蠣或鳳尾龍芽草，燒灰淋汁煎霜，於新磁缸子內鋪底，入藥蓋頂，以文武火燒之，漸加大火煆，煙絶成汁。善能除貓銀青黑暈，及點銀。

獨孤滔《丹方鑑源》卷下 此性有大毒，有沈冷之病，可食之，疾損藥便止。多服積聚，成諸大擁塞。

佚名《金石簿五九數訣》 但光明映徹者堪用。云：火山有，不如北亭者，最爲上好。

鹽

論說

佚名《諸家神品丹法》卷四 用上好光明天生結硬鹽，研爲細末，以羚羊角錯爲末，或鳳尾龍芽草，燒灰淋汁，煎成霜。次用益母草，研爲細末，於新磁缸子內鋪底，入藥蓋頂，用文武火燒，漸加大火，煙斷成汁。能治眼昏及翻胃病，蓋利內毒，大能去貓銀赤暈。

白礬

論說

佚名《諸家神品丹法》卷四 上好白礬，研爲細末。用五方龍芽草、對節龍芽草，燒灰淋汁，煎成霜，鋪底，入藥蓋頂，用文武火燒，漸漸加大火燒，斷煙成汁。能去貓銀黑赤青暈。

佚名《金石簿五九數訣》 出吳地者上，趙地者次，餘處者不堪使用。

馬牙硝

論說

佚名《諸家神品丹法》卷四 上好明淨者，研爲細末。葛子末及鳳尾龍芽草，法製焰硝，燒灰淋汁，煎成霜。用新磁缸子鋪底，入藥蓋頂，用文武火燒，漸漸加大火煅，煙斷成汁。善能去貓銀青黑暈。

夫五金八石者，是天地五星五岳五行。人之五臟，以應五金。八石者，八卦也。若能制之，善能點化，服餌可以延年，耐寒暑。五金八石法，製黃白及點化諸物。

麩金

論說

獨孤滔《丹方鑑源》卷上 麩金。出漢江昌江五溪，或如芃子形。新羅金帶青色，怯，甚有僞者，銀作卻鞴了白色，若鍮石者，燒黑天生牙，此是也。亦曰黃牙。

生銀

論說

獨孤滔《丹方鑑源》卷上 生銀。出洛平藍盧氏縣，暈色，打破內即白，生於鉛坑中，形或如笋子。此有變化之道，亦曰自然牙，亦曰生鉛，亦曰自然鉛也。

黃礬

論說

獨孤滔《丹方鑑源》卷上 黃礬。舶上者好，瓜州者上，文會者次。西川於皀礬中揀黃者，將出不出，堪引得金線起者爲上。可化水銀爲金，亦能化鐵。

佚名《金石簿五九數訣》 出瓜州，此物有五種，合鍊道中，多用黃白，餘者不多入用。黃礬形如金，打破有金星葉點文，揩著銀上，便爲黃色，能制水銀住汞，汞即著上不落，似馬牙形，燒色上碎末者，不堪用。

龍虎頭

論說

獨孤滔《丹方鑑源》卷下 龍虎頭。夫水銀見硫黃即赤，或見燒未旬日，已見紅色，謂之好藥。殊不知硫黃毒在水銀上，生雖感炁而紅，未可服也。

玉

論說

佚名《金石簿五九數訣》 出藍田，形質不同，有五色，其中白者爲上。但取明淨潤澤無瑕，扣之作清聲者，爲上。

赤石脂

論說

佚名《金石簿五九數訣》 出吳郡及澤州，色如臙脂細膩者，爲上。

白石脂

論說

佚名《金石簿五九數訣》 出吳郡，與赤石脂同處，色如凝脂狀者，爲上。

白石英

論說

佚名《金石簿五九數訣》 出壽陽及澤州，種數亦多，但取表裏光明而無點汙，著水中與水同色者，爲上。無問麤細，皆堪也。

雲母

論説

佚名《金石簿五九數訣》出瑯琊、彭城、青齊廬等州，並有此物。有六種，向日看乃分明，其色黃白多青者，名雲英。色青黃晶日者，名雲液。色唯皎然純白無雜者，名雲精。色青白而多黑者，名雲母。焕然五彩，曜人目爲上。

石腦

論説

佚名《金石簿五九數訣》本出茅山四平，色亦多種，但取蒲州出者，其色如握雪者，即堪入用，波斯國者爲上。

陽起石

論説

佚名《金石簿五九數訣》是雲母根，其色有黃黑，唯太山所出黃白者上，邢益齊鵲山純白者，最良。

金精

論説

佚名《金石簿五九數訣》取未經鍊生者，色如翠碧，之狀有金星極多者，良。

絳礬

論説

佚名《金石簿五九數訣》出波斯國，形如碧瑠璃，明淨者則爲上好，餘所出並不堪用。

雞屎礬

論説

佚名《金石簿五九數訣》出波斯國，形如雞屎，色亦帶青黃白，於此道中，深爲祕要。

石桂英

論說

佚名《金石簿五九數訣》 出有乳之處，其色甚白，握之便染手，如把雪者良。

理石

論說

佚名《金石簿五九數訣》 出梁州青寧三州，並好，如索針，顏色黃白潤澤可愛者，良。

硝石

論說

佚名《金石簿五九數訣》 本出益州羌武都隴西，今烏長國者良。近唐麟德年甲子歲，有中人婆羅門支法林，負梵甲來此翻譯，請往五臺山巡禮，行至汾州靈石縣，問云：此大有硝石，何不採用。當時有趙如珪、杜法亮等一十二人，隨梵僧共採，試用全不堪，不如烏長者。又行至澤州，見山茂秀。又云：此亦有硝石，豈能還不堪用。故將漢僧靈悟共採之，得而燒之，紫煙烽煙。曰：此之靈藥，能變五金，衆石得之，盡變成水。校量與烏長，今方知澤州者堪用。金頻試鍊，實表其靈。若比烏長國，乃澤州者稍軟。

天明砂

論說

佚名《金石簿五九數訣》 出波斯國，堪捍五金器物。此藥尤多假僞，但自試之，辨取眞僞。口含無苦酢酸鹹，好青白色，燒之不沸，汁流如水，粘似膠粘，即眞矣。若燒有紫煙氣，燒上有漆者，並是眞也。可擇而用之。

黃花石

論說

佚名《金石簿五九數訣》 本有名無用，中有黃花石，出波斯國者上。江東北亭虔州者次，諸路有銅礦之處皆有，最下，不堪用。其形似銅礦質，有金星點，赤色，重燒有腥煙之炁，研水銀便上，波斯國生，即是眞也。又云：似紫礦欲，似麒麟竭，此說非眞。眞者顏色甚光潤耳。

不灰木

論說

佚名《金石簿五九數訣》 出波斯國，是銀石之根，形如爛木，久燒無變，燒而無灰，色青似木，能制水銀。餘所出處，不堪所用。波斯者爲上。

太陰玄精

論說

佚名《金石簿五九數訣》 出河東解縣鹽池中，鹽根是也。近水探之，形體如玉質，又如龜甲。黑重者不堪，黄白明淨者爲上。此亦制汞化之作粉矣。對試比鹽州稍最，故知如此鹽州者爲上。

滑石

論說

佚名《金石簿五九數訣》 本出蔡州、青州者爲上，時人錯用崑崙中所出者，入六一泥用，全非所元。若用療病，即崑崙者勝，其體柔白而色，削之如蠟者爲上。

胡同律

論說

佚名《金石簿五九數訣》 本自西域樹中而出，有津流出，化爲此藥。亦名胡同淚。今人不知其意，遂妄名胡同律。律之與淚聲勢相似，其有不知方之人，誤寫作律字，以此舉世共錯。其物形如地下鹽石，金銀匠用之捍作，極佳，鍊金銀食，尤善。

石榴丹

論說

佚名《金石簿五九數訣》 出太和山，形如石榴，外帶赤色，腹内有子，如石榴子。自古相傳云：許由服之得仙，亦未知其的實。於此道中，深爲祕要。

禹餘糧

論說

佚名《金石簿五九數訣》 出東海東陽澤州諸山，並有五種色，青黄赤白黑，比來人用皆取黄色。如蒲黄者良，赤色亦好，唯白淨者最上。

金芽

論説

佚名《金石簿五九數訣》本出蜀郡，又出荆襄道。色黑而滑，打破中有碎脈，如金縷之狀。比患腳炁者，皆以此藥醞酒服之，而得除差，名金牙酒。

石鹽

論説

佚名《金石簿五九數訣》出平州北奚界之中，形狀似黑雲母，光潤者爲上。鹽州亦有，炁力稍軟，波斯國者爲上。

石中黄子

論説

佚名《金石簿五九數訣》出沁水源，形如鵝卵之狀，打破其中有黄汁，如雞子黄。若得三二升服之，則長生不死矣。

黄金

論説

張九垓《張真人金石靈砂論・黄金篇》黄金者，日之精也，爲君。服之，通神輕身，能利五藏，逐邪氣，殺鬼魅。久服者皮膚金色。金生山石中，積太陽之氣，薰蒸而成性，大熱，有大毒，傍蒸數尺石，皆盡黄化爲金色，況煆煉服之者乎。近金生者，名曰金英。次而生者，名曰金華。遠而生者，名曰金賊。百步而生者，名曰金芽。若以此金作粉屑，服之銷人骨髓，焦縮而死也。黄金者，太陽之正氣，日之魂，象三魂也。白汞者，太陰之正氣，月之魄，象七魄也。合而服之，即不死。黄金是西方庚辛金，白汞是北方壬癸水，水乃金之子也。古人曰：食金如金，食玉如玉。金之性堅，煮之不爛，埋之不腐，燒之不焦，所以能生人。藥金服之，肌膚不壞，毛髮不焦，而陰陽不易，鬼神不侵，故壽無窮也。上金有老聃流星金，黄帝樓鼎金，馬君紅金，陰君馬蹄金，狐剛子河車金，安期先生赤黄金，金婁先生還丹金，劉安馬蹄金，茅君紫鉛金，東園公上田青龍金，李少君煎泥金，范蠡紫丹金，徐君點化金，皆神仙藥化，與大造爭功，洞神明之旨，契黄白之妙，不可輕用，而有譴責。外有生於山川溪澗者，是下金也。

白金

論説

張九垓《張真人金石靈砂論・白金訣》銀者，白金也。少陽之精，

而生於陰，爲臣。服之通神不死，堅筋骨，微熱，有小毒，即鉛中所産也。位屬西方，太白之精。《龍虎經》曰：離女爲日，坎男爲月。九霄君曰：南方之水，北方之火，陰以處陽，陽以處陰。往來有則，一浮一沉。爲夫爲婦，并意齊心。年終性毁，共枕同衾。是子午之位，龍虎列居者也，不可單服，《龍虎經》曰：白虎爲敖樞，青龍與之俱。黄金爲君，白銀爲臣，曾青爲使，雄黄爲將軍，合鍊成金丹。經云：金丹入五内，霧散若風雨。薰蒸達四肢，却老返嬰孩。又曰：玉液黑髮，金丹駐顔。但白金成黄金，成赤金，是還丹之大義也。

黑鉛

論説

張九垓《張真人金石靈砂論・黑鉛篇》 鉛者黑，金也，水也，屬北方，成數一，爲臣。服之通神。治三關，黑髭髮，少顔色，調血脈，治瘡癰，殺九蟲，利五藏，而生於陽。白銀是其母，性微冷，有毒，可作黄丹胡粉蜜陀僧也。《九都丹經》云：修鍊九光神丹，將鉛抽作，千變萬化，不失常性，唯鉛與汞。《龍虎經》曰：九還七返，八歸六居，男白女赤，金火相俱。男白者，鉛也。抽取鉛精九數，象九炁，陽數極九也。女赤者，水銀也。作七返，象七炁，陰數七，陰極於七者也。鍊取鉛精，合鍊成藥金，其色甚黄，服之不死。

真汞

論説

張九垓《張真人金石靈砂論・真汞篇》 水銀者，月之精也。生於陽，爲臣。服之輕身不死，辟精魅，通神明，殺三尸，清五藏，除九蟲，斷邪氣，而生於丹砂。丹砂屬南方火，火是木之子，而生水銀。水銀是青龍之孫，水之母也。性冷，微有毒，而生於土石，是丹砂魂魄也。堊代赭及九鉛，畏榆甘。婦人生服之，傷胎。丈夫生服之，陽銷。《龍虎經》曰：丹砂木精，得金乃并。眞人云：不貴黄白，而重還丹。所以度世不死，必基於汞，合鍊黄白，飛伏成丹，神仙變化，皆猶砂汞，添貫三金，傍通四石者矣。《潛通訣》曰：水銀生萬物，聖人獨知之。水德最尊，汞是水之母，而在天爲霧露，在地爲泉源，方圓隨形，不與物競，善治萬品，而生群類也。夫水性至靜，而不與物競。是以汞者，水銀之異名也。亦曰太陽流珠，亦曰長子，亦曰河上姹女，今人飛成輕粉，亦作熟珠用之。

砒黄

論説

張九垓《張真人金石靈砂論・砒黄篇》 砒黄生於山石間，服之通神。少陽之精，至熱，有大毒。世人流飛之作丸，療冷病。甚武烈，忌熱麪。若人服一丸，或二丸，霜氣透出，而面腫身虚。流俗不曉，以爲丹，兹乃大悮。亦名曰霜，以其色白，故曰霜也。作黄白術者用之。

成金

論說

張九垓《張真人金石靈砂論・成全篇》汞一斤，白虎八兩，雄雌白雪八兩，火伏六十日，成丹，服之必不死。以此金作液，服之，身如金色。用瓶盛藏於土二百日後，以火溫百日，成液，服之，上升太清。陰君歌曰：金液還丹生羽衣，千變萬化無不宜。一陰一陽曰道，聖人法陰陽，奪造化。故陽藥有七，金二石五，黄金、白銀、雄雌砒黄、曾青、石硫黄，皆屬陽藥也。陰藥有七，金三石四，水銀、黑鉛、硝石、朴硝，皆屬陰藥也。陰陽之藥，各稟其性，而服之，所以有度世之期，不死之理者也。

金液

論說

張九垓《張真人金石靈砂論・釋金液篇》若修金液，先鍊黄白。黄白得成，乃達金石之理。黄白若不成，何修金液乎。石金性堅而熱，有毒，作液而難成。忽有成者，如麪糊，亦不堪服食，銷人骨髓。藥金若成，乃作金液，黄赤如水，服之沖天。如人飲酒，注身體散如風雨。此皆諸藥之精。聚而爲之。所以神液就而金石化。如服金液，以甲子日，鶴坐，向日，心念天眞，服之，其身金色，羽節龍車蟠蜿而下，迎之上昇，白日輕舉也。

紫粉

論說

張九垓《張真人金石靈砂論・釋紫粉篇》水銀、硫黄，燒成小還丹，伏火名紫粉小還丹。服之，止虛熱，壓驚癇。未得度世，不堪點化。夫水銀、雄黄，燒之即飛，故言無也。黄金、白銀，燒之質在，乃曰有焉。譬猶人身三魂七魄。神明往來，不見其形，應之以五氣形骸九竅，則曰有矣。故有無所以相生，而立乎身。眞經曰：音聲相和，物類相感，有無綜貫，陰陽負抱，而道在其中矣。故黄金成而爲赤金，赤金就而爲紫粉，則陰陽和合，二氣相生，而成金丹。金丹者以有制無，以無生有。故《潛通論》曰：兩無宗一有，靈化妙難窺。此之謂也。

脱胎芽子

論說

佚名《庚道集》卷九《考異》伏火丹砂一兩，入黄堥澆汞一兩，頂火三兩，寅午戌抽換，養三晬時，汞已伏，狀如玉笋。再澆再養，一如前法，可摘堅而老者用之，謂之脱胎芽子。如此四次，歷十二日，即可轉澆也。

離母芽子

論説

佚名《庚道集》卷九《考異》 轉澆，用脱胎芽子五兩，澆汞四兩，頂火四兩，養三晬時，下用水鼎，如此六次，歷十八日，後得二十四兩。自然成片塊，前後不相粘，謂之離母芽子。過華池沐浴，露一宿，然後可用其脱胎芽子，青翠堅如石。

天産黄芽

論説

佚名《庚道集》卷九《考異》 丹砂、石膽、五倍子。右三味同碾，羅爲細末，米醋潤丹砂，就其中衮，纏作衣，令匀厚重。頭金砂子厚裹，用包指法，米醋一斗，青鹽一兩，懸煮令乾。每丹砂一兩，脱胎芽子細末三兩，覆藉入黄堥伏火，鹽蓋頭封口，頂火一兩，寅午戌抽换，養七晬時，竟取，鹽已化盡，撥取丹砂，剝去金砂子，洗淨丹砂，通赤如金，勿鎔。每一兩入汞五兩，同乳匀，納神室，坐黄堥內，封口固濟，火半斤，煅火盡已半乾。更加火一斤，火盡寒取，其汞已乾，狀如金笋，謂之天産黄芽，又謂之白馬芽，又謂之眞鉛。其丹砂飛在神室頂上，如蜂窠而輕，眞紫河車也，任用。每天産黄芽一兩，入汞三兩。頂火四兩，卯酉抽换養一晬時，汞已乾，每乾汞三兩，入丹砂或靈砂，同乳匀細，置鐵合內澆汞，汞不枯竭。

造石水法分部

黄礬石水法

論説

佚名《黄帝九鼎神丹經訣》卷八《明化石為水并硝石法》 造九鼎神丹，所用水銀，皆須去毒。去毒之法，不得礬石水，其毒不盡。今作按諸法，皆以五十日成。存古依舊，日數不輒加也。取礬石一斤，無以馬齒者，盛於青竹筒中，薄削其筒表，以硝石四兩覆薦上下，係漆固其口，納華池中，四十日成水，以華池和塗鐵鐵銅色。諸法皆用，每十筒得斗許水，計藥數作之，加石膽三兩者。

又法：礬石三斤，置生竹筒中，薄削其表，以細約筒口，埋之濕地，五日成水。

又法：先以淳酢溲礬，令浥浥，乃盛之，以硝石二兩漆固口，埋地中深三尺，十五日成水。

作丹砂水法

論説

佚名《黄帝九鼎神丹經訣》卷八《明化石為水并硝石法》 丹砂一斤，納生竹筒中，加石膽、硝石各二兩，塘埽盛苦酒筒內，中覆蓋，埋中庭，入地三尺，二十日成水，其水甘美，其色黄濁也。

又法：丹砂一斤，納生竹筒中，加石膽二兩，硝石四兩，漆固如上，入華池中，三十日成水。

又法：加石膽、硝石各二兩，塘唜盛埋，如上法，三十日成水，其味苦，其色赤。

神砂石水

論 説

佚名《軒轅黃帝水經藥法》 神砂一斤，研如粉細，以井花水飛三次，曬乾。錦綵龍芽四兩，苦酒一升，入銀石器中同熬之，酒盡爲度。再以井水，飛去錦綵龍芽草末，日乾爲度。後以膽石、硝石各四兩，同研細。後取活竹筒一箇，大小得用所。上取一丸，約如彈大。便取前藥研細膽石、硝石一半在内，以朱砂末入在内，上更鋪地，一半膽硝石末蓋之。上以漆骨末丸封口，入陰地中三尺深埋，四十九日取出，成水。傾入銀石器中，其色光耀目。又如人服之一蛤盞，能則時盡，退水澤穢，立可長生，目視鬼神，無寒暑。至百日外，自覺身輕，晝夜無寐，不畏險阻，舉步如飛越，若風雨之疾。至一年之外，自有陰靈侍衛，降虎伏龍，預知萬事，應若如神。服二蛤盞，九霄之上，九地之下，變化出沒，無所不通，無所不解，自然靈聖。服之三盞，百日自然天眞之道，脫離尸骸，直超三界，可作上仙之體，證無爲物外之身也。

雄黃石水

論 説

佚名《軒轅黃帝水經藥法》 雄黃一斤，研如細粉，以井花水飛三次，日曬乾。以胡葱二兩，苦酒三升，同入銀石器中煮，酒盡爲度。入銀石器中，其色紅黃，別無他效。只可伏死一切飛走之物，如或前法。

海浮石水

論 説

佚名《軒轅黃帝水經藥法》 海浮石一斤，研如細粉，以井花水飛三次。用海帶二兩爲末，苦酒三升，同入銀石器中煮，酒盡爲度。取出，以井水飛去海帶末，又以膽硝石各四兩，同研細勻，入藥，如前法，向陰地中五尺埋，五十日成水。取出傾入銀石器中，其色異別，無他效。如人服之一蛤盞，只可入水不溺。服三蛤盞，謁龍王，自然於契矣。

水晶石水

論 説

佚名《軒轅黃帝水經藥法》 水晶石一斤，研如粉細，以井花水飛三次。紅蓮花蘂四兩爲末，苦酒三升，同入銀石器中煮，酒盡爲度。取出傾入井水內，飛去蓮蘂末，以膽硝石各四兩，同研如粉細勻，入藥如前法，於陰地中深埋三尺，四十九日取出成水，傾入銀石器中，其色光明瑩白如霜雪。如人服之一蛤餞，別無他效，只可入火焚如履堅冰，並無畏懼。如人服之二蛤餞，炎如盛炭，卧着床席。服之三蛤餞，晝夜常坐火炙之中，萬無一畏，如常居止屋室也。

陽起石水

論説

佚名《**軒轅黄帝水經藥法**》 陽起石一斤，研細如粉，以井花水飛三次。用不灰木二兩爲細末，苦酒三升同煮，酒盡爲度。取出井花水，飛去不灰木末，以膽硝石各四兩，研細匀，入藥如前法，於向陽地中，深埋三尺，四十九日成水，取出傾於銀石器中，如人服之二蛤𧣈，別無他效，可離地百尺，而可延年三百歲。

玉石水

論説

佚名《**軒轅黄帝水經藥法**》 玉石一斤，先以鶴虱四兩，五靈脂半斤，淡漿一升，同入磁器中，浸三七日，取玉石，以鶴虱三兩，五靈脂四兩，苦酒三升，入銀石器中同煮，酒盡爲度。以井花水飛去草末，曬乾，約半時間外，其玉石作聲，自然粉碎。以膽硝石各四兩，研細匀，入藥如前法，向陰地中三尺深埋，四十九日取出成水，傾入銀石器中，其色青瑩，如明光相似。別無他效。如人服之三蛤𧣈，只可延壽一千歲，乃眞玉液也。

金晶石水

論説

佚名《**軒轅黄帝水經藥法**》 金晶石一斤，研如粉細，井花水飛三次，以神草龍芽二兩，苦酒三升，入銀石器中煮，酒盡爲度。取出，再以井水，飛去神草龍芽末，以膽硝石各四兩，研細匀，入藥如前法，入陰地中三尺深埋，四十九日取出成水，傾入銀石器中，其色黄深。每汞一斤，入前藥水半蛤𧣈，同攪匀，少時其汞自乾。如以火扇之，自成金汁，傾出自成赤金，其色可愛，別無他效。

銀晶石水

論説

佚名《**軒轅黄帝水經藥法**》 銀晶石一斤，研如粉細，以井花水飛三次。鶴虱草二兩爲末，苦酒三升，入銀石器中同煮，酒盡爲度。取出，以井水飛去鶴虱草末。膽硝石各四兩，研細匀，入藥如前法，向陽地中三尺深埋，三十日傾出，入銀石器中，其色如玉。每汞一斤，入前水半蛤𧣈，攪匀，須臾而乾，如以氣扇之，成上等好銀。亦可點熟茆成寶矣。

磁烏石水

論說

佚名《軒轅黃帝水經藥法》 磁烏石一斤，研如粉細，以井花水飛三次。用蛇麻葉二兩爲末，苦酒三升，同入銀石器中煮，酒盡爲度。取出，以井水飛去蛇麻葉末。以膽硝石各四兩，研細勻，入藥依前法，入陰地中深三尺，埋四十九日成水，取出傾入銀石器中，其色黑瑩。如人服之一蛤⿰角戔，別無他效，只可百刃交加之中，其刃不能傷害也。兼可破一切頑硬之物，堅柔手到自然碎拆也。

醉茆信水

論說

佚名《軒轅黃帝水經藥法》 取信三兩爲末，置鐵釜中，以盞合定，入桑葉灰汁三斗下釜中，文武火熬之，火候調勻，煎灰汁盡，取出藥，入甘堝中煉之，作汁傾出，研爲末，使用碎茆。取赤茆十兩，熬作汁，點藥一兩在內，攪動候聲息時取出，傾向滾酒內，黑堝器再入堝，依前熬之，點自然成。如此三徧，自然如白雪。每茆十兩，入山澤艮六兩，一處熬之，自作西汁，自然白也。千火不變，作造甚好，白若凝脂，嫩如春雪，當可濟世，千年不還也。歌曰：白玉霜逢灰汁熬，神仙妙訣醉時茆。生成別日分十裹，曾持十兩用鍋熬。熬成茆屑爲金汁，汁內時時點白膠。神光脫換爲眞物，性還只在一千朝。

烏石水

論說

佚名《軒轅黃帝水經藥法》 烏石一斤，研如粉細，以井花水飛三次。呵子二兩爲末，苦酒三升，入銀石器中煮，酒盡爲度。取出，以井水飛去呵子末。膽硝石各四兩，同研細，入藥如前法，向陽地中深埋三尺，四十九日成水。取出，傾入銀石器中，其色輝黑。如人服之一蛤盞，移時返老還童，面有少容，髮鬢如鴉，去痾，亦可延年三千歲，別無他效。

禹餘糧石水

論說

佚名《軒轅黃帝水經藥法》 餘糧石一斤，研如粉細，以井花水飛三次。以瞿麥二兩爲末，苦酒三升，同入銀石器中煮，酒盡爲度。取出，以井水飛去瞿麥末。膽硝石各四兩，研細勻，入藥依前法，向陽地中深埋三尺，三十日成水。取出，傾入銀石器中，只可變化黃白二物，銀銅鐵錫，先以慢火燒紅，於前水中蘸之，可應手而成赤金，並能乾汞，永成寶也。

金芽石水

論說

佚名《軒轅黄帝水經藥法》 金芽石一斤，研如粉細，以井花水飛三次。以槐花子四兩爲末，苦酒三升，入銀石器中煮，酒盡爲度。取出，以井水飛去槐末。膽硝石各四兩，研細匀，入藥如前法，向陰地中深埋三尺，四十九日成水。取出，傾入銀石器中，只可點化黄白二物，銀銅鐵錫，向慢火中先燒紅，入前水内蘸之，可應手而成赤金也。

黄烏石水

論說

佚名《軒轅黄帝水經藥法》 黄烏石一斤，研如細粉，以井花水飛三次。百合二兩爲末，苦酒三升，入銀石器中煮，酒盡爲度。取出，以井花水飛去百合末。膽硝石各四兩，同研細匀，如前法，向陽地中深埋三尺，四十九日成水。取出，傾入銀石器中，只可變化黄白二物。每銀銅鐵錫，先以慢火燒紅，入前水内蘸之，應聲而絶，可立成赤金也。

麩金石水

論說

佚名《軒轅黄帝水經藥法》 麩金石一斤，研細，以井花水飛三次。仙靈脾四兩爲末，苦酒三升，入銀石器中煮，酒盡爲度。又以井水飛去仙靈脾末。膽硝石各四兩，研細入藥，如前法，向陰地中三尺深埋，四十九日成水。取出，傾入銀石器中，其色深黄，可變化黄白二物。同前物水内蘸之，候聲絶成紫金也。

紫雲母石水

論說

佚名《軒轅黄帝水經藥法》 紫雲母石一斤，研如粉細，以井花水飛三次。遠志四兩爲末，苦酒三升，入銀石器中煮，酒盡爲度。取出，以井水飛去遠志末。膽硝石各四兩，研細，入藥如前法，向陰地中三尺深埋，四十九日成水。取出，傾入銀石器中，只可變化黄白二物，立成紫金之體，其色異也。

空青石水

論說

佚名《軒轅黃帝水經藥法》 空青石一斤，研如粉細，以井花水飛三次。以降眞香二兩爲末，苦酒三升，入銀石器中煮，酒盡爲度。取出井水飛去降眞末。膽硝石各四兩，研細，入藥依前法，向陽地中深埋三尺，四十九日成水。取出，傾在銀石器中，其色碧。如人服之一蛤盞，以安息香擦於人中，遇有危難，亦在方位而去，不復回顧，使萬人之中，皆不能見其體，乃隱形之道也。

雄黃水

論說

佚名《三十六水法》 取雄黃一斤，納生竹筒中，硝石四兩，漆固口如上，納華池中，三十日成水。

又 用硝石二兩，以甗甈瓶盛苦酒，納筒中，密蓋，埋中庭，入土三尺，二十日成水，其味甘美，色黃濁也。

雌黃水

論說

佚名《三十六水法》 取雌黃一斤，納生竹筒中，加硝石四兩，漆固口如上，納華池中，三十日成水。

又 加礬石、硝石各二兩，以甗甈瓶盛，埋地中，二十日成水，其味甘，色黃。

礬石水

論說

佚名《三十六水法》 取礬石一斤，無膽而馬齒者，納青竹筒中，薄削筒表，以硝石四兩，覆薦上下，深固其口，納華池中，三十日成水。以華池和塗鐵，鐵即如銅，取白治鐵精，內中成水。

又 取礬石三斤，置生竹筒中，薄削其表，以紬綿纏筒口，埋之濕地，四五日成水。

又 先以淳醋浸礬石浥浥，乃盛之，用硝石二兩，漆固口，埋地中深三尺，十五日成水。

又 取礬石一斤，丹砂二斤，硝石一斤，納竹筒中，漆固口如上，納華池中，百日成水。

又 以雲英水溞令浥浥，加硝石二兩，以甗甈瓶盛，埋如上，三十日成水，味辛苦，其色青黑。

曾青水

論説

佚名《三十六水法》 取曾青一斤，納生竹筒中，加硝石四兩，汞二兩，漆固口如上，納華池中，三十日成水。

又 用硝石二兩，甂瓵瓶盛，埋如上，三十日成水。

磁石水

論説

佚名《三十六水法》 取磁石一斤，雄黃一兩，石膽一兩，合擣納竹筒中，漆固口如上，納華池中，三十日成水。

硫黃水

論説

佚名《三十六水法》 取硫黃一斤，八月桑上露一升，硝石二兩，納竹筒中，漆固口如上，納華池中，三十日成水。

又 先以淳醋溞硫黃，溲令浥浥，納竹筒中，加硝石二兩，如上法，埋地中，十五日成水，名曰包天之汋。

硝石水

論説

佚名《三十六水法》 取硝石擣篩，鹽漬浥浥，納竹筒中，密固口，埋地中四尺四寸，五日成水。

又 硝石三斤，納生竹筒中，薄削竹，纏約口，埋濕地四尺，五日成水。

又 治硝石以土龍血溞之，令浥浥，納竹筒中，漆固口，埋地中三尺，十五日成水，味苦，名陽汋。

白石英水

論説

佚名《三十六水法》 取白石英一斤，鶴子血一升，硝石四兩，合納筒中，漆固口，納華池中，三十日成水。

紫石英水

論説

佚名《三十六水法》 取紫石英一斤，納竹筩中，加硝石四兩，漆固

口，如上法，納華池中，四十日成水。

赤石脂水

論說

佚史《三十六水法》取赤石脂一斤，烏犬血一升，和之。加硝石四兩，納筒中，漆固口，如上法，納華池中，三十日成水。

玄石脂水

論說

佚名《三十六水法》取玄石脂一斤，硝石四兩，合納筒中，漆固口如上，埋入地五尺，三十日成水。

淥石英水

論說

佚名《三十六水法》取淥石英一斤，曾青一兩，丹砂二兩，合納竹筒中，納華池中，百日成水。

石桂英水

論說

佚名《三十六水法》取石桂英一斤，生薑汁一升，合納竹筒中，訖，納華池中，十日成水。

石硫丹水

論說

佚名《三十六水法》取石硫丹一斤，磁石一斤，合擣，納竹筒中，埋之，十日十夜成水。

紫賀石水

論說

佚名《三十六水法》以紫賀石一斤，麻汁一升，合漆納銅器中，十日成水。

華石水

論說

佚名《三十六水法》 取華石一斤，丹砂二兩，合納竹筒中，埋入地一丈，十日成水。

寒水石水

論說

佚名《三十六水法》 以寒水石一斤，石膽一兩，合納竹筒中煮之，一日成水也。

凝水石水

論說

佚名《三十六水法》 以凝水石一斤，青兕血一合，擣納竹筒中，埋濕地入三尺，十日成水。

冷石水

論說

佚名《三十六水法》 以冷石一斤，伏翼矢一升，合擣納竹筒中，埋之，百日成水。

滑石水

論說

佚名《三十六水法》 以滑石一斤，雲母一升，戎鹽一升，合納竹筒中，埋之，十日成水。

黃耳石水

論說

佚名《三十六水法》 以黃耳石一斤，八月百草上露一升，合納竹筒中，漬苦酒中，百日成水。

九子石水

論説

佚名《三十六水法》 以九子石一斤，楞汁一升，合擣納銅器中，停之，十日成水。

理石水

論説

佚名《三十六水法》 以理石一斤，竹瀝一升，合納竹筒中，漆固口，埋入地五尺，三十日成水。

又 治理石，以淳醋溞令浥浥，土金盛炭火，熬三日而赤，治之納竹筒中，率一斤，加硝石二兩，漆固口，埋地中深三尺，二十日成水。

石腦水

論説

佚名《三十六水法》 石腦一斤，硫黄一斤，合擣納竹筒中，埋之，十日成水。

雲母水

論説

佚名《三十六水法》 取熟挼雲母粉一斤，鹽水二兩，硝石水一兩，攪溞令浥浥，納竹筒中，埋入地五尺，二十日成水。

又 治雲母粉，以桂水、戎鹽、水分等溞令浥浥，納竹筒中，率加硝石二兩，漆固口，如上法，埋地中深三尺，並空井無水者蓋之，二十五日成水。盛以銅器，置濕地，名曰雲英液，以凝化石九英。

黄金水

論説

佚名《三十六水法》 以金一斤，緑礬二斤，納生竹筒中，漆固口，納華池中，五十日成水。

白銀水

論説

佚名《三十六水法》 以白銀一斤，麥醬清二升，淳酒二升，赤黍牡荆酒一升，合納竹筒中，漆固口，如法納華池中，三十日成水。

鉛錫水

論説

佚名《三十六水法》　削鉛二斤，相和硝石四兩，合納筒中，漆固口，如法納華池中，百日成水。

玉粉水

論説

佚名《三十六水法》　玉粉一斤，芎藭灰一升，白犬血一升，螬蠐十枚，擣絞取汁合擣，納竹筒中，漆固口，如法納華池中，三十日成水。

又　取白玉如豬肪者，以蟾蜍汁塗之，即消潤如飴，即粉解治之，以棠梨實屑粉蟾蜍，一日一夜化爲水。

取土龍汁，和雲母水，以溞玉粉令浥浥，銅銚盛之，一宿化成水，名曰玉漿。

漆水

論説

佚名《三十六水法》　漆一升，大宿蟹十八枚，覆之，五十日成水。

又　取淳漆一斤，置銅器中，以大宿蟹十八枚，納漆中，一宿化成水。復以雲母粉一斤，納漆中，一宿化成水。復取白玉屑粉三斤，納漆中，三日化成水。名曰神漿。以藥汁即徹視神明，光于四海，無所不通。

桂水

論説

佚名《三十六水法》　粉桂一斤，葱涕三升，合納竹筒中，蒸之，三日三夜成水。

又　治桂屑，以白葱汁溞浥浥，復以山中露水，若雨雪及千里流水皆可，以溞雲母桂令溫，置生竹筒中，率一斤加硝石二兩，塞甑中，蒸之，三日三夜即化爲水，名曰木石得。

鹽水法

論説

佚名《三十六水法》　治下篩鹽，以水溞之令浥浥，薄削筒令盛之，重密塞其口，埋入地四尺四寸，以水濕其上，四日成水。

右三十六水法，古本省要，易可遵用，而諸石中亦有非世所識，丹藥不盡須之者。其朱點頭十五種，是後薦之限。石名既同，所以合此也。

石膽水

論說

佚名《三十六水法》 治石膽一斤，漤以淳醋浥浥，納竹筒中，硝石二兩覆薦之，漆固其口，以甂瓻瓶盛醋，納竹筒於中，埋入地深三尺，十五日成水，名曰雲粱石汋。

銅青水

論說

佚名《三十六水法》 治銅青，漤以五汋水，溲令浥浥，納竹筒中，一斤加硝石二兩，漆固口，埋之如上法，十五日成水，取蒸消之，名華龍汐，狀若青碧，一名雲英汋。

戎鹽水

論說

佚名《三十六水法》 治戎鹽一斤，漤以土龍汁浥浥，納竹筒中，一斤加硝石三兩，漆固口，埋地中深三尺，十五日成水。

鹵鹹水

論說

佚名《三十六水法》 治鹵鹹，漤以淳酒令浥浥，納鐵器中，炭火上熬之，三日三夜赤出，治之。納竹筒中，一斤加硝石二兩，漆固口，埋地中入三尺，十五日成水，名曰金溜液。

鐵華水

論說

佚名《三十六水法》 取鐵華，治之以雲英鹽水，漤令浥浥，納竹筒中，一斤加硝石二兩，漆固口，納甂瓻瓶醋中，埋入地三尺，四十五日成水，名曰玄靈金慈汐水，可以仙。

鉛釭水

論說

佚名《三十六水法》 以五勺蜚霜雪，以合金翁華粉，漤以雲英鹽水，令浥浥，納竹筒中，一斤硝石二兩，漆固口，置甂瓻瓶醋中，埋入地三尺，以馬通火熅之，三十日成水。

釭水

論說

佚名《三十六水法》 治積雪，滏以黃輕水銀，令浥浥，率一斤釭粉，用水銀三兩，納竹筒中，漆固口，置甒瓻瓶醋中，埋入地三尺，馬通火熅，三十日成水，名曰流靜。深邃處按此方合，萬無不成也。

高起曰：當先投漬酒五石，於所止流水之中，若地無流水，當作井。如上投酒於井中，以鎭地氣，令學者皆飲食此水也，發火羸火也。頓火之者，令糠火至際一寸也。傳授神經，皆約齋盟，用金魚一兩，玉龍銀鐶，以代剪髮歃血之誓。今世無此物，又不可虛涉乖儀令。謹撫青布四十尺，以准金魚之信。帛絹四十尺，以承銀環玉龍之約。並奉有經之師，師當將散施山栖之客，不得自割以爲身用。所以明天約也，永無私矣。違盟則四極有法也。

丹方丹法分部

丹華

論說

佚名《黃帝九鼎神丹經訣》卷一《黃帝九鼎神丹經》 第一神丹名曰丹華。

作之法用眞砂一斤，亦可二斤，亦可十斤，多少自在，隨人富貧，納釜中。云以鹵鹹覆，擣之。以六一泥塗釜口際會，無令洩也。謹候視之，勿令有折如髮，則藥皆飛失其精華，但服其糟滓，無益也。塗訖，乾之十餘日，乃可用。不乾燥。不可火之也。先以馬通糠火，去釜五寸，溫之九日九夜，推火附之，又九日九夜。以火壅釜半腹，又九日九夜。凡三十六日，可止火一日寒之，藥皆飛著上釜，如五彩琅玕，或如奔星，或如霜雪，或正赤如丹，或青或紫。以羽掃取，一斤減四兩耳。若藥不伏火者，當復飛之，和以玄水液、龍膏澤，拌令浥浥。復置玄黃赤土釜中，封其際如始法，猛火飛之，三十六日藥成。凡七十二日畢矣。欲服藥，齋戒沐浴五七日，焚香，乃以平旦，東向禮拜長跪，服之如大黍粟，亦可如小豆。上士服之，七日乃升天。中士服之，七十日得仙。愚人服之，以一年得仙成。玄女曰：作丹以其丹華，釜飛第二之丹，及九丹、一切神丹，大善也。作丹華成，當試以作金，金成者藥成也，金不成者藥不成。藥未伏火，而不可服也。或塗釜不密，或是犯禁所致。云更准前飛之試之。龍膏丸之如小豆者，致猛火上，鼓囊吹之食頃，即成黃金。又以二十四銖丹華，點粉汞一斤，亦成黃金。黃金成，以作筒盛藥，又以一銖丹華，投汞一斤，若鉛一斤，用武火漸令猛吹之，皆成黃金也。斤與銖愼勿多，多則金剛，少則金柔，皆不中槌也。又云：金若成，世可度。金不成，命難固。徒自損費，何所收護也。

神符

論說

佚名《黃帝九鼎神丹經訣》卷一《黃帝九鼎神丹經》 第二神丹名曰神符也。

取無毒水銀，多少自納在六一泥釜中，封之乾訖，一如調治丹華法也。飛之九，上下寒發，掃取和以鯉魚膽，復封塗如初，復飛之九，上下寒發，掃取和以龍膏，名曰神符。取鉛黃華十斤，置器中，以炭火之，即

又取水銀七斤，投鉛中，猛火之須臾，精華俱上出，狀如黃金，又似流星，紫赤流珠，五色玄黃。即以鐵匙接取之，得十斤，即化九轉，名曰丹華之黃。一名玄黃之液，一名天地之符。即擣治汞，化爲丹，名曰還丹。聖人祕之。非凡俗道士之所知見也，非殊達者不能知也。火名子明，汞亦名子明。一者，鉛精也。一名太陰，一名金公，一名河車，一名姹女，一名立制石。下愚治調，直用山中立制石，實非也。眞人曰：石膽皆出鉛中。凡人愚昧，治調神藥，反用羌里石膽，非也，去道萬里，爲藥故不成也。眞人曰：以丹砂精化爲流珠霜雪，鉛精化爲還丹，黃白乃成，服之神仙矣。不用此二物調治，藥雖得丹，服之猶候死矣。太陰者鉛也，太陽者丹也。取汞九斤，鉛一斤，合置赤土釜中，猛火上從平旦至日午上晡。一云：日下時水銀與鉛精俱出，如黃金色，名曰黃精。一名黃芽。一名黃輕，一名黃華。以井華水火之，名曰黃華池。一名黃龍，一名黃服，一名立制石。取玄黃和以玄水液，合如封泥，丸之，納赤土釜中，以六一泥內，伏之令各厚三分，令乾十日，無令泄。以馬通若糠火，火之八十日，當成金藥。取玄黃一刀圭，納猛火，以鼓囊吹之食頃，皆消成黃金。黃金若不成，藥仍生，未可用也。當更納赤土釜中，如前封泥，火之八十日，藥乃可用服矣。玄黃一名伏丹，一名紫粉。欲服之，當以甲子日平旦，向東再拜，服如小豆，吞一丸，日一，百日神仙，萬病皆愈，大癲大癩並愈，無所不瘥。即服以百日華池，和玄黃令如泥，以置苴兩赤土釜中，內外各厚三分，納水銀一斤，亦可十斤。作藥多少任意，三斤可以仙一人耳。可得玄黃精十兩，取汞三斤，納土釜中，復以玄黃覆其上，厚二寸許，以一土釜合之，封以六一泥，外內固濟，無令泄。置日中暴令大乾，乃火之。濕者不可，得火即坼破。如調丹華法，以馬通若糠火，火之九日夜，寒一日，發之藥皆飛著上釜，狀如霜雪，紫紅朱綠五色光華，厚二分寸餘，以羽掃取之，和以黃狗大膽，亦可以河伯餘魚者。訣云：是鯉魚膽和之。一云：以此玄黃，令如封泥。注云：其所丸之物，訣云是水泉也。復丸納土釜中，已下同。丸納土釜中，復以玄黃覆之，令厚一寸。一云：釜合蓋之，以六一泥封之，如初法暴十日令大燥，乃火之，濕者不可也，得熱釜即拆也。復火九日夜，可止，一日寒之，發開，以羽掃取著上釜精飛，若但紫名曰神符還丹，和以龍膏，丸如小豆。常以甲子平旦，東向再拜長跪，服之，百日與仙人相見，玉女來至，於是從諸神方而飛行矣。欲渡大水，和神符以龍膏，若河伯，餘以塗足下，行水上足不沒溺也。欲入火，服一丸即不熱也。服藥百日，三尸九蟲皆自敗壞，長生不死也。

神丹

論說

佚名《黃帝九鼎神丹經訣》卷一《黃帝九鼎神丹經》 第三神丹名曰神丹也。

先以六一泥，泥兩赤土釜內外，令厚各三分。又取牡蠣、赤石脂、磁石，法無磁石，存本不改。凡三物分等，調治之萬杵，令如粉。和以百日華池，令浥。一云：以苴釜中，塗釜內服，又以玄黃華，著此苴上，令厚一寸許。乃取帝男二斤，雄黃也。帝女一斤雌黃也。先以百日華池，小沾之濡之，乃即上不敢飛。乃鐵臼中調擣之萬杵，令如粉。上釜中，復蓋以黃粉，令厚一寸許，以一釜合之，封以六一泥，勿令泄氣，乾之十日。乃以馬通糠火，火之九日夜，火去釜邊五寸也。以推火擁之，九日夜也。推火至釜一日，猛火九日夜，以大壅至釜半腹，火之九日夜，止。凡三十六日。一日寒之。以羽掃飛精上著者，和以龍膏，通納釜中也。復泥封之，乾之，復火之三十六日。一云：二十七日。止，一日寒發之，以羽掃取之，名曰飛精，治之者曰神丹。上士服之一刀圭，日一，五十日神仙。中士服之百日，愚人服之一年，乃神仙矣。凡夫男女小兒奴婢六畜，以與服之，皆仙而不死矣。辟五兵，帶繫之，夫神多所衛護，辟兵。服丹百日，諸神仙來迎之，即玉男，即玉女，即玉童。山卿澤尉皆來侍從，見形如人。度代無種，事在人耳。

還丹

論説

佚名《黃帝九鼎神丹經訣》卷一《黃帝九鼎神丹經》　第四神丹名曰還丹。

取礬石、礜石、代赭、戎鹽、牡蠣、赤石脂、土龍矢、雲母、滑石，凡九物。皆燒之一日一夜，猛其火，皆合治擣，令如粉。和以左味，令如泥。以苴一釜中，納汞一斤。次以帝男，次以曾青，次以礬石、亭脂，次以鹵鹹，次以太一禹餘糧，次以礬石。礜石在上，而水銀獨在下也。凡七物，各異器調擣之，令如粉。以水銀一斤，獨在下，餘先乃以次納之。以一釜合上，以左味和六一泥，泥之封令密，暴之十日。置鐵弋三柱上，令高九寸，以馬通糠火，火之，去釜底五寸，候其火九日夜沒。增火至釜半腹，九日夜。常以濕布加釜上，令藥不飛。視布乾，取復濡濕之。凡八十一日止，寒之一日，發之藥皆飛著上釜，釜出五色，飛法一同，藥之要也。以鷄羽掃取之，合以百草花，以井華水一服之，一百日朱雀鳳凰翔覆其上，神人玉女至。二百日登天入地，仙人來侍。一年，太一以雲車龍馬迎之矣。服此丹令人不飢不渴，百歲。輒飲石泉，食棗栗二十枚，牛羊脯五寸。又以還丹塗錢，用市物，錢即日皆自還。至以還丹書人目匡郭上，百鬼皆走避去。又以藥一刀圭，粉水銀一斤，火之立成黃金。一法以龍膏和藥，火之九日夜，乃成眞金也。

餌丹

論説

佚名《黃帝九鼎神丹經訣》卷一《黃帝九鼎神丹經》　第五神丹名曰餌丹。

取汞一斤，置六一釜中。又取帝男一斤，擣之如粉，加汞上，禹餘糧一斤，擣之如粉，加帝男上。以六一釜合之，封其際，以六一泥泥之，令乾。加馬通糠火，火之九日夜止。更以炭火燒之，九日夜乃止。火寒之一日，發之藥皆飛著上釜，如霜雪。以羽掃取之，和以龍膏、少室天雄分等，乃鷄子服。一云鷄子血。一刀圭，三十日羽飛仙矣，萬神來侍衛，玉女皆可役，神仙迎之，上昇天矣。百鬼社稷神，風伯雨師，皆來迎之，可使役。

鍊丹

論説

佚名《黃帝九鼎神丹經訣》卷一《黃帝九鼎神丹經》　第六丹名曰鍊丹。

取八石而成之。八石者，取巴越丹砂、帝男、帝女飛之，曾青、礬石、礜石、石膽、磁石，凡八物等分，多少在意，異擣令如粉，和以土龍膏。乃取土龍矢二升，以黃犬肝膽，合爲釜。牡蠣、赤石脂各三斤，擣令如粉。以左味和爲泥，塗釜內外，各厚三分，乾之。一法八味多少自在，以土龍膏、土龍矢一升，以和黃狗膽，合土龍矢二升，牡蠣、赤石脂末之

如粉，和以爲泥，塗釜內外，各厚三分，乾之。八石各異末之如粉者，乃納丹砂在下，次以帝男，次以帝女，次以曾青，次以礬石，次以礜石，次以石膽，次以磁石，磁石獨在上。以六一釜合之，以六一泥封其會際，乾之如上法。乃以馬通糠火，火之三十六日止。寒之一日，發之藥皆飛上著如霜雪。羽掃取之，和以龍膏，丸如小豆。食後服一丸，日一，十日仙矣。鬼神來侍衛之，役使。亦可以作服黃金。非但男子，女人亦得飛仙。若欲辟穀，常絕房事，但飲水，勿交接也。此丹下滓，可療百病。一法鉛合之成黃金，以鍊丹，刀圭合水銀一斤，火之成黃金也。一云柔丹與鍊餌丹相似，滑澤易食之。

柔丹

論説

佚名《黃帝九鼎神丹經訣》卷一《黃帝九鼎神丹經》 第七丹名曰柔丹。

用汞三斤，以左味和玄黃合如泥，以塗土釜內外，各厚三分。乃納汞合以一釜，用六一泥塗其際會，乾之十日。乃火之，如太丹華法，三十六日止。寒之一日，發之，以羽掃取上著釜者，和以龍膏，服如小豆，日三，令人神仙不死。以畝瓮汁和之，九十歲老翁服之，更二十日，白頭黑，益陽精陰氣，雖交則生子無數。以柔丹畫梧桐，爲人也。以柔丹書字，奴婢終不逃走。八十婦人服之，皆有子。長吏服之，得遷。與鉛合火成金銀，一名黃金。

伏丹

論説

佚名《黃帝九鼎神丹經訣》卷一《黃帝九鼎神丹經》 第八丹名曰伏丹。

其色頗黑紫，如有五色之彩。取汞一斤，亦可多之。以玄黃苴其土釜，令內外各厚三分。復擣曾青、磁石，令如粉，以著玄黃華，及曾青、磁石末，覆汞，上以一釜合，以六一泥塗其會際，乾之十日。乃以馬通糠火，火之九日夜，轉以上釜爲下釜，復火之九日夜。又復以下釜爲上釜，火之九日夜。如是九上九下乃止。寒之一日，發之，以羽掃之，取其飛著上者。和以龍膏，後還納釜中，更火之一旬，乃止。寒一日，發之，以羽掃取飛上著者，擣之如粉，盛以金銀筒，若生竹筒中。常平旦，面東向日，再拜長跪，以井華水服一刀圭，便爲神仙也。以如棗核大，著手中而行，百鬼銷滅。以此柔丹書門戶，百邪衆精，魑魅魍魎不敢前。又辟盜賊，乃至虎狼皆避之。若婦人獨守，賫持如大豆者，百鬼盜賊遠避不敢來。

寒丹

論説

佚名《黃帝九鼎神丹經訣》卷一《黃帝九鼎神丹經》 第九丹名曰寒丹。

法用赤土釜，以六一泥泥其內外，令各厚三分，乾之如治丹華法。取

帝男、帝女、曾青、礜石、磁石各一斤，異擣之如粉。先以玄黃，苴以六一釜，如丹華法。乃內流珠一斤於釜中，次以帝男加流珠上，次以帝女，次以曾青，次以礜石，次以磁石，磁石最上。以一釜合之，以六一泥塗其會際，令厚三分。復以土龍矢、黃土各半斤，令爲泥。一云：以牡蠣、赤石脂塗其上，厚三分。又以土龍矢塗，厚三分。暴之十日令乾。乃微火，先文後武，九日夜。寒一日，發之，以羽掃取著上者。和以龍膏、黃犬膽，丸如小豆許。平旦，以井華水，向日再拜，呑一丸，令人身輕，百日百病除愈，玉女來侍，司命消除死籍，名著仙籙，飛行上下，出入無間，不可拘制，坐在立亡，輕舉乘雲，昇于天矣。

召魂丹法

論說

蘇玄朗《太清石壁記》卷上　一名反魂丹，二名更生丹，三名歸命丹。

朱砂、雄黃、雌黃、曾青、石硫黃、礜石、礜石各五兩、水銀三斤，又云一斤。

右依四神丹方，飛之五六轉，精熟，可服。宜與石硫黃丸相和服之。

太極真人九轉丹

論說

佚名《黃帝九鼎神丹經訣》卷一二《合九丹鉛法鉛力功能》　第一轉：

取胡粉五百斤，以石鹽二十斤，置於一石水中，取牛糞汁一石和之，丸如雞子，陰乾。然後置鑪中，鼓之須臾，鉛出，此名粉鉛，號地之精也。取黃丹五斤，以牛糞汁和之，丸如雞子，陰乾之置鑪鍋中，鼓之須臾，鉛出，此名丹鉛，號天之精也。

第二轉：

取前天地之精，合炒爲水色青沙。然後以石鹽三十斤明淨者，和湯八斗，曰鹹水。鹹水盆中，研之爲土色黃沙，擣爲末，置鐺器中，燒之三日三夜，變爲火色赤沙，與好丹色同，罷矣。

第三轉：

取前丹，以首男乳一斗。若首男乳難得，取黃牛乳亦得。取牛糞汁一石，取石鹽明淨者三十斤，爲湯八斗，相和溲之，丸如雞子，陰乾，鼓之如法，餘如前爲之。

第四轉：

取前三轉天地之精成丹者，以朱砂好色光明洞徹者二十斤，以酒煮之三七日，臼中擣之，和藥，復以地強汁即牛糞汁也和之，丸如雞子，陰乾之置鑪中，鼓之作法用，皆與九轉同法，但用藥有異。

第五轉：

取雄黃色如雞冠者五斤，以眞牛酥煮之七日，然後暴之，與藥相和。然後以酒一石，牛糞汁一石，合丸如雞子，陰乾，鼓之法如前，餘亦如前。

第六轉：

取雌黃二十斤，吳黃礬石五斤，合之牛乳麻子汁，煮之三日夜，陰乾，擣篩，上和藥，以牛糞汁丸之如雞子，陰乾，鼓之如前法。

第七轉：

取石曾青五斤，香附、白附各百枚，新實者良，餘法同上。

第八轉：

取戎鹽三斤，朴硝、芒硝各三斤，擣篩同藥，以牛糞汁和之，丸如雞子，陰乾，鼓之如前也。

第九轉：

取前八轉丹，依法置其人生命上，及王相上，依丹經立壇醮祭，潔淸

齋戒，置靈寶五符於五方，十二神印符於辰上，八靈符置八方，掩天門，閉地戶，歷華蓋，入陰中，取白玉五斤爲粉，金一斤爲屑，藥以青羊心肝各一具，和泥泥鑪，以牛糞和之如雞子，置生命上，陰乾，取天心日天心時，置九宮合藥者，在中宮待鑪。先問曰：奇合尋出宮爲妙。三日夜，丹成，丸以白蜜，日服二丸，如黍米粒，可爲眞人矣。祕之勿傳。

臣按：此方用藥，雖具至於九轉，即加隱祕。鉛至九轉，體爲神藥。及乃更料白玉五斤爲粉，黃金一斤爲屑，以二物奇寶，和而泥鑪，青羊心肝復極難得，首男乳汁動料十升，虛張色數，明不可得，令取其可得之藥，成其九轉之功，以此丹鉛，充九鼎之用，其道逾妙，其力逾大，所以具說功能，亦不須煩雜而錄之耳。

九轉十六變靈砂大丹

論說

佚名《庚道集》卷九　一轉：

舶上硫黃半斤，打成塊子，馬蹄香、虎耳草各半斤，河水二斗，煮七伏時。

汞半斤，用川椒、芫花根各四兩，同煮七伏時。將新鐵銚一枚，先下硫二兩化開，下汞八兩，炒成砂子，研勻，入水火鼎固，以五斤火，打三日三夜。

二轉：

將一轉硫汞打成靈砂，再入硫二兩，下銚鎔化，下一轉砂炒，入鼎，五斤火，打一日。三斤火，打一日。二斤火，打一日。

三轉：

將二轉砂，入硫一兩，銚內化，下砂炒，入鼎，五斤火，打一日。三斤火，打一日。一斤火，打一日。

四轉：

將三轉砂，入硫一兩炒，入鼎，五斤火，打一日。二斤火，打一日。一斤火，打一日。

五轉

將四轉砂，入硫七錢半炒，入鼎，五斤火，打一日。二斤火，打一日。半斤火，打一日。

六轉

將五轉砂，入硫半兩炒，入鼎，五斤火，打一日。一斤火，打一日。半斤火，打一日。

七轉

將六轉砂研，入生硃砂一兩，同研炒，入鼎，三斤火，打一日。一斤火，打一日。半斤火，打一日。

八轉

將七轉砂，入生硃砂一兩，同研炒，入鼎，五斤火，打一日。一斤火，打一日。半斤火，打一日。

九轉

將前已成砂子，却用好銀一斤，溶作珠，養砂子在內，入合固灰池內，三兩火，養七日。取出，沐浴。却以此砂養新砂成寶，變化無窮。以丹一粒擊之鶴頂，令善射者射之，經日不中，故曰靈砂。以此治病，如風捲浮雲有起死回生，返老還童之妙，其驗不可盡述。

一變

汞一斤，用青礬、膽礬、白礬各三兩，青鹽、白鹽各二兩，硝一兩，同研，用米醋一斗煮三日，沐浴淨。

舶上硫黃，用馬蹄香、魚腥草煮三日，將鐵銚內溶化硫二兩，入汞八兩，同炒成砂，入鼎，五斤火，打一日。二斤火，打一日。半斤火，打一日。取出作塊，以松黃灰汁，煮一伏時。洗淨，以蜜滾銀箔貼身，入前銀珠匱內，養七日。初日，二兩火。二日至四日，三兩。五日至七日，四兩火足。

二變

將前九轉大丹母作小塊子，先以一半入合內，以前養出新砂子在內鋪之，上却以丹母一半蓋之，固入灰池，養七日。初二兩次三兩，次四兩，

次五兩，足取出。如此養砂七次，共得一十四兩丹頭。各自收起，却用朝生草煮一日。

三變

用第三次養出新砂子，鐵臼內搗碎成末，用崑崙紙包一重，却用地丁花、巴豆、萆麻肉爲膏子，毬住砂子，坐合內，固濟，入爐，用火半秤，煅一宿。冷取出，一片如玉。乃至寶，再打碎作匱子。

四變

將前煅出玉片砂子作塊，以粉霜、硇砂、硼砂等分爲末，以蜜滚砂子，以此末貼身滚之，以崑崙紙包，以莪蓮在前，於聖無知匱內，灰池內，養七日，四兩火。白體成寶。此丹七次方足收起。

五變

將前養出白體匱子，却將在鼎內鋪下，上傾汞二兩，固濟，下入灰池，用火二兩至三兩，養七日。取開，又澆汞二兩，又養七日。又澆二兩，再養七日，又澆汞二兩，養七日。共二十八日。再入汞三兩，陰火四次，二十八日。第四次却入四兩，陰火六兩，第四次共二十八日。又澆五兩汞，六兩火，四次二十八日足。

六變

將前養出玉笋，不可損壞，再入花銀盒子內，坐成火爐上，陰火五兩，澆汞五兩。三日一次，用三無盡，只管澆之，後起如瓊林玉樹，形如虬頭紅色如珊瑚之狀，坯之成寶。

七變

將前玉笋二兩研細，先入一半在鼎內，次以雄黃、雌黃、硫黃、硇砂各一兩，同研入在鼎內。却以玉笋末一半蓋之，固濟，伏陰火一斤，養三日，取出，作一塊如金。打碎四兩，入硃砂一兩，溫之七日，四兩火也。取下，坯之成上色紫磨金。第二次養硃砂二兩，七日，火四兩也。

八變

將前養出硃砂八兩，澆汞二兩，陰火四兩，四正火四兩，養七日成寶。每七日一次澆汞，展轉無窮，到此切宜量福力爲之。

九變

將硫半斤，入銚溶化，下汞二兩，同炒黑色，再研末。前七變三黃末鋪蓋，固濟，四兩火，養三日。六兩火，養四日。澆汞四兩，成上等山澤白寶。如此節節澆之，七日火也，四十九日足。

十變

將前九變丹頭研末，先用鐵銚一枚，安汞五兩下面，用火半斤，却以丹末三錢糝之，以盞封定，濕紙固封，候蟬聲住火，一煅成五兩山澤至寶。

十一變

將九變玉末一兩，第十變糝制汞一兩，合研爲末，以紅銀一斤溶化，投此末一兩，化成白體至寶。

十二變

用七變三黃一兩，第六變硃砂一兩，第十變汞牙一兩，和合一餅，入鼎，溫養七日，收起。却以銚內，以汞五兩入前，養出四神二錢，以盞覆之，下以火半斤，候蟬聲起，加火一煅，成上色紫昌至寶。

十三變

用九變汞硫五兩，加上色雄雌硫硼砂各一兩，同研入合子內，固濟，入爐，養火三七日足。日用二兩火，夜用四兩火，取出，點化五金八石成至寶。

十四變

將前製出三黃四兩作匱，養上等硃砂二兩，三七日，初二兩火，次三兩火，次四兩足。取出硃砂，與三黃和研作末，露水元如黃豆大，以長流水下，可延壽百年，長生不老，走如奔馬。

十五變

將前養出硃砂，脱出成金，鑄就神鼎一枚，可容藥物。又鑄鐵鼎一枚，以雲母、曾青、水晶、中英石、鉛丹，以楮汁和泥，托在大鼎內，內安神室，方擇高原福地，造庵結壇，修煉大丹。

十六變

用十四變三黃汞二斤，二八靈砂三斤，混合研勻，搗三萬杵，入在神鼎內，封固。再入大鐵鼎內，封固口縫令密。次以六一泥固濟，安灰池，或天地爐內。上水下火鼎相合，五斤火，養一月。三斤火，養一月。二斤火，養一月。五斤火，養十日。共一百日。取出，入地埋之，出火氣一

年。次懸井水中百日，取出。研三萬杵爲粉，以甘露水爲丸，如菉豆大。再入神室內，養火七日，四兩火也。養足取出，與一粒雞食之，化鳳飛去，犬一粒化爲龍飛去。以此丹祭謝天地北斗，將一分棄於名山大川，然後可服之，成眞仙也。非有福力，不能到此，戒愼之焉。如人服却，以金甘露汁浸，一月三次搗倒，去火毒，然後服之，直造仙階。務在周貧，濟度世人，可也。修煉之際，每一變皆可服餌。但不若能至九轉十六變，成功妙用，眞是仙材。功在堅心勤力，修持爲妙，未有不達也。

火龍玄珠大丹

論說

佚名《修鍊大丹要旨》卷上 採得龍虎一斤，秤四兩研細，以熟帛二重包裹，扎成雞卵之形，剪去剩者令淨，以黃土白砂炒成末，秤一斤四兩，扎成鵝卵形，外以皮紙剪作條子，以雞子清調糊，掃在鵝卵上，留一頭，可頓得雞卵大口子，便令乾其殼，約令厚半指。候乾，以刀子刓破砂土包子，逗出其中砂土，用帛子拭令淨，方可用也。先以大殼口在上，於底中先下青龍末八兩，次安玄珠毬子，次用崑崙紙剪環子，搭在青龍末上，留一半許，不得近殼。次下白虎末八兩了，却以皮紙條襯在白虎末上，外以紙條子蘸雞子清，糊令殼子口了，如殼子厚，令乾。用一大錢，令納生炒了土二升許，在鍋子，坐大鵝卵殼於其中。次以炒了砂土三升許，四下並頂上塡實了，以藥合子鹽泥固濟，方可入爐。凡下火添水，從本月上入火，留對戶出氣，其十戶皆塞之。上以木盆蓋之，亦留門，戶與下同。逐月轉移門戶用之，如四兩火，子午卯酉四時，抽換新舊之火。初四十九日足，冷取出去砂土了，成一玉毬子。旋旋以刀中心勒破，分成兩片，專記上下弦號之，勿令妄記。中取玄珠，去帛子灰了，以黃蠟封，入油瓮內，以土埋三日，取出細研，半夏糊丸，如菉荳大。每服三丸，漸加至九丸，鹽湯下，日三服，空心服。所得靈汁收起，隨多少依前鍊成，四兩盡爲度。再秤，如欠少，以前玄珠添成四兩，再研，扎成一雞卵，入上下弦內封固，入爐火，如前四十九日足，取丹研細，半夏糊丸，如菉荳大，依前服之。收靈液再鍊，藥盡爲度。秤成四兩，再研包入上下弦內封固，入爐，四十九日足。如此第五轉玄珠出。時鑽一孔子，可入汞一兩在內，以上下弦合了，入合養火，子午卯酉六兩，火養三日出銀也。第九轉，入汞試之，成庚也。第十轉，打有四兩，入上下弦內，養火一周年，半夏糊丸，如黍米大。每服一丸，新汲水下，服一兩地仙也。用一丸點汞一兩成寶，三丸救死人立活。凡夫服一兩，長年不老。修行人服一兩得仙。秘密勿泄非人，天條甚重。

神雪丹陽四皓丹

論說

佚名《修鍊大丹要旨》卷上 粉霜二兩、水晶砒一兩、硼砂二錢、硇一錢、乳香三錢、焰硝一錢。

右六件擣細，拌和之，用銀末四兩，拌入水火鼎內，以八斤火足秤，依靈砂法火候一同。寒爐開，其藥飛在鼎口四向，其色黑，可收之。其銀母墜底，去母不用，取藥收之，名曰四皓丹。

四寶神雪丹

論說

佚名《修鍊大丹要旨》卷上 四皓丹末三兩、粉霜五錢、砒二錢半、硼半錢、硝一錢、乳香一字、硇半字，已上並用生者。

右用銀粉二兩半，同前藥拌攪細勻。生薑汁和爲劑，以銀鑻子捲成筒子。入藥在內，用細鐵線縛定。用水中金爲匱，上下鋪蓋，固濟。入灰池，去令一寸，養火一十六日，子午卯酉各一兩，抽換新火也。日足，冷剝去銀薄，收之，可化丹陽。不然將藥鐵臼杵爲細末，可爲子母匱。

丹華丹

論說

佚名《修鍊大丹要旨》卷下 好金腳人言四兩爲末，硇砂、硼砂、乳香各半錢，入水火鼎，昇於鼎蓋下。臨用時，入輕粉，以黃蠟油和丸，每二兩可點十兩重。赤毛入眞寶，三七四六皆可。然後入梅鍋內，再三煮之，即成寶也。不審輕粉與黃蠟油多少。

通神丹

論說

佚名《修鍊大丹要旨》卷下 水銀八兩，硫黃二兩，用新鐵鍋炒成砂子，或有煙焰，即以醋灑，候研細，入水火鼎，醋調赤石脂封口，鐵線扎縛，曬乾，鹽泥固濟。用炭二十斤煅，如鼎子裂，蘸石脂頻抹其處，火盡爲度。經宿取出，研細，再入水火鼎。凡七次。忌尸氣婦人豬犬等物，須淨室齋戒，擇日時爲之。

金花還丹方

論說

金陵子《龍虎還丹訣》卷上 鉛八兩、水銀八兩。右二物相和，以左味細研令相入。以甘土堝泥包裹爲毬，令乾，入鐐爐，用以灰擁其下，著文火養六十日出之。又以左味重細研，依前入毬，又火養六十日。日滿後，即每十日一度，添二兩銀。取眞好者，錯爲末，細研令相入。都八度添，計用八十日，都成二斤藥。如本藥是半斤，每度添一兩，都成一斤藥。伏如希汞，漸有神用也。又入火養一百六十日，藥成，都三百六十日火，一周氣足也。一刀圭可乾一斤水銀。如日服一粒，壽逾萬劫。

有歌二首云：尋山河碌碌。又：白汞生朱砂，黑鉛爲黃丹。

黃花丹陽方

論說

金陵子《龍虎還丹訣》卷上 砒黃性以雄黃略同，大溫，有毒，生澧州山谷。一名薰黃。久與鉛同處，其色變黑如鐵。但金石之中，有含鉛氣物，與青碌之輩，總不可相近，宜別貯之。又久見風，亦損顏色。雄黃亦然。切畏鉛。若同箱篋，不可久也。定如鐵色，砒黃性與丹陽相宜。

右經云：銅得伏砒，柔弱自低。銅得伏雌，久類帝男。雄黃也。是四黃雌雄硫砒也正數。有人飛砂一味，至九九八十一轉成丹。取一丸投亡者口中，立活。固知砒力不可思議。既類雄黃，亦應勝五兵，殺蛇虺。服餌

皆飛入人腦，長生不死，理然也。比見王渙司業，將雄黃和汞，於鐵鐺子中研不停手，下著文火，不用火冷研亦得。一日內結成砂子，伏火者得如皂莢子大，成上色黃金。如無雄黃，用上色澧州砒黃代用亦得。其力不相弱，是靈藥也。一說雄爲君，雌爲臣，流爲使，砒爲將。

按《本草》雄黃生武都，得銅可作金。砒亦類之。砒黃生數處，並不及澧州者。雄黃色如雞冠，向日通紅，緊細潤膩，實而不硬，有氤氳香氣，不並晁黃，就中紅赤中帶黃色，故曰雄黃。任以水洗，待乾，一炊久，當生黃衣。不然以口含之，亦得，並有黃衣上。毒蛇見之，立死。此是眞者。漏天南雋州亦有，並不如武都者。砒黃雖次雄黃，並不作前件狀樣，色黃亦鮮明，稜角生硬，有晁氣，通紅易破者良也。其丹陽之道，甚難舉世。學者雖多，明曉者殊少。且丹陽質性難柔，外暈形赤，內懷青黑，鐵稟南方陰丁之精，結而成形，故赤。銅稟東方乙陰之氣，結而成魄，故青。銀稟西方卒陰之神，結而爲質，故白。鉛錫俱稟北方壬癸之氣，故黑。金稟中宮陰巳之魄，故黃也。甚難制治。一說暈是銅，銅是暈。暈盡銅盡，銅盡暈盡，無若非巧能制合。子母合體，知其性情，剛柔分等。即須以伏火鉛汞，上丹上藥，然變其質。又五金入土，埋之千歲，唯金與銀，不變其質餘，並化成灰土。

余今此方，抽化質了，入火不變，入土不銷，便能翻制，造化陰陽，豈容易哉。若骨分仙材，宿命素定，早逢靈訣，點制刀圭。一兩二十四銖，六粟爲一刀圭。或指塗藥於堝挺上，入火燒炙，便成眞寶。此是神仙上品，非造次而能知。若素非此流，必須精詳物理，廣博方書，辨別君臣，識其忌諱。其藥有剛柔，有制有伏，拒火與伏火，別生用與熟用殊，亦有兼假鉛汞，獨用四黃。神仙流教，萬法千方，並皆隱閉，悉不明文。縱傳方書，是迷迷相授，後學之士，多無所成。亦是賢者不苦精研，不得學聖之意，功用微淺。兼有堝爐鉗韛不全明曉，燒投點化，不究精微，炎黑火中，須臾則過，憑何見其成功。

夫用熟藥稍易，生藥甚難。今此一方，悉用生藥，遣變質成眞，切在銷停，及抽換投拔，節候爲妙，亦解鉛汞傍通。經云：器內方徑一寸，可受水銀一斤。又准筭數，金方一寸，重一斤。銀方一寸，重十四兩。鉛錫重九兩半，鐵重六兩，玉重九兩，一本云玉重十兩。白石重三兩，土重二兩。物各稟氣自然之性。汞者稟五陽神之靈精，不可比校。其餘高下懸殊，唯熟銅與銀斤兩相類，形質細膩，柔軟頗敵。除有暈一色，餘並相似，實可通變。且《五金訣》云：雄黃功能變鐵，雌黃功能變錫，砒黃功能變銅，硫黃功能變銀化汞。四黃功亦能反鐵爲銅，反銅爲銀，反銀爲金，如穀作米，是天地之中，自然之道。磁石引針，琥珀拾芥，豈是他靈。又經云：但有道術士，能制治方便，巧使相入，亦可爲寶。余今化鐵爲銅，用砒成銀，理無二也。方具如左。

點丹陽方

論　說

金陵子《龍虎還丹訣》卷上　砒黃三十兩澧州者，無夾石，赤如鷄冠，向日通紅者良。諸處者力次之。

雌黃八兩狀如金葉子者佳。若黃軟如石，不堪。又有夾雄黃者，雖如，此方不用。

胡同律二兩用石律如薑石狀，投釅醋中，良久沸不定如。

鹽二兩取花炒令變色。

右件四味，共四十二兩。先取砒如小棗大，其碎末，別收秤取三十兩，納鐵鐺中。准藥一斤，用生胡麻油五升，緩火煮之，令壘壘小沸，不得火猛。如此九日九夜止，若油稠強，即宜抽去之，更添新油，日足訖，便盛於帛袋中，納甑中，滿甑著砂絹袋，於砂中心蒸之七日，油膩併入砂中，即自鮮赤。本經云：帝男帝女，帝女雌黃必須如此修理。一且去毒。毒去能入五金。二又得霜倍多。又如無上色好，用次者，慮有頑石，但倒抽一遍，取精者用，亦妙。其澧州砒有力，諸處者次。雌黃准砒例修理，但煮時不得同在一器內，餘並一也。其性甚能柔物，與砒同力成功。

金陵子曰：蒸時同在砂甑內，但相去遠，亦無妨礙。按《鉛錫經》云：朱砂三分，雄黃一分，右合研置銅鉢內，著釅醋，細細添之湯上，煮醋盡，更添，如是三伏時令乾。出之，入油鐺中，緩火煮令魚眼沸，兩

伏時出飛取精，大佳。若不飛者，即以雞子白和泥瓷器，盛密蓋砂甑中，蒸之一周時出，用大佳。如不者，和赤鹽，點銅成黃，餘並在本經中。

胡同律甚難得眞者。一說獨將生用，點銅得白金。但以漿水於瓷器中煮，續添令盡五升，即可用能去黑暈。一本：不煮生用亦得。鹽用花炒令黃，急用，不待煮蒸，亦得。末鹽，不如顆鹽，顆鹽不如井鹽，井鹽不如池鹽。然取前三味同擣，䗪砂羅過令勻，以鹽投醋中待消，用拌前藥令濕，日中暴乾，熟和攪揩挼令相得。次又拌一遍，日暴，令浥浥，便將入鼎。一說以桑灰汁拌藥。如用醋，恐損銅。不知如何，未詳。

其藥分作兩鼎。每一鼎只可二十餘兩爲准，多少得所也。以兩匙頭石灰，和前件拌了藥，同拌令勻。即著石灰藉底，令厚一分已下，按令實。便下前件藥末於鼎內，如鏊背裝，四面不用苦著爐，微著匙按，即且少著兩匙覆上，便以手摩挲藥面破，令與石灰相入，以匙微微按，令却如鏊形。更以石灰覆厚二分。

已上微按令得所，即以少水灑上面，至散濕，遂以盆子蓋之。其盆子稍高，於常者一尺五寸。文武火燒兩伏時，比常飛霜文武火，稍文爲度。候寒開之，其霜當總在爐面上已卧訖，下並無腳，作白色，柔軟細潤可愛，指臂如粉。其霜在爐內凝結，爲一脾，約厚一寸餘，紋理如束絲，不飛上盆子。余故號曰卧爐霜。別有半兩，已來在盆子上，顏色不同，當別收，任將別用。又如有火候失飛不盡者，亦准前任重飛。其卧爐霜，甚能柔物，不並常霜脆硬。比見諸法中飛一遍白霜，少用即無力，多用物即硬，是爲大病。此霜任意多用，物終不硬，與諸霜不同，殊於常也。其砒但將好者成倒抽了，若待用油煮及蒸，便將飛霜用亦得。又孔氏商量亦云：用一遍白霜，佳。此兩訣亦甚符會。

又成卧爐霜後，取前件霜，每二兩點一斤。已上並用大斤大兩。經修理了者丹陽，可分作兩堝，每堝只可著八兩，多少爲得所乍可。已下不可過多，又不可少，少則堝中乾。每一兩藥，分爲六丸。每一度相續點三丸，待金汁如水，以物直刺到堝底，待入盡，即以炭攪之，更鼓三二十下，又投藥。如此遍遍相似，即瀉入華池中，令散作珠子，急用柳枝攪令碎，不作珠子，亦得。又依前點三丸，亦投入池中，看色白。未若所點藥，不須將火燒，却藥其物，即不白。更須重點一遍，以白爲度。生藥點堝甚難，所投點大，須在意冷熱相衡，金汁迸出堝。遍遍如此，折損殊多，其堝稍宜深作。若能使金汁如水點者，爲上。

太一金英神丹方

論說

蘇玄朗《太清石壁記》卷上　金五兩打爲薄，鉋之擘之，納土堝中。計先用金五兩，水銀六兩，先於火中籠金薄，與火同色。即別暖水銀，暖須土堝中，入金薄於水銀中，分而消矣。即以金泥重鍊，微耗去水銀。然後以玉椎研盡乃止，堪入藥用。

雄黃一斤，擣篩羅之鍾乳五兩，好酒煮盡二日夜，玉磓研雌黃一斤，擣篩羅之丹砂擣篩雲母一斤，水飛擘之，鍊如白鹽白石英八兩，擣篩曾青五兩，擣篩飛去上浮花礬石三兩，擣篩水銀一斤，以黃鹽相得眞水銀凝水石八兩，擣篩石膏八兩，擣篩朴硝八兩，擣篩芒硝八兩，擣篩空青八兩，擣篩。

右件十五味，並須精好，擣篩，瀑飛之。

造大還丹方

論說

蘇玄朗《太清石壁記》卷上　空青十二斤、光明砂十斤、雄黃十斤、雌黃十斤金二斤、白石英一斤、鍾乳一斤、硇砂五斤、水銀七斤、石琉黃八斤、水銀霜七斤、玉屑三斤、石膏五斤、朴硝五斤、特生礬石八斤、雲母十斤、降英十斤、太陰玄精六斤、磁石五斤、鉛丹三斤、石膽八斤、青石三斤、陽起石四斤、芒硝三斤、蛇牀子四斤、錫八斤、礬石七斤。

右擣拌一依四神法，唯金錯作末，分爲竈飛，服之令人仙矣。

黄帝九鼎丹方

論説

蘇玄朗《太清石壁記》卷上 雄黄、雌黄各半斤，朱砂五斤，石硫黄、白石英、鍾乳、朴硝、礜石各三兩，石牀、寒水石、石膏、禹餘糧、青石、太陰玄精、赤石脂、雲母、磁石已上各五兩。

右十七味，並擣酢拌浥浥，吴鹽覆之，火三日夜，寒半日，開之重飛七轉，用治萬病，無發動。

黄帝九鼎大還丹方

論説

蘇玄朗《太清石壁記》卷上 雄黄、石膏各一斤，寒水石、禹餘糧各半斤，硝石一斤，太陰玄精一斤，三轉煮六十日方解，礜石一斤，三遍煮三十日，金牙半斤，二遍煮一日一夜，雌黄一斤，朴硝、理石、絳礬石、硫黄、芒硝、黄礬、戎鹽、空青、石牀、白石英、孫公孽三轉煮。朱砂、鍾乳、礬石、紫石英、雲母、磁石、硇砂、石腦、青礬、石膽一轉已上，各一斤。

右件藥精擣，更研，酢拌合和，飛之九轉，丸如大麻子，一服一丸，服五丸，萬病皆除。一千丸，改形易體，久服仙矣。

太一金膏丹方

論説

蘇玄朗《太清石壁記》卷上 金五兩打作薄鉋飛，雄黄一斤，擣篩，白石英一兩如前，雌黄一斤，紫石英十兩，空青十兩，朴硝一斤，硇砂十兩，石膏一斤，芒硝一斤，礬石十兩，雲母一斤，石乳十兩，滑石一斤，水銀一斤，太一禹餘糧一斤，石硫黄十兩。

右十七味，並須精好，飛一依前法。已上小丹，皆是神仙救世療病之丹，服之身輕延年。其法具在卷後。其小丹亦不宴，須依古法固濟。

石硫黄丹方

論説

蘇玄朗《太清石壁記》卷上 石硫黄、蒲黄、禹餘糧、茯苓各二兩。

右四味擣篩，密和爲丸，丸如小豆，一服二丸，召魂。一丸和石硫黄，二丸同服，治萬病，神驗。疑太熱，除石硫黄，亦得。其丹不得水銀，以水銀霜二兩代之，甚佳。恐水銀貴，不辦用之，不厭甚多。

紫游丹方

論說

蘇玄朗《太清石壁記》卷上　一名步虛丹，二名藥景丹，三名輕舉丹，四名倒景丹，五名淩虛丹。

雄黃、雌黃、白石英、紫石英、鍾乳玉屑、朱砂、石腦、石膽、礜石、空青、陽起石、赤石脂、磁石、朴硝、礬石、石膏、寒水石、汞霜、消石各三兩。

右依金英丹法，飛之，極妙。

艮雪丹方

論說

蘇玄朗《太清石壁記》卷上　一名水銀霜丹，二名流珠白雪丹，三名流汞素霜丹，四名玄珠絳霜丹，五名太陽紅粉丹，六名飛虹化藥丹，七名朝霞散彩丹，八名夕月流光丹，九名辰錦流暉丹，十名凝階積雪丹。

錫十二兩、鴻霜一斤、特生礜石一斤、絳礬石一斤、朴硝五兩、太陰玄精六兩、鹽一斤。

右以錫置鐺中，下猛火燒令鎔成水，以鐵匙撩去上滓末，別以鐺子中炒令稍熱，傾著錫水中，以鐵匙攪之令勻，便急傾著淨地，少時凝冷如白銀，即取礬霜，輕手擣之，以馬尾羅篩，朴硝、玄精各別擣篩。即以鹽末和水銀、錫合擣，以馬尾篩之，以諸藥總相和，調和相得，更以白鹽作下藉三分許，以物按之令實，即下諸藥。又以朴硝覆之。即下文火四日夜，其火炭不過一斤已上。但候上蓋常如人體暖，即漸加三五莖。過此已後兩日，即下武火，常使上釜灼人手，不得久住。武火經七日，寒一宿，然後開之，若調火緩急得所，其精並飛出上釜，如霜雪狀，或作伏鑪盤在上釜，其色妙甚霜雪，光輝煥然，驚駭耳目，好士見之，無不嗟嘆。若用火不調，冷熱不均，其藥精即飛著上釜，顏色青黑。既飛得精藥，又飛之更以後藥。

礬石三兩、朴硝三兩、白鹽一斤、玄精三兩。

右並依前法擣篩，先以流汞霜研訖，與諸藥相和布置覆藉，飛之日數，一如前法，可作三五轉，然後用之爲佳。恐太陰玄精難得，可往河東解鹽池近水次浮之，其色理如玉質，形狀似龜甲，其黑重者不堪，其黃白明淨者爲上。其鴻霜得此藥，自爛如粉，飛之三五已後，可研極細，以棗肉膏和爲丸，如麻子大，一服四五丸，加至六七丸，萬病皆愈。

五味丹方

論說

蘇玄朗《太清石壁記》卷上　水銀霜一斤、硝石五兩、寒水石五兩、石膏五兩、石膽五兩。

右擣篩相和，不用酢拌，直爾飛之，入釜三日夜，如飛召魂。

太一小還丹方

論說

蘇玄朗《太清石壁記》卷上　一名太精丹，二名朝景丹，三名凝霞

丹，四名落暉丹。

水銀一斤、石硫黃五兩。

右研石硫黃爲末，以白厚紙承之，取於炭火上炙，硫黃鎔滴水中，棄前紙。如此三遍鍊之，秤五兩。又取新瓷瓶可二升已下，內外通有油者，以黃土細篩，和石灰紙筋相爲泥，泥瓶子外，可厚三分，曝乾。又取一新瓷盞子，令與瓶子相當，內有通油者，還以前泥泥盞外，亦厚三分許，曝乾爲瓶蓋。又令鐵牀子鍋腳與瓶底相當，坐瓶子於牀子上。又作風鑪，高於瓶子五寸許，四面各去瓶子五寸，塼瓦和泥作鑪，下開四風門，待乾用之。又先以水銀下瓶子中，微火溫之令暖。又取一鐺子，鎔硫黃令如水，傾水銀瓶子中，攪之少時，待冷，水銀便如碎錫，可以爲塊。遂以前盞子蓋之，還用前泥密固濟，下鑪中，即以微火傍瓶四邊，炙之令固濟處乾。鑪漸熱，加火。初文後武，令稱瓶上火色紫焰出時聲動，其火令心虛，稍稍添炭，如此百夜，漸漸退火寒之，開看其丹並著瓶子四邊及上蓋，其丹狀如石榴子，紫黑色。水中研泛之，取細者，色過光明砂，紅赤非常。藥成細研，和粳米飯，丸之如小胡眼，每日服五丸，至五百丸，萬病除矣。一經云：從朝下火，至日午藥成，可服。亦和丸。蒸曝亘勝，服白飲汁酒送之，忌血羹魚膾大酢生冷。

太一硫黃丹方

論説

蘇玄朗《太清石壁記》卷上　一名太陽粉丹。

石硫黃三斤。

右擣研，入丹竈中飛之，以兩盆子爲上下釜蓋，文火飛三日夜，並飛上釜，如金粉色，可研丸服之。

八石丹方

論説

蘇玄朗《太清石壁記》卷上　一名麗日丹，二名素月丹，三名度厄丹，四名濟世丹。

朱砂、雄黃、雌黃、曾青。

右件四物，飛之三轉，堪服。

又　雄黃、雌黃、石琉黃、空青、碌青、礜石、朱砂、礬石已上各十四兩。

右擣篩飛鍊，並同前法。

又　朱砂、雄黃、雌黃、曾青已上各四兩、礜石、磁石、朴硝、礬石已上各一兩。

又　白石英無礜石。一依前法。

龍朱丹方

論説

蘇玄朗《太清石壁記》卷上　一名曳絲丹，二名桑露，三名含光，四名吐暉。

朱砂、雄黃、雌黃、石琉黃、空青已上各十兩。

右擣篩細研，用召魂竈中，飛之三日夜，其藥盡飛入上釜，其下滓碎如灰滓，若硬如鐵屎堅塊者，其藥盡。更擣篩，依前飛之，還三日夜，藥精飛盡上釜，收取。和好麝香及白粳米飯，丸之如麻子，一服一丸，和飲

汁酒送。

八神丹方

論說

蘇玄朗《太清石壁記》卷上 一名元精，二名照日，三名流霞，四名神光。

丹砂、曾青、雄黃、礬石、石腦、磁石、朴硝已上各十兩。

右各別絹袋，入三年米酢中，二日夜出，陰乾，各別擣篩。次第下釜中，總下訖，以朴硝覆之，以六一泥固濟，文火三日夜，武火三日夜，寒一宿，開取上釜者。又更研，重飛五六轉，色白如雪，可服之。

又卷中 空青半斤，磁石、白石英、朴硝各半斤，鍾乳五兩。

右擣篩細研酢拌，一准前四神，唯以朴硝蓋諸藥上，異於四神，飛之七轉。

太一雄黃丹

論說

蘇玄朗《太清石壁記》卷上 一名赤流，二名素暉，三名紅景，四名重光，五名紅紫相間丹。

雄黃三斤。

右以銅器盛之，酢煮三日夜，毒盡。九日更加曝乾擣篩，以酢拌之，曝乾七遍。然後一依召魂丹法，飛之七日夜，白如雪，服之。

又 雄黃一斤。

右一味擣篩，輕紗羅篩，以醇酢拌令浥浥，日曝令乾，又依前更拌又曝，可十餘遍止。先以白鹽置釜爲藉，按之令實。次以雄黃粉與白鹽末相和，置於藉鹽上，還以白鹽末覆之。即以上釜相合，六一泥固濟，不得泄氣。一日夜微火候，六一泥乾。以後漸漸加火，勿頓猛。一日一夜，過此已後，可與極猛火，令其下釜旦暮常與火同一色，不得暫時令火微弱。如此旦暮猛火常相續不絕，三日三夜，寒之一日夜，開其釜取藥，更細研下釜中。餘滓又別擣篩訖，即以藥之精滓相和，更加以酢拌令浥浥，一依前布置，其文武火勢及日多少，一依前法，如此再遍，其藥必成。

三使丹方

論說

蘇玄朗《太清石壁記》卷中 水銀霜一斤、朱砂二斤、雄黃一斤。

右三味擣篩酢拌，唯以水銀霜覆上，更加鹽花蓋上，餘更不異於四神丹，飛之五轉。

召魂丹方

論說

蘇玄朗《太清石壁記》卷中 二名反魂，三名更生，四名歸命，五名全生。

朱砂、雄黃、石硫黃、磁石各五兩、水銀一斤。

右以石硫黃鎔成水，傾水銀中，攪成碧砂，和諸石藥，一時擣篩細研，酢拌，一依四神，唯轉數多於四神丹。

流珠丹

論說

蘇玄朗《太清石壁記》卷中 二名紅景，三名赤曜，四名重暉，五名紅藥，六名紅霜。

雄黃一斤。

右擣篩細研，酢拌浥浥，一依四神，唯以鹽末拌和布置，更以鹽蓋上，固濟，一日夜文火，以漸加武火，使猛三日夜，寒之，取飛三轉也。

又 飛雄、雌黃等二物各十兩。

右細研，以米酢拌曝，一如四神丹法。

又 伏龍肝、鹽末倍於雄黃一倍。

右二味研令細，及總和雄黃等，並攪和布置固濟，一依四神丹法。唯火寬於四神，使火欲文多武少，七日一轉。

朝霞丹方

論說

蘇玄朗《太清石壁記》卷中 雄黃、雌黃、石硫黃水泛取浮者，傾器中更研以盡、鍾乳、白石英、磁石、石牀、雲母。

右擣一依四神，唯數須多，可用酢拌，曝乾之。

光明麗日丹方

論說

蘇玄朗《太清石壁記》卷中 雄黃、雌黃、白石英、雲母、孔公孽、礜石。

右擣篩依四神，唯轉數多。

淩霄丹方

論說

蘇玄朗《太清石壁記》卷中 雄黃、雌黃、空青、朱砂、鍾孔、礜石、石膏、禹餘糧、太陰玄精、白礬。

右擣篩依四神法。

伏火硫黃丹

論說

蘇玄朗《太清石壁記》卷中 鍊硫黃一斤、桂花二斤。

右直爾取㪷鐺絕厚者，可安置飛處，以鹽納鐺中，可四面，各厚三寸，中心作窠，硫黃安窠內，上頭著鹽，亦厚三寸，皆擣作末，遣密底

下，漸漸著火，作飯無異，一日三徧換鹽。若了可著水濤曬，然後始著甘土泥苞裹，待乾，漸漸著火，不得令絕，赤少間即休。更別淘曬乾，乃研，以白粱粟飯丸如梧子。一日服二十丸。

四神丹方

論說

蘇玄朗《太清石壁記》卷中　朱砂、雄黃、曾青、雌黃。

右四味分擣末篩，白鹽爲籍。次布曾青，次雌黃，次朱砂，次雄黃。又以白鹽覆之，以上下相合，以六一埿固濟訖。文武火常法飛，經七日夜，火法如此。

又

任以四味直爾擣篩，以釅醋拌之浥浥，十徧曬，入釜安置依前法。若依此爲之，得藥倍多，而又色好。

金英丹方

論說

蘇玄朗《太清石壁記》卷下　雄黃、空青、石硫黃、太陰玄精、鍾乳、白石英、雲母、紫石英、吳白礬、硝石、石膏、禹餘糧、寒水石、絳礬已上各二斤、朴硝、芒硝、吳鹽已上各二斤、金十兩、汞四斤。

右取金打薄，納汞四斤爲泥，研令極細，以布絞去汞二斤，即吳鹽一斤，和泥研之。即取前十七味藥擣篩，一如九鼎丹法，布置鍊之。且下一半，即入金泥，著諸藥上。又取藥餘末，共鍊一百日，分爲五竈，其金泥亦爲五分，一依鍊法覆藉，以文火飛之，收丹精了。次重鹽著於湯中，其鹽銷鎔，金色如銅，仍減三兩已來。若欲用之，還取鹽和燒之半日，出來還赤，轉依前滿七轉，取熱任用。

點製五黃丸子方

論說

獨孤滔《丹方鑑源》卷下　雄黃一兩，雌黃一兩，砒黃一兩，硫黃一兩，黃礬一兩。已上並消，都用米醋研令浥浥。後以火迫出，却陰乾爲用。只先飛鹽一斤，作鹽花，取一銚臺，以鹽花鋪在底上，以新小瓦盆子恰合得者，以鹽上安藥，然後用盆子合定，周回鹽泥固濟了，下安火熁，令飛上盆子底，直至飛藥盡，掃取。又研入米醋，准前出陰乾，依前安排飛盡藥。又研，別入匱末作底，上安藥，燒一斤火。取研，豬脂爲丸，白豆大，一丸制一兩汞。取新銚子一隻，先安一黃土作坑子，安汞一兩在內，煖動入一丸子，候作聲聲盡，便成庚也。莫同山澤第三度斷，別用匱法。

妙寶真方

論說

佚名《修鍊大丹要旨》卷下　汞五錢、辰砂五錢、雄黃三錢。

右用黃蠟一兩，作彈子一箇。却將馬齒莧十兩煮汁，和白芨末五兩、紙筋，就入蘆甘石末、針砂磁石、代赭石、白硫黃、黃丹、金精石、鬱金，研如泥。得所作二分，先將一半裹蠟彈均無縫，候乾，方入汞砂黃

等，封閉。就將前藥泥一半，再裹一層，令均候乾。方纔下銷銀鍋內，用磨瓦蓋頂，固濟，務在無令走氣。候乾，再用六一泥通身固濟，鐵線縛住，十分候乾。方用二十四兩炭火，慢慢煨之，一七候，通身紅，就去火。待冷取開，去其外匱，止留貼身之匱，用燒紙灰將米湯和，再燒過，用熟絹一袋盛之，著肉身養之七七。取開爲末，將杏核作一眼，去仁，灌入藥末，銅鐵線縛定，鹽泥固濟，入香爐火內，燒之一伏時，取出，即成眞寶。每日止許食用一錢，不許富貴多用，並不許有違祖願。切不可亂傳非人，罪不輕恕。愼之愼之。有緣遇者，宜自保重耳。

神化金丹法

論說

佚名《靈寶衆真丹訣》 亭汁三兩、山池石鹽二兩，亦研細如麵、伏火北硫黃一斤通明者，研如粉。

右三味藥，並同相和令勻。便取鐵合，用米醋研上好香墨，濃塗鐵合內三遍，候乾。便入此三味藥於合內，以文火逼合令熱，候藥化爲汁，出盡北亭陰炁，住火候凝冷。便用硝石四兩，細研如粉，入於合足內實按，上以粘紙封定，合足，候乾，方入於鼎內，用法泥固濟。其法泥用鴈門代赭，如鷄冠色者，左顧牡蠣、赤石脂等三味，各細擣研如粉，入伏火北亭汁，勻和，入臼內杵一千以來，方用固濟相合，并足周迴，唯務堅密爲妙。合鼎上用鐵鬬鬬定，切在緊密。候陰乾，便取鉛三斤以來，於銚子鎔化作汁，用小鐵杓子抄於合足四面，候勻遍，又更消鎔鉛汁，漸漸灌於鼎內，直至鼎滿合上二寸以來，便選成合日夜半子時起火，初六兩，日加一兩，至六十日滿足。候藥鼎冷定，用小鐵鏨子鏨去黑鉛，開合取藥，眞如金色。便入於乳鉢內，細研如粉。

北亭砂三兩白明者、以黃蠟一分半，鎔作汁，拌北亭令勻。

右作一團子，以紙裹。炒風化石灰一斗，用一甆罐，先將一半風化入於罐內實築，內剜一坑子，安北亭於內，上又將一半風化蓋，准前實築。初用火三斤，以來養，漸漸加火至五七斤，三伏時一弄，十斤火煅通赤。火盡候冷，取出，用生絹袋子內盛。又掘一地坑子，可受五七升，滿添水，候堀盡水，安一細甆椀於坑子內，上橫一杖子，懸釣北亭袋子於椀上，更用一瓦盆子合蓋，周迴用濕土擁盆子，勿透炁，三伏時並化爲水。取此水，拌調前件二味藥。

上好庚一十兩、汞五十兩。

右貯於一罐內，常用火煖，將庚燒令赤，投於汞內，用柳篦攪，化盡爲度，用鹽花三斤，與金泥同研唯細，便入一大鐺內，令勻平，上用勘一盆子蓋鐺，以泥固濟，周迴令密，慢慢火，却令汞飛上，以汞盡爲度，次用煎湯沃鹽花，候鹽味盡爲度。其庚粉於盤內，日曝乾，後細研，入在藥內。

雄黃八兩，如鷄冠色者，研如粉、雌黃八兩，通明葉子者，研如粉、戎鹽四兩，研如粉、金粉十兩。

右五味藥，並細研如粉。別換鼎，合一依前法，用米醋濃研香墨，勻塗合內三遍，乾後，入藥於合內，還用文火逼合，令藥作汁。一依前法，用硝石四兩，細研如粉，安在合足內實按，以麵粘紙封定合足，便固濟合蓋，入於鼎內，准前法泥固濟合足，合上用鐵鬬鬬定，候陰乾。一依前法，先取鉛三斤，於銚子內鎔作汁，以鐵杓抄在合足四面相，次更鎔鉛汁，漸漸滿鼎內，至合上二寸以來，一依前法，選成合日夜半子時起火，火候准前，初起六兩，日加一兩，至六十日滿足。候鼎合冷定，用鐵鏨去黑鉛，取合，其藥當作紫金色。每一分於乳鉢內細研，可製汞一斤，立成紫磨黃金。此非人世所有，是神仙祕授，若於助道，須知足乎。

汞一斤、藥一分。

右於新鐵銚子內，藥置汞上，用茶椀子蓋，固濟如法，安銚子於火上，專聽裏面滴滴聲，即將銚子於水內淬底。如此十數度，其汞已伏，炒如黑鉛砂子，別入甘鍋銷鞴，當爲紫磨金。其於變化，不可具載。

金碧丹砂變金粟子法

論説

佚名《靈寶衆真丹訣》 治一切風，延齡駐顏，治萬病，兼化寶。法曰：先將泥毬子，泥用黄丹、白土、瓦末、鹽、醋溲，用蠟爲胎，不得令有微隙。陰乾，傍邊安孔，去蠟更燒過。即取好光明砂，研擣爲末，以紙卷灌入了，以一大蚯蚓和毬子泥，擣泥令爛，卻固濟孔子。待乾，更打一鐵鐶子，安於鐵鼎子中安置，鎔鉛汁入鼎中，其上可二寸已來。即以糠火養，長令鉛軟爲候。如此一百二十日，加火，取出。更於地上，以火斷過，候冷出之，其藥如青紫螺子，揀取黑末不中。分藥一半，以青內筒貯，用牛乳蒸五遍，三度換乳，乳皮堪療皯黵。取出，入地坑子中，三宿。細研，以粟米飯爲丸，丸如粟米大。年四十，日一丸。年五十，日二丸。年六十，日三丸。其功力更別，不得多服。治一切風，延齡駐顏，治炁益顏色。餘者細末，於甘鍋中，用好黄礬一兩，以砂末上下布蓋，固濟頭乾了，灰火中養四十九日。以大火煅，候冷開，皆成金粟子。取鼠尾一寫，鍮三兩，用半分眞庚者，先於甘鍋內鎔引鍮，乃下三四粒子粟，便化爲眞，眞西方也。鑪長用火三大兩，將此去鼎中盛毬子，一切臨時，取毬子大小，其毬孔頭向上，安在鉛鼎之中。

紫金丹砂法

論説

佚名《靈寶衆真丹訣》 上好辰錦光明砂半斤、曾青三兩、葉子雄雌黃二兩。

右已上並用鐵鑰匙，打如皂莢子大。取一瓶子可受一升者，以三般物，以鹽膽煮之三七日，常如魚眼沸，不得令溢。取一顆砂出，以水洗，向明看之，如金色即止。如有赤黑暈，更煮七日，將出待乾，更於火上，炕出陰炁了，入櫃。

鹽花二斤、硝石一兩。

右已上於瓶中燒成汁了，擣碎，更燒了，細爲末，築成櫃了，即下曾雌一重了，以鹽末塡築平，去口三分已來，封之以布，磨瓦子蓋頭，用六一泥固濟，泯抹令斷縫。訖以四兩火，養七日。六兩火，養四七日。半斤火，養二七日。三斤火煅。待冷出，以黃牛乳，於竹筒盛，用黑豆甑蒸三遍，入寒泉三日，更去飯上，蒸出陰炁。細研，以楮汁爲丸，丸如黍米大。每日三丸，酒下，治三十六種風偏，治筋骨風狂，風角弓風，腎藏風熱，毒風，一切冷風並消。久服肌膚毛髮皆變，延年益壽，身輕，其功不能備錄。只可取四兩，依前入櫃，先布曾雌，即以熟砂、生砂層層鋪盡，四兩生砂了，以熟砂，次曾雌，即以櫃末蓋之，依前固濟，養火四十九日。畢，重重依此，長以四兩，將爲母也。

還魂丹法

論説

佚名《靈寶衆真丹訣》 夫人生稟於五行，拘於五常，則爲五味之所賊，八風之所攻。爰自飲乳，至於老年，莫不因風而喪命。或多食而過飽，或失食而饑，或飲啜大多，或乾渴乏水，或食鹹醋，或啜酸辛，或畏熱當風，或惡寒親火，或庭前看月，或樹下乘涼，或刺損肌膚，或撲傷支體，或時餐燥藥，或時啜水漿，或久絕屛幃，或日多施泄，自此風趨百竅，毒聚四肢，遂使手足不隨，言詞謇澀。或痛鑽骨髓，或痺襲皮膚，或癢甚蟲螟，或頑如鐵石，或多痰唾，健忘，好嗔，血脈不行，肉色乾瘦；

或久安床枕，起坐須臾；或頭面虛腫，雖活如死；或總無疾苦，卒暴而亡。男即炁引其風，女即風隨其血，未有不因風而喪命者也。世人不能治其風，但以藥攻其內，安有風在五臟六腑之中，四支百脈之間，而湯飲之類，曷能去乎。假令相疾而醫，用藥乖誤，雖《難經》、《素問》，三世十全，欲去沉綿，其可得也。

余久居太白，抱疾數年，萬藥皆施，略不能效。後有一翁，遺余此藥，服都五粒，疾乃徐除。稽顙叩天，求其藥法，然肯傳授，爲誓不輕。余故錄於身右，置諸靈室，後人得之者，宜敬之。無或輕傳，自貽殃咎。但依法修鍊，何慮不神。

夫炙藥制燒藥，燒藥制煮藥，煮藥制生藥，生藥使煮藥，煮藥使生藥，生藥使炙藥，炙藥使燒藥，遞互相制，遞互相使，君臣俱具，父子固全。後遂得陰陽，各有其緒。陽藥制陰，以引其陰。陰藥制陽，而引其陽。此藥但不能制致神仙，得之者但服一豆許，則壽限之內，永無疾矣。如已患風疾，及撲傷肢節，十年五年，運動不得者，但依法服之一粒，便效。重者不過十粒。有人卒亡者，但心頭未冷，取藥一粒，以醋調一粒，摩臍中一千餘下，當從臍四面漸煖，待眼開後，熱醋下一粒，入口即活。但是風疾，不拘年月深遠，神驗，不能具載其功力。每丸如芥子大，日曝令乾，收之。凡疾人，不問年月遠近。先以紅雪，或通中散茶，下半兩。如或風澀甚者，即服一兩，良久，以熱茶投之，令患病人瀉三兩行，依法潑薑豆湯，下一粒，當以他人熱手，更互摩之患處，良久熱徹，即當覺肉有物如火，走至痛處，所苦當時已失矣。一二百日及一年內，風疾下床不得者，服一粒後，當時便可行步，一如不患人。至重者，每服瀉後，服藥一粒，後歇三五日間，依前服紅雪，先瀉後服丹藥，但每日服不過一二十粒，平復如故。打撲傷損多年者，天陰即疼痛，動不得者，尤驗，只可一兩粒。服此藥多者，疾愈後，藥力當伏腳心下，男左女右。但有所苦，發心念藥，隨意則至，此藥神驗，功效非智能測，其法如後。

金薄二十四片、光明砂一兩一分，研如麵。以蕎麥灰汁煮三日淘取秤、雄黃三大分，研如麵，醋煮三日，淘取秤、石庭脂三大分，研如麵，酒煮三日，淘取秤、牛黃、麝香、膃肭臍、虎骨龍齒已上各四大分，研如麵，生用、陽起石、磁毛石、紫石英、自然銅、長理石已上各三大分、遠志、巴戟、玄參、烏虵、仙靈脾已上各五大分、青木香、肉豆蔻、鹿茸如乾柿者肉桂已上各六大分、延胡索、木律各三大分。

右將石流黃、雄黃、朱砂、自然銅四味，同入一瓶子，用金薄覆藉，不固口，以火炙三日，火常去瓶子三寸，不得甚熱。又將陽起石、磁毛石、紫石英、長理石四味，同入一瓶子內，以金薄覆藉，灰埋瓶子一半，歇口燒三日，第一日火去瓶子二寸，第二日火去瓶子一寸，第三日以火簇瓶子，至夜火煆通赤，無火毒。

右將鍾乳十兩，以玉磓研七日，如麵即住。用熟絹袋子貯，繫定頭邊，懸於鍋中，煮以水二斗，煎取一斗，內取鍾乳水，三合研生犀一千下，將此水別收貯。候入皂莢仁時，同研用。又將其餘鍾乳水，煎前遠志等五味，仍加蔓荊子五大分，拍碎同煮，令水至七升，去滓用。又取此藥水，煎青木香等四味，至四升，去滓。又取藥汁煎半夏炙以湯洗了捏破。當歸細剉。二味，各一大兩，煎至三升，去滓澄泚淨。又用地黃汁一升，無灰酒一升，童子小便一升，此三味與煎藥汁三升，都許六升，於淨器中，文武火養成煎，候至一升，即下諸般金石藥，攪勿住手，待如稀粥，即去火，下牛黃等五味生藥末，熟攪令極勻，即下皂莢仁炒其子，打取仁。杵爲末，秤取六大分。龍腦二分，於盆內研如麵，入藥中。並所研犀角汁，同入於乳鉢中，令壯士研三千下，候極稠，丸如芥子大，不得大。此藥功效造化無殊。又此藥就後分爲三大分，如品字，取一口即一分也。又加鍊了芒硝一大兩，差爲破棺丹芒硝，即上好蜀硝，有鋒鋩者即得也。於銚子內，火上鍊令汁盡，取爲末，入於藥中。或有暴亡，不問疾狀，但肢體未變者，可破棺打齒，熱醋滴下一粒。過得咽喉即活，十救八九。其丸如菉豆大，餘藥並依歌訣。

流黃砂隔銅居上，即前四味石藥依此次第入瓶中，依法用火炙。磁起長排紫作頭。即後四味石藥，依此次第入瓶中，依法用火燒。金上下三中各二，煆前藥，用金薄，上下各三片，中心各兩片隔定石藥。紫燒銅炙滿三休。用紫石英者，瓶子即燒之。用自然銅者，瓶子即炙之。各一日止。乳烹四五同歸一，烹即煎也。用鍾乳煎前二十味，以二斗水，煎至一斗，是歸一也。取一仍須十一修。再將前煎者鍾乳水一斗，煎草藥十一味，故云十一修也。煎到三時還要出，即煎至三升也。地和童酒一時句。地黃、童子小便，酒三味是也。若火石歸安靜室，是去火入石藥

也。待如肌肉五生稠。肌肉和入體也，五生即牛黃五味是也。別盛三合中間水，外邊千下轉犀牛。此即用鍾乳水磨犀也。

餌丹砂法

論說

赤松子《上清九真中經內訣》　以丹砂一斤，熟擣不簁。淳苦酒三升，合和相得，於微火上煎之，令可丸，服如麻子。日再服，四十日，腹中百病盡除愈，三屍皆去。服之百日，肌膚堅強。服之千日，司命去死籍，與天地相保，日月相望，改形易容。

餌煉丹砂，陸沈變化，長生久視，白髮更黑，齒落更生。從垣東，見垣西，睹視黃泉。方用丹砂三斤，擣重絹簁之，盛銅器盆中，以淳苦酒九升，浸之令如泥狀，置高處使乾。浸之如前法，率一斤丹砂，盡三升苦酒，常爆之，三十日當紫色，持不汙手，引如飴，可丸矣，大如麻子，日服三丸。常服平旦吞之。服藥先齋戒三十日，沐浴五香，服之一日，三蟲下。服之六日，心下積聚諸癥，腹中所苦盡去。服之六十日，則有所見。服之一年，白髮黑，齒落生。服之二年，色如十五時，神人持紫案食之，上有紫芝。問而食芝，無敢驚恐，定心自安，方物自來。至使百鬼，皆可致。其一神名上，其二神名曰青，其三神名爲情。乃萬物呼名，可致入水爲波，入金爲汁，視萬里外，徹見五藏，可爲眞人，諸神皆知之，出入無間，道成立致，服藥但少飲酒耳。八十老嫗服之，更得有子。丈夫婦人皆可服。常以井華水服之。欲作藥，當齋戒潔清，先夏至作藥母，夏至後作服藥，禁生魚、酒及犬肉、生菜、五辛、肥滑。傳非其人，殃及子孫。得其人乃與之作藥，男子爲乃能使人矣。

又　丹砂一斤末，下簁，純漆二升，淳苦酒三升。凡三物合相得，微火上煎之，合可丸，丸如麻子。日三服。和藥，正月忌亥，二月忌寅，三月忌巳，四月忌申，五月、九月還從亥。可知當取王相日和，并服亦當忌未日，又避自刑日，及忌四時。春忌戊辰、己巳，夏忌戊申、己酉，秋忌戊戌、己亥，冬忌戊寅、己卯。不可合服。又合藥皆以天時明日吉。

九轉青金靈砂丹

論說

佚名《九轉青金靈砂丹》　水銀一斤、硫黃四兩。

右用陽日，以淨土磚十餘箇，砌爐一座，高二尺，上圓下方。爐中一尺五寸。下用鐵條七根，隔炭火。隔下留風門五寸，爐口闊一尺。爐中約盛炭五斤爲準。候乾，用新鐵鍋一口，先用水洗淨，放於爐上烘乾，以生姜蘸醋搽鍋內。次用黃蠟少許搽潤，再用紙揩過。先下硫黃熔作汁，傾入水銀，用鉗住鍋，持鏟不住手炒攪，如有小火焰起，用米醋灑之，其火止再炒。醋灑至一碗，炒成青色爲度。候冷取出，研細羅過，名青金頭。

一轉伏火靈砂

用鼎一付，擦洗淨，烘乾。候冷，將前青金頭末，以匙輕輕傾入火鼎中，不可滿。醋調赤石脂，塗於口，坐上水鼎，按實，用鐵線扎縛要緊，外再用六乙鹽泥，通身一固，以鐵搖條掛起。用炭五斤，成塊排砌在爐中，以堅硬炭放於底下。再用引火五兩，將藥鼎懸於爐中炭上水鼎內，先下滾湯八分，用扇去風門口搧起火，先文後武。水鼎中湯不要滾出，亦不可淺，常要抽添。如有固封處有透氣出，即以薄鹽泥，竹匙挑塗固之，候爐寒爲度。次日取出，開鼎，其靈砂於水鼎底懸起，取出轉丹藥，此砂可成寶。外爐訣存之。

二轉重遊丹

右將伏火靈砂入，研細。先用硫黃四兩入，硫候溶，次傾前砂末，同炒成紅紫色，交媾勻有些火起，以醋灑之。候冷，取出研細羅過，依前入鼎封固入爐，依前炭五斤，依前起火換水，候一伏時，寒爐取出，開鼎，其砂昇於水鼎下，取出轉丹藥。火鼎中有些灰，却是前轉硫黃，以成眞死

硫灰，收起，能治痢疾冷病。用米飯爲丸，如桐子大，每服三粒，棗湯服之，立效。

三轉紫霞丹

右將重遊丹入，研細，用硫黃三兩入鍋，熔成汁，傾入丹末，同炒成紫色，炒匀候冷，取出研細羅過，依前入鼎封固，入爐，依前用炭五斤，依前起火水鼎中湯，依前抽添一伏時。寒爐取開鼎，其砂仍前升於水鼎下，取出轉丹藥，灰依前收用。

四轉

右將紫霞丹入，研細，用硫黃三兩入鍋，熔成汁。次入丹末，同炒匀候。冷取出研細羅過，依前入鼎封固，入爐，依前用炭五斤，砌於爐中，依前起火水鼎内換湯，一伏時。寒爐取出，開鼎取出，再轉丹藥，其灰亦收之。

五轉

右將四轉丹入，研細，用硫黃二兩入鍋，候成汁，傾入丹末，同炒匀。候冷取出，再研細羅過，依前入鼎封固，入爐，依前用炭五斤，依前起火水鼎内，依前換湯，一伏時爲度。寒爐取出，開鼎，將丹砂取出，再轉丹藥。

六轉

右將五轉丹入，研細，用硫黃二兩入鍋，候成汁，傾入丹末，同炒匀。候冷取出，研細羅過，依前入鼎封固，入爐，依前用炭五斤，依前起火水鼎中，換湯一伏時爲度。寒爐取出，開鼎，將丹砂再入轉中燒煉。

七轉還返丹

右將六轉丹入，研細，用硫黃一兩五錢入鍋，候成汁，傾入丹末，炒成青色。候冷取出，研細羅過，依前入鼎封固入爐，依前用炭五斤，依前起火，水鼎中湯抽換，到此其丹藥不飛起，用槖籥催火。其籥用紙做成，似銀匠家用的風袋一般，去爐風門口用之，藥鼎中作聲不要懼，一伏時，寒爐取出再轉。

八轉

右將還返丹入，研細，用硫黃一兩五錢入鍋，候熔作汁，傾入丹末，攪炒。候冷，取入研細羅過，依前入鼎封固入爐，依前用炭五斤，依前起火水鼎内換湯。其丹伏定不起，用槖籥催火，養之一伏時。寒爐，取出，再入轉中轉丹藥。

九轉眞陽丹

右將八轉丹入，研細，用硫黃一兩入鍋，候作汁，傾入丹末，炒成粉白色，炒匀。候冷取出，研細羅過，依前入鼎封固入爐，依前用炭五斤，依前起火水鼎中換湯一伏時。寒爐，開鼎，其丹四起鼎中，如銀碗相似。鑿出打碎，入淨磁瓶内，用油絹封瓶口，線扎定，再用黃蠟熔汁，澆固彌密。用地穴三尺，將丹藥瓶放在底，用土埋之，七伏時出火毒。候日足取出，入乳鉢中，乳細羅過，用烏驢乳汁，丸如小梧桐子大，候乾，藏於爐中。此丹已曾全煉成了。

祭謝

天地神明，如服時，用紅棗七箇泡湯，早晨吞三粒，無病。少壯人不可服之。

鍊丹

必擇淨基，燒煉爲妙。忌婦女並有暗疾之人，雞貓犬亦不可見，如違不靈也。

陰陽九轉成紫金點化還丹訣

論說

佚名《陰陽九轉成紫金點化還丹訣》 第一轉，朱砂三斤爲末，取瓜州礬一十八兩，以相和研殺。布鹽花爲匱。次布藥於丹釜中，以瓦甕子合之，六一泥固濟。蔡夫人云：甕底及肚，當安濕泥或布，用文武火飛之，三日三夜爲度。冷開之，鳥羽掃取已化水銀也。若未盡，更准前飛盡爲度。經云：河上姹女，靈而最神。得火則飛，不染垢塵。鬼隱龍匿，莫知所之。將欲制之，黃芽爲根。言得金氣，萌芽之漸也。

第二轉，取前飛成水銀，如經兩鍛得一斤水銀，著四兩硫黃，研殺

之。多少准此加減。安釜中，六一泥固濟，文武火飛之三日三夜，候鍋底赤色與火同，即止。待冷取出，却化爲朱砂也。却以朱砂，准前固濟燒之，以赤爲度，飛之作丹。故丹砂經云：丹砂木精，得金乃并，金氣則漸成矣。

第三轉，取前丹砂研末，如第一轉者。又取瓜礬每斤，還同相和殺之。以甕子合之，固濟如前，文武火飛之，三日三夜止。冷取之，鳥羽掃取，又却化爲水銀也。未盡更飛之。經云：太陽流珠，常欲去人。卒得金花，轉而相因。待白液凝而至堅，言再得金花之氣，則堅性之漸也。

第四轉，先取金銀鐺，受二三斗者。取上好瓜礬石四十兩，以汞納器中，煎三十日後，煎至五升已來。取鹽汁五升，和礬水於器中煮之。又下大鵬砂、曾青、空青各一兩，煎之魚眼沸，可一伏時停。別取鐵鼎，可受三升已來，內礬水，續續添水銀，可七日七夜止。取汞於絹中絞之，收取稠者，餘汞更依前煮之，結盡爲度。經云：植禾以粟，覆雞用子。類轉自然，必須金氣而能相感也。

第五轉，泥一陰陽鑪，上水下火，取前結汞，納磁石鐵瓶器中，可受一斗已上者。如無磁石器，黃土器瓷甘堝並得代之。納雄黃二兩，硝石一兩，胡桐律二分，大鵬砂二兩，曾青、生朴硝各二分。並細研，納稠汞中，入在器中，盡用殘末，固濟，燒之。乃用汞三斤，可入礬三兩，然後發火，可候時節，如前堝赤，不論早晚，唯候水銀絕硬即止。經云：物無陰陽，違天背原。牝雞自卵，其雛不全。何故乎？配合未連，三五不交，陰陽離而相成也。

第六轉，取第五轉微堅汞，於鐵鍋中，以雄黃二兩，硇砂五兩，大鵬砂一兩，爲末於藥器中。取第四轉礬石水，續續添之，如魚眼沸，三七日夜煎之，微黃堪上砧槌即止。如末再煎，宜消息之，如黃堪打爲度。經云：擣和並合之，持入赤色門，固塞其際會，務令側致堅，然入藥和燒之，令堅得所也。

第七轉，取第六轉微黃堅汞，向堝中消之，令作一餅子。取硇砂十兩，鹽一升，和水三斗，浸之一伏時後，兼水銀入器中，煎之二七日，取出於砧上打。若脆，先燒餅子赤，以羖羊角來去揩。若冷，准前燒揩，轉轉打看，以堪打爲度。乃盡打爲薄葉如紙。又取硇砂十兩，鹽一升，赤土五升，胡桐律一兩，相和擣篩，重重襯已前金葉子，於牛糞火中燒之，如包金法，十餘日已上，令絕赤色爲度，此皆成伏金也。經曰：金乃來陽性，初得稱還丹。言鐐金還得消似本朱色，乃可稱陽，得爲金丹矣。

第八轉，取第七轉伏火金葉子，燒之至赤。每兩投水銀一兩，熱研之鬱鬱然，成金泥膏也。大小如指面許大，而片片布之於丹鑪中。又取鹽、硝石、胡桐律各一大兩，相和細研，重重隔之，以布盡爲度，密封固濟，文武火燒之三伏時。冷開之，若汞飛盡，取金和鹽細研，用水飛取，令汞出盡，其形赫然紫色，而如細砂也。經云：金砂入五內，霧散若風雨。薰蒸達於四肢，顏悅色紅，光潤鬚髮，延壽命。長久服，神功不可比量也，免世之厄，號曰眞人。言以朱砂爲金，故云還金砂也。

第九轉，取第八轉飛了金砂，以鹽藉之。如一斤金砂，即著雄黃八兩，和之，密封固濟，文武火燒飛之，以盡爲度。然以清水，淘去雄黃及鹽，令盡澄取金砂。蔡夫人云：雄黃輕浮水上，金砂重即自沈水下。以蜜爲丸，如黍米大。從八轉紫金色，至第九轉數，即赤也，故曰赫然成還丹，此之謂也。

此丹服驅萬病，久服延壽還年。又點汞爲金，每分點一斤汞，鉛錫亦然。

昇靈砂丹法

論說

佚名《庚道集》卷三 詩曰：

二八配陰陽，離宮子細詳。誰知眞造化，姹女嫁劉郎。

第一炒靈砂法

硫黃四兩，舶上者，選透明不夾石最好者。可用水田公子草汁，煮一伏時，即田字草也。如無，瞿麥代之。爲細末，入河水煮之，水銀一觔，用管仲五倍子各一兩，松香二錢半，通明者，同碾勻，好米醋浸煮半日，

候如稠糊爲度。

右件取出，用新鐵銚，先將生姜汁煮半日，拭乾，安慢火上，先溶開硫黃作汁，次下汞。却以鐵匙慢火炒，或成魂，用柳木槌碾令細，再於慢火上炒，切不可令煙焰起。如覺有黃煙起，急取銚離火。亦不要住手，炒不得心性急迫，亦不要用醋灑。若犯此戒，最爲靈砂之後患也。須要炒一日爲度，如炒得青金老，則靈砂堅實，貴無遊汞。

【略】

第三打靈砂入鼎法

青金十兩、硃砂一兩，顆塊者好者，用研令極細。

右先將好醋濃研好墨，塗水鼎下三五次，令厚，庶靈砂易取。外用醋調蛤粉、赤石脂，入蜜少許，封固令密。又以鐵線扎定，再用六一泥黃丹和勻，通身固之。候一日一夜乾透，入爐水鼎內，安水令滿，鼎下着炭火三觔，燒底，候水耗一二盞許，再添炭二三觔，候水乾，三鼎許，不住添湯添炭，候五箇時辰，加炭五六觔一煅，待十五觔，火數足。寒爐取出，看其砂要堅硬有聲。大凡砂不堅硬，更有油汞，不能成丹，其養不斷胎色。又食母多已上諸病，皆因煮硫汞不伏，炒青金不熟，不用米醋，火數不勻，火力微小之故也。更昇法，水鼎內須要添湯，忌添冷水，添火忌高，不要過水鼎縫處。

太上曰：眞甲庚號曰青金，入鼎爐，下十五觔火，既濟成砂體要實。其用十五觔火，可敵九百年，太陽十五周，甲子之數。是一日夜，有九百年造化也。故曰：靈砂內藏白，屬坎。本色赤，屬離。所謂坎離交姤，既濟煎烹，水火金木土，混一造化，凝結而成大藥也。

詩曰：五金既濟坎離宮，混一成形體本紅。妙稟陰陽交姤力，九旬甲子一朝終。

第四煮製靈砂法

青桑條燒灰淋汁、明礬二兩、雄黃二錢、川椒一兩、青鹽一兩、膽礬三錢。

右五味藥，入灰汁，加醋，安新鐵銚，或砂石器中，將靈砂成塊子，細密竹籠盛之，入藥汁內懸胎，煮三伏時，候乾同炒取出，以川椒湯汁浴。

或問曰：何以煮之？

太上曰：硫汞成形，須要眞死。必用煮倒，其五味藥，按五行也，故曰五行桑灰汁煮硫法，謂硫倒則汞死也。

詩曰：陰陽相制未成珍，全藉桑青可濟貧。煉至九功能化石，皆因母力見仙眞。

第五煉道華池鉛硫匱法

黑鉛一斤、硫黃二兩，舶上者透明，恐水田煮熟者。

右件將淨銚安火上，鎔鉛作汁，次將熟硫研細，旋投入鉛汁中，鐵匙不住手攪之，任其硫炎如火蛾兒飛，如見星斗現，即取銚離火，仍不住手攪之，候火星漸息，再安火上鎔，徐徐下硫末，不住攪之，以盡爲度。候冷取出，碾爲細末，立爲華池。謂鉛汞交姤，二氣相扶，陰陽配合，榮衛和同，乃火中得其水，陽中得其陰也。是故長生之道，運轉無窮，滋養不竭，其理明矣。立成艮道華池。用度有訣。

第六立艮硫匱法

右件如熟硫四兩，用山澤半觔，打作箔子，稍厚，不拘片數，逐片於火上炙令極熱，糝上熟硫末子，再炙再糝，直候硫作青黑色，如釜焦片剝起，依上炙糝，候鑽入山澤箔內了，再炙糝，漸次剝盡爲度，碾作細末，別入藥和勻作匱。

代赭石火煅七次，醋淬酥爲末、無名異爲末、赤烏腳三味，各四兩、艮硫四兩。

右件三味爲末，如艮硫一兩，此用三兩，和勻作匱。又將前炙硫、眞山澤作粉，如法細用作貼身，用醋膏濕其靈砂，袞上貼身山澤粉。次用上等山澤箔，逐塊裹之，綿子包紐，令其堅實。去綿，入艮硫匱，栽蓮排定覆藉。次用山澤作神室。如無，只打山澤圓片子，安艮硫匱上，却安上貼身靈硫，再用山澤片蓋之，合定，過華池，固濟口縫，鐵線扎定，外通固濟，入灰缸內，進火二兩，養二日。加火二兩半，又養二日。再加火三兩，又養二日。第七日，加火五兩，插四維，養一伏時。七日數足，取出砂，去貼身藥。再煮二味。

膽礬四錢、舶上硫黃八錢、黃藥子、白藥子研令細。

右礬硫二味爲末，袞上靈砂，候乾。再用前黃藥，白藥二味，同入

銚，微火炒，紫黑色爲度。爲細末，以醋膏袞靈砂令濕，袞上藥末，令不透藥。次用崑崙紙包，綿扎定，入母匱養之。

或問曰：何用此藥貼身？

太上曰：此藥皆死汞之根，用之死汞，萬無一失也。

第七化母匱溫養法

詩曰：母正子靈通造化，子靈不與母相親。南星更使三稜助，若用烏龍亦作星。

右用上等山澤一觔，依法粉之，或如黍米，亦可作匱，仍用神室。或問曰：何用神室？

太上曰：恐上下鋪蓋不到，神室則周旋徧滿，又庶砂受母氣之壯也。

第八溫養火候法

詩曰：金木交加入丙宮，須知卯酉可參同。七問姹女成仙質，再見劉郎入碧空。

將前砂貼身了，入母匱，栽蓮排定鋪蓋，如法固濟，入灰池。第一日火，卯酉各二兩。第二日，各三兩。自此每日，各添一兩。至七日加火半觔，養一日。寒爐取出，將一塊，用兩半白梅肉裹定，入火煨一食時頃。次入醋中浸之，取看雪白色。如覺輕，是硫去也。止餘汞存，其母不耗不折。如末十分倒，當時去貼身，便有胎色，只是火太高，力不到也。次用米醋，入白礬煎過母匱，於手心揩洗令淨，候乾，入合再養三日，卯酉火各五兩，無有不成也。

或問曰：用醋浴匱。

太上曰：恐母力弱，再以助之。

詩曰：無精光兮子不滅，母體尪羸子不生。不會玄機三要法，如何造得大丹成。

如有力者，別用山澤一觔，依前造匱，再養七日，其砂堅固無比，用之轉制，其力浩大，沐浴超凡入聖，方入第一轉，製珍成寶。

第一轉製珍成寶

地丁花乃一幹黃花也。如無，金燈根代之、巴荳肉、萆麻子肉已上各等分。

右將前件靈砂，去貼身，入鐵臼中，搗爲末，崑崙紙裹作一毬。却用前藥三味，搗作膏子，裹定前砂，入大砂合內，用鹽花鋪蓋鹽花上，穿孔子二三千箇，安鉛餅子一箇在上，再用鹽花塡滿，封固口縫，通身固濟，候乾，入灰池，火五觔，煅一夕，寒爐，取出一片，如銀鑛樣，取出作匱。

詩曰：靈砂七返有三乘，妙旨師傳最要明。黑白能分通造化，華池沐浴自飛昇。

右將前靈砂沐浴，用米醋一升，青鹽半兩，盆硝三錢，同入銚煮一日，要堅造化，方成第一轉丹頭也。

第二轉脫凡入聖

詩曰：不用凡胎養聖胎，依前法度好壅培。這回脫體成仙骨，始覺淵深不可猜。

右將前砂，別作匱，再煉一觔，生硃砂入合匱養。

胡椒一兩、蓽撥一兩、知母、貝母各五錢。

右用黃子醋，懸胎煮珠一伏時。次用椒湯浴珠淨，令乾，依後法。

粉霜、硇砂、鵝管石、白膠香、枯明礬各二錢。

右五味爲細末，用蜜或醋袞貼身，入第一轉匱中，依法栽蓮排安，固濟，入爐溫養，火候並同前法。火足開匱丹成，方是聖胎。蓋無一點凡氣。如此養就一觔，不可炋鎔，只剉碎養大藥，匱法一依四一之數。

詩曰：不用凡媒白體成，離他胎氣自惺惺。通靈變化皆由此，頃刻丹陽換骨清。

如欲服食，將埋土中七日，去火毒，木蜜爲丸。

火候妙法

初一日，一兩。二日，一兩半。三日，二兩。四日，三兩。五日，四兩。六日，四兩半。七日，六兩。第七日旦頂，三兩。東，三兩。夕頂，三兩。西，三兩。第八日旦頂，三兩。南，三兩。夕頂，三兩。北。三兩。

第三轉溫養眞陽

詩曰：欲立神仙大藥基，先須擒縛赤龍兒。煉成九九純陽體，始信爐中造化奇。

汞既成珍，只是獨體，不得眞陽，不能變化，用如箭頭珠砂一觔。

川椒、草烏、南星、芫花、明礬、青鹽各一兩、膽礬、硇砂各五錢。

入好米醋，懸胎煮三伏時。次用野蓼自然汁煮半日，椒湯浴令乾，濃

研好墨，傾瓦盞內，將朱砂袞墨上，於淨瓦上焙乾，再袞墨，又焙乾，如此五七次，却用法信貼身，令厚。將第二轉靈砂坯銷爲末，入合作匱，我蓮養硃砂，固濟如法。仍先用靈砂三錢或五錢重，打圓片子，蓋匱末上。次下華池末，封固，入灰池，依前法火候養之。日足取出，磨試如山澤色，即成也。如未成，尚帶赤色，再用火三兩，養三日，定成也。匱法四一之數，四次養之，就一觔作匱澆淋。如不作九轉正丹，可糝養二轉丹頭，作長生湧泉匱養母砂。所謂一生二，二生三，三生萬物之道也。

第四轉澆淋黃芽

詩曰：木晶金液得丹砂，靈藥丹砂事可誇。一味只憑滋養力，結成滿鼎水晶芽。

木晶金液，乃前靈砂丹砂，乃所養硃砂。《參同契》云：丹砂木精，得金乃并。將此伏火硃砂，只作塊子，入合虛養三日，每日火三兩，開合澆汞四兩，其汞先用皮紙三四重裂過，澆於砂上，固濟，入灰池養之，火候並依前法。七日寒爐取出，其汞已乾，未生芽子。如或不作正丹，可養靈砂，作匱養母砂，名朝種夕收。

詩曰：再添再養汞頻乾，至道明明自不繁。火候徐徐無太過，開爐光粲玉琅玕。

汞既養成，不須摘取，如前再澆再養，得匱二十兩，可澆汞五兩，依前火候養七日，開看其汞方靈，湧生玉芽，如琅玕也。

詩曰：瓊林玉樹憑三次，瑤蘂奇花色更鮮。至此保全無懈怠，却宜固守要心堅。

汞養兩次，火力轉加。又將生汞七兩澆淋，依前法固濟，養火七日，開看粲然瑤蘂琪華，瓊林玉樹也。通前共得汞芽一觔，摘取號曰神符白雪，可養大丹也。若只摘取，可以享用無窮之利也。

詩曰：白雪神符豈易逢，赤龍旋復鎮中宮。雲雷鼎沸三朝足，別作仙家上等功。

堅芽子法

右將汞芽一觔，細剉入銚內，用米醋餅藥酒脚炒二時辰，後以藥水灑之再炒，後入匱鋪蓋，養三七日，要芽子堅實有力，可以養火也。

第五轉大丹糝製法

詩曰：赤龍伏火號還丹，祕在仙家遇即難。四十九朝功用足，輕投一粒汞全乾。

右將所養硃砂芽子，剉碎入匱，虛養三七日。亦依四一之法，澆汞，火二兩，養四十九日，數足開看，生瓊林玉樹。仍先前硃砂坯出，作神室養之，乃妙其玉筍一錢，糝汞一兩，成丹。法建盞下，汞在內，糝藥在上，封固，安火上，自然作蟬鳴聲，聲絶即乾。

第六轉產五庚伏三黃點解成珍法

將三黃各一兩，同研一伏時，入玉雪末一兩，即玉筍也。再研勻，安甘鍋內，用伏火硇砂半兩，蓋上面歇口下，九觔火三上煅。寒爐取出，作一塊丹，紅色。如欲試之，將五金五兩，明爐作汁，下三黃一錢，點之盡成紫色庚，至此功成，切宜量度爲之。德行深重者，方可受用，更須濟貧困，救孤寒。修身養命。如或恃術貪婪，過度受用，立見禍殃，戒之愼之。

伏硇砂法

右用硇砂半兩，用天茄子末一錢，入合固濟，火一觔煅。寒爐取出，盡伏矣，細研鋪蓋。

詩曰：爲愛黃花點白霜，何難變化可參詳。三元受得爐中雪，不許愚癡暗度量。

第七轉七返還丹

將硫八兩，汞二兩，同研黑色。次入前伏火三黃一兩，再研勻，安磁合內，用三黃三兩鋪蓋，赤石脂封口縫，鹽泥通身固濟，候乾，入灰池，每日卯酉時火，各四兩，養七日足，取出爲末。

詩曰：雙鬟女子自相資，返覆優游事合斯。藥熟了然顛倒變，相投父子得無疑。

第八糝汞成庚八卦全也

將所養出硫汞五兩，加上等生三黃各半兩，南硼砂一兩，同研勻，入合固濟，入灰池，每日火二兩，養三七日夜，已用火二兩，日數足取出。每用一字，糝汞五兩，成紫庚。如六轉尚不敢受用，況至此造化更大，非知命君子，可不畏哉，可不懼哉。

詩曰：丹砂八轉成，更不用辛勤。一點純陽藥，能成上等庚。若能

修至此，積德省貪瞋。功行三千滿，長生久視人。

如欲逐轉服餌，並用木蜜爲丸，如梧桐子大，空心，取長流水呑下一丸，九轉成功，列前叙矣。自古丹砂，無出此矣。

第九轉丹起死回生

詩曰：丹藥修成幾月深，神功變化自堪任。金章紫綬何須貴，明月清風樂此生。

太上曰：如修煉至此，服之凡軀成聖體，返老作童顔。可於高原福地作壇，用碧油車，朝眞禮斗，立鼎安爐，如法修煉大藥。將楮汁和泥，塗鼎裹，方下丹劑，次下水盆，固濟，入壇爐，每日火五兩，養一百日。足取出丹，入地三尺，埋之一年。

或問曰：何以埋之？太上曰：埋之令出火毒。一年足，取出懸井中一年，取出長流水浸一年，如此三年足，取出研爲細末，用甘草汁，丸如雞頭大，入爐，養火七日，取出。如欲試驗，但將一丸與雞犬服之，久則皆能變化，成龍鳳耳。人服之，形神俱妙，白日飛昇矣。作丸子後火足，可用水缸數隻，滿盛新汲水，安丹水中浸之，水溫又移一缸。方止矣。

呂仙賜方

論説

佚名《修鍊大丹要旨》卷上 明窗之外著桑柴，一滴方纔養聖胎。七七之中分造化，等閑一笑作金釵。

硃砂四兩，桑灰汁二斤，懸煮淨爲度。次膽礬四錢，明信四錢，石炭四兩，韭杵眞汁煮信黑魚膽煮礬，入六乙匱，玄晶石固定，只在有熟之藥。

夫丹者，乃稟天地之氣候，奪日月之精光，有陰有陽，調和須序。先明子母，後察其詳。藥品不知，空自爲之，則不成矣。得此者，宿緣有慶，仙籍書名，積行累功，濟人利物。如或非爲，甘遭玄憲。純陽呂祖師仙嵓洞中親書賜方。

混元九轉金丹訣

論説

佚名《修鍊大丹要旨》卷下 第一轉養砂成丹寶

詩曰：白向白中取，赤向赤中求。從敎金紫貴，爭奈勝王侯。陰眞人曰：良無頭，釜無耳，不用藥，直下制。老子曰：紅鉛黑汞大丹頭，水銀一味獨爲優。紅鉛硃砂也，黑汞水銀也。先以紅鉛製成白硃砂，然後和水銀，相和合爲寶，而成造化之基，滋養無窮之理。次用良無頭十二兩，於鐵合内鋪底，上安好辰砂半斤，再上良無頭末四兩蓋之，以生黃土實塡，用醋蜜調赤石脂蚌粉，封口縫。又以六一泥固濟。令乾。入神仙爐，下火四兩，養七日足。候冷，取砂塊成寶，碎之作匱。歌曰：用鉛不用鉛，須向鉛中作。若也用鉛時，用鉛還是錯。又曰：燕雀不生鳳，狐兔不乳馬。若無眞父母，所生都是假。

第二轉見寶成寒林玉樹

以見寶硃砂半斤，入合子内，澆汞二兩在上，以醋蜜調赤石脂末、蚌粉，封口縫，乾了，更不固濟。入爐，先以二兩火，養三日。第四日加火二兩，通養七日，以子午卯酉時換火。日足，取出開看，其汞皆乾。如有些小油汞未乾，再封口，養火三日，火候依前，候汞乾，再開合。又澆二兩，依前火養七日足，開看其汞皆乾。如此澆養四次，得死乾汞八兩。與見寶硃砂，共一斤。更不澆汞，只虛養七日，其合乾汞俱成寒林玉樹，造化無窮。如作生湧泉匱，每次澆汞四兩，養火依前法，七日夜轉轉如此，增汞至百兩，且止之。取上色乾者，坯之則成無比之寶。其物安置室中，夜有光明，鬼神見之潛伏。若打器皿，飛蟲不敢親傍。若用未經坯者一兩，可點紅銀十兩，如山澤之先出者。

第三轉寒林變玉笋

將前砂汞對停十六兩爲末，以十二兩入合，令半實，以筯插數孔，量大小可澆汞四兩，如我蓮子相似。上以餘四兩末蓋之，醋蜜調赤石脂、蚌粉，封口縫，令乾，不固濟。入爐，如前養火七伏時日足。開看，其汞自然成錠子，一如玉筍。若過爐坏之，即成至寶。不養丹任用無窮，修道之士仍加消息。

第四轉養小丹

歌曰：赤白二物先伏之，方能擒得火龍兒。但教金木歸洪治，自得精成銷絳闈。一點明星開鼎爍，半輪紅日出爐飛。丹成解變人間物，始信權移造化機。

將前汞銀四兩，鑄合子一箇，如雞子樣。內盛好辰砂一兩，蜜調赤石脂封口縫，令乾，不固濟。將前件養玉筍匱，鋪蓋，四時換火，養七日。取出，其砂一兩，不折不奪，胎色拒火不動，研爲細末。以楮汁丸爲八十一丸，以絳紗袋懸井中，七伏時出火毒。須擇三元、甲子、庚申，或旦望甲辰，清淨新井花水，向太陽，服一丸，可延一紀之壽。要丹知靈驗，但將汞四兩，於無油銚子內，上放丹一丸，以盞合，以濕紙擁塞縫口，於炭火中熬之，其水銀作嬰兒笑泣聲相似。良久聲絕時，取看成垛上色之銀，即丹之驗也。餘丹置淨室中，以絳紗袋盛之，安於隱密處。仍要積德助貧，自食富逸，必遭其禍。

第五轉小靈丹養黃芽

歌曰：小靈丹驗早爲佳，造化功夫不用誇。七七四時溫養了，開爐一見變黃芽。

將小丹八兩，虛養七伏時，不用匱，火候依前法了，其藥成黃芽。

第六轉小丹黃芽養種金硃砂

歌曰：金砂養就色堪憐，莫用多辭向外傳。花滓好求經潔後，萌芽須採未分前。三龍共處庚辛就，五虎同周辰巳圓。從此紅娘脫身去，一堆金骨始驚然。

右將黃芽爲末作匱，以辰砂塊子四兩，用眞金箔蜜貼身，逐塊裹了，入匱內蓋了，以醋蜜調赤石脂、蚌粉，封口縫令乾。次花滓上等茶芽，同作六一泥固濟，半指厚，令乾。入爐，如前火候，七日足，取其塊成紫磨金，又名金蠶。

第七轉金蠶作匱養黃芽

以金蠶四兩入合，澆汞一兩，醋蜜調赤石脂、蚌粉封口縫，令乾，更不固濟。却入黃芽匱內，再以醋蜜調赤石脂、蚌粉，封口縫令乾。依前火候，七日夜。開視，其汞皆抱金蠶，生成金芽，乃眞仙物也。亦依前澆汞一兩，封固如前，轉轉如此增養，四次成四兩。同金蠶八兩，第五次澆汞二兩，火候如前轉轉，一次澆十六兩，更不增澆，只虛養七伏時，得庚寶十六兩，乃可鼓鑄鼎也。

第八轉鼓鑄金鼎

於歲朔及三元、甲子，或上寅日，擇淨室，置爐，建壇三層。上列九星，中畫八卦，下開八門。立劍四維，懸鏡，祭祀三清。然後將庚寶十六兩鑄鼎，如雞子樣，可養大丹成寶，立妙無極。

第九轉金丹大藥

歌曰：造化工夫熟見涯，火龍大體是丹砂。解將凡骨爲仙骨，能使貧家作富家。祕訣既從達士得，靈機休對小人誇。好修陰隲皆天地，反此應當禍不差。

一依鼎法祭謝，然後好辰砂四兩，納金鼎中，用醋蜜調赤石脂、蚌粉，封口縫。依前火候，養九九八十一日足。然後取出，杵研極細。以不近墳墓，取自然楮汁和丸，九九八十一丸，絳紗袋子盛，懸井中七伏時。擇良日，祭天地三清，日月星辰，諸神百鬼，龍神社主，本宅元辰，誠心盟誓。先將一分祭名山大川，有道師衆。

歌曰：仙方一卷世稀聞，莫向愚癡說此門。漏洩天機遭橫禍，祕藏神訣入仙源。造時莫使凡夫見，養就休同俗子論。三分一分須濟世，丹成家積甑崑崙。

至寶訣

千里根不以多少，新潤者，交廣生者，老大而佳，即根也。右用一新生鐵銚子，未經用者，入汞於中，以麻油煮之，旋削藥根，如爪甲片大，投入。候黃黑去，再削，旋以帛子裂之。却取砂子，安別所匱。法以匱至尋常，故古今秘其名，云四氣子末，水和爲匱，包而火之，自辰至巳，即成赤金也。四氣之草，人皆識之，是處皆有，人之所仰，如日不可缺。有

頌讚曰：秋生夏死，養育人命。粉如玉屑，水調稍硬。包彼神砂，置之午家。自辰至巳，脱出金華。

外注結時用乾感，煅時用渾沌也。

寶主軒轅，亦三年而後悟之，後訣於此。此物乃五穀中一物，稟金氣者，秋冬乃茂，春秀夏枯，取其子粉如玉塵也。人之所常食也。若取其頭白至妙者，水和匱之安灰中，自辰至巳，大火煅爲金也。篤志之士，自有神告。悟之者毋輕洩漏，恐貽禍焉。

昔人不輕易授受。漢期門郎程偉妻，通神變化，煎水銀成銀。偉從受方，妻謂偉骨相不應得之，逼之不已，妻乃尸解去。

賀知章謁賣藥王老，問黄白術，持一大珠遺之。老人得珠，即令易餅與賀。賀心念寶珠何以市餅。王老曰：慳吝未除，術何由成。

伏丹砂法

論説

佚名《太古土兑經》卷上 好丹砂一斤、戎鹽、石膽、礬石、朴硝已上各一兩爲末。

右取丹砂，用綿裹了，先布諸藥於鐺中，上安砂裹，勿令著底。將豬脂煮五日，即入鹵汁中煮五日，又入醋中煮五日，即取乾鹽末二斤，和苦酒爲泥，沙亦以苦酒拌和好泥。後將藥滓作泥，裹朱砂在中心。次即取鹽泥裹藥泥上，待乾置猛火中，燒之兩日。即伏無煙，即伏矣。若用此法伏之，可作黄，可爲上真，亦堪服食。自外藥成者，久而還變。待藥乾，用火炊之，漸漸轉入猛火，即皺皮坼，乃見寶也。

癡汞伏丹法

論説

佚名《太古土兑經》卷上 錫五斤，煉淨者一斤，凡入汞一遍，入脂一遍成煉也、汞一斤、白礬、硇砂、硫黄各二兩，細研，入醋煮三五日。一白二癡，又以絳礬一斤、雄黄、玄精各半兩、朴硝二兩，已上各别杵爲末。

右取錫及汞，和鹽一斤，搗汞一斤，謂漉出如魚目，即伏成粉了。更加鹽籍，可厚三四寸。又以朴硝二兩布鹽上，次布雄黄等藥，次布錫，按之令實，乃以殘藥末覆上令實，即按蓋之。如飛丹法，四文三武，寒一周，又重飛之，細研，以鹽一斤，和搗絳礬、玄精、朴硝等藥，一如前法飛之，二文三武，寒一周，出研爲粉。每兩可點一斤成上真，其錫及汞，一時入飛之。自餘藥中勾分，取作兩度飛之，其藥丸散在作。如作丸，用棗肉一兩爲丸。如作散，即用不灰木燒之，作泥裹散。其下藥時，先洋銅了，將丸藥三五丸，内羊脛骨頭孔子内，入鍋攪之，如藥不出，以桃枝，如不散，亦須匀攪之。

虚源九轉大丹硃砂銀法

《魏君五金訣》：化鐵要須入伏鉛，及錫餘藥物所成，不必如入錫所成者，取三十煉鐵，及丹中鉛抽成錫，與煮癡汞，以意量之，亦成白銀。如得白汞，即成上真，惟不堪服食也。

論説

用朱砂一兩半，細末。汞一兩，同研極相着。用綿子裹，懸胎石灰汁，并芫花末一兩，同煮一伏時。取去，蜜調芫花、草烏、天南星、嫩地楡葉，如指厚。又用白芨、白蘞，用椒末，以雞子淸調，又包一重。入合，用白虎末鋪蓋，用油調蚌粉固縫，入瓦瓮中，養火七日。初一日二日，火一兩。至三日四日，火四兩。五日六日，火六兩。七日一斤，火煅一日，候冷取出，是爲第一轉。

第二轉

用汞二兩，依前結砂煮藥，同前煮了，入合內，養二七日。一日二日，火一兩。三日四日，火四兩。五日六日，火六兩。七日八日，火八兩。九日十日，火十兩。十一日十二日，火十二兩。十三十四日，火三十兩。

第三轉

汞二兩，同前結砂子煮，又封固，入火養三七日。初一日初二日，火一兩。三日四日，火四兩。五日六日，火六兩。七日八日，火八兩。九日十日，火十兩。十一十二日，火十二兩。十三十四日，火三十兩，養至日足。

第四轉

取元砂子，秤看折多少，秤汞等分，依前法煮結，入火養三七日，取出。用新砂合子一箇，用砂子鋪蓋光明砂十兩在內，用蜜調紫□□□□□末貼合子，身外用雞子淸，調細墨貼身，又用前藥封白虎，鋪蓋前藥，爲固濟砂禁法也。火合子內鋪蓋了，用油調蚌粉固縫，入火缸內，用三斤火，養四十九日足。

第五轉

取明窗塵五兩，乃納朱砂也。依前朱砂法鋪蓋了，用硫黃五兩，七日取出，硫可製汞。

第六轉

取五兩藥，鋪蓋雌黃，封固，養七日，製汞成庚。

第七轉

取六轉丹砂末，鋪蓋雄黃，封固，依前養七七日，可點鐵成庚。

第八轉

取七轉丹砂末，楮汁丸如粟米大，每一粒水呑下，可延年益壽，與天地同也。

第九轉

取七轉丹砂，鋪蓋砒十兩，養七日，可點五金，皆成至寶。

九轉出塵糝製大丹

論說

佚名《鉛汞甲庚至寶集成》卷二 第一轉

詩曰：三黃二子及豬牙，蒼朮還同藋麥花。大火鍊成通體黑，丹砂從此是根芽。

右法煅硃草，以大黃、黃芩、黃藥子、決明子、豬牙皂角、蒼朮、藋麥花，七味爲末，入建盞，鋪蓋辰砂五兩，捺實，小盞覆蓋，鐵線十字結，固濟，令乾。灰抱定合實，二斤火一煅。冷開取出草灰，其辰砂黑色。如此四次，共煅二十兩。方入後段，每鉛二兩，對砒一兩。以鉛先入甘鍋內，鎔成汁子，却將砒塊投入鉛汁中，候火煙盡提退冷，打破砒鉛分胎，砒在上，鉛在下，用砒不用鉛。砒如琥珀色，通紅。煅得砒二十兩，與丹砂二十兩，同研勻，入甘鍋，瓦陀蓋口，入爐煅紅提出，放坐溫灰中冷，打破其丹成寶，如一塊生銀可愛。其砒無顏色，不用。此丹砂成寶，號曰靑金頭。要用硬石好炭排布爐內，煽紅火猛，却入甘鍋了，以元瓦蓋上，再用熟火蓋之，用煽候作聲，朱成寶，却提起。

第二轉煮出鉛炁

詩曰：硫破靑金更莫疑，玄胎煮鍊兩三時。藥神逼去黃芽氣，功效如神神可奇。

右以草烏、川椒、白礬、龍骨、五倍子、甘草、磁石、狼毒、南星針、砂十味藥，入米醋中，將靑金頭打作片子，入生絹袋中，懸胎煮三日夜，又以沸煮一日，三次淘洗，要去鉛氣，方焙爲匱。

第三轉青金匱朱砂成寶

詩曰：伏火朱砂甚足誇，將來爲匱養神砂。偏鋪合内找蓮樣，五日功成更可嘉。

右將煮了青金砂爲末，作匱，頂火四兩，子午卯酉換虛，養五日足，鉛氣已斷，却通靈也。

煅信硼作母砂貼身法：

右將白芍藥、知母、石斛，燒煙熏甘鍋令黑，燒紅，以硼信等分，入甘鍋成汁，傾出如玉色也。明淨朱砂，以米醋潤過，以三七母砂逐塊裹，更袞蜜，以椒末貼身，入前寶匱内，如前火候，固養七日足。取出砂鐵色，可壘至一斤，作長生丹陽匱，養靈砂。若不作匱，鉛煎成寶得八分。

第四轉丹陽匱靈砂見寶

詩曰：養出丹砂能換骨，切言造化脱靈砂。入爐七日成仙體，若遇鉛池號雪花。

右丹陽三斤，靈砂四兩，重以醋潤銀末，貼身入匱，子午卯酉火四兩，養七日，一斤火就煅。冷開壘作匱，或見寶體，皆可愛。

第五轉超凡入聖養母砂成寶

詩曰：火力相資入大鈞，丹陽爲匱愈通神。超凡入聖趍眞境，五日陶成出世珍。

煅硼信法見三轉内，又取丹陽匱中，養黄烁成銀，結成三七母砂。五錢一丸，白礬鹽湯煮一伏時，硬了，蜜潤貼身，入前丹陽匱内，子午卯酉四兩火，養五日足，二斤火煅。此匱經火五次養母砂後，方入第六轉。

第六轉養七寶成大藥匱

詩曰：朱砂體性合雌雄，更和硫黄至聖功。三七母砂包裹定，丸成靈寶入其中。

右以前五次積火養成丹陽匱末二兩，入生硃砂，與三黄各一兩。汞一兩，研細不見星。以芸香草二兩，入銚化汁。次下衆藥末炒之，慢火即成膏，刀刮丸如彈子大，乾如鐵。次用聖銀結三七母砂，貼身，入前五積火大匱内，如前火養七日，二斤火煅。次開如金彈子，號曰大藥也。積得三十兩，作匱養後段。

第七轉朱砂糝製

詩曰：七寶源流養大還，朱砂受氣共成丹。一朝造化參眞宰，乾汞成金頃刻間。

右將三十兩七寶藥爲匱，生硫三兩，生朱砂七兩，用楮汁丸如彈子大，入寶匱，如前火候固濟，養七日，不煅。冷開，朱硫彈子紫金色，精神沉重，光澤奪目。爲末，每三錢糝汞一兩成寶。

第八轉出塵糝製

詩曰：神仙大藥超生死，點化凡軀試有情。豈特水銀能立死，誰知凡骨可飛昇。

右以新鐵銚，百花蜜潤過，入汞十兩，糝朱砂末一兩，建盞蓋，醋赤石脂固縫，下熟火四兩，候内作車聲，即乾也。朱硫依舊不動，掃入匱中養，再糝足日出塵糝，養之一年，只一粒糝一兩。

第九轉號曰紫霞大丹

詩曰：須信人人有洞天，志誠修鍊自昭然。紫霞丹就蓬萊近，修合成時度有緣。

右以前積七寶匱三十兩爲末，作匱。通明辰砂七兩，爲末，楮汁丸，不貼身，入匱内，固濟，四兩火，子午卯酉養四十九日。寒爐，焚香，拜謝三清上帝。開之有光射人，爲末，棗肉丸爲梧桐子大，絳紗袋，入井中，離一尺水許，七日足出火毒，號紫霞大丹。一粒糝汞一兩，成十分庚。服之蟬蜕昇仙，超凡入聖。

子午靈砂法

論説

佚名《鉛汞甲庚至寶集成》卷三 靈砂，其桑灰要三四淋，濃汁煮方下，不侵母。此靈砂打時，不要十分碎。

第一煅

靈砂不以多少，研作小骰子塊，以桑灰汁，煮二伏時，取出。每一兩

煮了，取靈砂，用六錢銀末，一兩二錢汞，同入鐵銚，結成一兩半母砂。厚裹法，用鹽一斤，知母四兩，研細和炒令煙，待知母煙盡，去知母，以鹽安合子內，將裹了靈砂，如我蓮狀，我徧合子內，上用砂鹽蓋之，合定，以赤石脂固濟，可厚半寸，日乾，埋於灰缸內。第一日二日夜，頂火四兩。三日四日夜，合頂火五兩。五日六日夜，頂火六兩。七日，頂火七兩，至夜頂火半斤。第八日早，去餘火。伺合子十分冷，去泥開取靈砂，不得去裹者母砂。次用菠稜子、苦蕒子、搭水花、田字草、金燈草根，五味爲末，以紫葛自然汁溲逐一毬，定其靈砂，入鼎內。如三才法，七八斤火煅之，火消自至成汁，出靈炒去母砂。次方入鉛池煎，以一兩靈砂，用鉛一兩煎之。

第二煅

以煎煮銀錯爲末，結母砂，煮養火煅之。

第三煅

汞八兩，石停脂二兩，雄黃一兩，用制研爲末，匀傾入銚內，炒青金頭，打靈砂，煮煅如前法。若不變轉，只依匱子煮養時，只依第三煅，煅了靈砂爲末，每四兩末，可汞一兩。和研不見星爲度。且率以二十兩爲匱合，撚五兩汞，即以十兩靈砂末，五兩汞同研不見星。外有十兩，分五兩入甆合底，次同汞撚者十五兩，安在中心，又以無汞者五兩末蓋面，以合合之，赤石脂泥固濟縫，通身以紙筋泥固濟，入灰池內，七日至半斤火足。寒爐，輕輕以鐵匙，挑取面上五兩無汞末，次取中十五兩有汞者，又取合底五兩無汞者。將此上下無汞者十兩，作一處。又用汞七兩同研，不見粉星。即以前來先撚養有汞者，分爲兩處，將一半先入合底，即將近和汞末在中間，又以前來一半末蓋面，固濟如前法，入灰缸，增火養。並亦如前法。七日取出，一處撚匀，仍汞八兩同研，固濟養火復如前，二十兩靈砂，共成四十兩匱。此謂之餵餤登對法。此可養母砂及粉霜，冬之後見火多，而愈有力，而無黄土頭之義。若覺十數養取物，其匱有枯色。四十兩匱，可研一十兩汞入內，合白養其匱，取出養物又滋潤。纔覺枯色，又四兩研一兩汞，餵之精增不竭，斤愈靈。

第四煅

以汞八兩，雌雄各一兩。先將硫汞交媾了，方得將雌雄同打作靈砂，煮養火了，不用母砂，但於第三匱內，養七日，其火候亦如第三煅餵餤登對了，方可作匱，而養庚砂，七七日而成匱。養若覺枯，餵餤如前法。

第五煅

用三黄靈砂煮了，入第四匱，養出靈砂，餵餤登對，更入鹽匱。及不用母砂，包草藥煅此匱，宜養金砂更靈。以七錢點一兩赤肉，漸有腳靴皮之蟲。

第六煅

用三黄靈砂，不用煮，只於第五煅靈砂匱內，養火七日，取出看意下，要取多少兩數。此第六煅靈砂，可以七錢點一兩赤肉，成眞丹陽換骨，乃正腳黑靴二法也。此煅方可入死龍蟠，亦曰白雪，又曰明窗塵也。

第七煅死龍蟠法

以第六轉靈砂一兩，對汞一兩，細研不見星爲度，法正三十三兩。三十兩靈砂，同三十兩汞，合研成六十兩，入鼎，朝昇暮降，打作白雪。

用鼎法

上下鼎身周十二寸，以應十二月。身長八寸，以應八節。上鼎身闊，倍下鼎一倍，乃按二十四氣。上鼎爲天，下鼎爲地，上昇爲陽，下降爲陰，陰氣欲昇，陽氣欲降，此應陰陽之陶冶也。尺寸闊狹，不可大，不可小。大則氣散不聚，小則逼溢，故不能遂昇降之匀和。蓋在於鼎，乃鼎中之包密，內調昇降，外稟陰陽，以成天地造化之機矣。上鼎圍闊二十四寸，下作三級，與鼎唇口三級相合。下鼎長八寸，身圍十二寸，唇三級，與上鼎覆下三級相合，不得差殊。此鼎不用足。別打鐵圍令厚，以三釘釘作三足釘，可以大姆指厚，高二寸半。次作陰陽二爐。陰爐鑿地作坑，埋一瓶，瓶口如大鼎，復大埋在地，與瓶口平。次作餘上築四邊，如無地相似。一陽爐，只平地疊成。及以六十兩藥，入在鼎內，用赤石脂調稀泥，塗上下鼎三級方捺合，以鐵線貫耳，固濟。如打靈砂法，用四時火，七晝夜，成其大功。水火藥三者，應天地人三才也。四時火者，春火欲暖，夏火欲烈，秋火欲溫，冬火欲微。此法擇子日子時，安鼎，安三足之上。乃

入陽爐，鼎復底疊，至鼎身三分，用緩文火，用火使其內相交媾，一時半。乃便暴火，簇炭至半鼎，一時辰半。乃使烈火炭令盛上，增鼎身五分之三，一時辰半。乃漸漸退火，用微火，令鼎內溫溫氣定，一時辰半。至午時，掇鼎起入陰爐，乃坐鼎腹，於小罐口上，用灰埋鼎身五分之三，乃以布滲去上鼎水乾，方可上鼎槃內，安火一斤，內春火也。令鼎內之汞，徐徐而降投下，一時辰半方可。自灰之上，疊炭簇火，漸暴一時半。乃有盛簇火，自上鼎盤至灰上，皆生盛火烈，一時辰半方漸。次去上鼎火，次徐徐而去下火，用微火令鼎內藥定，溫溫一時辰半。至半夜子時，復撥鼎入陽爐，依前一昇一降，既濟未濟，七晝夜火功成矣。破鼎，取出白雪少許，入氣爐坯成汁，不折不耗，能事畢矣。如或少許損折不色，別又使一鼎，如前法打昇降七晝夜後，取出白雪汞，爲大寶。丹詩漏泄，取此死龍蟠如靜，鐵臼內研之如粉，使一薄鐵合子，常常安白雪三分，之三以插長孔，注汞於內滿，如此周插，如栽蓮之狀。畢乃以如一分蓋面，以合蓋之定，固濟合縫。安入灰池合子上，常欲一寸半灰，灰上安四兩火起頭，增至十兩火，晝夜。第八日去餘火，候冷開合子，採白瓊條。每一錢可點赤肉一兩，爲眞換骨丹陽。如以三二錢點作一兩，愈妙。不然獨烹爲銀，亦可。凡如此七次取物，至第八次，乃六日取物。六日畢，次五日。又四箇四日，又三箇三日，又二箇二日，方至朝種暮收白雪，至此一錢，可糝汞三黃四初之妙，至此無不靈也。

太微帝君長生保命丹

論說

佚名《鉛汞甲庚至寶集成》卷三　製眞鉛法：用山澤銀，入甘鍋內，煅成汁，作粟米珠。養硃砂法，用透明硃砂一兩半，懸胎煮一伏時，煮藥用硼砂、膽礬、白礬各二錢，青鹽半兩。右同用爲末，苦酒內煮了沐浴。沐浴用芫花、遠志、川椒各三錢，水煮半日取出，火上焙乾，濃研松煤墨於盞內，滾之令黑。却用貼身藥，用鍊過蜜滾上貼身礬石末，入合時，先用野苧根、芫花、遠志、鹽四味，調搗成膏，塗合內，然後下鉛末，如栽蓮狀，重重蓋之，以荷葉隔定，煅過鹽末蓋頭，固濟，入灰池，養火。三兩火養三日，三兩半火養三日，四兩火養一日。取出，火上試之成汁。如尚有未伏，再養之候伏。却取出，再以朱砂一兩半入匱養，並依前法火候，亦如七日取出，共得砂三兩。就將此砂三兩爲匱，再用生硃砂二兩半，依前法煮鍊，入頭轉二兩伏火。朱砂匱內養之，不用野苧根護匱。但用砂蓋頭塡實封固也。入灰池，養火。二兩火養二日，三兩火養三日，取出三斤，熟火煅之，候冷取出，其色赤白，細研，亦添入匱，養第三轉用。

第三轉增砂成寶質法

將此前五兩砂，研細爲匱。再以朱砂三兩，並依前法制度貼身，亦如火候。如第二轉火候出，其色白而不改。此第三轉同前，共得八兩作匱，又加藥養通靈，爲九轉之法。

第四轉除胎氣不增添法

將前八兩硃砂，同研入合，以雲母石片蓋之，滑石末塡實固濟，入灰缸中養火，以三兩火養三日，取出去滑石。

第五轉還土體變黃色能生物

將第四轉硃砂，再入合，亦用雲母石片蓋了。以好雄黃二兩，研爲細末，又蓋。依前火三兩養三日，色反黃如土色也。其雄黃收起別用。

第六轉不用蓋頭仙基之法

五轉之中見接上

土體但以草藥固之，六九者還質也。以陽火煅之，而作灰也。將前砂入合，不以雲母石蓋之，但用蕎麥稈灰拌蓋之，以火三兩養三日。

第七轉稱七返

朱砂至七轉，色返紅，復爲母砂，故曰還丹。至此靈變出也。初產時色碧，像母也。不用鉛，則五黃三白變化之中，須候同藥。及至七返九還之數，却以元產之鉛爲外固，此乃返本還元之道也。凡萬物返歸本元，乃長生變化也。自此還元質，可以死汞爲七轉也。七轉將前朱砂，再研入合，蓋之。却以第一轉鉛蓋之，以火三兩養三日，取出，其色返紅，能變

化黃白六兩。母到不用七返，既定八轉，可以生物。將此七返朱砂爲匱，養三七母砂二兩，分作四塊固濟，養之，以二兩火養三日，四兩養一日。如此養三次了，再用養二分母砂，火候如前，再養九一。母砂並養三次，坯之成寶。卻將七返朱砂匱末二停爲底，入砂合子，於內作坑子四箇，每箇入汞半兩，上却以一停匱末蓋之，下火二兩，養三日，取出。再作坑子，依前添汞二兩，並依前法。右如此澆三十次之後，澆二兩汞倒下，二兩火養之一宿，到此方通靈也，方入八轉之妙。

第八轉離母造化入合澆汞玄中也　用生硃砂四兩，金箔裹之，入丹合內，用火養之，此一轉通在第一變內說。

第九轉亦名九還丹

取出所養朱砂，別用一合澆養之，此通十六變內說其詳細。

造丹法

論說

佚名《鉛汞甲庚至寶集成》卷四　凡造丹，用鉛一斤，硫二兩，硝一兩，先鎔成汁，下醋點之，滾沸時下硫一小塊，續下硝少許，沸定再點醋，依前下少許硝黃，沸盡黃亦盡，炒爲末，成黃丹胡粉，可制硫黃，亦可作外匱，即今化鉛所作胡粉也。武昌銅作丹，打之不裂。化戎鹽純製赤黑二色，累卵乾汞製丹砂，滷鹽純製四黃作銲藥，握雪礬乾汞製汞，並丹砂，礬石甆瓶盛中，於火中煅令內外通赤，用鉗揭起蓋，旋安石蜂窠於赤瓶中，燒蜂窠盡爲度。將鉗夾出，放冷敲碎，入鉢研如粉。於屋下掘一坑，可深五六寸，以紙裹留坑中，一宿取出，再研。每修事十兩，用蜂窠六兩。又方研如粉，甆瓶中可盛三升者，以六一泥泥於火畔，炙之令乾，置研了礬於內，用五角草，天葵二味自然汁，各一鉢，旋旋添礬於中，下火逼令藥汁乾，用盞子蓋瓶口，更以泥，上下用火，火煅從巳至未。去火取冷，細研如輕粉。用者硝研如粉，以瓶，於五斤火中煅令通赤。用雞腸葉、栢子仁和作一處，分丸如小帝珠大，投赤瓶中，加硝四兩，用雞腸、栢子仁煅珠子，盡爲度，硝石草伏住不折。一切物砂，先以香水浴過，拭乾碎搗，白鉢中研之三伏時。取甆鍋子，着砂子於內，用甘草、天葵、五方草各剉之，着砂子上下，以東流水淘淨曬乾，又研如粉，用小甆瓶子盛之。青芝草、山鬚草半兩蓋之，下十斤火煅，從巳至子方歇。候冷，再研如粉用。如五兩砂，用甘草二兩，天葵一鉢，五方草汁一鉢，東流取足雲母光瑩者如水一斤，用小地膽草、紫背天葵、生甘草、地黃汁各一鉢，乾者細剉，濕者取汁，於甆鍋內安石并諸藥，下天池水三鉢，煮七日夜，水火不可失度，石自然成碧，玉漿在下。却以天池水猛投其中，攪之，浮如蝸涎者去之。如此三度淘淨，取沉香湯三升已來，分爲三度，再淘漿水了，曬乾任用，硃砂草伏住火，胎色在成汁，可點寶。水銀逢硫則結，得鉛則凝。死，水銀，用紫河車。水銀要死，用紫背天葵、夜合交藤自然汁，二味同煮一伏時，加藕節，煮阿魏，死銅紫河車，白銅汞不退。益母草可製硫黃，鬱金灰可結砂子，楮汁溲藥砂子，乳香啞銅軟銅，桑灰結汞，拖子柔金，五倍子佐鉛，楊柳膠結砂子，馬脂柔五金，糞養一切藥力，牛屎抽銅暈，羊脂柔銀軟銅，羖羊角縮賀，白狗糞煮錫，蝟皮脂伏雄黃軟銅，烏賊魚骨淡鹽，胡麻巨勝，黃丹砂粟，草灰抽錫暈，蕎麥灰煮粉霜，苦瓠煮汞，糠火力要信常，堇菜灰製朱砂、硫黃，馬齒灰煮丹砂結汞，五色莧煮砂子，冬瓜蔓灰煮汞及丹砂，碎銅錫。

三家相見死硃砂法

論說

佚名《鉛汞甲庚至寶集成》卷五　金鼎砒一十兩爲細末，辰砂十兩，二物相和，入水火鼎內，封固口縫，鐵線扎定，上水下火，漸慢至緊，令水蟹眼沸爲准，不得加火，其火亦不得滅，常令如水鼎，只添沸湯，常令八分滿火，如常湯不沸，是水鼎下面藥厚也。只不得添火。常常要依前

火，一般直打六箇時辰，退火，經宿取開，割下鼎內藥，碾令細末，依前入鼎，打第二次。畢，再打至第五次，墜鼎眞死。取辰砂，與金鼎砒同死，共二十兩，取出研細，入甘鍋，烁成汁，坐鍋候冷，打開已分胎也。

用分胎出砒去鉛通靈法

論　說

佚名《鉛汞甲庚至寶集成》卷五　如辰砂內分出砒，淨者一十兩，打作小塊子，用花銀十兩，烁成汁，逐塊投入銀汁，慢慢成汁，以盡爲度。大火烁成汁，坐鍋打開，其銀黑色，鉛在銀內也。收砒，別用花銀。每次用銀十兩，將砒如此過於銀汁內四五次，分胎破鍋取出，銀雪白不黑。時鉛炁方盡，其砒通靈。或作匱子，或點化頑物，或養丹砂，或養粉芽，或作烁藥，其靈無比。

第一轉

塊子硃砂五兩，用米醋拌濕，於分胎煅出辰砂末內滾過，放在眞死砒匱中，封合，頂火三兩，養七日，加火半斤，就灰煅盡。冷取朱五兩汞不動，可爲長生匱子。只取其中養出者生硃，粒粒鐵色，已伏火眞死，可烹鍊成汁，入槽成錠，自然分胎點化。

第二轉　點鐵分胎

每生鐵一兩，入甘鍋中，大火烹鍊成汁清。次用養出砂子七分，只作粒子，投之鐵汁內，便用紅炭攪之一兩時。次取出鍋子，坐於灰上，冷打開，其鐵已成一兩。已上之色蜂窠好銀在下，七錢砂子依舊粒粒不動，浮於面上，精神不損，分兩不耗，是爲分胎，見寶藥也。

右件分兩過度如前，五金銅錫鍮鐵鉛，皆爲好銀也。此丹砂如經用一次，若再將點物，力已慢，須再入前匱養過七日，依舊可用。或不欲再養，却將經用丹砂細研爲末，蜜和餅，依後煅。

第三轉　煅紅荔枝銀法

每三七砂子，入朱砂生者一粒在內，如皀子大，用砂裹朱，次用皀絹二層包裹，線扎定，懸胎於磁罐子內，以水同白礬末少許，同煮半時，取出。次用經使分胎砂末，蜜調成餅子裹定，煮出母砂子，厚成毬子，令乾，坐於平地上，用醋濕灰兩椀抱帽形。先以四兩火團定，發頂火三斤，然後旋添至七斤一煅。候冷去灰，先三斤，後三斤，又一斤，火候耗三分通赤，中心生砂，皆成至寶，是爲紅荔枝。所裹丹砂，仍舊不動。又留可聚八兩，或十兩，入生汞四兩研，入合固濟令乾，頂火四兩養七日足，加火一煅，冷取汞並砂，伏火依舊作匱，養母砂法也。

第四轉　養三七母砂匱法

將再聚丹砂二十兩爲末，先鋪十二兩在合底，次三七母砂五兩，以白礬水煮過，我在合內，次以八兩蓋頭，如法固濟，頂火四兩，養七日足，加火三斤煅，冷開母砂已伏火，其匱日久愈靈。但是七日，入生取熟，養至二十次，漸減母加汞去矣。

第五轉　變養汞法

先以前母砂一十二兩入合，以匙按實，心中作一窩子。次澆入汞，與藥等分，已下尤佳。次用八兩匱蓋頭，固濟，候乾，頂火四兩，養七日足，加火三斤煅，冷開汞成寶。但七日一次，取熟入生，久而愈靈，至二十次，可糝製也。

第六轉　糝製

將前匱研末，每汞一兩，入在銚內，上用匱末一錢糝蓋了，次用黑盞一隻蓋却，用醋濕紙條糊縫，將銚於三斤火上，候銚內作聲定，銚底紅多時，移於冷灰上，冷開汞已伏火，其匱藥依時不動。或且澆汞，且糝製二十度，其色漸漸變黃，可入庚匱矣。

第七轉　養庚母砂

以前匱頭末二十兩，入雄雌黃各二兩，膽、黃柳、三礬各半兩，揭綠二分，已上六味一同研，細生絹袋盛之，懸胎銀磁罐內。別用前六味各一分，入皀礬、青鹽各一分，同研細，入醋，同煮前袋子半日。然後取袋子內丹砂，却入合子，如法固濟，令乾，放平地上，發頂火三四斤，一煅火盡，冷取出，再研細，吹去輕灰，乃成丹砂庚匱也。

第八轉　初養重頭庚母砂法

前煅出匱十分，先鋪七分在合內，然後結六庚四汞砂子二兩半，用絹裹二重，懸胎，於前煮匱藥醋中煮二時，取出，入在匱內栽蓮，却用餘上匱藥三分蓋頭，固合口縫，外固如法，通令乾，頂火五兩，養七日，加熟火三斤煅，盡冷取其母砂，已成上色庚，其匱永爲長生庚匱。但七日一次，取熟入生，至二十次，即減母加汞也。

第九轉　減母加汞法

汞六庚四，結成砂子，如前法藥汁內煮過，入匱，並依前法火候，取之數度，匱老已有庚體，方可養庚砂及丹砂。

第十轉　養輕頭庚砂法

庚三汞七，如前法結砂，煮養加煅，並依前法，及數次更減母加汞，然後至九汞一母，又數次畢，煅養並依前法。

第十一轉　變養庚朱砂法

大顆硃砂，入前藥醋，煮法如前，一日畢取出浴淨，却將煅倒九一庚砂子研細，以蜜鍊裹丹砂，逐塊包裹，令厚實不露體。銚內枯令蜜乾硬，如此貼了朱末四兩，以前細匱入合，上下鋪蓋，如前，養煅火候，並依前法。冷開，其朱砂皆粒粒透骨成庚，可作大丹，是爲金丹矣。或要打庚，可投母砂同坯鎔，攪匀取出，即成上等神庚砂也，汞爲世寶。

第十二轉　再述造丹頭分胎

其黄芽如前法造，恐費耗。只將淨金足色者一十六兩，鎔攪成粉。次用如前法鉛鼎造過黄芽砒一十兩，過一次銀鼎烹之。次與金末同碾匀，入水火鼎封固，自文至武，用火一秤，打一晝夜，來日取出，再同金末研匀，逐旋投紅母鍋中，漸漸下之，瓦錢蓋口，不可入灰。煅盡止火出，安冷灰中坐鍋，候冷打開，自然分胎，去金不用，只取此黄芽砒十兩，變養大丹。

第十三轉　變養庚砂

明淨無灰石，朱砂四兩，用前煮庚砂藥醋內煮過了，以金箔子包之，將前十兩黄芽末鋪蓋了，入合內封固，令乾，入灰池中，三兩火貼頂，養七日。四兩火貼頂，養七日。加火二斤一煅。寒爐取出，再與匱同碾匀，水火鼎封固，打一伏時，取出研細同匀。再鞴甘鍋通紅了，旋旋投成金汁，坐鍋取之，冷自然分胎，去黄芽砒，只用朱砂四兩。

第十四轉　養庚芽

將前硃四兩，爲末入合，二八庚砂一兩，同前煮。煮過栽蓮，入朱匱內封固，水火鼎下，底火二兩，插火二兩，養九日。加火半斤，周圍簇轉，火盡取出，其芽已成寶色。如此澆沓數次，與朱同庚，重八兩爲度，後二兩九一庚砂也。

第十五轉　混胎法變金汞

將朱與砂子同研匀，虛養半月取出，與黄芽砒十兩同研匀，入水火鼎封固，令乾，大火打一晝夜，來日取出爲末，同再擴成汁，坐鍋冷，取自然分胎朱與砂子，成大丹庚藥也。去砒，只用庚朱匱，便可乾汞。

第十六轉

雌雄、膽硇各二兩，研匀，鍊蜜和成餅子，却入黄芽砒匱中，封養四十九日，取出眞死。却與前朱八兩同研匀，水火鼎打一晝夜，取出再爲末，將一十二兩入藥醋煮過，硫黄三兩，栽蓮封固，養火三七日，加火半斤煅，出總成末，此丹大藥也。

第十七轉　糝汞成庚

辰砂四兩，用藥醋煮過，以匱藥一斤，戳孔入汞，封養七日或九日，取出盡成庚寶也。

第十八轉　糝點法

却將死汞四兩，黄芽砒捺頭，坯成汁，去砒，以汞寶打成合子一斤，如混沌形，入辰砂一兩在內，外用黄芽砒栽入混沌鋪蓋，無令露體，厚二指，固令乾，入灰池中，養火四十九日，出眞死。點化五金，糝製世汞，不可具述。

金華玉液大丹

論　説

佚名《金華玉液大丹》　朱砂一斤，十分光明者用、三友木二月收、新荷葉四月收、馬鞭草八月收。

右各燒灰斗許，取淋下十分濃汁，煮硃一月，共三百六十時，硃俱成雪白色，名曰玉英，服之可治百病。

煮法

入前硃於小瓶內，三草灰汁八分浸滿，擣碎生薑，用布包塞瓶口，重湯煮之，日足取出硃，用皂角煮一日，乳細，以長流水淘五七次。

養法

用陽起石、磁石、禹餘糧、石代赭石、紫石英、礜石，已上六石，醋淬擣碎。又以硝石並太陰玄精二味，同煅成汁，一處俱乳細，作外匱。仍用銀十二兩作神室，置前硃於中，納入外匱砂合，封固如法，灰池頂火養一月，火候二至四兩。日足取出，名曰玉液，可以點銅成銀，堅鉛成寶。

用前玉液，以金十二兩作神室，納其中，外以前匱固之，入砂合，封固如法，灰池頂火養一月，火候四至六兩，日足取出，其狀綠褐色，如明窗塵，名曰紫粉。每用半銖，可乾汞一兩，成至寶銀也。

用前紫粉，以漢椒、防己煎湯，沐浴少時。又用銀十二兩作內神室，雌三雄四，一處和研，入內神室中。又用金十六兩，作外神室，納紫粉於其中，內神室入外神室，外神室入前八石匱中，沙合封固，養火一月，火候二至六兩，日足開合，銀室紫粉俱成黃色金，名曰金華。每用半銖，可乾汞一兩成庚。到此去八石不用，但以前金華，並內養出牡牝，一處和研，作外匱。又以金十六兩作神室，納生硃十兩於其中，置在金華匱內，砂合封固，如法灰池，六陽火養四十九日足，開合，金華成紫金色，可作長生匱。硃砂如膽礬色，此名紫霞丹。每用養出硃砂半銖，楮汁為丸，糝汞五兩，成黃金。亦能化五金，俱可成寶，生生變化無窮。

銀精丹

論說

佚名《金華玉液大丹》 硃砂四兩、粉霜六兩、三友霜半斤。如鍊霜以夾布袋盛硃，懸胎煮為妙。

右取桑柴燒灰，淋取濃汁，以軟火鍊之，鍋內著一握稻草，其汁自結霜在上。以清水淘之，再熬乾成霜。先鋪霜底，四面及中間鋪粉霜，入朱砂在內，仍以粉霜蓋之。次用桑灰霜蓋瓦片，封口，六一泥固灰池，陽火養七日，火候九兩。養之日足，火煅通紅，取出灰池，候冷取砂，其色雪白如銀屑，妙甚。金曾以此代金華大丹頭，其功與之並駕，今書此以記之。

四聖丹

論說

佚名《金華玉液大丹》 砒八兩、粉六兩、雄三兩、雌三兩。

砒用蕁蔴汁二椀，旱蓮汁三椀，煮盡洗淨。又用蕁蔴汁半椀，炒盡為度。粉以蕁蔴三斤許，濃煎汁煮盡。雄以鴨舌草一斤，上下米泔水浸煮盡。雌以紫蘇草二斤許，米糠醋煎汁煮盡。粉六兩，用山澤銀六兩，攪為末。四兩和粉末在火鼎底，上用二兩銀末捺頭，入水火鼎，如法通身固濟。汞每粉一兩，加了腳半兩，同煅，如用湯煮過用之。固藥用無名異蟮粉、紙筋、鹽泥，同擣千萬下。灰平築鼎，倒露出水鼎，及受煅處。先下火一斤，煅二時提起。用瓦陀磾起半寸許，再下火簇煅一箇時。又如前法，添盡四箇瓦陀子，各過一時提起，添好炭一二塊在底，令藥受煅，火有三斤。用瓦圍了，添火一斤。此是全料，火候到此，消詳用之。却用灰蓋寒爐，冷取粉母分胎。

右用粉細研，同砒等研勻入鼎。留二兩砒，醋搜捺頭固濟，養火三七日。一七火候，初日二兩，二日二兩半，三日至七日四兩。日足，寒爐取之，通研細，再入鼎，如前法一煅，取出研細入合，再養，此煅不必用母。二七火候，初日二兩，二日二兩半，三日三兩，四日二兩半，五日四兩，六日早四兩，晚四兩，七日早五兩，晚六兩，頂二兩，四圍四兩。首尾三斤，取出研細入鼎，

如前法一煆研細，又入鼎再養，換新炭。三七火候，初日二兩，二日三兩，三日四兩，四日五兩，五日五兩，六日五兩。七日就煆，末香三斤，炭團二箇，同擣細放在四邊，熟火六兩。按五方安之，以瓦四片蓋了，頂上出煙，三日後寒爐，方取。可以作匱養雌雄粉。

一轉變化

每粉一兩，先用荷灰汁煮一日。仍用水調白芨末，顆顆包了，同菖蒲末同炒一日許，取出，去白芨，以粉研細，加入赤了腳半兩，共爲末，和銀粉一兩，依前煆粉法煆之。取粉再入銀室中，以前匱覆籍，養火七七日，每粉一錢可點骨一兩，爲十分徹糝，不過鉛池。

二轉變化

辰汞成粉霜如本法，亦如前用荷灰汁煮銀母，煆銀室，養死。每養死辰汞一兩，入雄四錢，雌二錢，同研勻，用庚母作神室，納雌雄於其中，養火。以前四聖丹作外匱，火候四兩，二十一日早晚換火，日足，寒爐，取雌雄粉，每一錢可點銀一兩，成上色矣。

三轉乾汞

以養死雌雄粉，納入金室中。大光明顆塊砂，先用膽硇硫桑汁，內煮三伏時，取出控乾，金箔包了，栽在雌雄粉內，以四聖丹作外匱，封固養火七七日，火候二至六兩，日足，取砅一錢，可乾汞四兩，成上等金。

砒匱養丹陽法

論　說

佚名《庚道集》卷一　用不夾石明淨者半斤，碎作小豆粒大，尤好。以二兩作一包，白紙包入蠶布袋內。依時採夏枯草，日乾燒灰，沸湯淋濃汁，磁罐懸胎煮，頻添汁，五六日布袋漸輕汁濃，火上試之有煙。乃以藥煮出汁內煮，至七八日，藥已在汁內。如些小不下，是石腳也，不必盡。却將藥汁別用一罐，徐徐煎之，待乾作一塊褐黑色，乃伏也。慢焙十分乾，無濕氣，方入鼎封固，下灰池，頂火一兩半，離寸半，養三日。漸加二兩，養三七日。取看合子不損動，養至三十五日，開看灰白色，上如水濕，成矣。燒看作汁，如有煙未斷魂，以鐵匙下乳碎，入好合封，再養一月。又開看如黃色，漸乾不濕，火上燒之，作汁無煙，全死也。未眞死，再依前法，封養一月，其藥白色光澤，火燒不作汁如石，乃眞死了。乃灰霜被火養去，全砒體眞死。碎爲米粒作匱，用此法絕妙，非他可比，口訣手法盡之矣。

煮養砂法

好砂二兩，魚腥草同米醋搗汁，懸胎煮七伏，取出，將草粗包了，入合或罐，牢封固濟，慢火一煆。或下用水罐，尤妙。取砂，用前草粗搗作匱，入合一兩，頂卯酉養三伏。取出，又將砂崑崙紙包，以死礬貼身，入母匱，封養四七日。一兩半頂起，至二兩住，日足乃伏也。將作內匱貼身，却養粉霜。

粉法

兩三四升打，尤妙。如水精堅實霜四兩，作小塊兒。先以白紙包外，以密絹袋盛，荷葉灰汁煮五伏。又以拒雪草，五頂草也。剪刀草，慈菇也。二草汁煮一伏，眞銀箔貼身，或再以銀箔包，入死砂匱，以徹銀打神室，將砂先鋪底，次安粉一層，又鋪砂一重，如此重重鋪了，以死砂蓋頭，鹽泥固令乾，方入死砒匱外合，又封如法。二兩頂火，養七七日。取火上燒看無煙爲則，如末。又養一錢，可點一兩爲上色寶。若多時砂匱乏力，可將砂共養出粉霜，同乳爲末一錢，點一兩，却別依上法作匱，奇妙神聖，切不可輕忽之。

凡匱法

合中神室可打
令厚不要薄了

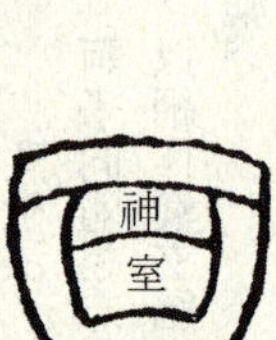

白礬一斤，非明礬也。用蕎麥灰淋濃汁一大盞，於磁石器內，將礬滴煮，汁盡礬成水，慢慢火焙乾。又用磁罐入礬在內，封固乾，下灰池，頂二兩，養三伏，取出，任用之。

烏驢汁，乃木蜜楮汁也。人言八兩，作四分，爲麤末。每二兩先以白紙二重包外，又以麤布包了，懸胎入草汁，作四瓶兒煮，以紙蓋罐口，乾添汁，日足取出，煮時常提動布袋，其藥易下。如有些少未能盡者，收起，另將一罐子煎之，候三五分乾，又傾上汁煎之，待煎盡乾，慢火逼乾，打破罐子，取出，與前未化藥些小，一處研細。始初八兩藥，入了灰霜，增添分兩多，入合封養，一月一開。向後三四月，其霜養去灰，止有元藥如雪，方伏也。前件夏枯草灰淋汁，用紙一層，鋪筲箕底，澆湯泡灰，細細滴下，用淨磁器收，澄定清汁，傾別器內，又澄之，取清汁收，去盡灰腳，方可煮藥，此活法也。

凡八石，須是煮煉養伏，方倒火功，日久方死。可用礬澆淋，摘下芽子，又作澆匱，澆下芽子，又摘作澆匱，直至九轉，可作匱，養砂汞，爲服食藥。

煅砂法

砂一兩明者，用一小小罐兒，約盛一兩者。下砂在內，上用庚，作一捺口，不要有縫，封固。又坐甘鍋內，上安水鼎，用銅打鼎，其底到庚上。外放大盛水，又封固，乾。十二斤頂煅約一日，冷取出其砂中汞，飛在庚上，白色已乾。取下，又再依前煅節，次煅得乾汞約四兩，可坯鑄匱，養三黃等藥，皆伏。

煮粉砒九轉法

論說

佚名《庚道集》卷一

煮粉法

大黃五倍，與山梔、川椒，更入細辛枝、姜汁、蜜，和濃米醋，同水煎之一日，期煮之黑色，纔爲準。候乾，再用煅，方奇。須知此法神仙術，留與丹人作祖基。

右以大黃、五倍子、山梔子、川椒、細辛爲麤末，然後用生姜汁、蜜、米醋各一二碗，同水懸胎煮一日，待粉霜黑色爲度，另收粉，再用砒，同煅之。

煮砒法

訶子同隨遠志稱，地膚牛膝與苦參。知母芫花并大戟，吹咀河水煮交靈。以絹作囊玄胎法，晝夜徐徐用火匀。助成大藥無可比，轉轉無窮作大乘。

右以訶子、遠志、地膚子、杜牛膝、苦參、知母、芫花、大戟，八味各等分，爲吹咀用信，以綿作袋盛之，河水內煮一晝夜，取出細灰盒，令乾，研之爲末。

煅砒粉法

燈盞一隻平地埋，盞內先須亥脂揩。銀母隨心鋪在底，上排煮粉擺平我。却使煮砒安粉上，粉三砒五秤無來。地膚灰調車前子，分兩高低砒上排。堆之盞下無透縫，纔安熟火簇鋪開。煅之火勢三斤力，去一安灰蓋藥材。

右法用燈盞一隻，埋在地中，上用亥脂火燒少許，在盞內，然後安銀母砂，或銀母末，隨意。次安粉霜，粉霜上又安煮砒，鋪蓋粉霜，粉霜上方用三件，地膚、車前子灰調草藥子末，堆蓋信上。用熟火三斤，煅去二斤，退火，用冷灰盒之，候冷取出，砒作一處，粉作一處，各收起，如此三煅方可用。

砒粉煅通靈，田禾已種成。人言貧士術，果爲是分明。點化紅銀寶，堪能作匱精。粉能變赤物，砒可養銀身。

右法解云：若以點化法，依序行用，到此地段，大能成就。先以硃取紅銀，化爲嬰兒，令入瑤池，沐浴了三次，使令食天母乳汁，浴三次，脫其紅色，且天母乳者，蓋頭砒也。如赤物一兩，以天母乳一錢半，三次點之，候嬰兒脫衣畢，却以白雪神丹點之，入仙境，則爲天仙骨也。白雪神丹，乃粉霜也。分作三次點之，一次令嬰兒投母，食天乳畢，隨母化形，再入瑤池，一次令淨。然用神丹，作三次點之，後略以出山鉛老霜鬚教訓草，改立形體，自然成大器矣。若以大七霜粧爲上，色對半爲中，小三七爲下。留此略爲大象，自斟量用之，則作粉爲匱，姹女嬰兒，合宅大

象，乃三七母砂也。若以信爲匱，則養白雪爲神丹，其丹既成，轉轉無窮。

信匱亦爲大藥，靈砂母砂，總成大器。

一轉者，砒匱養硃靈。

二轉，硃靈內獨化硃砂。

三轉者，又硃砂內養澆汞砂，汞砂者，乃感天地炁之砂。

四轉，乃汞砂內澆，汞生成玉笋瓊枝也。

五轉，玉笋內再轉硃砂。

六轉者，則以硃砂半斤，或一斤十六兩，大按天象，則以神寶，安頓硃砂，養之四兩，爲大象轉轉無窮之計。若爲大丹，服之用楮汁，丸如桐子大，一粒可延年，一粒可乾汞。

七轉，以神室內硃砂，養雌雄一兩，爲大藥，則化爲金母，其象以代白爲赤，後還光明之赤。赤庚也，乃返本還元之象。

八轉，以硃砂內養雌雄，養之成庚。右以硃砂八兩，養雌雄二兩，七七日成四兩，合胎於庚，神室內養之，日足得藥，一錢可點硃砂銀，作赤庚。

九轉，以雌雄爲匱，硃雄號大丹藥，可。右以硃砂雄雌各一兩，前雄雌匱內，以庚神室內養之，七七日足，用前藥一斤爲匱，大妙，則成大象。以楮汁爲丸梧桐子大，一丸可乾汞十兩，爲上色庚。火候在前，今再附于後。

火候

第一轉至第四轉，一日火，早晚各二兩。第三日添一兩，作三兩。或三日至六日，再增一兩，作四兩。火勢熟爲度，若勢大，可忖度之徐徐爲上，灰高無礙。

第五轉至七轉，如常法。七日之後，但日換四兩熟火，不令有虧，日足不到五兩。至大藥七七之數，則徐徐，不用發五兩，後復然矣。

劉浪仙感氣大丹

論說

佚名《庚道集》卷二 每用母一兩爲率，感五錢砂子，母多儘好。用大鐵線，紐作三腳兒一箇，坐定盞子於炭上，上下俱用炭火，盞居中，盞用鐵盞建盞。次之入麻油七分，一盞草麻三十粒，川椒一掬，子母一處，安在油內，但以草麻焦色爲度。取出，以絹帛在外，將信連在內，鈐出盞子油藥并母，獨絞砂子成丸。次用冬青葉，爲貼身毬子。去葉上筋，盡裹定砂子，名爲老君毬。却用好米醋打麵糊，和滋泥爲毬子外衣。次又用信連，和水搭裹三兩層，令無縫。罅須先淨了，再入爐炭火中，一扇煅令通紅，待火慢，然後出砂子，已拒齒了。次用鹽五兩，投甘鍋內作汁，以此過關。預先掘一地穴，如甘鍋大小模樣，待鹽三分爲汁，記取安穴內，急投砂子在內，急將磚蓋定，腳踏實，任其滾了。取出，再入甘鍋一煅。又預先將水半碗，內安一紙槽，傾出砂子在槽內，便成寶。以朋砂些少撮清了，然後傾出。未投砂子在鹽內時，切記先掘一地穴，試鍋大小一般，併試得十分平穩，無縫。罅用磚一片，一下毬子，便要掩蓋。此是至捷之法，感庚與此略異。

感庚如前，用母入砂子了，頓在好建盞內，亦用草麻并椒，加千年仈數片，一處安在油內，不用老君毬，只用津唾，調盧甘石末、鉛白霜些少爲衣，入火煅便成寶。以好明礬，用五方草，並金城稻草二件，燒灰淀淋汁，於沙糖甕內，用籠糠火煮乾作匱，用五十兩，可養一兩。

太上資聖玄經内四神匱

論説

佚名《庚道集》卷二 硃砂、硫黄、雄黄、雌黄各一兩。四味打碎，細米大，用白帛紙重包固實，用藥煮，黄花、雞腸草擣汁，於重湯内，慢火煮七伏，曬乾再用。朋砂五錢、膽礬五錢、硇砂一兩。用溫湯，慢火重湯，煮十四日取出，曬乾。用赤金五兩，打成合子，却放四神藥，却好封固。用銀子八兩，掃成珠子。先將一半銀子，入瓦合内，却放金合子在上，再用銀珠子蓋上安實，却用瓦合子封固，用鐵線，内金合，外銀合，却用鐵線扎定外瓦合，却用鹽泥固濟，候乾，入灰缸内，養火。

火候四十九日

一日至七日，用熟火。一兩五錢，早晚二時進火，不可缺，缺則不好。二七日，用熟火。二兩，早晚二時進火，如火衰增熟火半兩。三七日，用熟火。二兩五錢重，早晚二時進火，衰則增熟火半兩。四七日，用熟火。二兩七錢半，早晚二時進火，衰則添火半兩。五七日至六七，至七七日，用熟火。三兩，早晚二時進火，不可缺，火衰增熟火一兩。火候足了，取看藥，若是黑色，將火燒看。如有黄色，即住。如末，如此再養十四日，即成。每一兩重作十包。

點法

銀子一兩重，須十分佳者。化開，每一兩用藥三錢，作三次下，待銀面上清無垢，方傾出，即成寶。祕之祕之，不可妄傳。濟貧積行方可。

神仙大藥四神匱

論説

佚名《庚道集》卷二 舶上生硫一觔，透明無砂石者，鑿成荔枝核大塊子，用益母、鴨舌草二味自然汁，各二斗，將硫以葛布袋盛，於汁内懸胎煮一伏，晝夜不得住火，煮七日足，取出。以少許火上試之，如未伏，再煮，以伏爲度。却分作兩次，入大甘鍋，用硬炭三十觔煅，相對用兩人，以扇急扇，合炋成汁，傾在兩隻建盞内，其硫不奪胎色，已成至藥，即乳成極細末，別用生硫四兩，依前小塊，以二草汁煮一伏時，取出。用前一觔作匱，却將後四兩，如我蓮法，入砂合内，以崑崙紙二三重隔定，用鹽研如麪，攤紙上一層，又以固藥鋪一層，上以白虎末填滿合子，封固，入灰池，四兩火養七日。取出，其硫已伏如法。却又用葉子雌黄四兩，亦打如前大小塊，以羊蹄根汁，如前煮一伏時，取出研細。却與第二次硫四兩，同乳極細，以蜜丸如龍眼大，入前硫匱内，養七日，四兩火，至此不用掠頭。其雌已伏。又用雞冠雄四兩，以山茼苣煮一伏時，取出，與前雌硫同乳細，以蜜丸如龍眼大，如前入匱養七日，亦已伏矣。

丹經曰：一黄死，衆黄悲。一黄不死衆黄飛。先將硫制煉令死，然後制伏雌雄，三黄既死，又伏硃砂，乃成大藥變化也。

硃砂揀顆粒鏡面者，四兩。用地丁、雞腸草汁，煮一伏時，取出。用白附子、朋砂末，煉蜜衮作貼身。如前入匱，養七日，取出，其砂已成寶矣。將起初硫匱一觔，收起別用。只將前所養四神，共足一觔，爲細末，作四神匱。始初先用足色庚三分，汞七分，結成砂子，以紫河車、粟米漿水三升，煮一日。其砂子用熟絹帛裹作數丸，如小龍眼大。先於石灰内炒，令乾硬，然後方煮。如我蓮法，入四神匱内鋪蓋，以四兩火，養七日。取出，火上試之，如未伏，更養兩日。如此養三五次，覺匱力漸靈，則結二八庚砂。養之又養，三五次，如所養物堅重色深，炋銷不折，則結

九一輕砂。養之如輕砂，養出顏色深好，不異眞金，則其匱通靈，可用辰砂養。

含胎庚，每大顆硃砂一兩，以金箔裹之，握令實，依前法找插鋪蓋，養七日足，取出，其砂不脱胎色，光彩射人，而含紫金。

若欲澆汞，則將四神匱末，分作三分，先入二分在合內，以筋頭築作竅子，以筋頭築金箔一重在內，然後以小湯瓶注汞在金箔內，却將餘一分匱末蓋之，准前養七日。每匱一觔，本法可養四兩。恐損匱力，日久困乏。若只養三兩，則匱力日壯，無時而困矣。此匱始初一年之內，須用七日火候。若過一年，則五日或三日，成矣。若後及三年，則造化至於玄境，一夕可就，又其匱三年之內，所感金寶之炁已多，成紫磨眞金，又可以爲摻製之用。

其法更將硇砂一處，朋砂一處，煞研在內，養七日，取出。每汞一兩，入在水磨銚內，用前匱末，一字摻在面上，以小盞蓋定，以醋搗皮紙，築塞其縫，頓於三觔火上，俄頃立成上色眞金矣。

此法古今口口相傳，不記文字。予今編錄，流傳世間。七百年內，許傳三人。得此法可爲國之師。觀此妙訣制用法度，至簡至易，而奪天地造化。得之須多濟人利物，愼勿妄用輕泄，祕之祕之。

黃芽金鼎九轉法

論說

佚名《庚道集》卷三

金鼎第一變

用砒十兩，作三十包。黑鉛二兩，先甘鍋內鎔成汁，次下砒，逐包候作汁。又下一包，次第下至三四包，可傾出，再入砒，如前盡爲度。如十兩砒，只得六兩成。如金色不用鉛。法曰：用鉛不用鉛，須向鉛中作。及至用鉛時，用鉛還是錯。

入煅硃砂第二

硃砂五兩，和前砒五兩，研和令細，入建盞內，上用死砒三二錢蓋面，入爐中，候通紅，即用氣袋鞴之，煅成汁，即摻少生砒，投之再引起死砒，不住扇，直候砒盡見清，乃硃砂熟也。即鈐出，候冷打破盞，取硃砂再炋，令砒盡，却打成皂角子大塊，用藥煮之。

麩鹽子、茜草、苦杖、狼毒、浮石、磁石、針砂。

右各一兩，煮硃砂五兩，入砂鍋子內，煮三伏時，出墨色，却用白沸湯泡洗六十遍，不可令少，泡彼搗碎爲末作匱。則別取生硃砂一兩，顆塊者，用醋蘸之金箔爲衣，如找蓮狀，入磁合中，以醋調赤石脂固縫，鐵線十字繫了，通固候乾，入灰池中，頂火二兩，養七日。所養者，依前法再養。

點化銅鐵第三

用犂頭鐵二兩，燒過打碎。以鍋子，先下硃砂一兩在下，次下鐵在上，用大火烹之成汁，其硃砂返升在上，其鐵歸下，如啄木之聲，直候聲絶藥成，不可傾出。以冷水浸其鍋子面上，硃砂自然凝結成片在上。打碎鍋子取之，其鐵成上色好銀，在下打開。再用前砂，作三次炋點。但第二第三色差青，頗硬。即以第一次者銀，同炋之，乃一色，成上銀，非世間之物，皆謂之藥銀也。此乃神仙之至寶。點銅亦然，並依此前法。或第三次用了硃砂，如不添匱中，即別作一匱，養母砂子并生硃砂成寶亦然，以鉛煎成銀，不折。

脱凡入聖法第四

每四兩養成砂，聚八兩或四兩，作一匱。別取生硃砂，如前法，以金箔爲衣，養火七日，取出再聚，與母等分。或八兩，或一觔，一處杵碎，入雄黃一兩，雌黃一兩，三味衮研入匱，七日二兩火，取出共得十兩，一處炋成上色庚。

移魂合魄第五

前十兩藥，如不炋成庚，即再作匱，別取生硃砂三兩，顆塊雌雄各一兩，三味一處，並作塊，以金箔爲衣，依前法養火七日，共得五兩，成研一兩。伏火硼一錢，同黃蠟丸作十粒，點出山艮，一兩成庚。

以魂制魄法第六

已上十五兩，如不點庚，即再搗碎，入生硃砂五兩，雌雄各二兩，金箔爲衣，三兩火養七日，取出成二十四兩。取一兩，入伏火硇一錢，硼一錢，三味同研，黃蠟爲丸，作十粒，每粒乾汞一兩成庚。

煉陽消陰法第七

已上二十四兩，爲之丹頭。如不點化，即創丹室，及擇名山福地，下手修煉小還丹也。用前藥二十四兩，研碎作匱。以汞十兩，作三次澆。第一次二兩，第二次澆三兩，第三次澆五兩，並須三兩火，養之七日，共成三十四兩。其色紫金光明，燦爛清香滿室。當以沐浴香湯泡出，再養七日，出復沐浴。如此經甲子致次月，成小丹也。每用研細，以兒乳汁和蜜，合成膏丸，如桐子大，每服一丸，空心，井花水下，服至十日，三尸出，百蟲死，平生痼疾皆安。至百日中，與食不食皆在，是得免瘟[illegible]瘴氣，邪鬼虎兕，刀兵之難，神仙之道由此而成，乃下士入仙之階也。

煉氣成神第八 火三兩

以前件小還丹，再入匱溫養七日，一沐浴，經一周天，一歲之期，功滿數足，其色返白生光如毫相。出之即光明滿室，乃有神物護持，山下鬼魅非敢迎視。當須齋戒念善，作種種良功，保持丹藥。或得服者，亦宜先施功行，次當服之，皆得飛行空虛，爲地仙矣。

煉神合道第九 火四兩

當依法七日一沐浴，三年千日之期，功滿數足時，有金光透出，乃功成也。當須預請有道之士，同以保持。更須醮設天地。不爾則招大魔作禍。破失其丹，徒費心力。丹就則其色返黃，此乃還元歸眞之道。當時始自黃芽而生，今成就復歸黃色。如研時，不可令見日，恐隨太陽飛騰而散失，須用木蜜丸之，如一粒散於境中，則千里爲福，邪鬼魔魅，蟲虎旱澇並無。若一粒入腹，遊行十洲三島，名列仙位，壽同天地，能濟度存亡，念動則並不達矣。至使雞餐成鳳，犬餌成龍，變化種種，靈驗不可具述。學道之士得聞是丹，亦皆宿有善緣，非一世之士也。此丹書到處，自有神物護持。如輕謗斯文者，乃初生爲人，薄細所格也。或有緣契求法之士，當具質心金寶，以傳是書，勿示非人，戒慎爲行。

東坡三黃匱法

論說

佚名《庚道集》卷四 用紫花益母草，爛搗取自然汁，煮硫半觔或一觔，不拘日數，試之無鬼焰或煙者，方住。入甘鍋，坯銷成鋌淨了。如用入盒固，灰池內，四兩。養雌一兩，七日足，又養雄一兩。如要多養，已一觔或半觔養雌雄，但四扛一。每日七次，添黃雌雄，皆要骰子塊大，我蓮養。如要作匱，三黃各停多者，硫留起，却將雌雄養出者，再用葵菜，取自然汁，煮三伏時，方一同三黃勻研細，作匱澆淋汞。但用細竹於匱內，搠孔數十，澆汞在內，養火七日，足開盒，即成黃金，上色者也。汞亦四澆一矣。大妙，祕之祕之。

辰砂澆淋法

辰砂半觔，用無漿粉，綿帛虛包扎定，入沙鍋，用米醋懸胎，慢火煮一伏時。入川烏、草烏、川椒、胡椒、梧桐律、黃連、狗脊、地錦天、茄兒草，爲細末四兩，重入醋內，同再煮三伏時。取出拭淨，乘熱，急用汞砂子逐塊包，極要如法密包，稍包不到，即換一塊辰砂包了，即塗蜜，於梧桐律末內袞過，次以草藥末內袞過，次入盒子，將草藥鋪底，上勻排丹砂，或作三二重，又用草藥蓋了。以醋調赤石脂、續斷、石膏，三爲末，入六一泥，崑崙紙包泥，訖固濟兩指厚，有損補之，陰乾。先於淨地上埋一瓶子，盛水九分，其瓶子與地平，上安盒子，以鹽泥其縫。別細柴灰醋和，壅之盒子，簇生炭五觔上，發火令自然着，候火兩六七分，即以黃土蓋了。來日取出，去草藥灰，丹砂盡如銀豆。

結汞砂法

以花銀一十兩，鏨作五七塊。以麻油半觔，入建盞內，慢火熬，入水銀，並花銀同煎，以百步斷碎，一粒一粒慢入油水，二伏時，即成硬塊砂子。

澆淋訣成火訣

將煅成丹砂，再用前草藥鋪底於磁盒內。又用梧桐律一層，丹砂銀豆不拘多少，排於草藥末，如栽蓮法，二三重，上澆水銀二兩，再用梧桐律一重，草藥蓋面，慢火養三日足。開盒，盡作寒林玉樹，即摘取收之。再依前法澆養，候養至五次，其丹砂金靈，即不用使藥，便可澆養。仍添養汞作四兩，收芽子如多，取山銀坯作珠子，如用藥鋪蓋，養芽子一七日。每芽一兩，養花銀珠二兩。便先焙出花銀珠，投入養子芽子，即於上品，其銀非凡銀也。可以勾庚作匱，無所不通。其芽子若不坯作銀，再入丹砂匱，養至九轉，即爲大丹，點礬石爲金，煅之刀圭，便作飛砂。

龍虎匱法

好辰砂光明三兩、硫黃半兩。

右用同研細，以熟絹裹，扎築實擊定，然後用針砂一觔，淨淘洗曬乾。仍用甘鍋子大者，先入針砂在下，次入藥裹子在內，用餘針砂覆蓋上歇口，一昇火煅成，火化爲灰爲度。取出，其藥乃綠色，是名龍虎匱。又將此伏火砂二兩研，入生硃半兩，與熟砂同研令勻，入厚磁盒，固濟，入灰池內，養火七日。開取，依前法再入生硃半兩，與熟砂研，入盒養七日。開研硃砂，待養熟砂三兩入盒，養火依前法。但熟砂一兩，管生砂一分，計養至五兩，或半觔，便將汞三兩或五兩，傾入伏火砂中，固濟，養七日。其汞三兩，並嗡入砂中，其砂即成顆也。然後更入汞二兩，養七日，砂體當有白霜覆其上。此霜取服，乃長生不死之道，點汞成寶。但添汞養之，至寶無窮矣。若度以生砂水銀增入砂中，不可說也。火不過四兩，不可妄傳。

紫粉別入神室變化大丹法

佚名《庚道集》卷八

論說

右用三七庚砂，擠去游汞，恰好一兩，分作三丸，入餅藥一作炭灰汁。汁，並露水同煮一日，令堅，入合，用紫粉四兩蓋定，入灰缸內，以文武火頂火一兩，寅午戌養七晬時，取溶成紫磨金，分毫不折，此粉之靈驗也。夫神室乃銀合也，須外用砂合封固了，方入灰缸，文武火一兩養之。如不用變化，研細，楮汁爲丸，候乾，以黃蠟裹，却投於長流水中，或於井内浸四十九日，取出，井花水下一丸，使萬邪不干，五臟如金色，可爲地仙。變化之道，卒難盡述。如紫粉明窗塵未欲服食，再入變化，養造金丹。

第一轉　黃芽修白雪金精法

子華先生曰：黃芽搗碎，用水飛淘，隨水過者，入鼎養之，變爲大藥，同前進退火候。如不隨水過者，白金銷之，立成寶。隨水過者，號曰黃芽金精。

第二轉　黃芽添汞產藥法

右用黃芽五兩，入華池中，添汞五兩，坐於火上，結成砂子，再入鼎，紙縫封固，入爐，文武火養一伏時，復取出，澆汞五兩，封固，火候同前養之，取之成寶。

第三轉　黃芽證用成藥法

右用黃芽、銀末、汞各半斤，同入華池中，淬五十遍，取出，入合，封固，火候同前養之。取出，一煉成寶。五日一澆，採摘，入生出熟，汞不竭，號曰湧泉。

第四轉　明窗塵轉修硃汞本源法

右用明窗塵一兩，入鼎内，次入大魄硃砂一兩，上下明窗塵鋪蓋，復入汞一兩澆之，依前固濟，入爐，養火四十九日，成寶。一作七日銷之，立成黃金，飛上鼎者，名紫河車。

第五轉　明窗塵修二炁法

右用硫一兩，汞一兩，同研細，入鼎中。次用明窗塵二兩鋪蓋，同前封固，入爐，養火五日，成金色，或紫色。然後取出，研細，再入生硫五兩，同研，楮汁和丸，如菉豆大，每用一粒，摻汞一兩成金。

第六轉　明窗塵修紫河車法

右用明窗塵五兩，入神室中，乃太一神室也。用汞五兩，如栽蓮法，於明窗塵中，封固，同前入爐，養火七日，成黃芽，銷之成眞金，飛於頂

上者，號曰紫河車。

第七轉　紫河車變金液法

右用紫河車五兩，醋和成膏，攤入合內，鑽竅子，候乾，入汞五兩在內，依前封固，養七日成庚。

第八轉　紫河車變黃礬法

右紫河車五兩，辰砂一兩，研細如粉，入神室內，依前封固，養火四十九日，取出研細，楮汁丸如麻子大，空心，無灰酒下一粒。此丹起死回生，回骸返魄，服之十粒，三尸離身。或暴亡，用丹半錢，冷水調灌，隨即活。復能再生，非有神功，安可奪此。

第九轉　黃礬伏雄變質法

右黃礬、辰砂、汞各一兩，雄四兩，研細，入神室內封固，養七日，取出研細，棗肉和丸，如菉豆大，空心，井花水下一粒，或陽炁絕，精神恍惚，服之可返老還童，回魂起死。神聖莫測。

第十轉　雄黃點鐵成金法

右將雄黃入鼎內，用黃礬末一兩蓋，封固，火候如前，養百日，取出一粒，可點鐵一兩成金。

第十一轉　河車糝製汞成寶法

右將黃礜、黃芽各一兩，同辰砂四兩，入神室中鋪，室中鋪蓋，封固，入爐，養三十日取出。只用辰砂、楮汁爲丸，如菉豆大，一粒點銅一兩，作換骨丹陽，糝汞一兩，立成寶。一本銅藥一兩，作一斤汞，一兩作十兩。

第十二轉　黃礬修紫金丹法

右粉霜二兩，研細，以膠和爲丸，如菉豆大，用黃礬末一兩，上下鋪蓋勻，同前封固，入爐，養火二七日，取出。一粒糝汞一兩成寶。一作一宿。

第十三轉　紫河車修製五金法

右紫河車五兩，入神室中，同前封固，入爐養火一年，其火力與大丹同功。楮汁爲丸，如豆大，每服一粒，可點五金爲寶。

第十四轉　紫金丹神化法

右紫河車粉，入神室，固濟，入爐養火一年，取出。楮汁爲丸，如麻子大，又入神室，固濟，養火四十九日，取出。包之，入東流水。浸四十九日，無灰酒下一粒。

第十五轉　河車證驗法

右紫河車四兩，或半斤，入鼎內。次用黃礬蓋令勻，封固，入爐，養火一年足。開鼎，分五種丹，然後收採，復入鼎內，養火七日，服食其丹。始有五名：一名龍虎，二名神符，三名紫遊，四名紫金丹，五名金液小還丹。

第十六轉　分化五丹

右用節次養火一年，諸丹了畢，然後齋戒沐浴，醮謝天地，開鼎取丹，鼎上凝結，如眞紅色者，名曰龍虎丹。服之白日飛昇，神遊紫府，雞餐成鳳，犬食成龍。鼎內片片如魚鱗白光者，名曰神符丹，服之枯骨變形，回生起死。鼎內淡紅似蓮花色者，名曰紫遊丹，或紫色不變諸色，名曰紫金丹。或於四邊皆成金色光者，名曰金液小還丹。以上諸丹，楮汁爲丸，如麻子大，候乾，以絹包，入東流水，浸百日，取出。井花水下一粒，至二粒三粒，至四粒，乃爲劑此丹，精心密意，立見通靈。服之一粒，五臟骨髓皆成金色，入水入火不能侵害，虎狼蛇蟲悉皆奔懼，諸邪精怪遠避他方，脫胎神化，白日飛昇，乃無上至眞之妙道。

西蜀玉鼎眞人九轉大丹

論說

佚名《庚道集》卷九

第一轉

好硃砂十兩，以赤芍藥吹咀，投酸米醋內，煮五伏時。仍用草末蜜拌勻，勿過濕，層層鋪蓋煮了硃砂，入合封固，養火七日足。寒爐，取出，去草灰，取硃砂。再用芫花，投酸醋煮三伏時，如已伏火，熾炭燒不動，便作賈養硃砂。如略有氣燄，山澤艮十兩，撲成珠子，相間鋪蓋硃砂，入合，上用伏鹽捺頭，封固，入灰池，養七日，即眞死成寶。

第二轉

以前匱養出硃砂爲匱，用前藥煮硃砂五兩，晾乾乳細，入水中金細粉三錢，眞岩蜜攪拌作一餅，絹扎定，再以銀箔三兩重包之，要十分緊密。入前匱，養七日，取出，其砂不脱胎色，此硃方可轉製大藥。若以此珠坯之，即見寶，點丹陽則换骨成至寶，澆淋即起芽子，水中金乃銀母也。

第三轉

以第一轉養硃爲匱，山澤艮打小合子，作神室。合子四邊留細孔，以前匱入母砂。砂安在合內，頭轉硃合外爲匱，合內入硃砂汞二兩，埋合於匱中心，固養七日，開無汞星已凝，再澆二兩，再養七日，汞起芽子取出，合開看不要動，又澆硃砂汞二兩，又固養積芽子十餘兩，取出沐浴。

華池法：硼、硝、硇、青鹽、白礬。五件等分爲末，鋪銚底，却將芽子鋪在藥上，又以藥蓋頭，以楮汁一碗，米醋一升，相和淋於藥上，以盞蓋之，慢火煮熬乾了，就封固盞縫，略增少火，養一時許，取起冷開，却沐浴。

沐浴法：紫草、黄藥子、漢防已、白芨。各一兩爲末，用三碗水煎濃汁，濾去滓，將芽子於藥汁內煎數滚，洗淨，入銚，慢火逼乾，露天露一宿。

第四轉

沐浴出芽子，搗碎爲匱，却以前銀合於內，澆硃砂汞五兩，安合子內，固養三日，取出，其汞凝結矣。再取出合看，再入硃砂汞三兩，又封又養三日，取出，其汞生起白玉笋。積澆十餘兩爲匱，此芽笋白坯成至寶。

第五轉

以芽笋爲匱，却以雄二兩，硃砂汞二兩，同研爲粉，入前神室內埋，養三日，一次添汞一兩，添至十兩，數足二十八日。又研又養，不計日，至漸化輕塵爲。此水不能溺，火不能焚。日當午時，抛少許於青空。化爲白雪，漸漸昇天，莫測高遠，積此爲匱。

第六轉

以前明窗塵爲匱，用金四兩，硃砂汞半斤，同研入神室內，固養四十九日，取出，盡成金粉。

第七轉

以金粉爲匱，以硃四兩，硃汞半斤，同研入前神室，固養四十九日足，其砂汞盡成紫金粉。

第八轉

以養出紫金粉爲匱，以硃汞八兩，雄四兩，同研入神室，固養四十九日足，盡成紫磨金粉。用楮汁爲丸，如麻子大，每二粒點汞一斤，成紫磨精金。

第九轉

以前匱紫金還丹，用生鐵一斤，鎔成汁，入前丹一粒，入鍋作聲，純成紫金。口訣從前至後，並要硃砂中取汞，雄要飛英。火候卯酉各二兩熟火，須是火離合三寸許頂火。

葛仙翁長生九轉靈砂大丹

論説

佚名《庚道集》卷九

第一轉

汞八兩。硫二兩。炒青金頭了，入水火鼎煅昇，斫成塊用。硝、硇、青忝礬、黄藥子、雷丸、狼毒、木律、南星、五加皮。米醋煮三晝夜，日足浴過，又用陳葉汁煮三日，入母硃匱，養火，直候色透白，方可作聖匱。如末白，再養七日一候，直候眞死方止。

第二轉

眞死靈砂十六兩，作末，生靈砂四兩，以硫黄、膽礬、青鹽、白雪、飛符貼身，入蜜調匀，逐塊衮上，却以靈砂末內，養七日取出，大火一坯成寶。

第三轉

以二轉靈砂，不坯，便用點丹陽，每二錢可點赤物一兩，透白也。傾

槽內，濕紙蓋之雪白，此乃驗靈砂艮之法。如入後轉者，不用。

第四轉

只用養靈砂匱頭養母砂，依前法制度靈砂，一般七日成寶也。

第五轉

用二轉了靈砂一十六兩，作匱，養硃砂四兩，以金箔逐塊包裹，養三七日，取出。鹽精、石膽各一兩。柳絮礬半兩。餅藥一大碗，煮乾前藥，同入甘鍋。又用一鍋，將養了硃一兩，庚一兩坯作汁。却以前藥甘鍋入爐，亦作汁，以鈐鈐出硃庚汁，投入藥鍋內，候清，入槽成寶，則成二兩上色好庚也。

第六轉

用靈砂匱內養出硃砂，不坯，以雌雄各二兩和勻，入合內，養火四十九日，取出。以黃蠟爲丸，如雞頭大，每丸可點山澤艮成庚一兩。

第七轉

用眞死靈匱內養出靈砂一十六兩，作匱，澆汞四兩，養七日，一開已成至寶。直候芽起滿合，方可採取，坯之成寶也。養日久成寒林玉樹。

第八轉

以寒林末二十四兩，前養出硃砂十二兩，生硫一斤，同研勻，入合，養七日，取出。澆汞四兩，養火三七日，其芽皆黃色，坯之成庚也。

第九轉

造藥須擇吉日，將八轉靈砂作一合，火候一日一兩。二日二兩。三日三兩。直加至十五日，出之。寒爐，沐浴十六日，減一兩。至一月一日，再起養，三年則成大丹矣。丹成，乾汞成金人。若服之，飛昇。蜜和一珠，乳香湯下，雞犬服之，立化龍鳳。

葛仙翁寶硝祕法

論說

佚名《庚道集》卷九 硝不計多少，用地黃汁、芸薹草汁相和煮過，入鳳凰胎內。又用崑崙紙糊一粒米厚，又用滑石末鋪蓋前胎殼上，又用雲母數片蓋頭，白虎蓋上了，固濟，一秤火煅成五色，有紋，妙不可言。此硝作匱，養靈砂硃砂粉成寶，更妙，勝諸匱。號曰太陽匱，又曰純陽匱。

分胎見寶法

將伏火硝八兩，打碎，研作粗末，入合內作匱，養諸藥金石。

辰砂二兩，以銀箔裹之，外用崑崙紙一重，入匱內，養卯酉火半斤，三日眞死，其色不改，銀箔不折，可糝汞爲寶。

雄黃二兩，以庚箔裹之，如前入匱，養火六兩，五日眞死，其色不改，可點銀爲十分庚。雌黃二兩，如前養火，點銀成庚。七分色陽候二兩，先用崑崙紙裹之，次用米醋調石中黃再裹之，陰乾一宿，次日入匱，火六兩，養三日，眞死，其色如朱，紅燄透徹，可坯。感炁砂並草砂，不退爐。

粉霜二兩，銀箔裹之，外用崑崙紙一重包之，入匱，四兩火，養三日，眞死，其粉轉加堅硬，銀箔不折，可點赤頑成白，有千變萬化。

信二兩，崑崙紙裹之一二重，入匱。養火一日死，此亦不脫胎色，其信可點銅。

石膽二兩，金箔裹之如前，崑崙紙又裹，六兩火，養三日，自然眞死，其色如赤金，可點銀成八分庚。

硼砂硝礬，以箔包養死，但只用崑崙紙裹一重，入匱，斟酌養火五日，自然眞死，胎色不脫。

三聖法 小九轉

論　説

佚名《庚道集》卷九　硃砂好者十兩、硫一兩、汞一兩。

將三味同研一日，極細不見汞。入合子內按實，用佛耳草即芸薹也。生者一兩搗，入鹽一錢，更用研杵成塗，合蓋內，即用蓋藥。合子外以石脂、聖無知神聖、醋炭灰些，同杵爲泥，封固合口了。却卜一吉地坑，深闊一尺二寸，以釘釘入定住火門，却以熱醋，用炭灰二錢，攪醋，於坑子內外解穢了，方安下合子，定了杵羅細炭灰，覆之沒合子，厚一指許，上面別鋪炭灰厚五寸許，用火于後。

第一日一斤。第二日二斤。第三日三斤。第四日一秤。炭火煅一日盡住，直待冷定，第六日取出。開看其砂如血點，似鏡面也。

右件辰砂一兩，研用極細，用紙帖安合內蓋子上，換葉一如前法，固濟，火候所有三五六七度，一一如初。固濟，火候，一同第八次。取出合子內，研細，再投藥如後。

硝石、硇砂、白礬、青鹽、柳絮礬、硼。

六味各一錢，與上藥同研細，入合捏實，上面更鋪研細硫一兩，蓋合徧。所有蓋合藥并固濟，一如上法同，用火法于後。

四兩，養七日。半斤，養七日。一觔，養七日了。將一秤火煅了，待冷取出，其硫在上，不與藥相合。輕以匙挑之，令出別處，不用相和硃藥。則將前煅了本藥研細，入前煅了硃一兩，同研細，入合，固濟，其火候亦如前第八次一同，亦用火一秤，煅盡爲度。取出研細，分作三分。

一分用紅米飯丸，如一錢重，陰用之一錢。一丸可乾汞十兩。入甘鍋內，下以半斤熟火逼之，似微煙起，碎前藥一丸，摻在上，即時鈐熟火一條，橫在鍋口上，其汞奔走作聲。直候聲絕，簇火三斤，一煅通紅，欻欻傾入池坑內，以濕紙蓋之，取出分毫不折。

一分入好葉子雌黃、好膽礬各一兩，同研合和了，入合內，依前法固濟，入灰池內，用火三斤，養三日畢。再以二秤火煅盡，令冷取出，研細一兩藥，分作十處，每一錢可乾汞十兩，作上色庚辛之物也。

一分入粉霜一兩，滾研細，入盒子內，固濟，火候如前法一同。二秤火煅令紅，待冷取出，細研一兩，分作十處。每一錢可縮賀十兩成寶也。

小九轉 見三聖法

造紫金白雪

論　説

佚名《庚道集》卷九　紫粉二兩、汞、硫黃各一兩。

三味同乳，不見星無聲爲度。納太乙天宮，坐黃埊內，頂火二兩，卯酉抽換，養五晬時竟。入汞一兩，再養，如前法增汞至十兩，取則丹體散，色如金。每一錢製汞五兩，成紫金。此力與大丹同。颺少許在空中，化爲白雪，漸漸高遠，莫測其際。焙打作匙筯用之，如遇毒藥，其毒即四散開去。米醋煉紫粉五兩，製作合子，候乾，納汞三兩，坐黃埊內，封口，又火養一晬時，即乾。

丹砂、雄黃、雌黃各一兩。同乳勻細，納黃埊紫粉二兩，蓋頭封口，固濟。頂火二兩，卯酉抽換，養二十兩晬時。取，乳細，楮汁丸如菉豆大。每一元點汞五兩，立乾。以四神四兩，覆藉丹砂三兩，頂火二兩，養七晬時。取，乳細，楮汁丸如菉豆大，可以起死。紫粉半斤，汞一斤，同乳不見星爲度，納黃埊，封口固濟，頂火四兩，養一晬時，點五金成寶。紫河車、丹砂各一兩，雄黃四兩，同乳勻細，納鐵合，封固，頂火二兩，卯酉抽換，養四十九日竟。汞二兩，同乳勻細，頂火五兩，卯酉抽換，養

五晬時竟。澆汞五兩，火候如前法，汞乾皆成金，澆養不竭，謂之仙人金谷子種玉田術。

紫河車、丹砂各一兩，雄黃四兩，同乳勻細，納鐵合，封固，頂火二兩，卯酉抽換，養四十九晬時竟。汞一兩，同乳不見星爲度，頂火二兩，養七晬時，加汞再養，一一皆如前法，候加至汞一斤，取色如紫金璀燦。乳細，楮汁丸如麻子大，每一丸，製汞一斤，成紫金。

紫河車一兩，覆藉雄黃一兩，納太一天宮，置黃埿內，頂火二兩，養三晬時取。雄黃乳細，每半兩於鐵銚內，澆汞十兩，如常法候聲絕，更養一晬時，漸逼令紅徹，成紫金。

紫河車四兩，汞半斤，同乳不見星爲度。納鐵合，封固，頂火二兩，養四十九晬時竟。乳細，再養一年，穀汁丸如麻子大，每一丸製汞一斤，成紫金。

白金砂、汞各五兩，結成砂子。以黃白金精覆藉，入黃埿，頂火一兩半，卯酉抽換，養七晬時成，名寶筭。分作二分，以一分對汞結砂子，一一皆如前法竟，又分又結又養，如此九轉，可點五金。

寶筭以汞澆養，其火候爐鼎之制，溫養用養丹頭法，澆至十次，寶筭力竭，可鎔作銀，亦謂之仙人金谷子種玉田術。

寶筭所生芽子，乳細，覆藉丹砂五兩，納黃埿，頂火五兩，養五晬時竟。取，不奪胎色，以生丹砂等，其多寡同乳勻細，納太一天宮內，置黃埿中，文火養二十一晬時竟。丹體散色如金，名赤石丹砂。用以作明窗塵，尤奇事也。

白馬牙變轉法

論　說

佚名《庚道集》卷九　黃金八兩，甘鍋內氣火鎔焰硝，撮令淨。白馬牙乳細，逐一刀圭抄，入汁內自然鎔化，以盡爲度。候澄清，鉗甘鍋坐灰中，極寒打破，自然分胎，名黃芽。

黃芽、丹砂等分，同乳細，納甘鍋內，只可七分滿，瓦陀子蓋口氣，火鎔成汁，鉗置灰中，極寒打破，自然分胎，丹砂已伏，色如爛銀。斫作博骰，大絹裹，懸於砂鉢內，青鹽、石腦、油酸、石榴皮，右三味等分，投漿水煮一晬時，沸湯洗淨，四十五過，去盡藥氣，焙乾。每一斤，汞四兩同乳，不見星爲度。納黃埿，封固，候乾，坐平地灰塜，生熟炭五斤，圍煅火盡，寒取汞，皆入丹砂，骨髓與之俱化，分毫不折，謂之眞伏火銀色丹砂。

銀色丹砂二十兩，乳細，以八兩鋪黃埿底，丹砂十兩，以銀末作衣，密排在中央，以銀色丹砂十二兩蓋頭，築捺平實，封固，頂火四五兩，養七晬時竟。火三二斤，煅火盡，寒取。其色丹砂入匱者長生，愈久愈靈。其丹砂黑如鐵，千回萬遍烹煉，皆成金汁，精魄不動，分毫不折，謂之鐵色丹砂，椎如兔矢大，以點五金。

銅鍮石、黑鉛、白鑞鐵各一兩，鎔成汁，以鐵色丹砂七錢點之，熾炭攪勻，候清良久，鉗置灰中，寒打破，其丹砂在上，粒粒不動，其五金在下，成雪花汞銀。其色點丹砂力已慢，只可乳細，作紅荔枝銀外匱。

丹砂如帝珠子大者，三七砂子裹之，崑崙紙絹兩重裹之，白礬朝生暮落花，投流水煮一日，取剪裁令齊淨，經點鐵色丹砂，乳細七錢，蜜煉成劑，再裹之崑崙紙兩重，裹定煉泥固濟，候乾。炭四斤，就地圍定，熟火三斤，簇煅紅徹，翻轉毬，再簇餘火，候火消及八分去火，寒取砂子丹砂，皆成至寶，謂之紅荔枝鐵色丹砂。更不動，亦不折，但力又慢。聚及一斤，入汞四兩，同乳不見星爲度，納黃埿，封固，候乾，穩坐平地，濕灰塜之，炭五斤，半生半熟，圍簇火盡，寒取分毫不折，作砂子長生匱。

三七砂子十兩，分作十丸，棕櫚寬裹白礬，朝生暮落花，投流水，懸煮一日，長生匱八兩，鋪黃埿底，勻排砂子於上，以十二兩蓋頭築捺，平實封固，頂火四兩，養七晬時。火三斤煅紅徹，去火，寒取砂子盡伏匱不動。如經久砂子，可自二八一九也。以漸至莪蓮，至澆汞，至糝製，其匱顏色漸黃。始信丹砂之功，異於八石。

長生匱

論　說

佚名《**庚道集**》**卷九**　丹砂二十兩，雄黃、雌黃各二兩。黃礬、石膽、柳絮礬、蒲桃青各半兩。右七味秤，同乳勻細，熟絹兩重寬裹之。石腦、雄黃、雌黃、黃礬、皂礬、石碌、青鹽、代赭石、柳絮礬各一分。右九味秤，同乳勻細，投米醋中，懸煮二晬時竟。取焙乾，納黃堥，封固，候乾，火五斤，就地煅火盡，寒取，去輕浮者，乳細作匱，養金砂子，一一皆如養銀砂子法。匱經久，可養丹砂，亦如養砂子，顆顆透骨，名金丹拱金，鎔過成金。然金砂子及丹砂，皆須九味醋中煮一晬時，方可養。九味醋可留久用，如竭增醋可也。

金丹法

論　說

佚名《**修鍊大丹要旨**》**卷上**　朱砂四兩或半斤，用草汁並四十八津，重淋之液，入硫半兩，同煮一伏時，久愈佳。如無草，以醋脫煮。却不用硫庚四兩，用丹頭四錢，入甘鍋作汁，提起用鐵火筯，攪作黃粉，傾入淨甆器內，盡成粉爲度。以水淘之，秤得元分兩不折，爲妙。將粉秤一兩在外，餘三兩却與煮了朱砂，同研勻。庚硃過氣，方入甘鍋中。外一兩金粉，秤七錢蓋面，以紙隔定。再用山澤銀末四兩蓋頭，以土築實，入灰池中，封固，養火四兩，七伏時。啓合，加火貼鍋，一煅通紅，一宿天明，取出銀末，其金硃眞死。可以細研，入油缸中，用火五兩，養二伏時。以西硼蓋頭，大火一煅，坯成至寶。此一坯聖，凡混合血氣流通，金得聖體，剛居柔位，方能產化。

右聖凡既已交媾，可再鎔成汁，每兩庚入丹頭一錢，如前攪成黃粉，再研。以煮過硃砂二兩，同入甘鍋中，上覆以前金粉七分，糝面隔絕銀氣。換新母銀硃四兩蓋頭，封固鍋口，入灰池中，用火四兩，養煅二伏時。亦用半斤炭煅通紅，一宿天明出爐，所有金硃眞死，研細。蓋金氣既多，硃盡變爲金末。又用此二鬲銀末在上，乃是神仙之法。神交而形不相交，金木不相間隔，可爲長生大匱，永脫硃砂成寶匱，養三黃而點化五金。

鍊丹點五金法

論　說

歸耕子《**神仙鍊丹點鑄三元寶照法**》《神仙文》曰：五金者，自然之質，未能變化爲寶，須用火龍丹點之，方得通天地之靈也。火龍丹者，本乎南方，朱雀火位，襲化北方壬癸之中，歷涉五行，包含五彩，功齊天地。其氣騰而爲天，其質降而爲地，所以至藥之本，謂見火即飛，故有火龍之稱也。乃有三一之數，雄雌混而未分，清濁浮沉不定。故君子固窮候時，知白守黑，神明自來。聖人祕之，不形文字，口口相傳。

太上衛靈神化九轉丹砂法

論說

佚名《太上衛靈神化九轉丹砂法》卷一

第一轉　化丹砂成水銀

取光明砂一十六兩辰錦州出者良也，黃礬十二兩用瓜州者。右件藥二味，先取黃礬炒過，研成末，布於爐子底。次研朱砂末，安在黃末向上，以銀匕子均攤。令得所了，向上亦用黃礬末覆蓋之，令厚二分，却以一小瓶子蓋之，後用六一泥，固濟如法，須令堅密，勿使有泄氣之處。候泥乾了，擇日用子時，鐵釘三箇安向上了，然後下火。初先文火，養之一日一夜。訖後漸漸加武火，燒之經兩日夜。候藥爐通赤了，便止火候。藥爐子冷了，細細開爐看之，其朱砂盡化成水銀，以物掃之收取。如飛未盡者，須再准前，用黃礬末覆於爐子內，如法固濟，更加武火，重飛之一兩日間，以候飛盡水銀爲度，名曰河上奼女也。《參同契》曰：河上奼女，靈而最神。遇火即飛，不染垢塵。鬼隱龍匿，莫知所存。將欲制之，黃芽爲根。此言水銀得金之精氣，其萌芽漸漸生長矣。

第二轉　將水銀却變成丹砂

取前抽飛成水銀，秤看每十兩，用石亭脂三兩。右二味，先取石亭脂，於新坩器中研如粉了。却一時入銚之中，以炭火消鎔之。候硫黃成汁，然後細細將水銀，投入硫黃汁內，以鐵筯急攪之，令得所其水銀，與硫黃總結定，成青砂子。取出安爐內，依前覆蓋定，用六一泥，如法固濟令牢密。候其泥乾，無泄氣處，仍安於三箇釘上，先下文火，養一伏時。却漸漸加武火，燒之兩日夜。訖候爐子冷，開爐看之，其水銀已化成朱砂。光明可愛。《參同契》曰：丹砂木精，得金乃并。言丹砂本是金體，須得金養之，積漸成形。一云漸漸令堅硬也。

第三轉　却化丹砂成水銀

取前燒了丹砂，爛研如粉，所有方法，一一並准前法。黃礬末，上下蓋藉之，如法固濟。候六一泥乾，如第一度法，初用文火，養一日夜。後加武火飛之，如經兩日夜。爐冷開之，看朱砂化成水銀，細細取收之，於別坩器中研。如未化盡者，即須依前法，以黃礬末蓋之，如法固濟，再飛上一兩日夜，以飛盡水銀爲度，名太陽流珠也。《參同契》曰：太陽流珠。常欲去人，若得金華，轉而相親。化爲白液，凝而至堅。言流珠者，三錬水銀也。此物無定性，亦好飛走，但得金華之氣，即漸成形質也。

第四轉　化太陽流珠爲丹砂

又煮金銀水法，取一銀鍋子，可受一斗水。用上等金銀薄五十片，常以水八九升，用煮金銀薄七日夜，勿令絶火。煮日數足，只常以水三升許，煎之五日，一度抽添，以候日數足了，取錬了金銀水，以坩瓶中貯之。其用水製藥法，取錬了金銀水三升，鹵鹹汁一小合，大鵬砂一分，曾青一分，空青一分，石膽一分，礬石二分，黃礬二分，硝石一分。已上藥並須細細研如粉，總將入金銀水中合煎，其水常令魚眼沸，晝夜令滿，煮三七日訖，候其流珠凝結，如麵相似，即得停火，一時煎盡金銀水。若乾涸時，但續添水煎，令日足。以鐵匙漉取汞砂，用帛綟出取凝者，別置器中。餘所綟出稀者，即須準前更煮，以流珠結盡爲度。《參同契》曰：稙禾當以粟，覆雞用其卵。又曰：類同則相從，事乖不成寶，燕雀不生鳳，狐兔不乳馬。注：言朱砂、水銀，本是金體，必須藉金銀精氣，然後成形質也。

第五轉　入陰陽爐子令藥砂堅剛

先泥一陰爐，用坩土外泥之，須令如法，候極乾。取前藥砂，碎研在內用藥，雄黃二分，胡桐律三分，大鵬砂三分，曾青一分，朴硝一分。已上藥六味，總須細研內中。即以金銀水和鹵鹹汁，續添之，以文武火煮，常令魚眼沸。如是煮之，經七日夜滿，停火漉出砂，看之以絶堅硬爲限。然後將入神室內，養之三百六十氣足，自然伏火，鼓鎔不折矣。《參同契》曰：物無陰陽，違天背源。雞子自卵，其雛不全。注：言物無陰陽之氣配合運用，無成，須藉陰陽之氣而成形也。

第六轉　變硬成伏火黃銀

取前件藥砂，於鐵臼中擣碎，內入銀鍋中。以雌黃二分，鹽膽汁一

升，用玄明水五升。合煮之二七日，滿。水涸即續添之，慢火煎之，常令魚眼沸，兼晝夜須看守之，專候水銀砂微帶淺黃色爲限約，不得帶深黃色。黃銀砂雖然堅實凝結，未絕伏火，宜入神室內，如法固濟令密。將於灰池中，養之七日，入坩堝消，不折分毫，任上鍖鎚也。《參同契》曰：擣和並合研，無令赤色鮮。固塞示際會，務圖白至堅。注曰：黃銀雖然堅結，然未伏火，宜入神室內，如法固濟令密，將於灰池中，養之七日，入坩堝消，不折分毫，任上鍖鎚也。

第七轉　變黃銀成赤鉛金

取前者淺色黃銀，入坩堝消鎔之，令作鋌子，打修作薄葉，厚如半分許板。然後取硇砂二兩，白鹽一升，以水二斗合和，用浸黃銀薄片，可經二七日滿。取出，向鍖鎚上試打，看如微帶脆。未禁鍖鎚打之時，則用羚羊角揩磨之。其法先燒黃銀扇令赤，用羚羊角，來去揩之其銀扇片。若冷時須臾火燒之，準前法更揩磨之，堪上鍖鎚爲限。總須打修作葉子，令薄似紙，看其多少，以打金葉爲度。則別取硇砂二兩，白鹽一升，赤土五升，胡桐律一兩。已上藥四味，相和擣研爲末，和烏牛糞拌，搜之如泥相。次用重重襯，金葉子重重疊之，以盡爲度。蓋覆如法，火周圍燒之，如是可經十餘日，以上金純赤爲度鉛金。《參同契》曰：金來歸性初，乃得稱還丹。注曰：言飛鍊赤金，稍得相似，本於朱砂之色，名曰還丹。

第八轉　變赤鉛金成金粉

取前件燒成金葉一兩，則用朱汞一兩，餘藥金皆須准此，合和其水銀，自食金葉子，如泥相似，總須攤之，如指面許。然後一片，布之爐中。方乃於爐內，先布鹽花二兩，硝石二兩，胡桐律一兩。已上諸藥，皆細研如粉，用重重隔金葉子爲限，如法固濟之，須令牢密。專候爐乾，則以文火，飛之三日夜。訖候待爐子令細。

九轉靈砂大丹法

論說

佚名《九轉靈砂大丹》

一轉　初眞丹法

右用生鐵鑄盒子一箇，或熟鐵打盒子亦可。一盒約盛銀珠二十兩。先用白善土、米醋，調塗盒子內，一分厚。日乾，却將前珠子一斤，并煮過靈砂四兩。每用四一之數，如栽蓮子法。層間滿合，以崑崙紙蓋定。盒頂不滿，用乾碎黃土填實。用醋調赤石脂，封子口蓋住，用鐵線十字札定。合子外用紙筋、鹽泥通固，約半指厚。日乾，入灰缸內養火。又用小口缸一箇，約盛灰九斗者。用黃土先鋪缸底三寸厚，用三腳小鐵架一箇，高五寸。三腳仰放向上，將丹合放於三腳上頂住，不要側動，以紙錢灰埋之。再用大鐵架，罩定其架，圈上以鐵線串成隔眼，其隔離丹合一指，隔上放火，再用五寸灰蓋火。卯酉抽添，一七伏時，二三四五六七八，皆是兩數。候日足，冷定取出開合，其砂如新鐵色。將一塊用刀劈開，中間無紅色，其丹熟。如有些紅色，是換火不勻，不可動。再固濟，依前養三伏時，其火比前火加些，無不成矣。揀出銀珠分開。如要此砂見寶，用砂一兩，黑鉛一兩，入灰池對煎過，每兩砂得眞銀八錢。惜之，留轉大藥。

二轉　正陽丹法

右用初眞丹一十六兩，作匱。依前用桑汁煮過靈砂一斤，先用四兩，同丹匱，依前入合，如種蓮子法。四一之數，層間滿盒，依前固濟。日乾，入灰缸內三腳上，依前罩定，依前下火，卯酉抽添，一七伏時，二三四五六七八，皆用兩數。日足候冷，取出其新砂，與丹匱一般揀出新砂，包起。再用煮砂四兩，依前入匱中，依前封固，入缸內養之。如此四次，共得一斤新砂。如要試丹成熟，依前用黑鉛煎之。每兩砂得銀八錢。如不煎用，留作丹匱，轉丹藥舊匱，任意用之。

三轉　絕眞丹法

右用正陽丹一十六兩，作匱。用不曾煮的靈砂一十二兩，同透明辰砂四兩，共入麻布袋中，入桑灰汁瓶內，依前煮七伏時。候日足。一滾取出，日乾，同入研細羅過，用玉女漿，即楮樹汁也，爲劑。按實，曬乾，鑿成大黃豆塊。先用膽礬四錢，硫黃一錢，研細同入銚內，炒令紫色，研爲細末，却將鑿成塊砂四兩，逐塊用熟米醋蘸過去，膽礬、硫黃末中滾之，名貼身藥。與丹匱，依前四一之數，層間滿盒，固濟，入灰缸內三腳上，依前罩定，依前下火，卯酉抽添，二七伏時，二三四五六七八皆兩數。日足候冷取出，開合，其砂亦如新鐵色。母子一般揀出，如此四次，共收得新砂一斤。如見寶，依前試之舊母，任意用之。

四轉　妙靈丹法

右用絕眞丹一十六兩，搥碎。用磁合一箇，揩淨。將碎砂鋪於合內，用閉口川椒一兩，淨水三碗，於磁器中，煮至二碗。去柤乾淨，却傾入水銀四兩，煮滾約一時候，取下急傾去椒汁令乾。將水銀乘熱傾入合內砂中。醋調赤石脂，封子口，鐵線扎定，合外以紙筋、鹽泥通固。日乾，合底下用水湯瓶一箇，約盛水五升，瓶口與合底一般恰好。瓶中先盛滾湯七分，坐上丹，合鹽泥固濟口縫。不用三腳。入缸內，灰埋之罩定，養三伏時，卯酉抽添，四五六兩數。日足，寒爐取出，開合看，其水銀不見。秤砂有斤兩。不要動，再依前煮水銀四兩，依前澆入合內砂中，封子口扎定，依前固濟。日乾，水瓶內添滾湯七分。坐上丹，合固口縫，入缸內，依前下火，依前抽添，三伏時。候冷取出開合，微見些峰角，秤砂亦有斤兩。如此四次，共澆水銀一斤，且住休動，固法如前，水瓶內湯添滿坐上合，依前封固子口，不澆水銀，虛養五伏時，卯酉抽添，四五六七八兩數，日足，冷取出，開合，其丹湧起，如瓊林玉樹，方可採摘白芽子，如此澆採無窮也。

五轉　水仙丹法

右用妙靈丹內採丹芽一斤，要淨，不可犯雜。鋪於淨磁合內，好珠汞半斤，就傾入合內芽中。依前封固子口，扎定，合下用湯瓶，依前封固，入灰缸內，不用罩，其火四方，插養五伏時，四五六七八兩數，日足，候冷取出，開合，其丹峰巒湧起，休動，依前再澆水銀，依前固養，如滿合用剪下分開。如要成寶，以河水並乳香少許，煮一伏時，入甘鍋內，熔成至寶，任用之。至此不用鉛煎，自體成寶矣。

六轉　通玄丹法

右用水仙丹，取四兩。依前用河水並乳香，煮過，熔成寶，打造室，合三兩做底，一兩做蓋。口縫彌密，恰好盛葉，雌透雄倭，黃紫硇各一兩，皆用精妙者，同研細，裝於合內，醋調赤石脂，封子口，放於前磁合內居中。却將水仙丹芽子鋪蓋，再固磁合子口，扎定，不用外固。入灰缸內三腳上，灰埋罩定，隔上放火，卯酉抽添，三七伏時，二三四五六七八皆兩數。日足，候冷取出，開合去鋪，蓋其室合，與三黃一等紫紅。將黃一小塊，試銀成庚，通赤爲度。如上面赤下淡，其丹未熟。如透底赤，方可點化，留轉丹藥。

七轉　寶神丹法

右用不煮靈砂六兩，生雄黃二兩。用前養過三黃四兩，留一兩蓋面，餘一處研勻，入磁合內，留丹一兩，亦研細蓋面。以醋調赤石脂，固子口，鐵線十字扎定，合外再以紙筋、鹽泥通固。日乾，入灰缸內三腳上，灰埋之罩定，隔上放火，五七伏時，卯酉抽添，二三四五六七八兩數，候日足，再加火三斤，四方插煅。候冷取出試之，將汞五兩，入建盞內，以丹末一錢摻之，下用小火逼汞，將却好盞蓋定，醋紙封子口，候作聲聲絕去盞。其汞成一塊紫庚，再入甘鍋內，化成金寶。留轉大藥，舊匱任用之。

八轉　神寶丹法

右用寶神丹七兩，留二兩塗頭。用硫黃汞對昇的靈砂五兩，雌雄硫珠各一兩，並研細入合，留丹二兩，亦研細，蓋於面上。固濟，日乾，入灰缸內三腳上，卯酉抽添，七七伏時，二三四五六七八兩數。日足，候冷開，合成一塊，紫色射目，光彩可愛。可種金芽，變轉任用，留轉大藥。

九轉　登眞丹法

右用神寶丹六十兩，二八靈砂三十兩，一處研勻，用烏驢乳汁和爲劑。却摘取金芽二斤，熔成寶，打造金神室合。恰好盛衆丹藥在內，令滿。醋調赤石脂，封子口。復鑄一銅合一箇，比度大小，恰好入室合居中，四邊各寬一指。右用鉛丹、礬石，各另用器盛之，五斤炭火煅過，同

研細末，殺埋芽合鋪蓋要匀。次固濟銅合，不用外固，入灰池。右擇卜壇場，按方位，擇日時下火，卯酉抽添，七七伏時，依前火數，日足就，加火三斤，四方插煅。候冷盡，取合子，去銅合，以黄芽丹合，盛大丹，於壇上掘地，深五尺，埋五十日，取出。用油紙裹三五重，再以布帛包三五層，淨厤索攜墜於井中，五十日至底。取出爲細末，以黄精自然汁，或玉女汁，亦可丸如雞頭子大。候乾，再入金室合内，封子口，灰缸内三腳上，下火一七伏時，卯酉抽添，二三四五六七八兩數，日足。候冷取出，合試丹一粒，投入冷水中，其水隨丹滾如湯。以汞一斤，入建盞内，投丹一粒，恰好盞蓋定，醋紙搭口縫，以小火逼汞，如秋蟬之聲絶，去盞，汞已成上色紫寶，熔之紫暈爍人，乃丹成也。

將丹數供，具奏上帝，候有報應，取丹，井中水呑三粒。先置水缸，遂入水缸中，煩丹友外護，候水溫熱即出。再入第二缸水中，復三缸，便覺身輕神變。次日準前。如是三次，九缸水，共呑九粒。自然身有光明，將見雲車下迎，如接待雲升霞車矣。

銀雪法

論説

佚名《**太清經天師口訣**》本經云：取汞一斤，華石十五兩，合治令熟者。當以醇大醋煮水銀九日九夜，大醋欲盡，輒隨益之，水銀即凝，乃末之以和華石也。若有雜丹錬合衆藥，及諸方術所用水銀，不依此者，則水銀不和，終不能成。

又云：内六一、鉛白、赤釜中者。六一者，六一泥也，作之如九丹經法。鉛白者，取本經所作鉛白，和以大醋，擣千杵，以塗土釜内，令厚三分，陰乾十日，乃以水銀華石末内其中也。赤釜者，土釜也。作法取雞府土赤黄色者，細末絹篵蒸之，從旦至日中下之取，薄醋和之爲泥，擣之令熟，以作土釜，隨藥多少大小，以意作之，通令厚五分許，陰乾三十日。次取斛樹白皮三十斤，細剉，以水三石煮之一日，乃去滓煎，其汁可得一斗許，乃止，色赤黑，名曰斛漆，以塗土釜表裏，即硬韌不破，入火不裂，此是神丹釜大祕訣也。太清神丹九丹，金液八景，太虛琅玕之華，還丹、飛輕、玄霜、絳雪、太和、自然、朱光、雲碧、紫華、絳英諸大丹等，所作土釜，不得此訣，入火即破，終不成也。又云：覆以赤鹽，封以六一。錬丹者當以鉛丹和大醋爲泥，擣千杵，以塗土釜口，即以赤鹽盤蓋之。重以鉛丹泥，泥其會際令密，陰乾十日。復以六一泥，泥土釜表及蓋上，通令厚五分，陰乾十日。復以白土和醯及鹽，擣千杵，復塗六一泥上，復陰乾十日。乃四方立四塹，中央立一塹，名曰五嶽。亦可三角竪三塹，名三台，以安土釜其上，火之如經法。

艮雪一名白雪，又作雄雪。云作之者，當以六一泥於大鐺中，四方累之如升形，陰乾，以艮雪置其下，銅板覆其上，以大醋少少灑其中，炭火燒之，則艮雪及銅板皆消，復鼓之爲板，懸華池上，餘如經説。

作雄雪，内飛器中，加以赤鹽盤封閉，火之如艮雪法。飛器者，赤土釜也。

羽化河車法

論説

佚名《**靈寶衆真丹訣**》光明砂四兩，楝取如皂莢子大、瓜州黄礬半兩。

右已上，取三年米醋拌細，研如泥，將用一一裹其朱砂，待乾。別取上色西方庚半兩，打作薄，剪作小片子，更裹砂了。然後取武都上色雄黄一兩，曾青一兩，細研，以左味煎似膠調，將雄青末捻成小餅子，將裹前砂，待乾，搗鹽醋爲膠泥，更裹一重總了，直放待乾。用眞鉛爲櫃，排鉛別有法。更燒三遍，三遍須搗篩如法。取鉛銀六兩，打作合子。其合子須相受處口，距深下二寸四分，深廣上一寸二分，亦然。即取眞鉛鋪於合底，可二分，即排砂如蓮子様，更以眞鉛蓋，更鋪砂，重重取盡了，即以

眞鉛蓋却取滿合，却先打銀束子束定，六一泥固濟，待乾。五斤鹽，用硝石鍊過兩度了，細搗羅，取鐵鼎可容得前合稍寬者。實其鹽，搗於陷合處，是爲外櫃，以鹽塡持了蓋却，鐵筋貫定固濟，待乾。掘一地鑪，深一尺六寸，闊一尺四寸，以馬通火、糠火，燒四十九日。開鼎，以鐵筋撥鹽櫃，看銀合櫃變爲金色，即去火取出。如未，更燒七日取出，待冷開合，剝下黃礬及雄靑，留著取一粒，細研，水銀二兩於鐺中，微火取藥，半小豆大，糝上便乾鍛成寶。且惜莫用，此爲第一轉。

別取光明砂十二兩，研碎，和前伏火砂同研。依前用好醋煎溲成團，取前內櫃。細搗羅築爲櫃。即取前剝下黃礬，細研鋪底了，安砂團，更以蓋子上了，便著櫃末塡滿，依前法固濟，待乾入鼎，別泥鑪，著草灰半斤，火養一百二十日，以大火煆，出鑪取藥，如前當成上色西方，此名第二轉紫金河車。

若要伏食，出毒，入寒泉一月日，却以乳蒸，用楮汁爲丸，丸如粟米大，延齡，治萬病，每日服只可一丸。若志心盡一兩，壽年五甲子。神祕不得，偶然輕泄，傳無道之人，受其殃。

別取光明砂一斤，細研，以左味拌，取一甆鼎子可貯得藥者，將拌砂築成外櫃，將前伏了砂，細研醋調泥櫃內，乾了，著汞八兩，以二兩火，入鑪養一百二十日，成紫金。不宜用，先將投名山，告上玄，書名仙籍也。其神室收取，要用時坐於灰中，著汞六兩，用二兩火。養一伏時，眞上色西方也。此名第三轉神室河車。

金華黃芽法

論說

佚名《靈寶衆真丹訣》 生銀芽半斤、生汞半斤。

右鎔芽與汞相入，狀若銀膏。如欠，將濕銀添滿本數，即取湖南通油瓶子上好者，受得二斤者，令貯得前藥，令其裏面寬轉，即通身固濟之，令頭平，使要返覆安之。更取一瓶大於前者，可貯得上瓶，爲外櫃，不固濟，權著物蓋頭。即放三釘上，以淨泥用麻筋作鑪，鑪須三段作者，象三才。中層著三釘橫安，亦得下開二門，前後著二門，前面大門，高四寸。後面小門，可一寸半。其鑪下火可三截，長四寸，常著灰蓋上。如進火時，但炭上安中心即得，用炭團更好。其火還從十一月發火，如此可十月後，一年內須六十日武火，似大些些子。其上須著一盆覆之，開一星露，可大一寸，從半夜子時，其藥瓶頂向上，午後轉上却下，至夜半依前轉，轉內瓶，外者不轉。轉了更須覆蓋。鑪上一層，其鑪似甑形，其上星露，從半夜將片紙掩之，至時除之。如是火候調順，不失節度，即是晝夜各一封，至五月足，秤看欠添，汞滿應數，成爲一塊，謂之成形。即破瓶取之，搗研淘令細，水飛曝盡令乾。更依前入新汞，可三分之一，按藥令平，不用固濟，依前火侯，養待一月滿，更出淘洗畢，待乾，更養通前。都滿十月，其藥上有點化朱砂，此是藥精，出母胎上，可半斤，作褐色，已伏火也。收取別器貯，六十日武火燒畢，出赤色奇絕，出火毒，服食可長年益壽，其藥不可具論。其火得十月足，火似大，便化作液。更須緩火養，更得依舊，其藥本母，依前生汞半斤，養一月，更出母面上，還似褐色，養可一年。收前件藥，便作世利，伏火也，爛白。如要世利，可月月添之。若得九度添汞，養之一斤，神妙，與世長存，兼治萬病。云此是九鼎丹，功成上升。《參同契》云是金華，曾云是外丹。此甚祕訣，蘇臺一兩人得之，不得輕泄耳。

幾公白法

論說

佚名《靈寶衆真丹訣》 太上憫學士之困窮，上士之未遇，述之爲號，以助術人，故顯此方。

白虎三十兩、太陰玄精十二兩、礬石十二兩、胡粉八兩。

右三物擣研成粉，以左味和爲泥。先捏蠟八兩，作鷄子形。即以藥泥塗蠟鷄子上，令遍。以甘土泥藥上，令周帀，泥令厚半寸許。頂上開一小孔子，如豆顆許。然後曝乾，火燒去蠟，安前玄武於孔中，還以藥泥固鷄子孔中，其上還以藥泥固，然後緩火，鍊七九日，玄武俱乾，其色如銀，此名銀精。取此伏精一兩，入熟銅一斤，盡化爲泥，名制伏之法。若藥物不伏火，入銅鐵俱失紀綱，即不成制伏。八公號幾公，白者是玄武之別名。伏了之物，能入也。即不任服食者，何也。此是變轉之法，非眞玄妙之門。幾白者，是汞鉛。能白者，此變伏。故八公號曰幾公白也。更有油醋煮之法，具別方。

九轉鍊鉛法

論　説

佚名《靈寶衆真丹訣》　訣用鉛十斤，汞一斤，以器微火鎔之，用鐵匙掠取其黑皮，直令盡。每一遍傾在地上，復器中鎔之，凡如此九遍訖。即下汞，即用猛火熬作青砂色，如散即糠醋灑之，即變爲青砂矣。更於一鐵器中盛醋，傾砂醋中訖，用鐵匙研令熟。又醋烹添，取鉛黃於瓦上，令乾，取黃牛糞汁，並小大麥麵亦得，和所熬青砂作團，如鷄子大，或作餅，日曝乾。一本云：陰乾。於燎爐火上，排鞴袋吹取鉛精，名鉛丹。其性濡，更著器熬令至熟，其色盡赤，又出醋中研令至熟，澄著瓦上使乾，於器中熬令熟，紫色。又別以一器，取好酒一升，下赤鹽二兩，和投酒中相得，即取紫色丹。一時寫著酒中，待冷出之，此即名九還鉛。九爲丹名，曰九轉紫鉛丹也。

宫觀仙境總部

中國五嶽

論　說

杜光庭《洞天福地嶽瀆名山記・中國五嶽》東嶽泰山，嶽神天齊王，領仙官玉女九萬人。山周迴二千里，在兗州奉符縣。羅浮山、括蒼山爲佐命，蒙山、東山爲佐理。南嶽衡山，嶽神司天王，領仙官玉女三萬人。山周迴二千里，以霍山、潛山爲儲副，天台山、句曲山爲佐理。中嶽嵩高山，嶽神中天王，領仙官玉女一十二萬人，爲五土之主。周迴一千里，洛州告成縣。少室山、東京武當山爲佐命，太和山、陸渾山同佐理。西嶽華山，嶽神金天王，領仙官玉女七萬人。山周迴二千里，在華州華陰縣。地肺山、女几山爲佐命，西城山、青城山、峨眉山、嶓冢、戎山、西玄具山同佐理。北嶽恆山，嶽神安天王，領仙官玉女五萬人。山周迴二千里，在鎭州。河逢山、抱犢山爲佐命，玄隴山、崆峒山、陽洛山爲佐理。

十大洞天

論　說

杜光庭《洞天福地嶽瀆名山記・十大洞天》第一，王屋洞小有清虛天，周迴萬里，王褒所理，在洛州王屋縣。第二，委羽洞大有虛明天，周迴萬里，司馬季主所理，在武州。第三，西城洞太玄總眞天，周迴三千里，王方平所理，在蜀州。第四，西玄洞三玄極眞天，廣二千里，裴君所理，在金州。第五，青城洞寶仙九室天，廣二千里，甯眞君所理，在蜀州青城縣。第六，赤城洞上玉清平天，廣八百里，王君所理，在台州唐興縣。第七，羅浮洞朱明曜眞天，廣一千里，葛洪所理，在博羅縣屬修州。第八，句曲洞金壇華陽天，廣百五十里，茅君所理，在潤州句容縣。第九，林屋洞左神幽墟天，廣四百里，龍威丈人所理，在蘇州吳縣。第十，括蒼洞成德隱眞天，廣三百里，平仲節所理，在台州樂安縣。

張君房《雲笈七籤》卷二七《洞天福地部・天地宮府圖・十大洞天》

太上曰：十大洞天者，處大地名山之間，是上天遣群仙統治之所。

第一王屋山洞，周迴萬里，號曰小有清虛之天。在洛陽、河陽兩界，去王屋縣六十里，屬西城王君治之。

第二委羽山洞，周迴萬里，號曰大有空明之天。在台州黃巖縣，去縣三十里，青童君治之。

第三西城山洞，周迴三千里，號曰太玄總眞之天。未詳在所，《登眞隱訣》云，疑終南太一山是，屬上宰王君治之。

第四西玄山洞，周迴三千里，號三元極眞洞天。恐非人跡所及，莫知其所在。

第五青城山洞，周迴二千里，名曰寶仙九室之洞天。在蜀州青城縣，屬青城丈人治之。

第六赤城山洞，周迴三百里，名曰上清玉平之洞天。在台州唐興縣，屬玄洲仙伯治之。

第七羅浮山洞，周迴五百里，名曰朱明輝眞之洞天。在循州博羅縣，屬青精先生治之。

第八句曲山洞，周迴一百五十里，名曰金壇華陽之洞天。在潤州句容縣，屬紫陽眞人治之。

第九林屋山洞，周迴四百里，號曰尤神幽虛之洞天。在洞庭湖口，屬北嶽眞人治之。

第十括蒼山洞，周迴三百里，號曰成德隱玄之洞天。在處州樂安縣，屬北海公涓子治之。

五鎮海瀆

論説

杜光庭《洞天福地嶽瀆名山記・五鎮海瀆》 東鎮沂山東安王，在沂州。南鎮會稽山永興公，在越州。中鎮霍山應聖公，在晉州。西鎮吳山成德公，在隴州。北鎮醫巫閭山廣寧公，在營州。東海廣德王，在萊州界。南海廣利王，在廣州界。西海廣潤王，在同州界。北海廣澤王，在洛州界。江瀆東廣源王，在益州，立春祭；淮瀆南長源王，在唐州，立夏祭；河瀆西靈源王，在同州，立秋祭；濟瀆北清源王，在洛州，立冬祭；漢瀆漢源王，在梁州。並天寶十年封。

三十六靖廬

論説

杜光庭《洞天福地嶽瀆名山記・三十六靖廬》 綿竹廬，在漢州綿竹縣栖林山。紫蓋廬，在荆州當陽縣。瀘水廬，在瀘州安樂山。丹陵廬，在洪州西山鍾君宅。守玄廬，在終南山尹喜宅。靈淨廬，在亳州太清宮。送仙廬，在岳州墨山孔昇觀。契靜廬，在鄭州圃田列子宅。淩虛廬，在南岳中宮。鳳凰廬，在襄州鳳林山。子眞廬，在洪州西山梅福壇。玄性廬，在撫州南城縣魏夫人壇。契玄廬，在袁州吳平觀。啓元廬，在虢州桃林古關，今陝州靈寶縣。出谷廬，在廬山青牛谷。君平廬，在漢州綿竹縣君平宅。斗山廬，在興元城固縣唐公昉宅。光天廬，在南嶽。騰空廬，在洪州遊帷觀。昭德廬，在廬山。尋玄廬，在江西吳猛觀。得一廬，在潤州鹿跡觀。啓靈廬，在秦州啓靈山。宗華廬，在洪州宗華觀彭君宅。朝眞廬，在京兆會昌昭應山。黃堂廬，在江西洪州。迎眞廬，在洪州。招隱廬，在江西洪州。紫虛廬，在南嶽魏夫人壇。啓聖廬，在岐州天興縣啓靈宮，本名天柱廬。鳳臺廬，在京兆盩厔縣蕭史宅。東華廬，在衢州龍山縣東華觀。祈仙廬，在洪州黃眞君宅。元陽廬，在蘇州常熟縣張道裕宅。東蒙廬，在徐州蒙山。貞陽廬，在洪州曾眞君宅。

三十六洞天

論説

杜光庭《洞天福地嶽瀆名山記・三十六洞天》 霍童山霍林洞天，三千里，在福州長溪縣。太山蓬玄洞天，一千里，在兗州乾封縣。衡山朱陵洞天，七百里，在衡州衡山縣。華山總眞洞天，三百里，在西嶽。常山總玄洞天，一百里，在北嶽。嵩山司眞洞天，三千里，在中嶽。峨嵋山虛陵太妙洞天，三百里，在嘉州峨嵋縣。廬山洞虛詠眞洞天，三百里，在江州潯陽縣，九天使者。四明山丹山赤水洞天，一百八十里，在越州餘姚縣。劉樊得道。會稽山極玄陽明洞天，三百里，在越州會稽縣。夏禹探書。方白山德玄洞天，五百里，在京兆盩厔縣，太上所現壇。西山天寶極玄洞天，三百里，在洪州南昌縣，洪崖所居。大圍山好生上元洞天，三百里，在潭州醴陵縣，傳天師所居石室仙壇。潛山天柱司玄洞天，一千三百里，在舒州桐城縣，九天司命。武夷山昇眞化玄洞天，百二十里，在建州建陽縣，毛竹武夷君。鬼谷山貴玄思眞洞天，七十里，在信州貴溪縣。華蓋山容城太玉洞天，四千里，在溫州永嘉縣。玉笥山太秀法樂洞天，百二十里，在吉州新淦縣。蓋竹山長耀寶光洞天，八十里，在台州黃巖縣，葛仙公所居。都嶠山太上寶玄洞天，八十里，在容州白石山秀樂長眞洞天，七十里，在容州，北源。句漏山玉闕寶圭洞天，三十里，在容州。有石

室丹井。九疑山湘眞太虛洞天，三十里，在道州延唐縣。洞陽山洞陽隱觀洞天，百五十里，在潭州長沙縣。幕阜山玄眞太元洞天，二百里，在鄂州唐軍縣，吳猛上昇處。大酉山大酉華妙洞天，一百里，在辰州界。金庭山金庭崇妙洞天，三百里，在越州剡縣，褚伯玉沈休文居之。麻姑山丹霞洞天，一百五十里，在撫州南城縣，麻姑上昇。仙都山仙都祈仙洞天，三百里，在處州縉雲縣，黃帝上昇。青田山青田大鶴洞天，四十里，在處州青田縣，葉天師居之。天柱山大滌玄蓋洞天，一百里，在杭州餘杭縣天柱觀。鍾山朱湖太生洞天，一百里，在潤州上元縣。良常山良常方會洞天，三十里，在茅山東北，中茅君所居。桃源山白馬玄光洞天，七十里，在朗州武陵縣。金華山金華洞元洞天，五十里，在婺州金華縣，有皇初平赤松觀。紫蓋山紫玄洞盟洞天，八十里，在韶州曲江縣。

張君房《雲笈七籤》卷二七《洞天福地部·天地宮府圖·三十六小洞天》 在諸名山之中，亦上仙所統治之處也。

第一霍桐山洞，周迴三千里，名霍林洞天。在福州長溪縣，屬仙人王緯玄治之。

第二東嶽太山洞，周迴一千里，名曰蓬玄洞天。在兗州乾封縣，屬山圖公子治之。

第三南嶽衡山洞，周迴七百里，名曰朱陵洞天。在衡州衡山縣，仙人石長生治之。

第四西嶽華山洞，周迴三百里，名曰總仙洞天。在華州華陰縣，眞人惠車子主之。

第五北嶽常山洞，周迴三千里，號曰總玄洞天。在恆州常山曲陽縣，眞人鄭子眞治之。

第六中嶽嵩山洞，周迴三千里，名曰司馬洞天。在東都登封縣，仙人鄧雲山治之。

第七峨嵋山洞，周迴三百里，名曰虛陵洞天。在嘉州峨嵋縣，眞人唐覽治之。

第八廬山洞，周迴一百八十里，名曰洞靈眞天。在江州德安縣，眞人周正時治之。

第九四明山洞，周迴一百八十里，名曰丹山赤水天。在越州上虞縣，眞人刁道林治之。

第十會稽山洞，周迴三百五十里，名曰極玄大元天。在越州山陰縣鏡湖中，仙人郭華治之。

第十一太白山洞，周迴五百里，名曰玄德洞天。在京兆府長安縣，連終南山，仙人張季連治之。

第十二西山洞，周迴三百里，名曰天柱寶極玄天。在洪州南昌縣，眞人唐公成治之。

第十三小潙山洞，周迴三百里，名曰好生玄上天。在潭州澧陵縣，仙人花丘林治之。

第十四灊山洞，周迴八十里，名曰天柱司玄天。在舒州懷寧縣，仙人稷丘子治之。

第十五鬼谷山洞，周迴七十里，名曰貴玄司眞天。在信州貴溪縣，眞人崔文子治之。

第十六武夷山洞，周迴一百二十里，名曰眞昇化玄天。在建州建陽縣，眞人劉少公治之。

第十七玉笥山洞，周迴一百二十里，名曰太玄法樂天。在吉州永新縣，眞人梁伯鸞主之。

第十八華蓋山洞，周迴四十里，名曰容成大玉天。在溫州永嘉縣，仙人羊公修治之。

第十九蓋竹山洞，周迴八十里，名曰長耀寶光天。在台州黃巖縣，屬仙人商丘子治之。

第二十都嶠山洞，周迴一百八十里，名曰寶玄洞天。在容州普寧縣，仙人劉根治之。

第二十一白石山洞，周迴七十里，名曰秀樂長眞天。在鬱林州南海之南也，又云和州含山縣，是白眞人治之。

第二十二岣嶁山洞，周迴四十里，名曰玉闕寶圭天。在容州北流縣，屬仙人錢眞人治之。

第二十三九疑山洞，周迴三千里，名曰朝眞太虛天。在道州延唐縣，仙人嚴眞青治之。

第二十四洞陽山洞，周迴一百五十里，名曰洞陽隱觀天。在潭州長沙縣，劉眞人治之。

第二十五幕阜山洞，周迴一百八十里，名曰玄眞太元天。在鄂州唐年縣，屬陳眞人治之。

第二十六大酉山洞，周迴一百里，名曰大酉華妙天。去辰州七十里，尹眞人治之。

第二十七金庭山洞，周迴三百里，名曰金庭崇妙天。在越州剡縣，屬趙仙伯治之。

第二十八麻姑山洞，周迴一百五十里，名曰丹霞天。在撫州南城縣，屬王眞人治之。

第二十九仙都山洞，周迴三百里，名曰仙都祈仙天。在處州縉雲縣，屬趙眞人治之。

第三十青田山洞，周迴四十五里，名曰青田大鶴天。在處州青田縣，屬傅眞人治之。

第三十一鍾山洞，周迴一百里，名曰朱日太生天。在潤州上元縣，屬龔眞人治之。

第三十二良常山洞，周迴三十里，名良常放命洞天。在潤州句容縣，屬李眞人治之。

第三十三紫蓋山洞，周迴八十里，名紫玄洞照天。在荊州常陽縣，屬公羽眞人治之。

第三十四天目山洞，周迴一百里，名曰天蓋滌玄天。在杭州餘杭縣，屬姜眞人治之。

第三十五桃源山洞，周迴七十里，名曰白馬玄光天。在玄洲武陵縣，屬謝眞人治之。

第三十六金華山洞，周迴五十里，名曰金華洞元天。在婺州金華縣，屬戴眞人治之。

七十二福地

論說

杜光庭《洞天福地嶽瀆名山記·七十二福地》　地肺山，在茅山，有紫陽觀，乃許長史宅。石磕源，在台州黃巖縣嶠嶺。東仙源，在溫州白溪。南田，在處州青田。玉瑠山，在溫州海中。青嶼山，在東海口。崆峒山，在夏州，黃帝所到。郁木坑，在吉州玉笥山玉梁觀，乃蕭子雲宅。武當山，在均州，七十一洞。君山，在岳州青草湖中。桂源，在連州抱福山，廖先生宅。靈墟，在台州天台山，司馬天師居處。沃州，在越州剡縣。天姥岑，在台州天台南，劉阮迷路處。若耶溪，在越州南樵風徑。巫山，在夔州大仙壇。清遠山，在婺州浦陽縣東白山。安山，在交州，安期先生居處。馬嶺，在郴州，蘇耽上昇處。鵝羊山，在長沙縣，許君斬蜃處。洞眞壇，在長沙。南嶽祝融峰。洞宮，在長沙北。玉清壇，在長沙北。洞靈源，在衡州南嶽招仙觀上峰。陶山，在溫州安固縣，貞白先生修藥處。爛柯山，在衢州信安縣。龍虎山，在信州貴溪縣，天師宅。勒溪，在建州建陽縣。靈應山，在饒州北，施眞人宅。白水源，在龍州。金精山，在虔州虔化縣，張女眞修道處。閤皀山，在吉州新淦縣，天師行化。始豐山，在洪州豐城縣。逍遙山，在洪州連西山，許眞君修道處。東白源，在洪州新吳縣，鍾眞人宅。鉢池，在楚州，北王眞人修道處。論山，在丹徒縣。毛公壇，在蘇州洞庭湖中，包山，七十二壇，劉根先生修道處。九華山，在池州青陽縣，竇眞人上昇處。桐栢山，在唐州桐栢縣淮水上源。平都山，在忠州酆都縣，陰君上昇處。綠蘿山，在常德武陵北。章觀山，在灃州灃陽縣。抱犢山，在潞州上黨，莊周所居。大面山，在蜀州青城山，羅眞人所居。虎溪，在湖州安吉縣，方眞人修道處。元晨山，在江州都昌縣。馬跡山，在舒州，王先生修洞淵法處。德山，在朗州武陵縣，善卷先生居，古名枉山。雞籠山，在和州歷陽縣。王峰，在藍田縣。

商谷，在商州上洛縣，四皓所隱處。陽羨山，在常州義興縣張公洞。長白山，在兗州。中條山，在河中永樂縣，侯眞人上昇。霍山，在壽州。雲山，在朗州武陵縣。四明山。在梨州，魏道微上昇處。緱氏山，在洛州緱氏縣，子晉上昇處。臨卭山，在卭州臨卭縣白鶴山，相如所居。少室山，在河南府連中嶽。翠微山，在西安府終南太一觀。大隱山，在明州慈溪縣天寶觀。白鹿山，在杭州天柱山，吳天師所隱。大若巖，在溫州永嘉縣，貞白先生修眞誥處。嵊山，在萊州嶗嵊山，仙公會眞處。西白山，在越州剡縣，趙廣信上昇處。天印山，在昇州上元縣洞玄觀，仙公行化處。金城山，在雲中郡。三皇井，在溫州仙巖山。沃壤，在海州東海縣，二疏修道處。

李思聰《洞淵集》卷四《天下名山七十二福地》

第一福地，地肺山，在長安終南山心，四皓先生修煉處。
第二福地蓋竹山，在台州黃巖縣。
第三福地青遠山，在南陽。
第四福地安山，在交州。
第五福地石磕山，在台州天台縣。
第六福地東仙源，在台州。
第七福地青嶼山，在東海，中接扶桑島。
第八福地郁木坑，在玉笥山心，係臨江軍新淦縣。
第九福地赤水山，在西番西梁府。
第十福地在麻姑山，頂後建昌軍。
第十一福地君山，在洞庭湖心岳州。
第十二福地桂源，尹眞人得道處，在建州建陽縣。
第十三福地靈墟，在天台山頂，係台州天台縣。
第十四福地沃洲，在越州。
第十五福地天姥岑，李先生修道處，在越州剡縣。
第十六福地若耶溪，在越州。
第十七福地金庭山，在明州。
第十八福地馬嶺山，在郴州。
第十九福地鵝羊山，在潭州。
第二十福地眞墟，在長沙。
第二十一福地淸玉壇，在南嶽頂。
第二十二福地光天壇，在南嶽衡州。
第二十三福地洞宮，婁敬先生修道處，在長安。
第二十四福地陶山，在瓊州。
第二十五福地洞靈源，在衡州。
第二十六福地三皇井，在溫州永嘉縣。
第二十七福地爛柯山，在衢州。
第二十八福地勒溪，在建州。
第二十九福地龍虎山，張天師在信州。
第三十福地靈山，在信州。
第三十一福地白水源，在羅浮山頂，鄭思遠眞人煉丹處，在惠州博羅縣。
第三十二福地逍遙山，在西山心，許眞君宅淬劍處，在洪州。
第三十三福地閤皂山，張天師觀寶炁浮天，發洞穴獲玉像天尊，因立洞穴，在臨江軍新淦縣。
第三十四福地始豐山，在洪州豐城縣。
第三十五福地金精山，在虔州虔化縣。
第三十六福地東白源，在洪州。
第三十七福地鉢池山，喬眞人修道處，在楚州。
第三十八福地論山，在潤州丹陽縣。
第三十九福地毛公壇，劉根先生修道處，在安吳縣。
第四十福地鷄籠山，在和州歷陽縣。
第四十一福地桐栢山，在唐州。
第四十二福地平都山陰，長生修道處，在忠州。
第四十三福地綠羅山，在鼎州武陵縣。
第四十四福地彰觀山，在鄆州豐陵縣。
第四十五福地抱福山，在南海交州。
第四十六福地大面山，在青城山頂，係蜀州青城縣。
第四十七福地虎溪廬山心，五柳先生宅，在江州德安縣。

第四十八福地元辰山，蘇眞人上昇處，在都昌縣。

第四十九福地馬跡山，老君下降，授青童君《相骨經》，馬跡印於石壇上，因立祠宮，在潤州丹徒縣。

第五十福地德山，堯時善卷先生修道處，在鼎州武陵縣。

第五十一福地藍水，在長安藍田縣。

第五十二福地玉峰山，在河中府。

第五十三福地天目山，在和州歷陽縣。

第五十四福地商谷山，四皓先生修道處，在商州。

第五十五福地張公洞，在常州義興縣。

第五十六福地魚湖洞，秦始皇求道處，在四明山。

第五十七福地中條山，在河中府。

第五十八福地靈墟，在天台北天台縣。

第五十九福地綿竹山，在綿州綿江縣。

第六十福地甘山，在黔州。

第六十一福地瑰山，在漢州。

第六十二福地金城山，在雲中郡。

第六十三福地靈山，在武罡縣。

第六十四福地北邙山，在洛縣。

第六十五福地武當山，在均州武當縣。

第六十六福地女几山，在三峽口。

第六十七福地少室山，在鄧州南陽縣。

第六十八福地廬山，在江州德安縣。

第六十九福地西源山，在台州黃巖縣。

第七十福地南田山，在東海生州。

第七十一福地玉溜山，在東海，接扶桑島。

第七十二福地抱犢山，在徐州。

張君房《雲笈七籤》卷二七《洞天福地部・天地宮府圖・七十二福地》 太上曰：其次七十二福地，在大地名山之間。上帝命眞人治之，其間多得道之所。

第一地肺山，在江寧府句容縣界，昔陶隱居幽栖之處，眞人謝允治之。

第二蓋竹山，在衢州仙都縣，眞人施存治之。

第三仙磕山，在溫州梁城縣十五里，近白溪草市，眞人張重華治之。

第四東仙源，在台州黃巖縣，屬地仙劉奉林治之。

第五西仙源，亦在台州黃巖縣嶠嶺一百二十里，屬地仙張兆期治之。

第六南田山，在東海東，舟船往來可到，屬劉眞人治之。

第七玉溜山，在東海近蓬萊島上，多眞仙居之，屬地仙許邁治之。

第八清嶼山，在東海之西，與扶桑相接，眞人劉子光治之。

第九郁木洞，在玉笥山南，是蕭子雲侍郎隱處。至今陰雨猶聞絲竹之音，往往樵人遇之，屬地仙赤魯班主之。

第十丹霞洞，在麻姑山，是蔡經眞人得道之處。至今雨夜多聞鐘磬之聲。屬蔡眞人治之。

第十一君山，在洞庭青草湖中，屬地仙侯生所治。

第十二大若巖，在溫州永嘉縣東一百二十里，屬地仙李方回治之。

第十三焦源，在建州建陽縣北，是尹眞人隱處。

第十四靈墟，在台州唐興縣北，是白雲先生隱處。

第十五沃州，在越州剡縣南，屬眞人方明所治之。

第十六天姥岑，在剡縣南，屬眞人魏顯仁治之。

第十七若耶溪，在越州會稽縣南，屬眞人山世遠所治之。

第十八金庭山，在廬州巢縣，別名紫微山，屬馬仙人治之。

第十九清遠山，在廣州清遠縣，屬陰眞人治之。

第二十安山，在交州北，安期先生隱處，屬先生治之。

第二十一馬嶺山，在郴州郭內水東蘇耽隱處，屬眞人力牧主之。

第二十二鵝羊山，在潭州長沙縣，婁駕先生所隱處。

第二十三洞眞墟，在潭州長沙縣，西嶽眞人韓終所治之處。

第二十四青玉壇，在南嶽祝融峰，西青烏公治之。

第二十五光天壇，在衡嶽西源頭，鳳眞人所治之處。

第二十六洞靈源，在南嶽招仙觀，觀西鄧先生所隱地也。

第二十七洞宮山，在建州關隸鎮五嶺里，黃山公主之。

第二十八陶山，在溫州安國縣，陶先生曾隱居此處。

第二十九三皇井，在溫州橫陽縣，眞人鮑察所治處。

第三十爛柯山，在衢州信安縣，王質先生隱處。
第三十一勒溪，在建州建陽縣東，是孔子遺硯之所。
第三十二龍虎山，在信州貴溪縣，仙人張巨君主之。
第三十三靈山，在信州上饒縣北，墨眞人治之。
第三十四泉源，在羅浮山中，仙人華子期治之。
第三十五金精山，在虔州虔化縣，仇季子治之。
第三十六閤皀山，在吉州新淦縣，郭眞人所治處。
第三十七始豐山，在洪州豐城縣，尹眞人所治之地。
第三十八逍遙山，在洪州南昌縣，徐眞人治之地。
第三十九東白源，在洪州新吳縣東，劉仙人所治之地。
第四十鉢池山，在楚州王喬得道之處。
第四十一論山，在潤州丹徒縣，是終眞人治之。
第四十二毛公壇，在蘇州長洲縣，屬莊仙人修道之所。
第四十三鷄籠山，在和州歷陽縣，屬郭眞人治之。
第四十四桐栢山，在唐州桐栢縣，屬李仙君所治之處。
第四十五平都山，在忠州，是陰眞君上昇之處。
第四十六綠蘿山，在朗州武陵縣，接桃源界。
第四十七虎溪山，在江州南彭澤縣，是五柳先生隱處。
第四十八彰龍山，在潭州澧陵縣北，屬臧先生治之。
第四十九抱福山，在連州連山縣，屬范眞人所治處。
第五十大面山，在益州成都縣，屬仙人栢成子治之。
第五十一元晨山，在江州都昌縣，孫眞人安期生治之。
第五十二馬蹄山，在饒州鄱陽縣，眞人子州所治之處。
第五十三德山，在朗州武陵縣，仙人張巨君治之。
第五十四高溪藍水山，在雍州藍田縣，並太上所遊處。
第五十五藍水，在西都藍田縣，屬地仙張兆期所治之處。
第五十六玉峰，在西都京兆縣，屬仙人栢戶治之。
第五十七天柱山，在杭州於潛縣，屬地仙王伯元治之。
第五十八商谷山，在商州，是四皓仙人隱處。
第五十九張公洞，在常州宜興縣，眞人康桑治之。
第六十司馬悔山，在台州天台山北，是李明仙人所治處。
第六十一長在山，在齊州長山縣，是毛眞人治之。
第六十二中條山，在河中府虞鄉縣管，是趙仙人治處。
第六十三茭湖魚澄洞，在西古姚州，始皇先生曾隱此處。
第六十四綿竹山，在漢州綿竹縣，是瓊華夫人治之。
第六十五瀘水，在西梁州，是仙人安公治之。
第六十六甘山，在黔南，是寧眞人治處。
第六十七瑰山，在漢州，是赤須先生治之。
第六十八金城山，在古限戍，又云石戍，是石眞人所治之處。
第六十九雲山，在邵州武剛縣，屬仙人盧生治之。
第七十北邙山，在東都洛陽縣，屬魏眞人治之。
第七十一盧山，在福州連江縣，屬謝眞人治之。
第七十二東海山，在海州東二十五里，屬王眞人治之。

二十四治

論　說

張君房《雲笈七籤》卷二八《二十八治部·二十四治序》　謹按《張天師二十治圖》云：太上以漢安二年正月七日中時下二十四治：上八治、中八治、下八治。應天二十四氣，合二十八宿，付天師張道陵奉行布化。張天師，沛國豐縣人也，諱道陵，字輔漢。稟性嚴直，經明行修，學道有方。永平二年，漢帝詔書，就拜巴郡江州令。以延和元年三月十日辛丑，詔書拜爲司空，封食冀縣侯。以芝草、圖經、歷神仙爲事，任採延年藥餌金液丹。以漢安元年丁丑，詔書遷改，不拜。遂解官入益州部界。以其年於蜀郡臨邛縣渠亭山赤石城中，靜思精至，五月一日夜半時，有千乘萬騎來下至赤石城前，金車羽蓋，步從龍虎鬼兵，不可稱數。有五人，一人自言，吾是周時柱下史也；一人自言，吾是新出太上老君也；一人云，

吾是太上高皇帝中黃眞君也；一人言，吾是漢師張良子房也；一人言，吾是佐漢子淵天師外祖也。子骨法合道，當承老君忠臣之後。今授子鬼號傳世，子孫爲國師，撫民無期。於是道陵方親受太上質敕，當步綱躡紀，統承三天，佐國扶命，養育群生，整理鬼氣，傳爲國師。依其度數，開立二十四治、十九靜廬，授以正一盟威之道，伐誅邪僞，與天下萬神分付爲盟，悉承正一之道也。

上皇元年七月七日，無上大道老君所立上品治八品訣要掌中，伏虧造天地五龍，布山嶽，老君立位治，以用化流愚俗，學者不得貪競，欲仙道克成，可傳之與質朴也。

第一陽平治

治在蜀郡彭州九隴縣。去成都一百八十里。道由羅江水兩岐山口入，水路四十里。治道東有龍門，拒守神水，二栢生其上。西南有大泉，決水歸東。治應角宿，貴人發之，治王始終。嗣師天師子也，諱衡，字靈眞。爲人廣智，志節高亮，隱習仙業。漢孝靈帝徵爲郎中，不就。以光和二年正月十五日己巳於山昇仙。立治碑一雙在門，名曰嗣師治也。

陽平謫仙妻，不知其姓名。九隴居人張守珪，家甚富，有茶園，在陽平化仙居內，每歲召採茶人力百餘輩，男女傭工雜之，園中有一少年，賃爲摘茶。自言無親族，性甚了慧勤愿。守珪憐之，以爲義兒。又一女子二十餘，亦無親族，願爲義兒之婦，孝義端恪，守珪甚善之。一旦山水泛溢，市井路絕，鹽酪既闕，守珪甚憂。新婦曰：此可買耳。取錢出門十數步，置錢樹下，以杖扣樹，得鹽酪而歸。後或有所要，但令扣樹取之，無不得者。其夫術亦如此。因與鄰婦十數人，於堋口市相遇，爲買酒一碗與衆婦飲之，皆醉，而碗中酒不減。遠近傳說，人皆異之。守珪請問其術受於何人。少年曰：我陽平洞中仙人耳。因有小過，謫於人間，不久當去。守珪曰：洞府大小與人間城闕相類否？答曰：二十四化各有一大洞，或方千里、五百、三百里。其中皆有日月飛精，謂之伏神之根，下照洞中，與世間無異。其中皆有仙王、仙官、仙卿輔相佐之，如世之職司。有得道之人及積功遷神反生之者，皆居其中，以爲民庶。每年三元大節，諸天有上眞下遊洞天，以觀其所理善惡。人世死生、興廢、水旱、風雨，預關於洞中焉。其龍神、祠廟、血食之司，皆爲洞府所統也。二十四化之外，其青城、峨嵋、益登、慈母、繁陽、嶓冢，亦各有洞天，不在十大洞天、三十六小洞天之數。洞之仙曹，如人間郡縣聚落耳。不可一一詳記之也。旬日之間，忽然夫婦俱去。

右陽平治山。山中有主簿治、嗣師治、係師治。

第二鹿堂山治

治在漢州綿竹縣界北鄉，去成都三百里。上有仙室、仙臺，古人度世之處。昔永壽元年，太上老君將張天師於此治上，與四鎭太歲大將軍、川廟百鬼共折石爲要，皆從正一盟威之道。山有松栢、五龍仙穴，能通船渡，持火入穴，三日不盡。治應亢宿，號長發之，治王八十年。

第三鶴鳴神山上治

治在其上，山與青城天國山相連，去成都二百里。在蜀郡臨邛縣界，徑道三百里，世人不知之。馬庶子、何丹陽得道處。治前三水共成一帶，神龍居之。有四金釘、二石金銀，蠶三斛，亦言尹喜主之。治應氐宿，賤人發之，治王六十年。《神仙傳》云：張天師遇中國紛亂，乃入蜀鶴鳴山學道也。

第四漓沅山治

治在彭州九隴縣界，與鹿堂山治相連。其間八十里，去成都二百五十里。有果松神草，服之昇仙。又有四龍起騎之門，范蠡主之。治應房宿，庶人發之，治王二十年。

第五葛璝山治

治在彭州九隴縣界，與漓沅山相連。去成都縣二百三十里，去陽平治水口四十八里。昔賢於此得道。上有松栗山，高六百丈。治應心宿，道人發之，治王九十年。南康王太尉中書令韋公皋爲成都尹，相國張公之愛婿，而量深器大，舉止簡傲，不狎於俗。張公奕世相家，德望清貴，舉族皆輕侮於皋，以此見薄，亦未之悟也。忽夢二神人謂之曰：天下諸化，領世人名籍。吾子名係葛璝，祿食全蜀，富貴將及，何自滯耶？勉哉行矣！異日當富貴，無以葛璝爲忘也。由是皋有干祿之志，謀於其室家，復勉勵之，以粧奩數十萬金，資其行計。既達秦川，屬歲饑久雨，因知友所聘，署隴州軍事判官。俄而駕出奉天，郡守奔難行在。皋率土客甲士，饋輓軍儲，以申扈衛，以功就拜防禦使。復請赴覲行朝，德宗望而器之。

既平寇難，大駕還京。以功檢校右僕射、鳳翔節度使。懇讓乞改西川，乃授西川節度，與張公交代焉。擁師赴任，張假道歸闕以避其鋒。既而累年蜀境大穰，金帛豐積，南詔内附，乞爲臣妾。威名益重而貢賦不虧，朝廷倚注，戎蠻慴伏。由是請許南詔置習讀院，入質子、學生習《詩》、《書》、《禮》、《樂》。公文翰之美，冠於一時。南詔得其手筆，刻石以榮其國，而葛璝之事久已忘矣。又夢二神人曰：富貴而忘所因，其何甚耶！公夢覺流汗，驚駭久之，乃躬詣雲林，炷香禱福，遂命工度木，揆日修崇作南宫飛閣四十間。亘殿修廊，重門邃宇，範金刻石，知無不爲。支九隴租賦於山下阿屯輸貯，糗糧山積，匠石雲起，自製碑刊於洞門之側，上構層樓，揀選僮七十人以供灑掃，良田五百畝以贍齋儲。在鎮二十餘年，封至王爵矣。即本命丁卯，屬葛璝化也。

第六庚除治

山去平地三百九十丈，在廣漢郡綿竹縣西，去縣五里，去成都二百八十里。上常有仙人來往，可以度厄養性。昔張力得道之處，山有二石室，三龍頭，淮水遶之。治應尾宿，當道士發之，治王始終。

第七秦中治

主神仙在廣漢郡德陽縣東九里，去成都二百里。其山浮，昔韓衆於其上得仙。前有大水，東有道徑於漢洛。治面有大石銅爲誌。治應箕宿，癲人發之，治王始終。

第八眞多治

山在懷安軍金堂縣，去成都一百五十里。山有芝草神藥，得服之令人壽千歲。山高二百八十丈，前有池水，水中神魚五頭。昔王方平於此與太上老君相見。治應斗宿，女人發之，治王七十年。

無極元年十月五日，眞正無極太上立治中八品氣要訣在掌中。

第一昌利治

山在懷安軍金堂縣東四十里，去成都一百五十里，昔蜀郡李八伯初學道處。八伯，唐公房之師也。遊行蜀中諸名山，常自出戲於成都市，暮宿於青城山上，故號爲八伯也。其山南有一石室，容八十人，前有三龍門爲誌。治應牛宿，狂惑人發之，治王五百年。

第二隸上治

山季子先生學道飛仙。治在廣漢郡德陽縣東二十里。山有二石室，有一神井。白鹿、白鶴、白鳩時來飲之。有石在治前，與綿毋治相連。西有赤石溪，上有三松爲誌。山去平地二千九百丈。昔中山衛叔卿於此得道，治應女宿，貧賤人發之，治王百年。

第三涌泉山神治

昔廣漢馬明生學道得仙，太上老君至此化形住此。治在遂寧郡小漢縣界，上有泉水，治萬民病，飲之無不差愈，傳世爲祝水。治去成都二百里，有懸崖百丈，近綿水，猴猿百鳥來在其間。治應虚宿，野人發之，治王三十年。其山小而高，四向有遊道。

第四稠稉治

在犍爲郡新津縣，去成都一百一十里，汶山江水經焉。山高去平地一千七百丈，昔軒轅學道之處也。治左右有連岡相續，西北有味江水。山亦有芝草仙藥，可養性命。治應危宿，貴人發之，治王五十年。

第五北平治

在眉州彭山縣，去成都一百四十里。山上有池水，縱廣二百步，中有神芝藥草，食之與天相久，昔越人王子喬得仙。治應室宿，道師發之，治王四十年。一名科山治。

第六本竹治

山在蜀州新津縣，去成都一百二十五里。山高一千三百丈，上有一水，有香林在治陌北，有龍穴地道通峨嵋山，上有松，昔郭子聲得道之處也。後有林竹，西去十五里通鶴鳴山。前水中常有神龍遊戲。治應壁宿，龍門吏人發之，治王五百年。

第七蒙秦治

山在越嶲郡臺登縣西，去城二十里，去成都一千四百二十里。治與越嶲郡隔河水，前有小山，後有大山，高一千丈。昔伊尹於此山學道。上有芝英金液草，服之得度世。後有漢中郡趙昇得道於此。治應奎宿，凡人發之，治王九十年。

第八平蓋治

山在蜀州新津縣，去成都八十里。前山下有玉人，身長一丈三尺。昔吳郡崔孝通於此山學道得飛仙。山西有大江，南有長山，北有平川，中有

龍門。治應婁宿，陰人發之，治王千年。

無上二年正月七日，無爲大道玄眞立下八品治氣要訣在掌中。

第一雲臺山治

在巴西郡閬州蒼溪縣東二十里，上山十八里方得，山足去成都一千三百七十里。張天師將弟子三百七十人住治上教化，二年白日昇天。其後一年，天師夫人復昇天。後三十年，趙昇、王長復得白日昇天。治前有巴西大水，山有一樹桃，三年一花，五年一實，懸樹高七十丈，下無底之谷。唯趙昇乃自擲取得桃子，餘者無能取之。治應胃宿，有人形師人發之，治王五十年。又云雲臺治山中有玉女乘白鶴，仙人乘白鹿，又有仙師來迎天師白日昇天，萬民盡見之。一云此天柱山也。在雲臺治前有立碑處。

《雲臺治中錄》曰：施存，魯人，夫子弟子。學大丹之道，三百年十鍊不成，唯得變化之術。後遇張申爲雲臺治官，常懸一壺如五升器大，變化爲天地，中有日月如世間；夜宿其內，自號壺天，人謂曰壺公，因之得道在治中。

第二濜口治

山在漢中郡江陽縣，去成都二千九百二十里。陳安世於此山上學道得仙。安世，京兆人也。漢中水過其前山，一名平元山，西有長山，東有流海，帝王所住，有青龍門。治應昴宿，俗人發之，治王五百年。

第三後城山治

在漢州什邡縣，昔曼子然於此山上學仙得道。左有大水，後有重山。山有神芝，服之壽千歲。一名黃陵山，南有長山，北有青龍，東有松栢爲誌。治應畢宿，凡人發之，治王八十年。

第四公慕治

在漢州什邡縣，去治一百里，昔蘇子於此山學道得仙。一名北逢仙山，南有石坎，北有懸流水。治應觜宿，病人發之，治王七十年

第五平岡治

山在蜀州新津縣，去成都一百里，昔蜀郡人李阿於此山學道得仙，白日昇天。治應參宿，道士發之，治王二十年。北有三重曹溪，南有特山爲誌。

第六主簿山治

在邛州蒲江縣界，去成都一百五十里。蜀郡人王興於此學道得仙。一名秋長山，南有石室玉堂，松栢生其前。治應井宿，徹人發之，治王八十年。

第七玉局治

在成都南門內。以漢永壽元年正月七日，太上老君乘白鹿、張天師乘白鶴，來至此坐局腳玉牀，即名玉局治也。治應鬼宿，千丈大人發之，治王三世。

第八北邙山治

在東都洛陽縣，梁水在治左，務成子於此得道。大黃出東，冗泉南流。治應柳宿，仙聖發之，治王六十年。

右八治是上品，並是後漢漢安元年太上老君所立。

《玄都律》第十六云：治者，性命魂之所屬也。《五嶽名山圖》云：陽平治屬金，屬角星。鹿堂治金，亢星。鶴鳴治木，氐星。治沅治土，房星。葛璝治火，心星。庚除治火，尾星。秦中治水，箕星。眞多治金，斗星。

昌利治土，牛星。隸上治火，女星。涌泉治木，虛星。稠粳治火，危星。北平治金，室星。本竹治木，壁星。蒙秦治火，奎星。平蓋治土，婁星。

右八治是中品，置如前云。

雲臺治木，胃星。濜口治木，昴星。後城治土，畢星。公慕治金，觜星。平岡治水，參星。主簿治金，井星。玉局治水，鬼星。北邙治土，柳星。

右八治是下品，置如前云。

岡氐治水，星星。白石治金，張星。鍾茂治水，翼星。具山治土，軫星。

《地圖》云：此四治在京師東北。

右此四治是張天師所加。充前二十四治，合成二十八治，上應二十八宿。

平公治屬水，配湧泉治。公慕治屬土，配稠粳治。天台治屬土，配本竹治。瀨鄉治屬金，配昌利治。樽領治屬金，配雲臺治。代元治屬金，配雲臺治。和里治屬火，配隸上治。漓沅治屬金，配昌利治。

右是天師更加此八治，以配八品，周布四海，鎮國化人也。

《太眞科》下卷所說云：第一別治有四者：

第一具山治，第二鍾茂治，第三白石治，第四岡氐治。

右四品，在外名別治，於內名備治。備治足二十八也，則與三八別也。

第二遊治有八者：

第一吉陽治，第二平都治，第三河逢治，第四慈母治，第五黄金治，第六太華治，第七青城治《五符經》作青城山，第八峨嵋治。

右八品是遊治也。

第三配治有八者：

第一代元治，第二樽領治，第三瀨鄉治，第四天台治，第五八慕治，第六平公治，第七利里治，第八漓沅治。

右八品是配治也。

第四正治二十有四者：

第一北邙治，第二玉局治，第三主簿治，第四平岡治，第五公慕治，第六後城治，第七濜口治，第八雲臺治。

右是下品八治也。

第一平蓋治，第二蒙秦治，第三本竹治，第四稠粳治，第五北平治，第六湧泉治，第七隸上治，第八昌利治。

右是中品八治也。

第一眞多治，第二秦中治，第三庚除治，第四葛瓉治，第五漓沅治，第六鶴鳴治，第七鹿堂治，第八陽平治。

右是上品八治也。

第五星宿治二十有八，名上治，一名內治，又名大治，又名正治，是上皇元年七月七日，無上玄老太上大道君所立上、中、下品。

二十八宿要訣

第一角宿，上治無極虛無無形，下治陽平山。

第二亢宿，上治無極虛無自然，下治鹿堂山。

第三氐宿，上治無極玄元無爲，下治鶴鳴山。此三治主辰生。

第四房宿，上治虛白，下治漓沅山。

第五心宿，上治洞白，下治葛瓉山。此二治主卯生。

第六尾宿，上治三一，下治庚除山。

第七箕宿，上治三元，下治秦中山。此二治主寅生。

第八斗宿，上治三五，下治眞多山此一治主丑生。

第九牛宿，上治九天，下治昌利山。

右上八品無上治。

第十女宿，上治五城，下治隸上山。此合前三治主丑生。

第十一虛宿，上治元神，下治湧泉山。

第十二危宿，上治丹田，下治稠粳山。此二治主子生。

第十三室宿，上治常先，下治北平山。

第十四壁宿，上治金梁，下治本竹山。此二治主亥生。

第十五奎宿，上治六府，下治蒙秦山。

第十六婁宿，上治太一君，下治平蓋山。

右中八品玄老治之。

第十七胃宿，上治五龍，下治雲臺山。此合前三治主戌生。

第十八昴宿，上治隨天，下治濜口山。

第十九畢宿，上治六丁，下治後城山。此二治主酉生。

第二十觜宿，上治十二辰，下治公慕山。

第二十一參宿，上治還身，下治平岡山。此二治主申生。

第二十二井宿，上治拘神，下治主簿山。

第二十三鬼宿，上治無形，下治玉局山。此非人所生。

第二十四柳宿，上治聚元，下治北邙山。此三治主未生。

右下八品太上治之。

太上漢安二年正月七日中時，二十四治上八、中八、下八以應二十四氣，付天師張道陵。

二十八治

論說

李思聰《洞淵集》卷六《天下名山二十八治》

第一，陽平治。上應角宿，下管金命人祿壽禍福。

陽平治山在蜀都繁縣界，去城一百八十里道，由羅江水兩岐山口入，水道四十里，治道東有龍門，拒守神水，有二栢生其上。西南有大泉，決水歸東。天師子嗣師諱自靈眞君，以光和二年正月十五日於此山上昇立碑一雙，見在治門焉。

第二，鹿堂治。上應亢宿，下管金命人祿壽禍福。

鹿堂山治在蜀都繁縣界，北鄉去城三百里，上有仙室，仙臺，古人度世之處。

第三，鶴鳴治。上應氐宿，下管木命人祿壽禍福。

鶴鳴山治，山頂與青城山、天相山相連，去成都二百里，在蜀郡邛縣界。徑道三百里，世人不知昔馬底何丹得道處。治前，三水合成一帶，神龍居之。古有四獸頭，金釘簪二石上，金銀蠶二斛，又云尹喜先生主之。又《神仙傳》云：昔張天師世亂遇中國戈甲，乃於鶴鳴山學道上昇處。

第四，離沅治。上應房宿，下管土命人祿壽禍福。

離沅山治在蜀郡繁縣界，與鹿堂治相通。其潤八十里，去成都二百五十里，上有百果靈松神草，服之長生，是四龍神騎之門。昔范蠡得道上昇之處。

第五，葛璝治。上應心宿，下管火命人祿壽禍福。

葛璝山治在蜀都繁縣界，與離沅山相連，去成都縣二百三十里，去陽平治水口四十八里。昔楊仙賢魯女得道處，山上生金粟、玉芝，服之長生，山高六百丈。

第六，庚除治。上應尾宿，下管土命人祿壽禍福。

庚除山治去平地三百九十丈，在廣漢郡陽泉縣界，西去縣五里，接成都三百八十里。上有神仙往來，可以避世養生，有張力士、趙昇眞人得道上昇處，山有二石室，三龍口淮水遶之。

第七，秦中治。上應箕宿，下管水命人祿壽禍福。

秦中山治在廣漢郡綿竹縣東九里，去成都二百里，其山昔韓衆眞人於此得道，立鐵符於山前，有大水，東有道經於漢谷，古有大石銅爲銘誌，見在。

第八，眞多治。上應斗宿，下管金命人祿壽禍福。

眞多山治在廣漢郡新都縣，去成都一百五十里，山有芝草神藥，服之長生，壽延千歲。山高二百八十丈，前有池，水口有神魚，五頭，昔南極眞人王方平，於此修道遇金闕老君授以道要。

第九，昌利治。上應牛宿，下管土命人祿壽禍福。

昌利山治在廣漢郡雒縣東四十里，去成都一百五十里，昔成都李八伯、韓千秋學道處。八伯即唐房卿之師也。遊行蜀中名山，常出戲翫都市，暮宿青城山上，故號曰八伯。山南有一石室，可容百人，前有三龍門，右有石誌存焉。

第十，隸上治。上應女宿，下管火命人祿壽禍福。

隸上山治在廣漢郡德陽縣界，東北一百二十里，山有二石室，神井一所，生白鹿、白鶴、白鳩，來往如人。治與綿毋相連，西石溪上，有三松爲記。山去地高二千九百丈，昔季子先生衛叔卿於此得道上昇處。

第十一，涌泉治。上應虛宿，下管木命人祿壽禍福。

涌泉山治在昔廣漢，馬明生於此學道，遇太上老君至此，授化形之法。治在遂寧郡小漢縣界，上有泉，能救萬病，服之立愈。古傳云：祝水治，去成都二里，有懸崖百丈，猿猴百鳥翺翔其間，其山小而高，四向皆遊徑往來。

第十二，稠稉治。上應危宿，下管火命人祿壽禍福。

稠稉山治在犍爲郡南安縣，去成都一百一十里，汶口山江水九里，山高去城一千七百丈。昔軒轅黃帝於此山修道，遇九天聖母下降，授帝丹經兵法。治左右有豈相續，西北有味江水，山多芝草靈藥，服之延年矣。

第十三，北平治。上應室宿，下管金命人祿壽禍福。

北平山治在犍爲郡南安縣，去成都一百四十里，山有池，水廣二百步，中有神芝草藥，食之長生。昔越人王子喬，與青城甯眞君曾居此修道，一名科山治。

第十四，本竹治。上應壁宿，下管木命人祿壽禍福。

本竹山治在犍爲郡南安縣，去成都一百二十五里，山高一千三百丈，上有一水，有香林。在治北，有龍穴洞中透峨嵋山，上有桂栢，昔郭子聲得道處。後有林竹，西去十五里，鑿通鶴鳴山中，山前水尾常有龍遊戲其中焉。

第十五，蒙秦治。上應奎宿，下管火命人祿壽禍福。

蒙秦山治在嶲郡邛都縣西，去郡城二十里，去成都一千四百里，治與越嶲郡隔河水，前有小山，後有大山，高一千丈，昔伊尹於此學道上昇處。產金液草，服之長生。

第十六，平蓋治。上應婁宿，下管土命人祿壽禍福。

平蓋山治在犍爲郡武陽縣，去成都八十里。山下有洞穴，中有玉人一丈三尺，金匱三所。昔吴郡崔孝通於此學道上昇，山有大江，南有長生泉，北有平川龍門。

第十七，雲臺治。上應胃宿，下管火命人祿壽禍福。

雲臺山治在巴西郡閬中縣西，去六十里，山足去成都一千三百七十里，張天師弟子四百人，治中修鍊。漢安二年，白日上昇，自後天師門人王長、趙昇亦於此修鍊丹藥，服食昇天，治前巴西大水，山崖中有一桃株，三年一花，五年一實。在懸崖七百丈下，有無底之谷，惟趙昇擲身取桃，獻天師，餘無人取得。治中常有玉女乘白鶴、白鹿忽至迎天師白日上昇，萬民皆見，即天柱山也。於雲臺治前立雙碑，見在。

第十八，濜口治。上應昴宿，下管木命人祿壽禍福。

濜口山治在漢中郡江陽縣，去成都二千九百二十里，漢中水過其山，一名平元山，西有長山，東有流海，水帝所治，號曰青龍門。陳安世於此學道上昇飛仙，安世即京兆人也。

第十九，後城治。上應畢宿，下管土命人祿壽禍福。

後城山治在漢中郡南鄭縣。前有大水，後有重山。生神芝千歲不死，一名黄陵山，南有長山，北有青龍山，東有松栢爲記，昔夏子然於此學道上昇處。

第二十，公慕治。上應觜宿，下管金命人祿壽禍福。

公慕治在漢中郡南鄭縣，去治一百里。一名北逢仙，山南又有石坎，北有懸流。昔蘇子於此學道處。

第二十一，平罡治。上應參宿，下管水命人祿壽禍福。

平罡山治在犍爲郡南安縣，去成都一百里，北有曹溪，三重南犍爲誌，昔蜀人李阿於此得道上昇處。

第二十二，主簿治。上應井宿，下管金命人祿壽禍福。

主簿山治在犍爲縣界，去成都一百五十里，一名秋長山，南有石室、玉堂，松栢生其前。昔蜀人王興於此修道處。

第二十三，玉局治。上應鬼宿，下管水命人祿壽禍福。

玉局山治，在成都南門左二里。永壽元年正月七日太上老君乘白鹿，張天師乘白鶴至此地，神湧出玉局，來乘襯雲座授道要訣付天師，局床腳四石，見在玉局治前。

第二十四，北邙治。上應柳宿，下管土命人祿壽禍福。

北邙山治在河南府洛陽縣，梁木在治左右，有大黄出東穴泉南流。昔務成子得道處。已上二十四治，皆有州縣去處，又張天師地圖云：此四治名山，在京師東北，未詳州縣所管。

第二十五，正亙治，在蘭武山。上應星宿，下管水命人祿壽禍福。

第二十六，白石山治，在左極山。上應張宿，下管金命人祿壽禍福。

第二十七鍾茂治，在飯陽山。上應翼宿，下管水命人祿壽禍福。

第二十八具山治，在元東山。上應軫宿，下管土命人祿壽禍福。

崑崙

論說

張君房《雲笈七籤》卷二六《十洲三島部·三島·崑崙》 一號曰崑崙。在西海戌地，北海之亥地。地方一萬里，去岸十三萬里。又有弱水周迴繞匝。山東南接積石圃，西北接北戶之室，東北臨大活之井，西南至承淵之谷，此四角大山實崑崙之支輔也。積石圃南頭是王母宫。王母告周穆王云：山去咸陽三十六萬里，山高平地三萬六千里，上有三角山，方廣萬里，形如偃盆，下狹上廣，故曰崑崙山三角。其一角干辰之輝，名曰閬風巔；其一角正西，名玄圃堂；其一角正東，名崑崙宫。其一角有積金爲天墉城，面方千里。城上安金臺五所，玉樓十二所。其北戶山、承淵山又有墉城，金臺玉樓相映，如流精之闕，光碧之堂，瓊華之室，紫翠丹房。

景雲燭日，朱霞九光，西王母之所治也，眞官仙靈之所宗。上通璿璣，元氣流布五常玉衡，理九天而調陰陽，品物群生，希奇特出，皆在於此。天人濟濟，不可具記。此乃天地之根紐，萬度之綱柄矣。是以太上名山鼎於五方，鎮地理也；號天柱於珉城，象綱輪也。諸百川極深，水靈居之，其陰難到，故治無常處，非如丘陵而可得論爾。乃天地設位，物象之宜，上聖觀方，緣形而著爾。乃處玄風於西極，坐王母於坤鄉。昆吾鎮在於流澤，扶桑植於碧津。離合火精，而光獸生於炎野；坎總衆陰，是以仙都宅於海島。艮位名山，蓬山鎮於寅丑；巽體元女，養巨木於長洲。高風鼓於群龍之位，暢靈符於瑕丘。至妙玄深，幽神難盡測。眞人隱宅，靈仙所在，六合之內，豈唯數處而已哉！此蓋舉其標末耳。臣朔所見不博，未能宣通王母及上元夫人聖旨。昔曾聞之於得道者，説此十洲大丘靈阜，皆是眞仙隩墟，神官所治。其餘山川萬端，並無睹者矣。其北海外又有鍾山，在北海之子地，隔弱水之北一萬九千里，高一萬三千里，上方七千里，周旋三萬里。自生千芝及神草四十餘種。上有金臺玉闕，亦元氣之所舍，天帝君治處也。鍾山之南有平邪山，北有蛟龍山，西有郅草山，東有東木山。四山，鍾山之枝幹也。四山高鍾山三萬里，宮城五所。如一登四面山，下望見鍾山耳。四面山，帝君之城域也。又仙人出入道徑，自一路從平邪山東南入穴中，乃至內長生島中紫石室宮，九老仙都治處，仙官數萬衆。記之。

方丈

論説

張君房《雲笈七籤》卷二六《十洲三島部·三島·方丈》　方丈洲在東海中心西南東北岸正等。方丈面各五千里。上專是面龍所聚者。金玉琉璃之宮，三天司命所治之處。群仙若欲昇天者，往來此洲，受太上玄生籙。仙家數十萬，瓊田芝草課計頃畝，如種稻狀。亦有石泉，上有九原丈人宮主，領天下水神及龍蛇巨鯨陰精水獸之輩。

蓬丘

論説

張君房《雲笈七籤》卷二六《十洲三島部·三島·蓬丘》　蓬萊山是也。對東海之東北岸，周迴五千里。北到鍾山北阿門外，乃天帝君總九天之維，貴無比焉。山源周迴，具有四城，其中高山當心，有似於崑崙也。昔禹治洪水既畢，乃乘蹻車度弱水而到此山，祠上帝於北阿，歸大功於九天。又禹經諸五嶽，使工刻石識其里數高下，其字科斗書，非漢人所曉。今丈尺里數皆禹時書也。不但刻剷五嶽，諸名山亦然。其所刻之處獨高耳。今書是臣朔所具見。其王母所道諸靈藪，禹所不履，唯書中夏之名山耳。臣先師谷希子者，太上眞官也。昔授臣崑崙、鍾山、蓬萊山及神洲眞形圖，昔來入漢，留以寄所知故人。此書又尤重於五嶽眞形圖矣。昔也傳受年限正同耳。陛下好道思微，甄心內向，天尊下降，並受傳寶祕。臣朔區區，亦何嫌惜而不上所有哉？然術家幽事，道法隱祕。某師云，師術泄則事多疑，師顯則妙理散，願且勿宣臣之言意也。武帝欣聞至説，明年，遂復從受諸眞形圖。常帶之，則候八節常朝拜靈書，求脱屣焉。朔謂滑稽，都虛其心，故弄萬乘，傲公侯，不可得而師友，不可得而喜怒，故武帝不能盡至理於此人矣。

王屋山

論説

李思聰《洞淵集》卷二　第一，王屋山天壇峰絕頂，高一百二十里，

洞周迴一萬里。名小有清虛之天，即杜沖王褒爲小有天王清虛眞人所理，在洛京王屋縣。

杜光庭《天壇王屋山聖迹記》 蓋聞天玄設象，運日月以璇衡，地道綱維，布山河而列政。有王屋山者，在洛陽京北百餘里，黄河之北，勢雄氣壯，岡阜相連，高聳太虛，倚懸列宿，西接於崑丘，東連於滄海。謹按《龜山白玉上經》曰：洞天週迴萬里，山水之源。《圖經》曰：上則接於崑丘，下即侵於蓬島，最高者首名天壇山也。《黄帝內傳》云：爲之瓊林臺。《眞誥》云：瓊林者，即清虛小有之別天也。其下即生泡濟之水，中有水芝，人得服者長生耳。昔黄帝上壇，見一級，高可及二丈許，下石二級，可高七十尺許，四方壁立，廼造化融成。黄帝于此告天，遂感九天玄女西王母，降授《九鼎神丹經》陰符策，遂廼克伏蚩尤之黨，自此天壇之始也。其上多石，可生草木，實爲五嶽、四瀆、十大洞天、三十六小洞天神仙朝會之所。每至三月十八日及諸元會日，五更之初，天氣晴明，輒聞仙鐘從遠洞中發寥寥之聲，清宛可入耳。將日出，則赤氣炯炯，可以見生死之情狀，觀天地之變化；當曉時分別之際，則聞仙鷄報曉，往往飛嘶下地，象小於家鷄，其毛如雪。又壇心有石燈臺，四門中高可丈餘，製造甚奇，鎭於洞天。諸元會日，靈山眞聖皆朝會壇所，考校學仙之人，及世間善惡籍錄之案；是日往往則陰雲蔽固，竟日方散；是日有道之士，學修仙之人，投簡奏詞醮謝。其下壇隅，有《造石燈臺小碣記》云：天寶八年，新安尉公使內使宮圖令符筵喜，因爲國爲民醮壇置碣。陰刻盧仝、高常、嚴固，至大和五年，凡字缺損。壇心高突，秀出群峰，每日初出，影西度掩西方山脊，亦可及千里餘。上無飛鳥，風若松聲，太虛中孤危而四面無礙，人立手上，沖和血氣，狀如勇心，直脛而立，目視歷歷，亦可自辯其形影，似憑高眺遠，飛越崖谷，長天未曉，身若浮萍。又如精氣所乘，颷不得落，此果乃眞仙遊行之處也。心若不志，銷爍其精魄耳，似有怖懼。凡有道之士，身若輕舉，天明日朗，則夜聞人語笑之聲，或簫鼓奏于其上。又壇西有懸泉，名曰太一泉，其水味甘如醴，其泉水流如線，落在石斟中，深可數尺，千人飲之不耗，經年不汲如故。次西一石巖，名曰黑龍洞，洞上半崖高數十丈，有一洞，深二丈許，正射西北天門，名曰按雲庵，舊有葛梯，人登躡可到，昔太一元君修道于此。其太一泉水洑流其下，東爲濟水，其泉次南，有一巖曰紫金堂，昔軒轅黄帝駕憩于此。沿堂側，其道徑甚嶮。至一石門，側身可上，乃至壇頂，其門名曰東天門，門東有換衣亭。壇頂上有三清殿，東西有廊廡，壇畔有四角亭，臨崖百尺，凭欄四望，南視嵩峰少室，大河如帶，西有王附山，東北有王母三洞壇，東北隅有一石，長丈餘，闊尺許，突出崖頭，下深百丈，登壇人供侍香火，朝拜王母三洞，心有恐怖者不敢上石，名曰定心石。北望祈城山，東北望太行，東觀日出，如生滄海，四面瞻視，群山卑如丘阜，方顯洞天之獨尊，高表神仙之聖跡。壇東一峰甚秀，名曰日精峰；壇西峰名曰月華峰；峰南一平嶺，號曰躡雲嶠，下有一澗，名曰避秦溝。西南下十八盤，次南曰仙人橋，東有伏龍嶺，南一小峰，名曰鷄子峰。次下仰天池，次南路有歇息亭。自壇頂至上方院八里，又曰中巖臺，乃司馬子微修行遊息之所。前下紫微溪，至陽臺觀八里，中有仙貓洞、不老泉，觀東有燕眞人洗丹井，仍存在；陽臺觀東北百餘步，俗呼燕家泉；其觀前分八岡，名曰八仙岡。昔司馬承禎天師，河內溫城人也，乃西晉司馬宣王之後，今溫縣西二十里招賢城是也，尙有晉三帝墳在焉。唐睿宗皇帝女玉眞公主好道，師司馬天師，天師住天台山紫霄峰後，睿宗宣詔住上方院。其司馬初師嵩嶽潘師正，師正師茅山王昇眞，昇眞師華陽隱居陶仙翁，其四世不失正道。唐明皇即位，於開元十二年勅修陽臺觀，明皇御書寥陽殿榜，內塑五老仙像。陽臺有鐘一口，上篆六十四卦，曰萬象鐘；有壇曰法象壇；有鐘樓名曰氣象樓。殿西北有道院，名曰白雲道院，司馬號白雲先生，有亭曰松亭，有先生廟堂，先生撰文一部，曰《白雲記》，篆書別爲一體，號曰金剪刀，流行于世。先生未神化時，注《太上昇玄經》及《坐忘論》，亦行于世。至開元十五年八月十五日，有雙鶴繞壇西北而去，彼時白雲自堂中出，聞簫韶之音，此先生顯化之驗也。王屋縣宰崔日用聞奏，明皇異之。先生神化時，年八十有九，詔贈銀青光祿大夫，謚白雲先生。堂西壁上畫先生遊行，乘駕黄犢車，白雲步步相隨。觀西有山神廟，即王屋山神也，天寶年，其神用陰兵助郭子儀破安祿山，後明皇封爲總靈明神天王，仍勅修其廟。觀南有太山廟，南王屋縣去西八里，有藏花洞，其水春綠夏赤，秋白冬紫，水味甘美。壇東南附山，名靑羅峰，下有靑羅仙人觀，碑存焉。壇北有五斗峰，通麻籠、藥櫃二山。王屋山中有洞，深不可入，洞中如王者

之宮，故名曰王屋也。藥櫃山次東，有趙老纏，昔趙眞人修道于此，及四眞人煉丹于此，有石室二十餘間，霍仙人修煉于此，名霍師堂。壇東南有山名齊嶺，下有山名垂簪峰。又側有清虛小有洞，洞内周游萬里，昔唐建三清殿及清虛觀，其洞内因兵火居民避亂，穢氣所觸，民出後，有石落塞合洞門。《眞誥》云：其洞中日月晝夜光明，輝映朗接太虛，與外日月無異，此乃爲日月伏根也。日曰神精，月曰陰精，明照在洞天之中，天亦高大，星宿雲氣，無草木萬類。其洞宫之中，有金玉樓殿，及多寶貝、黄金、瑠璃、瓊璧，不可名狀，有五闕五山，加於五嶽，上生紫林、方華、星體、金津、碧亳、朱靈，夜粲細實，並壺中洞天之所生也，人得食之，乃長生神仙矣。洞主王君掌校仙籍，善惡之錄，處事其中矣。太素三元上道君遣青眞左夫人郭靈蓋、右夫人楊玉華，賫神策玉璽，見授王君爲太素清虛眞人，領清虛小有洞天。王分主四司，左保上公，治王屋山洞天之中，給金童玉女各三百人，掌《上清玉章太素寶玄祕籍》、《上品九仙靈文》、《山海妙經》盡掌之焉。又總洞中明景三天寶籙，得乘龍跨虎，金輦瓊輪八景飛輿，出入上清，受事太素，寢宴太極也。小有洞天者，乃十大洞天、三十六小洞天、七十二福地之宗首也。仙都所宗，太上所保，故重其任，以委群眞矣。元始天王曰：夫小有洞天者，是十大洞天之首，三十六小洞天之總首也。齊嶺東一山，名曰玉陽山，山東次南有瀑水如練，長百尺，落半崖澗下，有深潭，名曰擯鐘泓，其山名西玉陽山。靈都宫東北有山，名東玉陽山，山有洞深百尺，國家時投金龍于此。洞傍有一憩鶴臺，高數丈，上有鶴跡存焉。昔因周靈王太子王子晉，與師浮丘公游天壇回，憩鶴于此。天壇四面附山峰巒澗嶺，泉谷勝跡，總目于後。

頌曰：王屋天壇福地玄，請虛小有洞天仙。無窮勝境於人物，有感神通今古傳。

雜録

唐睿宗《賜司馬天師白雲先生書詩並禁山勑碑》（杜光庭《天壇王屋山聖迹記》） 睿宗大聖皇帝書：敬問天台山司馬鍊師：惟彼天台，淩于地軸，與四明而蔽日，均八洞而藏雲，珠闕玲瓏，琪樹璀璨，九芝含秀，八桂舒芳，赤城之域斯存，青溪之人攸處。司馬鍊師德超河上，道邁浮丘，高游碧落之廷，獨步青元之境。朕初臨寶位，久藉徽猷，雖堯帝披圖，翹心罄缺，軒轅御曆，締想崆峒，緬惟彼懷，寧方此固。夏景漸熱，妙履清和，思聽眞言，用祛蒙蔽，朝欽夕佇，迹滯心飛。欲遣使者專迎，或遇鍊師驚懼，故令兄往，願與同來。披叙不遥，先此無恙，故勑。

二日

鍊師道實徵明，德惟虛寂，淩姑射之遐軌，激具茨之絶風，自任煉藥名山，祈眞洞壑，攀地肺之紅壁，坐天台之白雲，廣成以來，一人而已。足可發揮仙圃，黼藻玄關，海嶽爲之增輝，風霞由其動色。弟子緬懷河上，側佇巖幽，鶴馭方來，鳳京爰降，對安期之舄，聞稷丘之琴，順風訪道，諒在兹日。所進明鏡，規制幽奇，隱至道之精，含太易之象，藏諸寶匣，銘佩良深，故勑。　二十八日

先生道風獨峻，眞氣孤標，餐霞赤城之表，馭風紫霄之上，遁俗無悶，逢時有待，蹔謁蓬萊之府，將還桐栢之巖，鴻寶少留，鳳裝難駐。閑居三月，方味廣成之言，別途萬里，空懷子陵之意。然行藏異跡，聚散恆理，今之別也，亦何恨哉！白雲悠悠，杳若天際，去德方遠，有勞□心，敬遣代懷，指不多及，故勑。　十九日

開元神武皇帝勑：司馬鍊師以吐納餘暇，琴書自娱，瀟灑白雲，趍馳玄圃。高德可重，蹔違蘿薜之情，雅志難留，敬順松喬之意。音塵一間，俄歸葛氏之天台，道術斯成，項縮長房之地脈。善自攻愛，以保童顔，志之所之。略陳鄙什，既叙前離之意，仍懷後別之資，故遺此書，指不多及，勑。　十五日

衛岍《唐王屋山中巖臺正一先生廟碣》 古之所謂列仙者，執大全以御于自然，遊無參以至于不死，旁午衆妙而登夫大元，蓋著自玄元，成於天師，備諸簡寂，而詳乎貞白。得貞白之道者曰昇玄，昇玄以授于體玄，自三眞在天，群學無主，主道之柄，必將有人。天以司馬眞人爲木鐸歟？不然，玄摽靈符，遹駿若是。尊師族司馬氏，世居溫晉彭城，王權之後，隨親侍都督晟之孫，皇代襄滑二長史仁最之子。夫軒冕奕世，是謂令緒，忠賢繼出，必生異人。故子阿推惠，許眞於降跡，初成行慈，茅君所以升

道，抑有由也。宗師諱承禎，字子微，法號道隱。生而能言，幼而知道，天錫奇表，神仙正性，老壯大旨也。引而伸之，楊許內學也，默而存之，潔其行，聳其德，識窮精微。思入虛極，議者謂冥冥之翮，不可屈而致，年二十一，始服巾褐入道，師體玄先生，先生中嶽之隱几者也。尊師神凝用簡，情汰事落，其秉操不可瀆，其執勤不知倦，體玄乃洗然異之。他日以《金根上經》、《三洞祕籙》、許眞行事、陶公微旨、盡授于我尊師。高悟獨得，虛融大通，發揮道眞，出入玄奧。嘗夢有鳳鳥銜璽，置于法案，刻曰授君東華上清眞人，由是寶其壽，神其行，聽於氣，息於踵，則七日而外物，三月而遺形，一年而遊於無有矣。且鑿坯而遁其隱跡，非應物也，狂歌而遊其內修，非教人也；吐騰奇術而眩愚，非保眞也；偃仰下位其容身，非高世也。尊師是以務弘道不滯其用，方善救不寧其居，入覲聖上，九重肅廣成之謁，出應時賢，群公交予訓之請，故行而無迹，事而無傳，虛受以曲成，廣照以吹萬。或外符能鼓其動，或內楗善閉其關，或燕處而潛偶群眞，或冥升而密行上界，斯則不可測已。而後遊句曲，步華陽之天，棲桐栢，入靈墟之洞；尋大霍，采金瓶之實；登衡山，窺石廩之祕，皆山鬼貢藥，天眞授經，猛獸護門，野禽繞座，若此又不可備論也。開元十二年，天子修明庭之禩，思接萬靈，動汧水之駕，奬邀四子，乃徵尊師入內殿，受上清經法，仍於王屋山置陽臺觀以居之。師以王屋小有之天，總眞之府，景氣幽欻，神祇會昌，矧吾道茍行，奚適不可，翻飛投足，遂有終焉之志。更於觀之乾維高丘之午，窮極絕界，得中巖臺，上直大壇，下繚大阜，巨木圓抱，鳴溪中洛，每養龍大谷，相鶴中峰，燎金洞之衆香，吸石窗之鮮氣，有日矣。初，隱居抄撰道書，爲《登眞隱訣》，其存修之道，率多闕文，尊師乃著《修眞祕旨》十二篇，見行於世。至如發晨蘊以陳呪，步宵壇以飛章，迴冥威於三官，走故氣於百鬼，一以皇極增峻，息金革水旱之虞，一以人寰載清，無流庯疵癘之儆，亦尊師之力也。抱一守寂，反道歸根之詳既洎，鍊景迴元，乘飇蹈氣之術又備，可以逶迤造物，保合大均，觀變化而沖和其心，撫陰陽而寥廓其眂，豈兩儀之細而同其濁質，萬化之雜而拘其清神哉！歲乙亥，夏六月十八日，顧謂近侍曰：吾已受職玄都，不復得住。遂部署封檢，將若遠適。迨昏，有赤雲繚繞，摩地而來，簫聲泠然，乘空而去，衆咸驚駭，謂必上昇。遽奓戶而入，已蛻形矣。越二十一日，群弟子相與瘞杖舃於西北之松臺，制贈銀靑光祿大夫，謚曰貞一，並上自製碑，申龍章也。門人曰：尊師之生也，五百世甲子矣，常見體如寒松，心若明鑑，居絕憂喜，生無嗜慾。昔住嵩嶂，則後阜松生；及移臺嶺，則東壁泉湧；幽居於南嶽，則玄鶴蔽野；坐忘於玆山，則綵雲滿室，若乃高姿逸軌，近類華陽，俄聞偉蓺，遠齊抱朴，其善誨善誘，則常以爲己任，若性與天道，亦不可得而聞。宜其馳轅於妙門，遊刃於眞宰，邁玄德而同世恤，宣至理而障群僞，及揮斥萬仞，翶翔四空，凝冰者理順，捕影者心伏，戲，豈古登天遊霧而不死者夫。河東郡寶鼎縣主簿司馬綱，師之猶子也，餐味密訓，倘佯精廬，禦侮道門，翹足仙事，乃恢張遺寢，制造新廟，將謂靈仙不妄，且以虔奉有所考室也。侈而太之立主也，尸而祝之，徒見反宇。蘧蘧高松沓翠，靈響虛應，圓光夜燭，亦神異也。僉惟昔之得道者，智有如江如海惟深也，我師則無不在，德有如丘如陵其高也，我師則不可，升故塞于瀛縣，磬于圖史，豈遊其門者能象其迹而綴其美乎？誠以立祠者表靈之道，刻石者弘教之端，思存乎阜鄉之遺風，景行乎靁平之故事，若述作之奇偉，見于萃集，感應之幽微，存乎內傳云爾。乃作頌曰：

大元混茫，上境遼廓。沖用斯應，翰飛是託。道其深微，人孰營度。不有眞匠，疇能係作。偉哉眞匠，乘運挺生。超乎長存，隱乎無名。玄退首出，道再演成。潤色大象，猗那之精。至精伊何，能修體妙。大象伊何，能勤廣照。周麾後學，緣飾垂教。弱喪知歸，晞光胥效。從道於中，以克大道。終處其厚，奄荒無有。七域昭賁，百靈奔走。夫生在命，此身能久。且曰無待，著名別仙。嗣武貞白，齊明稚川。解玉何地，迴旌幾年。靈廟之下，空瞻洞天。

委羽山

論說

李思聰《洞淵集》卷二　第二，委羽山，洞周迴一萬里，名大有空明

之天，即司馬季主爲大有眞人所理，係台州爾雅云應在海中。

西城山

論說

李思聰《**洞淵集**》**卷二** 第三，西城山，高二千丈，洞周迴三千里，名太玄極眞之天。此即王方平眞人所理，在梁州成都府西一千里，入西界。

西玄山

論說

李思聰《**洞淵集**》**卷二** 第四，西玄山，高二千七百丈，洞周迴一千里，名三玄極眞之天，即裴眞人所治，係華州人不可到入西界。

青城山

論說

李思聰《**洞淵集**》**卷二** 第五，青城大面山，高三千六百八十丈九尺，洞周迴二千里，名寶仙九室之天，即甯眞人所理，黃帝曾問道，希夷眞君授帝龍蹻經之處。在蜀州青城縣。

彭洵《**青城山記**》**卷上** 青城山者灌之南山也。地濱大河，以西帶江背郭綿延不下百里。《元和志》謂：在青城縣西北三十里。《寰宇記》謂：在青城縣西北三十二里是也。自三皇時甯封棲眞，黃帝問道，青城之名遂著。迨漢天師張道陵斬草除涸，講授丹經，白日沖舉，青城於是益顯。雖羽衣清脩棲遲岩穴後先不可殫述，而青城之名播諸冊籍艷稱無窮。《道書》云：青城爲神仙都會。《福地記》云：上有沒溺池、甘露芝草。《玉匱經》云：此第五大洞，寶仙九室之天。黃帝所拜奉爲五岳丈人，黃帝刻石拜謁，纂書猶存。天師立青城治於中。《五岳眞形圖》云：青城洞天所在，其下別有日月分精所照。《御覽》云：黃帝遍歷五岳，封青城山爲五岳丈人，第五大洞，寶仙九室之天。連峰掩映，互相連接，靈仙所宅，靈異甚多。《名山洞天福地記》云：第五洞天，周迴二千里，名寶仙九室之天。《唐六典》：劍南道名山之一曰青城。《枕中記》云：鬼谷先生爲太元師，治青城山。《方輿勝覽》謂：青城一名赤城，又名青城都。陸放翁亦云：青城一名赤城。杜光庭云：岷山連峰接岫千里不絕，青城爲第一峰。山有七十二小洞，應七十二候。八大洞應八節。

古常道觀《**青城指南**》 青城爲蜀名山，有聞遠古，歷漢晉唐宋尤顯，在今蜀西灌縣西南四十里，《書・禹貢》載岷山導江，一名沃焦，《益州記》稱曰牧德，太史公西瞻蜀之岷山，又曰鴻濛，一名青城都，山形如城郭故名，爲第五大洞，寶仙九室之天，一名赤城，黃帝披山通道，徧歷五岳，封青城爲五岳丈人，一月之內，群岳再朝，六時灑水，以代刻漏，其下別有日月分精所照，謂之伏辰之根，下照洞口，與人世無異，連峰接岫，千里不絕，山高三千六百丈，以高度表驗之，第一峰頂，高海面二千尺，大火地亦同，夷華頂，二千五百尺，大面山絕峰，三千尺，表亦互差，周匝二百五十餘里，前號赤城，後曰大面，其實一耳，有七十二洞，以應七十二候，八大洞，以應八節，其中五大洞，上應五星之宮，乃五帝所化也。

天倉諸峰，屹然三十有六，靈仙所宅，祥異甚多，有瑤林瓊樹，金沙玉田，甘露芝草，天池醴泉之異，絕峰之頂，煙雲常覆之，每日晴霽，不過六七度，南連峨眉，中有洞天諸靈書所藏。

龍蹻先生所治也，先生嘗爲陶正，通神幽隱，履蹈烈焰，隨煙上下，黃帝順下風禮問，受龍蹻經，得御飛雲術，遂封五岳丈人，佩三庭之印。

漢張陵入蜀，亦隱於此，斬草除溷，倡設條教，化被蜀民，百姓翕然師之，後世立祠飾象，春秋崇奉，祺祥沓示，唐開元尊號儲福定命眞君，中和間，再封希夷眞君，坤輿奥區，峰連嶺屬，標靈跡者，青城爲勝，星根月頂，風容雲骨，表裏森秀，彌數百里，見諸載籍，彰彰可考，故《洞天福記》云，青城周迴二千餘里，十洞天大小悉皆相通，信不誣也。

上清宮

論説

彭洵《青城山記》卷上 在高臺山者爲上清宮。《吳船錄》云：上清宮在最高峰之頂，以版閣插石作堂殿，下視丈人直牆堵耳。《輿地紀勝》云：高臺山在丈人祠之西，晉立上清宮於上。山有列聖殿，今廢。按《新五代史·前蜀世家》云：王衍嘗與太后太妃遊青城山。宮人衣服皆畫雲霞，飄然望之若仙。衍自作甘州曲，述其仙狀。上下山谷，衍常自歌使宮人和之。又乾德五年，衍起上清宮，塑王子晉，尊以爲聖祖至道玉宸皇帝，肖建及衍像，侍立左右。又於正殿塑元元皇帝及唐諸帝，備法駕朝之。《益州名畫錄》云：命杜齯龜畫於上清祖殿，并授翰林待詔賜金魚袋。又史稱唐莊宗使李嚴聘蜀衍與朝上清宮，蜀都士庶簾帷珠翠夾道不絕。《青箱雜記》亦云：衍造上清宮成，塑元元皇帝及唐諸帝像，衍躬自薦饗。按舊志：青城山有列聖殿，當即諸帝像殿也。

古常道觀《青城指南》 在高臺山，地勢廣坦，樓殿高下俱備，廊廡肅靜，廟後老霄頂，即古彭祖峰，明皇幸蜀，造上清宮，晉起朝天宮於丈人祠西側，號曰上清宮，於第一峰之頂，以版閣插石作堂殿，下視丈人峰直牆堵耳，岷山數百峰悉在闌檻，如翠浪起伏，勢皆東傾，峰畔有唐殿故基，石礎猶存。

蜀王衍建上清宮，列唐十八帝眞容，備法駕朝之，范成大謂上清之游，極天下巨觀，有詩云：來從井絡直西路，上到江源第一峰。

天師洞

論説

彭洵《青城山記》卷上 在天師洞者爲常道觀。觀爲隋大業間置，始名延慶。唐改常道，宋名昭慶，今則概言天師洞矣。唐時爲飛赴寺僧侵居，元宗時勅令仍歸道士。其御勅碑略云：蜀州青城先有常道觀，元在青城山中聞有飛赴寺僧奪以爲寺，州既在卿節度撿校勿令相侵，觀還道家。寺依山外舊所，使道佛兩所各有區分。今使內品官毛景懷、道士王仙卿往蜀川等州，故此遺書指不多及右勅。

祖師殿

論説

彭洵《青城山記》卷上 天師洞之南爲三皇殿，殿爲古黃帝祠遺址。又南爲古偏橋，橋南三里爲祖師殿，又南爲白雲溪。按《輿地紀勝》云清都觀在延慶觀上二三里，一名洞天觀。宋文彥博鎮蜀，日市清都觀側隙地以贈張愈，其下即白雲溪，因號白雲隱居。《宋史》亦稱白雲溪爲杜光庭隱處。以地考之，古無祖師殿，惟清都觀在白雲溪上，則今之祖師殿當即古清都觀也。

長生宮

論說

彭洵《青城山記》卷上　長生宮，漢之碧落觀也。宋名長生觀，一名范賢觀。《雲谷雜抄》又謂范仙觀。《舊志》云：范寂字無爲，又稱名友，字子元。漢昭烈時，隱居修鍊於此，得長生久視之道。帝屢召不起，封逍遙公，後主易其宅爲觀，壽一百三十餘。晉李雄亂，率千餘家依青城保險自守，雄欲迎爲君，固辭。封天地太師、西山侯。蜀人多敬奉之。

古常道觀《青城指南》　在青城山麓，即漢之碧落觀也，劉先主時，范寂隱於此，以修眞爲事，先主徵之不起，就封逍遙公，得長生久視之術，蜀人奉以爲神，稱之曰長生，劉禪易其宅，爲長生觀，建赤城閣於後。

建福宮

論說

彭洵《青城山記》卷上　建福宮按《吳船錄》云：丈人峰下五峰峻峙如屏，觀之臺殿上至岩腹。丈人自唐以來號五岳丈人。《儲福定命眞君傳記》略云：丈人姓甯名封，黃帝問龍蹻飛行之道，今賜名會慶建福宮。是丈人觀之爲建福宮，實自宋始。舊志云：青城山有丈人觀，丈人行宮。據此則今之建福宮乃古丈人觀，今之丈人觀乃丈人行宮也。《青城甲記》云：黃帝封青城山爲五岳丈人，乃岳瀆上司眞仙崇秩，一月之內群岳再朝，晉代置觀焉。《續博物志》云：青城縣歲春秋以蔬饌饗丈人山，令躬行禮，蓋蜀之望山也。《錄異記》亦云：司馬承禎奏元宗云，名山岳瀆血食之神以主祭祀太上，慮其妄有威福以害蒸黎，分命上眞監莅川岳有五嶽眞君。有青城丈人爲五嶽之長，彈糾萬神各置廟以齋食爲饗。王蜀咸康元年，王衍嘗奉太后太妃同禱青城，游丈人觀謁建鑄像。

天台山 天台赤城山

論說

李思聰《洞淵集》卷二　第六，天台赤城山，高一萬八千丈，洞周迴五百里，名上淸玉平之天，即桐柏王眞人所理。葛玄仙公鍊丹得道處，上應台宿，故名曰天台，在台州天台縣。

佚名《天台山志・郡志辯》　天台山在縣北三里，自神跡石起。按舊《圖經》載陶隱居《眞誥》云：高一萬八千丈，周迴八百里，山有八重，四面如一，當斗牛之分，上應台宿，故曰天台。又《十道志》謂之頂對三辰。《登眞隱訣》謂大小台處五縣中央。五縣謂餘姚、句章、臨海、天台、剡縣。或號靈越孫興公《賦》所謂𤸫牛宿以曜峰，托靈越以正基是也。今言天台者，蓋山之都，號如桐栢、赤城、瀑布、佛壠、香爐、華頂、東蒼，皆山之別名。大槩以赤城爲南門，石城爲西門，據神邕所記如此，而徐靈府小錄又以剡縣金庭觀爲北門，蓋指山之所至。言《抱朴子內篇》云：諸山不可鍊金丹，以其皆有水石之精，惟太華少室縉雲羅浮及大小台，正神居之，助人爲福，可以修鍊。故《天台賦》云：涉海則有方丈蓬萊，登陸則有四明天台。特以所立冥奥，故不列於五嶽，又《山讖》云：曲豆女台，可以避災。然則地爲靈仙所宅，尚矣。

雜録

孫綽《遊天台山賦并序》（《文選》卷一一） 天台山者，蓋山嶽之神秀者也。涉海則有方丈蓬萊，登陸則有四明天台，皆玄聖之所遊化，靈仙之所窟宅。夫其峻極之狀，嘉祥之美，窮山海之瓌富，盡人神之壯麗矣。所以不列於五嶽，闕載於常典者，豈不以所立冥奧，其路幽迥。或倒影於重溟，或匿峰於千嶺，始經魑魅之途，卒踐無人之境，舉世罕能登陟，王者莫由禋祀，故事絶於常篇，名標於奇紀。

然圖像之興，豈虚也哉。非夫遺世翫道，絶粒茹芝者，烏能舉而宅之。非夫遠寄冥搜，篤信通神者，何肯遙想而存之。余所以馳神運思，晝詠宵興，俛仰之間，若已再升者也。方解纓絡，永託兹嶺，不任吟想之至，聊奮藻以散懷。

太虚遼廓而無閡，運自然之妙有，融而爲川瀆，結而爲山阜，嗟台嶽之所奇挺，寔神明之所扶持，廕牛宿以曜峰，託靈越以正基，結根彌於華岱，直指高於九疑，應配天於唐典，齊峻極於周詩。

邈彼絶域，幽邃窈窕，近智以守見而不之，之者以路絶而莫曉，哂夏蟲之疑冰，整輕翮而思矯，理無隱而不彰，啓二奇以示兆，赤城霞起而建標，瀑布飛流以界道，

睹靈驗而遂徂。忽乎吾之將行，仍羽人於丹丘，尋不死之福庭。苟台嶺之可攀，亦何羨於層城。釋域中之常戀，暢超然之高情，被毛褐之森森，振金策之鈴鈴，披荒榛之蒙蘢，陟峭崿之崢嶸。濟楢溪而直進，落五界而迅征。跨穹窿之懸磴，臨萬丈之絶冥，踐莓苔之滑石，搏壁立之翠屏，攬樛木之長蘿，援葛藟之飛莖，雖一冒於垂堂，乃永存乎長生。必契誠於幽昧，履重險而逾平。

既克隮於九折，路威夷而修通。恣心目之寥朗，任緩步之從容。藉萋萋之纖草，蔭落落之長松，覿翔鸞之裔裔，聽鳴鳳之嗈嗈。過靈溪而一濯，疏煩想於心胸。蕩遺塵於旋流，發五蓋之遊蒙。追羲農之絶軌，躡二老之玄蹤。陟降信宿，迄於仙都。雙闕雲竦以夾路，瓊臺中天而懸居。珠闕玲瓏於林間，玉堂陰映于高隅。彤雲斐亹以翼欞，皦日炯晃於綺疏。八桂森挺以凌霜，五芝含秀而晨敷。惠風佇芳於陽林，醴泉涌溜於陰渠。建木滅景於千尋，琪樹璀璨而垂珠。王喬控鶴以沖天，應眞飛錫以躡虚。騁神變之揮霍，忽出有而入無。

於是遊覽既周，體靜心閑，害馬已去，世事都捐，投刃皆虚，目牛無全，凝思幽巖，朗詠長川。爾乃羲和亭午，遊氣高褰，法鼓琅以振響，衆香馥以揚煙，肆覲天宗，爰集通仙。挹以元玉之膏，漱以華池之泉，散以象外之説，暢以無生之篇。悟遣有之不盡，覺涉無之有間。泯色空以合跡，忽即有而得玄。釋二名之同出，消一無於三幡。恣語樂以終日，等寂默於不言。渾萬象以冥觀，兀同體於自然。

天台赤城山 見天台山

玉京洞

論説

佚名《天台山志・洞》 玉京洞，在縣北七里，赤城山右脇。蓋十大洞天之第六也。茅司命眞君所治。其内周迴三百里，或號玉眞清平天，或號上清玉平天，其實一也。見《登眞隱訣》。《茅君内傳》及《名山福地記》載：茅君諱盈，字叔申。按《道書》云：天尊在元都玉京山。説法令衆仙居。又《會稽記》云：赤城山有五寶，璿臺許邁嘗居之，因與王逸少書曰：自天台山至臨海，多有金堂玉室仙人芝草。而《赤城事實》又載：東晉時，剡人栢碩，馳獵深入，見其中有名花異草，香氣不凡。徐靈府《小録》云：其下別有洞臺，方二百里，南嶽魏夫人所治。南馳縉雲，北接四明，東距溟渤，西通剡川，中有日月三辰，瑶花芝草。自晉

宋梁隋暨唐天寶，嘗以日中星烏望秩玆山。今洞口有篆刻玉京二大字，無年月題誌。宋咸平天聖中屢投金龍玉簡於洞焉。亡賴竊取，今壇塞矣。側有道人洞三石穴，險不可躋。《續志》云：屬玄洲仙伯所治。

桐栢觀

論說

佚名《天台山志・宮觀》 桐栢崇道觀，在縣北二十五里，自福聖觀後登嶺，路徑九曲盤折而上，至洞門漸下，一望佳境，豁然砥平，環列九峰，狀如城郭。觀當九峰之心，按《道書》：桐栢有洞天金庭，即王子晉所治。中有三橋，一現二隱。木則蘇玡琳碧，泉則石髓金漿，人得食之，後天不老。《眞誥》云：吳有句曲之金陵，越有桐栢之金庭。三災不至，洪波不登，實不死之福鄉，養眞之靈境，吳赤烏二年太極左仙翁葛玄即此鍊丹，故今觀前有朝斗壇。壇西南下有石如龜背，上刻云誥使徐公醮壇。後二百六十載，爲齊明帝永泰元年，征虜將軍濟河，太守司徒左長史沈約休文，一十餘人棄官，乞爲道士居之。又二百一十三年，爲唐睿宗景雲二年，敕爲司馬承禎眞人建觀。禁封内四十里毋得樵採，以爲禽獸草木長生之地。按徐靈府《小錄》：眞人所居，黃雲常覆其上，故自誦雲空，號黃雲，俯蔭眞氣壇，名元晨。仰窺清景，其東爲煉形室，南爲鳳軫臺，西曰朝眞靖，北曰龍章之閣。衆妙之臺，臺下有醴泉井，其泉極甘，可以愈疾，後皆無廢。大和咸通間道士徐靈府葉藏質重新修建。五代梁開平中改觀爲宮。宋南渡後曹開府勛重新修建殿閣門廡，則又擴開丈尺，增加雄壯。至乾道丁亥畢工時，去景雲已四百五十七年。而楊和王存中與其子偰之功施居多，其殿宇則三清寶殿，殿前經鍾二樓，後有上清閣、御書閣、衆妙臺。政和六年，又建徽宗元命殿于其後，前建山門，外臨女梭溪，上有會仙亭，直南嶺表見洞門一座。內則方丈齋堂、雲堂、土地堂、三眞殿、水碓、水磨等坊。有六院，一曰經藏院，二曰三元院，三曰延賓院，四曰清虛院，五曰白雲院，六曰浴院。宋朝宣賜，則有太宗眞宗御製及御書，共五十三卷軸。高宗所臨漢晉帖，史漢事實翰墨志，用高麗僧統所捨織成經簾二帙盛裹。又有眞宗祥符中設羅天大醮，所賜御衣四事奉安御書閣，上吳越國王所捨銅像天尊一十身，連火燄臺座，周金銅鋼三實鑄成檀香三清像一龕，計二百六十身。玉花八珠，在上清閣供養銅鑄三清聖像，正殿供養睦親宅昭成太子宮捨到聖幘四十軸。藏清虛院至其穹樓傑閣之雄麗，雲窗霧閣之高下，皆隱約于喬林翠靄之中，崇飾像麗，無以加矣。迨今國朝更化人民逃難竄匿而火從中起，宏規巧製化爲丘墟，金碧文章悉歸灰燼，惟檀香像一龕，因遊者請觀，留於澗東之迎仙房，今故物惟此龕及此一房之樓宇耳。計自乾道戊子曹開府脩建畢工，至今丁未變故，又一百九十九年，上距赤烏己未通計一千一百二十九年，亦云久矣。盛衰興廢，亦自有其時焉。

雜録

崔尚《桐栢觀碑》（《天台山志》） 天台也，桐栢也，代謂之天台，眞謂之桐栢，此兩者同出而異名，同契乎玄，道無不在，夫如是亦奚足，是桐栢耶，非桐栢耶？因斯而談，則無是無非非矣。而稽古者言之，桐栢山高萬八千丈，周回八百里，其山八重，四面如一，中有洞天，號曰金庭宮，即右弼王子晉之所處也。是之謂不死之福鄉，養眞之靈境，故立觀有初，強名桐栢焉耳。古觀荒廢則已久矣，故老相傳云，昔葛仙翁始居此地，而後有道之士，往往因之，壇址五六，厥跡猶在。洎乎我唐，有司馬鍊師居焉。景雲中，天子布命于下，新作桐栢觀，蓋以光昭我玄元之丕烈，保綏我國家之永祚者也。夫其高居八重之一，俯臨千仞之餘，背陰向陽，審曲面勢，東西數百步，南北亦如之。連山峨峨，四野皆碧，茂樹鬱鬱，四時常青。大巖之前，橫嶺之上，雙峰如闕，中天豁開，長澗南瀉，諸泉合漱，一道瀑布，百丈懸流，望之雪飛，聽之風起，石梁翠屏可倚也，琪花珠條可攀也，仙花靈草，春秋互發，幽鳥青猿，晨夜合響，信足賞也。始豐南走，雲嶂間起，剡川北通，煙岑相接，東則亞入滄海，不遠蓬萊，西則浩然長山，無復入境。總括奧祕，鬱爲秀絕，包元氣以混成，

鎮厚地而安靜，非夫神與仙宅，仙得神營，其孰能致斯哉。故初構天尊之堂，晝日有雲五色，游靄其上，三井投龍之所，時有異雲氣入堂，復出者三。書之者，記祥也。然後爲虛室以鑿戶，起層臺而累土，經之殖之，成之翼翼，綴日月以爲光，籠煙霞以爲色，花散金地，香通玄極，眞侶好道，是游斯息。微我鍊師，孰能興之。鍊師名承禎，一名子微，號曰天台白雲，河內溫人。晉宣帝弟太常馗之後。祖晟仕隋爲親侍大都督。父仁最，唐興爲朝散大夫，襄州長史。名賢之家，奕代淸德，慶靈之地，生此仙才，以爲服冕乘軒者，寵惠吾身也。繫鍾陳鼎者，味爽人口也。遂乃捐公侯之業，學神仙之事，科籙敎戒，博綜無所遺，窈冥希夷，微妙詎可識，無思無爲，不飮不食，仰之彌峻，巍乎其若山，挹之彌深，湛乎其若海。夫其通才鍊識，贍學多聞，翰墨之工，文章之美，皆忘其所能也。鍊師蘊廣成之德，睿宗繼黃軒之明，齋心虛求，將倚國政，侃侃然不可得而動也。我皇孝思惟則，以道治國，叶帝堯之用心，寵許由之高志，故得放曠而處，逍遙而遊。聞鍊師之名者，足以激厲風俗，睹鍊師之容者，足以脫落紛埃。以慈爲寶，以善救物，神以知來，知以藏往，允所謂名登仙格，迹在人寰，粵不可測矣。夫道生乎無名，行乎有情，分而作三才，播而作萬物，故爲天下母。修之者昌，背之者亡，故爲天下貴。況絕學無憂，長生久視也哉。道之行也，必有階也。行道之階，非山莫可。故有爲焉，有象焉，瞻於斯，仰於斯，若捨是居，敎將奚依。損之又損，以至於無爲，玄門旣崇，不名厥功。朝散大夫、使持節台州諸軍事、守台州刺史、上柱國賈公，名長源，有道化人，有德養物，常謂別駕蔡欽宗等曰：且道以舍德，德以致美，美而不頌，後代何觀？乃相與立石紀頌，以奮至遁之光。其辭曰：邈彼天台，嵯峨崔嵬。下臨滄海，遙望蓬萊。漫若天合，呀若地開。煙雲路通，眞仙時來。顧我鍊師，于彼瓊臺。鍊師鍊師，道入玄微。嗡日安坐，淩雲欲飛。興廢靈觀，鍊師攸贊。道無不爲，美哉侖奐。窈窈茫茫，通天降祥，保我皇唐，如山是常。天寶元年太歲壬午三月二日丁未弟子昆陵道士范惠趨等立。

借緋殳疏《重建道藏經記》（《天台山志》） 唐景雲中，天子爲司馬承禎置觀桐栢，界瓊臺三井之下。五代相競，中原多事。吳越忠懿王得爲道士朱霄，朱外新之，遂築室於上淸閣西北，藏金錄字經二百函，勤其事也。國家有成命之二十載，削平天下，列爲郡縣，舳艫千里，東暨於海。有靈靜大師孟玄岳者，始越會稽，濟沃洲赤城，訪桐栢，爲山門都監、沖一大師稽常一等請掌斯藏。至雍熙二年，有詔悉索是經付餘杭，傳本旣畢，運使諫議大夫雷公德祥命舟載以還，從師請也。又十載，藏室幾壞，虞於風雨，師募台越右族並率已錢共二十萬，名工治材，更腐替朽，丹漆黝堊，皆踰舊制。又十三載，會國家獲瑞命于承天門，建封禪之議，有詔改賜觀額爲崇道。越明年，天子感三篇之事，築玉淸昭應宮于京師，制詔天下，訪道士之有名行及仙經之有尤異者，郡籍師等名馳驛上之。師治裝俟命，且有請於我，願紀藏室之實以勒於石。我以爲太虛無著，況之曰道，生二儀而不有，長萬物而不知，惟聖與神，其殆庶幾乎。故老氏五千言，淸淨簡易而不泥，後世其敎神而明之。於是靈編祕牒，金簡玉冊，有太上正一品鍊形飛步之術，熊烏赤白丹石圖籙之法，總而謂之曰經，聚之於室曰藏，錢氏之建也。信重矣，金篆銀隸，以取其貴。孟師之守也，不懈矣，二十八載于茲而棟宇更麗，編簡不脫。若夫觀於斯，悟於斯，出處語默而不失其中，不亦達者乎？於戲，後之嗣孟師守者，爲我愛之，而觀者擇其正焉。

曹勛《重修桐栢記》（《天台山志》） 天台山之右曰桐栢，自地距洞門幾十里始至，其上重復奧區，別爲室所。四山如城郭，不假除治，雲聳壁立，天造地設。中則葛仙翁鍊丹之居，至唐司馬子微大營宮宇，設虛皇像以安羽流，玉霄峰直其東，瓊臺峙其西，靈府方瀛奠其北，中有瀑水，飛流噴沫，勢若萬馬，奔而南下，四時落巖，浩垂若天紳。居人行客，彌望不極，故《眞誥》謂越之桐栢，實金庭洞天，養眞之福境，上眞主領以會群仙，固非尋常山川，惟龍蛇所處。是以高接上漢，深隱九霄，控引天地，錯綜今古，包括形勢，不與外塵相關。苟非棲神養素之士，則不能少留煙霜間。僕比丐閑，稅鞅踰月，都忘俗駕，因見屋宇閱五代至今，無不損弊，而象設蒙漏，往往渝剝，欲力爲勸緣營建。時觀門都監石慶端、道副正厲永年、石葆璋，皆捧手相勉，誠山門不世之幸，獨葆璋願竭力任土木之役，罔敢懈怠。於是六七年中，專以觀事求在位者，得太師和王楊公，並其子敷文閣待制偰洎僕，悉出俸錢，擴殿廊基，各增闊丈餘，創焉高廣，顯闢修廊，又摹古石本，繪《度人經》像於壁，改造三淸正殿，及

命工粧彩棟宇，俾之侖奐。其象失天人之容者，則易塑睟穆，增舊金翠，以至立三官殿，移齋堂爲鉅甍，可容千衆，並敞東西兩客館以待過賓，撤去外戶，倣中都上清之制，宏啓三門，塑龍虎君，率極雄桀，展立靈星門，以拱眈眈之勢，覺青崖丹壑，松竹葱蒨，隱居道師，悉蘊和氣。道士唐知章以錢氏手寫金銀字道經，出私錢建藏並殿，由是內外堂宇皆備。良材堅甓，文石五金之用，自重山而下，扛木累工於上。及諸彩繪等，約費千萬。崇廈岌嶪，翅翺相直，如出於浮空紫翠之中，粲然一新。眞九清仙聖之攸居，萬靈威神之所御，巖巖翼翼，飛宏耀化成中天。來居來遊者，皆道念超勝，殆若靈仙飛化，無不懷淩虛靜一之志，遂可日與淸衆陞殿香火，仰祝天子萬壽，爲閱世無窮之道場，豈不休哉！故一山淨友，勸感而化，以勝增善。平日慱慱嗜食之徒，皆磨礱淬厲，期合於眞，游詠道德，卒皆修整，得慈儉三寶之益。問其教，則精勤持誦，皆不踰矩。入於堂，則戒臘有序，無相奪倫。與之語，則氣貌清潔，漸入仙宗。其於荷負至要，隨時樂道，可以副紫陽新宮之文，而山卿有不可無辭以言其詳也。僕晚暮之景，得相與成茲勝事，因爲原本極治，叙得人任職，比舊修創增易之難，刻于堅珉，以示將來。葆璋常曰：刳心瀝膽，每無忘於與造有日矣，然未遇知音。果上眞垂憐，肯於此功而成者，以桐栢在浙東，最號名觀。扶晨暉霄，緱山降九龍之駕，辟非素景，首陽策三公之衛。至朝廷則鉅公顯人，每爲均逸提領之所。又閩廣湖湘，多取便道。車馬游訪，項背相屬，賓從棲止，視餘處爲尤煩，詎可隘陋，徒示虛無。且復吾教，惟言清淨淡泊，非有死生禍福，爲警世資取之方，獨有際遇賢智，心規亮淸，始方求建易興作，覬接續眞境，弗墜厥績，所以陪難以時也。噫！不避衆人之謗，不虛一日之供，躬役土木，載新靜域，能畢力而不憚者，葆璋是已！豈不賢於坐視以待其廢隳哉！後之繼者，倘不忘前人之功，俾道衆晨夕瞻禮，安於寢息，而保希夷之樂，亦始事者之幸，必不獲譴於洞天福地矣。尙監於茲。僕停鞅方外，野鶴閑雲，蘿月松風，放意身世，寄言蕪纇，且勸方來爾。其諸梗槩，覽者當有得於斯文。

玉京觀

論說

佚名《天台山志・玉京觀》 其觀在縣西北七里，赤城山玉京洞天之右。自晉宋齊梁槩唐天寶，皆以日中星鳥望秩于兹。宋咸平天聖中屢投金龍玉簡。政和八年賜額建觀，未幾，中泯嘉熙改元，朝廷設醮祈禱，天使詣投龍簡，籍地行禮，殊虧昭事靜。時沖大師高惟幾闢山度址，興建觀宇，觀妙大師范善遷同盟助就，郡守張侯琥奏撥公田以助堂廚。御前宣賜沈香斗、眞鍾磬及御書觀額。拱辰殿扁安鎭觀宇，正殿崇奉，皇帝本命星君，名清平，萬壽殿縣令姚德輝叙其事不著年月，今歸併桐栢，廢。

洞天宮

論說

佚名《天台山志・洞天宮》 其宮在縣西北三十五里，重崖疊嶂，松竹葱蒨，地產香茅，直南巽隅有兩石峙，狀如門扉，人呼爲小桐栢。唐咸通間，道士葉藏質嘗於玉霄峰創道齋，號爲石門山居。後奏乞爲玉霄宮，懿宗許之。又徐靈府《小錄》：道士陳寡言嘗隱居玉霄峰，號華琳。有經《鐘一樓經》，皆咸通十一年書，後題云：上清三洞弟子葉藏質爲妣劉氏四娘造永鎭玉霄藏中。宋祥符元年改額，今歸併桐栢，廢。

羅浮山

論說

李思聰《洞淵集》卷二　第七，羅浮山，高三千六百丈，洞周迴五百里，名朱明耀眞之天，即蓬萊之島也。堯時洪水泛海而來，博於羅山，二山相合，故曰羅浮。抱朴子葛洪鍊丹得道處，在惠州博羅縣。

羅浮山沖虛觀

論說

陳璉《羅浮志補》卷三　沖虛觀在延祥寺東七里。按《圖書集成》引《羅浮山志》：沖虛觀即都虛觀。舊址葛洪至此煉丹，從觀者衆，乃置四庵。山南曰都虛，又曰元虛，又改名沖虛。天寶初置守祠十家，仍度道士二人。宋元祐二年賜額。

茅山 句曲山

論說

李思聰《洞淵集》卷二　第八，茅山，高一百七十丈，洞周迴一百五十里，名金壇華陽之天，即古名句曲山。因茅君鍊丹得道，故曰茅山。記云：華陽洞天，生黃金壇，高百丈，紫玉宮室，皆上清眞人遊息之地，在昇州句容縣。

劉大彬《茅山志》卷六《括神區篇》　句曲山《太元眞人內傳》曰：江水之東，金陵之左右，間有小澤，澤東有句曲之山。此山洞虛內觀內有靈府，洞庭四開，穴岫長連，古人謂爲金壇之虛臺，天后之便闕，清虛之東窗，林屋之隔沓。衆洞相通，陰路所適，七途九源，四方交達，眞洞仙館也。山形似已字，故以句曲爲號焉，隱居六小澤，即今赤山湖，從江來，直對望此山。又曰句曲山。源曲而有所容，故號爲句容里。周時名其源澤爲曲水之穴，秦時名爲句金之壇，以洞天內有金壇百丈，因以致名也。外又有積金山，亦因積金爲壇號矣。漢有三茅君來治其上，時父老又轉名茅君之山。三君往，乘白鵠，各集山之三處。時人互有見者，是以發於歌謠，廼復因鵠集之處分爲大茅君、中茅君小茅君三山焉。統而言之，盡是句曲之一山耳。《隱居》云：句曲從山嶺分界，西及北屬句容，東及南屬延陵。山去石頭江水步道一百五六十里。

句曲山 見茅山

華陽洞天

論說

劉大彬《茅山志》卷六《括神區篇》　華陽洞天《太元內傳》曰：大天之內，有地中之洞天三十六所，其第八是句曲山之洞。周迴一百五十里，名曰金壇華陽之天，洞虛四郭，上下皆石也。上平處在土下，正當十三四里而出地上耳。東西四十五里，南北三十五里，正方平，其內空虛之處一百七十丈，下墌猶有原阜壠偃，上蓋正平也。其內有陰暉夜光日精之根照此，空內明並日月矣，陰暉主夜，日精主晝，形如日月之圓，飛在空

玄之中。句曲之洞宮有五門，虛空之內皆有石階曲出以承門口仙人卒行出入者，即若外之道路也。日月之光既自不異，草木水澤又與外無別。飛鳥交橫風雲蓊鬱，亦不知所以疑之矣。所謂洞天神宮，靈妙無方，不可得而議，不可得而罔也。句曲洞天，東通林屋，北通岱宗，西通峨嵋，南通羅浮。其有小徑雜路，阡陌抄會，非一處也。漢建元史左元放既得道，聞此神山，遂來山勤心禮拜，五年許，廼得其門，入洞虛，造陰宮。三君授以神芝三種，元放周旋洞宮之內經年。宮室結構，方圓整肅，甚惋具也。嘆曰：不圖天下復有如此之異，神靈往來，推校生死，如地上之官府矣。

雜録

徐鉉《復禁山碑》（《茅山志》卷二四《録金石篇》） 華陽洞天，金陵福地，群仙之所都會，景福之所興作，故其壇館之盛、薦享之殿、樵牧之禁，冠於天下，其所由來舊矣。聖曆中微，官失其守，望拜之地，多所榛蕪。若廼真靈翔集、玄貺肸蠁，興復之蹟，必假異人。天祐丁丑歲，貞素先生王君棲霞，始來此山，恭佩上法，徘徊地肺，偃息朱陽，永懷舊規，期在必復。先生潛德內映，符采外融，名士通人，道契冥合。凡縞紵之贈，貺信之資，悉奉山門，以成夙志。於是由良常洞至雷平山十里而近，入于氓隸者，盡購贖之。芻蕘不得輒至，墟墓不得雜處。藝樹蔽野，植松爲門，川梁必通，榛穢必翦。建方壇於雷平之上，造高亭於良常之前，朝修有致誠之地，游居有稅駕之所。姜巴古陌，秦望舊封，肅然清光，復如開元、天寶之盛矣。先是紫陽之右有靈寶院焉，真臺故基，鞠爲茂草。先生殫罄資用，克構殿堂，有開必先，無遠弗屆。都督武陵康王奉錢百萬，梁王造殿一區，向道之徒，咸助厥事，曾未周歲，惟新舊宮，皆先生之力也。昔大限致襄城之駕，庚桑化㟪㠑之人，是知道心唯微，其應如響。時則有若道士經若虛，協規同志，是攝是贊，幹事以恪，感物以誠，績用不愆，斯實尤賴。先生以保大壬子歲夏四月，悉書夫屋室之數、疆畔所經，請命于京師，申禁于郡縣，以授茅山都監鄧君棲一。能事既畢，數日而化。期命玄應，昧者不知。夫仙階感召，諒非一揆，若廼神清氣靈，骨籙標映，受之於天也；心虛器沖，玄德充蔚，基之於性也；昭真垂教，啓煥靈迹，行之於勤也。故策名紫素，飛步黃庭，流功儲慶，必相參合。然則先生之道，其殆庶乎？雖飈駕不留，冥升日遠，而高風可述，遺範在人，進而紀之，翰墨之職也。鄧君企慕前躅，見托直書。己未歲秋八月日記。

金陵地肺福地

論説

劉大彬《茅山志》卷六《括神區篇》 金陵地肺福地，按《洞天福地記》，福地有七十二，地肺福地爲第一，即金陵之地是也。金陵之地出於內傳，其地水至即浮，故又比之於肺。《抱朴內篇》別有地肺山，廼玉溜嶼。又商山亦名地肺，今以內傳爲正保命君受言金陵者，洞虛之膏腴，句曲之地肺也。履之者萬萬，知之者無一。人又曰：金陵者，兵水不能加，災厲所不犯。《河圖中要元篇》第四十四卷云：句金之壇，其間有陵，丘病不往，洪波不登，正此之福地也。《太元內傳》曰：句曲山，其間有金陵之地，地方三十七八頃，是金陵之地肺也。土良而井水甘美，居其地必得度世。《河圖要元篇》亦曰：廼有地肺，土良水清。句曲之山，金壇之陵，可以度世上昇。曲城定錄君受言，金陵之土似北邙。及北谷關，土堅實，而宜禾穀，掘其間作井，正似長安鳳門外井水味，是清源幽瀾洞泉遠沾耳。水色白，都不學道，居其土，飲其水，亦令人壽考也。《內傳》又曰：金陵之左右有汧谷溪，源陵之左有山，右有源沂，名柳谷，陵之西有源汧，名陽谷。又《名山內經福地志》曰：伏龍之地，在柳谷之西，金壇之右可以高棲。《孔子福地記》曰：岡山之間，有伏龍之鄉，可以避水、辟病長生，本所以名岡者，亦金陵之質也。是以百代百易，非復本名，良可歎也。右弼王真人受言，越桐栢之金庭、吳句曲之金陵，養真之福境，成神之靈墟也。五倍堯水東海傾，人盡病死武安兵。其如矛何由我

帶，近洞臺之幽門，特此而仿佯耳。

乾元觀

論　説

劉大彬《茅山志》卷一七《樓觀部篇》　乾元觀，定録君喭言：大横山下有泉水，昔李明於此合神丹而昇玄洲。天監十四年，隱居創鬱岡齋室以追玄洲之蹤。天寶中，玄静先生居之，勑建棲眞堂，會眞、候仙、道德、迎恩、拜表五亭。大中祥符二年，觀妙先生築九層壇行道。天聖三年，賜名集虚庵，續勑改今額。

元符萬寧宫

論　説

劉大彬《茅山志》卷一七《樓觀部篇》　元符萬寧宫，在積金山。陶隱居道靖故基，劉先生混康庵居其上。先生以道遇哲宗，詔以所居爲元符觀。崇寧五年落成，徽宗御題額曰：元符萬寧宫。復於上清儲祥宫之側建元符別觀，爲先生入朝寓直之所。今宫舊制，其初登山爲通仙橋，直元符萬寧宫門，左官廳，右浴室，第二門曰玉華之門。正殿祠三茅眞君，曰天寧萬福殿，左玉冊殿，右九錫殿，東廡景福萬年殿，西廡飛天法輪殿，左鐘樓，右經閣。天寧殿後爲大有堂，東庫堂，西雲堂。雲堂後爲寶籙殿。景福殿後爲雲廚，大有堂後曰衆妙堂。左知宫位三素堂，右副知宫位九眞堂。北極閣在寶籙殿後，衆妙堂後曰震靈堂。又有潛神庵，在堂後，建炎四年爲盜焚毁。紹興戊寅，高宗賜金重建，御書宫額。理宗朝勑修，御書上清宗壇、聖德仁祐之殿二榜。

雜　録

鮑慎辭《茅山元符觀頌碑》（《茅山志》卷二六《録金石篇》）　維宋受命百有四十六年，天人和同，萬物盛多，重光累休，越于古初。哲宗皇帝推輯福應，報禮上下，游心道眞，側席異人。於是，茅山上清三景法師劉混康以道業聞于東南，廼遣中謁者致禮，意欲必起之。混康不得辭，既朝，遂住持上清儲祥宫，恩數頻煩，爲國廣成。已而求還故山，許之，賜所居爲元符觀。今皇帝既親萬機，遵復先志，治人事神，誠意感格，而尊德樂道猶恐不及，復遣使迎致先生于京師。待遇之禮，悉用元符故事有加焉。未幾告歸，賜號葆眞觀妙先生，詔刻九老仙都君玉印，及白玉念珠、燒香簡、紅羅龍扇諸物，又親御毫楮，爲書《度人》《清静》《六甲神符》三經以寵賁之，皆驚世駭目，不可名之。寶皇帝若曰：先帝所以經營元符於名山，蓋將揭虔妥靈，祈天永命，用輔相我國家。朕既嗣事，而觀之基構有未備，其敢皇寧？廼命江東轉運司，凡土木、工費，悉爲之調度，別降御前空名祠部度牒百道，以助其用，委官護作。仍增崇三茅君位號，司命君曰司命太元妙道眞君，定録君曰定録沖静眞人，保命君曰保命沖惠眞人。又勑尚方取金玉瑞物，依天之命作爲九錫，以顯揚三君之景光于無窮。部使者與郡縣吏虔上之命，夙不敢懈，經始於崇寧二年正月九日，粤崇寧五年八月十五日告成。重門夾道，中爲天寧萬福殿，以祠三茅君，東爲景福萬年殿，以祠皇帝本命星君，西爲飛天法輪，以藏恩賜之書，傍爲崇寧閣，以奉□□□□□參列，多勒宸翰。虹光寶氣，仰薄璿極，天龍共瞻，林壑□□。至於鐘閣、醮壇、齋房、燕室，亦無一不協于度。總四百有餘區。高明傑大，工盡其技。金碧丹堊之飾，熒煌昭爛于崇岡秀嶺之上，煙霞霏微，草木葱蒨，望之若神變幻化，莫可圖寫，即之肅然，若雲車風馬，往來於空曠有無之間，不可得而知也，可謂盛矣。臣謹按句曲山，於仙經爲金壇華陽之天，山川神秀，據東南一都會，漢晉以還，世著靈蹟，往往禁樵牧，營館御以祈福祥。本朝尊奉之儀，務隆典則，而山爲

見符命，靈光仙籟，慶雲紫氣，合於圖牒者，史不絕書。然臣嘗謂寶玉神鼎、金菌紫芝，皇天上帝實藏之玆山，所畀付後世太平有道之主。苟匪其時，不虛其應，而歷代方士隱人，弗揣其本，徘徊巖阿，冀幸遭遇，良足憫笑。至聞華陽有司命之庭，則又築室廬，欲據其勝，結構相望，而終莫得其處。逮元符既建，巋然居積金之下，深崦長谷，蒼崖翠壁，隱見斷續，臣僕而朝，然後知天作而地藏之，蓋有待也。恭惟皇帝陛下，聰明睿智，得於天縱，孝悌之行，通于神明，自初紹服，駿惠前烈，改元命曆，具著聖意。延登同德，以熙天功，罷黜奇袤，用勸多士，朝廷既治，蠻夷率服，頌聲已作，協氣自應，天高地下，日星明潤，河不怒溢，委蛇而流，坤靈效珍，成我帝鼒，薄海內外，獲蒙豐年，盛德大業，顯著如此。方且精思於清靜無爲之學，屈己於巖穴有道之士，增築殊館以迎三神之鼇。是宜無疆之祚，集于一人，億萬斯年，永作民主。所謂寶玉神鼎、金菌紫芝，殆將薦于帝廷，享于宗廟，以昭明應。而積金清淑之氣，蜿蟺扶輿，磅礴鬱茀，亦欲產祥儲休，膚寸而合，燕及四海。有若時雨，彰示方來，爲國福地。嗚呼，斯實聖時，甚盛之舉，萬方黎庶，瞻望驩呼，不能嘿已者。臣愚不勝惓惓，忘其固陋，昧死上獻元符觀頌。頌曰：

於皇上帝，傅臨萬國，分奠山川，以相有德。巖巖積金，曲水之滸，仙聖所宅，望彼吳楚，河圖幽贊，我不敢誣。逹時休明，廼錫之符。秦人矜夸，鼓鐘山顛，神不報享，瘞璧而旋。降及近世，祠祝日勤，飈馭寥寥，亦莫或聞。我營元符，冠冕林麓，欽崇三眞，百靈懷服。乘彼白雲，陟降帝所。無以致之，孰爲來者，崇寧之政，視古無前。有不吾信，酌民之言。乾運其剛，離麗其明。先訓是若，大猷是經，校姦屏偸，賞信刑威。群公庶尹，千載一時，士敏于學，吏恪其職。除我戈矛，長我黍稷，外攘內修，咸底厥緒。嗤嗤群生，式歌且舞，彼蒼匪高，有聽在下。申命百神，錫以純嘏。華陽之天，密邇靈囿，流慶隤祉，益不敢後。卿雲之下，靈芝煌煌，鳴鶴飛舞，來獻其祥。太史占之，實應壽考，媚茲一人，後天難老。皇帝曰嘻，朕何私焉？斂時五福，播之黎元。群臣拜手，天子萬壽，越彌億年，作民父母。明明天子，事帝以實，有道是遵，無文咸秩。符貺荐臻，不忘齊栗。明明天子，景命維新，置我神器，不震不騫，德音孔臧，與世永延。山積而高，川至而增，並受福祿，日維不勝，垂拱儲神，監于太清。

又《上進茅山元符觀頌狀》　右臣所領邑居茅山之下，元符觀實隸焉。經營之際，得以職事，自效于斤築之末，因獲究見朝廷所以製作之本意。臣愚，不佞，恭惟皇帝陛下天神天明，經緯萬事，文德既暢，武功亦昭。上自京師，下逮海表，勝衣之子，知趣經術，絃誦之音，如昔鄒魯，偏師西指，闢國萬里。名王貴人，浮獻兩觀，治功巍巍，曠代未有。至於懷柔百神，盡誠備物，靈貺昭答，臣庶頌歎。維元符之建，實紹先志，不惑於飛舉靈化之說，無取於黃冶變幻之事，清靜無爲，深達道妙。載營恭館，以格眞馭，尊異高行，風厲四方。歷選列辟，孰知今玆，固宜仙聖睠懷，蒙福無極，瑞鶴翔集，以示民信。聞之邑人父老，華陽自崇寧以來，慶雲醴泉、紫芝瑤草，蓋多有之，然可聞而不可見，可見而不可致，惟是瑞鶴之應，上薄九霄，萬目所瞻，不得而掩。臣前與部使者，已具列上景命之符，莫此驗白。竊意群公庶尹，禮官博士，因符瑞之既富，刻六藝之可攷，抗章而請，有事於泰山梁父，以繼七十二君之絕業，以揚我祖宗之休功，則茲山之靈，寔兆厥祥。臣觀古帝王，既有殊尤特絕之績，必有非常能言之士，鋪張本末，比次律呂，勒之金石，著在簡冊，以光明于本朝。臣游泳太平，拭目盛事，而喑未聞聲詩，不可非其人故休缺，廼擇日齋戒沐浴，撰成茅山元符觀頌一首。詞義鄙淺，無足簡錄，而臣之區區，厥有攸在。倘蒙萬機之暇，俯賜乙覽，雖以狂斐誅死，臣所榮幸。所有元符觀頌一本，謹隨狀上進。干冒宸嚴，臣無任隕越兢慚、蹈蹐俟命之至。謹錄奏聞，伏候勅旨。

又《後序》　崇寧五年八月十日，茅山元符觀落成，臣拜手稽首，作頌以獻。于時九鼎既新，大樂既備，諸福之物，遠邇創見。凡厥臣庶，推瑞應、陳賦頌奏御者，蓋千有餘篇。上命大臣論定，居選中者十有八人，而臣實辱在第二。八月十五日，伏奉制書，進帙一等。臣竊自思念，束髮就學，即覃思於經術，在朝廷，雅有師承，不敢輒著書，書成亦博士弟子所餘棄，獨以餘力，琢磨文章，妄有意於古人之域。然連試有司，不中程。晚以父任得官，吏道先法律，又不敢貳事，退食有間，亦未忍遂廢翰墨。擊轅叩角，窮愁無聊，用以自慰。會國家築宮茲山，以尊有道，以交神靈。土木之功甫畢，羽毛之祥適至。臣子之心，區區有不能已者，輒不

自揆，原大推功，播於頌詩，以祝千萬歲壽。顧雖臣之極思，而材力駑下，訓詁不博，言之所載，經緯失緒，大懼以狂狷獲戾。今兹猥蒙明詔寵綏之，遂使疵賤姓名，附見於崇寧第頌之列。臣雖死，骨不朽。然犬馬微命，恐終無以仰報天覆，謹取所獻頌副本，刻之樂石，以風示四方，使承學之臣，知如臣之昧陋，猶以文字當褒嘉。海宇之廣，必有高明博大，不世出之士，形容德業，具載雅頌，咸五登三，告功神明，垂之無極，以示得意。其於始隗之義，則臣或庶幾焉。大觀元年四月一日，宣德郎充淮南江浙荆湖制置發運司勾當公事臣鮑慎辭謹記。大觀元年丁亥歲八月，守靜凝和法師、充住持江寧府茅山元符萬寧宮、臣笪淨之立石。

蔡卞《茅山元符萬寧宮記》（《茅山志》卷二七） 崇寧五年秋，有司言茅山元符萬寧宮成，有詔臣卞爲之記。臣卞拜手稽首而獻文曰：德莫崇於尊道，業莫大於昭功，臣伏睹皇帝自踐祚以來，苑囿之觀無所增飾，外物之玩無足以累其心者，而深觀化原，探索道妙，澹然無爲以御群有，心既得此矣。且曰道之所在，聖人尊之，是故山林之士，寂寞之濱，槩嘗有聞於是者，必有以寵嘉之，況其上者乎。夙興夜寐，因任原省以昭前人之光，凡己事之未就，雖其小者，必緝熙之。蓋所以尊道而昭功，可謂至矣。而斯宮之成，二美并焉，將以詔後世而垂無窮，臣是以受命而不敢辭也。謹按金陵句曲山，在西漢時有眞人居焉，抱神以靜，超然遺物，仙聖降而與之言，以登雲天，推其緒餘，以化二季，而二季亦以仙去，是爲三茅君，而世因號其山曰茅山。自時厥後，光景之異、雲鶴之祥、笙簫之響震，見于山椒者，歲嘗有之。而方外之士，慕道聞風而來者，亦莫可勝數。熙寧初，常州道士劉混康者，始誅茅結菴于山之積金峰。其始至也，拾橡栗以爲食，焚栢實以爲香，久而甘之不厭，於是人稍信異，往往負薪裹糧以給之。先生躬有妙行而濟之以常善救物之心，每以上清符水療治衆病，服之輒愈，繇是遠近輻湊，而先生之名益著矣。哲宗召至京師，燕見便殿，賜號洞元通妙大師，且命即其故居，易而新之，會改元元符，因號其處曰元符觀。先生屢辭歸，許之。然終哲宗世，元符觀猶未訖功。皇帝二年秋，遣中貴趣召先生來朝，且詔守臣監司，委曲敦諭，勿聽其有所辭。先生至自茅山，入對久之，語有以當上心者。他日，訪以三茅君事，具奏所聞，廼詔加錫茅君號，而即山構殿以禮祠焉。先生又請建皇帝本命殿于東南隅之長生地，從之。於是鐘有樓，經有閣，歲度人有數，日給衆有田，而宮之衆事畢具矣。仍降詔以爲葆眞觀妙沖和先生，而度其弟子爲道士者十餘人，其上皆錫紫衣、師名以寵之，所以尊禮之甚至。先生再謁還故山，皇帝又爲書道藏經數卷，及親畫老子像賜之，以榮其歸。宮將成，御題其牓曰元符萬寧宮，雲漢之章下賁巖谷，是將有神物守護，垂之億年，與道無極也。且以謂是宮經始於元符而落成於今，故因其舊名而增之，以彰繼志述事之意。睿聖相承，紹隆眞風，所謂一宮之成而二美并焉者，此也。臣既序其事，使後世得以覽觀，而又繫之以詩。其詞曰：

猗嗟三茅，得自初成。氣合於無，與形俱昇。孰希其風，必靜必清。寥寥久哉，廼發先生。帝用尊之，載召來廷。廼親其人，燕見妙語。廼錫命書，治其儔侶。因其故廬，啓此新宇。像圖仙眞，上肖帝所。神筆牓之，龍鳳軒翥。天錫皇帝，聰明孝友。抱一用中，以綏九有。遐邇率從，尊道熙功。有欲求之，與在斯宮。作爲好歌，以詔無窮。

崇壽觀

論說

劉大彬《茅山志》卷一七《樓觀部篇》 崇壽觀，在大茅山下，華陽洞南，便門之前，晉眞人任敦成道之故宅也。宋元嘉十一年，路太后始建壇宇。太始中，廬陵太守魯國孔嗣之重立，供養道士曲阿華文賢。齊建元二年，勅立崇元館，太子、武帝臨幸，館主王文清開置室宇、廂廓，殊爲方副。唐貞觀初，勅改崇元觀。天寶七年，玄靜先生奉勅重修，仍取側近百姓一百戶，蠲免租徭，長充修護。宋大中祥符七年，勅賜今名。定錄君喭言：大茅山下亦有泉水，其下可立靜舍，近水口處廼住。隱居云，今近南大洞口有好流水而多石，少出便平，比世有來居者。齊初，廼勅句容人王文清仍此立館，號爲崇元，則此觀是矣。有唐太極元年碑，左拾遺處玄文，楊幽經書，餘字漫不可識。大元泰定元年，國子司業虞集重譔碑

文，隸刻于太極碑陰。

雜録

虞集《崇壽觀碑》（《茅山志》卷二七《録金石篇》） 大茅峰之下，當華陽南洞之便門，有崇壽觀者，本晉洞天館主任敦故宅，宋元嘉十一年路太后始建壇宇。太始中，廬陵太守孔嗣之重立，以奉曲阿高士華文賢。齊建元二年，勑句容王文清仍立而主之，名崇元館，武帝以太子時至焉。唐貞觀初，勑改爲崇元觀。有太極元年所樹碑，石完而文泯，可識者，左拾遺孫處玄文、楊幽經書數字而已。天寶七年，李玄靜先生奉勑重修，復民百家備修葺。寶曆三年，主者有賀思寶，則因器物銘識而考見者也。宋大中祥符七年，勑賜今名。大元至治二年，句曲外史張君嗣眞始來主之。顧瞻方臺近對南面，左峰疊玉，右引大茅之支而回合焉。定録君嘗言：大茅山下有泉水，近水口處可立靜舍。陶隱居云，近南大洞口有好流水而多石，少出便平，比有王文清居之。則此觀是矣。廼歎曰：山中館宇，自齊、梁、唐、宋至于今，代有增益。求諸晉人之舊，惟此與玉晨許長史宅耳。而吾所治，廼傾廢隘陋持甚，豈不在我耶，於是度材鳩工，更後堂爲太元殿，以復舊規，象三茅君於中，東爲任、華、王、李、賀五君祠，西爲陶隱居祠。充前殿基爲弘道壇，自製銘其上。壇東爲玄武祠，西爲廣惠祠，後爲文賢講堂，而前爲都門。門外浚古玉津池，盡受大茅南面諸原之水。循池西南，得昭明太子讀書臺。臺東有井曰福鄉井。福鄉者，因昭明道館名也。出諸榛莽，著文刻石，覆之以亭，而巖洞泉石之勝，近在百步内者，皆按圖表之可以觀覽。泰定元年，上淸四十五代宗師劉君大彬朝京師，授予始末，俾爲之次第焉。張君，吳郡人，名天雨，内名嗣眞，字伯雨，別號貞居。年二十，棄家入道，偏游天台、括蒼諸名山，吳人周大靜先爲許宗師弟子，得楊、許遺書。張君從而以爲師，悉受其說，嘗從開元王君壽衍入朝，被璽書賜驛傳，顯受教門擢任，非其志也，即自誓不希榮進，因從三茅之招，追奉任君而下五君，爲文而告之，願畢力茲宇，所著《外史山世集》三卷、《碧巖玄會録》二卷、又《尋山志》十五卷，考索極精博云。嗚呼，自任君始居此，餘數百年，纔五人傳焉，其自致于久遠者，果何託也，豈若後世各誘門人，系以私屬，如家人父子者哉？故寧希闊而有待。今張君無前代賜予之助，徒草衣木食以營此，而曠然思與四方之士共爲千載之期，豈非豁落丈夫也哉，予故與君爲方外友，奇其能先予遠舉也。故繫之詩，曰：

大茅南垂元氣積，陰關闔扉陽洞闢。曲穴流泉保靈宅，任君來餌黃赤石。天一召錫太元冊，曲阿受養良有擇。構宮方嚴自王伯，清蹕臨止靈響格。虛林森爽化赫奕，福鄉帝子發甘液。不食何年喪遺甓，白雲映空玉清客。開元全盛煩百役，持節旁午致纁璧。爾來蕭條世代隔，石鐙刻文土漫畫。誰其啓之規古昔，句曲外史美冠舄。研書千卷視貞白，天眞景隨玄系繹。玉室金堂萬無斁。

崇禧萬壽宮

論說

劉大彬《茅山志》卷一七《樓觀部篇》 崇禧萬壽宮，在丁公山前。隱居華陽下館，唐貞觀九年，太宗爲王法主建，號太平觀。天寶七年，玄宗勑李玄靜取側近百姓一百戶，並免租稅，科徭，長充修葺，灑掃。中和間，盜火所焚。天祐間，鄧啓遐重建。宋改賜崇禧觀額，建炎復遭火。秦熺再造，寧宗賜高士易如剛止堂、方丈二御書牓。理宗御書玉氣凝潤、鶴情超遼八字，並寶珠林牓，賜司徒師坦。大元延祐六年，奉勑改宮。

雜録

王去疾《崇禧萬壽宮記》（《茅山志》卷二七《録金石篇》） 華陽洞天，自三茅君以神道設教，瑞人神士不可梯接者，代有其人。歷考其間，

惟隱居陶眞人立館以處高弟，所以啓佑其後人者爲最盛。今之崇禧觀，隱居曲林館也。唐貞觀間，太宗以昇眞王眞人有潛藩之舊，且嘗師事隱居，遂建太平觀以居之，賜田與山，贍其學者，殆錢舖粟用給，所轄宮觀十有二。宋政和三年，始分田以給之，使自養其弟子，具載山志。宋改太平觀爲崇禧，揭虔妥靈。有盛無斁，式克至于今日，廣殿脩廊，弘弘巘巘，榱題牖桷之飾，旛華香火之供，千餘年間，其崇奉未有如此之盛者也。於皇三君，威神在天，陰隲默相，華陽道派，如魯洙泗。世有升降，道無升降，時有顯晦，道無顯晦，陶眞人之於三君也，神交沉寥之上。王眞人之於隱居也，心授問答之間。綿綿延延，往過來續，千載如一日。皇元肇興，天兵南渡，神明所扶，壇宇如故。心遠鄒君道元，若造物者，擬其人爲時而出，叫閶闔於九天之上。上方偃武修文，以清靜爲壇，以慈儉爲宇，垂意玄教，命鄒君道元掌教事，盡護諸山。厥後東澗洪君宗源、復陽楊君元澈、碧泉蔡君德溥，繼繼承承，用保有累朝之寵命。皇慶初元春，南隖陳君志新入覲，上覲天光於清都紫微之間，承九重之殊渥，荷眞人之美名，上賜金襴道衣以爲身章。延祐四年，南隖君私竊自念：崇禧道場自昔總轄諸山，實爲上帝垂休儲祉之所，不有以表章之，何以名有尊？乞陞崇禧爲宮，白之集賢諸公，以其事聞于朝。嗣歲陛辭還山，上復降香以榮其歸。延祐六年八月二十二日，玉音自天而下，賜號曰崇禧萬壽宮。玄教大宗師上卿大眞人張公、嗣師掌教眞人吳公興有功焉。是日也，榮光異氣，上燭層霄，崇山峻嶺，咸有矜色，眞人陳志新率羽士稽首再拜於道之左，對揚休命曰：明明天子，萬壽萬年。實與太元司命君自混沌溟涬開闢之始。赤明龍漢浩劫之前，俱以願力，裁成輔相，以左右民。雖今昔殊時，幽顯異迹，其受命於皇皇后帝，則異世而同符也，於虖休哉。既而冠巾之衆，如出一口而祝之曰：陳眞人自隱居陶眞人立館以來，既嘗爲太平觀矣，又嘗爲崇禧觀矣，上賜今額，甚盛舉也。他日秉國史之筆者，繫年繫月繫日，大書之曰：改觀爲宮，自眞人陳志新始。其皇恩如天，將何以報塞耶，惟我眞人在帝左右，必敬必恭，蚤夜以思，弼成玄功，庶其有以答君師寵綏之造，而眞人亦有無窮之聞。眞人曰：三君之靈也，吾皇之賜也，臣何力之有焉？敢不敬恭以從祝規。延祐七年夏四月，南隖君俾去疾紀其事，以傳方來。去疾謂必有山玄卿其人，而後爲新宮銘，草野之文何足以紀盛事。辭不獲命，廼舉前說爲之記，而又熏沐繫之以詩。曰：

自有宇宙有此山，開山者誰高辛氏。耿耿祉哉太元君，天之輔相民怙恃。曲林舊館陶眞人，潛德幽光發千祀。山圖飛上天皇家，雲漢分章來萬里。煌煌崇禧萬壽宮，巨扁鸞飛羲獻字。鳳歌鶴舞鏘鈞韶，山川鬼神共歡喜。物不疵癘年穀豐，乾坤清夷風日美。皇帝怡愉奉太皇，萬年億載自今始。元至治元年正月十有五日建

玉晨觀

論說

劉大彬《茅山志》卷一七《樓觀部篇》　玉晨觀，在雷平山北。高辛時，展上公、周有、郭四朝眞人、秦巴陵侯姜叔茂、漢杜廣平、東晉楊眞人、許長史父子，並此得道。宋太始中，道士王舉爲長沙景王雅所推重，就長史宅東起長沙館。梁天監十三年，勑貿爲朱陽館，爲陶眞人住止，立昭眞臺，供養楊、許三眞人眞蹟、經誥。唐太宗爲桐栢先生勑建華陽觀。天寶七年，玄宗爲玄靜先生勑改紫陽觀。仍勑取側近百姓二百戶，並免租徭，永充修葺。南唐王貞素繼居之。宋大中祥符元年，勑改玉晨觀。定錄君喓言，近所標靜舍地，此金鄉至室，若非許長史父子，豈得居之？後世當有赤子賢者，廼得居此鄉耳。正此金陵地肺福地也。

凝神庵

論說

劉大彬《茅山志》卷一七《樓觀部篇》　凝神庵，在黑虎谷。紹興庚

午，祠宇宫道士張椿齡所創。張初名逢道。高宗歲遣使降香山中。乙亥歲中，使以達道名聞于上，累召對德壽殿，賜摩衲帔、水精環、紫石茶磨、御書陰符、清静二經，且命圖其形於神仙閣。

雜録

李處全《茅山疑神庵記》（《茅山志》卷二六《録金石篇》） 句曲名山，三茅勝地，靈宫閟宇，突兀炳焕，甲于江左數千百里。凝神菴居其間，林樸蔽虧，氣象深穩，宜高人逸士之所廬也。紹興癸亥，祠宇宫道士張椿齡，與其徒相攸於中峰之下，誅茅結菴，擺落世紛，怡神葆光，爲物外之游。性眞内融，道腴外豐，秀骨山峙，神鋒玉舉，望之，眞蓬萊方壺中人。學者稍趨歸之。聲聞帝聽，有詔召對，控辭弗獲。既見，上顧勞甚寵，解御服以賜，且命圖形於神仙閣，固請還山。先生起草萊，受知聖明，前後六至闕下，壬午視師，亦賜對于行在所，每見加厚。初，太上皇欲易菴爲觀，先生辭以有觀額則事煩，非幽居之宜，故止賜今名，實乙亥六月也。庚辰歲，建三清殿，像設供具，皆上方所製。其後以行宫賜銀建天祥閣，奉藏宸翰，又爲層屋，置内府賜鐘。雲漢在上，光被草木，寶器所鎮，神鬼守護。凡二紀賚錫，悉充棟宇費，齋庫庖湢，位置不瀆，於是豐約中度，規制具體矣。乾道壬辰，賜田三百三十畝有畸，仍命漕浙除其税，德至渥也。居之高下，皆因其山之勢，妥帖邃密，不晦不露，白雲峰擁其左，小峰拱其右，面揖赤山，大羅源平遠當胸，而昇元頂亦逐逐在目也。紫翠環繞，四山如屏，晨光陸離，篆影淩亂。宵籟閴寂，琴聲清圓，恍若與塵世隔。匹夫而能動冕旒之高聽，享山林之至樂，其必有以也夫。噫，老佛之教，與孔氏鼎立，後世紛紛，矛盾異同，眞人御辯，融三爲一，恭己正南面，而儒術行於天下，刑政修，禮樂興，二家翼之，使民心一於爲善。薰陶漸漬，風俗淳厚，兵寢刑措，日躋仁壽之域，庸非助乎！先生訪對之際，言不得聞，若夫方士誕虚之説，治道清静之要，將奚擇焉？天實聞之矣。其能動高聽，享至樂，宜哉。先生，常州晉陵人。少爲人也，名行義，字達道，度爲道士，改今名，而世先以其字行。既歿之九年，住菴弟子茅見獨以僕疇昔與先生有一日之雅，而與其兄王見志從游荆溪之上垂四十年，屬爲之記，故獨取其菴之顛末，係於興創者，識之。其被遇兩宫、榮寵光顯，當有紀録，以侈眷異，茲不具載云。淳熙十年九月朔，朝散大夫新權發遣處州軍州事、贊皇李處全記并書。

白雲崇福觀

論説

劉大彬《茅山志》卷一七《樓觀部篇》 白雲崇福觀，在白雲峰下。畢陽宫知宫王景溫退居於是。溫以其名聞德壽宫，勑賜觀額，累遷道職，遭遇四朝。寧宗皇孫時嘗從受戒法即位，賜號虚静眞人。徽猷閣學士戴溪撰觀記。

雜録

戴溪《白雲崇福觀記》（《茅山志》卷二六《録金石篇》） 句曲江左名山，洞天福地，以茅君隱而仙，是稱茅山。有積金峰當西一面，積金之支，右轉而特起者，白雲之峰也。道俗相傳，嘗見其草木後凋，煙霞在望，然東西兩山，靈宫閟宇，各奠所宜，茲曠弗卜，顧有待耶？紹興中，華陽道士王景溫披榛棘，鑿巖崖，室于峰之下。俄以行志修潔聞，廼即其居錫崇福觀額，暨白金、莊田饒益之，俾展其成。於是甓壇場，班像設，有門鼎峙，有亭翬飛，堂皇深密，廊廡袤延，重樓傑閣，雲層巍峨，前闢端逵，松杉行列，如蓋如幢。有赤山湖，軒豁面勢，崇岡秀巒，左顧右揖，鬱鬱杳杳，映帶清深，而居而游，如脱紛拏，如蹈仙墟。中間方壺丈室，上親灑翰，揭以虚静，與夫紹興以來四朝錫予，寶鎭泉石人間世事，待有大福德力作興風雲，會合殊勝，然後底廼績。今其徒居之，思有以稱，亦反其初而已。大

林，丘山之善於人也，亦神者弗勝，然而道者託焉。昔之爲道術者，棄絶乎名勢利欲，精專乎身心性命，唯恐入焉不深且密也。待其行成，一朝蜕去，人方競競然持其所棄，迹其所蜕，以帡幪其隱約，鼓鐘其沈潛，影響其清風素節，而冀得其人如初，迺亦甘心焉。豢其養，尸其居，美其衣食寢處如世俗，轉復爲名勢利欲所愚，而道術安在！是山不特茅隱、二許、楊、陶之遺，地不改址，往往蓬戶桑樞，霞飧栢食，託於人之所不堪顧，自有丹臺絳宫、抱玉懷珠在，開白雲者，必不專以外境遺子孫也。溪之從子埏，往來山中，人境俱熟。道士周觀復，景温高弟，求記其師之功緒甚力，迺俾埏序次其見聞，因附見吾説。觀復持歸，告語其徒，庶有警焉，以復其初。嘉定四年九月望日記。

三茅真君廟

論説

劉大彬《茅山志》卷一七《樓觀部篇》《太元内傳》曰，漢明帝永明二年，勑郡縣修丹陽句曲眞人之廟。《隱居》云：此廟今猶在。山東及山西諸村並各造廟，大茅西爲吴墟廟，中茅後山下爲述墟廟，今並廢。惟昇元觀本名鶴廟，在祠宇之上，紹興間，奉皇后中旨重建，丹光發于故基。道士呂雲爲記，不存。

紫陽觀

論説

劉大彬《茅山志》卷一七《樓觀部篇》紫陽觀，舊名洞雲庵。建炎中，河北博州道人王若寧者來山，獨居丁公山東巖下，夜夢神人指巖穴曰：此酆都考訊之所，可去洞百步居焉。至秦檜殁，夫人王氏純素詣靖眞李宗師，乞拜章，知檜繫此酆山獄中。王命其子熺即洞口建太乙殿，以求冥釋。所施牖與石記存焉。大元至元癸未歲，奉璽書爲觀，存古額也。

雜録

徐鉉《茅山紫陽觀碑銘并序》（《茅山志》卷二四《録金石篇》）臣聞太初之氣，其生也無始；衆妙之門，其本也無名。積而成形，散而爲氣，乾坤運之，而兩儀位；王侯受之，而天下貞。是故斷鼇鍊石之功，絶地通天之業，衣裳軒冕之后，干戈揖讓之君，雖復遭罹異途，步驟殊致，莫不協契於神明之域，飲和於道德之原，廣無爲之爲，執無象之象。萬物恃生而不有，百姓日用而不知。其迹也，則格天光表，化人而成俗，其本也，則收視返聽，全眞而養身。至其玉檢登封，蘿圖啓後，游神象外，脱屣區中，鑄金鼎而乘白雲，登寒門而立玄極，閟宫清廟，式嚴觀物之場；玉洞金壇，別啓下都之所。靈符綜集，金籙岐分，三元八會之文，潛通彷佛；七映九華之室，密擬形容，足以徼福應於含生，致孝思於時事。聖人繼作，靈構相望。故茅山紫陽觀者，今上熅敬，爲烈祖璟孝高皇帝、元敬皇后之所重修也。爾迺星紀儲精，下爲峻極；河圖著録，縣示禎期。自道氣融明，眞科流演，治化弘開於赤縣，符圖廣被於名山。而華陽洞天，實群仙之都會；金陵地肺，又三茅之福鄉。左憑柳汧，煙霞韜映；右帶陽谷，川源隱鱗。伏龍靡迤，鎮以雷平之嶺；欝岡回合，浸以護軍之潭。郭眞人叩舷之池，不遷留岸；許長史鍊丹之井，自冽寒泉，白霧紫煙，照映其上，飈車鶴馭，往來其中。高眞七人，四處兹地。其後貞白眞人以玄德應世，肇開朱陽之館；以玉書演祕，爰立昭眞之臺。堂靖疏基，玄洲之蹤可擬；生徒廣業，白龜之迹斯存。金紐鳳羅，代相傳授；龍車虎駕，世有飛昇。及玄静先生以沖氣含和，體庚桑之歲計；玄宗皇帝以尊師重道，屈軒后之順風，由是天眷遐臨，皇心密契；維新舊館，再易華題；丹鼎洞

經，潔修無倦；芝泥龍簡，投奉相望，戶邑之民，豈止奉明之縣，樵蘇之禁，寧唯柳下之墳。故得雲物告祥，芝英表瑞，小周王之瑤水，徒詠空歌；異漢帝之猗蘭，唯陳甲帳。自茲厥後，代有修崇，上士名人，時時解蛻；雲軒羽蓋，往往降靈，皆著之金石，播於謠頌。嗟乎！四時代謝，天道盈虛，雖九氣長存，歷劫以資其融結；而三階有象，隨時因表其晦明，則斯觀也，將世運以汙隆，與皇圖而昇降。赤明未啓，猶多閬戶之悲；白水方興，始漸高門之慶。孝高皇帝猶龍孕德，指樹垂陰，應樞電之殊祥，肖中天之奇表。甘盤就學，和光於百六之初，庖正分官，利見於九三之際，賓門納揆，有大造於當時；彤矢盧弓，允至公於四海。於是法堯受命，祀夏中興，補西北之不周，應東南之王氣，御明堂而揖群后，輯瑞玉而覲諸侯。既治定而功成，更憂深而思遠。乘奔御朽，不以黃屋爲尊；旰食宵衣，惟以蒼生是念。知無爲之無敗，體上德之不德，凝神姑射，端拱穆清，政舉其中，事至而應，愛民重法，敦本訓農。偃革銷兵，守好戰必危之戒；卑宮菲食，懼以人從欲之譏。故得百寶效靈，三辰薦祉，遠無不屆，邇無不安。少康光武之功，獨高帝籙；貞觀開元之業，更啓孫謀。今上承積德之基，法自然之道，變化無方之謂聖，神武不殺之謂仁。學洞精微，守謙光而沖用；明昭隱伏，體大度以包荒。動則蔽民，不矜功而尙智；靜惟修政，恆務嗇以勸分。聞善若驚，每察秋毫之細；容光爲照，寧違行葦之微。化浹風隨，時和俗厚。嘗以爲天下者烈祖之天下，憲章者升元之憲章。垂裕無窮，永懷罔極，衣冠原廟，未足盡思；聲樂娛神，良非致敬。緬慕在天之駕，因嚴訪道之宮。尋屬長樂上仙，濯龍興感，載詠生民之頌，思弘止亂之功，廼眷靈巖，誕敷明詔，發虞衡之吏，集般爾之工，執藝駿奔，飾材麕至。粟園之柰供其礱斲，北邙之土給其圬墁。廼新祕殿，祕殿孔碩，黯其靈霨，屹其穹窿，璇題互照以晶熒，珠網交疏而窈窱，震殷雷於滴瀝，拖宛虹於楯軒，忽陰闔以陽開，乍霞駮而雲蔚。儼若虛皇之御，穆然太上之容。疑御氣以迥躋，眇陵雲而遐觀。廼立高門，高門有閌，擬金闕之觚稜，洞朱扉而煥照，龍章鳳篆，以之題署，霓旌絳節，茲焉出入。廼建兩序，紛邐迤而重深，廼起層樓，邈岧亭而顯敞。北彌郭干之路，南亘姜巴之衢。赫光景以燭坤，麗丹青而藻野。速如神運，恍若化工。每至日薄星迴、歲之雲暮，桐華萍合，春聿載陽，赤城旋軫之初，白鵠會朝之際，都人士女，舉袂成帷，襲靈風而共洽人和，仰雲構而方知帝力。豈止百年猶畏，獨識軒轅之臺，三壽作朋，永閟姜嫄之廟，大哉至矣，無得稱焉。夫妙本太無，名垂不朽，挺窮神知化之盛，然後顯通幽洞靈之微，立尊道貴德之教，然後致還淳返朴之理。漸於人爲富壽，被於樂爲聲詩，告於太史爲典冊，著於豐碑爲銘篆，耿光顯被，其在茲乎？爰命下臣，敬書令德。詞曰：邈矣至道，悠哉妙門。毦毦無物，綿綿若存。是生清濁，爰闢乾坤。廼生之民，廼作之君。德盛惟皇，功高曰帝。於惟訪道崆峒，求珠赤水。下或稱有，時稱至理。三正循環，鴻圖資始。於惟基命，赫矣皇唐。運啓再造，天垂百祥。玄德升聞，旣壽永昌。時乘白雲，至于帝鄉。穆穆嗣君，雄雄下武。禮極配天，敎先尊祖。明發盡思，熙然若睹。敬佇仙游，式嚴庭宇。庭宇何在，句金之陵。丹霞夕映，白霧朝凝。重屋四注，崇臺九層。雲生窈窱，日麗觚稜。三秀交陰，五便分徑。丹砂流液，玄洲立靖。柳谷絙煙，雷池瀉鏡。彷彿九華，依稀七映。至誠則感，有應斯來。含眞上客，蕭閒逸才。飈輪倏忽，晨蓋徘徊。浮黎認上，方文疑臺。昔有聖人，建言敷敎。救物以慈，奉先以孝。敬佩眞契，恭聞大道。顯妙用於言象，鼓淳風於億兆。薦純嘏於無窮，仰皇猷於克劭。時歲己未十二月一日建。

靈寶院

論說

劉大彬《茅山志》卷一八《樓觀部篇》 靈寶院，在玉晨觀隱居昭眞臺故基。唐宗師孫智淸、王棲霞重建，奉靈寶天尊像，額曰靈寶。內有老君瑞像。殿先是玄靜先生所立。高祖時，老君屢降晉州羊角山，因請立像，大觀三年四月，玉晨道者梁悟眞且汲水殿前池，即周眞人池。忽覺紫煙彌覆其身，煙中見老君乘白馬，以加句《天童經》授梁。梁本庸愚，自是不食誦經，言人福禍有驗。《天童經》刻石傳。

雜　録

王棲霞《靈寶院記》（《茅山志》卷二四《録金石篇》）　粤靈寶者，空洞赤書之祕號也。欝勃自然，生天地先，運無爲德，被有爲作，是以太上立德，其次立功。德者乾坤之大生，功者生三中利益也。苟德以潤身，功能濟物，即示輕舉，如躡歸徑，革喧囂於蜕脱耳。且校籍所載，眞跡所存，有非常人，立非常功，遂歷古今，芳猷不絕。茅東卿棣蕚，以直道仕，愷悌立身。周物者智，樂静者仁，云黨咸陽，初依恆嶽，尋棲此山，介然掩躁，克奉玄寂，陶然若朴，惟德動天。遽繡衣持九錫之丈，芝蓋導三清之路，玄鵠下盤，感應無昧，斯積業夙習之感哉。緬惟異代同途，繼踵美蹟者，諒我公矣。公以踐履德業，游泳忠信，松高韻遠，玉眞芑寒；景鐘麟史，堂構襲蹟；風池龍節，鴈序分寵；致君一匡，錫我所履；威臨鐵甕，貴擁朱輪，智發未萌，道了得一，蒲鞭舉而過改，桑附謠而政遐。謂我無欲民朴，我無爲民化，法黄老而熙帝載，考始制而弘象敎，廼顧名都，更植世福。靈寶院者，梁天監歲貞白陶先生弘景所創也，始本昭眞其號焉。紫陽觀，即長史宅，界于東小茅嶺雷平山，列于南鐘山西朝焉，良常北徹焉。其餘勝槩群阜，若衆星之環拱，不可殫論。先是，迴臺層漢，攸閣匝雲，祕三洞璚文，集丹丘羽客，門人周仙君子良勤修於是，崇習玄風，鍊金石身，騰煙霞轍。時移代夐，瓦木之功寢泯。及唐太和中，太尉贊皇李公每膽遺躅，屢構遐緣，門師道士孫智清復討前址，再建是院，尋諸舊號，額曰靈寶。爾後既偶兵焰，靈致煨燼，荆棘相森，凡材圍長，狐兔往焉，芻蕘往焉，弗芟弗薙，歷五十載矣。棲霞冑叨素業，幼專不息，雖童丱獲名，而屢厄兵難，跡不遑處，遺構殆空，斷梗杳泊，自北徂南，幸托玄化，遐欽茲境。聿諧所適，廼勵畚鐘，忘蹔勞，砌壇植松，結茅庇拙，紉蘭餌术，願言終遁。俄奉先齊王旨，命出居會府，齒朝修事，沐浴恩遇，揚歷館，仞甄道，銜表命服，再瑄再籥，是埏是鎔。洎我公移鎮是邦，自以風痺，厥躬告從，谷隱公遂捨俸錢一百萬，俾於舊基，别崇利有。稟命之際，亹亹勉勵，夙夜匪懈，思竭克勤，冀荷恩敎。噫，事難謀始，智寡周防，且虎視非一雀之圖，而雀終噪，蟾盈非片雲可同，而雲或掩。時哉？理非契也，非台曜覽幽，幾止終廢。繇是度揆經營，月期日就，博邀執斲，量材取制，牆茨必襄，圖蔓必薙，平瓦礫以等阜，屏豺狼而斷群，力工約萬，綿歲靡期，剞劂督奇，丹雘聘妙，造正殿三間，中塑靈寶天尊，景從，砌壇三級，三門三間，環繞廊廡一十六間，並葺壞整頽，降眞堂續連於內，重新沼沚，再築垣牆。東北隅即忠義太保公之季弟，先於舊閣基建瑞像殿三間，兩廈中塑羊角山應現老君。西南隅向日三官堂三間，塑像岌岌其狀，亭亭其勢，金碧其飾，輪奐其映，瓦疊鴛翠，甍差鳳翹。睟容禮而若眄，侍衛瞻而乍愕。旌幢翩翩，雲鶴軿軿。對仵崛起，異疑飛來。非我公願力斯應，像敎斯感，即荒菌之域，安欻睹壯麗乎？足使眞風永布，靈致恆芬，配天地而齊壽，總山川而介福，亹亹烈烈，可久可大。棲霞智慚絕妙，才非述作，蓋受恩于始，受命于此，竭誠竭慮，迨茲成功，聊實紀於質文，呈台覽而刊於將來也。時大和三年重光單閼歲，九月乙酉朔，九日癸巳，謹記。

林屋山

論　説

李思聰《洞淵集》卷二　第九，林屋山，洞周迴四百里，名尤神幽墟之天，一名包山。在太湖水中。夏禹治水平後藏靈寶五符於此洞中，在蘇州。

括蒼山

論說

李思聰《洞淵集》卷二 第十，括蒼山，洞周迴三百里，名成德隱眞之天，徐來勒眞人所治，在處州。

霍桐山

論說

李思聰《洞淵集》卷二 第一，霍桐山，高三千四百丈，洞周迴三千里，名霍林之天，即鄭思遠、韓衆、許映眞人爲司命君所治，在福州長溪縣。

泰山

論說

李思聰《洞淵集》卷二 第二，東嶽泰山，高四千丈二尺，洞周迴一千里，名蓬玄空洞之天。此即太昊爲青帝，治東嶽，主萬物發生，考校死魂鬼神之所。歷代帝王報功封禪之嶽，上應奎婁之精，下鎮魯地之分。係兗州奉符縣。

查志隆《岱史》卷一《圖考》 敘曰：曷云乎圖考也？考泰山之形勝，而繪之爲圖也。夫鴻濛始判，爲物者萬，而惟流峙最大；爲峙者萬，而惟嶽最大；爲嶽者五，均之巍巍峻極，而惟岱最大。近則橫亘齊魯，跨引江淮；遠則雄峙九紘，霖雨四海，豈非華夷之巨觀，古今之崇鎮乎。顧欲以方寸赫蹏，總擥全勝，抑何難也。然自古考方辨域，必取諸圖，不然則周覽不能窮其勝，載籍不能紀其詳，即有高雅之士興起臥游之想，曷從而觀焉。是用攄古證今，圖諸簡端。圖泰山，握坤軸也，而先之以星野，繫乾象也，圖嶽廟，以神所棲也，圖碧霞宮，以世所崇奉也，圖周明堂，以帝王致治之蹟也，而附之以五嶽眞形，則以泰山五嶽之宗，宜統會其勝也。維嶽降神，實生孔子，萬世宗之如泰山喬嶽，圖其廟而崇祀之，以表聖蹟重山靈也。夫天開圖畫，地湧丹青，豈人力哉？維茲繪事肖厥化工，俾世之觀覽者一披卷而對越介丘，恍乎明神陟降，勿勿乎欲其享之，則又非特豁目惠心，供勝游之適云爾。

又卷二《星野考》 敘曰：曷考乎星野也？考泰山之分野，而繫之於分星也，謂其上應天象也。夫陰陽之精，其本在地，而上發於天，在天二十八舍，在地十二州，各有所主，即一丘一阜，懸象列宿。矧夫崧高維嶽，峻極於天，而泰山尤群嶽之宗，其昭回法象，豈不鉅麗？自保章氏失職，久遠郡國，廢置代遷，千百年來，譚星野者，或以泰山主心，房氏，或主婁、胃，或主虛、危，其言纚纚洋洋，靡所適從。然載籍雖博，猶考信於往古，古天文，角、亢之分野，主兗。而《禹貢》徐兗之域，泰山固隸兗也，主角何疑焉？旨哉？僧一行其言之也，曰：天下山河之象存乎兩戒，觀兩河之象，與雲漢之終始，則分野可知。而《通志》云：山東當山河之會，得升降之中，泰山介乎其間，此千載通論也。茲備籍諸史，以竢閎覽博物之君子折衷焉。

《史記·天官書》曰：角、亢、氐，兗州；房、心，豫州；虛、危，青州；燕齊之疆候在辰星，占於虛、危，宋鄭之疆候在歲星，占於房、心。

《正義》曰：東方角、亢、氐、房、心、尾、箕，角、亢，鄭之分野，兗州，氐、房、心，宋之分野，豫州；箕、尾，燕之分野，幽州。北方斗、牛、女、虛、危、室、壁，斗、女吳越之分野，揚州；女、虛，齊

之分野，青州；危、室、壁，衛之分野，並州。
《前漢·天文書》曰：角、亢、氐，沇州，房、心，豫州；尾、箕，幽州；虛、危，青州。丙丁江淮海岱一曰甲齊 申齊酉魯。
《前漢·地理志》曰：齊地虛、危之分野也，東有甾川、東萊、琅邪、高密、膠東，南有泰山、城陽，北有千乘、清河以南勃海之高城、重合、陽信，西有濟南平原，皆齊分也。
魏太史令陳卓曰：泰山，角六度。
《晉·天文志》曰：泰山，入角十二度。
《唐·天文志》曰：降婁、玄枵其神主於岱宗，歲星位焉。女、虛、危，在子齊分野，女、虛、危，玄枵也，循岱嶽衆山之陰，其地得陬訾之下流，其象著爲天津，絕雲漢之陽，凡司人之星與群臣之錄，皆主虛危。奎、婁在戌，魯分野，奎婁，降婁也，循岱嶽衆山之陽，在陬訾下流，婁胃之墟。
《宋·天文志》曰：東方蒼龍七宿，角、亢、氐、房、心、尾、箕，其神爲青帝，司春，司木，司泰山。
《宋中興天文志》：王奕曰：泰山，入角十二度。馬端臨：象緯州郡，躔次並同。
《天原發微》曰：天下山分爲四條，上應二十八宿，負海，貨殖所阜之國。自北河下流，南距岱山，爲三齊；自南河下流，北距岱山，爲鄒魯，此負海之國也。
《通志》曰：山東自南正達於西，正得雲漢升氣，自北正達於東，正得雲漢降氣，則山東其當山河之會，而得升降之中乎。
汪子卿曰：按《山東通志》引《晉書》言：循岱嶽衆山之陰，主虛危，循岱嶽衆山之陽，主婁胃。引《唐書》言：濟陰齊魯，主心、房、氐。蓋我朝清類分野，據二書之說，以定星野之次，而《通志》因之。夫以心、房、氐言岱，猶爲近之。乃若虛、危，北宿也；婁、胃，西宿也；而可以東方言耶？又按古天文圖書：降婁，魯分也，玄野則吳越揚州之次也。歲星十二歲周天，非有定位，而《唐志》云云，圖復云云，要亦所謂其神主岱，而非躔次之謂邪。夫王者齊政，本於璿璣，不可不知，而亦不易知也。故今志以王奕、馬端臨爲正，而餘則傳疑，以俟夫明於占步者。

又卷三《形勝考》叙曰：曷考乎形勝也？考古今之誦說乎泰山者也。夫自有天地以來，形勝無如泰山，故自有書契以來，誦說形勝者亦無如泰山，乃其始經見則《虞典》，岱宗兩言。有夫《虞典》，凡嶽皆以方位言，惟泰山不言方位，而言岱，不言嶽而言宗，固謂夫出震配乾，萬物始代，儲坤蟠亘，五嶽推宗，其形勝甲於普天之下無兩也。嗣是而《詩》稱魯詹，《禮》稱兗鎮，《爾雅》稱東嶽，則槩其一方所推重而極言耳。他若子、史、百家、佛經、道錄，奕奕相屬，炫句玄詞，所謂天孫神房、洞天福地，與夫金床玉几之説，最不可窮詰。然古人於搜神紀異，稗官野史，亦所不廢也。世即有善言形勝者，或未能越此，故舉凡見聞所及，併編錄之，以備參考。廼其寒暑之候，迥異於下方，里至之遙，艱難於躋陟，俱世所欲聞者，宜不厭於鎖贅云。
《舜典》曰岱宗。按《五經通義》云：岱宗，言王者易姓受命、報功告成，必於岱宗也。東方，萬物始交代之處；宗，長也，言爲群嶽之長。
《禹貢》曰：海岱維青州。又曰：海岱及淮，惟徐州。按《書註》云：青州之域，東北至海，西南距岱。又云：岱之陽，濟東爲徐；岱之北，濟東爲青。
《魯頌》曰：泰山巖巖，魯邦所詹。按《說苑》云：山者，宣也，言宣氣生萬物也，泰言高大之至也。《爾雅》云：右陵泰丘。或云，泰者太也，謂天地太和之氣發舒於東方也。
《周禮職方》曰：河東曰兗州，其鎮曰岱山。按鎮言其重也。
《爾雅》曰：河東岱。又曰：泰山爲東嶽。又曰：中有岱嶽，與其五穀、魚、鹽生焉。按《詩》註云：嶽言山之尊也。東方主天地生氣，以方位別五嶽，是爲天之東柱。
《公羊傳》曰：觸石而出，膚寸而合，不崇朝而雨天下者，惟泰山耳。
《漢官儀》曰：盤道屈曲而上，凡五十餘盤，經小天門、大天門，仰視天門，如從穴中視天窗矣。自下至古封禪處，凡四十里。山頂西巖爲仙人石閭，東巖爲介丘，東南巖名日觀。日觀者，雞一鳴時，見日始欲出，長三丈所。又東南名秦觀，秦觀者望見長安；吳觀者望見會稽；周觀者望

見齊。黃河去泰山二百餘里，於祠所瞻，黃河如帶，若在山阯。山南有廟，悉種栢千株，大者十五六圍，相傳云漢武所種。小天門有秦時五大夫松，見在。

《後漢書》曰：光武封泰山，雲氣成宮闕。

《道藏書》曰：泰山周迴一百六十里，畸五十步，方面各四十里。

郭璞書曰：泰山在奉高縣西北，從山下至頂，四十八里一百步。

《山海經》曰：泰山環水出焉，東流注於海。

《法苑珠林》曰：泰山之東有醴泉焉，其形如井，本體皆石，欲取飲者，皆洗心跪而挹之，則泉出如流，若或汚慢，則泉縮焉，蓋有神明以宰之也。

曾鞏《二堂記》曰：泰山之北水，與齊之東南諸水，西北匯於黑水之灣，又西北匯於栢崖。蘇東坡《送楊傑詩序》曰：無爲子嘗奉使登泰山絕頂，雞一鳴見日出。

魏莊渠書曰：泰山之上有日觀峰者，夜半可以眺而見浴日，彌望如鋪金者，海也，綠色微茫中有若掣電者，海島溪山相間也。金色漸淡，日輪浮動，水中如大玉盤，適海濱望而見海日是矣。登天台之巔曰華頂者，乃知此特小海耳，諸山環列外乃爲大海。泰山有日觀者，觀日於未出也；有月觀者，觀月於已沒也，長安觀者，西望秦間諸山也；越觀也者，南望會稽諸山也。衡山有七十二峰，亦有日觀、月觀，不及泰山者，當卯位也。

《岱宗記》曰：梁父，長白二山，爲泰山輔嶽。

《通志》曰：濟南諸山，其非麓也，兗州諸山，其南麓也；青齊海上諸山，其左翼也；河東諸山，其右翼也。斯其爲泰山矣乎？廼若山南則有漢武遺栢，天門則有五大夫松，絕頂則有秦無字碑，懸崖則有唐開元銘，斯則泰山古蹟之最優者。

《茅君傳》曰：仙家凡三十六洞天，泰山周迴三十餘里，名三宮空洞之天。

《博聞錄》曰：泰山名蓬玄太空洞天，嶽帝所居，其高四千丈，環一千里。

《五嶽記》曰：東嶽泰山，嶽神天齊王，領仙官仙女九萬人。山周迴二千里，在兗州，奉符縣。

《福地記》曰：泰山洞天，周迴三千里，鬼神之府。

《列仙傳》曰：岱宗石室中，上下懸絕，其中金床玉几。

尸子曰：泰山之中，有神房阿閣。

《博物志》曰：泰山一曰天孫，言爲天帝之孫也。主召人魂魄。東方萬物始成，知人生命之長短。

《道經》曰：五嶽之神，分掌世界人物，各有攸屬。岱泰山乃天帝之孫，群靈之府，主世界人民官職生死貴賤等事。

堪輿家曰：泰山之麓水交流，孔林獨茂，蓋指泮漆梳洗汶漸，而言吾夫子之生也，豈偶然哉？是故其終也，曳杖之歌泰山。自任公姓振振，世祿罔替，則嶽靈之篤於孔氏者，其有窮乎？

《勝覽》曰：嘗臘月衝雪登嶽，至御帳，雲煙糢糊。至十八盤，天宇開霽，俯矚山腰，猶有雲靄。及下山，大雪如故。冬春之交，諸崖谷出煙霧，寒甚，初尚可指，數頃，則霧靆蒙覆，盡失山形。少霽，溪壑林木及樓閣簷牙，凝結冰花，珠聯粉綴如畫。嘗於春時，晨觀山半，雲布平密，絢爛一色，宛然倒看天宇。四月以後，山多蒸濕，不可居。五六月亦寒，衣必綿，卧必炕。早暮如深秋。遇夏時暴雨，山半風激雲湧，雷聲電光，皆出其下，隱約見麓地，白波沆漭如海，頃忽雲升嶽顛，則上下皆雨。人飲諸崖水，多瀉，惟瑤池、白鶴、水簾、玉花、玉女數泉，甘美。元君祠東崖一竅，泉滴如珠，晝夜出一斛許，其味尤佳。

又卷六《狩典紀》 敘曰：曷紀乎狩典也？紀帝王時巡之大典也，而並及夫封禪者何？紀其變也，亦紀夫當時君之侈，臣之諛，以示儆也。夫五載一狩，昉於《虞書》十二年一巡，見諸周制。時維仲春，則生長之月，岳維泰岱，則生長之方，於時坐明當，朝群后，考覈其政令，凡以爲民也，豈似後世人主琢石銘山以夸大其業，泥金檢玉以徼福於神。盤樂戕民，千乘萬騎，而猥云七十二君之故事，秦漢以來即所稱英君亦不免焉。卓哉我成祖文皇帝灼見，而却絕之以垂憲昭代，豈非超越千古者哉？余玆附錄前代封禪文一二，而終之以先賢記論，俾觀者得以考鑒焉。

唐虞，歲二月，東巡守，至於岱宗。柴望秩於山，肆覲東后。協時月正日，同律度量衡，修五禮，如五器，五載一巡守，群石四朝。見《舜典》

夏后氏因之。

周十二年一巡狩，歲二月，東巡狩至於岱宗，覲諸侯於明堂。見《周禮》。明堂說見《遺蹟紀》

秦始皇二十八年，東行郡縣，上鄒嶧山，立石，與魯諸儒生議，刻石頌秦德，議封禪望祭山川之事，乃遂上泰山，立石封祠，祀下，風雨暴至，休於樹下，因封其樹爲五大夫。禪梁甫，刻所立石。見《史記》。王仲淹謂封禪非古，啓於秦漢，故志封禪以秦爲首。

李斯篆刻石文今存二十九字。詳見《遺蹟紀》。事天以禮，立身以義，事父以孝，成人以仁。四海之內，莫不郡縣，四夷人蠻，咸來貢職，人庶蕃息，天祿永得。今皇帝臨位，作制明法，臣下修飭。二十有六年，初並天下，罔一賓服。親巡遠方黎民，登茲泰山，周覽東極。從臣思迹，本原事業，祗誦功德，治道運行，諸產得宜，皆有法式。大義休明，垂於後世，順承勿革。皇帝躬聖，既平天下，不懈於治，夙興夜寐，建設長利，專隆教誨，訓經宣達，遠近畢理，咸承聖志，貴賤分明，男女禮順，愼遵職事，昭格內外，靡不清淨，施於後嗣，化及無窮。遵奉遺詔，永承重戒。

漢武帝元封元年，東巡海上。夏四月，登封泰山，降坐明堂。詔曰：朕以眇身承至尊，兢兢焉，惟德菲薄，不明於禮樂，故用事八禮。遭天地況施，著見景象，屑然如有聞。震於怪物，欲止不敢，遂登封泰山，至於梁父，然後升禮，肅然自新，嘉與士大夫更始，其以十月爲元封元年。行所巡至，博、奉高、蛇丘、歷城、梁父，民田租逋賦貸，已除。加年七十以上孤寡帛，人二匹。四縣無出今年筭。賜天下民爵一級，女子百戶牛酒。又下詔曰：古者天子五載一巡狩，用事太山。諸侯有朝宿地，其令諸侯各治邸太山下。

二年秋，作明堂於泰山。

太初元年冬十月，行幸泰山。

太始四年春三月，行幸泰山。壬午，祀高祁於明堂，以配上帝，因受計。癸未，祀孝景皇帝於明堂。甲申，修封。丙戌，禪石閭。

征和四年春三月，上耕於鉅定，還幸泰山。

泰山東嶽廟

論説

查志隆《岱史》卷九《靈宇紀》 東嶽廟，在州城西北隅。《風俗通》曰：岱宗廟在博縣西北三十里，山虞長守之。按岱嶽觀至元碑云，嶽廟在嶽之南麓。岱嶽升元二觀前當爲漢址，唐武則天篡唐時改今地，或云宋改今地，其後歷代廢興修葺，詳其諸記石。廟制，堞城高二丈，週三里，城門有八，南闢者五，而正中曰嶽廟門，東偏曰仰高門，西偏曰見大門，東闢者一曰東華門，西闢者一曰西華門，後闢者一曰後宰門。凡門各有樓，而角樓亦四：東南曰巽樓，東北曰艮樓，西北曰乾樓，西南曰坤樓。由岱廟門而上，重門爲配天，次爲仁安，再上爲仁安殿，露臺高下聯屬者二，殿前兩廡之中爲鐘鼓樓，樓之後各爲齋房，殿後爲寢宮，宮左右爲配寢。其規模宏侈，儼如王者居。配天門，左爲三靈祠，右爲太尉祠，祠前東廡別殿曰炳靈，西曰延禧。碑亭三，其一當岱嶽，配天二門之間；其二對峙於鐘鼓樓側，三亭皆爲國朝御製碑建。殿前古松數十株，蟠結偃蓋，非他境所有。炳靈殿前則漢栢，延禧殿前則唐槐，皆特異，雖良繪莫能狀。銀杏大者圍三仭，火空其中。《陰符經》曰：火生於樹，信夫。奇石玲瓏者九，其上有古題刻，知自遠方來奠獻者。碑石林立，其可爲書法者：張待制漴書《宣和廟記》，喬冢宰宇篆御祝文。廟前有亭曰遙參亭，前爲遙參門，門之前爲御街，宋東封，警蹕之地，而實爲廟之第一門也。舊榜曰草叅門，門中有臺，臺上有亭，亭重簷，四面十有六角，峻嶒綺麗，昔凡有事於嶽者，先拜於亭而後入廟，故曰草叅。今有司遇當祝釐於廟，罷則儀從由亭門而出，猶古之制也。亭今列屏鑒，方圓各一，高六尺許，鑒前雕座置元君像。四方來謁頂廟者亦先拜焉，故又曰遙叅亭云。

雜録

宇文粹中《重修嶽廟記略》（查志隆《岱史》卷九《靈宇紀》） 宣和四年九月，有司以泰嶽宫廟完成奏功，制詔學士承旨臣宇文粹中記其歲月。臣粹中再拜稽首而言曰：臣聞自昔受命而帝者，咸有顯德著在天庭，合四海九州之歡心，以爲天地社稷百神之主，故有壇場圭幣以象其物，有宫室祠宇以奠其居，有牲牢酒醴以薦其潔，有祝册號掘以導其誠，其漠然而意可求，僾然而誠可格，殆與人情無以異。是以黄帝建萬國而神靈之封七千，虞夏商周，文質迭救，雖所尚不同，而事神以保民，其歸一揆，必以岱宗爲首。而神靈烜赫，光景震耀，載在書史，接於耳目者，奕奕相屬也。宋受夫命，建都於汴，東倚神嶽，遠不十驛，章聖皇帝肇脩封祀，蓋嘗躬款祠下，欽惟神靈饗答之異，念唐開元始封王爵，禮加三公一等，未足以對揚休應，遂偕五嶽，咸陞帝號，自是宫廟加脩，薦獻加厚。四方萬里，士民奔湊，奠享祈報者，蓋日益而歲新也。皇帝聰明仁孝，光於上下，神動天隨，德施周溥，既已躋斯民於富壽，廼申勅中外，凡所以禮神祇、崇顯祀，盡志備物，畢用其至。歲在辛巳，迄於壬寅，詔命屢降，增治宫宇，繚牆外周，罘罳分翼，巋然如青都紫極，望之者知其爲神靈所宅。凡爲殿、寢堂、閤門、亭、庫、館、樓、觀、廊、廡，合八百一十有三楹，財不取於賦調，役不假於追呼，而屹然崇成，若天造地設。靈祇燕豫，福應如響。嗚呼，眞聖德之事也，觀是宫廟，土木文采，輪奐崇麗，則知郡邑之富庶；帷帳熒煌，兖冕璀璨，則知絲枲之盈溢；牲牷充庭，醪醴日御，則知耕牧之登衍；簫鼓塡衢，歌呼滿道，則知風俗之和平。神之聽之，廼祇陳於上帝，用降鑒錫茲祉福，則社稷之安固，曆數之綿遠，蓋方興而未艾也哉。

又李賢《廟記略》 書稱岱宗，蓋以東方屬春，萬物交代，故曰岱，爲群嶽之長，故曰宗。然而祭之者何也？記曰能出雲爲風雨，又曰，民所取財用也。三代以前，不過爲壇而祭之。如周制，四坎壇，祭山林丘陵於壇是也。秦漢以來，有神仙封禪之事，於是有祠廟之設。古者五嶽視三公，謂視其饔餼牢醴之多寡以爲牲器之數也，非以三公之爵封之也。後世遂封五嶽之神爲王、爲帝，垂旒端冕，儼若人鬼矣。洪惟我聖祖高皇帝聰明睿智，卓冠千古，即位之初，詔示天下，有曰：嶽、鎮、海、瀆，皆高山廣水，自天地開闢以至於今，英靈之氣萃而爲神，豈國家封號之所可加？今依古定制，去其前代所封名號，於東嶽稱曰東嶽泰山之神。嗚呼，是舉也，裁革瀆禮不經之失，所謂質諸鬼神而無疑，百世以俟聖人而不惑者矣。濟南太守陳君銓走書京師告予曰：東嶽泰山神廟傾頹，上請得旨重脩，巡撫都憲賈公銓與三司官僚合謀經營，若按察使王公鉞尤留意焉，屬銓綜理其事，經始於天順四年八月二十六日，落成於五年九月初一日，内外焕然一新，俾是方之人依而敬之，有加於前。僉曰：不可無紀，敢乞爲記刻之，用示久遠。予惟泰山出雲，膚寸而合，不崇朝而雨天下，功德固廣大矣，要之，是方之人沾其惠澤尤多，況又取其財用者乎？雖曰朝廷祀典所載而是方尤所當敬也。今巡撫方面，風憲，重臣，同心協慮，重役神廟，又得郡守克承委任，用體朝廷之意，以表民之所敬，眞可謂民之父母矣。彼慢神虐民者，視此於心不亦恧乎？

又薛瑄《廟記略》 東嶽泰山之神，故有廟在山之陽，朝廷有大典禮、大政務，則遣使告焉。廟屋既久，多圮漏弗治。先是守臣嘗奏請脩建，而未克底完，天順己卯，泰安州守以其事達之濟南府，因以上請，詔允脩葺。於時都憲年公富方議興役而去，左副都御史賈公銓繼來，乃洎巡、按、藩、臬協議，既擇有幹幕職以董其役，復俾濟南府知府陳銓月一往以綜理焉。銓始至泰安，謂脩葺嶽廟固所以祗若朝命，致謹大神，然尤當以省民財、重民力爲本，財匱民勞，事亦非可。因詢及守廟者，具言數十年所積禮神之物甚當，遂遣人持市木之巨細與其他脩屋之不可缺者。及既合，而匠役皆在官之人，而農民不知有役，銓既綜理有法，不急不徐，始事於天順庚辰秋七月，辛巳夏五月訖工。殿宇、周廊、門觀、繚垣，悉皆完治，咸願刻石以紀其事。山西按察使王允，濟南人也，以書來求文於瑄。余惟東嶽泰山之神爲諸嶽冠，聖朝既正其名，秩其祀，而廟弗治，又俾所司以時修葺，而巡撫憲臣洎藩臬，得綜理其役如銓者，不竭民之財力而克底完新，皆可謂祗若朝廷丕顯休命而致謹於人神者矣。遂序其事而銘之曰：一理宰幹，二氣互根。清浮無際，濁墜斯存。柔行剛峙，川洪嶽

尊。惟此泰山，造化鍾萃。龍嵸太虛，磅礴厚地。匪魯邦瞻，實衆嶽最。其蓄罔測，其施靡量。玄雲寸石，甘雨八荒。功既載溥，厥報宜彰。有廟在陽，奉命新葺。重臣是承，守臣是職，民不匱勞，事底完集。殿宇廊觀，聳卓縈迴，高下中度，不騫不卑。神氣欝欝，流通在兹。昔古山川，明祀有體。夫何前季，封號薦起。躋嶽於天，紊三公禮。逮我聖世，道復古隆。斥絶僭誕，率由大中。嶽鎮海瀆，悉正其名。惟岱宗神，神稱允格。迄兹有役，咸願石刻。述理繼辭，以示無極。

又李欽《脩東嶽廟記略》 嘉靖丁未冬，嶽廟災，殿宇廊廡以及賓館、齋居、門闥、樓觀蕩然一空，其僅存者，後寢三殿與炳靈、延禧二宮而已。時守臣以狀聞，上震異者久之，既俾治有司不戒之辜，而遂勅以亟脩之議，然歲值累歉，未克興事者垂十年餘。辛酉秋八月，皇上萬壽，爰命太常，緘祝函帛，恭諧嶽神，虔脩醮典。有司布席，將事惟時，巡撫都御史鎮山朱公承命主祀，大懼簡陋，罔罄明禋，乃謀諸籓臬庶正，展力亟圖，而特委濟南府同知翟公濤專董其役，蓋選能也。公乃檄請當道，材木瓴甓金石之類，以至匠傭役廩，皆取給香帛，而秋毫不以煩民。經始於壬戌春，迄癸亥夏。廟工告成，自殿堂而下，毁者以舉，傾者以易，圮者以完，漫漶者以鮮以潔，丹雘塗塈，輝光掩映。巡撫都御史石洲張公祭告祠下，樂觀厥成。是日也，淑氣洋溢，靈光下矚。泰嶽明神，既尊且安，自是而往，陰祐顯相，雨暘時若而豐年應，災病殄而民氣和，以永保我國家無疆之慶，則神之功當與天地並。而君子謂翟公之有功於神也，其亦偉矣哉。

又許天贈《重修岱廟記略》 泰山之麓故有廟，其名曰岱宗，廟在嶽之南麓，宋改今址，其制有堞城，爲門者八，四角有樓，前有殿，後有寢，兩傍有廡，儼如王者居。我朝因勝國舊，天順以來，屢奉旨脩葺，碑石具在，孝廟親爲記，宸章赫奕，萬代瞻仰。邇者脩葺，止取裁兩院，以香稅所積，自可充脩廟費，毋用廑明旨動內帑爲也。萬曆甲申，廟漸圮，於是左參政屠公請於兩院，得可委濟南府通判張世臣董工作之役，泰安州吏目蘇天壽佐之，余至督視益勤，閱乙酉秋八月告成。凡費金九百餘，不動民財，不勞民力，而大工就緒。余聞之，祀，禮也，國之大祀，必以禮。聖人制禮，尊五嶽配天，其祭以壇，不以屋，其神設主不以像。通諸天下，凡司府州縣，歲時祭境內山川，率由斯道，復古制，祛民惑也。斯廟有先代故事，廟及像率無所更易，豈天造草昧偶未之及也？抑別深意寓其中者耶？弘治間，至廑玉音，若以此爲訓。然者，愚以是知聖人敬神導民，至意使人有所敬畏，啓爲善之心，遏從惡之念，更相告戒，以若於治，所謂無害於治者，聖人不與民變革也。今廟貌巍然，神威赫然，若有臨之在上。然者，四方祈福受罪之士女，入廟瞻拜，肅然起敬，罔或不虔，則於聖化或可助萬分一哉。若佛老家言神若王者操福禍之權，握生死之柄，爲善惡果報，則其不經見，故儒者缺之勿論。

泰山碧霞元君祠

論說

查志隆《岱史》卷九《靈宇紀》 碧霞靈應宮，在嶽絶頂西南下三里許，舊名昭眞觀。宋眞宗東封時所建，國朝增拓其制，改署今額。累朝脩葺不廢，近自世宗朝遣工部郎陳策賫宮施萬金重脩，益鉅麗矣。隆慶間撫臺傅希摯、按臺吳從憲又加葺焉。其神曰天仙玉女碧霞元君，四方謁款祇禳者，摩肩接踵而至，諸所捐施金帛珠玉馬羖之類，有司日監守而筦榷之。萬曆乙酉，按院韓應庚侍御命官鳩工，更新往制。其宮故南向，凡五間，則欄其東一間，題曰東寶庫，欄其西一間，題曰西寶庫，用以投儲諸所捐施焉。宮之後架殿三間，題曰便殿，宮之右架亭一間，題曰憩亭，凡此皆創刱也。宮之前，左翼曰子孫殿三間，右翼曰眼光殿三間，其中爲露臺，爲甬路，而甬路之南大門三間，東皷樓，西鐘樓。而門外綽楔凡三，中曰勅建碧霞坊，東曰安民坊，西曰濟世坊，而碧霞坊之前臨火池之上有闕門焉，曰金闕，凡此皆增飾其舊也。續椽藻櫨，霞駮雲蔚，儼然神居，非人世所有。乃其形勝袁拱，宮東南則五花崖，東北迤西則嶽頂，磨崖、日觀諸峰蜿蜒，峙列三面若屏扆，前若雙闕，由宮門西下石磴三丈許，南俯懸崖，下視城郭若畦圃。自城郭望之，則崖峰森蔽，

不見宮宇，此蓋造化靈區，眞天奇云。

雜録

查志隆《岱史》卷九《靈宇紀・御祝文》 維弘治十六年歲次癸亥正月朔初一日己巳，皇帝遣御馬監太監苗逵致祭于碧霞元君曰：懿德含弘，仁慈廣霈，佑蒼生於壽域，皷群品以霑依，茲因眇躬偶爽調攝，敬祈聖力求佑康寧。特以香帛，用伸告祭，益彰靈應，福佑家邦。謹告。

維嘉靖十一年歲次壬辰二月庚辰朔十三日壬辰，皇太后遣太子太保玉田伯蔣塋致祭于天仙玉女碧霞元君之神曰：皇帝臨御海宇十有二載，皇儲未建，國本尚虛，百神萬民，無不仰望，茲特遣官敬詣祠下，祗陳醮禮，潔脩禋祀，仰祈神貺，默運化機，俾子孫發育，早錫元良，實宗社無疆之慶。無任懇悃之至，謹告。

又《高誨玉女考略》 泰山玉女神，顯靈于天下，其來尚矣。傳爲東嶽女，蓋謬説也。人心崇尚，習舛承訛，非特愚夫愚婦之不知，雖博雅君子亦未聞有能考其實者。按《州志》載，嶽頂玉女池。馬端臨《通考》紀池側故有玉女石像，泉源壅濁。宋眞宗東封，先營頓置，泉忽湧上升山，其流自廣，淸泚可鑑，味甚甘美。王欽若請浚治之，像頗摧折，詔易以玉石。既成，上與近臣臨觀，復礱石爲龕，奉置舊所祭焉。唐劉禹錫送東嶽張鍊師詩云：久事元君住紫微。而李白游泰山詩亦云玉女四五人，飄飖下九垓。及觀李諤《瑤池記》，謂黃帝建岱嶽觀，嘗遣女七人，雲冠羽衣，脩泰香火以迎西崑崙眞人。由是考之，則知玉女必黃帝所遣七女中之脩而得仙者，後世因之祠于山。而宋元間龕像建觀，尤有徵。迨我朝拓新殿宇，發應益著，不然則泰山喬嶽之上何緣有此？據《通考》、唐詩所載，質之諤記，益信。

又《劉定之記略》 泰山絶頂，舊有祠祀碧霞元君，以其最高，雲蒸雨降，材木易朽，颷風剛勁，瓦多飄毁，祠不能久。今副都御史原傑巡撫山東，謁祠，見其隳墜，謀新之。銅梁鐵瓦琉璃甎甓之堅固，丹雘青堊藻繪漆飾之輝焕，高廣深邃，規制增舊，其費取諸官而民不知。自昔登山捐施，委諸巫祝，妄費不可稽，而今紀理之，皆有條法云。

又《尹龍記略》 昭眞祠，在泰山絶頂，世傳謂天仙玉女碧霞元君之祠。聖天子御極十有五年，命太監陳喜來脩祀事，明年詔脩是祠，即故址增飾之祠，殿爲間者五，以奉元君，左右迴廊各三間，則護從之神居焉。神道有門，鐘皷有樓，恐其淩空壁立，易爲風雨所剝蝕，故陶土爲甎，冶鐵爲瓦，務爲堅確，黝堊丹漆，金碧交輝，視昔有加焉。其肖像左右石爲銅，中以沉香，雕龕石座，霞帔鳳冠，於赫穆淸。而其所費，一皆輸財於神貯之帑藏，以克其用，而毫芒不取於民。自經始以來，綱維其事者，大叅文安，刑表，僉憲衛輝、劉璋，下至義士耆宿，罔不奔走事事，所以重上命，敬神明也。夫泰山雄鎭東方，爲五嶽之尊，歷代有封禪之典。維我列聖，每遇登極，必遣廷臣以祀方岳，又時命中貴有事於祠，或金帛朋貝，以將其誠，或冠帔旌幢以拂其像，蓋神之靈貺感人，實有以致之。嘗觀《州志》，昔有猛虎爲害，禱之而去，飛蝗爲災，禱之而死，以至於民之旱澇，祈之歷有其驗，故遠近衆庶拜瞻之頃，靈風颯然，知者敦其誠，愚者啓其敬，忠者堅其志，奸者沮其謀，善心以之生，欲心以之窒。吁，休矣哉，其神之惠乎。

又《徐溥記略》 弘治八年春正月，巡撫山東都御史熊公翀言，泰山絶頂碧霞靈應宮燬于火，宜治。事下戶部議，謂泰岳有生物功，凡祠關祀典者，不宜不飭，且神以靈故，四方奔走，士女操金帛爲禱祈者，歲所積甚夥，宜令按察憲臣籍之，以爲工費。詔可，乃以屬僉事陳君寬領其籍，內帑賜銀百兩以屬副使，中司出納焉。凡用銀以兩計者七千三百有奇，爲夫若干千而成，熊公乃致書京師，請予記。予聞泰山之勝稔矣，顧職在朝署，無使命，欲一登而不可得，嘗觀《泰安州志》，備載其形勢祠宇，知有所謂碧霞者，故閣老劉文安公之記在焉。其爲辭固奇偉巉聳，與茲山茲景並勝，使人讀之，眞若望扶桑、窮日觀，飄飖于剛風倒景之外。粤自有天地即有山川，奇秀所結，靈神所聚，邦君之所得祀。擴而求之，宜亦有不可無者。矧國家秩祀之所載，所以萃人心而延景命，於此有資焉，是其興廢起弊以貽不墜，抑豈非有司者之事哉？記成系以詩曰：岱宗之巓巋一宮兮，金碧絢出高巃嵸兮。承乾據坤秀氣鍾兮，神名碧霞誰所封兮。雲冠霧裳廟貌隆兮，月星光彩冰雪容兮。人世杳絶嗟難逢兮，門集五騶隨兩

聽兮。小大執事靡弗共兮，國家明昌年穀豐兮。五岳效職兹其東兮，刻石紀事垂無窮兮。

又《崔文奎記略》 太極判動静，生陰陽，山鎮坤維，體静陰也，水生天一，體動陽也。岱岳摩空，峰巒拔起，去地數千丈，絶頂出泉，流注石池，清泚可鑑，蓋陽根陰之象。泉以玉女名，必有所稽，地志失載。記曰，中林川谷、丘陵能出雲爲風雨，見怪物，皆謂之神。岱岳毓神上通，乾象降靈下土，坤道成女，天仙玉女之號，意以是與碧霞元君之稱，則後世加封之典。神廟在兹，揖日月之峰，擁層巒之秀，左則岳頂之駿極，右則天門之開朗，歷選名勝之所，無踰此境之妙。意者神或受皇天后土之命，俾權輿造化之機，於此不然，何威神顯赫如是之大？殆不可以易而測也。歷代尊奉已久，逮我朝崇重之典尤盛，有寶香異品之頒，有華冠錦袍之錫，歲時遣官致祭，以至奔走天下豪傑、及士女商賈之類，皆齋心戒誓，道路間關歲進香帛者，恆以億萬計，金鏹緡錢，川臻雲至，溢于公帑，資歲用、賑歲饑，皆於是乎取給。孔子以鬼神能使天下之人齊明盛服，以承祭祀，其斯之謂與？嘉靖甲申，都憲王公堯封奉聖天子明命，來撫東藩，詣神祠展謁，顧瞻祠宇敝壞，慨然興歎，遂下營繕之令。經始於嘉靖乙酉十月己未，落成于嘉靖丁亥九月丙子。規模壯麗，丹漆晃耀，突出煙霞之上，巍乎岱岳之間，斗柄之南，一奇觀也，而神亦寧矣。夫神寧於上，人安於下，幽明協贊，和氣熏蒸，雨暘時若，是以庶草蕃蕪，百穀用成，朝廷無東顧之憂，未必不自王公一念之誠，有以感之哉。

又《郭詔銅皷記略》 予寅長右轄熙臺潘先生，政暇嘗登斯山，感獻遺之物而懼其殄也，乃白諸巡撫大中丞南皐王先生，鑄銅皷四，竅其心，置橐籥焉，以象四時，皷萬物生長斂藏。又爲之鼎，附之瓶，以達絪緼之氣，其知所謂皷之舞之以盡神者，與猶未也。又欲顯諸道德行，各識以銘。皷曰：元氣皷，萬物春，嗟爾岱，神乎神。氣再皷，麗朱夏。品物亨，乃神化。孰皷舞，秋乃收。物之府，神之休。消而息，爾皷爾。物歸根，元資始。鼎曰：大德曰生，瓣香維誠。人在洪爐，左右和平。瓶曰：不平者情，不私者平。神馮人哉，人馮神哉。吁，淵乎微矣，可以幽贊於神明矣。予故爲之記，示後世有考焉，已矣。

又《王之綱玉女傳》 玉女者，天仙神女也，黄帝時始見，漢明帝時再見焉。按玉女，考李諤《瑶池記》云，黄帝嘗建岱岳觀，遣女七，雲冠羽衣，焚脩以迓西崑眞人，玉女蓋七女中之一，其脩而得道者。《玉女卷》云，漢明帝時，西牛國孫寧府奉符縣善士石守道妻金氏，中元七年甲子四月十八日子時生女，名玉葉，貌端而性穎，三歲解化人倫，七歲輒聞法，嘗禮西王母，十四歲忽感母教，欲入山，得曹仙長指，入天空山黄花洞脩焉。天空蓋泰山，洞即石屋處也。三年丹就，元精發而光顯，遂依於泰山焉。泰山以此有玉女神，山頂故有池名玉女，池傍爲玉女石像。宋眞宗東封，先營至泉，水忽瀑，清泚可鑑，味甘美。王欽若請濬之，像偶折，詔易以玉，復礱石爲龕，構昭眞祠祀焉。尹龍謂世傳天仙玉女碧霞元君之祠始此。國朝成化間拓建，改爲宫。弘治間更名靈應，嘉靖間再更碧霞，碧霞宫之名始此。累朝增葺，宫制滋闊，而神之靈益顯，四方之瞻禮者益爭奔走焉。其於國家多庇護矣。内史氏綱曰：余聞之，太史公學者載籍極博，猶考信於六藝詩書，雖缺虞夏之文，可知也。余于玉女，將何以徵焉？蓋天地一氣而已，其在天爲星辰，地爲河嶽，明而爲人，一氣也。玉女之化爲人，人而復爲神也，何異哉？故觀於考與桊可稽也。若謂玉女爲東嶽金虹太乙定父所生，而化身爲觀音之在世，豈理也哉？至其神靈顯於泰，則又其所嘗住修之處，而精神往來，譬諸雲霧之在太虚，有依依而不能去者，矧泰山位東土，秉木德，而玉女坤，質爲水象，池固其所自來耳，其依神于此以揚靈異之休，而助生成之德于不窮。殆若天命之者，世乃謂玉女親受帝冊爲女青眞人，永鎮泰山，以主其祀，豈不謬哉？豈不謬哉？愚固表而出之，俾夫昧者有所據而傳也，爲之傳云。

巡按御史方遠宜撰《泰安州祝文》 維神懋權化機，駕御陰陽。助天育人，炳靈洩光。一釀玄功，八埏震揚。明德倪天，昭回七襄。崧高維岳，閟宫有侐。仙馭式歸，維此棲宅。國有禋祀，民有珪帛。揚靈拂和，四海來格。兹惟守臣，曰薦厥常。俎豆莫莫，鏞皷鍠鍠。維神降止，鏐鏘琳琅。風霆維車，雲漢維裳。空歌欽欽，猋舉肅肅。庇睨斯人，式登百穀。永奠邦基，扶輿清穆。祀禮弗愆，維神率育。尚饗。

又《巡撫都御史何起鳴宣諭》 萬曆八年，予觀風東兗，泝泉源，登泰山之巔憩焉，俄聞四方以進香來謁元君者輒號泣，如赤子久離父母膝下者。然是曷故哉？以誠心所感也。人能以此心事親則爲孝，以此心事君

則爲忠，以此心待同胞則爲友，以此心處朋友則爲信，以此心教子孫則爲慈，以此心不奪他人之有則爲義，以此心不儌非分之獲則爲榮，存此便得進香善果，存此便得朝山福田。脫或不然，心一背馳，將明有人非，幽有鬼責，曾謂泰山而能私庇爾哉？孔子曰：獲罪於天，無所禱也。言遠罪也。孟子曰：雖有惡人，齋戒沐浴則可以事上帝。言遷善也。可不畏歟？遂命州守袁稽播諭四方香客，以正人心云。

又《巡撫都御史李輔祈雨告文》 惟神受職皇穹，陰握玄化，蒸爲雲雨，以澤天下。蓋祈年而祈靈者，日奔走乎宇內，作福而降祥者，亦時合於諸夏。矧茲東土，固神奄宅之區，而精爽之所常遊，又不啻如枌榆之社也。乃今四月不雨，驕陽杲杲，赤地千里，野無豐草，致天子之憂勞，步桑林而露禱。輔撫茲東土，民將安保？日夕惕焉，憂心如擣。惟省咎於厥躬，甘待罪而薦槀。惟神矜此元元，少續旦夕之命，而賜之甘霖，俾回枯而起稿，則神貺之洋洋，等皇仁之浩浩矣。輔謹率吏民，齋心以叩於神，惟神鑒而聽之，以彰顯道，不勝待命之至。

玉帝觀

論說

查志隆《岱史》卷九《靈宇紀》 玉帝觀，即太清宮，在嶽之絕頂，蓋古登封臺。昔嘗圮廢，成化十九年，中使以內帑金資重建，隆慶間，侍郎萬恭撤觀於巔北，出巔石而表之，題曰表泰山之巔。萬恭自爲之記。

雜録

查志隆《岱史》卷九《靈宇紀・侍郎萬恭表泰山之巔碑》 隆慶壬申春，黃河汎溢，輸道梗澀，天子憂皇，命恭若曰：汝其治水。踰夏河成，灌輸悉盡，天子懌豫，命恭若曰：汝其東禋。於時臣恭以八月禋泰山，報成績也。八乃歷巉巖，踰險絕，撫秦碑，登日觀，已乃陟山巔，謁天宮。忽緇衣蹁躚，目瞪足踐，招余言曰：是泰山巔石也。余異之，睨其上，室如錮也，睨其下，砌如砬也，而惡知夫泰山之巔？而又惡知夫泰山之巔之石？余喟然嘆曰：夫泰山擅四嶽之尊，而茲巔石又擅泰山之尊，乃從而屋之，又從而夷之，又從而踐履之，令尊貴不揚發，靈異不表見，余過也，余過也。亟命濟倅王之綱撤太清宮，徙於後方，命之曰：第掘地而出巔，毋刓方，毋毀圓，毋劉天成，返泰山之眞，已矣。倅乃撤土，巔出之，巔石博十有一尺，厚十四尺有奇，聳三尺，戴活石焉，東博二尺五寸，厚一尺三寸，西博一尺八寸，長八尺有五寸，夫約泰山而東之巔，已奇甚矣，又摩頂而戴之石，斯上界之絕巔，青帝之玄冠也。余倚活石，覽觀萬里，俯仰八荒，遠睨則扶桑之日曜其東，崑崙之風吹其西；近睇則泰碑若正笏，叢石如群圭，而齊魯諸阜，圓者似金，直者似木，曲者似水，銳者似火，方者似土，枕青揚之絳闕，俯元君之幽宮，而六極之大觀備矣。彼巔石不表見幾千萬年矣，今出之，始返泰山之眞而全其尊，後來覽觀者尙毋刓，毋毀，毋劉天成，務萬世令返其眞而全其尊，以毋得罪於泰山之神。其緇衣蹁躚，意乎緇衣，余問何許人，何所受，而告余默而不荅。噫，我知之矣，蓋緇衣受之碧霞，碧霞受之太君，太君受之上清，上清受之元始，元始受之寥冥之祖。

青帝觀

論說

查志隆《岱史》卷九《靈宇紀》 青帝觀，凡二，其一在嶽巔，其一在嶽之南麓。肇建俱不知何時，宋眞宗加青帝懿號曰廣生帝君。在嶽巔者，今巡撫都御史李命官脩葺於萬曆丙戌年，冬孟訖工。在南麓者，眞宗御製御書贊刻，今尙存。國朝弘治、正德間脩拓，嘉靖間尙書朱衡復加葺

焉。帝即漢唐所祀五帝之一，按《漢書》及宋《天文志》，青帝天神也，而東嶽屬焉，此廟祀之所由起也。

雜録

查志隆《岱史》卷九《宋加青帝懿號詔》　勑中書門下，名嶽配天，乃衆山之推長；盛德在木，實萬物之資生。惟眞宰之斯存，蓋靈篇之攸紀。青帝眞君，職司煦育，道叶沖虛，贊玄化於高明，庇群生於溥率，眞祠夙建，方志可徵。屬嚴駕以時巡，爰祕封之成禮，式瞻神館，冀沐冥休，祗舉典章，載揚懿美。奉蕭薌而昭薦，旌至德於無方，用表欽崇，永綏福祉，宜尊懿號，曰青帝廣生帝君。觀宇特加脩飾，故玆詔示，想宜知悉。

廣生帝君讚　御製御書並篆額

若夫典治喬嶽，表正靈祇，司生發於東方，佐聰明於上帝，宜乎名冠仙籍，德被烝民，饗祀典於蕭薌，鏤徽稱於金石者也。屬以虔脩封禮，恭答神休，薦顯號以致誠，述斯文而頌美。讚曰：節彼岱宗，奠玆東土。生育之地，靈仙之府。爰有高眞，允司明命。至神不測，虔誠斯應。茂實克昭，儲祥是緊。式奉嘉名，用伸精意。大中祥符元年十月二十七日，御書院摹勒刻石。

又《御祝文》　維大中祥符元年歲次戊申十一月戊午朔四日辛酉，崇文廣武聖明仁孝皇帝，謹遣尚書兵部員外郎邵曄告於青帝廣生帝君：伏以峻功丕顯，誕彰陰騭之仁，神化無方，實主發生之宇，惟高眞之攸館，乃喬嶽之靈區。屬以祗奉元符，躬陳大報，仰緊景貺，克舉上儀。式彰昭代之稱，以表欽崇之禮，合伸致告，用達虔誠。謹告。

衡山

論說

李思聰《洞淵集》卷二　第三，南嶽衡山，高四千一十丈，洞周迴二千里，名朱陵太虛之天，即神農赤帝治南嶽，昔上帝降玉冊寶印，賜生眞君，永鎭靈嶽，即吾皇比壽之山。上應翼軫機衡之精，故爲之衡，下鎭楚地之分，係衡州衡山縣。

眞君觀

論說

陳田夫《南岳總勝集·眞君觀》　眞君觀，在銓德觀東五十步，即九天南上紫光慶華赤帝太虛之館，本注生眞君廟，在岳祠中各廟門。唐開元中，司馬承禎上言五岳洞天各有上眞所治，不可與血食之神同其饗祀。聖旨爰創清宮，凡立夏日先齋潔，勑命州官致醮，於是觀兼度道士五人焚修。開元五年明皇製《五靈經》云：佐治者，有九人。從吏者，三伯。餘人翊衛，衙官三百，爲國家祈眞請福之地。《上眞記》云：太虛眞人領南上司命，即赤帝也。

潛山魏君沖爲副治
霍山韓君衆爲佐治
霍林山許君　映
丹霍山周君　紫陽
金華山黄君　初平

南霍山鄭君　隱

天柱山阮君　徽

紫虛元君魏夫人華存

沖寂元君廡姑

右並君佐命之司，吳越楚蜀之地當司察之，淳化中始改爲眞君觀。祥符中詔賜觀額。開元六年上帝降賜眞君驅邪王匕一張，其狀類劍，長三尺，闊四寸，玉文如雲霞，其端微有鋒刃。玉冊一道，長一尺餘，闊六寸，其篆文曰：道君之玉冊。有兩印，文曰：三天太上之印，皆篆文。或曰舊本玉冊愫在眞君臂間，檀香刻此以傳於世。玉璽一枚，方闊五寸，八角，其文曰：注生眞君玉印，亦篆文，今悉存焉。或云是司馬天師篆文也。宋朝降到眞君火鈴冠一頂，以金裏飾。潛霍二眞君玉圭二面並存。太宗、眞宗、仁宗，三聖御書敕黃存焉。大觀二年三月，奉旨建元辰殿，乃集福殿在觀中，前有玉清金闕之門，每歲六度生辰及春夏二祀，皆自京降御名詞表於此致醮。每辰焚御香六兩，祝聖壽恩賜紫衣一道，實國家祈福之所也。故江陵公《留題眞君觀詩》云：祕殿崔嵬近紫虛，洞天岑寂列眞居。霜毛時下朱陵鶴，金簡猶存宛季書。風拂瑤壇欹羽旆，雲歸翠嶺度飈輿。竹煙觀月空歌裏，一道寒泉漱碧渠。

衡岳觀

論説

陳田夫《南岳總勝集・衡岳觀》　衡岳觀在紫蓋峰南，下紫霄峰前。晉太康八年，吳人徐靈期新野先生鄧郁之，開古王母殿基。晉懷帝元嘉中，賜額爲華藪，至梁改爲九眞觀。張佐堯《詩略》云：晉代爲華藪，梁朝號九眞。宮門頻改額，洞口不移春。住持周靜眞，乃武帝之師。帝心期上善，親紆黃屋謁此玄都，若軒后之拜崆峒，漢皇之禮河上，異代同時也。奉敕賜莊田三百戶充基業。至隋大業八年，屬唐高祖詔請蔡法壽、李法超二法師主觀事焚修，興行教法。其衡州府庫田疇什物，並賜觀資用。貞觀二年，太宗重書額，詔張惠明天師度道士一十九人焚修。高宗弘道二年，詔葉法善天師，封岳地方四十里充觀。長生之地，禁樵採，斷田獵，投龍奠簡，以爲常典。開皇中改爲衡岳觀，後因兵火摧毀。皇祐初，府主令公重建之。本朝太宗、眞宗、仁宗三聖御書洎金寶牌，每辰焚御香，祝聖壽，亦國家祈福之所。眞宗朝敕差沖靖太師畢惟岳住持，提舉岳門宮觀，兼管火煙。後奉旨改為甲乙，自玆始也。故宰相王欽若有《送畢大師歸岳詩》云：玉書飈馭降神州，樓觀丹臺選道流。巖谷難藏猿鶴性，吟懷終戀水雲幽。晚程冒雪瀟湘渡，採藥沿溪舴艋舟。乍到楚鄉應動念，十年人物半沉浮。宣和六年敕建昊天殿，改賜爲銓德觀。

元陽宮

論説

陳田夫《南岳總勝集・元陽宮》　元陽宮，在廟之東北，登山五里，與上清中宮如鼎峙。晉大始中，陳眞人諱興明修行之所。眞人少遊名山，因訪眞迹於天柱峰上，遇一神人，年十八九，自云：吾歷行四海，度有志之士，世人修道暫能精專，中道而廢，不至勤久，何得擢形雲天飛神霄，衢汝之精功，亦可佳也。第勿退轉，何慮不列名金闕玉堂。前苦後樂者，苦則有極，樂則無窮。何者？忱谷幽棲，禽畜爲侶，飢渴必至。寒暑辛勤，割世離榮，辭親捨愛，可謂苦矣。壽同天地，變化無窮，策空乘虛，坐生羽翼，可謂樂也。得不勉於修勵乎？興明拜手曰：永佩聖言，畢至於道，不敢怠忽也。遂授明鏡之道，修之十有八年。二仙降而告之曰：吾昔授子之至道，果能勤行。今則登躡九天，遊宴八海，積功之報也。前苦後樂，今子至矣。以晉太康元年三月初一日，煙霞遶室，天樂遊空，山河肅清，來往觀之，惟有空室。至於鷄犬，悉皆騰舉。重和元年，徽宗皇帝賜號致虛守靜眞人。又唐有張玄和先生居之。德宗御詞賜之云：

夫至道無名，強假名而崇道，至眞無謚，必求謚以明眞。惟其可稱實在全德。故南岳元陽宮道士張太虛混元育粹，玄之又玄。鍊骨三清，存神八景，衡峰養德，時近百年。依罔象以冥搜，挾鴻濛而沖用。棲遲浩炁，太苦眞形，頃在先皇敕崇道妙望乎。玄鶴之駕，錫以紫霓之裳，我有輔臣格言，高躅永懷，仙子恨不同時。聊伸嘉尚之情，式降昭旌之命，策名表德，庶永無窮，可贈玄和先生。貞元四年六月十三日下後，尸解於靈隱峰。其宫本朝淳化天聖政和三經修葺，宣和元年改賜崇明觀，觀後三里有伏虎巖。

九眞觀

論説

陳田夫《南岳總勝集·九眞觀》 九眞觀，在廟東十里。《舊記》云：晉太康中新野先生建。天監初有張如珍眞人居之。張乃先生鄉人也。幼而少語，淡泊不群。壯歲幽棲而宿稟靈骨，遇神人降於巖室，傳明鏡洞鑒之道，使其修之曰：夫燭物理者，天也。鑒物形者，道也。天之道以清鏡之道以明審，而無差形，定於此物應於彼。故川岳之狀，鬼神之情，無所逃而隱也。天以清而容萬物，水以澄而鑒衆形。若修天淸鏡明澄心靜神而得內外洞徹，則至道成矣。倘外役於物，內勞於神，神心昏濁，不能澄清，則去道遠矣。此法吾昔受之於長桑公子，長桑公子受之於太微天帝。君所得之，能洞達玄通，遐照八極。夫洞眞法，中有四規之道，依四時而行，亦與此同體矣。古人所謂虛其室，白自生，定其心，道自至，信矣哉。如珍修之九年，徹視千里無一物可隱。以梁天監十三年十一月十八日，君獨遊山，三日不返，弟子求之而君方衣仙衣，駕雲輿簫鼓擁之，縹緲而昇天。重和元年，徽宗皇帝賜號全眞達道眞人。開元初，司馬承禎字子微，自海山乘桴鍊眞南岳，結庵於觀北一里，目之白雲。丞相張九齡屢謁之，明皇令弟承禕詔之，較正《道德經》，深加禮待，呼爲道兄。凡是觀中供養，金銀器皿，悉歸降賜，自御扎批答表書，往來不絕。天寶初，蜀人薛季昌，昔在峨嵋山注《道德經》二卷，後隱居衡岳首華蓋峰，撰《玄微論》三卷并《大道頌》一首。乃注得同馬弟子王仙嶠寫進，上詔住降眞觀，供器御書，批答不絕。及於九眞觀奉造聖祖天道玄元皇帝聖像一鋪，十三事，通光，座高一丈七尺，經六伯七十卷。仙嶠乃本觀道童，性好淡泊，因看《列仙傳》有物外操。嘗謂五千言外皆土梗耳。攜岳中茶入京師教化，嘗於城門內施茶。忽一日遇高力士，見而異之，問所來，答是南岳山九眞觀道童，爲殿宇頽毀，特將茶來恭化施主。力士喜其言，因聞明皇宣見，帝喜清秀，問曰：卿有願否？對曰：願鬱鬱家國盛，濟濟經道興。帝喜，令拜司馬先生爲師，於內殿披戴，厚賜迴山，夜夢感眞人陳少微而得道要，再命侍司馬先生來王屋，久之奏云：尊師以開元二十三年仙化，云請收南岳舊居爲觀。蒙聖恩書額，詔薛季昌住持。降聖觀，宣賜聖像供器。天寶十二年，復令衡州鑄銅鐘一口，降賜觀中，音韻振遠，徹於霄漢。重四千斤，上刻是明皇帝號，御製銘曰：鑄於郡，懸於觀，天長地久，福無筭。驃騎吏大將軍高力士監鑄。此眞岳中之石器也。後乾元三年二月，值兵火罹亂，焚蕩罄然，鐵石鎔裂，惟有此鐘，豈非願力而至於是哉。咸通年，王固節道行超倫，一方仰慕，營葺一新。闡教談經，學者如市。奉詔歸北岳，封總大師。又元祐間，其鐘忽不見數日，一日得之於觀前塘中，苔蘚所漬，鐘頂上龍，折其右足，復致於樓上。傳云：與青草渡龍門。今觀後有龍竇嶺，觀一里有武林。謝先生再葺白雲庵而居，嘗與曹道沖爲詩琴之友，道沖有詩云：桃源洞口武林人，跳出紅塵二十春。但喜白雲深有趣，不知青眼近來親。丹砂已向坤爐伏，玉液先從坎鼎烹。活計一張焦尾外，碧壇三尺禮南辰。西有王氏藥寮，王住，久遷靈巖，就雲龍峰尸解。觀北隅五十步有壽山亭，亭下有白龜泉，即南山第一泉也。其泉自崖竇迸出，青泚甘洌，其色早晚兩變，雖南山名泉無逮此者，飲之無疾而壽。中有白龜，大如錢，白如玉，隱於石竇之間，人罕得見。遇之者，吉祥而延壽。傳云：龜出仙來，龜隱仙去。題詩亦衆，惟野人皇甫湜云：靈臺塵不止，塵止非靈臺。愛此一泓水，曾棲靈物來。愚近歲卜庵於此。泉之北山相去五里，因採藥嘗憩此亭，每欣歎其異，云：寥寥宇宙之中，凡眞仙隱化於白龜者，計此乃三處也。愚自謂年秋

棲於是山，爲終焉之計。凡三徙其屋至朱陵之東，芟王氏舊藥圃而住。適與此泉爲鄰，非偶然耳。因成一絶，謾書之於此：天下白龜三處顯，怡山少室壽仙亭。我今卜築南山頂，得爾爲鄰祝聖齡。觀有九仙閣，閣後舊有琅瑛閣，重和元年改賜今額壽寧。

靈西觀

論説

陳田夫《南岳總勝集・靈西觀》 靈西觀在廟西二里。《湘中記》云：昔女眞薛練師沖舉之處。梁天監五年建觀，至後周武穆公主周惠抃者，生而有異光滿室，幼不茹葷，長思獨處。慕元君薛練師絿仙姑之志，因居石室。感西靈聖母，降傳經籙，修三素之道，潭衡之境。士女景慕者數伯人。世代將亂，告諸學者曰：我當暫往約百餘年再來，後學如市。唐開元初，賜額西靈。後有女冠李太眞曹妙本並接踵而住得道，即今常住，乃周公主所捨。觀廢久，馬氏復興。本朝特賜每歲度女冠一人，以永續焚修。

華山

論説

李思聰《洞淵集》卷二 第四，西嶽華山，高七千丈，洞周迴二千里，名太極總仙之天，即少昊爲白帝，治西嶽，昔巨靈神手擘其上，足蹈其下，以通流救民洪波之難，仙掌之形，粲然瑩目，上應井鬼之精，下鎭泰地之分，係華州華陰縣。

李榕《華岳志》卷一 《周禮・職方》：豫州其山鎭曰華山。《爾雅・釋山》：華山爲西嶽。《史記》：西嶽華山也，天下名山。八而三在蠻夷，五在中國。中國華山、首山、太室、泰山、東萊。此五山者，黄帝之所常遊與神會。《後漢書・郡國志》：宏農華陰有太華山。《晉書地道記》華山在縣西南。《地理通釋十道山川考》：太華山在華州華陰縣南八里。《括地志》：華山古文以爲惇物。《山海經》：太華之山削成，而四方其高五千仞，其廣十里。《九域志》：華山四州之際，東南豫，東北冀，西南梁，西北雍。十字分之，四隅爲四州。《三秦記》：華山在長安東三百里，不知其幾千仞，如半天之雲。《寰宇記》：華山上有三峰，不知其幾千仞，基廣而峰峻疊秀迄于嶺表。《昭文館記》：蓮花峰上有三峰，上接三光，中有石池，二十八所上應二十八宿，懷藴金玉，蓄藏風雷，爲大帝之别宫，乃神仙之窟宅也。《雲笈七籤》：華山高七千仞，洞周迴三千里，名太極總仙之天。少昊爲白帝，治西嶽，上應井鬼之精，下鎭秦地之分野。《白虎通》：西方爲華山，少陰用事萬物生華故曰華。《水經注》：遠而望之若華狀。《華山記》：山頂有千葉蓮花，因名曰華山。《雍勝略》：西有少華山，故曰太華。《漢書・天文志》：太白主華山。《唐書・天文志》：鶉首實沉以負西海，其神主于華山，太白位焉。《語林》：東夷有識山川者，遍禮五嶽，一拜而退入關。望華嶽自關西門，步步禮拜至山下，仰望嘆咤七日而退，謂京師衣冠文物之盛由此而致。《華陰縣志》：郭南十里即山趾，由谷口迄山巔四十里。

雲臺觀

論説

李榕《華岳志》卷一 雲臺觀在華山下去谷口二里。《南軒記》：蓋古明堂地，周末巡狩不行，老子之徒始占爲觀。《馮從吾志》：後周武帝時，道士焦道廣居雲臺峰，避粒餐霞。武帝親詣山庭，臨軒問道，因於谷口置

雲臺觀。《王處一華山志》：上方白雲宮，中方太淸宮，下方雲臺宮，皆因焦道廣建。唐天寶初，復爲金仙宮。主修衛包撰修《三方記》。《宋史》：陳摶移居華山下，得古雲臺觀，基，闢荆榛而居之。《宋史·禮志》：眞宗再幸，至和元年建集眞殿。姚遠翻《華山志》：元季燬於火，明成化庚子始立三淸殿，正德乙亥重建。

常山

論説

李思聰《**洞淵集**》**卷二** 第五，北嶽常山，高二千九百丈，洞周迴二千里，名太一總玄之天，即顓頊爲黑帝，治北嶽山，名有五，一曰蘭臺府，二曰列女宮，三曰華陽臺，四曰紫微臺，五曰太一宮。上應畢昴之精，下鎮燕地之分。主天下五穀蕃熟之司，係定州常山縣。

嵩山

論説

李思聰《**洞淵集**》**卷二** 第六，中嶽嵩山，高七千丈，洞周迴一千里，名上帝司眞之天，即黃帝治中國，土德分精黃老駐蹕生，仙人貝多之株峭，玉女織錦之臺，石髓瓊環玉人金像，上應柳星張之精，下鎮周地分，係洛京登封縣。

景日昣《**嵩嶽廟史**》 嵩高山始見於《禹貢》註，謂：外方豫州山也。《地志》：潁川郡密高縣有密高山。古文以爲外方在今登封縣。鄭元《毛詩譜》云：外方即嵩也。《釋名》云：山高而大曰嵩。《爾雅》云：嵩高爲中嶽，禹所名也。《白虎通德論》云：中央居四方之中可高，故曰嵩高。《風俗通義》云：中央曰嵩高。嵩者，高也。嵩亦作崧。詩云：崧高維嶽，峻極于天，又名崇山。《國語》云：夏之興也。祝融降於崇山。韋昭註云：夏都陽城崇高所近。崇嵩古字通用。《漢書》：武帝登中嶽，聞呼萬歲，詔以山下戶三百爲之奉邑。命曰：密高。後漢靈帝時仍改密高爲嵩高。唐武后號嵩高爲神嶽。《西征記》云：東謂太室，西謂少室，嵩高其總名也。潘安仁《懷舊賦》云：前瞻大室旁眺嵩。《世説》傳亮謂嵩丘山去太室十七里，皆非也。郭璞註《山海經》：於太室則曰即中嶽，嵩山於少室則否。《漢書》：武帝韋緱氏禮登中嶽太室。《魏地形志》稱：太室曰嵩山而少室則仍其本稱。故古人詩文往往有嵩少語。是專以太室爲嵩山少室之高，雖摩霄插漢不得與也。太室《山海經》作泰室。太泰古字同。東西廣四十里，南北深三十里，自下至巓直上二十里，周圍一百四十里。三臺在左，轘轅居右，潁水界其前，洛水繞其後，山陽正面望之渾淪端重，如長城障天不見崚嶒參差之勢，及登絶頂峰巒巖岫，岡嶺崖谷四面環蹦，如六師護帥，如群官從帝。此山正中端正而獨高成凝旒建纛之勢，益見尊貴。日初出時看見海氣天晴霽。北望黃河如白練鋪大地中，南多懸巖，北多峻阪，東多斷嶠，西多重嶂，至其大洞深穴處處有之。《西征記》曰：謂之室者，以其下有石室焉。潘岳《關中記》云：嵩高山石室十餘孔，有石牀池水，可以避世。傅梅嵩書則以塡星后土之象援。《史記隋書正義》謂：嵩山稱二室蓋取義於經文之所謂女主也，其説近鑿古。云：華山如立，嵩山如卧。袁中郎亦云嵩如眠龍可謂善狀嵩者。好遊者試撥數月閒登巖尋壑可以得嶽勝之大槩矣。祠在山東南之麓。

峨嵋山

論説

李思聰《**洞淵集**》**卷二** 第七，峨嵋山，洞周迴三百里，名虚靈大妙

之天，即天眞皇人所治，黄帝曾問道於此，皇人授帝守三一經，見傳於世。嚴君平佐此山，在嘉州峨嵋縣。

廬山

論說

李思聰《洞淵集》卷二 第八，廬山，高三千九百丈，洞周迴一千七百里，名仙靈詠眞之天，古名天子三嶂山，昔周武王時，有方輔先生，字君季，跨白驢入山，結草爲廬舍鍊丹得道，故曰廬山。即王長、趙昇二眞人所治，在江州潯陽縣。

四明山

論說

李思聰《洞淵集》卷二 第九，四明山，二百八十峰，洞周迴一百八十里，名丹山赤水之天。山有四門，通日月星辰之光，故曰四明，秦皇驅山塞海，鬼神勞役奔入四明洞不出，因名鬼藏山，在明州。

曾堅《四明洞天丹山圖詠集序》 四明山在東海上，山有四穴通，光晷天宇。澄霽望之，一如戶牖。土人名之曰石窗，故山以名。唐置州治今餘姚，又因以明名郡。宋改慶元舊治，更置縣。本朝陞州而山屬餘姚，在州南百里。圖則山麓祠宇觀所刻也。其一曰元建觀之圖，其二曰唐遷觀之圖，槩言之則曰四明山也。木玄虛云：天下洞天三十有六，四明第九，其號曰丹山赤水是也。按山接大蘭山，形勢蟠結，周回三百八十里，有二百八十峰，高二百一十丈。常有雲氣覆冒於中，凡二十里不絶。二十里間名曰過雲，南曰雲南，北曰雲北，山隴行三十里有峰曰三台山，曰屏風，曰石屋，曰雲根。石屋、雲根間有瀑布，如懸河旁，曰潺湲洞。三台之側有龍湫，後漢下邳劉綱爲上虞令，棄官同妻樊氏雲翹居潺湲洞側，從白君得仙術，其上有洗藥溪，學成會交友，登大蘭山頂，攀巨杉升其上，舉手別呼夫人，次之俱仙去，遺履山下，化爲卧虎。後人名其山曰昇仙山，木曰昇仙木，就其近立祠宇，以奉其祀。有樹曰樊樹，梁隱者孔祐仍居之。嘗視山谷中錢數百斛，樵者爭取之，化爲瓦礫。有鹿中矢來投祐，祐爲牧養，瘉而後去。故祠側建鹿亭。陳永定中，有敕建觀，因其舊祠，故曰祠宇云。唐天寶三年，遣使禱祠，病其險遠，勅道士崔銜、處士李建移置潺湲洞外，一名白水宮。宋龍虎山三華院吳君眞陽，號混朴子，從虛靜張天師學，游歷至此止焉。徽宗以凝神殿校籍召，不起。政和六年，詔大其觀，建玉皇殿，書其榜而門曰：丹山赤水洞天，封劉綱昇玄明議眞君，樊氏昇眞妙化元君，而混朴子授丹林郎。禁樵採，蠲租賦。高宗丞相張魏公知其徒孔容，因表混朴子爲眞人，許歲度道士一人，以甲乙傳次。嘉熙初元，理宗禱嗣於會稽之龍瑞宮，竣事分金龍玉簡藏焉。今毛尊師永貞由三華嗣主之。山之木曰青檽樹，其實味甘而不可猝破。山之獸曰鞠猴。唐咸通中謝遺塵隱此。陸龜蒙、皮日休時時往還，各賦詩九首，取以爲題。宋陸游記之：余再以使事航海，出慶元洋，掠餘姚，竟上者四，西望縹渺如輕雲，插入天末。舟師指以相告曰：大蘭山也。至京師，適薛君毅夫由毛尊師所來，示予二圖，想見其山川奇秀，思欲得相羊上下，從一二瀟灑士，坐鹿亭，酌潺湲，呼鞠猴，一洗其塵土之累而吏役驅迫。昔者舟行，徒悵望咨嗟而已。近世士大夫汩於利達，上之不能效劉綱脱屣簪紱，次之不能如皮陸忘形賦詠。宜乎高世之士，揶揄哂唾而目其地曰洞天也。余故詳其本末，使有志物外者，得以覽觀焉。

雜録

危素《四明山銘》（《四明洞天丹山圖詠集》） 餘姚南去七十里，有山二百八十峰，東連句章，南接天台，北包翠竭。中峰最高，上有四穴，

若開戶牖，以通日月之光，故號四明洞天。恆有雲氣覆其上，秦皇命臣王鄞，驅山塞海，百靈勞役，奔入此地，因名鬼藏山云。漢上虞縣令劉綱，字伯經，下邳人。後居山中，從白君得仙術。他日會別親友，登大蘭丘，援巨木飛昇。其妻樊氏從之，遺履木下，化爲虎。事聞于朝，即其地立祠宇，春秋祀焉。宋隱者孔祐視山谷中錢數百斛，與瓦石無異，樵者爭取之，即成沙礫。有鹿中矢來投祐，祐爲豢之，創愈而後去。唐天寶三年，玄宗以劉君祠宇險遠，命道士崔銜、處士李建改築于山麓二十里劉君修煉處。宋末高士謝遺塵隱於是。陸龜蒙、皮日休皆至，爲詩各九章以相倡和。宋政和間，徽宗書其榜，曰：丹山赤水洞天。命建玉皇殿，用方士法，所寘金龍玉簡，至今存焉。主領焚修，以甲乙相傳。國朝秩祀名山，頒賜香幣，闇亦及，然棟宇傾撓，莫有留意。其先出於龍虎山三華道院，故廣信。毛永貞嗣居之，乃斥大其屋廬，足稱夫仙靈之宅。毛君之門人，臨川吳國珙來請篆銘，將勒山石。銘曰：越山之峰，石穴玲瓏，天欲雨，浮雲蒙。眞人上昇遺木履，潺湲古洞，聞流水。白鶴裴回，拎蓋戾止。玉童採得青檽子。子能食之可不死。史素作銘，式告千禩。

陽平山

論說

李思聰《**洞淵集**》**卷二** 第十，陽平山，在蜀郡繁縣界，去成都一百八十里，其山洞周迴三百五十里，名極玄大元之天，禹穴藏書處。

太白山

論說

李思聰《**洞淵集**》**卷二** 第十一，太白山，洞周迴五百里，名眞德之天，即鬼谷子授蘇秦佐國之術處，祠廟見在長安縣。

西山

論說

李思聰《**洞淵集**》**卷二** 第十二，西山。洞周迴六百里，名天寶極眞之天，即洪崖先生煉丹井修道，及吳許十二眞君拔宅上昇處，在洪州南昌縣。

金桂馨等《**逍遥山萬壽宫通志**》**卷六** 按《郡志》，會城西界贛河爲新建，其山總名西山，脈自奉新華林來，起虬峰，轉梧桐嶺。東北行曰天寶洞，爲西山之宗。東南行曰昭山，爲逍遙之祖。由昭山而東聳立三峰，曰白仙嶺。起伏環抱，形勢蜿蜒，護峽有日月二星，來朝有明塘九曲，遂結逍遙。堪輿家目爲飛鳳飲水。初許郭二君選勝抵金田村，郭君曰：岡阜圓厚，位置深邃，内外勾鎖，無不合宜。況相地先相人，觀君表裏正與地符，乃同謁金公。公即慨然以宅東桐園與之，劈錢爲劵，將逍遙公舊業各半中分，固却其值，且給之美田，以助修煉。《曹能始志》以爲四十福地。杜光庭《洞天福地記》、《壺史》諸書又謂三十二福地，曰玉隆騰勝之天。宋白玉蟾題爲玉隆洞天，後人又稱爲騰勝洞天。

逍遥山 見西山

西山萬壽宮

論説

金桂馨等《逍遥山萬壽宮通志》卷七　晉：

許仙祠　眞君飛昇後，里人與其族孫簡就其地立祠，以所遺詩一百二十首，寫之竹簡載於巨筒，今人探取以決休咎，名曰聖籤，其鐘車函臼竝寶藏於祠。蜀旌陽之民始從歸者，繼聞風者，競賫金帛營磚甓來甃壇井以報德，各鐫姓名於其上，後緣改修撤去，今間有留遺或於瓦礫中得之。

南北朝、唐、五代。

遊帷觀　即逍遥山故宅。初眞君回自旌陽，奉蜀錦爲傳道，質而信於諶母，製以爲帷，施於黄堂。及仙去，錦帷飛還，周回旋繞於故宅之上。南北朝改祠爲觀，遂名遊帷。至唐荒廢，高宗永淳中天師胡慧超重建，詳《洞眞傳》。五代南唐復重修，徐鉉書額俱以遊帷名。

宋、元：

玉隆萬壽宮　宋眞宗大中祥符三年升觀爲宮，改賜額曰玉隆。徽宗政和六年，詔以西京崇福宮爲例，敕建大殿、六小殿、十二五閣、七樓、三廊、七門，復賜御書額曰玉隆萬壽宮。旁起三十六堂以處道衆，護山田畝以作香花，玉隆創修於斯爲盛。歷寶慶元年，理宗重修，以眞西山先生提舉。詳後傳及國典至元仁宗延祐三年，賜内帑重修大殿。自此歷明迄國朝，俱以萬壽宮名。先是眞君留記曰：鐵船過海吾遭難，春谷啼鶯此地休。元末有二道士鄭春谷、李鐵舟。迨順帝至正十二年壬辰三月被紅巾賊燬，卒應其讖。詳軼事

按玉隆萬壽宮在逍遥山，舊名游帷觀，即許君故宅。相傳眞君嘗以五色帷施黄堂諶母祠，及仙去，錦帷飛還旋繞故宅之上，因立觀名游帷，南唐徐鉉書額。宋大中祥符三年更今名。神宗時詔洪州玉隆觀五嶽廟建提舉提點等官予祠祿，見《宋史》。宮内有玉皇閣，明萬曆十三年重修。萬恭有記：十七年民人劚地，得金龍玉簡各一，今藏鐵柱宮。

國朝康熙二年，道人徐守誠募修正殿、諶母閣、三清殿、玉皇閣，募修三官殿、關帝殿，熊文舉有記。乾隆四年巡撫岳濬重修，八年道人程陽昇募建夫人殿，三十四年玉皇眞人關帝殿燬，道人許來浩、趙本逸募建，裘曰修有記。嘉慶二年復燬，道人鄧合溱、熊永雪募建，里人添建文昌閣，八年道人胡合源、萬合和募修山門、望仙樓，巡撫秦承恩有記。道光元年夫人殿燬，道人喻圓森、周敎浪募修，眞君殿巡撫韓文綺爲之倡，十四年至二十八年道人喻圓森、鄒永栲募緣將各殿閣修葺。咸豐六年，粵賊竄境，神像被毁，邑紳吴坤修捐貲重塑。十一年賊由安義突至，焚燬蕩然。同治六年，郡紳劉于潯、胡壽椿等呈請大憲飭合省富商捐助重建，規制煥然。南昌府志增入

大圍山

論説

李思聰《洞淵集》卷二　第十三，大圍山，周迴三百里，名好生玄上之天，在潭州醴陵縣。

潜山

論説

李思聰《**洞淵集**》**卷二** 第十四，潜山，洞周迴八百里，山高一千丈，名天柱司玄之天，此左慈眞人煉丹得道處，即皇朝聖祖九天司命大帝所治，在舒州懷寧縣。

鬼谷山

論説

李思聰《**洞淵集**》**卷二** 第十五，鬼谷山，洞周迴七千里，名太元思眞之天，即正一眞人張天師煉丹修道處，在信州貴溪縣。

武夷山

論説

李思聰《**洞淵集**》**卷二** 第十六，武夷山，洞周迴一百二十里，名昇化玄眞之天，即武夷君所理，山高三百仭，在建州建陽縣。

董天工《**武夷山志**》**卷四** 武夷山在崇安縣南三十里，發脈自西南白塔山，由筆架山一帶迤邐百里，踰超峰棠嶺，俗名長嶺。融結是山。陸行由赤石街西入石門，經水簾洞馬頭巖諸處，可達天遊。舟行自崇溪順流而下，至問津亭，折入一曲。周圍凡百二十里東抵崇溪，俗名大溪。北爲黃龍溪，亦名黃栢溪。西至將村里，南至藍原，四面皆谿壑，不與外山連屬，外山則環遶拱向若儀衛然，登大王三仰諸峰，見其槪焉。峰之大者，三十有六。

玉笥山

論説

李思聰《**洞淵集**》**卷二** 第十七，玉笥山，高三十里，周迴四百里，名太素法樂之天，古名群玉峰。漢武帝建壇授上清籙，天降玉笥，因而名焉。即大秀天王所治，漢九眞人杜曇詠、蕭子雲鍊丹上昇處，在臨江軍新淦縣。

華蓋山

論説

李思聰《**洞淵集**》**卷二** 第十八，華蓋山，洞周迴四百里，名容城太玉之天，在溫州永嘉縣。

蓋竹山

論説

李思聰《洞淵集》卷二 第十九，蓋竹山，洞周迴一百八十里，名長耀寶元之天，即禹帝鎮此山，及葛孝先眞人所理，部先生得道處，在台州黄巖縣。

都嶠山

論説

李思聰《洞淵集》卷二 第二十，都嶠山，洞周迴一百八十里，名寶玄之天，在容州。

白石山

論説

李思聰《洞淵集》卷二 第二十一，白石山，洞周迴七百里，名瓊秀長眞之天，在容州。

句漏山

論説

李思聰《洞淵集》卷二 第二十二，句漏山，洞周迴三百里，名玉闕寶圭之天，即葛洪眞人鍊丹處，在容州北流縣。

九疑山

論説

李思聰《洞淵集》卷二 第二十三，九疑山，洞周迴三千里，名朝眞太虛之天，孔子爲太極上眞公所治，即何侯眞人宅會虞舜，分金液上昇處，在道州延康縣。

洞陽山

論説

李思聰《洞淵集》卷二 第二十四，洞陽山，洞周迴一百五十里，名洞陽隱觀之天，在潭州。

幕阜山

論　説

李思聰《**洞淵集**》**卷二**　第二十五，幕阜山，洞周迴一百里，名洞眞太玄之天，在岳州平江縣。

大酉山

論　説

李思聰《**洞淵集**》**卷二**　第二十六，大酉山，洞周迴一百里，名大酉華妙之天，即堯時善卷先生宅，唐張果先生修道處，在辰州。

金庭山

論　説

李思聰《**洞淵集**》**卷二**　第二十七，金庭山，洞周迴三百里，名金庭崇妙之天，在越州剡縣。

麻姑山

論　説

李思聰《**洞淵集**》**卷二**　第二十八，痲姑山，洞周迴一百五十里，名丹霞之天，即南極王方平眞人會痲姑於蔡經宅上昇處，在建昌軍南城縣。

仙都山

論　説

李思聰《**洞淵集**》**卷二**　第二十九，仙都山，周迴三百里，名玄都祈仙之天，即黄帝駕火龍上昇處，在處州縉雲縣。

陳性定《**仙都志**》**卷上**《**山川**》　仙都山，古名縉雲山。按道書洞天三十六所，其仙都第二十九，名玄都祈仙洞天，周迴三百里，黄帝駕火龍上升處，山巔有石屋，世傳爲洞天之門。《史記》載：縉雲本黄帝夏宫之名。張守節云：栝州縉雲縣，其所封也。《太平寰宇記》：唐置縉雲縣。又以栝州爲縉雲郡，蓋以其地有縉雲山故也。今縣在山之西二十三里。《圖經》云：唐天寶七年六月八日，有綵雲起於李溪源，覆邁縉雲山獨峰之頂，雲中仙樂響亮，鸞鶴飛舞，俄聞山呼萬歲者，九諸山皆應。自申至亥乃息。刺史苗奉倩上其事于朝，敕改今名。

雜録

《都山銘》（《仙都志》卷下《碑碣》）

唐韋翃撰

亭亭仙都，峻極維嵩，屹立溟右，創成浙東。發地直方，磨霄穹崇，靈沼在上，祥雲積中。圭埴千仞，柱寧四封。目視不及，翰飛靡窮。群阜奔走，列仙會同。黃帝彼訪，碧嶺是沖。丹穴傍起，金溪下融。日照霞附，月映綃蒙。壤絶棲塵，木無寓叢。居幽不昧，守一而雄。萬壽報響，九成來空。嘉名來復，展禮斯洪。籙作懲止，年祈感通。莫高匪慈，造物之功。

玄混播形，厚載孕靈。雄冠群山，孤高亭亭。挺立參天，氤氳青冥。嵐凝丹穴，霞駁雲屏。上磨九霄，旁礙五星。龍髯莫睹，鳳管時聽。降自穆武，求之靡寧。徒聞荒政，曾不延齡。物有殊異，昔人乃銘。爰勒斯文，縉雲之坰。

張鷟撰

仙都有山，山出萬山。直上千尋，□煙霞深。圓如笋抽，高突雲陰。標表下國，權輿象帝。日斁月斁，萬有千歲。東西大鎮，川澤四衛。造化無垠，莫知往制。晴嵐依依，宿霧洞開。髣髴有像，神仙下來。灝氣氤氳，靈鳥環迴。永殊塵雜，不鼓纖埃。絶頂霄崿，澄湖在上。人罕戾止，孰闚其狀。日燭雲披，風飄液飛。如雨雨空，微灑霑衣。谷來松音，潭影曙暉。往往鶴戾，不知所歸。唐垂百年，玄宗體元。響應萬歲，聲聞上天。帝祚明德，祠堂在焉。永懷軒后，功成此地。丹竈猶存，龍昇萬里。事列方誌，道高青史。無復仙容，空流溪水。百越之內，此山爲大。恍若壺中，疑生象外。直而不倚，高而不殆。古往今來，獨立滄海。

宋轉運副使葉清臣撰

黃帝車轍馬跡周遍萬國，丹成雲起，因瑞名山。則獨峰之登，固宜有是。會將漕二浙行部括蒼道士，仙都親訪靈跡，慨然感秦漢之不自度也。駐馬溪上，勒銘山陰。

於黃顯思，道崇帝先。隆三邁五，功豐德全。脱履厭世，乘雲上天。紖彼飛龍，格于皇天。虐秦侈漢，鑒兵事邊。流痡刻下，溺祚窮年。忘是古訓，跋于巖巔。宜爾靈仙，孤風巋然。

玉虛宮

論說

陳性定《仙都志》卷上《祠宇》 玉虛宮，在仙都山中，即玄都祈仙洞天黃帝飛昇之地。自唐天寶戊子以獨峰綵雲仙樂之瑞，刺史苗奉倩奏聞敕封仙都山，周迴三百里禁樵採捕獵，建黃帝祠宇，歲度道士七人以奉香火。宋治平乙巳改賜今名。宣和庚子毁于寇。道士游大成廼即舊基，再謀營造。時宮東坐西向，陰陽者流謂虎瞰而角法宜改。爲景定庚申，郡守安劉取朝旨，命道士陳觀定遷宮地向，不期年而告成。元延祐庚申，道士趙嗣祺欽受宣命，佩服頒降處州路仙都山玉虛宮提點所五品印章，主領宮事。再奉璽書護持，改復甲乙，及蒙集賢院暨天師正一敎主大眞人、特進上卿玄敎大宗師，各給榜據，俾永遵守。由是宮門增重舊觀。

青田山

論說

李思聰《洞淵集》卷二 第三十，青田山，周迴五百里，名青田大鶴之天，即青牛道士得道處，在處州青田縣。

鍾山

論說

李思聰《洞淵集》卷二 第三十一，鍾山，周迴一百里，名朱湖太生之天，即馬明生所治，在昇州上元縣。

良常山

論說

李思聰《洞淵集》卷二 第三十二，良常山，周迴三十里，名良常方會之天，即茅衷爲保命眞君所治，許長史楊廊眞人全家得道，在潤州茅山北。

紫蓋山

論說

李思聰《洞淵集》卷二 第三十三，紫蓋山，洞周迴八十里，名紫玄洞照之天，在杭州餘杭縣。

天目山

論說

李思聰《洞淵集》卷二 第三十四，天目山，有兩目，左目高三千丈，右目高二千五百丈，洞周迴一百里，名太微玄蓋之天，在杭州。

鄧牧心《大滌洞天記》卷中《叙山水》 《太平寰宇記》云：天目山高三千九百丈，周五百五十里，多美石甘泉，有數百年古木。山上兩湖若左右目，故名。古有《東山銘》，略曰：列岳霞上標峰，霧裏翠滴煙巒，名不可紀。有蛟龍池上中下三潭，源脈相接。徐伍仙故居在石室峰西，又漢天師舉家於此上昇。玆蓋天柱之鼻祖，而錢塘所謂龍飛鳳舞又其雲仍也。

桃源山

論說

李思聰《洞淵集》卷二 第三十五，桃源山，洞周迴七十里，名白馬玄眞之天，秦時有三千餘人入洞避難，皆云得道，即黃瞿眞人鍊丹得道處，在鼎州武陵縣。

金華山

論說

李思聰《洞淵集》卷二 第三十六，金華山，高一千丈，洞周迴五百里，名金華洞元之天，即黃初平眞人遇赤松子，叱石爲羊得道處，在婺州金華縣，上應婺女星，故曰金華山。

倪守約《金華赤松山志・山類》 周迴數十里，即赤松山是也。《抱朴子》云：此地可以居神，免五嶽洪水之患。漢三十代天師虛靜先生張君好善，嘗一遊歷，慨慕赤松子之風，二皇君之迹，乃留詠曰：家在白雲中，約住赤松子。揭來此山遊，龍虎鎭相似。金華莫外求，黃芽已如此。

金華洞天

論說

倪守約《金華赤松山志・洞穴類》 係三十六洞天。亦名金華洞天，與赤松山相接，分上中下三洞。上曰朝眞，中曰冰壺，下曰雙龍，奇偉峻拔，巖穴奮踞，風雲凝互，氣勢磅礴。上逼牛千之輝，下接羅浮之脈。上洞有石眞人，儼然臨跨，莫測端倪。中洞有水簾直下，寒玉橫飛，其間有石像石筍等，按之仙經，知其有異山神守衛，不通塵迹。下洞有石龍虎獅象麟鳳鐘鼓之類，難可枚數。又有雪山等處，鄱陽湯中曾有詩曰：金堂玉室相掩映，珠簾翠箔誰褰開。蓋以洞中有動用什物室宇戶牖故也。下洞門極低，非舟不可入。既入非燭不可見。此洞天，元係赤松所轄，據《博異志》云：皇氏兄弟得道游止之地。《洞天福地志》云：郡人皇氏於此學道，凡投告龍簡必至焉。理廟嘉熙間，祈嗣告盟於此，宮中有御醮青詞碑可考。

寶積觀 赤松宮

論說

倪守約《金華赤松山志・宮宇類》 即赤松宮。按觀碑目二皇君因赤松子傳授以道而得仙，同邦之人議曰：昔崆峒訪道，帝王有順風之請，瀨鄉立祠桑梓置棲神之所，玆爲勝地可得忽□，遂建赤松宮。眞廟大中祥符元年始改今額，宮與卧羊山相對，宮前有二派水合爲一流，其一自上霄而下，其一自棋盤穿小桃源而下。宮內由左廡而上，可問桃源之津，由右廡而入，可尋濯纓枕流之勝。又數步，可坐過清亭而觀漱玉，徘徊官廳可覽騷人勝士之風月，朝廷所降御書及石刻並誥勑等，見奉安于宸翰堂。宮中自沖眞董先生立名於東京中太乙而顯道，振宗代不乏人，自紫虛黃先生重興觀業而規矩一新。

赤松宮 見寶積觀

天柱山

論說

鄧牧《大滌洞天記》卷中《叙山水》 在宮西南，凡三峰，與大滌對

峙，高足相敵，由宫外望之，屹然若柱，又絶頂有石柱，高丈餘，圍兩合抱，此山所以名者。蓋五十七福地，地仙王伯元主之。按傳記所載，天有八柱，其三在中國，一在舒州，一在壽陽，洎今在餘杭者是已。洞霄以爲主山，故古名天柱觀。舊志以爲風清氣和，土腴泉潔，神蛇不螫，猛獸能馴。自漢武標顯靈跡，建立宫壇，歷代祈禳皆在此處也。

雜録

錢鏐《天柱觀記》（《大滌洞天記》卷下《叙碑記》）　天柱觀者，因山爲名。按傳記所載，皆云天有八柱，其三在中國：一在舒州，二在壽陽，洎今在餘杭者皆是也。又按道經云：天壤之内有十大洞天，三十六小洞天，如國家之有藩府郡縣，遞相稟屬。其洞天之内，自有日月分精，金堂玉室，仙官主領，考校災祥。今天柱山即《眞誥》所謂大滌洞天者也。内有隧道暗通華陽、林屋，皆乘風馭景，倏往忽來，眞蹤杳冥，非世俗所測。而況大江之南，地兼吴越，其峰巒西按兩天眼之龍源，次連石鏡之嵐岫，東枕浙江之迢派，可謂水清山秀，兼通大海及諸國往還。此外又有東天目、西天目及天竺之號，得非抗蒼涯於穹昊，聳絶壁於雲霄，立天爲名，以標奇特耳。若乃登高遠望，則千巖萬壑金碧堆疊，龍蟠虎踞。靈粹滋孕，代生異人，非山秀地靈之所鍾襲，其孰能與於此乎？就中天柱，風清氣和，土腴泉潔，神蛇不螫，猛獸能馴。自漢武帝酷好神仙，標顯靈跡，乃於洞口建立宫壇，歷代祈禳悉在此處。東晉有郭文舉先生，得飛化之道，隱居此山，群虎來柔，史籍具載。乃於蝸廬之次，手植三松，虬偃鳳翹，蒼翠千載，今殿前者是也。洎大唐創業，以玄元皇帝爲祖宗，崇尚玄風，恢張道本，天皇大帝，握圖御宇，授籙探符，則有潘先生弘演眞源，搜訪神境，弘道元年奉勑創置天柱觀焉。仍以四維之中，壁封千步，禁彼樵採，爲長生之林。中宗皇帝，玉葉繼昌，玄關愈闢，特賜觀莊一所，以給香燈。於是臺殿乃似匪人工，廊檻而皆疑化出，星壇月砌，具體而微。則有被褐幽人，據梧高士，挹澄泉之味，息青蘿之陰。葉天師法善、朱法師君緒、吴天師筠、暨天師齊物、司馬天師承禎、夏侯天師子雲，皆繼踵雲根，棲神物表，骨騰金鎖，名冠瑤編，出爲帝王之師，歸作神仙之侶，金錯標宇，翠珉流芳。昭晰具存，不俟詳録。其餘三泉合派、雙石開扉、藥圃新池、古壇書閣，各有題品，足爲耿光。鏐此際蒙聖朝疊委藩閫，綰闔閭之封略，統勾踐之山河。寵極蕭曹，榮兼渾郭，紆懷斯地，實邇維桑，素仰眞風，備詳前事。但以此觀創置之始，本對南方，後有朱法師相度地形，改爲北向。雖依山勢，偏側洞門，其洞首陰背陽，作道宫而不可致左右，崗壠與地勢以相違，背洞門而不順百靈，使清泉却侵白虎，致使觀中寥落，難駐賢能，皆爲尊殿背水激衝之所致也。乾寧二年，鏐因歷覽山源，周遊洞府，思報列聖九重之至德，兼立三軍百姓之福庭，於是齋醮之餘，徧尋地理，觀其尊殿基勢，全無起發之由，致道流困窮，二時而不辦香燈，竟歲而全無醮閲。遂抗直表，上聞聖聰，請上清道士閭丘方遠與道衆三十餘人，主張教跡，每年春秋四季爲國焚修。鏐特與創建殿堂，兼移基址。山勢有三峰兩乳，兼許邁先生丹竈遺跡猶存，遂乃添低作平，減高爲下，改爲甲向，是五音第一之方，而乃添培乳山，却爲主案。尋即一二年内，法主兩霑渥恩，道侶益臻，常住咸備。青牛白鹿堪眠琪樹之陰，降節霓幢不絶星壇之上，得不因移山勢而再振玄風者哉？尋又續發薦章，奏閭丘君道業，聖上以仙源演慶，眞派流輝，方瑤水以遊神，復華胥而入夢，欲闡無爲之教，欣聞有道之人，勑賜法號爲妙有大師，兼加命服。雖寒栖帶索之士不尚寵榮，在法橋勸善之門何妨顯赫。其次畢法道士鄭茂章，生自神州，久棲名嶽，玄機契合，負笈俱來。鏐幸揖方瞳，常留化竹，副妙有大師，三元八節齋醮同修。福既薦於宗祧，恩惠頗霑於軍俗，尋發特表，蒙鴻恩繼賜紫衣，焚修於此。其大殿之内，塑天尊眞人、龍虎二君，侍衛無闕。其次别創上清精思院，爲朝眞念道之方。建堂廚及陳鼎擊鍾之所，門廊房砌，無不更新。天風每觸於庭除，地籟時聞於窗戶，兼爲親蹤觀額，以炫成功。非矜八體之能，貴立永年之志。妙有大師閭丘君，靈芝異稟，皓鶴標奇，誕德星躔，披霓靈洞，朝修虔懇，科戒精嚴，實紫府之表儀，乃清都之輔弼。加以降神之地，即舒州之天柱山也，遊方有志，躡屩忘疲，自生天柱之前，駐修天柱之下，察其符契，信不徒然，乃此修崇，實同搜抉。所謂道無不在，代有其人。爰自開基，至于功畢，備仙家之勝槩，暢聖祖之眞風，遂録畫圖，封上進奉。光化二

年十一月二十七日，詔旨勑錢鏐：省所奏進重修建天柱觀圖一面事，具悉。我國家襲慶仙源，遊神道域，普天之下靈跡甚多。然自兵革薦興，基址多毀，況茲幽邃，豈暇修營，卿考一境圖經，知列聖崇奉，親臨勝槩，重葺仙居，仍選精慤之流，虔備焚修之禮，冀承玄貺來祐昌期。豈唯觀好事之方，抑亦驗愛君之節。既陳章奏，披翫再三，嘉歎無已，想宜知悉。冬寒，卿比平安好，遣書指不多及。懿夫地出靈阜，天開洞宮，三皇之前，眞聖非一，莫匪乘虛躡景，出有入無，雖或掛於傳聞，不可知其名氏，皆分洞天而理，即大滌居其一焉。天柱觀，晉漢已來迄于唐室，修眞之士繼躡清塵。當四方俶擾之時，見一境希夷之趣。今也仙宮嶽立，高道雲屯，六時而鐘磬無虛，八節之修齋罔闕，有以保國家之景祚、福兩府之蒸黎。鏐今統吳越之山河，官超極品，上奉宗社，次及軍民，莫不虔仰神靈，遵行大道。時也聖明當代，四海皈依。忝蒙委以東南，封功臣兼頒金劵，家山衣錦，秉兩道之油幢，上承一人倚注之恩，次乃是正眞護持之力。玄元至聖，崇敬福生，大道眞科，是無爲化，致乃及身於此，合刊貞石，用俟後賢。時光化三年七月十五日記。

吳筠《天柱觀碣》 太史公稱，大荒之內名山五千，其在中國，有五嶽作鎮，羅浮、括蒼輩十山爲之佐命。其餘不可詳載。粵天柱之號，潛、霍及此，三峰一稱矣。蓋以其下擢地紀，上承天維，中函洞府之謂，豈唯蘊金碧宅，靈仙所貴，興雲雨，潤萬物也。自餘杭郭泝溪十里，登陸而南，弄潺湲，入崢嶸，幽徑窈窕，纔越千步，忽巖勢却倚，襟領環揜，而清宮闢焉。於是傍訊有識，稽諸實錄，乃知昔高士郭文舉創隱于茲，以雲林爲家，遂長往不復，元和貫於異類，猛獸爲之馴擾。《晉書・逸人傳》具紀其事，可略而言。自先生閟景潛昇，而遺廟斯立。暨我唐弘道元祀，因廣仙跡，爲天柱之觀，有五洞相鄰，得其名者謂之大滌。雖寥邃莫測，蓋與林屋華陽密通大帝陰宮耳。爰有三泉，二漱一濫，殊源合派，水旱不易，擁爲曲池，縈照軒宇，夏寒而辨沙礫，冬溫而冒萍藻。既漱而飲之，曲肱而枕之，樂在其中矣。土無沮洳，風不飄厲，故棲遲者心暢而壽永，磐礴紆奧，氣淳境美，虎不摶，蛇不螫，而況於人乎。正觀初，有許先生曰邁，懷道就閑，薦召不起。後有道士張整、葉法善、朱君緒、司馬子微、暨齊物、夏侯子雲，皆爲高流，或遊或居，窮年忘返。寶應中群冠蟻聚，焚爇城邑，蕩然煨燼，唯此獨存。非神靈扶持，曷以臻是？州牧相里造，縣宰范愔，化洽政成，不嚴而理，遺氓景附，復緝其業。筠與逸人李玄卿，樂土是安，捨此奚適，恐將來君子靡昭厥由，故覈而志之，表此堅石。

洞霄宮

論說

鄧牧《大滌洞天記》卷上《敘宮觀》 茲山爲大滌玄蓋洞天天柱福地，在杭州餘杭縣南一十八里。郡志云：漢武帝元封三年始建宮壇於大滌洞前，投龍簡爲祈福之所，經今一千五百餘年矣。唐高宗弘道元年，本山潘先生奉勑面南建天柱觀，四維壁封，千步禁樵採，爲長生之林。中宗朝賜觀莊一所，後有朱法師改北向。乾寧二年，錢武肅王與閭丘先生相度山勢，復改爲甲向，今宮基是。光化二年，錄圖表奏，詔旨褒嘉，見《天柱觀記》。錢氏納土時，嘗改天柱宮。宋眞宗祥符五年，因陳文惠公堯佐奏，改洞霄宮，賜仁和縣田一十五頃，悉蠲租稅，並賜鐘磬法具等，歲度童行一人，應天慶等節設醮，本州應辦支費，青詞朱表，學士院撰進呈訖，內降修奉。仁宗天聖四年，詔道院詳定天下名山洞府凡二十處，杭州洞霄宮大滌洞爲第五，仍命每歲投龍簡，遇祈禱，封降御香，遣中使或郎官入山。政和二年，住持都監何士昭以宮宇頹圮，詣汴京陳乞，奉旨賜度牒三百道，兩淛轉運司經理。後因方臘之變，廢于兵火。高宗南渡，紹興二十五年，發帑出金重建昊天殿。于東廡後殿左闢通明館，本宮住持兼領焚修于此。孝宗乾道二年三月，德壽太上皇洎顯仁皇太后臨幸慶成，遇庚申甲子聖節，帝后本命，係朝廷請降設醮，本宮書記撰青詞奏呈修奉，官差軍士守衛，後奏罷軍士，以山麓之民充佃火防虞。理宗淳祐七年，靈濟通眞先生孫處道奏請賜錢，益市恒產以裨贍用，由是山門規制愈崇廣矣。政和間，援唐天柱觀例，經尚書禮部給洞霄宮印記。寧宗慶元二年，知宮

陳以明以歲久漫滅，重給。宋國初聖節，道場應奉，本縣文武官僚入山建散，諸山僧咸至立班。自南渡後，惟道士就本宮建散，而縣官止於普救寺行事。凡宰執大丐丐閑去位者，以提舉臨安府洞霄宮繫銜。咸淳甲戌冬，防虞弗慎，延燎一空。至元丙子，後重建，未完，復燬于甲申之夏。今自甲申後再新宮宇，規模視昔愈壯，專一爲國焚修，告天祝壽。每遇天壽聖節，道場依例就宮建散，蒙管領江南諸路道教所，總攝江淮荆襄等路道教所，以名山事實聞奏。至元十八年，欽奉聖旨，護持山門。至元二十三年十一月，欽奉聖旨護持及本山諸宮觀。元貞元年、元貞二年、大德三年、節次奉宣命，授本宮住持提點及提舉知宮，兼管本山諸宮觀事。大德八年六月，又欽奉護持及諸宮觀，蒙中書禮部鑄給杭州路洞霄宮提點所印信。宇內名山，自五嶽之外，所謂天有八柱而已，其五在方外，既不可考，今見於中國者三，而洞霄之盛爲歷代所崇奉，幾與五嶽俱尊，又非舒州、壽陽所可企及，豈偶然者，故列叙于篇首。

雜録

家鉉翁《重建洞霄宮記》（《大滌洞天記》卷下《叙碑記》） 道爲三極之祖，大包宇宙而不見其外，細入毫粟而不見其內。生陽生陰，神鬼神帝，陶鎔千聖，槖籥萬象，不見其跡。是莫大乎天地，此道撐拄乎天地，莫幽乎山川，此道充塞乎山川。道即理，理即太極，太極本無極，撐拄乎其上，無一瞬之或息，故曰天柱充塞乎其中，無一隙之不周，故曰洞天。嗚呼，爲天柱洞，天之説者，其知道乎？其至人示以至道之精，衆妙之門乎？夫天有形，道無體，以無攝有，誰爲之耶？天至大，洞至小，以小納大，誰司之邪？天柱即大易，統天立天之象，老氏天地得一清寧之旨；洞天即大易天在山中之象，老氏谷得一以盈之意，無疑矣。夷攷往諜，女媧氏斷鼇足以立四極。非鼇也，道也，天柱之喻也。元始坐浮黎寶珠，十方天神悉入其間。何神也？道也，洞天之喻也。餘杭大滌山洞霄宮，爲三十六洞天之一，與舒州、壽陽天柱爲三，金堂玉室，上通太微，奇異神秀，不可殫紀。漢武立館候神。歷晉暨唐，以至宋世，累朝禮奉寀謹，代生高人主張斯道。咸淳甲戌臘月，不戒于火，千礎皆灰。會世運更革，歸化聖朝，山中諸老合力營之，既底于成，爲力勤矣。至元甲申六月，鬱攸洊作，一夕復盡。四衆環視，於邑太息。提點宮事一山郎公如山、提舉宮事桂林舒公元一，敏毅介特人也，不沮不懼，宣言於衆曰：吾將新之，取木他山，運粟他所。叶心集思，鳩工度材，先建庖帑，乃築大殿以及餘屋。元貞乙未之三月壬子告成。金碧瑰麗，照映林谷，神運鬼工，殆不是過。朝家欽崇護持，視昔有加。既成，囑予爲記，予辭，不可已而告之曰：洞有天，天有柱，吾言於前矣。天中有天，蓋終言之，夫天中之天，上極無上，是爲三境。境雖三清，則一也，又三其三爲九，名雖九清則一也。學道之人，煉陽消陰，朝夕存存，以我之清，同造物之清。清乎清乎？超萬形而不壞者乎？遂筆之記。

元清宮

論説

鄧牧《大滌洞天記》卷上《叙宮觀》 在臨安縣錦南鄉，地名新路，住山舒元一故廬所在。至元甲午即其地建宮，樓閣巍峨，山水環抱，視爲甲觀。

雜録

張伯淳《元清宮記》（《大滌洞天記》卷下《叙碑記》） 元清宮者，提點住持洞霄宮事舒尊師所建也，曰山素齋，按侍者何？洞霄列齋十有八，山素其一，而元清隸焉，方外士於此而憩也。去餘杭，而卜築於臨安之錦南鄉者何？師生育之地也。宮何以曰元清？師名元一，其徒金公名常清，嗣守其業，合而名之也。晉史所載臨安，多金堂玉室、仙人芝草，

漢末從此得道者有之。宮占勝其間，東拱琴鶴之山，西挹石鏡，上接九仙、天目，下連九鎖、天柱，南北二溪繇天目發源而合流於獨山，如錦爲帶，山川獻狀，此爲奇絕。余雖未涉其地，嘗聽師言，固已先入夢境。宮成，師踵門謂余曰：吾崎嶇歷落人也，自幼無怙無恃，煢然出俗，遂入道洞霄。徐公應時，吾祖也，一見即以嗣法相期，時生計最薄，若謂吾足以振起香火緣者。每懼無以副前人期，待刻志其所宜學，粗克有進，職分所在，不敢卑庖湢之任。歲在丁未，被冠裳以來，凡道家事，如表章科笈、手書口誦，罔或弗力，首治居室，易故而新。甲戌洞霄火，迨歸皇元職方之九年，爲至元甲申復火，數矣。夫凡瓦礫化爲金碧，金碧轉爲瓦礫，又於劫灰之餘，使公宇私室悉還舊觀。當始附時，簞食壺漿之奉，身非所顧，而奔避四外者得以安集。吾雖不敢謂功，亦良勞止，其於吾祖付托初意，庶乎無負。在洞霄，自掌章表領庫事，至宮副住持，如歷階然，無躐等踰分之想。教門職任，自杭州路道錄而浙西道提舉，住持開元宮，凡受管領道教所，劄授，一是前輩講師舉所知，不識媒身者進爲何事。慨念錦南故里釣遊遺跡儼存，親新劬勞未報，自視欿然。諉曰：太上忘情，可乎？因出衣鉢所儲，即故址創此道場，報本也。寥陽殿以奉三清，璇璣閣以禱祠七政。舉衆仰祝聖壽，昕夕罔弗欽祀。先有祠道紀，雲會，各有堂，三門兩序具體，迨庖湢無缺，經始於甲午歲，落成于大德己亥。棟宇藻麗，像設森嚴。有山可薪，園可蔬，附郭之田可饘粥，香燈之費仰田租之入。今天師眞人拜祖庭，道由宮間，顧瞻輪奐，喜溢眉宇，大書今額以鎭此山，命吾開山住持，常清則提舉知宮事。甲乙流傳，其永無斁。韶初，常清與吾師孫金正韶於是薦賢輸力爲多。清自號玉鑑，韶號約山。韶物化久，吾將於清之次俾周鼎傳，董貴寧又嗣守焉，別爲元清派，與洞霄派相伯仲而亞之，宮之金穀出納，須洞霄提其綱。夫事爲之制，乃可經久亡敝，然匪托之金石，恐久而遂泯，願求文於執事，以圖不朽。烏乎，以師所述云然。非閱歷深識，慮周且遠，其克爾耶？元者，氣之始，天得而清，用能長上古而不老，統萬有而不宰。考之洞天，有曰太玄司眞，曰昇眞元化。後人名殊庭眞館，或以玄眞，或以昇元，然則合而名之之義，豈無據哉？而況陸蓮紀關尹之瑞，香爐鍾弘景之美，於此而致其孝思，且地勝得於不擇，殆天予神授者。余故樂爲之記，至若匠事，計工費爲緡者若干，此常事也，不書。師丁酉歲二月欽奉聖旨，大護持。越二年秋七月，欽受提點住持宣命，十二月鎭遠王奏，賜通明養素眞卿冠簡法服，爲時榮遇。師老氏典刑，同衣之士稱爲桂林先生云。

沖天觀

論說

鄧牧《大滌洞天記》卷上《敘宮觀》 在九鎖山門外東天柱山所止。先是宋咸淳間住山龔文煥建于德清之青坡，至元壬午知宮事周允和更建此處，今住山沈多福疏鑿泉石，栽植松梅，頗有徜祥登眺之趣，有記。錢塘葉玄文隱于是，二十年大德丙午正月成道仙去。

雜録

沈多福《重建沖天觀記》（《大滌洞天記》卷下《敘碑記》） 仁知不能一其性，金其樂者爲難；勢願不能兼其力，成於久者非易。山林也，阜壤也，其成也毀也，其樂也神者有所不喜，又何弊弊焉？窮歲月之力以役於物爲，役於物非道也。不役乎物亦豈所以爲道乎？百姓不知於日用，儒者不離於須臾，而況名之必可言，言之必可行。觀於山而千岩競秀，有重玄之理；臨於水而萬派同歸，幾上善之德。假物以用，又焉往而非道邪？沖天觀者，舊創於吳興之別墅，水國風高，白蘋秋老，與鷺朋鷗侶相期於浩渺間。先祖師蓬山孫公、菊岩龔公、清溪周公之志也。願煙未慭，劫石倏遷，城郭是非，幾類華表之鶴；塵波清淺，無異蓬萊之舟。舍其舊而圖新，去諸遠其即近，則大滌山之門戶有若天開，萍水路之往來，居然雲集。雖與規規尺寸於廛閈間異，然地非不廣袤，求其四平如砥者絕少；材木非不勝用，亦安能神運而鬼輸。高者夷之，卑者廊之，榛者闢

之，注者盈之，其爲力豈不戛戛乎尤難。後之入是門而遊目，登斯堂而坐嘯，揖白雲而邀素月，談何容易哉。凡爲工若干歲日，爲費若干緡粟，姑誌其成。若夫一日必葺，是所望於將來之子若孫，是所謂願也，非勢也。故系之以詞曰：大滌之山兮峨峨而高，大滌之水兮涓涓而滔。大滌之林，木從拱把，至於蔽翳，雖濯濯非昔比，終能自拔於蓬蒿。今之去地五丈而成九仞，其始一簣之勞。嗚呼，據梧而瞑，杖策而遨，盍觀此身，以道自名也，當如肯堂之構，無如塞路之茅。山吾仁而水吾智，小無不具，大無不包。膚寸扶搖於羊角，一勺膏潤於田毛。故凡積以歲月而畢備者，寧能闕然於一毫？世之所謂倫理，道之所謂功行與願力，有一或闕，於天地間罪將焉逃？贊皇公云毁平泉一木一石者，非吾子孫。所願呵護之力，却厲鬼於山左，移文之靈勒，俗駕於岩坳。金石未泐，言必行，行之必遠，誠不能不望於之代庖者也。

鄧牧《沖天觀記》 兩浙山水之勝最東南，繇浙江西杭最，繇杭西餘杭最。逆天目大溪上十有八里，曰洞霄宮者，是爲大滌洞天，又餘杭最勝處也。未至宮數里，兩山翼道，折爲九鎖，佳氣盤鬱，是以得道士若晉郭、許二眞君，唐吳貞節，暨子虛、閭丘玄同輩，高蹈其間，遺跡具在。至今探幽訪古，使人脩然欲仙。介九鎖外，有山名仁壽，氣勢特偉，衆山所宗，然荆棘隱翳，過者莫之覿。至元壬午，前知洞霄宮事周公曰：清溪翁得兹地，愛甚，與其徒張公漢傳命工鑿三面山趾二百餘丈，闢爲夷壤，棟宇之。先是，宋咸淳間，翁祖靈濟孫先生洎翁師演教龔先生，請沖天觀賜額隸錢塘者，建觀霄溪上，尋以難毁。至是徙而扁焉。四五年間，事未竟干，公相先後遺世。今主席洞霄沈公介石，爲翁法孫，竭力營繕乃完。若殿，若堂，若門廡，秩秩有度。空翠入房闥，清流入庖廚。四山環匝，百木薈蔚，行道上者，聞鐘磬音而不見觀所在，佳山中者，聞車馬聲而不見路所自。後山益峻，則迂徑以陟，蒔花竹待遊觀者，其稍平處，間列坐石可憩，其最高甃圓壇，可眺遠。攜琴詠詩，可以永日。時延方外士居之。公暇日輕車往來，共談玄理，嘗語衆曰：地之勝也，人居之則榛莽不得荒吾階庭，豺虎不得闖吾藩牆，豈不爲天下安宅？身之安也，心居之，則耆欲不得榛莽其內，利害不得豺虎其外，豈不爲山中隱仙？夫善居其心者，亦若居其身爾。大滌古洞天，兹山大滌所從發，凡居斯者，豈盡出晉唐人，下必有脱跡塵滓，飛神青冥，以不負祖師素願所營，與吾中心所期，然後足以符沖天之意。衆曰唯。牧時過沈公法孫孟集虛，與聞于此，遂爲識之。

武當山

論説

劉道明《武當福地總真集》卷上《武當事實》 《傳記》云：武當山，一名太和，一名大嶽，一名仙室。中嶽佐命之山。應翼、軫、角、亢分野，在均州之南。周迴六百里，環列七十二峰，三十六巖，二十四澗。嵩高之儲副，五嶽之流輩。唐虞柴望徧祀之地，七十二福地之一。乾兑發原，盤亘萬里，迴旋若地軸天關之象。地勢雄偉，非玄武不足以當，因名之曰武當。自佑聖眞君上昇之後，宮觀巍峨，神仙隱顯，歷代封崇，不可枚舉。至元二十三年，法師葉希眞、劉道明、華洞眞承應御前，充武當山都提點。奏奉護持聖旨，累降御香，祝願祈福。黑虎巡廊，烏鴉唱曉，實塵外之境也。

王概《大嶽太和山紀略》卷二 大嶽太和山在均州南百二十里，舊曰武當山，謂眞武之神足以當之也。自秦漢以來置武當縣，武當郡皆因山名之。《水經注》：武當亦曰參上山，又曰仙室。《後漢書·郡國志》：武當有和城聚。《荆州圖記》：縣有女思山，南二里有武當。《隋書·地理志》：均州有石階山、武當山。《唐書·地理志》：武當郡東南百里有武當山。又《水經注》引《荆州圖記》云：晉咸和中，歷陽謝允爲羅令，棄官隱遯兹山，得道仙去，故名謝羅山。《明史·地理志》：均州南有武當山，永樂中尊爲大嶽太和山，山有七十二峰、三十六巖、二十四澗，又南有黑虎廟。《巡檢司舊志》云：太和乃嵩高佐命之山，七十二福地之一，發原乾兑，脈緣隴蜀，岷嶓既藝，江漢攸分，綿亘八百餘里，房襄之奧區，荆湖之巨鎮也。山水之名與數不能指悉，因舊所志者臚列於左。

紫霄巖

論說

劉道明《武當福地總真集》卷中《三十六巖》 紫霄巖，一名南巖，一名獨陽巖。在大頂之北，更衣臺之東，欻火巖之西，仙侶巖之南。當陽虛寂，上倚雲霄，下臨虎澗，高明豁敞，石精玉瑩，皆自然作鸞鳳之形。萬壑松風，千崖浩氣，玄帝鍊眞之地，神仙遊息之墟。品列殿宇，安奉佑聖銅像，元貞乙未，方士王道一、米道興募緣衆信，於廬陵鑄成。前太學博士須溪先生劉辰翁，拜手銘曰：天地先，水中鉛。範合堅，靈風煙。生青蓮，劍蜿蟺。按大千，龜蛇纏。劫運遷，飛乾乾。玄玄天，萬萬年。繪塑眞容。至元甲申，住巖張守清大興修造。疊石爲路，積水爲池，以太和紫霄名之。巖上分列殿庭，晨鐘夕燈，山鳴谷震，眞象外之境。中有一泉，名曰甘露，水如珠燦，甘美清麗。幽人達士多居之，即三十六巖之第一。巡嶺西上百餘步，一石突出於虛壁萬仞之上，名曰試心石，到此無不股慄。又十餘步，即玄帝更衣臺，易松蘿之衣，服所賜冠帔之處。其臺下懸空石室，即謝天地修煉之巖。至元乙亥，洞雲道人魯大宥以道著遠，開復香火，行緣受供，與五龍、紫霄二宮等。

紫霄宮

論說

劉道明《武當福地總真集》卷中《宮觀本末》 紫霄宮，紫霄者，玄天之別名也。宮在大頂之北，展旗峰之東，威烈廟之西，太子巖之南。前對三公萬仞玉筍倚天之峰，後坐遠嶂七巖皀纛横星之勢，松杉挺特，花木芬芳，殿宇崇高，堂廡拱接，帝容尊肅，神靈威嚴，一倣五龍之制度。然地勢豁敞，未易相侔。神仙鍊性修心之所，國家祈福之庭。宋宣和中創建，其敕額文據，甲午劫火，主者挈之南游。庚申之前，遷州于此，人民皆卜居焉。繼後，宣慰孫嗣舉衆内附，十五六年，窅無人跡。至元乙亥，山門重開，正殿僅存，猶可瞻仰。歲在丁丑，道士李守沖闢荆于前；戊寅歲中，契丹女官蕭守通建殿于後，行緣受供，一如五龍。

五龍靈應宮

論說

劉道明《武當福地總真集》卷中《宮觀本末》 玄帝昇眞之時，五龍掖駕上昇，以其舊隱爲奉眞之祠。《方輿勝覽》曰：五龍觀即其隱處。宋孝宗淳熙九年，均州知州王德顯奏降敕牒，賜靈應觀爲額，有碑存焉。至元十六年，玄教宗師江淮總攝張眞人改陞宮號。其宮在大頂之北，五龍頂之東，隱仙巖之南，青羊澗之西。虎龍踞盤，林巒環拱，方安五井，中列二池，殿宇巍峨，儀像森列，一山突出有若地軸之形。正殿當中，金碧交粲，專以崇奉玄天上帝聖容，帝御五龍玄袍，龍眉鳳目，日彩月華，披髮跣足，皆以異香純漆塑而成之。玉女金童，擎劍捧印，二卿朝服拱侍。庭下四大天丁執纛秉旌扈從環衛。四壁繪降生成道事跡，後列蒼龜巨蛇水火升降之勢。歷階而上，三殿品立，中曰明眞殿，奉聖父聖母元君；南曰桂籍殿，奉元皇帝君；北曰蓬萊殿，設眞師十聖，上即靈應步雲樓。其餘殿庭羅列，兹不贅錄。每歲上巳、重九，行緣受供，謁者輻湊，瀟灑清絶，莫此爲最，宋初，陳希夷住止於前；紹興南渡，茅山清貞觀道士孫元政開基于次。金亡，瓢笠唐守澄重復其規；宋末，江陵超然觀王以寧管轄于內。至元乙亥，全眞汪思眞復振宗風。至元丙戌，建寧葉希眞領都提點任。此皆闢荆開基之士，故併書之。

佑聖觀

論說

劉道明《武當福地總真集》卷中《宮觀本末》 佑聖觀，在大頂之東南五十里，雙溪澗之次，鹽池之北。左倚丹竈疊翠之峰，右踞伏魔飛空之勢。滷花映雪，翠竹梳風，平田鋪數頃之黄雲，靈沼示萬年之瑞色。古今相傳玄帝攝伏魔精置于石下。有鹹泉一脈浸于池中，俗以鹽池呼。有司禁止，泉源漸竭，因建觀以鎮之。山勢攢族，隘而可觀。自罹劫運，僅存舊基。至元戊寅，有道士趙守節，號碧雲，以道法術數著領其徒衆，數年之間，殿宇像儀悉成。群山四列，平田一川，贍道珍羞，不勞搬運，行緣應供，一新前規。

淨樂宮

論說

王概《大嶽太和山紀略》卷三 淨樂宮在均州城內，相傳帝之先曾爲淨樂國王，淨樂治麋而均即麋地，故因以名宮焉。宮之中爲帝殿，後爲聖父母殿。左右爲廊廡，東爲紫雲亭，西爲香錢庫，前爲三門。三門外左右創二亭，以覆御製碑。右折而西爲方丈，爲齋堂，爲浴堂，爲神廚，爲神庫，爲道房；左折而東爲眞官祠，爲預備倉。二門外爲進貢廠，右爲道房。爲楹大小總五百二十。永樂十六年落成，賜淨樂宮。頒道士廩食者五十人，今不敷數。提點三員，階正六品。今廢改置道官一員。宮成於永樂十六年，至康熙二十八年正月災，於三十年復募修造，三十六年粗還舊制，四十二年奉到御賜香銀加修告竣。各宮修御書樓於朝聖門，於乾隆元年八月復燬，樓亦燬。

遇真宮

論說

王概《大嶽太和山紀略》卷三 遇眞宮州城南五十餘里，在仙關外，去玉虛宮八里許，左曰望仙臺，右曰黑虎洞，山水環遶若城，舊名黄土城。洪武間張三丰結庵於此，名曰會仙館，宮東廊下厥象存焉。永樂十五年創建眞仙殿，山門廊廡東西方丈，齋堂、廚室、道房、倉庫、浴堂。爲楹大小總二百九十有六。是年落成賜額遇眞。道士廩食者三十人，今不敷數。提點二員，階正六品。今廢置道官一員。宮東二里許有治世元嶽石坊領觀二。

玉虛宮

論說

王概《大嶽太和山紀略》卷三 玉虛宮州城南六十里，在展旗峰北，因帝爲玉虛師相而名也。張三丰嘗庵於此，語人曰：此地他日必大興。既而去焉。文皇遍物色之不可得，遂大其宮以爲祝釐之所。中爲大殿，大殿之陰曰啓聖殿，左曰元君殿，又左曰小觀殿，西塢西山下曰仙衣亭，亭後磚室一曰張仙洞，室外銅碑一，左爲聖水池，宮之前爲左右碑亭，廚之後爲神泉井，亭西塢北山下曰望仙樓，樓外靈洞一石渠，北曰齋堂，石澗西曰浴堂，宮門左曰鉢堂，宮門右曰雲堂，西塢北曰圜堂，鉢堂後亦曰圜堂，澗之東曰東道院，山之西曰西道院。山門外眞官祠二，前左南向爲祀

眞武壇，前左北向爲泰山廟，宮外復有東天門、西天門、北天門、八仙臺、仙桃觀、華陽亭、蓮花池，暨方丈、書房、賓所、廚室、倉庫。爲楹大小總二千二百。永樂十一年落成，賜元天玉虛額。嘉靖三十一年，遣官重葺本山，復建二亭於二門外以貯御製碑。道士廩食者一百二十人，今不數數。提點四員，階正六品。今廢，置道官一員。領廟一觀二。

嶗山

論説

黄宗昌《嶗山志》卷二　嶗山居地一隅而環處者海，則地氣歸宿於此也。惟其然，故通人大都士常不與之遇，惟潛晦自命者往往得而有之。不與之遇，勢所限也，得而有之，性所孚也。天下惟勢所限者，必有其性所自孚之處。然則賢不肖固有其類矣。雖通人大都士不與之遇，而天地之靈秀自若，此嶗山之所以爲嶗山也。

嶗山之大也，不待琢而光相發者。天地自有之美，曠然心目，各得其所。得此固良工所不能施其巧，而寒暑不能易其色者也。吾取其樸質，其文，其秀可餐，君子居之。

嶗山太平宮

論説

黄宗昌《嶗山志》卷二　上苑，所謂太平宮者也。宮東一峰深秀突出，懸崖高數千仞，爲獅子峰。巖側有三石，結架如戶，萬松處其上，松梢石出。躡蹬而進數迴，乃造其峰。海濤沖激直至峰下，千里一瞬殆不足喻。賓日者於此得縱觀焉，所見不同，其春秋陰晴異也。峰北下爲仙人橋，大澗之水自西來東流入海。當入宮之路有天生巨石，纍纍連貫，上平如橋。下從石罅中遇水闊如澗，長可二丈，澗上下皆異草長松。人在橋上坐，曠然四宇，茫無可繫，水聲在耳若盪塵襟。去橋北有洞曰白龍洞。宮之西南有猶龍洞，洞旁一石曰眠龍石，長欹如龍形，洞祀老子，故以猶龍名耳。

又　太平宮，在上苑。華蓋眞人劉若拙道場。宋初敕建。

嶗山上清宮

論説

黄宗昌《嶗山志》卷二　上清宮，山峰峻極，群岫蜿蜒，完密而宏闊，藏聚不露。棲眞者於此得靜力焉。宮前兩銀杏樹大可蔭數十人。深潛中物候若自爲有餘者。宮旁有石洞，有朝眞橋、迎仙橋，洞跨二橋上。息機之士宜其入而不出也。

又　上清宮，在明霞洞下。宋建，即雲崖子修眞處。

九宮山

論説

傅燮鼎《九宮山志》卷二　九宮山跨吳楚境，其陽爲江西武甯，陰爲湖北通山。南陳晉安王兄弟九人造九宮其上故名。山高四十里，廣倍之，峰巒泉石之勝甲於兩省。唐陶姚二仙煉丹，後人迹罕到。趙宋南渡，張眞人道清建道場於此，至今朝謁遊觀者不絕，爲海內名山。

蘇州玄妙觀

論説

顧沅《蘇州元妙觀志》卷一《吳郡圖經》：天慶觀，唐置爲開元宮。孫儒之亂，四面皆爲煨燼，惟三門正殿存焉。其後復修，祥符中更名天慶觀。皇祐之間，新作三門尤峻壯。

《吳郡志》：天慶觀在長洲縣西南，即唐開元觀也。兵火前棟宇最爲宏麗。紹興十六年，郡守王喚重作兩廊，畫靈寶度人經變相，召畫史工山水、人物、樓櫓、花木、各專一技者，分任其事，極其工緻。淳熙六年，聖祖殿火。提刑趙伯驌攝郡重建三清殿。淳熙三年，郡守陳峴建。初道士募緣，御前亦有所賜，始克成就。八年，至尊壽皇聖帝賜御書金闕寥陽寶殿六字爲殿額。郡人龔頤正作上梁文以進，壽皇嘉焉。觀中有金寶牌，眞宗所賜。永鎮於地者。兵火獨全，六朝舊物也。殿後通神庵，淳熙八年左街道籙李若濟奉命建，庵額三字亦御書。先是有何道人者，自紹興初往來提舉司，或觀前眞武堂草積中，披髮佯狂以簑衣蔽形，故號簑衣道人。寒暑不避，不與人親。時有一語中人災福，兩朝間遣使降香問其安否，然庵則未始遷也。

《明一統志》：元妙觀在蘇州府治東北隅，宋名天慶觀，改今額，賜金闕寥陽寶殿六字，宋高宗書。

《大清一統志》：元妙觀在蘇州府城東北隅。《續圖經》：唐置爲開元宮，祥符中更名天慶觀。【略】《通志》：元元貞元年始改今額。殿中有吳道子老君像，唐元宗御贊顏魯公書。東廡有通神庵，爲何眞人所居。明正統間造彌羅寶閣，賜道藏經。本朝康熙十六年重修。聖祖南巡，賜餐霞挹翠四字匾額。

重陽成道宮

雜録

陶穀等《宮觀碑誌·重陽成道宮記》京兆西終南有里曰南時，中有重陽成道宮焉。蓋大定初，全眞祖師重陽眞人始悟道時，自掘一穴，起封數尺，如馬鬣之狀，以活死人墓名之。手植四梨八海棠於四周，人問其故，乃曰：吾眞風將來大闡，四維八紘無所不至之日，要使人知從此一墓而始之也。居二年，遷劉蔣，後常有三五衆葺庵而守之。正大初，全陽眞人周全道清明自幽來，政祭於劉蔣祖師之塋，忽念及祖師修煉變化成道之地，不可使之蕪沒，胸中慨然起修葺之心，弗克自已，若有神使之然者。俄一人請齋，問之，知其爲此庵道士，遂與之俱來庵中。道衆乞借光揚之力，周異其密與己契，乃欣然許之，復曰：我以後當居此。大朝革命，四方道衆思其所以報本反始者，規運木植，開墾地土。歲乙未，淸和大宗師尹眞人並掌教眞常李眞人法旨，本府總管田侯疏，委淵虛眞人李公志源率道衆於此盛行營造事。皆趨務勸功，捄度築削，有鼛鼓弗勝之意。所爲殿者三：曰無極，曰襲明，曰開化；爲堂者五：曰三師，曰靈官，曰瞻明，曰朝徹，曰虛白，齋廚庫廐，方丈散室，簷霤戶牖，金碧丹雘，粲然一新。下院蛇留全陽觀，王郭村修眞觀，及常住物業，別刻之石。或有偏而未舉之處，周全陽門徒張志古等，思及先師正大初赴齋之時，我以後當居此之一言，謂是天意默定，不可以違，乃糾得千餘指，同誠戮力，日增月續，以爲國家祝壽祈福之所。想成就浸大，未易量也。辛亥，憲宗皇帝即位之元年，詔徵掌教大宗師眞常李眞人，上親受金盒香，白金五千兩，佩金符，代禮巡祀嶽瀆，凡在祀典者，靡所不舉。明年春二月吉日，以御香來致上命。禮成，以恩例改觀爲宮，今之宮名，自壬子始也。淵虛李公乃全陽之弟子，丹陽馬眞人之玄孫。全陽高弟五人，公其長也。次曰洞虛子張志淵，主東平鄆城白雲觀，度弟子千餘人，庵觀稱是。三曰明元

子粱守一，主古豳之玉峰，實全陽舊居之觀也。四曰雲外子賈守眞，五曰純和子張志古，今嗣公主持本宮事。今年春二月，知宮王志遠持狀就燕京大長春宮，稟掌教眞常眞人，欲具始末之實，歸而刻之石。宗師以潤文見命，予年近八十矣，倦於筆硯久矣，度其不可違，因按其實而編次之。且祖師可見之跡，玉峰胡子金既已有贊，平水毛收達有引，北平王子正有傳，活死人墓四字，又有趙翰林閑閑親筆，掌教眞常眞人跋語，並刻之石。全陽周眞人，淵虛李公，洞虛張公生前行事，亦各在秦樗櫟彥容《金蓮記》、《煙霞錄》中，與祖師以下衆師眞同載《玄都寶藏》，俱不煩贅述。雖然，予少壯時，述在進取，間爲功利所奪，於根本之學則不暇也。今茲三十餘年，心得安於淡靜，不爲世教所束，收視反聽，頗見虛極妙道，流行閉塞之所由，亦有數存於其間耳。夫道前無始，後無終，天地雖大，未離乎內，秋毫雖小，待之成體，數豈得而拘之哉！但於世行與不行之分耳。《易》曰：苟非其人，道不虛行。又曰：神而明之，存乎其人。故天將以是道大畀於人也，於大化中，必先假乎一剛大中正特立、不爲人欲所動，可以爲師範之士降于世，茲吾祖師之所以出也。故出則其材奔逸超絶，人莫能及，一遇至人點化，方寸開廓洞達，而遊乎物先，仍能退藏於密，借茲地而以爲活死人墓，而養之二年，其神異，其接人，其救世，光光相接，天地開闢以來，莫茲之盛，若非與冥理相契者，其能之乎？姑以長春仙翁一事言之，昔顔淵將之衛化衛君輒，孔子慮德厚信矼，未達人氣，名聞不爭，未達人心，遂敎以心齋，則所過者無有不化。衛在春秋之世，一侯服之國耳，按王制，公侯田方百里，以數推而上之，而方千里者爲方百里者百，方萬里則是方千里者百，國家疆土方十里萬，其視衛尊嚴大小之相去，爲可見矣。皇帝又在數萬里沙漠之北，詔書既至，長春國師即起而應之，如水之流濕，火之就燥，自相感召，無一毫預謀之私。及其到也，而於應對之際，歡欣交通，大愜上意，由是就其善端發現之地，以行仁行孝，寡欲修身，用賢愛民，布德施惠，好生惡殺，奉承天心之數語而開導之，上亦聽之不疑。想四五十年間，而天下之人賴以存活者，與脫俘囚者，可勝計耶？況眞風大闡，又皆衆所共見者。我仙翁澹然獨居無功之地，而天下到今以眞功歸之，非神遊物表，動與天合者不能也。其祖師四梨八海棠張本之遠意，有徵矣。今因喜此宮之興建，又屬以記當筆，故表而出之，庶幾使學道者知祖師以下得其傳者，一動一靜，皆天而不人也。苟雜之以人，非惟無成，其所喪多矣。何謂天？曰誠而已。誠者心齋也，古之人脩胸中之誠，以應天地之情，而天地人神不違者，其得所應之樞乎？

亳州太清宮

雜錄

王鶚《元重修亳州太清宮太極殿碑》（《宮觀碑誌》） 今上皇帝之在藩邸也，雅知尊崇玄教，將修太清。歲舍己未，嘗有旨禁民樵採，及使臣行軍，無聽留宿，以妨興建。即位之二年，特降璽書，一如前旨。四年，遣眞常眞人蕭居壽、近侍合剌思，命學士院撰祝文，備禮以祭。越五年，太極殿成，長春嗣教誠明眞人張志敬，同左丞張文謙，侍中劉秉禮，奏乞樹碑以紀歲月，從之。詔詞臣王鶚文其事。臣聞命惕然，敢拜手稽首而爲之言曰：太上老君無世不出，無代不崇。至於殷武丁庚辰歲，化生苦縣之瀨鄉，謂娠至八十一年，生有七十二相，以皓首而稱老子，指李木而得姓氏，其變易名號，靈蹤聖跡，前賢說之詳矣，茲不敢贅以蕪辭。惟前代推尊，後人紹述，或可得而言焉。秦燔詩書，漢雜霸道，玄宮崇奉，未聞肇立之由。至漢桓帝延熹八年，因帝夢老君降于殿庭，再遣中常侍左悺詣祠致祭，座設華蓋，樂用郊天，乃命陳相邊韶演而銘之。隋文帝開皇六年，詔亳州刺史楊元胄考其故迹，營建宮宇，勑內史舍人薛道衡作祠庭頌。唐推姓系，尊爲聖祖，太宗貞觀元年，勑修其宮，始給人戶五十以供灑掃。高宗乾封中，親謁道宮，追上尊號爲玄元上德皇帝，宮殿壇宇，並令修創，置令丞各一員，歲時薦饗。玄宗開元三年，東封岱嶽，回謁于舊宅，親書《道》、《德》二經，俾刊諸石。二十年，帝自製霓裳羽衣曲、紫微八卦舞以薦獻。天寶二年，制改譙郡紫極宮爲太清宮也。四載，親幸，復製降眞召仙、紫微送仙二曲以迎送之，易祝版爲青詞，御署則曰嗣皇帝

臣某，仍勑有司著爲定式。文宗太和七年，宮經水潦，頗致摧毁，勑宣武軍節度使李程兼充太清宮使，漸加修葺，尋復完美。宋太祖建隆元年，遣使詣祠。太宗淳化四年，遣修宮宇，建至明道元年，工畢，詔水部員外郎和嶸撰碑銘，自是專命中使監領。眞宗咸平五年，遣内侍重修，增給衛士。景德二年，禁四向樵蘇。大中祥符五年，遣三司使丁謂代謁。六年，躬詣，七年，復往，親奉册寶，上尊號曰太上混元上德皇帝。哲宗紹聖五年，知亳州喻陟奏諸瑞應，遣使醮謝，且詔本路轉運司，凡宮宇之弊者，隨即繕完。徽宗崇寧改元，詔翰林學士張商英作記，以成哲宗之志。金代累朝，尤加異數，給道士良田數萬畝，復其税役，田夫野叟，至今猶能道之。此前代推尊之略，使後世嚮道者以考焉。若夫紹述之人，自青牛西邁，尹喜懇禱，强爲著五千言，曰清淨無爲，曰不爭不耀，佳兵爲不祥，以治國若烹鮮，以馳騁田獵，令人發狂，以孤寡不穀，王公自稱，推此以平天下，國家無餘藴矣。至於正心修身，二經具載，求之則有餘。師祖述《道德》，四輔相承，率遵前軌，於是《洞靈》、《通玄》、《沖虚》、《南華》之書出焉。世衰俗薄，邪説並興，因之爲幻惑者有之，流而爲譎怪者有之。天之未喪斯道也，近世有全眞家出，恬淡有守，動循故轍，自王重陽得正陽、純陽之傳，培植基本，付作者六人，在處聯芳，枝葉叢茂。國朝開創，徵長春敷暢玄元，親承睿眷，天下靡然向風，雖三家聚落，萬里郵亭，皆知敬奉，其操守道行，陰德與太上符合，太清所以重建也。太清頃罹兵燼，復值河渦合流，向之仙宮，漂蕩無餘，但數千年九龍井僅得存耳。長春仙蜕，傳法眞常，時則有今安肅公張柔戍兵亳社，命官持疏，俾事修建。眞常先委隱眞大師提點石志玉、通微大師知宮李志祕爲之經始，公亦委曲用心，拯力護持，其參佐卒伍，亦皆樂赴，仍給據並宮施地周四十里。無何厥功肇啓，而眞常示寂。逮吾誠明之嗣教也，承海都太子之命，敦請崇道眞人張志素、棲雲眞人王志謹同辦其事。棲雲未幾物故，其門人輩尤爲致力，崇道則朝夕以之，始終匪懈，增築故基丈餘，間架九楹，視舊制殊爲壯麗。像太上于其中，東華、文始列于左右，洞靈、通玄、沖虚、南華次之，仙貌儼然，見者加敬。雖餘者未完，已足以奉香火之供，而爲國朝萬世祈福之地，顧不偉歟。主上聖德日新，神武電斷，西平大理，東服三韓，南州逆豎，旋即誅夷，朔漠諸王，畢來朝會，分司揆務，偃武修文，此浸明昌千載一時之運也。然猶秪畏上玄，聿修嚴祀。是宮之建，日月可冀矣。臣待罪詞林，忝承睿旨，謹再拜而銘之。其辭曰：

聖人不仁，其民淳淳。智慧一出，百僞喪眞。天何言哉，是生至人。厥生惟何，渦水之濱。生而神異，絶聖棄智。居實處厚，解紛挫鋭。不仕汙君，甘處下位。青牛西駕，避名避地。《道》、《德》二篇，立言五千。爲以無爲，玄之又玄。愛民治國，萬世可傳。其誰之子，象帝之先。永惟帝則，混元上德。立祠水濱，翬飛雉翼。宮曰太清，殿曰太極。仙眞名縣，增賁譙國。黄河湯湯，犯我谷陽。巍巍宮殿，今也則亡。興起有數，待我時昌。誠明嗣教，繼志眞常。志祕、志玉，先爲卜築。崇道、棲雲，忻然紹服，一殿告成，望之肅肅。於萬斯年，爲國祈福。功成匪他，崇道居多。臣不歸美，如君恩何。慶源九井，福作兩河。小臣祚銘，以代絃歌。

樓觀臺

論説

朱象先《終南山説經臺歷代眞仙碑記》 又按《樓觀本起傳》云，樓觀者，昔周康王大夫關令尹之故宅也。以結草爲樓，觀星望氣，因以名樓觀。此宮觀所自始也。問道授經，此大教所由興也。是以古先哲后，景行高眞，仰道德爲生化之源，宗神仙爲立教之本；尋衆妙之軌躅，慕重玄之指歸。故周穆西巡，秦皇東獵，並回轅枉道，親禮眞宗。始皇建廟於樓南，漢武立宮於觀北，晋宋謁版于今尚在。秦漢廟戸相繼不絶，是皆歷代欽崇，寶爲福地，登眞得道之士，世不乏人。

宗聖觀

雜　録

歐陽詢《大唐宗聖觀記》（《古樓觀紫雲衍慶集》卷上）　夫至理虛寂，道非常道，妙門凝邈，無名可名。爰自太始開圖，混元立極，三才奠處，萬品流形，莫知象帝之家，未睹谷神之域，希夷瑣閉，溟涬封奇，及夫鳥迹勃興，隱書詮奥，至化因兹而吹萬，玄教由是以開先。聖聖襲明，道德授受，于是混元之教，風動天下，水行地中矣。宗聖觀者，本名樓觀，周康王大夫文始先生尹君之故宅也。以結草爲樓，因即爲號。先生稟自然之德，應玄運而生，體性抱神，韜光隱耀，觀星候氣，物色眞人。會遇仙軿，北面請道，二經既演，八表向化，大教之興，蓋起於此矣。兹觀中分秦甸，面距終南，東眺驪峰，接晴嵐之浥浥，西顧太白，粲積雪之皚皚。授經之古殿密清，路牛之靈木特立，市朝屢易，仙迹長存，物老地靈，每彰休應。卿雲日覆，壽鶴時來，樹無窠宿之禽，野有護持之獸。文始藥井，韓毶未墮，老君肇車，確然不朽。至於穿窬盜竊，進退自拘，似有縶維，悉皆面縛。昔周穆西巡，秦文東獵，並枉駕回轅，親承教道。始皇建廟於樓南，漢武立宮於觀北，崇臺虛朗，招徠雲水之仙，閒館錯落，賓友松喬之侶。秦漢廟戶相繼不絕，晉宋謁版，于今尚存，實神明之奥區，列眞之會府。後魏文帝變夷風於華俗，立仁義之紀綱，崇信教門，增置徒侶。有陳先生寶熾，潁川人，夙有幽逸之姿，幼懷林壑之趣，松風入賞，名嶽留連。玉皇之道，既弘銀榜之宮雲構。續有王先生子玄，言窮名象，思洞隱微，念在玄空，累非外物，含神自靜，儀聖作師，並德音孔昭，鬱爲宗範。周太祖定業關內，躬受五符；隋文皇沐芳禮謁，獲聞休徵。迨隋德將季，政教陵遲，六飛失馭，四維圮絕，夷羊在牧，蜚蛬滿野，家習兵兇，民墜塗炭。皇帝命世應期，榮鏡區宇，戡難靜亂，亭毒無垠，廣大配乎天地，光華方諸日月，數階庭之蓂莢，聆鳳和鳴，照景星於玄雲，觀麟郊藪，緝禮裁樂，化俗移風。農夫勸於時雨，隴餘滯穗；工女勤於蠶績，杼軸不空。九服韜戈，三邊靜柝，西戎革面，東夷獻舞，朔南洎聲教，漠北盡來王，德化遐漸，無幽不暢，三善克懋，非假二疏。一有元良，萬邦貞固，照均天縱，道契生知，篤尙玄根，欽兹聖躅，以武德三年詔錫嘉名，改樓觀爲宗聖觀。宸扆興念，纂冑所先，啓族承家，鼻於柱史，得一以靈，蹈五稱聖，弱爲道用，柔爲至堅，損之又損，以至于益，瓜瓞綿長，慶源悠浸，爰初啓祚，致醮靈壇，自然香氣，若霧霏空，五色雲浮，如張羽蓋。七年，歲惟作噩，月在黄鍾，六轡齊驤，百辟咸從，親幸觀所，謁拜尊儀。軒后之詣崆峒，神農之上石室，順法行禮，異代同規。觀主岐平定，精金格之書，究玉笈之文，知來藏往，盡化窮神，豫鑒天休，贊弘景福。法師呂道濟、監齋趙道隆，玉器凝潤，鶴情超遼，辨析連環，辭同炙輠，對敭天旨，妙沃帝心，乃謂片言小善，尙題紺碣，矧夫皇輿迂駕，挹酌希微，大道資始，鑪錘萬物，不有刊勒，其可已乎。侍中江國公陳叔達，朝宗羽儀，詞才冠秀，奮兹洪筆，爲製嘉銘，其詞曰：眇矣靈化，玄哉妙門。飛形九府，鍊氣三元，黄庭祕籙，金格微言。玉京留記，金竈還魂，揚塵東海，問道西崑。物色函關，存容清廟。建標伊始，層壇雲峭。綺井虹伸，風窗電笑。玄都正律，帝臺仙召。挹髓捫星，餐霞引照。豁虛罔象，無名至要。高厢久縣，清泉餘療。宅心勝侶，游息衆妙。絶壁翠微，濴流丹竅。鞠草如結，周原甚突。聖道將弘，重光顯曜。明明我后，積德累功。陶埏寓縣，叱吒雷風。庸稽大室，禮盛酆宮。時乘正位，道配玄穹。四維載仰，百世斯隆。有截亍外，無思自東。祥符浹遠，瑞采澄空。百神咸秩，千齡是崇。宗玄壯觀，詔蹕康莊。雲行輦道，吹發山梁。飛文協一，接禮神皇。五旗回首，六轡齊驤。宸儀展敬，享福無疆。巍然高碣，播此遺芳。

李鼎《大元重修古樓觀宗聖宮記》　終南山者，中國之巨鎭也，稽之古典《書・大禹》、《詩・小雅》，皆所稱美焉。亦曰中南，以其在天之口，居都之南也。至若盤地紀，承天維，奔走群仙，包滀玄澤，靈氣浮動，草木光怪，則又爲天下洞天之冠。故古之閎衍博大眞人，以游以處，謂之仙都焉。古樓觀者，眞人尹氏之故宅，終南名勝之尤者也。按《史記》眞人當姬周之世，結樓以草，望氣徯眞，已而果遇太上老君，延之斯第，執弟

子禮，齋薰問道，遂受《道》、《德》二篇五千言焉。眞經既傳，大教於是乎起矣。原其旨也，主之以太一，建之以常無，有以沖虛恬淡養其內，以柔弱謙下濟其外。蓋將使人窮天地之始，會萬物之終，去智與故，動合於自然，以之修身則壽而康，以之齊家則吉而昌，以之治國平天下則民安而祚久長。其指甚簡，其事易行，由是時君世主，莫不尊是道而貴是德。周穆王親訪靈躅，爲建祠宇，度道士七人，號曰樓觀，是則度人立觀之始也。始皇好神仙，於此構清廟，漢文慕黃老，于是立齋宮，魏晉周隋以來，或鑾輿躬謁，或詔敕繕修，給戶灑掃，賜田養道。有唐啓運，高祖武德三年，詔改樓觀爲宗聖觀。宋室興，端拱元年，復賜觀額曰：順天興國。是則歷朝崇建之略也。若夫玄孫道子，聚則形，散則氣，坐在立亡者有之；通眞達靈，曰昇舉，曰尸解者有之；以道輔世，爲帝師者有之；飛篆馘魔，拯民瘼者有之；垂科立教，開化人天者有之；枕流漱石，不屑世務，高尚其事者有之。歷觀先師傳所載，祖玄述妙，世有其人，是又知源深而流長，仙脈綿綿而未艾也。爰自白鹿昇虛之後，陵遷谷變以來，聖迹未湮，斑斑可尋者，可指數也。驁然若赴谷之龜，凸然如覆几之盂，古殿隱隱而見乎木杪者，授經臺也。邃而幽，深而曠，窈窕而入，蜿蜒而上者，文仙谷也。望之巍巍然，蒸嵐鬱黛，朝夕乎其上，靈光寶氣，秀發乎其間者，鍊丹峰也。淳天一之水，含內景，吐玉津，爲金液大還之用者，丹井也。裹九曲之勢，呈千歲之姿，不逐炎涼變遷者，繫牛柏也。傳有云：老君既昇，所乘薄輦車並藥臼等，寶而傳之者，千餘歲矣。唐開元中，詔入內府，遂亡焉。又《關尹》九篇，名聞舊矣，而世亡其書。唐宋崇道之代，詔訪逸書屢矣，竟不獲。大元癸巳之歲，政清和典教之日，有張仲才，沂水羽客也。得是書于浙，特詣師席獻之，一時驚異焉。嘻，以千載之前之尹書，歸千載之後之尹氏，意者天昌是道，而斯文應期而出也，不然，何鍼芥機投如是之妙歟！頃者金天失馭，戈革熾興，累代宏規，例墮灰劫。暨國朝撫定，紀綱初復，于時清和大宗師以眞仙之胄，掌天下教，每念祖宮隳圮，蠹然于懷。歲丙申，自燕來秦，躬行祀禮，四方宿德，不召而集。裵回遺址，其存者帷三門、鐘樓並二亭耳，遂議興復。時有前道士張致堅，狀其舊業以獻，宗師深稽冥數，每得人於詞色之表，顧謂同塵眞人李公曰：祖道中興，玄功是動，紹隆修建，公不宜後。乃以觀事付之，公謝不敏不獲命，受之，仍請行省田相君雄、乾州長官劉侯德山爲功德主，繼承總府文據，以近觀舊有地土，明斥四止，永爲贍衆恆產。公於是率徒千指，以宗師所委大師韓志元、張志朴糾領其事，薙榛棘，除瓦甓，輦材植，斲者、陶者、規構者、耕以饟給者，莫不同誠竭力。彌月漫歲，有鼛鼓弗勝之意。逮于壬寅，稍克就緒。建殿三，曰金闕寥陽，曰文始，曰玄門列祖；爲樓三，曰紫雲衍慶，曰景陽，曰寶章；爲堂二，曰眞官，曰齋心。賓有館，衆有寮，焚誦有室，山門、方文、廚庫、蔬圃、水輪，至於下院別業，以次而具。丹堊藻繪，赫然一新，其用廣，其功速，轉天關，旋地軸，華日月而平北斗，其爲力也大哉！由是觀之，非清和不能知同塵，非同塵不能了此緣，故一時有尹李古今仙契之語，非偶然也。中統元年夏六月，以朝命易觀爲宮，仍舊宗聖之名，作大齋以落之。公之門人提點成志遠、知宮仕志安等議云：此宮自有周以來，累朝崇建，事迹或載在傳記，或勒之碑銘，固已傳之無窮矣。惟今吾師重修之盛績，獨無紀述見于後，我輩出於門下者幾三千人，於師之德不得爲無負也。乃狀其始末，詣燕之長春宮，請記於掌教誠明眞人。以潤文見命，予以年邁，且廢筆硯久矣，度其不可違，乃案來狀，並錄到歷代碑誌，相與參較而編次之。李公名志柔，字謙叔，家世洺水。自其父志微素喜沖澹，嘗事開玄李眞人，學爲全眞。公既長，亦與弟子列。開玄愛其稟氣特異，數於根本憤悱之地啓迪之。公亦心領神喻。一旦氣質變化，有一日千里之敏。其兄志端、弟志藏、志雍，皆從之游。初隱于仙翁、廣陽兩山十年，及聞長春宗師奉詔南下，乃迎謁於燕山，玄關祕鎖，迎刃而解。其後道價益重，名徹上聽，賜號同塵洪妙眞人，並金冠錦服。諸方建立，若宮、若觀、若菴，殆三百餘區，然皆以是宮爲指南。故興造之日，凡在門下者，莫不迢遞來自數千里之外，服勤效勞，惟恐其後，是以功成如是之速也。雖然，是宮之復，其亦天時道運之所爲乎？昔自玄元文始契遇于茲，抉先天之機，闢衆妙之門，二經授受而教行矣。世既下降，傳之者或異，一變而爲秦漢之方藥，再變而爲魏晉之虛玄，三變而爲隋唐之禳禬，其餘曲學小數，不可殫紀，使五千言之玄訓束之高閣，爲無用之具矣。金大定初，重陽祖師出焉，以道德性命之學，唱爲全眞，洗百家之流弊，紹千載之絕學，天下靡然從之。聖朝啓運之初，其高弟丘長春徵詣行

在，當廣成之問，以應對契旨，禮遇隆渥，且付之道教，自王侯貴戚，咸師尊之。於是玄元之教，風行雷動，輝光海宇，雖三家聚落，萬里郵亭，莫不有玄學以相師授，教法之盛，自有初以來，未有若此時也。今焉革故鼎新，豈惟一古樓觀之復，其人歸戶奉，琳宇相望，蓋又作新天下萬樓觀也。嗚呼，非天時道運其能如是乎！因歷言之，使後之學者有以觀考而知勉云，於是乎書。

會靈觀

雜録

朱象先《終南山重建會靈觀記》（《古樓觀紫雲衍慶集》卷中）　造化之於人，無心焉，有心焉，予不得而知也。悠悠萬古，茫茫天宇，其何以窮之哉？雖然剖石者當乘其璺，逐鹿者必躡其蹤。觀神降于莘，則知造化非無爲也；觀神言于晉，則知造化非無心也；觀開衡山之雲，借海藏之春，則又知人之精誠有通乎神明之理；觀拜井出泉，揮戈駐日，則又知人之誠懇有感通天地之理；觀冬起雷，夏造冰，則又知人之智力有奪天地造化之理。由是觀之，在彼蒼則雖邈邈而遠，其感而應之，實由此心之誠也。夫心之爲德也，廣大無際，如大虛空廓焉湛焉，不爲物欲所蔽，貫通昭徹，脗然與天爲一，凡機之動，未有不與造物應者。況乎登九五，位大寶，貴爲萬乘，富有四海，而復心心耽玄，念念注眞，其天人感格，固非輿人所可同日而論也。即此會靈觀者，乃唐開元中明皇夢感玄元玉象出現之地，觀以是而立也。按《樓觀靈應》碑，其略曰：皇上受圖享國，蓋三十載，功侔天地，孝誠祖考。嘗端居宣室，緬懷至道，惟德動天，夢啓靈應，實元祖之明命，示至妙之儀刑。於是潛誌玄象，遵誥旁求，號周史之經臺，枕泰山之幽谷，睟容挺出，赫然有光。洎溝睿覽，宛符夢寐。又曰：其功神者其應大，其源靈者其流長。依如上說，則玄感之理，一何異哉？或者疑之，予因訂之曰：《中庸》有言曰：誠則形，形則著。人之有夢，蓋亦誠之形也。商高宗恭默思道，夢帝賚之良弼，果求而得傅說。明皇每禮謁眞容，故感而見夢，此其誠之形而著者也。嘗閲《唐書》，當明皇時，玄元應現事迹殆非一二。或化老父，賣卜春明門外；或降丹鳳門，語田同秀取函谷之符；或出現於華淸宮之朝元閣。至於太白山之寶仙洞，漢中郡之黑水谿，凡此皆事著信史，言有憑迹，可尋不可誣也。論者謂：明皇開元中，治幾三代，且多善瑞。天寶後以逸豫致亂，國步阽危。何先後大戾邪？予固謂：應感之機，根諸人心，況人主乎。先賢有言，有其誠則有其神。此政尙淸靜，親註老經，研精覃思，故有是非常之應。又曰：無其誠則無其神。此誠人或衰，衰則怠生，故災亂亦以之而作，必然之理也。然觀其在位四十五年，享筭七十有八，蚤歲之禎祥偉績，中歲之皇皇聖政，以及晚年就閒養高，辟穀不食，其將賓天也，品玉笛而雙鶴下庭，上帝名爲元始孔昇眞人，以是言之，誠聖神英明之君也。觀有唐蘇靈芝所書老君應見碑，具述其事。宋趙履信重立，倒指計之，甲子十周矣。朝市屢更，廢興非一，近代又罹天興之變，殊庭祕宇，例墮劫灰。洎皇朝撫定，紀綱初復，歲丙申，同塵李公眞人承淸和大宗師之命，興復祖宮。于時天元應瑞，玄教興行，加以二眞師道隆德盛，人天欽仰，門下之士，皆裹糧赴役，不遠千里而至。同誠協力，百工競舉，營造祖宮之外，其諸別業，又各分任興葺。是觀之復，蓋藉諸方師友之力。殿宇既立，復以執事者齟齬不合，宗師教札敦諭，淸規遂定。同塵乃命知宮王志安兼任焚修，厥後住持者徙易不常，日見陵替。蓋同塵之於道，躬行實蹈，不事形迹，一動一止，無非教也，學者不領，從事於邊徼者衆矣，以故本微而末勝。至元庚午，宮之耆德以門下何公志遠楨幹可委，畀典觀事。志遠既至，篤意修理，暑不暇扇，寒不及鑪，歲月不輟，煥然改觀。新祕殿，構重門，創雲室，闢田疇，萃冠褐，齊筵醮會，歲無虛節。緣力駸駸日盛，方爲遐邇歸敬，而西山日薄，上徵及期，以甲午臘月十八日返眞，付門弟潘道治以後事。明年冬孟，宗主趙公志玄挈道治登經臺，以其新觀事迹，丐予文以刻石。義不可却，因原開元建觀之由，叙述天人誠感之理，以爲之記，且系之銘曰：蒼蒼大象猷倚杵，是中眞精窅難睹。遠之不疏近莫取，萬形媸妍誰賦與？緬惟玄元道之祖，開天亶爲造化主。一物不遺咸煦嫗，妙同水月應何普。開元天子正當宁，醉心龍經嚴教父。悅兮神會若

盼許，俄形玄象瑞此土。甲子十周迹未腐，蒼碑尙燦靈芝譜。同塵重來奓其戶，希聲還要舊家舉。調古不諧世律呂，暖暖姝姝何可語？聽渠玄唱鏜鍾鼓，聽渠金鼎躍龍虎。聽渠馘魔奮雷斧，聽渠象緯密探數。惟期復樸忘爾汝，惟期觀妙參衆甫。惟期忽怳見眞素，惟期襲明續玄楮。相依經臺閱千古，屹然道海存底柱。

玉華觀

雜録

王守道《玉華觀碑》（《古樓觀紫雲衍慶集》卷中） 原夫太極未判，道在混茫，兩儀肇分，道在天地，成位乎中，道在聖人。聖人者，爲天地贊化育，爲生民正性命，爲往聖啓玄學，爲萬世開太平。昔我玄元道祖，在周昭之世，授經於文始，教之所由生也。穆王謁草樓，遺宅爲建樓觀，此宮觀所自始也。名幽逸，度道士七人，此道士所從起也。然則樓觀者，其爲玄教之權輿乎！厥後秦始因茲而建廟，漢武即此而立宮，晉宋詔敕以增修，隋唐給戶以灑掃，歷代崇敬，其來尙矣。近代全眞教祖又出山陰，紹玄聖之眞風，續無爲之古教，道恢方外，教闡寰中，上而王公大人，下而黃童白叟，莫不欽崇其道而尊奉之。當是時也，山林城郭，宮觀相望，什伯爲居，甲乙授受，靡然不勸而自勉。道化之行，自三代而下，未有如是之盛也。即此玉華觀者，古樓觀之下院也，始自國朝乙未歲，同塵李眞人領清和大宗師付託，興復祖宮。時有門弟子悟眞大師李守寛，自洺水來，參覲師席，於山之麓，得唐玉眞公主邸宮故址，遂結菴於其地，爲棲止之計，揭名玉華菴。居僅十稔，方欲增葺，亡何羽化。同塵復命其徒貞素散人郭守沖徙於是地，經營土木而鼎建之。始作於至元癸酉之春，畢工於丙戌之冬，聖殿眞祠，雲寮庖室，各有攸序。繼又繚以重垣，植以衆木，位置軒豁，即菴爲觀，仍扁以玉華，寔祖庭天樂眞人命之也。次年，復署貞素以提點觀事，蓋貞素之於道，師授有源，淸儉有守，冰蘖之操，遠近著聞。今年九袠有五，童顔鶴髮，神思灑然，晨夕焚誦不輟，殊無懈怠之容，非所養充裕，焉能至是哉？一日，知觀王守玄、何守眞纂立觀事迹，求文以鑱石，用昭於後。義不容却，因即其事而次第之，言不盡意，系之以辭。曰：大道強名，常居杳冥。無色布色，無形寫形。品物既散，域滯株停。五行迭運，惟人最靈。當愼所履，理分渭涇。濁墮欲海，淸升帝庭。峨峨樓觀，嘉氣蓊青。道宗文始，炳如日星。玉華肇建，遠映林坰。水繞綠綬，山開翠屏。月朗碧砌，風穿綺欞。猗歟貞素，名德惟馨。崇隆香火，演教談經。範模後學，威儀典刑。朝眞懇祝，聖壽椿齡。至樂無樂，眞空大寧。舉世心醉，伊余獨醒。槐安一夢，迅如激霆。仙桂不老，蕣華夕零。昭示延促，刻碑勒銘。

會稽山

論説

李宗諤《龍瑞觀禹穴陽明洞天圖經》 會稽山在縣東一十二里，揚州之鎭山曰會稽。《山海經》云：上多金玉，下多珠石，一名衡山。《輿地志》云：會稽山，一名衡山。其山有石，狀如覆鬴，亦謂之覆鬴山。《皇覽》曰：會稽山本名苗山。《越傳》曰：禹到大越，上苗山，大會計，爵有德，封有功，因而更名苗山曰會稽。《史記·封禪書》云：禹封泰山，禪會稽。黃帝《玄女兵法》曰：禹問風后曰：吾聞黃帝有負勝之圖，六甲陰陽之道，今在乎？風后曰：黃帝藏於會稽之山，其坎深千尺，鎭以盤石。又《遁甲開山圖》曰：禹治水至會稽，宿於衡嶺，宛委之神奏玉匱之書十二卷以授禹，禹未及持之，四卷飛入泉，四卷飛上天，禹得四卷，開而視之，乃《遁甲開山圖》，因以治水，訖乃緘書於洞穴。按《龜山白玉經》曰：會稽山周迴三百五十里，名陽明洞天一也。唐開元十年封四鎭爲公，故會稽山爲南鎭永興公。

會稽龍瑞觀

論說

李宗諤《龍瑞觀禹穴陽明洞天圖經》　會稽龍瑞觀，在縣東南一十五里，即大禹探靈寶五符治水之所。唐神龍元年置懷仙館，開元二年勑葉天師設醮而龍見，因改賜今額。

成都青羊宮

雜録

樂朋龜《西川青羊宮碑銘》　原夫八十一天，比太上之半壽，六百萬歲，當元始之初年。道渺邈以難窮，體希夷而莫究，在無象無形之內，居太初太易之前。龍漢之劫再成，鳳紀之文未立，藏萌芽於浩素，隱根幹於厖洪。二神贔負以俱來，鑿開造化，三氣氤氳而互進，樸散胚渾。玄黃流而未凝，清濁分而乍結。日月星辰之內，化出靈宮，川原山嶽之中，變成洞府。則知道爲萬氣之祖，德爲百物之宗，以二儀兩曜爲子孫，以五行四象爲枝葉。當其洪肇先啓，紫極後成，仰其高而彌高，考其上而無上，八公皓首，當時之未有乾坤，九老白眉，厥後而初生天地。探甚眞之理，臻大道之元，列仙之境界延洪，上士之齒齡逾遠。以六千春爲兩月，尙歎浮生，以七萬歲爲二年，仍嗟短景。智者見之謂之智，仁者見之謂之仁。和光而衆曜皆慙，挫鋭而攢鍭盡碎。玄珠匪纇，眞璞無瑕。學而知之者爲中，生而知之者爲上。三君五老，睹兆人如醯鷄，七聖九皇，視百姓爲芻狗。煦千古而冰釋，成衆善而泉流。至明若蒙，蒙間而萬事俱照，大巧若拙，拙中而萬物皆成。爲於不爲，而於無用，黜口爽於五味，杜耳聰於八音，忘象忘言，易脱一時之屣，無關無鍵，難開衆妙之門。九萬靈仙，聚集於一毛之孔，三千儒術，荒蕪於獨角之端。故知道儒二門，經綸一揆，立清淨爲理，體虛無爲師。以上天爲大車之輪，以列宿爲大車之輻，駕之以乾馬之馬，輓之以坤牛之牛，般運無爲之功，覆載自然之道。光而不耀，養正於蒙昧之中，簡而能廉，修眞於仄陋之內，不可得而疏矣，離之而匪遙，不可得而親焉，用之而逾遠。不退而讓，不進而求，被褐懷玉之人，美之又美，罔象求珠之士，斯焉取斯。移世界而入壺中，呑維摩方丈之室，縮地形而藏術內，掩悉達王舍之城。有道之根，修作立天之址，無名之樸，標爲鎮化之元。三千威儀，恭謹於文風之教，五百戒行，肅清於釋氏之門。張天爲弓，調之以陰陽寒暑，直道如矢，激之以春夏秋冬。一夫用之而無餘，兆人用之而不竭。日窟月窟，隱身而曾作穴居，南溟北溟，遁迹而聊遊水府。桃源蓬島，從古有而今存，槐市杏壇，見朝榮而暮落。仙圖祕密，五千載而三傳，聖道靈長，百萬年而一代。容易而學之者，似紐石以爲繩，侮慢而求之者，如鑽冰而待火。絶巧棄利，顯微闡幽，坎離震兑之宮，宮內而咸居羽客，東西南北之斗，斗中而皆住眞仙。身駕德車，輪轉於混茫之外，手持壽柄，指揮於開闢之前。寂爾無營，澹然自得，化其不化，則萬化而皆成，生其不生，則群生而盡遂。虛懷待物，曠意承時，藏泰山於秋毫之中，秋毫仍大，納崑崙於黍米之內，黍米仍寬。大象無形，五岳空空而如也，大信不約，四時默默而行焉。眞宗之教皆成，不宰之功益著。太上金闕玄元天皇大帝，則我亘唐之高祖。按《國語》曰自周平王七載洎于泰，至開元聖文神武皇帝，即三十六代之聖孫。赫赫日苗，布蔭於普天之下，明明國葉，垂芳於率土之濱。當其幽原既開，九氣陶蒸而未已，玄化大闡，六虛流轉而勿休。設不二之教門，稽眞一之宗本。浩風吹海，三迴之重作飛塵，劫火銷山，五度之却爲平地。先逍遙於青運，青運既周，後出沒於赤明，赤明復畢。九十九萬億歲，貯在彈丸，五千五百重天，藏於卵殼。殷高宗御極之際，周文王演易之初，神光流入於瓊胎，瑞彩結成其金骨。不坼不副，誕彌於八十餘齡，降瑞降祥，過期於二萬餘晝。足蹈不滅之理，手握長生之文，包乾裹坤，把日捉月，額列參午，頂荷圓穹，耳開三門，鼻立雙柱，白血紫腦，蒼肝青脾，

項引三十五光，齒含四十八貝，七色青蓮而隨步，千年白鹿以呈休。桑田變而雙檜不凋，江河枯而九井不竭。苦縣瀨鄉之里，靈跡長存，陳國渦泉之濱，神蹤不泯。七百弟子，指扶桑爲故林，九五帝君，開日宮爲舊館。詳其元始，稽彼厥初，俯窺溟涬之前，下視渾淪之後。隨機設教，作九古之楷模，應變無方，爲百王之軌範。若乃歲起攝提，肇開氣象，一十三聖之踐祚，萬八千年之應圖。我太上玄元聖祖，應運降跡，與天皇爲師，上清下濁之初開，相離未遠，六合八纮之乍坼，相去未遙。正方圓上下之形，定洪荒樸略之狀，川新融而水仍晦，山始結而石未堅。種天上之白榆，初生歷歷，植月中之青桂，乍出依依。配四海於四神，付五行於五帝。是時乾象猶低，坤形仍薄，立極定位，敷化建功。我太上聖祖，屑跡下降，與地皇爲師，分配剛柔，制定寒暑，地增博厚，天益高明。聖力難窮，神功靡測，萬木甲坼，萬草勾萌，羽族毛群，區別於兑離之位，介蟲鱗類，支分於坎震之宮，四溟之水皆空，未生魚鼈，五嶽之形俱靜，未吐雲霞。已逾清海之年，又離清海之歲，二聖既理，四表生光。我太上聖祖博施濟衆，與人皇爲師，三百六十之川，初分血脈，萬一千五百之策，乍配偶奇，三壬三乙之神，離胎於水木，六丙六辛之將，出孕於火風。一百五十六代，四萬五千餘年，始稱通玄天師，再號金闕帝君，三名盤古先生。洎乎庖羲氏之王天下也，我太上聖祖以道弘濟，降跡爲師，仰觀圓蓋之文，俯察方輿之理，教之以畫八卦，指之以分三才，助之以造書契之文，製之以代結繩之政，典墳自我而出，經籍自我而生。以畋以漁，蓋取明離之象，一索再索，用乎出震之功。鳳凰呈瑞於帝庭，龍馬負圖於河洛，享國一萬八千歲矣。洎乎連山氏之王天下也，我太上聖祖救時屈己，下爲帝師，付之以五運，分之以四時，助之以正萬機，明之以辨百穀，變飲血茹毛之化，移蕢桴土鼓之音，毀穴焚巢，上棟下宇，範金合土，燔黍擘豚，製耒耜以濟兆人，作陶冶以利萬物，天雨粟以呈瑞，地芸稼而彰稔，農食嘉穀，山出器車。洎乎有熊氏之王天下也，我太上聖祖隱身於崆峒之中，放心於杳冥之外。帝乃親降輦輅，禮展師資，能摳衣以趨隅，遂屈膝而問道。當是時也，榆岡淩虐，蚩尤作亂，化魚鼈爲兵士以助王師，變雲霞爲神祇潛扶軍陣，能弭兵於涿鹿，致偃戈於阪泉，東遊青丘之鄉，北到洪隄之景，受丹經於王屋，登蒼冥於鼎湖，屈軼既生，蓂莢復出，若非大道，孰可致斯？洎乎金天氏之王天下也，承姬水之源，襲熊山之錄，告天類帝，纘緒守文。我太上聖祖乘九龍之輦，降以爲師，號太極先生，說莊敬之典，教之以順時迎氣，昭配神明，禋于六宗，秩於群望，乾乾翼翼，得禮之宜。羽族呈休，命之以鳥官爲理，分布九鳸，以統百司，景合璧以表靈，鳳銜圖而示貺，悉由至道，彰此帝謨。逮至高陽氏之王天下也，我太上聖祖教之以解紛塞兑，治國安民，滌蕩九黎，陟明八凱，有龍野紫髯之兕醜，有蛇身赤髮之渠魁，力拔不周，首觸山碎，天低西北，致日月之西行，地亞東南，使江海而東注。追呼六甲，役御百靈，訓之以微言之經，教之以大順之道。乘玄虬之迅駕，或適幽陵，御素螭以遐遊，或臻蟠木。觀吾仙榛，萬年而一度開花，睹我靈瓜，四劫而一迴結實。及乎高辛氏之王天下也，我太上聖祖敷道布化，濟代爲師，譚黄庭之妙言，隱日遁月，稱錄圖之嘉號，返邑移城。制九州之名，作六英之樂，封勾芒以佐蒼帝，勑蓐收以翼白方，封岱嶽而印金泥，照寰區而開玉鏡，飲大活之井，遊不夜之鄉，燔青鸞之膏，充下仙之次饌，擘黄騏之脯，爲上客之珍羞。逮至陶唐氏之王天下也，我太上聖祖暫垂至理，下降爲師，講玄德之經道，以匡於玄化，應丹陵之瑞名，冀列於丹丘，和煦清風，不作鳴條之響，雍熙黄髮，時聞擊壤之聲。庖廚之肉脯自生，葴脩失味，山谷之醴泉潛湧，麴蘗無功。達四聰以闢四門，立五事而敷五教，披鹿裘以食糲饌，端拱於土階，掛鶴氅而飲流霞，凝思於瑤圃。有虞氏之王天下也，我太上聖祖譚無爲之理，講離合之經，三苗克悛，四罪咸服，百揆時序，五典愼徽。懷明神之珠，賜昭華之玉。眉與髮等，表踐祚之嘉祥，壽與天齊，彰延齡之景福。甄一十六相，用二十五臣，致百辟以協和，如魚在水，感兆人之歸湊，如蟻慕羶。化靈氣爲天書，何勞筆力，結卿雲爲寶殿，不假人工。夏后氏之王天下也，我太上聖祖克匡王道，爰作帝師，譚德戒之經，行爲國之法。櫛沐風雨，刊搓山林，成九年理水之功，爲四載勤王之業。卑宮陋室，盡力於溝洫之時，襤服縷衣，飾身於黼冕之禮，導馬頰而奔流竹箭，鑿龍門而迅激桃花。救兆庶而皆免爲魚，濟陸土而永非成海，胸羅玉斗，掛天文之在躬，手展瑤圖，懸國命之由己。故知大道者，三教之冠冕，上德者，百聖之宗元。成湯氏之王天下也，我太上聖祖權離左極，下爲王師，說長生之經，體自然之道，去三面之網，開一目之羅，獸遠逝而

莫縈，禽高翔而不罥。引萬方而罪己，數六事以責躬，話之以八素七眞，講之以六虛十訣，千歲桃花之蜜，味掩朱漿，九垓薤葉之蔬，滋霑紅露。乘三光而電轉，駕六氣以煙騰，窺海瀆如涓涔，視嵩衡如繭栗。餐風飲露，跨空攝虛，以十洲爲少遊之宮，以六極爲暫別之館。驅傜中士，役試下仙，素髮一莖，懸起萬斤之石，綠筠數尺，變成百丈之龍。得之者七祖超昇，失之者一身迷悞。必在堅修慎習，棄苦忘辛，可以陶冶二儀，埏埴九土。青羊肆者，按本紀則太上玄元大帝第二降生之所。自殷道否閉，周德淩夷，陸海沸騰，百川振動，山鳴谷吼，雨嘯風號，歷藏史以同塵，棄柱史而隱跡。東離魏闕，西度函關，乘青牛宛轉之車，駕白鳳逍遙之輦，徐甲執御，從仙帝以爰來，尹喜占風，知道君之必至。暫別而三千甲子曾作赤童，相逢而八百年齡永依黃老。潛傳妙訣，暗付微言，重爲千日之期，再結一時之會。暫朝元始，却上天中之天，永奉宗師，重歸象外之象，開寒靈之丹殿，登衆寶之瓊臺，坐紫金之牀，憑碧琳之機。太清仙伯，仗星光錦文之旗，大極仙公，執月華命神之節，皆拜首稽首，以心觀心。於是勑青帝之青童，化羊於蜀國，乘紫雲於紫府，降瑞於王宮。將停不嗄之聲，須及來斯之乳，俄聞喜至，頓止嬰啼，爰從赤子之身，却變白頭之士，頃刻而身餘十尺，須臾而面放五光，頭建七曜玲瓏之冠，肩垂九色離羅之帔，衛士逾億，從仙成群，感十方之衆眞，徧滿寥廓，應八表之瑞氣，充塞虛空，香散九微之煙，花飛六出之雪。將離蜀土，欲化胡風，遠適流沙，長移獷俗，及身毒罽賓之國，教煩陀阿杜之王，忞剛強愎戾之心，起烹焚鏨刺之意，巨錡燃湯以沸地，我則入之如涼泉，積薪烈火以連天，我則坐之如紺霧，挾白挺者觀如蓬草，持赤刃者視若鉛刀，四天之兵衆俱來，聲喧霆霹，萬里之神祇共護，力轉山河，八十種之獯戎，皆歸清化，二千國之獷猂，永革昏風。俗既變矣，道既成矣，分身作佛，濟如來千劫之功，降跡爲師，救王者萬機之務。至若銅渾測運，玉曆推禎，天七五而一三及九乃滿，地八六而二四到十乃盈，變通陽九之災，窮研百六之數，雖宓羲軒昊之代，無以免斯，高辛唐虞之朝，不能避此。粤以廣明元祀，歲在上章，月當大蜡，巨猾開亹於天邑，渠魁俶擾於國步，兵纏九野，群臣咸議於省方，蛇起陸風，四嶽齊迎於巡狩，長鯨呀口，聞飲澧吐鎬之聲，封豕橫牙，衝列刃攢鍭之隊，牛虻未搏，食吾黎庶之膏，象蟻未除，穴我樓臺之地，塵蒙華蓋，盜梗天衢。九龍齊駕於雲輿，玉輪西轉，萬乘同迴於坤軸，金闕南開，涉水則波神捧舟，登陸則地祇扈蹕，太玄城內，化出行宮，濯錦江邊，權安正殿，執玉帛者數盈萬國，列鴛鷺者位滿千官，鷄林之群來朝，鼇山解纜，鶴拓之城入貢，象駕來王。當戎夷率服之辰，成文軌混同之日，苗人未格，方資益贊之謀，扈氏延誅，正賴胤師之力，熊韜豹韜之將，俯立軍功，龍角羊角之山，可追聖瑞。二十八化，猶乘白鹿而來，一百六災，必跨蒼虬而救。潛扶宗社，幽贊子孫，赤光照灼於庭臺，太平顯兆，紫氣晶熒於梅篠，元吉尤彰。稽彼變通，明茲感應，尋其靈跡，果獲實甎，上有古篆文曰：太上平，中和災。於是驗其六字，表此百祥，擊之即聲類鳴璆，觀之則狀如弘璧，歷周、秦、漢、魏之代，玉篆仍新，經晉、宋、梁、隋之朝，銀鉤不故，藏諸韞匱，祕甚緘縢，克盛皇猷，顯標青史。歲代綿邈，疆井變移，舊址苔封，古壇蕪沒，仙鄉故里，半落俗家，眞境餘風，惟殘瓦礫。枯松夜月，移聞玄鶴之聲，暮草秋煙，空聽莎鷄之響。當時雲洞，多隱狐狸，昔日芝田，盡生禾黍。遐追靈跡，顯驗休禎。皇帝特下明詔，創造靈宮，恩賜內外，行庫錢二百萬爰徵班匠，乃速厥功。於是木神送材，九層崇構，地祇獻土，百堵俱興，水伯進泉以爲池，山靈走石而作礎。巍峨雲閣，乍似化成，岌嶫霞堂，初疑涌出。簷張羽翼，棟壓虹蜺，粉壁霜凝，丹楹火亘，窗籠倒景，戶闢長霄，塑像新成，儀形乍降，神情欲語，似講五千之文，意貌將行，遠化十方之士，金爐芬馥，寶傘回旋，乍睹出檻之羊，猶疑跪乳，初觀如練之馬，尙慮嘶風。庭剪蓬茅，重生瑤草，園除萓槿，再吐瓊花。岡阜崔嵬，樓臺顯敞，齊東溟圓嶠之殿，抗西極化人之宮。牽劍閣之靈威，盡歸行在，簇峨嵋之秀氣，半入都城。煙粘碧壇，風引清磬，故得五老下降，四眞俱來，畫地而成其江湖，撮土而作其山嶽，坐致風雨，可以倒洛傾河，立起雲煙，可以反晝作夜，化草木以成軍旅，變士馬以成叢林，如斯出師，豈惟百勝，如斯伐叛，何啻七擒。是以天災流行，盡彼盈虛之理，曆數倚伏，稟其否泰之宜。左慈呼召于神兵，鞭笞群盜，許遜指揮于力士，剪蕩狂妖。所以陰隲兆人，彌綸萬聖，郯瞞丹水，屢陳馘告之功，牧野昆陽，累獻遺俘之捷，戈甲耀乎八水，營壘塞乎四郊，陣勢雲橫，軍聲雷動，血灑空而驟雨赤，沙漲野而飄雲黃。困獸摧牙，長蛇畏尾，郊鄘人

之霄潰，觀楚幕以盡空，德均而義士致身，氣直而王師難老，度日而長鳴金鼓，曾不告勞，終年而不解鐵衣，未嘗言苦。既而鳳城光復，龍德昭明，枉矢當弦，穿月之功奚用，長竿在手，撞天之勢何爲。遂至修鯢脱泉，狂兕入匣，師道運末，斷領於赤心之徒，祿山數窮，劈腹於蒼頭之輩。況逆巢干紀，悖氣淩空，鳴螻蟈七八餘齡，聚豺狼數十萬衆，傷殘九土，淩犯二京。蓋因祝天網以緩誅，布仁風而寬戮，遂偸生之五載，併除惡於一時。蚩尤之塚既成，堅埋鐵額，長狄之喉已斷，永戢雕戈。立此神功，實資道力，我太上金闕玄元天皇太帝，爲天地父母，作帝王宗師，歷敎三皇，皆萬八千歲，侯乎四氣，交會五運，合同國位，永付於子孫，聖祚上齊於日月，克紹萬八千之歲矣。我高祖神堯皇帝，應天受命，曆數在躬，以鄉觀鄉，去仙鄉之無遠，上德不德，增帝德以彌高。輟九赤之班符，封山印海，追八景之仙輅，輾霧盤雲，負扆垂旒，當陽闡化。我太宗文武皇帝，握乾闡坤，修文偃武，大禮無體，百禮而盡執根元，大音希聲，一聲而振動今古。天賜勇智，縶虎豹如束芻，神助皇威，跧蛟螭如結蚓。還眞返素，遊藝依仁，以無繩爲繩，縛六雄與五霸，以不器爲器，籠四海與九州。然後爭於不爭，則戰爭而永息，欲於不欲，則嗜欲而長消。方士衆臻，眞公來格，安期之棗異狀，大若瓠瓜，園客之繭殊形，磊如盆盎，垂衣一百五十代，享國一萬八千年。伏惟聖神聰睿仁哲明孝皇帝陛下，克紹丕圖，統兹大業，心縣壽鏡，身享福庭。帝道中興，國根深固，永保神器，長正皇綱。虎牙將軍，領八千之勇士，龍頭元帥，提百萬之精兵，永以鎭定區中，永以剷平天下。巨鼇斃而形軀塞海，長鯨戮而鬐鬣插天。或炙或焚，盡千山之木，以烹以飪，竭五湖之泉，紫焰腥膻，青萍膏血，祆日墮落，孛星隕墜，蒼旻開豁，黑氣消亡，獻巨逆之三顱，告行朝之九廟，耀武威於英代，立京觀於神州。歲越大椿，年逾巨浸，天睠北顧，備法駕以返堯庭，帝澤東流，乘仙輿而懷魏闕，集群牧以頒瑞，朝諸侯於明堂，摭逸搜沉，興滅繼絶。八龍雲篆，降禹稷之天書，二武聖文，炳商周之帝德，中階平而國泰，至德正而時雍，成寶祚之神功，由太上之聖力，端拱垂衣，恭己正南面而已矣。劍南西川節度使、太尉兼中書令、潁川郡王陳敬瑄，夏日高懸，吐赫曦之可畏，德星永聚，實祥瑞以明標。遙闢龜城，遠迎龍駕，獻璿璣以酌大化，如轉碧天，移蓬萊以作行宮，似離滄海，郭琪扇搖於行伍，阡能搔動於山林，韓秀昇聚蚊爲雷，陽師古積螢門日。生擒者有同縛鼠，誅戮者無異刲羊，舞百獸於庭前，堪標玉牒，役五丁於麾下，可碎鐵山。雖文翁武侯之才，蕭猷王濬之策，未可與儔。昔韋南康鎭成都二十餘載，郭汾陽爲輔弼二紀在朝，比其勳庸，量其惠化，則請留九閏之儲，一裘之歲，未爲多矣。耀陳氏劍南之政，掩裴度淮西之功，具載典彝，永光勳績。行在都指揮使、左神策軍中尉、十軍軍容田令孜，崑岡玉柱，獨力扶天，太華金蓮，張心捧日，佐聖而出，爲國而生，有逾千越萬之才，有聞一知十之智，曖然和氣，助青帝發生之仁，卓爾高情，仰素王垂訓之道，觀帝符而五賊皆見，握人鏡而萬象難逃，聰可聽其無聲，明可察其未眹，弼時立德，開國成家，賞罰無私；九王之諸侯懷惠，恩威普及，十軍之將帥歸心。克己推誠，虔心奉道，古原層構，敬之而無異丹臺，舊貫規繩，仰之而如昇白日，禮無上之帝主，事威儀之法王，神獸八千，衝犀象如螻蟻，天丁三億，轉海嶽如萍蓬。周尙父之功成，身居第一，漢酇侯之績著，才獨無雙，鏤鼎銘鍾紀勳頌德。左僕射平章事蕭遘，器業絶倫，神秀貫古，筆海壓淮湖之浪，學山淩衡霍之峰。天植國禎，文滋相業，一匡皇化，八秉洪鈞。函丈之間，布奇兵之億萬，跬步之內，安率土之烝黎，黃鶴頻鳴，雖召公之可控，青牛不喘，或邴吉以難知。吏部尙書、平章事韋昭度，宗廟重器，社稷令臣，當昴位以星縣，鎭台階而山立，蘊珪璋特達之德，植松筠貞固之心。窮訓典以立身，正風正雅，調鹽梅以味道，肥國肥家。仲父上公，空就九三之位，大林擣戟，虛垂二八之名。兵部尙書、平章事裴澈，澤馬表瑞，天驥呈才，雄節貫時，清風滌俗，銀漢橫空而高朗，玉繩垂象之英華。學川則四瀆波瀾，書林則五松煙雨，正氣凜於朝野，直道貫於羊腸。自輟職瀛洲，登庸昭代，重持傅說之舟檝，再秉皋陶之鈞衡，皆磨智刃而裁莽腰，盡淬文鋒而剄卓腹。內飛龍使楊復恭，甲門華胄，鼎族令名，三教精通，九流澄澈，體物則左張却立，緣情則鮑謝推先，論昆仲而八龍掀鬐，譚經史而五鹿折角。秉樞衡於累代，貫名氏於百家，稟吳季札之仙姿，抱孔文子之敏惠，青山蘊玉，發群岫以耀光，淥水懷珠，起一川之晶彩。內樞密使，開府儀同三司田胤禮，四瀆比位，五星炳靈，清掩玉壺，義輕金諾。智圓若月，長垂助日之光，辯注如川，每湊爲王之海。秉氣正直，執心溫恭，王佐宏才，

帝臣重器。當軸而身迴地紀，持樞而手正天文。宿稟道門，素欽眞教，信言不美，常行質奏之詞，法語可尊，每契和平之理。內樞密使、驃騎大將軍李順融，三傑挺生，千山發秀，元禮龍門之峻，慶及令孫，少君鶴駕之高，福滋靈葉，掌萬機之密務，濟一國之黎人。公清而水鏡合虛，正直而朱繩讓美，博學則丘墳著績，操觚則錦繡成文。實腹守眞，棄百慮於襟懷之外，虛心待物，納八荒於方寸之間。監軍使、驃騎大將軍兼三川制置都監劉景宣，景宿呈祥，卿雲布彩，風骨俊邁，才量宏深。淮南王之瓊枝，驂鸞不遠，河上公之蘭友，跨鶴非遙，贊護克勤，動庸永著。右街威儀明道大師尹嗣玄，大仙靈苗，高族茂葉，太上玄元之上足，文始眞君之哲孫，七歲悟道，十三逢師，紫玉之骨將成，終遊閬苑，黃書之文已究，即上朱陵。道士李無爲，國源清派，天葉芳陰，眞訣千重，窮研咸達，仙經萬卷，諷覽無遺。皆同在師門，結爲道友，三天鳳藹，化靈氣以成書，一粒龍丹，駐童顏而度劫。星冠月帔，上禮於元皇，虹轡雲輿，前朝於大帝。金蠶五斛，暗吐仙絲，瓊節一雙，遙迎眞侶。自昔忠臣明主，咸理國以昇天，應曆運以救時，蘇生靈而畢績。少皥、顓頊，皆上紫微之宮，君奭、太公，俱乘碧霞之輦。其宮室牖戶，臺榭池塘，似雲霧之結成，如丹青之寫出。七十二之福地，三十六之洞天，神仙之窟宅相連，以青城爲戶牖，眞景之風煙不雜，以嶓冢爲壇臺，可以濟度四迷，開弘七部。仙衣非製而自有，豈假紉針，仙車不駕而自行，曾無轍跡。九重天上，白玉爲京，千雉城中，黃金作殿。披袞服而身掛日月，戴冕旒而坐鎭乾坤，天綱正而四氣和，國步安而三元序。手執長生之柄，制定白駒，心藏要道之根，控乘赤鯉。況乎代變時遷，綿歷於三千餘歲，建邦立國，崢嶸於四萬餘年。門巷新成，人煙漸熾，當時闤闠，髣髴如存，今日宮庭，精新尤盛。七色鳳輦，駕幸仍頻，九斑龍輿，巡禮彌敬。太虛天館，常開不夜之門，無極福堂，永對長春之景，氣連碧落，光掩赤城。臣職忝禁林，身叨詞客，涉儒海而素淺，渡文河而不深，董仲舒五彩之蛟，稀來筆下，揚子雲三清之鶡，少到毫端，愧無黃絹之才，難紀紫煙之瑞。詞曰：

洪源肇開，浩劫無際。恍惚大道，希夷象帝。太初既隱，太始來繼。玄黃在殼，清濁未蛻。天地之前，一千萬歲。山比我久，如電之逝。海比我大，如絲之細。與釋比效，空門永閉。與儒並功，章甫無勢。昭德塞違，解紛挫銳。設教隨機，應變無滯。三皇益明，五帝增睿。率土皆泰，群生咸濟。樓觀發軔，函關掛轄。闕賓闡化，申毒布惠。無狀之狀，無聲之聲。去莫可送，來莫可迎。強字之字，強名之名。太虛之上，黃金爲城。杳冥之外，白玉作京。煥赫六極，牢籠八紘。萬國同酌，百谷咸傾。莫得而竭，莫得而盈。淺而行者，長居利貞。深而行者，永致太平。凜凜烈氣，化作天丁。鬱鬱勁草，變爲神兵。火刀電耀，霜劍虹明。覓戮封豕，瓜剖長鯨。地古風變，俗阜時清。年代綿邈，歲月崢嶸。新宮是建，永觀厥成。赫赫高祖，明明聖孫。開鑿造化，刳剔胚渾。把捉日月，包裹乾坤。鸞蹌鳳跱，虎步龍蹲。鳥卵之中，可納穹旻。黍粒之內，能藏崑崙。塵波澄澈，智浪淵淪。迷羅自解，瑩鏡難昏。萬象俱盡，惟道獨存。三教爭長，惟道獨尊。心藏五賊，國靜九門。蓬蓬諫鼓，汎汎衢罇。五方入貢，八表爭奔。車徒川霧，租賦雲屯。巍峨玉皇，煥赫金籙。靈官八海，水府四瀆。堯湯寶位，舜禹天祿。巨寇梟殄，神州克復。去召千神，來臻百福。天轉碧輪，地旋黃轂。獻玉十珏，貢金九牧。寒暑運行，禎祥倚伏。害蛟斃刃，狂兕殪鏃。軒鏡在握，殷繩當木。瓊臺九層，銀蠶五斛。手指青牛，身騎白鹿。洞啓括蒼，天開王屋。皇根國葉，帝宗天族。明堂端拱，元臣啓沃。四海萬方，無思不服。九虬夭矯，雙鳳迴旋。鶴駕清漢，鸞驂紫煙。累行盈百，積功滿千。丹瓊樓高，上接九天。碧玉壇峻，下降八仙。大卧蓬島，龍耕芝田。地有謙道，東走衆川。人居上德，南御群賢。大活之井，長生之泉。延洪聖祚，萬八千年。鶴涅不緇，烏非染黑。然於自然，得於自得。何以發蒙，內辨其惑。何以開悟，中修其式。如車指南，似星拱北。隱見無常，變化不測。大象難包，二儀益塞。大智難展，六合陋仄。長生之柄，永壽之域。朝服刀圭，暮生羽翼。廟獻三顱，風清萬國。靈觀親構，群仙來格。瓊宮寶臺，玉書金策。豐碑嶽立，巨龜鼇逼。詞惟頌美，文匪誕飾。鸞鶴翹蹲，龍蛇騰躑。紫氣氤氳，赤光歛艷。七聖握圖，九皇執勅。梵宇增光，儒宮出色。端冕明堂，垂旒御極。運齊三五，慶延萬億。開闢寰區，咸仰道德。永致中興，皆從帝力。

臣奉宣令撰青羊宮碑銘，伏以太上金闕玄元皇帝，大道之祖宗，上德之根本，先天地而出，後天地而存，遨遊於五劫之中，經歷乎一千萬歲。

古青羊肆，白鹿神蹤。紫氣氤氳，赤光照灼，靈輒玉篆，永表中興。九萬群仙，皆在指揮之下，三億力士，咸居役使之間，故能運動乾坤，轉移海嶽，化魚鼈爲兵士，剪戮銅頭，變軍旅爲叢林，埋藏鐵騎。潛扶聖運，冥助王師，殄滅渠魁，廓清宇宙，懸三兇之首級，獻九廟之威靈，克盛帝圖，永平國步。臣跪承睿旨，仰奉皇慈，昧學謏聞，屬詞荒鄙。其碑文今已撰訖，謹隨狀奉進以聞者。

龍虎山

論説

婁近垣《龍虎山志》卷二　龍虎山在江西廣信府貴溪縣西南八十里之仁福鄉，于天官斗牛之分野，星紀之次也。其地三代爲揚州之域，春秋戰國迭爲吳楚地，秦併天下屬香縣，漢屬豫章郡之餘干，隋唐間屬雄石鎮。唐上元元年置信州。永泰初，割餘干弋陽地，置貴溪縣。山在其境内東，距廣信府二百里，西距饒州府三百里，本名雲錦山。第一代天師于此煉九天神丹，丹成而龍虎見，因以名山。道書第二十九福地也。

白雲觀

雜録

胡濙《白雲觀重修記》　白雲觀在都城西南三里許，乃長春丘眞人藏蜕之所。歲久傾圮。洪武二十七年，太宗文皇帝居潛邸時，命中官董工重建前後二殿、廊廡廚庫及道侶藏脩之室。落成於次年正月十九日，適眞人降誕之辰，太宗文皇帝車駕親臨降香。越明年，是日仁宗昭皇帝爲世子時，亦詣觀瞻禮，屢建金籙大齋。永樂四年命道錄司右正一李時中爲住持。宣德十年，今上皇帝命右正義倪正道爲住持。正道先受業於崇眞萬壽宮。永樂十五年，太宗文皇帝創建洪恩靈濟宮，選道流靜重貞潔者焚脩，正道預焉。宣德元年，四十四代天師張宇清保任前職。越十年，奉命住持兹觀。重念古跡靈壇，地附都城，平衍爽塏，西顧則岡巒起伏，縈紆環抱，若龍飛鳳舞朝拱之狀，眞勝境也。其香火之盛，豈偶然哉。宣德三年，御馬監太監劉順發心，備材命工，創建三清大殿，粧塑聖像。正統三年，正道罄傾衣盂之資，及募司苑局内官曹銓法名道寶，及内使康全安等，惠安伯張昇、脩武伯沈清、中軍都督胡榮、廣東參議楊春、都指揮劉智、指揮李林、周樂、李昱、潘昇、胡隆、千戶于信、許義、楊勉等，各捐己貲，建造玉皇寶閣。其應奉聖像，悉道寶一力粧塑，及脩葺前後，殿宇煥然一新。正統五年，復建處順堂，以奉長春眞人，暨營方丈道舍、廚庫鉢堂，以展四方脩眞之士。正統八年三月，建衍慶殿于玉皇閣之前，奉侍玄天上帝，重脩四帥殿及山門，仍建靈星門於外。初觀基隘窄，則易民地以廣之，繚以周垣，樹植嘉木，以爲蔭暎，規模廓大，雄偉壯麗，金碧交輝，兹觀至是始克大備，視舊有加矣。正道住持迨今，越八寒暑，興廢舉墜，撤舊更新，夙夜勤勞，董治其事，規材量費，無間風雨，審視程督，故能成此美構，閎耀京師。可謂不負朝廷之委託，而有功於玄教者也。或曰：道家以無爲爲宗。今兹營建皆涉於有爲，則非道矣。然經不云乎？道常無爲，而無不爲。凡諸動作，雖涉於有，無而無之之意，即無爲耳。今正道承朝廷之委任，順事勢之自然，亦豈有意而爲之者哉。因並書以爲記。

趙士賢《白雲觀重修碑》　長春眞人在元世，應召至燕，委蜕於今白雲觀。國朝太宗文皇帝慨其爲古跡，命工脩殿宇，俾之壯麗。且於眞人誕日，親幸其地，而仁宗昭皇帝亦嘗幸焉。故兹觀之盛，信於彼時。都城内外觀址以千數，白雲觀實爲稱首。宣德三年，太監劉順捐金，重建三清大殿。正統三年住持正道募内臣曹銓惠安伯張昇輩，又建玉皇閣、處順堂，及廚庫鉢堂統若干間，而規模宏且遠矣。歲久日就傾圮。今欽差鎮守雲南特賜蟒衣玉帶印綬司禮監張公誠，復倡率諸勳戚中貴之輕財好義者，各捐資大加脩葺。規制雖仍其舊，而棟榱之堅好，煥然一新，實有非舊比者。

功始於弘治甲子春正月，告成于正德丙寅年冬十二月。壯麗宏偉，雖章華阿閣弗如也。矧左拱天府，右控西山，南帶蘆溝，北枕西湖，登臨瞻顧間，氣象萬千，閬風披拂，即蓬萊之眞境未必過之。夫天下之事有所因則易以興，無所繼則易於廢，此固勢也。其興而不廢，蓋必維之，有其人也。今白雲觀以邱長春而始盛，我太宗仁宗寵嘉之，而益盛傳至今。脩之者至再，又有張公諸君以爲之繼，俾之愈久愈新。則由今及千百載之後，又安知不有如張公輩者出於其間乎。是固知茲休之無窮也。余非幸綿延而與吾道並兩間也。蓋邱氏既往，靈氣尚在，人每謂其有祝國裕民之證，幽冥之際，殆亦不爲無功。此固有關於國家之大者，而我先帝優遇之意，尤不使其泯泯無傳焉。諸君所以脩建，與夫將來同志者之意，亦必有出於此矣。戶部員外郎宗器張先生代求余文爲記。因以是書之，俾勒諸石。

劉郊祖《白雲觀重修碑》　都城宣武門外西三里許，有白雲觀，爲長春邱眞人藏蛻處。先是眞人于金皇統八年正月十九日降生，至今都城人及期謁款轂擊肩摩頂，四方羽士亦來聚舍，談葆鍊之術者，無慮以千數，俗謂讌邱云。創於金爲太極宮，至元太祖以居眞人，改長春。入國朝正統間，始易今名。百年來雖不廢弛，顧以郊外易生埃墨，殊不足以妥仙靈，乃有司禮太監馮公偶興善修之念，會有聞於兩宮，聖母暨主上、暨潞王公主咸有賜助。工始於二月三日，訖於五月九日。凡飾舊者，如殿庭門廡若干楹；而移建者，則長生堂、施齋堂；新增者，則鐘鼓樓，配於方丈也。於戲眞人，產自萊海，以道行終老于燕，其初金元人崇奉之，猶謂風化未遠，無足異。乃其既沒之後，趨嚮者益衆。今復得公，重構幽堂，以奠永永之圖，斯果何術以致之哉。余不佞攷眞人生平出處，俱載舊碑，無庸贅瀆。謂其應元太祖之詔，抵雪山與談累日，不過持盈守成，敬天愛民數語，蓋得忠孝之正傳，非徒以葆鍊爲事者。今公以榮際應昌時，將致主於三代之隆，豈亦有與眞人有夙契，故願爲之執鞭耶。不則以彼懷玄抱眞，即白日沖舉，於世敎安所裨，而必欲莊嚴供奉之。之謂何。余知其必不然矣。是爲記。

顧頤壽《白雲觀重修碑》　白雲觀者，元眞人邱長春所建也。我太宗文皇帝定基於燕，載新茲宇，山祇效靈，川若貢祥，太和收委，榮光攸燭，穆穆哉休矣。仁宗昭皇帝嘗幸其地，眺西山之紫翠，敞南薰之蓬渤，瀰瀰乎其宏遠也。宣宗章皇帝時，飾新崇美，規度亦偉矣，渙渙隆哉。英宗睿皇帝時，邃閣重題，迴廊祕基，廣哉熙熙乎。廼今皇上龍飛江漢，御極中天，七政協符，萬靈綏職，郁郁乎其盛矣哉。廼若司設監太監蘇公瑾忠勤匪懈，乃於侍奉之暇，相親厥址，諏吉興工，材木初程，則竹松苞英，經營伊始，則翬鳥翺翔。聖母章聖皇太后聞之，賜御香，燦燦乎其有終也哉。或有問於余曰：子之稱穆穆瀰瀰熙熙渙渙郁郁燦燦者，何謂也？曰：天地之道一而已矣。穆穆者精也。瀰瀰樹植嘉木爲蔭，規模潤大，以東至小道爲界，西以琴臺之外爲界。觀之西有土阜極高，係長春別館之遺趾。爲沖和潘宗師九峰所建，內築琴臺。潘九峰宗師每常操琴於此，俗呼曰煉琴臺。南至道前照壁，北至土山後，官道四至之內，林木叢繁，殿宇光輝。今上重建玉皇殿、三清殿、長春殿、七眞殿、靈官殿、四聖殿、山門牌樓、石橋旂杆、鐘鼓樓、垣牆，並及鉢堂廚庫、東西祠堂、道舍，煥然一新。靈壇金碧，地附都城，平衍爽塏，西顧則崗巒起伏，縈紆環抱，若龍鳳飛舞，朝拱之狀，眞勝境也。其香火之盛，豈偶然哉。是爲序。

北京東嶽廟

雜録

趙世延《昭德殿碑》　古者天子祭天地山川歲徧，稽之虞舜二月東巡狩，至於岱宗，柴望秩於山川，肆覲東后，歷群岳如岱禮，至冬乃畢。秦漢以來，時巡之禮，或講或輟，鮮紹乎古矣。禮五岳視三公，至唐始封以王爵，司馬承禎又請旁立眞君祠。宋因加帝號，岱曰仁聖，自是祠徧郡國。皇元有天下，世祖皇帝歲遣使賚香帛，詣祠致祭，至元辛卯加封大生，於以祈純嘏，以永皇圖，毖百嘉以厚民生也。國初城大都，規模宏遠，祖社朝市，廟學官署，無一不備，獨東嶽廟未建。元敎大宗師張開府留孫，于延祐末，買地城東，擬建東嶽廟。事既聞，仁宗命政府庀役。開府辭曰：臣願以私錢爲之。儻費

國財，勞民力，非臣之所以報効也。上益嘉賞，遂勅有司，護持毋得阻撓，方得涓吉鳩工。而開府遽厭世，嗣宗師吳特進念師志未畢，竭心經營，不惜勞費，於至治壬戌春，成大殿，成大門。癸亥春成四子殿，成東西廡，諸神之像各如其序。而後殿則未遑也。泰定乙丑，徽文懿福貞壽大長公主東歸，過祠有禱，捐緡錢若干緡，競其所未競者。天歷改元，皇上入纂正緒，主來朝。適後殿落成，事徹宸聽，賜名昭德。命大司徒臣香沙奉宣玉音，諭臣世延。文諸貞珉，用昭悠久。臣惟五行流行，木位東方，四時順布，春居歲首。仁者木之德，生者春之用，然則天地發育，萬物之功，皆本於東方，故群岳祀之方域。而岱宗祠徧海宇，雖與禮經稍殊，然推原所以致人心嚮往之深者，其在茲乎。詩曰泰山巖巖，魯邦所瞻。泰山蓋魯之望也。今主食邑於魯，則諸侯得祭其山川在境內者，以邦君之母，有事於望祀，宜乎神之聽之，異於季氏之旅矣。況際聖天子膺天景命，百靈莫不受職，其於默佑顯相宗社億萬年無疆之休者，宜何如哉。是宜爲銘。銘曰：兩儀肇分，元氣流行。方岳奠位，於赫厥靈。巖巖岱宗，惟魯之望。時巡首途，秩祀攸尙。帝出乎震，春育無窮。仁聖大生，代有褒崇。相我國家，熙洽民物。昭明在上，有禱弗咈。貞壽之東，歷祠捐金。五禩來歸，靈宇靖深。帝曰休徵，維天允棐。悃愊全受，若合符軌。含齒戴髮，罔不懽心。天子萬年，式詔來今。曰雨曰暘，毋愆毋忒。有年屢書，報祀無斁。

吳澄《大都東嶽仁聖宮碑》 天子祭天下名山嶽，爲衆山之宗。岱又諸嶽之宗也，東嶽泰山之有祠宜矣。而古今祠祭，禮各不同。嶽者地祇也，祭之以壇壝而弗廟。五嶽四瀆立廟，自拓拔氏始。當時惟總立一廟於桑乾水之陰，逮唐乃各立一廟於五岳之麓。若東嶽泰山之廟徧天下，則肇於宋氏之中葉。古者祭五嶽之禮視三公。蓋天者帝也，地者后也。諸神諸祇，皆帝后之臣也。天之日月，地之嶽瀆，臣之最貴者。三公爲臣之極品，故祭之禮與公齊等。祭之秩次如公，而非以公爵爵之也。唐先天開元間，謂漢以來王亦爵也，位公之右，於是封嶽祇而爵之曰王。宋大中祥符間，致隆嶽祠，猶以王爵爲未崇極，於是尊嶽祇而號之曰帝，意在乎尊之而已。禮之可不可，有不暇計。吁咈哉。若神僭竊同天地，所以起大賢之慨也。既廟之，又爵之，既爵之，又像之，地祇而肖像若人焉。至於今莫之或改也。我世祖皇帝平一海內，制作之事未遑，尙仍前代之舊。東嶽舊號天齊仁聖，復加新號，曰大生。郡縣並如金宋時，有廟以祭東嶽。大都新築，規模宏遠，祖社朝市，廟學官署，無一不備，獨東嶽廟未建。元敎大宗師張開府留孫職掌禱祀，晨夕親密，欽承上意，買地域東，擬建東嶽廟。事既徹聞，仁宗命政府庀役。開府辭曰：臣願以私錢爲之，倘費國財勞民力，非臣之所以報効也。上益嘉賞，遂勅有司，護持毋得阻撓。方將涓吉鳩工，而開府遽厭世。嗣宗師吳特進全節深念師志未畢，竭心經營，不惜勞費，於壬戌春成大殿、成大門。於癸亥春，成四子殿，成東廡西廡，神像各如其序。魯國大長公主損資搆後寢，勅賜廟額，曰仁聖宮。特進以書來請記。予觀先開府之報上恩，今特進之繼師志，忠敬出於一誠，其美可書也。而余因及古今祠祭循習之由，以俟議禮者之討論，方今襲累朝積德之餘，際百年興禮之會。明聖在上，仁賢布列，必將追復二帝三王之懿，盡革魏唐金宋之駁。其於東嶽也，禮以地祇，而不人其像，尊比三公，而不帝其號，兆之如四望，而不屋其祠，庋縣於其方嶽，而不偏祠於郡縣。夫如是雖元聖復生，必無曾謂泰山不如林放之嘆。乘太平之基，新一代之典，昭示萬世之法程，斯其時矣。何幸吾身親見之哉。

引用書目

書名	作者	時代	版本	備註
上清大洞眞經		東晉	中華道藏	
上清大洞眞經玉訣音義	陳景元	北宋	中華道藏	
大洞玉經	趙眞人等	約宋元	中華道藏	
太上九眞明科		約南北朝	中華道藏	
洞眞上清太微帝君步天綱飛地紀金簡玉字上經		約南北朝	中華道藏	
上清黄氣陽精三道順行經		約東晉南朝	中華道藏	
上清外國放品青童內文		約東晉南朝	中華道藏	
洞眞太上紫度炎光神玄變經		約東晉	中華道藏	
洞眞太一帝君太丹隱書洞眞玄經		東晉	中華道藏	
太上無極大道自然眞一五稱符上經		東晉	中華道藏	
洞眞太上素靈洞元大有妙經		東晉南朝	中華道藏	
太上飛行九晨玉經		東晉南朝	中華道藏	
上清元始譜錄太眞玉訣		東晉南朝	中華道藏	
上清太上開天龍蹻經		南北朝	中華道藏	
上清五常變通萬化冥經			中華道藏	
洞眞上清青要紫書金根眾經		約東晉	中華道藏	
上清九丹上化胎精中記經		約東晉	中華道藏	

续表

書名	作者	時代	版本	備註
洞眞太上九赤班符五帝內眞經		約東晉	中華道藏	
洞眞太微金虎眞符		約東晉	中華道藏	
上清太上元始耀光金虎鳳文章寶經		約南北朝	中華道藏	
上清高上玉晨鳳臺曲素上經		約東晉	中華道藏	
太上玉珮金璫太極金書上經		約東晉	中華道藏	
上清元始變化寶眞上經九靈太妙龜山玄籙		約南北朝	中華道藏	
上清太上黄素四十四方經		約東晉	中華道藏	
高上太霄琅書瓊文帝章經		約東晉	中華道藏	
洞眞太上太霄琅書		約南北朝	中華道藏	
太上洞房內經注		約南北朝	中華道藏	
眞誥	陶弘景	南朝	中華道藏	
洞玄靈寶眞靈位業圖	陶弘景	南朝	中華道藏	
太上洞玄靈寶智慧罪根上品大戒經		東晉	中華道藏	
太極眞人敷靈寶齋戒威儀諸經要訣		東晉	中華道藏	
洞玄靈寶太上六齋十直聖紀經		東晉	中華道藏	

续表

書名	作者	時代	版本	備註
洞玄靈寶無量度人經訣音義	張萬福	唐	中華道藏	
元始無量度人上品妙經內義	蕭應叟	宋	中華道藏	
元始無量度人上品妙經四注	陳景元	北宋	中華道藏	
靈寶無量度人上品妙經符圖		約宋元	中華道藏	
元始無量度人上品妙經註	青元眞人	約南宋	中華道藏	
太上洞玄靈寶無量度人上品妙經註	陳致虛	元	中華道藏	
元始無量度人上品妙經註解	薛季昭	元	中華道藏	
元始無量度人上品妙經通義	張宇初	明	中華道藏	
洞玄靈寶太上眞人問疾經		約南北朝或隋唐	中華道藏	
太上洞玄靈寶往生救苦妙經		南北朝或隋唐	中華道藏	
太上洞玄靈寶天尊說救苦妙經註解	洞陽子	約宋元	中華道藏	

续表

書名	作者	時代	版本	備註
太上洞玄靈寶天關經		南北朝或隋唐	中華道藏	
太上洞玄靈寶三途五苦拔度生死妙經		南北朝或隋唐	中華道藏	
太上洞玄靈寶誡業本行上品妙經		南北朝或隋唐	中華道藏	
太上洞玄靈寶業報因緣經		南朝末或隋唐之際	中華道藏	
洞玄靈寶自然九天生神章經		東晉	中華道藏	
洞玄靈寶自然九天生神玉章經解	王希巢	宋	中華道藏	
洞玄靈寶自然九天生神玉章經解義	董思靖	宋	中華道藏	
洞玄靈寶自然九天生神玉章經注	華陽復	元	中華道藏	
三皇內文遺秘		約唐宋	中華道藏	
太清金闕玉華仙書八極神章三皇內秘文		約北宋	中華道藏	
洞神八帝元變經		約南北朝	中華道藏	
太上洞神太元河圖三元仰謝儀	杜光庭	唐	中華道藏	
道教義樞	孟安排	唐	中華道藏	

续表

書名	作者	時代	版本	備註
一切道經音義妙門由起	史崇玄等	唐	中華道藏	
元始天尊說太古經註	長筌子	金元	中華道藏	
太上洞神三元妙本福壽眞經			中華道藏	
高上玉皇本行經集註	周玄貞	明	中華道藏	
太上無極總眞文昌大洞仙經		南宋	中華道藏	
玉清無極總眞文昌大洞仙經註	衛琪	元	中華道藏	
梓潼帝君化書		元	中華道藏	
太上說南斗六司延壽度人妙經		宋	中華道藏	
太上玄靈北斗本命延生經註	傅洞眞	宋	中華道藏	
太上玄靈北斗本命延生眞經註	徐道齡	元	中華道藏	
太上玄靈北斗本命延生眞經註解	玄元眞人		中華道藏	
太上妙法本相經		南北朝	中華道藏	敦煌道經合校本
洞玄靈寶本相運度劫期經		南北朝	中華道藏	
太上洞玄靈寶昇玄內教經		南北朝	中華道藏	敦煌道經合校本

续表

書名	作者	時代	版本	備註
太上老君內觀經		南北朝或隋唐	中華道藏	
太上虛皇天尊四十九章經		隋唐之際	中華道藏	
洞玄靈寶定觀經註	冷虛子	南朝末或隋唐之際	中華道藏	
洞玄靈寶左玄論		隋唐之際	中華道藏	
大乘妙林經		隋唐之際	中華道藏	
無上內秘眞藏經		隋唐之際	中華道藏	
上清眾經諸眞聖秘		唐	中華道藏	
太玄眞一本際經		唐	中華道藏	敦煌道經合校本
太上洞玄靈寶開演秘密藏經		唐	中華道藏	
太上昇玄三一融神變化妙經		唐	中華道藏	
太上一乘海空智藏經		唐	中華道藏	
太上大道玉清經		唐	中華道藏	
太上老君說常清靜妙經		隋唐	中華道藏	
太上老君說常清靜妙經註	杜光庭	唐	中華道藏	
太上老君說常清靜妙經註	無名氏	宋	中華道藏	

續表

書名	作者	時代	版本	備註
太上老君說常淸靜經註	侯善淵	金	中華道藏	
太上老君說常淸靜經註	王元暉	元	中華道藏	
太上老君說常淸靜妙經纂圖解註	王玠	元	中華道藏	
太上靈寶洗浴身心經		唐	中華道藏	敦煌道經合校本
元始天尊說得道了身經		宋元	中華道藏	
太上洞玄靈寶天尊說大通經		唐宋	中華道藏	
太上大通經註	李道純	元	中華道藏	
道門經法相承次序		唐	中華道藏	
道德義淵	宋文同	梁	中華道藏	敦煌道經合校本
太平經		東漢	中華道藏	
太平經合校		漢	中華道藏	王明先生合校本
太平經聖君秘旨	閭丘方遠	唐	中華道藏	
太平經鈔	閭丘方遠	唐	中華道藏	
太上老君太素經		漢魏	中華道藏	
太上洞玄寶元上經		東晉南朝	中華道藏	
太上妙始經		南北朝	中華道藏	
太少老君虛無自然本起經		南北朝	中華道藏	
太上老君開天經		南北朝	中華道藏	

續表

書名	作者	時代	版本	備註
太上老君戒經		南北朝	中華道藏	
玄都律文		南北朝	中華道藏	
無上金玄上妙道德玄經		南北朝或隋唐之際	中華道藏	敦煌P. 2002
無上妙道文始眞經		宋	中華道藏	
文始眞經言外旨	陳顯微	宋	中華道藏	
文始眞經註	牛道淳	宋元之際	中華道藏	
老子西昇經（御注本）	宋徽宗	宋	中華道藏	
西昇經集注	陳景元	宋	中華道藏	原題碧虛子集
道德眞經傳	陸希聲	唐	中華道藏	
道德眞經次解		唐	中華道藏	
道德眞經廣聖義	杜光庭	唐末、五代	中華道藏	
道德眞經玄德纂疏	強思齊	五代	中華道藏	
道德經篇章玄頌	宋鸞	宋	中華道藏	
道德眞經傳	呂惠卿	宋	中華道藏	
道德眞經集註	李隆基、河上公、王弼、王雱	宋	中華道藏	
道德眞經解	陳象古	宋	中華道藏	
宋徽宗道德眞經解義	章安	宋	中華道藏	
道德眞經疏義	江澂	宋	中華道藏	

续表

書名	作者	時代	版本	備註
老子道德經古本集註	范應元	宋	中華道藏	
元始說先天道德經註解	李嘉謀	宋	中華道藏	
道德眞經口義	林希逸	宋	中華道藏	
道德眞經集註	彭耜	宋	中華道藏	
道德眞經集註釋文	彭耜	宋	中華道藏	
道德眞經集解	董思靖	宋	中華道藏	
道德眞經集註	張氏	宋	中華道藏	
道德眞經解	佚名	約宋元	中華道藏	
道德眞經解	佚名	約宋元	中華道藏	
道德會元	李道純	宋末元初	中華道藏	
道德眞經取善集	李霖	金	中華道藏	
道德眞經全解	時雍	金	中華道藏	
道德眞經四子古道集解	寇才質	金	中華道藏	
道德眞經藏室纂微開題科文疏鈔	薛致玄	元	中華道藏	
道德玄經原旨	杜道堅	元	中華道藏	
玄經原旨發揮	杜道堅	元	中華道藏 全書本	
道德眞經集義大旨	劉惟永	元	中華道藏	
道德眞經章句訓頌	張嗣成	元	中華道藏	
道德眞經註	林志堅	元	中華道藏	

续表

書名	作者	時代	版本	備註
道德眞經集義	危大有	明	中華道藏	
南華眞經	莊周	戰國	中華道藏	
南華眞經注疏	郭象、成玄英	西晉、唐	中華道藏	
南華眞經新傳	王元澤	宋	中華道藏	
南華眞經拾遺	王元澤	宋	中華道藏	
南華眞經章句音義	陳景元	宋	中華道藏	
南華眞經口義	林希逸	宋	中華道藏	
南華眞經義海纂微	褚伯秀	宋	中華道藏	
通玄眞經纘義	杜道堅	宋末元初	中華道藏	
沖虛至德眞經義解	宋徽宗	宋	中華道藏	
沖虛至德眞經解	江遹	宋	中華道藏	
沖虛至德眞經四解	高守元	金	中華道藏	
沖虛至德眞經鬳齋口義	林希逸	宋	中華道藏	
淮南鴻烈解	劉安	漢	中華道藏	
通玄眞經註	徐靈府（默希子）	唐	中華道藏	
黄帝陰符經			中華道藏	
黄帝陰符經疏	李筌	唐	中華道藏	
黄帝陰符經註	蔡望	宋	中華道藏	舊題蔡氏注
黄帝陰符經解義	蕭眞宰	宋	中華道藏	
黄帝陰符經注	黄居眞	宋	中華道藏	

续表

書名	作者	時代	版本	備註
黃帝陰符經注	沈亞夫	宋	中華道藏	
黃帝陰符經解	蹇昌辰	宋	中華道藏	
黃帝陰符經注解	任照一	宋	中華道藏	
黃帝陰符經集解	袁淑眞	宋	中華道藏	
黃帝陰符經講義	夏元鼎	宋	中華道藏	
黃帝陰符經注	劉處玄	金	中華道藏	
黃帝陰符經注	唐淳	金	中華道藏	
黃帝陰符經注	俞琰	元	中華道藏	
黃帝陰符經夾頌解注	王玠	元	中華道藏	
周易參同契	魏伯陽	漢	中華道藏	長生陰眞人注本
周易參同契注	陰長生	漢	中華道藏	
金碧五相類參同契	陰長生	漢	中華道藏	
周易參同契鼎器歌明鏡圖纘	彭曉	五代	中華道藏	
周易參同契分章通眞義	彭曉	五代	中華道藏	
周易參同契解	陳顯微	宋	中華道藏	
周易參同契考異	朱熹	宋	中華道藏	
周易參同契發揮	俞琰	宋	中華道藏	
集注太玄經	司馬光	宋	中華道藏	
天原發微	鮑雲龍	宋	中華道藏	
易數鉤隱圖	劉牧	宋	中華道藏	

续表

書名	作者	時代	版本	備註
易筮通變	雷思齊	元	中華道藏	
周易圖			中華道藏	
易象圖說內篇	張理	元	中華道藏	
黃帝八十一難經	舊題秦越人撰	約漢代	中華道藏	當係假託
黃帝八十一難經注圖	舊題秦越人撰	約漢代	中華道藏	當係假託
葛仙翁肘後備急方	葛洪	晉	中華道藏	
抱朴子養生論	葛洪	西晉	中華道藏	
許眞君石函記	許遜	晉	中華道藏	
華陽隱居補闕肘後百一方	陶弘景	南朝	中華道藏全書本	
養性延命錄	陶弘景	南朝	中華道藏	
太上黃庭外景經注	務成子	約六朝至唐代	中華道藏	或係假託
太清中黃眞經	九仙君撰、中黃眞人注	約六朝至唐代	中華道藏	
太上靈寶五符序			中華道藏	
太清經天師口訣			中華道藏	
太清石壁記	青霞子（蘇玄朗）	隋	中華道藏	
玄珠心鏡註	王損之	唐	中華道藏	
混元八景眞經		唐	中華道藏	
太上長文大洞靈寶幽玄上品妙經		唐	中華道藏	

续表

書名	作者	時代	版本	備註
太上長文大洞靈寶幽玄上品妙經發揮		唐五代	中華道藏	
丹方鑑源	獨孤滔	唐	中華道藏	
張眞人金石靈砂論	張九垓	唐	中華道藏	
三十六水法			中華道藏	
修煉大丹要旨			中華道藏	
龍虎還丹訣	金陵子	唐	中華道藏	
神仙養生秘術			中華道藏	
修眞精義雜論	司馬承禎	唐	中華道藏	
四季攝生圖			中華道藏	
枕中記			中華道藏	
太玄寶典			中華道藏	
太清經斷穀法			中華道藏	
黃帝太一八門逆順生死訣			中華道藏	
庚道集			中華道藏	
養生辨疑訣	施肩吾	唐	中華道藏	
太上保眞養生論			中華道藏	
至言總	范翛然		中華道藏	
太清道林攝生論			中華道藏	
胎息精微論			中華道藏	
太清導引養生經			中華道藏	

续表

書名	作者	時代	版本	備註
靈劍子			中華道藏	
黃庭內景五臟六腑補瀉圖	胡愔	唐	中華道藏	
三洞樞機雜說			中華道藏	
神氣養形論			中華道藏	
存神煉氣銘	孫思邈	唐	中華道藏	
延陵先生集新舊服氣經	延陵先生編、桑榆子評		中華道藏	
太上養生胎息氣經			中華道藏	
諸眞聖胎神用訣			中華道藏	
通玄秘術	沈知言	唐	中華道藏	
懸解錄	佚名	唐	中華道藏	
雁門公妙解錄	佚名	唐	中華道藏	
太上肘後玉經方	盧道元	唐	通志堂	
石藥爾雅	梅彪	唐	中華道藏	
大洞鍊眞寶經妙訣	陳少微	唐	中華道藏	
還金述	陶埴	唐	中華道藏	
太上九要心印妙經	張果老	唐	中華道藏	
南統大君內丹九章經	吳筠	唐	中華道藏	
上玄高眞延壽赤書	裴鉉	唐	中華道藏	
老子說五廚經註	尹愔	唐	中華道藏	
嵩山太無先生氣經	佚名	約唐代	中華道藏	

续表

書名	作者	時代	版本	備註
還丹金液歌註	元陽子撰、張薦明註	唐代、五代	中華道藏	
太清元道眞經	佚名	約唐宋	中華道藏	
眞氣還元銘	佚名	約唐宋	中華道藏	
養生詠玄集	佚名	約唐宋	中華道藏	
陳先生內丹訣	陳樸	五代	中華道藏	
修眞歷驗鈔圖	草衣洞眞子	唐五代	中華道藏	
秘傳正陽眞人靈寶畢法	鍾離權	唐五代	中華道藏	
陶眞人內丹賦	陶植	唐五代	中華道藏	
太清元極至妙神珠玉顆經		唐五代	中華道藏	
金丹眞一論	百玄子	唐五代	中華道藏	
固氣還神九轉瓊丹論		唐五代	中華道藏	
西山群仙會眞記	施肩吾	唐五代	中華道藏	
眞氣還元銘	強名子	五代	中華道藏	
眞元妙道要略	鄭思遠	五代宋	中華道藏	
大還丹照鑑		五代宋	中華道藏	
證道歌	左掌子	宋以前	中華道藏	
養命機關金丹眞訣		宋	中華道藏	
玉清金笥青華秘文金寶內鍊丹訣	張伯端	宋	中華道藏	
金丹四百字	黃自如	宋	中華道藏	

续表

書名	作者	時代	版本	備註
修眞太極混元圖	蕭道存	宋	中華道藏	
長生指要篇	林自然	宋	中華道藏	
海瓊傳道集	洪知常	宋	中華道藏	
金丹直指	周無所住	宋	中華道藏	
三極至命筌蹄	王慶升	宋	中華道藏	
爰清子至命篇	王慶升	宋	中華道藏	
玉谿子丹經指要	李簡易	宋	中華道藏	
先天金丹大道玄奧口訣	霍濟之	宋	中華道藏	
九還七返龍虎金丹析理眞訣	程昭	宋	中華道藏	
丹經極論		宋	中華道藏	
碧虛子親傳直指		宋	中華道藏	
太上化道度世仙經		宋	中華道藏	
內丹還元訣		宋	中華道藏	
存神固氣論		宋	中華道藏	
玄牝之門賦		宋	中華道藏	
諸眞論還丹訣		宋	中華道藏	
太上修眞玄章		宋元	中華道藏	
大還丹金虎白龍論	還陽子		中華道藏	
養生祕錄			中華道藏	
還丹祕訣養赤子神方	許明道	南宋	中華道藏	
丹房須知	吳悞	南宋	中華道藏	
修煉須知	陳致虛	元	中華道藏	

續表

書名	作者	時代	版本	備註
谷神篇	玄巢子	元	中華道藏	
呂純陽眞人沁園春丹詞注解	俞琰	元	中華道藏	
道樞	曾慥	宋	中華道藏	
修眞十書		元	中華道藏	
修眞十書·鐘呂傳道集	施肩吾	宋	中華道藏	
修眞十書·金丹大成集	蕭廷芝	元	中華道藏	
修眞十書·雜著指玄篇			中華道藏	
黄庭内景玉經注	梁丘子	唐	中華道藏	
黄庭外景玉經注	梁丘子	唐	中華道藏	
黄庭内景玉經注	劉長生		中華道藏	
太上元寶金庭無為妙經			中華道藏	
太上老君内丹經			中華道藏	
胎息經註	幻眞先生		中華道藏	
顯道經			中華道藏	
莊周氣訣解			中華道藏	
長生詮經			中華道藏	
九轉靈砂大丹資聖妙經			中華道藏	
上清九眞中經内訣	赤松子		中華道藏	
太白經			中華道藏	
感氣十六轉金丹			中華道藏	
黄帝九鼎神丹經訣			中華道藏	

續表

書名	作者	時代	版本	備註
諸家神品丹法			中華道藏	
金石簿五九數訣			中華道藏	
靈寶衆眞丹訣			中華道藏	
九轉青金靈砂丹			中華道藏	
陰陽九轉成紫金點化還丹訣			中華道藏	
太古土兑經			中華道藏	
鉛汞甲庚至寶集成			中華道藏	
金華玉液大丹			中華道藏	
太上衛靈神化九轉丹砂法			中華道藏	
還丹顯妙通幽集	潛眞子	宋	中華道藏	
洞元子内丹訣	佚名	宋	中華道藏	
太玄朗然子進道詩	劉希岳	宋	中華道藏	
證道歌	左掌子	宋	中華道藏	
紫陽眞人悟眞篇註疏	張伯端	宋	中華道藏	
悟眞篇	張伯端	宋	中華道藏	
紫陽眞人悟眞篇講義	夏元鼎	宋	中華道藏	
悟眞篇註釋	翁葆光	宋	中華道藏	
紫陽眞人悟眞直指詳說三乘秘要	翁葆光	宋	中華道藏	
紫陽眞人悟眞篇註疏	翁葆光、戴起元	宋	中華道藏	

续表

書名	作者	時代	版本	備註
紫陽眞人悟眞篇三註	薛道光、陳致虚等	宋元	中華道藏	
還源篇	石泰	宋	中華道藏	
還丹復命篇	薛道光	宋	中華道藏	
海瓊問道集	白玉蟾	宋	中華道藏	
長生指要篇	林自然	宋	中華道藏	
爰清子至命篇	王慶升	宋	中華道藏	
玉谿子丹經指要	李簡易	宋	中華道藏	
先天金丹大道玄奥口訣	霍濟之	宋	中華道藏	
金液還丹印證圖	龍眉子	宋	中華道藏	
修眞太極混元圖	蕭道存	宋	中華道藏	
悟玄篇	余洞眞	元	中華道藏	
素問入式運氣論奥	劉溫舒	宋	中華道藏	
圖經衍義本草	寇宗奭	宋	中華道藏	
孫眞人備急千金要方	孫思邈		中華道藏	
急救仙方	佚名	宋	中華道藏	
保生要錄	蒲虔貫	宋	中華道藏	
混俗頤生錄	劉詞	宋	中華道藏	
孫子遺說	鄭友賢	宋	中華道藏	又名《十家註孫子遺說》
軒轅黄帝水經藥法	佚名	約宋代	中華道藏	

续表

書名	作者	時代	版本	備註
金液大丹口訣	鄭德安	約宋元	中華道藏	
偃月玄金篇	佚名	約宋元	中華道藏	
金丹賦	馬涖昭	金	中華道藏	
俞琰《易外别傳並敘》	張理	元	中華道藏	
三元延壽參贊書	李鵬飛	元	麗農山房刻本	
太清風露經	無住眞人	元	中華道藏	
鬻子	鬻熊	西周	中華道藏	
子華子	程本	春秋	中華道藏	
尹文子	尹文子	戰國	中華道藏	
鶡冠子	鶡冠子	戰國	中華道藏	
黄帝内經	軒轅黄帝	春秋戰國	通志堂本	係託名
淮南鴻烈集	劉安	漢	中華道藏	又名《淮南鴻烈解》
抱朴子内篇	葛洪	晉	中華道藏	
抱朴子外篇	葛洪	晉	中華道藏	
素履子	張弧	唐	中華道藏	
無能子	無能子	唐	中華道藏	
玄珠錄	王玄覽	唐	中華道藏	
坐忘論	司馬承禎	唐	中華道藏	
天隱子	司馬承禎	唐	中華道藏	
宗玄先生文集	吴筠	唐	中華道藏	

续表

書名	作者	時代	版本	備註
三論元旨		唐五代	中華道藏	
道體論	通玄先生	唐	中華道藏	
宗玄先生玄綱論	吳筠	唐	中華道藏	
玄眞子外篇	張志和	唐	中華道藏	
純陽眞人渾成集	呂巖	唐	中華道藏	
化書	譚峭	五代	中華道藏	
大道論	周固樸	五代或宋	中華道藏	
伊川擊壤集	邵雍	北宋	中華道藏	
莊列十論	李元卓	北宋	中華道藏	
乾元子三始論	乾元子		中華道藏	
太虛心淵篇			中華道藏	
三十代天師虛靖眞君語錄	張繼先	北宋	中華道藏	
峴泉集	張宇初	明	中華道藏	
重陽立教十五論	王重陽	金	中華道藏	
重陽分梨十化集	王重陽	金	中華道藏	
重陽眞人授丹陽二十四訣	王重陽	金	中華道藏	
重陽眞人金關玉鎖訣	王重陽	金	中華道藏	
重陽全眞集	王重陽	金	中華道藏	
重陽教化集	王重陽	金	中華道藏	
丹陽眞人語錄	馬鈺	金	中華道藏	
丹陽眞人直言	馬鈺	金	中華道藏	

续表

書名	作者	時代	版本	備註
漸悟集	馬鈺	金	中華道藏	
洞玄金玉集	馬鈺	金	中華道藏	
水雲集	譚處端	金	中華道藏	
大丹直指	丘處機	金	中華道藏	
仙樂集	劉處玄	金	中華道藏	
無為清靜長生眞人至眞語錄	劉處玄	金	中華道藏	
雲光集	王處一	金	中華道藏	
太古集	郝大通	金	中華道藏	
洞淵集	長筌子	金	中華道藏	
上清太玄集	侯善淵	金	中華道藏	
上清太玄九陽圖	侯善淵	金	中華道藏	
上清太玄鑑誡論	侯善淵	金	中華道藏	
玄宗直指萬法同歸	牧常晁	金	中華道藏	
盤山棲雲王眞人語錄	王志謹	金	中華道藏	
晉眞人語錄		金	中華道藏	
草堂集	王丹桂	金	中華道藏	
上乘修眞三要	圓明老人	金元	中華道藏	
清和眞人北遊語錄	尹志平	元	中華道藏	
葆光集	尹志平	金元	中華道藏	
盤山棲雲王眞人語錄	王志謹	金元	中華道藏	

续表

書名	作者	時代	版本	備註
眞仙直指語錄	玄全子	元	中華道藏	
諸眞内丹集要	玄全子	元	中華道藏	
上陽子金丹大要	陳致虛	元	中華道藏	
上陽子金丹大要圖	陳致虛	元	中華道藏	
析疑指迷論	牛道淳	元	中華道藏	
中和集	李道純	元	中華道藏	
清庵瑩蟾子語錄	李道純	元	中華道藏	
全眞集玄秘要	李道純	元	中華道藏	
道玄篇	王道淵	元	中華道藏	
陳虛白規中指南	陳沖素	元	中華道藏	
會眞集	王吉昌	元	中華道藏	
啓眞集	劉志淵	元	中華道藏	
抱一函三秘訣	金月岩	元	中華道藏	
紙舟先生全眞直指	金月岩	元	中華道藏	
玄教大公案	苗善時	元	中華道藏	
雲山集	姬至眞	元	中華道藏	
鳴鶴餘音	彭致中	元	中華道藏	
還眞集	王玠	元	中華道藏	
雲宫法語	汪可孫	元	中華道藏	
玄虛子鳴眞集	玄虛子	元	中華道藏	

续表

書名	作者	時代	版本	備註
還眞集	王道淵	元	中華道藏	
崔公入藥鏡注解	王道淵	元	中華道藏	
群仙要語纂集	董漼淳	元明	中華道藏	
全眞清規	陸道和	元明	中華道藏	
隨機應化錄	何道全	明	中華道藏	
通關文	劉一明	清	藏外道書	
道典論			中華道藏	
上清道寶經			中華道藏	
無上秘要	宇文邕	北周	中華道藏	
大道通玄要（敦煌本）		唐	中華道藏	
太平御覽	李昉	宋	中華道藏	
天皇至道太清玉冊	朱權	明	中華道藏	
太上洞淵神呪經	王纂	晉	中華道藏	
上清天心正法	鄧有功	北宋	中華道藏	
上清骨髓靈文鬼律	鄧有功	北宋	中華道藏	
太上助國救民總眞秘要	元妙宗	北宋	中華道藏	
上方大洞眞元妙經品	時雍	金	中華道藏	
清微仙譜	陳採	元	中華道藏	
高上神霄玉清眞王紫書大法		宋元	中華道藏	

续表

書名	作者	時代	版本	備註
雷法議玄篇	萬宗師等	南宋	中華道藏	
道法心傳	王惟一	元	中華道藏	
明道篇	王惟一	元	中華道藏	
道法宗旨圖衍義	鄧枏、章希賢	元	中華道藏	
高上月宮太陰元君孝道仙王靈寶淨明黄素書		宋元	中華道藏	
靈寶淨明新修九老神印伏魔秘法	何守澄	南宋	中華道藏	
淨明忠孝全書	黄元吉	元	中華道藏	
靈寶歸空訣	趙宜眞	明	中華道藏	
道法會元		明	中華道藏	
靈寶天尊說洪恩靈濟眞君妙經		明	中華道藏	
洪恩靈濟眞君禮願文	王某	明	中華道藏	
徐仙翰藻	陳夢根	元	中華道藏	
徐仙眞錄	方文照	明	中華道藏	
靈棋本章正經	僧法味	東晉南朝	中華道藏	顔幼明註，何承天續註
玄眞靈應寶籤		元或明	中華道藏	
大慈好生九天衛房聖母元君靈應寶籤			中華道藏	
黄帝龍首經		約漢魏六朝	中華道藏	

续表

書名	作者	時代	版本	備註
儒門崇理折衷堪輿完孝錄		明	中華道藏	
許眞君玉匣記	原題許旌陽		中華道藏	應為明代道士偽托
虛靜沖和先生徐神翁語錄			中華道藏	
鬼谷子天髓靈文		約宋	中華道藏	
太上洞玄靈寶素靈眞符	杜光庭	唐	中華道藏	
太上秘法鎮宅靈符		約唐	中華道藏	
天老神光經	原題李靖	唐	中華道藏	疑為後人偽托
太上三元飛星冠禁金書玉籙圖		約唐宋	中華道藏	
太清玉司左院秘要上法	霞映	南宋	中華道藏	
太極祭鍊內法	鄭所南	宋元	中華道藏	
貫斗忠孝五雷武侯秘法			中華道藏	
太玄金鎖流珠引	原題李淳風	唐	中華道藏	疑宋元道士偽托
上清靈寶大法（甯全眞編）	甯全眞	南宋	中華道藏	
靈寶無量度人上經大法		明	中華道藏	
靈寶玉鑑		宋	中華道藏	
三洞眾戒文	張萬福	唐	中華道藏	

續表

書名	作者	時代	版本	備註
道門定制	呂元素	南宋	中華道藏	
赤松子中誡經		約魏晉	中華道藏	
洞玄靈寶道學科儀	原題太極太虛眞人撰	約南朝	中華道藏	
正一法文經章官品	佚名	約南北朝	中華道藏	
赤松子章曆	佚名	約六朝	中華道藏	
太上慈悲道場消災九幽懺	原題葛玄	晉	中華道藏	據考應爲唐李含光編纂
道門科範大全集	杜光庭	唐末、五代	中華道藏	
太上宣慈助化章	杜光庭	唐末、五代	中華道藏	
太上金櫃玉鏡延生洞玄燭幽懺		約唐宋	中華道藏	
玄門十事威儀	佚名	約唐宋	中華道藏	
道門通教必用集	呂元素	宋	中華道藏	
太上感應篇		約宋	中華道藏	
太微仙君功過格	又玄子	金	中華道藏	
太上濟度章赦	佚名	約宋元以後	中華道藏	
大明玄教立成齋醮儀範	宋宗眞、趙允中	明	中華道藏	
穆天子傳		戰國	中華道藏	
列仙傳	原題劉向撰	漢	中華道藏	
神仙傳	葛洪	晉	中華道藏	

續表

書名	作者	時代	版本	備註
搜神記	干寶	東晉	中華道藏	
華陽陶隱居集	陶弘景	南朝	中華道藏	
道教靈驗記	杜光庭	唐	中華道藏	
錄異記	杜光庭	唐	中華道藏	
仙苑編珠	王松年	唐	中華道藏	
南嶽小錄	李沖昭	唐	中華道藏	
華陽陶隱居內傳	賈嵩	唐	中華道藏	
洞玄靈寶三師記	劉處靜	唐	中華道藏	
續仙傳	沈汾	五代	中華道藏	
猶龍傳	賈善翔	北宋	中華道藏	
翊聖保德傳	王欽若	北宋	中華道藏	
西山許眞君八十五化錄	原題施岑	南宋	中華道藏	
混元聖紀	謝守灝	南宋	中華道藏	
三洞群仙錄	陳葆光	南宋	中華道藏	
唐葉眞人傳	張道統	南宋	中華道藏	
三茅眞君加封事典	張大淳	南宋	中華道藏	
長春眞人西遊記	李志常	元	中華道藏	
玄風慶會錄	耶律楚材	元	中華道藏	
金蓮正宗記	秦志安	元	中華道藏	
金蓮正宗仙源像傳	謝西蟾、劉志玄	元	中華道藏	
終南山祖庭仙眞內傳	李道謙	元	中華道藏	

续表

書名	作者	時代	版本	備註
甘水仙源錄	李道謙	元	中華道藏	
玄品錄	張天雨	元	中華道藏	
歷世眞仙體道通鑑	趙道一	元	中華道藏	
歷世眞仙體道通鑑續編	趙道一	元	中華道藏	
終南山説經臺歷代眞仙碑記		元	中華道藏	
淨明忠孝全書	黄元吉	元	中華道藏	
啟眞集	劉志淵	元	中華道藏	
遺山文集	元好問	元	中華道藏	
玄元十子圖	趙孟頫	元	中華道藏	
純陽帝君神化妙通紀	苗善時	元	中華道藏	
廬山太平興國宫採訪眞君事實		元	中華道藏	
漢天師世家	張宇初	明	中華道藏	
太極葛仙公傳	譚嗣先	明	中華道藏	
山海經		戰國或秦漢	中華道藏	
洞天福地嶽瀆名山記	杜光庭	唐	中華道藏	
南嶽小錄	李沖昭	唐代	中華道藏	
西川青羊宫碑銘	樂朋龜	唐	中華道藏	
洞淵集（李思聰編）	李思聰	北宋	中華道藏	
龍瑞觀禹穴陽明洞天圖經	李宗諤	宋	中華道藏	

续表

書名	作者	時代	版本	備註
南岳總勝集	陳田夫	宋	中華道藏	
金華赤松山志	倪守約	南宋	中華道藏	
仙都志	陳性定	元	中華道藏	
西嶽華山志	王處一	元	中華道藏	
太華希夷志	張輅	元	中華道藏	
茅山志	劉大彬	元	中華道藏	
天壇王屋山聖跡記		元	中華道藏	
武當福地總眞集	劉道明	元	中華道藏	
大滌洞天記	鄧牧、孟宗寶	元	中華道藏	
四明洞天丹山圖詠集	曾堅、危素	元	中華道藏	
十洲記			中華道藏	
天臺山志			中華道藏	
龍角山記			中華道藏	
古樓觀紫雲衍慶集	朱象先	元	中華道藏	
宫觀碑誌			中華道藏	
岱史	查志隆	明	中華道藏	
漢書	班固	漢	中華書局本	
三國志	陳壽	魏	中華書局	
後漢書	范曄	南朝	中華書局	
魏書	魏收	唐	中華書局	
隋書	魏徵	唐	中華書局	
舊唐書	劉昫	後晉	中華書局	

续表

書名	作者	時代	版本	備註
新唐書	歐陽修	宋	中華書局	
五代史	薛居正	宋	中華書局	
新五代史	歐陽修	宋	中華書局	
資治通鑒	司馬光	宋	上海古籍出版社	
太平廣記	李昉等	宋	中華書局	
雲笈七籤	張君房	宋	中華書局	
養生類纂	周守忠	宋	續修四庫全書	
洞霄圖志	鄧牧	宋	中國道觀志叢刊	
宋史	脫脫	元	中華書局	
遼史	脫脫	元	中華書局	
金史	脫脫	元	中華書局	
文獻通考·經籍考	馬端臨	元	華東師範大學出版社	華東師大古籍所標校本
道藏目錄詳註	李傑	明	道藏精華錄本	
元史	宋濂	明	中華書局	
遵生八箋	高濂	明	四庫全書	
張三豐太極煉丹秘訣	張三豐	明	道藏精華	臺北：自由出版社
三教源流搜神大全	佚名	元代成書、明代增補	上海古籍出版社	

续表

書名	作者	時代	版本	備註
嶗山志	黃宗昌	明	中國道觀志叢刊	
羅浮志補	陳璉	明	中國道觀志叢刊	
明史	張廷玉	清	中華書局	
續資治通鑒	畢沅	清	中華書局	
四庫全書總目提要	永瑢等	清	中華書局	
仙術秘庫	王建章	清	三洞拾遺	
醫心方	（日）丹波康賴		人民衛生出版社	影印日本刻本
老老恆言	曹庭棟	清	上海書店出版社	叢書集成續編
聖濟總錄			四庫全書	
崆峒山志	張伯魁	清	中國道觀志叢刊	江蘇古籍出版社
大岳太和山紀略	王概	清	中國道觀志叢刊	
九宫山志	傅燮鼎	清	中國道觀志叢刊	
華岳志	李榕	清	中國道觀志叢刊	
逍遙山萬壽宫通志	金桂馨	清	中國道觀志叢刊	

续表

書名	作者	時代	版本	備註
武夷山志	董天工	清	中國道觀志叢刊	
蘇州元妙觀志	顧沅	清	中國道觀志叢刊	
青城山記	彭洵	清	中國道觀志叢刊	
龍虎山志	婁近垣	清	中國道觀志叢刊	
青城指南	青城古常道觀輯		中國道觀志叢刊	
白雲觀志附東嶽廟志	（日）小柳司氣太		中國道觀志叢刊	
道家金石略	陳垣等		文物出版社1988年本	

《中華大典》辦公室

主　任：于永湛

副主任：伍　傑

　　　　姜學中

編　審：趙含坤

　　　　崔望雲

秘　書：宋　陽

裝幀設計：章耀達

《中華大典·宗教典·道教分典》

責任編輯：李大星

特邀責任編輯：黃希堅

　　　　　　　曹月堂

　　　　　　　吴懷祺

責任校對：王　行

特邀校對：江蘇鳳凰制版有限公司校對組

美術編輯：李　欣

圖書在版編目(CIP)數據

中華大典.宗教典.道教分典/任繼愈主編.--石家莊:河北人民出版社,2015.3
ISBN 978-7-202-09542-3

Ⅰ.①中… Ⅱ.①任… Ⅲ.①百科全書-中國②道教-研究-中國 Ⅳ.①Z227②B958

中國版本圖書館CIP數據核字(2014)第281571號

中華大典·宗教典·道教分典

編纂:《中華大典》工作委員會
《中華大典》編纂委員會
出版:河北出版傳媒集團
河北人民出版社
(石家莊市友誼北大街330號　郵政編碼　050061)
發行:河北人民出版社
郵政編碼　050061
排版:江蘇鳳凰制版有限公司
(南京市玄武區百子亭34號　郵政編碼　210009)
印刷:河北新華第一印刷有限責任公司
(保定市瑞祥大街313號　郵政編碼　071051)
開本:787毫米×1092毫米　1/16
印張:119.75　　字數:3 516千字
2015年3月第1版　2015年3月第1次印刷
印數:1 000冊
書號:ISBN 978-7-202-09542-3/Z·187
定價(全二册):960.00圓